C. Doberman DAS WÖRTERBUCH VOM WASSERSPORT

W0324044

C. Doberman

Das Wörterbuch vom Wassersport

Englisch–Deutsch
Deutsch–Englisch

English–German
German–English
DICTIONARY
OF AQUATIC SPORTS

DELIUS KLASING VERLAG

ISBN 3-7688-0505-0

© Copyright by Delius, Klasing & Co., Bielefeld
Printed in Germany 1987
Gesamtherstellung: Universitätsdruckerei H. Stürtz AG, Würzburg

Für Alexander

Den guten Seemann
erkennt man beim schlechten Wetter

(Toscanisches Sprichwort)

Vorwort

Sinn und Aufgabe dieses zweisprachigen Spezialwörterbuchs ist es, Touren-, Regattaseglern und anderen Wassersportlern ein Hilfsmittel an die Hand zu geben, das ihnen die Verständigung auf allen Revieren und in allen Ländern ermöglicht. Obschon die ganz eigenständige Terminologie der Seeleute ethnologisch sehr unterschiedlichen Sprachräumen entstammt und seit prähistorischen Zeiten eine unaufhaltsame Evolution durchgemacht hat, empfing sie in den Tagen der Segelschiffahrt mehr und mehr ihre Impulse aus dem Angelsächsischen. Der Trend setzte sich fort, als die Dampfkraft in der Mitte des XIX. Jahrhunderts die Großsegler allmählich von den Ozeanen verdrängte und der Yachtsport an ihre Stelle trat.

Mit der Entwicklung moderner Technologien, ausgefeilter Navigationshilfen, elektronischer und computergesteuerter Bordinstrumente, mit Funk-, Radar- und Satellitennavigation, Booten aus Kunststoffen, Segeln und Tauwerk aus Chemiefasern sind der vielfach uralten Nomenklatur der Nautik, Meteorologie, Astronomie, Gezeitenkunde, der physikalischen und mathematischen Gesetze, denen die gesamte Segelschiffahrt unterworfen ist, zeitgemäße, meist in der Neuen Welt geprägte Begriffe hinzugefügt worden. Auf diese Weise ist inzwischen ein gewaltiger Wortschatz entstanden, in dem sich die herkömmliche, kaum veraltete seemännische Phraseologie harmonisch mit der Fachsprache der heutigen Wassersportler verbindet.

Erschwerend bei der langwierigen Arbeit an diesem Vokabularium für Skipper und Crew war, daß eine klare Trennungslinie zwischen Segelsport und anderen Wassersportarten nicht zu ziehen ist. Die Begriffe überschneiden sich sehr oft, und so findet jeder Wassersportler den Grundwortschatz für seine besondere Sportart ebenfalls aufgeführt. Fischerei- und Naturschutzgesetze, die gängigsten Schiffstypen und Berufs- wie Handelsschiffahrt sind ein wesentlicher Bestandteil eines solchen Fachwörterbuchs, da Sportseeschiffer und Hochseeregattasegler ständig mit der Problematik des Wegerechts, der Seestraßenordnung und der gesamten Seemannschaft konfrontiert werden. Darüber hinaus sind auch die Grundbegriffe des Yachtbaus, der Kunst des Segelmachens, des Seeversicherungswesens, der Zollordnung und Verschiffungsbedingungen für Regattaboote wichtige Faktoren.

Neben der einschlägigen Seglerliteratur sind für die möglichst vollständige Erfassung der modernen Seemannssprache zahllose Enzyklopädien, Lexika und Wörterbücher aus den angelsächsischen und romanischen Sprachräumen konsultiert worden. Die Mehrzahl der segeltechnischen Begriffe, die in keinem Nachschlagewerk zu finden sind, resultiert aus fachbezogenen Magazinen, See-, Wetter- und Monatskarten sowie dem praktischen Wissen der Yachtsportler, denen der Seglerjargon zur zweiten Muttersprache geworden ist. Als wahre

Fundgrube für die astronomische und meteorologische Navigation erwiesen sich die rund hundert kompetentesten, von der Antike bis in die Neuzeit reichenden, meist in englischer Sprache verfaßten Bücher über Segelschiffahrt. Der geographische Teil wurde aus den besten und umfangreichsten deutschen und angelsächsischen Atlanten – von Staatsbibliotheken liebenswürdigerweise zur Verfügung gestellt – erarbeitet.

Wenn dieses Standardwerk, das keinerlei Anspruch auf Vollständigkeit erhebt, auf dem Navigationsrack der Yachtsegler seinen Platz findet, Seefahrtsschulen oder auch Übersetzern der Seglerliteratur von Nutzen sein kann, wird die jahrelange Arbeit nicht vergeblich gewesen sein.

Preface

This special vocabulary not only provides yachtsmen and all the others who go in for aquatic sports with the partly very old terminology of astronomical and meteorological navigation, tidology, physical and mathematical laws which are basically vital for sailing vessels, but also with the technical terms resulting from new technologies concerning modern yachting, navigational aids, communications at sea, yacht construction, sailmaking and the entire phraseology of seamanship.

Edinburgh, im Dezember 1986 C. Doberman

Inhaltsverzeichnis / Index

Im Wörterbuch benutzte Abkürzungen

Abbreviations used in the Dictionary

abbreviation	*abbr.*	Abkürzung; Kurzform
adjective	*adj.*	Adjektiv
adverb	*adv.*	Adverb(ium)
generally	*allg.*	allgemein
American	*am.*	amerikanisches Englisch
astronomy	*astr.*	Astronomie
Australian	*austral.*	australisches Englisch
especially	*bes.*	besonders
British	*br.*	britisches Englisch
chemistry; chemical	*chem.*	Chemie; chemisch
colloquial	*coll.*	umgangssprachlich
collective	*collect.*	Sammelbegriff
command, order	*com.*	Kommando
conjunction	*conj.*	Konjunktion
dialect	*dial.*	Dialekt
electricity; electronics	*elec.*	Elektrizität; Elektronik
English	*engl.*	englisch
especially	*esp.*	besonders
et cetera	*etc.*	et cetera, und so weiter
something	*etw.*	etwas
feminine	*f.*	Femininum; weiblich
for	*f.*	für
figurative	*fig.*	figürlich, bildlich
radio navigation	*Funknav.*	Funknavigation
radio direction-finding	*Funkp.*	Funkpeilung
generally	*gen.*	allgemein
geography; geographic(al)	*geogr.*	Geographie; geographisch
geometry; geometric(al)	*geom.*	Geometrie; geometrisch
history; historical	*hist.*	Geschichte; historisch
humorous	*hum.*	humoristisch
Indian	*ind.*	indisches Englisch
insurance	*ins.*	Versicherung(swesen)
interjection; international	*int.*	Interjektion; international
somebody	*jem.*	jemand
jurisprudence, law	*jur.*	juristisch; Recht, Gesetz
linguistic; linguistics	*ling.*	sprachlich; Linguistik
long range navigation	*loran*	Loran
masculine	*m.*	Maskulinum; männlich
mathematical; mathematics	*math.*	mathematisch; Mathematik
medical; medicine	*med.*	medizinisch; Medizin
meteorology	*meteor.*	Meteorologie
neuter	*n.*	Neutrum; sächlich
nautical; nautics	*naut.*	nautisch; Nautik
navigation	*nav., Nav.*	Navigation
numeral	*num.*	Zahlwort; Zahlzeichen
obsolete	*obs.*	veraltet(er Begriff)
or	*od.*	oder
optical; optics	*opt., Opt.*	optisch; Optik
oneself	*o.s.*	sich (selbst *od.* selber)

person	*pers., Pers.*	Person
physics	*phys.*	Physik
plural	*pl.*	Plural
past participle	*p.p.*	Partizip Perfekt
predicative	*pred.*	prädikativ
prefix	*pref.*	Präfix
preposition	*prep.*	Präposition
present participle	*pr.p.*	Partizip Präsens
race; racing	*rac.*	Regatta, Wettfahrt (betreffend)
radio (direction-finding)	*rad. (D/F)*	Funkpeilung; Funkwesen
radio detection and ranging	*radar*	Radar, Peilfunk
see	*s.*	sieh(e)
substantive	*s.*	Substantiv
somebody	*s.b.*	jemand
Scots, Scottish	*Scots*	schottisches Englisch
rare	*selt.*	selten
shipbuilding	*shipb.*	Bootsbau, Schiffbau
slang	*sl.*	Slang
someone	*s.o.*	jemand
sport	*spt.*	(Wasser)Sport
something	*s.th.*	etwas
surfing	*surf.*	Surfen (betreffend)
technical; technology	*tech.*	technisch; Technik
and	*u.*	und
verb	*v.*	Verb
insurance	*Vers.*	Versicherung(swesen)
intransitive verb	*v.i.*	intransitives Verb
reflexive verb	*v.r.*	reflexives Verb
transitive verb	*v.t.*	transitives Verb
wireless telegraphy	*W/T*	Funk(navigation)

Schematische Anleitung für die Benutzung

Stichwort
Stichwortstrich
Erklärung
Homonyme
Fachgebiet
Genus
wahlweise Anwendung
Hinweisklammern
Sprachraum
Stilschicht
verschiedene Bedeutung
Beispiel
idiomatische Redewendung
verschiedene Schreibweisen

Mole *f.*, breakwater *s.*, mole *s.*; jetty *s.*, pier *s.*; quai *s.*, wharf *s.* **Molen / befeuerung** *f.*, **–feuer** *n.*, pierhead *or* harbo(u)r *or* port light *s.*, mole light *s.*; **–haupt** *n.*, **–kopf** *m.*, pierhead *s.*, mole()head *s.*, head *s.* of the pier *or* wharf.
Moment *n.*[1] (*naut.*, *phys.*), moment *s.*, momentum *s.* (*of a force*); force *s.*, factor *s.*; **aufrichtendes –,** righting moment *s.* (*of a boat*); **kenterndes –,** capsizing moment *s.* (*of a boat*); **krängendes –,** heeling *or* listing moment *s.* (*of a boat*).
Moment *m.*[2], **kritischer –** (*naut.*), critical moment *s.*
Momentendruckpunkt *m.* (*phys.*), fulcrum *s.* of moments.
Monat *m.*, month *s.*; **siderischer –** (*astr.*), sidereal month *s.*; **synodischer –** (*astr.*), synodal *or* synodical month *s.* **Monats / anfang** *m.* **(im Mondjahr)** (*astr.*), neomenia *s.*; **–durchschnitt** *m.* (*meteor.*), monthly average *s. or* mean *s.*; **–gleichung** *f.* (*astr.*), menstrual equation *s.*; **–karte** *f.* (*naut.*), pilot chart *s.*, rout(e)ing chart *s.*; **synoptische –karte** *f.* (*meteor.*), synoptic pilot chart *s.*, monthly synoptic (weather) chart *s.*
Mond *m.*, moon *s.*, (*br. dial.*) parish lantern *s.*; **abnehmender –,** crescent *s.*, decrescent *or* old *or* waning moon *s.*; **bei abnehmendem –,** at the wane of the moon; **jenseits des –s (gelegen),** superlunar(y); **mittlerer –,** mean moon *s.*; **zunehmender –,** crescent *s.*, waxing moon *s.*; **den – als Mittelpunkt betreffend,** selenocentric; **der – wird voll,** the moon is rounding; **der – zwischen Vollmond und Halbmond,** the gibbous moon *s.* **Mond / alter** *n.* (*astr.*), age *s.* of the moon; **–anziehung** *f.*, moon's attraction *s.*; **–aufgang** *m.*, moon()rise *s.*;

Zugunsten praktischer Beispiele, idiomatischer Redewendungen und der Vielzahl der Komposita ist auf Phonetik ganz, auf eine detaillierte Grammatik, sofern sie zum besseren Verständnis nicht unbedingt erforderlich ist, weitgehend verzichtet worden. 1. und 2. Prinzip sind nur dann als solche bezeichnet, wenn sie umgangssprachlich nicht vorwiegend adjektivisch gebraucht werden. Aus Gründen der Raumersparnis und um Absätze mit Wortverbindungen nicht unnötig zu unterbrechen, konnte nicht immer eine strikte alphabetische Reihenfolge eingehalten werden. Obschon ein nautisches Wörterbuch, wurde dennoch, um bei doppelsinnigen Begriffen eine falsche Auslegung auszuschließen, besonders im deutschen Teil noch einmal (*naut.*) dem entsprechenden Stichwort beigefügt.

Schematic Directions for Use

weep *s.*, Leck *n.*; *v.*, regnen, triefen, tropfen; **weep hole** *s.*, Leck *n.*, Sickerstelle *f.*; **weeping** *s.*, (leichte) Leckage *f.*, kleines Leck *n.*; **weeping** *adj.*, regnerisch, triefend (naß) (*Wetter*); **– sky** *s.*, Regenhimmel *m.*, regnerisches Wetter *n.*
weft *s.*[1], Schuß(faden) *m.* (*Segeltuch*); **– and warp,** Kette *f.* und Schuß.
weft *s.*[2], Wolkenstreifen *m.*, Nebelschicht *f.*
weft *s.*[3], Flagge *f.* im *od.* in Schau (*Notsignal*).
weigh *s.*, **under –** (*naut. dial.*), in Fahrt, unterwegs (*Boot*).
weigh *v.*, (*Anker*) lichten, vom Grund aufholen, (*naut.*) hieven, heben, hochziehen; **to – anchor,** den Anker lichten, auslaufen (*Boot*); **to – up** (*rare*), (*Schiff*) heben.
weighing / anchor *s.*, Ankeraufgehen *n.*, Anker lichten *n.*, (den) Anker lichten; **– line** *s.*, Sorg-, Trippleine *f.*; Ankerbojereep *n.*
weigh shaft *s.*, Steuer(ungs)welle *f.*; Umsteuerwelle *f.*
weight *s.* (*naut.*), (Eigen)Gewicht *n.* (*Boot, etc.*), Muringstein *m.*, Sinker *m.*, (*phys.*, *astr.*) (Massen)Anziehung *f.*, -Anziehungskraft *f.*, (*phys.*) Schwere *f.*; (Segeltuch)Gewicht *n.*; Gewichtseinheit *f.*, -maß *n.*; **anchor –,** Ankergewicht *n.*, Gleitgewicht *n.* (*Ballastkörper*); **dead –,** Eigengewicht *n.*; **inclining –,** Krängungsgewicht *n.*; **maximum (minimum) –,** Höchst(Mindest)gewicht *n.* (*Crew, Segeltuch, etc.*); **(sail)cloth –,** (Segel)Tuchgewicht *n.*; **sliding –,** Gleitgewicht *n.* (*Ballastkörper*); **under –,** untergewichtig, zu leicht (*Vorschoter, etc.*); **stability by –s** (*pl.*), Gewichtsstabilität *f.* (*Boot*); **trim by –s** (*pl.*), Gewichtstrimm *m.* (*Boot, Crew*); **– of the crew (for balancing),** (Gesamt)Gewicht *n.* der Crew, Crewgewicht *n.*, (*coll.*) lebender Ballast *m.*; **(the) – of the planets,** (die) Anziehungskraft der Planeten;

Grammatical information
Parts of speech
Homonyms
Optional form
Regional usage
Different meanings
Restrictive usage
Keyword
Keyword-dash
Gender
Specialized vocabulary
Parantheses of advice
Different meanings
Explanation
Plural form
Idiomatic usage
Stilistic level

For the benefit of practical examples, idiomatic usage, nautical phraseology and the multitude of compounds, keywords have not been supplied with phonetic transcriptions, nor is there an exactly specified grammar if not absolutely necessary for better intelligibility. Present and past participle, colloquially often used as adjectives, are consequently referred to as such. On account of saving space it was not always possible to maintain a strict alphabetic order regarding the interruption of whole paragraphs with compounds. Though a nautical vocabulary, equivocal terms esp. in the German part are nevertheless emphasized by (*naut.*) in order to avoid misinterpretation.

Mein besonderer Dank gilt den hilfreichen Mitarbeitern von Hydrographischen Instituten, See- und Seewetterämtern in Europa und Übersee, die offene oder umstrittene Fragen in kürzester Zeit sehr freundlich beantworteten, sowie den vielen Yachtwerftbesitzern, Segelmachern und Spitzenseglern, durch deren Know-how das Buch stark bereichert wurde. Dank schulde ich auch dem einstigen Weltmeister in der Zweitonner-Klasse, Eckart Wagner, der mich vor nunmehr acht Jahren in positiver Weise zu diesem Fachwörterbuch ermutigte, und dem Delius Klasing Verlag, der mir sehr viel Geduld und Verständnis entgegengebracht hat. Für die tatkräftige Hilfe bei vielen technischen und nautischen Einzelheiten bin ich meinem Sohn ganz besonders dankbar.

I owe a particular debt of gratitude to the kind and helpful co-operators of Hydrographic Offices, Maritime Courts and Weather Bureaus in Europe and overseas as well as the many yacht designers, shipbuilders, sailmakers and top-ranking yachtsmen who with their practical know-how have contributed to the greatest possible completeness of this vocabulary. I should also like to thank Mr. Eckart Wagner, once famous world champion in the two-ton-class, for his encouragement when some eight years ago I asked his opinion about my intention to take this difficult and tedious task in hand, and the publishers of the book for their patience and sympathy. For the moral support and active assistance unselfishly given by my son despite his own medical career I shall always be extremely grateful.

A

aback *adv.*, back, gegen den Mast, zurück; **to be –,** backkommen, -stehen; **to brace –,** backbrassen; **to haul –,** backholen; **to keep –,** backhalten; **to lay –,** backlegen; **to take –,** backnehmen; **to trim –,** backsetzen (*Segel*).

abaft *adv.*, achteraus, achterlich, nach achtern zu, backbord(s); **– the beam,** achterlicher als dwars.

abandon *v.*, (*Schiff*) aufgeben, verlassen; **to – a race,** eine Regatta aufgeben; **to – ship,** das Schiff verlassen.

abandon-ship / bill *s.*, Berge-, Sicherheitsrolle *f.*; **– drill** *s.*, Rettungsboot(s)übung *f.*; **– stations** (*pl.*), Bergerolle *f.*

abate *v.*, abflauen, nachlassen, sich legen (*Wind*); **the wind –s,** der Wind flaut ab *od.* legt sich.

abeam *pred. adj., adv.*, dwars, querab; **– of,** dwars ab von; **– to,** querein; **mast – !** (*int.*), Mast querab!; **wind –,** halber Wind, Halbwind *m.*, halbwinds; **to sail with the wind –,** mit halbem Wind segeln; **to sail with the wind more –,** etwas voller fahren.

aberration *s.* (*astr.*), Aberration *f.*; **aberrational** *adj.*, **– bearing** (*radar*), mißweisende Peilung *f.*

ability *s.*, Fähigkeit *f.*, Geschick *n.*; (*tech.*) Leistungsfähigkeit *f.*; **manoeuvring –,** Manövrierfähigkeit *f.* (*eines Bootes*).

able *adj.*, seetauglich; **– to float,** schwimmfähig; **– to remain afloat,** schwimmfähig bleiben; **able-bodied** *adj.*, seetauglich, voll ausgebildet (*Seemann*); **– seaman** *s.*, Berufsseemann *m.* auf Segelschiffen; Janmaat *m.*; Matrose *m.*, der vor dem Mast fährt; Vollmatrose *m.*; **– vessel** *s.*, seetaugliches *od.* seetüchtiges Schiff *n.*; **able / crew** *s.*, eingefahrene Crew *od.* Mannschaft *f.*; **– ship** *s.*, seetaugliches Schiff *n.*

abnormal propagation *s.* (*radar*), anormale Ausbreitung *f.* (der Wellen).

aboard *adv.*, an Bord; **all – !** (*int.*), alle Mann an Bord!; **to fall –,** ansegeln; **to go –,** an Bord gehen, sich einschiffen; **to lay –,** längsseit(s) gehen; **– (a) ship,** an Bord.

abordage *s.*, Kollision *f.*, Zusammenstoß *m.*

about *adv.*, rings *od.* rund herum; etwa, nahezu, ungefähr; gewendet (*mit dem Boot*); **– !** (*com.*), R(h)ee!; **ready – !** (*int.*), Klar zum Wenden!; **going –,** Überstaggehen *n.*, Wenden *n.*; **to be –,** gewendet haben; klar zum Wenden sein; **to come –,** (ab- *od.* auf-)stoppen (*Boot*); **to go –,** auf den anderen Bug gehen, den Kurs ändern, über Stag gehen, wenden; **to put (a boat) –,** (das Boot) wenden, den Kurs ändern, das Boot auf einen anderen Kurs bringen, stagen, umlegen; **– ready!, – ship!** (*com.*), Klar zum Wenden!, R(h)ee!; **to – -ship** *v.*, wenden.

above / deck *s.*, auf Deck (befindlich); **– (mean) sea level,** über (mittlerer) Meereshöhe.

abrasive paper *s.*, Schleifpapier *n.*

abreast *adv.*, dwars, querab, Bord an Bord; **– of,** querab von, auf der Höhe von; **to be – of Dover,** sich auf der Höhe von Dover befinden; *adj.*, **line –,** Dwarslinie *f.*

absolute / delay *s.*, absolute Verzögerung *f.*; **– error** *s.*, absoluter Fehler *m.*; **– humidity** *s.*, absolute Luftfeuchtigkeit *f.*; **– motion** *s.* Absolutbewegung *f.*; **– pressure** *s.*, absoluter Druck, Absolutdruck *m.*

absorber *s.* (*radar*), nicht-reflektierendes Objekt *n.*

aburton *adv., pred. adj.*, dwars *od.* querschiffs im Raum (befestigt), nach zwei Seiten hin angelascht.

abyssal zone *s.*, Tiefsee *f.*

accelerated motion *s.*, beschleunigte Bewegung *f.*, Beschleunigungsbewegung *f.* (*des Bootes*).

acceleration *s.*, **– of gravitation,** Erd- *od.* Gravitationsbeschleunigung *f.*; **– due to gravity,** Schwerkraftbeschleunigung *f.*; **– of the tide,** Gezeitenverfrühung *f.*; **– error** *s.*, Schlingerausschlag *m.* (*am Kreisel*).

acceptance / test *s.*, Abnahmeprüfung *f.* (*eines Schiffes*); **– trial trip** *s.*, Abnahmeprobefahrt *f.*

access *s.*, **– to the sea,** Zugang *m.* zum Meer; **– hatch** *s.*, Einstiegluke *f.*; **– hole** *s.*, Durchlüftung *f.*, Eintrittsöffnung *f.*; **accessible** *adj.*, leicht erreichbar *od.* zugänglich; **– port** *s.*, (leicht) zugänglicher Hafen *m.*; **access ladder** *s.* Einstiegleiter *f.*

accessories *s./pl.*, Bordaggregate *n./pl.*, Bordzubehör *n.*; Zubehörteile *n./pl.*; **nautical –,** nautisches Zubehör *n.*

accidental *adj.*, **– gybe** *or* **gibe,** unfreiwillige Halse *f.*, Patenthalse *f.*; **– gybing** *or* **gibing** *s.*, unbeabsichtigtes Halsen *n.*, unbeabsichtigtes Übergehen *n.* des Baumes auf Vorwindkurs.

accident / boat *s.*, Unfallboot *n.*; **– hazard** *s.*, Unfallgefahr *f.*, -risiko *n.*; **– insurance** *s.*, Unfallversicherung *f.*; **– prevention** *s.*, Unfallverhütung *f.*

accommodation *s.*, Einrichtung *f.* (*an Bord*); Unterbringung *f.*; **– bulkhead** *s.*, Wohnraumschott *n.*; **– ladder** *s.*, Fallreep *n.*, Fallreepstreppe *f.*; **– plan** *s.*, Einrichtungsplan *m.*; **– rail** *s.*, Handleiste *f.*; **accommodations** *s./*

pl., Bordunterkunft *f.*, -künfte *f./pl.*
accost *v.*, (am Pier) anlegen.
accumulate *v.*, anwachsen, sich ansammeln, sich anhäufen (*Wolken, etc.*).
accumulation *s.* **of heat** (*phys.*), Wärmestau *m.*, -stauung *f.*
accumulator *s.* (*elec.*), Akku *m.*, Akkumulator *m.*, Stromsammler *m.*; – **acid** *s.*, Akku-, Füll-, Sammlersäure *f.*; – **box** *s.*, Akkumulatorengehäuse *n.*; Batteriekasten *m.*; – **cell** *s.*, Sammlerzelle *f.*
accuracy *s.*, – **of adjustment,** Einstell(ungs)genauigkeit *f.*; – **of bearings** (*pl.*), Peilgenauigkeit *f.*; – **of gauge** (*tech.*), Maßhaltigkeit *f.*; – **of measurement,** Meßgenauigkeit *f.*; – **of ship's position,** exakte Schiffsposition *f.*, Genauigkeit *f.* des Schiffsstandortes; – **in reading,** Ablesegenauigkeit *f.*
ace *s.*, Spitzensegler *m.*, Sportkanone *f.*, As *n.*; **sailing –,** Spitzensegler *m.*
acid-resisting paint *s.*, säurefester Anstrich *m.*
acknowledge *v.*, **to – reception** (*rad.*), den Empfang bestätigen; **to – a signal,** ein Signal bestätigen.
aclinic line *s.*, Akline *f.*, magnetischer Äquator *m.*
acockbill *adj.*, klar zum Fallen (*Anker*); aufgetoppt.
acon *s.*, (flaches) Boot *n.* (*im Mittelmeer*).
acorn *s.*, Flügelspill *n.*, Mastspitzenstück *n.*, Windfahnenkopf *m.*
acoustic / alarm device *s.*, akustische Alarmvorrichtung *f.*; – **direction finding** *s.*, Hörpeilung *f.*; – **feedback** *s.*, akustische Rückkoppelung *f.*; – **frequency** *s.*, Hörfrequenz *f.*; – **sonic navigation** *s.*, Unterwasserschall-Navigation *f.*; –**(al) sounder** *s.*, Echolot *n.*; –**(al) sounding** *s.*, Schallotung *f.*; – **velocity** *s.*, Schallgeschwindigkeit *f.*; – **wave** *s.*, Schallwelle *f.*
acquisition radar *s.*, Erfassungsradar *n.*
across *prep.*, quer durch, quer zu *od.* über; – **the bows,** quer vorm Bug; – **(the) Channel,** über den Kanal (hinüber); **the lake is three miles –,** der See ist 3 Meilen breit; *adv.*, herüber, hinüber; auf der anderen Seite; kreuzweise, überkreuz.
act *s.*, – **of negligence,** fahrlässige Handlung *f.*, Fahrlässigkeit *f.*; – **of providence,** – **of God,** höhere Gewalt *f.*, Naturereignis *n.*
action *s.*, – **to avoid collision by manoeuvring** *or* **to be taken to avoid risk of collision (at sea),** Manöver *n.* des letzten Augenblicks; – **turbine** *s.*, Aktions-, Gleichdruckturbine *f.*
active *adj.*, – **bearing method,** aktives Peilverfahren *n.*; – **competitor (in a race),** aktiver Teilnehmer *m.* (an einer Regatta); – **participation in a race,** aktive Teilnahme *f.* an einer Regatta; – **rudder** *s.*, Aktivruder *n.*; – **ship** *or* **vessel** *s.*, seeklares, eingesetztes Schiff *n.*
actual *adj.*, – **damages** (*pl.*), tatsächlich entstandener Schaden *m.*; – **dimension** *s.*, Effektivgröße *f.*, Istmaß *n.*; – **distance** *s.*, tatsächliche Entfernung *f.*; – **frequency** *s.* (*rad.*), Arbeitsfrequenz *f.*; – **position (of the boat),** tatsächlicher *od.* wahrer (Schiffs)Standort *m.*; – **power** *s.*, Istleistung *f.*; – **size** *s.*, natürliche Größe *f.*; – **total loss** *s.*, absoluter Totalverlust *m.*
acute *adj.*, – **angle,** spitzer Winkel *m.*; – **angled** *adj.*, spitzwink(e)lig; – **(-angled) triangle** *s.*, spitzwink(e)liges Dreieck *n.*
adapter *s.*, Adapter *m.*, Anschluß-, Einsatz-, Paß-, Verlängerungs-, Zwischenstück *n.*, Stutzen *m.*, Zusatzgerät *n.*; **adaption** *s.* (*tech.*), Anpassung *f.*, Angleichung *f.*
Adcock / aerial *s.*, Adcock-Antenne *f.*; – **direction finder** *s.*, Adcock-Peilgerät *n.*
additional *adj.*, – **attachment,** Zusatzeinrichtung *f.*, -gerät *n.*; – **load** (*tech.*), Zusatzbelastung *f.*; – **port,** Zusatzhafen *m.*; – **sail,** Beisegel *n.*, Zusatzsegel *n.*; – **weight,** Mehrgewicht *n.*
adhesive *s.*, Klebstoff *m.*, (*am.*) Heftpflaster *n.*; *adj.*, – **tape,** Klebeband *n.*, -streifen *m.*; Heftpflaster *n.*
adjacent *adj.* **sheet,** Anschlußblatt *n.* (*einer Karte*).
adjust *v.*, angleichen, anpassen, (*tech.*) (richtig) einstellen, regulieren; **to – the average,** die Dispache aufmachen, die Havarie berechnen; **to – the compass,** den Kompaß kompensieren; **to – the running (standing) rigging,** das laufende (stehende) Gut klarieren *od.* klarmachen.
adjustable *adj.*, ein-, verstellbar, regulierbar, verschiebbar; – **disk condenser,** Drehkondensator *m.*; – **prow,** Klappbug *m.*; – **speed,** regulierbare Geschwindigkeit *f.*; – **wedge,** Stellkeil *m.*; – **wrench,** verstellbarer Schraubenschlüssel *m.*
adjuster *s.*, Havariekommissar *m.*, Schadensregulierer *m.*; **backstay –,** Achterstagsspanner *m.*; **compass –,** Kompaßkompensierer *m.* (*naut. Fachmann*).
adjusting *adj.*, – **compass,** Kompensierungskompaß *m.*; – **device,** Einstell-, Justier-, Reguliervorrichtung *f.*; – **line,** Regulierleine *f.* (*im Liek*); – **screw,** Stellschraube *f.*; – **spring,** (Nach)Stellfeder *f.*; – **valve,** Regelventil *n.*
adjustment *s.*, (richtige) Einstellung *f.* (*Kom-*

paß, Rigg, etc.), Einstellvorrichtung *f.*; **– of damages** (*pl.*), Schadensregulierung *f.*; **– of the average,** Dispache *f.*, Havarieberechnung *f.*; **– of the compass,** Kompaßkompensierung *f.*; **– error** *s.*, Einstell(ungs)fehler *m.*; **– mark** *s.*, Einstell-, Justiermarke *f.*; **– needle** *s.*, Einstellnadel *f.*, -zeiger *m.*; **– screw** *s.*, Einstellschraube *f.*

admeasurement *s.*, Ab-, Ausmessung *f.*, Vermessung *f.* Eichung *f.*; **bill of –,** Meßbrief *m.*

Admiralty / anchor *s.*, Admiralitäts-, Stockanker *m.*; **– chart** *s.*, Admiralitätskarte *f.*; **– coefficient** *or* **constant** *s.*, Admiralitätskonstante *f.*; **– Court** *s.*, See(fahrts)amt *n.*; **– jurisdicition** *s.*, Seegerichtsbarkeit *f.*; **– Law** *s.* (*am.*), Schiffahrts-, Seegesetz *n.*; **– List of Lights,** Leuchtfeuerverzeichnis, Feuerbuch *n.*; **– List of Radio Signals,** Nautischer Funkdienst *m.*; **– mile** *s.*, englische Seemeile *f.*; **– Research Laboratory table** *s.*, automatischer Koppeltisch *m.*; **– Tide Tables** (*pl.*), Gezeitentabellen *f./pl.*

admissible *adj.*, **– length curve,** Schottenkurve *f.*; **– racing sail inventory,** zulässige Regattabesegelung *f.*

admission *s.*, Zulassung *f.*; (*tech.*) Einlaß *m.*, Zufuhr *f.*; **– of air,** Luftzufuhr *f.*; **– port** *s.*, Einlaß-, Eintrittsöffnung *f.*; **– valve** *s.*, Einlaßventil *n.*

adrift *adv.*, losgetrieben, schwimmend, treibend, Wind und Wellen preisgegeben, steuerlos; **to be cut –,** den Wellen überlassen werden; **to cut –,** treiben lassen; **to go –,** vertreiben (*Seezeichen*), wegtreiben; **to set –,** (*ein Boot*) treiben lassen.

adusk *adv.* (*am.*), in der Dämmerung.

advance *s.*, Fahrt *f.* durch (das) Wasser; **advanced** *adj.* **line of position,** versegelte Standlinie *f.*; **advance sail** *or* **staysail** *s.*, vierkantiges Leichtwettersegel *n.*

advantage *s.*, **to be in the –** (*rac.*), im Vorteil sein.

advection *s.* (*meteor.*), Advektion *f.* (*horizontale Verschiebung von Luftmassen*).

adverse *adj.*, **– current,** gegenlaufende *od.* -läufige Strömung *f.*, Gegenströmung *f.*, -strom *m.*; **– weather conditions** (*pl.*), ungünstige *od.* widrige Wetterverhältnisse *n./pl. od.* Witterungsbedingungen *f./pl.*; **– winds** (*pl.*), widrige Winde *m./pl.*

advice *s.*, **– of arrival,** Ankunftsanzeige *f.*, -meldung *f.*; **– boat** *s.*, Aviso *m.*, Meldeboot *n.*

aerial *s.* (*rad.*), Antenne *f.*; **cross-coil –,** Kreuzrahmenantenne *f.*; **directional –,** Richtantenne *f.*; **loop –,** Rahmen-, Ring-, Schleifenantenne *f.*; **– array** *s.*, Richtantennennetz *n.*; **– booster** s., Antennenverstärker *m.*; **– downlead** *s.*, Antennenniederführung *f.*; **– drive** *s.*, Antennendrehvorrichtung *f.*; **– effect** *s.* (*radar*), Antenneneffekt *m.*; **– following** *s.*, Antennennachlaufsteuerung *f.*; **– gain** *s.*, Antennenverstärkung *f.*; **– housing** *s.*, Antennenschacht *m.*; **– input** *s.*, Antenneneingang *m.*, -eingangsenergie *f.*; **– lead-in** *s.*, Antenneneinführung, -zuleitung *f.*; **– loss** *s.*, Antennenverlust *m.*; **– matching** *s.*, Antennenanpassung *f.*; **– noise** *s.*, Antennenrauschen *n.*; **– output** *s.*, Antennenleistung *f.*; **– suspension** *s.*, Antennenaufhängung *f.*; **– tuning** *s.*, Antennenabstimmung *f.*; **– unit** *s.* (*radar*), Drehantenne *f.*, -antennenteil *m.*; **– yard** *s.*, Antennenrah *f.*

aeroboat *s.*, Wasserflugzeug *n.*

aerodynamic(al) *adj.*, aerodynamisch; **– balance,** aerodynamischer Ausgleich *m.*; **– centre** (*am.* **center**), Druck-, Neutralpunkt *m.*; **– drag,** Luftwiderstand *m.*; **– flow,** aerodynamische Strömung *f.*; **aerodynamics** (*pl.*), Aerodynamik *f.*, Strömungslehre *f.*; **aerodynamic / shape** *s.*, aerodynamisches Profil *n.*; **– shape of a sail,** aerodynamisches Segelprofil *n.*, Bauch *m.* eines Segels, Segelbauch *m.*

aero / foil *s.*, Tragfläche *f.*; **– foil section** *s.*, Profildicke *f.*; **–gram** *s.*, Funkspruch *m.*; **–logic(al)** *adj.*, aeronautisch; **–logy** *s.*, aeronautische Wetterkunde *f.*; **–meter** *s.*, Aerometer *n.*, (Luft)Dichtemesser *m.*; **–nautical radiobeacon station** *s.*, Flugfunkfeuer *n.*; **–sol horn** *s.* Handnebelhorn *n.*; **–static** *adj.*, aerostatisch; **–statics** (*pl.*), Aerostatik *f.*, Luftgleichgewichtslehre *f.*

affirmation flag *s.*, Bejahungsflagge *f.*

affirmative *s.*, **to answer in the –,** bejahend antworten, (Signal) bejahen; *adj.*, **– flag,** Bejahungsflagge *f.*

affluent *s.*, Nebenfluß *m.*

afloat *adv.*, *pred. adj.*, flott, schwimmend; an Bord, auf dem Meer, auf dem Wasser; **always –,** immer flott liegend; **to get –,** abbringen, wieder flottmachen (*Boot*); **to keep –,** (sich) über Wasser halten; **to set –,** flottmachen (*Boot*).

afore *adv.*, vorlich, vorwärts; *prep.* (*naut.*), vor.

aft *adv.*, achteraus, achtern, hinten (*im Boot*); **fore and –,** von vorn nach achtern, vorn und achtern, in der Längsrichtung (*des Bootes*); **overhang –,** achterer Überhang *m.* (*des Bootes*); **right –,** recht achteraus; **– of the beam,** achterlicher als dwars *od.* querab; **to sail with the wind –,** vor dem Wind segeln; **to veer –,** raumen (*Wind*); **– end** *s.*, Achter-, Hinterkante *f.*, hinteres Ende *n.*

after *adj.* (*naut.*), achter, hinter; **– bearings** (*pl.*), achterlicher Bereich *m.* (*eines Bootes*); **– body** *s.*, Achterschiff *n.*; **– -body plan** *s.*, Achterschiffspantenriß *m.*; **– bow spring** *s.*, achtere Vorspring *f.*; **– braces** (*pl.*), Achterbrassen *f./pl.*; **– breast** *s.*, achtere Dwarsfeste *f.*; **– bridge** *s.*, Achterbrücke *f.*; **– cabin** *s.*, Achterkajüte *f.*; **– capstan** *s.*, Heckspill *n.*; **– cuddy** *s.*, Achterkajüte, -kombüse *f.*, Hinterplicht *f.*; **– deck** *s.*, Achterdeck *n.*; **– edge** *s.*, Achterkante *f.*; **– frames** (*pl.*), Achter-, Hinterschiffspanten *n./pl.*; **– glow** *s.* (*radar*), Nachleuchten *n.*; Abendrot *n.*; **– -glow duration** *s.* (*radar*), Nachglühdauer *f.*; **– guard** *s.*, Achterwache *f.*; **– guy** *s.*, Achtergei *f.*; **– hold** *s.*, Achterraum *m.*; **– leech** *s.* (*am.* **leach**), Achter-, Außenliek *n.*; **– mast** *s.*, Achtermast *m.*; **–most** *adj.*, achterlichst, dem Heck am nächsten, ganz achtern; **–noon watch** *s.*, Nachmittagswache *f.*; **– part** *s.* **of a boat,** Achterschiff *n.*, achterer Teil des Bootes; **– peak** *s.*, Achterpiek *f.*; **– peak bulkhead** *s.*, Stern-, Stopfbuchsenschott *n.*; **– perpendiculars** *s./pl.*, achtere Lote (*pl.*); **– piece** *s.*, Ruderhacke *f.*; **– quarter** *s.*, Achterschiff *n.*; **– (quarter) compartment** *s.*, Heckraum *m.*; **– quarter spring** *s.*, Achterspring *f.*; **– range lights** *s./pl.*, Heck(positions)lichter *n./pl.*, hintere Dampferlaterne *f.*; **– rib** *s.*, Heckspant *n.*, Hinterschiffspant *n.*; **– rope** *s.*, Heckfestmacherleine *f.*; **– run** *s.*, achtere Schiffslinie *f.*; **– sails** (*pl.*), Achtersegel *n./pl.*, Heckgeschirr *n.*; **– section** *s.* **of a ship,** Achterschiff *n.*; **– spring** *s.*, Achterspring *f.*; **– superstructure** *s.*, achterer Aufbau *m.*, achtere Aufbauten *pl.*; **– tank** *s.*, achterer Tank *m.*; **– thwart** *s.*, Backstag *n.*; **– yards** (*pl.*), Achterrahen *f./pl.*

aft/most *adv.*, ganz achtern, achterlichst; **– ship** *s.* Achterschiff *n.*; **–ward(s)** *adv.*, achteraus, nach achtern zu.

against *prep.*, **to haul – the sun,** linksdrehen (*Wind*); **hauling – the sun,** Linksdrehen *n.* (*des Windes*); **– the sun,** gegen die Sonne, linksdrehend; **– the tide,** gegen den Strom, gegen die Flut.

age *s.*, **– of phase inequality,** Nippverspätung *f.*; **– of tide,** Alter *n.* der Gezeit; **– structure** *s.*, Altersstruktur *f.* (*des Schiffsbestandes*).

agger *s.*, Doppeltide *f.*

aggregate *s.* (*elec., tech.*), Aggregat *n.*, Gerät *n.*, Satz *m.* (*von Maschinen*).

agitated *adj.* **sea,** aufgepeitschte *od.* aufgewühlte See *f.*

agonic line *s.*, Agone *f.* (*Isogone der Mißweisung 0°*).

aground *adv., pred. adj.*, aufgelaufen, gestrandet (*Boot*); **to be –,** aufgelaufen sein, auf dem Grund sitzen; **to run –,** auflaufen, festkommen, auf Grund laufen, stranden; **to run a boat –,** ein Boot *od.* Schiff auf Grund *od.* auf den Strand setzen.

ahead *adv., pred. adj.*, vorn, nach vorn zu; voraus, vorwärts; **all – full!** (*com.*), (Alle Maschinen) Volle Kraft voraus!; **dead –,** recht voraus; **dead slow –!** (*com.*), Ganz langsame Fahrt voraus!; **emergency full –!** (*com.*), Äußerste Kraft voraus!; **full –!** (*com.*), Volle Fahrt voraus!; **full speed –!** (*com.*), Volle Kraft voraus!; **half –!** (*com.*), Halbe Fahrt voraus!; **right –,** recht voraus; **slow –!** (*com.*), Langsame Fahrt voraus!; **wind –,** vorlicher Wind; **to draw –,** auswandern (*Peilung*); schralen (*Wind*); **to go –,** vorauslaufen (*Boot*); **– motion** *s.* **(of a boat),** Vorwärtsbewegung *f.* (des Bootes); **– run** *s.*, Vorwärtsfahrt *f.*; **– speed** *s.*, Fahrt *f.* voraus, Vorausgeschwindigkeit *f.*

ahoy! (*int.*), ahoi!, ahoi, ho!; **ship –!** (*int.*), Schiff ahoi!; *v.*, ein Schiff mit ahoi anpreien.

ahull *adv.*, vor Topp und Takel; *adj.*, beigedreht.

aid *s.*, Hilfe(leistung) *f.*; **navigational –s** (*pl.*), nautische Ausrüstung *f.*, nautische Hilfsmittel (*pl.*); **–s** (*pl.*) **to navigation,** Navigationshilfsmittel (*pl.*); **–s** (*pl.*) **to navigation radio control,** Navigationsfunkhilfe *f.*; **– wave** *s.*, Leitstrahl *m.* (*Funknav.*).

air *s.*, Atmosphäre *f.*, Luft *f.*; Brise *f.*, Lüftchen *n.*, Lufthauch *m.*; Luftbewegung *f.*, -strömung *f.*, -zug *m.*, Wind *m.*; **light –** (*meteor.*), leiser Zug *m.*; **light (medium, heavy) – (sail),** Leicht-, Mittel-, Schwerwetter(segel); **the lightest –,** die geringste Luftbewegung; **the – picks up,** die Brise frischt auf; **to be on the –,** auf Empfang *od.* in Funkbetrieb sein, funken; **to go off the –,** Funkspruch beenden; **horsepower generated by –,** durch Luftströmung erzeugte Vortriebskraft; **– access** *s.*, Luftzutritt *m.*; **– bag** *s.*, Auftriebskörper *m.*, Kenterschlauch *m.*; **distress – bag,** Seenot- *od.* Rettungs-Auftriebsgurt *m.*; **– -blast velocity** *s.*, Windgeschwindigkeit *f.*; **– bleeder** *s.*, Be-, Entlüftungsöffnung *f.*; **– blower** *s.*, Lüfter *m.*; **– -box** *s.*, Luftkasten *m.*; **– bubble** *s.*, Luftblase *f.*; **– case** *s.*, Luftkasten *m.*, Windhaube *f.*; **– chamber** *s.*, Luftkasten *m.* (*im Rettungsboot*); Windkessel *m.*; **– cleaner** *s.*, Luftfilter *m.*; **– conditioner** *s.*, **– conditioning plant** *s.*, Klimaanlage *f.*; **– craft auxil-**

iary *s.*, Flugsicherungsschiff *n.*; – **current** *s.*, Luftstrom *m.*, -strömung *f.*; – **cushion craft** *s.*, Luftkissenboot *n.*; – **deflector** *s.*, Luftdüse *f.*; – **eddy** *s.*, Luftstrudel *m.*, -wirbel *m.*; **–foil** *s.*, Tragfläche *f.*; Profil *n.* (*Segel*); **–foil centreboard** (*am.* **centerboard**) *s.*, Profilschwert *n.*; **–foil headstay** *s.*, Profilvorstag *n.*; **–foil mast** *s.*, Profilmast *m.*; **–foil sail** *s.*, Profilsegel *n.*; **–foil section** *s.*, Tragflächenprofil *n.*; – **flow** *s.*, Luftstrom *m.*, -strömung *f.*; **to destroy** *or* **disrupt** *or* **interrupt the – flow around a sail,** die Luftströmung am Segel abreißen lassen *od.* unterbrechen; – **hole** *s.*, Luftloch *n.*, Fallbö *f.*; Windfang *m.*; – **horn** *s.*, Tyfon *n.*; – **hose** *s.*, Luftschlauch *m.*; **airing** *s.*, (Be)-Lüftung *f.*; **air / inlet** *s.*, – **intake** *s.*, Lufteinlaß *m.*; – **jacket** *s.*, (aufblasbare) Schwimmweste *f.*; – **layer** *s.*, Luftschicht *f.*; – **lock** *s.*, Druckstau *m.*, -stauung *f.*; – **mass** *s.*, Luftmasse *f.*; **cold – mass** *s.* (*meteor.*), Kaltluftmasse *f.*; **warm – mass** *s.* (*meteor.*), Warmluftmasse *f.*; – **moisture** *s.*, Luftfeuchtigkeit *f.*; – **pipe** *s.*, (Ent)Lüftungsrohr *n.*; – **pocket** *s.*, Fallbö *f.*, Luftloch *n.*; – **port** *s.*, Seitenfenster *n.*; – **pressure** *s.*, Atmosphären-, Luftdruck *m.*; – **pressure gauge** *s.*, Druckluftmanometer *n.*; – **raft** *s.*, (aufblasbares) Schlauchboot *n.*; – **resistance** *s.*, Luftwiderstand *m.*; – **scoop** *s.*, Luft-, Windhutze *f.*; – **-sea rescue plane** *s.*, Seerettungsflugzeug *n.*; – **-sea rescue service** *s.*, Flugseerettungsdienst *m.*, Seenotrettungsdienst *m.*; – **-seasoned timber** *s.*, luftgetrocknetes Holz *n.* (*Schiffbau*); – **sleeve** *s.*, – **sock** *s.*, Luft-, Windsack *m.*; – **slide** *s.*, Luftschieber *m.*; – **sound signal** *s.*, Luftschallsignal *n.*; – **strake** *s.*,Luftgang *m.* (*Schiffbau*); – **stream** *s.*, Fahrtwind *m.*, Luftstrom *m.*; – **tank** *s.*, Luftkasten *m.* (*im Boot*); – **trunk** *s.*, Luftschacht *m.*; – **tube** *s.*, Luftschlauch *m.*; – **valve** *s.*, Luftklappe *f.*, -schieber *m.*, -ventil *n.*; – **vent** *s.*, Luftabzug *m.*, -auslaß *m.*; – **whistle** *s.*, Luft(signal)pfeife *f.*; – **winch** *s.*, Druckluftwinsch *f.*

alarm *s.*, – **bell,** Alarm-, Signalglocke *f.*; – **buzzer** *s.*, Alarmsummer *m.*, -geber *m.*; – **device** *s.*, Alarmvorrichtung *f.*; – **lamp** *s.*, Signal-, Warnlampe *f.*; – **receiver** *s.*, Alarmempfänger *m.*; – **signal** *s.*, Alarm-, Warnsignal *n.*; – **signal transmitter** *s.*, Havariesender *m.*; – **whistle** *s.*, Alarmpfeife *f.*

Aldis lamp *s.*, Aldislampe *f.*, Handmorselampe *f.*, Handscheinwerfer *m.*; **to blink out a message on the –, to signal by –,** mit der Aldislampe signalisieren.

alee *adv.*, *pred. adj.*, in Lee, nach Lee zu, leewärts, unter dem Wind.

alga *s.* (*pl.* **algae**), Alge *f.*

alidade *s.* (*astr.*, *math.*), Alhidade *f.*, Diopter-(lineal) *n.*

alight *v.*, wassern (*Seeflugzeuge*); **to – on the sea,** auf dem Meer wassern.

alignment bearing *s.*, Deckpeilung *f.*

alive *adj.* (*elec.*), Strom führend, unter Spannung (befindlich); lebendig (*Boot*).

all / -aft arrangement *s.*, Achterschiff *n.*, die gesamten achteren Aufbauten (*pl.*); – **-a-taut-o,** alles steifgeholt, (seemäßig) alles in Ordnung; – **clear report** *s.*, Klarmeldung *f.*; – **-electric welded ship** *s.*, voll E-geschweißtes Schiff *n.*; – **hands** (*pl.*), alle Mann; – **hands on deck!** (*com.*), Alle Mann an Deck!; – **hands over the side!** (*com.*, *am.*), Alle Mann über Bord!; – **-hatch ship** *s.*, All-Lukenschiff *n.*, offenes Schiff *n.*; – **-in insurance** *s.*, General-, Gesamtversicherung *f.*

alloted *adj.* **frequency** (*rad.*), zugeteilte Frequenz *f.*

allow *v.* (*rac.*), vergüten.

allowable *adj.*, – **deviation,** zulässige Abweichung *f.*; – **load** *s.*, zulässige Belastung *f.*

allowance *s.* (*tech.*), Spielraum *m.*, Toleranz *f.*, zulässige Abweichung *f.*, (*rac.*), Vergütung *f.*, Vorgabe *f.*; **rig –s** (*pl.*), Riggvorteile *m./pl.*

alloy *s.*, **(monel) – rivet** *s.*, Blind-, Monelniet *n.*; – **steel** *s.*, legierter Stahl *m.* (*Schiffbau*).

all / plain sail area *s.*, Amwindsegelfläche *f.*; – **purpose sail** *s.*, Allroundsegel *n.*, bei vielen Windbedingungen einsetzbares Segel; – **purpose spinnaker** *s.*, Allroundspinnaker *m.*, Spinnaker für verschiedene Windbedingungen; – **-range receiver** *s.*, Allwellenempfänger *m.*; – **-round dipole** *s.* (*rad.*), Runddipol *m.*; – **-round genoa** *s.* (*am.* **all-around genoa**), Allroundgenua *f.*; – **-round lantern** *s.*, Vollkreislaterne *f.*; – **-round light** *s.*, Vollkreis-, Rundumlicht *n.*; – **-round looking aerial** *s.* (*am.* **antenna**) (*radar*), Antenne *f.* für Rundempfang, Rundempfangsantenne *f.*; – **-round looking device** *s.* (*radar*), Panoramasichtvorrichtung *f.*; -gerät *n.*; – **-round search radar** *s.*, Panoramagerät *n.*; – **-round transmitting aerial** *s.* (*am.* **antenna**), (*rad.*), Rundstrahler *m.*; – **-round visual sweep** *s.* (*radar*), Rundsichtverfahren *n.*; – **standing,** alles stehend, (seemäßig) voll ausgerüstet; – **-steel construction** *s.*, Ganzstahlbauweise *f.*; – **time saved** (*rac.*), eingesparte Gesamtzeit *f.*; – **wave receiver** *s.* (*rad.*), Allwellenempfänger *m.*; – **weather sail** *s.*, Allwettersegel *n.*; – **-welded ship** *s.*, ganz geschweißtes Schiff *n.*; – **wood construction** *s.*,

Ganzholzbauweise *f.*
almanac *s.*, **nautical –,** Nautisches Jahrbuch *n.*
aloft *adv.*, oben, in der Takelung; **to go –,** aufentern.
along *prep.*, **– the deck,** längsdeck; **– the ship,** längsschiff(s); **to sail – the coast,** an der Küste entlang segeln.
alongshore *adv.*, die *od.* der Küste entlang, längs der Küste; **–man** *s.*, Küstenfahrer *m.*; Werftarbeiter *m.*
alongside *adv.*, Bord an Bord, längsseit(s); **close –,** Bord an Bord; **come –!** (*int.*), Längsseit kommen!; **going –,** Anlegen *n.*; **to come –,** längsseit gehen *od.* kommen; **to go –,** anlegen; **to lay – of,** längsseit eines Schiffes anlegen *od.* festmachen; **to lie –,** im Päckchen fahren; **– quai,** längsseit Kai.
aloof *adv.* (*naut.*), luvwärts, nach Luv zu.
alow *adv.* (*naut.*), unten, her- *od.* hinunter, nach unten, unter Deck.
alphabetical *adj.*, **– flag,** Buchstabenflagge *f.*; **– flags** (*pl.*), Flaggenalphabet *n.*; **– group** *s.*, Buchstabengruppe *f.*
altar *s.*, Stufenweg *m.* an den Seiten eines Trockendocks.
altazimuth *s.* (*astr.*), Altazimut *n.*, Höhenazimut *m. od. n.*
alter *v.*, **to – course (to),** den Kurs ändern (auf, nach); **to – course in succession,** (im Verband) schwenken; **to – course together,** (im Verband) wenden; **to – round,** auf Gegenkurs gehen; **to – stern-on,** mit dem Heck zudrehen auf; **to – the trim,** Trimmänderungen vornehmen, vertrimmen.
alteration *s.*, **– of the course,** Kursänderung *f.*; **– of frequencies** (*pl.*) (*rad.*), Frequenzänderung *f.*; **– of the trim,** Tauch(ungs-), Trimmänderung *f.*, Vertrimmung *f.*
alternate *adj.*, **– angle,** Gegenwinkel *m.*; **– angles** (*pl.*), Wechselwinkel *m./pl.*
alternating / current *s.*, Wechselstrom *m.*; **– (flashing) light** *s.*, Wechselfeuer *n.*; **– movement (of a boat)**, Hin- und Herbewegung *f.* (eines Bootes); **– occulting light** *s.*, Mischfeuer *n.*; **– stress** *s.* (*tech.*), Wechselbeanspruchung *f.*
alternative *adj.* **frequency** (*rad.*), Ausweichfrequenz *f.*
altitude *s.*, (absolute) Höhe *f.* über dem Meeresspiegel *od.* über NN; **apparent –,** Kimmabstand *m.*, (*astr.*) scheinbare Höhe *f.*; **ex-meridian –,** Nebenmeridianbreite *f.*; **meridian –,** Meridianbreite *f.*, -höhe *f.*, Mittagshöhe *f.*; **observed –, true –,** wahre Höhe *f.*; **sun's –,** Sonnenhöhe *f.*; **upper meridian –,** Mittagshöhe *f.*; **– of culmination** *s.* (*astr.*), Kulminationshöhe *f.*; **– of pole** *s.* (*astr.*), Polhöhe *f.*; **– of star** *s.* (*astr.*), Gestirn-, Sternhöhe *f.*; **– of the sun,** Sonnenstand *m.*; **– of the sun on the meridian,** Mittagshöhe *f.*; **– of the upper limb** *s.* (*astr.*), Oberrandhöhe *f.*; **to take the sun's –,** die Sonnenhöhe (mit dem Sextanten) messen, die Sonne schießen; **– azimuth** *s.*, Höhenazimut *m.*; **– correction** *s.*, Höhenbeschickung *f.*, -verbesserung *f.*; **– difference** *s.* (*astr.*), Höhendifferenz *f.*; **– error** *s.*, Höhenfehler *m.*
alto / cumulus *s.* (*meteor.*), Altocumulus *m.*, (grobe) Schäfchenwolke *f.*, hohe Haufenwolke *f.*; **–strato cloud, –stratus** *s.* (*meteor.*), Altostratus *m.*, Altostratuswolke *f.*, hohe Schichtwolke *f.*, Wogenwolke *f.*
aluminium *s.*, Aluminium *n.* (*Schiffbau*); **– mast** *s.*, Aluminiummast *m.*, (*coll.*) Alumast *m.*
aluminum *s.* (*am.*), Aluminium *n.*
amain *adv.* (*naut.*), mit aller Kraft, heftig; **let go –!** (*com.*), Laß gehen! Laß die Segel nieder!
amateur *s.*, **– frequency band** (*rad.*), Amateurband *n.*; **– radio operator** *s.*, Funkamateur *m.*; **– sailor** *s.*, Amateur-, Herren-, Sportsegler *m.*
amends *s./pl.*, Schadenersatz *m.*; **to make –,** Schadenersatz leisten.
American whipping *s.*, amerikanischer Takling *m.*
amidship(s) *adv.*, mittschiffs. *pred. adj.*, in der Mitte des Schiffes (befindlich); **–s!** (*com.*), Mittschiffs!; **rudder –s!** (*com.*), (Ruder) mittschiffs!; **– bending moment** *or* **moment of flexure,** Mittschiffsbiegemoment *n.*; **– section** s., Hauptspant *n.*
amount *s.*, **cloud –** (*meteor.*), Bedeckungs-, Bewölkungsgrad *m.*; **– of resistance,** Widerstandswert *m.*; **– of turn**, Gradzahl *f.* der Ruderlage.
amperage *s.*, Amperezahl *f.*, Stromstärke *f.*
amperemeter *s.*, Amperemeter *n.*, Strommesser *m.*
amplification *s.* (*elec.*, *phys.*), Verstärkung *f.*
amplifier *s.* (*rad.*), Verstärker *m.*; **power –, – stage** *s.* (*rad.*), Verstärkerstufe *f.*; Endstufe *f.*
amplitude *s.* (*astr.*), Amplitude *f.*, Gestirnweite *f.*, Polarwinkel *m.*; (*phys.*), Schwingungsweite *f.*; **eastern –,** Morgenweite *f.*; **western –,** Abendweite *f.*; **– modulation** *s.*, Amplitudenmodulation *f.* (*bei Sendern*).
anabatic wind *s.* (*meteor.*), anabatischer Wind

m., Aufwind *m.*

analog signal *s.*, Analogsignal *n.*; **analog(ical) indication** *s.*, Analoganzeige *f.* (*Echolot, etc.*).

anchor *s.*, Anker *m.*; **at –,** vor Anker; **bower –,** Buganker *m.*; **driving –,** Lenzsack *m.*; **folding –,** Faltanker *m.*, Klappdraggen *m.*; **kedge –,** Warp-, Wurfanker *m.*; **main –,** Pflicht-, Rüstanker *m.*; **mud –, mushroom –,** Pilzanker *m.*; **plough –,** Pflugscharanker *m.*; **sea –,** Treibanker, Seeanker *m.*, Lenzsack *m.*; **sheet –,** Not-, Rüstanker *m.*; **shore –,** Wallanker *m.*; **stern –,** Heckanker *m.*; **stockless –,** Admiralitäts-, Patent-, Stockanker *m.*; **warp –,** Warpanker *m.*; **yacht –,** Yachtanker *m.*; **let go –!** (*com.*), Fall Anker!; **stand by the starboard (port) –!** (*com.*), Klar bei Steuerbord (Backbord)anker!; **up –!** (*com.*), **weigh –!** (*com.*), Anker auf *od.* lichten!; **weighing –,** Ankeraufgehen, Ankerlichten *n.*; **the – is apeak,** der Anker ist auf und nieder; **(the) – (is) aweigh!** (*int.*), Anker ist los *od.* aus dem Grund!; **– clear!, – is clear of the water!** (*int.*), Anker ist auf!; **(the) – comes home!** (*int.*), Anker geht durch!; **the – drags!** (*int.*), Anker schliert!; **the – drives,** der Anker schliert *od.* treibt; **the – holds** *or* **has got a good hold,** der Anker hält; **the – is home,** der Anker ist in der Klüse; **the – is ready for letting go!** (*int.*), Anker ist klar zum Fallen!; **the – is in sight!** (*int.*), Anker ist aus dem Wasser!; **the – is at short stay,** der Anker ist kurzstag; **to back the –,** den Anker verkatten; **to bring out the –,** den Anker ausbringen; **to cast –,** ankern, vor Anker gehen, sich vor Anker legen; **to come to –, to drop –,** ankern, vor Anker gehen; **to drag the –,** den Anker schleppen, vor Anker treiben; den Anker (ab)-treiben *od.* schlieren lassen; **to lie at –, to ride at –,** vor Anker liegen; **to trip out an –,** einen Anker ausbrechen; **to weigh –,** den Anker lichten.

anchor *v.i.*, ankern, vor Anker gehen *od.* liegen; *v.t.*, verankern, sich vor Anker legen; an einer Boje verankert sein *od.* ankern.

anchorable bottom *s.*, zum Ankern geeigneter Grund *m.*, guter Ankergrund *m.*

anchorage *s.*, Ankergrund, -platz *m.*; Anker-, Liegegebühr *f.*; Anker-, Hafengeld *n.*; Ankergeschirr *n.*; Verankerung *f.*, Vor-Anker-Liegen *n.*, (*tech.*) Befestigung *f.*, Verankerung *f.*; **– bearing** *s.*, Ankerpeilung *f.*; **– ground** *s.*, Ankergrund *m.*

anchor/and chain certificate *s.*, Anker- und Kettenzertifikat *n.*; **– arm** *s.*, Ankerarm *m.*; **– ball** *s.*, Ankerball *m.*, schwarzer Ball *m.*; **– bar** *s.*, Handspake *f.*; **– bearing** *s.*, Ankerpeilung *f.*; **– bed** *s.*, Ankerbett *n.* (*Schutzunterlage an Deck*), Schweinsrücken *m.*; **– bend** *s.*, Roringstek *m.*; **– berth** *s.*, Ankerplatz *m.*; **– bill** *s.*, Ankerspitze *f.*; **– blade** *s.*, Ankerblatt *n.*, -schar *f.*; **– bolt** *s.*, Ankerbolzen *m.*; **– bracket** *s.*, Ankerkonsole *f.*; **– buoy** *s.*, Ankerboje *f.*; **– -buoy rope** *s.*, Ankerboje(n)reep *n.*; **– cable** *s.*, Ankerkette *f.*, -trosse *f.*; **– capstan** *s.*, Ankerspill *n.*; **– chain** *s.*, Ankerkette *f.*; **– chain bitter ends** (*pl.*)., Ankerkettenendglied *n.*; **– chock** *s.*, Schweinsrücken *m.*; **– crown** *s.*, Ankerkreuz *n.*; **– dues** *s./pl.*, Ankergeld *n.*; **– eye** *s.*, Ankerauge *n.*; **– fluke** *s.*, Ankerflunke *f.*; **– -fluke chock** *s.*, Schweinsrücken *m.*, Deckshalterung *f.* für den Anker; **– gear** *s.*, Ankergeschirr *n.*; **– ground** *s.*, Ankergrund *m.*; **– head** *s.*, Ankerschaft *m.*; **– hook** *s.*, Ankerhaken *m.*, Klammerhaken *m.*; **– hoy** *s.*, Boot *n.* zum Ausbringen des Ankers, Vertäuboot *n.*, Lichterschiff *n.*

anchoring/berth *s.*, Ankerplatz *m.*; **– manoeuvre** *s.* (*am.* **maneuver**), Ankermanöver *n.*; **– order** *s.*, Ankerkommando *n.*; **– picket** *s.*, Ankerpfahl *m.*

anchor/lamp *s.*, **– lantern** *s.*, Ankerlaterne *f.*; **– light** *s.*, Ankerlicht *n.*; **– line** *s.*, Ankerleine *f.*; **– lining** *s.*, Ankerfütterung *f.*; **– marks** *s./pl.*, Ankermarkierung *f.*; **– nut** *s.*, Ankerstocknuß *f.*; **– palm** *s.*, Ankerhand *f.*, -pflug *m.*; **– plate** *s.*, Schweinsrücken *m.*; **– pocket** *s.*, versenkte Ankerklüse *f.*, Ankertasche *f.*; **– ring** *s.*, Roring *m.*; **– rocket** *s.*, Ankerrakete *f.* (*Seenotsignal*); **– rope** *s.*, Ankerleine *f.*, -tau *n.*, dünne Ankertrosse *f.*; **– shackle** *s.*, Ankerschäkel *m.*; **– shaft** *s.*, Ankerschaft *m.*; **– shoe** *s.*, Ankerschuh *m.*; **– shot** *s.*, Ankerkugel *f.* (*Seenotrettungsmittel*); **– slipper** *s.*, Ankerschlipp(er) *m.*; **– stations** (*pl.*), Ankermanöverstation *f.*; **– stock** *s.*, Ankerstock *m.*; **– stopper** *s.*, Ankerkettenstopper *m.*; **– stowage** *s.*, Ankerstauraum *m.*; **– tackle** *s.*, Ankertalje *f.*; **– throat** *s.*, Ankerhals *m.*; **– tripper** *s.*, Ankerschlipp(er) *m.*; **– tripping device** *s.*, Ankerschlippvorrichtung *f.*; **– watch** *s.*, Ankerwache *f.*; **– weight** *s.*, Anker-, Gleitgewicht *n.*

anemogram *s.*, Anemogramm *n.*, Winddiagramm *n.*

anemometer *s.*, Anemometer *n*, Windgeschwindigkeits-, Windstärkemesser *m.*; **cup –,** Schalenkreuz-Windmesser *m.*

anemoscope *s.*, Anemoskop *n.*, Windrichtungsanzeiger *m.*, Windfahne *f.*

aneroid barometer *s.*, Aneroid-, Druckdosenbarometer *n.*

angle *s.*, Winkel *m.*, (*phys.*) Neigung *f.*, (*tech.*) Knie(stück) *n.*, (*astr.*) Haus *n.*; **acute –, (obtuse –, right –),** spitzer, (stumpfer, rechter) Winkel *m.*; **danger –,** Gefahrenwinkel *m.*; **derivation –,** Derivationswinkel *m.*; **doubling the – of the bow,** doppelter Bugwinkel *m.*, Verdoppelung *f.* der Seitenpeilung, Versegelungspeilung *f.*; **drift –,** Abdriftwinkel *m.*; **drift correction –,** Vorhaltewinkel *m.*; **exterior –, external –,** Außenwinkel *m.*; **helm –,** Ruder(anstell)winkel *m.*; **horizontal –,** Horizontalwinkel *m.*; **narrow (wide) – of** *or* **to the wind,** kleiner (großer) Windeinfallswinkel *m.*; **optimum – of attack** *or* **incidence,** optimaler Anstell- *od.* Anströmwinkel *m.*; **track –,** Kurswinkel *m.*; **two horizontal –s** (*pl.*), Doppelwinkelmessung *f.*; **upsetting –,** Kenterwinkel *m.*; **vertical –,** Scheitelwinkel *m.*; **vertical sextant –,** Höhenwinkel *m.*; **at an – to,** in einem Winkel stehend mit; **at right –s** (*pl.*) **to,** im rechten Winkel zu; **– of altitude,** Höhenwinkel *m.*; **– of aperture,** Öffnungswinkel *m.*; **– of attack,** Anstell-, Anströmwinkel *m.*, Windanschnitt *m.*, Windeinfallswinkel *m.*; **– of correction,** Korrekturwinkel *m.*; **– of (the) course,** Kurswinkel *m.*; **– of deadrise,** Aufkimmungswinkel *m.*; **– of departure,** Abgangswinkel *m.*; **– of deviation,** Ablenkungs-, Abweichungswinkel *m.*, Deviationswinkel *m.*; **– of dip,** Inklinationswinkel *m.* (*Magnetnadel*); **– of drift,** Abtriftwinkel *m.*; **– of elevation,** Steigungswinkel *m.*; **– of entry,** Eintauch-, Eintrittswinkel *m.*; **– of heeling,** Krängungswinkel *m.*; **– of incidence,** Einfallswinkel *m.*; Anstell-, Anströmwinkel *m.*; **– of inclination,** Inklinations-, Neigungswinkel *m.*; **– of intersection,** Schnittwinkel *m.*; **– of pitch,** Stampfwinkel *m.*; **– of precession,** Präzessionswinkel *m.*; **– of reflexion,** Ausfalls-, Reflexionswinkel *m.*; **– of refraction,** Brechungswinkel *m.*; **– of sight,** Sehwinkel *m.*; **– of torsion** (*phys.*), Torsionswinkel *m.*; **– of trim,** Trimmwinkel *m.*; **– of yaw,** Gierwinkel *m.*; **– of** *or* **to the wind,** Windeinfallswinkel *m.*; **– bar** *s.*, Winkelprofil(stück) *n.*, Winkeleisen *n.*; **– bulb** *s.*, Bulb-, Wulstwinkel *m.*; **angled** *adj.*, eckig, wink(e)lig; **angles** (*pl.*), Winkelprofile *n./pl.*; **angle / sextant** *s.*, Winkelsextant *m.*; **– wrench** *s.*, Steckschlüssel *m.*

angular *adj.*, **– acceleration,** Winkelbeschleunigung *f.*; **– accuracy,** Winkelgenauigkeit *f.*; **– adjustment,** Winkeleinstellung *f.*; **– bitt,** Winkelpoller *m.*; **– distance,** Winkelabstand *m.*, (*naut.*) Richtungsunterschied *m.*; **– minute,** Winkelminute *f.*; **– momentum,** Drall *m.*, Drehmoment *n.*; **– point,** Scheitelpunkt *m.*; **– position (of a boat),** Schräglage *f.*; **– rate,** Grad *m.* der Peilungsänderung; **– resolution,** Winkelauflösung *f.*, -auflösungsvermögen *n.*; **– scan(ning)** (*radar*), Winkelauflösung *f.*; **– velocity** (*phys.*), Winkelgeschwindigkeit *f.*, (*tech.*) Dreh-, Umlaufgeschwindigkeit *f.*

animal sling *s.*, Brookstropp *m.*

annual *adj.*, **– change,** jährliche Änderung *f.* (*Seekarte*); **– fall's cruise,** Absegeln *n.*, letzte Club- *od.* Revierfahrt *f.* der Segelsaison; **– mean** *s.*, Jahresmittel *n.*; **– parallax** *s.* (*astr.*), jährliche Abweichung *f.*; **– spring's cruise,** Ansegeln *n.*, erste Club- *od.* Revierfahrt *f.* der Segelsaison.

annular *adj.* **eclipse** (*astr.*), ringförmige Sonnenfinsternis *f.*

anode *s.*, Anode *f.*; **sacrificial –,** Opferanode *f.* (*Korrosionsschutz*).

anodize *v.*, eloxieren, elektrolytisch behandeln (*Metall*); **anodized** *adj.*, eloxiert.

answer *s.* (*naut.*), Gegengruß *m.*, -signal *n.*; **– in the affirmative (negative),** bejahende (verneinende) Antwort *f.*

answer *v.*, **to – in the affirmative (negative),** (*Signal, etc.*) bejahen (verneinen); **to – the helm,** dem Ruder gehorchen (*Boot*); **to – a signal,** ein Signal beantworten *od.* erwidern; **to –** (*tech.*), reagieren auf.

answering / pennant *s.*, Antwortwimpel *m.*, Gegensignal *n.*; **– signal** *s.*, Antwort-, Gegensignal *n.*; **– station** *s.* (*rad.*), Gegenfunkstation *f.*, -stelle *f.*; **– wave** *s.* (*rad.*), Antwortwelle *f.*

Antarctic *adj.*, antarktisch, Südpol-; **– front** *s.* (*meteor.*), Antarktisfront *f.*

antecedence *s.* (*astr.*), Rückläufigkeit *f.* (*eines Planeten von Ost nach West*).

antemeridian *adj.*, am Vormittag stattfindend, vormittägig; **ante meridiem,** vormittags; **12 o'clock a.m.,** 12 Uhr (vor)mittags.

antenna *s.* (*pl.* **-nae**) (*am. rad.*), Antenne *f.*; **cross-coil –,** Kreuzrahmenantenne *f.*; **directional –,** Richtantenne *f.*; **frame –,** Rahmenantenne *f.*; **loop –,** Rahmen-, Ring-, Schleifenantenne *f.*; **– gain** *s.*, Antennengewinn *m.*; **– switch** *s.*, Antennenschalter *m.*; **– tuning** *s.*, Antennenabstimmung *f.*

anthelion *s.* (*astr.*), Anthelion *n.*, Gegensonne *f.*

anti / -barging rules *s./pl.* (*rac.*), Startregeln *f./pl.*; **– -clockwise** *adj.*, linksdrehend (*Wind*); **– -clockwise motion** *s.*, Linksdrehung *f.*;

– -**clockwise propeller** *s.*, linksgängiger Propeller *m.*; – -**clockwise rotation** *s.*, Linksdrehung *f.*, -lauf *m.*; – -**clutter control** *s.* (*radar*), Seegangsentstörung *f.*; – -**clutter rain** *s.* (*radar*), Regenenttrübung *f.*; – -**clutter sea** *s.*, (*radar*), Nachechodämpfung *f.*; – -**collision radar** *s.*, Kollisionsschutz-Radar *n.*; – -**collision safety device** *s.* (*radar*), Kollisionsschutz-(radar)gerät *n.*; – -**corrosive (agent** *or* **paint)** *s.*, Korrosions-, Rostschutz *m.*, (-mittel *n. od.* -farbe *f.*); – -**corrosive coating** *s.*, korrosionsverhindernder (Schutz)Anstrich *m.*; –**cyclone** *s.*, Antizyklon *m.*, Gegenwirbelsturm *m.*; (*meteor.*), Antizyklone *f.*, Hoch(druckgebiet) *n.*; – -**distortion** *s.* (*rad.*), Entzerrung *f.*; –**fading** *s.* (*rad.*), Schwundausgleich *m.*; – -**fouling** *s.*, Antifouling *n.*; **special –fouling** *s.*, Spezialantifouling *n.*, Unterwasserschutzanstrich *m.*; **tar(ry) –fouling** *s.*, Teer-Antifouling *n.*; **–fouling coat** *s. or* **paint** *s.*, Antifoulingfarbe *f.*, anwuchsverhindernder Schutzanstrich *m.*, Unterwassergleitfarbe *f.*, -anstrich *m.*, -schutz *m.*; – -**freezing agent** *s.*, Frostschutzmittel *n.*; –**friction** *s.*, Schmiermittel *n.*; – -**gain control** *s.* (*radar*), Seegangsenttrübung *f.*; – -**glare screen** *s.*, Blendschutzscheibe *f.*; – -**interference** *s.* (*rad.*), Entstörung *f.*; – -**pitch(ing) fin** *s.*, Antistampfflosse *f.*; – -**resonant circuit** *s.* (*rad.*), Sperrkreis *m.*; – -**resonant frequency** *s.* (*rad.*), Eigenfrequenz *f.*; – -**roll bulges** (*pl.*), Schlingerwülste *m./pl.*; – -**roll device** *s.*, Schlingertank *m.*; – -**roll stabilizer** *s.*, Schlingerdämpfer *m.*; – -**roll tank** *s.*, Schlingertank *m.*; – -**rust coating** *s.*, Rostschutzanstrich *m.*; – -**rust paint** *s.*, Rostschutzfarbe *f.*; –**scorbutic** *s.*, Skorbutmittel *n.*; – -**swell device** *s.*, Seegangssperrung *f.*; –**trades** (*pl.*) (*meteor.*), Gegenpassat(winde *pl.*) *m.*

anvil cloud *s.* (*meteor.*), Amboßwolke *f.*

apeak *adv., pred. adj.* (*naut.*), auf und nieder, (nahezu) senkrecht; **close –,** stagweise; **oars –!** (*com.*), (die) Riemen senkrecht!

aperiodic compass *s.*, gedämpfter Kompaß *m.*

aperture *s.* (*phys.*), Apertur *f.*, Blende *f.*, Durchmesser *m.* des Objektivs; Öffnung *f.*; **propeller –, screw –,** Schraubenbrunnen *m.*

apex *s.*, Scheitelpunkt *m.*, Spitze *f.* (*eines Dreiecks od. Kegels*).

aphelion *s.* (*astr.*), Aphel(ium) *n.*, Sonnenferne *f.*

apogee *s.* (*astr.*), Apogäum *n.*, Erdferne *f.* des Mondes.

apoop *adv., pred. adj.*, achtern, hinten (*im Boot*).

aport *adv.*, nach backbord, auf der Backbordseite; **helm –!** (*com.*), Ruder backbord!

apparatus *s.* (*naut.*), Schiffsausrüstung *f.*, -gerät *n.*; **radio –, wireless –,** Funkgerät *n.*

apparel *s.*, Schiffsausrüstung *f.*, -gerät *n.*; – **and tackle** *s.*, Geschirr und Takelage.

apparent *adj.*, scheinbar; **Greenwich – noon,** wahre Greenwich Mittagszeit *f.*; **65° – (wind),** 65 Grad (Wind)Einfallswinkel *m.*; – **altitude** *s.* (*astr.*), scheinbare Höhe *f.* (*eines Gestirns*); Kimmabstand *m.*; – **horizon** *s.*, scheinbarer *od.* sichtbarer Horizont *m.*, Seehorizont *m.*, Kimm *f.*; – **motion** *s.* (*radar*), relative Bewegung *f.*; – **noon** *s.*, scheinbarer *od.* wahrer Mittag *m.*; – **sail** *s.*, scheinbares Segel *n.*; – **sun** *s.*, scheinbare *od.* wahre Sonne *f.*; – **time** *s.*, scheinbare *od.* wahre Sonnenzeit *f.*; – **wind** *s.*, scheinbarer Wind *m.*, Bordwind *m.*; – **wind angle** *s.*, Windeinfallswinkel *m.*; – **wind speed** *s.*, scheinbare Windgeschwindigkeit *f.*, scheinbarer Wind *m.*

apparition *s.* (*astr.*), Sichtbarkeit *f.*, Sichtbarwerden *n.*

appendages *s./pl.*, Anhänge *m./pl.* (*Schlingerkiel, Wellenhosen, etc.*).

apprentice seaman *s.* (*am.*), Matrose *m.*, Seekadett *m.*

approach *s.* (*naut.*), Ansteuerung *f.*; Revier *n.* (*Seegebiet in Hafennähe*); Nahe-, Näherkommen *n.*; Zugang *m.* (*zu einem Hafen, etc.*).

approach *v.i.* ansteuern; **to – bows on,** sich auf Gegenkurs nähern; **to – on opposite courses,** auf Gegenkurs näherkommen.

approach/beacon *s.*, Ansteuerungsbake *f.*; – **buoy** *s.*, Ansteuerungsboje *f.*, -tonne *f.*; – **channel** *s.*, Zufahrtsrinne *f.*; – **course** *s.*, Ansteuerungskurs *m.*; **approaching** *adj.* **trough of low pressure** (*meteor.*), aufkommendes Sturmtief *n.*; **approach signal** *s.*, Ansteuerungssignal *n.*

appropriated berth *s.*, angewiesener Liegeplatz *m.*

appurtenances *s./pl.*, Ausrüstung *f.*, Gerätschaften *f./pl.*, Zubehör *n.*

apron *s.*, Binnenvorsteven *m.*, Schutzbrett *n.*, -leiste *f.* (*Boot*), Plankenbettung *f.* (*Schleuse*); Dockboden *m.*, -sohle *f.*; Drempel *m.* (*einer Schleuse*); Uferfaschine *f.*; Schürze *f.* (*im Segel*).

apsis *s.* (*pl.* **apsides)** (*astr.*), Apside *f.*, Kehr-, Wendepunkt *m.* (*eines Gestirns*); **higher –,** höhere Apside *f.*, Aphel *n.*; **lower –,** tiefere Apside *f.*, Perihel *n.*; **line of apsides,** Apsidenlinie *f.*

aquaplane *s.*, Gleitbrett *n.* (*zum Wellenreiten*);

v., wellenreiten.
aquarter *adv.*, 45° achterlicher als dwars.
aquatic *adj.*, auf, im, über *od.* unter Wasser befindlich.
aquatics *s./pl.*, Wassersport *m.*
arake *adv.*, geneigt, überhängend (*Mast*).
arc *s.* (*astr.*), Bogen *m.*, Tag- und Nachtkreis *m.*, Winkelgeschwindigkeitsmaß (*der Bewegung von Himmelskörpern*); **– of the meridian,** Meridianbogen *m.*; **– of time** (*astr.*), Zeitbogen *m.*; **– of visibility,** Sichtbereich *m.*; **– minute** *s.*, Bogenminute *f.*; **– welding** *s.*, Lichtbogenschweißung *f.*
arch framing *s.*, Gewölbebauweise *f.* (*Selbsttrimmer*); **arched** *adj.* **squall** (*meteor.*), Böenkragen *m.*, Gewitterbö *f.*
Archimedes' principle *s.*, Archimedisches Prinzip *n.*
archipelago *s.*, Archipel *m.*, Inselgruppe *f.*, -meer *n.*
architect *s.*, **naval –,** Schiffbauingenieur *m.*
architecture *s.*, **naval –,** Schiffbau *m.*, -baukunst *f.*
Arctic *adj.*, arktisch, nördlich, Polar-; **– front** *s.* (*meteor.*), Arktik-, Polarfront *f.*; **– pack** *s.*, arktisches (Alt)Eis *n. od.* Packeis *n.*
ardency *s.*, Luvgierigkeit *f.*
area *s.*, **danger –,** Gefahrengebiet *n.*, -zone *f.*; **declared –,** Warngebiet *n.*; **lateral –,** Lateralplanfläche *f.* (*Schiffbau*); **prohibited –,** Sperrgebiet *n.* (*Hoheitsgewässer*); **relative sail –,** relative Segelfläche *f.*; **rudder –,** Ruderfläche *f.*; **sail –,** Segelfläche *f.*; **starting –** (*rac.*), Startzone *f.*; **– of fishing,** (Fisch)Fanggebiet *n.*; **– of high (low) pressure** (*meteor.*), Hoch(Tief)-druckgebiet *n.*; **– of hurricane(s),** Orkangebiet *n.*; **– of section,** Spantflächenkurve *f.*, Spantenskala *f.*
argosy *s.*, großes (Handels)Schiff *n.*, (*coll.*) Flotte *f.*
argument *s.*, Azimut *m.*, Polarwinkel *m.*, (*astr.*) Argument *n.*
arise *v.*, aufkommen, sich erheben (*Wind*), (*astr.*) aufgehen (*Gestirn*).
arm *s.*, Arm *m.* (*Anker, Ruder*); Fluß-, Meeresarm *m.*; Rahnock *f.*; **index –,** Alhidade *f.*, Zeigerarm *m.* (*Sextant*); **lever –,** Hebelarm *m.*; **yard –,** (Rah)Nock *f.*, Baumnock *f.*; **– of the sea,** Meeresarm *m.*
armature *s.* (*elec.*), Armatur *f.*, Anker *m.*, Läufer *m.*, Rotor *m.*, (*phys.*), Magnetanker *m.*, (*rad.*), Relais *n.*, (*naut.*), Beschlag *m.*, Armierung *f.*; **– of a magnet,** Magnetanker *m.*; **– coil** *s.* (*elec.*), Ankerspule *f.*, -wicklung *f.*; **– key** *s.*, Ankerkeil *m.*; **– shaft** *s.*, Ankerwelle *f.*; **– sheet** *s.*, Ankerblech *n.*; **– slip** *s.*, Ankerschlupf *m.*, -schlüpfung *f.*; **– slot** *s.*, Ankernut *f.*; **– spider** *s.*, Ankerbuchse *f.*; **– tooth** *s.*, Ankerpol *m.*; **– turn** *s.*, Ankerwindung *f.*; **– winding** *s.* (*elec.*), Ankerwicklung *f.*
arming *s.*, Lotspeise *f.*, Talgbeschickung *f.* beim Handlot; **– of the lead,** Lotspeise *f.*
armlet *s.*, kleiner Flußarm *m.*, kleiner Meeresarm *m.*
armour *s.* (*naut.*), Armierung *f.*; Taucheranzug *m.*; **armoured** *adj.*, **– bulkhead,** Panzerschott *n.*; **– cable,** armiertes Kabel *n.*; **– rope,** Herkulestau *n.*
arresting / device *s.*, Anschlag-, Sperrvorrichtung *f.*; **– gear** *s.*, Sperrgetriebe *n.*; **– lever** *s.*, Sperrhebel *m.*
arrival *s.* (*naut.*), Ankömmling *m.*; Ankunft *f.*; **new –,** Neuankömmling *m.* (*Boot*); **safe –,** sichere Ankunft *f.*; **arrivals** (*pl.*), eingelaufene Schiffe *n./pl.*
arrive *v.*, einlaufen (*Boot*); **to – on board (a) ship,** an Bord eintreffen; **arrived** *adj.* **ship,** eingelaufenes *od.* eingetroffenes Schiff.
arroyo *s.* (*am.*), Fluß-, Strombett *n.*, Wasserlauf *m.*
arrow *s.*, **wind –,** Windpfeil *m.* (*Wetterkarte*); **– -head** *s.*, Pfeil *m.* (*auf Karten*).
art *s.* **of navigation,** Nautik *f.*
articles *s./pl.*, Musterrolle *f.*; **ship's –,** Heuervertrag *m.*; **signed –,** Heuervertrag *m.*; **to sign the –,** (auf einem Schiff) anmustern; **– of employment,** Heuerbedingungen *f./pl.*
artificial *adj.*, **– horizon,** künstlicher Horizont *m.*, Kreiselhorizont *m.*; **– waterway,** Kanal *m.*, künstliche Wasserstraße *f.*
ascend *v.* (*astr.*), aufgehen, aufsteigen (*Gestirn*); **ascendant** *adj.* (*astr.*), aufgehend, aufsteigend; *s.* (*astr.*), Aufgangspunkt *m.* (*einer Gestirnbahn*); **ascending** *adj.*, **– cloud** (*meteor.*), Aufgleitwolke *f.*; **– (air) current** *s.* (*meteor.*), Aufwind *m.*; **– convection current** *s.*, thermischer Aufwind *m.*; **– gust** *s.*, Steigbö *f.*; **– node** *s.* (*astr.*), aufsteigender Knoten *m.* (*einer Gestirnbahn*).
ascension *s.* (*astr.*), Aufsteigen *n.* (*eines Gestirns*); **right –,** Rektaszension *f.*, gerade Aufsteigung *f.*; **– difference** *s.*, Aufsteigungsunterschied *m.* (*Zeitunterschied*); **ascensional** *adj.* **difference** (*astr.*), Aszensionaldifferenz *f.*, Aufsteigungsunterschied *m.* eines Gestirns, Zeitunterschied *m.* zwischen Auf- und Untergang eines Gestirns und 6 Uhr.
ascertain *v.*, **to – the azimuth,** den Azimut bestimmen; **to – the range,** die Entfernung messen; **to – the ship's position,** den Schiffsstand-

ort bestimmen.
a-sea *adv.*, auf See, zur See, seewärts.
ash *s.*, Eschenholz *n.* (*Schiffbau*).
ashipboard *adv.*, an Bord.
ashore *adv., pred. adj.*, ans Ufer od. Land, am Ufer, an Land; auf Grund geraten, festgekommen, gestrandet (*Boot*); **to be driven –,** auf Strand laufen; **to get –,** landen, ans Land bringen; **to go –,** an Land gehen; **to run** *or* **to cast a boat –,** ein Boot auf Strand setzen *od.* auflaufen lassen; **the boat is –,** das Boot ist (auf Grund *od.* auf den Strand) aufgelaufen.
askance, askant *adv.*, schrägliegend (*Boot, Deck, etc.*).
askew *adv.*, quer, schief, schrägliegend (*Boot*).
aslant *adv.*, quer, schief(liegend), schräg (*Boot, Deck*).
aslope *adv.*, abschüssig, schief, schräg (*Deck*).
asouth *adv.*, im *od.* nach Süden.
aspect *s.*, Lage *f.*, Richtung *f.* (*eines Bootes zu einem anderen*); (*astr.*) Aspekt *m.*; **high – ratio** *s.*, Flächen-, Längenverhältnis *n.*, Schlankheitsgrad *m.*, Seiten-, Streckungsverhältnis *n.*; **southern –,** Lage *f.* nach Süden; **– ratio** *s.*, Streckung *f.*, Streckungsverhältnis *n.*; **– ratio of a sail,** Seitenverhältnis *n.* eines Segels.
aspiration / psychrometer *s.*, Aspirationspsychrometer *n.*, Luftfeuchtigkeitsmesser *m.*; **– thermometer** *s.*, Aspirationsthermometer *n.*
assessment *s.*, Havariefestsetzung *f.*; **– of damages,** Schadensfeststellung *f.*; **– of loss,** Schadensschätzung *f.*
assigned *adj.* **frequency** (*rad.*), Kennfrequenz *f.*, zugeteilte Frequenz *f.*
assignment *s.*, **– of classification,** Festlegung *f.* der (Boots)Klasse; **– of freeboard,** Freibordbestimmung *f.*
assistance *s.* **of tug towing,** Schlepperhilfe *f.*
assistant cook *s.*, Kochsmaat *m.*, -gast *m.*
assume *v.*, **to – the command,** das Kommando übernehmen; **assumed** *adj.*, **– latitude,** angenommene Breite *f.*; **– position,** angenommener (Schiffs)Standort *m.*
astarboard *adv.*, nach Steuerbord.
astatic *adj.* **needle,** astatische Magnetnadel *f.*
astay *adv., pred. adj.*, im spitzen Winkel zur Wasserfläche, stagweise.
astern *adv.*, achtern, hinter dem Schiff, hinten (*im Schiff*), nach achtern *od.* hinten, rückwärts, zurück; *adj.*, achteraus, rückwärtig, hinter, im *od.* am Achterschiff gelegen *od.* liegend; **– of,** achteraus *od.* achtern von; **clear –** (*rac.*), klar achteraus; **dead –,** recht achteraus; **dead slow –!** (*com.*), Ganz langsam(e Fahrt) zurück!; **full –!** (*com.*), Volle Fahrt zurück!; **half –!** (*com.*), Halbe Fahrt zurück!; **next –,** Hintermann *m.* (*Boot*); **right –,** recht achteraus; **sailing –,** Achteraus-, Rückwärtssegeln *n.*, Achterausfahrt *f.*; **slow –!** (*com.*), Langsame Fahrt zurück!; **wind –,** achterlicher Wind *m.*; **the wind is –,** der Wind kommt von *od.* ist achtern; **to be – of one's reckoning,** mit dem Besteck zurück sein; achteraus stehen (*Boot*); **to draw –,** auswandern (*Peilung*); **to drop –, to fall –,** achteraus sakken, zurückbleiben (*Boot*); **to go –,** achteraus gehen *od.* laufen; **– motion** *s.* **(of a boat),** Rückwärtsbewegung *f.* (eines Bootes); **– rotation** *s.*, Rückwärtsdrehung *f.*; **– speed** *s.*, Fahrt zurück, Rückwärtsfahrt *f.*; **– wind** *s.*, Wind von achtern, achterlicher Wind *m.*
astigmatizer *s.*, Lichtentfernungsmesser *m.*, Spreizglas *n.* (*Sextant*).
astrand *adv.*, auf dem Strand, gestrandet.
astrolabe *s.*, **navigator's –,** Astrolabium *n.*, Sternhöhenmesser *m.*
astro / meter *s.*, Astrometer *n.*; **–metry** *s.*, Astrometrie *f.*, Sternmessung *f.*
astronomical *adj.*, **– almanac,** astronomischer Almanach *m.*, astronomisches Jahrbuch *n.*, Ephemeriden (*pl.*); **– altitude** *s.* (*astr.*), Gestirnshöhe *f.*; **– chart** *s.*, Himmels-, Sternkarte *f.*; **– day** *s.*, astronomischer Tag *m.*; **– fix** *s.*, astronomischer Standort *m.*; **– latitude** *s.*, astronomische Breite *f.*; **– longitude** *s.*, astronomische Länge *f.*; **– navigation** *s.*, astronomische Navigation *f.*; **– position** *s.*, astronomisches Besteck *n.*; **– position finding** *s.*, astronomische (Schiffs)Standortbestimmung *f.*; **– tables** (*pl.*), astronomische Tafeln *f./pl.*, Sterntafeln (*pl.*); **– time** *s.*, astronomische Zeit *f.*, Sternzeit *f.*; **– triangle** *s.*, nautisch- *od.* sphärisch-astronomisches Grunddreieck *n.*; **– twilight** *s.*, astronomische Dämmerung *f.*; **– year** *s.*, siderisches Jahr *n.*; **astronomy** *s.*, Astronomie *f.*, Himmels-, Sternkunde *f.*
at *prep.*, **– daybreak,** bei Tagesanbruch; **– nightfall,** bei Dunkelwerden, bei Einbruch der Nacht.
ataunt, (*esp. br.*) **ataunt-o** *pred. adj.*, aufgeriggt, vollständig getakelt (*Boot*).
athwart *adv.*, kreuzweise, quer, schräg, schief, dwars(über); *prep.*, dwars, dwars über; **to lie** *or* **to stand – the waves,** dwars See *od.* dwarssee liegen; **– the beam,** vorlicher als dwars; **– -hawse** *adv.*, quer vor dem Bug (eines vor Anker liegenden Schiffes); **– (-hawse) sea** *s.*,

Dwarssee *f.*; **–ship component** *s.*, Querschiffskomponente *f.* (*Kompasskompensierung*); **–ship(s)** *adv.*, *adj.*, dwarsschiffs *od.* querschiffs (liegend).

Atlantic *adj.*, **– high** (*meteor.*), Atlantikhoch *n.*; **– range** *s.*, Fahrt *f.* an der U.S.-Atlantikküste; **– route** *s.*, Atlantikroute *f.*; **– (standard) time** *s.*, Atlantische Standardzeit *f.*; **– trade** *or* **navigation** *s.*, Atlantikfahrt *f.*

atlas *s.* Atlas *m.* (*pl.* Atlanten), Kartenwerk *n.*; **tidal –,** Gezeitenatlas *m.*

atmosphere *s.* (*meteor.*), Atmosphäre *f.*, Luft *f.*, Lufthülle *f.*; (*phys.*), Luftüberdruck *m.*; **metric –,** metrische *od.* neue Atmosphäre *f.*; **thick –** (*meteor.*), dicke *od.* schwüle Luft *f.*

atmospheric *adj.*, **– conditions** *s./pl.* (*meteor.*), Wetterlage *f.*, Witterung *f.*, Witterungsbedingungen *f./pl.*; **– corrosion** *s.*, Luftkorrosion *f.*; **– density** *s.*, Luftdicke *f.*; **– disturbance** *s.*, atmosphärische Störung *f.*; **– drag** *s.*, Luftwiderstand *m.*; **– electricity** *s.*, Luftelektrizität *f.*, Elektrizität *f.* der Atmosphäre; **– humidity** *s.*, Luftfeuchtigkeit *f.*; **– influence** *s.*, Witterungseinfluß *m.*; **– interference, – perturbation** *s.*, atmosphärische Störung *f.*; **– pressure** *s.*, Luftdruck *m.*; **atmospherics** (*pl.*) (*rad.*), atmosphärische Störungen *f./pl.*, Nebengeräusche *n./pl.*; **atmospheric wind** *s.*, atmosphärischer *od.* wahrer Wind *m.*

atoll *s.*, Atoll *n.*, ringförmige Koralleninsel *f.*

atrip *adv.*, *pred. adj.*, aus dem Grund (gehoben), frei vom Grund, gelichtet (*Anker*); steifgeheißt und klar zum Trimmen (*Segel*).

atry *adv.*, (unter Sturmsegeln) beiliegend.

attached *adj.* **lifeline eye,** Relingsauge *n.*

attachment *s.*, Befestigung *f.*, Anbringung *f.*; (*tech.*) Hilfs-, Zusatzgerät *n.*

attack *s.*, **angle of –,** Anstellwinkel *m.* (*Segel*); **optimum angle of –,** optimaler Anstellwinkel *m.* (*eines Segels*).

attempt *s.* **at hauling off,** Abbringversuch *m.*

attend *v.*, bedienen; pflegen, warten (*Motor, Boot, Segel*).

attention *s.* (*tech.*), Wartung *f.*; **–!** (*int.*), Wahrschau!; **to keep –,** wahrschauen; **– signal** *s.*, Ankündigungssignal *n.*

attenuation *s.* (*phys.*), Abschwächung *f.*, Dämpfung *f.*

attraction *s.* (*phys.*), Anziehungskraft *f.*; **local –,** örtliche Ablenkung *f.* (*Kompass*); **– of gravity,** Gravitationskraft *f.*, Schwereanziehung *f.*; **attractive** *adj.* **force** *or* **power,** Anziehungskraft *f.*

attune *v.* **(to),** anpassen (an), einstellen (auf) (*Mast, etc.*).

audible *adj.*, **– indication,** akustische Anzeige *f.* (*am Funkortungsgerät*); **– range** (*rad.*), akustischer Bereich *m.*, Hörbereich *m.*

audio/amplifier *s.* (*rad.*), Ton-, Niederfrequenzverstärker *m.*; **– detector** *s.*, NF-Gleichrichter *m.*; **– frequency** *s.*, Ton-, Hör-, Niederfrequenz *f.*; **–(-frequency) range** *s.*, Hörfrequenzbereich *m.*; **– reception** *s.*, Hörempfang *m.*; **– signal** *s.*, akustisches Signal *n.*; **– stage** *s.*, Niederfrequenz-, NF-Stufe *f.*

audion *s.* (*rad.*), Audion *n.*, Kathodenröhre *f.*

auditory direction finding *s.*, Hörpeilung *f.* (*Peilfunk*).

auger *s.*, (großer Holz)Bohrer *m.*; **screw –,** Schlangenbohrer *m.*

aural *adj.*, **– null,** akustische Minimumstelle *f.* (*Funkpeilung*); **– null D/F** *s.*, Minimumpeilung *f.*; **– signal** *s.*, akustisches (Alarm)Signal *n.*

aureole *s.* (*astr.*), Aureole *f.*, Hof *m.* (*um Sonne od. Mond*).

aurora/australis *s.*, südliches Polarlicht, Südlicht *n.*; **– borealis** *s.*, nördliches Polarlicht, Nordlicht *n.*; **auroral disturbances** (*pl.*), Nordlichtstörungen *f./pl.*

austral *adj.*, südlich; **the – signs,** die 6 südlichen Himmelszeichen.

authority *s.*, Behörde *f.*; **competent –,** zuständige Behörde *f.*

auto/-alarm device *s.*, Autoalarmgerät *n.*, (selbsttätiges) Seenotrufgerät *n.*; **– -coherer** *s.*, **– -detector** *s.* (*rad.*), (*Art*) Detektor *m.*; **– -dynamic** *adj.* (*phys.*), autodynamisch, durch eigene Kraft bewegt; **– -keying** *s.* (*rad.*), automatische Tastung *f.*; **– -kinetic(al)** *adj.*, sich von selbst bewegend; **automatic** *adj.*, **– bailer** *s.*, selbstlenzende Plicht *f.*; **– circuit breaker** *s.* (*elec.*), Selbstausschalter *m.*; **– control** *s.*, automatische Steuerung *od.* Überwachung *f.*, Selbststeuerung *f.*; **– controller** *s.*, Regler *m.*; **– direction finder** *s.*, automatisches Peilgerät *n.*, Radiokompaß *m.*; **– fog warning system** *s.*, automatische Nebelwarnanlage *f.*; **– frequency control** *s.* (*rad.*), automatische Frequenzregelung *od.* Scharfabstimmung *f.*; Frequenznachlauf *m.*; **– gain control** *s.* (*rad.*), automatischer Schwundausgleich *m.*; **– gyro steering** *s.*, automatische Steuerung *f.*; **– helmsman** *s.*, automatische Ruder- *od.* Steueranlage *f.*, Selbststeuerer *m.*; **– navigation computer system** *s.*, automatischer Navigationscomputer *od.* -rechner *m.*; **– pilot** *s.*, Selbststeueranlage *f.*, automatische Steuerung *f.*; **– plotter** *s.*, **– plotting board** *s.* *or* **table** *s.*, automatischer Koppeltisch *m.*; **– regulation** *s.*, automatische

Regelung *f.*; – **release** *s.*, Selbstauslösung *f.*; – **remote control** *s.*, automatische (Fern)-Steuerung *f.*; – **rotation** *s.*, Eigendrehung *f.*; – **signalling** *s.* (*am.* **signaling**), automatische Signalgebung *f.*; – **sound buoy** *s.*, automatische Heulboje, -tonne *f.*; – **sprinkler system** *s.*, automatische Sprinkler(-Feuerlösch)anlage *f.*; – **steerer** *s.*, Selbststeuerer *m.*; – **stability** *s.*, Eigenstabilität *f.*; – **switch** *s.* (*rad.*), Selbstschalter *m.*; – **tide gauge** *s.*, automatischer Pegel *m.*; – **time control** *s.* (*radar*), automatische Impulsfolgefrequenz *f.*; – **towing engine** *s.*, automatische Schleppwinde *f.*; – **tuning system** *s.*, Abstimmautomatik *f.*; – **valve** *s.*, Selbstschließventil *n.*; – **volume control** *s.* (*rad.*), (automatischer) Fading-, Schwundausgleich *m.*; **automatically** *adv.* **recording,** selbstaufzeichnend (*Instrumente*).

autumnal / equinox *s.* (*astr.*), Herbstäquinoktium *n.*; – **point** *s.*, Herbstpunkt *m.*

auxiliary *s.*, Hilfsschiff *n.*, Segelyacht *f.* mit Hilfsmotor, Seekreuzer *m.* mit Hilfsmotor; – **aerial** *s.* (*am.* **antenna**), Hilfs-, Ersatzantenne *f.*; – **compass** *s.*, Hilfskompaß *m.*; – **engine** *s.*, Hilfsmotor *m.*; – **keel** *s.*, Kimm-, Schlinger-, Seitenkiel *m.*; – **powered cruiser** *s.*, Motorsegler *m.*; – **powered sailing yacht** *s.*, Segelschiff *n.* mit Hilfsmotor, Motorsegler *m.*; – **powered yacht** *s.*, Motorsegler *m.*; – **pump** *s.*, Hilfs(lenz)pumpe *f.*, Vorpumpe *f.*; – **sailing yacht** *s.*, Segelyacht *f.* mit Hilfsmotor; – **sails** (*pl.*), Hilfsbesegelung *f.*; – **suction lead** *s.*, Hilfslenzleitung *f.*; – **valve** *s.*, Entlastungsventil *n.*; – **yawl** *s.*, Yawl *f.* mit Hilfsmaschine.

available *adj.*, – **depth of water,** nutzbare Wassertiefe *f.*; – **ships** (*pl.*), Schiffsbestand *m.*

avast *v.* (*naut.*), aufhören, stoppen; festhieven; –**!** (*int.*), Fest!, Stop!; – **hauling!** (*com.*), Festholen!, Festmachen!; – **heaving!** (*com.*), Festhieven!

average *s.*, Havarie *f.*, Seeschaden *m.*; Anteil an den *od.* Teilung aller Havariekosten; **adjustment of –s** (*pl.*), Dispache *f.*, Seeschadenberechnung *f.*; **general –, gross –,** große *od.* eigentliche Havarie *f.*; **particular –, simple –,** besondere *od.* partikuläre Havarie *f.*; **petty –,** kleine *od.* ordinäre Havarie *f.*; **on the –,** im Durchschnitt; **with –,** Seeversicherung *f.* ohne Beschränkung *od.* einschließlich Havarie; – **accustomed,** Havarie *f.* nach See(ge)brauch; – **speed** *s.*, Durchschnittsgeschwindigkeit *f.*; – **10 knots per hour,** (mit einer) Durchschnittsgeschwindigkeit von 10 Knoten in der Stunde (*fahren od. segeln*); – **visibility** *s.*, mittlere Sichtverhältnisse *n./pl.*

aviso *s.*, Aviso *m.*, Meldeboot *n.*

avoiding collision emergency turn *or* **manoeuvre** *s.*, Ausweichmanöver *n.*

awake *adj.*, wach, wachend (*Boje*); **the buoy is –,** die Boje wacht.

awash *adv., pred. adj.*, bespült von Wasser, auf dem Wasser treibend, unter Wasser, mit der Wasseroberfläche abschneidend (*Sandbänke, etc.*), zwischen Wind und Wasser; – **with,** auf *od.* in gleicher Höhe mit.

away *adv., pred. adj.*, **to bear –,** abfallen, den Kurs nach Lee ändern; **to carry – a mast,** (sich) einen Mast absegeln; **to clear –,** aufklaren, (Deck) aufräumen; **to fall –,** abfallen (*Boot*); **to keep –,** (Boot von einem Hindernis) abhalten; **to sail –,** auslaufen, einen Hafen (seewärts) verlassen; **to sheer –,** abscheren, (*Boot, etc.*) freihalten von; **to slack –,** auffieren; **to turn –,** abdrehen, den Kurs ändern; – **all boats!** (*com.*), Alle Boote aus!; – **(a)loft!** (*com.*), Enter auf!; – **with the stags!** (*com.*), Innentakel auf!

aweather *adv., pred. adj.*, luvwärts.

aweigh *adv., pred. adj.*, los, aus dem Grund; **to be –,** Anker auf sein.

awl *s.*, Marleisen *n.*, Marlspieker *m.*, Ahle *f.*, Pfriem *m.*

awning *s.*, Sonnensegel, -zelt *n.*; – **boom** *s.*, Sonnensegelstrecklatte *f.*; – **deck** *s.*, Awning-, Sturmdeck *n.*; – **lacing** *s.*, Sonnensegelreihleine *f.*; – **(ridge) pole** *s.*, Sonnensegelstrecklatte *f.*; – **spar,** – **stretcher** *s.*, Sonnensegel(quer)latte *f.*

axial *adj.*, – **fan,** – **ventilator,** Axiallüfter *m.*; – **force** (*phys.*), Längsdruck *m.*; – **load** *s.*, Axialdruck *m.* (*im Segel*); – **thrust,** Axialschub *m.*

axis *s.* (*pl.* **axes**), Achse *f.*, Mittellinie *f.*; **longitudinal –,** Längsachse *f.*; **transverse –,** Querachse *f.*; **vertical –,** Höhe *f.*; **wind –,** Windachse *f.*; – **of curvature,** Krümmungsachse *f.*, Polare *f.*; – **of a curve,** (Symmetrie)Achse *f.* einer Kurve; – **of the earth,** Erdachse *f.*; – **of floatation,** Schwimmachse *f.*; – **of incidence** (*phys.*), Einfallslot *n.*; – **of rotation,** Dreh-, Rotationsachse *f.*; – **-free gyro** (*phys.*), freier Kreisel *m.*

axle *s.* (*tech.*), Achse *f.*, Welle *f.*; **independent –,** Schwingachse *f.*; – **-bearing** *s.*, Achslager *n.*; – **journal** *s.*, Achslagerhals, -schenkel *m.*; – **pin** *s.*, Achsnagel *m.*, Splint *m.*, Lünse *f.*

aye!, aye, aye, (cap'n *or* **sir)!** (*int.*), Ja, verstanden!, Jawohl, zu Befehl!

azimuth *s.* (*astr.*), Azimut *m.*, Scheitelkreis *m.*,

Seitenwinkel *m.*, Horizontalwinkel *m.*, Bogen *m.* des Horizonts (*zwischen Meridian u. Höhenkreis eines Gestirns*); – **of the pole star,** Nordstern-Azimut *m.*; **azimuthal** *adj.*, – **equidistant projection,** Azimutal-, Scheitelprojektion *f.*; – **error,** Azimutfehler *m.*; – **projection,** Azimutalprojektion *f.*; – **quantum number,** azimutale Quantenzahl *f.*; – **sight,** Alhidade *f.*, Diopterlineal *n.*; **azimuth / angle** *s.*, Azimutwinkel *m.*; – **circle** *s.*, Azimut-, Höhenkreis *m.*; – **compass** *s.*, Azimut-, Abweichungs-, Peilkompaß *m.*; – **device** *s.*, (Peil)-Diopter *n.*; – **diagram** *s.*, Azimutdiagramm *n.* (*Kompaßkompensierung*); – **discrimination** *s.*, Azimutauflösungsvermögen *n.*; – **gyro** *s.*, Azimutkreisel *m.*; – **instrument** *s.*, Peilgerät *n.*; – **mirror** *s.*, Azimutspiegel *m.*, Kompaßdiopter *n.*; – **motor** *s.*, Kreiselmotor *m.*; – **reading** *s.*, Nadelzahl *f.*; – **receiver** *s.*, Seitenempfänger *m.* (*Peilfunk*); – **ring** *s.*, Peilaufsatz *m.*, -diopter *n.*; – **scale** *s.*, Seitenteilkreis *m.*; – **sight** *s.*, Diopter *n.*; – **stabilization** *s.* (*radar*), Kreiselkompaßkopplung *f.*; – **-stabilized PPI** (*radar*), azimut-, nordstabilisierte Relativanzeige *f.*; – **stabilizer** *s.* (*radar*), Kreiselkompaßkopplung *f.*; – **tables** (*pl.*), Azimuttafeln *f./pl.*

Azores high (pressure area) *s.* (*meteor.*), Azorenhoch *n.*

B

baby / jib (topsail) *s.*, Babyklüver *m.*, kleinster Klüver *m.* (*einer Yacht*); – **sail** *s.*, Babystagsegel *n.*; –**stay** *s.*, Babystag *n.*

bac *s.*, Fähre *f.*, Fährkahn *m.*, Prahm *m.*

back *s.*, **broken –,** Katzenrücken *m.* (*Deck*).

back *adj.*, back; rückläufig, rückwärts (laufend); **all – emergency!** (*com.*), **all engines – full!** (*am., com.*), Äußerste Kraft zurück!; **all engines – one third!** (*am., com.*), Alle Maschinen langsame Fahrt zurück!; – **port!** (*com.*), Streicht Backbord!; – **starboard!** (*com.*), Streicht Steuerbord!; – **together!** (*com.*), Streicht überall *od.* zusammen!

back *adv.*, rückwärts, zurück; **to go –,** zurückgehen (*Boot*); **stand –!** (*com.*), Zurück!

back *v.*, backhalten, -holen, -setzen (*Segel*), streichen (*Ruder*), rückwärts gehen lassen (*Maschinen*), krimpen, linksdrehen, links umspringen, rückdrehen, zurückspringen (*Wind*), verkatten (*Anker*); **to – and fill,** back und voll brassen, kreuzen, kurze Gänge machen, lavieren; **to – the anchor,** den Anker verkatten *od.* durch einen 2. Anker verstärken; **to – (a)round,** aufkrimpen (*Wind*); **to – emergency,** mit äußerster Kraft zurückgehen (*Schiff*); **to – engines,** die Maschinen zurückgehen lassen, mit den Maschinen zurückgehen; **to – the jib,** die Fock backhalten *od.* backschoten; **to – the oars,** rückwärts rudern, die Riemen *od.* Ruder streichen; **to – out,** ab-, wegsegeln, den Liegeplatz verlassen; **to – the sail(s),** Segel backbrassen, -halten, -holen, -legen; **to – up,** achteraus gehen *od.* segeln; zurückspringen (*Tauwerk*), krimpen, links-, rückdrehen, zurückspringen (*Wind*); **to – water,** rückwärts rudern, Riemen *od.* Ruder streichen; ein Boot rückwärts laufen lassen; – **her!** (*com.*), Zurück!; – **oars!** (*com.*), Ruder an!; – **water!** (*com.*), Halt Wasser!, Ruder an!

back / anchor *s.*, Kattanker *m.*; – **bearing** *s.*, Rückpeilung *f.*; – **coupling** *s.* (*rad.*), Rückkopp(e)lung *f.*; – **course** *s.*, Gegenkurs *m.*; – **current** *s.*, Gegen-, Rückstrom *m.*, -strömung *f.*, rückläufige Strömung *f.*; –**decker** *s.*, Backdeckkreuzer *m.* (*Yacht*); – **echo** *s.* (*radar*), Rück-, Hinterbündelecho *n.*; – **eddy** *s.*, Neerstrom *m.*; **a real –ender** *s.* (*coll.*), ein ausgewachsener Sturm; **backer** *s.*, Taustropp *m.*; **back / ground noise** *s.* (*rad.*), Neben-, Störgeräusch *n.*, Rauschen *n.*; – **-handed rope** *s.*, linksgeschlagenes Tauwerk *n.*; – **-haul** *s.*, Achterholer *m.*

backing *s.*, Rückwärtsgehen, -laufen *n.* (*Boot*), Backhalten, -schoten *n.* (*Fock*), Krimpen, Linksdrehen *n.* (*Wind*); – **of the propeller,** Rückwärtsschlagen *n.* des Propellers; – **of the wind,** Krimpen *od.* Raumen *od.* Linksdrehen *n.* des Windes; – **and filling** *s.*, Manövrieren *n.* (*Motorboot*).

backing *adv.*, back; **to be –,** backhalten(d) (*Fock*); **the jib is –,** die Fock hält back; **a sail is –,** ein Segel hält *od.* schlägt *od.* steht back; – **anchor** *s.*, Kattanker *m.*; – **-anchor rope,** Kattankertau *n.*; – **pump** *s.*, Vorpumpe *f.*; – **wind** s., krimpender *od.* linksdrehender *od.* raumender *od.* rückdrehender Wind *m.*, Rückdrehen *n.* des Windes.

back / lash *s.*, Rückprall *m.*, toter Gang *m.*; –**lash of the surf,** Brandungsrückstrom *m.*; – **motion** *s.*, Rückwärtsbewegung *f.*; – **post** *s.*, Hinter-, Rudersteven *m.*; – **pressure** *s.*, Gegendruck *m.*; – **pressure valve** *s.*, Rückschlagventil *n.*; – **rope** *s.*, Achterholer *m.*, Backstag *n.*; – **set** *s.*, Gegenströmung *f.*, Versetzung *f.* durch Strömung, Wirbel *m.*; – **shore** *s.*, Aufklotzung *f.*; – **splice** *s.*, spanischer Takling *m.*

backstay *s.*, Achterstag *n.*, Backstag *n.*, Pardune *f.*; **adjustable –**, regulierbares Achterstag *n.*; **breast –**, Pardune *f.*; **lower –s** (*pl.*), untere Backstagen *n./pl.*; **preventer –**, Preventer *m.*, Priwenter *m.*; **running –**, (ab- *od.* losnehmbares) Backstag *n.*, Backstay *n.*; **standing –**, Achterstag *n.*; **upper –s** (*pl.*), obere Backstagen *n./pl.*; – **adjuster** *s.*, Achterstagsspanner, -regulierer *m.*, Backstagspanner *m.*; – **adjuster dial** *s.*, Achterstagsspanner-Skala, -scheibe *f.*; – **lever** *s.*, Backstagstrecker *m.*; – **meter** *s.*, Achterstagsspannungsmesser *m.*; – **runner** *s.*, Pardunenmantel *m.*; – **sail** *s.*, Achterstagsegel *n.*; – **slide** *s.*, Backstagschieber *m.*; – **spanner** *s.*, Backstag(s)strecker *m.*; – **tension** *s.*, Achterstags-, Backstagsspannung *f.*; – **tensioner** *s.*, Backstag(s)strecker *m.*

back / stern-post *s.*, Achtersteven *m.*; – **strap** *s.*, Stoßplanke *f.*; – **-sweep** *s.*, Gegen-, Widersee *f.*, rücklaufende Brandung *f.*; – **turn** *s.*, Unterschlag *m.* (*beim Aufschießen v. Tauwerk*).

backward(s) *adv.*, achteraus, rückwärts, zurück; **sailing –s**, Achteraus-, Rückwärtssegeln *n.*; **to go –**, rückwärtsgehen, -laufen (*Boot*); – **course** *s.*, Rücklauf *m.*

back / wash *s.*, zurücklaufende *od.* rückläufige Strömung *od.* Welle *f.*, Kielwasserströmung *f.*, (*durch ein Schiff hervorgerufener*) Wellengang *m.*, Neerstrom *m.*, Schraubenstrom *m.*; **–wash of the surf**, Brandungsrückstrom *m.*; **–water** *s.*, Haffwasser *n.*, Rück-, Stauwasser *n.*, totes Wasser *n.*; – **wave** *s.*, Stauwelle *f.* (*am Boot*); **–wind** *v.*, **to – a sail**, ein Segel backhalten; **–winding** *s.*, Windstau (*verursachen*); **to be –winding**, Gegenbauch bekommen (*Segel*); **to create –winding**, Windstau (*am Segel*) hervorrufen *od.* erzeugen *od.* verursachen.

bad *adj.*, **to go –**, Havarie machen; – **-bearing area** *or* **sector**, Gebiet *n.* unsicherer Peilung (*Peilfunk*); – **holding ground**, schlechter Ankergrund *m.*; – **reception** (*rad.*), schlechter Empfang *m.*; – **visibility**, schlechte Sicht *f.*; – **weather conditions** (*pl.*), Schlechtwetterbedingungen *f./pl.*

baffle *s.*, Prallblech *n.*, Schall-, Scheidewand *f.*; *v.*, (Boot) an der Bewegung hindern (*Wind, etc.*); **baffling wind(s)** *s.* (*pl.*), mallender *od.* umlaufender *od.* unsteter *od.* unbeständiger *od.* widriger Wind *m.*, Umspringen *n.* des Windes.

bag *s.* Seesack *m.*, (*coll., pl.*), Segel- *od.* Seglerhosen (*pl.*); **air –**, **buoyancy –**, Kenterschlauch *m.*; **sail –**, Segelsack *m.*; **sea –**, Seesack *m.*; **wind –**, Windbeutel *m.*, (*dial.*) Windbüdel *m.* *v.*, sich sackartig ausbauchen, aufschwellen (*Segel*); **to – away**, nach Lee sakken.

bagalla *s.*, Bagalla *f.*, arabisches Segelschiff *n.*

bagginess *s.*, sackartiges *od.* schlaffes Herunterhängen *n.* (*v. Segeln*), Schlaffheit *f.* (*der Segel*).

bag / lanyard *s.*, Seeankerleine *f.*, -reep *n.*; **–pipe** *v.*, (*Segel*) back legen; **to –pipe the mizzen**, das Besansegel backlegen; **–reef** *s.*, Sack-, Unterreff *n.*

bagywrinkle *s.*, Tausendbein *n.*, Schamfilschutz *m.* (*an der Takelage*).

bail *v.*, ausösen, ösen, (Wasser) ausschöpfen, übergekommenes Wasser lenzen; **to – out (a boat)**, (ein Boot) ausösen *od.* ausschöpfen, lenzen; (*sl.*) aussteigen, ein Schiff unberechtigt verlassen.

bailer *s.*, Ösfaß *n.*, Schöpffaß *n*, Schöpfeimer *m.* (*zum Ausschöpfen übergekommenen Wassers*), Wasser schöpfendes Crewmitglied *n.*; **semiautomatic –**, Saug-, Selbstlenzer *m.*, Lenzklappe *f.*

bailing *s.*, Ausösen, Ösen *n.*

balance *s.*, Balance *f.*, Ausgleich *m.*, Gleichgewicht *n.*, Quergleichgewicht *n.* (*Boot*); **rudder –**, Ruderbalance *f.*; **sail –**, Richtungsgleichgewicht *n.*, Segeltrimm *m.*; – **of power**, Gleichgewicht *n.* der Kräfte.

balance *v.*, ausgleichen, kompensieren, (*rad.*) abgleichen, (*naut.*) mit Balancereff reffen; im Gleichgewicht halten, ins Gleichgewicht bringen (*Boot*); **balanced** *adj.*, – **frame**, Null-, Richtspant *n.*; – **helm**, neutrales Ruder *n.*, neutrale Ruderlage *f.*; **to sail on a – helm**, auf neutralem Ruder liegen; – **loop aerial** (*am.* **antenna**), abgeglichene Rahmenantenne *f.*; – **lug**, Balance-Luggersegel *n.*; – **rudder**, Ausgleichs-, Balanceruder *n.*; – **underhung rudder**, Balanceschweberuder *n.*, Schweberuder *n.*

balancer *s.*, Ausgleichs-, Enttrübungsregler *m.* (*Funkpeiler*), (*tech.*) Stabilisator *m.*

balance / ratio *s.*, Balancierverhältnis *n.* (*Balanceruder*); – **reef** *s.*, Balance-, Schwichtreff *n.*; – **tab** *s.*, Trimmruder *n.*; – **tank** *s.*, Auftriebstank *m.*; – **weight** *s.*, Ausgleichs-, Balance-, Gegengewicht *n.* (*Crew*).

balancing band *s.*, Kattschäkel *m.*, Schwebeschäkel *m.*, Schäkelband *n.* (*Anker*).

balandra *s.*, Balandra *f.* (*südamerik. Küstensegler*).

balcony *s.*, Achter-, Heck-, Hintergalerie *f.*

baldhead schooner *s.*, Pfahlmastschoner *m.*
bale *s.*, Mastbügel *m.*; **– band** *s.*, Mastbügelband *n.*; *v.*, pumpen, ösen; **– out!** (*com.*), Pumpt!, (*s.* **bail**).
balize *s.*, Spierenbake *f.*
ball *s.*, Erdball *m.*, -kugel *f.*; **anchor –,** Ankerball *m.*; **black –,** (schwarzer) Signalball *m.*, Sturm-, Windball *m.*
ballahoo *s.*, **(ballahou** *s.***),** westindischer Zweimaster *m.*, (*coll.*), alter Kahn *m.*, vernachlässigtes Schiff *n.*
ball-and-socket joint *s.* (*tech.*), Kugelgelenk, -scharnier *n.*, Drehgelenk *n.*, Universalgelenk *n.*
ballast *s.*, Ballast *m.*; **fixed –, solid –,** Kielballast *m.*; **in –,** in Ballast, ohne (Schiffs)Ladung; **inside –, internal –,** Innenballast *m.*; **external –, outside –,** Außenballast *m.*; **to discharge –,** Ballast auswerfen; **to go on –,** in Ballast fahren; **to take in –,** Ballast einnehmen, ballasten; *v.*, ballasten, Ballast an Bord nehmen, mit Ballast beladen; **to – a boat,** ein Boot ballasten *od.* ballastieren *od.* ausreiten *od.* im Gleichgewicht halten; **ballastage** *s.*, Ballastgebühren (*pl.*); **ballast/bulkhead** *s.*, Ballastschott *n.*; **– donkey pump** *s.*, Hilfsballastpumpe *f.*; **ballasting** *s.*, Ballasten *n.*, Beladen *n.* mit Ballast; **ballast/keel** *s.*, Ballastkiel *m.*; **– lighter** *s.*, Ballastl(e)ichter *m.*, Baggerprahm *m.*; **– port** *s.*, Ballastpforte *f.*; **– pump** *s.*, Ballastpumpe *f.*; **– tank** *s.*, Ballasttank *m.*, -zelle *f.*, Wasserballastbehälter *m.*; **– water** *s.*, Ballastwasser *n.*; **– water-line** *s.*, Leichtwasserlinie *f.*
ball/bearing *s.*, Kugellager *n.*; **– gudgeon** *s.*, Kugelzapfen *m.*; **– joint** *s.* (*tech.*), Kugelgelenk *n.*; **– lever** *s.*, Regulier(ungs)hebel *m.*; **– lightning** *s.*, Kugelblitz *m.*
balloon *s.*, Ballonsegel *n.*; **distress –,** Seenotballon *m.*; **– foresail** *s.*, Ballonfock *f.*; **– jib** *s.*, Ballonsegel *n.*, -fock *f.*, -klüver *m.*, Jacker *m.*, dreieckiges Yachtsegel *n.*; **– jib foresail** *s.*, Kreuzballon *m.*; **– jib topsail** *s.*, Ballonflieger *m.*, -klüvertoppsegel *n.*; **– sail** *s.*, Ballon-, Kreuz-, Raumsegel *n.*, leichtes Yachtsegel *n.*; **– sail for reaching** *s.*, Raumballon *m.*; **– topsail** *s.*, Ballontoppsegel *n.*
ballow *s.*, Tiefwasser *n.* (*hinter einer Barre od. Sandbank*).
ball/pin *s.*, Kugelbolzen *m.*; **– pump** *s.*, Kugelventilpumpe *f.*; **– race** *s.*, Führungs-, Laufring *m.*; **– terminal** *s.*, Ball-, Gewindeterminal *n.*; **– thrust bearing** *s.*, Druckkugel-, Kugeldrucklager *n.*; **– valve** *s.*, Kugelventil *n.*
balsa *s.* (*am.*), leichtes Brandungsfloß *n.*; Talsperre *f.*; **– sandwich construction** *s.*, Balsa-Sandwich-Bauweise *f.* (*Bootsbau*); **– wood** *s.*, Balsaholz *n.*; **– wood core** *s.*, Balsa-Holzkern *m.* (*Bootsbau*).
banana plug *s.*, Bananenstecker *m.*
band *s.*, Band *n.*, (*rad.*), Frequenzband *n.*; **black –** (*rac.*), Meßmarke *f.* (*Boot*); **reef –,** Bindereff *n.*, Reff *n.*, -leiste *f.*; **wave – filter** (*rad.*), Bandfilter *m.*; **– of frequencies** (*pl.*) (*rad.*), Frequenzbereich *m.*; **– (-pass) width** *s.* (*rad.*), Bandbreite *f.*; **– spread** *s.* (*rad.*), Bandspreizung *f.*; **– switch** *s.* (*rad.*), Frequenz-(band)umschalter, Wellenschalter *m.*
banian-day *s.* (*naut.*, *sl.*), Fasttag *m.*, fleischloser Tag *m.*
bank *s.*, (abfallendes) Ufer *n.* (*eines Flusses, etc.*), Damm *m.*, Böschung *f.*, Deich *m.*; Sandbank, Untiefe *f.*, Gebiet *n.* geringer Wassertiefe im Meer *od.* in der See; Nebelschwaden *m.*, -bank *f.*; Wolkenbank, -wand *f.*; **center –** (*am.*), Mittelgrund *m.* (*Untiefe, etc.*); **center – buoy** *s.*, Mittelgrundtonne *f.*; **sand –,** Sandbank *f.*; **– of clouds,** Wolkenbank, -wand *f.*; **– of oars,** Reihe *f.* von Ruderern; Ruderbank *f.*; **– of sand,** Sandbank *f.*; **–s of sand,** Sandwatt *n.*; *v.*, **to – up** (*meteor.*), sich aufhäufen *od.* zusammenballen, eine Bank *od.* Wand bilden (*Wolken*); **banker** *s.*, Boot *n.* *od.* Fischer *m.* auf den Neufundlandbänken; **bank/line** *s.*, Uferlinie *f.*; **– marking(s)** *s.* (*pl.*), Untiefenkennzeichnung, -markierung *f.*
bar *s.*, Barre *f.*, Sandbank *f.*; (Ketten)Steg *m.*, Spake *f.* (*des Spills*), Tralje *f.* (*der Gräting*), (*tech.*) Querholz *n.*, Profileisen *n.*, Stab *m.*, Stange *f.*, (*phys.*) Bar *n.* (*Maßeinheit des Drucks*); **bearing –,** Peilstift *m.*; **bobstay –,** Wasserstag *n.*; **splice –,** Fid, Fitt *n.*; **to cross the –,** in einen Hafen einlaufen, die Barre überqueren, ins offene Meer hinauskommen; *v.*, blockieren, (ver)sperren; **to – a channel,** ein Fahrwasser *od.* eine Fahrrinne sperren.
barber-hauler *s.*, Barberhauler *m.*, Beiholer *m.*, Fockschotbeiholer *m.*
bar/-bound *adj.*, barrebehindert; **– buoy** *s.*, Barreboje, -tonne *f.*; **– capstan** *s.*, Handspill *n.*; **– draught** *s.*, Barretiefe *f.* (*bei Niedrigwasser*).
bare *adj.*, **under – poles,** vor Topp und Takel; **to scud with – poles,** vor Topp und Takel lenzen; **– rock** *s.*, kahle Klippe *f.*; **– steerageway** *s.*, geringste Steuerfähigkeit *f.* (*eines Bootes*).
barge *s.*, Barke *f.*, großes Boot *n.*; Last-, Schleppkahn *m.*, Kahn *m.*; Fluß-, Kanalschiff *n.*, Leichter *m.*, -schiff *n.*; Prahm *m.*,

Plattbodenboot *n.*; Pinte *f.*, Punt *m.*, Schaluppe *f.*, Schlup *f.*, Schute *f.*, Zille *f.*; Beiboot *n.*; Hausboot *n.*; Galaruderboot *n.*; **sailing –,** Ewer *m.*; **schooner –,** Barkentine *f.*, Schonerbark *f.*; *v.* (*am.*), verschiffen; **– captain** *s.*, Schiffer *m.*

bargee *s.*, Bootsmann *m.*, Ewerführer, -schiffer *m.*, Kahn-, Leichterschiffer *m.*, Schutenführer, -schiffer *m.*

barge / lift *s.*, Schiffhebeanlage *f.*; **–man** *s.*, Kahn-, Leichterführer *m.*; **– master** *s.*, Bootsführer *m.*, Schiffer *m.*; **– operation** *s.*, Schleppbetrieb *m.*; **– pole** *s.*, Bootsstange *f.*

baric *adj.* (*meteor.*), barisch, barometrisch.

bark *s.*, Barke *f.*, Bark *f.*, -schiff *n.*, Dreimaster *m.*; **four-masted –,** Viermastbark *f.*

bar keel *s.*, Balkenkiel *m.*

barkentine *s.*, Schonerbark *f.*, Barkentine *f.*, Barkschoner *m.*

bark rig *s.*, Barktakelung *f.*

bar / link *s.*, Kettenglied *n.*, Schake *f.* mit Steg; **– pilot** *s.*, Barrelotse *m.*; **– port** *s.*, Barrehafen *m.*; **– stem** *s.*, Balkenvorsteven *m.*

barnacle back *s.* (*am.*, *coll.*), Matrose *m.*; **barnacles** (*pl.*), Seepocken *f./pl.*, Bewuchs *m.* (*am Unterwasserschiff*); **acorn –** (*pl.*), Seepocken (*pl.*).

baro / gram *s.* (*meteor.*), Barogramm *n.*, Luftdruckaufzeichnung *f.*; **–graph** *s.* (*meteor.*), Barograph *m.*, Luftdruckmesser *m.*

barometer *s.*, Barometer *n.*, Luftdruckmesser *m.*; **the – is dropping** *or* **falling,** das Barometer fällt; **the – is going up** *or* **rising,** das Barometer steigt; **the barometer is steady,** das Barometer steht; **– level** *s.*, **– reading** *s.*, Barometerstand *m.*; **barometric(al)** *adj.*, barometrisch; **– column** *s.*, Barometersäule *f.*; **– fluctuation** *s.* (*meteor.*), Luftdruckschwankung *f.*; **– height** *s.* (*meteor.*), barometrische Höhe *f.*; **– level** *s.*, Barometerstand *m.*; **– maximum** *s.* (*meteor.*), Hoch(druckgebiet) *n.*; **– pressure** *s.*, (Außen)Luftdruck *m.*, Atmosphärendruck *m.*; **– reading** *s.*, Barometerstand *m.*; **– tendency** *s.*, barometrische Tendenz *f.*; **– variations** (*pl.*), Barometerschwankungen *f./pl.*; **barometry** *s.*, Barometrie *f.*, Luftdruckmessung *f.*

baroscope *s.* (*phys.*), Baroskop *n.*, Schweremesser *m.*

barque *s.*, (*s.* **bark**). **barquentine** *s.*, (*s.* **barkentine**).

barrage *s.*, Buhne *f.*, Damm *m.*; Talsperre *f.*; Staudamm *m.*, Wehr *n.*; **– of a channel,** Fahrwasser(ab)sperrung *f.*; **– buoy** *s.*, Sperrtonne *f.*; **– jamming** *s.* (*rad.*), Sperrstörung *f.*

barratry *s.* (*naut.*), Barraterie *f.*

barred *adj.*, durch eine (Sand-, Felsen)Barre unzugänglich (*Hafen*); **– zone,** Sperrgebiet *n.*

barrel *s.* (*naut.*), Trommel *f.* (*des Gangspills od. der Winsch*), Stiefel *m.* (*einer Pumpe*); **– bow** *s.*, Rundbug *m.*; **– buoy** *s.*, Faßtonne *f.*; **– compass** *s.*, Trommelkompaß *m.*

barrier *s.*, der Küste vorgelagerte Barriere *f.*; **– beach** *s.*, Lido *m.*, Strandwall *m.*; **– reef** *s.*, Barriere-, Wallriff *n.*

base *s.* (*naut.*), Ausgangs-, Einsatzhafen *m.*, Basis *f.*, (*tech.*), Bettung *f.*, Fundament *n.*, Gestell *n.*, Grundplatte *f.*, Sockel *m.*, Unterlage *f.*; **– for cruising yachtsmen,** Stützpunkt *m.* für Fahrtensegler; **lifeline –, hand rail –,** Relingsfuß *m.*; **– angle** *s.*, Grund-, Gurtwinkel *m.* (*Schiffbau*); **– line** *s.*, Horizontallinie *f.*, (*radar*) Basislinie *f.*, (*Peilfunk*) kürzeste Großkreisverbindungslinie (*zwischen 2 Peilstationen*); **– -line delay** *s.* (*radar*), Basislaufzeit *f.*; **– plate** *s.* (*tech.*), Fundament *n.*; **– port** *s.*, Basishafen *m.*; **– unit** *s.*, Basiseinheit *f.*

basic *adj.*, **– frequency** (*rad.*), Grundfrequenz *f.*; **– harbour** *or* **port** *s.*, Basishafen *m.*; **– racing inventory** *s.*, Grundbesegelung *f.*, -segelausrüstung *f.* (*für Regattaboote*); **– ship charge** *s.* (*rad.*), Bordgrundgebühr *f.*

basin *s.*, Bai *f.*, kleine Bucht *f.*; Hafenbecken *n.*, Innenhafen *m.*; Dock *n.*, -raum *m.*, Schwimm-, Wasserbecken *n.*; Ausweichstelle *f.* (*in einem Kanal*); Meeresbecken *n.*, Becken *n.* (*eines Flusses od. Sees*); **– of a port,** Binnenhafen *m.*, Hafenbecken *n.*; **– of a river,** Fluß- *od.* Stromgebiet *n.*

basis line delay *s.* (*loran*), Basislaufzeit *f.*

basket *s.*, Reuse *f.*; **– mast** *s.*, Korb-, Gerüstmast *m.*

bateau *s.*, leichtes, langes Flußboot *n.*; Brükkenkahn *m.*; **– bridge** *s.*, Pontonbrücke *f.*

bathometer *s.*, Bathometer *n.*, Tiefseelot *n.*, (Meeres)Tiefenmesser *m.* (*Instrument*).

bathy / meter *s.*, Tiefenmeßgerät *n.*; **–metric chart** *s.*, (Meeres)Boden-, Tiefen-, Tiefseekarte *f.*; **–metry** *s.*, Tiefenmessung *f.*, Tiefseelotung, -messung *f.*; **–scaphe** *s.*, Bathyskaph *m.* (*Tiefseetauchgerät*); **–sphere** *s.*, Tiefsee-Taucherkugel *f.*

batten *s.*, (Segel)Latte *f.*, Persenningleiste *f.*, Schalkleiste *f.* (*f. Luken*), achteres Schalstück *n.* (*der Rahen*); **bottom –,** untere *od.* unterste Segellatte *f.*; **compression –,** durchgehende Segellatte *f.*; **lower –,** mittlere untere Latte *f.*; **sail –,** Segel-, Spreizlatte *f.*; **sheering –,** Spreizlatte *f.* (*Wanten*); **top –,** Topplatte *f.*, oberste Latte *f.*; **upper –,** mittlere obere Latte *f.*; **– of the hatch,** Schalkleiste, -latte *f.*, Lukenschalklatte *f.*; **– of the hatches** (*pl.*), Lukenschalken (*pl.*).

batten *v.* **(down),** verschalken; **to – down a hatch,** ein Luk *od.* eine Luke verschalken *od.* schalken; **(full) –ed sail,** Lattensegel *n.*

batten / and space bulkhead *s.*, Gitter-, Lattenschott *n.*; **– and space ceiling** *s.*, Lattenwegerung *f.*, offene Wegerung *f.*; **– cleat** *s.*, Schalkklampe *f.*; **battening** *s.*, (Ver)Schalken *n.*; **batten pocket** *s.*, Lattentasche *f.*

batter *v.*, **to – a channel,** eine Fahrrinne (*mit Eisbrecher*) aufbrechen.

battery *s.* (*elec.*, *rad.*), Batterie *f.*, Akku(mulator) *m.*, (*opt.*) Linsen- und Prismensystem *n.*; **dry –,** Trockenelement *n.*; **– charging station** *s.*, (Batterieauf)Ladestation *f.*; **– charger** *s.*, Ladegerät *n.*, -gleichrichter *m.*; **– drive** *s.*, Batterieantrieb *m.*; **– eliminator** *s.* (*rad.*), Netzanode *f.*; **– -operated** *adj.*, batteriegespeist, mit Batteriebetrieb; **– -operated set** *s.* (*rad.*), Batterieempfänger *m.*; **– terminal** *s.*, Batterieklemme *f.*; **– tester** *s.*, Batterieprüfgerät *n.*; **– voltage** *s.*, Batterie(strom)spannung *f.*

bawley *s.*, kleine englische Slup *f.*

bay *s.*[1], Bai *f.*, Bucht *f.*, Meerbusen *m.*, Haff *n.*; **– of a lock,** Schleusenhaupt *n.*; **– ice** *s.*, junges Eis *n.* (*in Buchten od. Fjorden*); **baylet** *s.*, kleine Bai *od.* Bucht *f.*

bay *s.*[2], Schiffslazarett *n.*

bayonet / clutch *s.*, Bajonettkupplung *f.*; **– joint** *s.*, Bajonettverschluß *m.*, -verbindung *f.*, Muffenführung *f.*; **– socket** *s.*, Bajonettsockel *m.*, -fassung *f.*

bayou *s.* (*am.*), Altwasser *n.*; Ausfluß *m.* aus einem See; sumpfiger Fluß(neben)arm *m.*, Sumpfstelle *f.* an See *od.* Fluß.

beach *s.*, Meeresstrand *m.*, -ufer *n.*; flacher Strand *m.*, flaches Ufer *n.*; Sandstrand *m.*, Strand *m.*; **to run on the –,** auf Strand (auf)laufen (*Boot*) *od.* (auf)laufen lassen; *v.t.*, (*Boot*) auf den Strand laufen lassen *od.* setzen *od.* ziehen, stranden lassen; **to – a boat,** ein Boot (absichtlich) auf den Strand laufen lassen, an Land ziehen, stranden; **beach comber** *s.* (*am.*), breite, sich überschlagende Welle, die auf den Strand zuläuft; Strandwelle *f.*; **beached** *adj.*, auf den Strand gezogen, an Strand gesetzt; **beaching** *s.*, Aufstrandholen *n.* (*eines Bootes*); **beach / jolly** *s.*, Küstenjolle *f.*; **– marker** *s.*, Strandmarkierung *f.*, -zeichen *n.*; **– master** *s.*, Strandmeister *m.*; **– ridge** *s.*, Strandwall *m.*; **– sailer** *s.*, Segelwagen *m.*, Strandsegler *m.*; **– yacht** *s.*, Strandsegler *m.*

beacon *s.*, Bake *f.*, (land)festes Seezeichen *n.*; Leucht-, Signalfeuer *n.*; Leuchtturm *m.*; Signalstation *f.*, (*rad.*) Signal *n.*; **are you receiving my –?** (*rad.*), Empfangen Sie mich *od.* mein Signal?; **lighted –,** Leuchtbake *f.*; **maritime radio –,** Seefunkfeuer *n.*; **radar –,** Radarbake *f.*; **radio –,** Funkbake *f.*, -feuer *n.*; **radio – identification** *s.*, Funkfeuerkennung *f.*; **radio – receiver** *s.*, Bakenempfänger *m.*; **refuge –,** Rettungsbake *f.*; **the – bears 240 degrees,** die Bake liegt auf *od.* bei 240°; **to mark by –s,** abbaken; **– fixed on a groin** *or* **groyne,** Buhnenbake *f.*, Leuchtfeuer *n.*; **– for compass adjustment,** Deviationsbake *f.*; **– with a spherical topmark,** Kugelbake *f.*; *v.*, **to – out or off,** ausbaken, befeuern, mit Baken versehen; **beacon aerial** (*am.* **antenna**) *s.*, Bakenantenne *f.*; **beaconage** *s.*, Bakengeld *n.*; Bakenwesen *n.*; **beacon / boat** *s.*, Tonnenausleger *m.*; bemanntes kleines Feuerschiff *n.*; **– buoy** *s.*, Bakenboje, -tonne *f.*, Leuchtboje *f.*; **– course** *s.* (*rad.*), Peilstrahl *m.*, Bakenkurs *m.*; **– frequency** *s.*, Peilfrequenz *f.*; **beaconing** *s.*, Bebakung *f.*; **beacon / light** *s.*, Bakenfeuer *n.*; **– transmitting station** *s.*, Peilsendestation *f.*

beak *s.* (*naut.*), Schneppe *f.*, Schiffs-, Rammschnabel *m.*, Sporn *m.*; **–head** *s.*, Vordeck *n.*; Galionsfigur *f.*, Galion *n.*; Schiffsschnabel *m.*

beam *s.*, Decks-, Schiffsbalken *m.*; (Luken-) Scherstock *m.*; Ankerrute *f.*, -schaft *m.*; größte Schiffsbreite *f.*, (*rad.*) Peilstrahl *m.*; (Funk)Leit-, Richtstrahl *m.*; **abaft the –,** achterlicher als dwars *od.* querab; **athwart the –,** vorlicher als dwars *od.* querab; **before the –,** im Vorschiff; vorlich; **forward of the –,** vorlich; **in the –,** breit, in der Breite (*bei Längenmaßen*); **off the –,** dwars (ab), querab; **on the port (starboard) –,** Backbord (Steuerbord) querab; **right on the –,** dwarsein; **to bear on the –s,** quer abhalten; **to come in on the –,** auf dem Peilstrahl einkommen (*Funkpeil.*); **camber of –,** (Balken)Bucht *f.*, Decksbucht *f.*; **cross –, long –,** (Luken)Scherstock *m.*, Querbalken *m.*; Ducht *f.*; **leading –,** Leitstrahl *m.*; **mast –,** Mastbalken *m.*; **radio –,** Funkbake *f.*; Funkleit-, Peil-, Richtstrahl *m.*; **relative –,** relative (Schiffs)Breite *f.*, Breitenverhältnis *n.*; **round of –,** Decksbucht *f.*; **wind on the starboard –,** Steuerbordwind *m.*; **– at the waterline,** Breite *f.* in der Wasserlinie; **– moulded,** gemallte Breite *f.*; **– over all (boa),** Breite *f.* über alles (Büa); **– over fenders,** Breite *f.* über Scheuerleisten; **–s to length,** relative Länge *f.* (*Breite zur Länge*); **– to length ratio** *s.*, Breiten-Längenverhältnis *n.*

beam *v.* (*rad.*), ausstrahlen, senden, (*Funkpeil.*) mit Richtstrahler senden; **to – -reach,** raumschots mit halbem Wind segeln.

beam / aerial *s.* (*am.* **antenna**), Richt(strahl)antenne *f.*, Richtstrahler *m.*; **– clamp** *s.*, Balkweger *m.*; **– -draught** (*am.* **draft**) **ratio** *s.*, Breiten-Tiefgangverhältnis *n.*; **beamed** *adj.* (*rad.*), mittels Richtstrahler gesendet; **beam / emission** *s.* (*rad.*), Richtsendung *f.*; **– ends** (*pl.*), Balkenköpfe *m./pl.*; **the boat is (laid, thrown) on her** *or* **the – -ends,** das Boot liegt auf der Seite *od.* schwer über *od.* zum Kentern, das Boot hat schwere Schlagseite; **– gallows** (*pl.*), Baumgalgen *m.*; **beaming** *s.*, Strahlenbündelung *f.*; **beam / knee** *s.*, Balkenknie *n.*; **– line** *s.*, Deckstrak *m.*; **– pattern of aerial array** (*rad.*), Richtkennlinie *f.*; **– radio** *s.*, Richtfunk *m.*; **– reach** *s.*, Streckbug *m.* mit Dwarswind, raumschots gesegelter Kurs *m.* mit halbem Wind; **beams** (*pl.*), Decksbalken *m./pl.*; Mastbalken *m.*; **beam / scarph** *s.*, Balkenlaschung *f.*; **– sea** *s.*, Dwars-, Kreuz-, Quersee *f.*; **– station** *s.*, Richtfunkstation *f.*; **– stringer** *s.*, Balkenstringer *m.*; **– transmitter** *s.* (*rad.*), Richtstrahler *m.*, Richtstrahlsender *m.*, Strahlwerfer *m.*; **– trawl** *s.*, Baumkurre *f.*; **– width** *s.* (*radar*), Strahlbreite *f.*; **– wind** *s.*, halber Wind *m.*, Dwarswind *m.*, raumer Wind *m.*, Seitenwind *m.*; **beamy** *adj.*, (übermäßig) breit (*Boot*); **– yacht,** sehr breite *od.* breit ausladende Segelyacht *f.*

bear *v.*, gerichtet sein, in einer Richtung zu (*im Verhältnis zum Kompaß*) liegen; peilen; **to – away (to),** ablaufen, -segeln (nach), abfallen (*vom Wind*); **to – away before the wind,** bis platt vor dem Wind abfallen, vor dem Wind segeln; **to – back,** achteraus treiben, zurücktreiben (*Boot*); **to – down upon,** zuhalten *od.* zusteuern auf; **to – down with,** zusegeln auf; **to – down** *or* **in with the land,** auf Land zuhalten; **to – off,** *(vom Land)* abhalten, *(Boot von einem Hindernis)* abstoßen *od.* abhalten; **to – off the anchor,** den Anker vom Bug abhalten; **to – off a boat,** ein Boot abstoßen *od.* von etw. abhalten; **to – off from land** *or* **from the shore,** vom Land *od.* von der Küste abhalten; **to – out (to sea),** auslaufen, in See gehen; **to – out for** *or* **to,** segeln nach, zusegeln auf; **to – sail,** unter vollen Segeln laufen, volle Segel fahren; **to – up,** mit dem Ruder abfallen; **to – up for** *or* **to** *or* **towards,** segeln nach, zusegeln auf; **to – up the helm,** vor dem Wind abhalten *od.* mit dem Ruder abfallen; **the beacon –s 240 degrees,** die Bake liegt auf *od.* bei 240°; **the boat –s the full impact of the storm,** das Boot ist der vollen Gewalt des Sturms ausgesetzt; **the buoy –s due east,** die Boje liegt auf *od.* bei Ost; **– up!** (*com.*), (Mit dem Ruder) Abfallen!; **– up the helm!** (*com.*), Laß das Boot mehr mit dem Wind gehen!

bearding line *s.*, Sponungslinie *f.*

bearing *s.* (*naut.*), Peilung *f.*, Peilwinkel *m.*; Funkpeilung *f.;* Tiefladelinie, -marke *f.*; Lage, Position, Stellung, Richtung *f.* (*eines Schiffes*); Vorschiffsauftrieb *m.*, Anschnitt *m.*, (*astr.*) Abweichung *f.* **(from,** von**)**, (*tech.*) (Auf)Lager *n.*, Lagerung *f.*, Führungsschiene *f.*; **anchor –,** Ankerpeilung *f.*; **ball –s** (*pl.*) (*tech.*), Kugellager *n.*; **bow and beam –,** Vierstrichpeilung *f.*; **collision –,** Kollisionspeilung *f.*, stehende Peilung *f.*; **compass –,** Kompaßpeilung *f.*; **constant –,** stehende Peilung *f.*; **counter –,** Gegenpeilung *f.*; **cross –,** Kreuz-, Gegenpeilung *f.*; **danger –,** Gefahrenpeilung *f.*; **line of –,** Peilstandlinie *f.*; **magnetic –,** mißweisende Peilung *f.*; **matching of a transit –,** Deckung *f.*, Deckpeilung *f.*; **one point –,** Ein-Strich-Peilung *f.*; **outer –,** seitlicher Ausleger *m.* (*eines Kanus*); **radar –,** Radarpeilung *f.*; **radio –,** Funkpeilung *f.*; Peilwinkel *m.*; **reciprocal –,** Gegenpeilung *f.*; **relative –,** Bord-, Schiffs-, Seitenpeilung *f.*, relative Peilung *f.*; Funkseitenpeilung *f.*; **roller –** (*tech.*), Rollenlager *n.*; **shore-to-ship –,** Funkfremdpeilung *f.*; **transit –,** Deckpeilung *f.*; **true –,** rechtweisende Peilung *f.*; **true radio –,** Funkazimut *m.*; **two –s and run between,** Versegelungspeilung *f.*; **to line a –,** ein Lager ausfüttern; **to take a – (of s. th.),** (etw.) anpeilen; **to take one's –s,** eine Peilung vornehmen, orten, peilen; **just coming on the – now!** (*int.*), Peilung läuft gerade ein!; **– constant** *or* **steady!** (*int.*), Peilung steht!; **– by the stars,** Sternpeilung *f.*; **– by the sun,** Sonnenpeilung *f.*; **– from the shore,** Fremdpeilung *f.*; **– from the sun,** Sonnenstandlinie *f.*; **– of the compass,** Kompaßstrich *m.*, -peilung *f.*; **– of the ship,** Eigenpeilung *f.*; **– on the bow,** Bord-, Seiten-, Schiffspeilung *f.*; **–s** (*pl.*) **of a ship,** größte Breite *f.* in der Wasserlinie bei Trimm.

bearing / accuracy *s.*, Peilgenauigkeit *f.*; **– aerial** (*am.* **antenna**) *s.*, Peilantenne *f.*; **– angle** *s.*, Peilwinkel *m.*; **– away,** Abfallen *n.*; Kursänderung *f.* nach Lee (vornehmen); **– bar** *s.*, Peilfaden *m.*, -stift *m.* (*Diopter*); **– beam** *s.*, Peilstrahl *m.*; **– circle** *s.*, Peilaufsatz *m.* (*Kompaß*); **– chart** *s.*, Peiltabelle *f.*; **– compass** *s.*,

Peilkompaß *m.*; – **cursor** *s.* (*radar*), Peilfaden *m.*; – **cursor control** *s.*, Peilstrich *m.*, Peilkreuz *n.*; – **dial** *s.*, Peilscheibe *f.*; – **diopter** *s.*, Peilaufsatz *m.*, -diopter *n.*; – **direction** *s.*, Peilrichtung *f.*; – **discrimination** *s.* (*radar*), Azimutalauflösung *f.*; – **error** *s.*, Funkfehlweisung *f.*, Azimutfehler *m.*; – **indicator** *s.*, Peilungsanzeiger *m.*; – **field** *s.*, Peilfeld *n.*; – **line** *s.*, Peillinie *f.*; – **lubrication** *s.* (*tech.*), Lagerschmierung *f.*; – **pin** *s.* (*tech.*), Lagerzapfen *m.*; – **plate (of radio direction finder)** *s.*, (Funk-) Peilscheibe *f.*; – **receiver** *s.* (*radar*), Peil-, Synchronempfänger *m.*; – **repeater** *s.*, Peiltochterkompaß *m.*; – **ring** *s.*, Gradkranz *m.*; – **sense** *s.*, Peilseite *f.*; – **spring** *s.* (*tech.*), Tragfeder *f.*; – **station** *s.*, Peilstation *f.*; – **transmitter** *s.*, Peilsender *m.*, (*radar*) Synchrongeber *m.*

beastly weather *s.* (*coll.*), Hunde-, Sauwetter *n.*

beat *s.*, Schlag *m.* (*beim Kreuzen*), Kreuz-, Amwindkurs *m.*; **on the –,** auf der Kreuz; **port (starboard) –,** Luv(Lee)schlag *m.*; – **to windward,** Luvschlag *m.*

beat *v.*, kreuzen, lavieren; peitschen, tosen, stürmen (*Wind, Wellen*), totsegeln (*Rivalen*); **to – against the wind,** anluven, aufkreuzen, gegen den Wind segeln; **to – back,** zurücktreiben (*Boot*); **to – dead to windward,** recht gegen den Wind segeln; **to – hollow** (*coll.*), (*einen Rivalen*) glatt besiegen, totsegeln; **to – in a port,** in einen Hafen einkreuzen; **to – off,** sich (*von der Küste, etc.*) freikreuzen; **to – off and on,** an- und abkreuzen; **to – out of port,** aus dem Hafen hinauskreuzen; **to – to leeward,** abfallen, leewärts kreuzen; **to – to windward,** (luvwärts) aufkreuzen, anluven; **to – to windward by boards,** kreuzen, zu einem Ziel in Luv segeln; **to – up (to windward),** aufkreuzen; **to – up by long (short),** in langen (kurzen) Schlägen aufkreuzen.

beaten *adj.* (*rac.*), besiegt, geschlagen; – **by storms,** vom Sturm gepeitscht.

beating *s.*, Kreuzen *n.*, Lavieren *n.*; Amwind-, Kreuzkurs *m.*; **downwind –,** Kreuzen *n.* vor *od.* mit dem Wind; **upwind –,** (Auf)Kreuzen *n.* (gegen den Wind); **when** *or* **on –,** auf der Kreuz, beim Kreuzen; – **of the waves,** Wellenschlag *m.*; – **to windward,** Luvschlag *m.*; (Auf)Kreuzen *n.*, Segeln *n.* zu einem Ziel in Luv; – **up,** Aufkreuzen *n.*

beat-up bucket *s.*, Aufschlagpütz(e) *f.*

Beaufort('s) scale *s.*, Beaufort-, Windstärkenskala *od.* -tabelle *f.*

beaver *s.*, **wet –,** Naßbiber *m.*

becalm *v.*, abstillen, bedaren, kalmieren, ruhig werden (*Wind, See*), bekalmen, den Wind aus den Segeln nehmen; abflauen; **to be becalmed,** blind *od.* in einer Flaute liegen, in einer Flaute *od.* in Windstille sein *od.* treiben, ohne Wind liegen *od.* treiben, durch ein anderes Segel abgedeckt werden.

becket *s.*, (Knebel)Stropp *m.*; Haken *m.*; Klampe, Krampe *f.*; kleiner Tauhaken, -ring *m.* (*als Handgriff*), Taustropp *m.*, Hundsfott *m.*, Auge *n.*, Bügel *m.* (*Doppelblock*), Schlinge *f.*; **hand –,** Tauhandgriff *m.*, Tauring, -haken *m.* (*als Handgriff*); *v.*, mit einem Stropp festbinden, verstroppen, mit Krampen *od.* Tauringen versehen; **becket / bend** *s. or* **hitch** *s.*, Schotenstek *m.*; – **block** *s.*, Block *m.* mit Hundsfott; Steertblock *m.*; – **rope** *s.*, (Fest)-Haltetau *n.*

become *v.*, **to – beset by ice,** vom Eis eingeschlossen werden; **to – overcast,** sich bedekken *od.* bewölken *od.* beziehen (*Himmel*); **to – waterlogged,** Wasser machen.

becoming foggy, aufkommender Nebel *m.*, Nebelbildung *f.*

bed *s.*, Schiffsschlitten *m.*; Flußbett *n.*; (*tech.*) Bett(ung *f.*) *n.*, Auflage *f.*, Lager(ung *f.*) *n.*, (flache) Unterlage *f.*; Matrize *f.* (*Bootsbau*); **anchor –,** Schweinsrücken *m.*; **mast winch –,** Mastwindenfundament *n.*; **swing(ing) –,** Schlingerkoje *f.*; – **of a lock** *or* **sluice,** Schleusenbecken *n.*; – **of a river,** Flußbett *n.*; – **of the ocean,** Meeresgrund *m.*; **bedding** *s.* (*tech.*), Bettung *f.*, Lagerung *f.*, Auflagefläche *f.*; **bed / plate** *s.*, Auflagerplatte *f.*, -stück *n.*; – **rock** *s.*, felsiger (Unter)Grund *m.*

bee *s.* (*naut.*), Backe *f.*, Klampe *f.*; – **block** *s.*, Laufklampe *f.* (*am Bugspriet*), Reffklampe *f.*; **–s** (*pl.*) **of the bowsprit,** Bugsprietviolinen *f./pl.*, Backen *f./pl.* des Bugspriets.

beech wood *s.*, Buchenholz *n.* (*Bootsbau*).

beef *s.* (*naut., coll.*), (Muskel)Kraft *f.*, (*am.*) Meckerei *f.*, Nörgelei *f.*

beeper *s.*, Beeper *m.*; – **buoy** *s.*, Beeperboje *f.*

befog *v.t.* (*meteor.*), (sich) in Nebel hüllen; **to become befogged** (*naut.*), sich einnebeln, dick werden (*Nebel*).

before *adv., prep.*, vorn (*an Bord*); **to sail – the wind,** vor dem Wind segeln; – **the beam,** vorlich, vorderlicher als dwars *od.* querab; – **the mast,** als einfacher Matrose *od.* Seemann vor dem Mast (mitsegeln); – **the wind,** vor dem Wind, auf Vor(m)windkurs.

behaviour *s.*, – **at sea,** Seeverhalten *n.* (*eines Bootes*); – **in a sea(way),** Verhalten *n.* (*eines Bootes*) im Seegang.

behind *adv.*, **to drop –, to fall –,** (*esp. am.*), zurückbleiben, -fallen (*Boot*).
belated *adj.*, von der Dunkelheit *od.* Nacht überrascht (werden).
belay *v.*, (*Leine, Tau, Trosse*) belegen, festmachen; **to – a rope,** ein Ende belegen; **– there!** (*com.*), Stopp! Aufhören!
belaying/bitt *s.*, Belegpoller *m.*; **– cleat** *s.*, Beleg-, Kreuzklampe *f.*; **– pin** *s.*, Belegnagel *m.*
belfry *s.*, Glockengalgen *m.* (*für die Schiffsglocke*).
bell *s.*, Glocke *f.* (*Signalgerät*), Schiffsglocke *f.*; Glas *n.*, Glasen *pl.*; Taucherglocke *f.*; **eight –s,** acht Glasen; **fog –,** Nebelglocke *f.*; **ship's –,** Schiffsglocke *f.*; **– buoy** *s.*, Glockenboje, -tonne *f.*; **– fitting** *s.*, Glockenbeschlag *m.*
bellied *adj.*, bauchig, gebläht (*Segel*), bauchig (*Boot*).
Bellini-Tosi/direction finder *s.*, Goniometerpeiler *m.*; **– direction finding** *s.*, Goniometerpeilung *f.*; **– direction finding system** *s.*, Kreuzrahmen-Peilverfahren *n.*
bell/rope *s.*, Glockensteert *m.*; **– valve** *s.*, Glockenventil *n.*
belly *s.*, Bauch *m.*, Bauchigkeit *f.* (*Segel, Boot*), Ausbauchung *f.*; **the – of a ship,** Schiffinneres *n.*, das Innere eines Schiffes; *v.t.*, ausbauchen, anschwellen (*Segel*); *v.i.*, sich (aus)bauchen, bauchig werden; **bellying sails** *or* **canvas,** schwellende Segel; **belly/band** *s.*, Bauch-, Gurtband *n.* (*Segel*); **– gasket** *s.*, Bauchzeising *m.*; **– guy** *s.*, **– stay** *s.*, Bauch-, Borg-, Mittelgei *f. od.* -stag *n.* (*eines Bockes zum Masteinsetzen*).
belongings *s./pl.* (*naut., dial.*), Plünnen (*pl.*); **(sea)bag for –,** Plünnenbüdel *m.*
below *adv.* (*naut.*), unten; **– deck(s),** unten, unter Deck; **– zero,** unter dem Gefrierpunkt, unter Null.
belt *s.* (*naut.*), (Panzer)Gürtel *m.*; Gebiet *n.*, Zone *f.*; (*geogr.*) Belt *m.*, Meerenge *f.*; Riemen *m.*, (*astr.*) Streifen *m./pl.* (*des Jupiter*); **life –,** Rettungs-, Schwimmgürtel *m.*; **trapeze –,** Trapezgurt *m.*; **– of calms** (*meteor.*), Kalmengürtel *m.*, Doldrums (*pl.*), Mallungen (*pl.*); **– of high pressure** (*meteor.*), Hochdruckgürtel *m.*, -zone *f.*; **– gripe** *s.*, Bootsbrook *m.*, Brookmatte *f.*; **belting** *s.*, Reibholz *n.*, außenbords gehängtes Rundholz (*Scheuerschutz*).
bemist *v.* (*meteor.*), sich in Nebel hüllen.
bench *s.*, Ruderbank *f.*; **bencher** *s.*, Ruderer *m.*
bend *s.*, Biegung *f.*, Krümmung *f.*, Kurve *f.*; Mastbiegung, -kurve *f.*; Knoten *m.*, Stek *m.*, (*tech.*) Knierohr, -stück *n.*, Krümmer *m.*; **anchor –,** Roringstek *m.*; **carrick –,** Trossenstek *m.*; **double sheet –,** doppelter Schotstek *m.*; **fisherman's –,** Fischerstek *m.*, Englischer Knoten *m.*; **lateral –,** seitliche Mastbiegung *f.*; **mast –,** Mastbiegung *f.*; **return –,** Schwanenhals *m.* (*Entlüftung*); **sheet –,** Schotstek *m.*; **– in a fairway,** Biegung *f.* im Fahrwasser; **– of a river,** Flußbiegung, -krümmung *f.*; **–(s)** (*pl.*), Bugsprietkeil(e) *m.* (*pl.*); Berg-, Krummholz *n.*, (-hölzer *pl.*).
bend *v.*, anstechen, anstecken, festmachen (*Tau*), anreihen, anschlagen, anmarlen (*Segel*), biegen, beugen, krümmen; **to – on,** anstecken (*Leine, Flagge*); **to – a cable chain,** eine Ankerkette einschäkeln; **to – a sail,** ein Segel unterschlagen; **to – a sail to,** ein Segel anschlagen; **bendable** *adj.*, biegsam (*Mast*).
bending *s.*, Biegung *f.*, Neigung *f.*, Kurve *f.*, Winkel *m.*; **– fatigue strength** *s.* (*phys.*), Biegeschwingungsfestigkeit *f.*; **– jackstay** *s.*, Anschlag-, Beschlagjackstag *n.*; **– line** *s.*, Anschlagleine *f.*, -tau *n.*, (*phys.*) Biegungslinie *f.*; **– load** *s.*, Biegebeanspruchung, -belastung *f.*; **– moment** *s.*, Biegemoment *n.*, Biegungsmoment *n.*; **– pressure** *s.*, Biegebeanspruchung *f.*, -druck *m.*, -spannung *f.*; **– property** *s.*, Biegefähigkeit *f.*; **– radius** *s.*, Biegungsradius *m.*; **– resistance** *s.*, Biege-, Biegungssteifigkeit *f.*; **– shackle** *s.*, Anker-, Verbindungsschäkel *m.*; **– strain** *s.*, Biegebeanspruchung, -spannung *f.*; **– strength** *s.*, Biegesteifigkeit *f.*, Biege-, Knickfestigkeit *f.*; **– stress** *s.*, Biegebeanspruchung *f.*, -druck *m.*, -spannung *f.*; **– test** *s.*, Biegeprobe *f.*, -versuch *m.*; **– vibration** *s.*, Biegeschwingung *f.*; **bendy** *adj.* **mast,** flexibler Mast *m.*
beneaped *adj.*, (bei Nipptide) auf dem Grund festsitzend (*Boot*).
bent frame *s.*, gebogenes Spant *n.*
Bentinck/boom *s.*, Bentinckbaum *m.*, Baum *m.* der Baumfock; **– sail** *s.*, Bentincksegel *n.*, Baumfock *f.*
bent/iron *s.*, Kalfaltereisen *n.*; **– mast** *s.*, gebogener *od.* geneigter Mast *m.*; **– timber** *s.*, Bugholz *n.*; **– wood** *s.*, Krummholz *n.*
berg *s.*, Eisberg *m.*
berm(e) *s.* (*am., coll.*), dem Treidelpfad gegenüberliegendes (Kanal)Ufer.
Bermuda/cat *s.*, Bermuda Catboot *n.*; **– cutter** *s.*, Bermudakutter *m.*, hochgetakelter Kutter *m.*; **– ketch** *s.*, Bermuda-Ketsch *f.*; **– rig** *s.*, Bermuda-Rigg *n.*, -Takelung *f.*, Hochtakelung *f.*; **– -rigged** *adj.*, hochgetakelt; **– rule**

s., Bermudaformel *f.*; – **schooner** *s.*, Bermuda-Schoner *od.* -schuner *m.*, hochgetakelter Schoner *m.*; – **sloop** *s.*, Bermuda-Slup *f.*, hochgetakelte Slup *f.*; – **yawl** *s.*, Bermuda-Yawl *f.*

Bermudian *adj.*, – **rig,** Bermuda-Rigg *n.*, -takelung *f.*, Hochtakelung *f.*; – **-rigged** *adj.*, hochgetakelt, mit Bermudatakelung.

berth *s.*, Kabine *f.*, Koje *f.*; Ankergrund *m.*, Anker-, Liegeplatz *m.*, Helling *f.*; Schwoje-, Seeraum *m.* (*f. Boote*); **inside** – (*rac.*), Innenposition *f.*; **pilot –,** Lotsenkoje *f.*, Seekoje *f.*; **pipe –,** Rohrkoje *f.*; **quarter –,** Hundekoje *f.*; **swing –,** Schlingerkoje *f.*; **swinging –,** Schwojeraum *m.*; **wide –,** reichlicher Abstand *m.* (*von der Küste, etc.*); **to be on the –,** in Ladung liegen (*Schiff*); **to give the island a good –,** gut frei von der Insel halten; **to give a wide – to,** weit abhalten von (*Küste, etc.*); **to keep a good** *or* **wide –,** guten Abstand (*von Küste, etc.*) halten.

berth *v.*, anlegen, (am Kai) festmachen; in der Koje unterbringen; (ver)ankern, vor Anker gehen; **to – in the dock,** docken.

berthage *s.*, Anker-, Liegeplatz *m.*; Kai-, Liegegebühr *f.*

berth / charge *s.*, Liegegeld *n.*; Kaigebühr *f.*; – **deck** *s.*, Banjer-, Zwischendeck *n.*; **berthed** *adj.*, **to be –,** (*mit dem Schiff vor Anker, Boje, etc.*) liegen.

berthing *s.*, Schergangbeplankung *f.*; – **charges,** – **dues** (*pl.*), Dock-, Kaigebühren *f./pl.*, Liegegeld *n.*; – **master** *s.*, Hafen-, Kaimeister *m.*; – **party** *s.*, Leinenkommando *n.*, -mannschaft *f.*; – **signal** *s.*, Anlege-, Liegeplatzsignal *n.*

Berthon boat *s.*, Faltboot *n.*

beset *adj.*, von Treibeis eingeschlossen (*Schiff*).

best / bower anchor *s.*, Reserve-Buganker *m.*; – **weather track** *s.*, wettermäßig günstigste (Schiffahrts)Route *f.*

better *v.*, **the weather –s,** das Wetter bessert sich; *adj.*, **the – end of the starting line** (*rac.*), bevorzugte Startlinienseite *f.*; **the weather becomes** *or* **is getting –,** das Wetter bessert sich *od.* wird beständiger.

between / deck *s.*, Mittel-, Zwischendeck *n.*; – **decks** *adv.*, im Zwischendeck.

bevel *s.*, Schmiege *f.* (*Bootsbau*); – **gear** *s.*, Schrägverzahnung *f.*

beware! (*int.*), Wahrschau!

bewildering *adj.* **wind,** mallender Wind *m.*; **bewilderment** *s.* **of the wind,** Mallen *n.* des Windes.

beyond *prep.* **the seas,** in Übersee.

bias resistor *s.* (*rad*), Gitterwiderstand *m.*, Kathodenwiderstand *m.*; **biased automatic gain control** *s.* (*radar*), automatische, verzögerte Schwundregelung *f.*

bibb *s.*, Mastbacke *f.*; Salingknie *n.* (*zum Abstützen der Saling*).

biconical aerial (*am.* **antenna**) *s.*, Doppelkegelantenne *f.*

bidarka *s.*, **bidarkee** *s.*, Boot aus Seehundfellen (*der Eskimos*).

bifurcation *s.*, Gabelung *f.*, Gabelungspunkt *m.*; – **buoy** *s.*, Gabelungsboje *f.*

big *adj.*, – **boat,** Dickschiff *n.*, Yacht *f.*; – **boy** *s.*, Big Boy *m.*, Leespinnaker *m.*, Beisegel *n.* auf Vorwindkurs (*Hochseeyachten*); – **-end bearing** (*tech.*), Pleuellager *n.*

bight *s.* (*naut.*), Bucht *f.*, Los *n.* (*Tau*), (*geogr.*) Bucht *f.*, (Fluß)Krümmung *f.*; **bowline on the –,** doppelter Palstek *m.*; – **in a line,** Bucht *f.*, Kink *m.* in einer Leine; *v.*, **to –,** durch Buchten befestigen.

big wind *s.*, heftiger, starker Wind, kräftige Brise.

bilalo *s.*, Zweimaster *m.* (*Manila*).

bilancella *s.*, Bilancella *f.* (*Mittelmeersegler*).

bilander *s.*, Bilander *m.* (*holländischer Zweimaster*).

bilateral *adj.*, bilateral, zweiseitig; – **characteristic(s)** *s.* (*pl.*) (*radar*), Doppelkreisrichtcharakteristik *f.*; – **sense** *s.* (*radar*), Zweiseitenempfindlichkeit *f.*

bilge *s.*, Bilge *f.*, Flach *n.*, Kielraum *m.*, Kimm *f.*, Schiffsbauch *m.*; **round of –, turn of –,** Kimmrundung *f.*; *v.*, im Flach leck werden *od.* machen, lenzpumpen; (sich) ausbauchen, hervorragen; – **block** *s.*, Kimmholz *n.*, -palle *f.*, -stapel *m.*; – **board** *s.*, Kimmschwert *n.*, Schlagwasserplatte *f.*; – **bracket** *s.*, Kimmstützplatte *f.*; – **ceiling** *s.*, Bilge-, Kimmwegerung *f.*; – **chock** *s.*, Kimm-, Schlingerkiel *m.*; – **cock** s., Bilge-, Lenzhahn *m.*; – **diagonal** *s.*, Kimmsente *f.* (*Linienriß*); – **keel** *s.*, Kimm-, Schlingerkiel *m.*; – **keeler** *s.*, Kimmkielboot *n.* (*Seekreuzer*), Kimmkieler *m.*; – **keelson** *s.*, Kimmkielschwein *n.*; – **line** *s.*, Bilge-, Lenzleitung *f.*; – **log** *s.*, (hölzernes) Kimmkielschwein *n.*, Kimmstütze *f.*; – **main** *s.*, Hauptlenzleitung *f.*; – **paint** *s.*, Bilge(schutz)farbe *f.*, -konservierungsmittel *n.*; – **pipe (line)** *s.*, Bilgen-, Lenzrohr *n.*, Lenzleitung *f.*; – **plank** *s.*, Kimmplanke *f.*, -weger *m.*; – **planking** *s.*, Kimmbeplankung *f.*; – **plating** *s.*, Kimmbeplattung *f.*; – **pump** *s.*, Bilgen-, Lenz-, Sodpumpe *f.*; – **rail** *s.*, Kimmreling *f.*; – **shore** *s.*, Kimmstütze *f.*; – **sounding pipe** *or* **tube** *s.*, Bilgenpeilrohr *n.*; – **strake** *s.*, Kimmgang *m.*; – **stringer** *s.*, Kimmstringer *m.*; – **strum** *s.*, Bilgensaugkorb *m.*; – **suction** *s.*, Bilgen-, Lenzsaugsystem *n.*; – **valve** *s.*, Lenzventil *n.*; – **wale** *s.*, Kimmweger *m.*; – **water** *s.*, Bilge(n)-, Kielraumwasser *n.*, Schlagwasser *n.*, Sodwasser *n.*; – **-ways** (*pl.*), Schlittenbalken *m./pl.*; – **well** *s.*, Bilge(lenz)brunnen *m.*

bill *s.* (*naut.*), Spitze *f.*, Schnabel *m.*, Schneide *f.* (*Anker, Knieholz*); – **(hook)** (*geogr.*), spitz zulaufende Halbinsel *f.*; – **of (ad)measurement, – of tonnage,** Meßbrief *m.*; – **board** *s.*, Ankerfütterung *f.*, Schweinsrücken *m.*

billethead *s.*, (Heck)Poller *m.*, Krull *f.* (*Schnitzereien an Galionsfiguren*).

billow *s.*, Welle *f.*, Woge *f.*, Sturzwelle *f.*; *v.*, wogen, sich türmen (*Wellen*); **billowy** *adj.*, schwellend (*Segel*), wogend (*See*).

bill tricing line *s.*, Aufholer *m.* (*des unteren Rahtakelblocks*).

billy / boy *s.* (*coll.*), (ostengl.) Fluß-, Küstenbarke *f.*; – **-(h)o, it rains like –,** es gießt wie mit Kübeln *od.* in Strömen.

bin *s.*, Verschlag *m.* (*an Bord*), kleiner Stauraum *m.*; – **bulkhead** *s.*, Kastenschott *n.*

binary (star, system) *s.* (*astr.*), Doppelstern *m.*

bind *s.*, Bindebacken *pl.*, Band *n.*; *v.*, **to – (up),** beschlagen (*Steuerruder*).

binding / nut *s.* (*tech.*), Kontermutter *f.*; – **post** *s.*, Batterieklemme *f.*; – **reef** *s.*, Bindereff *n.*; – **rope** *s.*, Bändsel *n.*, Zeising *m.*; – **screw** *s.*, Klemme *f.*, Klemmschraube *f.*; – **washer** *s.* (*tech.*), Gegenmutter *f.*

bind ring *s.*, Dichtungsring *m.*

binnacle *s.*, Kompaßgehäuse *n.*, -haus *n.*, -häuschen *n.*, Nachthaus *n.*; **reflector –,** Reflektionskompaß *m.*; – **cover** *s.*, – **hood** *s.*, Kompaß-, Nachthaube *f.*; – **stand** *s.*, Kompaßsäule *f.*

binocle *s.* (*naut.*, *sl.*), Kieker *m.*, Doppelfernrohr *n.*

bino-compass *s.*, Bino-(Hilfs)kompaß *m.*

binocular *s.*, Doppelglas *n.*, (*coll.*) Kieker *m.*; **star –,** Nachtglas *n.*

bipod mast *s.*, Zweibeinmast *m.*

birch canoe *s.* (*am.*), Kanu *n.* (*aus Birkenrinde*).

bird's nest *s.*, Ausguck *m.*, Mastkorb *m.*

birr *s.*, Gewalt *f.* (*des Windes*).

biscuit *s.*, Schiffszwieback *m.*; – **throw** (*naut.*), **within – throw,** (in) kurze(r) Entfernung.

bise *s.*, Bise *f.*, Nord(ost)wind *m.*

bisectional construction *s.*, Zweisektionenbauweise *f.* (*Schiffbau*).

bisector *s.* (*Consol*), Hauptleitstrahl *m.*

bite *s.*, kurzes Ende einer Stroppschlinge, das durch das lange Ende gesteckt wird, (*coll.*) Biß *m.*, (*tech.*) Eingreifen, Fassen *n.*; **to give the boat more –,** dem Boot mehr Biß geben.

bite *v.*, **the anchor –s,** der Anker faßt *od.* hält *od.* packt *od.* (*coll.*) beißt.

biting wind *s.*, scharfer Wind *m.*, beißend *od.* schneidend kalter Wind.

bitt *s.*, Beting *m.*, Poller *m.* (*an Deck*); **cross –,** Kreuzpoller *m.*; **double-head –,** Doppelpoller *m.*; **mooring –,** Kreuz-, Vertäupoller *m.*; **sheet ratchet –,** Knarrpoller *m.*; **towing –,** Schlepppoller *m.*; *v.*, Tau(e) um die Betinghölzer schlagen *od.* winden, einen Poller belegen; – **bracket** *s.*, Beting-, Pollerstützplatte *f.*

bitter *s.*, Kopfschlag *m.*, Betingschlag *m.*; – **end** *s.*, Tamp(en) *m.*, das hinter dem Betingschlag noch vorhandene Ende des Ankertaus.

bitter *adj.*, – **blast,** schneidend kalter Wind *m.*; – **cold,** schneidend *od.* bitter kalt; – **day,** rauher *od.* unfreundlicher Tag *m.*, unfreundliches Wetter *n.*

bitt head *s.*, Pollerkopf *m.*

bitton *s.*, großer Poller *m.*

bitts (*pl.*), Doppelpoller *m.*, Beting *m.*

black / ball *s.*, Anker-, Signal-, Sturm-, Windball *m.*, schwarzer Ball *m.* (*Signalkörper*); – **band** *s.* (*rac.*), Meßmarke *f.* (*Mast*); – **cone** *s.*, Signalkegel *m.*, schwarzer Kegel *m.*; – **diamond (shape)** *s.*, Raute *f.*, Rhombus *m.* (*Signalkörper*); – **flag** *or* **jack** *s.*, Piratenflagge *f.*; – **frost** *s.*, trockener Frost *m.*, strenge trokkene Kälte *f.*; – **ice** *s.* (*ice-yachting*), schwarzes *od.* spiegelblankes *od.* -glattes Eis *n.*; – **out** *s.*, Ausschalten *n.* (*Funkstation*); **–out marker** *s.* (*radar*), Dunkelpunkt *m.*; – **pitch** *s.*, Bootspech *n.*; – **rope** *s.*, geteertes Tau(werk) *n.*; – **shape (of two cones with points together)** *s.*, Stundenglas *n.* (*Doppelkegel*); – **squall** *s.*, Gewitter-, Sturmbö *f.* (mit schwarzem Gewölk); – **varnish** *s.*, schwarzer Teerfirnis *m.*; – **wall hitch** *s.*, einfacher Hakenschlag *od.* Holländer *m.* (*Stek*); – **-white control** *s.*, Helldunkelsteuerung *f.*

blade *s.*, Blatt *n.* (*Ruder*); Flügel *m.* (*Propeller*), Schaufel *f.* (*Schiffsrad, Turbine*); **rudder –,** Ruderblatt *n.*; – **of an oar,** Riemenblatt *n.*, Blatt *n.* eines Ruderriemens; – **angle** *s.*, Anstellwinkel *m.* des Ruderblattes; Steigungswinkel *m.* (*des Propellers*); – **area ratio** *s.*, Flügelflächenverhältnis *n.* (*Propeller*); – **clearance** *s.*, Propellerflügelfreigang *m.*, -spielraum *m.*; – **depth** *s.*, Flügelbreite *f.*; – **efficiency** *s.*, Flügelwirkungsgrad *m.*; – **tip** *s.*, Flügelspitze *f.*; – **width** *s.*, Propellerblatt-,

Propellerflügelbreite *f.*
blanc sector *s.* (*radar*), leerer *od.* unwirksamer Sektor *m.*, tote Zone *f.*
blanket *s.*, **– of clouds**, Wolkendecke *f.*; **– lee** *s.*, Leeabstand *m.*; *v.* (*naut.*), (*einem Segelboot*) den Wind (ab)fangen, abdecken, bekalmen, (*rad.*) stören, überlagern, (*elec.*) abschirmen; **to – a sail,** ein anderes (Segel)Boot abdecken, einem Segelboot den Wind ab- *od.* wegfangen.
blanketing *s.*, Abdecken *n.*, Abdeckung *f.* (*durch Segel od. in Luv eines anderen Segelbootes*), Windabfangen *n.*, (*rad.*) Überlagerung *f.* von (Empfangs)Signalen; **to sail out of – range (of another boat),** außerhalb der Windabdeckung (durch ein anderes Boot) segeln.
blast *s.*, Blasen *n.* (*Wind*), starker Windstoß *m.*; Sturm *m.*; Signal *n.*; Pfeifton *m.*, Pfeifsignal *n.* (*einer Dampfpfeife*); **– lamp** *s.*, Lötlampe *f.*; **– pressure** *s.*, Winddruck *m.*; **blasty** *adj.*, böig , stürmisch.
blazer *s.* (*coll.*), strahlender *od.* glühend heißer Tag *m.*
bleak weather *s.*, rauhes *od.* kaltes *od.* unfreundliches Wetter *n.*
blear(y) *adj.* (*radar*), trüb, unklar, verschwommen.
bleed *v.* (*tech.*), lecken, leck sein; **to – a buoy (a tank),** das Leckwasser aus einer Boje (einem Tank) ablaufen lassen; **bleed cock** *s.*, Leckschraube *f.*; **bleeder** *s.* (*tech.*), Ablaß-, Auslaßventil *n.*; kleiner Zapfhahn *m.*; (*rad.*) Schutzwiderstand *m.*; **– hole** *s.*, Bodenventil *n.*, Wasserablaß(loch *n.*) *m.*
blight *s.*, Höhenrauch *m.* (*Art Nebel*).
blind *s.*, Blende *f.*; *adj.*, **– area** (*radar*), Schattengebiet *n.*, -zone *f.*; **– beam** *s.*, Lukenschiebebalken *m.*; **– hatch** *s.*, blinde Luke *f.*; **– pulley** *s.*, Jungfer *f.* (*Block*); **– sector** *s.* (*radar*), blinder *od.* toter Sektor *m.*; **– spot** *s.* (*rad.*), tote Zone *f.*, Position mit schlechtem Empfang; (*tech.*) tote Zone *f.*, Totlage *f.*, -punkt *m.*; **– tapping** *s.* (*tech.*), Sackgewinde *n.*
blink *s.*, Blink *m.* (*Widerschein von Eisbergen od. -feldern am Horizont*); Eisberg *m.*, –fläche *f.*; Blink *m.*, Kennung *f.* eines Leuchtfeuers; *v.*, blinken (*Lichtsignale*).
blinker *s.*, Blinklicht *n.*; Morse-, Signallampe *f.*, (*am.*) Leuchtfeuer *n.*; **– beacon** *s.*, Blinkfeuer *n.*; **– lamp** *s.*, Blink-, Morse-, Signallampe *f.*; **– -lamp message** *s.*, Blinkspruch *m.*; **– light** *s.*, Morselampe *f.*, -laterne *f.*; **– signal** *s.*, Blink-, Morsesignal *n.*; **– signal(l)ing** *s.*, (Licht)Morsen *n.*
blip *s.* (*radar*), Leuchtfleck *m.*, Echozeichen, -signal *n.*, Echoanzeige *f.*
blister *s.*, Blister *m.*, Spinnakergenua *f.*; **– of the hawse hole,** Wulst *m.* der Ankerklüse; **blistering** *s.*, Blasenbildung *f.* (*in der Außenhaut eines Bootes*).
blizzard *s.* (*meteor.*), Blizzard *m.*; **– lantern** *s.*, Sturmlaterne *f.*
bloat *v.* **(up),** aufblasen (*Rettungsfloß, etc.*).
block *s.*, Block *m.*, Klotz *m.*; Palle *f.*, Pallholz *n.*; Flasche *f.*, Rolle *f.*; **becket –,** Steertblock *m.*; **bilge –,** Kimmpallen *f./pl.*, Palle *f.*; **chock-a- –,** zu Blocks (*Talje*); **double –,** Doppelblock *m.*; **fairlead** *or* **leading –,** Leitblock *m.*; **keel –,** Kielpallen *f./pl.*, Palle *f.*, Pallholz *n.*; **long-tackle** *or* **fiddle –,** Violinblock *m.*; **mooring –,** Muringstein *m.*; **ratchet –,** Knarr-, Ratschblock *m.*; **single –,** einscheibiger Block *m.*; **snatch –,** Fuß-, Klapp-, Kinnbackenblock *m.*; **two –s,** zublocks, zu Blocks; **whip –,** Klappblock *m.*; **– with a tail,** Steertblock *m.*; *v.*, blockieren, verblocken, verpallen; **to – off,** abstauen; **to – up,** (durch Blöcke) (ab)stützen, befestigen, sichern.
blockade *s.*, Blockade *f.*, Hafensperre *f.*, Sperre *f.*; **to run** *or* **break the –,** die Blockade brechen; **– -runner** *s.*, Blockadebrecher *m.* (*Schiff*); **– zone** *s.*, Sperrgebiet *n.*, -zone *f.*; **blockaded** *adj.*, **– area,** Sperrgebiet *n.*, -zone *f.*; **– port,** blockierter *od.* gesperrter Hafen *m.*
blockage *s.* (*tech.*), Blockierung *f.*, Hemmung *f.*, Sperre *f.*
block / and blocks, zublocks; **– and pulley** *s.*, Flaschenzug *m.*, Talje *f.*; **– and tackle** *s.*, Talje *f.*; **– axle** *s.*, Blockbolzen *m.*; **– becket** *s.*, Hundsfott *m.*, Blockstropp *m.* mit Auge; **– breech** *s.*, Blocksteg *m.*; **– cheeks** (*pl.*), Blockbacken *f./pl.*; **– coefficient** *s.*, Blockkoeffizient *m.*, Völligkeitsgrad *m.* der Verdrängung; **– crown** *s.*, Tauraumende *n.* (*eines Blocks*); **– eye** *s.*, (Block)Auge *n.*, Bügel *m.*, Hundsfott *m.*; **– fitting(s)** *s.* (*pl.*), Blockbeschlag *m.*
blocking *s.*, Blockierung *f.*, Aufklotzung *f.*, Verkeilung *f.*; **– off,** Verkeilen *n.* (*Mast, etc.*).
block / load *s.*, Pallbelastung *f.*; **– outside** *s. or* **frame** *s. or* **shell** *s.*, Blockgehäuse *n.*; **– pin** *s.*, Blockbolzen *m.*; **– sheaves** *s./pl.*, Blockscheiben *f./pl.*; **– -ship** *s.*, Hafen-, Proviantschiff *n.*; zum Versenken (zwecks Blockade) bestimmtes Schiff *n.*; **– strop** *s.*, Blockstropp *m.*
blooper *s.*, Blooper *m.* (*Yachtsegel*).
blow *s.*, steife Brise *f.*, starker Wind *m.*; Schlag *m.*; **– of the sea,** Seeschlag *m.* (*Seegang*); *v.*,

aufwirbeln, blasen, treiben, wehen (*Wind*); **to – off,** abtreiben (*Boot*); **to – off steam,** Dampf ablassen (*Schiff*); **to – over,** nachlassen, vorüberziehen (*Gewitter, Sturm*); **to – up,** aufbrisen, stärker werden; aufkommen (*Wind*); **it is –ing hard,** es geht *od.* weht ein starker Wind, es ist stark windig; **to be –n off the course,** vom Sturm abgetrieben werden (*Boot*); **blow-back** *s.*, Rückstoß *m.*

blower *s.*, Drucklüfter, Ventilator *m.*, (*naut. sl.*) Wal *m.*; **– -off cock** *s.*, Ablaßhahn *m.*, Luftventil *n.*; **– -off valve** *s.*, Ablaß-, Sicherheits-, Überdruckventil *n.*; **– turbine** *s.*, Turbinengebläse *n.*

blowiness *s.*, Windigkeit *f.*

blow valve *s.*, Schnarch-, Schnüffelventil *n.*

blowy *adj.*, windig.

blue *s.*, offenes Meer *n.*, blauer *od.* klarer Himmel *m.*; *adj.*, **navy –,** marineblau; **rowing –,** Mitglied *n.* der 1. Rudermannschaft; **to get one's rowing –,** Mitglied der 1. Rudermannschaft werden; **– ensign** *s.*, Flagge *f.* der brit. Reserveflotte; **– flare** *s.*, Blaufeuer *n.*; **– flare-up light** *s.*, blaues Flackerfeuer *n.*; **– ice** *s.*, Blau-, Polareis *n.*; **–jacket** *s.* (*coll.*), Blaujacke *f.*, Matrose *m.*; **– light** *s.*, Blaufeuer, -licht *n.*, Blüse *f.*, weißes *od.* blaues Flackerfeuer *n.*; **– magnetism** *s.* (*coll.*), blauer Magnetismus *m.*; **– peter** *s.*, Abfahrtssignal(flagge *f.*) *n.*; Signalflagge *f.* (*zum Segeln*); Blauer Peter *m.* (*Flagge*); **– pigeon** *s.* (*coll.*), Senkblei *n.*; **– ribbon of the sea,** das Blaue Band des Ozeans; **– starry flag** *s.* (*coll.*), (U.S.) Sternenbanner *n.*; **– water** *s.*, die hohe See, das offene Meer; **– water cruiser** *or* **sailer** *or* **yacht** *s.*, Hochseeyacht *f.*; **– water sailor** *s.*, Hochseesegler *m.*; **– water (yacht) racer** *s.*, Hochseeregattasegler *m.* (*Pers., Boot*), Hochseeregattayacht *f.*

bluff *s.*, steiles Felsufer *n.*, Steilufer *n.*, (schroffe) Klippe *f.*; *adj.*, breit, voll (*Bug*), völlig (*Linienriß*), schroff, steil (*Küste*); **bluff / boat** *s.*, völliges Boot *n.*; **– bow** *s.*, breiter *od.* völliger Bug *m.*; **– -bowed** *or* **– -headed boat** *s.*, Boot *n.* mit vollem breitem Bug.

bluffy *adj.*, voll schroffer steiler Felsen *od.* Klippen (*Küste*).

blunt / bow *s.*, voller breiter *od.* stumpfer Bug *m.*; **– stern** *s.*, breites *od.* stumpfes Heck *n.*

blur *s.* (*radar*), Fleck *m.*, verwischte *od.* verschwommene Stelle *f.*, Überstrahlung *f.*; *v.* (*radar*), undeutlich *od.* verschwommen werden; **blur circle** (*opt.*), (Licht)Hof *m.*, (*radar*) Trübungskreis *m.*, -zone *f.*; **blurred, blurry** *adj.*, undeutlich, unklar, unscharf, verschwommen, verwischt; **blurring** *s.* (*radar*), Trübung *f.*

bluster *s.*, Brausen Sausen, Toben *n.* (*Wind, See*), Sturm *m.*; Windstoß *m.*; *v.*, brausen, stürmen, toben; **blustering wind** *s.*, stürmischer Wind *m.*; **blustery** *adj.*, böig.

boa (b.o.a.) (beam *or* **breadth over all),** Breite *f.* über alles, Büa.

board *s.*[1], Bord *m.*, Bordwand *f.*, Boots- *od.* Schiffsrand *m.*, Bordrand *m.*; Boots- *od.* Schiffsdeck *n.*; Gang *m.*, Schlag *m.*, Kreuzschlag *m.* (*beim Kreuzen*); **free on –,** frei an Bord; **good –,** Schlag-, Streck-, Holebug *m.*; **head –,** Kopfbrett *n.*, -platte *f.* (*Segel*); **long (short) –s,** lange (kurze) Gänge *od.* Schläge (*beim Kreuzen*); **on – (ship),** an Bord; **shifting –,** Schlingerschott *n.*; **splash –,** Wellenbrecher *m.* (*Boot*); **wash–, weather –,** Schäl-, Setz-, Waschbord *n.*; **to go by the –,** über Bord gehen; **to go on –,** an Bord gehen, sich einschiffen; **to make –s, to ply** *or* **to beat windward by –s,** kreuzen, lavieren; **to ship on –,** an Bord verladen; **to throw over –,** über Bord werfen; **– and –, – on –, – to –,** Bord an Bord.

board *s.*[2], Brett *n.*, Planke *f.*, Latte *f.*; Amt *n.*, Behörde *f.*; **thick –,** Bohle *f.*, Planke *f.*; **– of customs,** Zollamt *n.*, -behörde *f.*

board *v.*, aufkreuzen, kreuzen, lavieren; **to – (a ship),** an Bord gehen, sich einschiffen, an ein Schiff anlegen, ein Schiff entern; **to – the main (sail),** das Großsegel zu Bord holen; **boardable** *adj.*, enterbar.

board certificate *s.*, Bordbescheinigung *f.*, -zertifikat *n.*

boarder *s.*, Enterer *m.*; (*pl.*) Entermannschaft *f.*

board-free erection *s.*, bordfreier Aufbau *m.*

boarding *s.*, Bretterrost *m.*, Plankenverkleidung *f.*; Entern *n.*, Abordage *f.*, Kollision *f.*; **– call** *s.*, Besuch *m.* an Bord; **– ladder** *s.*, Bord-, Sicherheitsleiter *f.*, Fallreep *n.*; **– officer** *s.*, Hafen-, Zollbeamter *m.*; **– party** *s.*, Entermannschaft *f.*, Prisenkommando *n.*

board / measure *s.*, Bordmaß *n.*; **– plate** *s.*, Schaufelrad *n.* (*Raddampfer*); **– sling** *s.*, Plattformstropp *m.*; **– tack** *s.*, Bord *m.*, Gang *m.*, Schlag *m.* (*beim Aufkreuzen*).

boat *s.*, Boot *n.*, (*coll.*) Yacht *f.*, Barke *f.*, Dampfer *m.*, Fähre *f.*, Kahn *m.*, großes Schiff *n.*; **able –,** (gut) eingefahrenes Boot *n.*; **burdened –,** ausweichpflichtiges Boot *n.*; **class –,** Klassenboot *n.*; **committee –** (*rac.*), Startschiff *n.*; **dandy-rigged –,** Eineinhalbmaster *m.*; **displacement –,** Verdränger *m.*, Verdrängungsboot *n.*; **fast –,** schneller Segler *m.*; **fin-**

ishing – (*rac.*), Zielboot, -schiff *n.*; **flat-bottomed –,** Plattbodenboot *n.*, Landungsboot *n.*; **handicap –,** Ausgleicher *m.*; **ice –,** Eisyacht *f.*, Segelschlitten *m.*; **keel –,** Kielyacht *f.*; **keel and centreboard –,** Kielschwerter *m.*, Kielschwertboot *n.*; **life –,** Rettungsboot *n.*; **light displacement –,** Leichtdeplacementboot *n.*, Leichtverdränger *m.*; **lively –,** lebendiges Boot *n.*; **one-man –,** Einmannboot *n.*; **one-masted –,** Einmaster *m.*; **open** *or* **undecked –,** Jolle *f.*, offenes Boot *n.*; **outrigger –,** Auslegerboot *n.*; **sail(ing) –,** Segelboot *n.*; **self-righting –,** selbstaufrichtendes Boot *n.*; **sharp-sterned –,** Doppelender *m.*, Spitzgatter *m.*, Spitzgattboot *n.*; **single-handed –,** Einhandboot *n.*; **tow –,** Schlepper *m.*; **wherry –,** Ewer *m.*; **motion of a –,** Bootsbewegung *f.*; **as the – rocks,** mit der Bootsbewegung; **the – begins to point well,** das Boot läuft mehr Höhe; **the – comes alive,** das Boot wird lebendig; **the – feels good,** das Boot liegt gut (im Wind); **the – is absolutely flat,** das Boot liegt auf ebenem Kiel *od.* flach; **the – is going very slowly,** das Boot macht kaum Fahrt; **to drive a –,** ein Boot segeln *od.* steuern; **to free a –,** ein Boot lenzen *od.* lenzpumpen; **to hoist in a –,** ein Boot einsetzen *od.* in die Davits hängen; **to trim the –,** das Boot trimmen; **– ahoy!** (*int.*), Boot ahoi!

boat *v.*, rudern, segeln, in einem Boot fahren; in einem Boot befördern *od.* unterbringen; **to – the oars,** die Riemen einziehen.

boatable *adj.*, (*für Boote*) befahrbar, schiffbar; zur Beförderung mit einem Boot geeignet.

boatage *s.*, Fahrt *f. od.* Transport *m.* mit einem Boot; Durchschnittstragfähigkeit *f.* aller Boote (*eines Schiffes*).

boat/awning *s.*, Bootsschutz *m.*; **– basin** *s.*, Bootshafen *m.*; **– boom** *s.*, Bootsausleger *m.*; **– builder** *s.*, Bootsbauer *m.*; **– building** *s.*, Bootsbau *m.*; **– building yard** *s.*, Bootswerft *f.*; **B– Certificate** *s.*, Bootsbrief *m.*; **– chock** *s.*, Bootsklampe *f.*; **– compass** *s.*, Bootskompaß *m.*; **– computer** *s.*, Bordcomputer *m.*; **– cover** *or* **canvas** *s.*, Bootskleid *n.*, Persenning *f.*; **– cradle** *s.*, Bootsklampe *f.*, -schlitte *f.*; **– crane** *s.*, Bootskran *m.*; **– crutch** *s.*, Dolle *f.*, Riemen-, Rudergabel *f.*, Gabeldolle *f.*; **– davit** *s.*, Bootsdavit *m.*; **– deck** *s.*, Bootsdeck *n.*; **– drain** *s.*, Lenzklappe *f.*, -ventil *n.*; **– drill** *s.*, Bootsmanöver *n.*, Borddienst *m.*

boatel *s.*, Hotel *n.* für Bootsfahrer.

boater *s.*, Bootsfahrer *m.*, -führer *m.*; Ruderer *m.*

boat/equipment *s.*, Bord-, Bootsausrüstung *f.*; **– fall** *s.*, Bootsfall *n.*, -taljenläufer *m.*; **– fender** *s.*, Bootsfender *m.*, Wieling *f.*; **– gloves** (*pl.*), Bootshandschuhe *m./pl.*; **– gripe** *s.*, Dollbordklau *f.*; Bootskrabber *m.*; Bootslasching *f.*, -zurrung *f.*; **– harbour** *s.*, Boots-, Yachthafen *m.*; **– hire** *s.*, Bootsmiete *f.*; **– hoist** *s.*, Bootswinde *f.*; **– hook** *s.*, Bootshaken *m.*; **– house** *s.*, Bootshaus *n.*, -hütte *f.*, -schuppen *m.*

boating *s.*, Bootfahren *n.*; Ruder-, Segelsport *m.*; Boots-, Kahn-, Wasserfahrt *f.*; **to go –,** rudern *od.* segeln (gehen), eine Bootfahrt machen; **– excursion** *s.*, Boot-, Kahnfahrt *f.*, Segelpartie *f.*; **– clothes** (*pl.*), Seglerkleidung *f.*, Segelzeug *n.*

boat/keg *s.*, Trinkwasserfäßchen *n.* (*im Boot*); **– knot** *s.*, Marlspiekerknoten-, -schlag *m.*; **– landing** *s.* (*am.*), (Boot)Anlegestelle *f.*; **– lantern** *s.*, Bootslaterne *f.*; **– lashing** *s.*, Bootslasching, -laschung, -zurrung *f.*, Zurrbrook *m.*; **– line** *s.*, Boots(schlepp)leine *f.*; **– load** *s.*, Bootsladung *f.*; Fassungsvermögen *n.* eines Bootes; **– lowering device** *s.*, Bootsaussetzungsvorrichtung *f.*; **–man** *s.*, Bootsführer, -vermieter *m.*; Jollenführer *m.*, Bootsmann, -gast *m.*; **–man charges** (*pl.*), Boots-(manns)geld *n.*; **– motor** *s.*, Bootsmotor *m.*; **– (serial) number** *s.*, Boot(serien)nummer *f.*; **– oar** *s.*, Bootsriemen *m.*; **– painter** *s.*, Fang-, Festmacher-, Vorleine *f.*; **– plug** *s.*, Bootspfropfen, -stöpsel *m.*; **– race** *or* **racing** *s.*, Boot(s)rennen *n.*, -wettfahrt *f.*; Segel-, Ruderregatta *f.*, Wettpullen, -rudern *n.*; **– rail** *s.*, Bootsreling *f.*; **– roll** *or* **roller** *s.*, Bootsrolle *f.*; **– rope** *s.*, Fangleine *f.*, Vorleine *f.*, Schaluppentau *n.*; **–s** (*pl.*) (*coll.*), Boote *n./pl.*; Floßbrücke *f.*; **–'s battery box** *s.*, Boots-Energie-Box-Anlage *f.*; **–'s log book** *s.*, Logbuch *n.*, Boots-, Schiffstagebuch *n.*; **–'s motion** *s.*, Bootsbewegung *f.*; **–'s own means** (*pl.*), Bordmittel (*pl.*), -zubehör *n.*; **–'s speed made good to leeward (windward),** Lee(Luv)geschwindigkeit *f.*; **– screw** *s.*, Bootsschraube *f.*; **–setter** *s.*, Steuermann *m.* eines Bootes; **– shed** *s.*, Bootshaus *n.*, -schuppen *m.*; **– show** *s.*, Bootsausstellung *f.*; **– skids** (*pl.*), Bootsbacken, -klampen *f./pl.*; **– sling** *s.*, Bootsstropp *m.*; **– speed** *s.*, Bootsgeschwindigkeit *f.*; **added – speed,** Geschwindigkeitszuwachs *m.* (*eines Bootes*); **– speedometer** *s.*, Bootsgeschwindigkeitsmesser *m.*, -speedometer *n.*, -tachometer *n.*; **– stations,** Bootsstation *f.* (*beim Manövrieren*); **– stretcher** *s.*, Fußleiste *f.*, Stemmbrett *n.* (*im Boot*).

boatswain *s.*, Bootsmann *m.*; **–1st class,** Oberbootsmann; – **2nd class,** Bootsmann; – **3rd class,** Unterbootsmann *m.*; **–'s call** *s.*, Bootsmannspfeife *f.*, Bootsmannspfeifensignal *n.*; **–'s chair** *s.*, Bootsmannsstuhl *m.*; **–'s locker** *s.*, Bootsmannshellegatt *n.*; **–'s mate** *s.*, Bootsmannsmaat *m.*; **–'s pipe** *or* **whistle** *s.*, Bootsmannspfeife *f.*; **–'s seam** *s.*, Bootsmannsnaht *f.*; **–'s work** *s.*, Bootsmanns-, Schiemannsarbeit *f.*

boat/tackle *s.*, Bootstalje *f.*; – **tiller** *s.*, Bootsausleger *m.*, -pinne *f.*; – **timbers** (*pl.*), Bootsspanten *n./pl.*; – **towing** *s.*, Treideln *n.*; – **varnish** *s.*, Bootslack *m.*; – **weight** *s.*, Traggewicht *n.* eines Bootes; – **winch** *s.*, Bootswinsch *f.*, -winde *f.*; **–wright** *s.*, Bootsbauer *m.*; – **walk** *s.*, Bootssteg *m.*; – **yard** *s.*, Boots-, Yachtwerft *f.*

bob *v.*, **to – on the waves,** auf den Wellen tanzen (*Boot*); **to – up and down,** auf- und eintauchen (*Boot in Wellen*).

bobbin *s.*, Rolle *f.*, Spule *f.*, (*elec.*) Wicklung *f.*

bobbing *s.* (*phys.*), plötzliche Schwankung *f.*, (*naut.*) ganz langsame Fahrt *f.* (machen) (*dicht an Wind und Wellen*).

bobstay *s.*, Wasserstag *n.*; – **bar** *s.*, Wasserstag (-Rundeisen) *n.*

body *s.*, Schiffskörper, -rumpf *m.*; **after –,** Achterschiff *n.*; **fore –,** Vorschiff *n.*; **mid** *or* **middle –,** Mittelschiff *n.*; **under –,** Unterwasserschiff *n.*; – **of cold air,** kalte Luftmasse *f.* (*Strömungen*); – **of cold water,** kalte Wassermasse *f.* (*Strömungen*); – **of (a) ship,** Schiffsrumpf *m.*; – **of water,** Wasserfläche *f.*, stehendes Gewässer *n.*; – **drag** *s.*, Formwiderstand *m.* (*Boot*); – **hoop** *s.*, Eisenband *n.*, das einen gebauten Mast zusammenhält; – **line** *s.*, Mann-, Sicherheitsleine *f.*; – **plan** *s.*, Spantenriß *m.*; – **post** *s.*, vorderer Achter- *od.* Schraubensteven *m.*

bog *s.*, Morast *m.*, Sumpf *m.*; *v.t.*, **to be bogged,** im Schlick *od.* Morast festkommen (*Boot*).

bogey *s.*, Schanzkleid-, Universalroller *m.* (*Logger*); – **frame** *s.* (*tech.*), Drehgestellrahmen *m.*

boggish, boggy *adj.*, morastig, sumpfig; – **bottom** *s.*, Schlickboden, -grund *m.*

bogland *s.*, Marsch-, Sumpfland *n.*, (*hum.*) Irland *n.*

bogue *v.*, vom Wind abfallen.

bogyman *s.*, Klabautermann *m.*

boil *s.*, Brausen, Kochen, Wallen, Wogen *n.* (*der See*); (*am.*) Wirbel *m.* (*in einem Fluß*); *v.*, brausen, kochen, heftig wogen (*Meer*).

boiler *s.*, Schiffskessel *m.*, Heißwasserspeicher *m.*

boiling waves (*pl.*), brandende *od.* tosende Wellen *f./pl.*

bold *adj.*, – **coast** *or* **shore,** steile Küste *f.*, Steilküste *f.*; – **waters,** tiefes, schiffbares Wasser *n.* (*vor einer Steilküste*); **boldness** *s.*, Steilheit *f.* (*einer Küste*).

bole *s.*, kleines Boot *n.* (*für hohen Seegang*), kleines, seetüchtiges Schiff.

bollard *s.*, (Beleg)Poller *m.*, Dückdalben *m.*; **crossh-head –,** Doppelkreuzpoller *m.*; **deviation –,** Deviationsdalben *m.*; **double-head –,** Doppelpoller *m.*; – **with a cross-piece,** Kreuzpoller *m.*; – **head** *s.*, (Beleg-, Kai-)Poller *m.*; – **hitch** *s.*, Pollerstek *m.*

bolster *s.* (*naut.*), Kalb *n.*, Kissen *n.*, Polster *n.*; Schalbrett, -holz *n.*, -leiste *f.*; (*tech.*) Unterlage *f.*; – **plate** *s.*, Grund-, Scheuerplatte *f.* (*Ankerklüse*); **–s** (*pl.*), (Mast)Kälber *n./pl.*, -Backen *f./pl.*

bolt *s.*, (Laschen-, Schrauben)Bolzen *m.*; Runge *f.*, Dorn *m.*, Stift *m.*; **eye –,** Augbolzen *m.*; **keel –,** Kielbolzen *m.*; **key –,** Splint *m.*; **locking –,** Vorreiber *m.*; **mast –,** Mastbolzen *m.*; **ring –,** Ringbolzen *m.*

bolt *v.*, einschäkeln; an-, fest-, verschrauben; mit Bolzen *od.* Schrauben befestigen; festklemmen, verbolzen.

bolt/and nut *s.*, Bolzenschraube *f.*; – **nut** *s.*, Bolzenmutter *f.*; **–rope** *s.*, (Segel)Liek *n.*, Saum *m.*, Liektau *n.*; **–rope line** *s.*, Liekleine *f.*; – **screw** *s.*, Bolzengewinde *n.*, -schraube *f.*; **–strake** *s.*, Gang *m.*, durch den die Deck(s)-balken gehen; – **yarn** *s.*, starkes Segelgarn *n.* (*für Lieken*).

bond *s.*, Zollverschluß *m.*; **average –,** Havarieschein *m.*; **to be in –,** unter Zollverschluß liegen (*Boot*); **bonded area** *s.*, Zollfreizone *f.*; **bond joint** *s.*, Befestigung *f.*, Verband *m.*, Verbindung *f.* (*Bootsbau*).

bones (*pl.*), Schiffsgerippe, -skelett *n.*

bonnet *s.*, Bonnet *n.*, Kappe *f.* (*eines Segels*); Segelverlängerung *f.*

booby hatch *s.*, Deckel *m.* einer Luke, Schiebeluke *f.*, Achterlukenklappe *f.*, Einstiegs-, Niedergangsluke *f.*

book *s.*, **log –,** Log-, Schiffstagebuch *n.*; **pilot –,** Seehandbuch *n.*; **sailing directory –,** Seehandbuch *n.*, Segelhandbuch *n.*; **signal –,** Signalbuch *n.*

boom *s.*, Baum *m.*, Spiere *f.* (*Schiff*), Ausleger *m.*; Barring *f.*, Hafenbaum *m.*, -sperre *f.* (*aus Schwimmbalken*); **end of the –,** Baumende *n.*; **the sail sheets to the end of the –,** das Segel wird am Baumende getrimmt; **fore –,** Schonerbaum *m.*; **fore-yard** *or* **studding sail –,**

Fockspier(e) *f.*; **head** *or* **jib –,** Fock-, Klüverbaum *m.*; **main –,** Großbaum *m.*; **martingale –,** Stampfstock *m.*; Stampfstag *n.*; **spinnaker –,** Spinnakerbaum *m.*; **swinging** *or* **lower –,** Backspier(e) *f.*; **wishbone –,** Spreizbaum *m.*; **to lift the –,** dirken; **to rig a – by the topping lift,** andirken.

boom *v.*, mit vollen Segeln laufen (*Boot*); brausen, stürmen (*Wind, See*); **to – off,** abbaumen, abbäumen (*Boot*); **to – out (a sail),** (ein Segel) ausbaumen *od.* ausbäumen; **to come –ing,** mit vollen Segeln laufen.

boomage *s.*, Baum-, Hafengeld *n.*

boom / bail *s.*, Baumbügel *m.*; **– band** *s.*, Schotenblock-Baumbeschlag *m.*; **–boat** *s.*, Deckboot *n.*; **– brace** *s.*, Spier(en)brasse *f.*; **– chain** *s.*, Balkensperre *f.*; **– chock** *s.*, Baumauflager *n.*, -auflagerklotz *m.*; **– cleat** *s.*, Reffklampe *f.*; **– cradle** *s.* (*am.*), Baumauflager(ung *f.*) *n.*; **– crutch** *s.*, Baumbock *m.*, -brücke *f.*, -gabel *f.*, -stütze *f.*, Galgen *m.*

boomed *adj.*, **– channel,** ausgeprickte Fahrrinne *f.*; **– jib,** Baumfock *f.*, kleiner Klüver *m.*

boom / end *s.*, Baumende *n.*; **– -end sheeting** *s.*, Schoten *n.* über das Baumende; **– forehaul** *s.*, Baumvorholer *m.*; **– foresail** *s.*, Baumfock *f.*, Klüver *m.*; **– guy** *s.*, Baumgei *f.*, Bullentau *n.*; **– head** *s.*, Großbaumgei *f.*, Nock *f.*; **– -head fittings** (*pl.*), Nockbeschläge *m./pl.*; **– horse** *s.*, Schotblockbügel *m.*, Schotring *m.*; **– iron** *s.*, Baumbrille *f.*, -bügel *m.*, Spierenbrille *f.*; **– jib** *s.*, Baumfock *f.*, großer Klüver *m.*; **– jigger (tackle)** *s.*, Leesegelspierentalje *f.*; **–less sail,** baumloses Segel *n.*; **– lift** *s.*, Dirk *m.*, Toppnant *m.*; **– mainsail** *s.*, (Schoner-) Großsegel *n.*; **– rest** *s.*, Baumauflager *n.*; **– sail** *s.*, Baumsegel *n.*; **– sheet** *s.*, Baumschot *f.*; **– socket** *s.*, Baumgabel *f.*; **– tackle** *s.*, Baumtalje *f.*; **– topping lift** *s.*, Dirk *m.*, Toppnant *m.*; **– track** *s.*, Baum(gleit)schiene *f.*, Baumspur *f.*; **– vang** *s.*, (Baum-, Großbaum-) Gei *f.*; Baumniederhalter, -holer *m.*, (*am.*) Niederhalter *m.*; **– -vang tackle** *s.*, Baumniederholertalje *f.*

boost *v.*, (*Druck, etc.*) regulieren, (*Batterie*) verstärken.

booster *s.*, Booster *m.* (*Beisegel*); (*elec.*) Zusatzdynamo *m.*, Servomotor *m.*; (*tech.*) Kompressor *m.*; **– battery** *s.*, Zusatz-, Zuschalt-, Verstärkerbatterie *f.*; **– motor** *s.*, Hilfsmotor *m.*; **– pump** *s.*, Überdruckpumpe *f.*, Zusatzpumpe *f.*

boot *s.*, Mastkragen *m.*; (*tech.*) Flansch *m.*, Schutzkappe *f.*; **spreader –s** (*pl.*), Salingkappen *f./pl.*; **rubber** *or* **sea –s** (*pl.*), Seestiefel (*pl.*); **trapeze –s** (*pl.*), Trapezstiefel (*pl.*); **–(-top)line** *s.*, Wasserpaß *m.*; **– -topping** *s.*, Wassergang *m.*, Teil *m.* des Bootsrumpfes über der Wasserlinie; halbe Kielholung *f.*; Spiekerhaut *f.*; **–(-topping) paint** *s.*, Wassergang-, Wasserpaßfarbe *f.*, Rostschutzfarbe *f.*, Anstrich *m.* des Bootsrumpfes über der Wasserlinie.

bora *s.*, Bora *f.* (*kalter heftiger NO an Adria und Gardasee*).

bordage *s.*, Seitenplanken *f./pl.*

border *s.*, Grenze *f.*, Grenzgebiet *n.*; Ufer *n.*; **borderer** *s.* **on the sea,** Küstenbewohner *m.*; **border line** *s.*, Grenzlinie *f.*

bore *s.*, brandende Flutwelle *f.*, Bore *f.*, Springflut *f.*; (*tech.*) Bohrung *f.*, Rohrdurchmesser *m.*; **tidal –,** Flut-, Sprung-, Springwelle *f.*

boreal *adj.*, den Nordwind betreffend; nördlich; **– blast,** stürmischer Nordwind *m.*; **Boreas** *s.*, Nordwind *m.*; Gott *m.* des Nordwindes, Boreas *m.*

borrow *v.*, auf Land zuhalten.

bosom *s.*, Bucht *f.*, Meerbusen *m.*; Schwellung *f.* (*der Segel*); **– of the ocean,** die Tiefe des Ozeans *od.* Meeres.

bosphorus *s.*, **bosporus** *s.*, Bosporus *m.*, Meerenge *f.*

boss *s.*, Beschlag *m.*; Propeller-, Wellennuß *f.*; Kompaßhütchen *n.*; Nocken *m.*; Baas *m.*; **– frame** *s.*, Nußspant *n.*; **bossing** *s.*, Wellenhose *f.*; **boss plate** *s.*, Nuß-, Wellenhosenplatte *f.*; Peilrohrkappe, -platte *f.*

bosun *s.* (*coll.*), Bootsmann *m.*

Botter / reef *s.*, Botter-, Bindereff *n.*; **– yacht** *s.*, Botteryacht *f.*

bottle / chart *s.*, Karte *f.* der Meeresströmungen; **–neck** *s.*, Meerenge *f.*, (*coll.*) Flaschenhals *m.*; **– post** *s.*, Flaschenpost *f.*; **– screw** *s.*, Spannschraube *f.*; **– ship** *s.*, Buddelschiff *n.*

bottom *s.*, (Schiffs)Boden *m.*, -Bauch *m.*, unterster Teil *m.* des Schiffsbodens, Unterwasserschiff *n.*, Kiel *m.*, (*fig.*) Schiff *n.*; Ankergrund *m.*, (Meeres- *od.* See)Grund *m.*, Flußbett *n.*, Tiefe *f.* (*des Meeres*); **double –,** Doppelboden *m.* (*eines Bootes*); **foul –,** fauler Boden *m.* (*Unterwasserschiff*), fauler (Anker)Grund *m.*; **round –,** Rundspant *n.*; **on her own –,** auf eigenem Kiel; **to get a good – on the boat before racing it,** das Unterwasserschiff für eine Regatta klarmachen; **to go to the –,** untergehen, versinken; **to race-finish the –,** das Unterwasserschiff regattaklar machen; **to sand (the) –,** den Schiffsboden abschmirgeln; **to scrub (the) –,** den Schiffsboden gründlich scheuern; **to send to the –,** auf den Grund schicken, versenken (*Boot*); **to touch –,** auf Grund geraten, Grund berühren; **– of a bay,** Rücken *m.* einer Bucht; **– of a boat,** Unterwasserschiff *n.*; **– of (the) keel,** Unterkante Kiel; **– of the sea,** Meeresboden, -grund *m.*; **bottomed** *adj.*, **double – boat,** Doppelbodenboot *n.*; **flat – boat,** Plattbodenboot *n.*, Prahm *m.*

bottom / angle of floor plate *s.*, Bodenspant(en)-winkel *m.*; **– board** *s.*, Bodenbrett *n.* (*Boot*); **– boards** (*pl.*), Rennlatten *f./pl.* (*im Boot*); **– clack** *s.*, Saugventil *n.*; **– composition** *or* **coat(ing)** *s.*, Unterwasserschiff(schutz)farbe *f.*; **– frame** *s.*, Bodenspant *n.*; **– -lands** (*pl.*), flaches Uferland *n.*; **– longitudinal** *s.*, Bodenlängsspant *n.*; **– plank** *s.*, Bodenplanke *f.*; **– planking** *s.*, Bodenbeplankung *f.*; **– plating** *s.*, Bodenbeplattung *f.*; **– sample** *s.*, Grundprobe *f.* (*Ankergrund, Meer*); **– side** *s.*, Unterseite *f.* Schiff; **– strake** *s.*, Bodengang *m.*; **– up(wards)** *adv.*, kieloben; **to finish – up,** durchkentern; **– valve** *s.*, Boden-, Seeventil *n.*

bottomry *s.*, Bodmerei *f.*, Bodmereigeld *n.*; **– bond** *s.*, Bodmereibrief *m.*, Seewechsel *m.*

boulder *s.*, (Ufer)Kiesel *m.*, Geröll *n.*, Felsblock *m.*

bounce *s.*, Aufschlagen *n.* (*mit dem Boot*), plötzlicher Schlag *od.* Stoß; *v.*, **to – at** *or* **on (a reef),** (auf ein Riff) aufprallen.

bound *v.*, **to – by bulkheads,** abschotten.

bound *adj.*, bestimmt, unterwegs (**for,** *nach*); (*durch Nebel, Eis, etc.*) fahrbehindert; **fog- –,** vom Nebel be- *od.* gehindert; **homeward- –** (*naut.*), auf der Heim- *od.* Rückreise; **ice- –,** von Eis umgeben, im Eis eingeschlossen; **Naples- – ship,** (ein) nach Neapel fahrendes Schiff; **outward –,** auf der Ausfahrt *od.* -reise; **– for Denmark,** bestimmt für *od.* unterwegs nach Dänemark (*Schiff*); **a ship – for Denmark,** ein nach Dänemark gehendes Schiff.

boundary *s.*, Grenze *f.*, Grenzlinie *f.*, Rand *m.*, Begrenzung *f.*; **12 mile – ,** 12-Meilen-Zone *f.*; **– bulkhead** *s.*, Begrenzungsschott *n.*; **– plank** *s.*, Randplanke *f.*; **– wave-length** *s.* (*rad.*), Grenzwellenlänge *f.*

bouse *v.*, anholen, auftaljen; **to – taut,** steif auftaljen; **to – well taut,** dicht anholen.

bout *s.*, heiße Regatta *f.*, heißer Wettkampf *m.*

bovo *s.*, Bovo *m.* (*sizilianischer Küstensegler*).

bow *s.*, Bug *m.*, Bugmann, -riemen *m.* (*im Boot*); vorderster Mann im Boot; Bügel *m.* (*des Mannlochdeckels*), Knoten *m.*; **bearing on the –,** Bord-, Schiffs-, Seitenpeilung *f.*; **canoe** *or* **tumble-home –,** Kanubug *m.*; **clipper** *or* **fiddle –,** Klipperbug *m.*; **doubling the angle of the –,** doppelter Bugwinkel *m.*, Verdoppelung *f.* der Seitenpeilung, Versegelungspeilung *f.*; **lee –,** Leebug *m.*; **lee –ing a tide,** mit Leebug laufen; **pram –,** Prahmbug, -steven *m.*; **spoon –,** Löffelbug *m.*; **weather –,** Luvbug *m.*; **from – to stern,** vom Bug bis zum Heck, von vorn bis achtern; **on the –,** am Bug, über Bug (*4 Strich oder weniger voraus*); **on the lee (weather) –,** in Lee (Luv) voraus; **on the port (starboard) –,** an Backbord (Steuerbord) voraus; **to be down by the –,** bug-, kopf-, vorlastig sein; **to sail – and –, to sail – to –,** Bug an Bug segeln; *v.*, (*Wasser, Wellen*) mit dem Bug durchschneiden.

bow / and beam bearing *s.*, Vierstrichpeilung *f.*; **– and buttock lines** (*pl.*), Schnitte *m./pl.* (*Linienriß*); **– badge** *s.*, Bugwappen *n.*; **– bearing** *s.*, Vorauspeilung *f.*; **– breast** *s.*, Bugdwarsfeste *f.*; **– chock** *s.*, Bugaufklotzung, -klampe, -lippe *f.*; **– -chock mooring pipe** *s.*, Tauklüse *f.*; **– compartment** *s.*, Bug(stau)raum *m.*; **– compasses** (*pl.*), Bogen-, Nullenzirkel *m.*

bowels *s./pl.* **of a ship,** Schiffsbauch *m.*, -inneres *n.*

bower *s.* **(anchor),** Buganker *m.*; **best –,** großer Bug-, Steuerbordanker *m.*; **small –,** kleiner Buganker *m.*

bow / fast *s.*, Bugfestmacher *m.*, Vorleine *f.*; **– fender** *s.*, Bugfender *m.*; **– first** *adv.*, mit dem Bug voraus, über den Bug *od.* Vorsteven; **– fittings** (*pl.*), Bugbeschlag *m.*, -beschläge *m./pl.*; **–grace** *s.*, Eisschutz *m.* (*am Bug*); **– hawse-hole** *s.*, Bug(anker)klüse *f.*; **– -heavy** *adj.*, bug-, kopf-, vorlastig; **– hold** *s.*, Bugstauraum *m.*; **– hook** *s.* (*am.*), Bootshaken *m.*

bowl *s.*, Back *f.*, (hölzerner) Eßnapf *m.*; (Ruder)Blatt *n.*; Brail *m.*; Breidel *m.*, Schwimmer *m.* (*am Heringsnetz*); **compass –,** Kompaßkessel *m.*; **– line** *s.*, Brailtau *n.*

bow / light *s.*, Buglampe *f.*, -licht *n.*; **– line** *s.*, Vorleine *f.*

bowline *s.*, Buleine *f.*, Bulin(e) *f.*, Pa(a)lstek *m.*, Pfahlstek, -stich *m.*, Leibstich *m.*; **French –,** doppelter Palstek *m.*; **main –,** Großbulin *f.*; **running –,** laufender Palstek *m.*; **single –,** einfacher Palstek *m.*; **(braced) on a –,** dicht beim Wind gebraßt; **to sail on an easy –,** mit losen Bulinen segeln; **– on the bight** *or* **bite,** doppelter Pa(a)lstek *m.*; **– bridle** *s.*, Bulinhahnepot *f.*, -spriet *m.*; **– cringle** *s.*, Bulinlegel *m.*; **– hitch** *s.*, Palstek *m.*; **– knot**

s., einfacher Pa(a)lstek *od.* Pfahlstek *m.*, Leibstich *m.*; – **knot on the bight,** doppelter Palstek *m.*; – **tackle** *s.*, Bulintalje *f.*; – **toggle** *s.*, Bulinknebel *m.*

bow / lines *s./pl.*, Vorschiffslinien *f./pl.* (*Linienriß*); – **locker** *s.*, Bugstauraum *m.*; –**man** *s.*, Bugmann, -riemen *m.*; – **net** *s.*, (Senk)Reuse *f.*; – **oar** *s.*, Bugmann, -riemen *m.*; – **painter** *s.*, Bugfangleine *f.*, Vorleine *f.*; – **pointer** *s.*, Bugband *n.*; – **port** *s.*, Bugpforte *f.*; – **propeller** *s.*, Bugpropeller *m.*; – **pulpit** *s.*, Bugkorb *m.*; – **rope** *s.*, Bugleine *f.*; – **rudder** *s.*, Bugruder *n.*; –**s** (*pl.*), Bugseiten *f./pl.*

bowse *v.*, anholen, auftaljen (*s.* **bouse**); **bowser** *s.*, Taljenblock *m.*

bow / shape *s.*, Bugform *f.*; – **sheave** *s.*, Bugrolle *f.*; – **spar** *s.*, Bugspiere *f.*; – **spring** *s.*, Vorspring *f.*

bowsprit *s.*, Bugspriet *m.*; – **bed** *s.*, Bugsprietfischung *f.*; – **bees** (*pl.*), Bugsprietbacken, -klampen, -violinen *f./pl.*; – **bitt** *s.*, Bugsprietlager *n.*, -stuhl *m.*; – **bitts** (*pl.*), Bugsprietbeting *m.*; – **cap** *s.*, Bugspriet-Eselshaupt *n.*; – **chocks** (*pl.*), Bugsprietbettung *f.*; – **grating** *s.*, Bugsprietgräting *f.*; – **heel** *s.*, Bugsprietfuß *m.*; – **shrouds** (*pl.*), Bugsprietwanten (*pl.*), Backstage (*pl.*).

bow / stopper *s.*, Kettenstopper *m.*; – **thrust drive** *s.*, Bugstrahlantrieb *m.*; – **wave** *s.*, Bugsee *f.*, Bugwelle *f.*

box *s.*, (Bord)Raum *m.* des Bootes, in dem der Bootsführer sitzt; Kompaßgehäuse *n.*; (*tech.*) Kassette *f.*, Muffe *f.*; **stuffing –,** Stopfbuchse *f.*; *v.*, **to – the compass,** die Kompaßrose kennen; die Kompaßpunkte der Reihe nach aufzählen *od.* in der Ordnung nennen.

box / chronometer *s.*, (kardanisch aufgehängtes) (Schiffs)Chronometer *n.*; – **compass** *s.*, Bussole *f.*; – **dock** *s.*, U-Dock *n.*; – **ga(u)ge** *s.*, Pegel *m.*; – **-haul** *v.*, backhalsen, mit bakken Segeln halsen; – **-hauling** *s.*, Backhalsen *n.*, Kuhwende *f.*

boxing *s.*, Laschung *f.*, Lasching *f.*; – **-off** *s.*, Backlegen *n.* der Vorsegel; – **the compass,** Aufzählen *n.* der Kompaßpunkte mit allen Zwischenstrichen.

box / keelson *s.*, Kastenkielschwein *n.*; – **mast** *s.*, Hohlmast *m.*, Kastenmast *m.*; – **nut** *s.*, Überwurfmutter *f.*; – **sextant** *s.*, Dosensextant *m.*; – **spanner** *s.*, Steck(schrauben)schlüssel *m.*; – **trawler** *s.*, Trawler *m.* im Verband (fahrend); – **wrench** *s.*, Steckschlüssel *m.*

boyer *s.*, Bojer *m.* (*holländisches Segelboot*).

brace *s.*, Achterholer *m.*, Baumachterholer *m.*, Brasse *f.*, Ruderöse *f.*; Bügel *m.*, Band *n.*, Gurt *m.*, Riemen *m.*; Stützbalken *m.*; **spinnaker –,** Spinnaker-Achterholer *m.*; **splice the main –!** (*com.*), Besanschot an!

brace *v.*, brassen; (*tech.*) ab-, versteifen, (ver)spannen, verstreben, stützen, festigen; **to – a yard,** eine Rahe brassen; **to – aback, to back –,** gegenbrassen, gegen den Mast brassen, backholen; **to – about** *or* **(a)round,** rund-, herumbrassen; **to – by** *or* **forward,** anbrassen; **to – full,** vollbrassen; **to – in** *or* **to,** auf-, bei-, zurückbrassen, (die Luvbrassen) anholen; **to – to full,** abbrassen; **to – up,** an-, aufbrassen; **braced** *adj.*, versteift (*Mast, etc.*).

brace / block *s.*, Brassenblock *m.*; – **guy** *s.*, Brassenstander *m.*

bracer *s.* (*naut.*), Tragseil *n.*

brace / pendant *s.* Brassenschenkel *m.*, -ständer *od.* -stander *m.*; – **winch** *s.*, Brassenwinde *f.*, -winsch *f.*

bracing *s.*, Brassen *n.*; Absteifen *n.*, Versteifung *f.*, Verspannung *f.*, Verstärkung *f.* (*des Mastes, etc.*).

bracket *s.*, Knie *n.*, Knieblech *n.* (*Bootsbau*), Klampe *f.*, Winkelbeschlag *m.*; Lafetten- *od.* Rapertwand *f.*, Knagge *f.*, (dreieckige) Stützplatte *f.* (*des Doppelbodens*); **eye –,** Augbügel *m.*; **sheet –,** Schotbügel *m.*; – **of the head,** Galionsknie *n.*; – **floor** *s.*, Stützplattenbodenwrange *f.*; – **frame** *s.*, Stützplattenspant *n.*; – **plate** *s.*, Stützplatte *f.*

brackish *adj.*, brackig; – **water** *s.*, Brackwasser *n.*

brad *s.*, Boden-, Spiekernagel *m.*, kopfloser Nagel *m.*, Drahtstift *m.*

bragging, to be –, Seemannsgarn spinnen.

braid *s.*, Litze *f.* (*Tauwerk*); **braided** *adj.* **rope** *or* **work,** geflochtenes Tau(werk) *n.*

brail *s.*, Geitau *n.* (*des Besans*), Dempgording *f.*; *v.*, **to – up,** aufgeien; –**ed up sail,** aufgegeites Segel *n.*; **brail line** *s.*, Beschlagleine *f.*, Geitau *n.*

brake *s.*, Bremse *f.*, Bremsvorrichtung *f.*; **draw the –!** (*com.*), Bremse fest! (*Ankerkom.*); – **band** *s.*, Bremsband *n.*; – **-band winch** *s.*, Bremsbandwinde *f.*; – **beam** *s.*, Geckstock *m.* (*d. Schiffspumpe*), Spillhebel *m.*; – **-shoe winch** *s.*, Bremsbackenwinde *f.*

branch *s.*, Arm *m.* (*Gewässer*), (*am.*) kleiner Fluß *m.*; Lotsenpatent *n.*, -bestallung *f.*; – **of an estuary,** Mündungsarm *m.*; – **pilot** *s.*, Revierlotse *m.*

brash *s.*, Eistrümmer (*pl.*); – **ice** *s.*, halbloses Packeis *n.*, Eistrümmer (*pl.*).

brass *s.*, Messing *n.*, Messingverzierung *f.*; **top –** (*am., sl.*), hohes Tier *n.* (*Seeoffiziere*);

– bounder *s.*, Seekadett *m.*; **– hanks** (*pl.*), Messingstagreiter (*pl.*); **– rags** (*pl.*) (*naut.*), Scheuerlappen *m.*, -zeug *n.*

brave/westerlies (*pl.*), Westwindgürtel *m.*, brave Westwinde *m./pl.*; **– west winds** (*pl.*), brave Westwinde (*pl.*); **– winds** (*pl.*), brave Winde (*pl.*).

brawl *v.*, rauschen, tosen (*See, Fluß*).

braze *v.*, hartlöten, schweißen; **brazing** *s.*, Hartlöten *n.*; **– solder** *s.*, Hartlot *n.*

breach *s.*, Brandung *f.*; Brechen *n.* (*der Wellen über einem Schiff*), überbrechende See *f.*

bread *s.*, Schiffszwieback *m.*; **–room** *s.*, Brotlast *f.*

breadth *s.*, Bahn *f.* (*Segeltuch*), Breite *f.* (*Schiff*); **– across the bulges,** Breite *f.* über Wülsten; **– at the frames,** Breite *f.* auf Spanten; **– moulded,** Konstruktionsbreite *f.*, Breite *f.* auf Spanten (*Stahlschiff*), Breite *f.* über Planken (*Holzschiff*); **– of beam,** Schiffsbreite *f.*; **– of cloth,** (Segel)Tuchbahn *f.*; **– of deck,** Deck(s)breite *f.*; **– over all,** Breite *f.* über alles (Büa); **– over fenders,** Breite *f.* über Scheuerleisten.

break *s.*, Bruch *m.*, Riß *m.*, Sprung *m.* (*GFK-Boote*), Pause *f.*, Unterbrechung *f.* (*Sturm*), Umschlag *m.* (*Wetter*), Tagesanbruch *m.*, Absatz *m.* (*an Deck*); **– in a dike** *or* **dyke,** Deichbruch *m.*; **– in the weather,** Wetterumschlag, -umschwung *m.*; **– of the telltales,** Abriß *m.* der Strömung (*bei Windfäden*); **– on the horizon,** lichte Stelle *f.* am bewölkten Horizont.

break *v.*, brechen, bersten, knicken (*Mast*), auseinanderreißen, zerreißen, zerspringen (*Tauwerk*), branden, sich brechen (*Wellen*), sich teilen (*Wolken*), umschlagen (*Wetter*), herein-, losbrechen (*Sturm*), aufgehen, brechen (*Eis*), anbrechen (*Tag*); **to – a connection** *or* **contact,** eine Funkverbindung trennen *od.* unterbrechen; **to – a flag,** eine Flagge heißen *od.* entfalten; **to – her back,** auseinanderbrechen (*Schiff*); **to – her neck,** durchbrechen (*Schiff*); **to – bulk,** zu löschen anfangen, Ladung löschen, die Last brechen, (*sl.*) die Ladung bestehlen; **to – contact** (*rad.*), abschalten, trennen, unterbrechen; **to – surface** *or* **water,** auftauchen, an die (Wasser)Oberfläche kommen (*Taucher, Wal, etc.*); **to – the line,** ausscheren (*Schiff*); **to – adrift,** ab-, wegtreiben, sich losreißen (*Boot*); **to – asunder,** auseinanderbrechen; **to – away,** sich losmachen, -reißen (*Boot*); **to – down** (*tech.*), versagen, eine Panne haben; **to – free,** (sich) losreißen, über Bord gehen; **to – loose,** abtreiben, sich losreißen (*Boot*); **to – off,** abbrechen, abwracken (*Schiff*); (*rac.*) abbrechen, aufhören, ausscheiden; **to – off the race,** das Rennen *od.* die Regatta offiziell abbrechen; **to – open,** aufbrechen, aufplatzen; **to – out,** ausbrechen (*Anker*), ausbringen (*Segel*), ausreißen (*Vorsegel*), den Hafen verlassen *od.* aus dem Hafen segeln; **to – out the genoa,** die Genua ausbringen; **to – over,** sich brechen, schlagen, stürzen (über) (*Wellen*); **to – sheer,** vom Anker abgieren, durchgieren, aus einer Lage brechen, über die Ankerkette schwojen und unklar kommen; **to – through,** durchbrechen, hervorkommen (*Sonne durch Wolken, etc.*); **to – up,** aufklaren (*Wetter*), sich auflösen (*Nebel*), nachlassen (*Sturm*); **to – up a ship,** ein Schiff abwracken; **to – up ice,** Eis brechen (*Eisbrecher*); **the telltales** *– or* **are –ing even,** die Windfäden liegen gleichmäßig an; **the weather –s,** das Wetter schlägt um.

break/bulkhead *s.*, Absatz-, Frontschott *n.*, Backschott *n.* der versenkten Back; **– deck** *s.*, Halbdeck *n.*

breakdown *s.* (*tech., rad.*), Ausfall *m.*, Störung *f.*, Panne *f.*, Versagen *n.*; **– crane** *s.*, Bergungskran *m.*; **– flag** *s.*, Manövrierunfähigkeitsflagge *f.*; **– light** *s.*, Manövrierunfähigkeitslicht *n.*, Fahrtstörungslicht *n.*

breaker *s.*, Brecher *m.*, Sturzsee *f.*; Trinkwasserfäßchen *n.* (*in Booten*), Abwracker *m.*; **–s** (*pl.*), Brandung *f.*, Brecher (*pl.*), Deiningen *f./pl.*; **zone of –s,** Brandungszone *f.*

breaking *s.*, Brechen *n.*, Brechung *f.*, Abreißen *n.*; **– away,** Ab-, Losreißen *n.*; **– off** (*rac.*), Abbruch *m.* (*einer Regatta*); **– bulk,** Löschen *n.* (der Ladung); **– limit** *s.*, Bruchgrenze *f.*; **– load** *s.*, Bruchbelastung *f.*, Bruchlast *f.*; Reiß-, Bruchfestigkeit *f.*; **– point** *s.*, Festigkeitsgrenze *f.*, Bruchstelle *f.*; **– sea** *s.*, überkommende See *f.*; **– seas** (*pl.*), Brecher *m./pl.*; **– strain** *s.* *or* **strength** *s.* *or* **tension** *s.*, Bruchbeanspruchung *f.*, Knickspannung *f.*; **tensible – strength** *s.*, Bruchlast *f.*; **– -up** *s.* (*rac.*), Abbruch *m.*; **– -up** *s.* **of ice,** Eisbruch *m.*, Eisgang *m.*

breakwater *s.*, Buhne *f.*, Hafendamm *m.*, Wellenbrecher *m.*, Staak *od.* Stack *n.*

bream *v.*, (*Schiffsboden*) durch Ausbrennen u. Auskratzen reinigen, reinbrennen; **to – a ship,** ein Schiff (rein)brennen (*zum Kalfatern*).

breast *s.*, Dwarsfeste *f.*; *v.*, **to – off,** abbäumen, abfendern (*Boot*); **to – the waves,** gegen die Wellen ankämpfen.

breast/backstay *s.*, Pardune *f.*, Luv-, Seitenpardune *f.*; **– beam** *s.* **of the forecastle,** achterster Balken *m.* der Back; – **beam** *s.* **of the poop,** vorderster Balken *m.* des Hüttendecks; **–fast** *s.*, Dwarsfeste *f.*, -tau *n.*, Festmachertau *n.*, Schiffstau *n.*; Beiholer *m.* (*Rettungsboot*); **–hook** *s.*, Bugband *n.*; **–plate** *s.*, Bugplatte *f.*; **–rail** *s.*, Reling *f.*; **–rope** *s.*, Dwarstau *n.*, -feste *f.*, Querleine *f.*; **–work** *s.*, Reling *f.*, Schanzkleid *n.*

breath *s.*, Hauch *m.*, Lüftchen *n.*, leichte Brise *f.*; – **of air,** Lüftchen *n.*, ganz leichte Brise *f.*; – **of wind,** Windhauch *m.*; **there is not the least – of air** *or* **wind,** es regt sich kein Lüftchen, es herrscht Totenflaute.

breather *s.* (*coll.*), Atem-, Verschnaufpause *f.* (*in einem Sturm*); – **line** *s.*, Entlüftungsleitung *f.*; – **vent** *s.*, Entlüftungs-, Schnüffelventil *n.*

breathing *s.*, leichte Luftbewegung *f.*; – **apparatus** *s.*, Atmungsgerät *n.*; – **space** *s.*, (*am.*) – **spell** *s.* *or* **time** *s.*, (Atem-, Verschnauf-) Pause *f.*

breech block *s.*, Blockverschluß *m.*, Verschlußblock *m.*, -keil *m.*

breeches buoy *s.*, Hosenboje *f.*

breeching *s.*, Brok *f.*, Broktau *n.*, Sicherungstau *n.*

breeze *s.*, Brise *f.*, leichter Wind *m.*, Seebrise *f.*; **fresh –,** frische Brise *f.*, frischer Wind *m.*, Vollzeugbrise *f.*; **gentle –,** leichte Brise *f.*, schwacher Wind *m.*; **light –,** flaue *od.* leichte Brise *f.*; **moderate –,** mäßige Brise *f.*, mäßiger Wind *m.*, Vollzeugbrise *f.*; **quarter –,** Backstagsbrise *f.*; **sea –,** Seebrise *f.*, -wind *m.*, auflandiger Wind *m.*; **strong –,** steife Brise *f.*, steifer Wind *m.*; **a – comes** *or* **springs up,** eine Brise kommt *od.* springt auf; **as the – builds,** mit zunehmendem Wind; **the – picks up (again),** die Brise frischt (wieder) auf; **the – turns heavy,** der Wind nimmt an Stärke zu.

breeze *v.*, **to – up,** aufbrisen, auffrischen, aufspringen (*Wind*).

breeziness *s.*, Windigkeit *f.*, Unruhe *f.* der Luft; **breezy** *adj.*, windig, von einem frischen Wind bestrichen.

brew *v.*, im Anzug sein, heran- *od.* heraufziehen, aufziehen, sich zusammenbrauen (*Sturm, Unwetter*); **to be –ing,** aufziehen, sich zusammenbrauen (*Sturm*); **a storm is –ing,** ein Unwetter ist im Anzug *od.* zieht auf.

brewing *s.*, Wettergalle *f.*, Ochsenauge *n.* (*in schwarzen Gewitterwolken*), Heranziehen *n.* (*Unwetter, Sturm*).

bridge *s.* (*naut.*), (Kommando)Brücke *f.*, Brükkenaufbau *m.*; Brücke *f.*, Steg *m.*; – **of boards,** Laufbrücke *f.* (*Schiff*); – **of boats,** Pontonbrücke *f.*; – **of a chain,** Steg *m.* an der (Anker)Kette; – **control** *s.*, Brückenfahrstand *m.*, -steuerung *f.*; – **deck** *s.*, Brückendeck *n.*; – **dodger** *s.*, Brückenkleid *n.*; – **house** *s.*, Brükkenhaus *n.*; – **pier** *or* **pillar** *s.*, Brückenpfeiler *m.*; – **remote control** *s.*, Brückenfernsteuerung *f.*; – **signals** (*pl.*), Brückensignale *n./pl.*; – **sponson** *s.*, Brückenausleger *m.*, -nock *f.*; – **superstructure** *s.*, Brückenaufbau *m.*, -bauten (*pl.*); – **wing** *s.*, Brückennock *f.*

bridle *s.*, Bügel *m.*, (Ketten)Hahnepot *f.*, Kabel *n.* der Vertäuungsboje, Spreiztrosse *f.*; **sheet –,** Schotbügel *m.*; – **beam** *s.*, Längsscherstock *m.*, Lukenlängsschiebebalken *m.*; – **cable** *s.*, Vertäuungskabel *n.*; – **chain** *s.*, Hangerkette *f.*; – **port** *s.*, Bugpforte *f.*; – **shackle** *s.*, Hahnepotschäkel *m.*

briefing *s.* (*rac.*), Anweisung *f.*, Instruktion *f.*

brig *s.*, Brigg *f.*, zweimastiges Segelschiff *n.*, (*am.*) Schiffsgefängnis *n.*; **four-masted –,** Viermastbrigg *f.*; **schooner –,** Schonerbrigg *f.*

brigantine *s.*, Brigantine *f.*, Briggschoner *m.*, Schonerbrigg *f.*, Brigg *f.*

bright *adj.*, **a – day,** ein sonniger *od.* strahlender *od.* heiterer Tag; – **adaption** (*radar*), Hellanpassung *f.*; – **bolt,** blanker Bolzen.

brighten *v.* **(up),** aufklaren, sich aufklären *od.* aufhellen; **the sky is –ing up,** der Himmel klart auf *od.* klärt sich auf.

brightness *s.*, Heiterkeit *f.*, Helle *f.*, Klarheit *f.* (*Wetter, Himmel*), (*radar*), Leuchtstärke *f.*; – **control** *s.* (*radar*), Helligkeitsregelung *f.*

bright/varnish *s.*, heller Teerfirnis *m.*; **–work** *s.* (*naut.*), blanke Teile *n./pl.* (*Beschläge, etc.*).

brilliance *s.* (*radar*), Helligkeitsgrad *m.*; **brilliancy** *s.* (*radar*), Helligkeit *f.*; – **control** *s.* (*radar*), Aufhellung *f.*, Lichtstärke *f.*

brim *s.*, Rand *m.* (*eines Sees*), Ufer *n.*

brine *s.*, Salz-, Meerwasser *n.*; das Meer, die See.

bring *v.*, **to – about,** beidrehen, herumbringen, -drehen; – **in,** (ein Schiff als Prise) aufbringen; **to – into the wind,** in den Wind bringen; **to – a boat into the sea,** ein Boot gegen die See legen; **to – the head of a boat into the wind,** ein Boot in den Wind drehen; **to – a boat nearer the wind,** anluven; **to – off,** abbringen, **to – off a stranded** *or* **grounded boat,** ein festgekommenes *od.* gestrandetes Boot abbringen; **to – out,** ausbringen (*Segel*); **to – out an anchor,** einen Anker ausbringen; **to – to,** beidrehen, (*ein Schiff*) zum Beidrehen veranlassen; **to – to an even keel,** (ein Boot wieder) auf ebenen Kiel legen; **to – a line to,** eine Leine um das Spill legen; **to – up,** beidrehen, aus der Fahrt bringen; aufbringen (*Prise*);

to – up to the wind, beidrehen; **to – up the rear** (*rac.*), den Schluß machen, der Letzte sein; **to – charts up-to-date,** Seekarten berichtigen; **the wind –s rain,** der Wind bringt Regen (mit sich).

brink *s.*, Ufer *n.*, Bord *m.*, (steiler) Strand *m.*; **– of a river,** Flußufer *n.*

briny *adj.*, salzig, salzhaltig; **the – deep, the – s.**, das Meer, die See.

brisk *adj.*, frisch, lebhaft, kräftig, scharf (*Luft, Wind*); **a – gale of wind,** ein frischer Wind, eine frische Brise; **– wind,** frischer *od.* kräftiger *od.* scharfer Wind.

broach *v.*, in den Wind schießen (*Boot*), auftauchen, an der (Wasser)Oberfläche erscheinen (*Taucher, Wal, etc.*); **to – to,** querschlagen, unbeabsichtigt beim Amwindsegeln durch den Wind drehen, schnell aufluven.

broaching position *s.*, Kenterlage *f.*, Lage *f.* (*des Bootes*) quer zur Dünung; **to roll close to a –,** nahezu kentern, quer zur Dünung rollen.

broad *s.*, seenartige Flußmündung *f.* (*SW England*); *adv.*, breit, weit; raum (*Wind*), (*rad.*) unscharf (abgestimmt); **– angle on the bow,** stumpfe Lage *f.*; **– on the port (starboard) beam,** Backbord (Steuerbord) querab; **– on the port (starboard) bow,** vier Strich Backbord (Steuerbord) voraus; **– on the port (starboard) quarter,** vier Strich achterlicher als querab an Backbord (Steuerbord); **– on the quarter,** vier Strich achteraus.

broad/band *s.* (*rad.*), Breitband *n.*; **–band beam** *s.*, Breitbandstrahler *m.*; **–band circuit** *s.*, Breitbandkreis *m.*; **– -bottomed** *adj.* **(boat),** (Boot) mit breitem Kiel, vollgebaut(es Boot *n.*).

broadcast *s.*, (Rund)Funk *m.*; *v.*, funken, senden, übertragen; **broadcaster** *s.*, (Rund)-Funkstation *f.*, -sender *m.*; **broadcast/interference** *s.*, Rundfunkstörung *f.*; **– receiver** *s.*, Radio *n.*; **– reception** *s.*, Rundfunkempfang *m.*; **broadcasting/frequency band** *s.*, Frequenzbereich *m.* für Rundfunk; **– station** *s.*, Rundfunksender *m.*, -station *f.*; **– transmitter** *s.*, Rundfunksender *m.*; **– wave** *s.*, Rundfunkwelle *f.*

broaden *v.*, breiter werden, sich verbreitern (*Meerenge, Fahrrinne*).

broad/pendant *or* **pennant** *s.*, Toppstander *m.*, Kommodorestander *m.*; **– reach** *s.*, raumer Kurs *m.*, raumschots gesegelter Kurs *m.* (*mit Wind von 45° von vorn*); **to –reach** *v.*, raumschots segeln; **–reach** *adj.*, raumachterlich, raum(er Kurs); **– reaching** *s.*, vorlicher *od.* raumachterlicher Kurs *m.*; **– seamed** *adj.*, mit sphärischen Nähten (*Segel*); **–(-)seaming** *s.*, Breitnähte *f./pl.* (*am Segel*); **full-panel – -seaming** *s.*, sphärische Nähte *f./pl.*

broadside *s.*, Breitseite *f.* (*eines Schiffes*), die über der Wasserlinie sichtbare volle Seite eines Schiffes; **to be – to the swell,** mit der Breitseite zur Dünung liegen; **– on,** mit der Breitseite nach *od.* in einer (bestimmten) Richtung, breitseitig; **– to,** längsseit(s), parallel zu; **– sea,** Dwarssee *f.*; **– slip(way),** Querslip *m.*

broiler *s.* (*coll.*), glühend heißer Tag *m.*; **broiling** *adj.* **day,** sehr heißer Tag.

broken *adj.* (*meteor.*), fast bedeckt, unbeständig; **– back,** Katzenrücken *m.* (*Deck*); **– -backed** *adj.*, kielbrüchig; Schiff, das einen Katzenrücken hat; **– coast,** zerklüftete Küste *f.*; **– mast,** Mastbruch *m.*; **– -masted** *adj.*, mit gebrochenem Mast; **– water,** Kräuselung *f.* in ruhigem Wasser, Stromkabbelung *f.*

brontology *s.*, Gewitterkunde *f.*

bronze hanks (*pl.*), Bronze-Stagreiter *m./pl.*

brook *s.*, Bach *m.*; **brooklet** *s.*, Flüßchen *n.*; **brook-side** *s.*, Bachufer *n.*

brought up! (*int.*), Anker trägt!

brow *s.*, Gangway *f.*, Laufplanke *f.*; Stelling *f.*; Regenleiste *f.* (*über einem Bullauge*), Rand *m.*, Vorsprung *m.* (*einer Klippe*).

brume *s.* (*coll.*), Nebel *m.*, Dunst *m.*; **brumous** *adj.*, feucht-dunstig, neblig.

brush *s.*, Bürste *f.*, Pinsel *m.*, (*phys.*) Lichtbündel *n.*; **– wheel** *s.*, Bürstenscheibe *f.* (zum Polieren).

B station *s.*, Funkstation *f.* an Bord.

bubble *s.*, (Luft-, Wasser)Blase *f.*, Sack *m.* (*im Segel*); *v.*, gischen, schäumen (*Brandung*); **– boat** *s.*, aufblasbares Boot *n.*, Schlauchboot *n.*; **– formation** *s.*, Blasenbildung *f.* (*in der Außenhaut*); **– sextant** *s.*, Libellensextant *m.*

buccaneer *s.*, Freibeuter, Pirat, Seeräuber *m.*; **buccaneering** *s.*, Seeräuberei *f.*

buck *v.*, stampfen, stoßen (*Boot*); **to – the sea** *or* **waves,** gegenansegeln, -laufen.

bucket *s.*, Pütz(e) *f.*; (*am., sl.*) Schiffseigner *m.*; **draw –,** Schlagpütz *f.*; *v.*, (aus)ösen, (*übergekommenes Wasser*) mit der Pütz ausschöpfen; schlecht rudern; **bucket/hitch** *s. or* **knot** *s.*, Pützenknoten *m.*; **– lanyard** *s. or* **rope** *s.*, Pützenreep *n.*

buckle *v.t.*, (*durch Wasserdruck*) einbuchten, biegen, krümmen; *v.i.*, sich (ver)biegen *od.* verziehen (*Mast, etc.*); **buckle-proof** *adj.*, knicksteif; **buckler** *s.*, Klüsenblende *f.*, -deckel *m.*; **buckling** *s.*, Knickung *f.*, Stauchung

f., Verbiegen *n.*, Verziehen *n.*
bucko *s.* (*naut., sl.*), Angeber *m.*, Prahlhans *m.*; *adj.*, angeberisch.
buddy *s.* (*am., coll.*), Kamerad, Kumpel *m.*, Bordgefährte *m.*
buffalo *s.*, Bugschanzkleid *n.*
buffer *s.* (*rad.*), Trennkreis *m.*, -stufe *f.*; **– amplifier** *s.*, Trennverstärker *m.*; **– beam** *s.* (*naut.*), Pufferholz *n.*, (*Art*) Fender *m.*
buffet *v.* (*naut.*), schlagen, stoßen (*Boot*); **to – the waves,** gegen die *od.* mit den Wellen kämpfen; **buffeting** *s.*, Schlag *m.*, Stoß *m.*
buff(ing) wheel *s.*, Schwabbelscheibe *f.*
bug *s.*, ringförmige Skala *f.*, (*rad.*) Schlackertaste *f.*, (*am., sl.*), (technische) Störung *f.*, Panne *f.*
build *s.*, Bau *m.*, Bauart *f.* (*Schiff*), Machart *f.*, Schnitt *m.* (*Segel*); **the – of a ship,** Schiffsform *f.*
build *v.*, bauen (*Schiff*), stärker werden, zunehmen (*Seegang, Wind*); **the sea –s,** der Seegang nimmt zu; **a gale –s** *or* **is –ing,** ein Sturm braut sich zusammen; **the wind –s,** der Wind wird stärker; **to – in,** einbauen; **to – up** (*phys.*), einschwingen; zunehmen (*Wind*), sich zusammenbrauen (*Unwetter*); **to – a chapel,** durchdrehen, unbeabsichtigt überstaggehen.
builder *s.*, Schiffbauer *m.*; **–'s certificate** *s.*, Zertifikat *n.* der Werft.
building / basin *s.*, Baudock *n.*; **– berth,** Helling *f.*, Helgen *m.*; **– block** *s.*, Unterlage *f.* für Schiffe im Bau; **– block principle** *s.*, Baukastenprinzip *n.*; **– cradle** *s.*, Helling *f.*, Helgen *m.*; **– dock** *s.*, Baudock *n.*; **– material** *s.*, Baumaterial *n.* (*Bootsbau*); **– slip** *s.*, Helling *f.*; **– time** *s.* **on the stocks,** Hellingbauzeit *f.*; **– -up time** *s.* (*radar*), Einschwingzeit *f.*; **– ways** (*pl.*), Helling *f.*; **– yard** *s.*, Bauwerft *f.*; **– year** *s.*, Baujahr *n.*
built / frame *s.*, gebautes Spant *n.*; **– mast** *s.*, gebauter Mast *m.*; **– -up propeller** *s.*, Schiffsschraube *f.* mit aufgesetzten Flügeln.
buiscuit *s.*, Schiffszwieback *m.*
bulb / bow *s.*, Wulstbug *m.*; **– keel** *s.*, Wulstkiel *m.*; (*also:* **bulbous** *adj.* **bow, – keel).**
bulge *s.*, Bilge *f.*, Kimm *f.*, Schiffsboden *m.*, Doppelboden *m.* (*Schiff*), Ausbuchtung *f.* (*der Außenhaut*), Anschwellen *n.*, (Aus)Bauchung *f.* Bauch *m.* (*Segel*); *v.t.*, ausbauchen; leckmachen; hervorragen (*Bug, etc.*); *v.i.*, sich ausbauchen, aufblähen, bauschen, anschwellen (*Segel*); **the sail –s,** das Segel bekommt einen Bauch *od.* wird bauchig *od.* baucht sich; **to – out,** ausbauchen (*Segel*); **bulge water** *s.*, Bilge-, Schlagwasser *n.*; **bulginess** *s.*, Bauchigkeit *f.*, (Segel)Bauch *m.*, Rundung *f.*; **bulgy** *adj.*, bauchig, rund, geschwollen (*Segel*).
bulk *s.*, (Schiffs)Rumpf *m.*, Größe *f.*, Umfang *m.* (*eines Schiffes*); der gesamte innere Raum eines Schiffes, lose Schiffsladung *f.*; **to break –,** (Schiffs)Ladung löschen, zu löschen anfangen, (*sl.*) die Ladung bestehlen.
bulkhead *s.*, Schott *n.*, Spant *n.*; Fang(damm) *m.*, Schutzwand *f.* (*gegen Wasser*); *v.*, ab-, umschotten; **break –,** Backschott *n.* der versenkten Back; **collision –,** Kollisionsschott *n.*; **cross** *or* **transverse –,** Querschott *n.*; **forecastle –,** Backschott *n.*; **longitudinal –,** Längsschott *n.*; **sheet-pile –,** Spundwand *f.*; **shifting –,** fliegendes *od.* versetzbares Schott *n.*; **swash –,** Schlagschott *n.*; **watertight –,** wasserdichtes Schott *n.*; **– bracket** *s.*, Schottknie *n.*; **– coaming** *s.*, Schottsüll *n.*; **– deck** *s.*, Schottendeck *n.*; **– door** *s.*, Schott(en)-Tür *f.*; **– door-clips** (*pl.*), Vorreiber *m./pl*; **– floor** *s.*, Schottbodenwrange *f.*; **– frame** *s.*, Querspant *n.*; **– gangway** *s.*, Schottdurchgang *m.*; **– gap** *s.*, Schottdurchgang, -durchbruch *m.*; **bulkheaded** *adj.*, mit Schotten versehen; **bulkheading** *s.*, Abschottung *f.*; **bulkhead / opening** *s.*, Schottdurchgang *m.*; **– plate** *s.*, Schottplatte *f.*; **– port** *s.*, Schott(en)tür *f.*; **– spigot** *s.*, Schottendurchführung, -verbindung *f.*; **– stiffening** *s.*, Schott(en)versteifung *f.*; **– stool** *s.*, Schottstuhl *m.*
bull / earing *s.*, Rah-, Sonnensegelbändsel *n.*; **–eye** *s.*, (*s.* **bull's eye**).
bullet *s.*, **tracer –,** Leuchtspurgeschoß *n.*; **– block** *s.*, einscheibiger Block *m.*
bull / horn *s.* (*am.*), Lautsprecher *m.* (*an Bord*); **– line** *s.*, Bullenleine *f.*; **– nose** *s.*, geschlossene Buglippe *f.*; **– pendant,** Bullenstander *m.*; **– rope** *s.*, Beiholer *m.*, Fockschotbeiholer *m.*, Backspierenstander *m.*; **–'s eye** *s.*, Bullauge *n.*; (Pockholz-)Kausch *f.*; Blendlaterne *f.*, Seitenlicht *n.* (*am Boot*), (*meteor.*) Ochsenauge *n.*, Wetter-, Windgalle *f.*, Zentrum *n.* eines Sturms, (*opt.*) Konvexlinse *f.*; **–'s eyes** (*pl.*), Korallen *f./pl.* (*Mastliek*); **– tackle** *s.*, Bullentalje *f.*; **bully** *s.* (*coll.*), Bordkamerad *m.*
bulwark *s.*, Reling *f.*, Schanz-, Schiffskleid *n.*, Bollwerk *n.*; **– mooring pipe** *s.*, Verholklüse *f.*; **– port** *s. or* **door** *s.*, Schanzkleid-, Wasserpforte *f.*; **– rail** *s.*, Schanzkleidreling *f.*; **– stair** (*pl.*), Relingstreppe *f.*; **– stay** *s.*, Reling-, Schanzkleidstütze *f.*
bumboat *s.*, Bumboot *n.*, Proviantboot *n.* (*im*

Hafen).

bump *s.*, Schlag *m.*, (Zusammen)Stoß *m.*; Beule *f.* (*im Rumpf*), (*meteor.*) Steigbö *f.*; **to make a –**, ein Boot überholen, mit Bug *od.* Ruder stoßen und dadurch (ein anderes Boot) besiegen; *v.*, schlagen, stoßen, überholen und anstoßen (*Boot*); **to – against** *or* **on the jetty,** (*mit dem Boot*) gegen *od.* an den Bootssteg stoßen *od.* schlagen.

bumper *s.*, Eisbrecher *m.*; Holzfender *m.*

bumpiness *s.*, Böigkeit *f.*

bum(p)kin *s.*, Ausleger *m.*, Butenluv *m.*, blinde Rah *f.*

bumpy *adj.*, böig.

bunder *s.*, Landungsplatz, -steg *m.*, -brücke *f.* (*im Orient*).

bundle *v.*, **to – up,** sich warm einpacken *od.* anziehen.

bung *adv.* (*naut.*), mitten hinein, richtig in der Mitte.

bungle *s.*, grober Fehler *od.* Schnitzer; **to make a – of a race,** eine Regatta verpfuschen *od.* verpatzen.

bunk *s.*, (Schiffs-, Schlaf)Koje *f.*, Hundekoje *f.*, Lotsenkoje *f.*; *v.* (*am.*, *coll.*), in einer Koje schlafen; **bunk board** *s.*, Kojenbord *n.*

bunker *s.*, Bunker *m.* (*im Schiff*); *v.*, bunkern.

bunt *s.*, Buk *m.*, Bug *m.*, Bauch *m.* (*eines Segels*), Mittelteil *n.* einer Rah; *v.*, sich ausbauchen, schwellen (*Segel*); **bunt gasket** *s.*, Bauchbändsel *n.*, -zeising *m.*

bunting *s.*, Flaggentuch *n.*, (*collect.*) Flaggen (*pl.*), Flaggenschmuck *m.*; **the ship shows all her** *or* **shows a great display of –**, das Schiff hat alle Flaggen gehißt *od.* gesetzt.

bunt/jigger *s.*, Bauchaufholer *m.*; **–line** *s.*, Bauch-, Bukgording *f.*; **–line** cloth *s.*, Bauchgording(s)kleid *n.*; **–line hitch** *s.*, Gording(s)knoten *m.*; **– whip** *s.*, Bauchtalje *f.*

buoy *s.*, Boje *f.*, Anker-, Rettungsboje *f.*, Bake *f.*, (See)Tonne *f.*, Seezeichen *n.*; **anchor –**, Ankerboje *f.*; **bell –**, Glockenboje, -tonne *f.*; **centre –**, Mittelboje *f.*; **channel** *or* **fairway –**, Fahrwassertonne *f.*; **dan –**, Markierungs-, Rettungs-, Spierenboje *f.*, Schwimmflagge *f.*; **grasp** *or* **grip –**, Greifboje *f.*; **landfall –**, Ansteuerungsboje, -tonne *f.*; **life –**, Rettungsboje *f.*, -schwimmkörper *m.*; **lighted –**, Leuchttonne *f.*; **mooring –**, Festmache-, Muringboje *f.*; **pillar –**, Bakentonne *f.*; **quarantine –**, Quarantänetonne *f.*; **ring –**, Rettungsring *m.*, -boje *f.*; **shoal –**, Untiefentonne *f.*; **whistle** *or* **whistling –**, Heulboje, -tonne *f.*; **wreck (marking) –**, Wracktonne *f.*; **channel –s and lights** (*pl.*), Fahrwasserbezeichnung *f.*; **manoeuvre to pick up a –**, Bojenmanöver *n.*; **to be moored to a –**, an *od.* vor einer Boje liegen; **to round a –** (*rac.*), eine Boje runden; **the – is awake,** die Boje ist wach; **the – is floating,** die Boje wacht; **the – is not visible,** die Boje steht blind.

buoy *v.*, (*Fahrwasser od. Regattakurs*) ausbojen, bebojen, betonnen, durch Bojen bezeichnen; **to – off,** ausbojen, betonnen; **to – up,** aufbojen, (*auf dem Wasser*) flott erhalten, aufschwimmen lassen; **to be –ed up by the water,** vom Wasser hochgehoben werden (*Boot*).

buoyage *s.*, Betonnung *f.*, Betonnungssystem *n.*, Markierung *f.* durch Bojen, (*collect.*) ausgelegte Bojen (*pl.*); **– and lighting,** Fahrwassermarkierung, -bezeichnung *f.*

buoyancy *s.*, Auftrieb *m.*, Schwimmfähigkeit *f.*, -kraft *f.*, Lastigkeit *f.* (*eines Bootes*), statischer Auftrieb *m.*, Tragvermögen *n.* (*schwimmender Körper*); **centre of –**, Form-, Verdrängungsschwerpunkt *m.*; **reserve –**, Reserveauftrieb *m.*, -verdrängung *f.*; **– aid** *s.*, Schwimmweste *f.*; **– bag** *s.*, Auftriebskörper *m.*, Kenterschlauch *m.*; **– certificate** *s.*, Schwimmfähigkeitszeugnis *n.* (*Boot*); **– power** *s.*, Auftriebskraft *f.*, Tragfähigkeit *f.*; **– tank** *s.*, Auftriebstank *m.*, Luftkasten *m.* (*im Boot*).

buoyant *adj.*, hebend, tragend (*Wasser*), leicht, schwimmend (*Boot, etc.*); **to grow –,** Auftrieb bekommen; **– box** *s.*, Schwimmkasten *m.*; **– lift** *s.*, (statischer) Auftrieb *m.*; **– vest** *s.*, Auftriebs(schwimm)weste *f.*

buoy/boat *s.*, Bojenboot *n.*; **– echo** *s.* (*radar*), Bojenecho *n.*

buoyed channel *s.*, betonntes Fahrwasser *n.*

buoy gear *s.*, Bojengeschirr *n.*

buoying *s.*, Betonnung *f.*

buoy/-laying ship *s.*, Tonnenleger *m.*; **– light** *s.*, Bojenlicht *n.*; **– line** *s.*, Bojenleine *f.*, -reep *n.*; **– manoeuvre** *s.*, Bojenmanöver *n.*; **– mooring** *s.*, Festmachen *n.* an einer Boje; Vorankergehen *n.* an einer Boje; **– -overboard manoeuvre** *s.*, Boje-über-Bord Manöver *n.*; **– rectangle** *s.* (*rac.*), Bojenviereck *n.*; **– rope** *s.*, Bojenreep *n.*; **– rope bend** *s.*, Fischerstek *m.*; **– sinker** *or* **stone** *s.*, Bojenstein *m.*; **– slalom** *s.* (*rac.*), Bojenslalom *m.*; **– strap** *or* **strop** *s.*, Bojenstropp *m.*; **– tackle** *s.*, Bojengeschirr *n.*; **– tender** *s.*, Bojentender *m.*

burble *s.*, (Luft)Wirbel *m.*; **– point** *s.*, Grenzschichtablösungs-, Übergangspunkt *m.* (*von laminarer und turbulenter Strömung*).

burden *s.*, Trag-, Ladefähigkeit *f.* eines Schiffes, (Schiffs)Last *f.*, Gewicht *n.* der Schiffsladung; Druck *m.* (*v. Luft od. Wasser*), Tonnengehalt *m.*; **a ship of 200 tons –,** ein Schiff von 200 Tonnen, ein Zweihunderttonner *m.*; **the ship's – is 200 tons,** das Schiff trägt 200 Tonnen.

burdened ship *s.*, ausweichpflichtiges Schiff *n.*

burgee *s.*, Stander *m.*, Club-, Doppelstander *m.*, Hausflagge *f.*, Reedereiflagge *f.*, dreieckiger Wimpel *m.*, kleine dreieckige Flagge *f.*; **club –,** Clubstander *m.*; **– certificate** *s.*, Standerschein *m.*; **– staff** *s.*, Standerstock *m.*

burial *s.* **at sea,** Bestattung *f.* auf See, Seebestattung *f.*

burn *v.*, **to – away** *or* **off,** abbrennen; **to – out,** ausbrennen (*Schiffsboden*).

burr *s.* (*astr.*), Hof *m.*, (*tech.*) kleine Beilagscheibe *f.*, Dichtungsring *m.*; **– drill** *s.*, Drillbohrer *m.*; **– pump** *s.*, Bilgepumpe *f.*

burst *s.*, Bruch *m.*, Riß *m.*; **– of thunder,** Donnerschlag *m.*; *v.*, bersten; **to – the banks,** die Uferdämme durchbrechen (*Fluß*); **to – into sight,** plötzlich auftauchen *od.* sichtbar werden (*Klippe, Schiff, etc.*).

burster *s.* (*meteor.*), schwere Bö *f.*, (*coll., austral.*), kalter heftiger Südwind *m.*

bursting stress *s.*, Bruchfestigkeit *f.*

burton *s.*, Takel *n.*, Talje *f.*, Garnat *n.*, Klappläufer *m.*; **– fall** *s.*, Klappläufer *m.*, Nock-, Rahtakel *n.*; **– tackle** *s.*, Geschirr *n.* für gekuppelte Bäume.

bush *s.*, Pricke *f.* (*tech.*) Lagerbuchse, -schale *f.*, -futter *n.*, Buchse *f.*, Führung *f.*; *v.*, auspricken (*Fahrrinne*), (*tech.*) ausbuchsen, füttern (*Lager*); **bushing** *s.*, Muffe *f.*, Spannhülse *f.*

busk *v.* (*naut.*), umherkreuzen.

buss *s.*, Büse *f.*, Buise *f.*, Heringsfischerboot *n.*

buster *s.*, (*s.* **burster**).

bustle *s.* (*naut.*), Eselsrücken *m.*, Steg *m.* (*Bootsbau*).

butt *s.*, Stoß *m.* (*Bootsbau*), Schiffsplanken *f./pl.*; Griff *m.*, Stiel *m.*; **– and –,** (An)Stoß *m.* (*Bootsbau*); **– block** *s.*, Plankenstoß *m.*; **– bolt** *s.*, Stoßbolzen *m.*; **– chock** *s.*, Stoßkalb *n.*; **– edge** *s.*, Stoßkante *f.*; **– end** *s.*, dickes Endstück *n.*; Plankenende *n.*

butterfly / block *s.*, Marsschotenblock *m.*; **– -nut** *s.*, Flügelmutter *f.*; **– position** *s.* **(of sails),** Schmetterlingsstellung *f.* (der Segel); **– sailing** *s.*, Schmetterlingssegeln *n.*, -fahrt *f.*; **– -screw** *s.*, Flügelschraube *f.*; **– -valve** *s.*, Drosselklappe *f.*, -ventil *n.*

butt / fittings *s./pl.*, Plankenbeschläge *m./pl.*; **– joint** *s.*, Stoßfuge *f.*, -verbindung *f.*, stumpfer Stoß *m.*, Stumpfstoß *m.*; **– lap** *or* **overlap(ping)** *s.*, Stoßüberlappung *f.*

buttock *s.*, Heck *n.*, Bille *f.*, Hacke *f.*, hintere Schiffsrundung *f.*, Hinterschiffschnitt *m.* (*Linienriß*); **–s** (*pl.*) **of a ship,** Billen (*pl.*) eines Schiffes, der hintere Teil eines Schiffes; **– line** *s.*, Sentenriß *m.*

button *s.*, Vorreiber *m.*, Wirbel *m.*, (*rad., etc.*) Druckknopfschalter *m.*; **– control** *s.*, Druckknopfsteuerung *f.*

butt / plate *s.*, Stoßplatte *f.*; **– seam** *s.*, Dwarsnaht *f.* (*Bootsbau*), Lasch *n.*, Stoß *m.*, Butt *m.*; **– strap** *s.*, Lasche *f.*, Laschung *f.*, Stoßplatte *f.*; **– weld** *s.*, Stoß-, Stumpf(schweiß)naht *f.*; **– welding** *s.*, Stoß-, Stumpfschweißung *f.*

Buys Ballot's law *s.* (*meteor.*), Barisches Windgesetz *n.*, Buys-Ballotsches Windgesetz *n.*

buzzer *s.* (*rad., elec.*), Summer *m.*

by *prep.*, **to go – ship,** mit dem Schiff fahren; **to sail – the coast,** an der Küste entlangsegeln; **– break of day,** bei *od.* mit Tagesanbruch; **– ocean route, – sea,** auf dem Seeweg, zur See, zu Wasser; *adv.*, **close** *or* **hard –,** dicht dabei *od.* daneben; **(to) stand –,** bereit stehen; **stand –!** (*com.*), Klar!, Klarmachen!; **– and large,** raumschots; **to sail – and large,** raumschots segeln; **– boat,** mit dem *od.* per Schiff.

by / -channel *s.*, Seitenkanal *m.*, Nebenfahrwasser *n.*, -rinne *f.*; **– -pass** *s.*, Nebenfahrwasser *n.*

C

cab *s.*, Nockhaus *n.* (*auf der Schiffsbrücke*).

cabin *s.*, Kajüte *f.*, Schiffskabine *f.*, Kammer *f.* (*Yacht*); **after –,** Achterkajüte *f.*; **forward –,** Vorderkajüte *f.*; **raised –,** Kajütaufbau *m.*; **– compass** *s.*, Kajütskompaß *m.*; **–(-)cruiser** *s.*, Kajüt-, Kabinenkreuzer *m.*; **– erection** *s.*, **– superstruction** *s. or* **superstructure** *s.*, **– trunk** *s.*, Kajüt(s)aufbau *m.*; **– yacht** *s. or* **boat** *s.*, Kajütboot *n.*

cable *s.*, Ankerkette *f.*, Ankertau *n.*, -trosse *f.*, Kabel *n.*, -tau *n.*, -trosse *f.*, Trosse *f.*, Seil *n.* (*Tauwerk*), Kabellänge *f.*; **marine –,** Seekabel *n.*; **core of a –,** Seele *f.* (*Drahttauwerk*); **heart of a –,** Hanfseele *f.*; **a –'s length,** eine Kabellänge (*= 200 yds.*); **to slip the –,** das Ankertau schießen lassen; *v.* (*rad.*), kabeln, drahten.

cable / beacon *s.*, Kabelbake *f.*; **– buoy** *s.*, Kabeltonne *f.*, Anker-, Vertäuboje *f.*; – **chock** *s.*, Verholklampe *f.*; – **clamp** *s.*, Kabelklemme *f.*; – **clip** *s.*, Kabelschelle *f.*; – **coil** *s.*, Kabelrolle *f.*; – **compressor** *s.*, Ankerketten-, Trossenkneifer *m.*; – **coupling** *s.*, Kabelverbindung *f.*; – **eye** *s.*, Kabelöse *f.*, -schuh *m.*; – **fan** *s.*, Kabelzopf *m.*; – **gear** *s.*, Kabelgeschirr *n.*; – **holder** *s.*, Spillkranz *m.*; Kettennuß *f.*; – **-laid** *adj.*, kabelgeschlagen (*Trosse*); – **-laid rope** *s.*, Kabelschlag *m.*, (Anker- *od.* Kabel) Trosse *f.*; – **lay** *s.*, Kabelschlag *m.*; – **layer** *s.* (*am.*), – **-laying vessel** *s.*, Kabelleger *m.*; – **length** *s.*, Kabellänge *f.*; – **lifter** *s.*, Kettennuß *f.*; – **locker** *s.*, Kabelgatt *n.*, Ketten-, Taulast *f.*; – **lug** *s.*, Kabelklemme, -öse *f.*, -schuh *m.*; – **markings** (*pl.*), Ankerkettenmarkierungen *f./pl.*; – **punch** *s.*, Kettendorn *m.*; – **reel** *s.*, Kabeltrommel *f.*; – **run** *s.*, Kabelführung *f.*; – **sleeve** *s.*, Kabelmuffe *f.*; – **splice** *s.*, Kabelspleiß *m.*; – **stage** *s.*, Kabelgatt *n.*; – **stopper** *s.*, Ankerketten-, Taustopper *m.*; – **stud** *s.*, Kettensteg *m.*

cablet *s.*, kleines Kabel *n.*, schmale Kabeltrosse *f.*

cable/terminal *s.*, Kabelklemme *f.*; – **tier** *s.*, Kabelgatt *n.*, Taulast *f.*; – **winch** *s.*, Kabel-, Seil-, Trossenwinde *f.*; – **yarn** *s.*, Kabelgarn *n.*

caboose *s.*, Kombüse *f.*, Schiffsküche *f.*

cabotage *s.*, Küstenschiffahrt *f.*

cadet ship *s.*, Kadetten-, Schulschiff *n.*

cadre *s.* (*rac.*), Kader *m.*; Stammannschaft *f.* (*einer Yacht*).

cage aerial (*am.* **antenna**) *s.*, Reusenantenne *f.*

caïque *s.*, Kaïk *m.*, Kajik *m.* (*türk. Barke*), Segelboot *n.* in der Levante.

caisson *s.*, Schwimm-, Senkkasten *m.*, Kamel *n.*, Schleusentor *n.*, Docktor *n.*

calculate *v.*, **to – the position,** das Besteck rechnen *od.* berechnen.

calculated *adj.*, – **altitude,** errechnete Höhe *f.*; – **altitude method,** Höhenmethode *f.* (*nach St. Hilaire*); – **zenith distance,** errechnete Zenitdistanz, -entfernung *f.*

calf *s.*, treibende Eisscholle *f.*; kleine Insel *f.*

caliber *s.* (*tech.*), Seelenweite *f.*, Durchmesser *m.*; – **compasses** (*pl.*), Greifzirkel *m.*

calibrate *v.*, eichen, kalibrieren; **calibrated** *adj.*, graduiert, in Grade eingeteilt, mit einer Gradeinteilung versehen.

calibration *s.*, Gradeinteilung *f.*, Eichung *f.*, Kalibrierung *f.*, Normierung *f.*; – **of direction finder,** Funkbeschickung *f.*; – **card** *s.*, Deviationskarte, -tabelle *f.*; – **frequency** *s.* (*rad.*), Eichfrequenz *f.*; – **markers** (*pl.*) (*radar*), Eichmarken *f./pl.*; – **rings** (*pl.*) (*radar*), Abstandsringe *m./pl.*; – **station** *s.*, Funkbeschickungssender *m.*

calk *v.* (*am.*), kalfatern, (*s.* **caulk**).

call *s.* (*naut., rad.*), Ruf *m.*, Anruf *m.*, Signal *n.*, Kommando *n.*; Anlaufen *n.* (*Hafen*); **distress –**, Mayday, SOS (-Ruf); **port of –**, Anlaufhafen *m.*; **within –**, in Ruf- *od.* Hörweite.

call *v.*, **to – at,** anlegen in; **to – at a port,** einen Hafen anlaufen; **to – away a boat,** ein Boot abpfeifen; **to – by radio,** über Funk anrufen; **to – in at,** einlaufen in (*Boot*); **to – off the race officially,** die Regatta offiziell abbrechen *od.* abblasen; **to – the watch,** (aus)purren, die Wache wecken; **called station** *s.* (*rad.*), angerufene Funkstation *f.*, Gegenfunkstelle *f.*

calling/and distress wave *s.* (*rad.*), Anruf- und Notwelle *f.*; – **frequency** *s.* (*rad.*), Anruffrequenz *f.*; – **station** *s.* (*rad.*), rufende Funkstelle *f.*; – **time** *s.* (*rad.*), Rufzeit *f.*; – **wave** *s.* (*rad.*), (An)Rufwelle *f.*

calliper (*am.* **caliper**) **compasses** (*pl.*), **cal(l)ipers** (*pl.*), Greifzirkel *m.*

call/letters (*pl.*) (*rad.*), Rufzeichen *n.* (*pl.*); **ship's – letters,** Unterscheidungssignal *n.*; – **minute** *s.* (*rad.*), Belegminute *f.*; – **name** *s.* (*rad.*), Rufname *m.*; – **port** *s.*, Anlaufhafen *m.*; – **sign** *s.* (*rad.*), Funkrufzeichen *n.*, -rufname *m.*; – **signal** *s.*, Funkrufsignal *n.*; – **signal of a radio beacon,** Funkfeuerkennung *f.*; – **wave** *s.* (*rad.*), Anrufwelle *f.*

calm *s.* (*meteor.*), Kalme *f.*, Ruhe *f.*, Stille *f.*, (*naut.*) Windstille *f.*, Stillte *f.*, Flaute *f.*; **dead –**, völlige Windstille *f.*, Totenflaute *f.*; – **at sea,** Meeresstille *f.*; – **of the sea,** Stille *f.*, (*naut.*) Stillte *f.*, Totenflaute *f.*, Windstille *f.*, (*coll.*) faule See *f.*

calm *adj.*, ruhig, still; (*naut.*) windstill; **to become –**, kalmen; **dead –**, totstill, der Wind steht auf und nieder.

calm *v.*, bekalmen; **to – down,** abflauen, nachlassen, sich legen (*Wind*), sich beruhigen (*See*).

calm/belt *s.* (*meteor.*), Kalmengürtel *m.*, Mallungen (*pl.*); – **centre** *s.*, Kalmenzentrum *n.* (*eines Zyklons*); – **day** *s.*, windstiller Tag *m.*; **calming** *s.*, – **down (of the wind),** Abflauen *n.* des Windes.

calmness *s.*, Ruhe *f.*, Stille *f.*, (*naut.*) Stillte *f.*, Windstille *f.*, See *f.* ohne Dünung.

calms (*pl.*) (*meteor.*), Kalmen *f./pl.*, Kalmen-, Stilltengürtel *m.*, Mallungen (*pl.*); **belt of –**, Kalmengürtel *m.*; – **of Cancer** (*meteor.*), Kalmengürtel *m.* des Krebses (*Roßbreiten*); – **of Capricorn,** Kalmengürtel *m.* des Steinbocks.

calm / sea *s.*, vollkommen glatte See *f.*, See *f.* ohne Dünung; **– zone** *s.* (*meteor.*), Kalmenzone *f.*
calotte *s.*, Kalotte *f.*, (*tech.*) Haube *f.*, Kappe *f.*; **– compass** *s.*, Kalottenkompaß *m.*
cam *s.* (*tech.*), Nocke *f.*, Nocken *m.*, Knagge *f.*, Daumen *m.*, Nase *f.*, Steuerknaggen *m.*; **– action mast partners** (*pl.*), Mastfischung *f.*
camaraderie *s.*, Kameradschaft *f.* (*an Bord*).
camber *s.*, leichte konvexe Krümmung *f.* (*des Schiffsdecks*), Wölbung *f.*, Bauch *m.*, Tiefe *f.*, Wölbung *f.* (*eines Segels*); **– of beam,** Decks-, Balkenbucht *f.*, Bucht *f.* (*Deckswölbung*); **– of deck,** Decksbucht *f.*; **– of sail,** Segelbauch *m.*, -wölbung *f.*; **– ratio** *s.*, Wölbungsverhältnis *n.*; **cambered slipway** *s. or* **standing ways** (*pl.*), Kreisbahnhelling *f.*, -ablaufbahn *f.*
cam / cleat *s.*, Curry-Klemme *f.*, Schotklemme *f.*; **– compensator** *s.*, Funkbeschicker *m.*, Kurvenscheibe *f.*
camel *s.* (*naut.*), Kamel *n.*, Hebeleichter *m.*, Holzfloß *n.* zum Abhalten eines Schiffes von der Kaimauer.
camouflage *s.* (*naut.*), Tarnung *f.*, Täuschung *f.*
canal *s.*, (künstlicher) Kanal *m. od.* Wasserstraße *f.*, Binnenschiffahrtskanal *m.*, Förde *f.*, Meeresarm *m.*; **– barge** *s.*, Fracht-, Last-, Schleppkahn *m.*; **– boat** *s.*, Kanalboot *n.*; **– bottom** *s.*, Kanalsohle *f.*; **– dues** (*pl.*), Kanalgebühren *f./pl.*
canalize *v.*, in einen Kanal münden.
canal / lock *s.*, Kanalschleuse *f.*; **– navigation** *s.*, Kanalschiffahrt *f.*; **– passage** *s.*, Kanaldurchfahrt *f.*; **– passing place** *s. or* **bypass** *s. or* **lay-by** *s.*, Kanalausweichstelle *f.*; **– pilot** *s.*, Kanallotse *m.*; **– port** *s.*, Kanalhafen *m.*; **– traffic** *s.*, Kanalschiffahrt *f.*, -verkehr *m.*
can / buoy *s.*, stumpfe Tonne *f.*, Stumpftonne *f.*, Tonnenboje *f.*; **– hook** *s.*, Hakenstropp *m.*
cancel *v.* (*rac.*), abbrechen, aufheben, annulieren, streichen, für ungültig erklären (*eine Wettfahrt*); **to – a race,** eine Wettfahrt aufheben *od.* streichen; **to – a signal,** ein Signal widerrufen.
cancellation *s.* (**of a race**), Aufheben *n.*, Aufhebung *f.* (einer Wettfahrt), Abbrechen *n.* (einer Wettfahrt), (*meteor.*) Entwarnung *f.*, Aufhebung *f.* einer Sturmwarnung, Sturmentwarnung *f.*; **– of a signal,** Widerruf *m.*; **–** *or* **cancelling flag** *s.*, Widerruf(s)flagge *f.*
candela *s.*, Candela (*Basiseinheit f. Leuchtfeuer, etc.*).
candy *v.*, (sich) mit Eiskristallen überziehen.
cane / fender *s.*, Rohrfender *m.*; **– mat** *s.*, Rohr-, Schilfmatte *f.*
canicular *or* **canine / days** (*pl.*), Hundstage *m./pl.*; **– heat** *s.*, Hundstagshitze *f.*
canoe *s.*, Kanu *n.*, Paddelboot *n.*; *v.*, (in einem) Kanu fahren, paddeln; **canoe bow** *s.*, Kanubug *m.*; **canoeing** *s.*, Kanusport *m.*, Kanufahren *n.*, Paddeln *n.*; **canoeist** *s.*, Kanute *m.*, Kanufahrer *m.*, Paddler *m.*; **canoe stern** *s.*, Kanuheck *n.*, Löffel-, Wikingerheck *n.*
canopy *s.*, Kabinendach *n.* (*eines Bootes*).
cant *s.*, plötzlicher Ruck *od.* Schlag *od.* Stoß, (*naut.*) Neigung *f.*, Schräglage *f.*; *v.* **(over),** sich auf die Seite legen *od.* überlegen, schräg liegen (*Boot*).
cant / beam *s.*, Gillungsbalken *m.*; **– body** *s.*, Gillungsheck *n.*; **– dog** (*am.*) *s.*, Kanthaken *m.*
canted *adj.*, auf der Seite liegend, umgekippt (*Boot*).
cant / fid *s.*, Fid *n.*, Fitt *n.*; **– frame** *s.*, Gillungsspant *n.*; **– hook** *s.*, Kanthaken *m.*
cantilever / bridge *s.*, Auslegerbrücke *f.*; **– frame** *s.*, Kragspant *n.*, Toppseitenspant *n.*, schräges Innenspant *n.* des Ecktanks (*bei Selbsttrimmern*); **– tank** *s.*, Toppseitentank *m.*, dreikantiger Ecktank *m.* (*Selbsttrimmer*).
cant / line *s.*, Kantlinie *f.*; **– spar** *s.*, dünne Spiere *f.*; **– timbers** (*pl.*), Kantspanten (*pl.*).
canvas *s.*, Segeltuch *n.*, (*collect.*) Segel (*pl.*); **under full –,** mit allen Segeln; **storm –,** Sturmbesegelung *f.*; **– boat** *s.*, Faltboot *n.*; **– bucket** *s.*, (Segeltuch)Pütz(e) *f.*, Wassersack *m.*; **– cover** *s.*, Persenning *f.*, Segeltuchbezug, -überzug *m.*, Schutzkleid *n.* (*Boot*); **– fender** *s.*, Segeltuchfender *m.*; **– gripe** *s.*, Zurrbrook *m.* (*für Boote*); **– sling** *s.*, Segeltuchstropp *m.*; **– (weather) screen** *s.*, Kojen-, Leesegel *n.*
cap *s.* (*naut.*), Eselshaupt *n.*; Kappe *f.* (*Verdeck*), Spritzkappe *f.*
capacity *s.* (*naut.*), Fassungsvermögen *n.*, Raumgehalt *m.*; Leistungsvermögen *n.* (*Boot, Segel, etc.*); **load (carrying) –,** Tragfähigkeit *f.* (*eines Bootes*).
cape *s.*, Kap *n.*, Huk *f.*, Landspitze, -zunge *f.*, Vorgebirge *n.* (*Küste*); **– doctor** *s.*, starker Südost(wind) *m.* (*Südafrika*).
capful *adj.*, **a – of wind,** vorübergehender Wind, eine Mütze Wind.
cap / nut *s.* (*tech.*), Überwurf-, Kapselmutter *f.*; **– screw** *s.*, Überwurfmutter *f.*, Schraube *f.* mit Kopf, Schraubbolzen *m.*; **– scuttle** *s.*, lose Luke *f.*, Springluke *f.*
capsizable *adj.*, kenterbar; **non- –,** unkenterbar.

capsize *v.i.*, kentern, umschlagen (*Boot*), kentern (*Gezeit, Wind*); *v.t.*, zum Kentern bringen, umschlagen lassen (*Boot*).

capsizing / and righting *s.*, Kentern und Wiederaufrichten *n.*; **– angle** *s.*, Kenterwinkel *m.*; **– moment** *s.*, Kentermoment *n.*

capstan *s.*, Ankerwinde, -winsch *f.*, Bugspill *n.*, Gangspill *n.*, Spill *n.*; **double-headed –,** doppeltes *od.* großes Gangspill *n.*; **electric –,** elektrische Ankerwinde *f.*; **gear –,** kleines Gangspill *n.*; **to heave at the –,** einwinden; **– bar** *s.*, (Gang)Spill-, Handspake *f.*; **– barrel** *s.*, (Gang)Spilltrommel *f.*; **– engine** *s.*, Ankerspill-, Ankerlichtmaschine *f.*, Gangspillmaschine *f.*; **– hand wheel** *s.*, Stern-, Spillrad *n.*; **– head** *s.*, Revolver-, Spillkopf *m.*; **– partners** (*pl.*), Spillfischung *f.*; **– pawl** *s.*, Spillpall *n.*; **– pawl-rim** *s.*, Pall-, Spillkranz *m.*; **– windlass** *s.*, Ankerspill *n.*

captain *s.* (*coll.* **Cap'n**), Kapitän *m.*, Kommandant *m.*; **–'s protest** *s.*, Verklarung *f.*

captor *s.*, Kaper *m.*

capture *s.*, Kapern *n.*, Prise *f.*; *v.*, kapern, aufbringen (*Schiff*); **captured** *adj.* **ship,** Prise *f.*

carcass *s.* **of a ship,** (Schiffs)Rohbau *m.*, Schiffsgerippe, -skelett *n.*

card *s.*, (Kompaß-, Grad-, Richtungs)Rose *f.*; **compass –,** Kompaß-, Windrose *f.*; **duplex –,** Doppelrose *f.*; **point-graduated –,** Strichrose *f.*

cardan / joint *s.*, Kardan-, Kreuzgelenk *n.*; **– shaft** *s.*, Kardan-, Gelenkwelle *f.*

cardinal / points (*pl.*), die 4 (Haupt)Himmelsrichtungen *f./pl.*; (*astr.*) Osten, Westen, Zenit, Nadir; **– system** *s.*, Kardinalsystem *n.* (*Betonnung, Befeuerung*); Untiefenmarkierung *f.*; System *n.* der Richtungsbezeichnung; **– winds** (*pl.*), Kardinal-, Hauptwinde *m./pl.* (*Ost, West, Süd, Nord*); vorherrschende Winde (*pl.*).

card rose *s.*, Windrose *f.* (*Kompaß*).

careen *v.t.*, kielholen, ein Boot zur Unterwasserschiffüberholung auf die Seite legen, (ein Boot in dieser Lage) reinigen *od.* ausbessern; *v.i.* krängen, sich auf die Seite legen (*Boot*), kielholen, Boot reinigen; gereinigt werden (*Boot*).

careenage *s.*, Kielholung *f.*, Kosten (*pl.*) der Kielholung, Kielholplatz *m.*

careening *s.*, Kielholen *n.*, Kielholung *f.*; **– block** *s.*, Kielholungsblock *m.*

cargo *s.*, Schiffsladung *f.*; **– boat** *or* **ship** *s.*, Frachtschiff *n.*, Frachter *m.*; **– passenger liner** *s.*, Fracht- und Passagierschiff *n.*

carlin *s.*, Kielschwein *n.*

carling *s.*, (Balken)Schlinge *f.*, Rippe *f.*, Längsschiff-, Unterdeckversteifung *f.*; **mast –,** Mastschlinge *f.*; **– knee** *s.*, Schlingenknie *n.*

carpenter *s.*, (Schiffs)Zimmermann *m.*; **–'s certificate** *s.*, Zertifikat *n.* für Probefahrt und Überführung.

carrick / bend *s.*, Kreuzknoten *m.*, Trossenstek *m.*; **– bitt** *s.*, Spillbeting *m.*

carrier *s.*, (See)Transporter *m.*, (*tech.*) Mitnehmer *m.*, Führungsrolle *f.*; **– wave** *s.* (*rad.*), Trägerwelle *f.*

carry *s.* (*am.*), Strecke *f.* in Amerika *od.* Kanada zwischen zwei schiffbaren Gewässern, auf der die Boote getragen werden müssen.

carry *v.t.*, (Segel) führen; fahren (*Ausrüstungsgegenstände an Bord*); tragen (*Ton*); befördern, transportieren; *v.i.*, alle Segel führen; **to – away,** ab-, losbrechen, über Bord spülen; **to – away a mast,** (sich) einen Mast absegeln; **to – an anchor,** einen Anker fahren; **to – a genoa (spinnaker),** eine Genua (einen Spinnaker) fahren; **to – lee helm,** leegierig sein; **to – lights,** Lichter führen; **to – sail,** Segel fahren *od.* führen; **to – short sail,** mit gerefften Segeln laufen, gerefft segeln; **to – too much sail,** übertakelt sein, zuviel Segelfläche gesetzt haben; **to – weather helm,** luvgierig sein.

carrying *s.*, **– of flags,** Flaggenführung *f.*, Führen *n.* von Flaggen; **– of lights,** Lichterführung *f.* (*Boot*); **– of sails,** Segelführung *f.*; **– capacity (of a boat),** Tragfähigkeit *f.* (eines Bootes); **– power** *s.*, Belastungsfähigkeit *f.*; **– roller** *s.*, Führungs-, Laufrolle *f.*; **– rope** *s.*, Tragseil *n.*

cartographical distance *s.*, Kartenentfernung *f.*, Entfernung *f.* auf der Seekarte.

carvel / boat *s.*, Karweel-, Kraweelboot *n.*; **– building** *s.*, Karweel-, Kraweelbauweise *f.*; **– -built** *adj.*, karweel-, glattgebaut; **– -built boat** *s.*, Karweelboot *n.*; **– planking** *s.*, Karweelbeplankung *f.*; **– work** *s.*, Karweel-, Kraweel-, Karvielbeplankung *f.*, -bau *m.*, werk *n.*

cascara *s.*, Rindenboot *n.* (*Lateinamerika*).

case *s.*[1] **of emergency,** Notfall *m.*, Notstand *m.* (*an Bord*).

case *s.*[2] (*tech.*), Gehäuse *n.*, Mantel *m.*, Behälter *m.*, Futteral *n.*; **centreboard –,** Schwertkasten *m.*; **casing** *s.*, (Schutz)Hülle *f.*, Gehäuse *n.* (*Kompaß, etc.*); Überzug *m.*, Verschalung *f.*

cask buoy *s.*, Faßboje, -tonne *f.*, Tonnenboje *f.*

Cassinian ellipse *s.* (*astr.*), Cassinische Kurve *od.* Linie *f.*

cast *s.* **of the lead,** Lotung *f.*, Lotwurf *m.*
cast *v.*, auswerfen, loswerfen, werfen (*Anker*), abfallen, lavieren, kreuzen, wenden; **to – about,** umherkreuzen; **to – off,** ablegen, losmachen, loswerfen (*Leinen*), (ab)fieren, vom Wind abfallen, (*Boot*) abstoßen (*vom Land*); **to – off the tow,** vom Schlepper loswerfen; **to – overboard,** über Bord werfen; **to – to port (starboard),** nach Backbord (Steuerbord) abfallen; **to – the lead,** loten, das Lot auswerfen.
castaway *s.*, Schiffbrüchiger *m.*; *adj.*, schiffbrüchig, gestrandet, verschlagen (*Boot*).
cast/(-)mould *s.*, Gieß-, Gußform *f.*, Gesenk *n.* (*Bootsbau*); **– -steel anchor** *s.*, Gußstahlanker *m.*
cat *s.*, Katt *f.*, Kattanker *m.*; Katamaran *m.* (*Kurzf.*); *v.*, katten; **to – the anchor,** den Anker katten.
catalyst *s.*, Katalysator *m.*, Beschleuniger *m.*, Härter *m.*
catamaran *s.*, Katamaran *m.*, Ausleger-, Doppelrumpfboot *n.*, Floß *n.*
cat/back *s.*, Kattsteert *m.*; **– block** *s.*, Kattblock *m.*; **– boat** *s.*, Cat-, Kat-Boot *n.*, Kattboot *n.*, kleines Segelboot *n.*
catch *s.*, Schlag *m.* (*Leine, Tau*), (*tech.*) Arretiervorrichtung *f.*, Mitnehmer *m.*, Haken *m.*, Nase *f.*, Schnäpper *m.*; *v.*, (ineinander)greifen, sich verfangen (*Anker*), unklar kommen (*Anker, Leinen*); **to – up,** auffangen; **to – up with another boat,** ein anderes Boot einholen; **catch ratline** *s.*, Springweb(e)leine *f.*; **catchment-area** *s.*, Abflußgebiet *n.*, Sammelbecken *n.* (*eines Flusses*).
catenary *s.*, (Ankerketten)Lose *f.*
cat/fall *s.*, Kattläufer *m.*; **– harping(s)** *s.* (*pl.*), Schwichtungsleine *f.*; **–head** *s.*, Ankerbalken *m.*; Krankbalken *m.*; Kattdavit *m.*; **to –head** *v.*, (*Anker*) am Krankbalken verholen; **–head fall** *s.*, Kattläufer *m.*; **–head stopper** *s.*, Penturleine *f.*, Ankerkran *m.*, Kranbalken *m.*
cathode *s.*, Kathode *f.*; **– -ray direction finder** *s.*, Sichtfunkpeiler *m.*; **– -ray direction finding** *s.*, Sichtfunkpeilverfahren *n.*
cathodic *adj.*, **– corrosion protection,** Korrosionsschutz *m.*; **– protection** *s.*, Kathodenschutz *m.*, Korrosionsschutz *m.*
cat/hole *s.*, Anker-, Heckklüse *f.*; **– hook** *s.*, Katthaken *m.*; **– ice** *s.*, dünnes, unsicheres Eis *n.*; **– pendant** *s.*, Kattbügel, -schenkel *m.*; **– purchase** *s.*, Kattgien *n.*, -takel *n.*; **– rig** *s.*, Kattakelung *f.*, Takelung *f.* eines Schwertbootes, Cat-Takelung *f.*; **– -rigged** *adj.*, getakelt wie ein Schwertboot; **– -rigged ketch** *s.*, Cat-Ketsch *f.*; **– rope** *s.*, Kattläufer *m.*; **– schooner** *s.*, Cat-Schoner *m.*
cat's/claw *s.* (*meteor.*), Cirruswolke *f.*, Federwolke *f.*; **– paw** s., Katzenpfote *f.*, Kattenpot *f.*, kurze Trompete *f.* (*Knoten*), kleine *od.* leichte Kräuselwellen *f./pl.*, Katzenpfoten *f./pl.*; leichte Brise *f.*, Kühlte *f.*, Katzenpfote *f.*
cat/stopper *s.*, Kattstopper *m.*; **– tackle** *s.*, Kattgien *n.*, -takel *n.*
catting/link *s.*, Kattglied *n.*; **– shackle** *s.*, Kattschäkel *m.*
cat/walk *s.*, Laufplanke *f.*, -steg *m.*; **– whisker** *s.*, Detektornadel *f.*, Spitzendetektor *m.*; **– yawl** *s.*, Cat-Yawl *f.*
caulk *s.*, Kalfaterwerg *n.*, (*naut.*, *sl.*) Schläfchen *n.*, Schlückchen *n.*; *v.*, kalfatern, abdichten (*Leck*), (mit Werg) dichten (*Bootsnähte*), verstemmen; **caulked seam** *s.*, Dichtungs-, Stemmnaht *f.*
caulker *s.*, Kalfaterer *m.*, Stemmer *m.*, (*naut.*, *sl.*) Schlückchen *n.*
caulking *s.*, Kalfatern *n.*, Abdichten *n.*; Kalfaterung *f.*, Abdichtung *f.*; **– chisel** *or* **iron** *s.*, Kalfatereisen *n.*; **– compound** *s.*, Dichtungsmasse *f.*; **– mallet** *s.*, Kalfaterhammer *m.*
cause *s.* **of trouble,** Fehlerquelle *f.*, Stör(ungs)-ursache *f.*
cautionary signal *s.* (*rac.*), Ankündigungssignal *n.*
caution/signal *s.*, Gefahrensignal *n.*, Signal *n.* zum Langsamfahren; **– zone** *s.*, Gefahren-, Warnzone *f.*
cavel *s.*, Beleg-, Warpklampe *f.*
cavitation *s.*, Kavitation *f.*, Hohlsog *m.* (*Propeller*); **cavity** *s.* (*naut.*, *rare*), Wasserverdrängung *f.*
cay *s.*, Inselchen *n.*, Riff *n.*, Sandbank *f.*
CCA/rating rule *s.* (*rac.*), CCA-Formel *f.*; **– Rule** *s.*, CCA-Vermessungsformel *f.* (für Hochseeyachten).
cease *v.*, aufhören, nachlassen (*Sturm, Wind*).
cedar (wood) *s.*, Zedernholz *n.* (*Bootsbau*).
ceil *v.*, bewegern (*Schiff od. Schiffsteil*).
ceiling *s.* (*naut.*), Decke *f.*, Stehhöhe *f.* (*unter Deck*), Wegerung *f.*, Innenbeplankung *f.*, (*meteor.*) Bewölkungs-, Wolkenhöhe *f.*, untere Wolkengrenze *f.*; **– board** *s.*, Schalbrett *n.*; **– hatch** *s.*, Wegerungsluke *f.*; **– height** *s.*, Stehhöhe *f.* (*unter Deck*); **unlimited – height** (*meteor.*), unbegrenzte Sicht *od.* Wolkenhöhe *f.*; **– plank** *s.*, Wegerungsplanke *f.*
ceilometer *s.* (*meteor.*), Bewölkungshöhen-, Wolkenhöhenmesser *m.*, -meßgerät *n.*
celestial/axis *s.* (*astr.*), Himmelsachse *f.*;

– **chart** *s.*, Himmels-, Sternkarte *f.*; – **coordinates** (*pl.*), Himmelskoordinaten (*pl.*); – **equator** *s.*, Himmelsäquator *m.*; – **fix** *s.*, astronomisches Besteck *n.*; – **fixing** *s.*, astronomische Schiffsortbestimmung *f.*; – **horizon** *s.*, Himmelshorizont *m.*; – **latitude** *s.*, Himmelsbreite *f.*, astronomische Breite *f.*; – **light** *s.*, Astrallicht *n.*; – **line of position** *s.*, Himmels-, Höhenstandlinie *f.*; – **longitude** *s.*, Himmelslänge *f.*, astronomische Länge *f.*; – **meridian** *s.*, Himmelsmeridian *m.*; – **navigation** *s.*, astronomische Navigation *f.*; – **north pole** *s.*, Himmelsnordpol *m.*; – **observation** *s.*, astronomische Beobachtung *f.*; – **point** *s.*, Himmelspunkt *m.*; – **triangle** *s.*, nautisch-astronomisches Grunddreieck *n.*

cellar *s.* (*rac.*), letzter Platz *m.* (*in einer Wettfahrt*).

celo-navigation *s.*, astronomische Navigation *f.*, nautische Astronomie *f.*

Celsius (C), 30 degrees *or* **30° –**, 30 Grad Celsius; – **scale** *s.*, Celsiusskala *f.*; – **thermometer** *s.*, Celsiusthermometer *n.*

center *s.* (*am.*), Mitte *f.*, Zentrum *n.* (*Boot, Sturm, etc.*), Mittelpunkt *m.*; – **bank** *s.* (*am.*), Mittelgrund *m.*; **–bank buoy** *s.* (*am.*), Mittelgrundboje, -tonne *f.* (*Untiefen*); **–board** *s.* (*am.*), Kielschwert *n.*; **–boarder** *s.* (*am.*), Schwertboot *n.*; **cruising – -boarder** *s.*, Wanderjolle *f.*; – **keel** *s.* (*am.*), Kielschwert *n.*; **centered** *adj.* **on** (*am., meteor.*), mit Zentrum in.

centigrade / scale *s.*, Zentesimaleinteilung *f.*; – **thermometer** *s.*, Celsiusthermometer *n.*; **temperature(s) rising to 20 degrees –**, Temperaturen auf 20 Grad Celsius ansteigend.

centimetre *s.* (*am.* **-meter**), Zentimeter *n.*; **– -gram second** *s.* (*phys.*), Zentimeter-Gramm-Sekunde *f.*

central / control *s.*, Zentralsteuerung *f.*; – **keel** *s.*, Mittelkiel *m.*; – **sheeting** *s.*, Mittelschot *f.*; – **station** *s.*, Bordzentrale *f.*, Kommandostand *m.*; – **time** *s.*, Normalzeit *f.*

centre *s.*, Mitte *f.*, Zentrum *n.*, Mittelpunkt *m.*; – **of anticyclone** (*meteor.*), Hochdruckzentrum *n.*; – **of attraction** *s.*, Anziehungs(mittel)punkt *m.*; – **of buoyancy**, Formschwerpunkt *m.*, Verdrängungsschwerpunkt *m.*; – **of cyclone**, – **of depression** (*meteor.*), Depressions-, Tiefdruckzentrum *n.*; – **of effort**, Druck(mittel)punkt *m.*; – **of effort (of sails)**, Segeldruckpunkt -schwerpunkt *m.*; – **of flotation**, Schwerpunkt *m.* der Wasserlinienfläche; – **of gravity**, (Gleich)Gewichtsschwerpunkt *m.*, Schwerpunkt *m.*, Schwerkraft-, Schwerezentrum *n.*; – **of gravity of the gyro (compass)**, Kreiselschwerpunkt *m.*; – **of gyration**, Drehpunkt *m.*; – **of high (low) pressure** (*meteor.*), Hoch(Tief)-druckzentrum *n.*; – **of inertia**, Trägheits-, Massenzentrum *n.*; – **of lateral resistance**, Lateralschwerpunkt *m.*; – **of mass**, Trägheits-, Massenzentrum *n.*; – **of motion**, Drehpunkt *m.*; – **of pressure**, Druck(mittel)punkt *m.*, Lateraldruckpunkt *m.*, Widerstandsmittelpunkt *m.*; – **of pressure of sails**, Segeldruckpunkt *m.*; – **of rotation**, Drehpunkt *m.*; – **of (a) ship**, Schiffsmitte *f.*, Mitte Schiff; – **of (a) storm**, Sturmzentrum *n.*, Auge *n.* eines Orkans; – **of (the) waterline**, Wasserlinienschwerpunkt *m.*; – **of waterplane(s)**, Schwerpunkt *m.* der Wasserlinienfläche; – **of weight**, Gewichtsschwerpunkt *m.* (*Crew, Ballast*).

centre *v.*, zentrieren, einmitten, zentrisch auf die Mitte einstellen.

centre / anchor *s.*, Stevenanker *m.*; – **bank** *s.*, Mittelgrund *m.* (*Untiefen*); **– -bank buoy** *s.*, Mittelgrund-, Untiefentonne *f.*

centreboard *s.*, Kielschwert *n.*, Mittelschwert *n.*, Schwert *n.*; Schwertboot *n.*; – **case** *s.*, Schwertkasten *m.*; – **cruiser** *s.*, Jollenkreuzer *m.*; Wanderjolle *f.*; **centreboarder** *s.*, Jolle *f.*, Schwertboot *n.*; **cruising –**, Jollenkreuzer *m.*; Wanderjolle *f.*; **open –**, Jolle *f.*; **centreboard / halyard** *s.*, Schwertfall *n.*; – **trunk** *s.*, Schwertkasten *m.*; – **well** *s.*, Schwertbrunnen, -kasten *m.*; – **yacht** *s.*, Schwertboot *n.*, Kielschwertboot *n.*, -yacht *f.*, Kielschwerter *m.*

centre / buoy *s.* (*rac.*), Mitteltonne *f.*; – **cockpit** *s.*, Mittelcockpit *n.*, -plicht *f.*; – **expanse** *or* **expansion** *s.* (*radar*), Aufweitung *f.* der Bildmitte, Mittelpunktaufweitung *f.*; – **fairlead** *s.*, Königsroller *m.*; – **frequency** *s.* (*rad.*), (Band-) Mitten-, Trägerfrequenz *f.*; – **girder** *s.*, Mittelkiel(platte *f.*) *m.*, Mittelträger *m.* (*Doppelboden*); – **gravity** *s.*, Schwerezentrum *n.*, Schwerkraft *f.*, -punkt *m.*

centr(e)ing *s.*, Zentrierung *f.*, Einmittung *f.*, Mittung *f.*; – **error** *s.*, Exzentrizitätsfehler *m.* (*im Sextanten*).

centre / keel *s.*, Ballast-, Mittelkiel *m.*, Kielschwert *n.*

centreline *s.* (*am.* **center line**), Mittschiffslinie *f.*; – **of a boat**, Mitte Schiff; **above the –**, über die *od.* der Mittschiffslinie; **to ease a sail well off the –**, ein Segel etwas weiter von der Mittschiffslinie schoten; **to trim the main(sail) close to the –**, das Großsegel ganz dicht holen; **the boom is close to the –**, der Großbaum ist *od.* befindet sich mittschiffs; **the boom should be (well) off the –**, der Großbaum sollte weiter außen gefahren werden. – **bulkhead** *s.*, Mittellängsschott *n.*; – **frame** *s.*, Mittelrahmen *m.*; – **plane** *s.*, Mittschiffsebene *f.*

centre/plate rudder *s.*, (Ein)Plattenruder *n.*; – **point mooring** *s.*, Zentralverankerung *f.*; – **portion** *s.* **of a ship,** Schiffsmittelteil *m.*; – **section** *s.*, Mittelstück *n.*, -teil *m.*

centrifugal/force *s.*, Flieh-, Zentrifugalkraft *f.*; – **motion** *s.*, Zentrifugalbewegung *f.*; – **pump** *s.*, Kreiselpumpe *f.*

centripetal force *s.*, Zentripetalkraft *f.*

centrum *s.*, Zentrum *n.*, Herd *m.* (*Seebeben*).

certificate *s.*, Befähigungsschein *m.*, -zeugnis *n.*, Patent *n.* (*Berufsschiffahrt*), Zertifikat *n.*, Zeugnis *n.*, Lizenz *f.*; **Boat C–,** Bootsbrief *m.*; **measurement –, Rating C–,** Meßbrief *m.*; **Yacht Master C–,** (Yacht)Führerschein *m.*; – **of class,** Klassenzertifikat *n.* (*Bootsklasse*); – **of identification,** Seefahrtsbuch *n.*; – **of origin,** Ursprungszeugnis *n.* (*Boot*); – **of pilotage,** Lotsenpatent *n.*; – **of registry,** Schiffsregisterbrief *m.*; – **of seaworthiness,** Seefähigkeitszeugnis *n.* (*Boot*); – **of survey,** Vermessungsschein *n.*

chafe *v.*, schamfilen, scheuern, reiben (*Tauwerk, Schoten, etc.*); **chafing** *s.*, Schamfilen *n.*; – **batten,** Schamfillatte *f.*; – **gear** *s.*, Schamfilschutz *m.*, Umkleidungsmaterial *n.* (*für Tauwerk, etc.*); – **mat** *s.*, Schamfilmatte *f.*

chain *s.*, (Anker)Kette *f.*; Kette *f.*, Kettfaden *m.* (*Segeltuch*), (*rad.*) Kette *f.*, Gruppe *f.*; **radar –,** Radarkette *f.*; **to pay out (a) –,** Ankerkette ausgeben *od.* fieren, mehr Kette stekken; – **is up and down!** (*int.*), Anker ist auf und nieder!; – **of locks,** Schleusentreppe *f.*; – **belt** *s.*, Endloskette *f.*; – **bitts** (*pl.*), (Anker)-Kettenpoller *m.*; – **block** *s.*, Kettenblock *m.*; – **boat** *s.*, Vertäuboot *n.*; – **bolt** *s.*, Püttingsbolzen *m.*; – **cable** *s.*, Anker-, Kabelkette *f.*; **to bend a – cable,** (Ankerkette) einschäkeln; – **capstan** *s.*, Kettenspill *n.*; – **compressor** *s.*, Kettenkneifer *m.*; – **foregoer** *s.*, Kettenvorlauf *m.*; – **forerunner** *s.*, Kettenvorläufer *m.*; – **girth** *s.*, Kettenumfang *m.* (*Yacht*); – **grab** *s.*, Kettenmitnehmer *m.*, -nuß *f.*; – **hook** *s.*, Kettenhaken *m.*; – **length** *s.*, Kettenlänge *f.*; – **link** *s.*, Kettenglied *n.*, Schake *f.*; – **locker** *s.*, Kettenkasten *m.*; – **(locker) pipe** *s.*, Kettendurchlauf *m.*; – **plate** *s.*, Augplatte *f.*, Pütting *f.*, Rüsteisen *n.*; – **-plate preventer** *s.*, Püttingsklampe *f.*; – **roller** *s.*, Anker(ketten)rolle *f.*; – **shackle** *s.*, Kettenschäkel *m.*; – **splice** *s.*, Kettenspleiß *m.*; – **stopper** *s.*, (Anker)Kettenstopper *m.*; – **swivel** *s.*, Kettenwirbel *od.* -warbel *m.*; – **tiller** *s.*, Kettenpinne *f.*; **–wales** (*pl.*), Rüsten *f./pl.*; **to be in the –s,** auf Lotstation (sein).

challenge/cup *s.*, Wanderpreis *m.*; – **prize** *s.*, – **trophy** *s.*, Herausforderungs-, Regatta-, Sonder-, Wanderpreis *m.*

chamber *s.* **(of a lock),** Schleusenkammer *f.*; – **of beam,** Balkenbucht *f.*; **compass –,** Kompaßkessel *m.*

champion *s.* (*coll.*), Champion *m.*, Meister *m.*, Sieger *m.*; **championship** *s.*, Championat *n.*, Meisterschaft *f.* **European (German, World) –,** Europa- (Deutsche, Welt-)Meisterschaft *f.*

change *s.* (*meteor.*), Umschlag *m.*; **no material –** (*meteor.*), keine wesentliche Änderung; – **in the coast line,** Küstenversetzung *f.*; – **in temperature,** Temperaturwechsel *m.*; **–s in velocity and direction of the wind,** Wechsel *m.* von Windgeschwindigkeit und -richtung; – **in the water surface,** Veränderung *f.* der Wasseroberfläche; – **in (the) weather,** Witterungsumschlag *m.*; – **of bearing per minute,** Seitenauswanderung *f.* pro Minute; – **of course,** Kursänderung *f.*; – **of (the) moon,** Mondwechsel *m.*; – **of pressure,** Druckänderung *f.*; – **of the tide,** Gezeiten-, Tidenwechsel *m.*, Kentern *n.* der Tide; – **of trim,** Trimmänderung *f.*; – **of (the) wind,** Drehen *n.* *od.* Umspringen *n.* des Windes.

change *v.* (*meteor.*), umschlagen (*Wetter*); **to – over** (*rad.*), umschalten; **to – the course,** den Kurs ändern; **to – to the worse,** sich verschlechtern (*Wetter*); **to – to another frequency** (*rad.*), auf eine andere Frequenz umschalten *od.* übergehen; **the moon –s,** es ist Mondwechsel.

changeable weather *s.*, veränderliches Wetter *n.*; **changeability** *s.* (*meteor.*), Unbeständigkeit *f.*, Veränderlichkeit *f.*

changing *s.* (*meteor.*), Umschlagen *n.* (*des Wetters*), Kentern *n.* (*der Tide*); – **of frequency** (*rad.*), Frequenzwechsel *m.*; *adj.* (*meteor.*), unbeständig, veränderlich; – **tacks before the wind,** vor dem Wind kreuzen; **changing-over** *s.* (*rad.*), Umschalten *n.*, Umschaltung *f.*, Frequenzwechsel *m.*

channel *s.*, (natürlicher) Kanal *m.*, breite Wasserstraße *f.* (*zwischen Festland und einer Insel*), Fahrrinne *f.*, -wasser *n.*, Schifffahrtsstraße *f.*, Flußbett *n.*, Stromrinne *f.*, schiffbarer Wasserweg *m.*, Hafeneinfahrt *f.*, Seegatt *n.*, Rüst *f.*, (*rad.*) Kanal *m.*, Frequenzband *n.* (*tech.*) Rille *f.*, Riefe *f.*, Nut *f.*; **side of a –,** Fahrwasserseite *f.*; **port (star-**

board) side of a –, Backbord(Steuerbord)-fahrwasserseite *f.*; **– board** *s.*, Rüst(e) *f.*; **– bolt** *s.*, Rüstbolzen *m.*; **– buoy** *s.*, Fahrwasser-, Kanalboje *od.* -tonne *f.*; **– buoys and lights,** Fahrwasserbezeichnung *f.*; **red – buoy** *s.*, rote Fahrwassertonne *f.*; **– group** *s.* (*rad.*), Kanalgruppe *f.*; **– in the watts,** Balge *od.* Balje *f.*; **– lights** (*pl.*), Fahrwasserbefeuerung *f.*; **– -marking buoy** *s.*, Fahrwasserboje, -tonne *f.*; **– number** *s.* (*rad.*), Kanalnummer *f.*; **– pilot** *s.*, Kanallotse *m.*; **– port** *s.*, Kanalhafen *m.*; **– separation** *s.* (*rad.*) Trennschärfe *f.*; **– wale** *s.*, Bergholz *n.*, Rüstbolzen *m.*; **– width** *s.* (*rad.*), Kanalbandbreite *f.*

chant(e)y *s.*, Seemannslied *n.*, Matrosengesang *m.* (*bei der Arbeit an Bord*), Shanty *n.*

chapel *v.*, unfreiwillig über Stag gehen, durchdrehen; *s.*, **to build a –,** durchdrehen, (unfreiwillig) über Stag gehen.

character *s.*, **– of class,** (Boots)Klassenzeichen *n.*; **– of classification,** Klassenzeichen *n.*; **characteristic** *s.*, Kennung *f.*, Kennzeichen *n.*; **light –,** Leuchtfeuerkennung *f.*; **–s** (*pl.*), charakteristische Eigenschaften *f./pl.* (*eines Bootes, Segels*).

charge *s.* (*tech.*), Beschickung *f.*, (*elec.*) Ladung *f.* (*einer Batterie*); *v.*, **to – a battery,** eine Batterie (auf)laden; **charges** (*pl.*), Gebühren (*pl.*); **port –,** Hafengeld *n.*

chart *s.* (*naut.*), (See)Karte *f.*, (*astr.*) Himmelskarte *f.*; Tabelle, Tafel *f.*; **nautical –,** Seekarte *f.*; **to bring a – up-to-date,** eine Seekarte berichtigen; *v.*, auf einer Karte einzeichnen, in eine Karte eintragen; **to – the ship's position,** den Schiffsstandort in die Karte eintragen.

chart / comparison unit *s.* (*radar*), Kartenvergleichsgerät *n.*; **(sea) – correction** *s.*, Seekartenberichtigung *f.*; **– course** *s.*, Kartenkurs *m.*; **– data** (*pl.*), Seekartendaten, -angaben (*pl.*); **– datum** *s.*, Kartennull *n.*; **(sea) – datum** *s.*, Seekartennull *n.*; **– dividers** (*pl.*), Kartenzirkel *m.*; **charted** *adj.* **visibility,** (wie) in der Karte angegebene Sicht *f.* (*Wetterkarte*).

charter *s.*, Charter *f.*, Charterung *f.*, Chartervertrag *m.*, Heuern *n.*; **– by the lump,** Pauschalcharter *f.*; v., chartern, ein Segelboot mieten; **to – by the lump,** im ganzen verfrachten; **charterage** *s.*, Charter *f.*; **chartered** *adj.* **ship,** gechartertes Schiff *n.*; **charter party** *s.*, Charterpartie *f.*

chart / house *s.*, Kartenhaus *n.*; **– lamp** *s.*, Kartenleuchte *f.*; **flexible – light** *s.*, flexible Kartenleuchte *f.*; **– locker** *s.*, Kartenschrank *m.*, Stauraum *m.* für Karten (*an Bord*); **– magnifier** *s.*, Kartenlupe *f.*; **illuminated – magnifier** *s.*, Kartenlupe *f.* mit Beleuchtung *od.* Batterie, Kartenlicht *n.*; **– protractor** *s.*, Kursübertrager *m.* (*Instrument*), Plan *m.*, Plansektor, -karte *f.* (*Seekarte*); **– range** *s.*, Kartenentfernung *f.*; **– room** *s.*, Kartenhaus *n.*, Navigationsraum *m.*; **– symbols** (*pl.*), Kartensymbole, -zeichen *n./pl.*; **– table** *s.*, Kartentisch *m.*

chaser *s.*, Geleitboot *n.*; jagdmachendes *od.* verfolgendes Boot *n.*

chassis *s.* (*rad.*), Chassis *n.*, Grundplatte *f.*

cheat *v.*, **to – the wind,** den Wind meistern *od.* bezwingen.

chebec(k) *s.*, Schebecke *f.*

check *s.*, Schrick *m.*; kleiner Riß *od.* Spalt (*GFK-, Holzboote*), Kontrolle *f.*, Nach-, Überprüfung *f.*; *v.*, (ab)schricken (*Tau*), springen (*Holz*), kontrollieren, überprüfen; **to – a rope,** (Leine *od.* Tau) abstoppen; **to – a ship,** Fahrt *f.* eines Bootes mit Leinen abstoppen; **to – tanks,** Ballasttanks *od.* Zellen peilen; **to – the sheets,** die Schoten schricken; **to – up,** kontrollieren, überprüfen.

check / bearing *s.*, Kontrollpeilung *f.*

checking *s.*, Kontrolle *f.*, Nach-, Überprüfung *f.*; **– of the compass,** Kompaßkontrolle *f.*; **– bollard** *s.*, Land-, Verholpoller *m.*

check / nut *s.*, Gegenmutter *f.*; **– point** *s.* (*naut.*), Orientierungspunkt *m.*, (*tech.*) Eichmarke *f.*; **– ring** *s.*, Anschlag-, Stoßring *m.*; **– rope** *s.*, Schricktau *n.*; **– up** *s.*, Kontrolle *f.*, Überprüfung *f.*; **– valve** *s.*, Absperr-, Klappen-, Regulier-, Rückschlagventil *n.*, Drosselklappe *f.*

cheek *s.* (*naut.*), Backe *f.* (*Rundung des Bugs*), Scheibenklampe *f.*, (*tech.*) Backe *f.*, Wange *f.*; **– of a block,** Backe *f.* eines Blocks; **– of a mast, mast** *or* **tabernacle –,** Mastbacke *f.*; **– block** *s.*, Scheibenklampe *f.*

cheese-head(ed) screw *s.*, Rundkopfschraube *f.*

chersonese *s.*, Halbinsel *f.*

chesstree *s.*, Halsklampe *f.*

chest *s.*, Seekiste *f.*, -truhe *f.*

chewing tobacco *s.*, Priem *m.*

Chief *s.*, Chief *m.*, Chef *m.*, leitender (Schiffs)-Ingenieur *m.*; **chief / designer** *s.*, Chefkonstrukteur *m.*; **– engineer** *s.*, leitender (Schiffs)-Ingenieur *m.*; **– frame** *s.*, Richt-, Scherspant *n.*; **– mate** *s.*, 1. (Schiffs)Offizier *m.*; **– pilot** *s.*, Oberlotse *m.*

chill *s.*, durchdringende Kälte *f.*, Kühlte *f.*, Kältegefühl *n.*; *adj.*, eisig, frostig, kalt; **chilliness** *s.*, Kälte *f.*, Kühlte *f.*, Kältegefühl *n.*; **chilling** *adj.*, kalt; **a – wind,** (durchdringend) kalter *od.* schneidender Wind *m.*; **chilly** *adj.*, kalt, kühl, frostig; **to feel –,** frösteln; **– wind,**

kalter *od.* eisiger Wind *m.*
chine *s.*, Kimm(e) *f.*, Kimmknick *m.*, -leiste *f.*; **double –,** Doppelknickspant *n.*; **hard –,** Knickspant *n.*; **– boat** *s.*, Knickspantboot *n.*; **– construction** *s.*, Knickspantbauweise *f.*; **– piece** *s.*, Kimmweger *m.*
Chinese / gybe *s.*, Schraube *f.* (*Patenthalse*); **– lug** *s.*, chinesisches Luggersegel *n.*, Dschunkensegel *n.*
chink *s.*, Haarriß *m.*, Riß *m.*, Sprung *m.* (*GFK*); *v.*, einen Haarriß ausfüllen *od.* dichten.
chinse *v.*, (*Haarrisse od. Sprünge*) oberflächlich *od.* behelfsmäßig (ab)dichten, kalfatern; **chinsing iron** *s.*, Stopfeisen *n.* (*zum Kalfatern*).
chip *s.* (*or* **chips** *s.*) (*naut., hum.*), Schiffszimmermann *m.*; *v.*, abschleifen (*Boot*), abklopfen (*Farbe*); **to – off,** abblättern (*Folie*); **to – paint,** Farbe (*vom Boot*) picken *od.* abklopfen; **chipping / chisel** *s.*, Flachmeißel *m.*; **– hammer** *s.*, Pickhammer *m.*; **– knife** *s.*, Kabelmesser *n.*; **chip log** *s.*, Handlog *n.*, Logscheit *n.*
chisel *s.*, Beitel *m.*, Meißel *m.*; **– scraper** *s.*, Kratzeisen *n.*
chock *s.*, Bootsklampe *f.*, Verholklampe *f.*, Lippklampe *f.*, Lippe *f.*; Führung *f.* der Taue, Vertäuklüse *f.*; Aufklotzung *f.*; **anchor –,** Schweinsrücken *m.*; **riding –,** Kettenstopper *m.*
chock *v.*, (*Boot*) abkeilen, abstützen, aufklotzen, einen Keil unterlegen, stauen (*an Bord*), seefest verpacken *od.* lagern; **to – off,** ab-, verkeilen.
chock-a-block *adv.*, Block an Block, zublocks, zu Blocks.
choke *s.*, Drosselklappe *f.*, Drosselspule *f.*, Luftabsperrvorrichtung *f.*; *v.*, **to – off,** (ab)stoppen (*Boot*).
chop *s.*, Kabbelsee *f.*, kurze Welle *f.*, kurzer unruhiger Wellenschlag *m.*, Kabbelung *f.*; **in –,** bei kurzer Welle, in kabbeligem Wasser; *v.*, **to – about** *or* **round,** (sich) drehen, plötzlich umschlagen (*Wind*).
chop boat *s.*, chinesisches Leichterboot *n.*
chopped strand mat *s.*, Glasseidenmatte *f.* (*Bootsbau*).
chopper *s.*, Kappbeil *n.*, (*rad.*) Zerhacker *m.*
chopping *s.*, Kabbeln *n.*, Kabbelung *f.*, stoßweiser Wellengang *m.*; *adj.*, plötzlich umschlagend (*Wind*); **– sea,** Kabbelsee *f.*, kabbelige See *f.*; **– water,** Kabbelwasser *n.*, Kabbelung *f.*
choppy *adj.*, kabbelig, bewegt, mit kurzem Wellengang (*See*), böig (*Wind*); **– sea,** kabbelige See *f.*, Kabbelsee *f.*; **in – water,** bei kurzer Welle; **– wind,** böiger Wind *m.*
chops (*pl.*), (Kanal)Mündung *f.*
chord *s.*, Spannweite *f.*; **reduced – width from luff to leech** (*am.* **leach**), reduzierte Unterliekslänge *f.* (*Segel*).
chow *s.* (*am., coll.*), Futter *n.*, Essen *n.*
christen *v.* (*naut.*), (*ein Boot*) taufen, benennen; **christening** *s.*, **– of a boat,** Bootstaufe *f.*; **– of sailors on (crossing) the line,** Äquator-, Linientaufe *f.*
chronograph *s.*, Geschwindigkeitsmesser *m.*, Chronograph *m.*, registrierender Zeitmesser *m.*
chronometer *s.*, Chronometer *n.*, Zeitmesser *m.*; **the – is gaining,** das Chronometer geht vor; **the – is losing,** das Chronometer geht nach; **– rate** *s.*, Chronometergang *m.*
chronoscope *s.*, Chronoskop *n.*, registrierender Zeitmesser *m.*
chuck *s.*, Klemme *f.*, Bohr-, Klemm-, Spannfutter *n.*, Aufspannvorrichtung *f.*
chum *s.* (*coll.*), Kamerad *m.*, Kumpel *m.*
chunky *adj.* **boat,** plumpes Boot *n.*
churn *v.*, **to – up,** aufgewühlt *od.* aufgepeitscht sein *od.* werden, schäumen (*See*).
chute *s.*, Stromschnelle *f.*, (*am.*) Gleitbahn *f.*; Spi(nnaker) *m.*; **spinnaker –,** Spinnakertrompete *f.*; **to tack a sail inside the –,** ein Segel unter dem Spinnaker setzen; **the – is eased,** der Spi wird gefiert.
cipher / message *s.* (*rad.*), verschlüsselter Funkspruch *m.*; **– schedule** *s.*, Schlüsseltafel *f.*, Codechiffretabelle *f.*
circle *s.*, Kreis *m.*, Kreisfläche *f.*, -linie *f.*, -umfang *m.*, (*naut.*) Längen- *od.* Breitenkreis *m.*, (*astr.*) Bahn *f.* (*eines Gestirns*), Umdrehungsperiode *f.*, Hof *m.* (*Mond*), Kreis *m.* (*Instrument zur Bestimmung der Sternpositionen*); **arc of a –,** Kreisbogen *m.*; **dangerous –,** Gefahrenkreis *m.* (*Nav.*); **great –,** Großkreis *m.*, Orthodrome *f.*; **– of altitude** (*astr.*), Höhen-, Vertikalkreis *m.*; **– of azimuth** (*astr.*), Azimutgleiche *f.*; **– of declination** (*astr.*), Abweichungs-, Deklinationskreis *m.*; **– of equal altitude** (*astr.*), Höhengleiche *f.*; **– of latitude** (*geogr.*), Breitenkreis *m.*, -parallel *n.*; **– of longitude** (*geogr.*), Längenkreis *m.*, -parallel *n.*, Meridian *m.*; **– of perpetual apparition** (*astr.*), Kreis *m.* der beständigen Sichtbarkeit (*eines Gestirns*); **– of position,** Kreisstandlinie *f.*; **– of right ascension** (*astr.*), Rektaszensionskreis *m.*; **– of stationary weather conditions,** Stationskreis *m.* (*Wetterkarte*); **– of uncertainty,** Fehlerkreis *m.* (*Schiffsposition*); **– of**

visibility, Sichtbereich *m.*
circle *v.t.*, umkreisen, umrunden; *v.i.*, sich im Kreis bewegen, kreisen, sich drehen (*Boot*); **to – a capsized boat,** ein gekentertes Boot umkreisen *od.* umrunden.
circling manoeuvre *s.*, Umkreisungs- *od.* Umrundungsmanöver *n.*
circuit *s.* (*phys.*), magnetischer Kreis *m.*, (*elec.*) Schaltschema *n.*, -system *n.*, Stromkreis *m.*; Kreis *m.*, Kreisbewegung *f.*, Kreislauf *m.*, Umdrehung *f.*, Bogen *m.*, (*am.*, *rac.*) Rund *n.*, Rundum(regatta *f.*); **within a – of 10 miles,** im Umkreis von 10 Meilen; *v.t.*, umgehen, umsegeln; *v.i.*, kreisen, sich im Kreis bewegen (*Boot*); **circuity** *s.*, Kreisbewegung *f.*
circular *adj.*, **– motion,** Kreisbewegung *f.*; **– orbit** (*astr.*), Kreisbahn *f.*; **– race,** Rund(um-Regatta *f.*) *n.*; **– radio beacon,** Kreisfunkbake *f.*, -feuer *n.*; **– sailing,** Großkreissegeln *n.*; **– scanning** (*radar*), Kreisabtastung *f.*; **– triangle,** sphärisches Dreieck *n.*; **– velocity,** Umdrehungsgeschwindigkeit *f.*
circulating pump *s.*, Umlauf-, Zirkulationspumpe *f.*
circulation / tank *s.*, Umlauftank *m.*, Strömungstank *m.*; **– constant** *s.* (*phys.*), Zirkulationskonstante *f.*, Umlaufgröße *f.*
circumference *s.*, (Kreis)Umfang *m.*, Kreislinie *f.*, Peripherie *f.*, Umkreis *m.*
circumgyrate *f.*, kreisen, sich drehen, rotieren.
circummeridian *adj.* (*astr.*), in der Nähe des Meridians (befindlich); **– altitude** *s.* (*astr.*), Zirkummeridianhöhe *f.*
circumnavigate *v.*, (*die Welt od. Erde*) umsegeln, umschiffen; **circumnavigation** *s.*, (Welt)-Umseg(e)lung *f.*, Umschiffung *f.*; **– of the globe** *or* **world,** Weltumseg(e)lung *f.*; **circumnavigator** *s.*, Weltumsegler *m.*
circumpolar *adj.*, zirkumpolar, um den Pol befindlich.
circumrotation *s.*, kreisende *od.* rotierende Bewegung *f.*
circumsolar *adj.*, die Sonne umgebend, sich um die Sonne drehend.
cirro / cumulus *s.* (*meteor.*), Cirro- *od.* Zirrokumulus *m.*, -wolke *f.*, Lämmer- *od.* Schäfchenwolke *f.*; **–stratus** *s.* (*meteor.*), Cirro- *od.* Zirrostratus *m.*, -wolke *f.*, Schleierwolke *f.*, fedrige *od.* hohe Schichtwolke *f.*
cirrus *s.* (*meteor.*), Cirrus *od.* Zirrus *m.*, -wolke *f.*, Federwolke *f.*
cisatlantic *adj.*, diesseits des Atlantischen Ozeans.
civil *adj.*, **– dawn** (*morning*), **– dusk** (*evening*), bürgerliche Dämmerung *f.*; **– time,** bürgerliche Zeit *f.*; **– twilight,** bürgerliche Dämmerung *f.*
clack *s.*, Ventilklappe *f.*; **– box** *s.*, Sturmventil *n.*; **– valve** *s.*, Klappen-, Rückschlagventil *n.* (*einer Pumpe, etc.*).
claim *s.*, **– for compensation,** Schadenersatzanspruch *m.*; **– for demurrage,** Liegegeldanspruch *m.*, -forderung *f.*
clam *s.*, feuchte Kälte *f.*
clam cleat *s.*, Schot-, Tau-, Rohrklemme *f.*
clammy *adj.*, feuchtkalt, klamm.
clamp *s.*, Mastscheibe *f.*; Scheibengatt *n.*, Balkweger *m.*; Bügel *m.*, Haken *m.*, Klampe *f.*, Wange *f.*, Schelle *f.*, Klammer *f.*, Halterung *f.*, Feststellvorrichtung *f.*; *v.*, festzurren; arretieren, versteifen; **to – down,** das Deck schrubben; **clamp(ing) bolt** *s.*, Klemmbolzen *m.*; **clamping / collar** *or* **ring** *s.*, Klemmring *m.*, Schelle *f.*; **– lever** *s.*, Klemm-, Spannhebel *m.*; **– screw** *s.*, Klemm-, Feststellschraube *f.*; **– sleeve** *s.*, Klemmuffe *f.*; **clamp / jaw** *s.*, Klemmbacke *f.*; **– jig** *s.*, Einspannvorrichtung *f.*
clap *v.*, **to – on canvas** *or* **sail,** mehr Segel setzen; **to – on a rope,** ein Tau fassen und durchholen; **to – on a tackle,** ein Takel anlegen.
clapper valve *s.*, Klappenventil *n.*
clap sill *s.*, Schleusendrempel *m.*, -schwelle *f.*
clash *s.*, Kollision *f.*, Schiffszusammenstoß *m.*
clasp *s.*, **– of thunder,** Donnerschlag *m.*; **– hook** *s.* (*naut.*) Keilband *n.*; *v.*, **to – on,** anbändseln (*Tauwerk*).
class *s.*, (Boots)Klasse *f.*, Werftklasse *f.*; **international –,** internationale Klasse *f.*; **IOR- –es** (*pl.*), IOR-Klassen *f./pl.*; **one design –,** Einheits-, One-Design-Klasse *f.*; **open design –,** Konstruktionsklasse *f.*; **state of –,** Klassenstatus *m.*; **symbol** *or* **character of –,** Klassenzeichen *n.*; **to win her –,** in seiner (Boots)-Klasse gewinnen; **– boat** *s.*, Klassenboot *n.*; **– certificate** *s.*, Klassenzertifikat *n.*; **– emblem** *s.*, **– insignia** *s.*, Klassenzeichen *n.*, -emblem *n.*
classification *s.*, Klassifikation *f.*, Klasseneinteilung *f.*; **character** *or* **symbols of –,** Klassenzeichen *n.*; **– certificate** *s.*, Klassenzertifikat *n.*; **classify** *v.*, in Klassen einteilen, klassifizieren.
class / racing pendant *or* **pennant** *or* **burgee** *s.*, Klassenregattastander *m.*; **– renewal** *s.*, Klassenerneuerung *f.*; **– rule** *s.*, Klassenregel *f.*, -status *m.*
claw *s.* (*naut.*), Klaue *f.*, Kralle *f.*, Haken *m.*, Gabel *f.*; **devil's –,** Teufelsklaue *f.*; **– in the leech** (*am.* **leach**), Kralle *f.* im Achterliek; *v.*,

to – off, windwärts vom Ufer abhalten; **to – the boat off the leeshore,** von der Leeküste freikreuzen; **to – off** (*or* **from**) **the shore,** von der Leeküste abhalten; **claw terminal** *s.*, Gabelterminal *n.*

clean *adj.*, (*Boot*) rein, sauber, mit gereinigtem Kiel und Rumpf; leer, ohne Ladung; scharf, spitz zulaufend (*Bug*), mit gefälligen Linien; (*Umrisse*) scharf, deutlich; **– forward,** mit spitz zulaufendem *od.* scharfem Bug; **– in the run,** mit scharfem Hinterschiff, mit schlanker Heckform.

clean *v.*, **to – ship,** Reinschiff machen.

clean / bottom *s.*, reiner (Anker)Grund *m.*; reines *od.* sauberes Unterwasserschiff *n.*; **– breach** *or* **breaker** *s.*, über das ganze Boot hinweggehender Brecher *m.*; **cleaner** *s.*, Reiniger *m.*, Reinigungs-, Lösungsmittel *n.*

cleaning / agent *s.*, Reinigungsmittel *n.*; **– brush** *s.*, Scheuerbürste *f.*; **– cotton waste** *s.*, Putzwolle *f.*; **– rag** *s.*, Putz-, Scheuerlappen *m.*

clean / -lined boat *or* **yacht** *s.*, Boot mit gut strakenden *od.* gefälligen Linien; **– run** *s.*, schlanke *od.* scharfe Heck- *od.* Hinterschiffsform; **– ship** *s.*, reines Schiff *n.*, Reinschiff *n.*

cleanser *s.*, **cleansing agent** *s.*, Reinigungsmittel *n.*

clear *s.*, freier Raum *m.*, (*tech.*) lichte Weite *f.*; **in (the) –** (*rad.*), im Klartext.

clear *v. t.*, (*Taue*) klaren, klarieren, freimachen; bereitmachen, klarieren (*laufendes Gut*), klarmachen, aufklaren, reinigen (*Deck*), klar- *od.* freikommen, klar passieren (*Küste, etc.*), (*Ladung*) löschen, (*rad.*) beheben (*Störung*); *v. i.* (*meteor.*), aufklaren, -hellen, -heitern (*Wetter*), (*Taue*) klarieren *od.* klarmachen; **to – away,** aufklaren, aufräumen; sich verziehen (*Nebel*); **to – from,** frei-, klarkommen von; **to – in,** einklarieren, ein Boot zum Einklarieren an- *od.* abmelden (*Zoll, Hafenbehörde*); **to – of (the) ice,** vom Eis klarkommen; **to – off,** abtakeln; sich verziehen (*Nebel, Wolken*), sich aufhellen, aufklaren (*Wetter*); **to – out,** ausklarieren, ein Boot zum Ausklarieren an- *od.* abmelden (*Zoll, Hafenbehörde*); **to – through the customs,** zollamtlich abfertigen lassen *od.* abgefertigt werden; **to – up** (*meteor.*), aufklaren *od.* -klären, sich aufheitern *od.* -hellen; (*naut.*) klarkommen; **to – the anchor,** den Anker klarieren; **to – a buoy,** eine Boje *od.* Tonne klar passieren; **to – the coast,** von der Küste freikreuzen, -halten, -kommen, klarkommen; **to – (the) harbour** *or* **port,** aus dem Hafen auslaufen; **to – the hawse,** die Ankerkette klarieren; **to – a line** *or* **rope,** auftörnen (*Tauwerk*); **to – the messtable,** abbakken; **to – a turn,** austörnen (*Leinen*), einen Kinken aus einer Leine entfernen.

clear *adj.*, (*naut.*) klar, aufgeklart; unbefrachtet, ohne Ladung (*Schiff*), (*meteor.*) deutlich (*Sicht*), klar, heiter (*Wetter*), (*tech.*) licht; **–!** (*int.*), Klar Deck überall!, Klar Schiff!; Aus dem Weg!, Wahrschau!; **all –!** (*int.*), Alles klar!, Gefahr vorbei!; **in –** (*rad.*), in Klartext; **keep – off!** (*int.*), Wahrschau!; **not –,** unklar (*Anker, Leinen, etc.*); **to be – of,** klarhalten *od.* -sein von; **to keep – of,** wahrschauen; aus dem Weg halten *od.* sein, freihalten von, klarbleiben, -halten, -sein von (*anderen Booten, etc.*); **to sail** *or* **to steer – (of),** (sich) freisegeln (von); **– ahead,** klar *od.* recht voraus; **– astern,** klar *od.* recht achteraus.

clearance *s.*, Durchfahrtshöhe *f.* (*Brücke*), (*tech.*) Spielraum *m.*, lichte Höhe *f.*; (Aus)-Klarierung *f.*, Zollabfertigung *f.*; **– of port** *or* **harbour,** Auslaufen *n.*; **– inward,** Eingangsklarierung *f.*; **– outward,** Ausgangsklarierung *f.*, -deklaration *f.*; **– papers** (*pl.*), Zollpapiere *n./pl.*

clear / anchor *s.*, klarer Anker *m.*; **– berth** *s.*, freier *od.* guter Schwojeraum *m.*; **– day** *s.*, heiterer *od.* wolkenloser Tag *m.*; **– deck** *s.*, aufgeklartes *od.* klares Deck *n.*; **– distance** *s.*, lichter Abstand *m.*; **– -hawse pendant** *s.*, Stander *m.* zum Klarieren der Ankerketten.

clearing *s.*, Ausmachen *n.* (*von Land*); **– bearing** *s.*, Richtweisungspeilung *f.*; **– line** *s.*, Gefahrengrenze *f.*; **– marks** (*pl.*), Richtmarken *f./pl.*; **– up** *s.* (*meteor.*), Aufklaren *n.*, Aufklärung *f.*

clear / sight *s.*, gute *od.* klare Sicht *f.*; **– sky** *s.*, klarer *od.* wolkenloser Himmel *m.*; **– water** *s.*, offenes Fahrwasser *n.*; **– weather** *s.*, klares *od.* sichtiges Wetter *n.*

cleat *s.*, (Beleg)Klampe *f.*, Bügel *m.*, (*tech.*) Kreuzholz *n.*, Querleiste *f.*; **cam** *or* **clam –,** Curry-Klemme *f.*; *v.*, belegen, mit Klampen befestigen *od.* verstärken, mit Klampen versehen.

cleft *s.*, Ritze *f.*, Spalt *m.*, Sprung *m.*; Schlitz *m.* (*zwischen Segeln*).

clement weather *s.*, mildes Wetter *n.*

clench *v.*, **to – a rope,** eine Leine belegen *od.* festmachen.

clerk *s.* **of the weather,** Wettergott *m.*, Petrus *m.*

clevis *s.*, Bügel *m.*, Haken *m.* (*am Tau*); **– pin** *s.*, Federring *m.*, Schäkelbolzen *m.*

clew *s.*, Schothorn *n.*, Horn *n.* (*eines Segels*),

Liekhorn *n.*, Spriethorn *n.*, Hahnepot *f.*, Klaue *f.*, Bügel *m.*; **high (low) –,** hohes (niedriges) Schothorn *n.*; **lower – sail,** Segel *n.* mit niedrigem Schothorn; **raised –,** Schothorn *n.* in Reling(s)höhe; **eye of the –,** Schot(horn)-auge *n.*; **to hold the – outboard,** das Schothorn (weit) außen fahren.

clew *v.*, aufgeien; **to – down,** abgeien, (*Segel*) niederholen *od.* streichen; **to – up,** (*Segel*) aufgeien.

clew/board *s.*, Lochbrett *n.* im Schothorn; **– cringle** *s.*, Schothornkausch *f.*; **clewed** *adj.*, **high (low) – sail,** Segel mit hohem (niedrigem) Schothorn; **clew/garnet** *s.*, Geitau *n.* (*Hauptsegel*); **– height** *s.*, Schothornhöhe *f.*; **– iron** *s.*, Eisenring *m.* (*am Schothorn großer Segel*); **– jigger** *s.*, Geitalje *f.*, kleines Takel *n.*; **– line** *s.*, Geitau *n.* (*kl. Segel*); **– outhaul** *s.*, Schothornausholer *m.*; **– pin** *s.*, Großsegelschotbolzen *m.*; **– ring** *s.*, Schot(horn)ring *m.*, Achterlieksring *m.*; **– rope** *s.*, Schothornliek *n.*; **– shackle** *s.*, Schotschäkel *m.*

click *s.*, Pall *n.*, Sperrvorrichtung *f.*; *v.*, **to – on the transmitter,** das Funkgerät einschalten.

cliff *s.*, Kliff *n.*, Klint *m.*, Klippe *f.*, steiler Küstenabhang *m.*; **cliffy** *adj.*, felsig, schroff, zerklüftet, steil.

climate *s.*, Klima *n.*, Himmelsstrich *m.*, Gegend *f.*; **climatic** *adj.* **conditions** (*pl.*), Klimaverhältnisse *n.*/pl., klimatische Verhältnisse (*pl.*); **climatology** *s.*, Witterungskunde *f.*, Klimatologie *f.*; **climatometer** *s.*, Klimatometer *n.* (*Instrument zur Messung der Temperaturschwankungen*).

climb(ing) net *s.* (*naut.*), Kletternetz *n.* (*Seenot*).

clinch *s.*, Ankerstich *m.*, Klin(s)ch *m.*; *v.*, (*ein Tau*) mit Ankerstich befestigen *od.* belegen; **clincher** *s.*, Klampe *f.*, Klammer *f.*; **– work** *s.*, Klinkerbeplattung *f.*, überlappende Beplankung *f.*; **clinch plate** *s.*, Ankerbettauge *n.*, Kettenkastenauge *n.*

clinker/boat *s.*, Klinkerboot *n.*; **– -built** *adj.*, in Klinkerbauweise, mit Klinkerbeplankung; **– -built boat** *s.*, Klinkerboot *n.*; **– planking** *s.*, Klinkerbeplankung *f.*; **– plating** *s.*, Klinkerbeplattung *f.*; **– strake** *s.*, Klinkergang *m.*; **– work** *s.*, Klinker(bauweise *f.*) *m.*

clinometer *s.*, Klinometer *n.*, Krängungsmesser *m.*, -pendel *n.*, Neigungs-, Winkelmesser *m.*

clip *s.*, Clip *m.*, Bügel *m.*, Klemme *f.*, Lasche *f.*, Schelle *f.*, Vorreiber *m.*, Halterung *f.*; **Inglefield –,** Inglefield Clip *m.*, Flaggenclip *m.*

clip/hook *s.*, Doppelhaken *m.*; **– shackle** *s.*, Klappschäkel *m.*

clipper *s.*, Klipper *m.*, (*schnittig gebauter*) Schnellsegler *m.*, schnelles Segelschiff *n.*; **– bow** *s.*, Klipperbug *m.*; **– -built yacht,** wie ein Klipper gebaute Yacht, klipperartig gebaute Yacht; **– stem** *s.*, Klippersteven *m.*

clockwise *adj.*, rechtsläufig, -gängig , im Uhrzeigersinn; **– rotation** *s.*, Rechtsdrehung *f.*, -lauf *m.*

close *s.* **of the (sailing** *or* **yachting) season,** Ende *n.* der Segelsaison.

close *v.* (*naut.*), näher herangehen an (*Wind, etc.*); **to – a port** *or* **harbour,** einen Hafen sperren; **to – the distance,** den Abstand verringern; **to – the range,** den Abstand *od.* die Entfernung verringern; **to – up,** aufschließen (*Boote*); **to – up on the wind,** dicht an den Wind gehen; **to – the wind,** an den Wind gehen *od.* kommen; **to – with the land,** sich dem Land nähern.

close *adj.* (*naut.*), dicht, stark, nah, (*meteor.*) dumpf, drückend, schwül; **to sail – to the wind,** dicht *od.* hart *od.* hoch am Wind segeln; **– aboard,** dicht *od.* nah(e) beim Schiff; **– aboard the land,** dicht beim Land; **– apeak,** stagweise; **– by** *or* **to the wind,** dicht *od.* hart *od.* hoch am Wind; **– box** *s.* (*naut.*), Verschlag *m.*; **– ceiling** *s.*, feste Wegerung *f.*

closed *adj.*, **– to foreign (flag) ships,** für Schiffe unter fremder Flagge geschlossen (*Hafen*); **– barge,** Kastenschute *f.*; **– chock,** geschlossene Klampe *f.*; **– dock,** Flutbecken *n.*, Schleusendock *n.*; **– -in space,** eingeschlossener Raum *m.* (*Vermessung*); **– port** *or* **harbour,** geschlossener Hafen *m.*; **– rail(ing),** geschlossene Reling *f.*, Schanzkleid *n.*; **– sea** (*jur.*), begrenzter Seeraum *m.*, mare clausum, liche Zeit *f.*; **– twilight,** bürgerliche Dämme-Raum *m.* (*Vermessung*).

close/distance *s.*, kurze Entfernung *f.*, kurzer *od.* geringer Abstand *m.*; **– fit** *s.* (*tech.*), Edel-, Feinpassung *f.*

close-hauled *adj.*, dicht, stark (gerefft); beim Wind, dicht *od.* hart *od.* hoch *od.* scharf am *od.* beim Wind, auf Amwindkurs; **to sail –,** hoch am Wind *od.* auf Amwindkurs segeln; **– course** *s.*, Amwindkurs *m.*; **– sail area** *s.*, Amwindsegelfläche *f.*

close inshore, dicht unter Land.

closeness *s.* **(of the air)**, Dumpfheit *f.*, Schwüle *f.*

close/port *s.*, innerer Hafen *m.*; **– quarters** (*pl.*) (*radar*), Nahbereich *m.*; **(at) – range** *s.*, (im) Nahbereich, (in) nächste(r) Entfernung; **– -range direction finding** *s.* (*Funkp.*), Nahpeilung *f.*

close reach *s.*, harter spitzer Raumschotskurs, geschrickter Anliegerkurs *m.*, Kurs *m.* hoch am Wind, raumschots am Wind gesegelter Kurs *m.*, Streckbug *m.*; *v.*, raumschots segeln; *adj.*, hart-raum, hart am Wind, raumvorlich (*Kurs*); **on close reaches,** auf Raumschotskurs(en); **close reaching** *s.*, Raumschotskurs *m.*; **– performance** *s.* **(of a sail),** Raumschotseigenschaften *f./pl.* (*eines Segels*); **– sail** *s.*, Raumschots-, Beisegel *n.*

close/reefed *adj.*, dicht *od.* stark gerefft; **– stowing anchor** *s.*, Klapp-, Patentanker *m.*; **– thing** *or* **shave** *or* **call** *s.*, Rettung *f.* mit knapper Not, knappes Entkommen *n.*; knapper Sieg *m.*; **– -up** *s.*, Annäherung *f.*, Aufschließen *n.* (*eines Bootes*); **– -up** *adj.*, vorgeheißt; zublocks, zu Blocks; **– -winded sailing boat** *or* **yacht** *s.*, Amwinder *m.*

closing/course *s.*, Annäherungskurs *m.*; **– up** *s.*, Annähern *n.*, Annäherung *f.*, Aufschließen *n.* (*eines Bootes*).

cloth *s.*, (Segel)Tuch *n.* (*pl.* -tuche), (Segeltuch)Bahn *f.*; (Segeltuch)Kleid *n.* (*Kompaß, Reling, etc.*), Segelkleid *n.*; (*Gesamtheit der*) Segel *n./pl.*; **ballast –,** Ballastkleidung *f.* (*Crew*); **deck** *or* **scouring –,** Feudel *m.*; **resinated (unresinated) –,** geharztes (ungeharztes) Segeltuch *n.*; **sail –,** Segeltuch *n.* **– adjuster** *s.* *or* **adjustment** *s.*, Tuchstrecker *m.*; **clothes** (*pl.*), **oil –,** Ölzeug *n.*; **– for boating** *or* **sailing** *or* **yachting,** Seglerkleidung *f.*; **clothing** *s.*, Segel (*pl.*), Takelage *f.* (*des Bugspriets, etc.*), Segelkleid *n.*; **– for sailing,** Seglerkleidung *f.*; **cloth/sail** *s.*, Tuchsegel *n.*; **– weight** *s.*, Segeltuchgewicht *n.*

cloud *s.*, Wolke *f.*; **thunder –,** Cumulonimbus *m.*, Gewitterwolke *f.*; *v.i.*, sich bewölken *od.* eintrüben *od.* mit Wolken bedecken.

cloud/amount *s.* (*meteor.*), Bedeckungs-, Bewölkungsgrad *m.*; **– bank** *s.*, Wolkenbank, -wand *f.*; **–burst** *s.*, Wolkenbruch *m.*, Regenguß, -schauer *m.*; **– ceiling** *s.*, Bewölkungshöhe *f.*, Wolkenhöhe, -decke *f.*; **– cover** *s.*, Wolkendecke *f.*; **– covered** *adj.*, bewölkt, wolkenbedeckt; **– drift** *s.*, Wolkenzug *m.*; **– echo** *s.* (*radar*), Wolkenecho *n.*

clouded *adj.* **(sky),** bewölkt, bedeckt(er Himmel), Wolkenhimmel *m.*

cloud/formation *s.*, Wolkenbildung, -formation *f.*; **– height** *s.*, Wolkenhöhe *f.*

cloudiness *s.*, Bewölkung *f.*; **degree of –,** Bewölkungsgrad *m.*; **clouding** *s.*, Bewölkung *f.*; Trübheit *f.* (*des Wetters*).

cloud/less *adj.*, klar, unbewölkt, wolkenlos; **–let** *s.*, kleine Wolke *f.*, Wölkchen *n.*; **– rack** *s.*, Wolkenzug *m.*; **– ring** *s.* (*meteor.*), Wolkenring *m.*, (*geogr.*) Wolkenzone *f.* (*Kalmengürtel*); **–s** (*pl.*), (einzelne) Wolken (*pl.*); **–s are gathering,** Wolken ballen sich zusammen; **– scale** *s.*, Wolkenskala *f.* (*Wetterschlüssel*); **– stratum** *s.*, Wolkenschicht *f.*

cloudy *adj.*, bewölkt, wolkig, von Wolken bedeckt; **– sky,** bewölkter Himmel *m.*

clove/hitch *s.*, Schifferknoten *m.*, Webelein(en)stich, -stek *m.*, Mastwurf *m.*; **to –hitch** *v.*, (*Tauende*) mit Webeleinstich an- *od.* feststecken; **– hook** *s.*, Doppel-, Klipphaken *m.*

club *s.*, (*Art*) Bootsspiere *f.*, (*am.*) Fußrah(e) *f.*; Club *od.* Klub *m.*; *v.*, klubholen, mit Hilfe des Lee-Ankers wenden; **to – down,** vor schleppendem Anker mit dem Sturm treiben.

club/burgee *s.*, Clubstander *m.*; **– foot(ed bow)** *s.*, Wulstbug *m.*

clubhaul *v.*, mit Hilfe eines Ankers (*bei stürmischem Wetter*) stagen.

club/house *s.*, Klubhaus *n.*; **– link** *s.*, Buchtschäkel *m.*, Roring *m.*, Röring *f.*; **–man, – member** *s.*, Klubmitglied *n.*; **– pendant** *s.*, Clubstander *m.*; **– topsail** *s.*, großes Gaffel- *od.* Toppsegel *n.*; **– trophy** *s.*, (Regatta)-Punktpreis *m.*

clue *s.*, (*s.* **clew**).

clump *s.*, (Holz)Klotz *m.*; **mooring –,** Muringstein *m.*

clumsy boat *s.*, plumpes *od.* schwerfälliges Boot *n.*

cluster *s.*, Anhäufung *f.*, Haufen *m.* (*Wolken, etc.*), (*astr.*) Sternhaufen *m.*; **mooring –,** Dückdalben *m.*; *v.*, sich zusammenballen, häufen (*Wolken*).

clutch *s.* (*naut.*), Pinkband *n.*, Schlinge *f.*, Kralle *f.*, Klaue *f.*, Haken *m.*, Kupplung *f.*, (*coll.*) Klemme *f.*, Notlage *f.*; *v.* (*tech.*), kuppeln.

clutter *s.* (*radar*), Störflecken (*pl.*), Trübung *f.*, (*rad.*) Störgeräusche *n./pl.*; **sea –** (*radar*), Seegangsreflex *m.*

coach roof *s.*, Kajütaufbau *m.*, -deck *n.*

coaltitude *s.* (*astr.*), Zenitabstand *m.*, -distanz *f.*

coaming *s.*, Süll *n.*, Lukenkimming *f.*, Setzbord *n.*; **hatch –,** Lukensüll *n.*; **– bulkhead** *s.*, Süllschott *n.*; **– cleat** *s.*, Schalkklampe *f.*; **–s** (*pl.*), Süll *n.*, Lukenkimming *f.*; **– stiffener** *or* **stay** *s.*, Süllversteifung *f.*, -versteifungsprofil *n.*

coarse/bearing *s.*, Grobazimut *m.*, Grobortung, -peilung *f.*; **– tuning** *s.* (*rad.*), Grobabstimmung *f.*, Grobeinstellung *f.*

coast *s.*, Küste *f.*, Festland *n.*, Meeresufer *n.*, Küstenlandstrich *m.*; **foul –,** faule *od.* gefährliche *od.* unreine Küste *f.*; **off the –,** vor der Küste; **to cruise off the –,** vor der Küste kreuzen; **to sail past the – of,** an der Küste von ... vorbei *od.* entlangsegeln; *v.*, die Küste entlangsegeln, Küstenschiffahrt treiben, (*tech.*) leerlaufen; **to – along,** an der Küste entlangsegeln.

coastal/approaches *s./pl.*, Küstennähe *f.*, -vorfeld *n.*; **– area** *s.*, Küstengebiet *n.*; **– chart** *s.*, Küstenkarte *f.*; **– current** *s.*, Küstenstrom *m.*, -strömung *f.*; **– deviation** *s.* (*radar*), Küsteneffekt *m.*; **– D/F station** *s.*, Küstenpeilstation *f.*; **– lights** (*pl.*), Küstenbefeuerung *f.*, -feuer *n.*; **– mist** *s.*, Dunst *m.* über der Küste, Küstennebel *m.*; **– navigation** *s.*, Küstennavigation, -fahrt *f.*, Küstenschiffahrt *f.*, terrestrische Navigation *f.*; **– pack** *s.*, Packeis *n.* in Küstengewässern; **– radio station** *s.*, Küstenfunkstelle, -station *f.*; **– refraction** *s.* (*radar, rad.*), Küstenbrechung *f.*; **– region** *s.*, Küstengebiet *n.*; **– trade** *s.*, Küsten(schiff)fahrt *f.*; **– traffic** *s.*, Küstenverkehr *m.*; **– waters** (*pl.*), Küstengewässer *n.* (*pl.*); **home – waters** (*pl.*), heimisches Küstengewässer *n.*; **– zone** *s.*, Küstengebiet *n.*

coast chart *s.*, Küstenkarte *f.*

coaster *s.*, Küstenfahrer *m.* (*Boot u. Pers.*), Küstenmotorboot *n.*, -schiff *n.*, Kümo *n.*, Küstenfahrzeug *n.*, das nur Inlandhäfen anläuft; Coaster *m.*, Fahrtenspinnaker *m.*

coast/guard *s.*, Küstenwacht, -wache *f.*, Strandwache *f.*, Angehöriger *m.* des Küstenwachdienstes; **C– Guard** *s.* (*am.*), Küstenrettungs-, wachdienst *m.*, Eisbergwarndienst *m.*; **C– Guard Rescue** *s.* (*am.*), Küstenrettungsdienst *m.*

coasting *s.*, Küstenfahrt *f.*; **– motor boat** *s.*, Küstenmotorboot *od.* -schiff *n.*, Kümo *n.*; **– navigation** *s.*, Küstenfahrt *f.*, -navigation *f.*; **– steamer** *s.*, Küstendampfer *m.*; **– trade** *s.*, Küstenschiffahrt *f.*; **– trade on the mudlands,** Wattfahrt *f.*

coast/light *s.*, Küsten(leucht)feuer *n.*; **– lighting** *s. or* **lights** (*pl.*), Küstenbefeuerung *f.*; **– line** *s.*, Küstenlinie *f.*; **– pilot** *s.*, Küstenlotse *m.*; Küstenhandbuch *n.*; **– piloting** *s.*, Küstennavigation *f.*; **– radiotelephone station** *s.*, Küstensprechfunkstation *f.*; **–ward** *adj.*, gegen die Küste gerichtet; **–ward(s)** *adv.*, zur Küste hin; **–ways** *adv.*, (*s.* **coastwise**).

coastwise *adj.*, der Küste folgend; *adv.*, an der Küste entlang, entlang *od.* längs der Küste; **– current,** Küstenströmung *f.*, -strom *m.*; **– navigation** *or* **piloting,** Küstennavigation *f.*; **– sailing,** Küstenfahrt *f.*

coat *s.* (*naut.*), Kragen *m.*; Anstrich *m.*, Schicht *f.*, Überzug *m.* (*Farbe*); **mast –,** Mastkragen *m.*; **prime –,** Grundierung *f.*; **underwater –,** Unterwasser(schiff)anstrich *m.*

coating *s.*, Anstrich *m.*, (Farb)Überzug *m.*, (Farb)Schicht *f.*, (*tech.*) Beschlag *m.*, Futter *n.*; **epoxy –,** EP-Anstrich *m.*, Epoxid(harz)anstrich *m.*

cob *s.*, Seemöwe *f.*

coble *s.*, flaches Fischerboot *n.* (*N/O-Küste Engl.*), (*Scots*) flaches Ruderboot *n.*

cock *s.*, Beiboot *n.*, kleines (*meist hinten angehängtes*) Boot *n.*; **sea –,** Seehahn *m.*, -ventil *n.*; **–boat** *s.*, kleines Boot *n.*, kleines Beiboot *n.*, Nußschale *f.*, kleines Fischerboot *n.*; **– -crow(ing)** *s.*, Morgendämmerung *f.*, Tagesanbruch *m.*; **cocked hat** *s.*, Fehlerdreieck *n.*

cockle *v.*, kabbeln (*See*), kurze unruhige Wellen schlagen; **cockle/boat** *s.*, Beiboot *n.*, kleines Boot *n.*; **– shell** *s.* (*coll.*), Nußschale *f.*, Seelenverkäufer *m.*

cock light *s.* (*dial.*), (Morgen-, Abend)Dämmerung *f.*

cockling sea *s.*, kabbelige See *f.*, Kabbelsee *f.*

cockpit *s.*, Cockpit *n.*, Plicht *f.*, Kabinenvorraum *m.* (*Yacht*), Sitzraum *m.* (*Segelboot*); **centre** (*am.* **center**) **–,** Mittelplicht *f.*; **self-bailing –,** selbstlenzende Plicht *f.*; **watertight –,** wasserdichte Plicht *f.*; **– awning cover** *s.*, Cockpit-Persenning *f.*, (*coll.*) Kuchenbude *f.*; **– coaming(s)** *s.* (*pl.*), Cockpitsüll *n.*; **–man** *s.*, Mittel-, Mittschiffsmann *m.*, Großschotmann *m.*; **– tool pockets** (*pl.*), Cockpit-Segeltuchtaschen *f./pl.* (*zum Verstauen von Schoten u. Fallen*).

cock/shell *s.* (*coll.*), Nußschale *f.*, kleines Beiboot *n.*; **–shut** *s.* (*dial.*), Abenddämmerung *f.*

code *s.* (*naut.*), Signalbuch *n.*, Code *m.*, Schlüssel *m.*; **Morse –,** Morsealphabet *n.*; **weather –** (*meteor.*), Wetterschlüssel *m.*; **– of signals,** Signalbuch *n.*, Flaggensignalsystem *n.*; **International C– of signals,** Internationales Signalbuch *n.*; **–(-)book** *s.*, Signalbuch *n.*; **international –(-)book,** internationales Signalbuch *n.*

co(-)declination *s.* (*astr.*), Poldistanz *f.*, Komplement *n.* der Deklination.

code/flag *s.*, Signal(buch)flagge *f.*; **International C– flags,** internationale Signalflaggen *f./pl.*, int. Flaggenalphabet *n.*; **– letter** *s.*, Codezeichen *n.*; **– letters** (*pl.*) (*rad.*), Rufzeichen *n.*; **– light(s)** *s.* (*pl.*), Kennfeuer *n.*; **– pennant** *s.*, Antwortwimpel *m.*; **– signal** *s.*, Morsezeichen *n.*

codfisher *s.*, **codman** *s.*, Kabeljaufänger *m.*

(*Boot*).

coding delay *s.* (*Loran*), Verschlüsselungsverzögerung *f.*

coefficient *s.* (*phys.*), Koeffizient *m.*, mit- *od.* zusammenwirkende Größe *od.* Kraft *f.*, (*naut.*) Faktor *m.*; **block –,** Block-Koeffizient *od.* -Völligkeitsgrad *m.*; **midship (section) –,** Völligkeitsgrad *m.* der Hauptspantfläche, Hauptspant-Koeffizient *m.*; **waterplane –,** Wasserlinienkoeffizient *m.*; **– of expansion,** Ausdehnungsgrad, -koeffizient *m.*; **– of fineness,** Schlankheits-, Schärfe-, Völligkeitsgrad *m.* (*eines Bootes*); **– of friction,** Reibungskoeffizient *m.*; **– of linear expansion,** linearer Ausdehnungskoeffizient *m.*; **– of resistance,** Festigkeitsgrad, -koeffizient *m.*; **– of safety,** Sicherheitsfaktor *m.*

coercive force *s.* (*phys.*), Koerzitivkraft *f.*

co-extension *s.* (*phys.*), gleiche Ausdehnung *f.*; **co-extensive** *adj.*, von gleicher Ausdehnung.

coffee grinder *s.* (*hum.*), Kaffeemühle *f.*, Doppelkurbel-Schotwinde *f.*

coffer *s.*, Schleusenkammer *f.*; **–dam** *s.* (*naut.*), Kofferdamm *m.*, Caisson *m.*; **–dam bulkhead** *s.*, Kofferdammschott *n.*

coffin *s.* (*naut., coll.*), Sarg *m.*, seeuntüchtiges Schiff *n.*

cog *s.* (*tech.*), Mitnehmer *m.*, (*naut.*) Kogge *f.*; **cogging joint** *s.*, verzahnte Verbindung *f.*, verzahnter Stoß *m.*

cohere *v.* (*rad.*), fritten; **coherence** *s.* (*rad.*), Frittung *f.*; **coherer** *s.*, Fritter(empfänger) *m.*

coil *s.*, Tauwerks-, Seilrolle *f.*, Rolle *f.* (*Tau*), einzelne Windung *f.* (*eines Taues*), (*elec., rad.*) Spule *f.*, Wicklung *f.*; **tuning –** (*rad.*), Abstimmspule *f.*; **– of rope,** Tau(werk)rolle *f.*, Taukranz *m.*; *v.*, **to – a rope,** ein Tau aufschießen; **to – down,** aufschießen (*Tauwerk*); **to – up,** aufrollen, aufschießen; **coil / aerial** *s.* (*am.* **antenna**), Helicalantenne *f.*; **– spring** *s.*, Spiralfeder *f.*

coincidence signals *s./pl.*, Koinzidenz-, Passiersignale *n./pl.*

coir / fender *s.*, Taukranz *m.*; **– hawser** *s.*, Kokostauwerk *n.*, -tau *n.*, -trosse *f.*; **– rope** *s.*, Kokostau(werk) *n.*

col *s.* (*meteor.*), schmales Tief *n.* (*zwischen 2 Antizyklonen*), Tiefdruckgraben *m.*

co(-)latitude *s.* (*astr.*), Komplement *n.* der Breite eines Gestirns, Breitenkomplement *n.*, Differenz *f.* zwischen einer gegebenen Breite und 90°.

cold *s.*, Kälte *f.*, kalte Witterung *f.*; Frost *m.*; Kältegefühl *n.*; **severe –,** strenge Kälte *f.*; **– air (mass)** *s.* (*meteor.*), Kaltluft(masse) *f.*; **– air-mass centre** (*am.* **center**) *s.*, Kaltluftkern *m.*, -zentrum *n.*; **– front** *s.* (*meteor.*), Einbruchsfront *f.*, Kalt(luft)front *f.*; **coldish** *adj.*, ziemlich kalt; **coldness** *s.*, Kälte *f.*, Frost *m.*; **cold / resistant** *adj.*, kältebeständig; **– snap** *s.* (*meteor.*), plötzlicher Kälteeinbruch *m.*, Kältewelle *f.*; **– spell** *s.*, **– wave** *s.*, Kältewelle *f.*, plötzlich einsetzendes kaltes Wetter *n.*

collapse *v.*, zusammenfallen (*Segel*); **the sail fills and –s,** das Segel füllt sich und fällt wieder zusammen; **to – against the rigging,** gegen das Rigg schlagen (*Segel*).

collapsible *adj.*, zusammenklapp- *od.* zusammenfaltbar; **– boat** *s.*, Faltboot *n.*; **– davit** *s.*, Klappdavit *m.*; **– guard-rail** *s.*, Seereling *f.*; **– mast** *s.*, Klappmast *m.*, (bei- *od.* umklappbarer) Mast *m.*; **– step** *or* **tread** *s.*, Klappstufe *f.*, beiklappbare Bordleiter *f.*

collar *s.* (*naut.*), Stagkragen *m.*, (*tech.*) Bund *m.*, Hals *m.*, Flansch *m.*, Hülse *f.*, Kragen *m.*, Manschette *f.*, Ring *m.*, Reifen *m.*, Schelle *f.*; Fernrohrträger *m.* (*Sextant*), Halsband *n.* (*Schleusentor*); **– of gusts** *or* **squalls,** Böenkragen *m.*; *v.* (*rac.*), ein konkurrierendes Boot aufhalten *od.* stoppen *od.* angehen; **collar plate** *s.*, Schelle *f.*, Schlauchschelle *f.*

collateral *adj.*, parallel laufend, kollateral.

college *s.*, **naval –,** Marineakademie *f.*

collet *s.*, Metallring *m.*, -band *n.*, Klemmhülse *f.*, -ring *m.*, Spannhülse *f.*

collide *v.* (**with**), kollidieren *od.* zusammenstoßen (mit).

collier *s.*, Kohlenschiff *n.*, -dampfer *m.*

collimate *v.*, (*Fernrohr, Sextanten*) einstellen, richten.

collimation *s.* (*astr., phys.*), Kollimation *f.*, genaues Einstellen *n.* (*von Instrumenten*), Visieren *n.*; **– error** *s.*, Einstellungs-, Kollimationsfehler *m.* (*Sextant*); **– line** *s.* (*astr.*), Sehlinie *f.*, optische Achse *f.*; **collimator** *s.*, Kollimator *m.*, Hilfsfernrohr *n.*, Kollimatorlinse *f.*

collineation *s.* (*phys.*), Einstellen *n.* in gerader Richtung.

collision *s.*, Kollision *f.*, (Schiffs)Zusammenstoß *m.*, Ramming *f.*; **avoiding –s,** Ausweichmanöver *n.*; **– of ships,** Schiffszusammenstoß *m.*; **– avoidance** *s.*, Kollisionsverhütung *f.*; **– avoiding rules** (*pl.*), Ausweichregeln *f./pl.*; **– bearing** *s.*, Kollisionspeilung *f.*, stehende Peilung *f.*, (*am.*) Kollisionskurs *m.*; **– bulkhead** *s.*, Kollisionsschott *n.*; **– course** *s.*, Kollisionskurs *m.*; **to be on – course,** auf Kollisionskurs liegen; **– mat** *s.*, Lecksegel *n.*, Kollisionsmatte *f.*; **– stations!** (*com.*), Schotten dicht!; **– warning** *s.*, Kollisionswarnung *f.*

colour *s.* (*am.* **color**), **prime –,** Grundierfarbe *f.*; **– of the sea,** Farbe *f.* der See *od.* des Meeres; **– distress signal** *s.*, Farb(not)signal(beutel *m.*) *n.*; **– chest** *s.*, Flaggenkasten *m.*; **– light signal** *s.*, Farblichtsignal *n.*; **colo(u)rs** *s./pl.* (*naut.*), Flagge *f.*, Wimpel *m.*, Nationalflagge *f.*, (*spt.*) Auszeichnung *f.* als Mannschaftsmitglied, (*am.*) tägliche Flaggenparade *f.*; **trooping (of) the –,** Flaggenparade *f.*; **under false –,** unter falscher Flagge; **with her** (*or* **the**) **– flying,** mit gesetzter Flagge; **to lower the –,** die Flagge streichen *od.* niederholen.

colt *s.*, Tauende *n.*; *v.* (*naut.*), mit dem Tauende verprügeln *od.* jem. eins überziehen; **colt's tail** *s.*, kleine Wolke *f.*

column *s.* (*naut.*), in Kiellinie fahrende Schiffe; Wassersäule *f.*; Quecksilbersäule *f.*; **– of water,** Wassersäule *f.*; **– strength** *s.* (*phys.*), Knickfestigkeit *f.*

colure *s.* (*astr.*), Deklinationskreis *m.*, Kolur *m.*; **equinoctial –** (*astr.*), Äquinoktial-Kolur *m.*; **solstitial –** (*astr.*), Solstitial-Kolur *m.*

coma *s.* (*pl.* **comae**) (*astr.*), Koma *n.*, (*phys.*) Koma *n.*, Linsenfehler *m.*

co(-)mate *s.*, Bordkamerad *m.*

comb *v.*, sich brechen, sich (schäumend) überstürzen (*Wellen*).

comber *s.*, Brecher *m.*, Sturzsee *f.*, Sturzwelle *f.*; **heavy –,** schwerer Brecher *m.*, (*coll.*) Kaventsmann *m.*

combination/buoy *s.* kombinierte Boje *od.* Tonne *f.*; **– light** *s.*, Kombinationslaterne *f.*, Leuchtfeuer *n.* mit wechselnden Farben; **– system** *or* **framing** *s.*, kombiniertes Spantensystem *n.*

combined course *s.*, Koppelkurs *m.*

combing sea *s.*, schwerer Brecher *m.*, harte überkämmende See *f.*, (*coll.*) Rasmus *m.*

combust *adj.* (*astr.*), verfinstert (*durch Sonnennähe*); **combustible** *adj.*, feuergefährlich; **combustion** *s.* (*astr.*), Zustand *m.* der Verfinsterung von Sternen (*durch Sonnennähe*); **– engine** *s.*, Verbrennungsmaschine *f.*, -motor *m.*

come *v.*, **to – aback,** back(be)kommen (*Segel*); **to – about,** stoppen, über Stag gehen, wenden (*Boot*), sich drehen, umspringen (*Wind*); **to – aft,** nach achtern kommen; **to – alongside,** längsseit kommen *od.* anlegen; **to – apart,** auseinanderbrechen; **to – around,** wenden (*Boot*), umspringen (*Wind*); **to – around into the wind,** in den Wind drehen (*Boot*); **to – by the lee,** in Lee fallen; **to – down from aloft,** niederentern; **to – dry,** trockenfallen (*Boot*); **to – green,** überbrechen, -kommen (*Sturzsee*), eine grüne See übernehmen; **to – home,** durchgehen *od.* schlieren (*Anker*); **to – in,** einlaufen (*Boot*), einkommen (*Wind*); **to – into sight,** in Sicht kommen, sichtbar werden; **to – loose,** sich lockern *od.* lösen, locker werden; **to – off,** ab-, freikommen (*vom Grund*); **to – off a loser** (*rac., coll.*), eine Wettfahrt verlieren; **to – off well** (*rac., coll.*), gut abschneiden; **to – on,** hereinbrechen (*Sturm, Nacht, etc.*); **to – round,** wenden, sich drehen (*Boot*), anluven; umspringen (*Wind*); **to – to,** wenden (*Boot*), umspringen (*Wind*); **to – to anchor,** ankern, vor Anker gehen; **to – to the wind,** anluven, an *od.* in den Wind kommen; **to – up,** aufkommen, näherkommen (*Schiff*), auffieren, aufkommen (*mit dem Ruder*), aufspringen, -kommen (*Brise*); **to – up a tackle,** mit einer Talje aufkommen; **to – up into the wind,** in den Wind drehen *od.* kommen; **to – up with another boat,** ein vorauslaufendes Boot einholen, mit einem anderen Boot aufkommen; **– alongside!** (*com.*), Längsseit kommen!

comer *s.* (*naut.*), Ankömmling *m.*, einlaufendes Schiff *n.*

comes *s.* (*astr.*), Begleiter *m.* (*Doppelstern*).

comet *s.* (*astr.*), Komet *m.*, Schweifstern *m.*; **– year** *s.*, Kometenjahr *n.*

coming in *s.*, Steigen *n.* der Flut; **comings** (*pl.*) **in,** einlaufende Boote *n./pl.*

command *s.* (*naut.*), Kommando *n.*, Befehl *m.*; **engine –,** Maschinenkommando *n.*; **not under –,** manövrierunfähig(es Schiff); **second-in- –,** 1. Offizier *m.*; *v.*, befehligen (*Schiff*); **commander** *s.* (*naut.*), Kommodore *m.*, Kommandeur *m.* (*eines Yachtclubs*), (*am.*) Fregattenkapitän *m.*; **– of a squadron** *s.*, Geschwaderkommodore *m.*; **wing –** (*am.*), Geschwaderkommodore *m.*

commission *s.* (*naut.*), Offizierspatent *n.*; Einsatzbereitschaft *f.*, Dienstfähigkeit *f.* (*eines Schiffes*); **in –,** in den Dienst gestellt (*Schiff*); *v.*, in Dienst stellen (*Schiff*), (*Offizier*) mit der Führung eines Schiffes betrauen.

committee *s.*, Komitee *n.*, Ausschuß *m.*; **Measurement C–,** Vermessungskomitee *n.*; **Olympic C–,** Olympisches Komitee *n.*; **race –,** Wettfahrt-, Regattaleitung *f.*, Wettfahrtausschuß *m.*; **– boat** *s.*, Startschiff *n.*, Schiff *n.* der Wettfahrtsleitung.

commodore *s.* (*naut.*), Kommodore *m.*, Präsident *m.* eines Yachtclubs, Kapitän *m.* zur See, Kommandant *m.* (*eines Geschwaders*), Lotsenkommandeur *m.*; Kommodoreschiff *n.*, Leitschiff *n.* (*im Geleitzug*).

common/anchor *s.*, Stockanker *m.*; **– average**

s., kleine Havarie *f.*; – **establishment** *s.*, Hafenzeit *f.* (*Gezeiten*); – **sennit** *s.*, einfache *od.* gewöhnliche Platting *f.*; – **of piscary,** Fischereigerechtsame *f.*, -privileg *n.*

communicate *v.* (*rad.*) **(with),** in Verbindung sein (mit), funken.

communication *s.* (*rad.*), Verbindung *f.*; **blacked-out –,** abgerissene (Funk)-Verbindung *f.*, **radio –,** Funksprechverkehr *m.*, -dienst *m.*; – **band** *s.* (*rad.*), Verkehrs(frequenz)band *n.*; – **service** *s.* (*rad.*), Nachrichten-, Funkdienst *m.*

commutate *v.* (*elec.*), umpolen, kommutieren, Wechselstrom in Gleichstrom verwandeln; **commutation** *s.* (*elec.*), Stromumkehrung *f.*, -wechsel *m.*, (*astr.*), Kommutation *f.*; **commutator** *s.* (*elec.*), Kommutator *m.*, Stromwender *m.*; Zündverteiler *m.* (*Motor*).

commuter *s.*, Verkehrs-, Tourenboot *n.*; **commuting and cruising boat** *s.*, Verkehrs- und Fahrtenboot *n.*

compact *s.*, Pressling *m.* (*Augspleiß*, etc.).

companion *s.*, Handbuch *n.*, (*astr.*) Begleiter *m.*; – **(hatch)** *s.*, Kajütskappe *f.*, -luke *f.*; – **(-ladder, -way)** *s.*, Kajütstreppe *f.*, Niedergang *m.*; – **hatchway** *s.*, Niedergangstreppe *f.*; – **head** *s.*, Kajütskappe *f.*

company *s.*, **(ship's) –,** Crew *f.*, Besatzung *f.*, (Schiffs)Mannschaft *f.*; **companying boat** *or* **ship** *s.*, Mitsegler *m.*

compartment *s.*, wasserdichte Abteilung *f.* (*Schiff*).

compass *s.*, Bussole *f.*, Kompaß *m.*; Umfang *m.*, Umkreis *m.*, Ausdehnung *f.*, Gebiet *n.*, Bereich *m.*; Kreis *m.*, Ring *m.*, Bogen *m.* (*des Horizonts*); **checking of the –,** Kompaßkontrolle *f.*; **pivot of the –,** Kompaßpinne *f.*; **dry –,** Trockenkompaß *m.*; **fluid** *or* **wet –,** Fluid-, Schwimmkompaß *m.*; **magnetic –,** Magnetkompaß *m.*, Bussole *f.*; **point of the –,** Kompaßstrich *m.*; **prismatic –,** Patentbussole *f.*; **repeater –,** Tochterkompaß *m.*; **the – hangs,** der Kompaß ist träge *od.* hängt; **the – is erratic** *or* **jumpy,** der Kompaß ist unruhig *od.* sprunghaft; **the – is steady,** der Kompaß steht ruhig; **the – is wild,** der Kompaß fliegt; – **adjuster** *s.*, (Kompaß)Kompensierer *m.* (*naut. Fachmann*); **beacon for – adjustment,** Deviationsbake *f.*; – **bearing** *s.*, Kompaßpeilung *f.*; – **bowl** *s.*, Kompaßkessel *m.*; – **box** *s.*, Kompaßgehäuse *n.*, -dose *f.*; – **calibration** *s.*, Kompaß-, Deviationsbeschickung *f. od.* -bestimmung *f.*; – **card** *s.*, Kompaß-, Windrose *f.*; **grid** *or* **tactical – card,** taktische Rose *f.*; – **chamber** *s.*, Kompaßkessel *m.*; – **compensation** *s.*, Kompaßkompensierung *f.*; – **correction** *s.*, Kompaß-, Gesamtmißweisung *f.*; – **correctors** (*pl.*), Dekompensatoren *m./pl.*; – **course** *s.*, Kompaßkurs *m.*, gesteuerter Kurs *m.*; – **cover** *or* **helmet** *or* **hood** *or* **top** *s.*, Kompaßhaube *f.*; – **declination** *s.*, Kompaßmißweisung *f.*; – **deviation** *s.*, Fehlweisung *f.*, Kompaßfehler *m.*; – **error** *s.*, Fehlweisung *f.*, Abweichung *f.*, Kompaßfehler *m.*; **(pair of) compasses** (*pl.*), Zirkel *m.*; **compass / gimbals** (*pl.*), kardanische Kompaßaufhängung *f.*, Kompaßringe *m./pl.*; – **heading** *s.*, Kompaßkurs *m.*; – **house** *s.*, Kompaßhaus *n.*; – **illumination** *s.*, Kompaßbeleuchtung *f.*; – **lamp** *or* **light** *s.*, Kompaßlampe *f.*; – **magnifier** *s.*, Kurslupe *f.*; – **needle** *s.*, Kompaß-, Magnetnadel *f.*; – **north,** Kompaßnord; – **pivot** *s.*, Kompaßpinne *f.*; – **plane** *s.*, Schiffs- *od.* Bootshobel *m.*; – **platform** *s.*, Peildeck *n.*; – **point** *s.*, Kompaßstrich *m.*; – **rack** *s.*, Kompaßrack *n.*; – **rose** *s.*, Kompaß-, Windrose *f.*; – **run** *s.*, Kompaßkompensierungs(probe)fahrt *f.*; – **stand** *s.*, Kompaßsäule *f.*; – **suspension** *s.*, Kompaßaufhängung *f.*; – **thwart** *s.*, Kompaßducht *f.*; – **timber** *s.* (*naut.*), Krummholz *n.*; – **variation** *s.*, Mißweisung *f.*, magnetische Deklination *f.*; – **zone** *s.*, Kompaßzone *f.*

compensate *v.*, (*Kompaß*) kompensieren, (*rac.*) ausgleichen, vergüten; **compensated / loop D/F** *s.*, kompensierter Rahmenpeiler *m.*; – **rudder** *s.*, Ausgleich(s)ruder *n.*; **compensating / globes** *s./pl.*, Kugelkorrektoren (*pl.*); – **magnet** *s.*, Kompensationsmagnet *m.*; – **(ballast) tank** *s.*, Ausgleichs(ballast)tank *m.*

compensation *s.*, (Kompaß)Kompensation *f.*, Ausgleich *m.*, Kompensierung *f.*; – **of the compass,** Kompaßkompensation *f.*; – **magnet** *s.*, Kompensationsmagnet *m.*; – **weights** (*pl.*), Kompensatoren (*pl.*); **compensator** *s.*, Kompensationsmagnet *m.*; Funkbeschicker *m.* (*Funkp.*); – **cam** *s.*, Funkbeschickungskurvenscheibe, -schleife *f.*

compete *v.* (*rac.*), an einer Wettfahrt teilnehmen; **to – for a cup,** um einen Pokal kämpfen.

competition *s.* (*rac.*), Wettbewerb *m.*, Wettfahrt *f.*; **cruising –,** Fahrtenwettbewerb *m.*; **sailing** *or* **yachting –,** Segelwettfahrt *f.*, -regatta *f.*, -wettbewerb *m.*; **competitor** *s.*, (Regatta- *od.* Wettbewerbs)Teilnehmer *m.*, -in *f.*, Konkurrent *m.*, Rivale *m.*

complain *v.*, schwer arbeiten, ächzen (*Schiff im Seegang*).

complement *s.*, **(ship's) –,** vollzählige Besatzung *f.*; **complementary angle** *s.*, Ergänzungs-,

Komplementärwinkel *m*.

complete/overhaul *s*., Grundüberholung *f.*; **– superstructure** *s*., durchlaufende Aufbauten (*pl.*); **completion** *s*., fertiggestellter (Yacht-) Neubau *m.*; **– for trials** *or* **trial run,** Endmontage *f.*

complex/depression *s*., **– of depressions** (*pl.*) (*meteor.*), Tiefdrucksystem *n*.

compo *s*. (*pl.* **compos**) (*naut.*), monatliche Zahlung *f.* an die Schiffsmannschaft, (*tech.*) Komposition *f.*

component *s*., Komponente *f.*, Bestandteil *m.*; **– of acceleration,** Beschleunigungs-, Geschwindigkeitszuwachskomponente *f.*; **– force** *s*. (*phys.*), Teilkraft *f.*; **– parts** (*pl.*), Bauelemente *n.*/pl., Einzelteile *m./pl.* (*Bootsbau*).

composite/boat *s*., Kompositboot *n.*; **– building** *s*., **– construction** *s*., Kompositbau(weise *f.*) *m.*; **– sailing** *s*., Kompositsegeln *n*.

compound/course *s*., Koppelkurs *m.*; **– engine** *s*., Verbundmaschine *f.*; **– frame** *s*., gebautes Spant *n.*; **– motor** *s*., Verbundmotor *m.*; **– navigation** *s*., Koppelnavigation *f.*

compressed/air *s*., Druck-, Preßluft *f.*; **– air caisson** *s*., (Druck)Luftcaisson *m*., -senkkasten *m*.

compression *s*., Druck *m*., Druckbeanspruchung *f.*, -spannung *f.*, (*tech.*) Kompression *f.*, Verdichtung *f.*; **– spring** *s*., Druckfeder *f.*; **– ratio** *s*., Verdichtungsgrad *m.*; **compressive** *adj*., **– force,** Druckkraft *f.* (*Wasser, etc.*); **– strength,** Druckfestigkeit *f.*; **– stress,** Druckbeanspruchung *f.*, -spannung *f.*

compressor *s*. (*naut.*), Kettenkneifer *m*., -stopper *m*., (*tech.*) Kompressor *m*., Verdichter *m*.

compulsory/pilot *s*., Pflicht-, Zwangslotse *m.*; **– pilotage** *s*., Lotsenzwang *m*.

computed/altitude *s*. (*astr.*), berechnete Höhe *f.*; **– distance** *s*., geschätzte *od.* berechnete Entfernung *f.*; **computer** *s*., **boat –,** Bordcomputer *m.*; **– control(led)** *adj*., computergesteuert (*Bordinstrumente*); **navigation by – trim(ming)** *s*., Computertrimm *m*., -hochseesegelei *f.*

comrade *s*., Bordkamerad *m.*; **comradeship** *s*., Bordkameradschaft *f.*

con *v*., (*s.* **conn**).

concave *adj*., hohl (*Bootsbau*); **– mirror** *s*., Hohlspiegel *m.*; **– lens** *s*. (*opt.*), Konkav-, Zerstreuungslinse *f.*; **concavity** *s*., Hohlrundung *f.*, Wölbung *f.* (*Bootsbau*), Vertiefung *f.*, konkave Linie *od.* Fläche *f.*; **concavo-convex** *adj*., hohlerhaben, konkav-konvex.

concentrated pencil beam *s*., Strahlenbündel *n*. (*Leuchtfeuer*).

concentric(al) *adj*., gleichachsig, konzentrisch, (*elec.*) koaxial; **concentricity** *s*., Konzentrizität *f.*

concrete boat *s*., Betonboot *n*.

concurrence *s*., Schnittpunkt *m*. (*Peilung*).

condemn *v*., für seeuntüchtig erklären, ausrangieren, kondemnieren (*Schiff*), beschlagnahmen, als Prise erklären; **to – a ship,** ein Schiff einziehen; **to – as a lawful prize,** für gute Prise erklären; **condemnation** *s*., Beschlagnahme *f.*, Einziehung *f.*, Kondemnation *f.*, Kondemnierung *f.* (*eines Schiffes*); **certificate of –,** Kondemnationsakte *f.*; **condemned ship** *or* **vessel** *s*., seeuntüchtiges Schiff *n*.

condensation *s*., Kondensation *f.*, Niederschlag *m.*; **– water** *s*., Kondens-, Schwitzwasser *n*., (*meteor.*) Niederschlag(swasser *n.*) *m.*; **condensed** *adj*. **moisture** *or* **water,** Kondens-, Schwitzwasser *n.*; **condenser** *s*., **tuning** – (*rad.*), Abstimmkondensator *m.*; **– aerial** (*am.* **antenna**) *s*., Kondensatorantenne *f.*; **condensing lens** *s*. (*opt.*), Sammel-, Kondensationslinse *f.*

condition *s*., **in bad (good) –,** in schlechtem (gutem) Zustand (*Boot*); **conditions** *s./pl.*, **heavy (light, medium) –,** Schwer(Leicht-, Mittel)-wetterbedingungen *f./pl.*; **in medium –,** bei mittleren Wind- und Wellenbedingungen (*pl.*); **in near zero –,** bei Flaute; **normal (air** *or* **weather) –,** normale Windbedingungen *od.* -verhältnisse (*pl.*); **optimum –** (*rac.*), optimale Bedingungen *f./pl.*; **– of visibility,** Sichtverhältnisse *n./pl.*; **– on board ship** *or* **on shipboard,** Bordverhältnisse *n./pl.*

conduct *v*. (*phys., elec.*), leiten, als Leiter wirken (für); **conduction** *s*. (*phys.*), Leitvermögen *n*., -fähigkeit *f.*, Leitung *f.*; **conductor** *s*., Ader *f.* (*Kabel*), Leitungsdraht *m*., Leiter *m.*; **lightning –,** Blitzableiter *m.*; **– of the cable,** Kabelseele *f.*

cone *s*., Kegel *m*. (*Signalkörper*); (*rad.*) Membrane *f.*, Konus *m.*; **fair water –,** Propellerkappe *f.*; **signal –,** Signalkegel *m.*; **wind –,** Windsack *m.*; **– anchor** *s*., kegelförmiger Anker *m.*; **– key** *s*., Spannhülse *f.*; **– valve** *s*., Kegelventil *n*.

configuration *s*. (*astr.*), Aspekt *m*., Konfiguration *f.*, Sternbild *n*., Planetenstand *m.*; **configure** *v*. (*astr.*), gruppieren.

confluence *s*., **conflux** *s*., Zusammenfluß *m*. (*Flüsse*), (*tech.*) Konfluenz *f.*; **confluent** *s*., Nebenfluß *m*.

confused sea *s*., durcheinanderlaufende See *f.*, Kreuzsee *f.*; **confused** *or* **confusing wind** *s*., mallender *od.* unbeständiger *od.* unsteter

Wind *m.*
congestion surcharge *s.*, Zuschlag *m.* wegen Hafenüberfüllung.
conical / aerial (*am.* **antenna**) *s.*, Kegel-, Konusantenne *f.*; – **buoy** *s.*, Kegel-, Spitzboje *f.*, Kegel-, Spitztonne *f.*; – **scanning** *s.* (*radar*), kegelförmiges *od.* -artiges Abtasten *n.*; – **valve** *s.*, Kegelventil *n.*
conjunction *s.*, **conjuncture** *s.* (*astr.*), Konjunktion *f.*, Zusammentreffen und Stellung zweier Planeten im gleichen Meridian.
conk *v.* (*sl.*), streiken, versagen, kaputtgehen; **the engine is –ing** *or* **–s,** der Motor streikt *od.* setzt aus.
conn *v.*, **to – a ship,** ein Schiff steuern *od.* führen *od.* befehligen, das Steuern überwachen.
connect *v.* (*tech.*), koppeln, kuppeln, verbinden (**with,** mit), (*elec.*) anschließen, zusammenschalten; **to – a hose,** einen Schlauch anschlagen; **connected** *adj.*, gekoppelt; – **in parallel,** parallel geschaltet; – **in series,** in Serie geschaltet; – **load,** Gesamtbelastung *f.*
connecting / bolt *s.*, Verbindungsbolzen *m.*, -schraube *f.*; – **bridge** *s.*, Laufbrücke *f.* (*Schiff*); – **link** *s.*, Binde-, Zwischenglied *n.*; – **piece** *s.*, Verbindungsstück *n.*; – **rod bearing** *s.*, Pleuellager *n.*; – **shackle** *s.*, Verbindungsschäkel *m.*
connection *s.*, Bindeglied *n.*, Verbindungsstück *n.*; – **sleeve** *s.*, Verbindungsmuffe *f.*
conning *s.*, (Schiffs)Führung *f.*; – **bridge** *s.*, Kommandobrücke *f.*
consecutive / points *s./pl.*, – **poles** (*pl.*), Folgepunkte *m./pl.* (*Magnetismus*).
conservative *s.*, Konservierungsmittel *n.*; **conserve** *v.*, konservieren (*Bootspflege*).
consistency *s.*, Grad *m.* der Festigkeit *od.* Dichtigkeit; **consistent grease** *s.*, Staufferfett *n.*
consol *s.*, Consol-Funkfeuer *n.*; – **chart** *s.*, Consolkarte *f.*; – **cover** *or* **range** *s.*, Consol-Bereich *m.*; – **navigation** *s.*, Consol-Navigation *f.*; – **navigation aid wave** *s.*, Consol-Leitstrahl *m.*
consolidated pack (ice) *s.*, festes *od.* zusammengefrorenes Packeis *n.*
consort *s.* (*naut.*), Rotte *f.*; Ge- *od.* Begleitschiff *n.*
constant *s.* (*phys., math.*), Konstante *f.*, konstante Größe *f.*, Koeffizient *m.*; **length –,** Längenkonstante *f.*, Schlankheitsgrad *m.* (*Boot*); – **of aberration** (*astr.*), Aberrationskonstante *f.*; – **of friction,** Reibungskoeffizient *m.*; – **of gravitation,** Gravitationskonstante *f.*; – **of nutation** (*astr.*), Schwankungskonstante *f.*; – **of precession** (*astr.*), Präzessionskonstante *f.*; – **of refraction,** Brechungsexponent *m.*
constant *adj.*, konstant, unveränderlich; – **bearing** *s.*, stehende Peilung *f.*; – **deflection** *s.*, – **deviation** *s.*, konstante Ablenkung *f.*; – **load** *s.*, Dauerbelastung *f.*; – **pressure line** *s.* (*meteor.*), Isobare *f.*, Linie *f.* gleichen Luftdruckes; – **rain** *s.*, anhaltender Regen *m.*; – **speed** *s.*, gleichbleibende *od.* konstante Geschwindigkeit *f.*; – **wind** *s.*, gleichmäßiger *od.* konstanter Wind *m.*
constricted channel *or* **fairway** *s.*, enge Fahrrinne *f.*, schmale Durchfahrt *f.*
construct *v.*, bauen, konstruieren (*Boot*); **to – a yacht,** eine Yacht konstruieren *od.* entwerfen; **construction** *s.*, Konstruktion *f.* (*Bootsbau*), Bauart, -weise *f.*; trigonometrische Berechnung *f.* (*Kurs*); Struktur *f.* (*Segel*); **light weight –,** Leichtbauweise *f.*; **sandwich –,** Sandwich-Bauweise *f.*, Verbund-Bauweise *f.*; **under –,** im Bau (befindlich); – **of the mast,** Mastbauweise *f.*, Mastkonstruktion *f.*
constructional *adj.*, konstruktionstechnisch; – **frame** *or* **section,** Bau-, Konstruktionsspant *n.*
construction / class *s.*, Konstruktionsklasse *f.*; – **plan** *s.*, Konstruktionsplan, -riß *m.*; – **rules** (*pl.*), Konstruktionsvorschriften *f./pl.*; – **supervision** *s.*, Bauaufsicht *f.*; **constructor** *s.*, Konstrukteur *m.*, Yachtdesigner *m.*
consulting pilot *s.*, beratender Lotse *od.* Navigator *m.*
contact *s.* (*rad.*), Verbindung *f.*, Kontakt *m.*, (*elec.*) Kontakt *m.*, Pol *m.*; **to make (to break)** – (*rad.*), (Funk)Verbindung herstellen (unterbrechen); *v.* (*rad.*), (Funk)Verbindung aufnehmen (mit); – **action** *s.* (*phys.*), Kontaktwirkung *f.* (*von Luft, Wasser, etc.*); – **breaker** *s.*, Unterbrecher *m.*; – **moulding** *s.*, Handauflege-Verfahren *n.* (*Bootsbau*).
container ship *s.*, Containerschiff *n.*
contest *s.*, Wettbewerb *m.*, -kampf *m.*; **contestant** *s.*, Konkurrent *m.*, Wettkämpfer *m.*; **contester** *s.*, Teilnehmer *m.* an einer Wettfahrt.
contiguous / angle *s.*, anliegender Winkel *m.*; – **zone** *s.*, (*an Territorialgewässer*) angrenzendes *od.* anschließendes Gebiet *n.*
continent *s.*, Kontinent *m.*, (*br.*) (europäisches) Festland *n.*; **continental** *adj.*, – **climate** (*br.*), exzentrisches Klima *n.*, Kontinentalklima *n.*; – **divide,** kontinentale Wasserscheide *f.*; – **high (low)** (*meteor.*), Kontinentalhoch(tief) *n.*; – **island,** kontinentale Insel *f.*; – **(Morse) code,** internationales Morsealphabet *n.*;

– port *or* **harbour,** Kontinent(al)hafen *m.*; **– shelf,** Festland-, Kontinentalsockel *m.*, Schelf *n.*; **– slope,** Kontinentalböschung *f.*

continuous / cruise *or* **cruising** *s.*, Dauerfahrt *f.*, Fahrt *f.* ohne Unterbrechung, Nonstopfahrt *f.*; **– deck** *s.*, durchgehendes *od.* -laufendes Deck *n.*; **– frame** *s.*, durchlaufendes Spant *n.*; **– oscillation** *s.* (*phys.*), ungedämpfte Schwingung *f.*; **– output** *s.* (*tech.*), Dauerleistung *f.*; **– signal** *s.* (*rad.*), Dauer(strich)signal *n.*; **– sound** *or* **tone** *s.* (*rad.*), Dauerton *m.*; **– speed** *s.*, Dauergeschwindigkeit *f.*, stetige Geschwindigkeit *f.*; **– strain** *or* **stress** *s.* (*tech.*), Dauerbelastung, -beanspruchung *f.*; **– wave** *s.* (*phys.*), ungedämpfte Welle *f.*

contline *s.*, Kardeelabstand *m.* (*zwischen den Schäften eines Taus*), Stauabstand *m.*

contour *s.*, Umriß(linie *f.*) *m.*, Kontur *f.*, Profil *n.*; **– of the keel,** Kielprofil *n.*, -form *f.*; **– of a sail,** Segelprofil *n.*

contraband ship *s.*, Schmugglerschiff *n.*

contra /(-guide) rudder *s.*, Gegenruder *n.*; **–plex system** *s.* (*rad.*), Gegensprech-, Duplexverfahren *n.*; **–prop(eller)** *s.*, gegenläufiger Propeller *m.*, Gegen(schiffs)schraube *f.*

contraption *s.* (*coll.*), Mechanismus *m.*, Vorrichtung *f.*, technischer Kniff *m.*, (*sl.*) Dingsda.

contra / -rotating *adj.*, gegendrehend, -läufig; **– rotation** *s.*, entgegengesetzte Umdrehung *f.*

contrary wind(s) *s.* (*pl.*), Gegenwind *m.*, widrige *od.* ungünstige Winde *m./pl.*

contrast *s.* **of brightness** (*radar*), Helligkeits-, Leuchtstärkekontrast *m.*

control *s.* (*naut.*), Steuerung *f.*, Bedienung *f.*; (*tech.*) Kontroll-, Reguliervorrichtung *f.*; Nach-, Überprüfung *f.*; **dual –,** Doppelsteuerung *f.*; **mast –,** Mastkontroller *m.*; **radio –,** Funk-, Fernlenkung *f.*; **remote –,** Fernbedienung, -steuerung *f.*; **not under –,** manövrierunfähig (*Boot*); **to be under –,** unter Kontrolle sein; **to bring under –,** (*das Boot*) wieder in den Griff bekommen, meistern; **– adjustment** *s.*, Regelstrecke *f.*; **– board** *s.*, Armaturenbrett *n.*, -tafel *f.*; **– chart** *s.* (*radar, etc.*), Steuerungsdiagramm *n.*; **– circuit** *s.*, Regelkreis *m.*; **– desk** *s.*, Schalt-, Steuerpult *n.*; **– experiment** *s.*, Gegenversuch *m.*; **– gear** *s.*, Steuerungsanlage *f.*, -gerät *n.*; **– instruments** (*pl.*), Kontrollinstrumente *n./pl.*

controllability *s.* **of a boat,** Steuerbarkeit *f.* (eines Bootes), Steuerausschläge *m./pl.*; **controllable** *adj.* **pitch propeller,** Verstellpropeller *m.*

control lamp *or* **light** *s.*, Kontrollampe *f.*, -leuchte *f.*

controller *s.*, Bug-, Deck-, Klüs-, Klüsenstopper *m.*, (Anker)Kettenstopper *m.*, (*tech.*) Regler *m.*, Steuereinrichtung *f.*

control / lever *s.*, Schalt-, Bedienungshebel *m.*; **– magnet** *s.*, Richtmagnet *m.*; **– panel** *s.*, Schalt-, Instrumentenkontrolltafel *f.* *od.* -brett *n.*; **– point** *s.*, Kontroll-, Orientierungspunkt *m.*; **– relay** *s.*, Kontroll-, Steuerrelais *n.*; **– room** *s.* (*naut.*), Kontroll-, Kommandoraum *m.*, Zentrale *f.*; **controls** *s./pl.*, Steuerung *f.*, Bedienungselemente *n./pl.*, (Instrumenten)Regelung- und Steuerungsvorrichtung *f.*; **control / station** *s.* (*rad.*), Leitstation *f.*; **– switch** *s.*, Kontroll-, Steuer-, Bedienungsschalter *m.*; **– valve** *s.*, Regelschieber *m.*, -ventil *n.*, Steuerventil *n.*

conus *s.* (*pl.* **coni**), Konus *m.*, Kegel *m.* (*Leuchtfeuer, Tonne*).

convection *s.* (*phys.*), Konvektion *f.*, Strahlung *f.* (*vertikale Luftströmung*).

convention *s.*, **– of navigation,** Schiffahrtsabkommen *n.*; **C– for the Safety of Life at Sea, (SOLAS),** Schiffsicherheitsvertrag *m.*

conventionally powered vessel *s.*, Schiff mit herkömmlichem Antrieb; **conventional signs** *s./pl.*, Kartenzeichen *n./pl.* (*Seekarte, etc.*).

converge *v.* (*phys.*), konvergieren, sich einander nähern; **to – to a limit,** sich einem Grenzwert nähern; **convergence** *s.* (*meteor.*), meteorologische Konvergenz *f.*; **– of the meridian,** Meridian-Konvergenz *f.*; **convergency** *s.* **(to),** Konvergenz *f.*, Annäherung *f.* (an); **converging / courses** *s./pl.*, konvergierende *od.* sich einander nähernde Kurse *m./pl.*; **to be on – courses,** auf Annäherungskurs *od.* auf konvergierendem Kurs liegen *od.* laufen; **– lens** *s.* (*opt.*), Sammel-, Konvexlinse *f.*; **– point** *s.*, Konvergenzpunkt *m.*

conversion *s.*, **– of course,** Kursverwandlung *f.*; **– coefficient** *s.*, Umrechnungs-, Verwandlungskoeffizient *od.* -faktor *m.*; **– table** *s.*, Umrechnungstabelle *f.*; **convert** *v.*, umbauen (*Schiff*), umrechnen (*Maßsystem*), verwandeln (*Kurs*); **converter** *or* **-tor** *s.* (*elec.*), Umformer *m.*, Konverter *m.*

convex *s.*, konvexe Fläche *f.*; *adj.*, konvex, nach außen gewölbt; **convexity** *s.*, konvexe Form *f.*, Wölbung *f.*; **convex lens** *s.* (*opt.*), Konvex-, Sammellinse *f.*; **convexo / -concave** *adj.* (*phys.*), konvex-konkav; **– -convex** *adj.*, bikonvex, doppelkonvex; **– -plane** *adj.*, plankonvex.

convey *v.*, **to – by water** (*or* **ship** *or* **sea**), verschiffen; **conveyance** *s.* **by water,** Verschiffung *f.*; **– of sound,** Fortpflanzung *f.* des Schalls; Schallübertragung *f.*

convoy *s.*, Geleitzug *m.*, Konvoi *m.*, Schleppzug *m.*; **to sail under** *or* **to travel in –,** im Geleitzug fahren.

cookery *s.* (*naut.*, *sl.*), Kombüse *f.*; **– house** *or* **room** *s.*, Kombüse *f.*, Schiffsküche *f.*

cool *adj.*, frisch, kühl (*Luft, Wind*); *v.*, **to – a bearing** (*tech.*), ein heißgelaufenes Lager abkühlen; **cool air** *s.*, Frische *f.*, Kühlte *f.*, Kaltluft *f.*

co(-)operate *v.*, zusammenarbeiten (*Crew*), zusammenwirken (*Kräfte*); **co(-)operation** *s.*, Zusammenarbeit *f.*, -wirken *n.*

co(-)ordinates *s./pl.* (*naut.*), Koordinaten (*pl.*); **spherical –** (*pl.*) (*astr.*), sphärische Koordinaten (*pl.*); **co(-)ordinate system** *s.*, Koordinatensystem *n.*

coper *s.*, Küper *m.* (*Nordseeboot*).

copious *adj.*, **a – shower of rain,** ein ausgiebiger Regenguß *m.*

copper *s.* (*naut.*), großer Kochkessel *m.*; Kupfer *n.*; **– bottom** *s.*, Kupferhaut *f.* (*Schiffsrumpf*); **– -bottomed** *adj.*, mit Kupferbeschlag (*Bootsbau*), seetüchtig (*Boot*); **– bronze (coat** *or* **paint)** *s.*, Kupferbronze(-Anstrich *m.*) *f.* (*Unterwasserschiff*); **– sheathing** *s.*, Kupferbeschlag *m.*

coracle *s.*, Coracle *n.*, primitives Boot *n.* (*Wales, Irland*).

coral / island *s.*, Koralleninsel *f.*; **– reef** *s.*, Korallenriff *n.*; **– shoal** *s.*, Untiefe *f.* über einem Korallenriff.

cord *s.*, Tau *n.*, Leine *f.*, Seil *n.*; Litze *f.* (*Tauwerk*), (*tech.*) Meßschnur *f.* (*f. Segel, etc.*); **tiny –,** sehr dünnes Tau *n.*; **cordage** *s.*, Tauwerk *n.*; **Manila –,** Manila-Tauwerk *n.*; **sisal –,** Sisal-Tauwerk *n.*; **– hold** *or* **locker** *or* **space** *s.*, Tauwerkstauraum *m.*; **light cord sheet** *s.*, (sehr) leichte, elastische Schot *f.*

core *s.* (Kabel)Kern *m.*, Seele *f.* (*Tau*), Ankerkern *m.* (*Magnet, Dynamo*); **– of a cable,** Seele *f.* (*Tauwerk*); **– of sandwich,** Kernmaterial *n.* (*Bootsbau*); **coring tube** *s.*, Grundprobenröhre *f.*

Coriolis force *s.* (*phys.*), Corioliskraft *f.*, Beschleunigungskraft *f.* (*Wind, Strömung*).

cork *s.*, Schwimmer *m.*; Schwimmgürtel *m.*; **– buoy** *s.*, Korkboje *f.*; **– fender** *s.*, Korkfender *m.*; **– float** *s.*, Korkschwimmer *m.*; **– jacket** *s.*, Kork-, Rettungs-, Schwimmweste *f.*; **– line** *or* **rope** *s.*, Obersimm *f.* (*Fischernetz*); **–screwing** *s.*, Spiral- oder Schlingerbewegung *f.*, Geigen *n.* (*eines Bootes*); **to lessen –screwing,** die Schlingerbewegung dämpfen; **–screw motion** *s.*, Spiral- *od.* Schlingerbewegung *f.*, Geigen *n.*

corner *s.*, Winkelbeschlag *m.*; *v.*, **to – a boat,** ein Boot bedrängen *od.* in die Enge treiben; **corner / boat** *s.*, Knickspant(en)boot *n.*; **– piece** *s.*, Dreikantbeschlag *m.*; Bodenwrange *f.*; **–wise** *adj.*, diagonal.

corona *s.* (*astr.*), Hof *m.*, Kranz *m.*, Aureole *f.*, Korona *f.*; Leuchtatmosphäre *f.* (*Sonne*); **– lines** *s./pl.*, Koronalinien *f./pl.*

corposant *s.*, Elmsfeuer *n.*

correct *v.* (*naut.*), beschicken, berichtigen, korrigieren, verbessern, (*phys.*) justieren, regulieren; **to – the course,** den Kurs korrigieren *od.* beschicken.

corrected *adj.*, **– bearing,** beschickte Peilung *f.*; **– course** *s.*, beschickter *od.* berichtigter *od.* verbesserter Kurs *m.*; **– latitude** *s.*, verbesserte Breite *f.*; **– radio bearing** *s.*, beschickte *od.* wahre Funkpeilung *f.*; **– time** *s.*, verbesserte *od.* wahre Zeit *f.*

correcting plate *s.*, Korrektionslinse *f.* (*Fernrohr*).

correction *s.* (*naut.*, *radar*), Beschickung *f.*, Berichtigung *f.*, Verbesserung *f.*, (*phys.*) Korrektionskoeffizient *m.*, -größe *f.*, Korrekturfaktor *m.*; **index –,** Indexberichtigung *f.* (*Sextant*); **– of course,** Kursberichtigung *f.*, -beschickung *f.*, -verbesserung *f.*; **– of latitude,** Breitenverbesserung *f.*, -berichtigung *f.*; **– of (star's) altitude,** Höhenberichtigung *f.*; **– of time** (*rac.*), Zeitvergütung *f.*; **– angle** *s.*, **drift – angle** *s.*, Vorhaltewinkel *m.* (*Boot*); **(time) – factor** *s.*, (Zeit)Berichtigungsfaktor *m.*

corrector *s.*, Korrektor *m.* (*Kompaß*), Ausgleichsregler *m.*, Nullpunkteinstellung *f.*; **– sphere** *s.*, Kugelkorrektur *m.* (*Kompaß*).

corrode *v.*, korrodieren, rosten, verrosten, an-, zerfressen, ätzen; **corroded** *adj.*, rostig.

corrosion *s.*, Korrosion *f.*, Rostbildung *f.*, Zerfressung *f.* (*durch Rost*); **electrolytic –,** (elektrolytische) Korrosion *f.*; **– -proof** *adj.*, korrosionsbeständig; **– protection** *s.*, Korrosionsschutz *m.*; **– resistance** *s.*, Korrosionsfestigkeit *f.*; **– -resistant** *adj.*, korrosionsbeständig.

corrosive *s.*, Korrosions(schutz)mittel *n.*, Abbeizmittel *n.*, Beize *f.*; *adj.*, korrodierend, korrodierbar.

corrugated / bulkhead *s.*, gewelltes Schott *n.*; **– shell-plating** *s.*, gewellte (Schiffs)Außenhaut *f.*; **corrugation** *s.*, (einzelne) Welle *f.*, Rippe *f.*

corsair *s.*, Kaper(schiff *n.*) *m.*; **C–** *s.*, Korsar *m.* (*Bootsklasse*).

corvet *s.*, **corvette** *s.*, Korvette *f.*
cosmic(al) *adj.*, kosmisch; **-al constant** *s.*, kosmische Konstante *f.*; **-al physics** *s./pl.*, kosmische Physik *f.*; **-al radiation** *s.*, kosmische Strahlung *f.*; **-al (radio) noise** *s.*, kosmisches Störgeräusch *n.*; **– dust** *s.* (*astr.*), kosmischer Staub *m.*; **– rays** (*pl.*), kosmische Strahlen (*pl.*); **cosmos** *s.*, Kosmos *m.*, Weltall *n.*
cost *s.* **of maintenance** *or* **upkeep,** Unterhaltungs-, Wartungskosten (*pl.*).
co-station *s.* (*rad.*), Gegenfunkstation, -stelle *f.*
cot *s.* (*naut.*), Koje *f.*, Schwingbett *n.*, Hängematte *f.*; **pipe –,** Rohrkoje *f.*
cotidal *adj.*, die gleiche Fluthöhe *od.* -zeit haben; **– chart** *s.*, Flutzeitenkarte *f.*; **– hour** *or* **interval** *s.*, Flut- *od.* Hochwasserintervall *n.*; **– lines** (*pl.*), Linien *f./pl.* gleicher Flutzeiten, Isorrhachien (*pl.*).
cotter *s.*, Bolzen *m.*, Keil *m.*, Splint *m.*, Vorstecker *m.*, Sicherungsstift *m.*; **– bolt** *s.*, Bolzen *m.* mit Splint, Keilbolzen *m.*; **– -pin** *s.*, Vorstecker *m.*, Splint *m.*
cotton / canvas *s.*, **– duck** *s.*, Baumwollsegeltuch *n.*; **– rope** *s.*, Baumwolltau *n.*; **– waste** *s.*, Putzwolle *f.*
couch *s.*, Grundierung *f.*, Grundschicht *f.*, erster Anstrich *m.* (*Farbe, Lack, etc.*).
counter *s.*, Gillung *f.*, Gilling *f.*, (*tech.*) Zähler *m.*, Zählwerk *n.*; *adj.*, in entgegengesetzter Richtung; **to run –,** in der entgegengesetzten Richtung laufen *od.* liegen (*Boot*).
counteract *v.*, **to – the effect of a current,** den Strom *od.* die Strömung kompensieren; **counteracting forces** *s./pl.*, entgegenwirkende Kräfte, Gegenkräfte *f./pl.*
counter(-)balance *s.*, Gegengewicht *n.*, Ausgleichsgewicht *n.* (*Crew, Ballast*); *v.*, ausgleichen.
counter bearing *s.*, Gegenpeilung *f.*
counter(-)brace *s.*, Borg-, Konterbrasse *f.*; *v.*, gegenbrassen.
counter / clockwise *adj.*, linksdrehend, -gängig; **– clockwise rotation** *s.*, Linksdrehung *f.*, -lauf *m.*; **– course** *s.*, Gegenkurs *m.*; **– current** *s.*, Gegenstrom *m.*, Neerstrom *m.*; **– -die** *s.*, Patrize *f.* (*Bootsbau*); **– effect** *s.* (*phys.*), Gegenwirkung *f.*; **– motion (of a boat)**, Gegenbewegung *f.* (eines Bootes); **-part** *s.*, Gegenstück *n.*; **– poise** *s.*, Gleichgewicht(szustand *m.*) *n.*; Ausgleichs-, Gegengewicht *n.*; **– pressure** *s.*, Gegendruck *m.*; **– rotation** *s.*, Gegendrehung *f.*, gegenläufige Drehung *f.*; **– signal** *s.*, Gegensignal *n.*; **-sink** *s.*, Versenker *m.*, Krauskopf *m.*, Versenkbohrer *m.*; **– stern** *s.*, elliptisches Heck *n.*; **– timber** *s.*, Gillungsholz *n.*; Hinterstevenmittelteil *m.*; **-weight** *s.*, Gegengewicht *n.* (*Crew, Ballast*), (*phys.*) Massenausgleich *m.*
country *s.* (*am.*, *naut.*), unmittelbare Umgebung *f.* (*von Offiziersmesse, etc.*); **– of destination,** Bestimmungsland *n.*; **– of origin,** Ursprungsland *n.*
couple *s.* **of forces** (*phys.*), Kräftepaar *n.*
coupling *s.* (*rad., elec.*), Kopplung *f.*, Verbindung *f.*, (*tech.*) Kupplung *f.*, Verbindungsstück *n.*, Muffe *f.*, Schlauchverbindung *f.*; **feed-back –, reaction –** (*rad.*), Rückkopplung *f.*
course *s.*, Kurs *m.* (*Fahrtrichtung*), Steuerkurs *m.* (*Winkel des Kiels mit dem Meridian*), Fahrtrichtung *f.*, (*rac.*) (Regatta)Bahn *f.*, Strecke *f.*; unteres großes Segel *n.*; Lauf *m.* (*eines Flusses*); **close-hauled –,** Amwindkurs *m.*; **combined –,** Koppelkurs *m.*; **compass** *or* **steered –,** Kompaßkurs *m.*; **deviation from the –,** Versegelung *f.*; **direct (magnetic, true) –,** gerader (mißweisender, rechtweisender) Kurs *m.*; **downwind –,** Mit-, Vor(m)windkurs *m.*; **mark of the –,** (Regatta)Bahnmarke *f.*; **mizzen –,** Besan-, Sturmsegel *n.*; **Olympic –,** olympische Regattabahn *od.* -strecke *f.*; **on –,** auf Kurs; **on the –,** auf der (Regatta)Bahn; **optimum – with the best distance made good to windward,** optimaler Amwindkurs *m.*; **proper –,** richtiger Kurs *m.*; **race** *or* **racing –,** Regattabahn *f.*, -kurs *m.*; **safety –,** sicherster Kurs *m.*, Sicherheitskurs *m.*; **shortening –,** (*rac.*), Bahnverkürzung *f.*; **steered –,** Steuer-, Kompaßkurs *m.*; **triangular –** (*rac.*), Dreieckskurs *m.*; **upwind –,** Kurs *m.* hoch am Wind, auf der Kreuz; **to alter (the) –,** den Kurs ändern; **to be** *or* **to sail on –,** auf Kurs sein *od.* liegen *od.* laufen; **to deviate from the –,** vom Kurs abkommen *od.* abweichen, versegeln; **to heave a boat back on her –,** das Boot wieder auf (seinen) Kurs legen *od.* bringen; **to hold a** (*or* **one's**) **–,** Kurs halten; **to lay – for,** Kurs legen *od.* festsetzen auf; **to plot a –,** den Kurs besetzen *od.* bestimmen; einen Kurs (*in der Seekarte*) absetzen; **to sail off (the) –,** aus dem Kurs segeln; **to set a straight – for,** geraden *od.* direkten Kurs nehmen auf; **to shape a – (for),** einen Kurs absetzen *od.* Kurs nehmen (auf); **to shorten a –** (*rac.*), eine Bahn abkürzen; **to stand upon the –,** Kurs halten; **to stay a –,** einen Kurs beibehalten; **to steer a –,** Kurs nehmen *od.* halten *od.* steuern; **to turn off (the) –,** den Kurs ändern, vom Kurs abweichen; **the – is**

set for, Kurs nehmen auf, steuern nach; – **corrected for leeway,** wegen Abdrift verbesserter Kurs; – **made good,** Kurs *m.* über Grund, wahrer Kurs *m.*, Kartenkurs *m.*; – **with the best distance made good to windward,** optimale Höhe laufen; – **with the wind free,** raumer Kurs *m.*; – **of the sun,** Sonnenbahn *f.*, -lauf *m.*; – **to steer,** Kurs *m.* durch Wasser.

course/angle *s.*, Kurswinkel *m.*; – **bearing** *s.*, Kurspeilung *f.* (*Funkp.*); – **calculator** *or* **computer** *s.*, Kursrechner *m.*; – **correction** *s.*, Kursbeschickung *f.*, -verbesserung *f.*; – **keeping** *s.*, Kurshalten *n.*; –-**keeping quality** *s.*, Kursbeständigkeit *f.* (*eines Bootes*); –-**keeping boat** *or* **ship** *or* **vessel** *s.*, Kurshalter *m.*; – **line** *s.*, Kurslinie *f.* (*Seekarte*), (*meteor.*) Kurslinie *f.*; – **mark** *s.* (*rac.*), Bahnmarke *f.*; – **plotter** *s.*, Kursabsetzer *m.*; – **protractor** *s.*, Kursübertrager *m.*; – **recorder** *s.*, Kursschreiber *m.*; – **signal** *s.*, Kurssignal *n.*; – **southwest!** (*com.*), Kurs Südwest!; – **steadiness** *s.*, Kursstabilität *f.* (*Boot*); – **steered,** Kurs *m.* durch (das) Wasser; – **transmitter** *s.*, Kursgeber *m.*; – **triangle** *s.* (*rac.*), (Regatta)Dreieck *n.*

Court *s.* **of Admiralty** (*br.*), Seeamt *n.*, -gericht *n.*

courtesy *s.*, – **flag,** Gastflagge *f.*; – **of the port,** Recht *n.* (*eines aus dem Ausland kommenden Bootes*) auf sofortige Zollabfertigung.

cove *s.*, kleine Bai *od.* Bucht *f.*, Wiek *f.*, enge Durchfahrt *od.* Passage *f.*

cover *s.* (*am.*), Persenning *f.*, Bezug *m.*, Haube *f.*, Hülle *f.*, Kappe *f.* (*Kompaß, Pinne, etc.*); **hatch –,** Luk *n.*, Lukendeckel *m.*

cover *v.*, abdecken, verkleiden (*Bordgegenstände*), (*radar, rad.*) bestreichen; **to – a boat** *or* **a sail,** ein anderes Boot abdecken *od.* in ungünstigen Abwind legen; **to – a distance,** eine Entfernung *od.* Strecke zurücklegen; **to – heavy (light, medium) air conditions,** Schwer-(Leicht-, Mittel)wetterbedingungen abdecken (*Segel*); **to – the conditions,** einen Segelbereich abdecken.

coverage *s.* (*radar*), abgetastetes Gebiet *n.*, (*rad.*) Reichweite *f.*, (*ins.*) Deckung *f.*, Versicherungsschutz *m.*

coveralls *s./pl.* (*am.*), Segleroverall *m.*

covered *adj.*, gedeckt, geschützt; – **boat,** (*durch ein anderes Segel*) abgedecktes Boot *n.*; – **distance,** zurückgelegte Entfernung *f.*; – **sky,** bedeckter Himmel *m.*

covering *s.*, Beplankung *f.*, Beschalung *f.* (*Bootsbau*), Bezug *m.*, Überzug *m.*, (*am.*) Persenning *f.*; Decksbelag *m.*; – **board** *s.*, Schandeck *n.*, -deckel *m.*; – **boat** *s.*, (*ein anderes Segel*) abdeckendes Boot *n.*; – **plate** *s.*, Obergurt-, Deck(s)platte *f.*

cove strip *s.*, Wasserpaß *m.*, Farbenstrak *m.* (*Boot*).

cow hitch *s.*, nicht seemännischer Knoten *m.*, Kuhstek *m.*, Taljereepsknoten *m.*

cowl *s.*, Lüfterhutze *f.*, -haube *f.*, (*tech.*) Verschalung *f.*, Mantel *m.*; – **hood** *s.*, Windhutze *f.*; – **ventilator** *s.*, Druck(kopf)lüfter *m.*

cowtailed rigging *s.*, Fleischhaken *m.* (*Drahttauwerk*).

cox *s.*, (*s.* **coxswain**); *v.*, steuern.

coxcomb *s.*, Reffklampe *f.*; *v.*, ein Bändsel aufsetzen, (*ein Tau*) umwickeln.

coxed four *s.*, Vierer *m.* (mit Steuermann), Vierer mit (*Ruderboot*).

coxless *adj.*, ohne Steuermann; – **pair,** Zweier ohne (Steuermann) (*Ruderboot*).

coxswain *s.*, Steuermann *m.*, Bootsführer *m.*; *v.*, steuern; **coxswained, coxswainless,** (*s.* **coxed, coxless**); **coxswain's seat** *s.*, Steuersitz *m.* (*im Boot*).

CQ (*rad.*), Rufzeichen *n.* vor (*allgemeinen*) Funksprüchen.

CQR anchor *s.*, Pflugscharanker *m.*

crab *s.*, Gangspill *n.*, kleines Spill *n.*, Winde, Winsch; Fehl-, Luftschlag *m.* (*beim Rudern*), laterale Versetzung *f.* (*durch Wind od. Strömung*); **to catch a –** (*hum.*), einen Luftschlag machen, einen Krebs fangen (*beim Rudern*); *v.*, dwars abtreiben, schieben (*Boot*); **crab angle** *s.*, Vorhaltewinkel *m.*

crack *s.*, Rißbildung *f.* (*Bootsbau*), Riß, Sprung *m.*; **failure –,** Bruchriß *m.* (*Bootsbau*); **hairline –,** Haarriß *m.* (*GFK-Boote*); *v.*, **to – on,** (Geschwindigkeit) zulegen, mehr Segel setzen, alles hergeben (*Boot*), unter vollem Zeug laufen; **crack/liner** *s.*, Luxusdampfer *m.*, Mammutschiff *n.*; – **sailor** *s.*, Spitzensegler *m.*; – **wave** *s.*, Spring- *od.* Sprungwelle *f.*

cradle *s.*, Bock *m.* (*zum Aufbocken eines Bootes*), Schlitte *f.*, Wiege *f.*, Ablaufgerüst *n.*, (Stapel)Schlitten *m.*; Rettungskorb *m.*, Hosenboje *f.*; Bootsklampe *f.*, Ladebaumstütze *f.*; Slipwagen *m.* (*zum Aufholen*); **railway –,** Slipwagen *m.*; – **for shipping and storage,** Bock *m. od.* Schlitte *f.* für Transport und Lagerung (*einer Yacht*).

craft *s.*, (kleines Wasser)Fahrzeug *n.*, Schiff *n.*, (*collect.*) Schiffe (*pl.*), (Wasser)Fahrzeuge (*pl.*); **many small –,** viele kleine Schiffe (*pl.*); **to come up with another –,** (mit einem anderen

Boot) aufkommen.

crag *s.*, Klippe *f.*

cramp *s.*, Krampe *f.*, Klammer *f.*, Zwinge *f.*; Enterhaken *m.*; *v.*, ankrampen, mit Krampen befestigen; **cramp iron** *s.*, Enterhaken *m.*; Krampe *f.*

cranage *s.*, Krangeld *n.*, -gebühr *f.*

crane *s.*, Kran *m.* (*im Yachthafen*), Bordkran *m.*; **hoisting –,** Hebekran *m.*; **travelling –,** Laufkran *m.*; **– boom** *s.*, **– jib** *s.*, Kranausleger *m.*

crank *s.*, Kurbel *f.*, Handgriff *m.*, (*hum.*) Dwarsdriewer *m.*; *adj.*, rank, leicht kenterbar (*Boot*); **crank / capstan** *s.*, Handkurbel-Gangspill *n.*; **–case** *s.*, Kurbelgehäuse *n.*; **– handle** *s.*, Kurbelgriff *m.*

crankiness *s.*, Rankheit *f.*, Neigung *f.* zum Kentern (*eines Bootes*).

crankshaft *s.*, Kurbelwelle *f.*; **(double) overhead –,** obenliegende (Doppel)Nockenwelle *f.*; **– bearing** *s.*, Kurbel(wellen)lager *n.*

crank winch *s.*, Kurbelspill *n.*

cranky *adj.*, rank, leicht kenterbar (*Boot*); **– boat,** rankes Boot *n.*, Dwarsdriewer *m.*

crash *s.*, (Schiffs)Zusammenstoß *m.*; **– boat** *s.*, Spezialboot *n.* der Flugzeugnotrettung; **– helmet** *s.*, Sturzhelm *m.* (*Eissegeln*); **– stop** *s.*, Not-, Schnellstopp *m.*, Aufstoppen *n.* eines Bootes; **– stop(way)** *s.*, Stoppstrecke *f.*, -weg *m.* (*eines Bootes*).

crawl *s.*, Staak *n.*, Stack *n.* (*Buhne*); **to go at a –,** sehr langsame *od.* kaum Fahrt machen (*Boot*); **crawler** *s.* (*coll.*), sehr langsam fahrendes Schiff *n.*

crease *s.*, Falte *f.*, Kniff *m.*, Knick *m.* (*im Segel*); *v.*, knittern, Falten bekommen *od.* werfen (*Segel*).

creek *s.*, kleine Bai *f.* *od.* Bucht *f.*, kleiner Hafen *m.*, Förde *f.*, Wiek *f.*, Priel *m.*, (*am.*) kleiner Fluß *m.*, Nebenfluß *m.*; **creeky** *adj.*, buchtenreich, (*am.*) reich an kleinen Flüssen.

creel *s.*, Fischreuse *f.*

creep *s.* (*tech.*), Kriechdehnung *f.*, Wandern *n.*, Verschieben *n.*, (*elec.*) Nacheilen *n.*; *v.* (*naut.*), draggen, dreggen, (*tech.*) wandern, sich verziehen, (*elec.*) nacheilen; **creeper** *s.*, Dragganker *m.*, Dragge *f.*, Dragg- *od.* Dregghaken *m.*; **creeping** *s.*, Draggen *n.*, Dreggen *n.*; **– current** *s.* (*elec.*), Kriechstrom *m.*

crepuscle *s.*, **crepuscule** *s.*, **crepusculum** *s.*, (Morgen- *od.* Abend)Dämmerung *f.*, Zwielicht *n.*; **crepuscular** *adj.*, dämm(e)rig.

crescent *s.*, Halbmond *m.*, Mondsichel *f.*; **– moon** *s.*, zu- *od.* abnehmender Mond *m.*, Halbmond *m.*

crest *s.*, Kamm *m.* (*einer Welle*); **wave –, – of a wave,** Wellenberg *m.*, -kamm *m.*; *v.*, hohe Wellen schlagen (*See*), sich zu hohen Wellenkämmen erheben.

crew *s.*, Crew *f.*, (Boots)Mannschaft *f.*, (Schiffs)Besatzung *f.*; **able** *or* **expert –,** eingefahrene *od.* erfahrene Mannschaft *f.*; **top racing –,** Spitzenmannschaft *f.*; **weight of the –,** Mannschaftsgewicht *n.*; **weight of the – for balancing (the boat),** lebender Ballast *m.*; **to position the – forward (aft),** die Mannschaft weit vorn (achtern) placieren; **– list** *s.*, Mannschaftsrolle *f.*; **– quarters** (*pl.*), Crewunterbringung *f.*, -unterkünfte (*pl.*); **–'s accomodation** *s.*, Crew-, Mannschaftsunterkünfte *f.*/*pl.*; **–'s messroom** *s.*, Mannschaftsmesse *f.*; **– space** *s.*, Logis *n.*; **– weight** *s.*, lebender Ballast *m.*, Mannschaftsgewicht *n.*, Gesamtgewicht *n.* der Crew; **to apply – weight properly,** den lebenden Ballast *od.* das Gesamtgewicht der Crew richtig verteilen; **to centre** (*am.* **center**) **the – weight,** das Crewgewicht in die Mitte (des Bootes) verlagern.

cribbing *s.*, Kielstapelung *f.*, Stapelung *f.* (*eines Bootes auf der Helling*).

crimp *s.* (*naut.*, *sl.*), Heuerbaas *m.*, Seelenverkäufer *m.*; *v.*, sich kräuseln (*Wellen*), knittern (*Segel*), pressen, jem. gewaltsam an Bord holen *od.* anwerben (*Seeleute*); **crimping house** *s.* (*naut.*, *sl.*), Preßspelunke *f.*; **crimpy** *adj.*, gekräuselt, wellig (*See*).

cringle *s.*, Legel, Lägel, Lögel *m.*, Reffkausch *f.*, Rundkausch *f.* (*Liek*); **bending –,** Innenanschlaglegel *m.*; **upper –s** (*pl.*), Nocklegel *pl.*; **– fid** *s.*, Spleiß- *od.* Splißhorn *n.*

crinkle *s.*, Falte *f.* (*im Segel*); *v.*, Falten werfen (*Segel*); **crinkly** *adj.*, faltig (*Segel*).

crippled ship *s.*, aktions- *od.* manövrierunfähiges Schiff *n.*

crisp / air *s.*, frische scharfe Luft *f.*; **a – breeze** *s.*, (eine) frische Brise *f.*

criterion *s.* (*pl.* **criteria**), Kriterium *n.*, Unterscheidungskennzeichen *n.*; **– for a full life jacket,** Ohnmachtssicherheit(skriterium *n.*) *f.* (für Rettungswesten).

critical *adj.*, **– angle,** kritischer Winkel *m.*, Grenzwinkel *m.*; **– constants** (*pl.*), kritische Konstanten (*pl.*); **– frequency** (*rad.*), Grenzwelle *f.*; **– load,** Grenzbelastung *f.*; **– moment,** kritischer Augenblick *m.* *od.* Moment *m.*; **– position,** brenzlige Lage *f.*; **– speed,** kritische Geschwindigkeit *f.*, Grenzgeschwindigkeit *f.*; **– value,** kritischer Wert *m.* (*Instrumentenablesung*).

crook *s.* (*tech.*), Kniestück *n.*; **crooked** *adj.*, gebogen (*Mast*).

cross *s.*, halber Schlag *m.* (*Tau*); *v.*, (*Rahen*) kaien *od.* in Horizontalstellung bringen, kreuzen, (über)queren (*Kurslinie, Fahrwasser*); **to – ahead,** vor dem Bug (*eines anderen Bootes*) vorbeilaufen; **to – sail,** ein Rahsegel vierkant toppen; **to – the bow,** den Bug kreuzen; **to – the Channel,** den (Ärmel)Kanal überqueren; **to – the hawse,** den Bug eines Ankerliegers kreuzen; **to – signal(s)** *or* **whistle,** gegenseitige Signale austauschen *od.* geben.

cross/bar *s.* (*naut.*), Querholz *n.*; **--beam** *s.*, Ducht *f.*, Scherstock *m.*, Dwars-, Bastardbalken *m.*; **– bearing** *s.*, Kreuzpeilung *f.*; **–(-)bitt** *s.*, Kreuzpoller *m.*; **– bulkhead** *s.*, Querschott *n.*; **--channel** *v.*, den (Ärmel)Kanal überqueren; **--channel traffic** *s.*, Kanalverkehr *m.*; **--coil aerial** *s.* (*am.* **antenna**), Kreuzrahmenantenne *f.*; **– current** *s.*, Gegenstrom *m.*, -strömung *f.*; **– cut** *s.*, abkürzende *od.* abschneidende Bahn *f.*; **–cut spinnaker** *s.*, Crosscut-Spinnaker *m.*, Spinnaker *m.* mit Querbahnen; **– fire** *s.* (*rad.*), Störgeräusch *n.*, Störung *f.*; **– flow** *s.*, austauschende Luftströmung *f.* (*am Segel*); **–head bollard** *s.*, Doppelkreuzpoller *m.*; **–head construction** *s.*, Kreuzkopf- *od.* Traversbauart *f.* (*Schiffbau*).

crossing *s.*, Überfahrt *f.*, Überquerung *f.* (*bes. Ärmelkanal*), Reise *f.* zur See; **rough (smooth) –,** stürmische (glatte) Überfahrt *f.*; **– of courses,** (Sich)Kreuzen *n.* von Kursen; **– the line,** Äquatorüberquerung *f.*, Überquerung *f.* der Datumsgrenze; **– the line ceremony,** Äquatortaufe *f.*; **– buoy** *s.*, Boje *f.* *od.* Tonne *f.* an Fahrwasserkreuzungen.

cross/jack *s.*, Kreuzsegel *n.*; **–jack bowline** *s.*, Kreuzbulin(e) *f.*; **--laid rope** *s.*, kreuzgeschlagenes Tau *n.*; **--lay** *s.*, Kreuzschlag *m.* (*Kurs*); **– leech** (*am.* **leach**) *s.*, Querliek *n.*; **– line** *s.*, Dwars-, Querleine *f.*; **– marker** *s.*, Quermarkenfeuer *n.*; **--marking light** *s.*, Quermarkenleuchtfeuer *n.*; **– piece** *s.*, Querverband *m.* (*Bootsbau*), Querholz *n.*, Dwarsbalken *m.*, Nagelbank *f.*, Netzbaum *m.*; **– rope** *s.*, Dwars-, Querleine *f.*; **– sea** *s.*, Kreuzsee *f.*; **– section** *s.*, Querschnitt *m.* (*Linienriß*); **– section of the main frame,** Hauptspantquerschnitt *m.*; **– seizing** *s.*, Kreuzbändsel *n.*, -zeising *m.*; **– spring** *s.*, Kreuz-, Querspring *f.*; **– swell** *s.*, **--swelling seas** (*pl.*), durcheinanderlaufende Dünung *f.*, Kreuzdünung *f.*; **– tackle** *s.*, Schwichttalje *f.*; **– timber** *s.*, Dwars-, Querholz *n.*, Querspant *n.*; **–(-)tree** *s.*, (Dwars-, Quer)Saling *f.*; **– waves** *s./pl.*, Querwellen *f./pl.*, querlaufende Wellen (*pl.*), Kreuz-, Querseen (*pl.*); **– whistle** *s.*, Kurssignal *n.*; **– wind** *s.*, von der Seite einfallender Wind *m.*; **–wise** *adv.*, kreuzweise.

crow *s.*, **as the – flies, in a – line,** (in der) Luftlinie *f.*

crowd *s.*, Wu(h)ling *f.*; *v.*, **to – (all) sail(s)** *or* **canvas,** prangen, zu viel Segel(fläche) fahren, alle Segel (bei)setzen.

crow/foot *s.*, Hahnepot *f.*, Spinne(n)kopf *m.*; **–foot runner** *s.*, Hahnepotläufer *m.*

crown *s.* (*naut.*), Kranz *m.*, (Anker)Kreuz *n.*, Krone *f.*; Schleusenhaupt *n.*; **– of beam,** Balkenbucht *f.*; **– of the anchor,** Ankerkreuz *n.*; **– gate** *s.*, Flut-, Ober-, Vordertor *n.* (*einer Schleuse*); **– knot** *s.*, Kreuzknoten *m.*; **– nut** *s.* (*tech.*), Kronenmutter *f.*; **– piece** *s.*, Kopfstück *n.*, oberster Teil *m.* (*Mast, etc.*).

crow's nest *s.* (*naut.*), Krähennest *n.*, Mastkorb *m.*, Ausguck *m.*

crucial *adj.*, **– moment,** kritischer Moment *m.* *od.* Augenblick *m.*; **– test,** Feuerprobe *f.*

cruciform bollard *s.*, Kreuzpoller *m.*

cruise *s.*, Kreuzfahrt *f.*, Seereise *f.*; Kreuzen *n.*; **annual fall('s) –,** Absegeln *n.*, letzte Geschwaderfahrt in der Segelsaison; **annual spring('s) –,** Ansegeln *n.*, erste Geschwaderfahrt in der Segelsaison.

cruise *v.*, segeln, kreuzen, (ziellos) umhersegeln, eine Kreuzfahrt *od.* Seereise machen; **to – in formation,** im Verband fahren *od.* segeln; **to – without** *or* **with dimmed lights,** abgeblendet *od.* mit abgeblendeten (Positions)-Lichtern fahren *od.* segeln.

cruiser *s.*, Tourensegler *m.*, -yacht *f.*, Kreuzer *m.*, Kreuzeryacht *f.*, gedeckte Yacht *f.*, Motoryacht *f.*; Segler *m.* (*Boot u. Pers.*); **auxiliary-powered –,** Motorsegler *m.*; **keel (and centreboard) –,** Kiel(schwert)kreuzer *m.*; **– class** *s.*, Kreuzerklasse *f.*; **–(-)racer** *s.*, Fahrten- und Regattasegler *m.* (*Boot u. Pers.*), Touren- und Regattayacht *f.*; **– stern** *s.*, Kreuzer(yacht)heck *n.*; **– yacht** *s.*, Kreuzeryacht *f.*

cruising *s.*, Fahrten-, Tourensegeln *n.*, Kreuzen *n.*; **C– Association** *s.*, Fahrtensegler-Vereinigung *f.*, Kreuzer-Abteilung *f.*; **– centreboarder** *s.* (*am.* **centerboarder**), Jollenkreuzer *m.*, Wanderjolle *f.*; **– class** s., Kreuzerklasse *f.*; **– cloth** *s.*, Segeltuch *n.* für Tourenboote; **– club** *s.*, Fahrten- *od.* Tourenseglerklub *m.*; **– competition** *s.*, Fahrten(segler)wettbewerb *m.*; **– crew** *s.*, Fahrtencrew *f.*; **– ground** *s.*, Segelrevier *n.*; **– radius** *s.*, **– range** *s.*, Aktionsradius *m.*, Reichweite *f.* (*Marschfahrt*); **– sail**

s., Fahrten-, Tourensegel *n.*; – **sailor** *s.*, Fahrten-, Tourensegler *m.*; – **speed** *s.*, ökonomische Fahrt *f.*, Marschfahrt *f.*, Fahrt- *od.* Reisegeschwindigkeit *f.*; – **spinnaker** *s.*, Fahrtenspinnaker *m.*; – **team** *s.*, Fahrtenmannschaft *f.*, -team *n.*, -crew *f.*; – **trimaran** *s.*, Kreuzertrimaran *m.*; – **waters** (*pl.*), Segelrevier *n.*; – **yacht** *s.*, (Fahrten)Kreuzer *m.*, Kreuzeryacht *f.*; **ocean-going – yacht** *s.*, Seekreuzer *m.*

crumple *v.*, Falten werfen (*Segel*).

crusted *adj.*, mit einer Eiskruste *od.* -schicht bedeckt.

crutch *s.* (*naut.*), Gaffelklau(e) *f.*, Krücke *f.*, Stieper *m.*, Stütze *f.*, (*tech.*) Auflager *n.*; **boat –,** (Gabel)Dolle *f.*, Riemengabel *f.*; **boom –,** Baumbock *m.*, -schere *f.*, -stütze *f.*, Galgen *m.*, Rudergabel *f.*, Piekband *n.*; – **for the boom,** Baumschere *f.*; – **for the gaff,** Gaffelklau(e) *f.*; – **for a sweep,** Rudergabel *f.*

crystal *s.* (*rad.*), Detektor *m.* Quarz *m.*; – **control** *s.* (*elec.*), Quarzsteuerung *f.*; – **detector** *s.* (*rad.*), (Kristall)Detektor *m.*, Kristall-Gleichrichter *m.*; – **set** *s.* (*rad.*), (Kristall)Detektorempfänger *m.*

cubicle *s.* (*naut.*), Verschlag *m.*, kleiner abgeschotteter Raum *m.* (*im Boot*).

cud *s.* (*naut.*, *sl.*), Priem(chen *n.*) *m.*

cuddy *s.*, Plicht *f.*, Kajüte *f.*, Kombüse *f.*

culminate *v.* (*astr.*), kulminieren, die obere (untere) Kulmination erreichen, durch den Meridian gehen.

culmination *s.* (*astr.*), Kulmination *f.*, höchster Stand *m.* (*eines Gestirns*); **upper –,** obere Kulmination *f.*; – **point** *s.*, Kulminationspunkt *m.*, höchster Stand *m.* (*Gestirn*).

cum savvy (*br.*, *sl.*), praktische Erfahrung *f.*, Geschicklichkeit *f.*, Knowhow *n.*

cumuliform *adj.* (*meteor.*), cumulusförmig (*Wolkenbildung*).

cumulo / -cirrus s. (*meteor.*), Cumulocirrus *m.* (*or* Kumulozirrus); **– -nimbus** *s.*, Cumulonimbus *m.*, Gewitterwolke *f.*; **– -stratus** *s.*, Cumulostratus *m.*, Stratocumulus *m.*

cumulus *s.* (*meteor.*), Cumulus *m.* (*or* Kumulus), flache Haufen-, Schauerwolke *f.*; – **congestus** *s.*, Cumulus congestus *m.*, geballte Haufenwolke *f.*; – **formation** *s.*, Haufenwolkenbildung *f.*, Quellbewölkung *f.*

cunningham *s.*, Cunningham *n.*, Tuch-, Vorliekssstrecker *m.*; – **eye** *s.*, Cunninghamauge *n.*; – **hole** *s.*, Cunninghamkausch *f.*, -strecker *m.*; – **line** *s.*, Cunninghamende *n.*, -leine *f.*; – **strap** *or* **strop** *s.*, Cunninghamstropp *m.*

cup *s.* (*spt.*), Cup *m.*, Pokal *m.*, (Sieges)Preis *m.*; **challenge –,** Wanderpokal, -preis *m.*, Herausforderungspreis *m.*, Preispokal *m.*; **grease –** (*tech.*), Schmierbuchse *f.*, Öler *m.*; – **anemometer** *s.*, Schalenkreuzanemometer *n.*, -windmesser *m.*; – **fitting** *s.*, Glockenbeschlag *m.*; – **grease** *s.*, Schmierfett *n.*; – **insulator** *s.*, Glockenisolator *m.*; **–(-)shaped beacon** *s.*, Becherbake *f.*; – **valve** *s.*, Glocken-, Hauben-, Tellerventil *n.*

cure-all *s.* (*coll.*), All-, Universalheilmittel *n.*

curl *v.*, sich kräuseln (*Wasser*), kleine Wellen schlagen; **curl cloud** *s.*, Cirrus-, Federwolke *f.*; **curled** *adj.*, gekräuselt (*Wasser*); **curling** *s.*, Wellen schlagen, Wogen *n.* (*See*); **curly** *adj.*, gekräuselt, sich kräuselnd (*Wasser*).

current *s.*, Strom *m.*, Strömung *f.* (*Wasser*), Zug *m.* (*Luft*), (*elec.*) Strom *m.*; **coastal –,** Küstenströmung *f.*; **counter –,** Gegen-, Neerstrom *m.*; **direction of the –,** Stromrichtung *f.*; **down –** (*meteor.*), Abwind *m.*; **drift –,** Drift(strömung) *f.*; **flood –** (*am.*), Tidenstrom *m.*, -strömung *f.*; **ocean** *or* **sea –,** Meeresströmung *f.*; **tidal –** (*am.*), Gezeiten-, Tidenstrom *m.*; **up –** (*meteor.*), Aufwind *m.*; **to drift with the –,** mit der Strömung laufen *od.* treiben (*Boot*); **to ride the –,** strom(ge)recht liegen, mit dem Bug gegen den Strom (vor Anker) liegen; – **of air,** Luftstrom *m.*, -strömung *f.*; **a – of air,** Lufthauch *m.*, -bewegung *f.*, -zug *m.*; – **of the sea,** Meeresströmung *f.*; – **chart** *s.*, Stromkarte *f.*; – **direction** *s.*, Stromrichtung *f.*; **– -fed** *adj.* (*elec.*), stromgespeist; – **regulator** *s.* (*elec.*), Stromregler *m.*; – **rips** (*pl.*), (Strom)Kabbelung *f.*; – **sailing** *s.*, Stromaufgabe *f.*; Stromschiffahrt *f.*; – **set** *s.*, Stromversetzung *f.*; – **strength** *s.*, Stromstärke *f.*; **(ship's own) – supply** *s.* (*elec.*), Stromversorgung *f.* (*an Bord*); – **tables** *s./pl.*, Stromtafeln *f./pl.*; – **velocity** *s.*, Strom-, Strömungsgeschwindigkeit *f.*; – **wind** *s.*, Stromwind *m.*, relativer Bordwind *m.*

cursor *s.* (*radar*), Peilstrich *m.*, (*tech.*) Läufer *m.*

curvature *s.*, Bauch *m.*, Bauchigkeit *f.*, Wölbung *f.* (*eines Segels*); – **of depth,** Wölbungstiefe *f.* (*Segel*); – **of the earth,** Erdkrümmung *f.*; – **of (the) orbit** (*astr.*), Bahnkrümmung *f.*

curve *s.*, Kurve *f.*, Biegung *f.* (*Mast*); **deviation –,** Deviationskurve *f.*; **leech** (*am.* **leach) –,** Achterlieksprofil *n.*; **luff –,** Vorliekskurve *f.*; **profile –,** (Segel)Profil *n.*; – **of admissible length, – of bulkhead spacing,** Schott(en)kurve *f.*; – **of buoyancy,** Auftriebskurve *f.*, Formschwerpunkt *m.*; – **of flo(a)tation,** Wasserlinien(flächen)-, Verdrängungskurve *f.*; **– of (the) leech** (*am.* **leach**), Achterlieksrundung *f.*; **– of sectional** *or* **cross-section areas,** Spantflächen-, Verdrängungskurve *f.*; **– of stability,** Stabilitätskurve *f.*; **– of waterplane areas,** Wasserlinienflächenkurve *f.*

curve *v.*, sich biegen *od.* krümmen (*Mast*), sich wölben (*Segel*); **curved** *adj.*, **– line,** Bogenlinie *f.*; **–-line graph,** Deviationskurve *f.*; **– spar,** Peitschenmast *m.*

cushion *s.* (*naut.*), Polster *n.*, Kissen *n.*, (*tech.*) Zwischenlage *f.*, Dämpfer *m.*; *v.* (*tech.*), abfedern, dämpfen (*Bewegung*); **cushion craft** *s.*, Luftkissenfahrzeug *n.*

custom *s.* **of the sea,** Seebrauch *m.*

custom-house *s.*, Zollamt *n.*; **– charges** *s./pl.*, Zollgebühren *f./pl.*; **– officer** *s.*, Zollbeamter *m.*; **– seal** *s.*, Zollverschluß *m.*

customs *s.*, Zoll *m.*, Zollamt *n.*, Zollbehörde *f.*, Zollwesen *n.*; **– area** *s.*, Zollgebiet *n.*, -zone *f.*; **– authorities** (*pl.*), Zollbehörde *f.*; **– clearance** *s.*, Zollabfertigung *f.*; **– cruiser** *s.*, **– cutter** *s.*, Zollkreuzer *m.*, -schiff *n.*; **– declaration** *s.*, Zollerklärung *f.*; **– duty** *s.*, Zollabgaben *f./pl.*; **– entry** *s.*, Zollangabe, -erklärung *f.*; **– flag** *s.*, Zollflagge f.; **– formalities** (*pl.*), Zollformalitäten (*pl.*); **– guard** *s.* (*am.*), Zollbeamter *m.*; **– harbour** *or* **port** *s.*, Zollhafen *m.*; **– launch** *s.*, Zollbarkasse *f.*; **– regulations** (*pl.*), Zollbestimmungen *f./pl.*; **– waters** (*pl.*), Zollhoheitsgewässer (*pl.*), Seezollgebiet *n.*

cut *s.*, (Segel)Schnitt *m.*; Kanal *m.*; **horizontal (vertical) –,** Horizontal(Vertikal)schnitt *m.*; **radial (triradial) –,** Radial(Triradial)schnitt *m.* (*Segel*); **short –,** Abkürzungsstrecke *f.*; **– of a sail,** Segelschnitt *m.*, -zuschnitt *m.*

cut *v.*, kappen, kürzen; durchschneiden (*Wasser*), schneiden (*Bug*), abschneiden (*Strecke*); **to – across the bow (of another boat)**, den Bug (eines anderen Bootes) schneiden, hart vor dem Bug (eines Bootes) vorbeikreuzen; **to – adrift,** loskommen, sich losreißen *od.* selbständig machen (*Boot*); **to – away,** (*Ankertau*) kappen; **to – back speed,** Fahrt vermindern *od.* verlangsamen, Geschwindigkeit drosseln; **to – down,** (*Schiff*) abwracken; **to – in** (*rac.*), sich (*an der Startlinie*) einreihen, (*elec.*) einschalten; **to – in the pumps,** die Lenzpumpen ansetzen; **to – into the waves,** die Wellen unterschneiden; **to – off,** abkappen (*Tau, Mast*), (*elec.*) ausschalten; **to – out,** plötzlich ausscheren (*Boot*), (*Schiff*) durch Abschneiden von der Küste abbringen *od.* kapern, (*rad.*) Störungen ausschalten; **to – speed,** Fahrt vermindern *od.* verlangsamen *od.* zurücknehmen; **to – a stick** (*naut.*, *sl.*), abhauen, das Boot verlassen, desertieren.

cut / -away forefoot *s.*, runder Stevenanlauf *m.*, anlaufender Steven *m.*; **--away stern** *s.*, abfallendes Heck *n.*, Schlepperheck *n.*; **– competition** *s.* (*rac.*), mörderische Konkurrenz *f.*; **--in** *s.* (*elec.*), Zwischen-, Einschalter *m.*

cutlas(s) *s.*, Entermesser *n.*

cut / off *s.*, Abkürzung(sstrecke) *f.*; **--off frequency** *s.* (*rad.*), Grenzwellenfrequenz *f.*; **--off valve** *s.*, Absperrventil *n.*; **– only** *s.*, Schablone *f.* (*Segel*); **– out** *s.* (*elec.*), Unterbrecher *m.*, Ausschalter *m.*, Kurzschluß *m.*; **– splice** *s.*, Buchtspleiß *m.*

cutter *s.*, Kutter *m.*, (Bei)Boot *n.*; **coastguard –** (*am.*), Küstenwachboot *n.*; **– cruising yacht** *s.*, Kutter(kreuzer)yacht *f.*; **– fall** *s.*, Kutterläufer *m.*; **– rig** *s.*, Kuttertakelung *f.*; **– stroke** *s.*, Kutterschlag *m.* (*beim Pullen*); **– yacht** *s.*, Kutteryacht *f.*

cutting / angle *s.*, Schnittwinkel *m.*; **– wind** *s.*, schneidender *od.* schneidend kalter Wind *m.*; **– tool** *s.*, Schneidewerkzeug *n.*

cutwater *s.*, Steven *m.*, Vorsteven *m.*, Schegg *m.*, Galion *m.*

cybernetics *s./pl.*, Kybernetik *f.*, Steuerungskunst *f.* (*durch Impulsgeber*).

cycle *s.* (*astr.*), Himmelskreis *m.*, (*tech.*) (Kreis)Lauf *m.*, (*phys.*) Periode *f.*, Schwingungsperiode *f.*, Zyklus *m.*; *v.*, periodisch wiederkehren (*Leuchtfeuer*); **cycles per second** (*phys.*, *elec.*), Hertz *n.*, Perioden (*pl.*) pro Sekunde.

cyclone *s.* (*meteor.*), Tief(druckgebiet) *n.*, Störung *f.*, Zyklone *f.*, Sturmtief *n.*, Luftwirbel *m.*; Tornado *m.*, Wirbelsturm *m.*, Zyklon *m.*; **track of a –, – track** *s.*, Bahn *f.* eines Wirbelsturms *od.* Zyklons; **– warning** *s.*, Hurrikan-, Taifun-, Orkan-, Zyklon-, Wirbelsturmwarnung *f.*

cyclonic storm *s.* (*meteor.*), Wirbelsturm *m.*, Hurrikan *m.*, Taifun *m.*, Willy-Willy *m.*, Mauritius Orkan *m.*; **cyclonoscope** *s.* (*meteor.*), Zyklonoskop *n.*

cylinder *s.*, Zylinder *m.* (*schwarzer Signalkörper*), (*tech.*) Rolle *f.*, Walze *f.*, Trommel *f.*

cylindrical / buoy *s.*, Faß-, Stumpftonne *f.*; **– coefficient** *s.*, Zylinderkoeffizient *m.*, -völligkeitsgrad *m.*

cynosure *s.* (*astr.*), Polarstern *m.*

D

dab *s.*, Achse *f.*, Nut *f.*, Pinne *f.* (*Kompaß*), Kompaßhütchen *n.*

dagger *s.*, Diagonalstück *n.* (*Bootsbau*), Stopper *m.* (*Stapellauf*); **– board** *s.*, kurzes Schwert *n.*; Diagonal-, Querholz *n.* (*Boot*); **– knee** *s.*, schlafendes Knie *n.*, Diagonal-, Winkelknie *n.* (*Bootsbau*); **– mast** *s.*, Steckmast *m.*; **– plate** *s.*, Steckschwert *n.*; **– shore** *s.*, Stopper *m.* (*Stapellauf*).

dalles *s./pl.*, Stromschnellen *f./pl.*

dam *s.*, Deich *m.*, (Stau)Damm *m.*, Stausee *m.*, -gewässer *n.*, Talsperre *f.*, Wehr *n.*; **coffer –,** Koffer-, Fangdamm *m.*

damage *s.* (*naut.*), Havarie *f.*; **– below the waterline,** Unterwasser(schiff)schaden *m.*; **– by sea** *or* **due to marine risk,** Seeschaden *m.*, Havarie *f.*; **– control** *s.*, Lecksicherung *f.*; **– -control stuffing box** *s.*, Leckstopfbeutel *m.*; **– control stations** (*pl.*), Bergerolle *f.*

damaged *adj.*, **– compartment,** lecke Abteilung *f.* (*im Schiff*); **– condition,** lecker *od.* beschädigter Zustand *m.*; **– ship,** leckes *od.* havariertes Schiff *n.*

damage / regulations *s./pl.*, Havariebestimmungen *f./pl.*; **– report** *s.*, Havarie(schaden)meldung *f.*

damages *s./pl.*, **– by sea,** Havarie *f.*; **to claim –,** Schadenersatzansprüche stellen; **to pay –,** Schadenersatz leisten.

damage / stability *s.*, Stabilität *f.* des havarierten Schiffes, Leckstabilität *f.*; **– survey** *s.*, Havarieschätzung *f.*, -gutachten *n.*; **– water** *s.*, Leckwasser *n.*

damp *s.* (*meteor.*), Dunst *m.*, Feuchtigkeit *f.*; *adj.*, feucht, klamm, dumpfig (*Luft*); *v.* (*phys.*), dämpfen, feucht werden; **damped** *adj.* **wave** (*phys.*), gedämpfte Welle *f.*; **damp fog** *s.* (*meteor.*), Nebelschwaden (*pl.*); **dampish weather** *s.*, naßkaltes Wetter *n.*; **damp-proof** *adj.*, feuchtigkeitsbeständig.

dan *s.*, Breidel *n.*, Breil *f.*, Markierungsboje *f.*, Rettungs-, Spierenboje *f.*, -tonne *f.*, Schwimmflagge *f.*; **– buoy** *s.*, Markierungs-, Rettungs-, Warnboje *f.*; Schwimmflagge *f.*

dandy *s.*, Dandy(boot) *n.*, Eineinhalb-, Anderthalb-, Heckmaster *m.*, Schaluppe *f.* mit Treibermast; Besansegel *n.*, Treiber *m.*; kleines Spill *n.*; **– mizzen** *s.*, Treibermast *m.*, kurzer Mast *m.* eines Anderthalbmasters; **– rig** *s.*, Dandytakelung *f.*; **– -rigged boat** *s.*, Anderthalb-, Eineinhalbmaster *m.*

Danforth / anchor *s.*, Danforth-Anker *m.* (*Leichtanker*); **– compass** *s.*, Danforth Kompaß *m.*

danger *s.*, **– of collision,** Kollisionsgefahr *f.*; **– to navigation,** Bedrohung *f.* der Schiffahrt; **– angle** *s.*, Gefahrenwinkel *m.*; **– area** *s.* (*naut.*), Gefahren-, Sperr-, Warngebiet *n.*, -zone *f.*; **– bearing** *s.*, Gefahrenpeilung *f.*; **– buoy** *s.*, Warnboje, -tonne *f.*; **– flag** *s.*, Warnflagge *f.*; **– light** *s.*, optisches Warn- *od.* Gefahrensignal *n.*; **– line** *s.*, Gefahrenlinie *f.*; **– mark** *s.*, Gefahrenmarkierung *f.*, -seezeichen *n.*; **– (radio) message** *s.*, Gefahrenfunkspruch *m.*, -meldung *f.*

dangerous *adj.*, **– area,** Gefahrengebiet *n.*, -zone *f.*; **– circle,** Gefahrenkreis *m.*; **– coast,** gefährliche *od.* unreine Küste *f.*; **– quadrant** (*meteor.*), gefährliches Viertel *n.*; **– semicircle** (*meteor.*), gefährlicher Halbkreis *m.* (*einer Sturmbahn*); **– zone,** Gefahrengebiet *n.*

danger / report *s.* (*meteor.*), Wetterwarnmeldung *f.*; **– sector** *s.*, Warnsektor *m.* (*Leuchtfeuer*); **– signals** (*pl.*), Not-, Gefahren-, Warnsignale (*pl.*); **the – signals are up,** die Notsignale sind gesetzt; **– warnings** (*pl.*) (*meteor.*), Gefahren-, Sturmwarnung *f.*; **– zone** *s.* (*naut.*), Warngebiet *n.*; Gefahrenzone *f.*, Sperrgebiet *n.*

dank *adj.*, dunstig, feucht, naßkalt; **– weather** *s.*, naßkaltes Wetter *n.*

dan / layer *s.*, Bojenleger *m.*, Bojenboot *n.*; **– line** *s.*, Breidel-, Breiltau *n.*; **danner** *s.*, Bojenleger *m.* (*Boot*).

dark *s.*, Dunkelheit *f.*; **after –,** nach Einbruch *od.* -tritt der Dunkelheit.

darken *v.*, abblenden (*Schiff*), sich bewölken *od.* eintrüben (*Himmel*); **to – ship,** das Schiff abblenden; **darkened ship** *s.*, abgeblendetes Schiff *n.*

dark lantern *s.*, Blendlaterne *f.*; **darkness** *s.*, Dunkelheit *f.*; **dark / sector** *s.*, Dunkelsektor *m.* (*Leuchtfeuer*); **– segment** *s.* (*astr.*), Erdschatten *m.*; **– star** *s.* (*astr.*), dunkler (*nicht leuchtender*) Stern *m.*; **– water** *s.*, trübes Wasser *n.*

dash *s.*, (Morse)Strich *m.*; *v.*, branden, überfluten; **the water –ed over the deck,** das Wasser stürzte *oder* flutete *od.* schlug über das Deck; **dash-board** *s.*, Schaum-, Spritzbrett *n.*, Waschbord *n.*; Instrumentenbrett *n.*

dasher / block *s.*, Flaggleinenstock *m.*; **– swivel block** *s.*, Flaggleinenwirbel *od.* -warbel *m.*

dash / sector *s.*, Strichsektor *m.* (*Consol*); **– signal** *s.*, Strichsignal *n.* (*Consol*).

data *s./pl.*, Meß-, Versuchswerte *m./pl.*; **– recorder** *s.*, Meßwertschreiber *m.* (*Instrument*).

date *s.*, **– of entry** (*rac.*), Meldungstermin *m.*;

– **of registration** *or* **registry** (*naut.*), Register-, Registrierdatum *n.*; – **line** *s.*, Datumsgrenze *f.* (*ca. 180° östl. von Greenwich*); – **time group** *s.*, Signalkennung *f.*, -kennummer *f.*

datum *s.* (*pl.* **data**) (*math.*), gegebene Größe *f.*; **chart –,** Kartennull; **tidal –,** Normalnull; – **line** *s.*, Bezugslinie *f.* (*Vermessung*); – **point** *s.* (*phys.*), Bezugspunkt *m.*

daughter ship *s.*, Tochterschiff *n.*

Davis'(s) altitude azimuth tables *s./pl.*, Azimut-Höhentafeln *f./pl.* nach Davis.

davit *s.*, Davit *m.*, Galgen *m.*, beweglicher Bootskran *m.* (*an Bord*); – **bollard** *s.*, Davitpoller *m.*; – **clamp** *s.*, Davitklampe *f.*, -halterung *f.*; – **cleat** *s.*, Davitklampe *f.*; – **collar** *or* **keeper** *s.*, Davithalslager *n.*; – **craft** *s.*, Davit-, Seitenboot *n.*; – **guy** *s.*, Davitgei *f.*; – **pedestal** *s.*, Davitlagerblock *m.*; – **socket** *s.*, Davitspurlager *n.*; – **span** *s.*, Davitstander *m.*; – **stand** *s.*, Davitkoker *m.*; – **winch** *s.* (*am.*), Bootswinde, -winsch *f.*

Davy Jones *s.* (*naut.*), böser Geist *m.* der Meere, Teufel *m.*; **–'s locker** *s.*, Meeresgrund *m.*, -tiefe *f.*; Seemannsgrab *n.*; **to go to –'s locker,** ertrinken; **to be sent to –'s locker,** untergehen, ertrinken.

dawn *s.*, Morgendämmerung *f.*, -grauen *n.*, Tagesanbruch *m.*; **at (the crack of) –,** bei Tagesanbruch; **fog at –,** Frühnebel *m.*; *v.*, dämmern, tagen; **dawning** *s.*, (*s.* **dawn**).

day *s.*, Tag *m.*, Tageslicht *n.*, (*astr.*) Tag *m.* (*eines Himmelskörpers*); **civil –,** bürgerlicher Tag *m.*; **lunar (solar) –,** Mond(Sonnen)tag *m.*; **nautical –,** (Tages)Etmal *n.*; **–break** *s.*, Tagesanbruch *m.*, Morgendämmerung *f.*; – **cruiser** *s.*, Daycruiser *m.*, Motorboot *n.* ohne Kajüte; – **frequency** *s.* (*rad.*), Tagesfrequenz *f.*; **–light** *s.*, Tages-, Sonnenlicht *n.*, (*rac.*) Abstand *m.*, Zwischenraum *m.* (*zwischen 2 Booten*); **before –light,** vor Tagesanbruch, vor dem Morgengrauen; **–light down** *s.* (*am.*), Sonnenuntergang *m.*; **–light saving time** *s.*, Sommerzeit *f.*; – **mark** *s.*, Tagmarke *f.*, Toppzeichen *n.* (*Boje*); – **peep** *s.*, Morgengrauen *n.*; – **race** *s.*, Tagesregatta *f.*, -wettfahrt *f.*; – **range** *s.* (*rad.*), Tagesreichweite *f.*; **days** (*pl.*), **lay –,** Liegetage *m./pl.*; **overlay –,** – **of demurrage,** Überliegezeit *f.*, -tage (*pl.*); – **at sea,** Seetage *m./pl.*, auf See verbrachte Tage (*pl.*); – **in port** *or* **harbour,** Hafentage (*pl.*); **day/sailer** *s.*, Daysailer *m.*, Segelboot *n.* ohne Kajüte; – **spring** *s.*, Tagesanbruch *m.*

day's/reckoning *s.*, Tagesbesteck *n.*; – **run** *s.*, (Tages)Etmal *n.*, (Schiffs)Tagereise *f.*; – **work** *s.*, (Tages)Etmal *n.*, Mittags-, Tagesbesteck *n.*

day/star *s.*, Morgenstern *m.*; – **tank** *s.*, Tagestank *m.*, Reservekanister *m.*; – **time** *s.*, Tag *m.*, Tageszeit *f.*; – **-time bearing** *s.*, Tagpeilung *f.* (*Funkp.*); – **wave** *s.* (*rad.*), Tag(es)welle *f.*

dazy/sail *s.*, Dazy(segel) *n.*; – **staysail** *s.*, Dazy-Stagsegel *n.*; – **windseeker** *s.*, Dazy-Spinnaker *m.*, -windseeker *od.* -windsucher *m.*

dazzle/lamps *or* **lights** *s./pl.*, Blendlaternen *od.* -lampen *f./pl.*; – **paint** *or* **system** *s.* (*naut.*), Tarnfarbe, Tarnbemalung *f.*

dead/ahead, recht voraus (*Kursrichtung*), recht von vorn (*Wind*); – **astern,** recht achteraus (*Kursrichtung*), recht von achtern (*Wind*); – **before the wind,** platt vor dem Wind; – **on end,** recht von vorn (*Wind*); **to be** *or* **to lie** *or* **to ride – in the water,** stilliegen, ohne Fahrt *od.* in Flaute liegen.

dead/angle *s.*, toter Winkel *m.*; **–-beat compass** *s.*, (aperiodisch) gedämpfter Kompaß *m.*; – **calm** *s.*, Flaute *f.*, Stillte *f.*, völlige (Wind)-Stille *f.*, (*coll.*) Totenflaute *f.*; *adj.*, völlig (wind)still, tot(en)still; **it is – calm,** der Wind steht auf und nieder; – **centre** *s.* (*am.* **center**) (*tech.*), Totpunkt *m.*, -lage *f.*, toter Punkt *m.*; – **distance** *s.*, absolute *od.* stehende Entfernung *f.*

deaden *v.*, dämpfen (*Schlingerbewegung, etc.*); **to – speed,** Fahrt *od.* Geschwindigkeit verlangsamen *od.* vermindern.

dead/eye *s.* (*naut.*), Jungfer(nblock *m.*) *f.*, Doodshoft *n.*; – **fire** *s.*, Elmsfeuer *n.*; – **flat** *s.*, Haupt-, Nullspant *n.*; – **freight** *s.* (*naut.*), Fautfracht *f.*; **–head** *s.*, Holz-, Land-, Verholpoller *m.*, (*am.*) blinder Passagier *m.*; – **heat** *s.*, totes Rennen *n.*; **to –heat** *v.*, ein totes Rennen segeln; – **latitude** *s.*, gegißte geographische Breite *f.*; – **level** *s.*, Nullpegel *m.*; **–light** *s.*, Bullaugenklappe *f.*, (Fenster)Blende *f.*; Lukendeckel *m.*; – **light wind** *s.*, totale Flaute *f.*, Totenflaute *f.*; – **load** *s.*, Eigengewicht *n.* (*Boot*), (*tech.*) totes Gewicht *n.*, tote Belastung *f.*; – **loss** *s.*, Totalverlust *m.*; – **man** *s.*, Abfänger *m.*, Abfanghaken *m.*, Jütt *f.* (*Mast*); – **-man control** *s.*, Sicherheits-, Notsteuerungsvorrichtung *f.*; **–man's eye** *s.*, Jungfer(nblock *m.*) *f.*, Doodshoft *n.*; – **point** *s.* (*tech.*), toter Punkt *m.*, Totpunkt *m.*, -lage *f.*; – **reckoning** *s.*, gegißtes Besteck *n.*, Besteck *n.*, Besteck-, Koppelrechnung *f.*; Koppelkurs *m.*, Koppelung *f.*; **by – reckoning,** nach Koppelbesteck; – **reckoning navigation** *s.*, Koppelnavigation *f.*; – **reckoning position** *s.*, gegißter (Schiffs)Ort *m.*, Koppelort *m.*; – **reckoning tracer** *s.*, (Koppel)Kursschreiber *m.*; **to keep the – reckoning,** koppeln; **to make the – reckoning,** gissen; – **rise,** – **rising line** *s.*, Aufkimmung *f.* (*Bootsbau*); **angle of – rise** *or* **rising line,** Aufkimmungswinkel *m.*; – **rope** *s.*, festes Tauwerk *n.*, stehendes Gut *n.*, Holetau *n.*; – **run (course)** *s.*, (Kurs *m.*) recht vor dem Wind; – **slow,** ganz langsame Fahrt *f.*; – **stop** *s.*, **to come to a –,** plötzlich ab- *od.* aufstoppen (*Boot*); – **swell** *s.*, tote Dünung *f.*; – **water** *s.*, Mit-, Nachstrom *m.*, Sog *m.*, Kiel-, Totwasser *n.* (*hinter dem Boot*); stehendes Gewässer *n.*; – **water wake** *s.*, Mitstrom *m.*, Nachstrom *m.*; – **weight** *s.* (*naut.*), Eigen-, Totgewicht *n.*, Nutzlast *f.*; – **weight capacity** *s.*, Tragfähigkeit *f.* (*eines Bootes*), Ladevermögen *n.*, Gesamtzuladung *f.*; – **weight displacement coefficient** *s.*, Tragfähigkeitskoeffizient *m.*; – **wind** *s.*, Fahrt-, Gegenwind *m.*, Wind *m.* von vorn; – **wood** *s.*, Aufklotzung *f.*, Kielklötze *m./pl.*; Totholz *n.* (*Bootsbau*); – **work** *s.*, totes Werk *n.*, Oberwerk *n.*, obere Aufbauten (*pl.*).

debark *v.*, **debarkation** *s.*, (*s.* **disembark, disembarkation**).

debris *s.*, Wrackteile (*pl.*), Schiffstrümmer (*pl.*).

decca *s.*, Decca(-Verfahren *n.*); – **chain** *s.*, Decca-Kette *f.*; – **chart** *s.*, Decca-Karte *f.*; – **co(-)ordinates** *s./pl.*, Decca-Koordinaten (*pl.*); – **navigation system** *s.*, Decca-Navigationssystem *n.*, -verfahren *n.*; – **navigator** *s.*, Decca-Navigationsgerät *n.*; – **radio position fixing** *s.*, Decca-(Schiffs)Standortbestimmung *f.*

deceleration *s.*, Fahrtverlangsamung, -verminderung *f.*, Geschwindigkeitsabnahme *f.*

decentre *v.* (*am.* **decenter**), dezentrieren, aus dem Mittelpunkt verlagern.

decider *s.* (*rac., coll.*), Entscheidungskampf *m.*, -wettfahrt *f.*

decimal system *s.*, Dezimalsystem *n.*, dekadisches System *n.*

decimetre (*am.* **-meter**) *or* **decimetric wave** *s.* (*rad.*), Dezimeterwelle *f.*

deck *s.*, Deck *n.*, Oberdeck *n.*, Verdeck *n.*; **below –,** unter Deck; **on –,** an *od.* auf Deck; **all hands on –!** (*com.*), Alle Mann an Deck!; **camber** *or* **round of –,** Decksbucht *f.*; **sheer of the –,** Decksprung *m.*; **shearlegs on –,** Jütt *f.*; **bridge –,** Brückendeck *n.*; **fore –,** Vordeck *n.*; **forecastle** *or* **foc's'le –,** Backdeck *n.*; **lower –,** Unterdeck *n.*; **main –,** Hauptdeck *n.*; **poop –,** Hüttendeck *n.*; **quarter –,** Achterdeck *n.*, Schanz(e) *f.*; **raised –,** Backdeck *n.*; **side –,** Seitendeck *n.*; **'tween –s** (*pl.*), Zwischendeck *n.*; **upper –,** Oberdeck *n.*; **to clear the –,** das Deck klarmachen *od.* aufklaren; **to go on –,** an Deck gehen; **to sweep the –,** über das Deck spülen *od.* rollen *od.* hinweggehen *od.* brechen (*Seen*); *v.*, **to – up,** an Deck (auf)stapeln.

deck/beam *s.*, Deck(s)balken *m.*; – **-beam clamp** *s.*, Deck(s)balkweger *m.*; – **cabin** *s.*, Kajütaufbau *m.*; – **cleat** *s.*, Decksklampe *f.*; – **cloth** *s.*, Feudel *m.*; – **control** *s.*, Steuerung *f.* vom Deck aus, Deckfahrstand *m.*; – **covering** *s.*, Decksbelag *m.*; – **drain** *s.*, Speigatt *n.*

decked *adj.*, (ein)gedeckt (*Boot*), (*Boot*) mit Deck; **fully – boat** *or* **yacht,** voll eingedeckte Yacht *f.*; – **-in boat** *s.*, (ein)gedecktes Boot *n.*

deck/edge *s.*, Dollbord *n.*, Schandeckel *m.*; – **equipment** *s.*, Decksausrüstung, -stattung *f.*

decker *s.*, **flush –,** Glattdecker *m.*; **three –,** Dreidecker *m.*, Dreideckschiff *n.*

deck/fan *s.*, Deck(s)lüfter *m.*, -ventilator *m.*; – **flat** *s.*, – **flooring** *s.*, Decksbelag *m.*; – **form** *s.*, Deck(s)form *f.*; – **gear** *s.*, Decksausrüstung *f.*, -geschirr *n.*; – **girder** *s.*, (Deck)Unterzug *m.* (*Bootsbau*); – **glass** *s.*, Deck(s)licht *n.*, -glas *n.*; –**hand** *s.*, Deckshand *f.*; gemeiner Matrose *m.*; – **hands** (*pl.*), Decksmannschaft *f.*, -crew *f.*; –**head** *s.*, Decke *f.* (*Kajüte, etc.*); – **hook** *s.*, Deckwrange *f.*, -band *n.*; – **horse** *s.*, Leit-, Leuwagen *m.*; – **horse and travel(l)er,** Leuwagen mit Rutscher *od.* Traveller; –**house** *s.*, Deck(s)haus *n.* (*Ruder- und Kartenhaus*), Aufbau *m.* auf Deck; – **ladder** *s.*, Decksleiter *f.*; – **lamp** *s.*, Deck(s)lampe *f.*, -leuchte *f.*; – **lashing** *s.*, Deck(s)zurrung *f.*; – **layout** *s.*, Decksplan *m.* (*Bootsbau*), Deck(s)ausstattung *f.*; Decksanordnung *f.*; – **level** *s.*, Decksebene *f.*; – **light** *s.*, Decksglas *n.*, Ober-, Deckslicht *n.*; – **line** *s.*, Deckstrak *m.*; – **log** *s.*, Logbuch *n.*; – **longitudinal** *s.*, Deckslängsspant *n.*; – **passage** *s.*, Deckspassage *f.*; – **pipe** *s.*, Decks-, Ankerkettenklüse *f.*; – **plan** *s.*, Decksplan *m.* (*Bootsbau*); – **planking** *s.*, Decksbeplankung *f.*; – **pump** *s.*, Deckspumpe *f.*; – **scuttle** *s.*, Deck(spring)luke *f.*, Decksöffnung *f.*; – **seam** *s.*, Decksnaht *f.*; – **shape** *s.*, Deckform *f.*; – **sheathing** *s.*, Decksbelag *m.*; – **space** *s.*, Deck(s)fläche *f.*, -raum *m.*; – **stopper** *s.*, Deck-, Taustopper *m.*; – **strength** *or* **stability** *s.*, Deck(s)festigkeit *f.*, -stabilität *f.*; – **stringer** *s.*, Deckstringer *m.*; – **strongback** *s.*, Decksbetingbalken *m.*, Decksquerbalken *m.*, Deckslängsträger *m.*, Deckscherstock *m.*; – **swab** *s.*, Deckschwabber *m.*, Dweidel *m.*, Dweil *m.*, Tweidel *od.* Tweil *m.*; – **tackle** *s.*, Deck(s)talje *f.*; – **transom** *s.*, Heckbalken *m.*, Deck(s)wrange *f.*; – **ventilator** *s.*, Deckventi-

lator *m.*; – **watch** *s.*, Deck(s)wache *f.*
declaration *s.*, – **inwards,** Zolleinfuhrerklärung, -deklaration *f.*; – **outwards,** Zollausfuhrerklärung, -deklaration *f.*; **racing –,** Rennerklärung *f.*
declare *v.*, deklarieren, verzollen; **declared** *adj.* **area** (*naut.*), Warngebiet *n.*, Sperrzone *f.*
declinaton *s.* (*phys.*), Abweichung *f.*, Mißweisung *f.*, (*astr.*) Deklination *f.*; **compass –,** Mißweisung *f.*; **local –,** Ortsmißweisung *f.*; **magnetic –,** (Kompaß)Nadelabweichung *f.*; **inequality of –,** Deklinationsungleichheit *f.*; – **angle** *s.*, Deklinationswinkel *m.*; – **circle** *s.* (*astr.*), Deklinations-, Stundenkreis *m.*; – **compass** *s.*, Deklinationsbussole *f.*, -kompaß *m.*, Abweichungskompaß *m.*, Deklinatorium *n.*; – **inequality** *s.*, Deklinationsungleichheit *f.* (*der Gezeiten*); – **needle** *s.*, Deklinations-, Abweichungsnadel *f.*
decline *s.*, Untergang *m.* (*Sonne, etc.*); *v.*, **to – from** (*astr.*, *phys.*), eine Deklination haben, abweichen von.
declining / compass *s.*, Deklinationsbussole *f.*, -kompaß *m.*; – **needle** *s.*, Deklinationsnadel *f.*
declinograph *s.*, Deklinograph *m.*; **declinometer** *s.*, Deklinometer *n.*, Neigungsmesser *m.*
decommission *v.* (*naut.*), **to – a ship,** ein Schiff außer Dienst stellen *od.* ausrangieren.
decrease *s.*, – **in speed,** Fahrtvermindung *f.*, Geschwindigkeitsverlust *m.*; – **of pressure,** Druckabfall *m.*; *v.*, **to – in length,** kürzer werden (*Tage*); **to – in strength,** schwächer werden (*Sturm*); **to – speed,** Fahrt *od.* Geschwindigkeit verringern *od.* vermindern.
decrescent moon *s.*, abnehmender Mond *m.*
deducted space *s.*, von der Vermessung abgezogener (Schiffs)Raum *m.*
deduction *s.*, Sog *m.*, Saugkräfte *f./pl.* (*Segel, Wasserströmung*).
deep *s.* (*naut.*), Tief *n.*, tiefe Stelle *f.*, Tiefe *f.*; Meer *n.*, See *f.*, Ozean *m.*, (*nicht durch Marken bezeichnete*) Fadenlänge *f.* (*der Lotleine*).
deep *adj.*, tief, hoch; **ten feet –,** 10 Fuß tief; – **ballast tank** *s.*, Ballasthochtank *m.*; – **circulation** *or* **current** *s.*, Tiefen-, Tiefseeströmung *f.*; – **-draught route** *or* **sea lane** *s.*, Tiefwasserweg *m.*; – **-drawing ship** *s.*, tiefgehendes Schiff *n.*; – **floor** *s.*, hohe Bodenwrange *f.*; – **frame** *s.*, Hochspant *n.*; –**- going ship** *s.*, tiefgehendes Schiff *n.*; –**- mouthed** *adj.*, dumpf dröhnend (*Meer*); – **sea** *s.*, hohe See *f.*, (*jur.*) freie See *f.*, mare liberum; Tiefsee *f.*; – **sea fishing** *s.*, Hochseefischerei *f.*; – **sea lead** *s.*, Tiefen-, Tiefseelot *n.*; – **sea navigation** *s.*, Hochseenavigation *f.*, -schiffahrt *f.*; – **sea port** *or* **harbour** *s.*, Hochsee-, Überseehafen *m.*; – **sea sounding** *s.*, Tiefen-, Tiefseelotung *f.*; – **sea tug** *s.*, Hochseeschlepper *m.*; – **sounder** *s.*, Tiefen-, Tiefseelot *n.*; – **-waisted ship** *s.*, Schiff *n.* mit tiefer Kuhl; – **waterline** *s.*, Tiefladelinie *f.*; – **waterman** *s.*, Hochseeschiff *n.*, -segler *m.*
defect *s.*, Defekt *m.*, Fehler *m.*, schadhafte Stelle *f.*; – **of construction,** Konstruktionsfehler *m.*
definition *s.* (*rad.*), Trennschärfe *f.*
deflect *v.* **(from)**, abweichen (von), (*radar*) ablenken, (*tech.*) (durch)biegen.
deflection *s.* (*naut.*), Abtreiben *n.*, Abdrift *od.* -trift *f.*, (*phys.*) Ab-, Auslenkung *f.*, Ausschlag *m.* (*eines Zeigers vom Nullpunkt*), (*radar*) Ablenkung *f.*, Steuerung *f.*; **lateral –,** Seitenabweichung *f.*, -verschiebung *f.*; – **due to** *or* **of the current,** Stromversetzung *f.*; – **due to (the) wind,** Windversetzung *f.*; – **of indicator** *or* **pointer,** Zeigerausschlag *m.* (*Instrumente*); – **of the (compass) needle,** (Kompaß)-Nadelausschlag *m.*; – **correction** *s.*, Seitenvorhaltverbesserung *f.*; **deflexion** *s.*, (*s.* **deflection**).
deformation *s.* (*tech.*), Formveränderung *f.*, Verformung *f.*; – **crack** *s.*, Verformungsriß *m.*
degree *s.* (*phys.*), Grad *m.*; **meridian –,** Meridiangrad *m.*; **two –s above (below) zero,** 2 Grad über (unter) Null; **two –s of frost,** 2 Grad unter Null *od.* Kälte; **86° –s Fahrenheit,** 30° Celsius; – **of accuracy,** Genauigkeitsgrad *m.*; – **of arc,** Bogengrad *m.*; – **of cloud** *or* **cloudiness** (*meteor.*), Bewölkgungsgrad *m.*; – **of latitude,** Breitengrad *m.*; – **of longitude,** Längengrad *m.*; – **of priority** (*rad.*), Dringlichkeitsstufe *f.*; –**-day** *s.*, Maßeinheit *f.* der mittleren Tagestemperatur; – **graduation** *s.*, Gradeinteilung *f.*
delaminate *v.*, abblättern (*Farbe*), sich in Schichten ablösen *od.* -spalten (*Segeltuchfolien*).
delamination *s.*, Abblätterung *f.*, Delamination *f.* (*Segeltuchfolien*).
delay *s.*, **tidal –,** – **of tide,** Gezeiten, -Tidenverzögerung *f.*
delicacy *s.*, Empfindlichkeit *f.*, Feinheit *f.* (*von Meßinstrumenten*).
deliver *v.*, fördern (*Pumpe*); **delivery** *s.* **(output),** Förderleistung *f.*, -menge *f.* (*Pumpe*); – **valve** *s.*, Ab-, Auslaßventil *n.*
delta *s.*, (Fluß)Delta *n.*, Mündungsgebiet *n.*; Nildelta *n.*
Delta anchor *s.*, Delta-Anker *m.* (*Leichtanker*).
deluge *s.*, Überflutung *f.*, Überschwemmung

f.; **deluged with water,** von Wasser überflutet.

demagnetization *s.*, Entmagnetisierung *f.*; **demagnetize** *v.*, entmagnetisieren.

demarkation *s.*, Ab-, Begrenzung *f.*; **line of –,** Grenzlinie *f.*, Ab-, Begrenzungslinie *f.*

demurrage *s.*, Überliegetage (*pl.*), -zeit *f.*; Überliegegeld *n.*, Wartegeld *n.*; **to be on –,** die Liegezeit überschreiten *od.* überschritten haben; **days of –,** Überliegetage *m.*/*pl.*

dene *s.*, (Sand)Düne *f.*

dense *adj.* (*meteor.*), dick, diesig, dicke Luft; dicht, undurchdringlich (*Nebel*); **it is getting –,** es wird *od.* kommt dick (*Bootsmanöver*); **– fog,** dichter *od.* dicker Nebel.

density *s.*, Dichte *f.*; Wichte *f.* (*spez. Gewicht*); **field of –** (*elec.*), Feldstärke *f.*; **– of sea** *or* **salt water,** Seewasserdichte *f.*; **– layer** *s.* (*meteor.*), Wolkendichte *f.*

dent *s.*, Beule *f.*, Delle *f.*, Einbeulung *f.* (*im Bootsrumpf*).

depart *v.*, abgehen (*Schiff*); **departing low** *s.* (*meteor.*), abziehendes Tief *n.*

departure *s.* (*naut.*), Längenunterschied *m.* (*bei gegißter Besteckrechnung*), Abweichung *f.*, Abweitung *f.* (*in Seemeilen*), Abgang *m.*, Auslaufen *n.* (*Schiff*); **to take a –,** den Ort des Schiffs bei Abfahrt bestimmen; **– course** *s.*, Abgangs-, Auslaufkurs *m.*; **– manoeuvre** *s.*, Ablegemanöver *n.*

deposit *s.* (*tech.*), (galvanischer) Überzug *m.* *od.* Belag *m.*; **– of moisture** *or* **condensation,** Schwitzwasserbildung *f.*

depot / procedure *or* **method** *or* **technique** *s.*, Depot-Verfahren *n.* (*Bootsbau*); **– tug** *s.*, Hafenschlepper *m.*

depression *s.* (*meteor.*), Depression *f.*, Zyklone *f.*, Tief(druckgebiet) *n.*, barometrisches Minimum *n.*, Druck(ab)fall *m.* (*Barometer*), (*astr.*) Depression *f.*, Tiefstand *m.*, negative Höhe *f.*; **complex of –s** (*meteor.*), Tiefdrucksystem *n.*, Schlechtwettergebiet *n.*; **passage of –** (*meteor.*), Durchzug *m.* eines Tiefs; **rear of (a) –** (*meteor.*), Rückseite *f.* eines Tiefs, Rückseitenwetter *n.*; **secondary –** (*meteor.*), Rand-, Teiltief *n.*; **– with very low pressure,** Sturmtief *n.*

depth *s.*, (Wasser)Tiefe *f.*; (Seiten)Höhe *f.* (*Schiff*), Raumtiefe *f.*; Bauch *m.*, (Profil)Tiefe *f.* (*Segel*); **10 feet in –,** 10 Fuß tief; **– of bar,** Barretiefe *f.*; **– of camber,** Wölbungstiefe *f.* (*Segel*); **– of (a) channel** *or* **fairway,** Fahrwassertiefe *f.*; **– of field** *or* **focus,** Schärfentiefe *f.*, Tiefenschärfe *f.*; **– of hold,** Raumtiefe *f.* (*Schiff*); **– of the sea,** Meerestiefe *f.*; **– of water,** Wassertiefe *f.* (*Seekarte*); **– to (upper) deck,** Seitenhöhe *f.*; **– adjustment** *s.*, Tiefeneinstellung *f.* (*Instrumente*); **– contour** *s.*, Isobathe *f.*, Tiefenlinie *f.* (*Seekarte*); **– echo sounder** *s.*, Tiefenecholot *n.*; **– echo sounding (device)** *s.*, Tiefenecholot *n.*; **– finder** *s.*, Tiefenlot *n.*; **– indication** *s.*, Tiefenanzeige *f.* (*Echolot*); **– number** *s.*, Tiefenzahl *f.*, Tiefenangabe *f.* in Zahlen (*Seekarte*); **– recorder** *s.*, Echograph *m.*; **– sounder** *s.*, Echolot *n.*

derelict *s.*, (treibendes) Wrack *n.*, von der Crew aufgegebenes Schiff *n.*, Wrackgut *n.*; **– ship** *s.*, Wrack *n.*, aufgegebenes Schiff *n.*; **dereliction** *s.*, Zurücktreten *od.* -weichen *n.* der See.

derivation angle *s.*, Derivationswinkel *m.* (*eines Bootes*).

derrick *s.*, Dirk *m.*, Piekfall *n.*; beweglicher Ausleger *m.*, Derrickkran *m.*; *v.*, mit einem Derrickkran heben *od.* verladen; **derrick / band** *s.*, Nockband *n.*; **– chock** *s.*, Baumauflagerblock *m.*; **– crane** *s.*, (fester *od.* beweglicher) Ausleger *m.*; **– heel socket** *s.*, Lümmellager *n.*; **– pendant** *s.*, Faulenzer *m.*; **– pin** *s.*, Lümmel *m.*, Lümmelbolzen *m.*, -lager *n.*; **– van** *s.*, Ladebaum- *od.* Derrickgeere *f.*

derv *s.*, Dieselkraftstoff *m.*

descend *v.* (*astr.*), absteigen, sich dem Süden nähern; sinken, fallen, sich dem Horizont nähern; flußabwärts fahren *od.* laufen *od.* segeln (*Boot*).

descent *s.*, Fallen *n.* (*Temperatur, etc.*).

design *s.*, Konstruktion *f.*, Bauart, -weise *f.*, Design *n.* (*Boot, Segel*), Konstruktionszeichnung *f.*; **one – class,** Einheitsklasse *f.*, One-Designklasse *f.*; **– draught** (*am.* **draft**) *s.*, Konstruktionstiefgang *m.*; **designed** *adj.*, **– displacement,** Konstruktionsverdrängung *f.*; **– draught** (*am.* **draft**), Konstruktionstiefgang *m.*, Tauchtiefe *f.* (*des Überwasserschiffs*), Konstruktionstiefe *f.*; **– water(-)line,** Konstruktionswasserlinie *f.*; **designer** *s.*, Konstrukteur *m.*, Designer *m.*, Schiffsarchitekt *m.*; **yacht –,** Yachtkonstrukteur *m.*; **design / features** (*pl.*), Konstruktionscharakteristika (*pl.*); **– waterline** *s.*, (Konstruktions-) Wassertiefe *f.*

destination *s.*, Bestimmungsort *m.* (*Schiff*), Reiseziel *n.*, Ziel *n.* (*Fahrtensegeln*); **destined** *adj.* **for England,** nach England unterwegs (*Schiff*).

detachable *adj.*, abnehmbar; **– bulkhead,** los- *od.* abnehmbares Schott *n.*

detached *adj.*, **– keel,** Trägerkiel *m.*; **– keelson,** Trägerkielschwein *n.*; **– superstructure,** freistehender (Decks)Aufbau *m.*

detained *adj.*, **to be –,** überliegen (*Boot*).

detect *v.* (*rad.*), gleichrichten; **detecting plant** *s.* **(aboard ship),** Meldeanlage *f.* (*an Bord*); **detection** *s.* (*rad.*), Gleichrichtung *f.*, Ortung *f.*; – **equipment** *or* **implement** *or* **gear** *or* (*coll.*) **gadget** *s.*, Ortungsgerät *n.*; – **range** *s.*, Peilbereich *m.* (*Funkp.*), (*radar*) Erfassungsreichweite *f.*; – **signal** *s.*, Ortungssignal *n.*; **detector** *s.*, Ortungsgerät *n.*, Indikator *m.* (*Feuer, etc.*), (*rad.*) Detektor *m.*, Gleichrichter *m.*

detergent *s.*, Reinigungsmittel *n.* (*f. Segel*).

deterioration *s.* **(of the weather),** Wetterverschlechterung *f.*; – **of visibility,** Sichtverschlechterung *f.*

determination *s.*, – **of distance,** Entfernungsbestimmung *f.*; – **of longitude,** Längenbestimmung *f.*; – **of (the ship's) position,** Schiffsortbestimmung *f.*, Bestimmung *f.* der Schiffsposition.

detour *s.*, Abstecher *m.*, Umweg *m.*, Umgehung *od.* -segelung *f.* (*eines Schiffahrtshindernisses*).

developed shell plating *s.*, Außenhautabwicklung *f.*, abgewickelte Außenhaut *f.* (*Schiff*).

deviate *v.*, ablenken, abweichen (*Kompaß*), versegeln, abkommen (*vom Kurs*); **to – from the course,** versegeln, vom Kurs abkommen.

deviation *s.*, Ablenkung *f.*, Abweichung *f.*, Fehlweisung *f.*, Deviation *f.* (*Kompaß*), Kursabweichung *f.*, Versetzung *f.*, (*Seeversicherung*) unerlaubte Deviation *f.* (*v. Kurs*); (*opt.*) Ablenkung *f.*; (*tech.*) Ausschlag *m.*, Auslenkung *f.* (*Zeiger*); **angle of –,** Deviationswinkel *m.*; **D/F –,** Funkfehlweisung *f.*, Funkstrahlablenkung *f.*; – **from the course,** Versegelung *f.*, Kursabweichung *f.*, -versetzung *f.*; – **of the wind** *or* **of the wind('s) direction,** Windablenkung *f.*; – **beacon** *s.*, – **bollard** *s.*, Deviationsdalben *m.*; – **buoy** *s.*, Deviationsbake *f.*, -boje *f.*, -tonne *f.*; – **curve** *s.*, Deviationskurve *f.*, – **ratio** *s.*, Deviationsgrad *m.*, -verhältnis *n.*; – **table** *s.*, Deviationstabelle *f.*, Ablenkungs-, Steuertafel *f.*

deviatory *adj.* **(from),** abweichend (von).

device *s.*, Gerät *n.*, Apparat *m.*, Vor-, Einrichtung *f.*; **azimuth –,** Diopter *n.*, Peildiopter *n.*

devil *s.* (*naut.*, *sl.*), Düwelnaht *f.*, Wasserliniennaht *f.* (*Schiff*); **–'s claw** *s.*, Teufelsklaue *f.*, Stopper *m.*, gespaltener Haken *m.*

dew *s.* (*meteor.*), Tau *m.*; – **fall** *s.*, Taubildung *f.*, -fall *m.*; – **point** *s.*, Taupunkt *m.* (*rel. Luftfeuchtigkeit*).

dextro-rotary *adj.*, rechtsdrehend (*Propeller, etc.*).

D/F (*or* **direction finder**)**/deviation** *s.*, Funkfehlweisung *f.*; – **frame** *s.*, Peilrahmen *m.*

dhow *s.*, D(h)au *f.* (*arab. Segelboot*).

diagonal *s.*, Sente *f.* (*Linienriß*), Diagonale *f.*; Diagonal-, Schrägschnitt *m.* (*Segel*).

diagonal *adj.*, diagonal, schräg, querlaufend; – **-built** *adj.*, diagonal gebaut (*Boot, Segel*); – **carvel,** diagonale Karweel- *od.* Kraweelbeplankung *f.*; – **construction** *s.*, Diagonalbauweise *f.* (*Bootsbau*); – **lines** (*pl.*), Schottendreieck *n.*; **diagonally/carvel-built boat** *or* **construction** *s.*, Diagonal-Karweel *od.* -Kraweel(werk); – **cut sail,** Laschenschnitt *m.* (*Segel*); **diagonal/mitre** (*am.* **miter) seam** *or* **system** *s.*, Diagonalnaht *f.* (*Segel*); – **planking** *s.*, Diagonalbauweise *f.* (*Bootsbau*), Diagonalbeplankung *f.*; **–s** (*pl.*), Senten (*pl.*) (*Spantenriß*).

diagram *s.*, Diagramm *n.*, Schema *n.*, graphische Darstellung *f.*; **tidal –,** Tidenkurve *f.*; **vector** *or* **velocity –,** Vektor-, Geschwindigkeitsdiagramm *n.*; – **of circuit** (*rad.*), Schaltbild *n.*, -schema *n.*; – **of wiring,** Kabelplan *m.*

dial *s.*, Skala *f.*, Skalenscheibe *f.*, -blatt *n.*; – **illumination** *s.*, Skalenbeleuchtung *f.*; – **reading** *s.*, Skalenablesung *f.*; Skalenanzeige *f.*, -stand *m.*

diameter *s.*, Durchmesser *m.*; **in –,** im Durchmesser; **inner –,** lichte Weite *f.*; **propeller –,** – **of the prop(eller),** Propellerdurchmesser *m.*; – **of (a) turning-circle,** Drehkreisdurchmesser *m.*; – **load coefficient** *s.*, Durchmesserbelastungskoeffizient *m.* (*Propeller*).

diamond *s.*, Raute *f.*, Rhombus *m.* (*Signalkörper*), Gatchen, Gatjen *n.*; – **aerial** *s.* (*am.* **antenna**), Rauten-, Rhombusantenne *f.*; – **beacon** *s.*, Rauten-, Rhombusbake *f.*, Abweiser *m.*; – **knot** *s.*, Diamant-, Fallreeps-, Schauermannsknoten *m.*; **double – knot** *s.*, englischer Fallreepsknoten *m.*; – **rig** *s.*, Diamant-, Diamondtakelung *f.*, -rigg *n.*

diaphone *s.*, Diaphon *n.*, automatischer Heuler *m.*

diaphragm *s.*, Membran(e) *f.*, (*opt.*) Diaphragma *n.*, (Loch)Blende *f.*; *v.*, abdecken, abblenden; **diaphragm/pump** *s.*, Membranpumpe *f.*; – **valve** *s.*, Membranventil *n.*

diastimeter *s.*, Diastimeter *n.*, Distanzmesser *m.*

dichotomy *s.* (*astr.*), Halbsicht *f.*

die *v.*, **to – (away),** abflauen, nachlassen, schwächer werden, sich legen (*Wind*), (*radar*) verblassen, (*rad.*) schwach *od.* unverständlich werden (*Empfang*); **to – down,** abebben, abflauen, sich beruhigen (*Wind, See*); **the wind –s down,** der Wind schläft ein.

die *s.*, Matrize *f.*, Gesenk *n.*, Preßform *f.* (*Bootsbau*); **– -casting** *s.*, Schalenguß *m.* (*Bootsbau*).

diesel (*or* **Diesel)/drive** *s.*, Dieselantrieb *m.*; **– -electric drive** *s.*, dieselelektrischer Antrieb *m.*; **– engine** *s.*, Dieselmotor *m.*; **– fuel** *s.*, **– oil** *s.*, Dieselöl *n.*, -kraftstoff *m.*

difference *s.*, Abweichung *f.*, Differenz *f.*; Unterscheidungsmerkmal *n.*; **– in temperature,** Temperaturunterschied *m.*; **– of latitude (longitude),** Breiten(Längen)unterschied *m.*, -differenz *f.*; **– of meridian altitude,** Meridianbreitendifferenz *f.*; **– of potential** (*phys.*), Potentialdifferenz *f.*; **– of time,** Zeitunterschied *m.*; **–s** (*pl.*) **of phase** (*astr.*), Phasendifferenz *f.*

differential/chain block *s.*, Differentialflaschenzug *m.*; **– gain control (circuit)** *s.* (*rad.*), Verstärkungsregler *m.*; **– gear** *s.*, Differential-, Ausgleichsgetriebe *n.*; **– observation** *s.* (*astr.*), Differentialbeobachtung *f.*; **– windlass** *s.*, Differentialwinde *f.*, -winsch *f.*

difficult *adj.* **to locate,** schwer zu orten *od.* auszumachen.

dig *v.*, **to – into the waves,** tief in die Wellen einsetzen *od.* eintauchen (*Boot*).

digit *s.* (*astr.*), astronomischer Zoll *m.*

digital/apparent wind-direction indicator *s.*, Digital-Windrichtungsanzeiger *m.*; **– frequency synthesizer** *s.* (*rad.*), digitale Frequenzeinstellung *f.*; **– indicator** *s.*, Digitalanzeige *f.*, -anzeiger *m.*; **– speedometer** *s.*, Digital-Speedometer *n.*, -Fahrtgeschwindigkeitsmesser *m.*

dike *s.*, Damm *m.*, Deich *m.*; Kanal *m.*, (*natürlicher*) Wasserlauf *m.*; **–reeve** *s.*, **– warden** *s.*, Deichaufseher *m.*

diluent *s.*, **diluting agent** *s.*, Verdünner *m.*, Verdünnungsmittel *n.*

dim *adj.* (*radar*), trüb, undeutlich, unklar, verschwommen, (*rad.*) schwach (*Empfang*); *v.*, (sich) trüben, abblenden, verdunkeln.

dimension *s.* (*phys.*), Dimension *f.* (*Maß phys. Größen*); **dimensional** *adj.* **stability,** Maßhaltigkeit *f.*; **dimensions** *s./pl.*, Ab-, Ausmessungen *f./pl.*, Ausmaße *n./pl.* (*Boot, Segel*); **principal –,** Hauptabmessungen (*pl.*).

dimmed *adj.* (*radar*), undeutlich, trüb; **dimmer** *s.* (*radar*), Abblendvorrichtung *f.*; Beleuchtungsregler *m.* (*an Instrumenten*); **dim-out** *s.* (*radar*), Abblendung *f.*

dimple *s.*, Kräuselung *f.* (*Wasser*); *v.*, (sich) kräuseln (*Wasseroberfläche*); **dimpled** *or* **dimply water surface** *s.*, gekräuselte Wasseroberfläche *f.*

dinette *s.*, Dinette *f.*, Eß- *od.* Sitzraum *m.* in der Kajüte, (*am.*) Eßecke *f.*; **– table** *s.*, Back *f.*, Eßtisch *m.* zum Aufbacken.

dingdong *adj.*, **a – race,** eine heiße Regatta *od.* Wettfahrt.

dinghy *s.* (*or* **dingey, dingy**), Dingi *n.*, Ding(h)y *n.*, (Segel)Jolle *f.*, Schwertboot *n.*; Beiboot *n.* (*Yacht*), Kutter *m.*; Schlauchboot *n.* (*Seenotrettungsdienst*); **inflatable** *or* **rubber –,** Schlauchboot *n.*, Floßsack *m.*; **planing –,** Gleitjolle *f.*; **power –,** Motordingy *n.*; **pulling** *or* **rowing –,** Ruderdingy *n.*, -boot *n.*; **sailing –,** Segeldingy *n.*, -jolle *f.*; **small –,** kleines Beiboot *n.*, (*coll.*) Moses *m.*; **– sailing** *s.*, Jollensegeln *n.*; **– shed** *s.*, Bootshaus *n.*, -schuppen *m.*; **– terminal** *s.*, Jollenterminal *n.*

dining table *s.*, Back *f.*, Eßtisch *m.* zum Aufbacken.

dioptre *s.* (*am.* **diopter**), Dioptrie *f.*; **dioptrics** (*pl.*), Dioptrik *f.*, (Licht)Brechungslehre *f.*

dip *s.* (*naut.*), Kimm *f.*, Kimmtiefe *f.*; Tiefgang *m.* (*Schiff*), Tiefe *f.* des Eintauchens; Inklination *f.* (*der Magnetnadel*), (*astr.*) Depression *f.*; **– of the horizon,** Depression *f.* des Horizonts, Kimm *f.*, Depressionswinkel *m.*; *v.*, dippen (*Flagge*), eintauchen (*Bug*), ausschlagen (*Magnetnadel*), abblenden (*Lichter*), einsetzen *od.* -tauchen (*Riemen*), durch (Unter)-Tauchen taufen; **to – (below the horizon),** plötzlich (unter dem Horizont) verschwinden, sinken; **to – the flag,** die Flagge (zum Gruß) dippen; **to – the oars,** die Riemen einsetzen *od.* eintauchen.

dip circle *s.*, Neigungs-, Inklinationskreis *m.*

dipleidoscope *s.* (*astr.*), Dipleidoskop *n.*

diplex operation *s.* (*rad.*), Diplexbetrieb *m.*

dip/net *s.*, Streichnetz *n.* (*Fischerei*); **– needle** *s.*, Inklinationsnadel *f.*

dipole *s.* (*phys., rad.*), Dipol *m.*; **– aerial** *s.* (*am.* **antenna**), Dipolantenne *f.*; **– array** *s.*, Dipolgruppe *f.*

dipping *s.*, Dippen *n.* (*Flagge*), Eintauchen *n.* (*Bug, Riemen*), Ausschlag *m.* (*Kompaßnadel*); **flag –,** Flaggengruß *m.*; **– compass** *s.*, Inklinations-, Neigungskompaß *m.*; **– lug** *s.*, loses Luggersegel *n.*; **– needle** *s.*, Inklinationsnadel *f.*; **– varnish** *s.*, Tauchlack *m.*

dips(e)y *s.* (*or* **dipsie**) **alarm** *or* **warning device** *s.*, Tiefenwarngerät *n.*; **– lead** *s.*, Tiefenlot *n.*

dip/stick *s.*, (Öl)Meßstab *m.*; **– trap** *s.* (*tech.*) Schwanenhals *m.*

direct *v.*, **to – course to,** Kurs nehmen auf.

direct *adj.*, **– bilge pump,** Bilgelenzpumpe *f.*; **– call (at a port),** direktes Anlaufen *n.* (eines Hafens); **–(ly) connected steering gear,** Rudermaschine *f.* mit direktem Antrieb; **– course,** direkter Kurs *m.*, General-, Gesamtkurs *m.*; **– current** (*elec.*), Gleichstrom *m.*

directed/aerial *s.* (*am.* **antenna**), gerichtete Antenne *f.*, Richtantenne *f.*, strahler *m.*; **– beam** *s.*, gerichteter Strahl *m.*, Richtstrahl *m.*

directing moment *s.*, Richtmoment *n.* (*Kompaß*).

direction *s.*, Richtung *f.*; **sense of –,** Orientierungssinn *m.*; **wind('s) –,** Windrichtung *f.*; **– of approach,** Ansteuerungsrichtung *f.*; **– of (the) course,** Kursrichtung *f.*; **– of current,** Stromrichtung *f.*; **– of flow,** Strömungsrichtung *f.* (*am Segel*); **– of motion,** Bewegungsrichtung *f.* (*des Bootes*); **– of rotation,** Drehrichtung *f.*, -sinn *m.*; **– of scanning** (*radar*), Abtastrichtung *f.*; **– of spin,** Drehrichtung *f.*, -sinn *m.* (*des Propellers*); **– of the wind,** Windrichtung *f.*

directional *adj.*, **– aerial** *s.* (*am.* **antenna**), Richtantenne *f.*, -strahler *m.*; **– beam** *s.* (*rad.*), Richtstrahl *m.*, gerichteter Funkstrahl *m.*; **– beam transmitter** *s.* (*rad.*), Richtstrahlsender *m.*, gerichteter Sender *m.*; **– error** *s.*, Funkfehlweisung *f.*, Peilfehler *m.*; **– gyro(scope)** *s.*, Kurskreisel *m.*, Richt(ungs)kreisel *m.*; **– homing** *s.*, gerichtete Eigenpeilung *f.*; **– light** *s.*, Richtfeuer *n.*; **– loop** *s.*, Peilrahmen *m.*; **– radio** *s.*, Richtfunk *m.*, Peilfunk *m.*; **– radio beacon** *s.*, Richtfunkfeuer *n.*; **– radio communication** *s.*, Richtfunkverkehr *m.*, -verbindung *f.*; **– reception** *s.*, Richtempfang *m.*; **– stability** *s.*, Kursstabilität *f.*, -beständigkeit *f.*, Richtungsstabilität *f.* (*Boot*); **– transmission** *s.*, Richtfunksendung *f.*; **– transmitter** *s.*, Richtfunksender *m.*, gerichteter Sender *m.*, Peilsender *m.*; **– wireless telephony** *s.*, **– W/T** *s.*, Richtfunk *m.*, Peilfunk *m.*

direction/beacon *s.*, Richtbake *f.*; **– -bearing signal** *s.*, Peilsignal *n.*; **– button** *s.* (*radar*), Richt(ungs)knopf *m.*

direction finder *s.*, Funkpeiler *m.*, -ortungsgerät *n.*, Peilempfänger *m.*, Peil-, Ortungsgerät *n.*, Peilfunkeinrichtung *f.*; **automatic –,** Radiokompaß *m.*; **hand radio –,** Handfunkpeiler *m.*; **radio –,** Funkpeiler *m.*; **visual –,** Sichtfunkpeiler *m.*; **calibration of –,** Funkbeschikkung *f.*; **– deviation** *s.*, Funkstrahl-, Bordablenkung *f.*; **– error** *s.*, Funkfehlweisung *f.*; **– frame** *s.*, Peilrahmen *m.*

direction finding *s.*, Funkpeilung *f.*, -ortung *f.*, Peilen *n.*, Peilwesen *n.*; **Bellini-Tosi –,** Goniometerpeilung *f.*; **loop –,** Rahmenpeilung *f.*; **radio –,** Funkpeilung *f.*; **– on board ship**, Eigenpeilung *f.*; **– with automatic readjustment to zero,** Nachlaufpeilung *f.*; **– aerial** *s.* (*am.* **antenna**), Peilantenne *f.*; **– equipment** *s.*, (Funk)-Peilausrüstung *f.*; **– frame** *s.*, Peilrahmen *m.*; **– indicator** *s.*, Peilanzeiger *m.*; **– installation** *s.*, (Funk)Peilanlage *f.*; **– loop** *s.*, Peilrahmen *m.*; **– loop aerial** *s.* (*am.* **antenna**), Peilrahmenantenne *f.*; **– map** *s.*, Peilkarte *f.*; **– radio beacon** *s.*, Funkfeuer *n.*; **– range** *s.*, (Funk)-Peilreichweite *f.*; **– receiver** *s.*, (Funk)Peilempfänger *m.*; **– repeater compass** *s.*, Funkpeiltochterkompaß *m.*; **– signal** *s.*, (Funk)-Peilsignal *n.*, -zeichen *n.*; **– station** *s.*, Funkpeilstation *f.*; **– transmitter** *s.*, Funkpeilsender *m.*; **– wave** *s.*, (Funk)Peilwelle *f.*, -frequenz *f.*; **– wireless telephony** *or* **W/T** *s.*, Peilfunk *m.*

direction/indicator *s.*, Kurs(an)zeiger *m.*; **– light** *s.*, Richtfeuer *n.*; **– receiver** *s.* (*rad.*), Richtempfänger *m.*; **directions** (*pl.*), **sailing –,** Segelanweisungen *f./pl.*, Segelhandbuch *n.*; **–** (*pl.*) **for use,** Gebrauchsanweisung *f.*, -anleitung *f.*

directive/aerial *s.* (*am.* **antenna**), Richtantenne *f.*; **– force** *or* **power** *s.*, Richtkraft *f.*, -vermögen *n.* (*Magnet*); **– radio beacon** *s.*, Richtfunkbake *f.*, -feuer *n.*

director *s.*, Richtgerät *n.*, Leitantenne *f.*; **directory** *adj.*, **sailing – book,** (*s.* **sailing directions**).

direct/route *s.*, direkte *od.* gerade (Schiffahrts)Route *f.*

dirt *s.* (*sl.*), Hunde-, Mist-, Sau-, Dreckwetter *n.*; **dirtiness** *s.*, Unfreundlichkeit *f.* (*Wetter*); **dirty** *adj.*, regnerisch, stürmisch, schlecht (*Wetter*); **– water,** trübes Wasser; **– weather,** regnerisches *od.* stürmisches *od.* schlechtes Wetter *n.*, Schlechtwetter *n.*, Unwetter *n.*

disabled *adj.*, seeuntauglich; **– ship** *or* **vessel,** seeuntüchtiges *od.* manövrierunfähiges Schiff *n.*

disadvantage *s.* (*rac.*), Nachteil *m.*, ungünstige Position *f.*

disappeared *adj.*, **to have –,** verschollen, überfällig sein (*Boot*).

discharge *s.* (*naut.*), Löschen *n.*, (*elec.*) Entladung *f.* (*Batterie*), Ausströmen *n.* (*Wasser*); **port of –,** Löschplatz *m.*, -hafen *m.*; *v.* (*naut.*), löschen, (*Boot*) entlasten, (*elec.*) (sich) entladen, (*tech.*) ausströmen, auswerfen; ablohnen (*Seeleute*), münden (*Fluß*); **to – ballast,** Ballast ausschießen *od.* löschen; **to – steam,** Dampf ablassen; **the river –s itself into a lake,** der Fluß ergießt sich *od.* mündet in einen See.

discharge/book *s.*, Seefahrtsbuch *n.*; **– pressure** *s.*, Förderdruck *m.* (*Pumpe*); **– pump** *s.*, Druckpumpe *f.*; **– valve** *s.*, Ablaß-, Auslaß-

ventil *n.*
disconnect *v.*, **to – a (water-)hose,** einen (Wasser)Schlauch abschlagen; **disconnecting switch** *s.*, **disconnector** *s.* (*rad.*, *elec.*), Trennschalter *m.*
discriminating relais *s.* (*rad.*), Selektivrelais *n.*; **discriminator** *s.* (*rad.*), Frequenzgleichrichter *m.*
disembark *v.t.*, ausbooten, -schiffen, (an)landen, an Land setzen; *v.i.*, an Land gehen, landen; **disembarkation** *s.*, Ausbootung, -schiffung *f.*, Landung *f.*
disembogue *v.*, **the river –s itself** (*or* **its waters**) **into the sea,** der Fluß ergießt sich ins *od.* mündet im Meer.
disengage *v.*, losmachen, loskuppeln, ausrükken, ausklinken; **to – the sliders,** die Mastrutscher lösen.
disentangle *v.*, **disentwine** *v.*, **to – the lines,** Leinen klarieren *od.* klarlaufend machen *od.* zu neuem Gebrauch in Ordnung bringen.
dish *v.* (*tech.*), buckeln, tiefziehen, wölben (*Bootsbau*); **dished** *adj.*, konkav gewölbt; **dishing** *s.*, konkave Wölbung *f.*
disk *s.*, (Signal)Scheibe *f.*; **– valve** *s.*, Tellerventil *n.*
dislocation *s.* **of ballast,** Ballastverlagerung *f.*, -verschiebung *f.*
dislodge *v.*, **to – a boat,** ein Boot (wieder) vom Grund abbringen.
dismal *s.* (*am.*), (Küsten)Sumpf *m.* (*US-Atlantikküste*).
dismantle *v.*, abtakeln (*Boot*), abwracken, demontieren; **dismantled ship** *s.*, Blockschiff *n.*, abgetakeltes Schiff *n.*; **dismantlement** *s.*, Abtakelung *f.* (*Boot*); **dismantling** *s.*, Abtakeln *n.*; Abwracken *n.*
dismast *v.*, (*Boot*) entmasten, den Mast abbrechen (*im Sturm etc.*); **dismasted boat** *s.*, entmastetes *od.* mastloses Boot *n.*
dismount *v.*, **to – the mast,** den Mast abmontieren *od.* abbauen *od.* ausnehmen.
dispatch boat *or* **vessel** *s.*, Aviso *m.*, Depeschenboot *n.*
dispensary *s.*, **(ship's) –,** Bordapotheke *f.*
dispersion *s.*, **– of fog,** Nebelauflösung *f.*; **– of light,** Lichtstreuung *f.*, -verteilung *f.*
displace *v.* (*naut.*), verdrängen (*Wasser*), verlagern, versetzen (*Ballast*).
displacement *s.* (*naut.*), (Wasser)Verdrängung *f.*, Deplacement *n.*; Verlagerung *f.*, Verschiebung *f.*, Versetzung *f.* (*Ballast, etc.*); **light –,** Leichtdeplacement *n.*, Verdrängung *f.* des leeren seeklaren Bootes; **relative –,** relative Verdrängung *f.* (*Verdränger*); **– light,** Verdrängung *f.* des leeren Bootes, Leichtdeplacement *n.*; **– in ballast** *or* **loaded,** Ballast-, Ladeverdrängung *f.*, Verdrängung *f.* des Bootes in Ballast *od.* voll beladen; **– boat** *s.*, Verdränger *m.*, Verdrängungsboot *n.*; **light – boat** *or* **cruiser** *s.*, Leichtdeplacementboot *n.*, -yacht *f.*; **– coefficient** *s.*, Deplacement-Koeffizient *m.*, Admiralitätskonstante *f.*; **– length** *s.*, Verdrängungslänge *f.*; **– pump** *s.*, Verdrängerpumpe *f.*; **positive – pump** *s.*, Kolben-, Stiefel-, Verdrängerpumpe *f.*; **– rudder** *s.*, Verdrängungsruder *n.*; **– ton** *s.*, Verdrängungstonne *f.*; **– tonnage** *s.*, Verdrängungstonnage *f.*
display / console *s.* (*radar*), Bildschirmträger *m.*; **– panel** *or* **screen** *s.*, Radar(bild)schirm *m.*; **– unit** *s.* (*radar*), Sichtgerät *n.*
disproportionate *adj.*, **the sail area is – to the size of the boat,** die (Gesamt)Segelfläche steht in keinem Verhältnis zur Größe des Bootes; **disproportionateness** *s.*, Unproportioniertheit *f.* (*eines Bootes*).
disqualification *s.* (*rac.*), Disqualifikation *f.*, Disqualifizierung *f.*, Ausschluß *m.* (*von einer Wettfahrt*); **disqualify** *v.*, disqualifizieren, ausschließen (*von einer Wettfahrt*).
disrate *v.*, **to – a ship,** ein Schiff ausrangieren *od.* degradieren.
dissolvent *s.*, Lösungsmittel *n.*
distance *s.*, Distanz *f.*, Entfernung *f.*, (*rac.*) Distanz *f.*, Strecke *f.*, Abstand *m.* (*zwischen zwei Booten*); **great circle –,** Großkreisdistanz *f.*; **lunar –** (*astr.*), Monddistanz *f.*; **rhumb(-)line –,** loxodromische Distanz *f.*; **short –** (*radar*), Nahbereich *m.*; **zenith –,** Zenitdistanz *f.*; **a good – off,** ziemlich weit entfernt; **at an equal –,** gleich weit entfernt; **the – covered,** die zurückgelegte Strecke; **to cover a –,** eine Strecke zurücklegen; **– between buoys,** Bojen-, Bahnmarkenabstand *m.*; **– by observation,** beobachtete Entfernung *f.*; **– by sextant angle,** Abstands-, Höhenwinkelbestimmung *f.*; **– made good,** Generaldistanz *f.*, -entfernung *f.*; **– made good to windward,** Luvraum *m.*, -weg *m.*; **– of horizon,** Kimmdistanz *f.*, -entfernung *f.*; **– sailed,** zurückgelegte Strecke *f.*; **– discrimination** *s.* (*radar*), Entfernungsauflösung(svermögen *n.*) *f.*; **– error** *s.* (*radar*), Entfernungsfehler *m.*; **– indicator** *s.*, Entfernungsanzeiger *m.*; **– marks** (*pl.*) (*radar*), Entfernungskreise (*pl.*); **long – race** *s.*, Langstreckenregatta *f.*; **– resolution** *s.* (*radar*), Entfernungsauflösung(svermögen *n.*) *f.*; **– run** *s.*, Meilenfahrt *f.*, Bootsgeschwindigkeit *f.*; **– scale** *s.*, Entfernungsskala *f.* (*an Meßge-*

räten); – **table** *s.*, Entfernungstabelle *f.*

distant/object *s.* (*radar, D/F*), Ortungsobjekt *n.*, entferntes Objekt *n.*; – **reading** *s.*, Fernablesung *f.*, -anzeige *f.*; – **reading compass** *s.*, Fernkompaß *m.*; – **reading instrument** *s.*, Instrument *n.* mit Fernanzeige.

distemperature *s.*, unangenehme Witterung *f.*, unfreundliches Wetter *n.*

distinct *adj.* (*radar, rad.*), deutlich, klar, scharf (unterschieden) (**from,** von).

distinction *s.*, Unterscheidungsmerkmal *n.*, (*radar, rad.*) Deutlichkeit *f.*, Klarheit *f.*, Schärfe *f.*

distinctive/flag *s.*, Unterscheidungsflagge *f.*; – **mark** *s.*, Unterscheidungszeichen *n.*, -kennung *f.*; – **number** *or* **signal** *s.*, Unterscheidungssignal *n.*

distinguishing/flag *s.* (*rac.*), Kursflagge *f.*; – **letters** (*pl.*) (*rad.*), Kennbuchstaben *m./pl.*; Unterscheidungssignal *n.*; – **mark** *s.*, Kennung *f.*, Kennzeichen *n.*, Unterscheidungsmarke *f.*; – **number** *s.*, Registriernummer *f.*, Nummer *f.* im Großsegel, Segelnummer(n) *f.* (*pl.*); – **signal** *s.*, Unterscheidungssignal *n.*, (Schiffs)Kennzeichen (*pl.*).

distortion *s.* (*rad.*), Verzerrung *f.*, Ablenkung *f.*, (*phys.*) Verdrehung *f.*; – **corrector** *s.*, Entzerrer *m.*

distress *s.*, Seenot *f.*; **port of –,** Nothafen *m.*; – **at sea,** Seenot *f.*; **to be in – at sea,** in Seenot sein; SOS; – **air bag** *s.*, Seenot-Auftriebsgurt *m.*; – **balloon** *s.*, Seenotballon *m.*; – **call** *s.* (*rad.*), Notruf *m.*, SOS-Ruf *m.*, Mayday, Seenotzeichen *n.*, Notsignal *n.*; – **communication** *s.* (*rad.*), Seenotfunkverkehr *m.*, -sprechfunkkontakt *m.*; – **fire work(s)** *s.*, Seenot-Feuerwerk *n.*; – **flag** *s.*, (See)Notflagge *f.*; – **flares** *s./pl.*, Seenot-Feuerwerk *n.*; – **frequency** *s.* (*rad.*), Notfrequenz *f.*; – **gun** *s.*, Notsignalgeber *m.*, -schuß *m.*; – **lantern** *s.*, Notlaterne *f.*; – **light** *s.*, (See)Notsignalfeuer *n.*; – **message** *s.* (*rad.*), (See)Notfunkspruch *m.*, -meldung *f.*; – **position** *s.* **of the boat,** Seenotposition *f.* des Bootes, Position *f.* des Bootes in Seenot; – **radio beacon** *s.*, Seenot-Funkbake *f.*; – **radio buoy** *s.*, Seenot-Funkboje *f.*, Seenotsender *m.*; – **radio (telephone) transmitter** *s.*, Seenotsender *m.*; – **rocket** *s.*, (See)Notrakete *f.*, Seenotsignalrakete *f.*; – **signal** *s.*, (See-)Notsignal *n.*, SOS-Signal *n.*, Seenotzeichen *n.*, (*rad.*) Seenotfunksignal *n.*; **to pick up – signals** (*pl.*) (*rad.*), (See)Notsignale auffangen; **to send out – signals** (*pl.*), Notsignale (aus)senden; **smoke – signal** *s.*, (See)Not-Rauchsignal *n.*; – **walkie-talkie** *s.* (*coll.*), tragbares Seenotfunksprechgerät *n.*; – **wave** *s.* (*rad.*), Seenotfrequenz *f.*, -welle *f.*; – **wavelength** *s.*, Seenot-Wellenlänge *f.*

distributing lever *s.* (*tech.*), Steuerungshebel *m.*

distribution *s.* **/of ballast,** Ballastverteilung *f.*; – **of trophies,** Siegerehrung *f.*; – **of weight,** Gewichtsverteilung *f.* (*Crew*).

disturbance *s.* (*meteor.*), Störung *f.*; **magnetic –,** magnetische Störung *f.*

disturbed *adj.* **wind,** schralender Wind *m.*

disturbing noises (*pl.*) (*rad.*), Stör(ungs)geräusche *n./pl.*

ditch *s.*, Kanal *m.*, Flußbett *n.*, Wassergraben *m.*, (*sl.*) der Bach, der Ärmelkanal, die Nordsee; *v.*, notwassern; **ditching** *s.*, Notwasserung *f.*

ditty/bag *s.* (*naut.*), Nähbeutel *m.*, Nähzeug *n.*; – **box** *s.*, Nähzeug *n.*, Utensilienkasten *m.*

diurnal *adj.*, täglich (wiederkehrend); – **aberration** *s.* (*astr.*), tägliche Aberration *f.*; – **arc** *s.* (*astr.*), Tagbogen *m.*; – **circle** *s.* (*astr.*), Tagbogen *m.*, (*naut.*) Abweichungsparallel *n.*; – **inequality** *s.*, tägliche Abweichung *f.* *od.* Ungleichheit *f.* (*Gezeiten*); – **range** *s.*, täglicher Tidenhub *m.*; – **tide** *s.*, eintägige Gezeit *f.*, Eintagstide *f.*; – **wave (length)** *s.* (*rad.*), Tageswelle(nlänge) *f.*

dive *v.*, (ein-, unter)tauchen; *s.* (*naut.*), Tauchfahrt *f.*; **diver** *s.*, Taucher *m.*, (*sl.*) U-Boot *n.*; **–'s outfit** *s.*, Taucherausrüstung *f.*

divergence *s.* (*phys.*), Divergenz *f.*, Abweichung *f.*, (*opt.*) Streuung *f.*

diversion *s.* **from (the) course,** Kursabweichung *f.*, -ablenkung *f.*

divide *s.*, Wasserscheide *f.*; *v.*, graduieren, in Grade einteilen; **divided** *adj.* **circle,** Teil-, Einstellkreis *m.*

dividers *s./pl.*, Stech-, Teilzirkel *m.*; **chart –,** Kartenzirkel *m.*; **single hand –,** Einhandzirkel *m.*

diving *s.*, Tauchen *n.*; – **bell** *s.*, Taucherglocke *f.*; – **gear** *s.*, Taucherausrüstung *f.*; – **helmet** *s.*, Taucherhelm *m.*; – **suit** *s.*, Taucheranzug *m.*

division *s.* (*naut.*), Division *f.*, Geschwader *n.*; **A- (B-, C-, D-, E-)division** *s.*, A- (B-, C-, D-, E-)Division *f.* (*Katamarane*).

dixie *s.* (*or* **dixy** *s.*) (*naut., coll.*), Kochgeschirr *n.*

do *v.*, **to – a knot,** einen Knoten machen; **to – up,** reparieren, instandsetzen; **to – 30 nautical** *or* **sea miles,** 30 Seemeilen machen *od.* segeln *od.* zurücklegen.

dock *s.*, Dock *n.*, Hafenbecken *n.*; Landungs-, Anlegeplatz *m.*, Schiffsliegeplatz *m.*, (*am.*) Kai *m.*, Pier *m.*; **dry –,** Trockendock *n.*; **float-**

ing –, Schwimmdock *n.*; **wet –,** Schleusenhafen *m.*; **to put a ship in(to) –,** ein Schiff (ein)docken; **to come into –,** eindocken; **to leave –,** ausdocken; *v.*, (*Schiff*) (ein)docken, ins Dock bringen, ins Dock gehen, im Dock liegen; am Kai festmachen, im Hafen anlegen; **to – a ship,** ein Schiff (ein)docken; **to – in,** aufslippen (*Boot*); eindocken, ins Dock gehen *od.* bringen (*Schiff*); **to – out,** ausdocken; **to – up,** aufdocken.

dockage *s.*, Docken *n.*, Unterbringung *f.* im Dock, Dockanlagen *f./pl.*; Dock-, Hafengebühren (*pl.*), -geld *n.*, Kaigeld *n.*, -gebühr *f.*; **– dues** (*pl.*), Kaigebühr *f.*, -geld *n.*; **docker** *s.*, Dock-, Hafenarbeiter *m.*, Schauermann *m.*

dock / authorities *s./pl.*, Hafenbehörde *f.*, -verwaltung *f.*; **– charges** *or* **dues** (*pl.*), Dockgebühren (*pl.*), -geld *n.*; **– floor** *s.*, Docksohle *f.*; **– gate** *s.*, Docktor *n.*, Schleusentor *n.*, Stemmtor *n.*; **– hand** *s.*, Hafen-, Dockarbeiter *m.*, Schauermann *m.*; **– harbour** *s.*, Dockhafen *m.*; **– head** *s.*, Dockhaupt *n.*

docking *s.*, (Ein)Docken *n.*, (*im Hafen od. am Kai*) Anlegen *n.*, Festmachen *n.*; **– days** (*pl.*), Docktage (*pl.*); **– instructions** (*pl.*), Liegeplatzanweisungen *f./pl.*; **– tug** *s.*, Dockschlepper *m.*

dock / land *s.*, Hafenviertel *n.*; **– master** *s.*, Hafenkapitän *m.*; **docks** (*pl.*), Dock-, Hafenanlagen *f./pl.*, Docks (*pl.*), (Schiffs)Werft *f.*; **dock / side travel(l)ing crane** *s.*, Kailaufkran *m.*, -katze *f.*; **– sill** *s.*, Dockdrempel *m.*, -haupt *n.*, -süll *n.*; **– walloper** *s.*, Gelegenheitsarbeiter *m.* auf Werften; **– winch** *s.*, Dockwinde *f.*

dockyard *s.*, Werft *f.*; Marinestation *f.*; **– berth** *s.*, Werftliegeplatz *m.*; **– gang** *or* **party** *s.*, Werft(arbeiter)gang *f.*; **– trial run** *s. or* **trials** (*pl.*), Werftprobefahrt *f.*; **– tug** *s.*, Werftschlepper *m.*

doctor *s.* (*naut.*, *hum.*), Smut *m.*, Smutje *m.*, Boots- *od.* Schiffskoch *m.*, Küchenbulle *m.*, (*tech.*) Hilfsmittel *n.*, -maschine *f.*, Lötkolben *m.*, (*coll.*) kühle Brise *f.*

document *v.* (*am.*), (ein Boot) registrieren; **documenting** *s.* (*am.*), Eintragung *f.* ins Schiffs- *od.* Yachtregister, Registrierung *f.* (*eines Schiffes*); **documents** (*pl.*), Schiffspapiere (*pl.*); **– against payment,** Auslieferung *f.* der Schiffspapiere gegen Bezahlung.

dodger *s.* (*naut.*), Klappverdeck *n.* (*f. Cockpit*), Schauerkleid *n.* (*aus Segeltuch*), Schutzkleid *n.* (*auf der Brücke*), Relingskleid *n.*, Wetterschutz *m.*, (*Art*) Persenning *f.*, (*coll.*) Patentmittel *n.*, sinnreicher Mechanismus *m.*; **dodgery** *s.*, Trick *m.*, Kniff *m.*

dog *s.*, Klaue *f.*, Klammer *f.*, Mitnehmer *m.*, Klemmschraube *f.*, Nocken *m.*; Bock *m.*, Gestell *n.*; *v.*, (*mit einer Klaue, etc.*) befestigen; **to – down,** dichtmachen, fest verschließen (*Luken, etc.*); **dog days** (*pl.*), Hundstage (*pl.*).

dogger *s.*, Dogger *m.*, Dog(ger)boot *n.* (*zweimastiges Fischerboot*).

dog / hook *s.*, Greif-, Klammerhaken *m.*, (*Art*) Schraubenschlüssel *m.*; **– house** *s.* (*coll.*), Hundehütte *f.*, Doghaus *od.* -house *n.*, achterner Kajütaufbau *m.* (*einer Yacht*); **– iron** *s.*, Klampe *f.*; **–s** (*pl.*), **sling –,** Teufelsklaue *f.*; **–'s ear** *s.* (*am.*), Bucht *f.* (*eines Taus*); **– shore** *s.*, Schlittenständer *m.*; **– stopper** *s.*, Ketten-, Notstopper *m.*, Klauenstopper *m.*; **– vane** *s.*, Flögel *m.*, Verklicker *m.*, (*dial.*) Windbüdel *m.*; **– watch** *s.*, Hundewache *f.*, Spaltwache *f.*; **first – watch** *s.*, Erster Plattfuß *m.*; **second – watch** *s.*, Zweiter Plattfuß *m.*; **– wrench** *s.*, Patentschraubenschlüssel *m.*

doldrum *s.*, windstille Zone *f.*; **–s** *s./pl.* (*meteor.*, *geogr.*), Doldrums, Kalmen, Mallungen (*pl.*), äquatoriale Windstillen, Äquatorialkalmen (*pl.*), Kalmengürtel *m.*, -zone *f.*; **– (at sea),** Stillte *f.*, Flaute *f.*

dollop *s.* (*naut., coll.*), Kaventsmann *m.*, überkommende Seen *od.* Brecher.

dolly *s.* (*or* **dollie** *s.*), kleiner Poller *m.*

dolphin *s.*, Dalbe *f.*, Dalben *m.*, Duk-, Dückdalben *m.*, Anlegepfahl *m.*, Ankerboje *f.*; Schamfilschutz *m.*, -wulst *m.*; **pile –,** Duk-, Dückdalben *m.*; **– beacon** *s.*, Dalbenbake *f.*

donkey / engine *s.*, Hilfsmaschine *f.*; **– pump** *s.*, Hilfspumpe *f.*; **– topsail** *s.*, Rahtopp-, Vierkanttoppsegel *n.*; **– work** *s.*, Plackerei *f.*

door *s.*, Pforte *f.*; **bulkhead –,** Schott-Tür *f.*

Doppler / direction finder *s.*, Doppler-Peiler *m.*; **– effect** *s.* (*radar*), Dopplereffekt *m.*; **– log** *s.*, Doppler-Log *n.*; **– navigation** *s.*, Doppler-Navigation *f.*; **– radar (unit)** *s.*, Doppler-Radar(gerät) *n.*; **– sonar (installation)** *s.*, Doppler-Sonar(anlage *f.*) *n.*

dorade ventilator *s.*, Dorade-Lüfter *m.*, -ventilator *m.*, Drucklüfter *m.*

dory *s.*, Dory *n.*, kleines Boot *n.*; kleines Fischerboot *n.* (*Neufundland*), (*am.*) Fährboot *n.*

dot *s.*, (Morse)Punkt *m.*; **– -and-dash** *adj.*, Morse ..., aus Punkten und Strichen zusammengesetzt (*Morsealphabet*); **– -and-dash signal** *s.*, Punkt-Strich-Signal *n.* (*Consol*); **dots** (*pl.*) **and dashes** (*Morse*), Punkte (*pl.*) und Striche; **dot sector** *s.*, Punktsektor *m.* (*Consol*).

dotter *s.* (*naut.*), Richt-, Zielgerät *n.*

double *s.* (*astr.*), Doppelstern *m.*, (*spt.*) Doppelsieg *m.*; **at the –,** im Eiltempo, in größter Eile; **at the –!** (*com.*), Beeilt euch!, Fix!, Vorwärts!.

double *v.*, umsegeln, umfahren, umschiffen (*Kap, etc.*).

double/bitt *s.*, Doppelpoller *m.*; **–bitt** *v.*, einen Doppeltörn um einen Poller legen *od.* schlagen; **– block** *s.*, Doppelblock *m.*, zweischeibiger Block *m.*; **– bollard** *s.*, Doppelpoller *m.*; **– bollard** *s.* **with a cross-piece,** Doppelkreuzpoller *m.*; **– -bolt** *v.*, mit doppelten Bolzen befestigen; **– bottom** *s.*, Doppelboden *m.*, Plichtboden *m.*; **– -bottomed** *adj.*, mit Doppelboden; **– -bowed boat** *s.*, Doppelbugboot *n.*, Doppelender *m.*; **– -braided rope** *s.* (*am.*), Doppelflechtung *f.*, doppelt geflochtenes Tau(werk) *n.*; **– chine** *s.*, Doppelknickspant *n.* (*Bootsbau*); **– -clewed jib** *or* **headsail** *s.*, doppelt geschotete Fock *f.* *od.* geschotetes Vorsegel *n.*, doppelschotiges Vorsegel *n.*; **– -compound engine** *s.*, Doppelverbundmaschine *f.*; **– cone** *s.*, Doppelkegel *m.* (*Signalzeichen*); **– -cone aerial** (*am.* **antenna**) *s.*, Doppelkonusantenne *f.*; **– control** *s.* (*tech.*), Doppelsteuerung *f.*; **– -cross(ed) loop aerial** *s.* (*am.* **antenna**), Doppelkreuz-Rahmenantenne *f.*; **– -ended boat** *s.*, Doppelender *m.*; **– groove** *s.*, Doppelkeep *f.*; **– half-day tide** *s.*, doppelte Halbtagstide *f.*; **– half hitch** *s.*, zwei halbe Schläge (*pl.*) (*Tau*); **– -head bitt** *s.*, **– -head bollard** *s.*, Doppelpoller *m.*; **– -head chock** *s.*, Doppelklampe *f.*; **– -hull boat** *s.*, Doppelrumpfboot *n.*; **– knot with double (single) crown** *s.*, doppelter Taljereep(s)knoten *m.* mit doppelter (einfacher) Hahnepot; **– -plaited rope** *s.*, Doppelflechtung *f.*, doppelt geflochtenes Tauwerk *n.*; **– -plate keel** *s.*, Doppelplattenkiel *m.*; **–-plate rudder** *s.*, Doppelplatten-, Zweiplattenruder *n.*

doubler *s.* (*naut.*), Umsegler *m.*, Umfahrer *m.*

double/reef *s.*, doppeltes Reff *n.*; **– -reefed** *adj.*, doppelt gerefft; **– running half hitch** *s.*, zwei laufende halbe Schläge (*pl.*); **– running knot** *or* **hitch** *s.*, doppelter Schlippknoten *m.* (*mit zwei Augen*); **– -sculler** *s.*, Doppelzweier *m.* (*Ruderboot*); **– -sheave block** *s.*, zweischeibiger Block *m.*, Zweischeibenblock *m.*; **– sheet bend** *s.*, doppelter Schotstek *m.*; **– side-band** *s.* (*rad.*), Zweiseitenband *n.*; **– Spanish burton** *s.*, doppeltes Staggarnat *n.*, Wientakel *n.*; **– star** *s.* (*astr.*), Doppelstern *m.*; **– sticker** *s.*, Zweimaster *m.*

doublet *s.* (*rad.*), Dipol(antenne *f.*) *m.*

double/tack(ing) *s.*, Doppelwende *f.*; **– wall and crown knot** *s.*, doppelter Fallreepsknoten *m.*; **– wall and double (single) crown knot** *s.*, doppelter Taljereepsknoten *m.* mit doppelter (einfacher) Hahnepot; **– whip** *s.*, doppeltes Jolltau *n.*, Doppelwippe *f.*

doubling *s.*, Dopp(e)lung *f.*, Verstärkungen *f.*/*pl.*, Lappen (*pl.*) (*am Segel*), Kissen *n.* (*am Beting*), Überlappung *f.*; **– the angle of the bow,** doppelter Bugwinkel *m.*, Verdopp(e)lung *f.* der Seitenpeilung, Doppel-, Versegelungspeilung *f.*

doubtful *adj.* (*naut.*), unsicher, ungewiß, zweifelhaft; **– (sea) position** *s.* **(of the boat),** unsicherer Schiffsort *m.*, zweifelhafte Schiffsposition *f.*

Douglas scale *s.*, Douglas-Skala *f.*, Dünungsskala *f.*

douse *v.*, (*Segel*) streichen, niederholen, (*Segel*) laufen *od.* schnell herunterlassen *od.* fieren, (*Tauende*) loswerfen, (*Luke*) schließen.

dovetail *s.* (*tech.*), Schwalbenschwanz *m.*; *v.*, **to – (into),** genau passen (in), ineinandergreifen; **dovetail plate** *s.*, Stevenbeschlag *m.*, -schwalbe *f.*

dowel *s.*, (Holz)Dübel *m.*, Holzpflock *m.*

down *s.*, Düne *f.*

down *adv.*, mit dem Strom, strom-, flußabwärts; mit dem Wind; untergegangen (*Gestirne*); **the temperature is 3 degrees** – *or* – **by 3 degrees,** die Temperatur ist um 3 Grad gefallen; **(to be) two points** – (*rac.*), 2 Punkte zurück (sein); **to go –,** sich legen (*Wind*), sinken, untergehen (*Schiff, Sonne, etc.*); **– helm!** (*com.*), Ruder in Lee!, Anluven!.

down *adj.*, abwärts, hinunter; unten; **– by the bow,** bug-, kopf-, vorlastig; **– by the head,** kopf-, vorlastig; **– by the stern,** achter-, heck-, steuerlastig; **– the coast,** die Küste (südwärts) hinunter; **– the river,** strom-, flußabwärts, den Fluß abwärts *od.* hinunter; **further – the river,** weiter unten am Fluß; **– the wind,** mit dem Wind, vor dem Wind; **to let a ship go – the wind,** ein Schiff seinem Schicksal überlassen.

down/bound *adj.*, (*Boot*) auf der Fahrt stromabwärts *od.* südwärts; **–cast ventilator** *s.*, Druck-, Zulüfter *m.*, Windhutze *f.*; **–fall** *s.*, starker Regenfall *m.*, Regenguß *m.*; **– gust** *s.*, Fallbö *f.*; **–lead** *s.* (*rad.*), (Antennen)Niederführung *f.*; **–haul** *s.*, (Hals)Niederholer *m.*; **jib (main boom, spinnaker boom) –haul** *s.*, Fock(Großbaum-, Spinnakerbaum)niederholer *m.*; **–pour** *s.*, langanhaltender heftiger Regen *m.*, Platzregen *m.*, Regenguß *m.*;

–river *adj.*, flußabwärts; **– south** (*am.*), im Süden; **–stream** *adj.*, stromabwärts; **–stream** *adv.*, der Mündung zu, mit dem Strom; **–stream anchor** *s.*, Windanker *m.*; **–ward(s)** *adv.*, stromabwärts; südwärts; **–ward current** *s.* (*meteor.*), Abwind *m.*; **–wash** *s.*, Abwindwinkel *m.*; **– wind,** mit *od.* vor dem Wind.

downwind *s.* (*meteor.*), Ab-, Fallwind *m.*; Lee *f.*; **– (course)** *s.*, Mitwind-, Vor(m)windkurs *m.*, Dreiviertelwindkurs *m.*, -segeln *n.*; **beating –,** vor dem Wind kreuzen; **optimum – course** *s.*, optimaler Vor(m)windkurs *m.*; **to sail –,** vor dem Wind *od.* auf Vorwindkurs segeln.

draft *s.*, Konstruktionszeichnung *f.*, Segelriß *m.*, Linienriß *m.*; Bauch *m.*, Tiefe *f.*, Wölbung *f.* (*eines Segels*), (*am.*) Tiefgang *m.* (*Schiff*); **design** *or* **load –,** Konstruktionstiefgang *m.*; **– aft** (*am.*), Tiefgang achtern; achterne *od.* achterliche (Segel)Wölbung *f.*; **– forward,** vorliche *od.* vordere (Segel)Wölbung *f.*; **the – is aft (forward),** der Bauch (*des Segels*) ist *od.* befindet sich hinten (vorn).

draftiness *s.*, Windigkeit *f.*, Zugigkeit *f.*

draft marks *s./pl.* (*am.*), Ahming *f.*, Tiefgangsmarken *f.*/pl.

drafty *adj.*, windig, zugig.

drag *s.*, Luft-, Strömungswiderstand *m.*, Wasserwiderstand *m.*, Schleppwiderstand *m.*, Belastung *f.*, Widerstand *m.* (*Boot*), Dragge *f.*, Draggen *m.*, Suchanker *m.*, Dregghaken *m.*, Dredsche *f.*, Schleppnetz *n.*, Schlepptau *n.*; **frictional –,** Reibungswiderstand *m.*; **high –,** Wasserwiderstand *m.*; **rudder –,** Ruderwiderstand *m.*; **wind –,** Luftwiderstand *m.*; **– of boat,** Bootswiderstand *m.*

drag *v.*, treiben (*Boot*), ab-, vertreiben (*Boot vor Anker*); dreggen, mit einem Suchanker absuchen; **to – the anchor,** (*ungewollt*) vor Anker treiben, schlieren, den Anker schleppen; **the anchor –s,** der Anker schliert.

drag/anchor *s.*, Dragg-, Dregganker *m.*, Draggen *m.*, Treib-, Schlepp-, Suchanker *m.*; Bremsanker *m.* (*Stapellauf*); **– chain** *s.*, Schleppkette *f.*; **– float** *s.*, Strömungsmesser *m.*

dragger *s.*, Schleppnetzfischerboot *n.*

dragging *adj.*, dreggend; **– boat,** vor Anker treibendes Boot *n.*

drag/gyro (compass) *s.*, Schleppkreisel(kompaß) *m.*; **– line** *s.*, Schleppleine *f.*; **– net** *s.*, Schleppnetz *n.*, Zeese *f.*

dragon tail *s.* (*astr.*), Drachenschwanz *m.*

drag/rope *s.*, Schlepptau *n.*, Vertäu-, Schlepp-, Kurrleine *f.*; **– sail** *s.*, Treibanker *m.*, Schleppsegel *n.*; **– seine** *s.*, Schleppwade *f.*; **– sheet** *s.*, See-, Treibanker *m.*

drain *s.*, **deck –,** Speigatt *n.*; **flue –,** Kanal *m.* (*im Boot*); *v.*, trockenlegen (*Boot*), entwässern; auslaufen, lecken; **to – the boat,** das Boot lenzen *od.* trockenlegen *od.* leersegeln.

drainage *s.*, Lenzen *n.*, Trockenlegung *f.* (*Boot*), Entwässerung *f.*; **– area** *or* **basin** *s.*, Stromgebiet *n.*

drain/bolt *s.*, Leckschraube *f.*; **– box** *or* **hat** *s.*, Lenzbrunnen *m.*; **– hole** *s.*, Lenz-, Bodenventil *n.* (*im Boot*), Wasserablaßloch *n.*, -ventil *n.*

draining valve *s.*, Boden-, Lenzventil *n.*

drain/plug *s.*, Lenz-, Bodenpflock *m.*, -schraube *f.*, -stöpsel *m.*; **– pump** *s.*, Lenzpumpe *f.*; **– screw** *s.*, Lenzschraube *f.*; **– sump** *s.*, Lenzbrunnen *m.*, -sumpf *m.*; **– valve** *s.*, Lenz-, Bodenventil *n.*; **– well** *s.*, Lenzbrunnen *m.*

drake *s.*, Drache *m.* (*Wikingerschiff*).

draught *s.*, Tiefgang *m.* (*Schiff*); **design** *or* **load –,** Konstruktionstiefgang *m.*; **sheer –,** (Linien)Aufriß *m.*; **– aft (forward),** Tiefgang *m.* achtern (vorn); **– designed,** Konstruktionstiefgang *m.*; **– moulded,** Tiefgang *m.* ohne Kiel.

draughtiness *s.*, Windigkeit *f.*

draught/marks *s./pl.*, Ahming *f.*, Ahmung *f.*, Tiefgangsmarken *f./pl.*; **– -restricted ship** *or* **vessel** *s.*, tiefgangbehindertes Schiff *n.*; **– restriction** *s.*, Tiefgangbehinderung *f.*, -beschränkung *f.*; **– scale** *s.*, Tiefgangskala *f.*; **– screen** *s.*, Windfang *m.*

draughty *adj.*, windig.

draw *v.*, einen Tiefgang haben von, tiefgehen (*Schiff*), einkommen (*Wind*), tragen, vollstehen, schwellen, ziehen (*Segel*), einlaufen (*Boot*), (*Wasser*) schöpfen *od.* pumpen, lenzen, (*rac.*) unentschieden enden; **to – ahead** *or* **forward,** (nach vorn) auswandern (*Peilung*), schralen, mehr vorlich kommen (*Wind*), auflaufen, Vorsprung gewinnen (*in einer Regatta*); **to – aft** *or* **astern,** (nach achtern) auswandern (*Peilung*), schralen, mehr von achtern kommen (*Wind*); **to – away,** wegziehen (*Gewitter, etc.*); sich weiter nach vorn schieben (*in einer Wettfahrt*); **to – back (an entry),** (eine Meldung) zurückziehen; **to – deep,** großen Tiefgang haben (*Schiff*); **to – level with,** einholen (*Boot*), auf gleiche Höhe kommen mit; **to – near,** heran-, heraufziehen (*Gewitter*), heranlaufen, -kommen (*Boot*); **to – out,** länger werden (*Tage*); **to – tight,** fest anziehen (*Schot, etc.*); **to – up a boat,** ein

Boot an Land ziehen *od.* aufschleppen *od.* aufslippen; **to – up with,** aufholen mit, ein-, überholen (*Boote*); **to – water,** leck sein, Wasser machen (*Boot*); **how much does the boat –?,** welchen Tiefgang hat das Boot?, wie tief geht das Boot?.

draw/back *s.* (*rac.*), Nachteil *m.*; **– boat** *s.*, Treckschute *f.*; **– bridge** *s.*, Zugbrücke *f.*; **– bucket** *s.*, Schlagpütz *f.*; **– cord** *s.*, Reißleine *f.*; Reißgarn *n.*; **elastic – cord** *s.*, Reißgummi *n. od. m.*; **– gate** *s.*, (*aufziehbares*) Schleusentor *n.*

drawing *s.*, **lines** *or* **linear –,** Linienriß *m.*; **sheer –,** Aufriß *m.* (*Linienriß*); **– loft** *s.*, Segelmacherei *f.*, Schnürboden *m.*; **– splice** *s.*, Zugspleiß *m.*; **– string** *s.*, Regulier-, Reißleine *f.* (*Achterliek*).

drawn *adj.* (*rac.*), unentschieden.

draw/string *s.*, Reiß-, Regulier-, Zugleine *f.* (*am Segel*); **elastic – string** *s.*, Reißgummi *n. od. m.*; **– winch** *s.*, Schlepp-, Zugwinde *f.*, -winsch *f.*

dredge *s.*, Dregganker *m.*; Dredsche *f.*, Dredge *f.*, Kurre *f.*, Grund-, Schleppnetz *n.*, (*am.*) Schwimmbagger *m.*; *v.*, dreggen, mit dem Schleppnetz fischen; **to – a channel,** ein Fahrwasser ausbaggern; **dredger** *s.*, Dregger *m.*, Schleppnetzfischer(boot *n.*) *m.*, (*am.*) Schwimmbagger *m.*; **dredging** *s.*, Schleppen *n.* (*Anker, Netze*); **– boat** *s.*, Baggerprahm *m.*; **– buoy** *s.*, Baggertonne *f.*

drench *s.* (*coll.*), Regenguß *m.*; **drenched** *adj.* **with rain,** bis auf die Haut durchnäßt, klatsch- *od.* patschnaß; **drencher** *s.*, Regenguß *m.*, -schauer *m.*

dress *v.*, **to – full,** große Flaggengala anlegen (*Schiff*); **to – overall,** über die Toppen flaggen; **to – (a) ship,** über die Toppen flaggen, die Toppflaggen hissen *od.* heißen, (*Schiff*) ausflaggen, Flaggengala; **dress affair** *s.*, (Yacht)Club-Empfang *m.*, -fest *n.* (*Jackett- und Krawatten-Zwang*) (*bes. in England*); **dressed** *adj.* **full,** Flaggengala *f.*, über die Toppen geflaggt; **dressing** *s.*, **flag –,** Flaggengala *f.*; **– material** *s.*, Verbandzeug *n.*

dribble *s.* (*coll.*), feiner Regen *m.*, Nieseln *n.*

drift *s.*, Abdrift *od.* Abtrift *f.*, Drift *f.*, Abtrieb *m.*, Treiben *n.* (*bei Flaute, von Gegenständen im Wasser*), (Kurs)Versetzung *f.*, Besteckversetzung *f.*; Driftgeschwindigkeit *f.*, Driftströmung *f.* (*im Meer*), Strömungsrichtung *f.*; Reichweite *f.* eines Taus; Treibeis *n.*, Treibholz *n.*; (Regen)Guß *m.*; dahintreibende *od.* -getriebene Wolken (*pl.*), dahinjagender Sturm *m.*, (*rad.*) Auswanderung *f.*; **lateral –,** Derivation *f.*, seitliche (Kurs)Versetzung *f.*; **– to leeward,** Stromlee *f.*; **– to weather,** Stromluv *f.*

drift *v.*, driften, treiben, vertreiben, triftig sein (*Boot, Treibholz*), (*Boot*) versetzen (*durch Strömung, Abdrift od. Wind*); **to – ashore,** (an Land) anspülen, antreiben; **to – astern,** über Steuer treiben; **to – away,** ab-, weg-, vertreiben (*Boot*); **to – to leeward,** nach Lee (ab-, ver)treiben; **to – off,** abtreiben (*Boot*); **to – with the current,** (mit der Strömung) treiben, dahintreiben (*Boot*).

driftage *s.*, Abdrift *f.*, Abtrieb *m.* (*durch Wind od. Strömung*), Treibgut *n.*, angeschwemmtes Gut *n.*

drift/anchor *s.*, Treibanker *m.*; **– angle** *s.*, Derivationswinkel *m.*; Abdriftwinkel *m.*; **– boat** *s.*, Logger *m.*, Lugger *m.*; **– bottle** *s.*, Flaschenpost *f.*; **– correction** *s.*, Vorhaltewinkel *m.*, Abdriftberichtigung *f.*, -verbesserung *f.*; **– correction angle** *s.*, Vorhaltewinkel *m.* (*Stromaufgabe*); **– current** *s.*, Drift *f.*, Driftstrom *m.*, -strömung *f.*

drifter *s.*, Drifter *m.* (*Leichtwetter-Beisegel*), (Fisch)Logger *m.*, Lugger *m.*, Treibnetzfischboot *n.*, -fischer *m.*; **motor –,** Motorlogger *m.*; **sailing –,** Segellogger *m.*, Lugger *m.*; **– genoa** *s.*, Drifter-Genua *f.*; **– reacher** *s.*, Drifter-Reacher *m.* (*Segel*).

drift/hoop *s.*, Legel *m.*, Lögel *od.* Lägel *m.*, Mastring *m.*; **– ice** *s.*, Treibeis *n.*; **– indicator** *s.*, Abdriftmesser *m.*

drifting *s.*, Driften *n.* (*eines Bootes*); **when –,** bei Flaute; **drifting/conditions** (*pl.*), Flautenbedingungen *f./pl.*; **– ice** *s.*, Treibeis *n.*; **– pack (ice)** *s.*, treibendes Packeis *n.*; **– performance** *s.* **of a sail,** Flauteneigenschaften (*pl.*) eines Segels; **– snow** *s.*, Schneetreiben *n.*; **– wood** *s.*, Treibholz *n.*; **– wreck** *s.*, treibendes Wrack *n.*

drift/lead *s.*, Grundlog *n.*; **– meter** *s.*, Abdriftmesser *m.*; **– net** *s.*, Treibnetz *n.*; **– sail** *s.*, Treibsegel *n.* (*als Anker*); **– way** *s.*, Abdrift *f.*, Abtrieb *m.*, Versetzung *f.*; **– weed** *s.*, Golfkraut *n.*; **– wood** *s.*, Treibholz *n.*

drifty *adj.*, dahintreibend (*Wolken*); strömend.

drill *s.*, scharfes Training *n.*, Bootsdrill *m.*, Übung *f.* (*an Bord*), Rollenmanöver *n.* (*an Bord*), (*tech.*) Bohrer *m.*, Bohrmaschine *f.*; *v.*, drillen, trainieren, (*tech.*) bohren.

drill/boat *s.*, Übungsboot *n.*, Segelschulboot *n.*; **– ship** *s.*, Schulschiff *n.*

drink *s.*, **the –,** das Meer, die See, (*sl.*) Bach, (großer) Teich, Ozean; **to cross the –,** den großen Teich (Ozean) überqueren; **drinking**

water *s.*, Trinkwasser *n.*
dripping *adj.*, triefend; – **wet,** völlig durchnäßt; **drippy** *adj.*, regnerisch.
drive *s.*, (Boots)Geschwindigkeit *f.*, (*tech.*) Antrieb *m.*; **sail –,** Segelbootantrieb *m.*; **sailboat** *or* **stern –,** Außenbordantrieb *m.*
drive *v.*, (dahin)treiben *od.* -getrieben werden, (*tech.*) antreiben; **to – aground,** auf Grund treiben (*Boot*); **to – away,** abtreiben (*Boot*); **to – before the wind,** vor dem Wind treiben; **to – home a pile** *or* **to – a pile home,** einen Pfahl einrammen; **to – in,** einrammen; **to – on,** an-, vorwärtstreiben; **to – piles,** (Pfähle ein)rammen; **to – to leeward,** in Lee fallen; **driven** *adj.*, **motor- –,** mit Motorantrieb.
driver *s.*, Treiber *m.* (*Besansegel*), Stützsegel *n.*; Besan(mast) *m.*; Segellogger *m.*; (Motorboot)Skipper *m.*, -Führer *m.*, (*tech.*) Mitnehmer *m.*, Ramme *f.*; **pile –,** Ramme *f.*; **– mast** *s.*, Besanmast *m.* (*Schoner*), Treibermast *m.* (*Yawl*).
driving / anchor *s.*, Lenzsack *m.*, Treibanker *m.*; **– axle** *s.*, Antriebswelle *f.*; **– gear** *s.*, Getriebe *n.*, Antrieb *m.*; **– mast** *s.*, Besan(mast) *m.*; **– power** *s.*, Vortrieb(skraft *f.*) *m.* (*Boote*), Antriebskraft *f.*, -leistung *f.*; **efficacious – power** *s.*, vortriebswirksame Kräfte (*pl.*) (*an Boot od. Segel*); **– rain** *s.*, strömender Regen *m.*; **– shaft** *s.*, Antriebswelle *f.*
drizzle *s.* (*meteor.*), Nieseln *n.*, Nieselregen *m.*, Sprühregen, feiner (Staub)regen *m.*; *v.*, nieseln; **drizzling** *s.*, **– rain** *s.*, Staub-, Sprühregen *m.*, Nieselregen *m.*; **drizzly** *adj.*, nieselnd, regnerisch, feucht und neblig.
drogher *s.*, plumper Leichter *od.* Lastkahn mit Besegelung, kleiner westindischer Küstensegler *m.*
drogue *s.*, See-, Treibanker *m.*; Windsack *m.*
drone *s.*, durch Funk ferngesteuertes Boot *n.*
drop *s.*, Tiefe *f.* (*Segel*), Fall, Sturz *m.* (*Temperatur*); **– in pressure,** Druckabfall *m.*; **– in temperature,** Temperatursturz *m.*, -abfall *m.*
drop *v.*, (*Anker*) auswerfen; hinter sich lassen, aus der Sicht verlieren (*Landmarken, etc.*), fallen, sinken (*Temperatur*), sich legen (*Wind*), (durch)sacken, durchbiegen (*Mast, etc.*); **to – astern,** achteraus sacken, zurückbleiben, -fallen, auswandern (*Landmarken, Feuer, etc.*), deinsen; **to – away,** außer Sicht kommen; **to – back** *or* **behind,** ab-, zurückfallen, zurückbleiben; **to – down,** (*auf einem Fluß, etc.*) herabgleiten, -fahren; **to – down with the tide,** mit der Flut auslaufen; **to – out,** langsam auslaufen (*Boot*); **to – out of sight,** außer Sicht kommen; **to – to leeward,** abtreiben (nach Lee) (*Boot*), (ab-, zurück)sacken; **to – a boat,** ein Boot aussetzen *od.* zu Wasser bringen; **to – anchor,** den Anker ausbringen, -werfen, fallen lassen; ankern, vor Anker gehen; **to – the pilot,** den Lotsen absetzen.
drop / centreboard *s.*, Steckschwert *n.*; **–head** *adj.*, abklappbar, versenkbar; **– keel** *s.*, Kielschwert *n.*, Steckschwert *n.*; **– pawl** *s.*, Pall *n.*
dropping *s.*, Regen *m.*; **– mooring** *s.*, Bug- und Heckankermuring *f.*, Muring *f.*, Verankerung *f.* mit 2 Ankern.
drop / rudder *s.*, Senkruder *n.*; **– sounder** *s.*, Falllot *n.*
drudgery *s.*, Plackerei *f.*, Schinderei *f.* (*Bordarbeit*).
drum *s.*, Seiltrommel *f.*; **cable –,** Kabeltrommel *f.*; **winch –,** Winschtrommel *f.*; **–head** *s.*, Gangspillkopf *m.*; **–head man** *s.*, Winsch-, Windenmann *m.*; **– wheel** *s.*, Kabeltrommel *f.*; **– winch** *s.*, Trommelwinsch *f.*
drunk *adj.* (*tech.*), durchdrehend, toll (*Schraube, etc.*).
dry *s.*, Trockenheit *f.*, Trockenzeit *f.*; *adj.* (*meteor.*), niederschlagsfrei, regenarm; lenz, lens (*Boot*), trocken; **high and –,** gestrandet, auf dem Trocknen (*Boot*); **to come –,** trockenfallen (*Boot*); **to run –,** leersegeln, leerlaufen lassen (*Boot*); *v.*, **to – a sail,** ein Segel trocknen (lassen) *od.* austrocknen.
dry / barometer *s.*, Trockenbarometer *n.*; **– battery** *s.* (*elec.*), Trockenbatterie *f.*; **– cell** *s.* (*elec.*), Trockenelement *n.*; **– compass** *s.*, Trockenkompaß *m.*; **– dock** *s.*, Trockendock *n.*; **to –dock** *v.*, ins Trockendock bringen (*Schiff*), eindocken; **– -docking** *s.*, Docken *n.*, Dockung *f.*; **– harbour** *or* **port** *s.*, Strandhafen *m.*; **– rot** *s.*, Trockenfäule *f.* (*Boot*); **– spell** *s.* (*meteor.*), Trockenperiode *f.*; **– tank** *s.*, Lufttank *m.*
dual / automatic direction finder *s.*, automatischer Doppelpeiler *m.* (*Funkp.*); **– control** *s.*, Doppelsteuerung *f.*; **– staysail** *s.*, Dual-Stagsegel *n.*; **reefable – staysail** *s.*, reffbares Dual-Stagsegel *n.*
duck *s.*, Takelzeug *n.*, Segel(tuch)kleidung *f.*; Schiertuch *n.*, leichtes Segeltuch *n.*; *v.*, tief eintauchen (*Bug*); **to – into the waves,** die Wellen unterschneiden, tief in die Wellen *od.* ins Wasser eintauchen; **duckboard** *s.*, Fußlattenrost *m.* (*im Boot*); **ducker** *s.*, Taucher *m.*
ducking *s.* (*naut.*), Taufe *f.*; Eintauchen *n.* (*des Bugs*); **to get a –,** bis auf die Haut durchnäßt *od.* klatschnaß werden; **to give a new hand a –** (*naut.*), einen Neuling taufen.

ducks *s./pl.* (*naut., coll.*), Seglerhose *f.*, Segel(tuch)hose *f.*; **jolly –,** Jollenhose *f.*; **a fine day for –** (*coll.*), ein regnerischer Tag *m.*

duct *s.* (*tech.*), Leitung *f.*, Röhre *f.*, (*elec.*) Kabelgang *m.*, -kanal *m.*; **– keel** *s.*, Kasten-, Tunnelkiel *m.*

dude *s.* (*sl.*), Oststaatler *m.* (*US*).

duds *s./pl.* (*coll.*), Klamotten (*pl.*), Siebensachen (*pl.*), (*dial.*) Plünnen (*pl.*).

due *s.* (*naut.*), **for a full –,** endgültig, vollkommen, vollständig, gründlich; *adv.*, **to go – west,** genau nach Westen segeln, auf direktem *od.* geradem Westkurs laufen *od.* liegen; **a – north wind,** ein genau von Norden *od.* aus nördlicher Richtung kommender Wind; **– east,** gerade östlich, genau Ost, genau nach Osten; Morgenpunkt *m.*

dues *s./pl.*, Gebühren (*pl.*); Zoll *m.*; **harbour –,** Hafengeld *n.*, -liegegebühren *f./pl.*

duff *s.* (*naut.*), (Mehl)Pudding *m.*

duffel-bag *s.* (*naut.*), Seesack *m.*

dug(-)out *s.*, Einbaum *m.*; **– (canoe)** *s.*, Kanu *n.*

dull *s.*, Flaute *f.*, Windstille *f.*; *v.*, abflauen, sich legen (*Wind*).

dull *adj.*, flau (*Wind*), trüb(e) (*Wetter*), windstill; schwach (*Leuchtfeuer, Licht*), (*radar*) matt, trüb; **dullness** *s.*, Trübheit *f.* (*Wetter*).

dumb *adj.*, **– barge,** Schute *f.*, Schleppkahn *m.*; **– holder** *s.*, Ruderträger *m.*; **– compass** *s.*, Peilscheibe *f.*; **– ship** *or* **vessel** *s.*, Schiff *n.* ohne Eigenantrieb.

dummy *s.*, Ponton *m.*; **– aerial** *s.* (*am.* **antenna**), Ersatzantenne *f.*; **– barge** *s.*, Anlegerponton *m.*; **– compass** *s.*, Peilscheibe *f.*; **– funnel** *s.*, blinder (Schiffs)Schornstein *m.*; **– gantline** *s.*, Hilfsaufholer *m.*, -jolltau *n.*, -wippe *f.*; **– run** *s.*, Probe-, Testfahrt *f.*, Testreihe *f.*

dump *s.*, Tauring *m.*, (*Art*) Bolzen (*Bootsbau*); **– scow** *s.*, Abfallprahm *m.*, -schute *f.*

dumping / board *s.*, Bodenwegerung *f.* (*unter Luken*); **– plank** *s.*, Bodenplanke *f.* (*unter Luken*).

dune *s.*, Düne *f.*

dungarees *s./pl.* (*am.*), Takelzeug *n.*, Arbeitspäckchen *n.*, grobe Segelkleidung *f.*

dunnage *s.*, Garnier *n.*, Garnierung *f.*, Garnierholz *n.*; *v.*, garnieren.

duplex *s.* (*rad.*), Duplex-, Gegensprechen *n.*; **– card** *s.*, Doppelrose *f.* (*Kompaß*); **– channel** *s.* (*rad.*), Duplexkanal *m.*; **– communication** *s.*, **– operation** *s.*, Duplex-, Gegensprechverkehr *m.*, -verbindung *f.*; **– repeater** *s.*, Duplex-, Gegensprechverstärker *m.*; **– telephony** *s.*, Duplex-, Gegensprechverkehr *m.*

durability *s.*, Festigkeit *f.*, Haltbarkeit *f.*, Lebensdauer *f.* (*Segel, etc.*); **durable** *adj.*, haltbar, von langer Lebensdauer.

duration *s.*, **– of ebb,** Ebbdauer *f.*; **– of fall,** Ebb-, Falldauer *f.* (*Tide*); **– of flood** *or* **flow,** Flut-, Steigdauer *f.* (*Tide*); **– of rise,** Steigdauer *f.* (*Tide*); **– test** *s.*, Dauertest *m.*, -erprobung *f.*

dusk *s.*, (Abend)Dämmerung *f.*, Halbdunkel *n.*, Zwielicht *n.*; **after –,** nach Einbruch der Dunkelheit; **at –,** bei Einbruch der Dunkelheit, in der Dämmerung; **– is falling,** es dämmert *od.* wird dunkel; **dusky** *adj.*, dämm(e)rig, dunkel.

dusty *adj.* (*naut., coll.*), stürmisch.

Dutch *adj.*, holländisch, niederländisch; **double –,** Kauderwelsch *n.*; **Dutchman** *s.* (*naut.*), Holländer *m.*, holländisches Boot *od.* Schiff *n.*; **–'s log** *s.*, Relingslog *n.*, -logge *f.*

duty *s.* (*naut.*), Dienst *m.*; Zoll *m.*, (*tech.*) Nutzeffekt *m.*, -leistung *f.*; **to be off –,** dienstfrei haben *od.* sein; **to be on** *or* **to have the –,** Dienst haben *od.* tun; **officer on –,** diensthabender *od.* -tuender (Schiffs)Offizier *m.*; **– on board (ship),** Borddienst *m.*; **– -free** *adj.*, zollfrei; **– -free territory** *s.*, (Zoll)Freizone *f.*; **– -paid** *adj.*, verzollt; **– -paid entry** *s.*, Zollerklärung, -deklaration *f.*

dwarf star *s.* (*astr.*), Zwergstern *m.*

dying wind *s.*, abflauender *od.* einschlafender Wind *m.*

dyke *s.*, (*s.* **dike**).

dynamic *adj.*, **– balance** *or* **equilibrium** (*phys.*), dynamisches Gleichgewicht *n.*; **– lift** *s.*, dynamischer Auftrieb *m.* (*Boot*); **– pressure** *s.*, dynamischer Auftrieb *m. od.* Druck *m.*, Staudruck *m.*; **dynamics** *s./pl.*, Dynamik *f.*; **dynamic stability** *s.* (*phys.*), dynamische Stabilität *f.*

dynamo *s.* (*elec.*), Dynamo(maschine *f.*) *m.*, Lichtmaschine *f.*; **– -electric(al)** *adj.*, dynamoelektrisch, elektrodynamisch; **dynamometer** *s.*, Dynamometer *n.*, Kraftmesser *m.*; Maß *n.* für die opt. Vergrößerung von Teleskopen, etc.

E

E (boat *or* **ship),** (*Lloyds Schiffsklassifikation a) unterste Klasse f.; b) Schiff unterer Klasse* (*Holzschiffe*).

eagre *s.*, Flutwelle *f.*, Springflut *f.*; plötzliche Flutwelle *f.* vor Flußmündungen.

ear *s.*, Öse *f.*, Öhr *n.*; **eared** *adj.*, mit einer Öse versehen.

early / morning fog *or* **mist** *s.*, Früh-, Morgennebel *m.*; **– warning system** *s.*, Frühwarnsystem *n.*

ear / phone *s.*, **–piece** *s.* (*rad.*), Kopfhörer *m.*; **–ring** *s.*, (Reff)Bändsel *n.*, Nockbändsel *n.*; Nockhorn *n.*; **–ring cringle** *s.*, Anschlaglegel *m.*; **–ring thimble** *s.*, Nockhornkausch *f.*; **–shot** *s.*, Hör-, Rufweite *f.*; **within –shot,** in Hör- *od.* Rufweite.

earth *s.*, (Fest)Land *n.* (*im Gegensatz zur See*), Erde *f.*, Erdball *m.*; **attraction of the –,** Erdanziehung(skraft) *f.*; **– inductor compass** *s.*, Erdinduktionsbussole *f.*, -kompaß *m.*; **–light** *s.*, Erdschein *m.*; **– magnetism** *s.*, Erdmagnetismus *m.*; **– meridian** *s.*, Erdmeridian *m.*; **–quake** *s.*, Erdbeben *n.*; **– radius** *s.*, Erdradius *m.*; **–shine** *s.* (*astr.*), Erdlicht *n.*, -schein *m.*; **earth's / equator** *s.*, Erdäquator *m.*; **– motion** *s.*, Bewegung *f.* der Erde; **– orbit** *s.*, Erdbahn *f.*, -umlaufbahn *f.*

ease *s.*, Schrick *m.*

ease *v.*, schricken, Lose geben; **to – away** *or* **off,** ab-, auf-, wegfieren, (ab)schricken, Lose (*od.* lose) geben (*Leine*); **to – down,** Fahrt *od.* Geschwindigkeit verlangsamen *od.* vermindern; **to – down a rope,** lose (*od.* Lose) geben; **to – into the berth,** langsam *od.* vorsichtig in den Liegeplatz hineinmanövrieren; **to – off,** auffieren, (ab)schricken; **to – the helm** *or* **rudder,** mit dem Ruder aufkommen; **to – a rope,** eine Leine *od.* ein Tau (auf)fieren *od.* Lose (lose) geben; **to – speed,** Fahrt *od.* Geschwindigkeit vermindern *od.* mäßigen; **to – the sheet,** die Schot (auf)fieren; **to – the ship** *or* **boat,** die Fahrt vermindern; **– off!** (*com.*), Fier weg!; **– line!** (*com.*), (Beleg)Leine los!; **– out!** (*com.*), Leine fieren!; **– the helm!** (*com.*), Komm (langsam) auf!; **– the rudder!** (*com., am.*), Komm (langsam) auf!.

easily *adv.*, **– handled,** leicht zu handhaben (*Boot, Segel*); **– steered,** wendig, lebendig (*Boot*).

east *s.*, Osten *m.*, (*naut.*) Ost, Ostwind *m.*; **in the –,** im Osten; **to the – of,** östlich von, im Osten von; **the wind is in the –,** der Wind kommt aus *od.* von Osten; **– by north** (*naut.*), Ost zu Nord; **– of** *or* **from,** östlich von; *adj.*, Ost-, östlich, aus Osten kommend; **an – wind,** Ostwind *m.*, aus Osten kommender Wind; *adv.*, ostwärts, in östlicher Richtung, östlich; **to go –,** in östlicher Richtung *od.* nach Osten laufen *od.* segeln, auf Ostkurs liegen.

east / about *adv.*, nach Osten herum (*beim Kreuzen*); **–bound** *adj.*, östlich, in östlicher Richtung abgehend *od.* auslaufend, nach Osten gehend, ostgehend, auf Ostkurs liegend; **–bound ship,** nach Osten segelndes *od.* (aus)laufendes *od.* bestimmtes Schiff *n.*; **– coast** *s.*, Ostküste *f.*

easterlies *s./pl.*, Passat(winde *pl.*) *m.*

easterly *s.*, Ost *m.*, Ostwind *m.*; *adj.*, östlich (gelegen), Ost-; **– wind,** Ost *m.*, Ostwind *m.*; *adv.*, östlich, ostwärts, nach Osten; von Osten.

eastern *adj.*, östlich, nach Osten (gerichtet), Ost-, östlich gelegen, aus Osten kommend; **an – route,** ein östlicher Kurs; **an – wind,** Wind *m.* aus Osten, Ostwind *m.*, Ost *m.*; **– amplitude** *s.* (*astr.*), Morgenamplitude *f.*; **– hemisphere** *s.*, östliche Hemisphäre *f.*; **–most** *adj.*, östlichst, am weitesten östlich (gelegen) *od.* nach Osten; **– (standard) time** *s.*, Einheitszeit *f.* für den östl. Teil der U.S.A.; **– wind** *s.*, Ost *m.*, Ostwind *m.*

easting *s.* (*naut.*), zurückgelegter östlicher Kurs *m.*, zurückgelegte Strecke *f.* nach Osten; östliche Entfernung *f.* (*von einem bestimmten Meridian*), Ostlänge *f.*, östlich(e Richtung *f.*), Ostrichtung *f.*, Annäherung *f.* an eine östliche Richtung *f.*; Umschlagen *n.* des Windes auf *od.* nach Ost; **to be –,** auf Ostkurs *od.* östlichem Kurs liegen *od.* laufen (*Boot*), nach Osten umschlagen *od.* umspringen (*Wind*); **to make –,** Ostkurs laufen.

east / longitude *s.*, östliche Länge *f.*, Ostlänge *f.*; **--north east** *s.*, Ostnordost(wind) *m.*; **– point** *s.*, Ostpunkt *m.*; **--south east** *s.*, Ostsüdost(wind) *m.*

eastward *s.*, östliche Richtung *f.*; Osten *m.*; *adj.*, ostwärts (gerichtet), östlich; **eastward(s)** *adv.*, ostwärts, nach Osten; **eastwardly** *adj.*, östlich (gelegen *od.* gerichtet), aus Osten kommend; **an – wind,** (ein) aus Osten kommender Wind *m.*, Ostwind *m.*; *adv.*, ostwärts, nach Osten, aus *od.* von Osten.

east wind s., Ost *m.*, Ostwind *m.*

easy *s.*, (Ruhe)Pause *f.* (*Rudern*); *adj.*, leicht, handlich (*Boot*); **– all!** (*naut., int.*), Langsam!, Sachte!, Halt!, Stopp! (*beim Rudern*); **– of access,** leicht zugänglich (*Bucht, Hafen, etc.*); **– to handle,** leicht zu handhaben (*Boot*);

– **to steer,** lebendig, wendig (*Boot*); – **to stow,** leicht zu stauen (*Segel*).

easy / bilge *s.*, runde Kimm *f.*; – **draught** *s.* (*am.* **draft**), geringer Tiefgang *m.* (*Boot*); – **roll** *s.*, geringes *od.* leichtes Rollen *n. od.* Schlingern *n.* (*eines Bootes*); – **sail** *s.*, lebendiges *od.* handliches Segel; **under – sail,** nur soviel Segel(fläche) gesetzt, wie unbedingt erforderlich; – **speed** *s.*, geringe Fahrt *f.*, mäßige Geschwindigkeit *f.*; – **steerage** *or* **steerability** *or* **steering** *s.*, Lebendigkeit *f. od.* Wendigkeit *f.* eines Bootes; – **-steered** *adj.*, lebendig (*Boot*); – **steerer** *s.*, lebendiges *od.* wendiges Boot *n.*; – **trimmer** *or* **trimming ship** *s.*, Leichttrimmer *m.* (*Boot*); – **victory** *s.*, (*rac.*), müheloser *od.* leichter Sieg *m.*; – **working ship** *s.*, im Seegang ruhig arbeitendes *od.* liegendes Schiff *n.*

eat *v.*, **to – away,** zerfressen (*Rost*); **to – to windward,** die Luv gewinnen *od.* abschneiden; **to – to windward of,** (*einem Boot*) den Wind aus den Segeln nehmen.

ebb *s.*, Ebbe *f.*; **duration of –,** Ebbdauer *f.*; **first of the –,** Beginn *m.* der Ebbe; **last of the –,** Ende *n.* der Ebbe; – **and flow** *or* **flood,** Ebbe *f.* und Flut; *v.*, ebben, zurückgehen (*Flut*); **to – and flow,** steigen und sinken, ebben und fluten (*Gezeiten*); **to – away,** abebben (*Sturm*).

ebb / anchor *s.*, Ebbanker *m.*; – **current** *s.*, (*am.*) – **stream** *s.*, Ebbstrom *m.*; – **tide** *s.*, Ebbe *f.*, Ebbtide *f.*, -strom *m.*

E-boat *s.*, Schnellboot *n.*

eccentric *s.* (*tech.*), Exzenter *m.*; *adj.* (*tech.*), exzentrisch, vom Mittelpunkt abweichend, nicht zentral, (*astr.*) nicht rund; – **error** *s.*, Exzentrizitätsfehler *m.* (*Sextant*); – **governor** *s.* (*tech.*), Exzenterregler *m.*; **eccentricity** *s.* (*tech.*), Schlag *m.* (*im Mast, etc.*), Exzentrizität *f.*; – **of the centre of gravity,** Schwerpunktverlagerung *f.*

echelon *s.* (*naut.*), Staffel(aufstellung) *f.*, Staffelung *f.*; **in –,** staffelförmig *od.* gestaffelt aufgestellt.

echo *s.* (*radar*), Schattenbild *n.*, (*rad.*) Echo *n.* (*Reflektierung einer Funkwelle*); **–gram** *s.*, Echogramm *n.*; **–graph** *s.*, Echograph *m.*; – **image** *s.* (*radar*), Schatten-, Doppelbild *n.*; – **location** *s.*, Echo- *od.* Reflektions(funk)ortung *f.*; – **ranging** *s.*, Echo-, Entfernungsmessung *f.*; – **receiver** *s.* (*radar*), Echoempfänger *m.*; – **sounder** *s.*, Echolot *n.*; – **sounding** *s.*, Echolotung *f.*, -lotmessung *f.*; – **strength** *s.*, Echo(lotungs)stärke *f.*; – **suppressor** *s.* (*radar*), Echosperre *f.*; – **wave** *s.*, Echowelle *f.*

eclipse *s.* (*naut.*), Verdunkelung *f.*, Dunkelzeit *f.*, Pause *f.* (*Leuchtfeuer*), (*astr.*) Eklipse *f.*, Finsternis *f.*, Verfinsterung *f.*; **partial (total) –** (*astr.*), partielle (totale) Finsternis *f.*; – **of the moon (sun),** Mond(Sonnen)finsternis *f.*; *v.* (*naut.*), sich verdunkeln (*Leuchtfeuer*), (*astr.*) sich verfinstern; **eclipsing variable** *s.* (*astr.*), Algolstern *m.* (*mit wechselnder Helligkeit*).

ecliptic *s.* (*astr.*), Ekliptik *f.* (*scheinbare Sonnenbahn*); *adj.*, ekliptisch.

economical / cruising speed *s.*, ökonomische Marschfahrt *f.*; – **speed** *s.*, ökonomische Fahrt *f. od.* Geschwindigkeit *f.*

ectropometer *s.*, Instrument *n.* zur Bestimmung der Kompaßrichtung.

eddy *s.*, Strudel *m.*, (Wasser)Wirbel *m.*, Neerstrom *m.*, Gegenstrom *m.*; Luftwirbel *m.* (*am Segel*); **back –,** Neerstrom *m.*; *v.*, wirbeln, strudeln.

edge *s.*, Liek *n.*, Saum *m.* (*Segel*), (äußerster) Rand *m.*, Schmalseite *f.*, Kante *f.*; (scharf ab- *od.* begrenzende) Linie *f.*, (*spt.*) Vorteil *m.*; **leading –,** Anströmkante *f.*, Profilvorderkante *f.* (*Segel, Schwert*); **moulding –,** Mallkante *f.*; **trailing –,** Ablaßkante *f.* (*Segel, Schwertprofil*); **to have the – on s.b.** (*rac.*), im Vorteil sein, einen Vorteil haben (*gegenüber einem anderen Boot*); – **of the ice,** Eisgrenze *f.*; – **of the pack,** Packeisgrenze *f.*; – **of the propeller blade,** Propellerflügelkante *f.*; – **of a sail,** Liek *n.*; – **of the sheerstrake,** (Decks)-Naht *f.*; – **of the water,** Seeufer *n.*, Rand *m.* des Wassers.

edge *v.*, **to – away** *or* **off,** abhalten (*Kurs*); **to – down on,** zuhalten auf; **to – out,** (langsam und vorsichtig) auslaufen (*Boot*).

edge / bottom *s.*, Doppelboden *m.* mit Bilge; – **iron** *s.*, Winkeleisen *n.*, -schiene *f.*; – **seam** *s.*, Längsnaht *f.*, Naht *f.* (*Segel, Boot*).

effect *s.* (*phys.*), Effekt *m.*, (induzierte) Leistung *f.*, Wirkung *f.*; **land –,** Landeffekt *m.* (*Funkp.*); **sky wave –** (*rad.*), Dämmerungs-, Nachteffekt *m.*; **slot –,** Düsenwirkung *f.* (*am Segel*); **effective** *adj.*, – **output,** (*tech.*), Effektiv-, Nutzleistung *f.*; – **range** *s.* (*rad., radar*), Wirkungsbereich *m.*, effektive Reichweite *f.*

efficiency *s.* (*phys., tech.*), Leistung(sfähigkeit) *f.*, Nutzeffekt *m.*, -leistung *f.*; Wirkungsgrad *m.*; – **of the prop(eller),** Propellerwirkungsgrad *m.*, Wirkungsgrad *m.* des Propellers.

effort *s.* (*phys.*), Potentialabfall *m.*, Sekundärkraft *f.*; Kraft *f.*, Energie *f.*, Leistung *f.* (*Segel, Boot; Wind, Wasser*); **centre of –,** Druck(mittel)punkt *m.*; **centre of – of a sail,** Segelschwerpunkt *m.*

effuse *v.*, (Licht) ausstrahlen, -senden, verbrei-

ten (*Leuchtfeuer*); **effusion** *s.*, (sich ergießender *od.* mündender) Fluß *m. od.* Strom *m.*
egg(-)beater *s.* (*sl.*), Hubschrauber *m.*
egress *s.* (*astr.*), Austritt *m.*
eight *s.*, Achter *m.* (*Boot*), Achtermannschaft *f.*, (*rad.*) (*Art*) Mikrophon *n.*; **figure of – knot** *s.*, Acht(er)knoten *m.*; *adj.*, **– bells,** acht Glas *od.* Glasen.
ejector *s.*, Strahl-, Saugstrahlpumpe *f.*, Ejektor *m.*
elapsed *adj.* **time** (*rac.*), (tatsächlich) gesegelte Zeit *f.* (*ohne Vorgabe*).
elastic *s.*, Gummiring *m.*, -zug *m.*; *adj.*, biegsam, elastisch, flexibel, dehnbar, Gummi-; **– coupling** *s.*, elastische Kupplung *f.*; **– curve** *s.*, (Durch)Biegungslinie *f.*; **– deformation** *s.* (*phys.*), elastische Formveränderung *f.*; **– force** *s.*, Elastizität *f.*, Federkraft *f.*
elasticity *s.* (*phys.*), Elastizität *f.*, Biegsamkeit *f.*, Federkraft *f.*; **to reduce –,** die (Durch)Biegung verringern *od.* vermindern (*Mast*).
elastic / limit *s.* (*phys.*), Elastizitätsgrenze *f.*; **– mooring pendant** *or* **pennant** *s.*, Festmacher-Dehnungsstander *m.*; **– quadrant** *s.*, Federquadrant *m.*
elbow *s.* (*tech.*), Knie(stück) *n.*, Winkel(stück *n.*) *m.*; **– joint** *s.*, Knie-, Winkelverbindungsstück *n.*; **– telescope** *s.*, Winkelteleskop *n.*
electric *s.* (*phys.*), elektrostatischer Körper *m.*, Nichtleiter *m.*; **electric(al)** *adj.*, elektrisch, Elektro-.
electrical / applicances *s./pl.*, Elektrogeräte, -instrumente *n./pl.* (*an Bord*); **– depth sounder** *s.*, Elektrolot *n.*; **–ly driven,** mit Elektroantrieb; **–ly driven boat** *s.*, Elektroboot *n.*; **–ly driven winch** *s.*, elektrische Winsch *od.* Winde *f.*; **– oscillation** *s.*, elektrische Schwingung *f.*; **– remote control** *s.*, elektrische Fernsteuerung *f.*; **– transmission** *s.*, elektrische Kraftübertragung *f.*
electric / battery *s.*, elektrische Batterie *f.*; **– cell** *s.*, Akku(mulatoren)zelle *f.*; **– current** *s.*, elektrischer Strom *m.*; **– depth finder** *s.*, Elektro-Echolot *n.*; **– drive** *s.*, Elektroantrieb *m.*; **– engineering** *s.*, Elektrotechnik *f.*; **– eye** *s.* (*rad.*), magisches Auge *n.*, magischer Fächer *m.*, Abstimmungsanzeiger *m.*; **– field** *s.*, elektrisches *od.* elektrostatisches Feld *n.*; **– float light** *s.*, elektrisches Rettungslicht *n.*; **– helmsman** *s.*, Elektro-Steuer- *od.* Ruderanlage *f.*, -gerät *n.*, elektrischer (Selbst)Steuerer *m.*; **– installment** *s.*, Elektro-Anlage *f.*, elektrische Anlage *f.* (*an Bord*); **– log** *s.*, Elektrolog *n.*; **– machine** *s.*, Elektromaschine *f.*, elektrische Maschine *f.*; **– magnet compass** *s.*, **magnet – compass** *s.*, elektrischer Magnetkompaß *m.*; **– meter** *s.*, elektrisches Meßgerät *n.*; **– motor** *s.*, Elektromotor *m.*; **– -powered windlass** *s.*, elektrisches Ankerspill *n.*, elektrische Ankerwinde *f.*, Motorwinde *f.*; **– propulsion** *s.*, Elektroantrieb *m.*, elektrischer Antrieb *m.*; **– sounder** *s.*, Elektrolot *n.*; **– speedometer** *s.*, Elektrolog *n.*, elektrisches Speedometer *n.*; **– steering system** *s.*, elektrische Steueranlage *f.*; **– storm** *s.*, Gewittersturm *m.*; **– switchboard** *s.*, Elektro-Schalttafel *f.*; **– system** *s.*, elektrisches System *n.* (*an Bord*); **– welding** *s.*, Elektro-, Lichtbogenschweißung *f.*; **– winch** *s.*, Elektrospill *n.*, -winsch *f.*
electro / -acoustical detection *or* **sounding** *s.*, elektroakustische Ortung *f.*; **–dynamics** *s./pl.*, Elektrodynamik *f.*; **– -hydraulic helmsman** *or* **steering gear** *s.*, elektro-hydraulische Ruder- *od.* Steueranlage *f.*; **– -hydraulic winch** *or* **windlass** *s.*, elektro-hydraulisches (Anker)-Spill *n.*; **–log** *s.*, Elektrolog *n.*; **–lysis** *s.*, Elektrolyse *f.* (*durch Seewasser*); **–lytic corrosion** *s.*, elektrolytische Zersetzung *f.*, Korrosion *f.*; **–magnet** *s.*, Elektromagnet *m.*; **–magnetic control** *s.*, elektromagnetische Steuerung *f.*; **–magnetic field** *s.*, elektromagnetisches Feld *n.*; **–magnetism** *s.*, Elektromagnetismus *m.*; **–magnetic wave** *s.*, elektromagnetische Welle *f.*; **–mechanical helmsman** *or* **steering gear** *s.*, elektromechanische Ruderanlage *f.*; **–motive** *adj.*, elektromotorisch; **–motor** *s.*, Elektromotor *n.*; **–motor boat** *or* **craft** *s.*, Elektroboot *n.*
electronic / control *s.*, elektronische Steuerung *f.*; **– cursor** *s.* (*radar*), elektronische Meßlinie *f.*; **– devices** *s./pl.* **(on board),** elektronische (Bord)Ein-, Vorrichtungen *f./pl.*; **– fix** *s.*, Funkstandort *m.*; **– navigation system** *s.*, elektronisches Navigationssystem *n.*; **–s** (*pl.*), elektronische Ausrüstung *f.* (*an Bord*); Elektronik *f.*; **– speed log** *or* **speedometer** *s.*, Elektroniklog *n.*, elektronisches Log *n. od.* Speedometer *n.*
electro / scope *s.*, Elektroskop *n.*; **– speed log** *s.*, Elektrolog *n.*; **–static error** *s.*, elektrostatischer Fehler *m.* (*Funkp.*); **–static field** *s.*, elektrostatisches Feld *n.*; **–statics** (*pl.*), Elektrostatik *f.*; **–technics** (*pl.*), Elektrotechnik *f.*; **– winch** *s.*, **– windlass** *s.*, Elektrospill *n.*
element *s.* (*phys.*), Element *n.*, Grund- *od.* wesentlicher Bestandteil *m.*, (*astr.*) Element *n.*, Bestimmungsstück *n.*; **– of uncertainty** *s.* (*naut.*), Unsicherheitsfaktor *m.*; **elemental** *adj.* **power,** Naturgewalt *f.*; **elements** *s./pl.*, Wetter *n.*, Wetterverhältnisse (*pl.*); Naturge-

walten (*pl.*).

elevation *s.*, Feuerhöhe *f.* (*Leuchtf.*) (*naut.*) Aufrichten, -stellen *n.*; Aufriß *m.* (*Bootsbau*), (*geogr.*) Meereshöhe *f.*, (*astr.*) Elevation *f.*, Höhe *f.* (*eines Gestirns*); **longitudinal –,** Längsriß *m.* (*Linienriß*); **sectional –,** Längs-, Querschnitt *m.*; **side –,** Seitenansicht *f.*; **– of a light** *or* **beacon** (*am.* **blinker**), Höhe *f.* eines Feuers (*über MSWH*); **– of the observer,** Beobachterhöhe *f.*; **– of the pole,** Polhöhe *f.*; **– plan** *s.*, Aufriß *m.* (*Bootsbau*).

elimination *s.* (*rac.*), Ausscheidung *f.*; **– of defects** *or* **trouble,** Fehler-, Störungsbeseitigung *f.*; **– race** *s.*, Ausscheidungsregatta *f.*, -rennen *n.*, -wettfahrt *f.*; **eliminator** *s.* (*rad.*), Sperrkreis *m.*, Siebkreis *m.*

ellipse *s.*, Ellipse *f.*

ellipsograph *s.*, Ellipsenzirkel *m.*, Ellipsograph *m.*

ellipsoid *s.* **/ of gyration** *or* **revolution(s)** *or* **rotation** (*phys.*), Rotationsellipsoid *n.*; **– of inertia** (*phys.*), Trägheitsellipsoid *n.*

elliptical stern *s.*, elliptisches *od.* rundes Heck *n.*, Rundheck *n.*; **ellipticity** *s.* (*astr.*), Elliptizität *f.*, Abplattung *f.*

elongating lens *s.*, Spreizglas *n.* (*Sextant*); **elongation** *s.* (*phys.*), Elongation *f.*, Dehnung *f.*, Streckung *f.*, (*tech.*) Verlängerungsstück *n.*, (*astr.*) Elongation *f.*, Winkelabstand *m.*

embankment *s.*, Kai *m.*, Wasserwehr *n.*, Uferstraße *f.*, -anlage *f.*, -befestigung *f.*, Eindeichung *f.*

embargo *s.*, Embargo *n.*, Hafensperre *f.*, -blokkade *f.*, (Schiffs)Beschlagnahme *f.*; **to lay an – on,** (*Hafen*) sperren; (*Schiff*) beschlagnahmen; **– on shipping,** Schiffahrtssperre *f.*, -embargo *n.*; *v.*, (*Hafen*) sperren, (*Schiff*) beschlagnahmen.

embark *v.*, an Bord gehen, sich einschiffen (**for,** nach), sich einbooten (*mit Beiboot*); **embarkation** *s.*, Anbordgehen *n.*, Einbootung *f.*, -schiffung *f.*; **– dock** *s.*, Einbootungsdock *n.*; **– port** *or* **harbour** *s.*, Einbootungs-, Einschiffungshafen *m.*; **embarked** *adj.*, an Bord, eingeschifft; **embarking** *s.*, (*s.* **embarkation**).

embay *v.*, (*Boot*) in eine Bucht legen *od.* in einer Bucht vor Anker legen, in eine Bucht treiben; **embayment** *s.*, Bucht *f.*, Golf *m.*

emblem *s.*, **class –,** Klassenzeichen *n.*; **sail –,** Segelzeichen *n.*

embouchure *s.*, (Fluß)Mündung *f.*

emergency *s.*, Notfall *m.*, -lage *f.*; **all back –!** (*com.*), Äußerste Kraft zurück!; **in case of** *or* **in an –,** im Notfall, notfalls; **– full ahead!** (*com.*), Äußerste Kraft voraus!; **– aerial** *s.* (*am.* **antenna**), Behelfs-, Hilfs-, Ersatzantenne *f.*; **– bilge pump** *s.*, Ersatz-, Hilfs-, Notpumpe *f.*; **– boat** *s.*, Rettungs-, Unfallboot (*ausgeschwungen gefahren*); **– compass** *s.*, Ersatz-, Hilfs-, Notkompaß *m.*; **– drill** *s.*, Rettungsmanöver *n.* (*Crew*); **– equipment** *s.*, Not-, Hilfsausrüstung *f.*; **– position-indicating radio beacon** *s.*, (automatische *od.* selbsttätige Seenot)Funkboje *f.*; (*meteor.*) Seenotfunkboje *f.*; **– rations** (*pl.*), Notproviant *m.*, Eiserne Ration *f.*; **– receiver** *s.* (*rad.*), Notempfänger *m.*; **– repairs** (*pl.*), dringend notwendige *od.* erforderliche Reparaturen *f./pl.*; **– signal buoy** *s.*, Notsignalboje *f.*; **– speed** *s.*, höchste Geschwindigkeit *f.*, Höchstgeschwindigkeit *f.*; **– steering gear** *s.*, Notruderanlage *f.*, Notsteuervorrichtung *f.*; **– stop** *s.*, Aufstoppen *n.* im Gefahrenfall, Notstopp *m.*; **– tiller** *s.*, Notpinne *f.*; **– transmitter** *s.* (*rad.*), Notsender *m.*, Notrufzeichengeber *m.*; **– turn** *s.*, Ausweichmanöver *n.*, hartes und plötzliches Abdrehen *n.* (*eines Bootes*); **emergent** *s.* (*phys.*), auf mehrere gleichzeitig wirksame Ursachen zurückzuführende Erscheinung *od.* Eigenschaft.

emersion *s.* (*astr.*), Austritt *m.*, Emersion *f.*

emery *s.*, Schmirgel *m.*, Korund *m.*; **– paper** *s.*, Schmirgelpapier *n.*; **– stone** *s.*, Schmirgelstein *m.*; **– wheel** *s.*, Korundscheibe *f.*

emission *s.* (*phys.*), Ausstrahlung *f.*, -sendung *f.*, -strömung *f.*; **Newton's – theory,** Newtonsche Emissionstheorie *f.*; **– of sound,** Schallaussendung *f.*, -abgabe *f.*; **emit** *v.*, aussenden, ausstrahlen (*Licht, Ton*); **emitter** *s.* (*phys.*), Strahler *m.*

empiric(al) *adj.*, erfahrungsmäßig, auf Erfahrung gegründet, empirisch; **– method** *or* **mode of operation,** empirische *od.* nicht wissenschaftliche Arbeitsweise (*Segelzuschnitt, etc.*); **– factor** *or* **coefficient** *or* **value** *s.*, empirischer Wert *m.*, Erfahrungswert *m.*; **empiricism** *s.*, Erfahrungsmethode *f.*, empirische Methode *f.*, Empirik *f.*

empty *adj.*, lenz, lens, trocken (*Boot*); *v.*, **to – itself into the sea** *or* **into a lake,** im Meer *od.* in einem See münden (*Fluß*); **empty weight** *s.*, Eigen-, Leergewicht *n.* (*Boot*).

enamel varnish *s.*, Emaillelack *m.* (*Überwasserschiff-Farbe*).

enclosed / road *s.*, geschlossene Reede *f.*; **– space** *s.*, eingeschlossener *od.* umschlossener Raum *m.* (*Vermessung*).

encumbrance *s.* (*naut.*), Behinderung *f.*, Hindernis *n.*

end *s.*, Tauende *n.*, -stück *n.*, Ende *n.* (*Tau*),

(*tech.*) Kopf *m.*, Stirnseite *f.*, (*rac.*) Schluß *m.*, Ende *n.*; **bitter** *or* **rope's –,** Tamp *m.*, Tauende *n.*; **cable's –,** Kabelende *n.*; **– for –,** Hand über Hand; **to put a ship – for –,** ein Schiff herumdrehen und in die Gegenrichtung legen; **– of the gaff,** Gaffelnock *f.*

endanger *v.*, **to – a boat,** ein (anderes) Boot gefährden *od.* in Gefahr bringen.

end / bearing *s.*, Auflager *n.*; **– bulkhead** *s.*, Front-, Abschluß-Schott *n.*; **– coaming** *s.*, Quersüll *n.*; **–less chain** *s.*, Endloskette *f.*; **–less halyard** *s.*, endloses Fall *n.*; **–less screw** *s.*, Schnecke *f.*, Schraube *f.* ohne Ende; **– link** *s.*, End-, Verbindungsglied *n.*; **– -on** *adj.*, mit dem Heck voraus; **– piece** *s.* (*tech.*), Endstück *n.*; **– plate** *s.*, Endschott *n.*; **– play** *s.* (*tech.*), End-, Längsspiel *n.*; **– race** *s.*, Schlußregatta *f.*; **– tank** *s.*, Endlufttank *m.*, -kasten *m.* (*im Rettungsboot*).

endurance *s.*, **– limit** (*tech.*), Belastungsgrenze *f.*; **– ratio** *s.*, Belastungsverhältnis *n.*; **– run** *s.* (*tech.*), Dauerlauf *m.*, Dauerprobefahrt *f.*; **– strength** *s.* (*tech.*), Widerstandsfähigkeit *f.* (*bei Belastung*); **– test** *s.* (*tech.*), Belastungsprobe *f.*, Ermüdungsversuch *m.*, Dauerversuch *m.*; **– trial** *s.*, Dauerprobefahrt *f.*

energetics *s./pl.* (*phys.*), Energetik *f.*; **energy** *s.* (*phys.*), Energie *f.*, Kraft *f.*, Arbeitsfähigkeit *f.*; **actual (kinetic) –,** wirkliche (kinetische) Energie *f.*; **– range** *s.* (*phys.*), Energiebereich *m.*

engage *v.* (*naut.*), anheuern, anmustern, bedingen (*Crew*), (*tech.*) einrücken, einschalten, kuppeln, ineinandergreifen; **engaging gear** *or* **mechanism** *s.*, Ein- und/oder Ausrückvorrichtung *f.*

engine *s.*, Maschine *f.*, Motor *m.*; **auxiliary –,** Hilfsmotor *m.*; **four (two) stroke –,** Vier-(Zwei)taktmotor *m.*; **marine –,** Schiffsmotor *m.*; **all –s back full!** (*com.*, *am.*), Äußerste Kraft zurück!; **all –s back one third!** (*com.*, *am.*), Alle Maschinen langsame Fahrt zurück!; *v.*, (*Yacht*) mit Motor(en) versehen.

engine / bilge *s.*, Motorenbilge *f.*; **– bilge pump** *s.*, angehängte Lenzpumpe *f.*; **–breakdown** *s.*, Motor-, Maschinenschaden *m.*, -panne *f.*, -störung *f.*; **– capacity** *s.*, Motorenleistung *f.*; **– case** *or* **casing** *s.*, Motor(en)kasten *m.*, -gehäuse *n.*, -schacht *m.*; **– command** *s.*, Maschinenkommando *n.* (*Motorschiff*); **– control** *s.*, Maschinen-, Motorsteuerung *f.*, Bedienungshebel *m.* (*Motor*); **– control instruments** (*pl.*), Motorkontrollinstrumente *n./pl.*; **– control panel** *s.*, Motorinstrumentenbrett *n.*; **– -driven** *adj.*, mit Motorantrieb, maschinengetrieben; **– -driven (bilge) pump** *s.*, angehängte (Lenz)Pumpe *f.*

engineer *s.*, **marine –,** Schiff(s)bauingenieur *m.*; **marine –ing** *s.*, Schiff(s)bau *m.*

engine / failure *s.*, Motor(en)-, Maschinenschaden *m.*, -panne *f.*, -ausfall *m.*; **– housing** *s.*, Motorenkasten *m.*, -gehäuse *n.*; **– lever** *s.*, Maschinenhebel *m.*; **to put the – lever into half ahead,** den Maschinenhebel auf halbe Fahrt voraus (ein-, um)legen; **– lubrication** *s.*, Motoren-, Maschinenölung *f.*, -schmierung *f.*; **– mounting** *s.*, Motorenfundament *n.*, -aufhängung *f.*, Motorträger *m.*; **flexible – mounting** *s.*, kardanische Motoraufhängung *f.*; **– order** *s.*, Maschinenkommando *n.*; **– output** *s.*, Maschinen-, Motorenleistung *f.*; **– performance** *or* **power** *s.*, Maschinenleistung *f.*; **– revolutions** *or* **revs** (*pl.*), Maschinenumdrehungen *f./pl.*, -drehzahl *f.*; **– room** *s.*, Motoren-, Maschinenraum *m.*; **– shaft** *s.*, Motorwelle *f.*; **– speed** *s.*, Motordrehzahl *f.*; **– torque** *s.*, Motordrehmoment *n.*; **– trouble** *s.*, Motorschaden *m.*, -störung *f.*, -panne *f.*; **– watch** *s.*, Maschinenwache *f.*

Englishman *s.* (*naut.*), Engländer *m.*, englisches Schiff *n.*; **–'s tie** *s.*, Seemannsknoten *m.*

enlarge *v.*, **to – a hole,** ein Loch aufdornen *od.* ausweiten; **enlarged** *adj.* **link,** große Schake *f.*

enrol *v.*, anheuern, anmustern (*Crew*); **to – oneself,** sich als Mitglied einschreiben lassen (*Club*); **enrolment** *s.*, Anheuerung *f.* (*Crew*), Einschreibung *f.*, Aufnahme *f.*, Beitrittserklärung *f.* (*Club*).

ensign *s.*, (*Schiffs*)Flagge *f.*, Nationalflagge *f.*; (*am.*) Leutnant *m.* zur See; **national –,** Nationalflagge *f.*, Nationale *f.*; **– halyard** *s.*, Flaggleine *f.*; **– jack** *or* **staff** s., Flaggstock *m.* (*achtern*).

entangle *v.*, unklar kommen, (sich) vertörnen (*Leine, Tau*).

enter *v.*, deklarieren, einklarieren, anmelden (*Zoll*); **to – a boat for a race,** ein Boot für eine Regatta anmelden *od.* einschreiben (lassen); **to – for a race,** sich (als Teilnehmer an einer Regatta) anmelden *od.* einschreiben; **to – a harbour** *or* **port,** in einen Hafen einlaufen; **to – inwards (outwards),** das Boot bei Einlaufen (Auslaufen) anmelden (*Hafenbehörde, Zoll*); **to – one's name,** sich einschreiben (*Regatta, Club*); **to – a sea protest,** Verklarung einlegen, verklaren; **to – the sea,** ins Meer münden (*Fluß*); **to have one's name entered,** sich einschreiben lassen (*Regatta*).

entering / and leaving signals *s./pl.*, Ein- und

Auslaufsignale *n./pl.*; **– ladder** *s.*, Fallreepstreppe *f.*; **– port** *s.*, Fallreepspforte *f.*; **– rope** *s.*, Fallreepstau *n.*

entrance *s.*, Hafeneinfahrt *f.*; Einlaufen *n.* in einen Hafen; Vorschiffsschärfe(grad *m.*) *f.* (*Wasserlinie*); **– beacon** *s.*, Hafeneinfahrt-Bake *f.*; **– buoy** *s.*, Ansegelungs-, Ansteuerungsboje *f. od.* -tonne *f.*; **– lights** (*pl.*), Ansteuerungs-, Hafen-, Torfeuer *n.*; **– lock** *s.*, Schleusenkammer *f.*

entrant *s.* (*rac.*), Konkurrent *m.*, Teilnehmer *m.*; **– for a race,** Regattateilnehmer *m.*

entry *s.* (*rac.*), Meldung *f.*, Teilnehmerliste *f.*, (*geogr.*) Flußmündung *f.*; Zolldeklaration *f.*, Einklarierung *f.*; **to make a bill of –,** deklarieren, einklarieren, verzollen; **– in the log,** Logbucheintragung *f.*; **– inwards (outwards),** Einfuhr(Ausfuhr)deklaration *f.*; **– fee** *s.* (*rac.*), Meldegebühr *f.*; **– form** *s.*, **form of –** (*rac.*), Meldungsformular *n.*; **– permit** *s.*, Einreiseerlaubnis *f.*; **– visa** *s.*, Einreisevisum *n.*

envelope *s.* (*astr.*), Nebelhülle *f.*; **– sphere** *s.*, Hüllkugel *f.* (*Gyrokompaß*).

epacts *s./pl.* (*astr.*), Epakten *f./pl.*

ephemeris *s.* (*pl.* **-rides**) (*astr.*), Ephemeriden (*pl.*), astronomischer Almanach *m.*

epicentre *s.*, Epizentrum *n.*, Zone *f.* über einem See- *od.* Erdbebenherd.

epicycle *s.* (*astr.*), Epizykel *m.*, Nebenkreis *m.*

epifocal *adj.*, über dem See- *od.* Erdbebenherd.

epoxy / coating *s.*, Epoxid-, EP-Anstrich *m.*; **– mast** *s.*, Epoxidmast *m.*; **– paint** *s.* Epoxid(harz)-, EP-Anstrich *m.*; **– primer** *s.*, Epoxidprimer *m.*, -grundierung *f.*; **– resin** *s.*, Epoxidharz *n.*

equal *adj.*, **of – area, – of area,** flächentreu; **– of angle,** winkeltreu; **– in size,** gleichgroß, von gleicher Größe (*Yachten*); **– altitudes** (*pl.*) (*astr.*), korrespondierende *od.* gleiche Höhen *f./pl.*; **– area chart** *s.*, flächentreue Karte *f.*

equality *s.*, **circle of –** (*astr.*), Gleichheitskreis *m.*

equalize *v.* (*rac.*, *am.*), ausgleichen; ab-, ausgleichen, kompensieren (*Kompaß, etc.*); **equalizer** *s.* (*rac.*, *am.*), Ausgleicher *m.*, (*tech.*) Stabilisator *m.*, Schlingerdämpfungseinrichtung *f.*; **equalizing flow** *s.* (*phys.*), Ausgleichsströmung *f.*; **– tank** *s.*, Ausgleichs(ballast)-tank *m.*

equally *adv.* **distant,** gleich weit entfernt.

equation *s.* (*astr.*), Gleichung *f.*; **annual –,** Jahresgleichung *f.* der Sonne und des Mondes; **– of time, time –,** Zeitgleichung *f.*

equator *s.* (*geogr.*, *astr.*), Äquator *m.*; **meteorological** *or* **thermal –,** meteorologischer Äquator *m.*; **– of magnet,** Indifferenzpunkt *m.* (*Magnet*); **equatorial** *s.*, Äquatorial(instrument) *n.*; *adj.*, äquatorial, nahe am *od.* beim Äquator (gelegen); **– air (mass)** *s.*, äquatoriale Luftmassen (*pl.*); **– circle** *s.* (*astr.*), Äquatorial *n.*, Stundenkreis *m.*; **– co-ordinates** (*pl.*), Äquatorialkoordinaten (*pl.*); **– (counter) current** *s.*, Äquatorial(gegen)strömung *f.*, Äquator(gegen)strom *m.*; **– head** *s.*, parallaktisches Achsensystem *n.*; **– point** *s.*, Äquatorialpunkt *m.*; **– tide** *s.*, Äquatorströmung *f.*; **equator line** *s.*, Äquationslinie *f.*

equi / angular *adj.*, gleichwink(e)lig; **–centre** *s.* **(of a quake),** (Seebeben-)Epizentrum *n.*; **–distance** *s.*, **at – from,** in gleicher Entfernung von; **–distant** *adj.* (*geogr.*), abstands-, längentreu, abstandsgleich, äquidistant, gleich weit entfernt **(from,** von); **–lateral** *adj.*, gleichseitig, gleiche Seite.

equilibrant *s.* (*phys.*), Kraft *f.*, Kraftsystem *n.* (*Gleichgewicht*); **equilibrate** *v.*, im Gleichgewicht halten, ins Gleichgewicht bringen (*Boot, Crew, Ballast*); **equilibrator** *s.*, Ausgleicher *m.*

equilibrium *s.* (*phys.*), Balance *f.*, Gleichgewicht *n.* (*Segeltechnik*); **neutral –,** indifferentes Gleichgewicht *n.*; **stable (unstable) –,** stabiles (labiles) Gleichgewicht *n.* (*Boot*); **state of –,** Gleichgewichtszustand *m.*; **to be in –,** sich im Gleichgewicht befinden (*Boot*).

equinoctial *s.*, Äquinoktiallinie *f.*, Himmelsäquator *m.*; Äquinoktialsturm *m.*; *adj.*, äquinoktial, das Äquinoktium *od.* die Tagundnachtgleiche betreffend; **– circle** *s.*, Erd-, Himmelsäquator *m.*, Äquinoktialkreis *m.*; **– colure** *s.*, (durch die Äquinoktialpunkte gehender) Meridian *m.*; **– gales** (*pl.*), Äquinoktialstürme (*pl.*); **– line** *s.*, Äquinoktiallinie *f.*, Tagundnachtgleichenlinie *f.*; **– point** *s.*, Äquinoktialpunkt *m.*, Tagundnachtgleichenpunkt *m.*; **– tide** *s.*, Äquinoktialtide *f.*; **– time** *s.*, Äquinoktialzeit *f.*, vom Eintritt der Sonne in das Frühlingsäquinoktium an gerechnete Zeit; **– zone** *s.*, Äquinoktialzone *f.*, heiße Zone *f.*, Äquatorzone *f.*

equinox *s.* (*pl.* **-xes**) (*astr.*), Tagundnachtgleiche *f.*, Äquinoktium *n.*; **autumnal (vernal) –,** Herbst(Frühlings)äquinoktium *n.*

equip *s.* (*naut.*), ausrüsten, ausstatten, ausstaffieren, einrichten; **to – a yacht,** eine Yacht ausrüsten *od.* ausreeden; **to – a boat with,** ein Boot ausrüsten mit.

equipment *s.* (*naut.*), (Boots)Ausrüstung *f.*, alles nautische Zubehör *n.*, (*tech.*) Gerät *n.*,

Apparate (*pl.*), Einrichtung *f.*; **nautical –,** nautische Ausrüstung *f.*; **safety –,** Rettungsausrüstung *f.*, -mittel (*pl.*), Sicherheitsausrüstung *f.*; **– inventory** *s.*, Ausrüstung(sgegenstände (*pl.*)) *f.*, Segel- und Bootsausrüstung *f.*; **– tonnage** *s.*, Schiffsraum *od.* Tonnengehalt *m.* zur Bemessung der Ausrüstung.

equiponderance *s.*, **equiponderancy** *s.*, Gleichgewicht *n.*, Gleichheit *f.* des Gewichts (*Crew*); **equiponderant** *adj.*, gleich schwer.

equipotential line *s.* (*phys.*), Äquipotentiallinie *f.*

equisignal *s.*, Leitstrahl *m.* (*Consol*); **– line** *s.*, Leitstrahllinie *f.*; **– zone** *s.*, Leitstrahlsektor *m.*, Dauerstrichzone *f.*

erase signal *s.*, Löschungs-, Irrungszeichen *n.*, Streichungssignal *n.*

erect *v.*, **to – the mast,** den Mast aufstellen *od.* aufrichten; **to – the frames of a boat,** ein Boot in Spanten stellen (*Bootsbau*); **erection** *s.*, (Decks)Aufbau *m.*

erg *s.* (*phys.*), *Erg n.* (*Arbeitseinheit in Dyn*); **ergometer** *s.*, Dynamometer *n.*, Kraftmesser *m.*

erode *v.*, an-, zerfressen (*Rost*), ätzen; **erosion** *s.*, (Rost)Zerfressung *f.*; (*tech.*) Abnützung *f.*, Verschleiß *m.*

erratic *adj.* (*naut.*), mißweisend, abweichend, auswandernd (*Kurs, Kompaß, etc.*), unstet (*Wind*), ungleichmäßig *od.* unregelmäßig (*Bootsbewegung*); **the steering becomes –,** das Boot gehorcht kaum mehr dem Ruder *od.* Steuer; **– course** *s.*, mißweisender *od.* abweichender Kurs *m.*

erroneous *adj.*, **– bearing,** mißweisende *od.* fehlerhafte Peilung *f.*; **– measurement** *s.*, falsche Vermessung *f.*

error *s.* (*naut.*), Mißweisung *f.*, Abweichung *f.*, Fehler *m.*, (*astr.*) Abweichung *f.*, Fehler *m.*; **compass –,** Fehlweisung *f.*; **heeling –,** Krängungsfehler *m.*; **quadrantal –(s),** Funkfehlweisung *f.*; **total –,** Gesamtmißweisung *f.*; **triangle of –** (*am.*), Fehlerdreieck *n.*; **– in bearing,** Pfeilfehler *m.*; **– in fix,** Besteckfehler *m.*; **– in latitude,** Breitenfehler *m.*; **– in longitude,** Längenfehler *m.*; **– in measurement,** Vermessungsfehler *m.*; **– in range,** Längenabweichung *f.*; **– in reading,** Ablesefehler *m.*; **– in reception** (*rad.*), (Ab)Hörfehler *m.*; **– in transmission** (*rad.*), Gebe-, Sendefehler *m.*; **– of altitude,** Höhenfehler *m.*; **– of observation,** Beobachtungsfehler *m.*; **– triangle** *s.*, Fehlerdreieck *n.*

eruption *s.*, Wasserfontäne *f.* (*Wasserhose*).

escadrille *s.* (*naut.*), Geschwader *n.*

escape/cock *s.*, Ablaßventil *n.*; **– hatch** *s.*, Flucht-, Not-, Sicherheitsluke *f.*; **– valve** *s.*, Ablaß-, Auslaß-, Sicherheitsventil *n.*

escort *s.* (*naut.*), Geleit *n.*, Geleitschiff *n.*; *v.*, geleiten, eskortieren; **escort ship** *or* **vessel** *s.*, Geleitschiff *n.*

escutcheon *s.* (*naut.*), Namenszug *m.*, -schild *n.*, -brett *n.* (*am Heck*), Spiegel *m.* (*Plattgattboot*).

establish *v.*, **to – the course,** den Kurs absetzen; **to – a radio contact** *or* **connection,** Funkverbindung herstellen; **to – a record** (*spt.*), einen Rekord aufstellen.

establishment *s.*, **naval –,** die Flotte; **– of the port** *or* **harbour,** Hafenzeit *f.*; **– of a W/T call,** Herstellung *f.* einer Sprechfunkverbindung.

estimate *v.*, **to – a distance,** eine Entfernung abschätzen; **to – by guess,** (Schiffsort) gissen, schätzen, vermuten.

estimated *adj.*, **– latitude (longitude),** gegißte Breite (Länge); **– position,** gegißtes Besteck *n.*, gegißter (Schiffs)Ort *m.*, angenommene *od.* geschätzte Schiffsposition *f.*; **– time of arrival (departure),** voraussichtliche Einlauf(Auslauf)zeit *f.*; **– weight,** angenommenes Gewicht *n.* (*Crew, etc.*); **estimation** *s.*, Gissung *f.*, Schätzung *f.*

estuary *s.*, Revier *n.*, Flußmündungsgebiet *n.*, Gezeiten-, Seemündung *f.*, den Gezeiten ausgesetzte Fluß- *od.* Seemündung, Meeresbucht *f.*, -arm *m.*, Förde *f.*; **– port** *or* **harbour** *s.*, (*den Gezeiten unterworfener*) Mündungshafen *m.*; **– sailing** *or* **navigation** *or* **trade** *or* **trading** *s.*, Revierfahrt *f.*

etesian *adj.*, jährlich, periodisch; **– winds** (*pl.*), passatähnliche Mittelmeerwinde (*pl.*), Etesien (*pl.*).

European/championship *s.*, Europameisterschaft *f.*; **– maritime W/T area** *or* **zone** *s.*, europäische Seefunkzone *f.*; **– waters** (*pl.*), europäische (Hoheits)Gewässer (*pl.*).

Eurus *s.* (*naut.*), Südostwind *m.*

evading manoeuvre *s.*, Ausweichmanöver *n.* (*Boot*).

evaporation *s.* (*meteor.*), hohe Luftfeuchtigkeit *f.* ohne Regen(fall); **evaporator** *s.*, Evaporator *m.*

evasive *adj.*, **– course** *or* **route,** Ausweichkurs *m.*; **– action** *or* **steering,** Ausweichmanöver *n.*

even *adj.*, horizontal, waag(e)recht; **an – nautical mile,** genau eine Seemeile; **to be on an – keel,** gleichlastig, auf ebenem Kiel (sein *od.* liegen).

evening/glow *s.*, Abendrot *n.*; **– haze** *or* **mist** *s.*, Abendnebel *m.*; **– star** *s.* (*astr.*), Abend-

stern *m.*; – **twilight** *s.*, Abenddämmerung *f.*
even/-keel waterline *s.*, Wasserlinie *f.* des gleichlastigen Bootes; – **-keel (waterline) displacement** *s.*, Verdrängung *f.* des gleichlastigen Bootes.
event *s.* (*spt.*), Regatta *f.*, Wettfahrt *f.*, sportliche Veranstaltung *f.*
evolution *s.* (*tech.*), Umdrehung *f.*, Bewegung *f.*
examining board *s.*, Prüfungskomitee *n.*, -ausschuß *m.*
excentral *adj.*, **excentric** *adj.* (*tech.*), exzentrisch, außerhalb des Mittelpunktes.
excess *s.* **of arc,** Vorbogen *m.* (*am Sextanten*).
excessive *adj.*, – **curvature of the mast,** übermäßige Mastbiegung *f.*; – **weight,** Übergewicht *n.*
excess/load *s.* (*phys., tech.*), Überbelastung *f.*; – **pressure** *s.*, Überdruck *m.*; – **tonnage** *s.*, Übertonnage *f.*
excursion *s.* (*astr.*), Abweichung *f.*, (*phys.*) Ausschlag *m.*, Schwingung *f.* (*Kompaßnadel, etc.*); – **boat** *or* **ship** *s.*, Vergnügungsboot *n.*, -schiff *n.*, Touristendampfer *m.*
exempted spaces *s./pl.*, nicht vermessener (Schiffs)Raum *m.*
exercitorial company *s.*, Reedereigesellschaft *f.*
exhaust *s.*, (Ab)Lüfter *m.*, Auspuff *m.*, Exhaustor *m.*; **water-cooled –,** wassergekühlte Auspuffvorrichtung *f.*; *v.*, (*Luft*) absaugen (*mit Lüfter*), entlüften; **exhaust/air** *s.*, Abluft *f.*; – **cut-off** *s.*, Auspuffklappe *f.*
exhauster *s.*, Ablüfter *m.*, Entlüfter *m.*, Sauglüfter *m.*, Exhaustor *m.*
exhaust/fan *or* **ventilator** *s.*, Abluft-, Entlüftungsventilator *m.*, Sauglüfter *m.*; – **valve** *s.*, Ab-, Auslaßventil *n.*
exhibit *v.*, **to – the flag (ensign),** die Flagge (Nationale) zeigen; **to – the lights,** Lichter setzen *od.* zeigen (*Positionslaternen*).
exhibition *s.*, **boat –,** Bootsausstellung *f.*, -messe *f.*
ex/-latitude north (*astr.*), Nebenmitternachtsbreite *f.*; – **-meridian altitude** *s.* (*astr.*), Nebenmeridianhöhe *f.*; – **-meridian latitude** *s.* (*astr.*), Nebenmeridianbreite *f.*; – **-meridian observation** *s.* (*astr.*), Nebenmeridian-, Nebenmittagsbeobachtung *f.*; – **-meridian tables** (*pl.*), Nebenmeridiantafeln *f./pl.*
expand *v.* (*phys.*), (aus)dehnen, (auf)weiten, aufdornen, expandieren; entspannen (*Material*); **expanded** *adj.*, – **centre** (*am.* **center) plan display** (*radar*), Mittelpunktaufweitung *f.*; – **position indicator,** Radar(schirm *m.*) *n.* mit Mittelpunktaufweitung; **expansion** *s.* (*phys.*), Ausdehnen *n.*, Ausdehnung *f.*, Aufweitung *f.*; Entspannung *f.*; – **gear** *s.*, Spannungshebel *m.*, -steuerung *f.*, -steuerungsvorrichtung *f.*; – **tank** *s.*, Expansionstank *m.*; – **screw** *s.*, Spreizschraube *f.*; **expansive** *adj.* **force** (*phys.*), Ausdehnungskraft *f.*, -vermögen *n.*
expected *adj.*, – **to sail,** voraussichtliche Auslaufzeit *f. od.* Abfahrt *f.*; – **position,** voraussichtlicher Schiffsort *m.*; – **time of sailing,** voraussichtliche Auslauf-, Abfahrtszeit *f.*
expedient *s.*, Notbehelf *m.*, Hilfs-, Behelfsmittel *n.*; **rigged by way of –,** behelfsmäßig getakelt.
expenditure *s.* **for repairs,** Instandsetzungs-, Reparaturkosten (*pl.*).
experienced *adj.*, – **in boating** *or* **sailing** *or* **yachting,** segelkundig, -erfahren; – **crew,** routinierte *od.* erfahrene Segelmannschaft *f. od.* Crew *f.*
experiment *s.*, Experiment *n.*, Versuch *m.*; **heeling** *or* **inclining –,** Krängungsversuch *m.*
experimental *adj.*, – **error,** Versuchsfehler *m.*; – **method,** empirische Arbeitsmethode, -weise *f.* (*Segelzuschnitt*); **(in** *or* **at the) – stage,** (im) Versuchsstadium; – **tank** *s.*, Schlepprinne *f.*, -tank *m.* (*Schiffbauversuchsanstalt*); – **trial** *s.*, Schlepptankversuch *m.*, Probefahrt *f.*
expert *s.*, Experte *m.* (*Havarie*), Gutachter *m.*, Sachverständiger *m.*; – **crew** *s.*, Spitzencrew *f.*, routinierte *od.* erfahrene Segelmannschaft *f.*; – **knowledge** *s.*, Fach-, Sachkenntnis *f.*; – **opinion** *s.*, (fachmännisches) Gutachten *n.*, Sachverständigen-Gutachten *n.*
explosive/buoy *s.*, Pulverboje *f.*; – **signal** *s.*, (Nebel)Knallsignal *n.*
exposed *adj.*, ungeschützt, preisgegeben, gefährdet; **to be – to wind and waves,** Wind und Wellen preisgegeben (sein); – **bay,** ungeschützte Bucht *f.*; – **deck,** freiliegendes Deck *n.*; – **position,** ungeschützte Lage *f.*
express/boat *s.*, Schnellboot *n.*, Eilboot *n.*, -dampfer *m.*; – **liner** *or* **steamer** *s.*, Schnelldampfer *m.* (*Linienschiff*).
extend *v.*, verlängern, sich ausdehnen; **to – a (sea) protest,** Verklarung einlegen; **to – a rope,** ein Seil ziehen; **extended** *adj.* **(sea) protest,** (Nach)Verklarung *f.*
extension *s.* (*naut.*), Ausleger *m.*; **tiller –,** Pinnenausleger *m.*; – **of (sea) protest,** Nachverklarung *f.*; – **spring** *s.*, Zugfeder *f.*; – **strength** *s.* (*phys.*), Zugfestigkeit *f.*
extent *s.*, – **of damage,** Schadensumfang *m.* (*Havarie*); – **of loss,** Schadenshöhe *f.*; – **of (sea) protest,** Nachverklarung *f.*
exterior angle *s.*, Außenwinkel *m.*

external *adj.*, **– angle,** Außenwinkel *m.*, ausspringender Winkel *m.*; **– diameter** *s.*, Außendurchmesser *m.*

exterritorial *adj.*, exterritorial, den Landesgesetzen nicht unterworfen; **– waters** (*pl.*), exterritoriale Gewässer (*pl.*), Außengewässer (*pl.*).

extinguisher *s.*, **fire –,** Feuerlöscher *m.*

extra *adv.*, **an – high tide,** besonders *od.* ungewöhnlich hohe Flut *od.* Tide *f.*; *adj.*, **– equipment,** zusätzliche Ausrüstung *f.*, Sonderausrüstung *f.* (*Segel, Yacht*); **– lay-days** (*pl.*), Überliegetage *m./pl.*; **– port** *or* **harbour,** Zusatzhafen *m.*; **extras** *s./pl.*, Sonderzubehör *n.*, -ausrüstung *f.*, -ausstattung *f.*; **extra / territorial** *adj.*, exterritorial, nicht den Gesetzen des Gastlandes unterworfen; **– territorial waters** (*pl.*), Außengewässer (*pl.*); **– time** *s.* (*rac.*), Zeitverlängerung *f.*

extreme *adj.*, **– beam** *or* **breadth,** größte Schiffsbreite *f.*, Breite *f.* über alles; **– control,** Extremwertregelung *f.*; **– danger,** äußerste Gefahr *f.*; **– draught** (*am.* **draft**), größter Tiefgang *m.* (*eines Schiffes*); **– length,** Länge *f.* über alles; **– rudder position,** Ruderhartlage *f.*; **– value** (*tech.*), extremer Wert *m.*

extremity *s.*, Außenende *n.*, äußerstes Ende *n.*, Spitze *f.* (*Mast, etc.*); äußerste Grenze *f.*

extrude *v.*, strangpressen (*Profile*); **extrusion** *s.*, Strangpressung *f.*, -pressen *n.*, Ziehprofil *n.*

eye *s.* (*naut.*), Auge *n.*, Aug-, Kausch(e) *f.*, (Tauwerk)Schlinge *f.*; Richtung *f.*, Zentrum *n.*, (*tech.*) Öse *f.*, Öhr *n.*; **block –,** Hundsfott *m.*; **bull's –s,** Korallen *f./pl.* (*am Mastliek*); **fairlead –,** Leitöse *f.*; **patent –,** Drahtseilhülse *f.*; **to sail in(to) the wind's –,** gegen den Wind segeln; **– of an anchor,** Ankerauge *n.*; **–s of the ship,** Klüsen (*pl.*) (*am Bug*); **– of a cyclone (storm),** Auge *n. od.* Zentrum *n. od.* (wolkenfreies) windstilles Zentrum *n.* eines Zyklons *od.* Wirbelsturms (Sturms, Orkans); **– of a reef band,** Reffgat(t)chen, -gatjen *n.*

eye / block *s.*, Augblock *m.*; **– bolt** *s.*, Aug-, Ringbolzen *m.*; **–brow** *s.*, Regenleiste *f.* (*über einem Bullauge*); **– -bracket** *s.*, Augbügel *m.*; **– glass** *s.*, Okular *n.*; **– knot** *s.*, Augknoten *m.*

eyelet *s.*, Gat(t)chen *n.*, Gatjen *n.*, Segelöse *f.*; **small –,** Gatchen *n.*; **– of a reef band,** Reffgattchen *n.*

eye level *s.*, Augenhöhe *f.*; **at** *or* **in –,** in Augenhöhe.

eye / piece *s.*, Okular *n.*, Augenmuschel *f.*; **– plate** *s.*, Augplatte *f.* (*Beschlag*); **– -sight navigation** *s.*, Sichtnavigation *f.*; **– splice** *s.*, Augspleiß *m.*; **– strap** *or* **strop** *s.*, Augstropp *m.*; **– tackle** *s.*, Augtalje *f.*; **– terminal** *s.*, Augterminal *n.*

eyot *s.*, Werder *m.*, kleine Insel *f.* (*in Fluß od. See*).

F

fabric *s.*, Struktur *f.*, Gewebe *n.* (Segel)Tuch(folie *f.*) *n.*; **light weight –(s),** leichtes Segeltuch *n.*; **roving –(s),** Glasseidenroving *m.*

face *s.*, Außen-, Ober-, Frontseite *f.*, Fläche *f.*

facilities *s./pl.*, **port –,** Hafenanlagen *f./pl.*

facing *s.*, Oberfläche *f.* (*Boots-Außenhaut*).

facsimile / apparatus *s.*, Bildfunkgerät *n.*; **– receiver** *s.*, Bildfunk-, Faksimile-Empfänger *m.*

factor *s.*, Faktor *m.*, Moment *n.*; **safety –, – of safety,** Sicherheitsgrad *m.*, -faktor *m.*; **time correction –,** Zeitberichtigungsfaktor *m.* (*Regatta*); **wake –,** Nachstromziffer *f.*; **(yacht) rating –,** Rennwertfaktor *m.*; **– of visiblity** *s.*, Sichtwert *m.*

facula *s.* (*pl.* **-lae**) (*astr.*), Sonnenfackel *f.*

fade *v.* (*rad.*), schwach *od.* schwächer *od.* unhörbar werden, schwinden, Schwund haben, (*radar*) verschwommen werden; ein-, ausblenden; **to – away** *or* **out** (*rad.*), schwinden, Schwund haben, (*radar, Sicht*) schwächer *od.* verschwommen werden; **fading** *s.* (*rad.*), Fading *n.*, Schwund *m.*; **– control** *s.*, Schwundregelung *f.*; **– effect** *s.*, Schwundeffekt *m.*; **– rectifier** *s.*, Schwundgleichrichter *m.*; **– reducing aerial** *s.* (*am.* **antenna**), schwundmindernde Antenne *f.*

fag *s.*, aufgedrehtes Tauende *n.*; Fehler *m.* (*im Segeltuch*); *v.*, sich aufdrehen (*Tauwerk*); **fagged** *adj.*, **– end,** aufgedrehtes Ende *n.*; **– rope,** aufgedrehtes Tauende *n.*, -werk *n.*

faggot fender *s.*, Rutenfender *m.*

Fahrenheit (F), Fahrenheit (*engl. u. amerik. Thermometersystem*).

fail *v.*, versagen; **the engine –ed,** der Motor versagte.

failure *s.*, Störung *f.*, Panne *f.*, Versagen *n.*, Defekt *m.*; **– indication** *s.*, Störungsanzeige *f.*; **– rectification** *or* **correction** *s.*, Störungsbehebung *f.*, -beseitigung *f.*

faint *adj.*, flau (*Wind*), drückend (*Luft*), (*rad.*) kaum hörbar, schwach, (*radar*) matt, schwach; **to – away** (*rad., radar*), schwach *od.* schwächer werden; **faintness** *s.*, Undeutlichkeit *f.*

fair *v.*, (aus)straken, glätten, richten; **to – off** *or* **up** (*meteor.*), aufklaren, sich aufheitern.

fair *adj.* (*meteor.*), beständig, trocken, heiter, wolkenlos, klar; **it is getting –,** es klart auf; **the sea runs –,** die See ist ruhig; **the wind sits –,** der Wind ist günstig *od.* steht gut; **to fight –** (*rac.*), fair kämpfen; **a – breeze,** eine günstige Brise *f.*, ein günstiger Wind *m.*; **a – competition** (*rac.*), ein fairer Wettbewerb *m.*, -kampf *m.*; **a – day,** ein klarer *od.* wolkenloser *od.* schöner Tag *m.*; **(a) – sea,** raume See *f.*; offener *od.* freier Seeraum *m.*; **(a) – tide,** Mitstrom *m.*; **– visibility,** gute *od.* klare Sicht *f.*; **a – wind,** Mitwind *m.*, ein günstiger Wind *m.*; **– weather (spell),** Schönwetter(periode *f.*) *n.*

fairboard groove *s.*, Lippe *f.* (*Beschlag*).

fairing *s.*, **– of the breeze,** raumende Tendenz *f.* des Windes; **– curve** *s.*, strakende Kurve *f.*

fairlead(er) *s.* (*naut.*), Führung *f.*, Führungsring *m.*, -rolle *f.*, (Lipp)Klampe *f.*, Führungs-, Leit-, Verholklampe *f.*; **bow (stern) –,** Bug-(Heck)führungsklampe *f.*, -rolle *f.*; **jib –,** Fockschotleitöse *f.*; **roller –,** Lippklampe *f.*; **– block** *s.*, Leitblock *m.*; **– eye** *s.*, Leit-, Führungsblock *m.*; **– hook** *s.*, Leithaken *m.*

fairline *s.*, Straklinie *f.*

fairness *s.* (*spt.*), Fairneß *f.*, sportliches Verhalten *n.*

fair-water cone *s.*, Propellerkappe *f.*

fairway *s.*, Fahrrinne *f.*, -wasser *n.*, Fahrwassermitte *f.*; **side of a –,** Fahrwasserseite *f.*; **starboard (port) side of a –,** Steuerbord(Backbord)-Fahrwasserseite *f.*; **– buoy** *or* **marker** *s.*, Ansegelungstonne, -boje *f.*, Ansteuerungstonne *f.*, Fahrwasser-, Mitte(l)fahrwassertonne *f.*; **– mid channel** *s.*, Fahrwassermitte *f.*; **– span** *or* **clearance** *s.*, (Brücken)Durchfahrtsbreite *f.*, -höhe *f.*, -spanne *f.*

fairweather *adj.*, Schönwetter-; **– cumulus** (*meteor.*), Schönwettercumulus *m.*, -haufenwolke *f.*; **– race** *or* **regatta,** Leichtwetterregatta *f.*

fake *s.*, Bucht *f.* (*Tau*), Tauwindung *f.*; *v.*, (*Tau*) winden *od.* in Buchten legen; **to – down,** (*ein Tau*) in Buchten aufschießen.

fall *s.* (*naut.*), Decksbucht *f.*, Decksprung *m.*; Talje *f.* (*Davit*), Läufer *m.*, Fall *n.*, laufende Part *f.*, Kette *f.*, (*meteor.*) Niederschlagsmenge *f.*, (Regen-, Schnee)Fall *m.*, (*am.*) Herbst *m.*; Einbruch *m.* der Nacht; Mündung *f.* (*Fluß*), Münden *n.*; (*pl.*) Wasserfall *m.*; **burton –,** Klappläufer *m.*; **tidal –,** Tidenfall *m.*; **– of pressure,** Druckabfall *m.*; **– of rain,** Regenfall *m.*; **– of the tide,** Tidenfall *m.*, Fallen *n.* der Flut.

fall *v.*, abflauen, nachlassen, sich legen (*Wind*); **the river –s into the sea,** der Fluß mündet im Meer; **the wind –s,** der Wind flaut ab *od.* legt sich; **to – aboard,** (*Schiff*) rammen, zusammenstoßen mit; **to – astern,** achteraus sacken, abfallen, zurückbleiben (*Boot*); **to – away (from the course),** vom Kurs abfallen, gieren; **to – back,** zurückbleiben; **to – behind,** zurückbleiben hinter; überholt werden von; **to – dry,** trockenfallen (*Boot*); **to – foul of,** zusammenstoßen mit, rammen, unklar kommen (*Boot*); **to – home,** nach binnen fallen (*Bootsbau*), eine Krümmung nach innen haben (*Spanten*); **to – in company with a boat,** mit einem (anderen) Boot mitlaufen; **to – in with a ship,** einem Schiff auf offenem Meer *od.* hoher See begegnen; **to – into,** münden (*Fluß*); **to – off,** (leewärts) absacken *od.* vom Strich abfallen; **to – short of** (*rac.*), zurückbleiben hinter, (*Ziel*) nicht erreichen; **to – short of the mark** (*rac.*), die Wendemarke verfehlen; **to – to leeward,** leewärts absacken, vom Wind abfallen.

falling / dusk *s.*, Einbruch *m.* der Dunkelheit, hereinbrechende Dunkelheit *f.*; **– glass** *s.*, fallender Barometerstand *m.*, fallendes Barometer *n.*; **– gradient** *s.* (*phys.*), Neigungsgradient *m.*; **– -off** *s.* **(from) the wind,** Abfallen *n.* vom Wind; **– pitch** *s.* **(of the prop),** fallende Propellersteigung *f.*; **– star** *s.*, Sternschnuppe *f.*; **– tide** *s.*, Ebbe *f.*, fallende Flut *f.*, ablaufendes Wasser *n.*; **on the – tide,** bei ablaufendem Wasser, bei Ebbe; **to sail on the – tide,** bei *od.* mit der Ebbe auslaufen.

fall wind *s.* (*meteor.*), Fallwind *m.*

false / bearing *s.*, Fehlpeilung *f.*, falsche Peilung *f.*; **– bottom** *s.*, Bodenklappe *f.*, -ventil *n.*; Doppelboden *m.*; **– cirrus** *s.* (*meteor.*), falscher Cirrus *m.*; **under – colours,** unter falscher Flagge; **– echo** *s.* (*radar*), Fehlecho *n.*; **– horizon** *s.*, künstlicher Horizont *m.*; **– keel** *s.*, Loskiel *m.*, loser Kiel *m.*, Vorkiel *m.*; **– post** *s.*, loser Hintersteven, Außenachtersteven *m.*; **– start** *s.* (*rac.*), Fehl-, Frühstart *m.*; **– stem** *s.*, Außensteven *m.*, Schegg *m.*; **– tack** *s.*, falscher Schlag *m.* (*beim Segeln*).

faltboat *s.*, Faltboot *n.*

family *s.*, **– of cyclones** (*meteor.*), Zyklonenfamilie *f.*; **– cruiser** *s.*, Fahrten-, Tourensegler *m.*, Fahrten-, Tourenyacht *f.*; **– cruising** *s.*,

Fahrten-, Tourensegeln *n.*; – **racer-cruiser** *s.*, Fahrten- und Regattayacht *f.*

fan *s.*, Lüfter *m.*, Ventilator *m.*, Gebläse *n.*; Windfang *m.*; Zyklon *m.*; Propeller-, Schraubenblatt *n.*; *v.* (*naut.*), **to – along,** unruhig laufen *od.* liegen (*Boot*).

fan / aerial *s.* (*am.* **antenna**), Fächerantenne *f.*; – **beacon** *s.*, Fächerfunkfeuer *n.*; – **blower** *s.*, Ventilator *m.*

fancy *s.*, **the –,** die Sportwelt; – **knot** *s.*, Zierknoten *m.*; – **line** *s.*, Aufholleine *f.*; – **work** *s.*, Zierarbeit *f.*, -werk *n.*, Fancywork *n.* (*am Boot*), Zierknoten *m.*

fang *s.* (*naut.*), Ventil *n.* (*Pumpe*), Bolzen *m.*, (*tech.*), Stift *m.*, Klaue *f.*; *v.*, (*Pumpe*) mit Wasser füllen; **fang bolt** *s.*, (*durchgehender*) Ankerbolzen *m.*

fan / marker beacon *s.*, Fächerfunkfeuer *n.*; – **motor** *s.*, Lüfter-, Ventilatormotor *m.*; –**tail** *s.*, Hecküberhang *m.*, fächerförmiger Schnabel *m.* (*an Bug od. Heck*); – **ventilator** *s.*, Fächer- *od.* Flügelventilator *m.*; – **wheel** *s.*, Flügelrad *n.* (*Ventilator*); Windrad *n.* (*Anemograph*).

far *adv.* **out,** weit draußen (*auf dem Meer*); *adj.*, **on the – side of the port (river),** auf der anderen Hafen(Fluß)seite; **far-ranging** *or* **reaching** *adj.* **radar (W/T),** weitreichendes Radar(Sprechfunk)gerät *n.*

Faraday *s.*, Faraday *n.* (*elektrolytische Konstante*); –**'s cage** *or* **screen** *s.*, Faradayscher Käfig *m.*; –**'s law** *s.*, Induktionsgesetz *n.*

fare *s.*, Fischfracht *f.* (*eines Bootes*).

fascia *s.* (*astr.*), Gürtel *m.*, Ring *m.*

fashion / piece *s.*, Ransomholz *n.*; – **plate stern** *s.*, Platten(vor)steven *m.*

fast *s.*, Festmacher *m.*; Festmache-, Festhaltetau *n.*, -kette *f.*, Landfeste *f.*; **grip –,** Drallnagel *m.*

fast *adj.*, schnell; befestigt, festgemacht; lichtstark (*Objektiv*); **a – sail,** (*am.*), eine schnelle Segelyacht *f.*, ein schneller Segler *m.*; **boat – aground,** gestrandetes *od.* festgekommenes Boot; **to make –,** festzurren, -machen, (*ein Boot mit Festmacher(n)*) vertäuen; belegen (*Leine*); **it is raining –,** es regnet heftig *od.* tüchtig, es gießt; – **boat,** schnelles Boot *n.*, schnelle Yacht *f.*

fasten *v.*, anschlagen (*Segel, Leine*), verankern (*Boot*), befestigen, sichern, festmachen (**with,** mit; **by,** mittels; **to** *or* **on,** an); **to – down,** befestigen; **to – with pitch,** verpichen (*Bootsnähte*).

fastener *s.*, Festmacher *m.*, Festhalter *m.*, Halter *m.*; Verschluß *m.*

fastening *s.*, Verankerung *f.*, Halterung *f.*, Sicherung *f.*, Befestigungsvorrichtung *f.*

fast / -going boat *s.*, gut *od.* schnell laufendes *od.* segelndes Boot *n.*; – **ice** *s.*, Festeis *n.*

fastness *s.*, Haltbarkeit *f.*, Festigkeit *f.*; Schnelligkeit *f.*

fast / pulley s., feste Rolle *f.*; – **sailer** *s.*, Schnellsegler *m.* (*Yacht*); – **steamer** *s.*, Schnelldampfer *m.*; – **time control** *s.* (*radar*), Enttrübung *f.*

Fata Morgana *s.*, Fata Morgana *f.*, Luftspiegelung *f.*

fatho / gram *s.*, Lotlinie *f.*; Tiefenkarte *f.*; –**graph** *s.*, Echograph *m.*, Lotschreiber *m.* (*Instrument*).

fathom *s.* (*naut.*), Faden *m.* (*Längen- und Tiefenmaß*); *v.*, abfaden, (aus)loten, nach Faden loten; **fathomable** *adj.*, (aus)lotbar, meßbar.

fathom / less *adj.*, nicht (aus)lotbar *od.* meßbar, unergründlich, grundlos (*Meeresboden*); – **line** *s.*, Lotleine *f.*; Lotungs-, Tiefenlinie *f.* (*Seekarte*).

fathometer *s.*, Echo-, Behmlot *n.*, Tiefenmesser *m.*

fathom scale *s.*, Tiefenskala *f.* (*in Faden*).

fatigue *s.* (*tech.*), Ermüdung *f.* (*Material*); – **crack** *s.*, Dauer-, Ermüdungsriß *m.* (*Boot*); – **strength** *s.*, Wechselbeanspruchungsfestigkeit *f.*; – **test** *s.*, Ermüdungsprobe *f.*

faucet *s.* (*am.*), Boden-, Seeventil *n.*

fault *s.* (*tech.*), Defekt *m.*, Fehler *m.*, Störung *f.*, (*rac.*) Fehler *m.*; **faulty** *adj.* (*tech.*), schadhaft; – **control** *s.*, Fehlschaltung *f.*; – **construction** *or* **design** *s.*, Fehlkonstruktion *f.*; Konstruktionsfehler *m.*

favonian *adj.*, günstig (*Wind*); – **wind(s)** *s.* (*pl.*), Westwind(e) *m.* (*pl.*).

favourable *adj.* (*am.* **favorable**), – **weather** (*meteor.*), Schönwetter *n.*, günstiges Wetter *n.*; – **wind(s)** *s.* (*pl.*), günstiger Wind *m.*

favourite *s.* (*am.* **favorite**) (*spt.*), Favorit *m.*, mutmaßlicher Sieger *m.*

FAX / -method *s.* (*meteor.*); – **procedure** *s.*, FAX-Verfahren *n.* (*drahtloses Übermittlungsverfahren für synoptische Wetterkarten*).

fay *v.*, **to – in(to)** *or* **together** (*naut.*), zusammenfügen, -passen, zum Fluchten bringen (*Bootsbau*).

feat *s.* (*spt.*), Glanz-, Meisterstück *n.*, Bravourstück *n.*

feather *s.* (*naut.*), Schaumkrone *f.*; Flachhalten *n.* der Riemen (*Rudern*), (*radar*) künstliches Echo *n.*, (*tech.*) Band *n.*, Feder *f.*; *v.*, federn, flachliegen (*Ruder*), (*tech.*) mit Nut und Feder versehen; **to – the oars,** die Riemen flach drehen *od.* platt werfen, abscheren; **feathering** *s.*, (*Rudern*) Federn, (*Propeller*) Leerlaufstellung *f.*; **– screw propeller** *s.*, Verstellpropeller *m.*, verstellbarer Propeller *m.*; **feather key** *s.*, Federkeil *m.*

feature *s.*, Charakteristikum *n.* (*pl.* -ka), Eigenschaft *f.* (*Boot, Segel*); **distinctive –,** Unterscheidungsmerkmal *n.*, Charakteristikum *n.*

feaze *v.*, (*Tauende*) aufdrehen, aufdröseln, aufreppeln.

fee(s) *s.* (*pl.*), Gebühr(en) *f.* (*pl.*); **club –s** (*pl.*), Clubbeitrag *m.*; **harbour –s** (*pl.*), Hafengeld *n.*, Liege(platz)gebühr *f.*

feed *s.* (*tech.*), Beschickung *f.*, Speisung *f.*, Vorschub *m.*, Zuführer *m.*, Zuleitung *f.*, Zuführung *f.*; *v.* (*tech.*), beschicken, speisen, zuleiten; **to – the fishes,** seekrank werden; ertrinken.

feed / back *s.* (*rad.*), Rückkopp(e)lung *f.*; **– check valve** *s.*, Speiseventil *n.*

feeder *s.* (*naut.*), Vorfädler *m.*, (*tech.*) Zuleitung *f.*, -führung *f.*, -führer *m.*, Speisevorrichtung *f.*; Nebenfluß *m.*; **– cable** *s.*, Antennenzuleitung *f.*; **maritime – service** *s.*, maritimer Zubringerdienst *m.*

feeding *s.* (*tech.*), Beschickung *f.*, Speisung *f.*, Vorschub *m.*, Zuleitung *f.*; **– line** *s.*, Speiseleitung *f.*; **– pump** *s.*, Speisepumpe *f.*

feed / water *s.* (*tech.*), Speisewasser *n.*; **--water tank** *s.*, Speisewassertank *m.*

feel *s.*, **to get the – of a boat,** das (richtige) Gefühl *od.* Gespür für ein Boot bekommen; *v.*, **to – the helm,** dem Ruder *od.* Steuer gehorchen (*Boot*); **to – one's** (*or* **the**) **way,** sich mit Loten vorwärtstasten.

feet (*pl.*), **a 42 – yacht, a yacht of 42 –,** eine Zwölfmeteryacht *f.*

felucca *s.*, Feluke *f.* (*Mittelmeersegler*).

female *adj.*, **– mould,** Gesenk *n.* (*Bootsbau*); **– screw** *s.*, Schraubenmutter *f.*; **– thread** *s.*, Muttergewinde *n.*, Schraubenmutter *f.*

fen *s.*, Fenn *n.*, Moor *n.*, Sumpf *m.*; (*pl.*) Niederungen *f./pl.*, Marschland *n.*

fend *v.*, **to – off,** abscheren (*Boot*), vom Boot abhalten (*Treibholz, Eis, Gegenstände*).

fender *s.*, Fender *m.*, Scheuerleiste *f.*, Abweiser *m.*; **bow –,** Bugfender *m.*; **globular** *or* **spherical –,** Kugelfender *m.*; **inflatable** *or* **rubber –,** Gummifender *m.*; **jerk** *or* **jolt** *or* **shock –,** Ruckfender *m.*; **pudding –,** Wieling *f.*; *v.*, **to – off,** abfendern (*Boot*).

fender / beam *s.*, Reibholz *n.*; **– bolt** *s.*, Kopfbolzen *m.*; **– dues** *s./pl.*, Fendergebühr *f.*; **– fairlead** *s.*, Fenderöse *f.*; **– fitting** *or* **fixture** *s.*, Fenderschloß *n.*; **– guard** *s.*, Scheuerleiste *f.*, Abweiser *m.*; **– line** *or* **rope** *s.*, Fenderleine *f.*, -tau *n.*; **– pile** *s.*, Schutzpfahl *m.*; **– plank** *s.*, Fenderbrett *n.*; **– pole** *s.*, Prall-, Reib-, Scheuer-, Streichpfahl *m.*; **fenders** (*pl.*), **to get out the –,** (die) Fender ausbringen; **with the – out,** mit ausgebrachten *od.* ausgelegten Fendern; **fender spar** *s.*, Fenderbrett *n.*, Abhaltespiere *f.*, Schwimmfender *m.*; **fending** *s.* **(off),** Abfendern *n.*; **hooked – pole** *s.*, Bootshaken *m.*, -stange *f.* (*zum Abfendern*).

ferriage *s.*, Fährgeld *n.*; Überfahrt *f.* mit einer Fähre.

ferrite *s.*, Ferrit *m.*; **– aerial** *s.* (*am.* **antenna**), Ferritantenne *f.*; **– rod** *s.*, Ferritstab *m.*; **– rod aerial** (*am.* **antenna**), Ferritstabantenne *f.*

ferrocement *or* **-concrete construction** *s.*, (Eisen- *od.* Stahl-)Betonyacht *f.*

ferromagnetism *s.*, Eisen-, Ferromagnetismus *m.*

ferrule *s.*, Ringbeschlag *m.*, Metallring *m.*, (*tech.*) Buchse *f.*, Muffe *f.*

ferry *s.*, Fähre *f.*, Fährboot *n.*, -schiff *n.*; *v.*, **to – across,** in einem Boot fahren über; **to – over,** mit der Fähre übersetzen.

ferry / bridge *s.*, Landungs-, Fährbrücke *f.*, Anlegeponton *m.*; Trajekt *m.*; **– house** *s.*, Fährhaus *n.*; **–man** *s.*, Fährmann *m.*; **– punt** *s.*, Fährprahm *m.*; **– steamer** *s.*, Dampffähre *f.*; **– terminal** *s.*, Fährhafen *m.*

festoon cloud *s.* (*meteor.*), Mammatocumulus *m.*

fetch *s.*, Regatta-Teilstrecke *f.*; Windbahn *f.*, Windwirkstrecke *f.*; Holebug *m.*, Streckbug *m.*; abgesegelte Strecke *f.*, Reichweite *f.*; Ausdehnung *f.* (*einer Bucht*), Kniff *m.*, Trick *m.*, Kunstgriff *m.*; **a long –,** (*rac.*), eine weite Strecke *f.*, eine lange Bahn *f.*

fetch *v.* (*naut.*), holen, erreichen, fassen; gelangen nach, Kurs nehmen; **to – about,** Kurs nehmen; (*Kurs*) vieren; **to – to windward,** Luv gewinnen; **to – up,** auf- *od.* einholen (**with,** mit); **to – a buoy,** eine Boje *od.* Tonne holen *od.* erreichen; **to – a head,** eine Huk holen; **to – a mark** (*rac.*), eine Bahnmarke holen; **to – a port** *or* **harbour,** einen Hafen erreichen; **to – headway,** Fahrt machen *od.* aufnehmen *od.* bekommen; **to – sternway,** Rückwärtsfahrt aufnehmen, Fahrt nach achtern machen; **to – way,** lose kommen (*Bordgegenstände*).

fetching board *or* **tack** *s.*, Holebug *m.*, Streckbug *m.*

fibre *s.* (*am.* **fiber**), Fiber *f.*, Faser *f.*, Fasergewebe *n.*, Textur *f.*; **glass –,** (*am.*) **– of glass,**

Glasfaser *f.*; **–board** *s.*, Holzfaserplatte *f.*; **– core** *s.*, Faserseele *f.*; **–glass,** Glasfiber *f.*; **–glass cloth** *s.*, Glasseidengewebe *n.*; **–glass mat** *s.* (*am.*), Glasseidenmatte *f.*; **–glass roving** *s.*, Glasseidenroving *m.*; **– rope** *s.*, Fasertau(werk) *n.*

fid *s.*, Fid *m.* (*od. n.*), Fitt *m.* (*od. n.*), (langer dicker) Marlspieker *m.*; Schloßholz *n.*, dicker Keil *m.*; **splicing –,** Fid *m.*, Splißhorn *n.*, Marlspieker *m.*; **– of the top mast,** Toppmast-Stütze *f.*; *v.*, mit einem Schloßholz befestigen *od.* verkeilen; **fidded** *adj.*, mit einem Schloßholz befestigt *od.* verkeilt.

fiddle *s.*, Schlingerbord *od.* -bort *n.*; *v.* (*naut., coll.*), geigen (*Boot*); **fiddle / block** *s.*, Violinblock *m.* (*Doppelblock*); **– bow** *s.*, Klipperbug *m.*; **– guard** *s.*, Schlingerbord *n.*, -leiste *f.*; **–head** *s.*, Galionsfigur *f.*; **– hole** *s.*, Schloßholzgatt *n.*; **– racks** (*pl.*), Schlingerbord *n.*, -brett *n.*, -leisten *f./pl.*; **–s** (*pl.*), Schlingerleisten (*pl.*).

Fiddler's Green *s.*, Seemannsparadies *n.* (*Lokal für Seeleute*).

fiddley *s.* (*naut.*), Schornsteinumbau *m.*, -umbauten (*pl.*).

fid pin *s.*, Fid *m.*, Marlspieker *m.*, Splißhorn *n.*

fiducial values *s./pl.* (*astr., phys.*), Vergleichswerte *m./pl.*

field *s.* (*rac.*), Gesamtheit *f.* der Teilnehmer, Feld *n.*, Flotte *f.*, (*phys.*) Feld *n.*; **a good –** (*rac.*), starke Beteiligung *f.*; **a wide – of vision,** ein weites Blick- *od.* Gesichtsfeld *n.*; **magnetic –,** Magnetfeld *n.*; **– of force** (*phys.*), Kraftfeld *n.*; **– of vision,** Blick-, Gesichtsfeld *n.*; **– ice** *s.*, Feldeis *n.*; **– intensity** *s.* (*phys.*), Feldintensität *f.*, -stärke *f.*; **– magnet** *s.*, Feldmagnet *m.*; **– strength** *s.* (*phys.*), Feldstärke *f.*

fierce *adj.*, stürmisch, heftig (*Wind*); **– gusts,** Sturmböen *f./pl.*; **– wind,** stürmischer Wind *m.*; **fierceness** *s.* **of the wind,** Heftigkeit *f.* des Windes.

fife rail *s.* (*naut.*), Nagelbank *f.*

fifty-fifty *s.*, Fifty-Fifty *m.*, Fünfzig-Fünfzig(er) *m.*, Halb und Halb (Motoryacht *f.*), Motorsegler *m.*

figure / -eight bight *or* **fake** *s.*, Achterbucht *f.*, achtförmige Bucht *f.* (*Tauwerk*); **– -eight knot** *s.*, Acht(er)knoten *m.*, Achterstich *m.*, -stek *m.*; **–head** *s.*, Bug-, Galionsfigur *f.*, Bugschmuck *m.*; **– -of eight (knot)** *s.*, Acht(er)knoten, -stich, -stek *m.*; **– -of eight pattern** *s.*, Peilacht *f.*, Doppelkreischarakteristik *f.* (*Funkp.*).

filament *s.* (*am.*), Glasfaser *f.* (*Bootsbau*); (*rad.*) Kathode *f.*

file *s.* (*tech.*), Feile *f.*; **smooth –,** Schlichtfeile *f.*; *v.*, **(away** *or* **off)**, ab-, wegfeilen, feilen.

fill *v.*, (an)schwellen, sich füllen *od.* (aus)dehnen (*mit Wind*) (*Segel*), (*Rahen*) vollbrassen, (*tech.*) füllen, stopfen; **to – away,** vollbrassen; **to – in,** Leck stopfen; **to back and –,** kreuzen; **filled** *adj.*, voll, gefüllt (*mit Wind*) (*Segel*); **sail –!** (*int.*), Segel steht voll!

filler *s.* (*tech.*), Füllstoff *m.* (*Bootsbau*), Füllmasse *f.*, -material *n.*, -mittel *n.*; Trichter *m.*; Spachtel *m.*; **– cap** *s.*, Einfüllstutzen-, Tankverschluß *m.*; **– tube** *s.*, Einfüllstutzen *m.*

fillet *s.*, (Metall)Ring *m.*; **– bolt** *s.*, Ringbolzen *m.*

filling / chock *s.*, Füllstück *n.*; **– compound** *s.*, Füll-, Leckstopf-, Vergußmasse *f.*; **– frame** *s.*, Füllspant *n.*; **– futtock** *s.*, Hanger *m.* (*Pütting*); **– station** *s.*, Tankstelle *f.* (*Motoryacht*).

fillister-head screw *s.*, Rundkopfschraube *f.*

film *s.*, Anstrich *m.*, Überzug *m.* (*Farbe, etc.*), dünne Schicht *f.*, Lage *f.*

filter *s.*, Filter *m.*, (*rad.*) Siebkette *f.*, Saugkreis *m.*; **band-pass –** (*rad.*), Bandfilter *n.*; **high-pass –,** Kondensatorkette *f.*, Hochpaß *m.*; **low-pass –,** Spulenkette *f.*, Tiefpaß *m.*; **– circuit** *s.* (*rad.*), Sperrkreis *m.*

fin *s.*, Kiel-, Ruderflosse *f.* (*Boot*), Finne *f.*, Schwert(flosse *f.*) *n.* (*Surfboard*).

final *adj.*, **– coat(ing)**, Endanstrich *m.* (*Farbe, Lack*); **– diameter** *s.* (*naut.*), Drehkreisdurchmesser *m.*; **– great circle course** *s.*, Endkurs *m.* (*Orthodrome*); **– heat** *s.* (*rac., coll.*), Endregatta *f.*, Schlußwettfahrt *f.*; **– race** *s.*, End-, Schlußregatta *f.*; **– results** (*pl.*) (*rac.*), Endergebnis *n.*, (-nisse *pl.*); **–s** (*pl.*) (*rac.*), Endausscheidungen *f./pl.*, -regatten, -wettfahrten (*pl.*); **– score** *s.* (*rac.*), Schlußstand *m.*, Endergebnis *n.*; **– stability** *s.*, Endstabilität *f.* (*Boot*); **– velocity** *s.*, Endgeschwindigkeit *f.*

finder *s.*, Peiler *m.*, Peil(funk)gerät *n.*, (*opt.*) Sucher *m.*; **finding** *s.* (*radar*), Standlinie *f.*

fine *adj.*, scharf, schlank, völlig (*Boot*); **in rain or –,** bei Regen od. Sonne; **to cut** *or* **run it –** (*rac.*), mit der Zeit in Bedrängnis kommen.

fine / adjustment *s.*, Feinabgleich *m.*, Feinadjustierung *f.*, -einstellung *f.* (*Mast, etc.*); **– adjustment screw** *s.*, Feineinstellschraube *f.*; **– bearing** *s.*, Feinazimut *m.*; **– -bowed boat** *s.*, Boot *n.* mit schlankem *od.* scharfem *od.* spitzem *od.* völligem Bug; **– control** *s.*, Feineinstellung *f.*, -reg(e)lung *f.*

fineness *s.*, Schärfe *f.*, Schlankheit *f.*, Völligkeit *f.* (*eines Bootes*); **coefficient of –,** Schärfe-, Schlankheits-, Völligkeitsgrad *m.*

fine/scanning *s.* (*radar*), Feinabtastung *f.*; – **thread** *s.*, Feingewinde *n.*; – **tuning** *s.* (*rad.*), Fein-, Scharfabstimmung *f.*; – **weather** *s.*, Leichtwetter *n.*, Schönwetter *n.*, schönes Wetter *n.*; – **weather sails** (*pl.*), Leichtwetterbesegelung *f.*, -segel (*pl.*).

finger nut *s.* (*tech.*), Flügelmutter *f.*

finish *s.* (*rac.*), Finish *n.*, letzte Entscheidung *f. od.* Wettfahrt *f.*, Ende *n.* einer Wettfahrtserie, (*tech.*) Finish *n.*, Endbearbeitung *f.*, der letzte Schliff (*Segel, etc.*); *v.* (*rac.*), beenden, (*tech.*) finishen, den letzten Schliff geben; **to – bottom up** *or* **upside down,** durchkentern; – **line** *s.* (*am.*), Ziellinie *f.*

finishing *s.* (*rac.*), Zieldurchgang *m.*, (*tech.*) Finish *n.*, Fertigstellung *f.*, Veredelung *f.* (*Segeltuch*); – **boat** *s.*, Zielboot *n.*; – **coat** *s.*, Deckanstrich *m.*, Überzugslack *m.*; – **line** *s.* (*rac.*), Ziellinie *f.*, Ziel *n.* (*einer Wettfahrt*); – **tool** *s.*, Schlichtwerkzeug *n.*; – **varnish** *s.*, Überzugslack *m.*

finish races *s./pl.*, **to be in at the –** (*am.*), (mit) in die Entscheidung(swettfahrten) kommen.

fin/keel *s.*, Ballast-, Flossen-, Wulstkiel *m.*; Kielflosse *f.*; – **keeler** *s.*, Flossenkieler *m.* (*Boot*); – **keel with (a) hole** *or* **window,** Fensterkiel *m.*; – **plate** *s.*, Flossenplatte *f.*, Stabilisierungsplatte *f.*

fiord *s.*, Fjord *m.*, Förde *f.*

fire *s.*, Brand *m.*, Feuer *n.*; **St. Elmo's –,** Elmsfeuer *n.*; *v.*, abfeuern (*Notsignal*); zünden (*Motor*); **fire/alarm device** *s.*, Feuermeldevorrichtung *f.*; – **ball** *s.*, Sonne *f.*, Meteor *m.*; – **barrel** *s.* (*naut.*), Feuertonne *f.*; – **bill** *s.*, Brandrolle *f.*, Feuerlöschrolle *f.*; – **boat** *s.* (*naut.*), Feuerlöschboot *n.*; – **detector** *s.* (*naut.*), automatischer Feuermelder *m.*, Schnüffelanlage *f.*; – **drencher** *s.*, (Hand)-Feuerlöscher *m.*; – **extinguisher** *s.*, (Hand)-Feuerlöscher *m.*; – **extinguishing installation** *s.*, Feuerlöschanlage *f.* (*an Bord*); – **extinguishing plant** *s.*, Feuerlöschanlage *f.* (*an Bord*); – **foam extinguisher** *s.*, Schaumfeuerlöscher *m.*; –**flaught** *s.* (*Scots*), Blitz *m.*; Wetterleuchten *n.*; –-**proof bulkhead** *s.*, Brandspant *n.*; Brand-, Feuerschott *n.*; – **pump** *s.*, Feuerlöschpumpe *f.*; –-**retarding** *adj.*, feuerhemmend; –-**resistant** *adj.*, feuerbeständig; – **ship** *s.*, Brander *m.*; – **stations** (*pl.*), Feuerlöschrolle *f.*; – **tower** *s.*, Leuchtturm *m.*; – **watch** *s.*, Feuer-, Brandwache *f.*; **distress – works** (*pl.*), Seenot-Feuerwerk *n.*

first *s.* (*spt.*), erster Platz *m.*; **to be placed –,** sich auf dem ersten Platz placieren.

first/aid kit *s.*, Verbandspäckchen *n.*; – **coat** *s.*, Grundanstrich *m.*, Grundierung *f.*; – **hand** *s.*, Bestmann *m.*; – **high (low) water** *s.*, erstes Hoch(Niedrig)wasser *n.*; – **magnitude** *s.*, **star of –** (*astr.*), Stern *m.* erster Größe; – **mate** *s.* (*naut.*), Obersteuermann *m.*; – **meridian** *s.* (*geogr.*), Nullmeridian *m.*; – **point** *s.* **of Aries** (*astr.*), Frühlingspunkt *m.*; – **point** *s.* **of Libra** (*astr.*), Herbstpunkt *m.*; – **quarter** *s.*, erstes Viertel *n.*, Halbmond *m.*; – **watch** *s.* (*naut.*), erste Wache *f.*, Abendwache *f.*

firth *s.* (*Scots*), Förde *f.*, Firth *m.*, Meeresarm *m.*, weite (Fluß)Mündung *f.*

fish *s.* (*naut.*), Band *n.* (*am Mast*), Fisch *m.*, Schalstück *n.* (*Mastverstärkung*); *v.* (*naut.*), den Anker fischen, einen Mast fischen *od.* verschalen, verlaschen; auffischen (*Mann über Bord*); **to – the anchor,** den Anker fischen *od.* festmachen; **to – up,** auffischen, retten.

fish/-back *s.*, Fischblocksteert *m.*; – **basket** *s.*, (Fisch)Reuse *f.*; – **block** *s.*, Fisch-, Kattblock *m.*; – **bolt** *s.*, Laschenbolzen *m.*; – **boom** *s.*, Anker(aufwinde)baum *m.*; – **davit** *s.*, Fischgalgen *m.*, -davit *m.*, -kran *m.*

fisherman *s.*, Fischer *m.* (*Pers.*), Fischermann *m.* (*Boot*), Fischdampfer *m.*, Walfänger *m.*, Fischereifahrzeug *n.*; –**'s bend** *s.*, Fischerknoten *m.*, Fischerstek *m.*, Roringstek *m.*, Englischer Knoten *m.*; –**'s staysail** *s.*, Fischermann-Stagsegel *n.*

fishery *s.*, Fischerei *f.*, Fischereigebiet *n.*, -recht *n.*; – **chart** *s.*, Fischereikarte *f.*; – **guard** *s.*, Fischereischutz(boot *n.*) *m.*

fish hook *s.*, Penter-, Fischhaken *m.*

fishing *s.*, Laschenverbindung *f.*, Laschung *f.*; – **boat** *s.*, Fischerboot *n.*, Fischereifahrzeug *n.*; – **bolt** *s.*, Laschenbolzen *m.*; – **cutter** *s.*, Fischkutter *m.*; – **fleet** *s.*, Fischereiflotte *f.*; – **grounds** (*pl.*), Fangplatz *m.*, Fischgrund *m.*; – **lights** (*pl.*), Fischerlicht *n.*, Fischerei-, Arbeitslichter (*pl.*), Lichterführung *f.* von Fischereifahrzeugen; – **limits** (*pl.*), Fischereigrenze *f.*; – **net** *s.*, Fang-, Fischnetz *n.*; – **plate** *s.* (*tech.*), Fischungsplatte *f.*; – **rights** (*pl.*), Fischereirecht *n.*, -gerechtsame *f.*, -konzession *f.*; – **season** *s.*, Fangzeit *f.*; – **smack** *s.*, Fischkutter *m.* mit Bünn; – **waters** (*pl.*), Fischereigewässer *n.* (*pl.*), Fanggründe *m./pl.*

fish/joint *s.* (*tech.*), Fischung *f.*, Laschung *f.*, Laschenstoß *m.*; – **plate** *s.*, (Fuß-, Schienen)-Lasche *f.*; – **shackle** *s.*, (Anker)Fischschäkel *m.*; – **tackle** *s.*, Ankertalje *f.*, Penter-, Fischtalje *f.*; – **trap** *s.*, Fischreuse *f.*; – **well** *or* **hold** *s.*, Bünn *f.*

fist *v.*, **to – a sail** (*am.*), ein Segel handhaben

od. bedienen.

fit *s.* (*tech.*), (genaue) Passung *f.*; *v.* (*tech.*), an-, einpassen, einbauen, montieren; **to – in,** einpassen, einfügen; **to – out,** ausrüsten (*Yacht*); **to – together,** montieren, zusammenfügen, -passen; **to – up,** ausrüsten (*Boot*), errichten, montieren; **to – with a tackling,** betakeln, einen Takling aufsetzen.

fitments *s./pl.*, (Segel- und Boots)Ausrüstung *od.* -stattung *f.*; **fit-out** *s.*, (Boots)Ausrüstung *f.*, -stattung *f.*

fitter *s.*, (Yacht)Ausrüster *m.*

fitting *s.*, Beschlag *m.*, Fitting *n.* (*Mast, etc.*), (*tech.*) Einpassen *n.*, Verbindungsstück *n.*; **gooseneck –,** Lümmelbeschlag *m.*; **mast(top) –,** Mast(topp)beschlag *m.*; **rudder –,** Ruderbeschlag *m.*; **spreader –,** Salingbeschlag *m.*; **– of a yacht,** Ausrüsten *n.* (*einer Yacht*); **–-out of a yacht,** Ausrüsten *n.* einer Yacht; **–-out basin** *or* **berth** *or* **dock** *s.*, Ausrüstungsbecken *n.*, -kai *m.*, -dock *n.*; **– piece** *s.*, Paßstück *n.*; **fittings** (*pl.*), Beschläge (*pl.*), Fittings (*pl.*), Armaturen (*pl.*), Zubehörteile (*pl.*); **fitting yard** *s.*, (Yacht)Bauwerft *f.*

five-masted/bark *s.*, Fünfmastbark *f.*; **– fore-and-aft schooner** *s.*, Fünfmastgaffelschoner *m.*; **– (full-rigged) ship** *s.*, Fünfmastvollschiff *n.*; **– schooner** *s.*, Fünfmastschuner *m.*, -schoner *m.*

fix *s.*, Besteck *n.*, wahre Schiffsposition *f.*, wahrer (Schiffs)Ort *m.*; Peilung *f.*; **electronic** *or* **radio –,** Funkstandort *m.*; **radar –,** Radarstandort *m.*; **running –,** Doppelpeilung *f.*; *v.*, orten, bestimmen (*Position*), befestigen, festmachen, anbringen; reparieren; **to – the position,** den (Schiffs)Ort bestimmen; orten; **to – up,** instandsetzen, reparieren.

fixed *adj.*, befestigt, fest angebracht, festgemacht, fest eingebaut, stationär; **– aerial** *s.* (*am.* **antenna**), Festantenne *f.*; **– and flashing** *s.*, Fest- und Blitzfeuer *n.*; **– and flashing light** *s.*, Mischfeuer *n.*; **– and group flashing** *s.*, Fest- und Gruppenblitzfeuer *n.*; **– and group flashing light** *s.*, Mischfeuer *n.* mit Gruppen; **– ballast** *s.*, Kielballast *m.*; fester Ballast *m.*; **– beacon** *s.*, stehende Bake *f.*; **– course** *s.*, festgesetzter Kurs *m.*; **– frequency** *s.* (*rad.*), stationäre *od.* feste Frequenz *f.*; **– guard-rail** *s.*, feste Reling *f.*; **– high (low) (pressure area)** *s.* (*meteor.*), stationäres Hoch(Tief)(druckgebiet) *n.*; **– light** *s.*, Festfeuer *n.*, festes Feuer *n.*; **– net** *s.*, Stell-, Setznetz *n.*; **– part** *s.*, feste *od.* stehende Part *f.*; **– point** *s.*, Fix-, Festpunkt *m.*; **– rudder** *s.*, Festruder *n.*; **– star** *s.* (*astr.*), Fixstern *m.*; **– timber** *s.*, festes *od.* gewachsenes Spant *n.*; **– ways** (*pl.*), Stapel(ab)laufbahn *f.*

fixing *s.* (*naut.*), Berechnung *f.*, (*tech.*) Versteifung *f.*, Halterung *f.*, Rack *n.*; **– bolt** *s.*, Haltebolzen *m.*; **– device** *s.*, Feststellvorrichtung *f.*; **– frequency** *s.* (*rad.*), Festfrequenz *f.*; **– position(s)** *s.* (*pl.*), Schiffsortbestimmung *f.*; **– screw** *s.*, Stellschraube *f.*

fixture *s.*, Armatur *f.*; (Ein)Spannvorrichtung *f.*, feste Anlage *f.*; sportliche Veranstaltung *f.*, Regatta *f.*, Wettfahrt *f.*

flabbiness *s.*, Flappigkeit *f.*, Schlaffheit *f.* (*der Segel*), schlaffes Herunterhängen *n.* (*der Segel*); **flabby** *adj.*, schlaff, flappig (*Segel*), weich (*Segeltuch*).

flag *s.* (*naut.*), Flagge *f.*, Wimpel *m.*, Admiralsflagge *f.*; **alphabetical –s** (*pl.*), Flaggenalphabet *n.*; **distinguishing –,** Kursflagge *f.*; **distress –,** Notflagge *f.*; **guest –,** Gastflagge *f.*; **house –,** Club-, Hausflagge *f.*; **national –,** Nationalflagge *f.*, Nationale *f.*; **protest –** (*rac.*), Protestflagge *f.*; **racing –,** (Renn)Stander *m.*, Rennflagge *f.*; **signal –,** Signalflagge *f.*; **split –,** Doppelstander *m.*; **yellow –,** Quarantäneflagge *f.*; **inset in a –,** Gösch *f.*; **carrying of –s,** Flaggenführung *f.*; **fly of a –,** Flaggenlänge *f.*; Auswehen *n.* einer Flagge; **set of –s,** Stell *n.* (*Signalflaggen*); **setting of –s,** Flaggenführung *f.*; **to break out** *or* **to unfurl a –,** die Flagge entfalten; **to dip the –,** die Flagge zum Gruß senken, Flagge niederholen und wieder hissen; **to halfmast the –,** Flaggentrauer (setzen), halbstocks *od.* halbmast flaggen; **to hoist (strike) one's –,** das Kommando übernehmen (abgeben); **to hoist the –,** die Flagge setzen *od.* heißen *od.* hissen; **to lower** *or* **strike a –,** eine Flagge streichen *od.* niederholen; **to run up a –,** eine Flagge setzen; **to sail under false –,** unter falscher Flagge segeln; **to show the –,** die Flagge zeigen *od.* wehen lassen; **– of convenience**, fremde Flagge *f.*; **– of duty,** Dienstflagge *f.*

flag *v.*, (be)flaggen, ausflaggen, mit Flaggen schmücken (*Schiff*), (mit Flaggen) Signale geben *od.* signalisieren, durch Flaggensignale warnen; **to – with a waft,** Flagge im Schau (setzen *od.* zeigen).

flag/bag *s.*, Flaggenbeutel *m.*; **– boat** *s.* (*rac.*), Markierboot *n.*; **– buoy** *s.*, Flaggen-, Markierboje *f.*, -tonne *f.*; **– captain** *s.*, Flaggkapitän *m.*, Kommandant *m.* des Flaggschiffs; **– certificate** *s.*, Flaggenschein *m.*, -zertifikat *n.*; **– chest** *s.*, Flaggenkasten *m.*; **– dipping** *s.*, Flaggengruß *m.*, Dippen *n.* der Flagge(n); **– discrimination** *s.*, Flaggenunterscheidung *f.*;

– **dressing** *s.*, Flaggengala, über die Toppen geflaggt; – **gaff** *s.*, Flaggengaffel *f.*; – **halyard** *s.*, Flaggleine *f.*; – **hoist** *s.*, Flaggengruppe *f.*; – **line** *s.*, Flaggleine *f.*; –**man** *s.* (*naut.*), Winker *m.*; – **officer** *s.*, Flaggoffizier *m.*; – **pole** *s.*, Flaggenstock *m.*; –**pole socket** *s.*, Flaggenstockhalter *m.*; – **salute** *s.*, Flaggengruß *m.*; – **shackle** *s.*, Flaggenclip *m.*, -schäkel *m.*; – **ship** *s.*, Flaggschiff *n.*; – **signal** *s.*, Flaggensignal *n.*; – **staff** *s.*, Flaggenstock *m.*; –-**staff socket** *s.*, Flaggenstockhalter *m.*

flake *s.*, Stelling *f.*, Außenbordstellage *f.*, kleiner Bootsmannsstuhl *m.* (*für Außenbordarbeiten*), Eisscholle *f.*; *v.*, aufspulen, auftrommeln, aufwickeln (*Tauwerk*).

flange *s.* (*tech.*), Flansch *m.*, Kragen *m.*; – **angle** *s.*, Gurtungswinkel *m.*; **flanged** *adj.* **joint,** Flanschverbindung *f.*

flap *s.*, Klappe *f.*, (*tech.*) Manschette *f.*; **keel –,** Kielklappe *f.*; **transom –,** Lenzklappe *f.*; *v.*, flappen, flattern, killen, schlagen (*Segel*), schlaff herunterhängen (*Segel*); **the sails are flapping,** die Segel schlagen *od.* knallen; **flapping** *s.* **(of the sails),** das Schlagen *od.* Knallen *od.* Flattern (der Segel); **flap valve** *s.*, Klappen-, Selbstschließ-, Sturmventil *n.* (*im Boot*).

flare *s.*, Leuchtfeuer *n.*, Feuer-, Lichtsignal *n.*, Flackerfeuer *n.*; Leucht-, Signalkugel *f.* (*Seenot*), seitlicher Ausfall *m.* der Bordwände; **distress –(s),** Seenot-Feuerwerk *n.*; **red –,** Rotfeuer *n.* (*Seenot*); *v.*, mit Licht *od.* Feuer signalisieren, aufflammen lassen (*Notsignal*), sich nach außen erweitern (*Spanten*); **to – up,** aufflackern, aufflammen (*Notsignal*); **flare / -out bow** *s.*, ausfallender Vorsteven *m.*; – **pistol** *s.*, Leucht(munition *od.* -signal)pistole *f.*; –-**up light** *s.*, Flackerfeuer *n.* (*Signal*).

flaring / frame *s.*, ausfallendes Spant *n.*; – **light** *s.*, Flackerfeuer *n.* (*Signal*); – **sides** (*pl.*), seitlich *od.* nach oben ausfallende Bordwände (*pl.*).

flash *s.*, plötzliches Aufblitzen *n.* (*Leuchtfeuer, etc.*), Blitz *m.*; Schleusenwassersturz *m.*, aus einer Schleuse ablaufender Wasserstrom *m.*, (*am., coll.*) Taschenlampe *f.*; – **of lightning,** Blitz(strahl) *m.*; *v.*, morsen (*mit Morselampe*), blinken (*Signal*), aufleuchten (*Feuer*); **to – a light,** ein Lichtsignal aufblitzen lassen; **to – a message,** einen Blink- *od.* Funkspruch (aus)senden *od.* (durch)geben; **to – a signal,** ein Blinksignal geben; **to – (back) an answering –,** ein Blinksignal beantworten; **to – the confirm (reconfirm),** die Bestätigung (Wiederbestätigung) zurückblinken; **flash flood** *s.*, plötzliche Überschwemmung *f.*; Wildbach *m.*

flashing *s.*, Blink *m.*; Morsen *n.* (*mit Morselampe*), Blitz *m.*; – **beacon** *s.*, Blinkfeuer *n.*, – **buoy** *s.*, Blinktonne *f.*; – **light** *s.*, Blinkfeuer *n.*, (*am.*) Taschenlampe *f.*; **quick** *or* **short – light** *s.*, Blitz *m.*, Blitzfeuer *n.* (*Leuchtf.*); – **light lamp** *s.*, Morselampe *f.*; – **light signal** *s.*, Blinkspruch *m.*; –-**welded** *adj.*, lichtbogengeschweißt.

flash / lamp *s.*, Morselampe *f.*; – **period** *s.*, Blink-, Blitzfolge *f.* (*Leuchtfeuer*); – **plate** *s.*, Deckschutz(platte *f.*) *m.* (*unter der Ankerkette*); – **signal** *s.*, Blinksignal *n.*, -spruch *m.*, -zeichen *n.*

flat *s.*, kleines Deck *n.*, Plattform *f.*; Plattboden *m.*, (*coll.*) Plattbodenboot *n.*; flache Seite *f.* (*Kiel, etc.*), Flach *n.*, (*naut.*) Sandbank *f.*, Watt *n.*, Untiefe *f.*; Leichter *m.*

flat *adj.*, flach, platt (*Boot*), seicht (*Wasser*); – **boat** *s.*, Flach- *od.* Platt(boden)boot *n.*; – **bottom** *s.*, flacher Kiel *m.*, flacher (Schiffs-) Boden *m.*; –-**bottomed boat** *s.*, Plattbodenboot *n.*, Prahm *m.*, Zille *f.*; – **bulb** *s.*, Flachwulst *m.*; – **coat** *s.*, Grundanstrich *m.*, Grundierung *f.*; – **counter** *s.*, Spiegelheck *n.*

flat / glass compass *s.*, Flachglaskompaß *m.*; **small – glass compass** *s.*, Jollenkompaß *m.*; –**head** *s.*, Flachkopfbolzen *m.*; – **keel** *s.*, Flachkiel *m.*; – **knot** *s.*, Reffknoten *m.*; –**man** *s.*, Flachmann *m.* (*Spinnaker*); – **minimum** *s.* (*meteor.*), flaches Tief *n.*; –-**nosed pliers** (*pl.*), Flachzange *f.*; – **paint** *s.*, Mattfarbe *f.*; –-**plate(d) keel** *s.*, Flachkiel *m.*; –-**plate(d) keelson** *s.*, Flachkielschwein *n.*; – **reef** *s.*, Flachreff *n.*; **flats** *s./pl.*, Watt *n.*, Sandbänke (*pl.*), Untiefe(n) *f.* (*pl.*); **flat / sail** *s.*, flaches Segel *n.*; – **seizing** *s.*, Flachbändsel *n.*; – **sennit** *s.*, (Flach)Platting *f.*; – **sheet** *s.*, dicht angeholte Schot *f.*; – **shore** *s.*, Flachküste *f.*; – **stern** *s.*, Plattgatt *n.*, -heck *n.*, Spiegelheck *n.*; – **tuning** *s.* (*rad.*), Grobabstimmung *f.*, unscharfes Abstimmen *n.*; – **wind** *s.*, flauer *od.* schaler Wind *m.*

flatten *v.*, abflachen, strecken; **to – a sail,** ein Segel flach machen *od.* ziehen *od.* ausflachen.

flattening *s.*, Ab-, Ausflachung *f.*, Strecken *n.*; – **of the minimum,** Trübung *f.* des Minimums (*Funkp.*); – **reef** *s.*, Flachreff *n.*, Abflacher *m.*; – **reef point** *s.*, Flachreffpunkt *m.*

flatus *s.*, (Wind)Hauch *m.*

flaw *s.* (*meteor.*), Bö *f.*, Sturmbö *f.*, Windstoß *m.*, kurzer Regen- *od.* Schneesturm *m.*; Fehler *m.*, fehlerhafte Stelle *f.* (*im Segeltuch*), Blase *f.* (*Außenhaut*), Bruch *m.*, Riß *m.*, Sprung *m.* (*Beplankung, etc.*); **flawy** *adj.*, böig, stürmisch, windig.

flection *s.* (*am.*), (*s.* **flexion**).

fleece *s.*, dichtfallender Regen *od.* Schnee; – *or* **fleecy clouds** *s./pl.*, **fleeces** (*pl.*) (*meteor.*), Schäfchenwolken *f./pl.*

fleet *s.*, Flotte *f.*, (Regatta)Feld *n.*; Fle(e)t *n.*, Flete *f.*, (Netz)Fleeth *n.*; Bai *f.*, Bucht *f.*; Gewässer *n.*; Schiffslände *f.*; **to stay close to the body of the –** (*rac.*), beim Hauptfeld *od.* beim Kern des Feldes bleiben.

fleet *v.*, verfahren (*Tau*), steifholen, -setzen (*stehendes Gut*), (*Blöcke einer Talje*) ab- *od.* freilegen *od.* verfahren; Position wechseln, verschieben; **to – a rope,** ein Tau anholen *od.* verfahren; **to – a tackle,** eine Talje verfahren; **fleet captain** *s.*, Flottenkapitän, Kommodore *m.* (*Yachtgeschwader*).

fleeter *s.*, Fleeter *m.* (*Nordseefischdampfer*).

fleet regatta *s.*, Flottenregatta *f.*

Flemish/coil *s.*, Tauscheibe *f.*, flach aufgeschossenes Tauwerk *n.*; **– horse** *s.*, Nockpferd *n.*; **– knot** *or* **stitch** *s.*, flämischer Knoten *m.*, Acht(er)stek *m.*

flexible *adj.* (*tech.*), beweglich, nicht starr, unstarr, biegsam, flexibel, geschmeidig, lehnig (*Boot, Tauwerk, etc.*); **– drive shaft** *s.*, Kardan(gelenk)welle *f.*; **– mast** *s.*, flexibler Mast *m.*; **– mount(ing)** *s.*, kardanische Aufhängung *f.*; **– rig** *s.*, flexibles Rigg *n.*; **– rule** *s.*, Bandmaß *n.*; **– shackle** *s.*, Kardanschäkel *m.*; **– shaft** *s.*, Gelenkwelle *f.*, biegsame Welle *f.*

flexion *s.*, Durchbiegung *f.* (*Mast*); **flexural stress** *s.*, Biegespannung *f.*, Scherkraft *f.*

flicker *s.*, (Auf)Flackern *n.* (*Leuchtfeuer*); *v.*, (auf)flackern (*Leuchtf.*), (*radar*) flimmern; **to – up,** aufflackern.

flier *s.*, **(she is) a –,** (es ist) eine sehr schnelle Yacht.

flimsy *adj.*, **a – sail,** ein flappiges *od.* lappiges *od.* zu weiches Segel *n.*

Flinders *or* **Flinder's bar** *s.*, Flinderstange *f.* (*Krängungsmagnet*).

flip *s.*, **a – of the boat,** plötzliche Bootsbewegung *f.*

flirt *s.*, **a – of the boat,** plötzliche *od.* schnelle Bootsbewegung *f.*

float *s.*, Auftriebskörper *m.*, Schwimmer *m.*, Schwimmkörper *m.*, Schwimm-, Rettungsgürtel *m.*, -ring *m.*; Treibeis *n.*; Flott *n.*, Flotte *f.* (*Glaskugeln am Fischnetz*), Floß *n.*, Prahm *m.*, schwimmende Landebrücke *f.*; (Rad)Schaufel *f.* (*eines Raddampfers*).

float *v.*, flottmachen; flott sein *od.* werden; aufschwimmen, gleiten, schwimmen, treiben (*Boot, Gegenstände*), tragen (*Wasser*), flößen; **to – in (a ship),** (ein Schiff) eindocken; **to – off,** flottwerden (*Boot*).

floatable *adj.*, schwimmfähig (*Boot, etc.*), flößbar.

floatage *s.*, Schwimmfähigkeit *f.* (*Boot, etc.*), schwimmende Schiffe (*pl.*); Schiffsteil *m.* über der Wasserlinie; Strandgut *n.*

floatation *s.*, Schwimmen *n.*, Treiben *n.* (*Boot, etc.*), Schwimmfähigkeit *f.* (*eines im Wasser treibenden Objekts*); **– gear** *s.*, Schwimmergestell *n.* (*Wasserflugzeug*).

floater *s.*, auf dem Wasser schwimmender *od.* treibender Gegenstand *m.*, (*naut. ins.*), Generalversicherung *f.*; Floater *m.* (*Leichtwindspinnaker*); **– net** *s.*, Rettungsnetz *n.*

floating *s.*, Drift *f.*; Schwimmen *n.*, Treiben *n.* (*auf dem Wasser*); *adj.*, flott, schwimmend, treibend; **– anchor** *s.*, Treibanker *m.*; **– beacon** *s.*, Schwimm-, Treibbake *f.*; **– bridge** *s.*, Floß-, Ponton-, Schiffs-, Schwimm-, Tonnenbrücke *f.*; **– buoy** *s.*, wache(nde) Boje *f.*; **– (dry) dock** *s.*, Schwimmdock *n.*; **– ice** *s.*, Treibeis *n.*; **– island** *s.*, schwimmende Insel *f.*; **– jetty** *s.*, schwimmende Landebrücke *f.*, Schwimmpier *m.*; **– light** *s.*, Leuchtboje *f.*, Leucht-, Feuerschiff *n.*, Warnungssignal *n.*; **– -line** *s.*, Wasserlinie *f.* (*eines Bootes*); **– mark** *or* **marker** *s.*, schwimmendes Seezeichen *n.*; **– object** *s.* (*radar*), schwimmendes *od.* treibendes Objekt *n.*; **– policy** *s.* (*naut.*), Generalpolice *f.*; **– wreckage** *s.*, treibendes Wrackgut *n.*

float/plane *s.*, Wasser-, Schwimmerflugzeug *n.*; **– under-carriage** *s.*, Schwimmergestell *n.* (*Wasserflugzeug*); **floaty** *adj.*, wenig Wasser (an)ziehend (*Boot*).

flocculus *s.* (*astr.*), (Sonnen)Flocke *f.*, Wölkchen *n.*

flock *s.* (*rac.*), eng beieinanderliegendes (Regatta)Feld *n.*

floe *s.*, Eisscholle *f.*, treibendes Eis(feld) *n.*; **– ice** *s.*, Scholleneis *n.*; **–s** (*pl.*), Treibeis *n.*, Eisschollen (*pl.*).

flog *s.*, Knallen *n.*, Schlagen *n.* (*der Segel*); *v.*, flattern, knallen, schlagen (*Segel*); **the sails are –ging,** die Segel knallen *od.* schlagen *od.* flattern.

flogging *s.*, Knallen *n.*, Schlagen *n.*, Flattern *n.* (*der Segel*); **the – of the sails,** das Knallen *od.* Schlagen der Segel.

flood *s.*, Flut *f.*, Flutstrom *m.*, Hochwasser *n.*; Überschwemmung *f.*; **duration of (the) –,** Flut-, Steigdauer *f.*; **storm –** (*am.*), Sturmflut *f.*; **to be at the –,** steigen (*Flut*).

flood *v.*, fluten (*Tank, Abteilung im Schiff*),

überfluten, unter Wasser setzen; steigen (*Flut*); **to – in upon,** überfluten, überschwemmen.

floodable *adj.*, flutbar; **– length,** flutbare Länge *f.* (*Schiff*); **– length curve,** Schottkurve *f.*

flood / anchor *s.*, Flutanker *m.*, Treibanker *m.*; **–-bound** *adj.*, von der Flut behindert, vom Wasser eingeschlossen; **–cock** *s.*, Flut-, Seeventil *n.*; **– current** *s.* (*am.*), Flutstrom *m.*, -strömung *f.*; **– gate** *s.*, Schleusentor *n.*, Fluttor *n.*, Flutschleuse *f.*

flooding / arrangement *s.*, Flutungseinrichtung *f.* (*im Schiff*); **– compartment** *s.*, flutende Abteilung *f.* (*im Schiff*); **– curve** *s.*, Schottkurve *f.*; **– system** *s.*, Flutungsanlage *f.*, -system *n.*; **– valve** *s.*, Flut-, Seeventil *n.*; **– water** *s.*, Leckwasser *n.*

flood / light *s.*, Flut-, Scheinwerferlicht *n.*, Deck(s)lampe *f.*, -leuchte *f.*, Arbeitslicht *n.* an Deck; **– mark** *s.*, Hochwasser(stands)-marke *f.*

floodometer *s.*, (Hoch)Wasserstandsanzeiger *m.*

flood / pump *s.*, Leckpumpe *f.*; **– stream** *s.*, Flutstrom *m.*, -strömung *f.*; **– tide** *s.*, Flut *f.*, Flutzeit *f.*, Flutstrom *m.*, -strömung *f.*; **– tide is setting in,** die Flut setzt ein; **– tide channel** *s.*, Flutrinne *f.*; **– tide gate** *s.*, Flut-, Schleusentor *n.*; **– valve** *s.*, Flut-, Seeventil *n.*; **– wave** *s.*, Flutwelle *f.*

floor *s.*, (Schiffs)Boden *m.*, Bodenwrange *f.*, Schiffsbodenstück *n.*, -teil *m.*; Boden *m.*, Grund *m.* (*Meer*); **– of a dock,** Docksohle *f.*; **– ceiling** *s.*, Bauch-, Boden-, Flachwegerung *f.*; **–head** *s.*, Kimm(e) *f.*, Bodenwrangenaußenende *n.*, -oberkante *f.*; **flooring** *s.* (*naut.*), Garnierbelag *m.*; **floor / plate** *s.*, stählerne Bodenwrange *f.*; **– timber** *s.*, hölzerne Bodenwrange *f.*, Kielplanken (*pl.*), Bauchstück *n.*

flop *v.*, flattern, knallen, (lose hin- und her) schlagen (*Segel*), schlaff herunterhängen (*Segel*); **to – against the rigging,** gegen das Rigg knallen *od.* schlagen (*Segel*); **floppiness** *s.*, Schlaffheit *f.* (*der Segel*); **flopping** *s.*, Knallen *n.*, Schlagen *n.* (*Segel*); **floppy** *adj.*, schlaff (herab)hängend (*Segel*).

flotage *s.*, **flotation** *s.* (*am.*), (*s.* **floatage, floatation**).

flotilla *s.*, Flottille *f.*

flotsam *s.*, seetriftiges Gut *n.*, Seetrift *f.*, Treibgut *n.*, treibendes Wrackgut *n.*, auf *od.* im Wasser treibende Gegenstände (*pl.*); **– and jetsam** *s.*, Strand-, Wrackgut *n.*

flotsan *s.*, **flotsen** *s.*, **flotson** *s.*, (*s.* **flotsam**).

flounder *v.*, **the boat is floundering,** das Boot macht kaum Fahrt *od.* kommt nur mühsam vorwärts.

flow *s.* (*naut.*), Flut *f.*, Strömung *f.* (*Wind, Wasser*), Fließen *n.*, Strömen *n.*; Fluß *m.*, Strom *m.*; Überschwemmung *f.*; Fluten *n.* (*Tank*), Anströmen *n.* (*Segel*), (Segel)Bauch *m.*, -wölbung *f.*, (*phys.*) Fließen *n.*, Strömen *n.* (*Bewegung*), (*tech.*) Durchfluß *m.*; **aerodynamic –,** aerodynamische Strömung *f.* (*am Segel, Boot*); **attached –,** anliegende Strömung *f.* (*am Segel*); **laminar –,** laminare Strömung *f.*; **mainsail –,** Umströmung *f.* im Großsegel; **orbital –,** Orbitalströmung *f.*; **separated –,** abgerissene Strömung *f.* (*am Segel*); **stalled –,** stagnierende *od.* blockierte Strömung *f.*; **turbulent –,** turbulente Strömung *f.*; **angle of –,** Anströmwinkel *m.*; **the – is stabilizing** *or* **becoming more stable,** die Umströmung stabilisiert sich *od.* wird gleichmäßiger; **to keep the – attached,** die (Luft)Strömung am Segel (er)halten, die Strömung nicht abreißen lassen; **the – separates,** die Strömung reißt ab; **the – stays attached,** die Strömung reißt nicht ab.

flow *v.* (*naut.*), steigen (*Flut*), fließen, strömen, durchfließen; fluten (*Tank*), überfluten, überschwemmen; lose *od.* schlaff herabhängen (*Segel*); **to – back,** zurückfließen, -strömen; **to – in,** einlaufen (*Flut*), auflaufen (*Gezeit*), zufließen, zuströmen; **to – into,** fließen *od.* strömen in (*Fluß*); **to – out,** ausfließen, -strömen; **to – together,** zusammenfließen (*Flüsse*).

flow / around *s.*, Umströmen *n.*, Umströmung *f.*; **– around the main(sail),** Umströmung *f.* am Großsegel; **– (bunt)** *s.*, (Segel)Bauch *m.*, -wölbung *f.*; **– chart** *s.*, Flußschema *n.*

flowing *adj.* (*naut.*), steigend (*Flut*).

flow / meter *s.*, Strömungsmesser *m.*; **– pattern** *s.*, Strömungsbild *n.*; **– potential** *s.* (*phys.*), Strömungspotential *n.*; **– rate** *s.*, Strömungsgeschwindigkeit *f.*; **– separation** *s.*, Strömungsabriß *m.*, -ablösung *f.*, Abreißen *n.* *od.* Abriß *m.* der Strömung (*am Segel*).

fluctuate *v.*, schwanken, sich ständig ändern (*Temperatur, Wetter, etc.*), in schwankende Bewegung versetzen; **fluctuating / temperature** *s.*, Temperaturschwankungen (*pl.*); **– visibility** *s.*, wechselnde Sicht *f.*; **fluctuation** *s.* **of current** (*phys.*), Stromschwankung *f.*

flue *s.*, Schleppnetz *n.*; **– drain** *s.*, Kanal *m.* (*f. Zu-, Abluft, Wasser i. Boot*).

fluid / compass *s.*, Fluid-, Schwimmkompaß *m.*; **– (friction) damping** *s.*, hydraulische Dämpfung *f.*; **– mechanics** (*pl.*), Hydromechanik *f.*, Strömungslehre *f.*; – **pressure** *s.*, hydraulischer Druck *m.*

fluke *s.*, (Anker)Flunke *f.*, Ankerhand *f.*, -flügel *m.*, -pflug *m.*, -schaufel *f.*; – **of the anchor,** Ankerarm *m.*, -flunke *f.*; – **end** *s.*, trogförmiger Vorder- *od.* Achtersteven *m.*

flume *s.*, künstlicher Wasserlauf *m.*, Kanal *m.*

flurry *s.*, leichte umspringende Brise *f.*, Windstoß *m.*, Bö *f.*; kurzer (Regen)Schauer *m.*, Guß *m.*, Schneegestöber *n.*

flush *s.*, plötzliches Ansteigen *n.* des Wassers; gewaltiger Wassersturz *m.*; *v.*, plötzlich (zu)-strömen *od.* -fließen; **to – the deck with sea water,** das Deck mit Seewasser (ab)spülen.

flush *adj.* (*naut.*), mit einem Glattdeck (versehen); – **with,** auf *od.* in gleicher Höhe mit; – **boat** *or* **ship** *s.*, Glattdeckyacht *f.*, -schiff *n.*; – **deck** *s.*, Glattdeck *n.*, durchgehendes Deck *n.*; – **decker** *s.*, Glattdecker *m.*, Yacht *f.* ohne Kajütaufbau; – **fitting hatch cover** *s.*, mit dem Deck glatt abschließender Lukendeckel *m.*; **–head** *s.* (*tech.*), Versenkkopf *m.* (*Schraube, etc.*); – **rivet** *s.*, Senkniete *f.*

flutter *s.*, Killen *n.*, Flattern *n.* (*Segel*), Vibrieren *n.* (*Boot*); *v.*, killen, flattern, schlagen (*Segel*), (aus)wehen (*Flagge*), sich kräuseln (*Wasser*), im Zickzack fahren (*Blitz*).

flux *s.*, Strom *m.*, Strömung *f.*, Gezeitenströmung *f.*, Flut *f.*, Fließen *n.*, Fluß *m.*, (*phys.*) (Licht-, Kraft)Fluß *m.* (*elec.*) magnetischer Fluß *m.*; – **and reflux** *s.*, Flut *f.* und Ebbe; – **density** *s.* (*phys.*), (magnetische) Flußdichte *f.*

fly *s.*, Flaggenlänge *f.*; frei flatternder Teil *m.* (*einer Flagge, eines Segels*), Marsch *f.*, Sumpf *m.*, Bach *m.*; – **of a flag,** Flaggenlänge *f.*

fly *v.*, fliegen (lassen) (*Spinnaker*), führen, hissen, wehen lassen (*Flaggen*), reißen (*Segel*); **to let –,** auffieren, fahren, fliegen (lassen) (*Segel*); **to – a chute** *or* **spinnaker,** einen Spinnaker fahren, einen Spi steigen *od.* fliegen lassen, mit Spinnaker segeln, (*coll.*) spinnakern; **to – a flag,** eine Flagge führen *od.* hissen; **to – a signal,** ein Signal setzen *od.* wehen lassen; **to – up,** plötzlich in den Wind kommen (*Boot*).

fly / block *s.*, oberer Marsfallblock *m.*; – **boat** *s.*, Fliehboot *n.*

flying *s.*, Steigen *n.* (*eines Spinnakers*); *adj.*, fliegend, steigend (*Segel*); **the spinnaker is –,** der Spinnaker steigt.

flying / boat *s.*, Flugboot *n.*; – **bridge** *s.*, (Schiffs)Brücke *f.*, fliegende Brücke *f.*, Lauf-, Verbindungsbrücke *f.* (*Schiff*); – **ferry** *s.*, Gierfähre *f.*; – **foresail** *s.*, Breitfock *f.*; – **jib** *s.*, fliegende *od.* fliegend gesetzte Fock *f.*; Flieger *m.*, Jager *m.*, Außenklüver *m.*; – **sail** *s.*, fliegendes Segel *n.*; – **sounder** *s.*, Lotmaschine *f.*, Tiefenlotgerät *n.*; – **spinnaker** *s.*, fliegender *od.* fliegend gesetzter Spinnaker *m.*; – **trapeze** *s.*, fliegendes Trapez *n.*

fly nut *s.* (*tech.*), Flügelmutter *f.*

foam *s.*, Gischt *m.*, Schaum *m.*; Meer *n.*; Spritz-, Sprühwasser *n.* (*an Deck*); *v.*, gischen, schäumen; **foamed** *adj.*, aus Schaumstoff; – **material** *s.*, Kernmaterial *n.* (*Bootsbau*).

foam / extinguisher *s.*, Schaum(feuer)löscher *m.*; **–line** *s.*, Gischtlinie *f.* (*Brandungszone*), Schaumstreifen *m.* (*Brandungszone*); – **rubber** *s.*, Schaumgummi *m.*; **–-type life-vest** *s.*, Rettungs(schwimm)weste *f.*, Rettungsschwimmkörper *m.*; **foamy** *adj.*, schaumbedeckt (*See, Meer*).

focal / distance *or* **length** *s.*, Brennweite *f.*; – **line** *s.*, Brennlinie *f.*; – **plane** *s.*, Brennfläche *f.*, -ebene *f.*; – **point** *or* **spot** *s.*, Brennpunkt *m.*, Fokus *m.*; **focalization** *s.*, Einstellung *f.* (*eines optischen Gerätes*).

fo'c's'le *s.*, (*s.* **forecastle**).

focus *s.* (*phys. tech.*), Fokus *m.*, Brennpunkt *m.*, (*radar*) Bildschärfe *f.*; scharfe Einstellung *f.*, Scharfeinstellung *f.* (*opt. Instrumente*); **in –,** scharf (*od.* richtig eingestellt); **out of –,** unscharf (eingestellt); **to bring into –,** scharf einstellen; *v.* (*phys.*), fokussieren, scharf einstellen, sich in einem Brennpunkt vereinigen; **focus(s)ing** *s.* (*opt.*), Scharfeinstellung *f.*

foe(h)n *s.*, Föhn *m.*, (*süddeutscher*) Fallwind *m.*, trockener warmer Fallwind *m.*

fog *s.* (*meteor.*), (dichter *od.* dicker) Nebel *m.*, (*naut.*) Dunst *m.*, (*coll.*) Waschküche *f.*; Trübheit *f.* Dunkelheit *f.* (*Wetter*); **dense (thick, moderate) –,** dichter *od.* dicker (starker, dünner) Nebel *m.*; **wet –,** nässender Nebel *m.*; **sea –,** Seenebel *m.*; **early morning –,** Frühnebel *m.*; **in a –,** bei Nebel; **to run into –,** in Nebel laufen (*Boot*); – **at dawn,** Frühnebel *m.*; – **at sea,** Seenebel *m.*; **the – is falling (rising),** der Nebel fällt (steigt); *v.*, neblig werden, sich in Nebel hüllen.

fog / area *s.* (*meteor.*), Nebelgebiet *n.*, -zone *f.*; – **band** *s.*, Nebelschwaden *m.*(*pl.*); **–bank** *s.*, Nebelbank *f.*; **–bound** *adj.* (*naut.*), durch Nebel behindert *od.* festgehalten; – **bell** *s.*, Nebelglocke *f.*; **–bow** *s.*, Nebelbogen *m.*; – **buoy** *s.*, Nebelboje *f.*, -tonne *f.*; **–dog** *s.*, heller Fleck *m.* (*in einer Nebelbank*); – **formation** *s.*, Nebelbildung *f.*

foggage *s.* (*coll.*), dicker Nebel *m.*; **fogged** *adj.*, neblig, in Nebel gehüllt; **fogginess** *s.*, Nebligkeit *f.*, Dunkelheit *f.*, Trübheit *f.* (*Wetter*), Undeutlichkeit *f.*, Unklarheit *f.* (*Instrumente*); **foggy** *adj.*, neblig, dunstig, wolkig, unklar, düster, trüb (*Wetter*), (*naut.*) mistig; **– weather** (*meteor.*), Nebelwetter *n.*, nebliges Wetter *n.*, (*naut.*) mistiges Wetter *n.*, Mistwetter *n.*

fog/horn *s.*, Nebelhorn *n.*, Mundnebelhorn *n.*; **portable – horn** *s.*, Handnebelhorn *n.*; **pump – horn** *s.*, Pumpnebelhorn *n.*; **– layer** *s.* (*meteor.*), Nebelschicht *f.*; **– -mull** *s.* (*am.*), Nebelbank *f.*; **– patches** (*pl.*), Nebelschwaden (*pl.*); **– return** *s.* (*radar*), Nebelrückstrahlung *f.*; **– -shrouded** *adj.*, in Nebel gehüllt; **– signal** *s.*, Nebelsignal *n.*; **to sound the – signals,** Nebelsignale geben; **– siren** *s.*, Nebelsirene *f.*; **– speed** *s.*, Nebelfahrt(geschwindigkeit) *f.*; **– wall** *s.*, Nebelmauer *f.*, -wand *f.*; **– watch** *s.*, Nebelwache *f.*; **– whistle** *s.*, Nebelpfeife *f.*; **– W/T signals** (*pl.*), Funknebelsignale (*pl.*).

foil *s.*, Folie *f.*, Belag *m.* (*Segeltuch*).

fold *s.*, Falte *f.*, Kniff *m.* (*im Segel*); *v.*, zusammenlegen (*Segel*), falzen; **to – down,** herab-, herunterklappen; **to – up,** beiklappen, einfahren, zusammenklappen (*Mast, etc.*), zusammenlegen (*Segel*); **fold boat** *s.*, Faltboot *n.*

folding/anchor *s.*, Falt-, Klappanker *m.*; **– boat** *s.*, Faltboot *n.*; **– davit** *s.*, Klappdavit *m.*; **– propeller** *s.*, Faltpropeller *m.*, zusammenklappbarer Propeller *m.*

follow *v.* (*naut.*), nachlaufen; **to – in the wake (of another boat),** im Kielwasser (eines anderen Bootes) folgen *od.* mitlaufen; **to – the sea,** Seemann sein, zur See fahren.

following *adj.* (*naut.*), mit-, nachlaufend; **– sea** *s.*, nachlaufende See *f.*, achterliche See *f.*; **– wind** *s.*, achterlicher Wind *m.*, Wind *m.* von achtern, Rückenwind *m.*; **follow-up/control** *s.*, Nachlaufregelung *f.*, -steuerung *f.*; **– gear** *s.* (*naut.*), Fernsteuerungsanlage *f.*, -apparat *m.*, -gerät *n.*; **– steering** *s.*, sympathische Steuerung *f.*; **– system** *s.*, Nachlaufsystem *n.*; **– (electric) steering gear** *s.*, sympathisch gesteuerte elektrische Ruderanlage *f.*

fool/-proof *adj.* (*tech.*), betriebssicher, (*sl.*) einfach zu handhaben, idiotensicher; **– wind** *s.*, Abwind *m.*

foot *s.* (*naut.*), Fuß(liek *n.*) *m.*, Unterliek *n.* (*Segel*), (Mast)Fuß *m.*, -stuhl *m.*; Unterkante *f.* (*Kiel, Mast, Segel, etc.*), Fuß *m.* (*englisches Längenmaß*); **foot/of the sail,** Baum-, Fuß-, Unterliek *n.* eines Segels; **– of the spinnaker, spinnaker –,** Spinnaker-Unterliek *n.*; **crow –,** Hahnepot *f.*; **fore –,** Vorfuß *m.* (*Kielboot*); **mast –,** Mastfuß *m.*

foot *v.* (*naut.*), **to – ahead,** Fahrt voraus machen.

footage *s.*, Gesamtlänge *f.* in Fuß (*Boot*).

foot/board *s.*, Boden-, Fußbrett *n.* (*im Boot*); **– control** *s.*, Fußsteuerung *f.*; **– cord** *s.*, Unterlieksbändsel *n.*

footed *adj.*, **loose-–,** loses Unterliek *n.*, mit losem Unterliek.

footer *s.*, **a 42 –,** 42-Fuß-Yacht *f.*, Zwölfmeter(yacht *f.*) *m.*

foothold *s.*, fester Halt *m.* *od.* Fuß *m.* *od.* Stand *m.* (*auf Deck, etc.*).

footing *s.*, fester Halt *m.* *od.* Stand *m.*; **to loose one's –,** den Halt verlieren (*bei Arbeiten an Deck*).

foot/length *s.*, Unterlieksländge *f.*; **– rope** *s.*, Baum-, Fuß-, Unterliek *n.* (*Segel*), (Fuß)-Pferd *od.* Peerd *n.* (*einer Rah*), Pferd *n.*, Fußtau *n.*; **loose –rope** *s.*, loses Unterliek *n.*; **–rope of a yard,** Fußpferd-, -peerd *n.* (*einer Rah*); **– round** *s.*, (Segel)Fußrundung *f.*; **– rule** *s.*, Zollstock *m.*; **– skirt** *s.*, (Segel)Fußrundung *f.*; **– spar** *s.* (*naut.*), Stemmbrett *n.*; **– starter** *s.*, Tretanlasser *m.*; **– step** *s.*, Schritt *m.* (*als Längenmaß*); **– valve** *s.*, Boden-, Lenz-, Saugventil *n.*; **– waling** *s.*, Bauchdiele *f.*, Bodenweger *m.* (*Holzboot*).

foozle *v.*, **to – a race,** eine Regatta *od.* Wettfahrt vermasseln *od.* verpfuschen.

forbidding rocks *s./pl.*, gefährliche Klippen *f./pl.*

force *s.* (*phys.*), Kraft *f.*, Stärke *f.*, Druck *m.*; Gewalt *f.*, Stärke *f.* Wucht *f.* (*Sturm*); **heeling –,** Krängungskraft *f.*; **rudder –,** Ruderdruck *m.*, -kraft *f.*; **wind –** (*meteor.*), Windstärke *f.*, -kraft *f.*; **parallelogram of –s,** Parallelogramm *n.* der Kräfte; **a – 9 gale, the wind is – 9,** Windstärke 9, der Sturm hat WS 9; **– of attraction** (*phys.*), Anziehungskraft *f.*; **– of buoyancy,** Auftriebskraft *f.*; **– of current** (*naut.*), Stromstärke *f.*; **– of gravity** (*phys.*), Schwerkraft *f.*; **– of inertia** (*phys.*), Trägheitskraft *f.*; **– of sea,** Seegangsstärke *f.*; **– of wind,** Windstärke *f.*

force *v.* (*tech.*), beschleunigen; **to – the pace (of a race),** das Tempo antreiben *od.* beschleunigen *od.* forcieren (*einer Regatta*).

forced/call (at a port) *s.*, zwangsläufiges Anlaufen *n.* eines Hafens; **– exhaust** *s.*, Ablüfter *m.*; **– feed** *s.*, Druckschmierung *f.*

force feed *s.* (*tech.*), Druckschmierung *f.*

force/majeure *s.* (*jur.*), höhere Gewalt *f.*, Vis *f.* maior; **– pump** *s.*, Druckpumpe *f.*; **– vector diagram** *s.*, Vektordiagramm *n.* der Kräfte.

forcing and sucking pump *s.*, Druck- und Saugpumpe *f.*
ford *s.*, **fording** *s.*, Furt *f.*
fore *s.*, Fockmast *m.*; *adv.*, vorn, gegen *od.* zum Bug hin; **–!** (*int.*), Wahrschau!.
fore and aft *adv.*, längsschiff(s), in Kielrichtung, längs.
fore-and-aft / beam *s.*, Balkweger *m.*; **– bulkhead** *s.*, Längsschott *n.*; **– line** *s.*, Mittschiffslinie *f.*; **– mooring(s)** *s.* (*pl.*), Bug- und Heck-, Längsvertäuung *f.*; **– rig** *s.*, Gaffel-, Schrattakelung *f.*; **--rigged** *adj.*, gaffelgetakelt, mit Gaffel- *od.* Schrattakelung; **– sail** *s.*, Schoner-, Schrat-, Stagsegel *n.*; **– schooner** *s.*, Gaffelschoner *od.* -schuner *m.*, Zweimastschoner *m.*; **four(seven)-masted – schooner** *s.*, Vier(Sieben)mast-Gaffelschoner *od.* -schuner *m.*; **fore-and-after** *s.*, Gaffelschoner *m.*, Scherstock *m.*
fore / body *s.*, Vorschiff *n.*; **– brace** *s.*, Fockbrasse *f.*; **– cabin** *s.*, vordere Kajüte *f.*
forecast *s.* (*meteor.*), (Wetter)Voraussage *f.*, -Vorhersage *f.*; **weather –**, Wetterbericht *m.*, -voraus- *od.* -vorhersage *f.*; *v.*, (*Wetter*) voraussagen.
forecastle *s.* **(fo'c's'le),** Back *f.*, Aufbau *m.* auf dem Vorschiff, Vorschiffaufbauten (*pl.*), Vorschiff *n.*, Vorderdeck *n.*; Logis *n.*; **long (short) –**, lange (kurze) Back *f.*; **open-end –**, offene Back *f.*; **raised (sunk) –,** erhöhte (versenkte) Back *f.*; **turtle-back –**, Schildkrötendeck *n.*, gewölbte Back *f.*; **– bulkhead** *s.*, Backschott *n.*; **– deck** *s.*, Back-, Vorderdeck *n.*; **– hand** *s.*, Backsgast *m.*; **– head** *s.*, Backdeck *n.*; **– lookout** *s.*, Backsausguck *m.*; **–man** *s.*, Backs-, Buggast *m.*; **– rail** *s.*, Backreling *f.*
fore / course *s.*, Fock(segel *n.*) *f.*; **–deck** *s.*, Vor(der)deck *n.*; **–deck hand** *s.*, Vorschoter *m.*, Vorschotmann *m.*; **--end** *s.*, Vorderkante *f.* (*Segel, etc.*); **–(-)foot** *s.*, Stevenanlauf *m.*, -schutz *m.*, Vorfuß *m.* (*Boot*); **–foot knee** *s.*, Stevenknie *n.*; **– gaff** *s.*, Vorgaffel *f.*; **–gaff sail** *s.*, Vorgaffelsegel *n.*; **– gears** (*pl.*), Fockschoten (*pl.*); **–goer** *s.*, (Ketten)Vorläufer *m.*, Vorlauf *m.*; **– gripe** *s.*, Vorfuß *m.* (*Boot*); **– hammer** *s.*, Macker *m.*, Vorschlaghammer *m.*; **– hatch** *s.*, Vorluk *n.*, Vor(schiffs)luke *f.*; **–(-)haul** *s.*, Vorholer *m.*; **boom –haul** *s.*, Baumvorholer *m.*; **– hold** *s.* vordere Last *f.*, vorderer Schiffsraum *m.* für Bordausrüstung.
foreigner *s.* (*naut.*), Ausländer *m.*, ausländisches *od.* fremdes Schiff *n.*
foreign / flag *s.*, fremde Flagge *f.*; **--going ship** *s.*, Schiff *n.* auf großer Fahrt; **--registered ship** *s.*, im Ausland registriertes Schiff *n.*; **– territorial waters** (*pl.*), fremde Hoheitsgewässer (*pl.*); **– trade** *s.* (*naut.*), große Fahrt *f.*; **--trade certificate** *s.*, (Kapitäns-, Steuermann)Patent *n.* für große Fahrt.
fore / land *s.*, Landspitze *f.*, Huk *f.*, Kap *n.*, Vorgebirge *n.*; **– leech** *s.* (*am* **leach**), Vorliek *n.*, Mastliek *n.* (*Schratsegel*); **– lift** *s.*, Focktoppnant *m.*; **– line** *s.*, Vorleine *f.*, Vorspring *f.*; **– lock** *s.*, Splint *m.*, Lünse *f.*, Vorstecker *m.*; **– lower shroud** *s.*, Fockwant *f.*; **–man** *s.* (*naut.*), Vorschoter *m.*, Vorschotmann *m.*; **– mast** *s.*, Fockmast *m.*, Vormast *m.*, -topp *m.*; **– part** *s.*, Vorschiff *n.*; **– peak** *s.*, Vorpiek *f.*; **–peak hold** *s.*, Vorpieklast *f.*
fore(-)reach *s.*, Hole-, Streckbug *m.*; *v.*, aussegeln, totsegeln, totdampfen, überholen, übersegeln (*ein anderes Boot*); **fore(-)reaching** *s.*, (in weitem Bogen) Überstaggehen *n.*, Wenden *n.*; Gegenansegeln *n.* (*Wellen*), Totsegeln *n.* (*Boot*).
fore / rigging *s.*, Focktakelung *f.*, Fockwanten (*pl.*); **– runner** *s.*, (Leinen- *od.* Ketten)Vorläufer *m.*, Vorlauf *m.*
fore(-)sail *s.*, Fock *f.*, Vorsegel *n.*; Schonersegel *n.*; Stagsegel *n.*, -fock *f.*; **jib –**, Fock *f.*, Stagfock *f.*; **square –**, Breitfock *f.*; **stay –**, Stagfock *f.*; **– boom** *s.*, Fockbaum *m.*; **– halyard** *s.*, Fockfall *n.*; **track for –sliders,** Fockschotleitschiene *f.*; **– tack** *s.*, Fockhals *m.*
fore / sheet *s.*, Fock-, Vorschot *f.*; **– sheets** (*pl.*), Vorderboot *n.*; **– ship** *s.*, Vor(der)schiff *n.*; **– shore** *s.*, Küstenvorland *n.*, Strand *m.*; **– shrouds** (*pl.*), Fockwanten (*pl.*); **– side** *s.* (*am.*), Küsten(vor)land *n.*, Strand *m.*; **– spring** *s.*, Vorspring *f.*, Vorleine *f.*; **--spring line** *s.*, Vorspring *f.*; **– starling** *s.*, Eisbrecher *m.*, Bock *m.* (*vor Brücken*).
forestay *s.*, Fock-, Vorstag *n.*; **sagging –**, durchhängendes *od.* -sackendes Vorstag *n.*, Durchhängen *od.* Durchsacken *n.* (des Vorstags); **– release lever** *s.*, Hebelstrecker *m.*; **– sail** *s.*, Stagfock *f.*, -segel *n.*, Fock *f.*, Vorsegel *n.*; **jib – sail** *s.*, Fock *f.*, Stagfock *f.*
fore / tack *s.*, Fockhals *m.*; **– top** *s.*, Fock-, Vormars *m.*; **– topgallant (sail)** *s.*, Vorbramsegel *n.*; **– topgallant mast** *s.*, Vorbramstenge *f.*; **– topmast** *s.*, Fock-, Vormarsstenge *f.*; **– topping lift** *s.*, Focktoppnant *m.*; **– topsail** *s.*, Vormarssegel *n.*; **– warning (system)** *s.* (*meteor.*), (Sturm-, Wetter)Vorwarnung *f.*; **– yard** *s.*, Fockrah(e) *f.*; **--yard boom** *s.*, Fockspiere *f.*
forge *v.* (*naut.*), nur langsame Fahrt machen; **to – ahead** (*rac.*), die Führung (des Feldes)

übernehmen, sich an die Spitze schieben; **forged** *adj.*, **– anchor,** geschmiedeter Anker *m.*
fork *s.*, (Fluß)Gabelung *f.*, (*am.*) größter Nebenfluß *m.*, Gebiet *n.* an einer Flußgabelung; *v.*, sich gabeln (*Fluß*).
form *s.* (*tech.*), Form *f.*, Schablone *f.*, Formel *f.*; *v.*, **to – up behind the starting line** (*rac.*), hinter der Startlinie Aufstellung nehmen.
formation *s.*, (Schiffs)Verband *m.*, Formation *f.*; **– of clouds,** Wolkenbildung *f.*; **– of fog,** Nebelbildung *f.*; **– of ice,** Eisbildung *f.*; **– of waves,** Wellenbildung *f.*; **– of (a) (thunder)-storm** *or* **tempest,** Gewitterbildung *f.*; **– sailing** *s.*, Segeln *n.* im Verband.
form drag *s.*, Formwiderstand *m.*, Formkomponente *f.* des Strömungswiderstandes (*am Segel, etc.*).
forming *s.* (*phys. tech.*), Profilierung *f.*, Verformung *f.*
form / resistance *s.*, Formwiderstand *m.*; **– stability** *s.*, Formstabilität *f.*
formula *s.*, Formel *f.*
forties *s./pl.*, **the roaring –,** die Brüllenden Vierziger, stürmischer Teil *m.* des Ozeans (*zwischen dem 39. u. 50. Breitengrad*).
forward *adv.*, vor, voran, voraus, nach vorn(e); **backwards and –s,** hin und her (*Bootsbewegung*); **– of the beam,** vorlich, vorlicher als dwars *od.* querab.
forward *adj.*, vorn (befindlich *od.* liegend), nach vorn gerichtet; **to haul –,** schralen (*Wind*); **overhang –,** vorderer Überhang *m.* (*Bootsrumpf*); **– bow spring** *s.*, vordere Vorspring *f.*; **– breast** *s.*, vordere Dwarsfeste *f.*; **– cabin** *s.*, Vorderkajüte *f.*, vordere Kajüte *f.*; **– cabin boat** *s.*, Vorderkajütboot *n.*; **– capstan** *s.*, Bugspill *n.*; **– cockpit** *s.*, Vorderplicht *f.*, vordere Plicht *f.*; **– component** *s.*, Auftrieb *m.* (*Segel*); **– force** *s.* **of a boat,** Vortriebskraft *f.* eines Bootes; **to produce more – force,** mehr Vortriebskraft erzeugen (*Segel*); **– frame** *s.*, Vorschiffspant *n.*; **– gangway** *s.*, vordere Gangway *f.*; **– motion** *s.* **(of a boat),** Vorwärtsbewegung *f.* (eines Bootes); **– peak** *s.*, Vorpiek *f.*; **– quarter** *s.* **(of a ship),** Vorschiff *n.*; **– speed** *s.*, Vortriebs-, Längsgeschwindigkeit *f.*; (*phys.*) Geschwindigkeit *f.* in Ausbreitungsrichtung; **– spring** *s.*, Vorspring *f.*
fothering / means *s./pl.*, Leckstopfmittel *n.* (*pl.*); **– sail** *s.*, Lecksegel *n.*
foul *s.*, Kollision *f.*, (Schiffs)Zusammenstoß *m.*, (*rac.*) Rammen *n.* eines Bootes; (*spt.*) Regelverstoß *m.*; *v.*, festkommen, auflaufen (*Boot*), unklar kommen, sich vertörnen (*Tauwerk*), kollidieren, zusammenstoßen (**with,** mit), (*spt.*) foulen, sich unfair verhalten; **to – a boat,** ein Boot behindern *od.* rammen; **to – a buoy,** eine Boje rammen, gegen eine Boje laufen.
foul *adj.*, bewachsen (*Schiffsboden*), gefährlich, unrein (*Küste*), schlecht, stürmisch, ungünstig (*Wetter*), unklar (*Tauwerk*), (*spt.*) unfair; **the anchor is –,** der Anker ist unklar; **the weather continues –,** das Wetter bleibt schlecht; **to become – of,** unklar kommen mit; **to run – of,** festkommen auf (*Riff, etc.*); **– of,** in Kollision geratend *od.* unklar kommend mit.
foul / anchor *s.*, unklarer Anker *m.*; **– bottom** *s.*, fauler *od.* bewachsener Boden *m.* (*Unterwasserschiff*), schlechter *od.* unreiner *od.* ungünstiger Ankergrund *m.*; **– coast** *s.*, gefährliche *od.* unreine *od.* faule Küste *f.*; **– ground** *s.*, schlechter Ankergrund *m.*
fouling *s.*, An-, Bewuchs *m.* (*Unterwasserschiff*); **marine –,** Bewuchs *m.* (*Unterwasserschiff*); **anti-– (paint),** Unterwassergleitfarbe *f.*
foul / shore *s.*, unreine *od.* gefährliche Küste *f.*; **– tide** *s.*, Gegenstrom *m.*, -strömung *f.*; **– weather** *s.* (*meteor.*), stürmisches *od.* schlechtes Wetter *n.*, (*Segeln*) Schwerwetter *n.*; **– weather gear** *s.*, Schwerwetterausrüstung, -besegelung *f.*; Schlechtwetterausrüstung *f.* (*Segelkleidung*); **– wind** *s.*, Gegenwind *m.*, widriger Wind *m.*
foundation *s.* (*tech.*), Fundierung *f.*, Bettung *f.*, Unterbau *m.*; **– plate** *s.* (*naut.*), Fundamentplatte *f.*
founder *s.*, Lot *n.*
founder *v.*, sinken, untergehen (*Schiff*), zum Sinken bringen; **in a –ing condition** *or* **state,** in sinkendem Zustand; **foundering** *s.* (*naut.*), Sinken *n.*, Untergehen *n.*
founding lead *s.*, Lot *n.*
four *s.*, Vierer *m.* (*Ruderboot*), Vierermannschaft *f.*; (*pl.*) Viererrennen *n.*
four / -blade prop(eller) *s.*, Vierblattschraube *f.*, vierflügeliger Propeller *m.*, Kreuzpropeller *m.*; **--cant** *s. and adj.*, vierschäftig(es Tau *n.*); **--cycle engine** *s.*, Viertakter *m.*, Viertaktmotor *m.*; **– flag hoist** *s.*, Vierflaggensignalgruppe *f.*; **–fold block** *s.* (*naut.*), vierscheibiger Block *m.*, Vierscheibenblock *m.*; **–fold purchase** *s.*, vierscheibiges Gien *n.*, vierscheibige Talje *f.*; **– letter signal** *s.*, Vierbuchstabensignal *n.*
four-masted *adj.*, viermastig, mit vier Masten; **– bark** *s.*, Viermastbark *f.*; **– brig** *s.*, Viermastbrigg *f.*; **– fore-and-aft schooner** *s.*, Viermastgaffelschoner *od.* -schuner *m.*; **– schoon-**

er *s.*, Viermastschoner *m.*; – **(full-rigged) ship** *s.*, Viermast-Vollschiff *n.*; – **staysail schooner** *s.*, Viermaststagsegelschoner *m.*

four/-master *s.*, Viermaster *m.*; –**-mast ship** *s.*, Viermaster *m.*, Viermastschiff *n.*; –**-oared** *adj.*, mit vier Riemen (*Boot*); –**-oared boat** *s.*, Vierer *m.*; – **point bearing** *s.*, Vierstrichpeilung *f.*; –**-poster** *s.*, Viermastbark *f.*; –**-stranded rope** *s.*, vierschäftiges Tau(werk) *n.*; **–stroke (Diesel) engine** *s.*, Viertakt(diesel)-motor *m.*

fox *s.* (*naut.*), Bändsel *n.*, Füchsel *m.*, Nitzel *m.*, (*tech.*) Keil *m.*, Splint *m.*; **foxes** *s./pl.*, Füchsjes (*pl.*).

fraction *s.*, **representative** –, Maßstab *m.* (*Seekarte, etc.*).

fractional rig *s.*, Teilrigg *n.*, verkürztes Rigg *n.*, Dreiviertel-, Siebenachtelrigg *n.*

fracto/-cloud(s) *s.* (*pl.*), Wolkenfetzen *m.* (*pl.*); –**-cumulus** s. (*meteor.*), Fraktocumulus *m.*, -kumuluswolke *f.*; –**-nimbus** *s.*, Fraktonimbus *m.*; –**-stratus** *s.*, Fraktostratus *m.*

frame *s.*, Spant *n.* (*aer. m.*), (Schiffs)Gerippe *n.*, (*radar*) Abtast-, Bildfeld *n.*; **D/F** –, Peilrahmen *m.*; **hog** *or* **longitudinal** –, Längsspant *n.*; **loop** –, Rahmenspant *n.*; **transverse** –, Querspant *n.*; **web** –, Rahmenspant *n.*; **shape of** –, Spantform *f.*; *v.*, in Spanten setzen *od.* stellen (*Boot*).

frame/aerial *s.* (*am.* **antenna**), Rahmenantenne *f.*; – **bending slabs** *s./pl.*, (Spanten)Biegeplan *m.*; – **bolt** *s.*, Spant(en)bolzen *m.*; –**-coil direction finder** *s.*, Rahmenpeiler *m.* (*Funkp.*); – **direction finder** *s.*, Drehrahmenpeiler *m.* (*Funkp.*).

framed *adj.*, in Spanten stehend (*Boot*).

frame floor *s.*, Bodenwrange *f.*

frame/lines *s./pl.*, Spantenriß *m.*; – **lining** *s.*, Spantenfutter *n.*, -füllung *f.*; – **sections** *s./pl.*, Spantenprofile (*pl.*); – **shape** *s.*, Spantenform *f.*; – **spacing** *s.*, Spantenabstand *m.*; – **stations** (*pl.*), Spantenriß *m.*; – **timber** *s.*, Spantenholz *n.*; Auflager *n.*; Holzspant *n.*

framing *s.*, Bespantung *f.*, Spantrahmen *m.*, Spantwerk *n.* (*Boot*), (*radar*) Bildeinstellung *f.*; – **body plan** *s.*, Bauspant(en)riß *m.* (*Bootsbau*).

frap *v.*, anreihen, beibinden, beiholen, (bei)-zurren (*Segel*); **to – a sail,** ein Segel beschlagen; **frapping** *s.*, Anreihen *n.*, Beibinden *n.*, Beiholen *n.*, (Bei)Zurren *n.*; – **line** *s.*, Beifang-, Reih-, Zurrleine *f.*

frazil *s.* (*am.*, *canad.*), Grundeis *n.*

freckle *s.*, Sonnenfleck *m.*

free *v.*, lenzen, lensen, lenzpumpen, leichtern *od.* entballastieren (*Boot*); **to – a boat,** ein Boot lenzen *od.* lenzpumpen.

free *adv.*, raum(schots); **to go** *or* **to sail** –, raumschots segeln; – **alongside ship,** frei Längsseite Schiff.

free *adj.* (*naut.*), günstig, weit, raum (*See, Wind*), frei, offen (*Hafen*); **to be – of the harbour** *or* **port,** aus dem Hafen heraus sein; **course with the wind** –, raumer Kurs *m.*; – **of duty,** zollfrei; – **of ice,** eisfrei (*Fahrrinne, etc.*); – **of pilotage,** ohne Lotsenzwang.

freeboard *s.*, Freibord *m.*; – **certificate** *s.*, Freibordzertifikat *n.*; – **depth** *s.*, Freibordhöhe *f.*; – **marks** *s.*, Freibordmarke *f.*; – **zone** *s.*, Freibordzone *f.*

freedom *s.* **of the seas,** Seefreiheit *f.*, Freiheit *f.* der Meere, freies Meer *n.*, (*jur.*) mare liberum.

free/energy *s.* (*phys.*), freie *od.* freigesetzte Energie *f.*; – **fit** *s.* (*tech.*), Fein-, Schlichtpassung *f.*, Gewindepassung *f.*; – **harbour** *or* **port** *s.*, Freihafen *m.*

freeing/appliances *s./pl.*, Lenzvorrichtung(en) *f.* (*pl.*); – **port** *s.*, Schanzkleid-, Wasserpforte *f.*; – **shift** *s.*, Raumen *n.* (*des Windes*).

free/leg *s.*, raumer Kurs *m.*; – **pilotage** *s.*, Lotsenfreiheit *f.*; – **play** *s.* (*tech.*), Spiel(raum *m.*) *n.*; – **sea** *s.*, freies Meer *n.*, raume See *f.*; – **space** *s.* (*naut.*), Freiraum *m.*, ungenutzter (Boots)Raum *m.*; – **surface** *s.*, (freie) Oberfläche *f.*; – **travel** *s.* (*tech.*), toter Gang *m.*; – **wheel** *s.* (*tech.*), Freilauf *m.*; – **wind** *s.*, raumer Wind *m.*; – **zone** *s.*, Freihafengebiet *n.*, -zone *f.*

freeze *s.*, Frost *m.*; Zufrieren *n.* (*eines Sees, etc.*); *v.*, ein-, zufrieren, (ge)frieren, (*tech.*) sich festfressen; **to – over** *or* **up,** zufrieren; **freezing point** *s.*, Gefrier-, Nullpunkt *m.*

freight *s.* (*naut.*), (Schiffs)Last *f.*, Ladung *f.*, Fracht *f.*; Schiffsmiete *f.*; **dead** –, Faut-, Fehlfracht *f.*; – **by sea,** Beförderung auf dem Seeweg, seewärtige Beförderung *f.*; – **boat** *s.*, Lastkahn *m.*; **freighter** *s.*, Frachter *m.* (*Schiff*), Reeder *m.*; – **tonnage** *s.*, Nutzlast *f.*, Frachtraum *m.* (*eines Schiffes*); **freight/ship** *s.*, Frachter *m.*, Frachtschiff *n.*; – **steamer** *s.*, Frachtdampfer *m.*

French/bowline *s.*, doppelter Pa(a)lstek *m.*; – **fake** *s.*, französische Bucht *f.* (*Tau*); – **grommet** *s.*, (französischer) Grommetstropp *m.*; **–man** *s.*, französisches Schiff *n.*, Franzose *m.* (*Schiff*); – **reef** *s.*, Bindereff *n.*, französisches Reff *n.*; – **whipping** *s.*, Takling *m.* mit einfachem Knoten.

frequency *s.* (*rad.*), Frequenz *f.*, Schwingungszahl *f.*; **audio –,** Hörfrequenz *f.*; **critical –,** Grenzwelle *f.*; **distress –,** Notfrequenz *f.*; **intermediate –,** Zwischenfrequenz *f.*; **mean wind –,** mittlere Windhäufigkeit *f.*; **super high –,** Zentimeterwelle *f.*; **ultra high –,** Ultrahochfrequenz *f.*; **very high –,** Ultrakurzwelle(nbereich *m.*) *f.*; **'change – to',** Gehen Sie (*od.* Geh) auf Frequenz ...; **'stay on this –',** Bleiben Sie (*od.* Bleib) auf dieser Frequenz; **to switch frequencies,** auf eine andere Frequenz gehen; **frequency of calls** (*rad.*), Anruffrequenz *f.*

frequency/adjustment *s.*, Frequenzabstimmung *f.*; **– band** *s.*, Frequenzband *n.*; **– band broadcasting** *s.*, Funkfrequenzbereich *m.*, Frequenzbereich *m.* für Rundfunk; **– change** *s.*, Frequenzwechsel *m.*; **– channel** *s.*, Frequenzkanal *m.*; **– converter** *s.*, Mischstufe *f.*; **– drift** *s.*, Frequenzauswanderung *f.*; **– error** *s.*, Frequenzfehler *m.*; **– fluctuation** *s.*, Frequenzschwankung *f.*; **– meter** *s.*, Frequenz-, Wellenmesser *m.*; **– modulation range** *s.*, Breite *f. od.* Bereich *m.* der Frequenzmodulation, Wobbelbereich *m.*; **– range** *s.*, Frequenzband *n.*, -bereich *m.*; **– range for maritime radio** *or* **broadcasting service,** Frequenzbereich *m.* für den Seefunk-Nachrichtendienst; **– range for maritime radio communications engineering,** Frequenzbereich *m.* für Seefunk-Nachrichtentechnik; **– range of radar,** Frequenzbereich *m.* für Radar, Radarfrequenzbreite *f.*, -bereich *m.*; **– response** *s.*, Frequenztreue *f.*, -wiedergabe *f.*; **– range switch** *s.*, Frequenzbereichumschalter *m.*; **– spacing** *s.*, Frequenzabstand *m.*; **– tables** (*pl.*), Frequenz-, Funktafel *f.*; **– tuning** *s.*, Frequenzabstimmung *f.*

fresh *s.*, Flut *f.*, Strömung *f.* (*in einem Fluß*), Frische *f.*, Kühle *f.* (*Morgen*); *adj.*, frisch, stark (*Wind*), kühl (*Luft*), regnerisch (*Wetter*); **– air supply** *s.*, Frischluftzufuhr *f.*; **– breeze** *s.*, frische Brise *f.*, Vollzeugbrise *f.*

freshen *v.*, auffrischen (*Wind*), auffieren (*Tau*); **the wind –s,** der Wind nimmt zu; **to – the nip,** (Takelage) überholen; **to – up,** aufbrisen, auffrischen (*Wind*); **freshening wind** *s.*, auffrischender Wind *m.*

freshet *s.*, Flut *f.*, Hochwasser *n.*, Überschwemmung *f.*; ins Meer mündender (Süßwasser)Fluß *m.*; **freshets** (*pl.*), Oberwasser *n.*; Flußhochwasser *n.*

fresh gale *s.*, stürmischer Wind *m.*

fresh(-)water *s.*, Frisch-, Süßwasser *n.*; **domestic –,** Frischwasser *n.*; **– lake** *s.*, Haff *n.*; **– (foot) pump** *s.*, Frischwasser(fuß)pumpe *f.*; **– quantum** *s.*, Frischwassermenge *f.* (*an Bord*); **– sailor** *s.* (*coll.*), Süßwassersegler *m.*, Binnenreviersegler *m.*; **– tank** *s.*, Frischwassertank *m.*

fresh wind sail *s.*, Schwerwetterbesegelung *f.*, Vollzeug *n.*

fret *v.*, sich kräuseln (*Wasser*).

friction *s.* (*phys.*), Friktion *f.*, Reibung *f.*; **frictional,** *adj.*, **– drag,** Reibungswiderstand *m.*; **– resistance** *s.*, Reibungswiderstand *m.* (*am Segel od. Unterwasserschiff*); **friction/force** *or* **resistance** *s.*, Reibungswiderstand *m.*; **– formula** *s.*, Mitstromformel *f.*

frigate *s.*, Fregatte *f.*

frigid zone *s.*, **(F– Z–)** (*geogr.*), kalte Zone *f.*

Frisbee/main *s.*, Frisbee-Großsegel *n.*; **– sail** *s.*, Frisbeesegel *n.*; **– shape** *s.*, Frisbee(segel)-profil *n.*, Wurfscheibenprofil *n.*

frock *s.*, wollene Seemannsjacke *f.*, -joppe *f.*

front *s.* (*meteor.*), Front *f.*; Vorderseite *f.*; **cold –,** Kalt(luft)front *f.*, Einbruchsfront *f.*; **warm –,** Warm(luft)front *f.*, Aufgleitfront *f.*; **movement of –s,** Frontenverlagerung *f.*; **– of invasion** *s.*, Einbruchsfront *f.*; **frontal** *adj.* **area** (*meteor.*), Frontalzone *f.*

front/bulkhead *s.*, Front-, Vorderschott *n.*; **– edge** *s.* **(of mast),** Vorderkante *f.* (Mast).

fronto/(-)genesis *s.* (*meteor.*), Frontenbildung *f.*; **–(-)lysis** *s.*, Frontenauflösung *f.*

front shackle *s.*, Front-, Kopfschäkel *m.*

frost *s.*, Frost *m.*, Reif *m.*; **two degrees of –,** 2 Grad Kälte *od.* unter Null; **hoar –,** Reif *m.*; *v.*, (sich) mit Reif *od.* Eis überziehen *od.* bedecken; **to – over,** sich bereifen; **frosted** *adj.*, bereift, überfroren; **frostiness** *s.*, Frost *m.*, Eiseskälte *f.*; **frost/protection** *s.*, Frostschutz *m.*; **– resistance** *s.*, Frostbeständigkeit *f.*; **– smoke** *s.* (*meteor.*), Rauhfrost *m.*, Frostrauch *m.*, gefrorener Nebel *m.* über dem Wasser; **frosty weather** *s.*, (eis- *od.* sehr) kaltes *od.* eisiges *od.* frostiges Wetter *n.*, Frostwetter n.

froth *s.*, Gischt *m.*, Schaum *m.*, Spritzwasser *n.*; **frothed** *adj.*, gischend, gischtend, schäumend; **frothing** *s.*, Schaumbildung *f.* (*auf dem Wasser*); **frothy** *adj.*, gischend, gischtend, schäumend.

Froude's number *s.*, Froudesche Zahl *f.* (*Wellenbild*).

frozen *adj.*, (eis)kalt; mit Eis bedeckt, zugefroren (*See, etc.*); **– over,** zugefroren; **– ocean** *s.*, Eismeer *n.*; **– rain** *s.*, Eisregen *m.*; **– zone** *s.* (*geogr.*), kalte Zone *f.*

fry *s.*, Fischbesatz *m.*, -brut *f.*

fuel *s.*, Brenn-, Treibstoff *m.*; **diesel –, (D –),**

Dieselkraftstoff *m.*; *v.* (*naut.*), bunkern, (auf)-tanken, Brenn- *od.* Treibstoff übernehmen (*Boot*).

fuel/ballast tank *s.*, Treibstoffballasttank *m.*; **– dock** *s.*, Treibstoffpier *m.*; **– feed** *or* **supply** *s.*, Brenn- *od.* Treibstoffzufuhr *f.*; **– filter** *or* **strainer** *s.*, Kraftstoff-Filter *m.*; **fuel(l)ing** *s.*, Brenn-, Treibstoffübernahme *f.*; **fuel/pump** *s.*, Brenn-, Treibstoffpumpe *f.*; **– tank** *s.*, Brenn-, Treibstofftank *m.*

fulcrum *s.* (*phys.*), Dreh-, Gelenk-, Hebe-, Auflage(r)punkt *m.*, Stützpunkt *m.*; **– of moments,** Momentendrehpunkt *m.*; **– bracket** *s.*, Hebelträger *m.*; **– pin** *s.*, Drehbolzen *m.*, -zapfen *m.*

fulgurate *v.*, blitzen, blitzartig aufzucken *od.* -leuchten (*Leuchtfeuer, etc.*).

full *s.*, **– of the moon,** Vollmond *m.*; **at the – of the tide,** beim höchsten Wasserstand (der Flut); *adv.*, völlig (*Boot*), voll (*Segel*); **– and by** *adv.*, voll und bei, scharf *od.* hart beim *od.* am Wind; **dressed –,** über die Toppen geflaggt, Flaggengala *f.*

full *adj.* (*naut.*), voll(e Fahrt *f.*), (*sl.*) volle Pulle *f.*, volle Drehzahl *f.*; voll (stehend), (*mit Wind*) gefüllt (*Segel*), (*rad.*) lautstark (*Signal*); **under – sail,** alles bei; **(to be) – in the bottom,** voll im Segelunterliek *od.* -fuß; völlig (*Bootsbau*); **a – nautical mile,** eine volle Seemeile; **– and change,** Hafenzeit *f.* (*Gezeiten*); **– and change of the moon,** Vollmond *m.* und Wechsel; **– and down,** (raum)voll und auf Tiefgang (*Schiff*).

full/-blown *adj.*, voll, gefüllt (*Segel*); **--bodied** *adj.*, breit, völlig (*Boot*); **--bottomed** *adj.*, voll gebaut, mit großem Raum unter der Wasserlinie (*Schiff*); **– circle** *s.*, ganzer (Wende)Kreis *m.*, Vollkreis *m.*; **– complement** *s.*, volle Besatzung *f.*; **– dressing** *s.*, Flaggengala *f.*

full/gear *s.* (*tech.*), größte Übersetzung *f.*; **at – gear,** im höchsten Gang; **– load** *s.*, Gesamtgewicht *n.* (*des Bootes mit Crew, etc.*), Vollbelastung *f.*; **--load displacement** *s.*, Verdrängung *f.* des vollbelasteten Bootes.

fullness *s.*, **sail –, – of (a) sail,** Bauch *m.*, Bauchigkeit *f.* (*eines Segels*), Segelbauch *m.*; **too much – in the middle of the sail,** zuviel Bauch in der Mitte (des Segels); **– of a boat,** Völligkeit *f.* eines Bootes.

full/moon *s.*, Vollmond *m.*; **– power trial run** *s.*, Probefahrt *f.* bei Vollbelastung; **– pressure** *s.* (*tech.*), Volldruck *m.*, voller Druck *m.*

full-rigged *adj.*, voll getakelt, voll ausgerüstet (*Yacht*); **– ship** *s.*, Vollschiff *n.*; **four-masted – ship** *s.*, Viermast-Vollschiff *n.*

full/rudder, hart Ruder (*Ruderlage*); (*com.*) **– rudder!,** Hart Ruder!; **– scantling ship** *s.*, Volldecker *m.*, Volldeckschiff *n.*; **– speed** *s.*, volle Fahrt *f.*; **at – speed** (*naut.*), in *od.* mit voller Fahrt, mit höchster Geschwindigkeit *od.* Höchstgeschwindigkeit; **– speed ahead (astern) (!)** (*also com.*), volle Fahrt voraus (zurück)(!); **– speed trial run** *s.*, Geschwindigkeitsprobefahrt *f.*; **– shadow** *s.* (*astr.*), Vollschatten *m.*; **– tide** *s.*, Hochwasser *n.*; **at – tide,** bei höchster Flut *od.* höchstem Wasserstand; **– turn** *s.*, volle Drehung *f.* *od.* Wende *f.*, 360°-Drehung *f.* (*eines Bootes*); **– weight** *s.*, Gesamtgewicht *n.* (*Crew, etc.*).

fully *adv.*, **– automatic,** vollautomatisch; **– balanced rudder** *s.*, Vollbalanceruder *n.*; **– shaped,** völlig (*Bug, Heck, Boot*), voll geschnitten (*Segel*).

fulminating (distress) signal *s.*, Blitzknall-(Seenot)signal *n.*

fume *s.*, Dunst *m.*, (Nebel)Schwaden *m.*; **fumy** *adj.*, dunstig.

function *s.* (*phys., tech.*), Funktion *f.*, Wirksamkeit *f.*; *v.*, funktionieren, arbeiten, laufen; **functioning test** *s.*, Funktionsprobe *f.* (*Boot, Segel, etc.*).

fundamental *s.* (*phys.*), Fundamentaleinheit *f.*, (*rad.*) Grundwelle *f.*; **– unit** *s.* (*phys.*), Grundeinheit *f.*

funnel *s.*, Einfüllstutzen *m.* (*Treibstofftank*), Trichter *m.*; (Schiffs)Schornstein *m.*

funny *s.*, (schmales) Ruderboot *n.* mit einem Paar Riemen.

fur *s.*, Füllspant *n.*, (Ausfüll)Spant *n.*, Spund-(wand *f.*) *m.*

furcation *s.*, (Fluß)Gabelung *f.*

furious fifties *s./pl.*, Westwinde (*pl.*), Wütende Fünfziger (*pl.*) (*über 50. Breitengrad*).

furl *v.*, bergen, beschlagen, einrollen (*Segel*), aufrollen (*Flagge*), sich verziehen (*Wolken*); **to – a sail,** ein Segel bergen, ein Segel beschlagen, ein Segel ein- *od.* zusammenrollen.

furling *s.*, Bergen *n.*, Zusammen- *od.* Auf- *od.* Einrollen *n.* (*eines Segels*), Beschlagen *n.* (*eines Segels*), Auf- *od.* Einrollen *n.* (*einer Flagge*); **– gear** *s.* **(for jib),** Fockroller *m.*; **– jib** *s.*, Rollfock *f.*; **– line** *s.*, Beschlagzeising *m.*; **– system** *s.*, Rollfockein- *od.* -vorrichtung *f.*, Roll(fock)system *n.*

furnish *v.* **(with),** ausrüsten (mit) (*Boot*); **to – a yacht with sails,** eine Yacht besegeln *od.* mit Segeln ausrüsten; **furnishing** *s.*, Ausrüstung *f.*, -stattung *f.*, (*pl.*) Zubehör *n.*

furniture *s.* (*naut.*), Betakelung *f.*, Ausrüstung *f.*, (*tech.*) Zubehör *n.*

furring *s.* (*naut.*), Bahn *f.*, Spur *f.* (*eines Schiffes*), Plankendopp(e)lung *f.*
furrow *s.* (*tech.*), Nut(e) *f.*, Rille *f.*; *v.* (*tech.*), auskehlen, riefeln, riffeln, (*naut.*) eine Spur durch das Wasser ziehen, Wasser durchpflügen.
further offshore *adv.*, weitab von der Küste, Hochsee *f.*
fury *s.*, **to be hit by the (full) – of a gale,** von der vollen Gewalt des Sturms getroffen werden.
fusee *s.*, Windstreichholz *n.*, (*am.*) Licht-, Warnungssignal *n.*
futtock *s.*, Auflanger *m.*, Sitzer *m.* (*der Spanten*); **– band** *s.*, Püttingsband *n.*, -ring *m.*; **– hoop** *s.*, Püttingsring *m.*; **– plank** *s.*, Kielwegerungsplanke *f.*; **– plate** *s.*, Marspütting *f.*, Püttingsschiene *f.*, Rüste *f.*; **– rider** *s.*, Binnenauflanger *m.*; **–s** (*pl.*), Püttings(wanten) *pl.*; **– shrouds** (*pl.*), Püttingswanten (*pl.*), -taue (*pl.*).
fuzziness *s.*, Undeutlichkeit *f.*, Verschwommenheit *f.* (*Sicht, Radar*); **fuzzy** *adj.*, undeutlich, verschwommen, verwischt, trüb(e).

G

gabbard *s.*, **gabbart** *s.* (*Scots*), Barke *f.*
gabionade *s.*, Buhne *f.* aus Schanzkörben.
gadget *s.*, Apparat *m.*, Gerät *n.*, Vorrichtung *f.*, (*coll.*) Dingsbums *n.*, Dingsda *n.*
gaff *s.*, Gaffel *f.*; Fischhaken *m.*; **throat of a –,** Klau *f.* (*Beschlag*); **wishbone –,** Spreizgaffel *f.*; **– cat** *s.*, Gaffelcat *f.*; **– chain** *s.*, Gaffelkette *f.*; **– cutter** *s.*, Gaffelkutter *m.*; **– jaw** *s.*, Gaffelklau *f.*, -schuh *m.*, Rack *n.*; **– ketch** *s.*, Gaffelketsch *f.*; **– peak** *s.*, Gaffelpiek *f.*; **– rig** *s.*, Gaffeltakelung *f.*, -rigg *n.*; **–-rigged** *adj.*, gaffelgetakelt, mit Gaffeltakelung; **– sail** *s.*, Gaffelsegel *n.*; **– schooner** *s.*, Gaffelschoner *m.*, -schuner *m.*; **– shoe** *s.*, Gaffelschuh *m.*; **– sloop** *s.*, Gaffelslup *f.*; **– topgallant (sail)** *s.*, Gaffelbramsegel *n.*; **– topsail** *s.*, Gaffeltoppsegel *n.*, oberes Gaffelsegel *n.*, Dreikant-Toppsegel *n.*; **– topsail boom** *s.*, Gaffeltoppsegelbaum *m.*; **– topsail halyard** *s.*, Gaffeltoppsegelfall *n.*; **– topsail yard** *s.*, Gaffeltoppsegelrah(e) *f.*; **– trysail** *s.*, Gaffeltr(e)isegel *n.*; **– yawl** *s.*, Gaffelyawl *f.*
gage *s.*, (*s.* **gauge**).
gain *s.*, Zunahme *f.*, Zunehmen *n.*, Steigerung *f.*, Gewinn *m.* (*Geschwindigkeit, etc.*), (*rad., phys.*), Verstärkung *f.*, (Antennen-, Leistungs)Gewinn *m.*, (*rac.*) Vorteil *m.*; **– in speed,** Geschwindigkeitszuwachs *m.* (*eines Bootes*); *v.*, **to – (a** *or* **the) bearing,** auflaufen, mehr vorlich kommen; **to – on** (*rac.*), auf-, einholen; **to – speed,** Fahrt *od.* Geschwindigkeit gewinnen *od.* zulegen, schneller werden; **to – to weather, to – the weather side,** die Luv gewinnen; **to – the wind,** luv machen, (einem anderen Boot) die Luv abgewinnen; **gain control** *s.* (*rad., radar*), Verstärkungsregler *m.*, Lautstärkeregler *m.*; **automatic –** (*rad.*), Fadingregler *m.*
galactic / nebula *s.* (*astr.*), Milchstraßennebel *m.*; **– pole** *s.*, galaktischer Pol *m.*; **– system** *s.*, Milchstraßensystem *n.*, galaktisches System *n.*
galaxy *s.* (*astr.*), Galaxie *f.*, Milchstraße *f.*
gale *s.* (*meteor.*), Sturmstärke *f.*, (*naut.*) steife Brise *f.*, Sturm *m.*, frischer *od.* heftiger *od.* stürmischer Wind *m.*, Kühlte *f.*, Kühlde *f.*; **moderate (fresh) –,** steifer (stürmischer) Wind *m.*; **strong** *or* **heavy –,** Sturmwind *m.*; **violent –,** Orkan *m.*; **whole –,** schwerer Sturm *m.*; **to outride a –, to weather a –,** einen Sturm abreiten; **– force** *s.* (*meteor.*), Sturmstärke *f.*; **the wind has reached – force 10,** der Wind hat Sturmstärke 10 erreicht; **– warning(s)** *s.* (*pl.*) (*meteor.*), Sturmwarnung *f.*, Windwarnung *f.*; **– warning service** *s.*, Sturmwarnungsdienst *m.*; **– warning signal** *s.*, Sturmwarnungssignal *n.*
galiot *s.*, Galiote *f.* (*Mittelmeersegler*), holländisches Fischer- *od.* Frachtboot *n.*; kleines Küstenfahrzeug *n.*
galleass *s.*, Galeasse *f.*, Galeere *f.*; **gal(l)eon** *s.*, Galeone *f.*
gallery *s.* (*naut.*), Laufgang *m.*, Galerie *f.*
galley *s.*, Kombüse *f.*, Pantry *f.* (*Yacht*), (Schiffs)Küche *f.*; Gig *f.*, Langboot *n.*, (*hist.*) Galeere *f.*; **– outfit** *s.*, Kombüsen-, Pantryeinrichtung *f.*
gallon *s.*, Gallone *f.*; **imperial –,** englische *od.* Imperial-Gallone *f.*; **Winchester –** (*am.*), Winchester Gallone *f.*
gallow / bitts *s./pl.*, Baumgalgenstutzen *m.*; Gerüst *n.* für Rundhölzer (*auf Deck*); **– block** *s.*, Baumgalgenblock *m.*, -roller *m.*; **gallows** (*pl.*), Auflanger *m.*, Baumgalgen *m.*, -stütze *f.*, Galgen *m.*
gam *s.*, Walherde *f.*
gamboge *s.*, Gummigutt *n.*
game *s.*, **Olympic –s** (*pl.*), Olympische Spiele *n./pl.*
gammon *s.*, Bugsprietzurring *f.*; *v.*, (*Bugspriet*)

mit einer Zurring am Vordersteven befestigen; **to – the bowsprit,** die Bugsprietzurring einscheren.

gang *s.*, Gang *f.*, (Arbeits)Trupp *m.*, -kolonne *f.*, Schicht *f.* (*Personen*).

gangboard *s.*, Gangbord *n.*, Laufbrett *n.*, -planke *f.*, -steg *m.* (*an Bord*), Landesteg *m.*; Stelling *f.*

ganged tuning *s.* (*rad.*), Einknopfabstimmung *f.*

ganger *s.*, Ketten-, Trossenvorlauf *m.* (*Anker*).

gang/plank *s.*, Laufbrett *n.*, -planke *f.*; Landungsbrücke *f.*, -steg *m.*, -planke *f.*; Stelling *f.*; **– walk** *s.*, Laufgang *m.* (*an Deck*).

gangway *s.*, Gangway *f.*, Laufplanke *f.*, Landgang *m.*, (Durch)Gang *m.*, Passage *f.* (*an Deck*), Gang *m.* in der Kuhl; Stelling *f.*; Landungsbrücke *f.*, -steg *m.*; Fallreep *n.*, Fallreepstreppe *f.*, (*coll.*) Jakobsleiter *f.*, Fallreepspforte *f.*; Bootssteg *m.*; **– guard** *s.*, Gangway-, Stellingswache *f.*; **– ladder** *s.*, Seefallreep *n.*; Fallreepstreppe *f.*; **– port** *s.*, Fallreepspforte *f.*

gantline *s.*, Aufholer *m.*, Wippe *f.*; **– of the sheets,** Jolltau *n.*

gantry crane *s.*, Portalkran *m.*

gap *s.*, Düse *f.*, Spalt *m.* (*zwischen Segeln*), Abstand *m.*, Lücke *f.* (*zwischen Booten*), (*radar*) Minimum *n.* im Polardiagramm; **to stop a –,** ein Leck stopfen; **air –,** Luftdüse *f.*, -spalt *m.* (*zwischen Segeln*); **spark –,** Funkstrecke *f.*; **– filler** *s.* (*radar*), Hilfsantenne *f.*

garage *s.*, Garage *f.* (*Kajütdach*).

garbage *s.*, Kombüsenabfall *m.*; **– can** *s.* (*am.*), **– container** *s.*, Müllcontainer *m.* (*auf Yachten*); **– lighter** *s.*, Abfallprahm *m.*

garboard/plank *s.*, Kielplanke *f.*; **– plate** *s.*, Kielplatte *f.*; **– strake** *s.*, Kielgang *m.*, -beplankung *f.*

garland *s.*, großer Stropp *m.* zum Masteinsetzen, Heißstropp *m.*, Taukragen *m.*, (*naut.*) Rationsnetz *n.*

garnet *s.*, (Stag)Garnat *n.*

gas *s.*, Gas *n.*, (*am. coll.*) Benzin *n.*, Kraft-, Treibstoff *m.*; **– bottle** *or* **cylinder** *s.*, Gasflasche *f.*; **– burner** *s.*, Gasbrenner *m.*; **– buoy** *s.*, Leuchtboje *f.*, -tonne *f.*; **– drum** *s.* (*am.*), Benzin-, Treibstofftank *m.* *od.* -kanister *m.*; **– engine** *s.*, Gasmotor *m.*

gash *adj.* (*naut.*), extra, überzählig; **– ropes,** extra Tauwerk *n.*; **– sails,** zusätzliche Segel (*pl.*) *od.* Besegelung *f.*

gas jet *s.*, Gasbrenner *m.*

gasket *s.*, **gasking** *s.*, Beschlagzeising *m.*, -leine *f.* (*f. Segel*), (*naut.*) Gummibelagstreifen *m.*, (*tech.*) Dichtung *f.*, Dichtungsring *m.*, Manschette *f.*, Packung *f.*

gas/light *s.*, Gaslicht *n.*, -lampe *f.*; **– lighter** *s.*, Gasanzünder *m.*; **– mixture** *s.*, Gasgemisch *n.*; **– oil** *s.*, Gas-, Diesel-, Treiböl *n.*

gasoline *s.* (*am.*), Benzin *n.*, Treibstoff *m.*; **– engine** *s.*, Benzinmotor *m.*, Gasmotor *m.*; **– container** *s.*, Treibstoff-, Benzinkanister *m.*; **– ga(u)ge** *s.*, Benzinstandsanzeiger *m.*

gas/range *or* **ring** *s.*, Gaskocher *m.*, -herd *m.*, -brenner *m.*; **– tank** *s.* (*am.*), Treibstofftank *m.*; **– turbine (ship)** *s.*, Gasturbine(nschiff *n.*) *f.*; **– welding** *s.*, autogenes Schweißen *n.*

gat *s.*, Seegat(t) *n.*, Fahrwasser *n.*, (enge) Durchfahrt *f.*, Passage *f.*

gate *s.*, Pforte *f.* (*Schiff*), schmale Durchfahrt *f.*; Schleusentor *n.*, (*tech.*) Ventil *n.*, Klappe *f.*; **mast –,** Mastschelle *f.*, -schlitz *m.*; **railing –,** Relingspforte *f.*; **– dock** *s.*, Hafendock *n.*, -schleuse *f.*; **– entrance** *s.*, Hafeneinfahrtstor *n.*; **– house** *s.*, Schleusen-, Turbinenhaus *n.* (*einer Staustufe*); **– time** *s.*, (Schleusen)Toröffnungszeit *f.*; **– vessel** *s.*, Schwimmtor *n.*, Torschiff *n.* (*Schleuse*).

gather *v.*, **to – speed,** Fahrt *od.* Geschwindigkeit aufnehmen *od.* gewinnen, schneller werden (*Boot*); **to – sternway,** Achterausfahrt aufnehmen; **to – way,** Fahrt aufnehmen *od.* machen, in Fahrt kommen (*Boot*); **clouds are gathering,** die Bewölkung nimmt zu, Wolken ziehen auf.

gating *s.* (*radar*), Signalauswertung *f.*, Austastung *f.*, Hellsteuerung *f.*

gauge *s.* (*naut.*), Abstand *m.* *od.* Lage *f.* eines Bootes zu einem anderen mit Bezug auf den Wind; Ladetiefgang *m.*; Pegel *m.*, Wasserstandsmesser *m.*; Meßgerät *n.*, Maß-, Zollstab *m.*, Lehre *f.*; Eichmaß *n.*, Normal-, Richtmaß *n.*; **water –,** Pegel *m.*; **wind –,** Wind(geschwindigkeits)meßgerät *n.*, -messer *m.*, Windstärke(n)messer *m.*; **to have the weather –,** zu Luv liegen; **she (the boat) has the lee (weather** *or* **windward) –,** das Boot liegt zu Lee (Luv); *v.*, eichen, justieren, kalibrieren.

gauge/glass *s.*, Kontroll-, Schau-, Standglas *n.*, Ableseröhre *f.* (*Thermometer, etc.*); **– mark** *s.*, Meß-, Füllstrich *m.*; **gauger** *s.*, Maß *n.*, Meßgerät *n.*; Eichmeister *m.*, Aus-, Vermesser *m.*; **gauge ring** *s.*, Paß-, Einsatzring *m.*; **gauging** *s.*, Eichung *f.*, Justierung *f.*, Messung *f.*; **– instrument** *s.*, Meßinstrument *n.*, -werkzeug *n.*; **– rod** *s.*, Eichmaß *n.*, -stab *m.*

gauss *s.* (*phys.*), Gauß *n.* (*Einheit der magnetischen Feldstärke*).

gauze *s.*, leichter Nebel *m.*
gear *s.* (*naut.*), Gerät *n.*, Geschirr *n.*, Seezeug *n.*, nautische *od.* seemännische Ausrüstung *f.*, stehendes und laufendes Gut *n.* (*an Bord*), (*tech.*) Unter-, Übersetzung *f.*, Getriebe *n.*; Schaltvorrichtung *f.*; Werkzeug *n.*; **electric –,** elektrisches Gerät *n.*, elektrische Ein-, Vorrichtung *f.* (*an Bord*); **furling – (for headsails),** Fockroller *m.*; **increasing –,** Übersetzung *f.*, Übersetzungsverhältnis *n.* (*Schotwinde, etc.*); **mooring –,** Muringgeschirr *n.*; **reduction** *or* **reducing –,** Übersetzungsgetriebe *n.*; **reefing –,** Reff *n.*, Reffgeschirr *n.*, -vorrichtung *f.*; **reverse** *or* **reversing** *or* **reverse reduction –,** Wendegetriebe *n.*; **roller reefing –,** Dreh-, Patentreff *n.*; **self-steering –,** Selbststeueranlage *f.*, (*coll.*) Eiserner Gustav *m.*; **spinnaker –,** Spinnakergeschirr *n.*; **steering –,** Ruderanlage *f.*, -geschirr *n.*, -einrichtung *f.*; **to secure loose –,** beibändseln, beifangen, beizurren, beizeisen; **to throw out of –,** (ab-, auf)-stoppen (*Boot*); *v.*, nautisch ausrüsten; **to – down (up),** unter(über)setzen (*Getriebe*).
gear control *s.*, Getriebesteuerung *f.*; **geared** *adj.* **drive,** Getriebeantrieb *m.*
gearing *s.*, nautische Ausrüstung *f.*; Getriebe *n.*, Übersetzung *f.*, Transmission *f.*; **increasing –,** Übersetzungsverhältnis *n.*; **– shaft** *s.*, Steuerwelle *f.*
gear / lever *s.*, Schalthebel *m.*; **– ratio** *s.*, Übersetzungsverhältnis *n.*; **– shift (lever)** *s.*, Schalthebel *m.*
gel / coat *s.*, Deck-, Feinschicht *f.*, Harzschicht *f.*, Gelcoat (*Bootsbau*); **– time** *s.*, Aushärtung *f.*, Härtezeit *f.* (*Polyesterharz*).
general / average *s.*, gemeinsame *od.* große Havarie *f.*; **– call** *s.* (*rad.*), Anruf *m.* an alle; **– calling frequency** *s.* (*rad.*), allgemeine Anruffrequenz *f.*; **– chart** *s.*, Übersegler *m.* (*Seekarte*); **– overhaul** *s.*, General-, Grundüberholung *f.*; **– purpose radar** *s.*, Allzweckradar *n.*; **– service pump** *s.*, Lenz- und Feuerlöschpumpe *f.*; **G– Ship Radiotelephone Operator's Certificate** *s.*, Sprechfunklizenz *f.* *od.* -zeugnis *n.* für den Seefunkdienst.
generate *v.*, **to – (air) flow,** (Luft)Strömung *f.* (*am Segel*) erzeugen; **to – forces,** vortriebswirksame Kräfte (*am Segel*) erzeugen.
generator *s.*, Generator *m.*, Dynamo-, Lichtmaschine *f.*
genny *s.* (*coll.*), Genua *f.*
genoa *s.*, Genua *f.*, schmales hohes Vorsegel *n.*, weit überlappende Fock *f.*; **drifter –,** Drifter-Genua *f.*; **full-sized –,** Genua *f.* voll, in voller Größe geschnittene Genua; **to put the – on outside (inside) lead,** die Genua außen (innen) schoten; **– heavy (light, medium),** Genua schwer (leicht, mittel).
genoa / balloon jib *s.*, Genua-Ballonfock *f.*; **– halyard** *s.*, Genuafall *n.*; **– jib** *s.*, Genuafock *f.*; **– reef (row)** *s.*, Genuareff(reihe *f.*) *n.*; **– sheet (block)** *s.*, Genuaschot(block *m.*) *f.*; **– sheet lead to the main boom,** Genuaschot-Ausleger *m.*; **– staysail** *s.*, Genua-Stagsegel *n.*; **– track** *s.*, Genua(leit)schiene *f.*; **– travel(l)er** *s.*, Genuaschotwagen *m.*, -traveller *m.*
gentle *adj.*, **– breeze,** leichte *od.* schwache Brise *f.*; **– does it!** (*int., naut.*), Sachte!, Langsam!.
geocentric / latitude *s.* (*astr.*), geozentrische Breite *f.*; **– parallax** *s.* (*astr.*), geozentrischer Ort *m.*
geocyclic *adj.* (*astr.*), (periodisch) die Erde umkreisend, geozyklisch.
geodynamics *s./pl.*, Geodynamik *f.*
geographic(al) *adj.*, geographisch; **– latitude (longitude)** *s.*, geographische Breite *f.* (Länge *f.*); **– meridian** *s.*, Ortsmeridian *m.*; **– mile** *s.*, geographische Meile *f.*; **– north** *s.*, geographisch Nord; **– north pole** *s.*, geographischer Nordpol *m.*; **– pole** *s.*, geographischer Pol *m.*; **– range** *s.*, geographische Sichtweite *f.*; **– south pole** *s.*, geographischer Südpol *m.*
geomagnetic *adj.* (*phys.*), erdmagnetisch; **– field** *s.*, erdmagnetisches Feld *n.*; **– latitude** *s.*, magnetische Breite *f.*; **– north pole** *s.*, (erd)-magnetischer Nordpol *m.*; **– storm** *s.*, geomagnetischer Sturm *m.*; **geomagnetism** *s.*, Erdmagnetismus *m.*
geometric ratio *s.*, Vektorverhältnis *n.*, geometrisches Verhältnis *n.*
geophysics *s./pl.*, Geophysik *f.*, Physik *f.* der Erde.
geostatics *s./pl.*, Geostatik *f.*
German / championship *s.*, Deutsche Meisterschaft *f.*; **– collision regulations** (*pl.*), Seeschiffahrtsstraßen-Ordnung *f.*; **– engineering standards** (*pl.*), DIN; **– Lloyd,** Germanischer Lloyd *m.*
get *v.*, **to – afloat,** abbringen, wieder flott machen *od.* werden (*Boot*); **to – along,** längskommen; **to – away** (*rac.*), starten; **to – clear (of),** frei- *od.* klarkommen (von); **to – foul of,** unklar kommen mit *od.* von; **to – free,** frei-, loskommen; **to – in,** einkommen (*Wind, Schiff*); **to – in touch by radio,** Funkverbindung bekommen; **to – into harbour** *or* **port,** in den Hafen einlaufen; **to – jammed** (*tech.*), sich fest- *od.* verklemmen; **to – loose,** sich lockern, locker werden; **to – off,** ab-, wegsegeln; abbringen, freikommen (*vom Grund*);

to – on course, auf Kurs bringen *od.* gehen; **to – out a boat,** ein Boot ausbringen *od.* aussetzen; **to – out of hand,** außer Kontrolle geraten (*Boot*); **to – out of the harbour** *or* **port,** aus dem Hafen auslaufen *od.* herauskommen; **to – out of sight,** außer Sicht kommen; **to – out of station,** aus dem Ruder laufen; **to – stuck,** sich verklemmen, (fest)klemmen; **to – twisted,** sich vertörnen (*Tauwerk*); **to – under sail,** unter Segel gehen, auslaufen; **to – underway,** absegeln, ablegen unter Segeln, auslaufen, Fahrt aufnehmen (*Boot*); **to – up,** aufkommen, sich erheben (*Wind*), stürmisch werden (*See*); **to – up steam,** Dampf aufmachen (*Schiff*); **to – well clear of,** gut klarkommen von; **to – the boat ready (for sea),** ein Boot (see)klar machen; **to – the pilot,** den Lotsen an Bord nehmen; **to – a slant,** (ein bißchen) Wind bekommen (*beim Segeln*); **to – soundings,** Grund(berührung) durch Loten bekommen.

getaway *s.* (*rac.*), Start *m.*

getting *s.* / **of cracks,** Rißbildung *f.* (*GFK-Außenhaut*); **– underway,** (sich) zum Ablegen *od.* Auslaufen klar- oder bereithalten *od.* -machen.

ghost *s.* (*radar*), Doppel-, Geisterbild *n.*, (*opt.*) Doppelbild *n.*, unscharfes Bild *n.*; **– echo** *s.* (*radar*), Geisterecho *n.*; **ghosting** *s.* (*coll.*), Totenflaute *f.*

giant star *s.* (*astr.*), Riesenstern *m.*

gib *s.*, Bolzen *m.*, Keil *m.*; **– and key** *or* **cotter,** Keil *m.* und Lösekeil; *v.*, ab-, verkeilen (*Mast*).

gibbous moon *s.*, der Mond zwischen Voll- und Halbmond.

gibe *v.*, (*s.* **gybe**).

Gibson girl *s.* (*am.*, *sl.*), Kleinstfunksender *m.*

gig *s.* (*naut.*), Gig(boot) *n.* (*Sportruderboot*), leichtes Ruderboot *n.*; Kommandantenboot *n.*; kleines Beiboot *n.*, (*coll.*) Moses *m.*

gilguy *s.* (*naut.*, *sl.*), Ding *n.*

gill-netter *s.*, Treib-, Wandnetzfischer *m.*, Logger *m.*

gimballed *adj.* (*am.* **gimbaled**), kardanisch aufgehängt, mit einer kardanischen Aufhängung (versehen), mit einem Kardangelenk (versehen); **– light** *s.*, kardanisch aufgehängte Bordlampe *f.* *od.* -laterne *f.*, kardanisch aufgehängtes Bordlicht *n.*; **– shackle** *s.*, Kardanschäkel *m.*

gimbal / joint *s.*, Kardangelenk *n.*; **– mounting** *s.*, kardanische Aufhängung *f.*; **– ring** *s.*, Kardanring *m.*; **gimbals** (*pl.*), kardanische Aufhängung *f.*, Kardangehänge *n.*, Kardanringe (*pl.*), Bügel *m.*; **gimbal suspension** *s.*, kardanische Aufhängung *f.*, Kardanring *m.*

gimlet *s.*, Holz-, Vorbohrer *m.*

gimmal *s.*, Doppelring *m.*, Kardanringe *m./pl.*

gin *s.*, Gien *n.*, Spill *n.*, Gienblock *m.*; **– tackle** *s.*, Gien *n.*, Hebetalje *f.*, -zeug *n.*

gipsy *s.*, Verhol-, Windenkopf *m.*; **– capstan** *s.*, Verholspill *n.*; **– winch** *s.*, Verholwinde *f.*

gird *v.*, **to – a boat,** ein Boot schwojesicher *od.* sehr fest vertäuen.

girder *s.* (*naut.*), Stütze *f.*, Träger *m.*, Tragbalken *m.*, Unterzug *m.*; **deck –,** Decksunterzug *m.*

girth *s.*, Gurt *m.*, Gurtmaß *n.*, Schmiegeumfang *m.* (*einer Yacht*); **in –,** an Umfang; **lower (mid, upper) – (of a sail),** unterer (mittlerer, oberer) (Segel)Umfang *m.*; **mid – of a spinnaker,** Spinnakermittelbreite *f.*; **skin –,** Schmiegeumfang *m.* (*Vermessung*); *v.*, den Umfang messen (von); **girth / rule** *s.*, Kettenumfangsregel *f.* (*Yachtvermessung*); **– station** *s.*, Gurtmeßstelle *f.*, -station *f.* (*Yachtvermessung*), (*rac.*), Meßmarke *f.*

give *s.*, Biegsamkeit *f.*, Elastizität *f.* (*Mast*); *v.*, nachlassen (*Wind, Frost*), sich werfen (*Holz*); **to – a lee,** Lee machen; **to – a wide berth (to),** gut freihalten (von), weit abhalten (von); **to – in sail,** Segel einholen; **to – up for lost,** als verloren aufgeben; **to – way,** ausweichen (*Seestraßenordnung, Wettsegelbestimmungen*), sacken, durchsacken, durchbiegen (*Mast, etc.*), nachgeben, locker werden; achteraus sacken, über den Achtersteven abtreiben (lassen); losrudern, -pullen; **– way port (starboard)!** (*com.*), Backbord (Steuerbord) Ruder an!; **– way together!** (*com.*), Ruder an zugleich!; **given up for lost,** als verloren gelten *od.* aufgegeben; **the thermometer gives 90° in the shade,** das Thermometer zeigt 90° F im Schatten (an).

glade *s.*, lichte Stelle *f.* (*am bewölkten Himmel*).

gland *s.* (*tech.*), Flansch *m.*, Dichtung *f.*, Stopfbuchse *f.*, Stopfbuchsendeckel *m.*

glare *s.* (*am.*), spiegelglatte (Eis)Fläche *f.*; **glary** *adj.*, spiegelglatt (*See, Eis*).

glass *s.*, Barometer *n.*, Wetterglas *n.*; Thermometer *n.*, (*coll.*) Fernglas *n.*, Kieker *m.*; Lupe *f.*, Vergrößerungsglas *n.*; **the – is falling** *or* **going down,** das Barometer fällt; **the – is rising** *or* **going up,** das Barometer steigt; **the – is down (by) three points,** das Barometer ist (um) 3 Striche gefallen; **–-enclosed** *adj.*, verglast; **– fibre,** (*am.* **fiber of –**), Glasfaser *f.* (*Bootsbau*); **plain weave – fibre cloth** *s.*, Glasfasergewebe *n.* (*Bootsbau*); **–-fibre reinforced polyes-**

ter *s.*, glasfaserverstärkter Polyester *m.*, GFK (*Bootsbau*).
glassiness *s.* **(of the sea),** Spiegelglätte *f.* (der See).
glass / -reinforced material(s) *s.* (*pl.*), glasfaserverstärkter Kunststoff *m.* (*Bootsbau, Segel*); **--sided bridge deck** *s.*, verglastes Brückendeck *n.*
glassy *adj.*, durchsichtig, klar (*Wasser*), spiegelglatt (*See*); **– sea,** spiegelglatte See *f.*; **– smooth water,** spiegelglattes Wasser *n.*
glaze *s.* (*meteor.*), Glatteis *n.*, (*am.*) dünne glatte Eisschicht *f.*
glaze *v.*, schmirgeln; **glazer** *s.*, Schmirgelscheibe *f.*; **glazing** *s.*, Schmirgeln *n.*
gleam *s.*, schwacher Schein *m.*, Schimmer *m.* (*Leuchtfeuer, etc.*); *v.*, aufleuchten, funkeln, schimmern.
glide *s.*, Gleiten *n.*, Gleitfahrt *f.*, Surfen *n.* (*eines Bootes*), gleitende Bootsbewegung *f.*; *v.*, gleiten, surfen (*Boot, Surfbrett*); **glider** *s.*, Gleitboot *n.*; **gliding** *s.*, Gleiten *n.*, Surfen *n.* (*eines Bootes*); **– boat** *s.*, Gleitboot *n.*, Gleiter *m.*; **– speed** *s.*, Gleitgeschwindigkeit *f.*
glimmer *s.*, schwacher Schein *m.*, Schimmer *m.*, Flackern *n.*, Flimmern *n.* (*Lichter, Leuchtfeuer*); *v.*, (schwach) schimmern, flakkern, flimmern; undeutlich sichtbar sein; **glimmering** *s.*, (schwaches) Flackern *n. od.* Flimmern *n.*
glimpse *s.*, kurzes Auftauchen *n. od.* Sichtbarwerden *n.* (*Klippe, etc.*), Aufleuchten *n.*, Blitz *m.*, (*radar*) undeutliches Bild *n.*
glint *s.*, Lichtschein *m.*, -strahl *m.* (*Leuchtfeuer*), Schimmer *m.* (*Licht*).
gloaming *s.*, (Abend)Dämmerung *f.*, Zwielicht *n.*
globe *s.* (*geogr.*), Globus *m.*; Kugel *f.*, kugelförmiger Körper *m.* (*Signale, etc.*), (*astr.*) Planet *m.*, Himmelskörper *m.*; **the –,** die Erde, die Erdkugel; **– buoy** *s.*, Kugelboje *f.*; **– compass** *s.*, Kugelkompaß *m.*; **– lantern** *s.*, Kugellaterne *f.*; **– lightning** *s.*, Kugelblitz *m.*; **– sphere** *s.*, Erdkreis *m.*
globular / fender *s.*, Kugelfender *m.*; **– lantern** *s.*, Kugellaterne *f.*
gloomy *adj.* (*meteor.*), trüb; **– weather,** trübes Wetter *n.*
gloss *s.*, Anstrich *m.*, Firnis *m.*; Schimmer *m.*; **– paint** *s.*, Glanzlack *m.*
glow *s.* (*radar*), Leuchten *n.*, Glühen *n.*; **– of lights,** Leuchtfeuerschein *m.*; **glowing sea** *or* **water** *s.* (*coll.*), Meeresleuchten *n.*
glue *s.*, Klebstoff *m.*, -mittel *n.*, Leim *m.*; *v.*, kleben, (ver)leimen; **glue-pot** *s.*, Leimtiegel *m.*; **gluten** *s.*, Kleber *m.*, Gluten *n.*
gnarl *s.*, Holzmaser *f.*
gnomon *s.* (*astr.*), Gnomon *m.* (*Sonnenhöhenzeiger*); **gnomonic** *adj.*, **– chart,** gnomonische Karte *f.*, Großkreiskarte *f.*; **– projection,** gnomonische Projektion *f.*
go *v.* (*rac.*), starten; laufen (*Boot*); **steady as you –!, steady as she goes!** (*int.*), Recht so!; **to let – by the run,** ausrauschen lassen (*Tau*), laufen lassen (*Fall, Schot*), etwas schießen lassen *od.* (weg)fieren; **can we – higher?,** Können wir höher (an den Wind) gehen?.
go *v.*, **to – aboard,** an Bord gehen; **to – about,** auf den anderen Bug gehen; über Stag gehen (*Boot, nicht seefest verzurrtes Gut*), lavieren, kreuzen, wenden; **to – above,** an Deck gehen; **to – adrift,** ab-, lostreiben (*Boot*), vertreiben (*Seezeichen*); **to – aground,** auflaufen, festkommen, auf Grund laufen; **to – ahead,** Fahrt voraus machen, vorauslaufen (*Boot*); **to – aloft,** aufentern, in die Takelage (auf)entern; **to – alongside,** längsseit gehen, anlegen; **to – ashore,** an Land gehen; **to – astern,** achterausgehen, -laufen (*Boot*); **to – back,** zurückgehen (*Gezeit*); **to – below deck(s),** niederentern, unter Deck gehen; **to – by the board** (*am.* **by the side**), über Bord gehen; **to – by the run,** ausrauschen (*Tau, Leine*); **to – by the wind,** (härter) an den Wind gehen; **to – down,** sinken, untergehen (*Schiff*); abflauen, nachlassen, sich legen (*Wind*); **to – down the coast,** die Küste abwärts laufen, (*am.* südwärts laufen); **to – down river** *or* **stream,** flußabwärts fahren; **to – due east (west),** direkt nach Osten (Westen) steuern *od.* laufen *od.* segeln, auf direktem Ost(West)-kurs liegen; **to – for a sail** *or* **sailing,** auf einen Segeltörn *od.* segeln gehen; **to – free,** raumschots segeln; **to – gently up,** langsam (mit dem Ruder) aufkommen, anluven; **to – higher,** höher (an den Wind) gehen; **to – into the dock,** eindocken; **to – into the wind,** in den Wind gehen (*Boot*); **to – lower,** abfallen; **to – off the wind,** vom Wind abfallen; **to – on ballast,** in Ballast fahren; **to – on board,** an Bord gehen, sich einschiffen; **to – over the side,** über Bord gehen *od.* fallen; **to – through the range,** Schleifenfahrt machen; **to – to a buoy,** an einer Boje anlegen, an eine Boje gehen; **to – to rescue,** Hilfe leisten; **to – to sea,** ab- *od.* wegsegeln, in See gehen; Seemann werden, zur See gehen; **to – to the bottom,** sinken, untergehen (*Schiff*); **to – to west,** auf Westkurs *od.* westlichem Kurs liegen; **to – to windward,** anluven, an den Wind gehen; **to – un-**

der, untergehen, sinken (*Schiff*); **to – up river** *or* **stream,** flußaufwärts fahren; **to – with the tide,** mit der Flut *od.* mit dem Strom laufen.

goat's hair *s.* (*naut.*, *coll.*), Federwolke *f.*

gob *s.* (*naut.*, *am. sl.*), Blaujacke *f.*, Matrose *m.*

going *s.*, Abfahrt *f.*, Auslaufen *n.* (*Boot*), (*coll.*) Überfahrt *f.*; **the – looks rough,** es sieht nach einer stürmischen Überfahrt aus; **– about** *s.*, Kreuzen *n.*, Lavieren *n.*, Wenden *n.*, Überstaggehen *n.*; **– alongside** *s.*, Längsseitgehen *n.*, Anlegen *n.*; **– astern** *s.*, Achterauslaufen *n.*, Rückwärtsgehen *n.* (*eines Bootes*); **– down river** *or* **stream,** Talfahrt *f.*; **– over** *s.*, Überholung *f.*, Überprüfung *f.* (*Boot*); **– up river** *or* **stream,** Bergfahrt *f.*

gondola *s.*, Gondel *f.*, (*am.*) (*Art*) Flußboot *n.*; **gondolier** *s.*, Gondoliere *m.*

goner *s.*, verlorenes Boot *n.*; **to think the boat is a –,** das Boot für verloren halten.

gong *s.*, Gong *m.* (*Nebelsignal*); *v.*, durch Gongschlag stoppen; **– buoy** *s.*, Gongboje *f.*, -tonne *f.*

goniometer *s.*, Goniometer *n.*, (*math.*) Winkelmesser *m.*, (*rad.*) Peilungswinkelmesser *m.*; **– bearing device** *or* **implement** *s.*, Goniometer-Peilanlage *f.*; **goniometry** *s.*, Goniometrie *f.*, Winkelmessung *f.*

good *adj.*, **course made –,** Kurs *m.* über Grund, wahrer Kurs *m.*, Kartenkurs *m.*; **course with the best distance made – to windward,** optimale Höhe laufen; **– anchorage,** guter Ankergrund *m.*; **– board,** Hole-, Schlag-, Streckbug *m.*; **–-fellowship** *s.*, gute Kameradschaft *f.*, Kameradschaftlichkeit *f.*; **– holding ground,** guter Ankergrund *m.*; **– road,** geschlossene Reede *f.*; **– speed!** (*am.*, *int.*), Mast- und Schotbruch!; **– visibility** (*meteor.*), gute Sicht *f.*; **very – visibility** (*meteor.*), sehr gute Sicht *f.*; **– will cruise** (*naut.*), Fahrt *f.* zu Freundschaftsbesuchen.

goods *s./pl.* (*naut.*), Gut *n.*, nautische Ausrüstung *f.*; **stranded –,** Strandgut *n.*

gooseneck *s.* (*naut.*), Lümmel *m.*, Gänse-, Schwanenhals *m.* (*Art Haken*), (*tech.*) Schwanenhals *m.*; **– band** *s.*, Lümmellagerband *n.* (*am Mast*); **– fitting** *s.*, Lümmelbeschlag *m.*; **– ventilator** *or* **fan** *s.*, Schwanenhalslüfter *m.*, -ventilator *m.*

gore *s.*, (Segeltuch)Bahn *f.*, (*am.*) schmaler Landstreifen *m.*; **radial –,** Radialbahn *f.* (*eines Segels*).

gorge *s.*, Tauschlund *m.* (*eines Blocks*), (*am.*) Eisscholle *f.*, (*tech.*) Spur *f.*, Rille *f.*

goring *s.*, Gilling *f.*, Gillung *f.*

gossamer *s.*, Altweibersommer *m.*

gouger *s.*, Bugriemen *m.*

govern *v.* (*tech.*), regulieren, regeln, steuern, lenken; **governable** *adj.*, regulier-, steuerbar; **governor** *s.* (*tech.*), Regler *m.*

grab *s.* (*tech.*), Greifer *m.*, Klaue *f.*, (*naut.*) zweimastiger Küstensegler (*Indien*); **chain –,** Kettennuß *f.*; **– hook** *s.*, Greifhaken *m.*; **– iron** *s.* (*naut.*), Brechstange *f.*; **– line** *or* **rope** *s.*, Fang-, Greif-, Hand-, Sicherheitsleine *f.* *od.* -tau *n.* (*am Rettungsboot*).

gradient *s.* (*meteor.*), (Luftdruck-, Temperatur)Gradient *m.*, -Gefälle *n.*, (*math.*) Gradient *m.*; Neigung *f.*, schiefe Fläche *f.*; **barometric –,** barometrisches Gefälle *n.*; **pressure –,** Druckgradient *m.*, -gefälle *n.*; **temperature –,** Temperaturgefälle *n.*, -gradient *m.*; **– wind speed** *s.*, Gradient(wind)geschwindigkeit *f.*

graduated *adj.*, graduiert, eingeteilt, in Grade eingeteilt (*Instrumente, etc.*); **card – in degrees,** Gradrose *f.* (*Kompaß*).

graduation *s.*, Grad-, Teilstrich *m.*, Graduierung *f.*, Gradeinteilung *f.*; **– mark** *s.*, Grad-, Teilstrich *m.*

grafting *s.* (*naut.*), Umweben *n.* mit Garn.

grain *s.*, Holzmaserung *f.*

Grand Fleet *s.*, Hochseeflotte *f.*; **grand / finish** *s.* (*rac.*), packende Entscheidung *od.* Schlußregatta *f.*; **– prix racer** *s.*, Grand-Prix-Rennyacht *f.*

granny knot *or* **bend** *s.*, **granny's knot** *or* **bend** *s.*, Altweiberknoten *m.*

granulation *s.* (*astr.*), Granulation *f.*, Reiskörnerstruktur *f.* (*der Sonne*); **granule** *s.* (*astr.*), (einzelnes) Korn *n.* (*der Sonnengranulation*).

graph *s.*, Diagramm *n.*, graphische Darstellung *f.*, Kurve *f.*, Kurvenblatt *n.*; **graphical** *adj.* **method,** Kreuzeraufgabe *f.* (*Schiffahrt*); **graphometer** *s.*, Graphometer *n.*, Winkelmesser *m.*

grapnel *s.* (**rare graplin(e)** *s.*), Bootshaken *m.*, Enterhaken *m.*; Draggen *m.*, Dregge *f.*, Dragg- *od.* Dregganker *m.*, Quirlanker *m.*, (*tech.*) Klaue *f.*, Greifer *m.*

grapple *s.*, Boots-, Enterhaken *m.*, (*tech.*) Klaue *f.*, Greifhaken *m.*, Greifer *m.*; *v.*, entern, mit Enterhaken fassen *od.* greifen; verankern.

grappling / anchor *s.*, Draggen *m.*, Dregganker *m.*; **– hook** *s.*, Greif-, Wurfhaken *m.*; **– iron** *s.*, Draggen *m.*, Suchanker *m.*; Enter-, Kenterhaken *m.*

grasp *v.* (*naut.*), fassen, greifen, packen (*Tauwerk, etc.*); **grasp buoy** *s.*, Greifboje *f.*

grate *s.*, Gitterrost *m.* (*im Boot*); **grated hatch** *s.*, Lukengräting *f.*
graticule *s.*, Grad-, Gitternetz *n.* (*Seekarte*), Koordinatensystem *n.*; **graticuled** *adj.*, in Quadrate eingeteilt (*Seekarte*).
grating *s.*, Gräting *f.*, Latten-, Gitterrost *m.*; **lath –,** gitterartiger (Latten)Rost *m.* (*in der Plicht*); **– cover** *s.*, Grätingdeckel *m.*
graupel *s.* (*meteor.*), Graupel *f.*; **– rain** *or* **shower** *s.*, Graupelregen *m.*
grave *v.* (*naut.*), kalfatern, (*Unterwasserschiff*) gründlich reinigen und neu streichen *od.* teeren.
gravel / bank *s.*, Kieselbank *f.*; **–(ly) bottom** *or* **ground** *s.*, Kieselgrund *m.*
graveyard watch *s.*, Mittel-, Friedhofs-, Hundewache *f.*
gravimeter *s.* (*phys.*), Gravi-, Aräometer *n.*, Dichte-, Dichtigkeitsmesser *m.*, Schweremesser *m.*; **gravimetry** *s.* (*phys.*), Dichtigkeitsmessung *f.*
graving dock *s.*, Trockendock *n.*
gravitation *s.* (*phys.*), Gravitation *f.*, Schwerkraft *f.*; **gravitational** *adj.*, **– acceleration,** Erd-, Schwerebeschleunigung *f.*; **– constant,** Gravitationskonstante *f.*, Erd-, Fallbeschleunigung *f.*; **– field,** Gravitations-, Schwerefeld *n.*; **– force,** Gravitations-, Schwerkraft *f.*
gravity *s.* (*phys.*), Gravitation *f.*, (Erd)Schwere *f.*, Schwerkraft *f.*; (Eigen- *od.* Leer)Gewicht *n.* (*eines Bootes*); **centre of –,** Gewichtsschwerpunkt *m.*; **specific –,** spezifisches Gewicht *n.*, Wichte *f.*; *adj.*, nach dem Gesetz der Schwerkraft arbeitend; **gravity / acceleration** *s.*, Schwere-, Erdbeschleunigung *f.*; **– band** *s.*, Transport(ier)-, Haftschäkel *m.*; **– tank** *s.*, Gravitationstank *m.*
gray *s.* (*am.*), (*s.* **grey**).
grease *s.* (*tech.*), Schmierfett *n.*, -mittel *n.*, Schmiere *f.*; *v.*, (ab)schmieren, einfetten; **grease / box** *or* **liner** *s.*, Fett-, Schmierbuchse *f.*; **built-in --liner** *s.*, eingebaute Fettbuchse *f.*
greaser *s.* (*tech.*), Schmiernippel *m.*, -vorrichtung *f.*, (*naut.*) Schmierer *m.*, (*am.*, *sl.*) Schiffsoffizier *m.*
grease solvent *s.* (*tech.*), Fettlösungsmittel *n.*
great *s.*, **to build a yacht by the –,** eine Yacht aufwendig bauen.
great circle *s.*, Großkreis *m.*, Orthodrome *f.*; **– arc** *s.*, Großkreisbogen *m.*; **– bearing** *s.*, Großkreispeilung *f.*; **– chart** *s.*, Großkreiskarte *f.*; **– correction** *s.*, Großkreisbeschikkung *f.*; **– course** *s.*, Großkreiskurs *m.*; **– distance** *s.*, Großkreisdistanz *f.*, -entfernung *f.*; **– heading** *s.*, Großkreis(steuer- *od.* -kompaß)-kurs *m.*; **– navigation** *s.*, Großkreisnavigation *f.*; **– sailing** *s.*, Großkreissegeln *n.*, -navigieren *n.*, Schiffahrt *f.* auf dem größten Kreis; **– track** *s.*, Großkreisroute *f.*, -weg *m.*
great coasting cruise *or* **trade** *s.*, große Küstenfahrt *f.*
green *adj.*, unerfahren (*Segler*); **to come –,** überbrechen, überkommen (*Sturzsee*); überkommender schwerer Brecher *m.*, überkommende Sturzsee *f.*; **to ship a – sea,** eine Sturzsee *od.* einen schweren Brecher übernehmen; **green / hand** *s.* (*naut.*), Neuling *m.*; **– sea** *s.*, Sturzsee *f.*, (überkommender) schwerer Brecher *m.*, (*coll.*) Rasmus *m.*
Greenwich *s.*, **longitude of –,** Nullmeridian *m.*; **– apparent time** *s.*, Greenwich wahrer Mittag *m.*, scheinbare Greenwichzeit *f.*; **– civil time** *s.* (*am.*), mittlere Greenwichzeit *f.*; **– hour-angle** *s.*, Greenwich(er) Stundenwinkel *m.*; **– mean time** *s.*, mittlere Greenwichzeit *f.*; **– meridian** *s.*, Nullmeridian *m.*, Meridian *m.* von Greenwich; **– noon** *s.*, Greenwich Mittag *m.*; **– time** *s.*, Greenwich(er) (mittlere Sonnen)Zeit *f.*; **– time of sidereal noon** *s.*, Greenwich(er) Sternzeit *f.*
gregale *s.*, Gregale *m.* (*starker italienischer Nordostwind*).
grey *s.*, Grau *n.*, trübes Licht *n.*; *adj.*, **a – day,** ein grauer *od.* düsterer *od.* nebliger *od.* trüber Tag *m.*
greyhound *s.* (*coll.*), schnelle Yacht *f.*, schnelles Schiff *n.*, schneller Ozeandampfer *m.*
greyness *s.*, Nebligkeit *f.*, Trübheit *f.* (*Wetter*).
grey weather *s.*, graues *od.* nebliges *od.* trübes Wetter *n.*
grid *s.* (*geogr.*), Grad-, Gitternetz *n.* (*Seekarte*), (*rad.*) Gitter *n.*, (*tech.*) Gitter *n.*, Rost *m.*; **bias –** (*rad.*), Gittervorspannung *f.*; **control –** (*rad.*), Steuergitter *n.*; **screen –** (*rad.*), Schirmgitter n.; **– chart** *s.*, Gradnetz-, Gitter(see)karte *f.*; **– compass** *s.*, Grid-, Gitterkompaß *m.*; **– iron** *s.* (*naut.*), Balken-Gitterroste *f.*, (*am.*) Flagge *f.* der USA; **– leak** *s.* (*rad.*), Gitterwiderstand *m.*; **– meridian** *s.*, Gitter-, Gridmeridian *m.*; **– navigation** *s.*, Gitter-, Gridnavigation *f.*; **– north,** Gitter-, Gridnord; **– reference** *s.*, Planquadrataufgabe *f.* (*Seekarte*); **– square** *s.*, Planquadrat *n.* (*Seekarte*).
griffin *s.* (*naut.*), Neuling *m.*; Neuankömmling *m.* (*Boot*).
grind *s.*, Fähre *f.*, Fährboot *n.* (*Cambridge, England*); *v.*, (ab)schleifen; (auf Grund) scheuern *od.* reiben *od.* knirschen (*Boot*).

grip *s.*, Griff *m.*, Handgriff *m.* (*Kajüte*), (*tech.*) Kupplung *f.*, Verbindung *f.*; **hand –,** Handleiste *f.*, -griff *m.*; **wire –,** Drahtseilhülse *f.*; **wire rope –,** Drahtseilklemme *f.*; *v.*, fassen, greifen, halten, Halt finden, sich festhaken (*Anker*); **– buoy** *s.*, Greifboje *f.*

gripe *s.*, Greep *n.*, Anlauf *m.* (*des Kiels*), Boots-, Zurrbrook *f.*, Zurring *f.*, Zurrung *f.* (*für Boote*), Griff *m.*; **fore –,** Vorfuß *m.* (*Kielboot*); **– of the stem,** Vorstevenfuß *m.*; *v.*, luvgierig sein (*Boot*), zurren, seefest machen; **to – in,** festzurren; **gripe lashing** *s.*, Bootszurring *f.*, -zurrung *f.*; **gripes** (*pl.*), Bootsklauer (*pl.*), Zurrings (*pl.*).

grip fast *s.*, Drallnagel *m.* (*Bootsbau*).

griping *adj.*, luvgierig (*Boot*).

grist *s.*, Dicke *f.*, Stärke *f.* (*Leine, Tau*).

gritty *adj.*, sandig.

grommet *s.*, (*s.* **grummet**).

groove *s.*, Keep *f.*, (Hohl)Kehle *f.*, Rille *f.*, Einschnitt *m.*, Kerbe *f.*, Nut *f.*, Vertiefung *f.* (*Mast, Baum, etc.*); **double** *or* **twin –,** Doppelkeep *f.*

grooved / headstay system *s.*, Profilvorstagsystem *n.*, Vorstagprofil(system) *n.*; **roller furling on – headstay system** *s.*, Rollreff(system) *n.* für Vorstagprofil(e); **– luff stay** *s.* **(for headsails),** Vorstagprofil *n.*; **twin – luff stay** *s.* **for headsails,** Doppelkeep-Profil(vor)stag *n.*; **– sail track** *s.*, Keep *f.* *od.* Gleitnut *f.* für Segel (*im Mast*).

gross / average *s.*, große Havarie *f.*, allgemeine Havarie *f.*; **– register(ed) ton** *s.*, Bruttoregistertonne *f.*; **– (register) ton** *s.*, (Brutto)Registertonne *f.*; **– (register) tonnage** *s.*, Bruttotonnage *f.*, -tonnengehalt *m.*, -raumgehalt *m.* (*in Registertonnen*); **– tonnage measurement** *s.*, Bruttotonnagevermessung *f.*

ground *s.*, (Meeres- *od.* See)Grund *m.*, -Boden *m.*; Ankergrund *m.*; **holding –,** Ankergrund *m.*; **good (bad** *or* **foul) holding –,** guter (unreiner) Ankergrund *m.*; **middle –,** Mittelgrund *m.* (*Untiefe, etc.*); **speed made good over the –,** Fahrt *f.* über Grund; **touching the –,** Grundberührung *f.*; **to cover much –,** gut vorankommen, gute Fahrt machen (*Boot*), eine weite Strecke zurücklegen; **to strike** *or* **take the –,** auflaufen, stranden, trockenfallen (*Boot*); **– of a canal,** Kanalsohle *f.*; *v.*, auf Grund geraten *od.* laufen, Grund berühren (*Boot*), stranden (lassen), auflaufen *od.* aufsetzen (lassen) (*Boot*), auf Strand setzen (*Boot*); **to – a boat,** ein Boot auf Grund *od.* Strand setzen.

groundage *s.*, Ankergeld *n.*, -gebühr *f.*, Hafen(liege)gebühr *f.*

ground / chain *s.*, Muringkette *f.*; **– coat** *s.*, Grundanstrich *m.*

grounded boat *s.*, aufgelaufenes *od.* festgekommenes *od.* auf Grund geratenes *od.* gestrandetes Boot *n.*

ground / fog *or* **mist** *s.* (*meteor.*), Bodennebel *m.*; **– frost** *s.*, Bodenfrost *m.*; **– futtock** *s.*, Bodensitzer *m.* (*Spanten*); **– ice** *s.*, Grundeis *n.*

grounding *s.*, Auflaufen *n.* eines Bootes auf Grund, Grundberührung *f.*, Stranden *n.*, Strandung *f.*; Grundfarbe *f.*, Grundierung *f.* (*Farbe, Lack*); **– keel** *s.*, Scheuerkiel *m.*

ground / log *s.*, Grundlog *n.*; **– plane** *s.*, Horizontalebene *f.*, horizontale Projektionsebene *f.*; **– rope** *s.*, Grundtau *n.*; **– sea** *s.*, Grundsee *f.*; **– speed** *s.*, Fahrt *f.* über Grund, relative Geschwindigkeit *f.*; **– squall** *s.* (*meteor.*), Boden-, Grundbö *f.*; **– swell** *s.*, Dünung *f.*, Grunddünung *f.*, -see *f.*, Unterströmung *f.*; **– tackle** *s.*, Anker-, Bojen-, Grundgeschirr *n.* (*Muring*); **– wave** *s.* (*rad.*), Grund-, Bodenwelle *f.*; **– ways** (*pl.*), Ablaufbahn *f.*, -gründung *f.* (*Stapellauf*).

group *s.*, Wiederkehr *f.* (*Leuchtfeuer*); **– of islands,** Inselgruppe *f.*; **– of boats** *or* **ships** *or* **vessels,** (Schiffs)Verband *m.*; **– alternating light** *s.*, Gruppenwechselfeuer *n.*; **– distinction of lights** (*pl.*), Gruppenkennung *f.* (*Leuchtfeuer*); **– flashing light** *s.*, Gruppenblinkfeuer *n.*, Blitzgruppenfeuer *n.*; **– frequency** *s.* (*rad.*), Gruppenfrequenz *f.*; **– occulting light** *s.*, unterbrochenes Gruppenfeuer *n.*

grow *v.*, an Stärke zunehmen, stärker werden (*Sturm*); **to – cloudy,** sich bewölken (*Himmel*); **to – dark,** dunkel werden; **to – on** (*naut.*), arbeiten *od.* zeigen nach (*Ankerkette*); **to – rusty,** rosten, rostig werden.

growl *s.*, (G)Rollen *n.* (*Donner*); *v.*, (g)rollen.

growler *s.*, Eisscholle *f.*, kleiner Eisberg *m.* unter Wasser, Eishümpel *m.*

grown frame *or* **timber** *s.*, gewachsenes Spant *n.*

groyne *s.*, Stack *n.*, Staak *n.*, Buhne *f.*; **beacon fixed on a –,** Buhnenbake *f.*, Wellenbrecher *m.*

grub *s.* (*naut.*, *sl.*), Schlangenfraß *m.*; **– screw** *s.*, Stiftschraube *f.*

grumble *s.*, (G)Rollen *n.* (*Donner*); *v.*, (g)rollen.

grummet *s.*, Taukranz *m.*, -ring *m.*; Grummetstropp *m.*; Zackenöse *f.*, Metallöse *f.*; **metal –,** Gatchen *n.*, Gatjen *n.*, Segelöse *f.*; **– of a reef band,** Reffgatchen *n.*, -gatjen *n.*; **– fender** *s.*, Taukranzfender *m.*; **– ring** *s.*, Grommet- *od.* Grummetstropp *m.*, Ring-

stropp *m.*; Taukranz *m.*; **grummets** (*pl.*), Gat(t)chen *od.* Gatjen (*pl.*).
guaiacum (wood) *s.*, Franzosen-, Pockholz *n.* (*für Blöcke, Kauschen, etc.*).
guard *s.* (*naut.*), Schutzvorrichtung *f.* (*an Bord*); – **beam** *s.*, Abweiserspiere *f.*; – **boat** *s.*, Wachboot *n.*; – **rail** *s.*, Handlauf *m.*, (See)Reling *f.*, Scheuerleiste *f.*; – **rail track** *s.*, Seerelingsschiene *f.*; – **ship** *s.*, Wach-, Stationsschiff *n.*
gudgeon *s.*, Ruderöse *f.*, -schere *f.*, (*tech.*) (Dreh)Zapfen *m.*, Bolzen *m.*; – **pin** *s.*, Kolbenbolzen *m.*, Stiftschraube *f.*
guest (*or* **guess**) / **flag** *s.*, Gastflagge *f.*; – **rope** *s.*, Bootstau *n.*, (zweite) Vertäuleine *f.*, Schlepptrosse *f.*; Beiholer *m.*, Beistopper *m.*; – **warp** *s.*, Bootstau *n.*, Schlepptrosse *f.*, Vertäu-, Verhol-, Warpleine *f.*
guide *s.* (*naut.*), Spitzenboot *n.*, -schiff *n.*, (*tech.*) Leitauge *n.*, -öse *f.*, Führungsvorrichtung *f.*; *v.*, lenken, steuern (*Boot*); – **beacon** *s.*, Richtbake *f.*; – **beam** *s.*, (Funk)Leitstrahl *m.*; – **block** *s.*, Gleitklotz *m.*, Führungsschlitten *m.*; – **eye** *s.*, Leitauge *n.*, -öse *f.*; – **light** *s.*, Leitfeuer *n.*; – **loop** *s.*, Leitöse *f.*; – **pulley** *s.*, Führungs-, Leit-, Umlenkrolle *f.*; – **rail** *s.*, Führungsleiste *f.*, -schiene *f.*; – **roller** *s.*, Führungs-, Umlenkrolle *f.*
guiding / light *s.*, Richt-, Leitfeuer *n.*; – **star** *s.* (*astr.*), Leitstern *m.*
guidon *s.*, Wimpel *m.*
gulf *s.*, Golf *m.*, Haff *n.*, Meerbusen *m.*; Strudel *m.*, Wirbel *m.*; **gulfy** *adj.*, voller Strudel *od.* Wirbel.
gull *s.*, Möwe *f.*
gully *s.* (*naut.*), Gully *m.*, Ablaufrinne *f.* (*Boot*), Fahrrinne *f.*, Priel *m.*, (tief eingeschnittener) Wasserlauf *m.*
gum *s.*, Klebstoff *m.*, Gummi(lösung *f.*) *m.*
gun *s.*, Signalschuß *m.* (*Seenot*), Notsignalgewehr *n.*, -pistole *f.*; **distress –,** Notsignalgeber *m.*; **to blow great –s** (*naut.*), heulen (*Sturm*); **to fire a –,** einen Signalschuß abgeben; **to jump the –** (*rac.*), zu früh starten.
gunnel *s.*, (*s.* **gunwale**).
gun tackle *s.*, Handtalje *f.* (*mit 2 einscheibigen Blöcken*).
gunter *s.*, Gleit-, Schiebetakelung *f.*; **sliding –,** Steilgaffel *f.*; – **rig** *s.*, Gunter-Rigg *n.*, -Takelung *f.*; Huari-Takelung *f.*, Gleit-, Schiebetakelung *f.*; **sliding – rig** *s.*, Gunter-Takelung *f.*; – **sail** *s.*, Steilgaffelsegel *n.*; – **schooner** *s.*, Gunter-Schoner *m. od.* -Schuner *m.*
gunwale *s.*, Schan(z)deck *n.*, -deckel *m.*; Doll-, Strombord *n.*; – **eye** *s.*, Schandeckauge *n.*; – **rail** *s.*, Dollbordjackstag *n.*; – **tank** *s.*, Schandeck-, Toppseitentank *m.*
gurgle *v.*, gurgeln (*Wasser unter dem Boot*).
gush *v.*, **to – forth,** strömen, sich mit großer Wucht ergießen *od.* hervorschießen (*Wasser aus einem Leck*).
gusset *s.* (*tech.*), Winkelstück *n.*
gust *s.* (*meteor.*), Bö *f.*, (plötzlicher) Windstoß *m.*; *v.*, böig wehen (*Wind*); **gustiness** *s.*, Böigkeit *f.*; **gusting wind** *s.*, böiger Wind *m.*; **gusts** (*pl.*) **of hurricane force** (*meteor.*), orkanartige Böen (*pl.*); **gusty** *adj.*, böig, windig, stürmisch; – **weather,** böiges Wetter *n.*; – **wind,** böiger Wind *m.*
gut *s.*, Gat(t) *n.*, Seegat(t) *n.*, enge Fahrrinne *f.*; enge Flußschleife *f.* (*auf der Rennstrecke Oxford – Cambridge*).
gutter *s.*, Regenrinne *f.* (*am Kajütdach*), (*tech.*) Hohlkehle *f.*, Rille *f.*, Spur *f.*; – **waterway** *s.*, Wasser(ab)lauf *m.* (*an Deck*).
guy *s.*, Gei *f.*, Geitau *n.*, Haltetau *n.*, (Ab)-Spannseil *n.*; (Baum)Achterholer *m.*; Backstag *n.*; Geere *f.*; **boom –,** Baumgei *f.*, Großbaumgei *f.*; **preventer –,** Preventer *m.*; **spinnaker –,** Spinnaker-Achterholer *m.*; *v.*, geien (*Segel*), verankern; – **line** *s.*, Toppreep *n.*; – **pendant** *or* **pennant** *s.*, Geistander *m.*; – **rope** *s.*, Geitau *n.*; – **tackle** *s.*, Geerentalje *f.*; – **vang** *s.*, Gei *f.*, Baumniederhalter *m.*
guyot *s.*, Guyot *m.* (*submarine Tafelberge im Pazifik*).
gybe *s.*, Halse *f.*; **accidental –,** Patenthalse *f.*; unfreiwillige Halse *f.*; **Chinese –.** Schraube *f.* (*Segelmanöver*); *v.*, halsen, übergehen (*Segelmanöver*), giepen, sich drehen *od.* umlegen (*Segel*), durchkaien, den Baum übergehen lassen auf Vorwindkurs, (die Segel) übergehen lassen; – **oh!** (*com.*), Rund achtern!, Über die Segel!; **stand by to –!** (*com.*), Klar zum Halsen!.
gybing *s.*, Halsen *n.*, Übergehen *n.* (*Segelmanöver*); Übergehen *n.* des Baumes auf Vorwindkurs; **accidental –,** unfreiwilliges Halsen *n.*; – **instead of tacking,** Halsen statt Wenden, halsen statt wenden; – **on reaching courses,** Rennhalse *f.*; – **without altering course,** Schiften *n.*, schiften; – **with the sheets eased off,** Rennhalse *f.*
gyrate *v.*, sich drehen, kreisen, (herum)wirbeln (*Boot*).
gyration *s.*, Drehung *f.*, Dreh-, Kreisbewegung *f.*, Kreiselbewegung *f.* (*eines Bootes*); – **compass** *s.*, Kreiselkompaß *m.*; **gyratory** *adj.*, sich drehend, kreisend, kreiselnd.
gyro *s.* (*coll. for* **gyrocompass, gyroscope**),

(Schiffs)Kreisel *m.*, Kreiselkompaß *m.*; – **axis** *s.*, Kreiselachse *f.*; – **case** *s.*, Kreisel(kompaß)gehäuse *n.*; **–compass** *s.*, Kreiselkompaß *m.*; **master –compass** *s.*, Mutterkompaß *m.*; **repeater –compass** *s.*, Tochterkompaß *m.*; **–compass repeater** *s.*, Kreiseltochter *f.*, Tochterkompaß *m.*; – **helmsman** *s.*, Selbststeueranlage *f.*; – **horizon** *s.*, künstlicher Horizont *m.*, Kreiselhorizont *m.*; – **lubber's line error** *s.*, Kreisel-A *n.*; **–magnetic compass** *s.*, Kreiselmagnetkompaß *m.*; **–meter** *s.*, Gyrometer *n.*; **–metric D/F** *s.*, Kreiselkompaßpeiler *m.*; **–pilot** *s.*, Selbststeuerer *m.*, Selbststeueranlage *f.*; **–scope** *s.*, Kreisel(kompaß) *m.*, Gyroskop *n.*; **–scopic compass** *s.*, Kreiselkompaß *m.*; **–scopic stabilizer** *s.*, Stabilisierkreisel *m.*, Schlingerkreisel *m.*; – **sextant** *s.*, Kreiselsextant *m.*; – **spin** *s. or* **torque** *s.*, Kreiseldrall *m.*; **–stabilized magnetic compass** *s.*, kreiselstabilisierter Magnetkompaß *m.*; **–stabilizer** *s.*, (Lage-, Stabilisier)Kreisel *m.*, Kreiselstabilisierung *f.*; **–stat** *s.*, Kreiselvorrichtung *f.*, Gyrostat *m.*; **–static compass** *s.*, Kreiselkompaß *m.*; **–statics** (*pl.*), Gyrostatik *f.*

H

haaf *s.*, Tiefseefischereigrund *m.* (*zwischen Shetland- und Orkney-Inseln*).

haar *s.* (*Scots*), (kalter) Nebel *m.*

haikwan *s.*, Seegebühren (*pl.*), -zoll *m.* (*in China*).

hail *s.*[1], **within –,** in Ruf- *od.* Hörweite; *v.*, anpreien, (zu)rufen, (*andere Boote od. Segler*) begrüßen.

hail *s.*[2] (*meteor.*), Hagel *m.*; **soft –,** Graupelregen *m.*; *v.*, hageln.

hailer *s.*, **loud –,** Megaphon *n.*, Sprachrohr *n.*, (*coll.*) Flüstertüte *f.*, Heuler *m.*

hailing *s.* / **for room,** (nach) Raum rufen (*Wegerecht*); **within – distance,** in Hör- *od.* Rufweite.

hail / stone *s.*, Hagelkorn *n.*, Schloße *f.*; **–storm** *s.*, Hagelschauer *m.*, -wetter *n.*

hair *s.*, **by a –('s) breadth,** um Haaresbreite; – **compass(es)** *or* **dividers** (*pl.*), Haar(strich)-zirkel *m.*; **hairline crack** *s.*, Haarriß *m.* (*GFK-Boote*).

halcyon days *s.*/*pl.*, (ruhige) Schönwettertage (*pl.*).

half *s.* (*pl.* **halves**) (*naut.*, *coll.*), halbe Seemeile *f.*; Bastardbalken *m.*

half *adj.* (*naut.*), (ein)halb; – **three,** dreieinhalb (*Faden*); **east – south 5,** 5/8° Südost.

half / block model *s.*, Halbmodell *n.* (*Schiffsmodell*); – **bowknot** *or* **hitch** *s.*, Schlippreffknoten *m.*; **–(-)bra** *s.* (*coll.*), Spinnaker-Stagsegel *n.*; – **circle** *s.*, Halbkreis *m.*; – **convergency correction** *s.*, Loxodrombeschickung *f.*; – **deck** *s.*, Halbdeck *n.*; – **hitch** *s.*, halber Schlag *m.* (*Stek*); – **light** *s.*, Halblicht *n.*; **--mast** *s.*, **at –,** auf Halbmast, halbmast, halbstocks (*Flagge*); **--mast** *v.*, **to – the flag,** halbmast flaggen, die Flagge halbstocks setzen, Flaggentrauer (führen); **--mast** *adj.* **high,** halbmast, halbstocks, auf Halbmast; – **moon** *s.*, Halbmond *m.*; **--seas over** *adj.*, halb übers Meer *od.* über die See; (*naut. sl.*) beschwipst; – **semi-balanced rudder** *s.*, Viertelbalanceruder *n.*; – **speed** *s.* (*naut.*), halbe Fahrt; – **speed ahead (astern),** halbe Fahrt *f.* voraus (zurück); – **tide** *s.*, Mittelwasser *n.*, Gezeitenmitte *f.*, Halbtide *f.*; **--tide basin** *s.*, Halbtidehafen *m.*; **--tide cliff** *or* **rock** *s.*, bei Mittelwasser trockenfallende Klippe *f.*; – **ton class** *s.*, Halbtonnerklasse *f.*; – **ton yacht** *s.*, Halbtonneryacht *f.*, Halbtonner *m.*; **--way** *adv.*, **the rope reaches –,** das Tau geht *od.* reicht (nur) bis zur Mitte *od.* Hälfte.

Halley's comet *s.* (*astr.*), Halleyscher Komet *m.*

halliard *s.*, (*s.* **halyard**).

halo *s.* (*astr.*), Halo *m.*, Hof *m.*, Ring *m.*

halser *s.*, Halsen *m.*/*pl.* (*Leinen, die am Hals eines Rahsegels angeschlagen sind*).

halyard *s.*, Fall *n.*, Fall-, Heißleine *f.*; **centreboard –,** Schwertfall *n.*; **genoa (jib, main, spinnaker) –,** Genua(Fock-, Groß-, Spinnaker)-fall *n.*; **pendant –,** Standerleine *f.*; **throat –,** Klaufall *n.*; **wishbone –,** Spreizbaum-Aufholer *m.*, -fall *n.*; **to settle –s,** die Falleinen wegfieren; – **bend** *or* **hitch** *s.*, Fallstek *m.*; – **block** *s.*, Fallblock *m.*; – **hook** *s.*, Fallriegel *m.*, -entlaster *m.*; – **lock** *s.*, Fallentlaster *m.*; – **shackle** *s.*, Fall(en)schäkel *m.*, Band-, Schlüsselschäkel *m.*; – **sheave** *s.*, Fall(en)scheibe *f.*; – **strap** *or* **strop** *s.*, Fall(en)stropp *m.*; – **tackle** *s.*, Fallgien *n.*; – **winch** *s.*, Fallwinde *f.*, -winsch *f.*

ham *s.* (*am.*, *sl.*), Funkamateur *m.*

hammer *s.*, Hammer *m.*; *v.*, hämmern.

hammock *s.* (*naut.*), Hängematte *f.*; – **batten** *s.*, Hängemattenlatte *f.*

hamper *s.* (*naut.*, *collect.*), notwendige, aber hinderliche Ausrüstungsgegenstände *m.*/*pl.* (*an Bord*).

hance *s.* (*naut.*), Niedergang *m.*

hand *s.*, Crewmitglied *n.*, Hand *f.* (*Crew*), Besatzungsmitglied *n.*, Matrose *m.*; Ankerflunke *f.*; Zeiger *m.* (*Instrument*); (*naut.*) Seite *f.*, Richtung *f.*; (*pl.*) Crew *f.*; **all -s on deck!** (*com.*), Alle Mann an Deck!; **all -s over the side!** (*com.*), Alle Mann über Bord!; **all -s manoeuvre,** Alle-Mann-Manöver *n.*; **an old –** (*naut.*), ein erfahrener Seemann *od.* Segler, ein alter Fuchs *m.*; **foredeck –,** Vorschoter *m.*, Vorschotmann *m.*; **paid –,** Deckshand *f.*, bezahlte Hand *f.*, angeheuertes Crewmitglied *n.*; **youngest – aboard,** Moses *m.*; **(on the) port (starboard) –,** (an) Back(Steuer)bord, (auf der) Backbord-(Steuerbord-)Fahrwasserseite *f.*; **the ship was lost with all -s,** das Schiff ging mit Mann und Maus unter; **to win -s down** (*rac.*), spielend (eine Regatta) gewinnen; *v.*, (*Segel*) beschlagen *od.* festmachen, (*Segel*) zusammenlegen *od.* -rollen; **to – over the watch,** die Wache übergeben.

hand/-bearing compass *s.*, Handpeilkompaß *m.*; **-book** *s.*, Handbuch *n.*; **harbour -book** *s.*, Hafenhandbuch *n.*; **-('s) breadth** *s.*, Handbreit *f.*; **– capstan** *s.*, Handgangspill *n.*; **--controlled** *adj.* (*tech.*), handgesteuert, mit Handsteuerung; **– crank** *s.*, Handkurbel *f.*; **– deck pump** *s.*, (Deck)Handpumpe *f.*; **single – dividers** (*pl.*), Einhandzirkel *m.*; **--driven** *adj.*, mit Handantrieb.

handed *adj.*, **left (right) –,** links(rechts)gängig (*Propeller*); **single – boat,** Einhandboot *n.*; **– cruising yachtsman** *or* **sailor,** Einhandsegler *m.*; **single – race,** Einhandrennen *n.*; **back** *or* **left – rope,** linksgeschlagenes Tauwerk *n.*

hand/fast *s.*, Handgriff *m.*; **– flag** *s.* (*naut.*), Winkerflagge *f.*; **– grab** *s.*, Handlauf *m.*, -leiste *f.*, -griff *m.*; **– grip** *s.*, Handleiste *f.*, -griff *m.*, Sicherheitsgriff *m.*; **– hold** *s.*, Handgriff *m.*; **– hole** *s.*, Handloch *n.* (*Tank*).

handicap *s.* (*rac.*), Handikap *n.*, Ausgleichsrennen *n.*, Vorgabe *f.*; **– class** *s.*, Ausgleichsklasse *f.*; **handicapper** *s.* (*rac.*), Teilnehmer *m.* an einem Handikap; Handikapper *m.*, Ausgleicher *m.* (*Boot*); **handicapping** *s.*, Ausgleichen *n.*; **handicap yacht** *s.*, Handicapyacht *f.*, Ausgleicher *m.*

handiness *s.* **(of a boat),** Wendigkeit *f.*, Handigkeit *f.*, Manövrierfähigkeit *f.* (eines Bootes).

hand/-laid rope *s.*, gedrehtes Tauwerk *n.*; **– lamp** *s.*, Handlampe *f.*, -scheinwerfer *m.*; **– lantern** *s.*, Handlaterne *f.*; **– lay-up moulding** *s.*, Handauflegeverfahren *n.* (*Bootsbau*).

handle *s.*, Handgriff *m.*, Kurbel *f.*; **crank –,** Kurbelgriff *m.*; **hiking –,** Ausreithandgriff *m.* (*zum Ausreiten des Bootes*); *v.*, **to – easily,** sich leicht handhaben lassen (*Boot, Segel*); **to – the helm** *or* **rudder,** das Ruder führen *od.* bedienen; **to – the sheet,** die Schot bedienen.

hand/lead (and line) *s.*, Handlot *n.*; **--lead line** *s.*, Handlotleine *f.*; **– lever** *s.*, Handhebel *m.*; **– line** *s.*, Hand-, Rettungs-, Sorgleine *f.*, Manntau *n.*, Strecktau *n.*

handling *s.*, Handhabung *f.*, Führung *f.*, Gebrauch *m.* (*Segel, Instrumente, etc.*); **– of a boat,** Manövrieren *n.* (*eines Bootes*); **– crew** *s.*, Bedienungsmannschaft *f.*; **– stage** *s.*, (Bord)Stellage *f.* -Stelling *f.*

hand/log *s.*, Handlog *n.*, -logge *f.*; **--operated capstan** *s.*, Hand(gang)spill *n.*; **– over –** *or* **fist,** Hand über Hand; **– pump** *s.*, Hand(lenz)pumpe *f.*; **– rail** *s.*, Handlauf *m.*, -griff *m.*, -leiste *f.*, Reling *f.*; **-rail base** *s.*, Relingsfuß *m.*; **– radio direction finder** *s.*, Handfunkpeiler *m.*; **– rope** *s.*, Hand-, Greifleine *f.*; **– signalling flag** *s.*, Handsignalflagge *f.*; **– spike** *or* **spoke** *s.*, (Hand)Spake *f.*, Hebebaum *m.*, -stange *f.*; **– spokes** (*pl.*), Handspaken (*pl.*) (*Steuerrad*); **– steering gear** *s.*, Handruderanlage *f.*; **– winch** *s.*, Handwinde *f.*, -winsch *f.*

handy *adj.*, handig, händig, handlich, wendig (*Boot*), leicht zu steuern(d) *od.* führen(d); **– billy** *s.*, Handtalje *f.*; kleine Lenzpumpe *f.*; **– boat** *s.*, wendiges *od.* handiges *od.* leicht zu steuerndes Boot *n.*; **– man** *s.* (*naut.*), der Mann für alles (*an Bord*).

hang *v.*, **to – aback,** backstehen (*Segel*); **to – behind,** zurückbleiben, -fallen, -hängen (*Boot*); **to – on,** sich festklammern, nicht loslassen, (*rac.*) nicht aufgeben.

hanger *s.* (*naut., tech.*), Hängebock *m.*, Haken *m.*

hanging/compass *s.*, Hänge-, Kajütkompaß *m.*; **– locker** *s.*, Hängeschrank *m.* (*in der Kajüte*); **– mat** *s.*, Schamfilmatte *f.*; **– stage** *s.*, Hängestellage *f.*, -stelling *f.*

hank *s.*, Stagreiter *m.*; Legel *m.*, Sauger *m.*; **brass -s** (*pl.*), Messingstagreiter (*pl.*); **(jib) -s** (*pl.*), (Fock)Stagreiter (*pl.*).

happy/sailing! (*int.*), Mast- und Schotbruch!; **a – boat** (*naut.*), ein glückliches *od.* vom Glück begünstigtes Boot *n.*

harbour *s.* (*am* **harbor**), Hafen *m.*; **dock –,** Dockhafen *m.*; **open –,** offener Hafen *m.*; **tidal –,** Flut-, Hochwasser-, Tidehafen *m.*; **– of refuge,** Not-, Zufluchtshafen *m.*; *v.*, (im Hafen) anlegen *od.* ankern *od.* vor Anker gehen.

harbour/administration *s.*, Hafenverwaltung *f.*; **– approach** *s.*, Hafenansteuerung *f.*; **– area** *s.*, Hafenbezirk *m.*, -gebiet *n.*; **– authorities** (*pl.*), Hafenbehörde *f.*; **– bar** *s.*, Hafenbarre *f.*; – **basin** *s.*, offenes Hafenbecken *n.*; – **chart** *s.*, Hafenkarte *f.*; – **dues** (*pl.*), Hafengeld *n.*, -gebühren *f./pl.*; – **entrance** *s.*, Hafeneinfahrt *f.*; – **entrance lights** (*pl.*), Hafeneinfahrtsbefeuerung *f.*, -feuer *n.*; – **establishment** *s.*, Hafenzeit *f.* (*Gezeiten*); – **guard (boat)** *s.*, Hafenwache *f.*, -wachboot *n.*; – **handbook** *s.*, Hafenhandbuch *n.*; – **launch** *s.*, Hafenbarkasse *f.*; – **lay days** (*pl.*) *or* **time** *s.*, Hafenliegezeit *f.*; – **light** *s.*, Molen-, Hafenfeuer *n.*; – **lock** *s.*, Hafenschleuse *f.*; – **master** *s.*, Hafenkapitän *m.*, -meister *m.*; – **mole** *s.*, Hafenmole *f.*; – **mouth** *s.*, Hafenausfahrt *f.*; – **office** *s.*, Hafenamt *n.*; – **pilot** *s.*, Hafenlotse *m.*; – **plan** *s.*, Hafenplan *m.*; – **police** *s.*, Hafenpolizei *f.*; – **(rules and) regulations** (*pl.*), Hafenordnung *f.*; – **signals** (*pl.*), Hafensignale (*pl.*); – **traffic** *s.*, Hafenverkehr *m.*; – **tug** *s.*, Hafenschlepper *m.*

hard *s.* (*naut.*), Landestelle *f.*, festes Ufer(land) *n.*

hard *adv.* (*naut.*), hart, ganz; – **a(-)port (a-starboard)!** (*com.*), Hart Backbord (Steuerbord)!; – **left (right) rudder!** (*am., com.*), Hart Backbord (Steuerbord)!; – **(a-)rudder!** (*com.*), Hart Ruder!; – **over!** (*com.*), Hart Ruder!.

hard *adj.*, hart, fest; heftig, stark (*Wind*), rauh, unfreundlich (*Wetter*); **it is raining –,** es gießt, es regnet in Strömen; – **and fast,** hart und trocken (*Boot*).

hard / antifouling *s.*, Hart-Antifouling(-Unterwasseranstrich *m.*) *n.*; – **bilge** *s.*, scharfe Kimm *f.*; – **board** *s.*, Hartfaserplatte *f.*; – **breeze** *s.*, harte *od.* starke Brise *f.*; – **chine** *s.*, Knickspant *n.* (*Bootsbau*); – **chuck** *s.*, Schiffszwieback *m.*; **hardener** *s.* (*tech.*), Härter *m.*; **hard / frost** *s.*, starker Frost *m.*; – **knot** *s.*, fester Knoten *od.* Stek *m.*; – **lay** *s.*, harter Schlag *m.* (*Tau*); –**-over position** *s.* **(of the helm** *or* **rudder)**, Hart(ruder)lage *f.*; – **rain** *s.*, heftiger *od.* starker Regen; – **rubber** *s.*, Hartgummi *m.*; – **tack** *s.*, Schiffszwieback *m.*; –**ware** *s.*, Handwerksmaterial *n.* (*f. Segel*); (Schiffs)Beschläge *m./pl.*; – **weather** *s.* (*meteor.*), schweres Wetter *n.*; – **wind** *s.*, starker *od.* harter Wind *m.*

harmonic / constants *s./pl.*, harmonische (Tide)-Konstanten *f./pl.*; – **constituent** *s.*, harmonische (Gezeiten)Komponente *f.*

harness *s.*, **safety** – (*naut.*), Sicherheitsgurt *m.*; – **hitch** *s.*, Notstek *m.*

harpoon *s.*, Harpune *f.*; – **gun** *s.*, Harpunengewehr *n.*; – **line** *s.*, Harpunenleine *f.*

hat *s.*, **cocked –,** Fehlerdreieck *n.* (*Navigation*).

hatch *s.*, Luke *f.*, Luk *n.*, Lukendeckel *m.*, -tür *f.*; **escape –,** Fluchtluke *f.*; **sliding –,** Schiebeluk *n.*, Schiebekappe *f.*; **to batten down a –,** schalken; **to secure a –,** verschalken; **under –es** (*pl.*), unter Deck.

hatch / bar *s.*, Lukenbügel *m.*; – **batten** *s.*, Schalklatte *f.*; – **beam** *s.*, Lukenschiebebalken *m.*, Scherstock *m.*; – **carling** *s.*, Lukenschlinge *f.*; – **cleat** *s.*, Schalkklampe *f.*; – **coaming** *s.*, Lukensüll *n.*; – **cover** *s.*, Schiebeluke *f.*, -kappe *f.*, Lukendeckel *m.*

hatchet *s.*, Kappbeil *n.*

hatch / grating *s.*, Lukengräting *f.*; – **opening** *s.*, Lukenöffnung *f.*; – **sealing** *s.*, Lukenabdichtung *f.*; – **securing** *s.*, Verschalkung *f.*; –**-securing bar** *s.*, Lukensicherungsbügel *m.*; – **socket** *s.*, Scherstockschuh *m.*; – **tarpaulin** *s.*, Lukenbezug *m.*, -persenning *f.*; – **tent** *s.*, Regensegel *n.*, Lukenzelt *n.*

hatchway *s.*, Luke *f.*, Luk *n.*, Lukenöffnung *f.*; – **coaming** *s.*, Lukensüll *n.*; – **cover** *s.*, Lukendeckel *m.*; **sliding – cover** *s.*, Schiebeluk *n.*, -kappe *f.*; – **covering** *s.*, Lukenabdeckung *f.*; – **grating** *s.*, Lukengräting *f.*; – **ladder** *s.*, Lukenleiter *f.*; – **stringer** *s.*, Lukenstringer *m.*

hatch / wedge *s.*, Lukenschalkkeil *m.*; – **whip** *s.*, Lukenwippe *f.*

hat money *s.*, Kaplaken *n.*

haul *s.*, Hol *m.*; (Fisch)Zug *m.*

haul *v.*, (*Brassen, Segel*) anholen; verholen, herumholen, die Bootsrichtung *od.* den Kurs ändern, anluven; holen, ziehen, schleppen; mit dem Schleppnetz fischen; schralen, umspringen (*Wind*); **to – (up),** (einen Kurs) segeln; **to – aback,** (*Segel*) backholen; **to – aft the sheet,** die Schot an- *od.* dichtholen; **to – against the sun,** linksdrehen (*Wind*); **to – ashore,** (*Boot*) an Land ziehen; **to – astern,** achteraus (ver)holen; **to – down,** niederholen (*Segel, Spinnakerbaum, etc.*), streichen (*Segel, Flagge*); **to – down a sail,** ein Segel bergen; **to – forward,** schralen (*Wind*); **to – hand over hand,** Hand über Hand (an-, ver)holen; **to – home,** beiholen; **to – in,** bei-, einholen (*Leine, Flagge, etc.*), (*am.*) in einen Hafen einlaufen; **to – inboard,** innenbords holen, einholen; **to – off,** verholen, abdrehen (*Boot*); **to – out,** ausholen (*Unterliek, etc.*), (hin)ausschleppen (*Boot*); **to – over,** durchholen (*Lose*); **to – pullwise,** pullweise *od.* mit einem Pull holen; **to – taut** *or* **tight,** dichtholen, durchholen, Lose dicht- *od.* durchholen, steifholen; **to – through,** durchholen (*Lose*); **to – to left,** linksdrehen (*Wind*); **to – up,** anholen, aufholen, aufgeien, aufheißen (*Segel*), an den

Wind gehen, anluven; aufschleppen, aufwinden; **to – up a sail,** ein Segel geien; **– to!** (*com.*), Dreh(t) bei!; **– to for boarding!** (*com., int.*), Dreh(t) bei zum Entern!, Dreht bei, wir wollen an Bord kommen!; **– up!** (*com.*), Heiß(t) auf!; **the wind is hauling round,** der Wind schralt *od.* springt um.

haulage *s.*, Verholen *n.*; Verholgebühr *f.*; Treideln *n.*

haul block *s.*, Leitblock *m.*

hauled *adj.*, **close –,** beim *od.* hoch am Wind; **to sail close-–,** hart am *od.* beim Wind segeln.

hauler *s.*, **barber –,** Barberhauler *od.* -holer *m.*, Fockschotbeiholer *m.*

hauling *s.*, (Bei-, Ver)Holen *n.*; **– in** *s.*, Einholen *od.* -schleppen; **– lanyard** *s.*, Holebändsel *n.*; **– line** *s.*, Verhol-, Wurfleine *f.*; **– out** *s.*, Ausschleppen *n.*; **– part** *s.*, holende Part *f.*; **– point** *s.*, Holepunkt *m.*; **jib sheet – point** *s.*, Fockschotholepunkt *m.*; **– slip** *s.*, Aufschleppe *f.*, Aufschlipphelling *f.*; **– wind** *s.*, Ausschießer *m.*, schralender *od.* umspringender Wind *m.*

have *v.*, **to – a heavy list,** schwere *od.* starke Schlagseite haben (*Boot*); **to – no bottom,** keinen Grund haben (*mit dem Lot*); **to – sea legs,** seefest *od.* -tüchtig sein, Seebeine haben; **to – steam up,** unter Dampf liegen, Dampf aufhaben; **to – sternway,** achteraus gehen, zurückgehen.

haven *s.*, natürlicher Hafen *m.* (*für Yachten*).

hawse *s.*, Klüse *f.*; Lage *f.* der Ankertaue vor den Klüsen; **– bag** *s.*, Stopfbeutel *m.*, Klüsensack *m.*; **– bolster** *s.*, Klüsenwulst *m.*; **– buckler** *or* **flap** *s.*, Klüsendeckel *m.*; **– hole** *s.*, Klüse *f.*, Ankerklüse *f.*, Klüsengatt *n.*; **– pipe** *s.*, Ankerklüse *f.*, Klüsenrohr *n.*; **–-pipe hatch** *s.*, Ankerkastenluke *f.*

hawser *s.*, Kabeltau *n.*, Trosse *f.*; **coir –,** Kokostauwerk *n.*; **mooring –,** Festmacher *m.*; **towing –,** Schlepptrosse *f.*; **pass the – to the tug!** (*int.*), Leine auf den Schlepper geben!; **– bend** *s.*, Trossenstek *m.*; **–-laid ropes** (*pl.*), trossenartig geschlagenes Tauwerk *n.*; **– lay** *s.*, Trossenschlag *m.*; **– line runner** *s.*, Festmacher *m.* (*Person*); **– port** *s.*, Verhol-, Vertäuklüse *f.*; **– reel** *s.*, Trossenrolle *f.*; **– thimble** *s.*, Trossenkausch *f.*; **– winch** *s.*, Trossenwinsch *f.*, -winde *f.*

hawse rope *s.*, Kabeltau *n.* zum Klarieren der Ankerkette *od.* -trosse.

hazard *s.*, Gefahr *f.*; **the boat is in –,** das Boot ist in Gefahr; **– to navigation,** Schiffahrtshindernis *n.*, -behinderung *f.*

hazardous weather *s.*, launisches Wetter *n.*; **hazards** (*pl.*), Launen *f./pl.* (*Wetter*).

haywire *s.* (*am.*, *sl.*), hoffnungsloses Durcheinander *n.* (*von Tauen, etc.*), Murks *m.*

haze *s.* (*naut.*), Mist *m.*, (*meteor.*) feiner trockener *od.* leichter Nebel *m.*, Dunst(schleier) *m.*, Höhenrauch *m.*; **fine weather –,** Schönwetterdunst *m.*; **there is a –** (*naut.*), es mistet; *v.*, dunstig sein (*Wetter*), (*naut.*) schinden, mit übermäßiger Arbeit belasten (*Crew*); **to – over,** sich eintrüben (*Wetter*); **haziness** *s.* (*meteor.*), Neb(e)ligkeit *f.*, Dunstigkeit *f.*, Diesigkeit *f.*, (*radar, etc.*) Unschärfe *f.*, Verschwommenheit *f.*; **hazing** *s.* (*naut.*), Schinden *n.*

hazy *adj.* (*naut.*), häsig, mistig, (*meteor.*) diesig, dunstig, unsichtig, (*radar, etc.*) unscharf, verschwommen; **– air** *s.*, diesige Luft *f.*; **– weather** *s.*, häsiges *od.* unsichtiges *od.* (*naut.*) mistiges Wetter *n.*

head *s.* (*naut.*), Bug *m.*, Vorschiff *n.*, (Schiffs)-Vorderteil *m.*; Topp *m.* (*Mast*), Kopf *m.*, Oberliek *n.* (*Segel*), (*geogr.*) Huk *f.*, Kap *n.*, Landspitze *f.*, -zunge *f.*, Vorgebirge *n.*; Staudamm *m.*, -mauer *f.*, -wasser *n.*, (*phys.*) (Luft)-Druck *m.*, (*tech.*) Hut *m.*, Haube *f.*, Deckel *m.*; **boom –,** (Baum)Nock *f.*; **mast –,** Masttopp *m.*; **rudder –,** Ruderkopf *m.*, Ruderschaft *m.*; **spinnaker –,** Spinnakerkopf *m.*; **tiller –,** Ruderpinnenkopf *m.*; **Turk's –,** Türkischer Bund *m. od.* Knoten *m.*; **ventilator –,** Lüfter-, Windhutze *f.*; **down by the –** (*naut.*), kopf-, vorlastig; **how is the –?,** Was liegt an?; **shooting – to wind,** Aufschießer *m.*; **to shoot – to wind,** in den Wind drehen, aufschießen; **to take the –** (*rac.*), die Spitze übernehmen; **– of a sail,** Oberliek *n.*, Kopf *m.* (*des Segels*); **– of the pier** *or* **wharf,** Molenkopf *m.*, -haupt *n.*; **– of water,** Wassersäule *f.*

head *v.*, anliegen (*Kurs*), richten, steuern (*Boot*), liegen (auf), Kurs haben (nach), (*am.*) entspringen (*Fluß*), Wasser aufstauen; **to – for,** liegen auf, Kurs haben *od.* nehmen auf *od.* nach, ansteuern; **to – a boat for the port,** den Hafen anliegen *od.* ansteuern; **to – in for the coast,** auf die Küste zulaufen, die Küste anliegen; **to – into the port,** den Hafen anliegen *od.* ansteuern, Kurs auf den Hafen nehmen, in den Hafen einlaufen; **to – (a boat) into the wind,** (das Boot) in den Wind bringen *od.* drehen; **to – off,** abdrehen, wegdrehen (*Bug*); **to – too high,** zuviel Höhe fahren *od.* laufen; **to – up,** aufdrehen, (*Fahrt*) abstoppen; **to – up and down** (*am.*), kreuzen; **how does she (the boat) –?,** Was liegt an?, Wie liegen wir?.

head / board *s.*, Kopfbrett *n.*, -platte *f.* (*Segel*);

– boom *s.*, Klüverbaum *m.*; **– earing** *s.*, Kopf-, Nockbändsel *n.*; **–fast** *s.*, Bugleine *f.*, -festmacher *m.*; **– flasher** *s.* (*radar*), Vorausanzeige *f.*; **–foil (profile)** *s.*, Profilvorstag *n.*; **–foil forestay** *s.*, Profilvorstag *n.*; **–foil stay** *s.*, Profilstag *n.*; **– gate** *s.*, Flut-, Schleusentor *n.*; **– gear** *s.*, Bugankergeschirr *n.*; **– hole** *s.*, Gat(t)chen *n.*, Gatjen *n.*

heading *s.*, Anlieger-, Kompaß-, Steuerkurs *m.*; (Fahrt)Richtung *f.*; anliegender *od.* gesteuerter Kurs *m.*; **true –,** rechtweisend(er Kurs *m.*); **– too high,** zuviel Höhe fahren; **how is the –?,** Was liegt an?; **– correction** *s.*, Kursbeschickung *f.*, -verbesserung *f.*, -versetzung *f.*; **– course** *s.*, Anliegerkurs *m.*, anliegender *od.* gesteuerter Kurs *m.*; **– displacement** *s.*, Kursversetzung *f.*; **– indication** *s.* (*radar*), Vorausmarke *f.*, -anzeige *f.*; **– indicator** *s.*, **– line** *s.* (*radar*), Vorausanzeige *f.*; **– mark** *s.* (*radar*), Vorausmarke *f.*; **– marker** *s.* (*radar*), Vorausanzeige *f.*; Bordpeiler *m.*; **– upward PPI** (*radar*), vorausbezogene Relativanzeige *f.*

head/land *s.*, Huk *f.*, Kap *n.*, Landspitze *f.*, -zunge *f.*, Vorgebirge *n.*; **– leech** *s.* (*am.* **leach**), Kopf-, Oberliek *n.* (*Segel*); **– ledge** *s.*, Lukenquersüll *n.*; **– light** *s.*, Mast-, Topplicht *n.*; **– line** *s.*, Rahliek *n.*, -leine *f.*, Rahsegeltau *n.*, Sperreep *n.*, Kopftau *n.*; **– -on collision** *s.*, Kollision *f.* auf Gegenkurs, frontale Kollision *f.*; **– -on wave** *s.*, Welle *f.* recht von vorn; **–phone** *or* **piece** *s.* (*rad.*), Kopfhörer *m.*; **– race** *s.*, Fallwasser *n.*; **– ring** *s.*, Kopfring *m.* (*am Segel*); **– room** *s.*, lichte Höhe *f.*, Stehhöhe *f.* (*Kajüte*); **– room height** *s.*, Stehhöhe *f.*; **– rope** *s.*, Ober-, Rah-, Vorderliek *n.*; Kopftau *n.*, Bugleine *f.*

headsail *s.*, Vorsegel *n.*, Fock(mast)segel *n.*, Fock *f.*; **– boom** *s.* *or* **outrigger** *s.*, Vorschotausleger *m.*; **– magazine** *s.*, Vorsegelmagazin *n.*, -stauraum *m.*; **– reefing system** *s.*, Vorsegel-Reffsystem *n.*, -einrichtung *f.*; **– sheet** *s.* (**–s** *pl.*), Vorsegelschot(en *pl.*) *f.*; **– tack fittings** (*pl.*), Vorsegelhalsbeschläge (*pl.*), -beschlag *m.*; **– trimmer** *s.*, Vorschoter *m.*, Vorschotmann *m.*, Vorsegeltrimmer *m.*

head/sea *s.*, Bug-, Gegen-, Kopfsee *f.*, See *f.* von vorn; **– set** *s.* (*rad.*), Kopfhörer *m.*; **– sheets** (*pl.*), Vorschoten (*pl.*); **–stay** *s.*, Vorstag *n.*, Profil(vor)liek *n.*; **adjustable –stay** *s.*, einstell- *od.* regulierbares Vorstag(system) *n.*; **–stay groove** *s.*, Vorstagprofil *n.*; **grooved – stay system** *s.*, Vorstagprofilsystem *n.*, Profilvorstagsystem *n.*; **– stick** *s.*, Klüverholz *n.*; **– tide** *s.*, Gegentide *f.*, -strom *m.*, -strömung *f.*; **– waters** (*pl.*), Oberlauf *m.*, Quellgebiet *n.* (*eines Flusses*).

headway *s.* (*naut.*), Fahrt *f.*, Geschwindigkeit *f.*; Fahrt *f.* voraus; **to lose (make) –,** Fahrt (voraus) verlieren (machen); **to make – over the ground,** Fahrt *f.* über Grund machen; **– course** *s.*, Kurs *m.* voraus, Vorauskurs *m.*

head/wind *s.*, Vor-, Gegenwind *m.*, Wind *m.* recht von vorn, vorlicher Wind *m.*; **– yard** *s.*, Vortopp *m.*

health/certificate *s.* (*naut.*), Gesundheitsattest *n.*, -paß *m.* (*f. Boot u. Pers.*); **– officer** *s.* (*naut.*), Hafen-, Quarantänearzt *m.*

heap clouds (*pl.*) (*coll.*), Haufenwolken *f./pl.*

hear *v.* (*rad.*), hören; **hearing** *s.*, Hörweite *f.*; **beyond** *or* **out of –,** außer Hörweite; **within –,** in Hörweite.

heart *s.* (*tech.*), Kern *m.*, Kernholz *n.*; Seele *f.* (*Tau*); **– of a cable,** Hanfseele *f.*; **– iron** *or* **thimble** *s.*, Herz-, Spitzkausch *f.*; **– shackle** *s.*, Herzschäkel *m.*, herzförmiger Schäkel *m.*; **– wood** *s.*, Kernholz *n.*

hearty *s.* (*coll.*), Seemann *m.*, Matrose *m.*

heat *s.* (*meteor.*), Hitze *f.*, Hitzeperiode *f.*, (*phys.*) Wärme *f.*; **degree of –** (*phys.*), Wärmegrad *m.*; **final –** (*rac.*), Schlußregatta *f.*, -wettfahrt *f.*; **– insulation** *s.*, Wärmeisolierung *f.*; **– lightning** *s.*, Wetterleuchten *n.*; **– thunderstorm** *s.*, Wärmegewitter *n.*; **– wave** *s.*, Hitzewelle *f.*

heave *s.*, Auf- und Abbewegung *f.*, Stampfen *n.*, Tauchschwingungen (*pl.*) (*eines Bootes*), (An)Schwellen, Wogen *n.* (*der See*), Hiev *m.*, Aufwinden *n.*; **– of the lead,** Loggen *n.*, Loten *n.*, Lotwurf *m.*; **– of the sea,** Seegang *m.*

heave *v.*, (ein)hieven, heben, ziehen, auf-, hochwinden; treiben, getrieben werden; tauchen, tauchschwingen (*Boot*), sich heben und senken, wogen (*See*), (*naut.*) werfen, schleudern; **to – aback,** backholen (*Segel*); **to – ahead,** vorholen, vorwärts *od.* vorauswinden; vorwärts auf den Anker treiben; **to – and set,** stampfen (*Schiff*); **to – around,** aufwinden, aufhieven; **to – astern,** achteraus hieven *od.* winden; von achtern auf den Anker treiben; **to – away,** anholen; **to – down,** niederholen (*mit Niederholer*), (*Tau*) fieren *od.* ablaufen lassen, (*Boot*) kielholen; **to – in,** einhieven; **to – into sight** (*naut.*), (plötzlich) auftauchen *od.* in Sicht kommen *od.* sichtbar werden; **to – out (a sail),** (ein Segel) loswerfen *od.* -machen; **to – (a boat) out of the water,** (ein Boot) aus dem Wasser holen *od.* nehmen; **to – pawl,** pallhieven, pallsetzen (*Winsch, Spill*); **to – round,** einhieven, (*Boot*) beidrehen; **to –**

short, kurzstag hieven (*Anker*); **to – strands in splicing,** Kardeele beim Spleißen dichtholen; **to – taut,** steifholen; **to – to,** beidrehen, beilegen *od.* -liegen, (bei)stoppen (*Boot*); **to – up,** lichten (*Anker*), aufhieven; **to – the anchor,** den Anker lichten; **to – the lead** *or* **log,** loggen, loten, das Lot werfen; **– ahead!** (*com.*), Hiev Anker!; **– away!** (*com.*), Hiev rund!, Zieh! Hiev!; **– ho!** (*int.*), Hol(t) auf!; **– in!** (*com.*), Leine(n) ein(hieven)!, Leine(n) einholen!, Zieh!, Hiev!.

heaven *s.*, (Klima)Zone *f.*

heaver *s.* (*naut.*), Drehknüppel *m.*, (*tech.*) Heber *m.*, Hebebaum *m.*, -zeug *n.*, Winde *f.*

heavily/laden ship *s.*, schwerbeladenes Schiff *n.*; **– loaded (sails),** stark belastet(e Segel), (Segel) unter starker Druckbelastung.

heaviness *s.* **(of the air),** Dicke *f.*, Dunstigkeit *f.* (*der Luft*); Schwüle *f.*

heaving *s.*, Tauchschwingung *f.*, Stampfen *n.*, Stampfbewegung *f.*, -schwingung *f.* (*eines Bootes*); **avast –!** (*com.*), Hiev(t) fest!, Festhieven!; **– in a seaway** *or* **in a sea** *or* **in the swell,** Auf- und Niederbewegung *f.*, Stampfbewegung *f.*, Tauchschwingung *f.*, Tauchschwingen *n.* (*eines Bootes* im Seegang *od.* in der See *od.* in der Dünung); **– of the lead,** Lotwurf *m.*; **– line** *s.*, Hiev-, Wurfleine *f.*; **get your – line(s) ready!** (*com.*), Klar bei Wurfleine(n)!; **–-line bend** *or* **hitch** *s.*, Wurfleinenknoten *m.*, -stek *m.*; **– oscillation** *s.*, Tauchschwingung *f.* (*eines Bootes*); **– to,** Beidrehen *n.*, (Bei)Stoppen *n.* (*Boot*).

heavy *adj.*, schwer(gebaut) (*Boot*), stark, heftig (*Regen, Sturm, etc.*); **bow –,** vorlastig (*Boot*); **stern –,** achterlastig (*Boot*); **– air** *s.*, Schwerwetter *n.*, Starkwind *m.*; Gewitterluft *f.*, -schwüle *f.*, dicke *od.* schwere Luft *f.*; **– air sail** *s.*, Schwerwetter- *od.* Starkwindsegel *n.*; **– air sailing** *s.*, Starkwindsegeln *n.*; **– breeze** *s.*, steife Brise *f.*; **– (rain) cloud** *s.*, schwere (Regen)Wolke *f.*; **– cloud(s)** *s.* (*pl.*), starke *od.* schwere Bewölkung *f.*; **–-duty** *adj.*, Hochleistungs-, hochbeanspruchbar, hochbelastbar, dauerhaft; **– frost** *s.*, strenger Frost *m.*; **– gale** *s.*, Sturm(wind) *m.*; **–labouring ship** *s.*, schwer stampfendes Schiff *n.*; **– rain** *s.*, heftiger *od.* starker Regen *m.*; **– sailer** *s.*, plumpes *od.* schwerfälliges Boot *n.*; **– sea** *s.*, schwere See *f.*, schwerer *od.* starker Seegang *m.*; **– sky** *s.*, starke Bewölkung *f.*, stark bewölkter Himmel *m.*; **– static** *s.* (*rad.*), starke atmosphärische Störungen (*pl.*); **– swell** *s.*, starke Dünung *f.*, (*coll.*) Bullendünung *f.*

heavy weather *s.*, schweres Wetter *n.*, Schwerwetter *n.*; **– conditions** (*pl.*), Schwerwetterbedingungen *f./pl.*; **– inventory** *s.*, Schwerwetterbesegelung *f.*, -ausrüstung *f.*; **– sail** *or* **canvas** *s.*, Schwerwettersegel *n.*, (*pl.*) Schwerwetterbesegelung *f.*; **– sailing** *s.*, Schwerwettersegeln *n.*, -navigation *f.*, Segeln *n.* in *od.* bei Schwerwetter; **– technique** *s.*, Schwerwetter(regatta)segeltaktik *f.*, -technik *f.*; **– (sail) trim** *s.*, Schwerwetter(segel)trimm *m.*

heck *s.* (*Scots*), Fischgatter *n.*, -gitter *n.* (*in Flüssen*).

heel *s.*[1] (*naut.*), Ende *n.*, Fuß *m.*, Hiel *n.*, Hieling *f.*, Hacke *f.*; **mast –, – of the mast,** Mastfuß *m.*; **rudder –, – of the rudder,** Ruderhacke *f.*; **– of the keel,** Kielhacke *f.*; **– of the stern frame,** Hinterstevenhacke *f.*; **– block** *s.*, Leitblock *m.*; **– fitting** *s.*, Hielingbeschlag *m.*, Endbeschlag *m.*; **– lashing** *s.*, Fußlasching *f.*, -laschung *f.*; **– pin** *s.*, Lümmelbolzen *m.*; **– plate** *s.*, Fußplatte *f.* (*Mast*); **– rope** *s.*, Stengewindreep *n.*; **– socket** *s.*, Lümmellager *n.*; **– tackle** *s.*, Dumpertalje *f.*

heel *s.*[2], Krängung *f.*, Neigung *f.* (*eines Bootes*); **to give a –,** krängen.

heel *v.*, krängen, überliegen, sich auf die Seite legen, (sich) nach einer Seite überlegen (*Boot*); **to – over,** krängen, überholen, sich überlegen (*Boot*).

heeling *s.*, Krängen *n.*, Krängung *f.*, Überliegen *n.* (*eines Bootes*); **– angle** *s.*, Krängungs-, Neigungswinkel *m.*; **– compensation** *s.*, Krängungskompensation *f.*; **– corrector** *s.*, Krängungsmagnet *m.*; **– error** *s.*, Krängungsfehler *m.*; **– experiment** *s.*, Krängungsversuch *m.*; **– force** *s.*, Krängungskraft *f.*; **– indicator** *s.*, Krängungsmesser *m.*, -anzeiger *m.*; **– moment** *s.*, Krängungsmoment *n.*; **– tank** *s.*, Krängungs(kompensations)tank *m.*; **– weights** (*pl.*), Krängungsgewichte *n./pl.*

height *s.*, Höhe *f.*, Seitenhöhe *f.* (*eines Bootes*); **barometric –,** Barometerstand *m.*, -höhe *f.*; **ceiling –,** Stehhöhe *f.* (*Kajüte*); **metacentric –,** metazentrische Höhe *f.* (*Boot*); **true –,** wahre Höhe *f.* (*Leuchtfeuer*); **wave –,** Wellenhöhe *f.*; **– above sea level,** Höhe *f.* über Normalnull, Seehöhe *f.*; **– between decks,** Deckshöhe *f.*; **– of the barometer,** Barometerstand *m.*; **– of high (low) water,** Hoch(Niedrig)wasserhöhe *f.*, -stand *m.*; **– of (the) mast,** Masthöhe *f.*; **– of (the) rig,** Rigg-, Takelungshöhe *f.*; **– of (the) side,** Seitenhöhe *f.* (*eines Bootes*); **– of (the) tide,** Höhe *f.* der Gezeit; **– of (the) water,** Wasserstand(shöhe *f.*) *m.*; **– of wave,** Wellenhöhe *f.*

helicopter *s.*, Hubschrauber *m.*, Helikopter *m.*

heliocentricity *s.* (*astr.*), Heliozentrizität *f.*
heliograph *s.*, Heliograph *m.*, Spiegeltelegraph *m.*; *v.*, mit dem Heliographen signalisieren.
helio / meter *s.* (*astr.*), Heliometer *n.*; **–scope** *s.* (*astr.*), Helioskop *n.*; **–stat** *s.* (*astr.*), Heliostat *m.*
heli / pilot *s.*, Hubschrauberpilot *m.*; **–scoop** *s.*, (vom Hubschrauber heruntergelassenes) Rettungsnetz *n.*
helm *s.*, (Ruder)Pinne *f.*, Ruder *n.*, Steuer *n.*, Helm *m.*; Steuerdrehung *f.*; **rudder –,** Ruderpinne *f.*; **at the –,** am Ruder, an der Pinne; **ease the –!** (*com.*), Komm (langsam) auf!, (Das) Ruder in Lee!; **right the –!** (*com.*), Aufkommen!, Nachgeben!; **starboard the –!** (*com.*), Steuerbord (das Ruder)! Ruder steuerbords!; **lee (weather) –,** lee(luv)gierig; **to carry lee (weather) –,** lee(luv)gierig sein; **she** (*or* **the boat) carries lee (weather) –,** das Boot ist lee(luv)gierig; **to ease the –,** (langsam mit dem Ruder) aufkommen; **to meet the –,** stützen, Gegen- *od.* Stützruder legen; **to put the –,** Ruder legen; **to put the – (hard) over,** das Ruder in Hartlage bringen *od.* legen; **to right the –,** aufkommen, nachgeben (mit dem Ruder); **to secure the –,** das Ruder *od.* die Pinne belegen; **to starboard the –,** das Ruder *od.* die Pinne nach *od.* auf Steuerbord legen; **– a-lee!** (*com.*), **– down!** (*com.*), Ruder in Lee!; **– hard a-port!** (*com.*), (Ruder) hart Backbord!; **– up!** (*com.*), Ruder nach Luv!.
helm / action *s.*, Ruderwirkung *f.*; **– angle** *s.*, Ruderanstellwinkel *m.*, -winkel *m.*, -ausschlag *m.*; **optimum – angle** *s.*, optimaler Ruder(anstell)winkel *m.*
helmet *s.* **(of the compass),** Kompaßhaube *f.*; **crash –,** Sturzhelm *m.* (*Eissegeln*).
helm / indicator *s.*, Ruderlageanzeiger *m.*; **– order** *or* **command** *s.*, Ruderkommando *n.*; **– port** *s.*, Hennegatt *n.*
helmsman *s.*, Rudergänger *m.*, -gast *m.*, Steuermann *m.*, Steuerer *m.*; **–'s cockpit** *s.*, Rudergängerplicht *f.*, -cockpit *n.*; **–'s seat** *s.*, Rudergängersitz *m.*; **helmsmanship** *s.*, Steuermannskunst *f.*
helm watch *s.*, Ruderwache *f.*
help *s.*, Hilfe *f.*; *v.*, helfen, Hilfe leisten; **to lend a helping hand,** (*jemandem*) helfen.
hemi / sphere *s.* (*geogr.*), Hemisphäre *f.*, (Erd-, Himmels)Halbkugel *f.*; **northern (southern) – sphere** *s.*, nördliche (südliche) Hemisphäre *f. od.* Halbkugel *f.*; **– spheroid compass** *s.*, Halbkugelkompaß *m.*
hemp / core *s.*, Hanfseele *f.* (*Tauwerk*); **– hawser** *s.*, Hanftrosse *f.*; **– rope** *s.*, Hanftau(werk) *n.*
Hercules rope *s.*, Herkules Tau(werk) *n.*
herringbone seam *s.*, Bootsmannsnaht *f.*
herring / drifter *s.*, Heringslogger *m.*, Treibnetzfischer *m.*; **– pond** *s.* (*coll.*), Atlantischer Ozean *m.*; **– smack** *s.*, Heringskutter *m.*
hertz *s.* (*rad.*, *elec.*), Hertz *n.*; **kilo –,** Kilohertz *n.*; **mega –,** Megahertz *n.*
hertzian / telegraphy *s.*, drahtlose Telegraphie *f.*; **– wave** *s.*, Funkwelle *f.*, Hertzsche Welle *f.*, elektromagnetische Welle *f.*
heterodyne *s.* (*rad.*), Überlagerer *m.*; *v.*, (*Frequenz*) überlagern, superponieren; **– receiver** *s.* (*rad.*), Überlagerungsempfänger *m.*, Super(het) *m.*
hexagonal / nut *s.*, Sechskantmutter *f.*; **– screw** *s.*, Sechskantschraube *f.*
high *s.* (*meteor.*), Hoch(druckgebiet) *n.*; **intermediary** *or* **temporary –** (*meteor.*), Zwischenhoch *n.*
high *adv.* (*naut.*), hoch, hoch am Wind; **to run –,** hochgehen (*See, Wellen*).
high *adj.* (*naut.*), hoch am Wind, (*geogr.*) hoch (*nahe den Polen*); **pointing –, to point –,** Höhe laufen *od.* halten, so hoch wie möglich am Wind laufen, (*coll.*) kneifen, knüppeln; **– and dry,** hoch und trocken, (*bei Hochwasser*) aufgelaufen, gestrandet, auf dem Trockenen (*Boot*).
higher high (low) water *s.*, höheres Hoch(Niedrig)wasser *n.*
high / -freeboarded ship *s.*, Schiff *n.* mit hohem Freibord, hochbordiges Schiff *n. od.* Boot *n.*; **--frequency aerial** *s.* (*am.* **antenna**), Kurzwellenantenne *f.*; **– frequency direction-finder** *s.* (*rad.*), Hochfrequenz(funk)peilgerät *n.*; **--frequency echo sounder** *s.*, Hochfrequenzecholot *n.*; **--frequency range** *s.*, Kurzwellenbereich *m.*; **– latitude** *s.* (*geogr.*), hohe Breite *f.*; **--lying fog** *s.*, Hochnebel *m.*, Höhennebel *m.*
highly *adv.*, **– selective** (*rad.*), scharf abgestimmt *od.* begrenzt; **– sensitive,** hochempfindlich (*Instrumente*).
high / noon *s.*, hoch am Mittag; **– pressure area** *s.* (*meteor.*), Hoch(druckgebiet) *n.*; **influence of a – pressure area,** Hochdruckeinfluß *m.*; **ridge of a – pressure area,** Zwischenhoch *n.*; **– pressure gradient** *s.* (*meteor.*), Hochdruckgradient *m.*; **– sea** *s.*, Hochsee-; schwere See *f.*, starker Seegang *m.*; **– seas** (*pl.*), Hochsee *f.*, hohe See *f.*, offenes Meer *n.*, (*jur.*) freie See *f.*, mare liberum; **– sea(s) fleet** *s.*, Hochseeflotte *f.*; **– sea(s) navigation** *s.*, Hochseenavigation *f.*; **– sea(s) survey** *or* **measurement** *s.*,

Hochseevermessung *f.* (*Yachten*); **--sided boat** *s.*, hochbordige Yacht *f.*; **– speed** *s.* (*naut.*), äußerste Kraft *f.*, hohe Fahrt *f.*; **at – speed,** mit äußerster Kraft *od.* hoher Geschwindigkeit; **--speed yacht** *s.*, sehr schnelle Yacht *f.*; **--sterned ship** *s.*, Schiff *n.* mit hohem Heck; **– summer** *s.*, Hochsommer *m.*; **– tide** *s.*, Flut *f.*, Hochwasser *n.*, Tidenhochwasser *n.*, höchster Wasserstand *m.* (*Tide*); **– tide** *s.* **and low tide,** Ebbe *f.* und Flut; **– water** *s.*, Hochwasser *n.*, höchster Stand *m.* der Flutgezeit, höchster Wasserstand *m.* eines Gewässers, Flut *f.*; **– water full and change** *s.*, Hafenzeit *f.*; **--water interval** *s.*, Hochwasserintervall *n.*; **--water level** *s.*, Hochwasserstand *m.*; **--water mark** *s.*, Flut-, Hochwassermarke *f.*, Hochwasser-, Strandlinie *f.*; **--water neaps** (*pl.*), (*am.* **neap – water**), Nippflut *f.*, -hochwasser *n.*; **--water spring** *s.*, Springhochwasser *n.*; **--water stand** *s.* (*naut.*), Stauwasser *n.*, Hochwasserstand *m.*; **–way** *s.* **(of the sea),** Hochseeroute *f.*, Schiffahrtsstraße *f.*; **water –way** *s.*, Wasser-, Schiffahrtsstraße *f.*; **– wind** *s.*, starker Wind *m.*

hike *v.*, (*ein Boot*) ausreiten; **hiking** *s.*, Ausreiten *n.*; **tip-up seat for –,** Ausreitklappsitz *m.*; **– handle** *s.*, Ausreithandgriff *m.*; **– strap** *s.*, Ausreitgurt *m.*

hindrance *s.* **to navigation,** Schiffahrtsbehinderung *f.*

hinge *s.* (*geogr.*), Kardinalpunkt *m.*, (*tech.*) Gelenk *n.*, Scharnier *n.*, Angel *f.*; *v.*, **to – down,** herunter- *od.* niederklappen; **to – up,** herauf- *od.* hochklappen.

hinged *adj.*, (auf-, zusammen)klappbar; **– bale** *s.*, Klappbügel *m.*; **– centreboard** *s.*, Klappschwert *n.* (*Boot*); **– hook** *s.*, Klapphaken *m.*; **– mast** *s.*, Klappmast *m.*; **– ramp** *s.*, Bugklappe *f.* (*Fähre, etc.*).

hire *s.* (*naut.*), Heuer *f.*; *v.*, (*ein Boot*) chartern *od.* mieten; (*Crew*) anheuern *od.* anwerben.

hit *v.*, **to – the jetty,** gegen den Anleger schlagen *od.* stoßen, am Anleger anstoßen (*Boot*); **– the deck!** (*int.*), Aufstehen!, Reise-Reise! (*Weckruf der Crew*).

hitch *s.*, Knoten *m.*, Stek *m.*, Stich *m.*, Schlag *m.*; **bowline –,** Pa(a)lstek, Pahlstek, Pfahlstich *m.*; **clove** *or* **ratline –,** Web(e)leinenstek *m.*; **half –,** halber Schlag *m.* (*Tau*); **lanyard –,** Taljereep(s)knoten *m.*; **marline spike –,** Marlschlag *m.*; **marling –,** Marlspiekerschlag *m.*, Stellingstek *m.*; **round turn with two half –es** (*pl.*), Rundtörn *m.* mit 2 halben Schlägen; **slip(pery) –,** Slipstek *m.*; **timber –,** Balkenstek *m.*, Zimmermannsstek *m.*; *v.t.*, an-, feststekken (*Leine*); **to – a rope,** ein Ende (auf)stekken; *v.i.*, sich festhaken *od.* verfangen, hängenbleiben (**on,** an).

hitcher *s.*, Bootshaken *m.*

hoar (frost) *s.*, (Rauh)Reif *m.*; *adj.*, bereift.

hob *s.*, Gewindebohrer *m.*

hobbler *s.*, (Küsten)Lotse *m.* ohne Patent.

hobgoblin *s.*, Klabautermann *m.*

hog *s.* (*naut.*), Aufbucht *f.*, Durchbiegung *f.* nach oben, Ausbuchtung *f.*; *v.*, sich in der Mitte nach oben durchbiegen *od.* krümmen (*Kiel-Längsachse*); **to – down,** fieren; **hogged** *adj.*, aufgebuchtet, nach oben durchgebogen.

hog / frame *s.*, Kielausbuchtung *f.*, Längsspant *n.*, Längsverband *m.* (*gegen Kielbucht*); **– piece** *s.*, Innenkiel *m.*

hogging *s.*, Hogging *n.*, Katzenrücken *m.*, Kielaufbuchtung *f.*, Kielbruch *m.*, Durchbiegung *f.* nach oben; **– and sagging** *s.*, Kielaufbuchtung *f.* und -durchsenkung; **– line** *s.*, Lecksegelleine *f.*, -tau *n.*

hoist *s.*, Heiß *m.*, Tiefe *f.* (*Segel*), Flaggenbreite *f.*, -tiefe *f.*, Heiß *m.*, als Signal gehißte Flagge *f.*; Heißvorrichtung *f.*, Hieve *f.*; Signalflaggengruppe *f.*; **full –,** volle (Flaggen- *od.* Segel)- Tiefe *f.*; **maximum – (between bands),** maximale Vorliekslänge *f.*; **– of sail,** Höhe *f.* eines Segels, Besegelungshöhe *f.*

hoist *v.*, (auf-, vor)heißen, hissen (*Flagge, Segel*), hieven, hochwinden, hochziehen (*Flagge, Segel*); **–!** (*com.*), Heiß(t) auf!; **– away!** (*com.*), Heiß(t) *od.* Hißt auf!, Klüver auf!; **to – a flag,** eine Flagge aufheißen *od.* hissen *od.* setzen; **to – a sail,** ein Segel (auf)heißen *od.* setzen; **to – a signal,** ein Flaggensignal aufheißen; **to – the colours,** die (Haus)-Flagge aufheißen *od.* setzen; **to – at a dip,** (*Flagge*) halbstocks heißen; **to – in a boat,** ein Beiboot einsetzen, ein Boot in die Davits hängen; **to – close up,** vorheißen (*Flagge*); **to – in,** an Bord holen *od.* nehmen *od.* hieven, übernehmen; **to – out a boat,** ein Boot aussetzen *od.* zu Wasser bringen; **to – up,** (*Flagge, Segel*) aufheißen *od.* hochziehen *od.* hissen.

hoistaway *s.* (*am., coll.*), Hebezeug *n.*

hoisting *s.*, (Auf)Heißen *n.*, Hissen *n.*, Auf-, Hochziehen *n.*, Hieven *n.*; **– gear** *s.*, Anschlaggeschirr *n.*, Hebezeug *n.*; **– hook** *s.*, Heißhaken *m.*; **– pad** *s.*, Heißauge *n.*; **– ring** *s.*, Heißring *m.*; **– sling** *s.*, Heißschlinge *f.*; **– strap** *or* **strop** *s.*, Heißstropp *m.*; **– winch** *s.*, Heißwinsch *f.*, -winde *f.*

hoist rope *s.*, Heißstropp *m.*

holarctic *adj.* (*geogr.*), holarktisch.

hold *s.*, Schiffs-, Laderaum *m.*, (*tech.*) Halt *m.*, Griff *m.*; **to keep a good – of the land,** sich dicht unter dem Land vor Anker legen, sich nahe an Land legen (*Boot*).

hold *v.*, halten (*Kurs, Anker, etc.*), ausbleiben, nicht ausbrechen (*Sturm, etc.*); **to – (a)back,** backhalten (*Segel*), zurückhalten; **to – for,** ansteuern, zuhalten auf; **to – off,** (*ein Boot vom Steg, etc.*) abhalten; **to – on,** beibehalten (*Kurs*); sich festhalten, aus-, durchhalten (*Strapazen*); **to – up,** (zu regnen) aufhören, sich halten, schön bleiben (*Wetter*); **to – a** (*or* **the) course,** einen (*od.* den) Kurs beibehalten; **to – water,** Wasser halten, die Ruder streichen; wasserdicht sein (*Boot*); **the rudder does not** (*or* **doesn't) –,** das Ruder hält nicht; **– on!** (*int.*), Feststecken! (*Anker*); **– on to that!** (*int.*), Leine steifholen!; **– tight!** (*int.*), Festhalten!, Halten! (*Ruder*)); **– water!** (*int.*), Halt Wasser! (*Pullen*).

hold/-all *s.* (*naut.*), Behälter *m.* (*für alles*); **– batten** *s.*, Wegerungslatte *f.*; **– beam** *s.*, Raumbalken *m.*, Buchtbalken *m.*; **– capacity** *s.*, Rauminhalt *m.* des Schiffs(stau)raums; **– ceiling** *s.*, Raum-, Buchtwegerung *f.*

holder *s.* (*naut.*), Schauermann *m.*, (*tech.*) Halterung *f.*, (*spt.*) Titelhalter, -inhaber, -träger *m.*; **–(s)-up** (*pl.*) (*tech.*), Gegenhalter *m.*

holdfast *s.*, Haken *m.*, Klammer *f.*, Klemmhaken *m.*, -bock *m.*, -klotz *m.*, Spannkluppe *f.*, Zwinge *f.*; fester Griff *m.*, Halt *m.*

holding/ground *s.*, Ankergrund *m.*; **good (bad** *or* **foul) – ground** *s.*, guter (schlechter *od.* unreiner) Ankergrund *m.*; **– power** *s.*, Haltekraft *f.* (*Anker*).

hole *s.*, Gat(t) *n.*, Klüse *f.*; tiefe Stelle *f.* (*in einem Gewässer*), (*am.*) kleine Bucht *f.*, Bootshafen *m.*; **Cunningham –,** Cunningham-Kausch *f.*, Cunninghamstrecker *m.*; **hand –,** Handloch *n.* (*Tank*); **head –,** Gat(t)chen *n.*, Gatjen *n.*; **mast –,** Mastloch *n.*; **sheave –,** Scheibengat(t) *n.*

holiday *s.* (*naut.*), eine beim Pönen übersehene und freigelassene Stelle *f.*

hollow *s.*, Hohlkehle *f.*, Nut *f.*, Rinne *f.*, Vertiefung *f.*; **wave –,** Wellental *n.*; *v.*, (aus)kehlen (aus)nuten; *adj.*, hohl, konkav (*Bootsbau*).

hollow/-ended ship *s.*, Schiff *n.* mit hohlen Wasserlinien; **– frame** *s.*, Hohlspant *n.*; **– globes** *s./pl.*, Hohlkugeln *f./pl.* (*zum Kompensieren*); **– mast** *s.*, Hohlmast *m.*; **– sea** *s.*, hohle See *f.*; **– splice** *s.*, Hohlspleiß *m.*

holm(e) *s.*, Holm *m.*, Werder *m.*, flaches Uferland *n.*

Holme(')s light *s.*, Holmeslicht *n.* (*Rettungslicht*).

Holy Joe *s.* (*naut., sl.*), (Schiffs)Geistlicher *m.*, -Priester *m.*, Pfaffe *m.*

holystone *s.* (*naut.*), Scheuerstein *m.*, Gebetbuch *n.*; *v.*, mit dem Gebetbuch *od.* Scheuerstein scheuern, (*Deck*) schrubben.

homalographic projection *s.* (*geogr.*), homalographische *od.* isographische Projektion *f.*

home *s.* (*naut., rac.*), Ziel *n.*; *adj.*, **to be –,** eingefahren (sein) (*Anker*); *adv.*, zum Boot *od.* zum Innern des Bootes hin, landwärts, zum Land hin; *v.*, sich einpeilen, ein Ziel ansteuern *od.* ansegeln; **to – on** *or* **to,** (automatisch) zusteuern auf.

home/- and -- sail *or* **trip** *s.*, (kurzer) Segeltörn *m.* (*in heimischen Küstengewässern*); **–(-)bound** *adj.*, auf der Heim- *od.* Rückfahrt *od.* -reise befindlich; **tumbling – bow** *s.*, Kanubug *m.*; **– coastal waters** (*pl.*), heimische(s) Küstengewässer *n.* (*pl.*); **– port** *s.*, Heimathafen *m.*; **– position** *s.*, Null-, Ausgangsstellung *f.* (*eines Anzeigeinstruments*); **homester** *s.* (*rac.*), Einheimischer *m.*; **home/stretch** *s.* (*rac.*), Zielkreuz *f.*, -strecke *f.*; **– trade** *or* **cruise** *s.* (*naut.*), kleine Fahrt *f.*; **--trade navigation** *s.*, Küstenschiffahrt *f.*; **–ward** *adj.* (*naut.*), heimwärts (gerichtet); **–ward-bound** *adj.* (*naut.*), auf der Heimreise (begriffen *od.* befindlich), heimkehrend (*Boot*); **–ward-bound pennant** *s.*, Heimatwimpel *m.*; **–ward sailing** *or* **trip** *or* **voyage** *s.* (*naut.*), Heimreise *f.*, Heimkehr *f.*; **– waters** (*pl.*), heimische Gewässer (*pl.*), Binnen(segel)revier *n.*

homing *s.*, Zielansteuerung *f.*, -fahrt *f.* (*Funknav.*); **– by radio direction finding,** Funkzielfahrt *f.*; **– beacon** *s.*, Ansteuerungsbake *f.* (*Funkp.*).

homolosine projection *s.* (*geogr.*), homolosine Projektion *f.*

honeycomb (covering *or* **panelling)** *s.* (*naut.*), Honigwabe *f.*, waffelförmige Innenverkleidung *f.* aus Aluminium; **honeycombed ice** *s.*, Wabeneis *n.*, Eisfeld *n.* mit (Eis)Löchern.

hood *s.* (*naut.*), Kappe *f.*, Spritzkappe *f.*; Kajütdach, -verdeck *n.*; vorderste und hinterste Außen- und Innenplanke *f.*; Deckel *m.*, Haube *f.*, Plane *f.*, Kappe *f.* (*Kompaß, etc.*), (*radar*) Blende *f.*; **binnacle –,** Kompaßhaube *f.*; **cowl –,** Lüfter-, Windhutze *f.*; **spray –,** Spritzkappe *f.* (*Kajüte*); **hooded** *adj.*, mit einem Verdeck versehen (*Kajüte, etc.*); **hood(ing) end** *s.*, Plankenende *n.* (*am Vor- und Hintersteven*).

hook *s.* (*naut.*), Haken *m.*, Klammer *f.*, Riegel *m.*; Band *n.* (*Verbandstück*), (*geogr.*) gekrümmte Landspitze *od.* -zunge *f.*, scharfe Flußkrümmung *f.*; **boat –,** Bootshaken *m.*; **grappling –,** Staken *m.*; **halyard –,** Fallriegel *m.*; **meat –,** Fleischhaken *m.* (*Drahttauwerk*); **pelican** *or* **slip –,** Pelikan- *od.* Sliphaken *m.*; **reefing –,** Reffhaken *m.*; **snap** *or* **spring –,** Karabinerhaken *m.*; *v.*, an-, ein-, festhaken, mit einem Haken befestigen; **to – on,** an-, einhaken; **to – up,** mit einem Haken befestigen, zuhaken, auf den Haken nehmen.

hook/and eye *s.*, Haken *m.* und Öse; **– block** *s.*, Hakenblock *m.*; **– bolt** *s.*, Hakenbolzen *m.*

hooked *adj.*, mit (einem) Haken versehen; krumm, gebogen; **– reef** *s.*, Hakenreff *n.*; **– track** *s.*, Hakenschiene *f.*; **hooker** *s.*, Huker *m.*, (kleines) einmastiges Fischerboot *n.*, (*coll.*) alter Kahn *m.*

Hooke's coupling *or* **joint** *s.*, Kardan-, Kreuz-, Universalgelenk *n.*

hook/pin *s.*, Hakenbolzen *m.*, -stift *m.*; **– spanner** *or* **wrench** *s.*, Hakenspanner *m.*, -schlüssel *m.*; **–-up** *s.* (*rad.*, *radar*), Schaltbild *n.*, -schema *n.*; Blockschaltung *f.*

hoop *s.* (*naut.*, *tech.*), Öse *f.*, Ring *m.*, Schelle *f.*; **drift –,** Legel *m.*, (Lägel, Lögel *m.*); **hooped cabin** *s.*, eingedeckte Kajüte *f.*, Kajüte *f.* mit Verdeck.

hoot *s.*, Tuten *n.*; Pfeifen *n.* (*mit der Dampfpfeife*); *v.*, tuten; pfeifen, ein Signal mit der Dampfpfeife geben; **hooter** *s.*, Dampfpfeife *f.*; (Nebel)Sirene *f.*

hop *v.*, **to – the ocean** (*am.*, *sl.*), den Ozean überqueren, übers Meer segeln; **hopper** *s.*, Baggerprahm *m.*, Hopper *m.*

horary circle *s.*, Stundenkreis *m.*

horizon *s.* (*naut.*), Kimm *f.*, (*astr.*) Horizont *m.*, Gesichtskreis *m.*; **apparent** *or* **local** *or* **sensible** *or* **visible –** (*astr.*, *naut.*), scheinbarer Horizont *m.*; **artificial** *or* **false –** (*tech.*), künstlicher Horizont *m.*, Kreiselhorizont *m.*; **celestial** *or* **astronomical** *or* **geocentrical** *or* **rational** *or* **true –** (*astr.*, *naut.*), wahrer *od.* geozentrischer Horizont *m.*; **visual** *or* **visible –** (*naut.*), Kimm *f.*, Seehorizont *m.*, sichtbarer Horizont *m.*; **dip** *or* **depression of the –,** Depression *f.*, Kimmtiefe *f.*; **distance of the –,** Kimmentfernung *f.*; **light dipping the –,** Feuer *n.* in der Kimm; **radar –,** Radarhorizont *m.*; **radio –,** Funk-, Radiohorizont *m.*

horizon/glass *s.*, Kimmspiegel *m.*, kleiner Spiegel *m.* (*am Sextanten*); **– shade** *s.*, Blende *f.*, Blendglas *n.*

horizontal *adj.*, in Kimmlinie liegend, horizontal; **– angle** *s.*, Horizontalwinkel *m.*; **– component** *s.*, Horizontalkomponente *f.*; **– cut** *s.*, Horizontalschnitt *m.* (*Segel*); **–-cut sail** *s.*, Segel *n.* mit Horizontalbahnen *od.* horizontalen Bahnen; **– foundation** *or* **keelson plate** *s.*, Kielschweinplatte *f.*; **– line** *s.*, Längslinie *f.*; **– panel sail** *s.*, Segel *n.* mit horizontalen Bahnen; **– parallax** *s.* (*astr.*), Horizontalparallaxe *f.*; **– rudder** *s.*, Horizontal(steuer)ruder *n.*, Tiefenruder *n.*; **– section** *s.*, Grundriß *m.* (*Bootsbau*); **– sextant angle** *s.*, Horizontalwinkel *m.* (*mit dem Sextanten gemessen*); **– shaft** *s.* (*tech.*), liegende Welle *f.*; **horizontally** *adv.* **stabilized,** nullastig (*Boot*).

horn *s.*, Arm *m.* (*der Quersaling*), Horn *n.*, Salingnock *f.*; Signalhorn *n.*, (*radar*) Hornstrahler *m.*; **Aerosol –,** Handnebelhorn *n.*; **fog –,** Nebelhorn *n.*; **signal –,** Signalhorn *n.*; *v.*, (*Spanten*) genau einpassen *od.* -setzen (*Bootsbau*).

horn/aerial *s.* (*am.* **antenna**), Trichterstrahler *m.*, Hornantenne *f.*; **–pipe** *s.*, Hornpipe *f. od. m.*, engl. Matrosen- *od.* Seemannstanz *m.*; **horns** (*pl.*), die waagerechten *od.* in Laufrichtung zeigenden Teile (*pl.*) einer Klampe; **horn/timber** *s.*, Mittelheckspant *n.*; **–type oarlock** *s.*, Dolle *f.*, Gabeldolle *f.*, Riemengabel *f.*

horologe *s.*, Stunden-, Zeitmesser *m.*; Sonnen-, Monduhr *f.*; **horometry** *s.*, Stunden-, Zeitmessung *f.*

horse *s.*, Leit-, Leuwagen *m.*; Paard *n.*, Peerd *n.*, (Fuß-, Rahen)Pferd *n.*, Laufstag *n.*; Galgen-, Giermast *m.*, Jäckslag *m. od. n.*; Schutzriemen *m.*, (*tech.*) Bock *m.*, Gestell *n.*, Ständer *m.*; **deck –,** Leit-, Leuwagen *m.*; **main sheet –,** Großschotleitschiene *f.*; *v.*, kalfatern, klameien (*ein Boot*).

horse/latitudes (*pl.*) (*geogr.*), Roßbreiten *f./pl.* (*windstille Zonen im Atlantik*), Kalmengürtel *m.*; **–power** *s.*, Pferdestärke *f.*; **–power output** *s.*, PS-Leistung *f.*, Pferdestärkenleistung *f.*; **–power generated by airflow,** Vortriebskraft *f.* durch Luftströmung(en); **–shoe life ring** *s.*, Rettungsring *m.*; **–shoe plate** *s.*, Hufeisenplatte *f.* (*Ruderschaft*); **–shoe splice** *s.*, Bucht-, Hufeisenspleiß *m.*

hose *s.*, Schlauch *m.*, (*tech.*) Muffe *f.*; *v.*, **to – the deck,** das Deck (mit einem Schlauch) abspritzen *od.* -spülen; **– clamp** *s.*, Schlauchklemme *f.*; **– clip** *s.* (*tech.*), Schelle *f.*; **– joint** *s.*, Schlauchverbindung *f.*; **– nozzle** *s.*, Strahlrohr *n.*; **– reel** *s.*, Schlauchtrommel *f.*

hot *adj.*, **a – race,** eine heiße Regatta *f.*; *v.*, **to – up,** (*Motor*) beschleunigen.

hotchpotch *s.* (*naut.*), Hotchpot *m.*, Eintopf *m.*; Durcheinander *n.*, Gewirr *n.* (*Tauwerk*).

hot spell *s.*, Hitzeperiode *f.*, -welle *f.*
houari rig *s.* (*am.*), Huari-Takelung *f.*, Steilgaffeltakelung *f.*
hound *s.*, Mastschulter *f.*; – **band** *s.*, Wantenband *n.* (*am Mast*); **hounding** *s.*, Teil *m.* des Mastes von den Backen bis zum Deck, Mastlänge *f.* von der Fischung bis zum Want(en)-angriffspunkt; **hounds** (*pl.*), Mastbacken *f./pl.*, Mastschulter *f.*
hour *s.* (*naut.*, astr.), Stunde *f.* (= *15 Längengrade*); **sidereal –,** siderische Stunde *f.*, Sternstunde *f.*; – **angle** *s.* (*astr.*), Stunden-, Zeitwinkel *m.*; – **circle** *s.* (*astr.*), Stundenkreis *m.*
hourly difference *s.*, Stundenunterschied *m.* (*Gezeiten, etc.*).
hours *s./pl.* (*am.*), **0900 –,** 9 Uhr vormittags; **1900 –,** 19 Uhr nachmittags.
house *s.* (*astr.*), Haus *n.*; – **of refuge** (*am.*), Rettungsstelle *f.* des Küstenrettungsdienstes; *v.*, einsetzen (*Mast*), (*die Bramstengen*) streichen; bergen, seefest zurren, festzurren, in sichere Lage bringen; **to – the awning,** das Sonnensegel zurren; **to – the mast,** den Mast einsetzen; **–boat** *s.*, Hausboot *n.*; – **coaming** *s.*, Deck(s)haussüll *n.*; – **flag** *s.*, Haus-, Reedereiflagge *f.*; – **line** *s.*, Hüsing *f.*, Husing *m.* (*dünne Leine*).
housing *s.*, Hüsing *f.*, dünne (geteerte) Leine *f.*, Zurring *f.* (*od. m.*); Masteinspannlänge *f.* unter Deck; innerer Teil *m.* des Bugspriets, (*tech.*) Gehäuse *n.*, Hausung *f.*; – **anchor** *s.*, stockloser Anker *m.*; – **line** *s.*, Festmacherhüsing *f.*, -leine *f.*; – **stopper** *s.*, Kettenstopper *m.*
hove (*pp of* **heave** *v.*), – **short,** kurzstag (gehievt) (*Anker*); – **taut,** steifgeholt; – **to,** beigedreht (liegen) (*Boot*); **the boat was** *or* **lay – to,** das Boot wurde beigedreht *od.* beigelegt.
hovelled *adj.*, bekappt, mit einer Kappe *od.* Haube *od.* einem Verdeck bedeckt (*Kajüte, etc.*).
hoveller *s.*, Berger *m.* (*eines Wracks*), Bergungsboot *n.*; Küstenfahrzeug *n.*
hover/craft *s.*, Hovercraft *f.*, Luftkissenfahrzeug *n.*; **–plane** *s.* (*coll.*), Hubschrauber *m.*
how/does she head, – is the head?, Was liegt an? (*Kurs*); – **does the cable grow?,** Was zeigt die Kette?; – **do you read me?** (*rad.*), Wie verstehen Sie *od.* verstehst du mich?; – **do you receive me?** (*rad.*), Wie empfangen Sie *od.* empfängst du mein Signal?.
howl *s.* (*rad.*), Heulen *n.*, Pfeifen *n.*, Heulton *m.*; *v.* (*rad.*), heulen, pfeifen, summen; heulen (*Wind*); **howling buoy** *s.*, Heulboje *f.*, -tonne *f.*
hoy *s.*, Leichter *m.*, Leichterschiff *n.*; (Last)-Boot *n.* zum Ausbringen des Ankers; **–man** *s.*, Leichterschiffer *m.*
hoy! (*naut.*, *int.*), Ahoi!.
huff-duff *s.* (*rad. coll.*), Hochfrequenz(funk)-peilgerät *n.*, -peiler *m.*
huffler *s.*, Flußlotse *m.* (*für kleine Boote od. Schiffe*).
hug *v.* (*naut.*), sich dicht halten an *od.* unter; **to – the coast,** sich dicht unter der *od.* nahe an die Küste halten; **to – the land,** sich dicht unter Land halten; **to – the wind,** dicht *od.* hart am Wind segeln.
hulk *s.*, Hulk *f.*, Holk *f.*, Rumpf *m.* (*eines abgetakelten Bootes od. Schiffes*), nicht seetüchtiges Boot *od.* Schiff, abgetakeltes (altes) Schiff *n.*, entmastetes Wrack *n.*; **the –s** (*pl.*), Schiffsgefängnis *n.*
hull *s.*, Schiffskörper *m.*, -rumpf *m.*, Bootsrumpf *m.*, (*ins.*) Schiffskasko *n.*; Unterschiff *n.*; **outside the –,** außenbords; **inside the –,** innenbords; **twin keel –,** Doppelkieler *m.* (*Yacht*); **underwater –,** Unterwasserschiff *n.*; – **above water** *s.*, Überwasserschiff *n.*; – **down,** unter der Kimm, gerade (noch) sichtbar, weit entfernt; – **form** *or* **shape** *s.*, (Boots)Rumpfform *f.*; – **insulation** *s.*, Rumpfisolation *f.*; – **insurance** *s.*, Schiffskaskoversicherung *f.*; – **number** *s.*, Baunummer *f.* (*des Bootes*); – **openings** (*pl.*), Rumpfdurchlässe *m./pl.*; – **performance** *s.*, Verhalten *n. od.* Leistungsvermögen *n.* (eines Bootes); – **resistance** *s.*, Formwiderstand *m.*; – **speed** *s.*, Rumpffahrt *f.*, -geschwindigkeit *f.*; – **vibration** *s.*, Rumpftauchschwingung *f.*
hullo(a) all stations! (*rad.*), An alle Schiffe!.
hum *s.*, **mains –** (*rad.*), Netzbrumm *m.*; **humdinger** *s.* (*am.*, *sl.*), (sehr) schnelles Boot *n.*, Flitzer *m.* (*Motorboot*).
humidity *s.* (*meteor.*), Luftfeuchtigkeit *f.*; **relative –,** relative Luftfeuchtigkeit *f.*; **70 percent –,** 70 Prozent Luftfeuchtigkeit.
hummocked *or* **humped** *or* **hunchbacked ice** *s.*, auf- *od.* hochgepreßtes Eis *n.*, Höckereis *n.*
hunting *s.* (*radar*), Abtastvorrichtung *f.*; Pendelschwingung *f.*, (*elec.*) Pendeln *n.*, Oszillieren *n.*
hurds *s./pl.*, Werg *n.*
hurricane *s.*, Hurrikan *m.*, Orkan *m.*, Wirbelsturm *m.*, (*coll.*) Sturm *m.*; – **centre** *s.* (*am.* **center**), Orkan-, Sturmzentrum *n.*; – **deck** *s.*, Sturmdeck *n.*; – **hawser** *s.*, Manila(hanf)-trosse *f.* (*zur Verstärkung*); – **lamp** *or* **lantern** *s.*, Sturmlaterne *f.*; – **roof** *s.* (*am.*), Sturmdeck *n.*; – **warnings** (*pl.*) (*meteor.*), Hurrikan-, Or-

kan-, (Wirbel)Sturmwarnung *f.*; – **zone** *s.*, Hurrikan-, Wirbelsturmgebiet *n.*

hurry call *s.* (*rad.*), Notruf *m.*

hurst *s.*, Sandbank *f.*

husband *s.*, **(ship's) –,** Schiffsinspektor *m.*; *v.*, bereedern.

husky boat *s.*, stämmig *od.* stark gebautes Boot *n.*

hutch *s.*, Hütte *f.*, Aufbau *m.* der Achterkajüte, Poop *f.*

hydraulic *s.* (*phys.*, *tech.*), hydraulische Kraft *f.* *od.* Vorrichtung *f.*; *adj.*, hydraulisch; – **backstay adjuster** *s.* (*am.*), hydraulischer Achterstags- *od.* Backstagspanner *m.*; – **boat transmission** *s.*, hydraulischer Auftrieb *m.* des Bootes; – **dock** *s.*, Schwimmdock *n.*; – **faucet** *s.* (*am.*), Druckwasserhahn *m.*; – **jack** *s.*, hydraulische Winde *od.* Winsch *f.*; hydraulischer Hebebock *m.*; – **power** *s.* (*phys.*), hydraulische Kraft *f.*; – **pressure** *s.*, hydraulischer Druck *m.*; – **ram** *s.*, Druckwasserpumpe *f.*; **hydraulics** (*pl.*), Hydraulik *f.*; **hydraulic / steering gear** *s.*, hydraulische Ruderanlage *f.*, -maschine *f.*; – **tap** *s.*, Druckwasserhahn *m.*

hydro *s.* (*am.*, *phys.*), hydraulische Kraft *f.*

hydrodynamic *adj.* (*phys.*), hydrodynamisch; – **load** *s.*, hydrodynamischer Druck *m.* *od.* Belastung *f.*; – **log** *s.*, Staudrucklog *n.*, -logge *f.*; – **pressure** *s.*, hydrodynamischer Druck *m.*, Staudruck *m.*; **hydrodynamics** (*pl.*), Hydrodynamik *f.*, Strömungslehre *f.*, -mechanik *f.*; **hydrodynamic speedometer** *s.*, Staudruck-(fahrt)messer *m.*, Fahrtmesser *m.*

hydrofoil *s.* (*naut.*), Trag-, Gleitfläche *f.*, Tragflügel *m.* (*Segel u. Tragflügelboot*); – **boat** *s.*, Tragflügelboot *n.*; – **centreboard** *s.*, Profilschwert *n.*; – **craft** *s.*, Tragflächen-, Tragflügelboot *n.*; – **rudder** *s.*, Profil-, Stromlinien-, Verdrängungsruder *n.*; – **section** *s.*, Tragflügelprofil *n.* (*Segel, etc.*); Segelprofil *n.*

hydro / grapher *s.*, Hydrograph *m.*, Seekartenzeichner *m.*; **–graphic map** *s.*, hydrographische Karte *f.*, Seekarte *f.*; **–graphic office** *s.*, hydrographisches Amt *n.*, Seewarte *f.*; **–graphic service** *s.*, hydrographischer Dienst *m.*; **–graphic survey** *s.*, Seevermessung *f.*;

hydrography *s.*, Hydrographie *f.*

hydro / jet propulsion *s.*, Wasserstrahlantrieb *m.*; **–kinetics** *s./pl.* (*phys.*), Hydrokinetik *f.*; **–logy** *s.*, Hydrologie *f.*; **–(-)meteorology** *s.*, Hydrometeorologie *f.*; **–meter** *s.*, Hydrometer *n.*, Dichtigkeitsmesser *m.*; **–phone** *s.*, Hydrophon *n.*, Horchgerät *n.*, Unterwasserschallempfänger *m.*; **–phore** *s.*, Hydrophor *m.*

hydroplane *s.* (*naut.*), Gleit-, Stufenboot *n.*, (*aer.*) Wasserflugzeug *n.*; *v.*, über die Wasserfläche (dahin)gleiten, surfen (*mit einem Segeldingy*); in einem Gleitboot fahren.

hydro / scope *s.* (*tech.*), Unterwasser-Sichtgerät *n.*, Hydroskop *n.*; – **skimmer** *s.*, Hydroskimmer *m.*, Luftkissenfahrzeug *n.*; **–sphere** *s.* (*geogr.*), Hydrosphäre *f.* (*der Erde*).

hydrostat *s.*, Hydrostat *m.*; **hydrostatic(al)** *adj.*, hydrostatisch; – **boat transmission** *s.*, hydrostatischer Auftrieb *m.* (*eines Bootes*); – **curves** (*pl.*), Formkurven *f./pl.* (*Boot*); – **pressure** *s.*, hydrostatischer Druck *m.*, Wasserdruck *m.*; **hydrostatics** (*pl.*), Hydrostatik *f.*; **hydrostatic(al) / stability** *s.*, Formstabilität *f.* (*Boot*); – **test** *s.*, hydrostatischer Drucktest *m.* (*Boot*), Wasserdruckprobe *f.*; – **valve** *s.*, Tiefendruckventil *n.*

hydrovane *s.*, (*s.* **hydrofoil**).

hyetograph *s.* (*geogr.*), Regenkarte *f.*, (*phys.*) Hyetograph *m.*

hygienic installation *s.*, hygienische Einrichtungen *f./pl.* (*an Bord*).

hygro / graph *s.*, Hygrograph *m.*, selbstregistrierender Luftfeuchtigkeitsmesser *m.*; **–meter** *s.* Hygrometer *n.*, Luftfeuchtigkeitsmesser *m.*, Instrument *n.* zur Messung der relativen Luftfeuchtigkeit; **–scope** *s.*, Hygroskop *n.*; **–scopic** *adj.*, hygroskopisch, wasserziehend; **–statics** (*pl.*), Hygrostatik *f.*

hyperbola *s.*, Hyperbel *f.* (*Funknav.*); **hyperbolic(al) / chain** *s.*, Hyperbelkette *f.*; – **line** *s.* **of position,** Hyperbelstandlinie *f.*; – **navigation (system)** *s.*, Hyperbelnavigation(ssystem *n.*) *f.*; – **position finding** *s.*, Hyperbelortung *f.*; – **pulse navigation (system)** *s.*, Impuls-Hyperbelnavigation(ssystem *n.*) *f.*; – **radio navigation** *s.*, Hyperbel(funk)navigation *f.*

hyperborean *adj.*, arktisch, nördlich.

I

ice *s.*, Eis *n.*, Eisdecke *f.*, -schicht *f.*; **black –,** schwarzes *od.* spiegelblankes Eis (*Eissegeln*); **breaking up of the –,** Eisgang *m.*; **broken –,** Eisschollen, -stollen (*pl.*); **drifting** *or* **floating** *or* **loose** *or* **moving –,** Treibeis *n.*; **pack –,** Packeis *n.*; **to be beset by –,** im Eis festsitzen (*Boot*); **to be caught in (the) –,** im Eis festkommen; *v.*, **to – up,** gefrieren, ein-, vereisen, sich mit Eis bedecken *od.* überziehen.

ice / anchor *s.*, Eisanker *m.*; – **apron** *s.*, Eisbrecher *m.* (*an Brücken*); **– bar** *s.*, Eisbarre *f.*; **– belt** *or* **foot** *s.*, Eisgürtel *m.*, -kante *f.* (*an arktischen Küsten*); **–berg** *s.*, (schwimmender) Eisberg *m.*; **–berg warnings** (*pl.*), Eisbergwarnung *f.*; **– blink** *s.*, Eisblink *m.*; **– boat** *s.*, Eissegler *m.*, -yacht *f.*, Segelschlitten *m.*; **– boating** *s.*, Eissegeln *n.*; **–(-)bound** *adj.*, eingeeist, eingefroren (*Schiff*), zugefroren (*Hafen*), durch Eis behindert (*Schiffahrt*); **–breaker** *s.*, Eisbrecher *m.* (*Schiff, Brücke*); **–breaker bow** *s.*, Eisbrecherbug *m.*; **– cake** *s.*, kleine Eisscholle *f.*; **I– Central (Office)** *s.*, Zentrale *f.* *od.* Zentralstelle *f.* des Eisdienstes (*in Kanada*); **– chart** *s.*, Eiskarte *f.*; **– conditions** (*pl.*), Eisverhältnisse *n./pl.*; **– cutter** *s.*, Eissporn *m.* (*Ruderschutz*); **iced** *adj.*, eisbedeckt, gefroren, mit Eis bedeckt *od.* überzogen; **ice / doubling** *s.*, Eisverstärkung *f.* (*Bug, etc.*); **– drag** *s.*, Eisdraggen *m.*, -anker *m.*; **– drift** *s.*, Eisgang *m.*; **– feathers** (*pl.*), rauhreifartige Eisbildungen *f./pl.*; **– field** *s.*, Eisfeld *n.*; **– fin** *s.*, Eisflosse *f.* (*Propellerschutz*); **– floe** *s.*, (Treib)Eisscholle *f.*; **– forecasting service** *s.*, Eiswarndienst *m.*; **– formation** *s.*, Eisbildung *f.*; **––free** *adj.* (*naut.*), eisfrei, vereisungsfrei; **––free harbour** *s.* (*am.*), eisfreier (Ausweich)-Hafen *m.*; **– guard** *s.* (*naut.*), Eisbrecher *m.*; **– hook** *s.*, kleiner Eisanker *m.*; **– hummock** *s.*, Eisbuckel *m.*; **––infested** *adj.*, durch *od.* vom Eis behindert; **I–landic low** *s.* (*meteor.*), Islandtief *n.*; **I–landic trawler** *s.*, Islandtrawler *m.*; **––lining** *s.*, Eisverstärkung *f.*, -haut *f.*; Bugverstärkung *f.*, Eisbug *m.*; **– pack** *s.*, Packeis *n.*; **I– Patrol** *s.*, Eismeldedienst *m.* (*Nordatlantik*); **– pilot** *s.*, Eislotse *m.*; **– pressure** *s.*, Eisdruck *m.*; **–quake** *s.*, Krachen *n.* *od.* Erschütterung *f.* beim Bersten von Eismassen; **––racing championship** *s.*, Eissegel-Meisterschaft *f.*; **––racing competition** *s.*, Eissegel-Wettbewerb *m.*; **––racing pilot** *s.*, Eissegelpilot *m.*, Eissegler *m.* (*Person*); **––racing Worlds,** Eissegel-Weltmeisterschaften (*pl.*); **– ram** *s.*, Eissporn *m.*; **–(-)sailing** *s.*, Eissegeln *n.*; **– shelf** *s.*, Eisschelf *n.* (*an arktischen Küsten*); **– yacht** *s.*, Eisyacht *f.*, Eissegler *m.*, Segelschlitten *m.*; **– yachting** *s.*, Eissegeln *n.*; **– yachtsman** *s.*, Eissegler *m.*

icily *adj.*, eisig, eiskalt, frostig; **iciness** *s.*, eisige Kälte *f.*, Eiskälte *f.*; **icing** *s.*, Vereisen *n.*; **– conditions** (*pl.*), Vereisungsbedingungen *f./pl.*; **icy** *adj.* **(cold),** eisig, eiskalt; **– surface** *s.*, Eisfläche *f.*; **– wind** *s.*, eisiger *od.* sehr kalter Wind *m.*

identical bearings *s./pl.*, identische *od.* dekkungsgleiche *od.* kongruente *od.* übereinstimmende Peilung *f.*

identifiable / light *s.*, Kennlicht *n.*; **– signal** *s.*, Kennsignal *n.*

identification *s.* (*naut.*, *rad.*, *radar*), Kennung *f.* Identifizierung *f.*; **– beacon** *s.*, Kennfeuer *n.*, Kenn(ungs)signal *n.*; **– code** *s.*, Kenn(ungs)code *m.*; **– group** *s.*, Kenngruppe *f.* (*Signal*); **– letter** *s.*, Kennbuchstabe *m.*; **– light** *s.*, Kennfeuer *n.*; **– signal** *s.*, Kenn(ungs)signal *n.*; **radio beacon – signal** *s.*, Funkfeuerkennung *f.*; **identifying call letter** *s.* (*rad.*), Rufzeichen *n.*, Kennung *f.*, Kennbuchstabe *m.*

identity / card *s.*, Personalausweis *m.*; **– (call) letters** (*pl.*) (*rad.*), Kennung *f.*, Kennbuchstaben (*pl.*), Rufzeichen *n.*; **– signal** *s.*, Kennsignal *n.*

idle *s.* (*phys.*), träge; **– lay days** (*pl.*), (Hafen-, Werft)Liegezeit *f.*; **– position** *s.* (*tech.*), Ruhestellung *f.*; **– pulley** *s.*, Umlenkrolle *f.*; **idler** *s.* (*naut.*), Crewmitglied *n.* auf Freiwache, Freiwächter *m.*; **idling** *s.*, **(idle motion** *s.*) (*tech.*), Leerlauf *m.*; **to be idling** (*tech.*), leerlaufen.

ignition *s.* (*tech.*), Zündung *f.*; **– battery** *s.*, Zündbatterie *f.*; **– key** *s.*, Zündschlüssel *m.*

ill / -adapted *adj.* **(to)** (*tech.*), ungeeignet, schlecht passend (für); **––conditioned** *adj.*, in schlechtem Zustand, schadhaft; **––matched** *adj.*, schlecht zusammenpassend (*Crew, Segel, etc.*).

illegible *adj.* (*rad.*, *radar*), undeutlich; unleserlich (*Seekarte, etc.*).

illuminating / power *s.*, Leuchtkraft *f.* (*Leuchtfeuer*); **– rocket** *s.*, Leuchtrakete *f.* (*Notsignal*); **illumination** *s.*, Helligkeit *f.*, Lichtstärke *f.* (*Instrumente, etc.*); **– of the deck,** Deck(s)beleuchtung *f.*

image interference *s.* (*rad.*), Wellenecho *n.*

immersed *adj.*, **– (area of midship) section,** eingetauchte Hauptspantfläche *f.*; **– surface (of a boat),** benetzte Oberfläche *f.*

immersion *s.* (*naut.*), Eintauchen *n.* (*eines Bootes*), Tiefertauchen *n.*, -tauchung *f.*, (*astr.*) Immersion *f.*; **– scale** *s.*, Tiefgangsskala *f.*

impact *s.* (*naut.*), An-, Auf-, Zusammenprall *m.*, Zusammenstoß *m.*, (*phys.*, *tech.*) Schlag *m.*, Stoß *m.*, Wucht *f.*; **point of –,** Aufprall-, Auftreff-, Zusammenprallpunkt *m.* (*am Bootskörper*); **– pressure** *s.*, Staudruck *m.*

impairment *s.* **of the weather** (*meteor.*), Wetterverschlechterung *f.*

impart *v.*, **to – a motion** (*phys.*), eine Bewegung mitteilen *od.* weitergeben.

impedance *s.* (*elec.*), Impedanz *f.*, Scheinwiderstand *m.*; **characteristic of –,** Wellenwiderstand *m.*

impeller *s.*, Kreisel *m.* (*Pumpe*), Kreiselrad *n.*, Impeller *m.*; **–(-type) log** *s.*, Impeller-, Propeller-, Yachtlog *n.*; **–(-type) pump** *s.*, Impellerlenzpumpe *f.*

impermeable *adj.* (*phys.*), impermeabel, undurchlässig, wasserdicht; **– to water,** wasserdicht, -undurchlässig.

impervious *adj.* **to water,** wasserdicht.

impetus *s.* (*phys.*), Antrieb *m.*, Bewegungsenergie *f.*, Stoß-, Triebkraft *f.*

implement *s.*, Gerät *n.*, Werkzeug *n.*, Zubehör *n.*, Utensilien (*pl.*), Hilfsmittel *n.*

impreg *s.* (*am.*), harzbehandeltes Holz *n.*; **impregnated** *adj.*, imprägniert (*Bootsbau*); **pre–** *adj.*, vorimprägniert; **pre–– glass** *s.*, Prepreg *n.*

impress *v.* (*naut.*), pressen, schanghaien (*Seeleute*); **impressment** *s.*, Pressen *n.*, gewaltsames Anwerben *n.* (*von Seeleuten*).

improvement *s.* **/ of (the) visibility,** Sichtverbesserung; **– of the weather,** Wetter(ver)besserung *f.*

impulse *s.* (*phys.*), Impuls *m.*, lineares Moment *n.*, Bewegungsgröße *f.*; **– turbine** *s.*, Gleichdruckturbine *f.*

impure minimum *s.*, trübes Minimum *n.* (*Funkp.*).

in *prep.*, **– ballast,** in Ballast (*Schiff*); **– heavy (light, medium) air (conditions),** bei Stark- *od.* Schwer(Leicht-, Mittel)Wetter *od.* -windbedingungen (*pl.*), in Schwer(Leicht-, Mittel)-wetter; **(to be) – irons,** sich feststampfen (*Boot*), nicht durch den Wind kommen *od.* frei drehen können (*behindertes Schiff*); **– light condition,** ohne Ballast, unbeladen (*Schiff*); **– opposite directions,** gegenläufig; **– rain,** bei Regen; **– sight,** in Sicht.

in *adv.* (*naut.*), im Hafen; **(to be) –,** beschlagen (*Segel*); **to stand –, on the way –,** zum Hafen (steuernd *od.* segelnd).

inaccessible coast *s.*, unzugängliche Küste *f.*

inaccuracy *s.* **in reading,** Ableseungenauigkeit *f.* (*Instrumente*).

in-and-out *adj.*, *adv.* (*naut.*), durchgehend, an- und abliegend; **– bolt** *s.*, Durchbolzen *m.*; **– planking** *s.*, durchgehende Beplankung *f.*; **– strakes** (*pl.*), an- und abliegende Gänge *m./pl.*

inapplicable *adj.*, unbrauchbar, ungeeignet, untauglich (**to,** für).

inapproachable coast *s.*, unzugängliche Küste *f.*

inboard *adj.*, *adv.*, (b)innenbords, im Boot (befindlich), innen, Innen-, (*tech.*) nach innen zu; **– aerial** *s.* (*am.* **antenna**), Innenantenne *f.*

inboarder *s.*, **inboard motor** *s.*, Innenborder *m.*, Innenbordmotor *m.*, eingebauter Hilfsmotor *m.*

inbound *adj.* **boat** *or* **ship,** einkommendes Schiff *n.*, auf der Heimfahrt befindliches Boot *n.*, für den Heimathafen bestimmtes Schiff *n.*

inch *s.*, Zoll *m.* (*engl. Längenmaß*), (*meteor.*) Zoll; **two –es of rain,** zwei Zoll Regen; **a three-– rope,** ein dreizölliges Tau *n.*; *v.*, **to – ahead** *or* **forward,** eindampfen (*Ablegemanöver*), ganz langsame Fahrt (voraus) machen; **inched staff** *s.*, Zollstock *m.*

incidence *s.*, Ausdehnung *f.*, Wirkweite *f.*, Wirkungsgebiet *n.*; **angle of –,** Einfall(s)winkel *m.*

inclemencies (*pl.*) **of the weather,** Witterungsunbilden *od.* -unbillen (*pl.*); **inclement** *adj.*, **– climate,** strenges Klima *n.*; **– weather,** rauhes *od.* unfreundliches Wetter *n.*

inclination *s.* (*phys.*), Neigung(swinkel *m.*) *f.*, Krängung *f.*, (*naut.*) Krängung *f.*, Schräglage *f.* (*des Decks*), (*astr.*) Inklination *f.*; Inklination *f.* (*der Magnetnadel*); **– fore and aft,** Lastigkeit *f.* (*eines Bootes*); **– to rain** (*meteor.*), Niederschlagsneigung *f.*; **– compass** *s.*, Inklinationsbussole *f.*, -kompaß *m.*; **inclinatory needle** *s.*, Inklinationsnadel *f.*

inclined *adj.*, **– deck,** schräg. *od.* schiefliegendes *od.* geneigtes Deck *n.*; **– plane** (*phys.*), schiefe Ebene *f.*

inclining *s.* (*naut.*), Krängung *f.*, (*phys.*) Neigung *f.*; **– experiment** *s.*, Krängungsversuch *m.*; **– moment** *s.*, Krängungsmoment *n.*; **– weight** *s.*, Krängungsgewicht *n.*

inclinometer *s.*, Inklinationskompaß *m.*, -nadel *f.*; Neigungs-, Krägungsmesser *m.*

included spaces *s./pl.*, in die Bruttovermessung eingeschlossene Räume *m./pl.*

incomer *s.*, einlaufendes Schiff *od.* Boot *n.*, Ankömmling *m.* (*Boot*); **incoming / boat** *or* **ship** *s.*, einkommendes *od.* einlaufendes Boot *od.* Schiff *n.*; **– frequency** *s.* (*rad.*), Empfangsfrequenz *f.*; **– tide** *s.*, ein- *od.* auflaufende Flut *f.*

incomplete shadow *s.* (*astr.*, *phys.*), Halbschatten *m.*

increase *s.*, **– in speed** (*naut.*), Fahrt- *od.* Geschwindigkeitszuwachs *m.*; **– in** *or* **of temperature,** Temperaturanstieg *m.*; *v.*, **to – the range,** die Entfernung *od.* den Abstand vergrößern; **to – (the) speed,** die Fahrt *od.* Geschwindigkeit steigern *od.* erhöhen; **increaser** *s.* (*tech.*), Regler *m.*, Verstärker *m.*; **volume –**

(*rad.*), Lautstärkeregler *m.*; **increase twist** *s.* (*tech.*), Progressivdrall *m.*, zunehmender Drall *m.*

increasing / gear *s.*, Übersetzungsgetriebe *n.*, -verhältnis *n.*; **– pitch** *s.*, zunehmende Steigung *f.* (*Propeller*); **– sea** *or* **swell** *s.*, zunehmender Seegang *m.*, stärker werdende Dünung *f.*

incursion *s.* **of sea water,** Eindringen *n.* von Seewasser.

incurvation *s.*, **incurvature** *s.*, **incurve** *s.*, Biegen *n.* (nach innen), Einwärtsbiegung *f.*, -krümmung *f.* (*Mast, etc.*).

indefinite minimum *s.*, trübes Minimum *n.* (*Funkp.*).

indemnification *s.* **(of average),** Schadenersatz *m.*

indented coast(line) *s.*, tief eingeschnittene Küste *f.*

index *s.* (*pl.* **indexes** *or* **-dices**), Index *m.*, Kennziffer *f.*; Meßzahl *f.*, -ziffer *f.*; Nullanzeige *f.*, -marke *f.* (*an einer Meßskala*); **– arm** *or* **bar** *s.*, Alhidade *f.*, Zeigerarm *m.* (*Sextant*); **– correction** *s.*, Indexberichtigung *f.*, -verbesserung *f.*; **– error** *s.*, Indexfehler *m.*; **– glass** *s.*, Spiegel *m.*, Ablese-, Meßglas *n.* (*am Spiegelsextanten*); **– mark** *s.*, Nullmarke *f.*, Indexmarkierung *f.*; **– number** *s.*, Meßzahl *f.*, -ziffer *f.*, Indexnummer *f.*; **– shade** *s.*, Blende *f.* (*am Sextanten*); **– zero** *s.*, Indexnull *f.*, Nullanzeige *f.* (*am Sextanten*); **– of refraction** *s.* (*phys.*), Brechungsindex *m.*, -exponent *m.*

Indian summer *s.*, Altweiber-, Nach-, Spätsommer *m.*

indicate *v.*, anzeigen, indizieren (*Meßgerät*); **indicated horsepower** *s.*, indizierte Pferdestärke *f.*

indicating / buoy *s.*, Warn-, Gefahrenboje *f.*, -tonne *f.*; **– direction finder** *s.*, Sichtpeiler *m.*, -peilgerät *n.*; **– instrument** *s.*, Ablese-, Anzeigegerät *n.*; **– lamp** *or* **light** *s.*, Instrumenten-, Kontrollampe *f.*, -licht *n.*; **– radio beacon** *s.*, Funkboje *f.*, Seenotfunkboje *f.*; **– range** *s.*, Anzeigebereich *m.* (*Instrumente*).

indication *s.*, Ablesewert *m.*, -zahl *f.* (*Meßinstrumente*), Grad *m.*, Stand *m.*, Anzeige *f.* (*Instrumente*); **– error** *s.*, Anzeigefehler *m.*

indicator *s.*, Anzeiger *m.*, Anzeigevorrichtung *f.*, Indikator *m.*, Ablesegerät *n.*, Meßgerät *n.*, Sichtgerät *n.*, Zeiger *m.*, Messer *m.*; Signallampe *f.*; **digital –,** Digitalanzeige *f.*; **helm** *or* **rudder angle –,** Ruderlageanzeiger *m.*; **log –,** Loguhr *f.*; **PPI –,** Rundsicht-, Rundsuchradar *n.*; **remote –,** Fernanzeige *f.* (*Meßgeräte*); **speed –,** Speedometer *n.*, Bootstachometer *n.*, -geschwindigkeitsmesser *m.*, Staudruck-Fahrtmesser *m.*, Yachtlog *n.*; **wind –,** Windanzeiger *m.*, Staudruck-Fahrtmesser *m.*, Yachtlog *n.*; **winddirection –,** Windrichtungsanzeiger *m.*; **– diagram** *s.* (*tech.*), Indikator-, Leistungsdiagramm *n.*

indifferent *adj.*, indifferent, neutral; **– equilibrium** *s.* (*phys.*), indifferentes *od.* labiles Gleichgewicht *n.*; **– stability** *s.*, indifferente Stabilität *f.* (*eines Bootes*).

indirect ray *s.* (*rad.*), reflektierte Welle *f.*

indistinct *adj.* (*rad., radar, Kennung*), unklar, undeutlich; verschwommen (*Sicht*); **– signal** *s.* (*rad.*), undeutliches *od.* unklares Signal *n.*

indraught *s.* (*am.* **indraft**), Einströmen *n.*, Einwärtsströmung *f.*, Sog *m.*, Stromversetzung *f.*

induced *adj.*, **– magnetism,** Elektromagnetismus *m.*, (*phys.*) induzierter Magnetismus *m.*; **– resistance** *s.*, induzierter Widerstand *m.* (*Boot, Segel*).

inductance *s.* (*elec.*), induktiver (Schein)Widerstand *m.*, Induktanz *f.*

induction *s.* (*phys.*), Induktion *f.*; **– compass** *s.*, Induktionskompaß *m.*; **inductive retardation** *s.* (*phys.*), induktive Verzögerung *f.*; **inductor** *s.*, Induktionsapparat *m.*, -gerät *n.*, Induktor *m.*, Drosselspule *f.*

inequality *s.*, Ungleichheit *f.*, Ungleichmäßigkeit *f.* (*Gezeiten*), (*astr.*) Abweichung *f.*; **declination –,** Deklinationsungleichheit *f.* (*Gezeiten*); **tidal –,** Tiden-Ungleichheit *f.*

inert *adj.* (*naut.*), indifferent (*Gleichgewicht, (Boots)Stabilität*), (*phys.*) träge (*Magnetkompaß*); **inertia** *s.* (*phys.*), Trägheitsmoment *n.*, Trägheit *f.* der Masse, Massenträgkeit *f.*, Beharrungsvermögen *n.*; **law of –** (*phys.*), Trägheitsgesetz *n.*; **momentum of –** (*phys.*), Trägheitsmoment *n.*; **radius of –** (*phys.*), Trägheitsdurchmesser *m.*; **inertial navigation** *s.*, Trägheitsnavigation *f.*; **inert mass** *s.* (*phys.*), träge Masse *f.*

inexperienced sailor *s.*, unbefahrener Segler *od.* Seemann *m.*, Neuling *m.*

inference *s.* (*meteor.*), allgemeine Wetterlage *f.*

inferior *adj.* (*astr.*), unter, unter dem Horizont (liegend); **an – conjunction,** ein der Erde näherer Planet als der Sonne; **an – planet,** ein der Sonne näherer Planet als der Erde; **– transit** *s.* (*astr.*), unterer Meridiandurchgang *m.* (*eines Planeten*).

infirmary *s.* (*naut.*), Krankenrevier *n.*, -station *f.* (*an Bord*).

inflammable *adj.*, **highly –,** feuergefährlich.

inflatable *adj.*, aufblasbar; **– boat** *s.*, Schlauchboot *n.*; – **buoy** *s.*, aufblasbare Rettungsboje *f.*; – **dinghy** *s.*, aufblasbares Beiboot *od.* Rettungsboot *n.*, Schlauchboot *n.*; – **fender** *s.*, (aufblasbarer) Gummifender *m.*; – **life jacket** *s.*, aufblasbare Rettungs- *od.* Schwimmweste *f.*; – **life(-)raft** *s.*, aufblasbares Rettungsfloß *n.*, Rettungsinsel *f.*; – **rubber dinghy** *s.*, (aufblasbares) Schlauchboot *n.*; **inflator** *s.*, Luftpumpe *f.*

inflexible *adj.*, starr, steif, nicht biegsam *od.* elastisch (*Mast, Tauwerk*); **inflexibility** *s.*, Starrheit *f.*, Steifheit *f.* (*Mast, etc.*).

inflow *s.*, Ein-, Zuströmen, Zustrom *m.* (*von Luft od. Wasser*), Zufluß *m.*

influence *s.*, Einwirkung *f.*, (*elec.*) Induktion *f.*, Influenz *f.*, (*astr.*) Einfluß *m.* der Gestirne; – **of the weather,** Witterungseinfluß *m.*; **influent** *s.* (*geogr.*), Nebenfluß *m.*

influx *s.*, Einfließen, -strömen, Zufluß *m.*, Zustrom *m.* (*v. Luft od. Wasser*), (*geogr.*) Mündung *f.*, Einmünden *n.* (*Fluß*).

Inglefield clip *s.*, Clip *m.*, Flaggenclip *m.*, (*coll.*) Brummelhaken *m.*

ingot mould *s.*, Gieß-, Gußform *f.*, Kokille *f.* (*Bootsbau*).

ingress *s.* (*astr.*), Eintreten *n.*, Eintritt *m.* (**into,** in).

inhaul *s.*, **inhauler** *s.*, Niederholer *m.*, Einholer *m.*, Nieder-, Einholleine *f.*; **jib –,** Fockeinholer *m.*

initial / adjustment *s.* (*tech.*), Null(ein)stellung *f.*; – **great circle course** *s.*, Anfangs-, Ausgangskurs *m.* (*Großkreisnavigation*); – **speed** *s.* *or* **velocity** *s.*, Anfangsgeschwindigkeit *f.*; – **stability** *s.*, Anfangsstabilität *f.* (*eines Bootes*).

injection / nozzle *s.*, Einspritzdüse *f.*; – **valve** *s.*, Einspritzventil *n.*

inland *s.*, (B)Innenland *n.*; *adj.*, binnenländisch, Binnen-; *adv.*, landeinwärts; – **harbour** *or* **port** *s.*, Binnenhafen *m.*; – **navigation** *s.*, Binnenschiffahrt *f.*; **I– Navigation Collision Regulations** (*pl.*), Binnenschiffahrtsstraßenordnung *f.*; **I– Rules** (*pl.*) (*am.*), Binnenschiffahrtsstraßenordnung *f.*, Binnenwasser-Straßenordnung *f.*; – **sailing** *s.*, Binnenfahrt *f.*, Binnenschiffahrt *f.*; – **sea** *s.*, Binnenmeer *n.*, -see *f.*; – **waters** (*pl.*) (*jur.*), Binnengewässer *n.* (*pl.*); Binnenrevier *n.*; – **waterways** (*pl.*), Binnengewässer *n./pl.*, Binnenschiffahrtsweg *m.*, -straße(n) *f.* (*pl.*).

inlet *s.* (*naut.*), Einfahrt *f.* (*Hafen*), Zugang *m.* (*Küste, etc.*), Meerenge *f.*, kleine Bucht *f.*; – **valve** *s.* (*tech.*), Einlaßventil *n.*

in-line engine *s.*, Reihenmotor *m.*

innavigable *adj.*, nicht schiffbar, nicht durch Boote *od.* Schiffe befahrbar; **innavigability** *s.*, Unbefahrbarkeit *f.* (*eines Flusses*).

inner *adj.* (*naut.*), (b)innen; – **boom** *s.*, Binnenklüverbaum *m.*; – **diameter** *s.*, lichte Weite *f.*, Innendurchmesser *m.*; – **edge** *s.*, Innenkante *f.* (*Segel, etc.*); – **halyard** *s.*, (B)Innenfall *n.*; – **harbour** *or* **port** *s.*, Binnenhafen *m.*, Innenhafen *m.*; – **jib** *s.*, Binnenklüver *m.*; – **jib boom** *s.*, Binnenklüverbaum *m.*; – **jib-boom stay** *s.*, Binnenklüver(stampf)stag *n.*; – **keel** *s.*, Innenkiel *m.*; – **lashing** *s.*, Innenlasching *f.*, -laschung *f.*; – **martingale** *s.*, Innenstampfstag *n.*; – **post** *s.*, Binnenachtersteven *m.*, Innensteven *m.*; – **roads** (*pl.*), (B)Innenreede *f.*; – **screws** (*pl.*), Innen(schiffs)schrauben *f./pl.*; – **strake** *s.*, anliegender Gang *m.* (*Bootsbau*); – **tanks** (*pl.*), Innentanks *od.* -zellen (*pl.*); – **waterway** *s.*, innerer Wassergang *m.* (*eines Bootes*).

input *s.* (*rad.*), Leistung *f.*, Aufnahme *f.*, (*tech.*) Eingangsenergie *f.*, -leistung *f.*; – **amplifier** *s.* (*rad.*), Vorverstärker *m.*; – **circuit** *s.* (*rad.*), Eingangskreis *m.*; – **terminals** (*pl.*) (*rad., elec.*), Speisepunkt *m.*, Eingangsklemmen, -punkte (*pl.*).

inquiry signal *s.* (*rad.*), Suchsignal *n.*

inrunning tide *s.*, auflaufende Flut *f.*, auflaufendes Wasser *n.* (*Gezeit*).

inrush *s.*, Flut *f.*; Einströmen *n.* (*von Wasser*); – **of water,** Wassereinbruch *m.*

ins-and-outs *s./pl.* (*rac.*), (Regatta)Vorläufe *m./pl.*

insafe *adj.* (*am.*), (*s.* **unsafe**).

insert *v.*, einbauen, einsetzen (*Mast, etc.*), (*rad., elec.*) ein-, zwischenschalten; **inserted** *adj.*, ein-, zwischengeschaltet.

inset *s.* / **in a flag,** Gösch *f.*; – **of the tide,** Einsetzen *n.* *od.* Einströmen *n.* der Flut.

inshore *adv.*, küsteneinwärts, zur Küste hin, an *od.* nahe der Küste, unter Land, nach Land zu; – **of,** näher der Küste als; – **of a boat,** zwischen (einem) Boot und (der) Küste; **to keep close –,** sich dicht unter Land halten.

inshore *adj.*, auflandig (*Wind*), an der Küste (liegend), sich auf die Küste zu bewegend; – **current** *s.*, Küstenstrom *m.*, -strömung *f.*, auf die Küste zu laufende Strömung *f.*; – **fishing** *or* **fishery** *s.*, Küstenfischerei *f.*; – **navigation** *s.*, Küsten-, Nahfahrt *f.*; – **pilot** *s.*, Küstenlotse *m.*; – **traffic zone** *s.*, Küstenverkehrszone *f.*; – **waters** (*pl.*), Küstengewässer (*pl.*), -vorfeld *n.*; – **wind** *s.*, auflandiger Wind *m.*

inside *adj.* (*naut.*), (b)innen; – **ballast** *s.*, Innenballast *m.*; **the – berth** *s.* (*rac.*), Innenposition *f.* (*an der Startlinie*); **– diameter** *s.*, lichte Weite *f.*, Innendurchmesser *m.*; **– lap** *s.*, innere Überlappung *f.* (*Segel*); **– planking** *s.*, Innenbeplankung *f.* (*Boot*); **– screw** *s.*, Schraubenmutter *f.*; **– strake** *s.*, anliegender Gang *m.*, Innengang *m.* (*Bootsbau*).

insignia *s.* (*pl.* **insigne**) **(of class),** Klassenzeichen *n.*, -emblem *n.*, -insignia *n.*

inspection *s.*, Inspektion *f.*, Inspizierung *f.* (*von Booten u. Schiffen*); **– of damage,** Havariebesichtigung *f.*, -untersuchung *f.*; **– control** *s.*, Abnahmekontrolle *f.* (*Schiff*); **– launch** *s.*, Zollbarkasse *f.*, Bereisungsboot *n.*; **inspector** *s.*, Inspektor *m.*; Zollbeamter *m.*; **–'s launch** *s.*, Zollbarkasse *f.*, Bereisungsboot *n.*

instability *s.*, Instabilität *f.*; **– front** *s.* (*meteor.*), Instabilitätsfront *f.*; **instable** *adj.*, instabil, nicht stabil, (*meteor.*) unbeständig.

installation *s.*, Installierung *f.*, Montage *f.*, Einbau *m.*, technische Ausrüstung *f.* *od.* Einrichtung *f.*, Installation *f.*; **sanitary –s** (*pl.*), hygienische Einrichtungen (*pl.*), Sanitäranlagen (*pl.*) (*an Bord*).

instruction *s.*, Anweisung *f.*; **sailing –s** (*pl.*), Segelanweisungen *f./pl.*; **–s** (*pl.*) **for use,** Gebrauchsanweisung *f.*; **instructor** *s.*, **sailing –,** Segellehrer *m.*; -instruktor *m.*; **surf –,** Surflehrer *m.*

instrument *s.*, (Meß)Gerät *n.*, Instrument *n.*; (feines) Werkzeug *n.*; Apparat *m.*; **– board** *s.*, Instrumentenbrett *n.*, -tafel *f.*, Armaturenbrett *n.*; Schalttafel *f.*; **– console** *s.*, Instrumentenkonsole *f.*; **– panel** *s.*, Instrumentenbrett *n.*; **instrumental error** *s.*, Instrumentenfehler *m.*

instrumentation *s.*, Meßmethode *f.*; Instrumentierung *f.*, Meßgerät-, Instrument(en)ausrüstung *f.*; Anwendung *f.* von Instrumenten.

insubmersible *adj.* (*am.*), unsinkbar (*Yacht*).

insulant *s.*, Isoliermaterial *n.*, -stoff *m.*

insular country *s.*, Inselland *n.*

insulate *v.* (*tech.*, *elec.*), isolieren, mit Isoliermaterial umgeben; **insulated** *adj.* (*tech.*), isoliert; **– hull** *s.*, isolierter (Boots)Rumpf *m.*; **insulating / compound** *s.*, Isoliermaterial *n.*, -masse *f.*; **– layer** *s.*, Isolierschicht *f.*; **– material** *s.*, Isoliermaterial *n.*; **– tape** *s.*, Isolierband *n.*; **insulation** *s.* (*tech.*), Isolation *f.*, Isoliermaterial *n.*, -stoff *m.*; **insulator** *s.*, Isolator *m.* (*im Achterstag*), Isolierstoff *m.*

insurance *s.*, **maritime –,** Seeversicherung *f.*; **– against all risks,** Versicherung *f.* gegen alle Gefahren; **– on hull and appurtenances,** (*naut.*), Kaskoversicherung *f.*; **open – policy** *s.*, Generalversicherungspolice *f.*; **to underwrite an –,** eine Versicherung abschließen; *v.*, **to – a ship out and home,** ein Schiff (*od.* Boot) für Hin- und Heimfahrt versichern; **insured party** *s.*, Versicherungsnehmer *m.*; **insurer** *s.*, **maritime –,** Seeversicherer *m.*; **the –s** (*pl.*), die Versicherungsgesellschaft.

intake *s.* (*naut.*), Abnehmer *m.*, -näher *m.* (*im Segel*), (*tech.*) Einlaß(öffnung *f.*) *m.*; **– valve** *s.*, Einlaßventil *n.*, -klappe *f.*

integrating anemometer *s.*, integrierendes Anemometer *n.*

intemperate climate *s.*, rauhes Klima *n.*

intensity *s.* (*radar*), Helligkeit *f.*, (*phys.*) (hoher) Grad *m.*, Kraft *f.*, Stärke *f.*, Intensität *f.*, Leistungsvermögen *n.*, Feldstärke *f.*; **light –,** Lichtstärke *f.*

interact *v.* (*phys.*), in Wechselwirkung stehen, aufeinander (ein)wirken; **interaction** *s.*, Wechselwirkung *f.*; **interactive forces** *s./pl.* (*phys.*), wechselwirkende *od.* aufeinander einwirkende Kräfte *f./pl.*

intercardinal points *s./pl.*, Zwischenkardinalpunkte *m./pl.* (*Kompaß*), (*astr.*) Zwischenhimmelsrichtungen *f./pl.* (*zwischen Ost u. West, etc.*).

intercept *s.* (*rad.*), aufgefangene Funkmeldung *f.*, (*astr.*) Höhendifferenz *f.* (*zwischen beobachteter und errechneter Zenitdistanz*); **– course** *s.*, Kurs *m.*, der einem anderen Boot den Weg abschneidet, Abfangkurs *m.*; **to be on an – course,** auf abschneidendem *od.* abfangendem Kurs liegen *od.* laufen; **– method** *s.* (*astr.*), Höhenmethode *f.*

interchangeable *adj.*, austauschbar, auswechselbar; **interchanger** *s.*, **air –,** Luftaustauscher *m.*; **heat –,** Wärmeaustauscher *m.*

interclub / boat race *s.*, **– race** *or* **regatta** *s.*, Klubregatta *f.*

intercoastal / navigation *s.*, Küstenschiffahrt *f.*, mittlere Fahrt *f.*; **– service** *s.*, Küstendienst *m.*; **– waterway** *s.*, Küstenkanal *m.*, -schiffahrtsweg *m.* *od.* -straße *f.*

intercom (system) *s.*, Bordgegen- *od.* -wechselsprechanlage *f.*, Bordsprechanlage *f.*, Bordverständigung *f.*, Eigenverständigung *f.* (*an Bord*).

intercommunication *s.* (*rad.*), Wechsel- *od.* Gegensprechverkehr *m.*; **– system** *s.* (*rad.*), Sprechfunkdienst *m.*, Gegen- *od.* Wechselsprechanlage *f.*

intercontinental *adj.*, interkontinental, zwischen den Kontinenten; **– navigation** *s.*, interkontinentale Navigation *f.*

intercosmic(al) *adj.* (*astr.*), zwischen den Gestirnen.

intercostal *s.* (*naut.*), Interkostalteil *m.*; *adj.*, interkostal, nicht durchgehend, zwischen den Bootsspanten *od.* Schiffsrippen; **– frame** *s.*, Interkostalspant *n.*; **– keelson** *s.*, Zwischenplattenkielschwein *n.*; **– keelson plate** *s.*, interkostale Kielschweinplatte *f.*; **– stringer** *s.*, Interkostal-, Zwischenstringer *m.*

interequinoctial *s.* (*astr.*), Sonnenwende *f.*; *adj.* (*astr.*), zwischen den Tag- und Nachtgleichen (auftretend).

interfacial angle *s.*, Flächenwinkel *m.*

interfere *v.* (*rad.*), interferieren, stören, sich überlagern (*Wellen, Frequenzen*); **interference** *s.* (*rad.*), Interferenz *f.*, Störung *f.*, Überlagerung *f.*, Störgeräusch *n.*; (*meteor.*) Störung *f.*; **magnetic –,** magnetische Störung *f.*; **elimination of –(s)** (*rad.*), Entstörung *f.*; **– elimination** *s.*, Entstörung *f.*; **–-free** *adj.*, entstört; **interfering** *adj.* (*rad.*), interferierend, sich überlagernd (*Frequenzen*); **– noises** *s./pl.*, Neben-, Störgeräusche *n./pl.*

interferometer *s.* (*phys.*), Interferometer *n.* (*Meßgerät*).

interfluve *s.* (*geogr.*), Zwischenstromland *n.*

Intergovernmental Maritime Consultive Organization *s.* **(IMCO),** Zwischenstaatliche Beratende Schiffahrtsorganisation *f.*

interior *s.* (*geogr.*), Binnenland *n.*, das innere Binnenland, das Landesinnere; *adj.* (*geogr.*), binnenländisch, Binnen-; **– arrangement** *s.*, Innenausstattung *f.*, -einrichtung *f.* (*einer Yacht*); **– layout** *s.*, Innenanordnung *f.*, -ausstattung *f.*, -layout *n.* (*einer Yacht*); **– planet** *s.* (*astr.*), innerer Planet *m.*

interlaminar *adj.*, interlaminar (*Luftströmung*), zwischen (dünnen) Schichten (eingeschlossen) (*Segelfolie*).

interlaminated *adj.*, zwischen (dünne) Schichten eingefügt (*Folie*).

interlap *v.*, überlappen (*Segel*).

interlock *v.* (*tech.*), ineinandergreifen, verblokken.

interlunar *adj.* (*astr.*), die Zeit des Neumonds betreffend; **interlunation** *s.* (*astr.*), Zeit *f.* des Neumonds, Interlunium *n.*

intermediary high (pressure area) *s.* (*meteor.*), Zwischenhoch(druckgebiet) *n.*

intermediate / buoy *s.*, Zwischenboje *f.*, -tonne *f.*; **– course** *s.*, mittlerer Kurs *m.*, Zwischenkurs *m.*; **– frame** *s.*, Zwischenspant *n.*; **– frequency** *s.* (*rad.*), Zwischenfrequenz *f.*; **– light** *s.*, Zwischenfeuer *n.* (*Leuchtfeuer*); **– port** *s.*, Durchgangshafen *m.*; **intermediates** *s./pl.* (*am.*), Mittelwanten (*pl.*); **intermediate / shrouds** (*pl.*), Mittelwanten (*pl.*); **– strake** *s.*, Zwischengang *m.* (*Bootsbau*); **– vessel** *s.*, Fracht- und Passagierschiff *n.*; **– trade** *or* **navigation** *s.*, mittlere Fahrt *f.*; **– waves** (*pl.*) (*rad.*), Grenzwellen *f./pl.*

intermission *s.*, Unterbrechung *f.* (*Leuchtfeuer*), (*rad.*) Funkstille *f.*

intermittent light *s.*, Blink-, Gleichtaktfeuer *n.*, unterbrochenes Feuer *n.* (*Leuchtfeuer*), Blinklicht *n.* (*Leuchtturm*).

internal *adj.*, innen, binnenländisch; **– angle** *s.*, Innenwinkel *m.*; **– ballast** *s.*, Innenballast *m.*; **– combustion engine** *s.*, Verbrennungsmotor *m.*; **– navigation** *s.*, Binnenschiffahrt *f.*; **– pressure** *s.*, Innendruck *m.*; **– resistance** *s.*, Eigenwiderstand *m.* (*Boot*); **–-strapped block** *s.*, innen beschlagener Block *m.*; **– thread** *s.* (*tech.*), Innengewinde *n.*

international *adj.*, international; **I–** *adj.* (*naut.*), dem internationalen Signalcode entsprechend; **– call(ing) frequency** *s.* (*rad.*), internationale Ruffrequenz *f.*; **– class** *s.*, internationale (Boots)Klasse *f.*; **– code-book** *s.*, internationales Signalbuch *n.*; **– code flags** (*pl.*), internationale Signalflaggen *f./pl.*; **I– Code of Signals** (*pl.*), Internationales Signalbuch *n.*; **I– Convention for the Safety of Life at Sea (SOLAS),** Internationaler Schiffssicherheitsvertrag *m.*; **I– Danger Code** *s.*, Internationaler Gefahrencode *m.*; **– date line** *s.* (*geogr.*), int. Datumsgrenze *f.*; **– distress frequency** *s.* (*rad.*), int. Seenotfrequenz *f.*; **I– Jury** *s.*, (*rac.*), Internationaler Wettfahrtausschuß *m.*; **I– Maritime Committee** *s.*, Internationales Schiffahrtskomitee *n.*; **I– Meteorological Code** *s.*, internationaler Wetterschlüssel *m.*; **– nautical mile** *s.*, internationale Seemeile *f.*; **I– Offshore Rule** *s.* **(IOR)** (*rac.*), IOR-Formel *f.*; **– R-classes, – Racing Classes** (*pl.*), int. R-Klassen *f./pl.*; **– radio silence** *s.*, int. Funkstille *f.*; **I– Regulations** (*pl.*) **for Preventing Collisions at Sea,** Internationale Seestraßenordnung *f.*; **I– Rule** *s.*, Internationale Formel *f.* (*Wettsegelbestimmungen*); **internationals** (*pl.*), internationale Wettfahrten *f./pl.*; **international / signal flags** (*pl.*), int. Signalflaggen *f./pl.*; **– spelling table** *s.*, int. Buchstabiertabelle *f.*, -tafel *f.*; **I– Yacht Racing Union** *s.* **(IYRU),** Internationale Yachtklassen-Union *f.*; **– weather code** *s.*, int. Wetterschlüssel *m.*

internet traffic *s.* (*rad.*), Querverkehr *m.*

interoceanic *adj.*, zwischen Weltmeeren (gelegen), (zwei) Weltmeere verbindend.

interphone system *s.*, Bordsprechanlage *f.*

interplanetary system *s.* (*astr.*), interplanetarisches System *n.*

interplay *s.* **of forces** (*phys.*), Wechselwirkung *f.* der Kräfte.

interpolar *adj.*, zwischen den Polen (gelegen), die Pole verbindend.

interrupted quick flashing light *s.*, unterbrochenes Funkelfeuer *n.*; **interruption** *s.* (*rad.*), (periodische) Unterbrechung *f.*, (*tech.*) Betriebsstörung *f.*

interscan *s.* (*radar*), Peilmeßstrich *m.*

intersect *v.*, (sich) kreuzen *od.* überschneiden (*Kurse, etc.*); **intersecting / angle** *s.*, Schnittwinkel *m.*; **– line** *s.*, Schnittlinie *f.*; **– plane** *s.*, Schnittebene *f.*; **– point** *s.*, Schnittpunkt *m.*

intersection *s.*, **angle (line, point) of –,** Schnittwinkel (-linie *f.*, -punkt *m.*) *m.*; **– of the axes,** Nullpunkt *m.* des Koordinatensystems; **– course** *s.*, Kollisionskurs *m.*

inter(-)ship / channel *s.* (*rad.*), Schiff-zu-Schiff-Kanal *m.*; **– frequency** *s.* (*rad.*), Schiff-zu-Schiff-Frequenz *f.*

intersidereal *adj.* (*astr.*), interstellar, zwischen den Sternen (befindlich).

interstellar *adj.*, (*s.* **intersidereal**).

interterritorial waters *s./pl.*, interterritoriale Gewässer (*pl.*).

intertidal *adj.*, zwischen Flut und Ebbe, zwischen den Gezeiten *od.* Tiden.

intertropical *adj.* (*geogr.*), zwischen den Wendekreisen (gelegen).

intertwine *v.*, **intertwist** *v.*, (sich) verflechten *od.* verschlingen; **intertwisted ropes** (*pl.*), verflochtenes *od.* verheddertes Tauwerk *n.*

inter-university boat race *s.* (*br.*), Wettrudern *n.* zwischen Universitäten.

interval *s.*, **at regular –s,** in regelmäßigen Intervallen *od.* Zeitabständen (*Leuchtfeuer*); **– signal** *s.* (*rad.*), Unterbrechungssignal *n.*, Pausenzeichen *n.*

intra-mercurial *adj.* (*astr.*), innerhalb der Merkurbahn (gelegen).

intra-tropical *adj.* (*geogr.*), innerhalb der Wendekreise.

introflexion *s.*, **inturn** *s.*, Einwärtsbiegung *f.*, -drehung *f.*, -krümmung *f.* (*Mast, etc.*).

inundation *s.*, Flut *f.*; Überflutung *f.*, Überschwemmung *f.*

invariable *s.* (*math.*), Konstante *f.*, unveränderliche Größe *f.*; *adj.*, beständig, unveränderlich (*Wetter*).

invasion *s.* (*meteor.*), Einbruch *m.*; **front of –,** Einbruchsfront *f.* (*Kaltluft, etc.*).

inventory *s.*, **sail –,** Segelinventar *n.*, -inventur *f.* (*eines Bootes*).

inverse / feed(-)back *s.* (*rad.*), Gegenkopplung *f.*, negative Rückkopplung *f.*; **– function** *s.*, inverse Hyperbelfunktion *f.*; **– proportion** *s.*, umgekehrtes Verhältnis *n.*

inversion *s.* (*meteor.*), (Boden)Inversion *f.*, Temperaturumkehr *f.*, (*phys.*) Inversion *f.*, Gegenteil *n.*; **– front** *s.* (*meteor.*), Inversionsfront *f.*

invert *s.* **(of a lock),** Schleusensohle *f.*; **inverted** *adj.*, **– engine,** Hängemotor *m.*; **– image** (*phys.*), Kehrbild *n.*, umgekehrtes Bild *n.*; **inverter** *s.*, **invertor** *s.* (*rad.*), Wechselrichter *m.*, Frequenzinverter *m.*

invisible *adj.* (*radar*), sehr undeutlich, kaum sichtbar.

invitation *s.* (*am.*, *rac.*), Ausschreibung *f.*; **invitational race** *s.*, Ausschreibungsregatta *f.*, -wettfahrt *f.*

inwale *s.*, Dollbord *n.*

inward / -bound boat *or* **ship** *s.*, heimwärts laufendes *od.* heimkehrendes Boot *n. od.* Schiff *n.*; **--turning propeller** *s.*, nach innen schlagender Propeller *m.*

ionic / atmosphere *s.* (*phys.*), Ionenwolke *f.*; **– valve** *s.*, Elektronenröhre *f.*, -ventil *n.*; **ionosphere** *s.* (*phys.*), Ionosphäre *f.*; **ionospheric wave** *s.* (*phys.*), Raumwelle *f.*

IOR / (-)classes *s./pl.*, IOR-Klassen *f./pl.*; **– race** *or* **racing** *s.*, IOR-Regatta *f.*; **– sail limitation** *s.*, IOR-Segellimitierung *f.*, -beschränkung *f.*; **– Rule** *s.*, IOR-Formel *f.*; **– yacht** *s.*, IOR-(Renn)Yacht *f.*

iris *s.*, Regenbogen *m.*

Irish pennant *s.* (*coll.*), aufgedröseltes (Tau)Ende *n.*, unseemännisch aufgeschossenes *od.* herumliegendes Tauwerk *n.*

iron *s.*, **grappling –,** Dregg-, Quirlanker *m.*; Enterhaken *m.*; **rudder –s** (*pl.*), Ruderbeschlag *m.*; **sheer –,** Strakgewicht *n.*; **soldering –,** Lötkolben *m.*; **in(to) –s,** im Wind, nicht wende- *od.* manövrierfähig; **to be in –s,** sich feststampfen (*Boot*); **iron / -bound coast** *s.*, felsige *od.* zerklüftete Küste *f.*; **--bound ground** *s.*, Riffgrund *m.*; **--clad ship** *s.*, eisenbeschlagenes *od.* gepanzertes Schiff *n.*; **– construction** *s.*, Eisenkonstruktion *f.* (*Schiffbau*); **– kentledge** *s.*, Ballasteisen *n.*; **– minium** *s.*, Mennige *f.* (*Korrosionsschutzfarbe f. Unterwasserschiff*).

irradation *s.*, Leuchten *n.*, Scheinen *n.* (Aus)-Strahlen *n.*, (Licht)Strahl *m.* (*Leuchtfeuer, etc.*), Lichthofbildung *f.*

irreducible *adj.*, **the – minimum,** das absolute Minimum **(of,** an).

irregular *adj.*, **at – intervals,** in unregelmäßigen

Abständen (*Funksignal, Leuchtfeuer, etc.*).
irreversible *adj.* (*tech.*), nicht umkehr- *od.* umsteuerbar, irreversibel, (*elec.*) selbstsperrend.
irrotational flow *s.* (*phys.*), drallfreie Strömung *f.*
irruption *s.* **of water,** Wassereinbruch *m.*
isallobar *s.* (*meteor.*), Isallobare *f.* (*Linie f. gleichen Luftdruckwechsels*); **isallotherm** *s.* (*meteor.*), Isallotherme *f.*
isanomal *s.* (*meteor.*), Isanomale *f.* (*Linie f. gleicher Abweichung von Normalwerten*).
Isherwood framing *s.*, Isherwood-Bauart *f.*, Längsspantenkonstruktion *f.*
island *s.* (*geogr.*), Insel *f.*, (*naut.*) Insel *f.*, Aufbau *m.*; **floating – (of ice),** schwimmende Eisinsel *f.*, Eisberg *m.*; **three – ship** *s.*, Dreiinselschiff *n.*; **– arc** *s.* (*geogr.*), Inselbogen *m.*; **– chain** *s.* (*geogr.*), Inselkette *f.*; **islandless** *adj.*, insellos, ohne Insel(n); **island universe** *s.* (*astr.*), Milchstraßensystem *n.*
isle *s.*, Insel *f.*; **islet** *s.*, kleine Insel *f.*, Inselchen *n.*, Flußinsel *f.*
isobar *s.* (*meteor.*), Isobare *f.*, (*Linie f. gleichen Luftdrucks*); **isobaric / chart** *s.*, Isobarenkarte *f.*; **– slope** *s.*, Druckgefälle *f.*
isobath *s.* (*geogr.*), Isobathe *f.*, Tiefenlinie *f.* (*Linie f. gleicher Wassertiefe*).
isobront *s.* (*meteor.*), Isobronte *f.* (*Linie f. gleicher Gewitterfronten*); **isobrontal chart** *s.*, Isobrontenkarte *f.*
isochasm *s.* (*geogr.*), Isochasme *f.* (*Linie f. gleicher Polarlichthäufigkeit*).
isocheim *s.*, **isochime** *s.* (*meteor.*), Isochimene *f.* (*Linie f. gleicher mittlerer Wintertemperaturen*).
isochron *s.* (*phys.*), Isochrone *f.* (*Linie f. gleicher Zeitdauer od. gleichzeitiger Erscheinungen*); **isochronal** *or* **isochronous** *adj.* (*phys.*), isochron, gleich lange Zeit dauernd, in gleichen Zeitabständen auftretend; **isochronism** *s.* (*phys.*), Isochronismus *m.* (*gleiche Schwingungsdauer f.*).
isoclinal *adj.* (*phys.*), isoklinisch, von gleicher Inklination (*Magnetnadel*); **– line** *s.*, Isokline *f.* (*Linie f. von gleicher Inklination*).
isocosm *s.* (*phys.*), Linie *f.* gleicher kosmischer Strahlungsintensität.
isocryme *s.* (*meteor.*), Isokryme *f.* (*Linie f. gleicher mittlerer Kälte*).
isodynamic line *s.* (*phys.*), Isodyname *f.* (*Linie f. gleicher magnetischer Feldstärke od. gleicher Stärke des Erdmagnetismus*).
isogonal *or* **isogonic** *adj.* (*phys.*), von gleicher magnetischer Deklination; **– line** *s.*, Isogone *f.* (*Linie f. gleicher erdmagnetischer Mißweisung od. Ortsmißweisung*).
isogram *s.* (*meteor.*), Isogramm *n.* (*Linie f. gleicher klimatischer Verhältnisse*).
isohaline *s.* (*phys.*), Isohaline *f.* (*Linie f. gleichen Salzgehalts des See- od. Meereswassers*).
isohel *s.* (*meteor.*), Isohelie *f.* (*Linie f. gleicher Sonneneinstrahlung*).
isolate *v.* (*elec., phys.*), isolieren; **isolation** *s.* (*elec., phys.*), Isolation *f.*, Isolierung *f.*
isomagnetic line *s.* (*geogr.*), isomagnetische Kurve *f.* (*Linie f. gleicher erdmagnetischer Werte*).
isometry *s.* (*geogr.*), Höhengleichheit *f.*
isoneph *s.* (*meteor.*), Isonephe *f.* (*Linie f. gleicher Bewölkung*).
isoseismal *s. or* **isoseismic** *s.*, Isoseiste *f.* (*Linie f. gleicher Erd- od. Seebebenerschütterungen*).
isostatic *adj.*, in hydrostatischem Gleichgewicht.
isotache *s.* (*meteor.*), Isotache *f.* (*Linie f. gleicher Windgeschwindigkeiten*).
isotheral *s.* (*meteor.*), Isothere *f.* (*Linie f. gleicher mittlerer Sonnenwärme*).
isotherm *s.* (*meteor.*), Isotherme *f.* (*Linie f. gleicher Temperatur*); **isothermal line** *s.*, Isotherme *f.*
isthmus *s.* (*pl.* **-muses** *or* **-mi**) (*geogr.*), Isthmus *m.*, Landenge *f.*
item *s.*, einzelner Gegenstand *m. od.* Posten *m.*, Artikel *m.*, Position *f.* (*auf einer Liste zum Einklarieren*).
IYRU / Chief Measurer *s.*, IYRU-Hauptvermesser *m.*; **– sail measurement** *s.*, IYRU-Segelvermessung *f.*; **– (Sail) Measurement Committee** *s.*, IYRU-(Segel)Vermessungskomitee *n.*; **– (sail) measurement instructions** (*pl.*), IYRU-(Segel)Vermessungsregeln *od.* -vorschriften *f./pl.*; **– (sail) measurement rules** (*pl.*) *or* **construction rules** (*pl.*), IYRU-(Segel-)Vermessungsregeln (*pl.*) *od.* -Bauvorschriften (*pl.*).

J

jack *s.*, Gösch *f.*, Bugflagge *f.*, (kleine) Flagge *f.* (*zu Signalzwecken od. zur Angabe der Nationalität*), Oberbramsaling *f.*, (*coll.*) (*also* **J–**) Matrose *m.*, Seemann *m.*, (*tech.*) Hebevorrichtung *f.*, (Hebe)Winde *f.*, Bock *m.*; **lazy –,** Fangleine *f.*, Faulenzer *m.*; **pilot's –,** Lotsenflagge *f.*; **Union J–,** englische Nationalflagge *f.*; **yellow –,** Quarantäneflagge *f.*, gelbe

Flagge *f.*; *v.*, **to – up,** auf-, hochwinden.
jackass *s.*, Klüsenpfropfen *m.*, Leckstopfbeutel *m.*; **– brig** *or* **schooner** *s.*, Zweimastsegelschoner *m.*; **– rig** *s.*, Patenttakelung *f.*
jack / boots *s./pl.*, (hohe) Wasserstiefel *m./pl.*; **– cross-tree** *s.*, Saling *f.*
jacket *s.* (*tech.*), Mantel *m.*, Muffe *f.*, Umwicklung *f.*; (Wärme)Isolierung *f.*; **jacketing** *s.* (*tech.*), Mantel-, Umhüllungs-, Be- *od.* Verkleidungsmaterial *n.*
jack / flag *s.*, Gösch *f.*; **J– Frost** *s.* (*coll.*), Winter *m.*
jacking *s.* (*am.*), Lichtfischerei *f.*
jack / knife *s.*, Bordmesser *n.*; **– ladder** *s.*, Jakobsleiter *f.*, Seefallreep *n.*, Lotsenleiter *f.*, -reep *n.*; **– line** *s.*, Reffleine *f.*, Jackstag(s)-bändsel *n.*
jackling *s.*, Rutscher *m.* (*auf Leine*).
jack / -o'-lantern *s.*, Elmsfeuer *n.*; **–pin** *s.*, Belegnagel *m.*; **– rope** *s.*, (Binde)Reffleine *f.*, Reihleine *f.*; **– screw** *s.* (*tech.*), Schraubenwinde *f.*, Hebeschraube *f.*; **– staff** *s.*, Gösch-, Bugflaggenstock *m.*; **–stay** *s.*, Jackstag *n.*; **–stay strut** *s.*, Jumpstagspreize *f.*; **– tar** *s.*, **J–Tar** *s.* (*coll.*), Teerjacke *f.*, Maat *m.*; **– topsail** *s.*, Rah-, Vierkanttoppsegel *n.*; **–(-)yard** *s.*, Fuß-, Schotrah *f.*; **–yard topsail** *s.*, Rah-, Vierkanttoppsegel *n.*
jacky *s.* (*hum.*), Wasserratte *f.*, Seemann *m.*
Jacob's / ladder *s.*, Jakobsleiter *f.*, Seefallreep *n.*, Lotsenleiter *f.*, -reep *n.*; **– staff** *s.*, Jakobsstab *m.* (*Höhenwinkelmesser*).
jag *v.*, (*Tau*) in Buchten legen.
jagged *adj.*, **– coast,** zerklüftete Küste *f.*; **– cliffs,** schroffe Klippen *f. / pl.*
jam *s.* (*rad.*), Stören *n.*, (*tech.*) Blockieren *n.*, Klemmen *n.*; *v.*, bekneifen (*Tau*), (*am.*) dicht an den Wind gehen, (*rad.*) (*durch Störsender*) absichtlich stören *od.* unverständlich machen, (*tech.*) blockieren, (fest)klemmen, sich verklemmen, sich festfressen; **– cleat** *s.*, Kneifklampe *f.*; Rohrklemme *f.*; Schotklemme *f.*; **jammed** *adj.*, **the rudder is –!** (*int.*), Ruder klemmt!; **jamming** *s.* (*rad.*), (Funk-, Peil)-Störung *f.*, Stören *n.* (*durch Störsender*), (*tech.*) (Ver)Klemmung *f.*, Festklemmen *n.*, Festfressen *n.*, Hemmung *f.*, Stockung *f.*; **– station** *s.* (*rad.*), Störfunkstelle *f.*; **– transmitter** *s.* (*rad.*), Störsender *m.*
jarrah *s.*, Dscharrah-Holz *n.*, australisches Mahagoni(holz) *n.* (*Bootsausrüstung*).
jaw *s.* (*naut.*), Gaffelklau(e) *f.*, Gaffelschuh *m.*, (*tech.*) Backe *f.*, Backen *m.*, Klaue *f.*, Maul *n.*, (*Scots*) Welle *f.*, Woge *f.*; **gaff –, – of the gaff,** Gaffelklau(e) *f.*, -schuh *m.*; *v.*, (aus)-scheren (*Boot, Tau*); (*Scots*) spritzen (*Spritzwasser*); **– coupling** *s.*, Klauenkupplung *f.*; **– parrel** *s.*, Racktau *n.*
J dimension *s.* **(of a sail),** J-Mass *n.*, das Maß J (eines Segels).
jeer *s.*, Fall-, Rah-, Schwerttakel *n.*; **– bitts** (*pl.*), Rahtakelpoller *m.*; **– block** *s.*, Rahtakelblock *m.*; **– fall** *s.*, Rahtakelfall *n.*
jenny *s.*, beweglicher Kran *m.*, Laufkran *m.* (*im Bootshafen, etc.*).
jerk *s.*, plötzlicher Ruck *m.* *od.* Stoß *m.*; Wurf *m.*, Zug *m.*; *v.*, ruckweise pullen *od.* reißen *od.* ziehen; schleudern (*Lot*).
jerque *s.* (*naut.*), (*Schiffspapiere*) zollamtlich überprüfen *od.* untersuchen; **jerquing** *s.*, Zolldurchsuchung *f.*, -untersuchung *f.*
jerry-can *s.* (*sl.*), Benzinbehälter *m.*
jet *s.* (*tech.*), Düse *f.*, Strahlrohr *n.*; Wasserstrahl *m.*; **–-propelled** *adj.*, mit Düsenantrieb; **– pump** *s.*, Strahlpumpe *f.*
jetsam *s.* (*naut.*), Seewurf(gut *n.*) *m.*; Strandgut *n.*, -trift *f.*; **flotsam and –,** (treibendes) Wrack- und Strandgut *n.*, seetriftiges Gut *n.*
jet stream *s.* (*meteor.*), Strahlströmung *f.*
jettison *s.*, Seewurf *m.*, Überbordwerfen *n.* (*Ballast, etc.*); **– and washing overboard** (*ins.*), Seewurf und Überbordspülen; *v.*, seewerfen, über Bord werfen; **jettisonable** *adj.*, seewerfbar, über Bord zu werfen(d).
jetty *s.*, Anleger *m.*, Anlegebrücke *f.*, -steg *m.*, -stelle *f.*, Bootssteg *m.*; Landungsbrücke *f.*, -platz *m.*, -steg *m.*; Brücke *f.*; Hafendamm *m.*, Mole *f.*, Außenpier *m.*, kleiner Pier *m.*; Buhne *f.*, Leitdamm *m.*, Strömungsschutz *m.*, Stromwellenbrecher *m.* (*an Landungsbrücken, etc.*).
jewel cap *s.*, Kompaßhütchen *n.*; **jewelled** *adj.* **bearing,** Steinträger *m.* (*am Kompaß*).
jew(')s harp *s.*, **Jew's harp** *s.*, Anker-, Buchtschäkel *m.*
jib *s.*, Fock *f.*, Stagfock *f.*, Klüver *m.*, (*tech.*) (Kran)Ausleger *m.*; **balloon –,** Kreuzballon *m.*; **boom –,** Baumfock *f.*; **flying** *or* **outer –,** Außenklüver *m.*, Jager *m.* (*Stagsegel*); **furling –,** Rollfock *f.*; **furling gear for –,** Fockroller *m.*; **inner –,** (B)Innenklüver *m.*; **spider(-)web –,** Spinnwebenschnitt *m.* (*Vorsegel*); **sprit –,** Spriet-, Spreizfock *f.*; **storm –,** Sturmfock *f.*; **wishbone –,** Spreizfock *f.*; **– battens** (*pl.*), Focklatten *f./pl.*; **– boom** *s.*, Fock-, Klüverbaum *m.*; **– downhaul** *s.*, Fockniederholer *m.*, Klüverniederholer *m.*
jibe *s.*, Drehen *n.*, Durchkaien *n.*, Giepen *n.*, Umlegen *n.* (*eines Segels*); *v.*, giepen, sich drehen *od.* umlegen (*Segel*), die Segel vor dem

Wind übergehen lassen, den Kurs ändern, halsen, durchkaien; – **sail** *s.*, Giepsegel *n.*

jib / fairlead *s.*, Fockschotleitöse *f.*, -wagen *m.*; – **foresail** *s.*, Stagfock *f.*; – **guy** *s.*, Bugstag *n.*, Klüverbackstag *n.*; – **halyard** *s.*, Fock-, Klüverfall *n.*; – **halyard winch** *s.*, Fockfallwinsch *f.*; – **hanks** (*pl.*), Fockstagreiter *m./pl.*; – **hauling point** *s.*, Fockholepunkt *m.*; – **head** *s.*, Klüverkopf *m.*; –-**headed ketch** *s.*, Ketsch *f.* mit Hochtakelung, hochgetakelte Ketsch *f.*; –-**headed mainsail** *s.*, Hochsegel *n.*; –-**headed rig** *s.*, Hochtakelung *f.*; –-**headed sail** *s.*, Hochsegel *n.*; –-**headed sloop** *s.*, Slup *f.* mit Hochtakelung, hochgetakelte Slup *f.*; –-**headed topsail** *s.*, Dreikant-, Stengetoppsegel *n.*

jibing *s.*, Halsen *n.*, (*s.* **gybe, gybing**).

jib / inhaul(er) *s.*, Fockeinholer *m.*; – **lacing** *s.*, Fock-, Klüverreihleine *f.*; – **lead** *s.*, Fockholepunkt *m.*; – **luff** *s.*, Fockvorliek *n.*, Stagliek *n.*; – **net(ting)** *s.*, Klüverbaumnetz *n.*; – **outhaul** *s.*, Fock-, Klüverausholer *m.*; – **pole** *s.*, Fockbaum *m.*; – **reef** *s.*, Fockreff *n.*; – **reef row** *s.*, Fockreffreihe *f.*; – **sail** *s.*, Klüver *m.*; – **sheet** *s.*, Fock-, Klüverschot *f.*; – **sheet off!** (*int.*), Fockschot frei!; – **sheet tight** *or* **taut!** (*int.*); Fockschot an *od.* dicht!; – **sheet block** *s.*, Fockschotblock *m.*; – **sheet hauling point** *s.*, Fockschotholepunkt *m.*; – **sheeting** *s.*, das Schoten der Fock; – **sheet winch** *s.*, Fockschotwinsch *f.*; – **stay** *s.*, Fockstag *n.*; – **tack** *s.*, Fock-, Klüverhals *m.*; – **topsail** *s.*, Jager *m.*, Klüvertoppsegel *n.*; – **triangle** *s.*, Vorsegeldreieck *n.*

jiffy reef *s.*, Binde-, Schnellreff *n.*; – **reef row** *s.*, Binde-, Schnellreffreihe *f.*

jig *s.* (*naut.*), Handtalje *f.*, Strecker *m.*, (*tech.*) Einstell-, Spannvorrichtung *f.*

jigger *s.*, Besan *m.*, kleines Hecksegel *n.*, Besan-, Kreuzsegel *n.*, Treiber *m.*, Jigger *m.*; Handtalje *f.*; Jollentau *n.*; kleines Boot *n.* mit Jollentakelung; –-**boom topping lift** *s.*, Besandirk *f.*; – **bowline** *s.*, Kreuzbulin *f.*; – **bumpkin** *s.*, Treiberbaum *m.*; – **mast** *s.*, Besan-, Jigger-, Kreuz-, Treibermast *m.*; – **rigging** *s.*, Kreuzwanten (*pl.*); – **royal** *s.*, Kreuzroyalsegel *n.*; – **sail** *s.*, Besan-, Kreuzsegel *n.*, Treiber *m.*; – **sheet** *s.*, Besanschot *f.*; – **stay** *s.*, Kreuzstag *n.*; – **staysail** *s.*, Kreuzstagsegel *n.*; – **topgallant** *s.*, Kreuzbram *f.*; – **topmast** *s.*, Kreuzstenge *f.*; – **topsail** *s.*, Kreuzmarssegel *n.*, Treibertoppsegel *n.*; – **topsail yard** *s.*, Kreuzmarsrah *f.*

Jock *s.* (*coll.*, *naut.*), Matrose *m.*; Schotte *m.*

jockey / boom *s.*, Jockeybaum *m.*; – **pole** *s.*, Jockeybaum *m.*, Spinnakerausleger *m.*; – **pulley** *s.*, Leit-, Spannrolle *f.*

jog *v.*, **to – along,** gemütlich *od.* langsam dahinsegeln, kaum Fahrt machen; **jogging** *s.*, langsames Dahinlaufen *n.* (*Boot*), Unterbrechen *n.* des Fischens wegen schwerer See.

joggle *s.* (*tech.*), Vorstecker *m.*, Nut *f.*, (Verbindungs)Pflock *m.*, Zapfen *m.*; – **shackle** *s.*, Vertäu(leinen)schäkel *m.*

John Armstrong *s.* (*naut.*, *sl.*), Saft *m.*, Schmalz *n.* (*Muskelkraft*).

johnboat *s.* (*am.*), Prahm *m.*, Leichter *m.*

join *s.* (*tech.*), Verbindung(sstelle) *f.*, Verbindungslinie *f.*, Fuge *f.*, Naht *f.*; *v.* (*tech.*), verbinden; **to – a boat,** ein Boot einholen und mitlaufen; anheuern; sich einschiffen *od.* an Bord begeben; **joined** *adj.*, fugendicht, gefugt.

joining *s.* (*tech.*), Verbindung(sstück *n.*) *f.*, Anschluß-, Gelenkstück *n.*; Verband *m.* (*Bootsbau*), Fuge *f.*, Naht *f.*; – **piece** *s.* (*tech.*), Ansatzstück *n.*; – **shackle** *s.*, Ankerketten-, Verbindungsschäkel *m.*; – **sleeve** *s.*, Verbindungsmuffe *f.*

joint *s.* (*naut.*), Schäftung *f.*, Verleimung *f.* (*Bootsbau*), (*tech.*) Naht *f.*, Fuge *f.*, Gelenk *n.*, Stoß *m.*, Verband *m.*, Verbindung(sstück *n.*, -stelle *f.*) *f.*; **ball and socket –,** Kugelgelenk *n.*; **bond –,** Längs-, Querverband *m.* (*Bootsbau*); **cardan** *or* **universal –,** Kardangelenk *n.*; **knee** *or* **toggle –,** Kniegelenk *n.* (*Bootsbau*); **riveted –,** Nietung *f.*; **soldered –,** Lötnaht *f.*; *v.*, schäften, verleimen, verbinden, fugen, verzapfen (*Bootsbau*); – **bolt** *s.*, Verbindungsbolzen *m.*; – **coupling** *s.*, Gelenkkupplung *f.*; **jointer's vice** *s.*, Spleißblock *m.*

joint ownership *s.* (*naut.*), Miteigner *m.*, Mit- *od.* Parteigentümer *m.*, Mitreederei *f.*

joint / packing *s.* (*tech.*), Flansch(en)dichtung *f.*

joint sailer *s.*, Mitsegler *m.* (*Boot od. Schiff*).

jolly *s.* (*br.*, *sl.*), Marinesoldat *m.*; – **boat** *s.*, Jolle *f.*; – **cruiser** *s.* (*rare*), Jollenkreuzer *m.*; **J– Roger** *s.*, (schwarze) Piratenflagge *f.*, Totenkopfflagge *f.*; *adj.*, **a – day (for a sail),** – **weather (for a sail),** Pfunds(segel)wetter *n.*

joule *s.* (*elec.*), Joule *n.* (*1 Wattsekunde*); –**meter** *s.* (*elec.*, *phys.*), in Joule geeichtes Meßgerät.

journal *s.* (*tech.*), (Lager)Zapfen *m.*, Wellenzapfen *m.*; **(ship's) –,** Log(buch) *n.*, Schiffstagebuch *n.*, -journal *n.*; – **bearing** *s.* (*tech.*), Zapfenlager *n.*

journeyman *s.*, – **clock** *s.* (*astr.*), Hilfs-, Kontrolluhr *f.*

juice *s.* (*sl.*), Sprit, Treibstoff *m.*

juiciness *s.* (*coll.*), Nässe *f.* (*Wetter*); **juicy** *adj.*,

a – day, ein verregneter Tag *m.*
jumbo *s.* (*am.*), Stagfock *f.* (*eines Schoners*); **– boom** *s.*, Stagfockbaum *m.*
jump *s.* (*rac., am.*), Vorgabe *f.*, Vorteil *m.*
jump *v.* (*naut.*), jumpen, springen, (*tech.*) stauchen.
jumper *s.*, Preventer(tau *n.*) *m.*; **– stay** *s.*, Genick-, Knick-, Jump-, Springstag *n.*, Preventerstag *n.*, Signalstag *n.*; **– stay spreader** *s.*, Jump-, Springstagspreize *f.*
jump / board *s.* (*surf.*), Jump-, Springboard *od.* -brett *n.*; **– sail** *s.*, Jump-, Springsegel *n.*
junction *s.* (*tech.*), Fuge *f.*, Naht *f.*, Lötstelle *f.*; **– buoy** *s.*, Kreuz(ungs)boje *f.*, -tonne *f.*; **– piece** *s.* (*tech.*), Verbindungsstück *n.*; **juncture** *s.* (*tech.*), Naht *f.*, Fuge *f.*, Verbindungsstelle *f.*, -stück *n.*, Gelenk *n.*
Junior / Offshore Group *s.*, Hochseesegler-Juniorengruppe *f.*; **j– champion** *s.* (*spt.*), Junioren-, Jugendmeister *m.*; **j– championship** *s.* (*spt.*), Junioren-, Jugendmeisterschaft *f.*
junk *s.*[1], Dschunke *f.*, Dschonke *f.* (*chines. Segelschiff*).
junk *s.*[2] (*naut.*), altes Tauwerk *n.*, alte Tauwerkreste *m./pl.*, (*naut., sl.*) zähes Pökelfleisch *n.*; **– ring** *s.* (*tech.*), Dichtungsring *m.*
jurisdiction *s.*, **maritime –,** Seegerichtsbarkeit *f.*
jury *s.* (*naut., rac.*), Jury *f.*, Ausschuß *m.*, Preisrichter(ausschuß *m.*) (*pl.*), Preisgericht *n.*; **International J–,** Internationaler Wettfahrtausschuß *m.*
jury *adj.* (*naut.*), Ersatz-, Hilfs-, Not-; **– anchor** *s.*, Hilfs-, Notanker *m.*; **– mast** *s.*, Notmast *m.*, behelfsmäßig geriggter Mast *m.*; **– rig** *s.*, Nottakelung *f.*, behelfsmäßige Takelung *f.*; **–-rigged** *adj.*, mit Nottakelage (ausgerüstet), behelfsmäßig getakelt; **– rudder** *s.*, Notruder *n.*, behelfsmäßige Steuervorrichtung *f.*; **– sail** *s.*, Notsegel *n.*, behelfsmäßige Besegelung *f.*; **– topmast** *s.*, Notstenge *f.*
justify *v.* (*rad.*), abgleichen; (*tech.*) richten, richtigstellen, justieren.
jut *v.*, **to – out,** ausbauchen (*Segel*), vorspringen, hinausragen (*Bug*).
jutty *s.*, (*s.* **jetty**).

K

katabatic *adj.* (*meteor.*), abwärtsströmend, fallend; **– wind** *s.*, Fallwind *m.*, Abwind *m.*; **katathermometer** *s.*, Katathermometer *n.*
kayak *s.*, Eskimoboot *n.* (*Sportboot*), Kajak *m.*, Paddelboot *n.*
keckle *v.*, (*Taue*) schladden, mit altem Tauwerk (*gegen das Schamfilen*) bekleiden; **keckling** *s.*, Schladding *f.* (*altes Tauwerk zum Bekleiden von Kabeln und Trossen*).
kedge *s.*, Warp-, Wurfanker *m.*; *v.t.*, verholen, warpen (*mit Hilfe eines Warpankers*); *v.i.*, sich verwarpen; **– anchor** *s.*, Spring-, Verhol-, Warp-, Wurfanker *m.*; **– buoy** *s.*, Verholtonne *f.*; **kedger** *s.*, Schlepp-, Warp-, Wurfanker *m.*; **kedging** *s.*, Warpen *n.*; **kedge rope** *s.*, Warp-, Wurfankertau *n.*
keel *s.*, Kiel *m.*; Boot *n.*, Schiff *n.*; L(e)ichter *m.*, Schute *f.*, flaches Kohlenschiff *n.*; **ballast –,** Ballastkiel *m.*; **bilge –,** Kimm-, Schlingerkiel *m.*; **bulb –,** Wulstkiel *m.*; **drop –,** Kielschwert *n.*; **false** *or* **shoe of a –,** Loskiel *m.*; **fin –,** Kielflosse *f.*; **lead –,** Bleikiel *m.*; **lifting –,** Hubkiel *m.*; **middle –,** Mittelkiel *m.*; **retractable –,** Einholekiel *m.*; **length of –,** Kiellänge *f.*; **on (an) even –,** auf ebenem Kiel, gleichlastig (*Boot*); **to lay down the –,** den Kiel legen *od.* strecken; *v.t.*, **to – over** *or* **up,** kielobenlegen, umkippen, umwerfen (*Boot*); *v.i.*, kentern, umschlagen; kielobenliegen; **keelage** *s.*, Kielgeld *n.*, Hafen-, Liegeplatzgebühren (*pl.*).
keel / and centreboard (*am.* **centerboard**) **boat** *or* **yacht** *s.*, Kielschwerter *m.*, Kielschwertboot *n.*, -yacht *f.*; **– and centreboard cruiser** *s.*, Kielschwertkreuzer *m.*; **– batten** *s.*, Pallholz *n.*; **– block** *s.*, Kielblock *m.*, -klotz *m.*, -palle *f.*, -stapel *m.*, Palle *f.*, Pallholz *n.*; **– boat** *s.*, Kielboot *n.*, -yacht *f.*; (*am.*) (*Art*) Leichter *m.*; **– bolt** *s.*, Kielbolzen *m.*; **– bully** *s.* (*am., sl.*) Leichterführer *m.*; **– cruiser** *s.*, Kielkreuzer *m.*; **– diagonal** *s.*, Kielsente *f.*; **keeled boat** *s.*, Kielboot *n.*, -yacht *f.*
keeler *s.*, Kielboot *n.*, -yacht *f.*, Kieler *m.*; Kalfaterfaß *n.*, (*am.*) Leichterführer *m.*; **bilge –,** Kimmkieler *m.*, Dreikieler *m.*; **fin –,** Flossenkieler *m.* (*Boot*).
keel / fin *s.*, Kielflosse *f.*; **– flap** *s.*, Kielklappe *f.*
keel / haul *s.*, Kielholen *n.*; **to –haul** *v.*, kielholen (lassen); **–-laying** *s.*, Kiellegung *f.*, -streckung *f.*; **– line** *s.*, Kiellinie *f.*, Mittschiffslinie *f.*; **–over** *adj.*, kieloben; **to be –over,** Kielobengelegt, umgekippt *od.* umgelegt (*Boot*); gekentert, umgeschlagen, umgekippt; Kielobenliegend; **– piece** *s.*, Kielstück *n.*; **– plate** *s.*, Kielplatte *f.*; **– rabbet** *s.*, Kielsponung *f.*, -spundung *f.*
keelson *s.* (*am.*), (*s.* **kelson**).

keel/shoe *s.*, Kielschuh *m.*, Loskiel *m.*; **– shore** *s.*, Kielstütze *f.*; **– slab** *s.*, Kielschiene *f.*; **– upwards** *adv.*, kieloben; **– yacht** *s.*, Kielyacht *f.*

keen *adj.*, scharf (*Wind*), schneidend (*Kälte*), (*rac.*) heiß; **to be a – sailor, to be – on sailing,** ein Sportsegler *od.* ein begeisterter Segler *od.* ein heißer Regattasegler sein; **– edged** *adj.*, scharfkantig.

keep *v.*, halten (*Kurs, etc.*), pflegen, warten (*Segel, etc.*); **the weather will –,** das Wetter wird sich halten; **– clear off!** (*int.*), Wahrschau!; **to – aback (sails),** (Segel) backhalten *od.* back halten; **to – ahead,** sich voraus halten; **to – astern,** sich achteraus halten; **to – away from,** abhalten von (*Boot*); **to – back from,** ab-, weghalten von (*Boot*); **to – clear,** ausweichen, klar halten; **to – clear of,** ab-, freihalten von (*Küste, etc.*), wahrschauen; **to – in readiness,** klar halten, in Bereitschaft halten; **to – off,** ab-, klar-, weghalten (*Boot*); **to – out of the way,** ausweichen, Raum geben (*Boot*); **to – to port (starboard),** nach Backbord (Steuerbord) halten; **to – to the shore** *or* **land,** unter Land bleiben; **to – within hail,** in Hör- *od.* Rufweite bleiben; **to – within sight,** in Sicht(weite) bleiben; **to – (with)in touch,** in Verbindung bleiben (**with,** mit); **to – attention,** wahrschauen; **to – the boat** (*or* **her**) **away,** das Boot abhalten (von); **to – (the) course,** (den) Kurs halten; **to – the dead reckoning,** koppeln; **to – head to the sea,** gegen die See halten; **to – headway,** Fahrt *f.* voraus beibehalten; **to – the land aboard,** sich unter Land halten; **to – the log,** das Logbuch führen; **to – lookout,** Ausguck halten; **to – the luff,** die Luv halten; **to – the offing,** gut frei *od.* klar von Land halten; **to – the reckoning,** mitkoppeln; **to – steerageway,** steuerfähig bleiben (*Boot*); **to – watch** *or* **on (the) wave** (*rad.*), hörbereit sein *od.* bleiben; **to – the wind,** die Luv halten, (sich) am *od.* beim Wind halten.

keeper *s.* (*tech.*), Halter *m.*, Schutzring *m.*, Magnetanker *m.*; Konter-, Gegenmutter *f.*

keeping *adj.*, **course – boat** *or* **ship** *or* **vessel,** Kurshalter *m.*

keg buoy *s.*, Faßtonne *f.*

kelp *s.*, Masse *f.* Seetang.

kelson *s.*, Kielschwein *n.*, Binnenkiel *m.*; **bilge –,** Kimmkielschwein *n.*

Kelvin *s.* (*phys.*), Kelvin (*Basiseinheit f. Temperatur*); **– scale** *s.*, Kelvinsche Skala *f.*, Temperaturskala *f.*

Kemal's staff *s.*, Kemalstab *m.* (*Höhenwinkelmesser*).

ken *s.*, Sicht(weite) *f.*, Gesichtsfeld *n.*, -kreis *m.*

kent *v.* (*Scots*), (*Boot*) staken, mit einem Staken fortbewegen.

kenter shackle *s.*, Kenter-, Patentschäkel *m.*

kentledge *s.* (*naut.*), Ballasteisen *n.*

kep *s.* (*Scots*), (Fisch)Zug *m.*

Kepler's laws *s./pl.* (*astr.*), die Keplerschen Gesetze *n./pl.* (*über die Planetenbahnen*).

kerosene *s.*, Lampenpetroleum *n.*; **– oil** *s.*, Petroleum *n.*

ketch *s.*, Ketsch *f.*, Anderthalbmaster *m.* (*mit Schratsegeln*), Besankutter *m.*; **cat-rigged –,** Catketsch *f.*; **gaff –,** Gaffelketsch *f.*; **schooner –,** Schonerketsch *f.*, -yawl *f.*, Zweieinhalbmaster *m.*; **staysail –,** Stagsegelketsch *f.*; **wishbone –,** Spreizgaffelketsch *f.*; **– rig** *s.*, Ketschtakelung *f.*; **–-rigged** *adj.*, mit Ketschtakelung, ketschgetakelt; **–-rigged (sailing) barge** *s.*, Besanewer *m.*

kevel *s.*, große Belegklampe *f.*, Horn-, Kreuzklampe *f.*; **– head** *s.*, Kreuzpoller *m.*

key *s.*, (Morse)Taste *f.*, (*elec.*, *rad.*) Druckknopf *m.*, -kontakt *m.*, (*tech.*) Bolzen *m.*, Keil *m.*, Splint *m.*, Vorsteckbolzen *m.*; Schraubenschlüssel *m.*, (*geogr.*) Inselchen *n.*, Riff *n.*, Sandbank *f.*; Zeichenerklärung *f.*, -schlüssel *m.* (*Seekarte, etc.*); **weather –,** Wetterschlüssel *m.*; *v.* (*rad.*), morsen, tasten, (*tech.*) befestigen, fest-, verkeilen; **to – in** *or* **on,** Keile einsetzen; **to – off,** (die) Keile entfernen.

key/board sender *s.* (*rad.*), Tastengeber *m.*; **– bolt** *s.*, Splint(bolzen) *m.*; **– chart** *s.* (*meteor.*), Monatskarte *f.*; **– pin shackle** *s.*, Schlüsselschäkel *m.*; **– station** *s.* (*rad.*, *am.*), Hauptfunkstelle *f.*, -station *f.*; **– transmitter** *s.* (*rad.*), Tastengeber *m.*; **– word** *s.* (*rad.*), Kennung *f.*, Kennwort *n.*; **–way** *s.* (*tech.*), Keilweg *m.*, -nut(e) *f.*

kick *s.*, Ausscheren *n.* (*des Bootes*), Ausschlag *m.* des Hecks beim Ruderlegen, Ruderausschlag *m.*; **–(-)down** *s.*, Eselsrücken *m.* (*auf Seekreuzern*).

kicker *s.* (*naut.*), Hilfsmotor *m.*; Baumniederholer *m.*; Stander *m.*; **pennant –,** Standergei *f.*; **– lever** *s.*, Niederhalter-Spannhebel *m.*

kicking strap *s.*, Baumniederhalter *m.*, -holer *m.*, Niederhalter *m.*, Niederholer *m.*, Bullentalje *f.*; **main boom –,** Großbaum-Niederhalter *m.*; **spinnaker boom** *or* **pole –,** Spinnakerbaum-Niederhalter *m.*; **– tackle** *s.*, Baumniederholertalje *f.*, Bullentalje *f.*

kicking-up *s.* (*am.*, *sl.*), Dampfer *m.* mit Heckschaufelrad.

kid *s.* (*naut.*), (flache) Back(schüssel) *f.*

kiddle *s.*, Fischreuse *f.*, -wehr *n.*

kill *s.* (*am.*, *sl.*), Kanal *m.*, Fluß *m.*, Strom *m.*

killick *s.*, **killock** *s.*, Anker-, Muringstein *m.*, Senkel *m.*, schwerer Stein *m.* als Anker(ersatz), kleiner Bootsanker *m.*

kilo / gram *s.*, Kilogramm *n.* (*Maßeinheit*); **–metric wave** *s.* (*rad.*), Langwelle *f.*; **–pond** *s.*, Kilopond *n.* (*Krafteinheit*); **–watt** *s.*, Kilowatt *n.* (*Wattleistungs-Einheit*).

kinetic / energy *s.*, kinetische Energie *f.* (*Bewegungsenergie*); **– pressure** *s.*, Staudruck *m.*; **kinetics** *or* **kinematics** *s./pl.* (*phys.*), Dynamik *f.*, Kinetik *f.*, Bewegungslehre *f.*, Lehre *f.* von der Bewegung durch Kräfte.

king / beam *s.*, Kammscherstock *m.*; **– bolt** *s.*, Achs-, Drehzapfen *m.*, Hauptdrehbolzen *m.*; **– plank** *s.* (*naut.*), Fisch *m.*, Fischung *f.*, Fischplanke *f.*, Mittschiffsdecksplanke *f.*; **– spoke** *s.*, Königsspeiche *f.* (*am Steuerrad*).

kingston valve *s.*, Seeventil *n.*

kink *s.*, Kink *f.*, Knoten *m.* *od.* Schleife *f.* im Tau; Knick *m.* (*im Kabel*), Törn *m.*, Rundtörn *m.* (*Tau*); **rope with –s,** Ende *n.* mit Kinken; *v.t.*, eine Kink machen (*im Tau*); *v.i.*, kinken, eine Kink bilden *od.* haben; knicken (*Draht*).

kinkle *s.*, kleine Kink *f.*, kleiner Knick *m.*; **kinkled** *or* **kinky** *adj.*, voller Kinken *od.* Knicke, vertörnt (*Tau*).

kit *s.* (*naut.*), Ausrüstung *f.*, Ausstattung *f.*; Werkzeug(e) *n.* (*pl.*), Werkzeugtasche *f.*, -kasten *m.*; *v.*, **to – (up)** (*naut.*), (sich) ausrüsten; **–bag** *s.*, Seesack *m.*

kite *s.*, hohes leichtes Segel *n.*, Genua *f.*, Spinnaker *m.*, Skysegel *n.*; **to fly a –,** einen Spinnaker fahren, einen Spinnaker steigen lassen; **– drag** *s.*, Drachen-Seeanker *m.*; **kites** (*pl.*), Skysegel (*pl.*), höchste Segel (*pl.*) eines Segelschiffs; **kite-sail rig** *s.*, Spreizgaffeltakelung *f.*

klaxon *s.*, Klaxon *n.*, Signalhorn *n.*

knack *s.* (*coll.*), Dreh *m.*, Kniff *m.*, Trick *m.*; **to have the – of s.th.,** den Dreh heraushaben.

knar *s.* (*dial.*), Klippe *f.*

knee *s.* (*naut.*), Knie *n.*, Kniestück *n.*, -rohr *n.*, Winkel(stück *n.*) *m.* (*Bootsbau*); **hanging –,** Hängeknie *n.*; *v.* (*naut.*), durch ein Knie *od.* Winkelstück verbinden *od.* verstärken; **– joint** *s.*, Kniegelenk *n.*; **– piece** *s.*, **– timber** *s.*, Knie-, Krummholz *n.*

knight *s.*, Mastknecht *m.*, -poller *m.*; **–head** *s.*, Judasohr *n.*, Ohrholz *n.* (*Stütze des Bugspriets*); **–head frame** *s.*, Ohrholzspant *n.*

knittle *s.* (*naut.*), Knüttel *m.* (*dünne Leine*).

knock *v.*, klopfen (*Motor*); **to – against the jetty,** gegen den Anlegesteg schlagen *od.* stoßen (*Boot*); **to – together,** gegeneinanderschlagen, aneinanderstoßen (*Boote*); **to – up against,** zusammenstoßen mit; **to be –ed off the air** (*rad.*), den Funkkontakt verlieren, vom Funkkontakt abgeschnitten werden; **to be –ed over,** zum Kentern gebracht werden, (*sl.*) untergemangelt werden (*Boot*).

knock / about *s.* (*am.*), kleine Segelyacht *f.* *od.* kleines Fischerboot *n.* (*ohne Bugspriet*), halbgedecktes, slupgetakeltes Kielboot *n.*; **–down** *s.* (*am.*), Niederschlag *m.* eines Bootes durch Böen; **–-out race** *s.* (*am.*), Ausscheidungsregatta *f.*, -wettfahrt *f.*

knot *s.*, Knoten *m.*, Stek *m.*, Stich *m.* (*im Tau*); Knoten *m.*, Seemeile *f.* (*Einheit der Fahrtgeschwindigkeit = 1 Seemeile/Std.*); Marke *f.* an der Logleine; **boat –,** Marlspiekerschlag *m.*, Stellingstek *m.*; **figure-eight-–,** Acht(er)-knoten *m.*; **granny('s) –,** Altweiberknoten *m.*, falscher Knoten *m.*; **overhaul –,** einfacher Stopperknoten *m.*, Überhandknoten *m.*; **reef –,** Kreuz-, Reffknoten *m.*; **sailor's –,** Schifferknoten *m.*; **stevedore's –,** Schauermanns-, Stauerknoten *m.*; **stopper –,** Stopperknoten *m.*, -stek *m.*; **waterman's –,** Web(e)lein(en)stek *m.*; **to make** *or* **tie a –,** einen Knoten schlagen; **half a –,** ein halber Knoten (*Windgeschwindigkeit*); **in 3 to 5 –s apparent wind,** in 3 bis 5 Knoten scheinbarem Wind; *v.*, knoten, verknüpfen, sich vertörnen; **to – together,** mit einem Stek verbinden.

know *v.*, **to – the ropes** (*naut.*), befahren sein, das Seemannshandwerk gut beherrschen *od.* verstehen, sich in den Tauen der Takelage bestens auskennen; **know-how** *s.* (*am.*, *sl.*), (Sach)Kenntnis *f.*, Erfahrung *f.*, praktisches Wissen *n.*

knuckle *s.*, Bucht *f.* (*eines Innenspants*), (Heck)Knick *m.*; Kielwasserwirbel *m.*, (*tech.*) Gelenk(stück) *n.*; **– joint** *s.* (*tech.*), Gelenk *n.*; **– line** *s.*, (Heck)Knicklinie *f.*; **– mast** *s.*, Klappmast *m.*; **– moulding** *s.*, Heckleiste *f.*; **– strake** *s.*, Knickgang *m.* (*Bootsbau*); **– timber** *s.*, Ohr-, Oberspant *n.*

kort nozzle *s.*, Kortdüse *f.*, den (Schiffs)Propeller umhüllende Düse *f.*; **rotary** *or* **rotating –,** drehbare (als Steuer verwendbare) Kortdüse *f.*

krans *s.*, **krantz** *s.* (*S. Afr.*), steile Klippe *f.*

kyle *s.* (*Scots*), Meerenge *f.*, Sund *m.*

kymograph *s.* (*naut.*), Wendezeiger *m.*

L

labour *s.* (*am.* **labor**) (*naut.*), Arbeiten *n.* (*eines Schiffs im Seegang*), Schlingern *n.*, Stampfen *n.*; *v.*, arbeiten, schlingern, stampfen (*bei schwerem Seegang*).

lace *s.*, Litze *f.* (*Tauwerk*), Reihbändsel *n.*, -leine *f.*

lacing *s.*, Reihbändsel *n.*, -leine *f.*; **– eye** *s.*, Reih-, Schnür-, Vorlieksgat(t)chen *od.* -gatjen *n.*; **– grommets** (*pl.*), Vorlieksösen *f./pl.*; **– line** *s.*, Reihleine *f.*

lacquer *s.*, Lackfarbe *f.*, -firnis *m.*, Firnis *m.*, Schellack *m.*

ladder *s.*, **accommodation –,** Fallreep(sleiter *f.*, -treppe *f.*) *n.*; **boarding –,** Bordleiter *f.*; **Jacob's –, jack –,** Jakobsleiter *f.*; **rope –,** Fallreep *n.*; **safety –,** Sicherheitsleiter *f.* (*an Bord*); **sea –,** Seefallreep *n.*; **– rope** *s.*, Fallreep *n.*; **– way** *s.*, Niedergangsluke *f.*

lade *v.*, **to – a ship,** ein Schiff beladen *od.* befrachten; **laden** *adj.* **ship,** beladenes *od.* belastetes Schiff *n.*; **lading** *s.*, Schiffsladung *f.*; **– port** *s.*, Verladehafen *m.*

lag *s.* (*naut.*), Zurückbleiben *n.* (*eines Bootes*), (*phys.*) Laufzeit *f.* der Bewegung, Verzögerung *f.*, Zeitabstand *m.*; *v.*, sich verzögern; **to – behind,** zurückbleiben, nicht mitkommen, sich Zeit lassen (*Boot*), (*elec.*) nacheilen.

lagan *s.* (*naut., jur.*), Lagan *n.*, (freiwillig) versenktes Gut *n.*, Seewurf *m.*

lag error *s.*, Schleppfehler *m.* (*am Magnetkompaß*).

laggard *s.* (*naut.*), Nachzügler *m.*

lagging *s.*, Zurückbleiben *n.* (*Boot*), (*phys.*) Verzögerung f., (*elec.*) Nacheilung *f.*; **– of spring tide,** Springverspätung *f.*; **– of tide,** Gezeitenverspätung *f.*, -verzögerung *f.*

lagoon *s.*, Lagune *f.*, toter Arm *m.* *od.* Ausläufer *m.* (*eines Sees od. Flusses*).

lag screw *s.* (*tech.*), Sechskant(holz)schraube *f.*

laid *adj.*, geschlagen (*Tauwerk*); **cable – rope,** Kabelschlag *m.*; **– deck** *s.*, gelegtes Deck *n.* (*einer Yacht*); **–-off boat** *s.*, abgetakeltes Boot *n.*; **– rope(s)** *s.* (*pl.*), geschlagenes Tau(werk) *n.*; **–-up ship** *s.*, aufgelegtes Schiff *n.*

lake *s.*, (Binnen)See *m.*; Lagune *f.*; **sea –,** Haff *n.*, Lagune *f.*; **on the –,** am See; **– district** *s.* (*rac.*), Binnenrevier *n.*; **–land** *s.*, Seengebiet *n.*, seenreiches Gebiet *n.*; **lakelet** *s.*, kleiner See *m.*; **lake port** *s.* (*am.*), Binnenhafen *m.*; **laker** *s.* (*am.*), Binnenschiffer *m.*; Binnenseedampfer *m.*; **lake / race** *s.* *or* **racing** *s.*, Binnenseeregatta *f.*; **– racer** *s.*, Binnensee-Rennyacht *f.*; Spinnaker *m.*; **– steamer** *s.*, Binnenseedampfer *m.*

lamellar *adj.*, **lamellated** *adj.*, lamelliert, aus mehreren Schichten verleimt (*Bootsbau*).

lamina *s.* (*pl.* **-nae** *or* **-nas**), Laminat *n.* (*Bootsbau*).

laminar flow *s.*, laminare Strömung *f.*, Laminarströmung *f.* (*am Segel*).

laminate *s.*, Laminat *n.*, Kunststoff-, Plastikfolie *f.* (*Bootsbau, Segel*); *v.*, laminieren, beschichten (*Bootsbau, Segel*); **laminate(d)** *adj.*, lamellar, lamelliert, laminar, laminiert, beschichtet (*Segel, etc.*); **lamination** *s.*, Laminat *n.*, Laminierung *f.*, Beschichtung *f.* (*Segel, etc.*); **laminating (method)** *s.*, Handauflegeverfahren *n.* (*Bootsbau*).

lamp *s.*, Lampe *f.*, Licht *n.* (*Positionslaternen*); **anchor –,** Ankerlaterne *f.*; **deck –,** Deckslampe *f.*, -licht *n.*, -leuchte *f.*; **masthead –,** Topplicht *n.*; Dampferlaterne *f.*; **Morse –,** Morselampe *f.*; **port (starboard) –,** Backbord-(Steuerbord)laterne *f.*; **– guard** *s.*, Lampenschutz(korb) *m.*; **– oil** *s.*, Lampenöl *n.*

land *s.*, (Fest)Land *n.* (*im Gegensatz zur See*); **– ho!** (*int.*), Land in Sicht!; **to keep the – aboard,** sich unter Land halten; **to make (the) –,** Land erreichen *od.* sichten; **to raise (the) –,** sich dem Land nähern; **to settle (the) –,** vom Land abhalten; **to sight (the) –,** Land sichten; *v.*, anlegen, landen, an Land gehen (**at,** in); an(s) Land bringen, absetzen, anlanden (*Personen, etc.*), sich ausschiffen; **to – the pilot,** den Lotsen absetzen.

land / breeze *s.*, Landbrise *f.*, -wind *m.*, ablandiger Wind *m.*; **– blink** *s.*, Landblink *m.* (*Eismeer*); **– effect** *s.*, Landeffekt *m.* (*Funkp.*); **–fall** *s.*, Landfall *m.*, -kennung *f.*, Sichten *n.* von Land; **good (bad) –fall,** Sichten des Landes nach (ohne) Berechnung; **to make – fall,** Landfall machen, Land machen *od.* sichten, Land in Sicht bekommen; **–fall buoy** *s.*, Ansteuerungstonne *f.*; **–fall light** *s.*, Ansteuerungsfeuer *n.*; **– fix** *s.*, terrestrischer Schiffsort *m.*

landing *s.*, Anlege-, Landeplatz *m.*; Anlegen *n.*, (An)Landen *n.*, Landung *f.*, Ausschiffung *f.*; Löschen *n.*; **– apron** *s.*, Schleppsegel *n.* (*Wasserflugzeug*); **– bridge** *s.*, Anlegebrücke *f.*; **– craft** *s.*, Landungsboot *n.*; **– gear** *s.*, Schwimmer *m.*, (*Wasserflugzeug*); **– net** *s.*, Hamen *m.*; **– pier** *s.*, Anlegebrücke *f.*, Landungsbrücke *f.*; **– place** *s.*, Anlegeplatz *m.*, -stelle *f.*, -steg *m.*, Lande- *od.* Landungsplatz *m.*, -stelle *f.*; **– point** *s.*, Anlege-, Landungsstelle *f.*; **– pontoon** *s.*, Landungsponton *m.*;

– **pontoon** *s.* **(for tidal waters),** Schlengel *m.*; – **stage** *s.*, Anlegesteg *m.*, -stelle *f.*, Landungssteg *m.*, -brücke *f.*; Bootssteg *m.*

land/-locked *adj.*, landumschlossen, vom Land ganz *od.* fast eingeschlossen, von Land umschlossen; **–lubber** *s.*, **–man** *s.* (*naut.*), Landratte *f.*; **–mark** *s.*, Bake *f.*, Landmarke *f.*, Seezeichen *n.* (*Navigationszeichen*), (*radar*) Ortungspunkt *m.*; – **marker** *s.*, festes Seezeichen *n.*; – **shark** *s.* (*naut.*), Halsabschneider *m.*; **–sick** *adj.*, wegen Landnähe schwer manövrierbar (*Boot, Schiff*); **–sman** *s.* (*naut.*), Quiddje *m.*, unbefahrener Segler *od.* Seemann *m.*, Segler *od.* Seemann *m.* auf seiner ersten Fahrt; – **swell** *s.*, Landschwell *m.*, einlaufende Dünung *f.*; **–ward** (*adj.*), land(ein)wärts gelegen; **–ward(s)** *adv.*, land(ein)wärts, (nach) dem Land zu; **–wash** *s.*, Brecherlinie *f.* (*vor der Küste*); Flutlinie *f.*, Spülen *n.* der See an der Küste; – **wind** *s.*, Landbrise *f.*, -wind *m.*, ablandiger Wind *m.*

lane *s.* (*naut.*), (festgelegte Fahrt)Route *f.*, festgelegter Kurs *m.* (*zur Vermeidung von Kollisionen*), Schiffsroute *f.*, -weg *m.*, Seefahrtsstraße *f.*, Schiffahrtsweg *m.*, (Dampfer)Weg *m.*, Track *m.*; Durchfahrt *f.* (*im Eis*), (*Decca*) Hyperbelstreifen *m.*; **shipping –,** Dampfertrack *m.*; – **identification** *s.* (*Decca*), Hyperbelstreifenbestimmung *f.*; – **identification meter** *s.* (*Decca*), Hyperbelstreifenanzeiger *m.*

languet(te) *s.*, Landzunge *f.*

languor *s.* (*meteor.*), Schwüle *f.*; **languorous** *adj.* **weather,** schwüles Wetter *n.*

laniard *s.*, (*s.* **lanyard**).

lantern *s.*, Laterne *f.* (*am Boot*), Laternenraum *m.*, Scheinwerferraum *m.*, Leuchtkammer *f.* (*Leuchtturm*), (*coll.*) Leuchtturm *m.*; **all(-) round –,** Vollkreislaterne *f.*; **anchor –,** Ankerlaterne *f.*; **masthead –,** Dampferlaterne *f.*, (Mast)Topplaterne *f.*; **navigation** *or* **navigating –,** Positionslaterne *f.*; **poop –,** Hecklaterne *f.*; **port (starboard) –,** Backbord(Steuerbord)-laterne *f.*; **side –,** Seitenlaterne *f.*; **three-coloured –,** Dreieinigkeits-, Dreifarbenlaterne *f.*; – **light** *s.* (*naut.*), Laternenlicht *n.*

lanyard *s.*, Bändsel *n.*, Seising *n. od. m.*, Zeising *n. od. m.*, Zeiser *m.*, (Talje)Reep *n.*; **hauling –,** Holebändsel *n.*; – **hitch** *s.*, Taljereepsknoten *m.*; **–stopper** *s.*, Taustopper *m.*; – **thimble** *s.*, Taljereepskausch *f.*

lap *s.*, Überlappung *f.* Überlappungsbreite *f.*, -länge *f.* (*Segel, etc.*); *v.*, (sich) überlappen (*Segel*), lecken, plätschern (**on,** gegen); **the waves – the boat,** die Wellen plätschern *od.* schwappen gegen das Boot; – **joint** *s.*, überlappter Stoß *m.*, Überlappungsverbindung *f.* (*Bootsbau*), Überlappungsnietung *f.*; **–riveting** *s.*, Überlappungsnietung *f.*

lapse *s.* (*meteor.*), vertikaler (Temperatur-) Gradient *m.*; (kleiner) Fehler *m.*; – **of time,** Zeitspanne *f.*

lap/streak *s.*, klinkergebautes Boot *n.*; **–streak** *adj.*, klinkergebaut; **–streaker** *s.* (*am.*), Besitzer *od.* Benützer *m.* eines klinkergebauten Bootes; **–welding** *s.*, Überlappungs-, Überlapptschweißung *f.*

larboard *s.* (*dial.*, *obs.*), Backbord *n.*

large *adj.* (*naut.*), günstig, frei, weit, raum (*See, Wind*), breit, groß, weit, ausgedehnt; *adv.*, mit raumem Wind; **to sail –,** mit raumem Wind segeln, raumschots segeln; **to steer –,** mit viel Ruderlage steuern; **in – scale,** in großem Maßstab (*Seekarte*); **–-scale chart** *s.*, (See)Karte *f.* in großem Maßstab; – **wind** *s.*, raumer Wind *m.*

laryngophone *s.* (*rad.*), Kehlkopfmikrophon *n.*

lash *s.*, Peitschen *n.* (*Regen, Wellen, etc.*); *v.*, (an)laschen, bändseln, (fest)zurren, seefest zurren, strömen (*Regen*), peitschen (*Wellen*); **the storm –es the sea,** der Sturm peitscht die See; **the waves – the rocks,** die Wellen schlagen peitschend gegen die Klippen; **to – down,** niederprasseln, herabströmen (*Regen*).

lasher *s.*, Überfall *m.* (*Wasser*), Wehr *n.*, durch ein Wehr fließendes Wasser, Becken *n.* unterhalb eines Wehrs; Leine *f.*

lashing *s.*, Bändsel *n.*, Lasching *f.*, Seising *n. od. m.*, Zeising *n. od. m.*, Zurring *m.* (*od. f.*), Tau *n.*, Sorr-, Rödeltau *n.*; – **device** *s.*, Zurrvorrichtung *f.*; – **eye** *s.*, Bändselauge *n.*, Lasch(ing)auge *n.*

lash rail *s.*, Zurrschiene *f.*

last *s.* (*naut.*), Last *f.*; **to come in –** (*rac.*), als Letzter einlaufen *od.* (*coll.*) eintrudeln.

last *adj.* **quarter,** letztes Viertel *n.* (*Mond*).

latch *s.* (*tech.*), Falle *f.*, Feder-, Schnappriegel *m.*, Schnäpper *m.*; *v.*, einklinken, verriegeln; – **bolt** *s.*, Falle *f.*, Schnäpper *m.*; **latching/bow chock** *s.*, Bugklampe *f.* mit Bügel; – **chock** *s.*, Bügelklampe *f.*

latecomer *s.* (*rac.*), Nachzügler *m.* (*Boot*).

lateen *s.*, Lateinsegel *n.*; Lateinsegelboot *n.*; **lateener** *s.*, Lateinsegelboot *n.*; **lateen/rig** *s.*, Latein-Takelung *f.*; **–-rigged** *adj.*, mit Lateintakelung, Lateinsegel führend; – **sail** *s.*, Lateinsegel *n.*; – **yard** *s.*, Lateinrah *f.*, Rute *f.*

latent defect *s.* (*tech.*), latenter *od.* verborgener Fehler *m.*

lateral *adj.*, lateral, seitlich, Seiten-; – **axis** *s.*,

Querachse *f.*; – **bulge** *s.*, Seitenwulst *m.* (*am Boot*); – **deviation** *s. or* **error** *s.*, seitliche Abweichung *f.*; Großkreisabweichung *f.* (*Funkp.*); – **drift** *s.* Querdrift *f.*, Seitenabdrift *f.*, Treibwasser *n.*; – **plan** *s.*, Lateralplan *m.*, -fläche *f.* (*Bootsbau*); – **plan area** *s.*, Lateralplanfläche *f.*; – **pressure** *s.*, Lateral-, Seitendruck *m.*; – **resistance** *s.*, Lateralwiderstand *m.*; **centre of – resistance** *s.*, Lateralschwerpunkt *m.*; – **stability** *s.*, Querstabilität *f.* (*eines Bootes*); – **strain** *or* **stress** *s.*, Querbeanspruchung *f.*, -belastung *f.*; – **system** *s.* **(of buoyage),** Lateralsystem *n.*, Seitenbezeichnung *f.* (der Betonnung *od.* des Fahrwassers); – **thrust** *s.*, Querschub *m.*; – **thrust** *s.* **of ice,** lateraler *od.* seitlicher Eisdruck *m.*

lath *s.* (*naut.*), Latte *f.*, Leiste *f.*; **sheer –,** Straklatte *f.*; – **grating** *s.*, Lattenrost *m.* (*im Boot*), Gräting *f.*

latitude *s.* (*astr.*, *geogr.*), Breite *f.*, Himmelsstrich *m.*; (*pl.*) Breiten (*pl.*); **degree of –,** Breitengrad *m.*; **high (low) –s,** hohe (niedere) Breiten; **in – ... degrees,** auf ... Grad Breite; **geographical –,** geographische Breite *f.*; **horse –s** (*pl.*), Kalmengürtel *m.*, Roßbreiten *f./pl.*; **middle –** (*geogr.*), Mittelbreite *f.*, (*naut.*) Mittelbreite *f.* (*Segelvermessung*); – **at noon,** Mittagsbreite *f.*; – **by account** *or* **estimate,** Besteckbreite *f.*, gegißte Breite *f.*; – **by meridian passage** (*astr.*, *nav.*), Mittagsbreite *f.*; – **by observation,** beobachtete Breite *f.*; – **by polaris (altitude)** (*astr.*, *nav.*), Nordsternbreite *f.*; – **in** (*nav.*), erreichte Breite *f.*; – **of departure,** verlassene Breite *f.*; – **left,** Abgangsbreite *f.*, verlassene Breite *f.*; – **made good,** beschickte *od.* verbesserte Breite *f.*; – **north,** nördliche Breite *f.*, Nordbreite *f.*; – **south,** südliche Breite *f.*, Südbreite *f.*; **latitudinal** *adj.* (*geogr.*), latitudinal, Breiten-.

launch *s.*[1], Stapellauf *m.* (*Schiff*), (*coll.*, *rac.*) Start *m.*; – **of the slipway,** Vorhelling *f.*; *v.*, **to – a boat,** (ein Boot) aussetzen *od.* zu Wasser bringen *od.* lassen; ein Schiff vom Stapel (laufen) lassen; **to – out,** hinaussegeln; **to – out into the sea,** in See gehen (*Boot*); **to be –ed,** vom Stapel laufen (*Schiff*).

launch *s.*[2], Barkasse *f.*, größeres Beiboot *n.*; **motor –,** Motorboot *n.*, -barkasse *f.*; – **driver** *s. or* **pilot** *s.*, Barkassenführer *m.*, Motorbootführer *m.*

launching *s.*[1], Aussetzen *n.* (*eines Bootes*), Wassern *n.*, Zuwasserbringen *n.* (*Boot*).

launching *s.*[2], Stapellauf *m.*; – **ceremony** *s.*, Stapellaufzeremonie *f.*, -feier *f.*; – **cradle** *s.*, Ablaufschlitten *m.*; – **device** *s.*, Aussetzvorrichtung *f.* (*f. Rettungsboot*); – **poppet** *s.*, Ablauf-, Schlittenstütze *f.*; – **slip** *s.*, Ablaufbahn *f.*; – **stage** *s.*, Helling *f.*; – **ways** (*pl.*), Ablaufbahn *f.*, Bettung *f.*, Helling *f.*

launch/slip *s.*, Ablaufbahn *f.*, Helling *f.*; – **tug** *s.*, Schleppbarkasse *f.*

laveer *v.* (*rare*), lavieren, kreuzen.

law *s.*, Gesetzmäßigkeit *f.*, Regel *f.*; **Buys Ballot's –,** Barisches Windgesetz *n.*; **strand –,** Strandrecht *n.*; – **of gravitation** (*phys.*), Gravitations-, Schweregesetz *n.*; – **of inertia** (*phys.*), Trägheitsgesetz *n.*; – **of mass action** (*phys.*), Massenwirkungsgesetz *n.*; – **of motions** (*pl.*) (*phys.*), Bewegungsgesetze (*pl.*); – **of nature** (*phys.*), Naturgesetz *n.*; – **of pendulum** (*phys.*), Pendelgesetz *n.*; – **of storms,** – **of winds** (*pl.*), Windgesetze (*pl.*).

lay *s.* (*naut.*), Schlag *m.*, Törn *m.* (*Tauwerk*), (*geogr.*) Lage *f.*; **cable –,** Kabelschlag *m.*; **hawser –,** Trossenschlag *m.*; **shroud –,** Want(en)schlag *m.*

lay *v.* (*naut.*), (*Ziel*) ansteuern, liegen; sich beruhigen *od.* besänftigen, bedaren (*See, Wind*), belegen (*Leine*), schlagen (*Tau*); – **aft!** (*com.*), Alle Mann nach achtern!; – **forward!** (*com.*), Alle Mann nach vorn!; **to – aboard (a ship),** sich längsseits (eines Schiffes) legen; **to – aground,** auf Grund legen (*Schiff*); **to – down (a ship),** (ein Schiff) auf Stapel *od.* Kiel legen; **to – off,** beidrehen; **to – off the course,** den Kurs (*in der Seekarte*) absetzen; **to – on the stocks,** (*ein Schiff*) auf Stapel legen; **to – out a rope,** eine Leine *od.* ein Tau ausfahren; **to – to,** beidrehen mit (*dem Boot*), (*Boot in einen Hafen*) einbringen; **to – up,** auflegen (*Boot*), (*Tonnage*) aus der Fahrt ziehen; abtakeln (*Boot*); **to – up for,** Kurs nehmen auf, auf Kurs gehen nach; **to – the course,** den Kurs absetzen; **to – the keel,** den Kiel legen; **to – the land,** Land ansteuern, (*in direkter Richtung*) wegsteuern von; **to – the messtable,** aufbacken; **to – a rope,** ein Tau belegen; ein Tau schlagen; **the wind is laid,** der Wind hat sich gelegt *od.* ist eingeschlafen.

lay/board *s.*, Innenkiel *m.*; **–-by** *s.*, Liegeplatz *m.*; **–(-)day** *s.*, Liegetag *m.*; **–(-)days** (*pl.*), Liegetage (*pl.*), Liegezeit *f.*

layer *s.*, Lage *f.*, Schicht *f.*; **boundary –,** Grenzschicht *f.*; **cable –** (*am.*), Kabelleger *m.* (*Schiff*); – **of clouds** (*meteor.*), Wolkenschicht *f.*; – **of ice,** Eisschicht *f.*

laying/-down *s.*, Kiellegung *f.* (*Boot*); **–-down loft** *or* **shop** *s.*, Schnürboden *m.* (*Bootsbau, Segelmacherei*); – **off** *s.*, Absetzen *n.*, Auftragen *n.* (*Kurs, Peilung*); – **on** *s.* **the course,**

Aufkurslegen *n.*; – **the keel** *s.*, Kiellegen *n.*; – **up** *s.*, Auflegen *n.* (*Boot*); –**-up berth** *s.*, Aufl(i)egeplatz *m.*

layout *s.*, Layout *n.*, Anordnung *f.* (*Boot*), Ausrüstung *f.*, Ausstattung *f.*, Gerät *n.*

lay / time *s.* Liegezeit *f.* (*Schiff*); –**-up time** *s.*, Aufl(i)egezeit *f.*

lazaret(to) *s.* (*naut.*), Heck-, Proviantlast *f.*; Isolier-, Quarantänestation *f.*

lazy / guy *s.*, Fang- *od.* Schlingergei *f.*; – **halyard** *s.*, Hilfsläufer *m.*; – **jack** *or* **painter** *s.*, Fangleine *f.*, Faulenzer *m.*; – **tongs** (*pl.*), Gelenkzange *f.*

leach *s.* (*am.*), Achterliek *n.*, (*s.* **leech**); *v.* (*am.*), anluven, (*ein Boot*) dichter an den Wind bringen.

lead *s.*[1] (*naut.*), Lot *n.*, Senkblei *n.*; **to arm the** –, das Lot speisen; **to cast** *or* **to heave the** –, loten, das Lot (aus)werfen; **to swing the** – (*naut.*), sich (*vor der Arbeit an Bord*) drücken; **arming of the** –, Lotspeise *f.*; **heaving of the** –, Lotwurf *m.*; **founding** –, Lot *n.*, Lotkörper *m.*; **red** –, Mennige *f.* (*Korrosionsschutzfarbe*).

lead *s.*[2], offener Kanal *m.*; Eis-, Wasserrinne *f.* (*in einem Eisfeld*).

lead *s.*[3] (*naut.*), Führung *f.* (*von Schoten*), Holepunkt *m.*; Schotauge *n.*; Voreilung *f.* (*die Entfernung zwischen dem Kraftzentrum und dem Zentrum des Seitenwiderstandes*), (*rac.*) Führung *f.*, Vorsprung *m.*; **angle of** –, Vorhaltewinkel *m.* (*Boot*); **better boat** –, bessere Bootsgeschwindigkeit *f.*, vollerer Kurs *m.*; **fore-and-aft** –**s**, vorn und hinten liegende Holepunkte (*pl.*); **inboard (outboard)** –, innen-(außen)liegender Holepunkt *m.*; **sheet** –, Leitöse *f.*; **to have the** – (*rac.*), die Führung haben; **to take the** – (*rac.*), die Führung übernehmen, sich an die Spitze segeln *od.* setzen.

lead *v.* (*naut.*), führen, (*tech.*) führen, leiten; **to** – **the field** (*rac.*), das (Regatta)Feld anführen.

lead / and line *s.*, **hand** – **and line,** Handlot *n.*; – **angle** *s.*, Windanschnitt *m.*, Windeinfallswinkel *m.*, Holepunkt(winkel) *m.*; **to have the** – **angle inside (outside) the hull,** auf innen(außen)liegende Holepunkte trimmen, die Holepunkte innen(außen)bords fahren; **to widen the** – **angle of a sail,** den Holepunktwinkel (des Segels) vergrößern; – **arming** *s.*, Lotspeise *f.*

leaden *adj.*, drückend, schwül (*Luft*); – **sky** *s.*, bleierner Himmel *m.*; **leadenness** *s.*, bleierne Schwüle *f.*

leader *s.* (*naut.*), Klarläufer *m.* (*im Tauwerk*), Leitblock *m.* (*für Tauwerk*); – **ship** *s.*, führendes Schiff *n.*, Spitzenschiff *n.*

lead-in *s.* (*rad.*), Antennenein- *od.* -zuführung *f.*, Niederführung *f.*

leading *adj.* (*naut.*), raum, günstig (*Wind*); – **beacon** *s.*, Leitbake *f.*; – **beam** *s.*, Leitstrahl *m.* (*Leitfeuer*); – **block** *s.*, Leit-, Umlenkblock *m.* (*Tau*); – **boat** *s.* (*rac.*), führendes Boot *n.*; – **buoy** *s.*, Ansegelungs-, Ansteuerungsboje *f.*, -tonne *f.*; – **edge** *s.*, Anströmkante *f.*, (Wind)-Anschnittskante *f.*, Blattnase *f.* (*Schiffsschraube*); – **edge of (the) keel,** Kielanschnittskante *f.*; – **edge of (the) rudder,** Vorkante *f.* des Ruders, Ruderanschnittskante *f.*; – **edge of a sail,** (Profil)Vorderkante *f.* (eines Segels); – **face** *s.*, Druckfläche *f.* (*eines Propellerflügels*); – **light** *s.*, Leit-, Kurs-, Richtfeuer *n.*; – **mark** *s.*, Richtbake *f.*, Einsegelungs-, Leit-, Richtungsmarke *f.*; – **part** *s.*, führende *od.* holende Part *f.*; – **pulley** *s.*, (Um)Lenk-, Leitrolle *f.*; – **sector** *s.*, Leitsektor *m.* (*Leuchtfeuer*); – **ship** *s.*, führendes Schiff *od.* Boot *n.*, Spitzenboot *n.*, -schiff *n.*; – **wind** *s.*, raumer Wind *m.*

lead / keel *s.*, Bleikiel *m.*; – **line** *s.*, Lotleine *f.*; –**-line markings** (*pl.*), Lotleinenmarkierung-(en) *f.* (*pl.*); –**-line weight** *s.*, Lotkörper *m.*

leadsman *s.*, Lotgast *m.*, -werfer *m.*, Handloter *m.*

leaf *s.* (*naut.*), Landgang *m.*, Urlaub *m.*, (*tech.*) Folie *f.*; – **spring** *s.*, Blattfeder *f.*; – **valve** *s.*, Klappenventil *n.*

leak *s.*, Leck *n.*, Loch *n.*, undichte *od.* wasserdurchlässige Stelle *f.*; **grid** – (*rad.*), Gitterwiderstand *m.*; **to have a** –, lecken (*Boot*); **to plug** *or* **to stop a** –, ein Leck stopfen; **to spring a** –, leckspringen, leck werden, ein Leck bekommen; *v.*, lecken, leck sein, ein Leck haben, ausströmen, durchsickern (*Wasser*); **to** – **water,** wasserdurchlässig *od.* undicht sein; **leakage** *s.*, Leck *n.*, Leckwerden *n.*, Leckage *f.*, durch ein Leck eingeströmtes Wasser *n.*; **leaking** *s.*, Lecken *n.* (*Boot*); **leak / oil** *s.*, Lecköl *n.*; –**-proof** *adj.*, dicht, wasserdicht (*Boot*); – **resistance** *s.* (*rad.*), Gitterwiderstand *m.*; – **stopper** *s.*, Leckstopper *m.*; – **water** *s.*, Leckwasser *n.*; **leaky** *adj.*, leck, undicht, wasserdurchlässig.

lean *s.*, Überlegen *n.*, Neigung *f.* (*eines Bootes*); **on the** –, geneigt, schief (*Deck*); *v.*, **to** – **heavily to port (starboard),** sich stark nach Backbord (Steuerbord) überlegen (*Boot*); **the boat is** –**ing heavily,** das Boot hat starke Schlagseite *od.* liegt schwer über.

lean *adj.* (*naut.*), scharf, schlank (*Bootsform*),

spitz zulaufend (*Bug, etc.*); **– bow** *s.*, scharfer Bug *m.*, schlankes Vorschiff *n.*

leap / day *s.*, Schalttag *m.*; **– year** *s.*, Schaltjahr *n.*

leaping sea *s.*, aufgewühlte *od.* kabbelige See *f.*

leave *s.* (*naut.*), Landgang *m.*; *v.*, ablegen, auslaufen (*Boot*), (*Hafen, etc.*) verlassen; **to – for,** auslaufen nach; **to – the dock,** ausdocken; **to – the harbour** *or* **port,** aus dem Hafen auslaufen; **to – the lock,** ausschleusen, die Schleuse verlassen; **leaving signal** *s.*, Auslaufsignal *n.*

ledge *s.*, Felsbank *f.* (*an der Küste*), (Felsen)-Riff *n.*; **ledgy** *adj.*, voller (Felsen)Riffe, aus einem Riff bestehend.

lee *s.*, Lee *f.*, Leeseite *f.*, Windschatten(seite *f.*) *m.*, windgeschützte Seite *f.*; **blanket –,** Leeabstand *m.*; **on the –,** leewärts querab; **under the – (of the shore),** im Schutz (der Küste); **to be in the –,** sich unter dem Wind befinden; **to be under the –,** windgeschützt liegen (*Boot*); **to come by the –,** in Lee fallen; **to give a –,** Lee machen; **to sail through the –** (*rac.*), in Lee durchbrechen; **to tack under –** (*rac.*), in Lee wenden; **–-o!** (*int.*), R(h)ee!; **– oh!** (*int.*), Raum!; *adj.*, Lee-.

lee / anchor *s.*, Leeanker *m.*; **–(-)board** *s.*, Leebord *n.*, -brett *n.*, (Seiten)Schwert *n.* (*gegen Abdrift*); **–boarder** *s.*, (Seiten)Schwertboot *n.*; **–bow** *s.*, Leebug *m.*; **– bowing the tide** *s.*, Leebug *m.* (*in Tidengewässern*); **– brace** *s.*, Leebrasse *f.*

leech *s.*, Achterliek *n.*, Liek *n.*, Lei(c)k *n.*, Leeliek *n.*; **curve of the –,** Achterlieksrundung *f.*; **fore –,** Vorliek *n.* (*Schratsegel*); **mast –,** Mastliek *n.*; **spinnaker –,** Spinnaker-Achter- *od.* Leeliek *n.*; **tight –,** dichtes *od.* geschlossenes Achterliek *n.*; **upper –,** oberer Teil des Lieks; **the – opens,** das Achterliek öffnet; **the – tightens,** das Achterliek schließt; **to keep the – open,** das Achterliek offen *od.* geöffnet halten; **to sail on a fairly free –,** mit relativ offenem Achterliek segeln; **to twist in the –,** im Achterliek twisten (*Segel*).

leech / cord *s.*, Achterliekbändsel *n.*, -leine *f.*; **– cringle** *s.*, Reffkausch *f.*; **– curve** *s.*, Achterlieksrundung *f.*, -kurve *f.*; **– cut** *s.*, Vertikalschnitt *m.* (*Segel*); **–-cut genoa** *s.*, Vertikalgenua *f.*, Genua *f.* mit vertikalen Bahnen; **– line** *s.*, Gording *f.*; **– loads** (*pl.*), Achterliekbelastung *f.*, -spannung *f.*; **– ribbon** *s.*, Achterliekbändsel *n.*; **– rope** *s.*, stehendes Liek *n.*, Liektau *n.*; **– take-ins** (*pl.*), Achterlieksabnäher *od.* -nehmer (*pl.*); **– tape** *s.*, Achterliekband *n.*

lee / gauge *s.*, **to have the – gauge of another boat,** ein anderes Boot abdecken, in Lee von einem anderen Boot liegen; **– helm** *s.*, **to carry** *or* **have a – helm,** leegierig sein (*Boot*); **– leg** *s.* (*rac.*), Leeschlag *m.*; **– jib sheet** *s.*, Leefockschot *f.*; **– mark** *s.* (*rac.*), Leeboje *f.*, -(wende)-marke *f.*; **– rail** *s.*, Leereling *f.*; **– sheet** *s.*, Leeschot *f.*; **– shore** *s.*, Leeküste *f.*, Legerwall *m.*; **– shroud** *s.*, Leewant *f.*; **– side** *s.*, Leeseite *f.*; **– tack** *s.*, Leeschlag *m.* (*Kreuzkurs*); **– tide** *s.*, Leetide *f.* (*Flut in Richtung des Windes laufend*).

leeward *s.*, Lee(seite) *f.*; **to –,** leewärts; **drift to –,** Stromlee *f.*; **(boat's) speed made good to –,** Leegeschwindigkeit *f.*; **to drift** *or* **to drive to –,** (nach Lee) abtreiben *od.* driften; **to drop to –,** abtreiben (*Boot*); **to fall to –,** (vom Wind) abfallen; *adv.*, leewärts, nach Lee, unter dem Wind; *adj.*, leewärts gelegen, nach Lee (zu liegend *od.* sich bewegend), vom Wind geschützt, Lee-.

leeward / coast *s.*, Leeküste *f.*; **– drift** *s.*, Stromlee *f.*

leewardliness *s.*, Leegierigkeit *f.* (*eines Bootes*); **leeward(ly)** *adj.*, leegierig (*Boot*); **– drift,** Stromleegierigkeit *f.*; **– flow** *s.*, Leeströmung *f.* (*am Segel*); **the – flow separates,** die Leeströmung reißt ab; **– mark** *s.* (*rac.*), Leeboje *f.*, Lee(wende)marke *f.*; **– position** *s.* (*rac.*), Leestellung *f.*; **safe – position** *s.* (*rac.*), sichere Leestellung *f.*; **– shore** *s.*, Leeküste *f.*, Legerwall *m.*; **– shroud** *s.*, Leewant *f.*; **– side** *s.*, Leeseite *f.*; **– side of the sail,** Leeseite *f.* des Segels; **– telltales** (*pl.*), Leefäden *m./pl.*, leewärtige Wind- *od.* Wollfäden (*pl.*); **– waterway** *s.*, Leefahrwasser *n.*, Stromlee *f.*; **– yacht** *s.*, Leeyacht *f.*

leeway *s.*, Leeweg *m.*, Abdrift *f.*, Abtrift *f.*, Versetzung *f.* (*durch Wind od. Strom*), Besteckversetzung *f.*; **give –!** (*int.*), Raum!; **excessive –,** extremer Leeweg *m.*, starke (Kurs)-Versetzung *f.*; **less –,** weniger Höhe *f.*; **to make –,** (durch Wind *od.* Strom vom Kurs) abtreiben *od.* abweichen.

left *s.*, **hauling to –,** Linksdrehen *n.* (*des Windes*); **to haul to –,** linksdrehen (*Wind*); *adj.* (*tech.*), linksgängig, -läufig.

lefthanded *adj.* (*tech.*), linksgängig, -läufig, sich nach links drehend; **– rope** *s.*, linksgeschlagenes Tauwerk *n.*; **– rotation** *s.*, Linksdrehung *f.* (*Propeller, etc.*); **– screw** *s.* (*tech.*), linksgängige Schraube *f.*

left-hand / lay *s.*, Linksschlag *m.* (*Tauwerk*); **– propeller** *s.*, linksgängiger Propeller *m.*;

– **rope** *s.*, linksgeschlagenes Tauwerk *n.*; – **screw** *s.*, linksgängige Schraube *f.*; – **thread** *s.*, Linksgewinde *n.*; – **twist** *s.*, Linksdrall *m.*

left-laid ropes *s./pl.*, linksgeschlagenes Tauwerk *n.*

leg *s.*, Schlag *m.* (*beim Kreuzen*), kurze Strecke *f.* beim Kreuzen, Strecke *f.*, die ein kreuzendes Boot zurücklegt ohne zu wenden; Abschnitt *m.* (*einer Seereise*), (*rac.*) (Teil)Strecke *f.*; Schenkel *m.* (*Zirkel*); **free** – (*rac.*), raumer Kurs *m.*; **the 2nd – of a cruise,** der zweite Abschnitt *od.* die zweite Strecke eines Segeltörns; **to have –s** (*pl.*) (*coll.*), sehr schnell sein (*Boot*); – **cleat** *s.*, Klampe *f.*; **--of-mutton sail** *s.*, Fledermaus-, Schratsegel *n.*, (*coll.*) Schafschenkel *m.*, Schafschinken *m.*

length *s.*, Länge *f.* (*Maßeinheit, Vermessung*), (Zeit)Dauer *f.*; (lange) Strecke *f.*, Entfernung *f.*; **cable –,** Kabellänge *f.*; **relative –,** relative Länge *f.*, Längenverhältnis *n.* (*eines Bootes*); **wave** – (*rad.*), Wellenlänge *f.*; **42 feet in –,** 42 Fuß (lang) (*Yacht*); – **between perpendiculars,** Länge *f.* zwischen den Loten; – **of designed waterline,** Länge *f.* der Konstruktionswasserlinie; – **of (the) keel,** Kiellänge *f.*; – **of wave** (*rad.*), Wellenlänge *f.*; – **on deck,** Länge *f.* an Deck; – **on (designed) waterline,** Länge *f.* in der (Konstruktions)Wasserlinie; – **overall** *or* **over all, (l.o.a.),** Länge *f.* über alles, (Lüa), Gesamt-, Konstruktionslänge *f.*; – **to beam ratio, beams to – ratio,** Längen-Breitenverhältnis *n.*, relative Länge *f.* (*Boot*); – **constant** *s.*, Längenkonstante *f.*, Schlankheitsgrad *m.* (*eines Bootes*).

lengthen *v.* (*tech.*), verlängern; **to – out** (*rac.*), sich in die Länge ziehen; **lengthenig** *s.* **of a boat,** Bootsverlängerung *f.*; **lengthways** *or* **lengthwise** *adv.*, längs, der Länge nach; **lengthwise** *adj.*, längs liegend (*Spanten, etc.*), in Längsrichtung; – **bulkhead** *s.*, Längsschott *n.*; **lengths** (*pl.*), **two overall –,** zwei Bootslängen; **to win by two overall** – (*rac.*), mit zwei Bootslängen gewinnen.

lens *s.* (*opt.*), Linse *f.*; Optik *f.*; **concave –,** Zerstreuungslinse *f.*; **convex –,** Sammellinse *f.*

lessen *v.*, abnehmen, sich vermindern (*Sturmstärke*); **to – speed,** die Fahrt *od.* Geschwindigkeit vermindern *od.* verringern.

let *v.*, **to – down,** fieren; **to – fly,** auffieren (*Spinnaker, etc.*); **to – go,** ausrauschen *od.* schießen lassen (*Leine, Tau*), laufen lassen (*Fall*), loswerfen (*Leinen*); **to – go by the run,** (aus)rauschen lassen (*Tau*); **to – go of s.th.,** etwas los- *od.* fahrenlassen; **to – go a rope,** eine Leine loswerfen; – **go!** (*com.*), Los!, Laß gehn *od.* laufen!, Alles los!, Leinen los!; – **go aft (forrard)!** (*com.*), (Leinen) Los achtern (vorn)!; – **go all lines!** (*com.*), Alle Leinen los!, Alles los!, Leinen los und ein!; – **go anchor!** (*com.*), Fall(en) Anker!; – **go the line!** (*com.*), Leine schlippen!; **the rain is letting up,** der Regen läßt nach *od.* hört auf.

letter *s.* **of nationality** (*naut.*), Nationalitätenzeichen *n.*

let-up *s.* (*coll.*), Abebben *n.*, Aufhören *n.*, Nachlassen *n.* (*Sturm, etc.*), Pause *f.*, Unterbrechung *f.*

levant *s.*, **levanter** *s.*, Levante *m.*, starker Südostwind *m.* (*Mittelmeer*), Levantefahrer *m.* (*Boot*).

levee *s.* (*am.*), (Schutz)Damm *m.*, Deich *m.*; Anlege-, Landeplatz *m.*

level *s.* (*naut.*), Wasserpaß *m.* (*Boot*); **eye –,** Augenhöhe *f.*; **sea –,** Meeresspiegel *m.*, Seehöhe *f.*, Wasserstand *m.*; **spirit –,** Libelle *f.*; **water –,** Wasserspiegel *m.*, -stand *m.*, Pegelstand *m.*; Libelle *f.*; **on a – with,** auf gleicher Höhe mit; *v.*, ausgleichen, ausrichten; **to – down (up),** nach unten (oben) ausgleichen; *adj.*, **to be – with,** auf gleicher Höhe sein mit (*Boot*); **to draw – with,** einholen, auf gleiche Höhe kommen mit (*Boot*).

levelling screw *s.*, Nivellier-, Stellschraube *f.*

level / race *s.* (*am.*), Ausgleichsregatta *f.*, -wettfahrt *f.*; – **race week** *s.*, Ausgleichsregattawoche *f.*; – **trim** *s.*, Gleichlastigkeit *f.*

lever *s.* (*naut.*), Hebel(arm) *m.*, Strecker *m.*, Brecheisen *n.*; **backstay –,** Backstagstrecker *m.*; **forestay release –,** Hebelstrecker *m.*; **hand –,** Griffhebel *m.*; **kicking –,** Niederhalter-Spannhebel *m.*; **runner –,** Hebelstrecker *m.*; **runner and –,** Backstag *n.* und Strecker; **tension –,** Streckerhebel *m.*; *v.*, hebeln, mit einem Hebel bewegen, als Hebel *od.* wie einen Hebel verwenden; **leverage** *s.*, Hebelkraft *f.*, -übersetzung *f.*, -verhältnis *n.*, -wirkung *f.*; **lever arm** *s.*, Hebel *m.*, Hebelarm *m.*

leviathan *s.*, Leviathan *m.*, Seeungeheuer *n.*

liability insurance *s.*, Haftpflichtversicherung *f.*

libecc(h)io *s.*, Libeccio *m.*, Südwestwind *m.* (*Mittelmeer*).

liberty *s.* (*naut.*), Landgang *m.*, Landurlaub *m.*; **liberty-man** *s.*, Matrose *m.* auf Landgang.

libration *s.* (*astr.*), Libration *f.* (*bes. des Mondes*).

licence *s.* (*am.* **license**), Lizenz *f.*, Patent *n.*; **licenced** *adj.*, – **officer** (*naut.*), (Schiffs)Offizier *m.*, 1. *od.* 2. Steuermann *m.* (*Segelschiff*), Patentträger *m.*; – **pilot** *s.*, Patentlotse *m.*, lizensierter Lotse *m.*; **licencee** *s.* (*or* **licensee**),

(Boots)Führerscheininhaber *m.*, Lizenzträger *m.*; **licence plate** *s.*, Zulassungsnummer *f.*, Nummernschild *n.* (*Boot, Trailer*).

lick *s.* (*am.*), Tempo *n.*; **at a great –, at full –,** mit voller Geschwindigkeit; *v.*, lecken (*Wellen*); **to – it** (*sl.*), gewinnen, siegen; **to – a rival,** einen Rivalen besiegen *od.* schlagen; **licking** *s.* (*coll., rac.*), Niederlage *f.*

lie *s.*, **the – of a boat,** die Bootslage; **to check the – of the boat,** die Bootslage *od.* die Lage des Bootes kontrollieren.

lie *v.*, (*vor Anker*) liegen; beidrehen (*Boot*); **to – ahull,** beigedreht liegen; **to – along,** krängen, schief liegen (*Boot*); **to – along the shore,** in Sichtweite des Landes *od.* der Küste entlangsegeln; **to – alongside,** längsseit liegen; **to – at anchor,** vor Anker liegen; **to – off,** vom Land *od.* von einem anderen Boot abhalten *od.* abliegen; **to – to,** beiliegen, beigedreht liegen; **to – to the east (north),** Ost (Nord) anliegen; **to – to the oars,** sich (mit aller Kraft) in die Riemen legen; **to – up,** aufliegen, aufgelegt sein (*Boot*).

life / belt *s.*, Rettungsgürtel *m.*, -ring *m.*, Schwimmgürtel *m.*; **–boat** *s.*, Rettungsboot *n.*; **–boat drill** *s.*, Rettungsbootübung *f.*; **–boat radio station** *s.*, Rettungsbootfunkstation *f.*; **–boat station** *s.*, Rettungsstation *f.*; **– buoy** *s.*, Rettungsboje *f.*; **foam-type –buoy** *s.*, Rettungsschwimmkörper *m.*; **–buoy light** *s.*, Nachtrettungslicht *n.*; **– car** *s.*, Rettungswagen *m.* (*wasserdichtes Boot od. Behälter, der an einem Tau zwischen Boot und Land läuft*); **–guard** *s.* (*am.*), Rettungsschwimmer *m.*; **–guard service** *s.*, (Küsten)Rettungsdienst *m.*; **– jacket** *s.*, Rettungs-, Schwimmweste *f.*; **–lessly** *adv.*, **the sails hang –,** die Segel hängen schlaff *od.* bewegungslos; **–(-)line** *s.*, Greif-, Hand-, Rettungs-, Sorgleine *f.*, Manntau *n.*, Strecktau *n.*, Relingsdraht *m.*; Signalleine *f.* (*für Taucher*), Halteleine *f.* (*für Brandungsschwimmer*); **–line base** *s.*, Relingsfuß *m.*; **attached –line eye** *s.*, Relingsauge *n.*; **– preserver** *s.*, Rettungsgürtel *m.*, -schwimmkörper *m.*, -weste *f.*, Schwimmweste *f.*; **–(-)raft** *s.*, Rettungsfloß *n.*, -insel *f.*; **inflatable –raft** *s.*, aufblasbare Rettungsinsel *f.*; **– ring** *s.*, Rettungsring *m.*; **horseshoe –ring** *s.*, (hufeisenförmiger) Rettungsring *m.*; **– rocket** *s.*, Rettungs-, Leinenwurfrakete *f.*; **– saver** *s.*, Rettungsschwimmer *m.*; **–(-)saving** *s.*, Lebensrettung *f.*; **L–-saving Service** *s.*, Rettungs(schwimm)dienst *m.*, Rettungsschwimmerorganisation *f.*; **–-saving station** *s.*, Rettungsstation *f.*; **– signal** *s.*, Rettungsbojensignal *n.*; **– vest** *s.*, Rettungsschwimmkörper *m.*, -schwimmweste *f.*; **foam-type –vest** *s.*, Rettungsschwimmkörper *m.*

lift *s.* (*phys.*), Auftrieb *m.*, Auftriebsvermögen *n.*, -wirkung *f.*; Schleuseneinfall *m.*, -einsatz *m.*, (*tech.*) Knagge *f.*, Nocken *m.*; Hub *m.*, Hubhöhe *f.*, Steighöhe *f.*; **dynamic –,** dynamischer Auftrieb *m.* (*eines Bootes*); **negative –,** Abtrieb *m.*; **spreader –,** Saling-Toppnant *m.*

lift *v.*, Auftrieb bekommen (*Boot, etc.*), steigen (*Spinnaker*), sich heben, aufsteigen und sich auflösen (*Nebel*); **the fog –s,** der Nebel löst sich auf *od.* steigt *od.* hebt sich; **the spinnaker –s,** der Spinnaker steigt; **to – the anchor,** den Anker hieven *od.* lichten.

lift / bolt *s.* **(of the boom),** Dirkwaage *f.*; **swivel – bolt** *s.* **(of the boom),** Dirkwirbel *m.*

lifter *s.*, Hebebaum *m.*, Heber *m.*, Hebegerät *n.*, Nocken *m.*; **cable –,** Kettennuß *f.*

lifting *s.*, **– in a seaway,** Auf- und Niederbewegung *f.*, Tauchschwingung *f.* (*eines Bootes bei Seegang*); **– eye** *s.*, Heißöse *f.*; **– force** *s.* (*phys.*), Auftriebskraft *f.*, Auftrieb *m.*; Hebekraft *f.*; **– frame** *s.*, Hebebock *m.*; **– jack** *s.*, Hebewinde *f.*; **– keel** *s.*, Hubkiel *m.*; **– power** *s.* (*phys.*), Auftrieb *m.*, Auftriebskraft *f.*; **– rudder** *s.*, Senkruder *n.*

lift / purchase *s.*, Toppnanttalje *f.*; **–-to-drag ratio** *s.*, Bootswiderstand *m.* im Verhältnis zur Vortriebskraft; **– valve** *s.*, Druckventil *n.*; **– wall** *s.*, Fallmauer *f.* (*einer Schleuse*).

ligan *s.* (*naut., jur.*), (*s.* **lagan**).

light *s.* (*naut.*), Leuchtfeuer *n.*, Feuer *n.*; Licht *n.* (*Signal*), Leuchtturm *m.*; Beisegel *n.*; Tag *m.*, Tagesanbruch *m.*, Sonnen-, Tageslicht *n.*; **alternating –,** Wechselfeuer *n.*; **allround –,** Rundumlicht *n.*; **anchor –,** Ankerlicht *n.*; **blinker** *or* **Morse signalling –,** Morselampe *f.*, -laterne *f.*; **cross-marking –,** Quermarkenfeuer *n.*; **fishing** *or* **working –s,** Fischerlicht *n.*; **fixed –,** Festfeuer *n.*; **fixed and flashing** *or* **alternating occulting** *or* **mixed –,** Mischfeuer *n.*; **flaring** *or* **flare up –,** Flackerfeuer *n.*; **flashing –,** Blinkfeuer *n.*; **harbour –,** Hafenfeuer *n.*; **intermittent –,** Gleichtaktfeuer *n.*; **leading** *or* **sectorial –,** Leit-, Richtfeuer *n.*; **life-buoy –,** Nachtrettungslicht *n.*; **man-overboard –,** Nachtrettungslicht *n.*, Seenotleuchte *f.*; **mast –,** Mastlicht *n.*; **masthead –,** Dampferlicht *n.*; (Mast)Topplicht *n.*; **Morse –,** Morsefeuer *n.*; **navigation –,** (Navigations)-Feuer *n.*; **occulting –,** Unterbrochenes Feuer *n.*; **pair –s,** Torfeuer *n.*; **periodical** *or* **rhythmical –,** Taktfeuer *n.*; **pier-head –,** Molenfeuer *n.*; **port (starboard) –,** Backbord(Steuerbord)-licht *n.*; **position** *or* **regulation** *or* **statutory –s,** Positionslichter *n./pl.*; **quick (short) flashing –,** Blitz *m.* (*Kennung*), Blitz-, Funkelfeuer *n.*; **revolving –,** Drehfeuer *n.*; **side –,** Seitenfenster *n.*, -licht *n.* (*Kajüte*); **stern –,** Hecklicht *n.*, -laterne *f.*; **upper leading –,** Oberfeuer *n.*; **upper (lower) range –,** Ober(Unter)feuer *n.*; **group distinction of –s,** Gruppenkennung *f.*; **sector of –,** Leuchtwinkel *m.*; **to exhibit –s,** Lichter setzen (*Boot*); **– dipping the horizon,** Feuer *n.* in der Kimm.

light *adj.*, (spezifisch) leicht, von geringem spezifischem Gewicht (*Segel, etc.*), leicht beladen, leer, unbeladen (*Schiff*), (*meteor.*) leicht.

light *v.*, **to – the anchor,** den Anker lichten; **to – a rope,** ein Tau heben *od.* hieven.

light air *s.* (*naut., meteor.*), leiser Zug *m.*, Leichtwetter *n.*, -wind *m.*; **in – conditions,** bei Leichtwetterbedingungen; **– expert** *s.* (*rac.*), Leichtwetterspezialist *m.*; **– genoa** *s.*, Leichtwetter- *od.* -windgenua *f.*; **– inventory** *s.*, Leichtwetterbesegelung *f.*; **– race** *or* **racing** *s.*, Leichtwetter- *od.* Leichtwindregatta *f.*; **– sail** *s.*, Leichtwettersegel *n.*; **– sailing** *s.*, Leichtwettersegeln *n.*; **– spinnaker** *s.*, Leichtwetter- *od.* Leichtwindspinnaker *m.*

light / anchor *s.*, Leichtanker *m.*; **– beacon** *s.*, Leuchtbake *f.*, -feuer *n.*; **– boat** *s.*, unbemanntes Feuerschiff *n.*; **– breeze** *s.*, leichte Brise *f.*; **– buoy** *s.*, Leuchtboje *f.*, -tonne *f.*; **– characteristic** *s.*, Kennung *f.*, Lichterscheinung *f.*; **– displacement** *s.*, Leichtdeplacement *n.*, -verdrängung *f.*; **– displacement boat** *or* **cruiser** *s.*, Leichtdeplacement-, Leichtverdrängungsboot *n.*, -yacht *f.*, Leichtverdränger *m.*; **– draught** *s.* (*am.* **draft**), Tiefgang *m.* des leeren seeklaren Schiffs, Leertiefgang *m.*; **– duty** *s.*, (Leucht)Feuergeld *n.*, -gebühren (*pl.*).

lighted / beacon *s.*, Leuchtbake *f.*; **– buoy** *s.*, Leuchtboje *f.*, -tonne *f.*

lighten *v.* (*naut.*), (ab)leichtern, (*Boot*) leichter machen *od.* erleichtern, lichten, löschen, (*meteor.*) blitzen; sich aufhellen, heller werden; **it –s,** es blitzt; **lightening** *s.*, (Ab)Leichtern *n.*

lighter *s.*, Leichter *m.*, Kahn *m.*, Prahm *m.*; **lighterage** *s.*, Leichtergeld *n.*, -lohn *m.*; Leichter-, Schutentransport *m.* (*zum Entladen*); **lighterman** *s.*, Kahnschiffer *m.*, Leichterschiffer *m.*. Ewerführer *m.*

light / -handed *adj.* (*naut.*), leicht *od.* nicht voll bemannt (*Schiff*); **–(-)house** *s.*, Leuchtturm *m.*; **–(-)house man** *s.*, Leuchtturmwärter *m.*

lighting-up time *s.*, Zeit *f.* eintretender Dunkelheit.

light / intensity *s.*, Lichtstärke *f.* (*Leuchtfeuer, etc.*); **– list** *s.*, Leuchtfeuerverzeichnis *n.*

lightish *adj.*, ziemlich leicht (*Boot, etc.*).

lightning *s.*, Blitz *m.*; **ball** *or* **globular –,** Kugelblitz *m.*; **chain** *or* **forked –,** Linien-, Zickzackblitz *m.*; **summer –,** Wetterleuchten *n.*; **– arrester** *or* **conductor** *or* **protector** *or* **rod** *s.*, Blitzableiter *m.*, -schutz *m.*

light rain *s.*, leichter Regen *m.*

lights *s./pl.* (*naut.*), Befeuerung *f.*, Leuchtfeuer *n.* (*pl.*); **Admiralty List of L–,** Feuerbuch *n.*, Leuchtfeuerverzeichnis *n.*; **carrying of** *or* **setting of navigation –,** Lichterführung *f.* (*Boot*); **– in line, – in transit,** Feuer *n.* in Linie; **interior –,** Innenbeleuchtung *f.* (*Yacht*); **navigation –,** Navigationslichter (*pl.*).

light / sail *s.*, Beisegel *n.*, Leichtwettersegel *n.*; **– sector** *s.*, Leuchtsektor *m.*, -winkel *m.*; **–ship** *s.*, Feuerschiff *n.*, Leuchtschiff *n.*; **–-to-medium air** *s.*, Leicht- bis Mittelwetter *n.*; **– vessel** *n.*, Feuerschiff *n.*; **– waterline** *s.*, Leichtwasserlinie *f.* (*Schiff*); **– weather** *s.*, Leichtwetter *n.*; **–-weather race** *or* **racing** *or* **regatta** *s.*, Leichtwetterregatta *f.*; **–-weather sailing** *s.*, Leichtwettersegeln *n.*; **–-weather technique** *s.*, Leichtwetter(regatta)taktik *f.*, -technik *f.*; **–-weather trim** *s.*, Leichtwettertrimm *m.*; **– weight** *s.* (*surf.*), Leichtgewicht *n.*, Leichtgewichtsklasse *f.*; **–-weight anchor** *s.*, Leicht(gewicht)anker *m.*; **–-weight construction** *s.*, Leichtbau(weise *f.*) *m.*, Leichtkonstruktion *f.* (*Boot*); **–-weight fabric** *s.*, leichtes Segeltuch *n.*; **– wind** *s.*, leichter Wind *m.*, Leichtwind *m.*; **in extremely – wind(s),** bei extrem *od.* sehr leichtem Wind; **– year** *s.* (*astr.*), Lichtjahr *n.*

lignum vitae *s.*, Guajak-, Franzosen-, Pockholz *n.*; **(round) thimble of –,** Pockholzkausch *f.*

like *adj.*, **it looks – rain,** es sieht nach Regen aus.

limb *s.*, Limbus (*Sextant*), Gradkreis *m.*, -bogen *m.*, Teilkreis *m.* (*an Winkelmeßinstrumenten*), Arm *m.* (*Gewässer*), (*astr.*) Rand *m.* (*eines Gestirns*).

limber / board *s.*, Bilgedeckel *m.*; **– hatch** *s.*, Bilgeluke *f.*; **– hole** *s.*, Nüstergatt *n.*, Wasser(auf)laufloch *n.*; **–s** (*pl.*), Pumpensod *m.*; Wasserlauf *m.*, Wasserauflauflöcher (*pl.*) (*des Kielschweins*); **– strake** *s.*, Kielwegerung *f.*

lime-juicer *s.*, **limey** *s.* (*am., sl.*), britischer Matrose *m.*; britisches Schiff *n.*

limit *s.*, (Höchst)Grenze *f.* (*Belastung, etc.*); **limited** *adj.* **visibility,** begrenzte Sicht *f.*; **limiting frequency** *s.* (*rad.*), Grenzwellenfrequenz *f.*

limnology *s.*, Seenkunde *f.*

limp *v.* (*naut.*), sich mühsam vorwärtsbewegen (*beschädigtes Schiff*); **the damaged boat –ed** *or* **managed with difficulty to – back to port,** das havarierte *od.* beschädigte Boot schleppte sich mühsam zum Hafen zurück.

linch pin *s.* (*tech.*), Vorstecker *m.*

line *s.* (*naut.*), (Beleg)Leine *f.*, Kabel *n.*, Seil *n.*, Tau *n.*; Rohr *n.*, Schlauch *m.*; Lotleine *f.*; Maßband *n.*; (Umriß)Linie *f.*, Plan *m.*, Riß *m.*, Entwurf *m.* (*Bootsbau*), (Schiffahrts)-Linie *f.*; Bahn *f.*, Richtung *f.*, Route *f.*, (*geogr.*) Breitenkreis *m.*, Längenkreis *m.*, Meridian *m.*; **the L–,** der Äquator; **christening** *s.* **of sailors on crossing the –,** Linientaufe *f.*; **lights in –,** Feuer *n.* in der Linie; **ship of the –,** Linienschiff *n.*; **anchor –,** Ankerleine *f.*; **bearing –,** Peilstrahl *m.*; **bilge –,** Lenzleitung *f.*; **bow** *or* **fore –,** Vorleine *f.*; **course –,** Kurslinie *f.*; **cross –,** Querleine *f.*; **Cunningham –,** Cunninghamleine *f.*; **date –,** Datumsgrenze *f.*; **fathom –,** Tiefenlinie *f.* (*Seekarte*); **finishing line** *s.* (*rac.*), Ziel *n.*, Ziellinie *f.*; **flag –,** Flaggleine *f.*; **grab** *or* **life –,** Greifleine *f.*; **hand –,** Sorgleine *f.*; **heaving –,** Wurfleine *f.*; **isobaric –s** (*pl.*), Isobaren *f./pl.*; **lacing –,** Reihbändsel *n.*, -leine *f.*; **lead** *or* **sounding –,** Lotleine *f.*; **life –,** Greifleine *f.*, Manntau *n.*, Strecktau *n.*, Sorgleine *f.*, Relingsdraht *m.*; **log –,** Logleine *f.*; **lubber's –,** Steuerstrich *m.*; **mooring –,** Festmacher *m.*; **mo(u)lded –,** Mallkante *f.*; **orthodromic –,** Orthodrome *f.*; **reefing –,** Reffstander *m.*; **regulating –,** Regulierleine *f.*; **retrieving –,** Ein-, Niederholer *m.*; **ribbon –,** Farbenstrak *m.*; **rhumb –,** Loxodrome *f.*; **running –,** Muringleine *f.*; **sheer –,** Deckstrak *m.*, Scherlinie *f.*; **starting –** (*rac.*), Startlinie *f.*; **stern –,** Achter-, Heckleine *f.*; **tacking –,** Halsstrecker *m.*; **tag –,** Nachlaufleine *f.*; **trailing** *or* **weighing –,** Sorgleine *f.*; **traveller –,** Travellerleine *f.*; **tricing –,** Schothorn-Einholer *m.*; **tripping –,** Trippleine *f.*, Niederholer *m.*; **warp –,** Warpleine *f.*; **to clear a –,** auftörnen (*Kinken*); **– avast!** (*int.*), Leine fest!; **– has parted!** (*int.*), Leine ist gebrochen!; **– to port (starboard)!** (*com.*), Leine nach Backbord (Steuerbord)!; **clear (up) –!** (*com.*), Leine aufklaren!; **get the –(s) ashore!** (*com.*), Leinen an Land!; **get your heaving –s ready!** (*com.*), Klar bei Wurfleine!; **let go (the) –!** (*com.*), Belegleine los!, Leine schlippen!; **pass your –(s) to the boat!** (*com.*), Vorleine(n) ins Boot!; **– abreast** *s.*, Dwarslinie *f.*; **– ahead** *s.*, Kiellinie *f.*; **– for sheets,** Schotmaterial *n.*; **– of bearing** *s.*, Peil(stand)linie *f.*; **– of buoys,** Bojenreihe *f.*, -strich *m.*; **– of collimation,** Kollimationsachse *f.*; **– of force** (*phys.*), Kraftlinie *f.*; **– of latitude,** Breitenkreis *m.*; **– of longitude,** Längenkreis *m.*; **– of position,** Standlinie *f.* (*Boot*); **astronomical** *or* **celestial – of position,** astronomische Standlinie *f.*; **hyperbolic – of position,** Hyperbelstandlinie *f.*; **radio – of position,** Funkstandlinie *f.*; **terrestrial – of position,** terrestrische Standlinie *f.*; **– of sight,** Blickrichtung *f.*, Visierlinie *f.*; **– of soundings,** Lotstandlinie *f.*, Lotungslinie *f.*, Reihenlotung *f.*

line *v.*, mit dem Lot *od.* Maßband messen; **to – up at** *or* **behind the starting line** (*rac.*), an *od.* hinter der Startlinie Aufstellung nehmen; **to – up** (*naut.*), in Deckung bringen (*Feuer, etc.*).

linear measure *s.*, Längenmaß *n.*; Längenmaßsystem *n.*

line/-carrying gun *s.*, Leinenwurfgewehr *n.*; **rhumb – distance** *s.*, loxodromische Distanz *f.*; **--drum brake** *s.*, Leinentrommelbremse *f.*

liner *s.*, Linienschiff *n.*, (*regelmäßig verkehrender*) Passagier- *od.* Überseedampfer *m.*, (*tech.*) Buchse *f.*, Füllstück *n.*, Futter *n.*; **– navigation** *or* **trade** *s.*, Linienschiffahrt *f.*; **– runner** *s.*, Jollenführer *m.*

line runner *s.*, Festmacher *m.* (*Person*).

lines *s./pl.*, **the boat has fine –,** das Boot hat gefällige Linien; das Boot ist schlank *od.* völlig (gebaut); **– drawing** *s.*, (Linien)Riß *m.*, Konstruktionszeichnung *f.*, Plan *m.* (*Bootsbau*); **– fee(s)** *s.* (*pl.*), Leinengeld *n.*, -gebühr(en) *f.* (*pl.*); **– plan** *s.*, Linienriß *m.*, Konstruktionszeichnung *f.* (*Bootsbau*).

line/shipping *s.*, **regular –,** Linien(schiff)fahrt *f.*; **– squall** *s.* (*meteor.*), Linien-, Reihenbö *f.*, Frontbö *f.*, Regen-, Hagelbö *f.*; **– tensioner** *s.*, Leinenspanner *m.*; **--throwing gun** *s.*, Leinenwurfgewehr *n.*; **– thunderstorm** *s.* (*meteor.*), Reihengewitter *n.*; **– winch** *s.*, Leinen-, Seilwinde *f.*

lining *s.* (*tech., elec.*), Isolierung *f.*, Isolation(s-schicht) *f.*, Futter *n.*

link *s.*, (Ketten)Glied *n.*, Schake *f.*, Schäkel *m.*, Ring *m.*, (*tech.*) Gelenk-, Zwischenstück *n.*, (*Scots*) Flußwindung *f.*; *v.*, **to – up,** anschließen; **to – with,** verbinden mit; **linkage** *s.*, Kopplung *f.*; **links** *s./pl.* (*Scots*), Dünen *f./pl.*

lip *s.* (*naut.*), Lippe *f.* (*Beschlag*).

lipper *s.*, Kräuseln *n.* (*der See*), Spritzer *m.*, Spritzsee *f.*, -wasser *n.*, Sprühwasser *n.* (*kl. Wellen*).

liquid/barometer *s.*, Fluid-, Flüssigkeitsbarometer *n.*; – **compass** *s.*, Fluid-, Schwimmkompaß *m.*; – **indicator** *s.*, Schauglas *n.* (*Tank*).

list *s.*[1], Liste *f.*, Verzeichnis *n.*, Register *n.*; **Admiralty L– of Lights,** Feuerbuch *n.*; **Admiralty – of lights,** Leuchtfeuerverzeichnis *n.*; **crew –,** Musterrolle *f.*; – **of call signals,** Funkrufzeichenregister *n.*, Funkverkehrsbuch *n.*; – **of coast stations,** Verzeichnis *n.* der Küstenfunkstellen; – **of the crew,** Musterrolle *f.*; **L– of Lights,** Leuchtfeuerverzeichnis *n.*; – **of stations,** Funkstellenverzeichnis *n.*

list *s.*[2] (*naut.*), Krängung *f.*, Schlagseite *f.*, Überhängen *n.*, -liegen *n.* (*eines Bootes*); – **to port (starboard),** Backbord(Steuerbord)-schlagseite *f.*; *v.*, krängen, überliegen, Schlagseite haben, sich überlegen (*Boot*).

listen *v.* (*rad.*), **to – (in),** hören, horchen; **listening watch** *s.* (*rad.*), Hörbereitschaft *f.*

lit(t)oral *s.*, Litoral *n.*, Gezeitenzone *f.*; Litorale *n.*, Küsten-, Uferland *n.*; *adj.*, litoral; – **zone,** Gezeitenzone *f.*

live *v.* (*naut.*), aushalten, sich halten, nicht untergehen; **no boat could – in such a storm,** kein Boot konnte sich in einem solchen Sturm halten; *adj.* (*rad.*), direkt, (*naut.*) lebendig (*Boot*), (*elec.*) stromführend; frisch (*Luft*).

lively *adj.*, lebendig, leicht steuerbar, flott schwimmend, gut schwimmfähig (*Boot*); – **boat,** lebendiges Boot *n.*; kräftiges *od.* starkes Boot *n.*

live / parts *s./pl.*, bewegliche Teile (*pl.*) (*am Boot*); – **work** *s.*, lebendes Werk *n.* (*unter der Wasserlinie*).

Ljungstroem rig *s.*, Ljungstroem- (*od.* -ström)-Rigg *n.*

Lloyd *s.*, **German –,** Germanischer Lloyd *m.*; **Lloyd's** *s.*, Lloyd *m.*; **A1 at –** (*naut.*), erstklassig; – **Register (of Shipping, of Yachts),** Lloyd's Register *n.*; – **Rules and Regulations** (*pl.*), Lloyd's Bauvorschriften *f./pl.*; – **signals** (*pl.*), Lloyd's Signale *n./pl.*

load *s.* (*phys.*, *tech.*), Belastung *f.*, Druck *m.*, Last *f.*, Leistung *f.*; **breaking –,** Bruchfestigkeit *f.*; **maximum –,** Bruchlast *f.*; maximale Belastung *f.* (*Segel, etc.*); **permissible –,** Höchstbelastung *f.*; **wind –,** Winddruck *m.*; *v.* (*naut.*), beladen, (*tech.*) belasten; **to – a ship,** ein Schiff beladen, Ladung *od.* Bordausrüstung übernehmen; **load / capacity** *s.* (*naut.*), Lade-, Tragfähigkeit *f.* (*eines Bootes*); – **carrying capacity** *s.*, Tragfähigkeit *f.* (*Boot*); – **change(s)** *s.* (*pl.*), Druckveränderungen *od.* -verlagerungen (*im Segel*); **to have** *or* **get enough – in the sail,** genug Druck auf der Schot haben; – **displacement** *s.* (*naut.*), Wasserverdrängung *f.* des beladenen Schiffs, Ladeverdrängung *f.*; – **draught** *s.* (*am.* **draft**), Konstruktionstiefgang *m.*, Tiefgang *m.* des beladenen Schiffs; **at – draught** (*am.* **draft**), voll beladen (*Schiff*); **loaded** *adj.*, – **area,** Belastungsfläche *f.*; – **draught** (*am.* **draft**), Konstruktions-, Ladetiefgang *m.*; **load / fluctuation** *s.*, Belastungsschwankung *f.*; – **indicator** *s.*, Belastungsanzeiger *m.*

loading *s.* (*phys.*, *tech.*), Belastung *f.*, Last *f.*; – **and unloading** *s.* (*naut.*), Laden *n.* und Löschen; – **berth** *s.*, Verladeplatz *m.*, -kai *m.*; – **capacity** *s.*, Tragfähigkeit *f.*, -kraft *f.* (*eines Bootes*); – **port** *s.*, Verladehafen *m.*; – **wharf** *s.*, Verladekai *m.*

load / limit *s.*, Belastungsgrenze *f.*; – **line** *s.*, Lade(wasser)linie *f.*, Lademarke *f.*, Tiefladelinie *f.*, Wasserlinie *f.*; **construction – line** *s.*, Konstruktionswasserlinie *f.*; – **line mark** *s.*, Freibordmarke *f.*; – **resistance** *s.*, Belastungs-, Außenwiderstand *m.*; – **test** *s.*, Belastungsprobe *f.*; – **water line** *s.*, Konstruktions-Wasserlinie *f.*; – **water line coefficient** *s.*, Wasserlinienvölligkeitsgrad *m.*

lobe *s.* (*radar*), Keule *f.*, Schleife *f.*, Zipfel *m.*

loblolly boy *or* **man** *s.*, Gehilfe *m.* des Schiffsarztes.

lobscouse *s.*, **lobscourse** *s.* (*naut.*), Labskaus *n.*

local *adj.*, lokal, örtlich, Orts-; **1600 (hours) –** (*am.*), 16 Uhr Ortszeit; – **apparent noon** *s.* (*astr.*), scheinbarer Mittag *m.*; – **apparent time** *s.*, scheinbare Ortszeit *f.*; – **attraction** *s.*, lokale Anziehung *f.*, Ortsmißweisung *f.* (*Kompaß*); – **civil time** *s.*, bürgerliche Ortszeit *f.*; – **declination** *s.*, Ortsmißweisung *f.* (*Kompaß*); – **hour angle** *s.*, Ortsstundenwinkel *m.*

localize *v.* (*rad.*, *etc.*), lokalisieren, (örtlich) bestimmen *od.* festlegen.

local / magnetic disturbance *s.*, örtliche magnetische Störung *f.*; – **mean noon** *s.*, mittlerer Ortsmittag *m.*; – **mean time** *s.*, mittlere Ortszeit *f.*; – **meridian** *s.*, Ortsmeridian *m.*; – **noon** *s.*, Ortsmittag *m.*; – **shower** *s.* (*meteor.*), Strichregen *m.*, strichweiser Regen *m.*; – **showers** (*pl.*) (*meteor.*), strichweise Regen *m.*; – **sidereal time** *s.*, örtliche Sternzeit *f.*; – **storms** (*pl.*) (*meteor.*), örtliche Gewitter *n./pl.*; – **time** *s.*, Ortszeit *f.*; – **transit** *s.* (*astr.*), Orts(meridian)durchgang *m.* (*eines Gestirns*); – **true time** *s.*, wahre Ortszeit *f.*; – **wind** *s.*, örtlicher Wind *m.*

locate *v.* (*nav.*), orten, einpeilen; **locating device** *s.* (*naut.*), Ortungsgerät *n.*; **location** *s.* (*nav.*), Orten *n.*, Einpeilung *f.*, örtliche Festlegung *f. od.* Feststellung *f.*, Standort *m.*, Lage *f.*; **radar –,** Radarortung *f.*; **radio –,** Funkortung *f.*; **radio – fixing** *s.*, Funkortung *f.*; **sound –,** Schallortung *f.*

loch *s.* (*Scots*), (Binnen)See *m.*, enge Bucht *f.*, enger Meeresarm *m.*

lock *s.*, Schleuse *f.*, Schleusenkammer *f.*, Dockschleuse *f.*, (*sl.*) Schleusenwärter *m.*, (*tech.*) Sperrvorrichtung *f.*, Verschluß *m.*; **halyard –,** Fallentlaster *m.*; **row –,** Rundsel *n.*; **tide –,** Dockschleuse *f.*; **true –,** Endbeschlag *m.*; *v.*, (*Boot od. Schiff*) (durch)schleusen; **to – down,** (*Boot*) hinab- *od.* stromabwärts (durch)schleusen; **to – in,** einschleusen, (in eine Schleuse) einlaufen; **to – off,** durch eine Schleuse abteilen; **to – out,** ausschleusen, (aus einer Schleuse) auslaufen; **to – through,** (*Boot od. Schiff*) durchschleusen; **to – up,** (*Boot*) hinauf- *od.* stromaufwärts (durch)-schleusen; **to be locked,** geschleust werden (*Boot*).

lockage *s.*, (Durch)Schleusen *n.*; Schleusengeld *n.*, -gebühr *f.*; Schleusenanlage *f.*, -system *n.*; Schleusengefälle *n.*, -höhe *f.*

lock / chamber *s.*, Schleusenkammer *f.*; **– charges** *or* **dues** (*pl.*), Schleusengebühr(en) *f.* (*pl.*), Schleusengeld *n.*

locker *s.* (*naut.*), Schapp *n.*, Schrank *m.*, kleiner Raum *m.*; **chart –,** Kartenschrank *m.*; **hanging –,** Hängeschrank *m.*; **sail –,** Segelkoje *f.*, -last *f.*; **sea –,** Seekiste *f.*; **to go to Davy Jones's –** (*naut.*), (im Meer) ertrinken; **– seat** *s.*, Backs-, Seekiste *f.*

lock / gate *s.*, Schleusentor *n.*; **– head** *s.*, Schleusenhaupt *n.*

locking / arrangement *s.*, Sperr-, Sicherungsvorrichtung *f.*; **– bolt** *s.*, Vorreiber *m.*, Sicherungsbolzen *m.*; **– device** *s.*, Sperre *f.*, Sperrvorrichtung *f.*; **– pin** *s.*, Sicherungsbolzen *m.*; **– plate** *s.*, Federscheibe *f.*, Sprengring *m.*, Beilagscheibe *f.*; **– screw** *s.*, Sicherungsschraube *f.*

lock / -keeper *s.*, Schleusenwärter *m.*; **– master** *s.*, Schleusenmeister *m.*; **– nut** *s.* (*tech.*), Gegen-, Konter-, Überwurfmutter *f.*; **locksman** *s.*, Schleusenwärter *m.*; **lock / signal** *s.*, Schleusensignal *n.*; **– wash** *s.*, Schleusenstrom *m.*; **– washer** *s.* (*tech.*), Federring *m.*, -scheibe *f.*

lode *s.* (*br.*), Wasserlauf *m.*, -weg *m.*; **lodestar** *s.* (*or* **loadstar**), Leit-, Polarstern *m.*

lodging knee *s.* (*naut.*), liegendes Knie *n.* (*Bootsbau*).

loft *s.*, **drawing** *or* **mould –,** Schnürboden *m.*; **sail** *or* **sailmaker's –,** Segelmacherei *f.*

log *s.*, Log *n.*, Logge *f.*; Logbuch *n.*, Journal *n.*, Schiffstagebuch *n.*, Bordbuch *n.*; (Holz)-Klotz *m.*; **Doppler –,** Doppler-Log *n.*; **Dutchman's –,** Relingslog *n.*; **hand –,** Handlog *n.*; **impeller –,** Impellerlog *n.*; **patent –,** Patentlog *n.*; **pitometer –,** Staudruck-Fahrtmesser *m.*; **screw –,** Patentlog *n.*; **ship's –,** Logbuch *n.*, Schiffstagebuch *n.*; **speed –,** Log *n.*, Fahrt(geschwindigkeits)messer *m.*; **sum –,** Sumlog *n.*; **towing –,** Patent-, Schlepplog *n.*; **to heave** *or* **to throw the –,** loggen; **to sail by the –,** nach dem Log segeln.

log *v.*, loggen, Fahrt *f.* eines Bootes mit dem Log messen; (Entfernung) zurücklegen, (*Beobachtungen, Geschwindigkeit*) ins Logbuch eintragen.

log / board *s.*, Logtafel *f.*; **–book** *s.*, Logbuch *n.*, Schiffstagebuch *n.*; **boat's –book** *s.*, Logbuch *n.*; **– chip** *s.* (*or* **ship**), Logbrett *n.*, -scheit *n.*, -schiffchen *n.*

logged *adj.*, mit Wasser vollgesogen.

logger *s.*, (Herings)Logger *m.*

log / extract *s.*, Logbuchauszug *m.*; **– glass** *s.*, Logglas *n.* (*Handlog*); **–head** *s.*, (Heck)Poller *m.*; **– indicator** *s.*, Loguhr *f.*, Zählwerk *n.* (*Patentlog*); **– line** *s.*, Logleine *f.*; **– reel** *s.*, Logrolle *f.*; **– register** *s.*, Loguhr *f.*; **– rotator** *s.*, Logpropeller *m.*, -schraube *f.*; **– slate** *s.*, Logtafel *f.*; **– transmitter** *s.*, Fahrt(geschwindigkeits)messer *m.*, -meßgeber *m.*; **– way** *s.*, (*s.* **gangway**).

logo *s.* (*naut.*), Klassenzeichen *n.* (*esp. surf.*).

loll *v.*, **to – upon the waves,** (sich) gemütlich auf den Wellen schaukeln *od.* von den Wellen schaukeln lassen (*Boot*).

long *adj.*, lang; **– blast** *s.*, langer Ton *m.* (*Dampfpfeife*); **– board** *s.*, Hole-, Streckbug *m.*, langer Schlag *m.* (*beim Kreuzen*); **–boat** *s.*, Barkasse *f.*, großes Beiboot *n.*, Pinasse *f.*, Groß-, Langboot *n.*; **– counter stern** *s.*, löffelförmiges Heck *n.*; **–-delay echo** *s.* (*radar*), Langzeitecho *n.*; **–-distance bearing** *s.*, Langstrahlpeilung *f.*; **–-distance navigation** *s.*, Fern-, Langstreckennavigation *f.*; **–-distance race** *s.*, Langstreckenregatta *f.*; **–-distance radio station** *s.*, Großfunkstelle *f.*; **–-distance reception** *s.* (*rad.*), Fernempfang *m.*; **–-distance signal** *s.*, Fernsignal *n.*; **– forecastle** *or* **fo'c's'le** *s.* lange Back *f.*

longitude *s.* (*geogr.*, *astr.*), Länge *f.*, geographische Länge *f.*; **geographical –,** geographische Länge *f.*; **observed –,** astronomische Länge *f.*; **degree of –,** Längengrad *m.*; **difference of –** (*astr.*), Längenunterschied *m.*; **– by account,** gegißte Länge *f.*, Besteckslänge *f.*; **– by dead**

reckoning, Bestecklänge *f.*; – **by observation,** beobachtete Länge *f.*; – **of departure,** verlassene Länge *f.*; – **of Greenwich,** Meridian *m.* von Greenwich, Nullmeridian *m.*; – **in** *s.*, erreichte Länge *f.*; – **left** *s.*, verlassene Länge *f.*; – **sight** *s.*, Längenbeobachtung *f.*

longitudinal *s.*, Längsspant *n.*, Seitenstringer *m.*, -träger *m.* (*Bootsbau*); *adj.*, longitudinal, längslaufend; *adv.*, längs, längsschiffs; – **beam** *s.*, Längsbalken *m.*, Balkweger *m.*; – **bending strain** *or* **stress** *s.*, Längsbiegebeanspruchung *f.*; – **bulkhead** *s.*, Längsschott *n.*; – **centre** *s.* **of buoyancy,** longitudinaler Verdrängungsschwerpunkt *m.*; – **centre** *s.* **of gravity,** longitudinaler Massenschwerpunkt *m.*, Schwerkraftzentrum *n.* der Länge nach; – **coefficient** *s.*, Völligkeitsgrad *m.* der Spantenflächenskala; – **component** *s.*, Longitudinalkomponente *f.*; – **deck beam** *s.*, Decksunterzug *m.*; – **difference** *s.* (*astr.*, *geogr.*), Längenunterschied *m.*; – **distance** *s.*, Longitudinal-, Längen-, Längsabstand *m.*; – **elevation** *s.*, Längsriß *m.* (Linienriß); – **frame** *s.*, Längsspant *n.*; – **framing** *s.*, Längsbespantung *f.*; **longitudinally** *adv.*, längs, längsschiffs, der Länge nach; **longitudinal / metacentre** *s.* (*am.* **-center**), Längenmetazentrum *n.*; – **section** *s.*, Längsschnitt *m.*; – **stability** *s.*, Längsstabilität *f.*; – **strength** *s.*, Längsfestigkeit *f.*; – **strengthening** *s.*, Längsversteifung *f.*, -verstärkung *f.* (*Bootsbau*); – **structure** *s.*, Längsverband *m.* (*Bootsbau*); – **wave** *s.* (*phys.*), Longitudinalwelle *f.*

long / measure *s.*, Längenmaß *n.*; – **poop** *s.*, lange Poop *f.*; **--range communication** *s.* (*rad.*), Weitverbindung *f.*; **--range forecast** *s.* (*meteor.*), langfristige Wettervorhersage *f.*; **--range navigation** *s.* **(LORAN),** Loran *n.*, Fern-, Langstreckennavigation *f.*; – **sea** *or* **swell** *s.*, lange Dünung *f.* *od.* See *f.*; **–ship** *s.*, Langschiff *n.*; **–shoreman** *s.*, Kai-, Hafenarbeiter *m.*, Schauermann *m.*; – **splice** *s.*, Langspleiß *m.* (*Tauwerk*); – **tack** *s.*, Hole-, Streckbug *m.*, langer Schlag *m.* (*beim Kreuzen*); – **tackle block** *s.*, Violinblock *m.* (*Doppelblock*); – **wave** *s.* (*rad.*), Langwelle *f.*; – **wave direction finder** *s.*, Langwellenpeiler *m.*; – **way round** *s.*, großer Umweg *m.*

look *v.*, **it –s like rain,** es sieht nach Regen aus; – **out!** (*int.*), Wahrschau!; **lookout** *s.* (*naut.*), Ausguck *m.*, Krähennest *n.*; Ausguckmann *m.*

loom *s.*, (Riemen)Schaft *m.*, Riemenstange *f.*, (*naut.*) undeutliches Auftauchen *n.* *od.* Sichtbarwerden *n.*; *v.*, auftauchen, undeutlich sichtbar werden; **to – large,** sich drohend auftürmen (*Wellen*), drohend auftauchen (*Eisberg, etc.*); **looming** *s.*, Fata Morgana *f.*, Luftspiegelung *f.*; undeutliches Auftauchen *n.* *od.* Sichtbarwerden *n.* (*von Klippen, Schiffen, etc.*).

loop *s.* (*naut.*), Schlinge *f.*, Schlaufe *f.*, Schleife *f.*, Öse *f.*; (Fluß)Windung *f.*; **direction finding –,** Peilrahmen *m.*; **guide –,** Leitöse *f.*; *v.*, **to – up,** (*Tauwerk*) aufschießen; – **aerial** *s.* (*am.* **antenna**), Rahmenantenne *f.*; – **direction finder** *s.*, Drehrahmenpeiler *m.*; – **direction finding** *s.*, Rahmenpeilung *f.* (*Funkp.*); – **effect** *s.*, Antennenwirkung *f.* (*Funkp.*); – **knot** *s.*, einfacher Knoten *m.*; – **receiver** *s.*, Rahmenempfänger *m.* (*Funkp.*); – **tuning error** *s.*, Peilfehler *m.* (*Funkp.*).

loose *v.*, lockern, sich lösen *od.* losmachen, lose *od.* locker werden; **to – the anchor,** den Anker lichten, absegeln; **to – a boat,** ein Boot losmachen (**from,** von); **to – sails,** Segel losmachen, -werfen.

loose *adj.*, lose, nicht fest *od.* befestigt, locker, schlaff; **to break** *or* **to come –,** sich losmachen (*Boot, etc.*), los-, abbrechen (*Mast, etc.*); **to hang –,** schlaff hängen (*Segel*); **to work –,** sich lockern (*Bolzen, etc.*); – **connection** *s.* (*elec.*), Wackelkontakt *m.*

loosen *v.*, sich lockern, locker werden; sich losmachen (*Boot*).

loose end *s.*, Lose *f.*, loses Ende *n.* (*Tau*).

loose / -footed *adj.*, mit losem Unter- *od.* Fußliek (*Segel*), ohne Baum; – **foot rope** *s.*, loses Unterliek *n.*, loses Baumliek *n.*; – **ice** *s.*, offenes Eis *n.*, loses Packeis *n.*; – **pulley** *s.*, lose Rolle *f.*

looseness *s.*, Schlaffheit *f.* (*der Segel*).

lop *s.*, Seegang *m.* mit kurzen leichten Wellen, Kabbelung *f.*, Kräuselbewegung *f.* der See; *v.*, schlaff herunterhängen (*Segel*); **loppy** *adj.*, kleine Wellen werfend, bewegt (*See*), schlaff (herunter)hängend (*Segel*); **lopsided** *adj.*, gekrängt, mit Schlagseite, überliegend (*Boot*).

loran *s.* **(L–),** (*s.* **long-range navigation**), Loran(system) *n.*, Fern(bereich)navigationssystem *n.*, Impuls-Hyperbelverfahren *n.*, Funkortungsverfahren *n.*; – **chart** *s.*, Lorankarte *f.*; – **table** *s.*, Lorantabelle *f.*

lorcha *s.*, Lorcha *f.* (*ostasiat. Segelschiff*).

lose *v.* (*naut.*), zurückbleiben, -fallen, (*rac.*) verlieren; **to – time** (*rac.*), Zeit verlieren *od.* verschwenden; **to – way,** (an) Fahrt *od.* Geschwindigkeit verlieren.

loss *s.* (*naut.*), Untergang *m.* (*Boot*), (*ins.*) Schadensfall *m.*; – **of radio contact,** Abreißen *n.* der Funkverbindung; – **of time** (*rac.*), Zeitverlust *m.*

lost *adj.*, verschollen (*Pers., Boot*); – **at sea,** auf See geblieben *od.* verschollen; – **in the fog,** im Nebel verschwunden *od.* nicht mehr sichtbar; **the ship and all hands were –,** das Schiff ging mit der gesamten Besatzung unter; – **buoyancy** *s.*, verlorene *od.* wegfallende Schwimmkraft *f. od.* Verdrängung *f.* (*bei Lecks*); – **time** *s.* (*rac.*), verlorene Zeit *f.*

loud hailer *s.*, Lautsprecher *m.*, Megaphon *n.*, Sprachrohr *n.*, (*naut., sl.*) Flüstertüte *f.*; **loudness** *s.* (*rad.*), Lautstärke *f.*; **loud speaker** *s.*, Lautsprecher *m.*

lough *s.* (*Irish*), See *m.*, Meeresarm *m.*, Meerbusen *m.*

louvre *s.* (*am.* **louver**) (*naut.*), Lüfterrosette *f.*, Lüftungs- *od.* Ventilationsschlitz *m.*, -schieber *m.*

low *s.* (*meteor*), Tief(druckgebiet) *n.*; *adv.* (*astr.*), nahe dem Horizont, nahe dem Äquator; *adj.*, niedrig, tief; schwach (*Ton, etc.*); **the clouds are** *or* **hang –,** die Wolken hängen niedrig *od.* tief; **the sun is – (on the horizon),** die Sonne steht tief (am Horizont); **the water is –,** das Wasser steht niedrig (*Gezeit*); – **area** *s.* (*meteor.*), Tief(druckgebiet) *n.*; –**-built ship** *s.*, Niederbordschiff *n.*; – **ceiling** *s.* (*meteor.*), niedrige Wolkendecke *f.*; – **cloud** *s.*, niedrige Bewölkung *f. od.* Wolkendecke *f.*; – **clouds** (*pl.*), tiefhängende Wolken (*pl.*); – **elasticity** *s.*, geringe Dehnbarkeit *f.* (*Segeltuch*).

lower *s.*, finsteres Drohen *n.* (*der Wolken, etc.*).

lower *v.*, fallen, sinken (*Temperatur, Wasserspiegel*), fieren, streichen, niederholen (*Segel*), senken (*Flagge*), (*meteor.*) finster drohen, (*Boot*) zu Wasser bringen; **to – a boat,** ein Boot aussetzen *od.* zu Wasser bringen; **to – a flag,** eine Flagge streichen *od.* niederholen; **to – a sail,** ein Segel bergen, ein Segel fieren; **to – away,** wegfieren; **to – hand over hand,** Hand über Hand fieren, niederholen, bergen (*Segel*), streichen (*Takelage*); – **away!** (*com.*), Fier weg!.

lower *adj.*, **the – berth,** die untere Koje, Unterkoje *f.*; – **deck** *s.*, Unterdeck *n.*, unteres Deck *n.*; – **die** *s.*, Matrize *f.* (*Bootsbau*); – **edge** *s.*, Unterkante *f.* (*Segel, etc.*); – **keel** *s.*, Unterkiel *m.*; – **launch slip** *s.*, Vorhelling *f.*; – **limb** *s.* (*astr.*), Unterrand *m.* (*Planet*); – **low water** *s.*, niedrigeres Niedrigwasser *n.*; – **mast** *s.*, Untermast *m.*; – **mast cap** *s.*, Eselshaupt *n.* (*Beschlag*); – **mast hounds** (*pl.*), Mastbacken (*pl.*); Wantangriffspunkt *m.*; – **meridian** *s.* (*astr.*), unterer Meridian *m.*; – **part** *s.* (*naut.*), unterer Teil *m.*, Unterteil *m.*; – **range light** *s.*, Unterfeuer *n.*; – **sail** *s.*, Untersegel *n.* (*Rahsegler*); – **shrouds** (*pl.*), Unterwanten *f./pl.*; – **stay** *s.*, Unterstag *n.*; – **stern** *s.*, Gilling *f.*, Gillung *f.* (*Heck*); – **studding sail** *s.*, Unterleesegel *n.*; – **top** *s.*, Untermars *m.*; – **topgallant (sail)** *s.*, Unterbram(segel *n.*) *f.*; – **topgallant yard** s., Unterbramrah *f.*; – **topsail** *s.*, Untermarssegel *n.*; – **topsail yard** *s.*, Untermarsrah *f.*; – **transit** *s.* (*astr.*), unterer Meridiandurchgang *m.* (*eines Gestirns*).

lowering / mast *s.*, Klappmast *m.*, einzieh- *od.* umlegbarer Mast *m.*; – **overcast** *s.* (*meteor.*), bedrohliche Bewölkung *f.*, tiefer hängende Wolkendecke *f.*; – **rudder** *s.*, Senkruder *n.*

lowest low water *s.*, niedrigstes Niedrigwasser *n.* (*Gezeit*).

low / frequency *s.* (*rad.*), Niederfrequenz *f.*; Langwelle *f.*; **range of – frequency** *s.*, Langwellenbereich *m.*; – **latitudes** (*pl.*) (*geogr.*), niedere *od.* untere Breiten (*pl.*); **in the – latitudes** (*pl.*), in den niederen Breiten (*pl.*); –**-lying coast** *s.*, Flachküste *f.*; –**-lying cloud(s)** *s.* (*pl.*) (*meteor.*), tiefhängende Wolken(decke *f.*) (*pl.*); –**-lying fog** *or* **mist** *s.*, tiefliegender *od.* -hängender Nebel *m.*; – **overcast** *s.* (*meteor.*), niedrige Bewölkung *f. od.* Wolkendecke *f.*; –**-pass filter** *s.* (*rad.*), Hochfrequenz-Sperrkette *f.*, Spulenkette *f.*; – **pressure** *s.* (*meteor.*), Tiefdruck *m.*, (*tech.*) Nieder-, Unterdruck *m.*; – **pressure** *s.* **with very low (barometric) depression** (*meteor.*), Sturmtief *n.*; – **pressure area** *s.* (*meteor.*), Tiefdruckgebiet *n.*, Zyklone *f.*; – **speed** *s.* (*naut.*), geringe Fahrt *f.*; – **stretch** *s.*, geringe Dehnbarkeit *f.* (*Segeltuch*); – **tide** *s.*, (Tiden)Niedrigwasser *n.*, tiefster Gezeitenstand *m.*, niedrigste Ebbe *f.*; – **tide channel** *s.*, Ebbrinne *f.*; – **visibility** *s.*, schlechte Sicht *f.*; **in – visibility,** bei schlechter Sicht; – **water** *s.*, (Tiden)Niedrigwasser *n.*, tiefster Gezeitenstand *m.*; **neap – water** *s.* (*am.*), Nippniedrigwasser *n.*; **height of – water** *s.*, Niedrigwasserhöhe *f.*; –**-water interval** *s.*, Niedrigwasserintervall *n.* (*Tiden*); –**-water level** *s.*, Niedrigwasserstand *m.*; –**-water mark** *s.*, Niedrigwassermarke *f.*; –**-water neaps** (*pl.*), Nippniedrigwasser *n.*; –**-water spring tide** *s.*, Springniedrigwasser *n.*

loxodrome *s.* (*naut.*), Loxodrome *f.*, Kursgleiche *f.*; **loxodromic / course** *s.*, loxodromischer Kurs *m.*; – **line** *s.*, Loxodrome *f.*, loxodromische Linie *f.*; – **navigation** *s.*, loxodromische Navigation *f.*; –**s** (*pl.*), Loxodromie *f.*; – **triangle** *s.*, loxodromisches Dreieck *n.*

LP (longest point), measured – line of the boat, vermessenes LP des Bootes; **legal – for the boat,** erlaubtes LP- *od.* Unterlieksmaß *n.* (*f. das Boot*).

LPG (longest point of genoa), – of the boat, LPG des Bootes.

lubber *s.*, **land –,** unbefahrener Seemann *m.*, Landratte *f.*; *v.* (*naut.*), sich ungeschickt (*auf einem Boot*) anstellen; **lubber's / line** *or* **mark** *s.*, Steuerstrich *m.* (*im Kompaßgehäuse*); **– point** *s.*, Steuerstrich *m.*

lube *v.* (*coll.*), (ab)schmieren, ölen; **– oil** *s.*, Schmieröl *n.*; **lubricant** *s.* (*tech.*), Schmiermittel *n.*; **lubricate** *v.*, (ab)schmieren; **lubricating** *s.* (*tech.*), Schmieren *n.*, Ölen *n.*; **– box** *s.*, Schmierbuchse *f.*; **– grease** *s.*, Schmierfett *n.*; **– oil** *s.*, Schmieröl *n.*; **– point** *s.*, Schmierstelle *f.*; **lubrication** *s.* (*tech.*), Schmierung *f.*; **lubricator** *s.*, Schmierbuchse *f.*, -mittel *n.*

luff *s.*, Luv *f.*, Luvseite *f.*, Windseite *f.*; Luven *n.*; Luv-, Vorliek *n.* (*Segel*), Luvkante *f.*, loses Takel *n.*; Haken-, Handtalje *f.*; Backe *f.* (*Bug*), (*coll.*) Leutnant *m.* zur See; **full-length –,** volle Vorliekslänge *f.*; **rope –,** Tauvorliek *n.*; **spinnaker –,** Spinnaker-Luv- *od.* Vorliek *n.*; **wire –,** Drahtvorliek *n.*

luff *v.*, (an-, auf)luven, (*Boot*) an den Wind bringen; in Luv turbulieren (*Windfäden*); **right to –** (*rac.*), Luvrecht *n.*; **to – away** (*rac.*), überloppen, einem Boot den Wind wegfangen; **to – into the wind,** aufdrehen, aufschießen, in den Wind luven; **to – round**, in den Wind drehen; **to – up,** an-, aufluven. **to – and lie,** dicht am Wind liegen; **to – a sail,** ein Segel dichtholen.

luff / construction *s.*, Vorliekskonstruktion *f.*; **– curve** *s.*, Vorliekskurve *f.*, -rundung *f.*; **mast – curve** *s.*, Mastvorliekskurve *f.*

luffing *s.*, (An)Luven *n.*; **– crane** *s.*, Deck-, Wippkran *m.*; **– davit** *s.*, Klappdavit *m.*; **– match** *s.* (*rac.*), Luvkampf *m.*

luff / length *s.*, Vorliekslänge *f.*; **– pocket** *s.*, Vorliekstasche *f.*; **– rope** *s.*, Vorlieksbändsel *n.*, -leine *f.*, -tau *n.*; **– slug** *s.*, Vorlieksrutscher *m.*; **grooved** *or* **profiled – stay (for headsails),** Vorstag(s)profil *n.*; **twin grooved – stay for headsails,** Doppelkeep-Profilstag *n.*; **slot headstay – system** *s.*, Profilstag *n.*; **– tackle** *s.*, Arbeits-, Handtalje *f.*; **– tape** *s.*, Profil(vor)liek *n.*; **– tension** *s.*, Vorliekspannung *f.*; **– tension adjustment** *s.*, Profilvorstag *n.*; **– tensioner** *s.*, Vorliekstrecker *m.*; **– upon –,** Manteltalje *f.*, Talje *f.* auf Talje.

lug *s.*, Luggersegel *n.*, (*tech.*) Öhr *n.*, Öse *f.*, Halter *m.*; **Chinese –,** chinesisches Luggersegel *n.*, Dschunkensegel *n.*; **– foresail** *s.*, Luggerfock *f.*

lugger *s.*, Logger *m.*, Lugger *m.*; **– cat** *s.*, Lugger-Catboot *n.*

lug / rig *s.*, Luggertakelung *f.*; **– sail** *s.*, Lugger-, Loggersegel *n.*, Breitfock *f.*, Sturmsegel *n.*; **dipping – sail** *s.*, loses Luggersegel *n.*; **standing – sail** *s.*, festes Luggersegel *n.*; **– sail rig** *s.*, Luggertakelung *f.*

lull *s.*, Flaute *f.*, vorübergehendes Abflauen *n.* des Windes, kurze Windstille *f.*; **a – in the wind,** eine kurze *od.* vorübergehende Flaute *od.* Windstille; *v.*, abflauen, nachlassen, sich legen (*Wind*); **the sea was –ed,** die See beruhigte sich; **the storm –ed,** der Sturm flaute ab *od.* legte sich *od.* ließ nach.

lumber *s.* (*naut.*), überflüssiger Ballast *m.*, (*am.*) Holz *n.* für den Bootsbau.

lumen *s.* (*pl.* **lumina**) (*phys.*), Lichteinheit *f.*, Lumen *n.* (*Einheit des Lichtstroms*); **luminary** *s.* (*astr.*), Himmelskörper *m.*; **luminosity** *s.* (*phys.*), Lichtstärke *f.*, (*radar*) Helligkeit *f.*

luminous / buoy *s.*, Nachtrettungslicht *n.*; **– compass** *s.*, Leuchtkompaß *m.*; **– energy** *s.* (*phys.*), Leuchtkraft *f.*; **– intensity** *s.*, Lichtstärke *f.*; **– range** *s.*, Tragweite *f.* eines Leuchtfeuers; **– ray** *s.*, Lichtstrahl *m.*; **– signal** *s.*, Leucht-, Lichtsignal *n.*

lumper *s.* (*naut.*), Hafenarbeiter *m.*, Schauermann *m.*, Stauer *m.*, (*coll.*) jemand, der beim Klassifizieren großzügig verfährt.

lumpy *adj.*, bewegt, unruhig (*See*); **– sea,** bewegte *od.* unruhige See *f.*, See *f.* mit kurzen heftigen Wellen, kabbelige See *f.*

lunar / cycle *s.*, Mondzyklus *m.*; **– day** *s.* (*astr.*), Mondtag *m.*; **– distance** *s.*, Monddistanz *f.*, -entfernung *f.*; **– eclipse** *s.*, Mondfinsternis *f.*; **– flood** *s.*, Mondflut *f.*; **– inequality** *s.* (*astr.*), Mondungleichheit *f.*, -abweichung *f.*; **– high tide** *s.*, Mondflut *f.*, -hochwasser *n.*; **– method** *s.* (*naut.*), Verfahren *n.* zur Bestimmung der geographischen Länge auf Grund der Monddistanz; **– month** *s.* (*astr.*), Mondmonat *m.*, Lunarmonat *m.*; **– node** *s.* (*astr.*), Mondknotenpunkt *m.*; **– observation** *s.*, Monddistanzbeobachtung *f.*; **– orbit** *s.* (*astr.*), Mondbahn *f.*; **– parallax** *s.* (*astr.*), Mondparallaxe *f.*; **– rainbow** *s.*, Mondregenbogen *m.*; **– star** *s.*, Stern *m.*, dessen geozentrische Entfernung vom Mond für bestimmte Stunden im naut. Almanach angegeben ist; **– tables** (*pl.*), Mondtafeln *f./pl.*; **– tide** *s.*, Mondtide *f.*; **– time** *s.* (*astr.*), Mondzeit *f.*; **– year** *s.* (*astr.*), Mondjahr *n.*

lunation *s.* (*astr.*), Lunation *f.*, Mondumlauf

m., synodischer Monat *m.*; **lune** *s.* (*rare*), Halbmond *m.*

lunisolar *adj.* (*astr.*), lunisolar (*Sonne u. Mond betreffend*); – **period** *s.*, Lunisolarperiode *f.*; – **precession** *s.*, Lunisolarpräzession *f.*, Präzession *f.* der Nachtgleichen; – **year** *s.*, Lunisolarjahr *n.*; **lunistice** *s.* (*astr.*), Monddurchgang *m.*, -wende *f.*; **lunitidal interval** *s.* (*naut.*, *astr.*), Mondflutintervall *n.*

lurch *s.*, (plötzliches) Rollen *n.* *od.* Schlingern *n.*, Überholen *n.*, Überliegen *n.* (*eines Bootes im Seegang*); *v.*, rollen, schlingern, pendeln, überholen (*Boot*).

lurid *adj.*, **a – sky,** ein fahler *od.* gespenstisch beleuchteter Himmel *m.*; – **light** *s.*, fahles Licht *n.*

lurking rock *s.*, wachende *od.* verborgene Klippe *f.*

lute *s.* (*tech.*), Dichtungsring *m.*; Kitt *m.*; *v.* (*tech.*), dichten, (ver)kitten.

Lutine Bell *s.*, *Glocke f. der 1799 gesunkenen Lutine, die bei Lloyd's vor Bekanntgabe von Schiffsverlusten od. Überfälligkeitsmeldungen geläutet wird.*

lux *s.* (*phys.*), Lux *n.* (*Einheit der Beleuchtungsstärke*).

luxe *s.*, **yacht de –,** Luxusyacht *f.*; **luxury liner** *s.*, Luxusdampfer *m.*, -schiff *n.*

lying *s.*, Liegeplatz *m.* (*Boot*); – **aground** *s.*, Aufgrundliegen *n.* (*eines Bootes*); – **shaft** *s.* (*tech.*), liegende Welle *f.*; –-**to** *s.* (*naut.*), Beiliegen *n.*

M

machine *s.* (*naut.*), Maschine *f.* (*Schiff*), (*tech.*) Apparat *m.*, Mechanismus *m.*; –-**laid rope** *s.*, geschlagenes Tauwerk *n.*; –-**made** *adj.*, maschinell hergestellt; – **oil** *s.*, Maschinenöl *n.*

machinery *s.* (*naut.*), Maschinen (*pl.*), Maschinenanlage *f.* (*im Schiff*), Maschine *f.*; – **chock** *s.*, Aufklotzung *f.* *od.* Bettung *f.* (*für Maschinen*).

mackerel / breeze *s.*, Makrelenbrise *f.*; – **gale** *s.*, Makrelenwind *m.*; – **sky** *s.*, (Himmel mit) Schäfchenwolken (*pl.*), Schäfchenhimmel *m.*, Cirrocumuli (*pl.*).

Mackinaw boat *s.* (*am.*), Mackinaw-Boot *n.* (*flachgehendes Boot auf den oberen Großen Seen in USA*).

macroclimate *s.* (*meteor.*), Großklima *n.*

macrometer *s.*, Makrometer *n.* (*Art Sextant*).

macula *s.* (*pl.* **-lae**) (*astr.*), Sonnenfleck *m.*

mad *adj.*, **a – wind,** ein heftiger *od.* wütender Wind.

made *adj.*, gebaut, hergestellt, zusammengesetzt; – **fast,** festgemacht (*Boot*); – **mast,** aus mehreren Teilen zusammengesetzter *od.* gebauter Mast.

maelstrom *s.*, Ma(h)lstrom *m.*, Sog *m.*, Strudel *m.*, Wirbel *m.* (*im Wasser*).

Mae West *s.*, aufblasbare Schwimmweste *f.*

mag-generator *s.* (*sl.*), Magnetodynamo *m.*

Magellanic Cloud *s.* (*astr.*), Magellansche Wolke *f.* (*Milchstraße*).

magic eye *s.* (*rad.*), magisches Auge *n.*, Abstimmanzeigeröhre *f.*

magnet *s.*, Magnet *m.*; **compensation –,** Kompensationsmagnet *m.*; – **compass** *s.*, Magnetkompaß *m.*; **electric – compass** *s.*, elektrischer Magnetkompaß *m.*; **magnetic** *adj.*, magnetisch, mißweisend, Magnet-; **magnetically** *adv.* **active (quiet) days,** magnetisch aktive (ruhige) Tage *m./pl.*

magnetic / amplitude *s.*, magnetische Amplitude *f.*; – **attraction** *s.*, magnetische Anziehungskraft *f.*; – **azimuth** *s.*, mißweisender Azimut *m.*; – **bearing** *s.*, mißweisende *od.* magnetische Peilung *f.*, Kompaßpeilung *f.*; – **chart** *s.*, magnetische (See)Karte *f.*; – **compass** *s.*, Magnetkompaß *m.*; – **course** *s.*, mißweisender Kurs *m.*; – **declination** *s.*, Mißweisung *f.*; – **deflection** *s.*, magnetische Ablenkung *f.*; – **deviation** *s.*, Fehlweisung *f.*, magnetische Abweichung *f.*; – **dip** *s.* (*geogr.*, *phys.*), magnetische Inklination *f.*, Inklinationswinkel *m.* (*Magnetnadel*), Mißweisung *f.*; – **direction indicator** *s.*, Peiltochterkompaß *m.*; – **disturbance** *s.*, magnetische Störung *f.*; – **equator** *s.*, Akline *f.*, magnetischer Äquator *m.*; – **field** *s.*, magnetisches Feld *n.*, Magnetfeld *n.*; – **field intensity** *or* **strength** *s.*, magnetische Feldstärke *f.*; – **flux** *s.*, Magnetfluß *m.*, magnetischer (Kraft)Fluß *m.*; – **force** *s.*, magnetische Feldstärke *f.* *od.* Kraft *f.*; – **heading** *s.*, mißweisender Kurs *m.*; – **inclination** *s.*, magnetische Inklination *f.*; – **induction** *s.*, magnetische Induktion *f.*; – **interference** *s.*, magnetische Störung *f.*; – **latitude** *s.*, magnetische Breite *f.*; – **meridian** *s.*, magnetischer Meridian *m.*; – **needle** *s.*, Kompaß-, Magnetnadel *f.*; – **north,** magnetisch *od.* mißweisend Nord; – **north pole** *s.*, magnetischer Nordpol *m.*; **North M– Pole** *s.*, magnetischer Nordpol *m.*; – **poles** (*pl.*), Magnetpole (*pl.*); – **pole strength** *s.*, magnetische Polstärke *f.*; – **rose** *s.*, Mißweisungsrose *f.* (*Seekarte*); – **storm** *s.*, magnetischer Sturm *m.*; – **variation** *s.*, Mißweisung *f.*

magnetism *s.*, Magnetismus *m.*; **semi-permanent –,** halbfester Magnetismus *m.*

magneto *s.*, magnetelektrische Maschine *f.*, Magnetapparat *m.*, Zündmagnet *m.*; **–dynamo** *s.*, Dynamo *m. od.* Genrator *m.* mit Permanentmagnet; **–electric** *adj.*, magnetoelektrisch; **–meter** *s.* (*phys.*), Magnetometer *n.*; **–motive** *adj.*, magnetomotorisch; **–scope** *s.* (*phys.*), Magnetoskop *n.*

magnification *s.* (*phys.*), Vergrößerung *f.*, Vergrößerungsstärke *f.*, (*rad.*, *elec.*) Verstärkung *f.*

magnifier *s.*, Lupe *f.*, Vergrößerungsglas *n.*, (*rad.*) Verstärker *m.*; **chart –,** Kartenlupe *f.*; **compass –,** Kurslupe *f.*, Steuerlinse *f.*

magnifying / glass *s.*, Lupe *f.*, Vergrößerungsglas *n.*; – **lens** *s.*, Kurslupe *f.*, Steuerlinse *f.*

magnitude *s.*, **star of the first** – (*astr.*), Stern *m.* erster Größe.

magnus hitch *s.*, Kneif-, Roll-, Stopperstek *m.*

mahogany (wood) *s.*, Mahagoni(holz) *n.* (*Bootsbau*).

maiden trip *or* **voyage** *s.* (*naut.*), Jungfernfahrt *f.*

mail / boat *s.*, Post-, Paketboot *n. od.* -schiff *n.*; – **flag** *s.*, Postflagge *f.*; – **packet** *s.*, Postschiff *n.*; – **pennant** *s.*, Postwimpel *m.*

main *s.*[1], **the –,** das weite *od.* offene Meer, die hohe See; Festland *n.*; **on the –,** auf hoher See.

main *s.*[2] (*coll.*), Großsegel *n.*, Groß *n.*

main *adj.* (*naut.*), groß, Groß-; Hauptmast-; – **ballast tank** *s.*, Hauptballasttank *m.*; – **boom** *s.*, Großbaum *m.*; – **boom outhaul** *s.*, Großbaum-Ausholer *m.*; – **boom topping lift** *s.*, Großbaumdirk *f.*; – **bowline** *s.*, Großbulin(e) *f.*; – **brace** *s.*, Brasse *f.* der Großrah(e); Großbrasse *f.*; **to splice the – braces** (*pl.*), eine Extraration Rum an die Crew austeilen; – **bulkhead** *s.*, Hauptschott *n.*; – **channel** *s.*, Hauptfahrwasser *n.*; – **clew garnet** *s.*, Großgeitau *n.*; – **companionway** *s.*, Hauptniedergang *m.*; – **course** *s.*, Großsegel *n.*; – **deck** *s.*, Hauptdeck *n.*; – **drain** *s.*, Hauptlenzleitung *f.*; – **direction-finder station** *s.*, Hauptpeilstelle *f.* (*Funkp.*); – **fleet** *s.*, Hochseeflotte *f.*; – **frame** *s.*, Groß-, Hauptspant *n.*; – **gaff** *s.*, Großgaffel *f.*; – **halyard** *s.*, Großfall *n.*; – **halyard winch** *s.*, Großfallwinsch *f.*; – **hatch** *s.*, Groß-, Hauptluke *f.*; – **keel** *s.*, Hauptkiel *m.*; **–land** *s.*, Festland *n.*; – **lift** *s.*, Großtoppnant *m.*; – **lobe** *s.* (*radar*), Hauptkeule *f.*; – **mast** *s.*, Groß-, Hauptmast *m.*; – **mizzen** *s.*, Kreuzmast *m.*; – **piece** *s.*, Hauptspant *n.*, Hauptteil *m.* (*verschiedener Bootsteile*), Ruderherz *n.*; – **piece of the rudder** *s.*, Ruderpfosten *m.*, -stock *m.*; – **port** *s.*, Haupthafen *m.*; – **rope** *s.*, Zeptertau *n.*; – **route radio beacon** *s.*, Hauptfunkfeuer *n.*; – **royal (sail)** *s.*, Großroyal(segel) *n.*; – **rudder** *s.*, Hauptruder *n.*

mainsail *s.*, Großsegel *n.*; **flow around the –,** Umströmung *f.* des Großsegels *od.* am Großsegel; **flow in the –,** Umströmung *f.* im Großsegel; **jib-headed –,** Hochsegel *n.*; **twist in the –,** Twist *m.* im Großsegel; – **cover** *s.*, Großsegelpersenning *f.*; – **headboard** *s.*, Großsegelkopfbrett *n.*; – **leech** (*am.* **leach**) **telltales** (*pl.*), Achterlieks-Windbändsel *od.* -fäden (*pl.*) am Großsegel; – **reefing system** *s.*, Großsegelreffsystem *n.*; – **shape** *s.*, Großsegelprofil *n.*; – **sheet** *s.*, Großsegelschot *f.*; – **trim** *or* **tuning** *s.*, Großsegeltrimm *m.*

main / sea *s.*, (die) offene See; – **sheerstrake** *s.*, Hauptschergang *m.*; – **sheet** *s.*, Großschot *f.*; **–sheet horse** *or* **track** *s.*, Großschotleitschiene *f.*; **–sheet tackle** *s.*, Großschottalje *f.*; **–sheet travel(l)er** *s.*, Großschot-Traveller *m.*; **–sheet winch** *s.*, Großschotwinsch *f.*; – **shroud** *s.*, Großwant *f.*; **–stay** *s.*, Großstag *n.*; – **staysail** *s.*, Großstagsegel *n.*; – **synoptic observation** *s.*, synoptische Hauptbeobachtung *f.*; – **tack** *s.*, Großhals *m.*

maintain *v.*, halten (*Kurs, Geschwindigkeit, etc.*), instandhalten (*Boot, etc.*); **to – course and speed,** Kurs und Fahrt beibehalten; **to – speed,** Fahrt halten; **maintaining** *s.*, Instandhaltung *f.*

maintenance *s.*, Instandhaltung *f.*, Wartung *f.* (*Boot, etc.*); **cost of –,** Instandhaltungskosten (*pl.*); – **and repair** *s.*, Unterhaltung *f.* und Instandsetzung; – **of true bearing** (*radar*), automatische Peilkorrektur *f.*; – **free** *adj.*, wartungsfrei; – **instructions** (*pl.*), Wartungsvorschriften (*pl.*).

main / top *s.*, Großmars *m.*; – **topgallant** *s.*, Großbramstenge *f.*; – **topgallant sail** *s.*, Großbramsegel *n.*; – **topmast** *s.*, Großstenge *f.*, große Stenge *f.*; – **topsail** *s.*, Großbram-, Großmars-, Großtoppsegel *n.*; – **topsail schooner** *s.*, Dreimast-Toppsegelschuner *m.*, Schonerbark *f.*; – **trysail ketch** *s.*, Spreizgaffelketsch *f.*; – **valve** *s.*, Hauptventil *n.*; – **wale** *s.*, Plankengang *m.* (*Bootsbau*); – **yard** *s.*, Großrah(e) *f.*; – **yard boom** *s.*, Großspiere *f.*

major *adj.*, – **axis,** Hauptachse *f.*; – **repair,** größere Reparatur *f.*; – **time signal** (*rad.*), großes Zeitzeichen *n.*

make *s.*, Bauart *f.*, Machart *f.*, Typ *m.* (*Boot,*

etc.), Schnitt *m.* (*Segel*).

make *v.*, machen (*Knoten, Fahrt*), (*naut.*) ausmachen, erkennen, sichten; (an)steigen (*Flut*), einsetzen, -treten (*Ebbe, Flut*), erreichen (*Hafen*); **to – fast,** belegen (*Tau*), festmachen, vertäuen (*Boot*); **to – fast to a buoy,** an einer Boje festmachen; **to – for,** ansteuern, zuhalten *od.* zusteuern auf, Kurs haben *od.* halten auf; **to – for deep water,** tiefes Wasser anlaufen *od.* aufsuchen; **to – for the shore,** Land ansteuern; **to – from,** abtreiben von (*der Küste*); **to – good,** beschicken, verbessern (*Kurs*); **to – into port,** in den Hafen einlaufen; **to – off,** ab-, weglaufen von (*Boot*); **to – out,** ausmachen, genau erkennen, sichten (*Land, etc.*); **to – to leeway,** abtreiben, Abdrift haben, Lee machen; **to – up for lost time,** verlorene Zeit wieder einzuholen versuchen; **to – average,** Havarie machen, havarieren; **to – (an) eloxal oxid layer,** eloxieren; **to – entry,** einklarieren (*Zoll*); **to – the dead reckoning,** gissen, koppeln, das Besteck aufmachen; **to – headway,** Fahrt voraus machen, vorauslaufen (*Boot*); **to – heavy weather,** in schwerer See laufen *od.* treiben (*Boot*); **to – a knot,** einen Knoten *od.* Stek machen *od.* schlagen; **to – 12 knots,** zwölf Knoten machen *od.* laufen (*Boot*); **to – land** *or* **landfall,** Land sichten *od.* ausmachen *od.* erreichen, Landfall machen; **to – the land,** Land erreichen; **to – (the) port,** einen Hafen anlaufen, in einen Hafen einlaufen; **to – ready for sea,** seeklar machen (*Boot*); **to – a round seizing,** einbinden (*Kausch*); **to – sail,** auslaufen, Segel setzen, unter Segel gehen; mehr *od.* zusätzliche Segel setzen; **to – (a) sea protest,** verklaren, Verklarung einlegen; **to – shipwreck,** Schiffbruch erleiden; **to – space,** Raum geben; **to – steerageway,** ganz langsame Fahrt machen; **to – sternway,** nach achtern treiben, achteraus *od.* über Steuer laufen, Fahrt achteraus machen; **to – water,** Wasser machen, leck werden *od.* sein (*Boot*); **to – way,** Fahrt vorausmachen, vorauslaufen (*Boot*); **to – way for,** Raum geben, ausweichen.

make/and mend *s.* (*naut.*), Putz- und Flickstunde *f.* (*an Bord*); **–fast** *s.*, Festmacheboje *f.*, Poller *m.*, Vertäupfahl *m.*

makeshift *s.*, Notbehelf *m.*; *adj.*, behelfsmäßig, provisorisch; **– aerial** *s.* (*am.* **antenna**), Behelfsantenne *f.*; **makeweight** *s.*, Gegengewicht *n.*; kleiner Notbehelf *m.*

making/buoy *s.*, Ansegelungs-, Ansteuerungsboje *f. od.* -tonne *f.*; **– good** *s.*, (Kurs)Beschikkung *f.*, -Verbesserung *f.*; **– good the course,** Kursberichtigung *f.*, -verbesserung *f.*; **– harbour** *or* **port,** Anlaufen *n.* eines Hafens, Einlaufen *n.* in einen Hafen; **– iron** *s.* (*naut.*), Rabat-, Kalfatereisen *n.*; **– light** *s.*, Ansegelungs-, Ansteuerungsfeuer *n.*; **– mark** *s.*, Ansteuerungsboje *f.*, -marke *f.*

male screw *s.* (*tech.*), Schraube(nspindel) *f.*, Schraubengewinde *n.*

mallet *s.*, Holzhammer *m.*

mammato cumulus *s.* (*meteor.*), Mammatocumulus *m.*

man *s.* (*naut.*), Gast *m.*, Mann *m.*, Crewmitglied *n.*; Schiff *n.*; **bogy –,** Klabautermann *m.*; **dead –,** Jütt *f.* (*Klappmast*); **leads –,** Lotwerfer *m.* (*Pers.*); **lighter –,** Kahnschiffer *m.*; **seafaring –,** befahrener *od.* erfahrener Seemann *m. od.* Segler *m.*, Fahrensmann *m.*; **signal –,** Signalgast *m.*; **trapeze –,** Trapezsegler *m.*; **to sign a – on,** ein Crewmitglied anheuern; **– at the helm** (*am.* **wheel**), Rudergast *m.*, -gänger *m.*, Steuermannsgast *m.*; **– of (the) watch,** Wachgänger *m.*, -habender *m.*; *v.*, bemannen, besetzen; **to – the side (the yards),** am Falleep (auf den Rahen) paradieren, das Fallreep (die Rahen) zum Salut bemannen.

manageable *adj.*, handig, handlich, leicht zu handhaben, manövrierbar, manövrierfähig (*Boot*).

mandrel *s.*, **mandril** *s.*, (Dreh)Dorn *m.*, Docke *f.*, Welle *f.*

maneuver *s.* (*am.*), (*s.* **manoeuvre**).

manger *s.*, Waschbord *n.*, Wasserschott *n.*; Platz *m.* vor dem Ankerspill, (*am.*) vor dem Wellenbrecher liegender Teil des Decks; **– plate** *s.*, Wellenbrecher *m.* (*am Schiff*).

manhandle *v.*, **to – a boat,** ein Boot durch Menschenkraft (allein) bewegen.

manhole *s.* (*naut.*), Luke *f.*, Mannloch *n.*, Einstiegluke *f.*, -öffnung *f.*; **– cover** *s.*, Mannlochdeckel *m.*

Manila/cordage *s.*, Manilatauwerk *n.*; **– fibre** *or* **hemp** *s.*, Manilahanf *m.*; **– rope** *s.*, Manilatau *n.*

manipulate *v.*, **to – a boat,** ein Boot handhaben *od.* manipulieren, (*coll.*) ein Boot frisieren; **manipulation** *s.* **(of a boat),** Handhabung *f.*, Bedienung *f.* (eines Bootes), (*coll.*) Kniff *m.*, Manipulation *f.*, Trick *m.*, (Boots)Manöver *n.*

manning *s.*, Bemannung *f.* (*Boot*), Besetzung *f.* (*Pumpe, etc.*).

manoeuvrability *s.* **(of a boat),** Manövrierfähigkeit *f.*, Wendigkeit *f.*, Wendefähigkeit *f.* (eines Bootes); **manoeuvrable** *adj.*, manövrierfähig, wendig, lenkbar (*Boot*).

manoeuvre *s.*, (*taktisches od. seemännisches*) Manöver *n.*; **action to avoid collision by –,** Manöver *n.* des letzten Augenblicks; **all hands –,** Alle-Mann-Manöver *n.*; **anchoring –,** Ankermanöver *n.*; **buoy overboard –,** Boje-über-Bord-Manöver *n.*; **man overboard –,** Mann-über-Bord-Manöver *n.*; **pivoting** *or* **wheeling –** (*naut.*), Schwenkung *f.*; **– to pick up a buoy,** Bojenmanöver *n.*; *v.*, manövrieren (*Boot*); **restricted in the ability to –,** manövrierbehindert (*Boot*).

manoeuvring *s.* (*am.* **maneuvering**), Manövrieren *n.*; **– ability** *s.*, Manövrierfähigkeit *f.* (*Boot*); **– alongside** *s.*, Anlegemanöver *n.*; **– basin** *s.*, Wendebecken *n.* (*im Hafen*); **– qualities** (*pl.*) **of a boat,** Manövriereigenschaften (*pl.*) eines Bootes; **– test** *or* **trial** *s.*, Manövrierprobe *f.*, -versuch *m.*

manometer *s.*, Manometer *n.*, Druckmesser *m.*

man / overboard, Mann über Bord; **– overboard light** *s.*, Seenotleuchte *f.*, Nachtrettungslicht *n.*; **– overboard manoeuvre** *s.*, Mann-über-Bord-Manöver *n.*; **–rope** *s.*, Mann-, Strecktau *n.*, Halte-, Leittau *n.*, Klimmstag *n.*, Fallreep(tau) *n.*, Jakobsleiter *f.*, Zeptertau *n.*; **– knot** *s.*, Fallreeps-, Manntauknoten *m.*

manual *s.*, Handbuch *n.*, Leitfaden *m.*, Vorschrift *f.*; *adj.*, **– control** *s.*, Handsteuerung *f.*; **– pump** *s.*, Handpumpe *f.*; **– signalling flashlight** *s.*, Handsignalscheinwerfer *m.*

map *s.*, (See-, Himmels-, Land-, Straßen)Karte *f.*; **– of the heavens** (*astr.*), Himmels-, Sternkarte *f.*; **– grid** *s.*, Grad-, Karten-, Koordinatennetz *n.*; **– scale** *s.*, Kartenmaßstab *m.*

Marconi / mast *s.*, Marconimast *m.*; **– rig** *s.*, Marconi-, Hochtakelung *f.*; **– -rigged ship** *s.*, Schiff *n.* mit Marconitakelung; **– -rigged yawl** *s.*, marconigetakelte Yawl *f.*

mare *s.* (*pl.* **-ria**), **– clausum** (*jur.*), mare clausum, (*für fremde Schiffe*) geschlossenes Meer *n.*; **– liberum** (*jur.*), mare liberum, freies Meer *n.*

mare('s) tail *s.* (*naut.*), Windbaum *m.*, (*meteor.*) langgestreckte Federwolken (*pl.*), Wolkenstreifen (*pl.*), Cirrusschirm *m.*

maremma *s.* (*pl.* **-remme**), Maremme *f.*, sumpfige Küstengegend *f.*

margin *s.* (*naut.*, *tech.*), Spielraum *m.*, (*rac.*) Abstand *m.*, Vorsprung *m.*; **– of safety,** Sicherheitsfaktor *m.*; **marginal** *adj.* **sea,** Randgewässer (*pl.*); **margin / plank** *s.*, Randplanke *f.*, Leibholz *n.*; **– plate bracket** *s.*, Kimmstützplatte *f.*

marigram *s.* (*am.*), Tidenkurve *f.*

marigraph *s.*, (selbsttätiger) Flutmesser *m.*, Mareograph *m.*

marina *s.*, Boots-, Yachthafen *m.*

marine *s.*, Marine *f.*; Seesoldat *m.*, (*sl.*) Landratte *f.*; (*pl.*) Seetruppen (*pl.*); **mercantile –,** Handelsmarine *f.*; **– architect** *s.*, Schiffbauingenieur *m.*; **– belt** *s.*, Hoheitsgewässer (*pl.*); **– chart** *s.*, Seekarte *f.*; **– compass** *s.*, Schiffskompaß *m.*; **– construction** *s.*, Schiffbau *m.*; **– court** *s.*, **M– Court** *s.*, Seeamt *n.*, Seegericht *n.*; **Supreme** *or* **Upper M– Court** *s.*, Oberseeamt *n.*; **– engine** *s.*, Bootsmotor *m.*, Schiffsmaschine *f.*; **– equipment** *s.*, seemäßige Ausrüstung *f.*, Bootsausrüstung *f.*; **– fouling** *or* **growth** *s.*, Bewuchs *m.*, Anwuchs *m.* (*Unterwasserschiff*); **– glue** *s.*, Marineleim *m.*, -glue *m.*; **– insurance** *s.*, Seeversicherung *f.*; **– law** *s.*, Seerecht *n.*; **– map** *s.*, Seekarte *f.*; **– meteorological service** *s.*, Seewetterdienst *m.*; **– paint** *s.*, (Unterwasser)Schiffschutzanstrich(farbe *f.*) *m.*; **– phosphorescence** *s.*, Meeresleuchten *n.*; **– plywood** *s.*, Bootsbau-, Marinesperrholz *n.*; **– police** *s.*, Wasserpolizei *f.*; **– police patrol boat** *s.*, Patrouillenboot *n.* der Wasserpolizei.

mariner *s.*, Nautiker *m.*, Seemann *m.*, Schiffer *m.*; Matrose *m.*; **master –,** Seeschiffer *m.*, Kapitän *m.* eines Handelsschiffs; **M–'s Association** *s.*, Seeberufsgenossenschaft *f.*; **–'s compass** *s.*, (Schiffs-, See)Kompaß *m.*, Bussole *f.*; **–'s splice** *s.*, Kabeltauspleiß *m.*, Seemannsspleiß *m.*

marine / radar *s.*, See-, Marineradar *n.*; **– radio** *s.*, Seefunk *m.*; **– radio service** *s.*, Seefunkdienst *m.*; **– radio station** *s.*, Bord-, Seefunkstelle *f.*; **– railway** *s.*, (Auf)Schlepphelling *f.*, (Patent)Schlipp *m.*; **– railway cradle** *s.*, S(ch)lippwagen *m.*; **– salvage service** *s.*, Seebergungsdienst *m.*; **– sextant** *s.*, Sextant *m.*; **– spar varnish** *s.*, Bootslack *m.*; **– stores** (*pl.*), Schiffsgegenstände (*pl.*); Schiffsbedarf *m.* (*Geschäft*); wertloses Schiffsmaterial *n.*; **– structures** (*pl.*), Küsten-, Seebauten (*pl.*); **– welding** *s.*, Unterwasser(schiff)schweißung *f.*; **– worm** *s.*, Bohr-, Schiffswurm *m.*; **– works** (*pl.*), Küsten-, Seebauten (*pl.*).

marish *s.*, Morast *m.*, Sumpf *m.*

maritime *adj.*, maritim; seefahrend; am Meer liegend; **– affairs** (*pl.*), Seewesen *n.*, Schifffahrtsangelegenheiten (*pl.*); **– air** *s.* (*meteor.*), maritime Luftmasse *f.*, Seeluftmasse *f.*; **– belt** *s.*, Hoheitsgewässer (*pl.*); **– coast** *s.*, Meeres-, Seeküste *f.*; **– code** *s.*, Schiffahrts-, Seegesetz *n.*; **– country** *s.*, Küstenland *n.*; **– declaration** *s.*, Verklarung *f.*; **– law** *s.*, Seerecht *n.*; **inter-**

national – laws (*pl.*), internationale See- *od.* Schiffahrtsgesetze (*pl.*); **– lien** *s.*, Seepfand-, Seerückbehaltungsrecht *n.*; **– life** *s.*, Seemannsleben *n.*, Leben *n.* auf See; **– navigation** *s.*, Seeschiffahrt *f.*; **– radio** *s.*, Seefunk *m.*; Seefunkverkehr *m.*, -dienst *m.*; **– radio beacon** *s.*, Seefunkfeuer *n.*; **– radio service** *s.*, Seefunkdienst *m.*; **– radio station** *s.*, Seefunkstation *f.*; **– region** *s.*, Küsten-, Seegebiet *n.*; **– route** *s.*, Seeweg *m.*, Schiffahrtsroute *f.*; **by – route,** auf dem Seeweg; **M– Safety Committee** *s.*, Schiffssicherheitskomitee *n.*; **– service** *s.*, Seedienst *m.*; **– territory** *s.*, (See)Hoheitsgebiet *n.*; **– tort** *s.*, auf hoher See unerlaubte Handlung *f.* *od.* Beleidigung *f.*; **– traffic** *s.*, Seeverkehr *m.*; **– waterway** *s.*, (See)-Schiffahrtsstraße *f.*, Seewasserweg *m.*, -straße *f.*; **– weather bureau** *s.*, Seewetteramt *n.*; **– weather report** *s.*, Seewetterbericht *m.*, **– W/T service** *s.*, Seefunkdienst *m.*

mark *s.* (*naut.*), Bake *f.*, Leitzeichen *n.*, Landmarke *f.*, Markierung *f.*, Kennzeichnung *f.*, Boje *f.*, Tonne *f.*, Marke *f.*, (*rac.*) Bahn-, Wendemarke *f.*, (*rac.*) Startlinie *f.*, Ziel *n.*; (abgemarkte) Fadenlänge *f.* (*der Lotleine*); **adjusting –,** Einstellmarke *f.* (*Instrumente*); **distinctive –,** Unterscheidungs-, Kennzeichen *n.*; **floating –,** schwimmendes Seezeichen *n.*; **leading –,** Richtbake *f.*; **lee(ward) –** (*rac.*), Leeboje *f.*, -tonne *f.*, -marke *f.*; **lubber's –,** Steuerstrich *m.* (*Kompaß*); **navigation –,** Seezeichen *n.*; **Plimsoll –,** Plimsollmarke *f.*; **rounding of a –** (*rac.*), Runden *n.* einer Bahnmarke; **sea –,** Seezeichen *n.*; **top –,** Toppzeichen *n.*; **water –,** Wasserstandsmarke *f.*; **weather** *or* **windward –** (*rac.*), Luvboje *f.*, -tonne *f.*, -marke *f.*; **to be laying the next –** (*rac.*), die nächste Wendemarke *od.* -boje anliegen; **to get off the –** (*rac.*), starten; **to round a –** (*rac.*), eine Bahnmarke runden; **to take for the –** (*rac.*), zur Wendemarke *od.* -boje aufkreuzen; **– of the course** (*rac.*), Bahnmarke *f.*; *v.*, anzeigen (*Barometerstand, etc.*); markieren; **mark buoy** *s.*, Markierungsboje *f.*, -tonne *f.*

marked *adj.*, **– change in (the) weather** (*meteor.*), deutliche *od.* merkliche Wetteränderung *f.*; **no – changes,** keine wesentlichen (Wetter)Änderungen.

marker *s.*, Marke *f.*, Markenfeuer *n.*, Meilenbake *f.*, See-, Sichtzeichen *n.*; **cross –,** Quermarkenfeuer *n.*; **land –,** festes Seezeichen *n.*; **shoal –,** Untiefentonne *f.*; **– buoy** *s.*, Markierungsboje *f.*; Meilentonne *f.*; **– flag** *s.*, Markierungsflagge *f.*; **– frequency** *s.* (*rad.*), Kennfrequenz *f.*; **– light** *s.*, Markenfeuer *n.*; **– range rings** (*pl.*) (*radar*), Abstandsringe (*pl.*).

marking *s.*, Markierung *f.*; **– buoy** *s.*, Markierungsboje *f.*, -tonne *f.*, Warnboje *f.*; **wreck – buoy** *s.*, Wracktonne *f.*; **– post** *s.*, Seezeichen *n.*; **pole – post** *s.*, Stangenseezeichen *n.*

marks (*pl.*) **and deeps,** Lotleinenmarkierungen *f./pl.*

marl *v.*, (*Tau*) marlen, anreihen, bekleiden.

marline *s.*, **marling** *s.*, Marlleine *f.*, Marling *f.*, Reihleine *f.*; *v.*, marlen; **marline** *or* **marling / hitch** *s.*, Marlschlag *m.*; **– knot** *s.*, Marlschlag *m.*, Maststich *m.*; **– needle** *s.*, Marlnadel *f.*; **– spike** *s.*, Marlpfriem *m.*, -spieker *m.*, Splißeisen *n.*; **– spike hitch** *s.*, Marlspiekerschlag *m.*, -stek *m.*

marooner *s.*, Pirat *m.*, Seeräuber *m.*

marque *s.*, Kaperschiff *n.*; **letter(s) of – (and reprisal),** Kaperbrief *m.*

married *adj.* **lines** *or* **ropes,** zusammengespleißte *od.* -gesplissene Leinen *od.* Taue.

marry *v.*, (zusammen)bändseln, -spleißen, -splissen (**to**, mit) (*Enden, Leinen*).

marsh *s.*, Marsch *f.*, Fluß-, Seemarsch *f.*, Morast *m.*, Sumpf(land *n.*) *m.*; *adj.*, sumpfig; **marsh land** *s.*, Sumpfland *n.*; **marshy ground** *s.*, Sumpfboden *m.*

Martial *adj.* (*astr.*), unter dem Einfluß des Mars stehend; **Martian** *adj.* (*astr.*), den Planeten Mars betreffend.

martingal(e) *s.* (*naut.*), Stampfstag *n.*, Stampfstock *m.*; **– boom** *s.*, Stampfstock *m.*; **– stay** *s.*, Stampfstag *n.*

mask *s.*, Blende *f.*; *v.*, ab-, verdecken, verblenden; **to – a ship under a neutral flag,** ein Schiff unter einer falschen neutralen Flagge laufen lassen.

masoola boat *s.*, (großes) Landungsboot *n.* (*Koromandelküste*).

mass *s.* (*phys.*), Masse *f.*; **air –,** Luftmasse *f.*; **– of cold air** (*meteor.*), Kaltluftmasse *f.*; **– of cloud,** Wolkenmasse *f.*, -anhäufung *f.*; *v.*, sich auftürmen *od.* zusammenballen *od.* zusammenziehen (*Wolken*); **mass / acceleration** *s.* (*phys.*), Massenbeschleunigung *f.*; **– production** *s.*, Serienproduktion *f.* (*Boote, Segel, etc.*).

mast *s.*, (Boots)Mast *m.*, (*sl.*) Spargel *m.*; Antennenmast *m.*; **aerial –,** Antennenmast *m.*; **alu(minium) –,** Alu(minium)mast *m.*; **box** *or* **hollow –,** Hohlmast *m.*; **broken –,** Mastbruch *m.*; **built-up** *or* **made –,** gebauter *od.* zusammengesetzter Mast *m.*; **flexible –,** flexibler Mast *m.*; **fore –,** Fockmast *m.*; **hinged** *or*

lowering –, Klappmast *m.*; **jigger –**, Besan(mast) *m.*, Kreuz-, Treibermast *m.*; **jury –**, Notmast *m.*; **lower –**, Untermast *m.*; **main –**, Großmast *m.*; **middle –**, Mittelmast *m.*; **mizzen –**, Besan(mast) *m.*; **pole –**, Pfahlmast *m.*; **signal –**, Flaggenmast *m.*; **solid wood –**, Vollmast *m.*, gewachsener Mast *m.*; **stepped –**, Steckmast *m.*; **tabernacle –**, Klappmast *m.*; **top –**, Stenge *f.*; **topgallant –**, Bramstenge *f.*; **upper –**, Stenge *f.*; **Z-spar –**, Z-Sparmast *m.*; **front of the –**, Vorderkante Mast; **height** *or* **size of –**, Masthöhe *f.*; **tuning of the –**, Masttrimm *m.*; **at (the) –**, auf dem Hauptdeck; **at half –**, halbmast, halbstocks, auf Halbmast; **to block the –**, den Mast abblocken *od.* abkeilen; **to sail before the –**, als (einfaches) Crewmitglied mitsegeln; zur See fahren; **to secure a –**, (den Mast) verstaken; **to step a –**, einen Mast einsetzen; **to unstep a –**, den Mast (her)ausnehmen; **– abeam!** (*int.*), Mast querab!; **– down!** (*int.*), Mast herunter!; *v.*, (*ein Boot*) bemasten *od.* mit einem Mast versehen.

mast/apron *s.*, Mastkragen *m.*; **– band** *s.*, Mastband *n.*; **– beam** *s.*, Mastbalken *m.*; **– bed** *s.*, Mastbettung *f.*; **– bend** *s.*, Mastbiegung *f.*, -neigung *f.*, Mastkurve *f.*; **lateral – bend** *s.*, seitliche Mastbiegung *f.*; **– bend control** *s.*, Mastbiegungskontrolle *f.*; **– blocks** (*pl.*), Mastblöcke (*pl.*), Mastklötze (*pl.*); **– butt** *s.*, Mastfuß *m.*; **(lower) – cap** *s.*, (Mast)-Eselshaupt *n.*; **– carling** *s.*, Mastschlinge *f.*; **– cheeks** (*pl.*), Mastbacken (*pl.*); **– chocks** (*pl.*), Mastkälber (*pl.*); **– clamp** *s.*, Mastklampe *f.*; **– coat** *s.*, **– collar** *s.*, Mastkragen *m.*; **– control** *s.*, Mastkontrolle *f.*; Mastkontroller *m.* (*Vorrichtung*); **– curve** *s.*, Mastkurve *f.*

masted *adj.*, bemastet (*Boot*); **three –**, dreimastig, mit drei Masten.

master *s.*, Kapitän *m.*, Seeschiffer *m.*; Handelsschiffkapitän *m.*; **harbour –**, Hafenkapitän *m.*; **shipping –**, Heuerbaas *m.*; **– of a boat,** Kahnschiffer *m.*; **– compass** *s.*, (Haupt-, Mutter)Kompaß *m.*, Kompaßmutter *f.*; **– gain** *s.* (*radar*), Verstärkung *f.*; **– gyro** *s.*, Mutterkompaß *m.*, Kreiselmutter *f.*; **– gyro compass** *s.*, Kreiselmutterkompaß *m.*; **– mariner** *s.*, Seeschiffer *m.*, Kapitän *m.* auf großer Fahrt; **M– Radio Frequency List** *s.*, Funkfrequenzverzeichnis *n.*; **–'s certificate** *s.*, Kapitänspatent *n.*, Patent *n.* für große Fahrt; **– stateroom** *s.*, Eignerkabine *f.*; **– station** *s.* (*Loran*), Hauptstelle *f.*

mast/fitting *s.*, Mastbeschlag *m.*; **– foot** *s.*, Mastfuß *m.*; **– gate** *s.*, Mast-, Decksspur *f.*, Mastschelle *f.*, -schlitz *m.*

masthead *s.*, Mastspitze *f.*, -topp *m.*, Topp *m.*, Mastkorb *m.*, Mars *m.*; Mann *m.* im Topp; *v.*, vollmast hissen, (*Flagge, etc.*) zur Mastspitze aufholen; jem. zur Strafe in die Salinge schicken; **masthead / angle** *s.*, Masttoppwinkel *m.*; **– fitting** *s.*, (Mast)Toppbeschlag *m.*; **– flag** *s.*, Toppflagge *f.*; **– flashing light** *s.*, Toppmorselaterne *f.*; **– hoop** *s.*, (Mast)Toppband *n.*, -ring *m.*; **– lamp** *or* **lantern** *s.*, (Mast)-Topplaterne *f.*, Dampferlaterne *f.*; **– light** *s.*, Topplaterne *f.*, -licht *n.*, Dampferlicht *n.*, Mastlicht *n.*; **– pendant** *s.*, Toppstander *m.*, Masttakelhanger *m.*; **– rig** *s.*, Hochtakelung *f.*, (Mast)Topptakelung *f.*; **– sheave** *s.*, Masttoppscheibe *f.*

mast/heel *s.*, Mastfuß *m.*; **– height** *s.*, Masthöhe *f.*; **– hole** *s.*, Mastloch *n.*; **– hoop** *s.*, Mastband *n.*, -bügel *m.*, -ring *m.*; **– hounds** (*pl.*), Mastbacken *f./pl.*; Want(en)angriffspunkte (*pl.*); **– housing** *s.*, Masthausung *f.*, -einspannung *f.*

masting *s.*, Bemastung *f.*, Mastwerk *n.*, (*coll.*) Masten (*pl.*); **– shears** *or* **sheers** (*pl.*), Mastkran *m.*, Kran *m.* zum Masteinsetzen.

mast/jack *s.*, Mastheber *m.*; **– keel** *s.*, Mastfuß *m.*; **– ladder** *s.*, Mastleiter *f.*; **step of a – ladder, step of a ladder to –,** Maststufe *f.*; **– lantern** *s.*, Mastlaterne *f.*, -licht *n.*; **– leech** *s.* (*am.* **leach**), Mastliek *n.*; **– lever** *s.*, Mastheber *m.*; **– light** *s.*, Mastlicht *n.*; **– luff curve** *s.*, Mastvorliekskurve *f.*; **–man** *s.* (*am.*), (Mast)Gast *m.*; **– partners** (*pl.*), Mastfischung *f.*; **– pedestal** *s.*, Mastkoker *m.*; **– plate** *s.*, Mastplatte *f.*; **– pocket** *s.*, Masttasche *f.*; **– position** *s.*, Mastposition *f.*, -stellung *f.*; **– position at deck** *s.*, Mastposition *f.* an *od.* auf Deck; **– profile** *s.*, Mastprofil *n.*; **– puller** *s.*, Mastpuller *m.*, -strecker *m.*; **– rake** *s.*, Mastfall *m.*; **to adjust – rake,** den Mastfall einstellen; **– rigging** *s.*, Mastverspannung *f.* -riggung *f.*; **– ring** *s.*, Mastring *m.*; **– rope** *s.*, Vorliek *n.*; Windreep *n.*; **– section** *s.*, Mastprofil *n.*, -querschnitt *m.*; **– shoe** *s.*, Mastschuh *m.*; **– sleeve** *s.*, Mastschlauch *m.*, -tasche *f.*; **– sliders** (*pl.*), Mastrutscher (*pl.*); **– step** *s.*, Mastspur *f.*, -schuh *m.*; **– stool** *s.*, Maststuhl *m.*; **– tabernacle** *s.*, Koker *m.*, Mastkoker *m.*, -stuhl *m.*; **– thwart** *s.*, Mast-, Segelducht *f.*; **– top** *s.*, Mastspitze *f.*, (Mast)Topp *m.*; **– top lights** (*pl.*), Seglerlichter (*pl.*), Topplichter (*pl.*); **– track** *s.*, Decks-, Mastspur *f.*, Gleit-, Mastschiene *f.*; **– track slide** *s.*, Mastrutscher *m.*; **– trim** *s.*, Masttrimm *m.*; **– truck** *s.*, Mastknopf *m.*; **– trunk** *s.*, Mastkoker *m.*;

– **tune** *s. or* **tuning** *s.*, Masttrimm *m.*; – **wedges** (*pl.*), Mastkeile *m./pl.*; – **winch** *s.*, Mastwinde *f.*; – **winch base** *or* **bed** *s.*, Mastwindenfundament *n.*

mat *s.* (*naut.*), Matte *f.* (*Bootsbau*); **collision –**, Lecksegel *n.*; **rope –**, Taumatte *f.*

match *s.* (*spt.*), Wettkampf *m.*; **luffing –**, Luvkampf *m.*; **matched** *adj.*, **the crew is well –**, die Crew paßt gut zusammen *od.* ist gut aufeinander eingespielt; **match hook** *s.*, Doppeltakelhaken *m.*; **matching** *s.*, **– of a transit bearing,** Deckung *f.*, Deckpeilung *f.*; **– of pointers** (*pl.*), Deckung *f.* (*Peilung*).

mate *s.*, Maat *m.*, Schiffsoffizier *m.*, (1. *od.* 2.) Steuermann *m.*; Bordkamerad *m.*; Bestmann *m.* (*Fischerei*); **cook's –**, Kochsmaat *m.*; **team –** (*coll.*), Macker *m.* (*Pers. u. Boot*), (Bord)Kamerad *m.*, Partner *m.*; **–'s certificate** *s.*, Steuermannspatent *n.*

material *s.*, Material *n.*, Segeltuch *n.*; **– defect** *s.*, Materialfehler *m.*

mat(e)y *s.*, Freund *m.*, Kamerad *m.* (*als Anrede*).

mat fender *s.*, Mattenfender *m.*

matlo(w) *s.* (*am.* **matelot** *s.*) (*sl.*), Matrose *m.*, Seemann *m.*

matrix *s.* (*pl.* **matrixes** *or* **-ces**) (*tech.*), Matrize *f.*, Gußform *f.* (*Bootsbau*), Schablone *f.* (*Segel*).

matter *s.* (*phys.*), Materie *f.*, Material *n.*, Substanz *f.*

Matthew Walker knot *or* **hitch** *s.*, Taljereepsknoten *m.*

matutine *adj.* (*astr.*), mit *od.* kurz vor der Sonne aufgehend, morgendlich, früh.

Mauritius cyclone *s.*, Mauritius Orkan *m.*

maximum *s.* (*meteor.*), Hochdruckgebiet *n.*, Maximum *n.*, Höchstwert *m.*; *adj.*, **– beam** *s.*, größte Schiffsbreite *f.*; **– bearing** *s.*, Maximumpeilung *f.*; **– (carrying) capacity** *s.*, größte *od.* maximale Tragfähigkeit *f.* (*eines Bootes*); **– deflection** *s.* (*phys.*), Maximalauslenkung *f.*, Höchstausschlag *m.*, maximaler Ausschlag *m.* (*Instrument*); **– displacement** *s.*, größte Verdrängung *f.* (*Boot*); **– draught** *s.* (*am.* **draft**), größter Tiefgang *m.* (*Boot*); **– fix** *s.* (*coll.*), Maximumpeilung *f.*; **– helm angle** *s.*, Hartruderlage *f.*; **– length** *s.*, größte (Boots)Länge *f.*; **– load** *s.*, Bruchlast *f.*, Bruchbelastung *f.*, Höchstbelastung *f.*, -beanspruchung *f.*, -last *f.*, Maximalbelastung *f.*, Tragfähigkeit *f.* (*eines Bootes*); **– radio bearing** *s.*, Maximumpeilung *f.*; **– range** *s.* (*radar*), Sollreichweite *f.*, maximale Reichweite *f.*; **– rudder angle** *s.*, Hartruderlage *f.*; **– sail area** *s.*, maximale Segelfläche *f.*; **– section coefficient** *s.*, Hauptspantvölligkeitsgrad *m.*; **– signal D/F method** *s.*, Maximumpeilverfahren *n.*; **– size** *s.*, Größtmaßstab *m.* (*Seekarte*); **– speed** *s.*, maximale Höchstgeschwindigkeit *f. od.* Fahrt *f.*; **– thermometer** *s.*, Maximumthermometer *n.*; **– weight** *s.*, Höchstgewicht *n.* (*Crew, etc.*).

maxi-racer *s.*, Maxi-Racer *m.* (*Rennyacht*).

mayday *s.* **(Mayday),** Mayday, (internationales) Funknotsignal *n.*, Notsignal *n.*; **May races** (*pl.*) (*br.*), Bootsrennen (*pl.*) in Cambridge (*Mai/Juni*).

meal pennant *s.* (*am.*, *naut.*), Mahlzeitstander *m.* (*rotes Dreieck, zeigt an, daß die Crew beim Essen ist*).

mean *adj.* **course** (*naut.*), Mittelkurs *m.*, mittlerer Kurs *m.*, Generalkurs *m.*

meander *v.*, sich schlängeln od. winden (*Fluß*), mäandern, ziellos umherirren (*im Nebel*) (*Boot*); **meandering** *adj.*, umherirrend (*Boot*), gewunden (*Fluß*).

mean / distance *s.* (*astr.*), mittlere Entfernung *f.*; **– draught** *s.* (*am.* **draft**), mittlerer Tiefgang *m.*; **– height** *s.*, mittlere Höhe *f.* (*über dem Meeresspiegel*); **– high (low) water** *s.*, Mittzeit *f.* (*Gezeit*), mittleres Hoch(Niedrig)wasser *n.*; **– high (low) water lunitidal interval** *s.*, mittleres Mondhoch(niedrig)wasserintervall *n.*; **– high (low) water neaps** (*pl.*), mittleres Nipphoch(niedrig)wasser *n.*; **– high (low) water springs** (*pl.*), mittleres Springhoch(niedrig)wasser *n.*; **– level** *s.*, Mittelwasser *n.* (*Tide*); **– lunar semidiurnal tide** *s.*, mittlere Mondhalbtagstide *f.*; **– neap high (low) water** *s.* (*am.*), mittleres Nipphoch(niedrig)wasser *n.*; **– neap range** *s.*, mittlerer Nipptidenhub *m.*; **– neap rise** *s.*, mittlerer Nipptidenstieg *m.*; **– noon** *s.* (*astr.*), mittlerer Mittag *m.*; **– range** *s.*, mittlerer Tidenhub *m.*; **– rise** *s.*, mittlerer Tidenstieg *m.*

means *s./pl.*, (Hilfs)Mittel *n.* (*pl.*); **boat's** *or* **ship's own –**, Bordmittel (*pl.*).

mean / sea level *s.*, mittlere Meeres- *od.* Seehöhe *f.*, Normalnull; **– solar day** *s.* (*astr.*), mittlerer Sonnentag *m.*; **– solar semidiurnal tide** *s.* (*astr.*), mittlere Sonnenhalbtagstide *f.*; **– solar time** *s.* (*astr.*), mittlere Sonnenzeit *f.*; **– speed** *s.*, mittlere Fahrt *f. od.* Geschwindigkeit *f.*; **– spring range** *s.*, mittlerer Springtidenhub *m.*; **– spring rise** *s.*, mittlerer Springtidenstieg *m.*; **– sun** *s.* (*astr.*), mittlere Sonne *f.*; Sonne, die sich gleichförmig im Äquator bewegt; **– tide** *s.*, Mittelwasser *n.*; **– tide level** *s.*, Mittelwasserhöhe *f.*, mittlerer Tidenstand *m.*;

– **time** *s.*, mittlere Sonnenzeit *f.*; **Greenwich – time** *s.*, mittlere Greenwichzeit *f.*; **local – time** *s.*, mittlere Ortszeit *f.*; – **water** *s.*, Mittelwasser *n.*; – **wind** *s.*, mittlerer Wind *m.*; – **wind frequency** *s.*, mittlere Windhäufigkeit *f.*

measure *s.*, Meßinstrument *n.*, -gerät *n.*, (*phys.*) Maßeinheit *f.*, -system *n.*; **unit of –**, Maßeinheit *f.*; – **of depth**, Tiefenmaß *n.*; – **of length, linear** *or* **long –**, Längenmaß *n.*; – **of safety**, Sicherheitsmaßnahme *f.*; – **of variation**, Abweichungs-, Schwankungsmaß *n.*; *v.*, (auf-, ver)messen; **to – off**, ab-, vermessen.

measured *adj.*, – **course**, – **mile trip** *s.*, Meilenfahrt *f.* (*Probefahrt*); – **sail area**, vermessene Segelfläche *f.*

measurement *s.* (*naut.*), Tonnengehalt *m.*; Vermessung *f.* (*Boot, Segel*), Abmessungen, Abmaße, Ausmaße (*pl.*), Dimension *f.*; Eiche *f.*; Meßmethode *f.*; **builder's –**, Meßmethode *f.* des Schiffbaumeisters; **particular** *or* **special –**, Einzelvermessung *f.* (*Segel*); **sail –**, Segelvermessung *f.*; **mode of –**, Vermessungsmodus *m.*; **to take the – of**, vermessen; – **of (the) boat**, Bootsvermessung *f.*; – **of the tonnage of a boat** *or* **ship**, Eiche *f.*, Meßmethode *f.*, Vermessung *f.*; – **certificate** *s.*, Meßbrief *m.* (*Boot*); **M– Committee** *s.*, Vermessungskomitee *n.*; – **deductions** (*pl.*), Vermessungsabzüge (*pl.*); – **dues** *or* **charges** (*pl.*), Vermessungsgebühr *f.*; – **error** *s.*, Vermessungsfehler *m.*; – **fee** *s.*, Vermessungsgebühr *f.*; – **plaquette** *s.*, Vermessungsplakette *f.*; – **regulations** (*pl.*), Vermessungsvorschriften *f./pl.*; – **rules** (*pl.*), Vermessungsregeln *f./pl.*; **–s** (*pl.*) **of yachts**, Yachtvermessung *f.*; – **ton** *s.*, Vermessungstonne *f.*; – **tonnage** *s.*, Vermessungstonnage *f.*

measurer *s.*, Vermesser *m.* (*Pers.*).

measuring *s.*, Vermessung *f.*, Ab-, Vermessen *n.* (*Boot, Segel*); – **apparatus** *s.* (*phys.*), Meßgerät *n.*, -vorrichtung *f.*; – **cord** *s.*, Meßschnur *f.*; – **device** *s.*, Meßgerät *n.*, -vorrichtung *f.*; – **dues** *or* **charges** (*pl.*), Vermessungsgebühr *f.*; – **fees** (*pl.*), Vermessungsgebühr *f.*; – **instrument** *s.*, Meßgerät *n.*, -instrument *n.*; – **mark** *s.*, Meßmarke *f.*, -strich *m.*; – **method** *s.*, Vermessungsmethode *f.*; – **plaquette** *s.*, Vermessungsplakette *f.*; – **rod** *s.*, Peilstab *m.*; Maßstab *m.*; – **tape** *s.*, Bandmaß *n.*, Meß-, Maßband *n.*

meat hook *s.*, Fleischhaken *m.* (*Drahttauwerk*).

mechanical *adj.*, – **advantage**, Übersetzung *f.*, Übersetzungsverhältnis *n.*; mechanischer Wirkungsgrad *m.*; – **bilge block** *s.*, Kimmpalle *f.*, -schlitten *m.*; – **compensator** *s.*, mechanischer Funkbeschicker *m.* (*Funkp.*); – **correction** *s.* **of the compass**, mechanische Kompaßkompensierung *f.*; – **effect** *s.*, Nutzeffekt *m.*; – **foghorn** *s.*, mechanisches Nebelhorn *n.*; – **log** *s.*, Patentlog *n.*

mechanics *s./pl.*, – **of fluids**, Hydro-, Strömungslehre *f.*; **precision –**, Feinmechanik *f.*

medal *s.* (*rac.*), Medaille *f.*

medical / kit *s.*, Verbandszeug *n.*; – **officer** *s.*, Hafenarzt *m.*

medicine chest *s.* (*naut.*), (Bord)Arzneischrank *m.*, -kiste *f.*

Mediterranean winds *s./pl.*, Mittelmeerwinde *m./pl.*

medium *s.* (*pl.* **media**), (Hilfs)Mittel *n.*, Werkzeug *n.*, (*phys.*) Agens *n.*; *adj.*, mittel, Mittel-; – **air** *s.*, Mittelwetter *n.*; – **air sail** *s.*, Mittelwettersegel *n.*; – **frequency** *s.* (*rad.*), Mittelfrequenz *f.*; **range of – frequency** *s.*, Mittelwellenbereich *m.*; – **frequency band** *s.* (*rad.*), Mittelfrequenzband *n.*, -bereich *m.*; – **frequency D/F** *s.*, Mittelfrequenzpeiler *m.* (*Funkp.*); – **frequency wave** *s.* (*rad.*), Mittelwelle *f.*; – **range** *s.* (*rad.*), mittlere Reichweite *f.*; – **range forecast** *s.* (*meteor.*), mittelfristige Wettervorhersage *f.*; – **wave** *s.* (*rad.*), Mittelwelle *f.*, mittlere Wellenlänge *f.*; – **wave navigation** *s.*, Mittelwellennavigation *f.*; – **wave range** *s.* (*rad.*), Mittelwellenbereich *m.*; – **wave transmitter** *s.* (*rad.*), Mittelwellensender *m.*

meet *v.*, **to – the helm**, mit dem Ruder stützen; – **her!** (*int.*), Stütz!, Stützen!, Stütz Ruder!.

meeter *s.*, Gegenkommer *m.* (*Boot*).

meeting *s.*, Zusammenfluß *m.* (*von Flüssen*); – **of cruising yachtsmen**, Fahrtenseglertreffen *n.*; – **sailer** *or* **ship** *or* **vessel** *or* **yacht** *s.*, Gegenkommer *m.*, Schiff *od.* Boot auf Gegenkurs.

mega *adj.*, groß; **–cycle** *s.* (*rad.*), Megahertz *n.*; **–dynamics** (*pl.*), Megadynamik *f.*; **–fog** *s.* (*am., naut.*), Signalapparat *m.* mit nach mehreren Richtungen wirkenden Megaphonen (*um bei Nebel mit Schiffen in Verbindung zu treten*); **–phone** *s.*, Magaphon *n.*, Sprachrohr *n.*, (*coll.*) Flüstertüte *f.*; **to –phone** *v.*, durch ein Megaphon *od.* ein Sprachrohr *od.* eine Flüstertüte sprechen.

meltemi *s.*, Meltemi *m.* (*Mittelmeerwind*).

melting heat *s.*, schwüle Hitze *f.*

member *s.*, Mitglied *n.*, (*tech.*) Glied *n.*, Teil *m.* (*eines Ganzen*); **structural –**, (Längs-, Quer)Verband *m.* (*Bootsbau*); **membership** *s.*, Mitgliedschaft *f.*; – **card** *s.*, Mitgliedskarte *f.*; – **fee** *s.*, Mitgliedsbeitrag *m.*

membrane *s.* (*phys.*), Membran(e) *f.* (*Steuer-*

ventil, etc.).
mend *s.*, **make and –** (*naut.*), Putz- und Flickstunde *f.* (*an Bord*); *v.*, ausbessern (*Segel*), reparieren (*Boot*); **to – sails,** die Segel losmachen und besser anschlagen; **mending** *s.*, Ausbessern *n.*, ausgebesserte Stelle *f.*
meniscus *s.*, Halbmond *m.*, (*opt.*) konvex-konkave Linse *f.*, Meniskenglas *n.*
menstrual equation *s.* (*astr.*), Monatsgleichung *f.*
mensuration *s.*, Ab-, Aus-, Vermessung *f.*; Meßbestimmung *f.*
Meon anchor *s.*, Meon-Anker *m.* (*Leicht-, Patentanker*).
mercantile / flag *s.*, Handelsflagge *f.*; **– fleet** *s.*, Handelsflotte *f.*; **– marine** *s.*, Handelsmarine *f.*; **– ship** *or* **vessel** *s.*, Handelsschiff *n.*
Mercator / bearing *s.*, Mercatorpeilung *f.* (*od.* Merkator-); **– grid lines** (*pl.*), Mercatornetzlinien (*pl.*); **–('s) projection** *s.*, Mercatorprojektion *f.* (*Karte*); **– sailing** *s.*, Mercatorsegeln *n.*, loxodromisches Segeln *n.* nach vergrößerter Breite; **– sailing triangle** *s.*, vergrößertes Kursdreieck *n.*
merchant / flag *s.*, Handelsflagge *f.*; **– fleet** *s.*, Handels-, Kauffahrteiflotte *f.*; **–man** *s.*, Kauffahrer *m.*, Kauffahrtei-, Handelsschiff *n.*; **– marine** *or* **navy** *s.*, Handelsmarine *f.*; **– service** *s.*, Handelsschiffahrt *f.*; **– ship** *s.*, Handelsschiff *n.*
mercurial *adj.* (*astr.*), dem Einfluß des Planeten Merkur unterworfen; **– barometer** *s.*, Quecksilberbarometer *n.*
mercury (column) *s.*, Quecksilbersäule *f.* (*Barometer, Thermometer*); **the – is rising,** das Barometer steigt.
mere *s.*, kleiner See *m.*
meridian *s.* (*astr.*, *geogr.*), Meridian *m.*, Längen-, Mittagskreis *m.*, -linie *f.*; Kulminationspunkt *m.* (*eines Gestirns*); **Greenwich –,** Meridian *m.* von Greenwich; **local –,** Ortsmeridian *m.*; **lower (upper) –,** unterer (oberer) (Himmels)Meridan *m.*; **magnetic –,** magnetischer Meridian *m.*; **prime –,** Nullmeridian *m.*; **convergence of the –s** (*pl.*), Meridian-Konvergenz *f.*; **(the) sun's altitude on the –,** Mittagshöhe *f.*; **– of Greenwich,** Nullmeridian *m.*, Meridian *m.* von Greenwich; **– of longitude,** Längenkreis *m.*; **– of a place,** Ortsmeridian *m.*; *adj.*, mittäglich, Mittags-, (*astr.*) kulminierend, Kulminations-, Meridian-.
meridian / altitude *s.* (*astr.*), Mittagsbreite *f.*, -höhe *f.*, Kulminationshöhe *f.*; **upper – altitude** *s.*, Mittagshöhe *f.*; **– altitude of a star** *s.* (*astr.*), Meridianhöhe *f.* eines Sterns; **– circle** *s.* (*astr.*), Meridian-, Mittagskreis *m.*; Meridiankreis *m.* (*Instrument*); **– degree** *s.*, Meridiangrad *m.*; **– distance** *s.* (*astr.*), Meridiandistanz *f.*; **– gyro** *s.*, Meridiankreisel *m.*; **– latitude** *s.*, Meridianbreite *f.*; **– line** *s.* (*astr.*), Mittagslinie *f.*; **– mark** *s.*, Meridianzeichen *n.* (*zur Kontrolle eines Meridianinstruments*); **– minute** *s.*, Meridianminute *f.*; **– observation** *s.*, Meridianbeobachtung *f.*; **– passage** *s.* (*astr.*), Meridiandurchgang *m.*; **latitude by – passage** *s.*, Mittagsbreite *f.*; **– point** *s.* (*astr.*), Mittagspunkt *m.*; **– sailing** *s.*, Meridiansegeln *n.*; **– second** *s.*, Meridiansekunde *f.*; **one-sixtieth of a – second** *s.*, Meridiantertie *f.*; **– transit** *s.* (*astr.*), Meridiandurchgang *m.*; **– zenith distance** *s.* (*astr.*), Meridian-Zenitdistanz *f.*
meridional *adj.* (*astr.*), meridional, Meridian-, Mittags-, in der Richtung eines Meridians laufend, gegen Süden gerichtet, südlich; **– difference** *s.*, Längendistanz *f.* zweier Orte; **meridionality** *s.*, Sich-im-Meridian-Befinden *n.*, südliche Lage *f. od.* Richtung *f.*; **meridional part** *s.* (*naut.*), Meridionalteil *m.* (*v. Mercators Seekarte*).
mesh / connection *s.* (*elec.*), Delta-, Dreieckschaltung *f.*; **– knot** *s.*, Maschenknoten *m.*
mesoseismal *adj.*, den Mittelpunkt eines See- *od.* Erdbebens betreffend.
mess *s.* (*naut.*), Back *f.*, Backschaft *f.*, Backmannschaft *f.*, Eßgemeinschaft *f.* an Bord, (Schiffs)Messe *f.*; **captain of a –,** Backsältester *m.*, -meister *m.*; **cooks of the –,** Backschaft *f.*, Backsgasten (*pl.*); **officer's –,** Offiziersmesse *f.* (*an Bord*); **to be in a –,** in der Klemme *od.* Patsche sein *od.* sitzen; **to make a – of a race,** eine Regatta *od.* Wettfahrt verpatzen; *v.* (*naut.*), in der Back *od.* Messe essen; **to – together,** zu einer Back gehören, Messe führen.
message *s.*, **radio –,** Funkmeldung *f.*, -spruch *m.*
mess boy *s.*, Kajütjunge *m.*, Logis-, Messejunge *m.*
messenger *s.*, Ankerkette *f.*, Ansteckleine *f.*, Anholtau *n.*, (*br.*, *dial.*) kleine Einzelwolken (*pl.*); **chain –,** Kabelarkette *f.*; **– cable** *s.* (*naut.*), Kabelar *n.*; **– line** *s.*, Hilfs-, Wurfleine *f.*
mess / gear *s.*, Backsgeschirr *n.*; **–mate** *s.*, Backsgenosse *m.*, (*coll.*) (Bord) Kamerad *m.*; **–mates** (*pl.*), Backschaft *f.*, Eßgemeinschaft *f.* an Bord; **– room** *s.*, (Schiffs)Messe *f.*, Back *f.*, Eßecke *f.* in der Kajüte; **– steward** *s.*, Backschafter *m.*; **– table** *s.*, Back *f.*, Eßtisch *m.*

in der Kajüte; **to clear the – table,** abbacken; **to lay the – table,** aufbacken; **– tables and benches!** (*int.*), Backen und banken!; **– tin** *or* **kit** *s.*, Back *f.*, Backsgeschirr *n.*, Eß-, Kochgeschirr *n.*; **– trap** *s.*, Back *f.*, Eßschüssel *f.*

met. *s.* (*coll.*), meteorologischer Bericht *m.*, Wetterbericht *m.*; meteorologische Station *f.*; **M– Office** *s.* (*coll.*), Wetteramt *n.*

metacentre *s.* (*am.* **-center**) (*naut.*), Metazentrum *n.*, Schnittpunkt *m.* von Auftriebsrichtung und Mittelebene eines Bootes; **metacentric** *adj.* (*phys.*), metazentrisch; **– diagram** *s.*, metazentrische Kurven (*pl.*); **– height** *s.* (*naut.*), metazentrische Höhe *f.* (*Stabilität*); **– radius** *s.*, Metazentrum *n.* über Verdrängungsschwerpunkt.

metagalaxy *s.* (*astr.*), Metagalaxis *f.*, Gesamtheit *f.* der galaktischen Systeme.

metal grommet (*or* **grummet**) *s.*, Gat(t)chen *n.*, Gatjen *n.*, Segelöse *f.*

meteor *s.* (*astr.*), Meteor *m.*, Sternschnuppe *f.*; **– dust** *s.* (*astr.*), kosmischer Staub *m.*; **meteoric** *adj.* (*astr.*), meteorisch; **– shower** *s.*, Sternschnuppenschwarm *m.*; **meteorite** *s.* (*astr.*), Meteorit *m.*

meteorograph *s.* (*phys.*), Meteorograph *m.*; **meteorography** *s.*, Meteorographie *f.* (*Aufzeichnung der Luft- und Wettererscheinungen*).

meteorologic(al) *adj.*, meteorologisch, Luft-, Wetter-; **– broadcast(ing)** *s.*, Wetterfunk *m.*; **– chart** *s.*, meteorologische Karte *f.*, Wetterkarte *f.*; **– code** *s.*, Wetterschlüssel *m.*; **– conditions** (*pl.*), Wetterlage *f.*, Witterungs- *od.* Wetterverhältnisse (*pl.*); **– data** (*pl.*), meteorologische Daten (*pl.*); **– disturbance** *s.*, meteorologische Störung *f.*; **– equator** *s.*, meteorologischer Äquator *m.*; **– message** *s.*, Wetternachricht *f.*; **– navigation** *s.*, meteorologische Navigation *f.*; **– observation** *s.*, Wetterbeobachtung *f.*, -dienst *m.*; **– observatory** *s.*, Wetter-, Seewarte *f.*; **– office** *s.*, Amt *n.* für den Wetterdienst, Wetterstation *f.*, -warte *f.*, -amt *n.*; **– radar station** *s.*, Wetterradarstation *f.*; **– radio(tele)gram** *s.*, Wetterfunktelegramm *n.*; **– range** *s.*, meteorologische Sichtweite *f.*; **– reach of sight** *s.*, meteorologische Sichtweite *f.*; **– report** *s.*, Wetterbericht *m.*; **– service** *s.*, Wetterdienst *m.*; **– situation** *s.*, Wetterlage *f.*; **– station** *s.*, Wetterstation *f.*, -warte *f.*; **– symbols** (*pl.*), Wettersymbole (*pl.*); **– tide** *s.*, meteorologische Tide *f.*; **– warnings** (*pl.*), Wetterwarnung *f.*

meteorologist *s.*, Meteorologe *m.*, Wetterbeobachter *m.*, (*coll.*) Wetterfrosch *m.*

meteorology *s.*, Meteorologie *f.*, Wetter-, Witterungskunde *f.*; meteorologische Verhältnisse (*pl.*) einer Gegend.

meteoro/meter *s.* (*phys.*), Meteorometer *n.*; **–scope** *s.* (*phys.*), Meteoroskop *n.*

meteor system *s.* (*astr.*), Meteorschwarm *m.*

meteosat *s.*, meteorologischer Satellit *m.*, Wettersatellit *m.*

meter *s.*, Meßgerät *n.*, -instrument *n.*, Messer *m.*, Zähler *m.*; *v.*, mit einem Meßinstrument messen; **meter candle** *s.* (*phys.*), Lux *n.*, Meterkerze *f.* (*Lichteinheit*).

mete-stick *s.* (*naut.*), Meßstab *m.*

method *s.*, **sailing –,** Segeltechnik *f.*; **– of variable differences,** Differenzverfahren *n.* (*Gezeitenrechnung*).

Metonic/cycle *s.* (*astr.*), metonischer Zyklus *m.* (*des Mondes*); **– year** *s.* (*astr.*), Jahr *n.* des metonischen Zyklus.

metre *s.* (*am.* **meter**), Meter *n.* (*coll. m.*) (*Längenmaß*).

metric *adj.*, **– system,** Dezimalsystem *n.*, metrisches System *n.*; **– ton** *s.*, metrische Tonne *f.*; **– wave** *s.* (*rad.*), Meterwelle *f.*

micro *adj.*, (sehr) klein; **–barograph** *s.* (*phys.*), Mikrobarograph *m.*; **– climatology** *s.*, Mikroklimatologie *f.*, Klimakunde *f.* innerhalb kleiner Gebiete; **– detector** *s.* (*tech.*), Mikrodetektor *m.*, Meßinstrument *n.* für kleine Größen; **–graph** *s.* (*tech.*), (*Art*) Storchschnabel *m.*, (*phys.*) Mikrograph *m.*; **–meter** *s.* (*phys.*), Mikrometer *n.*, (*tech.*) Okular-Mikrometer *n.*; **–meter cal(l)iper** *or* **screw** *s.*, Mikrometer *n.*, Feinmeß-, Mikrometerschraube *f.* (*am Sextanten*), Schraublehre *f.*; **–meter drum sextant** *s.*, Trommelsextant *m.*; **–meter screw** *s.*, Mikrometerschraube *f.* (*Sextant*); **–metric(al) eyepiece** *s.*, Meßokular *n.*; **–metric(al) screw** *s.*, Mikrometerschraube *f.* (*am Sextanten*); **– motion** *s.* (*phys.*), Mikrobewegung *f.*; **micron** *s.* (*pl.* **-cra**), Mikrometer *n.*, Mikron *n.*; **micropantograph** *s.* (*tech.*), (*Art*) Storchschnabel *m.*

microphone *s.*, Mikrophon *n.*, (*coll.*) (Sprech)-Funkgerät *n.*; **at the –,** am Mikrophon, (*coll.*) am Mike; **– amplifier** *s.*, Mikrophonverstärker *m.*; **– key** *s.*, Mikrophonsprechtaste *f.*

micro/second *s.*, Mikrosekunde *f.*; **–seism** *s.*, kleines Erd- *od.* Seebeben *n.*; **– wave** *s.* (*radar*), Dezimeterwelle *f.*, (*rad.*) Mikrowelle *f.*

mid *s.* (*sl.*), Leutnant *m.* zur See; *adj.*, **in – ocean,** auf offener See *od.* offenem Meer; **–-channel** *s.*, Fahrwassermitte *f.*, Mittelströmung *f.* (*Fluß, etc.*); **–-channel buoy** *s.*, Mitte(l)fahrwassertonne *f.*; **–-cockpit** *s.*, Mittel-

cockpit *n.*, -plicht *f.*
middle / body *s.*, Mittelschiff *n.*; **– deck** *s.*, Mitteldeck *n.*; **– distance** *s.* (*rac.*), Mittelstrecke *f.*; **– ground** *s.*, Mittelgrund *m.* (*Fahrwasser*), seichte Stelle *f.* (*mit tiefem Wasser an beiden Seiten*); **– -ground buoy** *s.*, Mittelgrundtonne *f.*; **– jib** *s.*, Mittelklüver *m.*; **– latitude** *s.*, mittlere Breite *f.*, (*geogr.*) Mittelbreite *f.*; **– latitude method** *s.*, Mittelbreitenverfahren *n.*; **– latitude sailing** *s.*, Mittelbreitennavigation *f.*, Navigation *f.* *od.* Segeln *n.* nach Mittelbreite; **– line** *s.*, Mittschiffslinie *f.*; **– line of a boat** *or* **ship,** Mitte Schiff; **– line keel** *s.*, Mittelkiel *m.*; **– man** *s.* (*naut.*), Mittelmann *m.*; **– mast** *s.*, Mittelmast *m.*; **– plane** *s.*, Mittschiffsebene *f.*; **– position** *s.*, Mittellage *f.* (*Boot*); **– watch** *s.*,Mittelwache *f.*, zweite Wache *f.*, (*coll.*) Hunde-, Friedhofswache *f.*; **middy** *s.* (*coll.*), Leutnant *m.* zur See.
mider *s.*, übereinandergelegte Lieken (*pl.*) (*Spinnaker*).
mid / heaven *s.* (*astr.*), Himmelsmeridian *m.*; **–land** *adj.*, binnenländisch; **– -latitude** *s.*, mittlere Breite *f.*, Mittelbreite *f.*; **–night** *s.*, Mitternacht *f.*; **–night sun** *s.*, Mitternachtssonne *f.*, (*naut.*) Nordersonne *f.*; **–night watch** *s.*, Mittelwache *f.*, zweite Wache *f.*, (*coll.*) Hunde-, Friedhofswache *f.*; **– noon** *s.*, Mittag *m.*; **–ship** *s.*, Mitte *f.* des Schiffes, Mitte Schiff; **–ship frame** *s.*, Hauptspant *n.*; **–shipman** *s.*, Leutnant *m.* zur See; Cockpitmann *m.*; **–ship mite** *s.* (*coll.*), Seekadettchen *n.*; **–ships** *adv.*, mittschiffs; **–ship section** *s.*, Haupt-, Nullspant *n.*; **–ship section area** *s.*, Hauptspantfläche *f.*; **–ship section coefficient** *s.*, Hauptspantkoeffizient *m.*, -völligkeitsgrad *m.*, Völligkeitsgrad *m.* der Hauptspantfläche; **– -stream** *s.*, Strommitte *f.*; **– -stream** *adv.*, in der Mitte des Stroms; **–summer** *s.*, Hochsommer *m.*, (*astr.*) Sommersonnenwende *f.*; **–summer day** *s.* (*astr.*), Sommersonnenwende *f.*; **– -watch** *s.* (*am.*), Mittelwache *f.*; **–way** *adv.*, auf halber Strecke: **–winter** *s.* (*astr.*), Wintersonnenwende *f.*
mike *s.* (*coll.*), Mikrophon *n.*; **– talk** *s.* (*am.*, *rad.*), Funk(er)jargon *m.*
mild *adj.*, freundlich, warm (*Wetter*); **– steel** *s.*, Schiffbaustahl *m.*
mile *s.*, Meile *f.*; **Admiralty –,** englische Seemeile *f.*; **imperial nautical –,** britische Seemeile *f.*; **nautical** *or* **geographical** *or* **sea –,** Seemeile *f.*; **statute –,** englische Meile *f.*; Meile *f.* (*Wind*).
mileage *s.*, zurückgelegte (See)Meilen (*pl.*); Meilenlänge *f.*, -zahl *f.*
mile counter *s.*, Meilenzähler *m.*; **miles** (*pl.*), **– off course,** meilenweit ab vom Kurs; **– per hour,** Meilen (*pl.*) pro Stunde; **to make short –,** (sehr) schnell segeln; **measured mile trip** *s.*, Meilenfahrt *f.* (*Probefahrt*).
Milky Way *s.* (*astr.*), Milchstraße *f.*, (milchstraßenähnliche) Ansammlung *f.* von Sternen.
miller *s.*, **to drown the –** (*naut.*), den Grog (ver)wässern.
milli / bar *s.* (*meteor.*), Millibar *n.*; **–metric wave** *s.* (*rad.*), Millimeterwelle *f.*
mind *v.*, **– the rudder!** (*int.*), Kurs halten!
mined area *s.*, Minengebiet *n.*; **mine field** *s.* (*naut.*), Minenfeld *n.*
minimum *s.* (*meteor.*), Tief(druckgebiet) *n.*, Minimum *n.*; Tiefstwert *m.*; *adj.*, minimal; **– bearing** *s.*, Minimumpeilung *f.*; **– clearing** *s.*, Enttrübung *f.* des Peilminimums (*Funkp.*); **– depth** *s.*, Mindesttiefe *f.*; **– direction-finding method** *s.*, Minimumpeilung *f.* (*Funkp.*); **– draught** *s.* (*am.* **draft**), Mindesttiefgang *m.*; **– fix** *s.* (*coll.*), Minimumpeilung *f.*; **– freeboard** *s.*, Mindestfreibord *m.*; **– luminous range** *s.*, Mindesttragweite *f.* (*Positionslichter, etc.*); **– output** *s.* (*tech.*), Minimalleistung *f.*, Leistungsminimum *n.*; **– radio bearing** *s.*, Minimumpeilung *f.*; **– range** *s.* (*radar, rad.*), Mindestreichweite *f.*, Grenze *f.* des Nahbereichs; **– reading** *s.*, Minimumablesung *f.*; **– reception** *s.* (*rad.*), Empfangsminimum *n.*; **– speed** *s.*, Mindestgeschwindigkeit *f.*, -fahrt *f.* (*eines Bootes*); **– time track** *s.*, optimaler *od.* schnellster Seeweg *m.* (*meteor. Nav.*).
Ministry of Transport *s.*, Seeberufsgenossenschaft *f.*
mini(-)ton (yacht) *s.*, Minitonner *m.*, Minitonyacht *f.*
minium *s.*, Mennige *f.*
minor *adj.*, **– planets** (*pl.*) (*astr.*), Planetoiden (*pl.*), Asteroiden (*pl.*); **– port** *s.*, Nebenhafen *m.*; **– sea** *s.*, Nebenmeer *n.*
minus *adj.*, negativ; *adv.*, minus, unter Null (*Temperatur*); **the temperature is – 5 degrees,** es ist *od.* wir haben 5 Grad Kälte, es ist minus 5 Grad; **– quantity** *s.*, negative Größe *f.*
minute *s.*, Minute *f.* (*Zeit*), (Winkel-, Bogen-) Minute *f.*, (*astr.*) Minute *f.* (*60. Teil eines Kreisgrades*); **meridian –,** Meridianminute *f.*; **– of arc,** Bogenminute *f.*; **– of latitude,** Breitenminute *f.*; **– of longitude,** Längenminute *f.*; *adj.*, sehr klein, winzig; sehr genau.
mirage *s.*, Luftspiegelung *f.*, Fata Morgana *f.*
mire *s.*, Schlamm *m.*, Sumpf *m.*; **to get stuck**

in (the) –, im Schlick festkommen (*Boot*).

mired *adj.* (*naut.*), festgehalten; **the boat is** *or* **seems – in place,** das Boot liegt (völlig) bewegungslos *od.* in (Toten)Flaute.

mirror *s.* (*phys.*), Rückstrahler *m.*, Reflektor *m.*; **– compass** *s.*, Spiegelkompaß *m.*; **– image** *s.*, Spiegelbild *n.* (*Instrumente*); **– instrument** *s.*, Spiegelinstrument *n.*; **--inverted** *adj.*, spiegelverkehrt, spiegelbildlich; **--like sea** *s.*, spiegelglatte See *f.*

miss *s.* (*rac.*), Fehlstart *m.*; *v.*, **to – the mark** (*rac.*), die Wendemarke *od.* -boje verfehlen; **to – stays,** es nicht fertig bringen, das Boot durch den Wind zu wenden, beim Wenden versagen; **missed** *adj.*, verschollen; **– at sea,** auf See geblieben; **– boat** *s.*, vermißtes *od.* verschollenes Boot *n.*

missing *s.* **at sea,** Seeverschollenheit *f.*; *adj.*, **to be –,** (auf See) bleiben *od.* geblieben, vermißt *od.* verschollen sein; **to be reported –,** als verschollen gemeldet werden.

mist *s.* (*meteor.*), leichter Nebel *m.*, feuchter Dunst *m.*, (*naut.*) Mist *m.*, (*am.*) Sprühregen *m.*; **Scotch –,** starker Nebel *m.*, Sprühregen *m.*; *v.*, **to – over,** nebeln, neblig werden *od.* sein.

mistake *s.* (*rac.*), Fehler *m.*; *v.*, **to – a buoy** *or* **the mark** (*rac.*), eine Boje *od.* die Wendemarke verfehlen.

mistiness *s.*, Nebligkeit *f.*, Dunstigkeit *f.*

mist layer *s.*, Dunstschicht *f.*

mistral *s.*, Mistral *m.* (*kalter Nordwind in Südfrankreich u. Italien*).

misty *adj.* (*meteor.*), (leicht) neblig, dunstig, (*naut.*) mistig, stark diesig; **it is –,** es mistet, es ist mistig; **– weather** *s.*, diesiges *od.* feuchtnebliges Wetter *n.*, (*naut.*) mistiges *od.* Mistwetter *n.*

mitch board *s.* (*naut.*), Stütze *f.*, Stieper *m.*, Mick *f.* (*für Mast, etc.*).

mitre *s.* (*am.* **miter**), **– cut,** Diagonalschnitt *m.* (*Segel*); **– post** *s.*, Stemm-, (An)Schlagsäule *f.* (*Schleuse*); **diagonal – seam** *s.*, Diagonalnaht *f.* (*Segel*); **– sill** *s.*, Drempelarm *m.*, Schlagschwelle *f.* (*Schleuse*); **– valve** *s.*, Kegelventil *n.*

mixed *adj.*, **– cycle engine,** Semidieselmotor *m.*; **– light** *s.*, Misch-, Wechselfeuer *n.*; **– tides** (*pl.*), gemischte Gezeiten (*pl.*); **– vessel** *s.*, Fracht- und Passagierschiff *n.*

mizzen *s.* (*also* **mizen**), Besan(segel *n.*) *m.*; **dandy –,** Treibermast *m.*; **main –,** Kreuzmast *m.*; **yawl –,** Treibermast *m.*; *adj.*, Besan-, Kreuz-; **–(-)boom** *s.*, Besanbaum *m.*; **–(-)mast** *s.*, Besan-, Kreuzmast *m.*; **– royal** *s.*, Kreuzoberbramsegel *n.*, -roil *n.*, Achterroil *n.*; **–(-)sail** *s.*, Besansegel *n.*; **– sheet** *s.*, Besanschot *f.*; **– spinnaker** *s.*, Besanspinnaker *m.*; **– stay** *s.*, Besanstag *n.*; **– staysail** *s.*, Besanstagsegel *n.*, (*coll.*) Aap *n.* (*pl.* Aapen); **– top** *s.*, Kreuzmars *m.*; **– top braces** (*pl.*), Kreuzbrassen (*pl.*); **– topgallant mast** *s.*, Kreuzbramstenge *f.*; **– topgallant yard** *s.*, Kreuzbramrah(e) *f.*; **– topmast** *s.*, Besan-, Kreuzstenge *f.*; **– topsail** *s.*, Besan-, Kreuz(mars)segel *n.*; **– yard** *s.*, Besan-, Kreuzrah(e) *f.*

mizzle *s.*, Nieseln *n.*, Sprüh-, Staubregen *m.*; *v.*, nieseln, (fein) regnen, sprühen; **mizzly** *adj.*, nieselnd.

moan *v.*, ächzen (*Wind*), rauschen, murmeln (*Wasser*).

mobile / equipment *s.* (*naut.*), bewegliche Ausrüstungsgegenstände *m./pl.* (*an Bord*); **– part** *s.* (*tech.*), beweglicher Teil *m.* (*eines Mechanismus*).

mock / moon *s.* (*astr.*), Nebenmond *m.*; **– sun** *s.* (*astr.*), Nebensonne *f.*

model *s.*, Bau(weise *f.*) *m.*, Konstruktion *f.*; **– experiment** *s.*, Modellversuch *m.*; **– ship** *s.*, Modellschiff *n.*; Schiffsmodell *n.*; **– tank** *s.*, (Schlepp)Versuchstank *m.*, Schleppkanal *m.* (*Bootsbau*); **– tank experiment** *or* **test** *s.*, Modellschleppversuch *m.*

moderate *adj.*, gemäßigt, mild (*Temperatur*); *v.*, nachlassen, sich legen (*Wind*); **– breeze** *s.* (*meteor.*), mäßige Brise *f.*; **– gale** *s.* (*meteor.*), steife Brise *f.*, steifer Wind *m.*; **– sea** *s.*, mäßig bewegte See *f.*; **– swell** *s.*, mäßige Dünung *f.*, mäßiger Seegang *m.*; **– weather** *s.*, mildes Wetter *n.*; **moderator** *s.* (*tech.*), Dämpfer *m.*, Regler *m.*

modulate *v.* (*rad.*), modulieren; **modulated wave** *s.* (*phys.*), modulierte Schwingung *f.*; **modulation** *s.* (*rad.*), Abstimmung *f.*, Modulation *f.* (*Beeinflussung der Trägerfrequenz durch die Signalfrequenz*); **modulator** *s.* (*rad.*), Modulationsröhre *f.*, Modulator *m.*

modulus *s.* (*pl.* **moduli**) (*phys.*), konstanter Koeffizient *m.*; **– of elasticity** (*phys.*), Elastizitätsmodul *m.*

moist *adj.*, feucht, naß, regnerisch; **moistness** *s.*, **moisture** *s.*, Feuchtigkeit *f.*; **moisture-proof** *adj.*, feuchtigkeitsfest.

molar motion *s.* (*phys.*), Massenbewegung *f.*

mold *s.* (*am.*), (*s.* **mould**).

mole *s.*, Mole *f.*, Hafendamm *m.*, durch eine Mole geschützter Hafen *m.*; **– head** *s.*, Molenkopf *m.*; **– light** *s.*, Molenfeuer *n.*

moment *s.* (*phys.*), Moment *n.*; **heeling –,** Krängungsmoment *n.*; **righting –,** aufrichtendes Moment *n.* (*Boot*); **rudder –,** Steuermoment *n.*; **– of flexure,** Biegemoment *n.*; **– of a force,** Kraftmoment *n.*, Moment *n.* einer Kraft; **– of a force about a point,** Dreh(ungs)-moment *n.* einer Kraft; **– of inertia,** Trägheitsmoment *n.*; **– of resistance,** Widerstandsmoment *n.*; **– of stability,** Stabilitätsmoment *n.* (*eines Bootes*); **– of torsion,** Torsionsmoment *n.*; **– to alter trim one inch,** Einheits-trimm-Moment *n.*

momentum *s.* (*phys.*), Bewegungsgröße *f.*, Impuls *m.*, Moment *n.*, (*tech.*) bewegende Kraft *f.*, Triebkraft *f.*; **heeling –,** krängendes Moment *n.*; **righting –,** aufrichtendes Moment *n.*; **rudder –,** Rudermoment *n.*; **spinning** *or* **turning –,** Drehmoment *n.*; **– of a force,** Moment *n.* einer Kraft.

Monel (metal) *s.*, Monelmetall *n.*; **– (alloy) rivet** *s.*, Monelniet *m.* (*od. n.*), -niete *f.*, Blindniet *m.* aus Monelmetall.

monitor *s.* (*naut.*), Monitor *m.*, Feuerlöschboot *n.* mit einer Spritze, (*radar*) Monitor *m.*, Bildschirm *m.*; Kontroll-, Überwachungsgerät *n.*; **monitoring / lamp** *s.*, Kontrollampe *f.*; **– station** *s.* (*rad.*), Kontrollfunkstation *f.*

monkey *s.* (*tech.*), Ramme *f.*, Rammblock *m.*; Laufkatze *f.*; Fallblock *m.*; **– boat** *s.* (*br.*), schmales halbgedecktes Boot *n.* (*Docks, Themse*); **– bridge** *s.*, Laufbrücke *f.* (*an Bord*); **– deck** *s.*, Peildeck *n.*; **– fist** *s.*, Affenfaust *f.*, beschwertes Ende *n.* einer Wurfleine; **– forecastle** *s.*, niedrige Back *f.*; **– gaff** *s.*, Flaggengaffel *f.*; **– island** *s.*, Peildeck *n.*, -kompaßstand *m.*; **– jacket** *s.*, Monki-, Munki-, Matrosenjacke *f.*; **–'s fist** *s.*, Wurfleinenknoten *m.*; **– wrench** *s.* (*tech.*), Engländer *m.*, Franzose *m.*, Universal(schrauben)schlüssel *m.*

monk's seam *s.* (*naut.*), Kappnaht *f.*, durchgenähte Naht *f.* (*eines Segels*).

monocoque construction *s.*, Schalenbau(weise *f.*) *m.* (*Bootsbau*).

monogyro / compass *s.*, Einkreiselkompaß *m.*; **– system** *s.*, Einkreiselsystem *n.*

monsoon *s.*, Monsun *m.*, sommerliche Regenzeit *f.* (*Südasien*); **dry –,** Wintermonsun *m.*; **wet –,** Sommer-, Regenmonsun *m.*; **– period** *s.*, Monsunzeit *f.*, Periode *f. od.* Zeit *f.* der Monsune.

month *s.* (*astr.*), Monat *m.*; **sidereal –,** siderischer Monat *m.*; **solar –,** Sonnenmonat *m.* (*12. Teil des Sonnenjahres*); **synodical –,** synodischer Monat *m.*; **tropical –,** tropischer Monat *m.*

moon *s.* (*astr.*), Mond *m.*, Satellit *m.*, Trabant *m.*; Mondlicht *n.*; **full –,** Vollmond *m.*; **new –,** Neumond *m.*; **old** *or* **waning –,** abnehmender Mond *m.*; **waxing –,** zunehmender Mond *m.*; **phase of the –,** Mondphase *f.*; **–(-)down** *s.* (*am.*), Monduntergang *m.*; **–light** *s.*, Mondlicht *n.*; **–lit** *adj.*, mondhell; **– month** *s.* (*astr.*), Mondmonat *m.*; **– rise** *s.*, Mondaufgang *m.*; **– sail** *s.*, Mondsegel *n.* (*Rahsegel*); **–'s attraction** *s.* (*astr.*), Mondanziehung *f.*; **–'s orbit** *s.* (*astr.*), Mondbahn *f.*; **–'s phases** (*pl.*), Mondphasen *f./pl.*; **–(-)set** *s.*, Monduntergang *m.*; **–-sheered ship** *s.*, Schiff *n.* mit sehr hohem Sprung vorn und achtern; **–shine** *s.*, Mondlicht *n.*, -schein *m.*; **moony** *adj.*, mondhell.

moor *v.*, (*Boot*) festmachen, (ver)muren, vertäuen.

moorage *s.*, Vertäung *f.*, Liegeplatz *m.*; Festmach(e)gebühr *f.*

moored *adj.*, fest (*Boot*); **to be –,** festliegen, festgemacht *od.* vertäut liegen; festmachen, (sich) vermuren (*Boot*); **– boat** *or* **ship** *or* **vessel** *s.*, Ankerlieger *m.*; **moorer** *s.*, Festmacher *m.*

mooring *s.*, Muring *f.*, Festliegen *n.* (*eines Bootes*), Festmachen *n.*; (*pl.*) Liegeplatz *m.*, Vertäuung *f.*; **dropping –,** Tidenmuring *f.*; **open –,** offene Muring *f.*; **pile –,** (Duk)Dalben *m.*; **quarter –,** Anker-, Achterspring *f.*; **to cast off the –(s),** (Festmacher) loswerfen; **– anchor** *s.*, Bojen-, Hafen-, Vertäuanker *m.*; **– bitt(s)** *s.* (*pl.*), Poller *m.*, Kreuz-, Vertäupoller *m.*; **– block** *s.*, Muring-, Ankerstein *m.*; **– buoy** *s.*, Anker-, Festmache-, Muring-, Hafen-, Vertäu(ungs)boje *f. od.* -tonne *f.*; **– buoy pendant** *s.*, Bojenstander *m.*; **– chain** *s.*, Festmache-, Ankerkette *f.*; **– chock** *s.*, Festmacherklampe *f.*; **– chocks** (*pl.*), Muringklötze (*pl.*), Lippklampen (*pl.*), freistehende Verholklüsen (*pl.*); **– cleat** *s.*, Festmacherklampe *f.*; **– clump** *s.*, Muringstein *m.*; **– cluster** *s.*, Dück-, Dukdalben *m.*; **– dolphin** *s.*, Anker-, Anlege-, Festmachedalben *m.*; **– eye** *s.*, Anker-, Festmache-, Vertäuöse *f.* (*an Bojen*); **– gear** *s.*, Muringgeschirr *n.*; **– hawser** *s.*, Festmacher *m.* (*Trosse*), Festmache-, Vertäutrosse *f.*; **– launch** *s.*, Vertäubarkasse *f.*; **– lighter** *s.*, Vertäuboot *n.*, Ankerleichter *m.* (*zum Anker-ausbringen*); **– line** *s.*, Festmacher *m.* (*Tau*), Belegleine *f.*, Festmache-, Vertäuleine *f.*; **let go – line!** (*int.*), Belegleine los!; **– line avast** (*int.*), Belegleine fest!; **– line to port (starboard)!** (*int.*), Belegleine nach Backbord (Steuerbord)!; **– manoeuvre** *s.*, Anlegemanöver *n.*; **– order** *s.*, Leinenkommando *n.*; **– pipe** *s.*, Vertäuklüsenrohr *n.*, Seitenklüse *f.*; **– pos**

s., Festmache-, Halte-, Vertäu(ungs)pfahl *m.*, Dück-, Dukdalben *m.*; – **ring** *s.*, Vertäuring *m.*; – **rope** *s.*, Festmacher *m.* (*Trosse*), Festmacheleine *f.*, -trosse *f.*, Belegleine *f.*; – **shackle** *s.*, Muringschäkel *m.*; – **site** *s.*, Liegeplatz *m.*; – **spring** *s.*, Anlegefeder *f.*, Festmacherfeder *f.*; – **swivel** *s.*, Muringschäkel *m.*, Muringwarbel *m.*, -wirbel *m.*

mop *s.* (*naut.*), Feudel *m.*, Dweidel *m.*, Dweil *m.*, Schwabber *m.*, (*tech.*) Schwabbelscheibe *f.*

morass *s.*, Morast *m.*, Sumpf *m.*, Sumpfland *n.*

morning *s.*, Morgen *m.*, Morgendämmerung *f.*; **in the –**, am Morgen, morgens, vormittags; – **breeze** *s.*, Morgenbrise *f.*, -wind *m.*; – **hours** (*pl.*), Morgenstunden *f./pl.*; **early – mist** *or* **fog** *s.*, Frühnebel *m.*; **layer(s) of early – mist** *or* **fog,** Frühnebelfelder *n./pl.*; – **star** *s.* (*astr.*), Morgenstern *m.* (*bes. Venus*); – **twilight** *s.*, Morgendämmerung *f.*; – **watch** *s.*, Früh-, Morgen-, Tagwache *f.*

Morse (*or* **morse**) *v.*, morsen; **to – a signal,** morsen, Morsezeichen geben; **Morse / alphabet** *s.*, Morsealphabet *n.*; – **characters** (*pl.*), Morsezeichen (*pl.*); – **code** *s.*, Morsealphabet *n.*, -zeichen *n.*; – **code light** *s.*, Mischfeuer *n.*; – **dash** *s.*, Morsestrich *m.*; – **dot** *s.*, Morsepunkt *m.*; – **key** *s.*, Morsetaste *f.*; – **lamp** *s.*, Morse-, Blinklampe *f.* *od.* -laterne *f.*; – **light** *s.*, Morsefeuer *n.*; – **printer** *s.*, Morseschreiber *m.*; – **receiver** *s.*, Morseempfänger *m.*; – **sender** *s.*, Morsesender *m.*; – **signal** *s.*, Morsesignal *n.*; – **signalling** *s.*, Morsen *n.*; – **signalling lamp** *or* **light** *s.*, Morselampe *f.*, -laterne *f.*; – **symbol** *s.*, Morsezeichen *n.*; – **telegraph** *s.*, Morseapparat *m.*, -telegraph *m.*; – **telegraphy** *s.*, Morsetelegraphie *f.* (*od.* -fie); – **traffic** *s.*, Morseverkehr *m.*

mortar *s.*, Lebensrettungskanone *f.* (*zum Abschießen einer Notleine*).

mortise *s.* (*or* **mortice**), Nut *f.*; *v.* (*tech.*), nuten, verschwalben, verzapfen; – **and tenon** *s.*, Nut *f.* und Zapfen; – **joint** *s.*, Zapfenverbindung *f.*

Moses boat *s.*, Mosesboot *n.*, Ruderboot *n.* (*zwischen Schiff und Land*), kleines leichtes Flachboot *n.* (*Westindien*), (*coll.*) Moses *m.* (*kl. Beiboot*).

mosquito boat *or* **craft** *s.*, Schnellboot *n.*

mossy *adj.* (*Scots*), morastig, sumpfig.

mothball *v.* (*naut.*), einmotten (*Schiffe*); **mothballed ship** *s.*, aufgelegtes Schiff *n.*

mother ship *s.*, Mutterschiff *n.*; Tender *m.*

motion *s.*, Bewegung *f.*, (*tech.*) Gang *m.*, Getriebe *n.*; **free –**, Spielraum *m.*; **idle –**, Leerlauf *m.*; **orbital –**, Orbitalbewegung *f.*; **oscillatory –**, schwingende Bewegung *f.*; **perpetual –**, (be)ständige Bewegung *f.*; **relative –**, relative Bewegung *f.*, Relativbewegung *f.* (*Boot*); **law of –** (*phys.*), Bewegungsgesetz *n.*; **to put** *or* **set in –**, in Bewegung setzen, in Gang bringen; – **of a boat,** Bootsbewegung *f.*; – **of the sea,** Seegang *m.*; **motionless** *adj.*, bewegungs-, reg(ungs)los (*See, etc.*), unbeweglich; **to lie –**, bewegungs- *od.* reglos liegen (*in Flaute*).

motive power *s.*, bewegende Kraft *f.*, Antriebskraft *f.*

motor *s.*, Motor *m.*, Elektro-, Verbrennungsmotor *m.*; Motorboot *n.*; **boat –** (*coll.*), Flautenschieber *m.*; **inboard –,** Innenborder *m.*, Innenbordmotor *m.*; **outboard –,** Außenborder *m.*, Außenbordmotor *m.*; **–boat** *s.*, Motorboot *n.*; **–boating** *s.*, Motorbootsport *m.*; Motorbootfahren *n.*, (*rad.*) Blubbern *n.* (*Tonfrequenzverstärker*); – **coaster** *s.*, Küstenmotorboot *n.*, Kümo *n.*; – **cruiser** *s.*, Motor(kreuzer)yacht *f.*; – **cutter** *s.*, Motorkutter *m.*; – **drifter** *s.*, Motorlogger *m.*; **–driven** *adj.*, mit Motorantrieb; – **launch** *s.*, Motorbarkasse *f.*; – **logger** *or* **lugger** *s.*, Motorlogger *od.* -lugger *m.*; – **oil** *s.*, Motorenöl *n.*; – **racer** *s.*, Motorrennboot *n.*; – **sailer** *s.*, Motorsegler *m.*; Segelboot *n.* *od.* -yacht *f.* mit Hilfsmotor; **–ship** *s.*, Motorschiff *n.*; – **torque** *s.*, Motor(en)drehmoment *n.*; – **trawler** *s.*, Motortrawler *m.*; – **vessel** *s.*, Motorschiff *n.*; – **winch** *s.*, Motorwinsch *f.*, -winde *f.*; – **yacht** *s.*, Motoryacht *f.*; – **yacht with auxiliary sails,** Motoryacht *f.* mit Hilfsbesegelung.

mould *s.*, Mall *n.*, Matrize *f.*, Schablone *f.*, Kokille *f.*, Gieß-, Gußform *f.* (*Bootsbau*), Kurvenlineal *n.*; **casting –,** Mall *n.*, Gußform *f.*; **female –,** Gesenk *n.*, Matrize *f.* (*Bootsbau*); *v.*, mallen, mit Mallen *od.* Kontermallen arbeiten (*Bootsbau*); **moulded** *adj.*, – **beam,** gemallte Breite *f.*, Breite *f.* auf Spanten (*Stahlschiffbau*), Breite *f.* über Spanten (*Holzschiffbau*); – **breadth** *s.*, Breite *f.* auf Spanten; – **depth** *s.*, Seitenhöhe *f.* (*des Bootes*); – **displacement** *s.*, Verdrängung *f.* auf Spanten; – **draught** *s.* (*am.* **draft**), Konstruktions-, Tauchtiefe *f.* (*des Bootes*), Tiefgang *m.* über Oberkante Kiel; – **form** *s.*, Form *f.* auf Spanten; – **line** *s.*, Mallkante *f.*, gemallte Linie *f.*; – **plywood** *s.*, (Bootsbau)Sperrholz *n.*, formverleimtes Sperrholz *n.*; Diagonalbauweise *f.* (*aus Bootssperrholz*); **moulding** *s.* / **of beam,** Mallbreite *f.*; – **edge** *s.*, Mallkante *f.*;

– method *s.* **with spray gun,** (Faser-Harz)-Spritzverfahren *n.* (*GFK-Bootsbau*); **mould loft** *s.*, Mall-, Schnürboden *m.* (*Segelmacherei*).

moulinet *s.*, Dreh-, Windebaum *m.* (*Bootskran*).

mound *s.*, Damm *m.*; **– (of water),** Wasser-, Wellenberg *m.*

mount *s.* (*tech.*), Fassung *f.*; Gestell *n.*, Träger *m.*; *v.*, montieren; aufstellen (*Mast*), zusammenbauen.

mountain lake *s.*, Bergsee *m.*; **mountainous waves** *s./pl.*, gewaltige *od.* riesige Wellen (*pl.*).

mounting *s.* (*tech.*), Fassung *f.*; Gestell *n.*; Montage *f.*, Einbau *m.*, Befestigung *f.*, Aufhängung *f.*, Armatur *f.*, Installation *f.*

mouse *s.* (*naut.*), Mausknoten *m.*, (*tech.*) Zugleine *f.* mit Gewicht; *v.*, bemusen, (*Haken*) einmausen *od.* sichern; **mousing** *s.*, Mausing *f.*, Musing *f.*, Bändselung *f.*, Bemusen *n.*; Einmausen *n.*; Mausknoten *m.*; (Stag)Maus *f.*

moustache *s.* (*am.* **mustache**) (*coll.*), Bugwelle *f.*

mouth *s.*, Mündung *f.* (*Fluß*), (Hafen)Ein- *od.* Ausfahrt *f.*, (*tech.*) Öffnung *f.*, Loch *n.*, Maul *n.*; *v.*, münden (*Fluß*); **– of a harbour,** Hafenein- *od.* -ausfahrt *f.*; **– of a river,** Flußmündung *f.*; **– piece** *s.* (*rad.*), Sprechmuschel *f.*, Schalltrichter *m.*

move *v.*, verholen (*Boot*), (sich) bewegen, laufen, Fahrt machen (*Boot*), (*tech.*) in Gang *od.* Bewegung sein; **to – astern,** achteraus *od.* rückwärts gehen *od.* fahren (*Boot*); **to – to and fro,** sich hin- und herbewegen (*Boot*); **to – a buoy,** eine Boje verlegen.

moveable *adj.* (*am.* **movable**), lose, beweglich, bewegbar, verschiebbar, verstellbar; **– blade** *s.*, verstellbarer (Propeller)Flügel *m.*; **– part** *s.*, lose Part *f.*

movement *s.*, Bewegung *f.* (*Boot*), Lauf *m.* (*Maschinen, etc.*); **relative – (of a boat),** relative (Boots)Bewegung *f.*, Relativbewegung *f.* (eines Bootes); **– of fronts** (*pl.*) (*meteor.*), Frontenverlagerung *f.*, Verlagerung *f.* einer Front; **– of ice,** Eisgang *m.*; **mover** *s.* (*tech.*), bewegende Kraft *f.*, Antrieb *m.*, Triebkraft *f.*; **prime –,** Hauptantrieb *m.*

moving / coil *s.* (*tech.*), treibende Kraft *f.*, Triebkraft *f.*; **– parts** (*pl.*), bewegliche Parten *od.* Teile (*pl.*); **– sand** *s.*, Wandersand *m.*; **– sheave** *s.*, bewegliche (Taljen)Scheibe *f.*; **– target** *s.* (*radar*), bewegliches *od.* sich bewegendes Objekt *od.* Ziel *n.*; **– target indication** *s.* (*radar*), Festzeichenunterdrückung *f.*

mucilage *s.* (*am.*), Leim *m.*, Klebstoff *m.*, Gummilösung *f.*

muck *s.*, sumpfiger Boden *m.*; *v.*, **to – a race,** eine Regatta verkorksen *od.* verpatzen *od.* verpfuschen.

mud *s.*, Schlamm *m.*, Schlick *m.*, (*coll.*) Modder *m.*, Mud(d) *m.*, Mudde *f.*; **– anchor** *s.*, Pilzanker *m.*; **– berth** *s.*, Watt *n.*; Schlickhafenbett *n.* (*Schiffe liegen bei Ebbe auf Schlick*); **– boat** *s.*, Baggerschute *f.*; **– bottom** *s.*, Schlamm-, Schlickgrund *m.*

muddiness *s.*, Trübheit *f.* (*Licht*); **muddle** *v.*, sich trüben (*Wasser*).

muddy *adj.*, schlammig, trüb (*Wasser*), verschwommen, matt (*Licht, etc.*); *v.*, (sich) trüben, trüb werden (*Wasser, etc.*); **– ground** *s.*, Schlamm-, Schlickgrund *m.*; **– land** *s.* **(by ebbing tide),** Schlickwatt *n.*; **– shallows** (*pl.*), Watt *n.*; **– water** *s.*, trübes Wasser *n.*

mud / flat *s.*, Schlammzone *f.* (*einer Küste*); **–(-)flats** (*pl.*), Watten (*pl.*); **–land** *s.*, Watt *n.*; **coasting navigation** *or* **trade on the –lands,** Wattfahrt *f.*; **– pump** *s.*, Schlammpumpe *f.*; **– valve** *s.*, Schlammventil *m.*

muff *s.* (*tech.*), Muffe *f.*

muffle *v.*, (*Geräusche*) dämpfen; **muffle** *s.*, **muffler** *s.* (*tech.*), Schalldämpfer *m.*

mug(g) *s.*, Muck *f.*, Mug *m.*, Mugge *f.*, Trinkbecher *m.* (*an Bord*).

mugginess *s.*, Schwüle *f.*, Schwülheit *f.* (*Wetter*); **muggy** *adj.*, feuchtwarm, schwül (*Wetter*), dumpfig (*Luft*); **– weather** *s.*, schwül, schwüles Wetter *n.*

multi / -band aerial *s.* (*am.* **antenna**), Allwellenantenne *f.*; **–break** *s.* (*elec.*), Serienschalter *m.*; **–-chine boat** *s.*, Mehrknickspantboot *n.*; **–core cable** *s.*, mehradriges Kabel *n.*; **–engine(d)** *adj.*, mehrmotorig; **–plaited** *adj.*, hohlgeflochten; **–plaited ropes** (*pl.*), hohlgeflochtenes Tauwerk *n.*

multiple *s.*, **in –** (*elec.*), parallel geschaltet; *adj.*, **– band receiver,** Allwellenempfänger *m.*; **– bearing,** Mehrfachpeilung *f.*

multiplex *v.* (*rad.*), (mehrere Nachrichten *od.* Signale) gleichzeitig (*über einen Draht od. eine Welle*) senden; **multiplex transmission** *s.* (*rad.*), Mehrfach-, Parallel(sprech)verkehr *m.*

multiplier *s.* (*phys.*), Verstärker *m.*; Vergrößerungslinse *f.*, -lupe *f.*, (*tech.*) Übersetzung *f.* (*elec.*) Vor-, Nebenwiderstand *m.*, Shunt *m.* (*für Meßgeräte*); **multiplying / glass** *s.*, Vergrößerungsglas *n.*; **– sheave** *s.*, Patentblockscheibe *f.*

mundane *adj.* (*astr.*), den Horizont betreffend, Horizont-.

murk *s.*, dichter *od.* dicker Nebel *m.*; (*Scots*

dial.) Dunkelheit *f.*, Düsterheit *od.* -keit *f.*; *adj.*, dicht, dick (*Nebel*), dunkel, düster, trüb (*Wetter, Licht*); **murkiness** *s.*, Nebligkeit *f.*, Dunstigkeit *f.*, Dunkelheit *f.*; **murky** *adj.*, neblig, voller Nebel, dicht, undurchdringlich (*Nebel*), dunkel, finster, trüb; – **water** *s.*, trübes Wasser *n.*; – **weather** *s.*, unsichtiges Wetter *n.*

murmur *s.*, Murmeln *n.*, (leises) Rauschen *n.* (*Wind, Wasser*); *v.*, murmeln, (leise) rauschen.

mush *s.* (*rad.*, *coll.*), Knistergeräusch *n.* (*im Empfänger*); *adj.*, – **ice** (*am.*), breiiges Eis *n.*

mushroom / anchor *s.*, Pilz-, Schirmanker *m.*; – **steamer** *s.* (*coll.*), Trampdampfer *m.*; – **strainer** *s.*, Saugkorb *m.*, Seiher *m.* (*Pumpe*); – **ventilator** *s.*, Pilzkopflüfter *m.*, -ventilator *m.*

muslin *s.* (*sl.*), Segel *n.* (*pl.*).

muster *s.* (*naut.*), Antreten *n.* zum Appell; – **roll** *s.* (*naut.*), Musterrolle *f.*, Mannschaftsverzeichnis *n.*

mutineer *s.* (*naut.*), Meuterer *m.*; *v.*, meutern; **mutiny** *s.*, Meuterei *f.* (*auf See*); *v.*, meutern.

mutter *v.*, rollen (*Donner*).

mutton-legger *s.* (*naut.*), Schafschinken *m.*, Fledermaussegel *n.*, dreieckiges Segel *n.*; Boot *n.* mit einem dreieckigen Segel *od.* Fledermaussegel.

mutual / aid *s.*, gegenseitige Hilfe *f.*; – **effect** *s.* (*tech.*, *phys.*), Wechselwirkung *f.*

muzzle *v.*, (*Schiff*) stillegen, (*Segel*) einholen.

muzzler *s.* (*naut.*), (starker) Gegenwind *m.*

muzzy *adj.* (*radar, etc.*), verschwommen, unklar.

N

NACA profile *s.*, NACA-Profil *n.* (*Segel, Mast, etc.*).

nadir *s.* (*astr.*, *geogr.*), Nadir *m.*, Fußpunkt *m.*; **nadiral** *adj.*, im Nadir befindlich, Nadir-; **nadir / angle** *s.*, Nadirwinkel *m.*; – **point** *s.*, Nadirpunkt *m.*, Tiefstand *m.*

nail *s.* (*naut.*), Spieker *m.*; **wire –,** Drahtstift *m.*; *v.*, verspiekern; – **head** *s.*, Nagelkopf *m.*

name *v.*, **to – a boat,** ein Boot taufen; **–board** *s.* (*naut.*), Namen(s)brett *n.*, -schild *n.* (*am Schiff*); **naming** *s.* **of a boat** *or* **ship,** Schiffstaufe *f.*

naphtha *s.*, Benzin *n.*, Kerosin *n.*, Leuchtöl *n.*

Napierian diagram *s.*, Napiersches Diagramm *n.*

narrow *s.*, (Meer)Enge *f.*, enge *od.* schmale Stelle *f.* (*in einer Wasserstraße*); *v.*, sich verengen, enger werden (*Wasserweg*); *adj.*, eng, schmal; **to have a – escape** *or* **squeak** (*coll.*), mit knapper Not davonkommen; – **breach** *s.* (*am.*), enge Durchfahrt *f.* *od.* Stelle *f.* (*Wasserweg*); – **channel** *s.*, enges Fahrwasser *n.*; schmale Rinne *f.* im Watt, Priel *m.*; **navigable – channel** *s.*, schiffbarer Priel *m.*; – **finish** *s.* (*rac.*), knappe Entscheidung *f.*; **narrowness** *s.*, Enge *f.*, räumliche Beschränktheit *f.* (*in einer Yacht*); **narrow / passage** *s.*, enge Durchfahrt *f.* (*Wasserweg*); – **pendant** *or* **pennant** *s.*, (*kleiner od. schmaler*) Toppwimpel *m.*; **narrows** (*pl.*), Meerenge *f.*; schmale Fahrrinne *f.*, enge Durchfahrt *f.* (*Wasserweg*); **narrow / sea** *s.*, begrenzter Seeraum *m.*; – **seas** (*pl.*), die Meerengen um England.

nasty *adj.*, – **sea,** gefährliche See *f.*; – **weather,** schlechtes Wetter *n.*

natant *adj.*, schwimmend, (auf dem Wasser) treibend.

national / anthem *s.*, Nationalhymne *f.*; – **championship** *s.*, nationale Meisterschaft *f.*, Landesmeisterschaft *f.*; – **colours** (*pl.*), Nationalflagge *f.*, Nationale *f.*; – **cruising class** *s.*, nationale Kreuzerklasse *f.*; – **emblem** *s.*, Hoheitszeichen *n.*; – **ensign** *s.*, Nationale *f.*, Nationalflagge *f.*; – **flag** *s.*, Nationale *f.*, Nationalflagge *f.*; **nationality** *s.*, **letter of –,** Nationalitätenzeichen *n.* (*Segelzeichen*); **nationally** *adv.* **organized class,** nationale (Boots-) Klasse *f.*; **national / race** *s.*, **nationals** (*pl.*), nationale Regatta *f.*, Landeswettfahrt(en) *f.* (*pl.*); – **waters** (*pl.*), nationale Hoheitsgewässer (*pl.*).

native port *s.*, Heimathafen *m.*

natural *adj.*, – **coordinates,** natürliche Koordinaten (*pl.*); – **day** *s.*, natürlicher Tag *m.* (*zwischen Sonnenauf- und -untergang*); – **fibre** *s.* (*am.* **fiber**), Naturfaser *f.* (*Segeltuch, Schoten, Tauwerk*); – **frequency** *s.* (*phys.*), Eigenfrequenz *f.*; – **harbour** *or* **port** *s.*, Naturhafen *m.*, natürlicher Hafen *m.*; – **law** *s.*, Naturgesetz *n.*; – **oscillation** *s.* (*phys.*), Eigen-, Grundschwingung *f.*; – **scale** *s.*, natürlicher Maßstab *m.* (*Karte*); – **speed** *s.*, Eigengeschwindigkeit *f.*; – **vibration** *s.* (*phys.*), Eigenschwingung *f.*

nature *s.*, **law of –,** Naturgesetz *n.*; – **of the bottom of the sea** *or* **sea bottom,** Beschaffenheit *f.* des Meeresgrundes, (Meeres)Grundbeschaffenheit *f.*

nauropometer *s.*, Krängungsmesser *m.*
nausea *s.*, Seekrankheit *f.*; **to suffer from –**, seekrank sein.
nautical *adj.* (*or* **nautic** *adj.*), nautisch, seemännisch, See(fahrts)-, Schiffs-; **– affairs** (*pl.*), Nautik *f.*, See-, Schiffahrtswesen *n.*; **– almanac** *s.*, nautisches Jahrbuch *n.*, nautischer Kalender *od.* Almanach *m.*, Ephemeriden (*pl.*); **– astronomy** *s.*, nautische Astronomie *f.*, astronomische Navigation *f.*; **– auxiliary chart** *s.*, nautische Hilfskarte *f.*; **– chart** *s.*, Seekarte *f.*; **– college** *s.*, Seefahrtsschule *f.*; **– custom** *s.*, Seebrauch *m.*; **– day** *s.*, Etmal *n.*, nautischer Tag *m.* (*von Mittag bis Mittag*), Dauer *f.* eines astronomischen Tages; **– equipment** *s.*, nautische Ausrüstung *f.*; **– gnomonic chart** *s.*, nautische Hilfskarte *f.*; **– informations** (*pl.*), nautische Nachrichten *f./pl.*; **– measure** *s.*, nautisches Maß *n.*; **– mile** *s.*, Seemeile *f.*, Knoten *m.*; **Imperial N– Mile** *s.*, britische Seemeile *f.*; **International N– Mile** *s.*, internationale Seemeile *f.*; **– observatory** *s.*, Seewarte *f.*; **– outfit** *s.*, nautische Ausrüstung *f.*; **– report(s)** *s.* (*pl.*), nautische Nachrichten *f./pl.*; **– school** *s.*, Navigations-, Seefahrtsschule *f.*; **– science** *s.*, Nautik *f.*; **– signal** *s.*, nautisches Signal *n.*; **– subsidiary chart** *s.* (*am.*), nautische Hilfskarte *f.*; **– survey** *s.*, nautische Vermessung *f.*; **– tables** (*pl.*), nautische Tafeln *f./pl.*; **– term** *s.*, nautischer *od.* seemännischer (Fach)Ausdruck *m.*; **– twilight** *s.*, nautische Dämmerung *f.*
nautics *s./pl.*, Nautik *f.*, Schiffahrtskunde *f.*, Schiffahrtskunst *f.*
nautophone *s.*, Nautophon *n.* (*Nebelsignal*).
navaids *s./pl.* (*coll.*), Navigationshilfen *f./pl.*
naval *adj.*, **– academy,** Navigationsschule *f.*, Marineakademie *f.*; **– affairs** (*pl.*), See-, Schiffahrtswesen *n.*; **– air craft** *s.*, Seeflugzeug *n.*; **– architect** *s.*, Schiffbauingenieur *m.*; **– architecture** *s.*, Schiffbau *m.*, Schiffbaukunst *f.*; **– blockade** *s.*, Seeblockade *f.*; **– cadet** *s.*, Seekadett *m.*; **– coast police** *s.*, Wasserschutzpolizei *f.*; **– constructor** *s.*, Schiffbauingenieur *m.*; **– distress wave** *s.* (*rad.*), Seenotwelle *f.*; **– hydrographic service** *s.*, seehydrographischer Dienst *m.*; **– law** *s.*, Seerecht *n.*; **– line** *s.*, Rackaufholer *m.*; **– meteorologic service** *or* **meteorology** *s.*, Seewetterdienst *m.*; **– observatory** *s.*, Seewarte *f.*; **– officer** *s.*, Marine-, Schiffsoffizier *m.*; (*am.*) (höherer) Hafenzollbeamter *m.*; **– pipe** *s.*, Kettenrohrklüse *f.*; **– prestige** *s.*, Seegeltung *f.*; **– radar** *s.*, Schiffsradar *n.*; **– radio station** *s.*, Seefunkstelle *f.*; **– review** *s.*, Flottenparade *f.*, -schau *f.*; **– school** *s.*, Navigations-, Seefahrts-, Schiffahrtsschule *f.*; **– stores** (*pl.*), Schiffsbedarf *m.*, -vorräte (*pl.*); **– weather service** *s.*, Seewetterdienst *m.*; **– yard** *s.*, Marinewerft *f.*
naveams *s./pl.*, nautische Warnnachrichten *f./pl.* (*ausgestrahlt über Portishead/England*).
navigability *s.*, Befahrbarkeit *f.*, Schiffbarkeit *f.* (*eines Gewässers*), Fahr-, Seetüchtigkeit *f.* (*Boot*).
navigable *adj.*, (be)fahrbar, schiffbar (*Gewässer*), fahr-, seetüchtig (*Boot*); **in – condition,** in seetüchtigem Zustand (*Boot*), **– by ocean-** *or* **sea-going vessels,** für Hochseeschiffe befahrbar; **– channel** *s.*, Fahrrinne *f.*; **– narrow channel** *s.*, schiffbarer Priel *m.*; **– passage** *s.*, Fahrrinne *f.*; **– quadrant** *s.* (*meteor.*), fahrbares Viertel *n.* (*Sturmbahn*); **– semi(-)circle** *s.*, schiffbarer Halbkreis *m.* (*Sturmbahn*); **– waters** (*pl.*), schiffbare(s) Gewässer *n.* (*pl.*).
navigate *v.*, navigieren, segeln, (*Gewässer mit einem Boot*) befahren, zu Schiff fahren; lenken, steuern (*Boot*); **to – by soundings,** nach Lotung navigieren; **to – to,** steuern nach, orten nach; **to – a boat** *or* **ship,** eine Yacht *od.* ein Schiff führen *od.* steuern.
navigating / bridge *s.*, Kommandobrücke *f.*; **wing of a – bridge,** Nock *f.*; **– deck** *s.*, Kommandodeck *n.*; **– instruments** (*pl.*), Navigationsinstrumente *n./pl.*, -geräte (*pl.*); **– lantern** *s.*, Positionslaterne *f.*; **– lights** (*pl.*), Positionslichter *n./pl.*; **– officer** *s.*, Navigationsoffizier *m.*
navigation *s.*, Navigation *f.*, Schiffahrt *f.*, Navigierung *f.*, Ortung *f.*, Orientierung *f.*; Nautik *f.*, Schiffahrtskunde *f.*, Steuermannskunst *f.*; Schiffsverkehr *m.*; **astronomical** *or* **celestial –,** astronomische Navigation *f.*; **coastal** *or* **coasting –,** Küstenfahrt *f.*, -navigation *f.*, -schiffahrt *f.*; **Consol –,** Consolnavigation *f.*; **dead reckoning –,** Koppelnavigation *f.*; **Doppler –,** Doppler-Navigation *f.*; **electronic –,** elektronische *od.* Funknavigation *f.*; **erratic** *or* **improper –,** fehlerhafte Navigation *f.*; **hyperbolic –,** Hyperbelnavigation *f.*; **inertial –,** Trägheitsnavigation *f.*; **intercoastal –,** mittlere Fahrt *f.*; **long range –,** Loran(navigation *f.*) *n.*; **meteorological –,** meteorologische Navigation *f.*; **ocean** *or* **sea –,** Seefahrt *f.*, Hochseenavigation *f.*; **radar –,** Radarnavigation *f.*; **radio** *or* **wireless –,** Funknavigation *f.*; **terrestrial –,** terrestrische *od.* Küstennavigation *f.*; **– by aid of satellites,** Satellitennavigation *f.*; **– by dead reckoning,** Koppelnavigation *f.*; **– in ice,** Fahrt *f.* durch Eis, Eisfahrt *f.*; **– in the North Sea and Baltic,** kleine Fahrt

f.; – **aids** (*pl.*), Befeuerung *f.* und Betonnung, Seezeichen (*pl.*); nautische Geräte (*pl.*) *od.* Instrumente (*pl.*), Navigationsausrüstung *f.*, Navigationshilfen (*pl.*).

navigational / aids *s./pl.*, nautische Ausrüstung *f. od.* Geräte (*pl.*) *od.* Instrumente (*pl.*), Navigationshilfen (*pl.*); – **approach** *s.*, Ansteuerung *f.*; – **chart** *s.*, Navigationskarte *f.*; – **equipment** *s.*, nautische *od.* Navigationsausrüstung *f.*; – **error** *s.*, Navigationsfehler *m.*; – **instrument** *s.*, nautisches Instrument *n.*; – **lighting** *s.*, Schiffahrtsbefeuerung *f.*; – **radar** *s.*, Navigations-, Schiffsradar *n.*; – **radio beacon** *s.*, Navigationsfunkfeuer *n.*; **Omega – system** *s.*, Omega-Verfahren *n.* (*Funknav.*); – **triangle** *s.*, nautisch-astronomisches Grunddreieck *n.*, sphärisch-astronomisches Grunddreieck *n.*

navigation / channel *s.*, Fahrwasser *n.*; – **chart** *s.*, Navigations-, Seekarte *f.*; – **computer** *s.*, nautischer *od.* Navigationscomputer *m.*; – **dues** (*pl.*), Schiffahrtsabgaben *f./pl.*; – **guide** *s.*, Bake *f.*; – **head** *s.*, Endhafen *m.*; Schiffbarkeitsgrenze *f.*; – **instruments** (*pl.*), Navigationsinstrumente (*pl.*); – **lantern** *s.*, Navigations-, Positionslaterne *f. od.* -licht *n.*; – **law** *s.*, Schiffahrtsgesetz *n.*; – **lights** (*pl.*), Navigations-, Positionslichter (*pl.*); – **mark** *s.*, Seezeichen *n.*; – **officer** *s.*, Navigationsoffizier *m.*; – **radio beacon** *or* **light** *s.*, Navigationsfunkfeuer *n.*; – **satellite** *s.*, Navigationssatellit *m.*; – **school** *s.*, Seefahrtsschule *f.*

navigator *s.*, Navigator *m.*, Nautiker *m.*, Schiffer *m.*, Segler *m.*, Steuermann *m.*, nautischer Schiffsoffizier *m.*, Seefahrer *m.*, (*am.*) Navigationsoffizier *m.*; **–'s desk** *or* **table** *s.*, Navigationstisch *m.*; **–'s rack** *s.*, Navigationsrack *n.*; **–'s twilight** *s.*, nautische Dämmerung *f.*

navy *s.*, Marine *f.*, (*coll.*) Flotte *f.*; – **blue** *adj.*, marineblau; – **yard** *s.*, Marinewerft *f.*

naze *s.*, Landspitze *f.*, Vorgebirge *n.*

neap *s.*, Nipp-, Schlafflut *f.*, Nippebbe *f.*; *v.*, abnehmen, zurückgehen (*Flut*); *adj.*, niedrig, abnehmend (*Flut*); **neaped** *adj.*, benept; **to be –,** wegen Nipptiden-Ebbe auf Grund gelaufen (*Boot*); **neap / high water** *s.* (*am.*), Nipphochwasser *n.*; – **low water** *s.* (*am.*), Nippniedrigwasser *n.*; – **range** *s.*, Nipphub *m.*; – **rise** *s.*, Nipphochwasserhöhe *f.*, -stieg *m.*; **–s** (*pl.*), Niedrigwasser *n.*; **high water –s** (*pl.*), Nipphochwasser *n.*; **low water –s** (*pl.*), Nippniedrigwasser *n.*; – **tide** *s.*, Nipp-, Schlafflut *f.*, Nipptide *f.*, -zeit *f.*

near *adj.* (*naut.*), hart, hoch (*am Wind*); **to sail – (to) the wind,** hart *od.* hoch am Wind segeln; – **the wind,** am Wind; **near / echo** *s.* (*radar*), Nahecho *n.*; – **gale** *s.* steifer Wind *m.*; **a – race** *s.*, ein knappes Rennen *n.*; **no nearer!** (*com.*), Nicht höher! (*Ruderkommando*); **nearest approach** *s.* (*radar*), Mindestpassier-, Mindestsicherheitsabstand *m.* (*Schiffe*).

nebula *s.* (*pl.* **-lae**) (*astr.*), Nebel *m.*, Nebelfleck *m.*, Ringnebel *m.*; **nebulosity** *s.* (*astr.*), Nebelhülle *f.*, Nebel(fleck) *m.*; Neb(e)ligkeit *f.* (*Wetter*); **nebulous** *adj.*, dunstig, neblig, wolkig, (*astr.*) nebelartig; – **star** *s.* (*astr.*), Nebelstern *m.*

neck *s.* (*naut.*), Hals *m.*; Landzunge *f.*, Meerenge *f.*; – **of a gaff sail,** Klau *f.*, Klauhorn *n.*; – **of land,** Landzunge *f.*; **necklace** *s.*, Kettenstropp *m.*, Pütting(s)band *n.*

needle *s.*, (Kompaß)Nadel *f.*; scharfe Felsspitze *f.*; – **of the compass,** Kompaßnadel *f.*; – **deflection** *s.*, Zeigerausschlag *m.* (*Kompaß, etc.*); – **deviation** *s.*, Nadel-, Zeigerabweichung *f.*, -ausschlag *m.*

negative *s.*, **to answer in the –,** verneinen (*Signal, etc.*); *adj.*, negativ, verneinend (*Signal, etc.*); – **acceleration** *s.* (*phys.*), negative Beschleunigung *f.*, Verzögerung *f.*; – **buoyancy** *s.*, negativer Auftrieb *m.*, Untertrieb *m.* (*Boot*); – **flag** *s.*, Verneinungsflagge *f.*; – **gradient** *s.* (*meteor.*), Temperaturabnahme *f.*, -rückgang *m.*, negatives Wärmegefälle *n.*; – **pole** *s.* (*phys.*), negativer Pol *m.*, Südpol *m.* (*eines Magnets*), Minuspol *m.*; – **pressure** *s.* (*phys.*), negativer Druck *m.*; – **slip** *s.*, negativer Schlipp *m.*

negligence *s.* (*naut. jur.*), Fahrlässigkeit *f.*

neomenia *s.* (*astr.*), Neumond *m.*; Monatsanfang *m.* (*im Mondjahr*).

neoprene dress *or* **suit** *s.*, Neoprenanzug *m.*

nephology *s.*, Wolkenkunde *f.*; **nephoscope** *s.*, Nephoskop *n.*, Wolkenmesser *m.* (*Instrument zur Bestimmung von Richtung und Geschwindigkeit der Wolken*).

Neptune *s.*, Neptun *m.* (*Gott des Meeres*); Meer *n.*, Ozean *m.*

ness *s.*, Huk *f.*, Landzunge *f.*, Vorgebirge *n.*

nest *s.* (*tech.*), Gruppe *f.*, Satz *m.*; **crow's –** (*naut.*), Krähennest *n.* (*Ausguck*); **swallow's –** (*naut.*), Schwalbennest *n.*; – **of boats,** Bootsgruppe *f.*, Gruppe *f.* von zusammen vertäuten Booten.

net *s.*, Brook *m.*; Netz(werk) *n.*; Koordinatennetz *n.*; **railing –,** Relingsnetz *n.*; **safety –,** Sicherheitsnetz *n.*; **spinnaker –,** Spinnakernetz *n.*; **trap –,** (Fisch)Reuse *f.*; *v.*, (*Gewässer*) mit Netzen abfischen, Netze auswerfen *od.* stellen; – **control station** *s.* (*rad.*), Haupt-, Leit-

funkstelle *f.*; – **layer** *s.*, Netzleger *m.* (*Schiff*).
netter *s.*, Netzfischer *m.* (*Boot*); **netting** *s.* (Recht *n.* der) Netzfischerei *f.*, (*naut.*) Finknetz *n.*, Hängemattskasten *m.*
nettle *s.* (*naut.*), Nitzel *m.*; Knittels (*pl.*) (*Tauwerk*).
nettling *s.*, Spleißen *n.* (*zweier Enden*).
net/ton *s.* (*naut.*), Registertonne *f.*; – **weight** *s.*, Eigengewicht *n.* (*Boot*); – **work** *s.* (*rad.*), Sendernetz *n.*, -gruppe *f.*; Netz *n.* (*verzweigtes System von Flüssen*).
neutral *adj.*, gleichmäßig, indifferent, neutral; – **axis** *s.* (*phys.*), neutrale Achse *f.*, Nullinie *f.*; – **buoyancy** *s.*, Nullauftrieb *m.*, neutraler Auftrieb *m.*; – **equilibrium** *s.*, indifferentes Gleichgewicht *n.* (*eines Bootes*); – **flag** *s.*, neutrale Flagge *f.*; – **gear** *s.* (*tech.*), Leerlauf(gang) *m.*; – **line** *s.* (*phys.*), Indifferenzzone *f.*, Nullinie *f.*; – **point** *s.*, Nullpunkt *m.*; – **position** *s.* (*tech.*, *elec.*), Null-, Ruhestellung *f.*, neutrale Stellung *f.*; – **ship** *or* **bottom** *s.*, neutrales Schiff *n.*; – **territorial waters** (*pl.*), neutrale Hoheitsgewässer (*pl.*); **neutrality** *s.*, neutraler Status *m.* (*Gewässer, Hafen*).
neutralization *s.* (*rad.*), Entkopplung *f.*, Neutralisation *f.*; **neutralize** *v.* (*rad.*), (*H.F.-Verstärker gegen Eigenschwingung*) neutralisieren *od.* entkoppeln.
new *adj.*, – **building,** Neubau *m.* (*Boot*); –**comer** *s.*, Neuankömmling *m.* (*Boot*); – **construction** *s.*, Neubau *m.* (*Boot*); – **design** *s.*, neues Design *n.* (*Boot, Segel*); **N–foundlander** *s.*, Neufundland(bank)fischer *m.* (*Boot*), Neufundlandfahrer *m.* (*Boot*), neufundländisches Schiff *n.*; – **ice** *s.*, Neueis *n.*; – **moon** *s.*, Neumond *m.*
news/cast *s.* (*rad.*), Nachrichtendienst *m.*, -sendung *f.*; –**flash** *s.* (*rad.*, *coll.*), Kurznachrichten (*pl.*); – **service** *s.* (*rad.*), Nachrichtendienst *m.*
newton *s.* (*phys.*), Newton *n.* (*Maßeinheit im Länge-Masse-Zeit-System*); **Newtonian/force** *s.* (*phys.*), Newtonsche Kraft *f.*; – **potential** *s.* (*phys.*), Newtonsches Potential *n.*; **Newton's rings** (*pl.*) (*phys.*), Newtonsche Ringe (*pl.*).
next *s.*, **the – to come** (*rac.*), das nächste Boot, das nächsteinlaufende Boot; *adj.*, – **astern,** Hintermann *m.* (*Boot*); – **to shooting head to wind,** Nahezu-Aufschießer *m.*
nice *adj.*, **a – day,** ein schöner Tag *m.*; – **and warm,** angenehm warm (*Wetter*); – **weather** *s.*, schönes Wetter *n.*
nick *s.*, Kerbe *f.*, Einkerbung *f.*, Schlitz *m.* (*im Schraubenkopf*).
nigger *s.* (*am.*, *naut.*), kleines Dampfspill *n.*
night *s.*, Nacht *f.*, Abend *m.*; **at** *or* **by** –, nachts, bei Nacht, abends; – **cap** *s.* (*rac.*), letztes Sportereignis *n.* des Tages; – **dew** *s.*, Abend-, Nachttau *m.*; – **effect** *s.*, Dämmerungs-, Nachteffekt *m.* (*Funkp.*); – **effect error** *s.*, Polarisationsfehler *m.*, Nachteffekt *m.*; –**fall** *s.*, Dunkelwerden *n.*, Einbruch *m.* der Nacht; – **frequency** *s.* (*rad.*), Nachtfrequenz *f.*; – **glass** *s.*, Nachtglas *n.*, (*coll.*) Kieker *m.*; – **hood** *s.*, Nachthaube *f.*, Nachthaus *n.* (*Schutzhaube f. Kompaß*); – **life buoy** *s.*, Nachtrettungsboje *f.*; – **light** *s.*, Nachtlicht *n.*; – **markings** (*pl.*), Nachtbefeuerung *f.*, -kennzeichnung *f.*, -markierungen (*pl.*); – **pennant** *s.*, Nachtwimpel *m.*; – **range** *s.* (*radar*), Nachtreichweite *f.*; – **signal** *s.*, Nachtsignal *n.*; – **tide** *s.*, Nachtflut *f.*, -tide *f.*, Flut *f.* zur Nachtzeit; – **time** *s.*, Nachtzeit *f.*; – **vision** *s.*, Nachtsicht *f.*, Sicht *f.* bei Nacht; – **watch** *s.*, Nachtwache *f.*; – **wave** *s.* (*rad.*), Nachtwelle *f.*
nimbostratus (cloud) *s.* (*meteor.*), Nimbostratus *m.*, Regenschichtwolke *f.*
nimbus *s.* (*meteor.*), Nimbus *m.*, Nimbuswolke *f.*, (graue) Regenwolke *f.*; **heavy – overcast** *s.*, schwere Regenbewölkung *f.* *od.* Regenwolken (*pl.*).
nip *s.*, Kink *m.*, Törn *m.*, Rundtörn *m.*, kurzer Schlag *m.* (*im Tau*), Knick *m.* (*Stahltrosse*), Eispressung *f.*; Beißen *n.*, Schneiden *n.* (*Wind*); **to freshen the –,** (*Boot od. Takelage*) überholen; – **in the air,** frostige Luft *f.*; – **and tuck race,** scharfer (Wett)Kampf *m.* zwischen Ebenbürtigen; *v.*, bekneifen, (auf)zeisen; beißen, schneiden (*Wind*); **to – the cable,** die Kette (an das Kabelar) aufzeisen; **nipped** *adj.*, **to be – by the ice,** vom Eis eingeschlossen sein (*Boot*).
nipper *s.*, (Kabelar)Zeising *f.* (*od. n.*); Stopperende *n.* (*kurzes plattes Tau*); *v.*, mit Zeisingen befestigen, (*Taue*) zeisen; **nippers** (*pl.*), **a pair of –,** (Beiß-, Kneif-, Kneip-, Zwick)Zange *f.*
nipping *s.*, Kreuzbändselung *f.*; *adj.*, beißend, schneidend (*Wind*), scharf, streng (*Kälte*).
nipple *s.* (*tech.*), Nippel *m.*, Schmiernippel *m.*
nippy *adj.*, – **cold,** scharfe *od.* strenge Kälte *f.*; – **wind,** scharfer *od.* beißender *od.* schneidender Wind *m.*
Noah's ark *s.* (*naut. coll.*), parallele Federwolken (*pl.*) *od.* -streifen (*pl.*) (*am Himmel*).
nobby *s.*, kraweelgebautes Fischerboot *n.*
nock *s.*, Hals *m.* (*Segel*), Klau *f.* (*Gaffelsegel*); **throat –,** Klauohr *n.* (*Gaffelsegel*).
nocturnal arc *or* **circle** *s.* (*astr.*), Nachtbogen

m.

nodal/line *s.* (*phys.*), Schwingungslinie *f.*; **– point** *s.* (*phys., astr.*), Knoten *m.*, Schwingungsknoten *m.*, Knotenpunkt *m.*

node *s.* (*phys.*), Schwingungsknoten *m.*, (*astr.*) (Mond)Knoten *m.*; **ascending (descending) –** (*astr.*), aufsteigender (absteigender) Knoten *m.*

nodical revolution *s.* **of the moon** (*astr.*), Bewegung *f.* des Mondes von einem Knoten bis wieder zu demselben.

nog *s.* (*naut.*), Fußbolzen *m.* (*einer Schore*), (*tech.*) Holznagel *m.*, -klotz *m.*; **nogged** *adj.*, mit einem Fußbolzen *od.* Holznagel befestigt.

noise *s.* (*rad.*), Rauschen *n.*, Störung *f.*, Störgeräusch *n.*; **– eliminator** *s.* (*rad.*), Entstör(ungs)vorrichtung *f.*; **– level** *s.* (*rad.*), Rauschpegel *m.*; **– meter** *s.* (*rad.*), Rausch-, Störungsmeßgerät *n.*; **– suppression** *s.* (*rad.*), Störschutz *m.*, -unterdrückung *f.*; **– tuning** *s.* (*rad.*), Rauschabstimmung *f.*; **– voltage** *s.* (*rad.*), Rauschspannung *f.*

no/-load *s.* (*tech.*), Leerlauf *m.*; **in –-load condition,** in leerem *od.* unbelastetem Zustand (*Boot*); **–-load speed** *s.*, Leerlaufdrehzahl *f.*; **–-man's land** *s.*, Niemandsland *n.*

nominal *adj.*, **– capacity,** Nennkapazität *f.*, -leistung *f.*; **– frequency** *s.* (*rad.*), Nennfrequenz *f.*; **– load** *s.*, Nennbelastung *f.*, -last *f.*; **– output** *s.* (*tech.*), Nennleistung *f.*; **– power** *s.*, Nennleistung *f.*; **– pressure** *s.* (*tech.*), Nenndruck *m.*; **– range** *s.*, Nenntragweite *f.* (*Leuchtfeuer, etc.*); **– r.p.m.** *s.*, Nenndrehzahl *f.* (*Motor*); **– sail area** *s.*, Nennsegelfläche *f.*; **– speed** *s.*, Nenndrehzahl *f.* (*Motor*); **– voltage** *s.* (*elec.*), Nennspannung *f.*

non/(-)arrival *s.*, Nichteintreffen *n.*, Ausbleiben *n.* (*eines Bootes*); **–(-)attenuated oscillation** *s.*, ungedämpfte Schwingung *f.*; **–(-)capsizable** *adj.*, unkenterbar (*Boot*); **–(-)conductor** *s.* (*phys.*), Nichtleiter *m.*; **–(-)continuous wave** *s.* (*phys., elec.*), gedämpfte Welle *f.*; **–(-)corroding** *adj.*, korrosionsfrei, -fest, -beständig; **–(-)corrosive steel** *s.*, korrosions-, rostbeständiger Stahl *m.*; **–(-)detachable** *adj.*, fest, nicht losnehmbar; **–(-)directional aerial** *s.* (*am.* **antenna**), Rundstrahlantenne *f.*; **–(-)directional beacon** *s.*, ungerichtetes Funkfeuer *n.*; **–(-)directional radio beacon** *s.*, Kreisfunkfeuer *n.*; **–(-)ferrous metal** *s.*, Nichteisenmetall *n.*; **–(-)flexible mast** *s.*, nicht *od.* unflexibler Mast *m.*; **–(-)follow-up (type) steering gear** *s.*, Rudermaschine *f.* mit sympathischer Steuerung, elektrische Rudermaschine *f.* mit Zeitsteuerung; **–(-)harmonic constants** (*pl.*), nonharmonische Konstanten *f./pl.* (*Tidenkonstanten*); **–(-)magnetic** *adj.* (*phys.*), antimagnetisch; (*elec.*) nicht-, unmagnetisch; **–(-)navigable** *adj.*, nicht befahrbar *od.* schiffbar (*Gewässer*); **–(-)return valve** *s.* (*tech.*), Rückschlagventil *n.*; **–(-)reversible** *adj.*, nicht umsteuerbar; **–(-)skid(ding)** *adj.*, rutschsicher, mit Gleitschutz versehen; **–(-)skid decking** *s.*, Gleitschutzdecksbelag *m.*; **–(-)skid paint** *s.*, Gleitschutzfarbe *f.*; **–(-)spinning rope** *s.*, nichtdrehendes Tau *n.*; **–(-)stayed mast** *s.*, nicht abgestagter Mast *m.*; **–(-)stop trip** *or* **voyage** *s.*, Nonstop(see)reise *f.* *od.* -törn *m.*; **–(-)tidal current** *s.*, Nichttidenströmung *f.*; **–(-)vortical** *adj.* (*phys.*), wirbelfrei; **–(-)watertight** *adj.*, nicht wasserdicht.

nonius *s.*, Nonius *m.* (*Hilfsmaßstab*); **– sextant** *s.*, Nonius-Sextant *m.*

noon *s.*, Mittag *m.*, Mittagszeit *f.*; **at high –,** um 12 Uhr mittags; **apparent –,** wahrer Mittag *m.*; **mean –,** mittlerer Mittag *m.*; **latitude at –,** Mittagsbreite *f.*; **– altitude** *s.*, Mittagshöhe *f.*; **–day heat** *s.*, Mittagshitze *f.*; **nooning** *s.* (*am.*), Mittagszeit *f.*; **noon/latitude** *s.*, Mittagsbreite *f.*; **– latitude observation** *or* **sight** *s.*, Mittagsbreitenbeobachtung *f.*; **– position** *or* **sight** *s.*, Mittagsbesteck *n.*; **– tide** *s.*, Mittagszeit *f.*; Mitternacht *f.*; **– time** *s.*, Mittagszeit *f.*

noose *s.*, Lauf-, Schiebeknoten *m.*, Schlinge *f.*, Schlaufe *f.*; **running –,** Laufknoten *m.*

normal *adj.*, **– acceleration** (*phys.*), Normalbeschleunigung *f.*; **– conditions** (*pl.*) (*rac.*), normale (Regatta)Bedingungen (*pl.*); **– equation** *s.*, Normalgleichung *f.*; **– error curve** *s.*, normale Fehlerkurve *f.*; **– frequency** *s.* (*rad.*), Betriebsfrequenz *f.*; **– load** *s.* (*phys.*), normale *od.* Normalbelastung *f.*; **– output** *s.* (*tech.*), Normalleistung *f.*; **– pressure** *s.*, Normaldruck *m.*; **– sheer** *s.*, positiver Sprung *m.* (*Decksprung*) (*Bootsbau*); **– speed** *s.*, Normalgeschwindigkeit *f.*; **– stern** *s.*, normales *od.* Normalheck *n.*; **– temperature** *s.*, normale *od.* Normaltemperatur *f.*; **– time** *s.*, Einheitszeit *f.*; **– voice level** *s.* (*rad.*), normale Lautstärke *f.*

norman *s.*, Betingstange *f.*, Normann *m.* (*im Poller*), Katzenkopf *m.* (*im Ankerspill*), Pollerquerstange *f.*; **– pin** *s.*, Stahlstift *m.* durch den Ruderschaft.

norrard (no'rard) *adj.*, nordwärts, nach Norden; nördlich.

north *s.*, Norden *m.*, (*naut.*) Nord; **compass –,** Kompaßnord; **magnetic –,** magnetisch Nord, mißweisend Nord; **true –,** rechtweisend

Nord, geographisch Nord, Geographisch-Nord; **from the –,** aus Nord, aus dem Norden; **in the (N)–,** im Norden; **to the – of** nördlich von; **– and south,** von Norden nach Süden, in nordsüdlicher Richtung; **– by east (west),** Nord zu Ost (West); **– of,** nördlich von.

north *adj.*, nördlich, Nord-; *adv.*, nördlich, nach *od.* im Norden **(of,** von); **to go –,** nach Norden *od.* in nördlicher Richtung laufen *od.* segeln.

North / Atlantic current *s.*, Nordatlantikstrom *m.*, -strömung *f.*; **– Atlantic drift** *s.*, Nordatlantikströmung *f.*; **– Atlantic ice patrol** *s.*, Eispatrouillendienst *m.* im Nordatlantik; **– Atlantic ship lanes** *or* **tracks** (*pl.*), Nordatlantikrouten (*pl.*), -seewege (*pl.*); **n–(-)bound** *adj.*, nach Norden *od.* nordgehend, nach Norden bestimmt (*Schiff*).

northeast *s.* (*naut.*) Nordost *m.*, Nordosten *m.*; **– by east** *s.*, Nordost zu Ost; **– by north,** Nordost zu Nord.; *adj.*, nordöstlich, Nordost-; *adv.*, nordöstlich, nach Nordosten; **northeaster** *s.*, Nordost(wind) *m.*; **northeasterly** *adj.*, *adv.*, nordöstlich, nach Nordosten (*gehend*), von Nordosten (*kommend*); **northeast monsoon** *s.*, Nordostmonsun *m.*; **northeastern** *adj.*, nordöstlich; **Northeast/ Passage** *s.* (*geogr.*, *naut.*), Nordostpassage *f.*, Nordöstliche Durchfahrt *f.*; **n– trades** *or* **trade winds** (*pl.*), Nordostpassat(winde *pl.*) *m.*; **northeastward** *s.*, nordöstliche Richtung *f.*; *adj.*, *adv.*, nordöstlich; **northeastwardly** *adj.*, *adv.*, nordostwärts (*gehend*), nach Nordosten (*gerichtet*).

norther *s.* (*am.*), Norder *m.*, kalter heftiger Nordwind *m. od.* -sturm *m.*

northerliness *s.*, nördliche Lage *f. od.* Richtung *f.*; **northerly** *adj.*, *adv.*, nördlich, im Norden (*liegend*), nach Norden (*Kurs*), von Norden (*Wind*); **– wind** *s.*, Nordwind *m.*

northern *s.*, Nordwind *m.*; *adj.*, nördlich, im Norden (*liegend*), nach Norden gehend, von Norden kommend, Nord-; **– hemisphere** *s.*, nördliche (Erd)Halbkugel *f.*; **– latitude** *s.*, nördliche *od.* Nordbreite *f.*, (*astr.*) Polhöhe *f.*; **– lights** (*pl.*), Nordlicht *n.*, Aurora Borealis; **–most** *adj.*, nördlichst, am weitesten nördlich gelegen; **N– Sea Route** *s.* (*naut.*, *geogr.*), Nördlicher Seeweg *m.*; **– star** *s.*, Nord-, Polarstern *m.*; **– waters** (*pl.*), Nordmeer *n.*

north-going current *s.*, Nordströmung *f.*

northing *s.* (*naut.*), Weg *m. od.* Distanz *f.* nach Norden, nördliche Richtung *f.*, nördlicher *od.* Nordkurs *m.*, (*astr.*) nördliche Deklination *f.*; **to be –,** auf Nordkurs laufen *od.* liegen.

north / latitude *s.*, nördliche *od.* Nordbreite *f.*; **– light** *s.*, Nordlicht *n.*, Aurora Borealis; **– magnetic pole** *s.*, magnetischer Nordpol *m.*; **--northeast** *s.* (*naut.*), Nordnordost *m.*; **--northwest** *s.* (*naut.*), Nordnordwest *m.*; **– point** *s.* (*phys.*), Nordpunkt *m.*; **– pole** *s.*, Nordpol *m.*; **geographic(al) – pole** *s.*, geographischer Nordpol *m.*; **geomagnetic – pole** *s.*, (erd)magnetischer Nordpol *m.*; **--stabilized PPI** *s.* (*radar*), in Nordrichtung stabilisiertes Radar *od.* Rundsichtgerät *n.*; **N– Star** *s.* (*astr.*), Nord-, Polarstern *m.*

northward *adj.*, **northward(s)** *adv.*, nördlich, nordwärts, nach Norden, nördliche Richtung *f.*

northwest *s.* (*naut.*), Nordwest *m.*, Nordwesten *m.*; *adj.*, nordwestlich, Nordwest-; *adv.*, nordwestlich, von *od.* nach Nordwesten; **– by north** (*naut.*), Nordwest zu Nord; **– by west** (*naut.*), Nordwest zu West; **northwester** *s.*, Nordwest(wind, -sturm) *m.*, (*naut.*, *sl.*) Grog *m.*, Schnaps *m.*, (*naut.*, *am.*) Ölzeug *n.*; **northwesterly** *adj.*, *adv.*, nordwestlich, nach *od.* von Nordwesten; **northwestern** *adj.*, nordwestlich; **North West Passage** *s.* (*naut.*, *geogr.*), Nordwestpassage *f.*; **northwestward** *s.*, nordwestliche Richtung *f.*; *adj.*, nordwestlich.

north wind *s.*, Nordwind *m.*

nor'wester *s.*, Nordwest *m.*, Nordwestwind *m.*, -sturm *m.*

nose *s.*, Schiffsbug *m.*; **not to see beyond one's –,** die Hand nicht vor den Augen sehen können (*Nebel*); *v.*, **to – her** (*or* **one's) way,** ganz langsame Fahrt (voraus) machen; **to – into sight,** langsam *od.* allmählich in Sicht kommen; **the boat** *or* **ship nosed her (its) way slowly through the ice,** das Schiff suchte sich seinen Weg langsam durch das Eis *od.* machte ganz langsame Fahrt durch das Eis; **nosedive** *v.*, mit der Nase *od.* dem Bug wegtauchen (*Boot*).

nose / ender *s.* (*naut.*, *coll.*), starker Gegen- *od.* Kopfwind *m.*; **–heavy** *adj.*, kopf-, vorlastig; **in –heavy condition,** Kopf- *od.* Vorlastigkeit *f.* (*eines Bootes*); **noser** *s.* (*naut.*, *coll.*), starker Gegenwind *m.*

not / tight, undicht; **– under command,** manövrierunfähig (*Boot*); **– under command black balls** (*pl.*), Havarie-, Manövrierunfähigkeitssignalbälle *m./pl.*; **– under command lantern** *s. or* **lights** (*pl.*), Havarie-, Manövrierunfähigkeits-Rundumlichter *n./pl.*, Fahrtstörungslichter (*pl.*); **– under control,** manövrierunfähig (*Boot*).

notch *s.* (*naut.*), Keep(e) *f.* (*eines Blocks*), Kerbe *f.*, (*tech.*) Nut(e) *f.*, Raste *f.*; *v.*, einkerben.

notice *s.*, **– for sailing,** Auslaufbereitschaft *f.*; **– of departure,** Abgangs-, Auslaufmeldung *f.*; **– of race,** Ausschreibung *f.*, offizielle Bekanntgabe *f. od.* -machung *f.* von Regatten; **– board** *s.*, Schwarzes Brett *n.*; **N–s** (*pl.*) **to Mariners,** Nautische Mitteilungen (*pl.*), Nachrichten (*pl.*) für Seefahrer.

nova *s.* (*astr.*), Nova *f.*, neuer Stern *m.*

nozzle *s.* (*tech.*), Düse *f.*, Mündung *f.*, Mundstück *n.*; **– angle** *s.*, Anstellwinkel *m.* der Düse; **– efficiency** *s.*, Düsenwirkungsgrad *m.*; **– propeller** *s.*, Düsenpropeller *m.*; **– ring** *s.*, Düsenring *m.*

nubecula *s.* (*pl.* **-lae**) (*astr.*), Nebelfleck *m.* (*Magellansche Wolke*); **major (minor) –,** großer (kleiner) Nebelfleck *m.*

nucleus *s.* (*pl.* **-clei**) (*astr.*), Kern *m.*; *adj.*, **– crew,** Grund-, Stammbesatzung *f.*, -crew *f.*, -mannschaft *f.*

null *s.*, Minimum *n.*, Peilnull *f.* (*Funkp.*), toter Punkt *m.*, Punkt *m.* ohne Empfang (*Empfangsgerät*); **– balance** *s.*, Nullabgleich *m.*; **– circle** *s.*, Nullkreis *m.*; **– indicator** *s.*, Nullinstrument *n.*; **– method** *s.*, Nullmethode *f.*; **– signal** *s.* (*radar*), Nullzacke *f.*

number *s.*, Nummer *f.*, Zahl *f.*, Ziffer *f.*; **distinguishing –,** Registriernummer *f.* (*im Großsegel*); **hull –,** Baunummer *f.* (*Boot*); **sail –,** Segel-, Registriernummer *f.*; **start –,** Startnummer *f.*; **yard –,** Baunummer *f.* (*Boot*); **yardstick –** (*rac.*), Yardstick-Zahl *f.*; **– of cycles** (*phys.*), Periodenzahl *f.*; **– of oscillations** (*phys.*), Frequenz-, Schwingungszahl *f.*; **– of periods** (*phys.*), Periodenzahl *f.*; **– of revs** *or* **revolutions,** Dreh-, Tourenzahl *f.*; **– of stages** (*elec.*), Stufenzahl *f.*; *v.*, **the crew –s five,** die Crew zählt 5 Mann; **– one** *s.* (*naut.*, *sl.*), der 1. Offizier; **– symbols** (*pl.*), Zahlensymbole *n./pl.*

numeral *or* **numerical / pennant** *s.*, Zahlenwimpel *m.*; **– signal** *s.*, Zahlensignal *n.*

nun buoy *s.*, spitze *od.* Spitztonne *f.*, Kegelstumpftonne *f.*; Klappboje *f.*

nut *s.* (*tech.*), (Schrauben)Mutter *f.*, Bolzen *m. od.* Schraube *f.* mit Mutter.

nutation *s.* (*astr.*, *phys.*, *tech.*), Nutation *f.*

nut / bolt *s.* (*naut.*), Mutterbolzen *m.*; **– key** *s.*, Schrauben-, Mutternschlüssel *m.*; **– lock** *s.*, Muttersicherung *f.*; **– screw** *s.*, Schraube *f.* mit Mutter, Mutter-, Innengewinde *n.*; **–shell** *s.* (*coll.*), Nußschale *f.* (*Boot*), kleines Boot *n.*; **– wrench** *s.*, Muttern-, Schraubenschlüssel *m.*

nyanza *s.*, Fluß *m.*, See *m.* (*Afrika*).

nylon / hawser *s.*, Nylontrosse *f.*, -tau *n.*; **–-reinforced ropes** (*pl.*), nylonverstärktes Tauwerk *n.*; **– snaps** (*pl.*), Tuchstagreiter (*pl.*).

O

o, lee –! (*int.*), R(h)ee!.

oakum *s.*, Werg *n.*, (*naut.*) Kalfaterwerg *n.*

oak timber *or* **wood** *s.*, Eichenholz *n.* (*Bootsbau*).

oar *s.*, (Boots-, Ruder)Riemen *m.*, Ruder *n.*; Ruderer *m.*; **a good –,** ein guter Ruderer; **bank of –s** (*pl.*), Ruderbank *f.*; **pair of –s** (*pl.*), Zweier *m.*; **four –,** Vierer *m.*; **pair –,** Zweier *m.*; **to back the –s,** (Ruder) streichen; **to boat the –s,** die Riemen einziehen; **to feather the –s,** die Riemen (*beim Rudern*) plattwerfen; **to get the –s to pass,** die Riemen klar machen; **to lie on one's –s,** die Riemen glatt legen; **to pull a good –,** gut rudern; **to rest (up)on one's –s,** zu rudern aufhören; **to ship the –s,** die Riemen einlegen *od.* klar machen; **–s (up)!** (*com.*), Riemen auf!; **–s ready!** (*com.*), Klar bei Riemen!; **down** *or* **out –s!** (*com.*), Riemen bei!; **in –s!** (*com.*), Riemen ein!; **ship your –s!** (*com.*), Ruder klarmachen!, Ruder einlegen!, Riemen ein!; **toss (your) –s!** (*com.*), Riemen hoch!; *v.*, rudern, sich rudernd (fort)bewegen; **to – one's way,** dahinrudern; **oarage** *s.*, Ruder (*pl.*), (Boots)Riemen (*pl.*).

oar blade *s.*, Ruderblatt *n.*, -schaufel *f.*, Riemenblatt *n.*

oared *adj.*, mit Rudern (versehen); **– boat** *s.*, Ruderboot *n.*; **four – boat** *s.*, vierruderiges Boot *n.*

oar / grip *s.*, Riemen-, Ruderheft *n.*, -griff *m.*; **–less** *adj.*, ruderlos; **–lock** *s.*, Dolle *f.*, Riemen-, Ruderdolle *f.*, Rudergabel *f.*; **horn-type –lock** *s.*, Riemengabel *f.*; **–lock block** *s.*, Riemen- *od.* Rudergabelbacke *f.*; **–lock pin** *s.*, Dollenpin *m.*, -stift *m.*; **–lock socket** *s.*, Riemen- *od.* Ruderdollenbuchse *f.*; **–loom** *s.*, Riemenschaft *m.*; **– neck** *s.*, Riemen-, Ruderhals *m.*; **–shank** *s.*, Riemenschaft *m.*

oarsman *s.*, Bootsgast *m.*, Ruderer *m.*, Rudersportler *m.*; **–ship** *s.*, Ruderkunst *f.*; **oarsmen's seat** *s.*, Ruderbank *f.*

oar / stroke *s.*, Riemen-, Ruderschlag *m.*;

– **wash** *s.*, Riemenblatt *n.*, Ruderschaufel *f.*; **oary** *adj.*, mit Rudern versehen; als Ruder dienend.

obey *v.* (*naut.*), folgen, gehorchen; **the boat –s (to) the helm** *or* **tiller,** das Boot gehorcht dem Ruder *od.* der Pinne.

object *s.*, Objekt *n.* (*Landmarke, Boje, etc.*); **–(-)glass** *s.*, Objektiv *n.*

objective *s.* (*phys.*), Objektiv(linse *f.*) *n.*, (*naut.*) (Reise)Ziel *n.*

oblate *adj.*, abgeflacht, abgeplattet (*Heck, Bug*); **oblateness** *s.*, Abflachung *f.*, Abplattung *f.*, sphäroide Form *f.*; **oblate stern** *s.*, abgeflachtes *od.* abgeplattetes Heck *n.*

oblique *adj.*, schief, schiefliegend, schräg (*Boot, Deck*); – **angle** *s.*, schiefer Winkel *m.*; **at an – angle with,** im spitzen Winkel zu; **–(-)angled** *adj.*, schiefwink(e)lig; **obliqueness** *s.*, Schräglage *f.* (*eines Bootes*); **oblique position** *s.* **of a boat,** Schräglage *f. od.* schiefe Lage *f.* des Bootes; **obliquity** *s.*, schiefe *od.* Schräglage *f.* (*Boot, Deck*), (*astr.*) Neigungsgrad *m.*, Schiefe *f.*; **– of the ecliptic** (*astr.*), Neigungsgrad *m.* der Ekliptik; **oblique / sailing** *s.*, schiefes Segeln *n.*, schiefe Fahrt *f.* (*in der loxodromischen Linie*); **– wind** *s.*, schrägeinfallender Wind *m.*, Schrägwind *m.*

obscuration *s.* (*astr.*), Verdunkelung *f.*; **– of the sky,** Verdunkelung *od.* Verfinsterung *f.* des Himmels.

obscure *v.* (*radar*), dunkel *od.* unklar *od.* undeutlich werden, verdecken; sich trüben *od.* verdunkeln *od.* verfinstern (*Himmel, etc.*); *adj.*, dunkel, finster, trüb; **obscured** *adj.* (*radar*), undeutlich, verdeckt, dunkel, obskur; trüb (*Wetter*); **obscure / glass** *s.*, Schattenglas *n.* (*Kompaß*); **– spot** *s.* (*radar*), undeutlicher *od.* unscharfer *od.* dunkler Fleck *m.*; **obscuring** *s.* **of the minimum,** Trübung *f.* des (Peil-) Minimums (*Funkp.*); **obscurity** *s.* (*radar*), dunkler Fleck *m.*; Undeutlichkeit *f.*

observation *s.* (*naut.*), Beobachtung *f.*, Messung *f.*, Ablesung *f.*; **astronomical –,** astronomische Beobachtung *f.*; **meridian –,** Meridianbeobachtung *f.*; **meteorological –,** meteorologische *od.* Wetterbeobachtung *f.*; **error of –,** Beobachtungsfehler *m.*; **to work an –** (*naut.*), eine Beobachtung ausrechnen, Länge und Breite bestimmen; **– of the horizon,** Kimmbeobachtung *f.*; **– of the sun,** Sonnenbeobachtung *f.*; **– of the weather,** Wetterbeobachtung *f.*; **– deck** *s.*, Peildeck *n.*; **– error** *s.*, Beobachtungsfehler *m.*; **– message** *or* **report** *s.* (*meteor.*), Beobachtungsmeldung *f.*; **obervational** *adj.* **error,** Beobachtungsfehler *m.*

observatory *s.* (*meteor.*), Wetterwarte *f.*, (*astr.*) Sternwarte *f.*, Observatorium *n.*

observe *v.* (*naut.*), beobachten, wahrnehmen, peilen, (*astr.*) beobachten; **to – the sun's amplitude,** die Sonne peilen (*beim Auf- und Untergang*); **– silence** *or* **silent period!** (*rad., int.*), Beachte Funkstille!.

observed / altitude *s.* (*astr.*), wahre *od.* beobachtete Höhe *f.*; **– bearing** *s.*, grobe Seitenpeilung *f.* (*Funkp.*); **– longitude** *s.* (*astr.*), astronomische Länge *f.*; **– meridian altitude** *s.* (*astr.*), beobachtete Meridianhöhe *f.*; **– position** *s.*, wahrer *od.* beobachteter Standort *m.*; **– radio bearing** *s.*, Funkseitenpeilung *f.*; **observer's latitude** *s.*, beobachtete *od.* Beobachterbreite *f.*

obsolete boat *or* **ship** *s.*, veraltetes Boot *n. od.* Schiff *n.*

obstacle *s.* **to navigation,** Schiffahrtshindernis *n.*

obstruct *v.*, **to – navigation,** die Schiffahrt behindern; **obstruction** *s.* (*rac.*), Behinderung *f.*; Hindernis *n.*; **– to navigation,** Schiffahrtsbehinderung *f.*, -hindernis *n.*; **– buoy** *s.*, Boje *f.* zur Markierung von Schiffahrtshindernissen; **– light** *s.*, Feuer *n.* zur Markierung von Schiffahrtshindernissen.

obtain *v.*, **to – a fix,** einen Standort erhalten; **to – bearings,** sich peilen lassen (*Funkp.*).

obturator *s.* (*tech.*), Verschluß *m.*, -vorrichtung *f.*; Dichtungsmittel *n.*, -ring *m.*

obtuse *adj.*, **– angle,** stumpfer Winkel *m.*; **–-angled** *adj.*, stumpfwink(e)lig.

occasional *adj.* **rain** *or* **showers** (*meteor.*), gelegentliche *od.* vereinzelte Regenfälle (*pl.*) *od.* -schauer (*pl.*), gelegentlich Regen *od.* Schauer.

occluded front *s.* (*meteor.*), Okklusion *f.*; **occlusion** *s.* (*meteor.*), Okklusion *f.*

occult *v.* (*astr.*), sich verdunkeln *od.* verfinstern; **occultation** *s.* (*astr.*), Okkultation *f.*, Verfinsterung *f.* (*eines Sterns durch den Mond, etc.*); **occulting / light** *s.*, unterbrochenes (Leucht)Feuer *n.*; **– quick flashing light** *s.*, unterbrochenes Blitzfeuer *n.*

ocean *s.*, (Welt)Meer *n.*, Ozean *m.*; **– chart** *s.*, Seekarte *f.*; **– cruising yacht** *s.*, Seekreuzer *m.*, seefähige *od.* -tüchtige Kreuzeryacht *f.*; **– current** *s.*, Meeresströmung *f.*; **–-going** *adj.*, Hochsee-; **–-going trade** *s. or* **navigation** *s.*, große Fahrt *f.*; **–-going tug** *s.*, Hochseeschlepper *m.*; **–-going yacht** *s.*, Hochseeyacht *f.*; **– grey(-)hound** *s.*, Schnelldampfer *m.*, -schiff *n.*, schnelles Schiff *n.*; **– highway** *s.*,

Schiffahrtsstraße *f.*, -weg *m.*; – **lane** *s.*, Schifffahrtsroute *f.*, (Dampfer)Track *m.*; –**liner** *s.*, Passagierdampfer *m.*, -schiff *n.*, Ozeanlinienschiff *n.*, -dampfer *m.*; – **navigation** *s.*, Seefahrt *f.*, Hochseeschiffahrt *f.*

oceanographic *adj.*, – **data** *s./pl.*, meereskundliche *od.* ozeanographische Daten (*pl.*) *od.* Angaben (*pl.*); – **research vessel** *s.*, Forschungsschiff *n.*; **oceanography** *s.*, Meereskunde *f.*, Ozeanographie *f.*

ocean / passages *s./pl.*, Ozeanhandbuch *n.*, See-, Segelhandbuch *n.*; – **race** *s. or* **racing** *s.*, Hochseeregatta *f.*; – **sailing** *s.*, Hochseesegelei *f.*, -segeln *n.*; – **station** *s.*, Ozeanstützpunkt *m.*; – **steamer** *s.*, Ozeandampfer *m.*; – **swell** *s.*, Meeres-, Ozean-, Seedünung *f.*; – **terminal** *s.* Übersee-Endhafen *m.*; – **traffic** *s.*, (Hoch)Seeverkehr *m.*; – **triangle (race)** *s.* (Hoch)Seedreieck *n.*; – **voyage** *s.*, große Fahrt *f.*, Ozeanfahrt *f.*, -reise *f.*; – **waters** (*pl.*), ozeanische Gewässer (*pl.*); – **weather ship** *s.*, (Ozean)Wetterbeobachtungsschiff *n.*; – **yacht** *s.*, Hochseeyacht *f.*

octagonal spanner *s.*, Achtkantschraubenschlüssel *m.*

octant *s.* (*naut.*), Oktant *m.* (*Winkel-Meßinstrument*), (*astr.*) Oktilschein *m.*; – **of a circle,** Achtelkreis *m.*; **octantal** *adj.*, – **component,** achtelkreisige Fehlerkomponente *f.* (*Funkp.*); – **correction** *s.*, achtelkreisige Funkbeschikkung *f.* (*Funkp.*); – **error** *s.*, achtelkreisige Fehlweisung *f.* (*Funkp.*).

ocular *s.* (*phys.*), Okular *n.*

odd *adj.*, **10 – sea miles,** einige *od.* etwas über 10 Seemeilen; – **hand** *s.*, Ersatz-, Extramann *m.* (*Crew*); **odds-on** *s.* (*rac.*), gute Gewinnchance *f.*; *adj.*, gute Gewinnchancen habend, aussichtsreich.

oeconomic(al) *adj.*, (*s.* **economic(al)**).

oersted *s.* (*phys.*), Oersted *n.* (*Einheit der magnetischen Erregung*).

off *adv.* (*naut.*), dwars ab, querab, vom Land ab, ab ...; ab und an (*beim Ansteuern einer Küste*), (*tech.*) aus(geschaltet), abgeschaltet; **far –,** weit entfernt *od.* weg; **10 sea miles –,** 10 Seemeilen entfernt; **to pay –,** (vom Wind) abhalten; **to sail – the course,** aus dem Kurs segeln; – **the wind,** mit raumem Wind.

off *prep.* (*naut.*), (quer) vor, auf der Höhe von; **to keep the boat one point – the wind,** das Boot einen Strich vom Wind abhalten; – **Dover,** auf der Höhe von Dover; **three sea miles – Dover,** drei Seemeilen vor Dover; – **duty,** dienst-, wachfrei (*Crew*).

off *v.* (*naut.*), von der Küste abdrehen.

off *adj.* (*naut.*), weiter von der Küste entfernt; –-**centre** *adj.*, nicht genau ausgerichtet (*Mast, etc.*), nicht ganz gerade, verrutscht; –-**centre PPI** (*radar*), Rundsichtanzeigegerät *n.*; –-**centering** *s.* (*radar*), Mittelpunktverschiebung *f.*

officer *s.* (*naut.*), erster Offizier *m.* (*Handelsmarine*); **licensed** (*or* **licenced**) –, Offizier *m.*, Patentträger *m.*, 1. und 2. Steuermann *m.*; **navigation –,** Navigationsoffizier *m.*; **petty –,** Maat *m.*; **ship's –,** See-, Schiffsoffizier *m.*; – **of the watch,** wachhabender *od.* Wachoffizier *m.*; – **on duty,** Offizier *m.* vom Dienst, diensthabender Offizier *m.*

offing *s.*, (See)Raum *m.*, Räumte *f.*, Abstand *m.* (*eines Bootes vom Land, etc.*); **sea –,** Seeraum *m.*, raume See *f.*; **in the –,** auf offener See; **to get the –,** die offene See gewinnen; **to have a good –, to have – ahead,** Seeraum vor sich haben *od.* voraushaben; **to hold out in the –,** See halten; **to keep a good – from the coast,** von der Küste gut freihalten; **to stand for the –,** seewärts anliegen, Kurs auf die offene See nehmen.

off-position *s.*, Ausschaltstellung *f.* (*Gerät*).

offset *s.* (*naut.*), Versetzung *f.*, Versatz *m.* (*durch Wind und Strom*), (*am.*) Kursabweichung *f.*; **degree of –** (*am.*), Grad *m.* der Kursabweichung, Kursabweichungsgrad *m.*; – **batten pocket** *s.*, Flügellattentasche *f.* (*Surf.*); – **computer** *s.*, Kurscomputer *m.*, -rechengerät *n.*; – **PPI** *s.* (*radar*), exzentrisches (Schirm)Bild *n.*

offshore *adv.*, von der Küste ab *od.* her, in einiger Entfernung von der Küste, vor der Küste; *adj.*, ablandig, vom Land kommend (*Wind, Strömung*), (ein Stück) vom Land entfernt, auf hoher See, auf der hohen *od.* offenen See; **further –,** (die) Hochsee; **three sea miles –,** drei Seemeilen vor der Küste; – **boat** *s.*, Dickschiff *n.*, Big Boat *n.*, Hochseeyacht *f.*, (hoch)seetüchtiges Boot *n.*; – **breeze** *s.*, ablandiger Wind *m.*, Landwind *m.*; – **cruiser** *s.*, See(fahrt)kreuzer *m.*, Dickschiff *n.*; – **current** *s.*, Küstenströmung *f.*; – **fisheries** (*pl.*), küstennahe Fischerei(gebiete *pl.*) *f.*; – **motor cruiser** *s.*, Motorseekreuzer *m.*; – **navigation** *s.*, Hochseenavigation *f.*, -segelei *f.*, -fahrt *f.*; – **race** *s. or* **racing** *s.*, Hochseeregatta *f.*; – **racer** *s.*, Hochseeregattasegler *m.* (*Pers.*, *Boot*); – **sail** *s.*, Dickschiffsegel *n.*, Segel *n.* für Hochseeyachten; – **sail designer** *s.*, Dickschiffsegel-Designer *m.*; – **sailing** *s.*, Hochseesegelei *f.*, -segelsport *m.*; – **sailor** *s.*, Dickschiff-, Hochseesegler *m.*; – **shoals** (*pl.*), Küstenuntiefen *f./*

pl.; – **tack** *s.*, Schlag *m.* von der Küste weg (*Segeltechnik*); – **wind** *s.*, ablandiger Wind *m.*, Landwind *m.*; – **yacht** *s.*, Dickschiff *n.*, Hochseeyacht *f.*, Big Boat *n.*; – **yachtsman** *s.*, Dickschiff-, Hochseesegler *m.*

off/-side *s.* (*rac.*), Abseitsposition *f.*; – **soundings** (*pl.*), außerhalb lotbarer Gewässer, nicht mehr mit dem Tiefenlot lotbar(er Grund); –-**tune** *adj.* (*rad.*), verstimmt; – **watch** *s.*, Freiwache *f.*; –**wind** *s.*, ablandiger Wind *m.*, Landwind *m.*; –**wind course** *s.*, Raumschotskurs *m.*, raumer Kurs *m.*; –**wind sailing** *s.*, Raumschotskurs *m.*, -segeln *n.*

oh, lee –! (*int.*), Raum!.

ohm *s.* (*elec.*), Ohm *n.* (*Einheit des elektrischen Widerstands*); **ohmage** *s.*, Ohmzahl *f.*; **ohmmeter** *s.*, Ohmmeter *n.*, Widerstandsmesser *m.*; **Ohm's Law** *s.*, Ohmsches Gesetz *n.*

oil/bag *s.* (*naut.*), Ölsack *m.*; – **box** *s.* (*tech.*), Schmierbuchse *f.*; – **can** *s.*, Ölkanister *m.*, -kanne *f.*; – **change** *s.*, Ölwechsel *m.*; – **clothes** (*pl.*), Ölzeug *n.*, Segleroverall *m.*; – **cup** *s.* (*tech.*), Öler *m.*, Schmierbuchse *f.*; – **dipstick** *s.*, Öl(stand)meß- *od.* -peilstab *m.*; **oiler** *s.* (*tech.*), Öler *m.*, Schmier-, Ölkanne *f.*, (*naut.*) Öltanker *m.*; **oil/filter** *s.*, Ölfilter *m.*; –-**fuelling** *s.*, Treibstoffübernahme *f.* (*auf See*); – **fuel tank** *s.*, Treibstoff-, Öltank *m.*; – **funnel** *s.*, Öltrichter *m.*; – **gauge** *s.*, Ölstandsmesser *m.*; **oiling** *s.* (*tech.*), Schmieren *n.*, Schmierung *f.*; – **of the sea,** Ölen *n.* der Wellen *od.* der See; **oil/lamp** *s.*, Öl-, Petroleumlampe *f.*; – **nipple** *s.*, Schmiernippel *m.*; – **pan** *s.*, Ölwanne *f.*; – **pressure lubrication** *s.*, Öldruckschmierung *f.*; – **pump** *s.*, Ölpumpe *f.*; **oils** (*pl.*), Ölzeug *n.*, Segleroverall *m.*; **oil/skin(s)** *s.* (*pl.*), Ölzeug *n.*, Segleroverall *m.*; – **strainer** *s.*, Ölfilter *m.*; – **tank** *s.*, Ölbehälter *m.*, -tank *m.*; – **tanker** *s.* (*naut.*), Öltanker *m.*; – **varnish** *s.*, Öllack *m.*, Leinölfirnis *m.*

okumé (*or* **ocoumé**) **wood** *s.*, Okoumé-, Gabunholz *n.* (*Bootsbau*).

old *adj.*, **the – man** (*naut.*, *coll.*), der Kapitän, der Alte; – **hand** *s.*, alter Hase *m.*, befahrener Seemann *m.*; – **ice** *s.*, Alt-, Polareis *n.*; – **moon** *s.*, abnehmender Mond *m.*; – **salt** *s.* (*naut.*, *coll.*), (alter) Seebär *m.*, befahrener Seemann *m.*; **oldster** *s.* (*br.*, *naut.*), (länger dienender) Seekadett *m.*; **the old time sailing ships** (*pl.*), die alten Segelschiffe (*pl.*); **old tub** *s.* (*naut.*, *coll.*), Badewanne *f.* (*Boot*).

Olympiad *s.*, Olympische Spiele *n./pl.*, Olympiade *f.*

Olympic *adj.*, – **class,** olympische (Boots)-Klasse *f.*; – **committee** *s.*, Olympisches Komitee *n.*; – **course** *s.*, olympischer (Regatta)Kurs *m.*; – **discipline** *s.*, olympische Disziplin *f.*; – **games** (*pl.*), Olympische Spiele (*pl.*), Olympiade *f.*; – **point** *or* **scoring system** *s.*, olympisches Punkt(e)system *n.*

ombrometer *s.*, Regenmeßinstrument *n.*, -messer *m.*

Omega navigation(al) system *s.*, Omega-Verfahren *n.* (*Funknav.*).

omni/bearing indicator *s.*, automatischer Azimutanzeiger *m.* (*Funkp.*); –**directional aerial** *s.* (*am.* **antenna**), Rundstrahlantenne *f.*; –**directional beacon** *s.*, Drehfunkfeuer *n.*; –**directional radio beacon** *s.*, Rundstrahlbake *f.*; –**directional range** *s.*, Drehfunkfeuer *n.*; –**directional reception** *s.* (*rad.*), Rundumempfang *m.*; –**range** *s.*, Drehfunkfeuer *n.*

on *prep.*, – **board (ship),** an Bord; – **course,** auf Kurs; – **deck,** auf *od.* an Deck; – **(an) even keel,** auf ebenem Kiel, gleichlastig (*Boot*); – **fish,** auf Fischfang, im Fisch; – **pivot,** drehbar; – **soundings,** innerhalb lotbarer Gründe; – **watch,** auf Wache; – **the beam,** dwars, querab; – **the coast,** an der Küste; – **the high seas,** auf der offenen *od.* hohen See, auf offenem Meer; – **the quarter,** backstags; – **the port (starboard) beam,** Backbord (Steuerbord) querab; – **the port (starboard) bow,** Backbord (Steuerbord) voraus; – **the port (starboard) quarter,** Backbord (Steuerbord) achteraus; – **the river,** am Fluß; – **the sea,** auf See; – **the shore,** am Ufer; – **the wind,** (dicht *od.* hart) am Wind, Amwind; **to be – the air** (*rad.*), funken; **to be – course,** auf Kurs sein *od.* laufen *od.* liegen (*Boot*); **to be – the wind,** (dicht *od.* hart) am Wind segeln; **to collide head –,** frontal kollidieren *od.* zusammenstoßen; **to go – board,** an Bord gehen, sich einschiffen; –**comer** *s.*, Gegenkommer *m.* (*Boot*); –**coming vessel** *s.*, Schiff *n.* auf Gegenkurs; –-**off switch** *s.*, Ein-Aus-Schalter *m.*; –-**position** *s.*, Arbeits-, Ein-Stellung *f.* (*Geräte*); *adj.*, an-, eingeschaltet (*Geräte*).

once-over *s.*, **to give a boat the –,** das Boot einer flüchtigen Überprüfung unterziehen.

one/-and-a-halfmaster *s.*, Anderthalb-, Eineinhalbmaster *m.* (*Boot*); –-**circuit set** *s.* (*rad.*), Einkreiser *m.*; –-**class boat** *s.*, Einklassenboot *n.*; –-**design (racing) boat** *s.*, Einheitsboot *n.*; –-**design class** *s.*, Einheitsklasse *f.*, One-Design-Klasse *f.* (*Boot*); –-**design sail** *s.*, One-Design-Segel *n.*; –-**knob tuning** *s.* (*rad.*), Einknopfabstimmung *f.*, -bedienung *f.*; –-**man boat** *s.*, Einmannboot *n.* (*Jolle*); –-**man control** *s.*, Einmannbedienung *f.*; –-**masted boat**

s., Einmaster *m.*, einmastiges Boot *n.*; – **minute rule** *s.* (*rac.*), Einminutenregel *f.*; **--off production** *s.*, Einzel(an)fertigung *f.* (*Boot, Segel, etc.*); – **point bearing** *s.*, Einstrichpeilung *f.*; – **sixtieth of a meridian second** *s.*, Meridiantertie *f.*, Sekundenstrecke *f.* einer Seemeile; – **ton class** *s.*, Eintonnerklasse *f.*; **(O)-ton cup** s., Eintonnerpokal *m.*; **--type class** *s.*, Eintypklasse *f.*; **--way operation** *s.* (*rad.*), Simplexbetrieb *m.*; **--way (radio) communication** *s.*, einseitiger Funkverkehr *m.*; **--way reversible operation** *s.* (*rad.*), Wechselsprechen *n.*; **--way switch** *s.*, Einweg(e)schalter *m.*; **--way traffic** *s.*, Einbahn-, Einwegverkehr *m.* (*Kanal, etc.*).

onfall *s.* (*Scots*), Einbruch *m.* der Nacht.

onion *s.*, Leuchtrakete *f.* (*Notsignal*).

onshore *adj.*, *adv.*, nach (dem) Land zu (*sich bewegend*); landwärts, auflandig (*Wind*); – **breeze** *s.*, Seebrise *f.*; – **wind** *s.*, auflandiger Wind *m.*, Seewind *m.*

onward *adj.* (*naut.*), nach vorn, vorwärts (*gerichtet*); **an – course,** (ein) Kurs nach vorn, Vorauskurs *m.*; – **passage** *s.*, Weiterfahrt *f.*, -reise *f.*

ooze *s.* (*naut.*), Mudd *m.*, Schlamm(boden) *m.*, Schlick *m.*, Morast *m.*; *v.*, **to – (out),** durchsickern (*Wasser*); **oozy** *adj.*, – **bank** (*naut.*), Muddbank *f.*; – **bottom** *or* **ground** *s.*, Schlick-, Schlammgrund *m.*

open *s.*, **the –,** das offene Meer, die offene See; *v.* (*naut.*), in Sicht kommen, (*ein bisher verdecktes Objekt*) in Sicht bekommen; **to – (the) distance,** den Abstand vergrößern, ablaufen (*Boot*); **to – the range,** den Abstand vergrößern; *adj.* (*naut.*), klar (*Sicht*), nicht mehr neb(e)lig; offen, eisfrei (*Gewässer, Hafen*); **in the – sea,** auf hoher See.

open / anchorage *s.*, offene Reede *f.*; – **barge** *s.*, Schute *f.*; – **basin** *s.*, offenes Hafenbecken *n.*, Außendock *n.*; – **berth** *s.*, offener *od.* ungeschützter Ankerplatz *m.*; – **boat** *s.*, offenes *od.* nicht eingedecktes Boot *n.*, Boot *n.* ohne Verdeck; – **centreboarder** *s.* (*am.* **centerboarder**), Jolle *f.*; – **championship** *s.*, Amateurmeisterschaft *f.*; – **chock** *s.*, offene (Boots- *od.* Verhol)Klampe *f.*; – **class** *s.* (*surf.*), Offene Klasse *f.*; **--closed shelter-decker** *s.*, Wechseldecker *m.* (*Schiff*); – **coast** *s.*, offene Küste *f.*; – **design class** *s.*, Konstruktionsklasse *f.*; **--end forecastle** *s.*, offene Back *f.*; – **gunwale** *s.*, offenes Schandeck *n.*; – **harbour** *s.*, offener Hafen *m.* (*Tidengewässer*), eisfreier *od.* ungeschützter *od.* offener Hafen *m.*; – **ice** *s.*, fahrbares Eis *n.*, Eisgang *m.* der die Schiffahrt nicht behindert.

opening *s.* (*am.*, *rac.*), Ansegeln *n.*; freie Stelle *f.* (*im Eis*); Kanal *m.*, Durchfahrt *f.*; undichte Stelle *f.*, Leck *n.*; – **of navigation,** Schiffahrtseröffnung *f.*; – **of the sailing season,** Ansegeln *n.*; – **out** *s.*, Hafenausfahrt *f.*; – **race** *s.* (*am.*), Ansegelungsregatta *f.*; – **side light** *s.*, Pivotfenster *n.*

open / mooring *s.*, offene Muring *f.*; – **pack (ice)** *s.*, offenes *od.* loses Packeis *n.*; – **point** *s.*, offener Landpunkt *m.*; – **port** *s.*, offener Hafen *m.*; – **rail** *s.*, offene Reling *f.*; – **road(stead)** *s.*, offene Reede *f.*; – **sea** *s.*, raume See *f.*, offene See *f.*, (freier) Seeraum *m.*; – **space** *s.*, offener Raum *m.* (*Vermessung*); – **steel flooring** *s.*, Gräting *f.*; – **stern (frame)** *s.*, offener Hintersteven *m.*; – **water** *s.*, offenes *od.* eisfreies Wasser *n. od.* Gewässer *n.*; (offener) Seeraum *m.*; **--water discrimination** *s.* (*radar*), Entfernungsmeßgenauigkeit *f.* auf offenem Wasser; **--water efficiency of the propeller,** Wirkungsgrad *m.* des freifahrenden Propellers; **--water test** *s.*, Freifahrttest *m.* (*Boot*); – **weather** *s.*, mildes Wetter *n.*; – **winter** *s.*, milder Winter *m.*

operate *v.*, bedienen, handhaben, regulieren, steuern; funktionieren, laufen (*Geräte, etc.*); bereedern; **the boat –s on batteries,** das Boot fährt (mit) elektrisch(em Antrieb); **safe to –,** betriebssicher; **to – a device** *or* **instrument by remote control,** eine Vorrichtung *od.* ein Instrument fernsteuern *od.* -betätigen; **to – a radio station,** eine Funkstelle bedienen; **to – a relais,** ein Relais ansprechen lassen *od.* betätigen; **to – on a wave length of …** (*rad.*), auf einer Wellenlänge von … arbeiten.

operating / channel *s.* (*rad.*), Betriebskanal *m.*; – **desk** *s.*, Bedienungs-, Steuerpult *n.*; – **error** *s.*, Bedienungsfehler *m.*; – **frequency** *s.* (*rad.*), Arbeits-, Betriebsfrequenz *f.*; – **instructions** (*pl.*), Betriebsvorschriften (*pl.*), Bedienungs-, Betriebsanweisung *f.*; – **range** *s.*, Reichweite *f.*, Aktionsradius *m.* (*Boot, Radar, etc.*), Fahrbereich *m.* (*Boot*); – **speed** *s.*, Betriebsdrehzahl *f.*; Ansprechgeschwindigkeit *f.* (*Relais, etc.*); – **wave** *s.* (*rad.*), Arbeits-, Betriebswelle *f.*

operation *s.* (*tech.*), Bedienung *f.*, Handhabung *f.*, Arbeits-, Betriebsweise *f.*, Verfahren *n.*; **in –,** in Betrieb; **ready for –,** betriebsfertig, -klar; **reliability** *or* **safety of –,** Betriebssicherheit *f.* (*Geräte, etc.*); **operational** *adj.* (*naut.*), klar, fahr-, einsatzbereit; – **rate of revolution,** Betriebsdrehzahl *f.*

operator *s.*, **radio –,** Funker *m.*; **radio –'s certif-**

icate *s.*, Funkerzeugnis *n.*; **radio –'s license** *s.*, Funkerlizenz *f.*

opponent *s.* (*rac.*), Rivale *m.*, Konkurrent *m.*

opposed *adj.*, entgegengesetzt, gegenläufig; **opposing force** *s.* (*phys.*), Gegenkraft *f.* (*Wind, Strömung*).

opposite *adj.*, entgegengesetzt; gegenüber (liegend *od.* befindlich); **– angle** *s.*, Scheitelwinkel *m.*; **– course** *s.*, Gegenkurs *m.*; **– direction** *s.*, entgegengesetzte *od.* Gegenrichtung *f.*; **– heading** *s.*, Gegenkurs *m.*; **– meridian** *s.* (*astr.*), unterer Meridian *m.*; **– side** *or* **team** *s.* (*rac.*), rivalisierende Crew *f. od.* Mannschaft *f.*

opposition *s.* (*astr.*), Opposition *f.*, Gegenschein *m.*, -stellung *f.* (*Gestirne*).

oppressive / air *s.*, drückende *od.* schwüle Luft *f.*; **– weather** *s.*, (drückend) schwüles Wetter *n.*

optical *adj.*, **– alarm,** optisches Alarmzeichen *n.*; **– bearing** *s.*, optische Peilung *f.*; **– distance** *s.*, optische Sichtweite *f.*; **– illusion** *s.*, optische Täuschung *f.*; **– range** *s.*, optische Sichtweite *f.*; **– range-finder** *s.*, optisches Entfernungsmeßgerät *n.*; **optics** *s./pl.* (*phys.*), Optik *f.*; **geometrical –** (*pl.*), geometrische Optik *f.*; **physical –** (*pl.*), physikalische Optik *f.*

optimum *s.* (*pl.* **-ma**), Optimum *n.*; *adj.*, optimal, best-, höchstmöglich; **– angle of attack,** optimaler Anstell- *od.* Anströmwinkel *m.*; **– angle of incidence,** optimaler Anstell- *od.* Anströmwinkel *m.*; **– conditions** (*pl.*) (*rac.*), optimale (Regatta)Bedingungen (*pl.*); **– course with the best distance made good to windward,** optimaler Amwindkurs *m.*; **– downwind course** *s.*, optimaler Vor(m)windkurs *m.*; **– helm angle** *s.*, optimaler Ruderwinkel *m.*, optimaler Anstellwinkel *m.* des Ruderblattes (*zur Kielrichtung*); **– result** *s.* (*rac.*), Bestwert *m.*, optimales (Regatta)Ergebnis *n.*; **– rudder angle** *s.*, optimaler Ruderwinkel *m.*; **– sailing conditions** (*pl.*), optimale Segelbedingungen (*pl.*); **– speed** *s.*, optimale Fahrt *f.* (*des Bootes*); **– weather conditions** (*pl.*), optimale Wetterbedingungen (*pl.*); **– working frequency** *s.* (*rad.*), optimale *od.* beste Arbeits- *od.* Verkehrsfrequenz *f.*

optional extra(s) *s.* (*pl.*), Extraausstattung *f.*, Sonderzubehör *n.* (*auf Wunsch*).

orange peel *s.* (*naut.*), Orangenhaut *f.* (*blasige Außenhaut des Bootes*).

orarian *adj.*, auf die See *od.* Küste bezüglich, Küsten-.

orb *s.* (*astr.*), Einflußgebiet *n.* (*eines Planeten*).

orbit *s.* (*astr.*), (Planeten-, Kreis)Bahn *f.*, Umlaufbahn *f.*; **– of the moon,** Mond(umlauf)bahn *f.*; **– of a planet,** Planeten(umlauf)bahn *f.*; **– of the sun,** Sonnen(umlauf)bahn *f.*; *v.* (*astr.*), die Erde umkreisen, sich auf einer Kreis- *od.* Umlaufbahn bewegen (*Gestirn*).

orbital *adj.*, **– flow,** Orbitalströmung *f.* (*Seegang*); **– motion** *s.*, Orbitalbewegung *f.* (*Seegang*); **– period** *s.* (*astr.*), Umlaufbahn *f.*, -periode *f.*; **– velocity** *s.*, Orbitalgeschwindigkeit *f.* (*Seegang*).

order *s.* (*naut.*), Kommando *n.*, Instruktion *f.*, Anweisung *f.*; (Größen)Ordnung *f.*; **anchoring –,** Ankerkommando *n.*; **engine –,** Maschinenkommando *n.*; **helm** *or* **steering –,** Ruderkommando *n.*; **mooring –,** Leinenkommando *n.*; **rowing –,** Bootskommando *n.* (*Rudern*); **sailing –(s)** (*pl.*), Segelorder *f.*, -instruktion(en *pl.*) *f.*; **in alphabetical –,** in alphabetischer Ordnung; **in running –,** klar, betriebsfertig, -fähig (*Boot, etc.*); **out of –,** defekt, nicht in Ordnung; **– of magnitude** (*astr.*), Größenordnung *f.* (*Gestirne*); **– of sailing,** Segelanweisung *f.*; **– in line abreast,** Aufstellung *f.* in Linie (*Boote*); *v.*, **to – the cast-off,** Kommando *n.* zum Ablegen geben; **orderly** *adj.* (*naut.*), diensthabend, -tuend, vom Dienst.

ordinary *adj.*, **in –** (*naut.*), abgerüstet, abgetakelt; außer Dienst (*Schiff*); **– log** *s.*, Handlog *n.*; **– low-water mark** *s.*, normale Niedrigwasserlinie *f.*; **– seaman** *s.*, Leichtmatrose *m.*

ordinates *s./pl.*, Konstruktionsspanten *n./pl.*

Oregon pine *s.*, Oregontanne *f.*, Douglasfichte *f.* (*Bootsbau*).

orient *s.*, Orient *m.*, Osten *m.*, Ost; *adj.*, östlich, Ost-; **the – sun,** die aufgehende *od.* -steigende Sonne; *v.*, orten, die Lage *od.* Richtung bestimmen von, (nach den Himmelsrichtungen) ausrichten, (sich) nach Osten richten *od.* wenden, nach Osten gerichtet sein, osten; **oriental** *adj.*, östlich.

orientate *v.*, (*s.* **orient** *v.*); **orientation** *s.*, Orientierung *f.*, Ortung *f.*, Lage-, Richtungsbestimmung *f.*, Ausrichtung *f.*, Ortung *f.*, Richtung *f.*; Orientierungssinn *m.*, -vermögen *n.*

orifice *s.*, (Fluß)Mündung *f.*, (*tech.*) Düse *f.*

origin *s.*, **certificate of –,** Ursprungszeugnis *n.*; **– of a force,** Angriffspunkt *m.* einer Kraft (*am Segel, etc.*).

original *adj.* **position,** Ausgangsstellung *f.*

orlop *s.*, Orlopdeck *n.*, Plattform-, Raumdeck *n.*

ornament(al) knot *s.*, Zierknoten *m.*

orthodrome *s.*, Orthodrome *f.*; **orthodromic** *adj.* **line,** Orthodrome *f.*, orthodromische Linie *f.* (*Seekarte*).

oscillate *v.* (*phys.*), oszillieren, schwingen, vibrieren, pendeln; **oscillating** *adj.*, **– beacon,** Pendelfeuer *n.*; **– circuit** *s.*, Schwing(ungs)-kreis *m.*; **oscillation** *s.* (*phys.*), Oszillation *f.*, Schwingung *f.*, Vibration *f.*, Pendelung *f.*, (*elec.*) Impuls *m.*, Periode *f.*; **damped –** (*phys.*), gedämpfte Welle *f.*; **heaving –,** Tauchschwingung *f.* (*eines Bootes*); **natural –,** Eigenschwingung *f.*; **– of a boat,** Bootsschwingung *f.*; **– circuit** *s.* (*elec.*), Schwingungskreis *m.*; **– damper** *s.*, Schwingungsdämpfer *m.*; **– period** *s.*, Oszillations-, Schwingungsdauer *f.*; **oscillator** *s.* (*tech.*), Oszillator *m.*; **oscilloscope** *s.* (*phys.*), Oszilloskop *n.*

ounce *s.*, Unze *f.* (*Segeltuchgewicht*).

out *adv.* (*naut.*), draußen, auf See; **some way –,** in einiger Entfernung (auf See), ein Stück draußen; **voyage –,** Ausreise *f.*, Hinreise *f.*; **the tide is –,** es ist Ebbe; **to fit –,** ausrüsten (*Boot*); **to sit –,** (*Boot*) ausreiten (*im Sturm*); **–!** (*int.*, *rad.*), Ende!, Aus!; **– at sea,** (draußen) auf See *od.* auf dem Meer; **– of command, – of control,** manövrierunfähig (*Boot*); **– of focus,** unscharf; **– of order,** defekt, nicht in Ordnung; **– of repair,** nicht (mehr) reparaturfähig; **– of sight,** außer Sicht; **– of trim,** schlecht getrimmt (*Boot*); **– of tune** (*rad.*), schlecht abgestimmt.

outboard *adv.*, außenbords; *adj.*, außenbords befindlich, Außenbord-; **sheeted farther –,** weiter außen getrimmt (*Segel*); **– motor** *s.*, Außenbordmotor *m.*; **– sail** *s.*, Außenbordsegel *n.*; **– valve** *s.*, Außenbord-, Boden-, Seeventil *n.*

outbound *adj.* (*naut.*), nach auswärts bestimmt *od.* fahrend, auf der Ausreise befindlich, auslaufend (*Boot*).

out/carry *v.*, schneller segeln als; mehr Segel führen als; **–class** *v.* **(another boat),** (einem anderen Boot) weit überlegen sein, (ein anderes Boot) weit übertreffen; **–classed (racing) boat** *s.*, Altersklasse *f.*; **–classed (racing) boat rating** *s.*, Altersvergütung *f.* (*Rennwert*); **–clearance** *s.* (*naut.*), Ausklarierung *f.* (*aus einem Hafen*); **–come** *s.* **(of a race),** (Regatta)Ergebnis *n.*; **–dated boat** *s.*, veraltetes *od.* nicht mehr den modernen Anforderungen entsprechendes Boot *n.*; **–dated chart** *s.*, veraltete *od.* überholte Seekarte *f.*; **–distance** *v.* **(the fleet),** das (Regatta)Feld abhängen *od.* weit hinter sich (zurück)lassen *od.* (weit) überholen, (das Feld) aus- *od.* totsegeln; **–do** *v.* (*rac.*), besiegen, schlagen; **–door temperature** *s.*, Außentemperatur *f.*; **– edge** *s.*, Außenkante *f.* (*Segel, etc.*).

outer/boom *s.*, Außen(klüver)baum *m.*; **– guy** *s.*, Außengei *f.*; **– halyard** *s.*, Außenfall *n.*; **– harbour** *or* **port** *s.*, Außen-, Vorhafen *m.*; **– jib** *s.*, Außen-, Hauptklüver *m.*, Jager *m.*; **– jibboom** *s.*, Außenklüverbaum *m.*; **– jibsheet** *s.*, Außenklüverschot *f.*; **– martingale** *s.*, Außenstampfstag *n.*; **– plating** *s.*, Außenhaut *f.* (*Boot*); **– roadstead** *s.*, Außenreede *f.*; **– screws** (*pl.*), Außenschrauben (*pl.*); **– shell** *or* **skin** *s.*, Außenhaut *f.* (*Boot*); **– strake** *s.*, abliegender *od.* Außengang *m.* (*Bootsbau*); **– surface** *s.*, Außenseite *f.*, Oberfläche *f.*; **– temperature** *s.*, Außentemperatur *f.*

outfit *s.* (*naut.*), Ausrüstung *f.*, Ausstattung *f.*, Einrichtung *f.*; Werkzeuge (*pl.*), Geräte (*pl.*); *v.*, **to – a yacht,** eine Yacht ausrüsten; **outfitter** *s.*, (Yacht)Ausrüster *m.*; **outfitting/dock** *s.*, Ausrüstungsdock *n.*; **– yard** *s.*, Boots-, Yachtwerft *f.*

out/flow *s.* **of the tide,** ablaufendes Wasser *n.*, Ablaufen *n.* des Wassers *od.* der Tide, Ebbstrom *m.*; **–foot** *v.* (*naut.*), aussegeln, schneller laufen *od.* segeln als.

outgoing *s.*, Aus-, Abfluß *m.*; *adj.* (*rad.*), abgehend; **– boats** (*pl.*), abgehende *od.* auslaufende Boote (*pl.*) *od.* Schiffe (*pl.*); **– tide** *s.*, zurückgehende Flut *f.*; **– voyage** *s.*, Aus-, Hinreise *f.*

outhaul *s.*, Ausholer *m.* (*zum Einholen der Segel*), Unterlieksstrecker *m.*; **clew –,** Schothorn-Ausholer *m.*; **– car** *s.*, Streckerschiene *f.*; **– slug** *s.*, Streckerrutscher *m.*; **– track** *s.*, Unterlieksstrecker *m.*

outing *s.*, Segeltörn *m.*, -partie *f.*; (*naut.*) (Land)Abstand *m.*; **to take an –,** eine Segelpartie machen.

outlet *s.*, (Hafen)Ausfahrt *f.*; Ab-, Ausfluß *m.* (*Fluß, etc.*); **– valve** *s.*, Auslaßventil *n.*

out/line *s.*, Profil *n.* (*Segel, etc.*), Kontur *f.*, Umriß(linie *f.*) *m.*, Skizze *f.* (*Bootsbau*); **–lined** *adj.*, **to be – against,** sich scharf abheben *od.* abzeichnen von (*Umrisse*); **–lines** (*pl.*), Silhouette *f.*, Umrisse (*pl.*); **–look** *s.*, Ausguck *m.*, (*meteor.*) Aussicht(en *pl.*) *f.*; **further –look** *s.* (*meteor.*), weitere Aussichten (*pl.*) (*Wettervorhersage*); **to keep –look,** Ausguck halten (*in der Plicht od. im Mast*); **–manoeuvre** *v.* (*rac.*), durch geschicktes Manövrieren überlisten; **–point** *v.* (*naut.*), dichter am Wind segeln als; **–port** *s.*, Außen-, Buten-, Vorhafen *m.*

output *s.* (*tech.*, *elec.*), (Arbeits)Leistung *f.*, gelieferte Energie *f.*, Leistungsabgabe *f.*, Output *m.*; **actual –,** Nutzleistung *f.*; **horse power –,** PS-Leistung *f.* (*Motor*); **normal** *or* **rated –,** Nennleistung *f.* (*Motor*); **– frequency** *s.* (*rad.*), Arbeitsfrequenz *f.*; **– stage** *or* **valve** *s.* (*rad.*), Endstufe *f.*

out/reach *s.*, Reichweite *f.*; **–ride** *v.*, **to – a gale,** einen Sturm (*vor Anker od. durch Beiliegen*) abreiten *od.* ausreiten; **–rigged** *adj.*, mit Auslegern versehen (*Boot*); **–rigger** *s.*, Ausleger *m.*, Kenterschutz *m.*, Ruderstütze *f.*; Ausholer *m.*, -leger *m.*; Auslegerboot *n.*, Outrigger *m.* (*Rennruderboot*); (*tech.*) Kranausleger *m.*; **–rigger boat** *s.*, Auslegerboot *n.*; **–rigger strut** *s.*, Auslegerbaum *m.*; **–rival** *v.* (*rac.*), aus-, totsegeln; **–row** *v.*, besser *od.* schneller rudern als.

outs *s./pl.*, **ins and –** (*surf.*), (Regatta)Vorläufe *m./pl.*

out/sail *v.* **(a boat),** aus-, totsegeln, beim Segeln überholen, vorbeisegeln an; weiter segeln als; **–sea** *s.*, hohe See *f.*, Hochsee *f.*; **–sea** *adj.*, Hochsee-; **–set** *s.*, zurückgehender Gezeitenstrom *m.*

outside *s.*, Außenseite *f.*, -fläche *f.*; *adj.*, außen; **– ballast** *s.*, Außenballast *m.*; **– ballast keel** *s.*, Außenballastkiel *m.*; **– bottom** *s.*, Schiffsboden *m.*; **– competition** *s.* (*rac.*), Outsiderkonkurrenz *f.*; **– diameter** *s.*, äußere Weite *f.*, Außendurchmesser *m.*; **– planking** *s.*, Außenbeplankung *f.*; **– plating** *s.*, Außenbeplattung *f.*; **outsider** *s.* (*rac.*), Outsider *m.*, Außenseiter *m.*; **outside/strake** *s.*, abliegender *od.* Außengang *m.* (*Bootsbau*); **– temperature** *s.*, Außentemperatur *f.*

out/speed *v.* **(a boat),** (einem anderen Boot) an Schnelligkeit überlegen sein, (ein anderes Boot) überholen, schneller segeln als; **–stand** *v.*, die See halten, gegen die See liegen (*Boot*); **–standing landmark** *s.*, auffallende *od.* hervorragende Landmarke *f.*; **– station** *s.* (*meteor.*), Außenstelle *f.*; **–strip** *v.* **(the fleet),** (das Regattafeld) weit hinter sich lassen *od.* abhängen; **–thrust** *s.* (*phys.*), Druck *m.* nach außen.

outward *adj.*, **a boat bound –,** ein auslaufendes *od.* auf der Ausreise befindliches Boot *n.*; **to clear –,** ausklarieren (*Boot*); **-–bound** *adj.*, auslaufend, auf der Aus-, Hinfahrt *od.* -reise befindlich *od.* begriffen; **-–bounder** *s.*, auslaufendes Boot *od.* Schiff *n.*; **– passage** *s.*, Aus-, Hinreise *f.*; **– pilotage** *s.*, Auslotsen *n.*; **– sailings** (*pl.*), auslaufende *od.* abgehende Schiffe (*pl.*); **– turning** *adj.*, außendrehend (*Propeller*); **– voyage** *s.*, Aus-, Hinreise *f.*

outweather *v.*, **to – a gale,** einen Sturm ab- *od.* auswettern.

over *adv.* (*rad.*, *int.*), Ende! (*Funksprechverkehr*); drüben; **– in Canada,** (drüben) in Kanada; **– there** (*am.*, *coll.*), (drüben) in Europa; *prep.*, **to be – the side,** (das Boot) ausreiten; **to go – the side,** über Bord fallen; **to heel –,** krängen, überholen (*Boot*); **– a sea mile,** über eine Seemeile; **– the sea,** in Übersee, überm Meer; **– the side,** außenbords, über Bord.

over all *adj.* (*naut.*), über alles (*Boot*); **beam (length) –,** Breite *f.* (Länge *f.*) über alles (*Boot*); **overall** *s.*, (Arbeits-, Takel)Päckchen *n.*, Segleroverall *m.*; **rigger's –,** Arbeits-, Takelpäckchen *n.*; **overall/dimension** *s.*, Abmessung *f.* über alles, Gesamtabmessung *f.* (*Boot*); **– height** *s.*, Gesamthöhe *f.* (*Boot*); **– length** *s.*, Gesamtlänge *f.*, Länge *f.* über alles; **to win by two – lengths** (*pl.*) (*rac.*), mit zwei Bootslängen gewinnen; **– performance** *s.*, Gesamtleistung *f.*; **– placement** *s.* (*rac.*), Gesamtwertung *f.*; **sixth – placement** *s.* (*rac.*), 6. in der Gesamtwertung; **– result** *s.* (*rac.*), Gesamtergebnis *n.*; **– sail inventory** *s.*, Gesamtbesegelung *f.*; **– size** *s.*, Gesamtgröße *f.*; **– stability** *s.*, Gesamtstabilität *f.* (*Boot*).

over/balance *v.* **(a boat)**, (ein Boot) zum Kentern bringen; **–bear** *v.* (*naut.*), mehr Takelage führen als; **–bend** *v.*, (sich) zu stark biegen, überbiegen, -spannen (*Mast, etc.*); **–blow** *v.*, vorübergehen, sich legen (*Sturm*); **–blowing clouds** (*pl.*), (vorüber)treibende *od.* -ziehende Wolken (*pl.*); **–board** *adv.*, über Bord; **to be lost –board,** über Bord gehen *od.* fallen; **–burden** *v.*, (*Boot*) überbelasten; **–canvassed** *adj.*, übertakelt, überbesegelt (*Boot*).

overcast *s.* (*meteor.*), Bewölkung *f.*; **heavy –,** schwere *od.* starke Bewölkung *f.*; **slight –,** leichte Bedeckung *f. od.* Bewölkung *f.*; *adj.*, bedeckt, bewölkt, bezogen (*Himmel*); *v.*, (sich) bedecken, bewölken, beziehen, eintrüben, verdunkeln, überziehen (*mit Wolken*), dunkel werden (*Himmel*); **– day** *s.*, trüber *od.* düsterer Tag *m.*; **– sky** *s.*, bedeckter *od.* bewölkter *od.* bezogener Himmel *m.*

over/charge *s.* (*tech.*), Überdruck *m.*, -belastung *f.*; **–charge** *v.*, zu stark belasten, über(be)lasten; **–charge valve** *s.*, Überdruckventil *n.*; **–cloud** *v.* (*meteor.*), (sich) bewölken, beziehen, (mit Wolken) bedecken (*Himmel*); **–due** *adj.*, überfällig; **the boat is –due,** das Boot ist überfällig; **–fall** *s.*, Überfall *m.*, -lauf *m.* (*Schleuse*), Abfall *m.* (*im Meeresboden*); **–falls** (*pl.*), überbrechende Seen (*pl.*), Sturzsee *f.*; **–flood** *v.*, überfluten, -schwemmen; **–flow** *s.*, Überschwemmung *f.*, -flutung *f.*; **to –flow the**

banks, über die Ufer treten (*Fluß*); **–flow valve** *s.*, Überlaufventil *n.*; **–ground course** *s.*, Fahrt *f.* über Grund, Übergrundkurs *m.*; **–ground speed** *s.*, Übergrundgeschwindigkeit *f.*, -fahrt *f.*; **hand – hand,** Hand über Hand; **–hand knot** *s.*, Überhandknoten *m.*, einfacher Knoten *m.*; **–hang** *s.*, Überhang *m.* (*Bootsrumpf*), Bug- *od.* Heckteil *m.* über den Loten; **–hang** *v.*, überhängen, -kragen (*Bootsteil*); **–hang aft,** achterer Überhang *m.*; **– forward,** vorderer Überhang *m.*; **–hanging deck** *s.*, überkragendes *od.* -stehendes Deck *n.*

overhaul *s.*, (General)Überholung *f.*, Wiederinstandsetzung *f.*, gründliche Überprüfung *f.* (*Boot, Segel*); *v.*, lose geben, mehr Lose geben (*Tau*), (*Taljen od. Blöcke*) überholen *od.* verfahren; ein-, überholen (*Boote*), (*tech.*) überholen, instandsetzen, überprüfen; **to – a tackle,** eine Talje verfahren, (Blöcke) überholen.

overhead / compass *s.*, Deckenkompaß *m.*; **– trolley** *s.*, Deckenlaufrolle *f.*

overlade *v.* (*tech.*), über(be)lasten, zu stark belasten, überladen.

overlap *s.* (*naut.*), Überlappung *f.* (*Wegerecht*), Überlappung *f.* (*Segel*); **– of oscillations,** Überlagerung *f.* von Schwingungen; *v.* (*naut.*), überlappen (*Wegerecht*), überlappen (*Segel*), (*tech.*) übergreifen; **– joint** *s.*, Überlappungsnaht *f.*, -verbindung *f.*; **overlapping** *s.* (*naut.*), Überlappung *f.* (*Wegerecht*); (*tech.*) Überdeckung *f.*, -schießen *n.*; *adj.*; **– sail,** überlappendes Segel *n.*; **non-– sail,** nicht überlappendes Segel *n.*

over / launch *v.* (*naut.*), überlaschen; **–lay days** (*pl.*), Überliegetage (*pl.*), -zeit *f.*; **–load** *s.* (*tech.*), Überbeanspruchung *f.*, -belastung *f.*, Überlastung *f.*, -spannung *f.*; **–load** *v.* (*tech.*), über(be)lasten; **–man** *v.* **(a boat),** (ein Boot) zu stark bemannen; **–manned** *adj.*, überbemannt, zu stark bemannt (*Boot*); **–masted** *adj.*, mit zu vielen *od.* zu schweren Masten versehen, überbemastet (*Boot*); **–night race** *s.* (*am.*), 24-Stunden-Regatta *f.*; **–pressure** *s.* (*tech.*), Überdruck *m.*; **–pressure valve** *s.*, Überdruckventil *n.*; **–range** *s.* (*radar, rad.*), Überreichweite *f.*; **–rig** *v.*, übertakeln; **–rigged boat** *s.*, übertakeltes Boot *n.*; **–run** *s.*, Überschwemmung *f.*; **–run** *v.*, aus-, totsegeln, überholen, übersegeln (*Boote*), (*meteor.*) aufgleiten (*Warmluftmassen*); überfluten, -schwemmen; **–sail** *v.* (*rac.*), übersegeln, an einem anderen Boot vorbeilaufen; **–sea(s)** *adj.*, überseeisch, Übersee-; *adv.*, in *od.* nach Übersee; **–s cruise** *or* **cruising** *s.*, Atlantiküberquerung *f.*; **–seer** *s.* **of the port,** Hafenmeister *m.*; **–set** *v.*, kentern; **to –set a boat,** ein Boot zum Kentern bringen; **–side** *adj.*, Überbord-; *adv.*, über Schiffsseite; **–size** *s.*, Übergröße *f.* (*Boot*); **–sized** *adj.*, übermäßig groß (*Segel, Boot, etc.*); **–sized spinnaker** *s.*, überdimensionaler Spinnaker *m.*; **–slaugh** *s.* (*am.*), Barre *f.*, Sandbank *f.*; **–sparred** *adj.*, überbemastet; übertakelt (*Boot*); **–stand** *v.* (*rac.*), überlaufen (*Boot*); **–strain** *v.*, überspannen, zu stark spannen *od.* strecken; **–stress** *v.*, überdehnen, -spannen, überbeanspruchen; **to –stretch a sail,** ein Segel überdehnen.

over / take *v.* (*rac.*), übersegeln, ein-, überholen, aufkommen (*mit einem anderen Boot*); **–taken boat** *s.*, überholtes Boot *n.*; **boat to be –taken** (*rac.*), zu überholendes Boot *n.*; **–taken by darkness,** von der Dunkelheit überrascht (werden); **–taken by a storm,** vom *od.* von einem Sturm überrascht (werden); **–taking boat** *s.* (*rac.*), überholendes Boot *n.*; **–taking vessel** *s.*, Überholer *m.* (*Wegerecht*).

over / trim *v.*, **to – a sail,** ein Segel zu dicht trimmen; **–turn** *v.*, kentern, umschlagen (*Boot*), umkippen, -fallen, -stürzen (*Mast, etc.*); **–weight** *s.*, Mehr-, Übergewicht *n.* (*Crew*); **–weighted** *adj.*, überbelastet, überladen (*Boot*).

owl light *s.*, (Abend)Dämmerung *f.*, Zwielicht *n.*

owner *s.* (*naut.*), Eigner *m.*, Reeder *m.*; **yacht –,** Yachteigner *m.*; **– of a ship,** Schiffseigner *m.*, Reeder *m.*; **–'s accommodation** *s.*, Eignerkabine *f.*, -kajüte *f.*, -unterkunft *f.*; **–'s stateroom** *s.*, Eignerkabine *f.*; **ownership** *s.* **of the sea,** Seeherrschaft *f.*

ox / bow *s.* (*am.*), U-förmige Flußschleife *f.*; **– eye** *s.*, Ochsenauge *n.* (*vor einem Sturm*).

oxidize *v.*, oxydieren.

oxter plate *s.*, Gillungsplatte *f.*, Außenhautplatte *f.* am Achtersteven.

oxweld *v.*, autogen schweißen.

oxygen-acetylene welding *s.*, autogenes *od.* Autogenschweißen *n.*

oyster / bank *s. or* **bed** *s.*, Austernbank *f.*; **oysterer** *s.*, Austernfischer *m.* (*Boot u. Pers.*); **oyster field** *s.* (*am.*), Austernbank *f.*

ozone *s.*, Ozon *m.*; **– layer** *s.* (*meteor.*), Ozonschicht *f.*

P

Pacific/high *s.* (*meteor.*), Pazifikhoch *n.*; **p– iron** *s.*, Lümmel *m.*; **– (standard) time** *s.*, Pazifik-Normalzeit *f.*

pack *s.*, Packeis *n.*, (*am.*) (Regatta)Feld *n.*; **to break away from the –** (*am.*), sich vom (Regatta)Feld absetzen; *v.*, (*Eisschollen*) zu Packeis zusammenpressen, (*tech.*) (ab)dichten; **to – on,** (Segel) setzen; **to – up** (*sl.*), (ab)sterben (*Motor*).

packet *s.*, Postschiff *n.*, Paketboot *n.*, (*coll.*) Schiff *n.*; **– line** *s.*, Postschifflinie *f.*; **– ship** *or* **vessel** *or* **boat** *s.*, Postschiff *n.*, Paketboot *n.*

pack ice *s.*, Packeis *n.*; **– edge** *s.*, Packeiskante *f.*

packing *s.*, Eisstau *m.*, (*tech.*) (Ab)Dichtung *f.*, Dichtungsmaterial *n.*, Stopfmaterial *n.*; **seaworthy –,** seemäßige *od.* Seeverpackung *f.*; **– ring** *s.*, Dicht(ungs)ring *m.*, Packungsring *m.*

pad *s.* (*naut.*), Polster *n.*, Schamfilmatte *f.*; **– bolt** *s.*, Augplatte *f.*; **padding** *s.*, Polsterung *f.*

paddle *s.*, Paddel *n.*; Paddeln *n.*; Schütz *n.*, Falltor *n.* (*Schleuse*), Schaufel(rad *n.*) *f.* (*Raddampfer*); **double –,** Doppelpaddel *n.*; **single –,** Paddel *n.*; Stechpaddel *n.* (*Yacht*); *v.*, paddeln, mit leichten Schlägen rudern; **– boat** *or* **steamer** *s.*, Raddampfer *m.*; **– tug** *s.*, Radschlepper *m.*; **--wheeler** *s.*, Raddampfer *m.*; **paddling** *s.*, Paddeln *n.*

pad/eye *s.*, Augbolzen *m.*, Heißauge *n.*; **–lock** *s.*, Vorhängeschloß *n.*; **– piece** *s.*, Stoßkissen *n.* (*im Boot*).

padrone *s.* (*pl.* **-ni**), Kapitän *m.* (*Mittelmeer*).

paid hand *s.*, Deckshand *f.*, bezahlte Hand *f.*, angeheuertes Crewmitglied *n.*

pail *s.* (*naut.*), Pütz(e) *f.*

paint *s.*, Farbe *f.*, Anstrich *m.*; **bilge –,** Bilgefarbe *f.*; **finish –,** Deckanstrich *m.*, -farbe *f.*; **underwater –,** Unterwasser(schutz)farbe *f.*; *v.*, pönen, anstreichen (*Boot*), streichen (*Unterwasserschiff*); **paint coat** *or* **cover** *s.*, (Farb)Anstrich *m.*

painter *s.* (*naut.*), Fang-, Vorleine *f.*, Bootstau *n.*

painting *s.* (*naut.*), Maling *f.*, Pönen *n.*, (An)-Streichen *n.*; Malerarbeiten (*pl.*) (*am od. im Boot*); **underwater –,** Unterwasseranstrich *m.*

paint/remover *s.*, Farbentferner *m.*; Abbeizer *m.*, Abbeizmittel *n.*; **– spray gun** *s.*, (Farb-) Spritzpistole *f.*; **– strake** *s.*, oberster Plankengang *m.*, gemalter Gang *m.*; **– work** *s.*, Malerarbeit(en *pl.*) *f.*; Anstrich *m.*, Farbe *f.*

pair *s.*, **– of compasses,** Zirkel *m.*; **– of oars,** Zweier *m.* (*Ruderboot*); **– of sculls,** Skull-, Wriggriemen (*pl.*); **– of tongs,** Zange *f.*; **– with cox,** Zweier *m.* mit Steuermann; **– lights** (*pl.*), Torfeuer *n.* (*Durchfahrt*); **--oar** *s.*, Zweier *m.*; **--oared boat** *s.*, zweirud(e)riges Boot *n.*

pal *s.* (*coll.*), Bordkamerad *m.*, Kumpel *m.*, Freund *m.*, Spezi *m.*

palisades *s./pl.* (*am.*), Steilufer *n.* (*bes. am Hudson*).

pall *s.*, (*s.* **pawl**).

pallet *s.* (*tech.*), Klaue *f.*; **palleting** *s.* (*naut.*), leichter Bodenbelag *m.* (*gegen Feuchtigkeit*).

pallium *s.* (*pl.* **-lia**) (*meteor.*), (graue) Wolkendecke *f.*, (den ganzen Himmel bedeckende) Schichtwolke *f.*

palm *s.*, Ankerflunke *f.*, -flügel *m.*, -hand *f.*; (Ruder)Blatt *n.*; **(sailmaker's) –,** Segelhandschuh *m.*, Segelmacherhandschuh *m.*; **– of the anchor,** Ankerflunke *f.*, -hand *f.*; **– and needle,** Segelmacherwerkzeug *n.*; **– and needle whipping** *s.*, genähter Takling *m.*

pambanmanche *s.*, Einbaumkanu *n.* (*Malabarküste*).

pan *s.*, (treibende) Eisscholle *f.*, (dünne) Scholle *f.* Treibeis.

Panama Canal/chock *s.*, Panamaklüse *f.*; **– dues** (*pl.*), Panamakanalgebühren (*pl.*); **– measurement** *s.*, Panamakanal-Vermessung *f.*; **– tonnage certificate** *s.*, Panamakanal-Meßbrief *m.*; **Panama eye** *s.*, Panamaklüse *f.*

pancake (ice) *s.*, Scheibeneis *n.*, (dünne) Eisscholle *f.*

panel *s.*, (Segeltuch)Bahn *f.*; Instrumenten-, Armaturenbrett *n.*; **instrument –,** Instrumentenbrett *n.*; **– board** *s.*, Schaltbrett *n.*, -tafel *f.*; **horizontal – sail** *s.*, Segel *n.* mit horizontalen Bahnen; **vertical – sail** *s.*, Segel *n.* mit vertikalen Bahnen.

pan ice *s.*, loses Küsteneis *n.*

panorama/equipment *s. or* **radar** *s.*, Rund(um)-suchgerät *n.*, Rundumradar *n.*; **–scope** *s.* (*radar*), Panorama-, Rundsichtgerät *n.*; **panoramic** *adj.* **aerial** (*am.* **antenna**), Rundsichtantenne *f.*

pant *v.* (*naut.*), arbeiten (*Vorschiff im Seegang*), sich ein- *od.* auswärts biegen (*Vorschiffsverbände*); **panting** *s.* (*naut.*), Arbeiten *n.* (*des Vorschiffs bei Seegang*); **– stringer** *s.*, Vorpiekstringer *m.*

panto/chronometer *s.*, (transportable) (Taschen)Sonnenuhr *f.* (*mit Einteilung in geogra-*

phische Breiten und Monatsskalen); **–graph** *s.*, Pantograph *m.*, Storchschnabel *m.*

pantry *s.* (*naut.*), Pantry *f.*, Anrichte *f.*, -raum *m.*, Kombüse *f.*, Kochnische *f.* an Bord, Aufbewahrungsort *m.* für das Backgeschirr; **–man** *s.*, Pantrygast *m.*

pants *s./pl.*, **canvas –**, Jollen-, Segel-, Seglerhose *f.*

papers *s./pl.*, (Ausweis)Papiere (*pl.*); **ship's –**, Schiffspapiere (*pl.*).

parabolic *adj.*, **– antenna,** Parabolantenne *f.*; **– compasses** (*pl.*), Parabelzirkel *m.*; **– mirror** *s.*, Parabolspiegel *m.*; **– orbit** *s.* (*astr.*), parabolische Bahn *f.*; **– reflector** *s.*, Parabolreflektorantenne *f.*

parachute *s.* (*naut.*), Schirm *m.* (*Pilz-, Schirmanker*); **– flare** *or* **light (ball)** *s.*, Fallschirmleuchtkugel *f.*, Leuchtfallschirm *m.*; **– flare rocket** *s.*, Fallschirmleuchtrakete *f.*; **– rocket** *s.*, Fallschirmrakete *f.* (*Notsignal*); **– spinnaker** *s.*, Fallschirmspinnaker *m.*

paraffin(e) (oil) *s.*, Schmier-, Maschinenöl *n.*

parallactic *adj.* (*astr.*, *phys.*), parallaktisch; **– equation** *s.* (*astr.*), parallaktische Gleichheit *f.*; **– motion** *s.* (*astr.*), parallaktische Verschiebung *f.*

parallax *s.*, Parallaxe *f.*, parallaktische Verschiebung *f.*; **annual** *or* **heliocentric –**, jährliche Parallaxe *f.*, Fixsternparallaxe *f.*; **diurnal –**, (tägliche) Parallaxe *f.*; **– inequality** *s.*, parallaktische Ungleichheit *f.* (*Gezeitenrechnung*).

parallel *s.* (*geogr.*), Parallel-, Breitenkreis *m.*; Parallele *f.*; **in –** (*elec.*), parallel-, nebeneinandergeschaltet; **– of altitude,** Höhenparallelkreis *m.*; **– of declination,** Deklinationskreis *m.*; **– of latitude** (*astr.*), Breiten-, Parallelkreis *m.*; *v.*, parallel (*zur Küste*) laufen *od.* segeln; *adj.*, **– circle** *s.*, Breitenkreis *m.*; **– connection** *s.*, Parallelschaltung *f.*; **– course** *s.*, Parallelkurs *m.*; **to run a – course,** auf Parallelkurs laufen *od.* liegen (*2 Boote*); **– forces** (*pl.*) (*phys.*), parallel wirkende Kräfte (*pl.*), Parallelkräfte (*pl.*); **– motion** *s.*, Parallelbewegung *f.*; **– rule** *or* **ruler** *s.*, **– rules** (*pl.*), Kurs-, Parallellineal *n.*; **– sailing** *s.*, Schiffahrt *f.* entlang eines Breitenkreises, Segeln *n.* im Breitenparallel(kreis).

parallelogram *s.*, **– of forces** (*phys.*), Parallelogramm *n.* der Kräfte, Kräfteparallelogramm *n.*; **– of velocities** (*phys.*), Geschwindigkeitsparallelogramm *n.*; **– of winds,** Windparallelogramm *n.*

paraselene *s.* (*pl.* **-nae**) (*astr.*), Nebenmond *m.* (*Haloerscheinung*).

parasite *adj.*, **– drag,** schädlicher (Luft)Widerstand *m.*; **– noise** *s.* (*rad.*), Stör-, Fremdgeräusch *n.*

parbuckle *s.*, Joll-, Schrottau *n.*; *v.*, mit (dem) Jolltau heben, schroten.

parcel *v.*, (*Tau*) (be)schmarten, mit Schmarting belegen, bekleiden; **parcel(l)ing** *s.*, Schmarting *f.*

parching heat *s.*, sengende Hitze *f.*

parent ship *s.*, Begleit-, Mutterschiff *n.*

parheliacal *adj.* **circle** *or* **ring,** parhelischer Ring *m.* (*der Sonne*); **parhelion** *s.* (*pl.* **-lia**) (*astr.*), Parhelion *n.*, Parhelium *n.*, Neben-, Gegensonne *f.*

parish lantern *s.* (*br.*, *dial.*), Mond *m.*

parky *adj.* (*br.*, *sl.*), schneidend (kalt) (*Wind*), eisig, frostig (*Wetter*).

parliament heel *s.*, halbe Kielholung *f.* (*durch Krängung*).

parrel *s.*, Gaffelschuh *m.*, (fierbares) Rack *n.*, Tonnenrack *n.*; **– cleat** *s.*, Rackklampe *f.*; **– downhaul** *s.*, Rackniederholer *m.*; **– lashing** *s.*, Racklasching *f.*, -zurring *f.*; **– rope** *s.*, Racktau *n.*; **– tackle** *s.*, Racktalje *f.*

parsec *s.* (*astr.*), Parsek *n.*, Parsec *n.*, Sternweite *f.*

part *s.* (*naut.*), Part *f.*, Teil *m.*; **component** *or* **constituent –,** Bestandteil *m.*; **fixed –,** feste Part *f.*; **hauling –,** holende Part *f.*; **running –,** holende *od.* laufende Part *f.*; **standing –,** stehende *od.* feste Part *f.*; *v.* (*naut.*), brechen, zerreißen (*Tau, Ankerkette*), auseinanderbrechen (*Schiff*); **to – from the anchor,** vom Anker wegtreiben, (*infolge Kettenbruchs*) den Anker verlieren; **to – the cable,** die Ankerkette brechen; **the boat –ed amidships,** das Boot brach in der Mitte auseinander.

partake *v.*, **to – in a race,** an einer Regatta teilnehmen.

partial *adj.*, **– average,** besondere Havarie *f.*; **– bulkhead** *s.*, Rahmen-, Teilschott *n.*; **– drop in pressure** *s.* (*meteor.*), Teiltief *n.*; **– eclipse** *s.* (*astr.*), partielle Finsternis *f.*; **partially** *adv.*, **– balanced rudder,** Halbbalanceruder *n.*; **– underhung rudder,** Halbschweberuder *n.*; **partial superstructures** (*pl.*), Teilaufbauten (*pl.*).

participant *s.* **in a race,** Regattateilnehmer *m.*, -in *f.*; **participate** *v.*, **to – in a race,** an einer Regatta teilnehmen.

particular *adj.*, **– average,** kleine (besondere) Havarie *f.*; **– measurement** *s.*, Einzelvermessung *f.*

partile *adj.* (*astr.*), bis auf den Grad genau.

parting *s.* (*naut.*), Bruch *m.* (*Ankerkette*),

(Zer)Reißen *n.* (*Tau*); **– of the chain,** Ankerkettenbruch *m.*; **– tool** *s.* (*tech.*), Geißfuß *m.*

partition / bulkhead *s.*, Kammer-, Teil-, Trennschott *n.*; *v.*, **to – off,** abschotten, -teilen.

partly *adv.* **clouded** (*meteor.*), teilweise bewölkt.

partner *s.* (*spt.*), Partner *m.*; **partnership** *s.* (*spt.*), Partnerschaft *f.*

partners *s.*/*pl.* (*naut.*), Fischung *f.* (*Mast*), Mastloch *n.*; **(cam action) mast –,** Mastfischung *f.*; **– of the capstan,** Gangspillfischung *f.*

part / owner *s.* (*naut.*), Miteigner *m.*, Mit-, Korrespondentreeder *m.*; **– ship owners** (*pl.*), Partenschiffseigner *m.*, -reederei *f.*; **– ship ownership** *s.*, Mit-, Parten-, Teilschiffseigner *m.*

party *s.* (*naut.*), Kommando *n.*, (*spt.*) Gruppe *f.*; **to be – to a race,** an einer Regatta teilnehmen.

pash *s.*, heftiger Regen- *od.* Schneefall *m.*

pass *s.* (*naut.*), (*schiffbarer*) Kanal *m.*, Durchfahrt *f.*; Fischgang *m.* (*an Schleusen*); (Reise-) Paß *m.*, Personalausweis *m.*

pass *v.* (*naut.*), passieren, durchkommen (*Schiff*); **to – ahead,** vor(aus)laufen, auflaufen (*Boot*); **to – alongside,** längsseit kommen *od.* -scheren; **to – astern,** hinter dem Heck eines anderen Bootes vorbeilaufen *od.* passieren; **to – by,** passieren, vorbeilaufen (*Boot*), vorbei-, vorübergehen (*Sturm, etc.*); **to – close to the mark,** die (Wende)Marke dicht passieren; **to – out of sight,** außer Sicht kommen; **to – over the range,** Schleifenfahrt machen; **to – through,** passieren; **to – (a boat) through a lock,** (ein Boot) durchschleusen; **to – within sight,** in Sicht kommen; **to – a river,** einen Fluß überqueren; **to – a signal,** ein Signal weitergeben.

passable *adj.*, befahr-, schiffbar, passierbar (*Kanal, etc.*), überquerbar (*Fluß*); **passableness** *s.*, Passierbarkeit *f.*

passage *s.*, (See)Reise *f.*, Langfahrt *f.*, Überfahrt *f.*; Passage *f.*, Fahrwasser *n.*, Kanal *m.*; Gang *m.* (*an Bord*); **on – home,** auf der Heimreise; **navigable –,** Fahrrinne *f.*; **to work one's – (out),** (sich) die Überfahrt durch Arbeit an Bord verdienen; **– at economical speed,** ökonomische Fahrt *f.*; **– at maximum (continuous) speed,** Dauerhöchstfahrt *f.*; **– of a depression** *or* **of a low (pressure area)** (*meteor.*), Durchzug *m.* eines Tiefs, Passieren *n.* eines Regengebiets; **– out,** Ausreise *f.*, Hinfahrt *f.*, -reise *f.*; *v.*, unterwegs (sein), eine Überfahrt machen; **– boat** *s.*, Fährboot *n.*, Boot *n.* für Pendelverkehr; **– days** (*pl.*), Tage (*pl.*) auf See, Seetage (*pl.*); **ocean passages** (*pl.*), Ozeanhandbuch *n.*; **passageway** *s.*, (Lauf)Gang *m.* (*an Bord*).

passenger *s.*, Passagier *m.*; **– and cargo ship** *or* **vessel** *s.*, Passagier-Frachtschiff *n.*; **– boat** *s.*, Passagierboot *n.*; **– launch** *s.*, Verkehrsbarkasse *f.*; **– liner** *s.*, Passagierlinienschiff *n.*; **– port** *s.*, Passagierhafen *m.*

passing *adj.*, vorbei-, vorübergehend (*Sturm, etc.*); **– place** *s.*, Ausweichstelle *f.* (*im Kanal*); **– sea** *s.*, unter dem Boot durchlaufende See *f.*; **– shower** *s.* (*meteor.*), vorübergehender *od.* Regenschauer *m.*

passport *s.*, Reisepaß *m.*; **Seaman's –,** Seefahrtsbuch *n.*; **– formalities** (*pl.*), Paßformalitäten (*pl.*).

patamar *s.*, (*ungedecktes*) Küstenschiff *n.* (*Ceylon*).

patch *s.* (*naut.*), Plattenflick *m.* (*Bootsrumpf*), Patsch *m.*, Segelflicken *m.*, Matte *f.* (*Lecksegel*), (kleine) Eisscholle *f.*; Untiefe *f.*; **patches** (*pl.*), Eckversteifungen *f.*/*pl.* (*Segel*); **– of sky visible** (*meteor.*), aufgelockerte Bewölkung *f.*, aufgerissene Wolkendecke *f.*; **– of fog,** neblige Stellen (*pl.*); **patch** *v.*, ausbessern, (aus)flicken (*Segel, etc.*); **– work** *s.*, Flickwerk *n.*

patent *s.*, Patent *n.*; **letters –,** Patentbrief *m.*; *adj.*, **– anchor** *s.*, Patentanker *m.*; **– block** *s.*, Patentblock *m.*; **–-cut jib** *s.*, Strahlensegel *n.*; **– eye** *s.*, Drahtseilhülse *f.* (*Drahttauwerk*); **– log** *s.*, Patentlog *n.*, -logge *f.*, Schlepplog *n.*; **– reefing gear** *s.*, Patentreffer *m.*, -reffeinrichtung *f.*; **– rudder** *s.*, Patentruder *n.*; **– shackle** *s.*, Patentschäkel *m.*; **– slipway** *s.*, Patentschlipp *m.*; **– whipping** *s.*, Patenttakling *m.*

path *s.* (*astr., meteor.*), Bahn *f.*; **tow(ing) –,** Treidelpfad *m.*, -weg *m.*; **– of a comet,** Kometenbahn *f.*; **– of a gale** *or* **storm,** Sturmbahn *f.*, Bahn *f.* eines Sturms.

patrol boat *or* **vessel** *s.*, Küstenwachboot *n.*

patron *s.*, Patron *m.*, Schiffsherr *m.* (*Mittelmeer*); **– saint** *s.*, Schutzpatron *m.*

patter *s.*, Prasseln *n.*, Pladdern *n.*, Platschen *n.*, Klatschen *n.* (*Regen, Hagel*); *v.*, prasseln, pladdern.

pattern *s.*, Schablone *f.* (*Segel*), Gußmodell *n* (*Bootsbau*), Form *f.*, Muster *n.*

paunch (mat) *s.* (*naut.*), englische Matte *f.* Stoßmatte *f.*

pawl *s.*, Pall *n.*, Palle *f.*, Sperrkegel *m.*, (*tech.*) Sperrhaken *m.*; **drop –,** Pall *n.*, Palle *f.*; **to heave –,** pallhieven; *v.*, pallsetzen, -winden **– bitt** *s.*, Pallbeting *m.*, -pfosten *m.*; **– post** *s.* Pallpfosten *m.*; **– rack** *s.*, Pallkranz *m.*; **– rin**

or **ring** *s.*, Pallkranz *m.*, -ring *m.*

pay *s.* (*naut.*), Heuer *f.*

pay *v.* (*naut.*), abtreiben, vom Wind abkommen; auspichen, verpichen *od.* -pechen, teeren, (ein)schmieren; **to – away,** (*Tau, Kette*) (aus)stecken, fieren, (langsam) schießen lassen, weggeben; **to – off,** (*Boot*) vom Wind abhalten *od.* leewärts steuern, abdrehen, abfallen, den Kurs ändern, (*während des Ablegens*) abkommen; abmustern (*Crew*), (ab)löhnen (*Crew*); **to – out,** (*Kette, Tau*) (aus)stecken, schricken, fieren, (langsam) laufen *od.* schießen lassen, ausgeben, nachstecken; **to – out a chain,** eine (Anker)Kette stecken, (*beim Ankern*) mehr Kette fieren; **to – more cable,** mehr Kette (aus)stecken; **to – the seams,** die Decknähte auspichen.

paying-out gear *s.*, Kabellegegeschirr *n.*

pay load *s.* (*naut.*), Nutzlast *f.*

pea coat *or* **jacket** *s.*, (zweireihige) Bord-, Matrosen-, Pijacke *f. od.* -jackett *n.*

peak *s.*, Piek *f.* (*einer Gaffel*), Gaffelnock *f.*, Nockgording *f.* eines Gaffelsegels an der Piek; Piek *f.* (*Schiffsraum*), Ankerspitze *f.*, -spike *f.*, (*tech.*) Maximum *n.*, Hauptbelastung *f.*; **after –,** Achterpiek *f.*; **fore** *or* **forward –,** Vorpiek *f.*; **gaff –,** Gaffelpiek *f.*; **– of the gaff,** Gaffelpiek *f.*, -nock *f.*; **– of a wave,** Wellenkamm *m.*; *v.* (*naut.*), aufpieken, toppen, in die waag(e)rechte Lage bringen, nach oben schieben; **to – a gaff,** eine Gaffel toppen *od.* aufpieken.

peak / frame *s.*, Piekspant *n.*; **– halyard** *s.*, Piekfall *n.*; **– halyard block** *s.*, Piekfallblock *m.*; **peaking, winds – to ... knots,** Wind *m.* mit Spitzengeschwindigkeiten von ... Knoten; **– coil** *s.* (*radar*), Korrektionsspule *f.*; **peak / load** *s.*, Höchst-, Maximal-, Spitzenbelastung *f.*; **– output** *s.* (*tech.*), Maximalleistung *f.*; **– pendant** *s.*, Gaffelstander *m.*; **– span** *s.*, Gaffelhanger *m.*

peal *s.* **of thunder,** Donnerschlag *m.*

pearl diver *or* **fisher** *s.*, Perlenfischer *m.*

peasoup *s.*, **peasouper** *s.* (*coll.*), dichter *od.* dikker Nebel *m.*, Waschküche *f.*; **– fog** *s.*, dicker Nebel *m.*

pebbles *s./pl.*, Kieselsteine (*pl.*), -grund *m.*; **pebbly** *adj.* **beach,** Kieselstrand *m.*

peck *s.*, Delle *f.*, Einbuchtung *f.* (*im Bootsrumpf*).

peculiarity *s.*, Besonderheit *f.*, Eigentümlichkeit *f.* (*Boot, Segel*).

pedestal *s.*, Säule *f.*, Sockel *m.* (*Kompaß*), (*Loran*) Zeitmarke *f.*; **steering –,** Steuersäule *f.*

peel *s.* (*am.*), Ruderblatt *n.*; *v.*, **to – off,** abblättern, abschilfern (*Farbe, Segeltuchfolie*), (*rac.*) ausscheren (aus dem Feld).

peep *s.*, **at – of day,** bei Tagesanbruch; **– hole** *or* **peeper** *s.*, Schauloch *n.*, -öffnung *f.* (*an Geräten*); **– sight** *s.*, Diopter *n.*

peg *s.* (*tech.*), Keil *m.*, Splint *m.*, Vorstecker *m.*, Stöpsel *m.*, Stopfen *m.*, (Holz)Pflock *m.*, Dübel *m.*; *v.* (*tech.*), dübeln, (an)stiften; **– switch** *s.*, Umschalter *m.*

pelagian *or* **pelagic** *adj.*, pelagisch, hochmarin, ozeanisch, Hochsee-, der (Hoch)See angehörig; **– fishing** *or* **fishery** *s.*, Hochseefischerei *f.*; **– zone** *s.*, Tiefseezone *f.*

pelican (hook) *s.*, Pelikan-, Slip-, Schlipphaken *m. od.* -schäkel *m.*

pellet *s.*, Treibnetzboje *f.*

pelorus *s.* (*naut.*), Peilscheibe *f.*, Peildiopter *n.*, Navigationsinstrument *n.* zum Peilen (*von der Brückennock aus*); **– with sight vanes,** Peilscheibe *f.* mit Diopter.

pelt *s.*, Prasseln *n.*, Pladdern *n.*, Klatschen *n.* (*Regen*); *v.*, (nieder)prasseln, pladdern; **pelting rain** *s.*, Platzregen *m.*

pem(m)ican *s.*, Pemmikan *m.*, Dörrfleisch *n.* (*Bordverpflegung*).

pen *s.*, Talsperre *f.*, (Stau)Damm *m.*

penalize *v.*, mit einer Strafe belegen; **penalty** *s.* (*spt.*), Strafe *f.*

pencil *s.* (*tech.*), Stift *m.*, (*opt.*) Strahlenbündel *n.*; **– of light,** Lichtbündel *n.* (*Leuchtfeuer*); **pencilled** *adj.*, büschelig, gebündelt (*Lichtstrahlen*).

pendant *s.*, Stander *m.*, Wimpel *m.*, kleine Flagge *f.*, Hanger *m.*; **answering –,** Antwortwimpel *m.*; **bull –,** Bullenstander *m.*; **club –,** Klubstander *m.*; **command –,** Kommandowimpel *m.*; **mooring buoy –,** Bojenstander *m.*; **numerical –,** Zahlenwimpel *m.*; **reefing –,** Smeer-, Schmeerreep *n.*; **signal(ling) –,** Signalwimpel *m.*; **– chain** *s.*, Hangerkette *f.*; **– halyard** *s.*, Standerfall *n.*, -leine *f.*; **– line** *s.*, Standerleine *f.*; **– tackle** *s.*, Hangertalje *f.*; **– winch** *s.*, Hangerwinde *f.*, -winsch *f.*

pendulum *s.*, **compensated –,** Kompensationspendel *n.*; **mercurial –,** Queksilberpendel *n.*; **– sextant** *s.*, Pendelsextant *m.*

penetrate *v.*, eindringen, einsickern (*Wasser in ein Leck*); **penetrating water** *s.*, einsickerndes Wasser *n.*

peninsula *s.*, Halbinsel *f.*

pennant *s.*, Stander *m.*, Wimpel *m.*, kleine Flagge *f.*, (*s.* **pendant**); **wind –,** Flögel *m.*

pennon *s.* (*naut.*), Wimpel *m.*; **pennoned** *adj.*, mit Wimpel(n) versehen.

pentad *s.* (*meteor.*), Pentade *f.*, Zeitraum *m.*

von fünf Tagen.

penumbra *s.* (*pl.* **-brae**) (*astr.*), Penumbra *f.*, (*phys.*) Halbschatten *m.*; **penumbral** *adj.*, halbdunkel, Halbschatten-.

peppering rain *s.*, prasselnder *od.* pladdernder Regen *m.*

percentage *s.* **of salt,** Salzgehalt *m.* (*des Meeres*).

perch *s.*, Pricke *f.*, Stangenseezeichen *n.*, Pfahlbake *f.*, Spiere *f.* einer Spierentonne.

percussive *adj.* **test,** (Anker)Fallprobe *f.*

peregrine *adj.* (*astr.*), ohne starke Wirkung.

perennial *adj.* **river,** dauernd Wasser führender Fluß *m.*

perfect *adj.* **trim,** perfekte *od.* vollkommene Trimmlage *f.*, perfekter Trimm *m.*

perform *v.*, **the sail –s well,** das Segel steht gut.

performance *s.*, Leistung *f.*, Leistungsfähigkeit *f.* (*Segel, Boot*); **sea-going – (of a boat),** Seeverhalten *n.* (eines Bootes); **– test** *or* **trial** *s.* (*tech.*), Leistungsprobe *f.*, -prüfung *f.*

periastral *adj.* (*astr.*), in der Nähe eines Sterns (befindlich); **periastron** *s.* (*astr.*), Periastron *n.*, -strum *n.* (*kürzeste Entfernung zwischen einem Sternpaar*).

perigeal *or* **perigean** *adj.* (*astr.*), die Erdnähe betreffend; **perigee** *s.* (*astr.*), Erdnähe *f.*, Perigäum *n.* (*bes. des Mondes*).

perihelial *adj.*, **perihelion** *adj.* (*astr.*), in Sonnennähe befindlich; **perihelion** *s.* (*pl.* **-lia**) (*astr.*), Sonnennähe *f.*, Perihel(ium) *n.* (*eines Planeten*).

perijove *s.* (*astr.*), Perijovium *n.*

perils *s./pl.* **of the sea,** Seegefahren *f./pl.*

perimeter *s.*, Umkreis *m.*

period *s.* (*astr.*), Umlaufzeit *f.*, Periode *f.*, Kreislauf *m.*, regelmäßige Wiederkehr *f.*, Zyklus *m.*, (*phys., elec.*), Periode *f.*, Schwing(ungs)dauer *f.*, -zeit *f.*; **the – of the earth,** die Umlaufzeit der Erde (*um die Sonne*); **wave –,** Wellenperiode *f.* (*der Wellenkämme*); **– in (the) boatyard,** Werftliegezeit *f.*; **– of rain,** Regenzeit *f.*; **– of roll,** Roll-, Schlingerperiode *f.* (*im Seegang od. in der Dünung*); **– of silence** *s.* (*rad.*), Funkstille *f.*; **– of the weather forecast,** Zeitraum *m.* der Wettervorhersage.

periodical light *s.* (*naut.*), Taktfeuer *n.*

periodic *adj.*, **– motion** *or* **return** (*phys.*), periodische Bewegung *f.*, Kreislauf *m.*; **– star** *s.* (*astr.*), Stern *m.* mit periodisch wechselnder Helligkeit.

periplus *s.* (*pl.* **-pli**), Umschiffung *f.*

perisaturnium *s.* (*astr.*), Saturnnähe *f.* (*eines seiner Trabanten*).

periscope *s.*, Periskop *n.*, Sehrohr *n.*, (*phys.*) Beobachtungsspiegel *m.*, periskopische *od.* konkav(o)-konvexe Linse *f.*

perlon ropes *s./pl.*, Perlontauwerk *n.*

perm *s.* (*elec.*), elektromagnetische Maßeinheit *f.*

permanence *s.* (*phys.*), Permanenz *f.* (*Magnetismus*).

permanent *adj.*, **– backstay** (*am.*), Achterstag *n.*; **– ballast** *s.*, fester Ballast *m.*; **– echo** *s.* (*radar*), Festzeichen *n.*; **– effect** *s.* (*phys.*), Dauerwirkung *f.*; **– fender** *s.*, Scheuerleiste *f.*; **– load** *s.*, ständige *od.* Dauerbelastung *f.*; **– magnet** *s.*, Dauer-, Permanentmagnet *m.*, permanenter Magnet *m.*; **– magnetism** *s.*, bleibender *od.* fester *od.* permanenter Magnetismus *m.*; **– set** *s.* (*tech.*), bleibende *od.* permanente Dehnung *f.* *od.* Durchbiegung *f.* (*Mast*); **– signal** *s.* (*rad.*), Dauerton *m.*

permeability *s.* (*phys.*), spezifische magnetische Leitfähigkeit *f.*, Permeabilität *f.*, Durchlässigkeit *f.*; **permeance** *s.* (*phys.*), magnetischer Leitwert *m.*, magnetische Leitfähigkeit *f.*

permissible *adj.*, **– deviation** (*tech.*), Toleranz *f.*, zulässige Abweichung *f.*; **– error** *s.*, zulässiger Fehler *m.*; **– load** *s.*, zulässige *od.* Höchstbelastung *f.* *od.* Beanspruchung *f.*; **– sail inventory** *s.* (*rac.*), zulässige Beseg(e)lung *f.*; **– strain** *or* **stress** *s.* (*tech., phys.*), zulässige Beanspruchung *f.* *od.* Belastung *f.*; **– variation** *s.* (*tech.*), zulässige Abweichung *f.*, Toleranz *f.*

permit *s.*, Ein- *od.* Ausreiseerlaubnis *f.*; Genehmigung *f.*, Zulassung *f.*, Lizenz *f.*; **– number** *s.*, Zulassungsnummer *f.* (*Trailer, etc.*).

permitting *adj.*, **weather –,** wenn es das Wetter erlaubt *od.* zuläßt, wettererlaubend.

perpendicular *s.* (*naut.*), Perpendikel (*pl.*), Lote (*pl.*) (*Bootsbau*), Lot *n.*, Senklot *n.*; Senkrechte *f.*; **out of the –,** schief, nicht lot- *od.* senkrecht; *adj.*, lot-, senkrecht, aufrecht (stehend) (*Mast*); **– bisector** *s.*, Mittellot *n.*; **– magnetization** *s.*, Quermagnetisierung *f.*; **perpendiculars** (*pl.*), **length between –,** Gesamtbootslänge *f.*, Länge *f.* zwischen den Loten.

perpetual *adj.* **motion** (*phys.*), (be)ständige Bewegung *f.*

Perseid *s.* (*astr.*), Auguststernschnuppe *f.*

persistence *s.* (*radar*), Nachleuchtdauer *f.*, -zeit *f.*; **– of forces** (*phys.*), Fortwirkung *f.* der Kräfte, Erhaltung *f.* der Kraft; **– of motion** (*phys.*), Beharrungsvermögen *n.*

personal *adj.*, **– buoyancy,** Rettungsmittel *n.* (*Seenot*); **– record** *s.* (*spt.*), Bestleistung *f.*, persönliche Bestzeit *f.*

perspective *adj.* **representation** (*radar*), Sichtbild *n.*

perturbation *s.* (*meteor.*), (meteorologische) Störung *f.*, Schwankung *f.*; (*astr.*) Störung *f.*, Perturbation *f.* (*im Lauf eines Gestirns*).

Peru *or* **Peruvian current** *s.*, Peru-, Humboldtstrom *m.* (*Westwinddrift*).

pervious *adj.* **to water,** wasserdurchlässig.

peter *v.*, **to – out,** abflauen, allmählich nachlassen *od.* aufhören (*Sturm*).

peter boat *s.* (*dial.*), Fischerboot *n.* (*mit spitz zulaufendem Bug und Heck*).

Petersen('s) scale *s.*, Petersen-Skala *f.*, Seegangskala *f.*

petrol *s.*, Benzin *n.*, Kraft-, Treibstoff *m.*; *v.*, auftanken, mit Benzin versorgen.

petroleum burner *s.*, Petroleumbrenner *m.*

petrol / filter *s.*, Benzinfilter *m.*; **– level** *s.*, Benzinstand *m.*; **– station** *s.* Tankstelle *f.* (*im Hafen*); **– tank** *s.*, Benzintank *m.*

petticoat *s.*, Mastkragen *m.*, (*am.*) Öltuchrock *m.* (*der Fischer*); **– insulator** *s.*, Glockenisolator *m.*

petty *adj.*, **– average,** kleine Havarie *f.*; **– officer** *s.* (*naut.*), Maat *m.*, Bootsmannsmaat *m.*

pewter *s.* (*sl.*), (Preis)Pokal *m.*

phantom *s.*, optische Täuschung *f.*; *adj.*, **– circuit** *s.* (*elec.*), Duplexleitung *f.*, Phantom-, Viererkreis *m.*; **– element** *or* **ring** *s.*, Kreiselkompaßkessel *m.*; **– ship** *s.*, Geisterschiff *n.*, Fliegender Holländer *m.*

phare *s.*, Leuchtturm *m.*

pharology *s.*, Lehre *f.* vom Leuchtsignalwesen.

pharos *s.*, Leuchtturm *m.*, Faro *m.*, Pharus *m.*; Leuchtfeuer *n.*, Lichtzeichen *n.*

phase *s.*, Phase *f.*; **– of the moon** (*astr.*), Mondphase *f.*; *v.* (*elec.*, *phys.*), synchronisieren; **phase / comparison** *s.* (*Decca*), Feinortung *f.*; **– delay** *s.*, Phasenverzögerung *f.*; **– difference** *s.* (*elec.*, *phys.*), Phasendifferenz *f.*, -unterschied *m.*, -verschiebung *f.*; **– displacement** *s.* (*phys.*), Phasenunterschied *m.*, -verschiebung *f.*; **– inequality** *s.*, halbmonatliche Ungleichheit *f.* (*der Gezeiten*); **– lag (lead)** *s.*, Phasennach(vor)eilung *f.*; **– modulation** *s.*, Phasenmodulation *f.*; **– shift(ing)** *s.*, Phasenverschiebung *f.*; **– velocity** *s.*, Phasengeschwindigkeit *f.*; **– voltage** *s.* (*elec.*), Phasenspannung *f.*

phenomenal *adj.*, **– sea,** außerordentlich *od.* gewaltig schwere See *f.*; **– weather for a sail,** phantastisches Segelwetter *n.*; **phenomenon** *s.* **(of nature),** Naturerscheinung *f.*, Phänomen *n.*

phon *s.* (*phys.*), Phon *n.* (*Maßeinheit der Lautstärke*).

phonometer *s.* (*phys.*), Phonometer *n.*, Schall(stärke)messer *m.*; **phonotelemeter** *s.* (*phys.*), Phonotelemeter *n.*, Echo-Entfernungsmesser *m.*

phosphorescence *s.* (*radar*), Nachleuchten *n.*; Phosphoreszieren *n.* (*Meer*).

phosphorescent *adj.* **sea,** Meeresleuchten *n.*, phosphoreszierende See *f.*

photo / electric(al) *adj.*, photo-, lichtelektrisch; **– -finish** *s.* (*rac.*), Entscheidung *f.* durch Zielfotographie; **–graphic compass** *s.*, Projektionskompaß *m.*; **–map** *s.* (*astr.*), fotographische Sternkarte *f.*; Luftbildkarte *f.*; **–meter** *s.*, Licht(stärke)messer *m.*; **–radiogram** *s.*, Funkbild *n.*; **–sphere** *s.*, Photosphäre *f.*, Lichtkreis *m.* (*bes. der Sonne*).

physical *adj.* **constant,** physikalische Konstante *f.*, Naturkonstante *f.*

pi *s.*, Pi *n.*, Ludolfsche Zahl *f.* (*Verhältnis des Kreisumfangs zum Durchmesser*), (*astr.*) Stern *m.* 16. Größe.

piassava (piacaba, -saba, -sava) broom *s.*, Piassavabesen *m.*

picaroon *s.* (*am.*), Bootshaken *m.*; Pirat *m.*, Korsar *m.*; Piraten-, Seeräuberschiff *n.*, Korsar *m.*; *v.*, seeräubern.

pick *v.*, **to – in,** einpicken, einhaken (*Leine*), mit dem Bootshaken erfassen; **to – off** (*radar*), abtasten; **to – out,** (*Landmarke*) ausmachen *od.* in Sicht bekommen; auspicken, aushaken (*Leine*); **to – up,** aufpicken, aus dem Wasser an Bord nehmen (*Boje, etc.*), auffrischen (*Wind*), (*rad.*) (*Funksignale*) auffangen, (*Funkstation*) bekommen *od.* empfangen; (*Kabel*) aufnehmen; in den (Such-) Scheinwerfer bekommen, anleuchten (*mit Suchscheinwerfern*); **to – up a buoy,** eine Boje aufpicken *od.* aufnehmen *od.* an Bord nehmen; eine Boje *od.* Tonne finden und ansteuern; **manoeuvre to – up a buoy,** Bojenmanöver *n.*; **to – up the coast,** die Küste ausmachen *od.* in Sicht bekommen; **to – up a light,** ein Feuer ausmachen *od.* in Sicht bekommen; **to – up moorings,** an die Boje gehen; **to – up a pilot,** einen Lotsen an Bord nehmen *od.* übernehmen; **to – up speed,** Fahrt aufnehmen, schneller werden; auf Touren kommen (*Motor*); **to – up a station** (*rad.*), eine Funkstation empfangen *od.* bekommen.

picked-up wave *s.* (*rad.*), Empfangswelle *f.*

picket boat *s.*, Patrouillenboot *n.* der Hafenpolizei, Wachboot *n.*

pick-off *adj.* (*am.*), abnehmbar, abmontierbar.

picture transmission *s.* (*rad.*), Bildfunk *m.*, -übertragung *f.*

piece *s.* (*coll.*), Strecke *f.* (*einer Regattabahn*); **eye –,** Okular *n.*; **– of rope,** Tauende *n.*; **to**

come *or* **to fall to –s** (*pl.*), in Stücke gehen, kaputtgehen.

pier *s.*, Anlegesteg *m.* zum Festmachen, Brücke *f.*, Hafendamm *m.*, Mole *f.*, Pier *m.* (*naut. f.*), Kai *m.*, Landebrücke *f.*, Landungssteg *m.*; **pierage** *s.*, Kaigeld *n.*

piercing / cold *s.*, schneidende *od.* durchdringende Kälte *f.*; **– wind** *s.*, schneidender *od.* scharfer Wind *m.*

pierhead *s.*, Molenkopf *m.*; **– light** *s.*, Molen(kopf)feuer *n.*; **– line** *s.*, Molenkopflinie *f.* (*Hafenbegrenzung*); **pierman** *s.*, Kaiarbeiter *m.*

piezo / electric *adj.*, piezoelektrisch; **–electric effect** *s.*, piezoelektrischer Effekt *m.*; **–metrical level** *s.*, Grundwasserspiegel *m.*

pigeon hole *s.*, Spillspakengatt *n.*

pig / stick *s.*, Wimpelstock *m.* (*Mast*); **– yoke** *s.* (*naut., sl.*), Quadrant *m.*, Sextant *m.*

pike *s.*, Spieker *m.*, langer Nagel *m.*; **– pole** *s.* (*naut., am.*), Hakenstange *f.*; **pikes** (*pl.*), Rundhölzer (*pl.*) (*Baum, Spieren, etc.*).

pile *v.*, **to – up** (*naut., hum.*), aufbrummen, auflaufen, festkommen, stranden (*Boot*), auflaufen lassen (*Boot*), sich (auf-, an)häufen *od.* ansammeln (*Wolken*); **to be –d up,** aufgebrummt *od.* aufgelaufen sein (*Boot*); **–d (-up) clouds** (*pl.*) (*meteor.*), Cumulus(wolken *pl.*) *m.*

pile *s.*, **– of a cofferdam,** Binnenpfahl *m.*; **sheet – bulkhead** *s.*, Spundwand *f.*; **– bridge** *s.*, (Pfahl)Jochbrücke *f.*; **– dolphin** *s.*, Dück-, Dukdalben *m.*; **– driver** *s.*, Ramme *f.*, Pfahlramme *f.*, Rammbär *m.*; **– fender** *s.*, Schutz-, Sturmpfahl *m.*; **– mooring** *s.*, Dalben *m.*, Dück-, Dukdalben *m.*; **– pier** *s.*, Pfahljoch *n.*; **piles** (*pl.*), **driving of –,** Ramming *f.* (*Pfähle zum Festmachen*); **to drive –,** (Pfähle zum Festmachen) rammen; **pile / wall** *s.*, Spundwand *f.*; **– work** *s.*, Pfahlwerk *n.*

pillar *s.*, (Luft-, Wasser)Säule *f.*; (Deck)Stütze *f.*; Pfeiler *m.*; **– between decks,** Deckstütze *f.*; **– buoy** *s.*, Bakentonne *f.*, Spierenbake *f.*, -tonne *f.*

pillow *s.* (*naut.*), Bugsprietunterklotzung *f.*, (*tech.*) Lagerschale *f.*, Pfanne *f.*

pilot *s.* (*naut.*), Lotse *m.*, Navigator *m.*, Pilot *m.*, (*dial.*) Quiddje *m.*; Instrument *n.* zur Feststellung von Kompaßfehlern; See-, Segelhandbuch *n.*, (*tech.*) Auslösevorrichtung *f.*; **chief –,** Oberlotse *m.*; **licensed –,** seeamtlich befähigter Lotse *m.*; *v.*, lotsen; navigieren, führen, lenken, steuern (*ein Boot*); **to – down,** seewärts lotsen; **to – downstream,** stromab(wärts) lotsen; **to – in,** einlotsen (*Hafen*); **to – out,** auslotsen (*Hafen*); **to – through,** durchlotsen; **to – up,** aufwärts lotsen (*Fluß, etc.*); **to – upstream,** stromauf(wärts) lotsen.

pilotage *s.*, Lotsen *n.*, Lotsenwesen *n.*, -kunde *f.*; Lotsengeld *n.*, -gebühr *f.*; **certificate of –,** Lotsenpatent *n.*; **compulsory –,** Lotsenzwang *m.*; **– inwards (outwards),** Lotsengeld *n.* beim Ein(Aus)laufen; **– authority** *s.*, Lotsenamt *n.*, -behörde *f.*; **– certificate** *s.*, Lotsenpatent *n.*; **– district** *s.*, Bereich *m.* einer Lotsenbehörde; **– dues** (*pl.*), Lotsengebühr *f.*; **– ground** *s.*, (Lotsen)Revier *n.*; **– waters** (*pl.*), (Lotsen)Revier *n.*; terrestrische Navigation *f.*, Küstennavigation *f.*

pilot / balloon *s.*, Probeballon *m.* (*Windrichtung*); **– berth** *s.*, Lotsenkoje *f.*, Seekoje *f.*; **– biscuit** *s.*, Schiffszwieback *m.*; **– boat** *s.*, Lotsenboot *n.*; **– book** *s.*, Seehandbuch *n.*, Segelhandbuch *n.*; **– bridge** *s.*, Kommandobrücke *f.*; **– chart** *s.* (*meteor.*), Monatskarte *f.*; **– coat** *s.*, kurze Seemannsjacke *f.*; **– compass** *s.*, Mutterkompaß *m.* (*Kreiselkompaß*), Regulier-, Schaltkompaß *m.*; **– cutter** *s.*, Lotsenkutter *m.*; **– flag** *s.*, Lotsenflagge *f.*; **– gyro** *s.*, Steuerkreisel *m.*; **– house** *s.*, Brücken-, Ruderhaus *n.*, Lotsenhaus *n.*

piloting *s.*, Navigations-, Steuermannskunst *f.*; Lotsen *n.*; **– instrument** *s.*, Navigationsinstrument *n.*, -gerät *n.*; **– track** *s.*, Kurslinie *f.*

pilot / jack *s.*, Lotsenflagge *f.*; **– jacket** *s.*, Lotsen-, Schifferjacke *f.*; **– ladder** *s.*, Lotsenleiter *f.*, -reep *n.*; **– lamp** *s.* *or* **light** *s.* (*tech.*) Kontrollampe *f.*, -leuchte *f.*; Signallampe *f.*; **– light** *s.*, Lotsenfeuer *n.*, -licht *n.*; **– radio service** *s.*, Lotsenfunk *m.*; **– relais** *s.* (*tech.*), Kontroll-, Steuerrelais *n.*; **pilots** (*pl.*), Dampfer-, Ozeanhandbuch *n.*; **pilot's / fee** *s.*, Lotsengebühr *f.*; **– ladder** *s.*, Lotsenleiter *f.*, -treppe *f.*, Seefallreep *n.*; **– launch** *s.*, Lotsenbarkasse *f.*, -versetzboot *n.*; **– waters** (*pl.*), Lotsenrevier *n.*, -fahrwasser *n.*; **pilot / service** *s.*, Lotsendienst *m.*; **– signal** *s.*, Lotsensignal *n.*; **– station** *s.*, Ruderstand *m.*; Lotsenstation *f.*

pin *s.* (*naut.*), Pinne *f.*, Scheibennagel *m.*, kleiner Nagel *m.*, Spille f., Bolzen *m.*, Zwecke *f.*, (*tech.*) Niet *m.*, Stift *m.*, Dübel *m.*, Dorn *m.*; **clew –,** Bolzen *m.* für Großsegelschot; **crank –,** Kurbelzapfen *m.*; **hinge –,** Scharnierbolzen *m.*, -nagel *m.*; **shadow –,** Schattenstift *m.* (*Peilkompaß*); **split –,** Federsplint *m.*; **tack –,** Belegnagel *m.*; Bolzen *m.* für Großsegelhals; **– of a block,** Blockbolzen *m.*; **– of a compass,** Kompaßpinne *f.*, -spitze *f.*; **– of a pulley,** Rollenbolzen *m.*; **– of a windlass,** Spille *f.* einer Winde; *v.*, an-, verbolzen.

pincers *s./pl.*, (Beiß-, Kneif-, Zwick)Zange *f.*; **pair of –,** (Kneif)Zange *f.*

pinch *v.* (*naut.*), abdecken, kneifen, (*ein Boot*) hart an den Wind bringen *od.* segeln, hart am Wind segeln; beißen (*Kälte*); **to – up,** kneifen, zu hoch am Wind segeln; **to – up to windward,** gegen den Wind einkrimpen; **pinched** *adj.*, **(to be) – with cold,** durch(ge)froren *od.* vor Kälte erstarrt (sein).

pinchers *s./pl.*, Kneifzange *f.*

pinching/cold *s.*, schneidende *od.* beißende Kälte *f.*; **– nut** *s.*, Gegenmutter *f.*

pin/compass *s.*, Pinn-, Steckkompaß *m.*; **–hole** *s.* (*naut.*), Nagelgatt *n.*; **– holes** (*pl.*), Korrosionsanfressungen (*pl.*); **– joint** *s.*, Bolzengelenk *n.*, Scharnierverbindung *f.*

pink *s.*, Pinke *f.* (*dreimastiger Mittelmeerküstensegler, Fischerboot mit schmalem Heck*); *v.*, klopfen (*Motor*).

pinkie *s.*, **pinky** *s.* (*am.*), schonergetakeltes Fischerboot; **pink/stern** *s.*, Pinkenheck *n.*, schmales Heck *n.*; **–-sterned** *adj.*, mit sehr schmalem Heck.

pinnace *s.*, Pinass(e) *f.*, Barkasse *f.*, Beiboot *n.*; Großboot *n.*

pinnacle *s.*, Riff-, Felsspitze *f.*

pin/oarlock *s.*, Stiftdolle *f.* (*Ruderboot*); **–point** *v.* (*naut.*), (Landmarke) genau ausmachen, (*Kurs*) genau festlegen; **–point navigation** *s.*, haargenaue *od.* peinlich genaue Navigation *f.*; **– rack** *s. or* **rail** *s.* (*naut.*), Nagelbank *f.* (*für Belegnägel*); **screw – shackle** *s.*, Schraubschäkel *m.*

pintle *s.* **(of the rudder)**, Ruderhaken *m.*, Fingerling *m.*, (*tech.*) kleiner Bolzen *m.*, Drehbolzen *m.*; **rudder –,** Ruderzapfen *m.*

pinwheeling *s.*, Backsen, Auf-der-Stelle-drehen *od.* -kreisen (*Boot*); *v.*, **to be –,** backsen (*Boot*).

pip *s.* (*radar*), Blip *m.*, Pip *m.*, kurzer Impuls *m.*, Leuchtfleck *m.* auf dem Radarschirm, der ein Objekt anzeigt, (*rad.*) kurzes Signal *n.*, kurzer hoher Ton *m.*, (*Funksprechverkehr*) P *n.*; **five o'clock – emma (p.m.),** 5 Uhr nachmittags.

pipe *s.* (*naut.*), Bootsmannspfeife *f.*; Klüse *f.*, Rohr *n.*; **chain (locker) –,** Kettendurchlauf *m.*; **elastic –,** Gummischlauch *m.*; **flexible –,** Schlauch *m.*; **sounding –,** Peilrohr *n.*

pipe *v.* (*naut.*), pfeifen, Pfeifsignale geben, zusammenpfeifen, durch Pfeifsignale zusammenrufen (*Crew*), heulen, pfeifen (*Wind*); **to – away** *or* **down,** (*die Crew*) unter Deck schikken *od.* durch Pfeifsignale entlassen; **to – up,** (*die Crew*) auf Deck pfeifen *od.* rufen; aufheulen, zunehmen (*Wind*); **to – all hands on deck,** die Crew auf Deck pfeifen; **to – sides,** Seite pfeifen (*zur Begrüßung, etc.*).

pipe/bend *s.*, Knierohr *n.*, Krümmer *m.*, Rohrknie *n.*; **– berth** *s.*, (Rohr)Koje *f.*; **– clip** *s.*, Rohrschelle *f.*; **– cot** *s.*, Rohrkoje *f.*, Segel-, Reservekoje *f.*; **– joint** *s.*, Rohrverschraubung *f.*, -verbindung *f.*; **– wrench** *s.*, Rohrzange *f.*

piping *adj.* **wind,** heulender *od.* pfeifender Wind *m.*

piracy *s.*, Piraterie *f.*, Seeräuberei *f.*

piragua *s.*, **pirogue** *s.*, Piroge *f.*, Piragua *f.*, Plankenboot *n.* (*Einbaum*).

pirate *s.* (*rad.*), Piratensender *m.*, inoffizieller (Funk)Sender *m.*; Piratenschiff *n.*

piscary *s.*, Fischgrund *m.*, -revier *n.*; **(common of) –,** Fischereigerechtsame *f.*, -recht *n.*, -privileg *n.*

piston/fittings *s./pl.*, Piston-, Nockbeschlag *m.* (*Spinnakerbaum*); **– pump** *s.*, Kolbenpumpe *f.*; **– stroke** *s.*, Kolbenhub *m.*; **– valve** *s.*, Kolbenventil *n.*

pitch *s.*[1], Stampfen *n.*, Stampf- und Setzbewegungen (*pl.*) (*eines Bootes im Seegang*), Neigung *f.* (*Deck*), Steigung *f.*, Ganghöhe *f.* (*Propeller*), (Stärke)Grad *m.*, Höhe *f.*, Stufe *f.*; **propeller –,** Propellersteigung *f.*; **variable – of a propeller,** veränderliche Steigung *f.*; **– of a (screw) propeller,** Propellersteigung *f.*; *v.*, stampfen (und setzen) (*Boot*), abfallen, sich neigen *od.* senken (*Deck*); **to – at anchor,** vor Anker stampfen (*Schiff*); **to – easily and freely,** gleichmäßig stampfen (*Boot*).

pitch *s.*[2], (Boots)Pech *n.*; *v.*, verpechen, verpichen, teeren (*Boot*); **to – a seam** (*naut.*), eine Naht verpichen *od.* verpechen; **to – a ship,** ein Boot teeren.

pitch/attitude *s.* (*radar*), Inklinationswinkel *m.*; **–-dark night** *s.*, stockdunkle *od.* -finst(e)re Nacht *f.*

pitching *s.* **(of the boat),** Stampfen *n.* im Seegang, Stampfen *n.* und Setzen (des Bootes), Stampfbewegungen (*pl.*) (des Bootes); **– and chopping,** kurzes hartes Stampfen *n.* (*des Bootes*); **– moment** *s.*, Kentermoment *n.*; **– motion** *s.*, Stampfbewegung *f.* (*des Bootes*).

pitch/kettle *s.* (*naut.*), Pechgrapen *m.*, -kessel *m.*; **– line** *s.*, Steigungslinie *f.* (*Propeller*); **–poll** *s.*, Über-Kopf-Gehen *n.* (*Boot*); **–poll** *v.*, über Kopf gehen (*Boot*); **variable – propeller** *s.*, Verstellpropeller *m.*; **– race** *s.* (*am.*), Ausscheidungsregatta *f.*; **– ratio** *s.*, Steigungsverhältnis *n.* (*Propeller*).

pitometer *s.*, Pitometer *n.* (*Gerät zur Messung der Strömungsgeschwindigkeit*); **– log** *s.*, Staudrucklog *n.*, -fahrtmesser *m.*

Pitot / -static tube *s.*, statisches Pitotrohr *n.*, Drucksonde *f.*; **–'s tube** *s.*, Pitotrohr *n.*, Pitotsche Röhre *f.*, Staudruck(fahrt)messer *m.*

pitpan *s.* (*am.*), (*Art*) flaches Flußboot *n.*

pitting *s.*, Lochfraß *m.*, Korrosionsanfressung *f.*

pivot *s.*, (Dreh)Punkt *m.*; (Dreh)Zapfen *m.*; **– of a compass,** Kompaßpinne *f.*; *v.* (*tech.*), drehbar lagern *od.* einsetzen *od.* befestigen; **pivot bridge** *s.*, Drehbrücke *f.*; **pivoted** *adj.*, **– cowl,** drehbarer Lüfterkopf *m.* (*Windhutze*); **– rudder** *s.*, Senkruder *n.*; **pivot(ing) board** *s.*, Drehschwert *n.*; **pivot joint** *s.* (*tech.*), Roll-, Drehgelenk *n.*

place *s.* (*naut.*), Platz *m.*, Hafen *m.*, (*astr.*) Stand *m.*; **native –,** Heimathafen *m.*, -ort *m.*; **– of call,** Anlaufhafen *m.*; **– of destination,** Bestimmungsort *m.* (*Schiff*); **– of mooring,** Anlege-, Festmacheplatz *m.*

place *v.*, **to – a collision mat,** ein Lecksegel ausbringen; **placed** *adj.*, **to be –** (*rac.*), sich (unter den drei Ersten) placieren; **placement** *s.* (*rac.*), Placierung *f.*; **placing** *s.* (*rac.*), Platz *m.*

plage *s.*, (Meeres)Strand *m.*

plain *adj.*, **– chart** (*naut.*), Plankarte *f.*, gleichgradige Seekarte *f.*; **–-laid** *adj.*, rechtsgeschlagen (*Tauwerk*); **–laid rope** *s.*, rechtsgeschlagenes Tau *n.*; **– language** *s.* (*rad.*), Klartext *m.*; **–-language radio message** *s.*, offener Funkspruch *m.*; **– sail** *s.*, Normalsegel *n.*, Amwindsegel *n.*; **– scale** *s.*, natürlicher Maßstab *m.*; **– tuning error** *s.* (*radar*), Abstimmpeilfehler *m.*; **– whipping** *s.*, einfacher Takling *m.*; **– wood deck** *s.*, Ganzholz-, Plankendeck *n.*; **–-weave glass cloth** *s.*, Glasseidengewebe *n.* (*Bootsbau*).

plaited *adj.*, **– rope,** patentgeschlagenes Tauwerk *n.*, Patenttauwerk *n.*, geflochtenes Tauwerk *n.*; **– rope without central core,** Hohlflechtung *f.* (*Tauwerk*).

plan *s.*, (Plan)Zeichnung *f.*, (Grund)Riß *m.*, Plan *m.*; **body –,** Spantenriß *m.* (*Bootsbau*); **deck –,** Decksplan *m.* (*Linienriß*); **harbour –,** Hafenplan *m.*; **lateral –,** Lateralplan *m.* (*Bootsbau*); **lines –,** Linienriß *m.* (*Bootsbau*); **rigging –,** Takelriß *m.*, -plan *m.*; **sail –,** Segelriß *m.*

plane *s.* (*tech.*), Hobel *m.*, (*phys.*) Ebene *f.*; **inclined –,** schiefe Ebene *f.*; **– of floating,** Schwimmebene *f.*; **– of sight(ing),** Visierebene *f.*

plane *v.*, gleiten, surfen, sich (ab)heben, steigen (*Rennyacht*).

plane / chart *s.* (*naut.*), Plankarte *f.*, gleichgradige Seekarte *f.*; **– latitude sailing** *s.*, Planbreitensegeln *n.*; **– sailing** *s.*, loxodromische Navigation *f.*, Plansegeln *n.*; **– sailing triangle** *s.*, Kursdreieck *n.*

planet *s.* (*astr.*), Planet *m.*, Wandelstern *m.*; **secondary –,** Planetenmond *m.*; **planetary** *adj.* (*astr.*), planetarisch; **– aberration** *s.* (*astr.*), Abweichung *f.* der Planeten (*von der Ekliptik*); **– circle** *s.* (*astr.*), Planetenkreis *m.*; **– gear** *s.* (*tech.*), Planeten-, Umlaufgetriebe *n.*; **– motion** *s.* (*astr.*), Planetenbewegung *f.*; **– system** *s.*, planetarisches System *n.*; **– wind system** *s.*, planetarisches Windsystem *n.*; **planets** (*pl.*), **inferior –,** die inneren Planeten; **minor –,** Asteroiden (*pl.*); **primary –,** Hauptplaneten (*pl.*); **superior –,** die äußeren Planeten; **planetoid** *s.* (*astr.*), Asteroid *m.*, Planetoid *m.*, kleiner Planet *m.*

plangent *adj.*, schlagend (*Wellen*).

planing *s.*, Gleiten *n.*, Surfen *n.* (*eines Bootes*); **semi-–,** Halbgleiten *n.*; **– of a boat,** Gleiten *n.*, Gleitfahrt *f.* (*eines Bootes*); **– boat** *or* **craft** *s.*, Gleitboot *n.*; **– dinghy** *s.*, Gleitjolle *f.*; **semi-– dinghy** *s.*, Halbgleiter *m.* (*Boot*); **– speed** *s.*, Gleitfahrt *f.*, Gleitgeschwindigkeit *f.*, Surfgeschwindigkeit *f.* (*eines Bootes*).

planisphere *s.* (*astr.*), Planisphäre *f.*, Astrolabium *n.*, Planiglob(ium) *n.*

plank *s.*, (Schiffs-, Boots)Planke *f.*, Brett *n.*; **fender –,** Fenderbrett *n.*; **king –** (*naut.*), Fisch *m.*, Fischung *f.*; **strake of –s** (*naut.*), Plankengang *m.*; *v.*, (*Boot*) beplanken; **plank / butt** *s.*, Plankenstoß *m.*; **–(ed) deck** *s.*, Plankendeck *n.*; **–(ed) keel** *s.*, Plankenkiel *m.*; **planking** *s.* (*naut.*), Beplankung *f.*, (Holz)Verschalung *f.*, (*coll.*) Planken (*pl.*); **clinker –,** Klinkerbauweise *f.* (*Bootsbau*); **diagonal –,** Diagonalbauweise *f.* (*Bootsbau*); **– shift** *s.*, Verwerfen *n.* *od.* Verschießen *n.* der Decksplanken; **plank / seam** *s.*, Plankennaht *f.*; **–-sheer** *s.*, Schandeck *n.*, Schandeckel *m.*; **– strake** *s.*, Plankengang *m.*

plankton *s.*, Plankton *n.*

plan position / indication *s.* (*radar*), Panorama-, Rundsicht-, PPI-Anzeige *f.*; **– indicator** *s.* (*radar*), Bildschirm *m.*, Panoramasichtgerät *n.*, Rundsichtanzeiger *m.*, PPI-Gerät *n.*

plant *s.*, technische *od.* elektrische Einrichtungen *f./pl.* (*an Bord*), Gerätschaften (*pl.*); *v.*, **to – a buoy,** eine Boje auslegen.

plaquette *s.*, Plakette *f.* (*im Cockpit*).

plaster *s.*, **adhesive** *or* **sticking –,** Heftpflaster *n.*

plastic *s.*, Kunststoff *m.*, Plastikmaterial *n.* *od.* -stoff *m.*, Kunstharz *n.*; *adj.*, **– compound** *s.*,

Kunststoff *m.*; **– insulator** *or* **isolator** *s.*, Kunststoffisolator *m.* (*Antenne*); **– material** *s.*, Kunststoff(material *n.*) *m.* (*Bootsbau, Segel*); **– plotting sheet** *s.* (*radar*), plastisches Prickerblatt *n.*, plastische Spinne *f.*; **plastics** (*pl.*), Kunststoffe (*pl.*); *adj.*, aus Kunststoff.

plate *s.* (*rad.*), Anode *f.*, (*elec.*) Elektrode *f.*, (*tech.*) Lamelle *f.*, Blatt *n.*, Deckel *m.*, (*spt.*) Pokal *m.*, Preis *m.*, Pokalregatta *f.*; **anchor –** (*naut.*), Schweinsrücken *m.*; **chain –,** Pütting *f.*, Rüsteisen *n.*; **collar –** (*tech.*), (Schlauch)-Schelle *f.*; **dagger –,** Steckschwert *n.*; **dovetail –,** Stevenbeschlag *m.*; **eye –,** Augplatte *f.* (*Beschlag*); **rudder –,** Ruderblatt *n.*; **shipbuilding –,** Schiffsblech *n.*; *v.*, beplatten; **– bow** *s.*, Plattenbug *m.*; **– butt** *s.*, Plattenstoß *m.*; **– circuit** *s.* (*rad.*), Anodenkreis *m.*; **– collar** *s.*, Plattenkragen *m.* (*Ruderschaft*); **plated** *adj.*, **– mast,** Plattenmast *m.*; **– stem** *s.*, Platten(vorder)steven *m.*; **plate/keel** *s.*, Plattenkiel *m.*; **– seam** *s.*, Plattennaht *f.*; **– strake** *s.*, Plattengang *m.*; **– stringer** *s.*, Plattenstringer *m.*

platform *s.*, Plattform *f.* (*Deck*); **top –,** Mars *m.* (*Ausguck*); **– deck** *s.*, Plattformdeck *n.*; **– sling** *or* **strap** *s.*, Plattformstropp *m.*

plating *s.* (*naut.*), Beplattung *f.*; **– of a ship,** (Schiffs)Außenhaut *f.*

play *s.* (*tech.*), Spiel *n.*, Spielraum *m.*, Bewegungsfreiheit *f.*; **half an inch of –** (*tech.*), ein halber Zoll Spiel(raum); **to have not sufficient –** (*tech.*), klemmen, nicht genug Spiel haben.

play *v.*, flackern (*Licht*), (*tech.*) freies Spiel haben; **to – on,** absuchen, bestreichen, gerichtet sein auf, richten, lenken (*Scheinwerfer, etc.*); **to – the sheet by hand,** die Schot aus der Hand fahren.

pleasant *adj.*, **a – breeze,** eine angenehme Brise; **– weather** *s.*, freundliches Wetter *n.*

pleasure/cruiser *s.*, Luxus(motor)yacht *f.*; **– steamer** *s.*, Luxusdampfer *m.*; **– (sailing) yacht** *s.*, Luxusyacht *f.*

plexiglass *s.*, Plexiglas *n.*

pliant rule *s.*, Kurvenlineal *n.*

plier *s.*, **good (bad) –** (*naut.*), guter (schlechter) Luvhalter *m.* (*Boot*).

pliers *s./pl.*, **(pair of) –,** (Draht-, Kneif)Zange *f.*; **flat(-nosed pair of) –,** Flachzange *f.*; **round(-nosed pair of) –,** Rundzange *f.*

Plimsoll('s) line *or* **mark** *s.*, (gesetzliche) Höchstlademarke *f.* (*am Schiffsrumpf*), Freibordmarke *f.*

plot *s.* (*radar*), Position *f.*, Standort *m.*, (*am.*) (Linien)Riß *m.*, graphische Darstellung *f.*, Diagramm *n.*; *v.* (*radar*), plotten, (*naut.*) (*in eine od. auf einer Seekarte Kurs, Position*) einzeichnen, absetzen; **to – a bearing,** eine Peilung auswerten; **to – a course,** einen Kurs (*in der Seekarte*) absetzen; **plotter** *s.* (*radar*), Plotter *m.*, Planschreiber *m.*; **– table** *s.*, computergesteuerter Zuschneidetisch *m.* (*Segel*); **– template** *s.* (*radar*), Zeichenaufsatz *m.*; **plotting** *s.*, Besteckabsetzen *n.*, (*radar*) Mitkoppeln *n.*; **– chart** *s.* (*radar*), Prickerblatt *n.*, Spinne *f.*; **– table** *s.*, computergesteuerter Zuschneidetisch *m.* (*Segel*); **– weather chart** *s.*, Karte *f.* zum Einzeichnen *od.* Eintragen der Wetterlage.

plough *s.* (*am.* **plow**), **– anchor**, Pflugscharanker *m.*; *v.* (*naut.*), reiben, scheuern, schamfilen; **to – through the waves (the sea),** die Wellen (die See) durchpflügen (*Schiff*).

plug *s.*, Bolzen *m.*, Pfropfen *m.*, Stöpsel *m.*, (*rad., elec.*) (Geräte)Stecker *m.*, (*coll.*) Priem *m.*; *v.*, **to – (up) a leak,** ein Leck abdichten *od.* stopfen; **plug/hatch** *s.*, Isolierlukendeckel *m.*; **– valve** *s.*, Kegelventil *n.*

plumb *s.* (*naut.*), (Echo)Lot *n.*, (*tech.*) Lot *n.*, Senkblei *n.*; *v.* (*naut.*), (*die Meerestiefe*) (ab-, aus)loten, sondieren, (*tech.*) verlöten; *adj.*, lot-, senkrecht; **out of –,** aus dem Lot, nicht mehr senkrecht; **plumb/bob** *s.* (*am.*), Lot *n.*, Senkblei *n.*; **– bow** *s.*, senkrechter Bug *m.*; **plumbing** *s.*, Ab-, Ausloten *n.* (*der Meerestiefe*); **plumb/-line** *s.*, Lotleine *f.*, Senkblei *n.*, -lot *n.*, -schnur *f.*; **to –line** *v.*, die Tiefe ausloten *od.* sondieren; **– stem** *s.*, senkrechter (Vor)Steven *m.*

plume *s.* (*radar*), künstliches Echo *n.*; **– of cloud,** Wolkenstreifen *m.*

plummet *s.*, (Senk)Lot *n.*, Senkblei *n.*, Lotleine *f.*; *v.*, ab-, ausloten (*die Tiefe*).

plunge *s.*, Eintauchen *n.* (*des Bugs*); *v.* (*naut.*), stampfen (*Boot*), eintauchen (*Bug*), sich senken (*Boot, Bug*), steil abfallen (*Klippe*); **to – in a trough,** in ein Wellental stürzen *od.* tauchen (*Boot*); **to – into the waves,** in die Wellen eintauchen (*Boot, Bug*); **to – overboard,** über Bord fallen.

plunger *s.*, (schnell segelndes) Austernfischerboot *n.* (*im Pazifik*), (*am.*) kleines Boot *n.*

pluvial *adj.*, regnerisch, regenreich; **pluvious** *adj.*, regnerisch.

ply *s.*, Strähne *f.* (*Tauwerk*), Lage *f.*, Schicht *f.* (*Segeltuch, etc.*); **two-– cloth,** zwei- *od.* doppellagiges Segeltuch *n.*

ply *v.*, aufkreuzen, lavieren, (*zwischen zwei Orten*) regelmäßig pendeln *od.* verkehren (*Schiff*); **to – to windward,** anluven, aufkreuzen, lavieren; **plyer** *s.*, Aufkreuzer *m.* (*Boot*).

plywood *s.*, Sperrholz *n.* (*Bootsbau*), Furnierholz *n.*; **marine –,** Bootsbausperrholz *n.*; **moulded –,** formverleimtes Sperrholz *n.* (*Bootsbau*), Diagonalbauweise *f.* (*Bootsbau*).

pneumatic *adj.*, **– air,** Druck-, Preßluft *f.*; **– boat** *s.*, Schlauchboot *n.*; **– raft** *s.*, aufblasbares (Rettungs)Floß *n.*; **– pump** *s.*, Luftpumpe *f.*

poach *v.*, **to – a (boat) length** (*rac.*), sich durch Frühstart einen Vorteil verschaffen, durch Frühstart einen Vorteil gewinnen.

pocket *s.*, (Segel)Tasche *f.*; Tasche *f.* im Schleppnetz, (*rac.*) Behinderung *f.*; **air –,** Fallbö *f.*; **batten –,** Lattentasche *f.* (*Segel*); *v.* (*rac.*), (*andere Boote*) behindern; **pocket lamp** *or* **torch** *s.*, Taschenlampe *f.*

pock wood *s.*, Pockholz *n.*, Franzosen-, Guajakholz *n.* (*f. Kauschen, Blöcke, etc.*).

pod *s.* (*am.*), Herde *f.*, Schwarm *m.* (*Robben, Delphine, etc.*); **– net** *s.*, Ringnetz *n.*

point *s.* (*naut.*), (Hunde)Pünt *n.*, Pünte *f.*; Reffbändsel *n.* (*Schratsegel*), Strich *m.* (*Kompaß*), Besteck *n.*, Schiffsort *m.*, (*phys.*) Grad *m.* (*einer Skala*), Stufe *f.*, (*geogr.*) Huk *f.*, Landspitze *f.*, Kap *n.*, Vorgebirge *n.*; Kompaßstrich *m.*, Himmelsrichtung *f.*, (*elec.*) Kontakt *m.*, (*spt.*) Punkt *m.*; **a quarter – to starboard (port),** (*am.*) **a quarter – to the right (left)!** (*com.*), $^1/_4$ Strich Steuerbord (Backbord)!; **critical –** (*phys.*), kritischer Punkt *m.*; **dew –,** Taupunkt *m.* (*Temperatur*); **hauling –,** Holepunkt *m.*; **lubber's –,** Steuerstrich *m.* (*Ablesemarke*); **– of the compass,** Kompaßstrich *m.*; **– of no return** (*naut.*), Gefahrenmitte *f.*, Umkehrgrenzpunkt *m.*; **– of a rope,** Hundepünt(e *f.*) *n.*, Hundepunt *n.*, Hundspünt *n.*; **– of vanishing stability,** Kenterpunkt *m.* (*Boot*); **– of the winter (summer) solstice** (*astr.*), Winter-(Sommer-)(Solstitial-)Punkt *m.*; **– of arrival,** erreichter Ort *m.*; **– of bearing,** Peil(ungs)punkt *m.*; **– of contact,** Berührungs-, Tangentialpunkt *m.*; **– of culmination** (*astr.*), Kulminationspunkt *m.*; **– of departure,** Abfahrtsbesteck *n.*, verlassener Ort *m.*; **– of destination,** Bestimmungsort *m.*; **– of entry,** Anlaufhafen *m.*; **– of impact,** Aufschlag-, Auftreffpunkt *m.* (*Kollision*); **– of intersection,** Schnittpunkt *m.* (*Kurs*); **– of leakage,** Leckstelle *f.*; **– of lubrication** (*tech.*), Schmierstelle *f.*; **– of reference** (*rad., etc.*), Bezugspunkt *m.*; **– of pressure,** Druckpunkt *m.* (*Segel*).

point *v.*, hart *od.* hoch am Wind segeln; einstellen, richten (*Instrumente*); **to – a cable** *or* **rope,** ein Hundepünt auf ein Tauende setzen; **to – a sail,** ein Segel mit Reffbändseln versehen; **to – the yards,** die Rahen scharf anbrassen; **to – high,** (so) hoch (wie möglich) am Wind laufen *od.* segeln, Höhe laufen, sehr hart am Wind segeln, kneifen, knüppeln; **to – too high,** zuviel Höhe laufen; **to – off,** (*vom Wind*) abfallen; **to – up to the coast,** auf die Küste zuhalten *od.* -laufen; **to – well,** gut Luv halten (*Boot*).

pointed *adj.*, spitz; **to be –,** in eine Richtung anliegen (*Boot in Bezug auf den Wind*); **– bow** *s.*, spitzer *od.* spitz zulaufender Bug *m.*; **– thimble** *s.*, Spitzkausch(e) *f.*

pointer *s.*, Zeiger *m.*, Zeigemarke *f.* (*Meßgerät*), (*naut.*) schräges Piekknie *n.*; Signalstange *f.* (*Walfang*); **matching of –s** (*pl.*), Dekkung *f.* (*Peilung*); **station –,** Kursübertrager *m.*, Doppelwinkelmesser *m.* (*Instrument*); **– deflection** *or* **deflexion** *s.*, Zeigerausschlag *m.*

point-graduated card *s.*, Strichrose *f.* (*Kompaß*).

pointing *s.* (*naut.*), Hunde-, Hundspünt *n.*; **– high** *s.*, Höhe laufen, Höhe halten (*Boot*), Kneifen *n.*, Knüppeln *n.*

point race *s.*, Schwerpunktregatta *f.*

points *s./pl.*, **three – to port (starboard)!** (*com.*), 3 Strich Backbord (Steuerbord)!; **three– below zero,** 3 Grad unter Null; **cardinal –** (*astr., geogr.*), (die vier) Himmelsrichtungen (*pl.*); **victory on –** (*rac.*), Punktsieg *m.*; **to give –** (*rac.*), vorgeben; **to win (lose) on –** (*rac.*), nach Punkten gewinnen (verlieren); **– of sailing,** Kurs *m.* zum Wind, Segelstellungen (*pl.*); **– victory** *s.* (*rac.*), Punktsieg *m.*, Sieg *m.* nach Punkten.

point system *s.* (*rac.*), Punkt(e)system *n.*, Punktwertung *f.*, Wertung *f.*; **Olympic –,** olympisches Punktsystem *n.*

polacre *s.* (*naut.*), Polacke *f.*, Polacker *m.* (*zwei- od. dreimastiger Mittelmeersegler*).

polar *adj.* (*geogr.*), polar, am Pol gelegen, Polar-, (*phys.*) polar; **– air** *s.* (*meteor.*), Polarluft *f.*, polare Kaltluft *f.*; **– angle** *s.* (*astr.*), Polarwinkel *m.*; **– axis** *s.* (*astr.*), Polarachse *f.*; **– chart** *s.*, Polarkarte *f.*; **– circle** *s.* (*geogr.*), Polarkreis *m.*; **– co-ordinate diagram** *s.*, Polardiagramm *n.*; **– co-ordinate paper** *s.*, Polar-Koordinatenpapier *n.*, (*hum.*) Spinne *f.*; **– co-ordinates** (*pl.*), Polarkoordinaten(system *n.*) (*pl.*); **– distance** *s.* (*astr.*), Poldistanz *f.*, -abstand *m.*; **– front** *s.* (*meteor.*), Polarfront *f.*, polare Kaltluftfront *f.*; **– ice** *s.*, Polareis *n.*, polares Eis *n.*; **Polaris** *s.* **for latitude** (*astr.*),

Nordsternbreite *f.*

polarity *s.* (*phys.*), Polarität *f.*; **polarization** *s.* (*phys.*), Polarisation *f.*; **angle of –,** Polarisationswinkel *m.*; **plane of –,** Polarisationsebene *f.*; **– error** *s.*, Dämmerungseffekt *m.* (*Funkp.*); **polarize** *v.*, polarisieren; **polarized** *adj.* **compass,** Polkompaß *m.*, polarisierter Kompaß *m.*

polar / lights *s./pl.* (*astr.*), Polarlicht *n.*, Nordlicht *n.*, Südlicht *n.*; **– line** *s.*, Polare *f.*; **– navigation** *s.*, Polarnavigation *f.*; **– pack (ice)** *s.*, polares Packeis *n.*; **– projection** *s.* (*geogr.*), polare *od.* Polarprojektion *f.*; **– regions** (*pl.*), Polargebiet *n.*, -region *f.*; **– star** *s.* (*astr.*), Polar-, Nordstern *m.*; **– wind system** *s.*, polares Windsystem *n.*, Polarring *m.* (*des planetarischen Windsystems*).

polder *s.*, Ko(o)g *m.*, Polder *m.*

pole *s.*[1] (*astr.*, *geogr.*), (Erd-, Himmels)Pol *m.*, (*phys.*, *elec.*) Pol *m.*; **altitude** *or* **elevation of the –** (*astr.*), Polhöhe *f.*; **celestial –,** Himmelspol *m.*; **magnetic –s** (*pl.*), Magnetpole (*pl.*).

pole *s.*[2] (*naut.*), Nock *f.* (*pl.* Nocken), Gaffelnock *f.*, Mastspitze *f.*, äußerste Spitze *f.* einer Stenge, Winterbramstenge *f.*; Flaggenmast *m.*, Flaggpol *m.*; Schifferstange *f.*, Bootshaken *m.*, Staken *m.*; Spinnakerbaum *m.*; Pfahl *m.*, Pfosten *m.*; **jockey –,** Jockey-, Spinnakerbaum *m.*, Spinnaker-Ausleger *m.*; **jib –,** Fockbaum *m.*; **punt –,** Staken *m.*, Bootshaken *m.*; **sounding –,** Lotstock *m.*, Peilstab *m.*; **under bare –s** (*pl.*), vor Topp und Takel; **to sail under bare –s** (*pl.*), vor Topp und Takel treiben; **to scud under bare –s** (*pl.*), vor Topp und Takel lenzen; **to set the –,** den Spinnakerbaum anschlagen *od.* antoppen; **– of royal** *or* **topgallant mast,** Flaggtopp *m.*

pole *v.*, (*Boot*) staken, mit einer Stange *od.* einem Staken vorwärtsbewegen.

pole / ax(e) *s.*, Kappbeil *n.* (*zum Kappen von Tauen*), Enterbeil *n.*; **– fittings** (*pl.*), Nockbeschläge *m./pl.*; **poleless** *adj.*, baumlos; **– spinnaker** *s.*, baumloser Spinnaker *m.*, Gennaker *m.*, Spinnaker-Genua *f.*, Fahrtenspinnaker *m.*; **pole / mast** *s.*, Pfahlmast *m.* (*Jolle, Yacht*); **– marking post** *s.*, Stangenseezeichen *n.*; **– star** *s.* (*astr.*), Nord-, Polarstern *m.*; **azimuth of the – star,** Nordstern-Azimut *m.*; **– strength** *s.*, Polstärke *f.* (*Magnet*); **– terminal** *s.* (*elec.*), Polklemme *f.*; **– triangle** *s.* (*astr.*), Poldreieck *n.*; **– topgallant mast** *s.*, lange Bramstenge *f.*; **poleward(s)** *adj.*, *adv.*, polwärts, (nach) dem Pol zu.

police boat *or* **craft** *or* **vessel** *s.*, Polizeiboot *n.*

policy *s.* **(of assurance)** (*am.* **of insurance**), (Versicherungs)Police *f.*

polish *s.*, Poliermittel *n.*, (*tech.*) Poliersand *m.*; *v.*, polieren, glätten, schleifen (*Holz*), abschmirgeln (*Metall*); **polisher** *s.*, Poliermittel *n.*, Polierscheibe *f.*; **polishing material** *s.*, Poliermittel *n.*

pollute *v.*, **to – the sea,** das Meer *od.* die See verschmutzen *od.* verunreinigen; **pollution** *s.* **of the sea,** Verschmutzung *f.* *od.* Verunreinigung *f.* der See.

polyconic *adj.*, **– chart,** polykonische Karte *f.*; **– projection** *s.*, polykonische *od.* Mehrkegelprojektion *f.*

polyester / fibre *s.* (*am.* **fiber**), Polyester-Faser *f.* (*Bootsbau*); **– fibre (rope)** *s.*, Polyester-Faden *m.* (*Tauwerk*); **– resin** *s.*, Polyesterharz *n.*

polymerization *s.*, Polymerisation *f.* (*Bootsbau*); **polymerize** *v.*, polymerisieren (*Bootsbau*).

polymeter *s.*, Polymeter *n.* (*meteorologisches Meßgerät*).

polynia *s.*, eisfreie Stelle *f.* (*im Meer od. Fluß*), eisfreie Wasserrinne *f.* *od.* -stelle *f.* in einem Eisfeld.

polypropylene *s.*, Polypropylen *n.* (*Bootsbau*); **– fibre** *s.* (*am.* **fiber**), Polypropylen-Faser *f.*; **– fibre (rope)** *s.*, Polypropylen-Faden *m.* (*Tauwerk*).

polyurethane *s.*, Polyurethan *n.* (*Lack*); **– coating** *s.*, PUR-Anstrich *m.*; Polyurethan-Beschichtung *f.* (*Segeltuch*); **– foam** *s.*, Schaumgummi *m.*, -stoff *m.*; **rigid – foam** *s.*, Polyurethan-, PUR-Schaum *m.*; **– foam fender** *s.*, Schaumgummi-, Schaumstoffender *m.*; **– varnish** *s.*, Polyurethan-, PUR-Lack *m.*

polyvinyl chlorid(e) *s.*, Polyvinylchlorid *n.*, PVC *n.*

pond *s.* (*hum.*), Teich *m.*, Tümpel *m.*, Weiher *m.* (*das Meer*); **the (big** *or* **herring) –,** der Große Teich (*bes. (Nord)Atlantik*).

pontoon *s.*, Kielleichter *m.*, Prahm *m.*, Ponton *m.*, Brückenkahn *m.*; Schwimmer *m.* (*Wasserflugzeug*); **landing – (for tidal waters),** Schlengel *m.*; **– bridge** *s.*, Ponton-, Schiff(s)brücke *f.*; **– dock** *s.*, Schwimmdock *n.*, Pontondock *n.*

pool *s.* (*hum.*), Teich *m.*, Tümpel *m.*, das Meer; **the P–,** Teil *m.* der Themse unterhalb der London Bridge; **whirl –,** Mahlstrom *m.*

poop *s.*, Poop *f.*, (Achter)Hütte *f.*, Heck *n.*, (Schiffs)Hinterteil *n.*; *v.*, über das Heck kommen *od.* schlagen (*Wellen*), das Boot von achtern treffen (*Sturzsee*); **poop / cabin** *s.*, Kajüte *f.* unter dem Achterdeck; **– deck** *s.*, (erhöhtes)

Achterdeck *n.*, Poop(deck *n.*) *f.*, Hüttendeck *n.*

pooped *adj.*, mit einem Heck (versehen); **to be –,** eine überbrechende *od.* überkommende See *od.* eine Sturzsee von achtern *od.* hinten bekommen, achterliche See übernehmen, von achterlicher See überspült werden; (eine Sturzwelle) von achtern ansegeln.

poop hutch *s.* (*naut.*), Hundehütte *f.*, Hütte *f.* (achtern).

pooping *s.*, achterliches Seeübernehmen *n.*

poop/ladder *s.*, Heckleiter *f.*; **– lantern** *s.*, Heck-, Achterlaterne *f.*; **– rail** *s.*, Heck-, Poopreling *f.*; **– staff** *s.*, (Heck)Flagg(en)-stock *m.*

poor *adj.*, **– reception** (*rad.*), schlechter Empfang *m.*; **– steering** *s.*, schlechtes Ansprechen *n.* (*des Ruders*), schlechtes Steuern *n.* (*des Schiffs*); **– visibility** *s.* (*meteor.*), unsichtiges Wetter *n.*; schlechte Sicht *f.*

pop *v.*, **to – up** (*naut.*), plötzlich auftauchen *od.* in Sicht kommen.

poppet *s.* (*naut.*), Schlittenständer *m.*, -stütze *f.* (*Stapellauf*); **– valve** *s.*, Schnarch-, Schnüffelventil *n.*, (*tech.*) Tellerventil *n.*

popple *s.*, leichter Wellenschlag *m. od.* -gang *m.*; *v.*, Wellen schlagen, sich kräuseln (*Wasser*), (*auf den Wellen*) auf und ab tanzen (*Boot*); **popply** *adj.*, Wellen schlagend; auf und ab tanzend (*Boot*).

pop/rivet *s.*, Popniet *m.* (*od. n.*); **– valve** *s.*, Sicherheitsventil *n.*

port *s.*[1] (*naut.*), Pforte *f.*, Pfortluke *f.*, -deckel *m.*, Koker *m.*, Öffnung *f.*, (Lade)Luke *f.*; **anchor –,** Wasserpforte *f.*; **lower –,** Unterpforte *f.*; **poop –,** Heckfenster *n.*; **warping –,** Warppforte *f.*; **wash –,** Wasserpforte *f.*

port *s.*[2], (See)Hafen *m.*, Hafenplatz *m.*, -stadt *f.*; **free –,** Freihafen *m.*; **home –,** Heimathafen *m.*; **inner –,** Binnenhafen *m.*; **open –,** offener Hafen *m.*; **secondary –,** Anschlußort *m.* (*Tidengewässer*); **standard –,** Bezugsort *m.* (*Tidengewässer*); **clearing of a –,** Auslaufen *n.* (*Boot*); **to call** *or* **to touch at a –,** einen Hafen anlaufen; **to clear a –,** aus einem Hafen auslaufen; **to make –,** einen Hafen anlaufen, in einen Hafen einlaufen; **to make for a –,** auf einen Hafen zuhalten *od.* zusteuern, einen Hafen anliegen; **to steer into a –,** (in einen Hafen) einsteuern; **– of call,** Anlege-, Anlauf-, Zwischenhafen *m.*; **– of clearance,** Auslauf-, Abgangshafen *m.*; **– of departure,** Abgangs-, Auslaufhafen *m.*; **– of destination,** Bestimmungshafen *m.*; **– of distress,** Nothafen *m.*; **– of entry,** Einlauf-, Einfahrtshafen *m.*; **P– of London Authority,** Londoner Hafenbehörde *f.*; **– of quarantine,** Quarantänehafen *m.*; **– of refuge,** Nothafen *m.*; **– of registry,** Heimat-, Registerhafen *m.*; **– of sailing(s),** Abgangshafen *m.*; **– of shipment,** Verschiffungshafen *m.*; **– of transit,** Durchgangshafen *m.*

port *s.*[3], Backbord(seite *f.*) *n. od. m.*; **ahead to –!** (*com.*), Backbord voraus!; **astern to –!** (*com.*), Backbord achteraus!, Backbord zurück!; **list to –,** Backbordschlagseite *f.*; **one point to –,** ein Strich nach Backbord; **the boat has a list to –,** das Boot hat Backbordschlagseite *od.* liegt nach Backbord über; **the boat heels to –,** das Boot holt nach Backbord *od.* nach der Backbordseite über; **to cast to –,** nach Backbord abfallen; **to fall off to –,** nach Backbord abfallen; **to have a list to –,** Backbordschlagseite haben; **to heel sharply over to –,** stark nach Backbord krängen *od.* überliegen; **to keep to –,** nach Backbord halten; **to list to –,** Schlagseite haben; **to list badly to –,** starke Schlagseite nach Backbord haben; **to put the helm to –,** das Ruder Backbord legen; **to roll to –,** nach Backbord rollen *od.* schlingern (*im Seegang*); **to swing to –,** nach Backbord schwojen; **to take a list to –,** Schlagseite nach Backbord haben; **to veer (the boat) back to –,** das Boot wieder auf Kurs (zurück)bringen *od.* -lavieren.

port *v.*, nach Backbord drehen (*Boot*), nach Backbord nehmen (*Ruder*); **to – the helm,** das Ruder Backbord nehmen *od.* nach Backbord umlegen; **hard a-port!** (*com.*), Hart Backbord!; **– the helm!** (*com.*), Backbord (das Ruder)!; **– 5!** (*com.*), Backbord 5!.

port *adj.*, backbord(s), auf der Backbordseite, Backbord-.

portable *adj.*, **– fire-extinguisher,** Handfeuerlöscher *m.*; **– foghorn** *s.*, Handnebelhorn *n.*; **– pump** *s.*, Hand(lenz)pumpe *f.*; **– radio set** *s.*, (Hand)Sprechfunkgerät *n.*; **– receiver** *s.* (*rad.*), Batterieempfänger *m.*, -empfangsgerät *n.*

portage *s.* (*naut.*), Trag(e)stelle *f.*, -platz *m.*, Portage *f.* (*Stelle, an der Boote über Stromschnellen, etc. getragen werden müssen*), Tragen *n.* über eine Portage; *v.*, (*ein Boot*) über eine Portage tragen.

portal crane *s.*, Portalkran *m.* (*Yachthafen*).

port/anchor *s.*, Backbordanker *m.*; **– area** *s.* Hafengebiet *n.*, -bereich *m.*, -zone *f.*; **– authority** *s.*, Hafenbehörde *f.*; **– bar** *s.*, Barre *f.*, Sandbank *f.*, Untiefe *f.* (*vor einem Hafen*), Hafenbaum *m.*; Pfortenriegel *m.*; **on the –**

beam, an Backbord dwars *od.* querab; **on the – bow,** Backbord voraus; **one point – bow,** ein Strich Backbord voraus; **– capacity** *s.*, Hafenkapazität *f.*; **– captain** *s.*, Hafenkapitän *m.*; **– charges** (*pl.*), Hafengebühren (*pl.*), -geld *n.*; **– clearing** *s.*, Auslaufen *n.* aus einem Hafen; **– depth** *s.*, Hafentiefe *f.* (*Wasser*); **– dues** *or* **duties** (*pl.*), Hafengebühren (*pl.*), -abgaben (*pl.*), Hafenzoll *m.*; **– engine** *s.*, Backbordmotor *m.*; **– facilities** (*pl.*), Hafeneinrichtungen (*pl.*); **– formalities** (*pl.*), Hafenformalitäten (*pl.*); **– hand** *s.* **(in a channel),** Backbord-Fahrwasserseite *f.*, Fahrwasserseite *f.* backbords; **--hand buoy** *s.*, Backbordtonne *f.*

porthole *s.*, Bullauge *n.*, (Seiten-, Lüftungs)-Fenster *n.* (*im Boot*); **– deadlight** *s.*, Bullaugenblende *f.*; **– flange** *s.*, Regenleiste *f.* über Bullaugen; **– light** *s.* (*am.*), Bullauge *n.*

port/hook *s.* (*naut.*), Hängehaken *m.*; **– lamp** *s. or* **lantern** *s.*, Backbordlaterne *f.*; **– light** *s.*, Backbordlicht *n.*; Hafen-, Molenfeuer *n.*; **– navigation lantern** *s.*, Backbord-Positionslaterne *f.*; **– navigation lights** (*pl.*), Backbord-Positionslichter (*pl.*); **– office** *s.*, Hafenamt *n.*; **on the – quarter,** Backbord achteraus; **– radar** *s.*, Hafenradar *n.*; **– radio service** *s.*, Hafenfunkstelle *f.*; **– regulations** (*pl.*), Hafenordnung *f.*; **– risk insurance** *s.*, Hafenrisikoversicherung *f.*; **– rudder** *s.*, Backbordruder *n.*; **– sail** *s.*, Ballastkleid *n.*; **– sheets** (*pl.*), Backbordbug *m.*; Backbordschoten (*pl.*); **to sail on the – sheets** (*pl.*), auf Backbordbug segeln; **– side** *s.*, Backbord(seite *f.*) *n. od. m.*, Backbordbugseite *f.*; **– tack** *s.*, Backbordbug *m.*; Steuerbordbug *m.*, Backbordhalsen (*pl.*), Steuerbordschoten (*pl.*) (*Segeltechnik*); **on the – tack,** auf *od.* mit Backbordhalsen; **the boat is on the – tack,** das Boot segelt mit Backbordhalsen, das Boot liegt über Steuerbordbug; **to be on the – tack,** auf Backbordhalsen liegen, nach Backbord kreuzen *od.* lavieren; **to haul the wind on the – tack,** hart *od.* scharf an den Wind mit Backbordhalsen gehen; **– tack boat** *s.*, auf *od.* mit Backbordhalsen segelndes Boot *n.*; **– tack yacht** *s.*, Backbordbugyacht *f.*; **– town** *s.*, Hafenstadt *f.*; **– watch** *s.*, Backbordwache *f.*; **– weather deck** *s.*, Backbord-Wetterdeck *n.*; **–wing boat** *s.*, Backbordboot *n.*; **–wing of the bridge** *s.*, Backbordbrückenseite *f.*

position *s.*, (Schiffs)Ort *m.*, Position *f.*, Lage *f.*, Stellung *f.*, (*astr.*) Position *f.* (*eines Gestirns*); **approximate –,** ungefähre (Schiffs)Position *f.*; **dead reckoning –,** gegißter *od.* gekoppelter Ort *m.*, Koppelort *m.*; **determination of the ship's –,** Schiffsortbestimmung *f.*; **estimated –,** gegißter Ort *m.*; **fixing of the ship's –, fixing –s** (*pl.*), Schiffsortbestimmung *f.*; **geographical –,** geographische Lage *f.*; **line of –,** Standlinie *f.*; **advanced (retired) line of –,** versegelte Standlinie *f.*; **visual line of –,** terrestrische Standlinie *f.*; **safe leeward –** (*rac.*), sichere Leestellung *f.* (*Boot*); **safe right of way –** (*rac.*), sichere Wegerechtstellung *f.* (*Boot*); **sea** *or* **ship's –,** Schiffsort *m.*; **steering –,** Steuerstand *m.*; **terrestrial –,** terrestrischer Schiffsort *m.*; **to be in proper –,** sich auf Position befinden, auf Position sein; **– by astro-calculation,** astronomischer Schiffsort *m.*; **– by dead reckoning,** gegißter *od.* gekoppelter Schiffsort *m.*, Koppelort *m.*; **– by star sight(s),** astronomisches *od.* Sternbesteck *n.*; **– by sun sight(s),** Sonnenbesteck *n.*; **– of departure,** Abgangsbesteck *n.*; **– of helm,** Ruderlage *f.*; **– of maximum (minimum) signal,** Peilmaximum *n.* (-minimum *n.*) (*Funkp.*); **– of navigation lights,** Lichterführung *f.*; **– approximate,** ungefähre Position *f.*; **– doubtful,** Position zweifelhaft; *v.*, (ein)orten; einstellen, zentrieren; in Stellung bringen.

position/buoy *s.*, Positions-, Schleppboje *f.*; **--finder** *s.* (*radar*), Ortungsgerät *n.*, (*rad.*) Funkortungsgerät *n.*; **--finding** *s.* (*radar*), Ortung *f.*, (*rad.*) Funkortung *f.*; Schiffsortbestimmung *f.*, Positionsbestimmung *f.*

positioning *s.*, **– of the yacht's radar,** Yachtstellung *f.* des Radarreflektors (*auf dem Mast*); **– accuracy,** Genauigkeit *f.* der Schiffsort- *od.* Positionsbestimmung.

position/lights *s./pl.*, Positionslichter (*pl.*); **– line** *s.*, Standlinie *f.*; **– line by latitude (longitude),** Breiten(Längen)methode *f.*; **– message** *or* **report** *s.*, Positions-, Schiffsortmeldung *f.*; **– signal** *s.* (*rad.*), Positionsmeldung *f.*, -signal *n.*

positive *s.*, **to answer in the –,** (*Signal, etc.*) bejahen, eine bejahende Antwort geben; *adj.* (*phys., elec.*), positiv; **– buoyancy** *s.*, Auftrieb *m.* (*Boot*); **– displacement pump** *s.*, Verdrängerpumpe *f.*; **– gradient** *s.* (*meteor.*), Temperaturanstieg *m.*; **– pole** *s.* (*elec., phys.*), Pluspol *m.*

post *s.*, Steven *m.*, (*s.* **stern**); Pfahl *m.*, Pfosten *m.*, Stange *f.* (*Seezeichen*); **pole marking –,** Stangenseezeichen *n.*; **snubbing –,** Poller *m.*; **stem –,** Vor(der)steven *m.*; **stern –,** Achtersteven *m.*; *v.*, **to – a boat as missing,** ein Boot als überfällig *od.* vermißt melden; **post/boat** *s.*, Postschiff *n.*; **--entry** *s.* (*spt.*), Nachnennung *f.*; **–meridian** *adj.*, nachmittägig, Nachmittags-; – **meridiem (p.m.),** nachmittags; **5 (o'clock) p.m.**, 5 Uhr nachmittags, 17 Uhr; **10 (o'clock) p.m.**, 10 Uhr abends, 22 Uhr.

postpone *v.* (*rac.*), auf-, verschieben; **to – a race,** eine Regatta verschieben; **to – a start,** einen Start verschieben; **postponing** *s.* **of the start,** Startverschiebung *f.*

pot *s.* (*spt.*, *sl.*), (Preis)Pokal *m.*; Reuse *f.*; **pot-bellied** *adj.* **boat** *or* **ship** (*sl.*), sehr volles *od.* ausgebauchtes Boot *od.* Schiff.

potable *adj.* **water** (*hum.*), Trinkwasser *n.*

potential *s.* (*phys.*), Potential *n.*; *adj.*, potentiell, latent; – **difference** *s.* (*phys.*), Potentialdifferenz *f.*; – **energy** *s.* (*phys.*), latente Kraft *f.*, potentielle Energie *f.*, Energie *f.* der Lage; – **flow** *s.* (*phys.*), Potentialströmung *f.*; – **speed** *s.*, potentielle *od.* mögliche Geschwindigkeit *f.*

pot/lead *s.* (*naut.*), Bleischwarz *n.*, Wasserreißblei *n.*; – **lid** *or* **valve** *s.*, Deckelventil *n.*, Dekkel(ventil)klappe *f.*; – **walloper** *s.* (*coll.*), Kochsgast *m.*, Schiffskoch *m.*

pouch *v.*, sich bauschen, sackartig herumflappen (*Segel*).

pound *v.* (*naut.*), stampfen (*Schiff*); **pounding** *s.*, Stampfen *n.* (*des Vorschiffs*) im Seegang; *adj.*, – **sea,** grobe *od.* stark bewegte See *f.*, starker Seegang *m.*; **pound/lock** *s.*, Wehr *n.*; – **net** *s.* (*am.*), Reuse *f.*

pour *s.*, (Regen)Guß *m.*; *v.*, **to – down, to – with rain,** (in Strömen) gießen *od.* schütten, sehr stark regnen; **the river –s itself into a lake,** der Fluß ergießt sich *od.* fließt in den See; **pouring/rain** *s.*, strömender Regen *m.*, Platzregen *m.*; – **wet,** klatsch-, patschnaß, triefend naß.

pouted *adj.* **bow,** spitz zulaufender *od.* überhängender *od.* vorstehender Bug *m.*

power *s.* (*phys.*), Kraft *f.*, Leistung *f.*, Energie *f.*, (*rad.*) Sendeleistung *f.*, -stärke *f.*, (*tech.*) mechanische Energie *f.*, Antriebskraft *f.*, Motor *m.*, (*opt.*) Vergrößerungskraft *f.*; **effective –,** Nutzkraft *f.*; **horse –,** Pferdestärke *f.*; **rated –,** Nennleistung *f.*; **sail(ing) –.** Segelkraft *f.* (*eines Segels*); **water –,** Wasserkraft *f.*; – **of gravitation** (*phys.*), Anziehungskraft *f.* (*der Erde*); – **per unit area** *or* **surface** (*phys.*), Flächenleistung *f.* (*Segel, etc.*); – **to weight ratio,** Leistungsgewicht *n.* (*Motoryacht*); – **amplification** *s.* (*rad.*), Leistungsverstärkung *f.*; – **amplifier** *s.* (*rad.*), Endstufe *f.*, Endverstärker *m.*; – **boat** *s.*, Motorboot *n.*; – **brake** *s.*, Servobremse *f.*; – **dinghy** *s.*, Motordingy *od.* -dingi *n.*; – **distribution** *s.* (*phys.*), Kraftverteilung *f.*; – **drive** *s.*, Motor-, Kraftantrieb *m.*; **–-driven** *adj.*, mit Motorantrieb, kraftbe- *od.* -angetrieben; **–-driven boat** *s.*, Motorboot *n.*; **–-driven vessel** *s.*, Maschinenfahrzeug *n.* (*Wegerecht*); **powered** *adj.*, mit Motor versehen, Motor-; **auxiliary – cruiser** *s.*, Motorsegler *m.* (*Boot*); **power/input** *s.* (*rad.*), Netzeingang *m.*; – **loss** *s.* (*phys.*, *elec.*), Leistungs-, Energieverlust *m.*; – **output** *s.*, Leistungsabgabe *f.*, Ausgangs-, Nennleistung *f.*; – **pack** *s.* (*rad.*), Netzteil *m.*, Netz(anschluß)gerät *n.*; – **stroke** *s.* (*tech.*), Arbeitshub *m.* -takt *m.*; – **supply** *s.* (*rad.*), Netzanschluß *m.*; – **transformer** *s.* (*rad.*), Netztransformator *m.*; – **transmission** *s.* (*phys.*, *tech.*), Kraftübertragung *f.*; – **trim** *s.*, Kraftübertragung *f.* (*auf Boot und Segel*); – **valve** *s.* (*rad.*), Lautsprecherröhre *f.* (*Empfänger*), Senderöhre *f.* (*Sender*); – **winch** *s.*, Kraftwinde *f.*; – **yacht** *s.*, Motoryacht *f.*

PPI *s.* (*abbr.*), Rundsicht-, Rundsuchradar *n.*, Radarrundsicht- *od.* -suchgerät *n.*; **virtual – reflectoscope chart** *s.*, Radarkarte *f.*

practicable *adj.*, (be)fahrbar (*Wasserrinne, Priel*).

practical *adj.* **navigation,** angewandte *od.* praktische Navigation *f.*, Nautik *f.*

practise *v.* (*od.* **-tice**), ausbilden, drillen, schulen; **practise** (*od.* **-tice)/run** *or* **sail** *s.*, Übungsfahrt *f.*; – **ship** *s.*, Schulschiff *n.*

pram *s.*, Prahm *m.*, Leichter *m.*; *ein dänischer u. norwegischer Kielboottyp, geklinkert, ca. 17 Fuß lang*; – **bow** *s.*, Prahmbug *m.*, -steven *m.*; – **dinghy** *s.*, Prahmdingy *od.* -dingi *n.*

pratique *s.* (*naut.*), Praktika *f.*, Verkehrserlaubnis *f.*, Befreiung *f.* von der Quarantäne; **to admit to –,** jmd. Praktika erteilen; **to take –,** die Praktika nehmen *od.* einholen.

praw *s.*, Prau *f.*, Proa *f.* (*indonesisches Doppelrumpfboot*); **prawner** *s.*, Garnelenfischer *m.*, -fänger *m.* (*Boot*).

preamble *s.* **of a radio message,** Funkspruchkopf *m.*

pre(-)arranged course *s.*, festgelegter Kurs *m.*

pre(-)bend *s.* **(of the mast),** (Mast)Vorbiegung *f.*

precaution signal *s.*, Warnsignal *n.*

precession *s.*, Präzession *f.* (*Kreisel*), die Bewegung des Kreisels infolge eines äußeren Drehmoments; – **of the equinoxes** (*astr.*), Vorrükken *n.* der Tag- und Nachtgleichen; – **movement** *s.*, Präzessionsbewegung *f.* (*Kreisel*).

precipice *s.*, Klippe *f.*

precipitate *v.* (*meteor.*), sich niederschlagen *od.* verflüssigen, Niederschlag bilden; **precipitation** *s.* (*meteor.*), (atmosphärischer) Niederschlag *m.*; **precipitous** *adj.*, **– sea,** gewaltige *od.* sehr hochgehende See *f.*; **– waves** (*pl.*), steile Wellen(berge) (*pl.*).

precise *adj.*, **– adjustment,** Feineinstellung *f.*; **– engineering** *s.*, Feinmechanik *f.*; **– instrument** *s.*, Präzisionsinstrument *n.*; **precision** *s.*, **– of bearing,** Peilgenauigkeit *f.*, -schärfe *f.*; **– adjustment** *s.*, Fein(ein)stellung *f.* (*Meßinstrumente, etc.*); **– direction finding** *s.*, Feinortung *f.*; **– instrument** *s.*, **instrument of –,** Präzisionsinstrument *n.*, feinmechanisches Instrument *n.*; **– tool** *s.*, Präzisionswerkzeug *n.*

prefab(ricated) *adj.* **parts** *or* **sections of a boat,** vorgefertigte Bauteile (*pl.*) eines Bootes, vorgefertigte Yachtbauteile (*pl.*).

pre-impregnated (glass) *s.*, Prepreg *n.*, vorimprägnierte Glasseidengewebe (*pl.*) (*Bootsbau*).

preliminaries *s./pl.* (*rac.*), Vorentscheidungen (*pl.*); **preliminary / race** *s.*, erste Regatta *f.* einer Serie; **– warnings** (*pl.*) (*meteor., etc.*), Vorwarnung *f.*

premonitory signal *s.*, Warnsignal *n.*

preparatory signal *s.* (*rac.*), Vorbereitungssignal *n.*

prepare *v.* (*rac.*), sich vorbereiten; **–!** (*int.*), Klar (machen)! (*zum Anlegen, etc.*); **to – for sea,** seeklar machen (*Boot*), zum Auslaufen bereit *od.* klar machen (*Boot, Crew*); **to – to proceed,** auslaufbereit *od.* seeklar machen.

presentation *s.* (*radar*), Wiedergabe *f.*, Präsentation *f.*; Anzeige *f.*, Darstellung *f.* (*Instrumente*).

preserve *v.*, konservieren (*Bootsrumpf*); **preserver** *s.*, **life –,** Rettungsschwimmkörper *m.*, Rettungsweste *f.*

press *s.*, (Segel)Preß *m.* (*Druck sämtlicher gesetzter Segel*), Prangen *n.* (*Beisetzen sämtlicher Segel*), Pressen *n.*, Schanghaien *n.*; Stempel *m.*, Patrize *f.* (*Bootsbau*); **under a – of canvas,** mit vollen Segeln; **to carry a – of sail** *or* **canvas,** Segel pressen, mit einem Preß von Segeln laufen, zuviel Segel(fläche) gesetzt haben; **– of sail,** (Segel)Preß *m.*, Prangen *n.*, Beisetzen *n.* sämtlicher Segel; **– of weather** (*meteor.*), schweres Wetter *n.*; *v.*, pressen, (ver)schanghaien, gewaltsam anheuern (*Seeleute*), (*Schiff*) requirieren; **to – sail,** pressen, prangen, zu viel Segel fahren.

press / -button control *s.*, Druckknopfsteuerung *f.* (*Geräte*); **– -button tuning** *s.* (*rad.*), Drucktasteneinstellung *f.*; **– key** *s.*, Drucktaste *f.* (*Geräte*).

pressure *s.* (*meteor.*), Luftdruck *m.*, (*phys.*) Druck *m.*; **atmospheric –** (*meteor.*), Luftdruck *m.*; **centre** (*am.* **center**) **of –,** Druck(mittel)punkt *m.*; **centre of – of sails,** Segeldruckpunkt *m.*; **centre of lateral –,** Lateraldruckpunkt *m.*; **depression with very low –,** Sturmtief *n.*; **dynamic –,** dynamischer Auftrieb *m.*, Staudruck *m.* (*Gleitfahrt, etc.*); **high –** (*meteor.*), Hochdruck *m.*; **hydrodynamic –,** hydrodynamischer Auftrieb *m.*, Staudruck *m.* (*Fahrt*); **low –** (*meteor.*), Tiefdruck *m.*; **rudder –,** Ruderdruck *m.*, -kraft *f.*; **(hydro)static –,** (hydro)statischer Druck *m.*; **wind –,** Winddruck *m.*, Staudruck *m.* des Windes; **– of sail,** Prangen *n.*, Beisetzen *n.* sämtlicher Segel; **– of wind,** Winddruck *m.*; **– altitude** *s.* (*meteor.*), barometrische *od.* Barometerhöhe *f.*; **– balance** *s.*, Druckausgleich *m.*; **– difference** *s.*, Druckgefälle *n.*; **– distribution** *s.*, Druckverteilung *f.*; **– fluctuation** *s.*, Druckschwankung *f.*; **– ga(u)ge** *s.*, Druckmesser *m.* (*Gerät*), Manometer *n.*; **– -ga(u)ge reading** *s.*, Manometerstand *m.*; **– gradient** *s.* (*meteor.*), (atmosphärischer) Druckgradient *m.*, Luftdruckgradient *m.*, (spezifisches) Druckgefälle *n.*; **– head** *s.* (*phys.*), Staudruck(messer) *m.*, Druckhöhe *f.*, -gefälle *n.*; **– ice** *s.*, Preßeis *n.*; **– increase** *s.*, **increase in –,** Druckanstieg *m.*; **– loss** *s.*, Druckabfall *m.*; **– lubrication** *s.*, Druckschmierung *f.*; **– pump** *s.*, Druckpumpe *f.*; **– reading** *s.*, Manometerstand *m.*; **– release valve** *s.*, Reduzierventil *n.*; **– rise** *s.*, **rise in –,** Druckanstieg *m.*; **– spring** *s.*, Druckfeder *f.*; **– system** *s.* (*meteor.*), Luftdrucksystem *n.*; **– test** *s.*, (Wasser)Druckprobe *f.* (*Boot*); **– valve** *s.*, Druckventil *n.*

prestige *s.* **at sea,** Seegeltung *f.*

pretty *adv.*, **the wind blows – hard,** der Wind weht ziemlich stark, (*coll.*) es bläst ganz schön.

prevailing / direction *s.* **of wind,** vorherrschende *od.* Hauptwindrichtung *f.*; **– westerlies** (*pl.*), vorherrschende Westwinde (*pl.*); **– wind** *s.*, vorherrschender *od.* wahrer Wind *m.*

preventer *s.* (*naut.*), Preventer *m.*, Priwenter *m.*, Borg-, Ersatz-, Sicherungstau *n.*; Borg-, Bürgholz *n.*, (*tech.*) Ersatzgerät *n.*, -stück *n.*; **– backstay** *s.*, Preventer *m.*, Schlingerpardune *f.*; **– board** *s.*, Seitenbrett *n.* der Koje; **– brace** *s.*, Borgbrasse *f.*; **– guy** *s.*, Preventer *m.*, Preventergei *f.*; **– shroud** *s.*, Borgwant *f.*, untere Toppwant *f.*; **– stay** *s.*, Preventer *m.*, Borg-, Schlingerstag *n.*

Preventive Service *s.*, Küstenschutzdienst *m.*

prick *s.*, Pricke *f.* (*Seezeichen*).

prick *v.*, (*Kurs in der Karte*) absetzen, Besteck machen; **to – the chart,** (*den Kurs*) auf der

Karte abgreifen *od.* absetzen, (*den Kurs*) in die Karte eintragen; **to – off,** (*Kurs, Entfernung auf der Karte*) abstecken *od.* pricken, mit dem Stechzirkel abstechen, (*Segel*) durch Mittelnähte verstärken.

pricker *s.*, kleiner Marlpfriem *m.*, Pricker *m.*, Pfriem *m.*, Ahle *f.*, Stichel *m.*

pricking off *s.* **(in the chart),** Absetzen *n.* des Bestecks.

primage *s.*, Primage *f.*, Primgeld *n.*, Kaplaken *n.*; **– and average accustomed,** Primgeld *n.* und Havarie nach See(ge)brauch.

primary *s.* (*astr.*), Hauptplanet *m.*; *adj.*, **– radar,** Primärradar *n.*

prime *s.*, Tagesanbruch *m.*; **in the – of day,** in der (Morgen)Frühe *od.* -dämmerung; *v.*, grundieren (*Farbanstrich*), (*Pumpe*) in Tätigkeit setzen; **prime coat** *s.*, Spachtelmasse *f.*, Grundierer *m.*, Grundanstrich *m.*, Grundierung *f.* (*Anstrich*).

prime / line *s.*, Bezugs-, Grundlinie *f.*; **– meridian** *s.* (*geogr.*, *astr.*), Nullmeridian *m.*, Anfangsmeridian *m.* (*bes. v. Greenwich*); **– mover** *s.* (*phys.*), bewegende *od.* Primärkraft *f.*; **– quarter** *s.* **of the moon,** erstes Mondviertel *n.*; **– vertical circle** *s.* (*astr.*), erster Vertikalkreis *m.*, rechtwink(e)lig zum Himmelsmeridian liegender Kreis *m.*

primer *s.*, Primer *m.*, Erstanstrich *m.*, Haftgrundanstrich *m.*, Grundierung *f.*; **epoxy –,** Epoxidprimer *m.*, -grundierung *f.*; **rust –,** Rostprimer *m.*

priming *s.*, verfrühtes Eintreten *n.* der Flut, Gezeitenverfrühung *f.*; Grundierung *f.*, Grundanstrich *m.*; **– and lagging** *s.* **(of the tide),** Verfrühung *f.* und Verspätung *f.* (*der Gezeiten*); **– of the tide,** verfrühtes Einsetzen *n.* der Flut, Gezeitenverfrühung *f.*; **– coat** *s.*, Spachtelung *f.*, Grundierung *f.*, Grundanstrich *m.*

primus stove *or* **heater** *s.*, Primuskocher *m.*

principal *adj.*, **– dimensions,** (Haupt)Abmessungen *f./pl.* (*Boot*); **– frame** *s.*, Richt-, Scherspant *n.*; **– meridian** *s.* (*geogr.*, *astr.*), Meridianlinie *f.*

principle *s.*, Prinzip *n.*, Naturgesetz *n.*; **Archimedes' –, – of Archimedes,** Archimedisches Prinzip *n.*; **– of causality,** Kausalitätsprinzip *n.*, Gesetz *n.* von Ursache und Wirkung; **– of continuity,** Kontinuitäts-, Stetigkeitsprinzip *n.*

priority *s.* (*naut.*, *am.*), Wegerecht *n.*, (*rad.*) Priorität *f.*, Dringlichkeitsstufe *f.*, Vorrang *m.*; **of first** *or* **top –,** von größter Dringlichkeit.

prise *s.*, Hebel *m.*; Hebe(l)kraft *f.*

prismatic(al) *adj.*, **– coefficient,** prismatischer Koeffizient *m.*, Völligkeitsgrad *m.* des Hauptspantzylinders, Schärfegrad *m.*, Längenschärfegrad *m.* (*Bootsbau*); **– compass** *s.*, Patentbussole *f.*; **– finder** *s.*, Prismensucher *m.*; **– sextant** *s.*, Prismensextant *m.*; **prism view finder** *s.*, Prismensucher *m.*

privateer *s.*, Kaper(schiff *n.*) *m.*; *v.*, kapern; **privateering** *s.*, Kaperfahrt *f.*

privileged *adj.* **boat** *or* **ship** *or* **vessel,** Wegerechtschiff *n.*

prize *s.*[1] (*rac.*), (Regatta)Preis *m.*; **challenge –,** Wander-, Herausforderungspreis *m.*; **racing –,** Regattapreis *m.*; **– of the day,** Tagespreis *m.*

prize *s.*[2], aufgebrachtes Schiff *n.*, Prise *f.*, Seebeute *f.*; **to condemn as lawful –,** als rechtmäßige Prise erklären; **to make – of,** als Prise aufbringen kapern; *v.*, aufbringen, kapern (*Schiff*).

prize *s.*[3], Hebelkraft *f.*, -wirkung *f.*

prize / crew *s.*, Prisenkommando *n.*; **– -giving** *s.* (*rac.*), Preisverteilung *f.*; **– law** *s.*, Prisenrecht *n.*; **– list** *s.*, Gewinner-, Siegerliste *f.*; **– money** *s.*, Prisengelder (*pl.*); **– winner** *s.*, Preisträger *m.*

pro *s.* (*am.*, *abbr.*) (*rac.*), Profi *m.*

proa *s.*, Prau *f.*, Doppelbugboot *n.*, Proa *f.* (*indonesisches Doppelrumpfboot*), malaiisches Segelboot *n.*

probabilities *s./pl.* (*meteor.*) (*am.*), Wetteraussichten *f./pl.*; **probability** *s.*, **– calculus, theory of –,** Wahrscheinlichkeitsrechnung *f.*; **– factor** *s.* (*radar*), Auffasswahrscheinlichkeit *f.*

problem *s.*, **three (3) point –** (*naut.*), Pothenotsche Aufgabe *f.*, Aufgabe *f.* der vier Punkte.

proceed *v.*, weitersegeln, (*Seereise*) fortsetzen; **to – bow first,** vorausgehen (*Boot*); **to – down (up) river,** stromab(stromauf)(wärts) fahren; **to – along the coast,** an der Küste entlanglaufen *od.* -segeln; **to – at 12 knots,** Fahrt *f.* von 12 Knoten machen; **to – at maximum speed,** maximale *od.* Höchstgeschwindigkeit laufen; **to – on the voyage,** weitersegeln, die (See)Reise fortsetzen; **to – to sea,** in See gehen, auslaufen (*Boot*); **to – with the sea abeam,** dwars zur See laufen (*Boot*); **to – in company, proceeding** *s.* **in company,** im Verband segeln *od.* fahren.

production / boat *s.*, Serienboot *n.*; **– sail** *s.*, Seriensegel *n.*, in Serie gefertigtes Segel *n.*

professional *s.* (*spt.*), Profi *m.*, Professional *m.*, Berufssportler *m.*

profile *s.*, Profil *n.* (*Ruder, etc.*), Segelprofil *n.*; **aerodynamic –,** aerodynamisches (Segel)Profil *n.*; **mast –,** Mastprofil *n.*; **NACA –,** NACA-Profil *n.*; **wave –,** Wellenprofil *n.* (*Steilheit einer Welle*); **– drag** *s.*, Profilwiderstand *m.* (*Segel*); **profiled** *adj.* **luff stay for headsails,** Profilvorstag *n.*

prog *s.*, Proviant *m.*, (*sl.*) Fressalien (*pl.*).

prognosis *s.* (*meteor.*), Wettervorhersage *f.*

programme *s.* (*am.* **program**) **control,** Programmsteuerung *f.* (*Instrumente, Geräte*); **programming** *s.*, Programmierung *f.* (*v. Instrumenten u. Geräten*).

progressive *adj.*, **– movement** (*phys.*), Vorwärtsbewegung *f.*; **– wave** *s.* (*phys.*), fortschreitende Welle *f.*

prohibited *adj.* **area** *or* **zone,** Sperrgebiet *n.*, -zone *f.* (*Hoheitsgewässer*).

project *v.*, projizieren, durch Projektion übertragen; **projectible** *adj.* **anchor,** Ankerrakete *f.*; **projecting** *adj.* **bow,** vorspringender Bug *m.*

projection *s.*, **gnonomic –,** gnonomische Projektion *f.*; **Mercator('s) –,** Mercator-Projektion *f.*; **projector compass** *s.*, Projektionskompaß *m.*

prolonged *adj.* **blast** (*naut.*), langer Ton *m.* (*4–6 Sek. Dauer*).

promenade deck *s.*, Promenadendeck *n.*

prometacentre *s.* (*meteor.*), flaches Metazentrum *n.*

prominence *s.* (*astr.*), (Sonnen)Protuberanz *f.*

prominent *adj.* **landmark,** prominente *od.* auffallende Landmarke *f.*

promise *v.*, **it –s (to be) fine, the weather –s fine,** das Wetter verspricht gut zu werden; **promising** *adj.*, **– weather,** günstiges Wetter *n.*; **the weather is –,** es sieht nach gutem *od.* schönem Wetter aus.

promontory *s.*, Huk *f.*, Landspitze *f.*, Vorgebirge *n.* (*an der Küste*).

proof *v.*, wasserdicht *od.* -undurchlässig machen; prüfen; *adj.*, **corrosion –,** korrosionsbeständig; **leak –,** (wasser)dicht (*Boot*); **rust –,** rostbeständig; **water –,** wasserbeständig, -dicht-, undurchlässig; **– load** *s.*, Probebelastung *f.*

prop *s.* (*naut.*), Schore *f.*, Stütze *f.*, (*coll.*) Propeller *m.*, Schiffsschraube *f.*; **– of the stem,** Stevenstütze *f.*; *v.*, abstützen; **to – up,** aufbocken; abstützen, stützen (*Mast, etc.*).

propagation *s.* **of waves** (*phys.*), Wellenausbreitung *f.*, -fortpflanzung *f.*

propane *s.*, Propangas *n.*; **– stove** *s.*, Propangaskocher *m.*

propellant *adj.*, **–force of the wash,** Treibwasser *n.*; **– power** *s.* (*phys.*), Antriebs-, Triebkraft *f.*

propeller *s.*, Propeller *m.*, (Schiffs)Schraube *f.*; **diameter of the –,** Propellerdurchmesser *m.*; **efficiency of the –,** Propellerwirkungsgrad *m.*; **pitch of a (screw) –,** Propellersteigung *f.*; **variable pitch of the –,** veränderliche (Propeller)Steigung *f.*; **slip of the –,** Schlupf *m.*, Slip *m.* (eines Propellers); **folding –,** Faltpropeller *m.*; **left-handed (right-handed) –,** linksgängiger (rechtsgängiger) Propeller *m.*; **screw –,** Schiffsschraube *f.*, Propeller *m.*; **– aperture** *s.*, Schraubenbrunnen *m.*; **– area ratio** *s.*, Propellerflächenverhältnis *n.*; **– back** *s.*, Propellerrücken *m.*; **– blade** *s.*, Propeller-, Schraubenflügel *m.*; **– (blade) effect** *s.*, Radeffekt *m.* (des Propellerflügels); **– boss** *s.*, Propellernabe *f.*, -nuß *f.*; **– boss plates** (*pl.*), Wellenhosenplatten (*pl.*); **– current** *s.*, Schrauben-, Propellerstrom *m.*; **– diameter** *s.*, Propellerdurchmesser *m.*; **– disk** *s.*, Propeller-, Schraubenkreis *m.*; **–-driven** *adj.*, mit Schraubenantrieb (*Boot*); **– eddy** *s.*, Propeller-, Schraubenstrom *m. od.* -wirbel *m.*; **– efficiency** *s.*, Propellerwirkungsgrad *m.*; **– flow** *s.*, Propellerströmung *f.*; **– frame** *s.*, Propellersteven *m.*; **– guard** *s.*, Propeller-, Schraubenschutz *m.*; **– nut** *s.*, Propellermutter *f.*; **– pitch** *s.*, Propellersteigung *f.*; **– pitch control** *s.*, Propellerverstellvorrichtung *f.*; **– post** *s.*, Propellersteven *m.*; **– rev(olution)** *s.*, Propellerumdrehung *f.*; **– shaft** *s.*, Propeller-, Schraubenwelle *f. od.* -achse *f.*, (*am.*) Kardanwelle *f.*; **–-shaft bearing** *s.*, Schraubenwellenlager *n.*; **–-shaft stay** *s.*, Wellenbock *m.*; **–-shaft tunnel** *s.*, Propeller-, Schraubenwellentunnel *m.*; **– slipstream** *s.*, Schraubenstrahl *m.*; **– speed** *s.*, Propellerdrehzahl *f.*; **–-speed indicator** *s.*, Propellerdrehzahlmesser *m.*, -anzeiger *m.*; **– strut** *s.*, Wellen-, Propellerbock *m.*; **– thrust** *s.*, Propellerschub *m.*; **– wake** *s.*, Schraubenstrom *m.*; **– wash** *s.*, Schraubenwasser *n.*; **– well** *s.*, Schraubenbrunnen *m.*

propelling *adj.*, **– force** (*phys.*), Antriebs-, Triebkraft *f.*; **– motor** *s.*, (elektrischer) Schiffsantriebsmotor *m.*; **– power** *s.*, (Schiffs)Antriebskraft *f.*

proper *adj.*, **– course** (*rac.*), richtiger Kurs *m.*; **– motion** *s.* (*astr.*), Eigenbewegung *f.* (*Gestirn*); **– motion of a boat,** Eigenbewegung *f.* des Bootes.

property *s.*, Eigenschaft *f.* (*eines Segels*); **sliding –,** Gleitfähigkeit *f.* (*Boot*).

proportion *s.*, Proportion *f.*, (richtiges) Verhältnis *n.* (*Segel, etc.*), Ausmaß *n.*, Größe *f.*, Umfang *m.*; **proportions** (*pl.*), Abmessungen

(*pl.*) (*Boot, Segel*).
propping *s.*, Absteifung *f.*, Stützen *n.* (*Mast*).
propulsion *s.*, (Schiffs)Antrieb *m.*, Antriebskraft *f.*; **propulsive** *adj.*, **– effect,** Antriebswirkung *f.*; **– force** *s.*, Antriebskraft *f.*
protected area *s.*, Naturschutzgebiet *n.* (*Watt, etc.*).
protecting *adj.*, **– cover,** Schutzbezug *m.* (*Kompaß, etc.*); **– paint** *s.*, Schutzanstrich *m.*; **– varnish** *s.*, Deckfirnis *m.*
protection *s.* (*naut., jur.*), Schutz-, Geleitbrief *m.*, (*tech.*) Schutz(vorrichtung *f.*) *m.*, Abschirmung *f.*; **– against corrosion,** Korrosionsschutz *m.*; **– against rust,** Rostschutz *m.*; **– and indemnity insurance,** Schiffshaftpflichtversicherung *f.*; **cathodic (corrosion) –,** Kathodenschutz *m.* (*am Stahlrumpf*), Korrosionsschutz *m.*; **– cover** *s.*, Schutzbezug *m.*, -haube *f.*, -kappe *f.* (*Kompaß, etc.*); **protective** *adj.*, **– coating,** Schutzanstrich *m.*; **– cover** *s.*, Schutzhaube *f.*, -kappe *f.*; **– layer** *s.*, Schutzschicht *f.*; **protector** *s.*, Schutz(vorrichtung *f.*) *m.*; **lightning –,** Blitzschutz *m.*, -ableiter *m.*
protest *s.* (*naut.*), Seeprotest *m.*, Verklarung *f.*, (*rac.*) Protest *m.*; **extended** *or* **sea** *or* **shipper's** *or* **ship's –,** Seeprotest *m.*, Verklarung *f.*; **to enter a – in a case,** über einen Schaden Verklarung ablegen; **to enter a sea –, to extend –,** verklaren, Verklarung ablegen.
prototype *s.*, (Versuchs)Modell *n.*, Prototyp *m.* (*Boot, Segel*).
protractor *s.*, Kursdreieck *n.*, Winkelmesser *m.*, -transporteur *m.*, Gradbogen *m.*, Schmiege *f.*, (Richt)Zirkel *m.*; **chart –,** Kursübertrager *m.* (*Kompaßrose*); **course –,** Kursübertrager *m.* (*Kursdreieck*); **three-arm –,** Doppelwinkelmesser *m.*, Dreiarm-Transporteur *m.*
protruding *adj.*, **– bow,** überhangender *od.* -kragender *od.* vorspringender Bug *m.*; **– stern** *s.*, überhangendes Heck *n.*; **protrusion** *s.* **(of bow** *or* **stern)**, Überhang *m.* (von Bug *od.* Heck), vorspringender Teil *m.*, Vorwölbung *f.*
protuberance *s.* (*astr.*), Protuberanz *f.*; **solar –,** Sonnenprotuberanz *f.*
proud *adj.*, angeschwollen (*Wasserlauf, Fluß*).
provision *v.*, (sich) verproviantieren; **provisional** *adj.* **result** (*rac.*), Zwischenergebnis *n.*; **provisions** (*pl.*), Proviant *m.*; **– room** *s.*, Proviantlast *f.* (*an Bord*).
proviso *s.*, Kabeltau *n.* (*Festmacher*).
prow *s.*, Bug *m.*, Vorschiff *n.*, Schiffsschnabel *m.*, -vorderteil *n.*; Kiel *m.* (*Schiff*), Prau *f.*, Proa *f.* (*indonesisches Doppelrumpfboot*).
proximity *s.*, **in close** *or* **immediate –,** in nächster *od.* unmittelbarer Nähe; **– of land,** Landnähe *f.*; **– effect** *s.* (*rad.*), Näherungseffekt *m.*; **– zone** *s.* (*radar*), Nahbereich *m.*
pry *s.*, Hebel *m.*; Hebelkraft *f.*, -wirkung *f.*; *v.*, (mit einem Hebel) bewegen *od.* heben.
psychrometer *s.*, Psychrometer *n.* (*Instrument zur Messung der Luftfeuchtigkeit*).
PT boat *s.* (*am.*), Schnellboot *n.*
public address system *s.*, Bordsprechanlage *f.*
pucker *v.*, Falten werfen (*Segel*).
puddening *s.*, **pudding** *s.*, Taukranz *m.*, -wulst *m.*, Stoßwulst *m.*, Schamfilkissen *n.*, Schamfil(ungs)matte *f.*; **– fender** *s.*, Wieling *f.*, Taufender *m.*
puff *s.*, (Luft)Hauch *m.*, Luftstoß *m.*, leichter Windstoß *m.*; **– of air,** leichter Lufthauch *m.*; **– of wind,** Windhauch *m.*, -stoß *m.*
pull *s.* (*naut.*), Pull *m.*, (ruckartiger) Zug *m.* (*an einem Tau*), Pull *m.* (*Gasstoß des Motors*), (*tech.*) Zugkraft *f.*, Zugleine *f.*, (*coll.*) Ruderschlag *m.*; Ruderpartie *f.*, -fahrt *f.*; **to go for a –,** eine Ruderpartie machen; **– ahead,** Pull *m.* voraus (*Motor*); **– astern,** Pull *m.* achteraus (*Motor*).
pull *v.*, (auf-, ein)holen (*Leinen, etc.*), anholen (*Schot*), pullen, rudern; ziehen, kräftig zerren; **to – a boat,** ein Boot rudern; **to – a good oar,** gut rudern (können); **to – an oar,** rudern; **to – hand over hand,** Hand über Hand holen (*Leine*); **to – one's weight,** tüchtig rudern, sich kräftig in die Riemen legen; **the boat –s four oars,** das Boot führt vier Riemen; **to – back,** zurückrudern; **to – in,** hineinrudern; **to – off** (*coll.*), (einen Preis) davontragen; **to – on,** (*mit dem Boot*) anrudern; **to – out,** hinausrudern; **to – tight,** steifholen (*Segel*); **to – up,** heißen, hissen, auf- *od.* hochziehen (*Flagge, etc.*), (*rac.*) aufholen, sich an die Spitze segeln *od.* schieben; **to – up with another boat,** ein (anderes) Boot einholen.
pull chord *s.*, Reißleine *f.* (*Segel*).
pulled *adj.* **tight,** steifgeholt (*Segel*); **the boat pulled for the shore,** das Boot ruderte *od.* hielt auf das Ufer zu, das Boot wurde auf das Ufer zugerudert.
puller *s.*, Ruderer *m.*; **– patch** *s.*, Tucheinholer *m.*
pulley *s.*, Talje *f.*, Blockscheibe *f.*, Rolle *f.*, (*tech.*) Rolle *f.*, Scheibe *f.*; Flaschenzug *m.*; **block and set of –s** (*pl.*), Rollen-, Flaschenzug *m.*; **idle** *or* **loose –,** lose Rolle *f.*; **movable** *or* **running –,** bewegliche Rolle *f.*; **rope –,** Seilrolle *f.*
pulling *s.*, Pullen *n.*, Rudern *n.*; *v.pp.*, **the sail**

is – well, der Zug auf die Schot ist gut *od.* einwandfrei eingestellt, das Segel zieht gut; **– boat** *s.*, Ruderboot *n.*; **– dinghy** *s.*, Ruderdingy *od.* -dingi; **– cutter** *s.*, Riemenkutter *m.*; **– force** *or* **power** *s.*, Zugkraft *f.*; **– race** *s.*, Wettrudern *n.*; **–-up** *s.*, (Ab)Stoppen *n.*, Anhalten *n.* (*Boot*).

pullwise *adv.*, pullweise; **to haul –,** pullweise holen *od.* fieren.

pully-haul *v.* (*coll.*), mit aller Kraft ziehen *od.* holen, ziehen und zerren.

pulpit *s.*, Bugkorb *m.*, -kanzel *f.*, Deckkorb *m.* (*an Bug und Heck*).

pulsation *s.*, Schwingung *f.*, Vibrieren *n.* (*Boot*), rhythmisches Klopfen (*Motor*).

pulse *s.* (*phys.*), Impuls *m.*, Schwingung *f.*; **– of oars,** rhythmischer Ruderschlag *m.*; **– of sound,** Schallimpuls *m.*; *v.*, impulsweise ausstrahlen *od.* senden; **– direction finder** *s.*, Impulspeiler *m.*; **– direction finding** *s.*, Impulspeilung *f.*; **– radar** *s.*, Impulsradar *n.*

pump *s.*, Pumpe *f.*; **bilge –,** Bilge-, Lenzpumpe *f.*; **diaphragm –,** Membranpumpe *f.*; **positive displacement –,** Verdrängerpumpe *f.*; **rotary –,** Kreiselpumpe *f.*; **the – blows,** die Pumpe lorcht *od.* lörkt *od.* zieht Luft; **the – draws,** die Pumpe faßt *od.* zieht; **the – is choked,** die Pumpe ist verstopft; **the – is dry, the – sucks,** die Pumpe schlägt lenz; *v.*, pumpen (*mit Pumpe*), pumpen (*Mast, Boot, Segeltaktik*); **to – dry,** leerlenzen, -pumpen (*Boot*); **to – the bilges,** lenzen; **to – out (water),** lenzen, lensen, (*Boot*) lenzpumpen; **to – out water ballast,** Wasserballast lenzen; **to – up,** aufpumpen (*Schlauchboot, etc.*).

pump/brake *s.* (*naut.*), (langer) Pumpenschwengel *m.*; **– capacity** *s.*, Pump(en)leistung *f.*; **– cistern** *s.*, Pumpenback *n.*; **– coat** *or* **collar** *s.*, Pumpenkragen *m.*; **– foghorn** *s.*, Pumpnebelhorn *n.*

pumping/arrangement *or* **device** *s.*, Lenzein- *od.* -vorrichtung *f.*; **– set** *s.*, Pumpensatz *m.*

pump/lift *s.*, Pumpenhub *m.*; **– piston** *s.*, Pumpenkolben *m.*; **– shaft** *s.*, Pumpenwelle *f.*; **– strainer** *s.*, Lenz-, Saugkorb *m.*; **– stroke** *s.*, Pumpenhub *m.*; **– strum** *s.*, Lenz-, Saugkorb *m.*; **– valve** *s.*, Pumpenventil *n.*; **– well** *s.*, Pumpensumpf *m.*, -sod *m.*; **– windlass** *s.*, Pumpenspill *n.*

punch *s.*, Patrize *f.* (*Bootsbau*).

punt *s.*, Punt *n.*, Prahm *m.*, flacher Flußkahn *m.*, Stechkahn *m.*; *v.*, (*Boot*) staken, mit Staken fortbewegen; punten, in einem Punt fahren *od.* befördern; **punter** *s.*, jmd. der ein Boot stakt; **punt pole** *s.*, Staken *m.*

puppet valve *s.*, Schnarch-, Tellerventil *n.*

purchase *s.*, Talje *f.*, Takel *n.*, Gien *n.*, Spill *n.*, (*tech.*) Hebevorrichtung *f.*, Hebelkraft *f.*, -wirkung *f.*; *v.*, auf-, hochwinden, (*mit Hebelkraft*) heben *od.* bewegen; **purchase/block** *s.*, Gien-, Talje(n)block *m.*; **– fall** *or* **runner** *s.*, Gienläufer *m.*; **– tackle** *s.*, Gientalje *f.*

purl *v.* (*naut., coll.*), kentern, umschlagen (*Boot*), sich kräuseln (*Wasser*), rauschen (*Fluß*).

purple/light *s.*, Abend-, Morgenrot *n.*; **– zone** *s.* (*Decca*), purpurrote Zone *f.*

purr *v.*, (aus)purren, die Wache wecken.

purse seiner *s.*, Wadenfischer(eiboot *n.*) *m.*

pursue *v.* (*rac.*), verfolgen (*Boote*); **pursuit** *s.* (*rac.*), Verfolgung *f.*; **to be in hot – of a boat,** knapp hinter einem *od.* dem gewinnenden Boot liegen.

push *s.*, Schubverband *m.*; Schub *m.*; *v.*, (an)schieben (*Boot*); **to – forward,** beschleunigen, vorantreiben; **to – off,** ablegen, absetzen, abstoßen (*Boot*); **to – off aft,** achtern absetzen; **to – off forward,** vorn absetzen; **the boat –ed off (from),** das Boot stieß ab (von).

push/barge *s.*, Schubprahm *m.*; **– boat** *s.*, Schubboot *n.*, -schlepper *m.*; **– button** *s.*, Druckknopf *m.* (*an Geräten*); **–-button** *adj.*, vom Schaltbrett aus gelenkt, automatisch, durch einen Druckknopf auslösbar *od.* kontrollierbar; **–-button control** *s.*, Druckknopf- *od.* -tastensteuerung *f.*; **–-button tuning** *s.* (*rad.*), Drucktasteneinstellung *f.*; **pusher** *s.*, Schubboot *n.*, -schlepper *m.*; **– navigation** *s.*, Schubschiffahrt *f.*; **– tug** *s.*, Schubbugsierer *m.*, -schlepper *m.*; **pushing motorbarge** *s.*, schiebender Selbstfahrer *m.*; **push-off** *s.*, Abstoßen *n.* (*Boot vom Ufer, etc.*).

pushpit *s.*, Heckkorb *m.*

push/tow *s.*, Schubverband *m.*; **– tow-boat** *or* **tug** *s.*, Schubschlepper *m.*

pussy-pad *s.*, Ausreithilfe *f.* (*am Boot*).

put *v.* (*naut.*), segeln, laufen, fahren, steuern; **to – aback,** backbrassen; **to – about,** stagen, über Stag gehen, umlegen, wenden (*Boot*); **to – away (for),** auslaufen, absegeln, in See gehen (nach); **to – back** (*naut.*), um-, zurückkehren; **to – back to port,** an Backbord zurückstehen; in den Hafen zurückkehren *od.* -laufen (*Boot*); **to – forth,** auslaufen, in See gehen (*Boot*); **to – in,** (*in einen Hafen*) einlaufen; **to – in at a port, to – into port,** einen Hafen anlaufen, in einen Hafen einlaufen; **to – into service,** (*Schiff*) in Dienst stellen; **to – off,** auslaufen, ablegen, absegeln; **to – off to sea,** in See gehen, auslaufen (*Boot*); **to – on**

board, an Bord bringen; **to – on the course,** (*das Boot*) auf Kurs legen; **to – on a seizing,** ein Bändsel aufsetzen; **to – (a boat) on the stacks,** (ein Boot) auf Stapel legen; **to – (a boat) on the other tack,** auf den anderen Bug *od.* über Stag gehen; **to – out,** auslaufen; aussetzen (*Boot*); **to – out to sea,** auslaufen, in See gehen; **to – out of commission,** (*Schiff*) abtakeln, abrüsten, außer Dienst stellen; **to – over,** (hin)übersetzen (*mit dem Boot*); **to – to land,** an Land gehen; **to – to sea,** auslaufen, in See gehen; **to – under quarantine,** unter Quarantäne legen (*Boot*); **to – the boat about,** das Boot wenden; **to – home the clips,** die Vorreiber dichtmachen; **to – the helm** *or* **the tiller,** Ruder legen; **the river –s into a lake,** der Fluß fließt *od.* ergießt sich in einen See.

putting *s.* **to sea,** Auslaufen *n.* (*Boot*).

putty *s.*, Spachtel(masse *f.*, -kitt *m.*) *m.*, Kitt *m.*, Dichtungsmasse *f.*; *v.*, (ver)kitten *od.* spachteln; **putty knife** *s.*, Spachtel *m.*

pyrostat *s.*, automatischer Feuermelder *m.*, automatisches Feuerwarngerät *n.*

Q

quadrangle *s.*, Viereck *n.*, -kant *m.* (*Profile, Beschläge*); **quadrangular** *adj.*, viereckig, -kantig, -seitig.

quadrant *s.* (*naut.*), Quadrant *m.*, Jakobsstab *m.*, (*astr.*, *tech.*) Quadrant *m.*, (*math.*) Viertelkreis *m.*; **dangerous –,** gefährliches Viertel *n.* (*Orkan*); **eastern (northern) –,** östlicher (nördlicher) Quadrant *m.* (*Kardinalsystem*); **navigable –,** fahrbares Viertel *n.* (*Orkan*); **reflecting –,** Ruderquadrant *m.*, (Spiegel)Oktant *m.*; **rudder –,** Ruderquadrant *m.*; **sea –,** Jakobsstab *m.*

quadrantal *adj.*, **– correctors** *s./pl.*, Kugelkorrektoren (*pl.*); **– deviation** *s.*, viertelkreisige Abweichung *f.* *od.* Deviation *f.*; **– error** *s.*, Funkfehlweisung *f.*, viertelkreisiger Peilfehler *m.*; **– error compensation** *s.*, viertelkreisige Funkbeschickung *f.*

quadrant / elevation *s.* (*astr.*), Erhöhungswinkel *m.*; **– error(s)** *s.* (*pl.*), Funkfehlweisung *f.*; **– steering-gear** *s.*, Quadrant(en)ruderanlage *f.*; **– tiller** *s.*, Ruderquadrant *m.*

quadrate *s.*, Quadrat *n.* (*Seekarte, etc.*); *adj.*, (*annähernd*) quadratisch, (*astr.*) voneinander 90° entfernt; **quadratic** *adj.*, quadratisch; **quadrature** *s.* (*astr.*), Quadratur *f.* (*Gestirn; Mond*); **– of the circle,** Quadratur *f.* des Kreises.

quadrilateral *s.*, Viereck *n.*, viereckige Fläche *f.* (*Segel*); *adj.*, vierseitig; **– jib** *s.*, Vierkantklüver *m.*; **– sail** *s.*, Vierkantsegel *n.*

quaggy *adj.*, morastig, sumpfig; **quagmire** *s.* (*coll.* **quag**), Morast *m.*, Sumpf *m.*, Sumpfland *n.*

quake *s.*, Erdbeben *n.*; **sea** *or* **submarine –,** Seebeben *n.*; *v.*, beben.

qualification *s.* (*rac.*), Qualifikation *f.*; **qualify** *v.* (*rac.*), sich qualifizieren; **qualifying race** *or* **round** *or* (*coll.*) **heat** *s.*, Ausscheidungsregatta *f.*, -wettfahrt *f.*

qualities *s./pl.*, **manoeuvring – of a boat,** Manövriereigenschaft *f.* (eines Bootes); **quality** *s.* **(of a boat, of a sail),** (charakteristische) Eigenschaft *f.* (eines Bootes, eines Segels); **– of bearing,** Peilqualität *f.*

quant *s.*, Stake *f.*, Quant *n.*, Stakstange *f.* mit Tellerkappe; *v.*, (*Boot*) mit einem Quant staken.

quarantine *s.*, Quarantäne *f.*; Quarantänedienst *m.*, -hafen *m.*; **to discharge from –,** aus der Quarantäne entlassen (*Boot*); **to put under –,** in Quarantäne legen (*Boot*); *v.*, unter Quarantäne stellen, Quarantäne verhängen (über); **quarantine / berth** *s.*, Ankerplatz *m.* im Quarantänehafen; **– buoy** *s.*, Quarantäneboje *f.*, -tonne *f.*; **– flag** *s.*, Quarantäneflagge *f.*; **– harbour** *or* **port** *s.*, Quarantänehafen *m.*; **– launch** *s.*, Quarantänebarkasse *f.*, -boot *n.*; **– officer** *s.*, Quarantänebeamter *m.*; **– regulations** (*pl.*), Quarantänebestimmungen (*pl.*); **– signal** *s.*, Quarantänesignal *n.*

quarter *s.* (*naut.*), Kardinalpunkt *m.*, Haupthimmelsrichtung *f.* (*des Kompasses*); Viertelstrich *m.* (*Kompaß*); (Wind)Vierung *f.* (*Boot*), Raharm *m.* (*Teil einer Rah von der Mitte bis zur Nock*), Achterschiff *n.*; Bordunterkunft *f.*; Posten *m.*, (*astr.*) (Mond)Viertel *n.*; Windrichtung *f.*; Himmelsrichtung *f.* -gegend *f.*; Viertelfaden *m.* (*ca. 0,457 m*); **after –,** Achterschiff *n.*; **close –s** (*pl.*) (*radar*), Nahbereich *m.*; **at close –s** (*pl.*), auf kurze Entfernung; **first –** (*astr.*), erstes Viertel *n.*, Halbmond *m.*; **last –** (*astr.*), letztes Viertel *n.*, Halbmond *m.* **on the –,** vier Strich achteraus; backstagsweise; **on the port (starboard) –,** (an) Backbord (Steuerbord) achteraus; **land in sight on the port (starboard) –,** Land *n.* in Sicht (an) Backbord (Steuerbord) achteraus *od.* achtern; **the moon in the** (*or* **her**) **first (last) –** der Mond im ersten (letzten) Viertel; **the win**

blows from all four –s (*pl.*), der Wind kommt aus allen vier *od.* Himmelsrichtungen; **what – is the wind in?,** woher *od.* aus welcher Richtung kommt *od.* weht der Wind?; **to beat to –s** (*pl.*), die Crew auf ihre Posten rufen; **– of the moon,** Mondviertel *n.*; **– of a ship,** Achter-, Hinterschiff *n.*; **– of the wind,** Windvierung *f.*; *v.*, mit raumem *od.* Backstagswind segeln, backstagsweise segeln; gegen das Achterschiff anstürmen *od.* schlagen (*Wind, See*).

quarter/berth *s.* (*naut.*), Hundekoje *f.*; **– bill** *s.* (*naut.*), Alarmrolle *f.*; Schiffsrolle *f.*, Rollenbuch *n.*; **– block** *s.*, Quarterblock *m.* (*Geitau und Schotblock*), Spankerschotenblock *m.*; Ruderkettenleitrolle *f.*; **– boat** *s.*, Barkasse *f.*, Schaluppe *f.*, Seitenboot *n.*; **– breast** *s.*, achtere Dwarsfeste *f.*; **– breeze** *s.*, Backstagsbrise *f.*, raum-achterlicher Wind *m.*; **– circle** *s.*, Viertelkreis *m.*; **– deck** *s.*, Achter-, Hütten-, Quarterdeck *n.*, Schanz(e) *f.*; **– decker** *or* **deck ship** *s.*, Quarterdecker *n.*, -deckschiff *n.*; **– fast** *s.*, achtere Dwarsfeste *f.*, Achterspring *f.*, Heck(seiten)festmacher *m.*; **– gallery** *s.*, Heckgalerie *f.*

quartering *s.*, Segeln *n.* mit raum-achterlichem Wind *od.* Backstagswind, (*astr.*) Mondphasenwechsel *m.*; *adj.*, Backstags-; **(to be) –,** mit raum-achterlichem Wind *od.* Backstagswind (segeln); **– sea** *s.*, raume See *f.* (*Seegang*), offener Seeraum *m.*; **– wind** *s.*, raumachterlicher *od.* raumer Wind *m.*, Dreiviertelwind *m.*, Backstagsbrise *f.*, -wind *m.*

quarter/knee *s.*, Heckknie *n.*; **–master sergeant** *s.*, Steuermann(smaat) *m.*; **– mooring** *s.*, Achter-, Ankerspring *f.*; Heck, Springvertäuung *f.*; **– point** *s.*, Viertelstrich *m.* (*Kompaß*); **– rail(ing)** *s.*, Heck-, Monkeyreling *f.*, Relingsbrett *n.* (*am Quarterdeck*); **– rope** *s.*, Achterspring *f.*, achtere Dwarsfeste *f.*; **– spring** *s.*, Achter-, Heckspring *f.*; **after – spring** *s.*, Achterspring *f.*; **– stretch** *s.* (*rac.*), Zielkreuz *f.*; **– tide** *s.*, Vierteltide *f.*; **– ton class,** Vierteltonnerklasse *f.*; **– ton cup** *s.*, Vierteltonnerpokal *m.*; **– turn** *s.*, Vierteldrehung *f.*, -wende *f.* (*eines Bootes*); **– watch** *s.*, halbe Deckswache *f.*; **– wave** *s.*, raum-achterliche Hecksee *f.*; **– wind** *s.*, raum-achterlicher Wind *m.*, Dreiviertel-, Backstagswind *m.*

quartile *s.* (*astr.*), Quadratur *f.*, Quadrat-, Geviertschein *m.*

quartz *s.* (*rad.*), Quarz *m.*; **– plate** *s.* (*rad., elec.*), (Schwing)Quarz *m.*

quay *s.*, Anlegesteg *m.* zum Festmachen, Brücke *f.*, Kai *m.*, Mole *f.*; **on the –,** am Kai; **quayage** *s.* Hafen-, Kai-, Liegegeld *n.*; Kaianlagen (*pl.*); **quay/berth** *s.*, Liegeplatz *m.*; **– dues** *or* **fees** (*pl.*), Liegegeld *n.*, Kaigebühren (*pl.*); **–side** *s.*, Hafendamm *m.*, Uferstraße *f.*, Kaimauer *f.*

queen sail *s.*, Königinsegel *n.* (*Stagsegel*).

quick *adj.*, **– in stays,** wendig (*Boot*); **– flashing** *s.*, Blitz *m.* (*Leuchtfeuer*); **– flashing light** *s.*, Blitz *m.*, Funkelfeuer *n.*; **– (short) flashing light** *s.*, Blitzfeuer *n.* (*Leuchtfeuer*); **– reef** *s.*, Schnellreff *n.*, Bindereff *n.*; **–-release gear** *s.*, Schnellauslösevorrichtung *f.*; **–-release shackle** *s.*, Schlipp-, Slipschäkel *m.*; **–sand** *s.*, Mahl-, Schwemm-, Schwimm-, Treib-, Trieb-, Flottsand *m.*, Schluff *m.*; **– work** *s.*, lebendes Werk *n.*, Unterwasserschiff *n.*

quid *s.*, Priem *m.*

quiet *s.*, Ruhe *f.*, (Wind)Stille *f.*; *adj.*, friedlich, ruhig, still (*See*); *v.*, **to – down,** nachlassen, sich legen (*Sturm*); **quietude** *s.*, Ruhe *f.*, Stillte *f.* (*Wind, See*); **quiet waters** (*pl.*), stilles Gewässer *n. od.* Wasser *n.*

quintile *s.* (*astr.*), Quintil-, Gefünftschein *m.*

quirk *s.*, plötzliche Drehung *od.* Wende *f.* (*eines Bootes*), Kniff *m.*, Trick *m.*

quite *adv.* **a wind** (*coll.*), ziemlich windig, ein ordentlicher Wind *m.*

quoin *s.*, Staukeil *m.* (*f. Gegenstände an Bord*); *v.*, (*bewegliches Gut*) verkeilen; **quoin post** *s.*, Dreh-, Wendesäule *f.* (*eines Schleusentors*).

R

rabbet *s.*, Sponung *f.*, Spündung *f.*, Kielfuge *f.*; **– joint** *s.* (*tech.*), Nut- und Federverbindung *f.*, Spündung *f.*, Spundverbindung *f.*; **– line** *s.* (*naut.*), Sponungslinie *f.*; **– plank** *s.*, Innenkiel *m.*

rabbit *s.* (*rac., sl.*), Anfänger *m.*, Stümper *m.*

R-Calendar *s.*, Regattakalender *m.*

race *s.*, (Segel)Regatta *f.*, Wettfahrt *f.*; starke Strömung *f.* im Meer; Stromschnelle *f.*; Kanal *m.*, Gerinne *n.*, in einem Kanal geführtes Wasser *n.*; Strom-, Flußbett *n.*, (*tech.*) Laufring *m.*, -spur *f.*, -schiene *f.*; **boat –,** Ruderwettkampf *m.*, Wettrudern *n.*; **lake –,** Binnenseeregatta *f.*; **offshore –,** Hochseeregatta *f.*, Seewettfahrt *f.*; **notice of –,** Ausschreibung *f.*; **to break** *or* **call off a – officially,** eine Regatta *od.* Wettfahrt offiziell abbrechen *od.* (*coll.*) abblasen; **a – is abandoned,** eine Regatta *od.* Wettfahrt wird aufgegeben; – **back,** Rückregatta *f.*; – **to ...,** Zubringerregatta *f.*; *v.*, wettsegeln, an einer Regatta *od.* Wettfahrt teilnehmen, wettrudern, um die Wette rudern *od.* segeln, (*tech.*) durchdrehen, durchgehen (*Motor*).

race / boat *s.*, Rennboot *n.*, -jolle *f.*, -yacht *f.*; – **committee** *s.*, Wettfahrtleitung *f.*, Regatta-komitee *n.*, -leitung *f.*; – **course** *s.*, Regatta-bahn *f.*, Regattakurs *m.*; **triangular – course, (race course) triangle** *s.*, Regattadreieck *n.*, Dreieckskurs *m.*

racer *s.*, Regatta-, Rennyacht *f. od.* -boot *n.*; Regattasegler *m.* (*Pers.*); **to be a keen –,** ein heißer Regattasegler sein.

race / -finish *v.* (*am.*), **to –finish a boat,** ein Boot regattaklar machen; – **objection** *s.*, Einspruch *m.*; – **week** *s.*, Regattawoche *f.*

racing *s.*, Regatta *f.*, Wettfahrt *f.*, Regatta-, Wettsegeln *n.*, (*tech.*) Durchgehen *n.* (*Motor*), Blindlaufen *n.* (*Propeller*); **lake –,** Binnensee-regatta *f.*; **ocean** *or* **offshore –,** Hochseere-gatta *f.*, -rennen *n.*, Seewettfahrt *f.*; **team –,** Teamsegeln *n.*; **yacht –,** Regattasegeln *n.*, Rennsegeln *n.*; **strategy in yacht –,** Regatta-strategie *f.*; **tactic in yacht –,** Regattataktik *f.*; *adj.*, reißend (*Fluß*).

racing / board *s.*, Regatta-Surfbrett *n.*, -board *n.*; – **boat** *s.*, Regatta-, Rennboot *n.*; **outclass-ed – boat** *s.*, Altersklasse *f.*; – **canvas** *s.*, Re-gattabesegelung *f.*; – **characteristics** (*pl.*), Re-gattaeigenschaften (*pl.*) (*eines Bootes*); **inter-national R(acing) classes** (*pl.*), internationale R-Klassen (*pl.*); – **course** *s.*, Regattabahn *f.*, -kurs *m.*; **triangular – course** *s.*, (Regatta)-Dreieck *n.*; – **crew** *s.*, Regattacrew *f.*, -mannschaft *f.*; – **declaration** *s.*, Rennerklä-rung *f.*; – **flag** *s.*, Rennflagge *f.*, -stander *m.*; – **inventory** *s.*, Rennbesegelung *f.*; – **prize** *s.*, Regattapreis *m.*; – **rig** *s.*, Renntakelung *f.*; **(yacht) – rules** (*pl.*), Wettsegelbestimmungen *f./pl.*, Regattaregeln (*pl.*); – **sail** *s.*, Regattase-gel *n.*; – **service** *s.*, Regattaservice *m.*; – **team** *s.*, Regattateam *n.*, -mannschaft *f.*; – **trim** *s.*, Regattatrimm *m.*; – **yacht** *s.*, Rennyacht *f.*

rack *s.*[1], Rack *n.*, (*seefeste*) Halterung *f.*, Ge-stell *n.*; **compass –,** Kompaßrack *n.*; **fiddle –s** (*pl.*), Schlingerbord *n.*; **navigator's –,** Naviga-tionsrack *n.*; **pin –,** Nagelbank *f.* (*im Boot*); **roof –,** Dachgepäckträger *m.*, -ständer *m.* (*für Boote, Surfboards*); *v.*, recken, strecken (*Tau, etc.*).

rack *s.*[2] (*meteor.*), fliegendes (zerrissenes) Ge-wölk *n.*, vom Wind getriebene Wolkenmas-sen (*pl.*), Sturm *m.*, (Witterungs)Unbilden (*pl.*), Bahn *f.*, Weg *m.* (*eines Sturms od. von Sturmwolken*); *v.*, treiben, dahinziehen, vom Wind getrieben werden (*Wolken*).

rack bar *s.*, (*Art*) Spannholz *n.* (*für Taue*).

racking *s.*, Strecktau *n.*; – **stopper** *s.*, (Streck)Taustopper *m.*

racon *s.*, Radarbake *f.*

radar *s.*, Radar *n.*, Funkmeßverfahren *n.*, -technik *f.*; Radar-, Funkmeßanlage *f. od.* -gerät *n.*; **Doppler –,** Doppler-Radar *n.*; **fre-quency range for** *or* **of –,** Frequenzbereich *m.* für Radar, Radarfrequenzbereich *m.*; **to be held by –,** vom Radar erfaßt werden; **to have a boat** *or* **object on the –,** ein Boot *od.* Objekt auf dem Radar(schirm) haben *od.* ausma-chen; – **and TV** *or* **television aids** (*pl.*) **for navi-gation,** Radar- und Fernseh-Navigationshil-fen (*pl.*); – **aerial** *s.* (*am.* **antenna**), Radaran-tenne *f.*; – **aid** *s.* **to navigation,** Funkmeß-Na-vigationsgerät *n.*; – **beacon** *s.*, Radarbake *f.*; – **bearing** *s.*, Radarpeilung *f.*; – **blip** *s.*, Zacke *f.*, Leuchtfleck *m.*; – **chain** *s.*, Radarkette *f.*; – **chart** *s.*, Radarkarte *f.*; – **contact** *s.*, Radar-kontakt *m.*; – **control** *s.*, Radarkontrolle *f.*; – **detection** *s.*, Radarortung *f.*; – **device** *s.*, Ra-daranlage *f.*, -gerät *n.*, -einrichtung *f.*; – **dis-play** *s.*, Radar(schirm)bild *n.*; – **distress rock-et** *s.*, Radar(seenot)rakete *f.*; – **echo** *s.*, Radarecho *n.*; – **equipment** *s.*, Radargerät *n.*, -ausrüstung *f.*; –**-equipped yacht** *s.*, mit Ra-dar ausgerüstete Yacht *f.*; – **fix** *s.*, Radar-standort *m.*; – **frequency** *s.*, Radarfrequenz *f.*, Ortungsfrequenz *f.*; – **gear** *s.*, Radaraus-rüstung *f.*, -gerät *n.*; – **guidance system** *s.*, Radarlenkungssystem *n.*; – **horizon** *s.*, Radarhorizont *m.*; – **image** *s.*, Radarbild *n.*; – **installation** *s.*, Radaranlage *f.*; – **interfer-ence** *s.*, Radarstörung *f.*; – **location** *s.*, Radar-ortung *f.*; –**man** *s.*, Radargast *m.*; – **marker (float)** *s.*, Radarboje *f.*; – **navigation** *s.*, Ra-darnavigation *f.*; – **operator** *s.*, Radargast *m.*; – **plotter system** *s.*, Radarauswertesystem *n.*; – **plot(ting)** *s.*, Radaraufzeichnung *f.*, -aus-wertung *f.*; – **range** *s.*, Radarabstand *m.*; Ra-darreichweite *f.*; – **ranging** *s.*, Radarmessung *f.*; – **receiver** *s.*, Radarempfänger *m.*; – **reflec-tor** *s.*, Radarreflektor *m.*; – **repeater** *s.*, Ra-dar-Tochtergerät *n.*; – **(re)presentation** *s.*, Ra-darbilddarstellung *f.*; – **response** *s.*, Radare-cho *n.*; – **scanner** *s.*, Radarantenne *f.*; –**scope** *s.*, Radar-Sichtgerät *n.*; – **screen** *s.*, Radar-(bild)schirm *m.*; – **screen image** *or* **picture** *or* **(re)presentation** *s.*, Radar(schirm)bild *n.*; – **screen watching** *s.*, Radar(bild)beobachtung *f.*; – **set** *s.*, Radargerät *n.*; – **target** *s.*, Radarobjekt *n.*, -ziel *n.*; – **trace** *s.*, Radarspur *f.*, -zeichen *n.*; – **tube** *s.*, Radar, -Bildröhre *f.*; – **unit** *s.*, Radaranlage *f.*; – **watch** *s.*, Radarbeobachtung *f.*, -überwachung *f.*; – **weather report** *s.*, Radarwetterbericht *m.*, -meldung *f.*

radial *adj.*, radial, strahlenförmig, Radial-, (*Segel*); – **cut** *s.*, Radial-, Strahlenschnitt *m.* (*Segel*); – -**cut spinnaker** *s.*, Radial-Spinnaker *m.*; – **davit** *s.*, Klappdavit *m.*; – -**flow turbine** *s.*, Radialturbine *f.*; – **force** *s.*, Radial-, Querkraft *f.*; –**head spinnaker** *s.*, Radialhead-, Radialkopf-Spinnaker *m.*; – **load** *s.*, Radial-, Querbelastung *f.*; – **motion** *s.* (*astr.*), Radialbewegung *f.*; – **spinnaker** *s.*, Radialspinnaker *m.*

radiant *s.* (*astr.*), Radiant *m.*, Radiations-, Ausstrahlungspunkt *m.*, (*phys.*) Lichtquelle *f.*

radiate *v.* (*rad.*, *phys.*), (aus)senden, ausstrahlen, elektromagnetische Wellen aussenden; **radiation** *s.* (*phys.*), Strahlung *f.*, Aussendung *f.*; **terrestrial –,** Abendthermik *f.*; – **characteristic** *s.*, Strahlungsdiagramm *n.* (*einer Antenne*); – **height** *s.*, (Aus)Strahlungshöhe *f.* (*Antenne*); – **pressure** *s.* (*astr.*), Strahlungsdruck *m.*; **radiator** *s.*, Sendeantenne *f.*

radio *s.*, Funk *m.*; Funkgerät *n.*, -empfänger *m.*; Radio *n.*, -apparat *m.*, Rundfunk *m.*, -gerät *n.*, -empfänger *m.*; **maritime –,** Seefunk *m.*, -dienst *m.*, -verkehr *m.*; **by –,** über Funk, auf dem Funkweg; **on the –,** über Funk; **to call in on the –,** sich über *od.* per Funk melden; **to turn off the –,** das Funkgerät abschalten; *v.*, funken, senden, eine Funkmeldung senden *od.* durchgeben, eine Meldung funken; **to – a message,** eine Funkmeldung durchgeben *od.* senden; *adj.*, funkisch, Funk-.

radio/abbreviations *s./pl.*, Funkkürzel (*pl.*); – **aids** (*pl.*) **to navigation,** Funknavigationshilfen (*pl.*); – **alert** *s.*, Funkbereitschaft *f.*; – **amateur** *s.*, Funkamateur *m.*; – **astronomy** *s.*, Funkastronomie *f.*; – **azimuth** *s.*, Funkazimut *m.*; – **beacon** *s.*, Funkbake *f.*, Funkfeuer *n.* (*zum Anpeilen mit Funkpeiler*); **(emergency position-)indicating – beacon** *s.*, Funkboje *f.*; **maritime – beacon** *s.*, Seefunkfeuer *n.*; **navigational – beacon** *s.*, Navigationsfunkfeuer *n.*; **non-directional – beacon** *s.*, Kreisfunkfeuer *n.*; – **beacon identification** *s.*, Funkfeuerkennung *f.*; – **beacon receiver** *s.*, Bakenempfänger *m.*; – **beam** *s.*, gerichteter Funkstrahl *m.*, (Funk)Leit-, Peil-, Richtstrahl *m.*; – **bearing** *s.*, Funkpeilung *f.*; Peilwinkel *m.*; **true – bearing** *s.*, Funkazimut *m.*; **to take – bearings** (*pl.*), Funkpeilungen (*pl.*) machen *od.* vornehmen; – -**bearing chart** *s.*, Funkortungskarte *f.*; – -**bearing set** *s.*, Funkpeiler *m.*-peilgerät *n.*; – **buoy** *s.*, Funkboje *f.*; – **cabin** *s.*, Funkraum *m.*; – **call** *s.*, Funkruf *m.*; – **call signal** *s.*, Funk(ruf)signal *n.*; – **channel** *s.*, Funkkanal *m.*; – **code message** *s.*, verschlüsselter Funkspruch *m.*; – **communication** *s.*, Funkverbindung *f.*, -verkehr *m.*, Funksprechdienst *m.*; **to get (lose) – communication,** Funkverbindung bekommen (verlieren); **to establish** *or* **make – communication,** Funkverbindung herstellen; – **compass** *s.*, Funkpeiler *m.*, -peilkompaß *m.*, Funkpeilgerät *n.*; – **contact** *s.*, Funkkontakt *m.*; **to get into – contact,** Funkkontakt *od.* -verbindung bekommen; **to lose – contact,** Funkkontakt verlieren; **to make – contact,** Funkkontakt *od.* -verbindung herstellen; – **control** *s.*, Funk(fern)-steuerung *f.*, -lenkung *f.*; – -**controlled** *adj.*, funkgesteuert; – **detecting** *or* **detection and ranging** *s.*, Radar *n.*, Radarverfahren *n.*; – **direction beacon** *s.*, Richtfunkbake *f.*; – **direction finder** *s.*, Funkpeiler *m.*, -peilgerät *n.*; **hand – direction finder** *s.*, Handfunkpeiler *m.*; – **direction finder error** *s.*, Funkfehlweisung *f.*; – **direction finding** *s.*, Funkpeilung *f.*; **shipborne – direction finding** *s.*, Funkeigenpeilung *f.*; – **direction finding chart** *s.*, Funkpeil(ungs)karte *f.*; – **direction finding service** *s.*, Funkpeildienst *m.*; – **direction finding station** *s.*, Funkpeilstation *f.*, -stelle *f.*; – **distress signal** *s.*, Funknotsignal *n.*; – **disturbance** *s.*, (Peil)Funkstörung *f.*; – **emergency call** *s.*, Funknotruf *m.*, Notruf *m.* über Funk; – **engineering** *s.*, Funktechnik *f.*; – **equipment** *s.*, Funkausrüstung *f.*; – **failure** *s.*, Funkausfall *m.*; – **fan marker** *s.*, Fächerfunkfeuer *n.*; – **fix** *s.*, Funkstandort *m.*; – **fog signal** *s.*, Funknebelsignal *n.*; – **frequency** *s.*, Hoch-, Trägerfrequenz *f.*; – **goniometer** *s.*, Funkpeiler *m.*, Radiogoniometer *n.*; – **goniometric range** *s.*, Funkpeilwinkel *m.*; – **goniometry** *s.*, Funkpeilung *f.*, Radiogoniometrie *f.*; –**gram** *s.*, Funkspruch *m.*, -meldung *f.*; – **ham** *s.* (*sl.*), Funkamateur *m.*; – **homing** *s.*, Funkzielfahrt *f.*, Funksteuerung *f.*; – **homing beacon** *s.*, Funkansteuerungsbake *f.*; – **horizon** *s.*, Funk-, Radiohorizont *m.*; – **horizon range** *s.*, Funkhorizont-Reichweite *f.*; – **interference** *s.*, Funkstörung *f.*; – **jamming station** *s.*, Störfunkstelle *f.*; – **leg** *s.*, Funkleitstrahl *m.*; – **light** *s.*, Funkfeuer *n.*; – **line** *s.* **of position,** Funkstandlinie *f.*; – **link** *s.*, Funksprechanlage *f.*; – **location** *s.*, Funkortung *f.*, -peilung *f.*; – **locator** *s.*, Funkpeiler *m.*, -peilgerät *n.*,

-ortungsgerät *n.*; – **log** *s.*, Funktagebuch *n.*, -kladde *f.*; – **magnetic indicator** *s.*, Funkpeil-Tochterkompaß *m.*; –**man** *s.*, Funker *m.*, Funkgast *m.*; **R– Marine Service** *s. or* **Associated Companies** (*pl.*), Internationaler Seefunkdienst *m.*; – **marker** *s.*, Funkbake *f.*; – **message** *s.*, Funkspruch *m.*, -meldung *f.*; – **meteorological service** *s.*, Funkwetterdienst *m.*; – **navigation** *s.*, Funknavigation *f.*, Radionavigation *f.*; **homing by – navigation,** Funkzielfahrt *f.*; – **navigational aids** (*pl.*), Funknavigationshilfen (*pl.*); – **navigation chart** *s.*, Funkortungskarte *f.*; – **network** *s.*, Funknetz *n.*; – **network chart** *s.*, Funkverkehrskarte *f.*; – **noise** *s.*, Funkstörgeräusch *n.*, -störung *f.*; – **operator** *s.*, Funker *m.*; – **operator's certificate** *s.*, Funkerzeugnis *n.*; – **operator's licence** *s.*, Funkerlizenz *f.*; –**phone** *s.*, Sprechfunk *m.*; –**phone range** *s.*, Sprechfunkbereich *m.*; – **photograph** *s.*, Funkbild *n.*; – **photography** *s.*, Bildfunk *m.*; – **position** *s.*, Funk(stand)ort *m.*; – **position finder** *s.*, Funkpeiler *m.*, -peilgerät *n.*; – **position finding** *s.*, Funkpeilung *f.*; – **pratique** *s.* (*am.*), Funkpraktika *f.*, -verkehrserlaubnis *f.*; – **range** *s.*, Funk-, Peilbereich *m. od.* -reichweite *f.*; Richtfunkfeuer *n.*; – **receiver** *s.*, Funkempfänger *m.*, -empfangsgerät *n.*, Funkgerät *n.*; – **reception** *s.*, Funkempfang *m.*; **good (bad) – reception** *s.*, guter (schlechter) (Funk)Empfang *m.*; – **reference line** *s.*, Funkstandlinie *f.*; – **room** *s.*, Funkraum *m.*; – **scanner** *s.*, Funk(dreh)antenne *f.*; – **service** *s.*, Funkdienst *m.*, -betrieb *m.*; **marine – service** *s.*, Seefunkdienst *m.*; – **set** *s.*, Funkgerät *n.*; – **sextant** *s.*, Radiosextant *m.*; – **signal** *s.*, Funksignal *n.*; Funkspruch *m.*; **the – signal is strong (low** *or* **poor),** das (Funk)Signal ist stark (schwach); – **silence** *s.*, Funkstille *f.*; –**sonde** *s.* (*meteor.*), Radiosonde *f.*; – **station** *s.*, Funkstation *f.*, Sender *m.*; – **system** *s.*, Funksystem *n.*, -netz *n.*; –**telephone** *s.*, Sprechfunk *m.*, -gerät *n.*, Funksprechgerät *n.*; **to –telephone** *v.*, über Sprechfunk rufen, funksprechen; –**telephone call** *s.*, Funkruf *m.*, -gespräch *n.*; –**telephone communication** *or* **contact** *s.*, Sprechfunkverbindung *f.*; –**telephone operation** *s.*, Sprechfunkbetrieb *m.*, -verkehr *m.*; –**telephone operator** *s.*, Funker *m.*; –**telephone operator's certificate (licence)** *s.*, Sprechfunk(er)zeugnis *n.* (-lizenz *f.*); **General Ship R–telephone Operator's Certificate (Licence)** *s.*, Sprechfunkzeugnis *n.* (-lizenz *f.*) (*für den Seedienst*); –**telephone station** *s.*, Sprechfunkstation *f.*, -stelle *f.*; –**telephone traffic** *s.*, Sprechfunkverkehr *m.*; –**telephony** *s.*, Sprechfunk *m.*, Funktelephonie *f.*, Funkverkehr *m.*; –**telephony certificate** *s.* (**licence** *s.*), Sprechfunkzeugnis *n.* (-lizenz *f.*); –**telephony service** *s.*, Sprechfunkdienst *m.*; – **time signal** *s.*, Funkzeitsignal *n.* -zeitzeichen *n.*; – **traffic** *s.*, Funkverkehr *m.*; – **transmitter** *s.*, (Funk)Sender *m.*, Funkstation *f.*; – **tube** *s.*, Elektronen-, Radioröhre *f.*; – **vision** *s.*, drahtloses *od.* Funkfernsehen *n.*; – **watch** *s.*, Funkwache *f.*; – **wave** *s.*, Funkwelle *f.*, Radiowelle *f.*, elektromagnetische Welle *f.*; – **weather broadcast (station)** *s.*, Wetterfunk(station *f.*) *m.*; – **weather report** *s.*, Funkwetterbericht *m.*

radius *s.*, Radius *m.*, Halbmesser *m.*; Reichweite *f.*, Umkreis *m.*; Aktionsradius *m.*, (*tech.*) Auslenkung *f.*, Exzentrizität *f.*; Arm *m.* (*Sextant*); **cruising –,** Fahrbereich *m.* (*einer Yacht*); **the cruising – of a yacht,** der Aktions- *od.* Segelradius einer Yacht; **within a – of fifty sea miles,** im *od.* in einem Umkreis von 50 Seemeilen; – **of action,** Aktionsradius *m.*; – **of gyration** *or* **inertia** (*phys.*), Trägheitsradius *m.*; – **of operation,** Fahrbereich *m.*, Operationsradius *m.* (*Yacht, etc.*); – **of turning,** Drehkreis *m.* (*eines Bootes*); – **vector** *s.*, **radii** (*pl.*) **vector,** – **vectores** (*pl.*) (*astr.*), Radiusvektor *m.*

radome *s.*, Radarkuppel *f.*, -nase *f.*

raffee *s.* (*or* **raffie**), Raffee *n.* (*Beisegel auf Rahseglern*).

raffle *s.* (*naut.*), Wust *m.*, wirrer Haufen *m. od.* Knäuel *m.* (*von Tauwerk*), Gerümpel *n.*, Kram *m.*

raft *s.*, Floß *n.* (*Seenotrettung*), Treibeisgeschiebe *n.*, (*am.*) Treibholz *n.* (*in Flüssen*); **(inflatable) life –,** (aufblasbare) Rettungsinsel *f.*, (aufblasbares) Rettungsfloß *n.*; *v.*, flößen, auf einem Floß fahren, (*Gewässer*) mit einem Floß befahren, (*am.*) Holz flößen; Geschiebe bilden (*Treibeis*); **rafted** *adj.* **ice,** Treibeisgeschiebe *n.*, übereinandergeschobene Eisschollen (*pl.*); **rafter** *s.*, Flößer *m.*; **rafting** *s.*, Eisschieben *n.* (*Eisschollen*); **raft port** *s.*, Bugpforte *f.*; **raftsman** *s.* (*am.*), Flößer *m.*

rag *s.*, – **of cloud,** Wolkenfetzen; **to spread every – of sail,** alle (*verfügbaren*) Segel setzen – **bolt** *s.*, Tackbolzen *m.*

rage *s.*, Heftigkeit *f.* (*Sturm*), Rasen *n.*, Toben *n.*, Wüten *n.* (*der Elemente*); *v.*, rasen, toben, wüten (*Sturm, etc.*); **to – itself out,** sich austoben (*Sturm*); **the gale –d for hours (on end),** der Sturm wütete stundenlang; **raging** *s.* **of the elements,** das Wüten der Elemente.

ragged *adj.*, – **cliffs,** zerklüftete Klippen (*pl.*)

– **sails** (*pl.*), zerfetzte Segel (*pl.*).

raid *s.*, **naval –,** Flottenstreifzug *m.*, Kaperfahrt *f.*

rail *s.*, Reling *f.*, Decksbrüstung *f.*; Drahtstander *m.*; Durchzug *m.* (*Seereling*); **accommodation –,** Handleiste *f.*; **bow –,** Bugreling *f.*; **fife** *or* **pin –,** Nagelbank *f.*; **guard –,** (See)Reling *f.*, Handlauf *m.*; Scheuerleiste *f.*; **hand –,** Reling *f.*, Handlauf *m.*; **hand – base** *s.*, Relingsfuß *m.*; **lee (weather) –,** Lee(Luv)reling *f.*; **open –,** offene Reling *f.*; **stern –,** Heckreling *f.*; **toe –,** Fußleiste *f.* (*Seereling*); **wash –,** Fußreling *f.*, Waschbord *n.*; *v.*, mit einer Reling versehen.

railing *s.*, Reling *f.*; **– gate** *s.*, Relingspforte *f.*; **– net** *s.*, Relingsnetz *n.*; **– post** *s.*, Relingsstütze *f.*; **– turnbuckle** *s.*, Relingsspanner *m.*

rails *s./pl.* **and stanchions,** offene Reling *f.*; **rail/stanchion** *s.*, Relingsstütze *f.*; **– track** *s.*, Relingsschiene *f.*

railway/cradle *s.*, Slip-, Schlippwagen *m.*, Aufschleppwagen *m.*, Trolley *m.*; **– dock** *s.*, Aufschleppe *f.*, Aufschlepphelling *f.*; **– slip** *s.*, Slip *m.*, Schlipp *m.*, Aufschleppe *f.*

rain *s.*, Regen *m.*, Regenfälle (*pl.*), -güsse (*pl.*), (*meteor.*) Niederschlag(smenge *f.*) *m.*; **in – or shine,** bei jedem Wetter; **it is pouring with –,** es gießt in Strömen; **there is – on the wind,** der Wind bringt Regen (mit sich); *v.*, regnen; **it –s pitchforks** *or* **cats and dogs,** es regnet in Strömen *od.* Bindfäden *od.* Strippen, es gießt wie mit Mollen, es schüttet; **it has –ed itself out,** es hat sich ausgeregnet.

rain/band *s.* (*meteor.*), Regenlinie *f.*, -bande *f.*, -band *n.*; **– belt** *s.* (*meteor.*), Regengürtel *m.*, -linie *f.*; **–bow** *s.*, Regenbogen *m.*; **lunar –bow** *s.*, Mondregenbogen *m.*; **secondary –bow** *s.*, Nebenregenbogen *m.*; **white –bow** *s.*, weißer Regenbogen *m.*, Nebelbogen *m.*; **– cloth** *s.*, Regensegel *n.*; **– cloud** *s.*, Regenwolke *f.*; **– clutter** *s.* (*radar*), Regenstörung *f.*; **– drop** *s.*, Regentropfen *m.*; **–fall** *s.*, Regen(fall) *m.*, Regenschauer *m.*, (*meteor.*) Niederschlagsmenge *f.*; **– ga(u)ge** *s.*, Niederschlagsmesser *m.*; **– glass** *s.*, Barometer *n.*; **– hood** *s.*, Regenhaube *f.*, -kappe *f.* (*Kompaß, Instrumente*); **rains** (*pl.*), Regenfälle (*pl.*), -güsse (*pl.*); **the –** (*or* **Rains**), tropische Regenzeit *f.*, Regenzone *f.* des Atlantik; **heavy –,** heftiger Regen *m.*, schwere Regengüsse (*pl.*); **rain/shower** *s.*, Regenschauer *m.*; **– spell** *s.*, Regenperiode *f.*; **– squall** *s.*, Regenbö *f.*, Regenflage *f.*; **line of – squalls** (*pl.*), Regenböenfront *f.*; **– storm** *s.*, Regensturm *m.*, heftiger Regenguß *m.*

rainy *adj.*, regnerisch, regenbringend, verregnet; **– air** *s.*, Regenluft *f.*; **– day** *s.*, Regentag *m.*, regnerischer Tag *m.*; **– season** *s.*, Regenzeit *f.*; **– weather** *s.*, Regenwetter *n.*, regnerisches Wetter *n.*; **– wind** *s.*, Regenwind *m.*, regenbringender Wind *m.*

raise *s.* (*naut.*), sichten, sich (*dem Land, etc.*) nähern; hervorrufen (*Sturm*); **to – the anchor,** den Anker lichten; **to – the coast,** sich der Küste nähern; **to – the land,** Land sichten, sich dem Land nähern; **to – the quarantine,** die Quarantäne aufheben; **to – a ship,** ein Boot *od.* Schiff heben; **to – steam,** Dampf aufmachen.

raised *adj.*, **– and sunken plating,** an- und abliegende (Boots)Beplattung *f.*; **– cabin** *s.*, Kajütaufbau *m.*; **– deck** *s.*, Backdeck *n.*, erhöhtes Deck *n.*; **– forecastle** *s.*, erhöhte Back *f.*; **– quarter (fore) deck** *s.*, erhöhtes Achter(Vor(der))deck *n.*; **– stern** *s.*, Entenheck *n.*

rake *s.*, (Mast)Fall *m.*, (Mast)Neigung *f.*; **mast –,** Mastfall *m.*; **to adjust (mast) –,** den Mastfall einstellen *od.* regulieren; **– of the propeller blade,** Flügelneigung *f.* des Propellers; **– of the stem,** Ausfall *m.* des Vorderstevens; *v.*, ausschießen, überhängen (*Steven*), Fall haben, nach hinten geneigt sein (*Mast*); **to – the horizon,** den Horizont mit den Augen absuchen; **raking** *adj.*, geneigt, schief (*Mast*); **– stem** *s.*, ausschießender *od.* -ladender *od.* überhängender Vor(der)steven *m.*

rakish *adj.* (*naut.*), schnittig gebaut (*Boot*); **– boat** *s.*, schnittiges Boot *n.*; **– racing boat** *or* **yacht** *s.*, schnittig gebaute *od.* sehr schnelle Rennyacht *f.*

ram *s.*[1] (*naut.*), Länge *f.* über alles (*Boot*).

ram *s.*[2] (*naut.*), Ramme *f.*, Ramming *f.*, Rammbug *m.*, -sporn *m.*, Schiff *n.* mit Rammsporn.

ram *v.*, (*Boot*) rammen, in ein anderes Boot hineinlaufen; **to – down** *or* **in,** (*Pfähle*) einrammen.

ramark *s.* (*radar*), Radarbake *f.*

ramble *v.*, plan- *od.* ziellos herumsegeln; sich winden (*Fluß*).

ram/block *s.*, Rammbär *m.*, -block *m.*; **– bow** *s.*, Rammbug *m.*

rammer *s.* (*naut.*, *tech.*), Jungfer *f.*, Handramme *f.*, -ramming *f.*; **ramming** *s.*, Rammen *n.*, Ramming *f.*

ramp *s.*, Rampe *f.* (*für Boote*).

ram pressure *s.* (*tech.*), dynamischer Druck *m.*, Staudruck *m.*

ram's horn *s.* (*naut.*), Staknetz *n.*

ramshackle *adj.* **boat,** abwrackreifes Boot *n.* *od.* Schiff *n.*

ran *s.*, aufgerolltes Tau *n.*, aufgehaspeltes Kabelgarn *n.*

randan *s.*, Randanboot *n.*, Ruderboot *n.* mit drei Duchten; Rudern *n.* auf Randanart.

range *s.* (*rad.*, *radar*), Reichweite *f.*, Peil-, Ortungsbereich *m.*, Meßbereich *m.*, Entfernung *f.*, Abstand *m.*; Höhe *f.* (*einer Gezeit*), Gebiet *n.*, Raum *m.*; Entmagnetisierungsschleife *f.*; **at a – of,** aus einer *od.* auf eine Entfernung von; **at close –,** aus geringer *od.* auf geringe Entfernung; **at short –,** auf kurze Entfernung; **out of –,** außer Reichweite; **within –,** in Reichweite; **the – is opening** *or* **opens,** die Entfernung nimmt zu *od.* vergrößert sich, der Abstand wird größer; **to get out of –** (*radar*), auswandern; **to go over the –,** Schleifenfahrt machen; **geographic(al) – (of a light),** geographische Sichtweite *f.* (*Leuchtfeuer*); **luminous –,** (Leuchtfeuer-)Tragweite *f.*; **meteorological –,** meteorologische Sichtweite *f.*; **minimum luminous –,** Mindesttragweite *f.* (*eines Leuchtfeuers*); **nominal –,** Nenntragweite *f.* (*Leuchtfeuer*); **operating –,** Reichweite *f.*, Fahrbereich *m.* (*eines Bootes*); **radar –,** Radarabstand *m.*, -reichweite *f.*; **radio –,** Richtfunkfeuer *n.*; **short –** (*radar*), Nahbereich *m.*; **tidal –,** Tidenhub *m.*; **– and bearing discrimination** *s.* (*radar*), Auflösungsvermögen *n.*; **– of action,** Aktionsradius *m.*, -bereich *m.* (*Boot, etc.*); **– of audibility** *s.* (*rad., etc.*), Hörbereich *m.*; **– of frequency** (*rad.*), Frequenzbereich *m.*; **– of low frequency** (*rad.*), Langwellenbereich *m.*; **– of medium frequency** (*rad.*), Mittelwellenbereich *m.*; **– of sight,** Sichtweite *f.*; **– of stability,** Stabilitätsumfang *m.* (*Boot*); **wide – of stability,** großer Stabilitätsumfang *m.* (*eines Bootes*); **– of tide,** Tidenhub *m.*; **– of ultra short frequency** (*rad.*), UKW-Bereich *m.*; **(within) – of vision,** (in) Sichtweite *f.*; **– of visibility** (*meteor.*), Sichtweite *f.*

range *v.*, an der Küste entlanglaufen *od.* -segeln, (*Kabel, etc.*) auslegen, (*radar, rad.*), eine Reichweite haben, (*Peilobjekte*) in Deckung bringen; sich erstrecken, verlaufen, reichen, (*tech.*) die Entfernung messen, (*Fernglas, etc.*) einstellen; **to – ahead,** vorauslaufen (*Boot*); **to – the coast,** an der Küste entlanglaufen *od.* -segeln; **the coast –s east and west,** die Küste erstreckt sich *od.* verläuft von Osten nach Westen.

range / beacon *s.*, Leitbake *f.*; **– circle** *s.* (*radar*), Entfernungsring *m.*; **– control** *s.* (*radar*), Entfernungskontrolle *f.*; **– discrimination** *s.* (*radar*), Entfernungs-, Abstandunterscheidung *f.*; **– finder** *s.*, Entfernungsmesser *m.*; **– heads** (*pl.*) (*naut.*), Bratspillbetinge (*pl.*); **– indicator** *s.* (*radar*), Entfernungs-, Bereichsanzeiger *m.*; **ranging accuracy** *s.*, Entfernungsmeßgenauigkeit *f.*; **range / light** *s.* Richtfeuer *n.*; **(lower) upper – light** *s.*, (Unter)Oberfeuer *n.* (*eines Richtfeuers*); **– markers** (*pl.*) (*radar*), Entfernungs-, Abstandskreise (*pl.*); **– ring** *s.* (*radar*), Entfernungs-, Abstandsring *m.*; **– scale** *s.* (*radar*), Entfernungsskala *f.*; **– selector (switch)** *s.* (*rad.*), Bereichswahlschalter *m.*

ranking list race *s.*, Schwerpunktregatta *f.*, Bestenermittlung *f.*

rapid *adj.*, reißend (*Strömung, Fluß*); **–-flowing river** *s.*, reißender Fluß *m.*; **rapids** (*pl.*), Stromschnelle *f.*

rasing / iron *s.* (*naut.*), Nahthaken *m.*; **– knife** *s.* (*naut.*), Krabber *m.*, Ritzeisen *n.*, Reißahle *f.*

rasp *s.*, Grobfeile *f.*; **rasper** *s.*, Schab-, Kratzeisen *n.*

ratch *or* **ratchet** *s.* (*tech.*), Sperrhaken *m.*; **sheet – bitt** *s.*, Knarrpoller *m.*; **– block** *s.*, Ratsch- *od.* Rätschblock *m.*, Knarrblock *m.*, Block *m.* mit Knarre.

rate *s.*, Klasse *f.* (*Bootklassifizierung*), (*rac.*) Rennwert *m.* (*eines Bootes*), Gang *m.* (*eines Chronometers*), Fahrt *f.*, (relative) Geschwindigkeit *f.*, Lauf *m.* (*Boot*), Grad *m.*, Verhältnis *n.*; **at the – of,** mit einer Geschwindigkeit von; **at a great –,** mit großer Geschwindigkeit; **to proceed at a three-knot –,** mit 3 Knoten (Geschwindigkeit) laufen; **negative (positive) –,** negativer (positiver) Gang *m.* (*Chronometer, Borduhr*); **– of the chronometer** Chronometergang *m.*; **– of precipitation** (*meteor.*), Niederschlagsmenge *f.*; **– of (a) ship** Fahrt(geschwindigkeit) *f.*; *v.*, (*Boot*) klassen

rated *adj.*, **to be –,** geklasst werden (*Boot*) **– GL** *s.*, (Schiffs)Klasse *f.* (*Germanische Lloyd Klassenzertifikat*); **– load** *s.*, Nennbelastung *f.*, -last *f.*; **– output** *or* **power** *s.* (*phys.*) Nennleistung *f.* (*Motor, etc.*); **– range** *s.* (*rad. etc.*), Nennreichweite *f.*; **– sail area** *s.*, vermessene Segelfläche *f.*; **– speed** *s.*, Nenndrehzahl *f.* (*Motor*); **– value** *s.*, Nennwert *m.*

rater *s.*, **first –,** Schiff *n.* höchster Klasse (*Vermessung*).

rating *s.*, (Boots)Klasse *f.*, (*rac.*) Rating *n.* Rennwert *m.* (*einer Yacht*), Rang *m.*, Vergütung *f.*, (*br.*) einfacher Matrose *m.*, (*tech.* Leistung *f.* (*Motor*); **CCA – rule** *s.*, CCA Formel *f.*; **overall –** (*rac.*), Gesamtwertung *f*

Teamwertung *f.*; **R– Certificate** *s.*, Meßbrief *m.* (*Yacht*); **(yacht) – factor** *s.*, Rennwertfaktor *m.* (einer Yacht); **– rule** *s.*, Klassenregel *f.*

ratio *s.*, Verhältnis *n.*; **aspect –,** Schlankheitsgrad *m.* (*Boot*), Flächen-, Seitenverhältnis *n.* (*Segel*); **high aspect –,** hohes Dehnungsverhältnis *n.* (*Segeltuch*); **length to beam –,** Längenverhältnis *n.*, relative Länge *f.* (*eines Bootes*); **power to weight –,** Leistungsgewicht *n.*; **speed to length –,** Froudesche Zahl *f.*, Geschwindigkeitsverhältnis *n.* (*eines Bootes*); **to be in the inverse – to,** im umgekehrten Verhältnis stehen zu, umgekehrt proportional sein; **– of tidal ranges,** Tidenhubverhältnis *n.*

ration *s.*, Proviant *m.*; **iron –,** eiserne Ration *f.*, Notproviant *m.* (*im Rettungsboot*).

rational horizon *s.* (*astr.*), wahrer Horizont *m.*

ratline *s.* (**ratlin** *s.*, **ratling** *s.*), Webeleine *f.* (*der Wanten*), Haltetau *n.* (*Rettungsinsel*); **– hitch** *s.*, Webelein(en)stek *m.*; **– stuff** *s.*, Webelein-(en)gut *n.*

rattan rope(s) *s.* (*pl.*), Rotangtau(werk) *n.*

rattle *v.*, **to – down,** mit Webeleinen versehen; **to – down the shrouds,** die Wanten ausweben; **to – up the anchor,** schnell den Anker lichten.

rattling *adj.*, **a – wind,** ein frischer *od.* lebhafter Wind *m.*

rave *s.*, Toben *n.*, Wüten *n.*, Heulen *n.* (*Wind, See*); *v.*, toben, wüten, heulen; **raving** *adj.*, **– sea,** tobende See *f.*; **– wind** *s.*, heulender *od.* tobender Sturm *m.*

raw *adj.*, naßkalt, rauh, unfreundlich (*Wetter, Klima*); **– weather** *s.*, naßkaltes *od.* unfreundliches Wetter *n.*; **rawish** *adj.* **weather,** ziemlich rauhes Wetter *n.*

ray *s.*, (Licht)Strahl *m.*; **bundle** *or* **sheaf of –s** (*pl.*), Strahlenbündel *n.*, -büschel *n.* (*Leuchtfeuer, etc.*); **incident –,** Einfallsstrahl *m.*

reach *s.*, raumer Kurs *m.*, Raumschotskurs *m.*; Gang *m.*, Schlag *m.* (*beim Kreuzen*), gesegelte Strecke *f.*; gerade, übersehbare Fluß- *od.* Stromstrecke *f.*, Kanalabschnitt *m.* (*zwischen 2 Schleusen*), Bucht *f.*, Meeresarm *m.*, (*am.*) Landzunge *f.*, Vorgebirge *n.*; Sicht(weite) *f.*; Reichweite *f.*, Ausdehnung *f.*, Bereich *m.*; **out of –,** außer(halb der) Reichweite; **within –,** in(nerhalb der) Reichweite; **within easy –,** leicht erreichbar *od.* zu erreichen; **broad –,** raumachterlicher Kurs *m. od.* Wind *m.*; **close –,** hart-raumer *od.* raum-vorlicher Kurs *m. od.* Wind *m.*; **fore –,** Gegenansegeln *n.*, Totsegeln *n.*; **meteorological – (of sight),** meteorologische Sichtweite *f.*; **to be on a close –,** raumschots segeln, auf Raumschotskurs segeln; **– of sight,** Sichtweite *f.*; **– of trade** *or* **cruising,** Fahr(t)bereich *m.*; **– of a voyage,** Fahrtgebiet *n.*; *adj.*, **broad –,** raum-achterlich; **close –,** hart-raum, raum-vorlich.

reach *v.*, mit raumem Wind *od.* Backstagsbrise segeln, raumschots segeln; ankommen, gelangen (nach), erreichen; reichen (bis *od.* nach), sich erstrecken (*Küste, etc.*); **to fore –,** totsegeln, totdampfen (*andere Boote*); **to – off,** vom Kurs abkommen *od.* abweichen; **the boats –ed the shore,** die Boote erreichten das Ufer; **reachable** *adj.*, erreichbar.

reacher *s.*, Reacher *m.* (*leichtes Beisegel*).

reaching *s.*, raum-seitlicher Kurs *m. od.* Wind *m.*, Raumschotskurs *m.*, Raumschotssegeln *n.*; Hole-, Streckbug *m.* (*beim Segeln*); **balloon sail for –,** Reacher *m.*, Raumballon(segel *n.*) *m.*, Ballonsegel *n.*; *adj.*, raum-seitlich (*Kurs, Wind*); **– and running** *s.*, Raumschotssegeln *n.*, auf Raumschotskurs(en) *m.* (*pl.*); **to be – and running,** auf Raumschotskurs(en) segeln; **– conditions** (*pl.*), Raumschotsbedingungen (*pl.*); **– course** *s.*, raumer Kurs *m.*, Raumschotskurs *m.*; **– courses** (*pl.*), Raum(schots)gänge *m./pl.*; **– wind** *s.*, raumer Wind *m.*, Backstagsbrise *f.*

react *v.* **(to),** reagieren (auf), ansprechen (auf) (*Ruder, etc.*); **slow to –,** reaktionsträge (*Boot*); **reaction** *s.* (*phys.*), Reaktion *f.*, Rückwirkung *f.*, sekundäre Wirkung *f.*; **principle of action and –,** Prinzip *n.* von Wirkung und Gegenwirkung; **– (coupling)** *s.* (*rad.*), Rückkopp(e)lung *f.*; **– turbine** *s.*, Gegendruckturbine *f.*; **reactivity** *s.*, Reaktionsfähigkeit *f.*, Rückwirkung(skraft) *f.*

read *v.* (*rad.*), (*Funksignal*) auffangen *od.* (ab)hören, (*phys.*) (an)zeigen (*Instrumente*); **to – off,** (*Instrumente*) ablesen; **to – a barometer,** den Barometerstand ablesen; **to – a radio message,** einen Funkspruch hören *od.* auffangen; **to – the weather signs,** die Wetteranzeichen deuten *od.* auslegen; **the thermometer –s 20°,** das Thermometer zeigt 20° (an); **I – you, over!** (*rad.*), Verstanden, Ende!.

readiness *s.* (*naut.*), Bereitschaft *f.*; **in –,** in Bereitschaft, bereit; **to keep** *or* **set in –,** bereithalten *od.* -machen; **– to proceed** *or* **to sail,** Auslaufbereitschaft *f.*

reading *s.*, Ablesung *f.*, Stand *m.* (*Barometer, etc.*); **to check the –s** (*pl.*) **on the instrument panel,** die Anzeigen *od.* Anzeigungen auf dem Instrumentenbrett ablesen; **– accuracy** *s.*, Ablesegenauigkeit *f.*; **– error** *s.*, Ablesefehler *m.*

readjust *v.* (*tech.*), nachstellen, neu einstellen.

ready *v.* (*naut.*), sich klar *od.* bereithalten; *adj.*

(*naut.*), klar (zu), (einsatz)bereit, fertig; **– about!** (*int.*), Klar zum Wenden!; **– all!** (*int.*), R(h)ee!; **– to sail!** (*int.*), Klar zum Auslaufen!; **– for operation** (*tech.*), betriebsfertig *od.* -klar; **– for sea,** seeklar, segelfertig; **to get – for sea,** seeklar *od.* zum Auslaufen fertig machen (*Boot*); **– to leave,** auslaufbereit (*Boot*); **– to proceed,** klar zum Auslaufen (*Boot*); **– to sail,** seeklar, segelfertig, auslaufbereit (*Boot*); **– reckoner** *s.*, Rechentabelle *f.*

real *adj.*, **– course,** beschickter *od.* Kartenkurs *m.*; **– image** *s.* (*phys.*), reelles Bild *n.*; **– power** *s.* (*phys.*), Wirkleistung *f.*; **– sun** *s.* (*astr.*), wahre Sonne *f.*

ream *v.* (*naut.*), (*Nähte*) zum Dichten öffnen.

reappearance *s.* **of a light,** Wiederkehr *f.* eines (Leucht)Feuers.

rear *s.* (*naut.*), Heck; **to bring** *or* **close up the –** (*rac.*), hinter dem Feld hersegeln, (*coll.*) das Schlußlicht sein *od.* machen; **– of (a) depression** (*meteor.*), Rückseite *f.* eines Tiefs, Rückseitenwetter *n.*; **– boat** *s.* (*rac.*), Schlußboot *n.*; **–-engined** *adj.*, mit Heckmotor; **– light** *s.*, Oberfeuer *n.* (*Richtfeuer*); **–most** *adj.*, ganz achtern, achterlichst; **– wind** *s.*, achterlicher Wind *m.*, Rückenwind *m.*

Reaumur (*phys.*), Réaumur; **– scale** *s.*, Réaumurskala *f.*; **a temperature of 60° –** (*or* **R**), eine Temperatur von 60° R(éaumur).

recall *s.* (*rac.*), Rückruf *m.*, Signal *n.* zur Rückkehr; Signalflagge *f.* zum Zurückrufen eines Schiffes; **– signal** *s.* (*rac.*), Rückrufsignal *n.*

recapture *s.*, wieder- *od.* zurückgewonnene Prise *f.*; *v.*, Prise wieder (ab)nehmen.

recede *v.*, zurücklaufen, -weichen (*Flut*); **the boat –s into the mist,** das Boot verschwindet im Nebel; **receding tide** *s.*, zurücklaufende Flut *f.*

receive *s.*, **to switch to –** (*rad.*), auf Empfang gehen; *v.* (*rad.*), empfangen; **to – a radio message,** einen Funkspruch empfangen; **receiver** *s.* (*rad.*), Empfänger *m.*, Empfangsgerät *n.*, (*tech.*) Behälter *m.*; **– on spinnaker,** Spinnakertopf *m.*; **– alignment** *s.* (*rad.*), Empfangsabgleich *m.*; **– amplifier** *s.*, Empfangsverstärker *m.*; **– transmitter** *s.*, Sende- und Empfangsgerät *n.*; **receiving** *s.* (*rad.*), Empfang *m.*; **– aerial** *s.* (*am.* **antenna**), Empfangsantenne *f.*; **– band** *s.* (*rad.*), Empfangsbandbreite *f.*; **– conditions** (*pl.*) (*rad.*), Empfangsbedingungen (*pl.*); **– frequency** *s.*, Empfangsfrequenz *f.*; **– room** *s.*, Funkraum *m.*; **– set** *s.* (*rad.*), Empfänger *m.*, Empfangsgerät *n.*; **– station** *s.* (*rad.*), Empfangsstation *f.*

reception *s.* (*rad.*), Empfang *m.*; **good (bad** *or* **poor) –,** guter (schlechter) Empfang *m.*; **– zone** *s.*, Empfangszone *f.*; **receptor** *s.* (*rad.*), (*s.* **receiver**).

recess *s.* **of the flood,** Zurückgehen *n.* *od.* -laufen *n.* *od.* -weichen *n.* der Flut, Rückgang *m.* der Flut.

recharge *v.*, **to – a battery,** eine Batterie nachladen *od.* wieder aufladen.

recharter *s.*, ein Boot *od.* Schiff wieder chartern.

recheck *v.*, nochmals überprüfen *od.* kontrollieren, nachprüfen (*Tauwerk, etc.*).

reciprocal *adj.*, **– action,** Wechselwirkung *f.*; **– bearing** *s.*, Gegenpeilung *f.*; **– course** *s.*, Gegenkurs *m.*

reckoning *s.* (*naut.*), Besteck *n.*, Koppelbesteck *n.*, Besteckrechnung *f.*; **dead –,** Besteckrechnung *f.*, gegißtes Besteck *n.*; **– position** *s.*, Besteckort *m.*; **dead – position** *s.*, gegißter (Schiffs)Ort *m.*, Besteckort *m.*

reclass *v.*, (Boots-, Schiffs)Klasse erneuern; **reclassification** *s.*, Klassenerneuerung *f.*

recognition *s.*, **– letter,** Kennbuchstabe *m.* (*Sprechfunk, etc.*); **– signal** *s.*, Kennung *f.*, Kennsignal *n.*

recommission *v.*, **to – a ship,** ein Schiff wieder einstellen.

recondition *v.*, überholen, wieder instandsetzen (*Boot, Segel*); **reconditioning** *s.*, (Wieder)Instandsetzung *f.*

reconnoitre *v.* (*am.* **reconnoiter**) (*naut.*), (*Küsten, etc.*) flüchtig aufnehmen.

reconstruct *v.*, **to – a yacht,** eine Yacht umbauen.

record *s.*, Registrierung *f.*, Aufzeichnung *f.*, Verzeichnung *f.* (*Instrumente*), (*spt.*) Rekord *m.*, Höchst-, Best-, Spitzenleistung *f.*; **to beat** *or* **break** *or* **cut the –,** einen Rekord brechen; **to hold the –,** den Rekord halten; **to set up a –,** einen Rekord aufstellen; *v.*, registrieren auf-, verzeichnen (*Instrumente*); **the thermometer –s 5° below zero,** das Thermometer zeigt *od.* registriert 5° unter Null; **record-breaker** *s.* (*spt.*), Rekordbrecher *m.*; **recorder** *s.* (*tech.*), Aufzeichnungsgerät *n.*; Schreiber *m.* (*Gerät*); **record holder** *s.* (*spt.*), Rekordhalter *m.*

recording *s.* (*tech.*), Aufzeichnung *f.*, Registrierung *f.*, Verzeichnung *f.* (*von Instrumenten*); **(self-)– barometer** *s.*, Registrierbarometer *n.*; **– compass** *s.*, Schreibkompaß *m.*; **– echo sounder** *s.*, Schreibecholot *n.*; **(self-)– thermometer** *s.*, Registrierthermometer *n.*; **– tide ga(u)ge** *s.*, Schreibpegel *m.*

recover *v.*, bergen (*Gegenstände*), retten (*Personen*); **to – a cable,** ein Kabel aufnehmen; **to – the starting line** (*rac.*), wieder an die Startlinie zurücksegeln (*nach Frühstart*); **recovery** *s.*, Bergung *f.*, Rettung *f.*, (*rac.*) Zurücksegeln *n.* an die Startlinie, (*Rudersport*) Zurückgehen *n.* in die Ausgangsposition *od.* -stellung; **– equipment** *or* **kit** *s.*, Bergungsausrüstung *f.*; **– ship** *or* **vessel** *s.*, Bergungsschiff *n.*

rectangular *adj.*, vierkantig, Vierkant-; rechtwink(e)lig, rechteckig; **– hyperbola** *s.*, gleichseitige Hyperbel *f.*; **– method** *s.*, Rechtwinkelmethode *f.* (*Kompaßkompensierung*); **– sail** *s.*, Vierkantsegel *n.*; **– screw** *s.*, Vierkantschraube *f.*

rectification *s.* (*rad.*), Gleichrichtung *f.*, (*tech.*) (Null)Eichung *f.*, Korrektur *f.*, richtige Einstellung *f.* (*von Instrumenten*); **rectifier** *s.* (*rad.*), Gleichrichter *m.*; **half-wave –** (*rad.*), Einweggleichrichter *m.*; **rectify** *v.* (*rad.*), gleichrichten; **to – the chronometer,** das Chronometer korrigieren *od.* richtig einstellen.

recurrence *s.*, (regelmäßige *od.* periodische) Wiederkehr *f.* *od.* Wiederholung *f.* (*von Signalen, etc.*); **recurrent** *adj.*, (periodisch *od.* regelmäßig) wiederkehrend *od.* sich wiederholend (*Signale, Leuchtfeuer*).

recurring *adj.*, **the – phases of the moon,** die wiederkehrenden Mondphasen (*pl.*).

recurve *v.*, (sich) zurückbiegen (*Mast*), umspringen (*Wind*), sich zurückwenden (*Strom*).

red *adj.*, **– distress signal,** Rotfeuer *n.* (*Notsignal*); **– ensign** *s.* **(R– Ensign),** die britische Handelsflagge *f.*; **– flag** *s.*, (rote) Signal-, Warnungsflagge *f.*, Warnungssignal *n.*; **– hand flare** *s.*, Rotfeuer *n.*, Handrotfeuer *n.* (*Notsignal*); **– lead** *s.*, Mennige *f.* (*Korrosionsschutzfarbe*); **to –lead** *v.*, mit Mennige behandeln *od.* anstreichen *od.* pönen; **– light** *s.*, Warnlicht *n.*, -feuer *n.*

redress *v.* (*rad.*), gleichrichten; **to – the balance,** das Gleichgewicht wieder herstellen (*Boot*); **to – the boat,** das Boot wieder auf ebenen Kiel *od.* in die normale Lage bringen *od.* legen.

red sector *s.*, Warnsektor *m.*, roter Sektor *m.* (*Leuchtfeuer*).

reduce *v.*, vermindern, verringern (*Fahrt*), verjüngen (*Leine, Trosse*), sich verjüngen (*Tauwerk*); **to – speed,** die Fahrt *od.* Geschwindigkeit reduzieren *od.* vermindern *od.* herabsetzen.

reduced *adj.*, **– draught,** beschränkter Tiefgang *m.*; **–-draught vessel** *s.*, Schiff *n.* mit Freibord; **– scale** *s.*, verjüngter *od.* verkleinerter Maßstab *m.* (*Seekarte, etc.*); **– speed** *s.*, verminderte Fahrt *f.*, verringerte *od.* herabgesetzte Geschwindigkeit *f.*; **– visibility** *s.*, beschränkte Sicht *f.*

reducing *s.*, **– of class,** (Boots-, Schiffs)Klassenherabsetzung *f.*; **– gear** *s.*, Untersetzungsgetriebe *n.* (*Außenbordmotor, etc.*); **– valve** *s.*, Reduzierventil *n.*

reduction *s.*, **– of a scale,** Maßstabverjüngung *f.* (*Seekarte, etc.*); **– compasses** (*pl.*), Reduktionszirkel *m.*; **– gear** *s.*, Untersetzung *f.*, Untersetzungsgetriebe *n.*; **– ratio** *s.*, Untersetzungsverhältnis *n.*

reed *s.*, Schilf *n.*; **– horn** *or* **pipe** *s.*, Zungenhorn *od.* -pfeife *f.*, Mundnebelhorn *n.*

reef[1] *s.*, Riff *n.*, (Felsen)Klippe *f.*

reef[2] *s.*, Reff *n.*, Reef *n.*, Reffeinrichtung *f.*; **Botter –,** Botterreff *n.* (*Bindereff*); **flattening –,** Abflacher *m.*, Flachreff *n.*; **French –,** Bindereff *n.*; **quick –,** Schnellreff *n.*; **roach –,** Abflacher *m.*; **roller –,** Dreh-, Patent-, Volksreff *n.*; **to let out the –s** (*pl.*), die Reffs ausstecken; **to shake out a –,** ein Reff ausschütten, ausreffen; **to take in a –,** ein Segel reffen, (ein)reffen; **to tie in a –,** ein Reff einbinden *od.* stecken; *v.*, (Segel) reffen, reefen, (*Stenge, Bugspriet*) aufkürzen *od.* verkürzen; **to – out,** ausreffen.

reef / band *s.*, Reff *n.*, Bindereff *n.*, Reffband *n.*, -bändsel *n.*, -leiste *f.*; **eyelet** *or* **grommet (grummet) of a –band** *s.*, Reffgat(t)chen *n.*; **– cord** *s.*, Reffleine *f.*; **– cringle** *s.*, Reffkausch(e) *f.*, -legel *m.*; **– earing** *s.*, Reffbändsel *n.*, Stekbolzen *m.*

reefed *adj.*, gerefft (*Segel*); **close-–,** dicht gerefft; **single (double-, treble-)–** *adj.*, mit 1 (2, 3) (gesteckten) Reffs.

reefer *s.*, Reffer *m.* (*Vorrichtung*), Reffknoten *m.*, -stich *m.*; (*kurze*) Seemannsjacke *f.*; Kühlschiff *n.*, (*sl.*) Seekadett *m.*; **– jacket** *s.*, kurze (*zweireihige*) Seemannsjacke *f.*

reef / eye *s.*, Reffauge *n.*; **– eyelet** *s.*, Reffgat(t)chen *n.*

reefing *adj.*, **– area,** Reffbereich *m.* (*im Segel*); **– boom** *s.*, Reffbaum *m.*; **– cleat** *s.*, Reffklampe *f.*; **– gear** *s.*, Reff *n.*, Reffeinrichtung *f.*, Reffer *m.*; **roller – gear** *s.*, Patentreff *n.*; **worm-wheel roller – (gear)** *s.*, Schneckenreffer *m.*; **– hook** *s.*, Reffhaken *m.*; **– jacket** *s.*, Seemannsjacke *f.*; **– jackstay** *s.*, Reffleine *f.*, Reffjackstag *n.*; **– line** *s.*, Reffleine *f.*, Reffstander *m.*; **–-line bend** *s.*, Reffleinenknoten *m.*; **– pendant** *s.*, Reffstander *m.*; S(ch)meer-, Taljereep *n.*; **– sail** *s.*, Reffsegel *n.*, reffbares

Segel *n.*; – **tackle** *s.*, Refftalje *f.*, -takel *n.*
reef/knot *s.*, Reff-, Kreuzknoten *m.*; – **lacing** *s.*, Reffleine *f.* (*Bindereff*); – **line** *s.*, Reffleine *f.*; – **pendant** *s.*, Reffhanger *m.*; S(ch)meer-, Taljereep *n.*; – **point** *s.*, Reffbändsel *n.*, -zeising *m.*; Reffpunkt *m.* (*im Segel*); – **rope** *s.*, Reffleine *f.*; – **row** *s.*, Reffreihe *f.*; – **tackle** *s.*, Refftalje *f.*; **top – tackle** *s.*, Marsrefftalje *f.*
reefy *adj.*, voller Riffe; – **bottom** *or* **ground,** Riffgrund *m.*
reel *s.*, Rolle *f.* (*Tauwerk*), Seiltrommel *f.*, Winde *f.*; *v.*, aufrollen, aufspulen, aufwickeln, aufwinden (*Tau*); **to – in,** einholen (*Tau*); **to – off,** abwickeln, abspulen (*Tau*).
reel *v.* (*naut.*), sich schnell drehen (*Boot*); **reeler** *s.*, Loggast *m.*
re(-)embark *v.*, (sich) wieder einschiffen; **re(-)embarkation** *s.*, Wiedereinschiffung *f.*
reeve *v.*, sich (vorsichtig) hindurchwinden *od.* hindurchmanövrieren (*Boot*), (*Tauende*) (ein)scheren, (*in einen Block*) einziehen, durchholen; **to – around,** (*Tau*) ziehen um; **to – over,** (*Tau*) ziehen über; **to – through,** (*ein Tau*) durchziehen *od.* durchholen *od.* durch einen Block ziehen; **the boat –d the shoals,** das Boot manövrierte vorsichtig durch die Untiefen.
reeving/line *s.*, Scherleine *f.*, Schertau *n.*; **–-(line) bend** *s.*, Scherleinen- *od.* -tauknoten *m.*
reference *s.*, **tidal plane of –,** Normalnull; – **frequency** *s.* (*rad.*), Bezugsfrequenz *f.*; – **line** *s.*, Bezugslinie *f.*; – **point** *s.*, Bezugspunkt *m.*; – **station** *s.* (*am.*), Bezugsort *m.* (*Tidengewässer*).
refill *s.*, Ersatzbatterie *f.*
refit *v.*, neu ausrüsten (*Yacht*), wieder instandsetzen, wiederherstellen; **refit** *s.*, **refitment** *s.*, Neuausrüstung *f.* (*einer Yacht*), Wiederinstandsetzung *f.*
reflect *v.*, (*Strahlen, Wellen*) reflektieren, zurückwerfen; **reflectance** *s.* (*phys.*), Reflexionsstärke *f.*, -koeffizient *m.*, -faktor *m.*
reflected *adj.*, – **echo,** reflektiertes *od.* zurückgeworfenes Echo *n.* (*Echolot*); – **pulse** *s.*, Echoimpuls *m.*
reflecting *adj.*, – **compass,** Spiegelkompaß *m.*; – **object** *or* **target** *s.* (*radar*), Rückstrahler *m.*
reflection *s.* (*phys.*), Reflexion *f.*, Reflektierung *f.*, (Zu)Rückstrahlung *f.*, -werfung *f.* (*Strahlen, Wellen*); **angle of –,** Reflexionswinkel *m.*; – **of sound,** Echo *n.*, Schallreflex *m.*; – **plotter** *s.* (*radar*), Zeichenaufsatz *m.*; – **sounding** *s.*, Echolotung *f.*
reflector *s.* (*phys.*), Reflektor *m.*; **radar –,** Radarreflektor *m.*; – **binnacle** *s.*, Reflektionskompaß *m.*; **–(-type) compass** *s.*, Projektionskompaß *m.*
reflex *s.* (*rad.*), Reflexempfänger *m.* (*Gerät*); – **action** *or* **motion** *or* **movement** *s.*, Reflexbewegung *f.*; – **receiver** *s.* (*rad.*), Reflexempfänger *m.* (*Gerät*).
refloat *v.*, (*Boot*) abbringen, wieder flottmachen; wieder flott werden (*Boot*).
reflow *s.*, Ebbe *f.*, Rückflut *f.*, Zurückfließen *n.* (*der Flut*).
refluence *s.*, **reflux** *s.*, Ebben *n.*, Rückflut *f.*, Zurückfluten, -fließen (*Flut*); **refluent** *adj.*, zurückfließend, -flutend (*Gezeit*).
refract *v.* (*phys.*), (*Wellen, Strahlen*) brechen; **refracting angle** *s.* (*phys.*), Brechungs-, Refraktionswinkel *m.*; **refraction** *s.* (*astr., phys.*), Refraktion *f.*, Strahlenbrechung *f.*; **index of –, – index** *s.*, Refraktions-, Brechungsindex *m. od.* -exponent *m. od.* -verhältnis *n.*; – **of light,** Lichtbrechung *f.*; **refractive** *adj.* **index** (*phys.*), Brechungs-, Refraktionsverhältnis *n. od.* -index *m.*
refresh *v.* (*naut*), frischen Proviant fassen (*Boot*).
refuel *v.* (*naut.*), (wieder) auftanken, Boot betanken, Treibstoff ein- *od.* übernehmen; **refuel(l)ing** *s.*, Tanken *n.*, Treibstoffübernahme *f.*
refuge *s.*, **port of –,** Not-, Zufluchtshafen *m.*; – **beacon** *s.*, Rettungsbake *f.*
refuse lighter *s.*, Abfallprahm *m.*, -leichter *m.*, -schute *f.*
regain *v.*, **to – headway** *or* **speed,** wieder Fahrt aufnehmen *od.* machen, wieder (an) Fahrt *od.* Geschwindigkeit gewinnen; **to – the shore,** das Ufer wieder erreichen *od.* gewinnen (*Boot*).
regatta *s.*, (Segel)Regatta *f.*, (Boot)Wettfahrt *f.*; – **boat** *s.*, Regattaboot *n.*; – **crew** *s.*, Regattacrew *f.*, -mannschaft *f.*; – **sail** *s.*, Regattasegel *n.*; – **sailing** *s.*, Regattasegeln *n.*
regenerate *v.* (*rad.*), mit-, rückkoppeln; **regeneration** *s.* (*rad.*), Mit-, Rückkopp(e)lung *f.* – **circuit** *s.* (*rad.*), Rückkopp(e)lungskreis *m.*
region *s.*, Gebiet *n.*, Region *f.*; (Luft-, Meeres-) Schicht *f.*, Sphäre *f.*; **coastal –,** Küstengebiet *n.*; **tropical –s** (*pl.*), Tropengebiete (*pl.*); **upper –s** (*pl.*) **of the atmosphere** (*meteor.*), die oberen Luftschichten (*pl.*); – **of high (low) pressure** (*meteor.*), Hoch(Tief)druckgebiet *n.* Gebiet *n.* hohen (tiefen) Luftdrucks; – **of a voyage,** Fahrtgebiet *n.*, Seegebiet *n.* für eine Fahrt.

regional *adj.* (*meteor.*), gebiets-, strichweise, örtlich; **– race** *s.*, **regionals** (*pl.*), Distriktregatta *f.*, regionale Regatta *f.*; **– showers** (*pl.*) (*meteor.*), strichweise Regen *m.*
register *s.* (*naut.*), (Schiffs)Register *n.*, Registerbrief *m.*, (*tech.*) Reguliervorrichtung *f.*, Klappe *f.*, Ventil *n.*; **ship's –,** Registerbrief *m.*, Schiffszertifikat *n.*, -register *n.*, Einregistrierungsurkunde *f.*; **tidal –,** Pegel *m.*; **yacht's –,** Yachtregister *n.*; **– of shipping,** Schiffsregister *n.*; *v.* (*tech.*), registrieren, automatisch anzeigen *od.* verzeichnen (*Instrumente*); **– book** *s.*, Schiffsregister *n.*
registered *adj.*, **– beam** *or* **breadth (of a boat),** vermessene Breite *f.*, Vermessungsbreite *f.*; **– depth** *s.*, vermessene Tiefe *f.*, Raumtiefe *f.* (*Schiff*); **– length** *s.*, vermessene Länge *f.*, Registerlänge *f.*; **– number** *s.*, Registrier-, Registernummer *f.* (*Boot*); **– ship** *s.*, registriertes *od.* Registerschiff *n.*; **– tonnage** *s.*, Registertonnage *f.*
registering barometer *s.*, Registrierbarometer *n.*
register / port *s.*, Registerhafen *m.* (*eines Bootes*); **– ship** *s.*, Registerschiff *n.*; **– ton** *s.*, Registertonne *f.*; **– tonnage** *s.*, Registertonnengehalt *m.*, amtlicher Tonnengehalt *m.*
registration *s.*, (Schiffs)Registrierung *f.*; **– book** *s.*, Seefahrtsbuch *n.*
registry *s.* (*am.*), (Schiffs)Registrierung *f.*; **certificate of –,** Registerbrief *m.*; **port of –,** Heimat-, Registerhafen *m.*; **a ship of British –,** ein Schiff *n.* mit britischer Registrierung.
regorge *v.*, zurückfluten, -fließen, -strömen (*Wasser*).
regress *v.* (*astr.*), zurückkehren.
regulable *adj.* (*tech.*), regulier-, einstellbar (*Backstag, etc.*).
regular *adj.*, **at – intervals,** in regelmäßigen Abständen (*pl.*) (*Leuchtfeuer, Signale, etc.*); **– line shipping** *s.*, Linien(schiff)fahrt *f.*; **– shackle** *s.*, Blockschäkel *m.*
regulate *v.* (*tech.*), einstellen, regulieren, regeln; **to – a meter,** ein Meßgerät einstellen.
regulating *adj.*, **– device** (*tech.*), Reguliervorrichtung *f.*; **– line** *s.*, Regulierleine *f.* (*am Achterliek*); **– resistance** *s.* (*elec.*), Regelwiderstand *m.*; **– screw** *s.*, Stellschraube *f.*; **– valve** *s.*, Regelventil *n.*
regulation lights *s./pl.*, Positionslichter *n./pl.*; **regulations** (*pl.*), Satzungen (*pl.*), Statuten (*pl.*) (*Segelclub, Regatta, etc.*); **– for classification,** Klassen-, Klassungsvorschriften (*pl.*); **R– for Preventing Collisions at Sea,** (internationale) Seestraßenordnung *f.*; **– governing prizes** (*naut.*), Prisenordnung *f.*; **– of navigation,** Schiffahrts(ver)ordnungen (*pl.*); **regulation speed** *s.*, gesetzlich vorgeschriebene Höchstgeschwindigkeit *f.* (*in einem Kanal, etc.*).
regulator *s.* (*tech.*), (Selbst)Regler *m.*, Reguliervorrichtung *f.*, Regulator *m.*, Steuerung *f.*; **automatic –,** Selbst-, Schnellregler *m.*
reinforce *s.*, (Material)Verstärkung *f.*, Verstärkungsstück *n.*; *v.*, verstärken, versteifen (*Mast, Segel*); **reinforced** *adj.*, verstärkt, versteift; **– edges** (*pl.*) **(of a sail),** Eckversteifungen (*pl.*) (eines Segels); **reinforcement** *s.*, Verstärkung *f.*, Versteifung *f.*
reinstatement *s. or* **reinstation** *s.* **(of class),** Wiederherstellung *od.* -einsetzung *f.* (der (Boots)Klasse).
rejectamenta *s./pl.*, Anschwemmungen (*pl.*) (*des Meeres*), Strandgut *n.*
rejector circuit *s.* (*rad.*), Sperrkeis *m.*
relative *adj.*, relativ; **– beam** *s.*, relative Breite *f.*, Breitenverhältnis *n.* (*einer Yacht*); **– bearing** *s.*, relative Peilung *f.*, Bord-, Seiten-, Schiffspeilung *f.*, Funkseitenpeilung *f.*; **– displacement** *s.*, relative Verdrängung *f.* (*Boot*); **– humidity** *s.*, relative (Luft)Feuchtigkeit *f.*; **– length** *s.*, relative Länge *f.*, Längenverhältnis *n.* (*einer Yacht*); **– motion** *or* **movement** *s.*, relative (Boots)Bewegung *f.*, Relativbewegung *f.* (*eines Bootes*); **– position** *s.*, relative (Schiffs)Position *f.*; **– proportions** (*pl.*), Größenverhältnis *n.* (*Segel zu Boot, etc.*); **– sail area** *s.*, relative Segelfläche *f.*; **– speed** *s.*, relative Geschwindigkeit *f.*, Fahrt *f.* über Grund, Geschwindigkeitsgrad *m.* (*Boot*); **– velocity** *s.*, relative Geschwindigkeit *f.*; **– velocity of the wind,** relative Windgeschwindigkeit *f.*; **– wind** *s.*, relativer Wind m., (relativer) Bordwind *m.*
relax *v.*, nachlassen; **the fury of the storm –ed,** die Heftigkeit des Sturms ließ nach.
relay *s.* (*rad.*), Relais *n.*, (*tech.*) Hilfsmotor *m.*; **electro-magnetically operated –,** elektromagnetisches Relais *n.*; *v.* (*rad.*), mit *od.* durch *od.* über Relais(station) funken; **relay / control** *s.* (*rad.*), Relaissteuerung *f.*; **–-controlled** *or* **-operated** *adj.* (*rad.*), relaisgesteuert; **– station** *s.* (*rad.*), Relaisstation *f.*
release *s.* (*tech.*), Auslöser *m.*, Auslösung *f.*; Auspuffklappe *f.*, -ventil *n.*; *v.*, auslösen, ausrücken.
releasing / gear *s.* (*tech.*), Auslösevorrichtung *f.*; **– trick** *s.*, Befreiungsgriffe (*pl.*) (*Rettungsschwimmer*).
reliability run *or* **trial** *s.*, Erprobungs-, Probe-

fahrt *f.*, Zuverlässigkeitsprüfung *f.* (*eines Bootes*).

relics *s./pl.*, Wrackreste (*pl.*), -teile (*pl.*).

relief *s.*, Ablösung *f.* (*Bootswache*); **– cock** *s.*, Entlüftungs-, Schnarch-, Schnüffelventil *n.*; **– pilot boat** *or* **ship** *s.*, Lotsenversetzboot *n.*; **– valve** *s.* (*tech.*), Überdruckventil *n.*

relieve *v.*, **to – the running backstay,** das Backstag entspannen; **to – the watch,** die (Boots-) Wache ablösen.

relieving *s.* **(of the watch),** Ablösung *f.* (der (Boots)Wache); **– tackle** *s.*, Entlastungstalje *f.*, Notrudertalje *f.*

reluctance *s.* (*phys.*), magnetischer Widerstand *m.*, Reluktanz *f.*; **reluctivity** *s.* (*phys.*), Reluktivität *f.*, spezifischer magnetischer Widerstand *m.*, spezifische Reluktanz *f.*

remain *v.*, **to – astern,** achteraus sacken, zurückbleiben (*Boot*); **to – stopped,** gestoppt liegen, auf Stopp liegen (*Schiff*); **to – within sight,** in Sicht bleiben.

remanence *s.*, **remanency** *s.* (*phys.*), Remanenz *f.* (*Magnetismus*); **remanent** *adj.* (*phys.*), remanent; **– deviation** *s.*, Restablenkung *f.*; **– magnetism** *s.*, remanenter Magnetismus *m.*

remast *v.*, (*ein Boot*) wieder bemasten, mit einem neuen Mast versehen.

remeasure *v.*, neu vermessen, nach(ver)messen (*Boot, Segel*); **re(-)measurement** *s.*, Neu-, Nachvermessung *f.*

remission *s.*, Nachlassen *n.* (*v. Kälte*).

remittent *adj.* **storm,** (vorübergehend) nachlassender Sturm *m.*

remnant *s.* **of magnetism,** Restmagnetismus *m.*, remanenter Magnetismus *m.*

remote *adj.*, (weit) entfernt, abgelegen, abseits liegend; **– control** *s.*, Fernbedienung *f.*, -lenkung *f.*, -steuerung *f.* (*Geräte*); **– controlled** *adj.*, ferngesteuert; **–-control steering gear** *s.*, elektrische Ruderanlage *f.*; **– indication compass** *s.*, Fernkompaß *m.*; **– indication** *s.*, Fernanzeige *f.* (*Geräte, Instrumente*); **remotely** *adv.* **controlled,** fernbedient, ferngesteuert.

removable *adj.*, abnehmbar; **remove** *v.*, **to – a buoy,** eine Boje einziehen; **to – the sludge,** (*Boot*) entschlammen; **to – a trouble,** einen Defekt *od.* Fehler beseitigen; **remover** *s.*, **paint –,** Farbentferner *m.*

rename *v.*, **to – a boat,** eine Yacht umbenennen *od.* neu benennen; **renaming** *s.* **of a boat,** Neu- *od.* Umbenennung *f.* einer Yacht.

rend *v.*, (zer)reißen, bersten; **to – apart** *or* **asunder,** zerreißen (*Tauwerk*); **to – away,** ab-, losreißen (*Schot, etc.*); **to – off,** abreißen.

render *v.*, (*Leinen, Anker*) klarieren; **to – assistance,** Hilfe leisten.

rendezvous *s.*, **place of –** (*rac.*), Sammelplatz *m.*, -stelle *f.*, Treffpunkt *m.*; *v.*, **to – at sea,** sich auf See begegnen (*Boote*).

renew *v.*, **to – the crew,** die Crew ergänzen; **to – water in a tank,** das Wasser im Tank (wieder) auffüllen *od.* nachfüllen *od.* wechseln.

renewal *s.* **of class** (*naut.*), Klassenerneuerung *f.*

rent *s.*, Riß *m.*, Spalt *m.* (*im Deck*); *v.*, **to – a boat,** ein Boot mieten; ein Boot vermieten.

repair *s.*, Instandsetzung *f.*, Reparatur *f.*, Ausbesserung *f.*; (*pl.*) Instandsetzungsarbeiten (*pl.*); **in good –,** in gutem Zustand (*Boot, etc.*); **in need of –,** reparaturbedürftig; **out of –,** nicht mehr zu reparieren; **under –,** in Reparatur; *v.*, instandsetzen, reparieren (*Boot*), flicken, ausbessern (*Segel*), überholen, überprüfen und instandsetzen (*Takelage*); **repa(i)rable** *adj.*, reparaturbedürftig; zu reparieren(d).

repair / dock *s.*, Reparaturdock *n.*; **– ship** *s.*, Werkstattschiff *n.*; **– shop** *s.* Reparaturwerkstatt *f.*; **– work** *s.*, Instandsetzungs-, Reparaturarbeiten (*pl.*); **– yard** *s.*, Reparaturwerft *f.*

repeat *v.*, **to – back,** (*ein Signal od. Kommando*) zur Bestätigung wiederholen; **to – a signal,** ein Signal wiederholen.

repeater *s.*, Tochterkompaß *m.* (*eines Kreiselkompasses*), Kreiseltochter *f.*; (*naut.*) Wiederholungsflagge *f.*, -wimpel *m.*, Hilfsstander *m.*; (Maschinen)Antworttelegraph *m.*; (*rad.*) (Leistungs)Verstärker *m.*; **– compass** *s.*, Tochterkompaß *m.*, Kreiseltochter *f.*; **– station** *s.* (*rad.*), Relaisstation *f.*

repeating / method *s.* (*astr., naut.*), Repetitionsmethode *f.* (*Winkelmessung*); **– station** *s.* (*rad.*), Gegenfunkstation *f.*

repellent *s.*, **shark –,** Haiabschreckungsmittel *n.*; *adj.*, **water –,** wasserabstoßend, -abweisend.

repetition *s.*, Wiederholung *f.* (*Signal*), Wiederkehr *f.* (*Leuchtfeuer*); **– frequency** *s.* (*rad.*), Impulsfolgefrequenz *f.*; **– signal** *s.*, Wiederholungssignal *n.*

replaceable *adj.*, austauschbar; **replacement** *s.* (*rac.*), Ersatz(mann) *m.*; **– sail** *s.*, Ersatzsegel *n.*

reply frequency *s.* (*rad.*), Antwortfrequenz *f.*

report *s.*, Gutachten *n.*; **weather –,** Wetterbericht *m.*, -vorhersage *f.*; **– of ice conditions** (*pl.*), Eisnachrichten (*pl.*); **– of survey,** Havariegutachten *n.*; **reported** *adj.* **area (of weather forecast)** (*meteor.*), (Wetter)Vorhersagebereich *m.*

represa *s.* (*am.*), Staudamm *m.*
represent *v.*, darstellen (*Radar, Instrumente*); **to – graphically,** graphisch darstellen; **representation** *s.*, Darstellung *f.* (*Radar, etc.*); **graphic –,** graphische Darstellung *f.*; **mis–,** falsche Darstellung *f.*; **relative –,** relative Darstellung *f.*; **true –,** absolute Darstellung *f.*
reproduction *s.* (*rad.*), Wiedergabe *f.*; **– equalizer** *s.* (*rad.*), Wiedergabeentzerrer *m.*
reprovision *v.* (*naut.*), (sich) frisch verproviantieren, mit frischem Proviant versorgen.
request *v.*, **to – assistance,** Hilfe benötigen; **to – a pilot,** einen Lotsen anfordern.
require *v.*, **to – a pilot,** einen Lotsen brauchen *od.* nötig haben *od.* benötigen.
required *adj.* **side** (*rac.*), richtige Seite *f.*
requirements *s./pl.*, **to meet the –,** den Anforderungen *od.* Bedingungen entsprechend *od.* genügen (*Segel, etc.*).
resail *v.*, zurücksegeln; wieder segeln; **to – (a leg),** (eine Strecke) nochmals (ab)segeln.
rescue *s.*, Rettung *f.*, Hilfe *f.*; **to come to s.o.'s –,** jmd. zu Hilfe kommen; *v.*, **to – (from),** retten (aus), bergen (aus, vor).
rescue / craft *s.*, Seenotrettungsboot *n.*; **– cruiser** *s.*, Seenotkreuzer *m.*; **– party** *or* **squad** *s.*, Rettungs-, Bergungsmannschaft *f.*; **– station** *s.*, Seenotrettungsstation *f.*; **– tug** *s.*, Rettungsschlepper *m.*; **– work** *s.*, Rettungs-, Bergungsarbeiten (*pl.*); **rescu(e)ing manoeuvre** *s.*, Rettungs-, Bergungsmanöver *n.*
réseau *s.* (*astr.*), Gitternetz *n.*
reserve *s.* (*rac.*), Ersatz(mann) *m.*, Reserve *f.*; **– buoyancy** *s.*, Reserveauftrieb *m.*, -verdrängung *f.*, -schwimmfähigkeit *f.*, Restauftrieb *m.*, Auftriebsüberschuß *m.* (*eines Bootes*); **– buoyancy tank** *s.*, Reserveauftriebs-, Adjustiertank *m.*; **– capacity** *s.* (*tech.*), Reserveleistung *f.*; **– part** *or* **piece** *or* **unit** *s.* (*tech.*), Ersatzteil *n.*; **– power** *s.* (*tech.*), Kraftreserve *f.*; **– ration** *s.*, Eiserne Ration *f.* (*im Rettungsboot*).
reservoir *s.*, Stausee *m.*, -becken *n.*, Talsperre *f.*; (Benzin-, Öl)Behälter *m.*
reship *v.*, (sich) wieder einschiffen; (sich) wieder anheuern (lassen) (*Seemann*); wieder verschiffen, (*von einem Boot auf ein anderes*) umladen.
residual *adj.*, **– buoyancy,** Restauftrieb *m.*; **– charge** *s.* (*phys.*), Restladung *f.* (*Kondensator, etc.*); **– deviation** *s.*, Restablenkung *f.* (*Kompaß*); **– error** *s.*, Restfehler *m.* (*Kompaßkompensierung*); **– error-curve** *s.*, Restfehlerkurve *f.* (*Funkp.*); **– magnetism** *s.*, remanenter Magnetismus *m.*, Remanenz *f.*
resilience *s.* (*phys.*), Elastizität *f.*
resin *s.*, Harz *n.*, Kunstharz *n.*; **epoxy –,** Epoxidharz *n.*; **polyester –,** Polyesterharz *n.*; **resina** *s.*, Harz *n.*; **resinate** *v.*, mit Harz tränken *od.* behandeln; **resinous** *or* **resiny** *adj.* **cement,** Harzkitt *m.*
resist *s.* (*tech.*), Schutzmasse *f.*, -mittel *n.*
resistance *s.* (*tech.*), Widerstand *m.*, Widerstandsfähigkeit *f.*, -kraft *f.*, Last *f.*, Belastung *f.*, (*elec.*) Widerstand *m.*; **adjustable –** (*elec.*), Regelwiderstand *m.*, Regler *m.*; **air –,** Luftwiderstand *m.*; **apparent –,** scheinbarer *od.* Scheinwiderstand *m.*; **form –,** Formwiderstand *m.*; **frictional –,** Reibungswiderstand *m.*; **induced –,** induzierter Widerstand *m.*; **true** *or* **Ohmic –,** Ohmscher Widerstand *m.*; **water –,** Wasserwiderstand *m.*; **arm of –,** Lastarm *m.* (*Hebelgesetz*); **centre of lateral –,** Lateralschwerpunkt *m.*; **to overcome the – of the air (of the water),** den Luft(Wasser)widerstand überwinden; **– of friction,** Reibungswiderstand *m.*; **– of iron,** magnetischer Eisenwiderstand *m.*; **– of (a) ship** *or* **boat,** Bootswiderstand *m.*; **– to bending** (*phys.*), Biegesteifigkeit *f.*; **– to deformation** (*phys.*), Formänderungsfestigkeit *f.*, Deformationswiderstand *m.*; **– to wear** *or* **abrasion** *or* **wear and tear,** Verschleißfestigkeit *f.*; **– capacity coupled amplifier** *s.* (*rad.*), RC-gekoppelter Verstärker *m.*; **– coil** *s.* (*rad.*), Widerstandsspule *f.*; **– test** *s.*, Schleppversuch *m.*; **– thermometer** *s.*, Widerstandsthermometer *n.*
resistant *adj.* **(to),** beständig (gegen), widerstandsfähig; **corrosion –, – to corrosion,** korrosionsbeständig; **– to pressure,** druckbeständig, -fest; **– to rust,** rostbeständig; **– to water,** wasserbeständig.
resistivity *s.* (*phys.*), spezifischer Widerstand *m.*, spezifische Widerstandskraft *f.* *od.* Festigkeit *f.*; **resistor** *s.* (*elec.*), Widerstand *m.*
resolution *s.* (*opt.*), Auflösung *f.*; **– capability** *s.* (*radar*), Auflösungsvermögen *n.*
resolving power *s.* (*radar*), Auflösungsvermögen *n.*
resonance frequency *s.* (*rad.*), Eigenfrequenz *f.*; **resonant** *adj.* (*phys.*), mitschwingend; **– circuit** *s.* (*elec.*), Resonanz-, Schwingungskreis *m.*; **– rise** *s.*, Aufschaukeln *n.*; **resonator** *s.* (*elec.*), Resonanzkreis *m.*
resort *s.*, **seaside –,** Seebad *n.*
resound *v.*, **to – (a foghorn, a signal),** (ein Nebelhorn, ein Signal) nochmals ertönen lassen.
resource *s.*, Hilfsmittel *n.*
respond *v.* (*tech.*), gehorchen, reagieren; **re-**

sponder beacon *s.* (*radar*), Antwortbake *f.*, -funkfeuer *n.*, -sendebake *f.*
response characteristics *s./pl.* (*radar*), Empfindlichkeitskurve *f.*
responsiveness *s.* (*tech.*), Stabilisationsvermögen *n.*, Beruhigungs(eigen)dämpfung *f.*, -fähigkeit *f.* (*eines Instrumentenanzeigers, etc.*).
rest *s.* (*phys.*), Ruhe(lage) *f.*, (*tech.*) Auflage *f.*, Support *m.*, Stütze *f.*, Ständer *m.*, Halter *m.*; **sailor's** *or* **seamen's –,** Seemannsheim *n.*; **state of –** (*phys.*), Ruhezustand *m.*
restart *v.* (*tech.*), wieder in Gang *od.* Betrieb setzen (*Motor, etc.*).
restitution *s.* **of class** (*naut.*), Wiederherstellung *f.* der Klasse.
restoration *s.* **of class** (*naut.*), Klassenerneuerung *f.*, Wiederherstellung *f.* der Klasse.
restricted *adj.*, **– in the ability to manoeuvre,** manövrierbehindert (*Boot*); **– area** *s.*, Sperrgebiet *n.* (*Hoheitsgewässer*).
result *s.* (*rac.*), Ergebnis *n.*; **overall –s** (*pl.*) (*rac.*), Gesamtergebnis *n.* (*einer Regatta- od. Wettfahrtserie*).
resume *v.*, **to – the voyage,** die Seereise *od.* Fahrt fortsetzen.
resurvey *s.*, Neuvermessung *f.* (*Segel, Boot*); *v.*, neu vermessen.
retained *adj* **magnetism,** halbfester Magnetismus *m.*; **retaining** *adj.*, **– ring,** Spreng-, Überwurfring *m.*; **– wall** *s.*, Staumauer *f.*
retard *v.* (*phys.*), retardieren, nacheilen; **retardation** *s.* (*phys.*), Nacheilung *f.*, Retardation *f.*; **– of tide,** Gezeitenverspätung *f.*, Flutstunde *f.*, Hafenzeit *f.*; **retarded** *adj.*, **to be –,** retardieren (*Gezeit*); **– ignition** *s.*, Spätzündung *f.* (*Motor*); **– motion** *s.*, verzögerte Bewegung *f.* (*Boot*); **– velocity** *s.*, verlangsamte Geschwindigkeit *f.*; **retardment** *s.*, (*s.* **retardation**).
retention *s.* **of shape,** Formbeständigkeit *f.* (*Segel*); **retentivity** *s.* (*phys.*), magnetische Koerzitivkraft *f.*
reticle *s.* (*opt.*), Fadenkreuz *n.*
retire *v.*, **to – from a race,** eine Regatta *od.* Wettfahrt aufgeben.
retired *adj.* **line of position,** versegelte Standlinie *f.*
retractable *adj.* **keel,** Einholekiel *m.*, aufholbare Kielflosse *f.*
retransmission *s.* **of a radio message,** Weitergabe *f.* eines Funkspruchs; **retransmit** *v.* (*rad.*), (*Funkspruch, etc.*) weitergeben.
retrieving line *s.*, (Tuch)Einholer *m.*, Niederholer *m.*; **spinnaker –,** Spinakereinholer *m.*
retrogradation *s.* (*astr.*), (scheinbar) rückläufige Bewegung *f.*; **retrograde** *adj.* (*astr.*), retrograd, rückläufig; **– motion** *s.* **(of a planet),** Rückläufigkeit *f.* eines Gestirns.
retrogression *s.* (*astr.*), rückläufige Bewegung *f.*, Retrogradiation *f.*
return *s.* (*tech.*), Biegung *f.*, Krümmung *f.*; Rückführung *f.*, -leitung *f.*, Rücklauf *m.*; Rückkehr *f.*; **on the –,** auf der Rückreise; **– of cold weather,** Kälterückfall *m.*; **– of a salute,** Gegengruß *m.* (*Signal, etc.*); *v.*, reflektieren, zurückwerfen (*Echolotung*); **return/bend** *s.*, Schwanenhals *m.* (*Entlüftungsrohr*); **– pulley** *s.*, Umlenkrolle *f.*; **– trip** *or* **voyage** *s.*, Heim-, Rückreise *f.* (*einer Yacht*); **– valve** *s.*, Rückflußventil *n.*, Rückschlagventil *n.*
rev *s.* (*coll.*), Umdrehung *f.*, Dreh-, Tourenzahl *f.* (*Motor*); **to increase –s** (*pl.*), aufdrehen, hochfahren (*Motor*); *v.*, **to – up the engine** (*coll.*), aufdrehen, den Motor auf Touren bringen; **– counter** *s.*, Drehzahlmesser *m.*
revenue/cutter *s.*, Zollkutter *m.*; **– flag** *s.*, Zollflagge *f.*; **– launch** *s.*, Zollbarkasse *f.*; **– officer** *s.*, Zollbeamter *m.*
reversal *s.*, **– of magnetism,** Ummagnetisierung *f.*; **– of wind,** Umspringen *n.* des Windes.
reverse *s.*, Rückwärtsgang *m.* (*Motorboot*); **in –,** rückwärtslaufend, -fahrend; *adj.*, rückwärts; entgegengesetzt, umgekehrt; *v.*, rückwärts gehen *od.* fahren *od.* laufen (lassen) (*Motorboot*), umsteuern (*Motor*), (*elec.*) umpolen, umsteuern; **to – the course,** auf Gegenkurs gehen; **to – engines,** mit den Maschinen zurückgehen.
reverse/angle *s.*, Gegenwinkel *m.*; **– current** *s.*, Gegen-, Rückstrom *m.*; **– direction** *s.*, entgegengesetzte Richtung *f.*; **– frame** *s.*, Gegenspant *n.*; **– gear** *s.*, Wendegetriebe *n.*; Rückwärtsgang *m.*, Rücklauf *m.*; **– lever** *s.*, Umsteuerungshebel *m.*; **– motion** *s.*, Rückwärtsbewegung *f.*, Rücklauf *m.*, Rückwärtsgang *m.*; **– race** *s.*, Rückregatta *f.*; **– reduction gear** *s.*, Wendegetriebe *n.* (*Motor*); **– rotation** *s.*, Gegendrehung *f.*; **– sheer** *s.*, negativer Sprung *m.* (*Deck*).
reversible *adj.*, umsteuerbar (*Motor*); **– engine** *s.*, umsteuerbarer Motor *m.*; umsteuerbare (Schiffs)Maschine *f.*; **– propeller** *s.*, Verstell-, Wendepropeller *m.*, Drehflügelschraube *f.* **– screw** *s.*, Umsteuerschraube *f.*; **– turbine** *s.* umsteuerbare Turbine *f.*
reversing/gear *s.*, Wende-, Umkehr-, Umsteuergetriebe *n.*; Umsteuerung(svorrichtung) *f.*; Rückwärtsgang *m.*; **– lever** *s.*, Umsteuerhebel *m.*; **– shaft** *s.*, (Um)Steuerwelle *f.* **– turbine** *s.*, Umkehr-, Umsteuerungsturbine

f.; – **valve** *s.*, Umsteuerventil *n.*
reversion *s.*, Umsteuerung *f.*
review *s.*, **naval –**, Flottenparade *f.*, -schau *f.*
revolution *s.* (*tech.*), Umdrehung *f.*, Tour *f.* (*Motor*), Umlauf *m.*, Rotation *f.*, Drehung *f.*, (*astr.*) Kreislauf *m.*, Umdrehung *f.*, Umlauf(zeit *f.*) *m.* (*scheinbare Bewegung um die Erde*); – **counter** *s.*, (Boots)Tachometer *m.*, Drehzahlmesser *m.*, Touren-, Umdrehungszähler *m.*; – **indicator** *s.*, Drehzahlanzeiger *m.*; **revolutions** (*pl.*) **per minute,** Umdrehungen (*pl.*) in der *od.* pro Minute; **revolution (speed) table** *s.*, Fahrttabelle *f.* (*Meilenfahrt*).
revolve *v.* (*phys.*, *tech.*), sich drehen, kreisen, rotieren; **to – about** *or* **on an axis,** sich um eine Achse drehen; **the planets – round the sun,** die Planeten kreisen um die Sonne.
revolving / light *s.*, Dreh(leucht)feuer *n.*, Blinkfeuer *n.*; – **mast** *s.*, Drehmast *m.*; – **radio beacon** *s.*, Drehfunkfeuer *n.*; – **storm** *s.*, Wirbelsturm *m.*
Reynolds' number *s.*, Reynoldssche Zahl *f.*, Reynoldszahl *f.* (*Strömungslehre*).
rheostat *s.* (*elec.*), veränderlicher Widerstand *m.*, Regel-, Regulierwiderstand *m.*, Rheostat *m.*; **rheotome** *s.* (*elec.*), Unterbrecher *m.*
rhoding *s.* (*naut.*), Lagerschale *f.* der Kurbelwelle (*an Pumpen*).
rhomb *s.*, Raute *f.*, Rhombus *m.* (*Signalkörper*); **rhombic** *adj.* **aerial** (*am.* **antenna**), Rhombusantenne *f.*
rhumb *s.*, Kompaßstrich *m.*; – **line** *s.*, Kompaß-, Rhumblinie *f.*, Loxodrome *f.*, loxodromische Linie *f.*, Kursgleiche *f.*; –-**line distance** *s.*, loxodromische Distanz *f.*
rhysimeter *s.* (*naut.*), (*Art*) Speedometer *n.* (*zum Messen der Geschwindigkeit der Strömung od. des Bootes*).
rhythm *s.*, Rhythmus *m.* (*Wellen, etc.*), regelmäßige Wiederkehr *f.* (*Leuchtfeuer*); **the – of the sea,** das rhythmische An- und Abschwellen *od.* der Rhythmus der See *od.* des Meeres; **the – of the waves,** der Wellenrhythmus, das An- und Abschwellen der Wellen.
rhythmic(al) *adj.*, – **characteristic(s) of a beacon,** Taktkennung *f.* (*Leuchtfeuer*); – **light** *s.*, Taktfeuer *n.*
rib *s.* (*naut.*), Spant *n.*, (Schiffs)Rippe *f.*, Inholz *n.*; Spiere *f.*
ribband *s.* **(rib-band),** Sente *f.* (*Bootsbau*), Führungsschwelle *f.* (*der Holzschotten*); **breadth –,** Herz-, Schersente *f.*; **intermediate –,** Zwischensente *f.*; *v.*, (*Boot*) mit Senten versehen *od.* ausstatten; – **carvel planking** *s.*, Nahtspantenbeplankung *f.*; – **nail** *s.*, Sentennagel *m.*
ribbon *s.*, Maßband *n.*; (Metall)Band *n.*, (Holz)Leiste *f.*, Latte *f.*, (*naut.*) Farbenstrak *m.*, Wasserpaß *m.*; *v.*, **the gale –ed the canvas** *or* **sails,** der Sturm zerfetzte die Segel; **ribbon line** *s.*, Farbenstrak *m.*, Wasserpaß *m.*
ride *v.*, (*ein Boot*) vor Anker liegen lassen, fest verankert sein *od.* vor Anker liegen, (*ein Boot*) (ab-, aus)reiten; auf dem *od.* im Wasser schwimmen *od.* treiben; **the rope –s,** das Tau (die Trosse, die Leine) läuft unklar; **to – chain,** Kette stecken; **to – the current,** stromrecht liegen; **to – stern to wind,** mit dem Heck zum Wind liegen; **to – the tide,** stromrecht liegen, mit dem Strom liegen; mit der Gezeit laufen (*Boot*); **to – the waves,** auf den Wellen liegen *od.* treiben *od.* schwimmen *od.* reiten (*Boot*); **to – the wind,** mit dem Wind liegen; **to – at** *or* **to anchor,** vor Anker liegen, fest verankert sein (*Boot*); **to – between wind and tide,** zwischen Wind und Strom liegen (*Boot*); **to – (a sail) down,** (ein Segel) bergen *od.* niederholen; **to – easily,** ruhig in der See liegen *od.* laufen (*Boot*); **to – easy,** vor Anker treiben (*Boot*); **to – hard,** schwer vor Anker liegen; schwer in der See laufen (*Boot*); **to – heavily,** schwer in der See liegen *od.* gehen (*Boot*); – **out a gale** *or* **storm,** einen Sturm abreiten, einen Sturm gut *od.* heil überstehen (*Boot*); **to – well (in the wind),** gut (im Wind) liegen; **to – wet,** (Spritzwasser, Seen, Brecher) übernehmen, mit überkommenden Seen *od.* Brechern laufen (*Boot*).
rider *s.*, Binnenspant *n.*; oberste Bucht *f.* (*eines aufgeschossenen Taus*); – **ke(e)lson** *s.*, Oberkielschwein *n.*, Kielschweinsohle *f.*
ridge *s.*, Kamm *m.* (*einer Welle*), (*meteor.*) schmale Hochdruckzone *f.*, Hochdruckrükken *m.*; Wasserscheide *f.*; – **of high pressure** (*meteor.*), Hochdruckkeil *m.*; – **of a high pressure area** (*meteor.*), Zwischenhoch *n.*; – **of rock(s),** Klippen (*pl.*); – **of a wave,** Wellenkamm *m.*; *v.*, Wellenkämme bilden (*See*); **ridge / pole** *s.*, Strecklatte *f.*; – **rope** *s.*, Strecktau *n.*; Relingstau *n.*; – **spar** *s.*, Strecklatte *f.*
riding *s.*, **surf –,** Surfen *n.*, Wellenreiten *n.*; *adj.*, – **anchor** *s.*, gut fassender *od.* greifender Anker *m.*, tragender Anker *m.*; – **boom** *s.*, Backspiere *f.*; – **chock** *s.*, – **dog** *s.*, (Anker-) Kettenstopper *m.*, Klauenstopper *m.*; – **lamp** *s.*, Ankerlicht *n.*; – **lantern** *s.*, Ankerlaterne *f.*; – **light** *s.*, Ankerlicht *n.*; **dimmed – lights** (*pl.*), abgeblendete Ankerlichter (*pl.*); – **sail** *s.*, Besansegel *n.*, Treiber *m.*, Stützsegel *n.*;

– **scope** *s.*, ausgesteckte (Anker)Kettenlänge *f.*; – **stopper** *s.*, (Anker)Kettenstopper *m.*

riffle *s.* (*am.*), kleine Welle *f.*; Stromschnelle *f.*, seichter Abschnitt *m.* (*eines Flusses*); *v.* (*am.*), eine Stromschnelle bilden.

rift *s.*, Spalt *m.*, Spalte *f.*, Sprung *m.*, Riß *m.* (*Bootsrumpf, etc.*); *v.*, Risse bekommen, aufreißen, bersten, zerspringen; **rifty** *adj.*, voller Risse, rissig.

rig *s.*, Rigg *n.*, Takelage *f.*, Takelung *f.*, Takelwerk *n.*; Takelzeug *n.*, (Arbeits-, Takel)Päckchen *n.*, Ausrüstung *f.*, (*tech.*) behelfsmäßige Vorrichtung *f.*, Gerätschaft(en *pl.*) *f.*; **Bermudian –,** Bermuda-Takelung *f.*; **cat –,** Cat-Takelung *f.*; **cutter –,** Kuttertakelung *f.*; **diamond –,** Diamant-Takelung *f.*; **double-head –,** Doppelrigg *n.*; **double-(single-)spreaded –,** doppelt (einfach) belegtes Rigg *n.*; **flexible (rigid) –,** flexibles (starres) Rigg *n.*; **fore-and-aft –,** Gaffel-, Schrattakelung *f.*; **gunter** (*am.* **houari**) **–,** Huari-Takelung *f.*; **gaff –,** Gaffelrigg *n.*; **(sliding) gunter –,** Gunter-Takelung *f.*; **jib-headed –,** Hochtakelung *f.*; **ketch –,** Ketschrigg *n.*, -takelung *f.*; **lateen –,** Lateín-Rigg *n.*, -Takelung *f.*; **Ljungstroem –,** Ljungström-Rigg *n.*; **lug sail –,** Luggertakelung *f.*; **Marconi –,** Marconi-Takelung *f.*; **masthead –,** Hoch-, (Mast)Topptakelung *f.*; **schooner –,** Schoner- *od.* Schunertakelung *f.*; **seven-eighth –,** Siebenachtel-Takelung *f.*; **sloop –,** Sluptakelung *f.*; **sprit sail –,** Spriet-Takelung *f.*; **square –,** Rah-Takelung *f.*; **three-quarter –,** Dreiviertel-Takelung *f.*; **wishbone –,** Spreizgaffel *f.*; **height of –,** Takelungshöhe *f.*; **tuning of the –,** Riggeinstellung *f.*, -trimm *m.*; **to lift away from the –,** frei vom Rigg stehen (*Segel*); **to carry a bendy –** (*coll.*), ein flexibles Rigg fahren.

rig *v.*, (*Boot*) auftakeln, (*Segel*) anschlagen, (*Boot, Takelage*) klar machen *od.* in Ordnung bringen, (*Boot*) ausrüsten, ausstatten; **to – a boom by the topping lift,** andirken, die Dirk durchsetzen; **to – the mast,** den Mast zutakeln; **to – the pump,** die Pumpe anschlagen; **to – a sail,** ein Segel anschlagen; **to – a yacht,** eine Yacht auftakeln; eine Yacht ausrüsten; **to – in a boom,** einen Baum einholen; **to – out,** zutakeln; **to – out a boom,** einen Baum ausfahren; **to – up,** aufriggen, auftakeln, zutakeln, (*tech.*) behelfsmäßig zurecht- *od.* zusammenflicken *od.* -basteln; **to – up a yacht,** eine Yacht ausrüsten; eine Yacht aufriggen *od.* auftakeln.

rig / allowances *s./pl.*, Riggvorteile (*pl.*); **– dimensions** (*pl.*), Riggabmessungen (*pl.*).

rigged *adj.*, (auf)getakelt, betakelt; **full-–,** voll getakelt; **full-– ship,** Vollschiff *n.*; **lateen –,** mit Lateintakelung, mit lateinischer Besegelung *f.*; **ship –,** Vollschiff *n.*; **square –,** mit Rahsegeln getakelt.

rigger *s.*, Rigger *m.*, Takler *m.*, (*coll.*) Ausleger *m.*; (*pl.*) Deckmannschaft *f.*; **square –,** Rahsegler *m.*, mit Rahsegeln getakeltes Schiff *n.*; **rigger's / knife** *s.*, Bordmesser *n.*; **– overall** *s.*, Arbeits-, Takelpäckchen *n.*, Arbeits-, Takelbluse *f.*, (*dial.*) Plünnen (*pl.*); **– screw** *s.*, Spleiß-, Schraubklemme *f.*; **– shop** *s.*, Taklerei *f.*; **– stuff** *s. or* **things** (*pl.*), Takelpäckchen *n.*, (*dial.*) Plünnen (*pl.*); **(sea) bag for – things** (*pl.*) (*dial.*), Plünnenbüdel *m.*

rigging *s.* (*naut.*), Gut *n.*, Tauwerk *n.*, Takelage *f.*, Takelung *f.*, Takelwerk *n.*, Besegelung *f.*, Betakelung *f.*, Wanten (*pl.*); **cowtailed –,** Fleischhaken *m.* (*Draht-Tauwerk*); **rod –,** Rod Rigging *n.*, Profil-, Stabwant *f.*; **running –,** laufendes Gut *n.*; **standing –,** stehendes Gut *n.*; **to set up the standing –,** das stehende Gut durchsetzen *od.* steifsetzen; **to set up the running –,** das laufende Gut durchsetzen *od.* steifholen; **– cleat** *s.*, Want(en)klampe *f.*; **– knife** *s.*, Bordmesser *n.*; **– loft** *s.*, Takelboden *m.*, Taklerei *f.*; **– luff** *s.*, Handtalje *f.*; **– plan** *s.*, Takelplan *m.*, Takelriß *m.*; **– screw** *s.*, Wantenspanner *m.*, Spannschraube *f.*, Want(en)schraube *f.*; **–-screw guard** *s.*, Wantenspannerschutz *m.*; **– sheers** (*pl.*), Mastkran *m.*

rig hanger *s.*, Wantenhänger *m.*

right *s.* (*naut.*), Steuerbord *n.*, *m.*; **on the –,** an Steuerbord; **– of anchorage,** Ankerrecht *n.*; **– of approach,** Annäherungsrecht *n.* (*Boot*); **– of fishery,** Fischereirecht *n.*, -gerechtsame *f.*; **– of mooring,** Ankerrecht *n.*; **– of navigation,** Schiffahrtsrecht *n.*; **– of salvage,** Bergung(srecht *n.*) *f.*, Strandrecht *n.*; **– of search** (*am.*), **– of visit** (*naut.*), Durchsuchungsrecht *n.*; **– of visit and search at sea,** Durchsuchungsrecht *n.* (auf See); **– of way, –-of-way,** Wegerecht *n.* (*Schiffahrt*); **to have the – of way,** das Wegerecht haben (*Boot*); **–(-)of(-)way rules** (*pl.*), Ausweichregeln (*pl.*) (*Segelboote*); **–(-)of(-)way(-)ship** *s.*, Wegerechtschiff *n.*; **the six types of –(-)of(-)way ships,** Sechsergruppe *f.* (*Schiffahrt*); **–(-)of(-)way signal** *s.*, Wegerechtsignal *n.*; **–(-)of(-)way yacht** *s.* (*rac.*), Wegerechtyacht *f.*; **– to luff** (*rac.*), Luvrecht *n.*

right *v.* (**righten** *v.*), **to – itself,** sich wieder aufrichten (*Boot*); **to – the helm,** das Ruder mittschiffs legen; **to – up,** aufrichten (*Mast, etc.*)

the boat –s it(*or* her)self, das Boot richtet sich wieder auf; **to capsize and –,** kentern und (sich) wieder aufrichten (*Boot*).

right *adj.* (*naut.*), recht; stromabwärts, rechts gelegen *od.* stehend (*bei Flüssen*); **–!** (*naut.*, *int.*), Recht so!; **– full rudder!** (*com.*, *am.*), Hart Steuerbord!; **– standard rudder!** (*com.*, *am.*), Steuerbord!; **– 5 degrees of rudder** (*com.*, *am.*), Steuerbord 5!; **a quarter point to the –!** (*com.*, *am.*), 1/4 Strich Steuerbord!; **– aft,** recht achteraus; **– ahead,** recht voraus; **– astern,** recht achteraus; **– about** *s.*, vollkommende Drehung *f.* *od.* Wendung *f.* (*eines Bootes*); **–about turn** *s.*, Drehung *f.* auf Gegenkurs; **--and-left screw** *s.*, Spannschraube(nblock *m.*) *f.*; **– angle** *s.*, rechter Winkel *m.*; **--angled** *adj.*, rechtwink(e)lig; senkrecht aufeinander stehend; **at – angles** (*pl.*), im rechten Winkel; senkrecht; **– ascension** *s.* (*astr.*, *phys.*), Rektaszension *f.*, senkrechter *od.* gerader *od.* rechtwink(e)liger Anstieg *m.*; **– bank** *s.*, rechtes Flußufer *n.*; **--hand** *adj.*, rechtsgeschlagen (*Tauwerk*); rechtsgängig (*Propeller*); **--handed propeller** *s.*, rechtsdrehender Propeller *m.*; **--hand(ed) rope** *s.*, rechtsgeschlagenes Tauwerk *n.*; **--handed rotation** *s.*, Drehung *f.* im Uhrzeigersinn, Rechtsrotation *f.*; **--handed screw** *s.*, rechtswendige Schraube *f.*; **--hand engine** *s.*, rechtsläufiger Motor *m.*; **--hand lay** *s.*, Rechtsschlag *m.* (*Tauwerk*); **--hand rule** *s.* (*phys.*), Rechte-Hand-Regel *f.*; **--hand thread** *s.*, Rechtsgewinde *n.*; **--hand twist** *s.* (*phys.*), Rechtsdrall *m.*

righting *s.*, **capsizing and –,** Kentern *n.* und Wiederaufrichten (*Boot*); *adj.*, **– capacity,** Aufrichtungsvermögen *n.* (*eines Bootes*); **– lever** *s.*, Stabilitätshebelarm *m.*; **– moment** *s.*, aufrichtendes Moment *n.*, Aufrichtungsmoment *n.* (*eines Bootes*).

right-laid rope *s.*, rechtsgeschlagenes Tau(werk) *n.*

right-o(h)! (*naut.*, *int.*), Recht so!

rigid *adj.*, starr, steif (*Tauwerk*), unbeweglich; (form)fest; (orts)fest, stationär; **rigidity** *s.*, Starrheit *f.*, Steifheit *f.*, Unbeweglichkeit *f.* (*Boot, Tauwerk, Mast*), Stabilität *f.*, (Form)-Festigkeit *f.* (*Segeltuch, etc.*); **coefficient of –,** Steifheitsgrad *m.*, Starrheitskoeffizient *m.*; **rigid / – polyurethane foam** *s.*, Polyurethanschaum *m.*, PUR-Schaum *m.* (*für Auftriebskörper, etc.*); **– rig** *s.*, starres Rigg *n.*

rig lashing *s.*, Wantenlasche *f.*

rigol *s.*, Regenleiste *f.* (*über Bullaugen*).

rigor *s.*, Rauhheit *f.* (*Klima*); **(the) –s of the weather,** Witterungsunbilden (*pl.*); **rigorous** *adj.* **weather,** kaltes *od.* unfreundliches *od.* rauhes Wetter *n.*

rig / suspension *s.*, Wantenhänger *m.*; **– tune** *s.* *or* **tuning** *s.*, Riggtrimm *m.*, -einstellung *f.*

riley *adj.* **water,** trübes *od.* schlammiges Wasser *n.*

rill *s.*, Priel *m.*, Priele *f.*, Wasserrinne *f.* im Wattenmeer; (*astr.* **rille** *s.*), Mondgraben *m.*, -furche *f.*

rillet *s.* (*or* **rillette**), (kleiner) Priel *m.*; **rilly** *adj.*, von vielen Prielen durchzogen, voller Priele.

rim *s.*, (Ufer)Rand *m.*, (*naut.*) Marsrand *m.*

rime *s.*, (Rauh)Reif *m.*, Rauhfrost *m.*; **rime-frosted** *adj.*, bereift.

rimple *s.*, kleine Welle *f.*, Kräuselung *f.* (*der Wasseroberfläche*); *v.*, (sich) kräuseln (*Wasser*).

rim rock *s.* (*am.*), Randklippe *f.*

rimy *adj.*, bereift.

ring *s.* (*naut.*, *tech.*), Ring *m.*, Glied *n.* (*Ankerkette*), Öhr *n.*, Öse *f.*, (*astr.*) Hof *m.*, Halo *m.*; **anchor –,** Roring *m.*; **clew –,** Schotring *m.*; **horseshoe life –,** Rettungsring *m.*; **– bolt** *s.*, Ringbolzen *m.*, Augbolzen *m.* mit Ring; **– buoy** *s.*, Rettungsring *m.*

ringing frost *s.*, klirrender Frost *m.*

ring / net *s.*, Ringnetz *n.*; **– rope** *s.*, Ringtau *n.*, Taustopper *m.*; **rings** (*pl.*) **in the water,** Wasseringe (*pl.*), -kreise (*pl.*), Ringe (*pl.*) im Wasser; **ring / splice** *s.*, Augspleiß *m.*; **– stopper** *s.*, Ringstopper *m.*, Kattstopper *m.* (*Ankerkette*), Porteurleine *f.*

rip *s.*, Kabbelung *f.*; Riß *m.* (*im Segel*); **tide –,** Stromkabbelung *f.* (*Gezeitenstrom*); *v.* (*naut.*), (dahin)treiben (*Boot*), reißen, aufplatzen (*Nähte, Segel*); **to – open,** auftrennen, aufschlitzen (*Nähte*); **to – open** *or* **up** (*naut.*), (*altes Schiff*) abwracken.

riparian *adj.*, am Ufer gelegen *od.* wohnend; **– state** *s.*, Anliegerstaat *m.* (*am Meer*).

rip / chord *s.*, Reißleine *f.*; **– current** *s.*, reißende (Gezeiten)Strömung *f.*

ripping *s.*, (Auf)Reißen *n.*; **– cord** *or* **line** *s.*, Reißleine *f.*

ripple *s.*, Kabbelung *f.*, Kräuselung *f.* (*der Wasseroberfläche*), bewegte Stelle *f.* (*im Wasser*), (*am.*) kleine Stromschnelle *f.*; *v.*, (kleine) Wellen schlagen, sich kräuseln (*Wasser*), plätschern; (*Wasser*) leicht bewegen *od.* aufrühren *od.* kräuseln (*Wind*); **ripples** (*pl.*), kleine Wellen (*pl.*); **ripplet** *s.*, kleine Welle *f.*

rippling *s.*, Kabbelung *f.*; *adj.*, leicht bewegt, kabbelig (*Gewässer*), sich kräuseln (*Wasser-*

oberfläche); **– iron** *s.* (*naut.*), Nahthaken *m.*, Schoreisen *n.* (*Kalfaterwerkzeug*); **– sea** *s.*, Kabbelsee *f.*; **ripply** *adj.*, kabbelig, leicht bewegt (*Gewässer*), gekräuselt (*Wasseroberfläche*), wellig (*See*).

rips *s./pl.*, **(current) –,** Kabbelung *f.*, Kräuselung *f.* (*der See*); **– of the tide,** Stromkabbelung *f.*; **rip tide** *s.*, Stromkabbelung *f.*,Ripptide *f.*, Stromrippling *f.*

rise *s.*, Wasserstau *m.* (*in Küstengewässern*), (An)Steigen *n.* Anschwellen *n.*, Stieg *m.* (*Flut, etc.*), Anstieg *m.*, Erhöhung *f.* (*Druck, Temperatur*), Quer-, Längsschwelle *f.* (*im Meer*), (*astr.*) Aufgang *m.* (*eines Gestirns*); **tidal –,** Tidenstieg *m.*; **– and fall,** Steigen *n.* und Fallen (*der Flut*); **– in pressure** (*meteor., tech.*), Druckanstieg *m.*; **– of bottom** *or* **floor,** Aufkimmung *f.* (*Bootsbau*); **– of temperature** (*meteor.*), Temperaturanstieg *m.*; **– of the tide,** Tidenhub *m.*, -stieg *m.*, Hochwasserhöhe *f.*

rise *v.* (*naut.*), in Sicht kommen, sichtbar werden, sichten, ausmachen (*Land, etc.*), aufkommen, sich erheben (*Wind*), anschwellen, (an)steigen (*Flut, Wasser*), aufgehen (*Gestirn*), dämmern (*Morgen*), heißen (*Flagge*); **– and shine!** (*naut., int.*), Reise-Reise! (*Weckruf an Bord*); **to – against the sea,** kabbeln; **to – into view,** in Sicht kommen (*Land, etc.*); **to – (sharply) northwards,** hart nach Norden abdrehen (*Boot*), plötzlich auf nördlichen *od.* Nordkurs gehen; **to – the land,** Land sichten *od.* ausmachen; **to – a ship,** ein Boot *od.* Schiff in Sicht bekommen *od.* sichten *od.* ausmachen; **the barometer** *or* **glass** *or* **mercury has risen,** das Barometer ist gestiegen; **a gale** *or* **storm has risen,** ein Sturm ist aufgekommen; **the land rises into view,** (das) Land kommt in Sicht.

riser *s.*, Decksunterzug *m.* (*Bootsbau*).

rising *s.*, (An)Steigen *n.*, Anschwellen *n.* (*Wasser*), Anwachsen *n.* (*Sturm*), Aufgehen *n.*, Aufgang *m.* (*Gestirn*), (*meteor.*) (An)Steigen *n.* (*Temperatur*), (*naut.*) Duchtenweger *m.*; *v.pp.*, **the gale is –,** der Sturm nimmt zu; **a storm is –,** ein Sturm kommt auf.

rising / cloud *s.* (*meteor.*), Aufgleitwolke *f.*; **– gust** *s.*, Steigbö *f.*; **– mist** *s.*, aufkommender Nebel *m.*; steigender Nebel *m.*; **– sea** *s.*, aufkommende See *f.*; **– tide** *s.*, auflaufendes Wasser *n.*, auflaufende Flut *f. od.* Tide *f.*; **to sail on the – tide,** bei auflaufendem Wasser *od.* auflaufender Flut *od.* Tide (ab)segeln *od.* auslaufen (*Boot*); **– warm front** *s.* (*meteor.*), Aufgleitfront *f.*; **– water** *s.*, auflaufendes *od.* steigendes Wasser *n.*; **– wind** *s.*, aufkommender Wind *m.*; zunehmender Wind *m.*; **– wood** *s.*, Treib-, Totholz *n.*

risk *s.*, **maritime –, – at sea,** Seegefahr *f.*, -risiko *n.*; **– of collision,** Kollisionsgefahr *f.*; **maritime – insurance** *s.*, (See)Risikoversicherung *f.*

rival *v.*, **to – a boat** (*rac.*), mit einem Boot rivalisieren *od.* um die Wette segeln.

river *s.*, Fluß *m.*, Strom *m.*; **the R– Thames,** die Themse; **Hudson R–,** der Hudson; **down (the) –,** fluß-, stromab(wärts); **on the –,** am Fluß; **up (the) –,** fluß-, stromauf(wärts); **– and sea-going vessel** *s.*, Fluß-Seeschiff *n.*, fluß- und seegängiges *od.* -tüchtiges Schiff *n.*; **– arm** *s.*, Flußarm *m.*; **– bank** *s.*, Flußufer *n.*; **– barge** *s.*, Flußkahn *m.*, Prahm *m.*; **– basin** *s.*, Fluß-, Strom(einzugs)gebiet *n.*; **– beacon** *s.*, Strombake *f.*; **– bed** *s.*, Flußbett *n.*; **– bend** *s.*, Flußbiegung *f.*, -krümmung *f.*; **– channel** *s.*, Fahrrinne *f.* (*im Fluß*); **– course** *s.*, Flußlauf *m.*; **– dam** *s.*, Staudamm *m.*, Talsperre *f.*; **– driver** *s.* (*am.*), Flößer *m.*; **–head** *s.*, (Fluß)Quelle *f.*, Quellfluß *m.*

riverine traffic *s.*, Flußverkehr *m.*

riverlet *s.*, kleiner Fluß *m.*, Flüßchen *n.*

river / mark(er) *s.*, Fluß-, Strombake *f.*, -zeichen *n.*; **– mouth** *s.*, Flußmündung *f.*; **– navigation** *s.*, Flußschiffahrt *f.*; **– (navigation) lock** *s.*, Flußschleuse *f.*; **– pilot** *s.*, Flußlotse *m.*; **– police** *s.*, Wasserpolizei *f.*, Stromwache *f.*, -polizei *f.*; **– port** *s.* (*naut.*), Fluß-, Stromhafen *m.*; **–side** *s.*, Flußufer *n.*; **–side** *adj.*, am Flußufer *od.* Wasser (gelegen); **– steamer** *s.*, Flußdampfer *m.*; **– traffic** *s.*, Flußschiffahrt *f.*, -verkehr *m.*; **– tug** *s.*, Flußschlepper *m.*, -schleppkahn *m.*; **–way** *s.*, Wasserweg *m.*; **– yard** *s.*, Flußwerft *f.*

rivet *s.* (*naut. tech.*), Niet(nagel) *m.*, Niete *f.*; **countersunk** *or* **flush –,** Senkkopf-, Versenkniet *m.*, versenkter Niet *m.*; **Monel (alloy) –,** Monelniet *m.*; **pop –,** Popniet *m.*, Blind-, Dornniet *m.*; *v.*, (ver)nieten; **to – s.th. to,** etw. befestigen *od.* festmachen an; **riveted** *adj.* **joint,** Nietverbindung *f.*, -naht *f.*; **rivet / fastening** *s.*, Nietverbindung *f.*; **–(-)head** *s.*, Nietkopf *m.*; **riveter** *s.*, Nietschläger *m.*, -maschine *f.*

riveting *s.*, Nieten *n.*, Nietung *f.*; Nietnaht *f.*, -verbindung *f.*; **– hammer** *s.*, Niethammer *m.*; **– point** *s.*, Nietstelle *f.*; **– set** *s.*, Döpper *m.*, Nietstempel *m.*, Nietenzieher *m.*

rivet joint *s.*, Nietung *f.*, Nietnaht *f.*, -verbindung *f.*

rivulet *s.*, kleiner Fluß *m.*, Flüßchen *n.*

roach *s.*, Gilling *f.*, Gillung *f.* (*Segelfuß*), achterliche Rundung *f.*, Achterlieks(über)rundung *f.* (*Segel*); Heckwelle *f.*; *v.*, mit einer Gilling *od.* Gillung *od.* achterlichen Rundung versehen (*Segel*); **roach reef** *s.*, Abflacher *m.* (*Großsegel*).

road *s.*, Wasserstraße *f.*, Meeresstraße *f.*; (*pl.*) Reede *f.*; **rule of the –,** Seestraßenordnung *f.*; **Rules** (*pl.*) **of the R–** (*naut.*), Ausweichregeln (*pl.*); **in the –s** (*pl.*), auf Reede; **to be in the –s** (*pl.*), auf (der) Reede (*vor Anker*) liegen; **to lie in the –s** (*pl.*), auf Reede liegen; **to get out into the –s** (*pl.*), ins offene Fahrwasser gelangen; **to put out a vessel on the –s** (*pl.*), ein Schiff auf Reede legen; **to ride at the –s** (*pl.*), auf Reede (*vor Anker*) liegen; **road/at sea,** Seeschiffahrt(s)straße *f.*; **– signs** (*pl.*), Seestraßenzeichen (*pl.*).

roadstead *s.*, Reede *f.*; **in the –,** auf Reede; **– buoy** *s.*, Reedeboje *f.*, -tonne *f.*

roadster *s.*, Schiff *n.* (*vor Anker*) auf Reede, auf Reede liegendes Schiff *n.*

roar *s.*, Brausen *n.*, Heulen *n.*, Toben *n.*, Tosen *n.* (*Wind, See*), Krachen *n.*, (G)Rollen *n.* (*Donner*); *v.*, brausen, heulen, toben, tosen (*See, Wind*), krachen, (g)rollen (*Donner*); **the sea –s,** die See tobt; **(the) roaring forties** (*pl.*), (die) Brüllende(n) Vierziger (*pl.*), Roaring Forties (*pl.*), orkanartige Westwinde (*pl.*), Westwindgürtel *m.*, stürmisches Meergebiet *n.* (*zwischen 40° und 50° nördlicher Breite*); **roaring sea** *s.*, stürmische *od.* tosende See *f.*

roaster *s.*, (glühend) heißer Tag *m.*; **roasting** *adj.*, glühend heiß (*Wetter*); **– heat** *s.*, Gluthitze *f.*

roband *s.*, **robbin** *s.*, Rahbändsel *n.*, Reihbändsel *n.*

Rob Roy (canoe) *s.*, leichtes Kanu *n.* (*mit Doppelpaddel*).

robust weather *s.*, stürmisches Wetter *n.*

rock *s.* (*naut.*), Klippe *f.*, Klint *m.*, Felsen *m.*; **– ahead!** (*int.*), Klippe voraus!; **half-tide –,** Klippe *f.*, die bei halber Tide trockenliegt; **lurking –s** (*pl.*), wachende Klippen (*pl.*); **reefs of –s** (*pl.*) **under water,** blinde Klippen (*pl.*); **ridge** *or* **ledge of –,** Klippenreihe *f.*; **to be on the –s,** auf Klippen aufgelaufen *od.* gestrandet sein; **to be wrecked on the –s,** an den Klippen zerschellen; **to run upon the –s,** auf Klippen auflaufen; **– awash,** blinde Klippe *f.*

rock *v.*, (sich) hin- und herbewegen (*Boot*), (sich) schaukeln (*auf den Wellen*); **to – the boat,** das Boot hin- und herwerfen (*See, Wellen*); **the boat is –ed by the sea,** das Boot wird von der See hin- und hergeworfen.

rock/-bound *adj.*, von Felsen umgeben *od.* eingeschlossen; **–-bound coast** *s.*, Felsenküste *f.*, klippenreiche Küste *f.*

rocker *s.* (*am.*), Boot *n.* mit einem Bogenkiel, (*tech.*) Schwing-, Kipphebel *m.*; **– clearance** *s.*, Ventilspiel *n.*; **– arm** *s.*, Kipphebel *m.*, Schwenkarm *m.*; **– keel** *s.*, Bogenkiel *m.* (*nach vorn und hinten aufwärts gekrümmt*).

rocket *s.*, **parachute –,** Fallschirmrakete *f.* (*Notsignal*); **– apparatus** *s.*, Raketengerät *n.* (*Rettungsgerät für Schiffbrüchige*); **– gun** *s.*, Raketenkanone *f.*; **– line** *s.*, Raketenleine *f.*; **– pistol** *s.*, Leinenwurfpistole *f.*; **– station** *s.*, Raketenstation *f.* (*Seenot*).

rocking *s.*, Schaukeln *n.* (*eines Bootes im Seegang*); **– shackle** *s.*, Muringschäkel *m.*

rock ledge *s.* *or* **ridge** *s.*, Klippenreihe *f.*, Riff *n.*

rocklet *s.*, kleine Klippe *f.*

rock-ribbed coast *s.*, klippenreiche Küste *f.*

rocky *adj.*, klippenreich; **– bay** *s.*, klippenreiche *od.* Klippenbucht *f.*; **– bottom** *s.*, Klippen-, Riffgrund *m.*; **– coast** *s.*, klippenreiche Küste *f.*, Felsenküste *f.*; **– island** *s.*, Felseninsel *f.*; **– plateau** *s.*, Klippenplatte *f.*; **– shore** *s.*, klippenreiche *od.* Felsenküste *f.*; **– wall** *s.*, Klippenwand *f.*

rod *s.*, **lightning –,** Blitzableiter *m.*; **measuring –,** Peilstab *m.*; **– aerial** *s.* (*am.* **antenna**), Stabantenne *f.*; **– fender** *s.*, Rutenfender *m.*; **– rigging** *s.*, Profil-, Stabwant *f.*, Rod Rigging *n.*

roger! (*rad., int.*), Verstanden!; **Jolly R–,** Piraten-, Totenkopfflagge *f.*

rogue's yarn *s.* (*naut.*), gefärbtes Kabelgarn *n.* (*Kennzeichnung*).

roll *s.* (*naut.*), Rollen *n.*, Schlingern *n.* (*Boot*), (*tech.*) Rolle *f.*, Walze *f.*; Brausen *n.*, Wogen *n.* (*See, etc.*), Fluß *m.*, Lauf *m.*, Fließen *n.* (*Wasser*), Dröhnen *n.*, Rollen *n.* (*Donner*); **period of –,** Rollperiode *f.* (*Boot*); **– of rope,** aufgerolltes Tau *n.*, Taurolle *f.*

roll *v.*, rollen, schlingern (*Boot*), schlingern und stampfen (*im Seegang*), wallen, wogen (*See*), rollen (*Donner*); **to – away,** sich verziehen *od.* fortwälzen (*Nebel*); **to – in** (*coll.*), in die Koje kriechen; **to – up,** auftuchen, auf-, ein-, zusammenrollen (*Segel*), aufschießen (*Tau*); **the mist –s away,** der Nebel verzieht sich *od.* vergeht; **the planets – on their courses,** die Planeten kreisen in ihrer Bahn; **the ship –s and pitches,** das Schiff schlingert und stampft; **the waves – the boat,** die Wellen(bewegungen) bringen das Boot zum Rollen, das Boot schlingert *od.* rollt (*in den Wellen*).

roll/and pitch recorder *s.*, Schlinger- und

Stampfbewegungsanzeiger *m.*; **– angle** *s.*, Schlingerwinkel *m.*; **– cumulus** *s.* (*meteor.*), Wolkenbank *f.* von Stratocumuluswolken; **– damping** *s.*, Roll-, Schlingerdämpfung *f.*; **–-damping equipment** *s.*, Rolldämpfungsanlage *f.*; **–-damping sail** *s.*, Schlingerdämpfungssegel *n.*

roller *s.*, (Boots)Rolle *f.*; Roller *m.*, schwerer Brecher *m.*, Brandungs-, Flut-, Sturzwelle *f.*, hohe Welle *od.* Woge *f.*, (*tech.*) Führungs-, Gleit-, Laufrolle *f.*, Rolle *f.*, Walze *f.*; (*pl.*) Brandung *f.*; **boat –,** Bootsrolle *f.*, aufblasbare Rolle *f.* (*für Boote*); **guide –,** Umlenkrolle *f.*; **– bearing** *s.* (*tech.*), Rollen-, Walzen-, Wälzlager *n.*; **– bridle beam** *s.*, Hahnepotläufer *m.*; **– chock** *s.*, Rollenklampe *f.*; **– fairlead** *s.*, (Rollen)Lippklampe *f.*; **– fender** *s.*, Roll(en)fender *m.*; **– furling system** *s.*, Rollfock-, Rollreffsystem *n.*; **– furling headsail** *s.*, Rollfock *f.*; **– furling on grooved headstay system** *s.*, Rollreff(system) *n.* für Vorstagprofile, Rollreff-Profilstagsystem *n.*; **– gear** *s.*, Dreh-, Patentreff *n.*; **– jib** *s.*, Rollfock *f.*; **– reef** *s.*, Dreh-, Patent-, Volksreff *n.*; **– reefing** *s.*, Rollreff *n.*; **worm-wheel – reefing** *s.*, Schnekkenreffer *m.*; **– reefing boom** *s.*, Rollreffbaum *m.*; **– reefing gear** *s.*, Rollreffeinrichtung *f.*, Dreh-, Patentreff *n.*; Roll-, Patentreffer *m.*; **electric – reefing gear** *s.*, elektrische Rollreffeinrichtung *f.*; **– reefing system** *s.*, Rollreff-, Rollfocksystem *n.*; **– sheave** *s.*, Patentscheibe *f.*; **– terminal** *s.*, Walzendbeschlag *m.*, -terminal *n.*

rolling *s.*, Rollen *n.*, Schlingern *n.*, Schlingerbewegung(en *pl.*) *f.*, Rollschwingung *f.* (*Boot*), Brausen *n.* (*See*), Rollen *n.* (*Donner*), Dahinfließen *n.* (*Wasser*); *adj.*, rollend, schlingernd (*Boot*), sich wälzend (*Wasser, Wolken*); **– and pitching (motion)** *s.*, Schlinger- und Stampfbewegung *f.* (*Boot*); **– caisson** *s.*, Rolltor *n.* (*Schleuse*); **– chock** *s.*, Schlinger-, Kimmkiel *m.*; **– clouds** (*pl.*), vorüber- *od.* dahinziehende Wolken (*pl.*); **– edge** *s.*, Schlingerleiste *f.*; **– friction** *s.* (*phys.*), rollende Reibung *f.*; **– gait** *s.*, schlingernder Gang *m.* (*v. Seeleuten*); **– hitch** *s.*, Rollstek *m.*, -stich *m.*, Kneifstek *m.*; **– motion** *s.*, Schlingerbewegung *f.* (*Boot*); **– movement** *s.*, Rollen *n.* (*Boot*); **– oscillation** *s.*, Rollschwingung *f.* (*eines Bootes*); **– period** *s.*, Rollperiode *f.* (*Boot*); **– resistance** *s.* (*phys.*), rollende Reibung *f.*; **– splice** *s.*, Rollspleiß *m.*; **– swell** *s.*, rollende Dünung *f.*; **– tackle** *s.*, Rolltalje *f.*, -takel *n.*; **– waters** (*pl.*), strömende Wassermassen (*pl.*).

roll / recorder *s.*, Schlingeranzeiger *m.* (*Gerät*); **– reef** *s.*, Rollreff *n.*; **– stabilization** *s.*, Schlingerdämpfung *f.*

roof *s.*, **coach –,** Kajütaufbau *m.*, -deck *n.*; **– rack** *s.*, Autodachträger *m.* (*für Boote*), Dachgepäckträger *m.*

room *s.*, Last *f.*, Stauraum *m.* (*f. Proviant, Bootsausrüstung, etc.*); **hailing for –, to hail for –** (*rac.*), Zuruf nach Raum; **sea –,** (See-)Raum *m.*; **store –,** Hellegatt *n.*, Helgatt *n.*; **– and space** *s.* (*naut.*), Inholz *n.*, Fach *n.* (*zwischen Spanten*).

roost *s.*, starke Gezeitenströmung *f.* (*Orkney- und Shetlandinseln*).

root *s.* (*astr.*), Ausgangspunkt *m.* (*einer Berechnung*).

rope *s.*, Tau *n.*, Leine *f.*, Reep *n.*, Ende *n.*, Tamp(en) *m.*, Seil *n.*, Ankertrosse *f.*, Trosse *f.*; (*pl.*) Tauwerk *n.*, Gut *n.* (*Tauwerk*); **anchor –,** Ankerleine *f.*, -trosse *f.*; **back-** *or* **left-handed –,** linksgeschlagenes Tauwerk *n.*; **bolt –,** Liektau *n.*; **braided** *or* **plaited –,** geflochtenes Tauwerk *n.*; **bull –,** Fockschotbeiholer *m.*; **buoy –,** Bojenreep *n.*; **coir –,** Kokostauwerk *n.*; **double-braided** (*am.*), **double-plaited –,** Doppelflechtung *f.* (*Tauwerk*); **fibre –,** Fasertauwerk *n.*; **foot –,** Peerd *n.*, Pferd *n.* (*einer Rah*), Fuß, Unterliek *n.* (*Segel*); **foot – of a yard,** Fußpferd *n.*; **four-stranded –,** vierschäftiges Tau(werk) *n.*; **head –,** Oberliek *n.*; **heavy –,** starkes Tau(werk) *n.*; **hemp –,** Hanftau(werk) *n.*; **Hercules –,** Herkules-Tauwerk *n.*; **laid –s** (*pl.*), geschlagenes Tauwerk *n.*; **leach** (*am.*), **leech –,** Liek *n.*; **main –,** Haupttau *n.*; **manila –,** Manilatau(werk) *n.*; **mooring –,** Festmacher *m.*, -leine *f.*, -tau *n.*; **perlon –,** Perlon-Tau(werk) *n.*; **plaited –,** patentgeschlagenes Tau(werk) *n.*; **right-handed –,** rechtsgeschlagenes Tau(werk) *n.*; **ridge –,** Strecktau *n.*; **sisal –,** Sisal-Tau(werk) *n.*; **stern –,** Heckleine *f.*, Achterleine *f.*; **stray –,** Vorlauf *m.*, Vorläufer *m.* (*Handlog, etc.*); **three-stranded –,** dreischäftiges Ende *n. od.* Tau(werk) *n.*; **tow –,** Schlepptrosse *f.*; **twist –,** rechtsgeschlagenes Tau(werk) *n.*; **wire –,** Drahttau(werk) *n.*; **yacht –(s)** (*pl.*), Yachttauwerk *n.*; **to check a –,** eine Leine abstoppen; **to clear a –,** (einen Kinken) auftörnen; **to hitch a –,** ein Ende aufstecken; **to reeve in a –,** (eine Leine *od.* ein Tau) einscheren; **(a) – for use as sheets,** Schotmaterial *n.*; **the – rides,** das Fall *od.* die Schlepptrosse *od.* das Tau läuft unklar; **(the) – runs through a block,** ein Ende fährt durch einen Block.

rope *v.*, **to – a sail,** ein Segel an- *od.* einlieken *od.* lieken.

rope / bight *s.*, Taubucht *f.*; **– clamp** *s.*, Tauklemme *f.*; **– clip** *s.*, Seil-, Tauklemme *f.*; **– drum** *s.*, Tau-, Seiltrommel *f.*; **– fender** *s.*, Taufender *m.*; **– groove** *s.*, Keep *f.*; **– heart** *s.*, Tauseele *f.*; **– ladder** *s.*, (See)Fallreep *n.*, Jakobsleiter *f.*, Lotsentreppe *f.*; **– lashing** *s.*, Tauzurring *f.*; **– layer** *s.*, Reepschläger *m.*; **– luff** *s.*, Tauvorliek *n.*; **– maker** *s.*, Reepschläger *m.*; **– pulley** *s.*, Seilrolle *f.*; **– quoit** *s.*, Seil-, Tauring *m.*; **roper** *s.*, Reepschläger *m.*; **rope reel** *s.*, Seil-, Taurolle *f.*; **ropery** *s.*, Reep-, Tauschlägerei *f.*, Seilerei *f.*; **rope's / end** *s.*, Tauende *n.*, Tamp(en) *m.*; **– rock** *s.*, Anscherpfahl *m.*; **rope / shackle** *s.*, Tauschäkel *m.*; **– sheave** *s.*, Tauscheibe *f.*; **– sling** *s.*, Taustropp *m.*; **– socket** *s.*, Seilhülse *f.*; **– stopper** *s.*, Seilklemme *f.*, Taustopper *m.*; **– store** *s.*, Kabelgat(t) *n.*; **– stores** (*pl.*), Leinenausrüstung *f.*; **– strand** *s.*, Taukardeel *n.*; **– strap** *s.*, Taustropp *m.*; **– walk** *s.*, Reeper-, Seilerbahn *f.*; **– winch** *s.*, Seilwinde *f.*; **– wire** *s.*, Seildraht *m.*, Drahttau *n.*; **– yard** *s.*, Reeperbahn *f.*, Reepschlägerei *f.*; **– yarn** *s.*, Kabel-, Taugarn *n.*; **– yarn knot** *s.*, Kabelgarnknoten *m.*

roping *s.*, Tauwerk *n.*; (An-, Ein)Lieken *n.* (*Segel*); **– needle** *s.*, Lieknadel *f.*; **– palm** *s.*, (Lederplatte im) Segelhandschuh *m.*; **– twine** *s.*, Liekgarn *n.*

RORC rule *s.*, RORC-Formel *f.* (*Rennwertformel*).

rose *s.*, Kompaßrose *f.*, Windrose *f.*, (*phys.*) kreisförmige Skala *f.* (*an Instrumenten*), (*tech.*) Beschlag *m.*, Manschette *f.*; **card –,** Windrose *f.* (*Kompaß*); **magnetic –,** Mißweisungsrose *f.*; **wind –,** Windstern *m.*; **– lashing** *s.*, **– seizing** *s.*, Rosenlaschung *f.*, -zurring *f.*, -zeising *m.*

roster *s.* (*or* **rota** *s.*) (*naut.*), Liste *f.*, Register *n.*, Namensverzeichnis *n.* (*der Crew*), Dienstplan *m.*, -liste *f.*

rostrum *s.* (*pl.* **-stra**), Schiffsschnabel *m.*

rot *s.* (*rac.*), Pechsträhne *f.*

rotary *adj.*, **– axis,** Drehachse *f.*; **– condenser** *s.*, Drehkondensator *m.*; **– converter** *s.*, Drehumformer *m.*; **– engine** *s.*, Umlaufmotor *m.*; **– magnet** *s.*, Drehmagnet *m.*; **– motion** *s.*, Dreh-, Kreisbewegung *f.*; **– pump** *s.*, Kreisel-, Rotations-, Umlaufpumpe *f.*; **– storm** *s.*, Wirbelsturm *m.*; **– velocity** *s.*, Umdrehungsgeschwindigkeit *f.*; **– ventilator head** *s.*, Drehlüfterkopf *m.*; **rotatable** *adj.*, drehbar.

rotate *v.*, rotieren, sich (um eine Achse) drehen, kreisen.

rotating *adj.*, drehbar, sich drehend; **– aerial** *s.* (*am.* **antenna**), Drehantenne *f.*; **– beacon** *s.*, Dreh(funk)feuer *n.*; **– beacon transmitter** *s.*, Drehbakensender *m.*; **– field** *s.* (*phys.*), Drehfeld *n.*, rotierendes Feld *n.*; **– frame aerial** *s.* (*am.* **antenna**), Drehrahmenantenne *f.*; **– frame receiver** *s.*, Drehrahmenempfänger *m.* (*Funkp.*); **– loop direction finder** *s.*, Drehrahmenpeiler *m.*; **– mast** *s.*, Drehmast *m.*; **– radio beacon** *s.*, Drehfunkfeuer *n.*

rotation *s.* (*phys.*, *tech.*), Drehung *f.*, Drehbewegung *f.*, Kreislauf *m.*, Umlauf *m.*, Umlaufbewegung *f.*, Rotation *f.*; **moment of –,** Drehmoment *n.*; **– of the earth,** Erdrotation *f.*, (*tägliche*) Erdumdrehung *f.* (*um die eigene Achse*).

rotative *adj.*, **– force** (*phys.*), Drehkraft *f.*; **– velocity** *s.*, Umdrehungsgeschwindigkeit *f.*; **rotator** *s.*, schnellaufender Elektromotor *m.*; **rotatory** *adj.*, **– motion,** (Achsen)Drehung *f.*; **– storm** *s.*, Wirbelsturm *m.*

rote *s.* (*am.*), Brausen *n.* der Brandung.

rother nail *s.*, Ruderspieker *m.*, -nagel *m.*

rotor *s.* (*naut.*), (Flettner-)Rotor *m.*, (*elec.*) Anker *m.*, Läufer *m.*; **– ship** *s.*, (Flettnersches) Rotorschiff *n.*

rotten *adj.*, brandig, stockig (*Holzboot*); **– weather** *s.* (*coll.*), Sauwetter *n.*

rough *adj.*, stürmisch; **a – crossing** *or* **passage,** eine stürmische Überfahrt *f.*; **– adjustment** *s.*, Grobeinstellung *f.*; **– estimate** *s.*, grobe Schätzung *f.*; **– makeshift** *s.*, primitiver Notbehelf *m.*; **roughness** *s.*, Heftigkeit *f.*, Wucht *f.* (*des Windes*); **rough / sea** *s.*, grobe *od.* stürmische See *f.*; **– weather** *s.*, stürmisches *od.* schweres Wetter *n.*; **– wind** *s.*, rauher *od.* stürmischer Wind *m.*

round *s.* (*rac.*), Runde *f.*, Rundum(regatta *f.*); Rundung *f.*; **final –** (*surf.*), Finalrunde *f.*; **– of beam,** Decks-, Balkenbucht *f.*; **– of bilge,** Kimmrundung *f.*; **– of deck,** Decksbucht *f.*; **R– the Ends (Rule)** (*rac.*), Fünf- *od.* Zweiminutenregel *f.*

round *adv.*, **to come –,** umspringen, sich drehen (*Wind*), kreuzen, lavieren (*Boot*), umsegeln (*ein Kap*); **to sail – into a navigable channel,** in einen befahrbaren Kanal hinein- *od.* hinüberlaufen *od.* -segeln; **to tack –,** wenden statt halsen; **tacking –,** Q-Wende *f.*

round *v.*, (um)runden (*Kap, etc.*), drehen, wenden (*Boot*); **to – in,** an-, einholen (*Lose*); **to – off,** (*Boot*) drehen; **to – off a boat,** anluven, das Boot höher *od.* dichter an den Wind bringen; **to – a boat off,** abfallen (*vom Wind*); **to – to,** beidrehen (*Boot*), längsseit kommen; **the boat –s to,** das Boot dreht bei; **to – up,** (*Tau*) einholen; (*Signalflagge, etc.*) vorholen, verheißen; (*Fahrt*) aufdrehen; **to – a buoy** (*rac.*), eine Boje runden; **to – a cape,** ein Kap umrunden *od.* umsegeln.

round *adj.*, rund; **– angle** *s.*, Vollwinkel *m.* (*360°*); **– bilge** *s.*, runde Kimm *f.*; **– bottom** *s.*, Rundspant *n.*, Rundspantboden *m.*; **–-bottom(ed) boat** *s.*, Rundboden-, Rundspantboot *n.*; **– bow** *s.*, Rundbug *m.*, runder Bug *m.*; **rounded** *adj.*, **– bilge,** runde Kimm *f.*; **– stern** *s.*, Rundgattheck *n.*; **round / -head rivet** *s.*, (Halb)Rundkopfniete *f.*; **–-head screw** *s.*, Rundkopfschraube *f.*; **–house** *s.* (*naut.*), (Achter)Hütte *f.*

rounding *s.*, (Um)Runden *n.* (*Boje, Kap, etc.*), Wu(h)ling *f.*; **– of a mark** (*rac.*), Runden *n.* einer Bahnmarke; *v.pp.*, **the moon is –,** der Mond wird voll; *adj.*, **– mark** (*rac.*), Wendemarke *f.*; **– point** *s.*, Wendepunkt *m.*

round / -nosed pliers *s./pl.*, Rundzange *f.*; **– seizing** *s.*, Aug-, Rundbändsel *n.*; **– sennit** *s.*, Rundplatting *m.*; **– splice** *s.*, Rundspleiß *m.*; **– stern** *s.*, rundes Heck *n.*, Rundgatt(heck) *n.*; **– stitch** *s.*, Rundnaht *f.*, -stich *m.*; **–-the-clock race** *s.*, 24-Stunden-Regatta *f.*; **– thimble** *s.*, Rundkausch *f.*; **– thimble of lignum vitae** *s.*, Pockholz-(Rund)Kausch *f.*; **–top** *s.* (*naut.*), Krähennest *n.*; **– turn** *s.*, ganzer Schlag *m.*, Rundtörn, -schlag *m.* (*Stek*); **– turn and half hitch,** Rundtörn *m.* und halber Schlag *od.* mit halbem Schlag, anderthalb Schlag *m.*; **– turn with two half hitches** (*pl.*), Rundtörn *m.* mit zwei halben Schlägen; **– voyage** *s.*, Seetörn *m.*, Rundtörn *m.* (*Fahrt*), (See)Rundreise *f.*; **– wood** *s.*, Rundholz *n.*, Spiere *f.*

rouse *s.*, (Aus)Purren *n.*, Wecken *n.* (*der Wache*), Weckruf *m.*; *v.*, steifholen (*Segel*); **to – in,** einholen (*Segel*); **to – out,** ausholen (*Segel*), (aus)purren, die Wache wecken; **to – up,** auf-, hochholen (*Segel*).

roustabout *s.* (*am.*), Deck-, Hafen-, Werftarbeiter *m.*, Schauermann *m.*

route *s.*, (Schiffahrts-, Wasser)Weg *m.*, Kurs *m.*, (Fahrt-, Reise)Route *f.*; **deep draught –,** Tiefwasserweg *m.*; *v.*, die Route festlegen; **Route(ing) Chart** *s.*, Monatskarte *f.*

routine *s.*, Routine *f.* (*an Bord*); **ship's –,** Routine an Bord *f.*; *adj.*, **– overhaul,** regelmäßige Überholung *f.*, Grundüberholung *f.* (*Boot*).

rovaio *s.*, Bora *f.*, Rovaio *m.* (*Gardasee- und Mittelmeerwind*).

rove *s.* (*naut.*), (Unterleg-, Beilag)Scheibe *f.*

rove *v.*, anschlagen (*Tau, Stropp, Bändsel*); **to – a rope,** ein Tau anschlagen; **to – a seizing,** ein Bändsel anschlagen; **roved** *adj.* **rope,** geschorenes Tau *n.*

rover *s.*, Seeräuber *m.*

roving *s.*, Anschlagbändsel *n.*; Roving *m.*, Strähne *f.*, Vorgespinst *n.* (*Bootsbau*); **– fabric** *s.*, Glasseidenroving *m.* (*Bootsbau*).

row *s.*[1] **of blocks,** Blockreihe *f.*

row *s.*[2], Rudern *n.*; Ruderfahrt *f.*, -partie *f.*; **to go for a –,** rudern gehen; *v.*, pullen, rudern; rudern lassen; **to – down,** (beim Rudern) überholen; **to – dry** (*coll.*), trocken rudern (*ohne zu spritzen*); **to – off,** ab-, wegrudern; **to – on,** an-, wegrudern; **to – over,** (beim Rudern) spielend überholen *od.* schlagen; **to – paddling astern,** wricken, wriggen (*mit einem einzigen Riemen fortbewegen*); **to – wet** (*coll.*), mit den Riemen spritzen; **to – a fast stroke,** schnell rudern; **to – five in a crew,** zu Fünfen in einer Rudermannschaft sein; **to – a long stroke,** lang ausholen (*beim Rudern*); **to – a steady stroke,** gleichmäßig rudern; **the boat –s easily,** das Boot läßt sich leicht rudern; **each boat –ed eight oars,** jedes Boot war mit acht Rudern ausgestattet; **rowboat** *s.*, Ruderboot *n.*; **rower** *s.*, Ruderer *m.*

rowing *s.*, Rudern *n.*; Rudersport *m.*; **–(-)boat** *s.*, Ruderboot *n.*; **– dinghy** *s.*, Ruderdingi *n.*, -ding(h)y *n.*; **– oar** *s.*, Ruder(riemen *m.*) *n.*; **– order** *s.*, Bootskommando *n.*; **– thwart** *s.*, Ruderducht *f.*

rowlock *s.*, Riemengabel *f.*, Dolle *f.*, Rundsel *n.*; **swivel –,** Dolle *f.*, Gabeldolle *f.*, Drehdolle *f.*, Riemengabel *f.*, Ruderklampe *f.*

royal *s.*, Royal(segel) *n.*, Ober(bram)segel *n.*; Royalstenge *f.*, Oberbram-Royalstenge *f.*; **– mast** *s.*, Roil-, Royal-, Oberbramstenge *f.*; **– sail** *s.*, Royal-, Oberbramsegel *n.*; **– topmast** *s.*, Royalstenge *f.*

royalty *s.* (*pl.* **-ties**) (*naut.*), (Lizenz)Gebühr *f.*; **– fees** (*pl.*), Patentgebühren (*pl.*).

royal yard *s.*, Roil-, Reuel-, Royalrah *f.*

rub *v.*, reiben; **the boat –s against the ground,** das Boot schleift *od.* reibt *od.* scheuert auf dem *od.* über den Grund.

rubber *s.*, Glas-, Schmirgelpapier *n.*; **India** *or* **india –,** Gummi *m.*; **– band for packings** (*pl.*), Dichtungsgummi *m.*; **– boat** *s.*, Schlauch-, Gummiboot *n.*, aufblasbares Rettungsboot *n.*; **– boots** (*pl.*), Seestiefel (*pl.*); **– bonded to metal,** Schwingmetall *n.* (*Schwingungsdämpfung*); **–-insulated cable** *s.*, Gummikabel *n.*; **– coating** *s.*, Gummibelag *m.*; **– dinghy** *s.*, Schlauchboot *n.*; **– fender** *s.*, Gummifender *m.*; **– packing** *s.*, Gummidichtung *f.*; **–-sole shoes** (*pl.*), Segelschuhe *f.*; **– solution** *s.*, Gum milösung *f.*; **– tube** *or* **hose** *s.*, Gummischlauch *m.*; **– washer** *s.*, Gummiunterleg-, Gummibeilagscheibe *f.*

rubbing *s.* (*phys.*), Friktion *f.*, Reibung *f.*, (*tech.*) Abrieb *m.*, Abreibung *f.*; **– batten** *s.* (*naut.*), Abweiser *m.*, Reibholz *n.*, Stoßschale *f.*; **– paunch** *s.*, Abweiser *m.*, Reibholz *n.*, Stoßschale *f.*; **– piece** *s.*, Reibholz *n.*; **– strake** *s.*, (Boot)Scheuerleiste *f.*; Scheuerschiene *f.*, Scheuer-, Schutzkiel *m.*; **– strip** *s.*, Scheuerleiste *f.*, -eisen *n.*

rubble *s.*, loses Packeis *n.*

rudder *s.*, (Steuer)Ruder *n.*, Steuer *n.*; Ruder-, Steuereinrichtung *f.*; **– amidships!** (*am.*, *com.*), (Ruder) Mittschiffs!; **– is jammed!** (*int.*), Ruder klemmt!; **ease the –!** (*am.*, *com.*), Komm auf!; **full –!** (*com.*), Hart Ruder!; **full – port (starboard)!** (*com.*), Ruder hart Backbord (Steuerbord)!; **hard left –!** (*com.*), Hart Backbord!; **left standard –!** (*am.*, *com.*), Backbord!; **left 4 degrees of –!** (*am.*, *com.*), Backbord 4!; **right full –!** (*am.*, *com.*), Hart Steuerbord!; **right standard –!** (*am.*, *com.*), Steuerbord!; **right 4 degrees of –!** (*am.*, *com.*), Steuerbord 4!; **to run out of the –**, aus dem Ruder laufen; **to take the –**, das Ruder *od.* Steuer (über)nehmen; **balanced –**, Balanceruder *n.*; **centre-plate –**, Plattenruder *n.*; **contra(-guide) –**, Gegenruder *n.*; **fixed –**, Festruder *n.*; **jury –**, Notruder *n.*; **lifting** *or* **lowering –**, Senkruder *n.*; **semi-balanced –**, Halbbalanceruder *n.*; **semi-balanced underhung –**, Halbschweberuder *n.*; **servo –**, Servo-, Hilfsruder *n.*; **spade –**, Spatenruder *n.*, (*spatenförmiges*) Schweberuder *n.*; **underhung –**, Schweberuder *n.*

rudder / angle *s.*, Ruder(anstell)winkel *m.*, Ruderausschlag *m.*; **optimum – angle** *s.*, optimaler Ruder(anstell)winkel *m.*; **– angle indicator** *s.*, Ruderlage(n)anzeiger *m.*; **– axle** *s.*, Ruderachse *f.*; **– area** *s.*, Ruderfläche *f.*; **– arm** *or* **band** *s.*, Ruderarm *m.*; **– barrel** *s.*, Ruderkoker *m.*; **– bearing** *s.*, Ruderschaftlager *n.*; **– blade** *s.*, Ruderblatt *n.*; **trim tab on (the) – blade** *s.*, Trimmklappe *f.* am Ruder; **– brake** *s.*, Ruderbremse *f.*; **– case** *s.*, Ruderkoker *m.*; **– chain** *s.*, Sorgkette *f.*, Sorgeleinkette *f.*; **– collar** *s.*, Ruderkragen *m.*; **– command** *s.*, Ruderkommando *n.*; **– correction** *s.*, Ruderlagekorrektur *f.*; **– coupling** *s.*, Ruderkupplung *f.*; **– crosshead** *s.*, Ruderjoch *n.*; **– drag** *s.*, Ruderwiderstand *m.*; **– eye** *s.*, Ruderheißauge *n.*; **– fittings** (*pl.*), Ruderbeschlag *m.*; **– force** *s.*, Ruderdruck *m.*, -kraft *f.*; **– gear** *s.*, Ruderleitung *f.*; **– gudgeon** *s.*, Ruderöse *f.*, -schere *f.*; **– hatch** *s.*, Ruderluk(e *f.*) *n.*; **– head** *s.*, Ruderkopf *m.*, Kopf *m.* des Ruders, Ruderschaft *m.*; **– -head bearing** *s.*, Ruderschaftlager *n.*; **– heel** *s.*, Ruderhacke *f.*; **– helm** *s.*, Ruderpinne *f.*; **– hole** *s.*, Ruderstocköffnung *f.* (*im* Deck); **– indicator** *s.*, Ruder(lage)anzeiger *m.*; **– iron** *s.*, Ruderöse *f.*; **– irons** (*pl.*), Ruderbeschläge (*pl.*); **– lead** *s.*, Ruderleitung *f.*; **rudderless** *adj.*, ruderlos, ohne Ruder (*Boot*); **rudder / mainpiece** *s.*, Ruderpfosten *m.*, -schaft *m.*; **– moment** *s.*, Ruder-, Steuermoment *n.*; **– neck** *s.*, Ruderhals *m.*; **– -neck bearing** *s.*, Ruderhalslager *n.*; **– pendant** *s.*, Sorgleine *f.*; **– pintle** *s.*, Ruderzapfen *m.*, -fingerling *m.*; **– plate** *s.*, Ruderblatt *n.*, -platte *f.*; **– port** *s.*, Ruderpforte *f.*; **– position** *s.*, Ruderlage *f.*; **– post** *s.*, Ruderpfosten *m.*, -stock *m.*, -steven *m.*; **– pressure** *s.*, Ruderdruck *m.*; **– quadrant** *s.*, Ruderquadrant *m.*; **–shaft** *s.*, Ruderschaft *m.*; **– shoe** *s.*, Ruderhacke *f.*; **– sole** *s.*, Rudersohle *f.*; **– stability** *s.*, Ruderstabilität *f.*; **– stock** *s.*, Ruderpfosten *m.*, -schaft *m.*, -stock *m.*, -steven *m.*; **– stop** *s.*, Ruderknaggen *m.*; **– stopper** *s.*, Ruderstopper *m.*; **– surface** *s.*, Ruderfläche *f.*; **– tackle** *s.*, Rudertalje *f.*; **– telltale** *s.*, Ruderlageanzeiger *m.*; **– tiller** *s.*, Ruderpinne *f.*; **– torque** *s.*, Ruder(dreh)moment *n.*; **– trunk** *s.*, Ruderkoker *m.*, Hennegatt *n.*; **– tube** *s.*, Ruderkoker *m.*; **– yoke** *s.*, Ruderjoch *n.*

rude *adj.*, **– climate,** hartes *od.* rauhes *od.* strenges Klima *n.*; **– gale** *s.*, heftiger *od.* starker Sturm *m.*; **– weather** *s.*, stürmisches *od.* rauhes *od.* unfreundliches Wetter *n.*

rueraddy *s.*, Zugriemen *m.*, -seil *n.* (*zum Treideln, etc.*).

ruffle *s.*, Welle *f.*, Kräuseln *n.*, Bewegung *f.* (*des Wassers*), Falte *f.* (*im Segel*); *v.*, (kleine) Wellen schlagen, sich kräuseln *od.* bewegen *od.* wellen (*Wasseroberfläche*), flattern, Falten werfen (*Segel*), fegen, stürmisch werden (*Wind*); **the wind –s the waves,** der Wind kräuselt die Wellen.

rug *v.* (*Scots*), (heftig) ziehen *od.* zerren.

rugged *adj.*, schroff, zackig, zerklüftet (*Klippen*); **– weather** *s.*, stürmisches Wetter *n.*

rule *s.*, (Wettfahrt)Regel *f.*, Satzung *f.*, Bestimmung *f.*, Vorschrift *f.*; **class –,** Klassenstatus *m.* (*Bootsklasse*); **folding –,** Zollstock *m.*, Lineal *n.*, Maßstab *m.*, Meßstab *m.*, Schmiege *f.*; **foot –,** Zollstock *m.*; **one-minute –** (*rac.*), Einminutenregel *f.*; **parallel –,** Parallellineal *n.*; **standing –,** Satzung *f.*; **universal (rating) –,** Universalformel *f.* (*Rennwert*); **– of the roads at sea,** Seestraßen(verkehrs)ordnung *f.*; **– of**

thumb, Isobarenregel *f.*; **– of the thumb,** Faustregel *f.*; **by – of thumb,** über den Daumen gepeilt; **– of three,** Kettenregel *f.*

rule *v.*, **to – out** (*rac.*), (von einer Regatta) ausschließen.

rule / change *s.*, Klassenregeländerung *f.*; **– joint** *s.* (*tech.*), Scharniergelenk *n.*

rules *s./pl.*, **International Offshore R–,** IOR-Formel *f.*; **racing –,** Regattaregeln (*pl.*); **right-of-way –,** Ausweichregeln (*pl.*) (*f. Segelboote*); **sailing –,** Regattaregeln (*pl.*); **steering and sailing –,** Fahrregeln (*pl.*); **yacht racing –,** Wettsegelbestimmungen (*pl.*). **– for general average,** Havariebestimmungen (*pl.*); **– of navigation,** Fahr-, Navigationsregeln (*pl.*); **R– of the road (at sea),** Ausweichregeln (*pl.*) (*f. Segelboote*), Seestraßen-, Seeverkehrsordnung *f.*

rumble *s.*, (G)Rollen *n.* (*Donner*); *v.*, dröhnen, rollen, rumpeln (*Donner*).

rummage *s.*, Zolluntersuchung *f.*, Durchsuchung *f.*, (*naut.*) Umstauung *f.*, Stauraum *m.*, Raum *m. od.* Platz *m.* für Ausrüstungsgegenstände, etc. (*an Bord*).

run *s.*, (Achter-, Vor)Piek *f.*, Achterschiffslinie *f.*, -form *f.*, Bootsform *f. od.* -linie *f.* unter Wasser, Linienverlauf *m.* (*eines Bootes*), Etmal *n.*, Fahrt *f.* (*Boot*), Vor(m)windkurs *m.*, (*rac.*) Strecke *f.*, Serie *f.*, (*surf.*) Lauf *m.*; Sog *m.*, (*am.*) Wasserlauf *m.*; plötzlicher Fall *m.*, plötzliches Sinken *n.* (*Barometer, Temperatur*), (*tech.*) Gang *m.*, Arbeitsperiode *f.*; Laufschiene *f.*; **day's –,** (Tages)Etmal *n.* (*eines Bootes*); **distance –,** Meilenfahrt *f.*; **lean** *or* **clean –,** schlanke Achterschiffsform *f.*; **non-stop –,** Nonstopfahrt *f.*; **practice –,** Übungs(segel)fahrt *f.*; **three –s** (*surf.*), drei Läufe (*pl.*); **trial –,** Probefahrt *f.*, -lauf *m.* (*Boot*), (*surf.*) Probelauf *m.*; **24-hour –,** Tagesetmal *n.* (*Boot*); **to (let) go by the –,** (aus)rauschen (lassen) (*Leinen, Schot*); **– aft,** Schiffsbodenverlauf *m.* achtern; **– forward,** Schiffsbodenverlauf *m.* vorn; **– of (the) lines,** Linienverlauf *m.* (*eines Bootes*); **– of the sea,** Richtung *f.* der See.

run *v.*, laufen, segeln (*Segelboot*), fahren (*Dampfer*), führen (*Schiff*), befahren (*Schifffahrtslinie*), einschlagen (*Kurs*), zurücklegen (*Entfernung*), (*ein Tau durch einen Block*) fahren; ziehen (*Wolken*), Wasser führen (*Fluß*), fluten, wogen; (auf)tauen (*Eis*), laufen (*Motor*), arbeiten, gehen (*Schiffsmaschinen*), (*Schleuse*) öffnen, (*tech.*) laufen, gleiten, rollen (lassen); sich drehen, kreisen; **to – afoul,** unklar kommen; **to – against a rock,** gegen eine Klippe laufen (*Boot*); **to – aground** *or* **ashore,** auflaufen, festkommen, stranden, (*coll.*) aufbrummen (*Boot*); **to – away,** weglaufen (*Boot*), wegfieren (*Tau*); **to – before the wind,** vor dem Wind laufen *od.* segeln; **to – dead off,** platt vor dem Wind *od.* vorm Laken laufen; **to – down (a boat),** (ein Boot) übersegeln, (*Boot*) rammen, (*Schiff*) in den Grund bohren *od.* versenken, kollidieren; südwärts laufen; ablaufen *od.* abfließen (*Flut*), (*tech.*) stehenbleiben (*Motor, etc.*); **to – down the coast,** in südlicher Richtung *od.* südwärts an der Küste entlanglaufen; **to – downriver,** stromabwärts segeln *od.* laufen; **to – downwind,** mit dem Wind laufen; **to – foul,** unklar kommen (*Tau, etc.*); **to – foul of,** kollidieren mit, zusammenstoßen mit, anfahren *od.* festfahren in, (*ein Boot*) übersegeln; **to – free,** raumschots segeln, (*von der Küste*) freisegeln; **to – high,** hochgehen (*See, Wellen*); **to – hot,** warm-, heißlaufen (*Motor*); **to – idle** (*tech.*), leerlaufen; **to – in fog,** im Nebel laufen (*Boot*); **to – into (another boat),** (ein anderes Boot) rammen, (mit einem anderen Boot) kollidieren; **to – into deeper water,** in tiefere Gewässer laufen; **to – into a fogbank** *or* **a bank of fog,** in eine Nebelbank laufen; **to – into a port,** einen Hafen anlaufen *od.* ansegeln, (in den Hafen) einlaufen; **to – into the sea,** ins Meer fließen (*Fluß*); **to – large,** raumschots segeln, mit raumem Wind segeln; **to – off,** ausrollen (*Tau, etc.*), ablaufen (*Flut*); **to – on rocks,** auf Klippen auflaufen; **to – out (o** **a port),** (aus einem Hafen) auslaufen; **to – out a rope,** ein Tau ausbringen *od.* ausfahren *od.* ausrollen; **to – out of the rudder,** aus dem Ruder laufen (*Boot*); **to – out of sight,** außer Sicht laufen (*Boot*); **to – up a flag** *or* **the colours,** die Flagge heißen *od.* hissen *od.* aufheißen; **to – up a sail,** ein Segel aufheißen *od* aufziehen; **to – upon a rock,** auf eine Klippe auflaufen; **to – wet,** See(n) übernehmen, naß laufen (*Boot*); **to – the boat to Cowes,** (*mi dem Boot*) Cowes anlaufen; **to – the blockade** die Blockade brechen; **to – a distance down** eine Strecke zurücklegen (*Boot*); **to – a lock** eine Schleuse öffnen; **to – a lock dry,** eine Schleuse leerlaufen lassen; **to – north(ward)** nördlichen *od.* Nordkurs laufen; **to – 2** **knots,** zwanzig Knoten laufen (*Boot*); **the river –s down to the sea,** der Fluß fließt in Meer; **the rope –s out,** das Tau läuft klar *od* frei; **the sea –s high,** die See geht hoch.

run / about *s.*, leichtes Motorboot *n.* (*mit Inner motor*); **–away (race)** *s.*, mit großem Vor sprung gewonnene Regatta *f.*; **–(-)down** *adj.*, entladen, erschöpft, verbraucht (*Batterie*).

rundle *s.*, Trommel *f.*, Kopf *m.* (*eines Gangspills*).

runlet *s.*, kleiner Wasserlauf *m.*; **runnel** *s.*, Kanal *m.*, Wasserrinne *f.*

runner *s.*, Drehreep *n.*; Läufer *m.*, laufender Block *m.*; Lauf-, Seilring *m.*; Laufschiene *f.*, -rinne *f.*; Gleit-, Laufroller *m.*, Unterlegrolle *f.* (*im Boot*), (Boots)Rolle *f.*, Gleitrolle *f.*; Leichtwind-Spinnaker *m.*, Runner *m.*, (*am., coll.*) Schmugglerschiff *n.*; (*pl.*) Kufen (*pl.*) (*f. Eisyacht*); **fore –,** Vorlauf *m.*, Vorläufer *m.* (*Handlog*); **line –,** Festmacher *m.* (*Pers.*); **whip –,** Jolltau *n.*; **– and lever** *s.*, Backstag *n.* und Strecker; **– board** *s.*, Laufplanke *f.*; **– crew** *s.*, Verholcrew *f.*, -mannschaft *f.*; **– lever** *s.*, Hebelstrecker *m.*; **– tackle** *s.*, Manteltalje *f.*; **– tackle block** *s.*, Manteltaljenblock *m.*; **– up** *s.* (*rac.*), Zweiter *m.*, zweitplaciertes Boot *n.*

running *s.*, Vor(m)windkurs *m.*, Vor(m)windsegeln *n.*; (Ver)Lauf *m.*, Richtung *f.*; (*tech.*) Lauf *m.*, Gang *m.*; **reaching and –,** raumschots und Vor(m)wind; **to be –,** vor dem Wind segeln; **to be reaching and running,** raumschots und vor dem Wind segeln; **the – of the blockade,** Blockadebrechen *n.*; *adj.*, **a heavy sea is –,** die See geht hoch, es geht *od.* läuft eine schwere See; **with a strong tide –,** bei starker Flut; **– aground,** Aufgrundlaufen *n.*; **– at low (high) speed,** langsam(schnell)-laufend (*Boot*).

running / backstay *s.*, Backstag *n.*, Backstay *n.*; **– backstay tension** *s.*, Backstagsspannung *f.*; **– backstay tensioner** *s.*, Backstagsspanner *m.*; **– block** *s.*, laufender Block *m.*; **– bowline** *s.*, laufender Palstek *m. od.* Pfahlstich *m.*; **– days** (*pl.*) (*naut.*), aufeinanderfolgende Liege- *od.* Ladetage (*pl.*); **– fix** *s.*, Doppelpeilung *f.*, Vierstrichpeilung *f.*; Standort *m.* durch Versegelungspeilung; **– gear** *s.*, laufendes Gut *n.*; **– hitch** *s.*, Slip-, Laufknoten *m.*; **– knot** *s.*, laufender *od.* Laufknoten *m.*, Schifferknoten *m.*; **– lights** (*pl.*), Positionslichter (*pl.*), -laternen (*pl.*), -lampen (*pl.*), Fahrtlichter (*pl.*); **– line** *s.*, Muring-, Vertäuleine *f.*; **– noose** *s.*, S(ch)lipknoten *m.*, -stek *m.*; **– part** *s.*, holende *od.* laufende Part *f.*; **– rigging** *s.*, laufendes Gut *n.*, Tauwerk *n.*; **– speed** *s.* (*naut.*), Fahrtgeschwindigkeit *f.*, (*tech.*), Umlaufgeschwindigkeit *f.*; **– tide** *s.*, auflaufende Flut *f.*, auflaufendes Wasser *n.*; **– trim** *s.*, Trimm(lage *f.*) *m.* in Fahrt; **– water** *s.*, fließendes Gewässer *n.*; **– ways** (*pl.*), Ablaufbahn *f.*, -schlitten *m.*

run-up *s.* (*am.*), Fluß-, Strombett *n.*

rupture *s.*, Bruch *m.*, Riß *m.*; Brechen *n.*, Zerreißen *n.*; **ruptured** *adj.*, **to be –,** einen Bruch *od.* Riß bekommen (*Boot, etc.*).

rush *s.*, Brausen *n.*, Stürmen *n.*, Toben *n.* (*See, Wind*); *v.*, rauschen (*See*), stürmen, dahinbrausen *od.* -fegen (*Wind*).

rusk *s.*, (Schiffs)Zwieback *m.*

rust *s.*, Rost *m.*; **to free from –,** entrosten; **to gather –,** (ver)rosten, Rost ansetzen; *v.*, (an-, ver)rosten, rostig werden; verrosten lassen; **to – in,** ein-, festrosten; **rustable** *adj.*, leicht rostend; **rustless** *adj.*, nichtrostend; **– steel** *s.*, Nirosta, nichtrostender Stahl *m.*; **rust / preventive** *s.*, **anti-– paint** *s.*, Rostschutzfarbe *f.*; **–proof** *adj.*, rostbeständig, -frei-, -sicher, nichtrostend; **––proofing grease** *s.*, Rost- und Korrosionsschutzfett *n.*; **– removal** *s.*, Rostentfernung *f.*; **– remover** *s.*, Rostentfernungsmittel *n.*, Entrostungsmittel *n.*; **rusty** *adj.*, rostig, verrostet; **to get –,** rostig werden, (ver)-rosten.

rutter *s.* (*naut.*), Kurs-, Wegekarte *f.*

ry(e)peck *s.*, Pfahl *m.* zum Festmachen (*von Booten*).

rymer *s.*, Schützen-, Torpfosten *m.* (*einer Schleuse*).

R-yacht *s.*, R-Yacht *f.*, Rennyacht *f.*

S

sack *s.* (*am.*), Koje *f.*

sacrificial anode *s.*, Opferanode *f.* (*Art Korrosionsschutz*).

saddle *s.* (*naut.*), Sattel *m.*, Schuh *m.*, (*tech.*) Stütze *f.*, Lager *n.*, Unterlage *f.*, Herd *m.* (*eines Blocks*); **– pin** *s.* (*naut.*), Sattelhalter *m.*

safe *adj.*, **– aground,** sicher auf Grund (*Boot*); **– leeward position** (*rac.*), sichere Leestellung *f.*; **– right-of-way position** (*rac.*), sichere Wegerechtstellung *f.*; **– to operate,** betriebssicher; **–guard** *s.*, Sicherheits-, Schutzvorrichtung *f.*; **– load** *s.*, höchstzulässige Belastung *f.* (*Boot*); **safely** *adj.* **afloat,** sicher flott liegend (*Boot*).

safety *s.*, **coefficient** *or* **factor of –** (*tech.*), Sicherheitsfaktor *m.*; **– of life at sea, – of ships,** Schiffssicherheit *f.*; **– angle** *s.*, Sicherheitswinkel *m.*; **– belt** *s.*, Rettungsgürtel *m.*; **– buoy** *s.*, Rettungsboje *f.*, -ring *m.*; **– course** *s.*, Sicherheitskurs *m.* (*Schwerwetter*); **– device** *or*

gear *s.*, Sicherheits-, Schutzvorrichtung *f.*; – **equipment** *s.*, Rettungsausrüstung *f.*, -mittel *n.*, Sicherheitsausrüstung *f.*; – **equipment certificate** *s.*, Sicherheitszertifikat *n.* (*über Schiffssicherheitseinrichtungen*); – **factor** *s.*, Sicherheitsfaktor *m.*; – **harness** *s.*, Sicherheitsgurt *m.* (*für Decksarbeiten*); – **instructions** (*pl.*), Sicherheitsvorschriften (*pl.*); – **keel** *s.*, Sicherheitskiel *m.*; – **ladder** *s.*, Sicherheitsleiter *f.* (*am Heck*); – **lever** *s.*, Sicherungshebel *m.*; – **load** *s.*, zulässige Belastung *f.*; – **net** *s.*, Sicherheitsnetz *n.* (*Seereling*); – **rail** *s.*, Leitschiene *f.*; – **regulations** (*pl.*), Sicherheitsvorschriften (*pl.*); – **track** s., Sicherheitskurs *m.*, -weg *m.*, -route *f.*; – **valve** *s.*, Sicherheitsventil *n.*; – **window** *s.* (**in a genoa,** *etc.*), Sicherheits-Sichtfenster *n.* (in einer Genua, *etc.*).

sag *s.*, Durchbiegung *f.*, Durchsacken *n.* (*Mast, Boot*), (*naut.*) Tendenz *f.* nach Lee (*eines Bootes*); *v.*, durchbiegen, durchhängen, durchsacken (*Mast*), sich durchbiegen, durchsacken (*Boot*), abtreiben, abgetrieben werden; **to – to leeward,** nach Lee (ab)treiben *od.* driften *od.* abgetrieben werden (*Boot*).

sagging *s.*, Durchbiegung *f.*, Durchhang *m.*, Durchsacken *n.*, Durchsackung *f.*, Senkung *f.* (*Mast*), Kieldurchbuchtung *f.*, -senkung *f.*, Kielbucht *f.*; Sagging *n.*, starke Abdrift *f.* nach Lee; – **forestay** *s.*, Durchhängen *n.* *od.* Durchsacken *n.* des Vorstags, durchhängendes Vorstag *n.*; **to reduce – to a minimum,** das Durchhängen auf ein Minimum reduzieren.

sail *s.*, Segel *n.*; Segelboot *n.*, -schiff *n.*; Segelpartie *f.*, (*collect.*) Segelschiffe (*pl.*); Windhutze *f.*; (*pl.*) Besegelung *f.*, Segelwerk *n.* (*eines Bootes*), (*hum.*) Segelmacher *m.*; – **filled!** (*int.*), Segel steht voll!; – **ho!** (*int.*), Boot *od.* Schiff ho!; **in full –,** mit vollen Segeln, mit allen Segeln; **under –,** unter Segel, auf der Fahrt; **under full –,** alles bei, mit vollen Segeln; **with all –s set,** mit Vollzeug; **additional –,** Beisegel *n.*; **apparent –,** scheinbares Segel *n.*; **auxiliary –s** (*pl.*), Hilfsbesegelung *f.*; **backstay –,** Achterstagsegel *n.*; **balloon –,** Ballon(segel *n.*) *m.*; **cloth –,** Tuchsegel *n.*; **brailed-up –,** aufgegeites Segel *n.*; **fore –,** Vorsegel *n.*, Fock *f.*; **fore-and-aft –,** Schratsegel *n.*; **forestay –,** Stagfock *f.*; **fothering –,** Lecksegel *n.*; **(full) battened –,** Lattensegel *n.*; **furled –,** angeschlagenes *od.* beschlagenes Segel *n.*; **gaff –,** Gaffelsegel *n.*; **gunter -,** Steilgaffelsegel *n.*; **head –,** Vorsegel *n.*; **jury –,** Not-, Behelfssegel *n.*, Notbesegelung *f.*; **lateen –,** Lateinsegel *n.*; **light –,** leichtes Beisegel *n.*; **lower –,** Untersegel *n.* (*Rahsegler*); **lower top –,** Untermarssegel *n.*; **lower topgallant –,** Unterbramsegel *n.*; **lug –,** Luggersegel *n.*; **dipping (standing) lug –,** loses (festes) Luggersegel *n.*; **main –,** Großsegel *n.*; **moon –,** Mondsegel *n.*; **Mylar –,** Mylarsegel *n.*; **outboard –,** Außenbordsegel *n.*; **riding –,** Treiber *m.*, Stützsegel *n.*; **rolldamping –,** Schlingerdämpfungssegel *n.*; **royal –,** Royal(segel) *n.*; **slat –,** Tallboy *m.*, Schlitzsegel *n.*; **sock –,** halbstarres Segel *n.*; **sprit –,** Sprietsegel *n.*; **square –,** Rahsegel *n.*; **steadying** *or* **stun –,** Stützsegel *n.*; **storm –,** Sturmsegel *n.*; **storm –s** (*pl.*), Sturmbesegelung *f.*; **stowed –,** beschlagenes *od.* festgemachtes Segel *n.*; **studding –,** Lee-, Stützsegel *n.*; **(square) top –,** Marssegel *n.*; **topgallant –,** Bramsegel *n.*; **upper top –,** Obermarssegel *n.*; **upper topgallant –,** Oberbramsegel *n.*; **wing –,** Starrsegel *n.*; **working –s** (*pl.*), Arbeits-, Hauptsegel (*pl.*) (*bei Vollzeugbrise*); **camber of –,** Segelbauch *m.*, -wölbung *f.*; **centre** (*am.* **center) of effort of –s,** Segelschwerpunkt *m.*; **centre** (*am.* **center) of pressure of a –,** Segeldruckpunkt *m.*; **cut of (a) –,** Segelschnitt *m.*; **edge of (a) –,** Liek *n.*; **locked-in shape of a –,** profiliertes Segel *n.*; **more powerful and deeper shape of a –,** stärker profiliertes Segel *n.*; **seam of (a) –,** Segelnaht *f.*; **suit of –s** (*pl.*), Segelsatz *m.*, Stell *n.*; **trim of (a) –,** Segeltrimm *m.*; **vessel under –s** (*pl.*), Segelfahrzeug *n.*; **a fleet of 20 –** (*rac.*), eine Flotte *od.* ein Feld von 20 (Segel- *od.* Regatta)Booten; **a great** *or* **jolly day for a –,** herrliches *od.* großartiges Segelwetter *n.*, (*coll.*) Pfundssegelwetter *n.*; **in the days of –,** in den Tagen der Segelschiffahrt; **the –s are flapping** *or* **flogging,** die Segel flappen *od.* flattern *od.* schlagen *od.* knallen; **the –s are spilling (wind),** die Segel killen; **the – collapses,** das Segel fällt zusammen; **the – fills,** das Segel steht voll *od.* füllt sich; **the – stalls,** das Segel hält back *od.* blokkiert; **the – takes shape,** das Segel füllt sich *od.* steht voll; **we are setting – for Kiel next week,** nächste Woche segeln wir nach Kiel **to be a good (bad) –** (*am.*), (nicht) seefest sein (*Pers.*); **to be a (super)fast –,** die Bootsgeschwindigkeit steigern (*Segel*); **to bend a – (to),** ein Segel anschlagen (*an eine Spiere*) **to blanket a –,** (ein anderes Boot) abdecken **to brail up a –,** ein Segel aufgeien; **to carry an allround** *or* **versatile –,** ein Allroundsege *od.* ein vielseitiges *od.* ein vielseitig einsetzbares Segel fahren; **to crowd –s,** prangen, pressen, zuviel Segel fahren; **to douse (a) –,** ei Segel bergen *od.* einholen *od.* streichen; **t furl a –,** ein Segel beschlagen, ein Segel ber gen *od.* einholen; **to get in a –,** ein Segel einholen; **to get the –s working,** die Segel voll wirksam werden lassen; **to go for a –,** segeln gehen, einen Segeltörn machen; **to hand down a –,** ein Segel niederholen; **to have a –,** eine Segelpartie machen; **to have a – rigged and ready to set on the deck,** ein Segel angeschlagen an Deck parat haben; **to hoist a –,** ein Segel setzen *od.* heißen; in See gehen, auslaufen; **to keep full –(s),** die Segel voll tragen lassen; **to let all –s out,** alle Segel bei(stehen) haben *od.* lassen; **to loosen –s,** die Segel losmachen; **to lower (a) –,** (ein) Segel einholen *od.* bergen *od.* streichen *od.* niederholen; **to luff a –,** ein Segel an- *od.* dichtholen; **to make –,** Segel (bei)setzen, mehr Segel beisetzen, in See gehen, auslaufen; **to press –,** prangen, pressen, zuviel Segel fahren, mehr Segel (bei)setzen; **to ride a – down,** ein Segel niederholen; **to rope a –,** ein Segel (an)lieken; **to set –,** Segel setzen, unter Segel gehen, in See gehen, auslaufen (**for,** nach); **to shorten –,** ein Segel reffen *od.* reefen, Segel einziehen *od.* wegnehmen; **to slacken the –,** die Schot fieren; **to steady and stabilize a –,** ein Segel in seinem Trimm stabilisieren; **to stow a –,** ein Segel an- *od.* beschlagen *od.* festmachen; **to stretch a –,** ein Segel flach- *od.* glattziehen *od.* -machen; **to strike –,** Segel bergen *od.* einholen *od.* streichen; **to take in –,** Segel einholen; **to trim a –,** ein Segel trimmen *od.* klarmachen; **to unbend a –,** ein Segel abschlagen; **to unfurl a –,** ein Segel abschlagen *od.* losmachen.

sail *v.*, segeln, absegeln, auslaufen, abgehen (*Boot*), (zur See *od.* zu Schiff) fahren, sich einschiffen, (*mit dem Boot*) absegeln, (*Boot*) führen, steuern; durchsegeln, befahren (*Gewässer*), segeln, dahingleiten (*Wolke*); **to – across,** durchsegeln; **to – against the wind,** aufkreuzen, gegen den Wind segeln; **to – along the coast,** an der Küste entlangsegeln *od.* -laufen; **to – away,** auslaufen, absegeln; **to – backwards,** achterauslaufen, Achterfahrt machen; **to – before the wind,** vor dem Wind laufen *od.* segeln; **to – by and large,** raumschots segeln; **to – by the wind,** am Wind segeln, auf Amwindkurs laufen *od.* segeln; **to – clear (of),** sich freisegeln (von) (*der Küste, etc.*); **to – close-hauled,** am Wind segeln, dicht *od.* hart am *od.* beim Wind laufen *od.* segeln; **to – close to the land,** so dicht wie möglich unter Land laufen *od.* segeln; **to – close to the wind,** dicht *od.* hart *od.* hoch am *od.* beim Wind laufen *od.* segeln, hoch an den Wind gehen; **to – dead before the wind,** platt vor dem Wind segeln, platt vorm Laken laufen *od.* segeln; **to – downriver** *or* **down a river,** flußabwärts segeln; **to – for,** auslaufen *od.* segeln nach; **to – free,** raum(schots) segeln, mit Backstagswind segeln; **to – from Kiel to Dover,** von Kiel nach Dover segeln; **to – higher,** höher an den Wind gehen; **to – in ballast,** in Ballast fahren *od.* segeln; **to – in company,** im Verband segeln; **to – large,** raumschots *od.* mit raumem Wind segeln; **to – near to the wind,** dicht *od.* hart *od.* hoch am Wind laufen *od.* segeln, hoch an den Wind gehen; **to – off,** auslaufen, absegeln, unter Segel gehen; **to – off the course,** aus dem Kurs segeln; **to – on a beam reach,** mit halbem *od.* Dwarswind segeln; **to – on a broad reach,** mit raum-achterlichem Wind segeln; **to – on a close range,** raumschots, nicht ganz dicht beim Wind segeln; **to – on an easy bowline,** mit losen Bulinen segeln; **to – on a free leg,** auf raumem *od.* Raumschotskurs segeln; **to – on opposite tacks,** mit entgegengesetzten Halsen segeln; **to – on the port (starboard) tack,** mit Backbord(Steuerbord)halsen segeln; **to – on the tide,** mit der Flut auslaufen; **to – on the wind,** (dicht) am Wind segeln; **to – round a buoy,** eine Boje runden; **to – round the Cape,** das Kap (der Guten Hoffnung) umsegeln; **to – square before the wind,** platt vor dem Wind segeln, platt vorm Laken laufen; **to – the Seven Seas,** die sieben Weltmeere *od.* alle Meere befahren; **to – through** (*rac.*), (eine Bahn) absegeln; durchsegeln (*Gewässer*); **to – through the lee** (*rac.*), in Lee durchbrechen; **to – towards the coast,** die Küste anlaufen *od.* ansegeln; **to – under convoy,** im Konvoi segeln; **to – upright,** aufrecht segeln; **to – with all sails set,** mit allen Segeln bei *od.* mit Vollzeug segeln; **to – with a beam wind,** mit halbem Wind segeln; **to – with a quarter breeze** *or* **wind,** mit raum-achterlichem Wind *od.* Backstagsbrise segeln; **to – with the sheets eased off,** raumschots segeln; **to with the wind abeam,** dwarswind segeln; **to – with the wind dead astern,** platt vor dem Wind laufen, platt vorm Laken segeln; **ready to –,** segelklar, -fertig, klar zum Auflaufen.

sailable *adj.*, segelklar-, fertig (*Boot*), befahr-, schiffbar.

sail/area *s.*, Segelfläche *f.*; **relative – area** *s.*, relative Segelfläche *f.*; **– area close-hauled,** Amwindsegelfläche *f.*; **– bag** *s.*, Segelsack *m.*; **– balance** *s.*, Segeltrimm *m.*, Richtungsgleichgewicht *n.* (*eines Bootes*); **– batten** *s.*, Segellatte *f.*, Spreizlatte *f.*; **–board** *s.*, Surfboard *n.*, -brett *n.*, Sailbord *n.*; **–boarder** *s.*, Surfer *m.*, Surf-, Brettsegler *m.*; **–boarding** *s.*, Surfen *n.*, mit einem (Surf)Brett *od.* -Board segeln; **to be –boarding,** surfen; **–boat** *s.* (*am.*), Segelboot *n.*; **–boat drive** *s.*, Außenbord-, Segelbootantrieb *m.* (*Yacht*), Z-Antrieb *m.* (*Motorboot*); **–boat racing** *s.*, Segelregatta *f.*; **– boom** *s.*, Segelbaum *m.*; **– breeze** *s.*, Segelbrise *f.*, -wind *m.*; **– burton** *s.*, Segeltakel *n.*, Klappläufer *m.*; **– carrying** *s.*, Segelführung *f.*; **– cloth** *s.*, Segeltuch *n.*; **weight of – cloth** *s.*, Segeltuchgewicht *n.*; **– coat** *or* **cover** *s.*, Segelkleid *n.*, -hülle *f.*, -bezug *m.*, Persenning *f.*; **– combination** *s.* (*am.*), Segleroverall *m.*, -kombination *f.*; **– drive** *s.*, Segelbootantrieb *m.*

sailed *adj.*, besegelt, mit Segeln (*Boot*); **red –,** mit roten Segeln; **– distance** *s.*, gesegelte Entfernung *f.* *od.* Strecke *f.*; **– miles** (*pl.*), gesegelte Meilen (*pl.*).

sail emblem *s.*, Segelzeichen *n.*

sailer *s.*, Segelboot *n.*, -yacht *f.*, Segler *m.* (*Boot*); **fast –,** Schnellsegler *m.*, schnelle Segelyacht *f.*; **good –,** guter Segler *m.* (*Boot*); **heavy –,** schlechter Segler *m.* (*Boot*); **motor –,** Motorsegler *m.* (*Boot*); **speed –,** Schnellsegler *m.* (*Boot*).

sail/glider *s.*, Segel-, Windsurfer *m.* (*Brett*), Surfboard *n.*; **–hook** *s.*, Segelhaken *m.*

sailing *s.*, Segeln *n.*; Segelsport *m.*; Navigation *f.*, (Segel)Schiffahrt *f.*; Abgang *m.*, Auslaufen *n.* (**for,** nach); Abfahrtszeiten (*pl.*) (*Schiffe*); **butterfly –,** Schmetterlingssegeln *n.*, -fahrt *f.*; **current –,** Stromaufgabe *f.*; **great circle –,** Großkreissegeln *n.*; **inland –,** Binnenfahrt *f.*, -navigation *f.*; **offshore –,** Hochseenavigation *f.*, -segeln *n.*; **plain –,** einfache *od.* leichte Navigation *f.* *od.* Segel(schiff)fahrt *f.*; **regatta –,** Regattasegeln *n.*; **clothes** (*pl.*) **for –,** Seglerkleidung *f.*; **points** (*pl.*) **of –,** Kurs *m.* zum Wind; Segelstellung(en *pl.*) *f.*; **– astern,** Fahrt *f.* achteraus, Achteraussegeln *n.*; **– backwards,** Fahrt *f.* über den Achtersteven, Rückwärtssegeln *n.*; **– upright,** aufrecht segeln; **– association** *s.*, Seglerverband *m.*; **– barge** *s.*, Ewer *m.*; **– boat** *s.*, Segelboot *n.*; **– canoe** *s.*, Segelkanu *n.*; **international one-design – canoe** *s.*, internationales Einheits-Segelkanu *n.*; **– chart** *s.*, Segelkarte *f.*; **– club** *s.*, Segelklub- *od.* -club *m.*; **to be in – condition,** segelklar *od.* auslaufbereit sein (*Boot*); **– craft** *s.*, Segelfahrzeug *n.*; **– dinghy** *s.*, Segeldingi *od.* -ding(h)y *n.*; **– direction** *s.*, Segelanweisung *f.*; **– directions** (*pl.*), Segelhandbuch *n.*, Segelanweisungen (*pl.*); **– directory (book)** *s.*, Segelhandbuch *n.*, Seehandbuch *n.*; **– directory books** (*pl.*), Seebücher (*pl.*); **– drifter** *s.*, Segellogger *m.* *od.* -lugger *m.*; **– fleet** *s.*, Segelflotte *f.*; **– ground** *s.*, Segelrevier *n.*; **– instructions** (*pl.*), Segelanweisungen (*pl.*); **– instructor** *s.*, Segelinstruktor *m.*, -lehrer *m.*; **– list** *s.*, Segelliste *f.*; **– manoeuvre** *s.*, Segelmanöver *n.*; **– master** *s.*, Navigator *m.*, Skipper *m.* (*einer Yacht*); **– method** *s.*, Segeltechnik *f.*; **– navigation** *s.*, Segelschiffahrt *f.*; **– orders** (*pl.*), Segelorder *f.*, Befehl *m.* zum Auslaufen, Fahrtauftrag *m.*, Marschbefehl *m.*; **– passage** *s.*, Seeweg *m.*; **– position** *s.*, Segelstellung *f.* (*während der Fahrt*); **– power** *s.*, Segelkraft *f.*; **– qualities** (*pl.*), Segeleigenschaften (*pl.*) (*eines Bootes*); **– race** *s.*, Segelregatta *f.*, -wettfahrt *f.*; **– range** *s.*, Aktionsradius *m.* (*eines Segelbootes*); **– rules** (*pl.*), Regattaregeln (*pl.*), Wettsegelbestimmungen (*pl.*); **– school** *s.*, Segelschule *f.*; **– ship** *s.*, Segelschiff *n.*, Segler *m.* (*Boot*); **– ship** *s.* **with auxiliary motor,** Motorsegler *m.*, Segelschiff *n.* mit Hilfsmotor; **– signal** *s.*, Blauer Peter *m.*, Auslauf-, Abfahrtssignal *n.*; **– tactic(s)** *s.* (*pl.*), Segeltaktik *f.*; **– technique(s)** *s.* (*pl.*), Segeltechnik *f.*; **– training ship** *s.*, Segelschulschiff *n.*; **– trim** *s.*, Seeklarheit *f.*, Segeltrimm *m.* (*beim Auslaufen*); **in – trim,** segelklar, auslaufbereit; **– vessel** *s.*, Segelschiff *n.*, -fahrzeug *n.*; **– waters** (*pl.*), Segelrevier *n.*; **– yacht** *s.*, Segelboot *n.*, -yacht *f.*; **auxiliary – yacht** *s.*, Motorsegler *m.*; **pleasure – yacht** *s.*, (Luxus)Segelyacht *f.*

sail/inventory *s.*, Segelinventar *n.*, -bestand *m.*; **– loading(s)** *s.* (*pl.*), Winddruck *m.* (*im Segel*); **sailless** *adj.*, unbesegelt, ohne Segel (*Boot*); **sail/limitation rules** (*pl.*) (*rac.*), Beschränkungsvorschriften (*pl.*) für die Besegelung; **– lining** *s.*, Segelverstärkung *f.*; **– locker** *s.*, Segelkoje *f.*, -last *f.*, -stauraum *m.*; **– loft** *s.*, Segelmacherei *f.*, Schnürboden *m.*; Segelwerkstatt *f.* (*an Bord*); **–maker** *s.*, Segelmacher *m.*; **–maker's hook** *s.*, Segelhaken *m.*; **–maker's needle** *s.*, Segelnadel *f.*; **–maker's palm** *s.*, Segel(macher)handschuh *m.*; **–maker's splice** *s.*, Segelmacherspleiß *m.*; **–maker's whipping** *s.*, genähter Takling *m.*; **–making** *s.* Segelmacherhandwerk *n.*, Segel (*pl.*) nähen; **– measurement** *s.*, Segelvermessung *f.*; **– moment** *s.*, Winddruckmoment *n.*; **– needle** *s.* Segelnadel *f.* (*zum Segelnähen*); **– number** *s.* Segelnummer *f.*; (*rac.*) Unterscheidungsnummer *f.*

sailor *s.*, Segler *m.*, Seemann *m.*, -fahrer *m.* Matrose *m.*; **amateur –,** Herrensegler *m.*

(*rac.*) Amateur(segler) *m.*; **ordinary –,** Leichtmatrose *m.*; **to be a bad –,** nicht seefest sein, leicht seekrank werden; **to be a good –,** seefest sein, nicht leicht *od.* nie seekrank werden; **sailorlike** *adj.*, seemännisch; **sailorly** *adj.*, seemännisch; **sailor/man** *s.* (*coll.*), Segler *m.*; Matrose *m.*; **–'s cap** *s.*, Segler-, Schiffermütze *f.*; **–'s custom** *s.*, Seemannsbrauch *m.*; **–'s hat** *s.*, Segler-, Schifferkappe *f.*; **–'s home** *s.*, Seemannsheim *n.*; **–'s knife** *s.*, Bordmesser *n.*; **–'s knot** *s.*, Schifferknoten *m.*; **–'s language** *s.*, Seglersprache *f.*, -jargon *m.*; **–'s registration book** *s.*, Seefahrtsbuch *n.*; **–'s whipping** *s.*, gewöhnlicher Takling *m.*

sail/plan *s.*, Segelriß *m.*; **normal – position** *s.*, normale Segelstellung *f.*; **– power** *s.*, Segelkraft *f.*; **– repair(s)** *s.* (*pl.*), Segelreparatur *f.*; **lug – rig** *s.*, Luggertakelung *f.*; **– seam** *s.*, Segelnaht *f.*; **– shape** *s.*, Segelprofil *n.*; **– shifting** *s.*, Segelmanöver *n.*; **– ship** *s.* (*am.*), Segelschiff *n.*, Segler *m.* (*Boot*); **training –ship** *s.* (*am.*), Segelschulschiff *n.*; **– spread** *s.*, (gesetzte) Segelfläche *f.*; **– sprit** *s.*, Spriet *n.*, Sprietbaum *m.*; **– stop** *s.*, Reihbändsel *n.*; **– surfer** *s.*, Segel-, Windsurfer *m.*; Surfboard *n.*; **– tack** *s.*, Segelhals *m.*; **– tackle** *s.*, Segeltakel *n.*; **– track** *s.*, (Segel)Gleitschiene *f.*; **– trim** *s.*, Segeltrimm *m.*; **– trim control** *s.*, Segeltrimmkontrolle *f.*; **– trimmer** *s.* (*am.*), Segeltrimmer *m.*, Vorschoter *m.*, Vorschotmann *m.*; **– yard** *s.*, Rah *f.*, Segelstenge *f.*

saint *s.*, **patron –,** Schutzheiliger *m.*, -patron *m.*; **St./Anthony's** *or* **– Elmo's fire** *s.* (*meteor.*), Elmsfeuer *n.*, St. Elmos Feuer *n.*; **– Luke's summer** *s.*, Altweiber-, Nachsommer *m.*; **– Martin's summer** *s.*, Altweibersommer *m.*, später Nachsommer *m.*; **– Peter** *s.*, Sankt Petrus *m.*, Wettergott *m.*; **– Swithin's Day** *s.*, 15. Juli *m.* (*nach dem Volksglauben wetterbestimmend für die folgenden 40 Tage*).

salient *adj.*, **– angle,** vorspringender Winkel *m.*; **– bow** *s.*, vorspringender Bug *m.*

salinity *s.* **(of the sea),** Salzgehalt *m.* (des Meerwassers), Seewasser-Salzgehalt *m.*

saloon *s.*, Kajüte *f.*; **– cabin** *s.*, Luxus(eigner)-kabine *f.*; **– deck** *s.*, Salondeck *n.*

salt *s.*, Salz *n.*, (*naut.*) ungewöhnliches Eindringen *n.* von Meerwasser in Flußläufe; **old –** (*coll.*), alter Seebär *m.*, (befahrener) Seemann *m.*; **percentage of –,** (Seewasser-)Salzgehalt *m.*; *adj.*, vom Meerwasser überflutet; **salt/contents** (*pl.*), (Seewasser-)Salzgehalt *m.*; **– horse** *s.* (*naut.*, *coll.*), Pökelfleisch *n.*

salting(s) *s.* (*pl.*), Watt *n.*

salt/marsh *s.*, Außen-, Butenmarsch *f.*; **–-resistant** *adj.*, widerstandsfähig gegen See- *od.* Meerwasser(einwirkung); **– water** *s.*, Salz-, See-, Meer(es)wasser *n.*; **–-water gravity** *or* **weight** *s.*, Seewasserdichte *f.*; **–-water lake** *s.*, Lagune *f.*; **–water-proof** *adj.*, seewasserfest, -beständig.

salute *s.* (*naut.*), Gruß *m.*, Salut *m.*; **flag –,** Flaggengruß *m.*; *v.*, grüßen, salutieren.

salvage *s.* (*naut.*), Bergung *f.*, Rettung *f.*; Berge-, Bergungsgut *n.*; Bergegeld *n.*, -lohn *m.*; **right of –,** Strandrecht *n.*; *v.*, bergen, retten; **salvage/boat** *s.* *or* **craft** *s.*, Bergungsboot *n.*, -fahrzeug *n.*, -schiff *n.*; **– charges** (*pl.*), Bergungskosten (*pl.*); **– dock** *s.*, Hebeschiff *n.*; **– fees** (*pl.*) *or* **money** *s.*, Bergegeld *n.*, -lohn *m.*; **– party** *s.*, Bergungs-, Rettungskommando *n.*, -trupp *m.*; **salvager** *s.*, Berger *m.*, Bergungsarbeiter *m.*; **salvage/service** *s.*, Bergungs-, Rettungs-, Seenotdienst *m.*; Schiffsbergung *f.*; **– ship** *s.*, Bergungsschiff *n.*; **– tug** *s.*, Bergungsschlepper *m.*; **salvaging operations** (*pl.*), Bergungsarbeiten (*pl.*).

salve *v.* (*naut.*), bergen, retten; **to – a boat,** ein Boot heben.

salvo *s.* (*naut.*), Salvensalut *m.*

salvor *s.* (*naut.*), Berger *m.*; Bergungsschiff *n.*

same-named *adj.*, gleichnamig (*magnetische Pole, etc.*).

sampan *s.*, Sampan *m.* (*flachbodiges chinesisches Haus- und Küstenboot*).

Sam(p)son post *s.* (*naut.*), Lade(baum)pfosten *m.*

sand *s.*, Sand *m.*; (*pl.*) Sandbank *f.*, -ufer *n.*, Plate *f.*, große Sandbank *f.* vor der Küste; **banks of –,** Sandwatt *n.*; **quick –,** Mahl-, Flott-, Treibsand *m.*; **shifting –,** Treibsand *m.*; *v.*, **to – a boat,** ein Boot auf den Sand *od.* auf eine Sandbank auflaufen lassen; **to – the bottom of a boat,** den (Schiffs)Boden abschleifen; **to – off the anti-fouling paint,** die Antifouling(-Unterwasser)farbe abschleifen; **sand/bag** *s.*, Sandsack *m.* (*Ballast*); **–(-)bagger** *s.* (*coll.*), Segelboot *n.* mit Sandsäcken als Ballast; **–bank** *s.*, Sandbank *f.*, Untiefe *f.*, Plate *f.*; **– bar** *s.*, Sandbarre *f.*, Plate *f.*, lange große Sandbank *f.* (*vor der Küste*); **– blasting** *s.*, Sandstrahlen *n.* (*eines Bootes*); **to –blast,** mit Sandstrahl abblasen; **– buoy** *s.*, Untiefenboje *f.* -tonne *f.*; **– bottom** *s.*, sandiger *od.* Sandgrund *m.*; **–(-)drift** *s.*, Treib-, Flugsand *m.*; **– dune** *s.*, Sanddüne *f.*; **– hill** *s.*, Düne *f.*

sanding *s.*, (Ab)Schmirgeln *n.* mit Sandpapier, Schleifen *n.*, Polieren *n.*; **– block** *s.*, Schleifblock *m.*

sand(-)paper *s.*, Sand-, Schleif-, Schmirgelpapier *n.*; **wet –,** Naßschmirgel(papier *n.*) *m.*
sand / spit *s.*, sandige Landzunge *f.*; **– spout** *s.*, Wind-, Sandhose *f.*; **– storm** *s.*, Sandsturm *m.*
sandwich / boat *s.*, (Ruder)Boot *n.*, das sich an der Spitze der 2. und am Ende der 1. Abteilung befindet; **– construction** *s.*, Sandwich-, Verbundbauweise *f.* (*Bootsbau*); **sandwiched** *adj.*, **Mylar–sailcloth,** doppelseitig Mylar-beschichtetes Segeltuch *n.*
sandy *adj.*, sandig, voll Sand, mit Sand bedeckt; **– beach** *s.*, Sandstrand *m.*; **– bottom** *s.*, sandiger *od.* Sandgrund *m.*
sand yacht *s.*, Strandsegler *m.* (*Segelboot mit 2 Rädern*).
sanitary arrangements (*pl.*) *or* **installations** (*pl.*), sanitäre Einrichtungen (*pl.*) (*an Bord*); **sanitation** *s.*, sanitäre Einrichtungen (*pl.*).
sap *s.*, Splint *m.*
sargasso *s.*, **sargassum** *s.*, Sargassokraut *n.*, Beerentang *m.*
sash window *s.*, Schiebefenster *n.* (*Kajüte*).
satellite *s.* (*astr.*), Satellit *m.*, Trabant *m.*, Nebenplanet *m.*, Mond *m.*; (künstlicher Erd)Satellit *m.*; **navigation by aid of –s** (*pl.*), Satelliten-Navigation *f.*
saturated *adj.*, **to be –** (*coll.*), pudelnaß *od.* völlig durchnäßt sein *od.* werden.
saucer *s.* (*naut.*), Senkkasten *m.*
sault *s.* (*am.*, *canad.*), Stromschnelle *f.*
sausage (balloon) *s.* (*sl.*), (meteorologischer) Fesselballon *m.*, Windsack *m.*
savage *adj.* **coast(line),** zerklüftete *od.* wilde *od.* schroffe Küste *f.*
save *v.* (*naut.*), bergen, retten; **to – s.b. from drowning,** jem. vor dem Ertrinken retten; **to – s.o.'s life,** jem. das Leben retten.
save-all *s.*, Wassersegel *n.*, -fänger *m.*; Lecköl-wanne *f.*, Ölfänger *m.*, (*coll.*) (Segler)Overall *m.*
saving *s.* (*naut.*), Rettung *f.*; *adj.*, **time –,** zeitsparend.
sawyer *s.* (*am.*), Sawyer *m.* (*in der Strömung treibender Baum(stamm)*).
scaff net *s.* (*am.*), (*Art*) Streichnetz *n.*
scale *s.* (*phys.*, *tech.*), Skala *f.*, Gradeinteilung *f.*, (*geogr.*) Maßstab *m.*, -angabe *f.*, Größenverhältnis *n.*; **at** *or* **to a – of 1:10,** im Maßstab von 1:10; **according to –,** maßstab(s)gerecht, -getreu, maßstäblich; **in** *or* **to –,** maßstab(s)-getreu, maßstäblich; **enlarged (reduced) –,** vergrößerter (verkleinerter *od.* verjüngter) Maßstab *m.*; **Beaufort('s) –,** Beaufort-, Windstärke(n)-Skala *f.*; **Douglas(') –,** Douglas-, Dünungs-Skala *f.*; **Petersen('s) –,** Petersen-, Seegang-Skala *f.*; **sea –,** Seegang-Skala *f.*; **– of the chart,** Seekarten-Maßstab *m.*; **– of a thermometer,** Thermometerskala *f.*
scale *v.*[1], maßstabgetreu zeichnen; **to – down,** maßstäblich verkleinern; (ab)sinken, fallen (*Barometer, etc.*); **to – up,** maßstäblich vergrößern; in die Höhe klettern, steigen (*Barometer, etc.*).
scale *v.*[2], **to – off,** abblättern, abschilfern (*Farbe*), sich ablösen (*Folie*), abklopfen (*Rost*).
scaled *adj.*, mit einer Skala versehen.
scale / dial *s.*, Skalenscheibe *f.*, -blatt *n.*; **– division** *or* **graduation** *s.*, Gradeinteilung *f.*; **– line** *s.*, Teilstrich *m.* einer Skala; **– model** *s.*, maßstabgetreues Modell *n.*
scaler *s.*, elektronischer Impulszähler *m.* (*mit Schaltvorrichtung*).
scale rule *s.*, Maßstab *m.*, -stock *m.*
scaling *s.*, Abblättern *n.* (*Folie*); **– down,** maßstäbliche Verkleinerung *f.*; **– up,** maßstäbliche Vergrößerung *f.*
scan *s.* (*radar*), Abtastung *f.*, Sichtweite *f.*; *v.* (*radar*), abtasten (*Gebiet*).
scandalize *v.*, (*Segel*) verkleinern ohne zu reffen; **to – a sail,** die Baumnock hochschlagen.
scanned *adj.*, **– area** (*radar*), abgetastetes Gebiet *n.*; **– range** *s.* (*radar*), abgetasteter Bereich *m.*
scanner *s.* (*radar*), Dreh-, Radarantenne *f.*; **radar –,** Radarantenne *f.*; **– switch** *s.*, Drehantennenschalter *m.*; **– (unit) motor** *s.*, Drehantennenmotor *m.*
scanning *s.* (*radar*), (Radar)Abtastung *f.*; **– frequency** *s.*, Radarfrequenz *f.*
scant *v.*, schralen (*Wind*); *adj.*, knapp, schral(end) (*Wind*).
scantlings *s./pl.*, Normalabmessungen (*pl.*) (*Bootsbau*).
scant *or* **scanty wind** *s.*, schraler *od.* schralender *od.* knapper Wind *m.*
scar *s.* (*naut.*), (Felsen)Klippe *f.*
scarf *s.* (*naut.*), Lasche *f.*, Laschung *f.*, Laschenverbindung *f.*, Lasch *m.*, Scherbe *f.*; **to make a –,** verlaschen, verscherben; *v.*, (ver)-laschen, seefest zurren, (ver)scherben, spleißen; **scarf(ed) / joint** *s.*, Laschenverbindung *f.*, Verlaschung *f.*; **– weld** *s.*, überlappte Schweißung *f.*
scarp *s.*, steile Böschung *f.*
scat *s.* (*meteor.*), (Regen)Schauer *m.*; **scattered** *adj.* **(light) showers** (*meteor.*), vereinzelt(e) (leichte) Regenfälle (*pl.*) *od.* Schauer (*pl.*)
scatter rug *s.* (*am.*), (kleine) Brücke *f.*

scend *s.*, Aufwärtsbewegung *f.*, Tauchschwingung *f.* (*eines Bootes im Seegang*); *v.*, (*vom Seegang*) aufwärts *od.* hoch gehoben werden, tauchschwingen (*Boot*).
schedule *s.* (*am.*), (Arbeits-, Fahr)Plan *m.*; Verzeichnis *n.*, Tabelle *f.*; **according to –,** nach Plan; **behind –,** verspätet; **on –,** pünktlich; *v.* (*am.*), planen, zeitlich festlegen; **to – a race,** eine Regatta ansetzen *od.* festlegen; **scheduled** *adj.* **ship,** planmäßig fahrendes *od.* verkehrendes Schiff *n.*
schema *s.*, Schema *n.*, Plan *m.*, Grundriß *m.*; **schematism** *s.* (*astr.*), Aspektenverbindung *f.*; **scheme** *s.*, Plan *m.*, Projekt *n.*, Programm *n.*; Schema *n.*, Diagramm *n.*, schematische Darstellung *f.*; Verzeichnis *n.*, Liste *f.*, (*astr.*) Aspektendarstellung *f.*
school *s.*, **– of fish,** Fischschwarm *m.*, -zug *m.*; **– of navigation,** Seefahrtsschule *f.*; **– of sailing,** Segelschule *f.*, Segelkurs *m.*; **sailing –,** Segelschule *f.*; *v.*, **to – up,** sich an der Wasseroberfläche sammeln (*Fische, etc.*); **school ship** *s.*, (Segel)Schulschiff *n.*
schooner *s.*, Schoner *m.*, Schuner *m.*, Schoneryacht *f.*; **Bermuda –,** Bermuda-Schoner *m.*; **cat-rigged –,** Cat-Schuner *m.*; **fore-and-aft** *or* **gaff –,** Gaffelschoner *m.*; **four-masted fore-and-aft –,** Viermast-Gaffelschoner *m.*; **four-masted staysail –,** Viermast-Stagsegelschuner *m.*; **gunter –,** Gunter-Schuner *m.*; **staysail –,** Stagsegelschoner *m.*; **three-masted fore-and-aft –,** Dreimast-Gaffelschuner *m.*; **wishbone –,** Spreizgaffelschoner *m.*; **– barge** *s.*, Schonerbark *f.*, Barkentine *f.*, Schute *f.*; **– brig** *s.*, Schonerbrigg *f.*; **– ketch** *s.*, Schonerketsch *f.*, Zweieinhalbmaster *m.*; **– mast** *s.*, Schonermast *m.*; **– rig** *s.*, Schonertakelung *f.*, -takelage *f.*; **--rigged** *adj.*, als Schoner getakelt; **– yacht** *s.*, Schoneryacht *f.*; **– yawl** *s.*, Schoneryawl *f.*, Zweieinhalbmaster *m.*
schuit *or* **schuyt** *s.*, Schute *f.*
science *s.* (*spt.*), Geschick(lichkeit *f.*) *n.*, Können *n.*
scintillate *v.* (*phys.*, *astr.*), szintillieren; **scintillating** *adj.* (*phys.*, *astr.*), szintillierend; **– light** *s.* (*naut.*), Funkelfeuer *n.*; **scintillation** *s.* (*phys.*, *astr.*), Szintillation *f.*; **scintillometer** *s.* (*astr.*), Szintillometer *n.*
scirocco *s.* (*or* **sirocco**), Scirocco *m.*, Schirokko *m.* (*Mittelmeerwind*).
scoop *s.*, Ösfaß *n.*, Schöpfkelle *f.* zum Ösen; *v.*, **to – a boat dry,** ein Boot (aus- *od.* leer)-ösen; **to – out water,** Wasser ösen; **scoop net** *s.*, Streichnetz *n.*
scooter *s.* (*am.*), Scooter *m.* (*starkgebautes Segelboot mit flachem Boden und Stahlkufen für Wasser- und Eissegeln*).
scope *s.*, (ausgesteckte) Kettenlänge *f.*, Länge *f.* der Ankerkette, (*coll.*) Radar-Sichtgerät *n.*, Radarbildschirm *m.*; Bereich *m.*, Feld *n.*, Gebiet *n.*, Ausdehnung *f.*, Reichweite *f.*, Spielraum *m.*; **– of a cable,** Kabellänge *f.*
scorcher *s.* (*sl.*), sehr *od.* glühend heißer Tag *m.*, (*rac.*) Sensation *f.*; **scorching** *adj.*, glühend heiß (*Wetter*); **– heat** *s.*, Gluthitze *f.*
score *s.* (*naut.*), Block-Keep *f.*, Kerbe *f.*; ausgesteckte Länge *f.* der Ankerkette, ausgesteckte Kettenlänge *f.*, (*rac.*) (Regatta)Stand *m.*, (Regatta)Ergebnis *n.*, Punktzahl *f.*, Punktliste *f.*, Leistung *f.*; (*rac.*) Start-, Ziellinie *f.*; **individual –** (*rac.*), Einzelwertung *f.*; **team –,** Teamwertung *f.*; **to make a good –,** eine hohe Punktzahl erzielen; **to keep the –,** die Punktzahl anschreiben; *v.* (*rac.*), Punkte machen, Punkte anschreiben *od.* notieren, (*rac.*) werten, gewinnen.
scorer *s.* (*rac.*), Punktrichter *m.*
scoring *s.* (*rac.*), Punktwertung *f.*; **– system** *s.* (*rac.*), Punktsystem *n.*; **Olympic – system** *s.*, olympisches Punktsystem *n.*
scotchman *s.*, Schamfil(ungs)matte *f.*; Schottmann *m.*
Scotch mist *s.*, dichter nasser Nebel *m.*, Staub-, Sprühregen *m.*, (*hum.*) Dauerregen *m.*
scour *s.*, ausgehöhlter Kanal *m.*, ausgehöhltes Flußbett *n.*
scour *v.*, scheuern, schrubben, schwabbern (*Deck*), dahinjagen (*Motorboot*).
scouring / basin *s.*, Schleusenbecken *n.*; **– cloth** *s.*, Feudel *m.*, Dweidel *m.*, Dweil *m.*, Schwabber *m.*
scouse *s.* (*naut.*, *coll.*), Labskaus *n.*; **bread –,** Labskaus *n.* ohne Fleisch.
scow *s.* (*am.*, *Scots*), großes flaches Flußboot *n.*, Punte *f.*, Prahm *m.*, Schute *f.*, (See)Leichter *m.*; Fährboot *n.*; Scow *f.* (*Schwertboottyp*); **– surfboard** *s.*, Scow-Spant *n.*, Segel-, Windsurfer-Spant *n.*
scraggy coast *s.*, zerklüftete Küste *f.*
scramble net *s.* (*naut.*, *coll.*), Kletternetz *n.*
scrap *v.*, **to – a ship,** ein Schiff abwracken.
scrape *s.*, Abkratzen *n.* (*Unterwasserschiff*), Kratzer *m.*, Kratzstelle *f.* (*am Boot*); *v.*, (*Unterwasserschiff*) abkratzen, (*Rost*) abschrapen; **to – against,** scheuern an *od.* gegen; **the boat –s against the jetty,** das Boot scheuert am Anleger; **to – away** *or* **off,** abkratzen, abschrapen; **to – off the paint,** (die) Farbe abkratzen *od.* abschaben; **to – the ship's bottom,** den Schiffsboden abkratzen *od.*

abschrapen; **scraper** *s.*, Kratzer *m.*, Schaber *m.*, Schabmesser *n.*, Ziehklinge *f.*

scratch *s.*, Kratzer *m.*, Kratzstelle *f.*, Riß *m.*, Schramme *f.* (*am Boot*), Schrammen *n.*, (*rac.*) Start-, Ziellinie *f.*; *v.*, (*ein Boot*) schrammen; scheuern (**against,** an *od.* gegen), (*rac.*) ausscheiden, die Meldung (zu einer Regatta) zurückziehen; *adj.*, **a – crew,** eine zusammengestoppelte *od.* bunt zusammengewürfelte Crew *f. od.* Mannschaft *f.*; **a – race,** Wettfahrt *f.* ohne Vorgabe; **scratcher** *s.*, Kratzeisen *n.*, Schaber *m.*, Ziehklinge *f.*; **scratchy** *adj.* (*rac.*), unausgeglichen; zerkratzt, voller Kratzer *od.* Schrammen (*Boot*); **– crew** *s.*, uneinheitliche *od.* aufs Geratewohl zusammengesetzte Crew *f. od.* Mannschaft *f.*

scream *v.*, heulen (*Wind*); **screaming gale** *s.*, heulender Sturm *m.*

screen *s.* (*naut.*), Geleitschutz *m.*, (*radar*) Bildschirm *m.*; Blende *f.*, Windschutz *m.*; *v.* (*naut.*), abschirmen, Geleitschutz geben; **to – the lights,** die (Anker- *od.* Positions)Lichter (*pl.*) abblenden; **– bulkhead** *s.*, Schutzschott *n.*; **screened** *adj.* **aerial** (*am.* **antenna**), abgeschirmte Antenne *f.*; **screen grid** *s.* (*rad.*), (Anoden)Schutzgitter *n.*, -schutznetz *n.*; **screening** *s.* (*radar, rad.*), Abschirmung *f.*; **– for hatches** (*pl.*), Lukenpersenning *f.*

screw *s.* (*naut.*), (Schiffs)Schraube *f.*, Propeller *m.*; (Schrauben)Umdrehung *f.*, (*tech.*) Schraube *f.*; **common** *or* **wood –,** Holzschraube *f.*; **endless** *or* **perpetual –,** Schraube *f.* ohne Ende; **external** *or* **male –,** Schraube(nbolzen *m.*) *f.*; **interrupted –,** Doppelschraube *f.*; **micrometre** *or* **micrometrical –,** Mikrometerschraube *f.*; **rigging –,** Spannschraube *f.*, Wantenspanner *m.*; *v.*, (an-, fest)schrauben, (Schraube) anziehen; **to – down,** festschrauben; **to – off,** ab-, losschrauben; **to – on,** aufschrauben; **to – up,** zuschrauben; **– up the stopper!** (*com.*), Stopper dicht!.

screw / alley *s.* (*naut.*), Schraubentunnel *m.*, -wellengang *m.*; **– aperture** *s.*, Schrauben-, Propellerbrunnen *m.*; **– auger** *s.* (*tech.*), Schrauben-, Schnecken-, Spiralbohrer *m.*; **– blade** *s.*, Schrauben-, Propellerflügel *m.*; **– bolt** *s.* (*tech.*), Schraube *f.*, Schraub(en)bolzen *m.*; **– cap** *s.* (*tech.*), Schraubenkopf *m.*, Überwurfmutter *f.*; **– clip** *s.*, Schraub(en)-klemme *f.*; **– compasses** (*pl.*), Schraubenzirkel *m.*; **– current** *s.*, Propeller-, Schraubenstrom *m.*; **– driver** *s.* (*tech.*), Schraubenzieher *m.*; **– eye** *s.*, Ösenschraube *f.*; **– head** *s.*, Schraubenkopf *m.*; **– hook** *s.*, Schraub(en)haken *m.*; **– key** *s.*, Schraubenschlüssel *m.*; **– log** *s.*, Patentlog *n.*; **– pin shackle** *s.*, Schraubschäkel *m.*; **– pitch** *s.*, Propellersteigung *f.*; **– post** *s.*, Schraubensteven *m.*; **– propeller** *s.*, (Schiffs-) Schraube *f.*, Propeller *m.*; **pitch of a – propeller,** Propellersteigung *f.*; **– protector** *s.*, Propellerschutz *m.*; **– reversing gear** *s.*, Propellerumsteuerung *f.*; **– shackle** *s.*, Schraubschäkel *m.*, Spannschloß *n.*; **– shaft** *s.*, Schwanzwelle *f.*, Schraubenwelle *f.* (*Propeller*); **–shaft alley** *or* **tunnel** *s.*, Schraubenwellentunnel *m.*; **– ship** *s.*, Schraubenschiff *n.*; **– slip** *s.*, Propeller-, Schraubenschlupf *m.*; **– steamer** *s.*, Schraubendampfer *m.*; **– tap** *s.*, Gewindebohrer *m.*; **– thread** *s.*, Schraubengang *m.*, -gewinde *n.*; **– valve** *s.*, Schraubenventil *n.*; **– wake** *s.*, Propeller-, Schraubenstrom *m.*; **– wash** *s.*, Schrauben(kiel)wasser *n.*; **– wrench** *s.* (*tech.*), Schraubenschlüssel *m.*, Engländer *m.*

scrim *s.*, Fadenverstärkung *f.* (*Segeltuch*).

scrimp *adj.* **wind,** schraler Wind *m.*

scroll / head *s.* (*naut.*), Krulle *f.* (*Schnörkelverzierung am Bug*); **– work** *s.*, Schnörkelverzierung *f.*

scrub *s.* (*am., rac.*), zweite Garnitur *f.*, Ersatzmann *m.*, -crew *f.*

scrub *v.*, (*mit dem Scheuerstein od. coll. Gebetbuch*) scheuern, schrubben (*Deck*).

scrubber *s.*, Scheuerstein *m.*, (*coll.*) Gebetbuch *n.*; Dweil *m.*, Schrubber *m.*; **– with stick,** Leuwagen *m.*, Schrubber *m.* (mit Stiel).

scruff *s.*, An-, Bewuchs *m.* (*Unterwasserschiff*).

scuba *s.* (*am.*), (Unterwasser)Atemgerät *n.*

scud *s.* (*naut.*), Lenzen *n.*; (Wind)Bö *f.*; treibender Nebel *m.*, (tief)treibende Wolkenfetzen (*pl.*); *v.*, lenzen (vor dem Sturm), vor dem Wind segeln *od.* treiben; (dahin)jagen (*Motorboot*); **to – with bare poles,** vor Topp und Takel lenzen; **scudding** *s.*, Lenzen *n.* (vor dem Sturm), Laufen *n. od.* Treiben *n.* (vor dem Sturm).

scull *s.*, Skull *n.*, Skullriemen *m.*; Skullboot *n.*, durch Skullriemen bewegtes Boot *n.*; Skuller *m.* (*Pers.*), Heck-, Wriggriemen *m.*; *v.*, skullen (*mit 2 Riemen rudern*), wriggen, wricken (*mit 1 Riemen*), durch Wriggen fortbewegen (*Boot*), durch Skullen fortbewegen (*Boot*); **sculler** *s.*, Skuller *m.*, Wrigger *m.* (*Pers.*), Skuller *m.*, Skullboot *n.*

sculling / four *s.*, Doppelvierer *m.* (*Ruderboot*); **– notch** *s.*, Wriggrundsel *n.*

scupper *s.*, Speigatt *n.*, Wassergang *m.*, Abläufer *m.* (*Boot*); *v.*, (*ein Schiff*) in den Grund bohren *od.* versenken; **scupper / hole** *s.*, Speigatt *n.*; **– leather** *s.*, Speigattklappe *f.*; **– outlets** (*pl.*), Speigatten (*pl.*); **– shutter** *s.*, Spei-

gattklappe *f.*
scurry *s.* **(of rain),** (Regen)Schauer *m.*
scurvy *s.*, Skorbut *m.*
scutcheon *s.*, Namenszug *m.*, -schild *n.* (*am Boot*).
scutter *s.*, (Regen)Schauer *m.*; **– valve** *s.*, Sturmventil *n.*
scuttle *s.* (*naut.*), Mars *m.*, Marskorb *m.*, (Spring)Luke *f.*, Boden-, Seeventil *n.*; *v.*, die Boden- *od.* Seeventile öffnen, (Schiff) selbst versenken (*durch Öffnen der Bodenventile*), (Schiff) anbohren (*bes. zum Versenken*); **scuttle / butt** *or* **cask** *s.* (*naut.*), (Trink)Wassertank *m.*, -tonne *f.*, -faß *n.*, -behälter *m.*; **– hatch** *s.*, Decksöffnung *f.*, -loch *n.*
sea *s.*, See *f.*, Meer *n.*, Weltmeer *n.*, Ozean *m.*, (*naut.*) See *f.* (*einzelner Wellenberg*), Seegang *m.*, (hohe) Wellen (*pl.*), Windsee *f.*; **at –**, auf See, zu Wasser; zur See (*Seemann*); **beyond the –(s),** über See, übers Meer, in Übersee; **by –**, auf dem Seeweg, zu Wasser; **by – and (by) land,** zu Wasser und zu Lande; **by the –**, an der See *od.* Küste; **in the open –**, auf hoher See; **on the –**, auf See, zur See; an der See *od.* Küste (gelegen); **over –(s)**, nach *od.* in Übersee; **in a rough –**, bei schwerer See; **in a smooth –**, bei ruhiger *od.* glatter See; **on the high –(s),** auf hoher See; **on the open –**, auf hoher See, auf (dem) offenen Meer; **breaking –**, Sturzsee *f.*, -welle *f.*, Brecher *m.*, Brandung *f.*; **calm –**, ruhige, spiegelglatte See *f.*; **chopping –**, Kabbelsee *f.*, -wasser *n.*; **choppy –**, kabbelige See *f.*; **closed –**, (*für fremdländische Schiffe*) geschlossenes Meer *n.*; **cross –**, Kreuzsee *f.*; **deep –**, hohe See *f.*; Tiefsee *f.*; **fair –**, raume See *f.*; **following –**, nachlaufende See *f.*; **heavy –**, hochgehende See *f.*, schwerer Seegang *m.*; Sturzsee *f.*, große Welle *f.*, Wellenberg *m.*; **high –**, hohe See *f.*; **very high –**, sehr hohe See *f.*; **long –**, lange See *f. od.* Dünung *f.*; **moderate –**, mäßig bewegte See *f.*; **open –**, raume See *f.*; **phosphorescent –**, Meeresleuchten *n.*; **precipitous –**, außer- *od.* ungewöhnlich schwere See *f.*; **quartering –**, raume See *f.*; **rippled –**, gekräuselte See *f.*; **rough –**, sehr grobe See *f.*; **rather rough –**, grobe See *f.*; **short –**, kurze See *f. od.* Dünung *f.*; **slight –**, leicht bewegte See *f.*; **smooth –**, schwach bewegte See *f.*; **very smooth –**, ruhige gekräuselte See *f.*; **storm –**, Sturmsee *f.*; **tempestuous –**, stürmische See *f.*; **wind –**, Windsee *f.*; **a combing –**, überkommende See *f.*, Rasmus *m.*; **the four –s** (*pl.*), die vier (Großbritannien) umgebenden Meere (*pl.*); **the high –(s),** die hohe See, die Hochsee; **the seven –s** (*pl.*), die sieben Weltmeere (*pl.*); **blow of the –**, Seeschlag *m.*; **bottom of the –**, Meeresgrund *m.*; **calm of the –**, Stille *f.*, Stillte *f.*, Totenflaute *f.*; **disturbance of the –**, Windsee *f.*, Seegang *m.*; **freedom of the –s** (*pl.*), Freiheit *f.* der Meere, Meeresfreiheit *f.*; (*jur.*) mare liberum, freies Meer *n.*; **oiling (of) the –**, Ölen *n.* der See *od.* der Wellen; **state of the –**, Seegang *m.*, Windsee *f.*; **swell of the –**, Seegang *m.*, Dünung *f.*, Windsee *f.*; **wash of the –**, Seeschlag *m.*; **distress at –**, Seenot *f.*; **International Regulations for Preventing Collisions at S–,** Seestraßenordnung *f.*; **missing at –**, Seeverschollenheit *f.*; **road at –**, Seeschiffahrtsstraße *f.*, Seeweg *m.*; **survival at –**, Überleben *n.* auf See; **ready for –**, segelklar, -fertig, auslaufbereit; **a – like a looking glass** *or* **like a sheet of glass,** eine spiegelglatte See *f.*; **–s** (*pl.*) **mountains high,** berg(e)hohe Wellen; **the – is decreasing** *or* **subsiding,** die See *od.* der Seegang nimmt ab; **the – is getting up,** die See nimmt zu, Seegang kommt auf; **the – is making up,** die See *od.* der Seegang wird stärker; **the – is rising,** die See geht hoch *od.* Seegang kommt auf; **the – is running high,** die See geht hoch; **to be missing at –**, (auf See) bleiben *od.* verschollen sein; **to follow the –**, zur See fahren, Seemann sein; **to go to –**, in See gehen, absegeln, auslaufen (*Boot*), zur See gehen, Seemann werden; **to get ready for –, to prepare for –**, (*Boot*) seeklar machen; **to put (out) to –**, in See gehen, auslaufen (*Boot*); **to rise against the –**, kabbeln (*Wasser*); **to ship a –**, eine Sturzsee bekommen *od.* übernehmen (*Boot*); **to ship a heavy –**, Sturzwellen (*pl.*) *od.* schwere Brecher (*pl.*) übernehmen ((*Boot*).
sea *adj.*, See-, Meeres-, (*naut.*) Schiffs-, Marine-; **– air** *s.*, See-, Meeresluft *f.*; **– anchor** *s.*, See-, Treibanker *m.*; **– bag** *s.*, Seesack *m.*; **– bed** *s.*, Meeresgrund *m.*; **– biscuit** *s.*, Schiffszwieback *m.*; **– board** *s.*, See-, Meeresküste *f. od.* -ufer *n.*, Küstenlinie *f.*, (*dial.*) Waterkant *f.*; **– boat** *s.*, Seeboot *n.*, -schiff *n.*; seegehendes Boot *n.* für Seenotfälle; **a good – boat** *s.*, ein gutes Seeschiff *n.*, ein Boot mit guten Seeeigenschaften (*pl.*); **– boots** (*pl.*), Seestiefel (*pl.*); **–-borne** *adj.*, von der See getragen (*Boot*), auf dem Seeweg befördert; **–-borne trade** *s.*, Seehandel *m.*; **– bottom** *s.*, Meeresgrund *m.*; **– bow** *s.* (*naut.*), (*im Spritzwasser gebildeter*) Regenbogen *m.*; **– bread** *s.*, Schiffszwieback *m.*; **– breeze** *s.*, Seebrise *f.*, -wind *m.*, auflandiger Wind *m.*; **– buoy** *s.*, Ansegelungsboje *f.*, -tonne *f.*; **– burial** *s.*, Be-

stattung *f.* auf See; – **canal** *s.*, Seekanal *m.*; – **cap** *s.*, Seglerkappe *f.* -mütze *f.*; – **captain** *s.*, See-, Schiffskapitän *m.*; – **change** *s.*, vom Meer bewirkte Veränderung *f. od.* Verwandlung *f.*; – **chart** *s.*, Seekarte *f.*; (*meteor.*) Seegangskarte *f.*; –**-chart correction** *s.*, Seekartenberichtigung *f.*; –**-chart datum** *s.*, Seekartennull; – **chest** *s.*, See(manns)kiste *f.*; – **clutter** *s.* (*radar*), Seegang(s)reflex *m.*; –**-clutter suppressor** *s.* (*radar*), Seegang(s)entstörer *m.*; – **coast** *s.*, See-, Meeresküste *f.*; – **cock** *s.*, Boden-, Bord-, Flut-, Seeventil *n.*, Seehahn *m.*; – **connections** (*pl.*), Außenbordanschlüsse (*pl.*) (*Seeventile, etc.*); – **cook** *s.*, Schiffskoch *m.*; **son of a – cook** (*naut.*, *sl.*), Gauner *m.*, Lump *m.*; – **current** *s.*, Meeresströmung *f.*; – **damage(s)** *s.* (*pl.*), Seeschaden *m.*; – **density** *s.*, Seewasserdichte *f.*; – **dog** *s.* (*coll.*), alter Seebär *m.* (*alter erfahrener Seemann*); – **drome** *s.*, Wasserflughafen *m.*; – **duty** *s.*, Borddienst *m.*; – **dike** *or* **dyke** *s.*, See-, Meeresdeich *m.*; – **experience** *s.*, (Hoch)See-Erfahrung *f.*, Fahrenspraxis *f.*

seafarer *s.*, Seefahrer *m.*, Seemann *m.*; **seafaring** *s.*, Seefahrt *f.*; *adj.*, seefahrend, Seefahrts-, seemännisch; **seafaring/experience** *s.*, Fahrenspraxis *f.*; – **man** *s.*, Fahrensmann *m.*, Seemann *m.*, be- *od.* erfahrener Segler *m.*; – **people** *s.*, Fahrensleute (*pl.*).

sea *s.*, **high –s fleet** *s.*, Hochseeflotte *f.*; **sea/foam** *s.*, Gischt *m.*, Meeresschaum *m.*; – **fog** *s.*, Küstennebel *m.*; Seenebel *m.*; – **force** *s.*, Seegang(s)stärke *f.*; – **forecast(ing)** *s.*, Seewetterbericht *m.*; – **front** *s.*, Seeseite *f.*; – **gate** *s.*, Zugang *m.* zur See; Flut-, Sicherheitstor *n.* (*einer (Deich)Schleuse*); – **ga(u)ge** *s.*, Tiefgang *m.*; Lotstock *m.* (*für Boote in größter Landnähe*); – **god** *s.*, Meeresgott *m.*

seagoing *s.*, Seefahrt *f.*; *adj.*, seegängig, -gehend, -tüchtig (*Boot*), Hochsee-, (*am.*) wetterhart, abgehärtet; **seagoing/barge** *or* **lighter** *s.*, Seeleichter *m.*; – **boat** *s.*, (hoch)seetüchtiges Boot *n.*; – **cruiser** *s.*, See(fahrt)kreuzer *m.*; – **performance** *s.* **(of a boat),** Seeverhalten *n.* (einer Yacht); – **rig** *s.*, seefeste Ausrüstung *f.*; – **trawler** *s.*, Hochseetrawler *m.*; – **tug** *s.*, Hochseeschlepper *m.*; – **yacht** *s.*, Hochseeyacht *f.*, seetüchtige *od.* -gängige Yacht *f.*

sea/gull *s.*, Seemöve *f.*; – **harbour** *s.*, Seehafen *m.*; – **haze** *s.*, Seerauch *m.*, -nebel *m.*; – **horizon** *s.*, Kimm *f.*, Seehorizont *m.*; – **horse** *s.*, große schaumgekrönte Welle *f.*; – **inlet** *s.*, Meeresarm *m.*; –**-keeping qualities** (*pl.*), See-Eigenschaften (*pl.*) (*eines Bootes*); –**-keeping trial** *s.*, Seeverhaltensversuch *m.* (*eines Bootes*); – **kindliness** *s.* **(of a boat),** Seetüchtigkeit *f.* (eines Bootes) bei Seegang.

seal *s.*[1], Robbe *f.*

seal *s.*[2] (*tech.*), wasserdichter Verschluß *m.*, Abdichtung *f.*; *v.*, **to – up,** abdichten; **a ship –ed in ice,** eingefrorenes *od.* vom Eis festgehaltenes *od.* im Eis eingeschlossenes Schiff *n.*

sea/ladder *s.*, Seefallreep *n.*, Jakobsleiter *f.*; – **lake** *s.*, Lagune *f.*, Haff *n.*; – **lane** *s.*, Seeweg *m.*, -straße *f.*

sealant *s.* (*tech.*), Dichtungsmittel *n.*

sea/law *s.*, Seerecht *n.*; – **lawyer** *s.* (*naut.*, *sl.*), querulierender *od.* nörgelnder Seemann *m.*; – **legs** (*pl.*), Seebeine (*pl.*), Seefestigkeit *f.* (*eines Seglers*); **to find** *or* **get one's – legs,** seefest werden *od.* Seebeine bekommen; **to have – legs,** seefest sein *od.* Seebeine haben.

sealer *s.*, Robben-, Seehundjäger *m.*, -fänger *m.* (*Boot u. Pers.*); **sealery** *s.*, Robben-, Seehundfang *m. od.* -jagd *f. od.* -schlag *m.*; Robben-, Seehundfangplatz *m.*

sea/letter *s.*, Seebrief *m.*, -pass *m.*, Schiffspaß *m.*; – **level** *s.*, Meereshöhe *f.*, -spiegel *m.*, Normalnull, mittleres Hochwasser *n.*, Wasserstand *m.*; **corrected to – level,** auf Meereshöhe umgerechnet; –**-level altitude** *s.*, Meeresspiegelhöhe *f.*; –**-level canal** *s.*, See-, Meeresspiegelkanal *m.*; –**-line** *s.*, Kimm *f.*, Seehorizont *m.*

sealing compound *s.* (*tech.*), Dichtungs-, Isoliermasse *f. od.* -mittel *n.*

sea/lock *s.*, Seeschleuse *f.*; – **locker** *s.*, Seekiste *f.*; – **log** *s.*, Bordbuch *n.*, Logbuch *n.*, Schiffstagebuch *n.*

seal rookery *s.*, Brutplatz *m.* von Robben *od.* Seehunden.

seam *s.*, (Segel)Naht *f.*, (Decks)Naht *f.*, (*naut.*) Riß *m.*, Sprung *m.*, Spalt *m.*, Ritz *m.*, Fuge *f.* (*Bootsbau*); **broad –,** sphärische *od.* Breitnaht *f.* (*Segel*); **herringbone –,** Bootsmannsnaht *f.*; *v.* (*naut.*, *tech.*), durch eine (Schweiß-) Naht verbinden; Sprünge *od.* Risse bekommen, rissig werden; (auf)platzen, (auf)springen; **seam** *s.* **of a sail,** Segelnaht *f.*

seaman *s.*, Seemann *m.*; **able –,** Vollmatrose *m.*; **able-bodied –,** Matrose *m.* vor dem Mast, Berufsseemann *m.*, Janmaat *m.*; **ordinary –,** Leichtmatrose *m.*; **seamanlike** *adj.*, **seamanly** *adj.*, seemännisch; **seamanship** *s.*, Seemannschaft *f.*, Seemannskunst *f.*, -erfahrung *f.*, Seemannstum *n.*; **a fine piece of –,** eine seemännische Leistung *f.*; **seaman's/passport** *s.*, Seefahrtsbuch *n.*; – **pidgin** *s.*, Seemanns-, Matrosen(pidgin)englisch *n.*

sea/mark *s.*, Markierungsboje *f.*, Seezeichen

n.; **– marker** *s.*, Seemarke *f.*, -zeichen *n.*; Leuchtturm *m.*, -feuer *n.*; Gezeitengrenze *f.*; **to get a –marker out,** eine Markierungsboje ausbringen (*Seenot*); **fluorescent red –marker** *s.*, fluoreszierendes rotes See(not)zeichen *n.*

seam batten *s.*, Nahtspant *n.*

seamen's / home *or* **rest** *s.*, Seemannsheim *n.*; **– jargon** *s.*, Segler-, Schiffer-, Seemannsjargon *m.*, -sprache *f.*; **– mess** *s.*, Mannschaftsmesse *f.*

sea mile *s.* **(per hour),** Seemeile *f.* (pro Stunde).

seaming *s.*, Segel-, Reißgarn *n.*; **seaming / needle** *s.*, Nadel *f.* (*zum Segelnähen*); **– palm** *s.*, Segelhandschuh *m.*; **– twine** *s.*, Segelgarn *n.*

sea mist *s.*, Seerauch *m.*, -nebel *m.*; **thickening –,** dichter *od.* dicker werdender Seenebel *m.*

seamless *adj.*, ohne Spanten, fugenlos (*Bootsbau*); **– yacht** *s.*, nahtlose Stahlyacht *f.*

sea monster *s.*, See-, Meeresungeheuer *n.*

seam / protection *s.*, **broad – protection** *s.*, Nahtschutz *m.* (*Segel*); **– tape** *s.*, Nahtband *n.* (*Segel*).

sea / mud *s.*, See-, Meeresschlamm *m.*, (*naut.*) Schlick *m.*; **– mule** *s.*, Schubschlepper *m.*, Seebulldog *m.*

seam welding *s.*, Nahtschweißung *f.* (*Boot, Segel*).

sea / navigation *s.*, Seefahrt *f.*, Navigation *f.*; **– orders** (*pl.*) (*naut.*), versiegelte Order *f.*; **– painter** *s.*, lange Vorleine *f.*, Seefangleine *f.*; **– pass** *s.*, Seebrief *m.*, -paß *m.*, Schiffspaß *m.*; **– pattern** *s.* (*naut.*), vorschriftsmäßige Form *f.* (*f. Ausrüstung*); **– pie** *s.* (*naut.*), überbackenes Gericht *n.* aus Fleisch *od.* Fisch und Gemüse; **– pilot** *s.*, Seelotse *m.*; **–plane** *s.*, See-, Wasserflugzeug *n.*; **–plane base** *s.*, Seefliegerhorst *m.*; **– port** *s.*, Seehafen *m.*; Hafenstadt *f.*; **– position** *s.*, Schiffsort *m.*; **true – position** *s.*, wahrer Schiffsort *m.*; **– power** *s.*, Seemacht *f.*, -stärke *f.* (*Flotte*); **(skipper's) – protest** *s.*, Verklarung *f.*, Seeprotest *m.*; **to enter a – protest,** verklaren, Verklarung einlegen; **– quadrant** *s.*, Jakobsstab *m.*; **– quake** *s.*, Seebeben *n.*; **– rail(ing)** *s.*, Seereling *f.*

search *s.*, Suche *f.*, Suchen *n.*; Durchsuchung *f.*; **in – of,** auf der Suche nach (*Seenot*); **right of –** (*naut.*), Durchsuchungsrecht *n.*; **to make – for,** suchen nach (*Seenot*); *v.*, **to – (for),** suchen (nach); **to – a boat,** eine Yacht durchsuchen; **to – the horizon (with the eyes),** den Horizont (mit den Augen) absuchen; **search and rescue / action** *s.*, Such- und Rettungsaktion *f.*; **– area** *s.*, Such- und Rettungsgebiet *n.*; **– plane** *s.*, Such- und Rettungsflugzeug *n.*; **– service** *s.*, Such- und Rettungsdienst *m.* (*auf See*).

searching / cold *s.*, durchdringende Kälte *f.*; **– craft** *or* **vessel** *s.*, Suchfahrzeug *n.*, -schiff *n.*; **– wind** *s.*, scharfer *od.* durchdringender Wind *m.*

search / light *s.*, (Such)Scheinwerfer *m.*, (Such-)Scheinwerferstrahl *m.*; **– party** *s.*, Rettungsmannschaft *f.*, Suchtrupp *m.*, -kommando *n.*; **– sector** *s.*, Suchsektor *m.*; **– vessel** *s.*, Suchfahrzeug *n.*, -schiff *n.*

sea / rescue *s.*, Rettung *f.* aus Seenot; **– -rescue plane** *s.*, Seenotflugzeug *n.*; **– -rescue service** *s.*, Seenotdienst *m.*; **– return** *s.* (*radar*), Seegang(s)echo *n.*, -reflex *m.*; **– risk** *s.*, Seegefahr *f.*; **– road** *s.* (*am.*), Seeroute *f.*, -weg *m.*; **–room** *s.* (*naut.*), Seeraum *m.*, -räum(t)e *f.*, Raum *m.*, freie See *f.* (*gefahrenfreier Bereich außerhalb der Küste od. des Legerwalls und deren Untiefen*); **– route** *s.*, Seeroute *f.*, -weg *m.*, Schiffahrtsweg *m.*, Track *m.*; **– routine** *s.*, Borddienst *m.* *od.* -routine *f.* auf See; **– rover** *s.*, Piratenschiff *n.*; **– scale** *s.*, Petersen-, Seegangskala *f.*; **–(-)scout** *s.*, Pfadfinder *m.* mit See(manns)ausbildung; **–scouting** *s.*, Seeausbildungsprogramm *n.* der Pfadfinder; **–shore** *s.*, (See-, Meeres)Küste *f.*, (*jur.*, *naut.*) Ufer *n.* (*Küstenstreifen zwischen dem gewöhnlichen Hoch- und Niedrigwasserstand*); **–sick** *adj.*, seekrank; **–sickness** *s.*, Seekrankheit *f.*; **–side** *s.*, See-, Meeresküste *f.*, Küstenland *n.*; **at the –side,** an der See; **to the –side,** an die See; **to go to the –side,** an die See gehen; **–side** *adj.*, an der See (gelegen); **–side resort** *s.*, Seebad *n.*

season *s.*, **dry (rainy) –,** Trocken(Regen)zeit *f.*; **sailing –,** Segelsaison *f.*; *v.*, ablagern, lufttrocknen, auswittern (*Holz f. Bootsbau*), abgehärtet werden (*Segler*); **seasonal** *adj.*, der Jahreszeit angemessen (*Wetter*); **– currents** (*pl.*), jahreszeitliche Strömungen (*pl.*); **– gales** *or* **storms** (*pl.*), jahreszeitliche Stürme *f.*; **– variations** (*pl.*) (*meteor.*), jahreszeitliche Schwankungen (*pl.*); **season crack** *s.* (*tech.*), Alters-, Alterungsriß *m.* (*Bootsrumpf*); **seasoner** *s.*, Seemann *m.*, der sich für die Jahreszeit verheuert; **seasoning** *s.*, Ablagern *n.* (*v. Holz*).

sea / spell *s.*, Seetörn *m.* (*Bordwache*); **– stack** *s.*, Klippe *f.*; **– stores** (*pl.*), Bord-, Boots-, Schiffsvorräte (*pl.*); **– -swell recorder** *s.*, Registriergerät *n.* für die Meeresdünung.

seat *s.* (*tech.*), Auflage *f.*, Auflager *n.*, Auflagefläche *f.*, Fundament *n.*; **locker –,** Backs-,

Seekiste *f.*; **sliding –,** Gleitsitz *m.* (*Dingy*); **tip-up – for hiking,** Ausreitklappsitz *m.* (*Kielboot*); **valve –,** Ventilsitz *m.*; *v.* (*tech.*), betten, lagern.

sea / tang *s.*, Seetang *m.*; **– tangle** *s.*, Blatt-Tang *m.*; **– temperature** *s.*, See-, Meereswassertemperatur *f.*; **– term** *s.*, Segler-, Seemannsausdruck *m.*; **–-tossed** *adj.*, von der See hin- und hergeworfen (*Boot*); **–trade** *s.*, Seehandel *m.*, -verkehr *m.*; **– traffic** *s.*, Seeverkehr *m.*; **– train** *s.*, Trajekt(schiff *n.*) *n. od. m.*; **– training** *s.*, Bordausbildung *f.*; **– trial** *s.*, Probefahrt *f.*, See-Erprobung *f.* (*Boot*); **– trip** *s.*, Seetörn *m.*, Schiffsreise *f.*; **– turn** *s.*, Seetörn *m.* (*Zeit eines Bootes auf See*), Seenebel *m.*, -rauch *m.*; Seebrise *f.*, -wind *m.*; **– valve** *s.*, Boden-, See-, Außenbordventil *n.*; **– voyage** *s.*, Seefahrt *f.*, -reise *f.*; **–(-)wall** *s.*, Deich *m.*, Hafendamm *m.*, Mole *f.*, Kaimauer *f.*; **–ward** *s.*, der See zugewandte Seite *f. od.* Richtung *f.*, Seeseite *f.*; **–ward** *adj.*, der See zugekehrt *od.* zugewandt, nach der See gerichtet, seewärts; **–ward(s)** *adv.*, seewärts, zum Meer *od.* zur See hin; **from –ward,** von der See her; **–ward boundary** *s.*, Abgrenzung *f. od.* Begrenzung *f.* zur See hin *od.* nach See zu; **– watch** *s.*, Seewache *f.*; **– water** *s.*, See-, Meer(es)wasser *n.*, Salzwasser *n.* (*des Meeres*); **–-water density** *or* **gravity** *s.*, Seewasserdichte *f.*; **–-water(-)proof** *or* **-tight** *adj.*, seewasserfest.

seaway *s.*, See *f.* (*Bewegung*), Seegang *m.*; Fahrt *f.* (*durch das Wasser*); Seeweg *m.*, Schiffahrtslinie *f.*, Binnenschiffahrtsweg *m.* (*für große Schiffe*), Schiffahrtsroute *f.*; (die) See; **in a –,** bei Seegang; **in** *or* **with a heavy –,** bei schwerem Seegang; **heaving** *or* **lifting in a –,** Auf- und Niederbewegung *f.* (*des Bootes*) in der See, Tauchschwingung *f.* (*eines Bootes*); **– load** *s.*, Seegangsbelastung *f.*, Belastung *f.* bei Seegang; **– strain** *or* **stress** *s.* **(of a boat),** Beanspruchung *f.* (des Bootes) bei Seegang.

sea / weed *s.*, (See)Tang *m.*, Meeresalgen (*pl.*), Seegras *n.*; **– wind** *s.*, Seebrise *f.*; **–worthiness** *s.* **(of a boat),** Seetüchtigkeit *f.*, -fähigkeit *f.* (eines Bootes); **–worthy** *adj.*, seefähig, -tüchtig, seegängig (*Boot*); seefest (*Segler*); seemäßig (*Zurring, etc.*); **–worthy boat** *s.*, seetüchtige *od.* -gängige Yacht *f.*; **–worthy lashing** *s.*, seefeste *od.* seemäßige Zurring *f.*; **– wrack** *s.*, Tang *m.*

secant *s.*, Schnittlinie *f.*; **– of angle,** Winkelsekante *f.*

second *s.*[1], **meridian –,** Meridiansekunde *f.*; **micro –,** Mikrosekunde *f.*; **one-sixtieth of a meridian –,** Meridiantertie *f.*, Sekundenstrecke *f.* einer Seemeile; **– of arc,** Bogensekunde *f.*

second *s.*[2] (*rac.*), **(to be) –,** Zweite(r) sein; **to come** *or* **finish –** (*rac.*), Zweiter werden, sich an zweiter Stelle placieren; **a good –** (*rac.*), unmittelbar hinter dem ersten Boot die Ziellinie kreuzen.

secondary *s.* (*astr.*), Satellit *m.*; *adj.*, **– channel** *s.*, Nebenfahrwasser *n.*; **– circle** *s.*, Nebenkreis *m.*; **– cyclone** *s.* (*meteor.*), Nebenzyklon *m.*; **– depression** *s.* (*meteor.*), Rand-, Teil-, Nebentief *n.*; **– frequency** *s.* (*rad.*), Nebenfrequenz *f.*; **– low** *s.* (*meteor.*), Rand-, Teiltief *n.*; **– planet** *s.* (*astr.*), Satellit *m.*; **– port** *s.*, Anschlußort *m.* (*Gezeitentafel, Hafen*); **– radar** *s.*, Sekundärradar *n.*

second / best *s.* (*rac.*), Zweiter *m.*, zweitbestes Boot *n.*; **to come off – best** (*rac.*), sich als Zweiter *od.* zweitbestes Boot placieren; **– channel interference** *s.* (*rad.*), Wellenecho *n.*; **– high water** *s.*, zweites Hochwasser *n.*; **–-in-command** *s.* (*naut.*), Erster Offizier *m.*; **– mate** *s.* (*naut.*), Zweiter Offizier *m.*, Zweiter Steuermann *m.*

secretary *s.* **(of a yacht club),** Schriftführer *m.* (eines Yachtclubs).

section *s.* (*tech.*), (Bestand)Teil *m.*, Einzelteil *m.* (*eines Riggs, etc.*), Schnitt *m.*; **conic –,** Kegelschnitt *m.*; **cross** *or* **transverse –,** Querschnitt *m.* (*Bootsbau*); **horizontal –,** Horizontalschnitt *m.*; **longitudinal –,** Längsschnitt *m.* (*Bootsbau*); **mast –,** Mastprofil *n.*, -querschnitt *m.*; **midship –,** Hauptspant *n.*

sectional *adj.*, **– area** (*tech.*), Schnittfläche *f.*, (*naut.*) Spantfläche *f.* (*Bootsbau*); **– area curve** *s.*, Spantflächenkurve *f.*; **– (box** *or* **pontoon) dock** *s.*, Sektionsdock *n.* (*selbstdockend*); **– steel** *s.*, Profilstahl *m.*

section / building *or* **construction** *s.*, Sektionsbauweise *f.* (*Bootsbau*); **midship – coefficient** *s.*, Hauptspantkoeffizient *m.*, -völligkeitsgrad *m.* (*Bootsbau*).

sector *s.*, Kreisausschnitt *m.*, Sektor *m.* (*eines Leuchtfeuers*), Peilsektor *m.* (*Funkp.*), (*astr.*) Sektor *m.*, Proportionalitätszirkel *m.*; **leading –,** Leitsektor *m.* (*Leuchtfeuer*); **light –,** Leuchtwinkel *m.* (*Positionslaternen, etc.*); **red** *or* **warning –,** Warnsektor *m.* (*Leuchtfeuer*); **warm –** (*meteor.*), Warmsektor *m.* (*Wetterkarte*); **– of a circle,** Kreissektor *m.*; **– of a leading light,** Leitsektor *m.* eines Leuchtfeuers; **– of a light,** Leuchtwinkel *m.* (*Positionslichter, etc.*); **– of visibility,** Sichtbarkeitssektor *m.* (*eines Leuchtfeuers*); **sectorial** *adj.* **light,** Leitfeuer *n.* (*Leuchtfeuer*); **sector /**

light *s.*, Sektorfeuer *n.*; – **pointer** *s.*, Sektoranzeiger *m.*

secure *v.* (*naut.*), festzurren, -machen, sicher befestigen **(to,** an); – **(at the bitt)!** (*int.*), Leine belegen!; **to – a hatch,** (ein Luk) verschalken; **to – loose gear,** (loses Decksgeschirr) bebändseln, beifangen, beizeisen; **to – port (starboard) side to,** an Backbord(Steuerbord)-(seite) festmachen *od.* anlegen; **to – for sea,** seefest zurren; **to – to a buoy,** an einer Boje festmachen.

secure *adj.*, geschützt, sicher (*Bucht, etc.*); – **from the gale,** vor dem Sturm geschützt.

securing *s.*, **hatch –,** (Luken)Verschalkung *f.*; – **of a hatch,** Lukenverschalkung *f.*, -sicherung *f.*; – **bolt** *s.*, Sicherungsbolzen *m.*, Vorstecker *m.*; – **line** *s.*, Festmacher *m.*, Festmacheleine *f.*; – **ring** *s.*, Sicherungsring *m.*; – **wedge** *s.*, Sicherungs-, Lukenkeil *m.*

security / anchor *s.*, Notanker *m.*; – **signal** *s.* (*rad.*), Sicherheitssignal *n.*

sedge *s.*, Schilf *n.*, Ried *n.*; **sedged** *adj.*, **sedgy** *adj.*, verschilft.

seep *s.*, Leck *n.*, undichte Stelle *f.*; **seepage** *s.*, Leck *n.*, Sickerstelle *f.*, -wasser *n.*

seething sea *s.*, brodelnde *od.* kochende See *f.*

seiche *s.*, Seiche *f.* (*periodische Niveauschwankung von Binnenseen*).

seine *s.*, Wade(netz *n.*) *f.*; – **gang** *s.*, Wadenfischergruppe *f.*; **seiner** *s.*, Wadenfischer(boot *n.*) *m.*, Seiner *m.*

seismic wave *s.*, See-, Erdbebenwelle *f.*; **seismograph** *s.*, **seismoscope** *s.*, (See)Bebenanzeiger *m.*, Seismograph *m.*, Seismoskop *n.*

seize *v.* (*naut.*), anbändseln, anbinden, laschen, (fest)zurren, zeisen, festmachen, zusammenbändseln, ein Bändsel aufsetzen, (*tech.*) sich festfressen; **to – ropes together,** Taue anbändseln; **to – up** (*tech.*), sich festfressen.

seizing *s.*, Zurren *n.*, Zusammenbändseln *n.*, Zeisen *n.*, Zurrung *f.*, Zurring *f.*, Lasche *f.*, Laschung *f.*, Lasching *f.*, Seising *f.*, Seizing *f.* (*coll. m.*), Zeiser *m.*, Zeising *f.*, Bändsel *n.*; (*pl.*) Zurrtau *n.*; **(reef) –,** Reffbändsel *n.*; **to make a round –,** ein- *od.* zusammenbändseln *od.* -zeisen, sicher befestigen *od.* verzurren; **to put on a –,** ein Bändsel aufsetzen; **seizing stuff** *s.*, Bändselgut *n.*

seizure *s.* **(of a ship),** Aufbringen *n. od.* Aufbringung *f.* (eines Schiffes).

selection trials *s./pl.* (*rac.*), Ausscheidungen (*pl.*), Ausscheidungsregatten *od.* -wettfahrten (*pl.*).

selective *adj.* (*rad.*), selektiv, trennscharf; **selectivity** *s.* (*rad.*), Selektivität *f.*, Abstimm-, Trennschärfe *f.*; **selector switch** *s.* (*rad.*), Wähler *m.*, Wählschalter *m.*

selenocentric *adj.* (*astr.*), den Mondmittelpunkt *od.* den Mond als Mittelpunkt betreffend.

self / -acting *adj.*, automatisch, selbsttätig; **--adjusting** *adj.*, selbstregelnd; **--adjustment** *s.* (*tech.*), Eigen-, Selbstregelung *f.*; **--bailer** *s.*, Lenzventil *n.*; Selbstlenzer *m.* (*Boot*); **--bailing boat** *s.*, Selbstlenzer *m.*, selbstlenzendes Boot *n.*; **--bailing cockpit** *s.*, selbstlenzende Plicht *f.*; **-(-)bearing** *s.*, (Schiffs)Eigenpeilung *f.*; **--closing** *adj.*, selbstschließend (*Ventil, etc.*); **--closing (sea) cock** *s.*, selbstschließendes Seeventil *n.*, Selbstschlußhahn *m.*; **--closing valve** *s.*, selbstschließendes *od.* Selbstschlußventil *n.*; **--docking dock** *s.*, selbstdockendes Dock *n.*; **--draining cockpit** *s.*, selbstlenzende Plicht *f.*; **--driven** *adj.*, mit Selbstantrieb, selbstgetrieben, automatisch; **--feeding** *adj.*, sich selbst speisend, automatisch (*Treibstoff, etc.*) zuführend; **--locking** *adj.*, selbstsperrend (*Ventil, etc.*); **--lubricating** *adj.* (*tech.*), selbstschmierend; **--motion** *s.* **(of a boat),** Eigenbewegung *f.* (eines Bootes); **--propelled** *adj.*, selbstangetrieben, mit Selbstantrieb (*Boot*); **--propelled vessel** *s.*, Schiff *n.* mit Eigenantrieb, Selbstfahrer *m.*; **--recording** *adj.*, **--registering** *adj.*, selbstregistrierend (*Instrumente*); **--regulating** *adj.* (*tech.*), selbstregelnd, -regulierend (*Geräte*); **--rendering winch** *s.*, selbstaufspulende *od.* -holende *od.* -fierende Winsch *f. od.* Winde *f.*; **--righting** *adj.*, selbstaufrichtend, sich (von) selbst aufrichtend (*Boot*); **--righting boat** *s.*, (sich) selbstaufrichtendes Boot *n.*; **--sealing** *adj.* (*tech.*), selbstdichtend; **--starter** *s.* (*tech.*), Selbststarter *m.*, (Selbst)Anlasser *m.*; **--steering gear** *s.*, Selbststeueranlage *f.*, (*coll.*) Eiserner Gustav *m.*; **--steering vane gear** *s.*, Windfahnen-Selbststeueranlage *f.*; **-(-)tacker** *s.*, Fockselbstwender *m.*; **-(-)tacking jib** *s.*, Selbstwendefock *f.*; **--trimming** *s.* (*tech.*), Selbsttrimm *m.*, -trimmen *n.*, -trimmung *f.* (*Boot*); **--winding** *adj.*, automatisch, selbstaufspulend.

selvagee *s.*, Want-, Garnstropp *m.*; biegsame Strähne *f.* von Kabelgarn.

semaphore *s.*, Semaphor *n.*, Windsemaphor *n.*; *v.*, mit Semaphor *od.* durch Wink(er)zeichen signalisieren, (*mit Handflaggen*) winke(r)n; – **flag-signalling** *s.*, Flaggensignalisieren *n.* (*mit Handflaggen*); – **message** *s.*, Signalspruch *m.* (*mit Flaggen*); – **signal** *s.*, Semaphorsignal *n.*

semi/-automatic *adj.*, halbautomatisch; **--automatic bailer** *s.*, Saug-, Selbstlenzer *m.*; **--balanced rudder** *s.*, Halbbalanceruder *n.*; **--balanced underhung rudder** *s.*, Halbschweberuder *n.*; **--circle** *s.*, Halbkreis *m.*, (*math.*) Winkelmesser *m.*; **navigable --circle** *s.*, schiffbarer Halbkreis *m.*; **-circular deviation** *s.*, halbkreisförmige Abweichung *f. od.* Deviation *f.*; **-circular error** *s.*, Halbkreisfehler *m.* (*Funkp.*); **-diameter** *s.*, Halbmesser *m.*, Radius *m.*; **-diurnal arc** *s.* (*astr.*), halber Tagbogen *m.*; **-diurnal tide** *s.*, halbtägige Tide *f.*, Halbtagsgezeit *f.*; **-(-)final** *s.* (*rac.*), Vorentscheidung *f.*, Ausscheidungsregatta *f.*; **-monthly inequality** *s.*, halbmonatliche (Gezeiten)Ungleichheit *f.*; **-permanent magnetism** *s.*, halbfester Magnetismus *m.*; **-planing** *s.*, Halbgleiten *n.* (*Boot*); **-planing dinghy** *s.*, Halbgleiter *m.* (*Boot*); **--rigid** *adj.*, halbstarr (*Rigg, etc.*); **-spherical compass** *s.*, Halbkugelkompaß *m.*; **-tropical zone** *s.*, subtropische Zone *f.*

send *s.* (*naut.*), Druck *m.*, Triebkraft *f.* (*der Wellen*), Aufwärtsbewegung *f.* des Bootes beim Stampfen, plötzlicher Ruck *m.* (*des Bootes*); Tauchschwingung *f.*

send *v.* (*rad.*), funken, senden; (*naut.*) (von den Wellen) nach vorn geworfen werden (*Boot*), mit dem Bug hochsteigen (*beim Stampfen*); **to – up,** setzen (*Segel*); **to – up (a) sail,** Segel setzen, Segel (mit einem Fall) heißen; **to – a message,** einen Funkspruch durchgeben; **to – a signal,** ein Signal absetzen.

sender *s.* (*rad.*), Sender *m.*, Geber *m.* (*Sprechfunk*).

sennit *s.*, Platting *f.*, Tauwerk *n.* aus Kabelgarn; **common –,** Plattingsleine *f.*; **flat –,** Platting *f.*, Plattingsleine *f.*; **round –,** Rundplatting *f.*; **square –,** Vierkantplatting *f.*; **– line** *s.*, Plattingsleine *f.*, geflochtene Leine *f.*

sensation *s.* **of chill** (*naut.*), Kältegefühl *n.*

sense *s.*, Orientierung *f.*, Richtung *f.*; Peilseite *f.* (*Funkp.*); **– of bearing,** Peilsinn *m.* (*Funkp.*); **– adjustment** *s.*, **– finding** *s.*, Seitenbestimmung *f.* (*Funkp.*).

sensibility *s.* **to light,** Lichtempfindlichkeit *f.* (*von Instrumenten*); **sensible** *adj.* (*naut.*), scheinbar, sichtbar; **– horizon** *s.*, scheinbarer Horizont *m.*; **– to light,** lichtempfindlich (*Instrumente*).

sensing *s.* (*rad.*), Seitenbestimmung *f.* (*Funknavigation*); **– aerial** *s.* (*am.* **antenna**), Hilfsantenne *f.*

sensitive *adj.*, empfindlich (*Funkgerät, etc.*); **– to corrosion,** korrosionsanfällig, rostempfindlich; **– to light,** lichtempfindlich (*Instrumente*); **sensitivity** *s.* (*tech.*), Empfindlichkeit *f.* **(to,** gegen) (*Meßinstrumente, etc.*); **– time (-constant) control** *s.* (*radar*), Nahechodämpfung *f.*

sensor *s.*, elektronischer Fühler *m.*, Sensor *m.* (*Instrumente, Geräte*).

separation *s.*, **– of flow,** Strömungsabriß *m.* (*am Segel*); **intermittent – of (the) keel and rudder,** gestörte Umströmung von *od.* an Kiel und Ruder; **separate** *v.*, **the air flow –s,** die (Luft)Strömung reißt ab (*im Segel*).

sequence *s.*, (Aufeinander-, Reihen)Folge *f.*; **– of a light** *or* **beacon,** Leuchtfeuerfolge *f.*; **– signal** *s.*, Folgesignal *n.*; **– switch** *s.*, Stufenschalter *m.*; **sequential** *adj.* **control,** Stufen-, Folgeregelung *f. od.* -regulierung *f.*, Selbststeuerung *f.* (*Geräte*).

serain *s.*, feiner Regen *m.* aus wolkenlosem Himmel (*bes. in den Tropen*).

serang *s.*, (indischer) Bootsmann *m.*

serene *s.*, ruhig-heitere Fläche *f.* der See; *adj.*, klar, hell, heiter (*Wetter*); **– sea** *s.*, ruhige See *f.*; **– weather** *s.*, schönes Wetter *n.*

serial/construction *s.*, Serienbau *m.*, -herstellung *f.* (*Bootsbau*); **– number** *s.*, Seriennummer *f.* (*Boot*); **– production** *s.*, Serienherstellung *f.* (*Segel*).

series *s.* (*rac.*), (Regatta-, Wettfahrt)Serie *f.*; **in –** (*elec.*), in Reihe geschaltet; **series/building** *or* **construction** *s.*, Serienbau *m.* (*Bootsbau*); **– circuit** *s.* (*elec.*), Reihenschaltung *f.*; **– motor** *s.*, Reihenschlußmotor *m.*; **– parallel circuit** *s.* (*elec.*), Reihenparallelschaltung *f.*; **--wound** *adj.*, in Serie geschaltet; **--wound dynamo** *s.*, Reihenschluß-, Hauptschlußdynamo *m.*

serious *adj.* **damage,** schwere Havarie *f.*

serve *v.*, (*Tau*) bekleiden; **to – afloat,** (zur See) fahren, befahren sein (*Segler*); **to – a rope,** ein Ende bekleiden; **the tide –s at five o'clock** um 5 Uhr ist der Wasserstand zum Ein- *od.* Auslaufen günstig.

servery *s.*, Pantry *f.*, Kombüse *f.*

service *s.*, Bekleidung *f.*, Bekleidungsmaterial *n.* (*Tauwerk*); **merchant –,** Handelsflotte *f.* **meteorological –,** Wetterdienst *m.*; **sea rescue –,** Seerettungsdienst *m.*; **senior –,** Marine *f.*; **– aboard** *or* **afloat,** Borddienst *m.*; *v.*, instandsetzen, überholen, pflegen, unterhalten warten (*Boot*); **to – a boat** (*tech.*), eine Yacht überholen *od.* warten; **service/abbreviation** (*pl.*) (*rad.*), vorschriftsmäßige Abkürzungen (*pl.*) *od.* Kürzel (*pl.*); **serviceable** *adj.*, strapazierfähig (*Segel*); **service/area** *s.* (*rad.*), Funk-, Sendebereich *m.*; **– battery** *s.*, Betriebs-, Servicebatterie *f.*; **– speed** *s.* (*naut.*), Betriebsgeschwindigkeit *f.*; **– station** *s.*, Reparaturwerkstatt *f.*

servo/-control *s.*, Servolenkung *f.*, -steuerung *f.*; **–mechanism** *s.*, Servomechanismus *m.*; **–motor** *s.*, Servomotor *m.*, Stellmotor *m.*; **–-rudder** *s.*, Hilfs-, Servoruder *n.*

set *s.*, Satz *m.*, Stell *n.* (*Segel, Flaggen*), Besteckversetzung *f.*, Versetzung *f.* (*durch Strom, Wind*), Richtung *f.* (*Strömung, Wind*), Besteck *n.* (*von Instrumenten*), (Sprech)Funkgerät *n.*, (Radio)Empfänger *m.*; Ausrüstung *f.*, Apparat *m.*, Gerät *n.*, (*tech.*) Klammer *f.*, (*tech.*) Schlag *m.*, Verformung *f.* (*Mast*), Fest-, Hartwerden *n.* (*Polyesterharz, etc.*), (*astr.*) Untergang *m.* (*Gestirn*); **current –,** Stromversetzung *f.*; **the mast has a – to the left,** der Mast hat einen Schlag nach links; **to take a –,** fest-, hartwerden (*Polyesterharz, etc.*); **– of charts,** Kartensatz *m.*, -stell *n.*; **– of (the) current,** Stromversetzung *f.*, -richtung *f.*; **– of day,** Tagesende *n.*, Ende *n.* des Tages; **– of flags** (*pl.*) (Flaggen)Stell *n.*; **– of sails** (*pl.*), Stell *n.*, Segelsatz *m.*, ein Satz Segel; **– of (the) sun,** Sonnenuntergang *m.*; **– of (the) tide,** Stromrichtung *f.*; **leeward (windward) – of the tide,** Stromlee (-luv) *f.*; **– of the wind,** Windrichtung *f.*

set *v.*, (*Segel*) setzen, heißen; einsetzen (*Boot beim Stampfen*), versetzen (*Boot durch Strom*), (*Boot*) (vorwärts)staken; setzen (*Strom*), fließen, laufen, strömen (*Flut*), kommen, wehen (*Wind*), einsetzen, beständig werden (*Wetter*), einen Schlag bekommen (*Mast*), (*tech.*) sich verbiegen *od.* verformen *od.* verkrümmen; einstellen (*Geräte*), (er)härten, hart werden lassen (*Kunstharz*), (*astr.*) untergehen (*Gestirn*), (*rac.*) (sich) startklar machen; **the current –s to the north,** der Strom setzt nach Nord(en), die Strömung geht nach Norden; **the current –s the boat to the north(ward),** der Strom *od.* die Strömung (ver)setzt *od.* vertreibt das Boot nach Norden *od.* in nördliche Richtung; **the moon (sun) –s,** der Mond (die Sonne) geht unter; **the weather has – fair,** das Wetter ist schön geworden; **the wind –s from the north,** der Wind kommt *od.* weht *od.* bläst aus Nord; **to – beacons,** abbaken; **to – the boat** (*rac.*), an die Startlinie segeln, Startposition einnehmen; **to – course (for),** Kurs nehmen auf; **to – course for Dover,** Kurs nach Dover nehmen, Dover anlaufen; **to – a westerly course (for),** westlichen Kurs *od.* Kurs nach West(en) *od.* Westkurs nehmen (auf); **to – the engine going,** den Motor anlassen; **to – a flag,** eine Flagge setzen *od.* heißen; **to – the land,** Land (an)peilen (*mit dem Kompaß*); **to – sail (for),** Segel setzen, unter Segel gehen, in See gehen, auslaufen (nach); **to – (the sails) flying,** (die Segel zum Trocknen) aufheißen; **to – across,** übersetzen (*über einen Fluß, etc.*); **to – afloat,** (*ein Boot wieder*) flottmachen; **to – back,** ablaufen, zurückfließen (*Flut*); **to – by one's compass,** Kompaßpeilung *f.* (*von einer Landmarke, etc.*) nehmen; **to – by the compass,** Lage *od.* Richtung nach dem Kompaß bestimmen; **to – in,** einsetzen (*Flut*); landwärts gehen (*Wind, Strömung*); **it –s in to rain,** es beginnt zu regnen; **rain – in,** Regen setzte ein; **the tide –s in,** die Flut kommt, die Tide setzt ein; **to – off (for),** auslaufen (nach); **to – on** (*tech.*), in Gang *od.* Bewegung bringen *od.* setzen; **to – oneself** (*rac.*), sich startklar machen; **to – out (for),** auslaufen (nach); **to – taut,** (*Leine, etc.*) steifsetzen; **– taut,** steifgeholt, -gelegt, -gesetzt; **to – to motion,** in Bewegung setzen (*Motorboot*); **to – up,** absetzen (*Wasserpaß*); **to be – up correctly,** richtig besegelt sein, die richtigen Segel fahren *od.* führen; **to – up the standing rigging,** das stehende Gut durch- *od.* steifsetzen; **to – upright,** aufrichten, aufrecht stellen (*Mast*); **to be all –** (*coll., rac.*), startklar sein.

set *adj.*, fest, starr, unbeweglich (*Rigg, etc.*), (fest) eingebaut (*Koje*); **all –,** segel-, startklar; **at a – distance,** in einer bestimmten Entfernung; **set/back** *s.* (*am.*), Gegenströmung *f.*, Strudel *m.*; **– bolt** *s.* (*tech.*), Kopfbolzen *m.*; **–off** *s.*, Auslaufen *n.*, Absegeln *n.*, Aufbruch *m.* (*zu einem Segeltörn*); **– rules** (*pl.*) (*rac.*), festgelegte Regatta- *od.* Wettfahrtbestimmungen (*pl.*); **–(-)screw** *s.*, Feststell-, Befestigungs-, Hemmschraube *f.*; **– square** *s.*, Winkel *m.*, Winkellineal *n.*, Zeichendreieck *n.*

sett *s.*, Stelle *f.* in einem Fluß *od.* im Meer, an der Netze ausgelegt werden.

settee *s.*, Settie *f.*, Scitie *f.*, Schebecke *f.* (*mit Lateinsegeln*).

setting *s.*, Setzen *n.* (*des Stroms*), Stromrichtung *f.*, Richtung *f.*, Verlauf *m.* (*einer Strömung*), (*tech.*) Untersatz *m.*, Sockel *m.*, Fundament *n.*, Bettung *f.*, (*tech.*) Hartwerden *n.* (*Kunstharz*), Einstellung *f.* (*Geräte*), (*astr.*) Untergang *m.* (*eines Gestirns*); **heavy** *or* **labourious** *or* **rough – (of the boat),** hartes Einsetzen *n.* (des Vorschiffs in die See); **smooth –,** weiches Einsetzen *n.* (*beim Stampfen*); **– of**

the current from west to east, Stromversetzung *f. od.* das Setzen des Stroms von West nach Ost; **– of flags,** Flaggenführung *f.*; **– of navigation lights,** Lichterführung *f.*; **– of sail(s),** Segelführung *f.*, Setzen *n.* der Segel; **– of the stern,** Einsetzen *n.* des Hecks (in die See); **– of the sun,** Sonnenuntergang *m.*; **– angle** *s.*, Anstellwinkel *m.* (*Ruder*); **– circle** *s.*, Einstellkreis *m.* (*an Instrumenten u. Geräten*); **– mark** *s.*, Einstellmarke *f.* Ablesemarke *f.* (*an Geräten*); **– pole** *s.*, Staken *m.*, (Stoß)Stange *f.* (*um Boote in seichtem Wasser fortzubewegen*); **– time** *s.*, Härtezeit *f.* (*Polyesterharz*).

settle *v.*, beständig werden, sich aufklären (*Wetter*); **to – (down),** langsam sinken, absakken (*Boot*), langsam nachgeben *od.* lose kommen (*Fall, Leine, etc.*), nachlassen, sich legen (*Sturm*); **night –s,** es wird Nacht; **the weather begins to –,** das Wetter wird beständiger; **settled** *adj.*, **– weather,** beständiges *od.* schönes Wetter *n.*; **– wind** *s.*, stehender *od.* beständiger *od.* gleichmäßiger Wind *m.*; **settlement** *s.* **of the weather,** Wetterberuhigung *f.*

seven/-eighth rig *s.*, Siebenachtel-Rigg *n. od.* -Takelung *f.*; **--masted fore-and-aft schooner** *s.*, Siebenmast-Gaffelschuner *m. od.* -schoner *m.*; **– seas** (*pl.*), **S– Seas** (*pl.*), die Sieben Meere (*pl.*), Weltmeer *n.*; **to have sailed the – seas,** alle Meere befahren haben, ein er- *od.* befahrener Segler *od.* Seemann sein.

sever *v.*, (zer)reißen, sich trennen (*Tauwerk*); **to – a rope,** ein Tau zerreißen *od.* durchtrennen; **the rope –ed under the strain,** das Tau (zer)sprang *od.* riß unter der Belastung.

severe *adj.*, rauh, streng (*Wetter*), gründlich (*Test*); **– cold** *s.*, strenge Kälte *f.*; **– rain** *s.*, heftiger *od.* starker Regen *m.*; **– wind** *s.*, starker Wind *m.*

severity *s.* **(of the weather),** Härte *f.*, Strenge *f.*, Rauhheit *f.* (des Wetters).

sew *v.*, **to – in** *or* **on a patch,** einen Patsch (*in od. auf ein Segel*) ein- *od.* aufsetzen.

sewer *s.*, (Deich)Siel *m. od. n.*, (Deich)Schleuse *f.*; **– gate** *s.*, Sieltor *n.*; **– port** *s.*, Sielhafen *m.*

sewing yarn *s.*, Segelgarn *n.*

sewn whipping *s.*, genähter Takling *m.*

sextant *s.* (*naut., astr.*), Sextant *m.* (*Instrument zur Winkelmessung*); **bubble –,** Libellensextant *m.*; **gyro –,** Kreiselsextant *m.*; **micrometer-drum –,** Trommelsextant *m.*; **pendulum –,** Pendelsextant *m.*; **vernier –,** Nonius-Sextant *m.*; **– (fitted) with artificial horizon,** Kreiselsextant *m.*, Sextant *m.* mit künstlichem Horizont; **– fitted with micrometer reading and small built-in light,** Trommelsextant *m.* mit eingebautem Licht, Sextant *m.* mit Mikrometerschraube und eingebauter Beleuchtung; **– (fitted) with vernier drum,** Nonius-Sextant *m.*, Trommelsextant *m.*; **– adjustment** *s.*, Sextanteneinstellung *f.*; **– altitude** *s.*, Sextantenhöhe *f.* (*gemessene Höhe*); **– arc** *s.*, Sextant-Bogenminute *f.*, -gradbogen *m.*; **– error** *s.*, Sextantfehler *m.*; **– frame** *s.*, Sextantrahmen *m.*; **– (horizon) glass** *s.*, Sextant-Indexspiegel *m.*; **– observation** *s.*, Sextantbeobachtung *f.*; **– telescope** *s.*, Sextantfernrohr *n.*; **– vernier** *s.*, Sextantnonius *m.*

sextile *s.* (*astr.*), Sextil-, Gesechstschein *m.*

sextuplet *s.* (*naut.*), Sechsergruppe *f.* (*Wegerecht*).

shackle *s.*, Ankerschäkel *m.*, Schäkel *m.*; Kettenlänge *f.*, (*tech.*) Lasche *f.*; **flag –,** Flaggenclip *m.*; **halyard –,** Fallen-, Schlüsselschäkel *m.*; **key-pin –,** Schlüsselschäkel *m.*; **mooring** *or* **rocking –,** Muringschäkel *m.*; **patent –,** Patentschäkel *m.*; **screw-pin –,** Schraubschäkel *m.*; **snap –,** Schnappschäkel *m.*; **swivel –,** Wirbelschäkel *m.*; **swivel snap –,** Schnapp-Wirbelschäkel *m.*; **trunnion snap –,** Drehzapfen-Schnappschäkel *m.*; **– of a cable,** Kettenlänge *f.*; **four –s in the water!** (*com.*), 100 m Kette stecken! (*Ankerkommando*).

shackle *v.*, (an)schäkeln, laschen; **to – in,** einschäkeln; **to – off,** abschäkeln; **to – on,** anschäkeln; **to – on the halyard,** das Fall einschäkeln.

shackle/block *s.*, Schäkelblock *m.*; **– bolt** *s.*, Schäkelbolzen *m.*, Gelenkschraube *f.*; **shacklemeter** *s.*, Schäkelzähler *m.* (*Kettenlänge*); **shackle/pin** *s.*, Schäkelbolzen *m.*; **– spanner** *or* **wrench** *s.*, Schäkelschlüssel *m.*

shade *s.*, (Schutz)Blende *f.*, -Schirm *m.*; (Abend)Dämmerung *f.*; **– error** *s.*, Spiegelfehler *m.* (*am Sextanten*).

shadow *s.*, viereckiger Spinnaker *m.*, (*astr.*) Schatten *m.*; (Abend)Dämmerung *f.*, Dunkelheit *f.*; **– area** *s.* (*or* **shadowed area** *s.*), (*radar*), Schattenbereich *m.*, -gebiet *n.*, verschatteter Bereich *m.*; **– pin** *s.*, Schattenstift *m.* (*am Peilaufsatz*); **shadowy** *adj.* (*radar*), verschattet, verschwommen.

shaft *s.*, (Schaft)Welle *f.* (*Propeller*), Schaft *m.*, Griff *m.*, Stiel *m.* (*Werkzeuge, etc.*); **– of lightning,** Blitzstrahl *m.*; **– of rudder,** Ruderschaft *m.*; **– of sunlight,** Sonnenstrahl *m.*; **screw** *or* **tail –,** Schwanzwelle *f.* (*Propeller*); **– alley** *s.*, Wellentunnel *m.* (*Propeller*); **– bearing** *s.*, Wellenlager *n.*; **– bossings** (*pl.*), Wellenhosen (*pl.*) (*Propeller*); **shafting** *s.* (*tech.*), Kraftübertragung *f.*, Transmission *f.*; **shaft / liner** *or* **lining** *s.*, (Propeller)Wellenüberzug *m.*; **– loom** *s.*, Ruderschaft *m.*; **– pipe** *s.*, Stevenrohr *n.*; **– strut** *s.*, Wellenbock(arm *m.*, -stütze *f.*) *m.*; **– tube** *s.*, Stevenrohr *n.*, Sternbuchse *f.*; **– tunnel** *s.*, Wellentunnel *m.* (*Propeller*).

shake *s.* (*am.*, *coll.*), Erd-, Seebeben *n.*; Sprung *m.*, Riß *m.*, Spalt *m.* (*Holzboot*); **– of wind,** Windstoß *m.*

shake *v.*, killen (*Segel*); **to – out,** ausreffen; **to – a reef out,** ein Reff ausstecken *od.* ausschütten *od.* auslassen; **to – a boat in the wind,** (mit dem Bug) so hart an den Wind gehen, daß die Segel killen.

shakedown cruise *s.* (*coll.*), erste Fahrt eines neuen Bootes, Jungfernfahrt *f.*, Probefahrt *f.* (*eines neuen Bootes*).

shaken *adj.*, (kern)rissig (*Holzboot*).

shaking *s.* **(of the sails),** Killen *n.* (der Segel).

shallop *s.*, Schaluppe *f.*, kleines leichtes Boot *n.*

shallow *s.*, Untiefe *f.*, seichte Stelle *f.*; (*pl.*) Untiefe *f.*, seichtes Gewässer *n.*; **muddy –s** (*pl.*), Watt *n.*; *v.*, flach *od.* seicht werden (*Gewässer*); *adj.*, flach, seicht (*Gewässer*); **– draught** *s.*, geringer Tiefgang *m.* (*Schiff*); **–-draught vessel** *s.*, flachgehendes Boot *od.* Schiff *n.*, Boot *n. od.* Schiff *n.* mit geringem Tiefgang; **shallowness** *s.*, Untiefe *f.*, Seichtheit *f.* (*eines Gewässers*); **shallow / patch** *s.*, seichte Stelle *f.* (*im Wasser*); **– sounder** *s.*, Flach-, Untiefenlot *n.*; **– water** *s.*, Flach-, Seichtwasser *n.*, flaches *od.* seichtes Wasser *n.*, beschränkte Wassertiefe *f.*

shambles *s./pl.* (*coll.*), wildes Durcheinander *n.* (*v. Tauwerk, etc.*); **the gale turned the boat into a shambles,** der Sturm verwandelte das Boot in einen Trümmerhaufen.

shanghai *v.* (*naut.*), (ver)schanghaien, mit Gewalt anheuern, zum Seedienst pressen (*Seeleute*); **shanghaiing** *s.*, Schanghaien *n.*

shank *s.*, Ankerrute *f.*, -schaft *m.*; (*tech.*) Schaft *m.*, Stiel *m.*; **sheep –,** Verkürzungsstek *m.*, -trompete *f.*; **in the – of the afternoon,** am späten Nachmittag.

shanty *s.*, (*s.* **chant(e)y**), Shanty *n.*

shape *s.*, Form *f.*, Gestalt *f.*, Profil *n.* (*Segel, etc.*), Umriß *m.*; Modell *n.*; **aerodynamic – (of a sail),** aerodynamisches Segelprofil *n.*, (Segel)Bauch *m.*, -Wölbung *f.*; **black diamond –,** Rhombus *m.*, Raute *f.* (*Signalkörper*); **bow –,** Bugform *f.*; **deck –,** Decksform *f.*, Form *f.* des Decks; **flattening – (of a sail),** flacherer (Segel)Trimm *m.*; **full – (of a sail),** volles (Segel)Profil *n.*; **locked-in – (of a sail),** maximales Segelprofil *n.*; **the – (already) locked in a sail,** profiliertes Segel *n.*; **the sail takes –,** das Segel füllt sich; **to hold its –,** das Profil *od.* die Wölbung *od.* den Bauch (be)halten (*Segel*); **to lock in the –,** (maximales) (Segel)Profil erreichen; **– above,** Überwasser(schiffs)-form *f.*; **– of blade,** Propellerblatt- *od.* -flügelform *f.*; **– of deck,** Decksform *f.*; **– of frame,** Spant(en)form *f.*, -profil *n.*; **– of sail,** Segelprofil *n.*, -bauch *m.*, -wölbung *f.*; **– of spinnaker,** Spinnakerform *f.*; **– of the stern,** Heckprofil *n.*, -form *f.*; **– of underwater hull** *or* **underbody** *or* **submerged part of the hull,** Unterwasser(schiffs)form *f.*

shape *v.*, profilieren (*Segel*), konstruieren, formen (*Bootsrumpf*), absetzen (*Kurs*); **to – the course (for),** den Kurs absetzen (auf), Kurs nehmen (auf), ansteuern; **to – up a sail,** einem Segel das endgültige Profil geben; **shaped** *adj.* **course,** festgelegter Kurs *m.*; **shapely** *adj.*, **a – sail,** ein gut profiliertes Segel *n.*

share *s.*, Part *f.*, Besitzanteil *m.* (*an einem Boot od. Schiff*); **– in a yacht,** Schiffspart *f.*, -teilhaberschaft *f.*, -besitzanteil *m.*

shark repellent *s.*, Haiabschreckungs-, Haiabwehrmittel *n.*

shark's mouth *s.* (*coll.*), Öffnung *f.* in einem Sonnensegel (*für den Mast*).

sharp *adj.*, scharf, spitz zulaufend (*Bug*), schneidend, scharf (*Wind, Kälte*); **look –!** (*int.*), Beeil dich!, Mach schnell!; **to brace up –(ly),** scharf anbrassen, hart anholen (*Schot*); **a – race** (*coll.*), eine heiße Regatta *f.*; **sharp / bilge** *s.*, scharfe Kimmrundung *f.*; **–-bottomed boat** *s.*, Boot *n.* mit scharfer Unterwasserform; **– bow** *s.*, scharfer Bug *m.*; **– cold** *s.*, beißende *od.* schneidende Kälte *f.*; **–-cut bow** *s.*, spitz zulaufender *od.* scharf geschnittener Bug *m.*; **– distinction** *s.* (*radar*), scharfe *od.* klare Unterscheidung *f.*; **–-edged** *adj.*, scharfkantig; **– end** *s.*, Spitzgatt *n.*

sharpie *s.* (*am., dial.*), Scharpie(boot) *n.* (*Sportsegel- und Fischereisegelboot*), Knickspantboot *n.*

sharping *s.* **of the minimum,** Minimumenttrübung *f.* (*Funkp.*).

sharp / -pointed bow *s.*, scharfer *od.* spitz zulaufender Bug *m.*; **– rise** *s.* **of floor** *or* **deadrise** *s.*, starke Aufkimmung *f.* (*Boot*); **– rise** *s.* **of (fore)deck,** scharfer Sprung *m.* des (Vor-) Decks; **– sand** *s.*, harter Sand *m.*; **– sound** *s.*, hoher Ton *m.* (*Signal*); **– stern** *s.*, Spitzgatt(heck) *n.*; **–-sterned boat** *s.*, Spitzgatter *m.*, Doppelender *m.* (*Seekreuzer*); **– wind** *s.*, beißend-scharfer *od.* schneidender Wind *m.*

shatter *v.*, auseinanderbrechen, in Stücke brechen, zerspringen; **a boat –ed by the storm,** ein vom Sturm zerschlagenes Boot *n.*

shatters *s./pl.*, Schiffstrümmer (*pl.*).

shave *s.*, Ziehklinge *f.*; **to have a close** *or* **narrow –** (*coll.*), mit knapper Not *od.* mit heiler Haut davonkommen (*Seenot, etc.*).

shave *v.*, **to – off,** abscheren (*Schäkel, etc.*); **to – a jetty** (*coll.*), einen Steg mitnehmen.

shaver *s.* (*am., coll., rad.*), **(portable) –,** (tragbares) (Sprech)Funkgerät *n.*

she *pron.*, sie (*bei Booten od. Schiffen mit Namen*), es (*bei Booten od. Schiffen ohne Namen*).

shear *s.*, Abscherung *f.*; Scherbeanspruchung *f.*, -kraft *f.*, (*tech.*) Schub *m.*; *v.*, **to – (off),** abscheren; **to – off a boat,** ein Boot abscheren *od.* freihalten (*vom Steg, etc.*); **to – off a shackle,** einen Schäkel abscheren *od.* abquetschen; **shear / guard** *s.*, Scheuer-, Fußleiste *f.*; **– hulk** *s.*, Blockschiff *n.*

shearing *s.* (*phys.*), Abscheren *n.*; Abscherung *f.*; **– force** *s.* (*phys.*), Scher-, Schub-, Querkraft *f.*; **– force of the wind,** Schub(kraft *f.*) *m.* des Windes; **– stress** *s.*, Scherbeanspruchung *f.*

shear / legs *s./pl.*, Masten-, Scherenkran *m.*; **– legs** (*pl.*) **on deck,** Jütt *f.*, Mastabstützung *f.* (*bes. bei Klappmasten*); **– pin** *s.*, Scherbolzen *m.*, Abscherstift *m.*; **shears** (*pl.*), kräftige Schere *f.*; **pair of –,** Metall-, Blechschere *f.*, große Schere *f.*; **shear stress** *s.*, Scherbeanspruchung *f.*, -festigkeit *f.*

sheath *s.*, Uferbewehrung *f.*, -schutz *m.*, lockerer Steindamm *m.*

sheathe *v.* (*naut., tech.*), be-, um-, verkleiden, verschalen; überziehen, verhäuten, beschlagen (*Boot*); **to – a ship with copper,** einen Schiffsboden mit Kupfer beschlagen.

sheathing *s.*, (Außen)Haut *f.* (*Boot*), (Boden-)Beschlag *m.*, Beschlagmaterial *n.* (*Schiffsboden*), Verhäuten *n.*, Beschlagen *n.* (*Boot*), Verschalung *f.* (*Luken, etc.*), (*tech.*) Mantel *m.*, Überzug *m.*; **deck –,** Decksbelag *m.*; **wood –,** Spikerhaut *f.*; **– of copper,** Kupferhaut *f.* (*Schiff*).

sheave *s.* (*naut.*), Scheibe *f.*, Rolle *f.*, Rillen-, Seilscheibe *f.*; **halyard –,** Fall(en)scheibe *f.*; **masthead –,** Masttoppscheibe *f.*; **– ho!** (*int.*), Zu Blocks!, Zublocks!; **– of block,** Blockscheibe *f.*; **sheave / hole** *s.*, Scheibengatt *n.*; **– pin** *s.*, Scheibenbolzen *m.*; **– pulley** *s.*, Umlenkrolle *f.*

shed *s.*, Wasserscheide *f.*; **boat –,** Bootshaus *n.*, -schuppen *m.*

shed *v.*, aussenden, ausstrahlen, verbreiten (*Licht eines Leuchtfeuers, etc.*), verringern (*Ballast, Gewicht*); **to – ballast,** Ballast abstoßen.

sheepshank *s.*, Schafschenkel *m.*, Lange Trompete *f.*, Trompete *f.*, Trompetenstek *m.*, Verkürzungsstek *m.*, -trompete *f.*

sheer *adj.*, **– descent of rock,** jäh *od.* senkrecht *od.* steil abfallende Klippe *f.*; **to rise – from the water,** senkrecht aus dem Wasser aufragen (*Klippe, Eisberg*).

sheer *s.*, Strak *m.*, (Deck)Sprung *m.*; Ausscheren *n.*, Abgieren *n.*, (Kurs)Abweichung *f.* (*eines Bootes*), Abscheren *n.* (*vom Anker*); **normal –,** positiver (Deck)Sprung *m.*; **plank –,** Schandeck *n.*, Schandeckel *m.*; **positive –,** positiver (Deck)Sprung *m.*; **reverse –** negativer (Deck)Sprung *m.*; **– of the deck** Decksprung *m.*, Sprung *m.* (des Decks); **– aft** achterer (Deck)Sprung *m.*

sheer *v.*, ausscheren, gieren, (*vom gesteuerten Kurs*) abdrücken *od.* abdrängen *od.* ablenken *od.* abweichen *od.* abscheren; ausweichen (*Boot*), straken; scheren (*Leine, etc.*), abscheren (*Schäkel, etc.*); **to – alongside,** längsseit scheren; **to – astern,** achtern *od.* hinter dem Heck (*eines anderen Bootes*) vorbeischeren; **to – away,** ab-, wegscheren (*Boot*); **to – in,** einscheren (*Boot*); **to – off,** (plötzlich) abdrehen, abgieren, abscheren (*Boot*), freihalten (*Boot vom Steg, etc.*), ausscheren (*Boot*), wegschleppen *od.* -verholen (*Boot*); **to – up** angieren, sich längsseit *od.* von der Seite nähern (*Boot*).

sheer / batten *s.*, Spreizlatte *f.* (*zum Aufentern in den Mast*); **– draught** *s.*, Aufriß *m.* (*Bootsbau*); **– draught plan** *s.*, **– drawing** *s.*, Aufriß *m.*, Linienriß *m.* (*Bootsbau*); **– head lashing** *s.*, Kopflaschung *f.*; **– hulk** *s.*, Hulk *f.* (*eines abgetakelten Schiffs*) mit Mastkran.

sheering *s.*, Gieren *n.*, Ab-, Angieren *n.*, Ausweichen *n.* (*eines Bootes*).

sheer / iron *s.*, Strakgewicht *n.*; **– lath** *s.*, Straklatte *f.*; **– legs** (*pl.*), (*s.* **shear legs**); **– line** *s.* Deckstrak *m.*, Scherlinie *f.*; Schertau *n.*; **– plan** *s.*, Längs-, Seitenriß *m.* (*Bootsbau*); **– rail** *s.*, Schandeck(el)leiste *f.*; **–strake** *s.* Schergang *m.*

sheet *s.*[1], weite Fläche *f.* (*Wasser*), (Eis)Scholle *f.*; Folie *f.* (*Segeltuch*), (*tech.*) (Blech)Platte *f.*; **the rain comes down in –s,** es regnet in Strömen; **– of ice,** Eisdecke *f.*, -schicht *f.*; **– lightning,** Flächenblitz *m.*

sheet *s.*[2], Schot *f.*, Segelleine *f.*, (*coll.*) Laken *n.*, Segel *n.*; (*pl.*) (Boots)Vorderteil un

(Boots)Achterteil *m.* (*in offenen Booten*); **choker –,** Zusatzschot *f.*, engere *od.* hemmende Schot *f.*; **flowing** *or* **flying –,** fliegende Schot *f.*; **fore** *or* **headsail –,** Vorschot *f.*, Fockschot *f.*; **genoa –,** Genuaschot *f.*; **genoa – led to the main boom,** Genuaschot-Ausleger *m.*; **heavy (light) –,** schwere (leichte) Schot *f.*; **jib –,** Fockschot *f.*; **lee –,** Leeschot *f.*; **main –,** Großschot *f.*; **mizzen –,** Besanschot *f.*; **primary –,** Hauptschot *f.*, normale Schot *f.*; **spinnaker –,** Spinnakerschot *f.*; **weather –,** Luvschot *f.*; **line for –s, rope for use as –s** (*pl.*), Schotmaterial *n.*; **splice the main –!** (*com.*), Besanschot an!; **to ease the – off, to ease off the –s** (*pl.*), die Schot fieren; **to lead the – to a winch,** die Schot über eine Winsch ziehen; **to let go the –,** die (Fock-) Schot loswerfen; **to pull the – in,** die Schot dichtholen; **to sail with the –s eased off,** raumschots segeln.

sheet *v.*, (*Segel*) anholen; **to – home** *or* **in (a sail),** (ein Segel) anholen; **to – inboard,** (b)innen(bords) schoten; **to – outboard,** außen(bords) schoten; **to – a sail farther outboard,** das Segel weiter außen trimmen; **to – a sail to the stern,** das Segel (bis) zum Heck hin schoten *od.* anholen.

sheet / aluminium *s.*, Aluminiumblech *n.*; **– anchor** *s.*, Not-, Pflicht-, Rüstanker *m.*, Reserveanker *m.* (*für Notfälle*), Plattenanker *m.*; **– bend** *s.*, Schotstek *m.*, -stich *m.*; **double – bend** *s.*, doppelter Schotstek *m.*; **– block** *s.*, Schotblock *m.*; **genoa – block** *s.*, Genua-Schotblock *m.*; **jib – block** *s.*, Fockschotblock *m.*; **– bracket** *s.*, Schotbügel *m.*; **– bridle** *s.*, Schotbügel *m.*; **– cleat** *s.*, Schotklampe *f.*; **– control** *s.*, Schot(en)führung *f.*, -regulierung *f.*; **– copper** *s.*, Kupferblech *n.*

sheeted *adj.*, **– rain,** strömender Regen *m.*; **– with ice,** eisbedeckt, mit Eis bedeckt.

sheet / horse *s.*, Schotleitschiene *f.*; **main –horse** *s.*, Großschotleitschiene *f.*; **– ice** *s.*, Scholleneis *n.*

sheeting *s.*, Schoteinstellung *f.*, (*tech.*) Beschlag *m.*; **central – system** *s.*, Mittelschot *f.*; **stern – system** *s.*, Heckschot *f.*

sheet / lead *s.*, Schotholepunkt *m.*; (Schot)Leitöse *f.*; **– lightning** *s.*, Flächenblitz *m.*; Wetterleuchten *n.*; **– markings** (*pl.*), Schot(holepunkt)markierungen (*pl.*); **--pile bulkhead** *s.*, Spundwand *f.*; **– point** *s.*, Schotholepunkt *m.*; **– ratchet bitt** *s.*, Knarrpoller *m.* (*Schotwinde*); **– shackle** *s.*, Schotschäkel *m.*; **– steel** *s.*, Stahlblech *n.*; **– steel piling** *s.*, Spundwand *f.*; **– tension** *s.*, Schotspannung *f.*; **– track** *s.*, Schotleitschiene *f.*; **main – track** *s.*, Großschotleitschiene *f.*; **– wall** *s.*, Spundwand *f.*; **– winch** *s.*, Schotwinde *f.*, -winsch *f.*

shelf *s.*, Fußteil *m.* (*eines Segels*), Balkweger *m.* (*Bootsbau*), (*naut.*) Küstensockel *m.*, Schelf *n.*, Riff *n.*, Sandbank *f.*; Bord *n.*, Regal *n.*; **continental –,** Festlandsockel *m.*; **zipper –,** Reißverschluß-Fußteil *m.* (*Segel*); **zipperless –,** extra voller Fußteil *m.* (*Segel*); **– foot** *s.*, extra voller Fußteil *m.* (*Segel*); **– ice** *s.*, Schelf-, Barriereeis *n.*; **shelfy** *adj.* (*naut.*), voller Sandbänke *od.* Untiefen.

shell *s.*, Außenhaut *f.*, Außenwand *f.* (*eines Bootes*); Einmann-Renn(ruder)boot *n.*, Einer *m.*, Skiff *n.*; **– of a block,** Blockgehäuse *n.*; **– of a boat,** Bootsrumpf *m.*, Rumpf *m.* eines Bootes.

shellac *s.* (*or* **shellack** *s.*), Schellack *m.*

shell / back *s.* (*coll.*), alter Seebär *m.*, alter erfahrener Seemann *m.*; **– expansion** *s.*, Außenhautabwicklung *f.*; **– plating** *s.*, Außenhaut *f.*, Außenhautbeplattung *f.*; **--plating strake** *s.*, Außenhautstrak *m.*

shelter *s.*, **to seek** *or* **take – (from a gale) in a port,** (vor einem Sturm) in einem Hafen Schutz suchen; *v.*, **the boat sheltered in a bay,** das Boot suchte Schutz in einer Bucht; **shelter / deck** *s.*, Schutzdeck *n.*; **--decker** *s.*, Shelter-, Schutzdecker *m.* (*Schiff*); **sheltered** *adj.*, **– bay,** geschützte Bucht *f.*; **– harbour** *or* **port** *s.*, geschützter *od.* sicherer Hafen *m.*; **– water** *s.*, geschütztes Fahrwasser *n.*; **– zone** *s.*, Windschatten *m.*

shelve *v.*, sich neigen (*Deck*); **shelving** *adj.*, schräg, abschüssig (*Deck*).

shield *s.* (*tech.*), Schutz *m.*, Abschirmung *f.*; *v.*, abschirmen; **shielded** *adj.* **aerial** (*am.* **antenna**), abgeschirmte Antenne *f.*; **shielding** *s.*, Abschirmung *f.*

shift *s.*, Umspringen *n.*, Richtungswechsel *m.* (*des Windes*), Veränderung *f.*, Wechsel *m.* (*Wetter*); Hilfsmittel *n.*, Notbehelf *m.*; **to make – (with),** sich behelfen (mit); **freeing –,** Raumen *n.* (*des Windes*); *v.*, umlegen (*Ruder*), s(c)hiften, wechseln (*Segel*), verholen (*Boot*), übergehen, überschießen, verrutschen, sich verlagern *od.* verschieben (*Ballast*), (*den Liegeplatz*) wechseln; umspringen, drehen, die Richtung ändern (*Wind*), (*tech.*) (um)schalten, umlegen *od.* umstellen (*Hebel*); **the wind –s (round) to the north,** der Wind springt auf Nord um; **to – the berth,** den Liegeplatz wechseln; **to – a boat,** ein Boot (*längs des Stegs, etc.*) verholen *od.* vers(c)hiften; **to – the helm,** das Ruder umlegen; **to – the rudder,**

Gegenruder geben; **to – sails,** Segel s(c)hiften *od.* wechseln; **to – the ship's position,** die Schiffsposition ändern.

shift control *s.* (*radar*), Bildzentrierung *f.*

shifter *s.*, Backs-, Kochgast *m.*, Smut(je) *m.*; (*tech.*) Ausrückvorrichtung *f.*, Verstelleinrichtung *f.*, Schalter *m.*, Einrücker *m.*

shifting *s.*, Übergehen *n.*, Überschießen *n.*, Verrutschen *n.* (*Ballast*); **– of weight,** Gewichtsverlagerung *f.*, -verschiebung *f.* (*Ballast, Crew*); **– of the wind,** Umspringen *n. od.* Drehen *n. od.* Raumen *n.* des Windes; *adj.*, veränderlich (*Wetter*); **– ballast** *s.*, fliegender *od.* übergehender *od.* überschießender Ballast *m.*; **– board** *s.*, Schlingerschott *n.*; **– chock** *s.*, klappbare Bootsklampe *f.*; **– sand** *s.*, Treibsand *m.*; **– wind** *s.*, umspringender Wind *m.*;

shifty *adj.*, **– weather,** unbeständiges *od.* veränderliches Wetter *n.*; **– wind,** unbeständiger *od.* unsteter Wind *m.*

shim *s.*, (Mast)Keil *m.*, Unterlegstück *n.*, Klemmkeil *m.*, -holz *n.*, -stück *n.*, Ausgleichskeil *m.*, -scheibe *f.*, Einlegestück *n.*, (*tech.*) Toleranzplättchen *n.*; *v.*, durch Klemmkeile ausgleichen (*Mast*).

shine *s.*, Leuchten *n.*, Schein *m.* (*Leuchtfeuer*); **in rain or –,** bei jedem Wetter.

shingle *s.*, kiesiger *od.* steiniger Strand *m.*, Kieselstrand *m.*, grober Strandkies *m.*

ship *s.*, Schiff *n.*; Vollschiff *n.*, Segelschiff *n.* mit drei *od.* mehr vollgetakelten Masten; (Renn)Boot *n. od.* -Yacht *f.*; gesamte Schiffsbesatzung *f.*; **aboard –,** an Bord, auf dem Boot; **about –!** (*int.*), Klar zum Wenden!; **athwart –,** querschiffs; **by –,** zu *od.* mit dem Schiff; **cable –,** Kabelleger *m.*; **clean –,** Reinschiff *n.*; **crank –,** rankes Boot *n. od.* Schiff *n.*; **damaged –,** havariertes *od.* leckes Schiff *n.*; **four-masted full-rigged –,** Viermast-Vollschiff *n.*, Viermaster *m.*; **full-rigged –,** Vollschiff *n.* (*Segelschiff*); **light –,** Feuerschiff *n.*; Schiff *n.* ohne Ballast; **loaded –,** Schiff *n.* in Ballast; **on board –,** an Bord, auf dem Boot *od.* Schiff; **privileged** *or* **right-of-way –,** Wegerechtschiff *n.*; **rotor –,** Rotorschiff *n.*; **sail(ing) –,** Segelschiff *n.*, Segler *m.* (*Boot*); **sailing training –,** Segelschulschiff *n.*; **stricken –,** Schiff *n.* in Seenot; **swinging –,** Deviationsbestimmung *f.*; **three-masted –,** Dreimaster *m.*; **training sail –,** Segelschulschiff *n.*; **centre line** *or* **middle line of a –,** Mitte Schiff; **the – and her crew,** das Schiff *od.* Boot und seine Crew *od.* Besatzung; **to clean –,** Reinschiff machen; **to dress –,** über die Toppen flaggen; **to take – (for),** sich einschiffen, an Bord gehen (nach); **– at anchor,** Ankerlieger *m.*; **– fine on the port (starboard) bow,** Schiff *n.* recht an Backbord (Steuerbord) voraus; **– in company,** Mitsegler *m.*; **– in distress (at sea),** Schiff *n.* in Seenot; **– in line,** im Verband segelndes Schiff *n.*; **– labours (in the sea),** das Schiff arbeitet (schwer) (im Seegang); **– next ahead (astern),** Vorder-(Hinter)mann *m.*; **– not under** *or* **out of control,** manövrierunfähiges Schiff *n.*; **– of the line,** Linienschiff *n.*; **– puts to sea,** das Schiff geht in See *od.* läuft aus; **– ready for sea,** seeklares *od.* auslaufbereites Schiff *n.*; **– under construction,** im Bau befindliches Schiff *n.*

ship *v.*, an Bord bringen *od.* nehmen (*Vorräte, Passagiere, etc.*), (*ins Boot*) einholen *od.* -ziehen (*Bordleiter*), (sich) einschiffen; verschiffen, mit dem Schiff transportieren, verladen, (*Sturzwelle*) übernehmen *od.* überholen; anheuern, dingen (*Seeleute*); sich (*als Seemann*) anheuern lassen *od.* verdingen; **to – the boarding ladder,** die Bordleiter einholen; **to – a green sea,** einen Brecher *od.* Rasmus übernehmen; **to – heavily,** viel Wasser übernehmen; **to – the mast,** den Mast einsetzen; **to – oars,** die Riemen (*ins Boot*) einziehen; **to – the oars,** die Riemen (*in die Dollen*) einlegen, die Riemen klarmachen; **to – the rudder,** das Ruder einhängen; **to – the tiller,** die (Ruder) Pinne einhängen *od.* einsetzen; **to – a sea** eine See *od.* Sturzwelle *od.* Sturzsee übernehmen; **to – water,** Seen *od.* Spritzwasser übernehmen.

ship/account *s.*, Besteckrechnung *f.*; **shore-to – bearing** *s.*, Funkfremdpeilung *f.*; **–board** *s.* Bord *m.*; **on –board,** an Bord; **–board computer** *s.*, Bordcomputer *m.*; **–board radar** *s.* Schiffsradar *n.*; **–board routine** *s.*, Bordroutine *f.*; **–biscuit** *s.*, Schiffszwieback *m.* **–(-)borne aircraft** *s.*, Bordflugzeug *n.* **–(-)borne radar** *s.*, Bord-, Schiffsradar *n.* **–(-)borne radio direction finding** *s.*, Funkeigenpeilung *f.*; **– bread** *s.*, Schiffszwieback *m.*; **– breadth** *s.* **of beam,** Schiffsbreite *f* **–breaker** *s.*, Schiffsverschrotter *m.*, Schröter *m.*; **–broker** *s.*, Schiffsmakler *m.*, -händler *m.*, Verkäufer *m.* von Yachten, *etc.*; **–builder** *s.*, Schiffbauer *m.*, -baumeister *m.*, Schiffsarchitekt *m.*; Werftbesitzer *m.*; **–building** *s.* Schiffbau *m.*; **–building plate** *s.*, Schiffsblech *n.* (*Bootsbau*); **S–building Research Institute** *s.*, Schiffbauversuchsanstalt *f.*; **–building steel** *s.*, Schiffbaustahl *m.*; **–building timber** *s.*, Schiffbauholz *n.*; **–building yard** *s.* (Schiffs-, Yacht)-Werft *f.*; **– canal** *s.*, Seekanal *m.*; **– canal lift** *s.*, Schiffshebewerk *n.*

– **carpenter** *s.*, Schiffszimmermann *m.*; – **chandler** *s.*, Schiffs-, Yachtzubehörhändler *m.*, -lieferant *m.*; – **chandlery** *s.*, Schiffs-, Yachtbedarf(shandlung *f.*) *m.*; – **channel** *s.*, Fahrwasser *n.*, -rinne *f.*; – **damage** *s.*, Havarie *f.*; – **direction finding** *or* **D/F installation** *s.*, Schiffspeilanlage *f.*; – **direction finding** *or* **D/F station** *s.*, Bordpeilstation *f.*; – **fever** *s.* (*naut.*, *med.*), Typhus *m.*, Gelbfieber *n.*; – **hoist** *s.*, Schiffshebewerk *n.*; –**jack** *s.*, Schipjack *n.*, Knickspantboot *n.*; – **lane** *s.*, Schiffahrtsroute *f.*, -weg *m.*; –**lap** *adj.*, überlappt verbunden (*Decksnähte*); –**load** *s.*, (volle) Schiffsladung *f.*; Schiffslast *f.*, Tragfähigkeit *f.* (*eines Schiffs*); – **mains** (*pl.*) (*elec.*), Bordnetz *n.*; –**man** *s.*, Schiffer *m.*, Seemann *m.*, Matrose *m.*; – **manoeuvre** *s.*, Schiffsmanöver *n.*; –**master** *s.*, Kapitän *m.*, Skipper *m.*, Schiffer *m.*, Schiffsführer *m.*; –**mate** *s.*, Bordkamerad *m.*; **with –-means** (*pl.*), mit Bordmitteln (*pl.*).

shipment *s.*, Verschiffung *f.*, Verladung *f.*; – **by sea,** Seetransport *m.*; – **on deck,** Verladung *f.* an Deck; – **under deck,** Verladung *f.* unter Deck.

ship / motion *s.*, Schiffsbewegung *f.*; –**owner** *s.*, (Schiffs)Eigner *m.*, Reeder *m.*; – **owners** (*pl.*), Reederei *f.*

shipper *s.*, Skipper *m.*, Schiffer *m.*, Schipper *m.*, Seemann *m.*; –**'s protest** *s.*, Verklarung *f.*, Seeprotest *m.*

shipping *s.*, Verschiffung *f.*, Anbordnahme *f.* (*von Vorräten, etc.*), Seefahrt *f.*, Schiffahrt *f.*, Schiffswesen *n.*; (*collect.*) Schiffe (*pl.*), Schiffsbestand *m.*, Gesamttonnage *f.* (*eines Landes*); **ready for –,** zur Verladung *od.* Verschiffung bereit; **register of –,** Schiffsregister *n.*; **the harbour is crowded with –,** es liegen sehr viele Schiffe im Hafen; – **agent** *s.*, Schiffsagent *m.*, Reedereivertreter *m.* (*im Ausland*), Schiffsmakler *m.*, Seehafenspediteur *m.*; – **articles** (*pl.*), Schiffsartikel (*pl.*), Heuervertrag *m.*; Bordvorschriften (*pl.*); – **bill** *s.*, Manifest *n.*, Zollfreischein *m.*; **S– Board** *s.*, Seeamt *n.*, Schiffahrtsbehörde *f.*; – **commissioner** *s.* (*am.*), Seemannsamtsleiter *m.*, -kommissar *m.*; – **company** *s.*, Reederei *f.*, Schiffahrtsgesellschaft *f.*; – **lane** *s.*, Dampfertrack *m.*, Schiffahrtsweg *m.*, -route *f.*; – **master** *s.*, Seemannsamtsleiter *m.*; Heuerbaas *m.*; – **office** *s.*, Schiffsmaklerbüro *n.*; Heuerbüro *n.*, Seemannsamt *n.*; – **route** *s.*, Schiffahrtsweg *m.*, -route *f.*; – **ton** *s.*, Maßeinheit *f.* für Seetransport.

ship / propeller *s.*, Schiffsschraube *f.*; – **propulsion** *s.*, Schiffsantrieb *m.*; – **radiotelephone operator** *s.*, (Bord)Funker *m.*; **S– Radiotelephone Operator's Certificate** *s.*, Seefunksprechzeugnis *n.*, Seefunkerpatent *n.*; – **radiotelephone station** *s.*, See- *od.* Bordsprechfunkstation *f.*; – **railway** *s.*, Schiffseisenbahn *f.* (*zum Transport von Schiffen*); – **resistance** *s.*, Schiffswiderstand *m.*; –**-rigged** *adj.*, als Vollschiff getakelt (*Segelschiff*).

ship's / aerial *s.* (*am.* **antenna**), Bordantenne *f.*; – **articles** (*pl.*), Seemannsordnung *f.*; Heuervertrag *m.*, Musterrolle *f.*; – **bell** *s.*, Schiffsglocke *f.*; – **call letters** (*pl.*) (*rad.*), Unterscheidungssignal *n.*; – **certificate** *s.* **of registration,** (Schiffs)Registerbrief *m.*; – **company** *s.*, (Schiffs)Besatzung *f.*, -Crew *f.*, -Mannschaft *f.* (*gesamte Schiffsmannschaft*); – **complement** *s.*, Schiffscrew *f.*, -mannschaft *f.*, Gesamtbesatzung *f.*; – **cook** *s.*, Schiffskoch *m.*, (*coll.*) Smut *m.*, Smutje *m.*; – **corporal** *s.*, Unteroffizier *m.* der Schiffspolizei; – **crew** *s.*, (Schiffs)Crew *f.*, -Mannschaft *f.*; – **dispensary** *s.*, Bordapotheke *f.*; – **documents** (*pl.*), Schiffspapiere (*pl.*); – **engineer** *s.*, Schiffsingenieur *m.*; – **framing** *s.*, Spantwerk *n.*, Bespantung *f.*; – **frequency** *s.*, Schiffs-, Eigenfrequenz *f.*

shipshape *adj.*, (*seemännisch od. seemäßig*) ordentlich, aufgeklart, richtig, in Ordnung, sauber, nach Seemannsbrauch.

ship's / hull *s.*, Schiffsrumpf *m.*; – **husband** *s.*, Mitreeder *m.*

shipside *adj.*, an Schiffsseite (*anzuliefernd, etc.*); **ships** (*pl.*) **in harbour,** Hafenbelegung *f.*

ship's / journal *s.*, Schiffstagebuch *n.*, (Schiffs-) Journal *n.*, -Log *n.*, Logbuch *n.*; – **ladder** *s.*, Bordleiter *f.*, Seefallreep *n.*; – **lantern** *s.* Schiffslaterne *f.*; – **letters** (*pl.*) (*rad.*), Unterscheidungssignal *n.*; – **log** *s.*, Logbuch *n.*, Schiffstagebuch *n.*; – **measurement office** *s.*, Schiffsvermessungsamt *n.*; – **name** *s.*, Schiffsname *m.*; – **officer** *s.*, Schiffsoffizier *m.*; – **own means** (*pl.*), Bordmittel (*pl.*); – **papers** (*pl.*), Schiffspapiere (*pl.*), -dokumente (*pl.*); – **passport** *s.*, Schiffsbrief *m.*, Seebrief *m.*; – **position** *s.*, Schiffs(stand)ort *m.*, -position *f.*, Besteck *n.*; **determination of the – position,** Schiffsortbestimmung *f.*; – **power supply** *s.*, Stromversorgung *f.* (*einer Yacht*); – **propeller** *s.*, Schiffsschraube *f.*; – **propulsion** *s.*, Schiffsantrieb *m.*; – **protest** *s.*, Seeprotest *m.*, Verklarung *f.*; – **radar** *s.*, Schiffsradar *n.*; – **radio bearing** *s.*, Funkeigenpeilung *f.*; – **radio direction finder** *s.*, Bordfunkpeiler *m.*; – **reckoning** *s.*, Schiffsbesteck *n.*; – **register** *s.*, Schiffsregister *n.*; – **resistance** *s.*, Schiffswiderstand *m.*; – **routine** *s.*, Bordroutine *f.*; – **side** *s.*, Bordwand *f.*; – **skeleton** *s.*, Schiffsgerippe *n.*

ship/station *s.*, Bordfunkstation *f.*; – **store** *s.*, Schiffsbedarf *m.*

ship's structural members *s./pl.*, Schiffsverbände (*pl.*) (*Schiffbau*).

ship/supply *s.*, Schiffsbedarf *m.*; – **supplier** *s.*, Schiffsausrüster *m.*, -lieferant *m.*; – **survey** *s.*, Schiffsvermessung *f.*; – **surveyor** *s.*, Schiffsvermesser *m.*

ship's wall *s.*, Bordwand *f.*

ship/tocsin *s.*, (Schiffs)Sturmglocke *f.*; **–-to-–communication** *s.*, Bord-(zu)-Bord-Verbindung *f.*; **–-to-shore connection** *s.* (*rad.*), Land-, Küstenverbindung *f.*; **–-to-shore connector** *s.* (*elec.*), Landanschluß *m.* (*für Yachten*); **–-to-shore radio service** *s.*, Küstenfunkdienst *m.*; – **trial(s)** *s.* (*pl.*), Probefahrt *f.*; Schiffserprobung *f.*; **–way** *s.*, Schiffskanal *m.*, Schiffahrtsweg *m.*, -straße *f.*; Helling *f.*, Stapel *m.*, Trockendock(schiffs)stützen (*pl.*); – **worm** *s.*, Schiffs-, Bohrwurm *m.*; **–wreck** *s.*, Schiffbruch *m.*, Strandung *f.*; schiffbrüchiges Schiff *n.*, Wrack *n.*; **to suffer –wreck,** Schiffbruch erleiden, stranden; **(to be) –wrecked** *adj.*, schiffbrüchig (sein *od.* werden), gestrandet (sein); **–wright** *s.*, Schiffbauer *m.*, -baumeister *m.*, Schiffszimmermann *m.*; Schiffsarbeiter *m.*; **–yard** *s.*, (Schiffs)Werft *f.*; **–yard hand** *s.*, Werftarbeiter *m.*; **–yard tug** *s.*, Werftschlepper *m.*

shiver *v.*, killen, flattern (*Segel im Wind*); killen lassen; **shiver(ing)** *s.*, Killen *n.* (*der Segel*).

shoal *s.*, Untiefe *f.*, flache *od.* seichte Stelle *f.* (*im Wasser*), Sandbank *f.*; **–s** (*pl.*) **in the mudflats,** Legde *f.*, flaches *od.* seichtes Gebiet *n.* im Watt; – **of fish,** Fischschwarm *m.*, -zug *m.*; *v.*, flach(er) *od.* seicht(er) werden (*Wasser*); **the boat –s its** (*or* **her**) **water,** das Boot gelangt in flacheres Wasser.

shoal *adj.*, flach, seicht, untief; – **buoy** *s.*, Untiefenboje *f.*, -tonne *f.*; **–-draught boat** *s.*, flachgehendes Boot *n.*; – **marker** *s.*, Untiefentonne *f.*; – **water** *s.*, Flach-, Seichtwasser *n.*; **shoaly** *adj.*, seicht, untief, voller Untiefen, durch Untiefen gefährlich (*Wasser*).

shock *s.*, Zusammenprall *m.*, -stoß *m.*, Anprall *m.*; **the – of the waves,** der Anprall der Wellen; *v.*, zusammenprallen, -stoßen, heftig stoßen gegen (*den Steg, etc.*); **shock/absorber** *s.*, Stoßdämpfer *m.*; – **absorption** *s.*, Stoßdämpfung *f.*; **–-damping** *adj.*, stoßdämpfend; – **effect** *s.* (*phys.*), Stoßwirkung *f.*; **shocking** *adj.* **weather,** abscheuliches Wetter *n.*, (*sl.*) Sauwetter *n.*; **shock wave** *s.*, Stoßwelle *f.*

shod *adj.* **with copper (brass),** mit Kupfer (Messing) beschlagen.

shoe *s.* (*naut.*), Schuh *m.*, (*tech.*) Brems-, Hemmschuh *m.*, Bremsbacke *f.*, Anschlag(stück *n.*) *m.*, Zwischen-, Verschleißstück *n.*; **gaff –,** Gaffelschuh *m.*; **rubber soled –s** (*pl.*), Segelschuhe (*pl.*); **rudder –,** Ruderhacke *f.*, Hacke *f.* (*des Kiels*); – **of a keel,** Loskiel *m.*, loser Kiel *m.*, Kielschuh *m.*; – **of a mast,** Mastschuh *m.*; – **of a pole,** Pfahlschuh *m.*; **–brake** *s.*, Backenbremse *f.*; **–-brake winch** *s.*, Backenbremsenwinsch *f.*, -winde *f.*; – **plate** *s.*, Stevenschuhplatte *f.*

shoot *s.*, Stromschnelle *f.*, (*spt.*) Zeitspanne *f.* zwischen zwei Ruderschlägen.

shoot *v.*, (in den Wind) schießen, aufschießen (*Boot*), überschießen (*Ballast*), (*astr.*, *naut.*) schießen, die Höhe (*eines Gestirns*) messen; **to – ahead (of the fleet)** (*rac.*), (sich) ganz nach vorn segeln, sich an die Spitze des (Regattafelds) schieben *od.* segeln; **to – ahead of a boat,** ein Boot überholen, an einem Boot vorbeisegeln; **to – (straight) into the wind,** aufschießen, in den Wind schießen (*Segeltechnik*); **to – a bridge,** (sehr schnell) unter einer Brücke durchlaufen *od.* -segeln *od.* -fahren; unter einer Brücke (hin)durchschießen (*Motorboot*); **to – the chutes** (*spt.*), mit einem flachen Boot eine (Wasser)Rutsche hinunterschießen; **to – head to wind,** aufschießen, in den Wind drehen *od.* gehen (*Segeltechnik*); **to – a net,** ein Netz auswerfen; **to – a rapid,** über eine Stromschnelle hinwegschießen (*Boot*); **to – the sun,** (*astr.*, *naut.*), die Sonne schießen, die Sonnenhöhe *od.* die Höhe der Sonne (*mit dem Sextanten*) messen; **a cape –s out into the sea,** ein Kap ragt weit ins Meer hinaus.

shooting *s.*, – **head to wind,** Aufschießen *n.*, Aufschießer *m.*, In-denWind-Drehen *n.* *od.* -Gehen *n.* (*Segeltechnik*); – **star** *s.* (*astr.*), Sternschnuppe *f.*, Meteor *m.*

shop *s.*, (Reparatur)Werkstatt *f.*, -stätte *f.*; **to talk –,** fachsimpeln; **sailor's –,** Segler- und Yachtbedarf(shandlung *f.*) *m.*; – **talk** *s.*, **shoppy talk** *s.*, Fachsimpelei *f.*

shore *s.*[1] (*naut.*), Schore *f.*, Stütze *f.*, Strebe *f.*; *v.*, abstützen, absteifen; **to – up,** (ab)stützen, abbäumen (*Mast, etc.*).

shore *s.*[2] (*naut.*), Land *n.* (*im Gegensatz zum Wasser*), Küstennähe *f.*; Küste *f.*, Ufer *n.*, Strand *m.*, (*jur.*, *naut.*), Strand *m.* (*im Gezeitenbereich*); (*am.*) Atlantikküste *f.*; **from the –,** seewärts; **in –,** in Küstennähe; **off –,** in einiger Entfernung von der Küste, auf See; **on –,** an(s) Land *od.* Ufer, auf dem Land, am Ufer; **under the –,** unter Land, in Küstennähe; **lee –,** Leeküste *f.*; **lee(ward) –,** Legerwall *m.*; **weather –,** Luvküste *f.*; **to run** *or* **sail along the –,** an der Küste entlanglaufen *od.* -segeln; **to sail down the –,** südwärts an der Küste entlanglaufen *od.* -segeln; **to sail from the –,** seewärts laufen *od.* segeln, auf die offene See zuhalten; **shore/-based** *adj.*, an der Küste stationiert, Küsten-; **--based battery** *s.*, Küstenbatterie *f.*; **--based radar** *s.*, Küsten-, Landradar(station *f.*) *n.*; **– beacons** (*pl.*), Uferbefeuerung *f.*; **– bearing** *s.*, Landpeilung *f.*; **– compass** *s.*, Landkompaß *m.*; **– compass-bearing** *s.*, Landkompaßpeilung *f.*; **– connection** *s.* (*elec.*), Landanschluß *m.* (*f. Boote*); **– current** *s.*, Küstenstrom *m.*, -strömung *f.*; **– effect** *s.* (*radar, rad.*), Küsten- *od.* Landbrechung *f. od.* -reflex *m.*; **–(-)fast** *s.*, Festmacher *m.*, -macheleine *f.*, Landfeste *f.*; **– lead** *s.*, Küstenrinne *f.* (*im Eis*); **– leave** *s.*, Landurlaub *m.*; **–less** *adj.* **island** (*naut.*), Insel *f.* ohne Landemöglichkeit(en); **– lights** (*pl.*), Uferfeuer *n.*, Uferbefeuerung *f.*; **–line** *s.*, Küsten-, Uferlinie *f.*; **– markers** (*pl.*), Küstenbetonnung *f.*; **– navigation lights** (*pl.*), Küstenbefeuerung *f.*, -navigationsfeuer *n.*; **– patrol** *s.* (*am.*), Küstenpatrouille *f.*, -streife *f.*; **– station** *s.*, Küstenfunkstation *f.*, -stelle *f.*; **--to-ship bearing** *s.*, Funkfremdpeilung *f.*, Küsten-, Landpeilung *f.*; **–ward** *adj.*, küsten-, land-, uferwärts gelegen *od.* gerichtet; **–ward(s)** *adv.*, nach der Küste *od.* nach Land zu, küsten-, ufer-, land-, strandwärts.

shoring *s.* (*naut.*), Schoren (*pl.*); **– (up)** *s.*, Absteifung *f.*, Abstützung *f.*; (Ab)Stützen *n.*

short *adj.*, **a – 10 sea miles,** knappe 10 Seemeilen; **2 (sea) miles – of the shore,** knapp 2 Meilen vor der Küste; **to heave –,** kurzstag hieven; **to turn (round) –,** (plötzlich) auf Gegenkurs gehen; **hove –,** kurzstag (gehievt); **– and high sea,** knappe See *f.*; **– of hands,** knapp an Mannschaft *od.* Händen; **short/blast** *s.*, kurzer Ton *m.* (*Signal*); **– board** *s.*, kurzer Schlag *m.* (*beim Kreuzen*); **– bridge** *s.*, kurze (Schiffs)Brücke *f.*; **– cut** *s.*, Abkürzung(sstrecke) *f.*; **to –cut** *v.*, die Strecke verkürzen *od.* abkürzen; **– distance** *s.* (*radar*), Nahbereich *m.*; **--distance navigation** *s.*, Kurzstreckennavigation *f.*, Nahschiffahrt *f.*; **--distance reception** *s.* (*rad.*), Nahempfang *m.*

shorten *v.* (*rac.*), (ab-, ver)kürzen (*Regattabahn*), (*Segel*) reffen, (*Segel*) bergen *od.* einholen; kurzholen (*Trosse*); **to – in,** (*Tau*) überholen, (*Trosse*) kurzholen; **to – the cable,** die Ankerkette *od.* -trosse einhieven *od.* kurzholen; **to – a course** (*rac.*), eine (Regatta-) Bahn abkürzen; **to – canvas** *or* **sail,** Segel reffen *od.* reefen, Segelfläche verringern *od.* verkleinern, Segel bergen *od.* einziehen; **shortening** *s.* **of the course** (*rac.*), Bahnab- *od.* -verkürzung *f.*

short/flashing light *s.*, Blitzfeuer *n.* (*Leuchtfeuer*); **– forecastle** *s.*, kurze Back *f.*; **–handed** *adj.*, unterbemannt, ungenügend bemannt (*Schiff*); **– hove** *adj.*, (*adv.*), kurzstag (gehievt); **– leg** *s.*, kurzer Schlag *m.* (*beim Kreuzen*); **– period (weather) forecast** *s.*, kurzfristige Wettervorhersage *f.*; **– range** *s.* (*radar*), Nahbereich *m.*; **--range navigation** *s.*, Kurzstreckennavigation *f.*; **– sea** *s.*, kurze (harte) See *f.*; **– sea navigation** *s.*, große Küstenfahrt *f.*; **– splice** *s.*, Kurzspleiß *m.*; **–stay** *adj.* (*adv.*), kurzstag (gehievt); **– tack** *s.*, kurzer Schlag *m.* (*beim Kreuzen*); **– trade** *s.*, kleine Fahrt *f.*; **– wave** *s.* (*rad.*), Kurzwelle *f.*; **--wave aerial** *s.* (*am.* **antenna**), Kurzwellenantenne *f.*; **--wave band** *s.* (*rad.*), Kurzwellenbereich *m.*; **--wave receiver** *s.* (**transmitter** *s.*), Kurzwellenempfänger *m.* (-sender *m.*).

shot *s.*, Kettenlänge *f.* (*zwischen 2 Schäkeln*); Reichweite *f.*; **within ear –,** in Hörweite; **– line** *s.*, Wurfleine *f.*

shoulder *s.*, **–s** (*pl.*) **of a spinnaker,** Spinnakerschultern (*pl.*), größte obere Breite *f.* eines Spinnakers; **– block** *s.* (*naut.*), Schulterblock *m.*; **– mark** *s.* (*naut.*), Schulterklappe *f.*, -stück *n.*; **--of-mutton sail** *s.*, Schafschinken *m.*, Fledermaussegel *n.* (*dreieckiges Segel*); **– strap** *s.*, Schulterklappe *f.*, Achselstück *n.* (*Marineoffiziere*).

shove *s.*, **to give the boat a –,** dem Boot einen Schubs *od.* Stoß geben (*beim Ablegen*); *v.*, **to – from the bank,** vom Ufer abstoßen (*Boot*); **to – off,** (*vom Ufer*) abstoßen; **to – off the boat,** das Boot abstoßen *od.* absetzen.

show *s.*, **boat –,** Bootsausstellung *f.*; *v.*, **to – the (one's) colours,** die (seine) Flagge zeigen; **to – the flag,** die Flagge zeigen; **to – up against the horizon,** sich deutlich vom Horizont abheben; **to – up clearly** *or* **distinctly,** deutlich in Sicht kommen, klar hervortreten (*Landmarken, etc.*); **the speedometer –s 12 knots,** das Bootstachometer zeigt 12 Knoten (an).

show-down *s.*, entscheidende Regatta *f.*, Schlußregatta *f.*

shower *s.* (*meteor.*), (Regen)Schauer *m.*, Regenfall *m.*; **local –s** (*meteor.*), Strichregen *m.*; **passing –s** (*meteor.*), Regenschauer (*pl.*); **scat-**

tered –s (*meteor.*), strichweise Regen *m.*; **– of rain,** Regenguß *m.*; *v.*, (leicht) regnen, schauern, gießen, strömen; **to – down,** in Strömen regnen, herabströmen, niederprasseln (*Regen*); **showery** *adj.*, regnerisch; **– weather,** Regen-, Schauerwetter *n.*

shrammed *adj.* (*dial.*), (vor Kälte) steif *od.* klamm (*Hände*).

shred *s.*, **to tear to –s,** in Fetzen reißen, zerfetzen (*Segel*); **–s** (*pl.*) **of clouds,** Wolkenfetzen (*pl.*); *v.*, zerfetzen, in Fetzen reißen *od.* gehen (*Segel, etc.*).

shrewd *adj.* **wind,** scharfer *od.* schneidender *od.* beißender Wind *m.*

shriek *v.*, heulen (*Wind*); **shrieking wind** *s.*, heulender *od.* pfeifender Wind *m.*

shrill *v.*, heulen *od.* pfeifen (*Wind*).

shrimper *s.*, Garnelen-, Krabbenfischer *m.* (*Boot u. Pers.*).

shrinkage *s.* (*tech.*), Schrumpfung *f.*, Schwund *m.*

shroud *s.*, Want(e) *f.*, Want(tau) *n.*; (*pl.*) Wanten (*pl.*), Gut *n.*; **lee –,** Leewant *f.*; **lower (upper) –s,** Ober(Unter)wanten (*pl.*); **weather –,** Luvwant *f.*; **– of fog,** Nebelschleier *m.*; **– of rain,** Regenschleier *m.*; **– cleat** *s.*, Want(en)-klampe *f.*

shrouded *adj.*, **– in (a) heavy mist,** in dichten *od.* dicken Nebel gehüllt; **– propeller** *s.*, Düsenpropeller *m.*

shroud/knot *s.*, Wantknoten *m.*; **--laid** *adj.*, vierschäftig (*Tauwerk*); **--laid rope** *s.*, geschlagenes Tauwerk *n.*, Wantschlag *m.*; **– lashing** *s.*, Wantenlasche *f.*; **– lay** *s.*, Wantschlag *m.*; **– plate** *s.*, Püttingswantenkette *f.*, -eisen *n.*; **– position** *s.*, Want(en)stellung *f.*; **– telltales** (*pl.*), Wanten-Windfäden *m./pl.*; **– tension** *s.*, Wantenspannung *f.*

shuffleboard *s.*, Bordspiel *n.*

shun *v.*, **to – rocks,** Klippen ausweichen, sich von Klippen fernhalten.

shunt *s.*, Ausweichen *n.* (*Bootsmanöver*), (*elec.*) Nebenschluß *m.*, Shunt *m.*; *v.* (*dial, naut.*), nachgeben (*Tau*), übergehen (*Ballast*), (*elec.*) parallelschalten; **shunt/connection** *s.* (*elec.*), Parallelschaltung *f.*; **--wound motor** *s.*, Nebenschlußmotor *m.*

shut *s.*, Schweißnaht *f.*, -stelle *f.*; **cold –,** kalte *od.* fehlerhafte Schweißstelle *f.*; *v.*, **to – off,** ab-, ausstellen (*Funkgerät, etc.*); **the fog – on the boat,** der Nebel schloß das Boot völlig ein *od.* umhüllte dicht das Boot.

shutter *s.*, Schließvorrichtung *f.*, Deckel *m.*, Klappe *f.*, Schieber *m.*; Schütz *n.*, Wehr *n.*; **self-acting –,** automatisches Schützentor *n.*

shuttle *s.*, (verstellbares) Schleusentor *n.*, Schütz *n.*, Schütze *f.*; *v.*, **to – the Atlantic,** den Atlantik überqueren.

shut/-off *s.*, Abstell-, Absperrvorrichtung *f.*; **--off valve** *s.*, Absperrventil *n.*

sick *adj.* (*naut.*), ausbesserungsbedürftig, schadhaft; **the boat is paint--,** das Boot braucht einen neuen Anstrich; **sea –,** seekrank; **--bay** *s.*, (Schiffs)Lazarett *n.*, Krankenrevier *n.* (*an Bord*).

sicken *v.*, **the weather –s,** das Wetter wird schlecht *od.* verschlechtert sich.

sick flag *s.*, Quarantäneflagge *f.*, gelbe Flagge *f.*

sickle *s.* **of the moon,** Mondsichel *f.*

sickness *s.*, **sea –,** Seekrankheit *f.*

side *s.* (*naut.*), (Außen)Seite *f.* (*eines Bootes*), Fluß-, Uferseite *f.*; **lee(ward) –,** Leeseite *f.*; **port –,** Backbordseite *f.*; **required –** (*rac.*), richtige Seite *f.*; **starboard –,** Steuerbordseite *f.*; **top –s** (*pl.*), Überwasserschiff *n.*; **weather** *or* **windward –,** Luvseite *f.*; **– by –,** längsseits, Bord an Bord, Seite an Seite; **over the –,** (*seitwärts*) über Bord; **to go over the –,** über Bord gehen *od.* fallen; **this (the other) –,** hier (drüben) (*diesseits od. jenseits des Atlantik*); **– of the channel** *or* **fairway,** Fahrwasserseite *f.*; **port (starboard) – of a channel** *or* **fairway,** Backbord-(Steuerbord-)Fahrwasserseite *f.*

side *v.* (*naut.*), eine Breite haben von, in der Breite messen (*Bootsbau*).

side/band *s.* (*rad.*), Seiten(frequenz)band *n.*; **– boat** *s.*, Seitenboot *n.*; **– boy** *s.*, Fallreepsgast *m.*; **– breeze** *s.*, halber *od.* Seitenwind *m.*; **– bulkhead** *s.*, Seitenschott *n.*; **– coaming** *s.*, Längssüll *n.*; **– counter timbers** (*pl.*), Heckstütze *f.*; **– cut** *s.*, Seitenkanal *m.*; **– deck** *s.*, Seitendeck *n.*; **– elevation** *s.*, Seitenriß *m.* (*Bootsbau*); **– force** *s.*, Abdrift *f.*; **– force of a sail,** seitwärts wirkende Kraft *od.* Seitenkraft *f.* eines Segels; **to produce less – force,** weniger Abdrift erzeugen; **– frequency** *s.* (*rad.*), Seitenfrequenz *f.*; **– lantern** *s.*, Seitenlaterne *f.*; **– light** *s.*, Seitenfenster *n.*, Seitenlicht *n.*; **green (red) – light** *s.*, Steuerbord-(Backbord-)Seitenlaterne *f. od.* -lampe *f.*; **--light screen** *s.*, (Positions)Laternenschutz *m. od.* -kasten *m.*

sidling *adj.*, seitwärts *od.* schief geneigt, schräg (liegend) (*Deck*); **the deck is –,** das Deck liegt schräg *od.* neigt sich.

side/lobe *s.* (*radar*), Nebenkeule *f.*; **–long** *adj.*, längsseit; **–long motion** *s.*, Seitwärts-, Querbewegung *f.* (*eines Bootes*); **– paint** *s.*, Außenbord-, Überwasserschiffarbe *f.*; **– planking** *s.*

Seitenbeplankung *f.*; – **plate rudder** *s.*, Zweiplattenruder *n.*; – **plating** *s.*, Seitenbeplattung *f.*; – **port** *s.*, Seitenpforte *f.*

sidereal *adj.*, siderisch, die Fixsterne betreffend; – **day** *s.* (*astr.*), siderischer Tag *m.*, Sterntag *m.*; – **hour** *s.* (*astr.*), siderische Stunde *f.*, Sternstunde *f.*; – **hour angle** *s.* (*astr.*), siderischer Stundenwinkel *m.*, Stundenwinkel *m.* eines Gestirns; – **minute** *s.* (*astr.*), Sternminute *f.*; – **month** *s.* (*astr.*), siderischer Monat *m.*; – **noon** *s.* (*astr.*), siderischer Mittag *m.*, Sternmittag *m.*; – **period** *s. or* **revolution** *s.* (*astr.*), Umlaufzeit *f.* der Gestirne; – **second** *s.* (*astr.*), Sternsekunde *f.*; – **time** *s.* (*astr.*), siderische Zeit *f.*, Sternzeit *f.*; – **year** *s.* (*astr.*), siderisches Jahr *n.*, Sternjahr *n.*

side / rope *s.*, Fallreep *n.*; – **shore** *s.*, Seitenstütze *f.*; – **slipway** *s.*, Querhelling *f.*; – **stringer** *s.*, Seitenstringer *m.*; – **tank** *s.*, Seitenballasttank *m.*; –**ward motion** *s.*, Seitwärtsbewegung *f.*; –**wheel** *s.*, Schaufelrad *n.* (*Raddampfer*); ––**wheeler** *s.*, Raddampfer *m.*; – **wind** *s.*, halber Wind *m.*, Seitenwind *m.*; – **window** *s.*, Seitenfenster *n.* (*Kajüte*).

sidle *s.*, Seitwärtsbewegung *f.* (*Boot*).

sigh *v.*, ächzen, seufzen, stöhnen (*Wind*).

sight *s.* (*naut. astr.*), Beobachtung *f.*, (*mit Winkelinstrument gemessene od. bestimmte*) Höhe *f.* (*eines Gestirns*), (*astr.*) Visier(einrichtung *f.*) *n.*, (*naut. meteor.*) Sicht *f.*, Sichtweite *f.*, Sichtigkeit *f.*; Gesichtsfeld *n.*, -kreis *m.*; **meteorological reach of** –, meteorologische Sichtweite *f.*; **noon** –, Mittagsbesteck *n.*; **in** –, in Sicht(weite); **in – of (the) land,** in Landnähe; **out of** –, außer Sicht; **within** –, in Sicht(weite), in der Nähe; **to be in** –, in Sicht sein; **to be lost of** –, außer Sicht kommen; **to be out of** –, außer Sicht sein; **to come in(to)** –, in Sicht kommen, sichtbar werden.

sight *v.* (*naut.*), sichten, (*naut.*, *astr.*) die Höhe nehmen *od.* messen von, (*ein Gestirn*) anvisieren; **to – (the) land,** (das) Land ausmachen *od.* sichten.

sight / distance *s.*, Sichtbereich *m.*; – **glass** *s.*, Schauglas *n.* (*Tank*).

sighting *s.* (*naut.*), Sichten *n.* (*von Land, etc.*).

sightly *adj.*, **a – landmark,** eine weithin sichtbare Landmarke *f.*

sight / range *s.*, Sichtbereich *m.*; – **rule** *s.*, Alhidade *f.* (*Winkelmeßinstrument*).

sign *s.*, (Kenn)Zeichen *n.*, Merkmal *n.*, Symbol *n.*; Signal *n.*, (*coll.*) Segelzeichen *n.*; –**s of approaching storm,** Wetterzeichen (*pl.*), Unwetteranzeichen (*pl.*).

sign *v.*, **to – off** (*rad.*), das Ende eines Funkspruchs ansagen; **to – on,** anmustern (*Crewmitglied*), (*rad.*), den Beginn eines Funkspruchs ansagen; **to – (a man** *or* **hand) on,** (ein Crewmitglied) anheuern; **to – on at the sextant,** als Navigator anmustern; **to – the articles,** anmustern.

signal *s.*, (*optisches u. akustisches*) Signal *n.*, (*rad.*) (Funk)Spruch *m.*, Zeichen *n.*; **alarm** –, Warnsignal *n.*; **call** – (*rad.*), Rufsignal *n.*; **course** –, Kurssignal *n.*; **distinguishing** –, Unterscheidungssignal *n.*; **distress** –, Seenotsignal *n.*, -zeichen *n.*; **flag** –, Flaggensignal *n.*; **fog** –, Nebensignal *n.*; **light** –, Leuchtsignal *n.*; **preparatory** – (*rac.*), Vorbereitungssignal *n.*; **recall** – (*rac.*), Rückrufsignal *n.*; **smoke distress** –, Rauchsignal *n.*; **sound** –, Schallsignal *n.*; **starting** – (*rac.*), Startsignal *n.*; **storm** –, Sturmwarnung *f.*, -signal *n.*; **time** – (*rad.*), Zeitzeichen *n.*; **visible** *or* **visual** –, Sichtsignal *n.*, -zeichen *n.*; **warning** –, Ankündigungssignal *n.*; **code of –s,** Signalbuch *n.* (*Verzeichnis von Flaggensignalen u. Funkverkehrszeichen*); **International Code of S–s,** Internationales Signalbuch *n.*; – **of distress,** (See)Notsignal *n.*; **to make a** – (*rad.*), ein Signal geben *od.* aussenden; **to pick up** *or* **to receive a** – (*rad.*), ein Signal auffangen; **low** *or* **poor** – (*rad.*), schwaches Signal *n.*; **strong** – (*rad.*), starkes Signal *n.*; *v.*, durch Signal(e) verständigen, Signal(e) geben, (*Nachricht, etc.*) signalisieren; funken; **to morse-–, to Morse –,** morsen.

signal / ball *s.*, Signalball *m.*, schwarzer Ball *m.*; – **beacon** *s.*, Signalbake *f.*; – **book** *s.*, Signalbuch *n.*; – **bridge** *s.*, Signalbrücke *f.* (*Schiff*); – **cartridge** *s.*, Signalpatrone *f.*; – **cone** *s.*, Signalkegel *m.*; – **fire** *s.*, Blink-, Signalfeuer *n.*; – **flag** *s.* (*rac.*), Signalflagge *f.*; Winkerflagge *f.*; – **gun** *s.*, Signalschuß *m.*; – **halyard** *s.*, Flaggenfall *n.*, Flaggleine *f.*; – **horn** *s.*, Signalhorn *n.*, Nebelhorn *n.*

signalize *v.*, signalisieren, Signal(e) geben; **to – a ship,** ein Schiff (durch Signale) ankündigen.

signal / lamp *s.*, Signallampe *f.*, -laterne *f.*; ––**lamp message** *s.*, Blinkspruch *m.*; – **lantern** *s.*, Signal-, Blink-, Morselampe *f. od.* -laterne *f.*; Blinkgerät *n.*, Blinker *m.*; Signalscheinwerfer *m.*

signal(l)er *s.*, Blinker *m.*, Signalgeber *m.*, (*naut.*) Signalgast *m.*

signal letters *s./pl.*, Rufzeichen *n.* (*4 Buchstaben f. jedes Schiff*), Unterscheidungssignal *n.*

signal(l)ing *s.*, Signalisieren *n.*; Funk-, Nachrichtenverkehr *m.*; – **apparatus** *s.*, Signalapparat *m.*, -vorrichtung *f.*; – **flag** *s.*, Signalflagge *f.*; – **lamp** *or* **lantern** *s.*, Signallampe *f.*, -laterne *f.*; Morselampe *f.*; – **log** *s.*, Signalkladde *f.*; – **mast** *s.*, Flaggen-, Signalmast *m.*; – **pendant** *or* **pennant** *s.*, Signalwimpel *m.*, Wimpel *m.*; – **pistol** *s.*, Signalpistole *f.*; – **rocket** *s.*, Signalrakete *f.*

signal/man *s.*, Signalgast *m.*; Lukenmann *m.*; – **mast** *s.*, Flaggenmast *m.*; – (*or* **S-**)**meter** *s.* (*rad.*), Feldstärkeanzeigeinstrument *n.*; – **pistol** *s.*, Leucht(munitions)-, Signalpistole *f.*; – **rocket** *s.*, Leucht-, Signalrakete *f. od.* -kugel *f.*; – **service** *s.*, Signal-, Nachrichtendienst *m. od.* -wesen *n.*; – **station** *s.*, Signalstation *f.*; – **strength** *s.* (*rad.*), Signal-, Lautstärke *f.*, Stärke *f.* des (*einfallenden od. ankommenden*) Signals; (Höhe der) Signalspannung *f.*; –**(-to-)-noise ratio** *s.* (*rad.*), Signal-Rausch-, Signal-Störverhältnis *n.*; – **traffic** *s.*, Funk-, Signalverkehr *m.*; – **wave** *s.* (*rad.*), Arbeits-, Betriebswelle *f.*; – **whistle** *s.*, Signalpfeife *f.*; – **yard** *s.*, Signalrah(e) *f.*

signify *v.*, **a halo signifies rain,** ein Hof kündigt Regen an *od.* bedeutet Regen.

sign post *s.*, (Navigations)Verkehrsschild *n.*, Seeverkehrszeichen *n.*

silence *s.* (*tech.*), Geräuschlosigkeit *f.*; – **period** *s.*, Funkstille *f.*

silencer *s.*, Schalldämpfer *m.*, Auspufftopf (-Schalldämpfer) *m.*

silence zone *s.* (*rad.*), tote Zone *f.*

silent service *s.* (*coll.*), Marine *f.*

silhouette *s.*, Silhouette *f.*, Umriß *m.*; **to stand out in – against the sky,** sich als Silhouette gegen den Himmel abheben.

sill *s.*, Süll *m.* (*od. n.*), Dockdrempel *m.*, Grund-, Schleusenschwelle *f.*

sillet *s.* (*am.*), Keep *f.*, Hohlkehle *f.*, Kerbe *f.*, Nut *f.*, Rille *f.* (*Mast, Baum*).

sillometer *s.*, Bootstachometer *n.*, Fahrt(geschwindigkeits)messer *m.*

silt *s.*, Schlick *m.*, Schlamm *m.*; Treib-, Triebsand *m.*; **silty** *adj.*, schlickig, schlammig, verschlammt, versandet.

silver lining *s.*, Silberstreifen *m.* (*um eine Wolke*).

similar *adj.* (*phys., elec.*), gleichnamig; – **poles** (*pl.*), gleichnamige Pole (*pl.*).

simple average *s.*, einfache Havarie *f.*

simplex/circuit *s.* (*elec.*), Einfach-, Simplexkreis *m.*; – **operation** *s.* (*rad.*), Simplexbetrieb *m.*

sine *s.*, Sinus *m.*; **angle of –,** Sinuswinkel *m.*; – **of arc,** Bogensinus *m.*; – **curve** *s.*, Sinuskurve *f.*; – **series** *s.*, Sinusreihe *f.*; – **wave** *s.* (*rad.*), Sinuswelle *f.*, harmonische Schwingungswelle *f.*

sing *v.*, heulen (*Wind*); **to – out,** aussingen (*Sichten v. Land, Meßergebnisse, etc.*).

singing *s.* (*rad.*), Pfeifen *n.*, Rauschen *n.*

single *v.*, **to – up (lines),** bis auf eine, alle Leinen (zum Ablegen) einholen.

single *adj.*, – **block,** einscheibiger Block *m.*, Einscheibenblock *m.*; – **boater** *s.* (*coll.*), alleinfahrendes Fischerboot *n.*; – **bowknot** *s.*, einfacher Bucht- *od.* Reffknoten *m.*; – **bowline** *s.*, einfacher Pa(a)lstek *m.*; – **burton** *s.*, einfacher Klappläufer *m.*; –**-circuit receiver** *s.* (*rad.*), Einkreisempfänger *m.*; –**-crowned knot** *s.*, Taljereepsknoten *m.* mit einfacher Hahnepot; – **cruising boat** *or* **yacht** *s.*, alleinfahrendes Boot *n.*; –**-decker** *or* **deck vessel** *s.*, Eindecker *m.*, Eindeckschiff *n.*; – **echo** *s.*, Einfachecho *n.*; –**-gyro compass** *s.*, Einkreiselkompaß *m.*; –**-gyro system** *s.*, Einkreiselsystem *n.*; –**-handed boat** *s.*, Einhandboot *n.*; –**-handed cruiser** *s.*, Einhandsegler *m.*; –**-handed cruising yachtsman** *s.*, Einhandsegler *m.*; –**-handed dividers** (*pl.*), Einhandzirkel *m.*; –**(-)hander** *s.*, Einhandboot *n.*; – **knot** *s.*, einfacher (Seemanns)Knoten *m.*; – **lock** *s.*, einfache Kammerschleuse *f.*; –**-masted ship** *s.*; –**(-)master** *s.*, Einmaster *m.*, einmastiges Boot *n.*; –**-phase** *adj.* (*elec.*), einphasig; –**-plate rudder** *s.*, Einplattenruder *n.*; –**(-)ply sail** *s.*, einlagiges Segel *n.*; –**-pole** *adj.*, einpolig; – **purchase** *s.*, Jolltau *n.*; – **reef** *s.*, einfaches Reff *n.*; –**-rudder** *adj.*, einrudrig (*Boot*); –**-screw propulsion** *s.*, Einschraubenantrieb *m.*; – **sculler** *s.*, Einer *m.* (*Ruderboot*); –**-sheave block** *s.*, einscheibiger Block *m.*; – **sideband radio communication** *s.*, Einseitenband-Funkverkehr *m.*; –**(-)stage** *adj.*, einstufig; – **sticker** *s.* (*coll.*), Einmaster *m.*, einmastiges Boot *n.*; –**-wave operation** *s.* (*rad.*), Einwellenbetrieb *m.*, -bereich *m.*; –**-way launching** *s.*, Kielablauf *m.* (*Stapellauf*); – **whip** *s.*, Jolltau *n.*

sinistrorse *adj.* (*tech.*), linksgängig, -wendig, -gerichtet.

sink *s.*, Binnendelta *n.*; Endsee *m.*

sink *v.*, untergehen, (ver)sinken (*Schiff, Gestirn*), (ver)senken; sinken, fallen, niedriger werden (*Wasserstand*); **to – by the stern,** über den Achtersteven absacken *od.* sinken; **to – a ship,** ein Schiff versenken; **the barometer –s,** das Barometer fällt; **the river –s,** der Flußspiegel fällt *od.* senkt sich; **the storm –s,** der Sturm läßt nach.

sinkable *adj.*, versenkbar.
sinkage *s.*, (Ver)Senken *n.*
sinker *s.*, Senkkörper *m.*, -gewicht *n.*, Sinker *m.*, Muringstein *m.*; Senkblei *n.*; **buoy –,** Bojenstein *m.*
sinking *s.*, (Unter)Sinken *n.*, Versinken *n.*; Versenken *n.*, Versenkung *f.*; Untergehen *n.* (*Schiff, Gestirn*); **– coast** *s.*, Senkküste *f.*
sinkless *adj.*, unversenkbar (*Schiff*).
sinuosity *s.*, Biegung *f.*, Krümmung *f.*, Windung *f.* (*Wasserlauf*).
sinus *s.* (*pl.*), Biegung *f.*, Krümmung *f.* (*Fluß, etc.*), Bucht *f.*; Aus-, Einbuchtung *f.*
sinusoidal *adj.*, **– oscillation** (*phys.*), Sinusschwingung *f.*; **– wave** *s.* (*phys.*), Sinus-, Fundamentalschwingung *f.* *od.* -welle *f.*
sipe *v.* (*Scots*), durchsickern (*Wasser*).
siphon / barometer *s.*, Heberbarometer *n.*; **– recorder** *s.*, Heberschreiber *m.*
sirocco *s.*, (*s.* **scirocco**).
sisal / cordage *s.*, Sisal-Tauwerk *n.*; **– hemp** *s.*, Sisalhanf *m.*; **– rope** *s.*, Sisaltau(werk) *n.*
sister / block *s.*, zweischeibiger (Pupp)Block *m.*; **– hook** *s.*, Federhaken *m.*; **– hooks** (*pl.*), Zwillingshaken *m.* (*pl.*); **– kelson** *s.* (*am.* **keelson**), Neben-, Seitenkielschwein *n.*; **– ship** *s.*, Schwesterschiff *n.*
SI-system *s.*, Système *n.* International, Basiseinheitensystem *n.*
sit *v.*, **to – out,** ausreiten (*Boot*); **to – out a storm,** einen Sturm abreiten *od.* abwettern; **the wind –s fair,** der Wind sitzt *od.* steht gut *od.* günstig.
site *s.*, Lage *f.*, Stelle *f.* (*Liegeplatz, etc.*); **– error** *s.*, Lagemißweisung *f.* (*Funkp.*).
situation *s.*, Lage *f.*, Stellung *f.* (*Boot, Besatzung*).
six *s.*, **a rowing –,** Sechsermannschaft *f.* (*Rudern*); *adj.*, **--hour circle** (*astr.*), Sechsstundenkreis *m.*
sixty-horse (motor) *s.*, 60 PS-Motor *m.* (*Boot*).
size *s.*[1], Abmessung *f.*, Größe *f.*, Länge *f.*, Umfang *m.*; Kalibrierung *f.*, Maß *n.*; **limited** *or* **maximum –,** Grenzmaß *n.* (*Vermessung*); **standard –,** Standard-, Normalgröße *f.* *od.* -maß *n.* (*Boot, Mast, etc.*); **– of cordage,** Leinenstärke *f.*; *v.*, eichen.
size *s.*[2], Kleister *m.*, Leim *m.*; Leimen *n.*; *v.*, grundieren; leimen.
sizeable *adj.*, **a – yacht,** eine ziemlich große Yacht *f.*
sized *adj.*, **fair –,** ziemlich groß; **medium** *or* **middle –,** mittelgroß, von mittlerer Größe; **small –,** klein; **standard –,** normal(groß).
sizing *s.*, Größenbestimmung *f.*, Größenordnung *f.*
sizzling *adj.* (*coll.*), sehr heiß; **– weather** *s.*, Hitzeperiode *f.*; **a spell of – weather,** ein Hitzeeinbruch *m.*, eine Hitzeperiode *f.* *od.* -welle *f.*
skate sailing *s.*, Eissegeln *n.*
skeg *s.*, Skeg *m.*, Ruderleitflosse *f.*; Kielhacke *f.* (*Teil des Kiels*), Ruderhacke *f.* (*des Kiels*), Stevenschwert *n.*, Stevensohle *f.*; **– of (the) keel,** Kielhacke *f.*; **– rudder** *s.*, Leitkopfruder *n.*
skeleton *s.*, Schiffsgerippe *n.*, -skelett *n.*, Rohbau *m.* (*Boot*), Umriß *m.* (*Boot*); **ship's –,** Schiffsgerippe *n.*; **– construction** *s.*, Stahlbau *m.*, Skelettbau *m.* (*Boot*); **– crew** *s.*, Stammbesatzung *f.*
skerry *s.*, Klippe *f.*, Riff *n.*, Schäre *f.*, Schären-, Klippenküste *f.*; **– cruiser** *s.*, Schärenkreuzer *m.*
ski *s.*, Ski *m.*, Schi *m.*; *v.*, skilaufen.
skid *s.*, Bootsrolle *f.*, -schlitten *m.*, Gleitbahn *f.*, -schiene *f.* (*f. Boote*); (*pl.*) Gleitkufen (*pl.*) (*Eisyacht*), Holzfender *m.*, Reibholz *n.*; *v.*, gleiten (*Boot*), auf einer Gleitschiene *od.* auf Rollen fortbewegen (*Boot*), ausgleiten, ausrutschen; **skid / beam** *s.*, Gleitbahn *f.*, Bootsgalgen *m.*; **–proof** *adj.*, rutschfest, gleitsicher (*Decksbelag*); **–proof decking** *s.* *or* **covering** *s.*, Gleitschutz-Decksbelag *m.*, rutschfester Decksbelag *m.*
skiff *s.*, Skiff *n.*, kleines Boot *n.*, Kahn *m.*; Renneiner *m.* (*Rudersport*).
skiing *s.*, Skilauf *m.*, -sport *m.*; Skilaufen *n.*, -fahren *n.*; *v.*, **to go –,** skilaufen, skifahren; **ski(ing) instructor** *s.*, Skilehrer *m.*
skim *s.*, Gleiten *n.* (*Boot*), (*am. coll.*) (dünne) Eisschicht *f.*; *v.*, gleiten, abheben (*Gleitfahrt*).
skimmer *s.*, Gleitjolle *f.*, Jolle *f.*, leichtes Rennboot *n.*
skimming / boat *s.*, Gleitboot *n.*; **– dish** *s.* (*am. coll.*), einmastiges breites flaches Boot *n.*, breite Schwertyacht *f.* mit geringem Tiefgang; **– speed** *s.*, Gleitfahrt *f.*, -geschwindigkeit *f.*
skin *s.*, Außenhaut *f.*, Beplattung *f.* (*Boot*); **oil –,** Ölzeug *n.*; **– boat** *s.*, Fellboot *n.*; mit Seehundfellen bespanntes Kajak *n.* (*od. m.*); **– covering** *s.*, Außenhaut *f.* (*Boot*); **– drag** *s.* (*phys.*), Oberflächen(strömungs)widerstand *m.*; **– friction** *s.* (*phys.*), Oberflächenreibung *f.*; **– girth** *s.*, Schmiegeumfang *m.* (*Yachtvermessung*); **– resistance** *s.* (*phys.*), Reibungswiderstand *m.* (*Boot*).
skip / distance *s.* (*rad.*), tote Zone *f.*; **– jack** *s.*, Schipjack *n.*, Knickspantboot *n.*; **– knot** *s.*,

leicht zu lösender Knoten *m.*

skipper *s.*, Skipper *m.*, Schipper *m.*, Schiffer *m.*, Yachtkapitän *m.*, -führer *m.*, Sportschiffer *m.*; Kapitän *m.* (*eines Küsten- od. Fischereifahrzeugs*), Schiffsführer *m.*; **sport offshore –,** Sporthochseeschiffer *m.* (*Zertifikat*); *v.*, Kapitän *od.* Skipper sein auf (*einer Yacht*); **–'s daughters** *s./pl.*, Schaumkronen (*pl.*), schaumgekrönte Wellen (*pl.*).

skirt *v.*, **to – the coast,** an der Küste entlanglaufen *od.* -segeln.

skirting board *s.*, Fuß-, Scheuerleiste *f.*

skitter *v.*, gleiten (*Boot*), dahinjagen (*Motorboot*).

skivvies *s./pl.* (*am.*, *naut.*), warmes Unterzeug *n.*

skiyachting *s.* (*rac.*), Skiyachting *n.*

sklent *s.* (*Scots*), Schräglage *f.*, Neigung *f.* (*Deck*); *v.*, schräg liegen, überliegen, kippen (*Boot*).

skull and crossbones *s./pl.*, Piratenflagge *f.*

sky *s.*, Himmel *m.*, Wolkenhimmel *m.*; Klima *n.*, Wetter *n.*, Witterung *f.*, (*rare*) Wolke *f.*; Himmelsstrich *m.*; **mackerel –,** Schäfchenhimmel *m.*, -wolken *f./pl.*; **the – is blue (cloudy, overcast),** der Himmel ist blau (bewölkt, bedeckt); **sky/hatch** *s.*, Klappluk *n.*, -luke *f.*; **lockable – hatch** *s.*, verschließbare Klappluke *f.*; **– hook** *s.* (*am.*, *meteor.*, *coll.*), Ballonsonde *f.*; **–less** *adj.*, bewölkt, ohne klaren Himmel; **–light** *s.*, Deckslicht *n.*, -glas *n.*, Oberlicht *n.*, Skylight *n.*, (*coll.*) Dachfenster *n.* (*Kajüte*); **–line** *s.*, Horizont *m.*, Skyline *f.*, Silhouette *f.*, (Küsten)Kontur *f.*; **to be on the –line,** sich am Horizont abheben *od.* abzeichnen; **–rocket** *s.*, (Signal)Rakete *f.* (*Notsignal*); **–sail** *s.*, Skysegel *n.*; **–scape** *s.*, Himmels-, Wolkenlandschaft *f.*; **–scraper** *s.*, Mondsegel *n.*; **– wave** *s.*, Raumwelle *f.*, elektromagnetische Welle *f.*; **– -wave effect** *s.*, Dämmerungs-, Nachteffekt *m.* (*Funkp.*).

slab *s.*, Schalholz *n.*, Platte *f.*; Tafel *f.*; **– of honeycomb,** Kernmaterial *n.* (*Bootsbau*); **– ice** *s.*, aufgebrochenes Eis *n.*, Scheibeneis *n.*; **– keel** *s.*, Schutzkiel *m.*

slack *s.*[1], Lose *f.*, loses *od.* herabhängendes Ende *n.* (*Tau*), schlaffhängender Teil *m.* (*Want, etc.*), Flaute *f.*, Nachlassen *n.* (*des Windes*), (*coll.*) (Ruhe)Pause *f.* (*in einem Sturm*); **take in the –!** (*int.*), Lose durchsetzen!; **to take up the –,** Lose einholen.

slack *s.*[2] (*Scots*), Sumpf *m.*, Morast *m.*

slack *v.*, (*einer Leine mehr*) Lose geben, locker lassen; nachlassen, schlaff *od.* lose *od.* locker werden; **– away!** (*int.*), Fier weg!, Mehr Kette!, Lose geben!; **to – away,** auf-, wegfieren, (mehr) Lose geben; **to – away the rope,** eine Leine auf- *od.* wegfieren; **to – away the sheets,** die Schoten auffieren; **to – off,** nachlassen (*Wind*); **to – up,** die Fahrt verringern *od.* vermindern, langsamer werden; **to – the rope,** Lose geben; **to – the sheets,** die Schoten auffieren.

slack *adj.*, lose, mit Lose, locker, schlaff (*Leinen*), träge (*Strömung*), flau (*Brise*), lau (*Wind*); **to go –,** schlaff werden, durchhängen (*Wanten, etc.*); **– breeze** *s.*, flaue Brise *f.*; **– current** *s.*, träge *od.* langsame Strömung *f.*

slacken *v.*, fieren, (auf)schricken, Lose geben, lockern; einkrimpen, nachlassen (*Wind*), schlaff *od.* locker werden; **– off!** (*int.*), Los(werfen)!; **– off bowlines!** (*int.*), Bulinen los!; **to – off,** lockern, lösen; schlaff *od.* locker werden; **to – up (speed),** (Fahrt) verlangsamen *od.* vermindern *od.* herabsetzen; **to – a rope,** ein Ende fieren, Lose geben; **to – a sail,** ein Segel auffieren *od.* aufschricken; **to – a sail,** ein Segel auffieren *od.* aufschricken; **to – the sheet,** die Schot fieren; **to – speed,** die Fahrt verlangsamen *od.* vermindern.

slackness *s.*, Lose *f.*, Durchhängen *n.* (*Tau*), Schlaffheit *f.*, Lockerheit *f.* (*Schot*), Flaute *f.*, Stille *f.*, Stillte *f.*, Ruhe *f.* (*Wind*), (*tech.*) Spiel *n.*, Lockerheit *f.*

slack/rope *s.*, schlaffes Ende *n.* *od.* Tau *n.*; **– tide** *s.*, Stilltide *f.*, -wasser *n.*; **– water** *s.*, Stau-, Still-, Totwasser *n.*, stilles *od.* totes Wasser *n.* (*Gezeitenwechsel*); **to – -water** *v.* (*am.*), (Wasser) (an)stauen; **– weather** *s.* (*coll.*), müdes Wetter *n.*; **– wind** *s.*, (f)lauer Wind *m.*

slamming *s.*, Schlagen *n.* des Vorschiffs (*im Seegang*); **– load** *s.*, Seeschlagbelastung *f.*

slang *s.*, **sailing –,** Seglersprache *f.*, -jargon *m.*

slant *s.*, Schräglage *f.* (*des Decks*); **on the –,** schief, schräg (*Deck, Boot*); **– of wind,** kurz aufspringende *od.* rasch vorübergehende Brise *f.*; *v.*, schräg *od.* schief liegen (*Deck*), sich schräg *od.* schief legen (*Boot*), sich neigen, kippen; **slanting** *adj.*, schräg, schief, geneigt; **– deck** *s.*, schräg liegendes Deck *n.*

slant tack *s.*, Holebug *m.* (*Segeltechnik*), Streckbug *m.* (*beim Kreuzen*).

slantways *adv.*, **slantwise** *adj.*, *adv.* schief, schräg.

slap *v.*, flappen (*Segel*); **the sails – from side to side,** die Segel flappen *od.* schlagen von einer Seite auf die andere.

slash *v.*, knallen, peitschen (*Segel*); **the sails are –ing around,** die Segel schlagen (herum) *od.* knallen.

slat *s.*, Latte *f.*, Leiste *f.*

slat *v.*, heftig schlagen, klatschen, schlackern (*lockeres Fall gegen den Mast*), knallen (*Segel*); **to – against the rig,** (heftig) gegen das Rigg schlagen; **the sails are –ting,** die Segel knallen.

slatsail *s.*, Slatsegel *n.*, Schlitzsegel *n.*, Tallboy *m.*

slatted *adj.*, mit Latten versehen; **– deck** *s.*, Lattendeck *n.*

slaver *s.*, Sklavenschiff *n.*

slave / jib *s.*, Arbeitsfock *f.*, -klüver *m.*; **– station** *s.* (*rad.*), Nebenstation *f.*; Nebensender *m.* (*Decca*).

sleave *s.*, Faser *f.*, Strähne *f.* (*Tauwerk*).

sled *s.*, Kufen (*pl.*) (*Eisyacht, Segelschlitten*).

sledge (hammer) *s.*, Vorschlaghammer *m.*, schwerer Treibfäustel *m.*, (*sl.*) Macker *m.*

sleek *adj.*, **– lines (of a boat),** glatte *od.* geschmeidige Linien (*pl.*) (*eines Bootes*); **– sea** *s.*, glatte *od.* ölige See *f.*

sleep *v.*, **the boat –s ten,** auf der Yacht können 10 (Personen) untergebracht werden *od.* schlafen, die Yacht hat 10 Kojen.

sleeping berth *s.*, Koje *f.*

sleet *s.* (*br. Wetterdienst*), Regen-Schneegemisch *n.*, (*am. Wetterdienst*) Graupelschauer *m.* (*u. pl.*), (*meteor.*) Graupeln (*pl.*), Hagelkörner (*pl.*), Schloßen (*pl.*), Eis-, Graupel-, Schneeregen *m.*, (*coll.*) Eisüberzug *m.*; **a shower of –,** ein Graupelschauer *m.*; *v.* (*meteor.*), graupeln, hageln; **sleety** *adj.*, **a cold – wind,** ein kalter, von Hagelschauern begleiteter Wind.

leeve *s.* (*surf.*), Mastschlauch *m.*, -tasche *f.*, (*tech.*) Buchse *f.*, Hülse *f.*, Manschette *f.*, Muffe *f.*, Schlauch *m.*; **– joint** *s.*, Muffenverbindung *f.*; **– valve** *s.*, Muffenventil *n.*

lender *adj.*, schlank (*Bootslinien*); **slenderness ratio** *s.* (*naut., tech.*), Schlankheitsverhältnis *n.*, -grad *m.*

lew *s.* (*am., canad.*), Sumpf(land *n.*) *m.*, Sumpfstelle *f.*

lewing / davit *s.*, Schwenkdavit *m.*; **– guy** *s.*, Gei *f.*, Geere *f.*; **– trolley** *s.*, Drehlaufkatze *f.*

ice *s.*, Spachtel *m.*, Spatel *m.*, (*naut.*) Schlag-, Stapelkeil *m.*; Kuhfuß *m.*; *v.*, (*Wasser, Wellen*) durchschneiden (*Boot*); **the boat –s the sea,** das Boot durchschneidet die Wellen; **slicer** *s.* (*naut.*), Kuhfuß *m.*

ick *s.*, Schlick *m.*; Ölfleck *m.*, -fläche *f.* (*auf lem Wasser*), Achter-, Heckwasser *n.*; *adj.* *coll.*), glatt, glitschig (*Deck*).

slide *s.*, (Mast)Rutscher *m.*; Schlitten *m.* (*Beschlag*), Rutsche *f.*, Läufer *m.*, Reiter *m.*, Führung *f.*, (*tech.*) Schieber *m.*, Schiebevorrichtung *f.*, Gleitfläche *f.*; Gleitsitz *m.* (*in Rennruderbooten*), Gleiten *n.* (*Boot*); **mast track –,** Mastrutscher *m.*; *v.*, schlieren (*Anker, Leine*), rutschen, gleiten (*Boot*), schlüpfen, ausgleiten, ausglitschen; **to – a ship down the skids,** ein Schiff über die Schlittenbalken laufen lassen (*Stapellauf*).

slide / bar *s.*, Gleit-, Leitschiene *f.*; **– bearing** *s.*, Gleitlager *n.*; **– block** *s.*, Gleitblock *m.*; **– bulkhead (door)** *s.*, Schiebeschott *n.*; **– hatch** *s.*, Schiebeluke *f.*; **– keel** *s.*, Steckschwert *n.*, Hängekiel *m.*; **– knot** *s.*, Schlippstek *m.*

slider *s.*, (Mast)Rutscher *m.*; **track for foresail –s** (*pl.*), Fockschotleitschiene *f.*

slide / rail *s.*, Gleitschiene *f.*; **– rest** *s.*, Support *m.*; **– sash** *s.*, Schiebefenster *n.*; **– speed** *s.*, Gleitfahrt *f.*, -geschwindigkeit *f.* (*Boot*); **– track** *s.*, Leitschiene *f.*; **– valve** *s.*, Schieber *m.*, Schieberventil *n.*; **– way** *s.*, Rutsche *f.*, Gleitbahn *f.*; **– ways** (*pl.*), Ablaufschlitten *m.* (*Stapellauf*).

sliding *s.*, Schlieren *n.* (*Anker*), Gleiten *n.*, Rutschen *n.* (*Boot*); **– anchor weight** *s.*, Gleitgewicht *n.*, Ankergewicht *n.*; **– balk** *s.*, Läuferbalken *m.*, Ablaufschlitte *f.*; **– bolt** *s.*, Vorreiber *m.*; **– fit** *s.* (*tech.*), Gleitsitz *m.*, -passung *f.*; **– friction** *s.* (*phys.*), gleitende Reibung *f.*; **– gunter** *s.*, Steilgaffel *f.*; Schiebstenge *f.*, -stock *m.*; **– hatch** *s.*, Schiebeluk *n.*, -luke *f.*; **– hatchway cover** *s.*, Schiebekappe *f.*; **– keel** *s.*, Kiel-, Steckschwert *n.*; **– seat** *s.*, Gleit-, Rollsitz *m.* (*im Boot*); **– sleeve** *s.*, Schiebhülse *f.*; **– surface** *s.*, Gleitfläche *f.* (*Boot*); **– track** *s.*, Gleit-, Laufschiene *f.*; **– track set-up** *s.*, Lauf-, Gleitschieneneinrichtung *f.*; **– valve** *s.*, Schieber *m.*, Schieberventil *n.*

slight *adj.*, **– breeze,** schwache *od.* flaue Brise *f.*; **– sea** *s.*, leicht bewegte See *f.*

slim *s.*, **slime** *s.*, Schlamm *m.*, Schlick *m.*; **sliminess** *s.*, schlammige Beschaffenheit *f.* (*des Ufers, etc.*), Schlammigkeit *f.*; **slimy** *adj.*, schlickig, schlammig, glitschig.

sling *s.*, Stropp *m.*, Tauschlinge *f.*, Heiß-, Hängestropp *m.*; **rope –,** Ringstropp *m.*; *v.*, anstecken (*Leine*), an-, einschlingen; **to – up,** anschlagen (*Tau, etc.*).

sling / chain *s.*, Kettenstropp *m.*; **– dog(s)** *s.* (*pl.*), Teufelsklaue *f.*, Kettenstopper *m.*, Wind(e)haken *m.*; **– load** *s.*, Hiev *m.*, Hieve *f.*; **– ring** *s.*, Heißring *m.*

slip *s.*, S(ch)lipwagen *m.*, Slip *m.*, Schlipp *m.*;

Aufschleppe *f.* (*f. Boote*), (*am.*) Schlippe *f.*, Schlipphelling *f.*, Helgen *m.*; Schiffslandeplatz *m.*, (Boots)Rampe *f.*, (*tech.*) Schlupf *m.*, Schlüpfung *f.* (*Propeller*); **– of the propeller,** S(ch)lip *m.*, Schlupf *m.*, Schlüpfung *f.*, Nacheilen *n. od.* Zurückbleiben *n.* der Drehzahl; *v.*, s(ch)lippen (*Tau, Boot*), schieben, stecken, loswerfen, rutschen, gleiten (lassen), schießen lassen (*Leine*), (*Tau*) s(ch)lippen lassen, (*Knoten*) aufdröseln *od.* lösen; schlüpfen; **to – off,** abs(ch)lippen (*Boot*), abwerfen (*Leine*), abgleiten, abrutschen; **to – up,** aufs(ch)lippen (*Boot*), aufschleppen; **to – the cable,** die Ankerkette s(ch)lippen.

slip/bend *s.*, S(ch)lippstek *m.*; **– dock** *s.*, S(ch)lippdock *n.*; **– hook** *s.*, S(ch)lipphaken *m.*, -schäkel *m.*; **– knot** *s.*, Schleif-, S(ch)lipp-, Laufknoten *m. od.* -stek *m.*, Klinsch *m.*; **– -over cover** *s.*, Schutzhülle *f.*

slippage *s.*, Schlupf *m.*, Schlüpfung *f.*; Schlupf-, Schlüpfungsverlust *m.* (*Propeller*).

slippery *adj.*, glatt, glitschig, schlüpfrig (*Deck, etc.*); **– hitch** *s.*, S(ch)lippstek *m.*

slip/ratio *s.*, S(ch)lippverhältnis *n.*; **– rope** *s.*, S(ch)lipp-, Springtau *n.*; **– shackle** *s.*, S(ch)lippschäkel *m.*; **– stopper** *s.*, S(ch)lippstopper *m.*; **–stream** *s.*, (Propeller)Nachstrom *m.*, Schraubenstrom *m.*, -wasser *n.*; **–way** *s.*, Helling *f.*, Stapel *m.*, Bau-, Aufschlepphelgen *m.*; **–way cradle** *s.*, Aufschleppwagen *m.*

slit *s.*, Düse *f.*, Spalt *m.* (*zwischen Segeln*), Ritze *f.*, Spalte *f.* (*zwischen Bootsplanken*).

slither *v.* (*coll.*), (aus)gleiten, (aus)rutschen.

slog *s.* (*Irish*), Schlick *m.*, Schlamm *m.*, Morast *m.*, (*Neufundland*) Schneematsch *m.*; **– ice** *s.* (*Newfoundland*), Treibeis *n.* (mit Schnee vermischt).

slog *v.*, schlagen (*Segel*); **the sails are –ging,** die Segel knallen.

sloop *s.*, Schaluppe *f.*, Slup *f.*, Korvette *f.*; Polizei-, Geleitboot *n.*; **Bermuda –,** Bermuda-Slup *f.*; **gaff –,** Gaffelslup *f.*; **– rig** *s.*, Sluptakelung *f.*; **– -rigged** *adj.*, mit Slup- *od.* Schaluppentakelung.

slop *s.* (*naut.*), Kleidung *f.*, Bettzeug *n.*, (*sl.*) Klamotten (*pl.*), Plünnen (*pl.*); **– chest** *s.*, Kleider-, Plünnenkiste *f.*

slope *s.*, Neigung *f.*, Schräglage *f.* (*des Decks*); Gefälle *n.*, (*tech.*) Schräge *f.*, Gehre *f.*; **on the –,** schräg, schief, abschüssig (*Deck*); **windward –,** Luvseite *f.*; **– of a canal,** Kanalböschung *f.*; *v.*, sich neigen, sich senken (*Deck*); **sloping** *adj.*, abschüssig, geneigt, schräg; **– outward frame** *s.*, ausfallendes Spant *n.*; **– position** *s.* **(of the deck** *or* **boat),** Schräglage *f.* (des Decks *od.* Bootes).

sloppy *adj.*, bespritzt, naß, voll Wasser; **in – conditions** (*rac.*), in *od.* unter schwierigen Bedingungen (*pl.*) (bei viel Welle); **– sea** *s.*, aufgewühlte *od.* bewegte See *f.*

slop room *s.* (*naut.*), Kleider-, Plünnenkammer *f. od.* -ablage *f.*; **slops** (*pl.*) (*naut.*), Bettzeug *n.*

slot *s.*, Düse *f.*, Spalt *m.*, Schlitz *m.* (*zwischen Segeln*), Mastnut *f.*, (*tech.*) Nut(e) *f.*, Kerbe *f.*; Querholz *n.*, Riegel *m.*; **turbulence in the –,** Turbulenz *f.* in der Düse; **to open the –,** die Düse öffnen; **the – is opened up,** die Düse ist geöffnet; **the – closes** *or* **locks,** die Düse schließt; **the – opens,** die Düse öffnet; **the – pumps,** die Düse pumpt.

slot/effect *s.*, Düsenwirkung *f.* (*Segeltrimm*); **– groove size** *s.*, Nutabmessungen (*pl.*) (*Mast*); **– headstay luff system** *s.*, Profil(vor)-stag(system) *n.*

slotted *adj.* **screw,** Schlitzschraube *f.*

slough *s.*, sumpfige *od.* Sumpfstelle *f.*, Moras *m.*, Sumpfloch *n.*, (*am.*, *canad.*) Sumpf *m.* Flußbucht *f.*, sumpfiger Nebenarm *m.* (*eine Flusses*); **sloughy** *adj.*, sumpfig, morastig.

slow *v.*, **to – down** *or* **off** *or* **up,** (*Fahrt, Geschwindigkeit*) verlangsamen *od.* verringern langsamer werden (*Boot*).

slow *adj.*, **to be – off the starting line,** langsamer *od.* zögernder Start *m.*; **–down** *s.*, Verlangsamung *f.* (*Fahrt*); **– race** *s.*, langsame *od* träge *od.* sich lang hinziehende Regatta *f.* (*coll.*) langweilige Regatta *f.*; **– -running engine** *s.*, langsam laufender Motor *m.*; **– sai** *s.*, langsames Segel *n.*; **– speed** *s.*, langsam Fahrt *f.*

sludge *s.*, Schlick *m.*, Schlamm *m.*, Matsch *m.* Treibeis *n.*, Eisscholle *f.*; **– ice** *s.*, Eisschlamm *m.*, (loser) Eisbrei *m.*; **sludgy** *adj.*, schlickig schlammig, matschig; mit Eisschollen bedeckt, aus Eisschollen bestehend.

slue *v.*, **to – a boat,** ein Boot um seine (eigene Achse drehen.

slug *s.*, Rutscher *m.*; im Schneckentemp laufendes Boot *n. od.* Schiff *n.*, (*phys* Masseneinheit *f.* (*Beschleunigung*); **sluggis** *adj.*, schwerfällig, träge (*Boot*), langsam *o* träge fließend (*Fluß*); **sluggishness** *s.*, Lang samkeit *f.*, Schwerfälligkeit *f.*, Trägheit (*eines Bootes*); **slug slider** *s.*, (Metall)Rutsche *m.*

sluice *s.*, Schleuse *f.*, Siel *n. od. m.*, Schütz (Stau)Wehr *n.*; Stauwasser *n.*; Schleusen-N benkanal *m.*; *v.*, (Wasser aus einer Schleus ablassen, Schleuse öffnen; **– gate** *s.*, Schle sentor *n.*; – **way** *s.* (*künstlicher*) Schleusen-Kanal *m.*

slump *v.*, zusammenfallen (*Segel*).

slush *s.* (*naut.*), Stengenschmiere *f.*, (*tech.*) Schmiere *f.*, Rotschutz-Schmiermittel *n.*; Schlamm *m.*, Morast *m.*, (Schnee)Matsch *m.*, Modder *m.*; *v.*, (ein)schmieren, mit Rostschutzmittel behandeln; **to – down,** labsalben, lappsalben (*Beschläge, etc.*); – **ice** *s.*, Eisschlamm *m.*, Schlammeis *n.*; **slushing oil** *s.*, Rostschutzöl *n.*; **slushy** *adj.*, schlammig, matschig.

smack *s.*, Schmack(e) *f.* (*vollgedecktes Fischerboot*), Kutter *m.*, (*am.*) Fischerboot *n.* mit Bünn; – **of wind,** leiser Windhauch *m.*; *adv.*, **the wind was – in their teeth,** der Wind kam recht von vorn *od.* blies ihnen gerade ins Gesicht.

smack *v.*, knallen (*Segel*); **to – of rain,** nach Regen riechen; **this talk –s of the sea,** diese Story *od.* Geschichte klingt nach Seemannsgarn.

smacking *adj.*, scharf, lebhaft, frisch, stark (*Wind*); **a – breeze,** eine steife Brise *f.*

smacksman *s.*, Fischer *m.* auf einer Schmack(e).

small *adj.*, – **bitts,** Schotenpoller *m.*; – **boat equipment** *or* **outfit** *s.*, Bootsausrüstung *f.* für Jollen; – **circle** *s.* (*astr.*), Nebenkreis *m.*; – **coasting trade** *or* **navigation** *s.*, kleine Küstenfahrt *f.*; **--craft radar** *s.*, Radar *n.* für kleinere Schiffe *od.* Yachten; – **distance** *s.*, geringe Entfernung *f.*; – **eyelet** *s.*, Gatchen *n.*, Gatjen *n.*; – **hours** (*pl.*), frühe Morgenstunden (*pl.*); – **ice** *s.*, dünnes Eis *n.*

smallish *adj.* **boat,** ziemlich kleines Boot *n.*

small/rain *s.*, leichter *od.* feiner Regen *m.*, Sprühregen *m.*; **--scale chart** *s.*, Großraumkarte *f.*; – **stuff** *s.*, Reusel *n.* (*dünnste Art Tauwerk*), dünnes Tauwerk *n.*, Bändselgut *n.*

smarten *v.*, **to – the speed,** die Fahrt *od.* Geschwindigkeit beschleunigen, (mehr) Fahrt aufnehmen.

smash *s.* **with** (*or* **in**) **another boat,** Bootskollision *f.*; **smash-up** *s.*, Kollision *f.*, Zusammenprall *m.*, -stoß *m.*

smaze *s.*, Rauchnebel *m.*

smell *v.*, **it –s of rain,** es riecht nach Regen.

S(-)meter *s.* (*rad.*), Feldstärkeanzeigeinstrument *n.*, S-Meter *n.*

smite *v.*, **the waves – upon the boat,** die Wellen klatschen *od.* schlagen an *od.* gegen das Boot.

smithery *s.* (*naut.*), Schmiede *f.*

smog *s.* (*coll.*), Dunstglocke *f.*, Rauchnebel *m.*, Smog *m.*

smoke *s.*, Dunst *m.*, Nebel *m.*, Wolke *f.*; Rauchfahne *f.*, -säule *f.*; *v.*, blaken (*Lampe, Laterne*); **smoke/distress signal** *s.*, Rauch(not)signal *n.*; – **float** *s.*, Nebelboje *f.*; **smokiness** *s.*, Dunstigkeit *f.*; **smoke/signal** *s.*, Rauchsignal *n.* (*Notsignal*); **–stack** *s.*, (Schiffs)Schornstein *m.*; – **track** *s.*, Rauchfahne *f.* (*eines Schiffs*); **smoky** *adj.*, dunstig.

smooth *v.*, glätten, (ab)schleifen; sich glätten *od.* beruhigen *od.* legen (*See*); **to – down,** sich glätten *od.* beruhigen (*See*); **the sea –ed down,** die See legte sich.

smooth *adj.*, glatt, ruhig (*See*); – **crossing** *s.*, ruhige Überfahrt *f.*; – **curve** *s.*, strakende Kurve *f.* (*Linienriß*).

smoothen *v.*, glätten, (ab)schleifen, spachteln, schlichten; **smoother** *s.*, Spachtel *m.*, Spatel *m.*; **smooth file** *s.*, Abzieh-, Schlichtfeile *f.*; **smoothness** *s.* (*tech.*), Schliff *m.*

smooth/passage *s.*, ruhige Überfahrt *f.*; – **plane** *s.*, Schlichthobel *m.*; – **planking** *s.*, glatte Beplankung *f.* (*Boot*); – **sea** *s.*, glatte *od.* ruhige See *f.*; – **surface** *s.*, glatte Oberfläche *f.*; – **water** *s.*, glattes *od.* ruhiges Wasser *n.*, ruhige *od.* glatte See *f.*; **in – water,** bei ruhiger See; – **water sailing** *s.*, Segeln *n.* bei wenig Welle.

smother *s.*, Sprühnebel *m.*; Dunst-, Schneewolke *f.*

smudgy *adj.* (*dial.*), drückend, schwül (*Luft*).

smuggler *s.*, Schmuggelschiff *n.*, Schmuggler(schiff *n.*) *m.*

snag *s.*, im Fluß treibender Baumstamm *m.*, (*am.*) Baumstumpf *m.* (*unter der Wasseroberfläche*); *v.*, gegen einen Baumstamm *od.* (*am.*) -stumpf fahren *od.* treiben (lassen) (*Boot*), (*am.*) von treibenden Baumstämmen säubern (*Fluß*); – **boat** *s.* (*am.*), Boot *n.* zum Entfernen von Baumstümpfen (*aus einem Fluß, etc.*).

snaggy *adj.* (*am.*), voller Baumstümpfe *od.* Hindernisse (*Flußlauf*).

snail/cloud *s.*, Stratocumulus *m.*, geschichtete Haufenwolke *f.*; **–'s gallop** *s.* *or* **pace** *s.*, Schneckentempo *n.*; **to proceed at a –'s gallop** *or* **pace,** im Schneckentempo vorwärtskommen (*Boot*).

snap *s.* (*meteor.*), kurze (Wetter-, Kälte)Periode *f.*; **a –, a cold –, a – of cold** (*meteor.*), (plötzlicher) Kälteeinbruch *m.*, -welle *f.*, Frost *m.*; Wetterumschlag *m.* (*Wetterverschlechterung*).

snap *v.*, zerreißen, zerbrechen, (*coll.*) kaputtgehen.

snap *adj.*, – **went the mast,** krach und der Mast war weg; – **course** *s.*, leichter Kurs *m.*; – **hook**

s., Karabinerhaken *m.*; – **link** *s.*, (*Art*) Karabinerhaken *m.*, Kettenglied *n.* mit Schnappverschluß.

snaps *s./pl.* (*am.*), Stagreiter (*pl.*).

snap / shackle *s.*, Schnapp-, Patentschäkel *m.*; **swivel – shackle** *s.*, Schnapp-Wirbelschäkel *m.*; **trunnion – shackle** *s.*, Drehzapfen-Schnappschäkel *m.*

snatch *v.*, – **(at) the rope!** (*int.*), Pack das Tau!.

snatch / block *s.*, Kinnbacks-, Kinnback(en)-block *m.*, Fuß-, Klappblock *m.*; –**-block tackle** *s.*, Klappläufer *m.*; – **cleat** *s.*, Lippklampe *f.*

snatches *s./pl.* **of sunshine,** momentane Aufheiterung *f.*, sonnige Augenblicke (*pl.*).

sneakers *s./pl.* (*am.*), leichte Segel(tuch)schuhe (*pl.*).

snell *adj.* (*Scots*), schneidend, beißend, scharf (*Wind, Kälte*).

snifting valve *s.*, Schnüffel-, Schnarchventil *n.*

snorkel *s.* (*am.*), **snort** *s.*, Schnorchel *m.*

snorter *s.* (*coll.*), heftiger *od.* heulender Sturm *m.*

snot *s.*, **snottie** *s.*, **snotty** *s.* (*sl.*), Seekadett *m.*

snout *s.* (*tech.*), Mundstück *n.*, Tülle *f.*, Schnabel *m.*

snow *s.*[1] (*naut.*), Schnau(schiff *n.*) *f.* (*mit briggähnlicher Takelung*).

snow *s.*[2], Schnee *m.*, Schneefall *m.*, -fälle (*pl.*), Schneemassen (*pl.*), Schneedecke *f.*; (*pl.*) Schneeverhältnisse (*pl.*); *v.*, schneien; **to – under,** ein-, zuschneien; **snow / bank** *s.*, Schneeverwehung *f.*; – **blink** *s.*, Schneeblink *m.* (*am Himmel*); –**-bound** *adj.*, eingeschneit, durch Schnee(massen) abgeschnitten; **–drift** *s.*, Schneetreiben *n.*, Schneewehe *f.*, -verwehung *f.*; **–fall** *s.*, Schneefall *m.*, -menge *f.*; – **line** *s.* *or* **limit** *s.*, Schneegrenze *f.*; – **pellets** (*pl.*), Graupeln (*pl.*), (Hagel)Schloßen (*pl.*); – **report** *s.*, Schneebericht *m.*; – **slide** *s.* *or* **slip** *s.*, Lawine *f.*, Schneerutsch m.; – **squall** *s.*, Schneebö *f.*; **–storm** *s.*, Schneesturm *m.*; **snowy** *adj.* **weather,** Schneewetter *n.*

snub *s.* (*am.*), ruckartiges Stoppen *n.*, Abstoppen *n.* (*eines Taus*); *v.*, **to – a line** *or* **chain,** eine Leine *od.* Kette abstoppen; **snubber** *s.* (*am.*), Seilbremse *f.*

snubbing post *s.*, Poller *m.*

snuff *s.*, Prise *f.*, Schnupftabak *m.*; *v.*, schnupfen.

snuffer *s.*, Gennakerschlauch *m.*

snuffing hoop *s.*, Schlauchring *m.*, -reifen *m.*

snug *s.* (*tech.*), Nase *f.* (*einer Schraube, etc.*); *v.*, **to – down,** (*Boot*) auf Sturm vorbereiten; *adj.*, gut gebaut, schmuck (*Yacht*), seetüchtig (*Boot*); **snug / bolt** *s.*, Nasenschraube *f.*; – **harbour** *or* **port** *s.*, gut geschützter Hafen *m.*; – **yacht** *s.*, seetüchtige Yacht *f.*; wohlproportionierte Yacht *f.*

soak *v.*, durchsickern (*Wasser*), sich voll Wasser saugen, durchnässen, durchweichen, durch und durch naß werden; **soakage** *s.*, Sickerwasser *n.*; **soaker** *s.* (*coll.*), Regenguß *m.*; **soaking** *s.*, **to get a –,** durch und durch naß werden; *adj.*, – **wet,** völlig durchnäßt, klatsch- *od.* patschnaß.

socket *s.*, Sockel *m.* (*f. Kompaß, etc.*), Buchse *f.*, Hülse *f.*, Steckhülse *f.*, Muffe *f.*, (*elec.*) Fassung *f.*; **flag pole –, flag staff –,** Flaggenstockhalter *m.*; **rope –,** Seilhülse *f.*, -terminal *n.*; **wire rope –,** Drahtseilhülse *f.*; –**-joint** *s.* (*tech.*), Kugelgelenk *n.*; – **pin** *s.*, Steckstift *m.*; – **spanner** *s.*, Steckschlüssel *m.*

sock sail *s.*, halbstarres Segel *n.*

sodden *adj.*, durchnäßt, durchweicht; **soddenness** *s.*, Nässe *f.*, Feuchtigkeit *f.*

sofar *s.*, Gerät *n.* zur Ortsbestimmung mittels Schallwellen (*zur Rettung Schiffbrüchiger*).

soft *adj.*, regnerisch, feucht; **–!** (*int.*), Sachte!, Langsam!; **a – day,** ein regnerischer Tag *m.*; **soft / bow** *s.*, Plattenbug *m.*; – **(sail) cloth** *s.*, weiches Segeltuch *n.*; – **hail** *s.*, Graupel(regen) *m.*; –**-iron spheres** (*pl.*), Weicheisenkugeln (*pl.*) (*zum Kompensieren*); – **lay** *s.*, loser Schlag *m.* (*Tau*); – **outlines** (*pl.*), schwache *od.* verschwommene Konturen (*pl.*) *od.* Umrisse (*pl.*); – **rain** *s.*, milder *od.* sanfter Regen *m.*; – **solder** *s.*, schnell schmelzende Lötmasse *f.*, Schnellot *n.*; – **tack** *s.* (*naut.*), weiches Brot *n.*, Weißbrot *n.*, gute (Schiffs)Kost *f.*; – **weather** *s.*, Tauwetter *n.*

soggy *adj.*, feucht, naß, durchnäßt; sumpfig.

solano *s.*, Solano *m.* (*feuchter, heißer Ostwind in Spanien*).

solar *adj.*, – **cycle** (*astr.*), Häufigkeitsperiode *f.* der Sonnenflecken; – **day** *s.* (*astr.*), Sonnentag *m.*; **mean – day** *s.*, mittlerer Sonnentag *m.*; – **eclipse** *s.*, Sonnenfinsternis *f.*; – **limb** s (*astr.*), Sonnenrand *m.*; – **motion** *s.* (*astr.*) Bewegung *f.* des Sonnensystems (*im Raum*) – **parallax** *s.* (*astr.*), Sonnenparallaxe *f.*; – **prominences** (*pl.*) *or* **protuberances** (*pl.*) (*astr.*) Sonnenprotuberanzen (*pl.*); – **radiation** *s.* Sonnenstrahlung *f.*; – **spectrum** *s.* (*phys.*) Sonnenspektrum *n.*; – **system** *s.* (*astr.*), Sonnensystem *n.*; – **tide** *s.*, Sonnentide *f.*; – **time** *s.* (*astr.*), Sonnenzeit *f.*; – **year** *s.* (*astr.*), Sonnenjahr *n.*

SOLAS *s.*, Internationaler Schiffssicherheitsvertrag *m.*, Internationales Übereinkommen

n. zum Schutz (des) menschlichen Lebens auf See.
solder *s.* (*tech.*), Lot *n.*, Lötmittel *n.*, -metall *n.*, -blei *n.*, -masse *f.*; Kitt *m.*, Bindemittel *n.*; **hard (soft) –,** Hart (Weich) lot *n.*; *v.*, löten; kitten; **to – up,** (zusammenflicken, ausbessern; **solder / flux** *s.*, Lotflüssigkeit *f.*; **– iron** *s.*, Lötkolben *m.*; **soldering** *s.*, Löten *n.*, Lötung *f.*; Lötstelle *f.*; **– copper** *s. or* **iron** *s.*, Lötkolben *m.*; **– lamp** *s.*, Lötlampe *f.*; **– paste** *s.*, Lötmittel *n.*; **– tin** *s.*, Lötzinn *m.*
soldier *s.* (*naut.*, *sl.*), arbeitsscheuer Seemann *m. od.* Matrose *m.*, Drückeberger *m.*; *v.*, sich (*vor der Decksarbeit, etc.*) drücken.
sole piece *s.*, Stevensohle *f.*
solid *adj.*, stabil, massiv, voll (*Holz, etc.*); **– angle** *s.* (*math.*), Raumwinkel *m.*; **– ballast** *s.*, Kielballast *m.*, fester Ballast *m.*; **– fibreglass** (*am.*) **(fiberglass) construction** *s.*, Massiv-Bauweise *f.* (*GFK-Bootsbau*); **– floor** *s.*, volle Bodenwrange *f.*; **– masses** (*pl.*) **of clouds,** geballte Wolkenmassen (*pl.*); **– pack (ice)** *s.*, solides *od.* festes Packeis *n.*; **– pillar** *s.*, massive Deckstütze *f.*; **– wood** *s.*, Massivholz *n.*, Vollholz *n.* (*Bootsbau*); **– wood mast** *s.*, Vollmast *m.*, gewachsener Mast *m.* aus Vollholz.
solstice *s.* (*astr.*), Sonnenwende *f.*; **summer –,** Sommersonnenwende *f.*; **winter –,** Wintersonnenwende *f.*
solstitial *adj.* **point** (*astr.*), Sonnenwend(e)punkt *m.*
solubility *s.* (*chem.*), Löslichkeit *f.*; **soluble** *adj* (*chem.*), löslich; **solution** *s.*, **chemical –,** chemische Lösung *f.*
solvable *adj.* (*chem.*), löslich; **solvent** *s.* (*chem.*), Lösungsmittel *n.*
sonar *s.* (*am.*), Sonar *n.*, S-Gerät *n.*, Unterwasserortungsgerät *n.*; **Doppler –,** Doppler-Sonar *n.*
sonde *s.* (*am.*), Sonde *f.*; **string –,** Fadensonde *f.*; **thread –,** Fadensonde *f.*, Telltale *n.*
sonder *s.*, **sonderclass** *s.* (*am.*, *rac.*), Sonderklasse *f.*, (Sonder)Rennklasse *f.* (*Yachten*); **–(class) yacht** *s.*, Sonderklassenyacht *f.*
sonic *adj.*, **– depth finder,** Echolot *n.*; **– echo sounder** *s.*, (Schallwellen-)Echolot *n.*; **– hydrophone** *s.*, Unterwasser-Schallempfänger *m.*; **– receiver** *s.*, Schallempfänger *m.*; **– transmitter** *s.*, Schallsender *m.*; **– wave** *s.*, akustische *od.* Schallwelle *f.*
sonobuoy *s.*, Sono-, Geräuschboje *f.* (*Unterwasser-Schallempfänger u. -sender*); **sonometer** *s.*, Sonometer *n.*, Schallmesser *m.*; **sonoradio buoy** *s.*, Sono-Funkboje *f.*
sonorous *adj.* **vibrations** (*phys.*), Schallwellen *f./pl.*
soothe *v.*, **to – (down),** sich beruhigen *od.* besänftigen (*See*).
sopping *adj.*, regnerisch; durchnäßt, triefend; **– wet,** patsch- *od.* klatschnaß, völlig durchweicht, triefend naß.
sore *adj.*, **to be in – distress,** in schwerer Seenot sein.
SOS(-call) *s.*, SOS(-Ruf *m.*) *n.* (*Morse-Hilferuf von Schiffen in Seenot*); (*rad.*) Suchmeldung *f.*
Sothic year *s.* (*astr.*), Sothisjahr *n.*
sough *s.*, Heulen *n.*, Pfeifen *n.*, Stöhnen *n.*, Sausen *n.* (*des Windes*); *v.*, heulen, pfeifen, stöhnen, sausen (*Wind*).
sound *s.*[1], Sund *m.*, Meerenge *f.*, Meeresarm *m.*
sound *s.*[2] (*naut.*), (Aus)Loten *n.*, Peilen *n.* (*mit Lot*).
sound *s.*[3], Schall *m.*, Geräusch *n.*, Laut *m.*; Hör-, Schallweite *f.*, (*rad.*) Ton *m.*; **velocity of –,** Schallgeschwindigkeit *f.*; **within –,** in Hörweite.
sound *v.*[1] (*naut.*), (aus)loten, peilen, die Tiefe messen (*mit Lot*), den (Meeres)Boden berühren (*Lot*), (*Gewässer, Tiefe*) abmessen *od.* pegeln; wegtauchen, auf Grund gehen (*Wale*); **to – a cell (a tank),** eine Zelle (einen Tank) peilen.
sound *v.*[2] (*naut.*), durch ein Signal anordnen *od.* verkünden, ertönen *od.* erschallen lassen; **to – the (fog)horn,** das Nebelhorn ertönen lassen.
sound *adj.* (*naut.*), seetüchtig (*Boot*), gut erhalten, fehlerfrei, intakt, unbeschädigt.
sound / amplifier *s.* (*rad.*), Lautverstärker *m.*; **– and heat insulation** *s.*, Schall- und Wärme-Isolierung *f. od.* -isolation *f.* (*im Boot*); **– conductivity** *s.* (*tech.*), Schalleitfähigkeit *f.*; **– detection gear** *s.*, Schallortungs-, Horchgerät *n.*
sounder *s.*, Lot *n.*, Lotgerät *n.*, Tiefenmeßgerät *n.*, Lotkörper *m.*; Lotgast *m.*, (*rad.*) Lautsprecher *m.*; **echo –,** Echolot *n.*
sound / fixing and ranging *s.*, Hyperbelortungsverfahren *n.* mittels Schallsignalen; **– frequency** *s.* (*rad.*), Tonfrequenz *f.*
sounding *s.*, Loten *n.*, Lotung *f.*, Peilen *n.*, Peilung *f.* (*mit Lot*), Auspeilen *n.* (*Tanks, etc.*); (*pl.*) lotbarer Grund *m.*, (auslotbare) Wassertiefe *f.*, ausgelotete Wassertiefe *f.*; **(to be) in** *or* **on –s,** auf lotbarer Wassertiefe (*bes. in Küstennähe*) (sein); **(to be) out of** *or* **off –s,** auf nicht *od.* außerhalb lotbarer Wassertiefe (sein); **to take a –, to take –s,** loten, Lotungen vornehmen; **line of –s,** Lotstandlinie *f.*, Rei-

henlotung *f.*; **sounding / apparatus** *s.*, Lotmaschine *f.*, Patentlot *n.*, Kelvin-Lot *n.*; – **balloon** *s.* (*meteor.*), Ballonsonde *f.*, Registrier-, Versuchsballon *m.*; – **buoy** *s.*, Heulboje *f.*; – **distance** *s.*, Lot-, Lotungsabstand *m.*; – **lead** *s.*, Lot-, Senkblei *n.*, Peillot *n.*; – **line** *s.*, Lotleine *f.*, Senkschnur *f.*; – **machine** *s.*, Lotmaschine *f.*, Patent-, Kelvinlot *n.*; – **made good,** Lotbeschickung *f.*; – **pipe** *s.*, Peilrohr *n.*; – **pole** *s.*, Lotstock *m.*, Peilstab *m.*, -stock *m.*; – **range** *s.*, Lotbereich *m.*; – **rod** *s.*, Peilstab *m.*, -stock *m.*; – **sextant** *s.*, Lot-, Peilsextant *m.*; – **stick** *s.*, Lot-, Peilstock *m.*; – **tube** *s.*, Peilrohr *n.*

sound / location *s.*, Schallortung *f.*; – **locator** *s.*, Schallortungs-, Horchgerät *n.*; – **navigation ranging** *s.*, Sonar *n.*, Unterwasserortungsgerät *n.*; --**ranging** *s.*, Schallmessung *f.*, -ortung *f.*, Schallmeßverfahren *n.*; --**ranging instrument** *s.*, Schallmeßgerät *n.*; – **signal** *s.*, akustisches Signal *n.*, Schallsignal *n.*; – **timber** *s.*, gesundes *od.* fehlerfreies Holz *n.* (*Bootsbau*); – **velocity** *s.*, Schallgeschwindigkeit *f.*; – **wave** *s.*, Schallwelle *f.*; – **yacht** *s.*, seetüchtige Yacht *f.*

soup *s.*[1] (*coll.*), dichter *od.* dicker Nebel *m.*, Waschküche *f.*, Suppe *f.*

soup *s.*[2] (*am.*, *sl.*), Pferdestärke *f.* (*Bootsmotor*), Sprit *m.* (*Benzin*), Kraft *f.*, Energie *f.*; *v.* (*am.*, *sl.*), die Geschwindigkeit steigern von, (Boots)Motor frisieren.

sour *adj.* (*coll.*), – **weather,** naßkaltes *od.* unfreundliches Wetter *n.*

source *s.*, – **of defect** (*tech.*), Fehlerquelle *f.*; – **or error,** Fehlerquelle *f.*

souse *v.*, ins Wasser fallen *od.* plumpsen; durchnäßt werden; **sousing** *s.*, (unfreiwilliger) Sturz *m.* ins Wasser; Durchnässen *n.*; **to get a –,** durchnäßt werden.

south *s.*, Süden *m.*, (*naut.*) Süd *m.*, Südwind *m.*; **from the –,** aus Süd(en) (*Wind*), aus dem Süden; **in the – (of),** im Süden (von); **to the – of,** südlich von; **towards the –,** nach Süden; – **by east,** Südsüdost *m.*, Süd *m.* zu Ost, Süd *m.* zum Osten; – **by west,** Südsüdwest *m.*, Süd *m.* zu West, Süd *m.* zum Westen; *v.*, nach Süden gehen *od.* laufen *od.* segeln; kulminieren (*Mond, etc.*).

south *adj.*, südlich, Süd-; – **of,** südlich von; **the wind is –,** der Wind kommt aus (dem) Süd(en); *adv.*, nach Süden, südwärts; aus dem Süden.

south'ard *adv.* (*coll.*), südwärts, nach Süden; **to sail –,** nach Süden segeln.

south / -bound *adj.*, südlich; nach Süden gehend *od.* laufend *od.* bestimmt (*Schiff*); – **coast** *s.*, Südküste *f.*

southeast *s.*, Südost(en) *m.*; **to the – of,** südöstlich von; *adj.*, südöstlich, Südost-; *adv.*, südöstlich, nach Südosten; – **of,** südöstlich von; – **by east,** Südostost *m.*, Südost *m.* zu Ost; – **by south,** Südostsüd *m.*, Südost *m.* zu Süd; **southeaster** *s.*, Südost *m.*, Südostwind *m.*, -sturm *m.*; **southeasterly** *adj.*, südöstlich, Südost-; *adv.*, von *od.* nach Südost(en); **southeastern** *adj.*, südöstlich, Südost-; **southeasternmost** *adj.*, südöstlichst, am weitesten südöstlich gelegen; **southeastward** *s.*, Südost(en) *m.*; **to the –,** nach Südost(en); **southeastward(ly)** *adj.*, südöstlich, nach Südosten zu (gelegen); **southeastward(ly), southeastwards** *adv.*, südostwärts, nach Südost(en); – **of,** südöstlich von; **southeast wind** *s.*, Südost(wind) *m.*

souther *s.*, Süd *m.*, Südwind *m.*, -sturm *m.*; **southerly** *adj.*, südlich, Süd-, im Süden (liegend); **to follow a – course,** einem südlichen *od.* Südkurs folgen; *adv.*, von *od.* nach Süden; **southerly / breeze** *s.*, Südwind *m.*, Wind *m.* aus Süd(en); – **burster** *s.*, Südseeorkan *m.*; – **wind** *s.*, Südwind *m.*

southern *adj.*, südlich, im Süden (gelegen), Süd-; – **aspect** *s.*, südlicher Aspekt *m.*; – **hemisphere** *s.*, südliche Hemisphäre *f.* *od.* Halbkugel *f.*; – **lights** (*pl.*) (*astr.*), Südlicht *n.* (*Polarlicht*); **southernly,** (*s.* **southerly**); **southernmost** *adj.*, südlichst, am weitesten südlich gelegen; **southern / shore** *s.*, Südküste *f.*; – **wind** *s.*, Südwind *m.*

southing *s.*, südliche Fahrt *f.* *od.* Richtung *f.* *od.* Bewegung *f.*, Südrichtung *f.*, Fahrt *f.* *od.* Weg *m.* nach Süden, (*naut.*) Breitenunterschied *m.* bei einer Fahrt nach Süden, (*astr.*) südliche Deklination *f.* (*eines Gestirns*), Kulmination *f.* (*des Mondes, etc.*); **to be –,** auf Südkurs laufen *od.* liegen.

south / land *s.*, (der) Süden; – **latitude** *s.*, Südbreite *f.*; – **magnetic pole** *s.*, magnetischer Südpol *m.*; –**most** *adj.*, am weitesten südlich gelegen; – **pole** *s.*, Südpol *m.*; **geographical – pole** *s.*, geographischer Südpol *m.*; --**southeast** *s.*, Südsüdost(en) *m.*; --**southeast** *adj.*, südsüdöstlich, Südsüdost-; --**southeast** *adv.*, nach *od.* aus Südsüdost(en); --**southwest** *s.*, Südsüdwest(en) *m.*; --**southwest** *adj.*, südsüdwestlich, Südsüdwest-; *adv.*, nach *od.* aus Südsüdwest(en); –**ward** *s.*, Süden *m.*; –**ward** *adj.*, südlich, nach Süden (zu gelegen); –**ward(ly), –wards** *adv.*, südwärts, nach Süden; **to sail –ward,** nach Süden segeln.

southwest *s.*, Südwest(en) *m.*; **course –!** (*int.*), **steer –!** (*am.*, *int.*), Kurs Südwest!; **– by south,** Südwestsüd *m.*, Südwest *m.* zu Süd, Südwest *m.* zum Süden; **– by west,** Südwestwest *m.*, Südwest *m.* zu West, Südwest *m.* zum Westen; *adj.*, südwestlich, Südwest-; *adv.*, südwestlich, nach *od.* aus Südwest(en); **southwester** *s.*, Südwest(wind) *m.*; Südwester *m.* (*Klapphut aus Ölzeug*); **southwesterly** *adj.*, nach *od.* aus Südwest(en); **southwestern** *adj.*, südwestlich, Südwest-; **southwesternmost** *adj.*, südwestlichst, am weitesten südwestlich gelegen; **southwest / gales** (*pl.*), Südweststürme (*pl.*); **– monsoon** *s.*, Südwestmonsun *m.*; **– wind** *s.*, Südwestwind *m.*; **southwestward** *s.*, (der) Südwesten *m.*; **southwestward(ly)** *adj.*, nach Südwest(en); **southwestward(s)** *adv.*, südwestwärts; **southwest wind** *s.*, Südwestwind *m.*

south wind *s.*, Südwind *m.*, Wind *m.* aus Süd(en).

sou'wester *s.*, Südwest(wind) *m.*; Südwester *m.* (*Klapphut aus Ölzeug*).

sovereign / emblem *s.*, Hoheitsabzeichen *n.*; **– rights** (*pl.*), Hoheitsrechte (*pl.*); **– territory** *s.*, Hoheitsgebiet *n.*

space *s.*, (See)Raum *m.*; Abstand *m.*; Zwischenraum *m.*, Lücke *f.*, Platz *m.* (*zwischen Booten, etc.*), Weite *f.*, (*rad.*) Pause *f.*, Abstand *m.*, Zwischenraum *m.* (*zwischen den (Morse)Zeichen*), (*astr.*) Weltall *n.*, -raum *m.*; **offing –,** Luvraum *m.*, (freier) Seeraum *m.*, Räumte *f.*; **in a – of 5 ft.,** im Abstand von 5 Fuß; **– of time,** Zeitraum *m.*, -abstand *m.*; **– curve** *s.*, Raumkurve *f.*

spacer *s.* (*tech.*), Abstandshülse *f.*, -stück *n.*, Distanzring *m.*, -scheibe *f.*

spacing *s.* (*rad.*), Abstand *m.*, Intervall *n.*

spade rudder *s.*, Schwebe-, Spatenruder *n.*

spale *s.* (*naut.*), Balkenverstärkung *f.*; (*Scots*) Latte *f.*

span *s.* (*naut.*), Spann *n.*, Spanne *f.*, Schenkel *m.* (*kurze Ketten od. Taue zum Befestigen*), Hanger *m.*; Spanne *f.* (*Maß=9 inches*), gespreizte Hand *f.*, Spannweite *f.*; *v.*, abmessen (*nach Spannen*); (über)spannen; **to – (in),** mit Tauen *od.* Leinen *od.* Ketten festmachen, zurren; **span / block** *s.*, Hangerblock *m.*; **– chain** *s.*, Hangerkette *f.*

spandrel *s.* (*tech.*), Hohlkehle *f.*

Spaniard *s.*, Spanier *m.*, spanisches Schiff *n.*

Spanish / bowline *s.*, spanischer Pa(a)lstek *m.* *od.* Pfahlstich *m.*; **– burton** *s.*, Staggarnat *n.*, spanische Talje *f.*; **– whipping** *s.*, spanischer Takling *m.*, Lotsentakling *m.*, Rückspleiß *m.*; **– windlass** *s.*, spanische Winde *f.*, lose Spille *f.*, Erdspille *f.*

spank *s.*, Besan *m.*

spank *v.*, schwappen, gegen die Wellen schlagen (*Boot*).

spanker *s.*, Besan *m.*; **– boom** *s.*, Besan-, Gickbaum *m.*; **– gaff** *s.*, Besangaffel *f.*; **– sheet** *s.*, Besanschot *f.*

spanking *adj.* **breeze** (*coll.*), frische Brise *f.*

spanner *s.* (*tech.*), Schraubenschlüssel *m.*

spar *s.*, Spiere *f.*, Sparren *m.*, Baum *m.*, Mast *m.*, Giep *n.*, Rundholz *n.*; (*pl.*, *collect.*) Rundhölzer (*pl.*) (*Spieren, Masten, Bäume, etc.*); **curved** *or* **whip –,** Peitschenmast *m.*; **fender –,** Fenderbrett *n.*; *v.*, mit Spieren *od.* Sparren versehen, (*Boot*) mit Sparrwerk über eine seichte Stelle schaffen.

spar / buoy *s.*, Spierenboje *f.*, -tonne *f.*; **– ceiling** *s.*, Lattenwegerung *f.*; **– deck** *s.*, Spardeck *n.*

spare *s.* (*tech.*), Ersatz-, Reserveteil *m.* *od.* *n.*, Extrastück *n.*; **– anchor** *s.*, Not-, Reserveanker *m.*; **– battery** *s.*, Ersatzbatterie *f.*; **– mast** *s.*, Not-, Reservemast *m.*; **– part** *s.*, Ersatz-, Reserveteil *m.* *od.* *n.*; **– sail** *s.*, Ersatz-, Not-, Reservesegel *n.*

spar fender *s.*, Holzfender *m.*, Reibholz *n.*

spark *s.* (*tech.*), Zündung *f.*, (*elec.*, *tech.*) (Zünd)Funke *m.*, Lichtbogen *m.*, Entladung *f.*; **to advance (retard) the –,** die Zündung vor- (zurück)stellen; *v.* (*tech.*), zünden, (*elec.*) funken, feuern; **spark / advancer** *s.* (*tech.*), Vor-, Frühzündung *f.*; **– catcher** *s.* (*tech.*), Funkenfänger *m.*; **– coil** *s.*, Zündspule *f.*; **sparker** *s.*, Zündkerze *f.*; **sparking** *s.* (*elec.*, *tech.*), Funkenbildung *f.*, Funken *n.*; **– coil** *s.*, Funkeninduktor *m.*; **– plug** *s.*, Zündkerze *f.*; **spark / killer** *s.* (*elec.*), Funkenlöscher *m.*; **– plug** *s.* (*am.*), Zündkerze *f.*

sparks *s.* (*naut.*, *hum.*), Funker *m.*

spark / transmission *s.*, Übertragung *f.* mittels Funkensender; **– transmitter** *s.* (*rad.*), Funkensender *m.*

sparring *s.* (*naut.*), Lattengarnier *n.*, -wegerung *f.*

spar varnish *s.*, Bootslack *m.*

spat *v.*, sich festsetzen (*Muscheln, Seepocken, etc. am Unterwasserschiff*).

spate *s.*, Hochwasser *n.*, Überflutung *f.*, Überschwemmung *f.*; Wolkenbruch *m.*

spatter *s.*, Spritzer *m.*

spattle *s.*, **spatula** *s.*, Spachtel *m.*, Spatel *m.*; Spachtel-, Spatelmesser *n.*

spawn *s.*, Laich *m.*; *v.*, laichen; **spawning** *s.*, Laichen *n.*; **– ground** *s.*, Laichgrund *m.*; **– time** *s.*, Laichzeit *f.*

speak *v.*, Schiff (*durch Signale*) anpreien *od.* ansprechen, signalisieren, Zeichen geben; **to – a ship,** ein Schiff anpreien *od.* anrufen; **speaker** *s.* (*naut.*), Sprachrohr *n.*, (*coll.*) Flüstertüte *f.*, (*rad.*) Lautsprecher *m.*

speaking / trumpet *s.*, **– tube** *s.* (*naut.*), Megaphon *n.*, Sprachrohr *n.*, -trichter *m.*, (*coll.*) Flüstertüte *f.*

spear *s.*, Pricke *f.* (*Fahrwassermarkierung*).

special *adj.*, **– antifouling,** Spezial-Antifouling-, Unterwasser(schiff)farbe *f.*; **– chart** *s.*, Spezial-, Sonder(see)karte *f.*; **– equipment** *s.*, Sonderausrüstung *f.*, Spezialausstattung *f.*

specialist *s.*, Experte *m.*, Gutachter *m.*, Sachverständiger *m.* (*Havarie*), Fachmann *m.*, Spezialist *m.*

special / licence *s.* (*am.* **license**), Sondererlaubnis *f.*; **– make** *s.*, Spezial-, Sonderanfertigung *f.* (*Segel, etc.*); **– permission** *s.*, Sondererlaubnis *f.*; **– prize** *s. or* **trophy** *s.*, Sonder-, Nebenpreis *m.*; **– steel** *s.*, Spezial-, Edel-, Sonderstahl *m.* (*Yachtbau*).

specific *adj.*, spezifisch, arteigen (*Gewicht*); **specification** *s.*, **– of construction,** (genauer Bootsbau)Plan *m.*; **– plate** *s.*, Typenschild *n.* (*am Boot*).

specific / energy *s.* (*phys.*), spezifische Energie *f.*; **– gravity** *s.* (*phys.*), spezifisches Gewicht *n.*, Wichte *f.*; **– resistance** *s.* (*phys., elec.*), spezifischer Widerstand *m.*; **– volume** *s.* (*phys.*), spezifisches Volumen *n.*

speck *s.*, **a – of light,** (ein) Lichtfleck *m.*; **a – of fog,** ein bißchen Nebel.

spectral *adj.*, **– colo(u)r** *s.* (*phys.*), Spektral-, Regenbogenfarbe *f.*; **– series** *s.* (*phys.*), Spektrallinien-, Spektralgruppenfolge *f.*

spectro / heliograph *s.* (*phys.*), Spektroheliograph *m.*; **–helioscope** *s.*, Spektrohelioskop *n.*; **–scope** *s.*, Spektroskop *n.*

spectrum *s.* (*phys.*), Spektrum *n.*, Frequenzbereich *m.* einer Strahlung; **solar –,** Sonnenspektrum *n.*; **visible –,** sichtbares Spektrum *n.*, Spektrum *n.* des sichtbaren Lichts.

specular *adj.* **reflection** *or* **reflexion,** spiegelnde *od.* Spiegelreflexion *f.*

speculum *s.* (*pl.* **-la**), (Metall)Spiegel *m.* (*eines Teleskops, etc.*).

speech / band *s.* (*rad.*), Sprechfrequenzband *n.*; **– communication** *s.* (*rad.*), Sprechverbindung *f.*; **– frequency** *s.* (*rad.*), Sprechfrequenz *f.*

speed *s.*, Fahrt *f.*, (Boots)Geschwindigkeit *f.*; **at a – of 10 kn p.h.,** mit einer Geschwindigkeit von 10 Knoten in der Stunde; **at full –,** in *od.* mit voller Fahrt; **cruising –,** Marschfahrt *f.*, ökonomische Fahrt *f.*; **economical –,** ökonomische Fahrt *f.*; **half –,** halbe Fahrt *f.*; **high** *or* **top –,** Höchstgeschwindigkeit *f.*, größte Fahrt *f.*; **hull –,** Rumpfgeschwindigkeit *f.*, -fahrt *f.* (*Boot*); **maximum (minimum) –** (*naut.*), Höchst(Mindest)geschwindigkeit *f.*; **nominal** *or* **rated –,** Nenndrehzahl *f.*; **optimum –,** optimale Fahrt *f.*; **planing –,** Gleitfahrt *f.* (*Boot*); **relative** *or* **ground –,** relative Geschwindigkeit *f.*; **slow –,** kleine Fahrt *f.*; **three(-)quarter –,** große Fahrt *f.*; **2 (two) knot –,** 2 Knoten (Geschwindigkeit). **wind –,** Windgeschwindigkeit *f.*, Windstärke *f.*; **the – drops,** die Fahrt *od.* Geschwindigkeit nimmt ab *od.* verlangsamt sich; **to gather –,** Fahrt aufnehmen *od.* machen, an Geschwindigkeit zunehmen *od.* zulegen; **– ahead,** Fahrt *f.* voraus; **full – ahead,** volle Kraft voraus; **– astern,** Fahrt *f.* achteraus *od.* zurück, Rückwärts(fahrt)geschwindigkeit *f.*; **– by dead reckoning,** gekoppelte Fahrt *f.*; **– made good,** beschickte Fahrt *f.*; **– made good over the ground,** Fahrt *f.* über Grund; **– made good through the water,** Fahrt *f.* durch das Wasser; **– made good to windward,** Luvgeschwindigkeit *f.* (*Kreuzkurs*); **– of advance,** Anströmgeschwindigkeit *f.*; **– of approach,** Anlauf-, Annäherungs-, Einlaufgeschwindigkeit *f.* (*in einen Hafen, etc.*); **– of construction** *or* **of design,** Konstruktionsgeschwindigkeit *f.* (*einer Yacht*); **– of revolutions** *or* (*coll.*) **revs** *or* **rotation,** Umdrehungsgeschwindigkeit *f.* (*des Propellers*); **to attain –,** Fahrt aufnehmen *od.* machen, Geschwindigkeit erreichen; *v.*, **to – (up),** beschleunigen, Fahrt aufnehmen; **to – up,** die Fahrt *od.* Geschwindigkeit beschleunigen *od.* erhöhen.

speed / adjustment *s.*, Fahrtstufe *f.* (*Schiff*); **– boat** *s.*, Renn-, Schnellboot *n.*; schnelle *od.* Rennyacht *f.*; **– circle** *s.* (*am.*), Drehkreis *m.* (*eines Bootes*); **– control** *s.*, Drehzahlregelung *f.*; **– counter** *s.*, Drehzahlmesser *m.*

speeder *s.*, Antreiber *m.* (*bei Hafenarbeiten*).

speed / error *s.*, Fahrtfehler *m.* (*Kompaß*); **– gain** *s.*, Geschwindigkeitszuwachs *m.* (*de[s] Bootes*); **maximum (minimum) – gain** *s.*, maximaler *od.* größter (geringster) Geschwindigkeitszuwachs *m.*; **percent(age) – gain** *s.*, prozentualer Geschwindigkeitszuwachs *m.*; **– ga(u)ge** *s.*, **– indicator** *s.* (*naut.*), (Staudruck) Fahrtmesser *m.*, (Boots)Geschwindigkeitsmesser *m.*, -anzeiger *m.*, Bootstacho(meter) *n.*, Yachtlog *n.*, Drehzahlmesser *m.*

speediness *s.* **of a boat,** Schnelligkeit *f.* eine[s] Bootes.

speed / -length ratio *s.*, Geschwindigkeitsgra[…]

m. (*eines Bootes*), Froudesche Zahl *f.*; – **limit** *s.*, Höchstgeschwindigkeit *f.*, Geschwindigkeitsgrenze *f.* (*eines Bootes*); – **log** *s.*, Log *n.* (*Fahrtmeßgerät*), Speedometer *n.*, Staudruckmesser *m.*; – **magnifier** *s.*, Fahrtlupe *f.*

speedometer *s.*, Fahrtmesser *m.*, Geschwindigkeitsmesser *m.*, (Boots)Tachometer *n.*, Speedometer *n.*, Yachtlog *n.*; **boat –,** Bootsgeschwindigkeitsmesser *m.*, -tachometer *n.*; **hydrodynamic(al) –,** Staudruckmesser *m.*

speed / recorder *s.*, Fahrt-, Drehzahlschreiber *m.*; – **restriction** *s.*, Geschwindigkeitsbeschränkung *f.*; – **stage** *s.*, Fahrtstufe *f.* (*eines Bootes*); – **table** *s.*, **revolution – table** *s.*, Fahrttabelle *f.* (*Meilenfahrt*); – **trial** *s.*, Meilenfahrt *f.*, Geschwindigkeitsprobefahrt *f.*; – **triangle** *s.*, Stromaufgabe *f.*, Stromdreieck *n.*; **--up** *s.*, Beschleunigung *f.*, Fahrtaufnahme *f.*; **–(-)wand** *s.*, Hand-Speedometer *n.*, Staudruckmesser *m.*, Logstab *m.*

speedy *adj.*, **a – racing boat** *or* **yacht,** eine schnelle Rennyacht *f.*

spell *s.*, Törn *m.*, Turnus *m.*, Ablösung *f.* (*Crew*), Wachtörn *m.*, (*meteor.*) Periode *f.*, (*am.*) kurze Strecke *f.*; Zeit(abschnitt *m.*) *f.*, kurze Zeit *f.*; **bad weather –,** Schlechtwetterperiode *f.*; **cold –,** Kältewelle *f.*; **fair** *or* **fine weather –,** Schönwetterperiode *f.*; **hot –,** Hitzewelle *f.*, -periode *f.*; **a – of fine (bad) weather,** eine Schön(Schlecht)wetterperiode *f.*; **a long – of fine weather,** (eine) andauernde *od.* anhaltende Schönwetterperiode *f.*

spell *v.*, ablösen, verfangen, vertreten (*Wache, Rudergänger*), eine Wache übernehmen (*an den Pumpen, etc.*); **to – below** (*naut.*), keine Wache haben, wachfrei sein.

spencer *s.*, Gaffel-, Schnausegel *n.*

spend *v.*, (*Mast, Segel, etc.*) verlieren; laichen (*Fische*); **the storm is spent,** der Sturm hat sich ausgetobt.

sphere *s.* (*astr.*), Himmelskugel *f.*, -körper *m.*, (Planeten)Bahn *f.*, Erd-, Himmelsglobus *m.*, Erdkugel *f.*; Bereich *m.*, Feld *n.*, Gebiet *n.*, Wirkungskreis *m.*, Sphäre *f.*; **celestial –,** Himmelskugel *f.*, -gewölbe *n.*; **great circle of –** (*astr.*), Großkreis *m.*; **small circle of –** (*astr.*), Kleinkreis *m.*

spheric *adj.*, kugelförmig (*Kompaß, etc.*).

spherical *adj.*, kugelförmig, kugelig, sphärisch; – **aberration** *s.*, sphärische Aberration *f.* *od.* Abweichung *f.*; – **angle** *s.*, sphärischer Winkel *m.*; – **astronomy** *s.*, sphärische Astronomie *f.*; – **buoy** *s.*, Kugelboje *f.*, -tonne *f.*; – **compass** *s.*, Kugelkompaß *m.*, (*kugelförmiger*) Steuerkompaß *m.*; – **coordinates** (*pl.*), sphärische Koordinaten (*pl.*); – **correctors** (*pl.*), Kugelkorrektoren (*pl.*) (*Kompaß*); – **fender** *s.*, Kugel-, Rundfender *m.*; – **joint** *s.* (*tech.*), Kugelgelenk *n.*; – **sailing** *s.*, sphärische Navigation *f.*; – **sector** *s.*, Kugelausschnitt *m.*, -sektor *m.*; – **segment** *s.*, Kugelsegment *n.*; **beacon with a – topmark** *s.*, Kugelbake *f.*; – **triangle** *s.*, sphärisches Dreieck *n.*, Kugeldreieck *n.*; – **valve** *s.*, Kugelventil *n.*

spherics *s./pl.* (*meteor.*), Wetterbeobachtung *f.* mit elektronischen Geräten.

spherograph *s.* (*naut.*), Sphärograph *m.*

spheroid *s.*, Sphäroid *n.*, Rotationsellipsoid *n.*; **the earth is an oblate –,** die Erde ist ein (an den Polen) abgeplattetes Rotationsellipsoid; **spheroidal** *adj.*, sphäroidisch, kugelig.

spi *s.* (*coll.*), Spinnaker *m.*, (*s.* **spinnaker**).

spick(-)and(-)span *adj.*, **a – boat,** ein brandneues Boot *n.*; ein blitzsauberes Boot *n.*

spider *s.* (*tech.*), Drehkreuz *n.*; – **band** *s.* (*naut.*), Nagelband *n.*, Koffernagelring *m.* (*für Belegnägel*), Stengen-, Püttingring *m.*; – **lines** (*pl.*), Faden(kreuz *n.*) *m.*, Meß-Ableselinien (*pl.*) (*in opt. Geräten*); **--web cut** *s.*, Spinnwebenschnitt *m.* (*Segel*); **--web jib** *s.* *or* **headsail** *s.*, Spinnweben-Vorsegel *n.*, Vorsegel *n.* im Spinnwebenschnitt.

spigot *s.* (*tech.*), Muffenverbindung *f.*

spike *s.*, Spake *f.* (*des Boots-Steuerrads*), Spieker *m.*, Spicker *m.*, (*tech.*) (Haken-, Schienen)-Bolzen *m.*, -Nagel *m.*, Stift *m.*; **capstan –,** Spillspake *f.*; **hand –,** Handspake *f.*; **marling –,** Marlspieker *m.*; **marline – hitch** *s.*, Marlspiekerschlag *m.*; – **nail** *s.*, langer Spieker *m.* *od.* Nagel *m.*; – **plank** *s.*, Spieker- *od.* Spickerplanke *f.*

spile *s.*, Pflock *m.*, Pfahl *m.*; *v.*, verpfählen.

spiling *s.* (*naut.*), Krümmung *f.* einer Planke.

spill *s.*, (Regen)Guß *m.*

spill *v.*, (*Segel*) killen lassen, in den Wind brassen; **the sails are –ing (wind),** die Segel killen.

spillage *s.* (*naut.*), Fegsel *n.*, Spillage *f.*

spiller *s.* (*naut.*), Fangkammer *f.* (*eines Schleppnetzes*), Schleppnetz *n.*

spilling *s.* **(wind),** Killen *n.* (*eines Segels*).

spilth *s.* (*naut.*), Abfall *m.*

spin *s.*, Drall *m.*, schnelle Drehung *f.*, Herumdrehen *n.*; schnelle Fahrt *f.*; kurze Spritztour *f.* (*mit dem Boot*); **direction of –,** Drehsinn *m.* (*des Propellers*); **to go for a –** (*coll.*), einen kurzen Segeltörn machen; *v.*, kreiseln, sich (schnell) drehen (*Boot*); **to – round,** kreiseln, sich im Kreis drehen (*Boot*); **to – a yarn,** Seemannsgarn spinnen, Seglerlatein erzählen.

spindle *s.*, Herzstück *n.* eines gebauten Mastes,

(*naut.*) runder Eisenpfahl *m.* (*als Warnzeichen auf Felsen, Wracks, etc.*), (*tech.*) Achse *f.*, Achszapfen *m.*, Welle *f.*; Hydrometer *n.*; **– buoy** *s.*, Spierenboje *f.*, -tonne *f.*

spindrift *s.*, Gischt *m.*, (Wellen)Schaum *m.*, Nebel *m.* (*von zerstäubtem Wasser bei heftigem Sturm*); **– clouds** (*pl.*), leichte Federwolken (*pl.*), Zirruswolken (*pl.*).

spinnaker *s.*, Spinnaker *m.*, (*coll.*) Spi *m.*, Dreiecksegel *n. od.* großes (leichtes) Zusatzsegel *n.* (*für Yachten*), Beisegel *n.* für Raumschotskurse; **cut of –,** Spinnakerschnitt *m.*; **foot of (a) –,** Spinnakerfuß *m.*, -unterliek *n.*; **shape of –,** Spinnakerform *f.*; **mizzen –,** Besanspinnaker *m.*; **radial –,** Radialspinnaker *m.*; **star-cut –,** Starcut-, Sternschnitt-Spinnaker *m.*; **storm –,** Sturmspinnaker *m.*; **triradial –,** Triradialspinnaker *m.*, triradialer Spinnaker *m.*; **to have the – up,** den Spinnaker gesetzt haben, (*coll.*) spinnakern; **to interfere with the –,** den Spinnaker behindern (*andere Segel*); *v.*, mit Spinnaker segeln, (*coll.*) spinnakern.

spinnaker / boom *s.*, Spinnakerbaum *m.*; **--boom downhaul** *s.*, Spinnakerbaum-Niederholer *m.*; **--boom fitting(s)** *s.* (*pl.*), Spinnakerbaumbeschlag *m.*; **--boom lift** *s.*, Spinnakerbaumlift *m.*; **--boom slide-bar** *s.*, **--boom track** *s.*, Spinnakerbaumschiene *f.*; **--boom uphaul** *s.*, Spinnakerbaum-Aufholer *m.*, Spinnakerbaum-Toppnant *m.*; **– brace** *s.*, Spinnaker-Achterholer *m.*; **– chute** *s.*, Spinnakertrompete *f.*; **– clew** *s.*, Spinnaker-Schothorn *n.*; **– cloth** *s.*, Spinnakertuch *n.* (*pl.* -tuche); **– downhaul** *s.*, Spinnaker-Niederholer *m.*; **– foot (rope)** *s.*, Spinnaker-Fußliek *n.*, Spinnakerunterliek *n.*; **– gear** *s.*, Spinnakergeschirr *n.*; **– genoa** *s.*, Spinnaker-Genua *f.*; **light(-)wind – genoa** *s.*, Leichtwind-Spinnakergenua *f.*; **– guy** *s.*, Spinnaker-Achterholer *m.*; **– halyard** *s.*, Spinnakerfall *n.*; **– head** *s.*, Spinnakerkopf *m.*; **– launcher turtle** *s.* (*am.*), Spezial-Spinnakersack *m.*, Spinnakertopf *m.*; **– leech** *s.* (*am.* **leach**), Spinnaker-Achterliek *n.*, Spinnaker-Leeliek *n.*; **–(-)lift tackle** *s.*, Spinnakerlift-Talje *f.*; **– luff** *s.*, Spinnaker-Vorliek *n.*, Spinnaker-Luvliek *n.*; **– net** *s.*, Spinnakernetz *n.*; **– pole** *s.*, Spinnakerbaum *m.*; **penalty – pole** *s.*, überlanger Spinnakerbaum *m.*; **–(-)pole slide-bar** *s.*, **--pole track** *s.*, Spinnakerbaumschiene *f.*; **– puller** *s.*, Spinnaker-Beiholer *m.*, -Einholer *m.*, Spinnakerpuller *m.*, -strecker *m.*; **– retrieving line** *s.*, Spinnaker-Niederholer *m.*, -Einholer *m.*; **– sheet** *s.*, Spinnakerschot *f.*; **– sheet guide** *or* **leading block** *s.*, Spinnakerschot-Umlenkblock *m.*; **– shoulders** (*pl.*), Spinnakerschultern (*pl.*); **(tall) – staysail** *s.*, Spinnaker-Stagsegel *n.*, Tallboy *m.*, (*coll.*) Brusttuch *n.*, Spinnaker-Untersegel *n.*; **– tack** *s.*, Spinnakerhals *m.*; **– trimmer** *s.*, Spinnakertrimmer *m.* (*Pers.*); **– tube** *s.*, Spinnaker-Trompete *f.*; **– turtle** *s.*, Spinnakerwirbel *m.*

spinner *s.*, (Polier)Scheibe *f.*

spinning *s.*, Drehen *n.*, Kreise(l)n *n.*, Wirbeln *n.* (*des Bootes*); *adj.*, sich drehend, kreiselnd (*Boot*), rotierend.

spiral *s.*, Spirale *f.*, Spiralfeder *f.*, (Transport-) Schnecke *f.*, (*elec.*) Spule *f.*, Windung *f.*; **– line** *s.*, Spirallinie *f.*; **– nebula** *s.* (*astr.*), Spiralnebel *m.*; **– pump** *s.*, Spiralpumpe *f.*; **– spring** *s.*, Spiralfeder *f.*

spirit *s.*, Brise *f.*, Wind *m.*; Spiritus *m.*; Benzin *n.*, (*coll.*) Sprit *m.*; **– compass** *s.*, Fluidkompaß *m.*; **– lamp** *s.*, Spirituslampe *f.*; **– level** *s.*, Libelle *f.*, nautische Wasserwaage *f.*; **--level sextant** *s.*, Libellensextant *m.*; **– room** *s.* (*naut.*, *sl.*), Zahlmeisterbüro *n.*; **spirits** (*pl.*) **of turpentine,** Terpentinöl *n.*; **spiritus** *s.*, Spiritus *m.*; **spirit varnish** *s.*, Spirituslack *m.*

spirketing *s.* (*naut.*), Plankengang *m.* (*zwischen den Gabelhölzern*), Setzweger *m.*

spirt *s.*, (plötzlich herausschießender) Wasserstrahl *m.*; *v.*, (heraus)schießen *od.* -spritzen (*Wasser*).

spit *s.*, Landzunge *f.*, Nehrung *f.*, spitz zulaufende Sandbank *f.*; Steert *m.*, (*coll.*) Sprühregen *m.*, leichter Regen *od.* Schneefall *m.*, (*tech.*) Kurbel *f.*; kurze Entfernung *f.*; *v.* (*coll.*), sprühen, tröpfeln (*Regen*); **spit / and polish** *s.* (*naut.*), Putz- und Flickstunde *f.*; **– block** *s.*, Steertblock *m.*

spitcher *adj.* (*naut.*, *sl.*), erledigt, hin, hops.

splash *s.*, Spritzer *m.* (*See*); **– of light,** Lichtfleck *m.*; *v.*, klatschen, spritzen (*Regen*), (auf)spritzen (*Wasser*), plätschern (*Wellen*); **to – up,** hoch aufspritzen (*Wasser*); **splash / board** *s.*, Spritzbrett *n.*, -wand *f.*, Schutzbrett *n.*, Wellenbrecher *m.* (*am Boot*); **– dam** *s.* (*am.*), Klaus-, Wehrdamm *m.*; **– lubrication** *s.* (*tech.*), Spritzschmierung *f.*; **--proof** *adj.*, spritzwassergeschützt; **– water** *s.*, Spritz-, Schwallwasser *n.*

splatter *s.*, Spritzer *m.* (*See, Wasser*); *v.*, spritzen (*Wasser*).

splice *s.*, Spleiß *m.*; Spleißen *n.*, Splissung *f.*; Spleißstelle *f.*, (*tech.*) Anscherung *f.*; **back –,** spanischer Takling *m.*, Lotsentakling *m.*, Rückspleiß *m.*; **eye –,** Augspleiß *m.*; **long –,** Langspleiß *m.*; **short –,** Kurzspleiß *m.*;

wire –, Drahtspleiß *m.*
splice *v.*, spleißen, ein- *od.* verspleißen, zusammenspleißen *od.* -splissen; (*tech.*) anscheren; **– the main brace!, – the main sheet!** (*com.*), Besanschot an!; **to – on,** anspleißen; **to – the main sheet** (*naut.*, *coll.*), die Rumration austeilen *od.* ausgeteilt bekommen.
splice bar *s.*, Fid *n.*, Fitt *n.*, (langer dicker) Marlspieker *m.*
spliced *adj.* **joint,** Spleißverbindung *f.*
splicer *s.*, Spleißer *m.*, Splisser *m.*, Werkzeug *n.* zum Spleißen, Fid *n.*, Marlspieker *m.*
splicing *s.*, Spleißen *n.*, Spleißung *f.*; Schäftung *f.*; **– clamp** *s.*, Spleißklemme *f.*; **– fid** *s.*, Spleißfid *n.*, Marlspieker *m.*; **– hammer** *s.*, Spleißhammer *m.*; **– vice** *s.*, Spleißklemme *f.*
spline *s.*, (Metall-, Holz)Feder *f.*, Keil *m.*, Feder *f.* für Keilnut, Splint *m.*; Nut(e) *f.*; *v.* (*tech.*, *naut.*), verkeilen; **spline shaft** *s.*, Nutenwelle *f.*
splint *s.*, Splint *m.*, Bolzenstift *m.*, Doppelring *m.* (*Wanten*).
splinter *s.*, Splitter *m.*; *v.*, (ab-, zer)splittern, zersplittert werden; **splintery** *adj.*, leicht splitternd.
split *s.*, (Auf)Platzen *n.* (*Segelnaht*), Brechen *n.*, Bersten *n.* (*Mast*), Zerreißen *n.* (*Segel*), Spalt *m.*, Riß *m.*, Sprung *m.* (*im Deck, etc.*), Bruchstelle *f.*; *v.*, zerschellen (*Schiff*), brechen, reißen; *adj.*, geborsten, rissig (*Oberfläche*).
split / flag *s.*, Doppelstander *m.*; **– pin** *s.*, Splint *m.*; **– ring** *s.*, Spalt-, Kolbenring *m.*; **– rudder** *s.*, Spaltruder *n.*; **– second** *s.* (*rac.*), Bruchteil *m.* einer Sekunde; **–-second watch** *s.* (*rac.*), Stoppuhr *f.* mit zwei Sekundenzeigern; **– sprit** *s.*, Spreizgaffel *f.*
splosh *s.* (*coll.*), plötzlicher Wasser- *od.* Regenguß *m.*, Dusche *f.*
splutter *s.*, Sprühen *n.* (*Wasser, Regen*); *v.*, spritzen, sprühen (*Wasser*).
spoke *s.*, Spake *f.* (*des (Boots)Steuerrads*); **hand –s** (*pl.*), Handspaken (*pl.*); **– shave** *s.*, Schabhobel *m.*, Ziehklinge *f.*
sponge *v.*, sich vollsaugen *od.* voll Wasser saugen; **sponger** *s.*, Boot *n.* der Schwammtaucher; **sponge rubber** *s.*, Schaumgummi *m.* (*od. n.*); **spongy** *adj.*, naß, feucht, regnerisch (*Wetter*).
sponson *s.*, seitlicher Ausleger *m.* (*Kanu*); Radgehäuse *n.*, -kasten *m.*, -kastenplattform *f.* (*Raddampfer*), Stützschwimmer *m.* (*Seeflugzeug*).
sponsor *s.*, Taufpate *m.*, -patin *f.* (*beim Stapellauf*), (*rac.*) Schirmherr *m.*, -herrin *f.*
spool *s.*, Rolle *f.*, Spule *f.*; *v.*, (auf)spulen, aufrollen, aufwickeln.
spoom *v.*, lenzen, (*bei Sturm*) vor dem Wind laufen.
spoon *s.*, Löffelruder(blatt) *n.*; **– bow** *s.*, Löffelbug *m.*, löffelartiger Vorsteven *m.*; **–drift** *s.*, Gischt *m.*, (Wellen)Schaum *m.*; **– net** *s.*, Ketscher *m.*; **– stern** *s.*, Löffelheck *n.*
sporadic *adj.* **showers (of rain)** (*meteor.*), vereinzelt(e) (Regen)Schauer (*pl.*).
sport *s.*, Sport *m.*, (*coll.*) Sportsmann *m.*; **to go in for –,** Sport treiben; *v.*, Sport treiben; *adj.*, sportlich; **sporter** *s.*, Sportler *m.*, Sportlerin *f.*; **sporting** *adj.*, fair, sportlich, sporttreibend; **– conduct** *s.*, Fairness *f.*, sportliches Benehmen *n. od.* Verhalten *n.*; **sport offshore skipper** *s.*, Sporthochseeschiffer *m.* (*Zertifikat*); **sports / man** *s.*, Sportler *m.*, (*coll.*) Sportsmann *m.*; **–manlike** *adj.*, fair, sportlich; **–manship** *s.*, Fairneß *f.*, sportliches Benehmen *n. od.* Verhalten *n.*, Sportlichkeit *f.*; **–wear** *s.*, Sportkleidung *f.*, -ausrüstung *f.*; **–woman** *s.*, Sportlerin *f.*; **sporty** *adj.*, fair, sportlich.
spot *s.*, (Rost-, Schmutz)Fleck(en) *m.* (*im Segel, etc.*), Ort *m.*, Platz *m.*, Stelle *f.*, (*radar*) Leuchtfleck *m.*; *v.*, (Schiffs)Ort *od.* -Position genau ausmachen (*an Landmarken, etc.*); *adj.* (*rad.*), örtlich begrenzt, Orts(sender)-; **spot / light** *s.*, Suchscheinwerfer *m.*, Sucher *m.*; **–light** *v.*, anstrahlen; **spotted** *adj.*, entdeckt, bemerkt, ausgemacht (*Landmarken, etc.*); **spot / test** *s.*, Stichprobe *f.*; **–-weld** *v.*, punktschweißen; **– welding** *s.*, Punktschweißung *f.*; **– zone** *s.* (*astr.*), Zone *f.* der Sonnenflecken.
spout *s.*, (kräftiger) Wasserstrahl *m.*, Wasserschwall *m.* (*bei einem Wehr*); kleiner Wasserfall *m.*, Kaskade *f.*; **water –,** (*meteor.*), Trombe *f.*, Wasserhose *f.*; Wettersäule *f.*; (wolkenbruchartiger) Regenguß *m.*; **wind –,** Windhose *f.*; *v.*, herausschießen, hervorsprudeln (*Wasser*); **spouter** *s.*, Walfänger *m.* (*Schiff*), spritzender Wal *m.*
sprag *s.*, Bolzen *m.*; Spreizholz *n.*
spratter *s.*, Sprottenfischer *m.* (*Boot u. Pers.*).
sprawl *v.*, **–ed out,** weit auseinandergezogen (*Regattafeld*).
spray *s.*, Gischt *m.*, (Wellen)Schaum *m.*, Spritz-, Sprühwasser *n.*, Spritzsee *f.*, Spritzer *m.*, (*meteor.*) Sprühregen *m.*; *v.*, sprühen, zerstieben (*Gischt*); **spray board** *s.*, Spritz-, Schaumbrett *n.* (*am Boot*); **sprayed** *adj.* **rubber,** Schaumgummi *m.* (*od. n.*); **spray / gun** *s.* (*tech.*), Spritzpistole *f.* (*f. Farbe, Lack*); **– hood** *s.*, Spritzkappe *f.*, Segeltuch-Klappverdeck *n.*, Bootsbezug *m.*, -kleid *n.*; **– nozzle**

s., Spritzdüse *f.*; **– rail** *s.*, Spritzwasserleiste *f.*; **– water** *s.*, Spritzwasser *n.*

spread *s.*, Ausbreitung *f.*, Ausdehnung *f.*; Abstand *m.*, Zwischenraum *m.*; Dehnweite *f.*, Ausdehnungsfähigkeit *f.*; Breite *f.*, Spanne *f.*, Umfang *m.*, Weite *f.*, Spannfläche *f.*, -weite *f.* (*Segel*), (*phys.*) (Zer)Streuung *f.*; **lateral –,** seitliche *od.* Seitenausdehnung *f.*; **– of sail,** (gesetzte) Segelfläche *f.*

spread *v.*, setzen (*Segel*); **to – the awning,** das Sonnensegel setzen; **to – the end of a rivet,** eine Niet(e) breitklopfen *od.* breitschlagen; **to – every ounce of sailcloth possible,** soviel Segelfläche wie möglich setzen *od.* bieten; **to – a flag,** eine Flagge entrollen; **to – paint on s.th.,** Farbe (auf etwas) auftragen; **the paint –s well,** die Farbe läßt sich gut auftragen; **the sail –s in the wind,** das Segel füllt sich *od.* wird voll.

spread-eagle *v.*, **to – another boat,** ein Boot aus- *od.* totsegeln *od.* überholen *od.* (weit) hinter sich lassen.

spreader *s.*, Saling *f.*; Ausleger *m.*, Spreize *f.*; blinde Rah(e) *f.*, (*tech.*) Streckvorrichtung *f.*, Abstandsstütze *f.*; Spachtelmesser *n.*; Spritzpistole *f.*; **jumper stay –,** Jumpstagspreize *f.*; **spreader / boot** *s.*, Salingkappe *f.*; **– fitting(s)** *s.* (*pl.*), Salingbeschlag *m.*; **– lift** *s.*, Saling-Toppnant *m.*

sprig *s.* (*naut.*), Stift *m.*, Zwecke *f.*, Nagel *m.* (*ohne Kopf*).

spring *s.*, Spring(leine) *f.*, Festmacheleine *f.*, Springtau *n.*; Leck(springen) *n.*, (*tech.*) Feder *f.*, Federung *f.*; Zurückschnappen *n.*, -schnellen *n.*, -springen *n.* (*Tau, etc.*), Sprung *m.*, Riß *m.*, Spalt *m.* (*im Deck*), Krümmung *f.*, Verbiegung *f.*, Schlag *m.* (*Mast*), Verwerfung *f.* (*Holzdeck*), Springflut *f.*, hohe Flut *f.*; Frühjahr *n.*, Frühling *m.*; (*pl.*) Springzeit *f.* (*Gezeiten*); **after quarter –,** Achterspring *f.*; **bow –,** Vorspring *f.*, (*tech.*) Bügel-, Bogenfeder *f.*; **coil –,** Band-, Schraubenfeder *f.*; **compression –,** Druckfeder *f.*; **leaf –,** Blattfeder *f.*; **main –,** Haupt-, Schlagfeder *f.*; **retaining –,** Sperrfeder *f.*; **spiral –,** Spiralfeder *f.*; **stern –,** Achterspring *f.*

spring *v.*, springen, (auf)platzen, einen Riß bekommen, sich biegen *od.* werfen (*Holz*); **to – back,** zurückfedern, -schnappen, -schnellen (*Tau*); **to – forth** *or* **out,** herausschießen (*Wasser*); **to – up,** aufkommen (*Wind*); **to – in the mast,** den Mast einpassen *od.* einsetzen; **to – a butt,** eine lose (Boots)Planke bekommen; **to – a leak,** ein Leck bekommen, leck werden; **a breeze sprang up,** eine Brise kam *od.* sprang (plötzlich) auf, es briste auf.

spring / bolt *s.*, Federbolzen *m.*, -riegel *m.*; **--bows** (*pl.*), Feder-, Nullenzirkel *m.*; **– beam** *s.*, Radkastensprung *m.* (*Raddampfer*); **– box** *s.* (*tech.*), Federgehäuse *n.*; **– clip** *s.*, Federklemme *f.*; **– collet** *s.* (*tech.*), federnder Futterring *m.*, Spannbuchse *f.*; **– equinox** *s.* (*astr.*), Frühlings-Tagundnachtgleiche *f.*; **– hook** *s.*, Karabinerhaken *m.*, Federhaken *m.*; **--laid rope** *s.*, springgeschlagenes Tau *n.*; **– line** *s.*, Spring *f.*, Springleine *f.*, -tau *n.*, Sprungleine *f.*, -tau *n.*; **bow** *or* **fore – line** *s.*, Bug-, Vorspring *f.*; **stern – line** *s.*, Heckspring *f.*; **– leaf** *s.* (*tech.*), Federblatt *n.*; **– range** *s.*, Springtidenhub *m.*; **– reefing gear** *s.*, Federreffer *m.*, Federreffeinrichtung *f.*; **– ring** *s.*, Federring *m.*; **– rise** *s.*, Springwasserhöhe *f.*; **– seat** *s.* (*tech.*), Federbuchse *f.*, -hand *f.*, -kapsel *f.*, -sitz *m.*; **– stay** *s.*, Genick-, Knickstag *n.*; **– suspension** *s.*, Federaufhängung *f.*; **– tide** *s.*, Springtide *f.*, Springflut *f.*; **– time** *s.*, Frühjahr *n.*, Frühling *m.*; **– valve** *s.*, Federventil *n.*; **– washer** *s.*, Federring *m.*, -scheibe *f.*

sprinkle *s.*, **– of rain** (*coll.*), leichter Regenschauer *m.*, Sprühregen *m.*, leichter feiner Regen *m.*, Spritzer *m.*; *v.*, sprühen, als Sprühregen niedergehen.

sprinkler system *s.*, automatisches Feuerlöschsystem *n.*, Sprinkler-, Berieselungsanlage *f.* (*an Bord*).

sprinkling *s.* **of rain** (*coll.*), Spritzer *m.*, leichter (Regen)Schauer *m.*

sprit *s.*, Spriet *n.* (*coll. m. od. f.*), Sprietbaum *m.*, Bugspriet *m.*, Spreize *f.*; **bow –,** Bugspriet *m.*; **sail –,** Spriet(baum) *m.*; **sprit / jib** *s.*, Spriet-, Spreizfock *f.*; **– sail** *s.*, Sprietsegel *n.*; **--sail rig** *s.*, Spriettakelung *f.*

spruce *s.*, kanadische *od.* Schwarzfichte *f.*, Fichte(nholz *n.*) *f.*, Spruce(holz *n.*) (*Bootsbau*).

sprung *adj.*, rissig, gesprungen (*Holz*).

spume *s.*, Gischt *m.*, (Wellen)Schaum *m.*; *v.*, gisch(t)en, sprühen, schäumen; **spumy** *adj.*, gisch(t)end, schäumend (*See, etc.*).

spun yarn *s.*, Schiemannsgarn *n.* (*aus 2 od. 4 Duchten lose gesponnenes Bändselwerk*).

spur *s.* (*naut.*), Knie *n.*, Strebe *f.*, Ramme *f.*, Schiffsschnabel *m.*, (*geogr.*) Ausläufer *m.* (Klippen-, Küsten)Vorsprung *m.*

spurling / gate *s.*, Ketten(rohr)klüse *f.*; **– line** *s.* Führungs- *od.* Wegweiserleine *f.* (*für laufendes Gut*), Übertragungsleine *f.* *od.* -kette *f* von der Ruderachse auf den Ruderlageanzeiger; **– pipe** *s.*, Ankerkettenrohr *n.*

spurnwater *s.* (*naut.*), Wasserrinne *f.* (*auf dem Deck*), Wassergraben *m.*, -leiste *f.* (*entlang der Deck(s)seiten*).

spurt *v.*, aufspritzen, hervorspritzen (*Wasser*).

sputter *s.*, Spritzen *n.*, Sprühen *n.* (*Gischt, Regen*); *v.*, sprühen, spritzen; **sputtering** *s.*, Spritzen *n.*, Sprühen *n.* (*Gischt, Regen*).

spy / glass *s.*, Fernrohr *n.*, -glas *n.*; **– hole** *s.*, Schauloch *n.* (*im Tank*); **– hole** *s. or* **window** *s.* (*coll.*), Spion *m.* (*im (Surf)Segel*).

squad *s.*, **rescue –,** Rettungs-, Bergungsmannschaft *f.*

squadron *s.* (*naut.*), Geschwader *n.* (*eines Yachtclubs*), Verband *m.*; **– commander** *s.*, Kommodore *m.* (*eines Segelgeschwaders*); **– sailing** *s.*, Geschwader-, Verbandsegeln *n.*

squall *s.* (*meteor.*), Bö *f.*, heftiger (plötzlicher) Windstoß *m.*, Stoßwind *m.*; **arched –,** Bö *f.* mit bogen- *od.* ringförmiger Wolkenansammlung; **black –,** Sturmbö *f.* mit schwarzem Gewölk; **heavy –(s)** (*pl.*), schwere Sturmbö(en *pl.*) *f.*; **rain –,** Regenbö *f.*, -flage *f.*; **white –,** Sturmbö *f.* aus heiterem Himmel; *v.*, stürmen, böig *od.* stürmisch sein; **squall / front** *s.* (*meteor.*), Böenfront *f.*; **– line** *s.* (*meteor.*), Böenlinie *f.*, -kragen *m.*

squally *adj.*, böig, stürmisch; **– weather** *s.*, Böenwetter *n.*, böiges Wetter *n.*; **– wind** *s.*, böiger Wind *m.*

squam *s.* (*am.*), Südwester *m.* (*Klapphut aus Ölzeug*).

squander *v.*, **to – (away) time** (*rac.*), Zeit vergeuden *od.* verschwenden; **squandering** *s.* **of time** (*rac.*), Zeitvergeudung *f.*, -verschwendung *f.*

square *s.* (*naut.*), Vierkant *m.*; Quadrat *n.*, Viereck *n.*; rechter Winkel *m.*, (*tech.*) Winkelmaß *n.*, (Anschlag)Winkel *m.*, quadratische *od.* vierkantige Fläche *f.* *od.* Form *f.*; (*pl.*) (*naut.*) Vierkantprofile (*pl.*); **on the –,** im rechten Winkel, rechtwink(e)lig; **out of –,** nicht rechtwink(e)lig; **– of the wind speed,** Quadrat *n.* der Windgeschwindigkeit.

square *v.*, (*Rahen*) vierkant *od.* ins Kreuz brassen, anbrassen, (*Jufferblock*) auftoppen, (*Wanten*) nachweben; im rechten Winkel anlegen (*Kurslineal, etc.*); **to – away,** aufklaren, aufräumen, (seemännisch) in Ordnung bringen; **to – up,** vierkant brassen; **to – by the lifts and braces,** vierkant brassen; **to – the circle,** den Kreis quadrieren; **to – the yards,** die Rahen vierkant brassen.

square *adv.*, rechtwink(e)lig, quadratisch, rechteckig.

square *adj.* (*naut.*), vierkantig, Vierkant-; ins Kreuz gebrasst; rechtwink(e)lig, im rechten Winkel (stehend), quadratisch; eben, gerade, gleichmäßig (*Oberfläche*), (*naut.*) aufgeklart, (seemännisch) in Ordnung; **square / body** *s.*, Mittelschiff *n.*; **– bow** *s.*, abgeplatteter *od.* platter Bug *m.*; **– foot** *s.*, Quadratfuß *m.* (*Maßeinheit*); **– foresail** *s.*, Breitfock *f.*; **– frame** *s.*, Richtspant *n.*; **–-headed bolt** *s.*, Vierkantbolzen *m.*; **– inch** *s.*, Quadratzoll *m.* (*Maßeinheit*); **– knot** *s.*, Kreuzknoten *m.*, einfacher Knoten *m.*; **– lashing** *s.* (*naut.*) Bockschnurbund *m.*; **– mile** *s.*, Quadratmeile *f.*; **– rig** *s.*, Rahtakelung *f.*; **–-rigged** *adj.*, vollgetakelt, mit Rahsegeln getakelt, als Rahschiff getakelt, Rahsegel führend; **–-rigged ship or vessel** *s.*, Rahsegler *m.*; **–-rigger** *s.*, Rahsegler *m.* (*Schiff*); **three-masted –-rigger** *s.*, Dreimast-Rahsegler *m.*; **– sail** *s.*, Rahsegel *n.*; **– sennit** *s.*, Vierkantplatting *m.*; **– stern** *s.*, abgeplattetes *od.* plattes Heck *n.*, Plattgatt *n.*, -heck *n.*; **– stern boat** *s.*, Plattgattboot *n.*; **– thread** *s.* (*tech.*), rechtwink(e)liges Gewinde *n.*; **– topsail** *s.*, Marssegel *n.*; **– topsail schooner** *s.*, Rahschoner *od.* -schuner *m.*; **– wave** *s.* (*rad.*), Rechteckwelle *f.*

squaring *s.* **the circle,** Quadratur *f.* des Kreises.

squashiness *s.*, morastige *od.* schlickige *od.* matschige (Boden)Beschaffenheit *f.*; **squashy** *adj.*, schlickig, morastig, matschig (*Boden*).

squat *s.*, Trimmänderung *f.*, Fahrttrimm *m.*; *v.*, mit dem Heck während der Fahrt einsetzen, das Heck bei Fahrt eintauchen (*Boot*); **squatting** *s.*, Trimm *m.* nach achtern (*bei schneller Fahrt*), Einsetzen *n.* *od.* Eintauchen *n.* des Hecks bei Fahrt.

squaw winter *s.* (*am., meteor.*), kurzer Wintereinbruch *m.* im Herbst.

squeak *s.*, **a close** *or* **narrow** *or* **near –,** knappes Entkommen *od.* Entrinnen *n.* (*aus Seenot, etc.*); **to have a close** *or* **narrow –,** mit knapper Not davonkommen.

squeal *v.* (*rad.*), pfeifen, quietschen (*beim Funkempfang*).

squeegee *s.* (*naut.*), (Deck)Absetzer *m.*, Gummiabsetzer *m.* (*Art Schwabber*); *v.*, mit einem (Deck)Absetzer *od.* Schwabber trockenwischen (*Deck*).

squeeze *s.*, knappes Entkommen *n.* (*aus Seenot, etc.*); *v.* (*rac.*), (*andere Boote*) auspowern; **squeeze box** *s.* (*naut., sl.*), Quetschkommode *f.*, Quetsche *f.*, Schifferklavier *n.*, Ziehharmonika *f.*

squelch *s.*, Schlick *m.*, Matsch *m.*

squiffer *s.* (*naut., sl.*), (*s.* **squeeze box**).

squilgee *s.*, **squillabee** *s.*, **squillgee** *s.*, (*s.* **squee-**

gee).

squirm *s.*, Kink *f.* (*od. m.*) (*im Tau*), Tauvertörnung *f.*; **squirmy** *adj.*, kinkig, voller Kinken (*Tau*).

squirt *s.*, Spritzer *m.*, Wasserstrahl *m.*; *v.*, (her-vor)spritzen, aufspritzen (*Wasser*).

squishy *adj.* **ground (of the sea** *or* **of a lake),** schlickiger *od.* schlammiger (Meeres-, See-) Grund *m. od.* -Boden *m.*

stabber *s.* (*naut.*), Ahle *f.*, Stecheisen *n.*

stability *s.*, Stabilität *f.*, Querstabilität *f.* (*eines Bootes bei seiner Lage im Wasser*), Kentersicherheit *f.*; Dauerhaftigkeit *f.*, Festigkeit *f.*, Haltbarkeit *f.* (*Segel, etc.*), Kursbeständigkeit *f.* (*Boot*); **directional –,** Kursbeständigkeit *f.*, -stabilität *f.*, Richtungsstabilität *f.* (*Boot*); **dynamic –,** dynamische Stabilität *f.*; **final** *or* **ultimate –,** Endstabilität *f.* (*Boot*); **hydrostatic (al) –,** Formstabilität *f.*; **initial –,** Anfangsstabilität *f.* (*Boot*); **longitudinal –,** Längsstabilität *f.*; **static –,** statische Stabilität *f.* (*Boot*); **curve of –,** Stabilitätskurve *f.*; **moment of –,** Stabilitätsmoment *n.*; **point of vanishing –,** Kenterpunkt *m.*; **(wide) range of –,** (großer) Stabilitätsbereich *m.*, -umfang *m.*; **– by** *or* **of form,** Formstabilität *f.*; **– in damaged condition,** Stabilität *f.* im Leckfall *od.* im lecken Zustand; **– of motion,** Kursstabilität *f.*; **– by** *or* **of weight(s),** Gewichtsstabilität *f.* (*Boot*); **– constant** *s.*, Stabilitätskonstante *f.*; **– cross-curve** *s.*, Stabilitätsquerkurve *f.*; **– curve** *s.*, Stabilitätskurve *f.*; **– limit** *s.*, Stabilitätslimit *n.*, -grenze *f.*; **– test** *s. or* **trial** *s.*, Stabilitätstest(fahrt *f.*) *m.*

stabilization *s.*, Stabilisierung *f.* (*des Bootes*); **– system** *s.*, Stabilisationssystem *n.*

stabilize *v.*, (*ein Boot*) stabilisieren, im Gleichgewicht halten, stützen, konstant halten; **stabilizer** *s.* (*naut.*), Stabilisator *m.*, Schlingerdämpfungsanlage *f.*

stabilizing *s.*, Stabilisierung *f.*, Stabilisieren *n.*; **– of trim,** Trimmausgleich *m.*, -stabilisierung *f.*; **– bulges** (*pl.*), Stabilisierungswülste (*pl.*); **– fin** *s.*, Stabilisierungsflosse *f.*; **– tank** *s.*, Stabilisierungs-, Schlingertank *m.*

stable *adj.* (*naut.*), stabil, standfest; fest, haltbar, dauerhaft (*Segel*), unveränderlich (*Wetter*); **– equilibrium** *s.* (*phys.*), stabiles Gleichgewicht *n.* (*eines Bootes*); **stableness** *s.*, (*s.* **stability**); **stable yacht** *s.*, kursstabile Yacht *f.*

stack *s.*, Felssäule *f.*, säulenartige Felsklippe *f.* (*vor den Orkneys u. Schottland*), hohe steile Klippe *f.*

stackencloud *s.*, Haufenwolke *f.*

staff *s.*, Flaggenstock *m.*, -pol *m.*, (*am., naut.*) Verwaltungsoffiziere (*pl.*) (*Ärzte, Zahlmeister, etc.*); **burgee –,** Standerstock *m.*; **jack –,** Flaggenstock *m.*, -pol *m.*; **Jacob's –,** Jakobsstab *m.*; **tide –,** Schiffahrtspegel *m.*

stage *s.*, Stelling *f.*, Außenbord-Stellage *f.*, (*rad.*) Verstärkerstufe *f.*, (*tech.*) Stufe *f.*, (*am.*) Höhe *f.* des Wasserspiegels (*Fluß*), (Fahrt)-Strecke *f.*, (Reise)Abschnitt *m.*; **by –s,** etappenweise; **cable –,** Kabelgat(t) *n.*; **experimental –,** Versuchsstadium *n.*; **landing –,** Landungssteg *m.*, -brücke *f.*; **– pump** *s.*, Stufenpumpe *f.*

stagger *s.* (*tech.*), versetzte Anordnung *f.*, Staffelung *f.*; *v.*, (*Holepunkt, Beschläge, etc.*) versetzen.

staging *s.*, Hellingsgerüst *n.* (*einer Werft*).

stagnant *adj.*, stagnierend, stehend (*Gewässer*), flau, tot (*Wind*); **– pressure,** Staudruck *m.*

stain *s.*, (Schmutz)Fleck *m.* (*im Segel*); (Holz-) Beize *f.*; *v.*, Flecken bekommen (*Segel*); beizen; **stained** *adj.*, voll(er) Flecken; **stainer** *s.*, Beize *f.*; **staining** *s.*, Beizen *n.*; **stainless** *adj.*, korrosionsbeständig, rostfrei; **– luff wire** *s.*, Nirosta-Drahtvorliek *n.*; **– steel** *s.*, korrosionsbeständiger *od.* rostfreier Stahl *m.*, Nirosta *od.* Niro.

stairs *s./pl.*, Landungssteg *m.*

staith *s.* (*naut.*), Lade-, Kippbrücke *f.*

stake *s.*, Pfahl *m.*, Stange *f.* (*Seezeichen, etc.*); **– boat** *s.* (*rac.*), Start- *od.* Zielboot *n.* (*fest verankertes Boot zur Markierung der Fahrrinne od. des Ziels bei Wettfahrten*); **– net** *s.*, Staknetz *n.*, Hamen *m.*, Ke(t)scher *m.*

stale *adj.* (*coll., rac.*), ausgepumpt, fertig; **a – race** (*coll.*), eine langweilige *od.* fade Regatta.

stall *s.* (*naut.*), Hülle *f.*, Schutz *m.*, Umhüllung *f.*, (*tech.*) Stillstand *m.*; *v.*, abdrosseln (*Motor*), blockieren (*Segel*), zum Stillstand bringen; **to – the flow,** die Strömung (*am Segel*) abreißen lassen; **the sail –s,** das Segel hält back; **stalled** *adj.*, blockiert; **the sail is –,** die (Luft)Strömung (am Segel) ist abgerissen.

stalling *s.* (*naut.*), Geschwindigkeitsverlust *m.*; **– speed** *s.*, kritische Geschwindigkeit *f.*

stamping *s.*, Preßling *m.*; Pressung *f.*; **eye –,** Augpressung *f.*; **thimble –,** Kausch(en)pressung *f.*

stanch *adj.*, seetüchtig, wasserdicht (*Boot*).

stanchion *s.* (*naut.*), Stieper *m.*, Steiper *m.*, (Deck)Stütze *f.*, Strebe *f.*, Pfosten *m.*; **rail –,** Relingsstütze *f.*; *v.*, stützen.

stand *s.*, Stelling *f.*, (*tech.*) Ständer *m.*, Untersatz *m.*, Stativ *n.*; Stau-, Stillwasser *n.*; **binnacle –,** Kompaßsäule *f.*

stand *v.*, (*auf einem bestimmten Kurs*) liegen

od. stehen *od.* sein, (*einen Kurs*) halten, (*unter Segel*) stehen; **to – by** (*naut.*), sich klar()halten, klarstehen; (*rad.*) auf Empfang bleiben, sendebereit sein; **– by!** (*com., naut.*), Klar!, Klar zum Manöver! (*Segeltechnik*); **– by to cast off!** (*com.*), Klar zum Ablegen!; **– by to gybe!** (*int.*), Klar zum Halsen!; **– by to go alongside!** (*com.*), Klar zum Anlegen!; **– by to let go!** (*com.*), Klar zum Loswerfen! (*Leinen*), Klar zum Ablegen *od.* Auslaufen!; **– by to let go the anchor!** (*com.*), Klar zum Ankern!; **– by to tack!** (*int.*), Klar zum Wenden!; **– by to weigh (anchor)!** (*com.*), Klar zum (Anker)Lichten!; **– by the anchor!** (*com.*), Klar bei Anker!; **– by the port (starboard) anchor!** (*com.*), Klar bei Backbord(Steuerbord)anker!; **to – clear (of),** klar()bleiben *od.* sich klar halten (von); **– clear of the cable!** (*int.*), Aus der Kette!; **– clear on deck!** (*int.*), Wahrschau an Deck!; **to – eastward,** auf östlichem *od.* Ostkurs laufen *od.* liegen; **to – for,** Kurs halten *od.* segeln *od.* steuern nach; **to – in (for the shore),** auf Einlaufkurs liegen, (kurzzeitiges) Einlaufen *n.* in einen Hafen, (*Küste, Hafen*) anlaufen; **to – off (from the shore),** auf Auslaufkurs liegen, auf ablaufendem Kurs liegen; **to – off and on,** ab und zu liegen, auf und ab stehen, anliegen (*Boot*); **to – on,** durchliegen, Fahrt *od.* Geschwindigkeit und Kurs bei(be)halten (*Boot*); **to – out,** anliegen, direkt zuhalten auf (*einen bestimmten Punkt*); **to – out against,** sich deutlich *od.* gut (sichtbar) abheben von (*Landmarke, etc.*); **– out (of the way)!** (*int.*), Raum!; **to – out (to sea),** auf Auslaufkurs liegen, auslaufen, in See gehen; **to – over towards,** auf ... zuhalten *od.* stehen (*Boot*); **to – seaward,** auf die offene See auslaufen *od.* zuhalten; **to – southward,** auf südlichem *od.* Südkurs laufen *od.* liegen, nach Süden segeln *od.* steuern; **to – to,** anliegen nach; **– to!** (*com.*), An die Riemen! (*Rudern*); **to – towards,** laufen *od.* segeln *od.* steuern *od.* zuhalten auf; **to – upon the course,** den Kurs halten; **to – with water,** voll Wasser stehen (*Boot*); **to let all –,** alle Segel stehen *od.* alles bei lassen; **to – one's oars,** sich (kräftig) in die Riemen legen (*Rudern*); **to – the strain** (*tech.*), der Beanspruchung standhalten; **it –s cold (stormy),** es bleibt kalt (stürmisch); **the wind –s in the west,** der Wind kommt *od.* weht aus West *od.* von Westen; **the boat has stood through worse storms,** das Boot hat schon schlimmere Stürme überdauert *od.* überstanden.

standard *s.*[1], Flagge *f.*, Wimpel *m.*

standard *s.*[2], Norm *f.*, Standard *m.*; Eich-, Normal-, Richtmaß *n.*; Regel *f.*; Grad *m.*; Pfeiler *m.*, Pfosten *m.*, Stütze *f.*; **above (below) –,** über (unter) dem Durchschnitt; **to be** *or* **come up to (the) –,** den Anforderungen entsprechen *od.* genügen (*Segel, etc.*); *adj.*, normal; **– anchor** *s.*, Normal-, Standardanker *m.*; **– atmosphere** *s.*, Normalatmosphäre *f.*; **– capacity** *s.*, Normal-, Standardleistung *f.* (*Motor, etc.*); **– compass** *s.*, Standard-, Regelkompaß *m.*; **– construction** *s.*, Serien-, Standardkonstruktion *f.* (*Bootsbau*); **– displacement** *s.*, Typenverdrängung *f.* (*Boote*); **– frequency** *s.* (*rad.*), Normalfrequenz *f.*; **– instrument** *s.*, Standardgerät *n.*, -instrument *n.*

standardization *s.*, Normierung *f.*, Normung *f.*, Standardisierung *f.*, Typisierung *f.*; Eichung *f.* (*Meßgeräte*); **standardize** *v.*, standardisieren, normen, eichen; **standardized** *adj.*, **– sail (design),** Standardsegel *n.*; **– yacht construction** *s.*, standardisierte Yachtkonstruktion *f.*

standard / load *s.*, Normalbelastung *f.*; **– measure** *s.*, Maßeinheit *f.*, Normalmaß *n.*; **– part** *s.*, Normteil *m.* (*od. n.*); **– port** *s.*, Bezugsort *m.* (*Tidengewässer*); Basishafen *m.*; **– set** *s.*, Seriengerät *n.*; **– ship** (*or* **boat** *or* **yacht**) *s.*, Serien(bau)schiff *n.* *od.* -boot *n.*; **– size** *s.*, Normalgröße *f.* (*Boot*); **– speed** *s.*, Marschfahrt *f.*, -geschwindigkeit *f.*; **– time** *s.*, Standard-, Zonen-, Normalzeit *f.*, gesetzliche Zeit *f.*; **Greenwich – time** *s.*, Greenwicher Zeit *f.*, Weltzeit *f.*; **– type** *s.*, Serientyp *m.* (*Bootsbau*); **– value** *s.*, Durchschnittswert *m.* (*Ablesewerte, etc.*); **– weight** *s.*, Standard-, Normalgewicht *n.* (*Crew, etc.*).

stand-by *s.* (*naut.*), Klarsein *n.*, Bereitschaft *f.*; Ersatzschiff *n.*; Ersatz *m.*, (*tech.*) Hilfsapparat *m.*, Ersatz-, Not-, Reserve-, Zusatzgerät *n.*; **– battery** *s.*, Ersatzbatterie *f.*; **– tank** *s.*, Reserve-, Ersatz-, Hilfstank *m.*; **– time** *s.*, Wartezeit *f.*

standing *adj.*, **all –,** alles bei, unter vollem Zeug, mit vollen *od.* allen Segeln, alles stehend (*voll ausgerüstet*); **– backstay** *s.*, Achterstag *n.*; **– bowsprit** *s.*, fester *od.* stehender Bugspriet *m.*; **– gaff** *s.*, stehende Gaffel *f.*; **– jib** *s.*, stehende Fock *f.*; **– lights** (*pl.*), Notlichter (*pl.*), -beleuchtung *f.*; **– lug (sail)** *s.*, festes Luggersegel *n.*; **– part** *s.*, stehende *od.* feste Part *f.*; **– rigging** *s.*, stehendes Gut *n.*, Pardunen (*pl.*); **– water** *s.*, stehendes *od.* stagnierendes Wasser *n.* *od.* Gewässer *n.*; **– wave** *s.* (*rad.*), stationäre *od.* stehende Welle *f.*; **– ways** (*pl.*), Stapel(ab)laufbahn *f.*

stand-on ship *s. or* **vessel** *s.*, Wegerechtschiff *n.*

standstill *s.*, Stillstand *m.*

stank *s.* (*Scots, dial.*), Schleuse *f.*, Fluttor *n.*, Damm *m.*, Wehr *n.*, Teich *m.*

staple *s.*, (Draht)Öse *f.*, Krampe *f.*; *v.*, mit (Draht)Ösen befestigen.

star *s.* (*astr.*), Stern *m.*, Gestirn *n.*; **day –, – of the day** (*astr.*), Morgenstern *m.*; **double –** (*astr.*), Doppelstern *m.*; **falling** *or* **shooting –,** Sternschnuppe *f.*; **fixed –** (*astr.*), Fixstern *m.*; **north** *or* **polar** *or* **pole –** (*astr.*), Nord-, Polarstern *m.*; **– of the first magnitude** (*astr.*), Stern *m.* 1. Größe; *v.*, funkeln (*Sterne*); **star / aerial** *s.* (*am.* **antenna**), Sternantenne *f.*; **– binocular** *s.*, Nachtglas *n.*, (*coll.*) Kieker *m.*

starboard *s.*, Steuerbord *n.* (*od. m.*); **– 4!** (*com.*), Steuerbord 4!; **– the helm!** (*com.*), Ruder an Steuerbord!, Steuerbord!; **a quarter point to –!** (*com.*), $^1/_4$ Strich Steuerbord!; *v.*, nach Steuerbord halten *od.* wenden; **to – (the helm),** das Ruder an *od.* nach Steuerbord legen; **– the helm!** (*com.*), Ruder (an *od.* nach) Steuerbord!; *adv.*, nach *od.* auf der Steuerbordseite.

starboard *adj.*, Steuerbord-; **– angle** *s.*, Steuerbordwinkel *m.*; **– bow** *s.*, Steuerbordbug *m.*; **on the – bow,** (an) Steuerbord voraus; **– engine** *s.*, Steuerbordmaschine *f.*; **– hand** *adj.*, Steuerbord-; **– hand (in a channel)** *s.*, Steuerbord-Fahrwasserseite *f.*, Fahrwasserseite *f.* steuerbords *od.* an Steuerbord; **–(-)hand buoy** *s.*, Steuerbordboje *f.*, -tonne *f.*; **– lamp** *s.*, **– lantern** *s.*, Steuerbordlaterne *f.*; **– light** *s.*, Steuerbordlicht *n.*; **– navigation lights** (*pl.*), Steuerbord-Positionslaternen (*pl.*) *od.* -lichter (*pl.*); **– quarter** *s.*, **on the – quarter,** (an) Steuerbord achteraus; **– side** *s.*, Steuerbord-(seite *f.*) *n. od. m.*; **– side** *s.* **of a channel** *or* **fairway,** Steuerbord-Fahrwasserseite *f.*; **– tack** *s.*, Steuerbordbug *m.*; Backbordbug *m.* (*Segeltechnik*), (*coll.*) vornehmer Bug *m.*; Steuerbordschoten (*pl.*); Backbordschoten (*pl.*) (*Segeltechnik*), Steuerbordhalsen *f./pl.*; **to be on the – tack,** auf Steuerbordhalsen liegen, nach Steuerbord kreuzen *od.* lavieren; **the boat is on the – tack,** das Boot segelt mit Steuerbordhalsen, das Boot liegt über Backbordbug; **– watch** *s.*, Steuerbordwache *f.*; **– wing** *s.* **of the bridge,** Steuerbord-Brückenseite *f.*

star / chain *s.*, Sternkette *f.* (*Funkp.*); **– chart** *s.* (*astr.*), Sternkarte *f.*; **– cloud** *s.*, Sternnebel *m.*; **– cluster** *s.*, Sternhaufen *m.*; **– connection** *s.* (*elec.*), Sternschaltung *f.*; **–craft** *s.*, Astronomie *f.*, Sternkunde *f.*; **– cut** *s.*, Starcut *m.*, Sternschnitt *m.* (*Segel*); **–-cut spinnaker** *s.*, Starcut-Spinnaker *m.*, (*coll.*) Flachmann *m.*; **–-delta connection** *s.* (*elec.*), Stern-, Dreieckschaltung *f.*; **– drift** *s.* (*astr.*), Sterndrift *f.*; **– dust** *s.* (*astr.*), Nebel *m.* von Sternen, kosmischer Staub *m.*; **–(-)finder and identifier** *s.* (*astr.*), Sternfinder *m.* (*Sternkarten*); **–gazer** *s.* (*hum.*), Astronom *m.*; **– globe** *s.* (*astr.*), Sternfinder *m.*

stark *adj.*, **– weather** (*dial.*), rauhes *od.* stürmisches Wetter *n.*; **– wind** *s.* (*dial*), steifer Wind *m.*

starless *adj.*, stern(en)los, ohne Sterne (*Himmel*); **starlight** *s.*, Sternenlicht *n.*; **by –,** bei Sternenlicht; *adj.*, sternklar, stern(en)hell.

starling *s.*, Pfeilerhaupt *n.*, -kopf *m.*, Eis-, Strombrecher *m.* (*an Brückenpfeilern*).

star / lit *adj.*, sternklar, stern(en)hell, (nur) von Sternen beleuchtet; **– magnitude** *s.* (*astr.*), Sterngröße *f.*, -größenklasse *f.*; **– map** *s.* (*astr.*), Sternkarte *f.*, -tafel *f.*; **– place** *s.* (*astr.*), Sternort *m.*; **starred** *adj.*, gestirnt (*Himmel*); **star route** *s.* (*am.*), nicht regelmäßig befahrene (Schiffs)Route *f.*

starry *adj.*, sternklar, stern(en)hell; **– light** *s.*, Stern(en)licht *n.*; **– night** *s.*, sternklare Nacht *f.*; **– sky** *s.*, Stern(en)himmel *m.*; **– system** *s.*, Sternsystem *n.*

stars *s./pl.*, Sternbilder *n./pl.*, Gestirne (*pl.*).

star / shower *s.* (*astr.*), Sternschnuppenschwarm *m.*, -regen *m.*; **– sight** *s.* (*astr.*), Sternbeobachtung *f.*, -höhenmessung *f.*; **– stream** *s.* (*astr.*), Sternstrom *m.*

start *s.* (*rac.*), Start *m.*, Startlinie *f.*, Startzeichen *n.*, Vorgabe *f.*, Vorsprung *m.*; Aufbruch *m.*, Abreise *f.*, Abfahrt *f.*; **early** *or* **false –** (*rac.*), Frühstart *m.*; **good –** (*rac.*), guter Start *m.*; **an hour's –** (*rac.*), Vorgabe *f.* von einer Stunde, Vorsprung *m.* von einer Stunde; **postponing (of) the –** (*rac.*), Startverschiebung *f.*; **to give the –** (*rac.*), das Startzeichen geben; **– too early** (*rac.*), Frühstart *m.*

start *v.* (*rac.*), starten, (*Anker*) lichten, (*Tau*) auffieren; nachgeben (*Wanten, etc.*), gap(p)en, losspringen (*Bootsplanken*), (auf)platzen (*Segelnähte*), (sich) lockern, losmachen (*Nägel, etc.*), (*tech.*) (*Motor*) anlassen, anspringen (*Motor*), anlaufen (*Schiffsmaschine*), in Gang *od.* Betrieb setzen (*Maschine, Motor*), (*Wassertank, etc.*) leeren; antreten (*Seereise*); **to – (for),** auslaufen nach (*Boot*); **to – gliding** *or* **pulling,** anspringen (*Jollen*); **to – a bolt,** einen Bolzen lösen *od.* ausbrechen; **to – a race,** eine Regatta eröffnen; **to –**

a yacht, (sich) eine Yacht anschaffen *od.* zulegen.

starter *s.* (*rac.*), Teilnehmer *m.*, -in *f.* (*an einer Regatta*), (*tech.*) Starter *m.*, Anlasser *m.*; **kick –** (*tech.*), Kickstarter *m.*; **– battery** *s.*, Starter-, Anlassbatterie *f.*; **– choke** *s.* (*am.*), Starterklappe *f.*; **– knob** *s.*, **– lever** *s.* (*tech.*), Starterklappe *f.*, Anlasshebel *m.*

star / table *s.* (*astr.*), Sterntafel *f.*, -karte *f.*; **– time** *s.* (*astr.*), Sternzeit *f.*

starting *s.* (*rac.*), Start *m.*, Starten *n.*; **– area** *s.* (*rac.*), Startzone *f.*; **– ball** *s.* (*rac.*), Startball *m.*; **– boat** *s.* (*rac.*), Startboot *n.*; **– buoy** *s.* (*rac.*), Startboje *f.*; **– gun** *s.* (*rac.*), Startpistole *f.*; **– line** *s.* (*rac.*), Startlinie *f.*; **the better end of the – line** (*rac.*), die bevorzugte Startlinienseite; **to form up** *or* **to line up** *or* **to take up position behind the – line,** Aufstellung *f.* hinter der Startlinie nehmen (*Boote, Eisyachten*); **– pistol** *s.* (*rac.*), Startpistole *f.*; **– position** *s.* (*rac.*), Startposition *f.*; **– shot** *s.* (*rac.*), Startschuß *m.*; **– signal** *s.* (*rac.*), Startsignal *n.*, (*naut.*) Auslauf-, Abfahrtssignal *n.*; **– vessel** *s.* (*rac.*), Startboot *n.*, -schiff *n.*

start number *s.* (*rac.*), Startnummer *f.*

star transit *s.* (*astr.*), Sterndurchgang *m.*

starved *adj.*, **to be terribly –,** total *od.* völlig durchfroren sein.

stasis *s.* (*pl.* **-ses**) (*phys.*), Stauung *f.*

state *s.*, (Bootsklassen)Status *m.*; Stand *m.*, Lage *f.*; Stadium *n.*; Beschaffenheit *f.*, Zustand *m.*; **in good (bad** *or* **poor) – of repair,** in gut (schlecht) erhaltenem Zustand, gut (schlecht) erhalten (*Boot, etc.*); **– of class,** Klassenstatus *m.* (*Bootsklasse*); **– of inertia** (*phys.*), Trägheits-, Beharrungszustand *m.*; **– of sea,** Seegang *m.*; *v.*, **to – the average,** die Dispache aufmachen; **– cabin** *s.*, Luxuskabine *f.*

stated *adj.*, **at – intervals** (*am.*), in regelmäßigen Abständen; **– time** *s.*, festgesetzte Zeit *f.*

statement *s.*, **average –, – of average,** Havarieaufmachung *f.*, -rechnung *f.*, Dispache *f.*;

stater *s.*, **average –,** Dispacheur *m.*

state / room *s.*, (Eigner)Kabine *f.*, -Kajüte *f.*, -Kammer *f.* (*auf Yachten*), Luxus-, Schiffskabine *f.*; **–side** *adj.* (*am.*), nach drüben, rüber, nach *od.* in den USA; **–side** *adv.* (*am.*), drüben, in den USA *od.* Staaten.

static *s.*, statische Elektrizität *f.*, (*rad.*) atmosphärische Störungen (*pl.*), Gewitterstörungen (*pl.*); **the – on the radio is heavy,** der Funkverkehr ist stark gestört (*durch atmosphärische Störungen*); *adj.* (*phys.*), statisch, (*rad.*) atmosphärisch (*Störung*), ortsfest; **static / charge** *s.*, elektrostatische Ladung *f.*; **– disturbance** *s.* (*rad.*), atmosphärische *od.* Gewitterstörung *f.*; **– equilibrium** *s.* (*phys.*), statisches Gleichgewicht *n.*; **--free** *adj.* (*rad.*), stör(ungs)frei; **– gain** *s.* (*rad.*), Verstärkung *f.* pro Stufe; **– friction** *s.* (*phys.*), ruhende *od.* Haftreibung *f.*; **– interference** *s.* (*rad.*), atmosphärische Störung *f.*; **– load** *s.* (*phys.*), statische Belastung *f.*; **– meter** *s.* (*phys.*), elektrostatisches Meßgerät *n.*; **– moment** *s.* (*phys.*), statisches Moment *n.*; **– pressure** *s.* (*phys.*), statischer Druck *m.*; hydrostatischer Druck *m.*; **–(al) stability** *s.*, statische Stabilität *f.* (*eines Bootes*); **– strength** *s.*, **– stress** *s.* (*phys.*), statische Festigkeit *f.* (*Beanspruchung*); **– thrust** *s.* (*phys.*), statischer Schub *m.*, statische Schubkraft *f.* (*Propeller*).

station *s.* (*naut.*), Station *f.*, Posten *m.*, Platz *m.*, Wache *f.*, (*rac.*) Position *f.*, Stelle *f.*, (*rad.*) (Funk)Station *f.*, (Funk)Sender *m.* (*Sende- od. Empfangsstation*), (*astr.*) (scheinbarer) Stillstand *m.*; **every man to his –!** (*naut., com.*), Alle Mann auf Station!, Jeder Mann auf seinen Posten!; **broadcasting –** (*rad.*), Sendestation *f.*, Sender *m.*; **coastguard –,** Küstenwachstation *f.*; **filling –,** Tankstelle *f.*, Zapfsäule *f.* (*auf dem Kai*); **first aid –,** Unfallstation *f.*; **frame –s** (*pl.*), Spantenriß *m.* (*Bootsbau*); **girth –,** Gurtstation *f.*, -meßstelle *f.* (*IOR-Vermessung*), Meßmarke *f.*; **jamming –** (*rad.*), Störsender *m.*; **lifeboat** *or* **lifesaving –** (*naut.*), Rettungsstation *f.*; **naval –,** Flottenstützpunkt *m.*, Station *f.*; **petrol –** (*am.*), Tankstelle *f.*, Zapfsäule *f.* (*auf dem Kai*); **radio –,** (Funk)Sender *m.*, Sendestation *f.*; **reference –** (*am.*), Bezugsort *m.* (*Tidengewässer*); **rescue –,** Seenotrettungsstation *f.*; **seismological –,** Erd- *od.* Seebebenwarte *f.*; **slave –** (*rad.*), Nebensender *m.* (*Decca*); **to – …!** (*rad.*), (Bitte) Kommen!; **to all –s** (*rad.*), An alle!; **to be on –** (*rad.*), auf Empfang sein; **to leave –,** ausscheren (*Boot*); **to tune in a better –,** auf besseren Empfang gehen, einen besseren Sender *od.* eine günstigere Sendestation einstellen; **– of origin** (*rad.*), Aufgabefunkstation *f.*; *v.* (*naut.*), stationieren.

stationary *adj.* (*meteor.*), stationär, ortsfest, fest(stehend), beständig, gleichbleibend, unveränderlich, (*rad., astr.*) stationär; **– anticyclone** *s.* (*meteor.*), stationäres Hoch *n.*; **– ballast** *s.* (*naut.*), fester Ballast *m.*; **– depression** *s.* (*meteor.*), stationäres Tief *n.*; **– engine** *s.*, stationärer *od.* feststehender Motor *m.*, Standmotor *m.*, stationäre Maschine *f.*; **– high (low)** *s.* (*meteor.*), stationäres Hoch

(Tief) *n.*; **– net** *s.*, Stellnetz *n.*; **– planet** *s.* (*astr.*), stationärer Planet *m.*; **– point** *s.* (*astr.*), stationärer Punkt *m.*; **– wave** *s.* (*rad.*), stationäre *od.* stehende Welle *f.*

station / buoy *s.*, Stationsboje *f.*; **– called,** angerufene Funkstation *f.*; **–(-)keeping** *s.* (*naut.*), Positionshalten *n.*; **– pointer** *s.* (*naut.*), Doppelwinkelmesser *m.*, Dreiarm-Transporteur *m.*, Kursübertrager *m.*, Kompaßkreis *m.*, Stigmograph *m.*; **–'s bill** *s.* (*naut.*), Musterrolle *f.*; **–'s drill** *s.* (*naut.*), Rolle *f.* (*Notfall, Manöver*); **– selector** *s.* (*rad.*), Abstimmknopf *m.*, -einrichtung *f.*; Sendereinstellung *f.* (*am Empfangsgerät*).

stator *s.* (*naut.*), Stator *m.*, Ständer *m.* (*Elektromotor*), feststehender Teil *m.* eines umlaufenden *od.* drehbaren Gerätes (*Drehkondensator, etc.*).

statoscope *s.* (*phys.*), Statoskop *n.*, hochempfindliches Aneroidbarometer *n.*

statute *s.*, Satzung *f.*, Statut *n.* (*Wettfahrt, Club, etc.*); **– mile** *s.*, (*gesetzliche od. englische*) Meile *f.* (*Großbritannien u. USA*).

statutory *adj.*, gesetzlich, nach den Statuten, satzungsgemäß; **– lights** (*pl.*), (gesetzlich vorgeschriebene) Positionslichter (*pl.*).

staunch *adj.*, seetüchtig, wasserdicht; **a – boat,** eine seetüchtige Yacht *f.*

stave *v.*, leckschlagen (*Boot*), zerschellen (*Boot*); **to – to pieces,** zerschellen (*Schiff*); **the boat's hull is stove,** der Bootsrumpf ist ein- *od.* leckgeschlagen.

stay *s.*, Stag *n.*; Toppreep *n.*, Stütztau *n.*, (*tech.*) Anker *m.*, Verankerung *f.*, Strebe *f.*, Stütze *f.*, Träger *m.*, Verspannung *f.*; **baby –,** Babystag *n.*; **fore –,** Vorstag *n.*; Stagsegel *n.*; **grooved** *or* **profiled – for headsail(s),** Vorstag(s)profil *n.*; **jack –,** Jackstag *n.*; **jumper –,** Jumpstag *n.*, Genick-, Knickstag *n.*; **martingale –,** Stampfstag *n.*; **spring –,** Jumpstag *n.*; **topmast –,** Toppstag *n.*; **– for headsail,** Vorstag *n.*; **– in harbour,** Hafenliegetag *m.*, -aufenthalt *m.*

stay *v.*, (*Mast*) (ab)stagen, (*Takelage*) verstagen, (*Boot*) durch *od.* gegen den Wind bringen *od.* wenden; über Stag gehen, wenden (*Segelmanöver*), (*tech.*) verankern, verspannen, verstreben, abspannen; **to – put (in the mud),** (im Schlick) festkommen (*Boot*); **to – on reception** (*rad.*), auf Empfang bleiben.

stay bolt *s.*, Stehbolzen *m.*, (*tech.*) Ankerbolzen *m.*

stayed *adj.* **mast,** abgestagter Mast *m.*

stay / foresail *s.*, Stagfock *f.*, Fockstagsegel *n.*; **– pin** *s.*, Steg *m.* (*in einem ((Anker)Kettenglied*); **– rod** *s.*, Stehbolzen *m.*; **– roller reefing system** *s.*, Stagroll(er)-Reffsystem *n.*

stays *s./pl.* (*naut.*), Wende *f.*, Wendung *f.*; **(to be) in –,** im Wenden (begriffen sein) (*Boot*); **to miss (the) –,** das Wenden verfehlen; **the boat is (hove) in –,** das Boot geht über Stag *od.* wendet durch *od.* gegen den Wind.

stay *s.*, **jumper – spreader,** Jumpstagspreize *f.*

staysail *s.*, Stagsegel *n.*; Stagfock *f.* (*Kutter*); **baby –,** Babystagsegel *n.*; **dazy –,** Dazy-Stagsegel *n.*; **fisherman's –,** Fischermann-Stagsegel *n.*; **fore –,** Stagsegel *n.*, Stagfock *f.*; **genoa –,** Genua-Stagsegel *n.*; **light wind –,** Leichtwind-, Leichtwetter-Stagsegel *n.*; **main –,** Großstagsegel *n.*; **mizzen –,** Besanstagsegel *n.*; **spinnaker –,** Spinnakerstagsegel *n.*, Spinnaker-Untersegel *n.*; **topmast –,** Stengestagsegel *n.*; **windseeker –,** Windseeker-Stagsegel *n.*; **– halyard** *s.*, Stagsegelfall *n.*; **– halyard winch** *s.*, Stagsegelfallwinsch *f.*; **– ketch** *s.*, Stagsegelketsch *f.*; **– schooner** *s.*, Stagsegelschoner *od.* -schuner *m.*; **four-masted – schooner** *s.*, Viermast-Stagsegelschoner *m.*; **– track** *s.*, Stagsegelschiene *f.*

steadiness *s.*, Kursbeständigkeit *f.*, -stetigkeit *f.* (*eines Bootes*).

steady *v.*, (*Boot*) auf Kurs halten, stützen; **to – the helm,** stützen, Gegen- *od.* Stützruder legen; **to – a sail,** einem Segel mehr Stabilität verleihen (*bei Kreuzkursen, etc.*); **– the helm!** (*int.*), Stütz!.

steady *adj.* (*naut.*), stüttig, stetig; gleichbleibend, stetig (*Wind*), fest(stehend), stabil; **–!** (*int.*), Stopp!, Halt!, Langsam!, Ruhig!, Sachte!, (*Ruderkommando*) Stütz!, Recht so!, Weiter so! (*Stützruder geben*); **– as she goes!, – as you go!** (*int.*), Recht so! (*Ruderkommando*); **– on!** (*int.*), Stopp!, Halt!; **to keep** *or* **hold the helm –,** das Ruder stüttig halten; **a – ship,** ein Schiff, das nicht leicht schlingert;

steady / breeze *s.*, stetige *od.* gleichbleibende Brise *f.*; **– hum** *s.* (*rad.*), Dauerton *m.*

steadying sail *s.*, Stützsegel *n.*

steady / vessel *s.*, Kurshalter *m.*, Wegerechtboot *n.*; **– wind** *s.*, stehender *od.* gleichmäßiger *od.* stetiger Wind *m.*

stealer plate *s.*, Splißgang *m.*, verlorener Gang *m.* (*Bootsbau*).

steam *s.*, (Wasser)Dampf *m.*, Dampfkraft *f.* Dampfer *m.*, Dampfschiff *n.*; Dampferfahrt *f.*; **at full –** (*naut.*), mit Volldampf; **full – ahead,** Volldampf voraus; **to get – up,** Dampf aufmachen (*Schiff*); **to have – up,** unter Dampf liegen, Dampf auf()haben (*Schiff*); **to let – off,** Dampf ablassen (*Schiff*).

steam *v.* (*naut.*), dampfen; **to – at 8 knots,** 8 Knoten laufen; **to – at (s)low (full) speed,** langsame (volle) Fahrt laufen *od.* machen; **to – off,** auslaufen (*Schiff*); **to – out of the harbour,** aus dem Hafen dampfen *od.* auslaufen; **to – to windward,** gegenandampfen (*Schiff*); **to – up,** Dampf aufmachen (*Schiff*).

steam / admission *s.*, Dampfzuleitung *f.*; **– boat** *s.*, Dampfboot *n.*, -schiff *n.*, Dampfer *m.*; **–boat** *v.*, auf *od.* mit einem Dampfboot fahren; **– boiler** *s.*, Dampfkessel *m.*; **– capstan** *s.*, Dampfspill *n.*; **– conduit** *s.*, Dampfleitung *f.*; **– drifter** *s.*, Dampflogger *m.*; **–driven** *adj.*, mit Dampfantrieb; **– ejector** *s.*, Dampfstrahlpumpe *f.*

steamer *s.*, Dampfer *m.*, Dampfboot *n.*, -schiff *n.*; **– lane** *or* **track** *s.*, Dampferroute *f.*, -weg *m.*; **– navigation** *or* **traffic** *s.*, Dampfschifffahrt(sverkehr *m.*) *f.*

steam / generator *s.*, Dampfgenerator *m.*; **– ga(u)ge** *s.*, Manometer *n.*, Dampfdruckmesser *m.*; **– hailer** *s.*, Dampfheuler *m.* (*Signal*).

steaminess *s.*, Dunstigkeit *f.*

steaming / light *s.*, Dampferlicht *n.*, Topplaterne *f.*, -licht *n.*; **– radius** *or* **range** *s.*, Aktionsradius *m.*, Fahrbereich *m.* (*Schiff*).

steam / launch *s.*, Dampfbarkasse *f.*; **– main** *s.*, Hauptdampfzuleitung *f.*; **– navigation** *s.*, Dampfschiffahrt *f.*; **– pipe** *s.*, Dampfrohr *n.*; **– power** *s.*, Dampfkraft *f.*; **--powered ship** *or* **vessel** *s.*, Schiff *n.* mit Dampfkraft, dampfangetriebenes Schiff *n.*; **– pressure** *s.*, Dampfdruck *m.*; **– pump** *s.*, Dampfpumpe *f.*; **– siren** *s.*, Dampfsirene *f.* (*Signal*); **– ship** *s.*, Dampfer *m.*, Dampfschiff *n.*; **– steering gear** *s.*, Dampfrudermaschine *f.*; **– tonnage** *s.*, Dampfertonnage *f.*; **– tramp** *s.*, Tramp(dampfer) *m.*; **– trawler** *s.*, Schleppnetzfischer *m.*, Fischdampfer *m.*, Trawler *m.* mit Dampfantrieb; **– tug** *s.*, Schlepper *m.*, Schleppdampfer *m.*; **– turbine propulsion** *s.*, Dampfturbinenantrieb *m.*; **– valve** *s.*, Dampfventil *n.*; **– vessel** *s.*, Dampfer *m.*, Dampfschiff *n.*; **– watch** *s.*, Maschinenwache *f.*; **– whistle** *s.*, Dampfpfeife *f.* (*Signal*); **– winch** *s.*, Dampfwinde *f.*, -winsch *f.*; **– windlass** *s.*, Dampfspill *n.*

steamy *adj.*, dunstig, (*coll.*) beschlagen (*Kajütfenster, etc.*).

steam yacht *s.*, Dampfyacht *f.*, Yacht *f.* mit Dampfantrieb.

steel *s.*, Stahl *m.* (*Yachtbau*); **mild** *or* **shipbuilding –,** Schiffbaustahl *m.*; **stainless –,** korrosionsbeständiger *od.* rostfreier Stahl *m.*, Nirosta(stahl *m.*), Niro(stahl *m.*); **– cable** *s.*, Stahltrosse *f.*; **– deck** *s.*, Stahldeck *n.*; **– frame** *s.*, Stahlspant *n.*; **– hawser** *s.*, Stahltrosse *f.*; **– hull** *s.*, Stahlbootsrumpf *m.*; **– mast** *s.*, Stahlmast *m.*; **– section** *s.*, Profilstahl *m.*; **– shipbuilding** *s.*, Stahlschiffbau *m.*; **– spring** *s.*, Stahlfeder *f.*; **– wire rope** *s.*, Stahltrosse *f.*, -tau(werk) *n.*; **– work** *s.*, Stahlteile (*pl.*) (*Yachtbau*); **– yacht** *s.*, Stahl(renn)yacht *f.*

steep *s.*, Steilküste *f.*, steile Klippe *f.*; *adj.*, steil (*aufsteigend od. abfallend*); **– coast** *s.*, Steilküste *f.*; **steepen** *v.*, steiler werden (*Küste, etc.*).

steeple *s.*, Kirchturm(spitze *f.*) *m.* (*Landmarke*); **– engine** *s.* (*naut.*), (Glocken)Turmmaschine *f.*

steepleness *s.*, Steilheit *f.* (*der Küste*), steile Stelle *f.*

steep-to *adj.* (*naut.*), steil (ins Wasser) abfallend, steil auf- *od.* ansteigend (*Küste*).

steer *v.*, (*Boot*) steuern, lenken; lotsen, (*in einer bestimmten Richtung*) gesteuert werden *od.* laufen (*Boot*), dem Ruder gehorchen (*Boot*), sich steuern lassen (*Boot*); **to – by the compass,** nach dem Kompaß steuern; **to – clear of,** freisteuern von, sich freihalten von (*Küste, etc.*), (*rac.*) freikommen von, sich freisegeln von; **to – for,** laufen *od.* segeln nach, Kurs nehmen auf, zusteuern auf; **to – into (a port),** (in einen Hafen) einsteuern *od.* einlaufen; **to – large,** mit viel Ruder(legen) steuern; **to – out (of a port),** (aus einem Hafen) (hin)aussteuern *od.* auslaufen; **to – small, to – with a small helm,** mit wenig Ruder(legen) steuern, einen geraden Kurs steuern *od.* laufen; **to – towards (a jetty),** (einen Anleger) ansteuern, auf eine Anlegebrücke zuhalten; **to – a boat,** ein Boot steuern *od.* führen; **to – a course,** einen (bestimmten) Kurs steuern *od.* laufen *od.* einhalten; **– south-west!** (*am.*, *com.*), Kurs Südwest!; **the boat –s easily,** das Boot läßt sich leicht steuern *od.* spricht gut an; **the boat is –ing south by east,** das Boot läuft (auf) Südsüdostkurs.

steerable *adj.*, steuer-, lenkbar (*Boot*).

steerage *s.*, Ruder-, Steuerwirkung *f.*, Steuervermögen *n.*, -fähigkeit *f.*, Reaktionsfähigkeit *f.* (*eines Bootes*) auf das Ruder *od.* Steuer; Steuerung *f.*, Lenkung *f.*; Steuern *n.*, Lenken *n.* (*eines Bootes*), Rudermaschinenraum *m.*; Zwischendeck *n.*; **to go with easy –,** leicht auf die Steuerung *od.* das Ruder reagieren *od.* ansprechen (*Boot*).

steerageway *s.*, Steuerfahrt *f.*, -kraft *f.*, -fähigkeit *f.* (*eines Bootes*), Vorausfahrt *f.*; **to have –,** steuerfähig sein (*Boot*); **to maintain –,** steuerfähig bleiben (*Boot*); **bare –,** kaum (noch) Steuerfähigkeit *f.* (*des Bootes*), geringste Fahrt *f.*, bei der ein Boot noch steuerfähig ist.

steered *adj.* **course,** gesteuerter Kurs *m.*, Steuerkurs *m.*, Kompaßkurs *m.*

steerer *s.*, Ruderanlage *f.*, -gerät *n.*, Steuergerät *n.*, Rudergänger *m.*, Rudergast *m.*, Steuerer *m.*, Steuermann *m.*; Boot *n.*, das (*in einer bestimmten Weise*) dem Ruder *od.* Steuer gehorcht; **automatic –,** Selbststeueranlage *f.*, -gerät *n.*; **a good –,** ein gut *od.* leicht dem Ruder *od.* Steuer gehorchendes Boot, ein Boot, das leicht *od.* gut auf das Ruder *od.* Steuer anspricht *od.* reagiert; **a quick –,** ein Boot, das schnell dem Ruder gehorcht.

steering *s.*, Steuern *n.*, Lenken *n.*; Steuerung *f.*, Lenkung *f.* (*eines Bootes*), (Kurs)Richtung *f.*; **wheel –,** Radsteuerung *f.*; **– and sailing rules** (*pl.*), Fahrregeln (*pl.*), Ausweichregeln (*pl.*); **– cable** *s.*, Steuerseil *n.*; **– chain** *s.*, Ruderkette *f.*; **– chains and rods** (*pl.*), Ruderleitung *f.*; **– compass** *s.*, Steuerkompaß *m.*; **– gear** *s.*, Ruderanlage *f.*, -geschirr *n.*, -einrichtung *f.*, Steuergerät *n.*, -apparat *m.*, -einrichtung *f.*, Steuerung *f.*; **– -gear compartment** *s.*, Rudermaschinenraum *m.*; **– grommet** *s.*, Ruderstropp *m.*; **– head** *s.*, Ruderjoch *n.*; **– leads** (*pl.*), Ruderleitung *f.*; **– lever** *s.*, Kolderstock *m.*; **– light** *s.*, Steuerlicht *n.*; **– manoeuvre** *s.* (*am.* **maneuver**), Rudermanöver *n.*; **– motor** *s.*, Rudermotor *m.*; **– nozzle** *s.*, Steuerdüse *f.*; **– oar** *s.*, Steuerruder *n.*, -riemen *m.*; **– order** *s.*, Ruderkommando *n.*; **– pedestal** *s.*, Steuersäule *f.*; **– pilot** *s.*, Schaltkompaß *m.* (*einer Selbststeueranlage*); **– position** *s.*, Ruder-, Steuerstand *m.*; **– properties** (*pl.*) *or* **qualities** (*pl.*) **(of a boat),** Steuereigenschaften (*pl.*), Steuerfähigkeit *f.*, Kursbeständigkeit *f.* (eines Bootes); **– repeater** *s.*, Steuer(kompaß)tochter *f.*; **– rod** *s.*, Ruderstange *f.*; **– rods** (*pl.*), Rudergestänge *n.*; **– rules** (*pl.*), Steuer-, Fahr-, Ausweichregeln (*pl.*); **– stand** *s.*, Steuerstand *m.*, Ruder-, Steuerplicht *f.*; **– table** *s.*, Steuertafel *f.* (*Kurs*); **– tackle** *s.*, Rudertalje *f.*; **– wheel** *s.*, Steuerrad *n.* (*Radsteuerung*).

steersman *s.*, Rudergänger *m.*, Rudergast *m.*, Steuerer *m.*; **steersmanship** *s.*, Steuerkunst *f.* (*des Rudergängers, etc.*).

steeve *s.*, Steigung *f.* (*Erhöhungswinkel des Bugspriets*); *v.*, in einem Winkel nach oben stehen, geneigt sein (*Bugspriet*), (*dem Bugspriet*) eine Steigung geben.

stellar *adj.* (*astr.*), stellar, astral, Stern-; **– constellation** *s.*, Sternbild *n.*; **– navigation** *s.*, astronomische Navigation *f.*; **– parallax** *s.* (*astr.*), Sternparallaxe *f.*; **– time** *s.* (*astr.*), Sternzeit *f.*

stem *s.*, Steven *m.*, Vor-, Vordersteven *m.*, Vorschiff *n.*, Schiffsschnabel *m.*; Röhre *f.* (*eines Thermometers, etc.*); **false –,** Außensteven *m.*; **from – to stern,** von vorn bis achtern, vom Bug (bis) zum Heck.

stem *v.*, ankämpfen *od.* vorankommen gegen (*Boot*), überwinden (*Strömung, Sturm*), (*Fluß*) stauen, eindämmen, (*Leck*) (ab)dichten *od.* stopfen; **to – the tide,** gegen die Strömung ankämpfen, gegen die Flut laufen (*Boot*); **to – the wind,** gegen den Wind ankämpfen *od.* laufen *od.* segeln.

stem / anchor *s.*, Stevenanker *m.*; **– fender** *s.*, Bugfender *m.*; **– foot** *s.*, Vor(der)stevenschuh *m.*, -fuß *m.*; **– head** *s.*, Stevenlauf *m.*, vorderes Stevenende *n.*; **– knee** *s.*, Stevenknie *n.*; **– lantern** *or* **light** *s.*, Buglaterne *f.*; **– log** *s.*, Stevenlog *n.*; **– post** *s.*, Vor(der)steven *m.*

stemson *s.*, Vorsteven *m.*, Reitknie *n.* (*Holzbootbau*).

stencil *s.*, Schablone *f.*, Matrize *f.* (*Segel*), (*tech.*) Stanze *f.*

step *s.*, Mastspur *f.* (*Block, in dem der Mastfuß sitzt*), Stufe *f.*; Stoß *m.* (*Bootsbau*), (*rad.*) Stufe *f.* (*eines Verstärkers*), (*tech.*) Spurlager *n.*; **mast –,** Mastspur *f.*; **– of a mast ladder** *or* **ladder to (the) mast,** Maststufe *f.*; *v.*, (*Mast*) einsetzen *od.* einspuren, (*Mast*) (in der Mastspur) aufrichten, (*rad.*) stufenweise ändern; **to – down** (*elec.*), heruntertransformieren; **to – off,** (*Seekarte mit dem Stechzirkel*) abgreifen; **to – up** (*rad.*), stufenweise erhöhen, (*elec.*) hochtransformieren, (*Fahrt, Geschwindigkeit*) steigern; **to – a mast,** einen Mast einsetzen *od.* aufstellen *od.* aufrichten.

step / -bottomed boat *s.*, Stufenboot *n.*; **– -down transformer** *s.* (*elec.*), Abwärts-, Umspanntransformator *m.*

stepped *adj.*, **– bulkhead,** Stufenschott *n.*; **– mast** *s.*, Steckmast *m.*

stephanome *s.*, Instrument *n.* zur Messung eines Nebelbogens (*etc.*).

step-up *s.* (*rad.*), Verstärkung *f.*; *adj.* (*rad.*), stufenweise erhöhend, (*elec.*) auf höhere Spannung transformierend; **– transformer** *s* (*elec.*), Aufwärts-, Umspanntransformator *m.*

stepwise *adj.*, *adv.*, stufenweise.

stern *s.*, Heck *n.*, Spiegel *m.*, Gatt *n.*, Achterschiff *n.*, Schiffshinterteil *n.*; **by the –,** achterhecklastig, über das Heck; **down by the –** achter-, heck-, steuerlastig; **from stem to –**

von vorn bis achtern, vom Bug (bis) zum Heck; **trimmed by the –,** steuer-, heck-, achterlastig; **canoe –,** Kanuheck *n.* (*Heckform*); **sharp –,** Spitzgattheck *n.*; **square** *or* **transom –,** Spiegel(heck *n.*) *m.*; **yacht –,** Yachtheck *n.* (*Rennyachten*); **shape of –,** Heckform *f.*; **– on,** über Steuer *od.* Heck, mit dem Heck voraus *od.* nach vorn.

stern *v.* (*rac.*), (*Boote*), totsegeln, totdampfen (*Gegenansegeln*).

stern *adj.*, achtern, achterlich, Heck-; **a – sea,** eine achterliche See, See *f.* von achtern, von achtern kommende See *f.*; **stern / anchor** *s.*, Heckanker *m.*; **– bearing** *s.*, Stevenlager *n.*; **– board** *s.*, Rückwärtsbewegung *f.* (*eines Bootes*); **to make –board,** das Boot sacken lassen, über den Achtersteven gehen; **– boat** *s.*, Heckboot *n.*; **– bossing** *s.*, Stevennuß *f.*; **– chase** *s.* (*rac.*), Heck-, Spiegeljagd *f.*; **– chock** *s.*, Heckklüse *f.*; **– drive** *s.*, Außenbordantrieb *m.*, Segelbootantrieb *m.*; Z-Antrieb *m.* (*Motoryacht*).

sterned *adj.*, mit Plattgatt *od.* -heck; **yacht –,** mit Yachtheck.

stern / fast *s.*, Achter-, Heckleine *f.* *od.* -tau *n.*, Heckfestmacher *m.*; **– -first** *adj.*, über den Achtersteven; **– flag** *s.*, Heckflagge *f.*; **–foremost** *adv.*, über Steuer, rückwärts; **to be towed –foremost,** über Steuer geschleppt werden; **– frame** *s.*, Achter-, Hinter-, Rudersteven *m.*; Heck-, Spiegelspant *n.*; **– gear** *s.*, Heckgeschirr *n.*; **– gland** *s.*, Stevenrohrbuchse *f.*; Heck(ab)dichung *f.*; **– hawse** *s.*, Heckklüse *f.*; **– hawse hole** *s.*, Heckankerklüse *f.*; **– -heavy** *adj.*, achter-, heck-, steuerlastig (*Boot*); **– knee** *s.*, Hintersteven *m.*, Reitknie *n.*; **– lantern** *s.*, **– light** *s.*, Hecklaterne *f.*, Hecklicht *n.*; **– line** *s.*, Achter-, Heckleine *f.*; **– mooring pipe** *s.*, Heckvertäuklüse *f.*; **–most** *adj.*, (zu)achterst, achterlichst, ganz achtern; **– -on** *adj.*, über Steuer *od.* Heck, mit dem Heck voraus; **– overhang** *s.*, Hecküberhang *m.*; **– pipe** *s.*, Heckklüse *f.*; **–port** *s.*, Heckpforte *f.*; **–post** *s.*, Steven *m.*, Achter-, Hintersteven *m.*; **– rail** *s.*, Heckreling *f.*; **– roller** *s.*, Heckroller *m.* (*Schlepper*); **– rope** *s.*, Achter-, Heckleine *f.* *od.* -tau *n.*; **– rudder** *s.*, Heckruder *n.*; **– sea** *s.*, Hecksee *f.*, achterliche *od.* von achtern kommende See *f.*; **– sheave** *s.*, Heckrolle *f.*, -scheibe *f.*; **– sheeting system** *s.*, Heckschot(en)system *n.*; **– -sheets** (*pl.*), Achtersitze (*pl.*), Kammer *f.* (*im offenen Boot*).

sternson *s.* (*naut.*), Reitbalken *m.*; **– (knee)** *s.*, Hintersteven *m.*, Reitknie *n.*

stern / tank *s.*, Hecktank *m.*, -zelle *f.*; **– timber** *s.*, Heckspant *n.*; **– transom** *s.*, (Heck)Spiegel *m.*; **– tube** *s.*, Stevenrohr *n.*, (*coll.*) Sternbuchse *f.*, Stevenrohrbuchse *f.*; **– -tube bulkhead** *s.*, Stopfbuchsenschott *n.*; **– -tube bushing** *s.*, Stevenrohrbuchse *f.*; **– -tube gland** *s.*, Stevenrohrbuchse *f.*, Heck(ab)dichtung *f.*; **–ward(s)** *adj.*, *adv.*, achterlich, heckwärts, nach dem Heck zu (gelegen *od.* befindlich); **– wave** *s.*, Heckwelle *f.*, Hecksee *f.*; **–way** *s.*, Fahrt *f.* nach achtern, Fahrt *f.* achteraus, Heck-, Rückwärtsfahrt *f.*, Fahrt *f.* über den Achtersteven, Bewegung *f.* (*des Bootes*) achteraus; **to make –way,** Fahrt *f.* achteraus machen; **– wheel** *s.*, Heckrad *n.*; **–(-)wheeler** *s.*, Heckraddampfer *m.*; **– wind** *s.*, achterlicher Wind *m.*, Wind *m.* von achtern; **– yoke** *s.*, Heckbügel *m.*, -kreuzkopf *m.*, -ruderjoch *n.*

stevedore *s.*, Schauermann *m.*, Stauer *m.*, Entlader *m.*, Hafenarbeiter *m.*; *v.* (*naut.*), stauen, be- *od.* entladen (*Schiff*); **stevedore's / foreman** *s.*, Staumeister *m.*; **– knot** *s.*, Stauer-, Stopperknoten *m.* *od.* -stek *m.*, Schauermannsknoten *m.*, doppelter Achterstek *m.*

stew *s.*, künstliche Austernbank *f.*

stew *v.* (*coll.*), braten (in der Hitze), vor Hitze (*auf dem Boot*) umkommen.

steward *s.* (*naut.*), Steward *m.*, Proviantmeister *m.*, Bottelier *m.*, (*rac.*) Helfer *m.*, Ordner *m.* (*bei Regatten*).

stick *s.*, Spiere(nholz *n.*) *f.*, (*coll.*) Mast *m.*, Knüppel *m.*; Stab *m.*, Stange *f.*

stick *v.*, (*im Schlick*) festkommen (*Boot*), haften-, hängen-, kleben bleiben; **to – in the mud,** im Schlick festkommen (*Boot*); **to – a tank,** einen Tank peilen *od.* mit einem Peilstab ausloten *od.* messen; **to be** *or* **get stuck in the mud,** im Schlick festkommen; **the boat is stuck on a sandbank,** das Boot ist auf eine Sandbank aufgelaufen.

sticker *s.*, **single –,** Einmaster *m.*

stickiness *s.*, Schwüle *f.* (*Wetter*).

sticking / place *s.* (*tech.*), Anschlag *m.* *od.* Haltepunkt *m.* (*Stelle, bis zu der man einen Bolzen, etc. drehen kann*); **– plaster** *s.* Heftpflaster *n.*; **– point** *s.*, (*s.* **– place**).

stickum *s.* (*am., coll.*), Klebstoff *m.*

sticky *adj.*, feucht, schwül, stickig, dunstig (*Wetter*); **a – day,** ein schwüler Tag *m.*; **– weather** *s.*, schwüles Wetter *n.*

stiff *adj.*, steif, starr (*Segel*), steif, stark (*Strömung, Wind*), unbiegsam (*Mast*), unlebendig, schwerfällig (*Boot*); **– boat** *s.*, steifes *od.* unlebendiges Boot *n.*; **– breeze** *s.*, steife Brise *f.*, steifer Wind *m.*; **– grog** *s.*, steifer Grog *m.*

stiffen *v.*, absteifen, versteifen (*Mast, etc.*), verstärken (*Segel*).

stiffener *s.* (*naut.*), Versteifung *f.*, Verstärkungswinkel *m.*, Steife *f.*

stiffening *s.*, Absteifung *f.*, Versteifung *f.*, Verstärkung *f.*; Steifigkeitsballast *m.* (*um einem Boot mehr Steife zu geben*); **– frame** *s.*, Versteifungsspant *n.*; **– keel** *s.*, Versteifungskiel *m.*

stiffness *s.* **of a boat,** Steifheit *f.*, Steife *f.*, Steifigkeit *f.*, Schwerfälligkeit *f.*, Unlebendigkeit *f.* (eines Bootes).

stiff / sail *s.*, starres *od.* steifes Segel *n.*; **– vessel** *s.*, steifes Schiff *n.* (*mit großer metazentrischer Höhe*); **– wind** *s.*, steifer Wind *m.*

stifling *adj.*, drückend, erstickend (*Wetter*); **– atmosphere** *s.* (*meteor.*), drückende Atmosphäre *f.*, Schwüle *f.*, stickige *od.* Stickluft *f.*

stile *s.* (*am.*), Schattenstift *m.* (*am Peilaufsatz*).

still *v.*, sich beruhigen, ruhig *od.* still werden, stillen (*Wellen, Wind*); **when the tempest –s,** wenn sich der Sturm legt.

still *adj.*, bewegungs-, reglos, friedlich, ruhig, still (*See*).

stillage *s.*, Stelling *f.*

stillfish *v.*, vom verankerten Boot aus angeln.

stilling *s.*, Stelling *f.*

stillness *s.*, Bewegungslosigkeit *f.*, Ruhe *f.*, Stille *f.*, (*naut.*) Stillte *f.* (*Luft, See, etc.*).

Stillson wrench *s.* (*am.*, *tech.*), Gelenk-Hakenschlüssel *m.*

still-water *s.*, Stau-, Still-, Totwasser *n.*; **– strain** *or* **stress** *s.*, Glattwasserbeanspruchung *f.*

stinging *adj.*, **– cold,** schneidende Kälte *f.*; **– wind,** beißend scharfer *od.* schneidend kalter Wind *m.*

stir *s.*, Bewegung *f.* (*der Luft*), Aufruhr *m.* (*See*); **not a – (of air),** nicht die geringste (Luft)Bewegung, nicht der leiseste Windhauch; *v.*, **not a breath –s the sea,** nicht der geringste *od.* kein Windhauch bewegt die See; **stirless** *adj.*, bewegungs-, reglos, unbewegt (*Luft, See*); **stirred up sea** *s.*, aufgewühlte See *f.*

stirrup *s.* (*naut.*), Springpferd *n.* (*Haltetau*), (*tech.*) Bügel *m.*, Halter *m.*, Klammer *f.*, Schelle *f.*, Stütze *f.*; **– piece** *s.* (*tech.*), hängender Bügel *m.*; **– pump** *s.*, Handpumpe *f.*

stitch *s.*, Naht *f.* (*Segel*), Stich *m.*; **every – of canvas,** alle Segel (bei); **round –,** Rundnaht *f.*, -stich *m.* (*Liektau*); *v.*, nähen; **to – up,** ausbessern, flicken (*Segel*).

stob *s.* (*Scots, dial.*), (kleiner) Pfahl *m.* (*zum Festmachen*).

stock *s.*[1], Block *m.*, Pfosten *m.*, Stütze *f.*; **rudder –,** Ruderschaft *m.*; **– of an anchor,** Ankerstock *m.*, -schaft *m.*

stock *s.*[2], Helling *f.*, (Kiel)Stapel *m.*; **on the –s,** auf Stapel, im Bau (befindlich) (*Yacht*).

stock *v.*, (*Anker*) stocken.

stock / anchor *s.*, Admiralitäts-, Stockanker *m.*; **– boat** *s.*, Serienboot *n.*

stocked *adj.* **anchor,** Admiralitäts-, Normalanker *m.*

Stockholm tar *s.*, Stockholm-, Schwedenteer *m.* (*Bootsbau*).

stockless *adj.*, schaft-, stocklos; **– anchor** *s.*, Patentanker *m.*

stock / sail *s.*, Seriensegel *n.*; **– tackle** *s.*, Ankergeschirr *n.*, -tauwerk *n.*

stocky *adj.*, **a – boat,** ein gedrungenes *od.* stämmig gebautes Boot *n.*

stoke-hold *s.* (*naut.*), Heizraum *m.*; **stoker** *s.* (*naut.*), Heizer *m.*; **automatic** *or* **mechanical –** (*naut.*), automatische Brennstoffzuführung *f.*

Stokes *or* **Stoke's anchor** *s.*, Stokes-Anker *m.*, Leicht(gewicht)-, Patentanker *m.*

stone *s.*, Hagelkorn *n.*, -schloße *f.*; **meteoric –,** Meteorit *m.*

stony *adj.* **bottom** *or* **ground,** steiniger (Meeres-) Grund *m.*

stool *s.* (*naut.*), Unterschlag *m.*, Stuhl *m.*, Konsole *f.* (*f. Schiffsmaschine, etc.*); **boiler –** (*naut.*), Kesselstuhl *m.*

stoop *s.* (*dial.*), Pfosten *m.*, Pfeiler *m.*

stop *s.*, Zeising *m.* (*od. n.*), Seising *m.* (*od. n.*), Zeiser *m.*, (Anschlag-, Unterschlag)Bändsel *n.*; Stop(p) *m.*, Notstop(p) *m.*, Anhalten *n.*, Stillstand *m.* (*Schiff, Maschine*), (*naut.*) Anlegestelle *f.* (*Schiff*), (*tech.*) Dichten *n.* (*Leck*), Arretierung *f.*, Anschlag *m.*, Hemm-, Sperrvorrichtung *f.*, Sperre *f.*; **crash –,** Notstop(p) *m.* (*Boot*); **emergency –,** Notstop(p) *m.* (*Boot*); **to come to a dead –,** plötzlich (an-, auf)stoppen (*Boot*), plötzlich aufhören (*Regenguß*); **to tie in a –,** (*Segel*) einbinden *od* durch Reißgarne *od.* -leinen sichern.

stop *v.*, zeisen, einbinden, befestigen, sichern (*Segel, etc.*), (*Fahrt*) abstoppen, (*Segelboot*) aufstoppen; stoppen, anhalten, hemmen zum Stillstand bringen (*Boot, Motor, etc.*) **–!** (*int.*), Stop(p)!; **to – dead** *or* **short,** die Fahrtbewegung (ab)stoppen, anhalten; **to – over** (*am.*), die Fahrt *od.* den Segeltörn unterbrechen; **to – a boat,** ein Boot (ab)stoppen *od.* anhalten; **to – a leak,** ein Leck dichten *od.* (ver)stopfen, eine Leckstelle dicht machen; **to – work** (*naut.*), ausscheiden, mit der Arbeit (einfach) aufhören (*Crewmitglied*).

stop / cleat *s.*, Stoßklampe *f.*; **– cock** *s.*, Ab

sperrventil *n.*; – **collar** *s.* (*tech.*), Anschlagbund *m.*

stoppage *s.*, (An)Halten *n.*, Aufenthalt *m.*; Stillstand *m.*

stopper *s.* (*naut.*), Stopper *m.*, Verschluß *m.* (*an Tau od. Kette*), (*tech.*) Pfropfen *m.*, Stopfen *m.*, Stöpsel *m.*; **chain –,** Kettenstopper *m.*; **screw up the –(s)!** (*int.*), Stopper auf!; *v.*, dichten (*Leck*); **to – a leak,** ein Leck dichten; **stopper / bolt** *s.*, Stopperbolzen *m.*; – **fittings** (*pl.*), Stopperbeschläge (*pl.*); – **hitch** *s.*, Stopperstek *m.*; – **knot** *s.*, Stopper-, Stauerknoten *m.*, Stopperstek *m.*

stop pin *s.*, Anschlagstift *m.*

stopping *s.*, Stoppen *n.* (*Boot*), Aufstoppen *n.* (*Boot*), Dichten *n.* (*Leck*), (*tech.*) Füllmaterial *n.*, Ausstreichmasse *f.*, (*coll.*) Füllsel *n.* (*für Lecks, etc.*); – **distance** *s.* **(of a boat),** Aufstopp-, Auslaufstrecke *f.* (eines Bootes); – **manoeuvre** *s.* (*am.* **maneuver**), (Auf)Stoppmanöver *n.*; – **time** *s.*, (Auf)Stoppzeit *f.* (*eines Bootes*).

stop / plate *s.* (*tech.*), Endanschlag *m.*; – **valve** *s.*, Absperrventil *n.*; – **watch** *s.* **for yachtsmen** (*rac.*), Start-, Stoppuhr *f.*; **–water** *s.* (*naut.*), Scheidenagel *m.* (*Holzpflock zum Zustopfen eines Lecks*); **–way** *s.*, Stoppstrecke *f.*, -weg *m.*, Auslaufstrecke *f.* (*eines Bootes*); **crash – way** *s.*, (Not)Stoppstrecke *f.*; – **ways** (*pl.*), Reihbändsel (*pl.*).

storage / battery *s.*, – **cell** *s.*, aufladbare Batterie *f.*, Akku(mulator) *m.*, Sammler *m.*, Speicherbatterie *f.*

store *s.* (*naut.*), Last *f.*, Stauraum *m.*; (*pl.*) Schiffsausrüstung *f.*, -bedarf *m.*, (Schiffs)Proviant *m.*; **marine –s,** Schiffsausrüstung *f.*, -bedarf *m.*; **rope –,** Kabelgat(t) *n.*; *v.*, **to – a yacht with provisions,** eine Yacht verproviantieren; **store / keeper** *s.*, **–man** *s.*, Küper *m.*, Vorratsverwalter *m.* (*auf Handelsschiffen*); **–room** *s.*, Last *f.*, Helgat(t) *n.*, Hellegatt *n.*, Stauraum *m.* (*auf Yachten*), (*coll.*) Höllenloch *n.* (*auf Yachten*); **–ship** *s.*, Proviant-, Versorgungsschiff *n.*

storm *s.* (*naut., meteor.*), Sturm *m.*; starker *od.* schwerer Sturm *m.*, starker Wind *m.*; Gewitter(sturm *m.*) *n.*, Unwetter *n.*; Hagel-, Schneesturm *m.*; **cyclonic –,** Wirbelsturm *m.*; **full(-) scale –,** voll ausgewachsener Sturm *m.*; **hail –,** schwerer Hagelschlag *m.*; **rain –,** Platzregen *m.*, Unwetter *n.*; **snow –,** Schneesturm *m.*; **thunder-–,** Gewitter *n.*; **violent –,** schwerer Sturm *m.*; **eye of the –,** Auge *n. od.* Zentrum *n.* des Sturms; **caught in the –,** vom Sturm überrascht; **a – comes on,** ein Sturm zieht auf; *v.*, stürmen, toben, wüten (*See, etc.*), heftig regnen *od.* hageln *od.* schneien; **it –ed all day,** es stürmte den ganzen Tag.

storm / -beaten *adj.*, vom Sturm gepeitscht; – **bell** *s.*, Sturmglocke *f.*; – **belt** *s.*, Sturmgürtel *m.*, zone *f.*; – **blind** *s.*, Seeschlagblende *f.*; **–bound** *adj.*, vom Sturm am Auslaufen gehindert; vom Sturm aufgehalten; – **canvas** *s.*, Sturmbesegelung *f.*; – **card** *s.* (*naut.*), Sturmrose *f.*; – **centre** *s.* (*am.* **center**), Sturmzentrum *n.*, Auge *n.* eines Sturms *od.* Orkans; – **clouds** (*pl.*), Gewitter-, Sturm-, Wetterwolken (*pl.*); – **cone** *s.* (*naut.*), Sturmkegel *m.*; – **damage** *s.*, Sturmschaden *m.* (*auf dem Boot*); – **drum** *s.* (*naut.*), Sturmzylinder *m.*; – **flood** *s.*, Sturmflut *f.*; – **front** *s.* (*meteor.*), Sturmtief *n.*; – **force** *s.*, Sturmstärke *f.*; – **glass** *s.* (*naut.*), Barometer *n.*, Wetterglas *n.*; – **jib** *s.*, Sturmfock *f.*, -klüver *m.*, Vor-, Stengestagsegel *n.*; – **kite** *s.* (*naut.*), Rettungsdrachen *m.*; **–less** *adj.* **(summer),** (ein Sommer) ohne Sturm *od.* Stürme; – **oil (tank)** *s.*, Wellenöl(tank *m.*) *n.*; **–(-)proof** *adj.*, sturmfest, -sicher; sturmgeschützt (*Hafen*); – **sail** *s.*, Sturmsegel *n.*; – **sails** (*pl.*), Sturmbesegelung *f.*; – **sea** *s.*, Sturmsee *f.*; – **signal** *s.*, Sturmsignal *n.*, Sturmwarnung *f.*, -warnsignal *n.*; – **spinnaker** *s.*, Sturmspinnaker *m.*, (*coll.*) Flachmann *m.*; – **stay(sail)** *s.*, Sturmstag *n.*, Sturmstagsegel *n.*; **–(-)swept** *adj.*, sturmgepeitscht; – **tide** *s.* (*am.*), Sturmflut *f.*; **–-tossed** *adj.*, vom Sturm umhergeworfen *od.* -getrieben (*Boot*); – **track** *s.* (*meteor.*), Sturmbahn *f.*, Bahn *f.* eines Sturms; – **trysail** *s.*, Sturm-Trysegel *od.* -Tr(e)isegel *n.*; – **valve** *s.*, Sturm(see)ventil *n.*; – **warning(s)** *s.* (*pl.*), Sturmwarnung *f.*; Sturm-, Windball *m.* (*Signal*); – **warning service** *s.*, Sturmwarn(ungs)dienst *m.*; – **warning station** *s.*, Sturmwarnungsstation *f.*; – **wind** *s.*, Sturmwind *m.*, orkanartiger Wind *m.*

stormy *adj.*, stürmisch; – **crossing** *s. or* **passage** *s.*, stürmische Überfahrt *f.*; – **sea** *s.*, stürmische *od.* sturmgepeitschte See *f.*; – **weather** *s.*, stürmisches Wetter *n.*, Sturmwetter *n.*, Unwetter *n.*; – **wind** *s.*, stürmischer *od.* Sturmwind *m.*

storm zone *s.* (*meteor.*), Sturmgürtel *m.*, -zone *f.*

stour *s.*, Sturm *m.*, steifer Wind *m.*; Gischt *m.*; Nebel *m.*

stout *adj.*, **a – boat,** ein stark gebautes Boot *n.*; – **wind,** starker Wind *m.*; **stoutish** *adj.*, **a – boat,** ein ziemlich breit gebautes Boot *n.* (*im Verhältnis zur Länge*); **stoutness** *s.*, Stärke *f.*, Festigkeit *f.* (*Boot*).

stow *v.* (*naut.*), (ver)stauen; **to – away,** ver- *od.* wegstauen; als blinder Passagier mitfahren; **stowage** *s.* (*naut.*), (Ver)Stauen *n.*; Stauraum *m.*; Staugeld *n.*, -gebühr *f.*; **– factor** *s.*, Staufaktor *m.* (*Yacht*); **– plan** *s.*, Stauplan *m.*; **– room** *s.*, Stauraum *m.*, Last *f.*; **– space** *s.*, Stauraum *m.* (*Kapazität*); **– weight** *s.*, Staugewicht *n.*; **stowaway** *s.*, blinder Passagier *m.*; **stowdown** *s.* (*naut.*), Stauen *n.*; **stower** *s.* (*naut.*), Stauer *m.*; **stow wood** *s.* (*naut.*), Garnier *n.*

straggler *s.* (*naut.*), Nachzügler *m.*

straight *s.* (*rac.*), gerade Regatta- *od.* Zielstrecke *f.*; **out of the –,** schief, krumm (*Mast, etc.*); *adj.*, gerade (*Kurs*), geradlinig; **– angle** *s.*, gestreckter Winkel *m.*; **--away (course** *s.*), gerader *od.* Geradeauskurs *m.*, (*rac.*) gerade Zielstrecke *f.*; **– bow** *s.*, gerader *od.* senkrechter Bug *m.*; **– course** *s.*, gerader *od.* direkter Kurs *m.*

straighten *v.*, geradebiegen *od.* -richten; **to – up,** sich aufrichten (*Boot*).

straightener *s.* (*naut.*), Strecker *m.*

straight / eye *s.*, (gutes) Augenmaß *n.*; **--line(d)** *adj.* (*tech.*, *phys.*), geradlinig; **--line motion** *s.* (*phys.*), geradlinige Bewegung *f.*; **– stern** *s.*, gerades *od.* senkrechtes Heck *n.*

strain *s.* (*naut.*, *phys.*, *tech.*), Reck *m.*, bruchfeste Ausdehnung *f.*, Druck *m.*, Spannung *f.*, Zug *m.*; Beanspruchung *f.*, Belastung *f.*; Verdehnung *f.*, Verformung *f.*, strukturelle Distortion *f.*; Riß *m.*, Bruch *m.*; **tensile –,** Reckbelastung *f.* (*Segel, Leine*); **the – on the rope,** der Reck auf dem Tau; **the – on the sails,** die Beanspruchung der Segel; *v.*, arbeiten (*Boot im Seegang*), beanspruchen, überdehnen (*Segel*), straffen, (an)spannen, straff anziehen (*Wanten, etc.*), strecken; verbiegen, verformen, struktureller Distortion aussetzen; reißen, zerren, ziehen; sich biegen *od.* krümmen *od.* verdehnen, Druck *od.* Spannung *od.* struktureller Distortion ausgesetzt sein *od.* werden; ein- *od.* durchsickern (*Wasser*); **to – a rope,** ein Tau überdehnen *od.* überspannen; **the boat –ed in the heavy sea,** das Boot arbeitete schwer im Seegang; **the gale –ed the timbers of the boat,** durch den Sturm (ver)warfen sich die Bootsspanten.

strainable *adj.*, (aus)dehnbar, spannbar, streckbar.

strainer *s.*, Filter *m.*, Sieb *n.* (*Pumpe*), Streck-, Spannvorrichtung *f.*; **pump –,** Saugkorb *m.* (*Pumpe*).

strait *s.* (*pl.* **straits),** Meerenge *f.*, Sund *m.*, (natürliche Wasser)Straße *f.*, Landenge *f.*, enge Stelle *od.* Durchfahrt *f.* (*Meeresstraße*); *adj.*, eng, schmal (*Passage*).

straiten *v.*, **–ed for provisions** (*naut.*), schlecht versehen mit *od.* verlegen um (Schiffs)Vorräte.

strake *s.*, Strak *m.*, (Planken)Gang *m.* (*Bootsbau*); **flat –,** flacher Strak *m.*; **strait –,** gerader Strak *m.*; **undulatory** *or* **wavy –,** welliger Strak *m.*; **rubbing –,** Scheuerleiste *f.* (*am Boot*); **sheer –,** Schergang *m.* (*Boot*); *v.*, straken; **strake batten** *s.*, Straklatte *f.*

strand *s.*[1], Strand *m.*, Ufer *n.*; *v.*, stranden, auf Grund laufen *od.* treiben, (auf den Strand) auflaufen; auf Strand setzen (*Boot*), an Land setzen *od.* spülen *od.* werfen; **the boat was –ed on the west coast,** das Boot strandete an der Westküste.

strand *s.*[2], Kardeel *n.*, Strang *m.*, Litze *f.*, Ducht *f.* (*eines Taus*), Tau *n.*; **to heave –s in splicing,** (Kardeele) dichtholen; *v.*, (Tau aus Strängen *od.* Kardeelen *od.* Litzen) drehen; (Tau) brechen.

strand authority *s.*, Strandamt *n.*

stranded *adj.*, **– goods,** Strandgut *n.*; **– property,** Strandgut *n.*; **– sailor,** arbeitsloser Seemann *m.*

stranding *s.*, Auf(grund)laufen *n.*, Stranden *n.*, Strandung *f.*; Schiffbruch *m.*

strand / law *s.*, Strandrecht *n.*; **– line** *s.*, (gehobene) Küste *f.*

strap *s.* (*naut.*), Lasche *f.*, Laschung *f.*, Stropp *m.*, Band *n.*, Gurt *m.*, Riemen *m.*, (*tech.*) (Metall)Bügel *m.*, Gelenkband *n.*; **eye –,** Augstropp *m.*; **foot –s,** Fußgurte (*pl.*); **hiking –,** Ausreitgurt *m.*; **kicking –,** Bullentalje *f.*, Baumniederhalter *m.*, -holer *m.*; **trapeze –,** Trapezgurt *m.*; *v.*, laschen, seefest zurren; bestroppen, einstroppen, stroppen, mit einem Stropp sichern; festgurten (*Trapez*); **strap / block** *s.*, Stroppblock *m.*; **– bolt** *s.*, Bügelschraube *f.*; **strap-laid** *adj.*, zweitrossenschlägig (*Tauwerk*); **strapping** *s.*, Heftpflaster *n.*

strategic *adj.* **position** (*rac.*), strategisch günstige *od.* wichtige Position *f.* *od.* Lage *f.* (*eines Bootes*); **strategy** *s.* (*rac.*), Strategie *f.* (*Segeltechnik*); **– in yacht racing,** Regattastrategie *f.*

stratification *s.* (*meteor.*), Schichtenbildung *f.*

stratiform *adj.* (*meteor.*), schichtwolkenartig.

strato / -cirrus *s.* (*meteor.*), niedriger und dichter Cirro(*od.* Zirro)stratus *m.*; **--cumulus** *s.* (*meteor.*), Stratocumulus *m.* (*od.* -kumulus), Haufenschichtwolke *f.*

stratosphere *s.*, Stratosphäre *f.*; **stratospheric**

cloud *s.* (*meteor.*), Stratosphärenwolke *f.*

stratum *s.* (*pl.* **-ta**), Schicht *f.*, Stockwerk *n.* (*der Atmosphäre*), Schicht *f.* (*des Meerwassers*).

stratus *s.* (*pl.* **-ti**) (*meteor.*), Stratus *m.*, Schichtwolke *f.*

straw / board *s.*, Preßspan(platte *f.*) *m.*; – **rope** *s.*, Strohtau *n.*

stray *v.*, herumirren (*Boot im Nebel*), sich absondern (**from,** von) (*Boot*), (*elec.*) streuen, vagabundieren (*Magnetfeld, Strom*).

stray / line *s.*, Vorläufer *m.* (*der Logleine*); – **mark** *s.*, Vorläuferendmarke *f. od.* -markierung *f.*; – **rope** *s.*, Vorlauf *m.*, Vorläufer *m* (*Logleine*).

strays *s./pl.* (*rad.*), atmosphärische Störungen (*pl.*) (*beim Empfang*), (*elec.*) Störungen (*pl.*) durch Streuung.

streak *s.* (*naut.*), Strak *m.*, (Farb)Streifen *m.*; Ader *f.*, Maser *f.* (*Holzboot*), Lichtstreifen *m.*, -strahl *m.*; – **of bad luck** (*am.*, *coll.*) (*rac.*), Pech(strähne *f.*) *n.*; **(white) –s of foam,** Schaumstreifen (*pl.*); – **of light,** Lichtstreifen *m.*; – **of lightning,** Blitz(strahl) *m.*; Wetterleuchten *n.*; – **of luck** (*am.*, *coll.*) (*rac.*), Glückssträhne *f.*; **–s of wind,** Windstreifen (*pl.*) (*auf der Wasseroberfläche*).

streaked *adj.*, gemasert, geädert (*Holz*).

streaker *s.*, Fahrtenspinnaker *m.*

stream *s.* (*naut.*), Strom *m.*, (Wasser)Strömung *f.*; Fahrwasser *n.*; Gewässer *n.*, Fluß *m.*, Strom *m.*, Wasserlauf *m.*; **against the –** (*naut.*), gegen den Strom; **down (the) –,** stromabwärts; **up (the) –,** stromaufwärts; **with the –** (*naut.*), mit dem Strom; **flood –,** Flutstrom *m.*, Tidenströmung *f.*; **tidal –,** Gezeiten-, Tidenstrom *m.*; – **of air,** Luftstrom *m.*, -strömung *f.*

stream *v.*, fließen, strömen, fluten, (*naut.*) (*Boje, etc.*) auslegen, auswerfen, aussetzen, über Bord werfen; flattern, fliegen, wehen (*Windbändsel, etc.*); auswehen lassen (*Flagge, etc.*), dahinschießen, fliegen (*Meteor*); **to – a buoy,** eine Boje auslegen, eine Boje über Bord werfen; **to – the log,** die Logge aussetzen, loggen; **to – a tank,** einen Tank fluten (*Trimm*); **to – out,** auswehen (*Windbändsel*).

stream / anchor *s.*, Heck-, Strom-, Warp-, Wurfanker *m.*; **tidal – atlas** *s.*, Gezeiten-, Tidenstromatlas *m.*; – **cable** *s.*, Wurfankertau *n.*; Stromankerkette *f.*

streamer *s.*, Wimpel *m.*, auswehende *od.* flatternde Flagge *f.*, auswehender *od.* strömender Windfaden *m.*; Wolken-, Nebelstreifen *m.*; Lichtstreifen *m.* (*des Nordlichts*).

stream ice *s.*, Treibeis *n.* (*auf Flüssen*).

streaming *s.*, Fließen *n.*, Strömen *n.*, Fluten *n.*; Auswehen *n.* (*Windbändsel*), Schleppgeld *n.* (*für das Abschleppen eines Schiffes vom Kai in den Strom*).

stream / less *adj.*, ohne Strömung, stehend (*Gewässer*), ohne Flüsse (*Gegend*); **–line** *s.*, Stromlinienform *f.*; Strom-, Strömungslinie *f.*, (*phys.*) Stromlinie *f.*, -faden *m.*; **–line** *v.*, (*Boot*) stromlinienförmig konstruieren; **–lined** *adj.*, stromlinienförmig, windschlüpfrig, windschnittig; **–lined rudder** *s.*, Stromlinienruder *n.*; **–lined superstructure** *s.*, windschlüpfrige Aufbauten (*pl.*) (*einer Yacht*); **–line flow** *s.*, laminare Strömung *f.*; **–line shape** *s.*, Stromlinienform *f.* (*eines Bootes*).

streamy *adj.* (*naut., phys.*), strömend; fluß-, stromreich (*Gegend*).

strength *s.* (*phys., tech.*), Festigkeit *f.*, Härte *f.*, Kraft *f.*, Stärke *f.*, Widerstandsfähigkeit *f.*, (*rad.*) Stärke *f.* (*eines Signals*), (*phys.*) Wirkungskraft *f.*, -grad *m.*; **actual –,** Iststärke *f.*; **below –,** unter Normalstärke, (*coll.*) unvollständig (*Crew, etc.*); **in (full) –,** vollzählig (*Crew*); **longitudinal –,** Längsfestigkeit *f.* (*Bootsbau*); **tearing –,** (Ein-, Zer)Reißfestigkeit *f.*; **tensible breaking –,** Bruchlast *f.*; **up to –,** in voller Stärke (*Sturm*); – **of the ebb (flood),** Stärke *f.* der Ebbe (Flut); – **of field** (*phys.*), Feldstärke *f.* (*Magnetfeld*); – **of a gale,** Sturmstärke *f.*, Stärke *f.* eines Sturms; – **of yarn,** Garnstärke *f.*, -festigkeit *f.* (*Tauwerk*).

strengthen *v.*, verstärken, versteifen; **strengthener** *s.*, Verstärkung *f.*, Verstärkungsteil *m.*; **strengthening** *s.*, Verstärkung *f.*, Versteifung *f.*; **longitudinal –,** Längsversteifung *f.* (*Bootsbau*); – **for navigation in ice,** Eisverstärkung *f.* (*am Schiff*).

strength-to-weight ratio *s.*, Stärke:Gewicht-Verhältnis *n.* (*Segeltuch*).

stress *s.* (*phys., tech.*), Beanspruchung *f.*, Belastung *f.*, Last *f.*, Spannung *f.*, (*phys.*) Kraft *f.*, Stärke *f.*; **axial –** (*phys.*), axiale *od.* Axialkraft *f.*; **bending –** (*phys.*), Biegebeanspruchung *f.*; **dynamic –** (*phys.*), dynamische Belastung *f.*; **heavy weather –,** Schwerwetterbeanspruchung *f.* (*Boot, Segel*); **highest –** (*phys.*), Höchstbeanspruchung *f.*; **rupture –** (*phys.*), Bruchlast *f.*, -belastung *f.*; **static –** (*phys.*), statische Beanspruchung *f.*; **yield –** (*phys., tech.*), Elastizitätsgrenze *f.*; **free of –es** (*phys.*), spannungsfrei; – **of weather,** Heftigkeit *f.*, Ungestüm *n.*, Unbilden (*pl.*) der Witterung; *v.* (*tech., phys.*), beanspruchen.

stretch *s.* (*naut.*), Strecke *f.*, Schlag *m.* (*Entfernung, die in ein u. derselben Segellage zurückgelegt wird*), Ausdehnung *f.*, Fläche *f.*, Strecke *f.*, Weite *f.* (*Wasseroberfläche, etc.*), Dehnbarkeit *f.* (*Segeltuch*), (Sich)Dehnen *n.*, Spannen *n.*; Ausdehnen *n.*, Ausweiten *n.*, Strecken *n.*; **excessive –,** übermäßige Dehnbarkeit *f. od.* Dehnung *f.* (*Segeltuch*); **less –,** geringere Dehnbarkeit *f.*; **low –,** geringe Dehnbarkeit *f.*; **to reduce –,** die Dehnbarkeit vermindern *od.* verringern (*Segeltuch*).

stretch *v.*, (*Segel*) ausbreiten, (*Tau*) spannen *od.* straffen, (*Segel*) glattziehen; dehnen, rekken, spannen, strecken (*Leinen, etc.*), sich erstrecken (*Meer*), sich dehnen (lassen), sich ausdehnen; **to – for (sea) miles,** sich meilenweit erstrecken; **to – out,** ausrecken (*Draht-Tauwerk*); **to – a sail,** ein Segel glattziehen; **stretchable** *adj.*, dehnbar (*Segeltuch, Tauwerk*); **stretched** *adj.* **spring** (*tech.*), gespannte Feder *f.*

stretcher *s.* (*naut.*), Spanner *m.*, Strecker *m.*, Streckvorrichtung *f.*; Fußlatte *f.*, -leiste *f.*, Fuß-, Stemmbrett *n.* (*im Boot*); **– winch** *s.*, Streckerwinsch *f.*, -winde *f.*

stretchiness *s.*, Dehnbarkeit *f.* (*Segeltuch*).

stretching *s.*, Dehnung *f.*, Reck *m.* (*Segeltuch, Tauwerk*), (*phys., tech.*) Spannen *n.*, Streckung *f.*; **– of sailcloth,** Reck *m.* des Segeltuchs; **– tackle** *s.*, Strecktalje *f.*

stretch material *s.*, **low –,** Material *n. od.* Segeltuch *n.* von geringer Dehnbarkeit, wenig dehnbares (Segeltuch)Material *n.*

stretchy *adj.*, (übermäßig) dehnbar (*Segeltuch*), elastisch (*Tauwerk*).

stricken *adj.* (*naut.*), angeschlagen, beschädigt; **– with,** schwer betroffen *od.* heimgesucht von (*Seenot, etc.*); **a – boat,** ein angeschlagenes *od.* in Seenot befindliches Boot *n.*

strict *adj.*, exakt, präzise (*Ablesung von Instrumenten*).

strike *v.*, (*Segel, Flagge*) streichen, niederholen, (*Segel*) (weg)fieren, (*Mast*) niederholen; die Flagge heißen *od.* hissen; einen Schlag machen (*beim Pullen*), anstoßen, auflaufen, aufstoßen (*Boot*), auftreffen (*Schall*), fallen (*Licht*), (*tech.*) glattstreichen (*Farbe, Lack*); **– down!** (*int.*), Fier weg!; **to – below,** (weg)fieren; **to – between wind and water,** (*Segelboot*) zwischen Wind und Wasser rammen; **to – down,** sengen, stechen (*Sonne*); **to – (up)on,** anstoßen an, auflaufen *od.* aufstoßen auf (*Boot*); **to – through the fog,** durch den Nebel dringen, den Nebel durchdringen (*Sonne, etc.*); **to – up,** auf Grund laufen *od.* stoßen (*Boot*), (*tech.*) treiben (*Bolzen, etc.*); **to – the bell** (*naut.*), glasen (*Bordzeit*); **to – bottom** *or* **ground,** auflaufen, aufstoßen, auf Grund laufen, den Grund berühren (*Boot*); **to – the flag,** die Flagge streichen *od.* niederholen; **to – a reef** *or* **rock,** auf eine Klippe auflaufen; **to – sail,** Segel streichen *od.* fieren; **to – the sands,** stranden, auf eine Sandbank auflaufen (*Boot*); **to – the watch(-)bell,** glasen (*Bordzeit*).

strike distance *s.* (*tech.*), Ausschlag(s)weite *f.* (*Zeiger an Instrumenten, etc.*).

string *s.* (*naut., elec.*), Isolator *m.*, (*am.*) Leine *f.*; Band *n.*, Faden *m.*, Schnur *f.*; **drawing –,** Regulierleine *f.*; **– of islands,** Inselkette *f.*; *v.*, spannen, dehnen; kleben (*Leim*).

stringer *s.*, Längsspant *n.*, Stringer *m.* (*Bootsbau*), Längs-, Streck-, Stütz-, Tragbalken *m.* (*Holzschiffbau*); **– plate** *s.*, Stringerplatte *f.* (*Wassergang*).

string sonde *s.*, Fadensonde *f.*, Telltale *n.*, Windfaden *m.*

strip *s.*, **cove –,** Farbenstrak *m.*, Wasserpaß *m.* (*Boot*).

strip *v.*, abtakeln (*Boot*), (*Farbe*) abziehen *od.* abkratzen, (*tech.*) überdrehen (*Schraube*), abmontieren, auseinandernehmen; lose *od.* lokker werden, sich lockern (*Bolzen, etc.*); **to – a boat (of the rigging), to – the masts,** (*Boot*) abtakeln, (*Mast*) abschlagen; **to – a screw** *or* **the thread,** das Gewinde überdrehen.

stripe *s.* **of sailcloth** *or* **canvas,** Segeltuchbahn *f.*, -streifen *m.*

striper *s.*, **four-–** (*am., sl.*), Kapitän *m.* zur See; **one-–** (*am., sl.*), Fähnrich *m.* zur See.

stripes *s./pl.* (*am.*), Trimmstreifen *m./pl.*

stripping / knife *s.*, Farb(ab)kratzer *m.*; **– line** *s.*, Nachlenzleitung *f.*; **– pump** *s.*, Nachlenzpumpe *f.*; **– pump system** *s.*, Nachlenzpumpsystem *n.*

stroke *s.*, Schlag *m.* beim Pullen, Ruderschlag *m.*; Schlagmann *m.* (*Rudern*), Platz *m.* des Schlagmanns (*Rudern*), (*tech.*) Hub *m.*, Hubhöhe *f.*, Takt *m.*, (*math.*) Vektor *m.*; **four-– (engine)** *s.*, Viertaktmotor *m.*; **row –,** als Schlagmann *od.* Vormann rudern; **– of lightning,** Blitzschlag *m.*; **to keep the –,** im Gleichtakt rudern *od.* pullen, den Takt (beim Rudern) halten; **to set the –,** den (Takt)Schlag (beim Rudern *od.* Pullen) angeben; *v.*, (*einer Rudermannschaft*) den Takt angeben, als Schlagmann rudern; **to – a boat (a crew, a race),** als Schlagmann eines Bootes (einer Mannschaft, in einem Rennen) rudern; **stroke / oar** *s.*, Schlagriemen *m.* (*Rudern*);

– **oar(sman)** *s.*, Schlagmann *m.* (*Rudern*).
strong *adj.* (*naut.*), stark gebaut, widerstandsfähig, stark, stabil, fest (*Boot, Segel, etc.*), steif (*Wind*); **a – race,** eine heiße Regatta *f.*
strongback *s.*, (Längs)Scherstock *m.*, Betingbalken *m.*, Quer-, Stützbalken *m.* (*Bootsbau*), Strecklatte *f.* (*für Persenning*).
strong / breeze *s.*, steife Brise *f.*, starker Wind *m.*; – **gale** *s.*, Sturm *m.*; **--handed** *adj.*, mit zahlreicher Mannschaft (*Boot*); – **man** *s.*, **to be the – in the crew** (*coll.*), der starke Mann in der Crew sein; **--ribbed** *adj.* (*naut.*), stark gebaut; **--ribbed yacht** *s.*, stark gebaute *od.* stabile Yacht *f.*; – **wind** *s.*, starker *od.* stürmischer Wind *m.*, steifer Wind *m.*
strop *s.*, Stropp *m.*, (*s.* **strap**); *v.*, be-, einstroppen, stroppen.
structural *adj.*, – **bulkhead,** Verband(s)schott *n.*; – **data** (*pl.*), (schiff)bauliche Daten (*pl.*); – **error** *s.*, struktureller Fehler *m.*, Konstruktionsfehler *m.*; – **member** *s.*, (Längs-, Quer-) Verband *m.* (*Bootsbau*); – **members** (*pl.*), Konstruktionselemente (*pl.*) *od.* -teile (*pl.*); – **shape** *s.*, Konstruktionsform *f.* (*Yachtbau*); – **steel** *s.*, Konstruktions-, Profilstahl *m.* (*Yachtbau*).
structure *s.*, Konstruktion *f.*, Bau(art *f.*) *m.* (*Bootsbau*), Längs-, Querverband *m.* (*Bootsrumpf*), Anordnung *f.*, Aufbau *m.*, Struktur *f.*, Verband *m.* (*Bootsbau*); **longitudinal –,** Längsverband *m.* (*Bootsbau*); **transverse –,** Querverband *m.* (*Bootsbau*).
struggle *v.*, gegenankämpfen (*Boot*); **the boat –d through the waves,** das Boot kämpfte sich durch die Wellen.
strut *s.* (*naut.*), Steife *f.*, Spreize *f.*, Strebe *f.*, Stütze *f.*, Verstrebung *f.*; Wellenbock *m.*; **jackstay –,** Jumpstagspreize *f.*; **outrigger –,** Ausleger-, Jockeybaum *m.*; **slatsail –,** Slatsegelbaum *m.*; **tallboy –,** Tallboybaum *m.*; *v.*, absteifen, abstützen, abspreizen, verstreben; **struts** (*pl.*), Wellenbockarme (*pl.*); **strutting** *s.*, Versteifung *f.*, Verstrebung *f.*; *adj.*, verstrebend, zur Verstrebung dienend.
stubby *adj.*, – **boat,** plumpes *od.* gedrungen gebautes Boot *n.*; – **mast,** kurzer dicker Mast *m.*
stud *s.*, (Anker)Kettensteg *m.*; Schraubenbolzen *m.*, Schrauben-Stehbolzen *m.*, Stiftschraube *f.*, Stift *m.*, Zapfen *m.*; Stütze *f.* (*für Segel, etc.*), Beschlagnagel *m.*, (*elec.*) Brücke *f.* (*zwischen 2 Klemmen*); *v.*, mit Schraubenbolzen sichern; **stud / -bolt** *s.*, Schrauben(steh)-bolzen *m.*; **--chain** *s.* (*naut.*), Stegkette *f.*
studding / sail *s.*, Bei-, Lee-, Stützsegel *n.*; **lower – sail** *s.*, Unterleesegel *n.*; **--sail boom** *s.*, Leesegelspiere *f.*; **--sail halyard** *s.*, Leesegelfall *n.*; **--sail tack** *s.*, Lee- *od.* Stützsegel-Außenschot *f.*
stud / link *s.*, Schäkel *m.* mit Steg, Schake *f.*; Stegglied *n.* (*einer Stegkette*); **--link anchor chain** *s.*, Ankerstegkette *f.*; **--link chain** *s.*, (Anker)Stegkette *f.*; **–sail** *s.*, Bonnet *n.*, Segelverlängerung *f.*, Verlängerungssegel *n.* (*am Fuß eines Vorsegels*).
study *v.*, **to – a chart,** eine Seekarte studieren.
stuff *s.* (*naut.*), Gut *n.*, Zeug *n.*, Bändselgut *n.*; (Bord)Proviant *m.*; *v.*, **to – up a leak,** ein Leck dichten.
stuffiness *s.*, Schwüle *f.* (*Wetter*).
stuffing *s.*, (Leck)Dicht(ungs)material *n.*; – **box** *s.* (*naut.*), Stopfbuchse *f.*; **--box bulkhead** *s.*, Stopfbuchsenschott *n.*; **--box packing** *s.*, Stopfbuchsendichtung *f.*; – **nut** *s.*, Stopfbuchsendeckel *m.*, -schraube *f.*
stuffy *adj.*, drückend, dumpf, schwül (*Wetter*).
stump mast *s.*, Stumpfmast *m.* (*ohne Topp*).
stumpy *s.*, pfahlmastiger Themse-Ewer *m.*
stumpy *adj.*, pfahlmastig; – **boat** *s.*, pfahlmastiges Boot *n.*; – **mast** *s.*, stumpfer *od.* kurzer dicker Mast *m.*, Stumpfmast *m.*
stunsail *s.*, **stuns'l(e)** *s.*, Bei-, Lee-, Stützsegel *n.*, Treiber *m.*; **to run –s out,** die Stützsegel ausfahren.
sturdy *adj.*, **a – yacht,** eine stark gebaute *od.* hochseetüchtige Yacht *f.*
style *s.*, Machart *f.*, Typ *m.* (*Boot, Segel*), (*rac.*) Segeltechnik *f.*, -stil *m.*; *v.*, **to – a sail (boat),** ein Segel (ein Boot) nach den modernsten Erkenntnissen bauen *od.* machen *od.* entwerfen; **a nicely –ed yacht,** eine gut gebaute Yacht *f.*; **styling** *s.*, Formgebung *f.*, Stil *m.*, Design *n.* (*Segel, Yachtbau*).
stylus *s.*, Schreibstift *m.*, Stylus *m.* (*eines Aufzeichnungsgeräts*).
sub / antarctic *adj.* (*geogr.*), subantarktisch; **–arctic** (*or* **–Arctic**) *adj.* (*geogr.*), subarktisch; **–arctic weather** *s.*, subarktisches Wetter *n.*; **–audible** *adj.* (*rad.*), kaum hörbar; **–celestial** *adj.* (*astr.*), genau unter dem Zenit (liegend); **–constellation** *s.* (*astr.*), untergeordnetes Sternbild *n.*; **–continent** *s.* (*geogr.*), Subkontinent *m.*; **–division** *s.* (*naut.*), (wasserdichte) Schottabteilung *f.* *od.* Unterteilung *f.*; **–draught** *s.* (*am.* **draft**), Schottentiefgang *m.*; **–du(e)ing** *s.* **of the sea,** Ölen *n.* der Wellen *od.* der See; **–fluvial cables** (*pl.*), Unterwasserkabel *n.* (*pl.*).
sublime *adj.* **tempest,** gewaltiger Sturm *m.*
sub / littoral *adj.*, tiefer als die Küste (gelegen),

nahe der Küste (gelegen); **–lunar(y)** *adj.*, sublunar(isch), unter dem Mond (befindlich).

submarine *s.*, Unterseeboot *n.*, U-Boot *n.*; *adj.*, unterseeisch, submarin, Unterwasser-; **– cable** *s.*, (Tief-, Unter)Seekabel *n.*, Unterwasserkabel *n.*; **– current** *s.*, Unterwasser(meeres)-strömung *f.*; **– fog bell** *s.*, Unterwassernebelglocke *f.*; **– oscillator** *s.*, Unterwasserschallsender *m.*; **– refraction** *s.* (*radar*), Unterwasserbrechung *f.*; **– (sound) signal** *s.*, Unterwasser(schall)signal *n.*

submerge *v.*, ein-, untertauchen (*Bug, Heck*), untersinken, versenken (*Boot*), tauchen (*U-Boot*), überfluten, überschwemmen.

submerged *adj.*, **– parts (of a boat),** Unterwasserschiff *n.*; **– pump** *s.*, Notlenzpumpe *f.*; **– speed** *s.*, Unterwassergeschwindigkeit *f.*

submergence *s.*, Ein-, Untertauchen *n.* (*Bug, Heck, etc.*), Untersinken *n.*, Versenken *n.*; Überflutung *f.*, Überschwemmung *f.*

submersibility *s.* (*naut.*), Tauchfähigkeit *f.* (*eines Bootes*); **submersible** *s.*, Tauchboot *n.*; *adj.*, tauchfähig (*Boot*).

sub / nubilar *adj.*, **–nuvolar** *adj.* (*meteor.*), unter den Wolken (befindlich); **–oceanic** *adj.*, subozeanisch; **–permanent** *adj.* **magnetism** (*phys.*), bedingt permanenter *od.* halbfester Magnetismus *m.* (*stoßempfindlich*); **–polar** *adj.*, subpolar, nahe dem Pol (gelegen); fast polaren Charakters, (*astr.*) unter dem Himmelspol (gelegen).

subsequent *adj.* **compensation (of the compass),** Nachkompensierung *f.*

subside *v.*, absacken (*Boot*), ablaufen, sinken, sich senken (*Wasserspiegel*), abflauen, abklingen, nachlassen, sich legen (*Sturm, Wind*).

subsidiary *adj.*, **– channel** *or* **fairway,** Nebenfahrwasser *n.*; **– stream** *s.*, Nebenfluß *m.*

subsolar *adj.* (*geogr.*), tropisch, zwischen den Wendekreisen (gelegen); unter der Sonne (befindlich).

sub(-)standard *adj.*, unter der (gültigen *od.* vorgeschriebenen) Norm.

substantial *adj.* **loss** (*ins.*), tatsächlicher Verlust *m.* (*Havarie*).

substitute *s.* (*naut.*), (Hilfs)Stander *m.*, (*rac.*) Ersatz(mann) *m.*; **– boat** *s.*, Ersatzboot *n.*

substrate *s.*, Reißfestigkeitsverstärker *m.*, -verstärkung *f.* (*Segeltuch*).

sub / surface *s.*, (unmittelbar unter der Oberfläche befindliche) (Wasser)Schicht *f.*; **–surface** *adj.*, unter der Wasseroberfläche, Unterwasser-; **–temperate** *adj.* (*geogr.*), kühler als gemäßigt, den nördlichen Teil der gemäßigten Zonen betreffend; **–torrid** *adj.*, subtropisch; **–tropic(al)** *adj.*, subtropisch; **–tropical anticyclone** *s.* (*meteor.*), subtropisches Hoch(druckgebiet) *n.*; **–tropics** (*pl.*) (*geogr.*), Subtropen (*pl.*); **–vertical** *adj.*, fast *od.* nicht ganz senkrecht.

success *s.* (*rac.*), Erfolg *m.*; **successful** *adj.*, **a – crew,** eine erfolgreiche Crew *f.* *od.* Mannschaft *f.*

succession *s.*, (Aufeinander)Folge *f.*, Reihe(nfolge) *f.*; **in quick –,** in rascher Folge (*Signale, Leuchtfeuer*); **signals in –,** auf- *od.* nacheinanderfolgende Signale (*pl.*); **a – of fine summers,** eine ununterbrochene Folge *od.* Reihe schöner Sommer; **– of races,** Regattaserie *f.*

suck *s.*, Sog *m.*, Strudel *m.*, Wirbel *m.* (*Wasser, Luft*), Mastturbulenz *f.*; Saugkraft *f.* (*Pumpe*); *v.*, Luft saugen *od.* ziehen (*Pumpe*); **to – away,** (*Wasser*) absaugen.

sucker *s.*, Saugventil *n.*; Pumpenkolben *m.*

sucking *s.*, An-, Einsaugen *n.*, Absaugen *n.*; **– jet pump** *s.*, Saugstrahlpumpe *f.*; **– pump** *s.*, Saugpumpe *f.*; **– valve** *s.*, Saugventil *n.*

suction *s.*, Sog *m.*; (An)Saugen *n.*; Saugwirkung *f.*, (*phys.*) Saugfähigkeit *f.*, Unterdruck *m.*, (*tech.*) (Hub)Höhe *f.*, Hubkraft *f.*, Saugmenge *f.* (*Pumpe*); **– anemometer** *s.* (*meteor.*), Saugdruckanemometer *n.*; **– capacity** *s.*, Saugleistung *f.*, -menge *f.* (*Pumpe*); **– fan** *s.*, Sauglüfter *m.*, -ventilator *m.*; **– head** *s.* *or* **height** *s.*, Saughöhe *f.* (*Pumpe*); **– pump** *s.*, Saugpumpe *f.*; **– strum** *s.*, Saugkorb *m.*; **– valve** *s.*, Saugventil *n.*, Bodenventil *n.*; **– ventilator** *s.*, Sauglüfter *m.*, -ventilator *m.*

sudd *s.*, (*die Navigation behindernde*) treibende Pflanzenmassen (*pl.*).

sudden *adj.*, **– break in the weather,** plötzlicher Witterungsumschwung *m.*, -umschlag *m.*; **– change of weather** (*meteor.*), plötzlicher Wetterwechsel *m.* *od.* -umschlag *m.*; **– gust** *s.* *or* **squall** *s.*, plötzliche (Wind)Bö *f.*, plötzlicher Windstoß *m.*; **– shift** *s.* **of the wind (to northwest by west),** plötzliches Umspringen *n.* *od.* plötzliche Drehung *f.* des Windes (auf Nordwestwest).

suds *s./pl.*, Morast *m.*, Sumpf *m.*

Suez Canal / dues (*pl.*), Sueskanalgebühren (*pl.*); **– measurement** *s.*, Sueskanalvermessung *f.*; **– Rule** *s.*, Sueskanal-Vermessungsregel *f.*, -bestimmung *f.*; **– searchlight** *s.*, Sues-Scheinwerfer *m.*; **– (special) tonnage certificate** *s.*, Sueskanal-Meßbrief *m.*; **– tonnage** *s.*, Sueskanal-Vermessung *f.* (*Boot*).

suffer *v.*, **to – average** *or* **sea damage,** havarieren; **to – shipwreck,** Schiffbruch erleiden; **the**

sails –ed severely, die Segel wurden stark mitgenommen
sufferance wharf *s.*, Freihafenniederlage *f.*
suffocating *adj.* **air,** drückende *od.* schwüle Luft *f.*
sugarer *s.* (*naut.*, *sl.*), Drückeberger *m.* (*beim Pullen*).
suggestion *s.*, **no – of wind,** keine Spur von Wind; **not the slightest – of wind,** nicht der leiseste Windhauch.
suit *s.* **of sails,** Stell *n.*, ein Satz Segel, Segelsatz *m.*
suite *s.*, Reihe *f.*, Folge *f.* (*Wettfahrten: Leuchtfeuer*).
sulk *v.*, bewegungslos liegen (*See*), träge fließen (*Fluß*).
sulky *adj.* **weather,** trübes Wetter *n.*
sullage *s.*, Schlick *m.*, Schlamm *m.*, Treib- *od.* Triebsand *m.*
sullen *adj.*, trüb (*Wetter*), träge (*Fluß*); **– weather** *s.*, trübes *od.* schlechtes Wetter *n.*
sultriness *s.* **(of the air),** (Gewitter)Schwüle *f.*, Gewitterluft *f.*; **sultry** *adj.*, drückend, (gewitter)schwül; stechend heiß (*Sonne*); **– air** *s.*, Gewitterluft *f.*, schwüles Wetter *n.*
sumlog *s.*, Sumlog *n.*, Bootstacho(meter) *n.*, Impellerlog *n.*, Yachtlog *n.*
summer *s.*, Sommer *m.*, Sommerwetter *n.*; **Indian –, St. Luke's –, St. Martin's –,** Nach-, Spät-, Altweibersommer *m.*; *adj.*, sommerlich, sonnig; **summer / day** *s.*, Sommertag *m.*; **– freeboard** *s.*, Sommerfreibord *m.* (*coll. n.*); **– heat** *s.* (*meteor.*), (durchschnittliche) Sommerwärme *f.* (*der gemäßigten Zonen*); **– lightning** *s.*, Wetterleuchten *n.*; **summerly** *adj.*, sommerlich, sonnig; **summer / 's day** *s.*, Sommer-, Schönwettertag *m.*, sehr langer Tag *m.* (*Sommerzeit*); **– solstice** *s.* (*astr.*), Sommersonnenwende *f.*, -solstitium *n.*; **– time** *s.*, **– tide** *s.*, Sommerzeit *f.* (*um eine Stunde vorgerückte Zeit*), Sommer *m.*, sommerliche Zeit *f.*; **double – time** *s.*, doppelte Sommerzeit *f.* (*um 2 Stunden vorgerückt*); **– weather** *s.*, sommerliches Wetter *n.*; **summery** *adj.*, sommerlich.
summit *s.*, Spitze *f.* (*eines Mastes*), Kamm *m.* (*einer Welle*); **– level** *s.* (*tech.*), Scheitelhöhe *f.*
sump *s.*, (Pumpen)Sumpf *m.*; **drain –,** Lenzbrunnen *m.*
sun *s.* (*astr.*), Sonne *f.*, Nebensonne *f.*, Parhelium *n.*; Sonne(nlicht *n.*, -schein *m.*) *f.*; **against the –,** linksdrehend, gegen die Sonne, gegen den Uhrzeigersinn; **with the –,** rechtsdrehend, mit der Sonne, im Uhrzeigersinn; **apparent** *or* **true –,** wahre Sonne *f.*; **mean –,** (*astr.*), mittlere Sonne *f.*; **midnight –,** Mitternachtssonne *f.*; **mock –** (*astr.*), Nebensonne *f.*; **the – rises,** die Sonne geht auf; **the – sets** *or* **goes down,** die Sonne geht unter; **to haul against the –,** linksdrehen (*Wind*); **to shoot** *or* **to take the –** (*naut.*, *astr.*), die Höhe der Sonne messen, die Sonne schießen; **sun / beam** *s.*, Sonnenstrahl *m.*; **– blind** *s.*, Sonnenblende *f.*; **–burst** *s.*, plötzlicher Durchbruch *m.* der Sonne; **– compass** *s.*, Sonnenkompaß *m.*; **– deck** *s.*, Sonnendeck *n.*; **– dog** *s.*, kleiner Halo *m.* (*am Nebensonnenkreis*), unvollständiger Regenbogen *m.*; **–down** *s.* (*am.*), Sonnenuntergang *m.*; **–downer** *s.* (*coll.*), strenger Kapitän *m.* (*der nur bis Sonnenuntergang Landurlaub gibt*); **–fall** *s.*, Sonnenuntergang *m.*; **–glass** *s.*, Brennglas *n.*; **–glow** *s.* (*meteor.*), Morgenröte *f.*, Abendröte *f.*; Sonnenhof *m.*, Aureole *f.*; Sonnenwärme *f.*; **–graze** *v.* (*astr.*), nahe an der Sonne vorbeigehen; **–grazer** *s.* (*astr.*), Komet *m.* mit geringem Perihelabstand.
sunk *adj.* (*tech.*, *naut.*), versenkt, vertieft, eingelassen; **sunken** *adj.*, **– rock,** blinde Klippe *f.*; **– ship** *s.*, gesunkenes Schiff *n.*; **sunk / forecastle** *s.*, versenkte Back *f.*; **– poop** *s.*, versenkte Poop *f.*; **– screw** *s.*, versenkte *od.* Senkschraube *f.*
sun / less *adj.*, sonnen-, lichtlos, schattig, trüb(e); **a –less morning,** ein trüber Morgen *m.*; **–lessness** *s.*, Sonnen-, Lichtlosigkeit *f.*, Trübheit *f.* (*des Wetters*); **– light** *s.*, Sonnenlicht *n.*, -schein *m.*; **–lit** *adj.*, von der Sonne beleuchtet, sonnenbeschienen.
sunny *adj.*, sonnig, sonnenbeschienen; **– spells** (*pl.*) (*meteor.*), zeitweilige Aufheiterung *f.*; **– weather** *s.*, sonniges Wetter *n.*
sun / (-)proof *adj.*, lichtfest, gegen Sonnenstrahlen *od.* -einwirkung undurchlässig; **–quake** *s.* (*astr.*), Sonnenbeben *n.*; **–ray** *s.*, Sonnenstrahl *m.*; **–rise** *s.* Sonnenaufgang *m.*; **at –rise,** frühmorgens, bei Sonnenaufgang; **–set** *s.*, Sonnenuntergang *m.*; **at –set,** am Abend, bei Sonnenuntergang; **–set sky** *s.*, Abendrot *n.*, -himmel *m.*
sun's / altitude *s.* (*astr.*), Sonnenhöhe *f.*; **to take the – altitude,** die Sonnenhöhe (*mit dem Sextanten*) messen, die Sonne schießen; **– altitude** *s.* **on the meridian** (*astr.*), Mittagshöhe *f.*; **– backstays** (*pl.*) *or* **eyelashes** (*pl.*), Sonnenpardunen (*pl.*); **– bearing** *s.*, Sonnenpeilung *f.*; **– corona** *s.* (*astr.*), Sonnenkorona *f.*; **– limb** *s.* (*astr.*), Sonnenrand *m.*; **– parallax** *s.* (*astr.*), Sonnenparallaxe *f.*

sun / shade *s.*, Sonnenblende *f.*; **–shine** *s.*, Sonnenschein *m.*, -licht *n.*; sonniges Wetter *n.*; **hours of –shine** (*meteor.*), Sonnenscheindauer *f.*; **–shine** *adj.*, sonnig, Schönwetter-; **–shine recorder** *s.* (*meteor.*), Sonnenscheinautograph *m.*, -messer *m.*; **–shiny** *adj.*, sonnig; **– shower** *s.* (*coll.*), leichter Schauer *m.* bei Sonnenschein; **–smit(ten)** *adj.* (*am.*), von der Sonne beschienen *od.* beleuchtet; **– spot** *s.* (*astr.*), Sonnenfleck *m.*; **–spotted** *adj.* (*astr.*), mit Sonnenflecken; **–up** *s.* (*am.*, *dial.*), Sonnenaufgang *m.*; **– valve** *s.*, (*Art*) Photozellenschalter *m.* (*für Lichtsignale, Leuchtfeuer, etc.*); **–ward** *adj.*, der Sonne zugewendet, sonnenwärts; **–ward(s)** *adv.*, auf die Sonne zu, der Sonne entgegen, sonnenwärts; **–wise** *adj.*, *adv.*, mit der Sonne, im Uhrzeigersinn.

super / aqueous *adj.*, über dem Wasser (befindlich); **–central** *adj.*, über dem Mittelpunkt *od.* über der Mitte (befindlich); **–charged** *adj.*, über(be)laden (*Boot*), (*tech.*) vor-, überverdichtet (*Motor*); **–charger** *s.* (*tech.*), Vorverdichter *m.*; **– deep (cut) sail** *s.*, supervoll *od.* sehr voll geschnittenes Segel *n.*; **–fast boat** *s.*, superschnelles Boot *n.*, sehr *od.* superschneller Segler *m.* (*Boot*).

superficial *adj.* **extent,** (Ober)Flächenausdehnung *f.*; **superficies** *s.*, (Ober)Fläche *f.* (*eines Sees*).

super / heterodyne *s.* (*rad.*), Überlagerungs-, Superheterodyn(empfänger) *m.*, Superhet *m.*; **– high frequency** *s.* (*rad.*), Höchstfrequenz(bereich *m.*) *f.*; (*radar*) Zentimeterwelle *f.*

superior *adj.*, **– conjunction** (*astr.*), obere Konjunktion *f.*; **– limb** *s.* (*astr.*), oberer Rand *m.* (*der Sonne, etc.*); **– planets** (*pl.*) (*astr.*), äußere Planeten (*pl.*); **– transit** *s.* (*astr.*), oberer Meridiandurchgang *m.* (*eines Gestirns*).

super / lunar(y) *adj.*, jenseits des Monds (gelegen); **–medial** *adj.*, über der Mitte (befindlich); **–natant** *adj.*, über der Wasserlinie (befindlich), aus dem Wasser herausragend; **–nova** *s.* (*astr.*), Supernova *f.*

superpose *v.* (*rad.*, *phys.*), (*Frequenzen*) überlagern; **superposition** *s.* (*rad.*, *phys.*), Überlagerung *f.*

super / refraction *s.* (*radar*), Überreichweite *f.*; **–sensitiveness** *s.* **of instruments,** Überempfindlichkeit *f.* von Instrumenten; **–solar** *adj.*, über *od.* jenseits der Sonne (befindlich); **–sonic echo sounder** *s.*, Ultraschall(wellen)-Echolot *n.*; **–sonic frequency** *s.* (*rad.*), Ultraschallfrequenz *f.*; **–sonic (echo) soundings** (*pl.*), Ultraschallecholotung *f.*; **–sonic wave** *s.*, Ultraschallwelle *f.*; **–sound** *s.*, Ultraschall *m.*; **–stratum** *s.* (*pl.* **-ta**) (*meteor.*), obere (Luft-) Schicht *f.*

superstructure *s.*, (Decks)Aufbau *m.*, -Aufbauten (*pl.*); **cabin –,** Kajüt-, Kabinenaufbau *m.*; **– of the deck,** Decksaufbau(ten *pl.*) *m.*

supervision *s.*, (Yachtbau-)Aufsicht *f.*, Überwachung *f.*, Kontrolle *f.*, Inspektion *f.*

supple *adj.* (*tech.*), elastisch, biegsam (*Mast, etc.*).

supplementary *adj.* **engine,** Hilfs-, Ersatzmotor *m.*

suppleness *s.* (*tech.*), Elastizität *f.*, Biegsamkeit *f.*, Geschmeidigkeit *f.*

supply *s.* (*elec.*), Speisung *f.*, Zufuhr *f.*, (*rac.*) Ersatz(mann *m.*, -crew *f.*) *m.*; **– of air,** Luftzufuhr *f.*; *v.* (*rac.*), als Ersatz(mann) einspringen; **supply / air** *s.*, Zuluft *f.*; **– circuit** *s.* (*elec.*), Speisestromkreis *m.*; **– fan** *s.*, Zulüfter *m.*, Zuluftventilator *m.*; **– ship** *s.*, Proviant-, Versorgungsschiff *n.*; **– ventilator** *s.*, Zulüfter *m.*, Zuluftventilator *m.*, (*coll.*) Windhutze *f.*

support *s.* (*naut.*, *tech.*), Auflage *f.*, Gestell *n.*, Halter *m.*, Ständer *m.*; Träger *m.*, Kompaßrack *n.*; Absteifung *f.*, Strebe *f.*, Stütze *f.*; *v.*, (ab)stützen, abfangen, tragen; **–ed by a lifebelt,** von einem Rettungsring getragen; **supporter** *s.* (*naut.*), Drücker *m.*, Stütze *f.*, (*tech.*) Halt *m.*, Träger *m.*; **support ship** *s.*, Hilfsschiff *n.*

suppression *s.* (*radar*), Entstörung *f.*; **suppressor** *s.* (*radar*), Nahechodämpfer *m.*, (*rad.*) Entstörungselement *n.*, -filter *m.*, -kondensator *m.*, (*tech.*) Sperrgerät *n.*

supra / conduction *s.* (*phys.*), Supraleitung *f.*; **–conductor** *s.* (*phys.*), Supraleiter *m.*; **–solar** *adj.*, die Sonne übertreffend (*an Größe, etc.*).

supremacy *s.*, **naval –, – at sea,** Vormachtstellung *f.* zur See, Seeherrschaft *f.*

surf *s.*, Brandung *f.*, Widersee *f.*, Surf *m.*, Brandungswelle *f.*; *v.*, surfen (*Segelboot*), surfen (*mit Surfboard*), wellenreiten.

surface *s.*, (Meeres)Oberfläche *f.*, (Wasser-) Spiegel *m.*; (Boots)Außenseite *f.*; **free –,** freie Oberfläche *f.* (*Tank*); **rudder –,** Ruderfläche *f.*; **smooth –,** glatte Oberfläche *f.* (*Wasser*), glatte Außenhaut *f.* (*Boot*); **wetted –,** benetzte Oberfläche *f.* (*Boot*); **– of ascent** (*meteor.*), Aufgleitfläche *f.*; **– of the earth (sea),** Erd-(Meeres)Oberfläche *f.*; **– of water,** Wasseroberfläche *f.*, -spiegel *m.*; *v.*, auftauchen (*Wale, U-Boote, etc.*), die Oberfläche *od.* Außenhaut bearbeiten *od.* behandeln von (*einem Boot*).

surface / area *s.* **of a boat,** Außen- *od.* Oberfläche *f.* eines Bootes; **– buoyancy** *s.*, Oberflächenauftrieb *m.* (*Boot*); **– coat** *s.*, Deckanstrich *m.* (*Farbe*); **– crack** *s.*, Anriß *m.* (*in der Bootsaußenhaut*); **– craft** *s.*, Überwasserfahrzeug *n.*; **– current** *s.*, Oberflächenströmung *f.*; **– hull** *s.* **(of a boat),** Überwasserschiff *n.*; **– load(s)** *s.* (*pl.*), (Ober)Flächenbelastung *f.* (*Segel, etc.*); **– ship** *s.*, Überwasserschiff *n.*, -fahrzeug *n.*; **– speed** *s.*, Überwassergeschwindigkeit *f.*; **– tension** *s.* (*phys.*), Oberflächenspannung *f.*; **– water** *s.*, Oberflächenwasser *n.*; **– wave** *s.*, Oberflächenwelle *f.*; **– wind** *s.*, Bodenwind *m.*

surf / backset *s.*, **backset of the –,** Brandungsrückstrom *m.*

surfboard *s.*, Surfboard *n.*, -brett *n.*, Windsurfer *m.*; Brandungs-, (Wellen)Gleitbrett *n.*; **Scow –,** Scow-Spant *n.* (*Bootsbau*); *v.*, surfen (*mit Surfboard*), wellenreiten; **surfboard / centreboard** *s.* (*am.* **centerboard**), Surfschwert *n.*; **– fin** *s.*, Surf(board)finne *f.*; **– foot loop** *s.*, (Surfboard)Fußschlaufe *f.*; **– mast heel** *s.*, (Surfboard)Mastfuß *m.*; **– mast heel track** *s.*, (Surfboard)Mastfußschiene *f.*; **– mast sleeve** *s.*, Mastschlauch *m.*; **– rig** *s.*, Surf(board)rigg *n.*; **– wishbone** *s.*, (Surfboard)Gabelbaum *m.*, Spreizbaum *m.*

surf / boat *s.*, Brandungsboot *n.*, Surfboot *n.*; **–boatman** *s.*, Mann *m.* des Brandungsbootdienstes, Surfer *m.*; **– centreboard** *s.* (*am.* **centerboard**), Surfschwert *n.*

surfer *s.*, Surfboard *n.*, -brett *n.*; Surfer *m.* (*Pers.*); **sail –,** Segelsurfer *m.* (*Boot u. Pers.*), Windsurfer *m.* (*Klasse*).

surfing *s.*, Surfen *n.*, Wellenreiten *n.* (*mit Surfboard*), Surfen *n.* (*Segelboot*); **– boots** (*pl.*), Surfschuhe (*pl.*); **– gear** *s.*, Surfausrüstung *f.*, -kleidung *f.*; **– suit** *s.*, Surfanzug *m.*

surf / mast *s.*, (Surf)Mast *m.*; **–(-)riding** *s.*, Surfen *n.*, Wellenreiten *n.* (*mit Surfboard*), Surfen *n.* (*Segelboot*); **– rig** *s.*, Surfrigg *n.*; **– sail** *s.*, Surfsegel *n.*; **– trapeze** *s.*, (Surf)Trapez *n.*; **– wave** *s.*, Brandungswelle *f.*

surfy *adj.*, brandend, Brandungs-; **– waves** (*pl.*), Brandungswellen (*pl.*), brandende Wellen (*pl.*).

surge *s.*, (hohe Meeres)Welle *f.*, Woge *f.*; Brandung *f.*, (An)Branden *n.*; Wellenbewegung *f.*, -schlag *m.*; Sturzsee *f.*, wogende See *f.*, Sturmflut *f.*, (*naut.*) Rippe *f.* der Spillklampe; Schricken *n.* (*plötzliches Nachlassen eines Taus, etc.*), Reiten *n.*, Wogen *n.* (*Auf- und Niedergehen eines Ankerliegers*).

surge *v.*, dümpeln (*Boot*), (*auf den Wellen*) reiten (*Boot*), branden, aufbrausen, hochgehen, wogen (*See*), schlieren (*Leine*), (*Tau*) schricken *od.* schnell ablaufen lassen, (*rad., elec.*), heftig schwanken (*Frequenz, Spannung*).

surging *s.*, Branden *n.*, Hochgehen *n.*, Wogen *n.* (*See*), Dümpeln *n.*, Reiten *n.* (*Boot*), Längsbewegung *f.* eines Bootes (*bei achterlichem Seegang*), Schricken *n.* (*Tau*), (*rad., elec.*) Pendeln *n.* (*der Spannung, etc.*); *adj.*, brandend, hochgehend (*See, Wellen*); **surgy** *adj.*, brandend, hochgehend, wogend (*See*).

surly *adj.* **weather,** rauhes *od.* unfreundliches Wetter *n.*

surmark *s.*, Winkelmarke *f.* (*Bootsbau*).

surmounted *adj.* **buoy,** Boje *f.* mit Toppzeichen.

surplus / load *s.*, Mehr-, Überbelastung *f.* (*eines Bootes*); **– weight** *s.*, Mehr-, Übergewicht *n.* (*Crew, etc.*).

surround *v.*, einhüllen, einschließen (*Nebel*); **–ed by fog,** vom Nebel (völlig) eingeschlossen *od.* umgeben (*Boot*).

surveillance radar *s.*, Überwachungsradar *n.*

survey *s.*, Vermessung *f.* (*Boot, Segel*), (Boots-) Inspektion *f.*; *v.*, (*Segel, Boot*) vermessen; **surveying / boat** *s.*, Vermessungs-, Peilboot *n.*; **– sextant** *s.*, Weitwinkelsextant *m.*; **surveyor** *s.*, Vermesser *m.*, (*am.*) Zollbeamter *m.*; **– of the port,** Hafenaufsichtsbeamter *m.*; **–'s rule** *s.*, Vermessungsregel *f.*; **survey ship** *s. or* **vessel** *s.*, Vermessungsschiff *n.*

survival *s.*, **– at sea,** Überleben *n.* auf See; **– craft** *s.*, Rettungsboot *n.*; **– craft station** *s.*, Rettungsboot(funk)station *f.*

survive *v.*, **to – a gale,** einen Sturm ab- *od.* auswettern *od.* überstehen; **to – at sea,** auf See überleben.

survivor *s.*, Überlebender *m.* (*auf See*); **the sole – of the shipwreck,** der einzige Überlebende des Schiffbruchs.

susceptibility *s.* (*phys.*), Magnetisierbarkeit *f.*

suspend *v.* (*tech.*), (freischwebend) aufhängen; zeitweilig ausschließen (*Club- od. Crewmitglied*); **to – on gimbals,** kardanisch aufhängen (*Kompaß, etc.*); **suspended** *adj.*, hängend, Hänge-, schwebend; **– rudder** *s.*, Schweberuder *n.*; **– table** *s.*, Hänge-, Schlingertisch *m.*; **suspender** *s.* (*tech.*), Aufhänger *m.*, Aufhängevorrichtung *f.*

suspension *s.* (*tech.*), Aufhängung *f.*, Federung *f.*; Aufhängen *n.*, (*rac.*) Ausschließung *f.*, Ausschluß *m.* (*aus einer Mannschaft*); **cardanic –,** Kardanaufhängung *f.*; **– bridge** *s.*, Hängebrücke *f.*; **– fluid** *s.*, Tragflüssigkeit *f.* (*Kreiselkompaß*).

suture *s.* (*tech.*), Lötstelle *f.*; Naht(stelle) *f.*, Verbindungsnaht *f.* (*Bootsbau*).

swab *s.*, Schwabber *m.*, Dweil *m.*, Dweidel *m.*,

Tweil *m.*, Tweidel *m.*, Feudel *m.*; **deck –,** (Deck)Schwabber *m.*, Dweidel, (*naut.*, *sl.*) Seeoffizier *m.*, (*hum.*) (Offiziers)Epauletten (*pl.*) (*der Seeoffiziere*); *v.*, **to – (down),** (Deck) schwabbern, schrubben, feudeln.

swabber *s.*, Schwabber(gast) *m.*, Schwabberer *m.*

swallow *s.*, Taulast *f.*, -raum *m.*; Schlund *m.* (*eines Blocks*), Öffnung *f.* einer Klüse.

swallow *v.*, **to – the anchor** (*naut.*, *sl.*), den Seemannsberuf aufgeben, eine Stellung an Land annehmen; **the boat was –ed by the sea,** das Boot ging unter *od.* wurde vom Meer verschlungen.

swallow/'s nest *s.* (*naut.*), Schwalbennest *n.* (*kleiner Stauplatz*); **--tail** *s.*, schwalbenschwanzartiger Wimpel *m.*; **--tail flag** *s.*, Doppelstander *m.*

swamp *s.*, Morast *m.*, Sumpf *m.*

swamp *v.*, sinken, untergehen (*Boot*), (mit Wasser) vollaufen *od.* vollschlagen (*Boot*); (*Boot*) mit Wasser vollaufen *od.* -schlagen lassen, (*Boot*) zum Sinken bringen, versenken; durchnässen, durchweichen.

swampy *adj.*, morastig, sumpfig (*Grund*).

swan neck *s.* (*tech.*, *naut.*), Schwanenhals *m.*

swarm *s.* **of stars** (*astr.*), Stern(en)schwarm *m.*

swash *s.*, Spritzer *m.*, Spritzsee *f.*, -wasser *n.*; Schwappen *n.*, Klatschen *n.* (*der Wellen*), (*am.*) Barre *f.*, über die die See hinwegspült; enger Kanal *m.*, Flutweg *m.* (*in einer Sandbank od. zwischen Sandbank u. Ufer*), Priel *m.*; *v.*, spritzen (*Wasser*), schwappen, klatschen (*Wellen*); **swash/bulkhead** *s.*, Schlag-, Schlingerschott *n.*; **– channel** *s.* (*naut.*), Flutweg *m.*; **--proof** *adj. or* **-tight** *adj.*, spritzwasserdicht; **– water** *s.*, Spritzwasser *n.*

sway *s.*, Schwanken *n.*, Schwingen *n.* (*Boot*), Schwung *m.*, Wucht *f.*; *v.*, schlagen (*Segel*), geigen (*Boot*), krängen, überholen (*Boot*), schwanken, schwenken, schwingen, dümpeln; sich schaukeln *od.* wiegen (*auf Wellen*) (*Boot*), sich hin- und herbewegen, sich auf- und abbewegen (*Boot*); **to – across,** (*Rah*) kaien; **to – in the waves,** geigen (*Boot*); **to – up,** setzen, aufheißen, aufhissen (*Segel, Flagge*).

sway bracing *s.*, Querverband *m.* (*Bootsbau*).

swaying *s.*, Geigen *n.* (*Boot*), Dümpeln *n.*, Schlingern *n.*; **– in the waves,** Geigen *n.* (*Boot*), Hin- und Herschlackern *n.* in *od.* bei Welle.

sweat *s.*, Schwitzwasser *n.*; *v.* (*phys.*), schwitzen, (*tech.*) löten, schweißen; **to – in,** einlöten; **to – on,** (an)löten; **sweat/board** *s.*, Schweißlatte *f.*; **– condensation** *s.*, Schwitzwasser *n.*;

sweater *s.* (*naut.*) Sweater *m.*, wollene Strickjacke *f.*, (*naut. sl.*), Plackerei *f.*, Schinderei *f.*; **sweat suit** *s.*, Trainingsanzug *m.*

sweep *s.*, Gillung *f.* (*Achterschiff, Segel*), Fisch-, Dreggtau *n.* (*zum Fischen des Ankers*); langes Ruder *n.*, schwerer Bootsriemen *m.*, Petsche *f.*; Schlag *m.* (*des Ruders*), (Minen)Räumgerät *n.*, (*radar*) Abtastung *f.*, (*radar, rad.*) Bereich *m.*, Reichweite *f.*; Ausmaß *n.*, Ausdehnung *f.*, Spielraum *m.*; Dahinfegen, -stürmen *n.*, Brausen *n.* (*Wind*); **– of the tiller,** Leuwagen *m.* (*Gleitbahn der Ruderpinne*); *v.* (*naut.*), dreggen, (*Anker, etc.*) fischen, (*den Meeresboden mit der Logleine*) absuchen; peitschen, schlagen (über) (*Wellen*), (dahin)fegen *od.* -stürmen (*Wind*), sich dahinziehen (*Küste*), (*mit Suchscheinwerfern od. Radar*) absuchen; **to – away,** beim Rojen *od.* Rudern *od.* Pullen lang ausholen; **– away!** (*int.*), Lang rojen *od.* rudern!; **to – for** (*radar*), abtasten *od.* absuchen nach; **to – for the anchor,** nach dem *od.* den Anker fischen; **to – a channel** (*naut.*), das Fahrwasser räumen *od.* ausbaggern; **to – the horizon (for),** den Horizont (*mit den Augen*) absuchen (nach); **to – the seas,** die Meere durchstreifen; **the wind –s the shore,** der Wind fegt über die Küste.

sweeper *s.*, Schlepp-, Such-, Räumboot *n.*

sweeping *adj.*, (fort)reißend (*Strömung*); **– wind** *s.*, dahinfegender *od.* -brausender *od.* -jagender *od.* heftiger Wind *m.*

sweep net *s.*, großes Schleppnetz *n.*

sweeps *s./pl.* (*naut.*), Fegsel *n./pl.*

sweep/seine *s.*, großes Schleppnetz *n.*; **– seining** *s.*, Wadenfischerei *f.*

sweet *adj.*, **a – crossing** *or* **passage,** eine glatte *od.* ruhige Überfahrt *f.*; **– water** *s.*, Frisch-, Süßwasser *n.*

swell *s.* (*naut.*), Dünung *f.*, Schwell *m.*, Seegang *m.*, Wellengang *m.* (*der See*), (An)Schwellen (*Fluß, etc.*); Bauch *m.*, Bauchen *n.*, Bauchung *f.*, Ausbauchung *f.*, Wölbung *f.* (*der Segel*); **confused –,** durcheinanderlaufende Dünung *f.*; **cross –,** Kreuzdünung *f.*, gegeneinanderlaufende Dünung *f.*; **dead –,** tote Dünung *f.* **deep –,** tiefe lange Dünung *f.*; **gentle –,** leichte Dünung *f.*; **ground –,** Grundsee *f.*; **heavy –** hohle See *f.*, schwere Dünung *f.*; **land –,** einlaufende Dünung *f.*; **long ocean –,** lange Meeresdünung *f.*; **low –,** kurze Dünung *f.*; **moderate –,** mäßige Dünung *f.*; **rolling –,** rollende, sehr lange Dünung *f.*; **– of the sea,** Seegang *m.*, Meeresdünung *f.*; **a – at sailing** (*coll.*), ein Segleras *n.*

swell *v.*, (an)steigen, (an)schwellen (*Gewässer, Flut*), wogen (*See*), (sich) (aus)bauchen, sich blähen *od.* bauschen *od.* wölben (*Segel*), schwellen (*Segel*).

swell compensator *s.*, Seegangskompensationseinrichtung *f.*, -gerät *n.* (*im Boot*).

swelling *s.*, (An)Steigen *n.*, (An)Schwellen *n.* (*Gewässer, Flut*), (Aus)Bauchen *n.*, (Aus)Bauchung *f.*, Wölbung *f.* (*Segel*); *adj.*, – **sails**, sich bauchende *od.* blähende Segel (*pl.*); – **sea** *s.*, anschwellende *od.* steigende See *f.*

swell scale *s.*, Dünungs-, Seegangsskala *f.*, Douglas-Skala *f.*

swelter *s.*, drückende Hitze *f.*, Schwüle *f.*; *v.* (*coll.*), vor Hitze umkommen (*auf dem Boot*); **sweltering** *adj.*, drückend, schwül (*Wetter*), sengend (*Hitze, Sonne*); **under a – sky,** bei drückendem *od.* schwülem Wetter; **sweltry** *adj.*, drückend, schwül.

swerve *s.*, Abdriften *n.*, plötzliche Seitenbewegung *f.*, Geigen *n.* (*eines Bootes*), (Kurs)Abweichung *f.*; *v.*, seitlich abdriften *od.* abweichen, sich plötzlich seitwärts drehen *od.* wenden (*Boot*), geigen (*gefährliche Pendelbewegung eines Bootes*).

swift *adj.*, schnell (*Boot*), schnell (dahin)fließend (*Fluß*); – **boat** *s.*, schnelles Boot *n.*, Flieboot *n.*, kleines Beiboot *n.*

swifter *s.*, Handspakenreep *n.*; Stoßkissen *n.*, Stoßkissenfender *m.*, -tau *n.*; Vorwant *f.*; *v.*, **to – a boat,** ein Boot kielholen; **to – in** (*naut.*), ein-, zusammenschwichten, mit einem Tau umwickeln; **swifter/fender** *s.*, Stoßkissenfender *m.*; – **rope** *s.*, Stoßkissentau *n.*, Fendertau *n.*

swift movement *s.*, plötzliche Bewegung *f.* (*eines Bootes*).

swiftness *s.* **(of a boat),** Schnelligkeit *f.* (eines Bootes).

swig *s.*, Takel *n.* mit nicht parallelen Tauen; Pullen *n. od.* Ziehen *n.* (*an einem an beiden Enden festgemachten Tau*); *v.*, einfallen (*beim Durchsetzen einer Leine*); **to – off,** beim Heißen und Anholen sich in das straffe Tau legen (*und die entstandene Bucht mit Widerhalt nachholen*); **to – up,** einfallen, (*Segel*) heißen *od.* straffen (*indem man sich in das straffe Tau legt*).

swill *v.*, **to – the deck,** das Deck abspülen *od.* (ab)waschen.

swim *v.*, flott sein, treiben, schwimmen, vom Wasser getragen werden, an der (Wasser-) Oberfläche bleiben (*Boot, Floß*); **to – to the bottom, to – like a stone** *or* **brick** *or* **tailor's goose** (*naut., hum.*), sinken, untergehen (*Boot*); **swim barge** *s.*, Schute *f.*, Zille *f.*; **swimming** *s.*, Flottsein *n.*, Schwimmen *n.*, Treiben *n.* (*Boot, Floß*); – **belt** *s.*, Schwimmgürtel *m.*

swing *s.*, Ausschlagen *n.*, Pendeln *n.*, Schwingen *n.*, Schwingung *f.* (*Pendel, Kompaßnadel, Zeiger*), Ausschlag *m.*, Schwungweite *f.* (*Pendel*), Durchmesser *m.* (*des Zeigerausschlags*); **at full –,** in voller Fahrt, in vollem Schwung, mit Volldampf (*Boot, Schiff*).

swing *v.*, schwojen, schwoien (*Boot*); (*Boot*) schwojen *od.* schwoien lassen; ausschlagen (*Zeiger, Kompaßnadel*), (*tech.*) schwingen, pendeln, Schwingungen *od.* Schwankungen haben; **let her** (*or* **the boat**) **–!** (*int.*), Fall ab!; **– on!** (*int.*), Hol aus!; **to – around a buoy,** eine Boje runden; **to – at anchor,** vor Anker schwojen *od.* schwoien; **to – clear,** klar schwojen *od.* schwoien; **to – into motion,** in Schwung kommen (*Boot*); **to – out,** (*Baum*) ausschwingen; **to – round,** schwojen, schwoien, rundschwojen (*Boot*); (Boot in großem Bogen) herumdrehen *od.* -schwingen; **to – to a buoy,** an *od.* vor einer Boje schwojen; **to – to the tide,** auf den Strom schwojen; **to – to the wind,** auf den Wind schwojen. **to – the boat round,** das Boot herumdrehen *od.* -schwingen; **to – the boat to a new bearing** *or* **course,** das Boot auf einen neuen Kurs legen *od.* bringen; **to – the boat to port (starboard),** das Boot nach Backbord (Steuerbord) (herum)drehen *od.* -schwingen; **to – ship,** (Boot) rundschwojen *od.* -schwoien (*zur Kompaßkompensierung*); **the boat –s round** *or* **across,** das Boot schwojt *od.* schwoit.

swing/bed *s.*, Schlingerkoje *f.*; **– berth** *s.*, Schwojeraum *m.*, Vollkreis *m.* des Bootes beim Schwojen *od.* Schwoien; Schlingerkoje *f.*; – **boom** *s.*, Backspiere *f.*; –**bridge** *s.*, Drehbrücke *f.*; – **davit** *s.*, Schwing-, Drehdavit *m.*

swinging *s.*, Schwojen *n.*, Schwoien *n.*, (Herum)Schwingen *n.* (*Boot*), (*rad.*) Schwund *m.*, (Frequenz)Schwankung(en) *f.* (*pl.*); – **for deviation,** Kompaßkompensierung *f.*, Deviationsbestimmung *f.*; *v.pp.*, **the wind is –,** der Wind dreht *od.* springt um; **swinging/angle** *s.*, Schwojewinkel *m.*; – **basin** *s.*, Schwoi-, Schwojebecken *n.*; – **berth** *s.*, Schwojeraum *m.*, Schwoikreis *m.*, -raum *m.* (*des Bootes*); – **boom** *s.*, Backspier(e) *f.*, Backs-, Schwingbaum *m.*; – **buoy** *s.*, Deviationsboje *f.*, -tonne *f.*; – **centreboard** *s.* (*am.* **centerboard**), Senkschwert *n.*; – **fluke anchor** *s.*, stockloser Anker *m.*; **–-out** *adj.* (*tech.*), ausschwenkbar, Gelenk-; **–-out davit** *s.*, Schwenkdavit *m.*; – **ra-**

dius *s.*, Schwoje-, Schwoikreis *m.* (*Boot*), Ausladung *f.* (*Kran*); – **ship** *s.*, Deviationsbestimmung *f.*; – **table** *s.*, Schlingertisch *m.*

swing / jib-crane *s.*, Schwenkkran *m.*, Kran *m.* mit Drehausleger; – **lamp** *s.*, Schlingerlampe *f.*

swirl *s.*, Strudel *m.*, Wirbel *m.*; Wirbeln *n.*, schnell drehende Bewegung *f.* (*des Bootes*); *v.*, einen Strudel bilden, wirbeln; **swirling** *adj.*, **swirly** *adj.*, wirbelnd; – **motion** *s.*, wirbelnde *od.* schnell drehende Bewegung *f.* (*eines Bootes*).

swish *v.*, plätschern (*der Wellen am Ufer*).

switch *s.* (*rad.*, *elec.*), Schalter *m.*, Umschalter *m.*; Schalten *n.*; **two-way –,** Wechselschalter *m.*; *v.* (*rad.*, *elec.*, *tech.*), (um)schalten; **to – off,** ab-, ausschalten, (*rad.*) abstellen; **to – on,** an-, einschalten, (*rad.*) zuschalten; **to – over,** umschalten; **to – to,** anschließen an (*Stromkreis, etc.*); **to – channels** (*rad.*), auf einen anderen Kanal gehen *od.* schalten; **switch / board** *s.* (*rad.*, *elec.*), Schaltbrett *n.*, -tafel *f.*; – **diagram** *s.* (*tech.*), Schaltbild *n.*, -plan *m.*; **switching** *s.* (*rad.*, *elec.*, *tech.*), (Um)Schalten *n.*; (Um)Schaltung *f.*; **– -off** *s.*, Ab-, Ausschalten *n.*, Abschaltung *f.*; **– -on** *s.*, Einschalten *n.*, Einschaltung *f.*; – **relais** *s.*, (Um)Schaltrelais *n.*; **switch / lever** *s.*, Schalthebel *m.*; – **mechanism** *s.*, Schaltmechanismus *m.*, -vorrichtung *f.*; – **signal** *s.* (*rad.*), (Um)Schaltsignal *n.*

swivel *s.* (*naut.*), Warbel *m.*, Wirbel *m.*; Kettenwirbel *m.*, -warbel *m.*; Muring(s)-, Vertäuwarbel *m.*; Dirkwaage *f.*, -wirbel *m.*; Karabinerhaken *m.*, (*tech.*) Drehring *m.*, -zapfen *m.*; **mooring –,** Muringschäkel *m.*, (Muring)Wirbelschäkel *m.*; *v.*, sich (*wie auf einem Zapfen*) drehen (*Kompaßnadel*), schwenken, drehen (*Pinne*); *adj.*, dreh-, schwenkbar.

swivel / block *s.*, Wirbel-, Warbelblock *m.*; **dasher – block** *s.*, Flaggleinenwirbel *m.*, -warbel *m.*; **–(-)bridge** *s.*, (beweglicher Teil einer) Drehbrücke *f.*; – **hook** *s.*, Wirbel-, Warbelhaken *m.*

swivelling moment *s.*, Drehmoment *n.*

swivel / joint *s.* (*tech.*), Dreh-, Universalgelenk *n.*; – **lift bolt** *s.*, Dirkwirbel *m.*, -warbel *m.*; **– -mounting** *s.*, Drehgestell *n.*; – **piece** *s.*, Wirbel-, Warbelschäkel *m.*; – **rowlock** *s.*, Dreh-, Warbeldolle *f.*, Dolle *f.*, Riemengabel *f.*; – **shackle** *s.*, Doppelschäkel *m.*, Wirbel-, Warbel-, Patentschäkel *m.*; – **snap shackle** *s.*, Schnapp-Wirbelschäkel *m.*

S(-)wrench *s.*, S-förmiger Schraubenschlüssel *m.*

symbol *s.*, Symbol *n.*, Zeichen *n.* (*Seekarte, Segel, etc.*); **morse** (*or* **Morse) –s** (*pl.*), Morsezeichen (*pl.*); **weather –s** (*pl.*), Wettersymbole (*pl.*) (*Wetterkarte*); **–s** (*pl.*) **on arrows,** Befiederung *f.* (*Monatskarte*); – **of class,** Klassenzeichen *n.*, Unterscheidungszeichen *n.* (*im Großsegel*); – **of classification,** Klassenzeichen *n.* (*Bootsklasse*).

symmetric(al) *adj.*, symmetrisch, eben, gleichmäßig; – **axis** *s.*, Symmetrieachse *f.*; **symmetrize** *v.*, symmetrisch machen; **symmetry** *s.*, Symmetrie *f.*, symmetrische Anordnung *f.*

sympalmograph *s.* (*tech.*), mechanischer Oszillograph *m.*

sympathetic *adj.*, – **clock,** synchronisierte Uhr *f.*; – **resonance** *s.* (*phys.*), Ober-, Nebenwellenresonanz *f.*, -erregung *f.*; **sympathy** *s.* (*phys.*), Wechselwirkung *f.* (*bei Eigenschwingungen*).

sympiesometer *s.* (*or* **-zometer**), (*Art*) Strömungsdruckmesser *m.* (*zur Messung der Staudruckdifferenz zwischen Strom- und Gegenstromrichtung*); (*Art*) Flüssigkeitsbarometer *n.* mit Gasfüllung.

symptom *s.*, Symptom *n.*, (äußeres) Zeichen *n.*, Anzeichen *n.* (*Sturm, etc.*).

synchromesh gear *s.* *or* **transmission** *s.*, Synchrongetriebe *n.*; **synchronal** *s.*, Synchronuhr *f.*; **synchronism** *s.* (*phys.*), Gleichlauf *m.*

synchronize *v.* (*phys.*, *tech.*), synchronisieren, auf Gleichlauf bringen; synchron gehen (*Uhr*), synchronisiert sein; **synchronized** *adj.* **shifting,** Synchronschaltung *f.*; **synchronizer** *s.*, Synchronisationsvorrichtung *f.*; **synchronizing** *s.* (*rad.*, *elec.*), Synchronisierung *f.*, Gleichlaufsteuerung *f.*

synchronoscope *s.* (*elec.*), Synchronoskop *n.* (*Meßgerät*); **synchronous** *adj.* (*elec.*, *tech.*), synchron, gleichlaufend, (*phys.*, *elec.*), von gleicher Phase *od.* Schwingungsdauer; – **converter** *s.*, Synchrongleichrichter *m.*; – **drive** *s.*, Synchronantrieb *m.*; – **motor** *s.*, Synchronmotor *m.*; **synchro / system** *s.*, Synchronsystem *n.*; – **transmitter** *s.*, Drehfeldgeber *m.*; – **unit** *s.* (*elec.*), (*ein*) Synchronmotor *m.*

synod *s.* (*astr.*), Konjunktion *f.* (*mehrerer Planeten od. Sterne*); **synodic(al)** *adj.* (*astr.*), synodisch; – **month** *s.* (*astr.*), synodischer Monat *m.*; – **period** *s.* (*astr.*), synodische Umlaufzeit *f.* (*die Zeit zwischen 2 Konjunktionen mit der Sonne, von der Erde aus gesehen*).

synoptic *adj.* (*meteor.*), synoptisch, die Großwetterlage betreffend; – **chart** *s.* (*meteor.*), synoptische Karte *f.*, Karte *f.* der Großwetterlage; – **meteorology** *s.*, synoptische Meteorologie *f.*; – **situation** *s.*, Großwetterlage *f.*

– **weather chart** *s.*, synoptische Wetterkarte *f.*, die Großwetterlage betreffende Karte *f.*

synthetic *s.*, Kunststoff *m.* (*Segel, etc.*); **synthetic** *adj.*, – **fabric,** Kunststoff(faser *f.*, -gewebe *n.*) *m.* (*Segeltuch*); – **fibre** (*am.* **fiber**), Kunstfaser *f.* (*Segeltuch*); – **material,** Kunststoff(material *n.*) *m.* (*Segeltuch, Bootsbau*); – **resin,** Kunstharz *n.*; – **textile fibre** (*am.* **fiber**), Kunstfaser *f.* (*Segeltuch*).

syntonic *adj.* (*rad.*), (auf gleiche Frequenz *od.* Wellenlänge) abgestimmt, gleichlaufend; **syntonization** *s.* (*rad.*), (Frequenz)Abstimmung *f.*, -Einstellung *f.*; **syntonize** *v.* (*rad.*), (auf eine bestimmte Frequenz) abstimmen *od.* einstellen; **syntony** *s.* (*rad.*), (Frequenz)Abstimmung *f.*, Resonanz *f.*

syrtis *s.* (*pl.* **-tes**), Treib-, Triebsand *m.*; Sandbank *f.*; Syrte *f.*

system *s.*, System *n.*, Methode *f.*, (*astr.*, *meteor.*, *phys.*) System *n.*; Maß-, Gewichtssystem *n.*; **cardinal** – (*naut.*), Kardinalsystem *n.*, Untiefenbezeichnung *f.*, System *n.* der Richtungsbezeichnung (*Betonnung u. Befeuerung*); **high (low) pressure** – (*meteor.*), Hoch(Tief)-drucksystem *n.*; **lateral** –, Lateralsystem *n.*, Seitenbezeichnung *f.* (*Fahrwasser*); **major** – (*meteor.*), Hauptsystem *n.* (*Hoch od. Tief*); **metric** –, metrisches System *n.*; **minor** – (*meteor.*), Neben-, Randsystem *n.* (*Hoch od. Tief*); **navigation -s** (*pl.*), Navigationssysteme (*pl.*); **Olympic point** *or* **scoring** –, olympisches Punktsystem *n.*; **Omega navigation(al)** –, Omega-(Navigations-)Verfahren *n.*; **point** – (*rac.*), (Punkt)Wertung *f.*; **river** –, Flußnetz *n.*; **safety** – (*naut.*), Sicherheitssystem *n.*; **safety – of rescue crafts** *or* **lifeboats and helicopters** (*naut.*), Sicherheitssystem *n.* von Rettungsbooten und Hubschraubern; **score** *or* **scoring** – (*rac.*), Punktwertung *f.*, -system *n.*; **solar** – (*astr.*), Sonnensystem *n.*; **yacht rating factor** –, YRF-System *n.*, Rennwertfaktorsystem *n.* (*Yacht*); **yardstick** – (*rac.*), Yardstick-System *n.*; – **of co(-)ordinates,** Koordinatensystem *n.*; – **of measurement** *or* **units,** Maßsystem *s.*; – **of pulleys,** Flaschenzug *m.*

systematic *adj.* **error,** systematischer Fehler *m.*

syzygy *s.*, **syzygies** (*pl.*) (*astr.*), Syzygie *f.*, Syzygium *n.* (*Zusammenkunft und Gegenschein von 2 Planeten*).

T

tab *s.* (*naut.*), Klappe *f.*, (*tech.*) Öse *f.*, Nase *f.*, Schlaufe *f.*, Schlinge *f.*; **trim** –, Trimmklappe *f.* am Kiel; **trim – on rudder blade,** Trimmklappe *f.* am Ruder; *v.*, mit einer Klappe versehen; **tabbed** *adj.*, mit Klappe (versehen).

tabernacle *s.*, Mastbock *m.*, -koker *m.*, -sockel *m.*, -stuhl *m.*; **mast** –, (Mast)Koker *m.*, Maststuhl *m.*; – **bolt** *s.*, Mastbolzen *m.*; – **cheeks** (*pl.*), Mastbacken (*pl.*); – **mast** *s.*, Klappmast *m.*

table *s.*, Tisch *m.*, (*astr.*) Tafel *f.*, Tabelle *f.*, Liste *f.*, Verzeichnis *n.*, Register *n.*; **chart** –, Kartentisch *m.*; **deviation** –, Deviationstabelle *f.*, Ablenkungstafel *f.*, Steuertafel *f.*; **dinette** –, **dining** –, **mess** – (*naut.*), Back *f.* (*zusammenklappbarer Eßtisch in der Back*); **mess -s and benches!** (*int.*, *naut.*), Backen und banken!; **nautical -s** (*pl.*), Nautische Tafeln (*pl.*); **revolution** –, **speed** –, Fahrttabelle *f.*; **steering** –, Steuertafel *f.*; **suspended** –, Schlingertisch *m.*; **tide** –, Tidenkalender *m.*, Gezeitentafel *f.*; *v.* (*naut.*), (Stoßlappen) an ein Segel setzen; **table radio** *s.*, Kofferradio *n.*; **tables** (*pl.*) **of computed altitude and azimuth** (*am.*, *astr. naut.*), Höhen- und Azimuttafeln (*pl.*) (HO no. 249).

tabling *s.* (*naut.*), Stoßlappen *m.*, Verdopp(e)lung *f.*, Umschlag *m.* (*breiter Saum des Segels*).

tabular *adj.*, flach, flächig, tafelförmig; – **(ice) berg** *s.*, Tafeleisberg *m.*

tacho / graph *s.*, Drehzahl-, Geschwindigkeitsschreiber *m.*, Tachograph *m.*; **(boat) -meter** *s.* Bootstachometer *n.*, Geschwindigkeitsmesser *m.*; **-metry** *s.*, Geschwindigkeitsmessung *f.*

tack *s.*, Hals *m.* (*eines Segels*), Segelhals *m.*, Halse *f.* (*Segel*), untere vordere Kante *f.* eines Schratsegels; Segel-, Gei-, Haltetau *n.*; Bord *m.*, Bug *m.*, Gang *m.*, Schlag *m.*, Kreuzschlag *m.* (*beim Lavieren od. Kreuzen*) (*Segeltechnik*), Lavieren *n.*, Überstaggehen *n.*, (*naut.*, *sl.*) Futter *n.*, Kost *f.* (*an Bord*), (*tech.*) kleiner Nagel *m.*, Stift *m.*, Zwecke *f.*; **fetching** *or* **long** –, Holebug *m.*; **hard** –, Schiffszwieback *m.*; **jib** –, Fockhals *m.*; **port** –, Backbordbug *m.*, -halsen (*pl.*); (*Segeltechnik*) Steuerbordbug *m.*, Steuerbordschoten (*pl.*); **slant** –, Streckbug *m.*; **spinnaker** –, Spinnakerhals *m.*; **starboard** –, Steuerbordbug *m.*, -halsen (*pl.*), (*Segeltechnik*) Backbordbug *m.*, Backbordschoten (*pl.*); **changing -s before the wind,** vor dem Wind kreuzen; **to be on the port** –, auf

Backbordhalsen *od.* über Steuerbordbug liegen, nach Backbord lavieren *od.* kreuzen; **the boat is on the starboard –,** das Boot segelt mit Steuerbordhalsen *od.* liegt über Backbordbug; **– and –,** Gang *m.* auf Gang; **– of a jib,** Fockhals *m.*, Hals *m.* des Klüvers.

tack *v.*, (*mit dem Boot*) auf den anderen Bug gehen, über Stag gehen, (auf)kreuzen, lavieren, in die Kreuz fahren, (*Boot durch den Wind*) wenden; **stand by to –!** (*com.*), Klar zum Wenden!; **to – about,** (*Boot*) durch den Wind wenden, über Stag gehen, lavieren, kreuzen; **to – downwind,** in den Wind halsen; **to – on the wind,** in Luv wenden; **to – round,** wenden statt halsen; **to – under lee,** in Lee wenden; **to – the jib,** die Fock anschlagen; **to – a sail far aft (in the foretriangle),** das Segel weit hinter dem Vorstag anschlagen *od.* setzen.

tack/angle *s.*, Segelhalswinkel *m.*; **– block** *s.*, Halsblock *m.*; **– cringle** *s.*, Halslegel *m.*; **– earing** *s.*, Halsbändsel *n.*

tacked *adj.*, **– aft position of a sail,** zurückversetzte Segelposition *f.* *od.* -stellung *f.*

tack fitting(s) *s.* (*pl.*), (Segel)Halsbeschlag *m.*

tacking *s.*, Kreuzkurs *m.*, Überstaggehen *n.*, Wenden *n.*; **double –,** Doppelwende *f.* (*Segeltechnik*); **gybing** *or* **wearing instead of –,** Halsen *n.* statt Wenden, Kuhwende *f.*; **– downwind,** Kreuzen *n.* vor dem Wind; **– eye** *s.*, Anschlag-, Halsauge *n.*, Wendeöse *f.* (*im Segel*); **– line** *s.*, Halsstrecker *m.*; **– round** *s.*, Wenden *n.* statt Halsen, Q-Wende *f.*

tackle *s.*, Takel *n.*, Talje *f.*, Läufer *m.*, Gien *n.*; laufende Part *f.*, Takelage *f.*, Takel-, Tauwerk *n.*, (*naut.*) Ausrüstung *f.*, Gerät(schaften *pl.*) *n.*, Zeug *n.*, (*naut.*, *sl.*) Futter *n.*, Kost *f.*; **block and –,** Flaschenzug *m.*; **bull –,** Bullentalje *f.*; **buoy –,** Bojengeschirr *n.*; **ground –,** Ankergeschirr *n.*, -tauwerk *n.*; Grundgeschirr *n.*; Bojengeschirr *n.*; **hoisting –,** Flaschenzug *m.*; **reef(ing) –,** Refftalje *f.*; **stretching –,** Strecktalje *f.*; **tack –,** Hals-, Strecktalje *f.*; **to fleet a –,** eine Talje verfahren; *v.*, takeln; **tackle/and runner** *s.*, Manteltalje *f.*; **– upon –,** Manteltalje *f.*, Talje *f.* auf Talje; **– block** *s.*, Takel-, Taljeblock *m.*; **long – block** *s.*, Doppelblock *m.*, Violinblock *m.*; **tackled** *adj.*, mit Geschirr *od.* Takelwerk (versehen); **tackle/fall** *s.*, Block-, Taljeläufer *m.*; **– purchase** *s.*, Gien *n.*

tack line *s.*, Reffleine *f.*; Flaggleine *f.*

tackling *s.*, Takelage *f.*, Takelung *f.*, Takelgeschirr *n.*, -werk *n.*, Tauwerk *n.*; **ground –,** Ankergeschirr *n.*, -tauwerk *n.*; **to fit with a –,** betakeln (*Kardeele*).

tack/pin *s.*, (Großsegel-, Großschot)Halsbolzen *m.*, (langer) Belegnagel *m.*; **– reef-line** *s.*, Reffleine *f.* am (Segel)Hals; **– ring** *s.*, Halsring *m.* (*am Segel*), Vorlieksring *m.*; **– seam** *s.*, Twistfuß *m.* (*Segel*); **– tackle** *s.*, Hals-, Strecktalje *f.*; **– take-in(s)** *s.* (*pl.*), Segelhalsabnäher *m.* (*pl.*); **port – yacht** *s.*, Backbordbugyacht *f.*; **starboard – yacht** *s.*, Steuerbordbugyacht *f.*

tactician *s.*, (Segel)Taktiker *m.*; **tactics** (*pl.*), (Segel)Taktik *f.*; **a clever stroke of –,** eine clevere *od.* kluge (Segel)Taktik *f.*; **– in yacht racing,** Regattataktik *f.*

taffrail *s.*, Heckreling *f.*, -bord *m.*; **– log** *s.*, Heckrelings-, Decklog *n.*

tag *s.* (*naut.*), (loses) Ende *n.*, (*tech.*) Lötöse *f.*, -stift *m.*; **– boat** *s.* (*am.*, *dial.*), Bei-, Schleppboot *n.*, Leichter *m.*; **– line** *s.*, Nachlaufleine *f.*

tail *s.*, Steert *m.*, Tauende *n.*; Heck *n.*, (*radar*) Nachleuchtschleppe *f.*; Unterwasser *n.* (*eines Wehrs*), (*rac.*, *coll.*) Schlußlicht *n.*; **block with a –,** Steertblock *m.*; **cow's –,** ausgefranstes Tauende *n.*; **– of a comet** (*astr.*), Kometenschweif *m.*; **– of a river** *or* **stream,** ruhigeres Wasser *n.* eines (schnellfließenden) Flusses; **– of a storm,** Ausläufer *m.* *od.* (ruhigeres) Ende *n.* eines Sturms.

tail *v.*, (*Block*) mit dem Steert festmachen; mit dem Heck in eine bestimmte Richtung schwingen *od.* weisen (*Boot*), mitgehen (*Boot vor Anker*); **to – after** *or* **along** (*rac.*), (als Allerletzter) hinterhersegeln; **to – away,** abflauen, abnehmen (*an Stärke*), verebben, sich verziehen (*Sturm*); **to – inshore,** mit dem Heck auf *od.* nach Land zu drehen *od.* schwingen (*Boot*); **to – off,** sich verziehen, abflauen (*Sturm*), (*rac.*) abfallen; **to – to the tide,** mit der Flut steigen und fallen (*Boot*); **to – up,** abtauchen (*Wale, etc.*); **to – up and down the stream,** mit der Flut steigen und fallen (*Boot*); **to – a boat to a dock,** ein Boot mit dem Heck am Kai festmachen; **the storm –ed away into fitful gusts,** der Sturm flaute zu unregelmäßigen Böen *od.* Windstößen ab.

tail/bay *s.*, Unterhaupt *n.* (*einer Schleuse*); **– block** *s.*, Steertblock *m.*; **–ender** *s.* (*rac. coll.*, *am.*), Allerletzter *m.*, Schlußlicht *n.*; **– gate** *s.*, Unter-, Niedertor *n.* (*Schleuse*); **–-heavy** (*am.*, *coll.*), hecklastig (*Boot*); **– jigger** *s.*, Steerttalje *f.*; **– pipe** *s.*, Saugrohr *n.* (*Pumpe*), (*phys.*) Barometerröhre *f.*; **– shaft** *s.*, Schwanz-, Schrauben-, Propellerwelle *f.*

– splice *s.*, Steertspleiß *m.*; **– tackle** *s.*, Steerttalje *f.*; **– water** *s.*, Stauwasser *n.* (*Talsperre*); **– wind** *s.*, Rückenwind *m.*, Wind *m.* von achtern.

take *v.* (*naut.*), (*Schiff*) aufbringen, kapern, (*tech.*) an-, eingreifen; **– care!** (*int.*), Wahrschau!, Achtung!, Obacht!; **to – aback (sails),** (Segel) backnehmen *od.* -setzen; **to – apart** (*tech.*), auseinandernehmen; **to – down,** ab-, herunternehmen; **to – in,** reffen, einholen (*Segel*); **to – in ballast,** Ballast einnehmen; **to – in petrol,** Treibstoff ein- *od.* übernehmen; **to – in a reef,** ein Segel reffen; **to – in sail,** Segel einholen *od.* bergen; **to – in a signal,** ein Signal auffangen *od.* aufnehmen; **to – in the slack,** (die) Lose durchholen; **to – in tow,** in Schlepp nehmen; **to – into harbo(u)r** *or* **port,** (*Boot*) in den Hafen einbringen; **to – off,** von Bord bringen; nachlassen, aufhören (*Sturm, Regen*), vom Wasser abheben (*Wasserflugzeug*); **to – on board,** an Bord nehmen; **to – out (of),** (*Mast*) (her)ausnehmen (aus); **to – out of harbo(u)r** *or* **port,** aus dem Hafen lotsen (*Boot*); **to – out to sea,** auslotsen (*Boot*); **to – over,** (*Lotsen, etc.*) an Bord nehmen, (*See*) übernehmen; **to – over the watch,** die Wache übernehmen; **to – to the boats,** in die Boote gehen (*Seenot*); **to – to the water,** vom Stapel laufen (*Boot*); **to – up,** an Bord nehmen, (*tech.*) (ab)dichten, (ein)spannen, spielfrei einstellen, (*coll.*) schön werden, sich bessern (*Wetter*); **to – up position behind the starting line** (*iceyacht racing*), Aufstellung *f.* hinter der Startlinie nehmen; **to – up speed,** Fahrt aufnehmen; **to – the altitude of the sun,** die Sonnenhöhe messen *od.* nehmen; **to – a bearing** (*naut.*), peilen; **to – the bearings of a landmark,** eine Landmarke (an)peilen; **to – an angle (of),** den Winkel messen (von); **to – an astronomical sight** (*naut.*), eine astronomische Beobachtung machen *od.* anstellen; **to – a cast,** loten; **to – charge,** Luv bekommen (*Boot*); ausrauschen (*Leine*); **to – charge of,** (eine Funktion an Bord) übernehmen; **to – the conn,** das Ruder *od.* Steuer *od.* Kommando übernehmen; **to – the ground,** auflaufen, trockenfallen (*Boot*); **to – a hand in a race,** an einer Regatta teilnehmen; **to – the height of the sun,** die Sonnenhöhe messen; **to – a hitch** *or* **heel,** überholen, sich überlegen (*Boot*); **to – hold,** fassen (*Anker, etc.*); **to – hold of,** wahrnehmen; **to – hold of the line,** die Leine (*beim Anlegen*) entgegen- *od.* wahrnehmen; **to – the measurements (of),** (*Segel, etc.*) vermessen; **to – an observation,** die Höhe nehmen (*von Sonne, etc.*); **to – the pilot,** den Lotsen an Bord nehmen *od.* übernehmen; **to – readings,** (Instrumente) ablesen; **to – refuge** *or* **shelter,** Schutz suchen vor, Zuflucht nehmen vor (*Sturm, etc.*); **to – the seas,** die See(n) nehmen (*Boot*); **to – ship,** an Bord gehen, sich einschiffen; **to – a sight,** die Höhe nehmen (*von Sonne, etc.*); **to – soundings,** (aus)loten; **to – the sun's altitude,** die Sonne schießen, die Sonnenhöhe (mit dem Sextanten) messen; **to – a sun sight,** die Sonnenhöhe messen; **to – the torque** (*phys.*), dem Drehmoment widerstehen; **to – a tow,** Schlepperhilfe annehmen, in Schlepp genommen werden; **to – turns,** sich ablösen (*Wache, etc.*); **to – turns at the helm,** sich (gegenseitig) am Ruder ablösen *od.* abwechseln; **to – wake,** im Kielwasser (*eines Bootes*) segeln *od.* fahren; **to – a warp off,** (*Leine*) ausfahren, (*Anker*) ausbringen; **to – the watch,** die Wache übernehmen; **to – water,** leck sein, Wasser machen (*Boot*); Wasser *od.* Seen übernehmen (*Boot*); **to – the water,** vom Stapel laufen (*Boot*); **a harbo(u)r easily taken in a storm,** ein bei Sturm leicht erreichbarer *od.* zu erreichender Hafen.

take / (-)down *adj.*, zusammenlegbar, zusammensetzbar; zerlegbar (*laufendes Gut*); **–-up** *s.*, Spanner *m.*, Spannvorrichtung *f.*; **–-ups** (*pl.*), Abnäher (*pl.*) (*im Segel*); **–-ups** (*pl.*) **in the leech** (*am.* **leach**), Abnäher (*pl.*) im Achterliek.

taking *s.* **on board (ship),** Übernahme *f.* an Bord.

talk *v.*, **to – a ship,** ein Schiff anpreien; **to – by signals,** sich durch Signale verständigen *od.* verständlich machen.

talking *adj.* **beacon** (*coll.*), akustische Bake *f.*, (*radar*) akustischer Leitstrahlsender *m.*

tall *adj.*, hoch, sehr lang (*Mast*); **– boy** *s.*, Tallboy *m.*, Slatsegel *n.*, hohes schmales Beisegel *n.*

tallow *s.* (*tech.*), Schmiere *f.*; *v.* (*tech.*), schmieren.

tall / spinnaker staysail *s.*, Genua-Stagsegel *n.*; **– story** *s.* (*coll.*), Seemannsgarn *n.*; **– strut** *s.*, Tallboy-Baum *m.*

tally *v.*, (*Schoten*) an-, bei-, dichtholen; **to – on,** ein Tau anholen.

Tampico / broom *s. or* **brush** *s.*, Piassavabesen *m.* (*für das Deck*); **– fibre** *s.* (*am.* **fiber**), **– hemp** *s.*, Piassavafaser *f.*

tandem *s.* (*surf.*), Tandem(-Surfbrett) *n.*; *v.*, mit einem Tandem surfen; **– surfboard** *s.*, Tandem(-Surfboard *od.* -brett) *n.*

tang *s.*, Seetang *m.*

tangent *s.* (*math.*), Tangente *f.*; **– of an angle,** Winkeltangente *f.*; **– of motion** (*phys.*), Bahntangente *f.*; **– compass** *s. or* **galvanometer** *s.*, Tangentenbussole *f.*; **tangential** *adj.*, **– co(-)ordinates** (*pl.*), Linienkoordinaten (*pl.*); **– force** *s.*, Tangential-, Zentrifugalkraft *f.*; **tangent screw** *s.*, Feinschraube *f.* (*am Sextanten*).

tangle *s.*, Vertörnung *f.*, Verhedderung *f.* (*von Tauwerk*), Durcheinander *n.*, Gewirr *n.*, wirrer Knäuel *m.* (*Taue*); *v.*, (sich) verheddern *od.* verwickeln *od.* vertörnen (*Tauwerk, Leinen*).

tangly *adj.*, mit Seetang bedeckt.

tank *s.*, Tank *m.*, Flüssigkeitsbehälter *m.* (*an Bord*); **ballast –,** Ballasttank *m.*, -zelle *f.*; **buoyancy –,** Luftkasten *m.* (*im Boot*); **buoyancy –s** (*pl.*), Auftriebstanks (*pl.*), -zellen (*pl.*); **circulation –,** Umlauftank *m.*; **experimental –,** Schlepprinne *f.*, -tank *m.*; **fresh water –,** (Frisch)Wassertank *m.*; **fuel –,** Brennstofftank *m.*; **towing –,** Schlepprinne *f.*, -tank *m.*; **trim –,** Trimmtank *m.*, -luftkasten *m.*; *v.*, tanken, Treib- *od.* Brennstoff übernehmen; **tankage** *s.*, Fassungsvermögen *n.* eines Tanks; **tank circuit** *s.* (*rad.*), Abstimmkreis *m.*, Anodenkreis *m.* (*von Senderstufen*); **tanker** *s.*, Tanker *m.*, Tankschiff *n.*; **tank / lid** *s.*, Tankdeckel *m.*, Deckel *m.* eines Tanks; **– ship** *or* **steamer** *s.*, Tanker *m.*, Tankschiff *n.*

tap *s.*, **(screw) –** (*tech.*), Schrauben-, Gewindebohrer *m.*, (*elec.*) Stromabnehmer *m.*, (*ind.*) Hitze *f.*, sehr heißes Wetter *n.*; *v.* (*tech.*), ein Gewinde bohren, (*elec.*) mit Stöpsel anschalten; **to – the admiral** (*naut., sl.*), heimlich Rum (*od.* andere scharfe Getränke) anzapfen; **tap bolt** *s.*, Kopf-, Stiftschraube *f.*, -bolzen *m.*, Dübel *m.*

tape *s.*, Kabelgarn *n.*, Litze *f.* (*Tauwerk*); **adhesive –,** Leukoplast *n.*; **insulating –,** Isolierband *n.*

tape *v.*, mit einem Bandmaß *od.* Meßband messen (*Mastabstand, etc.*).

tape / luff *s.*, Tauvorliek *n.*; **--measure** *s.*, Bandmaß *n.*, Zentimetermaß *n.*, Meßband *n.*

taper *s.*, Konizität *f.*, Verjüngung *f.* (*Mast*), (*rad., elec.*) Widerstandsverteilung *f.*; allmähliches Abnehmen *od.* Nachlassen *n.* (*Sturm, Regen*); *v.*, **to – (away** *or* **off),** (sich) verjüngen (*Mast, Tauwerk*); **to – off,** allmählich aufhören *od.* nachlassen (*Regen, Sturm*); **to – to a point,** spitz zulaufen, sich verjüngen (*Mast*); *adj.*, konisch, spitz zulaufend, sich verjüngend (*Mast*); **tapered** *adj.*, **tapering** *adj.*, spitz zulaufend, sich verjüngend (*Mast*); **taper / file** *s.* (*tech.*), Spitzfeile *f.*; **– tap** *s.* (*tech.*), Schrauben-, Gewindebohrer *m.*

tapper *s.*, Morsetaste *f.*

tappet *s.* (*tech.*), Arm *m.*, Hebel *m.*, Daumen *m.*, Nocken *m.* (*einer Welle*), Steuerknagge *f.*; **– gear** *s.*, Nockensteuerung *f.*

tar *s.*, Teer *m.* (*für Tauwerk*), (*coll.*) Teerjacke *f.* (*Spitzname für Seeleute u. Matrosen*); **Jack T–** (*coll.*), Teerjacke *f.* (*Seeleute*); *v.*, teeren (*Tauwerk*); **to – down,** labsalben, lappsalben, mit dem Lappen salben (*stehendes u. laufendes Gut*); **tar / (*or* tarry) antifouling** *s.*, Teer-Antifouling, -Unterwasserfarbe *f.*; **– brush** *s.*, Teerquast *m.*, -quaste *f.*, -pinsel *m.*

tardy *adj.* (*am.*), verspätet; **– start** *s.*, Spätstart *m.*

target *s.* (*radar*), (geortetes) Objekt *n.*, Ziel *n.*, Reflektor *m.*; **– blip** *s.* (*radar*), Echosignal *n.*, Zielzeichen *n.*, -leuchtfleck *m.*; **– discrimination** *s.* (*radar*), Objekt-, Zielunterscheidung *f.*; **– displacement** *s.* (*radar*), Zielauswanderung *f.*; **– representation** *s.* (*radar*), Objekt-, Zieldarstellung *f.*; **– ship** *s.*, Zielschiff *n.*; **– speed** *s.* (*radar*), Geschwindigkeit *f.* des Objekts *od.* Ziels; **– tracking** *s.* (*radar*), Objekt-, Zielverfolgung *f.*

tarnish *s.*, Anlaufen *n.*, Belag *m.*, Trübung *f.*, Überzug *m.* (*Metall*); *v.*, anlaufen (*Metall*).

tarp *s.* (*coll.*), **tarpaulin** *s.*, Persenning *f.*, Segeltuchabdeckung *f.*; Ölzeug *n.* (*Kleidung*), (*coll.*) Teerjacke *f.* (*Seeleute*); *adj.*, aus Persenning, Persenning-.

tarred *adj.*, **– cordage,** geteertes Tauwerk *n.*; **– rope** *s.*, geteertes *od.* schwarzes Tau *n.*; **tarry** *adj.*, geteert (*Tauwerk*); **– breeks** *s.* (*coll.*), Teerjacke *f.* (*Seeleute*).

tartan *s.*, **tartana** *s.*, Tartane *f.* (*Mittelmeersegler*).

taseometer *s.* (*phys.*), (*Art*) Spannungsmesser *m.*

taste *v.*, **to – the wind,** den Wind prüfen.

tatter *s.*, **to tear to –s,** zerfetzen (*Segel*); *v.*, zerfetzen, in Fetzen gehen, zerreißen (*Segel*); **tattered** *adj.* **sails,** zerfetzte Segel (*pl.*).

tattoo *s.*, Tätowierung *f.*, Tatauierung *f.*; *v.*, tätowieren, tatauieren; **tattooage** *s. or* **tattooing** *s.*, Tätowierung *f.*, Tätowieren *n.*, Tatauieren *n.*, eintätowiertes Muster *n.*; **tattooer** *s.*, **tattooist** *s.*, Tätowierer *m.*

taunt *adj.*, sehr hoch *od.* lang (*Mast*).

taut *adj.*, steif, straff, stramm, gespannt (*Tau*), (*naut.*) dicht; **to haul –,** Lose durchholen und steif durchsetzen, (*Schot*) dichtholen.

tauten *v.*, steifholen, -kommen, straff anziehen; sich straffen, straff werden (*Tau, etc.*).

T-bolt *s.*, T-Bolzen *m.*
tea clipper *s.* (*naut.*), Teeklipper *m.*
teak (wood) *s.*, Teak-, Ti(e)kholz *n.* (*Bootsbau*).
team *s.*, Team *n.*, Mannschaft *f.*, Crew *f.*; **– captain** *s.* (*spt.*), Mannschaftskapitän *m.*; **teaming** *s.* Arbeitsteilung *f.* innerhalb einer Mannschaft; **team / mate** *s.*, Bordkamerad *m.*, Partner *m.*, Crew-, Mannschafts-, Teamkamerad *m.*, (*sl.*) Macker *m.* (*Boot u. Pers.*); **– racing** *s.*, Teamsegeln *n.*; **–(-)spirit** *s.*, Team-, Mannschaftsgeist *m.* (*einer Crew*); **–(-)work** *s.*, Teamwork *n.*, -arbeit *f.*, koordinierte Zusammenarbeit *f.* (*an Bord*).
tear *s.*, (Zer)Reißen *n.*; Riß *m.*; **wear and –**, Verschleiß *m.*; *v.*, (zer)reißen; **to – ahead**, weit voraussegeln; **to – apart,** auseinanderreißen; **to – at,** reißen *od.* zerren an (*Sturm an Segeln, etc.*); **to – in two,** entzweireißen; **to – off,** ab-, wegreißen (*Mast*); (*rac.*) mit voller Fahrt *od.* Geschwindigkeit lossegeln; **to – a hole in the sail,** ein Loch ins Segel reißen.
tearing *adj.*, leicht zerreißbar (*Segeltuch*); **– strength** *s.*, (Zer)Reißfestigkeit *f.*
teary *adj.* **(cloth),** geringe Reißfestigkeit *f.* (des Segeltuches).
technical *adj.*, **– data,** technische Daten (*pl.*); **– details** (*pl.*), technische Einzelheiten (*pl.*); **– difficulties** (*pl.*), technische Schwierigkeiten (*pl.*); **technicalities** (*pl.*), technische Einzelheiten (*pl.*); **technicality** *s.*, technischer Zustand *m.*, technische Beschaffenheit *f.*, technische Eigentümlichkeit *f.* *od.* Einzelheit *f.* *od.* Besonderheit *f.*; Fachausdruck *m.*; **technician** *s.*, Techniker *m.*, technischer Fachmann *m.*, (*Segelsport*) Techniker *m.*; **this sailor** *or* **yachtsman is an excellent –,** dieser Segler hat eine brillante (Segel)Technik; **technics** (*pl.*), technische Handhabung *f.*, Handfertigkeit *f.*; technische Einzelheiten (*pl.*).
technique *s.*, Methode *f.*, Technik *f.*, technisches Geschick *n.*, Kunstfertigkeit *f.*; **sailing –,** Segeltechnik *f.*; **steering –,** Steuertechnik *f.*; **trim –,** Trimmtechnik *f.*; **– of sailing (steering, trimming),** Segel(Steuer-, Trimm)technik *f.*
tee *v.* (*elec.*), abzweigen; **to – across** (*elec.*), in Brücke schalten; **to – together** (*elec.*), parallelschalten.
teem *v.*, gießen, strömen(d regnen); **it is –ing with rain,** es gießt in Strömen; **teeming rain** *s.*, strömender Regen *m.*
teinoscope *s.* (*phys.*), Teinoskop *n.* (*Prismenteleskop*).
telautomatics *s./pl.* (*tech.*), (drahtlose) Fernsteuerung *f.*
tele / barometer *s.*, Tele-, Fernbarometer *n.*; **–communication** *s.* (*rad.*), Fern(funk)verbindung *f.*; **–communications** (*pl.*), Fernmeldewesen *n.*; **–compass** *s.*, Fernübertragungskompaß *m.*; **–control** *s.*, Fernsteuerung *f.*, -lenkung *f.*, -betätigung *f.*
telegraph *v.*, signalisieren; **telegraph / board** *s.* (*rac.*), Anzeigetafel *f.* (*f. Regattastand*); **– buoy** *s.*, Kabeltonne *f.*, Telegraphenboje *f.*; Semaphor *m.* *od.* *n.*; **– key** *s.*, Morsetaste *f.*; **telegraphy** *s.*, Telegraphie *f.*, Aufnahme *f.* und Übermittlung elektrischer Signale über Funk; **Morse** (*or* **morse) –,** Morsetelegraphie *f.*; **wireless –,** drahtlose *od.* Morsetelegraphie *f.*
tele / mechanics *s./pl.*, Telemechanik *f.*, mechanische Fernsteuerung *f.*, (*elec.*) drahtlose Übertragung *f.* elektrischer Energie; **–meter** *s.*, Telemeter *n.*, Entfernungsmesser *m.*, (*elec.*) Fernmeßgerät *n.*, -messer *m.*; **–motor** *s.* (*naut.*), Telemotor *m.*; **–-operated** *adj.*, ferngesteuert, -bedient, -betätigt.
telephone *s.*, **telephony** *s.*, **radio –,** Sprechfunk *m.*; **General Ship Radio– Operator's Certificate** *s.*, Sprechfunklizenz *f.*, -zeugnis *n.* (*für den Seefunkdienst*).
tele / photo *s.*, Funkbild *n.*; **–printer** *s.*, Fernschreiber *m.* (*Gerät*); **–recorder** *s.*, Fernregistriergerät *n.*, -instrument *n.*; **–scope** *s.*, Teleskop *n.*, Fernrohr *n.*; **–scope** *adj.*, ausziehbar; ineinander-, zusammenschiebbar; **–scope mast** *s.*, Teleskopmast *m.*; **–scopic** *adj.*, ausziehbar; ineinander-, zusammenschiebbar; **–scopic aerial** *s.* (*am.* **antenna**), Teleskopantenne *f.*; **–scopic berth** *s.*, ausziehbare *od.* Ausziehkoje *f.*; **–scopic mast** *s.*, ausziehbarer *od.* Ausziehmast *m.*, Teleskopmast *m.*; **–station** *s.*, Fernsehsender *m.*, -station *f.*; **–thermograph** *s.*, selbstregistrierendes Telethermometer *n.*; Telethermogramm *n.*; **–thermometer** *s.*, Fern-, Telethermometer *n.*; **–thermometry** *s.*, Telethermometrie *f.*, Temperaturfernmessung *f.*; **–typewriter** *s.*, Fernschreiber *m.*; **–vision** *s.*, Fernsehen *n.*; **on –vision,** im Fernsehen; **–vision radar navigation** *s.*, Fernseh-Radarnavigation *f.*
tell *v.*, **to – (against),** sich deutlich abheben *od.* deutlich hervortreten (gegen, von).
telltale *s.*, Verklicker *m.* (*am Ruder*), Verklikker *m.*, Flögel *m.*, Windrichtungsanzeiger *m.* (*am Masttopp od. Drehvorrichtung mit dem Stander*), Telltale *n.*, Strömungs-, Windfaden *m.* *od.* -bändsel *n.*, Wollfaden *m.* (*am Segel*), Hängekompaß *m.*; Axiometer *n.*, (*tech.*) selbsttätige Registriervorrichtung *f.*, (*coll.*)

Spion *m.* (*Genuafenster, Windbändsel*); **to watch the –s,** auf die Windbändsel *od.* (*coll.*) Spione achten; **the –s are luffing,** die Windfäden wehen nach Luv aus; **the –s are streaming,** die Windbändsel strömen *od.* wehen aus; **telltale / board** *s.* (*rac.*), Anzeigetafel *f.* (*Regattastand*); **– compass** *s.*, Hänge-, Deckenkompaß *m.* (*in der Kajüte*); **– lamp** *s.*, Signallampe *f.*; **– signal** *s.*, Warn(ungs)signal *n.*; **– window** *s.*, Wind-, Wollfaden-, Telltalefenster *n.* (*im Segel*).

telly *s.* (*coll.*), Fernsehen *n.*; Fernsehempfänger *m.*, -seher *m.*

telodynamic *adj.* (*phys.*), die Kraftübertragung über Entfernungen betreffend; **– cable** *s.*, Fernkabel *n.*

telstar *s.*, Telstar *m.* (*Nachrichtensatellit*).

temper *s.* (*tech.*), Härter *m.*, Härtemittel *n.*; Härte(grad *m.*) *f.* (*Bootsbau*); *v.*, härten, tempern, den richtigen Härtegrad haben; **temperability** *s.*, Härtbarkeit *f.*

temperate *adj.*, gemäßigt, mild (*Klima*); **– latitudes** (*pl.*) (*geogr.*), gemäßigte Breiten (*pl.*); **temperateness** *s.*, Mildheit *f.*, Milde *f.* (*des Klimas*); **temperate zone** *s.*, **(T– Zone)** (*geogr.*), gemäßigte Zone *f.*

temperature *s.* (*phys.*), Temperatur *f.*; **at a – of 30 degrees,** bei einer Temperatur von 30 Grad; **change in –,** Temperatur(ver)änderung *f.*, -schwankung *f.*; **drop in –,** Temperatur(ab)-fall *m.*; **increase** *or* **rise in –,** Temperaturanstieg *m.*; **the – has dropped (risen) five degrees,** die Temperatur ist um 5 Grad gefallen (gestiegen); **the – is down (up) to minus 2 degrees,** die Temperatur ist auf minus 2 Grad gefallen (gestiegen); **temperature / coefficient** *s.* (*phys.*), Temperaturkoeffizient *m.*, -beiwert *m.*, -verhältnis *n.*; **– curve** *s.* (*phys.*), Temperaturkurve *f.*; **– gradient** *s.* (*phys.*), Temperaturgradient *m.*, -gefälle *n.*; **– indicator** *s.* (*phys.*), Temperaturanzeiger *m.*; **– inversion** *s.*, Temperaturumschlag *m.*; **– stability** *s.*, **stability of –,** Temperaturbeständigkeit *f.*

temperer *s.*, Härter *m.* (*Bootsbau*).

temper screw *s.*, (Ein)Stellschraube *f.*, Setzschraube *f.* (*am Sextanten, etc.*).

tempest *s.*, (*sehr starker od. heftiger*) Sturm *m.*, (*dial.*) Gewitter *n.*; *v.*, stürmen, toben (*Wind, See*); **tempest / -beaten** *adj.*, **--tossed** *adj.*, sturmgepeitscht, -bewegt (*Gewässer*), vom Sturm getrieben (*Boot*); **tempestuous** *adj.*, (stark) stürmisch.

template *s.*, **templet** *s.* (*naut.*), Schablone *f.*, Mall-, Modellbrett *n.* (*Bootsbau*), (*tech.*) Lehre *f.*

temporary *adj.* (*meteor.*), temporär, vorübergehend, zeitweilig; **– high (pressure area)** *s.* (*meteor.*), Zwischenhoch *n.*

tenacious *adj.* (*phys.*), fest, nicht leicht zerreißbar (*Segeltuch, etc.*); **tenacity** *s.* (*phys.*), Reiß-, Zugfestigkeit *f.*

tend *v.*, schwojen, schwoien, schwaien (*Boot*), (*ein Tau, etc.*) aufmerksam beobachten und handhaben; bedienen (*Schiffsmaschine, etc.*), (*meteor.*) tendieren (**to,** zu), sich bewegen *od.* seine Richtung nehmen **(towards,** nach) (*Sturm, etc.*); **to – a boat,** darauf achten, daß ein verankertes Boot beim Schwojen nicht mit der Ankerkette unklar kommt.

tendency *s.*, Richtung *f.* der Ankerkette (*beim verankerten Boot*), (*meteor.*) Tendenz; **– to thunderstorm,** Gewitterneigung *f.*

tender *s.*, Beiboot *n.*, Begleitschiff *n.*, Tender *m.*, Leichter *m.*; **– to Whirlwind,** Beiboot *n.* für *od.* von *od.* der Yacht Whirlwind.

tender *adj.* (*naut.*), rank, unstabil, topplastig (*Boot*); **– boat** *s.*, rankes Boot *n.*; **–foot** *s.*, Greenhorn *n.*, Neuling *m.*, unbefahrener Segler *m. od.* Seemann *m.*

tenderness *s.* (*naut.*), Rankheit *f.*, Unstabilität *f.*, Topplastigkeit *f.* (*eines Bootes*).

tensibility *s.*, Spannbarkeit *f.* (*Segeltuch, Tauwerk*); **tensible** *adj.*, **tensile** *adj.*, dehn-, spann-, streckbar; **– breaking strength** *s.*, Bruchlast *f.* (*von* (*Bootsteilen*); **– force** *s.*, Dehn-, (Zer)Reiß-, Zugfestigkeit *f.* (*Tauwerk*); **– strain** *s.*, Reckbelastung *f.* (*Leinen, Segel*); **– strength** *s.*, Dehn-, (Zer)Reißfestigkeit *f.*; **tensility** *s.*, Dehn-, Streckbarkeit *f.*

tensiometer *s.* (*tech.*), Zug-, Dehnungs-, Spannungsmesser *m.*

tension *s.* (*naut.*), Spann-, Streckvorrichtung *f.*, (*phys.*) Dehnung *f.*, Spannkraft *f.*, Zug *m.*; **– of the cable** *or* **chain,** Zug *m.* der Ankerkette; *v.* (*naut., tech.*), (an)spannen, straffen; **tensional** *adj.* **force** (*phys., tech.*), Spannkraft *f.*

tensioner *s.* (*am., naut.*), Spanner *m.*, Strecker *m.*; **backstay –,** Achterstagspanner *m.*; **line –,** Leinenspanner *m.*; **luff –,** Vorliekstrecker *m.*

tension / lever *s.*, Streckhebel *m.* (*zum Durchsetzen von Tauwerk*); **– rod** *s.*, Spannbolzen *m.*; **– roller** *s.*, Spannrolle *f.*; **– spring** *s.* (*tech.*), Zugfeder *f.*

tenterhook *s.*, Spannhaken *m.*

tephigram *s.* (*meteor.*), Wetterkarte *f.* (*die die atmosphärischen Bedingungen in verschiedenen Höhen anzeigt*).

tepid *adj.* **air,** laue *od.* lauwarme Luft *f.*, mäßig warmes Wetter *n.*

teredo *s.*, Schiffsbohrwurm *m.*
term *s.* (*naut.*), Bildhauerarbeit *f.* (*am Hackebord*), (*astr.*) günstiger Stand *m.* (*eines Planeten*); **technical –,** Fachausdruck *m.*, Terminus technicus *m.*
terminal *s.*, Endbeschlag *m.* (*Tampen*), Terminal *n.*, Ende *n.* (*Tau*), Endstück *n.*, -glied *n.* (*Ankerkette, etc.*), Spitze *f.* (*Mast*), Endhafen *m.*, (*elec.*) (Anschluß)Klemme *f.*, Klemmschraube *f.*, Pol *m.*, Endstecker *m.*; **ball –,** Ballterminal *n.*, Gewindeterminal *n.*; **claw –,** Gabelterminal *n.*; **dinghy –,** Jollenterminal *n.*; **eye –,** Augterminal *n.*; **terminal / value** *s.* (*phys.*), Endwert *m.*; **– velocity** *s.* (*phys.*), Endgeschwindigkeit *f.*; **– voltage** *s.* (*elec.*), Klemmenspannung *f.*
terminator *s.* (*astr.*), Terminator *m.*, Beleuchtungsgrenze *f.* (*auf Mond u. Planeten*).
terraquean *adj.*, **terraqueous** *adj.*, aus Land und Wasser bestehend (*Gebiet, Fläche*).
terrestrial *adj.*, terrestrisch; **– equator** *s.*, Erdäquator *m.*; **– latitude** *s.*, terrestrische Breite *f.*; **– longitude** *s.*, terrestrische Länge *f.*; **– magnetic field** *s.*, erdmagnetisches Feld *n.*; **– magnetic force** *s.*, erdmagnetische (Anziehungs)Kraft *f.*; **– magnetic poles** (*pl.*), Erdmagnetpole (*pl.*); **– magnetism** *s.*, Erdmagnetismus *m.*; **– meridian** *s.*, terrestrischer *od.* Erdmeridian *m.*; **– navigation** *s.*, terrestrische Navigation *f.*; **– pole** *s.*, Erdpol *m.*; **– position** *s.*, terrestrischer Schiffsort *m.*; **– radiation** *s.*, Abendthermik *f.*; **– telecope** *s.*, terrestrisches Fernrohr *n.*
territorial *adj.*, **– boundary,** Hoheitsgrenze *f.*; **– waters** (*pl.*), Hoheitsgewässer *n.* (*pl.*); **territory** *s.*, **maritime –,** Hoheitsgebiet *n.*, Drei- *od.* Zwölfmeilenzone *f.* (*vor der Küste*).
test *s.*, Probe *f.*, Prüfung *f.*, Test *m.*, Versuch *m.*; Untersuchung *f.*, Stichprobe *f.*; *v.*, erproben, prüfen, testen, untersuchen; **to – out (a new sail)** (*coll.*), (ein neues Segel) ausprobieren; **test data** (*pl.*), Prüfergebnisse (*pl.*), -werte (*pl.*); **tested** *adj.*, erprobt, geprüft, getestet, (*coll.*) ausprobiert; **testing** *s.*, Erprobung *f.*, Probe *f.*, Versuch *m.*, Prüfung *f.*; **– instrument** *s.*, Meß-, Prüfgerät *n.*, Testgerät *n.*; **– load** *s.* (*naut.*, *tech.*), Probebelastung *f.*, -last *f.*; **test / load** *s.*, Probebelastung *f.*, -last *f.*; **– plaquette** *s.*, Prüfplakette *f.* (*im Cockpit*); **– result** *s.*, Test-, Prüf-, Versuchsergebnis *n.* (*Probefahrt, etc.*); **– run** *s.*, Probefahrt *f.* (*Boot*).
tetra / chloroethane *s.* (*chem.*), Tetrachloräthan *n.* (*Lösungsmittel*); **–chloroethylene** *s.* (*chem.*), Tetrachloräthylen *n.* (*Lösungsmittel*).
tetragon *s.* (*astr.*), Geviertschein *m.*

textile *adj.*, **– (fibre,** *am.* **fiber) sailcloth,** Segeltuch *n.* aus Textilfaser, Tuchsegel *n.*
texture *s.*, Gewebe *n.*, Struktur *f.* (*Segeltuch*).
thalassic *adj.*, See-, Meer- (*bes. kleinere Meere im Unterschied zu den Ozeanen betreffend*).
thalassometer *s.*, Gezeitenmesser *m.*, Thalassometer *n.*
Thames tonnage *s.*, Thames-Tonnage *f.*, Themse-Vermessung *f.*
thaw *s.*, Tauwetter *n.*; **a – has set in,** Tauwetter hat eingesetzt; *v.*, tauen (*Wetter*), auftauen; **it is –ing,** es taut; **thawy** *adj.*, **it looks –,** es sieht nach Tauwetter aus.
theory *s.*, **– of gravity** (*phys.*), Gravitationslehre *f.*; **– of relativity** (*phys.*), Relativitätstheorie *f.*; **– of sailing, sailing –,** Segeltheorie *f.*
thermal *adj.* (*phys.*), thermisch; **– current** *s.* (*meteor.*), Thermik *f.*, (aufsteigende) Warmluftströmung *f.*; **– equator** *s.* (*meteor.*), thermischer Äquator *m.*; **– fluctuations** (*pl.*), Temperaturschwankungen (*pl.*); **thermals** *s.*/*pl.*, Thermik *f.*, (aufsteigende) Warmluftströmung *f.*
thermic *s.* (*meteor.*), Thermik *f.*, Warmluftströmung *f.*; *adj.*, **– current** *s.*, Thermik *f.*, Warmluftströmung *f.*; **– up-current** *s.*, thermischer Aufwind *m.*; **– wind** *s.*, thermischer Wind *m.*
thermo / barometer *s.*, Thermobarometer *n.*; **–dynamic(al)** *adj.* (*phys.*), thermodynamisch; **–dynamics** (*pl.*), Thermodynamik *f.*; **–electric(al),** thermoelektrisch; **–graph** *s.*, Registrierbarometer *n.*, Thermograph *m.*
thermometer *s.* (*phys.*), Thermometer *n.*, Temperatur-, Wärmemesser *m.*; **centigrade** *or* **Celsius –,** Celsiusthermometer *n.*; **combination –,** Thermometer *n.* mit 3 Skalen (*für Celsius, Réaumur u. Fahrenheit*); **– reading** *s.*, Thermometer(stand)ablesung *f.*, -ablesen *n.*; **thermometric(al)** *adj.* **scale,** Thermometerstand *m.*; **thermometrograph** *s.* (*phys.*), selbstregistrierendes Thermometer *n.*
thermo / phone *s.*, Thermophon *n.*, elektroakustisches Thermometer *n.*; **–static control** *s.*, thermostatische Regelung *f.*; **–tensile** *adj.* (*phys.*), die thermische Spannung betreffend; **–tension** *s.* (*phys.*), thermische Spannung *f.*, Temperaturspannung *f.*
thick *adj.* (*naut.*), dick (*Nebel, Wetter*), diesig (*Wetter*), dicht, neblig, trüb(e), undurchdringlich (*Wetter, Nebel*); **it is coming on –, it is getting –** (*naut.*), es wird dick (*Wetter*), es kommt dick (*Segelmanöver*); **– air** *s.* (*naut.*, *meteor.*), dicke Luft *f.*; **–-and-thin** *adj.* (*naut.*), Violin-; **–-and-thin block** *s.* (*naut.*), Violin-

block *m.*; **– atmosphere** *s.* (*naut.*, *meteor.*), dicke Luft *f.*

thicken *v.*, dicker werden (*Nebel*); **thickening** *s.* (*naut.*), Dicke *f.* (*des Nebels*), (*tech.*) Dichtungsmittel *n.*

thick fog *s.* (*naut.*), dicker Nebel *m.*, dichter Nebel *m.*

thickness *s.* (*naut.*), Dicke *f.* (*Nebel*), Unsichtigkeit *f.* (*Wetter*); **to sail in misty –,** in dicken Nebel laufen; **– of plank,** Plankenstärke *f.*

thick / strake *s.*, Kimmwegerungsgang *m.*; **– stuff** *s.* (*naut.*), Planke *f.*; **– weather** *s.* (*naut.*), dickes *od.* unsichtiges Wetter *n.*, nebliges Wetter *n.*, Nebelwetter *n.*

thief knot *s.*, Diebesknoten *m.*

thigh boots (*pl.*), hohe See- *od.* Wasserstiefel (*pl.*).

thimble *s.*, Kausch(e) *f.*, (*tech.*) Metallring *m.*, Muffe *f.*; **– coupling** *s.*, Kauschenverbindung *f.*; **– eye** *s.*, Auge *n.* (*im Kopfbrett, etc.*), Kausch(e) *f.* (*in Tau od. Draht*); **– integral** *s.*, Integralkausch(e) *f.*; **– joint** *s.*, Kauschenbund *m.*; **– pressing** *s.*, Kauschenpressung *f.*; **– splice** *s.*, Kauschenspleiß *m.*

thin *v.*, dünner werden, sich lichten (*Nebel*).

thin *adj.*, **– light,** fahles *od.* trübes Licht *n.*; **– rain** *s.*, feiner Regen *m.*, Sprüh-, Nieselregen *m.*; **– signal** *s.* (*rad.*), schwaches Signal *n.*; **– wire** *s.*, dünner Draht *m.* (*Drahttauwerk*).

thing / amy *s.*, **–anabob** *s.*, **–amajig** *s.*, **–umbob** *s.*, **–umabob** *s.*, **–umajig** *s.*, **–ummy** *s.* (*coll.*), Ding(sda) *n.*; **gimme the thingummy** (*sl.*), gib mir mal das Dingsbums *od.* das Ding(s) da.

think *v.*, **to – ahead of the boat** (*rac.*), vorausdenken, -planen (*Crew*).

thinner *s.*, **thinning agent** *s.* (*chem.*). Verdünner *m.*, Verdünnungsmittel *n.*

third *s.*, **to be placed** *or* **to come in –** (*rac.*), sich als Dritter placieren; **third / best** *s.* (*rac.*), Dritter *m.*, Drittplacierter *m.*; **--party insurance** *s.*, Haftpflichtversicherung *f.*; **--party risk** *s.*, Haftpflicht *f.*

thirty / -footer *s.*, **--foot yacht** *s.*, 9.15 m-Yacht *f.*; **--seventy (motoryacht)** *s.*, Dreißig-Siebziger *m.* (*Motoryacht*).

thole *s.*, Dolle *f.*, Dulle *f.*, Ruderpflock *m.*, -nagel *m.*; **– board** *s.*, Dollbord *n.*; **– pin** *s.*, Ruder-, Riemendolle *f. od.* -dulle *f.*, Dolle *f.*, Riemengabel *f.*, Ruderpflock *m.*, -nagel *m.*

thoroughfare *s.* (*naut.*), Wasserstraße *f.*, -weg *m.*

trash *v.*, knüppeln, bei rauher *od.* schwerer See gegen Wind und Seegang segeln; **to – (about),** schlagen (*Segel*); **to – about,** knüppeln, gegen Wind und Welle segeln.

thread *s.*, Faser *f.*, Fiber *f.* (*Tauwerk, Bootsbau*), Garn *n.* (*Tauwerk, Segeltuch*), Faden *m.*, Zwirn *m.*, (*tech.*) (Schrauben)Gewinde *n.*, -Gang *m.*

thread *v.*, **to – (through),** sich schlängeln *od.* winden (durch) (*Fluß, etc.*); **to – one's way through the cliffs,** sich einen Weg durch die Schären *od.* Klippen suchen (*Boot*).

thread / pitch *s.* (*tech.*), (Gewinde)Steigung *f.*, -Ganghöhe *f.*; **– sonde** *s.* (*naut.*), Fadensonde *f.*, Telltale *n.*, Windbändsel *n.*, -faden *m.*

threat *s.*, Gefahr *f.*; **there is a – of thunderstorm,** ein Gewitter droht *od.* kündigt sich an *od.* liegt in der Luft; **threaten** *v.*, sich drohend ankündigen, im Anzug sein (*Sturm, etc.*), bedrohlich aussehen (*Wetter*); **the sky –s a storm,** der Himmel kündigt ein Gewitter an *od.* sieht nach Sturm aus; **the weather –s,** das Wetter sieht bedrohlich aus; **threatening weather** *s.*, bedrohliches *od.* bedrohlich aussehendes Wetter *n.*

three / -arm protractor *s.*, Doppelwinkelmesser *m.*, Dreiarm-Transporteur *m.*; **--blade rudder** *s.*, Dreiblatt-, Dreiflächenruder *n.*; **--blade(d) propeller** *s.*, Dreiblattpropeller *m.*; **--coloured lantern** *s.*, Dreifarbenlaterne *f.*, Dreieinigkeitslaterne *f.*; **--cornered hat** *s.* (*naut.*), Dreimaster *m.*, Dreispitz *m.*; **--decker** *s.*, Dreidekker *m.*, -deckschiff *n.*; **–fold block** *s.*, dreischeibiger Block *m.*; **--mast** *adj.*, **--masted** *adj.*, dreimastig, mit 3 Masten; **--masted bark** *or* **barque** *s.*, Dreimastbark *f.*; **--masted fore-and-aft schooner** *s.*, Dreimastgaffelschoner *m.*, -schuner *m.*; **--masted schooner** *s.*, Dreimastschoner *m.*; **--masted ship** *s.*, Dreimaste *m.*, Dreimastschiff *n.*; **--masted square-rigged schooner** *s.*, Dreimast-Rahschoner *m.* -schuner *m.*; **--masted staysail schooner** *s.* Dreimast-Stagsegelschoner *m.*, -schuner *m.* **--masted topsail schooner** *s.*, Dreimast-Toppsegelschuner *m.*; **--master** *s.*, Dreimaster *m* (*Schiff*); **--mile limit** *s.* (*naut.*, *jur.*), Dreimeilengrenze *f.*; **--mile zone** *s.* *or* **belt** *s.* (*naut. jur.*), Dreimeilenzone *f.*; **--phase** *adj.* (*elec.*) dreiphasig, Dreiphasen-; **--ply** *adj.*, dreilagi (*Segeltuch*); dreischichtig (*Kardeel*); **--poin problem** *s.* (*naut.*), Pothenotsche Aufgabe *f* Aufgabe *f.* der vier Punkte (*Schiffsortbestimmung*); **--point suspension attitude** *s.* (*radar*) Sechserstellung *f.*; **--quarter rig** *s.*, Dreiviertelrigg *n.*, -takelung *f.*; **--quarter rigged** *adj* dreiviertel-getakelt (*Boot*); **--quarter ton bo** *or* **yacht** *s.*, Dreivierteltonner *m.*, Dreivierteltonner-Yacht *f.*; **--quarter ton class** *s*

Dreivierteltonner-Klasse *f.* (*Bootsklasse*); **--sheave(d) block** *s.*, dreischeibiger Block *m.*; **--stranded rope** *s.*, dreisträndiges Ende *n.*, dreikardeeliges Tau *n.*; **--way fairlead** *s.*, Dreiweg(e)-Verholklampe *f.*; **--way switch** *s.*, Dreiweg(e)schalter *m.*, -schaltung *f.*; **--wheeled gyrocompass** *s.*, Dreikreiselkompaß *m.*

throat *s.*, Klau *f.* (*einer Gaffel*), Klauohr *n.*, -horn *n.*, Nockohr *n.*, -horn *n.* (*Stagsegel*), Ankerhals *m.*; Knick *m.*, Kehle *f.*, Dünnung *f.* (*im Block, etc.*), (*tech.*) Durchgang *m.*, Öffnung *f.*; **– of a gaff,** Gaffelklau *f.*; **– brail** *s.*, Hals(dämpf)gording *f.*, Brookgeitau *n.*; **– halyard(s)** *s.* (*pl.*), Klaufall *n.*; **– nock** *s.*, Klauohr *n.*, -horn *n.*; **– seizing** *s.*, Aug-, Herz-, Hartbändsel *n.*

throb *s.* **of the ship's engine,** Klopfen *n.*, Pochen *n.*, Pulsieren *n.* des Schiffsmotors *od.* der Schiffsmaschine.

throttle *s.* (*tech.*), Drossel(klappe) *f.*, Drosselventil *n.*; **to pull back on the –** (*naut.*, *tech.*), Gas wegnehmen, den Gashebel zurücknehmen; **to push the – forward** (*naut.*, *tech.*), den Gashebel vorwärtsschieben *od.* -stoßen *od.* nach vorne legen; *v.*, **to – back** *or* **down,** (*Motor*) (ab)drosseln; **throttle / lever** *s.*, Gashebel *m.*; **– valve** *s.*, Drosselklappe *f.*, -ventil *n.*

through *prep.*, **to sail – the lee** (*rac.*), in Lee durchbrechen (*Boot*); *adv.*, **to be wet –,** völlig durchnäßt sein; **the bad weather lasted all –,** das schlechte Wetter dauerte *od.* hielt die ganze Zeit über *od.* hindurch an.

through / bolt *s.*, durchgehender Bolzen *m.*; **–(-plate) centre** (*am.* **center**) **ke(e)lson** *s.*, durchgehendes *od.* -laufendes Mittelkielschwein *n.*

throughout *adv.*, **today has been fine –,** heute war es den ganzen Tag schön, heute hielt das schöne Wetter den ganzen Tag über an.

throw *s.*, Hubhöhe *f.*, -länge *f.*, -spiel *n.* (*eines Kolbens*), Kröpfung *f.* (*einer Welle*), (Zeiger-) Ausschlag *m.* (*Meßgerät, Kompaß*), Galvanometerausschlag *m.*; *v.*, werfen, (*Hebel*) umlegen; **to – about,** über Stag gehen; **to – off the cable,** die Ankerkette (vom Spill) abnehmen *od.* loswerfen; **to – out of gear,** (*Boot, Maschine, Motor*) (ab)stoppen; **to – overboard,** über Bord werfen (*Boje, etc.*); **to – up in** *or* **on the wind,** (*Boot*) in den Wind drehen *od.* bringen; **to – a race,** mit Absicht verlieren; **the storm threw the boat on(to) a rock,** der Sturm warf das Boot auf eine Klippe; **throw / -off** *s.* (*tech.*), Abstellen *n.*; **--out** *s.* (*tech.*), Ausschaltung *f.*, Ausschalten *n.*

thrum *v.* (*naut.*), (*Matte, etc.*) bespicken; **thrum mat** *s.*, Schamfil(ungs)matte *f.*; **thrums** (*pl.*) (*naut.*), Fuchsjes (*pl.*).

thrust *s.* (*naut.*, *tech.*), Schub(kraft *f.*) *m.*; Sog *m.*, Saugkräfte (*pl.*) (*am Boot, vom Schraubenantrieb*), Über-, Unterdruck *m.*; Stoß *m.*; **– bearing** *s.* (*tech.*), Druck-, Schub-, Axiallager *n.*; **– cleat** *s.*, Hornklampe *f.*; **thrustor** *s.*, Servomotor *m.*; **thrust shaft** *s.*, Druck(lager)-welle *f.*

thumb *s.*, **rule of –,** Faustregel *f.*; **by rule of –,** über den Daumen gepeilt, erfahrungsgemäß; **thumb / cleat** *s.*, Nock-, Stoßklampe *f.*, Reffklampe *f.*; **– nut** *s.*, Flügelmutter *f.*; **– screw** *s.*, Flügelschraube *f.*, Klemmschraube *f.*

thunder *s.*, Donner *m.*; **blast** *or* **clap** *or* **crack** *or* **peal of –,** Donnerschlag *m.*; *v.*, donnern; **thunder / and lightning** *s.*, Gewitter *n.*, Unwetter *n.*, Blitz *m.* und Donner; **–blast** *s.*, Donnerschlag *m.*; **–bolt** *s.*, Blitz(strahl) *m.*; **--charged** *adj.*, gewittergeladen (*Luft*); **–clap** *s.*, Donnerschlag *m.*; **–cloud** *s.* (*meteor.*), Gewitterwolke *f.*, Cumulonimbus *m.*; **–crack** *s.*, Donnerschlag *m.*; **–gust** *s.* (*am.*), Gewitterbö *f.*; **–head** *s.* (*meteor.*), Gewitterwolke *f.*, aufquellende Haufenwolke *f.*, Quellwolke *f.*, Cumulonimbus *m.*; **–peal** *s.*, Donnerschlag *m.*; **–shower** *s.*, Gewitterschauer *m.*, -regen *m.*; **– squall** *s.*, Gewitterbö *f.*; **–storm** *s.*, Gewitter *n.*, Unwetter *n.*; **–storm warnings** (*pl.*), Gewitterwarnung *f.*; **–stroke** *s.*, Donnerschlag *m.*; **–struck** *adj.*, vom Blitz getroffen (*Boot, etc.*).

thund(e)rous *adj.*, **thund(e)ry** *adj.* (*coll.*), gewittrig, gewitterschwül, donnernd.

thwart *s.*, Ducht *f.*, Ruderbank *f.*, -ducht *f.*; **after –,** Backstag *n.*; **compass –,** Kompaßducht *f.*; **mast –,** Mastducht *f.*; **transverse –,** Querducht *f.*; **thwartship** *adj.*, querschiffs liegend *od.* verlaufend; **thwartships** *adv.*, querschiffs, dwars.

tick *v.*, **to – over,** leerlaufen (*Motor*).

ticket *s.* (*naut.*), Führerschein *m.*, Lizenz *f.*; (Fahr)Karte *f.*

tidal *adj.*, den Gezeiten unterworfen, Gezeiten-; von den Gezeiten abhängig, sich nach den Gezeiten richtend, Flut-; in regelmäßigen Abständen steigend und fallend (*Gewässer*); **– atlas** *s.*, Gezeiten-, Stromatlas *m.*; **– basin** *s.*, Tidebecken *n.*; **– calculation** *s.*, Gezeiten(be)rechnung *f.*; **– chart** *s.*, Gezeitentafel *f.*, -tabelle *f.*; **– computation** *s.*, Gezeitenrechnung *f.*; **– constituent** *s.*, Gezeitenkomponente *f.*; **– current** *s.* (*am.*), Tidenstrom *m.*; **– current atlas** *s.* (*am.*), Tidenstromatlas *m.*; **– current chart** *s.* (*am.*), Tidenstromtafel *f.*, -tabelle *f.*; **– datum** *s.*, Normal Null, (*geogr.*)

Über dem Meeresspiegel; – **diagram** *s.*, Tidenkurve *f.*; – **difference** *s.*, Gezeitenunterschied *m.*; – **fall** *s.*, Tidenfall *m.*; – **friction** *s.*, Gezeitenreibung *f.*; – **harbo(u)r** *s.*, Tide-, Fluthafen *m.*, offener Hafen *m.*; – **inequality** *s.*, Gezeitenungleichheit *f.*; – **inlet** *s.*, Priel *m.*; – **lift** *s.*, Tidenhub *m.*, -stieg *m.*; – **light** *s.*, Gezeitenfeuer *n.*, -befeuerung *f.*; – **marigram** *s.* (*am.*), Tidenkurve *f.*; – **plane** *s.* **of reference,** Normal Null, (*geogr.*) Über dem Meeresspiegel; – **range** *s.*, Tiden-, Gezeitenhub *m.*; – **register** *s.*, Pegel *m.*; – **rise** *s.*, Tidenstieg *m.*; – **river** *s.*, Tidefluß *m.*, dem Wechsel der Gezeiten unterworfener Fluß *m.*, von Ebbe u. Flut abhängiger Fluß *m.*, Gezeitenstrom *m.*; – **river boundary** *s.*, Tidegrenze *f.* (*eines Gezeitenstroms*); – **shore** *s.*, Gezeitenküste *f.*, Küste *f.* mit Ebbe u. Flut, dem Gezeitenwechsel unterworfene Küste *f.*; – **(shore) occurence** *s.*, Tideerscheinung *f.* (*in Küstengewässern*); – **stream** *s.*, Tiden-, Gezeitenstrom *m.*; – **stream atlas** *s.*, Gezeitenstromatlas *m.*; – **stream chart** *s.*, Gezeitenstromtafel *f.*, -tabelle *f.*; – **stream diagram** *s.*, Tidenstromkurve *f.*; – **stream table** *s.*, Tiden- *od.* Gezeitenstromtafel *f.*, -tabelle *f.*; – **triangle** *s.*, Stromdreieck *n.*; – **waters** (*pl.*), Tidengewässer (*pl.*); **landing pontoon for – waters** (*pl.*), Schlengel *m.*; – **wave** *s.*, Gezeiten-, Flutwelle *f.*; Sturmflut *f.*; riesige (Flut)Welle *f.*, Tsunami (*bes. als Folge von Erd- od. Seebeben*).

tide *s.*, Gezeit(en *pl.*) *f.*, Tide *f.*, Tiden (*pl.*), Flut *f.*, Ebbe und Flut *f.*; Gezeitenstrom *m.*, -strömung *f.*; **ebb –,** Ebbe *f.*; **fair –,** Mitstrom *m.*; **falling –,** ablaufendes Wasser *n.*, Ebbe *f.*; **foul –,** Gegen-, Neerstrom *m.*; **half –,** Mittelwasser *n.*; **high –,** (Tiden)Hochwasser *n.*, Flut *f.*, höchster Flutstand *m.*; **inrunning –,** auflaufendes Wasser *n.*; **lee(ward) –,** Leetide *f.*; **low –,** (Tiden)Niedrigwasser *n.*, Ebbe *f.*, niedrigster Wasserstand *m.*; **lunar –,** Mondtide *f.*; **mean –,** Mittelwasser *n.* (*Gezeit*); **meteorological –,** meteorologisch bedingte Gezeit(en *pl.*) *f.*; **neap –,** Nipptide *f.*, -zeit *f.*, -flut *f.*; **rising –,** auflaufendes Wasser *n.*, auflaufende Flut *f.*; **spring –,** Springflut *f.*, -tide *f.*; **storm –** (*am.*), Sturmflut *f.*; **summer (winter) –,** Sommer(Winter)zeit *f.*; **weather** *or* **windward –,** Luvtide *f.*; **height of (the) –,** Höhe *f.* der Gezeit (*höchster od. niedrigster Wasserstand*); **outflow of the –,** ablaufendes Wasser *n.*, Ebbstrom *m.*; **range of the –s** (*pl.*), Tiden-, Gezeitenerscheinung *f.*, Tiden-, Gezeitenhub *m.*; **set of (the) –,** Stromrichtung *f.*; **turn of the –,** Stromkenterung *f.*, Gezeitenwechsel *m.*; **the – is coming in,** die Flut steigt; **the – is going out,** die Flut fällt; **the – is in,** es ist Flut; **the – is out,** es ist Ebbe; **the – is rising,** die Flut *od.* Tide läuft auf; **the – is running out,** die Flut *od.* Tide läuft ab, es läuft Ebbe; **the – is turning** *or* **turns,** die Tidenströmung kentert; **to ride the –,** strom(ge)recht liegen (*Boot*); **to sail on the –,** mit der Flut auslaufen.

tide *v.*, mit dem Gezeitenstrom *od.* mit der Tide ein- *od.* auslaufen; fließen, strömen (*Gezeit*), mit dem Strom treiben (*Boot*); **to – on(ward),** weitertreiben (*Boot*); **to – a boat up (the) river,** (ein Boot) stromaufwärts treiben (*Flut*).

tide / -borne *adj.*, strom(ge)recht liegen (*Boot*); – **calendar** *s.*, Tidenkalender *m.*; – **creek** *s.*, Priel *m.*; – **curve** *s.*, Tidenkurve *f.*

tided *adj.*, durch die Gezeiten beeinflußt, Gezeiten aufweisend (*Küste, etc.*).

tide / day *s.* (*naut.*), Gezeitentag *m.*; – **dial** *s.*, Gezeitenpegel *m.*; – **district** *s.*, Wattengebiet *n.*; – **fairway** *s.*, Watt-Fahrrinne *f.*, Fahrrinne *f.* im Watt; – **gate** *s.*, Flut(schleusen)tor *n.*, -gatter *n.*; – **ga(u)ge mark** *s.*, (Gezeiten)Pegel *m.*, Flutmesser *m.*, Hochwasserlinie *f.*; **–land** *s.*, Watt *n.*, Wattenmeer *n.*; **–less** *adj.*, ohne Gezeiten, gezeitenlos (*Gewässer*); – **level** *s.*, Wasserstand *m.*; – **lock** *s.*, Dock-, Flutschleuse *f.*; – **mark** *s.*, Gezeiten(pegel)marke *f.*, Pegelstand *m.*; – **pool** *s.*, bei Eintritt der Ebbe zurückbleibender Wassertümpel; – **predictor** *s.*, Gezeitenrechner *m.*; – **range** *s.*, Tidenhub *m.*, -stieg *m.*; – **rip** *s.*, Stromwelle *f.* der Gezeiten; – **rips** (*pl.*), Strom-, Tidenkabbelung *f.*; **– -rode** *adj.*, strom(ge)recht, auf die Gezeit schwojend; **to be – -rode,** strom(ge)recht liegen(d), auf den Strom geschwojt sein *od.* schwojend (*Boot*); – **staff** *s.*, Schiffahrtspegel *m.*; – **table** *s.*, Gezeitentafel *f.*, Tidenkalender *m.*; **–water** *s.* (*am.*), den Gezeiten unterworfenes Gewässer *n.*; (das Watt bedeckendes) Flut- *od.* Gezeitenwasser *n.*; Flutgebiet *n.* der Meeresküste(n); **–water** *adj.*, an der Gezeitenküste liegend, Tidenküsten-; **–water creek** *s.* (*am.*), Priel *m.*; **–water current** *s.* (*am.*), Tidenküstenstrom *m.*, -strömung *f.*; **–water district** *s.* (*am.*), Wattengebiet *n.*; – **wave** *s.*, Gezeiten-, Flutwelle *f.*; **–way** *s.*, Priel *m.*; **navigable –way** *s.*, Wattstrom *m.*, schiffbare Fahrrinne *f.* im Watt; – **wind** *s.*, Stromwind *m.*

tidology *s.*, Lehre *f.* von Ebbe und Flut, Gezeitenlehre *f.*

tie *s.*, Beschlagzeising *m.*, Drehreep *n.*, (*tech.* Klammer *f.*, Verbindungsstück *n.*, (*spt.*

Punktgleichheit *f.*, Gleichstand *m.*; **to end in a –** (*rac.*), punktgleich enden (*Regatta*).

tie *v.*, (bei-, zusammen)bändseln, (*rac.*) punktgleich sein, gleichstehen, (*tech.*) festmachen, verankern, befestigen, festbinden; **to – in a reef,** ein Reff einbinden *od.* einlegen *od.* eindrehen *od.* stecken; **to – in a stop,** (*Vorsegel od. Spinnaker*) einbinden *od.* sichern; **to – together,** (bei-, zusammen)bändseln; festzurren; **to – up,** bei-, zusammenbändseln, festmachen, belegen (*Boot*), (*Boot*) vermuren *od.* vertäuen.

tie / bolt *s.*, Ankerbolzen *m.*; **–-breaking** *adj.*, hart, heiß, scharf, schwierig (*Regatta*); **– plate** *s.*, Lukenstringer *m.*

tier *s.* (*naut.*), Lage *f.*, Schicht *f.*; **– of beams,** Balkenlage *f.*; *v.*, **to – up,** (*naut.*), auf(einander)schichten (*Ankerkette, etc.*).

tie / rope *s.*, Bändsel *n.*; **– stop** *s.*, (Unterschlags)Bändsel *n.*; **–-tie** *s.* (*naut.*), Hängematts-Nitzel *n.*, -Lasching *f.*

tight *adj.* (*naut.*), dicht, stark (*gerefft, etc.*), abgedichtet, dicht schließend, nicht leck, undurchlässig, (*tech.*) fest, straff, gespannt; **to haul –,** dichtholen, (*die Schot*) durchholen *od.* steifsetzen; **hold –!** (*int.*), Festhalten!, Nicht loslassen!

tighten *v.*, dichten, stark reffen, (fest) anziehen, festziehen, spannen, straffen (*Tau, etc.*), sich straffen *od.* fest zusammenziehen, (*tech.*) abdichten; **to – up,** dichtholen, steifsetzen (*Schot, Leinen*); **to – a screw,** eine Schraube anziehen; **tightener** *s.* (*naut., tech.*), Spanner *m.*, Spannrolle *f.*; **tightening / compound** *s.* (*naut., tech.*), (Leck)Dichtungsmasse *f.*; **– key** *s.*, Stell-, Gegenkeil *m.*; **– pulley** *s.*, Spannrolle *f.*; **– screw** *s.*, Spannschraube *f.*

tight / fit *s.* (*tech.*), Feinpassung *f.*; **–-fitting** *adj.* (*tech.*), genau an- *od.* eingepaßt, Paß-; **–-fitting bolt** *s.*, Paßbolzen *m.*; **–-fitting screw** *s.*, Paßschraube *f.*; **– knot** *s.*, dichter *od.* fester *od.* steifer Knoten *m. od.* Stek *m.*; **–-leeched** *adj.* (*am.* **-leached**), mit geschlossenem Achterliek, dicht *od.* geschlossen im Achterliek (*Segel*).

tiller *s.*, Pinne *f.*, Ruderpinne *f.*, Steuerstange *f.*, (*tech.*) Griff *m.*; **emergency –,** Notpinne *f.*; **to put the –,** (das) Ruder legen; **– chain** *s.*, Ruder-, Steuerkette *f.*; **– extension** *s.*, (Pinnen)Ausleger *m.*; **– flat** *s.*, Ruder-, Steuerraum *m.*; **– head** *s.*, Ruderpinnenkopf *m.*, Kopf *m. od.* Ende *n.* der Ruderpinne; **–less** *adj.*, steuer-, ruderlos (*Boot*); **– rope** *s.*, Steuerreep *n.*, -seil *n.*, -leine *f.*, Jochleine *f.*

tilt *s.*, Krängung *f.*, Schräglage *f.*, Neigung *f.* (*eines Bootes*), Sich-Schräglegen *n.* (*Boot*), Sonnensegel *n.*; **on a** *or* **the –,** gekrängt, in schräger Lage (*Boot, Deck*); *v.*, (*Boot*) krängen *od.* in Schräglage bringen, (*Boot*) zum Kentern bringen; krängen, sich schräg legen (*Boot*); **to – over** *or* **up,** krängen (*Boot*); **to be –ed at an angle of 30 degrees,** einen Krängungswinkel von 30 Grad haben (*Boot*); **tilt boat** *s.*, mit einem Sonnensegel *od.* einer Schutzplane eingedecktes *od.* bedecktes Boot *n.*

tilting / angle *s.*, Kenterwinkel *m.*, Krängungswinkel *m.*; **– moment** *s.*, Kentermoment *n.*

timber *s.*, (Bootsbau)Holz *n.*, Inholz *n.*, (hölzernes) Spant *n.*; (*pl.*) Spantenwerk *n.*; **floor –,** Bodenwrange *f.*; **– for shipbuilding,** Boots- *od.* Schiffbauholz *n.*; **–s** (*pl.*) **of a boat,** Spantenwerk *n.* eines Holzbootes; **– and a half hitch** *s.*, Balken- und Halbstich *od.* -stek *m.*, Balkenstek *m.*; **–head** *s.*, Pollerkopf *m.*, Poller *m.*; **– hitch** *s.*, Balken-, Zimmermannsstek *m.*; **to –hitch a rope,** ein Ende mit einem Balkenstek feststecken.

time *s.*, Zeit *f.*, Zeitpunkt *m.*, Zeitdauer *f.*; **apparent** *or* **solar –** (*astr.*), wahre Sonnenzeit *f.*; **astronomical –,** astronomische Zeit *f.*, Sternzeit *f.*; **Central European –,** Mitteleuropäische Zeit *f.*; **civil –,** bürgerliche Zeit *f.*; **elapsed –** (*rac.*), gesegelte Zeit *f.*, berechnete Zeit *f.*; **Greenwich mean –,** mittlere Greenwich-Zeit *f.*; **local mean –,** mittlere Ortszeit *f.*; **mean –,** mittlere (Sonnen)Zeit *f.*; **spring –,** Frühling *m.*, Frühjahr *n.*; **standard –,** Orts-, Zonenzeit *f.*; **stopping –,** Stoppzeit *f.* (*eines Bootes*); **summer –,** Sommerzeit *f.* (*Vorrücken der Uhr um 1 Stunde*); **true –,** wahre Ortszeit *f.*, wahre Sonnenzeit *f.*; **zone –,** Zonenzeit *f.*; **correction of –** (*rac.*), Zeitvergütung *f.*; **difference of –** (*rac.*), Zeitunterschied *m.*; **to gain –** (*rac.*), Zeit gewinnen *od.* machen; **to lose –** (*rac.*), Zeit verlieren; **to make up (for) lost –** (*rac.*), verlorene Zeit wieder aufholen; **to waste –** (*rac.*), Zeit verschwenden; **– of demurrage** (*naut.*), Überliegezeit *f.*, -tage (*pl.*); **– of high (low) water,** Hoch(Niedrig)wasserzeit *f.* (*Gezeiten*); **– of origin,** Abgangs-, Aufgabezeit *f.* (*Funkspruch*); **– of oscillation** (*phys.*), Schwingungsdauer *f.*; **– of polymerization,** Härtezeit *f.* (*GFK-Bootsbau*); **– of receipt,** Eingangs-, Empfangszeit *f.* (*Funkspruch*); **– of setting in,** Eintrittszeit *f.* (*der Tide*); *v.*, **to – the speed,** die Geschwindigkeit messen.

time / and altitude azimuth *s.*, Höhenzeitazimut *m.*; **– and height difference** *s.*, Anschlußwerte (*pl.*) (*Gezeitenrechnung*); **– allowance** *s.* (*rac.*),

Zeitvorgabe *f.*, -vergütung *f.*; – **angle** *s.* (*astr.*), Stundenwinkel *m.*; – **ball** *s.* (*rac.*), Zeitball *m.*, -zeichen *n.*; – **belt** *s.* (*am.*, *geogr.*), Zeitzone *f.*; – **-consuming** *adj.* (*rac.*), zeitraubend; – **correction factor** *s.* (*rac.*), Zeitberichtigungsfaktor *m.*; – **correction factor system** *s.* (*rac.*), Zeitvergütung(ssystem *n.*) *f.*, Zeitberichtigungsfaktor *m.*, TCF-System *n.*; – **delay** *s.* (*rac.*), Zeitverzögerung *f.*; – **difference** *s.*, Zeitunterschied *m.*, -verschiebung *f.*; – **difference** *s.* **and ratio of range,** Anschlußwerte (*pl.*) (*Gezeitenrechnung*); – **equation** *s.*, Zeitgleichung *f.*; – **interval** *s.*, Zeitintervall *n.* (*Tide*); –**keeper** *s.*, Chronometer *n.*; (*rac.*) Zeitnehmer *m.*; – **lag** *s.* (*rac.*), (zeitliche) Verzögerung *f.*, (*tech.*) zeitliche Nacheilung *f.* *od.* Rücktrift *f.*, Schleppzeit *f.*; – **loss** *s.* (*rac.*), Zeitverlust *m.*; – **made good,** beschickte Zeit *f.*; – **piece** *s.*, Chronometer *n.*, Stoppuhr *f.*, Zeitmesser *m.*

timer *s.* (*rac.*), Stoppuhr *f.*, Zeitnehmer *m.*

time / -saving *adj.* (*rac.*), zeitsparend; – **sequence** *s.*, Zeitfolge *f.* (*Leuchtfeuer, etc.*); – **sight** *s.* (*naut.*), Sternhöhenmessung *f.*; – **signal** *s.* (*rad.*), Zeitzeichen *n.*; – **table** *s.*, Zeittabelle *f.* (*des Eintritts der Gezeiten, etc.*), Gezeitentabelle *f.*; – **zone** *s.* (*geogr.*), Zeitzone *f.* (*in der eine Standardzonenzeit gilt*); **T–Zone Chart** *s.* (*meteor.*), Zeitzonenkarte *f.*

timing *s.* (*rac.*), (richtige) Zeiteinteilung *f.*, richtige zeitliche Einteilung *f.* *od.* Disposition *f.*; Temporegulierung *f.*; Zeitmessung *f.*, (*tech.*) zeitliche Steuerung *f.*, genaue zeitliche Berechnung *f.*; – **switch** *s.* (*tech.*), Zeitschalter *m.*, -schaltwert *m.*

tindal *s.* (*ind.*), Maat *m.*

tin / fish *s.* (*naut.*, *sl.*), Aal *m.* (*Torpedo*); –**foil** *s.*, Stanniol(papier) *n.*

tinged *v.pr.p.*, **clouds – with purple,** leicht purpurgefärbte Wolken (*pl.*) (*Wetterzeichen*).

tingle *s.*, Beißen *n.* (*Kälte*).

tinker *s.* (*naut.*, *sl.*), Stümper *m.*, Pfuscher *m.*; *v.*, **to – (up),** (*etw.*) schnell zusammenflicken *od.* -pfuschen; **tinkerly** *adj.*, stümperhaft, zusammengepfuscht.

tip *s.*[1], Neigung *f.*, Schräglage *f.* (*Boot*); *v.*, **to – (over),** sich neigen *od.* schräg- *od.* überlegen (*Boot*), eine geneigte *od.* schräge Lage haben (*Deck, Boot*).

tip *s.*[2], Spitze *f.* (*Mast*), (*tech.*) Endstück *n.*, Düse *f.*; – **of (the) blade,** Propellerblatt-, -flügelspitze *f.*; – **of the mast,** Mastspitze *f.*, -topp *m.*

tipped over *adj.*, kieloben (*Boot*).

tipping / (-over) angle *s.*, Kenterwinkel *m.*; –**(-over) moment** *s.*, Kentermoment *n.*

tip-up *adj.*, aufklappbar, Klapp-; **tip-up seat** *s.* **for hiking,** Ausreitklappsitz *m.* (*Kielyacht*).

tired *adj.*, erschöpft, müde, verbraucht, abgenutzt (*Segeltuch, Material, etc.*).

tissue *s.*, (Segeltuch)Gewebe *n.*

titanium *s.* (*chem.*), Titan *n.*, (Ti) (*Yachtbau*).

title *s.* (*spt.*), Titel *m.*; **challenger for the –** (*spt.*), Titelbewerber *m.*, -in *f.*; **to lose the –** (*spt.*), den Titel verlieren; – **expectant** *s.* (*spt.*), Titelanwärter *m.*, -in *f.*; –**holder** *s.* (*spt.*), Titelverteidiger *m.*, -in *f.*, Meister *m.*, -in *f.*

tjalk *s.*, Tjalk *f.* (*holländischer Küstensegler mit Seitenschwertern*).

to-and-fro *adj.*, hin und her (bewegend), auf und ab (*Boot*); **to sway –,** dümpeln (*Boot*); – **motion** *s.*, Dümpeln *n.*, Hin- und Herbewegung *f.*, Auf- und Abbewegung *f.* (*eines Bootes*).

tocsin *s.* (*naut.*), Alarm-, Sturmglocke *f.*; Warnsignal *n.*

toe *s.* (*tech.*), Daumen *m.*, Nase *f.*, Nocken *m.*; –**board** *s.*, Fußbrett *n.* (*im Boot*); –**-rail** *s.*, Fußleiste *f.*, -reling *f.*; –**-strap** *s.*, Ausreitgurt *m.* (*im Dingy*), (*surf.*) Fußschlaufe *f.*

toggle *s.* (*naut.*), Knebel *m.*, Querholz *n.*; *v.*, ein-, festknebeln, mit einem Knebel *od.* Querholz befestigen *od.* verbinden *od.* versehen; **toggle / bolt** *s.*, Knebelbolzen *m.*; – **joint** *s.*, Knebel-, Kniegelenk *n.*, Winkelverbindung *f.*; – **rope** *s.*, Tau *n.* mit Schlinge und Knebel.

togs *s./pl.*, (Segel-, Segler)Klamotten (*pl.*), -Plünnen (*pl.*), Segelzeug *n.*

toil *v.*, **to – (along),** sich (mühsam) vorwärtsarbeiten, sich (mühsam) weiterschleppen (*angeschlagenes Boot*); **to – through the heavy sea(s),** sich mühsam durch den schweren Seegang *od.* die schwere See durcharbeiten (*Boot*).

tolerable *adj.*, – **error,** zulässiger Fehler *m.* (*beim Ablesen, Messen, etc.*); – **passage,** ziemlich gute *od.* erträgliche Überfahrt *f.*; – **value** (*phys.*), zulässiger Wert *m.*

tolerance *s.* (*naut.*, *phys.*, *tech.*), zulässige Abweichung *f.*, Toleranz *f.*, Fehler-, Maßgrenze *f.*, Spielraum *m.*; – **limits** (*pl.*) (*naut.*, *tech.*, *phys.*), Toleranzgrenzen (*pl.*).

toll bar *s.* *or* **gate** *s.*, Zollschranke *f.*, Schlagbaum *m.*

tombolo *s.* (*geogr.*), Nehrung *f.*, Sandbank *f.*

tomfool knot *s.*, doppelter Laufknoten *m.*

tommy *s.* (*naut.*, *sl.*), weiches *od.* frisches Brot *n.*; –**(-bar)** *s.* (*tech.*), (verstellbarer) Schraubenschlüssel *m.*, Schraubenhebel *m.*; – **screw** *s.*, Knebelschraube *f.*

Tom Tiddler's ground *s.*, Niemandsland *n.*
ton *s.* (*naut.*), Tonne *f.* (*Raummaß*); **displacement –,** Tonne *f.* der Wasserverdrängung, Verdrängungstonne *f.*; **gross register –,** Bruttoregistertonne *f.*; **register –,** Registertonne *f.*; **– burden,** Tonne *f.* der Tragfähigkeit (*eines Schiffes*), Tragfähigkeitstonne *f.*; **– class** *s.*, Tonnerklasse *f.* (*Yachten*); **half – class** *s.*, Halbtonnerklasse *f.*; **mini – class** *s.*, Minitonnerklasse *f.*; **one – class** *s.*, Eintonnerklasse *f.*; **quarter – class** *s.*, Vierteltonnerklasse *f.*; **three(-)quarter – class** *s.*, Dreivierteltonner-Klasse *f.*; **two – class** *s.*, Zweitonnerklasse *f.*; **– measurement** *s.*, Vermessungstonne *f.*; **–(s) registered,** Registertonne *f.*
tone / frequency *s.* (*rad.*), Tonfrequenz *f.*; **– pitch** *s.* (*phys.*), Tonhöhe *f.*
tongkang *s.*, (*Art*) Dschunke *f.* (*malaiischer Archipel*).
tongs *s./pl.*, **(pair of) –,** Zange *f.*
tongue *s.* (*naut.*), Lasche *f.*; (Lauf-, Führungs-) Schiene *f.*, (*tech.*) Feder *f.*; **– (of land),** Landzunge *f.*; **– of the rigging screw** *or* **shroud(s),** Wantenlasche *f.*
tonguing *s.* (*tech.*), Federung *f.*
tonnage *s.*, Tonnage *f.*, Tonnengehalt *m.*, Schiffsraum *m.* (*eines Schiffes*), Raumgehalt *m.* (*eines Bootes*), Tragfähigkeit *f.* (*Boot od. Schiff*), Gesamttonnage *f.* (*einer Handelsflotte*), Schiffszoll *m.*, Tonnengeld *n.*; **displacement –,** Verdrängungs-, Deplacementstonnage *f.*; **gross –,** Bruttotonnengehalt *m.*; **net register –,** Nettotonnengehalt *m.*; **Thames T–,** Thames-Tonnage *f.*, Themse-Vermessung *f.*; **underdeck –,** Tonnagegehalt *m.* unter dem obersten durchlaufenden Deck, Unterdeck-Tonnage *f.*; **– breadth** *s.*, Vermessungsbreite *f.*; **– capacity** *s.*, Räumte *f.*, freier Schiffsraum *m.*; **– certificate** *s.*, (Schiffs-) Meßbrief *m.*; **– coefficient** *s.*, Vermessungskoeffizient *m.*; **– deck** *s.*, Vermessungsdeck *n.*; **– depth** *s.*, Vermessungstiefe *f.*; **– laid up,** aufgelegte Tonnage *f.*; **– length** *s.*, Vermessungslänge *f.*; **– rule** *s.*, Vermessungsformel *f.*
tonner *s.* (*coll.*), Schiff *n.* von … Tonnen; **a seventeen –,** ein Siebzehntonner *m.*, eine Yacht von 17 Tonnen; **half –,** Halbtonner *m.*, Halb-Ton-Yacht *f.*; **one –,** Eintonner *m.*, Ein-Ton-Yacht *f.*; **quarter –,** Vierteltonner *m.*; **three-quarter –,** Dreivierteltonner *m.*; **two –,** Zweitonner *m.*, Zwei-Ton-Yacht *f.*
tool *s.* (*naut.*, *sl.*), Eßbesteck *n.*, (*tech.*) Werkzeug *n.*, Instrument *n.*, Gerät *n.*; (*pl.*) Handwerkszeug *n.*; **– box** *s.*, Werkzeugkasten *m.*; **– handle** *s.*, Werkzeuggriff *m.*; **tooling** *s.*, Werkzeugausstattung *f.*, -ausrüstung *f.* (*an Bord*).
toot *s.*, Tuten *n.*; *v.*, tuten.
toothed *adj.* (*tech.*), verzahnt; **toothing** *s.*, **tooth system** *s.* (*tech.*), Verzahnung *f.*
tootle *s.*, Tuten *n.*; *v.*, tuten.
top *s.*, Topp *m.*, Masttopp *m.*, Mars *m.*; Mastkorb *m.*; Kompaßhaube *f.*; Verdeck *n.* (*Motorboot*), Deckel *m.* (*Tank, etc.*), Oberseite *f.*, obere Fläche *f. od.* Seite *f.* (*eines Gegenstandes*), Krone *f.* (*Deich*), (*tech.*) höchster Gang *m.*; (*pl.*) Überwasserschiff *n.*, Überwasserteile (*pl.*) eines Bootes; **at the – of (the) speed,** mit Höchstfahrt *od.* höchster Geschwindigkeit; **on –,** mit Höchstgeschwindigkeit; **boot –,** Wasserpaß *m.*, -gang *m.* (*eines Bootes*); **fore –,** Fock-, Vormars *m.*; **main –,** Großmars *m.*; **miz(z)en –,** Kreuzmasttopp *m.*; **– of deck,** Oberkante *f.* Deck; **– of floor,** Oberkante *f.* Bodenwrange; **– of keel,** Oberkante *f.* Kiel; **(the) – of the tide,** Höchststand *m.* der Flut, Tidehochwasser *n.*; **(the) – of the water,** Wasseroberfläche *f.*; **to come out –** (*rac.*), am besten abschneiden; **to come out on –** (*rac.*), sich als Erster placieren.
top *v.*, auftoppen (*Baum, Rah, etc.*); **to – up,** (*Batterie*) auffüllen, (*Ballasttank*) füllen; **to – the derrick,** den (Groß)Baum andirken; **the sun –ped the horizon,** die Sonne stieg am Horizont auf.
top / armo(u)r *s.*, Marskleid *n.*; **– batten** *s.*, oberste Segellatte *f.*; **– boat** *s.* (*rac.*), Spitzenboot *n.*; **– boom** *s.* (*naut.*), Obergurt *m.*; **– burton** *s.*, Stenge-, Topptalje *f.*; **– camber** *s.*, Oberflächenwölbung *f.*; **– cloth** *s.*, Finknetz-, Hängemattskleid *n.*; **– coat(ing)** *s.*, Deckanstrich *m.*; **– crew** *s.* (*rac.*), Spitzencrew *f.*, -(segel)mannschaft *f.*; **– dead-centre** *s.* (*am.* **-center**) (*tech.*), oberer Totpunkt *m.*; **– dog** *s.* (*rac.*, *sl.*), Sieger *m.*, Erst-, Bestplacierter *m.*; **– edge** *s.*, Ober-, Außenkante *f.* (*Segel, etc.*); **– efficiency** *s.* (*rac.*, *coll.*), Spitzenleistung *f.*; **– end** *s.*, oberes Ende *n.*
topgallant *s.*, Bramsegel *n.*; Bramstenge *f.*; *adj.* (*naut.*), frisch (*Wind, etc.*); **– forecastle** *or* **fo'c'sle** *s.*, feste Back *f.*, Mannschaftslogis *n.* unter der Back; **– mast** *s.*, Bramstenge *f.*; **upper – mast** *s.*, Oberbramstenge *f.*; **– sail** *s.*, Bramsegel *n.*; **low(er) – sail** *s.*, Unterbramsegel *n.*; **upper – sail** *s.*, Oberbramsegel *n.*; **– yard** *s.*, Bramrah *f.*; **lower – yard** *s.*, Unterbramrah *f.*; **upper – yard** *s.*, Oberbramrah *f.*
top / halyard *s.*, Toppfall *n.*; **–(-)hamper** *s.*, obere Takelung *f.*, oberes Takelwerk *n.*;

überflüssiges Takelwerk *n.*; **--hampered** *adj.*, kopf-, ober-, topplastig, in der oberen Takelung zu schwer; unnötig belastet (*durch Takelwerk*) (*Boot*); **-(-)heaviness** *s.*, Rankheit *f.* (*eines Bootes*), Ober-, Topp-, Querlastigkeit *f.* (*Boot*); **--heavy** *adj.*, rank (*Boot*), ober-, topp-, kopflastig (*Boot*); **– keel** *s.*, Gegenkiel *m.*; **– lantern** *s.*, Topplaterne *f.*; **– light** *s.*, Topp-, Mastlaterne *f.*, Positionslicht *n.* (*am Mast*), Dampferlaterne *f.*, -licht *n.*; Oberlicht *n.*, Deckfenster *n.* (*Kajüte*); **–man** *s.* Toppgast *m.*, Marsposten *m.*; **–mark** *s.*, Toppzeichen *n.* (*Seezeichen*); **–mark buoy** *s.*, Bakentonne *f.*, Tonne *f.* mit Toppzeichen; **– mast** *s.*, Stenge *f.*, Marsstenge *f.*, Toppmast *m.*; **–mast rigging** *s.*, Stengengut *n.*, -takelwerk *n.*; **–mast stay** *s.*, Toppstag *n.*

topnant *s.*, Top(p)nant *m.*, Toppenant *m.*, Spinnakerbaum-Aufholer *m.*

top / netting *s.*, Finkennetz *n.* (*Mars*); **--notcher** *s.* (*rac.*, *sl.*), Kanone *f.*, Spitzenklasse *f.*

topophone *s.*, Topophon *n.* (*Instrument zur Bestimmung der Richtung, aus der ein Signal kommt*).

topping *s.*, Auftoppen *n.* (*Baum, Rah, Gaffel*); **boot –,** Wasserpaß *m.*, -gang *m.* (*Boot*); **– block** *s.*, Hangerblock *m.*; **– lift** *s.*, Dirk *f.*, Top(p)nant *m.*, Toppenant *m.*, Hanger *m.*, Hänger *m.*, Faulenzer *m.*; **--lift block** *s.*, Hangerblock *m.*; **--lift bullrope** *s.*, Baumauf-, Baumbeiholer *m.*; **--lift purchase** *s.*, Hangertalje *f.*

top / platform *s.*, Mars *m.*; **– racing crew** *s.*, Spitzencrew *f.*, -segler (*pl.*); **– rail** *s.*, Reling *f.* um einen Mars; **– rope** *s.*, Stengewindreep *n.*

topsail *s.*, Toppsegel *n.* (*eines Schoners*), Marssegel *n.* (*eines Rahseglers*); **gaff –,** Gaffel-, Dreikant-Toppsegel *n.*; **lower –,** Untermarssegel *n.*; **main –,** Großtoppsegel *n.*; **square –,** Marssegel *n.*; **triangular –,** Dreikant-Toppsegel *n.*; **upper –,** Obermarssegel *n.*; **– schooner** *s.*, Top(p)segelschoner *m.*, -schuner *m.*; **jack yard – schooner** *s.*, Vierkant-Toppsegelschoner *m.*; **lower – yard** *s.*, Untermarsrah *f.*; **upper – yard** *s.*, Obermarsrah *f.*

top / sailor *s.* (*am.*), Spitzensegler *m.*, Segler *m.* der Spitzenklasse; **– screw** *s.*, Deckel-, Oberschraube *f.*

topside *s.*, Deck *n.*, Oberdeck *n.*, obere Seitenteile (*pl.*) eines Bootes; (*pl.*) Überwasserschiff *n.*; *adj.*, über der Wasserlinie; *adv.* (*coll.*), auf Deck; **to go –,** an Deck gehen; **topside / scantlings** (*pl.*), Deckstringer *m.* mit Schergang; **– tank** *s.*, Toppseitentank *m.*, seitlicher Deckballasttank *m.*

top / sign *s.*, Toppzeichen *n.*; **– signal** *s.*, Toppsignal *n.*, -zeichen *n.*; **– speed** *s.*, Höchstgeschwindigkeit *f.*, größte *od.* höchste Fahrt *f.*; **– surfer** *s.*, Spitzensurfer *m.*, Surfer *m.* der Spitzenklasse; **– tackle** *s.*, Stengewindreepsgien *n.*; **– timber** *s.*, oberer Auflanger *m.*

topsy-turvy *s.*, wirres Durcheinander *n.*, Chaos *n.*, völlige Unordnung *f.* (*auf Deck nach einem Sturm*).

torc *s.*, (*s.* **torque**).

torch *s.*, **electric –,** Taschenlampe *f.*, (*tech.*) Schweißbrenner *m.*; **– battery** *s.*, Stabbatterie *f.*; **– lamp** *s.*, Lötlampe *f.*

tormentor *s.* (*naut.*), lange Fleischgabel *f.* (*des Smutje*).

tornadic *adj.*, orkan-, wirbelsturmartig (*Wind*); **tornado** *s.* (*meteor.*), Tornado *m.*, Wirbelsturm *m.* (*bes. in den USA*), tropisches Wärmegewitter *n.*; **–like** *adj.*, orkan-, wirbelsturmartig.

torpid *adj.* **cold,** lähmende Kälte *f.*

torpid(s) *s.* (*pl.*), Bootsrennen *n.* der Colleges von Oxford; Boot *n.* in diesem Rennen; Ruderer *m.* in diesem Rennen.

torque *s.* (*phys.*, *tech.*), Drehmoment *n.*, -kraft *f.*, -leistung *f.*, Drall *m.*; Drehung *f.* der Polarisationsrichtung; Drehbeanspruchung *f.*, -festigkeit *f.*; Biege-, Biegungsmoment *n.*; **angle of –,** Torsionswinkel *m.*; **rudder –,** Rudermoment *n.*; **– amplifier** *s.* (*rad.*), Drehmomentverstärker *m.*; **– converter** *s.* (*rad.*), Drehmomentwandler *m.*, -konverter *m.*; **– reaction** *s.*, Gegendrehmoment *n.*; **– receiver** *s.*, Drehwinkelempfänger *m.*; **– rod** *s.*, Kardanwelle *f.*; **– transmitter** *s.*, Drehwinkelgeber *m.*

torrent *s.*, reißender Strom *m.*, (*coll.*) Wolkenbruch *m.*, schwerer Regenguß *m.*; **to rain** *or* **it rains in –s,** es gießt in Strömen; **torrential** *adj.*, heftig strömend, wolkenbruchartig (*Regen*), reißend (*Fluß*); **– rain** *s.*, Wolkenbruch *m.*

torrid *adj.* **heat,** sengende Hitze *f.* (*Wetter*); **torridness** *s.*, sengende Hitze *f.*; **torrid zone** *s.*, **(T– Zone** *s.***)** (*geogr.*), heiße Zone *f.*, Tropen (*pl.*).

torsibility *s.* (*phys.*), Dreh-, Torsionsfestigkeit *f.*; Neigung *f.* sich leicht aufzudröseln (*Tau*).

torsion *s.* (*phys.*, *tech.*), Verdrehung *f.*, Verdrillung *f.*, Torsion *f.*, Drehung *f.*, Windung *f.* **angle of –,** Torsionswinkel *m.*; **torsional** *adj.* **– force** *s.* (*phys.*), Dreh-, Torsions-, Verdrehungs-, Verdrillungsmoment *n.*; **– moment** *s.* (*phys.*), Dreh-, Torsionsmoment *n.*; **– strain**

s. (*phys.*), Torsionsspannung *f.*, Beanspruchung *f.* auf Torsion; – **strength** *s.* (*phys.*), Torsionsfestigkeit *f.*; – **stress** *s.* (*phys.*), Torsionsbeanspruchung *f.*; **torsion/meter** *s.* (*phys.*), Torsionsmesser *m.*; – **pendulum** *s.* (*phys.*), Torsionspendel *n.*; – **stability** *s.*, Torsionsstabilität *f.*, -festigkeit *f.*

tortoise deck *s.*, Schildkrötendeck *n.*, gewölbtes Deck *n.*

tortuous *adj.* **river,** gewundener *od.* kurvenreicher Fluß *m.*

toss *s.* (*naut.*), Schlingern *n.*, Hin- und Hergeworfenwerden *n.* (*Boot*), (plötzlicher) Ruck *m.*; *v.* (*naut.*), rollen, schlingern, stoßen, hin- und hergeworfen werden (*Boot*), auf- und abgehen (*Wellen*), (*Riemen*) pieken; flattern (*Flagge, Segel*); – **oars!** (*com.*), Riemen auf *od.* hoch!; **to – about,** rollen, schlingern (*Boot*); **to – oars,** die Riemen pieken; **–ed by the waves,** von der See *od.* den Wellen hin- und hergeworfen (*Boot*); heftig (im Wellengang) schlingern (*Boot*).

total *adj.*, – **correction** (*naut.*), Gesamtbeschikkung *f.*; – **crew** *s.*, Gesamtbesatzung *f.*; – **eclipse** *s.* (*astr.*), totale Finsternis *f.*; – **length** *s.*, Gesamtlänge *f.* (*Boot*); – **loss** *s.* (*naut.*), Totalverlust *m.*; – **weight** *s.*, Gesamtgewicht *n.* (*Crew, etc.*).

tottering *adj.* **contact** (*elec.*), Wackelkontakt *m.*

touch *s.* (*phys., tech.*), Kontaktmagnetisierung *f.*, Kontakt *m.*; **near –,** knappes Davonkommen (*aus Seenot, etc.*); **that was a near –!** (*int.*), Das war knapp!, Das ist nochmal gutgegangen!; **a – of wind,** (eine ganz) leichte Brise *f.*; **to be in – (with)** (*rad.*), Kontakt haben (mit), in Verbindung sein *od.* stehen (mit); **to get in(to) – (with)** (*rad.*), Kontakt bekommen (mit), Verbindung aufnehmen (mit); **to give the finishing –es** (*pl.*) **to the boat,** dem Boot den letzten Schliff geben, letzte Hand an das Boot legen; **to keep in – (with)** (*rad.*), in Kontakt *od.* Verbindung bleiben (mit); **to lose – (with)** (*rad.*), den Kontakt *od.* die Verbindung verlieren (mit).

touch *v.* (*naut.*), (*Hafen*) anlaufen, anlegen (*Boot*); (*rad.*) in Kontakt kommen; **to – at (a port),** (einen Hafen) anlaufen, (in einem Hafen) anlegen; **to – bottom,** auflaufen, auf Grund laufen *od.* geraten (*Boot*); **to – the ground,** Grundberührung haben (*Boot*); **to – the jetty,** am Steg anlegen.

touch-and-go *s.*, gefährliche *od.* prekäre Situation *f.* (*beim Segeln*).

touching *s.* **the bottom** *or* **ground,** Grundberührung *f.* (*eines Bootes*).

tough *adj.*, (bruch)fest, hart, zäh; – **gale** *s.*, starker *od.* schwerer Sturm *m.*; – **luck** *s.* (*rac., am. coll.*), Pech *n.*; **it was – going** (*coll.*), es war eine Schinderei *od.* ein saures Stück Arbeit (*bei einer Regatta mit viel Wind und Welle*).

toughness *s.*, Stärke *f.*, Gewalt *f.* (*eines Sturms*), Heftigkeit *f.* (*Regen*).

tourbillion *s.*, Wirbel *m.*

tow *s.*[1], Werg *n.*; *adj.*, aus Werg.

tow *s.*[2] (*naut.*), Schlepptau *n.*, -trosse *f.*; Schleppzug *m.*, -verband *m.*, -anhang *m.*; Schleppen *n.*; **tug and –,** Schleppanhang *m.*, -verband *m.*, -zug *m.*; **to have in –,** schleppen, im Schlepp haben; **to take a –,** sich schleppen lassen, Schlepperhilfe annehmen; **to take in –,** in Schlepp nehmen; **on –,** im Schlepp(tau); *v.*, (*Boot*) schleppen, bugsieren, ins Schlepptau nehmen, in Schlepp nehmen, (*Boot*) abschleppen, (*Boot*) treideln; – **ahead slowly!** (*int.*), Langsam anschleppen!; **to – ahead,** voraus schleppen; **to – alongside,** längsseit schleppen; **to – astern,** achteraus schleppen; **to – in,** einschleppen (*in einen Hafen*); **to – off (a boat),** (ein Boot) abschleppen, vom Grund abbringen, in einen Hafen einschleppen; **to – out (a boat),** (ein Schiff) ausschleppen *od.* ausschleusen.

towage *s.*, Schleppen *n.*, Bugsieren *n.*, Verholen *n.*; Schlepphilfe *f.*; Treideln *n.*; Schleppschifffahrt *f.*; Schlepp-, Bugsierlohn *m.*, Schleppgebühr *f.*; – **service** *s.*, Schlepperhilfe *f.*, Schlepp-, Bugsierdienst *m.*

tow/boat *s.*, Schlepper *m.*, Schlepp-, Bugsierschiff *n.*; – **bollard** *s.*, Schlepp-Poller *m.*

tower *s.*, (Schiffs)Schlepper *m.* (*vom Land aus*); Treidler *m.*

tow/hook *s.*, Schlepphaken *m.*; – **hook travel(l)er** *s.*, Schlepphakenbügel *m.*

towing *s.*, Schleppen *n.*; Treideln *n.*; Ketten-, Seil-, Schleppschiffahrt *f.*; Schleppgebühr *f.*; – **beam** *s.*, Schleppgalgen *m.*; – **block** *s.*, Schlepp-, Schlipphaken *m.*; – **bollard** *s.*, Schleppbeting *m.*, -poller *m.*; – **bridle** *s.*, Beiholer *m.* (*des Schleppers*); – **cable** *s.*, Schlepptrosse *f.*; – **chain** *s.*, Schleppkette *f.*; – **gear** *s.*, Schleppgeschirr *n.*; – **hawser** *s.*, Schlepptrosse *f.*; – **hook** *s.*, Schlepphaken *m.*; – **launch** *s.*, Schleppbarkasse *f.*; – **lights** (*pl.*), Schlepplichter (*pl.*), -laternen (*pl.*); – **line** *s.*, Schlepp-, Bugsiertau *n.*, -trosse *f.*; Treidelleine *f.*, Zugseil *n.*; – **log** *s.*, Schlepp-, Patentlog *n.*; – **net** *s.*, Schlepp-, Zugnetz *n.*; – **path** *s.*, Lein-, Treidelpfad *m.*, Schleppweg *m.* (*neben einem Wasserlauf*); – **post** *s.*, Treidelmast *m.*; Poller *m. od.* Pfosten *m.* zum Befestigen der Schlepptrosse, Schlepp-Poller *m.*; – **rope** *s.*, Schlepp-, Bugsiertau *n.*, -trosse *f.*; Treidelleine *f.*, Zugleine *f.*; – **signal** *s.*, Schleppsignal *n.*; – **speed** *s.*, Schleppfahrt *f.*, -geschwindigkeit *f.*; – **tank** *s.*, Schlepprinne *f.*, -tank *m.* (*Bootsbauversuchsanstalt*); – **timber** *s.*, Treidelmast *m.*; Poller *m.* zum Befestigen der Schlepptrosse, Schlepp(tau)poller *m.*; – **vessel** *s.*, Schlepper *m.*, Schleppboot *n.*

tow / line *s.*, Schlepp-, Bugsiertau *n.*; Treidelleine *f.*, Zugseil *n.*; – **net** *s.*, Schlepp-, Zugnetz *n.*; – **rail** *s.*, Schleppbogen *m.* (*des Schleppers*); – **rope** *s.*, Schlepp-, Bugsiertau *n.*, -trosse *f.*; Treidelleine *f.*; – -**rope pull** *s.*, Schlepptrossenzug *m.*; – **signal** *s.*, Schleppsignal *n.*

towy *adj.*, aus Werg.

trace *s.* (*radar*), Spur *f.*; Aufzeichnung *f.*, Kurve *f.*, Linienzug *m.* (*Meßgerät*), Pause *f.*, Pauszeichnung *f.*; **not a – of wind,** keine Spur von Wind, kein Windhauch; *v.* (*radar*), (*Objekt*) verfolgen; (*Fehler*) suchen, (durch)-pausen.

tracer *s.*, Leuchtspur-, Rauchspurgeschoß *n.* (*Notsignal*).

tracing *s.*, Aufzeichnen *n.* (*Meßgerät*), Aufzeichnung *f.* (*von einem Meßgerät*); – **paper** *s.*, (Durch)Pauspapier *n.*

track *s.* (*naut.*), Leit-, Gleit-, Führungs-, Mastschiene *f.*; Seegatt *n.*; Fahr-, Kielwasser *n.*; Track *m.*, Schiffahrtsroute *f.*, (übliche) Route *f.*, (*radar*) Kursprojektion *f.*, (*astr.*) Bahn *f.*, (*meteor.*) Zugstraße *f.*; **(clear the) –!** (*int.*), Raum!; **external –,** außenliegende *od.* Außenschiene *f.*; außenliegender Holepunkt *m.*; **genoa –,** Genuaschiene *f.*; **inboard** *or* **internal –,** innenliegende *od.* Innenschiene *f.*; innenliegender Holepunkt *m.*; **main sheet –,** Großschotleitschiene *f.*; **mast –,** Mastschiene *f.*; **outboard –,** außenliegende *od.* Außenschiene *f.*; außenliegender Holepunkt *m.*; **sail –,** Segelgleitschiene *f.*; **storm –(s),** Sturmbahn *f.*, Bahn *f.* eines Sturms; **travel(l)er –,** Travellerschiene *f.*; **true –** (*am.*), Kartenkurs *m.*, wahrer Kurs *m.*, Kurs *m.* über Grund; **– for foresail sliders,** Fockschotleitschiene *f.*; **– of a ship,** Kurs *m.* über Grund; **– of a storm,** Sturmbahn *f.*, Bahn *f.* eines Sturms; **to be sheeted to an inboard (outboard) –,** auf einem innen(außen)liegenden Holepunkt getrimmt sein (*Segel*).

track *v.*, (*von Land*) schleppen, bugsieren, treideln (*Boot*), (*tech.*) gleichlaufen; **to – a boat,** ein Boot treideln; ein Boot (von Land) schleppen.

track / angle *s.*, Kurswinkel *m.* (*Boot*); – **chart** *s.*, Übersegler *m.*, Ozeankarte *f.*

tracking *s.*, Schleppen *n.* (*von Land aus*), Bugsieren *n.*, Treideln *n.*, (*radar*) Verfolgen *n.* (*eines Objekts*), (*tech.*) Gleichlaufen *n.*; – **error** *s.* (*radar*), Kursfehler *m.*

track *s.*, **mast – slide(r)** *s.*, Mastrutscher *m.*; **–way** *s.*, Lein-, Treidelpfad *m.*, Schleppweg *m.* (*neben einem Wasserlauf*).

traction *s.* (*phys.*, *tech.*), Reibungsdruck *m.*

trade *s.* (*naut.*), Fahrt *f.*, Verkehr *m.*; **coasting –,** Küstenfahrt *f.*; **estuary –,** Revierfahrt *f.*; **foreign –,** große Fahrt *f.*; **home –,** kleine Fahrt *f.*; **intermediate –,** mittlere Fahrt *f.*; – **clouds** (*pl.*) (*meteor.*), Passatwolken (*pl.*); **trader** *s.*, Handelsschiff *n.*; **trade / fleet** *s.*, Handelsflotte *f.*; – **route** *s.*, Handelsschiffahrtsroute *f.*, -straße *f.*, Verkehrsweg *m.*; **trades** *s.*/*pl.*, Passat *m.*, Passatwind *m.*, -winde (*pl.*); **trade / vessel** *s.*, Handelsschiff *n.*; – **wind** *s.* (*meteor.*), Passat *m.*, Passatwind(e) *m.* (*pl.*); – **wind belt** *s.* (*meteor.*), Passatwindgürtel *m.*; – **wind circulation** *s.*, Passatring *m.*; – **wind drift currents** (*pl.*), Passatdriften (*pl.*).

trading *s.*, **(estuary) –,** Küsten-, Revierfahrt *f.*; – **area** *s.* (*naut.*), Fahrt-, Verkehrsgebiet *n.* (*von Schiffen*).

traffic *s.*, (Schiffs)Verkehr *m.*; – **frequency** *s.* (*rad.*), Verkehrsfrequenz *f.*; – **regulations** (*pl.*) **at sea,** Seestraßenverkehrsordnung *f.*; – **separation scheme** *s.*, Verkehrstrennungsgebiet *n.* (*bes. für Segelboote*); – **wave** *s.* (*rad.*), Verkehrswelle *f.*

trail *s.* (*astr.*), Streifen *m.*, Schweif *m.*; – **of a meteor,** Meteorstreifen *m.*

trail *v.*, (*Boot*) trailern, mit dem Trailer befördern.

trail / angle *s.* (*tech.*), Spurwinkel *m.*; – **bridge** *s.*, Fährbrücke *f.*

trailer *s.*, Trailer *m.*, Bootsanhänger *m.*

trailing / aerial *s.* (*am.* **antenna**), Schlepp-, Hängeantenne *f.*; – **edge** *s.*, Ablaß-, (Profil)Hinterkante *f.* (*Segel, Schwert, Propeller*); – **line** *s.*, Sorg-, Trippleine *f.*; – **moment** *s.*, Mitdrehmoment *n.* (*Propeller*); – **vortex** *s.*, Nachlaufwirbel *m.*

trail / net *s.*, Schleppnetz *n.*; – **rope** *s.*, Schlepptau *n.*

train *s.*, Serie *f.*, Reihe *f.*, Folge *f.*, (*astr.*) Kometenschweif *m.*; – **of barges,** Schleppzug *m.*; – **of waves** (*phys.*), Wellenzug *m.*

train *v.* (*spt.*), trainieren (**for,** für), sich vorbereiten (**for,** auf); **to – for a race,** sich auf eine Regatta vorbereiten; **to – on** (*radar*), richten auf; **to – the crew for a race,** die Crew *od.* Mannschaft für eine Regatta trainieren.

trainee *s.*, (Segel)Kursteilnehmer *m.*; **trainer** *s.* (*spt.*), Trainer *m.*

train ferry *s.*, Trajekt *m. od. n.*

training *s.* (*spt.*), Training *n.*, Trainieren *n.*; **(to be) in good –,** gut im Training (sein); **– cruise** *s.*, Übungsfahrt *f.* (*mit dem Segelschulschiff*); **– sail ship** *s.*, **sailing – ship** *s.*, Segelschulschiff *n.*; **– ship** *s.*, Schulschiff *n.*

traject *s.*, Trajekt *m. od. n.*, (Eisenbahn)Fähre *f.*, Fährschiff *n.*; Überfahrt *f.*; Überfahrts-, Übergangsstelle *f.*

trajectory *s.* (*astr.*), durchstreichende Linie *f.* (*eines Kometen*).

tram *s.* (*tech.*), Justierung *f.*, Trim(mung *f.*) *m.*; Ellipsenzirkel *m.*; *v.*, mit dem Ellipsenzirkel messen; **trammel** *s.*, Ellipsenzirkel *m.*; **– (net)** *s.*, Schleppnetz *n.*

tramontana *s.* (*pl.* **-tane**), Tramontana *f.*, Nordwind *m.* (*von den Alpen kommender Wind, Mittelmeerwind*); **tramontane** *adj.*, über die *od.* von den Alpen wehend *od.* kommend (*Wind*), jenseits der Alpen, transalpin; **– wind** *s.*, Tramontana *f.*

tramp *s.*, Tramp(er) *m.*, Trampschiff *n.*, Frachter *m.* auf Trampfahrt; **– shipping** *s.*, Trampschiffahrt *f.*

tranquil *adj.*, **the – surface of the sea,** die unbewegte Meeresoberfläche *od.* ruhige Oberfläche der See.

transatlantic *adj.*, transatlantisch, überseeisch, Übersee-; **– cable** *s.*, Überseekabel *n.*; **– crossing** *s.*, Atlantiküberquerung *f.* (*Boot*); **– liner** *s.*, Überseedampfer *m.*; **– port** *or* **harbo(u)r** *s.*, Überseehafen *m.*

transceiver *s.* (*rad.*), Sender-Empfänger *m.*, Sprechfunkgerät *n.*, Funktelephon *n.*, Sende- und Empfangsgerät *n.*

transcurrent *adj.*, quer- *od.* kreuzweise verlaufend; **– sea** *s.*, Kreuzsee *f.*

transfer *s.* (*am.*), Fährboot *n.*; Stelle *f.* zum Übersetzen; Umschlagplatz *m.*; **– of ballast,** Ballastverlagerung *f.*; **– pump** *s.*, Transferpumpe *f.*; **– resistance** *s.* (*rad.*, *elec.*), Übergangswiderstand *m.*

transfluent *adj.*, (quer) hindurchfließend (*Fluß, Priel*); **transflux** *s.*, Hindurchfließen *n.*

transform *v.* (*phys.*), umwandeln, (*elec.*) umspannen, transformieren; **transformation** *s.* (*elec.*), Umspannung *f.*; **– of energy** (*phys.*), Energieumsetzung *f.*; **transformator** *s.*, **transformer** *s.* (*elec.*), Transformator *m.*, Umspanner *m.*

tranship *v.*, (*s.* **transship**).

transient *adj.*, **– bearing** (*radar, naut.*), flüchtige Peilung *f.*, Kurzzeitpeilung *f.*; **– wave** *s.* (*phys.*), Wanderwelle *f.*

transisthmian *adj.*, durch die Landenge (von Korinth, Suez *od.* Panama) gehend.

transistor *s.* (*rad.*), Transistor *m.*; **transistorize** *v.*, mit Transistoren ausrüsten.

transit *s.*, Durchgang *m.*, Durchfuhr *f.*, Überfahrt *f.*, (*astr.*) Kulmination *f.*, Durchgang *m.* (*eines Himmelskörper*) durch den Meridian, Durchgang *m.* (*eines Planeten, bes. der Venus, über die Sonnenscheibe*); **in –,** in Dekkung (*Richtbaken, Feuer*); **lights in –** (*naut.*), Feuer *n.* in Linie; **lower –** (*astr.*), unterer Meridiandurchgang *m.* (*eines Gestirns*); **meridian –** (*astr.*), Meridiandurchgang *m.*; **upper –** (*astr.*), oberer Meridiandurchgang *m.* (*eines Gestirns*); *v.* (*astr.*), gehen durch (*den Meridian, etc.*), passieren; (Teleskop um die Horizontalachse) schwenken; **transit / bearing** *s.* (*naut.*), Deckpeilung *f.*; **– circle** *s.* (*astr.*), Durchgangskreis *m.*; **– duty** *s.*, Durchgangs-, Durchfuhrzoll *m.*; **– instrument** *s.* (*astr.*), Meridianfernrohr *n.*; (*tech.*) Richtkreis *m.*; **– visa** *s.*, Transit-, Durchreisevisum *n.*

trans / lunary *adj.*, translunarisch, jenseits des Mondes (befindlich); **–marine** *adj.*, transmarin, überseeisch, Übersee-; **–meridional** *adj.*, jenseits eines Meridian gelegen, einen Meridian überquerend.

transmission *s.* (*phys.*), Übertragung *f.*, Leitung *f.*, Fortpflanzung *f.* (*von Wellen, Schwingungen*), (*rad.*) Sendung *f.*, (*tech.*) Übersetzung *f.*, Übertragung *f.*, Transmission *f.*; **hydraulic** *or* **hydrostatic boat –,** hydrostatischer (Boots)Antrieb *m.*; **– of power** (*tech.*, *phys.*), Kraftübertragung *f.*; **– of sound,** Schallfortpflanzung *f.*, -übertragung *f.*; **– of waves** (*phys.*), Fortpflanzungswellen (*pl.*); **– ratio** *s.* (*tech.*), Übersetzungsverhältnis *n.*

transmit *v.* (*rad.*), funken, senden, (*phys.*) (*Wellen, Schwingungen, etc.*) weiter-, fortleiten, leiten, übertragen.

transmitter *s.* (*rad.*), Funk-, Sendegerät *n.*; Sender *m.*, Sendestelle *f.*; Mikrophon *n.* (*am Sprechfunkgerät*); **emergency –,** Notsender *m.*; **– failure** *s.* (*rad.*), Senderausfall *m.*; **– power** *s.* (*rad.*), Funk-, Senderleistung *f.*; **–-receiver** *s.* (*rad.*), Sende-Empfänger *m. od.* -Empfangsgerät *n.*, Sprechfunkgerät *n.*; **– station** *s.* (*rad.*), Sender *m.*, Sendestation *f.*; **– unit** *s.* (*rad.*), Sendegerät *n.*, Sprechfunkgerät *n.*; Sendeteil *m. od. n.* (*einer Sprechfunkanlage*).

transmitting *s.* (*rad.*), Funken *n.*, Senden *n.*,

Übertragung *f.*; – **aerial** *s.* (*am.* **antenna**), Funk-, Sendeantenne *f.*; – **frequency** *s.*, Funk-, Sendefrequenz *f.*; – **output** *s.*, – **power** *s.*, Sendestärke *f.*, -leistung *f.*; – **set** *s.*, Funkgerät *n.*; Sender *m.*, Sendestelle *f.*; – **station** *s.*, Sender *m.*, Funk-, Sendestation *f.* *od.* -stelle *f.*; – **wave** *s.* (*rad.*), Sendewelle *f.*

transmontane *adj.*, (*s.* **tramontane**).

transoceanic *adj.*, transozeanisch, überseeisch, Ozean-, Übersee-; – **cable** *s.*, Überseekabel *n.*; – **line** *s.*, Ozean-, Überseelinie *f.* (*Schifffahrt*); – **trade** *s.* *or* **traffic** *s.*, Ozean-, Überseefahrt *f.*, -verkehr *m.*

transom *s.*, (Heck)Spiegel *m.*, Heckwerk *n.*, Querversteifungen (*pl.*), -holz *n.* (*am Heck*); **sculling notch in the –,** Wriggrundsel *n.*; – **beam** *s.*, Heckbalken *m.*, -versteifung *f.*; – **flap** *s.*, Lenzklappe *f.*; – **floor** *s.*, Heckboden-, Transomwrange *f.*; – **frame** *s.*, Heckspant *n.*; – **knee** *s.*, Heckknie *n.*; – **seat** *s.*, Backskiste *f.*; – **stern** *s.*, Spiegel-, Transomheck *n.*

transpacific *adj.*, den Stillen *od.* Pazifischen Ozean *od.* den Pazifik überquerend (*Boot*), jenseits des Pazifik (befindlich).

transponder *s.* (*rad.*), Transponder *m.*, Antwortbake *f.*, -sender *m.*

transpontine *adj.*, südlich der Themse (gelegen).

transport *v.*, verschiffen, mit dem *od.* per Schiff befördern; **transport ship** *s.* *or* **vessel** *s.*, Frachter *m.*, Frachtschiff *n.*, -dampfer *m.*

transposition *s.*, Verdrillung *f.* (*Tauwerk*); – **receiver** *s.* (*rad.*), Zwischenfrequenzempfänger *m.*

transship *v.* (*naut.*), umsteigen, (*Boot, etc.*) umladen, (*Güter*) umschlagen; **transshipment port** *s.*, Umschlaghafen *m.*

transverse *s.* (*naut.*), Querspant *n.*, -stück *n.*; *adj.*, diagonal, schräg, quer(laufend) (**to,** zu); – **(bending) strength** *s.* (*phys.*), Biegefestigkeit *f.*; – **bulkhead** *s.*, Querschott *n.*; – **coaming** *s.*, Quersüll *n.*; – **frame** *s.*, Querspant *n.*; – **load(s)** *s.* (*pl.*) (*phys.*), Querbelastung *f.*; – **magnetization** *s.*, Quermagnetisierung *f.*; – **metacentre** *s.* (*am.* **-center**), Breitenmetazentrum *n.*; – **section** *s.*, Querschnitt *m.* (*Bootsbau*), Konstruktionsspant *n.*; – **strain** *or* **stress** *s.*, Querbeanspruchung *f.*; Biegebeanspruchung *f.*; – **structure** *s.*, Querverband *m.* (*Bootsbau*); – **thwart** *s.*, Querducht *f.*; – **wave** *s.*, querlaufende Welle *f.*, Querwelle *f.*

trap *s.*, Reuse *f.*, (*rad.*) (Funk)Sperrkreis *m.*, Wellenfalle *f.*; **mess –,** Back *f.*, Eßschüssel *f.*; *v.*, mit einer Klappe *od.* einem Deckel versehen.

trapeze *s.* (*naut.*), Trapez *n.*; **flying –,** fliegendes Trapez *n.*; – **belt** *s.*, Trapezgurt *m.*; – **ducks** (*pl.*), Trapezhose *f.*; – **strap** *s.*, Trapezgurt *m.*; **–man** *s.*, Trapezsegler *m.*, Mann *m.* im Trapez; – **wire** *s.*, Trapezdraht *m.*

trap/hatch *s.*, Klappluk *n.*, -luke *f.*; **lockable – hatch** *s.*, verschließbare Klappluke *f.*; – **net** *s.*, Reuse *f.*

travail *v.*, stampfen, schwer arbeiten (*Schiff*); **to – in the heavy sea,** im (schweren) Seegang stampfen.

travel *s.* (*naut.*), Fahrt *f.*, Langfahrt *f.*, Überfahrt *f.*, längere Fahrt *f.* *od.* Reise zu Wasser, (*tech.*) Hub *m.*, Bewegung *f.*, Lauf *m.*, Weg *m.*; *v.*, (*zu Wasser*) reisen, (*phys.*) sich fortpflanzen (*Wellen*), (*tech.*) laufen, sich hin- und herbewegen; **to – by boat,** mit dem Dampfer fahren; **to – by sea,** mit dem Schiff fahren *od.* reisen; **travelled** *adj.* (*am.* **traveled**), befahren (*Seeweg, Segler*).

traveller *s.* (*am.* **traveler**), Großschotwagen *m.*, Traveller *m.*; Rutscher *m.*, Läufer *m.*, Schieber *m.*, Leiterring *m.*, Aushol-, Fallring *m.*; Bügel *m.* (*einer Gaffel*), Leiter *m.* (*eines Schratsegels*), Laufkatze *f.*, Schlitten *m.*, (*tech.*) Laufring *m.*, -stück *n.*; **to adjust the –,** den Traveller (richtig) einstellen; **to check** *or* **stop the –,** den Traveller arretieren; – **line** *s.*, Travellerleine *f.*; – **track** *s.*, Travellerschiene *f.*

travelling *adj.* (*am.* **traveling**) (*phys.*), fortschreitend, wandernd; – **crab** *s.*, Laufkatze *f.*; – **wave** *s.* (*phys.*), Wanderwelle *f.*

travel time *s.* (*radar*), Laufzeit *f.*

traversable *adj.*, passierbar, befahrbar (*Wasserweg*), (*tech.*) (seitlich) drehbar *od.* (aus)-schwenkbar.

traverse *s.* (*naut.*), Koppelkurs *m.*, (einzelner) Gang *m.* (*des Koppelkurses*), Querfahrt *f.*; Querspant *n.*, -balken *m.*, -holz *n.*, -stück *n.*, (*tech.*) Seitwärtsbewegung *f.*; **to solve** *or* **work a –** (*naut.*), die Kurse koppeln; *v.* (*naut.*), kreuzen, kreuz-, querlegen (*Boot*), überqueren; sich kreuzen *od.* schneiden (*Linien, Kurse*), (*tech.*) sich drehen, sich seitwärts richten lassen; sich um einen festen Punkt drehen (*Magnetnadel*); **to – the ocean,** den Ozean überqueren; **traverse** *adj.*, – **frame,** Querspant *n.*; – **lines** (*pl.*), sich kreuzende Linien (*pl.*); – **motion** *s.*, Seitwärtsdrehung *f.*, -bewegung *f.*, -schwenkung *f.* (*eines Bootes*); – **sailing** *s.*, Koppelkurs *m.*, -navigation *f.*, Segeln *n.* nach Koppelkurs; – **table** *s.*, Koppeltabelle *f.*, -ta-

fel *f.*, Grad- und Strichtafel *f.*; – **waves** (*pl.*), querlaufende Wellen (*pl.*), Querseen (*pl.*).
trawl *s.*, (Grund)Schleppnetz *n.*, Kurre *f.*, Lang-, Kurrleine *f.*; **to set out** *or* **shoot** *or* **throw the –,** das Schleppnetz auslegen; *v.*, mit dem Schleppnetz *od.* der Kurrleine fischen; (Schleppnetz) schleppen (*Trawler*); **trawl / anchor** *s.*, Anker *m.* der Kurrleine; – **boat** *s.*, **trawler** *s.*, Trawler *m.*, Schleppnetzfischer *m.* (*Boot u. Pers.*); **trawling** *s.*, Schleppnetzfischerei *f.*; – **line** *or* **wire** *s.*, Kurrleine *f.*; **trawl / line** *s.*, Kurr-, Langleine *f.*; – **lining** *s.*, Lang-, Kurrleinenfischerei *f.*; – **smack** *s.*, Trawler *m.*, Schleppnetz-Fischkutter *m.*
treacherous *adj.* **water(s),** gefährliche Gewässer (*pl.*), trügerisches Wasser *n.*
tread *v.*, **to – water,** Wasser treten (*nach Kentern, etc.*).
treatment *s.* (*tech.*), Behandlung *f.* (*von Segeln, etc.*), Bearbeitung *f.*, Bearbeitungsverfahren *n.*
treaty *s.* **of navigation,** Schiffahrtsabkommen *n.*
treble *adj.* **(sheave) block,** dreischeibiger Block *m.*
tree *s.* (*tech.*), Baum *m.*, Schaft *m.*, Welle *f.*; **axle –,** Flügel-, Kronenwelle *f.*; **–(-)nail** *s.*, **trenail** *s.*, Bolzen *m.*, Holznagel *m.*, langer Holzstift *m.*, Dübel *m.*
trembling *s.* (*naut.*, *tech.*), Vibrieren *n.*
tremor *s.* (*astr.*), Flimmern *n.* (*Licht*); **sea –,** Seebeben *n.*
trench *s.* (*geogr.*), Graben *m.*, tiefe Rinne *f.*, Einschnitt *m.* (*im Meeresboden*).
trend *s.* (*naut.*), Ankerhals *m.*; Richtung *f.* (*Winkel, den die Ankerkette mit der Kiellinie des Bootes bildet*), Winkel *m.* zwischen Ankerkette und Kiellinie; **downward –** (*meteor.*), fallende Tendenz *f.*; **upward –** (*meteor.*), steigende Tendenz *f.*; *v.*, **the coast –s (towards the) south,** die Küste erstreckt sich nach Süden.
tresspass *s.*, **navigational – markers** (*pl.*) *or* **signs** (*pl.*), – **signs** (*pl.*) **for navigation,** (See)-Verbotszeichen (*pl.*) (*bes. in Küstennähe*).
trestle *s.* (*naut.*, *tech.*), Bock *m.*, Gestell *n.*; – **tree** *s.*, Längssaling *f.*
triagonal *adj.*, dreieckig, -kantig-, -seitig, -wink(e)lig.
trial *s.*, Probefahrt *f.*, -lauf *m.* (*Boot*), Experiment *n.*, Probe *f.*, Erprobung *f.*, Versuch *m.*; Prüfung *f.*; (*pl.*) (*surf.*, *rac.*) Vorläufe *m./pl.*; – **and error** *s.* (*coll.*), Herumprobieren *n.*, Pröbeln *n.*, empirische Arbeitsweise *f.* (*Segelzuschnitt, etc.*); – **dive** *s.*, Tauchversuch *m.* (*Boot*); – **run** *s.*, Probefahrt *f.* (*Boot*); – **speed** *s.*, Probefahrtgeschwindigkeit *f.*; – **trip** *s.* **on the measured mile, measured mile –,** Meilen(probe)fahrt *f.*
triangle *s.* (*rac.*), Dreieck *n.*; **astronomical** *or* **celestial –** (*naut.*, *astr.*), nautisch-astronomisches *od.* sphärisch-astronomisches Grunddreieck *n.*; **course –** (*rac.*), (Kurs-, Bahn-) Dreieck *n.*; **fore –,** Vorsegeldreieck *n.*; **navigational –,** nautisch-astronomisches Grunddreieck *n.*; **plane sailing –,** Kursdreieck *n.*; **regatta** *or* **race –,** (Regatta)Bahndreieck *n.*, Dreieck(sregatta *f.*, -wettfahrt *f.*) *n.*; **speed –,** Stromdreieck *n.*, Stromaufgabe *f.*; **summer (winter) –** (*astr.*), Sommer(Winter)dreieck *n.*, -triangel *m.*; **tidal –,** Stromdreieck *n.*, -aufgabe *f.*; – **of error,** Fehlerdreieck *n.* (*Peilung*).
triangular *adj.*, dreieckig, -kantig, -wink(e)lig; – **course** *s.* (*rac.*), Bahndreieck *n.*, Dreieck *n.*, Dreieckskurs *m.*; **triangularity** *s.* **(of a sail),** Dreiecksform *f.* (eines Segels); **triangular / race (course)** *s.*, (Kurs-, Bahn)Dreieck *n.*, Dreiecksbahn *f.*, -kurs *m.*, -regatta *f.*; – **sail** *s.*, Dreieck-, Dreikantsegel *n.*; – **topsail** *s.*, Dreikant-Top(p)segel *n.*
triatic stay *s.*, Signalstag *n.* (*Motorboot, Dampfer*), Großstag *n.* (*Gaffelschoner*).
tributary *s.*, Neben-, Zufluß *m.*; *adj.*, – **river** *or* **stream,** Nebenfluß *m.*
trice *v.*, **to – (up)** (*naut.*), aufholen, aufheißen, aufwinden.
trichlor(o)ethylene *s.*, Trichloräthylen *od.* -ethylen *n.* (*Reinigungsmittel für Segel*).
tricing line *s.*, Schothorn-Einholer *m.*; Aufholer *m.*, Aufholleine *f.*
trick *s.*, Ruderwache *f.*, Dienst *m. od.* Wache *f.* am Steuer; Kniff *m.*, Trick *m.*; **to know the –,** den Dreh heraushaben (*beim Halsen, etc.*).
trickle *s.*, Nieseln *n.*, Tröpfeln *n.* (*Regen*); *v.*, nieseln, tröpfeln; **to – through,** ein-, durchsikkern (*Wasser*).
tricky *adj.* **situation** (*rac.*, *etc.*), brenzlige *od.* kitz(e)lige Situation *f. od.* Lage *f.*
tricolo(u)red *adj.* **lantern,** Dreifarben-, Dreieinigkeitslaterne *f.*
trident *s.*, Dreizack *m.* (*Symbol Neptuns u. der Seeherrschaft*); **tridental spear** *s.*, Dreizack *m.*
trier *s.* (*coll.*), Prüfgerät *n.*
trifle *v.*, **to – away time** (*rac.*), Zeit verschwenden *od.* vertrödeln; **trifling** *s.* (*rac.*), Zeitverschwendung *f.*, -vergeudung *f.*, -verlust *m.*
trig *v.*, **to – up the mast,** den Mast stützen.
trigonal *adj.*, dreieckig, -kantig (*Segel*).
trigonometric(al) *adj.*, trigonometrisch; – **point**

s., trigonometrischer Punkt *m.*; **– signal** *s.*, trigonometrisches Signal *n.*; **trigonometry** *s.*, Trigonometrie *f.*

tri/hedral *adj.*, dreiflächig, -seitig, triedrisch; **–hedral binocle** *or* **binocular** *s.*, Doppelfernrohr *n.*, Triederbinokel *n.*; **–laminar** *adj.*, dreilagig, -schichtig, dreifach beschichtet (*Segeltuch*); **–lateral** *adj.*, dreiseitig; **–linear co-ordinates** (*pl.*), Dreieckskoordinaten (*pl.*).

trim *s.* (*naut.*), Trimm *m.*, Lage *f.*, Trimm-, Schwimm-, Gleichgewichtslage *f.*, Trimming *n.*, Trimmung *f.* (*eines Bootes*), richtige Segelstellung *f.*; richtige Ballastverteilung *f.*; (nautische) Ausrüstung *f.*; **level –**, gleichlastig, auf ebenem Kiel (*Boot*); **sailing –**, Segelausrüstung *f.*; Segeltrimm *m.*; **to be in good (out of) –** (*naut.*), gut (schlecht) ausgerüstet sein; **to be in sailing –**, segelklar sein; **to be off –**, zu stark und zu anhaltend krängen, (*coll.*) Lage schieben; **– by the head,** Bug-, Kopf-, Vorlastigkeit *f.* (*des Bootes*); **– by the stern,** Achter-, Heck-, Steuerlastigkeit *f.* (*des Bootes*); **– by weights,** Gewichtstrimm *m.* (*Ballast*); **– down** *s.*, Lastigkeit *f.* (*eines Bootes*); **– down by the bow** *or* **stem,** Bug-, Kopf-, Vor(der)lastigkeit *f.*; **– down by the stern,** Achter-, Heck-, Steuerlastigkeit *f.*; **– of the hold,** gute Stauung *f.* (*von Tauwerk, etc. in der Last*); **– of sails,** Segeltrimm *m.*

trim *v.*, (*Boot, Segel*) trimmen, (*Boot*) in richtige (Trimm)Lage *od.* Schwimmlage bringen, (*Segel*) stellen, brassen, nach dem Wind drehen, (*Ballast, etc.*) seemäßig stauen; Trimmlage einnehmen (*Boot*); **to – aback,** (*Segel*) backsetzen *od.* -trimmen; **to – aft,** (*Boot*) nach achtern trimmen; **to – (down) by the head,** (*Boot*) bug-, kopf-, topp-, vorlastig trimmen; **to – (down) by the stern,** (*Boot*) achter-, heck-, steuerlastig trimmen; **to – forward,** nach vorn trimmen; **to – on an even keel,** (*Boot*) gleichlastig trimmen; **to – the boat,** ein Boot trimmen *od.* aufrichten; **to – a sail,** ein Segel trimmen *od.* stellen; **to – a sail close (hard),** ein Segel dicht (hart) trimmen *od.* schoten; **to – the sail farther out,** das Segel weiter außen schoten; **to – the shore,** die Küste entlangziehen (*Fischschwarm*); **the boat –s badly,** das Boot hat eine schlechte (Trimm)-Lage *od.* nimmt eine schlechte (Trimm)Lage ein.

trimaran *s.*, Trimaran *m.*, Dreirumpfboot *n.*; **cruising –, – cruiser** *s.*, Kreuzertrimaran *m.*, Dreirumpf-Seekreuzer *m.*

trim compensation *s.*, Trimmausgleich *m.* (*durch Ballast, Crew*).

trimmed *adj.*, **– down,** lastig (*Boot*); **– down by the head,** kopf-, topp-, bug-, vorlastig; **– down by the stern,** achter-, heck-, steuerlastig.

trimmer *s.* (*naut.*), Trimmer *m.*, Stauer *m.*, (*am.*) Vorschoter *m.*, Vorschotmann *m.*; **foresail –,** Vorschoter *m.*; **genoa –,** Genuatrimmer *m.*

trimming *s.*, Trimmen *n.*, Trimming *n.*, Trimmung *f.*, richtige *od.* seemäßige Verteilung *f.* (*von Ballast, Crew*), Stauen *n.*, Staulage *f.*; **– device** *s. or* **gear** *s.*, Trimmvorrichtung *f.*; **– hatch** *s.*, Trimmluk *n.*, -luke *f.*; **– moment** *s.*, Trimm-Moment *n.*, Trimmoment *n.*; **– pump** *s.*, Trimmpumpe *f.*; **– tank** *s.*, Trimm(ballast)tank *m.*

trim/tab *s.*, Trimmklappe *f.* am Kiel; **– tab** *s.* **on rudder blade,** Trimmklappe *f.* am Ruder; **– table** *s.*, Trimmtabelle *f.*

trine *s.* (*astr.*), Trigonal-, Gedrittschein *m.*, Trigonalaspekt *m.* (*zweier Gestirne, 120° voneinander entfernt*).

trip *s.*, (kurze) Fahrt *f. od.* Seereise *f.*, (kurzer) (Segel)Törn *m.*, Trip *m.*, Tour *f.* (*mit dem Boot*), (*tech.*) Auslösen *n.*; Auslösevorrichtung *f.*; Stoppvorrichtung *f.*; **homeward –** (*naut.*), Heimreise *f.*, -fahrt *f.*; **maiden –** (*naut.*), Jungfernfahrt *f.*

trip *v.*, (*Anker*) s(ch)lippen, lichten, aus dem Grund brechen, vom Grund losmachen, (*Rah od. Spiere*) trippen, (*Stenge*) anheben *od.* anlüften; unter Wasser treiben (*Holz*), sich schrägstellen (*Bodenwrangen*); **to – out the anchor,** den Anker ausbrechen.

triplet *s.*, Dreikettenglieder *n./pl.* (*zur Verbindung des Ankertaus mit dem Ankerring*).

trip lever *s.* (*tech.*), Auslösehebel *m.*

tripod *s.*, Dreifuß *m.*, -bein *n.*, Stativ *n.*; **– mast** *s.*, Dreibeinmast *m.*

tripper *s.* (*tech.*), Auslösevorrichtung *f.*

trippet *s.* (*naut., tech.*), Mitnehmer *m.*

tripping/gear *s.*, Ankers(ch)lippvorrichtung *f.*; Auslösevorrichtung *f.*; **– line** *s.*, Bojereep *n.*, Sorg-, Trippleine *f.*, Niederholer *m.*, Aufholleine *f.*, Auslöseleine *f.*; **– link** *s.*, S(ch)lip(p)-haken *m.*

triradial *adj.*, **– cut,** Triradial-Schnitt *m.*, triradialer Schnitt *m.* (*Spinnaker*); **– spinnaker,** Triradial-Spinnaker *m.*, triradialer Spinnaker *m.*

trireme *s.*, Dreiruderer *m.*, Trireme *f.*, Triere *f.* (*Boot*).

troll *s.*, Schleppangel *f.*; *v.*, **to – a lake,** einen See mit der Schleppangel abfischen.

trolley *s.*, **trolly** *s.*, Trolley *m.*, Bootskarren *m.*, Slipwagen *m.* (*für Boote*).

trophy *s.* (*spt.*), Trophäe *f.*, Preis *m.*; **(racing) –,** Regattapreis *m.*, -trophäe *f.*

tropic *s.* (*astr.*, *geogr.*), Wendekreis *m.*; (*pl.*) Tropen (*pl.*); **tropic(al)** *adj.*, tropisch, Tropen-; **– climate** *s.*, tropisches *od.* Tropenklima *n.*; **– cyclone** *s.*, tropischer Wirbelsturm *m.*, Hurrikan *m.*, Taifun *m.*, Zyklon *m.*; **– disturbance** *s.* (*meteor.*), tropische Störung *f.*; **– heat** *s.*, tropische *od.* Tropenhitze *f.*; **– range** *s.* **(of the tide),** tropischer Tidenhub *m.*, -stieg *m.*; **– storm** *s.*, tropischer Sturm *m.*; **– tides** (*pl.*), tropische Gezeiten (*pl.*); **– timber** *s. or* **wood** *s.*, tropische Hölzer (*pl.*) (*Bootsbau*); **– year** *s.*, tropisches Jahr *n.*; **– zone** *s.*, tropische *od.* Tropenzone *f.*

tropo/pause *s.* (*meteor.*), Grenze *f.* zwischen Troposphäre und Stratosphäre; **–sphere** *s.* (*meteor.*), Troposphäre *f.*, unterste Schicht *f.* der Atmosphäre (*bis etwa 10 km Höhe*).

trouble *s.*, brenzlige *od.* kitz(e)lige Situation *f.* (*Seenot, etc.*), (*tech.*) Defekt *m.*, Panne *f.*, Störung *f.*; **to be in –,** in Seenot sein; **ship in –,** Schiff *n.* in Seenot.

troubled *adj.* **sea,** aufgewühlte See *f.*

trouble/man *s.* (*am.*), Störungssucher *m.*; **–shoot** *v.* (*am.*), Störungen suchen und beseitigen; **–shooter** *s.* (*am.*), Störungssucher *m.*, Entstörer *m.*

trough *s.* (*meteor.*), Tief *n.*, Tiefausläufer *m.*, Tiefdruckrinne *f.*, -gebiet *n.*, -trog *m.*, Depression *f.*, Schlechtwettergebiet *n.*; Wellental *n.*; **wave –,** Wellental *n.*; **– of barometric depression, – of low barometric pressure** (*meteor.*), Tiefdruckrinne *f.*; **– of the sea,** Wellental *n.*; (Meeres)Mulde *f.*, -Becken *n.*

troyer *s.* (*naut.*), Troyer *m.*, (wollene) Strickjacke *f.*

truck *s.*, Mastspitze *f.*, -knopf *m.*; Rackkugel *f.*, Flaggenknopf *m.*, (*tech.*) Rolle *f.*

true *s.*, **in –,** richtig (eingestellt); **out of –,** falsch (eingestellt), ungenau (*Meßgeräte, ect.*), unrund; *v.*, **to – off** *or* **up,** genau (aus- *od.* ein)richten, zentrieren (*Mast, etc.*).

true *adj.* (*geogr.*, *naut.*, *phys.*), rechtweisend, zum geographischen Nordpol weisend, (*naut.*) recht, genau, gerade, richtig, (*astr.*) wahr; **– altitude** *s.*, wahre Höhe *f.*; **– azimuth** *s.*, rechtweisender Azimut *m.*; **– bearing** *s.*, rechtweisende Peilung *f.*; **– course** *s.*, rechtweisender *od.* richtiger Kurs *m.*, (*radar*) Grundkurs *m.*; **– heading** *s.*, rechtweisender Steuer- *od.* Windkurs *m.*; **– height** *s.*, wahre Höhe *f.* (*eines Gestirns*); **– horizon** *s.*, wahrer Horizont *m.*; **– level** *s.*, (echte) Horizontalebene *f.* (*waagrecht zur Gravitätssenkrechten*); **– lock** *s.*, Endbeschlag *m.* (*Terminal*); **– meridian** *s.*, rechtweisender *od.* wahrer Meridian *m.*; **– motion** *s.* (*radar*), wahre *od.* wirkliche Schiffsbewegung *f.*; **– motion radar** *s.*, Radar *n.* mit wahrer Bewegungsanzeige; **– navigation** *s.*, rechtweisende Navigation *f.*

trueness *s.* (*tech.*), genaues Einpassen *n. od.* Einstellen *n.*; Exaktheit *f.*, Genauigkeit *f.*, Richtigkeit *f.* (*Meßgeräte, Ablesung, etc.*).

true / noon *s.*, wahrer Mittag *m.*; **– north,** rechtweisend Nord, geographisch Nord; **– plot radar** *s.*, Radar *n.* mit Absolutanzeige; **– position** *s.*, wahres Besteck *n.*, wahrer (Schiffs)Ort *m.*; **– radio bearing** *s.*, Funkazimut *m.*, rechtweisende (Funk)Peilung *f.*; **– sun** *s.*, wahre Sonne *f.*; **– time** *s.*, wahre (Orts)Zeit *f.*, wahre Sonnenzeit *f.*; **– track** *s.* (*am.*), wahrer Kurs *m.*, Kartenkurs *m.*, Kurs *m.* über Grund; **– velocity** *s.* **of the wind,** wahre Windgeschwindigkeit *f.*; **– west** (*astr.*), Abendpunkt *m.*; **– wind** *s.*, wahrer Wind *m.*

trumpet *s.* (*naut.*, *tech.*), Fangmutter *f.*, Einlauf *m.*; **speaking –,** Sprachrohr *n.*, Schalltrichter *m.*, Megaphon *n.*, (*coll.*) Flüstertüte *f.*

trunk *s.* (*naut.*), Koker *m.*, Köcher *m.*, Rohrhülse *f.*, Gehäuse *n.*; Pumpenkasten *m.*, (*naut.*), Lüfter-, Lüftungsschacht *m.*; Hauptfahrrinne *f.* (*eines Flusses, Kanals, etc.*); **cabin –,** Kajütaufbau *m.*; **centreboard** (*am.* **centerboard**) **–,** Schwertkasten *m.*; **mast –,** Mastkoker *m.*; **rudder –,** Ruderkoker *m.*; **– buoy** *s.*, Muring-, Vertäuboje *f.*; **– deck** *s.*, Koffer-, Trunkdeck *n.*; **– -deck ship** *or* **vessel** *s.*, Koffer-, Trunkdeckschiff *n.*; **– hatchway** *s.*, Lukenschacht *m.*

trunnel *s.*, (*s.* **tre(e)nail**).

trunnion snap shackle *s.*, Drehzapfen-Schnappschäkel *m.*, Kardanschäkel *m.*

truss *s.* (*naut.*), Rack *n.*

try *s.* (*coll.*), Versuch *m.*, Probe *f.*, Experiment *n.*

trysail *s.*, Tri-, Try-, Treisegel *n.*, Gaffelsegel *n.*, Schnausegel *n.*; **gaff –,** Gaffeltr(e)isegel *n.*; **storm –,** Sturmtry- *od.* -tr(e)isegel *n.*; **wishbone –,** Spreizgaffeltr(e)i- *od.* -trysegel *n.*

try square *s.*, **T square** *s.* (*tech.*), Anschlagwinkel *m.*, Richtscheit *n.*, Reißschiene *f.*

tsunami *s.* (*Japanese*), Flutwelle *f.*, Springflut *f.*, Seebebenwelle *f.*, Tsunami *m.* (*bes. im Pazifik*).

tub *s.*, Balge *f.*, Balje *f.*, Kufe *f.* (*Schöpfgefäß*), (*sl.*) Kahn *m.*, plumpes Boot *n. od.* Schiff *n.*, Badewanne *f.*, Übungs(ruder)boot *n.*; **old –** (*naut.*, *sl.*), Badewanne *f.*, alter Kahn *m.*; *v.* (*sl.*), in einem Übungsboot rudern, Ruderunterricht geben; **tubbing** *s.* (*sl.*), Rudern *n.* im Übungsboot; **tubby** *adj.* **boat,** plumpes Boot *n.*, (alter) Kahn *m.*

tube *s.*, Schlauch *m.*; Rohr *n.*; Röhre *f.*, (*am.*) (Radio)Röhre *f.*; **optic –,** Fernrohr *n.*; **pitot –,** Pitotrohr *n.*, Staudruckmesser *m.*; **rudder –,** Ruderkoker *m.*; **spinnaker –,** Spinnakertrompete *f.*; **stern** *or* **shaft –,** Stevenrohr *n.*, Sternbuchse *f.*; **tubing** *s.* (*collect.*), Röhren (*pl.*), Rohrleitung *f.* (*im Schiff*).

tub / -eight *s.*, (Übungs)Achter *m.* (*Ruderboot*); **--pair** *s.*, (Übungs)Zweier *m.* (*Ruderboot*).

tubular *adj.* **mast,** Hohl-, Rohrmast *m.*

tuck *s.*[1], Gillung *f.*, Gilling *f.* (*gewölbter Teil des Hecks*), Gat *n.*, Gatt *n.* (*Bootsheck- od. -hinterteil*); *v.*, stecken (*beim Spleißen die Kardeele einstecken*).

tuck *s.*[2] (*austral.* **tucker** *s.*) (*naut.*, *sl.*), Fressalien (*pl.*), Bordverpflegung *f.*; **tuck / net** *s.*, Landungsnetz *n.*, Tuckzeese *f.*; **– netting** *s.*, Tuckzeesenfischerei *f.*; **– seine** *s.*, Tuckwade *f.*

tug *s.*, Schlepper *m.*, Schleppboot *n.*, -dampfer *m.*; Ruck *m.*, starker *od.* heftiger Zug *m.*; Reißen *n.*, Zerren *n.*, Ziehen *n.*; **to give a – (at),** heftig reißen *od.* ziehen (an); *v.* (*naut.*), schleppen; **to – (at),** heftig ziehen *od.* reißen *od.* zerren (an); **tug / and tow** *s.*, Schleppzug *m.*, Schlepper *m.* mit Schleppanhang; **– assistance** *s.*, Schlepperhilfe *f.*; **to take – assistance,** Schlepperhilfe annehmen; **–boat** *s.*, Schlepper *m.*, Schleppboot *n.*; **– charge(s)** *s.* (*pl.*), Schleppgebühr *f.*, -lohn *m.*; **– service** *s.*, Schlepperdienst *m.*

tumble *s.*, Hin- und Herrollen *n.* (*der Wellen*); *v.*, hin- und herrollen (*Wellen*); **the waves – and toss,** die Wellen rollen (hin und her); **to – home,** nach innen einfallen, sich nach oben (hin) einwärts neigen (*Spanten*); **to – up** (*naut.*), schnell an Deck kommen; **tumblehome** *s.*, Seiteneinfall (*Spantenkurve*); **–home bow** *s.*, Kanubug *m.* (*Bugform*).

tumbler *s.*, (Anker)Slip- *od.* -Schlippvorrichtung *f.*, Ankerschlipper *m.*; **– spring** *s.*, Zuhaltungsfeder *f.*; **– switch** *s.*, Kippschalter *m.*

tumbling bob *s.* (*tech.*, *naut.*), Kipphebel *m.*, Wipphebel *m.*, -arm *m.*

tumult *s.*, Aufruhr *m.* (*der See*); **tumultuous** *adj.*, aufgewühlt, stürmisch, turbulent (*See*).

tun buoy *s.*, Faßboje *f.*, -tonne *f.*

tune *s.* (*rad.*), genaue Abstimmung *f.*, (Scharf-) Abstimmung *f.*, -Einstellung *f.* (*auf einen Sender od. eine Frequenz*); *v.* (*rad.*), abstimmen, (*tech.*) (genau) an- *od.* einpassen; **to – in** (*rad.*), (*Funkgerät auf eine bestimmte Wellenlänge od. Frequenz*) einstellen; **to – out,** (*Funkgerät*) ab-, ausstimmen (*um Störungen auszuschalten*); **to – up (on)** (*rad.*), (*auf Wellenlänge od. Frequenz*) abstimmen (auf); **to – up a boat,** ein Boot trimmen, ein Boot regattaklar machen; **to – up the engine** *or* **motor,** die Leistung des Motors erhöhen; **to – up the mast,** den Mast (genau) einstellen.

tuned *adj.* (*rad.*), abgestimmt; **– circuit** *s.* (*rad.*), abgestimmter Kreis *m.*, Abstimmkreis *m.*; **--in station** *s.* (*rad.*), gepeilter Sender *m.*, gepeilte (Funk)Station *f.*

tuner *s.* (*rad.*), Abstimmvorrichtung *f.*, Tuner *m.*

tune-up *s.* (*am.*), Ansegeln *n.*; **– race** *s.* (*am.*), Ansegelungsregatta *f.*, 1. Regatta *f.* im Jahr.

tuning *s.* (*rad.*), (genaues) Abstimmen *n.*, Abstimmung *f.*, Abstimmschärfe *f.*; (*tech.*) (genaues) Einstellen *n.*; **– of a boat,** Bootstrimm *m.*; **– of the mast,** Masteinstellung *f.*; **– control** *s.* (*rad.*), Abstimmvorrichtung *f.*; **– eye** *s.* (*rad.*), magisches Auge *n.*; **--in circuit** *s.* (*rad.*), Abstimmkreis *m.*; **--in range** *s.* (*rad.*), Abstimmbereich *m.*; **– sheet** *s.*, (Segel-) Trimmanweisung *f.*; **--up** *s.* **(of a boat),** Bootstrimm *m.*, Trimmen *n.* (eines Bootes).

tunnel *s.*, **wind –,** Windkanal *m.* (*Bootsbau*); **– frame** *s.*, Tunnelspant *n.*; **– propeller** *s.*, Tunnelpropeller *m.*; **– stern** *s.*, Tunnelheck *n.*; **– well** *s.*, (Wellen)Tunnelbrunnen *m.*

turbine *s.*, Turbine *f.*; **action** *or* **impulse –,** Gleichdruck-, Aktionsturbine *f.*; **– blade** *s.*, Turbinenschaufel *f.*; **--powered** *adj.*, mit Turbinenantrieb (*Schiff*); **– propulsion** *s.*, Turbinenantrieb *m.*; **– ship** *s.*, Turbinenschiff *n.*; **– steamer** *s.*, Turbinendampfer *m.*

turbo / -blower *s.*, Turbogebläse *n.*; **--charged** *adj.*, mit Turboaufladung; **--electric propulsion** *s.*, turboelektrischer Antrieb *m.*

turbulence *s.*, **turbulency** *s.* (*naut.*), turbulente Strömung *f.*, Turbulenz *f.*, Wirbel(bewegung *f.*) *m.*, Mastturbulenz *f.*, (*meteor.*) Turbulenz *f.*, Sturm *m.*; Kabbeln *n.* (*der See*); **– in the slot,** Turbulenz *f.* in der Düse (*zwischen Segeln*).

turbulent *adj.* (*meteor.*), stürmisch, turbulent, heftig, (*phys.*, *naut.*) verwirbelt, zu Wirbeln neigend, turbulierend; **– flow** *s.*, turbulente *od.* verwirbelte Strömung *f.* (*am Unterwasserschiff od. Segel*); **– sea** *s.*, kabbelige *od.* turbulente See *f.*; **– squall** *s.* (*meteor.*), Wirbelbö *f.*

Turk's bend *s. or* **head** *s.* (*naut.*), türkischer Bund *m. od.* Knopf *m.*, Türkenbund *m.* (*Knoten*).

turmoil *s.*, Aufruhr *m.*, Tumult *m.* (*der See od. der Elemente*).

turn *s.* (*naut.*), Schlag *m.*; (Segel)Törn *m.*; Pull *m.* (*Bootsmotor*), Drall *m.*, Törn *m.* (*von Tauen*), Kink *f.* (*im Tau*), (einzelner) Gang *m.*, Tour *f.* (*eines Taus*), Kurs-, Richtungsänderung *f.*, Umkehr *f.*, Wendung *f.*, Umwenden *n.*, Drehung *f.* (*Boot*); Törn *m.* (*Ruderwache, etc.*), Flußbiegung *f.*, -windung *f.*, (*meteor.*) Wechsel *m.*, (Wetter)Änderung *f.*, (*tech.*) Umdrehung *f.*; **emergency –,** Ausweichmanöver *n.* (*Boot*); **round –,** Rundtörn *m.* (*um einen Poller, etc.*); **round – with two half hitches,** Rundtörn *m.* mit zwei halben Schlägen; **sea –,** Seetörn *m.*; **by –s,** abwechselnd, reihum, umschichtig (*Wachablösung*); **to be on the –,** kentern, sich wenden (*Gezeiten*); **to clear a –,** (*Leine*) austörnen, Leine klarieren; **to take –s,** sich gegenseitig ablösen (*am Ruder*), den (Wach- *od.* Ruder- *od.* See-) Törn übernehmen; **– of bilge,** Kimmrundung *f.*, -radius *m.* (*Bootsbau*); **– of the propeller,** Propeller-, Schraubenschlag *m.*; **– of stream,** Kentern *n.* des Stroms; **– of the tide,** Gezeiten-, Stromkenterung *f.*, -wechsel *m.*

turn *v.* (*naut.*), Kurs *od.* Richtung ändern, drehen, wenden, eine Wendung durchführen, eine neue Richtung geben, umdrehen, umkehren; kentern, sich wenden (*Gezeit*), (sich) törnen (lassen), sich vertörnen (*Tau*); (*tech.*) sich drehen (lassen), rotieren, sich im Kreis drehen; **to – about** (*naut.*), den Kurs ändern, wenden; **to – adrift** (*naut.*), Wind und Wellen preisgegeben sein (*Boot*); **to – away,** abdrehen, den Kurs ändern; **to – back,** umdrehen, umkehren; **to – bottom up,** kentern, umschlagen (*Boot*); **to – down** (*rad.*), leiser abstimmen *od.* stellen; **to – in,** eintörnen, einschwingen (*Boot*), (*in einen Hafen*) einlaufen; einwärts *od.* nach innen gebogen sein (*Spanten*), (*coll.*) in die Koje kriechen; **to – in a boat,** ein Boot eintörnen *od.* einschwenken *od.* einschwingen; **to – off,** (*vom Kurs*) abdrehen, (*Regatta*) abbrechen; sich seitwärts drehen *od.* wenden (*Boot*), (*rad.*) ausmachen, abschalten, abstellen; **to – on** (*rad.*), anmachen, einschalten; **to – out** (*rad.*), ausmachen, -schalten, abstellen; **to – over,** kentern, umschlagen (*Boot*); **to – over the watch,** den (Ruder-, Wach-, See-) Törn übergeben; **to – right round,** auf Gegenkurs gehen, eine Wendung um 180° machen; **to – round,** abdrehen, wenden, umkehren; sich (im Kreis) drehen (*Boot*); **to – short round,** backsen (*Boot*); **to – to,** beidrehen (*Boot*); **to – to the left,** nach links abbiegen (*Wasserlauf*); **to – to windward,** anluven; **to – (topsy-)turtle,** (voll durch)kentern (*Boot*), (*coll.*) badengehen (*mit dem Boot*); **to – up** (*naut.*), (*Crew*) an Deck rufen, (*rad.*) lauter abstimmen *od.* stellen; **the boat –s into the wind,** das Boot geht *od.* dreht in den Wind; **the river –s,** der Fluß macht eine Biegung; **the tide –s,** die Tide *od.* die Tideströmung kentert, der (Flut- oder Ebb)Strom kentert; **the tide has –ed,** die Tide (ist ge)kentert; **the weather –s,** das Wetter schlägt um; **the wind –s,** der Wind dreht (sich) *od.* springt um.

turn/(-)about *s.*, Gegenkurs *m.*, Wendung *f.* um 180° *od.* auf Gegenkurs; Hafentörn *m.*; **–-around** *s.*, (Schiff-)Umlaufszeit *f.*; (General)Überholung *f.* (*eines Bootes*); **– bridge** *s.*, Drehbrücke *f.*

turnbuckle *s.*, Wantenspanner *m.*; Spannschraube *f.*, -vorrichtung *f.*; Vorreiber *m.*; Wirbel *m.* (*eines Schäkels, etc.*); **railing –,** Relingsspanner *m.*

turned *adj.*, kieloben (*Boot*), gekentert (*Tide*); **– topsy-turtle,** voll durchgekentert (*Boot*).

turning *s.*, Drehung *f.*, Wendung *f.* (*Boot*), (Fluß)Biegung *f.*, -Windung *f.*; **– of the tide,** Gezeiten-, Tiden-, Stromkenterung *f.*, -wechsel *m.*; **– ability** *s.* **of a boat,** Dreh-, Wendefähigkeit *f.* eines Bootes; **– basin** *s.*, Wendebekken *n.*; **– circle** *s.*, Drehkreis *m.* (*eines Bootes*); **– error** *s.*, Drehfehler *m.* (*Kompaß*); **– mark** *s.* (*rac.*), Wendemarke *f.*; **–-mark buoy** *s.* (*rac.*), Wendeboje *f.*; **– point** *s.* (*rac.*), Wendemarke *f.*, -punkt *m.*; **–-point buoy** *s.* (*rac.*), Wendeboje *f.*; **– speed** *s.* **of a boat,** Drehgeschwindigkeit *f.* des Bootes; **– trial** *s.*, Rudermanöver *n.*; **– vane-type steering gear** *s.*, Drehflügel-Rudermaschine *f.*

turn/-round *s.*, (Hafen)Umschlag *m.*; **–-round port** *s.*, Umschlaghafen *m.*; **–(-)screw** *s.*, Schraubenzieher *m.*, -schlüssel *m.*; **– table** *s.* (*naut.*), Wiedergabegerät *n.*; **–-up berth** *s.*, Klappkoje *f.*

turpentine *s.*, (*coll.*) **turps** *s.*, Terpentin(öl) *n.*; **oil** *or* **spirits of turpentine,** Terpentinöl *n.*

turtle *s.* (*naut.*), Wirbel *m.*; **spinnaker –** (*am.*), langer Spinnakersack *m.*; **to turn (topsy-)–,** (voll durch)kentern, umschlagen, (*coll.*) badengehen (*Boot*).

turtle/back *s.*, gewölbtes Schutzdach *n.* (*an Bug u. Heck gegen schwere Seen*); **–-back forecastle** *s.* *or* **fo'c'sle** *s.*, gewölbte Back *f.*; **–-back(ed) stern** *s.*, Biberschwanzheck *n.*; **– deck** *s.*, Schildkrötendeck *n.*, gewölbtes *od.* rundes Deck *n.*

TV radar navigation *s.*, Fernseh-Radarnavigation *f.*

'tween/-deck *s., adj.*, Zwischendeck *n.*; **--decks** *adv.*, im Zwischendeck.

twenty-four-hour/race *s.* **(24 hour race),** 24-Stunden-Regatta *f.*, Langstreckenregatta *f.*; **– run** *s.* (*naut.*), Tagesetmal *n.* (*eines Schiffes*).

twice-laid *adj.*, umgeschlagen, doppelt geschlagen (*Tau*), (*naut., sl.*) aus Resten (zusammen)gekocht (*bes. Fischgericht*).

twiddling line *s.*, Manntau *n.*, Fang-, Haltetau *n.*

twilight *s.*, (Abend)Dämmerung *f.*, Halbdunkel *n.*, Zwielicht *n.*, schwaches Licht *n.*; **astronomical –**, astronomische Dämmerung *f.*; **nautical –**, nautische Dämmerung *f.*; **– arch** *s. or* **curve** *s.* (*meteor.*), Dämmerungsbogen *m.*; **– effect** *s.* (*rad.*), Dämmerungseffekt *m.*; **– zone** *s.* (*rad.*), Dämmerungszone *f.*

twine *s.*, (Segel)Garn *n.*; **whipping –,** Takelgarn *n.*

twin/groove *s.*, Doppelkeep *f.*; **--grooved luff stay for headsails,** Doppelkeep-Profilstag *n.*; **– hatch** *s.*, Doppelluk *n.*, -luke *f.*; **--hull boat** *s.*, Doppelrumpfboot *n.*; **– jib** *s.*, Doppelfock *f.*; **--jib boom** *s.*, Doppelfockbaum *m.*; **--keel hull** *s.*, Doppelkieler *m.* (*Seekreuzer*).

twinkle *v.* (*phys.*), szintillieren; funkeln, flimmern, aufblitzen (lassen) (*Licht, Leuchtfeuer*); **twinkling** *s.* (*phys.*), Szintillation *f.*; Aufblitzen *n.*, Blinken *n.*, Funkeln *n.* (*Leuchtfeuer, etc.*).

twin/rudder *s.*, Doppelruder *n.*; **--screw** *adj.* (*naut.*), Doppelschrauben-; **--screw ship** *s.*, Doppel- *od.* Zweischraubenschiff *n.*; **– ship** *s.*, Schwesterschiff *n.*; **– stay** *s.*, Doppel-, Zwillingsstag *n.*

twirl *s.*, Wirbel *m.*, Rotation *f.*, schnelle Drehung *f.*

twist *s.*, Twist *m.*, Verwindung *f.* (*eines Segels*), Drall *m.*, Vertörnung *f.* (*Tau*), (*phys.*) Torsion *f.*, (*tech.*) Rotation *f.*, Drehung *f.*, Windung *f.*; *v.*, twisten, (sich) verwirbeln (*Segel*), (sich) vertörnen (*Tau*), sich winden (*Fluß*); **to – in the leech** (*am.* **leach**), im Achterliek twisten (*Segel*); **to – to leeward (windward),** nach Lee (Luv) twisten (*Segel*); **the spinnaker –s,** der Spinnaker twistet; **twist drill** *s.* (*tech.*), Spiralbohrer *m.*

twisted *adj.* **cable,** umsponnenes *od.* verseiltes Kabel *n.*

twister *s.* (*am.*), Tornado *m.*, Wirbel *m.*, Wirbelsturm *m.*, -wind *m.*, Wasser-, Sandhose *f.*

twisty *adj.*, vertörnt (*Tau*).

two/-bladed propeller *s.*, zweiflügeliger Propeller *m.*; **– blocks** *s./pl.*, zublocks, zu Blocks; **--colour(ed) lantern** *s.*, Zweifarbenlaterne *f.*, Doppelseitenlaterne *f.*; **– cycle** *s.* (*tech.*), Doppelhub(bewegung *f.*) *m.*; **--decker** *s.*, **--deck ship** *s.*, Zweidecker *m.*, -deckschiff *n.*; **– horizontal angles** (*pl.*), Doppelwinkelmessung *f.*; **--masted ship** *s.*, **--master** *s.*, Zweimaster *m.*, Zweimastschiff *n.*, Schiff *n.* mit zwei Masten; **– overall lengths** (*pl.*) (*rac.*), zwei Bootslängen (*pl.*); **--ply** *adj.*, zweilagig, -schichtig (*Segeltuch*), zweischäftig *od.* -strähnig (*Tauwerk*); **--ply sail** *s.*, Doppel-, Zweilagensegel *n.*; **--ply sailcloth** *s.*, Zweilagentuch *n.*; **--speed gear** *s.* (*tech.*), doppelte Übersetzung *f.*; **--spreader rig** *s.*, Zwei-Saling-Rigg *n.*; **– star (distress) signal** *s.*, Zweistern-(See)Notsignal *n.*; **--sticker** *s.*, Zweimaster *m.*, Boot *n.* mit 2 Masten; **– stroke engine** *s.*, Zweitakter (*Motorboot*); **– ton boat** *or* **yacht** *s.*, Zweitonner *m.*, Zweitonneryacht *f.*; **– ton class** *s.*, Zweitonner-Klasse *f.*; **– ton cup** *s.*, Zweitonner-Pokal *m.*; **--way radio(telephone)** *s.*, Sende- und Empfangsgerät *n.*, Sprechfunk(gerät *n.*) *m.*; **--wheeled gyrocompass** *s.*, Zweikreiselkompaß *m.*

tye *s.*, Drehreep *n.*

tyer *s.*, Zeising *m. od. n.*, Seising *m. od. n.*, Zeiser *m.*

tying-up/place *s.*, **place for –,** Anlegeplatz *m.*, -stelle *f.*, Anleger *m.*

type *s.*, Bauart *f.*, Typ *m.*, (*coll.*) Type *f.*; **– of boat,** Bootstyp *m.*; **– of mast,** Masttyp *m.*; **– displacement** *s.*, Typenverdrängung *f.* (*Bootsklasse*); **--writing telegraph** *s.*, Fernschreiber *m.* (*an Bord*).

typhon (horn *or* **whistle)** *s.*, Tyfon *n.*, Typhon *n.* (*Signal-, Nebelhorn*); **automatic – control** *s.*, Tyfon-, Typhonautomatik *f.*; **– auto(-)control** *s.*, Tyfon-, Typhonautomatik *f.*

typhonic *adj.* (*meteor.*), taifunartig, Taifun-.

typhoon *s.*, Taifun *m.*, Wirbelsturm *m.* (*bes. in Ostasien*).

typotelegraph *s.*, (Bord)Fernschreiber *m.*

tyro *s.* (*naut.*), Anfänger *m.*, Neuling *m.*, Greenhorn *n.*

U

U/-boat *s.*, U-Boot *n.*, Unterseeboot *n.*; – **-bolt** *s.*, U-(förmiger) Bolzen *m.*

udo/meter *s.* (*meteor.*), Regenmesser *m.* (*Gerät*); **–metry** *s.*, Regenmessung *f.*

ugliness *s.* **(of the weather),** Bedrohlichkeit *f.* (des Wetters); **ugly** *adj.*, ekelhaft, bedrohlich, schlecht (*Wetter*); – **weather** *s.*, schlechtes Wetter *n.*

ultimate *adj.* (*tech.*), maximal; – **results** *s./pl.* (*rac.*), Endergebnisse (*pl.*); – **stability** *s.*, Endstabilität *f.* (*eines Bootes*); – **strain** *s.* (*phys.*), Maximalbelastung *f.*, -druck *m.* (*auf Segeln*); – **strength** *s.* (*phys.*, *tech.*), Grenz-, Zerreiß-, Bruchfestigkeit *f.* (*Boot, etc.*); – **Thule** *s.*, der äußerste Norden.

ultra/high frequency *s.* (*rad.*), Ultrahochfrequenz *f.*, ultrahohe Frequenz *f.*, Dezimeterwelle *f.*; **–-short wave** *s.* (*rad.*), Ultrakurzwelle *f.*; **range of –-short wave** (*rad.*), Ultrakurzwellen-, UKW-Bereich *m.*

ultrasonic *s.*, Ultraschall *m.*; *adj.*, Ultraschall-; Überschall-; – **echo sounder** *s.*, Ultraschall-Echolot *n.*; – **(echo) sounding** *s.*, Ultraschall-Echolotung *f.*; – **signal** *s.*, Ultraschallsignal *n.*; – **transmitter** *s.*, Ultraschallsender *m.*; – **wave** *s.*, Ultraschallwelle *f.*

ultrasound *s.* (*phys.*), Überschall(wellen *pl.*) *m.*

umbra *s.* (*astr.*), Kernschatten *m.*, Umbra *f.*

umpire *s.* (*spt.*), Schiedsrichter *m.*; **–ship** *s.* (*spt.*), Schiedsrichteramt *n.*

una *s.*, (*Art*) Catboot *n.*

unabated *adj.*, unvermindert, nicht nachlassend (*Sturm, etc.*); **with – force** *or* **strength,** mit unverminderter Gewalt *od.* (Sturm-) Stärke; **unabating** *adj.*, anhaltend, nicht nachlassend, unablässig; – **rain** *s.*, anhaltender Regen *m.*

unable *adj.* **boat,** seeuntüchtiges Boot *n.*

unadventurous *adj.* **passage,** ereignislose *od.* ruhige Überfahrt *f.*, Fahrt *f.* ohne Zwischenfall.

unanchor *v.*, vom Anker losmachen, abankern.

unapproachability *s.*, Unzugänglichkeit *f.* (*der Küste, etc.*); **unapproachable** *adj.*, unzugänglich (*Küste, etc.*).

unarmoured *adj.* (*am.* **unarmored**) (*naut.*), ungeschützt, ungepanzert, mit keinem Eisschutz versehen (*Schiff*).

unassisted *adj.*, ohne Hilfe; ohne Vorschoter (*Einhandsegler, etc.*).

unattended *adj.*, – **light,** unbewachtes (Leucht-) Feuer *n.*; – **lightship,** unbemanntes Feuerschiff *n.*

unavailable *adj.* **energy** (*phys.*), Verlustenergie *f.*, nicht nutzbare Energie *f.* (*des Antriebs, etc.*).

unbalanced *adj.* **rudder,** nicht ausgeglichenes *od.* unausgeglichenes Ruder *n.*

unballast *v.*, (*Boot*) entballasten *od.* von Ballast befreien, Ballast löschen; **unballasted** *adj.* (*naut.*), ohne Ballast; – **ship** *s.*, ohne Ballast fahrendes Schiff *n.*

unbend *v.*, (*Segel*) abschlagen, (*Tau, Kette*) ausschäkeln *od.* losmachen.

unbind *v.*, **to – a knot** *or* **hitch,** einen Stek *od.* Knoten abstecken *od.* auftörnen.

unbitt *v.*, (*Kabel, Trosse*) aus dem Beting lösen, einen Betingschlag loswerfen, (*die Trosse*) vom Poller nehmen.

unbrace *v.*, **to – the trapeze belt,** den Trapezgurt ab- *od.* losschnallen.

unbraid *v.*, die Kardeele eines Taus aufschlagen, (*Tau*) aufflechten, entflechten.

unbroken *adj.*, unvermindert, ungeschwächt (*Sturm, etc.*), (*spt.*) unübertroffen; – **record** *s.* (*spt.*), ungebrochener *od.* (noch) nicht gebrochener Rekord *m.*; – **strength** *s.* **of the storm,** ungebrochene Gewalt *f.* *od.* Stärke *f.* des Sturms, unverminderte Sturmstärke *f.*

unbuckle *v.*, auf-, losschnallen (*Trapezgurt, etc.*).

unceasing *adj.*, andauernd, unaufhörlich, unablässig; – **rain** *s.*, Dauerregen *m.*

uncertain *adj.* (*naut.*), unsicher, zweifelhaft (*Schiffsort*); – **weather** *s.*, unbeständiges *od.* veränderliches *od.* launisches Wetter *n.*

unchain *v.* (*naut.*), ab-, losketten.

unchangeable *adj.*, unveränderlich (*Wetter*); **unchanging** *adj.* **weather,** unveränderliches *od.* gleichbleibendes Wetter *n.*

uncharged *adj.*, ungeladen, nicht aufgeladen (*Batterie*).

uncharted *adj.*, auf keiner (*od.* nicht auf der) Seekarte eingezeichnet *od.* verzeichnet.

unclasp *v.*, auf-, loshaken; (sich) lösen, (sich) öffnen.

unclassified *adj.* (*naut.*), nicht klassifiziert, keiner Bootsklasse zugehörig.

unclean *adj.* (*naut.*), unrein (*Küste, Schiffsboden*).

uncleat *v.*, **to – the bow (stern) line,** die Vor- (Heck)spring von den Klampen losmachen *od.* losschäkeln.

unclench *v.*, **unclinch** *v.*, (sich) lockern, (sich) öffnen.

unclouded *adj.*, aufgeklart, unbewölkt, klar, heiter, wolkenlos (*Himmel, Wetter*).

uncoil *v.*, (*Tau*) abrollen *od.* abwickeln *od.* abspulen.

uncongenial *adj.*, nicht kongenial, ungleichartig; **– climate** *s.*, ungünstiges Klima *n.*
uncord *v.*, aufbändseln, aufbinden, losmachen.
uncorrected *adj.*, **– course,** unbeschickter Kurs *m.*; **– time** (*naut.*), unbeschickte *od.* nicht verbesserte *od.* berichtigte Zeit *f.*
uncorroded *adj.*, nicht korrodiert *od.* (vom Rost) angefressen *od.* zerfressen.
uncouple *v.* (*tech.*), ab-, aus-, loskuppeln; **to – the trailer,** den Trailer abhängen *od.* abkuppeln.
undamaged *adj.* **boat,** unbeschädigtes Boot *n.*, nicht havariertes Boot *n.*
undamped *adj.*, **– oscillation** (*phys.*), ungedämpfte Schwingung *f.*; **– wave** (*phys.*), ungedämpfte Welle *f.*
undecked *adj.* **boat,** offenes *od.* nicht eingedecktes *od.* ungedecktes Boot *n.* (*Dingy, Beiboot*).
under *prep.*, unter, (*Lage*) unterhalb von; **boat – the sea,** hilflos der See ausgesetztes Boot *n.*, manövrierunfähiges Boot *n.*; **– bare poles,** vor Topp und Takel; **– canvas,** unter Segel; **– construction,** im Bau (befindlich) (*Boot*); **– (the British) flag,** unter (britischer) Flagge; **– full sail,** alles bei, (mit) Vollzeug, unter allen Segeln, unter voller Besegelung; **– hatches,** im Schiff, unter Luken; **– the lee,** in Lee, unter dem Wind; **to tack – (the) lee** (*rac.*), in Lee wenden; **– the lee of the shore,** im Schutz (unter) der Küste; **– repair,** in Reparatur; **– sail,** unter Segel, unterwegs, mit gesetzten Segeln; **– ship's tackle,** unter Schiffstakel; **– water,** unter Wasser, unter der Wasseroberfläche; **– way** (*naut.*), unterwegs, unter Segel, in Fahrt (befindlich); **– the wind,** leewärts, nach Lee (zu).
under *adv.*, **the boat is –,** das Boot ist gesunken; **the sun is –,** die Sonne ist untergegangen; **to be –,** gesunken, (*sl.*) abgesoffen (*Boot*).
underbody *s.*, Unterwasserschiff *n.*, Lebendes Werk *n.*
undercanvassed *adj.*, untertakelt, unterbesegelt (*Boot*).
undercarriage *s.*, (Eis)Kufen (*pl.*) (*Eisyacht*), Schwimmer (*pl.*) (*Wasserflugzeug*).
undercharged *adj.*, nicht voll aufgeladen (*Batterie*).
undercoat *s.*, Grundanstrich *m.*, Grundierung *f.*, (Farb)Untergrund *m.*
undercurrent *s.*, Unter(wasser)strömung *f.*
undercut *v.*, **to – the waves,** die Wellen unterschneiden (*Boot*).
underdeck / measurement *s.*, Unterdeck-Vermessung *f.*; **– space** *s.*, Raum *m.* unter Deck, Unterdeckraum *m.*; **– tonnage** *s.*, Unterdecktonnage *f.*, -vermessung *f.*
underhung rudder *s.*, Schwebe-, Hänge-, Spatenruder *n.*
underlaid *adj.*, verstärkt (*Segel*).
under(-)layers *s./pl.* (*meteor.*), untere (Luft-, Wolken)Schichten *f./pl.*
underlit *adj.* **compass,** von unten beleuchteter Kompaß *m.*
undermanned *adj.*, unterbemannt, zu schwach bemannt *od.* besetzt (*Yacht*).
undermasted *adj.*, mit zu wenigen *od.* zu kleinen Masten (*Boot*), unterbemastet, zu leicht bemastet (*Boot*).
underpowered *adj.* **boat,** leistungsschwaches Boot *n.* (*auch Segelboot*).
underprop *v.*, von unten her (ab)stützen (*Mast, etc.*).
underrigged *adj.*, untertakelt (*Boot*).
underrun *s.*, Unter(wasser)strömung *f.*; *v.* (*naut.*), unterlaufen, durchholen, (*Talje*) klarscheren, (*Netz*) einholen.
under(-)sea *adj.*, unterseeisch, Untersee-, Unterwasser-; **underseas** *adv.* (*am.*), unterseeisch, unter Wasser, Unterwasser-.
underset *s.* (*naut.*), Gegen-, Unterströmung *f.*
undersized *adj.*, unter normaler *od.* Normalgröße (*Segel, etc.*).
undersurf *s.*, gegenläufige Brandung *f.*, gegenläufige Unterströmung *f.*
under(-)sparred *adj.*, untertakelt, mit zu kurzen *od.* zu leichten Masten (versehen) (*Yacht*).
undertow *s.* (*naut.*), Sog *m.*, Untersog *m.*, -strömung *f.*, Unterstrom *m.*, Widersee *f.*
underwater *adj.* (*naut.*), unter(halb) der Wasserlinie (liegend *od.* befindlich); unter (dem) Wasser, Unterwasser-; **– acoustic echo ranging** *s.*, akustische Unterwasserentfernungsmessung *f.*; **– body** *s.*, Unterwasserschiff *n.*; **– coat** *s.*, Unterwasseranstrich *m.* (*Boot*); **– copper-bronze coat(ing)** *s.*, Unterwasser-Kupferbronzegleitfarbe *f.*; **– current** *s.*, Unterwasserströmung *f.*; **– detector** *s.*, Unterwasserortungsgerät *n.*; **– foils** (*pl.*), Unterwasserschiff *n.*, der im Wasser liegende Teil des Bootsrumpfs; **– hull** *s.*, Unterwasserschiff *n.*, Lebendes Werk *n.*; **– level** *s.*, Tauchtiefe *f.* (*eines Bootes*); **– paint(ing)** *s.*, Unterwasseranstrich *m.* (*Boot*); **– sound detecting** *or* **fixing and ranging** *s.*, Unterwasserschallortung *f.*
under()way (*naut.*), in Fahrt *od.* Bewegung unterwegs, unter Segel; **to get –,** absegeln (unter Segel) ablegen.
underweight *s.*, Gewichtsausfall *m.*, Unterge

wicht *n.* (*der Crew*).
undetachable *adj.*, nicht abnehmbar, fest (*Klampen, etc.*).
undeviating *adj.*, nicht abweichend, beständig, konstant (*Kurs*).
undiminished *adj.*, unvermindert (*Sturmstärke*).
undimmed *adj.*, nicht abgeblendet (*Lichter*).
undirected *adj.* (*phys.*), ungerichtet (*Antenne, Strahl, etc.*); **– beam** *s.*, ungerichteter Strahl *m.*
undistinguishable *adj.*, **undistinguished** *adj.*, undeutlich, nicht erkennbar *od.* zu erkennen *od.* auszumachen (*Landmarke, etc.*).
undo *v.*, auftörnen (*Stek*), enttörnen (*Kinken*); **to – a hitch** *or* **knot,** einen Stek auftörnen *od.* aufmachen *od.* lösen.
undock *v.*, (*Schiff*) ausdocken *od.* entdocken; **undocking** *s.*, Ausdocken *n.*, Ausdockung *f.*
undone *adj.*, **to come –,** aufgehen (*Stek*).
undouble *v.*, **to – a sail,** ein Segel auseinanderbreiten *od.* -falten.
undulate *v.*, Wellen schlagen *od.* werfen, wogen (*See*); **undulation** *s.*, Wellenschlag *m.*, -schlagen *n.*, -bewegung *f.*, (*phys.*) Wellenbewegung *f.*, -linie *f.*, -schwingung *f.*, Schwingungsbewegung *f.*, -welle *f.*, Vibration *f.*
uneasy *adj.* **motion of the boat,** harte Bootsbewegung *f.*
unending *adj.* **rain,** Dauerregen *m.*
uneven *adj.*, uneben, ungleichmäßig (*Außenhaut*), schief, nicht parallel.
uneventful *adj.* **passage,** ruhige *od.* ereignislose Überfahrt *f.*, Fahrt *f.* ohne Zwischenfall.
unfair *adj.* **(to),** unfair *od.* unsportlich (gegenüber); **unfairness** *s.*, unfaires *od.* unsportliches Verhalten *n.*
unfasten *v.*, losnehmen, lösen (*Leine, Schot, etc.*), aufgehen, sich lösen (*Stek*); **unfastened** *adj.*, unbefestigt, lose (*Ballast, etc.*).
unfathomable *adj.*, nicht meßbar, unergründlich tief, grundlos (*Meeresboden*).
unfavourable *adj.* (*am.* **unfavorable**), ungünstig, widrig (*Wetter*); **– wind** *s.*, Gegenwind *m.*, Wind *m.* von vorn; **– winds** (*pl.*), ungünstige *od.* widrige Winde (*pl.*).
unfit *adj.*, untauglich, nicht qualifiziert; **unfitted** *adj.* **(with),** nicht (gut) ausgerüstet (mit).
unfix *v.*, losmachen, lösen (*Bolzen, etc.*); **unfixed** *adj.*, unbefestigt, beweglich, lose (*Teile der Bootsausrüstung*).
unfold *v.*, **to – a sail,** ein Segel ausbreiten *od.* auseinanderfalten.
unfriendly *adj.*, **– weather,** ungünstiges *od.* unfreundliches *od.* schlechtes Wetter *n.*; **a weather – to health,** ungesundes Wetter *n.*
unfurl *v.*, abschlagen, losnehmen (*Segel*), entfalten, entrollen (*Flagge*); **to – a flag,** die Flagge entrollen *od.* wehen lassen; **to – sails,** Segel abschlagen *od.* losmachen; **the sails –,** die Segel füllen *od.* entfalten sich.
ungainly *adj.* **boat,** plumpes *od.* plump gebautes Boot *n.*
ungear *v.* (*tech.*), auskuppeln, ausrücken, -lösen.
ungenial *adj.*, rauh (*Witterung*).
unget-atable *adj.* **coast,** unzugängliche Küste *f.*
ungird *v.*, ab-, losgurten (*Trapezgurt*), lockern (*Bolzen, etc.*).
ungrounded *adj.* (*elec.*), ungeerdet, nicht geerdet (*Antenne, etc.*).
unhandy *adj.*, nicht handig, unhandig, unhandlich, schwer zu handhabend *od.* zu steuernd (*Boot*); **an – boat,** ein unhandiges Boot *n.*
unhappy *adj.*, **an – boat,** ein unglückliches Boot *n.*, ein vom Unglück *od.* vom Pech verfolgtes Boot *n.*
unhealthy *adj.* **weather** (*naut. hum.*), ungesundes *od.* schlechtes Wetter *n.*
unhitch *v.*, (*Ende*) abstecken, (*Knoten*) aufmachen, (*naut.*) loshaken, losmachen.
unhook *v.*, ab-, auf-, loshaken; aushängen.
unicolour(ed) *adj.* (*am.* **unicolor(ed)**), **– lantern,** Einfarbenlaterne *f.*
unidentified *adj.* **ship,** nicht identifiziertes *od.* unidentifiziertes *od.* unerkanntes Schiff *n.*
unidirectional *adj.*, in einer Richtung verlaufend, einseitig gerichtet (*Antenne*); **– aerial** *s.* (*am.* **antenna**), Richtstrahlantenne *f.*; **– effect** *s.* **(of the aerial),** Richt(antennen)wirkung *f.*, -effekt *m.*
uniform *adj.*, gleichbleibend, konstant, unveränderlich; **– acceleration** *s.*, gleichmäßige Beschleunigung *f.*; **– temperature** *s.* (*meteor.*), konstante Temperatur *f.*
unilateral *adj.* **strain** *or* **stress,** einseitige Beanspruchung *f.* (*von Segel, Boot, etc.*).
unimpaired *adj.* **force** *or* **strength of a gale,** unverminderte *od.* ungeschwächte Gewalt *f.* *od.* Stärke *f.* des Sturms.
uninflammable *adj.*, nicht brennbar, nicht feuergefährlich.
uninsulated *adj.* (*elec., tech.*), nicht isoliert.
unintermitting *adj.*, anhaltend, ununterbrochen (*Regen, Sturm, etc.*).
union *s.* (*naut.*), Gösch *f.* (*viereckiges Feld im linken oberen Eck einer Flagge*); **ensign hoisted – down,** Notflagge *f.* (*mit nach unten gekehrter Gösch*); **– flag** *s.*, **– jack** *s.*, Gösch *f.*,

Hoheitsabzeichen *n.*; – **joint** *s.*, Schraubverbindung *f.*, Röhrenkupplung *f.*; – **thimble** *s.*, verkettete Kausch *f.*

unit *s.*, (Bau)Einheit *f.* (*Bootsbau*), (*phys.*) (Maß)Einheit *f.*, Grundeinheit *f.*, Grundmaß *n.*, -maßstab *m.*, Standard *m.*, (*tech.*) Anlage *f.*, Gerät *n.*; **power** – (*rad.*), Netzteil *m.*; **radar –,** Radaranlage *f.*; – **of length,** Längeneinheit *f.*; – **of power,** Leistungseinheit *f.*; – **of time,** Zeiteinheit *f.*; – **of work** (*phys.*), Arbeitseinheit *f.*; **unitary** *adj.* (*phys.*, *elec.*), die Maßeinheiten betreffend; **unit / force** *s.* (*phys.*), Krafteinheit *f.*; – **magnetic pole** *s.* (*phys.*), magnetischer Einheitspol *m.*; – **power** *s.* (*phys.*), Leistungseinheit *f.*; – **pressure** *s.* (*phys.*), Einheit *f.* des Drucks; **units** *s./pl.*, **C.G.S. system of** – (*phys.*), C.G.S.-System *n.*, Zentimeter-Gramm-Sekunden-System *n.*; **LMT system of** – (*phys.*), Länge-Masse-Zeit-System *n.*; **MKS system of** – (*phys.*), Masse-Kilogramm-Sekunden-System *n.*

universal *adj.*, – **adjustment** (*naut.*, *tech.*), Universaleinstellung *f.*; – **attraction** *s.* (*phys.*), allgemeine Anziehung *f.*; **the – calm of the southern seas,** die in den südlichen Meeren übliche *od.* überall anzutreffende Stillte; – **chock** *s.*, Universalklüse *f.*; – **compass** *s.*, Zirkel *m.* mit verlängerbaren Schenkeln, Universalzirkel *m.*; – **coupling** *s.*, – **joint** *s.* (*naut.*, *tech.*), Kardangelenk *n.*, Universalgelenk *n.*; – **rule** *s.*, **(U– Rule** *s.*), Universalformel *f.* (*Rennwert f. Rennyachten*); – **screw-wrench** *s.* (*tech.*), Engländer *m.*, Schraubenschlüssel *m.*; – **suspension** *s.*, Kardanaufhängung *f.* (*Kompaß, etc.*); – **time** *s.* (*astr.*), Weltzeit *f.* (*entspricht der Ortszeit von Greenwich*).

unkindly *adj.* **weather,** rauhes *od.* trübes *od.* unfreundliches *od.* schlechtes Wetter *n.*

unknot *v.*, (*Knoten*) auftörnen, aufmachen, aufknoten, lösen, (*Kink*) enttörnen.

unlace *v.*, **to – the bonnet** *or* **studsail,** das Bonnet abschlagen *od.* losmachen *od.* losnehmen.

unlaid *adj.* **rope,** aufgeschlagenes Tau *n.*

unlash *v.*, (*Boot, etc.*) loslaschen, losnehmen, losmachen.

unlay *v.*, (*Strähnen eines Taus*) aufdröseln, aufdrehen, aufschlagen.

unlicensed *adj.*, – **radio operator,** Schwarzfunker *m.*; – **radio station,** Schwarzsender *m.*, nicht lizensierte Funkstation *f.*

unlighted *adj.*, – **beacon,** unbeleuchtete Bake *f.*; – **buoy,** unbefeuerte Boje *f.* *od.* Tonne *f.*

unlike *adj.* **poles,** ungleichnamige Pole (*pl.*).

unlimited *adj.* **visibility** (*naut.*), unbeschränkte Sicht *f.*

unlit *adj.* **boat,** unbeleuchtetes Boot *n.*, Boot *n.* ohne (Positions)Lichter.

unmanageable *adj.*, manövrierunfähig, nicht manövrierfähig (*Boot*).

unmarked *adj.*, nicht markiert, unbezeichnet, ohne (See)Zeichen (*Wasserweg*).

unmatched *adj.* **performance,** unerreichte *od.* unübertroffene Leistung *f.* (*eines Seglers, eines Segels od. Bootes*).

unmodulated *adj.* (*rad.*), nicht moduliert *od.* abgestimmt; tonlos (*Telegraphie*), unausgesteuert, unmoduliert.

unmoor *v.*, abankern, Anker lichten, vom Ankergrund losbringen, (*Boot*) von der Vertäuung losmachen, (*Boot*) vor einem Anker liegen lassen (nachdem die anderen Anker gelichtet sind); **unmoored** *adj.* **adrift,** ankerlos treibend (*Boot*); **unmooring** *s.*, Ankeraufgehen *n.*, Ankerlichten *n.*, Abankern *n.*

unnavigability *s.*, Unbefahrbarkeit *f.* (*eines Wasserwegs*); **unnavigable** *adj.*, nicht schiffbar *od.* befahrbar (*Wasserweg*); **unnavigated** *adj.* **waters,** unbefahrene Gewässer (*pl.*).

unoperational *adj.* (*naut.*), unklar (*Fall, Schotwinde, etc.*), (*tech.*) nicht betriebsfähig.

unpiloted *adj.*, ohne Lotsen, ungelotst (*Boot*).

unplaced *adj.* (*rac.*), nicht placiert, unplaciert (*nicht unter den drei Ersten*).

unpleasant *adj.* **weather,** rauhes *od.* unfreundliches *od.* ekelhaftes Wetter *n.*

unpliable *adj.*, **unpliant** *adj.*, nicht biegsam (*Mast, etc.*).

unpointed *adj.* **bow,** stumpfer Bug *m.*

unpractised *adj.* (*or* **unpracticed**), unbefahren, unerfahren, ungeübt (*Segler*).

unprofessional *adj.*, laienhaft; – **term** *s.*, laienhafter Ausdruck *m.*

unravel *v.*, (*Tau*) aufdröseln, auffasern.

unreel *v.*, ablaufen, abrollen, abspulen, abwikkeln (*Tau, Leine*), (*Tau*) ablaufen *od.* abrollen (lassen).

unreeve *v.*, (*Tau*) ausscheren; **unreeving** *s.*, Ausscheren *n.* (*Tau*), Abweichen *n.* vom Kurs.

unrelenting *adj.*, nicht nachlassend, unvermindert (*Stärke des Sturms*).

unrelieved *adj.* **(at the helm),** nicht abgelöst (beim Rudertörn).

unrepair *s.*, Reparaturbedürftigkeit *f.*, Schadhaftigkeit *f.* (*Segel, etc.*).

unrig *v.*, abtakeln; **to – a boat,** ein Boot abtakeln; **to – the standing rigging,** das stehende Gut abschlagen.

unrigged *adj.* **boat,** abgetakeltes Boot *n.*

unrisen *adj.*, noch nicht aufgegangen (*Sonne, Mond, etc.*).

unrivet *v.*, abnieten, losnieten.
unroll *v.*, (*Segel*) ausbreiten, aufrollen, entrollen, (*Tau*) ab-, aufrollen; sich aufrollen (*Tau*).
unrove *adj.*, ausgeschert (*Tauwerk*).
unruffled *adj.* **sea,** glatte *od.* ungekräuselte See *f.*, Wasser *n.* ohne (viel) Welle.
unsafe *adj.* (*naut.*), unsicher (*Gewässer, Küste*), zweifelhaft, ungewiß (*Schiffsort*); **– waters,** gefährliche *od.* unsichere Gewässer; **unsafeness** *s.*, **unsafety** *s.*, Gefährlichkeit *f.*, Unsicherheit *f.* (*von Gewässern*).
unscreened *adj.*, ungeschützt, (*elec.*) nicht abgeschirmt, un(ab)geschirmt.
unscrew *v.*, ab-, losschrauben.
unseamanlike *adj.*, nicht seemännisch, unseemännisch.
unseasonable *adj.*, nicht der Jahreszeit entsprechend (*Wetter*).
unseaworthiness *s.*, Seeuntüchtigkeit *f.* (*eines Bootes*); **unseaworthy** *adj.*, seeuntüchtig, nicht seetüchtig (*Boot*); **to become –,** seeuntüchtig werden (*Boot*); **– boat** *s.*, seeuntüchtige Yacht *f.*
unsecure *adj.*, unsicher, ungewiß (*Wetter*), ungesichert, unbefestigt.
unserviceable *adj.*, untauglich, nicht einsatzfähig (*Boot*); **to become –,** unbrauchbar werden (*Gerät*).
unset *adj.*, (noch) nicht untergegangen (*Gestirn*).
unsettled *adj.* **weather,** unbeständiges *od.* veränderliches Wetter *n.*
unshackle *v.*, ab-, aus-, losschäkeln.
unshapely *adj.* **boat,** plumpes *od.* plump gebautes Boot *n.*
unship *v.*, (*Ruder, etc.*) abbauen *od.* aushängen, (*Mast*) abbauen *od.* herausnehmen *od.* abtakeln, (*Badegast*) ausschiffen *od.* an Land setzen, (*Ballast, Ladung*) löschen; **unshipping** *s.*, Ausbauen *n.* von Bootsteilen; Löschen *n.* (*Ladung*).
unshortened *adj.* **course** (*rac.*), unverkürzte (Regatta)Bahn *f.*
unsighted *adj.* (*naut.*), (noch) nicht gesichtet *od.* sichtbar *od.* in Sicht; **the ship is still –,** das Schiff ist noch nicht in Sicht.
unsinkability *s.*, Unsinkbarkeit *f.* (*eines Bootes*); **unsinkable** *adj.*, unsinkbar, nicht sinkend (*Yacht*), nicht versenkbar (*Muringstein*).
unslackened *adj.*, **with – force** *or* **strength,** mit unverminderter Gewalt (*Sturm*).
unsling *v.*, (*Länge*) aushängen, abnehmen; ausschlingen.
unsold fish *s.* (*naut., sl.*), Gammel *m.*, Bordproviant *m.*
unsound *adj.*, **– ice,** Brucheis *n.*, brüchiges Eis *n.*, unsicheres *od.* unzuverlässiges Eis *n.*; **– weather,** unbeständiges *od.* unzuverlässiges Wetter *n.*
unsounded *adj.* (*naut.*), nicht (aus)gelotet (*Wassertiefe*).
unsplice *v.*, (*Tau*) abstecken, auspleißen.
unsporting *adj.*, **unsportsmanlike** *adj.*, unfair, unsportlich.
unstable *adj.*, **– equilibrium,** labiles Gleichgewicht *n.* (*Boot*); **– weather** *s.*, unbeständiges Wetter *n.*; **– weather conditions** (*pl.*) (*meteor.*), unbeständige Wetterlage *f.*
unstayed *adj.* **mast,** nicht abgestagter Mast *m.*
unsteadiness *s.* **(of the weather),** Unbeständigkeit *f.* (des Wetters); **unsteady** *adj.*, unbeständig (*Wetter, Wind*), unstet, unbeständig (*Kurs*), (*phys., tech.*) nicht stationär; **– course** *s.*, unsteter Kurs *m.*; **– wind** *s.*, unbeständiger *od.* unsteter Wind *m.*
unstep *v.*, **to – the mast,** den Mast (her)ausnehmen *od.* ausbauen *od.* abbauen.
unstirred *adj.*, unbewegt (*Luft, See*).
unstitched *adj.*, **to come –,** aufgehen (*Segelnaht*).
unstow *v.*, (*Ballast*) umstauen *od.* anbrechen.
unstrap *v.*, (*Trapezgurt*) ab-, auf-, losschnallen *od.* -gurten.
unstrapped *or* **unstropped** *adj.* **block,** unbestroppter *od.* kahler Block *m.*
unstressed *adj.* (*tech.*), unbelastet; **unstressing** *s.* (*tech.*), Entspannung *f.*, -lastung *f.*
unstudded *adj.*, steglos (*Kette*).
unsuccessful *adj.* **start** (*rac.*), Fehlstart *m.*, Frühstart *m.*
unsymmetric(al) *adj.*, unsymmetrisch, asymmetrisch.
untack *v.*, ab-, losmachen, lösen; auseinandernehmen.
untarred *adj.* **cordage** *or* **rope,** ungeteertes Tauwerk *n.*
untie *v.*, auf-, losbinden *od.* -bändseln, aufmachen, aufknoten, lösen; sich (auf)lösen (*Stek*).
untight *adj.* (*naut.*), (wasser)undicht (*Boot*).
untuned *adj.* **aerial** (*am.* **antenna**), unperiodische Antenne *f.*
untwine *v.*, **untwist** *v.*, (*Tau*) aufdröseln; aufgehen, sich aufdrehen (*Tau*), sich lösen (*Stek*).
unwatched *adj.*, unbewacht (*Leuchtfeuer*), unbemannt (*Feuerschiff*); **– light** *s.*, unbewachtes (Leucht)Feuer *n.*
unweatherly *adj.*, leegierig (*Boot*).
unwieldiness *s.*, Unhandig-, Unhandlichkeit *f.* (*Boot, etc.*); **unwieldy** *adj.*, unhandig, un-

handlich, schwer zu handhaben (*Boot*), plump (*Boot*), sperrig.

unwind *v.*, aufgehen (*Knoten*), nachgeben, sich lockern (*Bolzen, Schraube*), (sich) abrollen, -wickeln, -winden (*Tau*).

unwork *v.*, **to – a hitch,** einen Stek aufmachen *od.* lösen.

unwound *adj.*, **to come –,** sich abrollen *od.* abwickeln (*Tau, etc.*).

unwrinkle *v.*, **to – a sail,** ein Segel glattstreichen *od.* glätten, die Falten aus einem Segel herausstreichen.

unyielding *adj.*, fest, steif (*Tauwerk*).

up *prep.*, **– the river,** flußaufwärts, den Fluß hinauf; **– (the) wind,** gegen den Wind.

up *adv.* (*naut.*), luvwärts, gegen den Wind; auf gleicher Höhe *od.* Linie (**with,** mit); flußaufwärts, den Fluß hinauf; **to coil –,** aufschießen, aufrollen (*Tau, Leine*); **to put the helm –,** (mit dem Ruder *od.* der Pinne) abfallen, die (Ruder)Pinne nach Luv legen *od.* drehen; **to sail – as far as possible,** so nah wie möglich heransegeln (*an Küste, etc.*); **to spring –,** aufkommen, aufspringen (*Brise, Wind*), aufschießen (*Wind*); **– and down,** auf und nieder, hin und her (*Bootsbewegung vor Anker*); **– east** (*am., coll.*), im Osten; **– from Scotland,** von Schottland aus in nördlicher Richtung; **– north** (*am., coll.*), im Norden, weiter nördlich *od.* im Norden; **– to strength,** in voller Stärke (*Sturm*).

up *adj.*, aufgegangen (*Sonne, etc.*), angeschwollen (*Fluß*); **to be 10 –** (*rac.*), um 10 Punkte voraus *od.* mit 10 Punkten im Vorteil sein; **the storm is –** (*naut.*), der Sturm bricht los; **is anything –?** (*naut.*), Ist (irgendet)was los?; **what's –?** (*naut.*), Was gibt's?, Was ist los?, Was liegt an?.

up/-and-down fall *s.*, Auf- und Niederläufer *m.*; **--and-down line** *s.*, Auf- und Niederleine *f.*; **--and-down motion** *s.* **(of a boat),** Auf- und Abbewegung *f.* (eines Bootes); **–comer** *s.*, **–coming vessel** *s.*, Aufkommer *m.* (*Schiff*); **–current** *s.* (*meteor.*), Aufwind *m.*; **–current** *s.* **due to hot air,** thermischer Aufwind *m.*; **–draft** *s.*, Aufwind *m.*; **–haul** *s.* (*naut.*), Aufholer *m.*; **spinnaker boom –haul** *s.*, Spinnakerbaum-Aufholer *m.*, Spinnakerbaum-Top(p)nant *m.*; **–heaval** *s.* **of the sea,** hochgehende See *f.*, Hochgehen *n.* der See; **–keep** *s.*, Instandhaltung *f.*, Wartung *f.* (*Boot, etc.*); **–keep** *v.*, instandhalten, warten, pflegen (*Segel, Boot*); **–keeps** (*pl.*), Instandhaltungskosten (*pl.*).

upper *adj.*, **– berth,** obere Koje *f.*, Oberkoje *f.*; **– celestial meridian** *s.* (*astr.*), oberer Himmelsmeridian *m.*; **– culmination** *s.* (*astr.*), obere Kulmination *f.*; **– deck** *s.*, Oberdeck *n.*; **--deck hatch** *s.*, Oberdeckluk *n.*, -luke *f.*; **– edge** *s.* **of keel,** Oberkante *f.* Kiel; **– gates** (*pl.*), Oberhaupt *n.* (*einer Schleuse*); **– keel** *s.*, Oberkiel *m.*; **– launch slip** *s.*, Vorhelling *f.*; **– leading light** *s.*, Oberfeuer *n.* (*eines Richtfeuers*); **– limb** *s.* (*astr.*), Oberrand *m.* (*Sonne, Mond, etc.*); **altitude of the – limb** (*astr.*), Oberrandhöhe *f.*; **– mast** *s.*, Obermast *m.*, Stenge *f.*; **– meridian** *s.* (*astr.*), oberer (Himmels)Meridian *m.*; **– meridian altitude** *s.* (*astr.*), Mittagshöhe *f.*; **– meridian passage** *or* **transit** *s.* (*astr.*), Durchgang *m.* durch den oberen Meridian (*eines Gestirns*); **– part** *s.* **(of mast,** *etc.*), Oberteil *m.* (*od. n.*), oberer Teil *m.* (des Mastes, *etc.*); **– parts** (*pl.*), Überwasserschiff *n.*; **– range light** *s.*, Oberfeuer *n.*, oberes Leitfeuer *n.* (*eines Richtfeuers*), achteres Dampferlicht *n.*; **– topgallant sail** *s.*, Oberbramsegel *n.*; **– topgallant yard** *s.*, Oberbramrah *f.*; **– topsail** *s.*, Obermarssegel *n.*; **– topsail yard** *s.*, Obermarsrah *f.*; **– transit** *s.* (*astr.*), oberer Durchgang *m.* (*eines Gestirns*); **– waterline** *s.*, Oberwasserlinie *f.* (*Boot*); **– work** *s.*, Aufbau *m.*, Aufbauten (*pl.*) (*Boot*); **– works** (*pl.*), Überwasserschiff *n.*, Totes Werk *n.*

upright *s.*, Senkrechte *f.*, senkrechte Stellung *f.*; **out of –,** nicht senkrecht; *adj.*, aufrecht, senkrecht; **to sail –,** aufrecht segeln; **– mast** *s.*, (gerade) aufgerichteter Mast *m.*; **– position** *s.*, aufrechte Lage *f.* (*Boot*).

uprise *s.*, Aufgang *m.*, Aufgehen *n.* (*der Sonne, etc.*); *v.*, aufgehen, -steigen (*Sonne*).

upriver *adv.*, flußaufwärts; **to go –,** flußaufwärts fahren *od.* segeln.

uproar *s.*, Aufruhr *m.*, Tosen *n.*, Toben *n.* (*der See*); **– of the surge,** Tosen *n.* der Brandung; **uproarious** *adj.*, stürmisch (*See*), tobend, tosend (*Brandung, Wellen*).

upset *s.*, Kentern *n.*, Umschlagen *n.* (*Boot*), (*tech.*) Stauchung *f.*; *v.*, kentern, umschlagen (*Boot*), zum Kentern bringen (*Boot*), (*tech.*) stauchen; *adj.*, gekentert (*Boot*); **upsetting** *s.*, Kentern *n.*, Umschlagen *n.*, (*tech.*) Stauchen *n.*, Stauchung *f.*; **– angle** *s.*, Kenterwinkel *m.* **– moment** *s.*, Kentermoment *n.*; **– point** *s.*, Kenterpunkt *m.*; **upset shackle** *s.*, Blockschäkel *m.*

upshift *v.*, (*Motor*) hochschalten, auf Touren bringen, (*coll.*) aufdrehen.

upside *s.*, obere *od.* Oberseite *f.*; **--down** *adv.* gekentert (*Boot*); **to finish --down,** (voll durchkentern.

upstream *adv.*, stromauf(wärts), gegen den Strom; *adj.*, weiter stromaufwärts (gelegen); stromaufwärts gerichtet; – **navigation,** Fahrt *f.* stromauf(wärts), Bergfahrt *f.*

upstroke *s.* (*tech.*), Aufwärtsbewegung *f.*

uptake ventilator *s.*, Sauglüfter *m.*

upturned *adj.*, gekentert (*Boot*), aufgewühlt (*See*).

upward(s) *adv.*, (fluß-, strom)aufwärts.

upwind *s.*, **(up wind** *s.*), Gegenwind *m.*, Aufwind *m.*; Luv(seite) *f.*, (*coll.*) Luv *n.*; Kreuz *f.* (*Segeltechnik*); **beating** *or* **going** *or* **sailing –,** Kreuzen *n.*, auf der Kreuz (segeln); **to go (straight) –,** kreuzen, auf der Kreuz fahren *od.* segeln; – **course** *s.*, Kurs *m.* hoch am Wind, Kreuzkurs *m.*, Gegenwindkurs *m.*; – **performance** *s.*, Kreuzeigenschaften (*pl.*) (*von Boot od. Segel*); – **sail** *s.*, Kreuzsegel *n.*, Segel *n.* mit guten Kreuzeigenschaften *od.* für Kreuzkurse geeignet; **to be an – sail,** ein an *od.* auf der Kreuz eingesetztes Segel *n.*; – **technique** *s.*, Kreuztechnik *f.* (*auf Kreuzkursen*).

Uranian *adj.*, **uranic** *adj.*, astronomisch, Himmels-; **uranoscopy** *s.* (*astr.*), Himmelsbeobachtung *f.*

urge *v.*, **to – on** *or* **forward,** Fahrt *f. od.* Tempo *n.* beschleunigen, vorwärtstreiben, zur Eile antreiben (*bei Sturmgefahr*).

urgency / frequency *s.* (*rad.*), Not-, (Vor)Dringlichkeitsfrequenz *f.*; – **signal** *s.* (*rad.*), Not-, Dringlichkeitssignal *n.*

urgent *adj.* **radio message,** dringender Funkspruch *m.*; **urgently** *adv.* **required,** dringend benötigt.

usage *s.* **at sea,** Seebrauch *m.*

use *s.*, **directions** *or* **instructions for –,** Gebrauchsanweisung *f.*; **–(s) and custom(s) at sea,** Seebrauch *m.*, -bräuche (*pl.*).

U / -shaped frame *s.*, U-Spant *n.*; **–(-shaped) shackle** *s.*, U-(förmiger) Schäkel *m.*

utilized *adj.* **to capacity,** voll ausgelastet *od.* ausgenutzt (*Schiffsraum*).

V

vacuum *s.* (*pl.* **-cua**) (*phys.*), (vollständiges) Vakuum *n.*, Leere *f.*, Raumleere *f.*, Luftleere *f.*; – **fan** *s.*, Lüfter *m.*, Schnüffelventil *n.*; – **pump** *s.*, Absaug(lenz)pumpe *f.*; – **valve** *s.* (*naut.*), Luft(ansaug)ventil *n.*, Schnüffelventil *n.*

vague *adj.*, vage, undeutlich, verschwommen (*Umrisse, Landmarken, etc.*).

vale *s.*, (Pumpen)Ablaufrinne *f.*

valence *s.*, **valency** *s.* (*phys.*, *math.*), Valenz *f.*, Wertigkeit *f.*

valley *s.*, Wellental *n.*; Flußgebiet *n.*

value *s.*, (Meß-, Zahlen)Wert *m.*; **approximate –** (*math.*), Näherungswert *m.*; **range of –s** (*math.*), Wertebereich *m.*

valve *s.* (*naut.*, *tech.*), Klappe *f.*, Ventil *n.*, Absperrvorrichtung *f.*; Schleusentor *n.*, (*rad.*) Röhre *f.*; **drain –,** Lenzventil *n.*; **globe –,** Tellerventil *n.*; **output –** (*rad.*), Endröhre *f.*; **safety –,** Sicherheitsventil *n.*; **thermionic –,** Elektrodenröhre *f.*; **throttle clack –,** Drosselabsperrklappe *f.*; *v.*, mit Hilfe von Ventilen kontrollieren *od.* regulieren; ventilieren, regulieren; **valve / adjustment** *s.*, Ventileinstellung *f.*; – **box** *or* **chest** *s.*, Ventilgehäuse *n.*, -kammer *f.*; – **clearance** *s.*, Ventilspiel *n.*; – **control** *or* **gear** *s.*, Ventilsteuerung *f.*; **valvelet** *s.*, kleines Ventil *n.*, kleine Klappe *f.*; **valve / motion** *s.*, Ventilsteuerung *f.*; – **set** *s.* (*rad.*), Röhrengerät *n.*; – **seating** *s.*, Ventilsitz *m.*; – **spring** *s.*, Ventilfeder *f.*

van *s.*[1] (*naut.*), Vorgeschwader *n.*, (*rac.*) Spitze *f.* (*des Regattafelds*).

van *s.*[2], Ventilator *m.*

vane *s.* (*naut.*), Verklicker *m.*, Windfahne *f.*; Wetterfahne *f.*; Blatt *n.*, Flügel *m.*, Schaufel *f.* (*Propeller, Ventilator, Turbine*), (*rad.*) Drehkondensatorplatte *f.*; **dog –,** Flögel *m.* (*Art Verklicker*); **wind –,** Windanzeiger *m.*, -fahne *f.*, Verklicker *m.*; – **of a fan blower,** Ventilatorflügel *m.*; – **of a propeller,** Propeller-, (Schiffs)Schraubenflügel *m.*; – **gear** *s.*, **self-steering – gear** *s.*, Windfahnen-Selbststeueranlage *f.*; – **spindle** *s.*, Flügelspill *n.*

vang *s.*, (Gaffel)Geer *f.*, Geerde *f.*, Gei *f.*, (*am.*) Achterholer *m.*, Niederholer *m.*, -halter *m.*, Stander *m.*; **boom –,** (Groß)Baumgei *f.*, (*am.*) Baum-Niederholer *m.*, -Niederhalter *m.*; **guy –,** Gei *f.*; **pennant –,** Standergei *f.*

vangee *s.* (*naut.*), (Lenz)Pumpenantrieb *m.*

vang purchase *s.*, Gei-, Geer(de)talje *f.*

vanguard *s.* (*naut.*), Vorgeschwader *n.*, (*rac.*) Spitze *f.*

vanish *v.*, **to – out of sight,** (rasch *od.* plötzlich) außer Sicht kommen; **vanishing / line** *s.*, Fluchtlinie *f.* (*Perspektive*); – **point** *s.*, Fluchtpunkt *m.* (*Perspektive*).

vantage point *or* **position** *s.* (*rac.*), günstige Ausgangsposition *f.*

vapour *s.* (*am.* **vapor**) (*meteor.*), (Luft)Feuchtigkeit *f.*, Dunst *m.*, Nebel *m.*, (*phys.*) Dampf *m.*; **vapo(u)rescence** *s.*, Dunstigkeit *f.*; **vapo(u)rescent** *adj.*, dunstig, neblig; **vapo(u)rishness** *s.*, **vapo(u)rosity** *s.*, Dunstigkeit *f.*; **vapo(u)rous** *adj.*, dunstig, neblig, trüb (*Wetter*); **vapo(u)rousness** *s.*, (Luft)Feuchtigkeit *f.*, Dunstigkeit *f.*, Neb(e)ligkeit *f.* (*Wetter*); **vapo(u)r plane** *s.* (*meteor.*), Höhe *f.* des Taupunkts; **vapo(u)ry** *adj.*, dunstig, neblig, trüb (*Wetter*).

variability *s.*, Veränderlichkeit *f.* (*des Wetters*), Schwanken *n.* (*der Temperatur*), (*phys.*) Variabilität *f.*, Ungleichförmigkeit *f.*

variable *s.* (*meteor.*), veränderlicher Wind *m.*, (*astr.*) variabler Stern *m.*, (*math.*) Variable *f.*, Veränderliche *f.*; (*pl.*) (*naut.*) Kalmengürtel *m.* (*Region der veränderlichen Winde*).

variable *adj.* (*meteor.*), veränderlich, wechselnd, schwankend, unbeständig (*Wetter, Temperatur*), aus wechselnden Richtungen (*Wind*), (*astr., phys., math.*) variabel, veränderlich, (*tech.*) regelbar, veränderlich; **– condenser** *s.* (*rad.*), Drehkondensator *m.*; **– feedback control(ler)** *s.*, Regel-, Steuereinrichtung *f.*; **– frequency** *s.* (*rad.*), abstimmbare Frequenz *f.*; **variableness** *s.* (*meteor.*), Veränderlichkeit *f.* (*Witterung, Klima*); **variable / pitch** *s.* **of the propeller,** veränderliche Steigung *f.* des Propellers; **– pitch propeller** *s.*, Verstellpropeller *m.*; **– star** *s.* (*astr.*), veränderlicher Stern *m.*; **– wind** *s.*, umlaufender Wind *m.*; **– winds** (*pl.*), Winde (*pl.*) aus wechselnden Richtungen; **V– Zone** *s.* (*meteor.*), gemäßigte Zone *f.*

variation *s.* (*naut.*), magnetische Deklination *f.*, Mißweisung *f.*, Orsmißweisung *f.*, Ablenkung *f.*, Abweichung *f.*, (*astr.*) Variation *f.* (*Abweichung von der Umlaufbahn*), Mondstörungen (*pl.*); Schwankungsbereich *m.*, Variationsbreite *f.*; Veränderung *f.*; **– in apparent bearing,** Peilstrahl(aus)wanderung *f.*; **– in temperature,** Temperaturschwankung(en) *f.* (*pl.*); **– chart** *s.* (*meteor.*), isogonische *od.* Isogonenkarte *f.*, Variationskarte *f.*; **– compass** *s.*, Deklinationskompaß *m.*

variety *s.*, **climatic –,** klimatisch bedingte Variante *f.*

vario / coupler *s.* (*phys., tech.*), Anordnung *f.* mit veränderlicher Kopplung (*Variometer, etc.*); **–meter** *s.* (*phys., tech.*), Variometer *n.* (*Luftdruckänderung*), (*rad.*) veränderliche Abstimmspule *f.*, Variometer *n.*; (*phys.*) Instrument *n.* zur Messung erdmagnetischer Störungen.

varnish *s.*, Lack *m.*, Firnis *m.*, Lacküberzug *m.* (*für das Überwasserschiff*); **enamel –,** Emaillelack *m.*; **polyurethane –,** Polyurethanlack *m.*; *v.*, lackieren, firnissen (*Bootsteile*); **varnishing** *s.*, Lack *m.*; Lackieren *n.*, Firnissen *n.*

vary *v.*, umlaufen, veränderlich sein, wechseln (*Winde*); **varying** *adj.*, **– weather,** veränderliches Wetter *n.*; **– winds** (*pl.*), umlaufende *od.* wechselnde *od.* veränderliche Winde (*pl.*).

vast *adj.*, **– expanse of water,** Wasserwüste *f.*, weite Wasserfläche *f.* (*des Meeres*).

'vast! (*int.*) (*naut.*), Fest!, Halt!, Stopp! (*beim Hieven od. Heißen od. Holen*).

V-bottom(ed) boat *s.*, Knickspantboot *n.*, Spitzboden-, V-Bodenboot *n.*

vector *s.* (*math.*), Vektor *m.*; **area –** (*math.*), Vektorprodukt *n.*; **radius –** (*astr., math.*), Radiusvektor *m.*, Fahrstrahl *m.*; **– analysis** *s.* (*naut., math.*), Vektoranalyse *f.*, -rechnung *f.*; **– angle** *s.*, Polarwinkel *m.*; **– diagram** *s.*, Vektor-, Geschwindigkeitsdiagramm *n.*, Parallelogramm *n.* der Geschwindigkeit(en); **– field** *s.* (*math.*), Vektorfeld *n.*; **vectorial** *adj.* **angle** (*math.*), Polarwinkel *m.*; **vector / potential** *s.* (*math.*), Vektorpotential *n.*; **– presentation** *s.* (*radar*), Vektordarstellung *f.*; **– product** *s.* (*math.*), Vektorprodukt *n.*; **– quantity** *s.*, Vektorgröße *f.*

veer *s.*, Kreuzen *n.*, Lavieren *n.* (*Boot*), Kursänderung *f.*; Wendung *f.*, Drehung *f.* (*Boot*).

veer *v.*, ausschießen, umspringen, fieren, rechtsdrehen (*Wind*), (*Ende*) fieren; halsen, vor dem Wind wenden (*Boot*), kreuzen, lavieren, (ab)drehen (*Boot*), sich drehen (*Boot*), den Kurs *od.* die Richtung ändern (*Boot, Wind*), sich (ver)törnen (*Tauwerk*); **to – about,** ausschießen, rechtsdrehen, im Uhrzeigersinn drehen, umspringen (*Wind*), (*Tauwerk*) fieren; **to – aft,** raumen (*Wind*); **to – away** *or* **out,** (*Tauwerk*) (weg)fieren, (aus)stecken, abschießen, laufen lassen, loslassen **to – round against the sun,** fieren, linksdrehen gegen die Sonne *od.* entgegengesetzt den Uhrzeigersinn drehen (*Wind*); **to – round with the sun,** ausschießen, rechtsdrehen, mit der Sonne *od.* im Uhrzeigersinn drehen (*Wind*) **to – to left,** krimpen, aufkrimpen, linksdrehen (*Wind*); **to – and haul,** abfieren, einholen fieren und holen (*Tau*), raumen und schralen (*Wind*); **the wind is –ing,** der Wind dreht (rechts).

veerable *adj.* **winds,** wechselnde *od.* umlaufende *od.* umspringende *od.* veränderliche Winde (*pl.*).

veering *s.* (*naut.*), Halsen *n.*, Kreuzen *n.*, Lavieren *n.*; Ausschießen *n.*, Umspringen *n.* Rechtsdrehen *n.* (*des Windes*); **– aft,** Raumen *n.* des Windes; – **round against the sun,** Linksdrehen *n.* (*des Windes*); – **round with the sun,** Rechtsdrehen *n.* (*des Windes*); – **of wind,** Winddrehung *f.*; **veering wind** *s.*, Ausschießer *m.*, ausschießender *od.* rechtsdrehender Wind *m.*, Ausschießen *n.* des Windes.

vehement *adj.* **wind,** starker Wind *m.*

vehicle *s.* (*tech.*), Verdünnungsmittel *n.* (*für Öl-farben, etc.*).

veil *s.*, (Dunst-, Nebel)Schleier *m.*; – **cloud** *s.* (*meteor.*), (dünne) Schleierwolke *f.*

vein *s.*, (Holz)Maser *f.*, -Maserung *f.*; **veined** *adj.*, gemasert (*Holz*); **veining** *s.*, (Holz)Maserung *f.*

velacciere *s.*, Velacciere *f.* (*Mittelmeersegler*).

velic *adj.* (*naut.*), Segel-; – **point** *s.* **(of pressure),** Segel(druck)punkt *m.*

velocity *s.* (*phys.*), Geschwindigkeit *f.*; **initial –,** Anfangsgeschwindigkeit *f.* (*Boot, etc.*); **orbital –,** Orbitalgeschwindigkeit *f.*; **sound –,** Schallgeschwindigkeit *f.*; **wave –,** Fortpflanzungsgeschwindigkeit *f.* der Wellen, Wellengeschwindigkeit *f.*; **wind –,** Windgeschwindigkeit *f.*; **at a – of 10 knots (wind),** mit einer (Wind)Geschwindigkeit von 10 Knoten; **parallelogram of –,** Parallelogramm *n.* der Geschwindigkeit, Geschwindigkeitsparallelogramm *n.*; – **of flow,** Anström-, Strömungsgeschwindigkeit *f.*; – **of (the) wind,** Windgeschwindigkeit *f.*; – **diagram** *s.*, Geschwindigkeitsdiagramm *n.*; – **head** *s.* (*phys.*), Staudruck *m.*; – **modulation** *s.* (*phys.*), Laufzeitmodulation *f.*; – **stage** *s.* (*tech.*), Umdrehungsschwelle *f.*, -grenze *f.*, Grenzumdrehung(szahl) *f.*

velvet *s.* (*rac.*), Gewinnvorsprung *m.*; **to be on –** (*rac.*), gute Gewinnchancen haben.

veneer *s.*, Furnier(holz *n.*, -blatt *n.*) *n.*; Dickte *f.* (*Holzbootsbau*); *v.*, furnieren; **veneering** *s.*, Deckfurnier *n.*; Furnierholz *n.*, -schicht *f.* (*bei Sperrholz*), Furnierung *f.*, Furnierarbeit *f.*, Furnitur *f.*

vent *s.*, Luft-, Lüftungsloch *n.*, Entlüftungsöffnung *f.*, -stutzen *m.*; *v.*, ventilieren; **ventage** *s.*, kleines Luftloch *n.*; **vent hole** *s.*, Entlüftungsöffnung *f.*; **ventiduct** *s.*, Luftkanal *m.*, Entlüftungsrohr *n.*; **ventilate** *v.*, ventilieren, (be-, ent)lüften; **ventilating / fan** *s.*, Ventilator *m.*, Lüfter *m.*; – **louvre** *s.*, Luftschlitz *m.*; – **system** *s.*, Belüftungssystem *n.* (*auf einer Yacht*).

ventilation *s.*, (Be-, Ent)Lüftung *f.*, Ventilieren *n.*, Ventilation *f.*, (*tech.*) Luftzufuhr *f.*, Lüftung *f.*; – **duct** *s.*, Luft-, Lüftungskanal *m.*; – **system** *s.*, Belüftungsanlage *f.*, -system *n.*

ventilator *s.*, Lüfter *m.*, Ventilator *m.*, Luftklappe *f.*, (Be)Lüftungsanlage *f.*; **cowl –,** Drucklüfter *m.*; **Dorade –,** Dorade-, Drucklüfter *m.*; **down(-)cast –,** Zulüfter *m.*; **mushroom –,** Pilzkopflüfter *m.*; **suction –,** Sauglüfter *m.*; **supply –,** Druck-, Zulüfter *m.*, Ventilator *m.*; **venturi –,** Venturi-Lüfter *m.*; – **coaming** *s.*, Lüfterstutzen *m.*; – **cover** *s.*, Ventilatorkappe *f.*; – **cowl** *s.*, Lüfterkopf *m.*, -haube *f.*; – **head** *s.*, Lüfter-, Windhutze *f.*; – **pipe** *or* **tube** *s.*, Lüfter-, Ventilationsrohr *n.*

ventometer *s.*, Ventimeter *n.*, Wind(geschwindigkeits)messer *m.*, -meßgerät *n.*

venturi ventilator *s.*, Venturi-Lüfter *m.*, Ablüfter *m.*

vent valve *s.*, Entlüftungsventil *n.*

verd antique *s.*, Patina *f.* (*auf Kupferbeschlägen*).

véritas *s.*, **bureau –, (Bureau V–)** (*naut.*, *franz.*), (Bureau *n.*) Véritas *f.* (*franz. Schiffsklassifikations- und -registriergesellschaft*).

vermiculation *s.* (*naut.*), Wurmstichigkeit *f.*, -fraß *m.* (*Holzboot*).

vernal *adj.* **equinox** *or* **point** (*astr.*), Frühlingsäquinoktium *n.*, Frühlings-Tagundnachtgleiche *f.* (*21. März*).

vernier *s.* (*naut.*), Nonius *m.*, Vernier *m.*, Fein(ein)steller *m.*; *adj.*, mit einem Nonius (versehen), Nonius-; – **compass** *s.*, Vernierkompaß *m.*; – **dial** *s.*, Fein(ein)stellungsskala *f.*; – **graduation (mark)** *s.*, Nonius-Teilstrich *m.*; – **reading** *s.*, Noniusablesung *f.*; – **scale** *s.*, Nonius *m.*; Fein(ein)stellungs-, Feinabstimmungsskala *f.*; – **sextant** *s.*, Noniussextant *m.*; – **tuning** *s.*, Feinabstimmung *f.*

versatile *adj.* **sail,** vielseitig einsetzbares *od.* verwendbares Segel *n.*, (ein) Segel *n.* für unterschiedliche Wind- und Wellenbedingungen.

vertex *s.* (*pl.* **-tices**) (*astr.*), Zenit *m.*, Vertex *m.*, (*math.*) Scheitel(punkt) *m.*, Schnitt-, Eckpunkt *m.*, Spitze *f.*; – **of an angle,** Scheitel(punkt) *m.* eines Winkels.

vertical *s.*, Lotrechte *f.*, Senkrechte *f.*, senkrechte Linie *f.*, Vertikale *f.*; *adj.* (*astr.*, *math.*), im Scheitel(punkt) gelegen; lotrecht, senkrecht, vertikal; – **angle** *s.*, Scheitelwinkel *m.*; – **circle** *s.* (*astr.*), Höhen-, Vertikalkreis *m.*; – **component** *s.*, Vertikalkomponente *f.* (*Kompaßkompensierung*); – **cut** *s.*, Vertikalschnitt *m.* (*Segel*); – **fender** *s.*, Abweiser *m.*, Reibholz *n.*; – **field intensity** *s.*, Vertikal(magnet)feldstärke *f.*; – **force instrument** *s.*, Gerät *n.* zur Bestimmung des Krängungsfehlers; – **gust** *s.*, Vertikalbö *f.*; **verticality** *s.* (*astr.*), Höhen-,

Zenitstellung *f.*; **vertical / keel** *s.* (*am.*), Mittelkiel *m.*; – **line** *s.*, Vertikallinie *f.*; – **panel sail** *s.*, Segel *n.* mit vertikalen *od.* Vertikalbahnen; – **plane** *s.*, Vertikalebene *f.*; – **rudder** *s.*, vertikales *od.* Vertikalruder *n.*; – **sextant angle** *s.*, Höhenwinkel *m.*; – **shift control** *s.* (*radar*), vertikale Bildzentrierung *f.*; – **vortex** *s.* (*meteor.*), Trombe *f.*, Wasser-, Wind-, Sandhose *f.*, Wettersäule *f.*

verticity *s.* (*phys.*), Richtkraft *f.* (*einer Magnetnadel, etc.*).

very / high frequency *s.* (*rad.*), Ultrakurzwelle *f.*, UKW-Frequenz *f.*, Hochfrequenz *f.*; **V–light** *s.*, Leuchtpatrone *f.* (*Seenotsignal*); – **low frequency** *s.* (*rad.*), sehr niedrige (Hoch-) Frequenz *f.*, Längswelle *f.*; – **low pressure** *s.* (*meteor.*), Sturmtief *n.*; – **open (close) pack (ice)** *s.*, sehr lockeres (dichtes) Packeis *n.*; – **short range** *s.* (*radar, rad.*), Nahbereich *m.*

vesper *s.* (*astr.*), Abendstern *m.*; **vespertinal** *adj.* (*astr.*), nach der Sonne untergehend (*Planeten*).

vessel *s.* (*naut.*), Schiff *n.*, See-, Wasserfahrzeug *n.*; **course(-)keeping** *or* **steady –,** Kurshalter *m.* (*Boot*); **five-masted –,** Fünfmaster *m.*; **light –,** Feuerschiff *n.*; **meeting –,** Gegenkommer *m.* (*Schiff*); **motor –,** Motorboot *n.*, -schiff *n.*; **overtaking –,** Überholer *m.* (*Boot*); **passenger –,** Passagierschiff *n.*; **power(-)driven –,** Maschinenfahrzeug *n.* (*Schiff*); **sailing –,** Segelfahrzeug *n.*; **square-rigged –,** Rahsegler *m.* (*Schiff*); – **of full scantlings,** Vollbordschiff *n.*; – **under sail,** Segelfahrzeug *n.*, -schiff *n.*, -boot *n.*, -yacht *f.*; – **trading in estuaries,** Schiff *n.* in der Revierfahrt; – **trading in lakes,** Schiff *n.* in der Binnen(schiff)-fahrt; – **trading in rivers,** Schiff *n.* in der Flußfahrt.

vexed *adj.*, aufgewühlt (*See*).

V-hook *s.* (*tech.*), V-Haken *m.*, -Gabel *f.*

viand(s) *s.* (*pl.*), (Bord)Proviant *m.*

vibrancy *s.* (*naut., phys.*), Resonanz *f.*, Schwingung *f.* (*Bootsrumpf, etc.*); **vibrant** *adj.* (*naut., phys.*), schwingend, vibrierend.

vibrate *v.* (*naut., phys.*), vibrieren, (hin- und her)schwingen; zittern (*Kompaßnadel*), in Schwingung(en) versetzen; durch Schwingung messen; **vibrating** *adj.* **needle,** Vibrationsnadel *f.* (*Kompaß*).

vibration *s.* (*naut., phys.*), Schwingung *f.*, Vibration *f.*; Schwingen *n.*, Vibrieren *n.*; (zitternder) Ausschlag *m.* (*Kompaßnadel, etc.*), (*coll.*) Erschütterung *f.* (*Boot*), (*phys.*) Oszillation *f.*, schwingende *od.* periodische Bewegung *f.*; **forced –** (*phys.*), nichtharmonische Schwingung *f.*; **free –** (*phys.*), harmonische Schwingung *f.*; **–-free** *adj.*, schwingungsfrei; – **indicator** *s.*, Schwingungsanzeiger *m.*; **–-proof** *s.* (*naut., phys.*), nicht vibrierend, erschütterungsfest.

vibrator *s.* (*rad.*), Zerhacker *m.*, (*phys.*) Oszillator *m.*; **vibratory** *adj.*, schwingend, vibrierend.

vibro / graph *s.* (*naut., tech.*), Schwingungsanzeiger *m.*; **–scope** *s.*, (elektronischer) Schwingungsmesser *m.*

vice *s.*, Aufspannblock *m.*, Klemme *f.*, Schraubstock *m.*, Zwinge *f.*

vicinity *s.*, Nähe *f.*; **in close – to,** in unmittelbarer Nähe von (*Hafen, etc.*).

vicious *adj.* **sea,** schwere See *f.*, (*coll.*) bösartige *od.* bösartig aussehende See *f.*

victory / list *s.* (*rac.*), Bestenliste *f.*; – **ship** *s.*, seriengefertigtes Schiff *n.*

victualler *s.* (*am.* **victualer**) (*naut.*), Proviantschiff *n.*; **victualling** *s.* (*am.* **victualing**) (*naut.*), Verproviantierung *f.*; – **bill** *s.*, Zollschein *m.* (*für Schiffsproviant*); – **ship** *s.*, Proviantschiff *n.*; – **yard** *s.*, Lagerhof *m.* für Schiffsproviant; **victuals** *s./pl.*, Bordproviant *m.*, (*naut., sl.*) Gammel *m.*

video *s.* (*am.*), Radar *n.*, Fernsehen *n.*; *adj.* (*am.*), zum Radarbild *od.* Fernsehen gehörig; – **channel** *s.* (*am.*), Bildfrequenzkanal *m.*; – **frequency** *s.* (*am.*), Bild(punkt)frequenz *f.*

vigia *s.* (*naut.*), Warnungszeichen *n.* (*auf Seekarten vor Schiffsbehinderungen, deren Lage nicht genau bekannt ist*).

vikingism *s.*, Wikingertum *n.*, Seeräuberei *f.*

vile *adj.*, scheußlich, abscheulich, widerwärtig, miserabel (*Wetter*); – **weather** *s.*, scheußliches Wetter *n.*, (*sl.*) Sauwetter *n.*

villainous *adj.* **weather,** scheußliches *od.* abscheuliches Wetter *n.*, (*sl.*) Sauwetter *n.*

vim *s.* (*naut. hum.*), Biß *m.*, Mumm *m.*

vinyl / polymers *s./pl.*, Vinylpolymere (*pl.*) (*Kunststoffe f. Bootsbau, etc.*); **(poly) – resins** (*pl.*), (Poly)Vinylharze (*pl.*).

viol block *s.* (*naut.*), Fußblock *m.*

violence *s.*, Gewalt *f.*, Heftigkeit *f.*, Stärke *f.* (*Sturm*); **(the) – of the storm,** (die) Gewalt *od.* Wucht des Sturms; **violent** *adj.*, – **gale,** Orkan *m.*; – **storm** *or* **tempest** *s.*, Orkan *m.*; Unwetter *n.*, Ungewitter *n.*

virial *s.* (*phys.*), Virial *n.* (*kinetische Größe*).

virtual *adj.* (*phys., tech.*), virtuell; – **displacement** *s.*, virtuelle Verdrängung *f.*, (*phys.*) virtuelle Verschiebung *f.*; – **focus** *s.* (*opt.*), virtueller Brennpunkt *m.*; – **PPI reflectoscope chart** *s.* (*radar*), Radarkarte *f.*, Radarbildauswertekarte *f.*

vis *s.* (*pl.* **vires**) (*phys.*), Kraft *f.*; – **inertiae** (*phys.*), Trägheitskraft *f.*; – **major** *s.* (*naut.*, *jur.*), Vis *f.* major, höhere Gewalt *f.*; – **mortua** (*phys.*), tote Kraft *f.*; – **viva** (*phys.*), kinetische Energie *f.*

visa *s.* (*or* **visé** *s.*), Visum *n.*, Einreisegenehmigung *f.*

viscosity *s.* (*phys.*), Viskosität *f.*, Zähflüssigkeit *f.*, Konsistenz *f.* (*Bootsbau*); **high (low)** –, hohe (niedrige) Viskosität *f.*

vise *s.* (*am.*), (*s.* **vice**).

visibility *s.* (*naut.*, *meteor.*), Sicht *f.*, Sichtigkeit *f.*, Sichtigkeitsgrad *m.*, Sichtweite *f.*, (*phys.*) relative Sichtbarkeit *f.* *od.* Helligkeit *f.*; **good** – (*naut.*), gute Sicht *f.*; **high** – (*meteor.*), gute Sicht *f.*; **low** – (*meteor.*), schlechte Sicht *f.*; **moderate** – (*naut.*, *meteor.*), mäßige Sicht *f.*; **poor** – (*naut.*), schlechte Sicht *f.*, (*coll.*) dickes Wetter *n.*; **at low** –, bei geringer Sicht; **degree of** – (*meteor.*), Sichtigkeitsgrad *m.*, Sichtwert *m.*; **factor of** – (*meteor.*), Sichtwert *m.*, -faktor *m.*; – **conditions** (*pl.*), Sichtverhältnisse (*pl.*).

visible *adj.* (*naut.*), sichtbar, (*tech.*) graphisch dargestellt; – **horizon** *s.* (*naut.*), Kimm *f.*, sichtbarer *od.* natürlicher Horizont *m.*; – **signal** *s.* (*naut.*), Sichtsignal *n.*, -zeichen *n.*

vision *s.* (*radar*), Bild *n.*; **field of** –, Blickfeld *n.*

visit *s.* (*naut.*), (Anhalten *n.* und) Durchsuchen *n.* (*eines Schiffs auf See*); **right of – and search** (*naut.*), Durchsuchungsrecht *n.* auf See; **visitation** *s.*, **right of** – (*naut.*), Durchsuchungs-, Visitationsrecht *n.* (*auf See*); **visitor** *s.* (*naut.*), Visitator *m.*, Inspektor *m.*, Durchsuchungsbeamter *m.*, -offizier *m.*

isor *s.*, Sonnenblende *f.*

isual *adj.*, – **barrage signal** (*opt.*), Sperrsignal *n.*; – **communication** *s.*, optische Signalverbindung *f.*; – **direction finder** *s.*, Sichtpeiler *m.*, -peilgerät *n.*; – **field** *s.*, Gesichtsfeld *n.*; – **horizon** *s.*, sichtbarer Horizont *m.*, Kimm *f.*; – **indicating device** *s.* *or* (*coll.*) **gadget** *s.*, Sichtanzeigegerät *n.*; – **indication** *s.*, Sichtanzeige *f.*; – **line** *s.* **of position,** terrestrische Standlinie *f.*; – **navigation** *s.*, Sichtnavigation *f.*; – **point** *s.* (*phys.*), Gesichts-, Augenpunkt *m.*; – **radio direction finder** *s.*, Sichtfunkpeiler *m.*; – **range** *s.*, Sichtbereich *m.*; – **sign** *s.*, Sichtmarke *f.*; – **signal** *s.*, Sichtzeichen *n.*, optisches Signal *n.*; – **signalling** *s.* (*am.* **signaling**), Verständigung *f.* durch Sichtzeichen, optische Signalgebung *f.*; – **touch** *s.*, Sicht(signalreich)weite *f.*

e *s.*, Bai *f.*, Bucht *f.*

ice tub *s.*, Sprachrohr *n.*, (*naut. coll.*) Flüstertüte *f.*

volcano *s.*, **submarine** –, submariner Vulkan *m.*

voice / communication *s.*, (Bord)Sprechverbindung *f.*; – **pipe** *s.*, (Bord)Sprachrohr *n.*; – **radio** *s.* (*rare*), Sprechfunk *m.*; – **tube** *s.*, (Bord-)Sprachrohr(leitung *f.*) *n.*

volt *s.* (*elec.*), Volt *n.* (*Maßeinheit der elektrischen Spannung*).

voltaelectric induction *s.* (*elec.*), Influenz *f.*

voltage *s.*, (Strom-, Volt)Spannung *f.*; **main's** – (*rad.*), Netzspannung *f.*; **nominal** –, Nennspannung *f.*; – **control** *s.*, Spannungsregelung *f.*; – **divider** *s.*, Spannungsteiler *m.*; – **loss** *s.*, Spannungsverlust *m.*

voltameter *s.*, Voltameter *n.* (*Stromstärkemesser*).

voltmeter *s.*, Voltmeter *n.*, -messer *m.*, Spannungsmesser *m.*

volume *s.* (*phys.*), Volumen *n.*, (*rad.*) Laut-, Signalstärke *f.*; – **of displacement,** Verdrängungsvolumen *n.* (*eines Bootes*); **volumed** *adj.*, dick, zusammengeballt (*Nebel*); **volume control** *s.* (*rad.*), Laut- *od.* Signalstärkekontrolle *f.*, -regelung *f.*, -regler *m.*

volute / compass *s.*, Spiralzirkel *m.*; – **spring** *s.* (*tech.*), Wickel-, Schneckenfeder *f.*, konische Spiralfeder *f.*

vomit *v.* (*naut. sl.*), Neptun opfern, reihern.

vortex *s.* (*pl.* **-tices**), **vortice** *s.* (*phys.*), Strudel *m.*, Wirbel *m.*, (*meteor.*) Wirbelwind *m.*, -sturm *m.*, Windhose *f.*; **vortical** *adj.* **motion,** Kreiselbewegung *f.*, wirbelnde Bewegung *f.* (*Boot*).

voyage *s.*, (lange See)Reise *f.*, Fahrt *f.*, Flußfahrt *f.*, Reise *f.* zu Wasser, Schiffsreise *f.* (*als Crewmitglied*), Rundreise *f.* zu Schiff; **broken** –, unterbrochene (See)Reise *f.*; **home(ward)** *or* **return** –, Heimreise *f.* (*mit dem Boot*); **outward** –, Aus-, Hinreise *f.* (*mit dem Boot*); – **back** *or* **home,** Heim-, Rückreise *f.* *od.* -fahrt *f.* (*mit dem Boot*); – **in ballast,** Ballastfahrt *f.* (*Schiff*); – **out,** Aus-, Hinreise *f.* *od.* -fahrt *f.*, ausgehende Fahrt *f.* (*mit dem Boot*); – **out and home,** Hin- und Rückreise *f.* *od.* -fahrt *f.* (*per Schiff od. Boot*); *v.*, eine Seereise machen *od.* unternehmen, zur See reisen, (die See) befahren; **voyageable** *adj.*, befahrbar (*Gewässer*); **voyager** *s.*, Seereisende(r *m.*) *f.*, die Fahrt mitmachendes Crewmitglied *n.*

voyageur *s.*, Flußschiffer *m.* (*in Kanada*).

V / (-)point *s.* (*phys.*, *math.*), Schnittpunkt *m.* mehrerer Strahlen *od.* Linien; **–(-)scarf** *s.*, V-Laschung *f.*, Schweinsrückenlaschung *f.*; **–-shaped frame** *s.*, V-Spant *n.*; **–-shaped stern** *s.*, V-Heck *n.*, Enten(pürzel)heck *n.*

W

wad *s.*, Polster *n.* (*im Boot*); **wadding** *s.*, Polsterung *f.* (*im Boot*).

wade *s.*, seichte Stelle *f.*, Furt *f.*; *v.*, waten, durchwaten, -queren; **waders** *s./pl.*, (hohe) Wasserstiefel *m./pl.*

wad hook *s.*, Stopfbuchsenkrätzer *m.*, -kratzer *m.*, -reiniger *m.*

waff *s.* (*dial.*), Bö *f.*, Windstoß *m.*, Luftzug *m.*, Wehen *n.* (*des Windes*); *v.* (*dial.*), wehen (*Wind*), flattern (*Segel, Flagge*).

waft *s.* (*naut.*), Flagge *f.* im Schau (*in der Mitte geknotete Flagge als Notsignal*), Notsignal *n.*; **flag with a –** (*rare*), Flagge *f.* im *od.* in Schau.

wages *s./pl.* (*naut.*), Heuer *f.* (*für bezahlte Crewmitglieder*).

wagon *s.* (*am., sl.*), Kriegsschiff *n.*

waif *s.* (*naut.*), Flagge *f.* im Schau, (*naut., jur.*) Strandgut *n.*

wail *v.*, heulen (*Wind*); **the wind is –ing in the rigging,** der Wind heult in der Takelage.

wainscot *s.*, Schottwand *f.* (*aus Holz*); Paneel(werk) *n.*, Holzverkleidung *f.* (*in der Kajüte*); *v.*, (*Kajüte*) paneelieren *od.* (mit Holz) verkleiden *od.* täfeln; **wainscot(t)ing** *s.*, Paneelieren, (mit Holz) Verkleiden *n.*, Täfelung *f.*, Verkleidung *f.* (*aus Holz*).

waist *s.*, Mittschiffssektion *f.*, Kuhl *f.*, Mitteldeck *n.*; **– anchor** *s.*, Pflicht-, Rüstanker *m.*, (großer) Reserveanker *m.* (*für Notfälle*); **– breast** *s.*, Mittschiffsfestmacher *m.*, -landfeste *f.*; **–-deep** *or* **-high** *adj.* **(in the water),** hüfthoch *od.* bis an die Hüfte reichend (im Wasser); **– rail** *s.*, **– tree** *s.*, Mittschiffsreling *f.*

wake *s.* (*naut.*), Kielwasser *n.*, Nachstrom *m.*, Mitstrom *m.*, (Schiffs)Blasenspur *f.*; Totwasser *n.*; **dead water –,** Mitstrom *m.*; **in the – of a boat,** im Kielwasser eines Bootes *od.* Schiffes; **–-adapted propeller** *s.*, Nachstrompropeller *m.*; **– factor** *s.* (*naut.*), Nachstromziffer *f.*; **– pocket** *s.*, Luftblasentasche *f.* (*im Kielwasser*).

wale *s.* (*naut.*), Berg-, Krumm-, Gurtholz *n.*; Dollbord *n.* Bordleiste *f.*; **– knot** *s.*, Schauermannsknoten *m.*, -knopf *m.*, einfacher Taljereepsknoten *m.*; **– piece** *s.*, Abweisfender *m.*, -holz *n.* (*am Anleger*); **– shore** *s.*, Dückdalbe *f.*

walk *s.*, **rope –,** Reeperbahn *f.*; *v.*, (*Anker, Tau*) einholen; **to – back,** (*Talje*) holen *od.* zurückdrehen; **– back the capstan!** (*int.*), Gangspill zurück!; **to – a boat into the shed,** das Boot in den (Boots)Schuppen bringen; **to – a boat up to its** (*or* **her**) **anchor,** ein Boot über seine(n) Anker fahren und verholen (*vor dem Ankerlichten*); **to – the deck,** auf dem Deck auf und ab gehen.

walkie-talkie *s.* (*coll.*), Walkie-Talkie *n.*, tragbares Sprechfunkgerät *n.*

walking *s.*, Erschütterung *f.* (des Bootes) bei Grundberührung.

walkway *s.*, (Lauf)Gang *m.* (*auf einem Schiff*).

walky-talky *s.*, (*s.* **walkie-talkie**).

wall *s.*, (Schutz)Damm *m.*; **pile –, sheet –,** Spundwand *f.*; **– of fog,** Nebelbank *f.*, -wand *f.*, -schicht *f.*; **– and crown knot** *s.*, Taljereepsknoten *m.* mit Hahnepot; **– knot** *s.*, Schauermannsknoten *m.*, einfacher Taljereepsknoten *m.*

wallop *v.* (*Scots*), branden (*Wellen*), flattern, (aus)wehen (*Segel, Flagge*).

wallow *v.* (*naut.*), rollen, schlingern (*Boot*), hoch-, emporwirbeln *od.* -wallen, wogen (*Nebel*); **to – in the chop,** in kabbeliger See *od.* in Kabbelwasser rollen (*Boot*); **the boat –ed in the water,** das Boot rollte *od.* schlingerte in *od.* bei viel Welle *od.* in der Dünung.

wall-sided *adj.* (*naut.*), g(e)rad-, steilseitig, mit senkrechten *od.* steilen *od.* g(e)raden Bordwänden (*Schiff*).

walnut shell *s.* (*naut. hum.*), leichtes Boot *n.*, Nußschale *f.*

walty *adj.* (*naut.*), rank, leicht kenternd; in Gefahr zu kentern (*Boot*).

wan *adj.*, **a – sky,** fahler Himmel *m.*; **– water** *s.*, bleifarbenes *od.* dunkles *od.* schwarzes Wasser *n.* (*eines Sees od. des Meeres*).

wand *s.*, **speed –,** Hand-Speedometer *n.*, Logstab *m.*

wander *v.*, sich winden *od.* schlängeln (*Fluß*) **to – off course,** vom Kurs abkommen *od.* abweichen.

wandering star *s.* (*astr.*), Wandelstern *m.*, Planet *m.*

wane *s.*, Abflauen *n.*, Nachlassen *n.* (*Wind*), Abnehmen *n.*, Schwinden *n.* (*Licht*), Zurückgehen *n.* (*Tide*); **to be at** *or* **in** *or* **(up)on the –** abnehmen, im Abnehmen sein (*Mond*), schwinden (*Tageslicht*), zu Ende gehen (*Segelsaison*); **in** *or* **at the – of the moon,** bei abnehmendem Mond; *v.*, abnehmen (*Mond*), schwächer werden (*Licht*), abflauen, nachlassen (*Wind*); **daylight –ed,** das Tageslicht nahm ab *od.* wurde schwächer; **wane cloud** *s.* (*meteor.*), Cirrostratuswolke *f.*

waning *adj.*, abnehmend (*Mond*), abflauend (*Wind*); **– moon** *s.*, abnehmender Mond *m.*; **(the) summer is –,** der Sommer geht zu Ende.

want *s.*, **(to be) in – of repair,** reparaturbedürftig (sein) (*Segel, Boot, etc.*); *v.*, **the sail –s a repair** *or* **repairing** *or* **to be repaired,** das Segel hat eine Reparatur nötig *od.* sollte repariert werden.

wap *s.* (*rare* **wapp** *s.*), Wantstopper *m.*; (Lipp-) Klampe *f.*, Führungsring *m.*, -rolle *f.*

warden *s.*, **– of a port,** Hafenaufseher *m.*, -meister *m.*; **yacht harbo(u)r –,** Bootswart *m.*

wardroom *s.* (*naut.*), Offiziersmesse *f.*; untere *od.* große Kajüte *f.*; Offiziersstab *m.*

ware *s.* (*dial.*), (See)Tang *m.*, (*naut. coll.*) Salat *m.*

'ware! (*int.*) (*naut. coll.*), Wahrschau!, Obacht!, Achtung!, Vorsicht!.

warkamoowee *s.*, Kanu *n.* mit Auslegern (*Ceylon od. Sri Lanka*).

warm *v.*, **to – (up),** warm *od.* wärmer werden (*Wetter*).

warm *adj.*, **– air** (*meteor.*), Warmluft *f.*; **– air mass** *s.* (*meteor.*), Warmluftmasse *f.*; **– climate** *s.*, warmes *od.* mildes Klima *n.*; **– front** *s.* (*meteor.*), Warm(luft)front *f.*; **warming** *s.*, Beheizung *f.* (*Yacht*), Erwärmung *f.* (*Luft*); **to get** *or* **take a –,** sich ein bißchen aufwärmen; **warm sector** *s.* (*meteor.*), Warmsektor *m.* (*einer Zyklone*); **warmth** *s.*, Wärme *f.* (*Wetter, Klima*); **warm/-up** *s.*, Warmlaufen *n.* (*Motor, Schiffsmaschine*); **--water** *s.* (*geogr.*), Warmwasser *n.*; **--with** *s.* (*naut. sl.*), (*Art*) Grog *m.*

warn *v.*, warnen (**of,** vor); **warner** *s.* (*tech.*), Warnvorrichtung *f.*, -anlage *f.*

warning *s.*, (Sturm)Warnung *f.*; warnende An- *od.* Vorzeichen (*pl.*) (*Sturm*); (*pl.*) Warnung *f.*, Warnmeldung *f.*, -nachrichten (*pl.*), Warnsignal *n.*; **– to all shipping!, all shipping take –!** (*meteor., rad.*), Warnung an alle!; **gale** *or* **storm –,** Sturmwarnung *f.*; **to give fair – (of),** rechtzeitig warnen (vor) (*Sturm*); **to sound a –,** ein Warnsignal geben; **without –,** unerwartet, plötzlich (*Gewitter, etc.*); **– light** *s.*, Warn-, Signalfeuer *n.*; **– sector** *s.*, Warnsektor *m.* (*eines Leucht- od. Leitfeuers*); **– signal** *s.* (*rac.*), Ankündigungssignal *n.*; Warnsignal *n.*

warp *s.*, Warp *m.*, Warpleine *f.*, -tau *n.*, -trosse *f.*, Bugsier-, Schlepptrosse *f.*, Trosse *f.*, Verholleine *f.*, -tau *n.*; Kette *f.* (*Segeltuch*), Schlag *m.* (*im Mast*), (Sich)Werfen *n.*, Verziehen *n.* (*Holz*); **to take a – off,** (*Leine, etc.*) ausfahren *od.* ausbringen; *v.*, warpen, werpen, einscheren, (*ein Boot*) mit der Warpleine verholen, ein Boot am Warpanker verholen; den Wurf- *od.* Warpanker auswerfen, (*Boot an der Warpleine od. am Warpanker*) bugsieren, schleppen, arbeiten; sich werfen *od.* verziehen (*Holz*), (sich) verbiegen, einen Schlag bekommen (*Mast*), (*tech.*) sich verdrehen *od.* verwinden.

warpage *s.*, Warpen *n.*, Verholen *n.* (*Boot*); Tonnengeld *n.* (*in bestimmten Häfen*).

warp anchor *s.*, Warpanker *m.*, (leichter) Wurfanker *m.*, Stromanker *m.*

warped *adj.* **wood,** verzogenes *od.* geworfenes Holz *n.*

warping/barrel *s.*, Verholkopf *m.* (*der Winsch*); **– block** *s.*, Scherblock *m.*; **– bollard** *s.*, Verholpoller *m.*; **– buoy** *s.*, Verholboje *f.*, -tonne *f.*; **– capstan** *s.*, Verholspill *n.*; **– chock** *s.*, Verholklüse *f.*; **– drum** *s.*, Verhol-, Spillkopf *m.*; **– hook** *s.*, Verholhaken *m.*; **– winsch** *s.*, Verholwinsch *f.*, -winde *f.*

warp/-laid rope *s.*, kabelgeschlagene Trosse *f.*; **– line** *s.*, Verholleine *f.*; **– rope** *s.*, Verholtau *n.*

warrant *s.* (*naut.*), Patent *n.*, Bestallungs-, Beförderungsurkunde *f.*; Garantie *f.*; *v.*, **warranted for 3 years,** 3 Jahre Garantie; **warrant officer** *s.*, Deck(s)offizier *m.*, (Ober)Stabsbootsmann *m.*; **warranty** *s.* (*am., dial.*), Garantie *f.*

wary *adj.* **manoeuvring,** vorsichtiges Manövrieren *n.* (*beim Anlegen, etc.*).

wash *s.*, Kielwasser *n.*; Branden *n.*, Anspülen *n.*, Strömen *n.* (*der Wellen*), Brandung *f.*, Wellenschlag *m.*; Anschlagen *n.*, Klatschen *n.*, Plätschern *n.* (*der Wellen gegen ein Boot*), Tosen *n.* (*der Brandung*), den Gezeiten ausgesetzte Fluß- *od.* Seemündung *f.*, Meeresbucht *f.*, -arm *m.*; seichtes Gewässer *n.*, Sumpf *m.*, Morast *m.*, Marsch *f.*, Marschland *n.*; Priel *m.*, Wasserrinne *f.* im Watt, Fahrwasser *n.*; Ruderblatt *n.*; **dry –** (*am., dial.*), (Trocken-) Bett *n.* (*eines nur zeitweise Wasser führenden Flusses*); **– of the sea,** Seeschlag *m.*; über Bord spülende Brecher (*pl.*).

wash *v.*, branden, schlagen, klatschen, plätschern (*der Wellen*), umbranden, umspülen, überspülen, überfluten (*Klippen*), bespülen (*Ufer*), an Land spülen *od.* schwemmen; abspülen (*Deck*); **to – against,** branden *od.* schlagen *od.* klatschen gegen; **to – ashore,** ans Land getrieben *od.* geschwemmt werden, ans Land spülen *od.* (an)schwemmen; **to – away** *or* **off,** weg-, fortspülen *od.* -schwemmen, weggespült *od.* -geschwemmt werden; **to – out,** unterspülen, auswaschen, -spülen, -höhlen (*Klippen, etc.*); **to – over,** fließen, fluten, spülen, strömen über; **to – overboard,** über

Bord spülen; **to – up,** mit sich fortreißen, weg-, fortspülen, ans Ufer (an)spülen, an den Strand werfen (*Boot, etc.*); **to – the deck,** das Deck abspülen *od.* abspritzen *od.* schrubben; **the boat was –ed ashore,** das Boot wurde an(s) Land gespült; **cliffs –ed by the sea,** von der See bespülte Klippen; **the cliffs are –ed out by the sea,** die Klippen sind von der See *od.* vom Meer ausgehöhlt *od.* ausgewaschen; **a man was –ed overboard,** ein Mann wurde über Bord gespült; **the sea has –ed her** (*or* **the boat) up,** die See hat das Boot an den Strand geworfen.

wash / board *s.* (*naut.*), Setz-, Schäl-, Waschbord *n.*; Unterdeckpfortensüll *n.*; **– bulkhead** *s.*, Schlag-, Schlingerschott *n.*; **--deck pump** *s.*, Deckspülpumpe *f.*

washer *s.* (*tech.*), Abdichtung *f.*; Dichtungs-, Unterlegscheibe *f.*; **spring –,** Federring *m.*

washing *s.*, Branden *n.*, Strömen *n.*, Fließen *n.* (*der Wellen*).

wash / plate *s.*, Schlingerblock *m.*, Schlagwasser-, Schlingerplatte *f.*; **– port** *s.* Wasserpforte *f.*, -luke *f.*; **– rail** *s.*, Fußleiste *f.* (*der Seereling*), Waschbord *n.*; **– water** *s.*, Schlagwasser *n.*; **--watertight** *adj.*, schlagwasserdicht; **--watertight deadlight** *s.*, Seeschlagblende *f.*

washy *adj.*, glitschig, schlüpfrig (*Deck*), feucht, regenbringend (*Wetter*).

waste *s.*, Spillage *f.*; **– of the sea,** Wasserwüste *f.*, weite (leere) Wasserfläche *f.* (*des Meeres*); **to go** *or* **to run to –,** abfließen (*Wasser*); **cotton –,** Putzwerg *n.*; *v.*, **to – time** (*rac.*), Zeit verlieren *od.* vergeuden *od.* (*coll.*) verschenken; **waste weir** *s.*, Überfallwehr *n.*; **wasting** *adj.*, abnehmend, schwächer werdend (*Sturm, Regen*); **the storm is –,** der Sturm läßt nach.

watch *s.*, (Boots- *od.* Schiffs)Wache *f.*, Seewache *f.*, Zeitdauer *f.* der Wache; Wachmannschaft *f.*; Seechronometer *n.*, (*rad.*) Hörbereitschaft *f.*; **afternoon –,** Nachmittagswache *f.* (*12.00–16.00 Uhr*); **anchor –,** Ankerwache *f.*; **dog –,** Hundewache *f.*, Mittelwache *f.*; **first dog –,** Erster Plattfuß *m.* (*16.00–18.00 Uhr*); **second dog –,** Zweiter Plattfuß *m.* (*18.00–20.00 Uhr*); **first –,** 1. Wache *f.* (*20.00–24.00 Uhr*); **forenoon –,** Vormittagswache *f.* (*08.00–12.00 Uhr*); **graveyard –,** Friedhofswache *f.*; **helm –,** Ruderwache *f.*; **middle** (*am.* **mid) –,** Mittel-, Hundewache *f.* (*00.00–04.00 Uhr*); **midnight –,** Mittel-, Hunde-, Friedhofswache *f.*; **morning –,** Morgenwache *f.* (*04.00–08.00 Uhr*); **off –,** wachfrei (*Crew*); **on –,** wachhabend; **man of the –,** Wachgänger *m.*, -habender *m.*; **– and –,** Wache *f.* um Wache, Zweimannstropp *m.* (*Einteilung der Crew in 2 Wachen*); **to be on –,** (die) Wache haben, auf Wache sein; **to call the –,** (aus)purren; **to have the –,** (die) Wache haben; **to keep (the) –,** Wache halten *od.* (*coll.*) schieben; **to take the –,** die Wache übernehmen; **– below (deck(s)),** Freiwache *f.*

watch *v.* (*naut.*), an der richtigen Stelle an der Oberfläche schwimmen, wachen, über Wasser sein (*Boje*), wachen, (*Instrumente*) beobachten, (*radar*) überwachen, (*rad.*) in Hörbereitschaft sein; **– it!** (*int., am. sl.*), Wahrschau!, Obacht!, Paß auf!.

watch / bell *s.*, Bordglocke *f.* (*alle halbe Stunde geläutet*); **to strike the – bell,** glasen; **– bill** *s.*, Wachrolle *f.* (*Einteilung der Wachmannschaft*); **– boat** *s.*, Wach-, Ronden-, Streifenboot *n.*; **– buoy** *s.*, Wach-, Markierungsboje *f.*; **– cap** *s.* (*am. sl.*), enganliegende (blaue) Strickmütze *f.* (*von den Wachgängern gegen Sturm od. Kälte getragen*); **–(-)glass** *s.*, Stundenglas *n.*, Wacht-, Sanduhr *f.*; **– gun** *s.* (*naut.*), Wachtschuß *m.*; **– header** *s.*, Befehlshaber *m.* der Wache; **–keeper** *s.*, Wachgänger *m.*, -habender *m.*; **–(-)keeping officer** *s.*, wachhabender Offizier *m.*, Offizier *m.* der Wache; **– mark** *s.* (*naut.*), Wachtabzeichen *n.* (*auf dem Ärmel*); **– officer** *s.*, Wachoffizier *m.*; **– tackle** *s.*, Handtalje *f.*, Jolltau *n.*; **– tower** *s.* (*naut.*), Leuchtturm *m.*

water *s.*, Wasser *n.*, Wasserfläche *f.*; Wasserstand *m.*, -tiefe *f.*; Wasseroberfläche *f.*, -spiegel *m.*; (*pl.*) Wasser *n.* (*pl.*), Gewässer *n.* (*pl.*), See *m.*, Teich *m.*, Seengebiet *n.*, -platte *f.*, Flut *f.*, Hochwasser *n.* (*Tide*), (*Scots, dial.*) Strom *m.*, Fluß *m.*, (*hum.*) Bach *m.*; **the –s** die See; **in Chinese –s,** in chinesischen Gewässern; **above (the) –,** über Wasser *od.* dem Wasserspiegel *od.* der Wasseroberfläche schwimmend; **below (the) –,** unter Wasser *od.* dem Wasserspiegel *od.* der Wasseroberfläche; **by –,** zu Wasser, auf dem Wasserweg, auf See, auf dem Meer, zu Schiff; **on the –,** auf dem Wasserweg, zur See; **under –,** unter Wasser; **bilge –,** Bilgewasser *n.*; **brackish –,** Brackwasser *n.*; **chopping –,** Kabbelwasser *n.*; **dead –,** Nachstrom *m.*, Kielwasser *n.*, Totwasser *n.*, Sog *m.*; **high –,** Hochwasser *n.*, Flut *f.* (*Tide*); **low –,** Niedrigwasser *n.*, Ebbe *f.* (*Tide*); **mean –,** Mittelwasser *n.* (*Tide*); **navigable –s,** schiffbare(s) Gewässer *n.* (*pl.*); **pilotage –s,** (Lotsen)Revier *n.*; **salt –,** Salz-, Seewasser *n.*; **sea –,** Seewasser *n.*; **slack –,** Stau-, Stillwasser *n.*; **spray –,** Spritzsee *f.*, -wasser *n.*, Spritzer *m.*; **surface –,** Tagwasser *n.*; **territorial –**

Hoheitsgewässer *n.* (*pl.*); **tidal –s,** Tidengewässer *n.* (*pl.*); **depth of –,** Wassertiefe *f.*; **hull above –,** Überwasserschiff *n.*; **speed made good through the –,** Fahrt *f.* durch das Wasser; **the boat draws 10 ft (feet) of –,** das Boot *od.* Schiff hat 10 Fuß Tiefgang; **the – is lumpy,** das Wasser ist bewegt *od.* unruhig, es ist viel Welle; **to alight** *or* **land on the –,** wassern (*Wasserflugzeug*); **to back –,** (*Ruder*) streichen; **to be on the –,** (mit dem Boot) unterwegs sein; verschifft werden; **to cross the –s,** das Meer überqueren; **to hold –,** (*Boot*) (ab)stoppen, Wasser halten; wasserdicht sein (*Boot*); **hold –!** (*int.*), Halt Wasser!; **to make –,** lecken, leck sein *od.* werden, Wasser machen (*Boot*); **to make foul –,** in seichtem Wasser segeln, in seichte Gewässer geraten (*Boot*); **to pump out –,** lenzen, lensen; **to ship –,** Spritzwasser übernehmen; **to take –,** Wasser übernehmen; Wasser machen, leck sein *od.* werden; **to take the –,** vom Stapel laufen (*Boot*); **to take off from the –,** abwassern (*Seeflugzeug*); *v.* (*naut.*), Wasser ein- *od.* übernehmen (*Boot*); **to – ship,** Wasser ein- *od.* übernehmen (*Yacht*).

waterage *s.*, Beförderung *f.* auf dem Wasserweg; Wasserfracht(kosten *pl.*) *f.*

water/bag *s.*, Wassersack *m.*; **– bailiff** *s.*, Hafenzollbeamter *m.*; Strompolizist *m.*; Fischerei-Aufseher *m.*; **– ballast** *s.*, Wasserballast *m.*; Ballastwasser *n.*; **--ballast pump** *s.*, Ballastwasserpumpe *f.*; **--ballast tank** *s.*, Ballastwassertank *m.*; **– barometer** *s.* (*phys.*), Wasserbarometer *n.*; **– blink** *s.* (*naut.*), fahlgrauer Himmel *m.*; **–board** *s.*, Setzbord *n.* (*eines Bootes*); **– boots** (*pl.*), Wasserstiefel (*pl.*); **--borne** *adj.*, flott (*Boot*); auf dem Wasser schwimmend, vom Wasser getragen; zu Wasser *od.* auf dem Wasserweg befördert; **--borne traffic** *s.*, Schiffahrtsverkehr *m.*; **– bottom** *s.* (*am.*), Doppelboden(tank) *m.*; **--bound** *adj.*, vom Wasser eingeschlossen, durch Überschwemmung festgehalten; **– break** *s.*, Wellenkräuselung *f.*; Brecher *m.*; Brechung *f.* (*der Wellen*); **– bridge** *s.* (*naut.*), Wasserbrücke *f.*; **– bubble** *s.*, Wasserblase *f.* (*im Kielwasser*); **–bus** *s.*, Flußdampfer *m.*; **– capacity** *s.*, Wasser(tank)kapazität *f.*, Wasserfassungsvermögen *n.*; **–(-)carriage** *s.*, Transport *m.* zu Wasser, Wassertransport *m.*; Wassertransportmittel *n.*; **– cask** *s.* (*naut.*), Leger *m.*, (Boots)Wasserfaß *n.*; **–(-)cooling** *s.*, Wasserkühlung *f.*; **–(-)course** *s.*, Wasserlauf *m.*, Wasserweg *m.*; Fluß-, Strombett *n.*, (*künstlicher*) Kanal *m.*, Wasserrinne *f.*; **–craft** *s.*, Wasserfahrzeug *n.*, Beförderungsmittel *n.* zu Wasser; Geschicklichkeit *f.* im Wassersport; **– current** *s.*, Wasserstrom *m.*, -strömung *f.*; **– depth** *s.*, Wassertiefe *f.*; **– dog** *s.* (*naut. sl.*), Wasserratte *f.*, (alter) Seebär *m. od.* -mann *m.*; guter Schwimmer *m.*, (*dial.*) kleine regenverkündende Wolke *f.*; **– drain** *s.*, Bodenventil *n.* (*im Boot*); **– dust** *s.*, Wasserstaub *m.*; **–fall** *s.*, Wasserfall *m.*; **– feeder** *s.*, Wasserzufluß *m.* (*eines Ballasttanks, etc.*); **–flood** *s.*, Wasserflut *f.*; -schwall *m.*; **– flow** *s.*, Wasserstrom *m.*, -strömung *f.*; strömende Wassermasse(n) *f.* (*pl.*); **the –flow over the keel is very low,** das Wasser strömt am Kiel sehr langsam; **– fog** *s.*, Tröpfchennebel *m.*; **–(-)front** *s.*, Hafenviertel *n.*, Uferbezirk *m.*, -gegend *f.*; Wasserkante *f.*, (*dial.*) Waterkant *f.*; **– funk** *s.* (*naut. coll.*), Wasserscheu *f.*; Wasserscheue(r) *f.* (*m.*), wasserscheue Person *f.*; **– gall** *s.* (*dial.*), Regengalle *f.*; **–(-)gate** *s.*, Schott *n.*; Schleuse *f.*; Flut-, Schleusentor *n.*; **– gauge** *s.* (*or* **gage**), Pegel *m.*; Peil *m.*, Wasserstands(an)zeiger *m.*, Wassermesser *m.*; hydraulischer Druckmesser *m.*; **–(-)glass** *s.*, Nautiskop *n.* (*Unterwasserbeobachtungsgerät*), Wasser(stands)messer *m.*; **– guard** *s.*, Fluß-, Hafenpolizei *f.*, Hafenzollwache *f.*; **– head** *s.*, Wasserhöhe *f.*, -stand *m.*; **– highway** *s.*, Schiffahrts-, Wasserstraße *f. od.* -weg *m.*; **– hole** *s.*, Auge *n.* (*des Wassersegels*), Loch *n.* in der Eisdecke (*eines Gewässers*); **– hose** *s.*, Wasserschlauch *m.*

watering *s.* (*naut.*), Wasser(über)nehmen *n.*; **– place** *s.* (*naut.*), Wasserplatz *m.*, -stelle *f.*; Seebad *n.*

waterish *adj.*, (*s.* **watery**).

water/joint *s.*, wasserdichte Fuge *f. od.* Verbindung *f.*; **--laid** *adj.*, kabelweise geschlagen (*Tauwerk*); **--laid rope** *s.*, Kabelschlagtau *n.*, kabelgeschlagenes Tau *n.*; **– lane** *s.*, Fahrrinne *f.* (*durch Eis od. das Watt*), Wasserstraße *f.*, Seeweg *m.*; **– level** *s.*, Libelle *f.* (*Kompaß*), Wasserlinie *f.* (*eines Bootes*), Wasserstand(slinie *f.*) *m.*, Wasserspiegel *m.*, Pegelstand *m.*, Grundwasserspiegel *m.*; **– line** *s.*, Wasserlinie *f.* (*eines Bootes*); **design(ed)** *or* **load – line** *s.*, Konstruktionswasserlinie *f.*; **light (load) –()line** *s.*, niedrigste (höchste) Wasserlinie *f.*; **above –line,** oberhalb der Wasserlinie; **above the –line,** Totes Werk *n.*, Überwasserschiff *n.*; **below –line,** unterhalb der Wasserlinie; **below the –line,** Lebendes *od.* lebendiges Werk *n.*, Unterwasserschiff *n.*; **–logged** *adj.*, voll Wasser (*Boot*), voll Wasser gesogen, vollgesogen; **to become –logged,** leck werden, Wasser machen (*Boot*); **–man** *s.*, Binnenschiffer *m.*, Kahnschiffer *m.*, Jollenführer *m.*, Boots-, Fährmann *m.*; Festmacher *m.* (*Pers.*), Ruderer *m.*; **–manship** *s.*, Wassertüchtigkeit *f.*; Tätigkeit *f. od.* Fertigkeit *f.* eines Binnenschiffers *od.* Bootsmanns *od.* Jollenführers; Ruderfertigkeit *f.* (*bes. bei Riemen*); **–man's knot** *s.*, Webelein(en)stek *m.*; **–(-)mark** *s.*, Wassermarke *f.*, Flutzeichen *n.* (*am Pegel*), Tidensaum *m.*; **high –mark** *s.*, Tiefgangs-, Ladelinie *f.* (*am Schiff*), Flut-, Hochwasserstandsmarke *f. od.* -zeichen *n.*; **low –mark** *s.*, Tiefwasserstandsmarke *f.*, -zeichen *n.*; **self-recording –mark beacon** *s.*, Pegelbake *f.*; **–(-)place** *s.*, Seebad *n.*; **– plane** *s.*, Wasserebene *f.*, -linie *f.* (*Bootsbau*), Wasserspiegel *m.*; Wasserflugzeug *n.*; **– -plane coefficient** *s.*, Wasserlinienkoeffizient *m.*, -völligkeitsgrad *m.*, Völligkeitsgrad *m.* der Konstruktionswasserlinie; **– port** *s.*, (Schlag)Wasserpforte *f.*; **– pressure** *s.*, Wasserdruck *m.*; **–(-)proof** *adj.*, wasserdicht, -undurchlässig; **–proof housing** *s.*, wasserdichter Behälter *m.*, wasserdichtes Gehäuse *n.* (*für Geräte, etc.*); **– quake** *s.*, Seebeben *n.*; **– rat** *s.* (*sl.*), Hafendieb *m.*, Dieb *m.* auf Booten und in Häfen; **– -repellent** *adj.*, wasserabstoßend; **– resistance** *s.*, Wasserwiderstand *m.*; **– rights** (*pl.*) (*jur.*), Uferrecht *n.*; **– route** *s.*, Wasserstraße *f.*, -weg *m.*; **– sail** *s.*, Wassersegel *n.*; **– shear** *s.*, Quer-, Scher-, Tangentialkraft *f.* des Windes (*in Bezug auf das Wasser*); **–shed** *s.* (*geogr.*), Wasserscheide *f.*, Einzugs-, Stromgebiet *n.*; **–side** *s.*, Wasserkante *f.*, Küste *f.*, (*dial.*) Waterkant *f.*; See-, Meeres-, Flußufer *n.*; **–side police** *s.*, Wasserschutzpolizei *f.*; **–ski** *s.*, Wasserski *m.*, -schi *m.*; **to –ski** *v.*, Wasserski fahren *od.* laufen; **–skiing** *s.*, Wasserski laufen, Wasserskisport *m.* (betreiben); **– sky** *s.* (*naut.*), fahlgrauer Himmel *m.* (*am Horizont in arktischen Gegenden offenes Wasser andeutend*), Wasserhimmel *m.*; **– smoke** *s.*, Nebel *m.*, Wasserdunst *m.* (*über Gewässern*); **–spout** *s.* (*meteor.*), Wasserhose *f.*, Trombe *f.*, (wolkenbruchartiger) Regenguß *m.*; **– supply** *s.*, Wasserversorgung *f.* (*an Bord*), Wasserleitung *f.*; **– surface** *s.*, Wasseroberfläche *f.*; **– system** *s.*, Stromgebiet *n.*; **– table** *s.*, Grundwasserspiegel *m.*; **– tank** *s.*, (Ballast-) Wassertank *m.*; **– telescope** *s.*, Nautiskop *n.*; **– thermometer** *s.*, Wasserthermometer *n.*; **–tight** *adj.*, wasserdicht, -undurchlässig; **–tight bulkhead** *s.*, wasserdichtes Schott *n.*; **–tight cockpit** *s.*, wasserdichte Plicht *f.*, gegen Schlagwasser geschützte Plicht *f.*; **–tight compartment** *s.* (*naut.*), wasserdichte Abteilung *f.*; **–tight frame** *s.*, Vollspant *n.*; **–tight hatch** *s.*, wasserdichtes Luk *n.*, wasserdichte Luke *f.*; **–tight integrity** *s.*, Schwimmfähigkeit *f.*, Sinksicherheit *f.* (*eines Bootes*); **– twist** *s.*, Wasserwirbel *m.*, Strudel *m.*; **– wave** *s.*, (Wasser-) Welle *f.*; **–way** *s.* (*naut.*), Fahrrinne *f.*, -wasser *n.*, Wasserstraße *f.*, Schiffahrtsweg *m.*, -straße *f.*; Wasserweg *m.*, -lauf *m.* (*Fluß, etc.*), Wassergang *m.*, -lauf *m.* (*vertiefte Decksrinnen zum Hinleiten des übergekommenen Wassers an die Speigatten*); **maritime –way** *s.*, Seeschiffahrtsstraße *f.*; **– wheel** *s.* (*naut.*), Schaufelrad *n.*; **– wing** *s.*, Schwimmgürtel *m.*; Wassermauer *f.* (*an Brücken*); **–(-)worn** *adj.*, vom Wasser ausgehöhlt *od.* abgeschliffen *od.* geglättet (*Klippen, etc.*).

watery *adj.*, wäßrig, wässerig, regenverkündend (*Sonne, Mond, etc.*), triefend (naß); **a – grave,** ein nasses Grab *n.*, ein Grab *n.* in der See; **– sky** *s.*, Regenhimmel *m.*; **(the) – waste** *s.*, Wasserwüste *f.*, (das) Meer *n.*; **the – ways** (*pl.*), die See, das Meer.

watt *s.*[1], **channel in the –(s),** Balge *f.*, Balje *f.*

watt *s.*[2] (*elec.*), Watt *n.*; **– current** *s.* (*elec.*), Wirkstrom *m.*; **–meter** *s.* (*elec.*), Wattmeter *n.*

wave *s.*, Welle *f.*, Woge *f.*; Windsee *f.*, Windwelle *f.*, (*phys.*) Welle *f.*, Schwingung *f.*, Vibration *f.*; (*pl.*) (*naut.*) die See, das Meer, das Wasser; **aid –** (*Consol*), Leitstrahl *m.*; **bow –,** Bugwelle *f.*, Bugsee *f.*; **heat –** (*meteor.*), Hitzewelle *f.*; **Hertzian –s** (*pl.*), Hertzsche Wellen (*pl.*); **long –** (*rad.*), Langwelle *f.*; **medium –,** (*rad.*), Mittelwelle *f.*; **metric –** (*rad.*), Meterwelle *f.*; **millimetric –** (*rad.*), Millimeterwelle *f.*; **radio –s** (*pl.*), Funkwellen (*pl.*); **short –** (*rad.*), Kurzwelle *f.*; **sky –** (*rad.*), Raumwelle *f.*; **sound –,** Schallwelle *f.*; **stern –,** Heckwelle *f.*; **tidal –,** Flutwelle *f.*; **ultra short –** (*rad.*), Ultrakurzwelle *f.*; **range of ultra short –** (*rad.*), UKW-Bereich *m.*; **crest of a –,** Wellenberg *m.*, -kamm *m.*; **height of (a) –,** Wellenhöhe *f.*; **length of (a) –,** Wellenlänge *f.*; **trough of a –,** Wellental *n.*; **to cut into the –s,** die Wellen unterschneiden (*Boot*); **– of a flag,** Wink(zeich)en *n.* mit einer Flagge, Flaggenwinke(r)n *n.*; *v.*, flattern, wehen (*Flagge, etc.*), wogen (*See*), winken mit (*Flagge*), (sich) auf- und abbewegen, (sich) hin- und herbewegen (*Boot*).

wave/band *s.* (*rad.*), Wellen-, Frequenzband *n. od.* -bereich *m.*; **short – band** *s.* (*rad.*), Kurzwellenbereich *m.*; **– -breaker** *s.*, Wellenbrecher *m.*; **– -calming oil** *s.*, Wellenberuhigungsöl *n.*; – **changer** *s.* (*rad.*), Wellenschalter *m.*; – **clutter** *s.* (*radar*), Seegangsreflex *m.*, -entstörung *f.*; – **crest** *s.*, Wellenberg *m.*, -kamm *m.*; – **detector** *s.* (*rad.*), Wellendetektor *m.*, S-Meter *n.*; – **filter** *s.* (*rad.*), Wellen-, Frequenzfilter *m.*; – **frequency** *s.* (*rad.*), Wellenfrequenz *f.*; –**(-)front** *s.* (*phys.*), Wellenfront *f.*; – **group** *s.* (*rad.*), Wellengruppe *f.*; – **guide** *s.* (*elec.*), Hohl-, Wellenleiter *m.*; – **height** *s.*, Wellenhöhe *f.*; – **hollow** *s.*, Wellental *n.*; – **jumper** *s.* (*surf.*), Wellenspringer *m.*, -jumper *m.*; – **jumping** *s.* (*surf.*), Wellenspringen *n.*, -jumpen *n.*; – **length** *s.* (*rad.*, *phys.*), Wellenlänge *f.*

wavelet *s.*, kleine Welle *f.*

wave / line *s.* (*phys.*), Wellenlinie *f.*; Wellenlinie *f.*, -furche *f.* (*im Küstensand*); – **mechanics** (*pl.*) (*phys.*), Wellenmechanik *f.*; –**(-)meter** *s.* (*rad.*), Wellen-, Frequenzmesser *m.*; – **motion** *s.*, Wellenbewegung *f.*; – **path** *s.* (*phys.*), Wellenweg *m.*; – **period** *s.*, Wellenperiode *f.* (*der Wellenkämme*); – **profile** *s.*, Wellenprofil *n.* (*Wellenhöhe*).

waver *v.*, flackern, flimmern (*Leuchtfeuer, etc.*).

wave / ride *s.*, Heckwellenausnutzung *f.* (*eines größeren Bootes*); **to –ride** *v.*, die Heckwellen (eines größeren Bootes) ausnutzen.

waveson *s.* (*naut. jur.*), seetriftiges Gut *n.*, schwimmendes Strandgut *n.*

wave / subduing oil *s.*, Wellenberuhigungsöl *n.*; – **surface** *s.* (*phys.*), Wellenfront *f.*; – **switch** *s.* (*rad.*), Wellen(bereich)schalter *m.*; – **theory** *s.* **of matter** (*phys.*), Wellentheorie *f.* der Materie; – **top** *s.*, Wellenberg *m.*, -kamm *m.*; – **train** *s.* (*phys.*), Wellenzug *m.*; – **transmission** *s.* (*phys.*), Wellenübertragung *f.*; – **trap** *s.* (*rad.*), Fang-, Saug-, Sperrkreis *m.*; – **trough** *s.*, Wellental *n.*; – **velocity** *s.*, Fortpflanzungsgeschwindigkeit *f.* (*der Wellen*), Wellengeschwindigkeit *f.*

waviness *s.*, Wellenbewegung *f.*

waving *s.*, Wellenlinie *f.*; Winken *n.* (*mit Flaggen*).

wavy *adj.*, Wellen schlagend, wogend (*See*).

wax *v.*[1], wachsen, zunehmen (*Mond*); **to – and wane,** zu- und abnehmen (*Mond*); **to – into a storm,** sich zu einem Sturm auswachsen.

wax *v.*[2] (*tech.*), mit Wachs abdichten, verpichen; **wax** *s.*, – **candle,** Wachslicht *n.*, -kerze *f.*

waxing moon *s.*, zunehmender Mond *m.*

wax / matches (*pl.*), – **vestas** (*pl.*), Wachszünd-, Wachsstreichhölzer (*pl.*).

way *s.* (*naut.*), Fahrt *f.*, Boots-, Fahrtgeschwindigkeit *f.*, (*naut.*) Raum *m.*; Bahn *f.*, Route *f.*, Weg *m.*, Entfernung *f.*, Strecke *f.*, Richtung *f.*; (*pl.*) Helling *f.*, Stapelblöcke (*pl.*), Schlagbetten (*pl.*), Schlittenbalken (*pl.*), Bettung *f.* (*eines Bootes*), Ablaufbahn *f.*, Slip *m.*; **–!** (*naut.*, *int.*), Raum!; **get out of –!** (*naut.*, *int.*), Raum!; **give –!** (*com.*), Ruder an!; **make –!** (*naut.*, *int.*), Raum!; **on the – out,** seeklar, beim Auslaufen, auf der Aus- *od.* Hinreise; **on the – through,** auf der Durchreise; **under –** (*naut.*), in Fahrt, unterwegs; **well on the –** (*naut.*), gut vorwärts(ge)kommen; **crash(-)stop –,** Stoppstrecke *f.*, Notstopp *m.* (*eines Bootes*); **right of –** (*naut.*), Wegerecht *n.*; **right of – boat (ship, yacht),** Wegerechtschiff *n.*; **safe right of – position** (*rac.*), sichere Wegerechtstellung *f.*; **sea –s** (*pl.*), Seewege (*pl.*), Seeschiffahrtsstraßen (*pl.*); **stop –,** Stoppstrecke *f.*, -weg *m.* (*eines Bootes*); **to gather –** (*naut.*), Fahrt aufnehmen *od.* vergrößern, mehr Fahrt machen; **to get under –** (*naut.*), in Fahrt gehen, auslaufen (*Boot*); **to give –** (*naut.*), ausweichen; zurückbleiben (*Boot*), Ruder ausholen, kräftig rudern; **to have – on** (*naut.*), in Fahrt *od.* unterwegs sein; **to lose –** (*naut.*), Fahrt *od.* Geschwindigkeit verlieren, Fahrt vermindern, keine Fahrt mehr machen; **to make –** (*naut.*), Raum geben; Fahrt machen, (gut) vorwärtskommen; **to make – over the ground,** Fahrt *f.* über Grund machen; **a long** *or* **great – off,** weit entfernt *od.* weg; **the – is off the boat,** das Boot macht keine Fahrt mehr, die Fahrt ist aus dem Boot; **somewhere Kiel –** (*coll.*), irgendwo in der Gegend *od.* im Umkreis von Kiel.

way *adv.* (*coll.*, *dial.*), weit; – **back,** weit entfernt, weit zurück; – **down South,** weit unten im Süden; – **up (the coast),** weit oben (an der Küste).

wayward *adj.*, launisch, unstet, unberechenbar, wechselhaft (*Wetter*); – **weather** *s.*, veränderliches *od.* unbeständiges Wetter *n.*

weak *adj.*, flau, windstill (*Wetter*), lehnig (*Boot*), undeutlich, schwach (*Licht, Ton, etc.*); – **crew** *s.*, (zahlenmäßig) schwache Crew *f. od.* Mannschaft *f.*

weaken *v.*, abnehmen, nachlassen, schwächer werden (*Sturm*).

weak rope *s.*, dünnes *od.* schwaches Tau *n.*

wear *s.* (*naut.*), Halsen *n.*, Kursänderung *f.* vor dem Wind; Abnutzung *f.*, Verschleiß *m.*; Dauerhaftigkeit *f.*, Haltbarkeit *f.* (*von Segeln, etc.*).

wear *v.* (*naut.*), (*Boot*) halsen, vor den Wind

drehen; sich drehen (*Boot*), Flagge zeigen (*Schiff*); **to – away** *or* **down,** verschleißen; **to – off** *or* **out,** (sich) abnutzen *od.* -nützen, verschleißen; **to – round,** halsen, vor dem Wind wenden; **to – well,** gut halten (*Segeltuch*); **the race wore on,** die Regatta zog sich in die Länge; **rocks worn by the waves,** von den Wellen ausgewaschene *od.* erodierte Klippen; **wear and tear** *s.*, natürliche Abnutzung *f.*, Verschleiß *m.*

wearing *s.* (*naut.*), Halsen *n.*, Wenden *n.* vor dem Wind, Kuhwende *f.*, (*tech.*) Abnutzung *f.*, Verschleiß *m.*; **– instead of tacking,** Halsen *n.* statt Wenden, Kuh-Wende *f.*

wearing *adj.*, **a – passage,** eine beschwerliche *od.* anstrengende Überfahrt *f.*

wearisome *adj.*, **a – race,** eine lahme Regatta *f.*

weather *s.*, Wetter *n.*, Witterung *f.*; Nässe *f.* und Kälte; Wetter(ver)änderung *f.*, -wechsel *m.*, -umschlag *m.*, Witterungswechsel *m.*; Unwetter *n.*, Gewitter *n.*, Sturm *m.*, (*naut.*) Luv *f.*, Luv-, Windseite *f.*; Anstellwinkel *m.* (*des Segels*); **a-–** (*am.*), luvwärts; **above the –** (*meteor.*), über der Wetterzone; **in all –s,** bei jedem Wetter; **in fine –,** bei schönem Wetter; **in the –,** der Witterung ausgesetzt; **under stress of –,** durch das Wetter gezwungen; **April –,** Aprilwetter *n.*; **queen's –,** schönes Wetter *n.*, Sonnenschein *m.*; **drift to –,** Stromluv *f.*; **going to –,** auf der Kreuz; **to drift** *or* **to drive with the –,** mit dem Wind treiben; **to make good (bad) –** (*naut.*), auf gutes (schlechtes) Wetter stoßen.

weather *v.*, die Luv gewinnen, (*einem Boot*) den Wind abgewinnen; luvwärts umsegeln *od.* umschiffen (*Kap*) luvwärts vorbeilaufen (an); **to – along** (*naut.*), dem Wetter trotzen, trotz ungünstigen Wetters vorwärtskommen; **to – out,** abwettern (*Sturm*); **to – out a gale,** einen Sturm abwettern; **to – (up)on,** (*einem Boot*) den Wind abgewinnen *od.* aus den Segeln nehmen; **to – a boat,** einem Boot den Wind abgewinnen, ein Boot abdecken; **to – a cape,** ein Kap passieren, von einem Kap freikommen (*Boot*); **to – a gale,** einen Sturm abreiten *od.* abwettern (*Boot*); **to – a point,** eine Landspitze luvwärts umsegeln; **the boat –ed the gale,** das Boot wetterte den Sturm ab.

weather *adj.* (*naut.*), gegen den Wind gerichtet, Luv-, Wetter-; **– anchor** *s.*, Luvanker *m.*; **– beam** *s.*, die Richtung rechtwinklig zum Kiel an der Luvseite eines Bootes; in Luv querab; **–-beaten** *adj.*, **–-bitten** *adj.*, vom Wetter beschädigt *od.* mitgenommen (*Boot*); wetterhart; verwittert (*Holzboot*); **–board** *s.*, Luv-, Windseite *f.*; Setz-, Schäl-, Waschbord *n.*; **to –board** *v.*, verschalken; **–(-)boarding** *s.*, Verschalkung *f.*, Schutzbretter (*pl.*), -planken (*pl.*); **–(-)bound** *adj.*, durch ungünstiges Wetter am Auslaufen gehindert, durch schlechtes Wetter fest- *od.* zurückgehalten *od.* behindert (*Boot*); **– bow** *s.*, Luvbug *m.*; **to – bow** *v.*, mit Luvbug laufen (*Boot*); **– bureau** *s.*, Wetterdienst *m.*, -station *f.*, -warte *f.*; **– cast** *s.* (*am.*), Wetterbericht *m.*, Wettervorhersage *f.*; **– caster** *s.* (*am.*), Wetterfrosch *m.*, -prophet *m.*, (*hum.*) Meteorologe *m.*; **– chart** *s.*, Wetterkarte *f.*; **synoptic – chart** *s.*, synoptische Wetterkarte *f.*; **– cloth** *s.*, Persenning *f.*; Schutz-, Schauerkleid *n.* (*der Brücke, etc.*); **– cock** *s.*, Wetterfahne *f.*; **– conditions** (*pl.*), Wetterlage *f.*, Witterungsverhältnisse (*pl.*), (*rac.*) Wind- und Wellenbedingung(en) *f.* (*pl.*); **– deck** *s.*, Sturm-, Wetterdeck *n.*; **– dog** *s.*, Regen-, Wettergalle *f.*; **– echo** *s.* (*radar*), Wetterecho *n.*

weathered *adj.*, der Witterung ausgesetzt, ausgewittert, verwittert.

weather/eye *s.*, **to keep one's – eye(s) open,** auf Wind und Wetter achten; **– flag** *s.*, Wetterflagge *f.*; **– forecast** *s.*, Wetterbericht *m.*, -meldung *f.*; Wettervorhersage *f.*; **– gall** *s.*, Regen-, Wettergalle *f.*; **– ga(u)ge** *s.*, Vorteil *m.* des Windes (*Lage eines Bootes an der Wetterseite eines anderen*), Luv-, Windseite *f.*; **to have the – ga(u)ge of a(nother) boat,** in Luv eines anderen Bootes liegen; **– glass** *s.*, Barometer *n.*, Wetterglas *n.*; **– helm** *s.*, Luvdruck *m.*, Ruderdruck *m.*; Luvruder *n.*; **to carry – helm,** luvgierig sein; **the boat carries – helm,** das Boot ist luv- *od.* windgierig; **to generate – helm,** Luvdruck (am Ruder) erzeugen.

weatherize *v.*, wetterfest *od.* wasserabstoßend machen; **to – a boat,** ein Boot seeklar *od.* wetterfest machen.

weather key *s.* (*meteor.*), Wetterschlüssel *m.*

weatherliness *s.*, Luvgierigkeit *f.* (*eines Bootes*), Fähigkeit *f.* (*eines Bootes*) (zu) Luv zu halten.

weather-lurch *v.*, nach Luv überholen (*Boot*).

weatherly *adj.*, an der Luvseite (*eines Bootes*) liegend; luvgierig; fähig (zu) Luv zu halten (*Boot*), seefähig, seegängig, seetüchtig (*Boot*); **– boat** *s.*, luvgieriges Boot *n.*; guter Luvhalter *m.*; seetüchtige Yacht *f.*; **– qualities** (*pl.*) **of a boat,** Seetüchtigkeit *f.* einer Yacht.

weather/man *s.* (*coll.*), Meteorologe *m.*; Wetteransager *m.*; **– map** *s.*, Wetterkarte *f.*; **– mark** *s.* (*rac.*), Luvboje *f.*, -marke *f.*; **–most** *adj.*, am weitesten luvwärts; **– observation** *s.*

(*meteor.*), Wetterbeobachtung *f.*
weatherology *s.*, Meteorologie *f.*, Wetterkunde *f.*
weather / (-)permitting *adj.*, bei günstigem *od.* gutem Wetter, wenn es das Wetter erlaubt; **–(-)proof** *adj.*, wetterfest, -beständig, -dicht; **to –proof** *v.*, (*Boot*) wetterfest *od.* -dicht machen; **--protected port** *s. or* **harbo(u)r** *s.*, wettergeschützter Hafen *m.*; **– prophet** *s.*, Wetterfrosch *m.*, -prophet *m.*, (*hum.*) Meteorologe *m.*; **– quarter** *s.*, Windvierung *f.*; **on the – quarter,** Windvierung *f.* auf der Luvseite; **– radar** *s.*, Wetterradar *n.*; **– rail** *s.*, Luvreling *f.*; **– report** *s.*, Wetterbericht *m.*; **– roll** *s.*, Rollen *n. od.* Überholen *n.* (*des Bootes*) nach Luv *od.* zur Luvseite; **to –roll** *v.*, nach Luv rollen *od.* überholen *od.* sich überlegen (*Boot*); **– satellite** *s.* (*meteor.*), Wettersatellit *m.*; **– scale** *s.*, Wetterskala *f.*; **--screened place** *s. or* **spot** *s.*, Schuling *f.*; **– service** *s.*, (meteorologischer) Wetterdienst *m.*; **– sheet** *s.*, Luvschot *f.*; **– ship** *s.*, Schiff *n.* des Wetterdienstes, (*coll.*) Wetterschiff *n.*; **– shore** *s.*, Luvküste *f.*; **– shroud** *s.*, Luvwant *f.*; **– side** *s.*, Luv-, Wind-, Wetterseite *f.*, (*naut. sl.*) windige Seite *f.* (*eines Bootes*); **– station** *s.*, Wetterstation *f.*, -warte *f.*; **--strip** *s.*, Wetterleiste *f.*; **– surf** *s.*, Luvbrandung *f.*; **– symbols** (*pl.*) (*meteor.*), Wettersymbole (*pl.*) (*der internationalen Wetterskala*); **– tide** *s.*, Luvtide *f.*, luvwärts setzende Tide *f. od.* Gezeit *f.*; **–(-)tight** *adj.*, wetterfest, -dicht; **–tight hatch** *s.*, wetterfeste Luke *f.*; **– turning mark** *s.* (*rac.*), Luvwendeboje *f.*, -marke *f.*; **– of westerly type,** West(wind)wetter *n.*; **– vane** *s.*, Wetterfahne *f.*; **– warnings** (*pl.*), Sturm-, Wetterwarnung *f.*; **radio – warnings** (*pl.*), Wetter- und Warnfunk *m.*; **--wise** *adj.*, wetterkundig; **–(-)worn** *adj.*, vom Wetter beschädigt *od.* mitgenommen (*Boot*), verwittert (*Holz*).
weaver's / bend *s.*, Weberstek *m.*; **– hitch** *s. or* **knot** *s.*, Weberknoten *m.*, -stek *m.*
web *s.* (*naut.*), Rahmen *m.*; **– frame** *s.*, Rahmenspant *n.*
webbing *s.*, Gurt *m.*, Gurtband *n.* (*Trapez*).
web / sling *s.*, Brooke *f.*, Gurtstropp *m.*; **– stiffener** *s.*, Rahmensteife *f.*, -versteifung *f.* (*Bootsbau*); **– stringer** *s.*, Rahmenstringer *m.*
wedding knot *s.*, Kreuzbändsel *n.* (*zwischen zwei Augen*).
wedge *s.*, Lukenkeil *m.*; (Mast)Keil *m.*, (*meteor.*) Hochdruckkeil *m.*; (*pl.*) Bugfender *m.*; **mast –s** (*pl.*), Mastkeile (*pl.*); *v.*, (*Luke*) verkeilen, (*Mast*) verkeilen; **to – up the mast,** den Mast auf- *od.* festkeilen; **wedge block** *s.*, (Mast)Keilblock *m.*, -klotz *m.*, -stück *n.*; **wedged** *adj.*, festgekeilt, verkeilt (*Luke, Mast*); **wedging** *s.*, (Ver)Keilen *n.*, (Ver)Keilung *f.* (*Mast, Luke*), Festkeilen *n.* (*Mast*).
weep *s.*, Leck *n.*; *v.*, regnen, triefen, tropfen; **weep hole** *s.*, Leck *n.*, Sickerstelle *f.*; **weeping** *s.*, (leichte) Leckage *f.*, kleines Leck *n.*; **weeping** *adj.*, regnerisch, triefend (naß) (*Wetter*); **– sky** *s.*, Regenhimmel *m.*, regnerisches Wetter *n.*
weft *s.*[1], Schuß(faden) *m.* (*Segeltuch*); **– and warp,** Kette *f.* und Schuß.
weft *s.*[2], Wolkenstreifen *m.*; Nebelschicht *f.*
weft *s.*[3], Flagge *f.* im *od.* in Schau (*Notsignal*).
weigh *s.*, **under –** (*naut. dial.*), in Fahrt, unterwegs (*Boot*).
weigh *v.*, (*Anker*) lichten, vom Grund aufholen, (*naut.*) hieven, heben, hochziehen; **to – anchor,** den Anker lichten, auslaufen (*Boot*); **to – up** (*rare*), (*Schiff*) heben.
weighing / anchor *s.*, Ankeraufgehen *n.*, Ankerlichten *n.*, (den) Anker lichten; **– line** *s.*, Sorg-, Trippleine *f.*; Ankerbojereep *n.*
weigh shaft *s.*, Steuer(ungs)welle *f.*; Umsteuerwelle *f.*
weight *s.* (*naut.*), (Eigen)Gewicht *n.* (*Boot, etc.*), Muringstein *m.*, Sinker *m.*, (*phys.*, *astr.*) (Massen)Anziehung *f.*, -Anziehungskraft *f.*, (*phys.*) Schwere *f.*; (Segeltuch)Gewicht *n.*; Gewichtseinheit *f.*, -maß *n.*; **anchor –,** Ankergewicht *n.*, Gleitgewicht *n.* (*Ballastkörper*); **dead –,** Eigengewicht *n.*; **inclining –,** Krängungsgewicht *n.*; **maximum (minimum) –,** Höchst(Mindest)gewicht *n.* (*Crew, Segeltuch, etc.*); **(sail)cloth –,** (Segel)Tuchgewicht *n.*; **sliding –,** Gleitgewicht *n.* (*Ballastkörper*); **under –,** untergewichtig, zu leicht (*Vorschoter, etc.*); **stability by –s** (*pl.*), Gewichtsstabilität *f.* (*Boot*); **trim by –s** (*pl.*), Gewichtstrimm *m.* (*Boot, Crew*); **– of the crew (for balancing),** (Gesamt)Gewicht *n.* der Crew, Crewgewicht *n.*, (*coll.*) lebender Ballast *m.*; **(the) – of the planets,** (die) Anziehungskraft der Planeten; **– of (sail)cloth,** (Segel)Tuchgewicht *n.*; **– of (a) vessel,** Eigengewicht *n.*, -masse *f.* des Bootes; **– of (the) wind,** Winddruck *m.*, -belastung *f.*, -last *f.*; **– per horse power,** Leistungsgewicht *n.* (*des Bootsmotors*); **to make one's** (*or* **the**) **–** (*rac.*), das richtige Gewicht haben, den Gewichtsanforderungen entsprechen (*Vorschoter*); **–s** (*pl.*) **and measures,** Maße und Gewichte (*pl.*); **light – construction** *s.*, Leichtbauweise *f.* (*Bootsbau*); **– density** *s.* (*phys.*), spezifisches Gewicht *n.*; **– distribution** *s.* **(of the crew),** Gewichtsverteilung *f.* (der Crew);

– **restriction** *s.*, Gewichtsbeschränkung *f.* (*Wettsegelbestimmungen*); – **saving(s)** *s.* (*pl.*), Gewichtsvorteil *m.* (*der Crew*).

weir *s.*, Wehr *n.*; Fischwehr *n.*

weld *s.*, Schweißnaht *f.*, -stelle *f.*; *v.*, (an-, zusammen)schweißen; **to – out,** ausschweißen; **weldable** *adj.*, schweißbar; **welded** *adj.*, geschweißt; – **construction** *s.*, Schweißkonstruktion *f.* (*Bootsbau*); – **hull** *s.*, geschweißter Bootsrumpf *m.*; – **joint** *s.*, Schweißverbindung *f.*, -stelle *f.*; – **seam** *s.*, Schweißnaht *f.*; – **ship** *s.*, ganzgeschweißtes Schiff *n.*; **welding** *s.*, Schweißen *n.*

weldwood *s.* (*rare*), Sperrholz *n.* (*Bootsbau*).

well *adv.*, – **ahead** (*rac.*), ein gutes Stück voraus, im Spitzenfeld; **–(-)appointed,** gut ausgerüstet (*Boot*); – **away,** weit weg; – **offshore,** in gutem Abstand von der Küste; – **out of sight,** völlig außer Sicht.

well *s.* (*naut.*), Pumpensod *m.*, -pott *m.* (*Schacht zum Schutz der Pumpe*), (Pumpen-) Brunnen *m.*; Plicht *f.*, (*coll.*) Versaufloch *n.* (*Vertiefung im Deck, Unterbrechung des obersten durchlaufenden Decks*), Buhne *f.*, (*tech.*) Vertiefung *f.*, Hohlraum *m.*; – **boat** *s.*, Bünnschiff *n.*, -ewer *m.*; – **deck** *s.*, Brunnendeck *n.*, (*coll.*) Versaufloch *n.*, Plicht *f.* (*versenkter Teil des Oberdecks*); **–head** *s.*, Quelle *f.*; **–hole** *s.*, Ösgatt *n.* (*eines Bootes*), Lenzventil *n.*

wellingtons (*pl.*) **(W–), wellington boots** (*pl.*), Gummi-, Wasserstiefel (*pl.*).

well/room *s.*, Ösgatt *n.* (*im Boot*); – **smack** *s.*, Bünnschiff *n.*, Schmack *f.* mit Bünn; – **spring** *s.*, Quelle *f.*; **--tempered** *adj.*, gut getempered (*Stahlbootsbau*); **--timed** *adj.*, gut Takt haltend (*Ruderer*).

welter *s.*, Rollen *n.*, Toben *n.*, Wogen *n.* (*der Wellen*), Chaos *n.*, Durcheinander *n.* (*nach einem Sturm*), wirre Masse *f.* (*Tauwerk*); *v.*, rollen, wogen, sich wälzen (*Wellen*).

west *s.* (*naut.*), West *m.*, Westwind *m.*, (*geogr.*) Westen *m.*; **in the – of,** im Westen *od.* westlichen Teil von; **(to the) – of,** westlich von; **the wind is in the –,** der Wind kommt von Westen; – **by north,** West *m.* zum Norden, West *m.* zu Nord; – **by south,** West *m.* zum Süden, West *m.* zu Süd; *v.*, sich nach Westen bewegen, untergehen (*Sonne*).

west *adv.*, westwärts, nach Westen; von Westen.

west *adj.*, westlich, West-; **--about** *adv.*, im Westen, in westliche(r) Richtung; **–(-)bound** *adj.*, nach Westen laufend *od.* segelnd, in westliche Richtung gehend *od.* segelnd; **–bound ship** *s.*, nach Westen gehendes Schiff *n.*; – **coast** *s.*, Westküste *f.*

wester *v.*, nach Westen drehen (*Wind*), sich nach Westen bewegen, untergehen (*Sonne, etc.*); **westering** *adj.*, nach Westen *od.* westwärts drehend (*Wind*), Kursänderung nach Westen *od.* westwärts vornehmend; sinkend, untergehend (*Gestirne*), (*Scots*) westlich gelegen; **to be –,** Kursänderung westwärts vornehmen; westwärts drehen (*Wind*); – **wind** *s.*, westwärts *od.* auf West drehender Wind *m.*

westerly *s.* (*pl.* **-lies**), westlicher Wind *m.*; **brave westerlies** (*pl.*), Westwindgürtel *m.*, brave Westwinde (*pl.*); **westerly** *adj.*, westlich, West-; **weather of – type,** West(wind)wetter *n.*; – **wind** *s.*, Westwind *m.*; *adv.*, westwärts, gegen Westen, aus *od.* von (dem) West(en) kommend (*Wind*).

western *adj.*, westlich, West-, westwärts; im Westen (gelegen); **to be on a – course,** auf Westkurs laufen *od.* liegen; **the boat is on a – course,** das Boot hat *od.* liegt auf Westkurs; – **amplitude** *s.* (*astr.*), Abendamplitude *f.*; **–most** *adj.*, westlichst, am weitesten westlich (gelegen).

westing *s.*, westlicher *od.* Westkurs *m.*; westliche Richtung *f.*; nach Westen zurückgelegte Entfernung *f.* (*des Bootes*), (*naut.*) Entfernung *f.* nach Westen, (*geogr.*) Westlänge *f.*; **to be (on a) – (course),** auf Westkurs liegen *od.* laufen (*Boot*).

west/-north-west *s.* (*naut.*), Westnordwest *m.*, (*geogr.*) Westnordwesten *m.*; **--north-west** *adj.*, westnordwestlich, Westnordwest-; **--north-west** *adv.*, aus *od.* nach Westnordwest(en); – **point** *s.*, Westpunkt *m.*; **--south-west** *s.*, Westsüdwest *m.* (*Wind*), (*geogr.*) Westsüdwesten *m.*; **--south-west** *adj.*, westsüdwestlich, Westsüdwest-; **--south-west** *adv.*, aus *od.* nach Westsüdwest(en).

westward *s.*, Westen *m.*, westlicher Teil *m.*; westliche Richtung *f.*; **in the – of,** im Westen von, westlich von; **to the – of,** westlich von; **westward(ly)** *adj.*, westlich, West-; **westward(s)** *adv.*, in westliche(r) Richtung, westwärts.

west/wind *s.*, West *m.*, Westwind *m.*; **--wind belt** *s.*, Westwindgürtel *m.*; **--wind drift** *s.*, Westwinddrift *f.*

wet *s.*, Regen *m.*, regnerisches Wetter *n.*, Nässe *f.*, Feuchtigkeit *f.*; *v.i.*, naß werden; *adj.* (*naut.*), feucht, (*meteor.*) niederschlagsreich, regnerisch, feucht, naß; durchnäßt (**with,** von); – **and cold,** naßkalt; – **through,** völlig durchnäßt; – **to the skin,** bis auf die Haut *od.* die Knochen naß; **to ride –,** (Spritzwasser,

Brecher) übernehmen (*Boot*).

wet/-and-dry bulb hygrometer *s.* (*phys.*), Psychrometer *n.* (*Luftfeuchtigkeitsmesser*); **– basin** *s.*, Flutbecken *n.*, geschlossenes Hafenbecken *n.*; Schleusendock *n.*; **– -bulb thermometer** *s.* (*phys.*), Verdunstungs-, Naßthermometer *n.* (*eines Psychrometers*); **– cell** *s.* (*elec.*), nasses *od.* feuchtes Element *n.*; **– compass** *s.*, Schwimmkompaß *m.*; **– dock** *s.*, Schleusenhafen *m.*; Fluthafen *m.*, -becken *n.*, geschlossenes Hafenbecken *n.*; Dockhafen *m.*; **– fog** *s.*, nässender Nebel *m.*

wetness *s.* (*meteor.*), Nässe *f.*, Feuchtigkeit *f.*

wet/period *s.*, Regenperiode *f.*; **– season** *s.*, Regenzeit *f.* (*in den Tropen*); **– ship** *s.*, feuchtes *od.* nasses Schiff *n.*, schlechtes Seeschiff *n.*, nicht seetüchtige Yacht *f.*, bei Seegang Spritzwasser übernehmendes Schiff *n. od.* Boot *n.*; **neoprene – suit** *s.*, Neoprenanzug *m.*

wetted *adj.*, **– midship section,** benetzte Hauptspantfläche *f.* (*eines Bootes*); **– surface,** benetzte Oberfläche *f.* (*eines Bootes*).

wetting *s.*, Naßwerden *n.*, Durchnässung *f.*; **to get a –,** (völlig) durchnäßt *od.* naß werden; **wettish** *adj.*, ziemlich feucht.

wet weather *s.*, Regenwetter *n.*, regnerisches Wetter *n.*

whale/back *s.* (*am.*), Waldecker *m.* (*auf den Großen Seen*); Schildkrötendeck *n.*; gewölbtes Schutzdach *n.* (*an Bug u. Heck gegen Sturzseen*); **–boat** *s.*, Walfänger *m.*, -fangboot *n.*, (*am.*) Rettungsboot *n.* (*in Form eines Walfängers*); **– -built boat** *s.*, nach Art eines Walfängers gebautes Boot *n.*; **– deck** *s.*, Waldeck *n.* (*GFK-Bootsbau*); **– fishery** *s.*, Walfang *m.*; Walfanggebiet *n.*; **– fishing** *s.*, Walfang *m.*; **whaler** *s.*, Walfänger *m.*, -fangboot *n.*

whaling *s.*, Walfang *m.*; **– boat** *s.*, Walfänger *m.*, -fangboot *n.*; **– master** *s.*, Leiter *m.* einer Walfangstation; Kapitän *m.* eines Walfängers; **– port** *s.*, Walfanghafen *m.*; **– station** *s.*, Walfangstation *f.*

wharf *s.* (*pl.* **wharves**), Pier *m. od. f.*, Kai *m.*, Landeplatz *m.*, Landungssteg *m.*; Liegeplatz *m.* (*Schiffe*), Dock *n.*; Mole *f.*, Staak *n.*, Stack *n.*, (*obs.*) Küste *f.*, Ufer *n.*; *v.*, (am Kai) anlegen, (*rare*) (*Schiff*) am Kai festmachen, (*Ladung*) löschen; **wharfage** *s.*, Benutzung *f.* eines Kais *od.* Piers; Löschen *n.*; Kaianlagen (*pl.*); Kai-, Dockgeld *n. od.* -gebühr *f.*; **wharf/boat** *s.* (*am.*), Boot *n.* mit Plattform zum Löschen (*Ersatz für Kai*); **– charges** (*pl.*), Kai-, Dockgebühren (*pl.*); **– crane** *s.*, Hafen-, Hellingkran *m.*; **wharfing** *s.*, Kaianlage *f.*; **wharfinger** *s.*, Kaimeister *m.*, -aufseher *m.*, Kai-, Pierbesitzer *m.*; **wharf/man** *s.*, Kai-, Dockarbeiter *m.*; **– master** *s.*, Kaimeister *m.*, -aufseher *m.*; **– rat** *s.* (*am. sl.*), Kairatte *f.*, Hafendieb *m.*

what/-d'you-call-it *s.*, **– -d'ye-call-it** *s.* (*coll.*), Dings(da, -bums) *n.*; **– -is it** *s.* (*am. coll.*), Dingsda *n.*, Dingsbums *n.*

wheel *s.* (*naut.*), Ruderrad *n.*, Steuer *n.*; (Um)-Drehung *f.*; Kreis(bewegung *f.*) *m.*; **steering –** (*naut.*), Steuerrad *n.*; **at the –** (*naut.*), am Ruder(rad), am Steuer(rad); *v.*, kreisen, (sich) im Kreis bewegen (*Boot*), kurven (*Motorboot*); **wheel/barometer** *s.* (*phys.*), Zeigerbarometer *n.*; **– box** *s.* (*naut. tech.*), Spindelkasten *m.*, -stock *m.*; Nabenbuchse *f.*; **– cables** (*pl.*), Steuerseile (*pl.*); **– chain** *s.*, Ruder-, Steuerkette *f.*; **– grating** *s.*, Rudergräting *f.*; **–house** *s.*, Ruderhaus *n.*; **–house top** *s.*, Peildeck *n.*; **wheeling** *s.* (*naut.*), Drehung *f.*, Schwenkung *f.*, Wende *f.* (*mit dem Boot*); **wheel/man** *s.*, Rudergänger *m.*; **– manoeuvre** *s.*, Rudermanöver *n.*; **– rope** *s.*, Steuerreep *n.*, Ruderleitungsreep *n.*; **– ropes** (*pl.*), Steuerseile (*pl.*); **–sman** *s.* (*am.*), Rudergänger *m.*, Steuerer *m.*; **– steering** *s.*, Radsteuerung *f.* (*Yacht*); **– trick** *s.*, Ruderwache *f.*

wheft *s.*, Flagge *f.* im Schau (*Notsignal*).

whelps *s./pl.*, Spillklampen (*pl.*), Ausfütterung *f.* des Spills; Kettennuß *f.*

wherry *s.*, Jolle *f.*, Skullboot *n.*, Kahn *m.*, Ewer *m.*, Le(i)chter *m.*, (*br.*) Frachtsegler *m.*, Fährboot *n.*; *v.*, in *od.* mit einer Jolle segeln, in einem Skullboot *od.* Ewer fahren; in einer Jolle *od.* einem Skullboot *od.* Ewer befördern; **wherry/boat** *s.*, Ewer *m.*; **–man** *s.*, Boots-, Jollen-, Ewerführer *m.*; Fährmann *m.*

whiff *s.* (*dial.*), Skiff *n.*, Skuller *m.*, leichtes Ruderboot *n.*; (Wind)Hauch *m.*, (Luft)Zug *m.*, ganz leichte Brise *f.*; **a – of air,** ein (leichter) Luftzug *od.* Windhauch; *v.*, böig wehen, blasen (*Wind*); **the breeze –ed the fog away,** die Brise trieb *od.* blies den Nebel weg; **whiffer** *s.*, leichte Brise *f.*

whiffle *s.*, leichte Bö *f.*, leichter Windstoß *m.*; *v.*, böig wehen (*Wind*); hin- und herspringen, ständig drehen (*Wind*), (*Boot*) hin- und herwerfen (*Wellen*).

whip *s.*, Jolle *f.*, Jolltau *n.*, Wippe *f.*, Klappläufer *m.*; Steert *m.* (*einer Steerttalje*), (*naut.*) Wimpel *m.*, (*tech.*) Feder-, Schnellkraft *f.*, Biegsamkeit *f.*; **double –,** zweischeibige Jolle *f.*; **single –,** einscheibige Jolle *f.*; *v.*, (*Tampen od. Tau*) takeln, betakeln, einen Takling aufsetzen; mit dem Jolltau *od.* der Wippe heißen *od.* hochwinden, (*Tau, etc.*) umwickeln; (*im*

Wind) hin- und herschlagen, flattern (*Wimpel, Segel*), (*rac. coll.*) (*Konkurrenz*) schlagen; **to – the deck,** auf das Deck klatschen *od.* prasseln (*Regen*); **whip/and derry** *s.*, Flaschenzug *m.*; **–belly (vengeance)** (*naut. sl.*), Gesöff *n.* (*verpanschter Rum, etc.*); **– block** *s.*, Klappblock *m.*, Klappläuferblock *m.*, Wippblock *m.*

whippet *s.* (*coll.*), quicklebendiges *od.* kleines wendiges Boot *n.*

whippiness *s.*, Biegsamkeit *f.* (*Mast*).

whipping *s.*, (genähter) Takling *m.*, Tau(be)takelung *f.*; **Spanish –,** spanischer Takling *m.*, Lotsentakling *m.*, Rückspleiß *m.*; **– twine** *s.*, Takelgarn *n.*

whippy *adj.*, biegsam, geschmeidig (*Mast*).

whip/runner *s.*, Klappläufer *m.*, Jolltau *n.*; **– spar** *s.*, Peitschenmast *m.*; **–syderry** *s.*, Flaschenzug *m.*; **– upon –,** Mantelwippe *f.*, Wippe *f.* auf Wippe.

whirl *s.*, Wirbel *m.*, Strudel *m.*; schnelle Kreiselbewegung *f.*, Wirbeln *n.* (*des Bootes*); *v.*, wirbeln, kreiseln, sich schnell drehen (*Boot*), wirbelnd treiben.

whirl/-about *s.*, schnelle Kreiselbewegung *f.* (*Boot*); **–blast** *s.* (*meteor.*), Wirbelwind *m.*

whirlicane *s.* (*meteor.*), Hurrikan-Wirbelsturm *m.*

whirligig *s.*, **whirling motion** *s.*, Wirbelbewegung *f.*

whirl/pool *s.*, (Wasser)Strudel *m.*, Ma(h)lstrom *m.*, Stromwirbel *m.*; **–wind** *s.*, Wirbelsturm *m.*, -wind *m.*, Windhose *f.*

whirly bird *s.* (*am. sl.*), (Rettungs)Hubschrauber *m.*

whisk *s.*, **a – of air** *or* **wind,** plötzliche Bö *f.*

whisker(s) *s.* (*pl.*), Ausleger *m.* (*des Klüverbackstags*); **whisker boom** *s.* *or* **pole** *s.*, Ausleger *m.* (*des Klüverbackstags*).

whisper *s.*, Raunen *n.*, Rauschen *n.*, Flüstern *n.* (*des Windes*); *v.*, raunen, rauschen, flüstern (*Wind*).

whistle *s.* (*naut.*), Pfeife *f.*, Heuler *m.*; Pfeifsignal *n.*, -ton *m.*, Heulton *m.*; Pfeifen *n.*, Heulen *n.* (*des Windes*); **bosun's –,** Bootsmannspfeife *f.*; **cross –,** Kurssignal *n.*; **typhon –,** Typhon *n.*, Tyfon *n.* (*Signal-, Nebelhorn*); **to blow a –,** ein Pfeifsignal geben; *v.* (*naut.*), pfeifen (*mit der Pfeife*), heulen, sausen, pfeifen (*Wind*); **to – for a wind** (*naut.*), um Wind pfeifen (*bei Windstille*); **the wind –s through the rigging,** der Wind pfeift *od.* heult in der Takelage; **whistle buoy** *s.*, Heultonne *f.*

whistler *s.* (*naut.*), Pfeife *f.*, Heuler *m.*

whistle signal *s.*, Pfeifsignal *n.*

whistling *s.* (*naut.*), Pfeifen *n.*; **– buoy** *s.*, Heulboje *f.*, -tonne *f.*, Pfeifboje *f.*; **– light buoy** *s.*, Leuchtheulboje *f.*

white *s.*, **in the –,** ohne Oberflächenschutz, ungestrichen (*Bootsrumpf, etc.*).

white *adj.*, **– ash** (*coll.*), Ruder *n.*; **– caps** (*pl.*), (weiße) Schaumkronen (*auf Wellen*), Schaumwellen (*pl.*); **– coal** *s.*, Trockenspiritus *m.*; **– dwarf** *s.* (*astr.*), weißer Zwerg *m.*; **– ensign** *s.*, Flagge *f.* der britischen Flotte; **– frost** *s.*, Rauhfrost *m.*, -reif *m.*; **– horses** (*pl.*), (Wellen mit weißen) Schaumkronen (*pl.*) *od.* -köpfen (*pl.*); **– light** *s.*, weißes Licht *n.* (*Signal*), Tageslicht *n.*; **– line** *s.*, ungeteerte Leine *f.*; **– noise** *s.* (*rad.*), weißes Rauschen *n.*; **– oakum** *s.*, ungeteertes Werg *n.*; **–out** *s.*, scheinbares Ineinanderfließen *n.* von Himmel und Erde in arktischen Gebieten bei bedecktem Himmel; **– rope** *s.*, ungeteertes Tau(werk) *n.*; **– squall** *s.* (*naut.*), Fallbö *f.*, Sturmbö *f.* aus heiterem Himmel; **–wash** *s.* (*rac. coll.*), haushohe Niederlage *f.*; **to –wash** (*rac. coll.*), (*Konkurrenz*) haushoch schlagen *od.* besiegen; **– water** *s.*, schäumendes Wasser *n.* (*der Brandung*), Brandungsschaum *m.*; weiß schimmerndes Wasser *n.* (*über Sandbänken*); **to –water** *v.*, durch Aufschlagen des Schwanzes das Wasser zum Schäumen bringen (*Wal*); **– wax** *s.*, Paraffin *n.*

whole *adj.*, **a – set of sail(s),** ein vollständiger *od.* ganzer Segelsatz *m.*; **– gale** *s.*, schwerer Sturm *m.*; **––skinned** *adj.*, unbeschädigt, unversehrt (*Boot, Pers.*); **–some** *adj.* (*naut.*), seetüchtig; **–some boat** *s.*, seetüchtige *od.* -gängige Yacht *f.*

wicked *adj.* **cold,** grimmige Kälte *f.*

wicket *s.*, Durchlaß(tor *n.*) *m.* (*einer Schleuse*), Schütz *n.*, Schütze *f.* (*eines Wehrs*).

widdershins *adv.*, (*s.* **withershins**).

wide *adj.*, breit (*Boot, etc.*), weit ausgedehnt (*Fläche*); **8 feet (10 inches) –,** 8 Fuß (10 Zoll) breit; **to give the rocks a – berth,** weit *od.* gut von den Klippen abhalten (*Boot*); *adv.*, breit; weit (aus- *od.* voneinander), weitab; **wide/band** *s.* (*rad.*), Breitband *n.*; **– berth** *s.*, guter *od.* reichlicher Abstand *m.* (*eines Bootes vom Anleger, vom Land, etc.*).

widen *v.*, (sich) verbreitern, (sich) erweitern, (sich) weiten, breiter *od.* weiter werden (*Meerenge, etc.*).

wideness *s.* **of range,** Reichweite *f.*

wide/range *s.*, ausgedehnter Bereich *m.*; **––watered** *adj.*, von Wellen bespült (*Küste, Ufer*), von einem breiten Strom *od.* von breiten Strömen durchzogen (*Gebiet*).

width *s.*, Breite *f.*; Weite *f.*; lichte Weite *f.* (*einer Öffnung*), (Segeltuch)Bahn *f.*; **6 ft in –,** 6 Fuß breit; **–way** *s.*, Breitenrichtung *f.*
wiggle *v.*, (*Boot*) wricken *od.* wriggen.
wigwag *s.* (*naut., coll.*), Winken *n.*, Signalisieren *n.* durch *od.* mit Flaggen *od.* Laternen, Flaggen-, Winksignal *n.*; *v.* (*naut. coll.*), winken (*mit Flaggen*), durch Schwenken von Flaggen *od.* Laternen signalisieren; **wigwagger** *s.* (*naut., coll.*), Winker *m.*, Winksignalgast *m.*; **wigwag system** *s.*, Winkeralphabet *n.*
wild *adj.* (*naut.*), schwer zu steuern, unhandig (*Boot*), wild, stürmisch (*Küste*), wütend, heftig, stark (*Sturm*); **in – disorder,** in wilder *od.* wüster Unordnung (*nach einem Sturm*).
wildcat *s.* (*am., naut.*), Kettennuß *f.*
wilderness *s.* **of the sea,** Wasserwüste *f.*
wild/fire *s.*, Wetterleuchten *n.*; phosphoreszierendes Licht *n.* (*auf dem Wasser*), Irrlicht *n.*; **– wind** *s.*, Orkan *m.*, heftiger *od.* schwerer Sturm *m.*
williwaw *s.*, (*Art*) Wirbelwindbö *f.*
will-o'-the-wisp *s.*, Irrlicht *n.*
willy-willy *s.* (*meteor., austral.*), Willy-Willy *m.*, (tropischer) Wirbelsturm *m.*, Sturmwind *m.*
wimple *v.*, sich kräuseln (*Wasseroberfläche*), (*Wasseroberfläche*) kräuseln (*Wind*), (*Scots*) sich schlängeln *od.* winden (*Fluß*); **the wind –s the lake,** der Wind kräuselt den See *od.* die Wasseroberfläche des Sees.
win *s.* (*coll.*), gewonnene Wettfahrt *f.*, Erfolg *m.*, Sieg *m.*; *v.* (*rac.*), gewinnen; **to – by two overall lengths** (*rac.*), um zwei Bootslängen gewinnen; **to – easily** *or* **hands down** (*rac.*), spielend (*eine Wettfahrt*) gewinnen; **to – the day** (*rac.*), Tagesbester *od.* -sieger sein; **to – a race,** eine Regatta *od.* Wettfahrt gewinnen; **to – the shore,** die Küste erreichen; **to – to the shore,** ans Ufer gelangen, das Ufer erreichen.
winch *s.* (*naut.*), Winde *f.*, Winsch *f.*, Kurbel *f.*; **halyard –,** Fallwinde *f.*, -winsch *f.*; **mast –,** Mastwinde *f.*; **sheet –,** Schotwinde *f.*, -winsch *f.*; *v.*, (mit Winde *od.* Winsch) hochwinden, -ziehen, -kurbeln; **winch/barrel** *s.*, **– drum** *s.*, Winden-, Winschtrommel *f.*; **– drumhead** *s.*, Windenkopf *m.*; **– handle** *s.*, Winschkurbel *f.*; **– head** *s.*, Windenkopf *m.*; **– runner** *s.*, Winden-, Winschläufer *m.*
wind *s.*, Wind *m.*, Sturm(wind) *m.*, (*phys.*) Luftzug *m.*, -strom *m.*, (*naut.*) Windrichtung *f.*, Himmelsrichtung *f.*; **against the –,** gegen den Wind; **before the –,** vor *od.* mit dem Wind, in der Richtung des Windes; **between – and water** (*naut.*), zwischen Wind und Wasser (*in der Ebene des Wasserspiegels, Schaden an der Bordwand*); **by the –,** am *od.* beim Wind; **down (the) –,** vor dem Wind, in der Richtung des Windes; **in the –** (*naut.*), gegen den Wind, luv-, windwärts; **in dead light –,** bei Totenflaute; **in near zero –(s)** (*am.*), bei ganz wenig Wind, bei fast völliger Windstille, bei (Toten)Flaute; **in(to) the teeth of the –,** gegen den Wind, dem Wind entgegen; **off the –,** aus dem Wind, in Luv; **on the –,** am Wind, Amwind, an der Kreuz, hart am Wind; **under the –,** in Lee, leewärts; **up (the) –,** gegen den Wind; **with the –,** vor dem Wind, in der Richtung des Windes; **apparent –,** scheinbarer Wind *m.*, Bordwind *m.*; **atmospheric –,** atmosphärischer *od.* wahrer Wind *m.*; **backing –,** krimpender Wind *m.*; **beam –,** halber Wind *m.*, raumer Wind *m.*, Halb-, Dwarswind *m.*; halbwinds; **brave west –s,** brave Westwinde (*pl.*); **constant –,** gleichbleibender *od.* gleichmäßiger Wind *m.*; **contrary –,** ungünstiger Wind *m.*; **current –,** Stromwind *m.*, scheinbarer Wind *m.*, relativer Bordwind *m.*; **dead –,** Fahrt-, Gegenwind *m.*; **disturbed –,** schralender Wind *m.*; **down()–,** Lee *f.*; Vor(m)wind(kurs *m.*); **fair –,** günstiger Wind *m.*; **fall –,** Fallwind *m.*; **favourable –,** günstiger Wind *m.*; **fool –,** Abwind *m.*; **free –,** raumer Wind *m.*; **hauling –,** ausschießender Wind *m.*, Ausschießer *m.*; **head –,** Fahrt-, Gegenwind *m.*; **inshore –,** auflandiger Wind *m.*; **katabatic –,** Fallwind *m.*; **large –,** raumer Wind *m.*; **local –,** örtlicher Wind *m.*; **Mediterranean –s,** Mittelmeerwinde (*pl.*); **offshore –,** ablandiger Wind *m.*, Landwind *m.*; **onshore –,** auflandiger Wind *m.*, Seewind *m.*; **periodical –s,** periodische Winde (*pl.*); **prevailing –,** wahrer Wind *m.*; **quarter(ing) –,** Dreiviertelwind *m.*; **relative –,** relativer *od.* scheinbarer Wind *m.*; (relativer) Bordwind *m.*; **scanty –, scrimp –,** schraler Wind *m.*; **shifting –,** umspringender Wind *m.*; **squally –,** böiger Wind *m.*; **steady –,** gleichmäßiger Wind *m.*; **tide –,** Stromwind *m.*, scheinbarer Wind *m.*, relativer Bordwind *m.*; **trade –s,** Passat(winde *pl.*) *m.*; **true –,** wahrer Wind *m.*; **unfavourable –,** ungünstiger Wind *m.*; **up()–,** Luv *f.*; Kreuzkurs *m.*; **veering –,** ausschießender *od.* umlaufender *od.* raumender *od.* rechtsdrehender *od.* vorseitlicher Wind *m.*, Ausschießer *m.*; **westering –,** westwärts *od.* auf West drehender Wind *m.*; **an absolute minimum (of) –,** ein (absolutes) Minimum an Wind, eine Totenflaute; **backing of the –,** Rückdrehen *n.* des

Windes; **close to the –,** hoch am Wind; **course with the – free,** raumer Kurs *m.*, Raumschotskurs *m.*; **direction of the –,** Windrichtung *f.*; **in the –'s eye,** gegen den Wind, dem Wind entgegen; **the four –s,** die vier Winde *od.* Windrichtungen (*pl.*); **from the four –s,** aus allen (vier) Himmelsrichtungen; **law of –s,** Windgesetze (*pl.*); **parallelogram of –s,** Windparallelogramm *n.*; **quarter of the –,** Windvierung *f.*; **shooting head to –,** Aufschießer *m.*; **strength of (the) –,** Windstärke *f.*; **to be all in the –,** killen (*Segel*); **to be carried by the –,** vom Wind (her)getragen werden; **to be close to** *or* **near the –,** hart am Wind segeln; **to change tacks before the –,** vor dem Wind kreuzen; **to come on the –,** vom Wind (her)getragen werden (*Regen, etc.*); **to get the – of (another sail),** (einem Boot) die Luv *od.* den Wind abgewinnen; **to go with the –,** mit dem Wind laufen (*Boot*); **to have the – of,** (*einem Boot*) die Luv *od.* den Wind abgewinnen; **to pump – into a rubber dinghy,** ein Schlauchboot aufpumpen; **to sail close to the –,** hart am Wind segeln; **to sail near the –,** hart am Wind segeln; **to sail with the – abeam,** mit halbem Wind segeln; **to sail with the – aft,** vor dem Wind segeln, Vor(m)wind segeln; **to shoot straight into the –,** aufschießen; **to sniff the –,** den Wind prüfen; **to tack on the –,** in Luv wenden; **to take the – of (another boat** *or* **sail),** (einem Boot) die Luv *od.* den Wind abgewinnen; **to taste** *or* **test the –,** den Wind prüfen *od.* (*coll.*) schmecken; **to touch the –,** hart am Wind segeln *od.* laufen; **to turn and face the –,** abdrehen und in den Wind laufen (*Boot*); **the – dies,** der Wind flaut ab *od.* legt sich *od.* (*coll.*) stirbt; **the – freshens and goes ahead,** der Wind hat zunehmende Tendenz; **the – gets easterly,** der Wind dreht auf Ost; **the – has changed,** der Wind ist umgesprungen *od.* hat gedreht; **the – is rising,** der Wind nimmt zu *od.* (*coll.*) steht auf; **the – is veering,** der Wind dreht rechts *od.* springt um, der Wind raumt; **the – is in the west,** der Wind kommt von Westen *od.* aus West; **the – makes up,** der Wind nimmt zu; **a – rose,** ein Wind kam auf *od.* erhob sich; **the – shifts,** der Wind springt um, die Windrichtung ändert sich; **a – springs up,** ein Wind kommt *od.* springt auf; **the – swings round to (the) southwest,** der Wind springt auf Südwest um; **– abeam,** halber Wind *m.*, Halbwind *m.*; **course with the – abeam,** Halbwindkurs *m.*; **– ahead,** vorlicher Wind *m.*; **– astern,** achterlicher Wind *m.*; **– on the starboard beam,** Steuerbordwind *m.*

wind *v.* (*naut.*), (*Boot*) wenden, (in Gegenrichtung) drehen, auf Gegenkurs bringen *od.* legen; sich werfen *od.* verziehen (*Holz*), drehen, kurbeln (*Winsch*), sich winden *od.* schlängeln (*Fluß*); **to – in,** einhieven; **to – off,** abspulen, abhaspeln, abwickeln, abwinden (*Tauwerk*); **to – round,** (herum)schlagen um, (herum)winden um; **to – up,** hochhieven, hochwinden, hochziehen, aufwinden; **to – a boat out of the harbo(u)r,** ein Boot aus dem Hafen hieven.

windage *s.* (*naut.*), aerodynamischer *od.* Luftwiderstand *m.*, Wind(angriffs)fläche *f.*, Windfang *m.* (*dem Wind zugekehrte Fläche oberhalb der Wasserlinie*), Windvorhalt *m.* (*eines Bootes*), Ablenkung *f.* durch Wind (*von der Kursrichtung*), Luftdruckwelle *f.*

wind/and wave conditions *s./pl.* (*rac.*), Wind- und Wellenbedingungen (*pl.*); **medium (normal) – and wave conditions** (*pl.*), mittlere (normale) Wind- und Wellenbedingungen; **– angle** *s.*, Windeinfallswinkel *m.*; **– area** *s.*, Windbereich *m.* (*eines Segels*); **to cover a – area,** einen Windbereich abdecken (*Segel*); **– arrow** *s.*, Windpfeil *m.* (*Wetterkarte*); **– axis** *s.*, Windachse *f.*; **– bag** *s.*, Windbeutel *m.*, (*dial.*) Windbüdel *m.*; **– belt** *s.*, Windgürtel *m.*; **trade – belt** *s.*, Passatwindgürtel *m.*; **–-blown** *adj.*, vom Wind getrieben (*Boot*); vom Wind mitgenommen *od.* zerfleddert (*Segel*); **–-borne** *adj.*, vom Wind getragen; **–-bound** *adj.*, durch ungünstigen Wind am Auslaufen gehindert, von widrigen Winden aufgehalten (*Boot*); **–-break** *s.*, Windschutz *m.*; **–breaker** (*am.*), Wind-, Segeljacke *f.*; **– channel** *s.*, Windkanal *m.* (*Bootsbau*); **–-cheater** *s.*, Windblouse *f.*, -jacke *f.*, Segeljacke *f.*; **– chill** *s.*, Wind-Kältegefühl *n.*; **– circulation** *s.*, Windzirkulation *f.*, -umlauf *m.*; **trade – circulation** *s.*, Passatring *m.*; **– cloud** *s.*, Windwolke *f.*; **– component** *s.*, Windkomponente *f.*; **– cone** *s.*, Windsack *m.*, Windhutze *f.*; **– course** *s.*, Windbahn *f.*; **down()– course** *s.*, Vor(m)wind-, Mitwindkurs *m.*; **up()– course** *s.*, (auf der) Kreuz *f.*, Kreuzkurs *m.*

winded *adj.*, dem Wind ausgesetzt, durchweht

winder *s.* (*tech.*), Kurbel *f.*, Winde *f.*

wind/direction *s.*, Windrichtung *f.*; **– direction indicator** *s.*, Windrichtungsanzeiger *m.*; **– dog** *s.*, Regengalle *f.*; **– drag** *s.*, Luftwiderstand *m.* (*am Segel, etc.*); **–flaw** *s.*, Bö *f.*, heftiger Windstoß *m.*; **– force** *s.*, Windstärke *f.*, Windkraft *f.*; **– frequency** *s.*, Windhäufigkeit *f.*; **mean – frequency** *s.*, mittlere Windhäufigkeit *f.*; **– gall** *s.*, Regengalle *f.*; **– gauge** *s.* (*am*

gage), Anemometer *n.*, Windmesser *m.*, Windgeschwindigkeits-, Windstärkemeßgerät *n.*, Windmeßgerät *n.*; Luftdruckmesser *m.*; Staudruckmeßgerät *n.*, -messer *m.*; **– glider** *s.* (*surf.*), Windglider *m.*; Segel-, Windsurfer *m.*; **– gradient** *s.*, Windgradient *m.*; **– indicator** *s.* (*naut.*), Windrichtungsanzeiger *m.*, Wind-Semaphor *m. od. n.*

windiness *s.* **of the weather,** windiges *od.* stürmisches Wetter *n.*

winding *s.*, Biegung *f.*, Krümmung *f.*, Windung *f.* (*eines Flusses*), (*elec.*) Wicklung *f.*, (*tech.*) Aufwickeln *n.*, Aufwinden *n.*; *adj.*, **– pendant,** Hanger *m.* (*eines Gien*); **– tackle,** Gien *n.*; **-–up** (*tech.*), Aufwinden *n.*

windjammer *s.* (*coll.*), Segelschiff *n.*, Windjammer *m.*, Rah-, Großsegler *m.*; Seemann *m. od.* Matrose *m.* auf einem Segelschiff.

windlass *s.*, Ankerspill *n.*, -winde *f.*, Spill *n.*; **Spanish –,** spanische Winde *f.*; *v.*, mit dem Ankerspill aufwinden, mit einer Ankerwinde hochwinden, mit einer Winde *od.* einem Spill arbeiten; **– bitt** *s.*, Spillbeting *m.*

wind / less *adj.*, windstill, ohne Wind; **– load** *s.*, Winddruck *m.*; **–mill** *s.* (*sl.*), (Rettungs)Hubschrauber *m.*, (*tech.*) (*durch Luftstrom angetriebener*) Servopropeller *m.*

window *s.*, Fenster *n.*, (*coll.*) Spion *m.* (*im Segel*); **genoa –,** Genuafenster *n.*

wind / pennant *s.*, Flögel *m.*, (*Art*) Verklicker *m.*, Windbeutel *m.*, (*dial.*) Windbüdel *m.*; **– power** *s.*, Windkraft *f.*; **– pressure** *s.*, Winddruck *m.*, Staudruck *m.* (*des Windes*); **– quarter** *s.*, Windvierung *f.*; Vierungswind *m.*; **– range** *s.*, Windbereich *m.*, Einsatzbereich *m.* (*eines Segels*); **–rise** *s.* **(of the water),** Windstau *m.*; **-–rode** *adj.*, windgerecht (liegen), auf dem Wind liegend (*Boot bei entgegengesetztem Strom*), vor dem Anker aufgedreht liegend (*Boot*); **– rose** *s.* (*meteor.*), Windrose *f.*, -stern *m.*, -diagramm *n.*; **– sack** *s.*, Windsack *m.*, -hutze *f.*; **– sail** *s.*, Windhutze *f.*, -sack *m.*; **– scale** *s.* (*meteor.*), Windstärkenskala *f.*, Beaufort-Skala *f.*; **– scoop** *s.* (*am.*), Windhutze *f.*, -sack *m.*, -trichter *m.*; **– screen** *s.* (*naut.*), Windfang *m.*, -schutz *m.*; Windschutzscheibe *f.* (*Motorboot*); **–'s direction** *s.*, Windrichtung *f.*; **to respond to changes in the –'s direction,** auf das Drehen *od.* Umspringen des Windes ansprechen *od.* reagieren; **– sea** *s.*, Windsee *f.*; **–seeker** *s.*, Windseeker *m.*, -sucher *m.* (*leichtes Beisegel*); **dazy –seeker** *s.*, Dazy-Windseeker *m.* (*Segel*); **–seeker headsail** *s.*, Windseeker-Vorsegel *n.*; **–seeker-type sail** *s.*, Windseeker-(Segel)Typ *m.*; **– shield** *s.* (*am.*), Windschutzscheibe *f.*; **– shift** *s.*, Winddrehung *f.*; **– side** *s.*, Windseite *f.*; **–(-)sleeve** *s.*, (*am.* **– sock** *s.*), Windsack *m.*; **– speed** *s.*, Windgeschwindigkeit *f.*, Windstärke *f.*; **apparent – speed** *s.*, scheinbare Windgeschwindigkeit *f.*; **low – speeds** (*pl.*), niedriger Winddruck *m.*; **the – speed doubles,** die Windgeschwindigkeit *od.* Windstärke verdoppelt sich; **– spout** *s.* (*meteor.*), Windhose *f.*, Wasserhose *f.*; Wirbelwind *m.*; **–storm** *s.*, Sturm *m.* mit wenig *od.* ohne Regen; **– strength** *s.*, Windstärke *f.*; **– surfer** *s.*, Windsurfer *m.* (*Brett, Pers.*); **–()surfing** *s.*, Windsurfen *n.*; **–surfing instructor** *s.*, Windsurfinglehrer *m.*; **–surfing school** *s.*, Windsurfingschule *f.*; **-–swept** *adj.*, wind-, sturmgepeitscht, dem Wind ausgesetzt; **– system** *s.*, Windsystem *n.*; **planetary – system** *s.*, planetarisches Windsystem *n.*; **-–taut** *adj.*, vom Wind auf die Seite gelegt (*Boot vor Anker*); **the boat is -–taut,** das Boot hat Windfang; **– tee** *s.* (*am.*), Wind-, Wetterfahne *f.*; **– triangle** *s.*, Winddreieck *n.*; **– tunnel** *s.*, Windkanal *m.* (*Bootsbau*); **-–up** *s.* (*am.*), Absegeln *n.*, letzte Regatta *f.* der Saison; **annual -–up race** *s.* (*am.*), Schlußregatta *f.*; **– vane** *s.*, Wind-, Wetterfahne *f.*; Verklicker *m.*, Wind(richtungs)anzeiger *m.*; **– velocity** *s.*, Windgeschwindigkeit *f.*

windward *s.*, Luv(seite) *f.*, Windseite *f.*, (*naut.*) Amwind; **distance made good to –,** Luvraum *m.*, Luvweg *m.*; **distance to –,** Luvabstand *m.*, Luvhöhe *f.*; **speed made good to –,** Luvgeschwindigkeit *f.*; **to –,** Luv *f.*, luv(wärts); **up –,** Amwind, nach Luv; **to beat to –,** (auf)-kreuzen, an der Kreuz segeln; **to go to –,** am Wind segeln; **to pass (in) – of another boat,** (ein anderes Boot) in Luv passieren, in Luv vorbeisegeln; **to sail to –,** am Wind segeln, anluven; **to turn to –,** anluven, aufkreuzen, am Wind *od.* gegen den Wind segeln; *adv.*, luv-, windwärts (segelnd *od.* liegend), in *od.* zu Luv, gegen den Wind, am Wind; *adj.*, luv-, windwärts (liegend), nach Luv zu liegend, Luv-, Wind-, (*naut.*) Amwind; **windward / leg** *s.*, Luvschlag *m.* (*beim Kreuzen*); **– mark** *s.* (*rac.*), Luvboje *f.*, -tonne *f.*, Luv(wende)-marke *f.*; **– sailing** *s.*, Amwindsegeln *n.*; **– shore** *s.*, Luvküste *f.*; **– shroud** *s.*, Luvwant *f.*; **– side** *s.*, Luv-, Windseite *f.*, (*naut. hum.*) windige Seite *f.*; **– telltale** *s.*, Luv(wind)bändsel *n.*, -faden *m.*; **– tide** *s.*, Luvtide *f.*; **– way** *s.*, Windrichtung *f.*; **– yacht** *s.* (*rac.*), Luvyacht *f.*

wind waves *s./pl.*, Windwellen (*pl.*), Windsee *f.*

windy *adj.*, windig, stürmisch (*Wetter*).

wing *s.*, Nock *f.* (*der Kommandobrücke*), Flügel *m.* (*der Ankerflunke*), Radkastengang *m.* (*eines Raddampfers*), (*tech.*) Flügel *m.*, Klappe *f.* (*eines Ventils*); **– of the (navigation) bridge,** Brückennock *f.*; *v.* (*naut.*), (*Ausrüstungsgegenstände*) hochstauen; **wing / and wing (sailing)** *s.*, Schmetterlingsfahrt *f.*, mit entgegengesetzt ausgebaumten (Gaff)Segeln vor dem Wind laufen *od.* segeln; **– bulkhead** *s.*, Flügel-, Seitenschott *n.*; **– compasses** (*pl.*), Bogenzirkel *m.*; **– deck** *s.*, Seitendeck *n.*

winged *adj.* **screw** (*tech.*), Flügelmutter *f.*

winger *s.* (*naut.*), an der Bordseite gestautes (Wasser)Faß *n.*

wing / gudgeon *s.* (*naut. tech.*), Flügelzapfen *m.*; **– house** *s.*, Nockhaus *n.*; **– nut** *s.* (*tech.*), Flügelmutter *f.*; Flügelschraube *f.*; **– passage** *s.* (*naut.*), Wallgang *m.*; **– sail** *s.*, starres Profilsegel *n.*, Starrsegel *n.*; **– shelter** *s.*, Nockhaus *n.*; **– stopper** *s.* (*naut.*), Schwanenhals *m.*, Flügelstopper *m.*; **– transom** *s.*, Heckbalken *m.*; **– wale** *s.*, Radkastengang *m.*

wink *s.*, Blinken *n.* (*Licht*); *v.*, blinken, flimmern (*Leuchtfeuer*), (*mit Lichtsignalen*) blinken, mit Lichtsignalen signalisieren; **winker** *s.*, Blinklaterne *f.*; **winking** *s.*, Blinken *n.*, Flimmern *n.*, Blitzen *n.* (*Leuchtfeuer*).

winner *s.* (*rac.*), Bester *m.*, Erster *m.*, Gewinner *m.*; **–'s list** *s.*, **winning list** *s.* (*rac.*), Bestenliste *f.*

winnow *v.*, **the breeze –s the fog,** der Wind bläst *od.* treibt den Nebel auseinander.

winter *s.*, Winter *m.*; *v.*, (*Boot*) überwintern, winterfest machen; **winter / draught** *s.*, Wintertiefgang *m.* (*Schiff*); **– freeboard** *s.*, Winterfreibord *m.* (*coll. n.*); **– gull** *s.* (*dial.*), Sturmmöwe *f.*

winterize *v.* (*am.*), für den Winter herrichten, winterfest machen (*Boot*).

winter / quarters *s./pl.* (*naut.*), Winterhafen *m.*, Liegeplatz *m.* (*eines Bootes*) im Winter; **– solstice** *s.* (*astr.*), Wintersonnenwende *f.*; **– tide** *s.*, **– time** *s.*, Winter(zeit *f.*) *m.*; **– zone** *s.*, Winterzone *f.* (*für die Navigation*).

wintriness *s.*, Kälte *f.*, Frostigkeit *f.*, Winterlichkeit *f.* (*des Wetters*); **wintry** *adj.* (*rare* **wintery**), kalt, kühl, frostig, winterlich (*Wetter*), windig, stürmisch (*Wetter*); **– weather** *s.*, stürmisches Wetter *n.*; kaltes *od.* kühles Wetter *n.*

wipe *v.* (*tech.*), weichlöten; **wipe joint** *s.*, (Weich)Lötstelle *f.*

wire *s.*, Trosse *f.*, Drahttau(werk) *n.*; Kabel *n.*, (*coll.*) Drahtnachricht *f.*; (*pl.*) Drahtgut *n.*, -tauwerk *n.*; **trapeze –,** Trapezdraht *m.* (*am Mast*); **to send a –, to –** *v.*, drahten; **wire / cable** *s.*, Drahttau(werk) *n.*; **– clamp** *s.*, Drahtseilklemme *f.*; **– cutter** *s.*, Drahtzange *f.*; **wired** *adj.*, mit Draht verstärkt *od.* versteift; **wire / eye splice** *s.*, Drahtaugspleiß *m.*; **– eye strap** *or* **strop** *s.*, Drahtaugstropp *m.*; **– grip** *s.*, Drahtseilklemme *f.*

wireless *s.* (*rad.*), **by –,** durch *od.* über Funk; **on (the) –,** im Funk; *v.*, funken, drahtlos senden; **wireless / bearing** *s.*, Funkpeilung *f.*; **– communication** *s.*, Funkkontakt *m.*, -verbindung *f.*; **--controlled** *adj.*, funk(fern)gesteuert; **– message** *s.*, Funkspruch *m.*; **– meteorological service** *s.*, Funkwetterdienst *m.*; **– navigation** *s.*, Funknavigation *f.*, Funkortung *f.*; **– operator** *s.*, Funker *m.*, Bordfunker *m.*; **– receiver** *s. or* **receiving apparatus** *or* **set** *s.*, Funkgerät *n.*, -empfänger *m.*; **– reception** *s.*, Funkempfang *m.*; **– room** *s.*, Funkraum *m.* (*an Bord*); **– set** *s.*, Funkgerät *n.*; **– signal** *s.*, Funksignal *n.*; **– station** *s.*, Funkstation *f.*; **– telegraphy** *s.*, Morsetelegraphie *f.*, -telegrafie *f.*; Funktelegraphie *f.*; **– telephone** *s.*, (Sprech)Funkgerät *n.*; **– telephony** *s.*, Sprechfunk *m.*; Funktelephonie *f.*, -telefonie *f.*; **– transceiver** *s.*, Sprechfunkgerät *n.*, Sende- und Empfangs(funk)gerät *n.*; **– transmitter** *s.*, (Funk)Sender *m.*

wire / luff *s.*, Drahtvorliek *n.*; **– puller** *s.*, Drahteinholer *m.*; **– rig(ging)** *s.*, Drahtrigg(ung *f.*) *n.*; **– rope** *s.*, Drahttau(werk) *n.*; **– rope clip** *s.*, Drahtseilklemme *f.*; **–(rope) grip** *s.*, Drahtseilklemme *f.*; **– rope socket** *s.*, Drahtseilhülse *f.*; **– seizing** *s.*, Drahtbändsel *n.*, -zeising *m.*; **– short splice** *s.*, Drahtkurzspleiß *m.*; **– splice** *s.*, Drahtspleiß *m.*; **– strap** *s. or* **strop** *s.*, Drahtstropp *m.*

wiring *s.* (*rad.*), Schaltung *f.*, (*elec.*) Leitungen (*pl.*), Leitungsnetz *n.* (*an Bord*); **– diagram** *s.*, **– scheme** *s.* (*rad.*, *elec.*), Schaltplan *m.*, -schema *n.*

wise *adj.*, **weather –,** wetterkundig.

wishbone *s.*, Spreizbaum *m.*, (*surf.*) Gabelbaum *m.*; **– boom** *s.*, Spreizbaum *m.*; **– gaff** *s.*, Spreizgaffel *f.*; **– halyard** *s.*, Spreizbaumfall *n.*, -aufholer *m.*; **– jib** *s.*., Spreiz-, Sprietfock *f.*; **– ketch** *s.*, Spreizgaffelketsch *f.*; **– rig** *s.*, Spreizgaffelrigg *n.*; **– schooner** *s.*, Spreizgaffel-Schoner *m.*, -Schuner *m.*; **– trysail** *s.*, Spreizgaffel(try- *od.* tri- *od.* -trei)segel *n.*

wisps *s./pl.* **of fog** *or* **mist,** Nebelschwaden (*pl.*).

withdraw *v.*, **to – a buoy,** eine Boje einziehen.

withe *s.*, Spierenbügel *m.*

withershins *adv.* (*Scots, dial.*), dem Uhrzeigersinn *od.* dem (scheinbaren) Lauf der Sonne entgegengesetzt, in entgegengesetzter *od.* gegenläufiger Richtung, verkehrt.

within *prep.*, **– a few sea miles,** nur einige *od.* ein paar Seemeilen entfernt; **– call** *or* **hail,** in Rufweite; **– hearing,** in Hörweite; **– reach,** in Reichweite; **– sight,** in Sichtweite; **– territorial waters,** innerhalb von *od.* in Hoheitsgewässern.

wood *s.*, (Bootsbau)Holz *n.*; **solid –,** Massivholz *n.* (*f. Bootsbau*); **– borer** *s.*, Schiffsbohrwurm *m.*; **– cement** *s.*, Spachtel(kitt) *m.*; **– deck without covering,** Scheuerdeck *n.*, Holz-, Stabdeck *n.*

wood(en) *adj.*, **– boat,** Holzboot *n.*; **– deck** *s.*, Holzdeck *n.*

wood/fibre *s.* (*am.* **fiber**), Holzfaser *f.*; **– lock** *s.*, Ruderschloßholz *n.*; **– panel(ling)** *s.*, Holztäfelung *f.*, -verkleidung *f.*, -paneel(werk) *n.* (*in einer Yacht*); **– pitch** *s.*, Holzpech *n.*; **– screw** *s.*, Holzschraube *f.*; **– skin** *s.*, Rindenboot *n.*; **– tar** *s.*, Holzteer *m.*; **– wainscot(t)ing** *s.*, Holzpaneelierung *f.*, -verkleidung *f.* (*in einer Yacht*); **– work** *s.*, Holzwerk *n.* (*am Boot*).

woofer *s.* (*rad.*), Tieftonlautsprecher *m.*, -töner *m.*

woold *s.* (*naut.*), Knebel *m.* zum Bewuhlen, Drehknebel *m.*, -knüppel *m.*; *v.*, (*Spiere*) mit Tauen bewuhlen *od.* umwickeln; **woolding** *s.*, Bewuhlen *n.*; Wuhling *f.*, Wuling *f.*, Umwicklung *f.* mit einem Tau; Lasching *f.*

woollen *adj.* **jacket** (*naut.*), Troyer *m.*, (wollene) Strickjacke *f.*; **woollens** (*pl.*), **woollies** (*pl.*) (*naut.*), Wollkleidung *f.*, -zeug *n.*, wollenes Unterzeug *n.*; **woolly** *s.* (*rare* **wooly**) (*naut.*, *coll.*), Sweater *m.*, Wolljacke *f.*, Wollzeug *n.*

wool pack *s.* (*meteor.*), Haufenwolke *f.*

word *s.* (*naut.*), Kommando *n.*, Befehl *m.*, Anweisung *f.*; **to give the –** (*naut.*), das Zeichen geben; **– of command** (*naut.*), Kommando(wort) *n.*, Befehl *m.*

work *s.* (*phys.*), Arbeit *f.*; (*pl.*) (*naut.*) Aufbauten (*pl.*), Anlagen (*pl.*); **clinker –,** Klinkerbauweise *f.* (*Bootsbau*); **day's –,** Mittagsbesteck *n.*, Tagesetmal *n.* (*eines Schiffes*); **quick –,** Unterwasserschiff *n.*; **upper –,** (Kajüt-)Aufbau *m.*; (Schiffs)Aufbauten (*pl.*); **upper –s** (*pl.*), Aufbauten (*pl.*); Überwasserschiff *n.*; **to stop –** (*naut.*), ausscheiden; mit einer seemännischen Arbeit (einfach) aufhören; **the whole –s went over()board,** alles ging über Bord (*Mast, etc.*).

work *v.* (*naut.*), in einer Richtung *od.* gegen den Wind laufen *od.* segeln; arbeiten (*Boot im Seegang*), sich lockern (*Schraube, etc.*), (*tech.*) funktionieren, gehen, laufen (*Schiffsmaschine, etc.*), (*Schiffsmaschine, etc.*) bedienen *od.* betätigen, (*math.*) ausarbeiten, er- *od.* berechnen (*Kurs*), lösen (*Stromaufgabe, etc.*); **to – heavily in the sea,** schwer im Seegang *od.* in der See arbeiten *od.* stampfen (*Boot*); **to – loose,** sich lockern *od.* lösen (*Bolzen, etc.*); **to – offshore,** von der Küste weglaufen *od.* -segeln; **to – one's passage,** sich die Überfahrt durch Arbeit an Bord verdienen; **to – out,** ausarbeiten, berechnen (*Kurs, etc.*); **to – out the course,** den Kurs ausarbeiten; **to – round,** drehen, umspringen (*Wind*); **to – round (to)** (*naut.*), sich mühsam vorwärts- *od.* durcharbeiten, mit Mühe vorwärtskommen (*Boot*); **to – up the fix,** das Besteck aufmachen; **to – to east,** auf Ostkurs liegen, Ostkurs laufen (*Boot*); **to – to windward,** anluven, am *od.* beim Wind aufkreuzen; **to – a boat,** ein Boot manövrieren; **to – a course (route),** einen Kurs (eine Route) ausarbeiten; **to refuse to –,** versagen (*Bootsmotor, etc.*).

working *s.*, Arbeiten *n.*, Stampfen *n.* (*im Seegang*), heftige Bootsbewegung *f.*; *adj.*, **in – order,** betriebsfähig, in Ordnung; **not in** *or* **out of – order,** nicht funktionierend, nicht in Ordnung; **working/drawing** *s.*, Konstruktionsplan *m.*, -zeichnung *f.* (*Bootsbau*); **– frequency** *s.* (*rad.*), Betriebs-, Arbeits-, Verkehrsfrequenz *f.*; **– genoa** *s.*, Arbeitsgenua *f.*; **– instructions** (*pl.*), Gebrauchsanweisung *f.*; Bedienungsanleitung *f.*; **– jib** *s.*, Arbeitsfock *f.*; **– lines** (*pl.*), Festmacher(leinen) *pl.*; **– lights** (*pl.*), Fischerlicht(er *pl.*) *n.*; Rundumlichter (*pl.*); **– load** *s.* (*tech.*), Nutzlast *f.*, (*elec.*) Betriebsbelastung *f.*, -last *f.*; **– parts** (*pl.*), Arbeits-, Verschleißteile (*pl.*); **– point** *s.* (*phys.*), Angriffs-, Kraft-, Druckpunkt *m.* (*am Segel*); **– power** *s.* (*tech.*), Arbeitskraft *f.*; Leistungsfähigkeit *f.* (*eines Segels*); **– sails** (*pl.*), Arbeits-, Hauptsegel (*pl.*) (*für Amwindkurse*); **– strain** *or* **stress** *s.* (*phys.*, *tech.*), Arbeitsbeanspruchung *f.*, -belastung *f.*; **– substance** *s.*, Druckflüssigkeit *f.* (*Servomotor, etc.*); **– voltage** *s.* (*elec.*), Betriebsspannung *f.*; **– wave** *s.* (*rad.*), Betriebs-, Verkehrswelle *f.*

work/out *s.* (*am.*), Training *n.*, Übung *f.*, Kraftprobe *f.*; Schinderei *f.*, Plackerei *f.* (*Bordarbeit*); **–shop** *s.*, Werkstatt *f.*, -stätte *f.*; **mobile –shop** *s.* (*rac.*), mobiler Regattaservice *m.*, mobile *od.* fahrbare Werkstatt *f.*; **–shop drawing** *s.*, Konstruktions-, Bauzeichnung *f.* (*Bootsbau*).

world *s.*, **(the) sporting –,** die Sportwelt; **– champion** *s.* (*spt.*), Weltmeister *m.*; **– championship** *s.*, Weltmeisterschaft *f.*; **W– Cup** *s.*, Welt-, Worldcup *m.*; **W– Cup winner** *s.*, Weltcupsieger *m.*; **W– Meteorological Organization** *s.*, Weltwetterdienst-Organisation *f.*; **– record** *s.* (*spt.*), Weltrekord *m.*; **––record holder** *s.* (*spt.*), Weltrekordhalter *m.*, -rekordler *m.*, -rekordlerin *f.*; **– navigation** *s.*, Weltschiffahrt *f.*; **the Worlds** (*pl.*), Weltmeisterschaft(en *pl.*) *f.*; **world shipping navigation** *s.*, Weltschiffahrt *f.*

worm *s.* (*tech.*), Schnecke *f.*, Schraube *f.* ohne Ende, (Schrauben-, Schnecken)Gewinde *n.*, (*phys.*) archimedische Schraube *f.*

worm *v.*, (*Tau*) schladden, (*Tau*) trensen.

worm / -eaten *adj.*, vom Schiffsbohrwurm angefressen, wurmstichig (*Holz*); **– gear** *s.*, Schneckenrad *n.*; **––gear drive** *s.*, Schneckenradantrieb *m.*; **––holed** *adj.*, wurmstichig (*Holz*); **worminess** *s.*, Wurmstichigkeit *f.* (*Holz*).

worming *s.* (*naut.*), Trensing *f.*, Trensgarn *n.*

worm / terminal *s.*, Gewindeterminal *n.* (*Endbeschlag*); **– thread** *s.*, Schneckengewinde *n.*; **––wheel roller reef(ing)** *s.*, Schneckenreffer *m.*

worse *s.*, **change for the –,** (Wetter)Verschlechterung *f.*; **to take a turn for the –,** sich verschlechtern (*Wetter*); *adj.*, **the weather is getting – and –,** das Wetter wird immer schlechter; **worsen** *v.*, schlechter werden, sich verschlechtern (*Wetter*), stärker werden (*Sturm*); **worsening** *s.* **of the weather,** Wetterverschlechterung *f.*

worsted *s.* (*naut.*), Dochtgarn *n.*

wrack *s.*, fliegendes (zerrissenes) *od.* ziehendes Gewölk *n.*, windgetriebene *od.* vom Wind getriebene Wolken(massen) (*pl.*); angeschwemmter Seetang *m.*

wrap *v.*, **to – round,** (sich) legen *od.* wickeln *od.* schlingen um (*Tau*); **wrapped in mist,** in Nebel gehüllt (*Küste, etc.*).

wreath *s.*, Drehung *f.*, Windung *f.* (*Tauwerk*); *v.*, sich drehen *od.* wickeln *od.* verflechten *od.* vertörnen (*Tauwerk*).

wreck *s.*, (Schiffs)Wrack *n.*; verlassenes gestrandetes Boot *n.* *od.* Schiff *n.*; Schiffbruch *m.*, (*naut. jur.*) Strandgut *n.*; **to be saved from –,** aus einem Schiffbruch gerettet werden, Schiffbruch entgehen; *v.*, stranden, Schiffbruch erleiden, (*Boot od. Schiff*) zerschellen lassen; (*Schiff*) abwracken; **to be –ed,** stranden, Schiffbruch erleiden (*mit dem Boot*); **wreckage** *s.*, Schiffbruch *m.*; Schiffstrümmer (*pl.*), Wrack(teile *pl.*) *n.*; **wreck / buoy** *s.*, Wracktonne *f.*; **– commissioner** *s.*, Strandvogt *m.*; **wrecked** *adj.*, schiffbrüchig (*Seeleute*), gestrandet (*Schiff*); **– sailor** *s.*, schiffbrüchiger Segler *m.* *od.* Seemann *m.*; **– ship** *s.*, wrackes Schiff *n.*; gestrandetes Boot *n.*; **wrecker** *s.*, jem., der einen Schiffbruch verursacht; Bergungsarbeiter *m.*, Berger *m.*; Bergungsschiff *n.*; Wracker *m.*, Strandräuber *m.*, Plünderer *m.* gestrandeter Schiffe; **wreck-free** *adj.* (*naut.*), dem Strandrecht nicht unterworfen (*Vorrecht der Cinque Ports*).

wrecking *s.*, Wrackteil *n.*, (*am.*) Bergung *f.*; Strandraub *m.*, Plünderung *f.* gestrandeter Schiffe; **– crew** *s.* (*am.*), Bergungs-, Rettungsmannschaft *f.*; **– pump** *s.*, Pumpe *f.* zum Auspumpen gesunkener Schiffe; **– tug** *s.* (*am.*), Bergungsschlepper *m.*

wreck / master *s.*, Aufseher *m.* über Strandgut; Leiter *m.* einer Bergungsaktion; **––marking buoy** *s.*, Wracktonne *f.*; **––marking light** *s.*, Wrackfeuer *n.*, -befeuerung *f.*; **––marking ship** *or* **vessel** *s.*, Wrackschiff *n.*; **– recovery** *s.*, Wrackbergung *f.*

wrench *s.* (*phys.*), Torsion *f.*, Verdrehung *f.*, Verdrillung *f.*, (*tech.*) Schraubenschlüssel *m.*; heftiger *od.* drehender Ruck *m.* *od.* Zug *m.*; **torque –,** Drehmomentschlüssel *m.*; *v.*, sich plötzlich drehen (*Boot*), einen (heftigen) Ruck machen.

wrest *s.*, Ruck *m.*, Zerren *n.*, heftige Drehung *f.*; *v.*, **to – (at),** (gewaltsam) reißen *od.* zerren *od.* ziehen (an).

wretched *adj.* **weather,** schlechtes *od.* abscheuliches Wetter *n.*, (*sl.*) Sauwetter *n.*

wring *v.* (*naut.*), biegen, krümmen; **to – the mast,** den Mast (*durch Anziehen der Wanttaue*) biegen; **wring bolt** *s.* (*naut.*), Ringbolzen *m.*

wringing *adv.* **wet,** völlig durchnäßt, zum Auswringen naß, klitsch- *od.* klatschnaß.

wring / fit *s.* (*tech.*), strammer Sitz *m.*, Haftsitz *m.*; **– staff** *s.* (*naut.*), Spake *f.* zum Antreiben der Planken, Zwinge *f.*

wrinkle *s.*, Falte *f.*, Kniff *m.*, Knitter *m.* (*im Segel*); **diagonal –s,** Diagonalfalten (*pl.*) (*im Segel*); **to remove –s in the sail,** die Falten im Segel glattstreichen *od.* -ziehen; *v.*, Falten werfen *od.* ziehen, knittern, Kniffe bekommen (*Segel*), (*Wasseroberfläche*) kräuseln (*Wind*); **wrinkled** *adj.* **water,** Kräuselwellen (*pl.*).

wrist pin *s.* (*tech.*), Zapfen *m.*, Kolbenbolzen *m.*, Warze *f.*

write *v.*, **to – up the log,** das Logbuch ergänzen *od.* vervollständigen, Logbuch nachtragen;

write-off *s.*, Totalverlust *m.* (*Boot*).
wrong *v.*, **to – a boat,** einem Boot den Wind wegfangen *od.* abgewinnen, ein Boot *od.* Segel abdecken; *adv.*, **to go –,** nicht richtig funktionieren (*Instrumente*).
W/T/service *s.*, Funkdienst *m.*; **maritime – service** *s.*, nautischer Funkdienst *m.*

X

x *s.* (*math.*), x *n.*, 1. unbekannte Größe *f.* *od.* (un)abhängige Variable *f.*; x-Achse *f.*, Abszisse *f.* (*im Koordinatensystem*).
xebec *s.*, Schebe(c)ke *f.* (*kleiner Dreimaster im Mittelmeer mit 2 Lateinsegeln und 1 Besan*).
xmit *v.* (*rad.*), funken, senden; **xmitter** *s.* (*rad.*), Funk-, Sendegerät *n.*
x-slide *s.* *or* **-track** *s.*, X-Schiene *f.*, x-förmige Leitschiene *f.* (*für Traveller*).
xylophagan *s.*, **xylophage** *s.*, Holzbohrer *m.*, -fresser *m.* (*Wurm, Muschel, etc.*).

Y

y *s.* (*math.*), y *n.*, 2. unbekannte Größe *f.* *od.* (un)abhängige Variable *f.*; y-Achse *f.*, Ordinate *f.* (*im Koordinatensystem*).
yacht *s.*, Yacht *f.*, Jacht *f.*, (Segel-, Motor-) Boot *n.*, Segeljolle *f.*, Rennboot *n.*, -yacht *f.*; **auxiliary sailing –,** Motorsegler *m.*; **Botter –,** Botteryacht *f.*; **cruiser –, cruising –,** Kreuzer *m.*, Kreuzeryacht *f.*; Fahrtenkreuzer *m.*; **cutter –,** Kutteryacht *f.*; **half-ton –,** Halbtonner *m.*, Halbton(ner)yacht *f.*; **handicap –** (*rac.*), Ausgleicher *m.*; **ice –,** Eisyacht *f.*, Segelschlitten *m.*; **keel –,** Kielyacht *f.*, Yacht *f.*, (*coll.*) Kieler *m.*; **leeward –** (*rac.*), Leeyacht *f.*; **motor –,** Motoryacht *f.*; **ocean(-)going –,** seegängige *od.* -gehende *od.* -tüchtige Yacht *f.*; **ocean(-)going cruiser** *or* **cruising –,** Seekreuzer *m.*; **one ton –,** Eintonner *m.*, Einton(ner)-yacht *f.*; **overtaken –** (*rac.*), überholtes Boot *n.*; **overtaking –** (*rac.*), überholendes Boot *n.*, Überholer *m.*; **port tack –,** Backbordbugyacht *f.*, (*Segeltechnik*) Steuer- *od.* Starbordbugyacht *f.*; **power –,** Motoryacht *f.*; **quarter ton –,** Vierteltonner *m.*, Viertelton(ner)yacht *f.*; **R** *or* **Racing –,** R-Yacht *f.*, Rennyacht *f.*; **right-of-way –,** Wegerechtyacht *f.*, -boot *n.*; **sailing –,** Segelyacht *f.*, -boot *n.*; **schooner –,** Schoner *m.*, Schuner *m.*, Schoner-, Schuneryacht *f.*; **sea(-)going –,** seegängige *od.* -tüchtige Yacht *f.*; **sea(-)going cruiser** *or* **cruising –,** Seekreuzer *m.*; **sonder –** (*rac.*), Sonderyacht-(klasse) *f.*; **starboard tack –,** Steuer-, Starbordbugyacht *f.*; (*Segeltechnik*) Backbordbugyacht *f.*; **three-quarter ton –,** Dreivierteltonner *m.*, Dreiviertelton(ner)yacht *f.*; **two ton –,** Zweitonner *m.*, Zweiton(ner)yacht *f.*; **windward –** (*rac.*), Luvyacht *f.*; **measurement of (a) –,** Boots-, Yachtvermessung *f.*; **tuning up (of) a –,** Yacht-, Bootstrimm *m.*; **to tune up a –,** eine Yacht trimmen; **– to be overtaken** (*rac.*), zu überholendes Boot *n.*; *v.*, segeln, mit einer Yacht segeln, auf einer Yacht fahren, in *od.* mit einer Yacht Rennen segeln; **to spend three days –ing,** drei Tage (lang) segeln.
yacht/anchor *s.*, Yacht-, Stockanker *m.*; **– architect** *s.*, Yachtkonstrukteur *m.*; **– bow** *s.*, Yachtbug *m.*, -steven *m.*; **sharp** *or* **streamlined** *or* (*coll.*) **racy – bow,** Yachtsteven *m.*, -bug *m.* (*einer Rennyacht*); **– building** *s.*, Yachtbau *m.*; **–-building yard** *s.*, Yachtwerft *f.*; **–-built** *adj.*, nach Art einer *od.* wie eine Yacht gebaut; **– certificate** *s.*, Yacht-Zertifikat *n.*; **– club** *s.*, Yachtklub *m.*, -club *m.*; **– design** *s.*, Yachtbau *m.*, -konstruktion *f.*; **– designer** *s.*, Yachtkonstrukteur *m.*
yachter *s.*, (Yacht)Eigner *m.*; Führer *m.* einer Yacht, Skipper *m.*
yacht harbo(u)r *s.*, Yachthafen *m.*; **warden of a –,** Bootswart *m.*
yachting *s.*, Segeln *n.*, Wettsegeln *n.*; Segel-, Yachtsport *m.*, Segel-, Yachtkunst *f.*; Fahrt *f.* *od.* Törn *m.* mit *od.* auf einer Yacht; **ice –,** Eissegeln *n.*; **ski(-)–,** Skiyachting *n.*; **to go –,** segeln (gehen); *adj.*, Segel-, Yacht-; **– cruise** *s.*, Kreuzfahrt *f.* (mit einer Yacht); **– season** *s.*, Segelsaison *f.*
yacht/keel *s.*, Yachtkiel *m.*; **–manship** *s.*, Yacht-, Segelkunst *f.*; **–(-)master** *s.*, Skipper *m.*, Sportbootführer *m.*; **–master certificate** *s.*, (Segelboot)Führerschein *m.*, Sportbootführerschein *m.*; **– measurer** *s.*, Yachtvermesser *m.*; **– measurement** *s.*, Yachtvermessung *f.*; **– race** *s.* *or* **racing** *s.*, Segelregatta *f.*, Wettsegeln *n.*; **strategy in – racing,** Regattastrategie *f.*; **tactics in – racing,** Regattataktik *f.*; **– racing rules** (*pl.*), Wettsegelbestimmungen (*pl.*); **– rating** *s.*, Rennwert *m.* (einer Yacht); **– rating factor** *s.*, Rennwertfaktor *m.* (einer

Yacht); **Y– Rating Factor (system)** *s.*, YRF-System *n.*, Rennwertfaktor(system *n.*) *m.* (*Zeitvergütung*); **– rig** *s.*, Yachtrigg *n.*, -takelung *f.*; **– rope(s)** *s.* (*pl.*), Yachttauwerk *n.*; **– sail** *s.*, Yachtsegel *n.*; **– sails** (*pl.*), Yachtbesegelung *f.*; **– sailing** *s.*, (Yacht)Segeln *n.*; **– schooner** *s.*, Schoneryacht *f.*, Yachtschoner *m.*; **– skipper** *s.*, Skipper *m.*, Yachtführer *m.*, -kapitän *m.*

yachtsman *s.*, Segler *m.*, Yacht-, Herren-, Sportsegler *m.*, Segelsportler *m.*; Sportseeschiffer *m.*, Führer *m.* einer Yacht; Yachteigner *m.*; **offshore –,** Sporthochseeschiffer *m.*; **single-handed (cruising) –,** Einhandsegler *m.*; **– certificate** *s.*, Sportseeschiffer(zertifikat *n.*) *m.*; **yachtsmanship** *s.*, Yacht-, Segelkunst *f.*

yacht / 's register *s.*, Yachtregister *n.*; **– stern** *s.*, Yachtheck *n.*; **–swoman** *s.*, Seglerin *f.*, Yachteignerin *f.*, Führerin *f.* einer Yacht; **– yard** *s.*, (Boots-, Yacht)Werft *f.*

yagi *s.* (*rad.*), Yagi-Antenne *f.* (*Kurzwellenantenne*).

yank *s.*, (heftiger) Ruck *m.*, (*am. coll.*) Ruck *m.*, heftiges Zerren *n.* (*an der Takelage, etc.*), (*Scots*) plötzlicher Stoß *m.*; *v.*, **to – (at)** (*coll.*), reißen (an), heftig ziehen *od.* zerren (an), mit einem Ruck herausreißen.

Yankee foresail *s.*, Flieger *m.* (*Segel*).

yanking *adj.* (*coll.*), ruckend, stoßend (*Bootsbewegung*).

yard *s.*[1], Yard *n.* (*Längenmaß*), Yardmass *n.*; Yard *n.* (*Kennzeichnung v. Segeltuchgewicht*).

yard *s.*[2] (*naut.*), Rah(e) *f.*; **foot rope of a –,** Fußpferd *n.*; **jack –,** Fuß-, Schotrah(e) *f.*; **lateen –,** Lateinrah(e) *f.*, Rute *f.*; **lower –,** Unterrah(e) *f.*; **lower topgallant –,** Unterbramrah *f.*; **lower topsail –,** Untermarsrah *f.*; **rope –,** Reeperbahn *f.*; **royal –,** Roil-, Reuel-, Royalrah(e) *f.*; **topgallant –,** Bramrah *f.*; **topsail –,** Toppsegelrah *f.*; **upper –,** Oberrah(e) *f.*; **upper topgallant –,** Oberbramrah *f.*; **upper topsail –,** Obermarsrah *f.*

yard *s.*[3], (Boots-, Yacht)Werft *f.*, Werftgelände *n.*; **boat** *or* **yacht –,** Boots-, Yachtwerft *f.*; **dock –,** Marinewerft *f.*; **ship –,** Schiffs-, Yachtwerft *f.*

yardage *s.*, in Yards angegebene Zahl *f.* (*Segeltuch*) *od.* Länge *f.* (*Yacht*).

yard / arm *s.*, Nock *f.* eines Segels, Rahnock *f.*; **––arm fittings** (*pl.*), Nockbeschlag *m.*, -beschläge (*pl.*); **– carpenter** *s.*, Schiffszimmermann *m.*; **– harbo(u)r** *s.*, Werfthafen *m.*; **–man** *s.*, Werftarbeiter *m.*; **– number** *s.*, (Werft)Baunummer *f.* (*eines Bootes*); **– pendant** *s.*, Top(p)nant *m.*; **– repair** *s.*, Werftreparatur *f.*; **– rope** *s.*, Rah-, Nockjolle *f.*, Jolltau *n.*; **– sail** *s.*, Rahsegel *n.*; **– sling** *s.*, Hanger *m.* einer Rah(e).

yardstick *s.* (*rac.*), Yardstick *m. od. n.*; **– number** *s.* (*rac.*), Yardstickzahl *f.*; **– race** *s.*, Yardstickrennen *n.*, -regatta *f.*, Ausgleichsklassenregatta *f.*, -wettfahrt *f.*; **– system** *s.* (*rac.*), Yardsticksystem *n.* (*Zeitvergütung*).

yard / tackle *s.*, Nocktakel *n.*; **– topsail** *s.*, Rahtoppsegel *n.*; **jack – topsail** *s.*, Vierkant-Toppsegel *n.*; **– trials** (*pl.*) *or* **trial run** *s.*, Werftprobefahrt *f.*; **– whip** *s.*, Rahnocktakel *n.*

yarn *s.*, (Takel)Garn *n.*, (gesponnener) Faden *m.*, Zwirn *m.*; (*coll.*) Seemannsgarn *n.*; **left-handed –,** linksgeschlagenes Segelgarn *n.*; **right-handed –,** rechtsgeschlagenes (Segel-) Garn *n.*; **rope –,** Kabelgarn *n.*; **spun –,** Schiemannsgarn *n.* (*Bändselwerk*); **weft –,** Schuß(faden) *m.* (*Segeltuch*); **to spin –,** schiemannen; **to spin a –, to tell –,** Seemannsgarn spinnen; *v.*, Seemannsgarn spinnen.

yaw *s.*, Gieren *n.*, Gierung *f.* (*eines Bootes*); *v.*, gieren, ausscheren, aus dem Kurs laufen (*Boot*), (*ein Boot*) vom Kurs ablenken, fehlsteuern; **yaw angle** *s.*, Gierwinkel *m.*

yawing *s.*, Gieren *n.*, Ausscheren *n.* (*eines Bootes*), Gierbewegung *f.* (*eines Bootes*); **– moment** *s.*, Giermoment *n.* (*eines Bootes*).

yawl *s.*, Yawl *f.*, Segeljolle *f.*, Eineinhalbmaster *m.* (*mit Schratsegeln*), Hecksegel-, Halbsegel-, Besankutter *m.*; **Bermuda –,** Bermuda-Yawl *f.*; **cat –,** Cat-Yawl *f.*; **gaff –,** Gaffelyawl *f.*; **schooner –,** Schoner-, Schuneryawl *f.*; **– jigger** *s.*, Yawlbesan *m.*; **– miz(z)en** *s.*, Treibermast *m.*

yaw stability *s.*, Gier(ungs)stabilität *f.* (*eines Bootes*).

year *s.* (*astr.*), Umlaufzeit *f.*, Periode *f.* (*eines Planeten*); **sidereal –** (*astr.*), siderisches Jahr *n.*; **– of construction,** Baujahr *n.* (*eines Bootes*).

yeast *s.* (*coll.*), Gischt *m.*; **yeasty** *adj.*, gisch(t)end (*Brandung, Wellen*).

YE beacon *s.*, Navigationshilfsmittel *n.*, -bake *f.*

yellow *adj.*, **– brass,** Messing *n.*, Gelbkupfer *n.*; **– flag** *s.*, Quarantäneflagge *f.*; **– jack** *s.* (*naut.*, *sl.*), Quarantäneflagge *f.*, Flagge Q, Gelbe Flagge *f.*; **– metal** *s.*, Messing *n.* (*schmiedbares Gußmessing*); **––metal bolt** *s.*, Messingbolzen *m.*; **––metal fittings** (*pl.*), Messingbeschläge (*pl.*); **––metal hanks** (*pl.*), Messingstagreiter (*pl.*); **––metal screw** *s.*, Messingschraube *f.*

yeoman *s.*, Bootsruderer *m.* der königl. Staatsbarke auf der Themse, (*am.*) Verwaltungsoffizier *m.* der Marine; – **(of signals),** Signalmaat *m.*

yerk *s.*, Ruck *m.*, Stoß *m.*; ruckartige Bewegung *f.* (*des Bootes*); *v.*, (mit einem Ruck) strammziehen, festmachen, festbinden.

yield *s.* (*tech.*), Zusammenbruch *m.*; *v.*, sich ruckweise bewegen (*Boot*), nachgeben, sich lockern (*Bolzen, etc.*), (*tech.*) zusammenbrechen; **to – right of way** (*naut.*), das Wegerecht beachten; **yielding** *adj.*, nachgebend (*Schot, etc.*), dehnbar (*Segeltuch*), biegsam (*Mast*); **yield/point** *s.* (*naut. tech.*), Streckgrenze *f.*, -punkt *m.* (*Segel, Schot, etc.*); – **strength** *s.*, **(maximum) – stress** *s.*, (maximale) Belastungsfähigkeit *f.* (*Segeltuch*), Elastizitätsgrenze *f.*

Y-level *s.*, Libelle *f.*, Wasserwaage *f.* (*Sextant*).

yo-heave-ho! (*naut.*, *int.*), Hauruck!, Hau ruck!.

yoke *s.*, Rudergabel *f.*, Ruderjoch *n.*, Joch *n.*, Kreuzkopf *m.*, (*naut.*) Bügel *m.*, (*elec.*) (Magnet-, Pol)Joch *n.*; – **bolt** *s.*, Jochbolzen *m.*; – **chain** *s.*, Jochkette *f.*; – **line** *s.*, Jochleine *f.*, Tau *n.* am Ruderjoch, Szeptertau *n.*, Steuerreep *n.*; – **lines** (*pl.*), Steuerseile (*pl.*); – **ring** *s.* (*naut.*, *tech.*), Halsring *m.*

young *adj.*, **–est hand aboard** (*coll.*), Moses *m.*, Schiffsjunge *m.*; – **ice** *s.*, junges Eis *n.*, gerade sich bildendes *od.* entstehendes (Pack)Eis *n.*; – **moon** *s.*, neuer Mond *m.*, Neumond *m.*

youngster *s.* (*naut.*), jüngerer (See)Offizier *m.* (*mit weniger als 4 Dienstjahren*), (*am.*) Seekadett *m.* (*frisch von der Marineakademie an Bord*); (*rac.*) Junior *m.*

Z

z *s.* (*math.*), 3. unbekannte Größe *f.* *od.* (un)abhängige Variable *f.*

z-coordinate *s.* (*geom.*), Kote *f.*, Höhen-, Maßzahl *f.*; **table of –(s)** (*pl.*), Koten-, Höhentafel *f.*

zebec(k) *s.*, Schebec(k)e *f.* (*Mittelmeersegler*).

zenith *s.* (*astr.*), Zenit *m.*, Scheitelpunkt *m.*; **zenithal** *adj.*, den Zenit betreffend, Zenit-; – **equidistant projection** *s.* (*astr.*), Scheitel-, Azimut(al)projektion *f.*; **zenith/collimator** *s.* (*astr.*, *math.*), Zenit-Kollimator *m.*; – **distance** *s.*, Zenitdistanz *f.*, -abstand *m.*; – **sector** *s.* (*astr.*), Instrument *n.* zum Messen der Zenitdistanz; – **telescope** *s.*, Zenitteleskop *n.*, astronomisches Fernrohr *n.*

zephyr *s.*, lauer *od.* sanfter Wind *m.*, Abendwind *m.*, Zephir *m.*, Zephyr(os) *m.*, (der) Westwind.

zero *s.*, Null *f.*, Zero *f.* *od.* *n.*, (*phys.*) Null-, Ausgangspunkt *m.* (*einer Skala*), Gefrierpunkt *m.*, (*math.*) Nullpunkt *m.*, -stellung *f.*, Koordinatenursprung *m.*; **10° above (below) –**, 10 Grad über (unter) Null; **absolute –** (*phys.*), absoluter Nullpunkt *m.*; **at –**, auf Null (*Thermometer, etc.*); *v.* (*tech.*), auf Null einstellen; *adj.* (*meteor.*), weniger als 50 Fuß hoch (*Wolkenbank, etc.*), weniger als 165 Fuß in horizontaler Richtung betragend (*Sicht*); **zero/adjuster** *s.*, Null(ein)steller *m.*; – **adjustment** *s.*, Null(ein)stellung *f.*; – **clearing** *s.*, Minimumenttrübung *f.* (*Funkp.*); – **cloud** *s.* (*meteor.*), Wolken (*pl.*) unter 50 Fuß hoch; – **conditions** (*pl.*) (*meteor.*), Sicht vertikal und horizontal (stark) begrenzt; – **conductor** *s.* (*elec.*), Nulleiter *m.*; **–-field** *adj.* (*phys.*, *elec.*), feldfrei; – **frequency** *s.* (*rad.*), Nullfrequenz *f.*; – **indication** *s.*, Nullanzeige *f.* (*Instrumente*); – **level** *s.*, Pegelnull; – **mark** *s.*, Nullmarke *f.* (*an Instrumenten*); – **point** *s.*, Nullpunkt *m.*; – **position** *s.*, Nullstellung *f.* (*Geräte, Instrumente*); – **reading(s)** *s.* (*pl.*), Nullablesung *f.* (*Geräte*); – **signal direction finding method** *s.*, Minimumpeilung *f.*; – **visibility** *s.* (*meteor.*), stark begrenzte Sicht *f.* (*weniger als 50 Meter*), (*naut.*) keine Sicht *f.*, (*coll.*) null Sicht *f.*

zigzag *s.*, Zickzackkurs *m.*, -bewegung *f.* (*Boot*); Zickzacklinie *f.* (*Blitz*); *v.*, Zickzackkurs laufen (*Boot*); **zigzag/course** *s.*, Zickzackkurs *m.* (*Boot*); – **flash** *s.* **of lightning,** Zickzackblitz *m.*; **zigzagging (course) between** *or* **round the buoys** (*rac.*), Bojenzickzackkurs *m.*

zinc *s.*, **to coat with –,** verzinken; *v.*, verzinken, galvanisieren; **–-coated** (*adj.*), verzinkt; **zincification** *s.* (*or* **-fikation**), Verzinkung *f.*; **zincify** *v.* (*or* **-kify**), verzinken, galvanisieren.

zip *s.* (*rac. coll.*), Schneid *m.*, Schmiß *m.*; *v.* (*rac. coll.*), Schneid *od.* Schmiß haben, etwas mit Schneid tun.

zipperless shelf *s.*, extra voller Fußteil *m.* (*eines Segels*); **zipper shelf** *s.*, Reißverschluß-Fußteil *m.* (*eines Segels*).

zodiac *s.* (*astr.*), Tierkreis *m.*, Zodiakus *m.*, Zodiacus *m.* (*Zone beiderseits der Ekliptik, innerhalb deren sich Sonne, Mond und Planeten in ihren scheinbaren Bahnen bewegen*); Zone *f.*, Gürtel *m.*; **zodiacal** *adj.*, Zodiakal-, Tierkreis-; **– belt** *s.*, Zodiakalgürtel *m.*, -zone *f.*; **– light** *s.* (*astr.*), Zodiakal-, Tierkreislicht *n.* (*über der Sonne bei Dämmerung*).

zonation *s.* (*geogr.*), Verteilung *f.* auf Zonen *od.* Gürtel (*Wind, etc.*).

zone *s.* (*geogr.*), Zone *f.*, Gürtel *m.*, Gebiet *n.*; **barred –** (*naut.*), Sperrgebiet *n.* (*Hoheitsgewässer*); **compass –,** Kompaßzone *f.*; **equisignal –,** Leitstrahl *m.* (*Consol*); **frigid –, (Frigid Z–)** (*geogr.*), kalte Zone *f.*; **inshore (traffic) –,** Küsten(verkehrs)gebiet *n.*, -zone *f.*; **offshore (traffic) –,** Hochsee(verkehrs)gebiet *n.*, -zone *f.*; **temperate –, (Temperate Z–)** (*geogr.*), gemäßigte Zone *f.*; **time –,** Zeitzone *f.*; **torrid –, (Torrid Z–)** (*geogr.*), heiße Zone *f.*; **twilight –,** Dämmerungszone *f.* (*Funknavigation*); **– of breakers,** Brandungszone *f.*; **– of contact** (*radar*), (Ziel-, Objekt)Erfassungsgebiet *n.*, -bereich *m.*; **– of danger,** Gefahrenzone *f.*; **– of doldrums,** Kalmengürtel *m.*; **– of high (low) pressure** (*meteor.*), Hoch(Tief)druckgebiet *n.*; **– of silence** (*rad.*), tote Zone *f.*; **– of trades** *or* **trade winds,** Passatgürtel *m.*, Passatwindzone *f.*; *v.* (*geogr.*), in Zonen *od.* Gürtel aufteilen; **zoned** *adj.*, **(to be) –,** in Zonen *od.* Gürtel aufgeteilt (sein); **zone / signal** *s.*, Zonensignal *n.*; **– time** *s.*, Landes-, Orts-, Zonenzeit *f.* (*im Gegensatz zur Greenwich Zeit*).

zoning *s.*, Zonenabgrenzung *f.* (*Geographie, Meteorologie und Zeit betreffend*).

Z-spar mast *s.*, Z-Spar-Mast *m.* (*Leichtmetallmast*).

INDEX OF NAMES

Geographical and other Proper Names (*Races, Constellations, Boatclasses*)

A

Adige *s.*, **(River)** – (*geogr.*), Etsch *f.*

A division *s.* (*naut.*), A-Division *f.* (*Internationale A-Katamaran-Klasse*).

Admiral's / Cup *s.* (*rac.*), Admiral's Cup *m.*; – **Cupper** *s.*, – **Cup yacht** *s.* (*naut.*), Admiral's-Cup-Yacht *f.*

Admiralties *s./pl.*, **Admiralty Islands** (*pl.*) (*geogr.*), Admiralitätsinseln *f./pl.*

Adriatic (Sea) *s.* (*geogr.*), Adria *f.*, Adriatisches Meer *n.*

Aegates (*pl.*) (*geogr.*), **the –**, Ägadische *od.* Ägatische Inseln (*pl.*).

Aegean / Islands *s./pl.* (*geogr.*), Ägäische Inseln (*pl.*); **(the) – Sea** *s.* (*geogr.*), Ägäis *f.*, Ägäisches Meer *n.*

Aeolus *s.*, Äolus, Gott *m.* der Winde.

Africa *s.* (*geogr.*), Afrika *n.*

Agulhas / Basin *s.*(*geogr.*), Agulhas-Becken *n.*; – **Cape** *s.*, Kap *n.* Agulhas, Nadelkap *n.*; – **Current** *s.*, Agulhas Strom *m.*; – **Race** *s.*, Agulhas-Rennen *n.*

Aisne-Marne-Canal *s.* (*geogr.*), Aisne-Marne-Kanal *m.*

Aland Islands *s./pl.* (*geogr.*), Ålandinseln (*pl.*).

Alaska *s.* (*geogr.*), **Gulf of –**, Alaskagolf *m.*; – **Peninsula** *s.*, Alaska-Halbinsel *f.*; – **Straits** (*pl.*), Alaska-Straße *f.*

Alassio Week *s.* (*rac.*), Alassio Woche *f.*

Albemarle Sound *s.* (*geogr.*), Albemarle Sund *m.*

Aleutian / Islands *s./pl.* (*geogr.*), Alëuten (*pl.*); – **Trench** *s.*, Alëutengraben *m.*

Alexander Archipelago *s.* (*geogr.*), Alexander-Archipel *m.*

Algeria *s.* (*geogr.*), Algerien *n.*; **Algiers** *s.* (*geogr.*), Algier *n.*

Alsace-(and-)Lorraine *s.* (*geogr.*), Elsaß-Lothringen *n.*

Amazon (River) *s.* (*geogr.*), Amazonas *m.*, Amazonenstrom *m.*

America *s.* (*geogr.*), (Nord)Amerika *n.*, USA *f.*; **–'s Cup** *s.* (*rac.*), America-Pokal *m.*, America's Cup *m.*

Amundsen *s.* (*geogr.*), **Gulf –**, Amundsen-Golf *m.*; – **Sea** *s.*, Amundsen-See *f.*

Anadyr *s.* (*geogr.*), **Gulf of –**, Golf *m.* von Anadyr.

Andaman / and Nicobar Islands (*pl.*) (*geogr.*), Andamen und Nikobaren (Inselgruppe *f.*) (*pl.*); – **Basin** *s.*, Andamanen-Becken *n.*; – **Sea** *s.*, Andamanisches Meer *n.*, Andamanen-See *f.*

Antarctica *s.* (*geogr.*), Antarktis *f.*; **Antarctic / Circle** *s.*, Südlicher Polarkreis *m.*; – **Continent** *s.*, Antarktis *f.*; – **Current** *s.*, Südpolarstrom *m.*; – **Drift** *s.*, Südpolardrift *f.*; – **Magnet Pole** *s.*, Antarktischer Magnetpol *m.*; – **Ocean** *s.*, Südliches Eismeer *n.*; – **Zone** *s.*, Antarktische Zone *f.*

Antilles *s./pl.* (*geogr.*), Antillen (*pl.*); **(the) Greater** *or* **Larger –**, die Großen Antillen; **(the) Lesser** *or* **Smaller –**, die Kleinen Antillen, Leeward-Inseln *f./pl.*; – **Current** *s.*, Karibische Strömung *f.*

Antipodes *s./pl.* (*geogr.*), Antipoden-Inseln *f./pl.*

Antwerp *s.* (*geogr.*), Antwerpen *n.*

Aquarius *s.* (*astr.*), Wassermann *m.*

Arabia *s.* (*geogr.*), Arabien *n.*; **Gulf of –**, Arabischer Meerbusen *m.*; **Arabian / Basin** *s.*, Arabisches Becken *n.*; – **Sea** *s.*, Arabisches Meer *n.*, Arabische See *f.*

Arafura Sea *s.* (*geogr.*), Arafura Meer *n.*, Arafurasee *f.*

Aral *s.* (*geogr.*), **Lake –**, – **Sea** *s.*, Aralsee *m.*

Archipelago *s.* (*geogr.*), Archipel(agus) *m.*

Arctic / Cape *s.* (*geogr.*), Arktisches Kap *n.*; – **Circle** *s.*, Nördlicher Polarkreis *m.*; – **Current** *s.*, Nordpolarstrom *m.*; – **Magnet Pole** *s.*, Arktischer Magnetpol *m.*; – **Ocean** *s.*, Nordpolarmeer *n.*, Nördliches Eismeer *n.*; – **Pole** *s.*, Nordpol *m.*; – **regions** (*pl.*), Nordpol(ar)gebiet *n.*; **the Arctics** (*pl.*), (die) Arktik, Nordpolarländer (*pl.*), nördliche Polargegend *f.*; **Arctic / Sea** *s.*, Nordpolarmeer *n.*, Eismeer *n.*; – **Zone** *s.*, Nordpol(ar)gebiet *n.*, Arktische Zone *f.*

Argentina *s.*, **(the) Argentine** *s.* (*geogr.*), Argentinien *n.*

Aries *s.* (*astr.*), Widder *m.*

Aroe Islands *s./pl.* (*geogr.*), Aru-Inseln *f./pl.*

Asia *s.* (*geogr.*), Asien *n.*; **Eastern –**, Ostasien *n.*; – **Minor** *s.*, Kleinasien *n.*

Atacama Trench *s.* (*geogr.*), Atacáma-Graben *m.*, Peru-Chile-Graben *m.*

Athens *s.* (*geogr.*), Athen *n.*

Atlantic *s.* (*geogr.*), Atlantik *m.*; **the – (Ocean)** *s.*, Atlantischer Ozean *m.*, Atlantisches Meer *n.*, der Atlantik; – **Current** *s.*, Atlantischer

Strom *m.* (*Golfstromtrift*); – **Ridge** *s.*, Atlantikschwelle *f.*; – **States** (*pl.*) (*am.*), Bundesstaaten (*pl.*) der U.S.-Atlantikküste.

Aussie *s.* (*coll.*), Australier *m.*

Australasia *s.* (*geogr.*), Australasien *n.*, Ozeanien *n.*

Australia *s.* (*geogr.*), Australien *n.*; **Australian** *adj.*, **Great – Bight** *s.*, Australgolf *m.*; – **Current** *s.*, Australstrom *m.*

Austria *s.* (*geogr.*), Österreich *n.*; **Lower –,** Niederösterreich *n.*; **Upper –,** Oberösterreich *n.*; **Austrian** *adj.*, **Upper – Lakes** (*pl.*), Oberösterreichische Seenplatte *f.*

Azof *s.*, **Azov** *s.* (*geogr.*), **Sea of –,** Asowsches Meer *n.*

Azores (*pl.*) (*geogr.*), **the –,** Azoren (*pl.*), Habichtinseln (*pl.*); – **Ridge** *s.*, Azoren-Schwelle *f.*

B

Baffin / Bay *s.* (*geogr.*), Baffin-Bai *f.*, Baffin-Meer *n.*; – **Island** *s.*, Baffin-Insel *f.*

Bahama / Islands *s./pl.* (*geogr.*), Bahama-Inseln *f./pl.*, (*coll.*) Bahamas (*pl.*); – **Sea** *s.*, Bahama-See *f.*

Bahrain *or* **Bahrein Islands** *s./pl.* (*geogr.*), Bahrain-Inseln *f./pl.*

Baikal *s.* (*geogr.*), **Lake –,** Baikalsee *m.*

Balabac Straits *s./pl.* (*geogr.*), Balabac-Straße *f.*

Balaton *s.* (*geogr.*), Plattensee *m.*

Balearic Isles (*pl.*) *or* **Islands** (*pl.*) (*geogr.*), Balearen (*pl.*).

Bali / Sea *s.* (*geogr.*), Bali-See *f.*, Balisee *f.*; – **Straits** (*pl.*), Balistraße *f.*

Balkan / Peninsula *s.* (*geogr.*), Balkanhalbinsel *f.*; – **States** (*pl.*), **the –s** (*pl.*), Balkanstaaten *m./pl.*

Baltic *s.* (*geogr.*), **the –,** Ostsee *f.*, Baltisches Meer *n.*; – **Approaches** (*pl.*), Ostseezugänge *m./pl.*; – **Provinces** (*pl.*), Baltikum *n.*, Ostseeprovinzen *f./pl.*; – **Sea** *s.*, Ostsee *f.*; – **trade** *s.* (*naut.*), Ostseefahrt *f.*; – **Week** *s.* (*rac.*), Baltische Woche *f.* (*Tallinn*).

Banda / Basin *s.* (*geogr.*), Bandabecken *n.*; – **Islands** (*pl.*), Bandainseln (*pl.*); – **Sea** *s.*, Bandasee *f.*

Banks / Island *s.* (*geogr.*), Banks-Insel *f.*; – **Peninsula** *s.*, Banks-Halbinsel *f.*; – **Straits** (*pl.*), Banks-Straße *f.*

Barbado(e)s (*pl.*), **Barbados Island(s)** *s.* (*pl.*) (*geogr.*), Barbados *n.*

Barents / Island *s. or* **Isle** *s.* (*geogr.*), Barentsinsel *f.*; – **Sea** *s.*, Barents-See *f.*

Barra / Island *s.* (*geogr.*), Barra (Insel *f.*) *n.*; – **Passage** *s.*, Barrapassage *f.*

Barrier *s.* (*geogr.*), Eisbarriere *f.* der Antarktis; – **Reef** *s.*, Barriereriff *n.*, Wallriff *n.*; **Great – Reef** *s.*, Großes Barrier(e)riff *n.*

Barrow / Point *s.* (*geogr.*), Nordkap *n.* Alaskas; – **Straits** (*pl.*), Barrow-Straße *f.*

Basle *s.* (*geogr.*), Basel *n.*

Bass / Islands *s./pl.* (*geogr.*), Bass-Inseln *f./pl.*; – **Straits** (*pl.*), Bass-Straße *f.*

Bavaria *s.* (*geogr.*), Bayern *n.*; **Bavarian** *adj.*, **Upper – lakeland** *s. or* **lakes** (*pl.*), Oberbay(e)erische Seen(platte *f.*) (*pl.*).

Bayonnaise Reefs *s./pl.* (*geogr.*), Bayonnaise Riffe *n./pl.*

B division *s.* (*naut.*), B-Division *f.* (*Internationale B-Katamaran-Klasse*).

Bear *s.* (*astr.*), **Big –,** Großer Bär *m.*; **Lesser** *or* **Little –,** Kleiner Bär *m.*; – **Island** *s.* (*geogr.*), Bäreninsel *f.*; – **Lake** *s.*, Bärensee *m.*; **Great – Lake** *s.*, Großer Bärensee *m.*; **Little – Lake** *s.*, Kleiner Bärensee *m.*; – **River** *s.*, Bärenfluß *m.*

Beaufort / Island *s. or* **Isle** *s.* (*geogr.*), Beaufort-Insel *f.*; – **Sea** *s.*, Beaufort-See *f.*

Beaver Island *s.* (*geogr.*), Beaver-Insel *f.*

Belgica Sea *s.* (*geogr.*), Belgica-Meer *n.*

Belgium *s.* (*geogr.*), Belgien *n.*

Belle Isle *s.* (*geogr.*), **Strait of –,** Belle-Isle-Straße *f.*

Belt *s.* (*geogr.*), Belt *m.*; **Great –,** Großer Belt *m.*; **Lesser** *or* **Little –,** Kleiner Belt *m.*

Bengal *s.* (*geogr.*), Bengalen *n.*; **Gulf of –,** Golf *m.* von Bengalen.

Benguela Current *s.* (*geogr.*), Benguela-Strom *m.*

Berenice's hair *s.* (*astr.*), Haar *n.* der Berenice *od.* Berenike.

Bering / Island *s.* (*geogr.*), Bering-Insel *f.*; – **Sea** *s.*, Beringmeer *n.*; – **Strait(s)** *s.* (*pl.*), Bering-Straße *f.*, Beringstraße *f.*

Bermuda / (Islands *pl.*) *s.* (*geogr.*), Bermuda-Inseln *f./pl.*; – **Race** *s.*, Bermuda-Rennen *n.*; **Bermudas** (*pl.*), Bermuda-Inseln (*pl.*), Bermudas (*pl.*).

Bernese / Alps *s./pl.* (*geogr.*), Berner Oberland *n.*; – **Lakes** (*pl.*), Berner Seenplatte *f.*

Berri *s.*, **Berry** *s.* (*geogr.*), **Canal of –,** – **Canal** *s.*, Kanal *m.* von Berry.

Biafra *s.* (*geogr.*), **Bight of –,** Biafra-Bucht *f.*

Biel *s.* (*geogr.*), **Lake of –,** Bielersee *m.*, Bieler See *m.*, See *m.* von Bienne.

Big / Bear *s.* (*astr.*), – **Dipper** *s.* (*astr.*), Großer Bär *m. od.* Wagen *m.*; – **Ditch** *s.* (*am.*) (*geogr.*), Erie-Kanal *m.*

Bikini (Atoll) *s.* (*geogr.*), Bikini-Atoll *m. od. n.*

Birma *s.* (*geogr.*), **Strait of –, – Straits** (*pl.*), Birma-Straße *f.*

Biscay *s.* (*geogr.*), Biscaya *f.*, Biskaya *f.*; **Bay of –,** Golf *m. od.* Meerbusen *m.* von Biscaya; **– Ridge** *s.*, Biscaya-Schwelle *f.*

Bismarck / Archipelago *s.* (*geogr.*), Bismarckarchipel *m.*; **– Sea** *s.*, Bismarck-See *f.*

Bitch Star *s.* (*astr.*), Hundsstern *m.*, Sirius *m.*

Black Sea *s.* (*geogr.*), Schwarzes Meer *n.*

Blue / Nile *s.* (*geogr.*), Blauer Nil *m.*; **– Water Medal** *s.* (*rac.*), Blue-Water-Medaille *f.*, Ozean-Medaille *f.*

Bonin Islands *s./pl.*, **the Bonins** (*pl.*) (*geogr.*), Bonin-Inseln *f./pl.*

Boötes *s.* (*astr.*), Bootes *m.*, Bärenhüter *m.*

Bosphorus *s.*, **Bosporus** *s.* (*geogr.*), Bosporus *m.*

Bothnia *s.* (*geogr.*), **Gulf of –,** Bottnischer Meerbusen *m.*

Brazil *s.*, **Brasil** *s.* (*geogr.*), Brasilien *n.*; **– Current** *s.*, Brasilstrom *m.*

Brest-Nantes Canal *s.* (*geogr.*), Brest-Nantes-Kanal *m.*

Breton / Coast *s.* (*geogr.*), Bretonische Küste *f.*; **– Isle** *s.*, Breton-Insel *f.*; **– Sound** *s.*, **– Straits** (*pl.*), Breton-Sund *m.*

Brienz *s.* (*geogr.*), **Lake of –,** Brienzer See *m.*

Bristol / Bay *s.* (*geogr.*), Bristol-Bai *f.*; **– Channel** *s.*, Bristol-Kanal *m.*

British / Islands *s./pl.* (*geogr.*), Britische Inseln *f./pl.*; **Britisher** *s.* (*am.*), Engländer *m.*

Brit(t)any *s.* (*geogr.*), Bretagne *f.*; **in –,** in der Bretagne.

Broad Fourteen *s.* (*geogr.*), **the –,** Breite Vierzehn *f.*

Bruges *s.*, **Brugge** *s.* (*geogr.*), Brügge *n.*

Brunswick *s.* (*geogr.*), Braunschweig *n.*

Bulgaria *s.* (*geogr.*), Bulgarien *n.*

Bungo Straits *s./pl.* (*geogr.*), Bungostraße *f.*

C

Cabot Strait *s.* (*geogr.*), Cabot-Straße *f.*

Cairo *s.* (*geogr.*), Kairo *n.*

Caland Canal *s.* (*geogr.*), Caland-Kanal *m.*

Caledonia *s.* (*geogr.*), Kaledonien *n.*, Schottland *n.*; **Caledonian** *adj.*, **– Canal** *s.*, Kaledonischer Kanal *m.*

California *s.* (*geogr.*), Kalifornien *n.*; **Baja** *or* **Lower –,** Niederkalifornien *n.*; **Gulf of –,** Kalifornischer Golf *m.*; **– Current** *s.*, Kalifornischer Strom *m.*

Cambria *s.* (*geogr.*), Wales *n.*

Camps Bay *s.* (*geogr.*), Kapstadt-Bai *f.*

Canada *s.* (*geogr.*), Kanada *n.*

Canal Zone *s.* (*geogr.*), Kanalzone *f.* (*am Panama- und Sueskanal*).

Canaries *s./pl.* (*geogr.*), **Canary Islands** (*pl.*), Kanarische Inseln *f./pl.*; **(Northern, Southern) Canary / Basin** *s.*, (Nördliches, Südliches) Kanarisches Becken *n.*; **– Current** *s.*, Kanarienstrom *m.*; **– Ridge** *s.*, Kanaren-Schwelle *f.*

Cancer *s.* (*astr.*), Krebs *m.*; **Tropic of –** (*astr.*, *geogr.*), Wendekreis *m.* des Krebses.

Canicula *s.* (*astr.*), Sirius *m.*, Hundsstern *m.*; **Canicular period** *s.* (*astr.*), Hundssternperiode *f.*

Canis / Major *s.* (*astr.*), Großer Hund *m.* (*südl. Sternbild*); **– Minor** *s.* (*astr.*), Kleiner Hund *m.* (*nördl. Sternbild*).

Cannes Skiyachting (event) *s.* (*rac.*), Skiyachting *n.* in Cannes.

Cape / Agulhas *s.* (*geogr.*), Kap *n.* Agulhas; **– Basin** *s.*, Kap-Becken *n.*; **– Breton Island** *s.*, Kap-Breton-Insel *f.*; **– Chelyuskin** *s.*, Kap *n.* Tscheljuskin; **– Cod** *s.*, Kap *n.* Cod; **– Comorin** *s.*, Kap *n.* Comorin; **– Colony** *s.*, Kapkolonie *f.*, Kapland *n.*; **– Dezhnev** *s.*, Kap *n.* Deschnew; **– Dutch** *s.*, Kapholländer *m./pl.*, Buren (*pl.*); **– Dutch** *s.* (*ling.*), Afrikaans *n.*, Kapholländisch *n.*; **– Farewell** *s.*, Kap *n.* Farvel; **– Finisterre** *s.*, Kap *n.* Finisterre; **– of Good Hope** *s.*, Kap *n.* der Guten Hoffnung; **– Hatteras** *s.*, Kap *n.* Hatteras; **– Horn** *s.*, Kap *n.* Ho(o)rn; **– Nordkyn** *s.*, (Kap *n.*) Nordkinn; **– Race** *s.* (*rac.*), Kap Rennen *n.*; **– Skagen** *s.*, Kap *n.* Skagen; **– Town** *s.*, Kapstadt *n.*; **– Town-Rio Race** *s.* (*rac.*), Kapstadt-Rio-Rennen *n.*; **– Trafalgar** *s.*, Kap *n.* Trafalgar; **– Verde** *s.* (*or* **Vert**), Kap *n.* Verde, das Grüne Vorgebirge; **– Verde Islands** (*pl.*), Kapverdische Inseln (*pl.*); **– Wrath** *s.*, Kap *n.* Wrath; **– York** *s.*, Kap *n.* York.

Capricorn *s.* (*astr.*), Steinbock *m.*; **Tropic of –** (*astr.*, *geogr.*), Wendekreis *m.* des Steinbocks.

Car *s.* (*astr.*), Großer Wagen *m.*

Caratasca Lagoon *s.* (*geogr.*), Caratasca-Lagune *f.*

Caribbean / Current *s.* (*geogr.*), Karibische Strömung *f.*, Antillen-Strom *m.*; **– Islands** (*pl.*), Karibische Inseln (*pl.*), Kleine Antillen (*pl.*); **– Sea** *s.*, Karibisches Meer *n.*, (*coll.*) Karibik *f.*, Antillenmeer *n.*

Carinthia *s.* (*geogr.*), Kärnten *n.*; **the Lakes of –,** die Kärtner Seen (*pl.*).

Caroline / Basin *s.* (*geogr.*), Karolinen-Mulde *f.*, -Becken *n.*; **– Islands** (*pl.*), Karolinen (*pl.*).

Carpentaria *s.* (*geogr.*), **Gulf of –, – Bight** *s.*, Carpentaria-Golf *m.*

Caspian Sea *s.* (*geogr.*), Kaspisches Meer *n.*

Cassiopeia *s.*, **Cassiope** *s.* (*astr.*), Cassiopeia *f.*,

(*coll.*) das große Himmels-W.
Cassiterides *s./pl.* (*geogr.*), Zinninseln *f./pl.*
Castor *s.* (*astr.*), Kastor *m.*, (*naut.*) (einflammiges) St. Elmsfeuer *n.*; – **and Pollux** *s.* (*astr.*), Kastor und Pollux.
Cattegat *s.* (*geogr.*), Kattegat *n.*
Cayman / Islands *s./pl.* (*geogr.*), Cayman-Inseln *f./pl.*; – **Trench** *s.*, Cayman-Graben *m.*
C division *s.* (*naut.*) C-Division *f.* (*Internationale C-Katamaran-Klasse*).
Celebes (Island) *s.* (*geogr.*), Celebes (Insel *f.*), Sulawesi *n.*; – **Basin** *s.*, Celebes-Becken *n.*; – **Sea** *s.*, Celebes-See *f.*
Central / America *s.* (*geogr.*), Zentral-, Mittelamerika *n.*; – **Asia** *s.*, Mittelasien *n.*; – **Europe** *s.*, Mitteleuropa *n.*; – **European time** *s.*, Mitteleuropäische Zeit *f.*; – **Indian Basin** *s.*, Zentralindisches Becken *n.*; – **Indian Ridge** *s.*, Zentralindische Schwelle *f.*; – **Pacific Basin** *s.*, Zentralpazifisches Becken *n.*; – **Polar Basin** *s.*, Zentrales Polarbecken *n.*
Chalcidice *s.* (*geogr.*), Chalkidike *n.*; **Gulf of –,** Thermaischer Golf *m.*
Champlain *s.* (*geogr.*), **Lake –,** Champlain-See *m.*
Chandeleur / Isles *s./pl.* (*geogr.*), Chandeleur Inseln *f./pl.*; – **Sound** *s.*, Chandeleur Sund *m.*
Channel *s.* (*geogr.*), **the (English) –,** Ärmelkanal *m.*, Ärmelmeer *n.*; – **of Corinth** *s.*, Kanal *m.* von Korinth; – **of Mozambique,** Kanal *m.* von Mosambik; – **Islands** (*pl.*), Kanalinseln (*pl.*), die Normannischen Inseln (*pl.*); – **Race** *s.* (*rac.*), Channel-Rennen *n.*, (Ärmel)Kanalregatta *f.*, -rennen *n.*
Charles's *or* **Charles' Wain** *s.* (*astr.*), Großer Wagen *m. od.* Bär *m.*
Chersonese Peninsula *s.* (*geogr.*), Chersones *m.*
Chesapeake Bay *s.* (*geogr.*), Chesapeake Bai *f.*
China / Sea *s.* (*geogr.*), Chinesisches Meer *n.*; **East – Sea** *s.*, Ostchinesisches Meer *n.*; **South – Sea** *s.*, Südchinesisches Meer *n.*; – **Sea Race** *s.* (*rac.*), China-See-Rennen *n.*; **Chinese** *adj.*, – **Coastal Current** *s.*, Chinesischer Küstenstrom *m.*
Chonos Archipelago *s.* (*geogr.*), Chonos Archipel *m.*
Christmas Island *s.* (*geogr.*), Weihnachtsinsel *f.*
Coast *s.* (*geogr.*), **the** – (*am.*), die Pazifikküste.
Cocos Islands *s./pl.* (*geogr.*), Kokos-, Cocosinseln *f./pl.*, Keeling-Inseln (*pl.*).
Colombia *s.* (*geogr.*), Kolumbien *n.*
Colon *s.* (*geogr.*), **Archipelago de –,** Galapagos Archipel *m.*
Como *s.* (*geogr.*), **Lake –,** Comer See *m.*, Comersee *m.*
Comoro Islands *s./pl.* (*geogr.*), Komoren (*pl.*).
Constance *s.* (*geogr.*), Konstanz *n.*; **Lake (of) –,** Bodensee *m.*
Constantinople *s.* (*geogr.*), Konstaninopel *n.*, Istanbul *n.*
Cook / Bay *s.* (*geogr.*), Cook-Bai *f.*; – **Islands** (*pl.*), Cook-Inseln (*pl.*); – **Peninsula** *s.*, Cook-Halbinsel *f.*; – **Straits** (*pl.*), Cook-Straße *f.*
Copenhagen *s.* (*geogr.*), Kopenhagen *n.*
Coral / Basin *s.* (*geogr.*), Korallenbecken *n.*; – **Sea** *s.*, Korallenmeer *n.*, Korallen-See *f.*
Corfu *s.* (*geogr.*), Korfu *n.*, Kerkira *n.*
Corinth *s.* (*geogr.*), Korinth *n.*; **Gulf of –,** Golf *m.* von Korinth; **Isthmus of –,** Isthmus *m.* von Korinth.
Coromandel / Coast *s.* (*geogr.*), Koromandelküste *f.*; – **Peninsula** *s.*, Coromandel-Halbinsel *f.*
Corona / Australis *s.* (*astr.*), Südliche Krone *f.*; – **Borealis** *s.* (*astr.*), Nördliche Krone *f.*
Corsica *s.* (*geogr.*), Korsika *n.*
Corvus *s.* (*astr.*), Rabe *m.*
Courland *s.* **(on the Baltic)** (*geogr.*), Kurland *n.*
Cowes Week *s.* (*rac.*), Cowes Woche *f.*
Crete *s.* (*geogr.*), Kreta *n.*
Crimea (Pensinsula) *s.* (*geogr.*), (Halbinsel) Krim *f.*; **in the –,** in der Krim.
Croatia *s.* (*geogr.*), Kroatien *n.*
Crown *s.* (*astr.*), Krone *f.*; **Northern** – (*astr.*), Nördliche Krone *f.*; **Southern** – (*astr.*), Südliche Krone *f.*
Crozet / Islands *s./pl.* (*geogr.*), Crozet Inseln *f./pl.*; – **Ridge** *s.*, Crozet-Schwelle *f.*
Cruising Club *s.* **of America (CCA)** (*naut.*), amerikanischer Club *m.* für das Renn- und Fahrtensegeln; **CCA / rating rule** *s.*, CCA-Formel *f.*; – **Rule** *s.*, CCA-Vermessungsformel *f.* (*f. Hochseeyachten*).
Crux *s.* (*astr.*), Kreuz *n.* des Südens.
Cuba *s.* (*geogr.*), Kuba *n.*
Cumberland *s.* (*geogr.*), **Lake –,** Cumberland See *m.*; – **Islands** (*pl.*), Cumberland Inseln (*pl.*); – **Sound** *s.*, Cumberland Sund *m.*
Currituck Bight *s.* (*geogr.*), Currituck Sund *m.*
Cyclades *s./pl.* (*geogr.*), Kykladen (*pl.*), Zykladen (*pl.*), Inseln (*pl.*) der Zykladen.
Cyprus *s.* (*geogr.*), Zypern *n.*
Czechoslovakia *s.*, **Czecho-Slovakia** *s.* (*geogr.*), Tschechoslowakei *f.*

D

Dacron *s.*, Dacron *n.* (*synthetisches Segeltuch*).

Daito Islands *s./pl.* (*geogr.*), Daito *od.* Borodino Inseln *f./pl.*
Dalmatia *s.* (*geogr.*), Dalmatien *n.*; **Dalmatian** *adj.*, – **Coast** *s.*, Dalmatinische Küste *f.*; – **Islands** (*pl.*), Dalmatinische Inseln (*pl.*).
Danmark Straits *s./pl.* (*geogr.*), Danmark-Straße *f.*
Dan(t)zic *s.*, **Dan(t)zig** *s.* (*geogr.*), **Bay** *or* **Gulf of** –, Danziger Bucht *f.*
Danube *s.* (*geogr.*), Donau *f.*; – **Oder Canal** *s.*, Donau-Oder-Kanal *m.*
Dardanelles *s./pl.*, – **Narrows** (*pl.*) (*geogr.*), Dardanellen (Meerenge *f.*) (*pl.*).
Davis / Ridge *s.* (*geogr.*), Davis-Schwelle *f.*; – **Sea** *s.*, Davis-See *f.*; – **Strait** *s.*, Davis-Straße *f.*
D division *s.* (*naut.*), D-Division *f.* (*Internationale D-Katamaran-Klasse*).
Dead Sea *s.* (*geogr.*), Totes Meer *n.*
Delagoa Bay *s.* (*geogr.*), Delagoa-Bucht *f.*
Delaware / Bay *s.* (*geogr.*), Delaware-Bai *f.*; – **River** *s.*, Delaware *m.*
De Long / Islands *s./pl.* (*geogr.*), De Long-Inseln *f./pl.*; – **Strait** *s.*, De Long-Straße *f.*
Denmark *s.* (*geogr.*), Dänemark *n.*; **Straits of** –, – **Strait** *s.*, Danmark-Straße *f.*
Devil's / Hole *s.* (*geogr.*), Teufelsloch *n.*; –'**s Island** *s.*, Teufelsinsel *f.*
Dipper *s.* (*astr.*) (*am.*), (Himmels)Wagen *m.*; **Big** – (*astr.*) (*am.*), Großer Wagen *m.*; **Little** – (*astr.*) (*am.*), Kleiner Wagen *m.*
Disco / Bay *s.* (*geogr.*), Disko-Bucht *f.*; – **Isle** *s.*, Disco- *od.* Disko-Insel *f.*
Dixie(land) *s.* (*geogr.*) (*am.*, *coll.*), Süden *m.* der USA.
Dixon Strait *s.* (*geogr.*), Dixon-Straße *f.*
Dnieper *s.* (*geogr.*), Dnjepr *m.*; –-**Bug Canal** *s.*, Dnjepr-Bug-Kanal *m.*
Dodecanese *s.*, **Dodecanesus** *s.* (*geogr.*), Dodekanes *m.*
Dog *s.* (*astr.*), **Big** –, Großer Hund *m.*; **Lesser** *or* **Little** –, Kleiner Hund *m.*; – **Star** *s.* (*astr.*), Hundsstern *m.*, Sirius *m.*
Dogger Bank *s.* (*geogr.*), Doggerbank *f.*
Dolphin *s.* (*astr.*), Delphin *m.*
Dover *s.* (*geogr.*), **Straits of** –, – **Straits** (*pl.*), Straße *f.* von Dover *od.* von Calais, Pas de Calais.
Downs *s./pl.* (*geogr.*), **the** –, Downs (*pl.*) (*große Reede an der Südküste von England*).
Draco *s.* (*astr.*), Drache *m.*
Dragon *s.* (*naut.*), Drachen *m.* (*Bootsklasse*); – **class** *s.*, Drachen-(Boots)Klasse *f.*; – **fleet** *s.*, Drachenflotte *f.*
Drake Passage *s.* (*geogr.*), Drake-Passage *f.*
Drave *s.* (*geogr.*), **(River)** –, Drau *f.*
Drift *s.* (*geogr.*), **North Atlantic** –, Nordatlantik-Drift *f.* *od.* -Trift *f.*
Dude *s.* (*sl.*), Oststaatler *m.* (*USA*).
Dunkerque *s.*, **Dunkirk** *s.* (*geogr.*), Dünkirchen *n.*, Dunkerque *n.*
Durian / Isle *s.* (*geogr.*), Durian-Insel *f.*; – **Strait** *s.*, Durian-Straße *f.*
Dutchman *s.*, **Flying** – (*naut.*), Flying Dutchman *m.*, Fliegender Holländer *m.*
Dvina *s.* *or* **Dwina** *s.* (*geogr.*), **Northern – River** *s.*, Dwina *f.*; **Southern – River** *s.*, Düna *f.*; – **Bight** *s.*, Dwina Bucht *f.*; – **Canal** *s.*, Dwinakanal *m.*

E

Eagle *s.* (*astr.*), Adler *m.*
East *s.* (*geogr.*), **the** –, der Osten, der Orient; **the Far** –, Ostasien *n.*, Ferner Osten *m.*; **the Middle** –, Mittlerer Osten *m.*; **the Near** –, Klein-, Vorderasien *n.*, Naher Osten *m.*; – **Australian Basin** *s.*, Ostaustralisches Bekken *n.*; – **Australian Current** *s.*, Ostaustralischer Strom *m.*; – **China Sea** *s.*, Ostchinesisches Meer *n.*
Easter / Island *s.* (*geogr.*), Osterinsel *f.*; – **Ridge** *s.*, Oster-Schwelle *f.*
Eastern / Asia *s.* (*geogr.*), Ostasien *n.*; – **Europe** *s.*, Osteuropa *n.*; – **Gulf Stream track** *s.* (*meteor.*), Ost-Golfstromstraße *f.*
East / Frisia *s.* (*geogr.*), Ostfriesland *n.*; – **Frisian Islands** (*pl.*), Ostfriesische Inseln (*pl.*); – **Greenland Current** *s.*, Ostgrönlandstrom *m.*; – **Indies** (*pl.*), Ostindien *n.*; – **Indiaman** *s.* (*naut.*), Ostindienfahrer *m.* (*Schiff*); – **Pacific Rise** *s.*, Ostpazifische (Längs)Schwelle *f.*; – **Prussia** *s.*, Ostpreußen *n.*; – **Siberian Sea** *s.*, Ostsibirisches Meer *n.*
E division *s.* (*naut.*), E-Division *f.* (*Internationale E-Katamaran-Klasse*).
Egadi Islands *s./pl.* (*geogr.*), Ägatische *od.* Ägadische Inseln *f./pl.*
Egypt *s.* (*geogr.*), Ägypten *n.*; **Lower** –, Unterägypten *n.*; **Upper** –, Oberägypten *n.*
Eire *s.* (*geogr.*), Irland *n.*
Elba *s.* (*geogr.*), **Isle of** –, (Insel *f.*) Elba *n.*
Ellesmere Island *s.* (*geogr.*), Ellesmere-Insel *f.*, -land *n.*
Ellice Islands *s./pl.* (*geogr.*), Ellice-Inseln *f./pl.*
Elsinore *s.* (*geogr.*), Helsingör *n.*
Emerald Isle *s.* (*geogr.*), Grüne Insel *f.*, Irland *n.*
England *s.* (*geogr.*), England *n.*; **English** *adj.*, **the – Channel,** Ärmelkanal *m.*, Englischer Kanal *m.*; – **Channel port** *s.*, Kanalhafen *m.*

Equator *s.* (*geogr.*), Äquator *m.*; **Equatorial** *adj.*, – **Counter Current** *s.*, Äquatorial-Gegenstrom *m.*
Erie *s.* (*geogr.*), **Lake –,** Eriesee *m.*; – **Channel** *s.*, Eriekanal *m.*
Est(h)onia *s.* (*geogr.*), Estland *n.*
Ethiopia *s.* (*geogr.*), Äthiopien *n.*, Abessinien *n.*
Etolin Straits *s./pl.* (*geogr.*), Etolin-Straße *f.*
Euphrates *s.* (*geogr.*), **River –,** Euphrat *m.*
Europe *s.* (*geogr.*), Europa *n.*; **European** *adj.*, – **Arctic (Ocean)** *s.*, Europäisches Nordmeer *n.*; – **Championship** *s.*, Europameisterschaft *f.*; – **Polar Sea** *s.*, Europäisches Nordmeer *n.*
Euxine Sea *s.* (*geogr.*), Schwarzes Meer *n.*
Eyre *s.* (*geogr.*), **Lake –,** Eyresee *m.*; – **Peninsula** *s.*, Eyre-Halbinsel *f.*

F

Falkland / Current *s.* (*geogr.*), Falklandstrom *m.*; – **Islands** *s./pl.*, **Falklands** (*pl.*) (*geogr.*), Falklandinseln *f./pl.*, Malwinen (*pl.*).
Fanning / Island *s.* (*geogr.*), Fanning-Insel *f.*; – **Ridge** *s.*, Fanning-Rücken *m.*
Far East *s.* (*geogr.*), Ost-, Hinterasien *n.*, Ferner Osten *m.*, Fernost *m.*
Farewell *s.* (*geogr.*), **Cape –,** Kap *n.* Farvel.
Faroe / Islands *s./pl.* (*geogr.*), Faröer (Inseln) (*pl.*); – **Ridge** *s.*, Faröerschwelle *f.*; – **Shoal(s)** *s.* (*pl.*), Faröbank *f.*
Fastnet Race *s.*, Fastnet-Rennen *n.*, -Hochseeregatta *f.*
Federal Maritime Board *s.* (*am.*), Schiffahrtsbehörde *f.* (*der USA*).
Fehmarn / Belt *s.* (*geogr.*), Fehmarnbelt *m.*; – **Island** *s.*, (die Insel) Fehmarn *n.*
Fiji / Basin *s.* (*geogr.*), Fidschi-Becken *n.*; – **Islands** (*pl.*), Fidschi-Inseln (*pl.*); – **Ridge** *s.*, Fidschi-Rücken *m.*
Finland *s.* (*geogr.*), Finnland *n.*, Suomi *n.*; **Gulf of –,** Finnischer Meerbusen *m.*; **Lakes** (*pl.*) *or* **Lakeland** *s.* **of –,** Finnische Seenplatte *f.*
Finn / class *s.* (*naut.*), Finn-Klasse *f.* (*Olymp. Bootsklasse*); – **dinghy** *s.*, Finn-Dingi *od.* -Dingy *n.*
Fisher Bank *s.* (*geogr.*), **Great (Little) –,** Große (Kleine) Fischerbank *f.*
Flanders *s.* (*geogr.*), Flandern *n.*
Flensburg Week *s.* (*rac.*), Flensburger Woche *f.*
Flinders(') / Passage *s.* (*geogr.*), Flinders-Passage *f.*; – **Reefs** (*pl.*), Flinders-Riffe (*pl.*).
Flores / Island *s.* (*geogr.*), Flores (Insel *f.*); – **Sea** *s.*, Floressee *f.*
Florida / Current *s.* (*geogr.*), Floridastrom *m.*; – **Keys** (*pl.*), Key-Inseln (*pl.*), Florida Keys (*pl.*); – **Straits** (*pl.*), Florida-Straße *f.*
Flushing *s.* (*geogr.*), Vlissingen *n.*; **via –,** über Vlissingen.
Flying Dutchman *s.* (*naut.*), Flying Dutchman *m.* (*Olymp. Bootsklasse*); Fliegender Holländer *m.*
Formosa Straits *s./pl.* (*geogr.*), Formosastraße *f.*
Forth and Clyde Canal *s.* (*geogr.*), Forth-and-Clyde-Kanal *m.*
Forties *s./pl.* (*geogr.*), **the –,** die See zwischen Schottlands Nordost- und Norwegens Südwestküste.
Four Forest Cantons *s./pl.* (*geogr.*), **Lake of the –,** Vierwaldstättersee *m.*
Four-seventy *s.* **(470)** (*naut.*), 470er *m.* (*Olymp. Bootsklasse*).
Foxe / Basin *s.* (*geogr.*), Foxe-Becken *n.*; – **Channel** *s.*, Foxe-Kanal *m.*
France *s.* (*geogr.*), Frankreich *n.*; **French** *adj.* (*ling.*), Französisch.
Friendly Islands *s./pl.* (*geogr.*), Freundschafts-, Tongainseln *f./pl.*
Frisia *s.* (*geogr.*), Friesland *n.*; **Frisian Islands** (*pl.*), Friesische Inseln (*pl.*); **Friesland** *s.*, Friesland *n.*
Fundy *s.* (*geogr.*), **Bay of –,** Fundy-Bai *f.*
Further / India *s.* (*geogr.*), Hinterindien *n.*; – **Pomerania** *s.*, Hinterpommern *n.*
Fyen *s.*, **Fyn** *s.* (*geogr.*), Fünen *n.*

G

Gabès *s.* (*geogr.*), **Gulf of –,** Golf *m.* von Gabes, Kleine Syrte *f.*
Galapagos / Islands *s./pl.* (*geogr.*), Galapagos-Inseln *f./pl.*; – **Ridge** *s.*, Galapagos-Schwelle *f.*
Galathea Deep *s.* (*geogr.*), Galathea-Tief *n.*
Galaxy *s.* (*astr.*), Milchstraße *f.*, Sternensystem *n.*
Galilean Lake *s.* (*geogr.*), Galiläisches Meer *n.*, See *m.* Genezareth; **Galilee** *s.*, **Sea of –,** Galiläisches Meer *n.*
Gallo *s.* (*geogr.*), Kap *n.* Akritas.
Garda *s.* (*geogr.*), **Lake –,** Gardasee *m.*
Gaspar Strait *s.* (*geogr.*), Gasparstraße *f.*
Gedam Narrows *s./pl. or* **Straits** (*pl.*) (*geogr.*), Gedamstraße *f.*
Gelam Strait *s.* (*geogr.*), Gelam-Straße *f.*
Gelderland *s.*, **Geldern** *s.* (*geogr.*), Geldern *n.*
Gemini *s.* (*astr.*), Zwillinge *m./pl.*
Geneva *s.* (*geogr.*), Genf *n.*; **Lake (of) –,** Genfer See *m.*

Gennesaret *s.* (*geogr.*), **Lake of –,** See *m.* Genezareth.
Genoa *s.* (*geogr.*), Genua *n.*; **Gulf of –,** Golf *m.* von Genua.
Georgia Straits *s./pl.* (*geogr.*), Georgia-Straße *f.*
German / Bight *s.* (*geogr.*), Deutsche Bucht *f.*; **– Boat and Shipbuilding Federation** *s.*, Deutscher Boots- und Schiffbauer-Verband *m.*; **– (National) Championship** *s.* (*rac.*), Deutsche Meisterschaft *f.*; **– Lifeboat Institution** *s.*, Deutsche Gesellschaft *f.* zur Rettung Schiffbrüchiger; **– Lloyd,** *s.*, Germanischer Lloyd *m.*; **– Sea** *or* **Ocean** *s.*, Nordsee *f.*; **Germany** *s.*, Deutschland *n.*; **North –,** Norddeutschland *n.*; **South –,** Süddeutschland *n.*
Ghent *s.* (*geogr.*), Gent *n.*
Gibraltar *s.* (*geogr.*), **Straits of –,** Straße *f.* von Gibraltar.
Gold / Coast *s.* (*geogr.*), Goldküste *f.*, Ghana *n.*; **– Cup** *s.* (*rac.*), Gold Cup *m.*, -Pokal *m.*
Goodwin Sands *s./pl.* (*geogr.*), Goodwin-Sandbank *f.*, -Sandbänke (*pl.*).
Goschen Narrows (*pl.*) *or* **Straits** (*pl.*) (*geogr.*), Goschen-Straße *f.*
Gotland runt *s.* (*rac.*), Gotland Rund *n.*, -runt *n.*, -Rennen *n.*
Grain Coast *s.* (*geogr.*), Pfefferküste *f.*
Grand Banks *s./pl.* (*geogr.*), Neufundlandbänke *f./pl.*
Great / Australian Bight *s.* (*geogr.*), Große Australische Bucht *f.*; **– Barrier Island** *or* **Isle** *s.*, Große Barrier-Insel *f.*; **– Barrier Reef** *s.*, Großes Barrier-Riff *n.* *od.* Barriereriff *n.*; **– Bay** *s.*, Große Bucht *f.*; **– Bear Lake** *s.*, Großer Bärensee *m.*; **– Belt** *s.*, Großer Belt *m.*; **– Britain** *s.*, Großbritannien *n.*
Greater / Antilles *s./pl.* (*geogr.*), Große Antillen (*pl.*); **– Sunda Islands** (*pl.*), Große Sunda-Inseln (*pl.*).
Great / Lakes *s./pl.* (*geogr.*), die Großen Seen (*Kanada*); **– Ocean** *s.*, Pazifik *m.*, Pazifischer *od.* Stiller Ozean *m.*; **– Slave Lake** *s.*, Großer Sklavensee *m.*
Greece *s.* (*geogr.*), Griechenland *n.*
Greenland *s.* (*geogr.*), Grönland *n.*; **– Basin** *s.*, Grönländisches Becken *n.*; **– Current** *s.*, Grönlandstrom *m.*; **– Sea** *s.*, Grönland-See *f.*; **– Straits** (*pl.*), Grönland-Straße *f.*
Green Point Lighthouse *s.* (*geogr.*), Green Point Leuchtturm *m.*
Greenwich (Mean) Time *s.*, Westeuropäische Zeit *f.*, (mittlere) Greenwich-Zeit *f.*
Grisons (*pl.*) (*geogr.*), **the –,** Graubünden *n.*
Guadalcanal *s.* (*geogr.*), Guadalcanar *n.*
Guanahani *s.* (*geogr.*), San Salvador-Insel *f.*
Guatemala Trench *s.* (*geogr.*), Guatemala-Graben *m.*
Guayana Basin *s.* (*geogr.*), Guayana-Becken *n.*
Guinea *s.* (*geogr.*), **Gulf of –,** Golf *m.* von Guinea; **– Basin** *s.*, Guinea-Becken *n.*; **– Current** *s.*, Guinea-Strom *m.*; **– Ridge** *s.*, Guinea-Schwelle *f.*
Gulf / Coast *s.* (*geogr.*), Golfküste *f.*; **– of Aden,** Golf *m.* von Aden; **– of Alaska,** Golf von Alaska; **– of Arabia,** Arabischer Meerbusen *m.*; **– of Bengal,** Golf von Bengalen; **– of Biscay,** Golf von Biscaya; **– of Cádiz,** Golf von Cádiz; **– of Finland,** Finnischer Meerbusen *m.*; **– of Genoa,** Golf von Genua; **– of Guinea,** Golf von Guinea; **– of Corinth,** Golf von Korinth; **– of Lion,** Golfe du Lion; **– of Mexico,** Golf von Mexiko; **– of Nauplion,** Golf von Nauplion, Argolischer Golf *m.*; **– of Naples,** Golf von Neapel; **– of Oman,** Golf von Oman; **– of Panama,** Golf von Panama; **– of Patrai** *or* **Patras,** Golf von Patras; **– of Persia,** Persischer Meerbusen *m.*; **– of Salerno,** Golf von Salerno; **– of Santa Fé,** Golf von Santa Fé; **– of Siam,** Golf von Siam *od.* Thailand; **– of Suez,** Golf von Sues; **– of Taranto,** Golf von Tarent; **– of Trieste,** Golf von Triest; **– of Tunis** *or* **Tunisia,** Golf von Tunis; **– of Valencia,** Golf von Valencia; **– of Venice,** Golf von Venedig; **– of Venezuela,** Golf von Venezuela; **– Stream** *s.*, Golfstrom *m.*; **– Stream Drift** *s.*, Golfstrom-Trift *f.*; Atlantischer Strom *m.*; **– Stream Fog** *s.*, Golfstromnebel *m.*

H

Hague *s.* (*geogr.*), **the –,** Den Haag *m.*, der Haag.
Hainan / Island *s.* (*geogr.*), (Insel *f.*) Hainan; **– Strait** *s.*, Hainanstraße *f.*
Half Ton Cup *s.* (*rac.*), Halbtonner-Pokal *m.*
Hamilton Inlet *s.* (*geogr.*), Hamilton-Einfahrt *f.*
Hanse *s.*, **Hansa** *s.*, Hanse *f.*, Hansa *f.*; **– towns** (*pl.*), Hansestädte (*pl.*).
Hare *s.* (*astr.*), Hase *m.*
Havel Lakes *s./pl.* (*geogr.*), Havelseen *m./pl.*
Hawaiian / Islands *s./pl.* (*geogr.*), Hawaii-Inseln *f./pl.*, Sandwich-Inseln (*pl.*); **– Ridge** *s.*, Hawaii-Rücken *m.*
Hebrides *s./pl.* (*geogr.*), Hebriden (*pl.*); **Inner –,** Innere Hebriden (*pl.*); **New –,** Neue Hebriden (*pl.*); **Outer –,** Äußere Hebriden (*pl.*); **Hebridean, Hebridian** *adj.*, **– Ridge** *s.*, Hebriden-Rücken *m.*; **– Sea** *s.*, Hebriden-

see *f.*

Hecate Strait *s.* (*geogr.*), Hecate-Straße *f.*

Heligoland *s.* (*geogr.*), Helgoland *n.*; **Bay of –,** Deutsche Bucht *f.*; **– Bight** *s.*, Helgoländer Bucht *f.*

Helsinki *s.* (*geogr.*), Helsinki *n.*, Helsingfors *n.*

Helvetia *s.* (*geogr.*), Schweiz *f.*, Helvetien *n.*

Henley Race *s.* (*rac.*), Henley Regatta *f.* (*Henley-on-Thames*).

Hercules *s.* (*astr.*), Herkules *m.*

Herring-pond *s.* (*naut. hum.*), Atlantischer Ozean *m.*, Atlantik *m.*, Großer Tümpel *m.*

Hibernia *s.* (*geogr.*), Irland *n.*, Hibernien *n.*

Holland *s.* (*geogr.*), Holland *n.*, Niederlande (*pl.*).

Holmes' Reefs *s./pl.* (*geogr.*), Holmes Riffe *n./pl.*

Holy Island *s.* (*geogr.*), Lindisfarne *n.*

Hong Kong *s.* (*geogr.*), Hongkong *n.*

Hope Island *s.* (*geogr.*), Hoffnungsinsel *f.*, Hope-Insel *f.*

Horizon Deep *s.* (*geogr.*), Horizon-Tief *n.*

Hoyer Deep *s.* (*geogr.*), Hoyer-Tief *n.*

Hsishatao *s.* (*geogr.*), Paracel-Inseln *f./pl.*, Hsischatao (Inseln *pl.*) *n.*

Hudson / Bay *s.* (*geogr.*), Hudson-Bai *f.*; **– River** *s.*, Hudson (River) *m.*; **– Strait** *s.*, Hudsonstraße *f.*

Humboldt / Bay *s.* (*geogr.*), Humboldt-Bai *f.*; **– Current** *s.*, Humboldt-, Peru-Strom *m.* (*Westwinddrift*); **– River** *s.*, Humboldt (River) *m.*

Hungary *s.* (*geogr.*), Ungarn *n.*

Hunter Islands *s./pl.* (*geogr.*), Hunter-Inseln *f./pl.*

Huon *s.* (*geogr.*), **Gulf (of) –, – Bight** *s.*, Huon-Golf *m.*

Huron *s.* (*geogr.*), **Lake –,** Huronsee *m.*

Hyad(e)s *s./pl.* (*astr.*), Hyaden (*pl.*).

Hydra *s.* (*astr.*), Wasserschlange *f.*

Hyères *s.* (*geogr.*), **Isle of –,** Isle d'Hyères; **– Week** *s.* (*rac.*), Hyères-(Regatta-)Woche *f.*

I

Iberian / Basin *s.* (*geogr.*), Iberisches Becken *n.*; **– Peninsula** *s.*, Iberische *od.* Pyrenäische *od.* Pyrenäen-Halbinsel *f.*

Iceland *s.* (*geogr.*), Island *n.*; **Iceland(ic) / Basin** *s.*, Islandbecken *n.*; **– Ridge** *s.*, Islandschwelle *f.*

Ijssel *s.* (*geogr.*), **Lake –,** Ijsselmeer *n.*

Inari *s.* (*geogr.*), **Lake–,** Inari-, Enaresee *m.*

India *s.* (*geogr.*), (Ost)Indien *n.*; **– proper** *s.*, Vorderindien *n.*, Hindustan *n.*; **East –man** *s.* (*naut.*), Indienfahrer *m.* (*Schiff*); **Indian** *adj.*, **– Antarctic Basin** *s.*, Indisches Südpolarbekken *n.*; **– Ocean** *s.*, Indischer Ozean *m.*; **Indies** (*pl.*), **the –,** (West)Indien *n.*; **East –,** Ostindien *n.*; **West –,** Westindien *n.*

Indo-China *s.*, **Indochina** *s.* (*geogr.*), Indochina *n.*, Hinterindien *n.*

Indus / Delta *s.* (*geogr.*), Indus-Delta *n.*; **– Channel** *s.*, Indus-Rinne *f.*

Inland Sea *s.* (*geogr.*), (Japanische) Inlandsee *f.*

Inter-Governmental Maritime Consultative Organization *s.*, Zwischenstaatliche Beratende Schiffahrts-Organisation *f.*

International / Catamaran Challenge Trophy *s.*, Kleiner America's Cup *m.*; **– Championships** *s./pl.* (*rac.*), Internationale Meisterschaften *f./pl.*; **– Yacht Racing Union** *s.*, Internationale R-Klassen-Union *f. od.* -Vereinigung *f.*

Intracoastal Waterway *s.* (*geogr.*), Küstenkanal *m.* (*Mississippi-Sund*).

Ionian / Islands *s./pl.* (*geogr.*), Ionische Inseln *f./pl.*; **– Sea** *s.*, Ionisches Meer *n.*

Iraq *s.* (*geogr.*), Irak *m.*

Ireland *s.* (*geogr.*), Irland *n.*, Eire *n.*; **Irish** *adj.*, **– Sea** *s.*, Irische See *f.*

Iron Gate(s) *s.* (*pl.*) (*geogr.*), Eisernes Tor *n.* (*Donaudurchbruch*).

Isabela Island *s.* (*geogr.*), Isabela-, Albemarle-Insel *f.*

Isthmus *s.* (*geogr.*), **the –,** der Isthmus (von Korinth *od.* Panama *od.* Sues); **– of Darien,** Isthmus von Darien; **– of Kra,** Isthmus von Kra; **– of Tehuantepec**, Isthmus von Tehuantepec.

Istria *s.* (*geogr.*), (Halbinsel *f.*) Istrien *n.*

Italy *s.* (*geogr.*), Italien *n.*; **North –,** Oberitalien *n.*; **Italian** *adj.*, **North – Lakes,** Oberitalienische Seen (*pl.*).

Ivory Coast *s.* (*geogr.*), Elfenbeinküste *f.*

Izu Islands *s./pl.* (*geogr.*), Sieben-Inseln *f./pl.*, Izu-Inseln (*pl.*).

J

Jamaica *s.* (*geogr.*), Jamaika *n.*

James / Bay *s.* (*geogr.*), James-Bai *f.*; **– River** *s.*, James (River) *m.*; **– Ross Island** *s.*, James-Ross-Insel *f.*

Japan *s.* (*geogr.*), **Inland Sea of –,** Japanische Inlandsee *f.*; **Sea of –,** Japanisches Meer *n.*; **– Current** *s.*, Japanstrom *m.*, Kuro Schio *m.*; **– Sea** *s.*, Japanisches Meer *n.*; **– Trench** *s.*, Japangraben *m.*

Jarvis Island *s.* (*geogr.*), Jarvis-Insel *f.*

Java Sea *s.* (*geogr.*), Javasee *f.*

J class *s.* (*naut.*), J-Klasse *f.* (*Bootsklasse*).
Jidda *s.* (*geogr.*), Dschidda *n.*
Johnson Deep *s.* (*geogr.*), Johnson-Tief *n.*
Jordan *s.* (*geogr.*), Jordanien *n.*; **River –**, Jordan *m.*
Jove *s.* (*astr.*), Jupiter *m.*
Juan / de Fuca Straits *s./pl.* (*geogr.*), Juan de Fuca-Straße *f.*; **– Fernández Islands** (*pl.*), Juan Fernández-Inseln (*pl.*); **– Fernández Ridge** *s.*, Juan Fernández-Rücken *m.*
Jugoslavia *s.* (*geogr.*), (*s.* **Yugoslavia**).
Jupiter *s.* (*astr.*), Jupiter *m.*
Jutland *s.* (*geogr.*), Jütland *n.*; **– Bank** *s.*, Jütlandbank *f.*

K

Kamchatka Current *s.* (*geogr.*), Kamtschatkastrom *m.*
Kara *s.* (*geogr.*), **Sea of –**, **– Sea** *s.*, Karasee *f.*, Kara-See *f.*, Karisches Meer *n.*; **Strait of –**, **– Straits** (*pl.*), Karastraße *f.*, Kara-Straße *f.*, Karische Straße *f.*
Karimata / Islands *s./pl.* (*geogr.*), Karimata-Inseln *f./pl.*; **– Strait** *s.*, Karimatastraße *f.*
Kattegat *s.* (*geogr.*), Kattegat *n.*
Keeling / Basin *s.* (*geogr.*), Keeling-Becken *n.*; **– Islands** (*pl.*), Keeling-, Kokos-Inseln (*pl.*).
Keos *s.* (*geogr.*), (Insel *f.*) Kea *n.*
Kerguelen / Islands *s./pl.* (*geogr.*), Kerguelen (*pl.*); **– Gaussberg Ridge** *s.*, Kerguelen-Gaußberg-Rücken *m.*
Kerkyra *s.* (*geogr.*), (Insel *f.*) Korfu *n.*
Kermadec / Islands *s./pl.* (*geogr.*), Kermadec-Inseln *f./pl.*; **– Tonga Ridge** *s.*, Kermadec-Tonga-Rücken *m.*; **– Trench** *s.*, Kermadec-Graben *m.*
Kiel *s.* (*geogr.*), **Bight of –**, **– Bay** *s.*, Kieler Bucht *f.*; **– Canal** *s.*, Nord-Ostsee-Kanal *m.*; **– Week** *s.* (*rac.*), Kieler Woche *f.*
King Isle *s. or* **Island** *s.* (*geogr.*), König-Insel *f.*
Kinnairds Head *s.* (*geogr.*), Kap *n.* Kinnaird.
Kiwi *s.* (*austral. coll.*), Neuseeländer *m.*
Kola (Peninsula) *s.* (*geogr.*), (Halbinsel *f.*) Kola *n.*
Korea *s.* (*geogr.*), **Straits of –**, Koreastraße *f.* **– Peninsula** *s.*, Korea-Halbinsel *f.*
Kra *s.* (*geogr.*), **Isthmus of –**, Isthmus *m. od.* Landenge *f.* von Kra.
Kunie *s.* (*geogr.*), Fichteninsel *f.*
Kuril(e) / Islands *s./pl.* (*geogr.*), Kurilen (*pl.*); **– Ridge** *s.*, Kurilenschwelle *f.*; **– Trench** *s.*, Kurilengraben *m.*
Kuro Schio Drift *s. or* **Current** *s.* (*geogr.*), Kuro-Schio-Trift *f.*, Pazifischer Strom *m.*
Kvarn(er) Islands *s./pl.* (*geogr.*), Kvarner (*pl.*).

L

Labrador / Basin *s.* (*geogr.*), Labradorbecken *n.*; **– Current** *s.*, Labradorstrom *m.*; **– Sea** *s.*, Labradorsee *f.*
Laccadive Islands *s./pl.* (*geogr.*), Lakkadiven (*pl.*).
Laconia *s.*, **Laconica** *s.* (*geogr.*), **Gulf of –**, Lakonischer Golf *m.*
Ladoga *s.* (*geogr.*), **Lake –**, Ladogasee *m.*; **– Canal** *s.*, Ladogakanal *m.*, Kaiser-Alexander-II.-Kanal *m.*
Lagoons *s./pl.* **of Venice** (*geogr.*), Lagunen *f./pl.* von Venedig.
Lake / District *s.*, (*coll.* **the Lakes** (*pl.*) (*geogr.*), Englisches Seengebiet (*Cumberland / Westmorland*); **– Maggiore** *s.*, Lago Maggiore *m.*; **– of the Woods,** Wäldersee *m.*
La Manche Canal *s.* (*geogr.*), La Manche(-Kanal *m.*).
Lancaster Sound *s.* (*geogr.*), Lancaster-Sund *m.*
Land's End *s.* (*geogr.*), Kap *n.* Lands End (*die äußerste Westecke Cornwalls*).
La Perouse Straits *s./pl.* (*geogr.*), La Pérouse-Straße *f.*
Lapland *s.* (*geogr.*), Lappland *n.*
Laptev / Sea *s.* (*geogr.*), Laptewsee *f.*; **– Straits** (*pl.*), Laptewstraße *f.*
Latin America *s.* (*geogr.*), Lateinamerika *n.*
Latvia *s.* (*geogr.*), Lettland *n.*
Lawrence *s.* (*geogr.*), **St. – River** *s.*, Sankt-Lorenzstrom *m.*
Leander Lighthouse *s.* (*geogr.*), Leanderturm *m.* (*Leuchtturm*).
Leeward Islands *s./pl.* (*geogr.*), Inseln *f./pl.* unter dem Winde, Leeward-Inseln (*pl.*), Kleine Antillen (*pl.*).
Leghorn *s.* (*geogr.*), Livorno *n.*
Leman *s.* (*geogr.*), **Lake –**, Genfer See *m.*, Lac Léman.
Leo *s.* (*astr.*), Löwe *m.*; **Leonid** *s.* (*astr.*), Leonidensternschnuppe *f.*; **Leonides** (*pl.*) (*astr.*), Leoniden (*pl.*).
Lepanto *s.* (*geogr.*), **Gulf of –**, Isthmus *m.* von Korinth.
Lepaya *s.* (*geogr.*), Libau *n.*
Lesser / Antilles *s./pl.* (*geogr.*), Kleine Antillen (*pl.*); **– Sunda Islands** (*pl.*), Kleine Sunda-Inseln (*pl.*).
Levant *s.* (*geogr.*), Levante *f.*; **Levantine** *adj.*, **– Sea** *s.*, Levantinisches Meer *n.*
Lewis and *or* **with Harris** *s./pl.* (*geogr.*), Lewis and *od.* und Harris-Inseln *f./pl.*
Liberia Ridge *s.* (*geogr.*), Liberia-Schwelle *f.*
Libra *s.* (*astr.*), Waage *f.*

Lido *s.* **of Venice** (*geogr.*), Lido *m.* von Venedig.
Ligurian Sea *s.* (*geogr.*), Ligurisches Meer *n.*
Lihou Reefs *s./pl.* (*geogr.*), Lihou-Riff *n.*
Lincoln Sea *s.* (*geogr.*), Lincoln-See *f.*
Lingayen *s.* (*geogr.*), **Gulf of –, – Gulf** *s.*, Golf *m.* von Lingayen.
Ling Bank(s) *s.* (*pl.*) (*geogr.*), Lingbank *f.*
Lions *s.* (*geogr.*), **Gulf of –,** Golfe *m.* du Lion.
Lipari Islands *s./pl.* (*geogr.*), Liparische *od.* Äolische Inseln *f./pl.*
Lisbon *s.* (*geogr.*), Lissabon *n.*
Lithuania *s.* (*geogr.*), Litauen *n.*
Liukiu Islands (*pl.*) (*geogr.*), Liukiu-, Riukiu-Inseln *f./pl.*
Livonia *s.* (*geogr.*), Livland *n.*
Lizard *s.* (*geogr.*), **the –, – Point** *s.*, Lizard-Halbinsel *f.*, Kap *n.* Lizard (*südlichster Punkt Englands*).
Loch / Ewe *s.* (*geogr.*), Loch Ewe-Bucht *f.*; **– Linnhe** *s.*, Loch Linnhe-Bucht *f.*
Lofoden *or* **Lofoten (Islands)** *s./pl.* (*geogr.*), Lofotinseln *f./pl.*, Lofoten (*pl.*); **– track** *s.* (*meteor.*), Lofotstraße *f.*
Lolland *s.* (*geogr.*), Laaland *n.*, Lolland *n.*
Lombardy *s.* (*geogr.*), Lombardei *f.*
Lombok Strait(s) *s.* (*pl.*) (*geogr.*), Lombokstraße *f.*
Long / Island Sound *s.* (*geogr.*), Long Island-Sund *m.*; **– Point Bay** *s.*, Long Point-Bai *f.*
Lorraine *s.* (*geogr.*), Lothringen *n.*
Louisiade Archipelago *s.* (*geogr.*), Louisiade-Archipel *m.*
Low Countries *s./pl.* (*geogr.*), (die) Niederlande (*pl.*).
Lower / Austria *s.* (*geogr.*), Niederösterreich *n.*; **– California** *s.*, (Halbinsel *f.*) Niederkalifornien *n.*; **– Canada** *s.*, Provinz *f.* Quebec; **– Germany** *s.*, Niederdeutschland *n.*; **– Rhine** *s.*, Niederrhein *m.*; **– Saxony** *s.*, Niedersachsen *n.*
Loyalty Islands *s./pl.* (*geogr.*), Loyalty-Inseln *f./pl.*, Loyalitätsinseln (*pl.*).
Lucerne *s.* (*geogr.*), Luzern *n.*; **Lake of –,** Vierwaldtstätter See *m.*, Luzerner See *m.*
Luchu Islands *s./pl.* (*geogr.*), Lutschu-, Riukiu-Inseln *f./pl.*
Lugano *s.* (*geogr.*), **Lake –,** Luganersee *m.*, Luganer See *m.*
Luzon Straits *s./pl.* (*geogr.*), Luzonstraße *f.*
Lynn Deep *s.* (*geogr.*), Lynn Tief *n.*
Lyra *s.*, **Lyre** *s.* (*astr.*), Leier *f.*; **Lyr(a)ids** (*pl.*) (*astr.*), Lyraiden (*pl.*) (*Meteorregen um den 30. April aus dem Sternbild der Leier*).

M

MacClintoc Channel *s.* (*geogr.*), MacClintoc-Kanal *m.*
Mackenzie / Bay *s.* (*geogr.*), Mackenzie-Bai *f.*; **– Sea** *s.*, Mackenzie-See *f.*
Macquarie / Islands *s./pl.* (*geogr.*), Macquarie-Inseln *f./pl.*; **– Ridge** *s.*, Macquarie-Schwelle *f.*
Madagascar *s.* (*geogr.*), Madagaskar *n.*; **– Basin** *s.*, Madagaskar-Becken *n.*
Madura Straits *s./pl.* (*geogr.*), Madurastraße *f.*
Maelstrom *s.* (*geogr.*), (der) Ma(h)lstrom *m.*
Maestricht *s.* (*geogr.*), Maastricht *n.*
Magellan *s.* (*geogr.*), **Strait(s) of –, – Straits** (*pl.*), Magellanstraße *f.*
Maggiore *s.* (*geogr.*), **Lake –,** Lago Maggiore *m.*
Magnet(ic) Pole *s.* (*geogr.*), **Antarctic –,** Antarktischer Magnetpol *m.*; **Arctic –,** Arktischer Magnetpol *m.*; **North (South) –,** Magnetischer Nord(Süd)pol *m.*
Majorca *s.* (*geogr.*), Mallorca *n.*
Makassar Straits *s./pl.* (*geogr.*), Makassarstraße *f.*
Malacca *s.* (*geogr.*), **Straits of –, – Straits** (*pl.*), Malakkastraße *f.*
Mälar(en) *s.* (*geogr.*), Mälarsee *m.*
Malay / Archipelago *s.* (*geogr.*), Malaiischer-, Ostindischer Archipel *m.*; **– Peninsula** *s.*, Malaienhalbinsel *f.*, Malaiische Halbinsel *f.*; **– Ocean** *or* **Sea** *s.*, Indonesisches Meer *n.*
Maldive Islands *s./pl.*, **the Maldives** (*pl.*) (*geogr.*), Malediven (*pl.*).
Malta *s.*, **Maltese Islands** (*pl.*) (*geogr.*), Malta *n.*
Man *s.* (*geogr.*), **Isle of –,** Insel *f.* Man.
Manchuria *s.* (*geogr.*), Mandschurei *f.*
Mangueira Lagoon *s.* (*geogr.*), Mangueira-Lagune *f.*
Manxman *s.* (*coll.*), Bewohner *m.* der Insel Man.
Maoriland *s.* (*geogr. coll.*), Neuseeland *n.*
March *s.* (*geogr.*), **the –,** die Mark (Brandenburg).
Mariana / Basin *s.* (*geogr.*), Marianenbecken *n.*; **– Islands** (*pl.*), Marianen (*pl.*); **– Trench** *s.*, Marianengraben *m.*
Marion Reef *s.* (*geogr.*), Marion-Riff *n.*
Maritime Alps *s./pl.* (*geogr.*), Seealpen (*pl.*).
Marmara *s.*, **Marmora** *s.* (*geogr.*), **Sea of –** Marmarameer *n.*; **– Island** *s.*, Marmarainsel *f.*
Marne Rhine Canal *s.* (*geogr.*), Marne-Rhein-Kanal *m.*

Marquesas Islands *s./pl.* (*geogr.*), Marquesas Inseln *f./pl.*
Marseille Week *s.* (*rac.*), Marseiller (Regatta-) Woche *f.*
Marshall Islands *s./pl.* (*geogr.*), Mars(c)hallinseln *f./pl.*
Mascarene Islands *s./pl.*, **Mascarenes** (*pl.*) (*geogr.*), Maskarenen (*pl.*).
Masuria *s.* (*geogr.*), Masuren *n.*; **Masurian** *adj.*, **– Lakes** (*pl.*), Masurische Seen(platte *f.*) (*pl.*).
Matapan *s.* (*geogr.*), **Cape –,** Kap *n.* Matapan, Kap *n.* Tänaron *od.* Tainaron.
Medicean *adj.* (*astr.*), **the – planets,** die vier Jupiterplaneten.
Mediterranean (Sea) *s.* (*geogr.*), Mittelmeer *n.*, Mittelländisches Meer *n.*
Melville / Island *s.* (*geogr.*), Melville-Insel *f.*; **– Peninsula** *s.*, Melville-Halbinsel *f.*; **– Sea** *s.*, Melville-See *f.*; **– Sound** *s.*, Melville-Sund *m.*
Memel *s.* (*geogr.*), **River –,** Memel *f.*; **– Territory** *s.*, Memelgebiet *n.*, -land *n.*
Menai Strait(s) *s.* (*pl.*) (*geogr.*), Menaistraße *f.*, Menaikanal *m.*
Mercury *s.* (*astr.*), Merkur *m.*
Mesopotamia *s.* (*geogr.*), Mesopotamien *n.*, Zwischenstromland *n.*
Messenia *s.* (*geogr.*), **Bight** *or* **Gulf of –,** Messenischer Golf *m.*
Meuse *s.* (*geogr.*), **(River) –,** Maas *f.*, Meuse *f.*
Mexico *s.* (*geogr.*), Mexiko *n.*; **Gulf of –,** Golf *m.* von Mexiko; **– City** *s.*, Mexiko *n.* (*Stadt*).
Miami / Erie Canal *s.* (*geogr.*), Miami-Erie-Kanal *m.*; **– River** *s.*, Miami(fluß) *m.*
Michigan *s.* (*geogr.*), **Lake –,** Michigan-See *m.*
Micronesia *s.* (*geogr.*), Mikronesien(-Inselgruppe *f.*) *n.*
Middle / America Trench *s.* (*geogr.*), Zentralamerikanischer Graben *m.*; **– East** *s.* (*geogr.*), Mittlerer Osten *m.*; **– Sea Race** *s.* (*rac.*), Middle-Sea-Rennen *n.* (*Malta*).
Mid-Pacific Basin *s.* (*geogr.*), Zentralpazifisches Becken *n.*
Midway Islands *s./pl.* (*geogr.*), Midway-Inseln *f./pl.*
Milan *s.* (*geogr.*), Mailand *n.*
Milky Way *s.* (*astr.*), Milch-, Jakobsstraße *f.*, Galaxy *f.*
Milwaukee Deep *s.* (*geogr.*), Milwaukee-Tief *n.*
Minch *s.* (*geogr.*), **Little –,** Kleiner Minch *m.* (*Meeresstraße*).
Minorca *s.* (*geogr.*), Menorca *n.*
Mirim Lagoon *s.* (*geogr.*), Mirimlagune *f.*
Misery *s.* (*geogr.*), **Bay of –,** Jammerbucht *f.*
Mississippi / Delta *s. or* **Estuary** *s.* (*geogr.*), Mississippimündungen *f./pl.*; **– Sound** *s.*, Mississippi-Sund *m.*
Mobile Bay *s.* (*geogr.*), Mobile Bai *f.*, Bucht *f.* des Golfs von Mexiko.
Moldavia *s.* (*geogr.*), Moldau *f.*
Moluccas *s./pl.* (*geogr.*), Molukken (*pl.*), Gewürzinseln (*pl.*); **Sea of (the) –,** Molukkensee *f.*
Mona Passage *s.* (*geogr.*), Monapassage *f.*
Monsoon *s.* (*meteor.*), **Northeast (Southwest) –,** Nordost(Südwest)monsun *m.*
Moravia *s.* (*geogr.*), Mähren *n.*; **Moravian** *adj.*, **– Gap** *s.*, Mährische Pforte *f.*
Morocco *s.* (*geogr.*), Marokko *n.*
Moscow *s.* (*geogr.*), Moskau *n.*; **– Volga Canal** *s.*, Moskau-Wolga-Kanal *m.*
Mosquito / Bank(s) *s.* (*pl.*) (*geogr.*), Moskitobank *f.*; **– Coast** *s.*, Moskitoküste *f.*; **– Gulf** *s.*, Moskitogolf *m.*
Mouille Point (Lighthouse) *s.* (*geogr.*), Mouille Point-Leuchtturm *m.*
Mozambique *s.* (*geogr.*), Mosambik *n.*, Moçambique *n.*
Muli Straits *s./pl.* (*geogr.*), Muli (Meeresstraße *f.*).
Munich *s.* (*geogr.*), München *n.*
Murman Coast *s.* (*geogr.*), Murmanküste *f.*
Mylar *s.*, Mylar *n.* (*synthetisches Segeltuch*); **– -Kevlar fabric** *s.*, Mylar-Kevlar Segeltuch *n.*

N

Nansen Ridge *s.* (*geogr.*), Nansenschwelle *f.*
Nantucket / Bank(s) *s.* (*pl.*) (*geogr.*), Nantucketbank *f.*; **– Island** *s.*, Nantucketinsel *f.*; **– Sound** *s.*, Nantucketsund *m.*
Naples *s.* (*geogr.*), Neapel *n.*
Narrows *s./pl.* (*geogr.*), **the –,** Meerenge *f.* zwischen Staten Island und Long Island im Hafen von New York; **– of Chalkis,** Meerenge *f.* von Chalkis; **Narrow Seas** (*pl.*), Meerengen (*pl.*) um England, Ärmelkanal, Irische See.
Narwa *s.* (*geogr.*), **Bight of –, – Bay** *s.*, Narwabucht *f.*
Natal Basin *s.* (*geogr.*), Natalbecken *n.*
National Championship *s.* (*rac.*), Nationale Meisterschaft *f.*, Nationalmeisterschaft *f.*
Near East *s.* (*geogr.*), **the –,** Vorderasien *n.*, Nahost *m.*
Neman *s.* (*geogr.*), **(River) –,** Memel *f.*
Neptune *s.*, Neptun *m.* (*Meeresgott*), (*astr.*) Neptun *m.*
Netherlands *s./pl.* (*geogr.*), **the –,** die Nieder-

lande (*pl.*).

New/Caledonia *s.* (*geogr.*), Neu-Kaledonien *n.*; **– Caledonian Ridge** *s.*, Neukaledonischer Rücken *m.*; **– England** *s.*, Neuengland *n.*; **–foundland** *s.*, Neufundland *n.*; **the Banks of –foundland,** Neufundlandbänke (*pl.*); **–foundland Basin** *s.*, Neufundland-Becken *n.*; **– Guinea** *s.*, Neuguinea *n.*; **– Siberian Islands** (*pl.*), Neusibirische Inseln (*pl.*); **– South Wales** *s.*, Neusüdwales *n.*; **– Zealand** *s.*, Neuseeland *n.*; **– Zealand Ridge** *s.*, Neuseeländischer Rücken *m.*

Nice *s.* (*geogr.*), Nizza *n.*

Nicobar Islands *s./pl.* (*geogr.*), Nikobaren (*pl.*).

Nicoya *s.* (*geogr.*), **Bight** *or* **Gulf of –,** Nicoya Golf *m.*

Nijmegen *s.*, **(Nimeguen** *s.*) (*geogr.*), Nimwegen *n.*

Nile *s.* (*geogr.*), Nil *m.*; **Blue –,** Blauer Nil *m.*; **White –,** Weißer Nil *m.*; **– Delta** *s.*, Nildelta *n.*

Ninigo Islands *s./pl.* (*geogr.*), Ninigo(-Insel)-Gruppe *f.*

Norcon *s.*, Norcon *n.* (*Spinnakertuch*).

Normandy *s.* (*geogr.*), Normandie *f.*; **in –,** in der Normandie.

Norman Islands *s./pl.* (*geogr.*), Normannische Inseln *f./pl.*, Kanalinseln (*pl.*).

North *s.* (*geogr.*), **the –** (*am.*), die Nordstaaten von Amerika, Nordamerika *n.*; **– American Basin** *s.*, Nordamerikanisches Becken *n.*; **– Atlantic** *s.*, Nordatlantik *m.*; **– Atlantic Ridge** *s.*, Nordatlantische Schwelle *f.*; **– Atlantic route** *s.* (*naut.*), Nordatlantik-Route *f.*; **– Britain** *s.*, Schottland *n.*; **– Cape** *s.*, Nordkap *n.*; **the – Country** *s.*, Nordengland *n.*; **– East Passage** *s.* (*geogr.*, *naut.*), Nordostpassage *f.*, Nordöstliche Durchfahrt *f.*; **– Equatorial Current** *s.*, Nordäquatorialstrom *m.*

Northern/Cross *s.* (*astr.*), Kreuz *n.* des Nordens; **– Crown** *s.* (*astr.*), Nördliche Krone *f.*; **– Ireland** *s.*, (*geogr.*), Nordirland *n.*; **– States** (*pl.*), Nordstaaten (*pl.*) von Amerika.

North/Europe *s.* **(Northern Europe** *s.***),** Nordeuropa *n.*; **– Frisian Islands** (*pl.*), Nordfriesische Inseln (*pl.*); **– Germany** *s.*, Norddeutschland *n.*; **–(ern) Gulf Stream track** *s.* (*meteor.*), Nord-Golfstromstraße *f.*; **– Italy** *s.*, Oberitalien *n.*; **– Italian Lakes** (*pl.*), Oberitalienische Seen (*pl.*); **– Pacific Basin** *s.*, Nordpazifisches Becken *n.*; **– Pole** *s.*, Nordpol *m.*; **– Sea** *s.*, Nordsee *f.*; **– Sea Week** *s.* (*rac.*), Nordsee-Woche *f.*; **– Star** *s.* (*astr.*), Nord-, Polarstern *m.*; **– West Passage** *s.* (*geogr.*, *naut.*), Nordwestpassage *f.*, Nordwestliche Durchfahrt *f.*

Norton Sound *s.* (*geogr.*), Norton-Sund *m.*

Norway *s.* (*geogr.*), Norwegen *n.*; **Norwegian** *adj.*, **– Basin** *s.*, Norwegisches Becken *n.*; **– Wave** *s.*, Norwegische Welle *f.*

Nova Scotia *s.* (*geogr.*), Neuschottland *n.*

Novaya Zemlya *s.* (*geogr.*), Nowaja-Semlja *n.* (*Doppelinsel*).

Nymphe Bank *s.* *or* **Shoals** (*pl.*) (*geogr.*), Nymphebank *f.*

O

Obi Islands *s./pl.* (*geogr.*), Obi-Inseln *f./pl.*

Ocean *s.* (*geogr.*), Ozean *m.*, Weltmeer *n.*; Ocean-Insel *f.*

Oceania *s.*, **Oceanica** *s.* (*geogr.*), Ozeanien *n.*, Australasien *n.*, Südsee-Inseln (*pl.*).

Oeresund *s.* (*geogr.*), Sund *m.* (*zwischen Dänemark und Schweden*).

Okhotsk *s.* (*geogr.*), **Sea of –,** Ochotskisches Meer *n.*

Olenjek *s.* (*geogr.*), **Gulf of –, – Bay** *s.*, Olenjekbucht *f.*, -busen *m.*

Olga Straits *s./pl.* (*geogr.*), Olgastraße *f.*

Olympic Games *s./pl.*, **(the) Olympics** (*pl.*), Olympische Spiele *n./pl.*

Oman *s.* (*geogr.*), **Gulf of –,** Golf *m.* von Oman.

Onega *s.* (*geogr.*), **Bay of –,** Onegabucht *f.*; **Gulf of –,** Golf *m.* von Onega; **Lake –,** Onegasee *m.*; **– Canal** *s.*, Onega-Kanal *m.*

One Ton Cup *s.* (*rac.*), Eintonner-Pokal *m.*

Ontario *s.* (*geogr.*), **Lake –,** Ontariosee *m.*

Oostende *s.*, **Ostend** *s.* (*geogr.*), Ostende *n.*

Ophiuchus *s.* (*astr.*), Schlangenträger *m.*

Orange/Canal *s.* (*geogr.*), Oranje-Kanal *m.*; **– River** *s.*, Oranje(fluß) *m.*

Orion *s.* (*astr.*), Orion *m.*; **Orionid** *s.* (*astr.*), Orionid *m.*

Orkney Islands *s./pl.*, **the Orkneys** (*or* **Orcades**) (*pl.*) (*geogr.*), Orkney-Inseln *f./pl.*

Osaka *s.* (*geogr.*), **Bay of –,** Osakabai *f.*

Osprey Reef(s) *s.* (*pl.*) (*geogr.*), Osprey-Riff *n.*

Osumi Straits *s./pl.* (*geogr.*), Van Diemen-Straße *f.*, Osumistraße *f.*

Otranto *s.* (*geogr.*), **Strait of –, – Channel** *s.*, Straße *f.* von Otranto.

Oulu *s.* (*geogr.*), **Lake –,** Oulusee *m.*

P

Pacific *s.* (*geogr.*), **(the) – (Ocean),** Pazifik *m.*, Pazifischer *od.* Stiller *od.* Großer Ozean *m.*; **– Coast** *s.*, Pazifikküste *f.*; **– Current** *s.*, Pazifischer Strom *m.*, Kuro-Schio-Trift *f.*; **– Is-**

lands (*pl.*), Pazifische Inseln (*pl.*); – **(Standard) Time** *s.*, Pazifik-Normalzeit *f.*; – **States** (*pl.*), Pazifikstaaten (*pl.*).
Pailolo Channel *s.* (*geogr.*), Pailolo-Kanal *m.*
Palau (Islands) *s.* (*pl.*) (*geogr.*), Palau-Inseln *f.*/*pl.*
Palk Strait *s.* (*geogr.*), Palkstraße *f.*, Palk-Straße *f.*
Palmer / Archipelago *s.* (*geogr.*), Palmer-Archipel *m.*; – **Peninsula** *s.*, Palmer-Halbinsel *f.*, Palmer-Land *n.*
Pamlico Sound *s.* (*geogr.*), Pamlico-Sund *m.*
Panaitan *s.* (*geogr.*), Prinzeninsel *f.*
Panama *s.* (*geogr.*), **Isthmus of –**, – **Canal** *s.*, Panamakanal *m.*; – **Canal Zone** *s.*, Panamakanal-Zone *f.*
Papua Gulf *s.* (*geogr.*), Papua-Golf *m.*
Paracel Islands *s.*/*pl.* (*geogr.*), Paracel-Inseln *f.*/*pl.*, Hsischatao *n.*
Para Ridge *s.* (*geogr.*), Paraschwelle *f.*
Parry / Islands *s.*/*pl.* (*geogr.*), Parry-Inseln *f.*/*pl.*; – **Sound** *s.*, Parry-Sund *m.*
Passamaquoddy Bay *s.* (*geogr.*), Passamaquoddybucht *f.*
Paternoster Islands *s.*/*pl.* (*geogr.*), Paternoster-Inseln *f.*/*pl.*
Patos Lagoon *s.* (*geogr.*), Patos-Lagune *f.*
Patrai *s.*, **Patras** *s.* (*geogr.*), Paträ *n.*, Patras *n.*, (*coll.*) Patra *n.*; **Gulf** *or* **Isthmus of –**, Golf *m.* von Paträ; **Port of –**, – **Harbour** *s.*, Hafen *m.* von Paträ.
Peace River *s.* (*geogr.*), Friedensfluß *m.*
Pedra Branca Lighthouse *s.* (*geogr.*), Pedra-Branca-Leuchtturm *m.*
Pegasus *s.* (*astr.*), Pegasus *m.*; – **Bay** *s.* (*geogr.*), Pegasus-Bai *f.*
Pelagian Islands *s.*/*pl.* (*geogr.*), Pelagische Inseln *f.*/*pl.*
Peloponnesus *s.*, **Peloponnesos** *s.* (*geogr.*), Peloponnes *f.* (*coll. m.*), Halbinsel *f.* Peloponnessos.
Perseid *s.* (*astr.*), Auguststernschnuppe *f.*; **Perseus** *s.* (*astr.*), Perseus *m.*
Persia *s.* (*geogr.*), Persien *n.*; **Gulf of –**, Persischer Golf *m.*; **Persian** *adj.*, – **Gulf** *s.*, Persischer Golf *m.*
Peru / Basin *s.* (*geogr.*), Peru-Becken *n.*; – **Chile Trench** *s.*, Peru-Chile-Graben *m.*, Atakamagraben *m.*; –**(-Humboldt-) Current** *s.*, Peru-Strom *m.*, Humboldtstrom *m.* (*Westwinddrift*); **Peruvian** *adj.*, – **Basin** *s.*, – **Current** *s.*, (*s.* **Peru Basin, Peru Current**).
Pescadores *s.*/*pl.* (*geogr.*), Pescadores-Inseln *f.*/*pl.*, Hokoto-Inselgruppe *f.*
Petalian Gulf *s.* (*geogr.*), Petalischer Golf *m.*, Kolpos Petalion *m.*
Phæacia *s.* (*geogr.*), (Inseln *f.*/*pl.* der) Phäaken *od.* Phaiaken, Phäakien *n.*
Philippine / Basin *s.* (*geogr.*), Philippinenbecken *n.*; – **Islands** (*pl.*), **Philippines** (*pl.*), Philippinen (*pl.*); – **Trench** *s.*, Philipp(inen)graben *m.*
Phoenix Islands *s.*/*pl.* (*geogr.*), Phoenix-Inseln *f.*/*pl.*; – **Trough** *s.*, Phoenix-Graben *m.*
Pidgin English *s.* (*ling.*), Pidgin-Englisch *n.* (*Verkehrssprache f. zwischen Europäern und Ostasiaten*).
Pines *s.*/*pl.* (*geogr.*), **Isle of –**, Fichteninsel *f.*
Piraeus *s.* (*geogr.*), (Hafen *m.* von) Piräus *m.* *od.* Peiraieus *m.* *od.* Piräefs.
Pisces *s.*/*pl.* (*astr.*), Fische *m.*/*pl.*
Pitch Lake *s.* (*geogr.*), Asphaltsee *m.*
Pityusae Isles *s.*/*pl.* (*geogr.*), Pityusen (*pl.*).
Pleiades *s.*/*pl.* (*astr.*), Plejaden (*pl.*), Siebengestirn *n.*
Plitvice Lakes *s.*/*pl.* (*geogr.*), Plitvicer Seen *m.*/*pl.*
Plough *s.*, (*am.* **Plow** *s.*) (*astr.*), Großer Bär *m.* *od.* Wagen *m.*
Po *s.* (*geogr.*), **River –**, Po *m.*; **River – Delta** *s.*, Podelta *n.*
Po Hai *s.* (*geogr.*), **Gulf of –**, Golf *m.* von Po(-)hai, Golf *m.* von Tschili.
Poland *s.* (*geogr.*), Polen *n.*
Polaris *s.* (*astr.*), Polar-, Nordstern *m.*
Polar / Sea *s.* (*geogr.*), Eismeer *n.*, Nord-, Polarmeer *n.*; – **Star** *s.* (*astr.*), Polar-, Nordstern *m.*
Polynesia *s.* (*geogr.*), Polynesien *n.* (*Inselgruppen*).
Pomerania *s.* (*geogr.*), Pommern *n.*; **Further –**, Hinterpommern *n.*; **Pomeranian** *adj.*, – **Bay** *s.*, Pommersche Bucht *f.*; – **Lakes** (*pl.*), Pommersche Seenplatte *f.*
Pontchartrain *s.* (*geogr.*), **Lake –**, Pontchartrainsee *m.*
Pontic *or* **Pontine / Isles** *s.*/*pl.* (*geogr.*), Pontinische Inseln *f.*/*pl.*; – **Sea** *s.*, Schwarzes Meer *n.*, Pontus Euxinus *m.*
Portugal Current *s.* (*geogr.*), Portugiesischer Strom *m.*, Portugal-Strom *m.*
Potomac River *s.* (*geogr.*), Potomac *m.*
Po-yang (Hu) *s.* (*geogr.*), Pojangsee *m.*
Prague *s.* (*geogr.*), Prag *n.*
Pratas *s.* (*geogr.*), **Isle of –**, Tungtschatao *n.*, Insel *f.* Pratas.
Pribilof Islands *s.*/*pl.* (*geogr.*), Pribilow-, Pribylow-Inseln *f.*/*pl.*
Prince / Albert Peninsula *s.* (*geogr.*), Prinz-Albert-Halbinsel *f.*; – **Edward Islands** (*pl.*),

Prinz-Eduard-Inseln (*pl.*); – **of Wales Island** *s.*, Prinz-von-(*or* of)-Wales-Insel *f.*; – **William Sound** *s.*, Prinz-William-Sund *m.*
Procyon *s.* (*astr.*), Prokyon *m.*
Puerto Rico / Ridge *s.* (*geogr.*), Puerto Rico-Schwelle *f.*; – **Trench** *s.*, Puerto Rico-Graben *m.*
Puget Sound *s.* (*geogr.*), Puget-Sund *m.*
Puula *s.* (*geogr.*), **Lake –**, – **Lake** *s.*, Puulasee *m.*
Pyrenees *s./pl.* (*geogr.*), Pyrenäen (*pl.*).
Pyrgos *s.* (*geogr.*), (Insel *f.*) Santorin *n.*

Q

Qishm *s.* (*geogr.*), (Insel *f.*) Kischm *n.*
Quarter Ton Cup *s.* (*rac.*), Vierteltonner-Pokal *m.*
Queen / Charlotte Islands *s./pl.* (*geogr.*), Königin-Charlotte-Inseln *f./pl.*; – **Charlotte Straits** (*pl.*), Königin-Charlotte-Straße *f.*; – **Victoria Sea** *s.*, Königin-Viktoria-See *f.*
Quelpart Island *s.* *or* **Isle** *s.* (*geogr.*), Tschedschu-, Quelpart-Insel *f.*

R

Race *s.* (*geogr.*), **Cape –**, Kap *n.* Race.
Raleigh Bay *s.* (*geogr.*), Raleigh-Bai *f.*
Ralik (Islands) *s.* (*pl.*) (*geogr.*), Ralik-(Insel-)Gruppe *f.*
Ramapo Deep *s.* (*geogr.*), Ramapo-Tief *n.*
Rangeley Lakes *s./pl.* (*geogr.*), Rangeley-Seen-(platte *f.*) (*pl.*).
Ratak (Islands) *s.* (*pl.*) (*geogr.*), Ratak-(Insel-)Gruppe *f.*
Rat Islands *s./pl.* (*geogr.*), Ratteninseln *f./pl.*
Red Sea *s.* (*geogr.*), Rotes Meer *n.*
Reindeer Lake *s.* (*geogr.*), Rentiersee *m.*
Rennell Current *s.* (*geogr.*), Rennell-Strom *m.*
Rhine *s.* (*geogr.*), **River –**, Rhein *m.*; **Falls of the –**, Rheinfall *m.*; **Lower –**, Niederrhein *m.*; **Upper –**, Oberrhein *m.*; **–land** *s.*, Rheinland *n.*
Rhodes *s.* (*geogr.*), (Insel *f.*) Rhodos *n.*
Rhody *s.* (*geogr.*, *coll.*), **Little –**, Rhode Island *n.*
Rhone / Delta *s.* (*geogr.*), Rhonedelta *n.*; – **Rhine Canal** *s.*, Rhone-Rhein-Kanal *m.*
Riband *s.*, **Ribbon** *s.* (*rac.*), **Blue –**, Blaues Band *n.*
Riga *s.* (*geogr.*), **Gulf of –**, Rigaer Bucht *f.*, Rigaischer Meerbusen *m.*
Rio Grande Ridge *s.* (*geogr.*), Rio Grande-Schwelle *f.*
River Plate *s.* (*geogr.*), Rio de la Plata *m.*; – **Bay** *s.*, Rio de la Plata-Bucht *f.*
Robinson Crusoe Island *s.* (*geogr.*), Robinson Crusoe-Insel *f.*
Rochelle *s.*, **La – (Racing) Week** *s.* (*rac.*), La Rochelle-(Regatta-)Woche *f.*
Rock *s.* (*geogr.*, *coll.*), **the –**, Gibraltar *n.*
Rockaway / Inlet *s.* (*geogr.*), Rockaway-Einfahrt *f.*; – **Point** *s.*, Kap *n.* Rockaway (Point).
Romanche Trench *s.* (*geogr.*), Romanchegraben *m.*
Rome *s.* (*geogr.*), Rom *n.*
Ross / Barrier *s.* (*geogr.*), Ross-Barriere *f.*; – **Island** *s.*, Ross-Insel *f.*; – **Sea** *s.*, Ross-Meer *n.*; – **Shelf Ice** *s.*, Ross-Schelfeis *n.*
Rossel Current *s.* (*geogr.*), Australstrom *m.*
Roumania *s.*, **Romania** *s.*, **Rumania** *s.* (*geogr.*), Rumänien *n.*
Round Britain Race *s.* (*rac.*), Round-Britain-Rennen *n.*, Britain Rund *n.*
Russia *s.* (*geogr.*), Rußland *n.*; **Little –**, Kleinrußland *n.*
Ryukyu Islands *s./pl.* (*geogr.*), Riukiu-Inseln *f./pl.*, Liukiu-Inseln *f./pl.*

S

Saar District *s.* (*geogr.*), Saargebiet *n.*
Sable *s.* (*geogr.*), **Cape –**, Kap *n.* Sable; **Isle of –**, – **Island** *s.*, Sable-Insel *f.*
Sagittarius *s.* (*astr.*), Sagittarius *m.*, Schütze *m.*
Saima *s.* (*geogr.*), **Lake –**, Saimasee *m.*; – **Canal** *or* **Waterway** *s.*, Saimakanal *m.*
Saint / George's Channel *s.* (*geogr.*), Sankt Georgs-Kanal *m.*; – **Helena** *s.* (Insel *f.*) Sankt Helena; – **Helena Bay** *s.*, Sankt Helena-Bucht *f.*; – **Lawrence** *s.*, Sankt-Lorenz-Strom *m.*; – **Lawrence Gulf** *s.*, Sankt-Lorenz-Golf *m.*; – **Lawrence Island** *s.*, St.-Lorenz-Insel *f.*; – **Lawrence Seaway** *s.*, St.-Lorenz-Wasserweg *m.*; – **Matthew Islands** (*pl.*), Saint Matthias (Insel-)Gruppe *f.*; – **Peter** *s.*, St. Petrus *m.*, Wettergott *m.*; – **Vincent Island** *s.*, Saint Vincent-Insel *f.*; – **Vincent Gulf** *s.*, **Gulf of –Vincent** *s.*, Saint Vincent-Golf *m.*
Salonica *s.*, **Salonika** *s.* (*geogr.*), Saloniki *n.*, Thessaloniki *n.*; **Gulf of –**, Thermaischer Golf *m.*
Salt Lake *s.* (*geogr.*), Salzsee *m.*; **Great – Lake** *s.*, Großer Salzsee *m.*
Salton Sea *s.* (*geogr.*), Salton-See *m.*
Samoa(n) Islands *s./pl.* (*geogr.*), Samoa-Inseln *f./pl.*
San Cristobál *s.* (*geogr.*), Insel *f.* Bauro.
Sanct Elmo's fire *s.* (*naut.*), St. Elms-Feuer *n.*
Sandalwood Island *s.* (*geogr.*), Sumba *n.*
San(to) Domingo *s.* (*geogr.*), San Domingo *n.*,

Dominikanische Republik *f.*
Sandwich / Islands *s./pl.* (*geogr.*), Sandwich-Inseln *f./pl.*, Hawaii-Inseln (*pl.*); – **Harbour** *s.*, Sandwich-Hafen *m.*
San / Francisco Bay *s.* (*geogr.*), San Francisco-Bai *f.*; – **Jorge Gulf** *s.*, San Jorge-Golf *m.*; – **Matias Gulf** *s.*, **Gulf of – Matias,** San Matias-Golf *m.*; – **Pablo Bay** *s.*, San Pablo-Bai *f.*; **Bight of – Pedro,** San Pedro-Bucht *f.*; – **Pedro Point** *s.*, Kap *n.* San Pedro (Point); – **Salvador** *s.*, San Salvador *n.*, Watlings-Inseln (*pl.*).
Santa / Barbara Archipelago *s.* (*geogr.*), Santa Barbara-Archipel *m.*; – **Barbara Islands** (*pl.*), Santa Barbara-Inseln (*pl.*); – **Cruz (Islands** *pl.*) *s.*, Santa Cruz-Inseln (*pl.*).
Saorstat Eireann *s.* (*geogr.*, *Gaelic*), Irland *n.*, Eire *n.*
Sardinia *s.* (*geogr.*), Sardinien *n.*; – **Cup** *s.*, Sardinia-Cup *m.*, -Pokal *m.*; – **Race** *s.* (*rac.*), Sardinia Regatta *f.*, -Rennen *n.*
Sarema *s.* (*geogr.*), (Ostseeinsel *f.*) Ösel *n.*
Sargasso Sea *s.* (*geogr.*), Sargasso-See *f.*
Saronikos Kolpos *s.* (*geogr.*), Saronischer Golf *m.*
Saros *s.* (*geogr.*), **Gulf of –,** Golf *m.* von Saros.
Sassenach *s.* (*Scots*), Engländer *m.*, Angelsachse *m.*
Saudi Arabia *s.* (*geogr.*), Saudi-Arabien *n.*
Sault Sainte Marie Canals *s./pl.* (*geogr.*), Sault Sainte Marie-Kanal *m.*, Soo-Kanal *m.*
Saumarez Reefs *s./pl.* (*geogr.*), Saumarez Riffe *n./pl.*
Savage Island *s.* (*geogr.*), Savage-Insel *f.*, (Insel *f.*) Niue *n.*
Savaii *s.* (*geogr.*), (Insel *f.*) Sawaii *n. od.* Savaii *n.*
Savu *or* **Sawu / Islands** *s./pl.* (*geogr.*), Sawu-Inseln *f./pl.*; – **Sea** *s.*, Sawu-See *f.*, Sawusee *f.*
Scales *s./pl.* (*astr.*), Waage *f.*
Scandinavia *s.* (*geogr.*), Skandinavien *n.*
Scania *s.* (*geogr.*), Schonen *n.*
Scapa Flow *s.* (*geogr.*), Scapa Flow-Bucht *f.*, Bucht *f.* von Scapa Flow.
Scorpio *s.* (*astr.*), Skorpion *m.*
Scheldt *s.* (*geogr.*), **River –,** Schelde *f.*
S(c)helanija *s.* (*geogr.*), **Cape –,** Eiskap *n.*, Kap *n.* Schelanija.
Scilly Isles *or* **Islands** *s./pl.* (*geogr.*), Scilly-Inseln *f./pl.*, Scillies (*pl.*).
Scotia *s.*, **Scotland** *s.* (*geogr.*), Schottland *n.*
Sea *s.* (*geogr.*), **the Four –s,** die vier Großbritannien umgebenden Meere: Ärmelkanal, Irische See, Atlantik, Nordsee; – **Point Lighthouse** *s.*, Sea Point-Leuchtturm *m.*
Seine Bay *s.*, **Baie** *s.* **de la Seine** (*geogr.*), Seinebucht *f.*
Seneca Lake *s.* (*geogr.*), Seneca-See *m.*
Seram / Laut Islands *s./pl.* (*geogr.*), Seram-Laut-Inseln *f./pl.*; – **Sea** *s.*, Seramsee *f.*
Serbia *s.* (*geogr.*), Serbien *n.*
Serpent *s.* (*astr.*), Schlange *f.*
Seven / Seas *s./pl.* (*geogr.*), die sieben Weltmeere *n./pl.*; – **Sisters** (*pl.*) (*astr.*), Siebengestirn *n.*, Plejaden (*pl.*).
Severnaya Zemlya *s.* (*geogr.*), Sewernaja Semlja *n.*, Nordland *n.*
Seward Peninsula *s.* (*geogr.*), Seward-Halbinsel *f.*
Sextans *s.* (*astr.*), Sextant *m.* (*Sternbild*).
Seychelles (Islands) *s./pl.* (*geogr.*), Seychellen (*pl.*), Seschellen (*pl.*).
Shanghai *s.* (*geogr.*), Schanghai *n.*
Shantung / Peninsula *s.* (*geogr.*), Schantung-Halbinsel *f.*; – **Cape** *s.*, Schantungkap *n.*
Shark Bay *s.* (*geogr.*), Haifischbucht *f.*, Shark-Bai *f.*
Shetland / Islands *s./pl.*, **(the) Shetlands** (*pl.*) (*geogr.*), Shetlandinseln *f./pl.*; – **Ridge** *s.*, Shetlandschwelle *f.*; – **Wave** *s.*, Shetlandwelle *f.*
Shingle Bank *s.* (*geogr.*), Shinglebank *f.*
Siberia *s.* (*geogr.*), Sibirien *n.*
Sicily *s.* (*geogr.*), Sizilien *n.*; **Straits of –,** Sizilische Straße *f.*
Sidra *s.* (*geogr.*), **Gulf of –,** Golf *m.* von Sidra, Große Syrte *f.*
Sierra Leone / Basin *s.* (*geogr.*), Sierra Leone-Becken *n.*; – **Ridge** *s.*, Sierra Leone-Schwelle *f.*
Silver Streak *s.* (*geogr.*, *coll.*), Ärmelkanal *m.*; – **Wave** *s.*, Silberrinnen-Welle *f.*
Sinai (Peninsula) *s.* (*geogr.*), (Halbinsel *f.*) Sinai *n.*
Singapore *s.* (*geogr.*), Singapur *n.*
Single-handed / Azores Race *s.* (*rac.*), Einhand-Azoren-Regatta *f.*; – **Round the World Race** *s.*, Einhandrennen *n.* um die Welt; – **Transatlantic Race** *s.*, Einhand-Atlantik-Rennen *n.*, -Regatta *f.*
Sir Edward Pellew Islands *s./pl.* (*geogr.*), Sir Edward Pellew (Insel-)Gruppe *f.*
Sirius *s.* (*astr.*), Sirius *m.*, Hundsstern *m.*
Skagen *s.* (*geogr.*), **Cape –,** (Kap *n.*) Skagens Horn *n.*, Kap *n.* Skagen.
Skager(r)ak *s.* (*geogr.*), Skagerrak *n.*
Skaw *s.* (*geogr.*), **the –,** Kap *n.* Skagen; – **Race** *s.* (*rac.*), Skagen-Rund *n.*; **Round the –** (*rac.*), Skagen-Rund *n.*
Skiyachting *s.* (*rac.*), Skiyachting *n.* (in

Cannes).

Skye *s.* (*geogr.*), **Isle of –,** (Insel *f.*) Skye *n.*, (*coll.*) Regeninsel *f.*

Slave / Coast *s.* (*geogr.*), Sklavenküste *f.*; – **Lake** *s.*, Sklavensee *m.*; **Great (Little) – Lake** *s.*, Großer (Kleiner) Sklavensee *m.*; – **River** *s.*, Sklavenfluß *m.*

Sleswick *s.*, **Sleswig** *s.* (*geogr.*), Schleswig *n.*; **–-Holstein Week** *s.* (*rac.*), Flensburger Woche *f.*

Slovakia *s.* (*geogr.*), Slowakei *f.*

Slovenia *s.* (*geogr.*), Slowenien *n.*

Snake / Channel *s.* (*geogr.*), Schlangenkanal *m.*; – **Island** *s.*, Schlangeninsel *f.*; – **River** *s.*, Schlangenfluß *m.*

Society Islands *s./pl.* (*geogr.*), Gesellschaftsinseln *f./pl.*

Socotra *s.* (*geogr.*), Sokotra(-Inselgruppe *f.*) *n.*

Sogne Fjord *s.* (*geogr.*), Sognefjord *m.*

Solent *s.* (*geogr.*), **the –,** Solent-Kanal *m.*

Soling *s.* (*naut.*), Soling *f.* (*Olympische Klasse*); – **class** *s.*, Soling-(Boots)Klasse *f.*

Solomon / Basin *s.* (*geogr.*), Salomonenbecken *n.*; – **Islands** (*pl.*), Salomon-Inseln (*pl.*), Salomonen (*pl.*); **Eastern (Western) – Islands** (*pl.*), Östliche (Westliche) Salomonen (*pl.*); – **Sea** *s.*, Salomon-See *f.*

Somali / Basin *s.* (*geogr.*), Somali-Becken *n.*; – **Current** *s.*, Somali-Strom *m.*; – **Peninsula** *s.*, Somali-Halbinsel *f.*

Soo Canals *s./pl.* (*geogr.*), Sault Sainte Marie-Kanal *m.*, -Kanäle (*pl.*).

Sothis *s.* (*astr.*), Sirius *m.*, Hundsstern *m.*

Sound *s.* (*geogr.*), **the –,** der Sund (*zwischen Dänemark u. Schweden*).

South *s.* (*geogr.*), **the –** (*am.*), Südstaaten *m./pl.* von Amerika; **the – of France,** Südfrankreich *n.*; – **Africa** *s.*, Südafrika *n.*; – **America** *s.*, Südamerika *n.*; – **Atlantic Ridge** *s.*, Südatlantische Schwelle *f.*; – **Atlantic track** *s.* (*meteor.*), Süd-Atlantik-Straße *f.*; – **Australia** *s.*, Südaustralien *n.*; – **Australian Basin** *s.*, Südaustralisches Becken *n.*; – **China Sea** *s.*, Südchinesisches Meer *n.*; – **Equatorial Current** *s.*, Süd-Äquatorialstrom *m.*

Southern / Cross *s.* (*astr.*), Kreuz *n.* des Südens; – **Crown** *s.* (*astr.*), Südliche Krone *f.*; – **England** *s.* (*geogr.*), Südengland *n.*; – **Gulf Stream track** *s.*, (*meteor.*), Süd-Golfstrom-Straße *f.*; – **Hawaiian Ridge** *s.*, Süd-Sandwich-Schwelle *f.*; – **States** (*pl.*) **of America,** Südstaaten (*pl.*) von Amerika; – **Triangle** *s.* (*astr.*), Südliches Dreieck *n.*, Südlicher Triangel *m.*

South / Germany *s.* (*geogr.*), Süddeutschland *n.*; – **Magnetic Pole** *s.*, Magnetischer Südpol *m.*; – **Pacific Basin** *s.*, Südpazifisches Becken *n.*; – **Pole** *s.*, Südpol *m.*; – **Sea** *s.*, Südsee *f.*; – **Sea Archipelago** *s.*, Südsee-Archipel *m.*; – **Sea Islands** (*pl.*), Südseeinseln (*pl.*), Ozeanien *n.*; – **Seas** (*pl.*), die Gewässer der südl. Hemisphäre, bes. des südl. Pazifischen Ozeans; – **Wales** *s.*, Südwales *n.*

Soviet / Russia *s.* (*geogr.*), Sowjetrußland *n.*; **Union of – Socialist Republics,** (*coll.*) – **Union** *s.*, Sowjetunion *f.*

Spa *s.* (*geogr.*), Spa *n.*, Spaa *n.*

Spain *s.* (*geogr.*), Spanien *n.*; **Spanish** *adj.*, – **(American) Main** *s.*, Nordostküste *f.* von Südamerika, (*unkorrekt:* Südliche Karibische See).

Spencer Gulf *s.* (*geogr.*), Spencer-Golf *m.*

Spice Islands *s./pl.*, **Spicy Islands** (*pl.*) (*geogr.*), Gewürzinseln *f./pl.*, Molukken (*pl.*), Maluku *n.*

Spitsbergen *n.* (*geogr.*), Spitzbergen *n.*; – **Bank** *s.*, Spitzbergen Bank *f.*

Sporades *s./pl.* (*geogr.*), (Inseln *f./pl.* der) Sporaden (*pl.*).

Stamboul *s.* (*geogr.*), Stambul *n.*, Istanbul *n.*

Star *s.* (*naut.*), Star *m.* (*Olympische Bootsklasse*); – **Boat** *s.*, **–boat** *s.*, Star(boot *n.*) *m.*; **–(boat) class** *s.*, Star(boot)-Klasse *f.*; **–boat fleet** *s.*, Starbootflotte *f.*

Stars and Stripes *s./pl.*, **Star-spangled Banner** *s.* (*am.*), Sternenbanner *n.* (*Nationalflagge der USA*).

St. / Luke's summer *s.*, Spätsommer *m.*; – **Martin's summer** *s.*, Altweibersommer *m.*, Spätsommer *m.*; – **Swithin** *s.*, St. Swithun *m.*, Wetterheiliger *m.*

Straits *s./pl.* (*geogr.*), **the –,** Straße *f.* *od.* Meerenge *f.* von Gibraltar; Malakkastraße *f.*; – **of Bonifacio,** Straße *f.* von Bonifacio; – **of Dover,** Straße *f.* von Dover, Pas de Calais; – **of Gibraltar,** Straße *f.* von Gibraltar; – **of Hormuz** *or* **Ormuz,** Straße *f.* von Hormus; – **of Kerch,** Straße *f.* von Kertsch; – **of Mackinac,** Straße *f.* von Mackinac; – **of Malacca,** Straße *f.* von Malakka; – **of Messina,** Straße *f.* von Messina; – **of Mozambique,** Straße *f.* von Mosambik; – **of Otranto,** Straße *f.* von Otranto; – **of Singapore,** Straße *f.* von Singapur; – **of Yucatan,** Straße *f.* von Yucatán.

Strasbourg *s.* (*geogr.*), Straßburg *n.*

Styria *s.* (*geogr.*), Steiermark *f.*; **Lakes of –,** Steirische Seen (*pl.*).

Suez Canal *s.* (*geogr.*), Sueskanal *m.*, (*auch* Suezkanal *m.*).

Sulu / Basin *s.* (*geogr.*), Sulu-Becken *n.*; – **Islands** (*pl.*), Sulu- *od.* Jolo-Inseln (*pl.*); – **Sea,**

Sea of –, Sulu-See *f.*
Sunda / Isles *or* **Islands** *s./pl.* (*geogr.*), Sunda-Inseln *f./pl.*; **the Greater – Islands** (*pl.*), die Großen Sundainseln (*pl.*); **the Lesser – Islands** (*pl.*), die Kleinen Sundainseln (*pl.*); **– Sea** *s.*, Sunda-See *f.*; **– Straits** (*pl.*), Sundastraße *f.*; **– Trench** *s.*, Sundagraben *m.*
Superior Lake *s.* (*geogr.*), Oberer See *m.* (*Große Seen, Nordamerika*).
Swain Reefs *s./pl.* (*geogr.*), Swain Riffe *n./pl.*
Swan *s.* (*astr.*), Schwan *m.*; **– Island** *s.* (*geogr.*), Schwaninsel *f.*
Sweden *s.* (*geogr.*), Schweden *n.*
Switzerland *s.* (*geogr.*), Schweiz *f.*; **French –,** Französische Schweiz *f.*; **in –,** in der Schweiz.
Sydney Hobart (Offshore) Race *s.* (*rac.*), Sydney-Hobart-Rennen *n.*, -Hochseeregatta *f.*
Syracusae *s.*, **Syracuse** *s.* (*geogr.*), Syrakus *n.*
Syrtis *s.* (*geogr.*), **– Major** *s.*, Große Syrte *f.*, Golf *m.* von Sidra; **– Minor** *s.*, Kleine Syrte *f.*, Golf *m.* von Gabès.

T

Taganrog *s.* (*geogr.*), **Bight** *or* **Bay of –,** Bucht *f.* von Taganrog.
Tagus *s.* (*geogr.*), **River –,** Tajo *m.*, Tejo *m.*
Tallin(n) *s.* (*geogr.*), Tallinn *n.*, Reval *n.*
Tana *s.* (*geogr.*), **Lake –,** Tanasee *m.*; **– Fjord** *s.*, Tanafjord *m.*; **– (Island)** *s.*, Tana (Insel *f.*) *n.*
Tangier(s) *s.* (*geogr.*), Tanger *n.*
Tanimbar Islands *s./pl.* (*geogr.*), Tanimbar-, Timorlaut-Inseln *f./pl.*
Taranto *s.*, **Tarentum** *s.* (*geogr.*), Tarent *n.*
Tasman / Bay *s.* (*geogr.*), Tasman-Bai *f.*; **– Ridge** *s.*, Tasman-Schwelle *f.*; **– Sea** *s.*, Tasman-See *f.*
Tasmania *s.* (*geogr.*), Tasmanien *n.*, Van-Diemens-Land *n.*
Tatar Sound *s.* (*geogr.*), Tatarischer Sund *m.*
Tauric / Chersonese *s.* (*geogr.*), Taurische Halbinsel *f.*, Tauris *n.*, Taurien *n.*; **– Peninsula** *s.*, Halbinsel *f.* Krim.
Taurus *s.* (*astr.*), Stier *m.*
Tehuantepec *s.* (*geogr.*), **Isthmus of –,** Isthmus *m.* von Tehuantepec.
Tempest *s.* (*naut.*), Tempest *f.* (*Bootsklasse*); **– boat** *s.*, Tempest *f.*; **– class** *s.*, Tempest-(Boots)Klasse *f.*
Tenerife *s.* (*geogr.*), Teneriffa *n.*
Thames *s.* (*geogr.*), **(River) –,** Themse *f.*; **– Tonnage** *s.* (*naut.*), Thames-, Themse-Vermessung *f.*
Thessalonica *s.* (*geogr.*), Saloniki *n.*, Thessaloniki *n.*
Thessaly *n.* (*geogr.*), Thessalien *n.*
Thira *s.* (*geogr.*), **(Isle of) –,** (Insel *f.*) Santorin *n.*
Thirasia *s.* (*geogr.*), **(Isle of) –,** (Insel *f.*) Therasia *n.*
Thomson Ridge *s.* (*geogr.*), Thomson-Rücken *m.*
Thousand Islands *or* **Isles** *s./pl.* (*geogr.*), Tausendinseln *f./pl.*
Three Quarter Ton Cup *s.* (*rac.*), Dreivierteltonner-Pokal *m.*
Thun *s.* (*geogr.*), **Lake of –,** Thuner See *m.*, Thunersee *m.*
Tiberias *s.* (*geogr.*), **Sea of –,** Galiläisches Meer *n.*, See *m.* Genezareth.
Ticino *s.* (*geogr.*), Tessin *m.* (*coll. n.*); **(River) –,** Tessin *m.*, Ticino *m.*
Tierra del Fuego *s.* (*geogr.*), Feuerland *n.*
Timor *s.* (*geogr.*), **– (Island)** *s.*, Timor(-Insel *f.*) *n.*; **– Sea** *s.*, Timor-See *f.*
Timorlaut Islands *s./pl.* (*geogr.*), Timorlaut-, Tanimbar-Inseln *f./pl.*
Tisza *s.* (*geogr.*), Theiss *f.*
Titicaca *s.* (*geogr.*), **Lake –,** Titicaca-See *m.*; **– Isle** *or* **Island** *s.*, Titicaca-Insel *f.*
Tokara *s.* (*geogr.*), **Strait of –,** Tokara-Straße *f.*; **– Isles** *or* **Islands** (*pl.*), Tokara-Inseln (*pl.*).
Tokyo *s.* (*geogr.*), **Bay of –, – Bay** *s.*, Tokio-Bai *f.*
Tonga / Islands *s./pl.* (*geogr.*), Tonga-, Freundschafts-Inseln *f./pl.*; **– Trench** *s.*, Tonga-Graben *m.*
Tornado *s.* (*naut.*), Tornado *m.* (*Olympische Katamaran-Klasse*); **– class** *s.*, Tornado-Klasse *f.*
Torrens *s.* (*geogr.*), **Lake –,** Torrens-See *m.*, Torrenssee *m.*
Torres Strait *s.* (*geogr.*), Torres-Straße *f.*
Trade Winds *s./pl.* (*naut.*, *meteor.*), Passatwinde *m./pl.*; **North East (South East) –,** Nordost(Südost)passat *m.*
Trafalgar *s.* (*geogr.*), **Cape –,** Kap *n.* Trafalgar.
Trans / atlantic Race *s.* (*rac.*), Transatlantik-Rennen *n.*; **– Ocean Medal** *s.* (*rac.*), Trans-Ozean-Medaille *f.*; **– Ocean Race** *s.*, Trans-Ozean-Regatta *f.*, -Rennen *n.*; **– Ocean Trophy** *s.*, Trans-Ozean-Preis *m.*; **– Pacific Race** *s.*, **–-Pac** *s.*, Transpazifik-Rennen *n.*
Trasimeno *s.* (*geogr.*), **Lake –,** Trasimenischer See *m.*
Travemuende Week *s.* (*rac.*), Travemünde-Woche *f.*
Trent *s.* (*geogr.*), Trient *n.*
Triangle *s.* (*astr.*), Triangel *m.*, Dreieck *n.*; **Southern –** (*astr.*), Südliches Dreieck *n.*

Trieste *s.* (*geogr.*), Triest *n.*
Trincomalee *s.* (*geogr.*), Trinkomali *n.*
Trindade / Island *s.* (*geogr.*), Trindade (Insel *f.*) *n.*; – **Ridge** *s.*, Trindade-Schwelle *f.*
Trinity House *s.* (*naut.*), Trinity-Haus *n.* (*Verband, der die Aufsicht über Leuchtfeuer, See- und Lotsenzeichen hat, sowie Lotsen eine Berufslizenz erteilt*).
Tripoli *s.* (*geogr.*), Tripolis *n.*; **Tripolitania** *s.*, Tripolitanien *n.*
Triton *s.*, Triton *m.*, Meeresgott *m.*, (*coll.*) Seebär *m.*, Seemann *m.*
Trondheim *s.*, **Trondhjem** *s.* (*geogr.*), Drontheim *n.*, Trondheim *n.*; – **Fjord** *s.*, Trondheimsfjord *m.*
Tropic *s.* (*astr.*, *geogr.*), – **of Cancer,** Wendekreis *m.* des Krebses; – **of Capricorn,** Wendekreis *m.* des Steinbocks.
Trucial Coast *s.* (*geogr.*), Priatenküste *f.*
Truk Islands *s./pl.* (*geogr.*), Truk-Inseln *f./pl.*
Tsana *s.* (*geogr.*), **Lake –,** Tanasee *m.*
Tshuktshen / Peninsula *s.* (*geogr.*), Tschuktschen-Halbinsel *f.*; – **Sea** *s.*, Tschuktschen-See *f.*
Tshushima (Islands) *s.* (*pl.*) (*geogr.*), Tsuschima(-Inselgruppe *f.*) *n.*; **Straits of –,** Tsuschimastraße *f.*
Tuamotu Archipelago *s.* (*geogr.*), Tuamotu-Archipel *m.*, -Inseln (*pl.*).
Tunis *s.*, **Tunisia** *s.* (*geogr.*), Tunis *n.*; **Gulf of –,** Golf *m.* von Tunis; **Tunisia** *s.* (*geogr.*), Tunesien *n.*
Turkey *s.* (*geogr.*), Türkei *f.*; **in –,** in der Türkei; – **in Asia,** Asiatische Türkei *f.*
Turks and Caicos Islands *s./pl.* (*geogr.*), Turks-(und Caicos-)Inseln *f./pl.*
Tuscany *s.* (*geogr.*), Toskana *f.*
Twins *s./pl.*, **the Twin Brothers** *or* **Brethren** (*pl.*) (*astr.*), Zwillinge *m./pl.*
Two Ton Cup *s.* (*rac.*), Zweitonner-Pokal *m.*
Tyrrhenian Sea *s.* (*geogr.*), Tyrrhenisches Meer *n.*

U

Union / Jack *s.*, Union Jack *m.* (*brit. Nationalflagge*), (*naut.*), Hoheitsabzeichen *n.*, Gösch *f.*; – **of South Africa** (*geogr.*), Südafrikanische Union *f.*
United / Kingdom *s.* (*geogr.*), Großbritannien *n.* und Nordirland; – **Nations** (*pl.*), Vereinte Nationen (*pl.*); – **Provinces** (*pl.*), Vereinigte Niederlande (*pl.*); – **States (of America)** (*pl.*), Vereinigte Staaten (*pl.*) (von Amerika), U.S.A. *f.*
University Island *s.* (*geogr.*), Universitätsinsel *f.*
Upper / Austria *s.* (*geogr.*), Oberösterreich *n.*; – **Bavaria** *s.*, Oberbayern *n.*; – **Bavarian Lakes** (*pl.*), Oberbay(e)rische Seen (*pl.*); – **Italian Lakes** (*pl.*), Oberitalienische Seen (*pl.*).
Uraga Channel *s.* (*geogr.*), Uragastraße *f.*
Urmia *s.* (*geogr.*), **Lake –,** Urmiasee *m.*
Ursa *s.* (*astr.*), Großer und Kleiner Bär *m.*; – **Major** *s.* (*astr.*), Großer Bär *m.*; – **Minor** *s.* (*astr.*), Kleiner Bär *m.*

V

Vaal *s.* (*geogr.*), **River –,** Waal *f.*
Valais *s.* (*geogr.*), **(Le) –,** Wallis *n.*
Van *s.* (*geogr.*), Wansee *m.*
Vancouver Isles *s./pl.* (*geogr.*), Vancouver-Inseln *f./pl.*
Van Diemen / 's Land *s.* (*geogr.*), Vandiemensland *n.*, Van-Diemens-Land *n.*, Tasmanien *n.*; – **Gulf** *s.*, Van-Diemen-Golf *m.*; – **Straits** (*pl.*), Van-Diemen-Straße *f.*
Vänern *s.* (*geogr.*), Vänersee *m.*
Vättern *s.* (*geogr.*), Vättersee *m.*
Vaud *s.* (*geogr.*), Waadt(land) *n.*
Veglia *s.* (*geogr.*), (Insel *f.*) Krk *n.*
Vener *s.*, (*s.* **Vänern**).
Venice *s.* (*geogr.*), Venedig *n.*; **Lagoons of –,** Lagunen (*pl.*) von Venedig; **Lido of –,** Lido *m.* von Venedig.
Venus *s.* (*astr.*), Venus *f.*; **Transit of (the planet) –** (*astr.*), Venusdurchgang *m.*
Verde *s.*, **Vert** *s.* (*geogr.*), **Cape –,** Kap *n.* Verde, (*coll.*) das Grüne Vorgebirge; **Cape – Basin** *s.*, Kapverdisches Becken *n.*; **Cape – Islands** (*pl.*), Kapverdische Inseln (*pl.*); **Cape – Ridge** *s.*, Kapverdische Schwelle *f.*
Vesper *s.* (*astr.*), Hesperus *m.*, Abendstern *m.*
Vetter *s.*, (*s.* **Vättern**).
Victoria *s.* (*geogr.*), **Lake –,** Viktoria-See *m.*; – **Island** *s.*, Victoria-Insel *f.*; – **Strait(s)** *s.* (*pl.*), Victoria-Straße *f.*
Vienna *s.* (*geogr.*), Wien *n.*
Viking Bank(s) *s.* (*pl.*) (*geogr.*), Vikingbank *f.*
Virginia *s.* (*geogr.*), Virginien *n.*
Virgin Islands *s./pl.* (*geogr.*), Jungferninseln *f./pl.*, Virginische Inseln (*pl.*).
Virgo *s.* (*astr.*), Jungfrau *f.*
Visayan Islands *s./pl.* (*geogr.*), Visayas (*pl.*), Bisaya-Inseln (*pl.*).
Vistula *s.* (*geogr.*), Weichsel *f.*
Vladivostok *s.* (*geogr.*), Wladiwostok *n.*
Vltava *s.* (*geogr.*), **River –,** Moldau *f.*
Volcanic *or* **Volcano Islands** *s./pl.* (*geogr.*), Vulkan-Inseln *f./pl.*
Volga *s.* (*geogr.*), **(River) –,** Wolga *f.*

W

Wag(g)oner *s.* (*astr.*), Großer Bär *m.* *od.* Wagen *m.*, Fuhrmann *m.*

Wake Island *s.* (*geogr.*), Wake-Insel *f.*

Walfish *or* **Walvis / Bay** *s.* (*geogr.*), Walfischbai *f.*; – **Ridge** *s.*, Walfisch-Schwelle *f.*

Warsaw *s.* (*geogr.*), Warschau *n.*

Warta *s.* (*geogr.*), **River –,** Warthe *f.*

Wash *s.* (*geogr.*), **The –,** Meerbusen *m.* an der engl. Nordseeküste.

Washington / Channel *s.* (*geogr.*), Washington-Kanal *m.*; – **Island** *s.*, Washington-Insel *f.*

Water(-)Carrier *s.* (*astr.*), Wassermann *m.*

Watlings Island *s.* (*geogr.*), Watlings-Insel *f.*, San Salvador *n.*

Watling Strait(s) *s.* (*pl.*) (*geogr.*), Watling-Straße *f.*

Wave *s.* (*geogr.*), **Channel –,** (Ärmel)Kanalwelle *f.*; **Shetland –,** Shetland-Welle *f.*

Weddell Sea *s.* (*geogr.*), Weddellmeer *n.*, Weddell-See *f.*

Welland Canal *s.* (*geogr.*), Welland-Kanal *m.*

Wenchow *s.* (*geogr.*), Wentschou *n.*

West *s.* (*geogr.*), **the –** (*am.*), Weststaaten *m./pl.* (von Amerika); **– Bay** *s.*, Westbai *f.*; **– Australian Basin** *s.*, Westaustralisches Becken *n.*; **– Australian Current** *s.*, Westaustralischer Strom *m.*; **(the) – Country** *s.*, der Südwesten (Englands).

Western / Australia *s.* (*geogr.*), Westaustralien *n.*; **– Europe** *s.*, Westeuropa *n.*; **– Hemisphere** *s.*, Westliche Hemisphäre *f.*, amerikanischer Kontinent *m.*; **– Islands** (*pl.*), Hebriden (*pl.*); **(the) – World** *s.*, Abendland *n.*

West / European Basin *s.* (*geogr.*), Westeuropäisches Becken *n.*; **– Frisian Islands** (*pl.*), Westfriesische Inseln (*pl.*); **– Gulf Stream track** *s.*, (*meteor.*), West-Golfstrom-Straße *f.*; **– Indiaman** *s.* (*naut.*), Westindienfahrer *m.* (*Schiff*); **(the) – Indies** (*pl.*), Westindien *n.*; **– Wind Drift** *s.*, Westwindtrift *f.*

White / Nile *s.* (*geogr.*), Weißer Nil *m.*; **– Russia** *s.*, Weißrußland *n.*; **– Sea** *s.*, Weißes Meer *n.*

Wight *s.* (*geogr.*), **Isle of –,** Insel *f.* Wight.

Windward / Islands *s./pl.* (*geogr.*), Windward-Inseln *f./pl.*, Inseln (*pl.*) über *od.* vor dem Winde; **– Passage** *s.*, Windward-Passage *f.*

Winnebago *s.* (*geogr.*), **Lake –,** Winnebagosee *m.*

Winnipeg *s.* (*geogr.*), **Lake –,** Winnipeg-See *m.*

Winnipegosis *s.* (*geogr.*), **Lake –,** Winnipegosis-See *m.*

Winnipesaukee *s.* (*geogr.*), **Lake –,** Winnipesaukee-See *m.*

Woods *s./pl.* (*geogr.*), **Lake of the –,** Wäldersee *m.*

World Championship *s.*, **(the) Worlds** (*pl.*) (*rac.*), Weltmeisterschaft *f.*

Wrangel Island *s.* (*geogr.*), Wrangel-Insel *f.*

Wrath *s.* (*geogr.*), **Cape –,** Kap *n.* Wrath.

Wreath *s.* (*astr.*), Südliche Krone *f.*

Y

Yalta *s.* (*geogr.*), Jalta *n.*

Yangtze (Kiang) *s.* (*geogr.*), Jangtse *m.*, Jangtsekiang *m.*

Yankee *s.*, (Nord)Amerikaner *m.*, Neuengländer *m.*, Yankee *m.*; **– States** (*pl.*) (*geogr.*), Neuengland *n.*, neuenglische Staaten (*pl.*).

Yap *s.* (*geogr.*), (Insel *f.*) Jap *n.*

Yard and Ell *s.* (*astr.*), Gürtel *m.* des Orion, Jakobsstab *m.*

Yellow Sea *s.* (*geogr.*), Gelbes Meer *n.*

Yemen *s.* (*geogr.*), Jemen *m.*

Yorke Peninsula *s.* (*geogr.*), (Halbinsel *f.*) Yorke *n.*, Yorke-Halbinsel *f.*

Ysabel Channel *s.* (*geogr.*), Ysabel-Kanal *m.*

Yssel *s.* (*geogr.*), (*s.* **Ijssel**).

Yucatan *s.* (*geogr.*), **Straits of –, – Channel** *s.*, Yukatán-Straße *f.*

Yugoslavia *s.* (*geogr.*), Jugoslawien *n.*

Z

Zacynthus *s.*, **Zakinthos** *s.*, **Zakynthos** *s.*, **Zante** *s.* (*geogr.*), (Insel *f.*) Zakynthos *n.*

Zansibar *s.*, **Zanzibar** *s.* (*geogr.*), Sansibar *n.*

Zea *s.* (*geogr.*), (Insel *f.*) Kea *n.*

Zealand *s.* (*geogr.*), (*die dänische Insel*) Seeland *n.*

Zeeland *s.* (*geogr.*), (*Provinz*) Seeland *n.*

Zhdanov *s.* (*geogr.*), **(Port of) –,** (Hafen *m.* von) Schdanow.

Zug *s.* (*geogr.*), **Lake of –,** Zuger See *m.*

Zuider Zee *s.*, **Zuyder Sea** *or* **Zee** *s.* (*geogr.*), Zuidersee *f.*, Ijsselmeer *n.*

Zurich *s.* (*geogr.*), Zürich *n.*; **Lake of –,** Zürichsee *m.*, Zürcher See *m.*

INDEX OF ABBREVIATIONS (*meteor., naut., phys., rad., tech.*)

A

A. absolute (temperature); (*elec.*) ampere.

a. about; (*elec.*) ampere; anode.

AA (*astr., math.*) absolute altitude.

A & P (*am.*) Atlantic and Pacific.

A. & W.I. (*naut.*) America and West Indies station.

AAPA American Association of Port Authorities.

A.A.R., a.a.r. (*ins.*) against all risks.

A.B., a.b. able-bodied (seaman).

ab. about.

abbr(ev). abbreviation.

ABC, A.B.C. (*Morse, etc.*) alphabet.

ABM, abm abeam.

ABR, abr abreast.

ABS, A.B.S. Able-bodied Seaman.

A.B.S. American Bureau of Shipping.

abs(ol). absolute.

abt. (*rad.*) about.

AC (*rac.*) Admiral's Cup.

AC, ac, A.C., a.c. (*elec.*) alternating current.

Ac (*meteor.*) alto-cumulus.

acc. (*tech.*) acceleration.

A.C./D.C. (*elec.*) alternating current/ direct current (*Allstrom*).

ACP, A. & C.P. anchors and chains proved (*Lloyd's Register*).

A.C.R. approach control radar.

ACW (*rad.*) alternating continuous wave(s).

ADF automatic direction finder (*Peilgerät*).

A dk awning deck (*Lloyd's Register*).

Adm. Admiral(ty).

Adm. Co. (*am.*) Admiralty Court.

Æ *Schiff III. Klasse in Lloyd's Register.*

AF, af, A.F. (*rad.*) audio frequency.

AFC, a.f.c. (*rad.*) automatic frequency control.

AFN, A.F.N. American Forces Network.

afsk (*rad.*) audio frequency shift keying (*Niederfrequenzumtastung*).

A/G, a–g (*aer. naut.*) air-to-ground.

agc (*rad.*) automatic gain control.

a.h. after hatch; (*elec.*) ampere-hour.

AK Alaska.

AL, Al(a). Alabama.

alc (*rad.*) automatic level control.

A.L.L. Admiralty List of Lights.

A.L.R.S. Admiralty List of Radio Signals.

alt. alternating; altitude; alternation.

Alt.F.Fl. alternating fixed and flashing light(s).

Alt.F.Gp.Fl. alternating fixed and group flashing light(s).

Alt.Fl. alternating flashing light(s).

Alt.Gp.Fl. alternating group flashing light(s).

Alt.Gp.Occ. alternating occulting flashing light(s).

Alt.Occ. alternating occulting light(s).

A.L.W.S. Admiralty List of Wireless Signals.

AM, A.M., a.m., a–m (*rad.*) amplitude modulation.

A.M., a.m. ante meridiem (before noon).

A.M.C. American Maritime Cases.

Am(er). America(n).

amids amidships

A.M.M.I. American Merchant Marine Institute.

amp. (*elec.*) amperage; ampere.

AMS American Meteorological Society.

AMSL above mean sea level.

AMVER automated mutual assistance vessel rescue (service).

AN (*naut.*) arrival notice.

an. anode.

Anch^{e}., anche. anchorage.

ann. annual.

Ant. Antarctic(a).

ant. (*rad.*) antenna.

Ao, a.o. all over.

A. of Fl. Admiral of the Fleet.

A1, A-1 (*naut.*) first class (*Schiff in Lloyd's Register*).

a or f, a. or f. aft or forward (*Lloyd's Register*).

AP after perpendicular; assumed position.

A.P., a.p. after peak.

apec all purpose electronic computer.

apo(g). (*astr.*) apogee.

App. approach.
app(ar). apparent(ly).
appar. apparatus.
approx. approximate(ly).
Apr. April.
AR (*ins.*) all risks; Arkansas.
a.r., a./r., a/r (*ins.*) all risks..
ar. arrival; arrive(s).
AR, A.R.C. American Red Cross.
A.R.C., arc automatic remote control.
arch. (*geogr.*) archipelago.
Ariz. Arziona.
Ark. Arkansas.
arm. armature.
arr. arrival; arrive(d); arrives.
ARS Air Rescue Service.
A.R.S.B. anchored radio sono-buoy.
ARTOB, artob (*rad.*) amateur radio translator on balloon (*Umsetzer am Ballon*).
AS, A.S. apprentice seaman.
As (*meteor.*) alto-stratus.
As. Asia; Asiatic.
as (*rad.*) 'a second.'
A.S.A., a.s.a. always safely afloat.
asap as soon as possible.
ASC (*radar*) automatic sensitivity control.
A.S.D. Admiralty Salvage Department.
a.s.l. above sea level.
A.S.R., A/S.R.(S). Air-Sea Rescue (Service).
ass., Assn., assn., Assoc., Assocn. Association, association.
ASSR, A.S.S.R. Autonomous Soviet Socialist Republic.
AST, Ast, A.S.T. (*am.*) Atlantic Standard Time.
astr(on). astronomer; astronomical; astronomy.
AT apparent time.
A.T. air temperature; apparent time.
at. (*tech.*) atmosphere(s).
a.t. air temperature.
ATA, ata (*naut.*) actual time of arrival.
ATD, atd (*naut.*) actual time of departure.
athw. athwartship(s).
Atl. Atlantic.
atm. (*tech.*) atomosphere(s); atmospheric.
atm.pr(ess). atmospheric pressure.
atv amateur television.
A.U., Å.U., a.u., å.u. (*phys.*) angstrom unit.
Aug. August.
Aus. Australia(n).
Aust. Austria(n).
Austl. Australia.
Austral. Australia; Australasia.
auth. authority; authorized.
auto(.) automatic.
aux., auxil. auxiliary.
AV, a.v. actual velocity.
av. average.
AVC, a.v.c. (*rad.*) automatic volume control.
avg. average.
A/W. (*naut.*) all water.
a/w (*naut.*) all-weather.
a.w. above water; apparent wind.
ax. axis.
AZ Arizona.
Az., az. (*astr.*) azimuth.
Az.Is. Azores Islands.
Azo. Azores.

B

B bearing; black (ball *or* buoy); boat; (scheduled weather) broadcast; buoyancy.
B. barge; battery; (*geogr.*) bay; boatswain; breadth.
b. battery; (*geogr.*) bay; (*naut.*) blue sky; breadth; buoyancy.
Ba.Is. Bahama Islands.
Balt. Baltic; Baltimore.
bar. barometer; barometrical; barrel.
Barb. Barbado(e)s (Islands).
bat., Batt., batt. battery.
Bav. Bavaria(n).
bb., b.b. (*tech.*) ball bearing(s); (*naut.*) break bulkhead.
BBC, B.B.C. British Broadcasting Corporation.
B.C. boat club; Bristol Channel; British Columbia.
bc (*meteor.*) (sky) partly clouded *or* cloudy.
b.c. boat club; (*tech.*) bolt circle.
bci (*rad.*) broadcast interference.
bd (*rad.*) bad (reception).
bd. board.
B.D., B/D bar draught (*am.* draft) (*Barrieretief*).
B.D.C., bdc (*tech.*) bottom dead centre (*am.* center).
bdi (*naut.*) bearing deviation indicator.

BDRY, bdry boundary.
B.D.S.T. British Double Summer Time.
Bé, Bé. (*phys.*) Baumé (*Hydrometer*).
B/E bill of entry.
beg. begin(ning).
bel. below.
BENELUX, Benelux Belgium, Netherlands and Luxemb(o)urg.
Ber. Berlin; Bermuda.
Ber.Is. Bermuda Islands.
bet(w). between.
BFN, B.F.N. British Forces Network.
B.F.O., bfo (*rad.*) beat frequency oscillator.
Bft, Bft. Beaufort.
Bg, bg, bg. bearing(s).
b/g bonded goods.
B/H bill of health.
B Hbr. boat harbour.
bhd bulkhead.
b.h.p. (*tech.*) break horse power.
BIMCO Baltic and International Maritime Conference.
Bis Arch Bismarck Archipelago.
Bisc. Biscayan.
bk (*rad.*) 'break in!'
Bk., bk. black; block.
Bkn barkentine, barquentine (*Lloyd's Register*).
bkn (*meteor.*) broken clouds.
BKW, bkw. breakwater.
B.L., B/L, b.l., BLADING, Blading bill of lading.
blt. built.
BM (*am.*) Boatswain's Mate.
B.M., b.m. board measure; breadth moulded.
bmep. (*tech.*) brake mean effective power.
B.M.N. British Merchant Navy.
Bn bearing.
B^n., bn. beacon.
B.O.A. British Olympic Association.
b.o.a., boa (*naut.*) breadth over all.
bos'n boatswain.
bot. bottom.
b.p. between perpendiculars.
Bpgc bearing per gyro compass.
Bpsc bearing per steering (*or* standard) compass.
Bpstgc bearing per steering/gyro compas.
Bq, bq., bque. barque.
Br. bridge; brig; Britain; British.
br. bridge; brig.
BRC bridge remote control.
B.R.C.S. British Red Cross Society.
brd. board.
brg, brg. bearing.
Brit. Britain; British.
BRU, b.r.u. bearing repeater unit.
BS., B.S. British Standard; broadcasting station.
B.S.G. British Standard Gauge.
B.S.S. British Standard Specification (*brit. Normvorschrift*).
B.S.T. British Standard Time; British Summer Time.
b'st, bst. ballast.
BT (*naut.*, *am.*) Boilerman.
bt. berth terms; boat.
B.Th.U. (*phys.*) British thermal unit(s).
btry battery.
B.T.U., Btu, B.t.u., btu, b.t.u. (*s.* **B.Th.U.**).
btwn. between.
BU (*naut.*, *am.*) builder.
Bu. blue (light); (*naut.*, *am.*) bureau.
bu. (*naut.*, *am.*) bureau.
BUDOCKS, BuDocks (*naut.*, *am.*) Bureau of Yards and Docks.
bug (*rad.*) semi-automatic key.
Bur. Burma; Burmese.
bur. (*naut.*) bureau.
Bur.Stds. (*am.*) (National) Bureau of Standards.
B.V., b.v. (*naut.*) boom vessel.
B.W.B. British Waterways Board.
B.W.G. Birmingham Wire Gauge.
B.W.I. British West Indies.

C

C (*phys.*) Celsius; (*am.*) centimeter.
C. can (buoy); (*elec.*) capacity; (*geogr.*) cape; cathode; Celsius; centigrade; centimeter *or* -metre; circa; (*meteor.*) cirrus; compass correction; course (angle); (*elec.*) current.
c (*naut.*) calm; (*am.*) centimeter; centimetre; (*meteor.*) clouds; (*meteor.*) cloudy.
c. (*elec.*) capacity; (*geogr.*) cape; (*elec.*) cathode; centigrade; centimeter *or* -metre; circa; (*meteor.*) cirrus; (*naut.*) coarse; (*elec.*) current.

C.A. Central America(n).
ca. (*elec.*) cathode; circa.
cab. cable.
cal. calendar.
Cal(if). California(n).
C.Am. Central America(n).
Can. Canada; Canadian.
can. canal; cancel(lation).
canc. cancel(led); cancellation.
Can.Is. Canary Islands.
cap. capacity.
Capt. captain.
Carib. Caribbean.
carp. carpenter; carpentry.
Cas. (*astr.*) Cassiopeia.
cas. casualty.
cath. (*rad.*) cathode.
cavu (*meteor.*) ceiling and visibility unlimited.
CB, cb compass bearing.
C.B., C/B centre of buoyancy.
c.b. centreboard; centre of buoyancy.
CBC, C.B.C. Canadian Broadcasting Corporation.
C.B.(I.) Cape Breton (Island(s)).
CC 'change course!'; changed course; chronometer correction; compass course.
C.C. (*rad.*) closed circuit (transmission); (*elec.*) continuous current.
Cc (*meteor.*) cirro-cumulus.
cc, cc. cubic centimeter(s) *or* -metre(s).
c.c. (*elec.*) continuous current; cubic centimeter(s) *or* -metre(s); cubic contents.
CCA Cruising Club of America.
cclkw. counter-clockwise.
CCR Central Commission for the Navigation of the Rhine.
CD, C.D. Coast Defence(s) *or* Defense(s).
cd (*phys.*) Candela.
C.D., c.d. chart datum.
CDC course and distance calculator.
cd.ft. cord foot *or* feet.
CDI, C.D.I. course deviation indicator.
Cdre. Commodore.
Cd.S.B. (*naut.*) Commissioned Signals Boatswain.
C.E. Canada East; (*naut.*) Chief Engineer; chronometer error.
c.e. compass error.
C/E customs entry.
Cel. Celebes; (*am.*) Celsius.
Cels. Celsius.
CEMF, cemf (*elec.*) counter electromotive force.
cen. (*am.*) central.
Cen.Am(er). Central America.
Cent. centigrade; central.
cent. centered; centigrade; centimeter *or* -metre; central.
Cent.Afr. Central Africa.
Cent.Am. Central America.
Cent.Aus. Central Australia.
cert. certain; certainty.
cert., certif. certificate; certificated; certified; certify.
CET, C.E.T. Central European Time.
C.E.U. Confederation of Shipbuilding and Engineering Unions.
Cey. Ceylon(ese).
C.F., c.f. center *or* centre of flo(a)tation.
cfm (*rad.*) 'confirm!'
C.G. (*phys.*) center *or* centre of gravity; Coast Guard.
c.g. (*phys., tech.*) center *or* centre of gravity.
C.G.H. Cape of Good Hope.
C.G.S., cgs, c.g.s. (*phys.*) centimeter- *or* -metre-gram(me)-second (system); Coast Guard ship.
CH (*rad.*) channel; compass heading.
C.H. (*am.*) clearing house; Custom House.
Ch., ch. (*naut., tech.*) chain; (*spt.*) champion.
c.h. (*am.*) customhouse.
Chem., chem. chemical; chemistry.
chf. chief.
chg(d). change(d).
Chi. Chicago.
Chin. China; Chinese.
C.I. Channel Islands; Chief Inspector; Chief Instructor.
C/I certificate of insurance.
Ci (*meteor.*) cirrus.
CINC, CinC, C.-in-C., Cinc Commander-in-Chief.
Circ., cir(c). circa; circular; circulation.
C.I.R.M. International Maritime Radio Committee.
civ. civil(ian).

CKD, C.K.D., ckd (*naut.*) completely knocked down.
ckw. clockwise.
CL center *or* centre line.
Cl., cl. class; classification; (*tech.*) clearance.
cl (*rad.*) 'closing!'
Class., class. classification; classified.
classn. classification.
cld. cleared.
clkw. clockwise.
Clr (*meteor.*) clear.
C.M. (*naut.*) Certificated Master.
C.M., c.m. (*tech.*) circular measure.
cm, cm. centimeter *or* centimetre.
C.M.B. coastal motor-boat.
Cmdre. (*naut.*) Commodore.
CMM Commission for Maritime Meteorology.
C.M.U. Canadian Maritime Union.
Cn compass north.
Cn (*meteor.*) cumulo-nimbus.
C.N.S. Chief of the Naval Staff.
CO, C.O. (*naut.*) Commanding Officer.
Co. county (*Irland*).
co (*rad.*) crystal oscillator.
c.o., c/o care of.
C/O certificate of origin.
coeff. coefficient.
C. of C. coefficient of correlation.
C. of G. (*phys.*) center *or* centre of gravity.
Coll., coll. collision.
coll. colloquial; collective(ly).
colloq. colloquial(ly); colloquialism.
Colo. Colorado.
Com(d). Commander; Commanding.
Comdr. Commander.
COMINCH Commander in Chief.
Comm., comm. Commander; committee; Commodore.
COMO, Como (*am.*) Commodore.
comp. compass; compound.
con. connection.
cond. (*phys.*) conductivity.
conds (*rad.*) conditions.
Conn. Connecticut.
Consol B^n. *or* Bn. Consol beacon.
Const., const. constant.
constr. constructed; construction.
Cont. Continent(al).
cont. continue(d); continuous.
contd. continued.
c.o.p. custom of port.
cor(r). corrected; correction.
cos. (*math.*) cosine.
cox, cox. coxswain.
Cp (*meteor.*) continental polar air.
C.P., C/P charter party.
c.p. (*phys.*) candle power.
CPA, c.p.a. closest position of approach.
cpd. (*chem., tech.*) compound.
c.p.m. (*phys., elec.*) cycles per minute.
CPO, C.P.O. (*naut.*) Chief Petty Officer.
c.p.s. (*phys., elec.*) cycles per second.
Cpt. captain.
CQD (*rad.*) 'come quick, danger!'.
CQR Coastal Quick Release.
C.R. (*phys., tech.*) compression ratio; Costa Rica.
Cr. (*naut.*) cruiser.
CRDF cathode-ray direction finder *or* finding.
Cres., cres. crescent (moon).
C.S. Cruiser Squadron.
Cs (*meteor.*) cirro-stratus.
cs (*rad.*) call sign.
c.s. cable ship.
c/s (*phys., elec.*) cycles per second.
cse. course.
CSigO, CSO, C.S.O. Chief Signal Officer.
CST, C.S.T., c.s.t. (*am.*) Central Standard Time.
CT cubic tonnage (*Lloyd's Register*).
Ct (*meteor.*) continental tropic(al) air.
ct. (*am.*) certificate; county.
ctn. (*math.*) contangent.
ctr. (*am.*) center.
Cu (*meteor.*) cumulus.
cu., cub. cubic.
C.U.B.C. Cambridge University Boat Club.
cu.cm. (*am.*) cubic centimeter.
cu.ft. (*am.*) cubic foot *or* feet.
cu.in. (*am.*) cubic inch.
cul (*rad.*) 'call you later!'.
cur. current.
cusec. cubic foot per second.
C.V.Is. Cape Verde Islands.
Cw, cw, c.w. (*rad.*) carrier wave; continuous wave.
C.W.F., c.w.f. cross wind force.
CWL construction waterline.
CWO (*naut.*) Chief Warrant Officer.
C.W.S. central wireless station.
cy. cypher.

cyl. cylinder; cylindrical.
C.Z. Canal Zone (*Panama*).
C.Z.D., c.z.d. calculated zenith distance.
CZn compass azimuth.

D

D Dutch.
D. day(s); (*phys.*) density; (*am.*) diameter; Dutch.
d. date; day(s); declination; degree; density; deviation; (*am.*) diameter; distance; doubtful; drift; (*naut.*) drizzling.
DA, d.a. drift angle.
Da., Dan. Danish.
D.A.S., d.a.s. delivered alongside ship.
dB, db, db. (*phys.*) decibel(s).
DBST, D.B.S.T. Double British Summer Time.
DC (*naut., am.*) Damage Controlman; (*elec.*) direct current.
dc, D.C. (*elec.*) direct current.
d.c. (*tech.*) dead center *or* centre; (*elec.*) direct current.
DCA, d.c.a. drift correction angle.
DDD (*am.*) direct distance dialing.
D-E Diesel-electric (*Lloyd's Register*).
Dec, Dec. December.
dec. (*astr.*) declination.
deg. degree.
Del. Delaware.
Den. Denmark.
dep. department; departure.
dev. deviation.
DF, D.F., D/F (*naut.*) direction finder *or* finding.
D.F. Distrito Federal, Federal District (*in Mexiko*).
D.F.Stn. (*rad.*) direction-finding station.
dft. (*naut. am.*) draft.
D.G. (*naut.*) degaussing.
d.h.p. delivered horse power.
DHQ (mean) diurnal high water inequality.
di., dia. diameter.
diag. diagram.
dial. dialect(al).
diam. diameter.
diff. difference; different.
Dip. diploma.
dir. direction(al).
displ. (*naut.*) displacement.
dist. distance; district.
Div., div. (*naut.*) division.
D.I.Y. do-it-yourself.
Dk, dk. deck.
D^k. dock.
DLQ (mean) diurnal low water inequality.
dm, dm. decimeter *or* decimetre.
D.M.E. distance-measuring equipment.
doc(s). document(s).
dodar determination of direction and range.
D.of L. difference of latitude; difference of longitude.
DOHC double overhead crankshaft.
dol(l); dol(l)s. dollar; dollars.
DP, D.P. (*chem., phys.*) degree of polymerization; (*elec.*) double pole.
D/P, d.p. direct port.
Dpt, dpt. (*am.*) department.
D.R., D/R, d.r. dead reckoning.
D.R.E. dead reckoning equipment.
D.R.I. dead-reckoning indicator.
DRM direction of relative movement.
DST, D.S.T., d.s.t. (*am.*) Daylight Saving Time.
dt. (*naut.*) draught, (*am.*) draft.
dt.m(ld). (*naut.*) draught *or* draft moulded.
dub. dubious.
dup. duplicate.
D.W. deck watch.
D/W (*am.*) dock warrant.
dw, d.w. deadweight.
DWL designed waterline.
D.W.T. deck-watch time.
DX, D.X., dx (*rad.*) long distance.
D.Y. dockyard.
Dyn., dyn(am). dynamics.

E

E East; east(ern); electronics; English.
E., e. east(ern); engineer(ing); English; equation (*of time*); (*meteor.*) evaporation; (*meteor.*) excellent; *Schiff II. Klasse in Lloyd's Register.*
E.b.N. east by north.
E.b.S. east by south.

EBU European Broadcasting Union.
E by N, E. by N. east by north
E by S, E. by S. east by south.
ecl. (*astr.*) eclipse.
econ. economical; economics; economy.
Edin. Edinburgh.
E.D.T., e.d.t. (*am.*) Eastern Daylight Time.
E.F., e.f. electric foghorn.
e.g. exempli gratia, for example.
EHF (*rad.*) extremely high frequency.
E.H.P., e.h.p. (*tech.*) effective *or* electric horse(-)power.
E.H.V. (*elec.*) extra-high voltage.
E.I. East Indian; East Indies.
el. electricity; electric light; element.
elbug (*rad.*) electronic key.
elec(t)., electr. electric(al); electrician; electricity.
elem. element(s).
elev. elevation.
ELLA European Long Lines Agency.
E.long. east longitude.
E.M. (*br.*) Engineer Manager (*einer Werft*).
Emb. embankment; embarkation; embassy.
E.M.D.P. (*tech.*) electromotive difference of potential.
E.M.F., emf, e.m.f. (*tech.*) electromotive force.
E.M.U., e.m.u. electromagnetic unit(s).
ENE, E.N.E. east-northeast.
Eng. engineer(ing); England; English.
eng. engine; engineer(ing).
Engin., engin. engineering.
Engl. England; English.
engr. engineer.
enl. enlarged.
Ens. (*naut.*) Ensign.
Ent^{ce}., Entr. (*naut.*) entrance.
E.O. (*naut.*) Engineer Officer.
e.o.w. early open water.
EP epoxy (resin).
E.P., e.p. estimated position.
EPIRB emergency position-indicating radio beacon.
Eq. (the) Equator; Equatorial.
eq. equal; equalizer; equalizing; equation.
equin. equinoctial.
equip., eqpt. equipment.
equiv. equivalent.
ERFA European Radio Frequencies Agency.
erron. erroneous(ly).
E.S., e.s. echo sounder *or* sounding.
E.S.D. echo sounding device.
ESE, E.S.E. east-southeast
Esp. Esperanto.
esp(ec). especial(ly).
EST, E.S.T. (*am.*) Eastern Standard Time.
est. estimated; (*geogr.*) estuary.
estd. estimated.
E.S.U., e.s.u. (*phys.*) electrostatic unit(s).
ET (*naut., am.*) electronics technician.
ETA, E.T.A. estimated time of arrival.
etc. et cetera, and so on.
ETD, E.T.D. estimated time of departure.
E to E (*naut.*) end to end.
ETR, E.T.R. estimated time of return.
ETS, E.T.S. estimated time of sailing.
Eur. Europe; European.
E.V. (*naut.*) escort vessel.
evg., evng. evening.
ex. examination; examined; except(ion).
exam. examination; examined; examiner; examinor.
exc. (*naut.*) excellent; except(ed); exception.
exp., expr. express.
expt. experiment.
exptl. experimental.
ext. extension; external(ly); extra.
extr. extreme(ly).

F

F Fahrenheit; (*elec.*) farad; (*naut.*) fathom; (*math.*) field; French.
F. Fahrenheit; (*elec.*) farad; (*naut.*) fathom; (*naut.*) fixed light; (*opt.*) focal length; (*naut.*) fog; forecastle; France; French; (*phys.*) frequency; (*math.*) function (of).
f. (*elec.*) farad; (*naut.*) fathom(s); feet; female; foot; for; free; frequency; (*math.*) function (of).
f.a. free alongside.
f.a.a. (*naut.*) free of all average.

f.a.d. (*naut.*) full and down.
FAdm (*am.*) Fleet Admiral.
Fahr. Fahrenheit.
Falk.Is. Falkland Islands.
f.a.o. (*tech.*) finish all over.
f.a.q. free alongside quai.
f.a.s. free alongside ship.
fath. fathom(s).
F.B. Fire Brigade; fog bell.
F.B.T., f.b.t. fuel ballast tank.
Fc (*meteor.*) fracto-cumulus.
F.C.C. (*naut.*) First Class Certificate.
fcs francs.
FD (*naut.*) Flying Dutchman.
F^d^., Fd. (*geogr.*) fjord.
fd. forward.
FE, F.E. Far East(ern).
Feb. February.
FEC (*rad.*) forward error correction.
Fed., fed. Federal; federal; federation.
F.F. (*naut.*) thick fog.
FFAG (*phys.*) fixed frequency alternating gradient.
F.Fl. fixed and flashing (light).
f.g.a. (*ins.*) free of general average.
F.Gp.Fl. fixed and group flashing (light).
FH fog horn.
F.H., f.h. fire hydrant.
f.h. fore hatch.
F.I. Falkland Islands.
f.i. for instance.
fin. finish(ed).
Fin(n). Finland; Finnish.
f.i.o. (*naut.*) free in and out.
F.L. (*naut.*) Flag Lieutenant.
Fl. Flanders; Flemish; flood.
fl. flood; fluid.
Fla, Fla. Florida.
fld. (*phys.*) field.
flex. flexible.
Flg.Lt. floating light.
Fl.(Lt.) flashing (light).
fl.oz. fluid ounce(s).
FM, F.M., fm, f.m., f-m (*rad.*) frequency modulation.
fm. (*naut.*) fathoms(s).
FMB (*am.*) Federal Maritime Board.
fmn. formation.
F.M.O. Fleet Medical Officer.
F.M.S. Federated Malay States.
F.O. (*naut.*) Flag Officer.
f.o.a. (*ins.*) free of average.
f.o.b. free on board.
f.o.c. free of charge.
f.o.d. (*ins.*) free of damage.
Fog Sig. fog signal (station).
Fog W/T radio fog signal.
fone (radio) telephone.
f.o.q. free on quai.
for. foreign.
f.o.s. free on steamer.
f.o.w. first open water.
F.P. flagpole; (*phys.*) foot pound; (*phys.*) freezing point.
f.p. flash-point; (*phys.*) foot pound; (*naut.*) fore part; forward perpendicular; (*phys.*) freezing point.
f.p.a. (*ins.*) free of particular average.
FPIS (*phys.*) forward propagation ionospheric scatter.
fpm, f.p.m. (*phys.*) feet per minute.
fps, f.p.s. (*phys.*) feet per second.
f.p.s. system (*phys.*) foot-pound-second system.
FR fixed red (light).
Fr. France; French; Friday.
fr. franc; from.
FRC (*am.*) Federal Radio Commission.
freq. (*rad., phys.*) frequency; frequent(ly).
Fris. Frisia(n).
Frisco, Frisco. (*coll.*) San Francisco.
Frs. Frisian.
frs. francs.
frt. (fwd., ppd.) freight (forward, prepaid).
Fs (*meteor.*) fracto-stratus.
F.S. Fleet Surgeon; fog signal.
fs (*meteor.*) fog over (the) sea.
f.s. flagstaff; (*phys.*) foot-second.
fsk (*rad.*) frequency shift keying (*Frequenzumtastung*).
F.s-l flashing (light) short and long.
F.S.O. Fleet Signals Officer.
F.T. foretop.
ft, ft. feet; foot (*Maßeinheit*).
FTC, F.T.C. (*rad.*) fast time control.
fth(m). (*naut.*) fathom(s).
ft-lb (*phys.*) foot-pound.
furn. furnished.
F.W., f.w. fog whistle.
fwd. forward.
Fxd., fxd. fixed (light).

G

G (*meteor.*) (whole) gale; German; ground swell; (*geogr.*) gulf.
G. (*elec.*) conductance; (*tech.*) ga(u)ge; German; (*phys.*) specific gravity; Guernsey; (*geogr.*) gulf.
g (*meteor.*) gale; gram(me)(s); (*phys.*) (acceleration of) gravity.
g. (*elec.*) conductance; (*tech.*) ga(u)ge; (*naut.*) gloomy; (*br.*) guinea; (*geogr.*) gulf.
GA, Ga. Georgia.
ga (*rad.*) 'go ahead!'.
G.A., g.a. (*ins.*) general average.
Gael. (*ling.*) Gaelic.
gal(l)., gals. gallon(s).
galv. galvanic; galvanicism; galvanized.
G.A.T. Greenwich Apparent Time.
gb (*rad.*) 'good-bye!'.
G.B. Great Britain.
G.B. & I. Great Britain and Ireland.
GC, g.c. gyro compass.
G.C.D. (*naut.*) great circle distance; (*math.*) greatest common divisor.
g.c.d., gcd (*math.*) greatest common divisor.
G.C.F., g.c.f. (*math.*) greatest common factor.
G.C.M., g.c.m. (*math.*) greatest common measure *or* multiple.
GCT, G.C.T., G.c.t. Greenwich Central *or* Civil Time.
GD, G.D. Greenwich Date.
Gd. ground.
gd. (*rad.*) good (reception); ground(ed).
GDR German Democratic Republic.
gen. general(ly).
geo. geometry.
Geog., geog. geographer; geographical(ly); geography.
Geom., geom. geometrical(ly); geometry.
Ger., Germ. German(y).
GF, Gf (*meteor.*) ground fog.
GFR German Federal Republic.
GHA (*naut.*) Greenwich hour angle.
G.H.A.M.S. Greenwich hour angle of (the) mean sun.
G.H.A.T.S. Greenwich hour angle of (the) true sun.
Gib. Gibraltar.
GL German Lloyd.
gl (*rad.*) 'good luck!'.
gm gramme(s); gram(s).
G.M.A.T. Greenwich mean astronomical time.
GMT, G.M.T., G.m.t. Greenwich Mean Time.
gnd (*rad.*) ground.
gns. guineas.
GORC (*am.*) Gulf Ocean Racing Circuit.
Gov., gov. government; governor.
Govt., govt. government(al).
GP general purpose.
G.P. (*med.*) general practioner; general purpose.
Gp, gp. group.
gp (*rad.*) Groundplane (antenna).
GP.Fl. group flashing (light).
GPH, gph, g.p.h. gallons per hour.
Gp.Int.Qk.Fl. group interrupted quick flashing (light).
GPM, gpm, g.p.m. gallons per minute.
Gp.Occ. group occulting (light).
GPS, gps, g.p.s. gallons per second.
GQ, G.Q(s). (*naut.*) general quarters.
G.R. general reserve.
Gr. Greece; Greek.
gr. grade; gram(s); gramme(s); (*phys.*) gravity; gross.
Gr.Br(it). Great Britain.
grd. ground(ed).
grm. gram(me) (*Maßeinheit*); gram(me)s.
G.R.P., g.r.p. glass-fiber *or* -fibre reinforced plastics *or* polyester.
G.R.T., g.r.t., gr.r.t. (*naut.*) gross register(ed) tonnage.
G.S. (*naut.*) general service (*Allzweck-, Mehrzweck-*).
GST, G.S.T., G.s.t. Greenwich Sidereal Time.
gt. great.
Gt.Br(it). Great Britain.
GTS gas turbine ship.
guar. guarantee(d); guarantor.
Guat. Guatemala; Guatemalian.
Gui. Guiana.
Guin. Guinea.

H

H heavy sea; (*elec.*) henry; (*phys.*) intensity of (the) magnetic field; tide correction

H. harbo(u)r; haze; height; high; horizontal; hour; hydrant; hydraulics.
h. (*naut.*) hail; harbo(u)r; height; (*elec.*) henry; (*meteor.*) high pressure; hour(s); hundred.
Ha. Hawaii.
H.A.M.S. hour angle of (the) mean sun.
h. and c., h. & c. hot and cold (water).
handle (*rad.*) Name of the radiotelephone operator.
Harb., harb. harbo(u)r.
H.A.T., h.a.t. highest astronomical tide.
H.A.T.S. hour angle of (the) true sun.
hcap (*rac.*) handicap.
H.C.F., hcf, h.c.f. (*math.*) highest common factor.
hcp (*rac.*) handicap.
H.D. hourly difference.
H^{d}. (*geogr.*) headland.
hd. hand; head.
hdbk. handbook.
Hdg, hdg. heading.
H.E., h.e. high explosive; horizontal equivalent.
Hebr. Hebrides.
HF, H.F., hf, h.f. (*rad.*) high frequency.
hf. half.
HF-DF (*rad.*) high frequency direction finder, (*coll.*) huff-duff.
Hg mercury.
Hh (*meteor.*) (continuous) heavy hail.
HHW(I), H.H.W.(I.). higher high water (interval).
H.I. Hawaiian Islands.
Hi Fi, Hi-fi (*coll.*) high fidelity.
HLW(I), H.L.W.(I). higher low water (interval).
H.M.A.S. His *or* Her Majesty's Australian Ship.
H.M.C.S. His *or* Her Majesty's Canadian Ship.
H.M.S. His *or* Her Majesty's Ship *or* Steamer.
H.M.T. His *or* Her Majesty's Trawler.
HN (*naut., am.*) Hospitalman.
H.O. Hydrographic Office.
Ho, h.o. observed altitude.
Holl. Holland.
Hong K. Hong Kong.
H.O. N°. 66 Arctic Azimuth Tables.
H.O. N°. 214 *or* **249** Tables of Computed Altitude and Azimuth.
H.O. N°. 218 Astronomical Navigation Tables.
hor. horizont(al).
hosp. hospital.
HP, H.P., hp, h.p. (*rad.*) high power; (*meteor., tech.*) high pressure; (*phys.*) horsepower.
hpe (*rad.*) 'hope!'.
Hr. harbo(u)r.
hr, hr. hour(s).
hr (*rad.*) 'here!'.
hrd (*rad.*) 'heard!'.
H.S. Hospital Ship.
hs, h.s. sextant altitude.
H.T. high tide.
H.T., h.t. (*rad.*) high tension; high tide.
ht (*rad.*) high tension.
ht. heat; height.
htp high-tempered (*sailcloth*).
Hung. Hungarian; Hungary.
H.V. high velocity.
H.W., h.w. high water.
hw (*rad.*) 'how (do you read *or* receive me)?'.
HWI, H.W.I. high water interval.
H.W.M. high-water mark.
HWOST, H.W.O.S.T. high water ordinary spring tide(s).
HWQ, H.W.Q. high water inequality.
hy (*meteor.*) heavy.
Hyd., hyd. hydrographic(al); hydrostatic(s).
Hydr., hydr(aul). hydraulic(s).
hydros. hydrostatics.
Hz (*rad.*) hertz, cycles per second.

I

I. Ireland; Irish; island(s); isle(s); Italian.
i (*meteor.*) intermittent; island.
i. island.
Ia. Iowa.
IALA International Association of Lighthouse Authorities.
IAMAP International Association of Meteorology and Atmospheric Physics.
IAPH International Association of Ports and Harbo(u)rs.
IARU International Amateur Radio Union.
IAU International Astronomical Union.
i.b. inboard; in bond.

IBO	International Broadcasting Organization.
I.C., i.c.	initial course.
i/c, i/c.	in charge of; in command of.
Ice., Icel.	Iceland(ic).
ICES	International Council for the Exploration of the Sea.
ICRC	International Committee of the Red Cross.
ICS	International Chamber of Shipping.
I.C.W., icw	(*rad.*) interrupted continuous wave.
ID, I.D., i.d.	inside diameter.
Id.	Idaho.
IDF, I.D/F	indicating direction-finder.
IDP	International Driving Permit.
I.E.	index error.
i.e.	id est, that is (to say).
IF, I.F., if, i.f., i-f	(*rad.*) intermediate frequency.
IFCC	International Federation of Camping and Caravanning.
IFRB	International Frequency Registration Board.
ign.	(*tech.*) ignition.
IHB	International Hydrographic(al) Bureau.
IHP, I.H.P., ihp, i.h.p.	(*tech.*) indicated horsepower.
Ill.	Illinois.
IM	(*naut., am.*) Instrumentman.
I.M.	Isle of Man.
IMC	International Maritime Committee; International Meteorological Committee.
IMCO	Inter-Governmental Maritime Consultative Organization.
IMO	International Meteorological Organization.
IMPA	International Maritime Pilots' Association.
imp.gal.	(*br.*) imperial gallon (*4.55 l*).
impt.	important.
in.	inch(es).
I.N.A.	(*br.*) Institution of Naval Architects.
inc.	increase.
incl.	included; including; inclusive.
incor.	incorrect.
incr.	increased; increasing.
Ind.	Indiana; Indies.
ind.	index; indirect(ly).
Indic., indic.	indicate(d); indication.
induc.	(*phys.*) induction.
inf.	information.
infl.	influence(d).
Info, info	information.
Init., init.	initial.
in.-lb.	(*phys.*) inch pound.
inpt	(*rad.*) input.
INS, I.N.S.	(*am.*) International News Service.
Ins.	inspector; insurance.
ins.	inches; inspector; insular; insulated; insulator; insurance.
Insp., insp.	inspection; Inspector; inspector.
Inst.	institute; institution.
inst.	instant; institute; institution; instrument(al).
Inst.M.E.	Institute of Marine Engineers.
Inst.N.A.	Institution of Naval Architects.
instr.	instruction; instructor; instrument(s).
int.	interim; interior; internal; international; interpreter; interval.
int.comb.	(*tech.*) internal combustion.
inter.	intermediate.
Intercom, Intercom(n).	(*coll.*) intercommunication.
internat.	international(ly).
Int.Qk.Fl.	interrupted quick flashing (light).
Inv., inv.	invoice.
invis.	invisible.
Io.	Iowa.
I.O.C.	International Olympic Committee.
I.of M.	Isle of Man.
I.of W.	Isle of Wight.
I.O.M., I.o.M.	Isle of Man.
IOR	International Offshore Rule(s).
I.O.W., I.o.W.	Isle of Wight.
I.P., I/P	International Ice Patrol.
IPA	International Phonetic Alphabet.
I.Qk.Fl.	interrupted quick flashing (light).
Ir.	Ireland; Irish.
irc	(*rad.*) international reply coupon.
IRC(C), I.R.C.(C.)	International Red Cross (Committee).
Ire.	Ireland.
IRF	International Rowing

	Federation.
Is., is.	island(s); isle.
ISF	International Shipping Federation.
Isl(s)., isl(s).	island(s).
ISO, I.S.O.	International Standards Organization.
ISPA	International Sporting Press Association.
Isr.	Israel.
ISSA, I.S.S.A.	International Ship Suppliers Association.
Isth., isth.	(*geogr.*) isthmus.
I^{t}.	islet.
It., Ital.	Italian; Italy.
I.T.F., Itf	(*meteor.*) intertropical front.
ITM, I.T.M.	inch trim moment.
ITU, I.T.U.	(*rad.*) International Telecommunication Union; International Telegraphy Union.
I.W.	Isle of Wight.
I.W.T.	(*br.*) Inland Water Transport (Department).
IYRU	International Yacht Racing Union.

J

J	(*elec.*) joule.
J.	(*elec.*) joule; journal.
Jam.	Jamaica.
Jan.	January.
j. & w.o.	jettison and washing overboard.
Jap.	Japan(ese).
Jav.	Java(nese).
jct(n).	(*elec., math.*) junction.
Jer.	Jersey.
Jn.	junction; junior.
Jnr.	junior.
JOG	Junior Offshore Group.
jour.	journal.
Jr., jr.	junior.
jud.	judicial.
Jul.	July.
Jun.	June; junior.
Junc., junc.	(*elec., math.*) junction.
junr.	junior.
jurisp.	jurisprudence.
Jy.	(*am.*) July.

K

K	kilogram(me); (*Währung*) kopeck; koruna; krone.
K.	(*rad., elec.*) capacity; (*phys.*) Kelvin; kilo; (*am.*) kilogram.
k.	(*rad., elec.*) capacity; constant; (*meteor.*) cumulus; kilogram(me); (*naut.*) knot.
ka.	(*phys.*) cathode; kathode.
Kan.	Kansas.
kc, kc.	(*phys.*) kilocycle(s).
kc/s(ec.)	(*phys.*) kilocycles per second.
K.D., k.d.	(*naut., am.*) knocked down.
K.E.	(*phys.*) kinetic energy.
Ken.	Kentucky.
Kev.	(*elec.*) kilo electron volts.
kg, kg.	kilogram(me); kilogram(me)s.
kHz	kilohertz.
km, km.	kilometer(s) *or* kilometre(s); (*am.*) kingdom.
km/sec.	kilometers *or* -metres per second.
kn	(*naut.*) knot(s).
kq	(*meteor.*) line squall(s).
kt, kt.	(*naut.*) knot.
kts	(*naut.*) knots.
Kuw.	Kuwait.
kv, kv.	(*elec.*) kilovolt.
Kv-a., kv.-a.	(*elec.*) kilovolt ampere.
kW	kilowatt(s).
KWest	Key West.
K.W.H., kWh, kw-h, kw-hr, kw.-hr.	(*elec.*) kilowatt-hour(s).
Ky.	Kentucky.

L

L	(*elec.*) coefficient of inductance; (*phys.*) length; lighthouse; (*astr., geogr.*) longitude.
L.	lake; (*astr., geogr.*) latitude; law; left; length; (*naut.*) liner; link; (*Währung*) lira, lire; (*meteor.*) low pressure.
£	(*Währung*) pound(s) sterling.
l	(*elec.*) coefficient of inductance; liter(s) *or* litre(s).
l.	lake; large; (*geogr.*) latitude; law; left; length; (*naut.*) lightning; line; link; long; low.
La.	Louisiana.
L.A.	Latin America; Los Angeles.
£A	(*Währung*) Australian pound(s).
L/A	Lloyd's Agency *or* Agent.
Lab.	Labrador.
LACP	Lloyd's Anchor and Chain

proved.

LAN, l.a.n. local apparent noon.

L. & I.D. London and India Docks.

Lap. Lapland.

Lat., lat. (*astr.*, *geogr.*) latitude.

LAT, l.a.t. local apparent time.

L.A.T. lowest astronomical tide.

L.B., l.b. life boat.

lb(s). pound(s) (*Gewicht*).

L.B.S. Lifeboat Station.

L.C. Lower Canada.

l.c.d. (*math.*) lowest common denominator.

l.c.f. (*math.*) lowest common factor.

L.C.M., l.c.m. (*math.*) least *or* lowest common multiple.

LCT, L.C.T. local civil time.

LD lateral drift.

L.D., l.d. light displacement; loaded draught *or* (*am.*) draft.

L^{dg}., Ldg. landing place.

Ldn. London.

L.E., £E (*Währung*) Egyptian pound(s).

L^{e}., Le. (*geogr. naut.*) ledge.

leg. legal.

LF, L.F., lf, l.f. (*rad.*) low frequency.

LF longitudinal framing (*Lloyd's Register*).

LF-D/F low frequency direction-finder.

lg. (*am.*) large.

lge. large.

LH, L.H. (*am.*) left hand.

l.h. left hand.

LHA local hour angle.

L.H.A. Local Health Authority.

LHAMS, L.H.A.M.S. local hour angle of (the) mean sun.

LHATS, L.H.A.T.S. local hour angle of (the) true sun.

L.I. Long Island.

lin. lineal; linear.

liq. liquid.

lis (*rad.*) licensed.

Lit. little.

lit. liter *or* litre.

LL luff length (*Segelmaß*).

Ll (*meteor.*) continuous lightning.

ll lines.

LLW(I), L.L.W.(I.) lower low water (interval).

LMB lifeboatman.

LMC Lloyd's Machinery Certificate.

LMT local mean time.

L.M.T. (*phys.*) length-mass-time (system).

L.O. (*rad.*) local oscillator; lubricating oil.

L.O.A., loa, l.o.a. (*naut.*) length over all.

loc., locn. location.

log (*rad.*, *naut.*) logbook.

log. (*math.*) logarithm.

Lon., lon. (*geogr.*) longitude.

Lond. London.

Long., long. (*geogr.*) longitude.

LOP, l.o.p. line of position.

LORAN, Loran long range navigation (system).

Lou. Louisiana.

LP length point (*Segelmaß*); longest point (*Segelmaß*).

l.p. (*meteor.*, *phys.*, *tech.*) low pressure.

LPG longest point of genoa (*Segelmaß*).

LR long range.

L.R. Lloyd's Register classification; Lloyd's Register of Shipping.

Lr lugger.

L^{r}., lr. lower.

L.R.C. London Rowing Club.

L.S. Leading Seaman; left side; lightship.

l.s. left side.

L.S.A. life-saving apparatus.

lsb (*rad.*) lower sideband.

L.S.D. Ligthermen, Stevedores and Dockers; pounds, shillings, pence.

L.S.S. (*am.*) lifesaving station.

L.S.T., l.s.t. (*am.*) local standard time.

LT local time; (*elec.*) low tension.

L.T., £T (*Währung*) Turkish pound(s).

L.T., l.t. local time; (*elec.*) low tension.

L^{t}., Lt. lighthouse.

lt. light.

LtCom, Lt-Com(m), Lt.-Com(m). (*naut.*) Lieutenant Commander.

ltd. (*meteor.*, *naut.*) limited.

ltp low-tempered (*sailcloth*).

luf (*rad.*) lowest usable frequency

Lux. Luxemb(o)urg.

L.V. light vessel.

L.W. (*rad.*) long wave; low water.

lw (*rad.*) long wire (antenna).

LWI, L.W.I. low water interval.
L.W.L., l.w.l. load waterline.
L.W.M., l.w.m. low-water mark.
L.W.O.S.T. low water ordinary spring tide.
LWQ low water inequality.
lx (*phys.*) lux.

M

M middle; mille, thousand.
M. (*Währung*) mark; male; (*phys.*) mass; (*astr.*) mean (*hour angle, sun*); medical; medicine; member; meridian; meridies, noon; mile; (*naut.*) mine sweeper; minute; (*math., phys.*) modulus; moment; month; moon; morning.
m (*phys.*) mass; meter(s) *or* metre(s).
m. manual; (*phys.*) mass; medicine; medium; meridian; meridies, noon; meter(s) *or* metre(s); mile(s); minute(s); (*naut.*) mist; modification; (*math., phys.*) modulus; month; moon; morning; mud.
MA Maritime Administration.
mA, ma, ma. (*elec.*) milliampere.
MACH, mach. machine(ry); machinist.
Mad(ag). Madagascar.
mag. magazine; magnetic; magnetism; magneto; (*astr.*) magnitude.
Magn., magn. magnetic; magnetism.
MAINT, maint. maintenance.
Mal. Malayan; Malta.
Man. Manila.
man. manual; manufacture(d); manufacturer.
man.op(td). manually operated.
Manch. Manchuria.
M. & B. (*naut.*) fifty-fifty.
manuf. manufacture(d); manufacturer; manufacturing.
Mar, Mar. March.
mar. maritime.
marg. margin(al).
Mass. Massachusetts.
Math., math. mathematical; mathematics.
max. maximum.
M.B. motorboat.
mb (*meteor.*) millibar.
m.b. magnetic bearing; moulded breadth.
MBT, m.b.t. main ballast tank.
MC magnetic course.
M.C. machinery certificate; (*am.*) Marine Corps.
M/C Manchester.
M./C. (*am.*) Message Center.
Mc, Mc., mc, mc., m.c. (*elec.*) megacycle(s).
mc/s (*phys.*) megacycles per second.
MCW (*rad.*) modulation continuous wave (telegraphy).
MD, Md. Maryland.
M.D. Doctor of Medicine; mess deck; moulded depth.
M.Dk., m.dk. main deck.
MDI magnetic direction indicator.
ME Maine; Middle East(ern).
Me. Maine.
M.E. Marine Engineer(s); Mechanical Engineer; Middle East(ern).
meas. mesaurable; measure(ment).
Mech(an), mech. mechanic(al); mechanics; mechanism; mechanized.
MED medical; medicin; Mediterranean (Sea).
med. medical; medicine; medium.
Medit. Mediterranean.
meg. (*elec.*) megacycle.
Melan. Melanesia(n).
mem. member.
Mer. meridional.
mer. meridian; meridional.
mer.z.d. meridian zenith distance.
MET, met meteorological; meteorologist; meteorology.
Met. Meterological Officer.
met. meteorological.
MET broadcast meteorological broadcast(ing).
Meteor. meteorology.
meteor(ol). meteorological; meteorology.
Met.O. Meteorological Office *or* Officer.
Mex. Mexican; Mexico.
MF, m.f., m-f (*rad.*) medium frequency.
mF, mf, mf. (*elec.*) microfarad; (*elec.*) millifarad.
mfd. manufactured; (*elec.*) microfarad(s).
mfr(s). manufacturer(s).
M.F.V. motor fleet vessel.
mG (*phys.*) milligauss.
mg, mg., m.g. milligram(s); milligramme(s).

mg. morning.
mgm milligram(s); milligramme(s).
MH, m.h(g). magnetic heading.
M.H., m.h. main hatch; manhole.
mh. (*elec., phys.*) millihenry.
M.H.H.W. mean higher high water.
M.H.L.W. mean higher low water.
M.H.W.L.I. mean high-water lunitidal interval.
M.H.W.N. mean high-water neaps.
M.H.W.S. mean high-water springs.
M.Hy. (*am.*) Master of Hygiene.
mHz (*phys.*) megahertz.
M.I. Medical Inspection.
MI, Mi. Michigan.
mi. mile(s).
Mich. Michigan.
Mid. Midshipman.
mid. middle; midshipman.
mid.lat. middle latitude.
mill. million.
min. minimum; minute(s) (*time*).
minimax minimum/maximum.
Minn. Minnesota.
M.I.P. marine insurance policy.
Mis. Missouri.
misc. miscellaneous.
Miss. Mississippi.
Mk, Mk., mk (*naut.*) mark.
mk. (*Währung*) mark, markka.
MKS, mks, m.k.s. meter- *or* metre-kilogram(me)-second (system).
m.k.s.a. meter- *or* metre-kilogram(me)-second(s)-ampere(s).
MKS system mass-kilogram(me)-second-system.
ML mean level.
M.L. motor launch.
M.L., M/L (*br.*) mine layer.
M.L.H.W. mean lower high water.
m.l.i. magnetic level indicator.
M.L.L.W. mean lower low water.
M.L.W.L.I. mean low water lunitidal interval.
M.L.W.N. mean low water neaps.
M.L.W.S. mean low water springs.
MM (*naut., am.*) Machinist's Mate; (*meteor.*) continuous heavy mist.
mm, mm. millimeter(s) *or* millimetre(s).
mm (*meteor.*) continuous mist.
m.m.f. (*phys.*) magnetomotive force.
M.N. (*br.*) Merchant Navy.
M.N.R. mean neap rise.
MO, Mo. Missouri.
Mo. Morse.
M.O. manually operated; Medical Officer.
mo. month.
mob, mob. mobile.
Mod., mod. moderate; modern.
m.o(f) i. (*phys.*) moment of inertia.
M.O.H. (*br.*) Medical Officer of Health.
Mon. Monday.
Mor. Moroccan; Morocco.
MORC (*am.*) (Gulf of) Maine Ocean Racing Circuit.
mos. months.
mot. motor(ized).
mP (*meteor.*) maritime polar air.
m.p.g. miles per gallon.
mph, m.p.h. miles per hour.
Mp.Rdg., mp.rdg. map reading.
M.R. map reference.
MS Mississippi; motorship.
M.S. machinery survey; mine sweeper; motorship.
M/S motorship; motor sailer.
m/s (aux.) motor sailer (auxiliary).
msec. millisecond(s).
M.S.L., m.s.l. mean sea level.
M.S.R. mean spring rise.
MST, M.S.T., m.s.t. (*am.*) Mountain Standard Time.
Mst, mst. mast.
M.T., m.t. mean time; (*am.*) mountain time.
mT (*meteor.*) maritime tropic(al) air.
mtg. meeting.
Mth., Mth. (*geogr.*) mouth.
mth. month.
MTI (*radar*) moving target indication.
M.T.L. mean tide level.
mtr (*rad.*) meter.
muf (*rad.*) maximum usable frequency.
MV, M.V. motor vessel.
MV, M.V., mv., m.v. merchant vessel.
M.W. (*rad.*) medium wave; (*elec.*) megawatt.
M.W.B. (*br.*) Metropolitan Water Board.
M.Y. motor yacht.
M.Y.O.B. (*naut., rad., coll.*) 'mind your own business!'.
M.Z.D., m.z.d. meridian zenith distance.

N
N (*phys.*) newton, Newton; North; north(ern).
N. navigating; navigation; navigator; Navy; new; noon; normal; north; northerly; northern.
n. navy; (*ling.*) neuter; new; noon; north(ern); note; number.
N.A. Nautical Almanac; Naval Architect(s); Naval Auxiliary; North America(n); North Atlantic.
n.a.a. (b.s.a.) not always afloat (but safe aground).
NACA National Advisory Committee for Aeronautics.
N.Am. North America.
NAME, N.A.M.E. Society of Naval Architects and Marine Engineers.
nat. national; natural.
natl. national.
NATS (*am.*) Naval Air Transport Service.
Naut., naut. nautical.
NAV Navy.
nav. naval; navigable; navigating; navigation; navy.
nav.comp. navigation computer.
navig. navigation.
N.A.Y.R.U. North American Yacht Racing Union.
N.B. North Britain.
NBC, N.B.C. (*am.*) National Broadcasting Company.
N.b.E. north by east.
NBS, N.B.S. National Broadcasting Service of New Zealand; (*am.*) National Bureau of Standards.
N.b.W. north by west.
N by E, N. by E. north by east.
N by W, N. by W. north by west.
N.C. North Carolina; North Coast.
N.C.P., n.c.p. Northern Continent ports.
NDB non-directional beacon.
N.Dak. North Dakota.
NE, NE. northeast(ern).
N.E. New England; northeast(ern).
n.e. northeast(ern).
NEbE, N.E.b.E. northeast by east.
NEbN, N.E.b.N. northeast by north.
Neb(r). Nebraska.
NE by E, N.E. by E. northeast by east.
NE by N, N.E. by N. northeast by north.
n.e.c. not elsewhere classified.
neg. negation; negative(ly).
N.Eng. New England; Northern England.
Neth. Netherlands.
neut. (*ling.*) neuter; neutral.
Nev. Nevada.
Newf. Newfoundland.
New M. New Mexico.
NF, N.F., Nfd(l). Newfoundland.
N.G. New Guinea.
Ng. Norwegian.
N.H. New Hampshire; north of Cape Hatteras.
N.Heb. New Hebrides.
N.H.I. (*br.*) National Health Insurance.
n.h.p. (*phys.*) nominal horsepower.
N.H.S. (*br.*) National Health Service.
N.I. Naval Intelligence; Northern Ireland.
nil (*rad.*) nothing.
N.J. New Jersey.
N.L. (*br.*) Navy League; (*geogr.*) north latitude.
n.l. (*math.*) natural logarithm; (*geogr.*) north latitude.
N.Lat., N.lat. (*geogr.*) north latitude.
N.L.I. (*br.*) National Lifeboat Institution.
N.M. New Mexico.
n.m. nautical mile(s); not marked.
NMB (*am.*) National Maritime Board.
N.Mex. New Mexico.
NMU, N.M.U. National Maritime Union.
NNE, N.N.E., n.n.e. north-northeast.
NNSS Naval *or* Navy Navigation Satellite System.
NNW, N.N.W., n.n.w. north-northwest.
N.O. Naval Officer; New Orleans.
No. north(ern); (by) number; (*am.*) numero.
N°. (by) number; numero.
no. north(ern); (by) number; (*am.*) numero.
NOC, N.O.C. National Olympic Committee.
N.O.I.C. (*br.*) Naval Officer in charge.
nom(in). nominal.
NOR notice of readiness.
Nor. Norman; north; Norway.
norm. normal(ize); normalizing.

Norw. Norway; Norwegian.
Nos., nos. (*am.*) numbers.
N^{os} (*br.*) numbers.
NOTWT not to be sent by wireless telegraphy.
Nov, Nov. November.
N.P. North Pacific.
Np neap tide.
N.P.D. North Polar Distance.
n.p.t. (*phys.*) normal pressure and temperature.
N.R. northern range.
Nr., nr, nr. (*rad., etc.*) near.
nr (*rad.*) number.
N.R.T., n.r.t. net register(ed) ton.
NS nuclear ship.
N.S. not specified; not sufficient; Nova Scotia.
Ns (*meteor.*) nimbo-stratus.
NSA National Shipping Authority.
N.S.O. (*br.*) Naval Staff Officer.
n.s.p.f. not specifically provided for.
NSS navigation satellite system.
N.S.W. New South Wales.
N.T. Northern Territory (*Australien*).
Nthn. northern.
NTS, N.T.S. (*am.*) Naval Transport Service.
nt.wt. net weight.
n.u. name unknown.
N.U.I. National Union of Ireland.
num. number; numeral(s).
NW, NW. northwest(erly); northwestern.
N.W. North Wales; northwest(erly); northwestern.
nw (*rad.*) now.
n.w. northwest(ern); northwesterly.
N.W.A. North-West Africa(n).
NW b(y) N, N.W. b(y) N. northwest by north.
NW b(y) W, N.W. b(y) W. northwest by west.
N.W.T. Northwest *or* Northwestern Territories (*of Canada*).
NY, N.Y. New York (*State*).
NYC, N.Y.C. New York Central *or* City.
NZ, N.Z(eal). New Zealand.

O

O (*elec.*) ohm.
O. observer; ocean; officer; Ohio; Ontario; order; Oregon; (*meteor.*) overcast; owner.
o (*elec.*) ohm.
o. off; old; order; over.
O.A., o.a. (*naut.*) over all.
o.b. on board; outboard.
o/b on board.
Obs., obs. observation; observatory; obsolete.
obs. observed.
obsc(d). obscured.
O.C. (*naut.*) Officer Commanding.
Oc., oc. ocean.
o.c. on center *or* centre.
o'c. o'clock.
Occ. occulting (light).
occ(as). occasional(ly).
Oceanog. oceanography.
Oct, Oct. October.
OD One Design class; (*tech.*) outside diameter.
O.D. One Design class; (*br.*) Ordinary Seaman; (*tech.*) outside diameter.
o.d. on deck; (*tech.*) outside diameter.
off. offered; office; officer; official.
offic. official.
Offr. Officer.
O.F.S. Orange Free State.
OG, O.G. Olympian *or* Olympic Games.
OHC overhead crankshaft.
O.i/c. officer in charge (of).
O.K., ok, o.k. (*naut., rad.*) all correct, okay.
Okla. Oklahoma.
Ol. Olympiad.
Olymp. Olympian; Olympic.
om (*rad.*) 'old man'.
O.N.S. (*br.*) Overseas News Service.
Ont. Ontario.
O.O.G. (*naut., br.*) Officer of the Guard, officer of the guard.
O.O.W. (*naut.*) Officer of the Watch, officer of the watch.
O.P. (*ins.*) open policy.
op (*rad.*) operator.
op. (*tech.*) operation; opposite; opposed.
opp. opposite (to).
oppy. opportunity.
Ops, ops (*naut.*) operations.
opt. optical; optics.
OR official records; Oregon.
Or. Oregon; Orient(al).
o.r. (*naut. ins.*) owner's risk.
ORCA Ocean Racing Club of America

ord. order; ordinary.
Ore(g). Oregon.
Org. Organization.
org. organized.
orig. origin; original(ly).
Ork. Orkney (Islands).
O.S. (*br.*) Ordinary Seaman; outsize.
o.s. out of stock (*nicht vorrätig*).
o/s out of stock; outstanding.
OSC own ship's course.
osc (*rad.*) oscillator.
OSCAR, oscar (*rad.*) orbital satellite carrying amateur radio.
o.s.t. ordinary spring tides.
ot (*rad.*) 'oldtimer'.
O.T.B., o.t.b. on the bow.
O.T.Q., o.t.q. on the quarter.
O.U.B.C. Oxford University Boat Club.
OWF, o.w.f. (*rad.*) optimum working frequency.
O.W.S. Ocean weather-ship.
oz, oz. ounce(s).
O.Z.D. observed zenith distance.
ozs. ounces.

P

P poop; (*phys.*) pressure.
P. part; port; (*phys., tech.*) power; Press; (*phys.*) pressure.
p (new) penny *or* pence.
p. part; (*naut.*) passing showers; past; per; person; (*Währung*) peseta; (*Währung*) peso; (*phys., tech.*) power; (*phys.*) pressure.
PA (*am.*) public address (system)
pa (*rad.*) power amplifier.
P.A. particular average; (*am.*) passenger agent; (*am.*) public address (system).
Pa. Pennsylvania.
p.a. particular average; position approximate.
Pac(if) Pacific (Ocean).
Pal. Palestine.
Pan. Panama.
P & O, P. & O. Peninsular and Occidental Steamship Co.; Peninsular and Oriental Line (*Schiffahrtsgesellschaft*); Peninsular and Oriental (Steam Navigation Company).
par. paragraph; parallel.
Para. Paraguay(an).
para. paragraph.
part. particular.
Pass. (*geogr.*) passage.
pass. (*am.*) passenger.
pat. patent(ed); (*am.*) pattern.
patd. patented.
PAU, P.A.U. Pan American Union.
P.B. permanent ballast; (*br.*) picket boat.
P.boat (*br.*) patrol boat.
PC (*naut., am.*) patrol craft.
P.C., p.c. per compass.
pc. (*am.*) piece; (*am.*) price(s).
p.c. per cent.
PC/FC Permanent Commission of the International Fisheries Convention.
pcs. pieces.
PCT, p.c.t. Pacific-Coast Time.
pct. per cent.
P.D. (*am.*) per diem; polar distance; port dues; position doubtful; (*elec.*) potential difference.
pd, pd. paid; passed.
pd. (*am.*) per diem, täglich, pro Tag; (*elec.*) potential difference.
P.Dk., p.dk. poop deck.
P.D.Q. (*naut., sl.*) 'pretty damn quick!'.
PE port of embarkation.
PEC, P.E.C. photo(-)electric cell.
P.E.I. Prince Edward Island.
Pen(in)., pen(in). (*geogr.*) peninsula.
Penn(a). Pennsylvania.
pep (*rad.*) peak envelope power (*Hüllkurvenspitzenleistung*).
per. period; person(al).
perf. perfect; performance; perforated.
perh. perhaps.
perm. permanent.
Pers. Persia(n).
pers. person; personal(ly); persons.
persp. perspective.
Peru(v). Peruvian.
PES photo(-)electric scanner.
Pg. Portugal; Portuguese.
ph. phase.
Phil. Philadelphia; Philippine.
Phil.I *or* **Is.** Philippine Islands.
P.H.O. Port Health Officer.

phot., photog. photograph(er); photographic; photography.
PHS, P.H.S. Public Health Service.
Phys., phys. physical; physics.
phys.chem. physical chemistry.
phys.geog. physical geography.
P.I. Philippine Islands.
Pi (*Währung*) piaster.
PIANC Permanent International Association of Navigation Congresses.
pias. (*Währung*) piaster.
pk. peak
pkt. packet; pocket.
P.L. (*naut.*) Plimsoll Line; position line.
Pl., pl. place; (*ling.*) plural.
P/L partial loss.
P.L.A. Port of London Authority.
PlD, pldk. platform deck.
PLL (*rad.*) phase locked loop.
PM (*rad.*) phase modulation.
P.M., p.m. post meridiem, after noon.
P.M.O. (*br.*) Principal Medical Officer.
Pn north (celestial) pole.
pneum. pneumatic(s).
PO (*naut.*) Petty Officer.
P.O. (*naut.*) Petty Officer; post office; Province of Ontario.
P.O.C., p.o.c. port of call.
POD (*am.*) port of debarkation.
POE (*am.*) port of embarkation.
POL petrol, oil and lubricants.
Pol. Poland; Polish.
P.O.R., p.o.r. port of refuge.
Port. Portugal; Portuguese.
pos., posit. position; positive.
poss. possible; possibly.
pot. potential.
p.p. postpaid.
p/p between perpendiculars.
P.P.A., p.p.a. public address (system).
ppd. (*am.*) postpaid; (*am.*) prepaid.
PPI, P.P.I. plan position indicator.
PR, P.R. Puerto Rico.
P/R (*naut.*) pay roll.
pr pair; price.
pr. pair(s); power; preference; pressure; price.
p.r. pitch ratio.
prec. preceded; preceding.
pref. prefarably; preferred.
prelim. preliminaries; preliminary.
prep. preparation; preparatory; prepare(d).
prev. previous(ly).
Prim., prim. primary.
Prin., princ. principal(ly); principle.
priv. private.
pro, pro. (*coll.*) professional.
prob. probable; probably; (*math.*) problem.
Proc. proceedings.
proc. proceedings; procedure; process.
prod. produce(d).
prohib(d). prohibited.
Prom., prom. (*geogr.*) promontory.
PROP, prop (*naut., coll.*) propeller.
prop. (*naut., coll.*) propeller; proper(ly).
Prov. Provençal; Provence (*France*); Province.
prov. province; provincial; provisional.
prs. pairs.
Pr.S.T. (*am.*) Prairie Standard Time.
Prus(s). Prussia(n).
P.S. paddle steamer; passenger steamer.
ps. (*Währung*) pesetas; pieces.
P/S port and starboard.
p.s. passenger steamer; port side.
pse (*rad.*) 'please!'.
p.s.c. per standard compass.
psf, p.s.f. (*tech.*) pounds per square foot.
psi, p.s.i. (*tech.*) pounds per square inch.
PSN, psn position.
P.S.N.C. Pacific Steam Navigation Company.
PST, P.S.T., p.s.t. (*am.*) Pacific Standard Time.
PT physical training.
Pt. (*geogr.*) point; port.
pt. part; pint(s); port.
P.T. Pacific Time; physical training.
pta. (*Währung*) peseta.
PTBL, ptbl portable.
PT boat (*am.*) patrol torpedo boat; (*am.*) propeller torpedo boat.
P.T.I. (*br.*) Physical Training Instructor.
PTM (*elec., rad.*) phase *or* pulse time modulation.
pts. parts; points; ports.
PTT (*rad.*) push to talk.

PTTI Postal, Telegraph and Telephone International.
pty. (*naut.*) party.
P.V. (*br.*) patrol vessel; pilot vessel.
PVC, P.V.C., p.v.c. (*chem. tech.*) polyvinylchloride.
PW, p.w. port wing.
pwr (*rad.*) power.
P.X. please exchange.
PZ co-latitude.

Q

Q (*elec.*) coulomb; raised quarter-deck (*Lloyd's Register*); quick flashing light.
Q. (*elec.*) coulomb; Quebec; question.
q. quart; quarter(ly); quarts; question; (*naut.*) squalls.
Q boat mystery ship.
Q.D., q.d. quarter-deck.
Qk.Fl. quick flashing (light).
Qld., Q'l'd Queensland.
qn. question.
Q.O.H. quick-opening hatch.
QQ celestial equator.
qr quarter.
qr. quarter; quarterly; quarters.
qrs. quarters.
qrtz (*rad.*) quartz.
QSD (*rad.*) 'your transmitting is inadequate *or* faulty'.
Q ship mystery ship.
QSY (*rad.*) 'change *or* switch to another frequency (for transmitting)'.
qt quart(s).
qt. quantity; quart(s); quiet.
q.t. quiet.
QTH (*rad.*) position.
qts. quarts.
qty. quantity.
Qu. question.
qu. quart; quarter(ly); quasi; question.
quad. quadrangle; quadrant; quadruple.
qual. qualified; quality.
Quar., quar. quarantine.
quar(t). quarter; quarterly.
Que. Quebec.
Queensl(d). Queensland.
ques. question.
Qz, qz (*rad.*) quartz.

R

R radius; (*math.*) ratio; (*rad.*) readability; relative speed; (*elec.*) (unit of) resistance, ohm; (*Währung*) ruble; (*Währung*) rupee.
R. range; Réaumur; receiver; (*elec.*) (unit of) resistance, ohm; right; river; road (at sea).
r (*rad.*) 'roger'.
r. radius; (*naut.*) rain; rare; right; (*astr.*) rises; river.
R.A. (*naut.*) Rear Admiral; (*astr.*) right ascension.
Ra. coast(al) radar station.
RACON, racon radar beacon.
RAD raised after deck (*Lloyd's Register*).
rad. radial; radius; (*math.*) radix.
RADAR, radar radio detecting *or* detection and ranging.
RAMARK, ramark radar marker.
R.A.N. Royal Australian Navy.
Rand (*am.*) research and development.
RAOBS (*meteor.*) radio sonde observation.
RATAN, ratan radar and television aid(s) of navigation.
RAWIN (*meteor.*) radar winds-aloft observation (*Radar-Höhenwindbeobachtung*).
RB relative bearing.
R.B., r.b. radio beacon.
RC, R.C. radio communication; Red Cross.
R.C.A. Radio Corporation of America.
R-class(es) Racing *or* racing class(es).
RCN, R.C.N. Royal Canadian Navy.
R.C.S. Royal Corps of Signals.
rcvd (*rad.*) 'received!'.
rcvr (*rad.*) receiver.
RD (*naut.*, *am.*) Radarman.
Rd. Road *or* road (at sea).
rd, rd. road (at sea); round.
r.d.c. (*ins.*) running down clause.
RDF radio direction finder *or* finding.
R Dk., R.dk. raised deck.
RDO radio.
R^{ds}., rds. roadstead.
R.D.Y. (*br.*) Royal Dockyard.
Réaum. (*phys.*) Réaumur.

Rec., rec. record(s); recorded.
recip, recip. reciprocal; (*tech.*) reciprocating; reciprocity.
rect. rectangle.
red. reduced; reduction.
ref. referee; (*rad.*) reference; referred.
refl. reflector.
refr. (*phys.*) refraction.
reg. region(al); register(ed); registry; regular(ly); regulation; regulator.
regd. registered.
Regs. regulations.
reg.tn. (*naut.*) register ton.
rel. relative(ly).
RELLA Regional European Long Lines Agency.
Rep. report; Republic(an).
rep. repeat; report(ed); representative.
repr. representation; represented; representing.
rept. report(ed).
Repub. Republic(an).
req. request; required.
R.E.S. (*br.*) River Emergency Service.
resp. respective(ly); respondent; (*rad.*) responder.
rest. restrict(ed); restriction.
ret(d). returned.
Rev. reverse(d); revolving.
rev. reverse(d); (*tech.*) revolution.
revs (*tech., coll.*) revolutions.
RF, rf (*rad.*) radio frequency.
R.F. radio frequency; range finder.
r.f. radio frequency.
R^{f}., Rf. (*geogr.*) reef.
RFD raised foredeck (*Lloyd's Register*).
RFI, R.F.I., rfi (*rad.*) radio frequency interference.
rgd. registered.
RH, R.H. (*am.*) right hand.
r.h. (*meteor.*) relative humidity; right hand.
rheo. (*elec.*) rheostat(s).
Rho(d). Rhodesia(n).
RI, R.I. Rhode Island.
rig (*rad.*) (radio) station equipment.
Riv. river.
riv. river; rivet(ed).
R^{k}., Rk. (*geogr.*) rock.
RL (*naut.*) rhumb line.
R.L. riding light(s).
R/L, r/l radiolocation.
RM (*naut., am.*) Radioman.
R.M. radio marker beacon; (*br.*) Royal Marine(s).
rm, rm. (*naut.*) room.
R.M.P. (*br.*) Royal Marine Police.
R.M.S. (*math.*) root-mean-square; (*br.*) Royal Mail Steamer.
rms, r.m.s. (*math.*) root-mean-square.
R.M.S.P. (*br.*) Royal Mail Steam Packet.
RN, R.N. (*br.*) Royal Navy.
R.N.C. (*br.*) Royal Naval College.
R.N.D. (*br.*) Royal Naval Division.
R.N.L.I. (*br.*) Royal National Lifeboat Institution.
R.N.Z.N. Royal New Zealand Navy.
R^{o}., Ro. coast(al) radio station.
R.O. (*naut.*) routine order(s).
ro. (*br.*) road (at sea).
r.o.b. remaining on board.
$R^{o}.B^{n}$. radio beacon.
R^{o}.D/F radio direction-finding station.
RORC Royal Ocean *or* Offshore Racing Club.
rot. rotating; rotation.
Roum. Roumania(n).
R.P. (*br.*) rules of procedure.
R.P.C. remote position control; remote power control (*Fernsteuerung*).
RP/H repairs, heavy.
RP/L repairs, light.
rpm, r.p.m. revolutions per minute.
rpn, r.p.n. rated speed nominal.
rprt (*rad.*) report.
rps, r.p.s. revolutions per second.
rpt, rpt. (*rad.*) repeat; report.
rptd. repeated; reported.
rr (*meteor.*) continuous rain.
r.r. radar reflector.
R.R.B. Radio Research Board.
R.R.C. (*br.*) Royal Red Cross.
r.s. right side.
RSFSR, R.S.F.S.R. Russian Socialist Federated Soviet Republic.
RSP responder beacon.
rsrs (*meteor.*) continuous sleet.
R.Sta., R.Stn. radio station.
R.T., R/T radio telegraphy; radio telephony; receiver-transmitter.

rt. right.
R.T.S. (*br.*) Reserve Tug Service.
RTT, RTTY radioteletype (*Funkfernschreiber*).
R.T.Y.C. Royal Thames Yacht Club.
Rum. R(o)umania(n).
Rus., Russ. Russia(n).
RV remaining velocity.
RW, rw (*meteor.*) rain showers.
RWTH, R.W.T.H. raised watertight hatch.
R.Y.S. Royal Yacht Squadron.

S

S South; south(ern); (*rad.*) strength of signal.
S. sailer; sailing ship; scalar; Scotch; Scottish; sea; (*am.*) Seaman; secret; Secretary; Society; south(ern); Statute(s); steel; submarine(s); sun.
S, $ dollar(s).
s. second(s); section; semi-; series; set; shilling(s); sign(ed); (*ling.*) singular; smooth (sea); (*naut.*) snow; (*Währung*) sou; south(ern); steamer; steel; stem; (*meteor.*) stratus cloud; sun.
SA (*am.*) Seaman Apprentice; semi-automatic; South Africa.
S.A. South Africa(n); South America(n); (*am.*) South Australia.
s.a. semiannual.
SAE Society of Automotive Engineers.
S.Afr. South Africa(n).
S.Afr.D. South African Dutch.
Salv. (El) Salvador.
S.Am(er). South America(n).
san. sanitary.
SAR (*naut.*) search and rescue; Search and Rescue (Service).
Sar(d). Sardinia(n).
SARSAT Search and Rescue Satellite Aided Tracking (system).
Sask. Saskatchewan (Canada).
Sat. Saturday.
Sau.Ar. Saudi Arabia.
S.Aus. South Australia.
S.B. Signal Boatswain; simultaneous broadcast(ing); South Britain (*England und Wales*); submarine fogbell.
S.B.C. (*naut.*) signal books correct (*Eintragung im Logbuch*).
S.b E. south by east.
S.b W. south by west.
S by E, S. by E. south by east.
S by W, S. by W. south by west.
S.C. salvage charge(s); small craft; South Carolina; South Coast; Swimming Club.
Sc (*meteor.*) strato-cumulus.
Sc. Scotch; Scotland; Scottish; (*ling.*) Scots.
sc. scale; scientific; srew.
Scan(d). Scandinavia(n).
SCAR Special Committee for Antarctic Research.
S.C.C. (*br.*) Sea Cadet Corps.
sch. (*br.*) schooner.
sched. schedule.
Scint., scint. scintillating; scintillation.
SCOR Special Committee for Ocean Research.
Scot. Scotch; Scotland; Scottish; (*ling.*) Scots; Scotsman.
SCT, sct (*meteor.*) scattered clouds.
SD (*am.*) State Department; (*naut., am.*) Steward; South Dakota.
S.D. semidiameter; (*br.*) Signal Department; single deck; South Dakota; standard deviation; State Department (*USA*).
Sd., sd. (*geogr.*) sound.
S.Dak. South Dakota.
S.D.F. Social Democratic Federation.
SDP sea duty pay (*Bordzulage*).
S.E. southeast(erly); southeastern.
SE b(y) E, S.E. b(y) E. southeast by east.
SE b(y) S, S.E. b(y) S. southeast by south.
Sec. Secretary.
sec (*math.*) secant; section.
sec. (*math.*) secant; second; secondary; seconds; secretary; section(s); sector.
sech (*math.*) hyperbolic secant.
secs. seconds; sections.
Sect., sect. section.
Secy. secretary; Secretary.
seismol. seismological; seismology.
sel. (*rad.*) selected; selective.
SELCAL (*rad.*) selective calling (system).
Sem., sem. semaphore.

Sen(r)., senr. senior.
Sep(t). September.
seq(u). sequence; sequent; sequential.
ser. series.
Serb. Serbia(n).
serv. service.
sev(l). several.
sext. sextant.
sext.alt. sextant altitude.
S.F. (*rad.*) signal frequency; stowage factor.
S.G. (*rad.*) screen(ed) grid.
Sg spring range of (the) tide.
s.g. (*phys.*) specific gravity.
sgd, sgd. signed.
SH ship's heading; (*am.*) Ship's Serviceman.
Sh. shilling(s); shipwright; (*geogr.*) shoal(s).
SHA (*naut.*) sidereal hour angle.
Shet. Shetland Islands.
SHF, shf (*rad.*) super(-)high frequency.
Shg., shg. shingle.
Shl, shl. (*geogr.*) shoal(s).
SHM ship heading marker.
SHP, S.H.P., s.hp., s.h.p. (*naut., tech.*) shaft horsepower.
shpt. shipment.
Shs, Shs. shippers.
shtg. (*am.*) shortage.
S.I. Sandwich Islands; Staten Island.
Sib. Siberia(n).
S.I.C. (*phys.*) specific inductive capacity.
Sic. Sicilian; Sicily.
Sid., sid. (*astr.*) sidereal.
Sig., sig. signal; signature.
Sigmn. (*naut., br.*) Signalman.
sigs (*rad.*) signals.
Sig.Stn. signal station.
sin (*math.*) sine.
sing. single; (*ling.*) singular.
sinh (*math.*) hyberbolic sine.
SINS ship's inertial navigation system.
S.I.U. Seafarers' International Union.
sked (*rad.*) schedule.
SL sea level; searchlight.
S.L., S/L searchlight.
S-L, s-l short and long; short/long.
S.lat. (*geogr.*) south latitude.
Slav. Slavic; Slavonian; (*ling.*) Slavonic.
sld. sailed.
Slu. (*geogr.*) slough.
S.M. screw motorship.
sm (/h) seamile (per hour).
SMO, S.M.O. (*naut., br.*) Squadron Medical Officer.
SN (*am.*) Seaman.
S.N. steam navigation.
Sn (*geogr.*) shingle.
Sn. sanitary.
sn (*rad.*) soon.
s.n. shipping note.
S.N.O. (*naut., br.*) Senior Naval Officer.
SNR, S.N.R. ship not responsible (for).
Snr. Senior.
S.O. (*naut., br.*) Senior Officer; Signals Officer; (*naut.*) standing order(s); submarine oscillator.
So (*naut., am.*) Sonarman.
So. south(ern).
Soc., soc. Society; society.
Soc.Isl. Society Islands.
SOFAR, sofar (*naut.*) sound fixing and ranging.
S.O.L. shipowner's liability.
sol. (*chem.*) soluble; (*chem.*) solution.
SOLAS International Convention for the Safety of Life at Sea.
SONAR, sonar (*naut.*) sound, navigation and ranging.
SORC (*am.*) Southern Ocean Racing Circuit.
SOS, S.O.S. (*naut.*) Save Our Souls/Ships (*Morse-Hilferuf von Schiffen*).
Soton. Southampton.
sou. south(ern).
SP (*naut., tech.*) self-propelled; (*naut., am.*) Shore Patrol *or* Police; spherical (buoy); starting point.
S.P. (*tech.*) spark(ing) plug; starting point; stern post; stirrup pump.
Sp spring (tide).
Sp. Spain; Spaniard; (*ling.*) Spanish.
sp. special; specific.
Span. Spanish.
spec. special(ly); specification; spectrum.
specif. specifical(ly); specification.
sp.gr. (*phys.*) specific gravity.

spher. spherical.
sp.ht. (*phys.*) specific heat.
Spr. spring (tide *or* tides).
Spt, spt. seaport; sport(s).
Sq. (*naut.*) squadron; Squadron.
sq. sequence; square.
Sq(d)n. (*naut.*) Squadron.
sq.ft. square foot *or* feet.
sq.in. square inch(es).
sq.m., sq.mi. square mile(s).
sqn, sqn. (*naut.*) squadron.
sq.yd. square yard(s).
SR sunrise.
S.R. (*naut., am.*) Seaman Recruit; Southern Rhodesia.
Sr schooner (*Lloyd's Register*); Senior.
S.R. & O. (*br.*) Statutory Rules and Orders.
S.Rg., S rg, s.rg. (*naut.*) sound ranging.
sri (*rad.*) 'sorry!'.
SRM speed of relative movement.
S.R.O. (*br.*) Statutory Rules and Orders.
SS steamship; (*am.*) submarine(s); sunset.
SS. steamship.
S.S. screw steamer; (*br.*) Steamship.
S/S steamship; sound signal(ling).
ss (*meteor.*) continuous snow.
ss. sections.
s.s. screw steamer; steamship.
S.S. & C. same sea and coast; (*ins.*) salvage and salvage charges.
ssb (*rad.*) single sideband.
SSE, S.S.E. south-southeast.
S.S.O. (*naut., br.*) Squadron Signals Officer.
SSR, S.S.R. Socialist Soviet Republic.
S.S.S. single-screw ship.
SSTV slow-scan television.
SSW, S.S.W. south-southwest.
ST standard time.
S.T. steam tug; (*br.*) summer-time.
St, St. Saint; statute(s); (*geogr.*) Strait; (*meteor.*) stratus.
st. statute(s); stem; stiff; (*geogr.*) strait.
Sta Santa; Saint.
Sta. (*rad.*) station.
sta. (*rad.*) station; (*meteor.*) stationary; (*tech.*) stator.
Stat. statics; statute(s).
stat. statics; stationary; statute (miles); statutes.
S.T.B. (*astr.*) sun's true bearing.
Stbd., stbd. starboard.
STC, s.t.c. (*rad.*) sensitivity time (-constant) control.
std. standard; started.
Ste. Sainte; Saint *f.*
ster., sterl., stg, stg. (*Währung*) sterling.
Stg., stg. stringer.
Sthn. southern.
Stm.Sig.Stn. storm signal station.
stn. (*rad.*) station.
S'ton Southampton.
s.t.p. standard temperature and pressure.
Str. (*geogr.*) Strait.
str. steamer; (*geogr.*) strait; stroke (*Rudern*).
S.T.V. Scottish Television.
S.U. Soviet Union.
SUB (*coll.*) submarine.
sub. submarine; substitute.
submd. submerged.
subs(t). substitute(d).
suff. sufficient.
Sun, Sun. Sunday.
Sup., sup. superior; supplement(ary); supply; supreme.
super superfine; superior; supernumerary.
Supp., supp(l). supplement; supplementary.
supr. supreme.
surg. surgery (*coll. Sprechzimmer*).
surv. survey(ing); surveyor; surviving.
survey. surveying.
s.v. sailing vessel.
Svy., svy. survey.
SW (*rad.*) short wave; southwest(ern).
SW. southwest.
S.W. (*rad.*) short wave; South Wales; southwest(erly); southwestern.
Sw. Sweden; Swedish; Swiss.
s.w. steel wire (rope).
s/w seaworthy.
SW b(y) S, S.W. b(y) S. southwest by south.
SW b(y) W, S.W. b(y) W. southwest by west.
S.W.D. salt-water draugth *or* draft.
Swed. Sweden; Swedish.
S.W.G. standard wire ga(u)ge.
Swit(z). Switzerland.
S.W.L. safe working load.
swl (*rad.*) short-wave listener

(*Kurzwellenhörer*).
S.W.R. steel wire rope.
swr (*rad.*) standing wave ratio (*Stehwellenverhältnis*).
S.Y. (*br.*) steam yacht.
Sy. supply.
sym. symbol.
syn. synthetic(s).
synop. (*meteor.*) synopsis; synoptic(al).
Syr. Syria(c); Syrian.
Syst. system.
syst. system(atic).

T

T (*phys.*) (absolute) temperature; (*phys.*, *tech.*) tension; (*astr.*) true (sun).
T. (*naut.*) tanker; territory; ton(s); (*naut.*) torpedo boat; (*naut.*) tourist class; Turkish (pounds).
t (*rad.*) tone.
t. (*radar*) target; telephone; temperature; territorial; territory; (*naut.*) thunder; time; ton(s); town(ship); (*astr., naut.*) transit.
T.A. telegraphic address.
tab. table(s) (*Tabelle, Verzeichnis*).
T alt. (*astr.*) true altitude.
tan, tan. (*math.*) tangent.
Tan. Tanganyika.
tanh (*math.*) hyperbolic tangent.
TARPS true and relative plot system.
Tas(m). Tasmania(n).
T.A.T. Trans-Atlantic Telephone (cable).
TB, T.B. temporary buoy; (*br.*) torpedo boat; true bearing.
TBB, T.B.B. temporarily replaced by black buoy.
T.B.D. (*br.*) torpedo boat destroyer.
TBS, T.B.S. (*rad., sign.*) talk between ships.
TC, T.C., t.c. true course.
Tc tropic (air *or* tides).
TCF (*rac.*) time correction factor (system).
TD time of departure.
T/D, t/d (between *or*) 'tween deck(s).
T.D.C., tdc (*tech.*) top dead center *or* centre.
TDS time, distance, speed (computer).
TE (*naut., am.*) Teleman.
T.E. turbo-electric (*Lloyd's Register*).
tech. technical(ly); technics; technology.
techn. technical; technology.
technol. technological(ly); technology.
Tel., tel. telegram; telegraph(ic); telephone.
TELECOM, telecom. telecommunications.
TELECON teletypewriter conference (*Fernschreibgespräch*).
teleg. telegram; telegraph(ic); telegraphy.
teleph. telephone; telephony.
TELERAN, teleran (*naut.*) television radar navigation.
TELEX teleprinter exchange (*Fernschreibvermittlung*).
Tel.No., tel.no. telephone number.
temp. temperature; temporary.
Tenn. Tennessee.
Ter., ter. territory.
term. terminal; termination.
Terr., terr. territorial; territory.
T.E.S. turbo-electric ship.
Tex. Texan; Texas.
tf., t.f. till forbidden.
tgm. telegram.
TH true heading.
Th. thermal; thermic; Thursday.
th (*meteor.*) thunderstorm.
therm. thermometer.
thou. thousand; (*tech. coll.*) thousandth(s).
THP (*tech.*) thrust horsepower.
thr (*meteor.*) thunderstorm with rain.
thr. there; through.
ths (*meteor.*) thunderstorm with snow.
Thu., Thur(s). Thursday.
T.H.W.M. (*br.*) Trinity high-water mark (*offizielle Wasserstandsangabe*).
TI, t.i. time interval.
tks (*rad.*) thanks.
T.L., T/L (*ins.*) total loss.
TLB, T.L.B. temporary lighted buoy.
tlr. trailer.
T.L.W.M. (*br.*) Trinity low-water mark (*offizielle Wasserstandsangabe*).
t.m. trade mark; true mean (value).

T.M.O. (*br.*) telegraph money order.
tmw (*rad.*) tomorrow.
TN true north.
tn. ton; town.
tng. (*am.*) training.
tnx (*rad.*) thanks.
T.O. Telegraph *or* Telephone Office.
TOD, t.o.d. (*rad.*) time of delivery.
togr. (*br.*) together.
TOM (*rac.*) Trans-Ocean-Medal.
tonn. tonnage.
TOO, t.o.o. (*rad., etc.*) time of origin.
TOP (*rac.*) Trans-Ocean Prize.
top., topog. topographical; topography.
TOR, t.o.r. (*rad., etc.*) time of reception.
tot. total.
TP telephone; teleprinter.
T.P., T/P teleprinter.
T.P.I. (*tech.*) threads per inch; tons per inch immersion.
tpt, tpt. transport.
TR, T/R (*rad.*) transmitter-receiver, transceiver.
T.R. tons registered.
trans. transferred; transit; transport(ation); transverse.
trav. (*naut.*) travel(l)er; travels.
TRB temporarily replaced by red buoy.
T.R.C. Thames Rowing Club.
T.R.F., t.r.f., t-r-f (*rad.*) tuned radio frequency.
trib. (*geogr.*) tributary.
Trig., trig(on). trigonometric(al); trigonometry.
Trin. Trinidad.; (*br.*) Trinity.
trop. tropic(al).
trx (*rad.*) transceiver.
T.S., t.s. training ship; trial speed.
T.SS turbine steamship.
T.S.S. twin-screw ship.
TT teletypewriter; telltale; Thames Tonnage.
T.T. Tanganyika Territory.
tt (*meteor.*) continuous thunder.
TTT, t.t.t. (*naut.*) time to turn.
TUB temporary unlighted buoy.
Tu., Tues. Tuesday.
Tun. Tunisia.
Turk. Turkey; Turkish.
Turkn. Turkistan.
TV television; terminal velocity.
T.V. television.
tvi (*rad.*) television interference
Tvl. Transvaal.
T.V.R. (*elec.*) temperature variation of resistance.
TW, t.w. tidal water.
tx (*rad.*) transmitter.
Ty. (*am.*) territory.
T.Y.C. (*br.*) Thames Yacht Club.
T.Z.D., t.z.d. true zenith distance.

U

U unwatched (light).
U. upper; Utah.
u. (*naut.*) ugly (weather); upper.
UAR, U.A.R. United Arab Republic.
U.C. Upper Canada.
U.D. under deck; upper deck.
U.D.T. under deck tonnage.
UHF, U.H.F., uhf, u.h.f. (*rad.*) ultra(-)high frequency.
UK, U.K. United Kingdom (of Great Britain and Northern Ireland).
Ukr. Ukraine; Ukrainian.
U.L., u.l. (*astr.*) upper limb (of the sun).
ult. ultimate(ly).
UM (*naut., am.*) Underwater Mechanic.
UN, U.N. United Nations.
Un. Union.
uncert. uncertain.
unexam(d). (*naut.*) unexamined.
univ. universal(ly).
unlis (*rad.*) unlicensed.
U. of S.Afr. Union of South Africa.
up. upper.
Uru. Urugay(an).
US, U.S. United States (of America).
u/s unserviceable (*Gerät*).
USA, U.S.A. Union of South Africa; United States of America.
usb (*rad.*) upper sideband.
U.S.C. United States of Colombia.
USCG, U.S.C.G. United States Coast Guard.
U.S.E.C. United States East Coast.
U.S.G(ulf). United States, Gulf of Mexico.
USI United States of Indonesia.
U.S.M. United States Marine(s).
USMC, U.S.M.C. United States Marine Corps; United States Maritime Commission.
USN, U.S.N. United States Navy.
USNA, U.S.N.A. United States Naval Academy.
U.S.N.H. United States, North of Cape Hatteras.

U.S.P.C. United States Pacific Coast.
USPHS, U.S.P.H.S. United States Public Health Service.
USS, U.S.S. United States Ship *or* Steamer *or* Steamship.
U.S.S.B. United States Shipping Board.
USSR, U.S.S.R. Union of Socialist Soviet Republics *or* Soviet Socialist Republics.
usu. usual(ly).
UT (*am.*) universal time; Utah; (*naut., am.*) Utilities Man.
U.T. United Territory.
u.t. universal time.
UTC universal time co-ordinated (*Weltzeit*).
UT 1 Universal Time One.
U.W., uw, u.w. underwater; under water.

V

V (*math.*) vector; velocity; vessel; victory; (*elec.*) volt; volume.
v (*elec.*) volt; volume.
v. valve; (*math.*) vector; velocity; very; visibility; voice; (*elec.*) volt; (*elec.*) voltage; volume.
VA (*elec.*) volt-ampere.
V.A. (*naut.*) Vice-Admiral; Virginia.
Va, Va. Virginia.
vac. vacuum.
V.(-)Adm. (*naut.*) Vice-Admiral.
val. value.
VAR visual-aural range.
var. variant; variation; variety; variometer; various.
v.d. various dates.
VDA vertical danger angle.
vel. velocity.
Ven. Venetian; Venice.
Venet. Venetian.
Venez. Venezuela.
Verm. Vermont.
vert. vertical.
V.F. video frequency.
v.f. very fair.
vfo (*rad.*) variable frequency oscillator.
v.g. very good.
VHF, V.H.F., vhf, v.h.f. (*rad.*) very high frequency.
V.I. Vancouver Island; vertical interval; Virgin Islands; (*elec.*) volume indicator.
v.i. vertical interval.
Vic. Victoria (*bes. der australische Staat*).
Vice-Adm. (*naut.*) Vice-Admiral.
Vict. Victoria (*Australia*).
vis. visibility; visible.
VLF, V.L.F., vlf, v.l.f. (*rad.*) very low frequency.
V.L.R. very long range.
vm (*elec.*) voltmeter.
v/m (*elec.*) volts per meter *or* metre.
VOA, V.O.A. (*rad.*) Voice of America.
VOL volume.
Vol., vol. volcano; volume.
vols. volumes.
VOR, V.O.R. visual omnirange.
v.p. (*phys.*) vapo(u)r pressure; variable pitch; various places.
V.P.P. (*naut.*) variable pitch propeller.
VQ, vq very quick (flashing) light.
V.S., V/S visual signal(l)ing.
v.s. variable speed; visual signal(l)ing.
V.T. voice tube.
Vt, Vt. Vermont.
vy, vy. very.

W

W (*elec.*) watt(s); West; west(ern).
W. Wales; Washington; weight; Welsh; west(ern); width; won; (*phys.*) work.
w (*elec.*) watt(s); wet.
w. (*meteor.*) dew; wanting; (*elec.*) watt(s); week(s); weight; west(ern); wide; width; with; won; (*phys.*) work.
W.A. West Africa; Western Australia.
W.Afr. West Africa(n).
Wal(ach). Walachian.
Wash. Washington.
watt-hr. (*elec.*) watt-hour.
W.Aus(t). Western Australia(n).
WB, W.B. water ballast.
w.b. water ballast; westbound.
W b(y) N, W. b(y) N. west by north.
W b(y) S, W. b(y) S. west by south.

W.C. West Coast; wireless communication.
W.C.E. West Coast of England.
W.C.S.A. West Coast of South Africa.
WD, w.d. wind direction.
W.Dk. weather deck (*Lloyd's Register*).
w/e. week end(ing).
Wea, wea. weather.
Wed. Wednesday.
WET Western European Time.
WG, wg (*naut.*) wing.
W.G., w.g. water ga(u)ge; wire ga(u)ge.
Wh., wh. (*elec.*) watt-hour; which.
whf. wharf.
WHIS, whis whistle.
W.I. West India(n); West Indies.
wid (*rad.*) with.
Wis(c). Wisconsin.
W[k]., Wk. wreck.
wk. week(s); work.
wkd (*rad.*) worked.
wkly. weekly.
wks. weeks; works; wreckages.
WL, W.L. (*naut.*) water line; (*phys., rad.*) wave length.
W/L (*rad.*) wave length.
w.l. water line; (*rad.*) wave length.
w/l (*rad.*) wave length.
W.lon(g). west longitude.
wmk. watermark.
WMO World Meteorological Organization.
WNG, wng warning.
WNW, W.N.W. west-northwest.
WO wait order.
W.O. wireless operator.
W/O, w/o without.
W.O.A. Wharf-Owners' Association.
w.o.b. washed overboard.
W.O.L. Wharf-Owners' Liability.
W.P., w.p. weather permitting.
W.P.A., w.p.a. (*ins.*) with particular average.
w.p.m. (*rad.*) words per minute.
W.R. (*naut.*) wardroom.
Wrk., wrk. wreck.
wrnt. warrant.
w.r.t. (*rad.*) with reference to.
WS wind speed; wireless set.
w.s. wetted surface.
W.S(tn). wireless station.
WSW, W.S.W. west-southwest.
W.T., W/T, W/T. wireless telegraphy *or* telephony.
wt, wt. weight.
w.t. (*naut.*) watertight.
W.T.B., w.t.b. watertight bulkhead.
W/T Bn. radio beacon.
W/T D/F *or* **DF** radio direction-finding (station).
W.T.H., w.t.h. watertight hatch.
WV, w.v. wind velocity.
W.Va, W.Va. West Virginia.
W & W, w & w wind and weather.
ww, ww. whirlwind.
wx (*rad.*) weather.
Wy(o). Wyoming.

X

X (*astr.*) heavenly body.
x (*math.*) an abscissa; (*meteor.*) hoar frost; (*math.*) an unknown quantity.
XB (*astr.*) heavenly body's altitude.
XC (*astr.*) heavenly body's declination.
xcus (*rad.*) excuse.
Xm., Xmas Christmas.
XMIT, xmit (*rad.*) transmit.
xmitter (*rad.*) transmitter.
XMSN, xmsn (*rad.*) transmission.
XMTR, xmtr (*rad.*) transmitter.
XOS extra outsize.
xtry extraordinary.

Y

y (*meteor.*) dry (air); (*math.*) an ordinate; (*math.*) an unknown quantity.
y. yard(s); year(s); you.
Y.A.R. (*naut.*) York-Antwerp Rule(s).
Y.C. yacht club.
yd. yard(s).
y'day yesterday.
yds. yards.
Yem. Yemen.
Y.H.(A.) Youth Hostel(s Association).
Y.M. yacht measurement.
YN (*naut., am.*) Yeoman.
YR (*rac.*) Yardstick Rule.
Y.R. yard repair(s).
yr, yr. year(s); your.
Y.R.A. Yacht Racing Association.
Y.R.F. (*rac.*) Yacht Rating Factor.
yrs, yrs. years; yours.
Y.T. Yukon Territory.
Yuc. Yucatan.
Yugo. Yugoslavia.

Z

Z Coriolis correction; (*astr.*) zenith distance; zone.

Z. azimuth; zero; zone.

z (*meteor.*) hazy; (*math.*) an unknown quantity; (*rad.*) zero *or* zulu time.

z. zenith distance; zero; zone.

ZD, Z.D., z.d. zenith distance.

zl. (*Währung*) zloty.

Zod., zod. (*astr.*) zodiac(al).

ZPX (*astr.*) heavenly body's hour angle.

Z.T., z.t. zone time.

ZX (*astr.*) heavenly body's zenith distance.

SCALES
SKALEN

Beaufort scale (*Beaufort's Wind scale*)
Beaufort Skala (*Windstärken-Skala*)

Bft – 0	dead calm	Totenflaute
Bft 0	calm	(Wind)Stille, (*naut.*) Stillte
Bft 1	light air(s)	leiser Zug
Bft 2	light breeze	leichte (*od.* flaue) Brise
Bft 3	gentle breeze	schwache Brise, schwacher Wind
Bft 4	moderate breeze	mäßige Brise, mäßiger Wind, (*naut.*) Vollzeugbrise
Bft 5	fresh breeze	frische Brise, frischer Wind
Bft 6	strong breeze	steife Brise, starker Wind
Bft 7	moderate gale	steifer Wind
Bft 8	fresh gale	stürmischer Wind
Bft 9	strong gale	Sturm
Bft 10	whole gale	schwerer *od.* starker Sturm
Bft 11	storm	orkanartiger Sturm
Bft 12	hurricane	Orkan

Douglas scale (*Swell scale*)
Douglas Skala (*Dünungs-Skala*)

– 0	dead swell	tote Dünung
0	no swell	keine Dünung
1	low swell, short	niedrige kurze Dünung
2	low swell, long	niedrige mittellange Dünung
3	moderate swell, short	mittelhohe kurze Dünung
4	moderate swell, average	mittelhohe mittellange Dünung
5	moderate swell, long	mittelhohe lange Dünung
6	heavy swell, short	hohe kurze Dünung
7	heavy swell, average	hohe mittellange Dünung
8	heavy swell, long	hohe lange Dünung
9	confused swell	unregelmäßige durcheinanderlaufende Dünung

Petersen scale (*State-of-Sea scale*)
Petersen Skala (*Seegang-Skala*)

0	calm, glassy	ruhige spiegelglatte See
1	calm, rippled	ruhige gekräuselte See
2	smooth, wavelets	ruhige *od.* schwach bewegte See, kleine Wellen
3	slight	leicht bewegte See
4	moderate	mäßig bewegte See
5	rough	grobe See
6	very rough	sehr grobe See
7	high	hohe See
8	very high	sehr hohe See
9	phenomenal	außergewöhnlich schwere See

Scale of Visibility (*meteor., naut.*)
Sichtigkeits-Skala

0	very dense *or* thick fog zero visibility	sehr dichter *od.* dicker Nebel Sichtweite bis 50 m (*0.027 sm*)
1	dense *or* thick fog very poor visibility	dichter *od.* dicker Nebel Sichtweite bis 200 m (*0.11 sm*)
2	moderate (dense) fog poor visibility	mäßig dichter Nebel Sichtweite bis 500 m (*0.27 sm*)
3	moderate fog very low visibility	leichter Nebel Sichtweite bis 1 km (*0.54 sm*)
4	very heavy mist low visibility	sehr starker Dunst Sichtweite bis 2 km (*1.1 sm*)
5	heavy mist limited visibility	starker Dunst Sichtweite bis 4 km (*2.2 sm*)
6	moderate mist *or* haze moderate visibility	mäßiger Dunst Sichtweite bis 10 km (*5.4 sm*)
7	good visibility	gute Sicht Sichtweite bis 20 km (*11 sm*)
8	high visibility	sehr gute Sicht Sichtweite bis 50 km (*27 sm*)
9	very high visibility	außergewöhnlich gute Sicht Sichtweite bis unendlich

Meteorological Code (*Weather chart*)
Wetterschlüssel (*Wetterkarte*)

b	blue (sky)	klarer Himmel
c	clouds, cloudy	leichte Bewölkung, einzelne Wolken
d.	drizzling	Sprühregen, Staubregen
e	evaporation	hohe Luftfeuchtigkeit ohne Regen
F.	fog; foggy	Dunst, Nebel; (*naut.*) mistig
F.F.	thick fog	dicker Nebel
g.	gloomy	trüb
h.	hail	Hagel
l.	lightning	Blitz
m.	mist	stark diesig, leichter Nebel
O.	overcast	bedeckt
p.	passing showers	(vereinzelte) Regenschauer
q.	squalls	(Wind- *od.* Sturm)Böen
r.	rain	Regen
s.	snow	Schnee
t.	thunder(storm)	Gewitter
u.	ugly (weather)	bedrohliches Wetter, drohende Luft
v	visible	sichtiges Wetter, sehr durchsichtige Luft
w.	wet; dew	Niederschlag; Tau
z.	hazy	diesig; (*naut.*) häsiges Wetter

Bell
Glas(en)

1 bell	*at*	12.30;	4.30;	*and*	8.30 o'clock
1 Glas	*um*	12.30;	4.30;	*und*	8.30 Uhr
2 bells	*at*	1.00;	5.00;	*and*	9.00 o'clock
2 Glas	*um*	1.00;	5.00;	*und*	9.00 Uhr
3 bells	*at*	1.30;	5.30;	*and*	9.30 o'clock
3 Glas	*um*	1.30;	5.30;	*und*	9.30 Uhr
4 bells	*at*	2.00;	6.00;	*and*	10.00 o'clock
4 Glas	*um*	2.00;	6.00;	*und*	10.00 Uhr
5 bells	*at*	2.30;	6.30;	*and*	10.30 o'clock
5 Glas	*um*	2.30;	6.30;	*und*	10.30 Uhr
6 bells	*at*	3.00;	7.00;	*and*	11.00 o'clock
6 Glas	*um*	3.00;	7.00;	*und*	11.00 Uhr
7 bells	*at*	3.30;	7.30;	*and*	11.30 o'clock
7 Glas	*um*	3.30;	7.30;	*und*	11.30 Uhr
8 bells	*at*	4.00;	8.00;	*and*	12.00 o'clock
8 Glas	*um*	4.00;	8.00;	*und*	12.00 Uhr

WEIGHTS AND MEASURES
MASSE UND GEWICHTE

1. Nautical Measure
Nautische Maße

1 fathom	=	6 feet	=	1,829 m
1 Faden	=	6 Fuss		
1 cable's length	=	100 fathoms	=	182,9 m
1 Kabellänge	=	100 Faden		
		br. = 608 ft	=	185,3 m
		am. = 730 ft	=	219,5 m
1 nautical mile	=	10 cables' length	=	1,852 km *international*
1 Seemeile	=	10 Kabellängen		
		br.: Imperial nautical mile	=	1,853 km
	=	1.1508 (statute) miles		
	=	1.1508 (gesetzliche) Meilen		
1 marine league	=	3 nautical miles	=	5,56 km
	=	3 Seemeilen		
60 nautical miles	=	1 degree of longitude at the equator		
60 Seemeilen	=	1 Längengrad am Äquator		

1 mile per hour (*mph*)	=	1,61 km/h	=	0.869 knots (*kn*)	=	0,45 m/sec.
1 Meile pro Stunde	=	1,61 km/h	=	0,869 Knoten	=	0,45 m/sek.

1 knot (*kn*)	= 1.15 mph	= 1,852 km/h	= 0,514 m/sec.
1 Knoten (*Kn*)	= 1.15 mph	= 1,852 km/h	= 0,514 m/sek.
1 sm/h	= 0,5145 m/sec.	= 1 knot	
1 Seemeile pro Stunde	= 0,5145 m/sek.	= 1 Knoten	

2. Shipping Measure
Schiffsmaße

1 displacement ton	= 35 cubic feet	= 0,991 m³
1 Verdrängungstonne	= 35 Kubikfuß	= 0,991 m³
1 register ton	= 100 cubic feet	= 2,8317 m³
1 Registertonne	= 100 Kubikfuß	= 2,8317 m³

3. Linear Measure
Längenmaße

1 inch = 2,54 cm		**1 cm** = 0.3937 inch
1 foot = 12 inches = 0,3048 m		**1 Fuß** = 30,5 cm = 12 inches
1 yard = 3 feet = 0,9144 m		**1 m** = 1.0936 yards

1 (statute) mile = 1760 yards = 1,6093 km
(*gesetzliche Meile in Großbritannien u. USA*)

4. Weight
Gewichte

1 ounce (*oz*) = 28,35 g	**sailcloth weight** = *approx.* 42 g
1 Unze = 28,35 g	**Segeltuchgewicht** = *ca.* 42 g

5. Measure of Capacity
Hohlmaße

		British (*britisch*)	*American* (*amerikanisch*)
1 pint (=*4 gills*)		0,57 l	0,47 l
1 (imperial) quart = *2 pints*		1,14 l	0,95 l
1 (imperial) gallon = *4 quarts*		4,55 l	3,79 l
5 gallons		23 l *approx.*	19 l *approx.*
10 gallons		45 l *approx.*	39 l *approx.*
1 barrel = *36 gallons*		164 l	
1 barrel petroleum = *42 gallons*			159 l
1 l (*Liter*)	=	1.76 pints	2.1 pints
10 l	=	2.2 gallons	2.64 gallons
50 l	=	11 gallons *approx.*	13 gallons *approx.*

6. Temperature
Temperatur

30° (*degrees*) Celsius (*C*) = 86 degrees Fahrenheit (*F*) = 24 degrees Reaumur (*R*)
30° (*Grad*) Celsius (*C*) = 86 Grad Fahrenheit (*F*) = 24 Grad Réaumur (*R*)

1000 millibar (*mb*) (*meteor.*) = 750 mm = 29,55 Zoll (inches) (*mercury; Quecksilbersäule*)

INTERNATIONAL ALPHABET

(Flag signals, Morse and radio-telegraphy/-telephony)

INTERNATIONALES BUCHSTABIERALPHABET

A	Alpha	· –	(short-long; kurz-lang)
B	Bravo	– · · ·	(long-short-short-short; lang-kurz-kurz-kurz)
C	Charlie	– · – ·	(long-short-long-short; lang-kurz-lang-kurz)
D	Delta	– · ·	(long-short-short; lang-kurz-kurz)
E	Echo	·	(short; kurz)
F	Foxtrott	· · – ·	(short-short-long-short; kurz-kurz-lang-kurz)
G	Golf	– – ·	(long-long-short; lang-lang-kurz)
H	Hotel	· · · ·	(short-short-short-short; kurz-kurz-kurz-kurz)
I	India	· ·	(short-short; kurz-kurz)
J	Juliett	· – – –	(short-long-long-long; kurz-lang-lang-lang)
K	Kilo	– · –	(long-short-long; lang-kurz-lang)
L	Lima	· – · ·	(short-long-short-short; kurz-lang-kurz-kurz)
M	Mike	– –	(long-long; lang-lang)
N	November	– ·	(long-short; lang-kurz)
O	Oscar	– – –	(long-long-long; lang-lang-lang)
P	Papa	· – – ·	(short-long-long-short; kurz-lang-lang-kurz)
Q	Quebec	– – · –	(long-long-short-long; lang-lang-kurz-lang)
R	Romeo	· – ·	(short-long-short; kurz-lang-kurz)
S	Sierra	· · ·	(short-short-short; kurz-kurz-kurz)
T	Tango	–	(long; lang)
U	Uniform	· · –	(short-short-long; kurz-kurz-lang)
V	Victor	· · · –	(short-short-short-long; kurz-kurz-kurz-lang)
W	Whiskey	· – –	(short-long-long; kurz-lang-lang)
X	X-Ray	– · · –	(long-short-short-long; lang-kurz-kurz-lang)
Y	Yankee	– · – –	(long-short-long-long; lang-kurz-lang-lang)
Z	Zoulou, Zulu	– – · ·	(long-long-short-short; lang-lang-kurz-kurz)

(long = dash; short = dot)
(lang = Strich; kurz = Punkt)

A

Aal *m.* (*naut. coll.*), torpedo *s.*, (*coll.*) tin-fish *s.*

Aap *n.* (*pl.* **Aapen),** mizzen staysail *s.*

ab *adv.*, off; down; from, away from; **dwars –,** off; **Strom –,** down stream; **vom Land –,** off; **weit –,** far off; **– Hamburg,** from Hamburg; **– und an** (*beim Ansteuern einer Küste*), off; **– Werk,** ex factory, from the factory.

Abänderung *f.*, (course) alteration *s.*; correction *s.*

Abandon *m.* (*naut., ins.*), abandonment *s.*; **–klausel** *f.* (*ins.*), abandonment clause *s.* **abandonnieren** *v.*, to abandon (ship). **Abandon-Schiff-Alarm** *m.*, abandon ship alarm *s.*

abankern *v.*, to unmoor.

abarbeiten *v.*, to work off, to get afloat *or* off (*ship aground*).

abbacken *v.*, to clear away, to clear the mess(-)table.

abbaken *v.*, to set beacons. **Abbakung** *f.*, beaconing *s.*

abbauen *v.*, to unship (*rudder, mast*), to unstep (*the mast*).

abbäumen *v.*, to shore (up), to prop (up), to boom off.

abbeizen *v.*, to remove oxidized surface, to remove by caustics; to scour, to dip, to pickle. **Abbeizer** *m.*, **Abbeizmittel** *n.*, paint remover *s.*

abblasen *v.*, to blow off (*steam*). **Abblaseventil** *n.*, blow-off valve *s.*, escape valve *s.*, exhaust valve *s.*

abblättern *v.*, to peel *or* scale off (*paint*), to defoliate (*laminated sail-cloth*). **Abblätterung** *f.*, delamination *s.*

abblenden *v.*, to dim, to screen; **(Positions-) Lichter –,** to dim (the) lights; **ein Schiff –,** to darken ship.

abbrassen *v.*, to brace to full.

abbrechen *v.*, to break off, to cancel (*a race*); to dismantle (*mast*); **die Laufplanke** *od.* **Gangway eines Bootes –,** to cast off the gangway; **den Mast –,** to carry away the mast; **das Rennen** *od.* **die Wettfahrt offiziell –,** to call off a race officially, to cancel the race; **ein (gestrandetes) Schiff** *od.* **Boot –,** to break off ship.

abbringen *v.*, to bring *or* get off, to get afloat (*boat*).

abdecken *v.*, to cover; to blanket (*a sail*); **ein Boot –,** to weather a boat; **einen (Segel)Bereich –,** to cover the (wind) conditions (*of sail*); **ein anderes Segelboot –,** to blanket a sail; **Leicht(Schwer)wetterbedingungen –,** to cover light *or* light-air (heavy *or* heavy weather) conditions (*of sail*); **eine Rennyacht –,** to have the lee-gauge of the racing boat. **Abdeckhaube** *f.*, cover *s.*, dust hood *s.* (*of an instrument*). **Abdeckung** *f.*, cover(ing) *s.*; blanketing *s.* (*of a boat or sail*). **Abdeckungsplane** *f.*, cover *s.*, tarpaulin *s.*

abdichten *v.*, to caulk, to tighten (*a leak*); to make watertight (*boat*); to batten down (*hatch*); to joint (*a seam*); to pack, to plug up, to stop (*a hole or gap*); (*tech.*) to seal (up), to lute, to stuff. **Abdichtung** *f.*, caulking *s.* (*leak*); (*tech.*) packing *s.*, sealing *s.* **Abdichtungs/ring** *m.*, (rubber) washer *s.*, gasket *s.*; **–vorrichtung** *f.*, obturator *s.*

abdrängen *v.*, to force away; **vom Kurs –,** to push *or* shove s.b. off the course; **(vom gesteuerten Kurs) –,** to sheer (*of boat*).

abdrehen *v.*, to bear off, to haul off, to pay off, to point off, to sheer off, to turn away *or* off, to twist off, to veer off (*boat*); (*rad., elec.*) to switch off; **mit dem Bug –,** to head off; **nach Backbord –,** to turn to port; **(scharf) nach Norden –,** to rise (sharply) northwards; **von der Küste –,** to off, to turn away from the coast; **vom Land –,** to pay *or* to point off.

Abdrift *f.* (*naut.*), drift *s.*, leeway *s.*, deflection *s.*; driftage *s.*; drifting *s.*; side force *s.*; **– haben,** to make leeway; **weniger – erzeugen,** to produce less side force (*of sails*); **–berichtigung** *f.*, drift correction *s.*, allowance *s.* for leeway. **abdriften** *v.*, to drift (away *or* off); to make leeway (*boat*). **Abdrift/koeffizient** *m.*, coefficient *s.* of drift; **–kompass** *m.*, drift compass *s.*; **–messer** *m.*, drift indicator *s.*; **–rechner** *m.*, drift computer *s.*; **–winkel** *m.*, drift angle *s.*, angle *s.* of drift.

abdrosseln *v.*, to throttle down; to stall (*motor, engine*).

abdrücken *v.*, **(vom gesteuerten Kurs) –,** to sheer (*of boat*).

abebben *v.*, to abate, to calm down, to die (away *or* down), to ebb away, to quieten, to slacken off (*wind*); to ebb (*tide*).

Abend *m.*, evening *s.*, night *s.*, (*am.*) sunset *s.*, sundown *s.*; (*direction*) west *s.*; **am –,** at night *or* (*am.*) sunset *or* -down; **–amplitude** *f.* (*astr.*), western amplitude *s.*; **–dämmerung** *f.*, evening twilight *s.*, dusk *s.*, (*coll.*) owl light *s.*; **–himmel** *m.*, sun sky *s.*, (*am.*) sunset sky *s.*; **–nebel** *m.*, evening haze *s. or* mist *s.*; **–punkt** *m.* (*astr.*), true west; **–rot** *n.*, **–röte** *f.* (*meteor.*), sunglow *s.*; sun sky *s.*, sunset *s.*

abends *adv.*, **von morgens bis –** (*rac.*), from dawn till dusk. **Abend/sonne** *f.*, setting sun *s.*; **–stern** *m.* (*astr.*), evening star *s.*, Hesperus *s.*, Venus *s.*, Vesper *s.*; **–tau** *m.*, night dew *s.*; **–thermik** *f.*, terrestrial radiation *s.*; **–wache** *f.*, first watch *s.*; **–wind** *m.*, evening breeze *s. or* wind *s.*, west wind *s.*, zephyr *s.*

Aberglaube *m.*, **seemännischer –,** marine superstition *s.*

Aberration *f.* (*astr.*), aberration *s.*; **–skonstante** *f.* (*astr.*), constant *s.* of aberration.

abfaden *v.* (*naut.*), to fathom.

abfahrbereit *adj.* (*naut.*), ready to sail *or* to leave.

abfahren *v.* (*naut.*), to depart, to leave, to put to sea, to sail, to set off, to start, to get under way, to clear for; **(fahr)planmäßig –,** to leave on schedule; **– von,** to stand out from.

Abfahrt *f.*, departure *s.*, sailing *s.*; **voraussichtliche –,** expected to sail; **den Ort des Schiffes bei – bestimmen,** to take a departure. **Abfahrts/besteck** *n.*, point *s.* of departure; **–dichte** *f.*, sailing intervals (*pl.*); **–flaggensignal** *n.*, Blue Peter *s.*, blue peter *s.*; **–hafen** *m.*, port *s.* of clearance *or* sailing; **–liste** *f.*, sailing list *s. or* schedule *s.*; **–punkt** *m.* (*Beginn der Besteckrechnung*), departure *s.*; **–signalflagge** *f.*, Blue Peter *s.*, blue peter *s.*; **–tag** *m.*, sailing date *s. or* day *s.*; **–trimm** *m.*, sailing trim *s.*; **(voraussichtliche) –zeit** *f.*, (expected) time *s.* of sailing.

Abfall *m.*, **Abfallen** *n.* (*naut.*), drift *s.*; spilth *s.*; overfall *s.* (*sea-bottom*); (*meteor.*) drop *s.*, fall *s.* (*in temperature*); **– nach Lee,** bearing *s.* away to leeward.

abfallen *v.*, to bear away *or* off, to fall astern *or* away *or* off, to fall to leeward, to put the helm up, to beat to leeward (*boat*); to decrease (*speed*); to drop (*temperature*); to go lower (*helmsman*); (*rac.*) to drop back *or* behind, to tail off; **bis platt vor dem Wind –,** to bear away before the wind; **mit der Fahrt –,** to pay off, to drop back *or* behind, to fall astern; **mit dem Ruder –,** to bear up, to go lower; **mit Ruder –!** (*com.*), bear up!; **mit dem Wind –,** to fall to leeward; **nach Backbord –,** to fall off to port; **schnell –,** to fall away fast, to tail off (*boat*); **vom Kurs –,** to fall away, to fall off the course, to bear away *or* off; to get out of line; **(leewärts) vom Strich –,** to fall off; **vom Wind –,** to cast *or* fall off, to pay off (from the wind), to bogue; **– nach,** to bear (to); **– unter,** to fall below (*temperature*); **– vom Wind,** to bogue, to round a boat off; **das Boot fällt vom Kurs ab,** the boat falls off from the *or* her course.

Abfallprahm *m.*, **–schute** *f.*, dump scow *s.*, refuse lighter *s.*

Abfangkurs *m.*, **auf – liegen,** to be on an intercept course.

abfaulen *v.*, to decay and drop off, to rot off, to rot and fall off.

abfedern *v.* (*tech.*), to cushion.

Abfendern *n.*, fending (off) *s.*; **Bootshaken zum –,** hooked fending pole *s.* **abfendern** *v.*, to fender off, to fend off.

abfertigen *v.*, to clear (*customs*). **Abfertigung** *f.*, clearance *s.* (*customs*); **–sschein** *m.*, custom-declaration *s.*

abfeuern *v.*, to let off, to discharge (*distress signal*).

abfieren *v.*, to ease away *or* off (*rope, line*); to veer and haul.

abflachen *v.*, to flatten (out) (*sails*); to shoal (*of water*).

Abflacher *m.*, flattening reef *s.*, roach reef *s.*

Abflachung *f.*, flattening *s.* (*of a sail*).

abflammen *v.*, to bream (*the bottom of a boat*).

abflauen *v.*, to abate, to calm down, to die (away *or* down), to drop, to lull (down), to slacken (off), to subside, to wane (*wind*), to tail away (*gale*). **abflauender Wind** *m.*, waning wind *s.*

abfließen *v.*, to run *or* flow away *or* down *or* off (*of flood*); to drain away *or* off.

Abfluß *m.*, drain *s.*, efflux *s.*, outflow *s.*; outlet *s.* (*of a lake*); flowing off, ebb *s.* (*of tide*); **–hahn** *m.*, drain-cock *s.*; **–öffnung** *f.*, mouth *s.*, orifice *s.*; **–strom** *m.*, ebb-tide *s.*; **–ventil** *n.*, drain valve *s.*

Abgaben *f./pl.* (*naut.*), dues (*pl.*).

Abgang *m.* (*naut.*), departure *s.*, sailing *s.*, setting out *s.*; loss *s.* **Abgangs/besteck** *n.*, (point of) departure *s.*; **–hafen** *m.*, port *s.* of clearance *or* departure; **–kurs** *m.*, departing course *s.*; **–liste** *f.*, sailing list *s. or* schedule; **–punkt** *m.*, (point *or* position of) departure *s.*; **–winkel** *m.*, angle *s.* of departure.

Abgas-Schalldämpfer *m.*, exhaust silencer *s.*

abgeblendet *adv.*, **– segeln,** to sail *or* cruise with dimmed *or* without lights.

abgedichtet *adj.* (*naut.*), tight; (*tech.*) tightened.

abgeflacht *adj.*, **–es Heck,** oblate stern *s.*

abgehärtet *adj.*, weatherbeaten.

abgehen *v.* (*naut.*), to depart, to leave, to sail, to set out, to stand out, to start (*boat*). **abgehend** *adj.*, outgoing; **–e Boote** *od.* **Schiffe** (*pl.*), outgoing boats (*pl.*); **–er Funkspruch** *m.*, outgoing message *s.*

abgeien *v.*, to clew down.

abgekürzt *adj.*, **–e Bahn, –er Kurs** (*rac.*), abridged *or* shortened course *s.*

abgelagert *adj.*, **nicht –,** unseasoned (*wood*); **–es Holz** *n.*, seasoned wood *s.* (*shipb.*).

abgelöst *p.p.*, **– beim Rudertörn,** relieved at the helm; **nicht – beim Rudertörn,** unrelieved at the helm.

abgenutzt *adj.*, used up, worn out.

abgeplattet *adj.*, oblate (*bow, stern*).

abgeschirmt *adj.* (*rad.*), screened; **nicht –,** unscreened; **–e Antenne** *f.*, screened aerial *or* antenna *s.*

abgesenkt *adj.*, lowered.

abgesoffen *p.p.* (*naut. sl.*), (to be) under (*boat*).

abgestimmt *p.p.* (*rad.*), modulated, tuned (in); **nicht –** (*rad.*), unmodulated; **–er Kreis** *m.* (*rad.*), tuned circuit *s.*; **auf gleiche Frequenz –** (*rad.*), syntonic.

abgetakelt *adj.* (*naut.*), in ordinary, unrigged (*boat*); **–es Schiff** *n.*, hulk *s.*

abgetastet *adj.*, **–er Bereich, –es Gebiet** (*radar*), scanned range *or* area *s.*

abgetrieben / werden, to sag; **nach Lee – werden,** to sag to leeward; **vom Sturm – werden,** to be blown off course.

abgewinnen *v.t.*, **den Vorsprung –** (*rac.*), to get the start of; **den Wind –,** to gain the wind.

Abgieren *n.*, sheer(ing) *s.* **abgieren** *v.*, to sheer away, to sheer off (*the course*); **vom Anker –,** to break sheer.

Abgleich *m.* (*rad.*), trimming *s.* **abgleichen** *v.* (*rad.*), to justify; to balance, to equalize. **Abgleichkondensator** *m.* (*rad.*), trimming condenser *s.* **Abgleichung** *f.*, adjustment *s.*; equalization *s.*; levelling *s.*

abgreifen *v.*, to prick (*course, distance*); to measure *or* to step off (*with compasses*). **Abgreifzirkel** *m.*, dividers (*pl.*).

abgrenzen *v.*, to mark off *or* out, to demarcate *or* demarkate, to fix the limits (of). **Abgrenzung** *f.*, demarcation *or* -kation *s.*; **–slinie** *f.*, line *s.* of demarcation *or* -kation.

abhaken *v.*, to unhook, to unfasten.

Abhaltebaum *m.*, breasting-off pole *s. or* spar *s.*, (spur) shore *s.*

abhalten *v.*, to bear away *or* off *or* up; to keep clear off; to fend off; to edge away *or* off; **–!** (*com.*), keep her away!; **frei** *od.* **gut – von,** to lie off, to give a wide berth (to); **weit – vom Land,** to give a wide berth to the land; **windwärts vom Ufer –,** to claw off; **den Anker vom Bug –,** to bear off the anchor; **ein Boot vom Land** *od.* **Ufer –,** to bear off from (the) land *or* shore; **das Boot einen Strich vom Wind –,** to keep the boat one point off the wind; **vom Kurs –,** to edge away *or* off (from) the course; **vom Land –,** to bear off from the land *or* shore, to clear the land *or* shore; **vom (leewärts gelegenen) Ufer –,** to claw off *or* from the shore; **von einem Schiffahrtshindernis –,** to keep away from an obstruction (to navigation); **vom Steg –,** to hold off (from) the boat walk; **vor dem Wind –,** to bear up the helm, to pay off.

abhanden *adv.*, lost, missing; not at hand; **– kommen,** to get lost; **– gekommen sein,** to be missing.

abhängen *v.*, **das (Regatta)Feld –,** to outdistance *or* to outdo *or* to outsail *or* to outstrip the field.

abhaspeln *v.*, to wind off (*line*); to unreel (*rope*).

abheben *v.*, to lift, to plane, to skim (*of dinghy*); to skim (*of sea-plane*); **sich vom Horizont –,** to show up against the horizon; **sich deutlich vom Horizont –,** to tell against the horizon; **vom Wasser –,** to take off (*sea-plane*).

abheuern *v.*, to pay off. **Abheuerung** *f.*, paying off *s.*

abholen *v.* (*naut.*), to haul off, to get off.

abhören *v.* (*rad.*), to listen, to intercept, to pick up (*a signal*); to monitor.

abirren *v.*, **vom Kurs –,** to deviate, to loose one's way.

abkeilen *v.* (*naut.*), to chock, to wedge, to put on wedges; to wedge off, to take off the wedges; **ein Boot –,** to chock a boat; **den Mast –,** to wedge the mast.

abklemmen *v.* (*naut.*, *tech.*), to pinch off, to disconnect.

abklingen *v.*, to die away *or* down, to fade away, to wear off (*gale*).

abkneifen *v.* (*tech.*), to pinch off, to nip off; **einem Boot den Wind –,** to luff a boat; **den Wind –,** to haul the wind, to ply to windward.

abknüpfen *v.*, to loosen, to undo, to untie.

Abkommen *n.* (*rac.*), start *s.*, take-off *s.* **abkommen** *v.*, to come off; (*rac.*) to get away *or* off, to start; to get afloat *or* off (*ship aground*); to deviate, to come away *or* off (*from the course*); **gut –** (*rac.*), to get a good start, to get off the mark well; **vom Kurs –,** to get off the course, to deviate from the course; **vom Wind –,** to fall to leeward, to pay (off); **zu weit von der Regattabahn –,** to get too far out of line.

Abkratzen *n.*, scrape *s.*, scraping *s.* (*paint, etc.*). **abkratzen** *v.*, to scrape (away *or* off); **Farbe (Rost) –,** to scrape off the paint (rust);

den Schiffsboden –, to scrape the ship's bottom.
abkriegen *v.* (*naut., coll.*), to get a beating *or* wigging.
abkühlen *v.*, to cool, to chill (*air*); **sich –,** to cool down *or* off, to get cool *or* chilly (*air*).
Abkühlung *f.*, cooling *s.*, chilling *s.* (*of the air*).
abkuppeln *v.*, to disconnect, to disengage, to uncouple (*trailer*); to throw out of the clutch.
abkürzen *v.*, to shorten the distance, to curtail, to take a short cut; **eine Bahn –** (*rac.*), to shorten the course. **Abkürzung** *f.*, short cut *s.* (*course*); **vorschriftsmäßige –en** (*pl.*) (*rad.*), service abbreviations (*pl.*); **–sbahn** *f.*, **–sstrecke** *f.* (*rac.*), short cut *s.*, shortening *s.* of the course.
ablagern *v.*, **Holz –,** to season wood (*shipb.*). **Ablagerung** *f.*, seasoning *s.* (*of wood*).
ablandig *adj.*, offshore (*wind, current*); **–e Brise** *f.*, offshore breeze *s.*; **–er Strom** *m.*, **–e Strömung** *f.*, offshore current *s.*
Ablaß *m.* (*tech.*), discharge *s.*; drain *s.*; outlet *s.* **ablassen** *v.*, to blow *or* let off (*steam*); to drain (off), to run off (*water*); to launch (*ship*). **Ablaß/hahn** *m.*, drain cock *s.*; **–kante** *f.*, trailing edge *s.* (*of sail, centreboard, etc.*); **–ventil** *n.*, bleeder *s.*, drain valve *s.*
Ablauf *m.* (*naut.*), launch(ing) *s.* (*of ship*); drain(ing) *s.*, ebb *s.*, discharge *s.*, running off (*of water*); lapse *s.* (*of time*); **– auf einem (auf zwei) Schlitten,** single-way (double-way) launching *s.* (*of ship*); **–bahn** *f.*, ground *or* launching ways (*pl.*); **–bahn** *f.* (*feste Teile*), standing ways (*pl.*); **–bahn** *f.* (*bewegliche Teile*), running ways (*pl.*).
ablaufen *v.*, to bear away, to depart, to sail (away), to set off, to stand off *or* out, to run off (*boat*); (*rac.*) to start; to haul off (*course*); to ebb, to flow off, to recede, to subside (*tide*); to be launched, to come off the stocks (*ship*); to unreel (*rope*); **– lassen,** to launch (*a ship*); to pay out (*rope*); **Tau schnell – lassen,** to surge (*a rope*); **das Wasser läuft ab,** the tide ebbs, the tide has turned. **ablaufend** *pr.p.*, **–e Flut,** outflow *s.* of the tide, turning *s.* of the tide, falling tide *s.*; **auf –em Kurs liegen,** to alter stern-on; **–es Wasser,** falling tide *s.*, ebb *s.*, outflow *s.* of the tide.
Abläufer *m.* (*naut.*), scupper *s.*
Ablauf/gerüst *n.* (*naut.*), (launching) cradle *s.*; **–geschwindigkeit** *f.*, launching speed *s.*; **–rinne** *f.* (*naut.*), gully *s.*; **–schlitte** *f.*, **–schlitten** *m.*, launching cradle *s.*, runner *s.*, running *or* sliding ways (*pl.*), sliding balk *s.*; **–schräge** *f.*, **–schrägheitsgrad** *m.*, declivity *s.* (of the standing ways).
ablauschen *v.* (*rad.*), to pick up, to intercept (*a signal*).
abläuten *v.*, to ring off; (*rac.*) to ring away.
Ablegen *n.* (*naut.*), **klar zum –!** (*int.*), stand by to get under way!, stand by to cast off *or* to lay off!. **ablegen** *v.* (*naut.*), to cast off (*lines*); to lay off, to leave, to pull off, to push off, to put out to sea, to shove off; **eine (Segel)Prüfung –,** to take an exam(ination) (*in offshore yachting or for the motorboat licence*).
ableichtern *v.*, to lighten (*ship*). **Ableichterung** *f.*, lightening *s.* (*of ship*).
Ableitung *f.* (*rad.*), downlead *s.* (*of an aerial*).
ablenken *v.* (*naut.*), to deviate; (*radar, phys.*) to deflect; (*rad.*) to refract; (*opt.*) to diffract, to diverge, to divert **(von,** from); to turn away *or* aside; **(vom gesteuerten Kurs) –,** to sheer (*of boat*). **Ablenkung** *f.* (*naut., radar, rad.*), deviation *s.*; (*phys.*) deflection *s.*, deflexion *s.* (*of magnet*); (*radar, rad.*) refraction *s.*; (*opt.*) divergence *s.*, diffraction *s.*; **konstante –,** constant deviation *s.* (*of the compass*); **örtliche –,** local attraction *s.*; **viertel(halb)kreisige –,** quadrantal (semicircular) deviation *s.*; **– durch Wind,** windage *s.* **Ablenkungs/tafel** *f.*, deviation table(s) *s.* (*pl.*); **–winkel** *m.*, angle *s.* of deflection *or* deflexion.
ablesbar *adj.*, readable (*as markings on a dial*). **Ablese/fehler** *m.*, error *s. or* inaccuracy *s.* in reading, reading error *s.*; **–genauigkeit** *f.*, accuracy *s.* in reading; **–gerät** *n.*, indicator *s.*; **–marke** *f.*, reference point *s.*, pointer *s.* **ablesen** *v.*, to read (*a meter*); to read (off) (*instruments*); **die Peilung falsch –,** to read the bearing wrong; **ein Signal –,** to take in a signal; **einen Winkel –,** to read off an angle. **Ablese/strich** *m.*, mark(ing) *s.*, graduation mark *s.* (*on a dial*); **–ungenauigkeit** *f.*, inaccuracy *s.* in reading; **–wert** *m.*, **–zahl** *f.*, indication *s.* (*on a meter*). **Ablesung** *f.*, reading(s) *s.* (*pl.*) (*taken from a meter, dial or instrument*).
abliegen *v.*, **vom Land –,** to lie off. **abliegend** *adj.*, **–er Gang,** outer strake *s.* (*shipb.*).
ablösen *v.* (*naut.*), to relieve, to take over (from); **sich –,** to scale off (*as laminates*); **sich gegenseitig –,** to relieve (one) another, to take turns; **Deckwache –,** to relieve the deck; **Steuermann –,** to relieve the helm; **am Ruder** (*od.* **Steuer) abgelöst werden,** to be relieved at the helm. **Ablösung** *f.* (*naut.*), relieve *s.*, spell *s.*, taking over *s.*; scaling (off) (*laminat-*

es, etc.); **die – steht zum Übernehmen bereit,** the relief is ready to take over (*watch*); **–smannschaft** *f.*, spell *s.* (*watch*).

Abloten *n.* (*naut.*), sounding *s.*, plumbing *s.* **abloten** *v.*, to sound; **(die Meerestiefe) –,** to plummet, to plumb, to plumbline.

Ablüfter *m.* (*naut.*), exhauster *s.*, exhaust fan *or* ventilator *s.* **Ablüftung** *f.*, exhaust ventilation *s.* **Abluftventilator** *m.*, exhauster *s.*, exhaust fan *s. or* ventilator *s.*, uptake ventilator *s.*

abmachen *v.* (*naut., tech.*), to detach, to loosen, to undo; to untack (*sails*).

abmatten *v.*, to secure by *or* with mats.

Abmeldung *f.* (*naut.*), notice *s.* of departure.

abmessen *v.*, to measure (off), to take the measures of, to gauge (*boat*); to fathom (*sea-bottom*); to survey; (*rac.*) to time. **Abmesser** *m.*, measurer *s.*, surveyor *s.* **Abmessung** *f.*, measurement *s.*, dimension *s.*, size *s.* (*of boat, sails*); proportions (*pl.*) (*shipb.*); survey *s.*; **–en** (*pl.*), principal dimensions (*pl.*), measurement *s.* (*of yachts*).

abmontierbar *adj.* (*am.*), pick-off. **abmontieren** *v.*, to dismantle, to strip (*mast, etc.*), to take to pieces.

abmustern *v.* (*naut.*), to pay off (*a crew*); to sign off (*crew member*). **Abmusterung** *f.*, paying off *s.*; signing off *s.*

Abnäher *m.*, take-up *s.* (*in sail*); – (*pl.*) **im Achterliek,** take-ups (*pl.*) in the leech (*am.* leach).

Abnahme *f.*, inspection *s.*, acceptance *s.* (*of a boat*); decrease *s.*, drop *s.*, fall *s.* (*in temperature, etc.*); **– der (Fahrt)Geschwindigkeit,** decrease *s.* in speed, decrement *s. or* slackening of speed; **– des Mondes,** waning *s.* of the moon; **– der Tage,** shortening *s.* of the days; **– der Temperatur,** drop *s. or* fall *s.* in temperature; **–probefahrt** *f.*, acceptance trial run *s.*

abnehmbar *adj.*, detachable, removable; **nicht –,** undetachable.

Abnehmen *n.*, **im – (begriffen) sein,** to be waning, to be on the wane (*moon*); to be decreasing (*gale*). **abnehmen** *v.*, to neap (*flood-tide*); to wane (*moon*); to drop (*temperature*); to abate, to decrease, to lessen, to grow less, to subside (*wind*); to slacken (*speed*); (*tech.*) to take away *or* off, to remove; **(Länge) –** (*naut.*), to unsling; **die Ruderpinne –,** to unship the tiller. **abnehmend** *adj.*, neap(ing) (*tide*); waning (*moon*); decreasing, slackening (*speed*); **–er Mond** *m.*, waning moon *s.*

Abnehmer *m.*, intake *s.*, take-up *s.* (*in sails*).

Abneigung *f.*, declination *s.* (*of magnet*).

abnieten *v.*, to unrivet.

abnutzen *v.t.* (*coll.* **abnützen),** to use up, to wear away *or* out; *v.i.*, to wear (off *or* out), to show signs of wear (*as sails*). **Abnutzung** *f.* (*coll.* **Abnützung** *f.*), usage *s.*, wear (and tear) *s.*, depreciation *s.*

abpassen *v.*, **eine Gelegenheit –** (*rac.*), to wait for an opportunity; **Wind –,** to wait for favo(u)rable winds; **die Zeit (gut, schlecht) –,** to time (well, ill).

Abplattung *f.*, oblateness *s.* (*of bow or stern*).

abpumpen *v.*, to pump out (*bilge water*).

Abreise *f.* (*naut.*), departure *s.* **abreisen** *v.*, to depart, to leave (for), to sail.

Abreißen *n.*, **– der Funkverbindung,** break *s. or* disconnection *s.* of (radio) contact *or* communication; **– der Strömung (am Segel),** separation *s.* of flow. **abreißen** *v.*, to break off, to tear off (*rope, etc.*); to rend away *or* off (*as strands*); **die (Wind)Strömung reißt vom Segel ab,** the flow separates from the sail.

abreiten *v.*, **einen Sturm –,** to ride out a gale *or* the storm, to outride a gale.

abrichten *v.* (*tech.*), to adjust; to measure exactly; to level, to plane; **ein Boot –,** to fit the boat for sea, to rig out (*a boat*).

abriegeln *v.* (*tech.*), to bolt; **einen Hafen** *od.* **eine Sperrzone –,** to block *or* barricade a port *or* prohibited area.

Abriß *m.* **(der Windfadenströmung),** break *s.* (of the telltales).

abrollen *v.*, to uncoil, to unreel, to unroll, to unwind (*rope*); to roll off *or* away; **Tau(werk) –,** to pay out (a) cable *or* rope.

abrudern *v.*, to row off, to pull off.

abrüsten *v.*, **ein Schiff –,** to lay up *or* to put out of commission a vessel. **Abrüstung** *f.* **(eines Schiffes),** laying-up *s.* (of a vessel).

abrutschen *v.*, to glide down, to slip off, to skid; **(seitlich) –,** to sideslip.

absacken *v.*, to drift *or* drop down with the current *or* stream *or* tide (*boat*); to drift, to sag, to stall, to subside; to drop *or* to fall astern (*boat*); to go down, to settle (down), to sink (*of boat*).

Absatzschott *n.*, end *or* break bulkhead *s.*

absaufen *v.* (*naut. sl.*), to settle (down), to go down, to sink (*of boat*); to drown (*pers.*).

absaugen *v.*, to suck (off) (*with pump*); to exhaust (*air*). **Absaugepumpe** *f.*, vacuum pump *s.*

abschäkeln *v.*, to unshackle.

Abschalten *n.* (*rad., elec.*), switching-off *s.* **abschalten** *v.* (*rad., elec.*), to disconnect, to cut off, to break contact, to switch off, to turn off. **Abschalt/sperrvorrichtung** *f.*, shut-off *s.*;

–stellung *f.*, off-position *s.*; **–vorrichtung** *f.*, shut-off *s.*

abschätzen *v.*, to estimate (*position, etc.*); **den Wind –,** to estimate the wind. **Abschätzung** *f.*, estimate *s.*; **nach ungefährer –,** at a rough estimate; **– eines (See)Schadens,** appraisal *s.* of damage(s).

Abscheren *n.* **(vom Anker),** sheer *s.* **abscheren** *v.*, to fend off, to sheer off *or* away (*from the jetty*); to shave off (*a shackle*); (*tech.*) to shear off, to cut off; **ein Boot vom Steg –,** to sheer *or* shear off the boat from the jetty; **einen Schäkel –,** to shear *or* shave off a shackle. **Abscherung** *f.*, shear *s.*, shearing *s.*

abschießen *v.*, to discharge, to fire (off) (*a distress gun*); to boost (*a distress rocket*).

abschiffen *v.*, to set sail; to ship (*goods*).

abschirmen *v.* (*naut., rad.*), to screen, to shield. **Abschirmung** *f.* (*naut., rad.*), shield(ing) *s.*, screening *s.*; **magnetische –,** magnetic shield *s.*

abschlagen *v.*, to unfurl, to unbend, to unreef (*sails*); **das Bonnet –,** to unlace the bonnet *or* studsail; **den Mast –,** to unsling the mast; **Segel –,** to unbend *or* unfurl sails.

abschleifen *v.*, to sand, to smooth (*the bottom of a boat*); **die Unterwasser(schutz)farbe –,** to sand off the anti-fouling paint.

abschleppen *v.* (*naut.*), to tow away *or* off; to drag off.

abschlieren *v.*, to slip (off).

abschlippen *v.*, to slip (*a boat*).

Abschluß/platte *f.*, end *or* face plate *s.*; **–schott** *n.*, end *or* break bulkhead *s.*

abschmieren *v.* (*naut., tech.*), to grease, to lubricate, (*coll.*) to lube.

Abschmirgeln *n.* (*naut., tech.*) **mit Sandpapier,** sanding *s.* **abschmirgeln** *v.*, to grind *or* to rub down with emery.

abschneiden *v.*, to cut off (*line, etc.*); to shorten, to take a short cut (*course*); (*rac.*) to cut off (*a leg*); **gut (schlecht) –** (*rac.*), to come off *or* out well (badly), to do well (badly), to show up well (badly); **(von allen) am besten –** (*rac.*), to come out top.

Abschnitt *m.* (*naut., rac.*), leg *s.*; **der zweite – einer Schiffsreise** *od.* **eines Seetörns,** the second leg of a voyage *or* cruise.

abschotten *v.*, to bulkhead (off), to bound by bulkheads. **Abschottung** *f.* bulkheading *s.*

abschrapen *v.*, **Rost –,** to scrape (off) the rust.

abschrauben *v.*, to screw off, to unscrew.

Abschreckungsmittel *n.* **gegen Haie,** shark repellent *s.*, deterrent *s.* to sharks.

abschricken *v.*, to check, to ease away, to pay out, to surge (*sheet, rope*).

Abschuß *m.* launching *s.*, blast-off *s.* (*of distress rocket*).

abschüssig *adj.* sloping, slanting (*as deck*); precipitous, steep (*as cliffs*).

abschütteln *v.* (*rac., coll.*), **einen Konkurrenten –,** to shake off a competitor.

abschwemmen *v.*, to flush, to wash (*the deck*).

abschwenken *v.* (*naut.*), to swing, to turn aside, to wheel; **links (rechts) – im Verband,** to wheel left (right) in formation.

Absegeln *n.* (*rac.*), annual fall's cruise *s.*, (*am.*) wind-up (race) *s.* **absegeln** *v.*, to back out, to get under way, to go to sea, to put away *or* out, to sail (away), to set sail, to stand out *or* away; **einen Mast –,** to carry away the mast, to spring (away) a mast; **eine Strecke –,** to sail through; **vom Wind –,** to bear off.

absein *v.* (*coll.*), to be off *or* away, to be broken off (*shackle, etc.*); (*rac., naut.*) to be exhausted, to be tired out, to be knocked up.

Abseite *f.* (*naut.*), wing *s.*, off-side *s.* (*of boat*). **abseits** *adv.* (*rac.*), offside; **– der üblichen (Schiffahrts)Route,** off the beaten track; **– vom Ufer** *od.* **von der Küste,** off from the beach *or* shore. **Abseitsposition** *f.* (*rac.*), offside *s.*

Absenkanlage *f.*, ship *or* boat lifting and lowering plant *s.*

absetzen *v.*, to plot (*a course*); to shape, to lay off, to establish (*course*); to push away *or* off, to shore off (*from the shore*); to drop (*the pilot*); to put down (*the mast*); to set up (*cove-strip, etc.*); **Kurs –,** to allow for side wind; **den Kurs in der Seekarte –,** to plot the course in the chart; **einen Kurs –,** to shape a course; **sich vom Regattafeld –,** to disengage o.s. from the fleet; **von der Küste –,** to put off from the shore; **vorn –,** to push off forward; **(Farbstreifen am) Wasserpaß –,** to set up a cove strip *or* the boot top.

Absetzer *m.*, (rubber) squeegee *s.*

absinken *v.*, to drop (*speed, temperature, etc.*); to sink (down) (*ship*).

abslippen *v.*, to slip (*the boat*).

absolut *adj.*, **–e Bewegung,** absolute motion *s.* (*of a boat*); **–er Druck** *m.*, absolute pressure *s.*; **–er Fehler** *m.*, absolute error *s.*; **–e Flaute** *f.*, dead calm *s.*; **–e Geschwindigkeit** *f.*, ground speed *s.*; **–e Luftfeuchtigkeit** *f.*, absolute humidity *s.*; **–er Totalverlust** *m.* (*naut.*), actual total loss *s.*; **–e Verzögerung** *f.*, absolute delay *s.*

Abspannisolator *m.* (*rad.*), release insulator *s.*

Absperr/schieber *m.*, shut-off valve *s.*; **–ventil**

n., stop(-)cock *s.*, stop valve *s.*; **–vorrichtung** *f.*, shut-off device *s.*

absplittern *v.i.*, to splinter, to come off in splinters; *v.t.*, to splinter, to split off.

abspulen *v.*, to uncoil, to unreel, to unwind, to wind off, to reel off (*rope, line*).

abspülen *v.*, to wash away *or* off (*a cliff*); **das Deck –,** to wash the deck.

abstagen *v.*, to stay (*the mast*). **Abstagen** *n.*, **Abstagung** *f.*, staying *s.* (*of the mast*).

Abstand *m.* (*naut.*), distance *s.*, clearance *s.*, range *s.*, space *s.*, spacing *s.*; gap *s.*; berth *s.*; offing *s.*, outing *s.*; (*rac.*) daylight *s.*; (*radar*) range *s.*; (*rad.*) interval *s.*; **den – vergrößern,** to open the distance, to widen the range; **den – verkleinern** *od.* **verringern,** to close the distance *or* range; **den – zu sehr vergrößern,** to open the gap too wide; **einen guten – halten,** to keep a good berth; **guter** *od.* **reichlicher – (vom Land),** wide berth (of a boat) (from the coast *or* land); **im – von drei Fuß,** in a space of 3 feet (*or* ft.); **in gutem – von der Küste,** well offshore; **– durch Höhenwinkelmessung,** distance *s.* by vertical sextant angle; **– eines Bootes zu einem anderen mit Bezug auf den Wind,** ga(u)ge *s.*; **– eines Bootes vom Land,** offing *s.*, outing *s.*; **– eines Bootes von einem Objekt,** berth *s.*; **– zwischen den Zeichen** (*rad.*), space *s.*, spacing *s.*; interval *s.*; **– zwischen zwei Booten in einer Regatta,** daylight *s.* between 2 boats in a race; **in gleichen Abständen (voneinander),** spaced equidistantly. **Abstands / bestimmung** *f.*, fixing *s.* *or* determination *s.* of distance; **a–gleich** *adj.*, equidistant; **–hülse** *f.* (*naut.*, *tech.*), spacer *s.*; **–messung** *f.* (*radar*), range measuring *s.* *or* measurement *s.*; **–ringe** *m./pl.* (*radar*), markers (*pl.*); **–stück** *n.* (*naut.*, *tech.*), spacer *s.*; **–unterscheidung** *f.* (*radar*), range discrimination *s.*

abstechen *v.* (*Laienausdruck*), to sheer off, to set off *or* out (*to sea*).

Abstecher *m.* (*naut.*), detour *s.*, (short) excursion *s.*, ramble *s.*, trip *s.*

abstecken *v.*, to unbend, to unhitch (*2 ends*); to unsplice (*rope*); **den Kurs –,** to plot the course.

absteifen *v.*, to brace, to shore up, to support, to stiffen, to prop (up), to strut, to stay (*the mast, etc.*); **den Mast –,** to stiffen *or* to stay *or* to prop up the mast. **Absteifung** *f.*, bracing *s.*, reinforcement *s.*; props (*pl.*), struts (*pl.*); strutting *s.*, stiffening *s.*, propping (up) *s.* (*of mast*).

Abstellen *n.* (*tech.*), throw-off *s.* **abstellen** *v.*, to stop (*engine, motor*); (*rad., etc.*) to switch off, to turn off *or* out. **Abstell / ventil** *n.*, stop valve *s.*; **–vorrichtung** *f.*, stop motion *s.*

abstillen *v.* (*naut.*), to becalm (*wind and sea*).

Abstimm / anzeigeröhre *f.* (*rad.*), magic eye *s.*; **–bereich** *m.* (*rad.*), tuning range *s.*; **–einrichtung** *f.* (*rad.*), station selector *s.* **Abstimmen** *n.* (*rad.*), **(genaues) –,** tuning *s.*; timing *s.* **abstimmen** *v.* (*rad.*), to tune on *or* up; to time; **auf gleiche Frequenz –** (*rad.*), to syntonize; **auf eine bestimmte Frequenz –** (*rad.*), to syntonize to a special *or* particular frequency; **Funkgerät (um Störungen auszuschalten) –,** to tune out; **– auf** (*rad.*), to tune in (to); to tune up (to) (*engine*). **Abstimm / knopf** *m.* (*rad.*), station selector *s.*, tuning control *s.*; **–kondensator** *m.* (*rad.*), tuning condenser *s.*; **–kreis** *m.* (*rad.*), tuning circuit *s.*; **–kreis** *m.* **einer Senderstufe,** tank circuit *s.*; **–meter** *n.* (*rad.*), tuning meter *s.*; **–schärfe** *f.* (*rad.*), selectivity *s.*, tuning accuracy *s.*; **–spule** *f.* (*rad.*), tuning coil *s.*; **–vorrichtung** *f.* (*rad.*), tuner *s.* **Abstimmung** *f.* (*rad.*), syntonization *s.* (*of frequencies*), tuning *s.*, modulation *s.*; **falsche –,** mistuning *s.*; **ungenaue** *od.* **unscharfe –,** blurred *or* broad *or* poor tuning *s.* *or* syntonization *s.*

Abstoppen *n.*, stop *s.* (*of boat*); **ruckartiges –** (*einer Leine, eines Taus*) (*am.*), snub *s.* **abstoppen** *v.*, to stop, to come to a stop (*boat motion*); to stop, to choke off (*motor*); to check, to stop short (*a rope*); to stopper (*anchor chain*); (*rac.*) to time, to measure the time (*with stop-watch*); to bring to a stop (*boat*); **ruckartig –** (*am.*), to snub (*a rope*).

Abstoßen *n.*, push-off *s.* (*from the shore*). **abstoßen** *v.*, **ein Boot –,** to push *or* to shove off a boat; **vom Land –,** to cast off; **vom Ufer –,** to get clear of the shore, to shove off from the bank *or* shore.

Abstrahlung *f.* (*phys.*), radiation *s.*, reflection *s.*; **–swinkel** *m.*, angle *s.* of reflection.

abstreben *v.* (*naut.*), to brace, to stay, to strut (*mast, etc.*). **Abstrebung** *f.*, bracing *s.*, struts (*pl.*).

Abstreicher *m.*, scraper *s.* (*for paint*).

abströmen *v.*, to drift away, to flow off rapidly; to float *or* to wash away.

Abstützen *n.*, bracing *s.*, strutting *s.* **abstützen** *v.*, to brace, to prop (up), to shore (up), to strut, to support (*mast, etc.*); **ein Boot (auf Land) –,** to shore up the boat.

Absuchen *n.*, search *s.* **absuchen** *v.*, to search (**nach,** for); (*radar*) to scan; to sweep; **den Horizont –,** to sweep the horizon; **den Mee-**

resboden mit der Logleine –, to sweep the bottom (of the sea) with the logline; **die Wasseroberfläche mit Suchscheinwerfern –,** to sweep the surface of the water with searchlights, to play on the water surface with searchlights; **– nach** (*radar*), to sweep for.

Absziß *m.*, segment *s.* (*of a circle*). **Abszisse** *f.* (*math.*), abscissa *s.*, x (*in the system of coordinates*); **–nachse** *f.*, x-axis *s.*

abtakeln *v.*, to unrig, to dismantle, to strip (a boat of the rigging); to unship, to strip (*the mast*); to lay up (*a boat*); **das Boot –,** to unrig the boat. **Abtakeln** *n.*, **Abtakelung** *f.*, unrigging *s.*, stripping *s.*; laying-up *s.* (*of a boat*).

Abtastbild *n.* (*radar*), frame *s.* **abtasten** *v.* (*radar*), to scan, to sweep; **die (Wasser)Oberfläche –,** to scan (the surface). **Abtaster** *m.* (*radar*), scanner *s.* **Abtastung** *f.* (*radar*), scan(ning) *s.*, sweep *s.* **Abtastvorrichtung** *f.* (*radar*), hunting *s.*

Abteilung *f.* (*naut.*), compartment *s.*; section *s.*; division *s.* (*catamarans*); **flutende –,** flooding compartment *s.*; **Kreuzer –,** cruising association *s.*; **lecke –,** damaged compartment *s.*; **wasserdichte –,** watertight compartment *s.* **Abteilungs / schiff** *n.*, compartment ship *s.*; **–schott** *n.*, athwartship(s) bulkhead *s.*

abtrainieren *v.*, **Gewicht –,** to reduce one's (body) weight by training (*crew*).

Abtreibanker *m.*, drag-anchor *s.* **Abtreiben** *n.* (*naut.*), deflection *s.*, deviation *s.*, drifting *s.*; **ein Boot vom – abzuhalten versuchen,** to try to keep the boat from drifting.

abtreiben *v.t.*, to deviate, to drift off, to go adrift, to drift *or* to drive to leeward; to break loose *or* adrift; to pay (*of boat*); *v.i.*, to drift, to be driven off course; to blow off, to be blown off (*boat*); **durch Wind** *od.* **Strom vom Kurs –,** to make leeway, to drop to leeward; **stark –,** to drift, to drive to leeward, to make leeway (*boat*); **– von,** to make leeway, to make from (*the coast, etc.*); **– vom Kurs,** to deviate from the course. **abtreibend** *adj.* (*naut.*), adrift, drifting.

Abtrieb *m.* (*naut.*), negative lift *s.*

Abtrift *f.*, (*s.* **Abdrift**).

ab- und zuströmen *v.*, (to) ebb and flow.

abwarten *v.*, **einen Sturm –,** to wait till the gale *or* storm is over; **bessere Wind- und Wellenbedingungen –,** to wait for better conditions; **Wetterbesserung –,** to watch the sky.

abwärts *prep.*, *adv.*, down, downward(s); **den Fluß –,** down the river, down-river; **Kanal –,** down-channel; **Strom –,** downstream. **Abwärts / bewegung** *f.*, downward motion *s.* (*of boat*); **a–strömend** *adj.* (*meteor.*), katabatic (*wind*).

Abwasser / behälter *m.*, **–tank** *m.*, drain *or* sewage tank *s.* **abwassern** *v.*, to take off from the water (*seaplane*).

abwechseln *v.*, **einander –,** to do alternately (*board routine*); to relieve one another, to take turns (*at the helm, etc.*). **abwechselnd** *adj.* (*naut.*), alternate, alternately; by turns; (*meteor.*) changeable, intermittent. **Abwechslung** *f.*, **es klart zur – einmal auf,** it is clearing up for a change. **abwechslungsweise** *adv.*, alternately, by turns.

abwehen *v.*, to blow away *or* off, to blow over (*gale*).

Abweichen *n.*, **seitliches – eines Bootes,** swerve *s.*; lateral drift *s.* **abweichen** *v.*, to sheer (*boat*); to deviate (*from course*); to decline, to deflect (*as compass needle*); (*phys.*) to diverge, to differ, to vary; **vom Kurs –,** to go off course, to wander off course, to reach off; **seitlich –,** to swerve (*of boat*); **– von,** to deviate from. **abweichend** *adj.* **(von),** deviatory (from).

Abweichung *f.* (*naut.*), error *s.*, allowance *s.* for drift *or* leeway, deviation *s.*; declination *s.* (*of magnet*); deflection *or* deflexion *s.* (*of compass needle*); deviation *s.* (*of compass*), compass error *s.*; (*phys.*) divergence *s.*; (*meteor.*) variation *s.*; shift *s.* (*of wind*); (*astr.*) aberration *s.*, excursion *s.*, inequality *s.*; (*opt.*) deflection *s.*; (*tech.*) tolerance *s.*; **mittlere –,** mean deviation *s.*; **unerlaubte –** (*ins.*), deviation *s.*; **zulässige –** (*naut.*), allowable deviation *s.*; (*tech.*) tolerance *s.*; **– der Planeten von der Ekliptik,** planetary aberration *s.*; **– von** (*naut.*), bearing from. **Abweichungs / kompaß** *m.*, variation compass *s.*, azimuth *or* declination compass *s.*; **–kreis** *m.* (*astr.*), declination circle *s.*; **–maß** *n.* (*phys.*), measure *s.* of variation; **–messer** *m.*, declinator *s.*; **–nadel** *f.*, declining needle *s.*; **–parallel(kreis** *m.*) *n.* (*naut.*, *astr.*), diurnal circle *s.*, parallel *s.* of declination; **–verhältnis** *n.*, ratio *s.* of deviation, deviation ratio *s.*; **–winkel** *m.*, angle *s.* of divergence *or* deviation *or* deflection; **–winkel** *m.* **der Magnetnadel,** angle *s.* of magnetic variation, magnetic azimuth *s.*

Abweisblech *n.* (*naut.*), apron *s.* **Abweiser** *m.* (*naut.*), fender *s.*, vertical fender *s.*, fender guard *s.*; rubbing batten *s. or* paunch *s. or* piece *s. or* strip *s.* **Abweis(fender)holz** *n.*, wale piece *s.*, string piece *s.* (*at the jetty*).

Abweitung *f.* (*naut.*), departure *s.*; **östliche –,** easting *s.*

abwerfen *v.* (*naut.*), to jettison.
abwettern *v.*, to weather (out); **einen Sturm –,** to weather *or* to outweather *or* to outride a gale.
abwickeln *v.*, to unreel, to unwind, to unroll, to reel off, to wind off (*lines, ropes*); to disentangle; to unravel (*strands*).
Abwind *m.* (*meteor.*), down-wind *s.*, down-draught *s.*, down current *s.*, descending current *s.*, katabatic wind *s.*; (*naut. coll.*) fool wind *s.*; **– im Großsegel,** fool wind *s. or* current *s.* in the main(sail).
abwinden *v.*, to unwind, to untwist; to reel off, to wind off (*lines, etc.*); to let down by a pulley; to pay out (*cable*).
Abwracken *n.*, breaking-up *s.* (*ship*), ship-breaking *s.* **abwracken** *v.*, to break up (*ship*), to wreck, to dismantle; to scrap; **ein Schiff –,** to wreck a ship. **Abwracker** *m.*, ship-breaker *s.* **Abwrackung** *f.*, breaking-up *s.* (*ship*), ship-breaking *s.*; scrapping *s.*
abwürgen *v.*, to stall (*an engine or motor*).
Abzeichen *n.* **(der Klasse)** (*naut.*), (class) insignia *s.*, insignia *s.* of boat class.
abziehen *v.*, to grind (*paint, etc.*); (*meteor.*) to depart (*low*). **abziehend** *adj.*, **–es Tief** (*meteor.*), departing low *s.*
abzirkeln *v.*, to measure with compasses.
Abzug *m.*, vent *s.* (*air*); (*tech.*) outlet *s.*; **– eines Tiefs** (*meteor.*), departing low *s.*, departure *s.* of a low.
Abzugs / leine *f.*, tripping line *s.*; **–flagge** *f.*, Blue Peter *s.*, blue peter *s.*
abzweigen *v.* (*elec.*), to tee. **Abzweig / muffe** *f.* (*elec.*), junction box *s.*; **–spleiß** *m.*, shunt *or* Y-splice *s.*
abzwicken *v.* (*tech.*), to nip *or* to pinch off.
Achse *f.* (*tech.*), axle(-tree) *s.*, shaft *s.*; spindle *s.*; (*math., phys.*) axis *s.*; **x— (im Koordinatensystem),** x; **y–– (im Koordinatensystem),** y; **– einer Kurve,** axis *s.* of a curve. **Achsen / abschnitt** *m.*, intercept *s.* on an axis *or* of co-ordinates; **–drehung** *f.*, revolution *s. or* rotation *s.* round the axis; **–kreuz** *n.*, system *s.* of co-ordinates; **–neigung** *f.* (*astr.*), obliquity *s.* of the ecliptic, axial inclination *s.* **Achs / schenkelbolzen** *m.*, kingpin *s.*; **–schenkelträger** *m.*, steering head *s.*
Achtelkreis *m.* (*astr.*), octant *s.* (of a circle).
Achter *m.*, eight *s.* (*rowing*).
achter *adv.* (*naut.*), aft; *prep.* (*naut.*), abaft, aft of, astern; **–e Lote** *n./pl.*, after perpendiculars (*pl.*). **Achter-** *pref.* (*naut.*), mizzen (*of sails*); after- (*of other parts of the boat*).
achteraus *adv.* (*naut.*), astern, aft, abaft, aftward, sternward; **Backbord –!** (*com.*), astern to port!; **(an) Backbord –,** (on the) port quarter; **klar –,** clear astern; **recht –!** (*com.*), right aft!, right astern!; **recht –,** dead *or* right astern; **Steuerbord –!** (*com.*), astern to starboard!; **(an) Steuerbord –,** (on the) starboard quarter; **weit –,** well astern; **– absetzen,** to drop astern (*a dinghy, etc.*); **– gehen,** to back up, to go astern, to make sternway; **– hieven,** to heave astern; **– holen,** to haul astern; **– laufen,** to go astern, to make sternway; **Fahrt – machen,** to make sternway; **– sacken,** to drop *or* to fall astern; **– segeln,** to back up; **– stehen,** to be astern (*boat*); **– verholen,** to haul astern; **– zurückfallen,** to drop astern (*boat*); **Bewegung** *f.* **–,** sternway *s.*; **Fahrt** *f.* **–,** sternway *s.*
Achteraus / fahrt *f.*, (making) sternway; **–geschwindigkeit** *f.*, speed *s.* astern, astern speed *s.*; **–segeln** *n.*, sailing *s.* astern *or* backward(s).
Achter / brassen *f./pl.*, after(-)braces (*pl.*); **–brücke** *f.*, quarter *or* after bridge *s.*; docking *or* warping bridge *s.*; **–bucht** *f.*, figure-eight bight *s. or* fake *s.* (*of a rope*); **–deck** *n.*, after *or* quarter deck *s.*; **erhöhtes –deck** *n.*, poop (deck) *s.*; **Kajüte** *f.* **unter dem –deck,** poop cabin *s.*; **–gei** *f.*, after guy *s.*; **–holer** *m.*, brace *s.*, guy *s.*, backhaul *s.* (*spinnaker*); **–hütte** *f.*, roundhouse *s.*; **–kajüte** *f.*, after cabin *s.*; **–kante** *f.*, aft end *s.*, after end *s. or* edge *s.*; **–klüse** *f.*, cat hole *s.*; **–knoten** *m.*, figure of eight knot *s.*; **a–lastig** *adj.*, heavy *or* down by the stern, stern(-)heavy, (*coll.*) tail-heavy; **a–lastig trimmen,** to trim by the stern, to trim stern *or* (*coll.*) tail-heavy; **–lastigkeit** *f.*, trim *s.* by the stern; **–leine** *f.*, stern line *s. or* rope *s.*, after spring *s. or* rope *s.*, sternfast *s.*
achterlich *adj., adv.*, aft, abaft, astern; stern, sternward(s); **ganz –,** rearmost; **raum –,** broad reach; **–er als dwars,** abaft the beam; **–er als querab,** aquarter; **–er Bereich** *m.*, after bearings (*pl.*); **–e Dwarsfeste** *f.*, after(-)breast *s.*; **–e Festmacherleine** *f.*, after(-)rope *s.*; **–e Positionslichter** *n./pl.*, after range light(s) *s.* (*pl.*); **–e Rundung** *f.*, roach *s.* (*of sail, etc.*); **–e Schiffsform** *f.*, (after) run *s.*; **–e See** *f.*, following *or* stern sea *s.*; **–e See übernehmen,** to poop; **eine –e See übernehmen,** to be pooped; **–es Seeübernehmen** *n.*, pooping *s.*; **–e Vorspring** *f.*, after bow(-)spring *s.*; **–er Wind** *m.*, following *or* free wind *s.*, wind *s.* astern *or* dead aft, stern *or* rear wind *s.* **achterlichst** *adj., adv.*, sternmost, rearmost.
Achterliek *n.*, leech *s.*, (*am.*) leach *s.*; after leech *s. or* leach *s.* (*of a square rigger*); **dich-**

tes –, tight leech *or* leach *s.*; **geschlossenes –,** tight leech *or* leach *s.*; **offenes –,** open leech *or* leach *s.*; **das – ist zu geschlossen,** the leech *or* leach is too tight; **das – offen halten,** to keep the leech *or* leach open; **das – öffnen,** to open the leech *or* leach; **das – öffnet,** the leech *or* leach opens; **das – schließen,** to tighten the leech *or* leach; **das – schließt,** the leech *or* leach tightens *or* closes; **das – twistet,** the leech *or* leach is twisting; **das – übermäßig blockiert fahren,** to have the leech *or* leach overly stalled; **das Tuchgewicht am – verstärken,** to increase weight of cloth on leech *or* leach; **mit geschlossenem –,** tight-leeched *or* -leached; **mit relativ offenem – segeln,** to sail on a fairly free leech *or* leach; **mit (Acrilon-) Schutz überzogenes –,** (acrilon) protective leech *s. or* leach *s.*; **oberer Teil des –s,** upper leech *or* leach *s.*; **Spinnaker –,** spinnaker leech *or* leach *s.*; **Twist** *m.* **im –,** leech *or* leach twist *s.*; **Verwindung** *f.* **des –s,** twist *s.* **Achterlieks / abnäher** *m./pl.*, leech *or* (*am.*) leach take-ins (*pl.*); **–band** *n.*, leech *or* leach tape *s.*; **–bändsel** *n.*, leech *or* leach cord *s. or* ribbon *s.*; **–belastung** *f.*, leech *or* leach load(s) *s.* (*pl.*); **–kurve** *f.*, leech *or* leach curve *s.*, curve *s.* of the leech *or* leach; **–leine** *f.*, leech *or* leach rope *s.*; **–ring** *m.*, clew ring *s.*; **–rundung** *f.*, leech *or* leach curve *s.*, curve *s.* of the leech *or* leach; **–spannung** *f.*, leech *or* leach tension *s.*; **die Schot kontrolliert die –spannung,** the sheet controls leech *or* leach tension; **die –spannung kontrollieren,** to control leach *or* leach tension (with the sheet); **–tau** *n.*, leech *or* leach rope *s.*; **–überrundung** *f.*, roach *s.*; **--Windbändsel** *n./pl. od.* **-Wollfäden** *m./pl.* **am Großsegel,** mainsail leech *or* leach telltales (*pl.*).

Achter / mannschaft *f.*, eight *s.* (*rowing*); **–mast** *m.*, after mast *s.*

achtern *adj.*, stern; *adv.*, abaft, aft, apoop; astern; aftward, sternward(s); **ganz –,** aftmost; **genau von –,** dead astern; **nach –,** aft; **Rund –!** (*com.*), gybe-oh!; **von –,** from astern; **von vorn bis –,** from stem to stern; **Fahrt** *f.* **nach –,** sternway; **Wind** *m.* **von –,** astern wind *s.*, stern wind *s.*; **– absetzen,** to push off aft; **– beilegen,** to lay aft; **– einscheren,** to form astern, to sheer in aft *or* astern; **von – kommende See,** a stern sea; **die Salinge nach – schwingen,** to swing the spreaders aft; **nach – trimmen,** to trim aft; **– von,** aft of, abaft; astern of; **– vorbeischeren,** to sheer astern (*of a boat*); **– der Ankerklüse,** aft of the hawse; **–e Ruderducht** *f.*, stern thwart *s.*; **–e (Schiffs-) Eignerkabine** *f.*, owner's aft cabin *s. or* stateroom *s.*

Achter / piek *f.*, after peak *s.*, run *s.*; **–rahen** *f./pl.*, after yards (*pl.*); **–raum** *m.*, after hold *s.*; **–rennen** *n.*, eights (*pl.*) (*rowing*); **–roil** *n.*, **–royal** *n.*, mizzen royal *s.*; **–schiff** *n.*, after part *s.* of the boat, after quarter *s.*, after section *s.* of ship, after body *s.* (*of boat*), stern *s.*; **gegen das –schiff schlagen** *od.* **anstürmen** *od.* **brechen,** to quarter (*of wind, sea, etc.*); **–schiffsform** *f.*, **–schiffslinie** *f.*, run *s.*; **–segel** *n./pl.*, after sails (*pl.*); **–sitze** *m./pl.*, sternsheets (*pl.*) (*in an open boat*); **–spant** *n.*, stern frame *s.*, after frame *s.*; **–spring** *f.*, sternfast *s.*, stern rope *s.*, (after) quarter spring *s.*, stern spring *s.*; **–stag** *n.*, standing backstay *s.*, (*am.*) permanent backstay *s.*; **regulierbares –stag** *n.*, adjustable backstay *s.*; **das –stag anziehen,** to pull the standing backstay; **–stag-Abspannisolator** *m.*, release insulator *s.* for the standing backstay; **–stageinsteller** *m.*, **–stag-Reguliervorrichtung** *f.*, backstay adjuster *s.*; **–stagsegel** *n.*, backstay sail *s.* (*additional sail*); **–stagspanner** *m.*, backstay adjuster *s.*; **–stagspanner-Skala** *f.*, backstay adjuster graduation *s. or* dial *s.*; **–stag-Spannungsmesser** *m.*, backstay meter *s.*; **–stauraum** *m.*, after hold *s.*; **–stek** *m.*, figure eight knot *s.*, figure-of-eight (knot) *s.*; **doppelter –stek** *m.*, stevedore's knot *s.*; **–steven** *m.*, sternpost *s.*, stern frame *s. or* post *s.*; **über den –steven,** stern first; **über den –steven gehen,** to make a sternboard; **über den –steven sinken,** to sink by the stern; **–stich** *m.*, figure eight knot *s.*; **–tau** *n.*, stern line *s.*, sternfast *s.*; **–wache** *f.*, after *or* stern watch *s.*; **–wasser** *n.*, slick *s.*; **a–zu** *adv.*, sternward; **nach a–zu,** sternward(s).

acht / Glas *n.* (*naut.*), half-hour bell *s.*; **es schlägt – Glas(en),** it is eight bells.

Acht / kantschraubenschlüssel *m.*, octagonal spanner *s.*; **–knoten** *m.*, figure (of) eight knot *s.*, Flemish knot *s.*; **–riemer** *m.*, an eight (*rowing boat*).

Achtung *f.* (*naut., rad.*), attention *s.*; (*com.*) stand by!; (*int.*) beware!, look out!, take care!; **– beim Steuer!** (*int.*), mind the helm!.

Adapter *m.*, adapter *s.*

Adcock / -Antenne *f.*, Adcock aerial *s.* (*am.* antenna *s.*); **--Funkpeiler** *m.*, Adcock D/F *or* direction finder *s.*

Ader *f.*, streak *s.* (*in wood*).

adjustieren *v.*, to adjust, to regulate; **das stehende Gut –,** to adjust the standing rigging.

Admiralitäts / anker *m.*, Admiralty anchor *s.*; **–karte** *f.*, Admiralty chart *s.*; **–knoten** *m.*, Admiralty knot *s.*; **–konstante** *f.*, Admiralty constant *s.* *or* coefficient *s.*; **–(-Flagg)schiff** *n.*, flag-ship *s.*

Advektion *f.* (*meteor.*), advection *s.*

Aerodynamik *f.*, aerodynamics (*pl.*); **– einer Rennyacht,** aerodynamics of a racing boat *or* yacht. **aerodynamisch** *adj.*, aerodynamic; **–er Ausgleich** *m.*, aerodynamic balance *s.*; **–er Druckpunkt** *m.*, aerodynamic centre *s.* (*am.* center *s.*) (*of a sail*); **–e Form** *f.*, aerodynamic shape *s.* (*of sail, boat*); **–er Luftstrom** *m.*, **–e Luftströmung** *f.*, aerodynamic air flow *s.*; **–e (Wind)Strömung** *f.*, aerodynamic flow *s.*

aeronautisch *adj.*, aerologic(al); **–e Wetterkunde** *f.*, aerology *s.*

Aero / meter *n.* (*meteor.*), aerometer *s.*; **–statik** *f.*, aerostatics (*pl.*); **a–statisch** *adj.*, aerostatic.

Affenfaust *f.* (*naut.*), monkey's fist *s.*, monkey-fist *s.*

Agens *n.* (*phys.*), medium *s.* (*pl.* -dia).

Agone *f.*, agonic line *s.*

Ahle *f.* (*naut.*, *tech.*), awl *s.*, bodkin *s.*, bradawl *s.*, pricker *s.*, stabber *s.*

Ahm *n.*, ship's draught *s.* (*am.* draft *s.*). **Ahming** *f.*, **Ahmung** *f.*, draught (*am.* draft) marks (*pl.*), ship's draught *s.* (*am.* draft *s.*).

ahoi! (*naut.*, *int.*), ahoy!, hoy!; **Schiff –!** (*int.*), boat *or* ship ahoy!.

Akkumulator *m.*, (*coll.*) **Akku** *m.*, accumulator *s.*, storage battery *s.* *or* cell *s.*; **–antrieb** *m.*, battery drive *s.*; **–gehäuse** *n.*, **–kasten** *m.*, accumulator box *s.*; **–säure** *f.*, accumulator *or* battery acid *s.*; **–zelle** *f.*, accumulator *or* storage-battery cell *s.*

Akline *f.*, aclinic line *s.* (*magnetic equator*).

Aktion *f.*, **in – treten,** to take activities (*distress at sea, etc.*).

Aktions / bereich *m.* (*naut.*), cruising radius *s.* *or* range *s.*; (*rad.*, *radar*) operating *or* effective range *s.*; **a–fähig** *adj.*, (to be) operational *or* manoeuvrable (*boat, etc.*); **–radius** *m.* (*naut.*), cruising radius *s.* *or* range *s.*; (*rad.*, *radar*) effective range *s.*; radius *s.* (of action); **–radius** *m.* **einer Yacht,** cruising radius *or* range *s.* of a yacht.

aktiv *adj.*, **einer –en Kadermannschaft angehören,** to be on the active list; **–e Teilnahme** *f.* **an einer Regatta,** active participation in a race; **–er Teilnehmer** *m.* **an einer Regatta,** active competitor in a race.

Aktivruder *n.*, active rudder *s.*; **–anlage** *f.*, active rudder gear *s.* *or* installation *s.*

aktuell *adj.*, **–e Energie** *f.* (*tech.*, *phys.*), kinetic energy *s.*

akustisch *adj.*, acoustic; **–es Alarmsignal** *n.*, acoustic *or* audible alarm *s.* *or* warning signal *s.*; **–er Anzeiger** *m.*, audible enhancer *s.*; **–e Bake** *f.* (*coll.*), talking beacon *s.*; **–er Bereich** *m.* (*rad.*), audible range *s.*; **–er Leitstrahlsender** *m.* (*radar*) (*coll.*), talking beacon *s.*; **–e Minimumstelle** *f.* (*rad.*), aural minimum *s.* *or* zero *s.*; **–e Ortung** *f.*, sound location *s.*; **–es Signal** *n.*, acoustic(al) *or* **audio** *or* **sound signal** *s.*

akzeptieren *v.*, **Trimmänderungen –,** to accept trim changes.

Alarm *m.*, alarm *s.*; **– geben,** to sound an alarm; **blinder –,** false alarm *s.* **alarm / bereit** *adj.*, standing by; **A–bereitschaft** *f.*, stand-by *s.*; (*rad.*) stand-by communication *s.*; **A–empfänger** *m.* (*rad.*), alarm receiver *s.*; **A–geber** *m.* (*rad.*), alarm buzzer *s.*; **A–pfeife** *f.*, alarm whistle *s.*; **A–rolle** *f.* (*naut.*), quarter bill *s.*; **A–signal** *n.*, alarm signal *s.*; **akustisches (optisches) A–signal** *n.*, acoustic(al) *or* aural (visual) alarm *s.*; **A–vorrichtung** *f.* **an Bord,** alarm device *s.* aboard *or* on board (ship).

Aldislampe *f.*, Aldis lamp *s.*; **mit der – signalisieren** *od.* **Nachrichten austauschen,** to exchange Aldis messages, to blink out a message on the Aldis lamp, to signal by aldis.

Alge *f.*, seaweed *s.*, alga *s.* (*pl.* -gae).

Algolstern *m.* (*astr.*), eclipsing variable *s.*

Alhidade *f.*, alidade *s.*, index arm *s.* (*of sextant*); **–nspiegel** *m.*, index glass *s.*

alle (*pl.*), **an –!** (*rad.*), to all stations!; **an – Boote** *od.* **Schiffe!** (*rad.*), hullo all stations!; **– Boote aus!** (*com.*), away all boats!; **– Leinen ein(holen)!** (*com.*), recover *or* take in all lines!; **– Mann,** all hands; **– Mann an Deck!** (*com.*), all hands on deck!; **– Mann nach achtern!** (*int.*), lay aft!; **– Mann nach vorn!** (*int.*), lay forward!; **– Mann über Bord!** (*com.*), all hands over the side!; **– Maschinen volle Kraft voraus (zurück)!** (*com.*), all engines ahead (back) full!; **– Maschinen stop!** (*com.*), all engines stop!.

Alleinreeder *m.*, sole owner *s.* (*of a ship*).

Alle-Mann-Manöver *n.*, all-hands manoeuvre (*am.* maneuver) *s.*

Allerletzter *m.* (*rac.*) (*am., coll.*), tailender *s.*

alles *n.*, **Breite über –** (*naut.*), breadth over all, boa, b. o. a.; **Länge über –** (*naut.*), length over all, loa, l. o. a.; **über –** (*naut.*), over all, overall; *adj.*, **– bei,** under full sail, all standing, (with) all sails set; **– klar!** (*int.*), all clear!; **– los!** (*com.*), let go all!; **– in Ordnung!** (*naut.*, *int.*), all-a-taut-o!; **– stehend,** all standing; **– steifgeholt,** all-a-taut-o.

allgemein *adj.*, **– anerkannte Regel** (*rac.*), universal rule *s.*; **–er Anruf** *m.* (*rad.*), general call *s.*; **–e Anruffrequenz** *f.* (*rad.*), general call signal frequency *s.*; **–e Anziehung** *f.* (*phys.*), universal attraction *s.*; **A–es Sprechfunkzeugnis** *n.* **für den Seefunkdienst,** General Ship Radiotelephone Operator's Certificate *s.*; **–e Wetterlage** *f.*, inference *s.*

Allheilmittel *n.* (*coll.*), cure-all *s.*

All-Luken-Schiff *n.*, all-hatch ship *s.*

Allround / eigenschaften *f./pl.*, allround characteristics *or* properties (*pl.*) (*of sail, boat*); **–genua** *f.*, all-round genoa *s.*, (*am.*) all around genoa *s.*, allrounder *s.*; **–schiff** *n.*, allround ship *s. or* vessel *s. or* yacht *s.*; **–segel** *n.*, allround *or* all purpose sail *s.*; **–spinnaker** *m.*, allround *or* (*am.*) all around *or* all purpose spinnaker *s.*; **–sportler** *m.*, allround sportsman *s.*

Allstrom- *pref.* (*elec.*), for A.C. and D.C.; (*rad.*) all-mains (*pl.*).

Allwellen / antenne *f.* (*rad.*), all-wave aerial *s. or* (*am.*) antenna *s.*, multi- *or* multiple band aerial *s. or* (*am.*) antenna *s.*; **–empfänger** *m.* (*rad.*), all-wave *or* multi range *or* multiple band receiver *s.*

Allwetter *n.*, all(-)weather *s.*; **–ausrüstung** *f.* (*naut.*), all-weather equipment *s. or* gear *s. or* outfit *s. or* tackle *s.*; **–segel** *n.*, all(-)weather sail *s.*

Allzweck- *pref.*, all-purpose, general-purpose, universal; **–radar** *n.*, general purpose radar *s.*; **–schiff** *n.*, all purpose *or* allround ship *s. or* vessel *s.*; **–segel** *n.*, all-purpose sail *s.*; **--Triradial-Spinnaker** *m.*, all purpose triradial spinnaker *s. or* (*coll.*) spi *s.*

Almanach *m.*, **Nautischer –,** nautical almanac *s.*

Alphabetflagge *f.*, alphabetical flag *s.* **alphabetisch** *adj.*, **in –er Ordnung,** in alphabetical order.

Altazimut *n.* (*astr.*), altazimuth *s.*

Alters / klasse *f.* (*naut.*), outclassed (racing) boat *or* yacht *s.*; **–riß** *m.* (*naut.*, *tech.*), season crack *s.*; **–struktur** *f.*, age structure *s.* (*of ships*); **–vergütung** *f.* (*rac.*), allowance *s. or* rating *s.* for outclassed boats. **Alterungsriß** *m.* (*naut.*, *tech.*), season crack *s.*

Altiskop *n.*, altiscope *s.*

Alto / cumulus *m.* (*meteor.*), alto(-)cumulus *s.*; **–stratus** *m.* (*meteor.*), alto(-)stratus *s.*

Alt / wasser *n.* (*am.*), bayou *s.* (*of a lake*); **–weiberknoten** *m.*, granny('s) knot *s. or* bend *s.*, false knot *s.*, lubber's knot *s.*; **–weibersommer** *m.* (*coll.*), gossamer *s.*; Indian summer *s.*, St. Luke's *or* St. Martin's summer *s.*

Aluminium *n.* (*coll.* **Alu** *n.*), aluminium *s.*, (*am.*) aluminum *s.* (*shipb.*); **–blech** *n.*, sheet aluminium *s.*; **–mast** *m.*, aluminium *or* (*am.*) aluminum mast *s.*; **–yacht** *f.*, aluminium *or* (*am.*) aluminum boat *s. or* yacht *s.*

am (= an dem) *prep.*, **– Wind,** on the wind; **hart – Wind,** close-hauled; **dicht – Wind segeln,** to luff and lie; **hoch – Wind segeln,** to sail close to the wind *or* close-hauled.

Amateur *m.*, amateur *s.*; **–band** *n.* (*rad.*), amateur frequency band *s.*; **--Fernsehen** *n.*, amateur television *s.*; **–funk** *m.*, amateur radio telephony *s.*; **–funker** *m.*, amateur radio(telephone) operator *s.*; **--Funksatellit** *m.*, OSCAR *s.*, orbital satellite *s.* carrying amateur radio; **–meisterschaft** *f.* (*rac.*), open championship *s.*; **–segler** *m.*, amateur *or* non-professional sailor *s.*; **–status** *m.*, amateur status *s.*; **–statuten** *n./pl.*, amateur regulations *or* statutes (*pl.*).

Amboßwolke *f.* (*meteor.*, *coll.*), anvil cloud *s.*

amerikanisch *adj.*, **–er Takling,** American whipping *s.*

Ampere *n.* (*elec.*), ampere *s.*; **–meter** *n.*, amperemeter *s.*; **–zahl** *f.*, amperage *s.*

Amplitude *f.* (*rad.*, *phys.*), amplitude *s.*; **–nmodulation** *f.* (*rad.*), amplitude modulation *s.*

Amwind *n.*, *m.*, close-hauled, (to be) on the wind; **–kurs** *m.*, close(-)hauled course *s.*, beat(ing) *s.*; **auf –kurs laufen,** to be on the wind; to sail on a course with the best distance made good to windward; **optimaler –kurs** *m.*, optimum course with the best distance made good to windward; **–segel** *n./pl.*, plain sails (*pl.*); **–segelfläche** *f.*, all plain sail area *s.*, sail area *s.* close hauled, close-hauled sail area *s.*; **–segeln** *n.*, beat(ing) *s.* to windward, windward sailing *s.*, to sail to windward; **–segler** *m.*, (*coll.* **Amwinder** *m.*), close-hauled boat *or* ship *or* vessel *s.*

an *prep.*, **– Bord,** aboard, on board (ship), ashipboard; **frei – Bord,** free on board; **– Bord gehen,** to go aboard ship, to go on board, to board (a ship); **– Bord sein,** to be on board (ship), to be aboard; **jem. – Bord ziehen,** to haul s.b. aboard; **Überlebende – Bord ziehen,** to pull (the) survivors aboard; **– der Küste entlang,** along the coast *or* shore; **– Land,** ashore; **– Land bringen,** to bring *or* to get ashore; **– Land gehen,** to go ashore; **– den Wind gehen,** to luff; **hoch – den Wind gehen,** to point high.

anabatisch *adj.*, **–er Wind** (*meteor.*), anabatic wind *s.*

analog *adj.*, analogical, analogous. **Analoganzeige** *f.*, analog(ical) *or* analogous indication *s.* (*of echo sounder, etc.*).

analysieren *v.*, **jede (Segel)Tuchpartie genau –,** to analyse each lot of (sail)cloth.

anbändseln *v.*, to clasp on, to seize, to lash on; **Taue –,** to seize ropes together.

Anbord / gehen *n.*, embarkation *s.*, embarking *s.*, going *s.* aboard *or* on board (ship); **–nahme** *f.*, shipping *s.*, taking in *s.* (*of stores, etc.*).

Anbranden *n.*, surge *s.* (*of sea*). **anbranden** *v.*, to surge.

anbrassen *v.*, to brace by *or* forward *or* up, to square away.

anbrechen *v.* (*rac.*), to start; to break, to dawn; **bei –dem Tag,** at daybreak *or* break of day; **der Tag brach an,** the day dawned *or* broke.

anbringen *v.*, to install, to fix (in position), (*coll.*) to rig up; (*tech.*) to fit; **Beschläge –,** to fix the fittings.

Anbruch *m.*, **(bei) – der Nacht,** (at) nightfall; **(bei) – des Tages,** (at) daybreak.

andauern *v.*, to continue, to last (*storm, etc.*).

ander *adj.*, **das –e** (*od. coll.* **andre) Ufer,** the other bank *or* farther shore, the opposite bank *or* shore.

ändern *v.*, to alter, to change; **das läßt sich nicht –,** that cannot be helped; **den Kurs –,** to alter course, to go *or* to turn about, to change (the) course; **die Richtung –,** to veer (*of wind*); **sich –** (*meteor.*), to turn; **das Wetter ändert sich,** the weather changes *or* is changing. **Änderung** *f.*, change *s.*, alteration *s.*; fluctuation *s.*; **jährliche –** (*naut.*), annual change *s.* (*sea chart*); **keine wesentliche –** (*meteor.*), no material change; **tägliche –** (*astr.*), diurnal variation *s.*; **– des Kurses** *od.* **der Kursrichtung,** alteration *s.* of (the) course; **– des Trimms,** alteration *s. or* change *s.* of (the) trim; **– der Windrichtung,** veering *s.* of the wind.

Anderthalbmaster *m.*, one-and-a-half-master *s.*, (*coll.*) dandy *s.*; **als – getakelt,** dandy-rigged.

andienen *v.* (*naut.*), to make (*land*); to put into (*a port*).

andirken *v.*, to lift the boom, to rig a boom by the topping lift.

andrehen *v.*, to start (up), to crank (up) (*engine*). **Andrehkurbel** *f.*, crankhandle *s.*

Anemo / graph *m.*, anemograph *s.*, windga(u)ge *s.*; **–meter** *n.*, anemometer *s.*, windga(u)ge *s.*; **–skop** *n.*, anemoscope *s.*, wind vane *s.*

anerkannt *adj.*, **–e ausländische (Boots)Klasse,** admitted *or* acknowledged foreign class *s.*

Aneroidbarometer *n.* (*meteor., phys.*), aneroid barometer *s.*; **hochempfindliches –,** statoscope *s.*

Anfänger *m.* (*naut.*), beginner *s.*, (*coll.*) new hand *s.*; **–glück** *n.*, beginner's luck *s.*

Anfangs / geschwindigkeit *f.* **(eines Bootes),** initial speed *s. or* velocity *s.*; **–kurs** *m.*, initial *or* original (great-circle) course *s.*; **–stabilität** *f.* **(eines Bootes),** initial stability *s.*; **–tiefgang** *m.*, original draught *s.* (*am.* draft *s.*).

anfaulen *v.*, to begin to rot *or* to decay (*wood*).

Anforderung *f.*, **den –en entsprechen** *od.* **genügen,** to meet the requirements, to come up to (the) standard (*as sails, etc.*); **den –en nicht entsprechen** *od.* **genügen,** to be below standard.

anfressen *v.* (*tech.*), to corrode. **Anfressung** *f.* (*tech.*), corrosion *s.*

anfunken *v.* (*rad.*), to call, to transmit, to x(-)mit (*another station*).

Anfurt *f.*, landing-place *s.*, quai *s.*, wharf *s.*

Angaben *f./pl.* (*tech.*), data (*pl.*); directions (*pl.*), instructions (*pl.*), specifications (*pl.*); **nähere –,** details (*pl.*), full particulars (*pl.*) (*damage by sea, etc.*). **angeben** *v.*, to state; to signal (*time, etc.*); **beim Zoll –,** to declare at the customs, to enter at the custom-house; **näher –,** to specify (*sail area, etc.*).

Angeber *m.* (*naut., sl.*), bucko *s.* **angeberisch** *adj.* (*naut., sl.*), bucko.

angebrasst *p.p.*, **dicht am** *od.* **beim Wind –,** on a bowline.

angefault *adj.*, tainted (*wood*).

Angel *f.* (*tech.*), axis *s.*, pivot *s.*; fishing-rod *s.*, fishing-tackle *s.*; **–fischerei** *f.*, rod-fishing *s.*, (hook-)lining *s.* **angeln** *v.*, to fish (with rod and line). **Angel / punkt** *m.* (*astr.*), pole *s.*, cardinal point *s.*; **–stern** *m.* (*astr.*), pole star *s.*, lodestar *s.*

angenommene / Breite *f.*, assumed *or* supposed latitude *s.*; **– (Schiffs)Position** *f.*, (ship's) position *s.* by dead reckoning, estimated position *s.*

angeschlagen *adj.* (*naut.*), stricken; **ein –es Boot,** a stricken boat *s.*

angesichts *prep.*, **– des sich verschlechternden Wetters,** in face of worsening weather.

angewiesen *adj.*, **–er Liegeplatz,** alloted *or* appropriated berth *s.*

Angieren *n.*, sheering *s.* (*of a boat*). **angieren** *v.*, to sheer up (*of boat*).

angleichen *v.* (*tech., rad.*), to adapt, to adjust. **Angleichung** *f.* (*tech., rad.*), adaptation *s.*, adjustment *s.*, matching *s.*

angreifend *adj.*, **–es Boot, –e Mannschaft** (*rac.*), attacking boat *s.* *or* (racing) team *s.*

angrenzend *adj.*, adjacent; **die –en (Ober)Flächen von Kette und Schuß,** the adjacent surfaces of warp and fill (*sailcloth*).

Angriffspunkt *m.* (*phys.*), working point *s.*; (*tech.*) point *s.* of application (of a force).

Angst *f.*, **– haben,** to be scared. **ängstlich** *adj.*, scared (*of beginners*).

angurten *v.*, **den Trapezgürtel –,** to gird *or* to strap the trapeze belt.

anhaken *v.*, to hitch (**an,** to), to hook (**an,** on *or* to).

anhaltend *adj.*, continuous, lasting, unabating, unbroken (*as storm*); **–er Regen** *m.*, unabating *or* unintermitting rain *s.*; **–er Sturm** *m.*, unceasing *or* unbroken gale *s.* *or* storm *s.*

Anhalterecht *n.* **auf See** (*naut.*, *jur.*), right *s.* of search and visit (at sea).

Anhang *m.* (*naut.*), tow *s.* **Anhänge** *m./pl.* (*naut.*), appendages (*pl.*) (*rudder, etc.*). **Anhänger** *m.*, trailer *s.* (*for boats*). **Anhängsel** *n.* (*pl.*), appendages (*of a boat*).

Anhauch *m.*, breath *s.* of wind.

anhäufen *v.t., v.r.*, to accumulate, to heap up, to pile up (*of clouds*). **Anhäufung** *f.* (*astr.*), congeries (*pl.*) (*of stars*).

anheben *v.*, to lift, to heave; **den (Groß)Baum –,** to lift the (main) boom.

anheften *v.*, to fasten to, to fix, to affix; to sew (*seam of sail*); to paste (on *or* to); to pin on *or* to.

Anheuern *n.*, signing *s.* on. **anheuern** *v.*, to sign a man on; to engage (*of crew member*); **sich – lassen,** to sign the ship's articles, to sign on, to engage (o.s.).

anhieven *v.*, to heave away *or* round.

anholen *v.* (*naut.*), to bouse, to bowse, to haul (up *or* tight), to round in; **Brassen –,** to haul; **dicht –,** to bouse *or* to bowse well taut; **die Luvbrassen –,** to brace in; **die Schoten –,** to haul aft the sheets, to sheet in, to tally the sheets; **Segel –,** to sheet in *or* home (a) sail; **ein Tau –,** to fleet *or* to tally a rope; **das Vorsegel –,** to sheet in *or* home the headsail. **Anhol/leine** *f.*, **–tau** *n.*, messenger *s.*, hawser *s.*

ankämpfen *v.* (*naut.*), **– gegen,** to stem; **gegen den Strom** *od.* **die Strömung –,** to stem the tide; **gegen Sturm** *od.* **Wind –,** to stem the wind (*of boat*).

Anker *m.*, anchor *s.*; (*tech.*) keeper *s.* (*of magnet*); (*elec.*) armature *s.*, rotor *s.*; **dreiflügeliger –,** three-fluke anchor *s.*; **fauler –,** foul anchor *s.*; **tragender –,** riding anchor *s.*; **vierflügeliger –,** four-fluke anchor *s.*; **Fall(en) –!** (*com.*), let go (anchor)!; **Hiev –!** (*com.*), heave ahead!; **– auf!** (*com.*), up anchor!, anchor up!; **– ist auf!** (*int.*), anchor clear!, anchor is clear of the water!; **– ist auf und nieder!** (*int.*), chain is up and down!; **– ist aus dem Grund!** (*int.*), anchor is aweigh *or* atrip!; **– ist aus dem Wasser!** (*int.*), anchor (is) in sight!; **– ist in der Klüse!** (*int.*), anchor is home!; **– ist klar zum Fallen!** (*int.*), anchor is ready for letting go!; **– ist los!** (*int.*), anchor is aweigh!; **– ist vor der Klüse!** (*int.*), anchor is apeak!; **– lichten!** (*com.*), up anchor!, weigh anchor!; **– schliert!** (*int.*), anchor drags *or* is dragging!; **– trägt!** (*int.*), brought up!; **– werfen!** (*com.*), cast *or* drop anchor!; **– auf sein,** to be atrip *or* aweigh; **den – ausbringen,** to drop anchor; **den – einholen,** to heave in the anchor *or* the cable; **den – fallen lassen,** to cast *or* to drop *or* to let go (the) anchor; **den – festmachen,** to fish the anchor; **den – herablassen,** to cast (the) anchor, **den – lichten,** to weigh anchor; to unmoor; **den – schleppen,** to drag the anchor; **den – werfen,** to cast *or* drop (the) anchor; **der – beißt** *od.* **faßt,** the anchor bites; **der – findet keinen Halt,** the anchor drags; **der – geht durch,** the anchor comes home; **der – greift (zu),** the anchor bites *or* holds; **der – hält,** the anchor holds; **der – ist aus dem Grund,** the anchor is atrip *or* aweigh; **der – ist gelichtet** *od.* **gesprungen,** the anchor is atrip; **der – ist in der Klüse,** the anchor is home; **der – ist klar zum Fallen,** the anchor is ready for letting go; **der – ist kurzstag,** the anchor is at short stay *or* hove short; **der – ist triftig,** the anchor drags; **der – ist vor der Klüse,** the anchor is apeak; **der – ist vor und nieder,** the anchor is apeak; **der – schliert,** the anchor drags; **der – setzt durch,** the anchor drags; **der – steht auf und nieder,** the anchor is apeak; **einen – verkatten,** to back (an anchor); **einen Sturm vor – abreiten** *od.* **abwettern,** to ride out a storm at anchor; **vor dem – aufgedreht (liegend),** wind-rode (*of boat*); **vor – gehen,** to cast anchor, to anchor, to moor, to come to anchor; **vor – liegen,** to lie (*at anchor*), to ride *or* lie at *or* to anchor, to be moored; to be in the roads (*boat*); **leicht (schwer) vor – liegen,** to ride easy (hard); **nahe am Ufer vor – liegen,** to be anchored close to the beach; **ein Boot vor – liegen lassen,** to ride; **vor – schwojen** *od.* **schwoien,** to sway at anchor; **vor – treiben,** to ride easy, to drag (the) anchor; **vor schleppendem – mit dem Strom treiben,** to club down; **ein Schiff über seine(n) – verholen,** to walk a ship up to her anchor(s); **mit Hilfe eines –s (bei stürmischem**

Wetter) stagen, to club-haul; **die Yacht vor einem (dem letzten) – liegen lassen,** to unmoor (the boat).

Anker/arm *m.*, anchor arm *s. or* bar *s. or* shaft *s.*; **–aufgehen** *n.*, weighing anchor *s.*; **a–aufgehen** *v.*, to weigh anchor; **–(aufwinde)baum** *m.*, fish boom *s.*; **–auge** *n.*, eye *s.* of an anchor; **–ball** *m.*, anchor ball *s.*, black ball *s.*; **–bett** *n.*, anchor bed *s.* (*on deck*); **–boje** *f.*, anchor buoy *s.*, dolphin *s.*, mooring buoy *s.*; **an einer –boje festmachen,** to moor at an anchor buoy; **–bojenreep** *n.*, anchor-buoy rope *s.*, mooring line *s. or* rope *s.*, weighing line *s.*; **–bolzen** *m.*, anchor bolt *s.*; **durchgehender –bolzen** *m.*, fang bolt *s.*; **–buchse** *f.*, armature spider *s.*; **–fall** *m.*, casting *s. or* dropping *s.* or letting go *s.* (of the anchor); **–fallprobe** *f.*, percussive *or* percussion test *s.*; **a–fest** *adj.*, **–er Grund,** good anchorage *s.*; **–flagge** *f.*, anchor *or* mooring *or* cable flag *s.*; **–fliege** *f.*, fluke *s.* (*of an anchor*); **–flott** *n.*, anchor *or* mooring buoy *s.*; **–flügel** *m.*, **–flunk** *m.*, **–flunke** *f.*, fluke *s. or* palm *s.* (of an anchor); **–flunkenspitze** *f.*, anchor bill *s.*, tip *s.* of the palm *or* fluke, pea *s.*; **–fütterung** *f.*, bill board *s.*, anchor lining *s.*; lining *s.* of the bow; **–gebühr** *f.*, **–geld** *n.*, anchorage *s.*, groundage *s.*, anchor *or* harbo(u)r dues (*pl.*); **–geschirr** *n.*, ground tackle *s.*, tackling *s.*, stock tackle *s.*; **–gewicht** *n.*, anchor weight *s.*; **–grund** *m.*, anchorage *s.*, holding ground *s.*, (anchor) ground *s.*; **guter –grund** *m.*, good anchorage *s. or* ground *s.*; **schlechter –grund** *m.*, foul bottom *s. or* ground *s.*; **ein Boot vom –grund losbringen,** to unmoor (the boat); **–hafen** *m.*, yacht *or* mooring harbo(u)r *s.*; **–haken** *m.*, cat-hook *s.*; **–hals** *m.*, throat *s. or* trend *s.* (of the anchor); **–halterung** *f.*, anchor bed *s. or* bracket *s.*; **–hand** *f.*, fluke *s. or* palm *s.* (of an anchor); **–kastenluke** *f.*, hawse-pipe hatch *s.*; **–kern** *m.*, core *s.* (*of cable*); core *s.* (*of magnet*); **–kette** *f.*, anchor *or* chain cable *s.*, anchor chain *s.*, messenger *s.*; **ausgesteckte Länge** *f.* **der –kette,** scope *s.* (of the chain *or* cable); **–kettenaufschieber** *m.*, tierer *s.*; **–kettenlose** *f.*, catenary *s.*; **–kettenmarken** *f./pl.*, **–kettenmarkierungen** *f./pl.*, cable markings (*pl.*); **–kettenpoller** *m.*, chain bitts (*pl.*); **–kettenrohr** *n.*, spurling gate *s. or* pipe *s.*; **–kettenschäkel** *m.*, joining shackle *s.*; **–kettenstopper** *m.*, riding chock *s. or* dog *s. or* stopper *s.*; **–kettenwirbel** *m.*, chain-cable swivel *s.*; **–klüse** *f.*, hawse-pipe *s.*; hawse *s.*; **achtern der –klüse,** aft of the hawse; **versenkte –klüse,** anchor pocket *s.*; **–klüsenband** *n.*, hawse-hook *s.*; **–klüsendeckel** *m.*, buckler *s.*; **–klüsenwülste** *m./pl.*, bolsters (*pl.*); **–kommando** *n.*, anchoring *or* mooring order *s. or* command *s.*; **–kran** *m.*, cathead *s.*; **–kreuz** *n.*, crown *s.* (*of the anchor*); **–kugel** *f.*, anchor shot *s.* (*distress at sea*); **–laterne** *f.*, anchor lantern *s. or* lamp *s.*, riding lantern *s.*; **–leichter** *m.*, mooring boat *s.*; **–leine** *f.*, anchor line *s. or* rope *s.*; **–licht** *n.*, anchor light *s.*, riding lamp *s. or* light *s.*; **–lichten** *n.*, unmooring *s.*, weighing anchor *s.*; **mit abgeblendeten –lichtern** *n./pl.*, with dimmed riding lights (*pl.*); **–lichtmaschine** *f.*, anchor engine *s.*; **–liegegebühr** *f.*, **–liegegeld** *n.*, anchorage *s.*, anchor dues (*pl.*); **–lieger** *m.*, moored boat *s. or* ship *s. or* vessel *s.*, boat *s. or* ship *s.* at anchor; **–loch** *n.*, eye *s.* of the anchor; **a–los** *adj.*, adrift (*of boat*); without anchor; **a–los treibend,** unmoored adrift (*boat*); **–manöver** *n.*, anchoring manoeuvre *s.* (*am.* maneuver *s.*); **–markierung** *f.*, marking *s.* of the (anchor) cable, anchor marks (*pl.*); **–mast** *m.*, mooring mast *s. or* pole *s.*

Ankern *n.*, anchoring *s.*, mooring *s.*; **zum – geeigneter Grund** *m.*, anchorable bottom *s.* **ankern** *v.*, to anchor, to cast *or* to drop anchor, to bring to anchor, to bring up, to come to, to come to anchor, to moor; **gegen den Gezeitenstrom** *od.* **die Gezeitenströmung –,** to moor a cable each way; **mit Bug- und Heckanker –,** to moor head and astern; **mit Fahrt –,** to make a flying *or* running moor(ing); **mit der Spring –,** to anchor with the spring.

Anker/nut *f.*, armature slot *s.*; **–öse** *f.*, mooring eye *s.* (*on buoys*); **–peilung** *f.*, anchor bearing *s.*; **dem Kapitän** *od.* **Skipper die –peilung geben,** to give a skipper his anchor bearing; **–pfahl** *m.*, anchor(ing) post *s. or* pole *s. or* picket *s.*, anchor stake *s.*; **–pforte** *f.*, anchor port *s.*; **–platz** *m.*, anchorage *s.*, berth *s.*, anchoring place *s. or* ground *s.*, mooring place *s.*, place *s.* of mooring; **offener –platz,** open berth *s.*; **den –platz anlaufen, zum –platz beidrehen,** to turn into the anchorage; **–prüfung** *f.*, anchor test *s.*; **–rakete** *f.*, projectile anchor *s.*; anchor rocket *s.* (*distress at sea*); **–reede** *f.*, anchorage *s.*, berth *s.*; **–recht** *n.*, right *s.* of anchorage *or* mooring; **–rolle** *f.*, chain *or* cable roller *s.*; **–rute** *f.*, shank *s.* (*of an anchor*); **–schaft** *m.*, (anchor) shank *s. or* head *s.*; **–schäkel** *m.*, anchor *or* bending shackle *s.*, Jew's harp *s.*, jew-harp *s.*; **–schaufel** *f.*, fluke *s. or* palm *s.* (of an anchor), anchor blade *s.*; **–schlipper** *m.*, tumbler *s.* (*device*); **–schlippvorrichtung** *f.*, tripping gear *s.*, anchor tripping device *s.*; **–schlupf** *m.*, **–schlüpfung** *f.*, armature slip *s.*; **–schnabel** *m.*, bill *s.* (*of an anchor*); **–schuh** *m.*, anchor shoe *s.* *or* socket *s.*; **–schweinsrücken** *m.*, anchor bed *s.*, anchor fluke *s.* *or* choke *s.* *or* plate *s.*; **–spake** *f.*, anchor bar *s.*; **–spannung** *f.* (*elec.*), armature voltage *s.*; **–spike** *f.*, peak *s.*; **–spill** *n.*, windlass *s.*, anchor capstan *s.*; **mit dem –spill aufwinden,** to windlass; **–spillmaschine** *f.*, anchor engine *s.*; **–spitze** *f.*, bill *s.* *or* peak *s.* (of the anchor); **–spring** *f.*, quarter mooring *s.*; **–stauraum** *m.*, anchor locker *s.*, stowage *s.* (for the anchor); **–stein** *m.*, sinker *s.*, mooring block *s.* *or* clump *s.*, killick *s.*, killock *s.*; **–stich** *m.*, clinch *s.*; **ein Tau mit –stich befestigen** *od.* **festmachen,** to clinch; **–stock** *m.*, stock *s.* (of an anchor); **–stopper** *m.*, anchor *or* riding stopper *s.*; **–strom** *m.* (*elec.*), armature current *s.*; **–stütze** *f.*, anchor strut *s.* *or* prop *s.*; **–talje** *f.*, anchor tackle *s.*, fish tackle *s.*; **–tasche** *f.*, anchor pocket *s.*; **–tau** *n.*, (anchor-)cable *s.*, anchor rope *s.*; **das –tau schießen lassen,** to slip the cable; **–tauwerk** *n.*, ground *or* stock tackle *s.*; **–trosse** *f.*, anchor cable *s.*, cable-laid rope *s.*; **– und Ketten erprobt,** anchor(s) and chain(s) proved; **–-und Kettenzertifikat** *n.*, anchor and chain certificate *s.*; **–verholspill** *n.*, anchor warping winch *or* windlass *s.*; **–wache** *f.*, anchor watch *s.*; **–welle** *f.* (*tech.*), armature shaft *s.*; **–wicklung** *f.* (*elec.*), armature winding *s.*; **–winde** *f.*, **–winsch** *f.*, windlass *s.*, capstan *s.*; **elektrische –winde,** electric capstan *or* windlass *s.*; **kleine –winde,** gipsey *s.*, gipsy *s.*; **mit einer –winde** *od.* **–winsch auf-** *od.* **hochwinden,** to windlass; **–windenverholkopf** *m.*, windlass head *s.*; **–zeichen** *n.*, sea mark *s.*

anklammern *v.* (*tech.*), to fasten with cramps.

ankleben *v.* (*tech.*), to stick (to *or* together), to adhere; to glue, to paste on.

anknoten *v.*, **anknüpfen** *v.*, to tie (together), to fasten with a knot.

ankommen *v.*, to arrive. **ankommende Boote** (*pl.*) *od.* **Schiffe** (*pl.*), arrivals (*pl.*). **Ankommer** *m.*, **Ankömmling** *m.* (*naut.*), arrival *s.*, incomer *s.*, incoming ship *s.* *or* vessel *s.*, new(-) comer *s.*

ankrampen *v.* (*tech.*), to cramp.

ankreuzen *v.* (*naut.*), **gegen den Wind –,** to beat *or* to ply to windward.

Ankündigungssignal *n.* (*rac.*), attention *or* starting signal *s.*; cautionary signal *s.*

Ankunft *f.*, arrival *s.*, coming *s.*; **voraussichtliche –,** expected time *s.* of arrival; **wohlbehaltene –,** safe arrival *s.* **Ankunfts / hafen** *m.*, port *s.* of arrival; **–kurs** *m.*, course *s.* of arrival *or* coming in *or* making port; **–schiff** *n.*, arrival *s.*, incoming vessel *s.*; **–zeit** *f.*, time *s.* of arrival; **voraussichtliche –zeit** *f.*, expected *or* estimated time *s.* of arrival.

ankurbeln *v.* (*naut., tech.*), to start; to crank up an engine; to turn the crank.

Anlage *f.* **(an Bord),** layout *s.*, construction *s.*, structure *s.*, arrangement *s.*; (*radar, rad., etc.*) installation *s.*, equipment *s.*; design *s.*; **–kosten** (*pl.*), cost *s.* of construction *or* installation.

anlanden *v.*, to disembark, to get ashore; to land (*passengers, etc.*); **ein Boot –,** to land a boat, to put a boat ashore *or* on shore. **Anlande / platz** *m.*, ship landing *s.*, landing place *s.*; **–steg** *m.*, jetty *s.* **Anlandgehen** *n.*, debarkation *s.*, disembarkation *s.*, debarkment *s.*, disembarkment *s.* **Anlandung** *f.*, landing *s.* (*of boat, etc.*).

anlassen *v.* (*naut., tech.*), to start, to set going (*engine*); to leave running (*engine*); **den Motor –,** to set an engine going, to start the engine. **Anlasser** *m.*, starter *s.*, self-starter *s.* (*of an engine*).

Anlauf *m.* (*naut.*), gripe *s.* (*of keel*); rising *s.*, swelling *s.* (*of water*); mist *s.* (*on cabin window*); tarnish *s.*, film *s.* (*on brass, metal*).

anlaufbar *adj.*, navigable (*channel*); approachable, accessible (*shore*).

Anlaufen *n.* **(eines Hafens),** call *s.* (at a port); rise *s.* (*of water*); **direktes (zwangsläufiges) – (eines Hafens),** direct *or* straight (enforced *or* necessary) call *s.* (at a port); **das – der Flut,** the rising of the tide. **anlaufen** *v.* (*naut.*), to make port, to stand in, to touch at (a port), to touch (harbour), to make land; to rise, to swell (*of tide*); to collide (**gegen,** with), to run (**gegen,** into); to become tarnished (*as metal*); to mist *or* film over (*as glass*); **einen Hafen –,** to call at a port, to make a call at a port, to make port, to make *or* to run for a port, to put in (at a port), to touch (at) a port, to touch harbo(u)r; **die Küste –,** to approach the coast; **Land –,** to stand in; **ein Boot Helgoland – lassen,** to run a boat to Heligoland. **Anlaufhafen** *m.*, port *s.* of call.

Anlege / brücke *f.*, jetty *s.*, pier *s.*, landing-stage *s.*; **schwimmende –brücke** *f.*, pontoon-bridge *s.*; **–dalben** *m.*, mooring dolphin *s.*; **–feder** *f.*, mooring-line spring *s.*; **–hafen** *m.*, port *s.* of call; **–manöver** *n.*, mooring *or* landing manoeuvre *s.* (*am.* maneuver *s.*).

Anlegen *n.*, going *s.* alongside, landing *s.*; **Klar zum –!** (*com.*), stand by to go alongside!. **an-**

legen *v.*, to come *or* to draw alongside, to go alongside, to land, to make fast, to moor, to put ashore; to accost (*at a jetty*); to board (*at another boat*); to lie to *or* alongside; to dock; **in einem Hafen –,** to call *or* to touch at a port.

Anlege/pfahl *m.*, dolphin *s.*; **–platz** *m.*, landing (place) *s.*, tying-up place *s.* (*for boats*), (*am.*) levee *s.*; **–poller** *m.*, dollie *s.*, dolly *s.* **Anleger** *m.*, jetty *s.*; **–ponton** *s.*, pontoon bridge *s.*, dummy barge *s.* **Anlege/steg** *m.*, landing(-) stage *s. or* place *s.*, moorings (*pl.*), tying-up place *s.* (*for boats*); stop *s.* (*of a boat*).

anleimen *v.* (*tech.*), to glue *or* to stick on.

anleuchten *v.*, to pick up (*with searchlight*).

Anliegen *n.* (*naut.*), heading *s.*, standing *s.* on *or* out (*of boat*); break *s.* (*of telltales*); **die Windfäden gleichmäßig zum – bringen,** to get an even break up and down the sail. **anliegen** *v.* (*naut.*), to stand on *or* out, to stand to (*the east, etc.*); to head, to steer a course (to); to lie close to, to be adjacent to, to border on (*port, surroundings, etc.*); **am Wind –,** to lie close to the wind, to close-reach; **die Huk –,** to stand (on) out for the head(land); **landwärts –,** to stand in to land; **Nord –,** to lie to the north; **seewärts –,** to stand out to sea; **Was liegt an?,** how is the head?, how does she head?; **– auf,** to head for *or* to (*course*); **die Windfäden liegen gleichmäßig an,** the telltales are breaking even. **anliegend** *adj.*, adjacent, close to (*port, etc.*); **–er Kurs** *m.*, heading (course) *s.* **Anlieger/kurs** *m.*, heading (course) *s.*; **harter** *od.* **geschrickter –kurs** *m.*, close reach(ing) *s.*; **–staaten** *m./pl.* **(am Meer),** riparian states (*pl.*).

anlieken *v.*, to rope (*a sail*).

anlöten *v.*, to solder on.

anlüften *v.*, (*coll.*) **anlüpfen** *v.*, **die Stenge –,** to trip the top mast.

Anluven *n.*, luffing *s.*; beating *s. or* plying *s.* to windward; hauling up *s.* (*sails*). **anluven** *v.*, to beat against the wind, to beat to windward, to come (in)to the wind; to go *or* to ply *or* to sail *or* to turn to windward, to work to windward, to sail (in)to the wind; to luff (up), to haul (up) (*sails, sheets*), (*am.*) to leach; to round a boat; to go (gently) up (*of helmsman*); **–!** (*com.*), down helm!.

anmachen *v.* (*rad.*), to switch *or* to turn on; (*tech.*) to fasten, to fix, to attach **(an,** to).

anmarlen *v.*, to bend (*a sail or rope*).

Anmelde/bestätigung *f.* (*rac.*), acknowledgement *s.* of entry; **–gebühr** *f.* (*rac.*), entry fee *s.*; (*naut.*) registry *or* registration fee *s. or* dues (*pl.*). **anmelden** *v.*, to register, to enter one's name; **ein Boot zu einer** *od.* **für eine Regatta –,** to enter a boat for a race; **sich zu einer Regatta –,** to enter for a regatta *or* race, to go in for a race. **Anmeldeschein** *m.* (*rac.*), entry (form) *s.* **Anmeldung** *f.* (*rac.*), entry *s.*; registration *s.*; **–sformular** *n.* (*rac.*), entry form *s.*

anmustern *v.*, to engage (o.s.), to sign on, to sign the (ship's) articles, to join a ship (*of crew member*); to sign on (*a crew*). **Anmusterung** *f.*, engagement *s.* (*of crew member*); signing on *s.* (*a crew*).

annähern *v.r.*, to approach, to come *or* to draw near (to), to close (*the land, etc.*). **annähernd** *adj.*, **–er Kurs,** approximate course *s.*; **–e Schiffsposition,** estimated ship's position *s.*, (ship's) position *s.* by dead reckoning. **Annäherung** *f.*, approach *s.*; **–skurs** *m.*, closing course *s.*; **–srecht** *n.* (*naut., jur.*), right *s.* of approach; **–ssignal** *n.*, approach signal *s.*

annieten *v.* (*tech.*), to rivet on.

Anode *f.*, anode *s.*; (*rad.*) plate *s.* **Anoden/batterie** *f.*, high-tension battery *s.*; **–gleichrichter** *m.*, anode-band rectifier *s.*; **–schutz(netz** *n.*) *m.*, anode screen *s.*; **–widerstand** *m.*, anode load *s. or* resistance *s.*

Anomalie *f.* (*astr.*), anomaly *s.*; **erdmagnetische –,** geomagnetic anomaly *s.*, anomaly *s.* of terrestrial magnetism.

anpassen *v.* (*tech.*), to adapt, to adjust, to fit, to make to fit; **genau angepasst** (*tech.*), well-fitting.

anpeilen *v.*, to take bearings, to take a bearing on *or* of, to take the bearings of (*a landmark, etc.*). **Anpeilung** *f.*, (taking *s.* of) bearings (*pl.*).

Anprall *m.*, crash *s.*, impact *s.* **anprallen** *v.*, to collide with, to knock *or* to strike **(gegen** *od.* **an,** against); to run against *or* into (*another boat*).

anpreien *v.*, to hail (*a boat*); **ein Boot durch Signale** *od.* **Zeichen –,** to hail a boat by signals *or* signs, to speak a boat *or* ship.

Anreihen *n.*, bending *s.*, frapping *s.* (*of sails*); marling *s.* **anreihen** *v.*, **ein Segel –,** to bend a sail, to frap a sail; **mit der Marlleine –,** to marl with the marline *or* marling. **Anreih/leine** *f.*, **–tau** *n.*, bending line *s.*; marline *s.*, marling *s.*

Anrichte *f.* (*naut.*), pantry *s.*, servery *s.*

Anriß *m.*, surface crack *s.* (*GRP boats*).

anrosten *v.*, to rust; to get rusty.

anrudern *v.*, to row against (*the waves, etc.*); to row up; to approach rowing (*the shore*).

Anruf *m.*, hail(ing) *s.*; (*rad.*) call *s.*; **dringender –** (*rad.*), urgent call *s.*; **– an alle** (*rad.*), general call *s.* **anrufen** *v.* (*rad.*), to call; **ein Boot –,** to hail a boat. **Anruf/frequenz** *f.* (*rad.*), call(ing) frequency *s.*; **–lautsprecher** *m.*, **–sprachrohr** *n.*, hailer *s.*, (hailing) megaphone *s.*; **–- und Notwelle** *f.* (*rad.*), call(ing) and distress wave *s.*; **–welle** *f.*, call(ing) wave *s.*; **–zeichen** *n.* (*rad.*), call sign *s.*

ansammeln *v.r.*, to accumulate, to pile up (*of clouds*). **Ansammlung** *f.* (*meteor.*), **– von Wolkenfeldern,** accumulation *s.* of clouds *or* cloud formation.

Ansaug/öffnung *f.*, intake *s.* (*of air*); **–pumpe** *f.*, suction pump *s.*; **–ventil** *n.*, suction valve *s.*

anschäkeln *v.*, to shackle on.

anscheren *v.*, to splice (*shipb.*).

anschiffen *v.*, to touch (at a port), to approach in a boat *or* ship *or* vessel; to ship to.

Anschlag *m.* (*naut., tech.*), boss *s.*, check *s.*, dog *s.*, shoe *s.*, sticking point *s. or* place *s.* (*for bolts, etc.*), stop *s.*; rabbet *s.*, lug *s.*; impact *s.*; breaking *s.* (*of waves*); **–auge** *n.* (*naut.*), tacking eye *s.*; **–bändsel** *n.*, roving *s.*, earing *s.*, roband *s.*; **–bolzen** *m.*, stop (pin) *s.*, trip(ping) dog *s.*; **–bund** *m.*, stop collar *s.*

anschlagen *v.* (*naut.*), to bend to (*of sail*); to sling (*of mast, rope*); to clap on (*of tackle*); to rove (*a seizing*); to beat, to break (*of waves*); to strike (*the bell*); **ein Bändsel –,** to rove a seizing; **die Fock (beim Wenden** *od.* **Überstaggehen) –,** to tack the jib; **ein Segel –,** to bend a sail (to); **einen Stropp –,** to rove a strap *or* strop; **ein Tau –,** to sling *or* to rove a line *or* rope; **– an,** to fasten (*line, sail*).

Anschlag/geschirr *n.*, hoisting tackle *s. or* gear *s.*; **–jackstag** *n.*, bending jackstay *s.*; **–legel** *m.*, ear cringle *s.*; **–ring** *m.*, check-ring *s.*; **–schraube** *f.*, stop *or* set screw *s.*, locking screw *s.*; **–stift** *m.*, stop pin *s.*; **–stück** *n.*, shoe *s.*; **–tafel** *f.*, notice *or* black board *s.*; **–winkel** *m.* (*tech.*), try square *s.*, T-square *s.*

anschließen *v.* (*naut., tech.*), to attach, to join, to connect, to link, to fix **(an,** with). **Anschluß** *m.* (*rad.*), contact *s.*, (*elec., tech.*) connection *s.*; **den – verlieren,** to lose contact. **Anschluß/blatt** *n.*, adjacent sheet *s.* (*of chart or map*); **–dose** *f.* (*elec.*), junction box *s.* (*in harbour*); **–kabel** *n.*, connecting cable *s.*; **–klemme** *f.* (*elec.*), terminal *s.*; **–ort** *m.*, secondary port *s.* (*in tidal waters*); **–stück** *n.* (*naut., tech.*), gooseneck *s.*, joining piece *s.*; **–werte** *m./pl.*, time and height difference *s.*, time difference *s.* and ratio of range (*in tidal waters*).

anschnallen *v.*, to buckle on, to strap o.s. in, to gird (on); **den Trapezgurt –,** to buckle on the trapeze belt, to fasten the trapeze belt.

Anschneideergebnisse *n./pl.* (*nav.*), cross-bearings (*pl.*). **anschneiden** *v.* (*nav.*), to get a bearing on.

Anschnitt *m.* (*nav.*), bearing *s.*; **–kante** *f.*, leading edge *s.* (*of a sail*).

anschrauben *v.*, to screw **(an,** on *or* to *or* up).

anschreiben *v.*, **die Punkte –** (*spt.*), to score, to keep the score.

anschuhen *v.*, **den Mast –,** to shoe the mast, to step the mast.

anschweißen *v.*, to weld *or* to braze on **(an,** to).

Anschwellen *n.* **(der See),** (the) heave *s.*, rise *s.*, rising *s.* (of the sea).

anschwellen *v.*, to belly (out), to fill, to bunt (*as sails*); to increase (*as storm*); to rise, to heave, to swell (*as sea*). **anschwellend** *adj.*, heaving, rising, swelling (*river, sea*).

anschwemmen *v.*, to wash ashore *or* up; to float on (towards). **Anschwemmung** *f.*, silt *s.*, silting *s.*

Ansegeln *n.*, annual spring's cruise *s.*, (*am.*) opening *or* tune-up (cruise) *s.*, opening *s.* of the sailing season. **ansegeln** *v.*, to open the sailing season, (*am.*) to tune up; to fall aboard, to run foul of (*a ship*); to run on to (*a reef*); **einen Hafen –,** to make for port, to touch at a port; **ein Schiff** *od.* **Boot –,** to fall *or* to run foul of a ship *or* boat; **mit voller Fahrt** *od.* **Geschwindigkeit –,** to tear off. **Ansegelungs/boje** *f.*, fairway *or* making buoy *s.*; **–feuer** *n.*, landfall *or* making light *s.*; **–marke** *f.*, fairway *or* making mark *s.*; **–regatta** *f.*, annual spring's race *s.*, (*am.*) opening *or* tune-up race *s.*; **–signal** *n.*, approach signal *s.*; **–tonne** *f.*, fairway *or* making buoy *s.*

ansetzen *v.*, **eine Regatta –,** to fix *or* (*am.*) to schedule a race.

ansichtig *adj.*, **– werden,** to catch *or* to get sight of (*landmark, etc.*).

anspleissen *v.*, to splice on *or* to (*ropes, etc.*).

anspringen *v.*, to start (up) (*of an engine*); to start gliding *or* pulling, to tear off (*of dinghies*); **den Motor – lassen,** to start the motor *or* engine.

Anspruch *m.* (*naut., jur.*), claim *s.*; **– auf Schadenersatz,** claim *s.* for damage(s); **einen – geltend machen,** to assert a claim.

Anspülen *n.*, wash *s.* (*of waves*). **anspülen** *v.*, to flow *or* to wash **(an,** against); to wash ashore *or* up (*on the tide*).

anstechen *v.*, **anstecken** *v.* (*naut.*), to bend, to hitch, to sling (*a rope*); **ein Ende –,** to bend a rope. **Ansteckleine** *f.*, messenger *s.*

Ansteigen *n.*, **plötzliches – der Flut,** flush *s. or* rise *s.* of the tide. **ansteigen** *v.*, to rise (*as water*).

anstellen *v.* (*rad., etc.*), to switch *or* to turn on; to start (*an engine*). **Anstellwinkel** *m.*, angle *s.* of incident *or* attack (*of sails*); **optimaler – eines Segels,** optimum angle *s.* of attack (of a sail); **– des Propellerflügels** *od.* **Ruderblattes,** blade angle *s.*; **– des Ruders,** setting angle *s.* of the rudder; **– der Segel,** weather *s.*, angle *s.* of attack.

Ansteuern *n.*, heading *s.* for, making *s.* for; tracking *s.*; **– eines (Funk)Feuers,** homing *s.* **ansteuern** *v.*, to head *or* to make for; to shape a course for; to steer towards; to lay, to approach; (*rac.*) to fetch; **einen Hafen –,** to head for (the) port *or* harbo(u)r, to head into port; **Land –,** to lay the land; **einen Punkt –,** to make (for) a point; **das Ufer –,** to head for the shore; **– auf,** to shape a course for; **– gegen die See,** to breast *or* to meet the sea. **Ansteuerung** *f.*, approach *s.*; **–sbake** *f.*, approach beacon *s.*; (*rad. D/F*), homing beacon *s.*; **–sfeuer** *n.*, approach *or* homing beacon *s.*; making light *s.*; **–skurs** *m.*, approach course *s.*; heading *s.*; **–smarke** *f.*, making *or* fetching *or* homing mark *s.*; **–stonne** *f.*, approach *or* landfall *or* making buoy *s.*

Anstieg *m.* (*meteor.*), rise *s.*

Anstoß *m.*, collision *s.*, impact *s.*; butt-joint *s.* (*shipb.*). **anstoßen** *v.*, to collide (with); to knock *or* to strike (**an,** against); to butt-joint (*shipb.*).

anstrahlen *v.*, to cast beams on, to floodlight, to spotlight (*with searchlight*). **Anstrahllicht** *n.*, floodlight *s.*, spotlight *s.*

anstreichen *v.*, to coat (*with paint*), to paint; **mit Firnis –,** to varnish, to put a coat of varnish on.

anstreifen *v.*, to touch lightly, to brush (**an,** against) (*the jetty, etc.*).

anstrengend *adj.*, **eine –e Überfahrt,** a wearing *or* wearisome passage *s.*

Anstrich *m.*, paint coat *s. or* cover *s.*, coat *s.* of paint, coating *s.* (*with paint*); **anwuchsverhindernder –,** anti-fouling paint *s.*; **erster –,** first coat *s.*, under(-)coat *s.*; **feuerfester –,** fire-resisting paint *s.*; **flüchtiger** *od.* **dünner –,** lick *s.*; **letzter –,** final *or* top coat *s.*; **das Boot braucht einen neuen –,** the boat is paint-sick. **Anstrich/farbe** *f.*, **–mittel** *n.*, paint *s.*, paint(ing) composition *s.*

Anströmen *n.*, flow *s.* (*of air, etc.*). **anströmen** *v.*, to flow; **– an,** to wash against. **Anström/geschwindigkeit** *f.*, speed *s. or* velocity *s.* of flow *or* approach; **–kante** *f.*, leading edge *s.* (*of airfoil*); **–winkel** *m.*, angle *s.* of flow *or* attack *or* incidence; **optimaler –winkel** *m.*, optimum angle *s.* of flow *or* attack.

Antarktisfront *f.* (*meteor.*), Antarctic front *s.*

Antenne *f.*, aerial *s.*, (*am.*) antenna *s.* **Antennen/abgleich** *m.* (*rad.*), aerial *or* antenna adjustment *s. or* balance *s. or* trim(ming) *s.*; **–ableitung** *f.*, (aerial) lead-in *s. or* down-lead *s.*; **–abstimmung** *f.*, tuning *s.* (of the aerial); **–anschluß** *m.*, aerial connection *s.*; **–aufhängung** *f.*, aerial suspension *s.*; **–draht** *m.*, aerial wire *s.*; **–drehvorrichtung** *f.*, aerial drive *s. or* rotating device *s.*; **–effekt** *m.*, aerial effect *s.*; vertical effect *s.* (of aerial); **–eingang** *m.*, aerial input *s.*; **–fuß** *m.*, aerial base *s.*, socket *s.* of the aerial; **–gewinn** *m.*, aerial *or* antenna gain *s.*; **–höhe** *f.*, height *s.* of the aerial; **–kapazität** *f.*, aerial capacity *s.*, capacity *s.* of the aerial; **–kreis** *m.*, aerial circuit *s.*; **–leistung** *f.*, aerial output *s. or* power *s.*; **–mast** *m.*, aerial mast *s.*; **–nachlaufsteuerung** *f.*, aerial following (control) *s.*; **–niederführung** *f.*, (aerial) lead-in *s. or* downlead *s.*; **–rah(e)** *f.*, aerial yard *s.*; **–rauschen** *n.*, (aerial) noise *s.*; **–schacht** *m.*, aerial housing *s.*; **–schalter** *m.*, aerial change-over switch *s.*; **–speisekabel** *n.*, **–speiseleitung** *f.*, aerial feeder *s.*; **–stecker** *m.*, aerial plug *s.*; **–strom** *m.*, aerial current *s.*; **–verlust** *m.*, aerial loss *s.*; **–verstärker** *m.*, aerial amplifier *s. or* (*coll.*) booster *s.*; **–wirkung** *f.* (*rad. D/F*), loop effect *s.*, vertical effect *s.*; **–zuführung** *f.*, (aerial) lead-in *s.*

antiefen *v.* (*dial.*), to sound (*the bottom or ground*).

Antifouling(farbe *f.*) *n.*, antifouling (paint) *s.*

antimagnetisch *adj.*, non-magnetic.

Anti/passat(winde *m./pl.*) *m.*, anti-trade winds (*pl.*), anti-trades (*pl.*); **–schlingeranlage** *f.*, anti-rolling device *s. or* system *s.*; **–zyklon** *m.*, anticyclone *s.*; **–zyklone** *f.* (*meteor.*), anticyclone *s.*

Antrag *m.*, **– auf Eintragung,** application *s.* for entry *or* registration; **– auf Klassifikation,** application *s.* for classification.

antreiben *v.t.* (*naut.*), to propel, to drive (*ship, engine*); to impel (*pump*); **an die Küste –,** to drift *or* to float ashore; **die Planken –** (*naut.*), to wring the planks; *v.i.*, to drift *or* to be washed ashore.

Antreiber *m.* (*naut.*), speeder *s.* (*in harbour*).

Antreten *n.*, **– zum Appell** (*naut.*), falling *s.* in *or* to fall in for roll-call; mustering *s.*; to muster.

Antrieb *m.* (*naut.*), propulsion *s.*, drive *s.*; (*tech.*) (propelling) force *s.*, (motive) power *s.*; **Diesel-elektrischer –,** Diesel-electric drive *s.*; **hydraulischer –,** hydraulic drive *s.*; **turboelektrischer –,** turbo-electric drive *s.*; **hydrostatischer –,** hydraulic boat transmission *s.* **Antriebs / anlage** *f.*, propulsion *or* propelling unit *s. or* plant *s.*; **mit einer –anlage versehen,** to power (*a yacht*); **–art** *f.*, power system *s.* (*of a boat*); **–geschwindigkeit** *f.*, propulsive speed *s.*; **–kraft** *f.*, propelling *or* propulsive force *s. or* power *s.*, propulsion *s.*; **–system** *n.*, power *or* propulsion system *s.* (*of a boat*); **–welle** *f.*, main *or* engine shaft *s.*

Antron *n.*, antron *s.* (*for fibre ropes*).

Antwort *f.* (*naut.*, *rad.*), answer *s.*, reply *s.*; (*radar*) response *s.*; **bejahende (verneinende) –,** answer in the affirmative (negative); **–bake** *f.* (*radar*), radar *or* responder beacon *s.*, racon *s.*, transponder *s.* **antworten** *v.* (*naut.*, *rad.*), to answer; **bejahend (verneinend) –,** to answer in the affirmative (negative). **Antwort / frequenz** *f.* (*rad.*), reply frequency *s.*; **–funkfeuer** *n.* (*radar*), racon *s.*, transponder *s.*; **Internationaler –schein** *m.* (*rad.*), international reply coupon *s.*; **–sender** *m.* (*radar*), racon *s.*, transponder *s.*, radar-beacon transmitter *s. or* x-mitter *s.*; **–signal** *n.*, answering signal *s.*; **–telegraph** (*od.* **-graf**) *m.*, repeater *s.* (*on board*); **–welle** *f.* (*rad.*), answering wave *s.*; **–wimpel** *m.* (*naut.*), answering pendant *s. or* pennant *s.*; code flag *s.*

an- und abliegend *adj.* (*naut.*), in-and-out; **–e Beplattung,** in-and-out plating *s.*; **–e Gänge** *m./pl.*, in-and-out strakes (*pl.*) (*shipb.*).

anvisieren *v.* (*naut.*), to (take a) sight on; (*astr.*) to sight.

Anweisung *f.*, direction *s.*; order *s.*; instruction *s.*; **Segel-–en** *f./pl.*, sailing instructions (*pl.*); **Trimm-–en** *f./pl.*, tuning instructions (*pl.*).

anwenden *v.* (*naut.*, *tech.*), to apply (**auf,** to). **Anwendung** *f.*, appliance *s.*, application *s.* (**auf,** to); **zur – bringen,** to apply to; **–sbereich** *m.*, range *s.* of application, scope *s.*

anwinden *v.* (*naut.*), to (hoist to by means of a) windlass; to draw up.

anwinken *v.* (*naut.*), to ease the sheets of fore-and-aft sails.

anwinkern *v.* (*naut.*), to semaphore.

Anwuchs *m.*, marine fouling *s. or* growth *s.*, scruff *s.*, barnacles (*pl.*) (*at the quick work*). **anwuchsverhindernd** *adj.*, **–e (Schutz)Farbe** *f.*, antifouling (composition *or* paint) *s.*

Anzahl *f.*, **– der Umdrehungen** (*naut.*, *tech.*), number *s.* of revolutions *or* (*coll.*) revs.

Anzeichen *n.* (*pl.*) (*meteor.*), sign(s) *s.* (*pl.*), symptom(s) *s.* (*pl.*), indication *s.* (*as for a storm, weather*); foreboding *s.*, omen *s.*, token *s.* (*superstition at sea*).

Anzeige *f.*, indication *s.*, display *s.*, presentation *s.* (*of measuring instruments*); **mit automatischer –,** self-indicating, with automatic *or* self-indication. **Anzeigen** *n.*, indication *s.* (*of a meter*). **anzeigen** *v.*, to indicate (*of a meter*); to read (*as measuring instruments*); to register, to record (*gauges, etc.*); **den Barometerstand –,** to mark the barometer reading. **Anzeiger** *m.* (*tech.*), indicator *s.* **Anzeige / tafel** *f.* (*rac.*), telegraph board *s.*; **–toleranz** *f.*, reading tolerance *s. or* allowance *s. or* accuracy *s.*; **–vorrichtung** *f.*, indicator *s.*

anziehen *v. t.*, to pull tight *or* taught, to tighten; *v. r.*, to hold, to gripe, to bite (*as a screw*); to stick (*as glue*); to get *or* to grow colder, to turn cold (*of weather*); **eine Schraube –,** to drive a screw home; **fest das Vorstag –,** to pull firmly (on) the headstay.

Anziehung *f.* (*phys.*), attraction *s.*, pull *s.*; **– der Schwere** (*phys.*), gravitational pull *s.*, force *s. or* power *s.* of gravity, gravitation *s.* **Anziehungs / bereich** *m.* (*phys.*), field *s.* of attraction; **–kraft** *f.* (*phys.*), centripetal force *s.*, attraction *s.*, pull *s.*, force *s.* of attraction, attraction power *s.*, attractive force *s.*; (*astr.*, *phys.*) weight *s.*; **entgegengesetzte –kraft** *f.* (*phys.*), counter(-)attraction *s.*; **–kraft** *f.* **der Erde** (*phys.*), power *s.* of gravitation; **–(mittel)punkt** *m.* (*phys.*), centre *s. or* (*am.*) center *s.* of attraction; **–vermögen** *n.* (*phys.*), (force *s.* of) attraction *s.*

Anzug *m.*, **ein Gewitter ist im –,** a storm is coming up *or* is brewing *or* is threatening *or* is imminent; **im – sein,** to threaten, to be brewing (*of storm*). **Anzugs / drehmoment** *n.* (*phys.*, *tech.*), starting torque *s.*; **–vermögen** *n.*, starting power *s.* (*of engine, etc.*).

aperiodisch *adj.*, aperiodic(al); **– anzeigendes Meßinstrument,** dead beat *s.*; **– gedämpft,** dead beat (*of compass, etc.*).

Apogäum *n.* (*astr.*), apogee *s.*

Apparat *m.* (*tech.*, *rad.*), set *s.*; apparatus *s.*, device *s.*, equipment *s.*; appliance *s.*; instrument *s.*

Aprilwetter *n.*, April weather *s.*

Apside *f.* (*astr.*), apsis *s.*; **höhere (tiefere) –** (*astr.*), higher (lower) apsis *s.*; **–nlinie** *f.* (*astr.*), line *s.* of apsides.

Äquationslinie *f.* (*naut.*, *geogr.*), equator line *s.*

Äquator *m.*, equator *s.*, (the) line *s.*, equinoctial circle *s. or* line *s.*; **magnetischer –,** magnetic equator *s.*, aclinic line *s.*; **meteorologischer –,** meteorological *or* thermal equator *s.*; **nördlich und südlich des –s,** north and south of the equator *or* the line; **thermischer –,** thermal equator *s.*; **unter dem –,** at the equator; **--Gegenströmung** *f. od.* **--Gegenstrom** *m.* (*geogr.*), equatorial counter current *s.* **Äquatorial/gegenströmung** *f.*, equatorial countercurrent *s.*; **--Kolur** *m.*, equinoctial colure *s.*; **--Koordinaten** *f./pl.*, equatorial co(-)ordinates (*pl.*); **–strömung** *f.*, equatorial current *s.* **Äquator/strom** *m. od.* **–strömung** *f.* (*geogr.*), equator(ial) current *s.*; **–taufe** *f.*, christening *s.* of sailors on crossing the line, crossing-the-line ceremony *s.*; **–tide** *f.*, equatorial tide *s.*; **–überquerung** *f.* (*naut.*), crossing *s.* the line.

äquidistant *adj.* (*geogr.*), equidistant.

Äquinoktial/kreis *m.*, **–linie** *f.* (*astr.*), equinoctial (circle *or* line) *s.*; **–punkt** *m.* (*astr.*), equinoctial point *s.*, equinox *s.*; **durch die –punkte gehender Meridian,** equinoctial colure *s.*; **–stürme** *m./pl.*, equinoctial gales (*pl.*), (*coll.*) equinoctials (*pl.*); **–tide** *f.*, equinoctial tide *s.*; **–zone** *f.* (*naut., geogr., astr.*), equinoctial zone *s.* **Äquinoktium** *n.* (*astr.*), equinox *s.*

Äquipotentiallinie *f.* (*phys.*), equipotential line *s.*

Arbeit *f.* (*phys.*), work *s.* **Arbeiten** *n.* (*naut.*), labour(ing) *s.*, panting *s.* (*of ship in a heavy sea*). **arbeiten** *v.* (*naut.*), to labour, to pant, to strain, to work; (*tech.*) to function, to operate; to warp (*of wood*). **Arbeits/bedingungen** *f./pl.*, working conditions (*pl.*) (*of crew, sails, etc.*); **–einheit** *f.* (*phys.*), unit *s.* of work; erg *s.*; **–fock** *f.*, working jib *s.*; **–frequenz** *f.* (*rad.*), working *or* operating frequency *s.*; **–genua** *f.*, working genoa *s.*; **–leistung** *f.* (*phys., tech.*), (rate *s.* of) output *s.*; **a–los** *adj.*, **–er Seemann,** stranded sailor *s.*; **–päckchen** *n.*, rigger's overall *s.*; working rig *s.*; **–reichweite** *f.* (*rad., radar*), overall range *s. or* performance *s.*; **–segel** *n.* (*pl.*), working sail(s) *s.* (*pl.*); **–spannung** *f.* (*phys., tech.*), working stress *s.*; **–talje** *f.*, luff (tackle) *s.*; **–trupp** *m.* (*naut.*), gang *s.*, working party *s.*, team *s.*; **–vermögen** *n.* (*phys.*) kinetic energy *s.*; **–welle** *f.* (*rad.*), signal wave *s.*, working wave *s.*; **–wetterkarte** *f.*, key *or* pilot chart *s.*; **–zeug** *n.* (*naut.*), rigger's overall *s.*; (*tech.*) tools (*pl.*).

Archimedisches Prinzip *n.* (*math.*), Archimedes' principle *s.*

Archipel *m.* (*geogr.*), archipelago *s.*

Arktikfront *f.* (*meteor.*), arctic front *s.* **arktisch** *adj.*, arctic; **–er Blink** *m.*, arctic blink *s.*; **–e Luft** *f.*, arctic *or* polar air *s.*; **–e Luftspiegelung** *f.*, arctic mirage *s.*; **–e Zone** *f.*, Arctic Zone *s.*

Arm *m.* (*naut.*), arm *s.* (*of anchor, helm*); jib *s.* (*of crane*); arm *s.* (*of the sea*); arm *s.*, branch *s.*, tributary *s.* (*of a river*); (*tech.*) bracket *s.*, crank *s.*, beam *s.*, cross-piece *s.*, shaft *s.*; **kleiner – eines Flusses,** armlet *s.*; **– der Quersaling,** horn *s.*; **– der Segelstenge,** yard-arm *s.*; **– am Sextanten,** radius *s.*

Armaturen *f./pl.*, fittings (*pl.*), mountings (*pl.*); **–brett** *n.*, instrument(al) board *s. or* panel *s.*; dash-board *s.* (*motorboat*).

armieren *v.* (*naut.*), to armour, to sheathe (*a cable*); to strengthen, to reinforce (*bow, etc.*). **Armierung** *f.* (*naut.*), armouring *s.*, sheathing *s.*; strengthening *s.*, reinforcement *s.* (*of bow, etc.*).

arretieren *v.* (*naut., tech.*), to check, to clamp, to lock, to stop. **Arretier/hebel** *m.*, dog *s.*, stop-lever *s.*; **–schraube** *f.*, dog *s.*; **–vorrichtung** *f.*, locking *or* stopping device *s.* **Arretierung** *f.* (*naut., tech.*), locking device *s.*; **–svorrichtung** *f.*, catch *s.*, check *s.*, stop *s.*

Arzt *m.*, doctor *s.*, physician *s.*; surgeon *s.*; **praktischer –,** general practitioner *s.*; **–gebühren** *f./pl.*, medical fees (*pl.*). **ärztlich** *adj.*, **–es Attest,** medical certificate *s.*

Aspekt *m.* (*astr.*), aspect *s.*, configuration *s.* **Aspekten/darstellung** *f.* (*astr.*), scheme *s.*; **–verbindung** *f.* (*astr.*), schematism *s.*

Aspirations/-Luftfeuchtigkeitsmesser *m.*, **–psychrometer** *n.* (*phys.*), aspiration psychrometer *s.*; **–thermometer** *n.*, aspiration thermometer *s.*

assistieren *v.*, to assist; **beim Navigieren –,** to assistant-navigate.

Asteroid *m.* (*astr.*), planetoid *s.*; (*pl.*) minor planets (*pl.*).

Astrallicht *n.* (*astr.*), celestial light *s.*

Astrolabium *n.* (*naut., obs.*), navigator's astrolabe *s.* (*Kind of sea quadrant*).

Astronomie *f.*, astronomy *s.*; **nautische –,** celonavigation *s.*; nautical astronomy *s.* **astronomisch** *adj.*, astronomical; Uranian, uranic; **–er Almanach** *m.*, ephemeris *s.*, Ephemerides (*pl.*), astronomical almanac *s.*; **–e Beobachtung** *f.*, astronomical sight *s.*, celestial observation *s.*; uranic observation *s.*, uranoscopy *s.*; **eine –e Beobachtung machen,** to take an astronomical sight; **–es Besteck** *n.*, (ship's) position *s. or* reckoning *s.* by astronomical sight *or* astro-calculation; **–e Breite** *f.*, astronomical *or* celestial latitude *s.*; **–e Dämme-**

rung *f.*, astronomical twilight *s.*; **–es Fernrohr** *n.* (*coll.* **–er Kieker** *m.*), astronomical *or* zenith telescope *s.*; **–es Grunddreieck** *n.* (*naut.*), celestial *or* navigation(al) triangle *s.*; **–es Jahrbuch** *n.*, Ephemerides (*pl.*); **–e Länge** *f.*, celestial *or* astronomical longitude *s.*, observed longitude *s.*; **–e Navigation** *f.*, celestial navigation *s.*, astronavigation *s.*; **–es Rechengerät** *n.*, astro-computer *s.*; **–er (Schiffs)Standort** *m.*, celestial fix *s.*; **–e (Schiffs)Standortbestimmung** *f.*, astronomical position-finding *s.*; **–e Standlinie** *f.*, celestial position line *s.*; **–e Tafeln** *f./pl.*, astronomical tables (*pl.*); **–er Tag** *m.*, astronomical day *s.*; **–e Uhr** *f.*, astronomical clock *s.*; **–e Zeit** *f.*, astronomical *or* sidereal time *s.*; **–er Zoll** *m.*, digit *s.*

Asynchronmotor *m.*, asynchronous engine *s. or* motor *s.*

Atem / gerät *n.*, (oxygen) breathing apparatus *s.*, respirator *s.*; **–pause** *f.*, breathing space *s. or* (*am.*) spell *or* time *s.*, (*coll.*) breather *s.* (*in a storm, race, etc.*).

Atlantik / häfen *m./pl.* (*am.*), Northern Range *s.* (*of the USA*); **–hoch** *n.* (*meteor.*), Atlantic high *s.*; **–küste** *f.*, Atlantic coast *s. or* (*am.*) shore *s.* (*of the USA*); **–route** *f.*, Atlantic route *s.*; **–überquerung** *f.*, overseas cruise *s. or* cruising *s.*, transatlantic crossing *s.* **atlantisch** *adj.*, Atlantic; **–e (Standard)Zeit** *f.*, Atlantic standard time *s.*

Atlas *m.* (*pl.* **Atlanten),** atlas *s.*; **– der Gezeiten** *od.* **des Tidenstroms,** tidal stream atlas *s.*

Atmosphäre *f.* (*meteor.*), atmosphere *s.*; (*phys.*) atmosphere *s.* (*pressure of 760 mm of mercury*); **drückende –** (*meteor.*), stifling air *s.*; **metrische** *od.* **neue –** (*phys.*), metric atmosphere *s.* (*pressure of 735 mm of mercury*). **Atmosphären / druck** *m.* (*meteor., phys.*), air *or* atmospheric pressure *s.*; **–überdruck** *m.*, absolute pressure *s.* **atmosphärisch** *adj.*, atmospheric(al); **–er Druck** *m.*, atmospheric pressure *s.*; **–e Störungen** *f./pl.* (*meteor., rad.*), atmospheric interference *s. or* perturbation *s. or* disturbances (*pl.*); atmospherics (*pl.*), static *s.*, strays (*pl.*); **–e Strahlenbrechung** *f.*, atmospheric refraction *s.*; **–er Wind** *m.*, atmospheric wind *s.*

Atoll *n.* (*geogr.*), atoll *s.*

Attest *n.*, certificate *s.*; **ärztliches –,** medical certificate *s.*

Attrappenschornstein *m.* (*naut.*), dummy funnel *s.*

Aubo *m.* (*coll.*), outboard (motor) *s.*, outboarder *s.*

Audion *n.* (*rad.*), detector valve *s.*; **–empfänger** *m.* (*rad.*), audion receiver *s.*; **–röhre** *f.*, audion *or* detector *or* vacuum valve *s.*

auf *adv.*, up, upwards; on(wards); **– und ab** (*naut.*), up and down (*motion at anchor*); **sich – und ab bewegen,** to sway (*of boat*); **– und nieder** (*naut.*), apeak; *prep.*, on, upon, on top of; at; **– halbem Weg nach,** halfway to; **– (der) Höhe von,** abreast of, off; **auf der Höhe von Kiel,** off Kiel; **– der Kreuz,** on the beat, beating *s.*; **– das offene Meer hinaussegeln,** to sail *or* to stand out to (the open) sea; **– Raumschotskurs(en),** on the reaches, reaching *s.*, to be off wind; **– Reede (liegen),** (to be) in the roads; **– (hoher** *od.* **offener) See,** at sea, on the high seas; **– See (sein),** (to be) out; **– Strand setzen,** to beach, to run ashore, to strand (*boat*); **– Wind liegen,** to ride the wind (*of boat*).

aufbacken *v.* (*naut.*), to lay the mess-table.

aufbändseln *v.*, to uncord, to untie.

Aufbau *m.* (*naut.*), superstructure *s.*, upper work *s.*, island *s.* (*on yacht*); **bordfreier –,** board-free island *s. or* erection *s.*; **–deck** *n.*, superstructure (deck) *s.*, island *s.*

aufbauschen *v.t.*, to balloon out, to bulge, to swell (*with wind*); *v.i., v.r.*, to balloon *or* to belly (out), to bulge, to swell (out) (*as sails*).

Aufbauspant *n.*, superstructure frame *s.* **Aufbauten** (*pl.*). superstructure *s.*, upper work(s) *s.* (*pl.*); **freistehende –,** detached superstructure *s.*; **kurze (lange) –,** short (long) upper work *s. or* superstructure *s.*; **partielle** *od.* **teilweise –,** partial superstructure *s.*

Aufbewahrungsraum *m.* (*naut.*), hold *s.*, locker *s.*

aufblasbar *adj.*, inflatable; **–e Rettungsinsel** *f.*, inflatable life raft *s.*; **–e Rettungsweste** *f.*, foam life-jacket *s.*, inflatable life preserver *s.*; **–es Schlauchboot** *n.*, inflatable dinghy *s. or* rubber boat *s.* **aufblasen** *v.*, to inflate, to pump up (*as a rubber boat*).

Aufblitzen *n.*, twinkling *s.* (*of beacon or light*). **aufblitzen** *v.*, to flare, to sparkle, to flash, to twinkle (*as light*); **plötzlich –,** to flash *or* to flare up (*of light*); **ein Lichtsignal – lassen,** to twinkle *or* to flash a light (signal).

aufbojen *v.*, to buoy up.

aufbrassen *v.*, to brace in *or* to; to bring *or* to heave to.

aufbrausen *v.*, to roar, to rise to a roar (*as wind*); to surge (*as sea*).

aufbrechen *v.* (*naut.*), to break up (*a ship*); to start, to set out (*on or for a voyage*); **zu einem See-** *od.* **Segeltörn –,** to be off on a sea turn *or* sail.

aufbringen *v.* (*naut.*), to capture, to seize, to take (*a ship*). **Aufbringer** *m.* (*naut.*), captor *s.* **Aufbringung** *f.* (*naut.*), capture *s. or* taking *s.* (*of a ship*); seizure *s.* (*of a ship*).

aufbrisen *v.*, to breeze up, to blow up, to freshen up, to spring up, to rise (*of wind*); **es brist auf,** the breeze freshens.

Aufbruch *m.* (*naut.*), departure *s.*; set-off *s.*, set-out *s.*, start *s.* (*on a sail or sea turn*).

aufbrummen *v.* (*naut.*, *sl.*), to crash into, to pile up, to run aground (*of boat*).

Aufbucht *f.* (*naut.*), hog *s.* (*shipb.*). **Aufbuchtung** *f.*, hogging *s.* (*shipb.*).

aufdocken *v.*, to dock up (*a boat*).

aufdrehen *v.i.* (*naut.*), to hug *or* to haul the wind, to luff into the wind; to head up, to round up (*to stop a boat*); *v.t.*, to unlay, to unravel, to untwine, to untwist (*rope, etc.*); to loosen, to unscrew; to turn up(wards), to feather (*an oar*); **den Motor –,** to rev up, to increase revs (*motor-boat*); **sich –,** to become frayed *or* unravelled, to fly apart, to fray out (*of strands*).

aufdröseln *v.* (*naut.*, *coll.*), to feaze, to untwine, to untwist, to unlay (*rope, etc.*); **Tauwerk –,** to feaze ropes.

aufeinander / einwirken *v.* (*phys.*), to interact (*as forces*); **A-folge** *f.* (*rac.*), series *s.*; sequence *s.* (*of beacon, light, etc.*); **–treiben** *v.* (*naut.*), to drift *or* to run foul of (*another boat*); **A-treiben** *n.* **zweier Boote,** running *s.* foul of another boat; to be *or* to lie on collision course.

aufentern *v.*, to go aloft (*into the mast*).

auferlegen *v.*, **Beschränkung(en) –** (*rac.*), to apply limits to.

Auffahrt(srampe) *f.* (*naut.*), slipway *s.*

auffallend *adj.*, **–es Licht** (*opt.*), incident light *s.*

auffangen *v.*, to catch, to snatch *or* snap up (*a line, etc.*); (*rad.*) to pick up; **Funksignale –,** to pick up signals. **Auffangnetz** *n.* (*naut.*), save-all *s.*

auffasern *v.*, to unravel (*a rope*); to become frayed, to fly apart (*of strands*).

Auffass / bereich *m.* (*rad.*, *radar*), pick-up range *s.*, coverage *s.*; **–wahrscheinlichkeit** *f.* (*rad.*, *radar*), probability factor *s.* (of range).

auffeudeln *v.*, to swab (*the deck*).

auffieren *v.*, to ease away *or* off, to slack away *or* off, to slacken (*a rope*); to let fly (*a sail*); to freshen (*of breeze*); **ein Tau –,** to start a rope.

auffischen *v.*, **eine Boje –,** to fish *or* to pick up a buoy.

aufflackern *v.*, to flare *or* to flicker up (*of light*).

auffrischen *v.*, to breeze up, to freshen (up); **–der Wind** *m.*, freshening wind *s.*

Auffüllen *n.*, refill *s.*; topping-off *or* up *s.* (*of batteries, etc.*). **auffüllen** *v.*, to refill; to fill up, to top up. **Auffüllvorrichtung** *f.*, filling *or* topping up device *s.*

Aufgabe *f.* (*naut.*, *math.*), problem *s.*; task *s.*, duty *s.*; abandonment *s.*, giving-up *s.* (*of a ship*); (*rac.*) retirement *s.*; **Pothenotsche –** (*naut.*), three-point problem *s.*; **– der vier Punkte,** three- *or* 3-point problem *s.*; **--Funkstation** *f. od.* **-stelle** *f.*, radio station *s.* of origin. **Aufgabenbereich** *m.*, function *s. or* scope *s.* (*of a crew member*). **Aufgabe-Seefunkstation** *f. od.* **-stelle** *f.*, station *s.* of maritime radio; ship's radio station *s.* of origin.

Aufgang *m.* (*astr.*), ascension *s.*, ascent *s.*, rise *s.*, rising *s.* (*of sun, etc.*); **–spunkt** *m.* (*astr.*), ascendant *s.* (*of the orbit of a planet*).

aufgeben *v.* (*naut.*), to abandon (*ship*); (*rac.*) to resign, to retire, to drop out (*of a race*); **ein Rennen –,** to break off *or* to discontinue a race.

aufgebläht *adj.*, bulging, full (*of sails*).

aufgedreht *adj.*, (*coll.*) **aufgedröselt** *adj.*, fagged, feazed; **–es Ende** *n.*, fag(-end) *s.*, (*coll.*) Irish pennant *s.*; **–es Tauwerk** *n.*, fagged rope *s.*

aufgegebenes Schiff *n.*, abandoned ship *s.*

aufgehen *v.* (*astr.*), to rise (*of sun, etc.*); to come apart *or* open *or* undone (*as a knot*). **aufgehend** *adj.*, **–e Sonne,** (up)rising sun *s.*, sunrise *s.*, (*am.*) sun-up *s.*; **bei –er Sonne,** at sunrise *or* sun-up.

aufgeien *v.*, to clew (up), to brail up, to haul up (*square sails*).

aufgeklart *p.p.* (*naut.*), ship-shape; (*meteor.*) unclouded, cloudless, fine, sunny (*of weather*).

aufgeladen *adj.* (*tech.*), charged (*as battery*); **nicht –,** uncharged (*battery*).

aufgelaufen *p.p.*, **das Boot ist (auf Grund) –,** the boat has run aground *or* is aground; **bei Hochwasser –,** high and dry (*of boat*).

aufgelegt *adj.*, laid-up (*of boat*); **– liegen,** to lie up (*of boat*).

aufgepeitscht *adj.*, **–e See,** agitated sea *s. or* ocean *s.*, roaring sea *s.*

aufgerichtet *adj.*, **gerade –eter Mast,** upright mast *s.*

aufgeriggt *adj.*, ataunt (*of boat*); rigged up.

aufgeschossen *adj.*, **–es Tau(werk),** coiled(-)up rope *s.*

aufgetakelt *adj.*, rigged up, rigged (*of boat*); **vollständig –,** ataunt.

aufgetoppt *adj.*, acockbill.

aufgewühlt *adj.*, **–e See,** agitated *or* raging *or* stirred up *or* sloppy sea *s.*, troubled *or* vexed sea *s.*, upset sea(s) *s.* (*pl.*).

aufgleiten *v.* (*meteor.*), to overrun, to rise, to ascend. **Aufgleit/fläche** *f.* (*meteor.*), surface *s.* of ascent; **–front** *f.* (*meteor.*), (rising) warm front *s.*; **–wolke** *f.*, ascending *or* rising cloud *s.*

Aufgrund/laufen *n.*, running *s.* aground; **–liegen** *n.*, lying *s.* aground (*of boat*).

aufhaken *v.*, to undo, to unhook (*trapeze belt, etc.*).

aufhalten *v.* (*naut.*), to stay, to stop; **sich an Deck –,** to stay on deck.

Aufhängen *n.* (*naut., tech.*), suspension *s.* **aufhängen** *v.* (*naut., tech.*), to suspend, to hang up, to string, to sling. **Aufhänger** *m.*, suspender *s.* **Aufhänge/ring** *m.*, suspension ring *s.*; **–vorrichtung** *f.*, suspender *s.*, rack *s.*; deck hanger *s.* **Aufhängung** *f.*, suspension *s.*; mounting *s.*; **kardanische –,** gimbals (*pl.*); **mit kardanischer –,** gimballed (*as compass, etc.*).

aufheben *v.* (*rac.*), to cancel; **die Beanspruchung** *od.* **Belastung –,** to remove the load(s) (*on a sail, etc.*); **die Beschlagnahme –,** to take off *or* to lift the embargo. **Aufhebung** *f.* (*rac.*), cancellation *s.*; **– einer Wettfahrt,** cancellation *s.* of a race.

aufheißen *v.*, to haul up, to hoist (up), to pull up, to trice; **eine Flagge –,** to run up a flag; **ein Segel –,** to hoist *or* to haul up *or* to run up a sail; **mit dem Jolltau –,** to whip; **Segel** (*pl.*) **zum Trocknen –,** to set the sails flying; **Heiß auf!** (*com.*), Hoist!, Haul up!, Run up!.

aufheitern *v.r.*, to clear up, to become brighter, to brighten (*of weather*). **Aufheiterung** *f.*, improvement *s.* in the weather, clearing up *s.* (*of weather*); **vorübergehende –** (*meteor.*), (temporary) snatches (*pl.*) of sunshine *or* improvement in the weather *or* clearing-up.

aufhellen *v.r.*, to brighten, to clear up (*of weather*); *v.i.* (*meteor.*), to lighten. **Aufhellung** *f.* (*meteor.*), brightening *s.*; (*radar*) brilliancy control *s.*

aufhieven *v.* (*naut.*), to heave up.

aufhissen *v.*, (*s.* **aufheißen**); **eine Flagge –,** to pull up *or* to run up a flag.

Aufholboje *f.*, marking buoy *s.* **aufholen** *v.* (*naut.*), to bring (the boat) close to the wind; to haul in *or* up, to rouse up, to trice (*sails*); (*rac.*) to make (up) leeway; to gain (**mit,** on), to draw up (**mit,** with), to catch up (**mit,** with); to make up for lost time; to fetch up (*distance*); to hoist *or* to run up (*a flag*); **den Anker (mit der Leine) –,** to trip the anchor; **ein Boot auf den Slip –,** to haul up a boat; **mit einem anderen Boot –** (*rac.*), to catch up *or* to pull up with another boat, to draw up to another boat; **mit der Fahrt (langsam) –,** to forge up, to increase speed; **Zeit –,** to make up time. **Aufholen** *n.* (*rac.*), drawing level with. **Aufholer** *m.* (*naut.*), uphaul *s.*, tricing line *s.*; halyard *s.*, gantline *s.*; relieving tackle *s.* **Aufhol/leine** *f.*, tricing line *s.*, uphaul *s.*; **–-Trippleine** *f.*, tripping line *s.*

aufhören *v.*, to cease (*as a storm*); **allmählich –,** to peter out (*of storm*); **plötzlich –,** to stop dead *or* short, to come to a dead end *or* stop; **zu rudern –,** to rest (up)on one's oars.

aufkatten *v.*, to fish (*the anchor*).

aufkeilen *v.*, to wedge (up) (*the mast, etc.*).

Aufkimmung *f.* (*naut.*), deadrise *s.*, rising line *s.*, rise *s.* of floor (*shipb.*); **–swinkel** *m.*, angle *s.* of deadrise.

aufklaren *v.* (*naut.*), to clear away *or* up (*the mess-table, etc.*); to tidy up; (*meteor.*) to break up, to clear (off *or* up), to get clear, to fair off *or* up, to settle (*as weather*); to lift (*as fog, clouds*); **das Deck –,** to clear up the deck; **das Wetter klart auf,** the weather is breaking up *or* clearing up.

Aufklärungs/boot *n.*, scout vessel *s.*; **–fahrt** *f.* (*naut.*), reconnoitring *or* reconnaissance patrol *s.*

aufklotzen *v.* (*naut.*), to chock (*a boat*). **Aufklotzung** *f.* (*naut.*), chock *s.*, back shore *s.*, dead wood *s.*

aufkommen *v.* (*naut.*), to come up (*with another boat or vessel*); (*rac.*) to overtake (*a boat*); to arise, to rise, to get up, to spring up (*of wind*), to rise, to get up (*of sea*); **mit der Fahrt –,** to forge up, to gather *or* to increase speed; **mit dem Ruder –,** to ease *or* to right the helm; **mit einer Talje –,** to come up a tackle; **eine Brise kommt auf,** a breeze *or* wind is rising *or* has risen; **komm (langsam) auf!** (*int.*), ease the helm!; **das Boot kommt vor seinem Ruder auf,** the boat *or* ship answers to her helm; **– gegen,** to make headway against. **aufkommend** *pr.p.*, **–er Nebel** *m.*, becoming *or* getting foggy; **–e See** *f.*, rising sea *s.*; **–er Sturm** *m.*, rising gale *s.*; **–es Sturmtief** *n.*, approaching depression *s. or* trough *s.* of (very) low pressure; **–er Wind** *m.*, rising wind *s.*, the wind springs *or* gets up. **Aufkommer** *m.* (*naut.*), upcoming vessel *s.*, upcomer *s.*

Aufkreuzen *n.*, beating *s.* (to windward), tack

ing *s.* **aufkreuzen** *v.* (*naut.*), to beat (to) windward, to work (to) windward, to go *or* to turn to windward, to ply (to windward); (*rac.*) to tack; **am** *od.* **beim Wind –,** to work *or* to ply to windward; **luvwärts –,** to beat to windward *or* against the wind, to beat up; **zur Wendeboje** *od.* **-marke –** (*rac.*), to tack for the mark. **Aufkreuzer** *m.* (*naut.*), boat *s.* *or* vessel *s.* plying to windward, tacking boat *s.*, (*coll.*) plyer *s.*

aufkrimpen *v.*, to back, to veer round against the sun *or* (*am.*) to left. **aufkrimpender Wind** *m.*, backing wind *s.*

aufkürzen *v.*, to reef (*a yard, boom, etc.*); to shorten (*a rope*).

aufladen *v.* (*tech.*), to charge (*a battery*); to boost (*an engine*); **wieder –,** to recharge (*a battery*). **Aufladung** *f.* (*tech.*), charging *s.* (*of battery*).

Auflage *f.* (*naut., tech.*), bed *s.*, rest *s.*, support *s.* (*for compass, etc.*); **–fläche** *f.*, bedding *s.*; **–punkt** *m.*, fulcrum *s.*, **Auflager** *n.* (*naut., tech.*), bearing *s.*; **–platte** *f.*, **–stück** *n.*, bedplate *s.*

auflandig *adj.*, onshore, inshore (*of wind*); **–er Wind** *m.*, onshore wind *s.*, sea breeze *s.* *or* wind *s.*

Auflanger *m.* (*naut.*), futtock *s.*, frame timber *s.* (*shipb.*); **oberer –,** top timber *s.*

Auflaufen *n.* (*naut.*), grounding *s.*, running *s.* aground, stranding *s.* (*of boat*); rise *s.* (*of tide*); **– der Tide,** rise *s.* of the tide; **– des Wassers,** rising (tide) *s.*, inrunning tide *s.* **auflaufen** *v.* (*naut.*), to come up with another vessel, to run up, to approach (*another boat*); to strand, to get stranded, to run aground, to take the ground; to rise, to run up, to swell (*of tide*); **auf Klippen –,** to run on a rock (*of boat*); **auf ein Riff –,** to get stranded on a reef; **auf eine(r) Sandbank –,** to be *or* to get stranded on a sandbank; **auf den Strand –,** to strand, to beach (*a boat*); **auf das Ufer –,** to be beached; to be stranded on the beach *or* shore; **– auf,** to foul, to run foul of (*a boat, reef, etc.*); **– lassen,** to beach, to strand (*a boat*); to run aground, to get aground, to ground (*a boat*); to pile up (*of boat*); **ein Boot auf eine Sandbank – lassen,** to sand a boat; **das Boot ist aufgelaufen,** the boat has run aground *or* ashore. **auflaufend** *pr.p.*, **–es Wasser,** inrunning *or* rising tide *s.* **Auflaufer** *m.*, **Aufläufer** *m.*, sailor boy *s.*, ship's boy *s.*

auflegen *v.* (*naut.*), to lay up (*a yacht*); **Boot vorübergehend –,** to tie up the boat; **aufgelegt liegen,** to lie idle, lying idle (*of boat*). **Auflege/-Winterlager** *n.*, laying-up *or* tying-up berth *s.* *or* place *s.* (in winter); **–zeit** *f.*, lay(ing)-up time *s.* *or* days (*pl.*). **Auflegung** *f.* (*naut.*), laying-up *s.* (*of a boat*).

aufleuchten *v.*, to flare up, to flash (*of beacon*).

aufliegen *v.* (*naut.*), to lie up (*of boat*); to be laid up *or* put up *or* (put) out of service (*boat, ship*); (*tech.*) to lie *or* to rest (**auf,** upon); to be supported. **Aufliege/platz** *m.*, laying up berth *s.* *or* place *s.*; tying-up place *s.*; **–zeit** *f.*, lay(ing)-up time *s.*

auflösen *v.t.*, to loosen, to undo, to untie (*knot*); to unravel (*strands*); *v.r.*, to come undone (*as knot*); to break up (*of fog*). **Auflösung** *f.* (*opt.*), resolution *s.*; **azimutale –** (*radar*), bearing discrimination *s.*; **–svermögen** *n.* (*opt., radar*), resolution capability *s.*, resolving power *s.*

aufluven *v.*, to luff (up); **schnell –,** to broach to.

aufmachen *v.*, to undo, to untie, to unwork (*knot*); **Dampf –,** to get up steam; **Havarie –,** to adjust (the) average; **Havariekosten –,** to settle the average; **den Trapezgurt –,** to unfasten the (trapeze) belt.

Aufnahme *f.*, admission *s.* (*to a yacht club*); **–bereich** *m.* (*rad., radar*), detection *or* pick-up range *s.*

aufnehmen *v.* (*rad.*), to pick up, to receive (*a signal*); to recover (*a buoy, etc.*); **Fahrt –,** to gather way *or* speed, to make headway; **den Lotsen –,** to take the pilot; **Überlebende (an Bord) –,** to recover survivors.

aufpassen *v.* (*naut.*), to be on the alert, to stand by, to watch, to pay attention; (*tech.*) to fit (**auf,** on); **–!, aufgepaßt!, paß auf!** (*int.*), look out!, beware!, be careful!, mind!, attention!.

aufpeitschen *v.*, to agitate, to excite, to stir up (*the sea*).

aufpicken *v.* (*naut.*; *rad.*), to pick up (*a buoy; a signal*).

aufpieken *v.*, **eine Gaffel –,** to peak a gaff.

Aufplatzen *n.*, split *s.* (*of seams*). **aufplatzen** *v.*, to burst open, to crack (*of planking*); to start (*of seams*).

Aufprall *m.* (*naut.*), impact *s.* **aufprallen** *v.*, to strike (**auf,** on), to bounce (**auf,** into). **Aufprallpunkt** *m.*, point *s.* of impact.

aufpumpen *v.*, to inflate, to blow *or* to pump up; **ein Schlauchboot –,** to pump wind *or* air into the rubber dinghy.

aufquellen *v.*, to swell (*as wood*).

aufragen *v.*, **drohend –,** to tower, to loom large (*as ice-berg*).

aufrecht *adj.* (*naut.*), upright; **– segeln,** to sail upright; **– stellen,** to set upright; **–e Lage** *f.* **eines Bootes,** upright position *s.* (of a boat). **aufrecht / erhalten** *v.*, **ein gewisses Trainingsniveau –,** to maintain a certain level *s.* of training; **A–erhaltung** *f.* **der (Boots)Klasse,** maintenance *s.* of class.

aufreißen *v.t.*, to rip *or* to tear open, to tear up; to crack, to cut, to slit, to split (*of planking, seams, etc.*); *v.i.*, to burst *or* to split (open); to crack; **einen Linienriß –,** to draw *or* to sketch a lines plan; **ein Ventil –,** to spin a valve open.

aufrichten *v.t.*, to step (*a mast*); to right (up), to righten (*a boat*); to set up, to put upright; **das Boot (wieder) –,** to right *or* to righten the boat; **den Mast –,** to set up the mast; **den Mast in der Mastspur –,** to step the mast; **sich selbst wieder –,** to right *or* to righten itself (*of boat*); **das Boot richtet sich (wieder) auf,** the boat comes upright. **aufrichtend** *adj.*, **–es Moment,** righting moment *s.* **Aufrichtungs / moment** *n.*, righting moment *s.* (*of a boat*); **–vermögen** *n.*, righting capacity *s.* (*of a boat*).

aufriggen *v.*, to rig up; **gut (schlecht) –,** to rig (up) well (badly *or* poorly).

Aufriß *m.*, elevation *s.* (*shipb.*); sheer drawing *s.*, sheer draught *s.* (*am.* draft *s.*) (*lines plan*); vertical projection *s.*

aufrollen *v.*, to coil *or* to roll up, to reel up (*length of line*); to furl (*a flag or sail*); to uncoil, to unroll, to unfurl; **sich –,** to come unrolled (*as rope*).

Aufruhr *m.*, **– der See,** turmoil *s. or* uproar *s.* of the sea.

Aufsatz *m.* (*tech.*), head-piece *s.*, top *s.* (*of instruments, etc.*); **–winkel** *m.*, angle *s.* of sight.

aufsaugen *v.*, to suck up (*bilge water*).

Aufschaukeln *n.* (*naut., phys.*), resonant rise *s.*

aufschäumen *v.*, to foam, to froth, to bubble (*of water or spray*).

aufschieben *v.* (*rac.*), to delay, to postpone; (*tech.*) to push *or* to shove open (*a hatch, etc.*); **eine Regatta –,** to fix a later date for the race.

aufschießen *v.* (*naut.*), to shoot ahead *or* up, to luff into the wind; to coil down *or* up, to loop up, to roll up (*rope*); to spring up (*of wind*); to rush *or* gush forth (*of water*); **ein Tau – lassen,** to let go the rope; **in den Wind –,** to shoot straight *or* right into the wind. **Aufschießer** *m.*, shooting *s.* head to wind (*boat*).

aufschlagen *v.*, **die Kardeele eines Taus –,** to unbraid *or* to unlay the strands (of a rope). **aufgeschlagenes Tau** *n.*, unlaid rope *s.* **Aufschlagpunkt** *m.*, point *s.* of impact (*collision*).

Aufschleppdock *n.*, slip dock *s.* **Aufschleppe** *f.*, slip *s.* (*for boats*). **aufschleppen** *v.*, to haul up, to slip up (*a boat*). **Aufschlepp / helling** *f.*, marine railway *s.*, slipway *s.*, hauling-up slip *s.*; **–wagen** *m.*, slipway cradle *s.* (*for boats*).

aufschließen *v.* (*naut.*), to close up, to close the range (*of boats*).

aufschlippen *v.*, to slip (*a boat*); to haul up, to slip up (*the boat*).

aufschnallen *v.*, to unstrap (*the trapeze belt, etc.*).

aufschnappen *v.* (*rad.*), to pick up (*a signal*); (*tech.*) to snap open.

aufschrauben *v.*, to screw up; to screw open, to unscrew; **– auf,** to screw on.

aufschricken *v.*, to surge.

aufschürzen *v.*, **die Segel –,** to furl the sails, to tuck up (the) sails.

aufschwellen *v.*, to fill (*of sails*); to rise, to swell (*of river, etc.*).

aufschwimmen *v.* (*naut.*), to float (off *or* up), to rise; to get afloat (*boat*).

aufsetzen *v.*, **ein Bändsel –,** to clap on *or* to coxcomb a seizing; **ein Boot (auf Grund) –,** to run a boat aground, to ground a boat.

Aufsicht *f.*, control *s.*, surveillance *s.*, supervision *s.* (**über,** of); **unter – gebaut,** built under survey (*of boat*); **–sbeamter** *m.*, inspector *s.*; superintendent *s.*, supervisor *s.* (*for boats*).

aufsitzen *v.*, to be aground *or* grounded (*of boat*).

aufslippen *v.*, to slip up, to haul up (*a boat*).

aufspleissen *v.*, **ein Tau** *od.* **Kabel –,** to fan out *or* to splice up a rope *or* cable.

aufspringen *v.*, to spring *or* to get up (*of wind*); **kurz –de Brise** *f.*, a slant of wind.

aufspritzen *v.*, to splash *or* to spout up (*of water, combers*). **Aufspritzer** *m.*, splash *s.*, spouts (*pl.*) (*of water or combers*).

aufspulen *v.*, to wind on (*a reel*).

aufstechen *v.*, **aufstecken** *v.* (*naut.*), to pay out (*cable*); to splice (*a rope*); **dicht am** *od.* **beim Wind –,** to ply to windward; **Leinen und Schoten –,** to ease tacks and sheets; **die Wache –,** to set the watch; **das Boot** *od.* **Schiff hat sich aufgestochen,** the boat *or* ship has broken her back. **Aufsteck / glas** *n.* (*opt.*), slip-on lense *s.*; **–schlüssel** *m.* (*tech.*), box-spanner *s.*, (*am.*) wrench *s.*; **–vorrichtung** *f.*, slip-on device *s.* (*on instruments*).

Aufsteigen *n.* (*astr.*), ascension *s.* **aufsteigen** *v.* (*astr.*), to ascend, to rise, to uprise (*as plan-*

ets); to lift (*as fog*). **aufsteigend** *adj.* (*astr., meteor.*), ascending, rising; **–er Knoten** *m.* (*astr.*), ascending node s. (*of the orbit of a planet*). **Aufsteigung** *f.* (*astr.*), ascension *s.*; **gerade –,** right ascension *s.*; **–sunterschied** *m.* (*astr.*), ascensional difference *s.*

aufstellen *v.*, to set *or* to put up, to right, to set up (*a mast*); (*tech.*) to mount, to fit up; **einen Rekord –** (*spt.*), to set up *or* to establish a record. **Aufstellung** *f.* (*tech.*), mounting *s.*, putting-up *s.*; **– hinter der Startlinie nehmen** (*rac.*), to form *or* to line up *or* to take up position behind *or* at the starting line; **– in Linie** (*naut.*), order *s.* in line abreast.

Aufstieg *m.* (*astr.*), ascent *s.*, rise *s.* (*of planets*).

aufstoppen *v.* (*naut.*), to stop (*a boat*); to choke off (*motorboat*).

aufstoßen *v.* (*naut.*), to run aground, to strike the ground (*of boat*).

Aufstrandsetzen *n.*, beaching *s.*, stranding *s.* (*of a boat*).

Aufsuchen *n.* (*naut.*), search *s.* (*of shipwrecked sailors*). **aufsuchen** *v.*, to search (for), to hunt up, to look out (for) (*shipwrecked sailors*); (*nav.*) to take the bearings (of).

auftakeln *v.*, to rig (*a boat*), to rig up; **regelrecht** *od.* **seemännisch aufgetakelt,** rigged shipshape.

auftaljen *v.*, to bouse, to bowse; **steif –,** to bouse taut.

auftanken *v.*, to refuel (*motoryacht*).

auftauchen *v.*, to broach, to surface (*as whales, submarines, etc.*); to arise, to emerge, to rise (*as reefs*); **plötzlich –,** to appear suddenly; **undeutlich –,** to loom (up), to come into view.

Auftoppen *n.*, topping *s.* (*of a gaff or yard*). **auftoppen** *v.*, to top (*a gaff, etc.*); **einen Jufferblock –,** to square (the deadeye).

auftörnen *v.*, to clear (*a line or rope*); to undo (*a kink or knot*).

auftragen *v.* (*naut.*), to plot, to lay off (*course*); to apply, to coat (*paint*).

auftreiben *v.* (*naut.*), **– (auf),** to run aground (on) (*of boat*).

Auftrieb *m.* (*naut., phys.*), buoyancy *s.* (*of boats*); lift *s.* (*of sails*); lifting power *s.*; **dynamischer –** dynamic buoyancy *s. or* pressure *s.*; dynamic lift *s.*; **hydrodynamischer –,** (hydro)dynamic buoyancy *s. or* lift *s.*; **hydrostatischer –,** (hydro)static buoyancy *s. or* lift *s.*; **statischer –,** buoyant lift *s.*, buoyancy *s.*; **– bekommen,** to lift, to grow buoyant (*of boat*). **Auftriebs/gurt** *m.*, air bag *s.* (*distress at sea*); **–körper** *m.*, buoyancy bags (*pl.*); **–kraft** *f.*, buoyancy *s.*, lift *s.*; (*phys.*) lifting force *s. or* power *s.*; **–kurve** *f.*, curve *s.* of buoyancy; **–mittelpunkt** *m.*, centre *s. or* (*am.*) center *s.* of buoyancy; **–moment** *n.*, moment *s.* of lift *or* buoyancy; **–tanks** *m./pl.*, buoyancy tanks (*pl.*) *or* cells (*pl.*) (*in a boat*); **–vermögen** *n.*, buoyancy *s.*, lift *s.*, buoyant lift *s.* (*of boat, sails, etc.*).

auftuchen *v.*, to roll up (*sails*).

auf und nieder (*naut.*), up and down (*motion of a boat*); apeak. **Auf- und / Abbewegung** *f.*, up-and-down motion *s.* (*of a boat*); **– Niederbewegung** *f.*, lifting *s.*, heaving *s.* (*of a boat*); **– Niederbewegung** *f.* **eines Bootes im Seegang,** lifting *s. or* heaving *s.* of the boat in a heavy sea *or* in a seaway; **– Niederläufer** *m.*, up-and-down fall *s.*; **– Niederleine** *f.*, up-and-down line *s.*

aufwachen, Reise-Reise! (*naut., int.*), rise and shine!.

aufwärmen *v.*, **sich ein bißchen –** (*naut.*), to get *or* to take a warming.

aufwärts *adv.*, upward(s); upstream; **den Fluß –,** up(-)river, up(-)stream; **(vom Seegang) – gehoben werden,** to scend (*of boat*). **Aufwärtsbewegung** *f.* (*tech.*), upstroke *s.*; **– eines Bootes beim Stampfen,** scend *s.*, send *s.*

Aufweitung *f.* (*radar*), centre (*am.* center) expanse *s. or* expansion *s.*

aufwendig *adj.*, **eine Yacht – bauen,** to build a yacht by the great.

aufwickeln *v.*, to coil *or* to roll *or* to wind up; **sich –,** to come unrolled, to unroll (*of rope*).

Aufwind *m.* (*meteor.*), anabatic wind *s.*, ascending air-current *s.*, upwind *s.*, upcurrent *s.*, updraft *s.*; **thermischer –,** ascending convection current *s.*, upcurrent *s.* due to hot air.

Aufwinden *n.* (*naut.*), heave *s.* **aufwinden** *v.* (*naut.*), to heave (round *or* up), to wind up; to haul up, to hoist (*with windlass, etc.*); to weigh (*anchor*); **(Boot) mit dem Kran –,** to crane (a boat).

aufwischen *v.* (*naut.*), to swab. **Aufwischlappen** *m.* (*naut.*), swab *s.*

aufwühlen *v.*, to upturn (*the sea*); to churn up (*of water*); to churn *or* to plough up (*the ground or mud*).

Aufzeichnen *n.* (*tech.*), tracing *s.*, recording *s.*, plotting *s.* (*of instruments*). **aufzeichnen** *v.* (*tech.*), to plot, to record, to trace (*of instruments*). **Aufzeichnung** *f.* (*tech.*), recording *s.*, plotting *s.* (*of instruments*); **– eines Meßgerätes,** trace *s.*, tracing *s.*; **–sgerät** *n.*, plotter *s.*, recorder *s.*

aufzeisen *v.*, to nip; **die Kette (an das Kabelar) –,** to nip the cable.
Aufziehbrücke *f.*, drawbridge *s.* **aufziehen** *v.*, to hoist, to set, to run up (*sails, flag*); to weigh (*anchor*); to slip *or* to tow up (*boat*); to undo (*knot*); (*meteor.*) to approach, to rise (*of storm*); **ein Segel –,** to run up a sail. **Aufzieh / schlitte** *f.*, **–schlitten** *m.*, cradle *s.* (*for boats*).
Aufzug *m.* (*naut.*), hoist *s.*, windlass *s.*; crane *s.*; lift *s.* **Aufzugs / geld** *n.*, cranage *s.*; lock-charges (*pl.*); **–rolle** *f.*, hoisting roller *s.*; **–winde** *f.*, hoisting winch *s.*
Aug / bändsel *n.*, eye *or* round seizing *s.*; **einfaches –bändsel** *n.*, flat seizing *s.*; **–block** *m.*, eye block *s.*; **–bolzen** *m.*, eye *or* ring bolt *s.*, toggle bolt *s.*; pad eye *s.* (*in headboard*); **–bolzenschäkel** *m.*, eye *or* ring bolt shackle *s.*, D-shackle *s.*; **–bügel** *m.*, eye(-)bracket *s.*
Auge *n.* (*naut.*), thimble eye *s.*; eye *s.*; eye(-) splice *s.*; eyelet *s.*, eyelet-hole *s.* (*in rope*); (*meteor.*) eye *s.*, centre *s.*, (*am.*) center *s.*; **– eines Sturms,** eye *s.* of a storm, storm centre *s.* *or* (*am.*) center *s.*, centre *s.* *or* (*am.*) center *s.* of a storm; **– eines Taifuns,** eye *s.* of the typhoon, typhoon centre *s.* *or* (*am.*) center *s.*; **– eines Wassersegels,** water hole *s.*; **– eines Wirbelsturms,** eye *s.* *or* centre *s.* (*am.* center *s.*) of a cyclone. **Augen / höhe** *f.*, **(in) –,** (at) eye(-)level; **–maß** *n.*, judgement *s.* *or* estimate *s.* (of the distance) by the eye; visual estimate; **gutes –maß** *n.*, straight eye *s.*; **nach –maß,** at eyesight; **–muschel** *f.* (*opt.*), eyepiece *s.*; **–zeuge** *m.* (*naut., jur.*), eyewitness *s.*
Aug / knoten *m.*, eye knot *s.*; **laufender –knoten** *m.*, cross running knot *s.*; **–platte** *f.* (*naut.*), pad eye *s.*, eye plate *s.*; pad bolt *s.*; chain plate *s.*; hoisting pad *s.*; **–pressung** *f.*, thimble pressing *s.*; **–ring** *m.*, eye ring *s.* *or* band *s.* *or* bolt *s.*; **–spleiß** *m.*, **–splissung** *f.*, eye splice *s.*; **–stropp** *m.*, eye strap *s.* *or* strop *s.*; **–talje** *f.*, eye tackle *s.*; **–terminal** *n.*, eye terminal *s.*
Auguststernschnuppe *f.* (*astr.*), Perseid *s.*
aus *prep.*, out, off; **–!** (*rad., int.*), out!; **– dem Kurs segeln,** to sail *or* to run off (the) course; **– dem Ruder laufen,** to run out of the helm *or* rudder.
ausarbeiten *v.*, **den Kurs –,** to work out the course *or* route.
ausbaken *v.*, to lay *or* to set beacons, to beacon (out) (*a fairway, etc.*). **Ausbakung** *f.*, beaconage *s.*, beaconing *s.*
Ausbau *m.* **(von Bootsteilen),** unshipment *s.* **ausbauen** *v.* (*tech.*), to dismantle, to dismount, to remove; **Bootsteile –,** to unship parts of the accessories *or* fittings.
Ausbauchen *n.*, bulging *s.*, swelling *s.* (*of sails*). **ausbauchen** *v.t.*, *v.r.*, to belly (out), to bilge, to bulge, to become *or* to get (too) full, to hollow, to jut (out), to swell (*of sails*). **Ausbauchung** *f.*, bulge *s.*, belly *s.*, bunt *s.*, swell(ing) *s.* (*of sails*); bulge *s.*, flare *s.* (*of hull*).
ausbaumen *v.*, **ausbäumen** *v.*, **(Segel zur Schmetterlingsfahrt) –,** to boom out (the jib).
ausbessern *v.*, to mend, to repair; to stitch up (*sails*); to patch (up) (*a leak*); to refit (*a boat*). **Ausbesserung** *f.*, repair *s.*, mending *s.*; refit *s.* **ausbesserungs / bedürftig** *adj.* (*naut.*), sick; **das Boot ist –bedürftig,** the boat is sick; **die Segel sind –bedürftig,** the sails are in need of repair *or* needing repair; **A–dock** *n.*, repair dock *s.*; **A–kosten** (*pl.*), cost *s.* of repairs; **A–werft** *f.*, repair yard *s.*
ausbiegen *v.*, to bend outwards (*as mast*).
Ausblaseventil *n.*, blow-off *or* exhaust valve *s.*
Ausbleiben *n.* **(eines Bootes),** non(-)arrival *s.* (of a boat). **ausbleiben** *v.*, to hold (*of storm, etc.*).
ausbojen *v.*, to buoy (off), to lay *or* to stream buoys (*in a channel; for a race*).
ausbooten *v.* (*naut.*), to disembark, to take off (*passengers*).
ausbrausen *v.* (*rare*), to spend itself, to subside, to abate (*of storm*).
ausbrechen *v.t.* (*naut.*), to break out (*the anchor*); to weigh (*anchor*); **den Anker mit der Trippleine –,** to trip (out) the anchor; *v.i.*, to break (*storm*).
ausbreiten *v.* (*phys.*), to be propagated (*as sound, light, etc.*); **Segel –,** to unfold *or* to unroll sails. **Ausbreitung** *f.* (*phys.*), propagation *s.* (*of waves*); **anormale –** (*radar*), abnormal propagation *s.*; **–sgeschwindigkeit** *f.* (*phys.*), velocity *s.* of propagation.
ausbringen *v.*, to launch, to hoist out (*lifeboat, etc.*); **den Anker –,** to bring out the anchor; **ein Boot –,** to launch a boat; to lower *or* to put down a boat; **ein Hurra auf ein hereinkommendes Boot (auf den Sieger) –,** to give three cheers to the incoming boat (to the winner); **eine Leine (Trosse) –,** to run out a line (rope).
Ausbuchtung *f.* (*naut.*), bulge *s.*
ausdehnbar *adj.*, elastic, tensile, expansible. **Ausdehnbarkeit** *f.*, elasticity *s.*, tensility *s.* (*of sailcloth, metal, etc.*). **ausdehnen** *v.t.*, *v.r.*, to extend, to stretch (*of sails*). **Ausdehnung** *f.*, stretch *s.* (*of sailcloth*); spread *s.*; (*phys.*) expansion *s.*; **–sfähigkeit** *f.* (*phys.*), spread *s.*;

–skoeffizient *m.* (*phys.*), coefficient *s.* of expansion; **–skraft** *f.*, **–svermögen** *n.* (*phys.*), expansive force *s.*, elasticity *s.*

Ausdocken *n.*, undocking *s.* (*of a yacht*). **ausdocken** *v.*, to undock (*a ship*); to leave the dock (*of ship*). **Ausdockung** *f.*, undocking *s.*

auseinander / brechen *v.* (*naut.*), to break her (*or* the) back (*of boat*); **–breiten** *v.*, to unfold, to spread (out) (*sails*); **–fallen** *v.* (*naut., tech.*), to come *or* to fall apart, to fall to pieces; to come unstuck; **–falten** *v.*, to undouble *or* to unfold (*sails*); **–gezogen** *p.p.*, **weit –** (*rac.*), sprawled out (*of the fleet*); **–nehmen** *v.* (*naut.*), to strip, to untack; to dismantle (*a boat*); (*tech.*) to dismount, to take apart *or* to pieces; **–reißen** *v.* (*tech.*), to part; to tear down *or* asunder; **–rollen** *v.*, to uncoil (*rope*).

ausfahren *v.* (*naut.*), to take the warp off; to lay *or* to pay *or* to run out (*a cable*); **einen Baum –,** to rig out the boom; **eine Leine** *od.* **ein Tau –,** to lay out a rope.

Ausfahrt *f.*, outlet *s.*, mouth *s.*, opening (out) *s.* (*of a port*); departure *s.* (*of ship*); **– aus einem Hafen,** going out *s.* (*in a boat*); leaving *s.* the harbo(u)r (*of ship*); **auf der – befindlich** *od.* **begriffen,** outward-bound (*of ship*); **sich auf die – vorbereiten,** to prepare to get under()way; **–signal** *n.*, leaving signal *s.*

Ausfall *m.* (*naut.*), flare *s.* (*of the bow*), rake *s.* (*of the stern*); (*rac.*) cancellation *s.* (*of a race*); dropping out *s.* (*of competitor*); (*tech.*) failure *s.*, breakdown *s.*, stoppage *s.* **ausfallen** *v.* (*rac.*), to be cancelled; to drop out (*of competitor*); (*tech.*) to fail. **ausfallend** *adj.*, **–er Vor(der)steven,** raking stem *s.* **Ausfallswinkel** *m.* (*opt.*), angle *s.* of reflection.

ausfasern *v.*, to unravel, to ravel out, to fray *or* to feaze out (*of strands*); to become unravelled (*of rope*); **ausgefasert an den Kanten,** frayed at the edges (*of sails*).

ausfindig *adv.*, **– machen** (*naut.*), to locate; **das Zentrum eines Sturms – machen,** to locate the centre (*am.* center) of a storm.

ausflaggen *v.*, to dress ship, to flag; **über die Toppen –,** to dress full.

ausflicken *v.*, to mend, to patch up, to repair (*sails, etc.*).

Ausflug *m.* (*naut.*), excursion *s.* **Ausflugs / boot** *n.*, **–dampfer** *m.*, **–schiff** *n.*, excursion boat *s.* *or* steamer *s.* *or* ship *s.*

Ausfluß *m.*, outflow *s.*, efflux *s.*, discharge *s.*, (*am.*) bayou *s.* (*of a river*).

ausfransen *v.*, to fray (out), to become frayed (*as ropes*).

Ausfuhr / deklaration *f.*, entry *s.* outward; **–genehmigung** *f.*, export licence *s.* *or* permit *s.*; **–hafen** *m.*, port *s.* *or* harbo(u)r *s.* of export *or* shipping; **–sperre** *f.*, embargo *s.* (*on shipment*).

Ausführung *f.* (*naut.*), design *s.*, make *s.*, model *s.*, style *s.*, type *s.* (*of sails, etc.*); construction *s.* (*of boats*).

Ausfuhrzoll *m.*, customs duty *s.* *or* fees (*pl.*), customs *s.* outward.

ausfüttern *v.* (*tech.*), to line, to pad (*the anchor tripping device, etc.*).

Ausgangs / hafen *m.*, port *s.* of departure *or* shipment; **–kreis** *m.* (*rad.*), output circuit *s.*; **–kurs** *m.*, initial course *s.*, course *s.* of departure; **–leistung** *f.* (*rad.*), (power) output *s.*; **–linie** *f.* (*naut.*), basic line *s.*; **günstige –position** *f.* (*rac.*), vantage point *s.*; **–punkt** *m.* (*astr.*), root *s.* (*of a calculation*); **–stellung** *f.* (*rad., tech.*), initial *or* original position *s.*; **–zoll** *m.*, export duty *s.*

ausgebaumt *adj.* (*naut.*), boomed out (*of sails*); **mit entgegengesetzt –en (Gaffel)Segeln vor dem Wind laufen,** to sail *or* to run wing and wing (before the wind).

ausgeben *v.*, to pay out *or* off (*rope*).

ausgebuchtet *adj.* (*naut.*), hogged.

ausgehend *pr.p.*, **–es Boot** *od.* **Schiff,** outgoing *or* out(ward)-bound boat *s.* *or* ship *s.* *or* vessel *s.*

ausgehöhlt *adj.*, **–es Flußbett, –er Kanal,** scour *s.*

ausgelotet *adj.* (*naut.*), sounded; **nicht –,** unsounded (*depths*).

ausgenommen *p.p.*, **von der Vermessung –er Raum** (*naut.*), deducted *or* exempted space *s.*

ausgerichtet *adj.*, **nicht genau –,** off-centre (*of tackle*).

ausgeschaltet *p.p.* (*rad., tech.*), off, switched off; (*elec.*) disconnected.

ausgeschäumt *adj.*, **–er Alumast,** foamed alu(minium) mast *s.*

ausgeschert *adj.*, unrove (*of rope, cordage*).

ausgesetzt *p.p.*, **Druck** *od.* **Spannung –** (*phys., tech.*), strained; **Witterungseinflüssen –,** exposed (to atmospheric conditions *or* to the weather); **das Boot war in der schweren See großer Beanspruchung –,** the boat strained in the heavy sea.

Ausgleich *m.* (*naut. rac.*), handicap *s.*, allowance *s.*; (*phys.*) balance *s.*, equilibrium *s.*, correction *s.*; (*tech.*) adjustment *s.*, compensation *s.* **Ausgleichen** *n.* (*rac.*), handicap(ping) *s.* **ausgleichen** *v.* (*rac.*), to handicap (*boat*); (*spt.*) to equalize; (*tech.*) to level; (*phys.*) to compensate; **nach oben (unten) –,**

to level up (down); **den Kompaß –,** to equalize *or* to compensate the compass. **Ausgleicher** *m.* (*rac.*), handicap yacht *s.*, handicapper *s.*, (*am.*) equalizer *s.* **Ausgleichs / antenne** *f.*, compensating *or* balance aerial *s.* (*am.* antenna *s.*); **–gewicht** *n.*, counter-weight *s.*, compensating *or* balancing *or* equalizing weight *s.* (*as of crew*); **–klasse** *f.* (*rac.*), handicap class *s.*; **–magnet** *m.*, compensating magnet *s.*; **–rechnung** *f.*, method *s.* of compensation (*course, etc.*); **–regatta** *f.*, **–rennen** *n.*, handicap race *s.*, (*am.*) level race *s.*; **–regattawoche** *f.*, handicap race-week *s.*, (*am.*) level race week *s.*; **–regler** *m.* (*tech.*, *rad.*), corrector *s.*; **–ruder** *n.*, balance(d) rudder *s.*; **–strömung** *f.* (*phys.*), equalizing flow *s.*; **–tanks** *m./pl.*, compensating cells (*pl.*) *or* tanks (*pl.*) (*in a boat*); **–vorrichtung** *f.*, balancer *s.*, compensating *or* balancing *or* equalizing device *s.* **Ausgleichung** *f.*, balance *s.*, equilibrium *s.* (*as of crew weight*); (*tech.*) adjustment *s.*, compensation *s.*, equalization *s.*

Ausguck *m.* (*naut.*), look(-)out *s.* (*crew member*); outlook *s.* (*observation*); bird's *or* crow's nest *s.*; **– halten,** to keep look(-)out, to outlook.

aushaken *v.* (*naut.*), to unhook; **das Ruder** *od.* **die Pinne –,** to unship the rudder *or* tiller.

aushalten *v.* (*naut.*, *coll.*), to hang on, to hold on, to stick it out (*strain*); **einen Sturm –,** to weather (out) a gale, to ride out a storm; **einen Sturm vor Anker –,** to ride out the gale at anchor.

aushängen *v.* (*naut.*), to unsling, to unship; **die Pinne –,** to unship the tiller; **die Riemen –,** to unship the oars.

ausholen *v.* (*naut.*), to haul out (*foot of sail*); to rouse out (*the watch*); to run out (*rope*); **lang beim Rudern –,** to row a long stroke; **ein Segel –,** to haul out a sail. **Ausholer** *m.* (*naut.*), outhaul *s.* (*device*); outrigger *s.* (*device*). **Ausholring** *m.* (*naut.*), travel(l)er *s.*

auskehlen *v.*, to groove (*shipb.*). **Auskehlung** *f.*, grooving *s.* (*shipb.*).

Ausklarieren *n.* **(aus einem Hafen),** outclearance *s.* **ausklarieren** *v.*, to clear out(ward) (*at the port authorities*); to clear, to disentangle (*rope, lines*). **Ausklarierung** *f.*, outclearance *s.*, clearance *s.* out(ward) (*at the customs*); **–shafen** *m.*, port *s.* of clearance; **–spapiere** *n./pl.*, outclearance documents (*pl.*).

ausklinken *v.*, to disengage, to release (*a catch, etc.*). **Ausklinkvorrichtung** *f.*, release *or* releasing device *s.* *or* gear *s.*

auskuppeln *v.*, to ungear.

Auslade / brücke *f.*, jetty *s.*, pier *s.*; **–gebühren** *f./pl.*, charges (*pl.*) for unloading *or* unshipping. **ausladen** *v.* (*naut.*), to unship, to unload, to discharge, to clear *or* to lighten (the) boat. **Auslader** *m.* (*naut.*), stevedore *s.*, dockhand *s.*, lighterman *s.*, (*phys.*) discharging ròd *s.* **Ausladung** *f.* (*naut.*), overhang *s.* (*of bow, etc.*); (*tech.*) reach *s.*, (operating) radius *s.*; unshipment *s.*, unloading *s.*, clearing *s.*, lightening *s.* (*of ship*); **–shafen** *m.*, port *s.* of discharge; **–sort** *m.*, **–splatz** *m.*, landing-place *s.*, wharf *s.*, quai *s.*

Ausland *n.*, foreign country *s.* *or* parts (*pl.*); **im –,** abroad; **im – registriert** *od.* **in das (Schiffs)Register eingetragen,** foreign-registered (*of boat*); **im In- und –,** at home and abroad (*sailing*). **Ausländer** *m.* (*naut.*), foreigner *s.* (*ship*). **ausländisch** *adj.*, **–es Schiff,** foreigner *s.* **Auslands / fahrt** *f.* (*naut.*), foreign trade *s.* *or* navigation *s.*; **–hafen** *m.*, foreign port *s.*

Auslaß *m.* (*naut.*, *tech.*), outlet *s.*; discharge *s.*; **–schieber** *m.*, exhaust *or* outlet valve *s.* *or* slide(r) *s.*; **–ventil** *n.*, escape *or* exhaust *or* discharge valve *s.*; **–ventil außenbords,** outboard *or* overboard discharge valve *s.*

Auslastung *f.*, **volle – des Schiffs-** *od.* **Bootsraums,** utilization *s.* to capacity (of a boat).

Auslauf *m.* (*naut.*), sailing *s.*, departure *s.* (*of a ship*); **zum – bereit,** ready to sail; **–anweisung** *f.*, **–befehl** *m.*, sailing order(s) *s.* (*pl.*). **auslaufbereit** *adj.*, ready to sail *or* to get under way; **–es Schiff** *n.*, ship *s.* ready for sea. **Auslaufbereitschaft** *f.*, stand-by *s.* to sail, ready to sail *or* for sea, readiness *s.* to sail *or* for sea.

Auslaufen *n.*, sailing *s.*, departure *s.*, setting *s.* sail, standing *s.* out to sea; clearing *s.* (*a port*); **fertigmachen zum –!** (*int.*), stand by to let go; **klar zum –!** (*int.*), ready to sail!; **Befehl** *m.* **zum –,** sailing orders (*pl.*). **auslaufen** *v.*, to sail (off *or* away), to get under way, to bear out (to sea), to out, to put (out) to sea, to put forth *or* off *or* out, to make *or* to set sail, to hoist sail(s), to stand out (to sea); to depart, to leave (port), to clear the port *or* harbo(u)r; to run out (*the boat for stopping*); to leak (*of water*); **– nach,** to make sail for, to (set) sail for, to start for, to leave for; to make off for; **aus einem Hafen –,** to clear a port, to leave port; **langsam und vorsichtig –,** to edge out, to ease away *or* out (*of boat*); **mit der Flut –,** to sail on the tide; **spitz –,** to taper off (to a point) (*as mast*). **auslaufend** *pr.p.*, outward-bound, outbound, outgoing (*of boat*); **–e Boote** *n./pl.*, outgoing boats (*pl.*); **–es Schiff** *n.*, outward-bounder *s.*

Ausläufer *m.* (*meteor.*), trough *s.*; (*geogr.*) spur *s.*

Auslauf / genehmigung *f.*, clearance *s.* (of port); **–hafen** *m.*, port *s.* of departure; **–kurs** *m.*, sailing *or* departing course *s.*, course *s.* of departure; **auf –kurs liegen (von),** to stand out (to sea), to stand off *or* out from the shore; **–länge** *f.*, length *s.* of run (*designed waterline*); **–strecke** *f.* **(eines Bootes),** stopway *s.*, stopping distance *s. or* course *s.*, running *or* slowing down course *s. or* length *s. or* stretch *s.*

auslegen *v.* (*naut.*), to stream (*a buoy, etc.*); to range, to lay out, to run out (*a cable, rope, etc.*); **Bojen –,** to stream *or* to set buoys. **Ausleger** *m.* (*naut.*), outrigger *s.*, extension *s.*, spreader *s.*; boom *s.*; jib *s.*, gib *s.*, cantilever *s.*, rigger *s.*, outrigger *s.* (*of crane*); **beweglicher –,** derrick *s.*; **mit – versehen,** outrigged (*boat*); **seitlicher – eines Kanus,** sponson *s.*; **– des Klüverbackstags,** whisker *s.*, whisker boom *s. or* pole *s.*, whiskers (*pl.*); **–baum** *m.*, outrigger strut *s.*; **–boot** *n.*, outrigger (boat) *s.*; **–brücke** *f.*, cantilever bridge *s.*; **–kran** *m.*, jib *or* gib crane *s.*; **–rumpf** *m.*, outrigger hull *s.*

ausleiern *v.* (*coll.*), to lose its stretch (*of elastic*).

Auslenkung *f.*, deflection *s.* (*of compass needle, etc.*).

Auslieger *m.* (*naut.*), outrigger *s.*; guard-ship *s.*

Auslöse / hebel *m.* trip-lever *s.*; **–leine** *f.*, tripping line *s.* (*for anchor*). **Auslösen** *n.* (*naut., tech.*), trip *s.* **auslösen** *v.* (*tech.*). to ungear, to trip, to release, to disconnect. **Auslöser** *m.* (*naut., tech.*), tripping device *s. or* gear *s.*; release mechanism *s.* **Auslösevorrichtung** *f.* (*naut., tech.*), trip *s.*, tripper *s.*, tripping device *s.*; releasing gear *s.*

Ausloten *n.* (*naut.*), plumbing *s.*, taking *s.* soundings. **ausloten** *v.*, to fathom, to plumb, to plummet, to take soundings; **die (Meeres-) Tiefe –,** to take soundings, to plumbline.

Auslotsen *n.*, out(ward) piloting *s.* **auslotsen** *v.*, to pilot out (to sea), to take out to sea.

Auslug *m.* (*naut.*), look(-)out *s.*

ausmachen *v.* (*naut.*), to make, to make out, to rise, to raise (*land, etc.*); to unhitch; (*rad.*) to turn off; **Land –,** to make (the) land, to raise *or* to rise (the) land; **eine Landmarke –,** to spot *or* to pick out a landmark; **ein Schiff –,** to make out a ship.

ausmanövrieren *v.* (*rac.*), to outmanoeuvre (*am.* -maneuver) (*another boat*).

Ausmaße *n./pl.* (*naut.*), dimensions (*pl.*), measures (*pl.*), measurements (*pl.*); **die – von einem Boot (Segel) nehmen,** to take the measurements of a boat (sail).

ausmessen *v.* (*naut.*), to take the dimensions *or* measures (of), to measure (out); to ga(u)ge; to survey. **Ausmesser** *m.* (*naut.*), measurer *s.*, surveyor *s.* **Ausmessung** *f.*, measuring *s.*, measurement *s.*, taking *s.* of the measurements; survey *s.*; ga(u)ging *s.*; **–en** (*pl.*), dimensions (*pl.*); **die –en eines Schiffes nehmen,** to take the dimensions of the ship, to take a ship's bearings; **–sregeln** *f./pl.*, rules (*pl.*) of measurement.

ausmittig *adj.* (*tech.*), eccentric, off-centre (*am.* -center).

ausnehmen *v.*, **den Mast –,** to unstep the mast.

ausösen *v.*, to bail, to bale; **das Boot –,** to bail the boat.

auspeilen *v.*, to sound (*the depth, a tank, etc.*).

auspichen *v.*, to coat with pitch, to pay; **die Decksnähte –,** to pay the seams.

auspicken *v.*, to unhook, to unfasten.

auspolstern *v.*, to pad (out), to line (*a seat(ing)*). **Auspolsterung** *f.*, padding *s.*, lining *s.*, (*coll.*) stuffing *s.*

auspowern *v.* (*rac., sl.*), to squeeze (*other boats*).

auspricken *v.*, **ein Fahrwasser –,** to bush *or* to prick *or* (*am.*) to spear a fairway *or* channel, to mark a fairway with pricks.

ausprobieren *v.*, **eine neue Regattataktik –,** to test (out) a new tactic in yacht racing. **ausprobiert** *adj.*, tested.

Auspuff *m.*, exhaust *s.*; **wassergekühlter –,** water-cooled exhaust *s.* (*boat motor*). **auspuffen** *v.*, to exhaust. **Auspuff / klappe** *f.*, exhaust release *s. or* flap *s.*; **–rohr** *n.*, exhaust pipe *s.*; **– -Schalldämpfer** *m.*, silencer *s.* (*for boat-motor*); **–ventil** *n.*, exhaust release *s. or* valve *s.*

auspumpen *v.*, to bail, to bale, to drain off (*water*).

Auspurren *n.* (*naut.*), rouse *s.* (*of the watch*). **auspurren** *v.*, to rouse out, to purr, to call the watch.

ausrauschen *v.*, to go by the run; **– lassen,** to let go (by the run) (*sheets, lines, etc.*); to take charge (*of line, rope*).

ausrecken *v.*, to stretch out (*of rope*); to overdo the strain *or* stretch (*of a sail, rope*).

ausreeden *v.*, to rig, to fit out (*a boat*); **eine Yacht –,** to equip a yacht.

ausreffen *v.*, to shake out (a reef), to reef out

(*a sail*).

Ausreise *f.* (*naut.*), outward passage *s. or* voyage *s.*, voyage *s.* out, departure *s.*; **ein Boot auf der –,** a boat bound outward; **auf der – befindlich** *od.* **begriffen,** outward-bound, outgoing (*boat*). **ausreisen** *v.*, (*s.* **auslaufen).**

ausreißen *v.* (*naut.*), to break out (*headsails*); (*tech.*) to pull out, to tear out; to split, to pull away *or* apart (*shackle, etc.*).

ausreiten *v.* (*naut.*), to outride (*a gale*); to sit out, to ballast (*a boat*); to hike (*with trapeze belt*); **ein Boot –,** to ballast the boat, (*am.*) to be over the side. **Ausreit/gurt** *m.*, hiking strap *s.*, toe strap *s.*; **–handgriff** *m.*, hiking handle *s.*; **–hilfe** *f.*, pussy pad *s.*; **–klappsitz** *m.*, tip-up seat *s.* for hiking.

ausrichten *v.* (*tech.*), to centre, (*am.*) to center, to true up (*mast, etc.*); **(sich) nach den Himmelsrichtungen –,** to orient (oneself). **Ausrichtung** *f.*, orientation *s.*

ausrollen *v.*, **ein Segel –,** to unroll a sail; **ein Tau –,** to pay *or* to run out a rope *or* cable, to run off a cable.

ausrücken *v.* (*naut., tech.*), to ungear.

ausrüsten *v.* (*naut.*), to equip, to fit out (*a boat*); to finish (*sailcloth*); **sich –** (*naut., coll.*), to kit (up); **sich neu –,** to refit (o.s.); **ein Boot (mit stehendem und laufendem Gut) –,** to rig out *or* up the boat; **ein Boot mit Segeln –,** to equip *or* to outfit a boat with sails; **eine Yacht –,** to equip *or* outfit a yacht; **eine Yacht neu –,** to refit a yacht; **gut (schlecht) ausgerüstet,** in good (bad) trim (*of boat*). **Ausrüster** *m.* (*naut.*), outfitter *s.*, fitter *s.* **Ausrüstung** *f.* (*naut.*), equipment *s.*, fit-out *s.*, outfit *s.*, rig *s.*, trim *s.*, set-out *s.* (*of boat*); inventory *s.* (*sails*); (*sl.*) kit *s.*; (*coll.*) fittings (*pl.*), gear *s.*, tackle *s.*; **bewegliche –,** portable *or* mobile *or* movable equipment *s.*; **nautische –,** nautical equipment *s. or* outfit *s. or* (*coll.*) tackle *s.*, navigational aids (*pl.*); nautical trim *s.*; **(Grund)– für Regattaboote,** basic racing inventory *s.* **Ausrüstungs/becken** *n.*, **–dock** *n.*, fitting-out basin *s.*; **notwendige, aber hinderliche –gegenstände** *m./pl.* (*naut., coll.*), hamper *s.*; **–kai** *m.*, **–pier** *f.*, fitting-out berth *s.*; **– -Sicherheitszertifikat** *n.*, safety-equipment certificate *s.*; **–werft** *f.*, fitting-out yard *s.*; **–zubehör** *n.*, fittings (*pl.*).

ausrutschen *v.*, to slip, to skid, to lose one's footing (*as on deck*).

ausschäkeln *v.*, to unshackle, to shackle out, to unbend (*line, chain, rope*).

Ausschalten *n.* (*rad., elec., tech.*), switching-off *s.* **ausschalten** *v.* (*rad., elec., tech.*), to switch off, to disconnect, to cut out. **Ausschalter** *m.*, cut-out (switch) *s.*, circuit-breaker *s.*, cut-off *s.*; **automatischer –,** automatic cut-off *s. or* shut-off *s.* **Ausschaltstellung** *f.*, off-position *s.* (*of an instrument*).

Ausschau *f.*, **(scharf) nach Überlebenden – halten,** to keep a (sharp) lookout for survivors. **ausschauen** *v.* (*naut.*), to look out (**nach,** for).

ausscheiden *v.* (*naut.*), to stop work (*of crew member*); (*rac.*) to retire, to resign. **Ausscheidung** *f.* (*rac.*), elimination *s.*, selection trials (*pl.*); **–sregatta** *f.*, **–srennen** *n.*, elimination *or* eliminating race(s) *s.* (*pl.*), qualifying race *s. or* (*coll.*) heat *s.*, selection trials (*pl.*), (*am.*) pitch race *s.*, (*coll.*) heat *s.*, knock-out race *s.*; **–ssystem** *n.*, elimination system *s.*

Ausscheren *n.*, sheer *s.*, sheering out *s.*, (*am.*) kick *s.* (*of a boat*); unreeving *s.* (*of a rope*). **ausscheren** *v.*, to sheer (out), to yaw, to leave station (*of boat*); (*rac.*) to peel off (*from the fleet or pack*); to unreeve (*a rope*); **das Boot schert aus,** the boat sheers out of course.

Ausschießen *n.* (*naut.*), rake *s.* (*of stem*); veering *s.* (*of wind*). **ausschießen** *v.*, to rake (*of stem*); to veer (round with the sun) (*of wind*). **ausschießend** *adj.*, **–er Steven,** raking stem *s.*; **–er Wind,** veering wind *s.* **Ausschießer** *m.*, veering *or* hauling wind *s.* **Ausschießung** *f.* (*naut.*), projection *s.* of a ship's stem.

ausschiffen *v.*, to disembark, to land, to put ashore (*passengers*); to discharge, to unload (*ballast*); **– (zur See) (nach),** to put to sea (for), to (set) sail (for). **Ausschiffung** *f.*, disembarkation *s.*; **–shafen** *m.*, port *s.* of disembarkation; **–spapiere** *n./pl.*, landing papers (*pl.*); **–splatz** *m.*, landing place *s.*, place *s.* of landing *or* disembarkation.

Ausschlag *m.* (*tech.*), swing *s.*; deflection *s.* (*of compass needle, etc.*); throw *s.* (*of the needle of a measuring instrument*); oscillation *s.* (*of pendulum, etc.*); **– des Hecks beim Ruderlegen** kick *s.*; **zitternder – der Kompaßnadel,** vibration *s.* of the compass needle. **Ausschlager** *n.*, swing *s.* (*of dial*); **– des Bugs bei Fahrtaufnahme,** cast *s.*; **– des Hecks beim Ruderlegen,** kick *s.* **ausschlagen** *v.*, to deflect (*of compass needle*); to swing (*of dial*); to dip (*of magnet needle*). **Ausschlagwinkel** *m.* (*astr.*) angle *s.* of elongation.

Ausschleppboot *n.*, towing boat *s. or* vessel *s.* **Ausschleppen** *n.*, towing *or* hauling out *s.* (*of a boat*). **ausschleppen** *v.*, to tow *or* to haul out (*a boat*).

ausschleusen *v.*, to tow *or* pass (*a boat*) ou

of the lock; to leave the lock (*of boat*).
ausschließen *v.* (*rac.*), to rule (*a boat*) out of a race, to disqualify (**aus,** from). **Ausschließung** *f.* (*rac.*), disqualification *s.*
ausschlingen *v.* (*naut.*), to unsling, to sling out.
Ausschluß *m.*, **– aus einer Mannschaft** (*rac.*), suspension *s.*; **– aus einer Regatta,** disqualification *s.*
ausschöpfen *v.*, **ein Boot –,** to bail *or* to bale *or* to scoop a boat (dry); **Wasser –,** to bail *or* to scoop out (water).
Ausschreibung *f.* (*rac.*), notice *s.* of race, (*am.*) invitation *s.*; **–sregatta** *f.*, invitational (race) *s.*
Ausschuß *m.*, committee *s.*, board *s.*; **Olympischer –,** Olympic Committee *s.*
ausschütteln *v.*, to shake out (*sails*).
ausschütten *v.*, to shake a reef out, to shake out a reef.
ausschwenkbar *adj.*, swing-out; **–er Davit,** swing-out davit *s.* **ausschwenken** *v.*, to turn (outwards), to swivel (*as boom, etc.*).
ausschwingen *v.*, to swing out, to turn about *or* out.
aussegeln *v.*, to sail out of (the harbo(u)r *or* a channel), to sail away from; to foul another boat; (*rac.*) to outsail, to outspeed, to outfoot, to outcarry, to fore(-)reach, to overrun, to overtake, (*am.*) to spread-eagle (*other boats*); **Böen –,** to outsail gusts.
aussehen *v.*, **– nach,** to look like; **es sieht nach Regen aus,** it looks like rain.
außen *adv.* (*naut.*), outboard, outside the hull *or* boat; **weiter – getrimmt,** sheeted farther outboard. **Außen/abmessungen** *f./pl.*, outboard *or* external dimensions (*pl.*) (*of a boat*); **–achtersteven** *m.*, false stern post *s.*; **–anstrich** *m.*, shell *or* outer *or* outboard coating *s.* (*of a boat*); **–antenne** *f.*, external *or* open aerial *s.* (*am.* antenna *s.*); **–ballast** *m.*, outside ballast *s.*; **–beplankung** *f.*, outside planking *s.*; berthing *s.*; **–beplattung** *f.*, shell plating *s.*; **–boden** *m.*, outer bottom (*of a boat*).
Außenbord/anschluß *m.*, outboard fittings (*pl.*); sea connections (*pl.*) (*of sea cock*); **–antrieb** *m.*, outboarder *s.*, stern drive *s.*, sailboat drive *s.*; **–motor** *m.*, outboard motor *s.*, (*coll.*) outboarder *s.* **außenbords** *adv.*, outboard, outside the hull, (*am.*) over the side. **Außenbord/segel** *n.*, outboard sail *s.*; **–(see)ventil** *n.*, sea cock *s.* *or* valve *s.*; **–welle** *f.* (*naut.*, *tech.*), outboard shaft *s.*
aussenden *v.*, to radiate (*rays*); **ein (Funk)Signal –,** to transmit *or* to x-mit a signal.
Außen/dock *n.*, open basin *s.*, wet dock *s.*; **–durchmesser** *m.*, outside diameter *s.*; **–fläche** *f.*, outside *s.*, outer surface *s.* (*of a boat*); **–gei** *f.*, outer guy *s.*; **–gewässer** *n./pl.*, extra-territorial waters (*pl.*), exterritorial waters (*pl.*); **–hafen** *m.*, outport *s.*, outer harbo(u)r *s.*
Außenhaut *f.*, shell *s.*, skin *s.*, outer plating *s.*, outside planking *s.*, shell plating *s.*, sheathing *s.*, hull *s.* (*of a boat*); **–abwicklung** *f.*, shell expansion *s.*; **–beplankung** *f.*, shell *or* skin *or* outer *or* outside planking *s.*; **–beplattung** *f.*, shell *or* skin *or* outside *or* outer plating *s.*; **–längsspanten** *n./pl.*, shell *or* outer longitudinals (*pl.*); **–strak** *m.*, shell-plating strake *s.* (*shipb.*).
Außen/kante *f.*, outer *or* outside edge *s.*, top edge *s.* (*as of sail, keel, etc.*); **–kiel** *m.*, outer *or* outside keel *s.*; **–klüver** *m.*, flying jib *s.*, outer jib *s.*; **–klüverbaum** *m.*, outer (jib) boom *s.*; **–klüverschot** *f.*, outer jibsheet *s.*; **a–liegend** *adj.*, external, outside; **–liek** *n.*, after leech *s.* (*am.* leach *s.*); **–maße** *n./pl.*, overall *or* external *or* outer dimensions (*pl.*) (*of boat, etc.*); **–pier** *m.* (*naut. f.*), jetty *s.*; **–reede** *f.*, outer roads (*pl.*) *or* roadstead *s.*; **–schäkel** *m.*, external *or* outer *or* regular shackle *s.*; **–schiene** *f.*, external track *s.*; **–schot** *f.*, flying *or* outer jibsheet *s.*; **–schott** *n.*, wing bulkhead *s.*; **–(schiffs)schrauben** *f./pl.*, outer screws (*pl.*), outer *or* outside prop(eller) *s.*; **–seite** *f.*, outer surface *s.*, outside *s.*; **–seiter** *m.* (*naut.*), outsider *s.* (*boat*); **–stampfstag** *n.*, outer martingale *s.*; **–stelle** *f.* (*meteor.*), out(-)station *s.*; **–steven** *m.*, false stem *s.* (*of wooden boat*); **–temperatur** *f.*, outer *or* outside temperature *s.*; **–welle** *f.* (*naut.*, *tech.*), outboard shaft *s.*; **–winkel** *m.*, exterior *or* external angle *s.*
außer *prep.*, **– Sicht** (*naut.*), out of sight. **Außerdienst/stellen** *n.*, **–stellung** *f.* **eines Schiffes,** laying-up *s.*, putting out *s.* of service (of a ship). **äußere Weite** *f.* (*naut.*, *tech.*), outside diameter *s.* **außer/gewöhnlich** *adj.*, **–e Abdrift,** sagging *s.*; **–gewöhnlich hohe Flut,** extra high tide *s.*; **–mittig** *adj.* (*tech.*), eccentric, off-centre (*am.* -center).
äußerst *adj.*, **–e Belastung,** maximum load *s.* (*of sails, etc.*); **–es Ende,** extremity *s.*; masthead top *s.* (*of mast*); **–e Gefahr,** extreme danger *s.*; **–e Kraft** (*naut.*), full ahead, high speed *s.*; **–er Notfall,** extreme case *s.* (*of distress at sea, etc.*).
Aussetzen *n.* (*naut.*), launching *s.* (*of a boat*). **aussetzen** *v.* (*naut.*), to launch, to lower (*a boat*); to maroon (*a sailor*); (*tech.*) to fail; **das Log** *od.* **die Logge –,** to stream the log; **die Segel –,** to set (the) sails. **Aussetzvorrich-**

tung *f.* (*naut.*), launching *or* (boat) lowering device *s.*
Aussichten *f./pl.* (*meteor.*), outlook *s.*, prospect *s.*; **weitere –** (*meteor.*), further outlook *s.* (*weather forecast*).
aussingen *v.* (*naut.*), to sing out (*observations*).
Ausslippen *n.*, slipping *s.* off (*of a boat*). **ausslippen** *v.*, **das Boot –,** to slip off the boat.
aussondern *v.*, **ein Boot –,** to single out a boat. **Aussonderung** *f.* (*naut.*, *rac.*), selection *s.*
ausspachteln *v.*, to fill in with putty.
ausspannen *v.*, to set, to spread (*sails*); to spread out (*a net*).
ausspleißen *v.*, to unsplice.
ausspringend *adj.*, **–er Winkel,** salient angle *s.*
ausstaffieren *v.* (*naut.*), to equip, to fit out, to outfit, to trim (*a boat*). **Ausstaffierung** *f.* **(einer Yacht),** equipment *s.*, outfit *s.*, trim *s.* (of a yacht).
ausstatten *v.* (*naut.*), to equip, to fit out (*a boat*); **(sich) mit Proviant –,** to provide (oneself) with naval *or* ship's stores. **Ausstatter** *m.* (*naut.*), outfitter *s.* **Ausstattung** *f.* (*naut.*), equipment *s.*, outfit *s.*, (*coll.*) kit *s.*; **die – einer Yacht,** the fitting-out of a yacht; **die – einer Yacht mit Segeln,** the sail inventory of a yacht; **–sgegenstände** *m./pl.* **(an Bord),** fittings (*pl.*), inventory *s.* (of a boat).
ausstechen *v.*, to let out (*a reef*). **Ausstecher** *m.* (*naut.*), outrigger *s.*, spanker-boom *s.*, bowsprit *s.*
ausstecken *v.*, to pay away *or* off *or* out, to veer (away *or* out), to ease away *or* off, to slacken (away *or* off) (*rope*); **eine Trosse** *od.* **Leine –,** to pay out a cable *or* line.
aussteuern *v.* (*rad.*), to modulate, to control, to adjust. **Aussteuerung** *f.* (*rad.*), modulation *s.*
Ausstieg / luk *n.*, **–luke** *f.*, escape hatch *s.*
ausstoßen *v.*, **das** *od.* **die Toppsegel –,** to set the topsail(s).
ausstrahlen *v.* (*rad.*), to transmit, to xmit (*a signal*); (*phys.*) to radiate.
ausstraken *v.*, to fair (*lines plan*).
Austastung *f.* (*radar*), gating *s.*
austauschbar *adj.* (*naut.*, *tech.*), interchangeable (**gegen** *od.* **mit,** with), exchangeable (**gegen,** for).
Austern / bank *f.*, oyster bed *s. or* bank *s. or* (*am.*) field *s.*; **künstliche –bank** *f.*, stew *s.*; **–fischer** *m.*, oysterer *s.* (*boat*); **schnell segelnder –fischer** *m.* **(im Pazifik),** plunger *s.* (*boat*).
austoben *v.i.*, to abate (in violence), to cease raging, to rage itself out, to quiet down, to spend itself (*of storm*).
austonnen *v.*, to lay (out) buoys, to stream (out) buoys.
austörnen *v.*, to clear a turn, to clear a line *or* rope.
Austritt *m.* (*astr.*), egress *s.*; (*tech.*) outlet *s.*, vent *s.*; discharge *s.*; overflow *s.* (*of a river*); **– eines Gestirns aus dem Schatten eines anderen** (*astr.*), emersion *s.*
austuchen *v.*, **Segel –,** to unfurl, to roll out sails.
auswachsen *v.*, **sich zu einem Orkan –,** to grow *or* to wax into a violent gale.
Auswahl *f.*, selection *s.*; **zur Verfügung stehende –,** available option(s) *s.* (*pl.*) (*of sails, etc.*). **auswählen** *v.*, to select, to single out; **Crewmitglieder –,** to pick *or* to select crew members *or* the crew.
auswandern *v.* (*naut.*), to draw ahead (*or* astern) (*of boat*); (*radar*) to get out of range; to drop astern (*lights, landmarks*); to travel (*of bearing*); **die Peilung wandert nach vorne aus,** the bearing draws ahead.
ausweben *v.*, **die Wanten –,** to rattle down the shrouds.
auswechselbar *adj.*, (*s.* **austauschbar**). **auswechseln** *v.*, **– gegen,** to replace by, to exchange *or* to change for, to interchange with; **schadhafte** *od.* **beschädigte Segel –,** to renew faulty *or* damaged sails.
auswehen *v.*, to fly (*of spinnaker*); to stream (out) (*of telltales*). **auswehend** *adj.*, **–e Flagge,** streamer *s.*; **–er Spinnaker,** flying spinnaker *or* (*coll.*) spi *s.*; **–e Windbändsel** *od.* **Windfäden,** streaming telltales (*pl.*), streamers (*pl.*).
Ausweichbewegung *f.*, avoiding *or* evading *or* evasive movement *s.* (*of a boat*). **Ausweichen** *n.* (*naut.*), sheering *s.* (*of a boat*). **ausweichen** *v.* (*naut.*), to sheer (*of boat*); to give way (to) (*right-of-way rule*); to keep out of way, to alter course. **Ausweich / frequenz** *f.* (*rad.*), alternative frequency *s.*; **–hafen** *m.*, alternative base *s. or* port *s.*; **–kurs** *m.*, avoiding collision course *s.*; alternative route *s.*; **–liegeplatz** *m.*, lay-by *s.*; **–manöver** *n.*, avoiding collision manoeuvre *s. or* (*am.*) maneuver *s.*, avoiding manoeuvre *s.*, emergency turn *s.*, evasive action *s. or* steering *s.*; **–meeresroute** *f.*, by-pass *s.*; **a–pflichtig** *adj.*, burdened; **a–pflichtiges Boot** *od.* **Schiff,** burdened ship *s.*; **–regeln** *f./pl.* **(für Segelboote),** Rules (*pl.*) of the Road, right-of-way rules (*pl.*); **–regeln** *f./pl.* **(für Maschinen- und Segelfahrzeuge),** Rules (*pl.*) of the Road, right-of-way rules (*pl.*), avoiding collision rules (*pl.*), collision-avoiding rules (*pl.*); **–stelle** *f.* **(in einem Kanal),** basin *s.*, pass-

ing place *s.*, lay-by *s.* **Ausweichung** *f.* (*astr.*), excursion *s.* **Ausweichwelle** *f.* (*rad.*), secondary *or* alternative frequency *s.*

Ausweispapiere *n./pl.*, papers (*pl.*), identification papers (*pl.*), identity card *s.*

Ausweitung *f.* (*naut.*), countersunk hole *s.* (*shipb.*).

auswerfen *v.* (*naut.*), to cast (*anchor*); to hoist out (*a boat*); to discharge (*ballast*); to jettison, to throw overboard *or* (*am.*) over the side.; **den Anker –,** to cast *or* to drop anchor; **ein Boot –,** to hoist out a boat; **das Lot –,** to take soundings, to swing the lead.

auswerten *v.* (*radar, etc.*), to plot. **Auswerter** *m.*, plotter *s.* (*device*). **Auswertetisch** *m.*, plotting table *s.* **Auswertung** *f.* (*radar*), interpretation *s.*

auswettern *v.*, **einen Sturm (vor Anker) –,** to weather *or* to ride out a gale (at anchor).

auswinden *v.* (*naut.*), to draw out by a windlass.

auswittern *v.t.*, to season (*timber for shipb.*); to corrode (away); *v.i.*, to become weather-worn, to suffer from exposure (to the weather).

auswüten *v.i.*, to spend itself, to spend its force *or* fury (*of storm*).

ausziehbar *adj.*, telescope, telescopic; **–e Koje,** telescope *or* telescopic berth *s.* **Auszieh/koje** *f.*, telescope *or* telescopic berth *s.*; **–mast** *m.*, telescope mast *s.*

auszirkeln *v.*, to measure out *or* to mark out with compasses.

Auszubildender *m.* (*naut.*), trainee *s.*

Auto/alarmgerät *n.*, autoalarm *s.*; **–(boots)-dachträger** *m.*, roof rack *s.* (for small boats *or* surfboards).

autogen *adj.*, **– schweißen,** to oxweld; **–es Schweißen** *n.*, **Autogenschweißen** *n.*, gas *or* oxy(gen)-acetylene welding *s.*

Automatik *f.*, automatic mechanism *s.* *or* working *s.* **automatisch** *adj.*, self-automatic acting, self-winding, self-driven; **– (Treibstoff) zuführend,** self-feeding; **–er Azimutanzeiger** *m.*, omnibearing indicator *s.*, automatic azimuth indicator *s.*; **–e Ein- und Ausschaltung** *f.*, automatic control *s.*; **–es Feuerlöschsystem** *n.* **(an Bord),** sprinkler (system) *s.*; **–e Frequenzreg(e)lung** *f.* (*rad.*), automatic frequency control *s.*; **–e Heulboje** *f.* *od.* **-tonne** *f.*, automatic whistle *or* sound buoy *s.*; **–e Impulsfolgereg(e)lung** *f.* (*radar*), automatic time control *s.*; **–er Koppeltisch** *m.*, automatic plotting table *s.* *or* plotter *s.*; **–er Kurscomputer** *m.* *od.* **-rechner** *m.*, course (line) computer *s.*; **–e Lautstärkereg(e)lung** *f.* (*rad.*), automatic volume control *s.*; **–er Notruf** *m.*, auto-alarm *s.*; **–er (Funk)Peiler** *m.*, **–es Peilgerät** *n.*, automatic direction finder *s.*; **–e (Funk-) Peilung** *f.*, automatic direction finding *s.*; **–e Ruder-** *od.* **Steueranlage** *f.*, automatic helmsman *s.*; **–es Stationserkennungsgerät** *n.* (*rad.*), automatic station-identification device *s.*; **–e Steuerung** *f.* (*tech.*), automatic control *s.*; automatic gyro-steering *s.*; **–e Tastung** *f.* (*rad., Morse*), auto-keying *s.*; **–e Verstärkerreg(e)lung** *f.* (*rad.*), automatic gain control *s.*

Aviso *m.*, dispatch boat *s.*, advice boat *s.*, aviso *s.*

Awningdeck *n.*, awning deck *s.*

Axial/druck *m.* (*phys.*), axial load *s.* (*in sail, etc.*); **–lüfter** *m.*, axial fan *s.*; **–schub** *m.* (*phys.*), axial thrust *s.*

Axiometer *n.* (*naut.*), telltale *s.*, axiometer *s.*; **–leitung** *f.*, axiometer gear *s.*, steerings rods (*pl.*).

aye! (*int.*), aye, aye (cap'n *or* sir)!

Azetatlack *m.*, cellulose varnish *s.*

Azetylenlampe *f.*, acetylene lamp *s.*

Azimut *m.* (*coll. n.*) (*astr.*), azimuth *s.*; **den – bestimmen,** to ascertain the azimuth. **Azimutal/auflösung** *f.* (*radar*), bearing discrimination *s.*; **–kreis** *m.* (*astr.*), vertical circle *s.*; **–projektion** *f.*, zenithal equidistant *or* azimuthal projection *s.* **Azimut/anzeiger** *m.*, azimuth indicator *s.*; **automatischer –anzeiger** *m.*, omnibearing indicator *s.*; **–auflösung(svermögen** *n.*) *f.*, azimuth discrimination *s.*; **–berichtigung** *f.*, **–beschickung** *f.*, azimuth correction *s.*; **–bestimmung** *f.*, ascertaining *s.* of the azimuth; **–entfernungsmesser** *m.*, azimuth(al) telemeter *s.* *or* range-finder *s.*; **–fehler** *m.*, azimuth *or* bearing error *s.*; **–gleiche** *f.*, equidistant azimuth (circle) *s.*; **–höhenkreis** *m.*, azimuth (circle) *s.*; **–kreisel** *m.*, azimuth gyro *s.*; **–peilkompaß** *m.*, azimuth compass *s.*; **–peilvorrichtung** *f.*, azimuth indicating goniometer *s.*; **–spiegel** *m.*, azimuth mirror *s.* *or* reflector *s.*; **a–stabilisiert** *adj.*, azimuth stabilized; **–tafeln** *f./pl.*, azimuth tables (*pl.*); tables (*pl.*) of computed altitude and azimuth; **–werte** *m./pl.* (*radar*), azimuth value *s.* *or* coefficient *s.*; **–winkel** *m.*, azimuth angle *s.*; **–zeiger** *m.*, azimuth indicator *s.*

Azorenhoch *n.* (*meteor.*), Azores (*pl.*), Azores high (pressure area) *s.*

B

Baby/fock *f.*, baby jib *s.*; **–klüver** *m.*, baby (jib) topsail *s.*; **–stag** *n.*, baby stay *s.*; **–stagsegel** *n.*, baby staysail *s.*

Bach *m.*, brook *s.*, rivulet *s.*, stream *s.*; (*sl.*) the drink, the sea; **den – hinunter** (*coll.*), down the drain.

Back *f.*, forecastle *s.*, (*coll.*) foc's'le *s.*; mess *s.*, mess *or* dining *or* dinette table *s.*; mess tin *s.*, mess trap *s.*, bowl *s.*; **zu einer – gehören,** to mess together; **erhöhte –,** raised forecastle *s.*; **feste –,** topgallant forecastle *s.*; **gewölbte –,** turtle-back foc's'le *s.*; **kurze (lange) –,** short (long) forecastle *s.*; **offene –,** open(-end) forecastle *s.*; **versenkte –,** sunk forecastle *s.*

back *adv.* (*naut.*), aback (*of sails*), backwards; **die Fock hält –,** the jib is aback *or* backing; **Segel – bekommen,** the sails are backing *or* aback.

Backbord *n. od m.*, port *s.*, port side *s.*, (*obs.*) larboard *s.*; **hart –!** (*com.*), hard a-port!, (*am.*) hard left rudder!; **einen Strich nach –!** (*com.*), one point to port!; **–!** (*com.*), port the helm!, (*am.*) left standard rudder!; **– 5!** (*com.*), port 5!, (*am.*) left 5 (degrees of rudder)!; **– achteraus,** port quarter; **– achteraus!** (*com.*), astern to port!; **an – achteraus,** on the port quarter; **Land in Sicht an – achteraus,** land in sight *or* land-ho on the port quarter; **(an) – dwars** *od.* **querab,** (on the) port beam; **(an) – voraus,** (on the) port bow(s); **– voraus!** (*int.*), ahead to port!; **ein Strich – voraus,** one point port bow; **nach – abfallen,** to cast to port, to fall off to port; **nach – (ab)drehen,** to port the boat; **(starke) Schlagseite nach – haben,** to list (badly) to port, to take a (heavy) list to port; **nach – halten,** to keep to port; **(stark) nach – krängen,** to heel (sharply) (over) to port; **nach – kreuzen** *od.* **lavieren,** to be on the port tack; **nach – schlingern,** to roll to port; **nach – schwojen** *od.* **schwoien,** to swing to port; **nach – überholen,** to heel to port (*of boat*); **nach – überliegen,** to have a list to port; **das Ruder nach – umlegen,** to port the helm.

backbord *adv.*, port; abaft, aft; **– das Ruder!** (*com.*), port the helm!; **das Ruder – nehmen,** to port the helm, to put the helm to port.

Backbord/anker *m.*, port anchor *s.*; **–boot** *n.*, boat *s.* on the port side *or* wing, portwing boat *s.*; **–brückenseite** *f.*, port wing *s.* of the bridge.

Backbordbug *m.*, port tack *s.*; starboard tack *s.* (*sailing technique*); **auf –,** (to be *or* to sail) on the port sheets; (to sail) on the starboard tack; **das Boot liegt über –,** the boat is on the starboard tack; **auf – kreuzen,** to be on the port tack; **über – liegen,** to be *or* to sail on the port tack; **–yacht** *f.*, port tack yacht *s.*; starboard tack yacht *s.*

Backbord/-Fahrwasserseite *f.*, port hand *s. or* side *s.* (*in a channel, etc.*); **–halsen** (*pl.*), port tack *s.*; **mit –halsen,** on the port tack; **hart an den Wind mit –halsen gehen,** to haul the wind on the port tack; **auf –halsen liegen,** to be on the port tack; **mit –halsen segeln,** to sail on the port tack; **–kurs** *m.*, **ein Boot wieder auf –kurs zurückbringen** *od.* **-lavieren,** to veer (the boat) back to port; **–laterne** *f.*, port lamp *s. or* lantern *s.*; **–licht** *n.*, port light *s.*; **–maschine** *f.*, **–motor** *m.*, port engine *s.*; **–-Positionslaterne** *f. od.* **-licht** *n.*, port navigating *or* navigation lantern *s.*; **–ruder** *n.*, port helm *s. or* rudder *s.*; **–schlagseite** *f.*, list *s.* to port; **–schlagseite haben,** to have a list to port; **–schoten** *f./pl.*, port tack *s. or* sheets (*pl.*); starboard tack *s.* (*sailing technique*); **–seite** *f.*, port *s.*, port hand *s.*, port side *s.*, (*am.*) portside *s.*; **auf** *od.* **an der –seite,** aport, port; **das Ruder nach der –seite umlegen,** to port the helm; **–seitenlampe** *f.*, **–seitenlaterne** *f.*, port lamp *s. or* lantern *s.*, (*am.*) red side light *s.*; **–tonne** *f.*, port-hand *or* -side buoy *s.*; **–-Wetterdeck** *n.*, port weather deck *s.*

back/brassen *v.*, to brace aback, to put aback; **die Segel –,** to back the sails; **B–deck** *n.*, raised deck *s.*, forecastle *or* foc's'le deck *s.*; **B–deckkreuzer** *m.*, raised-deck cruiser *s. or* cruising yacht *s.*

Backe *f.* (*naut.*), bee *s.*; (*naut., tech.*) cheek *s.*; (*pl.*) hounds (*pl.*) (*of mast*); **– des Bugs,** luff *s.*, cheek *s.* (*of the bow*); **–n** (*pl.*) **des Bugspriets,** bees (*pl.*) of the bowsprit.

backen und banken! (*int.*), mess tables and benches!.

Backen/bremse *f.* (*naut.*), shoe brake *s.*; **–bremsenwinde** *f. od.* **-winsch** *f.*, shoe-brake winch *s.*

Back/halsen *n.*, box(-)hauling *s.*; **b–halsen** *v.*, to boxhaul; **–halten** *n.*, backing *s.* (*of the jib*); **b–halten** *v.*, to hold *or* to keep (a)back (*sails*); to back, to be backing (*of sails*); **die Fock b–halten,** to back the jib; **ein Segel b–halten,** to backwind a sail; **b–holen** *v.*, to back, to haul aback, to heave aback, to boxhaul (*sails*); **b–kommen** *v.*, to be (a)back, to be backing, to come (a)back (*of sails*); **–legen** *n.* **der Vorsegel,** boxing-off *s.* of the headsails;

b–legen *v.*, to lay (a)back, to bagpipe (*sails*); **das Besansegel b–legen,** to bagpipe the miz(z)en; **Segel b–legen,** to back the sails; **b–nehmen** *v.*, to take aback (*sails*).

Backs / ältester *m.*, captain *s. or* (*coll.*) cap'n *s.* of a mess; **–baum** *m.*, swinging boom *s.* **Backschaft** *f.*, mess *s.*; messmates (*pl.*); cook(s) *s.* (*pl.*) of the mess; **zu einer – gehören,** to mess together. **Backschafter** *m.*, mess steward *s.*, ship's cook *s.*, (*hum.*) doctor *s.*

back / schlagen *v.*, to be backing (*of jib*); **–schoten** *v.*, **die Fock –,** to back the jib, to take the jib aback.

Backschott *n.*, foc's'le bulkhead *s.*; **– der versenkten Back,** break bulkhead *s.*

Backschüssel *f.*, kid *s.*

Backsen *n.*, pinwheeling *s.* (*of a boat*); *v.*, to be pinwheeling, to turn short round (*of boat*).

backsetzen *v.*, to back, to take (a)back, to trim (a)back (*sails*).

Backs / gast *m.* (*pl.* **-gasten**), mess steward *s.*, ship's cook *s.*, (*hum.*) doctor *s.*; forecastle *or* foc's'le man *or* hand *s.*, shifter *s.*; **–geschirr** *n.*, mess kit *s. or* tin *s.*; **–kamerad** *m.*, mess mate *s.*; **–kiste** *f.*, locker *or* transom seat *s.*; **–maat** *m.*, messmate *s.*; **–mannschaft** *f.*, messmates (*pl.*); **–reling** *f.*, forecastle *or* foc's'le rail *s.*

Backspier(e) *f.*, lower *or* swinging boom *s.*

Back / stag *n.*, (running) backstay *s.*, stay *s.*, guy *s.*, after thwart *s.*; **–stage** (*pl.*), (*coll.*) **–stagen** (*pl.*), bowsprit shrouds (*pl.*); **obere (untere) –stage** (*pl.*), upper (lower) bowsprit shrouds (*pl.*). **Backstags / brise** *f.* quarter breeze *s. or* wind *s.*, wind *s.* on the quarter, free *or* large wind *s.*; **mit –brise segeln,** to reach; **–linie** *f.*, quarter line *s.*; **–schieber** *m.*, backstay slide(r) *s.* **Backstag / spanner** *m.*, backstay guy *s. or* spanner *s. or* tensioner *s.*; **–spannung** *f.*, backstay tension *s.*; **–strekker** *m.*, backstay lever *s.* **backstags / weise** *adv.*, on the quarter; **–weise segeln,** to quarter, to be quartering; **B–wind** *m.*, quartering breeze *s. or* of wind, quarter wind *s.*, free *or* large wind *s.*; **Segeln** *n.* **mit B–wind,** quartering *s.*; **mit B–wind segeln,** to quarter, to be quartering, to reach. **Back / stag und Strecker** *m.*, runner *s.* and lever; **–stay** *n.*, (running) backstay *s.*; **b– und voll brassen** *v.*, to back and fill.

Bade / gast *m.* (*naut., coll.*), fellow sailor *s.*; **–leiter** *f.*, boarding ladder *s.* **badengehen** *v.* (*naut., sl.*), to capsize, to turn topsy-turtle (*of boat*). **Bade / strand** *m.*, bathing beach *s.*; **–wanne** *f.* (*naut., hum.*), (old) tub *s.* (*boat*).

Bagger / prahm *m.*, hopper *s.*; **–schute** *f.*, mud boat *s.*

Bahn *f.* (*rac.*), (race) course *s.*, fetch *s.*; (*meteor.*) path *s.*, track *s.* (*of a storm*); (*astr.*) course *s.* (*of a star*), orbit *s.* (*of a planet*), path *s.*, track *s.* (*of a comet*); panel *s.*, breadth *s.*, cloth *s.* (*of sailcloth*); groove *s.*, band *s.* (*of pulley*); **Segel** *n.* **mit horizontalen (vertikalen) –en** (*pl.*), horizontal (vertical) panel sail *s.*; **die – eines Sturms,** storm track *s.*; **eine – abkürzen** (*rac.*), to shorten the course. **Bahn / abkürzung** *f.* (*rac.*), shortening *s.* of the course; **–änderungssignal** *n.* (*rac.*), course changing *or* alteration signal *s.*; **–dreieck** *n.* (*rac.*), course triangle *s.*, regatta triangle *s.*, triangular (race) course *s.*; **–marke** *f.* (*rac.*), mark *s.*; **Runden** *n.* **einer –marke,** rounding *s.* of a mark; **eine –marke runden,** to round a mark; **–schenkel** *m.* (*rac.*), fetch *s.*, leg *s.*; **–tangente** *f.*, tangent *s.* of motion; **–verkürzung** *f.* (*rac.*), shortening (of the) course *s.*

Bai *f.*, bay *s.*, bight *s.*, (*am.*) voe *s.*; **kleine –,** creek *s.*, cove *s.*

Bajonett / fassung *f.*, **–sockel** *m.* bayonet socket *s.*; **–verbindung** *f.*, **–verschluß** *m.*, bayonet joint *s.*

Bake *f.*, beacon *s.*, navigation guide *s.*, landmark *s.*; **die – liegt auf** *od.* **bei 240°,** the beacon bears 240 degrees; **mit –n versehen,** to beacon (out *or* off). **Baken / empfänger** *m.*, radio beacon receiver *s.*; **–feuer** *n.*, beacon light *s.*; **–system** *n.*, beaconage *s.*; **–tonne** *f.*, pillar buoy *s.*, (beacon) topmark buoy *s.*; beacon buoy *s.*

Balance *f.*, balance *s.*, equilibrium *s.* (*as of crew, boat*); **--Luggersegel** *n.*, balanced lug (sail) *s.*; **–reff** *n.*, balance reef *s.*; **mit –reff reffen,** to balance (*a sail*); **–ruder** *n.*, balanced rudder *s.*; **--Schweberuder** *n.*, balanced underhung rudder *s.*, spade rudder *s.* **balancieren** *v.*, to balance (*a boat*).

Balge *f.*, **Balje** *f.*, channel *s.* in the watts; (*dial.*) (wash-)tub *s.* (*of wood*).

Balken *m.* (*naut.*), beam *s.*; **achterster – der Back,** breast-beam *s.* of the forecastle; **vorderster – des Hüttendecks,** breast-beam *s.* of the poop. **Balken / bucht** *f.*, camber *s. or* round *s.* of beam; **–kiel** *m.*, bar *or* vertical *or* side-bar keel *s.*; **–roste** *m./pl.* (*naut.*), gridiron *s.*; **–stek** *m.*, timber hitch *s.*; **(ein Ende) mit einem –stek befestigen** *od.* **feststecken,** to timberhitch (a rope); **–stringer** *m.*, beam stringer *s.*; **-- und Halbstich** *m. od.* **-stek** *m.*, timber and half hitch *s.*; **–verstärkung** *f.* (*naut.*), spale *s.*

Balkweger *m.*, beam clamp *s.*, clamp *s.*, longitudinal *or* fore-and-aft beam *s.*, shelf *s.* (*shipb.*).

Ball *m.*, **(schwarzer) –,** black ball *s.* (*signal*).

Ballast *m.* (*naut.*), ballast *s.*; **fester –,** fixed *or* permanent ballast *s.*; **fliegender –,** shifting ballast *s.*; **lebender –,** weight *s.* of the crew (*for balancing the boat*); **ohne –,** unballasted (*of boat*); **übergehender** *od.* **überschießender –,** shifting ballast *s.*; **in – fahren** *od.* **segeln,** to go *or* to run *or* to sail in ballast; **mit – beladen,** to ballast with; **– abwerfen,** to jettison *or* to shed ballast; **– einnehmen,** to take in ballast; **– löschen,** to unballast (*a boat or ship*); **das Boot nimmt – an Bord,** the boat is ballasting. **Ballast / einrichtung(en** *pl.*) *f.* **(an Bord),** ballast device(s) *s.* (*pl.*); **–eisen** *n.* (*naut.*), (iron) kentledge *s.* **ballasten** *v.*, **ein Boot –,** to ballast the boat. **ballastieren** *v.*, (*s.* **ballasten). Ballast / kiel** *m.*, fin *or* ballast keel *s.*; **–kleidung** *f.*, ballast clothes (*pl.*) (*of the crew*); **–ladelinie** *f.*, ballast loadline *s.*; **–ladung** *f.*, dead freight *s.*; **–leichter** *m.*, ballast lighter *s.*; **–pforte** *f.*, ballast port *s.*; **–pumpe** *f.*, ballast (water) pump *s.*; **–tank** *m.*, ballast tank *s.*; **–verteilung** *f.*, ballast distribution *s.*; **–wasser** *n.*, ballast water *s.*; water ballast *s.*; **–wasserlinie** *f.*, ballast waterline *s.*; **–wasserpumpe** *f.*, water-ballast pump *s.*; **–wassertank** *m.*, water-ballast tank *s.*; **–widerstand** *m.*, ballast resistance *s.* (*of a boat*).

Ballon *m.*, balloon (sail) *s.*, drifter *s.*, reacher *s.*; **–fock** *f.*, balloon jib *s.* *or* foresail *s.* *or* headsail *s.*; **–sonde** *f.* (*meteor.*), sounding balloon *s.*, (*am.*, *coll.*) skyhook *s.*

Ballterminal *n.* (*naut.*), ball terminal *s.*

Balsa / holz *n.*, balsa (wood) *s.*; **--Holzkern** *m.*, balsa (wood) core *s.* (*shipb.*); **--Sandwich-Bauweise** *f.*, balsa sandwich construction *s.* (*shipb.*).

Bananenstecker *m.* (*rad.*), banana plug *s.*

Band *n.* (*naut.*), hook *s.* (*of tie or joint*), fish *s.* (*on mast*), strap *s.*; tape *s.* (*for the luff*); (*rad.*) frequency band *s.*; **Blaues –** (*rac.*), Blue Ribbon *s.* *or* Riband *s.* **Band / breite** *f.* (*rad.*), band(-pass) width *s.*; **–feder** *f.*, (flat) coil spring *s.*; **–filter** *m.* (*rad.*), band-pass filter *s.*, wave-band filter *s.*; **–maß** *n.*, measuring tape *s.*, tape-measure *s.*, flexible rule *s.*

Bändsel *n.* (*naut.*), lanyard *s.*, lashing *s.*, seizing *s.*, tie rope *s.*, stop *s.*, fox *s.*; telltale *s.* (*streamer*); **ein – aufsetzen,** to put on a seizing, to seize, to coxcomb. **Bändsel / auge** *n.*, lashing eye *s.*; **–gut** *n.*, seizings (*pl.*), (*coll.*) seizing stuff *s.*, small stuff *s.* **bändseln** *v.*, to tie together *or* up, to marry.

Band / spreizung *f.* (*rad.*), band spread *s.*; **–wahlschalter** *m.* (*rad.*), (wave-)band changeover switch *s.*

Bank *f.* (*meteor.*), bank *s.*, fog bank *s.*; (*geogr.*) bank *s.*, sand()bank *s.*, mudbank *s.*, sands (*pl.*), reef *s.*, shoal *s.*; sand(-)bar *s.*, (*am.*) levee *s.* (*at estuaries or harbours*); **eine –bilden** (*meteor.*), to bank up (*of clouds*).

Bar *n.* (*meteor.*), bar *s.* (*750 mm mercury*).

Barber-Hauler *m.*, barber hauler *s.*, bull rope *s.*

barisch *adj.* (*meteor.*), baric. **Barisches Windgesetz** *n.*, Buys Ballot's law *s.*

Bark *f.*, bark *s.*, barque *s.*

Barkasse *f.*, launch *s.*, longboat *s.*; **offene –,** open launch *s.*; **–nführer** *m.*, launchman *s.*, launch driver *s.*; **–nheck** *n.*, square stern *s.*

Barke *f.*, Mediterranean fishing craft *s.*; (*Scots*) gabbard *s.*, gabbart *s.*

Barkentine *f.*, **Barkschoner** *m.*, barkentine *s.*, barquentine *s.*

Baro / gramm *n.* (*meteor.*), barogram *s.*; **–graph** *m.* (*meteor.*), barograph *s.*

Barometer *n.*, barometer *s.*, weatherglass *s.*, rain glass *s.*, (*coll.*) glass *s.*; **das – fällt,** the barometer *or* (*coll.*) glass is going down *or* falling *or* drops; **das – fällt um 5 Strich** *od.* **Zehntel,** the glass is going down five points *or* tenth; **das – steigt,** the barometer *or* (*coll.*) glass is going up *or* rising. **Barometer / ablesung** *f.*, barometer reading *s.*; **–höhe** *f.*, barometric height *s.*; **–säule** *f.*, barometric column *s.*; **–stand** *m.*, barometer *or* barometric reading *s.*, barometric level *s.*, height *s.* of the barometer. **Barometrie** *f.* (*meteor.*), barometry *s.* **barometrisch** *adj.*, barometric(al); **–es Gefälle,** barometric(al) drop *s.* *or* gradient *s.*; **–e Höhe,** pressure altitude *s.*; **–es Maximum,** barometric max(imum) *s.*; **–es Minimum,** depression *s.*

Barraterie *f.* (*naut.*), barratry *s.*

Barre *f.*, bar *s.* (*at estuary*), (*am.*) overslaugh *s.*; **– vor einem Hafen,** port bar *s.* **barrebehindert** *adj.*, bar-bound. **Barre / hafen** *m.*, bar(red) port *s.*; **–lotse** *m.*, bar pilot *s.*; **–signal** *n.*, bar signal *s.*; **–tief** *n.*, **–tiefe** *f.*, bar draught *s.* (*am.* draft *s.*).

Barriere / eis *n.*, shelf ice *s.*; **–riff** *n.*, barrier reef *s.*; **–tief** *n.*, **–tiefe** *f.*, bar draught *s.* (*am.* draft *s.*).

Barring *f.* (*naut.*), boom *s.*

Basis *f.* (*naut.*), base *s.*; (*tech.*) base *s.*, foot *s.*, pedestal *s.*; (*geom.*) base *s.* (*of triangle*), (*math.*) base *s.*, radix *s.*, root *s.*; base-line *s.*

basis *s.*; **–einheit** *f.*, base unit *s.*, System *s.* International; **–hafen** *m.*, base *or* standard port *s.*; **–laufzeit** *f.* (*Loran*), basis line delay *s.*; **–linie** *f.*, base(-)line *s.*; **–winkel** *m.*, base angle *s.* (*of triangle*).

Bassin *n.* (*naut.*), basin dock *s.*

Bastardbalken *m.* (*naut.*), cross-beam *s.*, half-beam *s.*

Bathometer *n.* (*naut.*), bathometer *s.*

Bathy/meter *n.* (*naut.*), bathymeter *s.*; **–skaph** *m.*, bathyscaphe *s.*

Batterie *f.*, battery *s.*; **elektrische –,** electric battery *s.*; **entladene** *od.* **erschöpfte –,** run-down *or* exhausted battery *s.*; **voll aufgeladene –,** fully charged battery *s.*; **eine – aufladen,** to charge a battery. **batterie/betrieben** *adj.*, **–gespeist** *adj.*, battery operated; **B–(auf)-ladegerät** *n.*, battery charger *s. or* (*am.*) accumulator *s.*

Bau *m.* (*naut.*), construction *s.* (*of boat*), make *s.* (*of sails*); **im – befindlich,** to be on the stocks, to be under construction (*boat*). **Bauart** *f.*, (type of) construction *s.*, styling *s.*, design *s.*, model *s.*, make *s.* (*of boat or sail*).

Bauch *m.*, depth *s.*, fullness *s.*, flow (bunt) *s.*, bunt(ing) *s.*, belly *s.*, bulge *s.*, camber *s.*, swell *s.*, aerodynamic shape *s.* (*of a sail*); **den – (eines Segels) in der Mitte haben,** to have the draught (*am.* draft) in the middle; **den – (eines Segels) nach hinten verlagern,** to move the draught (*am.* draft) aft; **den – (eines Segels) nach vorne verlagern** *od.* **ziehen,** to move the draught (*am.* draft) forward; **den – (eines Segels) zu weit vorne haben,** to have the draught (*am.* draft) too far forward; **der – (des Segels) wandert nach hinten,** the draught (*am.* draft) moves aft. **Bauchdiele** *f.* (*naut.*), foot waling *s.* **Bauchen** *n.*, swell *s.*, swelling *s.* (*of a sail*). **bauchen** *v.*, **sich –,** to swell, to belly (out) (*of sails*). **Bauch/gording** *f.*, bunt-line *s.*; **–gordingskleid** *n.*, buntline cloth *s.* **bauchig** *adj.*, full, bellied, bulging (*of sails*); **ein Segel –er machen,** to make the sail fuller. **Bauchigkeit** *f.*, depth *s.*, fullness *s.*, bulginess *s.*, curvature *s.* (*of sails*). **Bauchstück** *n.* (*naut.*), floor timber *s.* **Bauchung** *f.*, depth *s.*, fullness *s.*, belly *s.*, swell *s.* (*of sails*); bulge *s.* (*of boat or sail*). **Bauch/wegerung** *f.* (*naut.*), floor ceiling *s.*; **–zange** *f.* (*tech.*), crucible tongs (*pl.*); **–zirkel** *m.*, callipers (*pl.*).

Baudock *n.*, building dock *s.*

bauen *v.*, **ein Segel –,** to build a sail; **eine Yacht –,** to construct a yacht.

Bau/fehler *m.* (*naut.*), structural fault *s.*; **–helling** *f.*, building slip(way) *s.*; **–holz** *n.*, timber *s.* (*shipb.*); **–jahr** *n.*, year *s.* of construction (*boat*), year *s.* of manufacture (*sail*); **–kastensystem** *n.*, unit construction *s.*, construction *s. or* manufacture *s.* of standardized units (*shipb.*). **baulich** *adj.*, **–e Änderung,** structural alteration *s.* (*shipb.*).

Baum *m.* (*naut.*), boom *s.*, pole *s.*, spar *s.*; derrick *s.*; **einen – ausfahren (einholen),** to rig out (in) a boom; **– der Baumfock,** Bentinck boom *s.* **Baumachterholer** *m.*, brace *s.*, guy *s.*

Baumaterial *n.*, building material *s.* (*shipb.*).

Baum/aufholer *m.*, (boom) uphaul *s.*, topping lift bullrope *s.*, bridle pennant *s.*; **–bock** *m.*, boom crutch *s.*; **–bügel** *m.*, boom gimbals (*pl.*) *or* iron *s.*; **–dirk** *f.*, boom topping lift *s.*; **–ende** *n.*, end *s.* of the boom; **Schoten** *n.* **über das –ende,** boom-end sheeting *s.*; **das Segel am –ende trimmen,** to sheet the sail to the end of the boom; **–fock** *f.*, boom jib *s.*; **–fuß** *m.*, boom foot *s. or* socket *s.*; **–galgen** *m.*, beam *or* derrick gallows (*pl.*); **–geere** *f.*, boom guy *s. or* (*am.*) vang *s.*; **–geld** *n.*, boom-age *s.* (*in harbour*); **–gleitschiene** *f.*, boom track *s.*; **–höhe** *f.*, height *s. or* size *s.* of boom; **–kahn** *m.*, dugout canoe *s.*; **–liek** *n.*, foot rope *s.*; **b–los** *adj.*, poleless; **b–lose Spinnaker-Genua** *f.*, poleless spi(nnaker) *s.*, gennaker *s.*; **–niederhalter** *m.*, **–niederholer** *m.*, kicking strap *s.*, guy vang *s.*, (*coll.*) kicker *s.*, (*am.*) (boom) vang *s.*; **–niederholertalje** *f.*, kicking strap *or* (*am.*) boom vang tackle *s.*; **–nock** *f.*, **die –nock hochschlagen,** to scandalize a sail; **–schere** *f.*, crutch *s.*; **–schiene** *f.*, boom track *s.*; **–schot** *f.*, boom sheet *s.*; **–segel** *n.*, boom sail *s.*; **–(niederholer)spannung** *f.*, vang tension *s.*; **–spur** *f.*, boom track *s.*; **–stamm** *m.*, **im Fluß treibender –stamm,** snag *s.*; **gegen einen –stamm treiben,** to snag (*of boat*); **–stumpf** *m.* (*am.*), snag *s.* (*under water*); **voller –stümpfe** *m./pl.* **und Hindernisse** (*am.*), snaggy (*of river*); **–stütze** *f.*, boom crutch *s.*; **–talje** *f.*, boom tackle *s.*; **–typ** *m.*, type *s.* of boom; **–vorholer** *m.*, boom forehaul *s.*

Baumwoll/tau(werk) *n.*, cotton rope *s.*; **–tuch** *n.* (*pl.* **–tuche**), cotton canvas *s. or* (*coll.*) duck *s.* (*sailcloth*).

Bau/nummer *f.*, hull number *s.*, yard number *s.*, serial number *s.* (*of boats*).

bauschen *v.*, **sich –,** to bag, to belly, to billow (out), to bulge, to pouch, to swell (*of sails*). **bauschig** *adj.*, full, baggy, bulging, bulgy (*of sails*).

Bau/spant *n.*, (construction) frame *s.*, construction section *s.* (*shipb.*); **–spantenriß** *m.*, (construction) body plan *s.*, frame(-)lines (*pl.*); **–stahl** *m.*, structural steel *s.* (*shipb.*); **–teil** *m.* (*od. n.*), section *s.* (*shipb.*); **vorgefertigter –teil** *m.*, pre-fab(ricated) section *s.* (*shipb.*); **–vorschriften** *f.*/*pl.*, building regulations (*pl.*), construction rules (*pl.*); **–weise** *f.*, building *s.*, construction *s.* (*of boats*), make *s.* (*of sails*); **–werft** *f.*, fitting *or* building yard *s.*; **–zertifikat** *n.*, builder's certificate *s.*

beanspruchen *v.* (*phys., tech.*), to strain, to stress; **Material zu sehr –,** to put too much strain *or* stress on material (*boat, sail, etc.*). **Beanspruchung** *f.* (*phys., tech.*), load *s.*, strain *s.*, stress *s.*; **statische –,** static stress *s.*; **zulässige –,** safe load *s.*, working stress *s.*; **der – standhalten,** to stand the strain (*of boat, sail, etc.*); **– durch Schwerwetter,** heavy-weather stress *s. or* strain *s.* (*sails*).

beantworten *v.*, **ein Signal –,** to repeat a signal; to reply to a signal.

bearbeiten *v.* (*tech.*), to treat, to work (*as upper or quick work of a boat*). **Bearbeitung** *f.* (*tech.*), treatment *s.*; finish *s.* (*of sailcloth*); **–sverfahren** *n.* (*tech.*), treatment *s.*

Beatmung *f.*, **(künstliche) –,** (artificial) respiration *s.*

Beaufort Skala *f.*, Beaufort('s) scale *s.*

Beaufsichtigung *f.* **(von Havarie-Instandsetzungsarbeiten),** survey *s.* (of damage repairs).

Bebakung *f.*, beaconing *s.* (*of a fairway, etc.*).

Beben *n.*, quake *s.*, earthquake *s.*, seaquake *s.*, submarine (earth)quake *s.* **beben** *v.*, to quake (*earth and submarine*). **Bebenmesser** *m.*, seismograph *s.*

Becken *n.* (*geogr.*), basin *s.*; basin *s.* of a port; vortex *s.* (*of a whirlpool*); **binnenländische –gegend** *f. od.* **–region** *f.*, continental basin *s.*

bedaren *v.*, to becalm (*of wind and sea*).

bedecken *v.t.* (*naut.*), to convoy; (*astr.*) to occult; to cover (*boat, etc.*); **(sich) –** (*meteor.*), to overcast, to become overcast, to overcloud. **bedeckt** *adj.* (*meteor.*), overcast; **der Himmel ist –,** the sky is overcast. **Bedeckung** *f.* (*naut.*), convoy *s.*, escort *s.*; (*astr.*) occultation *s.*; cover(ing) *s.* (*of boat, etc.*); (*meteor.*) overcast *s.*; **leichte (schwere) –** (*meteor.*), slight (heavy) overcast *s.*; **–sgrad** *m.* (*meteor.*), cloud amount *s.*, degree *s.* of cloudiness.

bedienen *v.* (*naut., tech.*), to attend, to wait (*boat, sails*); to handle (*a windlass, etc.*); (*rad.*) to operate; to work (*an engine*). **Bedienung** *f.* (*naut., tech.*), attendance *s.*, handling *s.*; (*rad.*) operation *s.* **Bedienungs / anweisung** *f.*, operating instructions (*pl.*); **–fehler** *m.*, operating error *s.*, error *s.* in operation; **–knopf** *m.* (*rad.*), control knob *s.*; **–mannschaft** *f.*, working gang *s. or* party *s.*; **–pult** *n.* (*rad., etc.*), operating *or* control desk *s.*; **–teile** *m.*/*pl.*, control elements (*pl.*), controls (*pl.*); **–vorschriften** *f.*/*pl.*, operating *or* working instructions (*pl.*).

Bedingungen *f.*/*pl.* (*naut.*), conditions (*pl.*) (*of wind and waves*), weather conditions (*pl.*); **günstige –** (*rac.*), optimum (weather) conditions (*pl.*); **unter schwierigen –** (*rac.*), in sloppy conditions (*pl.*) (*of the sea*).

bedrängen *v.*, **ein Boot –** (*rac.*), to corner a boat.

bedrohlich *adj.*, threatening, menacing (*of weather*); **–es Wetter,** ugly weather *s.*; **– aussehen,** to threaten (*as weather*); **– aussehendes Wetter,** threatening weather *s.*; **– aussehende Wolken** *f.*/*pl.*, lowering overcast *s.*; **das Wetter sieht – aus,** the weather threatens. **Bedrohlichkeit** *f.* **des Wetters,** ugliness *s.* of the weather.

bedrückend *adj.*, **–e Hitze,** oppressive heat *s.*; **–es Wetter,** depressing weather *s.*

beeilen *v.t.*, to hasten, to hurry, to speed up (*in an approaching storm*); *v.r.*, to hurry (up), to make haste, to be quick; **Beeil dich!** (*int.*), hurry up!, be quick!.

beendigen *v.* (*rac.*), to end, to finish, to bring to an end, to terminate (*a race*). **Beendigung** *f.* (*rac.*), close *s.*, completion *s.*, end *s.*, finish *s.* (*of a race*); **– eines Segeltörns,** end *s. or* completion *s.* of a sail *or* voyage.

beengt *adj.*, **–er Raum,** confined *or* narrow space (*in a yacht*).

Beepboje *f.*, beep buoy *s.* **Beeper** *m.*, beeper *s.*

Beerentang *m.*, sargasso *s.*, sargassum *s.*

Befähigung *f.* (*naut.*), competence *s.*, capacity *s.*, qualification *s.*; **–snachweis** *m.* (*naut.*), certificate *s.* of competency *or* capability *or* qualification; **–sschein** *m.* **(für Handelskapitäne),** certificate *s.* (for merchant captains).

befahrbar *adj.* (*naut.*), accessible, navigable, passable, sailable, voyageable; **für Hochseeyachten –,** navigable for *or* by sea-going yachts. **Befahrbarkeit** *f.* (*naut.*), navigability *s.* (*of a waterway*). **befahren** *v.* (*naut.*), to sail (*the sea*), to navigate (*a channel or river*); **Küsten –,** to sail along the coasts; **– sein,** to know the ropes (*of sailors*); **–e Route** *f.*, travelled sea lane *s. or* track *s. or* route *s.*; **–e Seeleute** (*pl.*) (*coll.*), old salts (*pl.*), old tars (*pl.*).

befallen *v.*, **von einem Sturm – werden,** to be overtaken by a storm.

Befehl *m.* (*naut.*), command *s.*, order *s.*; **zu –!**

(*naut.*, *int.*), aye, aye, sir *or* cap'n!; **bis auf weiteren –,** till further orders; **den – übernehmen** (*naut.*), to take command (*of a ship*); **einen – überschreiten,** to exceed one's orders; **– geben, das Schiff zu verlassen,** to give order to abandon ship; **– zum Auslaufen,** sailing orders (*pl.*). **befehligen** *v.* (*naut.*), to command *or* to be in command of (*a ship*); **befehligt von,** under the command of. **Befehlshaber** *m.* (*naut.*), commander-in-chief *s.*

befestigen *v.* (*naut.*, *tech.*), to attach (**auf** *od.* **an,** on *or* to), to fasten, to fix, to secure, to make fast (*loose gear, tackle, etc.*); to strengthen, to stiffen (*mast*); to nail (down) (*with nails*). **Befestigung** *f.* (*naut.*, *tech.*), fastening *s.*, fixing *s.*, securing *s.* (*of gear or tackle*); **–sschraube** *f.*, set-screw *s.*, fixing screw *s.*

befeuern *v.* (*naut.*), to mark with lights (*coast, etc.*). **Befeuerung** *f.* (*naut.*), lights (*pl.*), beacons (*pl.*), markers (*pl.*), navigational aids (*pl.*).

Befiederung *f.* (*meteor.*), barbs (*pl.*) *or* symbols (*pl.*) on arrows (*weather chart*).

befinden *v.r.*, **sich –** (*naut.*), to be, to stand (*of boat*); **sich auf der Heimfahrt** *od.* **-reise –,** to be homeward-bound (*of boat*); **sich auf hoher See –,** to be on the high seas; **sich in ernsthafter Gefahr –,** to be in grave danger *or* (*coll.*) in real trouble (*of boat*); **sich in einer Linie – mit,** to be *or* to stand in line with (*of boat*).

beflaggen *v.*, to dress (ship). **Beflaggung** *f.*, flags (*pl.*), bunting *s.* (*of boat or ship*).

beflecken *v.*, to stain, to soil, to spot (*a sail*). **befleckt** *pr.p.*, stained, marked; **durch Seewasser –,** stained *or* marked by sea *or* salt water. **Befleckung** *f.*, stain(ing) *s.* (*of sails*).

Beförderung *f.* (*naut.*), shipment *s.*; **– auf dem Wasserweg,** waterborne transport *s.*

befreien *v.*, **sich von Ballast –,** to get rid of ballast. **Befreiungsgriffe** *m./pl.* **(von Rettungsschwimmern),** releasing trick *s.* (of lifeguard).

befristet *adj.*, **–e Einreiseerlaubnis,** entry permit *s.* for a stipulated period.

begegnen *v.*, **sich auf See –,** to rendezvous at sea (*of boats*).

Beginn *m.* (*rac.*), start *s.*, beginning *s.* **beginnen** *v.*, to start, to begin; **die Regatta beginnt in einer Stunde,** the regatta *or* race starts in an *or* in one hour *or* in an hour's time.

Begleiter *m.* (*astr.*), comes *s.*, companion *s.*

Begleitschiff *n.*, tender *s.*; **offizielles –,** official escort (vessel) *s.*

begrenzt *adj.* (*naut.*), limited; (*meteor.*) limited, moderate; **–e Segelausstattung** *f.* (*rac.*), restricted *or* limited sail inventory *s.*; **–e Sicht** *f.*, limited *or* moderate visibility *s.* **Begrenzungsschott** *n.*, boundary bulkhead *s.*

begrüßen *v.*, **ein Boot (auf See) –,** to hail a boat.

begutachten *v.*, **einen Havarieschaden –,** to assess the damage. **Begutachtung** *f.* **eines Havarieschadens,** assessment *s.* of damage.

behaltener Kurs *m.*, true course *s.*

Behälter *m.*, container *s.*, vessel *s.*, (*coll.*) holdall *s.*; **flexibler –,** flexible container *s.*; **geschlossener (offener) –,** closed (open) container *s.*; **zusammenlegbarer –,** collapsible container *s.*

behandeln *v.*, to treat (*boat, sail, etc.*); to handle (*a boat or sail*). **Behandlung** *f.* (*naut.*, *tech.*), treatment *s.*, handling *s.* (*of boat or sail*).

beharren *v.* (*phys.*), to remain inert *or* motionless *or* in a state of inertia. **Beharrungs/gesetz** *n.* (*phys.*), law *s.* of inertia; **–moment** *n.* (*phys.*), moment *s.* of inertia; **–vermögen** *n.* (*phys.*), inertia *s.*, persistence *s.* of motion.

Beheizung *f.* **(einer Yacht),** warming *s.* (of a yacht).

Behelf *m.*, makeshift *s.* **behelfen** *v.*, **sich mit einem Notmast –,** to make do with a jury mast. **behelfsmäßig** *adj.*, makeshift; **– getakeltes Boot,** jury-rigged boat *s.*; **–e Vorrichtung** (*tech.*), rig *s.* **Behelfsmittel** *n.*, expedient *s.*

behilflich *adj.*, **einem anderen Segler – sein,** to lend a yachtsman a helping hand, to help *or* to assist a(nother) yachtsman.

behindern *v.* (*naut.*), to hinder, to hamper (*boats*); (*rac.*, *coll.*) to pocket (*other boats*). **behindert** *adj.* (*naut.*), bound; **durch Eis –,** icebound; **durch** *od.* **vom Nebel –,** fog-bound; **durch Schlechtwetter –,** weather-bound. **Behinderung** *f.* (*naut.*), encumbrance *s.*, handicap *s.*, obstacle *s.*, (*meteor.*) impediment *s.*; (*rac.*) pocket *s.*; **im –sfall** (*rac.*), in case of being prevented.

Behmlot *n.*, fathometer *s.*

bei *adv.* (*naut.*), **alles –,** all standing, under full sail; **alles – lassen,** to let all standing; **voll und –,** full and by; *prep.*, **– günstigem Wind** (*naut.*, *rac.*), weather permitting; **– schlechtem Wetter,** in case of bad weather; **– Leicht-(Mittel-, Stark)wind,** in light (medium, heavy) air; **bei Leicht(Mittel-, Schwerwetter)-bedingungen** *f./pl.*, in light (medium, heavy) weather *or* air *or* wind and wave conditions; **– Nacht,** at night; **– Sonnenaufgang,** at sunrise *or* (*am.*) sun(-)up; **– Tag,** by day, in the day(-)time; **– dem** (*od.* **beim**) **Wind,** close(-) hauled; **beim Wind segeln,** to sail close to the wind, to sail close-hauled.

Bei/anker *m.*, kedge *s.*; **b–bändseln** *v.*, to secure loose gear, to tie (up *or* together); **–boot** *n.*, dinghy *s.*, cock(-)boat *s.*, cockle boat *s.*, jolly boat *s.*, pinnace *s.*, gig *s.*, tender *s.*, (*am.*, *dial.*) tag boat *s.*; **großes –boot** *n.*, longboat *s.*; **–-dem-Winder** *m.*, close-hauled boat *s. or* ship *s. or* vessel *s.*

beidrehen *v.*, to heave to (the wind), to bring a boat to (the wind), to lay off *or* to, to lie, to round to, to turn to (*of boat*); **zum Ankerplatz –,** to heave to *or* to turn into the anchorage; **das Boot dreht bei,** the boat rounds to; **beigedreht liegen,** to lie ahull, to lie to (*of boat*).

Beifangen *n.* (*naut.*), frapping *s.* **beifangen** *v.*, to secure loose gear; to frap (*a sail*).

beiholen *v.*, to haul aback (*sails*); to haul aft *or* home *or* in (*sheets*), to tally (*sheets*); **die Schoten –,** to haul home *or* in the sheets. **Beiholer** *m.*, barber(-)hauler *s.*, breast line *s.*, bull rope *s.*, guest *or* guess rope *s.*, messenger *s.*; towing bridle *s.*

beiklappbar *adj.*, collapsible, foldable (*as dining or dinette table, etc.*).

Beilagscheibe *f.* (*naut.*), rove *s.*; (*tech.*) locking plate *s.*; **kleine –,** burr *s.*

Beilbrief *m.* (*naut.*, *obs.*), ship's register *s.*

Beilegen *n.* (*naut.*), heaving to, laying to (*of boat*). **beilegen** *v.*, to heave to, to lie to (*boat*); **nahe am Ufer –,** to lay to near the shore.

beilfertig *adj.* (*naut.*, *obs.*), work *s.* on the hull completed, finished all but rigging (*shipb.*).

Beiliegen *n.* (*naut.*), lying-to *s.*, heaving-to *s.* **beiliegen** *v.*, to heave to, to lie to, to be lying to, (to be) hove to; **unter Sturmsegeln –d,** atry.

beim (= **bei dem**) *prep.*, **– Wind,** close-hauled; **hart – Wind,** close-hauled; **hart – Wind segeln,** to sail close to the wind. **Beim-Winder** *m.*, (*s.* **Bei-dem Winder**).

Bein *n.* (*naut.*, *rac.*, *sl.*); **langes –,** long leg *s.* (*when beating*).

Beischiff *n.*, cock-boat *s.*, cockle boat *s.*, pinnace *s.*, tender *s.*; depot boat *s. or* ship *s.*

Beisegel *n.*, (light) additional sail *s.*; staysail *s.*, studding sail *s.*; drifter *s.*, genoa *s.*, reacher *s.*, spinnaker *s.*, tallboy *s.*, miz(z)en (staysail) *s.* **beisegeln** *v.*, to sail close-hauled.

beisetzen *v.* (*naut.*), **Segel –,** to make sail, to set (the) sail(s); **alle Segel –,** to crowd all sails, to spread the sails; **mehr** *od.* **zu viele Segel –,** to press sail; **jem. auf See –,** to bury s.b. at sea.

beißend *adj.*, **–e Kälte,** nipping *or* nippy cold *s.*, sharp *or* pinching cold *s.*; **–er Wind,** nipping *or* nippy *or* sharp wind *s.*

Beißzange *f.* (*tech.*), nippers (*pl.*), pincers (*pl.*).

Beistand *m.*, aid *s.*, assistance *s.*, help *s.*, support *s.*; **– anfordern,** to ask for *or* to require assistance *or* help; **jem. – leisten,** to lend a helping hand (to s.b.), to render assistance; **–spflicht** *f.* **(auf See),** (obligatory) duty *s. or* liability *s.* to render assistance (at sea).

beistechen *v.* (*naut.*), to sail close-hauled.

beistehen *v.* (*naut.*), to stand by; to help, to assist, to render assistance. **Beisteher** *m.* (*naut.*), consort (vessel) *s.*

beistoppen *v.* (*naut.*), to heave to; **beigestoppt liegen,** to lie hove to (*boat*). **Beistopper** *m.*, messenger *s.*, guest *or* guess rope *s.*; towing bridle *s.*; **–winsch** *f. od.* **–winde** *f.*, messenger winch *s.*

Beitel *m.* (*tech.*), chisel *s.*

beitreten *v.*, **einem (Yacht)Club –,** to join a (yacht) club, to become a member of a (yacht) club. **Beitritt** *m.*, joining *s.* (*a yacht club*); **–sgesuch** *n.*, application *s.* for membership.

Beiwerk *n.* (*naut.*), accessories (*pl.*), trimming *s.*

Beize *f.*, stain *s.*, stainer *s.* (*wood boat*); corrosive *s.* **Beizen** *n.*, staining *s.* (*of wood boat*). **beizen** *v.*, to stain (*wood*).

beizeisen *v.*, to frap (*sails*); to secure loose gear. **beizurren** *v.*, (*s.* **beizeisen**).

bejahen *v.* (*rad.*), to answer in the affirmative; **ein Signal –,** to affirm a signal. **Bejahungsflagge** *f.*, flag *s.* of affirmation, affirmative flag *s.*

bekalmen *v.*, to becalm, to calm (down); **das Boot ist bekalmt,** the boat is becalmed *or* is blanketed by a sail *or* lies without wind.

bekleiden *v.* (*naut.*), to marl, to serve (*ropes*). **Bekleidung** *f.*, **–smaterial** *n.* (*naut.*), service *s.* (*of ropes*); (*tech.*) jacketing *s.*

beklemmen *v.* (*naut.*), to lap over, to ride (*of ropes*). **beklemmend** *adj.*, **–e Luft,** oppressive *or* stifling *or* suffocating atmosphere *s.*

Bekneifen *n.* (*naut.*), jamming *s.*, nipping *s.* (*lines*). **bekneifen** *v.*, to jam, to nip (*a line*).

bekommen *v.t.*, **eine Funkstation –,** to pick up a station; **ein Leck –,** to spring a leak; **eine lose Planke –,** to spring a butt (*wood boat*); **in den Scheinwerfer –,** to pick up (*a boat, etc.*); **(ein bisher verdecktes Objekt) in Sicht –,** to open.

Beladen *n.* (*naut.*), loading *s.* **beladen** *v.* (*naut.*), to load (*a ship*); **in –enem Zustand,** in load condition (*of boat*). **Beladung** *f.* **über Bojen,**

offshore loading *s.*

Belag *m.* (*naut.*), surface planking *s.*; (*tech.*) covering *s.*, layer *s.*, lining *s.*; coat(ing) *s.* (*of paint*).

Belastbarkeit *f.* (*naut., phys.*), load *or* carrying capacity *s.* **belasten** *v.* (*phys., tech.*), to load, to strain, to stress; **zu sehr** *od.* **zu stark –,** to overload, to overlade (*boat*); to overcharge; to overstrain (*sailcloth, etc.*). **Belastung** *f.* (*phys., tech.*), load(ing) *s.*, strain *s.*, stress *s.*; **dynamische –** (*phys.*), dynamic stress *s.*; **konstante –,** dead load *s.*; **statische –,** static load *s. or* stress *s.*; **zulässige –** (*naut., tech.*), safe *or* working load *s.*; **– (eines Bootes) bei** *od.* **im Seegang,** strain *s.* (of a boat) in a heavy sea, wave load *s.* **Belastungs/fähigkeit** *f.* (*naut., phys., tech.*), load capacity *s.*; **maximale –fähigkeit** *f.*, maximum yield strength *s.* (*sailcloth*); **–grenze** *f.*, maximum load *s.*; **–koeffizient** *m.*, load coefficient *s.*; **–probe** *f.*, load test *s.* (*of boat, sail, etc.*); **–spitze** *f.*, peak-load *s.*; **–verteilung** *f.*, distribution *s.* of load, load distribution *s.*; **–widerstand** *m.* (*phys., tech.*), load resistance *s.*

belegen *v.* (*naut.*), to belay, to cleat, to make fast (*a line, rope or cable*); **ein Ende –,** to belay a rope; **eine Leine** *od.* **Trosse an einem Poller –,** to secure a line *or* rope to a bitt *or* bollard; **mit einem zusätzlichen Törn –,** to double-bitt (*a rope*). **Beleg/holz** *n.* (*naut.*), bitts (*pl.*); **–klampe** *f.*, cleat *s.*, belaying cleat *s.*; **große –klampe** *f.*, kevel *s.*, cavel *s.*; **–-Kreuzklampe** *f.*, belaying cleat *s.*; **–leine** *f.*, belaying line *s. or* rope *s.*, mooring line *s. or* hawser *s.*; **–leine aufklaren** *od.* **klarieren!** (*com.*), clear (the) line!; **–leine fest!** (*com.*), mooring line (a)vast!; **–leine los!** (*com.*), let go (the line)!; **–leine nach Backbord (Steuerbord)!** (*com.*), line to port (starboard)!; **–nagel** *m.* (*naut.*), belaying pin *s.*, jack pin *s.*, tack pin *s.*; **–poller** *m.*, belaying bitt *s.*, bollard head *s.*; **–trosse** *f.*, mooring hawser *s.*

Belegungszeit *f.* (*rad.*), call time *s. or* period *s.*

Belüften *n.* (*naut.*), ventilation *s.* (*of a yacht*). **belüften** *v.*, to air, to ventilate (*a yacht*). **Belüftung** *f.*, ventilation *s.*; **–sanlage** *f.*, ventilator *s.*, fan *s.*, ventilating *or* ventilation system *s.* (*of a yacht*).

bemallen *v.*, to mould, (*am.*) to mold (*shipb.*).

bemannen *v.* (*naut.*), to man (*a boat*); **ein Boot zu schwach (stark) –,** to underman (overman) a boat. **bemannt** *pr.p.*, manned (*of boat*); **gut (und ausreichend) –,** well (and sufficiently) manned; **leicht** *od.* **nicht voll –,** light-handed (*of boat*); **schwach** *od.* **ungenügend –,** short-handed, under(-)manned (*of boat*). **Bemannung** *f.*, manning *s.* (*of a boat or pump, etc.*); crew *s.*, ship's company *s.*; **volle –,** full complement *s.* (*of a yacht*).

bemasten *v.*, to mast (*a boat*), to equip *or* to furnish (*a boat*) with masts; **ein Boot neu** *od.* **wieder –,** to remast a boat. **bemastet** *adj.*, masted (*of boat*). **Bemastung** *f.*, masting *s.* (*of a boat*).

bemessene Leistung *f.* (*tech., elec.*), rated load *s.* **Bemessung** *f.* (*naut., tech., elec.*), rating *s.*

bemoost *adj.*, mossy (*of quick work*).

bemusen *v.* (*naut.*), to mouse; **einen Haken –,** to mouse a hook.

benebeln *v.t.* (*meteor.*), to befog, to cloud (over), to obscure, to dim. **benebelt** *adj.* (*meteor.*), covered in mist, fogged, clouded over.

benept *adj.* (*naut.*), neaped.

benetzt *adj.*, **–e Oberfläche** (*naut.*), wetted surface *s.* (*of a boat*).

benötigen *v.*, **dringend Hilfe –,** to be in urgent need *or* want of help *or* assistance.

Benzin *n.*, petrol *s.*, naphtha *s.*, (*am.*) gasoline *s.*, (*sl.*) soup *s.*; **– (am Pier) einnehmen,** to petrol (at the jetty). **Benzin/behälter** *m.*, petrol tank *s.*, (*am.*) gasoline container *s.*, (*sl.*) jerry-can *s.*; **–filter** *m.*, petrol filter *s.*; **–kapazität** *f.*, fuel capacity *s.*; **–stand** *m.*, petrol *or* (*am.*) gasoline level *s.*; **–standsanzeiger** *m.*, **–stand(s)-messer** *m.*, petrol *or* fuel ga(u)ge *s.*; **–tank** *m.*, petrol *or* (*am.*) gasoline tank *s.*

beobachten *v.* (*naut.*), to watch, to outlook; (*astr.*) to observe, to sight; **die Höhe –** (*naut., astr.*), to sight. **Beobachter/breite** *f.* (*naut.*), observer's latitude *s.*; **–höhe** *f.* (*naut.*), observer's altitude *s. or* (*astr.*) elevation *s.* **Beobachtung** *f.* (*naut., astr.*), observation *s.*, sight *s.*; **astronomische –,** astronomical observation *s.*; **meteorologische –,** meteorological observation *s.*; **synoptische –,** synoptic(al) observation *s.*; **eine ausrechnen,** to work an observation; **– mit dem Sextanten,** sextant observation *s. or* sight *s.* **Beobachtungs/bereich** *m.* (*radar*), detection range *s.*; **–breite** *f.* (*naut.*), observer's latitude *s.*; **–fehler** *m.*, error *s.* of observation; **–höhe** *f.*, observer's altitude *s.*; **–meldung** *f.* (*meteor.*), meteorological *or* observation report *s. or* message *s.*; **–station** *f.*, observatory *s.*; **–zeit** *f.*, time *s.* of observation.

bepanzert *adj.* (*naut.*), armour-plated (*ship for ice, etc.*).

Beplanken *n.* (*naut.*), planking *s.* **beplanken** *v.*, to plank (*a boat*). **Beplankung** *f.*, planking *s.* (*shipb.*); **–sart** *f.*, system *s.* of planking (*shipb.*).

Beplatten *n.* (*naut.*), plating *s.*; skin *s.* (*of a ship*). **beplatten** *v.*, to plate (*a ship*). **Beplattung** *f.* plating *s.* (*shipb.*).

bequem *adj.*, **–er Wind,** fair wind *s.*

Beratungslotse *m.*, consulting *or* advisory pilot *s.*

berechnen *v.* (*naut.*), to calculate, to reckon; **Kurs und Geschwindigkeit –,** to calculate course and speed; **berechnete Zeit** *f.* (*rac.*), corrected time *s.* **Berechnung** *f.* (*naut.*), estimate *s.*, fixing *s.*, calculation *s.*, reckoning *s.* **Berechnungs / breite** *f.*, fix *s.*, calculated *or* estimated latitude *s.*; mo(u)lded breadth *s.* (*shipb.*); **–fehler** *m.*, error of *or* in calculation; **–länge** *f.*, designed *or* mo(u)lded length *s.* (*shipb.*); **–tabelle** *f.*, ready reckoner *s.*; **–tiefgang** *m.*, designed *or* mo(u)lded draught *s.* *or* (*am.*) draft *s.* (*shipb.*).

bereedern *v.*, to husband (*a yacht*).

Bereich *m.* (*rad.*, *radar, naut.*), range *s.*, reach *s.*, scope *s.*, zone *s.*; area *s.* (*of sails*); **ausgedehnter** *od.* **großer** *od.* **weiter –** (*rad.*, *etc.*), wide range *s.*; **gesamter** *od.* **voller** *od.* **vollständiger –** (*rad.*, *etc.*), full range *s.* **Bereichs / anzeiger** *m.* (*radar*), range indicator *s.*; **–(wahl)-schalter** *m.* (*rad.*, *radar*), range (selector) switch *s.*

bereift *adj.*, frost-covered, covered *or* white with (hoar-)frost, rime-frosted, rimy.

Bereisungs / boot *n.*, **–schiff** *n.*, inspection *or* survey(ing) launch *s.* *or* vessel *s.*

bereit *adj.* (*naut.*), ready, clear; **– zum Auslaufen,** ready for sea, ready to sail *or* to proceed, ready to stand out *or* to put out to sea. **sich bereit / halten** *v.r.* (*naut.*), to stand by; **sich –machen** *v.r.*, to get (o.s.) ready, (*naut.*) to stand by. **Bereitschaft** *f.* (*naut.*), stand-by *s.*, readiness *s.*; **in –,** in readiness; **– zum Auslaufen,** readiness to sail *or* to put out to sea; **in – halten,** to be ready, to be prepared, to be alert; **in – sein,** to stand by; **Tage und Nächte unausgesetzter – (auf See),** days (*pl.*) and nights of continuous standing-by (at sea); **–sdienst** *m.* (*naut.*), stand-by duty *s.* **bereitstehen** *v.* (*naut.*), to stand by.

Berge / geld *n.* (*naut.*), salvage money *s.*; **–gut** *n.*, flotsam *s.*; **–lohn** *m.* (*naut.*), salvage (money) *s.*

bergen *v.* (*naut.*), to lower, to shorten, to furl, to strike, to take in (*a sail*); to house, to secure (*loose gear*); to recover (*a buoy, etc.*); to salvage, to salve (*grounded boat, wreck*); to save, to rescue, to recover (*man overboard*); **ein Segel –,** to lower *or* to furl a sail, to shorten sail.

Berger *m.* (*naut.*), salvager *s.*, salvor *s.*, wrecker *s.*; hoveller *s.* (*of wrecks*).

Berge / recht *n.* (*naut.*, *jur.*), right *s.* to salvage; **–rolle** *f.* (*naut.*), abandon-ship stations (*pl.*).

Berg / fahrt *f.* (*naut.*), upstream navigation *s.*, sailing *s.* *or* rowing *s.* *or* voyage *s.* upstream; **b–hohe Wellen** *f./pl.*, mountain-high waves (*pl.*); **–holz** *n.*, channel wale *s.*; **–hölzer** *n./pl.* (*naut.*), bends (*pl.*); **–see** *m.*, mountain lake *s.*, tarn *s.*

Bergung *f.* (*naut.*, *jur.*), salvage *s.*, (*am.*) wrecking *s.*; recovery *s.*, rescue *s.* (*of a pers. or boat*). **Bergungs / aktion** *f.*, **Leiter** *m.* **einer –aktion,** wreck master *s.*; **–arbeiten** *f./pl.*, salvage operation *s.*, salvaging *s.*, rescue work *s.*; **–arbeiter** *m.*, salvager *s.*, wrecker *s.*; **–ausrüstung** *f.*, recovery kit *s.* *or* equipment *s.*; **–boot** *n.*, salvage craft *s.* *or* ship *s.* *or* vessel *s.*; hoveller *s.*; **–dienst** *m.*, salvage service *s.*; **–fahrzeug** *n.* (*naut.*), salvage craft *s.* *or* vessel *s.*; **–gut** *n.*, salvage *s.*; **–kapitän** *m.*, salvage *or* (*am.*) wreck master *s.*; **–kommando** *n.* (*naut.*), rescue *or* salvage party *s.*; **–kosten** (*pl.*), salvage (*am.* wrecking) charges (*pl.*) *or* money *s.*; **–kran** *m.*, lifting crane *s.*; **–mannschaft** *f.*, salvaging *or* (*am.*) wrecking crew *s.*; **–recht** *n.* (*naut.*, *jur.*), right *s.* of salvage; **–schiff** *n.*, salvor *s.*, (*am.*) wrecker *s.*, recovery *or* salvage ship *s.* *or* vessel *s.*; **–schlepper** *m.*, salvage tug *s.*, (*am.*) wreck(ing) tug *s.*; **–trosse** *f.*, salvage hawser *s.*

Bericht *m.* (*meteor.*, *rad.*), report *s.*

berichtigen *v.* (*naut.*), to correct; (*tech.*) to put *or* to set right, to adjust (*instruments, etc.*). **Berichtigung** *f.* (*naut.*), correction *s.*; (*tech.*) adjustment *s.* **Berichtigungsfaktor** *m.*, correction factor *s.*

Berieselungsanlage *f.* (*naut.*), sprinkler system *s.*

Bermuda / -Catboot *n.*, Bermuda cat(boat) *s.*; **–-Kutter** *m.*, Bermuda cutter *s.*; **–-Schoner** *m.* *od.* **-Schuner** *m.*, Bermuda schooner *s.*; **–-Slup** *f.*, Bermuda sloop *s.*; **–-Takelung** *f.*, Bermudian rig *s.*; **–-Yawl** *f.*, Bermuda yawl *s.*

bersten *v.*, to crack, to split (*as mast, etc.*). **Berstfestigkeit** *f.* (*tech.*), bursting strength *s.*

berücksichtigen *v.*, **die Abdrift –,** to allow for drift *or* leeway.

berufsmäßig *adj.*, **–es Segeln,** professional sailing *s.*; **–er Segler,** professional sailor *s.* *or* yachtsman *s.*

beruhigen *v.*, **sich –,** to calm (down), to abate, to quiet(en), to subside, to smooth down, to lay, to still (*of wind, sea*); **die See beruhigt sich,** the sea calms down *or* smoothes down *or* stills; **der Sturm beruhigt sich,** the gale *or* storm abates *or* subsides *or* lays *or* calms; **das Wetter beruhigt sich,** the weather settles.

berühren *v.* (*naut.*), **einen Hafen –,** to touch *or* call at a harbo(u)r *or* port. **Berührungs / ebene** *f.* (*geom.*), tangential plane *s.*; **–fläche** *f.*, surface *s.* of contact; **–linie** *f.*, tangent *s.*; **–punkt** *m.* (*tech.*), point *s.* of contact; **–winkel** *m.*, angle *s.* of contingence.

Besan *m.*, mizzen *s.*, mizen *s.*, jigger *s.*, spank *s.*, spanker *s.*, wing sail *s.*; miz(z)en mast *s.*, jigger mast *s.* **Besan / baum** *m.*, spanker boom *s.*; **–ewer** *m.*, ketch-rigged (sailing) barge *s.*; **–gaffel** *f.*, spanker gaff *s.*; **–kutter** *m.*, ketch *s.*, yawl *s.*; **–mast** *m.*, miz(z)en *or* jigger mast *s.*, mizzen boom *s.*; **–schot** *f.*, miz(z)en sheet *s.*, spanker sheet *s.*; **–schot an!** (*com.*), splice the main sheet *or* brace!; **–segel** *n.*, miz(z)en *s.*, jigger *s.*, dandy *s.*; **–spinnaker** *m.*, mizzen spinnaker *s. or* (*coll.*) spi *s.*; **–stagsegel** *n.*, mizzen staysail *s.*

Besatzung *f.* (*naut.*), crew *s.*, (ship's) company *s.*; **volle** *od.* **vollzählige –,** full complement *s.*

beschädigen *v.*, to damage, to impair (*boat, sails, etc.*). **beschädigt** *adj.*, damaged; **–es Boot,** damaged boat *s.*; **in –em Zustand,** in damaged condition *s.* **Beschädigung** *f.* (*naut.*), average *s.*, damage *s.*

Bescheinigung *f.*, certificate *s.*; **zollamtliche –,** customs *or* custom-house certificate *s.*

beschichten *v.*, to laminate (*shipb., sails*). **Beschichtung** *f.*, lamination *s.* (*shipb., sails*).

beschicken *v.* (*naut.*), to correct, to make good (*course, etc.*); (*tech.*) to feed. **beschickt** *adj.*, **–es Besteck,** corrected position *s.*; **–er Kurs,** corrected course *s.*, course *s.* made good. **Beschickung** *f.* (*naut.*), correction *s.* (*of course*); (*radar, rad. D/F*), correction *s.*; (*tech.*) feed(ing) *s.*; **– für Strom** (*nav.*), correction *s.* for current; **– für Wind,** leeway correction *s.*; **– für Wind und Strom,** leeway and current correction angle *s.*

beschiffbar *adj.*, navigable. **beschiffen** *v.*, to navigate, to ply, to sail, (*coll.*) to plough (*the seas*).

beschilft *adj.*, reedy, sedgy; **–es Seeufer,** reedy edge *s. or* shore *s.* of a lake.

Beschlag *m.* (*naut.*), fitting(s) *s.* (*pl.*), bright work *s.*; (*tech.*) coating *s.*, covering *s.*, mounting *s.*, rose *s.*, sheathing *s.*, sheeting *s.*; mist *s.*, moisture *s.*, vapour *s.*, steam *s.* (*on bull eyes, etc.*). **Beschläge** *m./pl.* (*naut.*), fittings (*pl.*).

Beschlagen *n.* (*naut.*), furling *s.*, frapping *s.* (*of a sail*); sheathing *s.* (*of a boat*). **beschlagen** *v.* (*naut.*), to furl, to frap, to hand (*a sail*); to sheathe (*shipb.*); **den Schiffsboden mit Kupfer –,** to sheathe a boat *or* ship with copper; **ein Segel –,** to furl *or* to frap a sail; **mit Messing –,** shod with brass (*shipb.*). **beschlagen** *pr.p.*, in (*of sail*); misted over (*of bull eye*); fitted, mounted (*with metal*); sheathed (*as hull*).

Beschlag / leine *f.*, furling line *s.*, gasket *s.*; **–material** *n.* (*naut.*), sheathing *s.* (*shipb.*); **–nahme** *f.* (*naut.*), embargo *s.*, seizure *s.*, detention *s.* (*of ship*); **b–nahmen** *v.*, to lay an embargo on (*a ship*); **–nahmerecht** *n.* (*naut.*), right *s.* of detention *or* seizure (*of a ship*); **–zeising** *m.*, gasket *s.*, furling line *s.*, tie *s.*

beschleunigen *v.* (*naut.*), to speed (up), to become faster, to quicken (*speed*); (*phys.*) to accelerate; **Fahrt** *f. od.* **Geschwindigkeit** *f. od.* **Tempo** *n.* **–,** to smarten (the) speed, to urge on *or* forward; **Motor –** (*naut., coll.*), to hot up (*the engine or motor*). **Beschleuniger** *m.* (*phys.*), accelerator *s.* **Beschleunigung** *f.* (*naut.*), speed-up *s.*, gathering up *s.* (of) speed; (*phys.*) acceleration *s.*; **–sabnahme** *f.*, negative acceleration *s.*, deceleration *s.*, retardation *s.*

beschmarlen *v.*, **beschmarten** *v.*, to parcel (*a rope*).

Beschränkungsvorschriften *f./pl.* **für die Besegelung** (*rac.*), sail limitation rules (*pl.*).

Beschwerer *m.* (*naut.*), sinker *s.*, killick *s.*, weight *s.* **Beschwerung** *f.* (*naut.*), ballast *s.* (*of a boat*); sinker *s.*, killick *s.*, weight *s.*

besegeln *v.*, to navigate, to sail (*the sea, etc.*); **die Küste –,** to coast, to sail along the coast; **ein Boot –,** to fit a boat with sails. **besegelt** *pr.p.*, sailed (*of boat*); **richtig – sein,** to be set up correctly. **Besegelung** *f.*, rigging *s.*, sails (*pl.*), set *s. or* suit *s.* of sails, (*collect.*) sail *s.* (*of a boat*); **mit lateinischer –,** lateen-rigged; **–sfläche** *f.*, sail area *s.*, spread *s.* of sail(s).

Besen *m.* (*nav.*), broom *s.* (*for perches*).

besichtigen *v.* (*naut.*), to survey, to inspect (*shipb., etc.*). **Besichtiger** *m.* (*naut.*), surveyor *s.* (*shipb.*). **Besichtigung** *f.* (*naut.*), survey *s.*, inspection *s.*, examination *s.* (*shipb.*); **– des Yachtbaus für ein Klassenzertifikat,** survey *s.* of construction to grant a classification certificate. **Besichtigungs / bericht** *m.*, survey report *s.*, report *s.* of survey; **–gebühren** *f./pl.*, survey fees (*pl.*).

besiegen *v.* (*rac.*), to beat (*a competitor*).
besonder *adj.*, **–e Havarie,** particular *or* simple average *s.*
Bespantung *f.*, framing *s.*, frame work *s.* (*shipb.*).
bespicken *v.* (*naut.*), to thrum.
bespülen *v.*, to wash (against) (*the boat*); **von der See bespült,** sea-washed, washed by the sea.
besser *adj., adv.*, **das Wetter wird –,** the weather takes up; **– werden,** to clear up (*of weather*). **bessern** *v.r.*, **sich –,** to take up (*of weather*); **das Wetter bessert sich,** the weather betters *or* becomes better.
Bestand *m.* **(an Segeln),** inventory *s.* of sails, sail inventory *s.* (*of a boat*).
beständig *adj.*, constant, steady (*of wind*); continuous, permanent (*of rain*); unchanging, settled (*of weather*); **–er Regen,** continual *or* persistent rain *s.*; **–es Wetter,** settled weather *s.*; **–er Wind,** steady *or* settled wind *s.*; **– werden** (*meteor.*), to set, to settle (*of weather*); **das Wetter wird –er,** the weather begins to settle.
bestätigen *v.* (*rad.*), to confirm; **bitte –!** (*rad.*), please confirm!.
Bestattung *f.* **auf See,** burial *s.* at sea.
Besteck *n.* (*naut.*), fix *s.*, reckoning *s.*, ship's position *s. or* reckoning *s.*; (*tech.*) case *s.* of instruments; **astronomisches –,** astronomical fix *s.*; **beobachtetes –,** observed position *s.*, (ship's) position *s.* fixed by observation; **beschicktes –,** corrected fix *s. or* position *s.*; **gegißtes –,** dead reckoning *s.*, estimated position *s.* (*of a ship*); **wahres –,** true fix *s. or* position *s.*; **das – (auf)machen** *od.* **nehmen,** to fix (ship's position), to work out the reckoning, to work up the fix, (*coll.*) to take a fix. **Besteck / breite** *f.*, latitude *s.* of fix; **gegißte –breite** *f.*, latitude *s.* by dead reckoning; **–fehler** *m.*, error *s.* in fix *or* of (dead) reckoning; **–länge** *f.*, longitude *s.* of fix; **gegißte –länge** *f.*, longitude *s.* by dead reckoning; **–nahme** *f.*, determination *s.* of (ship's) position; **–rechnung** *f.*, (dead) reckoning *s.*; **gegißte –rechnung** *f.*, dead reckoning *s.*; **–versetzung** *f.*, set *s.*, difference *s.* between dead and observed reckoning.
Besteder *m.*, ship-wright *s.*, ship-broker *s.*
best *adj.*, **–e Leistung** (*rac.*), top score *s.* **Besten / ermittlung** *f.* (*rac.*), ranking-list race(s) *s.* (*pl.*); **–liste** *f.* (*rac.*), victory list *s.*, winner's *or* winning list *s.* **Bester** *m.* (*rac., sl.*), top dog *s.*; **als – abschneiden** (*rac.*), to come out (on) top.
bestimmen *v.* (*naut.*), **den Schiffsort –,** to fix the ship's position. **bestimmt / nach** (*naut.*), bound for; **dieses Schiff ist nach Southampton –,** this ship is bound for Southampton. **Bestimmung** *f.*, **(gesetzliche) –,** regulations (*pl.*), rule *s.*; **– des Schiffsorts,** fix(ing) *s. or* ascertaining *s.* of the ship's position. **Bestimmungs / hafen** *m.*, port *s.* of destination; **–ort** *m.* (*naut.*), destination *s.*
Best / leistung *f.* (*rac.*), record *s.*, top performance *s.*; **–mann** *m.* (*naut.*), first hand *s.*
Bestrafung *f.* (*rac.*), penalty *s.*
bestreichen *v.*, **eine Küste –,** to coast along, to sail along the coast.
bestroppen *v.*, to strap, to strop (*a sail, block, etc.*).
Bestwert *m.* (*rac.*), optimum result *s.*; (*tech., etc.*) optimum *s.*
betakeln *v.*, to rig (*a boat*); to whip, to fit with a tackle *or* tackling; to serve (*a rope*). **betakelt** *adj.*, rigged (*of boat*). **Betakelung** *f.*, rig *s.*, rigging *s.*, furnishing *s.* (*of a boat*).
betätigen *v.* (*tech.*), to operate, to set going *or* in motion, to make to work (*motor, etc.*); **einen Hebel –,** to work the handle; **einen (Schalt)Knopf –** (*rad.*), to press the button.
beteiligen *v.*, **sich an einer Regatta –,** to take part in *or* to participate in *or* to join in a regatta *or* race. **beteiligt** *adj.*, **die –en Boote,** the boats involved. **Beteiligung** *f.* (*rac.*), participation *s.* (*in a race*).
Beting *m.* (*dial. f.*), bitts (*pl.*); **das Ankertau um die –e schlagen,** to bitt the cable; **das Kabel** *od.* **die Trosse aus den –en lösen** *od.* **loswerfen,** to unbitt the cable. **Beting / balken** *m.*, strongback *s.* (*shipb.*); **–hölzer** *n./pl.*, **ein Tau um die –hölzer schlagen,** to bitt a rope; **–schlag** *m.*, bitter *s.*; **das hinter dem –schlag noch vorhandene Ende des Ankertaus,** bitter-end *s.*; **einen –schlag loswerfen,** to unbitt; **–stange** *f.*, norman *s.*
Beton *m.*, concrete *s.* (*shipb.*); **–boot** *n.*, **–yacht** *f.*, concrete boat *s. or* yacht *s.*, ferro-cement *or* -concrete boat *s.*
betonnen *v.*, to set *or* to stream buoys. **Betonnung** *f.*, buoyage *s.* (*of a channel, etc.*); navigational aids (*pl.*); buoying *s.* (*a channel*); **–ssystem** *n.*, buoyage (system) *s.*; **–ssystem A (B)** (*naut.*), Buoyage System A (B).
Betrieb *m.*, **außer –** (*tech.*), out of order, not working (*instruments, etc.*); **in – (sein)** (*rad.*), (to be) on the air; (*tech.*) (to be) in operation (*engine, motor*); **in – setzen** (*tech.*), to set going *or* in operation, to start (*a motor*) going. **Betriebs / anleitung** *f.*, **–anweisung** *f.*

(*tech.*), operating instructions (*pl.*); **–art** *f.* (*rad., tech.*), operating method *s.*, mode *s.* of operation; **–belastung** *s.* (*tech.*), working load *s.*; **zulässige –belastung** *f.*, safe working load *s.*; **–drehzahl** *f.*, operating speed *s.*, operational rate *s.* of revolutions *or* (*coll.*) revs; **b–fähig** *adj.*, in running *or* working order; **nicht b–fähig** *adj.*, out of order; **b–fertig** *adj.*, ready for operation, in running order; **–frequenz** *f.* (*rad.*), operating *or* working frequency *s.*; **–kanal** *m.* (*rad.*), operating *or* working channel *s.*; **b–klar** *adj.*, in running *or* working order; **–regler** *m.*, operating control *s.* (*device*); **b–sicher** *adj.*, safe to operate, (*sl.*) foolproof; **–sicherheit** *f.*, reliability *s. or* safety *s.* of operation; **–spannung** *f.* (*rad., elec.*), operating voltage *s.*; **–störung** *f.* (*tech.*), break-down *s.*; **–temperatur** *f.* (*tech.*), operating *or* working temperature *s.*; **–vorschrift** *f.* (*tech.*), operating *or* working instructions (*pl.*) *or* regulations (*pl.*); **–welle** *f.* (*rad.*), operating *or* working *or* signal wave *s.*; **–zustand** *m.*, working *or* operating condition *s.*

Bett *n.* (*naut.*), berth *s.*, bunk *s.*; bed *s.* (*of a river*); (*tech.*) bed *s.*, cradle *s.*, foundation *s.*, seating *s.* **betten** *v.* (*tech.*), to seat (*a valve, etc.*). **Bettung** *f.* (*naut.*), ways (*pl.*); (*tech.*) seating *s.*, mounting *s.* **Bettzeug** *n.* (*naut., sl.*), slops (*pl.*).

bevorstehendes Gewitter *n.*, impending storm *s.*

bevorzugte Startlinienseite *f.* (*rac.*), the better end *s.* of the starting line, biased starting line *s.*, favo(u)rite *or* privileged *or* preferred position *s.* at the starting line.

bewachsen *adj.* (*naut.*), foul (*of quick work*).

bewähren *v.r.*, **sich im Sturm –,** to prove effective *or* to stand the test in a gale (*of yacht*); **sich nicht –,** to fail, to prove a failure (*yacht*). **bewährt** *adj.*, proved, tried, tested, trustworthy (*as a yacht*). **Bewährung** *f.* (*naut., tech.*), proof *s.*, trial *s.*

bewegbar *adj.* (*naut., tech.*), mov(e)able (*as parts of the running rigging*). **bewegen** *v.*, **(sich) auf und nieder –** (*naut.*), to heave, to lift, to work up and down (*of boat*); **mit Hebelkraft –** (*naut.*), to purchase; **–de Kraft** *f.* (*phys.*), momentum *s.*, motive power *s.* **beweglich** *adj.*, mov(e)able, mobile; **–e Sandbank,** shifting sands (*pl.*); **–e Teile** *m./pl.*, moving parts (*pl.*) (*of the rigging, etc.*). **bewegt** *adj.* (*naut.*), choppy, lumpy (*of sea or water*); **leicht –,** rippling (*as waves*); **stark –,** heavy, rough (*as sea*); **durch eigene Kraft –** (*naut.*), autodynamic, autokinetic(al); **die See ist –,** the sea is lumpy *or* choppy; **bei –er See,** in choppy water, in (a) sloppy sea; **leicht (stark) –e See,** slight (heavy) sea *s.*; **in –em Wasser,** in choppy water. **Bewegung** *f.* (*naut., phys., tech., astr.*), motion *s.*, movement *s.*; **absolute –,** absolute motion *s.*; **beschleunigte –,** accelerated motion *s.*; **beständige –, dauernde –,** perpetual movement *s.*; **drehende –,** rotary *or* rotating motion *s.*; **nicht die geringste –,** not a stir (*of breeze or air*); **relative –,** relative motion *s. or* movement *s.* (*of a boat*); **(scheinbar) rückläufige –** (*astr.*), retrogradation *s.*, retrogression *s.*; **scheinbare –,** apparent movement *s. or* motion *s.* (*of a boat*); **seitliche –,** lateral movement *s. or* motion *s.* (*of a boat*); **stampfende –,** pitching movement *s. or* motion *s.* (*of a boat*); **in – bringen** (*tech.*), to set on; **in – setzen,** to put *or* to set to motion (*motorboat, etc.*); **eine – mitteilen** *od.* **weitergeben** (*phys.*), to impart a motion; **ein Boot an der – hindern,** to baffle a boat (*of wind, etc.*). **Bewegungs/achse** *f.*, axis *s.* of rotation; **–antrieb** *m.* (*phys.*), impulse *s.*, propulsion *s.*, propelling force *s.*; **absolute –anzeige** *f.* (*radar*), true-motion presentation *s.*; **–energie** *f.* (*phys.*), impetus *s.*, kinetic energy *s.*; **–gesetz** *n.* (*phys.*), law *s.* of motion; **–größe** *f.* (*phys.*), momentum *s.*, impulse *s.*; **–kraft** *f.* (*phys.*), motive force *s. or* power *s.*, motivity *s.*; **–lehre** *f.* (*phys.*), kinetics (*pl.*), theory *s.* of motion; **b–los** *adj.*, motionless, still; **das Boot liegt b–los** (*am.*), the boat is *or* seems mired in place; **(in Flaute) b–los liegen,** to lie motionless (*of boat*); **die Segel hängen b–los,** the sails hang lifelessly; **–losigkeit** *f.* **(der See),** stillness *s.* (of the sea).

bewegern *v.* (*naut.*), to ceil (*a boat*).

Bewehrung *f.* (*naut.*), sheathing *s.* (*of a cable*).

bewerten *v.* (*naut., rac.*), to rate. **Bewertung** *f.* (*naut., rac.*), rating *s.*; **–sfaktor** *m.*, rating factor *s.* (*of a boat*).

bewölken *v.t.*, to cloud, to darken; *v.r.*, to become cloudy *or* overcast, to overcloud, to overcast, to cloud over; **der Himmel bewölkt sich,** the sky darkens. **bewölkt** *pr.p.*, clouded, cloudy, overcast, overclouded, shrouded in clouds, (*coll.*) skyless; **der Himmel ist –,** the sky ist overcast; **teilweise –,** partly clouded. **Bewölkung** *f.*, overcast *s.*, cloudiness *s.*, clouds (*pl.*); **aufgelockerte –,** patches (*pl.*) of sky visible; **durchbrochene –,** broken clouds (*pl.*); **leichte (schwere) –,** slight (heavy) overcast *s.*; **niedrige –,** low cloud *s.* **Bewölkungs/grad** *m.*, cloud amount *s.*, degree *s.* of cloud *or* cloudiness; **–höhe** *f.*, altitude *s. or* height *s.* of overcast, cloud ceiling *s.*; **–skala** *f.*, cloud scale *s.*

Bewuchs *m.* (*naut.*), barnacles (*pl.*), marine fouling *s. or* growth *s.* (*quick work*).

Bewuhlen *n.* (*naut.*), woolding *s.*; **Knebel** *m.* **zum –,** woold *s.* **bewuhlen** *v.*, to woold (*a spar*).

bezahlte Hand *f.* (*naut.*), paid hand *s.* (*crew member*).

bezeichnen *v.* (*naut.*), to mark (*with buoys, etc.*).

beziehen *v.r.* (*meteor.*), to cloud over, to become cloudy *or* overcast, to overcast, to overcloud; **bezogener Himmer** *m.*, cloudy *or* overcast sky *s.*

Bezug *m.* (*naut., tech.*), cover *s.*, covering *s.*, hood *s.* (*for compass, etc.*). **Bezugs / distanz** *f.* (*radar*), reference distance *s. or* range *s.*; **–frequenz** *f.* (*rad.*), reference *or* standard frequency *s.*; **–linie** *f.*, datum *or* reference line *s.* (*measurement*); **–ort** *m.*, standard port *s.*, (*am.*) reference station *s.* (*tidal waters*); **–pegel** *m.*, reference level *s.*; **–punkt** *m.*, datum point *s.*, point *s.* of reference; **–zeit** *f.*, standard time *s.*, (*am.*) reference time *s.*

Biberschwanzheck *n.*, turtle-back(ed) stern *s.*

bieg / bar *adj.*, flexible (*as mast*); **B–barkeit** *f.*, flexibility *s.* (*of mast*). **Biege / beanspruchung** *f.*, **–belastung** *f.*, bending load *s. or* pressure *s. or* stress *s.*; **–fähigkeit** *f.*, bending property *s.* (*of mast, etc.*); **–festigkeit** *f.*, bending *or* transverse strength *s.*; **–moment** *n.* (*phys., tech.*), torque *s.*, moment *s.* of flexure. **biegen** *v.t.*, to bend, to curve, to strain, to wring (*mast*); *v.i., v.r.*, to bend, to sag (*as mast*), (*coll.*) to give (*under strain*); **den Mast (stärker) –,** to bend *or* to wring the mast (more); **den Mast zu stark –,** to overbend the mast; **sich leicht nach innen –,** to curve in slightly. **Biege / probe** *f.*, bending test *s.* (*as of mast*); **–schwingung** *f.*, bending vibration *s.*; **–schwingungsfestigkeit** *f.* (*phys.*), bending fatigue strength *s.*; **–spannung** *f.*, bending pressure *s. or* strain *s.*; **–steifigkeit** *f.*, bending resistance *s.*, resistance *s.* to bending; **–verformung** *f.*, bending strain *s.* (*as of mast*). **bieg /sam** *adj.*, flexible, pliable (*as mast*); **nicht –sam,** inflexible, unpliable (*as mast*); **B–samkeit** *f.*, flexibility *s.*, (*coll.*) give *s.* (*of mast, etc.*). **Biegung** *f.*, bend(ing) *s.*, curve *s.* (*of mast*); bend *s.* (*of a river*). **Biegungs / beanspruchung** *f.* (*phys.*), bending stress *s.*; **–beanspruchung** *f.* **nach oben (unten),** hogging (sagging) stress *s.*; **–festigkeit** *f.*, bending strength *s.*; **–linie** *f.* (*phys.*), bending line *s.*; **–moment** *n.* (*phys.*), torque *s.*, bending moment *s.*; **–radius** *m.*, bending radius *s.*; **–steifigkeit** *f.*, bending resistance *s. or* strength *s.*

Big Boy *m.*, big boy *s.* (*light additional sail*).

bi / konkav *adj.* (*phys.*), biconcave; **–konvex** *adj.* (*phys.*), biconvex, convexo-convex.

Bilancella *f.*, bilancella *s.* (*Mediterranean lateen-rigged boat*).

Bilander *m.*, bilander *s.* (*Dutch two-sticker*).

Bild *n.* (*radar*), presentation *s.* **Bild / abtaster** *m.* (*radar*), scanner *s.*; **–auflösung** *f.* (*radar*), resolution *s.*; **–darstellung** *f.* (*radar*), presentation *s.*, display *s.*; **–einstellung** *f.* (*radar*), framing *s.*; **–feld** *n.* (*radar*), frame *s.*; **–fläche** *f.* (*radar*), surface *s.*, display *s.*, presentation *s.*; **–frequenzkanal** *m.* (*am.*), video channel *s.*; **–funk** *m.*, radio photography *s.*; **–funkübertragung** *f.*, picture transmission *s.*; **–hauerarbeit** *f.* (*am Hackebord*) (*naut., obs.*), term *s.*; **–helligkeit** *f.* (*radar*), brightness *s.* of display *or* presentation; **–kontrast** *m.* (*radar*), image contrast *s.*; **–punkt** *m.* (*astr.*), substellar point *s.*; **–punktfrequenz** *f.* (*am.*), video frequency *s.*; **–röhre** *f.* (*radar*), radar tube *s.*; **–schärfe** *f.* (*radar*), focus *s.*, resolving power *s.* (*of presentation*); **–schirm** *m.* (*radar*), screen *s.*, plan position indicator *s.*, PPI *s.*; **–schirm** *m.* **mit Azimutstabilisierung** (*radar*), azimuth-stabilized plan position indicator *s.*; **–schirmträger** *m.* (*radar*), display console *s.*; **–verschiebung** *f.* (*radar*), off-centering *s.* (of display); **–verzerrung** *f.* (*radar*), distortion *s.*; **–weite** *f.* (*radar*), focal length *s. or* distance *s.*; **–zentrierung** *f.* (*radar*), shift control *s.*

Bilge *f.*, bilge *s.*, (*rare*) bulge *s.* **Bilge / brunnen** *m.*, bilge well *s.*; **–farbe** *f.*, bilge paint *s.*; **–leitung** *f.*, bilge line *s. or* main *s.*; **–lenzventil** *n.*, bilge suction valve *s.*; **–peilrohr** *n.*, bilge sounding tube *s.*; **–pumpe** *f.*, bilge *or* burr pump *s.*; **–rohr** *n.*, bilge pipe *s.*; **–saugkorb** *m.*, bilge strum *s.*; **–sauglenzleitungssystem** *n.*, bilge suction (system) *s.*; **–tank** *m.*, bilge tank *s.*; **–wasser** *n.*, bilge water *s.*

Bille *f.*, buttock *s.* (*of a ship*).

binar *adj.* (*astr.*), binary (*of stars*).

Binde / backen *f./pl.* (*naut.*), bind *s.*; **–reff** *n.*, reef band *s.*, French reef *s.*, quick reef *s.*, jiffy reef *s.*; **–reffreihe** *f.*, jiffy *or* quick reef row *s.*

Binnen- *pref.*, inner, internal; inland, home; inside. **binnenbords** *adv.*, inboard. **Binnen / deich** *m.*, inner dam *s. or* dyke *s.*; **–delta** *n.*, sink *s.*; **–fahrt** *f.*, inland sailing *s. or* navigation *s.*; **–gewässer** *n.* (*pl.*), inland waters (*pl.*); **–hafen** *m.*, inner *or* inland *or* river port *s.*

or harbour *s.*, (*am.*) lake port *s.*; inner basin *s.* (*of a harbour*); **–kiel** *m.*, kelson *s.*, (*am.*) keelson *s.*; **–klüver** *m.*, inner jib *s.*; **–land** *n.*, inland *s.*; **b–ländisch** *adj.*, inshore, inland, midland; **b–ländischer See,** inland lake *s.*; **–meer** *n.*, inland sea *s.*; **–pfahl** *m.* (*naut.*), pile *s.* of a cofferdam; **–reede** *f.*, inner roadstead *s.*; **–revier** *n.* (*naut.*), lake district *s.*; **–schiffahrt** *f.*, inland *or* internal *or* interior navigation *s.*; **–schiffahrtsstraßen** *f./pl.*, inland waterways (*pl.*); **–schiffahrtsstraßen-Ordnung** *f.*, Inland Navigation (Collision) Regulations (*pl.*); **–schiffahrtsweg** *m.*, inland waterway(s) *s.* (*pl.*); **–schiffer** *m.*, waterman *s.*, (*am.*) laker *s.*; **Tätigkeit** *f.* **eines –schiffers,** watermanship *s.*; **–see** *f.*, inland sea *s.*; **–see** *m.*, (inland) lake *s.*; **–seebedingungen** *f./pl.* (*naut.*, *rac.*), lake conditions (*pl.*); **–seedampfer** *m.*, lake steamer *s.*, (*am.*) laker *s.*; **–seehafen** *m.* (*am.*), lake port *s.*; **–seeregatta** *f.*, lake race *s. or* racing *s.*; **–seeregattaboot** *n. od.* **-rennyacht** *f.*, lake racer *s.*; **–segelrevier** *n.*, home waters (*pl.*); **–spant** *n.*, rider *s.*; **–vor(der)steven** *m.*, apron *s.*; **–wasserstraße** *f.*, inland waterway(s) *s.* (*pl.*); **–wasserstraßen-Ordnung** *f.*, Regulations (*pl.*) *or* Rules (*pl.*) of *or* for Inland Waterways.

Binokompaß *m.*, bino(-)compass *s.*

Birkenrinde *f.*, **Kanu** *n.* **aus –** (*am.*), birch canoe *s.*

Bise *f.* (*meteor.*), bise *s.*, cutting (north-easterly) wind *s.* (*esp. in Switzerland*).

Biß *m.* (*naut.*), nip *s.* (*of a rope*); (*coll.*) vim *s.*, bite *s.*; **dem Boot mehr – geben,** to give the boat more bite.

bitter *adj.*, **–er Frost,** sharp frost *s.*; **–e Kälte,** bitter cold *s.*; **–er Wind,** sharp *or* bitter wind *s.*

blähen *v.r.*, to belly (out), to balloon (out), to swell (*as sails*); **sich –de Segel,** swelling sails (*pl.*).

blaken *v.*, to smoke (*of lamps*).

blankpolieren *v.*, to polish, to scour (*as brass on yachts*).

Blase *f.*, bubble *s.* (*of air or water*).

blasen *v.* (*naut.*, *coll.*), to whiff (*of wind*); **es bläst ganz schön,** the wind blows pretty hard.

Blasenbildung *f.* **(in der Außenhaut eines Bootes),** blistering *s.*

Blatt *n.* (*naut.*), blade *s.* (*of oar or propeller*); vane *s.* (*of fan*). **Blatt / feder** *f.* (*tech.*), leaf spring *s.*; **–nase** *f.*, leading edge *s.* (*of a propeller*); **–stoß** *m.*, scarf-joint *s.* (*shipb.*).

Blauer Peter *m.* (*naut.*), blue peter *s.*, Blue Peter *s.* (*signal flag*). **Blau / feuer** *n.* (*naut.*), blue light *s.*; **–jacke** *f.* (*naut.*), blue(-) jacket *s.*, (*am.*, *sl.*) gob *s.* (*sailor*).

Blazer *m.*, blazer *s.* (*light air sail*).

Blech *n.* (*tech.*), **dünnes –,** sheet *s.*; **dickes –,** plate *s.* **Blech / beschlag** *m.*, sheathing *s.*; **–verkleidung** *f.*, sheathing *s.*; sheet iron *s.*

Blei *n.* (*naut.*, *coll.*), plummet *s.*, plumb *s.*, lead *s.*

bleiben *v.*, **an Bord –,** to stay on board (ship), to remain aboard; **auf See –,** to be missing (at sea) (*of pers.*, *boat*); **unter Land –,** to hug the shore; **unter Wasser – bleiben,** to stay under (water).

bleiern *adj.*, **–er Himmel,** leaden sky *s.*; **–e Schwüle,** leadenness *s.* (*of the air*).

bleifarben *adj.*, **–es Wasser,** wan water(s) *s.* (*pl.*).

Blei / kiel *m.*, lead keel *s.*, keel *s.* of lead; **–mennige** *f.*, red (oxide of) lead *s.*, minium *s.*; **–schwarz** *n.* (*naut.*), pot lead *s.*; **–weiß** *n.* (*naut.*), white lead *s.*, lead carbonate *s.*; **–wurf** *m.*, heave *s.* of the ship.

Blende *f.* (*naut.*), dead-light(s) *s.* (*pl.*), blind *s.*; (*radar*) hood *s.*, screen *s.* **Blend / glas** *n.*, index *or* horizon screen *s. or* shade *s.* (*of sextant*); **–laterne** *f.* (*naut.*), bull's eye (lantern) *s.*, dark lantern *s.*

blind *adj.* (*naut.*, *tech.*), blind, blank, dummy; **–er Alarm,** false alarm *s.*; **–e Klippen,** sunken rocks (*pl.*), rocks awash; **–e Luke,** blind hatch *s.*, dummy hatch *s.*; **–er Passagier,** deadhead *s.*, stowaway *s.*; **–er (Schiffs)Schornstein,** dummy funnel *s.*

Blinde *f.*, spritsail *s.*

Blind / laufen *n.*, racing *s.* (*of a screw or propeller*); **b–liegen** *v.*, to be becalmed (*of boat*); **–niet(e)** *f.*, pop rivet *s.*; **b–schlagen** *v.*, to race (*of screw or propeller*).

Blink *m.* (*naut.*), blink *s.*, flash *s.* (*of light identification*); blink *s.* (*on the horizon*).

Blinken *n.* (*naut.*), signal(l)ing *s.*, flashing *s.*, wink *s.*, winking *s.* (*with light*). **blinken** *v.* (*naut.*), to blink, to flash, to signal, to wink (*with light or lamp*); **mit Lichtsignalen –,** to wink (with flare). **Blinker** *m.* (*naut.*), signal-lamp *s.*; lamp-signal(l)er *s.* **Blink / feuer** *n.*, flashing light *s.*, intermittent light *s.*, occulting *or* revolving light *s.*; blinker beacon *s.*, flashing light beacon *s.*; **–feuer** *n.* **in Gruppen,** group flashing *or* occulting light *s.*; **–feuerfolge** *f.*, period *s.* of flashing *or* intermittent *or* occulting light *s.*, flash period *s.*; **–lampe** *f.*, signal lamp *s.*, blinker lamp *s.*, Morse lamp *s.*, (*am.*) winker *s.*; **–laterne** *f.*, signal lamp *s. or* lantern *s.*, (*am.*) winker *s.*; **–licht** *n.*, flashing light *s.*; intermittent light *s.* (*of lighthouse*); **–meldung** *f.*, lamp *or* morse signal message *s.*; **–signal** *n.*, flashing (light) signal *s.*; **ein –signal beantworten,** to flash (back) an answering signal; **ein –signal geben,** to flash a signal; **das antwortende –signal bestätigen,** to flash the confirm (reconfirm); **–spruch** *m.*, flashing-light signal *s.*, signal *or* Morse lamp message *s.*; **–tonne** *f.*, flashing buoy *s.*; **–verkehr** *m.* (*naut.*), lamp-signal *or* Morse (lamp) signal communication *s.*

Blip *m.* (*radar*), blip *s.*, pip *s.*

Blister *m.*, blister *s.* (*light weather sail*).

Blitz *m.* (*naut.*), quick flashing (light) *s.*, flash *s.* (*light identification*); (*meteor.*), (flash of) lightning *s.*, lightning flash *s.*; **–ableiter** *m.* (*naut.*), lightning arrester *s. or* conductor *s. or* rod *s.*; **–boje** *f.*, quick (short) flashing buoy *s.* **Blitzen** *n.* (*naut.*), flashing *s.*, (*am.*) winking *s.* (*of light*). **blitzen** *v.* (*naut.*), to flash, (*am.*) to wink; **es blitzt** (*meteor.*), the lightning flashes. **Blitz / feuer** *n.* (*naut.*), quick (short) flashing light *s.*; **–feuer** *n.* **mit Gruppen** group quick (short) flashing light *s.*; **unterbrochenes –feuer** *n.*, occulting *or* intermittent quick (short) flashing light *s.*; **–schlag** *m.* (*meteor.*), flash *s. or* stroke *s.* of lightning; **–schutz** *m.* (*naut.*), lightning protector *s.*; **–strahl** *m.* (*meteor.*), flash *s. or* shaft *s.* of lightning, thunderbolt *s.*

Blizzard *m.* (*meteor.*), blizzard *s.*

Block *m.* (*naut.*), block *s.*; (*tech.*) horse *s.*; log *s.*; **bestroppter –,** strapped *or* stropped block *s.*; **dreischeibiger –,** three-sheaved block *s.*, treble block *s.*; **eiförmiger –,** bullet block *s.*; **einscheibiger –,** single-sheave(d) block *s.*; **fester (loser) –,** standing (running) block *s.*; **laufender –,** runner *s.*, running block *s.*; **vierscheibiger –,** four-sheaved block *s.*; **zweischeibiger –,** double(-sheaved) block *s.*; **den Mast mit einem –** (*od.* **mit Blöcken) abstützen** *od.* **befestigen** *od.* **sichern,** to block up the mast; **den Mast mit einem –** (*od.* **mit Blöcken) gerader aufrichten,** to block the mast straighter; **zu –s,** chock-a-block, close-up, two blocks; (*int.*) sheave-ho!.

Blockade *f.* (*naut.*), blockade *s.*; **die – brechen,** to break *or* to run the blockade; **–brecher** *m.*, blockade-runner *s.* (*ship*); **–schiff** *n.*, blockader *s.*

Block / an Block *m.*, chock-a-block *s.*; **–auge** *n.*, eye *s. or* becket *s.* (of a block); **–backen** *f./pl.*, block cheeks (*pl.*); **–beschlag** *m.*, block fittings (*pl.*), block strap *s. or* strop *s.*; **–bügel** *m.*, block *or* lashing eye *s.*; **–gehäuse** *n.*, block casing *s. or* housing *s. or* shell *s.*

blockieren *v.* (*naut.*), to block (up) (*mast*); to stall (*of sails*); **den Mast –,** to block the mast; **das Achterliek zu stark blockiert fahren** *od.* **haben,** to have the leech (*am.* leach) overly stalled; **das Segel blockiert,** the sail stalls; **ohne vollkommen blockiert zu sein,** without being fully stalled (*of sail*). **Blockierung** *f.* (*naut., tech.*), jam(ming) *s.*, blockage *s.*, stalling *s.*

Block / keep *f.*, score *s.*, swallow *s.*; **–koeffizient** *m.*, block coefficient *s.*; **–kondensator** *m.* (*rad.*), blocking condenser *s.*; **–läufer** *m.*, (tackle) fall *s.*; leads (*pl.*) (between blocks); **–oberseite** *f.*, crown *s. or* upper part *s.* (of a block); **–rolle** *f.*, pulley *s.* (*of tackle*); **–schäkel** *m.*, regular *or* upset shackle *s.*; **–schaltung** *f.* (*rad., elec.*), hook-up *s.*; **–scheibe** *f.*, sheave *s.* (of a block); **–schiff** *n.*, raft *s.*, blockship *s.*, hulk *s.*; **–unterseite** *f.*, base *s. or* lower part *s. or* tail *s.* (of a block).

Blooper *m.*, blooper *s.*, big boy *s.* (*sail*).

Blubbern *n.* (*rad.*), motor-boating *s.* (*of frequency*).

Bluff *m.* (*rac.*), bluff *s.*, trick *s.* (*racing technique*). **bluffen** *v.* (*rac.*), to bluff (*a competitor*).

Blüse *f.* (*naut.*), blue light *s.*

Bö *f.* (*meteor.*), gust *s.* (of wind), squall *s.*, flaw *s.*, windflaw *s.*, scud *s.*, chop *s.*, (*coll.*) puff *s.*, bump *s.*, (*dial.*) waff *s.*; **leichte –,** whiffle *s.*; **plötzliche –,** whisk *s.* (of air *or* wind); **schwere –,** buster *s.*, burster *s.* **Böen / front** *f.*, cold front *s.*; **–kragen** *m.*, line *s.* of squalls, lined squalls (*pl.*), arched squall *s.*; **–linie** *f.*, line *s.* of squalls, squall line *s.*; **–wetter** *n.*, choppy weather *s.*, squally *or* gusty weather *s.*

Bock *m.* (*naut.*), sheerlegs (*pl.*), derrick *s.*, strut *s.*, stay *s.*, support *s.*, prop *s.*, bracket *s.*; (*tech.*) rack *s.*, rest *s.*, stand *s.*; **– (zum Aufbocken des Bootes),** cradle *s.*, dog *s.* **bocken** *v.* (*naut.*), to pitch and toss (*of boat*); to backfire, to misfire (*as an engine or motor*). **Bock / schnurbund** *m.* (*naut.*), square lashing *s.*; **–winde** *f. od.* **–winsch** *f.*, winch *s.*, windlass *s.*

Boden *m.* (*naut., geogr.*), bottom *s.*; **einfacher –,** single bottom *s.* (*boat*); **fauler –,** foul bottom *s.* (*boat*); **reiner (unreiner) –,** clean (foul) bottom *s.* (*boat*); **(an) – gewinnen** (*rac.*), to make headway. **Boden / aufklotzung** *f.*, bilge chock *s.* (*shipb.*); **–beplankung** *f.*, planking *s.* (of the bottom), bottom planking *s.*; **–beplattung** *f.*, bottom plating *s.*; **–beschlag** *m.*, sheathing *s.* (of the bottom); **–bö**

f. (*meteor.*), ground squall *s.*; **–brett** *n.*, foot *or* bottom board *s.*; **–gang** *m.*, bottom strake *s.* (*shipb.*); **–längsspant** *n.*, bottom longitudinal *s.* (*shipb.*); **b–los** *adj.*, bottomless, fathomless (*as sea*); **–nebel** *m.* (*meteor.*), ground *or* bottom *or* low lying mist *s. or* fog *s.*; **–planke** *f.*, garboard *or* bottom plank *s.*; **–platte** *f.*, bottom plate *s.*; **–schwankung** *f.* (*astr.*), nutation *s.*; **–spant** *n.*, bottom frame *s.* (*shipb.*); **–ventil** *n.*, sea-cock *s.*, sea valve *s.*, bottom valve *s.*, scuttle *s.*, faucet *s.*, foot valve *s.*; **–ventile** *n./pl.*, sea connections (*pl.*); **–wegerung** *f.*, floor *or* bottom ceiling *s.* (*shipb.*); **–welle** *f.* (*rad.*), ground wave *s.*; **–wind** *m.*, surface wind *s.*; **–wrange** *f.*, floor (timber) *s.*; **hohe (niedrige) –wrange** *f.*, rising (shallow) floor *s.*; **hölzerne –wrange** *f.*, floor timber *s.*; **offene (wasserdichte) –wrange** *f.*, skeleton (watertight) floor *s.*; **–wrangenaußenende** *n.*, **–wrangen-Oberkante** *f.*, floorhead *s.*

bodmen *v.* (*naut.*), to insure a boat; to raise money on bottomry. **Bodmerei** *f.* (*naut.*), bottomry *s.*; **–brief** *m.*, bottomry bond *s.*

Bogen *m.*, bend *s.* (*of a river*); (*astr.*) arc *s.*; **–grad** *m.*, degree *s.* of arc; **–kiel** *m.*, rocker keel *s.*; **Boot** *n.* **mit einem –kiel** (*am.*), rocker *s.*; **–minute** *f.*, minute *s.* of arc; **–sekunde** *f.*, second *s.* of arc; **–sinus** *m.*, sine *s.* of arc; **–zirkel** *m.* (*naut., tech.*), callipers (*pl.*), bow *or* wing compasses (*pl.*).

Bohlenbelag *m.* (*naut.*), **leichter – (gegen Feuchtigkeit),** palleting *s.*

bohren *v.* (*tech.*), to bore, to drill; **ein Schiff in den Grund –,** to scuttle *or* to sink a vessel, to send a ship to the bottom (of the sea). **Bohrer** *m.*, drill *s.*; **großer –,** auger *s.*, gimlet *s.*, bit *s.* **Bohrwurm** *m.* (*naut.*), ship worm *s.*, teredo *s.*

böig *adj.*, blasty, bumpy, choppy, flawy, gusty, squally, (*dial.*) blustery (*of wind*); **–e See,** choppy sea *s.*; **–er Wind,** choppy *or* gusting *or* gusty *or* squally wind *s.*; **– wehen,** to gust, to whiff, to whiffle (*of wind*). **Böigkeit** *f.*, gustiness *s.*, bumpiness *s.*

Boje *f.*, buoy *s.*; dan (buoy) *s.* (*fishery*); **spitze –,** conical buoy *s.*; **stumpfe –,** can-buoy *s.*; **an einer – festmachen,** to moor at *or* to a buoy; **an eine – gehen,** to heave to *or* to moor at a buoy; **an einer – liegen,** to lie at *or* to a buoy; **die – liegt auf** *od.* **bei Ost,** the buoy bears due east; **die – steht blind,** the buoy is not visible; **die – wacht,** the buoy is floating; **eine – aufnehmen,** to pick up a buoy; **eine – auslegen,** to stream a buoy; **eine – einziehen,** to withdraw a buoy; **eine – runden** (*rac.*), to round a buoy; **eine – streifen** (*od.* **rammen**), to foul a buoy; **eine – überrennen** (*rac.*), to run down *or* to foul a buoy; **eine – verfehlen** (*rac.*), to miss *or* to mistake a buoy; **eine – wacht,** the buoy is awake; **– mit Toppzeichen,** top-mark buoy *s.* **Bojen** *f./pl.* (*collect.*), buoyage *s.*; **ausgelegte –,** buoyage *s.*; **Fahrwasser durch – bezeichnen,** to buoy off (*a channel, etc.*); **mit – versehen,** to buoy. **Bojen/anker** *m.*, mooring anchor *s.*, sinker *s.*; **–boot** *n.*, buoy(ing) boat *s.*; dan (buoy) layer *s.* (*fishery*); **–flagge** *f.*, buoy *or* dan flag *s.*; **–geschirr** *n.*, buoy *or* ground tackle *s.*; **–kasten** *m.*, caisson *s.*; **–leger** *m.*, buoy(ing) boat *s. or* vessel *s.*; dan (buoy) layer *s.* (*fishery*); **–licht** *n.*, buoy light *s.*; **–manöver** *n.*, manoeuvre *s. or* (*am.*) maneuver *s.* to pick up a buoy, buoy manoeuvre *s.* (*am.* maneuver *s.*); **–reep** *n.*, buoy line *s. or* rope *s.*; **–reihe** *f.*, line *s.* of buoys, buoyage *s.*; **–slalom** *m.* (*surf.*), buoy slalom *s.*; **–stander** *m.*, mooring-buoy pendant *s.*; **–stein** *m.*, (buoy) sinker *s.*, buoy stone *s.*, killick *s.*; **–stropp** *m.*, buoy strap *s. or* strop *s.*; **–verankerung** *f.*, buoy mooring *s.*, mooring *s.* of the buoy; **–viereck** *n.* (*surf.*), buoy rectangle *s.*; **–zickzackkurs** *m.* (*surf.*), zigzagging (course) *s.* round *or* between (the) buoys.

Bojer *m.*, boyer *s.* (*small Dutch sailboat*).

Boje-über-Bord-Manöver *n.*, buoy *s.* overboard manoeuvre *or* (*am.*) maneuver.

Bollwerk *n.* (*naut.*), bulwark *s.*

Bolzen *m.* (*naut.*), bolt *s.*, fang *s.*, gib *s.*, pin *s.*, tre(e)nail *s.*, trunnel *s.*; (*tech.*) rivet *s.*, gudgeon *s.*, pin *s.*; dowel *s.*, plug *s.*, peg *s.* (*shipb.*); **kleiner –,** pintle *s.*; **– (für Großsegelschot),** clew pin *s.*; **– (für Großsegelhals),** tack pin *s.*; **einen – ausbrechen** *od.* **lösen,** to start a bolt; **mit (einem) – befestigen** *od.* **festmachen,** to bolt; **mit doppelten** *od.* **zwei – befestigen** *od.* **festmachen,** to double-bolt; **die Salinge mit doppelten – befestigen,** to double-bolt the spreaders. **Bolzen/gelenk** *n.*, pin-joint *s.*; **–gewinde** *n.*, male thread *s.*, bolt screw *s.*; **–mutter** *f.*, nut *s.*; **–ring** *m.*, shackle *s.*; **–scheibe** *f.*, washer *s.*; **–schloß** *n.*, bar-lock *s.*, cylindrical padlock *s.*; **–schraube** *f.*, bolt screw *s.*

Bonnet *n.*, bonnet *s.*, studsail *s.*; **das – abschlagen** *od.* **losmachen,** to unlace the bonnet *or* studsail.

Booster *m.*, booster *s.* (*light-air sail*).

Boot *n.*, boat *s.*, yacht *s.*, ship *s.*, (*hum.*) tub *s.*; **aufblasbares –,** inflatable *or* bubble boat *s.*; **blitzsauberes** *od.* **brandneues –,** a spick and span boat *s.*; **disqualifiziertes –** (*rac.*), disqualified boat *s.*; **eingedecktes –,** decked boat *s.*; **einmastiges –,** one-master *s.*, one-sticker *s.*; **einmastiges breites flaches –** (*am., coll.*), skimming dish *s.*; **flachgehendes –,** shallow-draught (*am.* -draft) boat *s.*; **glückliches –** (*naut., coll.*), a happy boat *s.*; **halbgedecktes –,** half-decked boat *s. or* yacht *s.*; **kleines –,** skiff *s.*, (*coll.*) plunger *s.*, (*hum.*) cock-shell *s.*, nutshell *s.*; **kleines – für hohen Seegang,** bole *s.*; **offenes –,** undecked *or* open boat *s.*; **plumpes –,** clumsy boat *s.*, tub *s.*; **primitives – (aus Flechtwerk),** coracle *s.*; **schnelles –,** fast boat *s.*, speedboat *s.*; **sich selbst aufrichtendes –,** self-righting boat *s.*; **superschnelles –,** super-fast boat *s.*; **stark gebautes –,** strong *or* husky boat *s.*; **tief im Wasser liegendes –,** low-lying boat *s.*; **toppgetakeltes –,** masthead-rigged (boat *s.*); **überholendes –** (*rac.*), overtaking boat *s. or* yacht *s.*; **überholtes –** (*rac.*), overtaken boat *s.*; **voll eingedecktes –,** fully decked yacht *s.*; **ziemlich kleines –,** smallish boat *s. or* yacht *s.*; **zu überholendes –,** boat *s. or* yacht *s.* to be overtaken; **zum – hin,** home; **Auf- und Niederbewegung** *f.* **eines –es (in der See),** lifting *s.* and heaving of a boat (in a heavy sea); **Fahrt** *f.* **in** *od.* **mit einem –,** boatage *s.*; **Fassungsvermögen** *n.* **eines –es,** boatload *s.*; **Gleitfahrt** *f.* **eines –es,** planing speed *s.* of a boat; **Steuermann** *m.* **eines –es,** boatsetter *s.*, skipper *s.*; **Surfen** *n.* **eines –es,** surfing *s.* of a boat; **Tauchschwingung** *f.* **eines –es,** heaving oscillation *s.* of a boat; **Traggewicht** *n.* **eines –es,** boat weight *s.*; **Transport** *m.* **mit einem –,** boatage *s.*; **ein – mit schlankem** *od.* **spitzem Bug,** fine-bowed boat *s.*; **ein – vom Lager,** stock boat *s.*; **ein – von 30 Fuß Länge, ein 30 Fuß –,** a 30 ft boat *s.*; **das – bewegt sich (sehr) langsam,** the boat is going (very) slowly; **das – dichter an den Wind bringen,** to leech *or* (*am.*) to leach a boat; **das – durch Welle steuern,** to steer the boat through (the) waves; **das – eben halten,** to keep the boat flat; **das – einer flüchtigen Überprüfung unterziehen,** to give a boat the once-over; **das – fängt an mehr Höhe zu laufen** *od.* **höher an den Wind zu gehen,** the boat begins to point well; **das – geht über Stag,** the boat is hove in the stays, the boat is going about *or* tacking; **das – hart an den Wind bringen,** to pinch (the boat); **das – in Bewegung** *od.* **Fahrt halten,** to keep the boat moving; **das – kentert,** the boat capsizes *or* (*coll.*) turns topsy-turtle; **das – liegt gut (im Wind),** the boat feels good, the boat is pointing well; **das – reibt** *od.* **schleift auf dem Grund,** the boat rubs against the ground; **das – richtet sich wieder auf,** the boat rights it(*or* her)self; **das – segeln** *od.* **steuern,** to drive the boat; **das – stößt ab vom (Ufer),** the boat pushes off from (the shore); **das – trimmen,** to trim the boat *or* yacht; **das – verfehlt die Wende,** to miss the stays; **das – waag(e)recht halten,** to keep the boat flat; **das – wendet gegen den Wind,** the boat is going about *or* tacking *or* hove in the stays; **das – wird lebendig,** the boat comes alive; **ein – anpreien** *od.* **anrufen,** to hail a boat; **ein – ausschwenken,** to swing out *or* to turn out a boat; **ein – aussegeln,** to outsail a boat; **ein – aussetzen,** to launch *or* to lower a boat, to hoist out a boat; **ein – bemannen,** to man a boat; **ein – durch Menschenkraft bewegen,** to manhandle a boat; **ein – durch den Wind wenden,** to stay (the boat), to go about, to tack; **ein – (an Bord) einholen,** to hoist in a boat; **ein – einschwenken,** to turn in a boat; **ein – festmachen,** to tie up *or* to moor a boat; **ein – klarmachen,** to clear *or* to prepare (the boat), to get the boat clear *or* ready; **ein – rückwärtsrudern, ein – rückwärtslaufen lassen,** to back water; **ein – totsegeln** (*rac.*), to outsail a boat; **ein – überholen,** to outspeed *or* to overtake a boat; **ein – verankern,** to moor a boat, to cast *or* to drop anchor; **ein – vermieten,** to rent a boat; **ein – vertäuen,** to tie up *or* to moor a boat; **ein – zu Wasser bringen,** to hoist out *or* to launch *or* to lower a boat; **einem – auf hoher See begegnen,** to fall in with *or* to rendezvous with a yacht at sea; **für –e befahrbar,** navigable; **in die –e gehen,** to take to the boats; **in einem – befördern** *od.* **unterbringen,** to boat; **in einem – durchfahren** *od.* **rudern** *od.* **segeln,** to boat; **mit –en versehen,** to boat; **mit einem anderen – mitlaufen,** to fall in company with another boat. **Boot/anlegeplatz** *m. od.* **-stelle** *f.*, jetty *s.*, (*am.*) boat landing *s.*; **–fahren** *n.*, boating *s.*; **–fahrt** *f.*, boating *s.*; **–führer** *m.*, boatman *s.*, waterman *s.*; **–rennen** *n.*, boat race *s. or* racing *s.*

Boots/abdeckung *f.*, tarpaulin *s.*, (boat) cover *s.*; **–anhänger** *m.*, trailer *s.*; **–anker** *m.*, grapnel *s.*, kedge (anchor) *s.*; **kleiner –anker** *m.*, killick *s.*, killock *s.*; **–anleger** *m.*, jetty *s.*, (*am.*) boat landing *s.*; **–ausrüstung** *f.*, (boat) outfit *s. or* equipment *s.*; **–aussetz-Vorrichtung** *f.*, boat lowering device *s.*; **–ausstellung** *f.*, boat show *s. or* exhibition *s.*; **–bau** *m.*, boat building *s.*; **–bauer** *m.*, boat- *or* shipbuilder *s.*

–bauholz *n.*, timber *s.*; **–bausperrholz** *n.*, marine plywood *s.*; **–besatzung** *f.*, (boat's *or* ship's) crew *s.*; **–bewegung** *f.*, motion *s.* of the boat, boat's motion *s.*; **durch die** *od.* **mit der –bewegung,** as the boat rocks; **heftige –bewegung** *f.*, labo(u)r *s. or* working *s.* (of the boat); **plötzliche –bewegung** *f.*, a flip *or* flirt of the boat; **–bezug** *m.*, spray hood *s.*, (boat) cover *s.*, tarpaulin *s.*; **–bock** *m.*, cradle *s.*; **–breite** *f.*, beam *s.*; **–brief** *m.*, Boat Certificate *s.*; **–davit** *m.*, boat davit *s.*; **–deck** *n.*, boat deck *s.*; **–dienst** *m.*, spell *s.* (*of the watch, at the helm, etc.*), duty *s.* aboard *or* on board ship; **–eigner** *m.*, owner *s.*; **–-Energie-Anlage** *f. od.* **-Box** *f.*, ship's battery box *s.*; **–fahrer** *m.* (*coll.*), boater *s.*; **Hotel** *n.* **für –fahrer,** boatel *s.*; **–fahrt** *f.*, sail *s.*, row *s.*, boating *s.*, boat(ing) trip *s.*; **–fall** *n.*, boat fall *s.*; **–fangleine** *f.*, painter *s.*; **–flagge** *f.*, flag *s. or* colours (*pl.*) (of the boat), boat flag *s.*; **–form** *f.* **unter Wasser,** run *s.*; **–führer** *m.*, boatman *s.*, waterman *s.*, (*coll.*) boater *s.*; skipper *s.*; coxswain *s.*, (*coll.*) cox *s.* (*rowing*); **– -Führerschein** *m.*, licence *s.*, (*am.*) license *s.* (for the boat); **–-Führerscheininhaber** *m.*, licencee *s. or* licensee *s.* (of the boat certificate); **–gast** *m.*, sailor *s.*, seaman *s.*, boatman *s.*; oarsman *s.* (*rowing*); **–geschwindigkeit** *f.*, boatspeed *s.*, speed *s.*, way *s.*; **(bessere) –geschwindigkeit** *f.*, (better) boat lead *s.*; **die –geschwindigkeit steigern,** to be a (super)fast sail (*of sail only*); **–geschwindigkeitsmesser** *m.*, boat speedometer *s.*; **–gruppe** *f.*, **zusammen vertäute –gruppe** *f.*, nest *s.*; **–hafen** *m.*, boat *or* yacht harbo(u)r *s.*, (*am.*) hole *s.*; **–haken** *m.*, boat hook *s.*, (*am.*) bow hook *s.*; grapnel *s.*, grappling hook *s. or* iron *s.*, graplin(e) *s.*, hitcher *s.*, pole *s.*, (*am.*) picaroon *s.*; **–handschuhe** *m.*/*pl.*, boat gloves (*pl.*); **–haus** *n.*, boat()house *s. or* shed *s.*; **–karren** *m.*, trolley *s.*; **–klampe** *f.*, cradle *s.*, boat chock *s.*; **–klasse** *f.*, (boat) class *s.*; **internationale (nationale, olympische) –klasse** *f.*, international (national, Olympic) class *s.*; **–klauer** (*pl.*), gripes (*pl.*); **–kleid** *n.*, spray hood *s.*; tarpaulin *s.*; **–kollision** *f.*, smash-up *s.*, smash *s.* in *or* with another boat; **–kommando** *n.*, rowing order *s.* (*rowing*); **–kompaß** *m.*, boat compass *s.*; **–krabber** *m.*, gripe *s.*, boat lashing *s.*; **–kran** *m.*, boat crane *s.*, portal crane *s.*; **–lack** *m.*, boat *or* spar varnish *s.*; **–ladung** *f.*, boatload *s.*; **–lampe** *f.*, **–laterne** *f.*, boat lamp *s. or* lantern *s.*; **–länge** *f.*, run *s.*; **zwei –längen** *f.*/*pl.* (*rac.*), two overall lengths (*pl.*); **mit zwei –längen gewinnen,** to win by two overall lengths; **–leine** *f.*, painter *s.*, (boat) line *s. or* rope *s.*; **–mann** *m.*, boatswain *s.*, waterman *s.*, (*coll.*) bosun *s.*, bos'n *s.*; coxswain *s.* (*rowing*); **Tätigkeit** *f. od.* **Fertigkeit** *f.* **eines –manns,** watermanship *s.*; **indischer –mann** *m.*, serang *s.*; **–mannschaft** *f.*, boat's crew *s.*; **–mannshellegatt** *n.*, boatswain's *or* (*coll.*) bosun's locker *s.*; **–mannsmaat** *m.*, boatswain's mate *s.*; **–mannsnaht** *f.*, herringbone seam *s.*; **–mannspfeife** *f.*, boatswain's call *s. or* pipe *s. or* whistle *s.*, (*am.*) pipe *s.*; **mit der –mannspfeife zusammenpfeifen** *od.* **-rufen,** to pipe; **–mannspfeifensignal** *n.*, boatswain's call *s.*; **–mannsstuhl** *m.*, boatswain's chair *s.*; **kleiner –mannsstuhl** *m.* **für außenbords** *od.* **Außenbordarbeiten,** flake *s.*; **–manöver** *n.*, abandon ship manoeuvre *s. or* (*am.*) maneuver *s.*; **–motor** *m.*, boat *or* marine engine *s.*; outboard motor *s.*, outboarder *s.*; **–nummer** *f.*, hull number *s.*; **–pinne** *f.*, (boat) tiller *s.*; **–(lenz)-pumpe** *f.*, bilge *or* bar pump *s.*; **–riemen** *m.*, oar *s.* (*rowing*); **–rippen** *f.*/*pl.*, boat timbers (*pl.*) (*shipb.*); **–rolle** *f.*, (boat) roller *s. or* runner *s.*, skid *s.* (*for slipping*); abandon ship drill *s.*; **–rumpf** *m.*, hull *s.*; **–schlitte** *f.*, **–schlitten** *m.*, skid *s.*, cradle *s.*; **–schuppen** *m.*, boat *or* dinghy shed *s.*; **–schwingung** *f.*, oscillation *s.* of a boat; **–spanten** *n.*/*pl.*, boat timbers (*pl.*) (*shipb.*); **–spiere** *f.*, club *s.*; **–stange** *f.*, barge pole *s.*; **–steg** *m.*, boat walk *s.*, gangway *s.*; **–stropp** *m.*, (boat) strap *s. or* strop *s. or* sling *s.*; **–tachometer** *n.*, speed indicator *s. or* wand *s.*, speedometer *s.*, sumlog *s.*; **–talje** *f.*, boat tackle *s.*; **–tau** *n.*, painter *s.*, guest *or* guess rope *s. or* warp *s.*, (boat) line *s. or* rope *s.*; **–trimm** *m.*, tuning *s.* of a boat, trim *s.* (of the boat); **–typ** *m.*, boat type *s.*, type *s.* of boat; **–vermessung** *f.*, measurement *s.* of boats *or* yachts *or* of the boat *or* yacht; **–vermieter** *m.*, boatman *s.*; **–wart** *m.*, yacht-harbo(u)r *or* club warden *s.*; **–werft** *f.*, shipyard *s.*, boat(-building) yard *s.*; **–widerstand** *m.*, drag *s.* (of the boat); **–widerstand** *m.* **im Verhältnis zur Votriebskraft,** lift-to-drag ratio *s.*; **–wiege** *f.*, **–wiegen** *m.*, cradle *s.*; **–winsch** *f.*, boat winch *s.*; **–zurring** *f.*, (gripe) lashing *s.*, seizing *s.*, gripes (*pl.*).

Boot-zu-Boot-Test *m.*, boat-to-boat test *s.*, boat-against-boat test *s.*

Bora *f.* (*meteor.*), bora *s.*, aquilone *s.*, rovaio *s.* (*Mediterranean wind*).

Bord *m.*, (ship)board *s.*; shore *s.* (*of the sea*); **Alle Mann über –!** (*com.*), all hands over the side!; **an –,** ashipboard, aboard, on board, on shipboard; embarked; afloat; **an – gehen,**

to board *or* to join a ship; to take ship; **an – gehen nach,** to embark for; **an – verbleiben,** to stay *or* to remain on board *or* aboard (ship); **an – verladen,** to ship (on board); **frei an –,** free on board; **jemanden an – ziehen,** to haul s.b. aboard; **über –,** over the side, overboard; **über – fallen,** to go over the side; to be lost overboard; **über – gehen,** to go by the board, (*am.*) to go by the side; **über – gespült werden,** to be washed overboard; **über – gewaschen,** washed overboard; **über – geweht werden,** to get blown overboard; **über – springen,** to jump overboard *or* (*am.*) over the side; **über – spülen,** to wash overboard; **über – werfen,** to stream (*a buoy, etc.*), to jettison, to throw overboard *or* (*am.*) over the side; **von – gehen,** to leave ship, to go ashore *or* on shore; to disembark; **zu – holen,** to board (*the sheet, a sail, etc.*); **ein Schiff von niedrigem –,** a deep-lying ship *s.*, a vessel *s.* deep in the water; **den Treibanker über – werfen,** to throw the drag *or* drift *or* sea anchor overboard *or* (*am.*) over the side; **Überlebende an – nehmen** *od.* **ziehen,** to take *or* to pull the survivors aboard; **– an –,** alongside; **– eines Bootes** *od.* **Schiffes,** (ship's) board *s.*

Bord/ablenkung *f.* (*rad.*), D/F *or* direction-finder deviation *s.*; **–anker** *m.*, bower (anchor) *s.*; **–antenne** *f.*, ship's aerial *s. or* (*am.*) antenna *s.*; **–apotheke** *f.*, ship's dispensary *s.*; **–arzneikiste** *f. od.* **-schrank** *m.*, medicine chest *s.*; **–ausbildung** *f.*, sea training *s.*; **–bedingungen** *f./pl.*, (service) conditions (*pl.*) aboard *or* on board; **–betrieb** *m.*, routine *s.* on board (ship); **–buch** *n.*, log (book) *s.*; **–computer** *m.*, boat *or* ship(board) computer *s.*; **–dienst** *m.*, routine *s.* aboard *or* on board, service *s.* aboard *or* afloat. **borden** *v.*, to board (*a ship*).

Bord/flugzeug *n.*, ship(-)borne aircraft *s.*; **–funkanlage** *f.*, boat's *or* ship's radio equipment *s.*; **–funker** *m.*, (ship's) radio *or* wireless operator *s.*, ship radiotelephone operator *s.*, (*coll.*) sparks *s.*; **–funkerzeugnis** *n.*, Ship Radiotelephone Operator's Certificate *s.*; **–funkpeiler** *m.*, boat's *or* ship's D/F *or* direction-finder *s.* (*device*); **–funkstation** *f.*, ship radio station *s.*, B station *s.*; **–gegensprechanlage** *f.*, intercommunication system *s.*, (*coll.*) intercom *s.* (aboard); **–grundgebühr** *f.* **für den Sprechfunk,** basic radiotelephone charges (*pl.*) (*for a boat or ship*); **–jacke** *f.*, **–jackett** *n.*, pea coat *s. or* jacket *s.* (*for naval officers, etc.*); **–kamerad** *m.*, ship mate *s.*, (*coll.*) crony *s.*, pal *s.*, (*am.*) buddy *s.*; **–leiste** *f.*, wale *s.*, gunwale *s.*; **–leiter** *f.*, boarding ladder *s.*, boat's *or* ship's ladder *s.*; **–linie** *f.*, water(-)line *s.*; **–messer** *n.*, sailor's *or* rigger's knife *s.*, jack knife *s.*; **–mittel** *n./pl.*, boat's *or* ship's own means (*pl.*) (*tools, instruments, etc.*); **–netz** *n.* (*elec.*), ship mains (*pl.*); **–peilstation** *f.*, boat('s) *or* ship('s) direction-finding *or* D/F station *s.*; **–peilung** *f.*, relative bearing *s.*, bearing *s.* on the bow; **–proviant** *m.*, victuals (*pl.*), viand(s) *s.* (*pl.*), (*sl.*) unsold fish *s.*; **–radar** *n.*, ship(-)borne radar *s.*; **–routine** *f.*, boat's *or* ship's routine *s.*, shipboard routine *s.*, routine *s.* aboard *or* on board (ship); **–seite** *f.*, boat's *or* ship's side *s. or* board *s. or* wall *s.*; **–sprechanlage** *f.*, intercommunication system *s.*, (*coll.*) intercom *s.*; public address system *s.*, p.p.a. system *s.*; **–sprechfunkstation** *f.*, ship radiotelephone station *s.*; **–tagebuch** *n.*, (boat's *or* ship's) log (book) *s.*; **–unterkunft** *f.*, accommodation *s.* (aboard *or* on board), quarter *s.*; **–ventil** *n.*, sea cock *s.*; **–vorschriften** *f./pl.*, shipping articles (*pl.*); **–wache** *f.*, watch *s.* on deck, (boat's *or* ship's) watch *s.*; **–wand** *f.*, boat's *or* ship's side *s. or* wall *s.*; **Boot** *n. od.* **Schiff** *n.* **mit geraden** *od.* **senkrechten** *od.* **steilen –wänden,** wall-sided ship *s.*; **–wechsel-Sprechanlage** *f.*, intercommunication system *s.*, (*coll.*) intercom *s.*; **–wetterkarte** *f.*, plotting weather chart *s.*; **–wind** *m.*, apparent *or* relative wind *s.*; **relativer –wind** *m.*, relative wind *s.*; **–zeit** *f.*, ship's time *s.*; **–zentrale** *f.* (*rad., radar*), central station *s.*; **–zulage** *f.*, hard-lying *or* sea(-)going allowance *s.*; **––zu–––Verbindung** *f.* (*rad.*), ship-to-ship communication *s.*; **––zu-Land-Verbindung** *f.* (*rad.*), ship-to-shore communication *s.*

Borg/brasse *f.*, counterbrace *s.*, preventer brace *s.*; **–holz** *n.*, preventer *s.*; **–stag** *n.*, preventer stay *s.*, belly guy *s. or* stay *s.*; **–tau** *n.*, preventer *s.*; **–want** *f.*, preventer shroud *s.*

Böschung *f.*, scarp *s.*, slope *s.* (*of a river*); **steile –,** scarp *s.*; **–swinkel** *m.*, gradient *s.*, angle *s.* of inclination.

Bottelier *m.* (*naut., obs.*), steward *s.*

Botter/reff *n.*, Botter reef *s.*; **–yacht** *f.*, Botter yacht *s.*

Bovo *m.*, bovo *s.* (*Sicilian lateen-rigged coaster*).

brackig *adj.*, brackish (*of water*). **Brackwasser** *n.*, brackish water *s.*

Bram/rah(e) *f.*, topgallant yard *s.*; **–segel** *n.*, top gallant *s.*, topgallant sail *s.*; **–stenge** *f.*, topgallant *s.*, topgallant mast *s.*

Brand *m.*, **in – geraten,** to catch fire.

Branden *n.*, surge *s.*, surging *s.* (*of sea*), wash *s.*, washing *s.* (*of waves*). **branden** *v.*, to break, to surge, to wallow, to wash (*of waves*); **– gegen,** to wash against. **brandend** *adj.*, surgy, surfy (*of waves, sea*); **–e Wellen,** wallowing waves (*pl.*).

Brander *m.* (*naut.*), fire-ship *s.* **Brand / rolle** *f.* (*naut.*), fire bill *s. or* stations (*pl.*); **–schott** *n.*, fireproof bulkhead *s.*; **–schutz** *m.*, fire protection *s.*; **–spant** *n.*, fireproof bulkhead *s.*

Brandung *f.*, breach *s.*, surf *s.*, surge *s.*, wash *s.*, (*am.*) rote *s.* (*of the sea*); breakers (*pl.*), rollers (*pl.*) (*of waves*); **gegenläufige –,** counter(-)current *s.*, undersurf *s.*; **rückläufige –,** back current *s.*, backlash *s.*, backwash *s.* (*of the surf*). **Brandungs / boot** *n.*, surf boat *s.*; **Führer** *m.* **eines –bootes,** surfboatman *s.*; **Mann** *m.* **des –bootdienstes,** surfman *s.*; **–brett** *n.*, surfboard *s.*; **leichtes –floß** *n.* (*am.*), rote *s.*; **–geräusch** *n.*, rote *s.*; **–rückstrom** *m.*, back current *s.*, backlash *s.*, backset *s.*, backwash *s.*, undercurrent *s.* (*of the surf*); **–welle** *f.*, breaker *s.*, roller *s.*, surf wave *s.*; **–zone** *f.*, zone *s.* of breakers.

Brasse *f.* (*naut.*), brace *s.*; **die großen –n** (*pl.*), the main braces (*pl.*); **– der Großrah(e),** main(-)brace *s.* **Brassen** *n.*, bracing *s.* **brassen** *v.*, to brace, to trim (*the sails*); **in den Wind –,** to spill (*sails*); **(Rahen) ins Kreuz** *od.* **vierkant –,** to square (the yards); **dicht beim Wind gebraßt,** close-hauled, on a bowline. **Brassen / schenkel** *m.*, **–stander** *m.*, brace pendant *s.*

braten *v.*, **(in der Hitze an Bord)** – (*sl.*), to stew (on the boat).

Bratspillbetinge *m./pl.* (*naut.*), range heads (*pl.*).

Brausen *n.*, sweep *s.* (*of wind*); boil *s.*, boom *s.* (*of sea*). **brausen** *v.*, to boil, to boom (*of sea*); to rage, to roar, to storm (*of wind or sea*).

brav *adj.*, **–e Westwinde** *m./pl.* (*naut.*), brave west winds (*pl.*), brave westerlies (*pl.*); **Zone** *f.* **der –en Westwinde,** (zone of the) roaring forties (*pl.*).

Bravourstück *n.* (*rac.*), feat *s.*

Brechen *n.* **(der Wellen über einem Boot** *od.* **Schiff),** breach *s.*; (*tech.*) split *s.* **brechen** *v.t.*, to break (through) (*as sun*), to crack (*of ice*), (*phys.*) to refract; *v.r.*, to break, to comb (*as waves*), (*phys.*) to be refracted; *v.i.*, to break (*of clouds*), to break (*of weather*), to dawn (*as the day*), to part, to come apart (*of rope*), to crash, to crack, to split (*as mast, etc.*); **– über,** to break over (*as waves*); **aus einer Lage –,** to break sheer (*of boat*); **einen Mastbügel –,** to break a bale; **einen Rekord –** (*spt.*), to beat *or* to break the record; **in Stücke –,** to shatter.

Brecher *m.*, breaker *s.*, comber *s.*, heavy sea *s.*, breaking seas (*pl.*), water break *s.*; **schwerer –** (*naut.*), breakers (*pl.*), green sea *s.*, roller *s.*; **überkommender –,** to come green; **einen – übernehmen,** to ship a green sea; **–linie** *f.* **(vor der Küste),** landwash *s.*

Brechstange *f.* (*naut.*), grab iron *s.*, crowbar *s.*

Brechung *f.* (*phys., opt.*), refraction *s.*; **– (der Wellen),** water break *s.* **Brechungs / exponent** *m.* (*phys.*), constant *s. or* index *s.* of refraction; **–index** *m.* (*phys.*), refractive index *s.*, index *s.* of refraction; **–lehre** *f.* (*phys., opt.*), dioptrics (*pl.*); **–winkel** *m.* (*phys.*), refracting angle *s.*, angle *s.* of refraction; **–zahl** *f.* (*phys.*), refractive index *s.*

Breil *f.* (*naut.*), dan *s.*

breit *adj., adv.* (*naut.*), bluff (*of bow or stern*); broad, wide (*as a channel*); **sechs Fuß –,** six feet (*or* ft) in width; **zehn Zoll –,** ten inches wide; **–er werden,** to widen (*as narrows*); **–er Bug,** bluff bow *s.*; **–e Yacht,** beamy yacht *s.*

Breitband *n.* (*rad.*), wide band *s.*, broadband *s.*; **–kreis** *m.*, broadband circuit *s.*; **–strahler** *m.*, broad beam *s.*

Breite *f.* (*naut.*), breadth *s.*, beam *s.* (*of boat or ship*); (*geogr.*) latitude *s.*; (*tech.*) width *s.*; **astronomische –,** astronomical *or* celestial latitude *s.*; **beobachtete –,** observed latitude *s.*; **gegißte –,** latitude *s.* by dead reckoning; **gemallte –,** breadth *s.* mo(u)lded, mo(u)lded breadth *s.* (*shipb.*); **geographische –,** geographical latitude *s.*; **lichte –** (*tech.*), width *s.* in the clear; **magnetische –,** geomagnetic latitude *s.*; **nördliche (südliche) –,** latitude north (south); **relative –,** relative beam *s.* (*shipb.*); **terrestrische –,** terrestrial latitude *s.*; **verbesserte –,** corrected latitude *s.*; **wahre –,** true latitude *s.*; **in der –,** in the beam (*boat*); **eine – haben von, in der – messen,** to side (*shipb.*); **– auf Spanten,** breadth *s.* mo(u)lded (*shipb.*); **– in der Wasserlinie,** beam *s.* of waterline; **– über alles** (*naut.*), breadth *s. or* beam *s.* over all, b.o.a.; **– über Scheuerleisten,** beam *s.* over fenders. **Breiten** *f./pl.* (*geogr.*), **gemäßigte –,** temperate latitudes (*pl.*); **hohe –,** high latitudes (*pl.*); **niedrige –,** low latitudes (*pl.*). **Breiten / berichtigung** *f.*, **–beschickung** *f.*, correction *s.* of latitude, latitude correction *s.*; **–fehler** *m.*, error *s.* in latitude; **–grad** *m.*, degree *s.* of latitude; **–kreis** *m.* (*geogr.*), parallel *s.* of latitude, (*astr.*) parallel circle *s.*, (*naut.*) circle *s.* (of latitude); **Segeln** *n. od.* **Schiffahrt** *f.* **entlang eines –kreises,** parallel sailing *s. or* navigation; **--Längenverhältnis** *n.* (*naut.*), beam-to-length ratio *s.*; **--Metazentrum** *n.*, transverse metacentre *s.*; **–methode** *f.* (*naut.*), position line *s.* by latitude; **–minute** *f.*, minute *s.* of latitude; **–parallel** *n.*, parallel *s.* of latitude; **Segeln** *n.* **im –parallel,** parallel sailing *s.*; **–richtung** *f.*, widthway *s.*; **–unterschied** *m.*, difference *s.* in *or* of latitude; **–unterschied** *m.* **bei einer Fahrt nach Süden** (*naut.*), southing *s.*; **–verhältnis** *n.* (*naut.*), relative beam *s.*, beam-to-length ratio *s.*

Breit/fock *f.*, square foresail *s. or* headsail *s.*, flying foresail *s. or* headsail *s.*, lug sail *s.*; **b–getakelt** *adj.*, square-rigged; **–naht** *f.*, **–nähte** *f./pl.*, broadseam(ing) *s.*; **–seite** *f.* (*naut.*), broadside *s.* (*of a boat or ship*); **mit der –seite nach** *od.* **in einer (bestimmten) Richtung liegen,** broadside on (*of boat*); **mit der –seite zur Dünung liegen,** to be broadside to the swell (*of boat*); **b–seitig** *adj.*, broadside (on).

Bremsband *n.* (*naut., tech.*), brake band *s.*; **–backenwinde** *f. od.* **-winsch** *f.*, brake-shoe winch *s.*; **–winde** *f. od.* **–winsch** *f.*, brake-band winch *s.*

Bremse *f.* (*naut., tech.*), brake *s.*; **– fest!** (*com.*), draw *or* set the brake! (*anchoring*); **die – anziehen,** to apply *or* put on the brake; **die – lösen,** to take off the brake. **bremsen** *v.*, to brake, to put on *or* to set the brake(s); to slow down, to stop (*of motorboat*). **Brems/hebel** *m.*, brake lever *s.*; **–klotz** *m.*, chock *s.*; **–trommel** *f.*, brake-drum *s.*; **–wirkung** *f.*, retarding effect *s.*

brennbar *adj.*, combustible, inflammable; **nicht –,** non-combustible, uninflammable. **Brenn/ebene** *f.*, **–fläche** *f.* (*phys.*), focal plane *s.*; **–glas** *n.*, sun glass *s.*, burning glass *s.*; **–linie** *f.* (*phys.*), focal line *s.*; **–punkt** *m.* (*phys.*), focal point *s. or* spot *s.*, focus *s.*; **Vereinigung** *f.* **in einem –punkt** (*phys.*), focalization *s.*; **sich in einem** *od.* **im –punkt vereinigen,** to focus; **–spiegel** *m.*, concave *or* burning-mirror *s.*; **–spiritus** *m.*, methylated spirits (*pl.*).

Brennstoff *m.* (*naut.*), fuel *s.*; **– einnehmen** *od.* **ergänzen,** to refuel; **– übernehmen,** to fuel; **–ballasttank** *m.*, fuel ballast tank *s.*; **–filter** *m.*, fuel filter *s. or* strainer *s.*; **–leitung** *f.*, fuel supply line *s.*; **–tank** *m.*, fuel tank *s.*; **–übernahme** *f.*, (re)fuelling *s.*; **–zuführung** *f.*, fuel feed *s. or* supply *s.*; **automatische –zuführung** *f.* (*naut.*), automatic *or* mechanical stoker *s.*

Brennweite *f.* (*phys., opt.*), focal length *s. or* distance *s.*

Bresche *f.* (*rac., coll.*), gap *s.*, breach *s.*; **eine – ausnutzen** (*rac., coll.*), to push forward, to fore-reach.

Brett *n.* (*naut.*), board *s.*, plank *s.* **Bretterverschalung** *f.*, boarding *s.*

Brigantine *f.*, brigantine *s.*, schooner brig *s.*

Brigg *f.*, brig *s.*

bringen *v.*, **an den Wind –,** to luff (up); **ein Boot zum Kentern –,** to overturn a boat, to capsize the boat; **(ein Boot) zu Wasser –,** to launch (a boat).

Brise *f.*, breeze *s.*, breath *s.* of air, light wind *s.*, (*coll.*) spirit *s.*; **flaue –,** light air *s. or* breeze *s.*; **frische –,** fresh breeze *s. or* wind *s.*; **ganz leichte –,** (a) whiff *s.* (of air), a breath of air, a touch of wind; **gleichmäßige, stetige –,** steady breeze *s. or* wind *s.*; **kühle –** (*coll.*), doctor *s.*; **kurz aufkommende** *od.* **aufspringende –,** (a) slant *s.* of wind; **leichte –,** gentle *or* light breeze *s.*, breath *s.* of air, (*coll.*) whiffer *s.*, cat's paw *s.*; **leicht umspringende –,** flurry *s.* (of air *or* wind); **mäßige –,** moderate breeze *s. or* wind *s.*; **plötzlich aufkommende** *od.* **aufspringende –,** (a) slant *s.* of wind; **rasch aufspringende und sich wieder legende –,** flurry *s.*, slant *s.* of wind; **schwache –,** slight breeze *s.*; **steife –,** strong breeze *s.*, (*coll.*) smacking breeze *s.*; **bei** (*od.* **in) mäßiger –,** in moderate air *or* breeze; **die – frischt (wieder) auf,** the air *or* breeze picks up (again) *or* strengthens; **die – trieb den Nebel weg,** the breeze whiffed the fog away; **eine – kommt** *od.* **springt plötzlich auf,** a breeze springs up *or* is springing up; **in einer – an Steifheit verlieren,** to lose rigidity in a breeze (*of boat and sail*).

brodelnde See *f.*, seething *or* boiling sea *s.*

Brok *f.*, breeching *s.* **Brokenstropp** *m.*, animal *or* web sling *s.* **Broktau** *n.*, breeching *s.*

Bronze *f.*, **aus –,** made of bronze (*hanks*); **–-Stagreiter** *m./pl.*, bronze hanks (*pl.*).

Brook *m.*, **Brooke** *f.*, web sling *s.* **Brook/geitau** *n.*, throat brail *s.*; **–stropp** *m.*, animal *or* web sling *s.*

Brot *n.* (*naut., sl.*), **frisches** *od.* **weiches –,** soft tommy *s.*; **–last** *f.*, bread (store) room *s.*

Bruch *m.* (*tech.*), strain *s.*, burst *s.* **Bruch/beanspruchung** *f.* (*phys.*), breaking stress *s.*; **–belastung** *f.* (*phys.*), breaking load *s.*, rupture stress *s.*; **b–fest** *adj.*, elastic, unbreakable; **–festigkeit** *f.* (*phys., tech.*), tensile strength *s.*, ultimate strength *s.*; breaking load *s.*, bursting stress *s.*; **–last** *f.* (*phys., tech.*), maximum load *s.*, rupture stress *s.*, tensible *or* tensile break ing strength *s.*; **–riß** *m.*, failure crack *s.* (*shipb.*); **–spannung** *f.*, breaking load *s. or* strain *s. or* stress *s.*; **–stelle** *f.*, split *s.*; **–teil** *m.* **einer Sekunde** (*rac.*), fraction *s.* of a second, split second *s.*

Brücke *f.* (*naut.*), bridge *s.* (*of a ship*), captain's bridge *s.*; bridge *s.*; jetty *s.*, pier *s.*, quai *s.*, (*am.*) landing-stage *s.*; **unter einer – durchfahren** *od.* **-rudern** *od.* **-segeln,** to shoot a bridge. **Brücken / aufbau(ten** *pl.*) *m.*, superstructure *s.* (of the bridge); **–boot** *n.*, pontoon *s.*; **–deck** *n.*, bridge deck *s.*; **–fernsteuerung** *f.*, bridge remote control (system) *s.*; **–haus** *n.* (*naut.*), pilot *or* bridge house *s.*; **–nock** *f.*, wing *s.* of the navigation bridge; **–pfeiler** *m.*, pier *s.*, pile *s.*, bridge pier *s. or* pillar *s.*; **–schanzkleid** *n.*, bridge bulwark *s. or* screen *s.*; **–signal** *n.*, bridge signal *s.*; **–steuerung** *f.*, bridge control *s.*; **–stützweite** *f.*, span *s.* (of the bridge); **–zoll** *m.*, bridge toll *s.*

brüllen *v.*, to roar (*of the sea*); **die See brüllt,** the sea is roaring. **Brüllende Vierziger** (*pl.*), roaring forties (*pl.*), brave west winds (*pl.*), zone *s.* of brave westerlies.

Brummelhaken *m.* (*naut. hum.*), Inglefield clip *s.*

Brunnen *m.* (*naut.*), well *s.*; **–deck** *n.*, well deck *s.*

Brustleine *f.*, manrope *s.*, life line *s.*, breastband *s.* (*safety device*).

Brutto / gewicht *n.*, gross weight *s.* (*of boat, etc.*); **–raumgehalt** *m.* (*naut.*), gross (register) tonnage *s.*; **–raumgehalt** *m.* **in Registertonnen** (*naut.*), gross register(ed) ton *s.*; **–registertonne** *f.* (*naut.*), gross ton *s.*, gross register(ed) ton *s.*; **–registertonnen** *f.*/*pl.* (*naut.*), (gross) register tons (*pl.*); **–tonnage** *f.*, gross tonnage *s.*; **–tonnage-Vermessung** *f.*, gross-tonnage measurement *s.*; **–tonnengehalt** *m.* (*naut.*), register tons (*pl.*).

Büa (*naut.*), boa, b.o.a., breadth *s. or* beam *s.* over all.

Buchenholz *n.*, beech wood *s.* (*shipb.*).

Buchse *f.* (*tech.*), liner *s.*, bush *s.*, bushing *s.*, sleeve *s.*; (*naut.*) stuffing box *s.*

Buchstaben / flagge *f.*, alphabetic(al) *or* letter flag *s.*; **–gruppe** *f.*, alphabetic(al) *or* letter group *s.* (*signalling*); **–tafel** *f.*, phonetic alphabet *s.* (*signalling*).

Bucht *f.* (*geogr.*), bay *s.*, bight *s.*, embayment *s.*, (*am.*) fleet *s.*, voe *s.*; (*naut.*) camber *s.* of beam (*deck*); bight *s.* (*of rope*), (*am.*) fake *s.* (*of a rope*); (*tech.*) sinus *s.*; **kleine –,** creek *s.*, cove *s.*, inlet *s.*, (*am.*) basin *s.*; **kleine schmale –,** creek *s.*; **obere** *od.* **oberste – (eines aufgeschossenen Taus),** rider *s.*; **schmale –,** inlet *s.*; **(Boot) in einer – vor Anker legen,** to embay; **in einer – vor Anker liegen,** to be moored in a bay; **in eine – treiben,** to embay; **Tau** *n.* **in –en aufschießen,** to fake down a rope; **Tau** *n.* **in –en legen,** to fake *or* to jag a rope; **durch –en befestigen,** to bight; **– eines Innenspants,** knuckle *s.*; **– eines Taus,** bight *s.*, (*am.*) dog's ear *s.* **Bucht / balken** *m.*, hold beam *s.* (*shipb.*); **–eis** *n.*, bay ice *s.*; **b–enreich** *adj.*, creeky; **–knoten** *m.*, bowknot *s.*; **einfacher –knoten** *m.*, single bowknot *s.*; **–schäkel** *m.*, jew's *or* Jew's harp *s.*, jew-harp *s.*; **–spleiß** *m.*, horseshoe splice *s.* **Buchtung** *f.* (*naut., tech.*), indentation *s.* **Buchtwegerung** *f.*, hold ceiling *s.* (*shipb.*).

Buddelschiff *n.*, bottle ship *s.*

Bug *m.*, bow *s.*, head *s.*, nose *s.*, prow *s.* (*of a boat*); bunt *s.* (*of a sail*); (*rac.*) tack *s.*; **am –,** on the bow; **breiter –,** bluff bow *s.*; **runder –,** curved *or* round bow *s.*; **scharfer –,** lean *or* sharp bow *s.*; **spitzer –,** pouted bow *s.*; **über –,** on the bow; **vertikaler –,** vertical *or* straight bow *s.*; **vorspringender –,** jutting (out) *or* projecting *or* pouted bow *s.*; **– an –,** bow-and-bow; **– an – segeln,** to sail bow and bow; **auf** (*od.* **über) den anderen – gehen,** to tack, to put (the boat) on the other tack, to go about; **mit dem – voraus,** head-on; **mit dem – (Wasser** *od.* **Wellen) durchschneiden,** to bow (the waves); **vom – (bis) zum Heck,** from stem to stern; **vor dem – (eines anderen Bootes) kreuzen,** to cross ahead *or* to cut across the bow (of another boat). **Bug / anker** *m.*, bower *s.*, bow(er) anchor *s.*; **großer –anker** *m.*, best bower *s.*; **kleiner –anker** *m.*, small bower *s.*; **–ankergeschirr** *n.*, bower *or* bow-anchor *or* head gear *s.*; **–ankerklüse** *f.*, bow hawse (hole) *s.*; **–aufklotzung** *f.*, bow chock *s.*; **–band** *n.*, breast hook *s.*; **–beschlag** *m.*, bow fittings (*pl.*); **–dwarsfeste** *f.*, bow breast *s.*

Bügel *m.* (*naut.*), clew *s.*, clamp *s.*, clip *s.*, latching chock *s.*, gimbals (*pl.*), strap *s.*, stirrup *s.*, yoke *s.*; **hängender –** (*naut.*), stirrup piece *s.*; **– einer Gaffel,** travel(l)er *s.*; **– des Mannlochdeckels,** bow *s.* **Bügel / feder** *f.*, bow spring *s.*; **–klampe** *f.*, latching chock *s.*; **–schraube** *f.*, strap bolt *s.*

Bug / fangleine *f.*, bow painter *s.*; **–fender** *m.*, bow fender *s.*, wedges (*pl.*); **–festmacher(leine** *f.*) *m.*, bowfast *s.*, headfast *s.*; **–figur** *f.* (*naut.*), figurehead *s.*; **–flagge** *f.*, jack (flag) *s.*; **kleine –flagge** *f.*, jack *s.*; **–flaggenstock** *m.*, jack(-)staff *s.*; **–form** *f.*, bow shape *s.*, shape *s.* of (the) bow; **–gording** *f.*, bunt(-)line *s.*; **–holz** *n.*, bent timber *s.*; **–klampe** *f.* **mit Bügel,** latching bow chock *s.*; **–klüse** *f.*, bow hawse (hole) *s.*; **runde –klüse** *f.*, chock mooring pipe *s.*; **–korb** *m.*, (bow) pulpit *s.*; **–lampe** *f.*, **–laterne** *f.* **(eines Ankerliegers),** bow light *s.*; **b–lastig** *adj.*, down by the head, bow-heavy (*of boat*); **–lastigkeit** *f.*, trim *s.* (down) by the bow; **–leine** *f.*, bowline *s.*, headfast *s.*, bow *or* head rope *s.*, bow painter *s.*; **–licht** *n.*, bow light *s.*; **–mann** *m.*, bow (oar) *s.* (*rowing*); **–pforte** *f.*, bridle *or* bow port *s.*; **–planke** *f.*, bow plank *s.*; **–propeller** *m.*, bow *or* forward propeller *s. or* (*coll.*) prop *s.*; **–reling** *f.*, bow rail *s.*; **–riemen** *m.* bow oar *s.*; bowman *s.*, (*am.*), gouger *s.* (*rowing*); **–rolle** *f.*, bow roller *s. or* sheave *s.* (*for the anchor*); **–schanzkleid** *n.*, buffalo *s.*; **–schmuck** *m.*, figurehead *s.*; **–schutz** *m.*, paravane *s.* (*of a ship*); **–see** *f.*, bow wave *s.*, head sea *s.*; **–seiten** *f.*/*pl.*, bows (*pl.*).

Bugsier / anker *m.*, kedge (anchor) *s.*; **–boot** *n.*, tug (boat) *s.*; **–dampfer** *m.*, steam-tug *s.*; **–dienst** *m.*, towage service *s.* **Bugsieren** *n.*, towage *s.*, towing *s.* **bugsieren** *v.*, to tow (*a boat or ship*), to take in tow, to warp; **Boot am Warpanker** *od.* **an der Warpleine –,** to warp a boat. **Bugsierer** *m.*, tug (boat) *s.*; tugboatman *s.* (*pers.*). **Bugsier / leine** *f.*, towing line *s.*, warp *s.*; **–lohn** *m.*, towage *s.*; **–schiff** *n.*, tow boat *s.*; **–tau** *n.*, **–trosse** *f.*, towing line *s.*, tow-rope *s.*, warp *s.*; **– - und Bergungsdienst** *m.*, towage and salvage service *s.*

Bug / spiere *f.*, bow spar *s.*; **–spill** *n.*, bow capstan *s. or* windlass *s.*

Bugspriet *n.* (*coll. m. od. f.*), bow sprit *s.*, bowsprit *s.*; **Erhöhungswinkel** *m.* **des –s,** steeve *s.*; **–backen** *f.*/*pl.*, bowsprit bees (*pl.*), bees (*pl.*) of the bowsprit; **–beting** *m.*, bowsprit bitts (*pl.*); **–bett** *n.*, bowsprit bed *s. or* chock *s.*; **– -Eselshaupt** *n.*, bowsprit cap *s.*; **–fischung** *f.*, bowsprit bed *s.*; **–fuß** *m.*, bowsprit foot *s. or* heel *s.*; **–gat(t)** *n.*, bowsprit bed *s.*; **–gräting** *f.*, bowsprit grating *s.*; **–keile** *m.*/*pl.*, bends (*pl.*); **–klampen** *f.*/*pl.*, bowsprit bees (*pl.*); **–lager** *n.*, bowsprit bitt *s.*; **–laufklampe** *f.*, bee block *s.*; **–stuhl** *m.*, bowsprit bitt *s.*; **–unterklotzung** *f.*, pillow *s.*; **–violinen** *f.*/*pl.*, bowsprit bees (*pl.*), bees (*pl.*) of the bowsprit; **–wanten** *f.*/*pl.*, bowsprit shrouds (*pl.*); **–zurring** *f.*, gammon *s.*; **die –zurring einscheren,** to gammon the bowsprit; **das – mit einer Zurring am Vor(der)steven festmachen** *od.* **befestigen,** to gammon (the bowsprit).

Bug / spring *f.*, bow spring *s.*, fore-spring line *s.*, forward spring *s.*; **–stag** *n.*, bow(sprit) shroud *s. or* stay *s.*; **–stenge** *f.*, foremast *s.*; **–stopper** *m.*, controller *s.* (*device*); **–strahlruderantrieb** *m.*, bow *or* lateral thrust drive *s.*; **–teil** *m.* **über den Loten,** overhang *s.*; **– - und Heckvertäuung** *f.*, fore-and-aft moorings (*pl.*); **–verstärkung** *f.*, reinforcement *s.* of the bow, bow strengthening *s.*; ice doubling *s.*; **–verzierung** *f.*, bow ornament(s) *s.* (*pl.*); **–welle** *f.*, bow wave *s.*, head sea *s.*, (*coll.*) moustache *s. or* (*am.*) mustache *s.*; **–winkel** *m.*, angle *s.* of the bow; **doppelter –winkel** *m.*, doubling *s.* the angle of the bow; **–wulst** *m.*, bulge *s.* of the bow.

Buhne *f.*, barrage *s.*, breakwater *s.*, dam *s.*, dike *s.*, dyke *s.*, groyne *s.*, well *s.*; jetty *s.*, mole *s.*; **– aus Schanzkörben,** gabionade *s.* **Buhnenbake** *f.*, beacon *s.* fixed on a groyne, barrage beacon *s.*

Buk *m.*, bunt *s.* (*of a sail*); **–gording** *f.*, bunt(-) line *s.*

Bulbbug *m.* (*dial.*), bulb(ous) bow *s.*

Bulin(e) *f.*, bowline *s.*; **–en los!** (*int.*), slacken off bowlines!. **Bulin / hahnepot** *f.*, bowline bridle *s.*; **–knebel** *m.*, bowline toggle *s.*; **–legel** *m.*, bowline cringle *s.*; **–spriet** *n.*, bowline bridle *s.*; **–stich** *m.*, bowline (hitch) *s.*; **–talje** *f.*, bowline tackle *s.*

Bullauge *n.*, bull eye *s.*, bulleye *s.*, bull's eye *s.*, port(-)hole *s.*, portlight *s.*; **–n(seeschlag)-blende** *f. od.* **-klappe** *f.*, deadlight *s.*

Bullen / dünung *f.* (*naut.*, *coll.*), heavy swell *s.*; **–hitze** *f.* (*sl.*), sweltering heat *s.*; **–stander** *m.* (*naut.*), bull pendant *s.*; **–talje** *f.*, bull tackle *s.*, kicking strap *s.*; **–tau** *n.*, bull rope *s.*

Bund *m.* (*naut.*), lashing *s.*, tie *s.*; (*tech.*) collar *s.*, flange *s.* **bündig** *adj.*, flush, level **(mit,** with) (*shipb.*, *etc.*). **Bundring** *m.* (*naut.*), collar *s.*

Bunker *m.* (*naut.*), bunker *s.* **Bunkern** *n.* (*naut.*), bunkering *s.*, fuelling *s.* **bunkern** *v.* (*naut.*), to bunker, to fuel.

Bünn *f.*, fish-hold *s. or* well *s.*; **–ewer** *m.*, **–schiff** *n.*, well boat *s. or* smack *s.*

Buntfeuer *n.* (*naut.*), distress flare *s.*, light-signal *s.* (*distress at sea*).

bürgerlich *adj.*, **–e Dämmerung,** civil dawn *s.* (*morning*), civil dusk *s.* (*evening*); civil twilight *s.*; **–e Zeit,** civil time *s.*

Büse *f.*, buss *s.*, herring drifter *s. or* fishing boat *s.*, small fishing-boat *s.*

Bussole *f.*, magnetic compass *s.*, mariner's compass *s.*

Buten / hafen *m.*, outport *s.*, outer harbo(u)r *s.*; **–luv** *m.*, bum(p)kin *s.*; **–marsch** *f.*, salt marsh *s.*

Butt *m.* (*naut.*, *tech.*), butt seam *s.* (*shipb.*).

Buys Ballotsches Windgesetz *n.*, Buys Ballot's law *s.*

C

Caisson *m.* (*naut.*), caisson *s.*, cofferdam *s.*

Campecheholz *n.*, campeachy *or* campeche wood *s.* (*shipb.*).

Candela (*phys.*), candela *s.*, candlepower *s.* (*base unit for light*).

Cassinisch *adj.*, **–e Kurve, –e Linie** (*astr.*), Cassinian ellipse *s.*

Cat / -Boot *n.*, cat (boat) *s.*; **(Art) –boot** *n.*, una *s.*; **– -Ketsch** *f.*, cat-rigged ketch *s.*; **– -Schoner** *m.* *od.* **-Schuner** *m.*, cat-rigged schooner *s.*; **– -Takelung** *f.*, cat rig(ging) *s.*; **– -Yawl** *f.*, cat (-rigged) yawl *s.*

CCA / -Formel *f.* (*naut.*), CCA rating rule *s.*, rating rule *s.* of the Cruising Club of America; **– -Vermessungsformel** *f.* **(für Hochseeyachten),** CCA Rule *s.*, RORC rule *s.*, IOR rule *s.*

Celsius (*phys.*), **Temperaturen auf 18° – ansteigend,** temperature(s) *s.* (*pl.*) rising to 18 degrees centigrade; **–grad** *m.*, degree centigrade *s.*; **–thermometer** *n.*, Celsius *or* centigrade thermometer *s.*

Charakteristik *f.*, characteristic *s.*, property *s.* (*of boat, sail, etc.*). **Charakteristikum** *n.*, **Charakteristika** (*pl.*), characteristics (*pl.*) *or* properties (*pl.*) (*of boat, sail, etc.*). **charakteristisch** *adj.*, **–e Eigenschaften eines Segels,** characteristics (*pl.*) of a sail.

Charter *f.* (*naut.*), charter *s.*; **feste (offene) –,** fixed (open) charter *s.*; **– eines Bootes ohne Crew,** bareboat charter *s.* **Charter / agent** *m.*, chartering agent *s.* *or* representative *s.*; **–boot** *n.*, chartered boat *s.*; **–boot** *n.* **ohne Crew,** bareboat charter *s.* **Charterer** *m.*, charterer *s.* (*of a boat*). **Chartergebühr** *f.* *od.* **-geld** *n.*, charter dues (*pl.*) *or* fees (*pl.*) *or* charges (*pl.*) *or* money *s.* **Chartern** *n.*, chartering *s.*, hiring *s.* (*of a boat*). **chartern** *v.*, to charter, to hire (*a boat*). **Charter / partie** *f.*, charter party *s.*; **–vertrag** *m.*, chartering contract *s.* *or* agreement *s.*

Chassis *n.* (*rad.*), chassis *s.*

Chef *m.* (*naut.*), chief *s.*, Chief *s.*, chief engineer *s.*; commander *s.* (*of a ship*); **–konstrukteur** *m.* (*naut.*), chief designer *s.* (*of a yacht*).

Chemiefaser *f.*, synthetic fibre *s.* *or* (*am.*) fiber *s.* (*sailcloth, rope*).

Chief *m.* (*naut.*), Chief *s.*, chief (engineer) *s.*

Chinesisches Luggersegel *n.*, Chinese lug (sail) *s.*

Chronometer *n.*, chronometer *s.*, time-keeper *s.*; **das – geht nach (vor),** the chronometer is losing (gaining); **–gang** *m.*, chronometer rate *s.*; **–zeit** *f.*, chronometer time *s.*

Cirro / cumuli *m./pl.*, mackerel sky *s.*; **–cumulus** *m.* (*meteor.*), cirrocumulus *s.*; **–stratus** *m.* (*meteor.*), cirrostratus *s.*; **–stratuswolke** *f.* (*meteor.*), wane cloud *s.*

Cirrus *m.* (*meteor.*), cirrus *s.*; **falscher –** (*meteor.*), false cirrus *s.*; **–schirm** *m.* (*meteor.*), mare's tail *s.*; **–wolke** *f.* (*meteor.*), cirrus cloud *s.*, curl cloud *s.*

Clip *m.* (*naut.*), Inglefield clip *s.*; clip *s.*

Club *m.*, club *s.*; **–haus** *n.*, club house *s.*; **–mitglied** *n.*, club member *s.*; **–preis** *m.* (*rac.*), club trophy *s.*; **–stander** *m.*, (club) burgee *s.*, club pendant *s.*

Cockpit *n.* (*naut.*), cockpit *s.* (*of a yacht*); **–mann** *m.*, cockpit- *or* midshipman *s.*; **–persenning** *f.*, cockpit awning (cover) *s.*; **–segeltuchtaschen** *f./pl.* **(zum Verstauen von Schoten und Fallen),** tail pockets (*pl.*), cockpit tool pockets (*pl.*); **–süll** *n.*, cockpit coaming(s) *s.* (*pl.*).

Code / chiffre- *od.* **–chiffriertabelle** *f.*, cipher *or* code table *s.* *or* (*am.*) schedule *s.*

computer / gesteuert *adj.*, computer-controlled (*of instruments on board*); **C–trimm** *m.* **für Hochseesegelei** *od.* **-regatten,** navigation *or* offshore racing *s.* by computer (trim); **vorgegebener C–trimm** *m.* (*rac.*), allowed computer trim *s.* *or* trim(ming) *s.* by computer.

Consol / -Funkfeuer *n.* (*naut.*), Consol (radio beacon) *s.*, consol *s.*; **–karte** *f.*, Consol chart *s.*; **– -Leitstrahl** *m.*, Consol navigation equisignal vector *s.* *or* aid wave *s.*; **– -Navigation** *f.*, Consol navigation *s.*; **–reichweite** *f.*, Consol range *s.*

Containerschiff *n.*, container ship *s.* *or* vessel *s.*

Convoi *m.* (*naut.*), convoy *s.*, escort vessel *s.*

Corioliskraft *f.* (*naut.*, *phys.*), Coriolis force *s.*

COSPAS-SARSAT-Seenot-System *n.*, International Search and Rescue Satellite Aided Tracking (system) *s.*

CQ (*rad.*), call sign *s.* (*given at the beginning of radio messages*).

CQR-Anker *m.*, CQR *or* coastal quick release anchor *s.*

Crew *f.*, crew *s.*; **befahrene** *od.* **erfahrene –,** expert crew *s.*, (*coll.*) old salts (*pl.*) *or* tars (*pl.*); **die – zählt sechs Mann,** the crew numbers 6; **Gewicht** *n.* **der –,** crew weight *s.*, weight *s.* of the crew (*for balancing the boat*). **Crew / gewicht** *n.*, crew weight *s.*; **–mitglied** *n.*, hand *s.*, crew member *s.*; **altes be-** *od.* **erfahrenes –mitglied** *n.*, an old hand *s.*; **–quartier(e)** *n.* (*pl.*), **–unterbringung** *f.*, **–unterkunft** *f.* *od.*

–unterkünfte (*pl.*), crew quarter(s) *s.* (*pl.*) *or* accommodation *s.*
Crosscut-Spinnaker *m.*, crosscut spinnaker *s.* *or* (*coll.*) spi *s.*
Cruising-Segel *n.*, cruising sail *s.*
Cumulo/cirrus *m.* (*meteor.*), cumulo-cirrus *s.*; **–nimbus** *m.* (*meteor.*), cumulo-nimbus *s.*; **–stratus** *m.* (*meteor.*), cumulo-stratus *s.*; **–wolke** *f.* (*meteor.*), cumulus (cloud) *s.*
Cumulus *m.* (*pl.* **-li**) (*meteor.*), cumulus *s.*; **– congestus** *m.*, cumulus congestus *s.*; **–(-Haufenwolken)bildung** *f.*, cumulus cloud *s.* *or* formation *s.*
Cunningham *n.*, cunningham *s.*, Cunningham *s.*; **–auge** *n.*, Cunningham eye *s.*; **–ende** *n.*, Cunningham end *s.* *or* line *s.* *or* rope *s.*; **–kausch** *f.*, Cunningham hole *s.*; **–spannung** *f.*, Cunningham tension *s.*; **–strecker** *m.*, Cunningham hole *s.* *or* rope *s.*; **–stropp** *m.*, Cunningham strap *s.* *or* strop *s.*
Curryklemme *f.*, cam cleat *s.*, clam cleat *s.*

D

Dach *n.* (*naut.*), ceiling *s.*, deckhead *s.*, overhead *s.*; **–ständer** *m.*, **–träger** *m.* **(auf Autos),** roof-rack *s.* (*for boats, surfboards, etc.*).
Dacron *n.*, dacron *s.*, Dacron *s.* (*synthetic fibre for sailcloth and rope*); **–segel** *n.*, Dacron sail *s.*
dahin/getriebene Wolken *f./pl.*, drift(ing) clouds (*pl.*); **–jagen** *v.* (*naut.*), to scow, to scud (*of motorboat, iceyacht*); **–jagender Sturm** *m.*, drift(ing) (gale) *s.*
Dalben *m.*, dolphin *s.*, pile mooring *s.*; mooring bollard *s.* *or* post *s.*; **–bake** *f.*, dolphin beacon *s.*; **–pfahl(gruppe** *f.*) *m.*, dolphin pile(s) *s.* (*pl.*), pile moorings (*pl.*).
dalli! (*naut.*, *int.*), (be) quick!, on the double!.
Damm *m.*, dam *s.*, dike *s.*, dyke *s.*; jetty *s.*, mole *s.*, pier *s.*, barrage *s.* (*of a harbour*); bank *s.*, embankment *s.* (*of a river*); **–bruch** *m.*, breach *s.* in a dike *or* dyke.
dämm(e)rig *adj.*, dim, dusky, rather dark; (*radar*) vague, indefinite; **noch –,** not yet light; **– werden,** to get dark. **Dämmerlicht** *n.*, dusk *s.*, half-light *s.*, twilight *s.* **dämmern** *v.*, to dawn, to grow light (*morning*); to get *or* to grow dark (*evening*); **es dämmert,** day is breaking *or* dawning (*morning*); dusk *or* twilight is falling (*evening*). **Dämmerung** *f.*, dawn *s.* (*morning*), dusk *s.* (*evening*); half-light *s.*, twilight *s.*, (*br.*, *dial.*) cocklight *s.*; **astronomische –,** astronomical twilight *s.*; **hereinbrechende –,** falling dusk *s.*; **nautische –,** nautical twilight *s.*; **in der –** (*am.*), adusk. **Dämmerungs/bogen** *m.* (*meteor.*), twilight arch *s.* *or* curve *s.*; **–effekt** *m.* (*rad. nav.*), sky wave *or* twilight effect *s.*; **–zone** *f.* (*rad. nav.*), twilight zone *s.*
Damm/riff *n.* (*geogr.*), barrier reef *s.*; **–weg** *m.*, causeway *s.* (*for towing, etc.*).
Dampf *m.* (*naut.*), steam *s.*; (*phys.*) vapo(u)r *s.*; (*meteor.*) haze *s.*, mist *s.*; **– ablassen** (*naut.*), to let off *or* to blow off steam; **– aufhaben** (*naut.*), to have steam up; **– aufmachen,** to get up *or* to raise steam; **unter – liegen** (*naut.*), to have steam up (*of ship*). **dampf/angetrieben** *adj.*, steam-driven (*of ship*); **D–boot** *n.*, steamboat *s.*, steamer *s.*; **D–druck** *m.*, steam pressure *s.*; **D–druckmesser** *m.*, manometer *s.*, steam ga(u)ge *s.* **dampfen** *v.* (*naut.*), to steam (along *or* away) (*of ship*); **aus dem Hafen –,** to steam out of harbo(u)r.
dämpfen *v.* (*rad.*), to attenuate; (*phys.*) to stabilize (*vibration*); to damp, to deaden, to muffle (*sound*).
Dampfer *m.*, steamer *s.*, steamship *s.*, steam(-)boat *s.*
Dämpfer *m.* (*rad.*), damper *s.*; (*tech.*) cushion *s.*; damper *s.*, silencer *s.* (*motor*); (*naut.*) (roll-)damping *or* shock absorber *s.*
Dampfer/handbuch *n.*, pilots (*pl.*); **–laterne** *f.*, masthead lantern *s.* *or* lamp *s.*; **–licht** *n.*, masthead light *s.*, (*am.*) (after) range light *s.*; **–linie** *f.*, steamship line *s.*; **–track** *m.*, shipping lane *s.* *or* route *s.*; **–verkehr** *m.*, steamer *or* steamship traffic *s.*
Dampf/heuler *m.*, steam hailer *s.* (*signal*).
dampfig *adj.*, **dämpfig** *adj.* (*naut.*, *coll.*), **–es Wetter,** dampish *or* hazy *or* misty weather *s.*
Dampf/kessel *m.* (*naut.*), (steam) boiler *s.*; **–kraft** *f.*, steam power *s.*; **Schiff** *n.* *od.* **Yacht** *f.* **mit –kraft,** steam-powered ship *s.* *or* vessel *s.* *or* yacht *s.*; **–leichter** *m.*, steam(-powered) lighter *s.*; **–leitung** *f.*, steam line *s.* *or* pipe *s.*; **–maschine** *f.* (*naut.*), steam engine *s.*; **–pfeife** *f.*, steam whistle *s.*, (*am.*) hooter *s.*; **ein Signal mit der –pfeife geben** (*am.*), to hoot; **–pumpe** *f.*, donkey *or* steam pump *s.*; **–rudermaschine** *f.*, steam steering gear *s.* *or* engine *s.*; **–schiff** *n.*, steamer *s.*, steamboat *s.*, steam ship *s.* *or* vessel *s.*; **–schiffahrt** *f.*, steam navigation *s.*; **–schiffahrtsgesellschaft** *f.*, **–schiffahrtslinie** *f.*, steamship line *s.*;

–schlepper *m.*, steam tug *s.*; **–sirene** *f.*, steam siren *s.*; **–spill** *n.*, steam capstan *s. or* windlass *s.*; **kleines –spill** *n.* (*am.*, *coll.*), nigger *s.*; **–strahl** *m.*, steam jet *s.*; **–turbinenantrieb** *m.*, steam turbine propulsion *s.*

Dämpfung *f.* (*rad.*), attenuation *s.*, damping *s.* (*of waves*); (*phys.*, *naut.*) stabilization *s.* (*of vibration*); damping *s.*, deadening *s.* (*of sound*); **–sfeder** *f.*, shock-absorbing *or* damping spring *s.*; **–sflosse** *f.* (*naut.*), stabilizer *s.*; **–smoment** *n.* (*phys.*), damping moment *s.*

Dampf / ventil *n.*, steam valve *s.*; **–winde** *f.*, **–winsch** *f.*, steam winch *s. or* windlass *s.*; **–yacht** *f.*, steam yacht *s.*, steam-driven yacht *s.*; **–zuleitung** *f.*, steam supply *s.*

Danforth / -Anker *m.*, Danforth anchor *s.*; **– -Kompaß** *m.*, Danforth compass *s.*

Darrgewicht *n.*, kiln-dried (specific) weight *s.* (*shipb.*).

darstellen *v.* (*radar*), to represent, to plot (*also of instruments*); **graphisch –**, to represent graphically. **Darstellung** *f.* (*radar*), (re)presentation *s.* (*also of instruments*); **absolute –** (*radar*), true-motion representation *s.*; **falsche** *od.* **fehlerhafte –** (*radar*), misrepresentation *s.*; **graphische –**, graphic representation *s.*; **relative –** (*radar*), relative representation *s.*

Daten *n./pl.*, **technische –**, technical data (*pl.*), technicalities (*pl.*). **Datum** *n.*, date *s.* (*of time*); **–sgrenze** *f.*, date-line *s.*; **internationale –sgrenze** *f.*, international date line *s.* (*ca. 180° east of Greenwich*).

Dau *f.*, dhow *s.* (*Arab sailing vessel*).

Dauer *f.* (*rac.*), continuance *s.*, duration *s.*, length *s.* (*of a race*); (*phys.*) time *s.*, period *s.* (*of oscillation, etc.*); length *s.* (*of a voyage or cruise*). **Dauer / ballast** *m.*, permanent ballast *s.*; **–befehl** *m.* (*naut.*), standing order *s.*; **–belastung** *f.* (*phys.*, *tech.*), permanent load *s.*, continuous operation *s. or* working *s.*; **–feuer** *n.* (*naut.*), fixed light *s.* (*of beacon, etc.*); **–geschwindigkeit** *f.*, permanent *or* cruising *or* continuous speed *s.* (*of a boat*); **–haftigkeit** *f.* (*phys.*, *tech.*), durability *s.*, permanence *s.*, stability *s.* (*of sail, boat, etc.*); **–leistung** *f.* (*phys.*, *tech.*), continuous output *s. or* rating *s.*; **–magnet** *m.*, permanent magnet *s.*; **–probefahrt** *f.*, endurance trial *s.* (*of a boat*); **–regen** *m.*, constant *or* unending rain *s.*, (*hum.*) Scotch mist *s.*; **–strich** *m.* (*naut.*, *rad.*), on-course signal *s.*, continuous signal *s. or* dash *s.*; **–strichsender** *m.* (*rad.*), continuous-signal transmitter *s.*; **–strichzone** *f.*, equisignal zone *s.*; **–ton** *m.* (*rad.*), permanent signal *s.*; **–träger** *m.* (*rad.*), continuous wave *s.*; **–versuch** *m.* (*phys.*, *tech.*), fatigue test *s.*, duration *or* endurance test *s.* (*of boat, sail, etc.*); **–wirkung** *f.* (*phys.*), permanent effect *s.*

Daumen *m.* (*naut.*, *tech.*), cam *s.*, tappet *s.*, toe *s.*; **über den – gepeilt,** by rule of thumb; **über den – peilen,** to make a rough estimate. **Daumen / regel** *f.*, rule *s.* of thumb; **–steuerung** *f.* (*naut.*, *tech.*), cam gear *s.*; **–welle** *f.* (*naut.*, *tech.*), camshaft *s.*

Davit *m.*, davit *s.*; **Boot** *n.* **in den –s,** davit boat *s.* **Davit / gei** *f.*, davit guy *s.*; **–klampe** *f.*, davit cleat *s.*; **–koker** *m.*, davit socket *s. or* trunk *s. or* tabernacle *s.*; **–lager** *n.*, davit bearing *s. or* bed *s. or* rest *s.*; **–poller** *m.*, davit bollard *s.*; **–spurlager** *n.*, davit socket *s.*; **–stander** *m.*, davit span *s.*; **–winde** *f. od.* **–winsch** *f.*, davit winch *s.*

davonkommen *v.i.*, to get off, to escape; **mit knapper Not –,** to have a narrow escape *or* (*coll.*) squeak, (*coll.*) to have a close *or* narrow shave (*in a gale, etc.*).

Day / cruiser *m.*, daycruiser *s.* (*motorboat*); **–sailer** *m.*, daysailer *s.* (*sailboat*).

Dazy / -Stagsegel *n.*, Dazy *or* dazy staysail *s.*; **– -Windseeker** *m.*, Dazy windseeker *s.*

Decca *n.* (*rad. nav.*), decca *s.*, Decca *s.*; **– -Empfänger** *m.*, decca receiver *s.*; **– -Funkbereich** *m.*, decca range *s.*; **–karte** *f.*, decca chart *s.*; **–kette** *f.*, decca chain *s.*; **–kettenfrequenz** *f.*, decca-chain frequency *s.*; **– -Koordinaten** *f./pl.*, decca co(-)ordinates (*pl.*); **– -Navigationsgerät** *n.*, decca (navigation) receiver *s.*, decca navigator *s.*; **– -Verfahren** *n.*, decca (navigation method) *s.*

Deck *n.*, deck *s.*, topside *s.*; **an –,** on deck, topside; **auf –,** on deck, topside; **durchgehendes** *od.* **-laufendes –,** continuous *or* uninterrupted deck *s.*; **gerades –,** straight deck *s.*; **gewölbtes –,** turtle-back deck *s.*; **kleines –,** flat *s.*; **offenes –,** open *or* exposed deck *s.*; **unter –,** below deck(s); under hatches; **unteres –,** lower deck *s.*; **Alle Mann an –!** (*com.*), all hands on deck; **an – gehen,** to go on deck *or* topside; **an – verladen,** to ship on deck (*as racing boats*); **(Crew) an – zusammenrufen,** to turn up (the crew); **(Crew) auf – pfeifen** *od.* **rufen,** to pipe up (the crew); **(Crew) unter – schikken,** to pipe away *or* down (the crew); **das – schwabbern** *od.* **schrubben** *od.* **waschen,** to swab *or* to wash the deck; **schnell an – kommen,** to tumble up; **sich an – aufhalten,** to stay on deck *or* topside; **über das – (hinweg)-spülen** *od.* **-rollen** *od.* **-brechen** *od.* **-stürzen,** to sweep the deck (*of combers*); **unter – verla-**

den, to ship below deck (*of boats, etc.*); **Verladung** *f.* **unter –,** shipment *s.* below *or* under deck. **Deck / absetzer** *m.*, squeegee *s.*; **mit einem –absetzer trockenwischen,** to squeegee, to squil(l)gee (*the deck*); **–anstrich** *m.*, finishing *or* top coat *s. or* paint *s.*; **–auflager** *n.*, reinforcement *s. or* strengthening *s.* of the deck (*shipb.*); **–ausstattung** *f.*, deck layout *s.*, decks-layout *s.*

Decke *f.* (*naut.*), ceiling *s.* (*of cabin, etc.*).

Deckel *m.* (*naut.*), top *s.*, (*coll.*) lid *s.* (*of hatch, tank, etc.*); **mit (einem) – (versehen),** topped. **Deckel / schraube** *f.*, top screw *s.*; **–ventil** *n.*, **–ventilklappe** *f.*, top lid *s. or* cover *s.*

Decken / haken *m.* (*naut.*), ceiling hook *s.*; **–kompaß** *m.*, telltale *or* overhead compass *s.*; **–lampe** *f.*, deckhead *or* ceiling *or* overhead lamp *s.*; **flache –lampe** *f.*, oyster lamp *s.*

Deck / farbe *f.*, finishing *or* final *or* top coat *s. or* paint *s.*; **–glas** *n.*, skylight *s.*; **–hand** *f.* (*naut.*), deckhand *s.*; **–haus** *n.* (*naut.*), deckhouse *s.*; **–kapazität** *f.*, capacity *s.* of (the) deck, deck capacity *s.*; **–leiste** *f.* (*naut.*), fillet *s.*; **–linie** *f.*, deck line *s.*; **–log** *n.*, taffrail log *s.*; **–mannschaft** *f.* (*naut.*), riggers (*pl.*); **–offizier** *m.* (*naut.*), warrant officer *s.*; **–peilung** *f.*, transit bearing *s.*; leading light *s.*, range *s.*

Decks / anordnung *f.*, deck layout *s.*; **–aufbau** *m.*, **–aufbauten** (*pl.*), superstructure *s.* (of the deck); **–ausrüstung** *f.*, deck equipment *s. or* gear *s.*; **–balkweger** *m.*, deck beam clamp *s.*; **–belag** *m.*, deck flooring *s. or* covering *s. or* sheathing *s.*; **–belastung** *f.*, deck load (capacity) *s.*; **–beplankung** *f.*, deck planking *s.*; **–beplattung** *f.*, deck plating *s.*; **–bolzen** *m.*, deck bolt *s.*; **–breite** *f.*, beam *s. or* breadth *s.* of (the) deck; **–bucht** *f.*, round *s.* of beam *or* deck, camber *s.* of beam *or* deck; fall *s.*, boatfalls (*pl.*).

Deck / schicht *f.*, gelcoat *s.* (*shipb.*); **–schwabber** *m.*, (deck)swab *s.*

Decks / ebene *f.*, deck level *s.*; **an** *od.* **auf –ebene,** on deck level; **–einrichtungen** *f./pl.*, deck equipment *s. or* gear *s. or* fittings (*pl.*); **–fenster** *n.*, skylight *s.*; **–fläche** *f.*, deck area *s. or* space *s.*; **–form** *f.*, deck form *s. or* shape *s.*, form *s. or* shape *s.* of (the) deck; **–gleitschutz** *m.*, non-skid (deck) sheathing *s. or* covering *s.*; **–hand** *f.*, deckhand *s.* (*crew member*); **–handpumpe** *f.*, hand deck-pump *s.*; **–haus** *n.*, deck()house *s.*; **–kajüte** *f.*, deck cabin *s.*, raised cabin *s.*; **–klampen** *f./pl.*, deck cleats (*pl.*); **–klüse** *f.*, deck pipe *s.*; **–korb** *m.* **(an Bug und / oder Heck),** pulpit *s.*; **–lampe** *f.*, deck lamp *s.*, floodlight *s.*; **–längsspant** *n.*, deck longitudinal *s.* (*shipb.*); **–leuchte** *f.*, deck lamp *s.*, floodlight *s.*; **–licht** *n.*, skylight *s.*; **–linie** *f.*, deck line *s.*; **–lüfter** *m.*, deck fan *s. or* ventilator *s.*; **–naht** *f.*, edge *s.* of the sheerstrake, deck seam *s.*; **–öffnung** *f.*, deck scuttle *s.*; **–passage** *f.*, deck passage *s.*; **–plan** *m.*, deck plan *s.*; **–planke** *f.*, deck plank *s.*

Deck / sprung *m.*, sheer *s.* of the deck; fall *s.*, boatfall *s.*; **–spülpumpe** *f.*, deck rinsing-pump *s.*

Decks / seite *f.*, top *s.* of the deck, topside *s.*; **–spur** *f.*, mast gate *s.*; **–steuer(fahr)stand** *m.*, deck control (station) *s.*; **–stopper** *m.*, controller *s.*, deck stopper *s.*

Deck / strak *m.*, sheer line *s.*, deck (sheer)strake *s.*; **–stringer** *m.*, deck stringer *s.*, gunwale *s.*; **–stütze** *f.*, stanchion *s.*, deck pillar *s.*, pillar *s.* between decks; **–talje** *f.*, deck tackle *s.*; **–treppe** *f.*, deck ladder *s.*; **–uhr** *f.* **(auf der Brücke),** hack watch *s.*

Deckung *f.* (*naut.*), matching *s.* of pointers, matching *s.* of (the) transit bearing; (*ins.*) cover *s.*, coverage *s.*

Deck / unterzug *m.* (*naut.*), deck girder *s.*; **–verladung** *f.*, shipment *s.* on deck; **–verzurrung** *f.*, deck lashing *s.*; **–wache** *f.*, deck watch *s.*; **–wölbung** *f.*, round *s. or* camber *s.* of beam *or* deck; **–wrange** *f.*, deckhook *s.*; **–zurring** *f.*, deck lashing *s. or* seizing *s.*

Defekt *m.* (*tech.*), defect *s.*, fault *s.*, failure *s.*; flaw *s.* (*as in sailcloth*). **defekt** *adj.*, defective, out of order (*as instruments, etc.*).

Deflektor *m.* (*rad.*), deflector *s.*

dehnbar *adj.* (*phys., tech.*), strainable, stretchable, tensible, tensile (*as sailcloth, etc.*); **übermäßig –,** stretchy. **Dehnbarkeit** *f.*, elasticity *s.*, flexibility *s.*, tensibility *s.*, stretchiness *s.* (*of sailcloth, etc.*); stretch *s.* (*of material*); **geringe –,** low stretch *s. or* elasticity; **geringere –,** less stretch *s.* (*of sailcloth*); **Material** *n.* **von geringer –,** low-stretch material *s.* (*sailcloth*); **– (ver)mindern** *od.* **verringern,** to reduce stretch (*of sailcloth*). **Dehnen** *n.*, stretch *s.* **dehnen** *v.*, to stretch, to string. **Dehn / festigkeit** *f.*, **–kraft** *f.* (*phys., tech.*), tensile strength *s.* (*sailcloth, shipb.*). **Dehnung** *f.* (*phys., tech.*), stretch *s.*, stretching *s.* (*of sailcloth*); creep *s.* (*of metal*); **übermäßige –,** excessive stretch *s.* (*of a sail*). **Dehnungs / grenze** *f.* (*phys., tech.*), elastic limit *s.*; **–kraft** *f.*, tensile strength *s.*; **hohes –verhältnis** *n.*, high aspect ratio *s.* (*of sailcloth*).

Deich *m.*, dam *s.*, dike *s.*, dyke *s.*, embankment *s.*, (*am.*) levee *s.* **Deich / aufseher** *m.*, dykereeve *s.*; **–bruch** *m.*, breach *s.* in a dyke; **–meister** *m.*, dyke reeve *s.*; **–schleuse** *f.*, sewer *s.*

Deining *f.* (*pl.* **-ningen**), breakers (*pl.*), high seas (*pl.*), swell *s.* (*of the sea*).

deinsen *v.* (*naut.*), to make sternway, to drop *or* to fall astern (*of boat*).

Deklaration *f.*, declaration *s.*, entry *s.* (*at the customs*). **deklarieren** *v.* (*naut.*), to clear (*a boat or ship*); **zollamtlich –,** to enter at the custom-house, to make entry. **Deklarierungsbescheinigung** *f.* (*naut.*), certificate *s.* of clearance *or* clearing.

Deklination *f.* (*phys.*), variation *s.* (*of the compass*); (*astr.*), declination *s.*; **magnetische –** (*naut., phys.*), variation *s.*, magnetic declination *s.*; **südliche –** (*astr.*), southing *s.* (*of a planet*); **eine – haben** (*astr., phys., naut.*), to decline. **Deklinations/achse** *f.* (*astr., phys.*), declination axis *s.*; **–bussole** *f.*, **–kompass** *m.*, declination *or* declining *or* variation compass *s.*; **–kreis** *m.* (*astr.*), colure *s.*, declination circle *s.*; **–nadel** *f.*, declination *or* declining needle *s.* (*of compass*); **–ungleichheit** *f.* **(der Gezeiten),** inequality *s.* of declination, declination inequality *s.* (of the tide); **–winkel** *m.*, angle *s.* of declination *or* variation, declination angle *s.* **Deklinatorium** *n.*, declination compass *s.*

Deklino/graph *m.* (*phys.*), declinograph *s.*; **–meter** *n.* (*phys.*), declinometer *s.*

Dekompensatoren *m./pl.* **(des Kompasses),** compass correctors (*pl.*) *or* weight *s.*

Delle *f.* (*naut., coll.*), dent *s.* (*in the hull*).

Delta *n.* (*geogr.*), delta *s.* **Delta/-Anker** *m.*, Delta anchor *s.*; **–arm** *m.* (*geogr.*), distributary *s.*, estuary *s.*; **–(-Kreiselkompaß)gerät** *n.*, speed corrector *s.*; **–schaltung** *f.* (*rad., elec.*), mesh connection *s.*

Demontage *f.* (*naut.*), dismantling *s.*, dismounting *s.* (*of boat or ship*). **demontieren** *v.*, to dismantle, to dismount, to take apart *or* to pieces, to strip (*a boat*).

Deplacement *n.* (*naut.*), displacement *s.* (*of boat*); **–boot** *n. od.* **–schiff** *n.*, displacement boat *s. or* ship *s. or* vessel *s.*; **–tonnage** *f.*, displacement tonnage *s.* **deplacieren** *v.* (*naut.*), to displace (water) (*of boat*).

Depot/schiff *n.*, depot ship *s. or* vessel *s.*; **– -Verfahren** *n.* (*naut.*), depot procedure *s. or* method *s. or* technique *s.* (*shipb.*).

Depression *f.* (*naut.*), dip *s.* of the horizon; (*meteor.*) depression *s.*, trough *s.*; (*astr.*) depression *s.*; **nördliche (südliche) –** (*astr.*), northern (southern) depression *s.*; **tropische –** (*meteor.*), tropical depression *s.* **Depressions/front** *f.* (*meteor.*), front *s.* of depression; **–zentrum** *n.*, centre *s.* (*am.* center *s.*) of depression.

Derivation *f.* (*naut., phys.*), derivation *s.*; **–swinkel** *m.* (*naut.*), angle *s.* of derivation, derivation angle *s.*, drift angle *s.*, angle *s.* of drift (*of a boat*).

Derrick *m.* (*naut.*), derrick *s.*; **–geere** *f.*, derrick van *s.*; **–kran** *m.*, derrick crane *s.*

Design *n.* (*naut.*), **– eines Bootes,** boat *or* yacht design *s.*; **– eines Segels,** sail design *s.* **Designer** *m.*, designer *s.*; naval architect *s.*

Detektor *m.* (*rad.*), detector *s.*, crystal set *s.*, autocoherer *s.*, autodetector *s.*; (*radar*) detector *s.*; **– -Mischstufe** *f.* (*radar*), crystal control *s. or* mixer *s.*; **–nadel** *f.*, cat-whisker *s.* (*of instruments*).

deuten *v.i.*, **auf gutes Wetter –** (*meteor.*), to be a sign of fine *or* good weather.

deutlich *adj.* (*rad., radar, naut.*), clear, distinct; **– in Sicht kommen,** to show up distinctly *or* clearly; **– sichtbar,** clearly *or* distinctly visible; **– sichtbar werden** (*naut.*), to heave clearly into sight. **Deutlichkeit** *f.* (*rad., radar, naut.*), clearness *s.*, distinctness *s.*

Deviation *f.* (*naut.*), deviation *s.*; **mittlere –,** mean *or* standard deviation *s.*; **viertelkreisförmige –,** quadrantal deviation *s.*; **die – bestimmen,** to ascertain the deviation. **Deviations/bake** *f.*, deviation beacon *s. or* buoy *s.*, beacon *s.* for compass adjustment, swinging buoy *s.*; **–bestimmung** *f.*, swinging ship *s.*, swinging *s.* for deviation, compass calibration *s.*; **–boje** *f.*, swinging buoy *s.*; **–dalben** *m.*, deviation beacon *s. or* bollard *s.*, swinging buoy *s.*; **–grad** *m.*, degree *s.* of deviation, deviation ratio *s.*; **–kurve** *f.*, deviation curve *s. or* diagram *s.*, curved-line graph *s.*; **–moment** *n.*, moment *s.* of deviation; **–tabelle** *f.*, deviation table *s.*; **–tonne** *f.*, swinging buoy *s.*, deviation beacon *s. or* bollard *s. or* buoy *s.*; **–winkel** *m.*, angle *s.* of deviation; drift angle *s.*

Dezibel *n.* (*rad., phys.*), decibel *s.*

Dezimalsystem *n.*, metric *or* decimal system *s.*

Dezimeter *n.*, decimetre *s.*, (*am.*) decimeter *s.*; **–gerät** *n.* (*radar*), micro wave (set) *s.*; **–welle** *f.* (*rad.*), ultra(-)high frequency *s.*

Dhau *f.*, (*s.* **Dau**).

Diagonal/bauweise *f.* (*naut.*), diagonal construction *s. or* planking *s.*, mo(u)lded plywood *s.* (*shipb.*); **–beplankung** *f.*, diagonal planking *s.*; **–boot** *n.*, diagonal-built boat *s.* **Diagonale** *f.*, diagonal *s.* **Diagonal/falten** *f./pl.* **im Segel,** diagonal wrinkles (*pl.*) (in a sail);

–holz *n.*, dagger board *s.* (*shipb.*); **d– -karweel (gebaut),** diagonal(ly) carvel (built) (*of boat*); **– -Karweel(bauweise** *f.*) *n.*, diagonal-carvel construction *s.* (*of a boat*); **–knie** *n.*, dagger knee *s.* (*shipb.*); **–kraft** *f.* (*phys.*), resultant (force) *s.*; **–naht** *f.* **(eines Segels),** diagonal mitre (*am.* miter) seam *s.* (of a sail); **–planke** *f.*, diagonal plank *s.* (*shipb.*); **–schnitt** *m.* **(eines Segels),** mitre cut *s.*, (*am.*) miter cut *s.* (of a sail); **–stück** *n.*, dagger *s.* (*shipb.*).

Diagramm *n.*, diagram *s.*, graph *s.*, graphic representation *s.*; chart *s.*; (schematic) lay(-)out *s.*

Diamant / knoten *m.* (*naut.*), diamond knot *s.*; **doppelter –knoten** *m.*, double wall and crown knot *s.*, double diamond knot *s.*; **–rigg** *n.*, **–takelung** *f.*, diamond rig *s.*; **– -Verspannung** *f.* **(eines Mastes),** diamond bracing *s. or* stays (*pl.*) (of the mast).

Diamond-, (*s.* **Diamant-**).

Diaphon *n.*, diaphone *s.*, automatic hailer *s.*

Diastimeter *n.*, diastimeter *s.*, range-finder *s.*

dicht *adj.* (*naut.*), taut, tight, leak(-)proof, waterproof, watertight, close; close-hauled (*as leech or (am.) leach*); (*meteor.*) thick, dense (*as fog*); **undurchdringlich –,** murky (*as fog*); **sich – am** *od.* **an den Wind halten,** to hug the wind; **sich – an die** *od.* **nahe der** *od.* **unter der Küste halten,** to hug the coast; **sich – unter Land halten,** to hug the land; **– am Wind,** on the wind, close to the wind; **– am Wind laufen,** to sail close to the wind, to hug the wind; **– am Wind liegen,** to luff and lie; **– am Wind segeln,** to point high *or* well; to sail close-hauled *or* close to the wind, to sail on the wind, to hug the wind; **– bei** (*naut.*), close to; **– beim Wind,** close-hauled, on the wind; **– beim Wind laufen** *od.* **segeln,** to hug the wind, to sail on *or* close to the wind; **– dabei, – in der Nähe** (*naut.*), close aboard; nearby, close by, within call (**von,** to); **– anholen,** to haul tight (*sheet*), to flatten (*sail*); **– angeholt,** close-hauled (*leech, am. leach*); **– gerefft,** close-reefed; **– und trocken** (*naut.*), tight *or* taut and dry (*of boat*); **–er Nebel** (*meteor.*), (thick) fog *s.*, (*coll.*) foggage *s.*; **–er werden,** to thicken (*as fog*).

Dichte *f.* (*phys.*), density *s.* (*of sea or salt water, etc.*).

Dichteisen *n.* (*naut.*), caulking iron *s.*

Dichtemesser *m.* (*phys.*), gravimeter *s.*, hydrometer *s.*, aerometer *s.*

Dichten *n.* (*naut.*), caulking *s.*, stopping *s.* (*of a leak*); **(Nähte) zum – öffnen,** to ream (the seams of a boat). **dichten** *v.* (*naut.*), to caulk, to stop (*a leak*), to make tight, to tighten (*boat*); (*tech.*) to pack, to seal, to lute, to stop up; **ein Leck –,** to stop a leak.

dichtholen *v.* (*naut.*), to haul tight, to tighten (up) (*lines*), to tension (*the luff tensioner, etc.*); **das Großsegel ganz –,** to trim the main(sail) close to the centreline (*am.* centerline); **Kardeele beim Spleißen –,** to heave strands in splicing; **ruckweise über Klampen** *od.* **Poller –,** to sweat; **die Schoten –,** to tighten *or* to haul tight the sheets; **ein Segel –,** to luff a sail.

Dichtigkeit *f.*, **Dichtheit** *f.* (*naut.*), watertightness *s.*; (*meteor.*) density *s.*, denseness *s.*, compactness *s.* (*of fog, etc.*); (*phys.*) density *s.* **Dichtigkeits / messer** *m.*, aerometer *s.*, hydrometer *s.*, gravimeter *s.*; **–messung** *f.*, hydrometry *s.*, gravimetry *s.*

Dichtnehmen *n.* (*naut.*), **Vorrichtung** *f.* **zum –,** tensioning system *s.* **dicht / nehmen** *v.*, **–setzen** *v.*, to tighten, to tension, to haul tight (*sheets, etc.*).

Dichtung *f.* (*naut.*), caulking *s.*; (*tech.*) packing *s.*, seal *s.*, luting *s.*; joint *s.*, gasket *s.*, gland *s.* **Dichtungs / gummi** *m.*, rubber band *s.* for packing; **–kitt** *m.*, putty *s.*, lute *s.*; **–manschette** *f.*, gasket *s.*; **–masse** *f.*, caulking *or* sealing compound *s.*, putty *s.*; **–material** *n.*, packing *s. or* sealing (material) *s.*, caulking *s.*, luting *s.*; **–mittel** *n.*, obturator *s.*; **–muffe** *f.*, sleeve-joint *s.*; **–ring** *m.*, (expanding) washer *s.*, packing ring *s.*, gasket *s.*, lute *s.*, obturator *s.*, bin *s.*, burr *or* junk ring *s.*; **–scheibe** *f.*, washer *s.*, gasket *s.* **Dichtwerg** *n.* (*tech.*), luting *s.*, oakum *s.*

dick *adj.* (*naut.*), thick (*of fog, weather*); **es kommt –** (*naut., rac.*), it is getting thick *or* dense; **es wird –,** it is getting thick (*of weather*); it is coming on thick (*in a gale*); **–e Luft** (*naut., meteor.*), close *or* thick atmosphere *s.*, close *or* dense air *s.*; **–er Nebel,** thick *or* dense fog *s.*; **–es Wetter,** thick weather *s.*, (*naut., meteor.*) poor visibility *s.*; **–er werden** (*naut.*), to thicken (*of weather*); **–er werdender Nebel,** deepening *or* thickening fog *s.*

Dicke *f.* (*meteor.*), denseness *s.*, thickness *s.*, thickening *s.* (*of fog*); (*tech.*) diameter *s.*, size *s.*; **–nmesser** *m.*, callipers (*pl.*), feeler ga(u)ge *s.*

Dickschiff *n.*, offshore *or* sea-going yacht *s. or* cruiser *s.*, (*coll.*) big boat *s.*; **–segel** *n.*, offshore sail *s.*; **–segeldesigner** *m.*, offshore sail designer *s.*; **–segler** *m.*, offshore yachtsman *s. or* sailor *s.*, (*coll.*) big boat man *s. or* sailor *s.*

Dickte *f.* (*naut., meteor.*), denseness *s.*, thickness *s.* (*of fog, weather*); veneer *s.* (*shipb.*); **–nmesser** *m.*, **–nschablone** *f.*, feeler-ga(u)ge *s.*, micrometer *s.*

Diebesknoten *m.* (*naut.*), thief knot *s.*

Dienst *m.* (*naut.*), duty *s.*, service *s.*; **außer –,** off-duty; **in** *od.* **im –,** on duty; **meteorologischer –,** weather *or* meteorological service *s.*; **seehydrographischer –,** hydrographic office *s. or* service *s.*; **außer – stellen,** to lay up, to put out of service, to decommission (*a ship*); **in – stellen,** to commission, to put into service (*of ship*); **– an Bord,** routine *s. or* duty *s. or* service *s.* aboard; **– auf See,** duty *s. or* watch *s.* at sea; **– haben,** to be on duty, to have the duty. **dienst/fähig** *adj.* (*naut.*), able-bodied (*of seamen*); **–fähiges Schiff,** able ship *s. or* vessel *s.*; **–frei** *adj.*, off-duty; **–habend** *adj.* (*naut.*), on duty; **–tuend** *adj.* (*naut.*), on duty, in charge (of command) (*of naval officer, etc.*). **Dienst/fahrzeug** *n.* (*naut.*), official *or* service craft *s. or* vessel *s.*; **–flagge** *f.*, flag *s.* of duty, duty flag *s.*; **–habender** *m.* (*naut.*), officer *s.* on duty; **–plan** *m.* (**an Bord**), routine *s.* (aboard); **–wimpel** *m.*, duty pendant *s. or* pennant *s.*, pendant *s.* of duty.

Diesel/antrieb *m.* (*naut.*), Diesel *or* diesel drive *s.*; **d–elektrisch** *adj.*, Diesel- *or* diesel-electric; **d–elektrisches Boot** *n. od.* **Schiff** *n.*, Diesel- *or* diesel-electric boat *s. or* ship *s.*; **–kraftstoff** *m.*, Diesel *or* diesel oil *s. or* fuel *s.*, derv *s.*; **–motor** *m.*, Diesel engine *s.*; **–öl** *n.*, Diesel oil *s.*, fuel oil *s.*; **–schlepper** *m.*, Diesel tug *s.*

diesig *adj.*, hazy, misty; **schwach –** (*naut.*), poor visibility *s.*; **stark –** (*naut.*), very poor visibility *s.*, (*meteor.*) misty; **–es Wetter,** misty weather *s.* **Diesigkeit** *f.*, haziness *s.*

Differential *n.*, differential (gear) *s.* (*motor*); **–beobachtung** *f.* (*astr.*), differential observation *s.*; **–flaschenzug** *m.*, differential chain block *s.*; **–getriebe** *n.*, differential gear *s.* (*motor*); **–winde** *f.*, differential windlass *s.*

Differenz *f.*, difference *s.* (*of time zones, etc.*). **Differenziertheit** *f.* (*rad., radar*), distinctiveness *s.* (*of signal, representation*).

diffus *adj.* (*naut., opt.*), diffuse(d) (*of light, etc.*).

digital *adj.*, digital; **–e Frequenzeinstellung** *f.* (*rad.*), digital frequency synthesizer *s.* **Digital/anzeige** *f.*, digital indication *s.*; **–anzeiger** *m.*, digital indicator *s.* (*of instruments*); **– -Fahrtgeschwindigkeitsmesser** *m.*, digital speedometer *s.*; **– -Windrichtungsanzeiger** *m.*, digital (apparent) wind-direction indicator *s.*

Dimensionen *f./pl.* **einer Yacht,** dimensions (*pl.*) *or* measurements (*pl.*) of a yacht.

DIN (Deutsche Industrienorm) (*tech.*), German Engineering Standard(s) *s.* (*pl.*), (*am.*) Society *s.* of Automotive Engineers.

Dinette *f.* (*naut.*), dinette *s.*, mess-table *s.*

Ding *n.* (*naut., sl.*), gilguy *s.* **Ding(sda)** *n.*, **Ding(sbums)** *n.* (*naut., coll.*), gadget *s.*, thingamy(bob) *s.*, thingamabob *s.*, thingamajig *s.*, thingumbob *s.*, thingumabob *s. or* -jig *s.*, thingummy *s.*, what-d'you-call-it *s.*, what-is-it *s.*

Dingi *n.*, **Ding(h)y** *n.*, dinghy *s.*, sail(ing) boat *s.*; (small) tender *s.*, cockboat *s.*, pinnace *s.*

Diode *f.* (*rad., elec.*), (blocking) diode *s.*; **–ngleichrichter** *m.*, diode detector *s.*

Diopter *n.*, azimuth device *s. or* sight *s.* (*of bearing compass*); sight *s.*, (*coll.*) peep sight *s.* (*of optical instruments*); collimator *s.*; **–lineal** *n.*, alidad(e) *s.*, azimuth device *s. or* sight *s.* **Dioptrie** *f.*, dioptre *s.*, (*am.*) diopter *s.* **Dioptrik** *f.*, dioptrics (*pl.*).

Dipleidoskop *n.* (*astr.*), dipleidoscope *s.*

Diplexbetrieb *m.* (*rad.*), diplex operation *s.*

Dipol *m.* (*rad.*), dipole *s.*, doublet *s.*; **–anordnung** *f.*, dipole array *s.*; **–antenne** *f.*, dipole aerial *s. or* (*am.*) antenna *s.*, doublet *s.*; **–gruppe** *f.*, dipole array *s.*

Dippen *n.* **der Flagge(n),** dipping *s.* of the flag(s), flag dipping *s. or* salute *s.* **dippen** *v.*, to dip (*the national flag or ensign*); **die Nationale ist gedippt,** the national flag *or* ensign is dipped *or* at the dip.

direkt *adj.*, **Rudermaschine** *f.* **mit –em Antrieb,** directly connected steering gear *s.*; **–es Anlaufen eines Hafens,** direct call *s.* at a port; **–er Kurs,** straight course *s.*; **–es Schiff,** through ship *s.* **Direkt/ablesung** *f.*, direct reading *s.* (*of instruments*); **–anzeige** *f.*, direct indication *s.* (*of instruments*).

Dirk *m.* (*dial. f.*), boom topping lift *s.*, boom (topping) lift *s.*, topping lift *s.*, derrick *s.* **dirken** *v.*, to lift *or* to top the boom, to peak. **Dirk/waage** *f.*, **–wirbel** *m.*, swivel lift bolt *s.*

Dispache *f.* (*naut., jur.*), statement *s.* of average, average adjustment *s. or* statement *s.*; **die – aufmachen,** to make up the average. **Dispacheur** *m.*, average adjuster *s. or* stater *s.* **dispachieren** *v.*, to adjust the average.

Disqualifikation *f.* (*rac.*), disqualification *s.* **disqualifizieren** *v.* (*rac.*), to disqualify (*a boat*).

Distanz *f.* (*naut.*), distance *s.*; **loxodromische –,** rhumb-line distance *s.*; **zurückgelegte –,** distance *s.* covered; **eine – zurücklegen,** to cover *or* to log a distance. **Distanz/bestimmung** *f.*, fixing *s.* of the distance, range-finding *s.*; **–fehler** *m.*, error *s.* (in fixing) of (the) distance. **distanzieren** *v.t.* (*rac.*), to outdistance, to outsail, to outstrip (*other boats*). **Distanz / leine** *f.*, distance line *s. or* rope *s.* (*of a fothering sail*); **–ring** *m.*, **–scheibe** *f.*, **–stück** *n.* (*tech.*), spacer *s.*

Distortion *f.* (*phys., tech.*), distortion *s.*; **strukturelle –,** strain *s.* (*of boat, etc.*); **struktureller – aussetzen,** to strain; **struktureller – ausgesetzt sein** *od.* **werden,** (to be) strained (*as boat, etc.*).

Distriktregatta *f.*, regional race *s.*, (*coll.*) regionals (*pl.*).

Division *f.* (*naut.*), division *s.* (*catamarans*).

D-(Kompaßkompensations)Kugeln *f./pl.*, quadrantal correctors (*pl.*).

Dochtgarn *n.* (*naut.*), worsted *s.*

Dock *n.*, dock *s.*, dockyard *s.*, wharf *s.*; floating dock *s.*, dry-dock *s.*; wet dock *s.* (*of harbour*); **selbstdockendes –,** self-docking dock *s.*; **aus dem – gehen,** to leave the dock, to undock; **ins – gehen,** to go into dock, to dock.

Docke *f.* (*tech.*), mandrel *s.*, mandril *s.* (*yarn measure*).

Docken *n.*, dockage *s.*, docking *s.*, dry- *or* wet-docking *s.* **docken** *v.*, to dock, to berth in the dock, to dry-dock; to dock in, to go into dock; to dock out, to leave dock. **Dock / arbeiter** *m.*, dock-hand *s. or* labo(u)rer *s.*, docker *s.*, (*am.*) longshoreman *s.*; **–behörde** *f.*, dock authorities (*pl.*); **–gebühren** *f./pl.*, **–geld** *n.*, dockage *s.*, dock dues (*pl.*) *or* charges (*pl.*), wharfage *s.*, wharf charges (*pl.*); **–hafen** *m.*, dock harbo(u)r *s.*; **–haupt** *n.*, dock sill *s.*; **–meister** *m.*, dock-master *s. or* (*coll.*) boss *s.*; **–ponton(brücke** *f.*) *m.*, dock pontoon (bridge) *s.*; **–schiff** *n.*, floating dock *s.*; **–schlepper** *m.*, dock-tug *s.*; **–schleuse** *f.*, lock *s.*, tide lock *s.*; **–seitenstütze** *f.*, wale shore *s.*; **–signal** *n.*, dock(ing) signal *s.*; **–sohle** *f.*, apron *s.*; **–stufen** *f./pl.* (*sl.*), altar *s.* (*dry-dock*); **–stütze** *f.*, dock shore *s.*; wale shore *s.*; **–süll** *n.*, dock sill *s.*; **–tor** *n.*, dock gate *s.* **Dockung** *f.*, dockage *s.*, docking *s.* **Dock / winde** *f.*, dock winch *s. or* windlass *s.*; **–zeit** *f.*, docking time *s.*, lay (-up) time *s.* in the dock.

Doghouse *n.* (*naut., am. sl.*), doghouse *s.*, raised after cabin *s.*

Doll / baum *m.*, string piece *s.*, thole stringer *s.*; **–bord** *n.*, gunwale *s.*, wale *s.*, thole board *s.*, washboard *s.* **Dolle** *f.*, boat crutch *s.*, (swivel) rowlock *s.*, thole(-)pin *s.*, (*am.*) oarlock *s.*; **–npflock** *m.*, **–nstift** *m.*, rowlock pin *s.*, (*am.*) oarlock pin *s.*

Donner *m.* (*meteor.*), thunder *s.* **donnern** *v.*, to thunder; to roar, to surge (*as waves, sea*). **donnernd** *pr.p.* (*meteor.*), thund(e)rous, (*coll.*) thundry. **Donner / schlag** *m.*, thunderbolt *s.*, thunderclap *s.*, thunderblast *s.*, thundercrack *s.*, thunderstroke *s.*, clap *s.* or peal *s.* of thunder; **–wetter** *n.* (*meteor.*), thunderstorm *s.*

Doodshoft *n.* (*naut.*), dead(-)eye *s.*, deadman's eye *s.*

Doppel / antenne *f.*, double *or* twin aerial *s.* (*am.* antenna *s.*); **–bild** *n.* (*radar*), echo image *s.*; **–blattruder** *n.*, double-blade rudder *s.*; **–block** *m.*, double *or* sister block *s.*, double-sheave block *s.*; **–boden** *m.*, double bottom *s.* (*dinghy*), false bottom *s.* (*ship*); **–bodenbeplattung** *f.*, double-bottom plating *s.* (*shipb.*); **–boden(auftriebs)körper** *m. od.* **-zellen** *f./pl.*, double-bottom (buoyancy) cells (*pl.*); **–boot** *n.*, catamaran *s.*; **–brechung** *f.* (*phys.*), double refraction *s.*; **–bugboot** *n.*, double-bowed boat *s.*; **–decker** *m.*, double-decker *s.* (*ship*); **–ender** *m.*, double-ended boat *s. or* craft *s.*, double-bowed boat *s.*; **–flechtung** *f.*, double-plaited rope *s.*, (*am.*) double-braided rope *s.*; **–fock** *f.*, twin jib *s.*; **–fockbaum** *m.*, twin-jib boom *s.*; **–gefahrenwinkel** *m.*, double danger angle *s.*; **–gestirn** *n.* (*astr.*), binary star *s.*; **–glas** *n.*, binocular *s.*, binocle *s.*; **–haken** *m.* (*naut.*), clove *or* match hooks (*pl.*), clip hook *s.*, sister *or* twin clip *s.*, (*coll.*) sling dogs (*pl.*), devil's claw *s.*; **–hub(bewegung** *f.*) *m.* (*tech.*), two-cycle *s.*; **–insel** *f.* (*geogr.*), twin island(s) *s.* (*pl.*); **–keep** *f.*, double *or* twin groove *s.*; **–keep-Profilstag** *n.*, twin-grooved luff stay for headsails; **–kegel** *m.*, double cone *s.*, diamond *s.* (*of beacon, etc.*); **–kieler** *m.*, twin-keel yacht *s. or* hull *s.*; **–klampe** *f.*, double-head(ed) *or* twin chock *s. or* fairlead *s.*; **–knickspant** *n.*, double chine *s.* (*shipb.*); **–koje** *f.*, double bunk *s. or* berth *s.*; **–kreuzpoller** *m.*, cross-head bollard *s.*, double-cross bitt *s.*; **–kurbel-Schotwinde** *f.*, double-crankhandle sheet winch *s.*, (*coll.*) coffee grinder *s.*; **–lagensegel** *n.*, two-ply sail *s.*; **–luke** *f.*, twin hatch *s.*; **obenliegende –nockenwelle** *f.*, double overhead crankshaft *s.*; **–paddel** *n.*, double paddle *s.*; **–part** *m.* **eines Steks,** (double) bight *s.* of a knot *or* hitch; **–peilempfänger** *m.*, **automatischer –peiler** *m.*, dual automatic direction-finder *s.*, dual ADF *s.*; **–peilung** *f.*, running fix *s.*, doubling *s.* the angle of the bow, two bearings (*pl.*) and run between; **–plattenkiel** *m.*, double-plate keel *s.*; **–plattenruder** *n.*, double-plate rudder *s.*; **d–polig** *adj.* (*rad., elec.*), bipolar, two-pole; **–poller** *m.*, double-head bitt *s.* *or* bollard *s.*; **–pumpe** *f.*, double *or* twin pump *s.*; **–reff** *n.*, double reef *s.*; **–rose** *f.*, duplex card *s.* (*compass*); **–ruder** *n.*, twin rudders (*pl.*); **–rumpfboot** *n.*, catamaran *s.*, double-hull boat *s.*; **–schäkel** *m.*, double (swivel) shackle *s.*; **–schäkelbolzen** *m.*, double shackle bolt *s.*; **–schalenbau(weise** *f.*) *m.*, (double) monocoque *or* sandwich construction *s.* (*shipb.*); **–schalter** *m.*, two-way switch *s.*; **d–schichtig** *adj.*, two-ply (*sailcloth*); **–schleuse** *f.*, twin lock *s.*; **–schott** *n.*, double bulkhead *s.*; **–schraube** *f.* (*tech.*), interrupted screw *s.*; **–schrauben** *f.*/*pl.* (*naut.*), twin screws (*pl.*); **–schraubenschiff** *n.*, twin-screw ship *s.*; **–seitenlaterne** *f.*, two-colour(ed) lantern *s.*; **d–seitig Mylar-beschichtet,** Mylar-sandwiched (*sailcloth*); **–sieg** *m.* (*rac.*), double *s.*; **–signal** *n.*, dual signal *s.* (*distress at sea*); **d–sinnig** *adj.* (*rad. nav.*), bidirectional; **–spant** *n.*, double frame *s.* (*shipb.*); **–stander** *m.*, burgee *s.*, split flag *s.*, (*am.*) swallow-tail flag *s.*; **–stern** *m.* (*astr.*), binary star *s.* *or* system *s.*, double (star) *s.*; **–steuerung** *f.* (*tech.*), dual control *s.*

doppelt *adj.*, **– gerefft,** double-reefed; **–er Bugwinkel,** doubling *s.* the angle of the bow; **–er Pa(a)lstek,** bowline *s.* on the bight; **–er Schotstek,** double sheet bend *s.*

Doppel / takelhaken *m.*, match hook *s.*; **–tide** *f.*, agger *s.*, double tide *s.*; **–törn** *m.*, double turn *s.*; **einen –törn um einen Poller schlagen,** to double-bitt, to weather-bitt; **–vierer** *m.*, sculling-four *s.* (*rowing*); **–wende** *f.* (*rac.*), double tacking *s.*; **–winkelmesser** *m.*, station pointer *s.*, three-arm protractor *s.* (*device*); **–winkelmessung** *f.* (*naut.*), two horizontal angles method *s.*; **d–wirkender Zweitakter** *m.* *od.* **Zweitaktmotor** *m.*, double-acting two-stroke engine *s.*; **–zweier** *m.*, double-sculler *s.* (*rowing*); **–zylinder** *m.* (*naut.*, *tech.*), twin cylinder *s.* (*of a motor*).

Doppler / effekt *m.* (*phys.*, *radar*), Doppler effect *s.*; **--Log** *n.*, Doppler log *s.*; **--Navigation** *f.*, Doppler navigation *s.*; **--(Funk)Peiler** *m.*, Doppler (radio) direction-finder *s.* *or* D/F; **--(Funk)Peilung** *f.*, Doppler (radio) direction-finding *s.* *or* D/F; **--Radar** *n.*, Doppler radar *s.*; **--Sonar** *n.*, Doppler sonar *s.*

Dopplung *f.*, **Doppelung** *f.* (*naut.*), doubling *s.* (*at the bitts*), doubling *s.* (*of a sail*); **–swinkel** *m.*, doubling angle *s.*; **–swinkel** *m.* **der Seitenpeilung,** doubling *s.* the angle of the bow.

Dorade-(Druck)Lüfter *m.* (*naut.*), Dorade ventilator *s.*

Dorn *m.* (*naut.*, *tech.*), mandrel *s.*, mandril *s.*, prickle *s.*; tang *s.*, tongue *s.*, shank *s.* (*of propeller blade*).

Dory *n.*, dory *s.* (*small Newfoundland fishing craft*).

Dosenbarometer *n.*, aneroid barometer *s.*

Douglas Skala *f.*, Douglas scale *s.*, swell scale *s.*

Drachen / anker *m.*, grapnel *s.*, grappling anchor *s.*; **--Seeanker** *m.*, kite-drag (anchor) *s.*

Dragganker *m.*, **Dragge** *f.*, **Draggen** *m.*, drag (anchor) *s.*, grapnel *s.*, grappling anchor *s.* *or* iron *s.*, (*coll.*) creeper *s.* **Draggen** *n.*, creeping *s.*, grappling *s.* **draggen** *v.*, to creep, to drag.

Draht *m.* (*naut.*, *tech.*, *rad.*), wire *s.*, (*naut.*) cable *s.* (*hawser*); **mit – verstärkt** *od.* **versteift,** wired. **Draht / aug(en)spleiß** *m.*, wire eye splice *s.*; **–bändsel** *n.*, wire seizing *s.*; **–bändselgut** *n.*, wire-seizing stuff *s.*; **–bürste** *f.*, wire *or* scratch brush *s.*; **–einholer** *m.*, wire puller *s.* **drahten** *v.*, to wire, to send a wire. **Draht / fall** *n.*, wire (rope) halyard *s.*; **–gut** *n.* (*naut.*), wire rope(s) *s.* (*pl.*) *or* stuff *s.*; **–kettenspleiß** *m.*, wire (chain) splice *s.*; **–klampe** *f.*, rigger's cleat *s.* *or* chock *s.* *or* screw *s.*; **–klemme** *f.*, terminal *s.*; **–kurzspleiß** *m.*, wire short splice *s.*; **–leine** *f.*, wire rope *s.*; **d–los** *adj.*, radio, wireless; **d–los senden,** to wireless; **–nachricht** *f.* (*coll.*), wire *s.*; **–nagel** *m.*, wire nail *s.*; **–netz** *n.*, wire screen *s.* (*device*); **–öse** *f.*, staple *s.*; **mit –ösen befestigen,** to staple; **–riggung** *f.*, wire rig(ging) *s.*; **–rolle** *f.*, wire reel *s.*; **–schlinge** *f.*, wire sling *s.* *or* strap *s.* *or* strop *s.*; **–schutzkorb** *m.*, wire guard *s.* (*device*); **–seil** *n.*, wire rope *s.*; **–seil** *n.* **mit Kreuz(Trossen)-schlag,** cross-laid (hawser-laid) wire rope *s.*; **–seilhülse** *f.*, wire rope socket *s.*, patent (wire) eye *s.*; **–seilklemme** *f.*, wire (rope) clamp *s.* *or* grip *s.* *or* clip *s.*; **–spleiß** *m.*, wire splice *s.*; **–stärke** *f.*, wire diameter *s.* *or* ga(u)ge *s.* *or* size *s.* *or* thickness *s.*; **–stift** *m.*, brad *s.*, wire nail *s.*; **–stopper** *m.*, wire stopper *s.*; **–stropp** *m.*, wire strap *s.* *or* sling *s.*; **–tau** *n.*, wire rope *s.*; **–tauklemme** *f.*, wire (rope) clip *s.*; **–tauwerk** *n.*, wire cable *s.* *or* rope *s.*; **–trosse** *f.*, wire hawser *s.* *or* rope *s.* *or* cable *s.*; **–vorliek** *n.*, wire luff *s.*; **–zange** *f.*, cutting pliers (*pl.*), wire-cutter *s.*, (wire) nippers (*pl.*); **–zeising** *m.*, wire seizing *s.*

Drall *m.* (*naut.*), spin *s.* (*of boat*), turn *s.* (*of ropes*); (*phys.*) torque *s.*, twist *s.*, torsion *s.*, angular momentum *s.* **drallfrei** *adj.* (*phys.*), irrotational; **–e Strömung,** irrotational flow *s.* **Drall / nagel** *m.* (*naut.*), grip()fast *s.*; **–wirkung** *f.* (*phys.*), twist effect *s.*

draußen *adv.*, **ein Stück – (auf See),** some way out; **– auf See,** out.

Dreckwetter *n.* (*sl.*), foul *or* filthy weather *s.*

Dredge *f.*, **Dredsche** *f.*, drag (net) *s.*, dredge *s.*

Dregganker *m.*, **Dregge** *f.*, drag anchor *s.*, dredge *s.*, creeper *s.*, grapnel *s.* **Dreggen** *n.*, dragging *s.*, dredging *s.*, creeping *s.* **dreggen** *v.*, to drag, to dredge, to creep, to sweep. **Dregger** *m.*, dredger *s.* **Dregg/haken** *m.*, creeper *s.*, grapple *s.*; **–tau** *n.*, sweep *s.*, drag(ging) rope *s.*

Dreh/achse *f.*, axis *s.* of rotation; **–antenne** *f.* (*rad.*), radio scanner *s.*, rotating aerial *s.* (*am.* antenna *s.*), (*radar*) aerial unit *s.*, scanner (unit) *s.*; **–antennenmotor** *m.* (*rad.*, *radar*), scanner unit *s.*, revolving motor *s.*; **–antennenschalter** *m.* (*rad.*, *radar*), scanner switch *s.*; **–antennenteil** *m.* (*od. n.*) (*radar*), aerial unit *s.*; **–bake** *f.*, rotating beacon *s.*; **–bakensender** *m.*, rotating beacon transmitter *s.* **drehbar** *adj.*, revolving, rotary, rotating, rotable, swivel(ling); **– gelagert,** pivoted, on pivot. **Dreh/beanspruchung** *f.* (*phys.*), torque *s.*, torsibility *s.*, torsional stress *s.*; **–bewegung** *f.*, rotary motion *s.*, gyration *s.*, rotation *s.* (*of boat, etc.*); **–bohrer** *m.* (*tech.*), brace *s.* and bit; **–bolzen** *m.*, swivel-pin *s.* *or* bolt *s.*; **–brücke** *f.*, pivot bridge *s.*, swing(-)bridge *s.*, turn *or* swivel bridge *s.*; **–dolle** *f.*, (swivel) rowlock *s.*; **–dorn** *m.*, mandrel *s.*, mandril *s.*; **–durchmesser** *m.* (*tech.*), swing *s.*

Drehen *n.* (*naut.*), turn *s.*; **– des Windes,** shifting *s.* *or* veering *s.* of the wind; **– vor dem Wind,** wear *s.* **drehen** *v.t.*, to turn, to twist, to rotate; *v.r.*, to rotate, to revolve, to swivel, to spin; to veer, to work round, to shift (*of wind*); to jibe (*course*), to roll, to come round *or* to, to round, to turn (round) (*of boat*); **auf der Stelle –,** to pinwheel, to spin (*of boat*); **aus dem Wind –,** to heave to, to fall off; **(Boot) –,** to round off; **(Boot) in Gegenrichtung –,** to wind; **(Boot) um seine eigene Achse –,** to slue, to slew; **in den Wind –,** to come round into the wind, to head up, to round to, to round up into the wind, to shoot head to wind, to turn into the wind; **ein Boot – und in Gegenrichtung legen,** to put the boat end for end, to wind the boat; **sich –,** to shift, to veer (about), to come round (*of wind*); to wear, to come round *or* to (*of boat*), to jibe, to gibe, to gybe (*of sails*); to veer, to wreathe (*of rope*); (*phys.*, *tech.*) to gyrate, to rotate; **sich im Kreis –,** to turn (round) (*of boat*); **sich plötzlich –,** to wrench (*of boat, sails, etc.*); **sich schnell –,** to wheel, to whirl (*of boat*); **sich seitwärts –,** to turn off (*of boat*), (*tech.*) to traverse; **sich (um den Anker od. eine Boje) –,** to swing (*of boat*); **sich um einen festen Punkt –,** to traverse (*as magnet needle*); **sich (wie auf einem Zapfen) –,** to pivot, to swivel (*as compass needle*); **vor dem Wind –,** to wear (round) (*of boat*); **sich – lassen,** to turn (round); **der Wind dreht (sich),** the wind turns *or* is shifting *or* veering; **dreht bei!** (*com.*), haul to!; **dreht bei zum Entern!, dreht bei, wir wollen an Bord kommen!** (*com.*, *int.*), haul to for boarding!.

drehend *pr.p.*, veering, shifting (*of wind*); rotating, whirling, wheeling (*of boat*); **(sich) –** (*phys.*, *tech.*), gyrating; **schnell –e Bewegung (des Bootes),** swirl(ing) *s.* (of the boat).

Dreh/fähigkeit *f.* **(eines Bootes),** turning ability *s.* (of a boat); **–fehler** *m.*, turning error *s.* (*of compass*); **–feld** *n.* (*phys.*), rotating field *s.*; **–festigkeit** *f.* (*phys.*, *tech.*), torsibility *s.*, torsional strength *s.*, torque *s.*; **–feuer** *n.* (*naut.*), revolving light *s.*, rotating beacon *s.*; **–flügel** *m.*, rotor *s.*; **–flügel-Rudermaschine** *f.*, turning vane-type steering gear *s.*; **–funkfeuer** *n.* (*naut.*), omnidirectional beacon *s.* *or* range *s.*, omnirange *s.*, revolving light *s.*, rotating beacon *s.*; **–gelenk** *n.* (*naut.*, *tech.*), pivot joint *s.*; **–gestell** *n.*, pivot mounting *s.*, swivel-mounting *s.*; **–haken** *m.*, swivel-hook *s.*; **–knopf** *m.* (*rad.*, *etc.*), control knob *s.*; **–knüppel** *m.* (*naut.*), heaver *s.*, woold *s.*; **–kolbenpumpe** *f.*, rotary pump *s.*; **–kolbenruderanlage** *f.*, rotary-piston steering gear *s.*; **–kondensator** *m.* (*rad.*, *elec.*), variable *or* rotary condenser *s.*; **–kondensatorplatte** *f.*, vane *s.*; **–kraft** *f.* (*phys.*), rotative force *s.*; **–kran** *m.* (*naut.*), derrick *s.*, revolving crane *s.*, swing crane *s.*; **–kreis** *m.* (*naut.*), turning circle *s.*, (*am.*) speed circle *s.* (*of a boat*); **–kreisdurchmesser** *m.* (*naut.*), final diameter *s.*, diameter *s.* of the turning *or* (*am.*) speed circle; **–kreisradius** *m.*, radius *s.* of the turning *or* (*am.*) speed circle; **–leuchtfeuer** *n.* (*naut.*), revolving light *s.*, omnirange *s.*; **–lüfterkopf** *m.* *od.* (*coll.*) **-hutze** *f.* (*naut.*), rotary ventilator head *s.*; **–mast** *m.*, pivot *or* revolving *or* rotating mast *s.*; **–melderempfänger** *m.*, synchro(-)receiver *s.*; **–meldergeber** *m.*, synchro(-)transmitter *s.*; **–moment** *n.* (*phys.*), torque *s.*, torsional force *s.*, swivelling moment *s.*, moment *s.* of rotation; **–moment** *n.* **einer Kraft** (*phys.*), moment *s.* of a force about a point, rotary moment *s.* of a force; **dem –moment widerstehen** (*phys.*, *tech.*), to take the torque; **–momentschlüssel**

m. (*tech.*), torque wrench *s.*; **–momentverstärker** *m.* (*rad., elec.*), torque amplifier *s.*; **–momentwandler** *m.*, torque converter *s.*; **–punkt** *m.* (*naut.*), turning point *s.*, pivoting point *s.*; (*phys., tech.*) pivot (point) *s.*, centre *s.* (*am.* center *s.*) of rotation, fulcrum *s.*; **–rahmenantenne** *f.*, loop aerial *s.* (*am.* antenna *s.*), rotating frame aerial *s.* (*am.* antenna *s.*); **–rahmenempfänger** *m.*, loop aerial (*am.* antenna) receiver *s.*; **–rahmenpeiler** *m.*, rotating loop (aerial) direction-finder *s.*; **–rahmenpeilung** *f. od.* **-peilverfahren** *n.*, rotating loop *or* frame (aerial) direction-finding *s. or* D/F; **–reep** *n.*, runner *s.*, tie *s.*, tye *s.*; **–reff** *n.*, roller reef *s.*; **–reffeinrichtung** *f.*, roller reefing gear *s. or* system *s.*, roller reef *s.*; **–reffer** *m.*, roller reefing gear *s.*; **–reffvorrichtung** *f.*, roller reefing gear *s. or* system *s.*; **–richtung** *f.*, direction *s.* of rotation; **–säule** *f.*, quoin post *s.* (*of a lock gate*); **–schalter** *m.*, rotary switch *s.*; **–schwert** *n.* (*naut.*), pivot(ing) board *s. or* centreboard *s.* (*am.* centerboard); **–sinn** *m.* (*naut., phys.*), direction *s.* of spin *or* rotation (*of propeller, etc.*); **–strom** *m.* (*elec.*), three-phase current *s.*; **–umformer** *m.* (*elec.*), rotary converter *s.*

Drehung *f.* (*naut.*), turn *s.*, turning *s.*, swing *s.*, wheeling *s.* (*of boat*); (*phys.*) rotation *s.*, rotary motion *s.*, torsion *s.*, twist *s.*; torque *s.*; turn *s.*, revolution *s.* (*of propeller*); **360-Grad** *od.* **ganze** *od.* **volle – (eines Bootes),** right about, full turn *s.*, 360 degree turn *s.* (of a boat); **halbe – (der Kurbel, der Winsch),** half-stroke *s.* (of crank, of winch); **heftige – (eines Bootes),** wrench *s.*, wrest *s.* (of a boat); **schnelle – (eines Bootes),** spin *s.*, twirl *s.* (of a boat); **– auf Gegenkurs,** right about (turn *s.*); **– der Polarisationsrichtung** (*phys.*), torque *s.*; **– im Uhrzeigersinn,** right-handed rotation *s.* (*of propeller, etc.*). **Drehungs/achse** *f.*, axis *s.* of rotation; **–ellipsoid** *n.*, spheroid *s.*; **–winkel** *m.*, angle *s.* of rotation, (*math.*) co-ordinate *s.*

Dreh/ventil *n.*, rotary valve *s.*; **–vermögen** *n.* **(eines Bootes),** turning ability *s.* (of a boat); **–wade** *f.*, purse seine *s.* (*fishery*); **–winkelempfänger** *m.*, torque receiver *s.*; **–winkelgeber** *m.*, torque transmitter *s.*; **–zahl** *f.* (*tech.*), revolution *s.*, (*coll.*) rev *s.*, speed *s.* of rotation; **–zahl** *f.* **pro Minute,** (number of) revolutions *or* (*coll.*) revs (*pl.*) per minute, r.p.m.; **–zahlanzeiger** *m.*, revolution *or* speed indicator *s.*; **–zahlbereich** *m.*, range *s.* of revolutions *or* speed; **–zahlmesser** *m.*, tachometer *s.*, speedometer *s.*, revolution counter *s.*, speed counter *s. or* indicator *s.*; **–zahlreg(e)lung** *f.*, speed control *s.*; **–zahlschreiber** *m.*, tachograph *s.*, revolution *or* speed recorder *s.* (*device*); **–zapfen** *m.* (*naut., tech.*), pivot *s.*, swivel-pin *s.*, gudgeon(-pin) *s.*, journal *s.*; **–zapfen-Schnappschäkel** *m.*, trunnion snap shackle *s.*

Drei/arm-Transporteur *m.* (*naut.*), three-arm protractor *s.*, station pointer *s.* (*sea chart*); **–bein** *n.* (*naut., tech.*), tripod *s.*; **–beinkran** *m.*, shear *or* sheer legs (*pl.*); **–beinmast** *m.*, tripod mast *s.*; **–blattpropeller** *m.*, three-blade(d) propeller *s. or* (*coll.*) prop *s.*; **–blattruder** *n.*, three-blade rudder *s.*, three-plate rudder *s.*; **–decker** *m.*, **–deckschiff** *n.*, three-decker *s.*, three-deck ship *s.*; **d–drähtig** *adj.*, three-lead (*of cable*).

Dreieck *n.* (*naut., rac.*), triangle *s.*; **astronomisches –,** astronomical triangle *s.*; **gleichseitiges –,** equilateral triangle *s.*; **rechtwink(e)liges –,** right-angled triangle *s.*; **schiefwink(e)liges –,** scalene (triangle) *s.*; **sphärisches –,** spherical triangle *s.*, navigational triangle *s.*; **spitzwink(e)liges (stumpfwink(e)liges) –,** acute-angled (obtuse-angled) triangle *s.*; **ungleichseitiges –,** scalene (triangle) *s.* **dreieckig** *adj.*, triangular, triagonal, trigonal; **–es Segel,** mutton-legger *s.*; **Boot** *n.* **mit einem –en Segel,** mutton-legger *s.* **Dreiecksegel** *n.*, triangular sail *s.*; spinnaker *s.* **Dreiecks/bahn** *f.* (*rac.*), triangular course *s.*, course triangle *s.*; **–form** *f.*, triangular shape *s.*, triangularity *s.* (*of sail, etc.*); **–kurs** *m.* (*rac.*), triangular (race *or* racing) course *s.*, course triangle *s.*; **–koordinaten** *f./pl.*, trilinear co(-)ordinates (*pl.*); **–regatta** *f.*, triangle (race *or* regatta) *s.*, triangular race *s.*

dreieinhalb *adj.* (*naut.*), half three (*fathom*).

Drei/einigkeitslaterne *f.* (*naut.*), three- *or* tricolo(u)red lantern *s.*; **d–fach** *adj.*, three-ply (*sailcloth*); **d–fache Talje** *f.*, threefold purchase *s. or* tackle *s.*; **–fachpoller** *m.*, triple bollard *s.*; **–fachstecker** *m.* (*rad., elec.*), three-way (plug) adaptor *s.*; **–farbenlaterne** *f.* (*naut.*), three- *or* tricolo(u)red lantern *s.*; **–fingerregel** *f.* (*naut.*), Fleming's rule *s.*; **–flächenruder** *n.*, three-blade(d) *or* -plate rudder *s.*; **–flunkenanker** *m.*, three-blade(d) *or* -palm anchor *s.*; **–kantbeschlag** *m.*, cornerpiece *s.*; **d–kantig** *adj.*, tri(a)gonal (*of sail, etc.*); **–kantsegel** *n.*, triangular sail *s.*; spinnaker *s.*; **–kant-Toppsegel** *n.*, triangular topsail *s.*, gaff topsail *s.*; **d–kardeeliges Tau** *n.*, three-stranded rope *s.*; **–kettenglieder** *n./pl.*, triplet *s.* (*of anchor*); **–kieler** *m.*, bilge keeler *s.* (*cruising yacht*); trimaran *s.*; **–kreiselkompaß** *m.*, three-wheeled gyrocompass *s.*; **d–lagig** *adj.*, three-ply (*sailcloth*); **–master** *m.*, three-master *s.* (*ship*), (*obs.*) three-cornered hat *s.*, tricorn *s.*; **–mast-Gaffelschoner** *od.* **-schuner** *m.*, three-masted fore-and-aft schooner *s.*; **d–mastig** *adj.*, three-mast, three-masted (*of yacht*); **–mast-Rahschoner** *od.* **-schuner** *m.*, three-masted square-rigged schooner *s. or* square rigger *s.*; **–mast-Stagsegelschoner** *od.* **-schuner** *m.*, three-masted staysail schooner *s.*; **–meilengrenze** *f.* (*naut.*, *jur.*), three-mile limit *s.*; **–meilenzone** *f.* (*naut.*, *jur.*), three-mile belt *s. or* zone *s.*, 3-mile(s)-zone *s.*; **–phasenstrom** *m.* (*elec.*), three-phase current *s.*; **–plattenruder** *n.*, three-plate rudder *s.*; **–ruderer** *m.*, trireme *s.* (*rowing boat*); **–rumpfboot** *n.*, trimaran *s.*; **d–schäftig** *adj.*, three-stranded; **d–schäftiges Ende** *n. od.* **Tau** *n.*, three-stranded rope *s.*; **d–scheibiger Block** *m.*, treble (sheave-)block *s.*, threefold block *s.*, three-sheave(d) block *s.*; **d–schenk(e)liger Zirkel** *m.*, triangular compasses (*pl.*); **d–schichtig** *adj.*, trilaminar (*shipb.*), three-ply (*sailcloth*); **–schrauben(motor)schiff** *n.*, triple-screw (motor) ship *s.*; **–seemeilenzone** *f.*, three-mile belt *s. or* limit *s. or* zone *s.*; **d–seitig** *adj.*, triagonal, trilateral.

Dreißig / -Siebziger *m.* **(30:70),** thirty-seventy motorsailer *s.*; **–tonner** *m.* (*coll.*), a 30 tonner *s. or* ton yacht *s.*

Drei / sternaufgabe *f.* (*naut.*, *astr.*), three-star problem *s.*; **d–viertelgetakelt** *adj.*, three-quarter rigged; **–viertelrigg** *n.*, three-quarter rig *s.*; $^3/_4$ rig *s.*, fractional rig *s.*; **–vierteltakelung** *f.*, three-quarter rig *s.*; **–vierteltonner** *m.*, three-quarter ton yacht *s.*; **–viertelttonnerklasse** *f.*, three-quarter ton class *s.*; **–viertelwind** *m.*, quarter *or* quartering wind *s.*; downwind *s.*; **–viertelwindkurs** *m.*, **–viertelwindsegeln** *n.*, going *s. or* beating *s.* downwind; **–wegschalter** *m.* (*rad.*, *etc.*), three-way switch *s.*; **–wegverholklampe** *f.*, three-way fairlead *s.*; **d–wink(e)lig** *adj.*, triagonal, triangular; **–zack** *m.* (*naut.*), trident *s.*, tridental spear *s.* (*of Neptune*); **d–zölliges Tau** *n.*, three-inch rope *s.*

Drempel *m.*, apron *s.* (*of a lock*).

Drift *f.*, drift *s.*, drift current *s.*; **–eis** *n.*, drift-ice *s.* **Driften** *n.* (*naut.*), drifting *s.* **driften** *v.*, to drift (*of boat*). **Drifter** *m.*, drifter *s.* (*light-air sail*); **--Genua** *f.*, drifter-genoa *s.*; **--Reacher** *m.*, drifter-reacher *s.* **Drift / geschwindigkeit** *f.* (*naut.*), drift *s.*; **–strömung** *f.*, drift current *s.*, (*geogr.*) drift *s.*

Drillung *f.* (*phys.*, *tech.*), torsion *s.*, twist *s.*

dringend *adj.*, **–er Funkspruch,** urgent (radio) message *s.* **Dringlichkeit** *f.* (*rad.*), priority *s.*; urgency *s.*; **von größter –,** of first *or* top priority. **Dringlichkeits / beschränkung** *f.* (*rad.*), restriction *s.* of priority, priority restriction *s.*; **–frequenz** *f.*, urgency frequency *s.*; **–grad** *m.* (*rad.*), (degree of) priority *s.*; **–meldung** *f.* (*rad.*), priority message *s.*; **–signal** *n.* (*naut.*, *rad.*), urgency signal *s.*; **–stufe** *f.* (*rad.*), priority *s.*; **–zeichen** *n.* (*naut.*, *rad.*), urgency signal *s.*

Drittel *n.*, **das untere – eines Segels,** the lower part *s.* of a sail.

Dritter *m.* (*rac.*), third best *s.*; **sich als – placieren** (*rac.*), to come in third, to be placed third. **Dritt / handtalje** *f.*, luff tackle *s.*; **leichte –handtalje** *f.*, clew jigger *s.*; **–placierter** *m.* (*rac.*), third best *s.*

drohen *v.* (*meteor.*), to threaten; **es droht zu regnen,** there is a threat of rain.

drohend *adj.* (*meteor.*), threatening (*of weather*); **–e Atmosphäre** (*meteor.*), ugly air *s. or* atmosphere *s.*; **–es Wetter,** threatening *or* ugly weather *s.*; **sich – ankündigen,** to threaten (*as a storm*).

Drossel *f.* (*tech.*), throttle *s.*; **–absperrklappe** *f.*, throttle clack valve *s.*; **–klappe** *f.*, butterfly *or* throttle valve *s.*, damper *s.*; **–kreis** *m.* (*rad.*), rejector circuit *s.* **drosseln** *v.* (*tech.*), to throttle back *or* down (*engine*); (*rad.*) to choke. **Drossel / spule** *f.* (*rad.*), choke *s.*, inductance *or* impedance (coil) *s.*, inductor *s.*; **–ventil** *n.*, damper *s.*, butterfly *or* throttle valve *s.*

drüben *adv.*, across the sea (*esp. the Atlantic*), (*am.*) stateside (*in the USA*); **nach drüben** (*naut.*), bound for, (*am.*) stateside (*in the USA*); **– in Kanada,** over in Canada; **– in Europa** (*am.*, *coll.*), over there.

Druck *m.* (*naut.*), load *s.*, pressure *s.*, (*tech.*) compression *s.*, pressure *s.*, thrust *s.*, weight *s.*; **absoluter –** (*meteor.*, *phys.*), absolute pressure *s.*; **atmosphärischer –** (*meteor.*), atmospheric pressure *s.*; **dynamischer –** (*naut.*), dynamic pressure *s.*, velocity pressure *s.*; **hydrodynamischer –,** (hydro)dynamic pressure *s.*; **hydrostatischer –,** (hydro)static pressure *s.*; **kritischer –** (*naut.*), critical *or* serious pressure *s.*; **statischer –,** static pressure *s.*; **– der Wellen,** send *s.*; **– nach außen** (*phys.*), outthrust *s.* **Druck / abfall** *m.* (*meteor.*), drop *s.* in atmospheric pressure; **–änderung** *f.*, load change(s) *s.* (*pl.*) (*of sails*); change *s.* of pressure; **–anstieg** *m.* (*meteor.*), rise *s. or* increase *s.* in *or* of (atmospheric) pressure; **–ausgleich** *m.*, compensation *s.* of pressure; **–beanspruchung** *f.*, strain *s.*, stress *s.* (*of sails*); (*phys.*, *tech.*) compressive stress *s.*; **–dosenbarometer** *n.*, aneroid barometer *s.*

Drückeberger *m.* (*naut.*, *sl.*), soldier *s.*; sugarer *s.* (*rowing*).

drücken *v.t.*, to press, to push (*knob, etc.*), to jam; **den Rekord –** (*spt.*), to beat *or* to lower the record; **sich –** (*naut., sl.*), to swing the lead, to soldier. **drückend** *adj.* (*meteor.*), close, leaden, smudgy (*of air*), heavy, oppressive, sweltering, sweltry (*of weather*); **bei –em Wetter,** under a sweltering sky; **–es Wetter,** oppressive *or* sultry weather *s.*; **– schwüles Wetter,** oppressive weather *s.* **Drücker** *m.* (*naut.*, *tech.*), supporter *s.* (*device*).

Druck / feder *f.*, compression spring *s.*; **d–fest** *adj.* (*tech.*), pressure-proof *or* -resistant; **–festigkeit** *f.* (*phys.*, *tech.*), compressive *or* compression strength *s.*, resistance *s.* to pressure; **–flüssigkeit** *f.*, working substance *s.* (*of a servo-motor*); **–gefälle** *n.* (*meteor.*), isobaric slope *s.*, (*phys.*) pressure head *s.*; **spezifisches –gefälle** *n.* (*meteor.*), pressure gradient *s.*; **atmosphärischer –gradient** *m.* (*meteor.*), pressure gradient *s.*; **–grenze** *f.* (*phys.*, *tech.*), limit *s.* of load *or* pressure, pressure limit *s.*; **–höhe** *f.*, head *s.* of water (*pump*); (*phys.*) pressure head *s.*; **–knopf** *m.* (*rad.*, *tech.*), key *s.*, press-button *s.*, push-button *s.*; **durch einen –knopf auslösbar** *od.* **kontrollierbar,** push-button; **d–knopfgesteuert** *adj.*, push-button controlled; **–knopfsteuerung** *f.* (*tech.*), press-button *or* push-button control *s.*; **–kontakt** *m.* (*phys.*, *tech.*), key *s.*; **–kraft** *f.* (*phys.*), pressure *s.*, force *s.* of compression *or* pressure; **–lager** *n.* (*tech.*), thrust-bearing *s.*; **–lagerwelle** *f.*, thrust shaft *s.*; **–linie** *f.* (*phys.*), axis *s.* of compression *or* thrust; **–luft** *f.*, compressed air *s.*; *pref.*, pneumatic; **d–luftbetrieben** *adj.*, pneumatic; **–lüfter** *m.* (*naut.*), cowl ventilator *s.*; **–luftwinde** *f.*, pneumatic *or* compressed air winch *s.*; **–messer** *m.* (*tech.*), pressure ga(u)ge *s.*, manometer *s.*; **hydraulischer –messer** *m.*, water ga(u)ge *s.*; **–mittelpunkt** *m.* (*naut.*), centre *s.* (*am.* center *s.*) of effort *or* pressure (*boat, sail*); **–ölschmierung** *f.*, forced *or* pressure oil feed *s. or* lubrication *s.*; **–probe** *f.*, pressure test *s.* (*of boat*); **–pumpe** *f.*, hydraulic pump *s. or* ram *s.*, force *or* forcing *or* pressure *or* compression pump *s.*; **–punkt** *m.* (*naut.*), centre *s.* (*am.* center *s.*) of effort *or* pressure, aerodynamic centre *s. or* (*am.*) center *s.* (*boat, sail*); (*phys.*) working point *s.*; **–regelventil** *n.*, pressure control valve *s.*; **–schmierung** *f.* (*tech.*), pressure(-feed) lubrication *s.*; **–schott** *n.*, pressure bulkhead *s.*; **–schwankung** *f.* (*meteor.*), variation *s.* in *or* of pressure; **–spannung** *f.* (*phys.*), compression *s.*, compressive stress *s.*; **–stauung** *f.* (*meteor.*, *phys.*), air lock *s.*; **–taste** *f.* (*rad.*, *morse*), press-key *s.*, push-button tuning *s.*; **–taster** *m.*, Morse *or* morse *or* signalling key *s.* (*device*); **–- und Sauglüftung** *f.* (*naut.*), supply-exhaust ventilation *s.*; **–- und Saugpumpe** *f.*, forcing and sucking pump *s.*; **–unterschied** *m.*, difference *s.* in pressure; **–ventil** *n.*, pressure valve *s.*, lift valve *s.*; **–veränderung** *f.*, **–verlagerung** *f.* **(im Segel),** load change(s) *s.* (*pl.*) (in the sail); **–verlust** *m.*, loss *s.* of pressure, pressure loss *s.*; **–verminderung** *f.*, reduction *s.* in *or* of pressure; **–wasser-** *pref.*, hydraulic; **–wasserhahn** *m.* (*naut.*), hydraulic tap *s. or* (*am.*) faucet *s.*; **–wasserpumpe** *f.*, hydraulic pump *s. or* ram *s.*, pressure water-pump *s.*; **–welle** *f.*, blast *s.*, pressure *s.*, wave *s.*, (*tech.*) pressure shaft *s.*; **–zugdämpfer** *m.* (*rad.*), quiescent push-pull *s.*

Dschunke *f.*, **Dschonke** *f.*, junk *s.* (*Chinese sailing vessel*); **(Art) –,** tongkang *s.* (*Malay Archipelago*); **–nsegel** *n.*, Chinese lug (sail) *s.*

Dual-Stagsegel *n.*, Dual *or* dual staysail *s.*; **reffbares –,** reefable Dual staysail *s.*

Dübel *m.* (*naut.*), tree-nail *s.*, trenail *s.*; (*tech.*) dowel *s.*, peg *s.*, plug *s.*, pin *s.* **dübeln** *v.*, to peg, to fasten with dowels.

Ducht *f.*, thwart *s.*, cross-beam *s.* (*of boat*); strand *s.* (*of rope*); **–enweger** *m.*, rising *s.* (*shipb.*).

Dückdalben *m.*, **Dukdalben** *m.*, (pile) dolphin *s.*, pile mooring *s.*, mooring cluster *s.*

Dümpeln *n.*, swaying *s.*, to-and-fro motion *s.* (*of a boat*). **dümpeln** *v.*, to surge, to sway, to sway to and fro, to tumble (*of boat*); **in der Dünung –,** to sway in the swell *or* waves.

dumpen *v.* (*naut.*, *dial.*), to dump, to dip, to lift (*launching*). **Dumpertalje** *f.*, heel tackle *s.*

dumpf *adj.*, close, heavy, oppressive, stifling, sultry (*of atmosphere*). **dumpfig** *adj.*, damp; **–e Luft,** oppressive atmosphere *s.*, stifling air *s.*

Düne *f.*, dune *s.*, sandhill *s.*, (*esp. br.*) dene *s.* **Dünen** *f./pl.* (*Scots*), links (*pl.*).

Dunkelheit *f.*, darkness *s.*, (*radar*) obscurity *s.*; **bei Eintritt der –,** at nightfall; **in der –, im Dunkeln,** in the dark(ness). **dunkeln** *v.*, **dunkel werden,** to grow dark *or* dim. **Dunkel / punkt** *m.* (*radar*), blackout marker *s.*; **–sektor** *m.* **(eines Leuchtfeuers),** dark sector *s.* (of a beacon); **–zeit** *f.* **(zwischen dem Aufleuchten eines Leuchtfeuers),** eclipse *s.* (between the flare of a beacon).

Dünnung *f.* (*naut.*), throat *s.* (*shipb.*).

Dunst *m.* (*naut.*, *meteor.*), haze *s.*, mist *s.*, fog *s.*, damp *s.*, (*coll.*) fume *s.*, brume *s.*, smoke *s.*; vapour *s.*, (*am.*) vapor *s.* **dunstig** *adj.* (*naut.*, *meteor.*), misty, hazy, foggy, fumy, damp, smoky, steamy; vapo(u)rous, vapo(u)ry, vapo(u)rescent, vapo(u)rish. **Dunstigkeit** *f.* (*naut.*, *meteor.*), mistiness *s.*, haziness *s.*, murkiness *s.*, smokiness *s.*; vapo(u)rousness *s.*, vapourishness *s.*, vapo(u)rescence *s.*, vapo(u)rosity *s.*, vapo(u)r *s.* **Dunst / glocke** *f.* (*coll.*), smog *s.*; **–kreis** *m.*, atmosphere *s.*; **–schicht** *f.*, mist-layer *s.*; **–schleier** *m.*, haze *s.*, veil *s.*; **–wolke** *f.*, smother *s.*

Dünung *f.*, swell *s.*, ground-swell *s.*, surf *s.* (*of the sea*); **durcheinanderlaufende –,** cross-(-)swell *s.*; **einlaufende –,** landswell *s.*; **gewaltig schwere –,** confused swell *s.*; **kurze (lange) –,** short (long) swell *s.*; **leichte –,** low swell *s.*; **mäßige –,** moderate swell *s.*; **rollende –,** rolling swell *s.*; **schwere –,** heavy swell *s.*; **tiefe –,** ground-swell *s.*; **tote –,** dead swell *s.*; **nahezu in der – kentern, quer zur – rollen,** to roll close to a broaching position. **Dünungs / skala** *f.*, Douglas scale *s.*, swell scale *s.*; **–welle** *f.*, surf *s.*, swell (wave) *s.*

Duplex- *pref.* (*rad.*, *tech.*), duplex-; **–betrieb** *m.* (*rad.*), duplex operation *s.*; **–kanal** *m.* (*rad.*), duplex channel *s.*; **–kreis** *m.*, **–leitung** *f.* (*elec.*, *rad.*), phantom circuit *s.*; **–pumpe** *f.*, duplex pump *s.*; **--Seefunkdienst** *m.*, duplex (maritime radio service) *s.*; **–system** *n.*, duplex system *s.*; **–telegrafie** *f.* *od.* **–telegraphie** *f.*, duplex telegraphy *s.*; **–verbindung** *f.* (*rad.*), duplex communication *s.*; **–verfahren** *n.* (*rad.*), contraplex *or* duplex system *s.*, send-receive *or* SR method *s.*; **–verkehr** *m.* (*rad.*), duplex (operation *or* telephony) *s.*; **–verstärker** *m.* (*rad.*), duplex repeater *s.* *or* amplifier *s.*

durcharbeiten *v.*, **sich mühsam durch die Wellen** *od.* **viel Welle –,** to toil through the sea *or* waves (*of boat*).

durchbiegen *v.i.*, to bend, to sag (*of mast*), to deflect; **nach oben (nach unten) –,** to hog (to sag). **Durchbiegung** *f.*, bend *s.*, sag *s.* (*of mast*), deflection *s.*, flexion *s.*, flexure *s.*, (*am.*) flection *s.*; **bleibende** *od.* **permanente –,** permanent set *s.*; **– nach oben (nach unten),** hog *s.* (sag *s.*); **– des Mastes,** bend *s.* of the mast.

durchbohren *v.*, to pierce, to perforate, to bore through (*fittings, etc.*).

Durchbolzen *m.* (*naut.*), in-and-out bolt *s.*

durchbrechen *v.t.*, to break through (*as sun*), (*tech.*) to break *or* to pierce through, to perforate; *v.i.*, to break in two *or* asunder *or* apart (*as shackle, wire rope, etc.*); **die Blockade –,** to run the blockade; **in Lee –** (*rac.*), to sail through the lee.

durchdrehen *v.* (*naut.*), to chapel, to build a chapel (*of boat*), to spin (*of steering wheel*), to swing (*of propeller*), to rev (*of engine*); (*rad.*) to race; **– lassen,** to rev up (*engine*).

durchdringen *v.*, **den Nebel –,** to strike through the fog. **durchdringend** *adj.*, **– kalt,** chilly; **– kalter Wind,** chilling *or* chilly wind *s.*; **–e Kälte,** chill *s.*, chilliness *s.*

Durcheinander *n.* (*naut.*, *coll.*), mess(-up) *s.* (*of ropes*), chaos *s.*, shambles (*pl.*), topsy-turvy *s.* (*as after a storm*), muddle *s.*, disorder *s.* **durcheinanderlaufende Dünung** *f.*, cross-swell *s.*, cross-swelling seas (*pl.*).

durchfahren *v.* (*naut.*), to drive *or* to pass *or* to travel through (*of motorboat*), to sail through (*of sailboat*); **das Meer –,** to cross the sea(s) *s.* (*pl.*).

Durchfahrt *f.* (*naut.*), passage *s.*, pass *s.*; transit *s.*; **enge** *od.* **schmale –,** narrow passage *s.* (*of sea, under bridges, etc.*); **– verboten!** (*naut.*), no thoroughfare!. **Durchfahrts / höhe** *f.*, clearance *s.*, headroom *s.* (*as under bridges*); **–recht** *n.*, right *s.* of way; **--signal** *n.*, passage signal *s.*

durchfließen *v.*, to flow through (*as river*). **Durchflußgeschwindigkeit** *f.*, velocity *s.* of flow.

durch / fluten *v.*, to rush through (*of water*); (*tech.*) to flood, to stream through; **–froren** *adj.*, frozen stiff, chilled to the marrow, perished with cold; **total –froren sein,** to be terribly starved.

Durchfuhr *f.* (*naut.*), passage *s.*, transit *s.*; **–bewilligung** *f.*, **–erlaubnis** *f.*, transit permit *s.*; **–recht** *n.*, right *s.* of passage.

Durchführung *f.* (*rac.*), performance *s.*; **– von Reparaturen,** repair service *s.*, completion *s.* of repairs.

Durchfuhr / verbot *n.*, transit embargo *s.*; **–zoll** *m.*, transit duty *s.*

Durchgang *m.* (*naut.*), channel *s.*, passage *s.*; (*astr.*) transit *s.*; **– durch den Meridian** (*astr.*), meridian passage *s.* *or* transit *s.* **Durchgangs / geschwindigkeit** *f.* (*naut.*), velocity *s.* through ports; (*astr.*) velocity *s.* of transit; **–hafen** *m.*, intermediate *or* transit port *s.*; **–kreis** *m.* (*astr.*), transit-circle *s.*; **–visum** *n.*, transit visa *s.*; **–zoll** *m.*, transit duty *s.*

durchgehen *v.* (*astr.*), to be in transit, to transit; to come *or* to soak through, to penetrate (*of water*); (*tech.*) to race. **durchgehend** *adj.*

(*naut.*), in-and-out; **–e (Segel)Latten,** continuous *or* full-length battens (*pl.*), through-battens (*pl.*).
durchgebogen *p.p.* (*naut.*), **nach oben –,** hogged; **nach unten –,** sagged, sagging.
durchhalten *v.* (*naut.*, *rac.*), to carry on (to the end), to hold out, (*sl.*) to stick it out.
Durchhang *m.* (*naut.*), sag *s.*, dip *s.* (*of the mast, etc.*). **Durchhängen** *n.* sag(ging) *s.*; **das – auf ein Minimum reduzieren,** to keep *or* to reduce sag to a minimum; **– des Vorstags,** sag(ging) *s.* of the forestay, sagging forestay *s.* **durchhängen** *v.*, to sag, to dip (*forestay, etc.*); **–des Vorstag** *n.,* sagging forestay *s.*
durchholen *v.* (*naut.*), to underrun, to reeve, to haul over *or* through, to tighten up (*slack, line*); **ein Ende durch einen Block –,** to reeve a rope through a block; **(eine Leine) unter etwas –,** to underrun.
durchkaien *v.*, to jibe (*of sails*).
durchkentern *v.*, to capsize, to finish bottom up *or* upside down; **voll –,** to capsize completely, to turn completely over *or* fully bottom up, (*coll.*) to turn (topsy) turtle (*of boat*).
durchkreuzen *v.* (*naut.*), to cross, to cruise, to traverse (*the ocean, etc.*); **sich –,** to intersect (*as course, lines*).
Durchlaß *m.* (*naut.*), passage *s.*; wicket *s.* (*of a lock*); **enger –,** narrow passage *s.*; **–kreis** *m.* (*rad.*), acceptor circuit *s.*; **–öffnung** *f.* (*naut.*), access hole *s.*; **–tür** *f.*, wicket *s.* (*of a lock*).
durchlaufen *v.* (*naut.*), to run *or* to sail through, to cruise, to traverse; to cover (*a distance*); **–e Strecke** *f.*, ship's run *s.* **durchlaufend** *pr.p.*, **unter dem Boot –e See(n),** passing sea(s) *s.* (*pl.*).
durch/liegen *v.* (*naut.*), to stand on (*of boat*); **–lotsen** *v.* (*naut.*), to pilot through; **D–lüftung** *f.* **(einer Yacht),** airing *s. or* ventilation *s.* (of a yacht).
Durchmesser *m.*, diameter *s.*, calibre *s.*, (*am.*) caliber *s.*; **innerer –,** calibre *s.*, (*am.*) caliber *s.*; **lichter –,** inside diameter *s.*; **–belastungsgrad** *m.*, diameter load coefficient *s.* (*of propeller*).
durchnässen *v.*, to (get) wet through *or* thoroughly, to get drenched *or* soaked. **durchnäßt** *p.p.*, completely drenched, drenched *or* soaked through, wet through; **bis auf die Haut – werden,** to get drenched *or* wet to the skin; **ganz – werden,** to get absolutely drenched; **– werden,** to get a wetting. **Durchnässung** *f.*, wetting *s.*
durchqueren *v.* (*naut.*), to cross, to cruise, to traverse, to travel across (*the sea, etc.*). **Durchquerung** *f.*, crossing *s.*, cruise *s.*, traversing *s.*
Durchreisevisum *n.* (*pl.* **-visa**), transit visa *s.*
durchreißen *v.*, to break, to tear, to get torn (*as lines*).
Durchsacken *n.*, sag *s.*, sagging *s.* (*of the forestay*); **– des Vorstags,** sagging *s.* of the forestay. **durchsacken** *v.*, to sag; **–des Vorstag** *n.*, sagging forestay *s.*
Durchsage *f.* (*rad.*), message *s.*; **das Ende der – angeben** *od.* **ansagen,** to sign off. **durchsagen** *v.* (*rad.*), to transmit (*a message*), to announce, to broadcast (on the radio).
durchscheren *v.*, to reeve (*of rope*).
Durchschleusen *n.* (*naut.*), lockage *s.* **durchschleusen** *v.*, to pass (*a boat or ship*) through a lock *or* the locks, to lock (*a boat*), to lock through. **Durchschleusung** *f.*, passing *s.* (*of a boat or ship*) through a lock *or* the locks.
durchschneiden *v.* (*naut.*), to slice (*water, waves*); (*geom.*) to bisect, to intersect (*as lines*); **einander** *od.* **sich –** (*geom.*), to cross, to intersect; **die Wellen –,** to slice the sea (*of boat*); **das Boot durchschneidet die Wellen,** the boat slices the sea. **Durchschneidung** *f.* (*geom.*), bisection *s.*, intersection *s.* (*of course, lines, etc.*).
Durchschnitt *m.* (*naut.*), cut *s.*, profile *s.*, (cross-)section *s.* (*shipb.*); average *s.*; **im –,** on the average; **über (unter) dem –** (*rac.*), above (below) standard. **durchschnittlich** *adv.*, (on an *or* the) average; *adj.*, average, standard, normal, ordinary. **Durchschnitts/geschwindigkeit** *f.* (*naut.*), average speed *s.*; **–geschwindigkeit** *f.* **von 12 Knoten in der Stunde,** average 12 kn(ots) p(er) h(our); **–größe** *f.*, average size *s.* (*of a yacht*); **–leistung** *f.*, average performance *s.* (*of boat, race, etc.*); **–linie** *f.*, diameter *s.*; **–tragfähigkeit** *f.* **aller Boote eines Schiffes,** boatage *s.*; **–wert** *m.* (*phys.*, *tech.*), average value *s.*
durch/segeln *v.*, to sail *or* to navigate through, to cruise, to sail across *or* over (*the sea*); **–setzen** *v.*, to put *or* to set tight *or* taut (*forestay, etc.*); **das stehende Gut –setzen,** to set up the standing rigging.
durchsickern *v.*, to leak, to ooze, to seep, to trickle through (*of water*).
Durchstich *m.* (*geogr.*), canal *s.*, ditch *s.*
durchstreichende Linie *f.* (*astr.*), trajectory *s.* (*of a comet*).
Durchstrom *m.* (*elec.*), multiphase current *s.* **durchströmen** *v.t.* (*elec.*), to flow *or* to run through; *v.i.*, to stream *or* to pour through

(*water*).

Durchsuchen *n.* (*naut., jur.*), **– (und Anhalten eines Schiffes auf See),** visit *s.*, (*am.*) search *s.* **durchsuchen** *v.* (*naut., jur.*), to search (*a ship*). **Durchsuchung** *f.* (*naut., jur.*), visit *s.*, (*am.*) search *s.* (*of a ship*); **–soffizier** *m.* (*naut.*), visitor *s.*; **–srecht** *n.* **(auf See)** (*naut., jur.*), right *s.* of visit *or* visitation *or* (*am.*) search, right *s. of* visit and search (at sea).

durch / weht *adj.*, winded; **–weichen** *v.* (*naut.*), to become *or* to get soaked; **–weicht** *adj.*, sodden, soggy.

Durchzug *m.* (*naut.*), rail *s.*; stroke *s.* (*of oar*) (*rowing*); (*meteor.*) passage *s.* (*of a depression*); **– eines Hochs** (*meteor.*), passage *s.* of a high (pressure area); **– einer Regenfront** *od.* **eines Tiefs** (*meteor.*), passage *s.* of a depression *or* low (pressure area).

Dusche *f.* (*naut., coll.*), splash *s.* (*of rain*).

Düse *f.* (*naut.*), slot *s.* (*between sails; of air or water current*); (*tech.*) nozzle *s.*, orifice *s.*, jet *s.*; fuel injector *s.*; **Anstellwinkel** *m.* **der –,** nozzle angle *s.*; **Turbulenz** *f.* **in der –,** turbulence *s.* in (the) slot; **die – ist geöffnet (geschlossen),** the slot is open(ed up) (is close(d) *or* locked) (*between sails*); **die – öffnen,** to open the slot; **die – öffnet,** the slot opens; **die – pumpt,** the slot pumps; **die – schließt,** the slot closes *or* locks. **Düsen / antrieb** *m.* (*naut.*), jet propulsion *s.*; **mit –antrieb,** jet-propelled; **–motor** *m.* (*naut.*), jet engine *s.*; **–propeller** *m.* (*naut.*), jet *or* nozzle prop(eller) *s.*; **–reg(e)lung** *f.* (*tech.*), nozzle regulation *s.*; **–ring** *m.* (*tech.*), nozzle ring *s.*; **–schiff** *n.*, jet-propelled ship *s. or* vessel *s.*; **–schraube** *f.*, stranded propeller *s.*; **–treibstoff** *m.*, jet fuel *s.*; **–wirkung** *f.*, slot effect *s.* (*of water, between sails*); **–wirkungsgrad** *m.*, nozzle efficiency *s.*

Düwelnaht *f.* (*naut.*), devil *s.* (*waterline*).

dwars *adv.*, off the beam, abeam, on the beam, athwart; **45° achterlicher als –,** aquarter; **genau –,** right abeam; **vorlicher als –,** athwart *or* off the beam; **–()ab,** abeam, off the beam; **–()ein,** right on the beam; **– abtreiben** *od.* **vertreiben,** to crab (*of boat*); **– See liegen,** to broach to, to go *or* to throw broadside to, to lie *or* to stand athwart the waves; **– zur See kommen,** to broach to, to come *or* to turn *or* to throw broadside to (the waves); **– zur See laufen,** to proceed with the sea abeam. **Dwars / balken** *m.*, cross-beam *s.*, cross piece *s.* (*shipb.*); **–driewer** *m.* (*naut., hum., dial.*), cranky boat *s.*, crab (boat) *s.*; crank *s.* (*pers.*); **–leine** *f.*, cross line *s.*, breast line *s. or* rope *s.*; **–linie** *f.*, line *s.* abreast (*squadron sailing*), boats (*pl.*) in line abreast; **–naht** *f.*, butt seam *s.* (*shipb.*); **d–schiffs** *adv.*, athwartship(s); **d–schiffs (liegend),** athwartship; **d–schlagen** *v.*, to broach to; **–schlingen** *f./pl.*, cross-trees (*pl.*); **–see** *f.*, beam *or* athwart *or* broadside sea *s.*; **d–see** *adv.* **liegen,** to lie athwart the waves; **–tau** *n.*, breast rope *s.*, breast(-)fast *s.*; **–wind** *m.*, beam *or* side *or* quarter(ing) wind *s.*, wind *s.* abeam; **mit –wind segeln,** to sail with the wind abeam *or* a beam wind, to be *or* to sail on a beam reach; **–windkurs** *m.*, beam reach *s.*

Dweidel *m.*, **Dweil** *m.* (*naut.*), (deck) swab *s.*, scrubber *s.*, (*sl.*) mop *s.*

Dynamik *f.* (*naut., phys.*), dynamics (*pl.*). **dynamisch** *adj.* (*naut., phys.*), dynamic; **–er Auftrieb** (*naut.*), dynamic lift *s. or* pressure *s.* (*of a glider*); (*tech.*) ram pressure *s.*; **–er Druck** (*naut., phys.*), velocity pressure *s.*, dynamic pressure *s.*; **–es Gleichgewicht** (*naut., phys.*), dynamic balance *s. or* equilibrium *s.*

dynamoelektrisch *adj.*, dynamo-electric(al). **Dynamo / maschine** *f.* (*elec.*), dynamo *s.*, generator *s.*; **–meter** *n.*, dynamometer *s.*, ergometer *s.*

E

Ebbdauer *f.*, duration *s. or* period *s. or* time *s.* of ebb. **Ebbe** *f.*, ebb (tide) *s.*, falling tide *s.*, low tide *s. or* water *s.*, reflow *s.* (of the tide); **Beginn** *m. od.* **Einsetzen** *n.* **der –,** first *s. or* setting in *s.* of the ebb; **Ende** *n.* **der –,** last *s. or* going out *s.* of the ebb *or* ebb tide; **es ist –,** the tide is out *or* down; **es läuft –,** the tide is going *or* running out; **niedrige –,** neap-tide *s.*; **niedrigste –,** low tide *s. or* water *s.*; **die – tritt ein,** the tide is going out *or* ebbing; **– und Flut** *f.*, ebb *s.* and flow, low and high tide *s. or* water *s.*, ebb-tide *s.* and flood-tide, tide *s.* **Ebben** *n.*, reflux *s.*, refluence *s.*, ebbing *s.*, falling tide *s.* **ebben** *v.*, to ebb, to fall (*of tide*), to go out (*of tide*); **das Meer ebbt,** the tide is going out. **Ebb(e) / linie** *f.*, low-water line *s.*; **–marke** *f.*, low-water mark *s.*; **–rinne** *f.*, low-tide channel *s.* (*in tidal waters*); **–strom** *m.*, ebb stream *s. or* (*am.*) current *s.*

eben *adj.*, **auf –em Kiel,** on an even keel; **das Boot liegt auf –em Kiel,** the boat is (absolutely) flat; **–e Oberfläche,** even *or* smooth *or* square surface *s.* (*of hull, etc.*).

Ebene *f.* (*math.*), plane *s.*; **geneigte** *od.* **schiefe –,** inclined plane *s.*, gradient *s.*; **auf** *od.* **in gleicher – mit,** flush with (*shipb.*).

Echo *n.* (*rad., radar*), echo *s.*; **falsches –** (*radar*), false echo *s.*; **künstliches –** (*radar*), plume *s.*; **reflektiertes –** (*radar*), reflected echo *s.* **Echo / anzeige** *f.* (*radar*), blip *s.*; **–blitz** *m.*, echo flash *s.* (*of echo-sounder*); **–box** *f.* (*radar*), echo box *s.*; **–empfänger** *m.*, **–empfangsgerät** *n.* (*radar*), echo receiver *s.*; **–-Entfernungsmesser** *m.* (*radar*), phonotelemeter *s.*; **–funkortung** *f.*, echo-location *s.*; **–gramm** *n.*, echogram *s.*; **–graph** *m.*, echograph *s.*, depth recorder *s.*; **–impuls** *m.* (*radar*), echo impulse *s.*, blip *s.*; **–intensität** *f.* (*radar*), intensity *s.* of echo; **–lot** *n.*, echo-sounder *s.*, sonic depth-finder *s.*, acoustic(al) sounder *s.*, depth-sounder *s.*, fathometer *s.*, (*coll.*) plumb *s.*; **–lotanlage** *f.*, echo-sounding device *s.* *or* gear *s.*; **–lotung** *f.*, echo(-)sounding *s.*; **–ortung** *f.*, echolocation *s.*; **–(ortungs)sperre** *f.* (*radar*), echo suppressor *s.*; **–zeichen** *n.* (*radar*), blip *s.*

Eck / beschläge *m./pl.* (*naut.*), corner fittings (*pl.*), (metal) corner pieces (*pl.*); **–leiste** *f.* (*naut.*), angle fillet *s.*; chine *s.* (*shipb.*); **–punkt** *m.* (*geom.*), vertex *s.*, corner *s.* (*of a triangle*); **–ventil** *n.*, angle valve *s.*; **–versteifungen** *f./pl.*, reinforced edges (*pl.*) *or* corners (*pl.*); **–versteifungen am Segel,** patches (*pl.*).

Edel / furnier *n.*, high-class *or* choice veneer *s.*; **–stahl** *m.*, high-grade *or* high-tensile steel *s.*, stainless steel *s.* (*shipb.*).

Effekt *m.* (*phys. tech.*), efficiency *s.*, effect *s.*, performance *s.*; **ohne –,** ineffective. **Effektiv / leistung** *f.* (*tech.*), effective power *s.*; **–spannung** *f.* (*elec.*), root-mean-square voltage *s.*, effective voltage *s.*

egalisieren *v.* (*tech.*), to adjust, to equalize (*standing rigging, etc.*).

Ehren / geleit *n.* (*naut.*), escort *s.*; **–preis** *m.* (*rac.*), (first) prize *s.*, trophy *s.*

Eiche *f.*[1] (*naut.*), measurement *s.* (*of the tonnage of a ship*).

Eiche *f.*[2] oak (wood) *s.* (*shipb.*); **aus –,** oaken, made of oak (wood).

eichen *v.* (*naut.*), to measure, to ga(u)ge (*boats*); to calibrate, to graduate, to adjust, to standardize (*instruments, etc.*).

Eichenholz *n.*, oak (wood) (*shipb.*).

Eich / fehler *m.*, calibration error *s.*; **–frequenz** *f.* (*rad.*), standard frequency *s.*; **–marke** *f.*, calibration mark *s.*; **–maß** *n.*, ga(u)ge *s.*, standard *s.*; gauging rod *s.*; **–meister** *m.*, gauger *s.*; **–schein** *m.*, rating certificate *s.*, certificate *s.* of measurement (*for boats*); **–stab** *m.*, ga(u)ging rod *s.*; **–zeichen** *n.*, official stamp *s.* (*after measurement, calibration, etc.*). **Eichung** *f.* (*naut.*), rating *s.*, ga(u)ging *s.*, measurement *s.*; calibration *s.*, graduation *s.*, standardization *s.* (*of instruments, etc.*).

Eier / kausch *f.*, heart(-shaped) thimble *s.*; **–uhr** *f.* (*naut., hum.*), involuntary wrapping around the forestay (of sailcloth).

eigen *adj.*, **mit –em Antrieb** (*naut.*), self-propelled, self-powered (*of yacht*), self-driven (*of motorboat*). **Eigen / antrieb** *m.* (*naut.*), self-propulsion *s.*; **Yacht** *f.* **mit –antrieb,** self-propelled yacht *s.*; **–belastung** *f.* (*naut.*), dead load *s.* *or* weight *s.*; **–bewegung** *f.* (*naut.*), self-motion *s.*; (*astr.*) proper motion *s.*; **–bewegung eines Bootes,** self-motion *s.* of a boat; **–drehung** *f.* (*phys.*), autorotation *s.*; **–frequenz** *f.* (*rad. naut.*), ship's frequency *s.*, resonance frequency *s.*; (*phys.*) natural frequency *s.*, anti-resonant *or* fundamental *or* resonant frequency *s.*; **–geschwindigkeit** *f.* (*naut., phys.*), initial velocity *s.*, proper speed *s.*; **–gewässer** *n.* (*pl.*), territorial waters (*pl.*); **–gewicht** *n.* **(eines Bootes),** dead load *s.* *or* weight *s.* (of a boat); **–peilung** *f.* (*naut.*), self-bearing *s.*, ship's own bearing *s.*; **–schaft** *f.*, property *s.* (*of a sail*), capacity *s.* (*of boat*), quality *s.* (*of boat or sail*); **–schwingung** *f.* (*naut., phys.*), free *or* natural oscillation *s.* *or* vibration *s.*; **–stabilität** *f.* (*phys.*), autostability *s.*

Eigner *m.* (*naut.*), owner *s.*, ship's owner *s.*; **–kabine** *f.*, owner's cabin *s.* *or* stateroom *s.*; master suite *s.* (*luxury yacht*).

Eile *f.*, **in größter –** (*naut.*), at *or* on the double.

Eilgüterschiff *n.*, express-cargo ship *s.* *or* vessel *s.*

Eimer *m.* (*naut.*), bucket *s.*

Ein-Aus-Schalter *m.* (*rad., elec.*), on-off switch *s.*

Einbau *m.* (*naut.*), fitting *s.*, installation *s.*; (*pl.* **–ten**), (internal) fitting(s) *s.* (*pl.*), built-in element *s.*, addition (built-in) *s.*; **–antenne** *f.* (*rad.*), built-in aerial *s.* (*am.* antenna *s.*). **einbauen** *v.*, to build (into), to fit (in), to install, to mount; **etwas an Bord –,** to ship. **einbaufertig** *adj.*, ready for fitting.

Einbaum *m.*, dugout (canoe) *s.*, primitive boat *s.*; **–kanu** *n.*, pambanmanche *s.* (*Malabar Coast*).

Einbaumotor *m.* (*naut.*), built-in motor *s.*, inboard motor *s.*, inboarder *s.* (*of sea-going cruiser*).

Einbeulung *f.*, dent *s.* (*in the hull*).

einbiegen *v.t.*, to bend inwards *or* downwards

or back (*as mast*). **Einbiegung** *f.*, inward bend *s. or* curve *s.* (*of mast*).

einbinden *v.* (*naut.*), to tie in a stop; to tie in (*reef*), to make a round seizing; **eine Kausch –,** to make a round seizing; **ein Reff –,** to tie in a reef; **ein Segel –,** to furl a sail; **das Steuer(rad) –,** to shoe the steering wheel; **ein Vorsegel –,** to tie in a stop.

Einblattruder *n.*, single-blade(d) *or* -plate rudder *s.*

einblenden *v.t.* (*rad.*), to fade in.

Einbooten *n.*, embarking *s.* **einbooten** *v.*, to embark. **Einbootung** *f.*, embarkation *s.*

einbringen *v.* (*naut.*), to tow in, to get in, to salvage (*a boat*). **Einbringung** *f.* (*naut.*), salvage *s.* (*of a boat in distress*).

Einbruch *m.* (*meteor.*), invasion *s.* (*of cold front, etc.*); **bei – der Nacht,** at nightfall, (*Scots*) at onfall; **nach – der Dunkelheit,** after dusk. **Einbruchs / linie** *f.* (*meteor.*), line *s.* of invasion; **–front** *f.* (*meteor.*), front *s.* of invasion, cold front *s.*

einbuchten *v.t.*, to indent (*hull*), to hollow out (*shipb.*). **Einbuchtung** *f.* (*naut.*), indentation *s.* (*of the hull*); (*geogr.*) bay *s.*

eindampfen *v.* (*naut.*), to inch forward *or* ahead (*pushing-off manoeuvre with outboarder or motoryacht*); to steam in (*of ship*).

Eindecker *m.*, **Eindeckschiff** *n.*, single-decker *s.*, single-deck boat *s. or* ship *s.*

eindeichen *v.*, to protect by dikes *or* dykes.

Eindeichung *f.*, embankment *s.*

eindocken *v.*, to dock (in), to float in, to drydock (*of boat*). **Eindockung** *f.*, docking (in) *s.*, floating in *s.*, dry-docking *s.*

eindrehen *v.* (*naut.*), to heave to, to turn to(wards); (*tech.*) to screw in.

Eindringen *n.* **von Seewasser,** incursion *s.* of seawater. **eindringen** *v.*, to come *or* to pour *or* to seep *or* to run *or* to rush in (*of water*). **Eindringtiefe** *f.* **der Gezeiten,** range *s.* of the tide.

Eineinhalbmaster *m.*, one-and-a-half master *s.*, dandy *s.*, dandy-rigged yacht *s.*

Einer *m.*, single-sculler *s.*, shell *s.* (*rowing boat*).

einfach *adj.*, **–e Havarie,** ordinary *or* particular *or* simple average *s.*; **–er Knoten,** loop *or* overhand knot *s.*; **–e Pumpe,** single-acting pump *s.*, simple *or* primitive pump *s.*; **–er Seemannsknoten,** single knot *s.* **Einfach / betrieb** *m.* (*rad.*), simplex operation *s.*; **--Expansionsmaschine** *f.* (*naut.*), single-expansion engine *s.*; **–getriebe** *n.*, single-reduction *or* -stage gear *s.*; **–leitung** *f.* (*elec.*), single conductor *s.*; **e–wirkender Viertakter** *m. od.* **Viertaktmotor** *m.*, single-acting four-stroke engine *s.*

einfahren *v.*, to enter a port (*of boat*); (*tech.*) to run in (*a new engine*); **ein Ende in einen Block –,** to reef in *or* to thread a rope (through) a block. **Einfahr / probelauf** *m. od.* **-fahrt** *f.*, shakedown cruise *s.* (*of a boat*).

Einfahrt *f.* (*naut.*), inlet *s.*, mouth *s.*, access *s.* (*of a port*); gateway *s.* (*of a lock*); **–ssignal** *n.* (*naut.*), entering signal *s.*; **–s- und Ausfahrtssignale** *n./pl.*, entering and leaving signals (*pl.*).

einfallen *v.* (*naut.*), to swig (up) (*when setting the standing rigging*); to tumble home (*shipb.*); to collapse (*as sails*); (*phys.*) to be incident (*of light*); to fall (*as night*), to set in (*as winter*). **Einfalls/ebene** *f.* (*phys.*), plane *s.* of incidence; **–lot** *n.*, axis *s.* of incidence; perpendicular *s.*; **–strahl** *m.* (*phys.*), incident ray *s.*; **–winkel** *m.* (*phys.*), axis *s. or* angle *s.* of incidence.

Einfarbenlaterne *f.* (*naut.*) unicolo(u)r(ed) lantern *s.*

einfetten *v.*, to lubricate, to rub in (grease), to grease, to oil (*as outboarder, etc.*).

Einflaggensignal *n.* (*naut.*), single-flag signal *s.*

einflicken *v.* (*naut.*), to sew on (*a patch*) (*sails*).

Einfließen *n.*, inflow *s.*, influx *s.* (*of a river*). **einfließen** *v.*, to flow in (*as a river in a lake, etc.*).

Einfluß *m.*, inflow *s.*, influx *s.* (*of river*), inlet *s.* (*for water*); (*astr.*) influence *s.*; **– auf,** effect *s. or* bearing *s.* (up)on. **Einfluß / bereich** *m.* (*astr., phys.*), range *s. or* radius *s.* of effect *or* action *or* influence, sphere *s.* of influence; **–gebiet** *n.* **(eines Planeten)**, orb *s.* (of a planet); **–sphäre** *f.* (*astr., phys.*), sphere *s.* of influence.

einfressen *v.t., v.r.* (*tech.*), to corrode, to eat into (*as acid, rust*).

einfrieren *v.*, to be *or* to become ice-bound (*of ship*).

einfügen *v.* (*naut.*), to dovetail, to rabbet (*shipb.*).

Einfuhr / bestimmungen *f./pl.*, import regulations (*pl.*); **–deklaration** *f.*, entry inward(s) *s.* (*for boats, etc.*); **–erlaubnis** *f.*, import permit *s. or* licence *s.* (*am.* license *s.*); **–hafen** *m.*, port *s.* of entry.

Einführungskabel *n.* (*rad., elec.*) lead-in (cable) *s.*

Einfuhr / verbot *n.*, import embargo *s.*; **–zoll** *m.*, import duty *s.*

Einfüll / stutzen *m.* (*naut., tech.*), filler tube *s.*, funnel *s.* (*fuel tank*); **–stutzenverschluß** *m.*, filler cap *s.*; **–trichter** *m.*, funnel *s.*, hopper *s.*

Eingang *m.* (*rad., elec., tech.*), input *s.*; (*geogr.*) inlet *s.* (*of a bay*). **Eingangs / energie** *f.* (*rad., tech.*), input *s.*; **–kanal** *m.* (*rad.*), input channel *s.*; **–klemmen** *f./pl.* (*rad.*), input terminals (*pl.*); **–kreis** *m.* (*rad.*), input circuit *s.*; **–leistung** *f.* (*rad., tech.*), input *s.*; **–punkte** *m./pl.* (*rad.*), input terminals (*pl.*).

eingebaut *adj.*, set (*of berth, dinette, etc.*); **–e (Hänge)Schränke** *m./pl.*, built-in lockers (*pl.*).

eingebeult *adj.*, indented (*of hull*).

eingedeckt *adj.*, decked (*of yacht*); **voll –,** fully *or* completely decked (*yacht*).

eingeeist *adj.*, ice-bound (*of ship*).

eingefahren *adj.* (*naut.*), able (*of boat, crew*); **(gut) –e Crew** *od.* **Mannschaft,** able crew *s.*

eingefressen *adj.* (*naut., tech.*), corroded, pitted.

eingefroren *adj.* (*naut.*), ice-bound (*of ship*).

eingeklemmt *adj.*, jammed, stuck (*as Cunningham, etc.*).

eingeschaltet *p.p.* (*rad.*), on; live (*of instruments*).

eingeschlossen *p.p.* (*naut.*), closed-in; **vom Eis –,** beset by ice, ice-bound (*of ship*); **–e Räume** (*naut.*), closed-in spaces (*pl.*) (*measurement*).

eingeschneit *adj.*, snow-bound (*of yacht*).

eingespart *p.p.*, **–e Gesamtzeit** (*rac.*), all time saved.

eingetaucht *adj.* (*naut.*), immersed; **–e Hauptspantfläche (eines Bootes),** immersed area *s.* of the midship section (of a boat); **–es Unterwasserschiff,** immersed under(-)body *s.*

eingetragen *adj.* (*naut.*), registered (*boat*); **–er Registertonnengehalt (eines Schiffes),** registered tonnage *s.*

eingreifen *v.* (*naut., tech.*), to catch, to hold, to grip, to bite (*as anchor*); (*tech.*) to take; **ineinander –** (*tech.*), to fit into, to interlock.

einhaken *v.*, to hook on, to fasten (with a hook).

einhalb *adj.* (*naut.*), half.

einhand *adj., adv.* (*naut.*), single-handed. **Einhand / boot** *n.*, single-hander *s.*, single-hand(ed) boat *s.*; **–rennen** *n.*, single-handed race *s.*; **–segelei** *f.*, **–segeltörn** *m.*, single-handed sailing *s. or* (*coll.*) sail *s.*; **–segler** *m.*, single-handed (cruising) yachtsman *s.*; **–zirkel** *m.*, single-hand dividers (*pl.*).

einhängen *v.* (*naut.*), to ship; **das Ruder (die Pinne) –,** to ship the rudder (the tiller).

Einheimischer *m.* (*naut.*), homester *s.* (*yachtsman*).

Einheit *f.* (*phys.*), unit *s.*; (*math.*) unity *s.*; **– des Drucks** (*phys.*), unit pressure *s.*; **–ensystem** *n.*, SI-System *s.*, Système International d'Unités.

Einheits / boot *n.*, one-design (racing) boat *s.*, one-designer *s.*; **–bootsklasse** *f.*, one design class *s.*; **–frequenz** *f.* (*rad.*), standard frequency *s.*; **–gewicht** *n.*, power-weight ratio *s.*, standard weight *s.*; **–klasse** *f.*, one design *or* O.D.-class *s.*; **–länge** *f.* (*math.*), unit length *s.*; **magnetischer –pol** *m.*, unit magnetic pole *s.*; **–punktsystem** *n.* (*rac.*), standard score system *s.*; **internationales ––Segelkanu** *n.*, international one-design sailing-canoe *s.*; **–strecke** *f.*, unit *s.* of distance; **–trimm-Moment** *n.*, moment *s.* to change trim one inch; **–wert** *m.* (*phys.*), standard value *s.*; **–zeit** *f.*, normal *or* standard time *s.*

einhieven *v.*, to heave in, to wind in; **die Ankerkette –,** to shorten the cable.

Einholekiel *m.*, retractable keel *s.* **einholen** *v.* (*naut.*), to veer and haul, to haul in, to haul home, to round up (*a rope*); to run in, to take in (*lines*); to haul down *or* in, to lower, to strike, to take in (*sails*); to haul down, to lower (*a flag*); (*rac.*) to catch up with, to draw level with, to gain on, to fetch up (*with another boat*), to make up (*for lost time*); **ein anderes Boot –** (*rac.*), to overtake a boat, to gain on another boat, to catch up *or* to fetch up *or* to draw level with another boat; **einen Baum –,** to rig in a boom; **die Gangway –,** to ship the gangway; **die Lose –,** to take in the slack; **ein Netz –,** to underrun the net; **ein Segel –,** to haul in *or* to take in a sail, to muzzle a sail; **die Segel –,** to take in sail, to rouse sails; **ein Tau –,** to walk a rope, to round up a rope; **den Warpanker –,** to walk the warp anchor; **Zeit –** (*rac.*), to make up for lost time. **Einholer** *m.* (*naut.*), inhaul *s.* (*line*), tricing line *s.* (*for the clew*), retrieving line *s.* (*for the spinnaker*).

einhüllen *v.t.*, to shroud (in) (*mist, etc.*).

einige 10 Seemeilen *f./pl.*, 10 odd nautical *or* sea miles.

einkehlen *v.* (*naut.*), to groove. **Einkehlung** *f.*, groove *s.*, hollow moulding *s.* (*shipb.*).

einkeilen *v.* **(in),** to wedge (in), to fasten with wedges (*as mast*).

einklarieren *v.* (*naut.*), to clear in, to make entry (*in a foreign port*). **einklariert** *adj.*, cleared (*of boat, etc.*). **Einklarierung** *f.*, clearance inward *s.*, entry *s.* (*of boat, etc*); **–sdokument** *n. od.* **–spapiere** *n./pl.*, certificate *s.* of entry *or* clearance inward; **–stag** *m.*, day *s.* of entry.

einklemmen *v.* **(in),** to jam *or* to clamp *or* to pinch *or* to squeeze *or* to force (in(to)) (*as mast wedges*).

Einklinkbeschlag *m.* (*naut.*), fastening *or* latch *or* snap fitting(s) *s.* (*pl.*).

einknicken *v.*, to bend, to break, to buckle, to become bent (*of mast*); to kink, to become kinked (*of wire rope*).

Einknopfabstimmung *f.* (*rad.*), one-knob *or* gauged tuning *s.*

einkommen *v.* (*naut.*), to come *or* to get in, to arrive (*of boat*), to come in, to draw (*of wind*); **in einen Hafen –,** to make port, to enter port; **vorlicher als dwars –,** to draw forward of the beam (*of wind*). **einkommend** *pr.p.*, incoming (*of boat*); **–es Boot** *od.* **Schiff,** incomer *s.*, inbound ship *s.*

Einkomponentenlack *m.*, one-component varnish *s.*

Einkreisel / kompass *m.*, monogyro compass *s.*, single-wheeled gyrocompass *s.*; **–system** *n.*, monogyro system *s.* **Einkreisempfänger** *m.*, **Einkreiser** *m.* (*rad.*), one- *or* single-circuit receiver *s. or* set *s.*

einkreuzen *v.*, **in einen Hafen –,** to beat in (*of boat*).

einkrimpen *v.*, to slacken (*of wind*); **gegen den Wind –,** to sail too close to the wind, to pinch up to windward.

einkuppeln *v.*, to let in the clutch, to clutch in (*of motor*), to connect (*of trailer*).

einladen *v.* (*naut.*), to ship, to take aboard *or* on board (ship).

Einlaß *m.* (*geogr.*, *tech.*), inlet *s.*; **–klappe** *f.* (*tech.*), inlet valve *s.*; **–öffnung** *f.*, intake *s.*; **–ventil** *n.*, inlet valve *s.*

Einlauf *m.* (*naut.*, *tech.*), trumpet *s.*

einlaufen *v.* (*naut.*), to come in(to), to make port, to put in, to turn in, to arrive, to reach (port) (*of boat*); to flow *or* to run into (*of water*); **in einen Hafen –,** to enter *or* to make port, to put into (the) port, to run into port (*of boat*); **einen (neuen Boots)Motor – lassen,** to run in a (new boat) motor; to be run in (*of motor or engine*). **einlaufend** *pr.p.*, incoming (*of boat, tide*); **–es Boot,** comer *s.*, incomer *s.*, incoming boat *s.*; **–e Flut,** incoming tide *s.* **Einlauf / fahrt** *f.*, **–geschwindigkeit** *f.*, speed *s.* of entry (*of boat*); **–hafen** *m.*, port *s.* of entry, port *s.* of arrival; **–kurs** *m.*, course *s.* of entry, entry course *s.*; **auf –kurs liegen,** to stand in (for the shore).

Einlegeblock *m.* (*naut.*), patent block *s.* **einlegen** *v.*, **die Riemen (in die Dollen) –,** to ship the oars.

einlieken *v.*, to bolt *or* to rope (*a sail*).

einlotsen *v.* (*naut.*), to pilot in(to port), to take (*a ship*) into port.

Einmann / boot *n.*, one-man boat *s.* (*dinghy*); **–ruderboot** *n. od.* **–ruderer** *m.*, shell *s.*, single-thwart *or* -banked rowing boat *s.*

Einmaster *m.*, one-masted boat *s.*, (*sl.*) single( )sticker *s.* **einmastig** *adj.*, one- *or* single-masted; **kleines –es Boot,** singlesticker *s.*

einmausen *v.* (*naut.*), to mouse (*hooks*).

Einminutenregel *f.* (*rac.*), One-Minute-Rule *s.*, Round-the-Ends-Rule *s.*

einmitten *v.*, to adjust, to centre, (*am.*) to center (*as mast, etc.*).

einmotten *v.*, **Boot** *od.* **Schiff –,** to mothball a boat *or* ship.

einmünden *v.* **(in),** to discharge *or* to flow *or* to empty itself (into), to enter (*a lake, the sea*) (*of river*). **Einmündung** *f.*, confluence *s.* (*of a river*).

einnebeln *v.* (*naut.*), to lay a smoke screen (*of ship*).

einnehmen *v.* (*naut.*). to take aboard *or* on board, to ship; **Ballast –,** to take in ballast, to ballast; **Segel –,** to shorten *or* to take in sail; **Treibstoff –,** to fuel (*of boat*).

einölen *v.*, to grease, to lubricate, to oil (*engine, etc.*).

einparken *v.*, **mit Trailer –,** to park with (the) trailer.

einpassen *v.* (*naut.*, *tech.*), to fit (in); **einen Mast –,** to spring in a mast; **– in,** to fit into.

einpeilen *v.* (*naut.*), to take bearings *or* a bearing, to locate; **sich – auf,** to home on *or* to.

einphasig *adj.* (*elec.*), single-phase (*of current*).

einpicken *v.* (*naut.*), to pick in (*the boom, a line*); **mit dem Bootshaken –,** to pick in with the grapnel *or* boat-hook.

Einplattenruder *n.*, centre- (*am.* center-)plate rudder *s.*, single-plate rudder *s.*

einpolig *adj.* (*rad.*, *elec.*), single-pole.

einrammen *v.* (*naut.*), to ram in *or* down, to drive in *or* down, to sink in *or* down (*piles, etc.*).

einrasten *v.t.* (*tech.*), to engage (*a catch, etc.*), to lock in position; *v.i.*, to catch, to lock, to snap into position (*of shackle, etc.*).

einreffen *v.*, to take in a reef, to reef (*a sail*).

Einreise / bewilligung *f.*, **–erlaubnis** *f.*, entry permit *s.*; **–visum** *n.*, visa *s.*

einrichten *v.* (*naut.*), to equip, to fit out *or* up (*a yacht*); (*tech.*) to adjust. **Einrichtung** *f.* (*naut.*), accommodation (aboard); **sanitäre – (an Bord),** sanitation *s.*, sanitary installation *s.* (aboard); **technische –** (*naut.*), plant *s.* (*on board*). **Einrichtungs / gegenstände** *m./pl.* **(an Bord),** (pieces of) equipment *s.*, fittings (*pl.*), fitments (*pl.*) (on board); **–plan** *m.* (*naut.*), accommodation plan *s. or* layout *s.* (*of a yacht*).

einrollen *v.,* to roll up (*a sail*); **ein Segel –,** to furl a sail.

einrosten *v.,* to become rusty, to rust, to get rusted up (*of hull, motor, etc.*).

einrudrig *adj.,* single-rudder (*of boat*).

Einsatz *m.* (*rac.*), attack *s.* (*esp. rowing*); **–bereich** *m.* **eines Segels,** wind range *s.* of a sail; **–bereitschaft** *f.* (*naut.*), commission *s.* (*of ship*); readiness *s.* for action, stand-by *s.* (*of crew*); **–hafen** *m.,* operational base *s. or* port *s.*

einschäkeln *v.,* to shackle (in); **die Ankerkette –,** to bend the cable *or* chain.

Einschalten *n.* (*rad., elec., tech.*), switching-on *s.* **einschalten** *v.* (*rad., elec.*), to insert, to switch on, to plug in, to connect to; (*tech.*) to engage, to go *or* to put into (gear), to let in (*clutch*), to start (*motor*); **das Funkgerät –,** to click on the transmitter. **Einschalter** *m.* (*rad., elec.*), switch *s.* **Einschalt / knopf** *m.,* (*rad.*), push-botton *s.,* switch *s.*; **–stellung** *f.* (*rad., etc.*), on-position *s.* **Einschaltung** *f.* (*rad., elec., tech.*), switching-on *s.* **Einschaltvorrichtung** *f.,* switchgear *s.*

Einscheibenblock *m.,* **einscheibiger Block** *m.* (*naut.*), single block *s.*

einscheren *v.* (*naut.*), to reeve in (*a line or rope*); to sheer in, to edge into line *or* formation (*of boats or ships*); **ein Boot am Warpanker** *od.* **an der Warpleine –,** to warp a boat.

einschiffen *v.,* to embark, to go on board *or* aboard (ship); to bring *or* to take on board (*provisions, etc.*), to ship; **sich – nach,** to board *or* to take ship for. **Einschiffung** *f.,* embarkation *s.* (*of pers.*), shipment *s.* (*of goods*); **–shafen** *m.,* port *s.* of embarkation.

einschlafender Wind *m.,* dying wind *s.*

einschlagen *v.* (*tech.*), to drive *or* to knock in, to hammer home (*a nail*); to strike (*of lightning*); to follow *or* to take (a) course for. **Einschlagwinkel** *m.* **der Lenkung,** angle *s.* of lock (*motorboat*).

Einschleppen *n.* **(eines Bootes),** hauling in *s.,* towing in *s.* (of a boat). **einschleppen** *v.* (*naut.*), to tow in (*a boat*).

einschleusen *v.* (*naut.*), to lock in (*of boat*); to pass (*a boat*) into the lock, to lock (*a boat*); to pass (the boat) into (*a dock*).

einschlingen *v.* (*naut.*), to sling (up) (*mast*).

einschmieren *v.* (*tech.*), to grease, to lubricate, to oil.

einschnappen *v.* (*naut., tech.*), to catch, to engage, to snap to, to click *or* to snap into place (*of spring hook, etc.*). **Einschnappfeder** *f.,* snap-spring *s.*

Einschneiden *v.* (*naut.*), fixing *s.* position by cross-bearings. **einschneiden** *v.* (*naut.*), to take cross-bearings.

Einschnitt *m.* (*tech.*), cut *s.,* indent(ure) *s.*; notch *s.,* nick *s.,* slot *s.* (*of screw*); (*geogr.*) cleft *s.,* gorge *s.,* ravine *s.*; **das Meer bildet tiefe –e in der Küste,** the sea indents the coast.

einschrauben *v.* (*tech.*), to screw in *or* on; **– in,** to screw into. **Einschrauben / antrieb** *m.* (*naut.*), single-screw propulsion *s.*; **–schiff** *n.,* single-screw yacht *s. or* ship *s.* **Einschrauböse** *f.* (*naut., tech.*), screw-eye *s.*

einschreiben *v.,* **sich – lassen** (*rac.*), to have one's name *or* boat entered. **Einschreibung** *f.* (*rac.*), entry *s.*; enrolment *s.* (*of sailors*); registration *s.* (*of boat*).

einschwenken *v.* (*naut.*), to turn in (*a boat*); to sheer in(to formation) (*of boats*).

Einschwimmen *n.* (*naut.*), floating in *s.* **einschwimmen** *v.,* to float in (*of boat*).

einschwingen *v.* (*phys.*), to build up. **Einschwingzeit** *f.* (*phys.*), building-up period *s. or* time *s.*.

Einsegelungsmarke *f.* (*naut., rac.*), leading mark *s.*

Einseitenband *n.* (*rad.*), single sideband *s.*; **––Allwellenempfänger** *m.,* single sideband all-wave receiving set *s.*; **––Allwellensender** *m.,* single sideband all-wave transmitter *s.*; **––Funkverkehr** *m.,* single side-band *or* SSB (radio) communication *s.* **einseitig** *adj.,* **– gerichtet,** unidirectional (*of aerial, etc*); **–e Beanspruchung** (*phys.*), unilateral stress *s.*; **–er Funkverkehr,** one-way radio communication *s.*

Einsenkung *f.* (*geogr.*), hollow *s.,* trough *s.,* depression *s.* (*in bottom of the sea*).

Einsetzen *n.,* **– der Flut,** inset *s.* of the tide; **– des Hecks (beim Stampfen),** setting *s.* (of the stern); **hartes – des Hecks,** heavy *or* labori-o(u)s *or* rough setting *s.* (of the stern); **weiches – des Hecks,** smooth setting *s.* (of the stern); **– des Vorschiffs (bei Seegang),** set *s. or* setting *s.* (of the forebody). **einsetzen** *v.* (*naut.*), to set (*as forebody or stern*); to house, to step (*a mast*); to hang *or* to ship (*the rudder*); to install (*an engine*); to set (in) (*of weather*); to break, to blow up (*of storm*); to make, to set in (*of tide*); **Beiboot in die Davits –,** to hoist in a boat; **die (Ruder)-Pinne –,** to ship the tiller; **die Flut setzt ein,** the tide sets in *or* is setting in.

einsickern *v.,* to seep *or* to soak *or* to trickle

into (*of water*). **Einsickerung** *f.*, seepage *s.* (*of water*).

Einspann / schraube *f.* (*naut., tech.*), clamping *or* locking screw *s.*, set screw *s.*; **–vorrichtung** *f.*, fixture *s.*

einspielen *v.*, **sich –**, to coincide (*of compass needle, etc.*); **sich aufeinander –**, to become fully co(-)ordinated (*of crew*); **sich – auf** (*coll.*), to get the hang of (*s.th.*).

einspleissen *v.*, to splice (in) (*rope, strands*).

Einspritzdüse *f.* (*tech.*), injection nozzle *s.* **einspritzen** *v.*, to inject (*fuel*). **Einspritzung** *f.*, injection *s.* (*fuel*). **Einspritzventil** *n.*, injection valve *s.*

Einspruch *m.* (*rac.*), race objection *s.*, protest *s.*

einspuren *v.* (*naut.*), to house, to step (*a mast*).

Einstampfen *n.* **(bei Seegang),** send *s.* (*of a yacht*).

Einsteig(e)brücke *f.*, gangway *s.* (*of a ship*); ramp *s.* **einsteigen** *v.*, to embark, to go aboard *or* on board (ship).

einstellbar *adj.* (*tech.*), adjustable, variable (*of instruments*). **Einstellen** *n.*, tuning *s.* (*of the mast*); **– in gerader Richtung** (*phys.*), collimation *s.* **einstellen** *v.* (*opt., phys.*), to collimate, to range (*binocular, etc*); (*rad.*) to tune in; **den Mast (genau) –**, to tune the mast; **ein Chronometer richtig –**, to rectify the chronometer; **scharf –** (*opt. phys.*), to (put in) focus; **– auf** (*rad.*), to tune in to; (*opt.*) to focus on; (*phys., tech.*), to adjust to, to set to (*instruments, etc.*). **Einsteller** *m.* (*tech.*), regulator *s.*, setting device *s.* **Einstell / genauigkeit** *f.*, accuracy *s. or* precision *s.* of adjustment *or* (*phys.*) collimation; **–kreis** *m.*, setting circle *s.* (*on instruments*); **–marke** *f.*, adjusting mark *s.*, setting mark *s.*; **–schraube** *f.*, adjusting *or* setting screw *s.*; **–skala** *f.*, adjusting scale *s.* **Einstellung** *f.* (*rad.*), syntonization *s.* (*of frequencies*), tuning in *s.*: (*phys., opt.*) focalization *s.*; focus *s.*; adjustment s., setting *s.* (*of devices*); **richtige –**, rectification *s.* (*of instruments*); **scharfe –** (*phys., opt.*), focus *s.*; **–sfehler** *m.* (*phys.*), collimation error *s.*, (*tech.*) adjustment error *s.* **Einstellvorrichtung** *f.* (*tech.*), setting device *s.*, regulator *s.*

einsteuern *v.*, to steer into (*a port*). **Einsteuern** *n.*, **Einsteuerung** *f.*, steering *s.* into (*a port*), turning *s.* towards (*the shore, a port, etc.*).

Einstieg / leiter *f.*, access ladder *s.*; **–luke** *f.*, (access) hatch *s.*; **–öffnung** *f.*, manhole *s.*; **–treppe** *f.*, access ladder *s. or* steps (*pl.*).

einstimmen *v.*, **aufeinander –** (*rad., phys.*), to tune in.

Einstrichpeilung *f.*, one-point bearing *s.*

Einströmen *n.*, inflow *s.*, influx *s.* (*of river*); inrush *s.* (*of water into a boat*); **– der Flut,** inset *s.* of the tide. **einströmen** *v.*, to flow in, to pour in, to stream in (*of water*). **einströmend** *pr.p.*, incoming (*of tide*), inflowing (*of water*). **Einströmungsventil** *n.*, inlet *or* intake (induction) valve *s.*

einstroppen *v.*, to strap, to strop.

Eintagstide *f.*, diurnal tide *s.*

Eintauchen *n.* (*naut.*), submergence *s.*, plunge *s.*, immersion *s.*, (*coll.*) ducking *s.* (*esp. of bow*). **eintauchen** *v.*, to pitch, to plunge, to submerge (*as bow*); **das Heck bei Fahrt –**, to squat (*of boat*); **heftig in die Wellen –**, to hit into the waves (*of boat*); **in die Wellen –**, to plunge into the waves *or* a wave trough; **tief –**, to duck (into) (*of boat*); **tief in die Wellen –**, to dig *or* to duck into the waves (*of boat*). **Eintauchtiefe** *f.* **(eines Bootes)**, draught *s.*, (*am.*) draft *s.* (of a boat).

einteilig *adj.*, **–es Achterstag,** single-part *or* -piece backstay *s.*

Einteilung *f.* (*naut.*), classification *s.*, division *s.*; calibration *s.*, graduation *s.* (*of scale*).

Eintonner / klasse *f.*, one ton class *s.*; **–yacht** *f.*, one ton yacht *s.*

Eintopf *m.* (*naut., coll.*), hotchpotch *s.*

eintörnen *v.*, to turn in (*of anchoring boat*).

eintragen *v.* (*naut.*), to enter, to put down, to record (*in the logbook*); to plot (*sea chart*); **eine Peilung in die Seekarte –**, to plot *or* to lay off the bearing in *or* on the chart; **die (Schiffs)Position in die Karte –**, to chart the position, to lay off the (ship's) position in *or* on the chart. **Eintragung** *f.* (*naut.*), entry *s.*, registration *s.*; **– im Logbuch,** entry *s.* in the log(book); **–sdatum** *n.*, date *s.* of entry (*in the logbook*).

Eintreten *n.*, **verfrühtes – der Flut,** priming *s.* **eintreten** *v.*, to set in (*of weather, darkness, etc.*); (*rad.*) to fall (*silence*).

Eintritt *m.* (*tech.*), inlet *s.*, admission *s.*; **– (in)** (*astr.*) ingress *s.* (into). **Eintritts / ventil** *n.*, inlet valve *s.*; **–zeit** *f.* **(der Gezeiten),** time *s.* of setting in (of the tide).

eintrüben *v.*, **sich –** (*meteor.*), to cloud over, to darken (*of sky*). **Eintrübung** *f.* (*meteor.*), clouding over *s. or* up *s.*

Eintyp(boots)klasse *f.*, one-type class *s.*, one-design class *s.*

Ein- und / Auslaßventil *n.*, inlet and outlet valve *s.*; **– Ausschalter** *m.*, on-off switch *s.* (*of instruments, radio, etc.*).

Einwand *m.* (*rac.*), objection *s.* **(gegen,** to).

einwärts *adv.*, **sich nach oben (hin) – neigen,** to tumble home (*shipb.*); **– gebogen sein,** to turn in (*of frames*). **Einwärts / biegung** *f.*, incurvature *s.*, incurvation *s.*, incurve *s.*, inturn *s.*, inward bend *s.* (*of mast, frames*); **–drehung** *f.*, inturn *s.*; **–krümmung** *f.*, incurve *s.*, incurvation *s.*, introflexion *s.*, inturn *s.* (*shipb.*); **–strömung** *f.*, indraught *s.*, (*am.*) indraft *s.*

Einweg / schalter *m.* (*rad., elec.*), one-way switch *s.*; **–verkehr** *m.* (*naut.*), one-way navigation *s.* *or* traffic *s.* (*in a canal*).

Einwellenbetrieb *m.* (*rad.*), single-wave operation *s.*

einwinden *v.* (*naut.*), to heave at the capstan.

einwinke(r)n *v.* (*naut.*), to direct (*a boat into the berth, etc.*).

einwintern *v.*, **ein Boot –,** to prepare the boat for the winter.

einzeichnen *v.*, to plot (*a course*); **einen Kurs in die Seekarte –,** to chart the course, to plot a course in the chart, to lay off the course in *or* on a chart.

Einzel / anfertigung *f.*, one-off production *s.* (*of boat, sail*); **–anruf** *m.* (*rad.*), individual call *s.*; **–aufhängung** *f.* (*tech.*), independent suspension *s.*; **–davit** *m.*, half-davit *s.*; **–gefahrenzeichen** *n.* (*naut.*), isolated danger mark *s.*; **–peilung** *f.*, single bearing *s.*; **–poller** *m.*, Samson post *s.* (*on boats*); **–rückruf** *m.* (*rac.*), individual recall *s.*; **–segler** *m.*, single *or* independent(ly) sailing boat *s.*; **–teil** *m.* (*od. n.*), component (part) *s.*; **–vermessung** *f.*, individual *or* particular *or* special measurement *s.* *or* rating *s.* (*of a yacht*); **–wertung** *f.* (*rac.*), individual score *s.*; **kleine –wolken** *f./pl.* (*dial.*), messenger *s.*

einziehen *v.* (*naut.*), to shorten, to take in (*sail*); to strike (*flag*); **eine Boje –,** to withdraw a buoy; **ein Boot** *od.* **Schiff seerechtlich –,** to condemn a boat *or* ship. **Einziehung** *f.*, withdrawal *s.* (*of a buoy*); (*naut., jur.*) condemnation *s.* (*of boat or ship*).

Einzugsgebiet *n.* **(eines Flusses),** catchment *or* drainage area *s.*

Eis *n.*, ice *s.*; **arktisches –,** polar *or* arctic pack (ice) *s.*; **aufgebrochenes –,** broken-up ice *s.*; **aufgepreßtes** *od.* **buckliges –,** humpback(ed) *or* hummock(ed) *or* humped *or* hunchbacked ice *s.*; **breiiges –** (*am.*), mush ice *s.*; **dichtes –,** close ice *s.*; **dickes –,** slab ice *s.*; **gehendes –,** floating ice *s.* (*on river*); **gerade sich bildendes** *od.* **junges –,** young ice *s.*; **hochgepreßtes –,** (*s.* **aufgepreßtes –**); **lockeres –,** open ice *s.*; **loses –,** slack ice *s.*; **mürbes –,** unsound ice *s.*; **offenes –,** loose (pack) ice *s.*; **treibendes –,** floe *s.*; **übereinandergeschobenes –,** rafted *or* piled up ice *s.*; **verrottetes –,** rotten ice *s.*; **zusammengeschobenes –,** hunchbacked *or* pressurized ice *s.*; **der Fluß geht mit –,** large blocks of ice are floating down the river; **durch – behindert,** ice-bound (*of ship*); **im – eingeschlossenes Schiff,** a ship sealed in ice; **mit – bedeckt,** iced (*as deck, etc.*); **sich mit – bedecken** *od.* **überziehen,** to ice (up) (*as deck, etc.*); **vom – besetzt,** ice(-)bound (*of ship*); **vom – eingeschlossen,** beset, icebound (*ship*); **vom – eingeschlossen sein,** to be nipped by the ice (*ship*); **vom – festgehaltenes Schiff,** ship sealed in ice, icebound ship *s.*; **vom – zerdrücktes** *od.* (*coll.*) **zerquetschtes Schiff,** ship crushed *or* nipped by the ice; **– brechen,** to break (up) ice. **Eis / abweiser** *m.*, ice fin *s.* (*propeller*); **–anker** *m.*, ice anchor *s.*; **kleiner –anker** *m.*, ice hook *s.*; **–aufbrechen** *n.*, **–aufbruch** *m.*, ice-breaking *s.*, breaking *s.* of the ice; **–barre** *f.*, ice bar *s.*, bar *s.* of ice; **–barriere** *f.* **(der Antarktis)** (*geogr.*), Barrier *s.*; **e-behindert** *adj.* (*naut.*), ice-bound; **–belastung** *f.*, ice load *s.*; **–berg** *m.*, (ice) berg *s.*, blink *s.*, floating island *s.* (of ice); **Widerschein** *m.* **von –bergen** *od.* **–feldern am Horizont,** blink *s.*; **–bergfläche** *f.*, blink *s.*; **–bergwarndienst** *m.* (*am.*), Coast Guard *s.*; **–bergwarnsignal** *n.*, **–bergwarnung** *f.*, iceberg warnings (*pl.*); **meteorologischer –bericht** *m.*, (meteorological) ice report *s.*; **–bildung** *f.*, formation *s.* of ice; **rauhreifartige –bildungen** *f./pl.* (*meteor.*), ice feathers (*pl.*); **–blink** *m.*, ice blink *s.*; **–brecher** *m.*, ice-breaker *s.*, ice-boat *s.* (*ship*); ice-apron *s.*, ice-breaker *s.*; forestarling *s.* (*at bridges*); **–brecherbug** *m.*, ice-breaker bow *s.*; **–brechersteven** *m.*, ice-breaker stem *s.*, ice-breaking stem *s.*; **–brei** *m.*, sludge *s.*; **–bruchstücke** *n./pl.*, ice cake *s.*; **–decke** *f.*, coating *s.* *or* sheet *s.* of ice; **–dopplung** *f.* **(am Schiff),** ice-lining *s.*; bow grace *s.*; **–draggen** *m.*, **–dregge** *f.*, ice drag *s.*; **–drift** *f.*, ice drift *s.*, drift *s.* of ice; **–druck** *m.*, ice pressure *s.*; **seitlicher –druck** *m.*, lateral thrust *s.* of ice.

Eisen / bahnfähre *f.*, traject *s.*, train ferry *s.*; **–beton** *m.*, ferro-cement *s.*, ferro-concrete *s.* (*shipb.*); **–betonyacht** *f.*, ferro-concrete *or* -reinforced (yacht) construction *s.*; **e–bewehrt** *adj.* (*naut.*), iron-clad (*ship*); **–kiel** *m.*, iron keel *s.*; **–konstruktion** *f.*, iron construction *s.* (*shipb.*); **runder –pfahl** *m.* (*naut.*), spindle *s.* (*danger mark on wrecks, rocks, etc.*); **e–verkleidet** *adj.* (*naut.*), iron-clad (*ship*).

Eiserner Gustav *m.* (*naut., coll.*), self-steering gear *s.* **Eiserne Ration** *f.* (*naut.*), iron ration *s.* (*in life rafts, etc.*).

Eis / feld *n.*, ice field *s.*; **schwimmendes** *od.* **treibendes –feld** *n.*, floe *s.*; **–feld** *n.* **mit (Eis)Löchern** *od.* **eisfreien Stellen,** honeycombed ice *s.*; **–felder** *n./pl.*, rafting (ice) *s.*; **–fläche** *f.*, icy surface *s.*; **e–frei** *adj.*, ice-free; **e–freier (Ausweich)Hafen** *m.* (*am.*), ice-free harbour *s.*; **e–freie Stelle** *f.*, polynia *s.* (*in sea or river*); **e–freies Wasser** *n.*, open water *s.*; **–gang** *m.*, breaking up *s.* of the ice; **–gürtel** *m.* **(an arktischen Küsten)**, ice foot *s. or* belt *s.*; **–höcker** *m.* **(über Wasser),** hummock *s.*; **–höcker** *m.* **(unter Wasser),** bummock *s.*; **–hümpel** *m.* (*dial.*), (ice) hummock *s. or* growler *s.* **eisig** *adj.*, icy, ice-cold, chilly, chilling (*of wind, etc.*). **Eis / insel** *f.*, island *s.* of ice, ice island *s.*; **schwimmende –insel** *f.*, floating island *s.* (of ice); **e–kalt** *adj.*, icy, ice-cold, chilling, chilly (*of wind, etc.*); **–kante** *f.* **(an arktischen Küsten),** ice foot *s. or* belt *s.*; **–karte** *f.* (*naut.*), ice chart *s.*; **–kruste** *f.*, **mit einer –kruste bedeckt,** crusted over with ice (*of deck, etc.*); **–kufen** *f./pl.*, skids (*pl.*), undercarriage *s.* (*of ice-yacht*); **–lotse** *m.*, ice pilot *s.*; **–masse** *f.*, ice-floe *s.*; **Krachen** *n. od.* **Erschütterung** *f.* **beim Bersten von –massen,** ice quake *s.*; **–meer** *n.*, frozen ocean *s.*, polar sea *s.*; **–meldedienst** *m.* **(im Nordatlantik)**, Ice Patrol *s.*; **–nachrichten** *f./pl.* (*rad.*), ice report *s.*, news service *s. or* advice *s.* of ice conditions; **–not** *f.*, **Schiff** *n.* **in –not,** ship *s.* nipped by ice, ice-bound ship *s.*; **–pack** *m.*, (ice) pack *s.*; **–patrouille** *f.*, ice patrol *s.*; **–periode** *f.*, ice period *s.*; **–pickel** *m.* (*naut.*), ice-axe *s.*; **–pressung** *f.*, nip *s.*; **–regen** *m.*, sleet *s.*; **–rinne** *f.*, polynia *s.*, (blind) lead *s.*; **–risiko** *n.* (*naut.*), ice risk *s.*; **–riß** *m.*, crack *s.* (caused by ice); **–schaden** *m.*, ice damage(s) *s.* (*pl.*); **–schelf** *m. od. n.*, ice shelf *s.*; **–schicht** *f.*, layer *s.* of ice; **dünne –schicht** *f.*, cat-ice *s.*; **dünne glatte –schicht** *f.*, glaze *s.*, black ice *s.* (*ice-yachting*); **–schieben** *n.*, rafting *s.* (of ice); **–schimmer** *m.* **(am Himmel),** (ice) blink *s.*; **–schlamm** *m.*, sludge *s.*; **–scholle** *f.*, ice-floe *s.*, floe (ice) *s.*, flake *s.*, sheet (ice) *s.*, sludge *s.*; **dünne –scholle** *f.*, pancake *s.*, pan *s.*; **kleine –scholle** *f.* (*naut.*), patch *s.*; **treibende –scholle** *f.*, calf *s.*, pan *s.*; **–schollen** *f./pl.*, broken ice *s.*; **übereinandergeschobene –schollen** (*pl.*), rafted ice *s.*; **aus –schollen bestehend, mit –schollen bedeckt,** sludgy: **–schollenberg** *m.*, ice-floe berg *s.*; **–schraube** *f.* (*naut.*), ice screw *s.*; **–schuh** *m.* (*naut.*), ice-protection shield *s.*; **–schutz** *m.*, bowgrace *s.* (*bow*), ice protection *s.* (*ship*); **–segeln** *n.*, ice boating *s. or* sailing *s. or* yachting *s.*, skate sailing *s.*; **–segel-(Welt)Meisterschaft** *f.*, ice-racing (world) championship *s.* (*or* Worlds); **–segel-Wettbewerb** *m.*, ice-racing competition *s.*; **–segelschlitten** *m.*, ice yacht *s.*; **–segler** *m.*, ice boat *s. or* yacht *s.*; ice(-racing) pilot *s. or* yachtsman *s.* (*pers.*); **–spanten** *n./pl.*, ice frames (*pl.*) (*shipb.*); **–sporn** *m.* (*naut.*), creeper *s.*, ram *s.*, ice-spur *s.* (*ship*), ice-cutter *s.* (*rudder*); **–stange** *f.*, ice pole *s.*; **–stau(ung** *f.*) *m.*, piling up *s. or* packing *s.* of ice; **–stollen** (*pl.*), broken ice *s.*; **–surfen** *n.*, ice-surfing *s.*; **–surfer** *m.*, ice surfer *s.*; **–trümmer** (*pl.*), brash (ice) *s.*; **–verhältnisse** *n./pl.*, ice conditions (*pl.*); **e–verstärkt** *adj.* (*naut.*), ice-strengthened *or* -reinforced (*ship*); **–verstärkung** *f.*, ice strengthening *s.*, (ice-) strengthening *s.* (*of a ship or yacht*) for navigation in polar waters; **Schiff** *n.* **mit –verstärkung,** ice ship *s.*; **–wachdienst** *m.*, Ice Patrol *s.*, ice patrol service *s.*; **–warndienst** *m.* (*meteor., rad.*), ice warnings (*pl.*), ice report *s. or* forecast *s.*; **–warnung** *f.*, ice warnings (*pl.*); **–yacht** *f.*, ice boat *s. or* yacht *s.*; **–zapfen** *m.*, icicle *s.*; **mit –zapfen bedeckt,** icicled; **–zone** *f.* (*geogr.*), frigid *or* polar zone *s.*

Ejektor *m.*, ejector *s.*; **–pumpe** *f.*, ejector pump *s.*

Eklipse *f.* (*astr.*), eclipse *s.*; **partielle (totale) –,** partial (total) eclipse *s.* **Ekliptik** *f.* (*astr.*), ecliptic *s.* **ekliptisch** *adj.* (*astr.*), ecliptic.

Ektropometer *n.* (*naut.*), ectropometer *s.*

elastisch *adj.*, elastic, flexible, supple (*as rope, etc.*); **–e Formveränderung,** elastic deformation *s.*; **–e Kupplung,** elastic coupling *s.* **Elastizität** *f.* (*phys., tech.*), elasticity *s.* (*of sailcloth*), elastic force *s.*, flexibility *s.* (*of mast*), suppleness *s.*, resilience *s.* (*of rope, etc.*); **– (im Segeltuch) vermindern,** to reduce elasticity (in sailcloth); **–sgrenze** *f.* (*phys., tech.*), elastic limit *s.*, yield strength *s. or* stress *s.*; **–smodul** *m.* (*phys.*), modulus *s.* of elasticity.

Elefantenhaut *f.* (*naut., coll.*), wrinkled shell *s. or* skin *s.* (*of a boat*).

elektrisch *adj.*, electric(al); **das Boot fährt –** *od.* **mit –em Antrieb,** the boat operates on batteries; **voll – geschweißtes Schiff,** all-electric welded ship *s.*; **–es Ankerspill,** electric-powered windlass *s.*; **– angetriebene Winsch,** electrically driven winch *s.*; **–er Antrieb,** electric propulsion *s.* (*of boat, gear*); **mit –em Antrieb,** battery-operated (*of gear*); **–es Bordsystem,** electric system *s.* (on board ship); **–e Einrichtung(en) an Bord,** electric gear *s.*; **–es Feld,** electrical field *s.*; **–e Fernbedienung** (*naut.*), electric remote control *s.*; **–es Gerät**

(*naut.*), electric gear *s.*; **–e Installation (an Bord),** electric(al) instal(l)ment *s. or* installation *s.*; **–e Kraftübertragung,** electrical transmission *s.*; **–es Meßgerät,** electrometer *s.*; **–es Rettungslicht** (*naut.*), electric float-light *s.*; **–er Selbststeuerer,** electric helmsman *s.*; **–es Speedometer,** electric speedometer *s.*; **–e Steuerung** (*naut., tech.*), electric steering *s.*; **–e Vorrichtung(en) an Bord,** electric gear *s.*; **–er Widerstand,** electric resistance *s.*; **–e Winsch,** electric-powered winch *s.*

elektro-akustisch *adj.*, electro-acoustic(al); **–e Ortung,** electro-acoustical detection *s.* **Elektro/anlage** *f.* **(an Bord),** electric(al) instal(l)ment *s. or* installation *s.* (aboard); **–antrieb** *m.*, electric propulsion *s. or* drive *s.*, electric traction *s.*; **–dynamik** *f.*, electro-dynamics (*pl.*); **e–dynamisch** *adj.* dynamo(-)electric(al), electrodynamic(al); **e–dynamisches (Bord)Instrument,** electrodynamic control *s. or* instrument *s.*; **e–dynamisches Meßgerät,** electro(-) dynamometer *s.*; **–dynamometer** *n.*, electrodynamometer *s.*; **e–hydraulisch** *adj.*, electro-hydraulic; **e–hydraulische Ruderanlage** *od.* **-maschine,** electro-hydraulic steering gear *s.*; **e–hydraulische Winsch,** electro-hydraulic winch *s.*; **--Ingenieur** (*naut.*), electrical engineer *s.*; **--Instrument** *n.*, electrical appliance *s.*; **–kran** *m.*, electric crane *s.*; **–log** *n.*, electric log *s.*, electro (speed) log *s.*; **–lot** *n.*, electrical depth sounder *s.*, electric sounder *s.*; **–lyse** *f.* (*naut.*), electrolysis *s.* (*sea water*); **–magnet** *m.*, electromagnet *s.*; **e–magnetisch** *adj.*, electromagnetic; **e–magnetische Steuerung,** electromagnetic control *s.*; **e–magnetische Welle,** electromagnetic *or* radio wave *s.*; **e–magnetische Wellen aussenden,** to radiate; **–magnetismus** *m.* (*phys., elec.*), induced magnetism *s.* electromagnetism *s.*; **–maschine** *f.*, electric machine *s.*; **e–mechanische Ruderanlage,** electro-mechanic steering gear *s.*; **–meter** *n.*, electrometer *s.*; **(selbst)registrierendes –meter** *n.*, electrograph *s.*; **–motor** *m.*, electro(-)motor *s.* electric motor *s.*; **e–motorisch** *adj.*, electromotive (*force, etc.*).

Elektronen/kompaß *m.*, electronic *or* electron *or* thermionic compass *s.*; **–röhre** *f.*, radio tube *s.*, ionic *or* thermionic valve *s.*, (*am.*) thermionic tube *s.*; **–ventil** *n.*, ionic valve *s.*

Elektronik *f.*, electronics (*pl.*); **–log** *n.*, electronic speedometer *s. or* log *s.* **elektronisch** *adj.*, electronic; **– gesteuert,** electronically controlled (*of instruments*); **–e Ausrüstung (an Bord),** electronics (*pl.*), electronic equipment *s.* (aboard); **–er Bordcomputer,** electronic computer *s.*; **–e Einrichtung(en) (an Bord),** electronic devices (*pl.*); **–er Fühler,** sensor *s.*; **–e Meßlinie** (*radar*), electronic cursor *s.*; **–es Navigationssystem** *od.* **-verfahren,** electronic navigation system *s.*; **–e Steuerung,** electronic steering *s.*; **–e Taste** (*Morse, etc.*), electronic key *s.*; **–e Vorrichtung(en) (an Bord),** electronic devices (*pl.*) (on board).

Elektro/-Schalttafel *f.*, electric switchboard *s.* (*on board*); **–schiff** *n.*, electrically driven ship *s.*, electro(-)ship *s.*; **–skop** *n.* (*phys.*), electroscope *s.*; **–spill** *n.*, electric *or* electro-capstan *s. or* -windlass *s.*; **–statik** *f.*, electrostatics (*pl.*); **e–statischer Fehler** (*rad.*), electrostatic error *s.*; **e–statisches Feld,** electrostatic field *s.*; **e–statische Ladung** (*elec.*), static charge *s.*; **e–statisches Meßgerät** (*phys.*), static measure *s.*; **--Steuergerät** *n.* (*naut.*), electric helmsman *s.*; **–technik** *f.*, electrotechnics (*pl.*), electric(al) engineering *s.*; **--Thermometer** *n.*, electric thermometer *s.*; **–winde** *f.*, **–winsch** *f.*, electric *or* electro-winch *s.*

Element *n.* (*naut.*), component *s.*, member *s.* (*shipb.*), (*phys., astr.*) element *s.*, (*elec.*) cell *s.* **Elementargewalt** *f.*, force *s.* of nature, elemental power *s.* **Elemente** *n./pl.*, elements (*pl.*) (*of nature*); **das Wüten der –,** the raging of the elements.

Elevation *f.* (*astr.*), altitude *s.*, elevation *s.* (*of stars, planets*).

Ellipse *f.* (*geom.*), ellipse *s.*; **–nzirkel** *m.*, ellipsograph *s.*, elliptic compass(es) *s.* (*pl.*), tram *s.* **Ellipsograph** *m.*, ellipsograph *s.* **elliptisch** *adj.*, elliptical; **–es Heck,** elliptic stern *s.*, counter stern *s.*; **–e Koordinaten,** elliptical co(-)ordinates (*pl.*). **Elliptizität** *f.* (*astr.*), ellipticity *s.*

Elmsfeuer *n.* (*meteor.*). corposant *s.*, dead fire *s.*, Saint *or* St. Elmo's fire *s.*, St. Anthony's fire *s.*, jack-o'-lantern *s.*

Elongation *f.* (*astr., phys.*), elongation *s.*

eloxieren *v.*, to anodize, to make an eloxal *or* (*am.*) aluminite oxide layer (*anti-corrosive*).

Emaillelack *m.*, enamel varnish *s.* (*for upper works*).

Embargo *n.* (*naut.*), embargo *s.*; **internationales –,** hostile embargo *s.*; **staatsrechtliches –,** civil embargo *s.*; **ein – auf ein Schiff legen,** to lay an embargo on a ship; **ein – aufheben,** to take off *or* to lift the embargo (*of ships, harbour*).

Emblem *n.* (*naut.*), emblem *s.*; **– der (Boots)-Klasse,** class emblem *s.*

Emission *f.* (*phys.*), emission *s.*; **Newtonsche –stheorie** *f.*, Newton's theory *s.* of emission. **emittieren** *v.* (*phys.*), to emit.

Empfang *m.* (*rad.*), reception *s.*, receiving *s.*; **Ort** *m.* **mit schlechtem –** (*rad.*), blind spot *s.*; **auf – bleiben** (*rad.*), to stand by; **auf – gehen** (*rad.*), to switch to receive; **auf – sein** (*rad.*), to be on the air, to be on station. **empfangen** *v.* (*rad.*), to receive; **einen Funkspruch –,** to receive a radio message; **eine Funkstation –,** to pick up a station; **wie – Sie mich** *od.* **mein Signal?** (*rad.*), how do you receive my (call) sign *or* signal?. **Empfänger** *m.* (*rad.*), receiver *s.*, receptor *s.*, receiving set *s.*; **tragbarer –** (*rad.*), portable receiver *s.* **Empfänger/abstimmung** *f.* (*rad.*), receiver tuning *s.*; **–empfindlichkeit** *f.* (*rad.*), sensitivity *s.* (of the receiver); **–kreis** *m.* (*rad.*), receiver circuit *s.*; **–leistung** *f.* (*rad.*), receiver output *s. or* capacity *s. or* efficiency *s.*; **–rauschen** *n.* (*rad.*), (background) noise *s.*; **–reichweite** *f.* (*rad.*), range *s.* (of the receiver). **Empfangs/antenne** *f.* (*rad.*), receiving aerial *s. or* (*am.*) antenna *s.*; **–apparat** *m.* (*rad.*), receiver *s.*, receiving set *s.*; **–bedingungen** *f./pl.*, receiving conditions (*pl.*); **–bereich** *m.* (*rad.*), reception *or* service area *s. or* range *s.*; **–bestätigung** *f.* (*rad.*), (acknowledgement of) receipt *s.*; **–einrichtung** *f.* (*rad.*), receiver *or* receiving installation *s.*; **–frequenz** *f.*, incoming *or* received frequency *s.*; **–funkstation** *f.*, receiving station *s.*; **–gebiet** *n.* (*rad.*), reception *or* service area *s.*; **–gerät** *n.* (*rad.*), receiver *s.*, receiving set *s.*, receptor *s.*; **–minimum** *n.* (*rad.*), minimum reception *s.*; **–rahmen** *m.* (*rad.*), receiving loop *s.* (of the aerial); **(-Echolot)schwinger** *m.*, receiving vibrator *s.*; **–station** *f.* (*rad.*), receiving station *s.*; **–stellung** *f.* (*rad.*), stand-by position *s.*; **–störung** *f.* (*rad.*), interference *s.*; **–störung** *f.* **durch Störsender,** jamming *s.*; **–- und Sendegerät** *n.*, transceiver *s.*; **–verhältnisse** *n./pl.*, receiving conditions (*pl.*); **–verstärker** *m.* (*rad.*), receiving amplifier *s.*; **–zeit** *f.* (*rad.*), time *s.* of receipt *or* reception; **–zone** *f.* (*rad.*), reception zone *s.*

empfindlich *adj.*, sensitive (*of instruments, radio, etc.*); **– gegen,** sensible to (*of instruments, etc.*). **Empfindlichkeit** *f.* (*radar*), sensitivity *s.*; delicacy *s.*, sensitivity *s.* (*of gauges, meters, etc.*); **–sreg(e)lung** *f.* (*radar*), sensitivity control *s.*; **automatische –sreg(e)lung** *f.* (*radar*), automatic sensitivity control *s.*

empirisch *adj.*, empiric(al); **–e Arbeitsweise,** empirical method *s. or* mode *s.* (of operation) (*shipb., sail-cut, etc.*). **Empirie** *f.*, **Empirik** *f.*, **Empirismus** *m.*, empiricism *s.* (*of method*).

End/ausscheidungen *f./pl.* (*rac.*), finals (*pl.*); **–ausschlag** *m.* (*tech.*), stop place *s.* (*of needle, indicator, etc.*); **–bändsel** *n.*, end seizing *s.*; **–bearbeitung** *f.*, finish *s.* (*shipb., sailcloth*); **–beschlag** *m.*, heel fitting *s.*, true lock *s.* (*terminal*).

Ende *n.* (*naut.*), end *s.*, rope *s.*, tail *s.* (*of a rope*), (*coll.*) tail *s.* (*of a storm*), (*rac.*) finish *s.*; **ausgefranstes –,** cow's tail *s.* (*of a rope*); **loses –,** slack *s.*, tag *s.* (*of a rope*); **scharfe (völlige) –n** (*pl.*) **(eines Bootes),** lean *or* sharp (bluff *or* full) stem *s.* and/or stern *s.* (of a boat); **ein – fieren,** to slack away, to slacken a rope; **ein – stecken,** to tuck a rope; **– der Ankerkette,** bitter end *s.*; **–! (des Funkspruchs)** (*int.*), out!, over!; **(ruhigeres) – eines Sturms,** tail *s.* of a storm.

End/ergebnis *n.* (*rac.*), final *or* ultimate result(s) *s.* (*pl.*), final score *s.*, upshot *s.*; **–geschwindigkeit** *f.* (*naut.*), final *or* ultimate speed *s.*, (*phys.*) final *or* terminal velocity *s.*; **–glied** *n.* (*naut.*), terminal *s.*, end link *s.* (*of anchor chain, etc.*); **e–gültig** *adj.* (*naut.*), for a full due; final, ultimate; **e–gültiger Liegeplatz,** final berth *s.*; **–hafen** *m.*, navigation head *s.*, terminal *s.*, final port *s.*; **–kurs** *m.*, final (great-circle) course *s.*; **–regatta** *f.*, **–runde** *f.* (*rac.*), finals (*pl.*), final race *s. or* (*coll.*) heat *s.*; **–schott** *n.*, end bulkhead *s.*, break bulkhead *s.*; **–stabilität** *f.*, final *or* ultimate stability *s.* (*of a boat*); **–stück** *n.* (*naut.*), terminal *s.*; **–stufe** *f.* (*rad.*), power amplifier *s.*; **–tiefgang** *m.*, final *or* ultimate draught *s. or* (*am.*) draft *s.*; **–verstärker** *m.* (*rad.*), power amplifier *s.*; **–verstärkerröhre** *f.* (*rad.*), output valve *s.*; **–wert** *m.* (*phys.*), terminal value *s.*, (*tech.*) final *or* ultimate value *s.*; **–wettfahrt** *f.*, finals (*pl.*), final race *s. or* (*coll.*) heat *s.*

Energie *f.* (*phys.*), energy *s.*, (*tech.*) drive *s.*; **spezifische –** (*phys.*), specific energy *s.* **Energie/umsetzung** *f.* (*phys.*), transformation *s.* of energy; **–versorgung** *f.* **(an Bord),** power supply *s.* (aboard).

eng *adj.* (*naut., geogr.*), narrow; **–e Durchfahrt** (*naut.*), narrow *s.*, neck *s.*, cove *s.*, strait *s.*, (*esp. br.*) gut *s.*; **–e Fahrrinne, –es Fahrwasser,** narrow channel *s. or* passage *s. or* fairway *s.*; **–e Stelle** (*naut.*), strait *s.* **Enge** *f.* (*naut., geogr.*), narrow(s) *s.* (*pl.*), narrowness *s.*, neck *s.*, strait(s) *s.* (*pl.*) (*between islands, etc.*).

Engländer *m.* (*naut.*), Englishman *s.* (*ship*); (*tech.*) monkey-wrench *s.*, universal screw-wrench *s.* **englisch** *adj.*, **–er Fallreep(s)knoten,** double diamond knot *s. or* hitch *s.*; **–e Handelsflagge,** Red Ensign *s.*; **–er Knoten,** fisherman's bend *s.*, English hitch *s.*; **–e Marine-**

flagge, White Ensign *s.*; **–e Maß- und Gewichtsnorm,** British standard ga(u)ge *s.*; **–e Meile,** statute mile *s.*; **–es Schiff,** Englishman *s.*; **–e Seemeile,** Admiralty mile *s.*; **–e Vermessungsregeln** (*pl.*) (*naut.*), British rule(s) *s.* (*pl.*) of measurement *or* rating.

Engpaß *m.* (*naut.*), bottleneck *s.* (*of a waterway*).

entballasten *v.*, **entballastieren** *v.* (*naut.*), to unballast (*a boat*).

entdocken *v.*, to undock (*a ship*).

Enten/heck *n.*, raised stern *s.*; **–pürzelheck** *n.* (*coll.*), V-shaped stern *s.*

Enterer *m.*, boarder *s.* **Enter/haken** *m.*, grapnel *s.*, grappling iron *s. or* hook *s.*, cramp (iron) *s.*; **–mannschaft** *f.*, boarders (*pl.*), boarding party *s.*; **–messer** *n.*, cutlas(s) *s.* **Entern** *n.*, boarding *s.* (*a ship*). **entern** *v.*, to board, to grapple (*a ship*), to go aloft, to climb the rigging *or* mast.

entfalten *v.t.*, to unfurl (*of sails, flag*).

entfernt *adj.* (*naut.*), away, distant, far off; **5 Seemeilen –,** 5 nautical miles off; **gleich weit –,** equally distant, equidistant; **(ein Stück) vom Land –,** offshore; **voneinander 90° –** (*astr.*), quadrate; **weit –** (*naut.*), hull down; **weit von hier –,** a long *or* great *or* far stretch *or* way off (from here); **weiter von der Küste –,** off; **ziemlich weit –,** a good distance off.

Entfernung *f.* (*naut.*), way *s.*, stretch *s.*, distance *s.*; range *s.*, reach *s.* (*of rad., radar, etc.*); **auf geringe –,** at close range; **auf große –,** at large *or* long range; **auf kurze –,** at short range; **auf kürzeste –,** at point blank range; **auf mittlere –,** at medium range; **auf eine – von,** at a range of, within a distance of; **aus geringer –,** at close range; **aus einer – von,** at a range of; **beobachtete –,** observed distance *s.*, distance *s.* by observation; **große –** (*rad.*), long distance *s.*; **kurze –,** close range, (*naut.*) biscuit throw *s.*; **in kurzer –** (*naut.*), within biscuit throw; **lichte –,** clear distance *s. or* spacing *s.*; **nach Norden (Osten, Süden, Westen) zurückgelegte –,** northing *s.* (easting *s.*, southing *s.*, westing *s.*); **stehende –,** dead distance *s. or* range *s.*; **weite –,** length *s.*; **die – messen,** to range, to take (the) range; **die – nimmt ab (zu),** the range grows less *or* decreases (opens *or* is opening); **die – schätzen,** to estimate the distance; **die – verringern (vergrößern),** to close (to open) the range; **die – vergrößert sich,** the range opens *or* is opening; **eine – zurücklegen** (*naut.*), to cover a distance; **in einiger – vom Ufer,** some way out. **Entfernungs/anzeiger** *m.*, range indicator *s.*; **–auflösung** *f.* (*radar*), range discrimination *s. or* resolution *s.*; **–bereich** *m.*, range *s.*; range scale *s.* (*on instruments*); **–bereichswahl** *f.* (*radar*), range selection *s.*; **–eichung** *f.* (*radar*), range calibration *s.*; **–fehler** *m.* (*radar*), range *or* distance error *s.*; **–kodierung** *f.*, (*radar*), range coding *s.*; **–kreis** *m.* (*radar*), range circle *s.*; **–marke** *f.* (*radar*), range mark *s.*; **–messer** *m.*, range finder *s.*; **–meßgenauigkeit** *f.* (*radar*), ranging accuracy *s.*; **–meßgerät** *n.*, range finder *s.*, distance-measuring equipment *s.*; **–reg(e)lung** *f.*, **–reguliervorrichtung** *f.* (*radar*), range control *s.*; **–ringe** *m./pl.* (*radar*), range circles (*pl.*) *or* rings (*pl.*); **–skala** *f.* (*radar*), range scale *s.*; **–unterschied** *m.* (*naut.*, *radar*), difference *s.* in distance *or* range.

entgegen *adv.*, *prep.*, **dem Wind –,** into the wind, in the teeth of the wind (*sailing*). **entgegengesetzt** *adj.*, counter, contrary; **auf –em Bug liegen,** to be on contrary *or* opposite boards (*of boats*); **dem (scheinbaren) Sonnenlauf –, dem Uhrzeigersinn –,** anti- *or* counterclockwise, (*Scots, dial.*) widdershins, withershins; **in –er Richtung,** counter, (*Scots, dial.*), widdershins, withershins; **in –er Richtung laufen,** to run counter (*of boat*). **entgegen/kommend** *pr.p.* (*naut.*), oncoming (*vessel*); **–wirken** *v.* (*phys., tech.*), to counteract; **einer Kraft –wirken** (*phys.*), to countercheck; **–wirkende Kräfte,** counter-acting forces (*pl.*).

entknoten *v.*, to undo *or* to untie a knot *or* hitch *or* bend.

entkoppeln *v.* (*rad.*), to neutralize, to decouple. **Entkopplungsschaltung** *f.*, decoupling network *s.*

entladen *v.*, to unlade, to discharge (*boat*); **sich –,** to run down, to discharge (*of battery*), to break (*of storm*).

entlang *adv.*, *prep.* (*naut.*), along, down; **an der** *od.* **die Küste –,** along the shore *or* coast; **– der Küste,** along the shore. **entlang/laufen** *v.*, **–segeln** *v.*, to range, to run down *or* up (*the shore*); **an der Küste –laufen** *od.* **–segeln,** to range the coast, to run down *or* up the coast, to skirt the coast; **dicht an der Küste –laufen** *od.* **–segeln,** to hug the coast; **–segeln an,** to run along(side).

entlasten *v.* (*naut.*), to ease the load *or* pressure (on), to take the strain *or* weight off, to ease the strain (on); to discharge, to unload; **das Boot –,** to ease the boat. **Entlastungs/talje** *f.*, relieving tackle *s.*; **–ventil** *n.*, bleeder *or* by-pass *or* relieving valve *s.*

Entlüften *n.* (*naut.*), ventilation *s.* **entlüften** *v.*, to vent, to ventilate (*a yacht*). **Entlüfter** *m.*, up-take ventilator *s.* (*device*), **Entlüftung** *f.*, (air) vent *s.*, ventilation *s.* **Entlüftungs / kanal** *m.*, air-bleed duct *s.*; **–öffnung** *f.*, air bleed *s.*, vent (hole) *s.*; **–schraube** *f.*, vent screw *s.*; **–stutzen** *m.*, vent (hole) *s.*; **–ventil** *n.*, vent valve *s. or* cock *s.*

entmagnetisieren *v.*, to demagnetize (*compass, etc.*). **Entmagnetisierung** *f.* (*naut.*), demagnetization *s.*, degaussing *s.* **Entmagnetisierungs / kabel** *n.*, demagnetizing cable *s.*; **–kurve** *f.*, demagnetization curve *s.*; **–schleife** *f.*, degaussing range *s.*

entmasten *v.*, to dismast (*boat in a storm, etc.*).

entriegeln *v.*, to unbolt, to unlatch, to unlock. **Entriegelung** *f.*, unbolting *s.*, unlatching *s.*, unlocking *s.* (*of hatches, etc.*).

entrollen *v.t.*, to unfurl, to unroll (*sails, flag*); *v.r.* to come unrolled, to unroll (itself) (*of rope*).

entrosten *v.*, to free from rust, to remove (the) rust from (*boat, etc.*). **Entrosten** *n.*, **Entrostung** *f.*, removal *s.* of rust. **Entrostungsmittel** *n.*, rust remover *s.*

Entscheidung *f.*, **packende –** (*rac.*), grand finish *s.*; **– durch Zielfotographie** *od.* **-grafie** (*rac.*), photo-finish *s.* **Entscheidungs / kampf** *m.* (*rac.*), show-down *s.*; **–regatta** *f.*, **–wettfahrt** *f.*, final (race) *s.*, deciding race *s.*, decider *s.*, show-down *s.*

entspannen *v.* (*naut., tech.*), to loosen, to slacken, to release, to relax (*tension, etc.*); **das Backstag –,** to relieve the running backstay. **Entspannung** *f.* (*tech.*), unstressing *s.* (*of material*).

entstören *v.* (*rad.*), to suppress interference (from), to fit suppressors (to). **entstört** *adj.* (*rad.*), free from interference, interference-free, screened (from interference). **Entstörung** *f.* (*rad.*), suppression *s.*, elimination *s.* of interference, interference elimination *s. or* suppression *s.* **Entstörungs-** *pref.* (*rad.*), anti-interference; **–element** *n.*, **–filter** *m.*, **–kondensator** *m.* (*rad.*), suppressor *s.*; **–vorrichtung** *f.* (*rad.*), noise eliminator *s.*

enttörnen *v.*, **einen Kinken –,** to undo a kink, to unkink (*a line or rope*).

Enttrübung *f.* (*rad. D/F*), minimum clearing *s.*, (*radar*) anti-clutter control *s.* **Enttrübungs / regler** *m.*, **–vorrichtung** *f.* (*rad. D/F*), balancer *s.*

Entwarnung *f.* (*naut.*), cancellation *s.* (*of gale warning*); **–ssignal** *n.* (*naut.*), all-clear signal *s.*

entwässern *v.* (*naut.*), to drain (*the tanks of a boat*). **Entwässerung** *f.* (*naut.*), draining *s.*, drainage *s.* **Entwässerungs / gebiet** *n.* (*geogr.*), catchment area *s.* (*of a river*); **–hahn** *m.*, sea *or* drain cock *s.*; **–leitung** *f.*, drain *s.*; **–loch** *n.*, drain hole *s.*, bottom valve *s.*; **–pumpe** *f.*, drain pump *s.*; **–ventil** *n.*, drain *or* bottom valve *s.*

entwirren *v.*, to disentangle, to unravel, to untangle (*ropes, lines*).

Entzerrung *f.* (*rad., radar*), compensation *s.*, correction *s.* of distortion. **Entzerrungs-** *pref.* (*rad., radar*), anti-distortion.

Epakte *f.* (*naut., astr.*), epact *s.* (*difference between lunar and solar time*). **Epakten** *f./pl.* (*astr.*), epacts (*pl.*).

Ephemeriden *f./pl.* (*naut., astr.*), ephemeris *s.* (*pl.* -rides), astronomical *or* nautical almanac *s.* **ephemerisch** *adj.*, ephemeral.

Epizentrum *n.* (*astr.*), epicentre *s.*; **– eines Erd-** *od.* **Seebebens,** epicentre *s.* of an earth *or* a sea quake.

Epizykel *m.* (*astr.*), epicycle *s.* **epizyklisch** *adj.* (*astr.*), epicyclic.

Epoxid *n.*, **EP** *n.* (*chem.*), epoxy *s.* (*shipb.*). **Epoxid-** *od.* **EP-Anstrich** *m.*, (*naut.*), epoxy coating *s.* or paint *s.*; **–harz** *n.*, epoxy resin *s.*; **–mast** *m.*, epoxy mast *s.*; **–primer** *m.*, epoxy primer *s.*

Erbsensuppe *f.* (*naut., coll.*), pea-soup *s.*, pea(-) souper *s.* (*fog*).

Erd / achse *f.*, axis *s.* of the earth; **–anziehung** *f.*, earth's attraction *s.*; **–anziehungskraft** *f.*, gravitational attraction *s. or* force *s.* of the earth; **–äquator** *m.* (*geogr.*), terrestrial equator *s.*; **–bahn** *f.*, earth's orbit *s.*; **–ball** *m.*, globe *s.*, terrestrial sphere *s.*, world *s.*; **–beben** *n.*, earthquake *s.*; **–bebenflut** *f.* seismic wave *s.*, tsunami *s.*; **–bebenherd** *m.*, centre *s.* (*am.* center *s.*) of a (submarine) earthquake, seismic focus *s.*; **–bebenmesser** *m.*, seismometer *s.*, seismograph *s.*; **–bebenmesser** *m.* **für leichte Beben,** tromometer *s.*; **–bebenstörung** *f.*, seismic disturbance *s.*; **–beschleunigung** *f.*, acceleration *s.* due to gravity, gravitational acceleration *s.* (of the earth); **–bewegung** *f.*, earth's movement *s.*; **–drehung** *f.*, rotation *s.* of the earth. **Erde** *f.*, (the) earth *s.*, (the) globe *s.*, (the) world *s.*; **periodisch die – umkreisend** (*astr.*), geocyclic. **Erd / erschütterung** *f.*, earth tremor *s.*; **–ferne** *f.* (*astr.*), apogee *s.*; **–gürtel** *m.* (*geogr.*), zone *s.*; **–halbkugel** *f.*, **–hälfte** *f.*, hemisphere *s.*; **–kreis** *m.*, earth *s.*, globe *s.*, world *s.*; **–kugel** *f.*, terrestrial sphere *s.*, globe *s.*; **–licht** *n.* (*astr.*), earth shine *s.* **erdmagnetisch** *adj.* (*phys.*), geomagnetic; **–es Feld** (*phys.*), geomagnetic field *s.*, terrestrial magnetic field *s.*; **–e Karte,** geomagnetic chart *s.*; **–e Kraft,** geomagnetic *or* terrestrial magnetic force *s.*; **–er Nordpol,** geomagnetic north pole *s.* **Erd / magnetismus** *m.*, geomagnetism *s.*, terrestrial magnetism *s.*; **–meridian** *m.*, terrestrial meridian *s.*, meridian *s.* of the earth; **–nähe** *f.* (*astr.*), perigee *s.*; **die –nähe betreffend** (*astr.*), perigeal, perigean; **–pol** *m.* (*astr., geogr.*), pole *s.*; **–potential** *n.* (*rad.*), ground *s.*; **–radius** *m.*, radius *s.* of the earth; **–rotation** *f.*, rotation *s.* of the earth, earth('s) rotation *s.*; **–schatten** *m.* (*astr.*), dark segment *s.*; **–schein** *m.* (*astr.*), earth shine *s.*; **–spill** *n. od.* **–spille** *f.*, Spanish windlass *s.*; **–strich** *m.*, region *s.*, zone *s.*; **–teil** *m.*, continent *s.*; **tägliche –umdrehung** *f.* **um die eigene Achse,** rotation *s.* of the earth; **–umlauf** *m.*, revolution *s.* of the earth; **–umschiffung** *f.*, **–umseg(e)lung** *f.*, circumnavigation *s.* of the earth; **–umsegler** *m.*, circumnavigator *s.*; **–weite** *f.* (*astr.*), mean distance *s.* of the earth from the sun.

erfahren *adj.* (*naut.*), experienced, (*coll.*) well up (*in sailing, etc.*); **– sein** (*naut.*), to know the ropes; **–e Crew, –e Mannschaft,** experienced crew *s.* **Erfahrung** *f.* (*naut.*), (practical) experience *s.*, (*coll.*) know-how *s.*; **praktische –** (*naut.*), practical experience *s.*, routine *s.* (aboard), (*sl.*) cum savvy. **erfahrungs / gemäß** *adv.*, from (previous) experience; empirically (*shipb., etc.*); **–mäßig** *adj.*, from experience; empirical (*shipb., etc.*); **E–wert** *m.*, experimental value *s.*

Erfassungs / bereich *m.* **(von Objekten)** (*radar*), zone *s.* of contact, coverage *s.*; **–radar** *n.*, acquisition radar *s.*

Erfolg *m.* (*rac.*), success *s.*, result *s.*, outcome *s.* **erfolgreich** *adj.* (*rac.*), successful; **ein –er Einhandsegler,** a successful single-hander *s.*

Erg *n.* (*phys.*), erg *s.* (*Dyn*).

ergänzen *v.*, **die Bootsvorräte –,** to replenish the supplies; **die Crew –,** to renew the crew; **Wasser im Tank –,** to renew water in the tank. **Ergänzung** *f.* (*naut.*), complement *s.* (*of crew*), replenishment *s.* (*of supply*). **Ergänzungs / ausrüstung** *f.*, **–ausstattung** *f.*, supplementary equipment *s.*; **–winkel** *m.* (*geom.*), complementary angle *s.*, supplemental *or* supplementary angle *s.*

ergründlich *adj.* (*naut.*), fathomable (*as bottom of the sea*).

erheben *v.r.*, to heave (*of sea*), to rise, to spring up (*of wind*); **ein Wind erhob sich,** a breeze *or* wind sprang up *or* rose.

erhöht *adj.*, **–es Achterdeck,** raised quarterdeck *s.*; **–e Back,** raised forecastle *s. or* fo'c's'le *s.*; **–es Deck,** raised deck *s.*; **–e (wasserdichte) Luke,** raised (watertight) hatch *s.*; **–es Vordeck,** raised foredeck *s.* **Erhöhung** *f* (*naut.*), elevation *s.* (*of beacon or light*), increase *s.* (*in speed*); **–swinkel** *m.* (*naut.*), angle *s.* of elevation (*of beacon or light*), (*astr.*) quadrant elevation *s.*

Erkennungs / licht *n.* (*naut.*), distinguishing *or* recognition light *s.*; **–merkmal** *n.*, distinguishing (land)mark *s.*; **–signal** *n.*, telltale *or* distinguishing *or* recognition signal *s.*; **–zeichen** *n.*, distinctive mark *s.*, distinguishing sign *s.*

erledigt *adj.* (*naut., sl.*), spitcher.

erleiden *v.t.*, **Schiffbruch –,** to be *or* to get shipwrecked, to make *or* to suffer shipwreck.

ermüden *v.* (*tech.*), to fatigue (*as sailcloth, material*), (*naut.*) to grow weary. **Ermüdung** *f.* (*tech.*), fatigue *s.* (*of material*). **Ermüdungs / festigkeit** *f.* (*tech.*), fatigue strength *s.* (*of sailcloth, boat, etc.*); **–grenze** *f.* (*tech.*), fatigue limit *s.*; **–probe** *f.* (*tech.*), fatigue test *s.* (*of sailcloth, shipb.*); **–riß** *m.*, fatigue crack *s.* (*boat*).

erneuern *v.*, to renew, to replace (*damaged parts*), to touch up (*paintwork*), to recharge (*battery*), to change (*oil in the motor*). **Erneuerung** *f.* (*naut., tech.*), renewal *s.*, replacement *s.*, repair *s.*

erproben *v.* (*naut., tech.*), to test, to try (*a boat, etc.*). **Erprobung** *f.*, test *s.*, trial *s.* (*of a boat, etc.*). **Erprobungs / lauf** *m.* (*naut.*), test *or* trial run *s.* (*of a boat*); **–stadium** *n.*, test phase *s.*

erreichen *v.* (*naut.*), to fetch (*a port, the shore*), to arrive at, to get to, to reach; **den Hafen –,** to make port; **das Ufer –,** to fetch the shore; **einen Hafen zu – (ver)suchen,** to try *or* to make for (a) port, to fetch (the) harbo(u)r.

erretten *v.*, **aus Seenot –,** to rescue from distress at sea.

Ersatz *m.* (*naut., tech.*), stand-by *s.*, spare *s.*, reserve *s.*, substitute *s.*; (*rac.*) reserve *s.*; **–ausrüstung** *f.*, **–ausstattung** *f.*, spare *or* reserve kit *s.*; **–batterie** *f.*, spare battery *s.*; refill *s.* (*for torch*); **–crew** *f.* (*naut., sl.*), scrub *s.*; **–empfänger** *m.* (*rad.*), emergency receiver *s.*; **–gerät** *n.* (*naut.*), preventer *s.*, stand-by *s.*; **–hafen** *m.*, alternative port *s. or* harbo(u)r *s.*; **–mann** *m.* (*naut., rac.*), odd hand *s.* (*crew member*), reserve *s.*, substitute *s.*, (*sl.*) scrub *s.*; **–mannschaft** *f.* (*naut., rac.*) reserve team *s.*, (*sl.*) scrub *s.*; **–mittel** *n.* (*naut., coll.*), makeshift *s.*; **–motor** *m.*, spare engine *s. or* motor *s.*; **–schiff** *n.*, stand-by *s.*, substitute (ship *or* yacht) *s.*; **–segel** *n.*, replacement *or* spare sail *s.*; **–sen-**

der *m.* (*rad.*), emergency transmitter *s.*; **–stück** *n.* (*naut.*), preventer *s.*, (*tech.*) spare part *s.* *or* piece *s.* *or* unit *s.*; **–tau** *n.*, preventer *s.*; **–teil** *n.*, spare (part) *s.*, replacement *s.*; **–widerstand** *m.* (*elec.*, *rad.*), equivalent resistance *s.*

Erschütterung *f.* (*naut.*), shock *s.*, tremor *s.*, vibration *s.*, walking *s.* (*of a boat*). **erschütterungsfest** *adj.*, shock-proof. **Erschütterungs/gebiet** *n.*, area *s.* of seismic disturbance; **–welle** *f.*, earth tremor *s.*; tsunami *s.* (*of a sea quake*); **–zeiger** *m.*, seismograph *s.*

ersetzen *v.*, to replace, to substitute (*damaged parts of the rigging, etc.*).

erst *adv.*, **–es offenes Wasser** (*nav.*), first open water *s.*; **–er Offizier** (*naut.*), first officer *s.*, (*sl.*) Number One *s.*; **–er Platz** (*rac.*), first (place) *s.*; **sich auf dem –en Platz placieren,** to be placed first; **–e Projektion** (*geom.*), horizontal projection *s.*; **–es Viertel** (*astr.*), first quarter *s.* (*of the moon, neaptide*). **Erster** *m.* (*rac.*), first (placed) *s.*, (*sl.*) top dog *s.*; **sich als – placieren** (*rac.*), to be placed first, to come out on top. **erst/klassig** *adj.* (*naut.*), Al at Lloyd's (*of boat or ship*); **–klassige Yacht,** first-class yacht *s.*; **–placiertes Boot** (*rac.*), first-placed boat *s.*, boat *s.* placed first.

erstrecken *v.r.*, to stretch (*as waste of the sea*); **sich meilenweit –,** to stretch for miles.

ertönen *v.i.* (*naut.*), to sound (*a foghorn, etc.*); **nochmals – lassen,** to (re)sound (*a foghorn, etc.*).

ertrinken *v.*, to drown, to be drowned, to go *or* to be sent to Davy Jones's locker, (*coll.*) to feed the fishes; **ertrunken (sein),** to be in Davy Jones's locker.

erwärmen *v.r.*, to warm (up) (*of air*). **Erwärmung** *f.* (*meteor.*), rise *s.* in temperature; **– der Luft,** warming *s.* of the air.

erzittern *v.* (*naut.*), to (begin to) tremble, to shake, to quiver, to vibrate, to walk (*of boat*).

Eschenholz *n.*, ash (wood) *s.* (*shipb.*).

Esels/haupt *n.* (*naut.*), cap *s.*, (lower) mast cap *s.*; **–rücken** *m.* (*naut.*), bustle *s.*, kick-down *s.* (*cruising yacht*).

Eskimo/boot *n.*, kayak *s.* (*sports boat*); **–rolle** *f.*, rolling through *s.* (*with canoe*); **eine –rolle machen,** to roll through.

Eskorte *f.* (*naut.*), convoy *s.*, escort *s.* **eskortieren** *v.* (*naut.*), to convoy, to escort (*boats or ships*).

Eßbesteck *n.* (*naut.*), (mess) tool *s.* **essen** *v.* (*naut.*), to mess. **Eß/geschirr** *n.* (*naut.*), mess-tin *s.*, mess-traps (*pl.*); **–raum** *m.* (*naut.*), mess (-room) *s.* (*on ships*), dinette *s.* (*on yachts*); **–schüssel** *f.* (*naut.*), mess-trap *s.*; **flache –schüssel** *f.* (*naut.*), kid *s.*

etappenweise *adv.* (*naut.*), by stages.

Etmal *n.* (*naut.*), day's run *s.* *or* work *s.*, nautical day *s.*, (time *or* work done) round the clock, 24-hour-run *s.*

europäisch *adj.*, **–e Gewässer** (*pl.*), European waters (*pl.*); **–e Meisterschaft,** European championship *s.*; **–e Seefunkzone,** European maritime radio *or* W/T area *s.* *or* zone *s.*

Ewer *m.*, lighter *s.*; sailing barge *s.*, wherry (boat) *s.*; **–führer** *m.*, bargee *s.*, lighterman *s.*, wherryman *s.*

ex *prep.* (*naut.*), ex (*only in combination with former name of a boat*).

Exaltation *f.* (*astr.*), exaltation *s.*

Exhaustor *m.* (*naut.*), exhaust fan *s.* *or* ventilator *s.*

Expansion *f.* (*phys., tech.*), expansion *s.* **Expansions/kraft** *f.* (*phys.*), expansive force *s.* *or* power *s.*; **–luk** *n.*, **–luke** *f.*, expansion hatch *s.*; **–maschine** *f.* (*naut.*), expansion engine *s.*; **–tank** *m.* (*naut.*), expansion tank *s.*; **–ventil** *n.*, expansion valve *s.*

Experiment *n.* (*naut.*), trial *s.* (*shipb., etc.*).

Experte *m.* (*naut.*), expert *s.*, specialist *s.*

Exporthafen *m.*, port *s.* of exportation.

exterritorial *adj.*, exterritorial, extra-territorial; **–e Gewässer** (*pl.*), exterritorial *or* extra-territorial waters (*pl.*).

extra *adv.* (*naut.*), gash, extra, additional; **– Besegelung,** gash sails (*pl.*). **Extra/ausstattung** *f.* **(auf Wunsch)** (*naut.*), optional extras (*pl.*) (*yacht, sail inventory*); **–kosten** (*pl.*), extra *or* additional charges (*pl.*), extras (*pl.*); **–liegetage** *m./pl.*, days (*pl.*) of demurrage; **–mann** *m.* (*naut.*), odd hand *s.*

Extrem/schiff *n.* (*coll.*), racing yacht *s.* without any comfort below deck; **–thermometer** *n.* (*phys.*), extreme thermometer *s.*, maximum and minimum thermometer *s.*; **–wertregler** *m.* (*tech.*), extreme value control *s.* *or* regulator *s.* *or* trimmer *s.* (*device*).

Exzenter *m.* (*tech.*), eccentric *s.*, cam *s.*; **–bolzen** *m.*, eccentric bolt *s.*; **–getriebe** *n.*, cam gear *s.*; **–hub** *m.*, throw *s.* of the eccentric; **–rolle** *f.*, cam follower *s.* (*device*); **–scheibe** *f.*, eccentric disc *s.* *or* gasket *s.* *or* pulley *s.*; **–steuerung** *f.*, cam gear *s.*, eccentric control *s.* *or* gear *s.* **Exzentrik** *f.* (*naut., tech.*), cam wheel *s.* **exzentrisch** *adj.* (*naut., tech.*), eccentric, off-center. **Exzentrizität** *f.* (*tech.*), eccentricity *s.*, radius *s.* (*of steering wheel, etc.*); **–sfehler** *m.* (*tech.*), centering error *s.*

exzessiv *adj.*, **–es Klima** (*esp. br.*), continental climate *s.*.

F

Fach *n.* **(zwischen Spanten),** room *s.* (*shipb.*). **Fachausdruck** *m.*, technical term *s. or* expression *s.*, technicality *s.*

Fächer/antenne *f.* (*rad.*), fan aerial *s.* (*am.* antenna *s.*); **f–förmig** *adj.*, fan-shaped; **sich f–förmig ausbreiten** (*rad., phys.*), to fan out; **–funkfeuer** *n.*, radio fan-marker beacon *s.*

Fach/jargon *m.* (*naut.*, *sl.*), lingo *s.*; **f–kundig** *adj.*, competent, expert; **–mann** *m.* (*naut.*), expert *s.*, specialist *s.*; **f–männisch** *adj.*, expert, professional, specialized; **–simpelei** *f.*, shop *or* shoppy talk *s.*; **f–simpeln** *v.*, to talk shop; **–sprache** *f.*, technical language *s. or* jargon *s.* (*of yachtsmen, etc.*).

Fackelfeuer *n.* (*naut.*), flare-up light *s.*

Faden *m.* (*naut.*), fathom *s.* (*measure*); cord *s.*, string *s.*, thread *s.*; **–kreuz** *n.* (*opt.*), cross-wires (*pl.*), reticule *s.*, spider lines (*pl.*); **–länge** *f.* (*naut.*), fathom *s.*; **nicht durch Marken bezeichnete –länge** *f.* **der Lotleine,** deep *s.*; **–sonde** *f.* (*naut.*), string *or* thread sonde *s.*; telltale *s.*; **–verstärkung** *f.*, scrim *s.* (*of sail-cloth*).

Fading *n.* (*rad.*), fading *s.*; **–ausgleich** *m.*, automatic volume control *s.*; **–sregler** *m.*, **–sreg(e)lung** *f.* (*rad..*), automatic gain control *s.*

fahl *adj.*, **–er Himmel,** lurid *or* wan sky *s.*; **–es Licht,** lurid *or* wan light *s.* **fahlgrauer Himmel** *m.* (*naut.*), water blink *s. or* sky *s.*

Fahne *f.* (*naut.*), weather-cock *s.*, vane *s.*; trail *s.* (*of smoke*). **Fähnrich** *m.* **zur See,** midshipman *s.*

fahrbar *adj.* (*naut.*), navigable, practicable (*waterway, channel, etc.*); **–es Eis** *n.*, open ice *s.*; **–es Viertel** *n.*, navigable quadrant *s.* **Fahr/bereich** *m.* (*naut.*), cruising radius *s. or* range *s.* (*of yacht*), steaming radius *s.* (*of steamship*); **f–bereit** *adj.*, ready to sail *or* for sea, in running order.

Fähr/boot *n.*, ferry-boat *s.*, passage boat *s.*, (*am.*), transfer *s.*, wherry *s.* **Fähre** *f.*, ferry *s.*, ferry-boat *s.*, (*am.*) wherry *s.*; **fliegende –,** flying bridge *s.*; **in** *od.* **mit einer – übersetzen,** to ferry across; **Überfahrt** *f.* **mit einer –,** ferriage *s.*

fahren *v.* (*naut.*), to sail; to serve afloat (*of sailors*); to carry (*sail, anchor, etc.*); to run (*a rope through a block*); **auf den Grund –,** to run aground; **aus dem Hafen –,** to clear (the) port; **in** *od.* **mit einem Boot –,** to boat, to sail, to row; **nach Osten –,** to be easting *or* eastbound (*of ship*); **regelmäßig –,** to ply (*as a ferry*); **über einen Fluß –,** to cross a river; **zur See –,** to follow the sea, to serve afloat; **zwei Anker –,** to carry two anchors; **die Schot aus der Hand –,** to play the sheet by hand; **eine Genua (einen Spinnaker) –,** to carry a genoa (a spinnaker); **das Ende fährt durch einen Block,** the rope runs through a block; **das Schiff fährt nach Dänemark,** the ship is bound for Denmark; **nach Osten (Westen) fahrend,** (to be) easting (westing), to be eastbound (westbound) (*of boats*).

Fahrenheit (*phys.*), Fahrenheit *s.*; **77 Grad –,** 77 degrees Fahrenheit, 25 degrees Celsius, 20 degrees Reaumur; **plus 5 Grad –,** – 15 degrees Celsius, – 12 degrees Reaumur.

Fahrens/leute (*pl.*) (*naut.*), seafaring people *s.* (*collect. pl.*); **–mann** *m.*, seafaring man *s.*; **–praxis** *f.*, sea *or* seafaring experience *s. or* practice *s.*

Fähr/geld *n.*, ferriage *s.*; **–hafen** *m.*, ferry port *s. or* terminal *s.*

fahrlässig *adj.*, **–e Handlung,** act *s.* of negligence. **Fahr/lässigkeit** *f.* (*naut., jur.*), (act of) negligence *s.*; **–licht** *n.*, **–lichter** *n./pl.* (*naut.*), running light(s) *s.* (*pl.*).

Fährmann *m.*, ferryman *s.*, (*am.*) wherryman *s.*

Fahr/plan *m.* (*naut.*), sailing list *s.*, list *s.* of sailings, time-table *s.*, (*am.*) schedule *s.*; **–regeln** *f./pl.*, steering and sailing rules (and regulations) (*pl.*); **–rinne** *f.*, channel *s.*, fairway *s.*, navigable passage *s.*, waterway *s.*; shipping lane *s.*; **ausgebaggerte –rinne** *f.*, dredged watercourse *s.*; **ausgeprickte –rinne** *f.*, bushed *or* boomed watercourse *s.*, channel *s. or* fairway *s. or* water-course *s.* marked by bushes *or* pricks *or* (*am.*) spears; **enge** *od.* **schmale –rinne** *f.*, gat *s.*, constricted channel *s. or* fairway *s.*; **–rinne** *f.* **durch das** *od.* **im Eis (Watt),** lead *s. or* water lane *s.* in the ice (mud-flats).

Fährschiff *n.*, traject *s.*

Fahrt *f.* (*naut.*), cruise *s.*, excursion *s.*, outing *s.*, passage *s.*, trip *s.*, voyage *s.* (by sea); course *s.*, rate *s.* (of speed *or* progress), run *s.*, speed *s.*, way *s.* (*of boat*); headway *s.* (*of boat*); (*nav.*) trade *s.*; **auf der –** (*naut.*), under way, under sail; **in –** (*naut.*), under way, (*dial.*) under weigh; **in voller –,** at full *or* top speed; **ausgehende –,** outward sailing *s.*; **äußerste –,** full *or* top speed *s.*; **äußerste – (voraus, zurück)** (*also com.*), full speed *s.* (ahead, astern); **beschickte –,** speed made good; **gekoppelte –,** speed (made good) by dead reckoning; **große –,** foreign *or* ocean-going cruise *s. or* trade *s.*; full speed *s.*, three-quarter speed *s.*; **halbe –,** half speed *s.*; **heimkehrende –,**

homing *s.*, home(ward)-bound sailing *s.*; **kleine –,** home cruise *s. or* trade *s.*; slow speed *s.*, dead slow; **kurze – (mit dem Boot),** spin *s.*, sail *s.*; **mittlere –,** intercoastal navigation *s.*, intermediate cruise *s. or* trade *s.*; **ökonomische –,** economical *or* cruising speed *s.*; **optimale –,** optimum speed *s.*; **volle – (voraus, zurück),** full speed *s.* (ahead, astern); **– aufnehmen,** to get under way; to gain *or* to gather *or* to pick up speed, to gather way; **mehr – aufnehmen,** to gather speed *or* way, to speed (up); **wieder – aufnehmen,** to regain speed *or* way; **freie – haben,** to have (a) clear course ahead; **die – fortsetzen** (*naut.*), to proceed; **in – gehen,** to get under way *or* (*dial.*) under weigh (*of boat*); **(an) – gewinnen,** to gather speed, to pick up speed, to regain speed *or* way; **die – halten,** to make headway, to maintain (the) speed, to proceed; **mit der – heruntergehen,** to reduce speed, to ease down; **– machen,** to make headway *or* steerageway *or* way; **ganz langsam** *od.* **vorsichtig – machen,** to nose (its *or* her way) (*of boat*); **ganz langsam** *od.* **vorsichtig – voraus (zurück) machen,** to inch ahead *or* forward (astern); **ganz langsam** *od.* **vorsichtig – durch das Eis machen,** to nose her *or* the way slowly through the ice; **kaum – machen,** to flounder, to go at a crawl (*of boat*); **keine – machen,** to lose speed, to make no way (at all); **keine – mehr machen,** to lose way; **mehr – machen,** to gather way; **wenig – machen,** to make little headway; **– achteraus machen,** to make sternway; **ganz langsame – achteraus machen,** to inch astern *or* back(wards); **– durch das Wasser machen,** to make speed good through the water; **– über Grund machen,** to make speed good over the ground, to make way over the ground; **– voraus machen,** to make headway; **ganz langsame – voraus machen,** to inch ahead *or* forward, to nose (its *or* her way) (*of boat*); **eine – von 10 Knoten machen,** to proceed at 10 knots; **– zurück machen,** to make sternway, to back (*of boat*); **das Boot macht keine – mehr,** the way is off the boat, the boat has lost way; **in – sein,** to have way on; **die – unterbrechen,** to stop over; **die – vergrößern,** to gather way; **(an) – verlieren,** to lose way *or* headway; **– vermehren,** to increase speed; **– vermindern,** to ease the boat, to lose way *or* headway, to slack up, to slacken speed, to lessen speed; **– durch das Wasser,** speed *s.* made good through the water, seaway *s.*; **– ohne Zwischenfall,** uneventful voyage *s. or* passage *s.*; **– stromaufwärts (stromabwärts),** upstream (downstream) navigation *s.*; **– über Grund,** speed *s.* made good over the ground; **– und Kurs beibehalten,** to stand on; **die – ist aus dem Boot,** the way is off the boat; **– voraus,** headway; **ganze langsame – voraus!** (*com.*), dead slow ahead!; **halbe – voraus!** (*com.*), half (speed) ahead!; **langsame – voraus!** (*com.*), slow ahead!; **volle – voraus!** (*com.*), full (speed) ahead!; **– zurück,** astern speed *s.*, speed *s.* astern; **(ganz) langsame – zurück!** (*com.*), (dead) slow astern!; **halbe – zurück!** (*com.*), half (speed) astern!; **volle – zurück!** (*com.*), full (speed) astern!; **alle Maschinen langsame – zurück!** (*com., am.*), all engines back one third!. **Fahrt / änderung** *f.*, change *s.* of course; change *s.* in *or* of speed; **–anzeiger** *m.*, speed indicator *s.*; **–aufnahme** *f.*, speed-up *s.*; **–ball** *m.*, speed ball *s. or* cone *s.*; **–beschränkung** *f.*, speed limitation *s.*; **–bewegung** *f.* **stoppen,** to stop dead *or* short (*boat*).

Fahrten / crew *f.*, cruising crew *s.*; **–kreuzer** *m.*, cruising yacht *s.*; **–mannschaft** *f.*, cruising crew *s. or* team *s.*; **–segel** *n.*, cruising sail *s.*; **–segeln** *n.*, (family) cruising *s.*; **–segelwettbewerb** *m.*, cruising competition *s.*; **–segler** *m.*, cruising yachtsman (*pers.*); (family) cruiser *s.*, cruising yacht *s.* (*boat*); **Stützpunkt** *m.* **für –segler,** base *s.* for cruising yachtsmen; **–seglerclub** *m. od.* **-klub** *m.*, cruising club *s.*; **–seglertreffen** *n.*, meeting *s.* of cruising yachtsmen; **–seglervereinigung** *f.*, cruising association *s.*; **–spinnaker** *m.*, cruising spinnaker *s.*, poleless spinnaker *s. or* (*coll.*) spi *s.*, gennaker *s.*, coaster *s.*, glider *s.*, streaker *s.*; **–- und Regattasegler** *m. od.* **-yacht** *f.*, cruiser-racer *s.*, (family) racer-cruiser *s.*; **–wettbewerb** *m.*, cruising competition *s.*

Fahrt / fehler(kompensation *f.*) *m.*, speed error (compensation) *s.* (*gyro compass*); **–flagge** *f.*, Blue Peter *s.*, blue peter *s.*; **–gebiet** *n.*, reach *s. or* range *s. or* region *s.* of navigation *or* sailing *or* voyage; trading area *s.*; coasting navigation *s.*, inland navigation *s.*; **–genehmigung** *f.*, sailing licence *s.* (*am.* license *s.*) *or* permit *s.*; **–geschwindigkeit** *f.*, way *s.* (*of boat*), running speed *s.*, (sailing) speed *s.*; **–geschwindigkeitsmesser** *m.*, sillometer *s.*; **f–gestört** *adj.*, not under command (*boat*); **–lichter** *n./pl.*, running lights (*pl.*); **–lizenz** *f.* sailing licence *s. or* (*am.*) license *s.*; **–lupe** *f.*, speed magnifier *s.*; **–messer** *m.*, log-line *s.*, (hydrodynamic) speedometer *s.*, speed indicator *s.*, sillometer *s.*; **Staudruck- –messer** *m.*, pitometer log *s.*, pitot tube *s.*, speed indicator *s.*; **–meßgeber** *m.*, speed transmitter *s.*; **–richtung** *f.*, heading *s.* (*of boat*); **–route** *f.*, course *s.*; lane *s.*, route *s.* (*at sea*); **festgelegte –route** *f.*, lane *s.*; **–schreiber** *m.*, speed recorder *s.* (*device*); **–signal** *n.*, Blue Peter *s.*; **–störungslichter** *n./pl.*, not-under-command lights (*pl.*); **–stufe** *f.*, speed stage *s.*, speed adjustment *s.*, rate *s.* of speed; **–tabelle** *f.*, (revolution) speed table *s.*; **–trimm** *m.*, squat *s.*, trim (compensation) *s.*; **–tüchtigkeit** *f.* **(eines Bootes),** navigability *s.* (of a boat); **–unterbrechung** *f.*, break *s.* (in the voyage), (*coll.*) stopover *s.*; **–verlust** *m.*, loss *s.* in *or* of speed; **–vermehrung** *f.*, increase *s.* in speed; **–verminderung** *f.*, decrease *s.* in speed; **–widerstand** *m.*, rolling *or* head resistance *s.* (*of boat*); **–wind** *m.*, head *or* dead wind *s.*

fahr/untüchtig *adj.*, unseaworthy; **–untüchtig werden,** to become unseaworthy (*of boat*); **F–untüchtigkeit** *f.*, unseaworthiness *s.* (*of a yacht*).

Fahrwasser *n.*, channel *s.*, navigable *or* navigation channel *s.*, ship channel *s.*, fairway *s.*, gat *s.*; navigable water *s.*, passage *s.*, shipping lane *s.*, waterway *s.*; **ausgepricktes –,** bushed *or* pricked fairway *s.*; **betonntes –,** buoyed fairway *s.*; **mitten im –,** midchannel *s.* (*and adj.*); **offenes –,** open water *s.*; **das – ausbaggern** *od.* **räumen,** to sweep a channel; **ins offene – (hinaus)gelangen,** to get out into the roads; **ein – sperren,** to bar a channel *or* fairway; **–befeuerung** *f.*, (channel) lights (*pl.*); **–bezeichnung** *f.*, channel buoys (*pl.*) and lights; **–bojen** *f./pl.*, channel *or* fairway buoys (*pl.*); **–kreuzung** *f.*, (channel) crossing *s.*; **Tonne** *f.* **an einer –kreuzung,** crossing buoy *s.*; **–marke** *f.*, channel marker *s.*; **–markierung** *f.*, channel marking(s) *s.* (*pl.*); channel buoys (*pl.*) and lights; **–mitte** *f.*, (fairway) mid channel *s.*, midchannel *s.*, fairway *s.*; **–seite** *f.*, side *s.* of a channel *or* fairway; **–seite** *f.* **an Backbord (Steuerbord),** (on the) port (starboard) hand *s.* (in a channel *or* fairway), port (starboard) side *s.* (of a channel); **–tiefe** *f.*, depth *s.* (*of a channel or fairway*); **–tonne** *f.*, channel *or* fairway buoy *s.*

Fahrzeug *n.* (*naut.*), craft *s.*, vessel *s.*; **flachgehendes –,** shallow-draught (*am.* -draft) vessel *s.*; **tiefgangbehindertes –,** draught- (*am.* draft-)obstructed vessel *s.*; **– ohne Eigenantrieb,** dumb vessel *s.*; **– wird durch ein sich näherndes – gefährdet!** (*int.*), yacht is in danger (of collision) by an approaching vessel.

fair *adj.*, sporting, sportsmanlike, sporty; **–es Verhalten** *n.* (*spt.*), sporting conduct *s.*, fair behaviour *s.*

Faksimile-Empfänger *m.* (*rad.*), facsimile receiver *s.*

Fall *m.*[1], (mast) rake *s.*; drop *s.*, fall *s.* (*of pressure, in temperature*); fall *s.* (*of water level*); waterfall *s.*, cataract *s.*; **– haben,** to rake (*of mast*); **– nach achtern (des Mastes),** mast rake *s.* astern.

Fall *n.*[2] (*pl.* **Fallen**), halyard *s.*, (*rare*) halliard *s.*; **ein – (an einer Klampe) belegen,** to cleat *or* to belay the halyard; **– mit Drahtvorläufer,** halyard *s.* with wire-forerunner.

Fall/beschleunigung *f.*, acceleration *s.* due to gravity; **–bö** *f.* (*naut.*), white squall *s.*, (*meteor.*) air hole *s. or* pocket *s.*; **–brücke** *f.*, drawbridge *s.*; **–dauer** *f.* **(des Ebbstroms),** duration *s.* of fall.

Falle *f.* (*naut., tech.*), latch (bolt) *s.*

Fallen *n.* (*meteor.*), drop *s. or* fall *s.* in temperature; (*phys.*) drop *s.*, fall *s.* (*pressure*). **fallen** *v.* (*naut.*), to drop, to fall; to scale down (*of barometer*), to lower, to sink (*of temperature, water level*); **lass –!** (*int.*), let go! (*anchor*); let fall! (*sails*); **Anker – lassen,** to drop *or* to cast anchor; **fall ab!** (*int.*), bear away!, let her swing!; **das Barometer fällt,** the glass is falling; **das Hochwasser fällt,** the flood subsides, the tide is falling.

Fallenblock *m.*, halyard block *s.*

fallend *pr.p.* (*meteor, phys.*), dropping, falling; **–es Barometer, –er Barometerstand,** falling glass *s.*; **–e Flut,** falling tide *s.*; **bei –er Flut auslaufen,** to sail on the falling tide; **–e Propellersteigung,** falling pitch *s.* (of the propeller); **–e Tide, –es Wasser,** falling tide *s.*

Fallen/klampe *f.*, halyard cleat *s.*; **–schäkel** *m.*, halyard shackle *s.*

Fall/entlaster *m.*, halyard lock *s.*; **–gesetz** *n.* (*phys.*), law *s.* of gravity; **–gien** *n.*, halyard tackle *s.*; **–haken** *m.*, halyard hook *s.*; **–horn** *n.*, headboard *s.* (*of sails*); **–leine** *f.*, halyard *s.*; **die –leinen** (*pl.*) **wegfieren,** to settle (the) halyards; **–lot** *n.*, plumbline *s.*; **–probe** *f.*, drop test *s.* (*of anchor*); **–reep** *n.*, companionway *s.*, gangway *s.*, manrope *s.*, rope ladder *s.*, accommodation *or* boarding ladder *s.*; **–reepsdavit** *m.*, gangway davit *s.*; **–reepsgast** *m.*, sideboy *s.*; **–reepsknoten** *m.*, diamond knot *s.*, manrope knot *s.*, Matthew Walker knot *s.*; **–reepspforte** *f.*, gangway port *s.*; **–reepstau** *n.*, manrope *s.*; **–reepstreppe** *f.*, accommodation *or* boarding *or* rope ladder *s.*, gangway *s.*; **–riegel** *m.*, halyard hook *s.*; **–ring** *m.*, travel(l)er *s.*; **–scheibe** *f.*, halyard sheave *s.*; **–schirmleuchtkugel** *f.*, parachute ball *s. or* flare *s. or* light *s.* (*distress at sea*); **–schirmrakete** *f.*, parachute rocket *s.* (*distress at sea*); **–schirmspinnaker** *m.*, parachute spinnaker *s. or* (*coll.*) spi *s.*, chute *s.*; **–schloss** *n.*, **–sperre** *f.*, halyard catch *s. or* hook *s. or* lock *s. or* stop *s.*; **–stropp** *m.*, halyard strap *s. or* strop *s.*; **–takel** *n.*, halyard tackle *s.*, jeer *s.*; **–wasser** *n.*, head race *s.*; **–wind** *m.*, down(-)wind *s.*, fall wind *s.*, katabatic wind *s.*; **–winde** *f.*, halyard winch *s.*; **–winkel** *m.* (*phys.*), dip *s.*, gradient *s.*, angle *s.* of inclination; **–winsch** *f.*, halyard winch *s.*

falsch *adj.*, false, wrong, erroneous; **– eingestellt,** out of true (*as mast, etc.*); **–e Anwendung** *f.*, misapplication *s.* (*of instruments, etc.*); **–e Bedienung** *f.*, wrong *or* incorrect operation *s.* (*of gear, etc.*); **–e Berechnung** *f.*, miscalculation *s.* (*of course, ship's position*); **–e Darstellung** *f.* (*radar*), misrepresentation *s.*; **–es Echo** *n.* (*rad., radar*), false *or* (*coll.*) phoney echo *s.*; **unter –er Flagge,** under false colours; **–er Horizont** *m.* (*naut.*), artificial *or* false horizon *s.* **Falschmeldung** *f.* (*rad., etc.*), false report *s.*, (*naut., sl.*) canard *s.*, hoax *s.*

Falt/anker *m.*, folding anchor *s.*; **–boot** *n.*, collapsible boat *s.*, fold(ing) boat *s.*, (*am.*) faltboat *s.*, Berthon boat *s.*; **–deck** *n.*, folding deck *s.* **Falte** *f.*, wrinkle *s.*, crinkle *s.*, crease *s.* (*in sails*); **diagonale –n** (*pl.*) **im Segel,** diagonal crinkles (*pl.*) in a sail; **die –n** (*pl.*) **im Segel glattziehen,** to remove wrinkles (in a sail); **–n** (*pl.*) **schlagen** *od.* **werfen,** to crease, to crinkle, to crumple, to pucker, to ruffle, to wrinkle (*as sails*). **Falt/lukendeckel** *m.*, folding hatch cover *s.*; **–propeller** *m.*, folding propeller *s. or* (*coll.*) prop *s.*

Falz *m.* (*coll. f.*), groove *s.*, notch *s.*, lap-joint *s.*, rabbet *s.* (*shipb.*); slideway *s.* (*engine*).

Fanal *n.* (*naut.*), beacon *s.*, signal *s.* (*lights*).

Fancy/arbeiten *f./pl.* **am Boot,** fancywork *s.*; **–brett** *n.* (*surf.*), fancy board *s.*; **–knoten** *m.*, **–stek** *m.*, ornamental knot *s. or* hitch *s.*; **–work** *n.*, fancywork *s.* (*ornaments, etc. for or on the boat*).

Fang *m.*, haul *s.* (*fishery*); **–gründe** *m./pl.*, fishing waters (*pl.*); **–leine** *f.* (*naut.*), painter *s.*, boat rope *s.*, (*coll.*) lazy jack *s.*; **–netz** *n.*, fish net *s.*; **–platz** *m.*, fishing grounds (*pl.*); **–zeit** *f.*, fishing season *s.*

Faraday *n.* (*elec., phys.*), faraday *s.*; **–scher Käfig** *m.*, Faraday's cage *s. or* screen *s.*

Farb/abkratzer *m.* (*naut., tech.*), stripping knife *s.*; **–anstrich** *m.*, paintwork *s.*, coat *s.* of paint (*for boats*). **Farbe** *f.*, paint *s.*; colo(u)r *s.* (*of the boat*); **anwuchsverhindernde –,** antifouling paint *s.*; **– auftragen,** to apply *or* to spread paint; **– picken,** to chip *or* to pick paint; **die – läßt sich gut (auf das Unterwasserschiff) auftragen,** the paint spreads well (on the quick work). **Farbenstrak** *m.*, cove strip *s.*, ribbon line *s.* (*boot top*). **Farb/entferner** *m.*, paint remover *s.*; **–helgatt** *n.*, **–hellegatt** *n.*, paint locker *s. or* store room *s.*; **–lack** *m.*, colo(u)red lacquer *s. or* enamel (paint) *s. or* varnish *s.*; **–last** *f.* (*naut.*), paint locker *s. or* store room *s.*; **–lichtsignal** *n.*, colo(u)r light signal *s.*; **–pinsel** *m.*, paint brush *s.*; **–signalbeutel** *m.*, coulo(u)r distress signal (bag) *s.* (*distress at sea*); **–spritzpistole** *f.*, spray gun *s.* (*for paintwork*).

Faschine *f.*, fascine *s.*, faggot(s) *s.* (*pl.*).

Faser *f.*, fibre *s.*, (*am.*) fiber *s.*, thread *s.* (*cordage, sails, shipb.*); **–gewebe** *n.*, fibrous tissue *s.* (*sails*); **–-Harz-Spritzverfahren** *n.*, moulding method with spray gun (depositing chopped fibres and resin) (*shipb.*); **–pelz** *m.* (*naut.*), fibrous fur *s. or* (*coll.*) skin *s.* (*for yachtsmen and surfers*); **–seele** *f.*, fibre *or* (*am.*) fiber core *s.* (*cordage*); **–stoff** *m.*, fibrin *s.*, fibrous material *s.*, synthetic fabrics (*pl.*) (*sails*); fibres (*pl.*), (*am.*) fibers (*pl.*) (*cordage*); **–tau** *n.*, fibre *or* (*am.*) fiber rope *s.*; **–tauwerk** *n.*, fibre *or* (*am.*) fiber rope *s. or* cordage *s.*

Faß *n.* **(im Boot),** keg *s.*, breaker *s.*; **–boje** *f.*, barrel *or* tun buoy *s.*

fassen *v.*, to catch, to grasp, to take hold (of) (*a rope, etc.*), to gripe, to hold (*of anchor*), to contain, to hold (*water in a tank, etc.*); **eine Leine –,** to catch *or* to grasp *or* to seize *or* to take hold of the line; **der Anker faßt,** the anchor bites *or* holds; **das Boot faßt an,** the boat gets *or* takes (a) hold (*of the bottom*).

Faßtonne *f.*, barrel *or* tun buoy *s.*, cylindrical buoy *s.*

Fassung *f.* (*naut., tech.*), frame *s.*, mount(ing) *s.*, setting *s.*, socket *s.* (*for instruments, etc.*).

Fassungsvermögen *n.* (*naut.*), (carrying *or* holding) capacity *s.*; **– eines Bootes,** boatload *s.*; **– eines Rettungsbootes,** lifeboat capacity *s.*

fast *adv.*, **– bedeckt** (*meteor.*), broken (overcast).

Fasttag *m.* (*naut.*), banian day *s.*

faul *adj.* (*naut.*), foul; rotten, decayed (*of wood boat*); **–er Anker** *m.*, foul anchor *s.*; **–er Boden** *m.*, foul bottom *s.* (*boat*); bad holding ground *s.*, foul *or* bad anchorage *s.*; **–er Grund** *m.*, foul bottom *s.*; **–e Küste** *f.*, foul coast *s.*; **–e See** *f.* (*naut.*), calm (sea *s.*). **faulen** *v.*, to decay, to rot (*of wood*).

Faulenzer *m.* (*naut.*), lazy jack *s.*, topping lift bullrope *s.*; deckchair *s.*

faulig *adj.*, rotten, rotting, mouldy (*of wood*). **Fäulnis** *f.*, decay *s.*; **–schutzmittel** *n.*, anti-rot agent *s.* *or* protection *s.*

Faustregel *f.*, rule *s.* of thumb.

Fautfracht *f.* (*naut.*), dead freight *s.*

Favorit *m.* (*spt.*), favourite *s.*

FAX-Verfahren *n.* (*meteor.*), FAX method *s.* *or* procedure *s.* *or* system *s.* (*synoptic weather chart*).

Feder *f.* (*naut., tech.*), spring *s.*, tongue *s.*, spline *s.* (slip) feather *s.*; **mit – und Nut versehen,** to feather (*shipb., etc.*). **Feder / barometer** *n.*, aneroid barometer *s.*; **–bolzen** *m.* (*naut.*), clevis pin *s.*; spring bolt *s.*; **–buchse** *f.*, spring seat *s.*; **–bügel** *m.*, spring clip *s.*; **–gehäuse** *n.*, spring box *s.*; **–haken** *m.*, sister *or* spring hook *s.*; **–keil** *m.*, feather key *s.*; **–klammer** *f.*, **–klemme** *f.*, spring clip *s.* *or* clamp *s.* *or* terminal *s.*; **–kraft** *f.* (*tech.*), elasticity *s.*; resilience *s.*; **–log** *n.*, spring log *s.* **Federn** *n.*, feathering *s.* (*rowing*). **federn** *v.*, to feather (*rowing*). **federnd** *pr.p.*, resilient; **– gelagert,** spring-suspended; **–er Futtering,** spring collet *s.* **Feder / reffeinrichtung** *f.*, **–reffer** *m.*, spring reefing gear *s.*; **–ring** *m.* (*naut.*), clevis pin *s.*; lock *or* spring washer *s.*; **–scheibe** *f.*, lock *or* spring washer *s.*; locking plate *s.*; **–sitz** *m.* (*tech.*), spring seat *s.*; **–spannung** *f.*, spring tension *s.*; **unter –spannung,** spring-loaded; **–sperrhaken** *m.*, spring catch *s.*; **–splint** *m.*, split pin *s.*; **–spule** *f.*, quill *s.*; **–stahl** *m.*, spring steel *s.*; **–ventil** *n.*, spring valve *s.*; **–wolke** *f.* (*meteor.*), cirrus fibratus *s.*, curl cloud *s.*, (*coll.*) mare-tail *s.* *or* mare's tail *s.*, goat's hair *s.*; **parallele –wolken(streifen) (*pl.*) (am Himmel),** Noah's ark *s.*; **–zange** *f.*, forceps (*pl.*).

fegen *v.*, to race, to rush, to sweep (*of wind*).

Fegsel *n.* (*pl.*) (*naut.*), spillage *s.*, sweeps (*pl.*).

Fehl / anzeige *f.* (*rad.*), nil return *s.*, negative report *s.*, (*radar*) indication error *s.*; **–berechnung** *f.* (*naut.*), miscalculation *s.*; **–echo** *n.* (*radar*), false echo *s.*

Fehler *m.* (*naut.*), error *s.*, mistake *s.*, (*rac.*) fault *s.*, (*coll.*) blunder *s.*, (*astr.*) error *s.*, (*tech.*) defect *s.*, vice *s.*; flaw *s.*, fag *s.* (*as in sailcloth*); **konstanter –** (*radar*), constant error *s.*; **ständiger –** (*radar*), fixed error *s.*; **zulässiger –** (*naut., radar, etc.*), tolerable error *s.*; **– in der Vermessung,** error *s.* in measurement, erroneous measurement *s.* **Fehler / beseitigung** *f.*, elimination *s.* of defect(s) *or* (*coll.*) trouble; **–dreieck** *n.* (*naut.*), cocked hat *s.*, (*am.*) triangle *s.* of error; **f–frei** *adj.*, faultless, flawless, perfect, sound (*as boat, sailcloth, etc.*); **–grenze** *f.* (*naut., tech.*), margin *s.* of error, tolerance *s.*; **f–haft** *adj.*, defective, faulty, incorrect; **f–hafte Naviation** *f.*, incorrect *or* improper navigation *s.*; **–kreis** *m.* (*naut.*), circle *s.* *or* range *s.* of uncertainty; **–quelle** *f.*, source *s.* of error *or* defect.

Fehl / konstruktion *f.*, faulty construction *s.* (*of boat*) *or* design *s.* (*of sail*); **–schaltung** *f.*, faulty control *s.*; **–start** *m.* (*rac.*), false *or* unsuccessful start *s.*, (*am.*) miss *s.*; **f–steuern** *v.*, **ein Boot –steuern,** to yaw a boat; **–weisung** *f.*, compass error *s.*, (magnetic) deviation *s.* (*of the compass*); **–zündung** *f.*, backfire *s.* (*of motor*).

Feile *f.* (*tech.*), file *s.*; **grobe –,** rasp *s.*

fein *adj.*, accurate, precise (*of instruments*), fine (*adjustment*); **–er Regen,** drizzling rain *s.* **Fein / abgleich** *m.* (*rad.*), fine adjustment *s.*; **–ablesung** *f.*, vernier reading *s.*; **–abstimmung** *f.* (*rad.*), fine *or* sharp tuning *s.*; **–anzeige** *f.* (*rad. D/F*), micro-indication *s.*; **–azimut** *m.*, fine bearing *s.*, true bearing *s.* *or* heading *s.*; **–einstellung** *f.*, vernier adjustment *s.*; (*rad.*) fine *or* sharp tuning *s.*; precise *or* precision adjustment *s.* (*of instruments*); **–mechanik** *f.*, precision mechanics (*pl.*); **–messer** *m.*, **–meßschraublehre** *f.*, micrometer *s.*; **–ortung** *f.*, precision direction-finding *s.* *or* D/F; (*Loran*) fine delay *s.*; (*Decca*) phase comparison *s.*; **–passung** *f.* (*tech.*), free fit *s.*; **–regelung** *f.* (*tech.*), fine *or* precise control *s.*; **–schicht** *f.*, gelcoat *s.* (*shipb.*); **–schraube** *f.*, tangent screw *s.* (*of sextant*); **f–stellen** *v.*, to adjust, to make fine adjustments, to set exactly (*as instruments, etc.*); **–steller** *m.*, vernier *s.*; **–stellschraube** *f.*, vernier adjustment screw *s.*; **–stellung** *f.*, vernier adjustment *s.*; (*rad.*) fine *or* sharp tuning *s.*; **–struktur** *f.*, micro-structure *s.* (*of sailcloth*).

Feld *n.* (*rac.*), field *s.* (*of boats*), fleet *s.*, (*am., sl.*) pack *s.*; (*phys.*) field *s.*; **erdmagnetisches –,** terrestrial magnetic *or* geomagnetic field *s.*; **magnetisches –,** magnetic field *s.*; **ein starkes –** (*rac.*), a good field *s.*; **sich vom – absetzen** (*rac.*), to break away from the field *or* fleet *or* (*am.*) pack; **das – anführen** (*rac.*), to lead the field *or* fleet; **das – behaupten** (*rac.*), to win the day; **beim Kern des –es bleiben,** to stay close to the body of the field *or* fleet; **hinter dem – hersegeln,** to bring up the rear. **Feld / eis** *n.*, field ice *s.*; **f–frei** *adj.* (*elec., phys.*), zero-field; **–intensität** *f.* (*phys.*), field intensity *s.* *or* strength *s.*, strength *s.* of field; **–magnet** *m.*, field magnet *s.*; **–stärke** *f.* (*phys.*), field intensity *s.* *or* strength *s.*, strength *s.* of field; **magnetische –stärke** *f.*, magnetic force *s.*, magnetic field intensity *s.* *or* strength *s.*; **–stärkeanzeigeinstrument** *n.* (*phys.*, *rad.*), signal *or* S-meter *s.*

Fellboot *n.*, skin boat *s.*

Felsen *m.* (*naut.*), cliff *s.*, rock *s.*; **–insel** *f.*, rocky island *s.*; **–klippe** *f.*, cliff *s.*, (*naut.*) scar *s.*; **steile –klippe** *f.*, stack *s.*; **–küste** *f.*, ironbound *or* rocky coast *s.* *or* shore *s.*; **–riff** *n.*, ledge *s.*, reef *s.*; **voller –riffe,** ledgy. **felsig** *adj.*, craggy, ledgy, rocky. **Fels / spalte** *f.*, chasm *s.*, cleft *s.*, crevice *s.*; **scharfe –spitze** *f.*, needle *s.*; **steiles –ufer** *n.*, bluff *s.*

Feluke *f.*, felucca *s.* (*Arabian coaster*).

Fender *m.*, fender *s.*; **die – aushängen,** to hang *or* to put out the fenders. **Fender / brett** *n.*, fender plank *s.* *or* spar *s.*; **horizontales –holz** *n.* **(am Pier),** wale-shore *s.*; **–öse** *f.*, fender eye(let) *s.* *or* fairlead *s.*; **–pfahl** *m.*, fender pile *s.* *or* post *s.*; **–schloß** *n.*, fender bracket *s.* *or* clip *s.* *or* lock *s.*; **–tau** *n.*, swifter *s.*

Fensterkiel *m.*, fin keel *s.* with (a) hole *or* window.

Fern / ablesung *f.*, remote reading *s.* (*of instruments*); **–antrieb** *m.*, remote drive *s.*; **–anzeige** *f.*, remote indication *s.* (*of instruments*); **f–anzeigend** *adj.*, remote indicating (*of instruments*); **–barometer** *n.*, telebarometer *s.*; **f–bedient** *adj.*, remote controlled (*of instruments*); **–bedienung** *f.*, remote control *s.*; radio control *s.*; **–bedienungsvorrichtung** *f.*, remote-control outfit *s.* *or* equipment *s.* *or* device *s.*; **–bereichnavigation** *f.*, long-range navigation *s.*; **–bereichnavigationshilfen** *f.*/*pl.*, long-range navigation(al) aids (*pl.*); **–betätigung** *f.*, telecontrol *s.* (*of instruments*). **Ferne** *f.*, distance *s.*; **aus der –,** from afar, from a distance; **in der –,** at a distance, in the distance, far off. **Fern / empfang** *m.* (*rad.*), long-distance reception *s.*; **–funkfeuer** *n.*, long-range radio beacon *s.*; **–funkverbindung** *f.*, telecommunication *s.*; **f–gesteuert** *adj.*, remote-controlled, tele-operated (*of instruments*); **–glas** *n.*, binocular(s) *s.* (*pl.*), telescope *s.*; **f–halten** *v.*, to keep away *or* off, to fend off, to hold off (*boat*), to steer clear (of) (*the shore, etc.*), to keep at a distance; **–kabel** *n.*, telodynamic cable *s.*; **–kompaß** *m.*, remote indicating *or* indication compass *s.*, telecompass *s.*; **–lenkung** *f.*, remote control *s.*, telecontrol *s.*, radio control *s.*; **–meldetechnik** *f.*, telecommunications (*pl.*); **–meßgerät** *n.* (*rad.*, *elec.*), telemeter *s.*; **–navigation** *f.*, long-range navigation *s.*; **–radar** *n.*, long-range radar *s.*; **–rohr** *n.*, telescope *s.*; **astronomisches (terrestrisches) –rohr** *n.*, astronomical (terrestrial) telescope *s.*; **–rohrpeilaufsatz** *m.*, telescopic sight *s.*; **–rohrträger** *m.* **(am Sextanten),** collar *s.*; **–schalter** *m.*, remote-control switch *s.*; **–schreiber** *m.* **(an Bord),** teleprinter *s.* *or* -typewriter *s.*, type-writing telegraph *s.*, typotelegraph *s.*; **–schreibgespräch** *n.*, teletypewriter conference *s.*, TELECON *s.*; **–schreibvermittlung** *f.*, teleprinter exchange *s.*, TELEX *s.*; **–sehempfänger** *m.* **(an Bord),** television receiver *s.*, (*coll.*) telly *s.*, TV *s.*; **–sehen** *n.*, television *s.*, TV *s.*, (*coll.*) telly *s.*, (*am.*) video *s.*; **im –sehen,** on television; **zum –sehen gehörend** *od.* **gehörig** (*am.*), video (*adj.*); **–sehkanal** *m.*, television *or* (*am.*) video channel *s.*; **–sehnavigation** *f.*, TV navigation *s.*; **–seher** *m.*, television *or* TV (receiver) *s.* (*set*); **–sehradar** *n.*, television *or* TV radar *s.*; **–seh-Radar-Navigation** *f.*, television *or* TV radar navigation *s.*, teleran *s.*, TELERAN *s.*; **–sehsender** *m.*, **–sehstation** *f.*, tele-station *s.*; **–sehstörungen** *f.*/*pl.*, television *or* TV interference *s.*; **–sicht** *f.* (*naut.*), vista *s.*, distant view *s.*; **–signal** *n.*, distant signal *s.*; **–steueranlage** *f.*, **–steuerapparat** *m.*, **–steuergerät** *n.*, follow-up gear *s.*, remote-control gear *s.* *or* system *s.*; (*naut.*) telemotor steering-gear control *s.*; **f–steuern** *v.*, to radio-control; **ein Instrument (ein Gerät) f–steuern,** to operate an instrument (a device) by remote control; **–steuerung** *f.*, telecontrol *s.*, remote (position) control *s.*; **automatische –steuerung** *f.*, automatic remote control *s.*; **drahtlose –steuerung** *f.*, teleautomatics (*pl.*); **mechanische –steuerung** *f.*, telemechanics (*pl.*); **–tastung** *f.* (*rad.*), remote keying *s.*; **–thermometer** *n.*, remote-reading thermometer *s.*, telethermometer *s.*; **–übertragung** *f.*, remote transmission *s.*; **–übertragungskompaß** *m.*, telecompass *s.*; **–überwachungssystem** *n.* **(an Bord)**, remote-control *or* supervision system *s.*; **–wirkung** *f.*, long-range effect *s.*, (*phys.*) radiation effect *s.*

Ferrit *m.*, ferrite *s.*; **–antenne** *f.*, **–stab** *m.* (*rad.*), ferrite aerial *s.* *or* (*am.*) antenna *s.*

Ferro / magnetismus *m.*, ferromagnetism *s.*; **–zement** *m.*, ferroconcrete *s.* (*shipb.*).

fertig *adj.* (*naut.*), clear, ready (*for sea or to sail*); **–!** (*com.*, *int.*), all clear!; ready to sail!. **Fertig / fabrikat** *n.*, prefabricated elements (*pl.*) *or* parts (*pl.*), (*coll.*) prefab *s.*; **–konstruktion** *f.*, prefab construction *s.* (*shipb.*); **–segel** *n.*, stock sail *s.*; **–stellung** *f.*, completion *s.*, finish *s.* (*shipb., sail*).

fest *adj.* (*naut, tech.*), fast, fixed, tight; compact, hard, solid (*shipb., etc.*); steady (*course*); (*meteor.*) stationary; moored (*of boat*); (*naut., int.*) avast!, 'vast!; **halt –!** (*int.*), hold tight!; – **werden,** to take a set (*of polyester resin, etc.*); **–er Ballast** *m.*, fixed *or* permanent ballast *s.*; **–er Liegeplatz** *m.*, appropriated berth *s.*; **–es Luggersegel** *n.*, standing lug (sail) *s.*; **–er Magnetismus** *m.*, permanent magnetism *s.*; **–e Part** *f.*, fixed *or* standing part *s.*; **–e Reling** *f.*, fixed railing *s. or* guard rail *s.*; **–e Rolle** *f.*, fast pulley *s.*; **–es Seezeichen** *n.*, land marker *s.*, fixed *or* permanent seamark *s. or* navigation mark *s.*

Fest / antenne *f.*, fixed aerial *s. or* (*am.*) antenna *s.*; **f–bändseln** *v.*, to tie *or* to pass a lashing; **f–binden** *v.*, to lash, to seize, to tie up, to fasten, to make fast; **f–bolzen** *v.*, **sich auf der Kreuz f–bolzen,** to get stuck when beating (*of yacht*); **–echo** *n.* (*radar*), permanent echo *s.*; **(sich) f–fahren** *v.*, to run aground (*of boat*); **–feuer** *n.*, fixed light *s.*; **–feuer** *n.* **mit Blinkgruppen,** fixed and group flashing light *s.*; **–feuer** *n.* **mit Blitzen,** fixed quick flashing light *s.*; **–frequenz** *f.* (*rad.*), fixed frequency *s.*; **(sich) f–fressen** *v.* (*tech.*), to freeze; **f–geklemmt** *adj.*, jammed; **f–gekommen** *adj., p.p.*, (to be) fast aground (*of boat*); **im Schlick f–gekommenes Boot** *n.*, boat fast aground in the mud **f–gelaufen** *p.p.*, fast aground (*of boat*); **f–gelegte Wettfahrt-** *od.* **Regattabestimmungen** *f./pl.*, set rules (*pl.*); **f–gemacht(es Boot** *n.*) *p.p.*, moored (boat *s.*); **f–gurten** *v.*, to strap (*the trapeze belt*); **f–haken** *v.*, to hook (**an,** on), to hitch; **f–halten** *v.*, to hold fast *or* tight; **sich f–halten** *v.*, to cling (**an,** to); **Achtung f–halten!** (*int.*), hold tight! (*lines, etc.*); **–halter** *m.*, **–haltetau** *n.*, fast *s.*; **–haltevorrichtung** *f.*, retainer *s.*; **f–hieven** *v.*, avast heaving; **–hieven!** (*int.*), avast!, 'vast!.

Festigkeit *f.* (*phys., tech.*), strength *s.*, solidity *s.*; tensile strength *s.* (*of metal, sailcloth*); **–sgrenze** *f.* (*phys., tech.*), breaking strength *s.*; **–sschott** *n.*, strength(ened) bulkhead *s.*

Fest / keilen *n.*, wedging *s.* (*of the mast*); **f–keilen** *v.*, to wedge (*the mast*), to key on; **f–klemmen** *v.*, to clamp; to jam; **f–knebeln** *v.* (*naut.*), to toggle; **f–kommen** *v.*, to run aground *or* ashore; to stick (*of anchor, boat*); **f–kommen auf,** to foul, to run foul of (*a rock*); **im Schlick f–kommen,** to be *or* to get stuck in the mud, to stay put in the slick; **–land** *n.* (*naut.*), land *s.* (*contrary to the sea*); (the) main *s.*, mainland *s.*, continent *s.*; **–landsockel** *m.*, continental shelf *s.*; **f–laschen** *v.*, to lash; **–laufen** *n.* (*tech.*), seizing *s.* (*of a shaft, etc.*); **(einen Kurs) f–legen** *v.*, to plot (the course).

Festmache / boje *f.*, mooring buoy *s.*, makefast *s.*; **–kette** *f.*, mooring chain *s.*; **–leine** *f.*, mooring *or* securing *or* working line *s.*, shorefast *s.*; painter *s.* (*of a boat*); **–leine achtern,** sternfast *s.*, stern rope *s.*; **–leine dwars,** breast rope *s.*; **–leine vorn,** bow-fast *s.*, headfast *s.* **Festmachen** *n.*, mooring *s.* **festmachen** *v.*, to berth, to moor, to make fast, to tie up (*a boat*); to belay, to clench (*a rope*); (*tech.*) to attach (**an,** to), to fasten, to fix; (*int.*), avast hauling!; **am Anleger–,** to berth (*a boat*); **an Backbord(seite)–,** to secure port side to; **an einer Boje–,** to secure (the boat) to a buoy, to moor at a buoy; **etw. – an,** to rivet s.th. to; **mit Leinen** *od.* **Tauen –,** to span (in). **Festmache / pfahl** *m.*, mooring post *s.*; **–platz** *m.*, mooring place *s.* berth *s.*; **–poller** *m.*, mooring bitts (*pl.*). **Festmacher** *m.*, fast *s.* (*device*); mooring line *s. or* hawser *s. or* rope *s.*; moorer *s.*; (hawser) line runner *s.*, waterman *s.* (*pers.*); **Tätigkeit** *f. od.* **Fertigkeit** *f.* **eines –s,** watermanship *s.*; **– achtern,** sternfast *s.*; **– vorn,** bowfast *s.*; **––Dehnungsstander** *m.*, elastic mooring pendant *s. or* pennant *s.*; **–dienst** *m.*, mooring service *s.*; **–gebühr** *f.*, moorage *s.*; **–klampe** *f.*, mooring cleat *s. or* chock *s.*; **–leinen** *f./pl.*, mooring *or* securing *or* working lines (*pl.*) *or* ropes (*pl.*); **–schäkel** *m.*, mooring *or* securing shackle *s.*; **–stek** *m.*, mooring line hitch *s.* **Festmache / tonne** *f.*, mooring buoy *s.*; **–trosse** *f.*, mooring hawser *s.*

Fest / propeller *m.*, fixed (pitch) propeller *s. or* (*coll.*) prop *s.*; **–punkt** *m.* (*naut.*), land mark *s.*; fixed reference point *s.*, base *s.*; **–ruder** *n.*, fixed rudder *s.*; **f–schnallen** *v.*, to strap (*the trapeze belt, etc.*); **f–schrauben** *v.*, to screw up (tightly), to screw tight; **sich f–setzen** *v.*, to spat (*of barnacles*); **f–sitzen** *v.* (*naut.*), to be aground, to be stuck; (*tech.*) to jam; **(sich) f–stampfen** *v.*, (to be) in irons (*of boat*); **f–stecken** *v.* (*naut.*), to hitch; **f–stecken!** (*int.*), hold on!; **ein Tau f–stecken,** to hitch a rope; **f–stehend** *adj.* (*naut., meteor.*), stationary, fixed; **–stellhebel** *m.*, locking lever *s.*; **–stellschraube** *f.*, set screw *s.*; **–– und Blitzfeuer** *n.*, fixed and flashing light *s.*; **–– und Gruppenblitzfeuer** *n.*, fixed and group flashing light *s.*; **–werden** *n.*, set *s.* (*of polyester resin, etc.*); **–zeichen** *n.* (*radar*), permanent echo *s.*; **–zeichenunterdrückung** *f.* (*radar*), moving target indication *s.*; **f–zurren** *v.*, to lash, to secure, to seize, to fasten, to make fast, to tie up; **ein Boot f–zurren,** to gripe *or* to secure the boat; **das Sonnensegel f–zurren,** to house the awning; **f–zurren an,** to secure to.

Fett *n.* (*tech.*), grease *s.*, lubricant *s.* **Fett/buchse** *f.*, grease box *s.*, grease-liner *s.*; **eingebaute –buchse** *f.*, built-in grease-liner *s.*; **–horn** *n.*, grease *or* rigger's horn *s.*; **–lösungsmittel** *n.*, grease solvent *s.*; **–presse** *f.*, **–spritze** *f.*, grease-gun *s.*

fetzen *v.* (*naut. dial.*), **es fetzt,** it is blowing hard, the sea is running high.

feucht *adj.* (*naut.*), wet; (*meteor.*) damp; **etwas –,** dampish (*of weather*); **ziemlich –,** wettish (*of weather*); **–er Dunst** *m.* (*meteor.*), mist *s.*; **–es Element** *n.* (*elec.*), wet cell *s.*; **–e Luft** *f.* **ohne Regen** (*meteor.*), evaporation *s.*; **–es Schiff** *n.*, wet *or* unseaworthy ship *s. or* yacht *s. or* vessel *s.* **Feuchtigkeit** *f.* (*meteor.*), humidity *s.* (*of the air*); dampness *s.*, moistness *s.*, moisture *s.*, wetness *s.*, wet *s.* (*of climate, weather*); **absolute –** (*meteor.*), absolute humidity *s.*; **relative –** (*meteor.*), relative humidity *s.* **feuchtigkeits/beständig** *adj.*, **–fest** *adj.*, damp-proof, moisture-proof; **–geschützt** *adj.*, moisture-proof; **F–messer** *m.*, hygrometer *s.* **feucht/kalt** *adj.*, clammy, damp, dank, wet; **–warm** *adj.*, muggy.

Feudel *m.* (*dial. n.*), deck cloth *s.*, scouring cloth *s.*, (*coll.*) mop *s.* **feudeln** *v.*, to swab down (*the deck*).

Feuer *n.* (*naut.*), light *s.*, navigation light(s) *s.* (*pl.*); fire *s.*; **unbewachtes –** (*naut.*), unattended *or* unwatched light *s.*; **unterbrochenes –** (*naut.*), occulting light *s.*, intermittent light *s.*; **– in der Kimm,** light *s.* dipping the horizon; **– in Linie** (*naut.*), lights (*pl.*) in line *or* in transit. **Feuer/alarmübung** *f.* (*naut.*), fire-drill *s.*; **–bake** *f.*, beacon *s.*; **f–beständig** *adj.*, fire-proof, heat-resistant; **–buch** *n.* (*naut.*), Admiralty list *s.* of lights; **f–fest** *adj.*, fire-proof; **f–feste Farbe** *f.*, fire-resisting paint *s.*; **f–fester Anstrich** *m.*, fire-proof coat *s.* (of paint) *or* coating *s.* (*for boats*); **f–gefährlich** *adj.*, combustible, highly inflammable; **nicht f–gefährlich,** *adj.*, non-inflammable; **f–hemmend** *adj.*, flame-resistant, fire-retarding; **–hemmschott** *n.*, fire-retarding bulkhead *s.*; **–höhe** *f.* (*naut.*), elevation *s.* (*of lights*); **–löschanlage** *f.* **an Bord,** sprinkler system *s.* fire-extinguishing installation *s. or* plant *s.*; **–löschboot** *n.*, fire boat *s.* or craft *s. or* float *s.*; **–löschboot** *n.* **mit Spritze**, monitor *s.*; **–löscher** *m.*, fire-extinguisher *s.*; **–löschgerät** *n.*, fire-fighting equipment *s. or* gear *s.*; **–löschmannschaft** *f.* (*naut.*), fire brigade *s. or* party *s. or* gang *s.*; **–löschmanöver** *n.* (*naut.*), fire-drill *s.*; **–löschpumpe** *f.*, fire pump *s.*; **–löschrolle** *f.* (*naut.*), fire stations (*pl.*), fire-fighting bill *s.*; **–löschschlauch** *m.*, fire-hose *s.*; **–löschsystem** *n.* **an Bord,** sprinkler system *s.*, fire-extinguishing system *s.*; **–luk** *n.*, **–luke** *f.*, fire escape (hatch) *s.*; **–meldeanlage** *f.* **an Bord,** fire-alarm system *s.*; **automatischer –melder** *m.* **an Bord,** fire detector *s.*, pyrostat *s.*; **–probe** *f.* (*naut., hum.*), crucial test *s.*; **–schiff** *n.* (*naut.*), light(-)ship *s. or* vessel *s.*; **–schiffrennen** *n.*, race *s.* from … to …, light-ship race *s.*; **–schiffsignal** *n.*, light-ship signal *s.*; **–schott** *n.*, fireproof bulkhead *s.*; **–schutz** *m.*, fire prevention *s. or* protection *s.*; **–sektor** *m.* **eines Leuchtfeuers,** light sector *s.*, sector *s.* of a light; **f–sicher** *adj.*, fire-proof, non-inflammable, incombustible; **–signal** *n.* (*naut.*), flare *s.*; **mit –signal signalisieren,** to flare; **–tonne** *f.* (*naut.*), fire barrel *s.*; **–träger** *m.* **eines Leuchtfeuers,** column *s.*; **–turm** *m.*, lighthouse *s.*; **automatisches –warngerät** *n.*, fire detector *s.*, pyrostat *s.*; **–zeichen** *n.* (*naut.*), beacon *s.*, signal flash *s.*

Fiber *f.* (*naut.*), fibre *s.*, (*am.*) fiber *s.*; **–glas** *n.*, fibreglass *s.*, (*am.*) fiberglass *s.* (*shipb.*); **–tau(werk)** *n.*, fibre *or* (*am.*) fiber rope *s.*

Fid *n. od. m.*, splicing fid *s.*, splicer *s.*, splice bar *s.*, (cant) fid *s.*

Fieder *f.* (*naut.*), **1 –,** 10 knots (of wind) (*on pilot or weather chart*).

Fieren *n.*, lowering *s.* (*of sail*), veering *s.* (*of wind*). **fieren** *v.*, to ease, to lower, to slack (away), to slacken, to veer (away), (*coll.*) to hog down (*a sail*), to lower (*the anchor*), to pay out, to slack away, to slacken (*ropes*); to veer, to veer round against the sun (*of wind*); **den Anker –,** to lower the anchor; **die Schot –,** to slacken the sail; **ein Segel –,** to lower a sail; **Schwert und Ruder auf Tiefe –,** to lower centreboard and rudder; **Tauwerk –,** to strike (below) *or* to veer rope; **– und dichtholen,** to veer and haul. **Fier weg!** (*int.*), lower away!, ease off!, slack(en) away!.

Fifty-Fifty *m.*, fifty-fifty *s.* (*auxiliary powered cruising yacht, motor sailer*).

Filter *m. od. n.* (*tech.*), filter *s.*, strainer *s.*

Filz(ab)dichtung *f.*, felt pad(ding) *s.*

Finale *n.* (*rac.*), final(s) *s.* (*pl.*). **Final/runde** *f.* (*surf.*), final round *s. or* (*coll.*) heat *s.*; **–start** *m.* (*surf.*), final start *s.*

Fingerling *m.* (*naut.*), (rudder) pintle *s.*

Finish *m. od. n.* (*rac.*), finish *s.*; finish *s.* (*of* *sailcloth, boat, etc.*).

Finkennetz *n.* **des Mars,** top netting *s.* **Finknetz** *n.* (*naut.*), netting *s.*

Finne *f.* (*surf.*), fin *s.* (*surfboard*).

finster *adj.*, dark, gloomy, dim, obscure, (*meteor.*) threatening; – **drohen** (*meteor.*), to lower; **–es Drohen** *n.* (*meteor.*), lower *s.* **Finsternis** *f.*, darkness *s.*, gloom *s.*, obscurity *s.*, (*astr.*) eclipse *s.*; **partielle (totale) –** (*astr.*), partial (total) eclipse *s.*

Firnis *m.*, lacquer *s.*, varnish *s.*, gloss *s.*; **–farbe** *f.*, lacquer *s.*, varnish *s.* (*for boats*). **firnissen** *v.*, to varnish.

Firstlatte *f.*, ridge pool *s.* (*for awning*); strongback *s.* (*for tarpaulin*); **–öffnung** *f.*, shark's mouth *s.* (*of awning*).

Fisch *m.* (*naut.*), fish *s.* (*mast reinforcement*); king plank *s.* (*deck*); **–besatz** *m.*, fry *s.* (*fishery*); **–block** *m.* (*naut.*), fish block *s.*; **–blocksteert** *m.*, fish-back *s.*; **–dampfer** *m.*, trawler *s.*; **–dampferlaterne** *f.* *od.* **-licht** *n.*, tricolo(u)red masthead lantern *s.*

fischen *v.* (*naut.*), to fish, to sweep (**nach,** for); to fish (*fishery*); **den Anker –,** to fish (for) the anchor; **einen Mast –,** to fish the mast; **nach einer Boje –,** to sweep for a buoy.

Fischer *m.*, fisherman *s.*, angler *s.*; **– auf einer Schmack(e),** smacksman *s.* **Fischer / boje** *f.*, dan buoy *s.*; **–boot** *n.*, fishing(-)boat *s.*, fisherman *s.*; **alleinfahrendes –boot** *n.* (*coll.*), single-boater *s.*, (*dial.*) peter boat *s.*; **flaches –boot** *n.*, coble *s.*; **–boot** *n.* **mit Bünn,** fishing smack *s.*, (*am.*) smack *s.* **Fischerei** *f.*, fishery *s.*, fishing *s.*, trawling *s.*; jigging *s.*; **–aufseher** *m.*, water bailiff *s.*; **–boje** *f.*, dan *or* fishing buoy *s.*; **–fahrzeug** *n.*, fishing *or* fishery craft *or* vessel *s.*; **–flotte** *f.*, fishing fleet *s.*; **–gebiet** *n.*, fishing grounds (*pl.*); **–gerechtsame** *f.*, common *s.* of piscary; **–gewässer** *n.* (*pl.*), fishing waters (*pl.*); **–hafen** *m.*, fishing harbo(u)r *s.* *or* port *s.*; **–karte** *f.*, fishery chart *s.*; **–lichter** *n.*/*pl.*, fishing *or* working lights (*pl.*) *or* lanterns (*pl.*); **–netz** *n.*, fishing net *s.*; **–privileg** *n.*, **–recht** *n.*, common *s.* of piscary, fishing rights (*pl.*), right *s.* of fishery; **–warngebiet** *n.*, area *s.* closed to fishing. **Fischer / knoten** *m.*, fisherman's bend *s.*; **–licht** *n.*, fishing *or* working lights (*pl.*); **–logger** *m.*, herring lugger *s.*; **–mann** *m.*, fisherman *s.*; **–mann-Stagsegel** *n.*, fisherman's staysail *s.*; **–mannstek** *m.*, fisherman's bend *s.*

Fisch / gatter *n.*, **–gitter** *n.* **in Flüssen** (*Scots, dial.*), heck *s.*; **–grätenstich** *m.* (*naut.*), herringbone stitch *s.*; **–grund** *m.*, **–gründe** *m.*/*pl.*, fishing grounds (*pl.*); **–haken** *m.*, fish hook *s.*; **–kutter** *m.*, fish(ing) cutter *s.*; **–kutter** *m.* **mit Bünn,** fishing smack *s.*; **–logger** *m.*, drifter *s.*; **–netz** *n.*, fishing net *s.*; **–planke** *f.*, king plank *s.* (*deck*); **–reuse** *f.*, creel *s.*, kiddle *s.*, fish-trap *s.*, bow net *s.*, weir *s.*; fyke *s.*; **–schäkel** *m.*, fish shackle *s.* (*anchor*); **–schwarm** *m.*, school *s.* of fish; **–talje** *f.*, fish tackle *s.*; **–tau** *n.*, sweep *s.* (*for anchor*).

Fischung *f.* (*naut.*), fish (joint) *s.*; partners (*pl.*); king plank *s.* (*deck*); **–en** *f.*/*pl.*, partners (*pl.*).

Fisch / wasser *n.*, fishing ground(s) *s.* (*pl.*); **–wehr** *n.*, kiddle *s.*; **–zug** *m.*, catch *s.*, haul *s.*, draught *s.* (of fish).

Fitt *n. od. m.*, (*s.* **Fid**).

Fitting *m. od n.*, fitting(s) *s.* (*pl.*) (*yacht equipment*).

Fix / punkt *m.* (*naut.*), fixed point *s.*; **–stern** *m.* (*astr.*), fixed star *s.*; **–sternparallaxe** *f.* (*astr.*), annual *or* heliocentric parallax *s.*

Fjord *m.* (*geogr.*), fiord *s.*

Flach *n.* (*naut.*), bilge *s.*; (*geogr.*) flat *s.*, shallows (*pl.*), shoal *s.*, shelf *s.*; **im – leck machen** *od.* **werden,** to bilge (*of boat*).

flach *adj.* (*naut. geogr.*), flat, shallow, shoal; **– werden,** to shallow, to shoal (*of water*); **–es Fischerboot** *n.*, coble *s.*; **–e Stelle** *f.*, flat *s.*, shallows (*pl.*), shoal *s.*; **–es Tief** *n.* (*meteor.*), flat minimum *s.*

Flach / bändsel *n.*, flat seizing *s.*; **–boden** *m.*, flat bottom *s.* (*of boat*); **–bodenboot** *n.*, flat boat *s.*, flat-bottomed boat *s.*; **–boot** *n.*, flat(-bottomed) boat *s.*, punt *s.*

Fläche *f.*, surface *s.*, area *s.* (*of sail, water, etc.*), space *s.*; (*geom.*) plane *s.*; **tragende–,** bearing surface *s.*; **weite –,** sheet *s.* (*of water*). **Flächen / ausdehnung** *f.*, square dimension *s.*; **–belastung** *f.*, loading *s.* surface load *s.*; **–blitz** *m.*, sheet (of) lightning *s.*; **–druck** *m.*, surface pressure *s.*, pressure *s.* per unit area; **–einheit** *f.*, unit *s.* of area; **–eis** *n.*, sheet ice *s.*; **–inhalt** *m.* (surface) area *s.*; **–maß** *n.*, surface measure(ment) *s.*, square *or* superficial measure *s.*; **–raum** *m.*, area *s.*; **–schwerpunkt** *m.*, centre *s.* (*am.* center *s.*) of area; **f–treu** *adj.*, of equal area; **–winkel** *m.*, interfacial *or* plane angle *s.*

Flach / feder *f.*, flat spring *s.*; **–feile** *f.*, flat file *s.*; **–gang** *m.*, bottom plank *s.* (*shipb.*); **–gewinde** *n.*, square thread *s.* (*of screw*); **–glaskompaß** *m.*, flat-glass compass *s.*; **–halten** *n.* **der Riemen,** feather *s.* (*rowing*); **(die Riemen) f–halten** *v.*, to feather (the oars); **(ein Segel) f–holen** *v.*, to flatten (the sail); **–kiel** *m.*, flat *or* plate keel *s.*; **–knoten** *m.*, flat bend *s.* *or* hitch *s.* *or* knot *s.*; **–kopfbolzen** *m.*, flathead *s.*; **–kopfschraube** *f.*, countersunk screw *s.*; **–küste** *f.*, low-lying coast *s.*, flat shore *s.*; **–lasching** *f.*, flat lashing *s. or* scarf *s.*; **f–liegen** *v.*, to feather (*rowing*); **–lot** *n.*, shallow sounding-lead *s. or* sounder *s.*; **–mann** *m.* (*coll.*), flatman *s.*, star-cut spinnaker *s. or* (*coll.*) spi *s.*; **–naht** *f.*, flat seam *s.* (*of sails*); **–platting** *f.* (*coll. m.*), flat sennit *s.*; **–reff** *n.*, flat *or* flattening reef *s.*; **–reffpunkt** *m.*, flattening reef point *s.*; **–rennen** *n.*, flat racing *s.*; **–see** *f.*, shelf sea *s.*; **–wasser** *n.*, shallow water *s.*, shoal *s.*; **–wegerung** *f.*, floor ceiling *s.* (*shipb.*); **–zange** *f.*, flat-nosed pliers (*pl.*).

Flackerfeuer *n.* (*naut.*), flare *s.*, flaring light *s.*, flare-up light *s.*, flashing light *s.* **flackern** *v.*, to flare, to flicker (*of light*).

Flagge *f.* (*naut.*), colo(u)rs (*pl.*), ensign *s.*, flag *s.*; (*pl., collect.*) bunting *s.*; **das Schiff hatte alle Flaggen gesetzt,** the ship showed all her bunting; **fremde –,** foreign colo(u)rs (*pl.*); **kleine –,** pendant *s.*, pennant *s.*; **unter falscher –,** under false colo(u)rs; **die – dippen,** to dip the flag; **die – einziehen,** to strike the flag; **seine – führen,** to show one's colo(u)rs, to fly the flag; **eine – halb heißen,** to hoist (the flag) at a *or* the dip; **die – halbstock führen** *od.* **setzen,** to fly the flag at half-mast; **die – heißen** *od.* **hissen,** to hoist the flag; **die – niederholen,** to lower *or* to strike the flag; **eine – setzen,** to set the flag; **eine – streichen,** to strike the flag; **die – vorheißen,** to hoist (the flag) close up; **(die) – zeigen,** to wear (*of ship*), to show one's colo(u)rs *or* the flag; **– der Kreuzer-Abteilung,** flag *s.* of the cruising association; **– in** *od.* **im Schau,** waif *s.*, waft *s.*, weft *s.*, wheft *s.*, flag *s.* with a waft *or* wheft (*distress signal*); **– Q** (*naut.*), yellow flag *s.*, (*sl.*) yellow jack *s.* **flaggen** *v.*, to flag, to fly *or* to hoist *or* to show one's flag *or* colo(u)rs; to dress ship, to deck *or* dress with flags; to signal with flags; **halbmast** *od.* **halbstocks –,** to hoist the flag at half-mast; **über die Toppen –,** to dress (ship) with masthead flags *or* overall. **Flaggen / alphabet** *n.*, alphabetical flags (*pl.*); **–boje** *f.*, flag buoy *s.*; **–breite** *f.*, hoist *s.*; **–clip** *m.*, Inglefield clip *s.*, flag shackle *s.*; **–ehrung** *f.*, saluting *s.* the colo(u)rs; **–fall** *n.*, flag *or* signal halyard *s.*; **–führung** *f.*, carrying *s. or* setting *s.* of flags, flag etiquette *s.*; **–gaffel** *f.*, monkey gaff *s.*; **–gala** *f.*, flag dressing *s.*, dressed full; **–gala setzen,** to dress (the) ship; **–gruppe** *f.*, hoist *s.*; **–gruß** *m.*, flag dipping *s.*, flag salute *s.*; **–jolltau** *n.*, flag whip (runner) *s.*, dressing halyard *s. or* line *s.*; **–kasten** *m.*, colo(u)r chest *s.*, flag locker *s.*; **–knopf** *m.*, (masthead) truck *s.*; **–länge** *f.*, fly *s.* (of a flag); **–mast** *m.*, pole *s.*, signal(ling) mast *s.*; **–parade** *f.*, (hoisting and striking the) colo(u)rs (*pl.*), saluting *s.* the colo(u)rs, flag dressing *s.*; **–pol** *m.*, (jack) staff *s.*, flag pole *s.*; **–schäkel** *m.*, Inglefield clip *s.*, flag shackle *s. or* clip *s.*; **–schein** *m.*, flag certificate *s.*; **–signal** *n.*, flag signal *s.*, (*naut., coll.*) wigwag *s.*; **–signale geben,** to flag, (*coll.*) to wigwag; **–signalisieren** *n.*, flag signalling *s.*; **–stell** *n.*, set *s.* of flags; **–stock** *m.*, flag( )staff *s.*, flag pole *s.*, (jack) staff *s.*; **–stock** *m.* **am Bug,** jack staff *s.*; **–stock** *m.* **am Heck,** poop staff *s.*, ensign staff *s.*; **–stockhalter** *m.*, flagstaff *or* flagpole socket *s.*; **–tiefe** *f.*, hoist *s.*; **–topp** *m.*, flag pole *s.*, pole *s.* of royal *or* topgallant mast; **–trauer** *f.*, to half-mast the flag; **–tuch** *n.*, bunting *s.*; **–unterscheidung** *f.*, flag discrimination *s.*; **–wechsel** *m.*, change *s.* of (the) colo(u)rs *or* flags; **–winken** *n.*, semaphore *s.*; **durch –winken signalisieren,** to semaphore; **–zeichen** *n.*, flag signal *s.*; **durch –zeichen signalisieren** *od.* **warnen,** to flag, to semaphore, (*coll.*) to wigwag; **–zeugnis** *n.*, flag certificate *s.*

Flagg / kapitän, *m.*, flag captain *s.*; **–leine** *f.*, flag halyard *s.*, flag line *s.*; signal halyard *s.*; **–leinenwirbel** *m.*, dasher swivel block *s. or* shackle *s.*; **–offizier** *m.*, flag officer *s.*; **–pol** *m.*, pole *s.*; **–schiff** *n.*, flag ship *s.*

Flammen / signal *n.*, flare *s.* (*distress at sea*); **–zeichen** *n.*, beacon *s.*, signal-fire *s.* (*distress at sea*).

Flanke *f.*, **– eines Blockes,** flank *s. or* side *s.* of a block; **– des Mastprofils,** side *s.* of the mast profile; **–nfeeder** *m.*, wing feeder *s.* (*ship*).

Flansch *m.*, (*naut., tech.*), collar *s.*, flange *s.* **Flanschen / dichtung** *f.*, gasket *s.*; **–verbindung** *f.*, collar *or* flange joint *s.*

flappen *v.*, to flap., to flog, to slap (*of sails*); **die Segel –,** the sails are flapping; **die Segel – von einer Seite auf die andere,** the sails slap from side to side. **flappig** *adj.*, **ein –es Segel,** a flimsy sail.

Flaschen / post *f.*, bottle-post *s.*, drift bottle *s.*; **–zug** *m.*, block-and-tackle *s.*, pulley block *s.*, system *s.* of pulleys, (hoisting) tackle *s.*, whip *s.* and derry, whipsy derry *s.*

Flasher *m.*, flasher *s.*, blister *s.*, blazer *s.*, (*coll.*) flatman *s.* (*light-air sail*).

flattern *v.*, to flap, to flog, to flop, to flutter, to shiver (*of sails*), (*dial.*) to waff (*of sails, flag*), (*Scots*) to wallop (*of sails, flag*); to float (in the wind), to stream (*of telltales*); **im**

Wind –, to whip (in the wind) (*of sails, flag*).

flau *adj.*, calm, dull, weak (*of wind*); **–e Brise** *f.*, light *or* slack breeze *s.*; **–er Wind** *m.*, light wind *s.*; **der Wind wird –er,** the wind is dropping.

Flaute *f.*, calm *s.*, dullness *s.*, dead light wind *s.*, slack *s.*, slackness *s.* (*of wind*), doldrums (*pl.*) (*at sea*); **bei** (*od.* **in**) **–,** in near zero conditions (when drifting); **bei totaler –,** in dead light wind; **totale –,** dead light wind *s.*; **völlige –,** dead calm *s.* **Flauten / bedingungen** *f./pl.*, drifting conditions (*pl.*); **–eigenschaften** *f./pl.* **eines Segels,** drifting performance *s.* of a sail; **–schieber** *m.* (*naut. coll.*), (boat) motor *s.*, outboarder *s.*, inborder *s.*

Flechting *f.*, braiding *s.*

Fleck *m.*, **Flecken** *m.*, stain *s.* (*in a sail*); **dunkler –** (*radar*), obscure spot *s.*, obscurity *s.*; **voller –en,** stained (*of sails*).

Fledermaussegel *n.*, mutton-legger *s.*, leg-of-mutton sail *s.*, shoulder-of-mutton sail *s.*

Fleet *n.*, fleet *s.*, canal *s.*, waterway *s.* **Fleeter** *m.*, fleeter *s.* (*fishing vessel*). **Fleeth** *n.*, fleet *s.* (*fishing-net*).

Fleisch / gabel *f.* (*naut., coll.*), **lange – des Smutje,** tormentor *s.*; **–haken** *m.* (*naut., coll.*), meat hook *s.*, cowtailed rigging *s.* (*of wire rope*).

Flet *n.*, **Flete** *f.*, (*s.* **Fleet**).

Flettner / -Rotor *m.* (*naut.*), rotor *s.*; **–(sches) Rotorschiff** *n.*, (Flettner) rotorship *s.*; **–-Ruder** *n.*, Flettner rudder *s. or* fin *s.*

flexibel *adj.*, **flexible / r Mast,** bendy *or* flexible mast *s.*; **–s Rigg,** flexible rig *s.*

Flick *m.* (*naut.*), patch *s.* (*material for repairs*). **Flicken** *m.*, patch *s.* (*sails*). **flicken** *v.*, to mend, to patch (up), to repair. **Flick / werk** *n.*, patchwork *s.*; **–zeug** *n.*, mending things (*pl.*), repair outfit *s.* (*aboard*).

Flieboot *n.*, swifter *s.*; dinghy *s.*, tender *s.*; small fishing craft *s.*

fliegen *v.*, to fly (*of spinnaker, etc.*); **– lassen,** to let fly (*genoa, spi*). **fliegend** *adj.*, flying (*of spi*); **–er Ballast** *m.*, shifting ballast *s.*; **–e Brücke** *f.*, flying bridge *s.*; **–es Gewölk** *n.*, rack *s.*; **–e Schoten** *f./pl.*, flying *or* flowing sheets (*pl.*); **–es Trapez** *n.*, flying trapeze *s.*

Flieger *m.* (*naut.*), flying jib *s.*, trysail *s.*, Yankee foresail *s.*

Fliehkraft *f.*, centrifugal force *s.*

fließen *v.*, to stream, to flow, to run (*of water*). **Fließsand** *m.*, quicksand *s.*

Flimmer *m.* (*naut.*), glimmer *s.*, sparkle *s.* (*of a light*). **Flimmern** *n.* (*naut.*), glimmer *s.*, winking *s.* (*of a light*); (*astr.*) tremor *s.*; **schwaches –,** glimmering *s.* (*of a light*). **flimmern** *v.*, to glimmer, to flicker, to scintillate, to sparkle, to waver, to wink (*of a light*); to twinkle (*of stars*). **flimmernd** *pr.p.*, glimmering.

Flinderstange *f.* (*naut.*), Flinder's bar *s.* (*magnet*).

Flögel *m.*, wind pennant *s.*, dog vane *s.*

Floß *n.*, raft *s.*, float *s.*; **aufblasbares (Rettungs)–,** inflatable (life) raft *s.*; **(Gewässer) mit einem – befahren, auf einem – fahren,** to raft. **flößbar** *adj.*, floatable. **Floßbrücke** *f.*, floating *or* pontoon bridge *s.*

Flosse *f.* (*naut.*), stabilizer *or* stabilizing fin *s.*; float *s.* (*on fishing-net*).

flößen *v.*, to float, to raft.

Flossen / kiel *m.*, fin keel *s.*; **–kieler** *m.*, fin keeler *s.* (*yacht*); **–stabilisierungsanlage** *f.*, stabilizer fin *s.*, fin stabilizing *or* stabilization construction *s.*

Flößer *m.*, rafter *s.* (*am.*) raftsman *s.* **Floßsack** *m.*, rubber dinghy *s.*

Flott *n.*, float *s.* (*of a fishing-net*).

flott *adj.* (*naut.*), afloat, floating, water-borne (*of boat*); **das Boot ist –,** the boat is afloat; **immer – liegend,** always afloat; **nicht immer – liegend,** not always afloat; **nicht immer –, aber auf sicherem Grund liegend,** not always afloat, but safe aground; **sicher – liegend,** safely afloat; **wieder – machen** *od.* **werden,** to set afloat, to float, to refloat (*the boat*); **– bekommen,** to get *or* to set afloat (*boat*); **– liegen,** to lie afloat; **– schwimmend,** lively (*of boat*); **– sein,** to be afloat *or* floating, to float, to swim (*of boat*).

Flotte *f.*, fleet *s.*; navy *s.*, naval establishment *s.*, (*coll.*) argosy *s.*; float *s.* (*of a fishing-net*). **Flotten / begleitschiff** *n.*, escort vessel *s.*, corvette *s.*, (*nav.*) sloop *s.*; **–chef** *m.*, commander-in-chief *s.* (*of the navy*); **–kapitän** *m.*, **–kommodore** *m.*, fleet captain *s.*, commodore *s.*, chef *s.* (*of a yachting club*); **–regatta** *f.*, club *or* fleet race *s. or* regatta *s.*; **–streifzug** *m.*, naval raid *s.*; **–stützpunkt** *m.*, naval station *s.* **Flotthafen** *m.*, wet dock *s.*

Flottille *f.*, flotilla *s.*, squadron *s.*; **–nkommodore** *m.*, commodore *s.* (*of a cruising club*); **–nsegeln** *n.*, flotilla cruising *s.*

flottmachen *v.*, **ein Boot (wieder) –,** to float *or* to set the boat afloat, to refloat the boat.

Fluchten *n.* (*naut.*), **zum – bringen,** to fay in *or* into *or* together (*shipb.*).

Flucht / luk *n.*, **–luke** *f.*, escape hatch *s.*; **–linie** *f.*, vanishing line *s.*; **–punkt** *m.*, vanishing point *s.* (*of sight*).

Flug / boot *n.*, flying boat *s.*, seaplane *s.*; **–deck** *n.*, flight deck *s.* (*of air craft carrier*).

Flügel *m*[1] (*naut.*), **1 –,** 2 degrees Beaufort *or* Bft. (*of semaphore*).

Flügel *m.*[2], blade *s.*, fin *s.*, fluke *s.* (*of anchor*), vane *s.*, wing *s.* (*of propeller*, (*am. of turbine*); **– der Ankerflunke,** wing *s.* of the fluke. **Flügel / fläche(nverhältnis** *n.*) *f.* **eines Propellers,** blade area (ratio) *s.*; **–kante** *f.*, edge *s.*; **–lattentaschen** *f./pl.*, offset batten pockets (*pl.*); **–mutter** *f.* (*tech.*), butterfly- *or* thumb- *or* wing-nut *s.*; **–profil** *n.*, airfoil *s.* (*of propeller, sail, etc.*); **–pumpe** *f.*, vane pump *s.*; **–radpropeller** *m.*, vane-screw propeller *s.*; **–schott** *n.*, wing bulkhead *s.*; **–schraube** *f.*, butterfly- *or* thumb-screw *s.*, winged *or* wing nut *s. or* screw *s.*; **–spitze** *f.* **des Propellers,** tip *s.* of the blade; **–stopper** *m.*, wing stopper *s.*; **–ventil** *n.*, butterfly valve *s.*; **–welle** *f.* (*tech.*), axletree *s.*; **–winkel** *m.* **des Propellers,** blade angle *s.* (of the prop); **–zapfen** *m.*, wing gudgeon *s.* (*shipb.*).

Flug / funkfeuer *n.* (*naut.*), aeronautical radio beacon *s.*; **–sand** *m.*, quicksand *s.*; **–(zeug)-Seenot-Rettungsdienst** *m.*, air-sea rescue service *s.*; **–zeugträger** *m.*, aircraft-carrier *s.*

Fluh *n.*, fluke *s.* (*of anchor*).

Fluidkompaß *m.*, fluid *or* liquid *or* spirit compass *s.*

Flunke *f.*, fluke *s.* (*of anchor*).

Fluß *m.*, river *s.*, stream *s.* (*am. sl.*) kill *s.*; (*phys.*) flow *s.*, flux *s.*; **eisfreier –,** open river *s.*; **kleiner –,** riverlet *s.*; **dauernd Wasser führender –,** perennial river *s.*; **dem Gezeitenwechsel unterworfener –, von Ebbe und Flut abhängiger –,** tidal river *s.*; **einen – hinunterfahren** *od.* **-segeln,** to sail down (the) river. **fluß / abwärts** *adv.*, down(-)stream, down (the) river; **–aufwärts** *adv.*, up(-)stream, up (the) river. **Fluß / barkasse** *f.*, river launch *s.*; **–bett** *n.*, channel *s.*, river bed *s.*, water-course *s.*, (*am.*) run-up *s.*; **–biegung** *f.*, turn *s.* (of a river); **–boot** *n.*, river boat *s.*; **flaches –boot** *n.* (*am.*), pitpan *s.*; **leichtes langes –boot** *n.*, bateau *s.*; **–breite** *f.*, width *s.* of a river; **–bucht** *f.* (*am., canad.*), slough *s.*; **–dampfer** *m.*, waterbus *s.*; **magnetische –dichte** *f.* (*phys.*), flux density *s.*; **–fahrt** *f.*, river navigation *s.*, voyage *s.*; **–fahrzeug** *n.*, river craft *s. or* vessel *s.*; **–gebiet** *n.*, river basin *s.*, valley *s.*; **–hafen** *m.*, river port *s.*

Flüssigkeits / barometer *n.*, liquid barometer *s.*, sympiesometer *s.*, sympiezometer *s.*; **–druck** *m.*, hydraulic pressure *s.*

Fluß / kabel *n.*, river (underwater-)cable *s.*; **–kahn** *m.*, river barge *s.*; **flacher –kahn** *m.*, punt *s.*; **in einem –kahn fahren,** to punt; **–krümmung** *f.*, bend *s. or* turn *s.* (of a river); **–lauf** *m.*, river course *s.*, course *s.* of a river; **–lotse** *m.*, river pilot *s.*; **–mündung** *f.*, river mouth *s.*, estuary *s.*, embouchure *s.*; **–netz** *n.*, river network *s. or* system *s.*; **–polizei** *f.*, river *or* water guard *s. or* police *s.*; **–quelle** *f.*, riverhead *s.*; **–revier** *n.*, river(ine) sailing *or* yachting area *s.*; **–schema** *n.*, flow chart *s.*; **–schiff** *n.*, river boat *s.*; **–schiffahrt** *f.*, river traffic *s.*; river navigation *s.*; **–schiffer** *m.*, voyageur *s.* (*in Canada*); **U-förmige –schleife** *f.* (*am.*), oxbow *s.*; **–schlepper** *m.*, river tug- *or* towboat *s.*; **–transport** *m.*, river transport *s.*; **auf dem –transport befindlich,** riverborne; **–übergang** *m.*, river crossing *s.*; **–ufer** *n.*, (river) bank *s.*, waterside *s.*; **–- und Küstenbarke** *f.*, billy boy *s.* (*England*); **–- und Seeschiff** *n.*, river and seagoing yacht *s. or* ship *s. or* vessel *s.*; **–verkehr** *m.*, river *or* riverine traffic *s.*; **–werft** *f.*, river yard *s.*

Flüstertüte *f.* (*naut. sl.*), megaphone *s.*, speaking trumpet *s. or* tube *s.*

Flut *f.*, tide *s.*, flood(-tide) *s.*, high-tide *s.*, high-water *s.*, incoming *or* rising tide *s.*, inrush *s.*, (*coll.*) waters (*pl.*), flow *s.*; fresh *s.*, freshet *s.* (*in a river*); **Ebbe und –,** ebb *s.* and flow, tide *s.*; **von Ebbe und – abhängiger Fluß,** tidal river *s.*; **es ist –,** the tide is in, (the) tide is up; **besonders** *od.* **ungewöhnlich hohe –,** extra high tide *s.*; **zurückgehende –,** outgoing tide *s.*; **zurücklaufende –,** receding tide *s.*; **die – fällt,** the tide is going out; **die – geht,** the tide is ebbing *or* going out; **die – (ist ge)kentert,** the tide has turned; **die – kommt,** the tide sets in, the tide is coming in, the tide is rising; **gegen die – anlaufen,** to stem the tide (*of boat*); **mit der – auslaufen,** to sail on the tide; **mit der – steigen und fallen,** to tail to the tide, to tail up and down (with) the stream (*of boat*). **flutbar** *adj.*, floodable; **–e Abteilung** *f.*, floodable compartment *s.*; **–e Länge** *f.*, floodable length *s.* (*of boat*). **Flut / becken** *n.*, tide basin *s.*, wet dock *s.*; **–brandung** *f.*, (tidal) surf *s.*; **–dauer** *f.*, duration *s.* of flood. **fluten** *v.*, to flood (*the deck, etc.*); to flow, to stream; **es flutet,** the tide is coming in. **Flut / gang** *m.*, channel *s.*; **–gatter** *n.*, tide-gate *s.*; **–gebiet** *n.*, tidal waters (*pl.*); **–gebiet** *n.* **vor der Meeresküste** (*am., collect.*), tidewater *s.*; **–gerinne** *n.*, channel *s.*; **–grenze** *f.*, high-water mark *s.*; tide- *or* tidal line *s.*; **–hafen** *m.*, tidal harbo(u)r *s.*; **–höhe** *f.*, flood *s.*, high tide *s.*, high-water *s.*, height *s.* of the tide; **–karte**

f., tide-chart *s.*; **–licht** *n.*, flood light *s.*; searchlight *s.* (*distress at sea*); **–linie** *f.* **vor der Küste,** landwash *s.*; **–marke** *f.*, high-water mark *s.*; **–messer** *m.*, tide ga(u)ge *s.*; **selbsttätiger –messer** *m.*, marigraph *s.*; **–rinne** *f.*, channel *s.*; **–schleuse** *f.*, tide-lock *s.*, flood gate *s.*; **–schleusentor** *n.*, tide *or* head gate *s.*; **höchster –stand** *m.*, flood *s.*, high tide *s.*; **–strom** *m.*, flood stream *s.*, (*am.*) flood current *s.*; **–stromgrenze** *f.*, tidal border area *s.*; **–stunde** *f.*, retardation *s.* of tide; **–stundenlinie** *f.*, co-tidal line *s.*; **–tabellen** *f./pl.*, tide-tables (*pl.*); **–tor** *n.*, flood *or* head *or* tide *or* water gate *s.*, sea gate *s.* (*of a lock*), (*Scots, dial.*) stank *s.*; **–ventil** *n.*, sea cock *s.*, flood cock *s.*, flood(ing) valve *s.*; **–wasser** *n.*, tidewater *s.*, tidal water *s.*; **das Watt bedeckendes –wasser** *n.* (*am.*), tidewater *s.*; **–wechsel** *m.*, turn *s.* of the tide; **–weg** *m.* (*naut.*), swash channel *s.* (*am.*) swash *s.*; **–welle** *f.*, eagre *s.*, roller *s.*, tidal wave *s.*; tsunami *s.* (*seaquake*); **–wende** *f.*, turn *s.* of tide; **–zeichen** *n.* **am Pegel,** water mark *s.*; **–zeit** *f.*, flood tide *s.*, high-water *s.*; **–zeithöhe** *f.*, high-water *s.*, high tide *s.*; **die gleiche –zeithöhe haben,** (to be) cotidal; **Linien** *f./pl.* **gleicher –zeiten,** cotidal lines (*pl.*).

Flux-Gate *od.* **Fluxgate Kompaß** *m.*, Flux Gate compass *s.*, earth *or* (*am.*) ground induction *or* inductor compass *s.*

Fock *f.*, jib *s.*, fore(-)staysail *s.*; **ausgebaumte –,** boomed (out) jib *s.*; **fliegende** *od.* **fliegend gesetzte –,** flying jib *s.*; **das Schoten der –,** jib sheeting *s.*; **die – backhalten** *od.* **backschoten,** to back the jib. **Fock / baum** *m.*, jib boom *s. or* pole *s.*; **–brasse** *f.*, fore brace *s.*; **–einholer** *m.*, jib inhaul *s.*; **–fall** *n.*, jib halyard *s.*; **–fallwinsch** *f.*, jib-halyard winch *s.*; **–hals** *m.*, jib tack *s.*; **–holepunkt** *m.*, jib lead *s.*, jib hauling point *s.*; **–latten** *f./pl.* jib battens (*pl.*); **–mars** *m.*, fore top *s.*; **–marsstenge** *f.*, fore topmast *s.*; **–mast** *m.*, jib boom *s.*, foremast *s.*, (*coll.*) fore *s.*; **–niederholer** *m.*, jib downhaul *s.*; **–rah(e)** *f.*, fore yard *s.*; **–reff** *n.*, jib reef *s.*; **–reffreihe** *f.*, jib reef row *s.*; **–roller** *m.*, furling gear *s.* (for jib); **–schot** *f.*, jib *or* fore sheet *s.*; **–schot dicht!** (*int.*), jib sheet taut *or* tight!; **–schot frei!** (*int.*), ease off the jib sheet!, ease the sheet!; **–schotbeiholer** *m.*, barber hauler *s.*, bull rope *s.*; **–schotblock** *m.*, jib-sheet block *s.*; **–schotholepunkt** *m.*, jib-sheet hauling point *s.*, jib-sheet lead *s.*; **–schotleitöse** *f.*, jib (sheet) fairlead *s.*; **–schotleitschiene** *f.*, track *s.* for foresail sliders; **–schotwinsch** *f.*, jib-sheet winch *s.*; **–segel** *n.*, foresail *s.*, jib *s.*, fore course *s.*; **–selbstwender** *m.*, jib self-tacker *s. or* tacking gear *s.*; **–spier(e)** *f.*, fore-yard boom *s.*, studding-sail boom *s.*; **–stag** *n.*, forestay *s.*, jib stay *s.*; **–stagreiter** *m./pl.*, jib hanks (*pl.*); **–stagsegel** *n.*, stay-foresail *s.*

Föhn *m.* (*meteor.*), foehn *s.*, warm wind *s.*, spring storm *s.* **föhnig** *adj.* stormy, sultry.

Fokus *m.* (*phys.*), focus *s.*, focal point *s. or* spot *s.* **fokussieren** *v.*, to focus. **Fokustiefe** *f.*, focal depth *s.*

Folge *f.* (*naut.*), sequence *s.* (*of a light*), (*rac.*) series *s.* **Folge / pole** *m./pl.*, **–punkte** *m./pl.*, consecutive poles (*pl.*), consecutive points (*pl.*), consequent poles (*pl.*) *or* points (*pl.*) (*magnetism*); **–regelung** *f.*, **–regulierung** *f.* (*radar, rad., tech.*), sequential control *s.*; **–signal** *n.*, sequential *or* sequence signal *s.*; **–steuerung** *f.* (*naut., tech.*), follow-up control *s. or* steering *s.*

Folie *f.*, foil *s.* (*of sailcloth*); leaf *s.*, sheet *s.*; **–nsegel** *n.*, foil(ed) sail *s.*

Förde *f.*, fiord *s.*, creek *s.*, (*Scots*) firth *s.*

Förder / höhe *f.* (*naut.*), delivery head *s.* (*of a pump*); **–leistung** *f.*, **–menge** *f.*, delivery *s.* (*of a pump*). **Förderung** *f.* **einer Pumpe,** delivery *s.* of a pump.

Form *f.*, cut *s.*, design *s.*, make *s.*, model *s.*, pattern *s.*, shape *s.* (*of sails*); form *s.*, profile *s.*, section *s.* (*of mast*); mould *s.*, die *s.* (*shipb.*); contour *s.*, outline *s.* (*of landmark*); **–änderungsfestigkeit** *f.* (*phys.*), resistance *s.* to deformation.

Formation *f.* (*naut., meteor.*), formation *s.*; **– einnehmen** (*naut.*), to take up formation (*at the starting line, etc.*); **–ssegeln** *n.*, sailing *s.* in formation, to sail in formation.

Form / bau(weise *f.*) *m.*, moulded construction *s.* (*shipb.*); **–beständigkeit** *f.*, retention *s.* of shape (*of sails*).

Formel *f.*, formula *s.* (*for entry*); rule *s.* (*racing*).

formfest *adj.*, rigid. **Form / festigkeit** *f.*, rigidity *s.* (*as of mast*); **–gebung** *f.*, styling *s.*, shaping *s.* (*of sails*), moulding *s.* (*shipb.*); **–komponente** *f.* **des Strömungswiderstandes,** form drag *s.*; **–kurvenblatt** *n.*, sheet *s. or* chart *s.* of hydrostatic curves; **–schwerpunkt** *m.* (*naut., phys.*), centre *s.* (*am.* center *s.*) of buoyancy; **–schwerpunktkurve** *f.*, curve *s.* of centre (*am.* center) of buoyancy; **f–stabil** *adj.*, rigid; **–stabilität** *f.*, hydrostatic(al) stability *s.*, stability *s.* of form (*boat*).

Formular *n.*, form *s.* (*for entry*), (*am.*) schedule *s.*

Form/veränderung *f.*, deformation *s.*; **–verlauf**

m. **eines Bootes,** run *s.*; **f–verleimt** *adj.*, moulded (*shipb.*); **f–verleimtes Sperrholz** *n.*, moulded plywood *s.*; **–verleimung** *f.*, moulding *s.* (*shipb.*); **–widerstand** *m.*, form drag *s.*, form resistance *s.* (*of sail, boat*).

Forschungs/schiff *n.*, research ship *s. or* vessel *s.*, ship *s.* of exploration; **ozeanographisches –schiff** *n.*, oceanographic(al) research vessel *s.*

Fort/bewegung *f.* **eines Bootes** *od.* **Schiffes,** progress *s.*, movement *s.*, speed *s.*; propulsion *s.*; **f–laufende (Bau)Nummern** *f./pl.*, serial number(s) *s.* (*pl.*) (*of boats, etc.*); **f–leiten** *v.* (*phys.*), to travel, to transmit (*waves*); **–pflanzung** *f.* (*phys.*), transmission *s.* (*of waves*); **–pflanzungsgeschwindigkeit** *f.* **(der Wellen)**, wave velocity *s.*, velocity *s.* of propagation (of waves); **f–schreitende Welle** *f.* (*phys.*), travel(l)ing wave *s.*, progressive wave *s.*; **f–schwemmen** *v.*, to wash away (*of flood*); **f–setzen** *v.*, **die Fahrt –,** to proceed; **eine Wettfahrt f–setzen,** to continue, to carry on (a race); **f–treiben** *v.*, to drift away (*of boat, etc.*).

Foto-, (*s.* **Photo-**).

Foul *n.* (*spt.*), foul *s.* **foulen** *v.*, **ein Boot–,** to foul a boat.

Fracht *f.* (*naut.*), freight *s.*, cargo *s.*, load *s.*; **ohne –,** without load *s.*; **vorausbezahlte –,** prepaid freight *s.*; **– im Container,** containerized freight *s.*, freight *s.* in container (*of racing boats*). **Fracht / container** *m.*, (freight) container *s.*; **–dampfer** *m.*, cargo boat *s.*, freighter *s.* **Frachter** *m.*, freighter *s.*, cargo boat *s. or* ship *s.* **Fracht / gebühr** *f.*, **–geld** *n.*, **–kosten** (*pl.*), freight *s.*, (*am.*) freightage *s.*; **–raum** *m.*, hold *s.* (*in a ship*), freight tonnage *s.*; **–satz** *m.*, freight tariff *s.*, (*am.*) shipping rate *s.*; **–schiff** *n.*, freighter *s.*, cargo boat *s. or* ship *s.*, cargo liner *s.*; **–transport** *m.* **auf (unter) Deck,** sea transport *s.* on (below) deck(s); **-- und Passagierdampfer** *m. od.* **-schiff** *n.*, freight *or* cargo and passenger vessel *s.*, mixed vessel *s.*; **–vertrag** *m.*, charter party *s.*; **–zoll** *m.*, freight dues (*pl.*); tonnage dues (*pl.*).

Fracto / cumulus *m.* (*pl.* **–cumuli**) (*meteor.*), fracto-cumulus *s.* (*pl.* -cumuli); **–nimbus** *m.* (*meteor.*), fracto-nimbus *s.*; **–stratus** *m.* (*meteor.*), fracto-stratus *s.*

Fraktionsrigg *n.*, fractional rig *s.*, 3/4 rig *s.*, 7/8 rig *s.*

Franzose *m.* (*naut.*), Frenchman *s.* (*ship*); (*tech.*) monkey-wrench *s.* **französisch** *adj.*, **–e Bucht** *f.*, French fake *s.* (*rope*); **–er Grommet-** *od.* **Grummetstropp** *m.*, French grommet *s. or* grummet *s.*; **–er Knoten** *m.*, French (shroud) knot *s.*; **–e Platting** *f.*, (*coll.*) **–er Platting** *m.*, French sennit *s.*; **–es Reff** *n.*, French reef *s.*; **–es Schiff** *n.*, Frenchman *s.*; **–er Stek** *m.*, French hitch *s. or* knot *s.*; **–er Takling** *m.* **mit einfachem Knoten,** French whipping *s.*

Fregatte *f.*, frigate *s.*; **–nkapitän** *m.*, commander *s.*

frei *adj.* free (*offing*), open (*channel, etc.*); **– ab längsseits Schiff,** free from alongside (ship); **– an Bord,** free on board (ship); **– in Hafen,** free in harbo(u)r; **– längsseits Schiff,** free alongside ship; **– von Beschädigung (Havarie),** free of damage (average); **– von Land halten,** to keep off the land *or* shore, to keep the offing; **– von Lotsenzwang,** free of pilotage; **– Bord,** delivered on board (ship); **– Hafen,** free port; **– Schiff,** free on steamer; **–e Energie** *f.* (*phys.*), free energy *s.*; **–es Meer** *n.*, freedom *s.* of the sea, (*jur.*) mare liberum *s.*; **–e Welle** *f.*, free wave *s.*

Freibord *m.* (*coll. n.*), freeboard *s.*; **–höhe** *f.*, freeboard depth *s.*; **–länge** *f.*, freeboard length *s.*; **–marke** *f.*, Plimsoll('s) mark *s.*, Plimsoll Line *s.*, freeboard mark *s. or* line *s.*; **–regel** *f.*, freeboard rule *s.*; **–tiefgang** *m.*, freeboard draught *s. or* (*am.*) draft *s.*; **–vorschriften** *f./pl.*, freeboard regulations (*pl.*); **–zertifikat** *n.*, freeboard *or* Plimsoll Line *or* load line certificate *s.*; **–zone** *f.*, freeboard zone *s.*

Frei / deck *n.* exposed *or* open-air deck *s.*; **–fahrttest** *m.*, open-water test *s.*; **f–gesetzte Energie** *f.* (*phys.*), free energy *s.*; **–hafen** *m.*, free port *s.*; **–hafengebiet** *n.*, free zone *s.*; **–hafenniederlage** *f.*, sufferance wharf *s.*; **f–halten** *v.* **(von),** to keep clear (of), to give a good berth (to); to keep clear *or* open (*a watercourse*); **von der Küste gut f–halten,** to keep a good offing from the coast, to give a wide berth to the shore; **f–hängender Kompaß** *m.*, gimbal(l)ed *or* suspended compass *s.*; **–heit** *f.* **der Meere,** freedom *s.* of the seas, (*jur.*) mare liberum *s.*; **f–kommen** *v.* **(von),** to steer clear (of), to get clear *or* free (of) (*the jetty, etc.*); **von der Küste f–kommen,** to clear the coast; **sich f–kreuzen** *v.*, to beat off; **(sich) von der Leeküste f–kreuzen,** to claw (the boat) off the lee shore; **–lauf** *m.* (*tech.*), free wheel *s.*; **f–liegendes Deck** *n.*, exposed *or* open-air deck *s.*; **(den Liegeplatz) f–machen** *v.*, to clear (the berth); **–raum** *m.* (*naut.*), free space *s.*; **(sich) f–schwimmen** *v.*, to get afloat again, to refloat, to float off (*of grounded boat*); **f–segeln** *v.* **(von),** to sail *or* to steer clear (of); **(sich) vom Pulk od. Regattafeld f–segeln,** to beat off *or* to sail clear of the fleet *or* field; **f–steuern** *v.* **(von),** to steer clear (of); **–stilkonkurrenz** *f.* (*surf.*), free-style competition *s.*; **–wache** *f.*, watch *s.* below (deck(s)), off-watch, off-duty, watch *s.* off-duty, (*coll.*) idler *s.*; **Mann** *m.* **auf –wache,** idler *s.*; **–wächter** *m.*, man *s. or* crew member *s.* off-duty *or* off-watch *or* spelling below, dayman *s.*, (*coll.*) idler *s.*; **–wasser** *n.*, uncontrolled fishing area *s.*; **f–willige Aufgabe** *f.* **eines Bootes** *od.* **Schiffes,** voluntary sacrifice *s.* of a boat *or* ship; **f–williges Aufstrandsetzen** *n.*, **f–willige Strandung** *f.*, voluntary stranding *s.*

fremd *adj.*, **–e Flagge,** flag *s.* of convenience, foreign colo(u)rs (*pl.*); **–er Yachtclub,** foreign yacht club *s.* **Fremd / geräusch** *n.* (*rad.*), parasitic noise s.; **–peilung** *f.*, bearing *s.* from the shore, bearing *s.* by another ship.

Frequenz *f.* (*rad.*), frequency *s.*, (*phys.*) number *s.* of oscillations; **hohe –,** high frequency *s.*; **höhste brauchbare –,** maximum usable frequency *s.*; **mittlere –,** medium frequency *s.*; **niedrige –,** low frequency *s.*; **niedrigste brauchbare –,** lowest usable frequency *s.*; **zugeteilte –,** allotted *or* allowed *or* allocated frequency *s.*; **bleiben Sie** *od.* **bleib auf dieser –!** (*rad., int.*), stay on this frequency!; **gehen Sie** *od.* **geh auf – ...** (*rad.*), change frequency to ...; **auf eine andere – gehen,** to change frequencies (*pl.*). **Frequenz / abstand** *m.*, frequency spacing *s.*; **–abstimmung** *f.*, frequency adjustment *s. or* tuning *s.*, syntony *s.*, syntonization *s.*; **–abweichung** *f.*, frequency error *s. or* deviation *s.*; **–angabe** *f.*, frequency designation *s.*; **–anzeiger** *m.*, frequency indicator *s.*; **–auswanderung** *f.*, frequency drift *s.*; **–band** *n.*, frequency *or* wave band *s.*, channel *s.*; **–bereich** *m.*, frequency range *s.*; **–bereich** *m.* **für Radar,** frequency range *s.* of *or* for radar; **–bereich** *m.* **für Radio,** frequency band broadcasting *s.*, frequency range *s.* of *or* for radio; **–bereich** *m.* **für den Seefunk-Nachrichtendienst,** frequency range *s.* for maritime radio *or* broadcasting service; **–bereich** *m.* **für Seefunk-Nachrichtentechnik,** frequency range *s. or* bandwidth *s.* for maritime tele-communications engineering; **–bereich** *m.* **für Sprechfunk,** frequency range *s. or* band *s.* of *or* for radiotelephony; **–bereichumschalter** *m.*, frequency range switch *s.*; **–breite** *f.*, band width *s.*; **–eichung** *f.*, frequency calibration *s.*; **–einstellung** *f.* (*rad.*), syntonization *s.*; **–filter** *m.* (*rad.*), wave filter *s.*; **–inverter** *m.* (*rad.*), inverter *s.* invertor *s.*; **–kanal** *m.*, (frequency) channel *s.*; **–kennlinie** *f.*, frequency characteristic (curve) *s.*; **–liste** *f.*, frequency list *s.*; **internationale –liste** *f.*, international frequency list *s.*, international list *s.* of frequency allocations; **–messer** *m.*, frequency meter *s.*, wavemeter *s.*; **–modulation** *f.*, frequency modulation *s.*; **Breite** *f. od.* **Bereich** *m.* **der –modulation,** width *s. or* range *s.* of frequency modulation; **(automatische) –reg(e)lung** *f.* (automatic) frequency control *s.*; **–schwankung(en)** *f.* (*pl.*), swinging *s.*, frequency fluctuation *s.*; **–skala** *f.*, frequency scale *s.*; **–-Synthesizer** *m.*, frequency synthesizer *s.*; **–umtastung** *f.*, frequency shift keying *s.*; **–wähler** *m.*, **–wahlschalter** *m.*, frequency selector *s.*; **–wandler** *m.*, frequency changer *s.* (*device*); **–wechsel** *m.*, frequency change *s.*; **–zuteilung** *f.*, frequency allocation *s.*, allotment *s.* of frequency *or* frequencies.

fressen *v.* (*tech.*), to corrode, to pit.

freundlich *adj.*, **–es Wetter,** favo(u)rable *or* mild *or* pleasant weather *s.* (*for a sail*).

Friedhofswache *f.* (*naut., coll.*), dog *or* graveyard watch *s.*

Frisbee / form *f.*, Frisbee shape *s.*; **–-Großsegel** *n.*, Frisbee main(sail) *s.*; **–profil** *n.*, Frisbee shape *s.*; **–segel** *n.*, Frisbee sail *s.*

frisch *adj.* (*naut.*), top gallant (*of sea, weather, wind*), fresh, cool, sharp (*of air, breeze*); **–er werden,** to freshen, to stiffen (*of wind*); **–e Brise** *f.*, fresh *or* crisp breeze *s.*, (*coll.*) spanking breeze *s.*; **–e scharfe Luft** *f.*, crisp air *s.*; **–er Wind** *m.*, fresh wind *s.*, (*coll.*) rattling wind *s.* **Frisch / dampf** *m.*, live steam *s.* (*steam yacht*); **–luft** *f.*, fresh air *s.*; **–luftzufuhr** *f.*, fresh air supply *s.* (*on a yacht*). **Frischwasser** *n.*, fresh *or* sweet water *s.*; **– ein-** *od.* **übernehmen,** to take in *or* on fresh water, to take fresh water aboard *or* on board; **–fußpumpe** *f.*, fresh-water foot pump *s.*; **–gebiet** *n.*, fresh *or* sweet water area *s.*; **–menge** *f.*, fresh-water quantum *s.* (*aboard*); **–pumpe** *f.*, fresh-water pump *s.*; **–tank** *m.*, fresh-water tank *s.* (*aboard*); **–versorgung** *f.*, fresh-water supply *s.* (*yacht*).

frisieren *v.* (*naut., am. sl.*), to soup up (*boat, motor*).

Frist *f.*, deadline *s.* (*for entry, etc.*).

fritten *v.* (*rad.*), to cohere. **Fritter(empfänger)** *m.* (*rad.*), coherer *s.* **Frittung** *f.* (*rad.*), coherence *s.*

Front *f.* (*meteor.*), front *s.* **frontal** *adj.*, frontal, direct. **Frontal / zone** *f.* (*meteor.*), frontal area *s. or* zone *s.*; **–zusammenstoß** *m.*, head-on collision *s.* (*of boats*). **Front / balken** *m.*, breast beam *s.* (*shipb.*); **–bö** *f.* (*meteor.*), line squall *s.* **Fronten / auflösung** *f.* (*meteor.*), frontolysis *s.*; **–bildung** *f.* (*meteor.*), frontogenesis *s.*; **–verlagerung** *f.* (*meteor.*), shifting *s. or* movement *s.* of front(s). **Front / linie** *f.*, **in –** (*naut.*), drawn up abreast; **–schäkel** *m.*, frontal *or* front shackle *s.*; **–schott** *n.*, end *or* front bulkhead *s.*

Frosch *m.* (*naut., tech.*), cam *s.*

Frost *m.* (*meteor.*), frost *s.*, (*naut. hum.*) Jack Frost *s.*; **trockener –,** black frost *s.* **Frost / gefahr** *f.*, danger *s.* of frost; **–gefühl** *n.* (*naut.*), chill *s.*, cold(ness) *s.*; shivering *s.* **frostig** *adj.*, frosty, chilly, cold, icy, icily; **–es Wetter,** frosty weather *s.* **Frost / schaden** *m.*, damage *s.* caused by frost, frost damage *s.*; **–schutz** *m.*, **–schutzmittel** *n.*, anti-freeze *s.*, frost protection *s.*; **–wetter** *n.*, frosty weather *s.*

Froudesche Zahl *f.* (*naut. phys.*), Froude's number *s.*, speed-length ratio *s.*

Frühlings / äquinoktium *n.* (*astr.*), vernal equinox *s. or* point *s.*; **–punkt** *m.* (*astr.*), first point *s.* of Aries, vernal equinox *s. or* point *s.*; **--Tagundnachtgleiche** *f.* (*astr.*), vernal equinox *s. or* point *s.*

frühmorgens *adv.* (*rac.*), early in the morning, at sunrise *or* (*am.*) sunup. **Früh / nebel** *m.*, dawn mist *s.*, early morning fog *s.*; **–nebelfelder** *n./pl.*, area *s. or* layer(s) *s.* (*pl.*) of early morning mist *or* fog. **Frühstart** *m.* (*rac.*), early *or* false start *s.*, start *s.* too early; **sich durch – einen Vorteil verschaffen, durch – einen Vorteil erlangen** *od.* **gewinnen,** to poach a (boat) length. **Früh / starter** *m.* (*rac.*), false *or* early starter *s. or* starting boat *s.*; **–wache** *f.* (*naut.*) morning watch *s.*; **–warnsystem** *n.* (*meteor., rad.*), early warning system *s.*

Füchsel *m.* (*naut.*), fox *s.* **Fuchsjes** (*pl.*), foxes (*pl.*), thrums (*pl.*). **Fuchsschwanz** *m.*, fox-saw *s.*

Fuge *f.* (*naut.*), seam *s.*, mortise *s.*, rabbet *s.* (*shipb.*), (*tech.*) join *s.*, joining *s.*, joint *s.*; groove *s.*, space *s.*, slit *s.* **fugen** *v.*, to join, to groove, to rabbet, to fit together (*shipb.*). **fugen / dicht** *adj.*, joined; **–los** *adj.*, seamless, without joints.

führen *v.* (*naut.*), to navigate, to pilot, to steer (*a boat*), (*rac.*) to be ahead (of), to lead, to hold the lead; **eine Flagge –,** to fly a flag, to show the colo(u)rs; **das Log(buch) –,** to keep the log; **ein Schiff –,** to navigate *or* to run a ship; to command *or* to con a ship; **(alle) Segel –,** to carry sails; **mehr Segel – als,** to outcarry. **führend** *adj.*, **–es Boot** (*rac.*), leading boat *s.* **Führerschein** *m.* (*naut.*), (Yacht Master) Certificate *s.*, (*coll.*) ticket *s.*; **–verordnung** *f.*, **–vorschrift** *f.*, rules (*pl.*) and regulations for the acquisition of the yacht-master certificate.

Führung *f.* (*naut.*), command *s.*, con *s.* (*of a ship*); lead *s.*, fairlead *s.*, wapp *s.* (*of sheets, etc.*), run *s.* (*of hawser, cable*); (*rac.*) lead *s.*; (*tech.*), bush *s.*, guide *s.*, slide *s.*; **die – übernehmen** (*rac.*), to take the lead, to forge ahead; **gut in – liegen** (*rac.*), to be well in the lead *or* leading; **in – sein** (*rac.*), to be in the lead, to be leading. **Führungs / block** *m.*, (fair)-lead *s.*, leading block *s.*; **–klampe** *f.*, fairlead-(er) *s.*; **–leiste** *f.*, gib *s.*, guide fillet *s.*; **–ring** *m.*, fairlead *s.*, wapp *s.*; **–ring am Bug (Heck),** bow (stern) fairlead *s.*; **–rolle** *f.* (*naut.*), fairlead(er) *s.*, guide pulley *s.*, roller *s.*, wapp *s.*; **–schiene** *f.*, bearing *s.*, track *s.*, guide rail *s.*, tongue *s.*; **–schuh** *m.* (*naut.*), guide shoe *s.*; **–schwelle** *f.* **der Holzschotten,** ribband *s.*, rib(-band) *s.*; **–stück** *n.* **an einer Winschtrommel,** fairlead(er) *s.*

füllen *v.*, **die Segel (mit Wind) –,** to fill the sails; **sich mit Wind –,** to fill (*of sails*).

Füll / masse *f.*, **–material** *n.*, **–mittel** *n.* (*naut., tech.*), filler *s.*, filling compound *s. or* material *s.*, packing *s.*, stopping *s.* (*for leaks, etc.*). **Füllsel** *n.* (*coll.*), filler *s.*, stopping *s.* (*for leaks*). **Füll / spant** *n.*, filling frame *s.*; **–stoff** *m.*, filler *s.* (*shipb.*); **–stück** *n.*, filling chock *s.*, filler *s.* **Füllung** *f.* (*naut., tech.*), filling (compound) *s.*, stuffing *s.*, stopping *s.*

Fundament *n.* (*naut., tech.*), bed(-plate) *s.*, foundation(s) *s.* (*pl.*), base-plate *s.*, basis *s.*, seating *s.* **Fundamental / einheit** *f.* (*phys.*), fundamental *s.*; **–schwingung** *f.*, **–welle** *f.* (*phys.*), sinusoidal wave *s.* **Fundament / bolzen** *m.*, bed-plate *or* foundation bolt *s.*; **–platte** *f.*, foundation plate *s.*, base *or* bed plate *s.*

Fünfmastbark *f.*, five-masted bark *s. or* barque *s.* **Fünfmaster** *m.*, five-masted ship *s. or* vessel *s. or* yacht *s.* **Fünfmast / gaffelschoner** *m.*, five-masted fore-and-aft schooner *s.*; **–schoner** *m. od.* **–schuner** *m.*, five-masted schooner *s.*; **--Toppsegelschoner** *m.*, five-masted topsail schooner *s.*; **–vollschiff** *n.*, five-masted (full-rigged) ship *s.*

Fünfminutenregel *f.* (*rac.*), Round the Ends (Rule) *s.*, Five-minute Rule *s.*

Fünfziger (*pl.*), **Wütende** *od.* (*coll.*) **Kreischende –** (*naut., geogr.*), Furious Fifties (*pl.*).

Fünfzig-Fünfziger *m.* **(50:50),** Fifty-Fifty *s.* (*motorsailer*).

Funk *m.*, radio *s.*, wireless *s.*; **über –,** by *or* on the radio; **eine (Gefahren)Situation über –**

melden (*naut.*), to report a (dangerous) situation by radio *or* W/T *or* (*coll.*) on the mike. **Funk / abkürzungen** *f./pl.*, radio abbreviations (*pl.*); **–amateur** *m.*, radio amateur *s.*, (*coll., am. sl.*) ham *s.*; old man *s.* (*form of address*); **langjähriger –amateur** *m.*, oldtimer *s.*, (*sl.*) radioham *s.*; **–amt** *n.* **des Seefunkdienstes,** office *s.* for maritime radio service; **–anlage** *f.*, radio *or* wireless installation *s.* (*on board*); **–anrufsignal** *n. od.* **-zeichen** *n.*, (radio) call signal *s.*; **–ansteuerung** *f.*, homing *s.* by radio, radio homing *s.*; **–ansteuerungsbake** *f.*, (radio) homing beacon *s. or* marker *s.*; **–antenne** *f.*, radio scanner *s.*, transmitting *or* radio aerial *s.* (*am.* antenna *s.*); **–astronomie** *f.*, radio astronomy *s.*; **–azimut** *m.*, true radio bearing *s.*; **–bake** *f.*, radio marker *s. or* beacon *s.*; **–batterie** *f.*, radio battery *s.*; **–befeuerung** *f.*, radio lights (*pl.*), system *s.* of radio markers *or* beacons; **–bereich** *m.*, radio range *s.*; **–bereitschaft** *f.*, radio alert *s. or* stand-by *s.*; **–beschicker** *m.*, compensator *s.*, corrector *s.* (*device*); **f–beschickt** *adj.*, compensated, corrected; **–beschickung** *f.*, calibration *s.* of (the) direction finder *or* D/F, radio correction *s.*, D/F calibration *s.*; **achtelkreisige (halbkreisige, viertelkreisige) –beschickung** *f.*, octantal (semicircular, quadrantal) error correction *s.*; **–beschickungsbeiwert** *m.*, calibration *or* radio correction factor *s.*; **–beschränkung** *f.*, restriction *s. or* limitation *s.* of radio communication *or* traffic; **–besteck** *n.*, radio fix *s.*; **–betrieb** *m.*, radio communication *s. or* contact *s.*, radio operation *s.*; **–bild** *n.*, photoradiogram *s.*, radio photograph *s.*, telephoto *s.*; **–boje** *f.*, radio buoy *s.*, emergency position-indicating radio beacon *s.*; **–bordbuch** *n.*, radio (communication) logbook *s.*; **–dienst** *m.*, radio (communication) service *s.*, W/T service *s.*; **nautischer –dienst** *m.*, maritime W/T service *s.*, wireles telegraphic service *s.*; Admiralty List *s.* of Signals; **–drehantenne** *f.*, radio scanner *s.*

Funkeigenpeilung *f.*, ship's radio bearing *s.*, shipborne radio direction-finding *s. or* D/F *s.*

Funkelfeuer *n.* (*naut.*), quick (flashing) light *s.*, scintillating light *s.*; **schnelles –,** quick flash *s.*, quick (flashing) light *s.*, quick scintillating light *s.*

Funkel(n) *n.* (*naut.*), quick light *s.* **funkeln** *v.*, to scintillate to flash, to sparkle (*of light*), to star, to twinkle (*of stars*).

Funk / empfang *m.*, wireless *or* radio reception *s.*; **–empfänger** *m.*, **–empfangsgerät** *n.*, radio *or* receiving set *s.*, radio *or* wireless receiver *s.*, receiving apparatus *s.*, radio *s.*

Funken *n.* (*rad.*), transmitting *s.*, xmitting *s.* **funken** *v.* (*rad.*), to radio, to transmit, to xmit, to wireless, to broadcast; to radiotelephone, to be on the air, to signal, to signalize. **Funken / bildung** *f.* (*elec., tech.*), sparking *s.*; **–löscher** *m.*, spark killer *s.*; **–sender** *m.* (*rad.*), spark transmitter *s.*; **Übertragung** *f.* **mittels –sender,** spark transmission *s.*

funk / entstört *adj.*, (radio) screened; **F–entstörung** *f.*, interference suppression *s.*

Funker *m.* (*rad., naut.*), ship's radio *or* wireless operator *s.*, (*coll.*) operator *s.*, (*hum.*) sparks *s.*; **–jargon** *m.*, mike talk *s.*; **–lizenz** *f.*, radio operator's licence *s.* (*am.* license); **–zeugnis** *n.*, radio operator's certificate *s.*

Funk / fehlweisung *f.*, direction-finder *or* D/F deviation *s.*, quadrantal error *s.*; **f–ferngesteuert** *adj.*, radio *or* remote *or* wireless controlled; **–fernpeilung** *f.*, long-range navigation *s.*, Loran *s.*; **–fernschreiber** *m.*, radio teleprinter *s.* (*device*); **–fernsehen** *n.*, radio vision *s.*; **–fernsprechen** *n.*, radiotelephony *s.*; **–fernsteuerung** *f.*, radio control *s.*; **–feuer** *n.*, (maritime) radio beacon *s.*; **Consol –feuer** *n.*, consol *s.*, Consol *s.*; **gerichtetes (ungerichtetes) –feuer** *n.*, directional (non-directional) radio beacon *s.*; **–feuer** *n.* **mit Fächerstrahlung,** radio fan marker *s.*, fan-marker beacon *s.*; **–feuerkennung** *f.*, radio beacon identification *s.*; **–fremdpeilung** *f.*, shore-to-ship bearing *s.*; **–frequenz** *f.*, transmitting *or* radio frequency *s.*; **–frequenzliste** *f.*, master radio frequency list *s.*; **kleines tragbares –gegensprechgerät** *n.*, walkie-talkie *s.*; **–gerät** *n.*, radio *s.*, transmitter *s.*, radio equipment *s. or* set *s.*, (*coll.*) microphone *s.*, mike *s.*; **das –gerät ab-** *od.* **ausschalten (einschalten),** to turn off (on) the radio *or* (*coll.*) the mike; **–gruppe** *f.*, W/T group *s.*; **–hörbereitschaft** *f.*, radio alert *s. or* stand-by *s.*; **–horizont** *m.*, radio horizon *s.*; **–horizontbereich** *m. od.* **-reichweite** *f.*, radio-horizon range *s.* **funkisch** *adj.*, radio. **Funk / kanal** *m.*, (radio) channel *s.*; **–kontakt** *m.*, radio contact *s.*, wireless communication *s.*; **abgerissener –kontakt** *m.*, blacked-out communication *s.*; **vom –kontakt abgeschnitten (werden),** (to be) knocked off the air; **–kontakt bekommen,** to get into radio contact; **–kontakt herstellen,** to make radio contact; **–kontakt verlieren,** to lose radio contact; **–kurve** *f.*, correction curve *s. or* graph *s.*; **–kürzel** (*pl.*), radio abbreviations (*pl.*); **–leitsender** *m.*, radio beacon *s. or* marker *s.*; **–leitstation** *f.*, radio-control station *s.*; **–leitstrahl** *m.*, guide *or* radio beam *s.*; **–mast** *m.*, radio mast *s.*; **–meldung** *f.*, radio message *s.*, radiogram *s.*; **aufgefangene –meldung** *f.*, intercept *s.*; **eine –meldung durchgeben,** to radio (a message), radioing *s.*; **eine –meldung senden,** to radio (a message); **–meßgerät** *n.*, radar (set) *s.*; **–meßnavigationsgerät** *n.*, radar aid *s.* to navigation; **–meßverfahren** *n.*, radio detecting and ranging *s.*, radar *s.*, RADAR *s.*; **–mitteilung** *f.*, **–nachricht** *f.*, radio message *s.*; **–navigation** *f.*, radio *or* wireless *or* electronic navigation *s.*; **–navigationshilfen** *f./pl.*, radio aids (*pl.*) to navigation; **–navigationsverfahren** *n.*, (*naut.*), television radar navigation *s.*, teleran *s.*, TELERAN *s.*; **–nebelsignal** *n.*, radio fog-signal *s.*; **–netz** *n.*, (radio) net *s.*, radio *or* wireless network *s.*; **–notruf** *m.*, radio emergency call *s.*; **–notsignal** *n.*, radio distress (call) signal *s.*; **–ort** *m.*, radio fix *s.*; **–ortung** *f.*, radiolocation *s.*, radio location fixing *s.*, wireless navigation *s.*, position finding *s.*; **–ortungsgerät** *n.*, radio locator *s.*, position finder *s.*; **–ortungskarte** *f.*, radio navigation chart *s.*; **–ortungsverfahren** *n.*, long-range navigation *s.*, loran *s.*, Loran *s.*, LORAN *s.*; **–peilanzeigegerät** *n.*, radio D/F indicator *s.*; **–peilausrüstung** *f.*, radio D/F *or* direction-finding equipment *s.*; **–peildrehantenne** *f.*, D/F scanner *s.* *or* loop aerial *s.* (*am.* antenna *s.*); **–peilempfänger** *m.*, **–peilempfangsgerät** *n.*, D/F receiver *s.*; **–peiler** *m.*, **–peilgerät** *n.*, automatic direction finder *s.* *or* D/F *s.*, ADF *s.*, (radio) direction-finder *s.*, radio bearing device *s.* *or* set *s.*, radio locator *s.* *or* position finder *s.*, radio goniometer *s.*, radio compass *s.*, (*coll.*) huff-duff *s.*; **–peilkompaß** *m.*, radio compass *s.*; **–peilreichweite** *f.*, direction- *or* position-finding range *s.*; **–peilsender** *m.*, radio D/F transmitter *s.*; **–peilstation** *f.*, radio D/F station *s.*; **–peiltochterkompaß** *m.*, D/F repeater compass *s.*; **–peilung** *f.*, (radio) bearing *s.*, radio location *s.*, (radio) direction-finding *s.*; radiogoniometry *s.*, wireless bearing *s.*, radio position finding *s.*; **berichtigte** *od.* **beschickte –peilung** *f.*, corrected radio bearing *s.* *or* position finding *s.*; **wahre –peilung** *f.*, true radio bearing *s.*; **–peilung(en)** *f.* (*pl.*) **machen** *od.* **vornehmen,** to take radio bearings; **–peilungsfrequenz** *f.*, D/F frequency *s.*; **–peilungskarte** *f.*, radio D/F chart *s.*; **–peilwinkel** *m.*, radiogoniometric angle *s.*; **–peilzeichen** *n.*, radio D/F signal *s.*; **–praktika** *n./pl.* (*am.*), radio pratique *s.*; **–raum** *m.* **an Bord,** radio *or* wireless room *s.* *or* cabin *s.* aboard (ship); **–reichweite** *f.*, radio range *s.*; **–ruf** *m.*, radio call *s.*; **–rufsignal** *n.* *od.* **-zeichen** *n.*, (radio) call signal *s.* *or* sign *s.*; **–rufzeichenliste** *f.* *od.* **-register** *n.*, list *s.* of call signals *or* signs; **–schatten** *m.*, dead spot *s.*; **–seitenpeilung** *f.*, relative (radio) bearing *s.*; **berichtigte** *od.* **beschickte –seitenpeilung** *f.*, corrected (radio) bearing *s.*; **–sender** *m.*, station *s.*; radio *or* wireless transmitter *s.*; **–sendung** *f.*, transmission *s.*; **–signal** *n.*, radio *or* wireless signal *s.*; call signal *s.*; **–sperrkreis** *m.*, trap *s.*; **–sprechanlage** *f.*, radio link *s.*; radiotelephone set *s.* *or* equipment *s.*; **–sprechbetrieb** *m.*, radiotelephone operation *s.*; **–sprechdienst** *m.*, radio communication *s.*; **–sprechgerät** *n.*, radiotelephone *s.*; **–sprechverbindung** *f.*, radio(telephone) communication *s.* *or* circuit *s.*; **–sprechverkehr** *m.*, radiotelephone traffic *s.*, radiotelephony *s.*; **–spruch** *m.*, radio *or* wireless message *s.*, radiogram *s.*, radio signal *s.*, signal *s.*; **offener –spruch** *m.*, signal *s.* *or* radio message *s.* in (the) clear; **verschlüsselter –spruch** *m.*, coded signal *s.* *or* radio message *s.*; **den Beginn (das Ende) eines –spruchs ansagen,** to sign on (off); **einen –spruch (ab)hören** *od.* **auffangen,** to read a radio message *or* signal; **einen –spruch durchgeben,** to flash a (radio) message; **–spruchkopf** *m.*, head *s.* *or* preamble *s.* of a radio message; **–standlinie** *f.*, radio line *s.* of position, radio reference line *s.*; **–standort** *m.*, electronic *or* radio fix *s.*; **–stärke** *f.*, signal strength *s.*; **–station** *f.*, radio *or* transmitting *or* wireless station *s.*, radio transmitter *s.*, broadcasting station *s.*, (*coll.*) station *s.*; **angerufene –station** *f.*, called station *s.*; **empfangende (rufende, übermittelnde) –station** *f.*, receiving (calling, transmitting) station *s.*; **–station** *f.* **an Bord,** B station *s.*; **eine –station ausschalten** *od.* **stören** *od.* **überdecken,** to black out; **–stationverzeichnis** *n.*, list *s.* of stations; **–stelle** *f.*, (*s.* **–station**); **–steuerung** *f.*, remote *or* radio control *s.*; **–stille** *f.*, silence *or* silent period *s.*, radio silence *s.*, silence *s.*, intermission *s.*; **internationale –stille** *f.*, international radio silence *s.*, international period *s.* of silence; **–stille beachten!** (*int.*), observe silent period!; **–störung(en)** *f.* (*pl.*), radio frequency interference *s.*, radio noise *s.*, atmospherics (*pl.*); jamming *s.*; **–strahl** *m.*, radio beam *s.*; **–strahlablenkung** *f.*, direction-finder deviation *s.*; **–tafeln** *f./pl.*, radio-frequency tables (*pl.*); **–technik** *f.*, radio engineering *s.*; **f–technische Nachrichtenübermittlung** *f.*, telecommunications transmission *s.*; **–telegramm** *n.*, radiogram *s.*, radio *or* wireless telegram *s.*; **–telegraphie** *f.*, radio *or* wireless telegraphy *s.*; **–telephonie** *f.*, radio *or* wireless telephony *s.*; **–überwachung** *f.*, radio monitoring *s.*; **–verbindung** *f.*, radio *or* wireless contact *s. or* communication *s.*; **–verbindung bekommen (herstellen, verlieren),** to get (to establish *or* make, to lose) radio contact; **–verkehr** *m.*, radio *or* wireless communication *s. or* contact *s.*, signal(l)ing *s.*; **–verkehrsbuch** *n. od.* **-liste** *f.*, list *s.* of call signs; **–verkehrskarte** *f.*, radio network chart *s.*; **–verkehrsordnung** *f.*, radio (communication) regulations (*pl.*); **–verkehrsverzeichnis** *n.*, list *s.* of call signs; **–wachdienst** *m.*, radio alert *s. or* stand-by *s. or* watch *s.*; **–warndienst** *m.*, radio warning service *s.*; **–warnsignal** *n.*, radio alarm *or* warning signal *s.*; **–warnung** *f.*, radio warnings (*pl.*); **–welle(n)** *f.* (*pl.*), radio wave(s), Hertzian wave(s) *s.* (*pl.*); **–wetterbericht** *m.*, radio weather report *s.*; **–wetterdienst** *m.*, radio *or* wireless meteorological *or* weather service *s.*; **nautische –wettervorhersage** *f.*, nautical *or* maritime (radio) weather forecast *s.*; **–zeitsignal** *n.*, radio time-signal *s.*; **–zielfahrt** *f.*, radio homing *s.*, homing *s.* by radio direction-finding *or* navigation.

Furnier *n.*, veneer *s.* (*shipb.*). **furnieren** *v.*, to inlay, to veneer. **Furnier / holz** *n.*, veneer *s.*, wood *s.* for inlaying; **–schicht** *f.*, veneering *s.* **Furnierung** *f.*, veneering *s.*

Furt *f.*, ford *s.*, fording *s.*

Fuß *m.* (*naut.*), foot *s.* (*of sail*), heel *s.* (*of mast*); foot *s.* (*measure*); (*tech.*) base *s.*, pedestal *s.*; **fester –,** footing *s.*, foot hold *s.*; **Gesamtlänge** *f.* **in –,** footage *s.*; **eine Yacht von 30 –,** a 30-footer *s.*; a thirty ft yacht *s.*; **auf dem – folgen (der Wachen),** the watches are dogged; **eine dreißig (30) – (lange) Yacht** *f.*, a thirty feet yacht *s.*, a thirty footer *s.*, (*coll.*) a 30 foot yacht *s.*; **weniger als 50 – hoch** (*meteor.*), zero; **weniger als 165 – in horizontaler Richtung betragend** (*meteor.*), zero (visibility); **42 – lang,** 42 feet (ft) in length (*of yacht*); **– des Mastes,** mast heel *s.*; **– des Segels,** foot *s.* of the sail. **Fuß / block** *m.*, snatch *or* viol block *s.*; **drehbarer –block** *m.*, swivelling *or* pivoted viol *or* snatch block *s.*; **selbsthaltender –block** *m.*, self-bearing snatch *or* viol block *s.*: **ein Ende im –block verfahren,** to tie up *or* to make fast a rope in the snatch *or* viol block; **–bolzen** *m.* **(einer Schore),** nog *s.*; **mit einem –bolzen befestigt,** nogged; **–brett** *n.* **(im Boot),** toe board *s.*, stretcher *s.*, footboard *s.*, pedal *s.*; **–gurte** *m./pl.* **(im Segelboot),** toe straps (*pl.*); **–gräting** *f.*, foot *or* wheel grating *s.*; **–halterung** *f.* **des Mastes,** mounting *s. or* support *s.* of the mast (heel); **–hebel** *m.*, pedal *s.*, trestle *s.*; **–kerze** *f.* (*phys.*), candle power *s.* (in ft); **–latte** *f.*, stretcher *s.* (*rowing boat*); **–leiste** *f.*, toerail *s.*, washrail *s.* (*yacht*); cleat *s.* (*of a gangway*); **–liek** *n.*, foot *s.*, foot rope *s.*, foot bolt rope *s.* (*of a sail*); **–pferd** *n.*, foot rope *s.* of a yard, horse *s.*; **–punkt** *m.* (*astr.*), nadir *s.*; **–rah(e)** *f.*, jack yard *s.*, (*am.*) club *s.*; **–reling** *f.*, toerail *s.*, washrail *s.*; **–rundung** *f.* **(eines Segels),** foot skirt *s. or* round *s.* (of a sail); **–schlaufen** *f./pl.* (*surf.*), toe straps (*pl.*); **–steuerung** *f.*, foot control *s.*; **–teil** *m.* **(eines Segels),** shelf *s.*; **extra voller –teil** *m.*, zipperless shelf *s.*, shelf foot *s.*; **Reißverschluß –teil** *m.*, zipper shelf *s.* (*of a sail*).

Futter *n.* (*naut., sl.*), tackle *s.*, (*am. sl.*) chow *s.*; (*tech.*) liner *s.*, lining *s.*, casing *s.*, sheath *s.*, chuck *s.*, bushing *s.* **füttern** *v.* (*naut., tech.*), to case, to sheathe. **Fütterung** *f.* (*naut., tech.*), casing *s.*, padding *s.*, lining *s.*, sheathing *s.*

G

Gabel *f.* (*naut.*), crutch *s.*; **–anker** *m.*, grapnel *s.*, small bow-anchor *s.*; **–baum** *m.* (*surf.*), wishbone *s.*; **–dolle** *f.*, (boat) crutch *s.*, swivel rowlock *s.*; **–knebel** *m.*, (crutch) toggle *s.*; **–pinne** *f.*, tiller crutch *s.*, (rowlock) tiller *s.*; **–terminal** *n.*, claw terminal *s.*; **–toggle** *m.*, (crutch) toggle *s.*

gabeln *v.r.*, to fork, to branch *or* to fork off, to bifurcate (*of river, etc.*). **Gabelung** *f.*, bifurcation *s.*, fork(ing) *s.*, furcation *s.* (*of river, channel*); **Gebiet** *n.* **an der – eines Flusses** (*am.*), fork *s.*; **–sboje** *f.*, bifurcation buoy *s.*

Gabunholz *n.*, okumé wood *s.* (*shipb.*).

Gaffel *f.*, gaff *s.* (*of a sail*); **feste (laufende) –,** standing (running) gaff *s.* **Gaffel / baum** *m.*, gaff *s.*; **–cat** *f.*, gaff cat *s.*; **–geere** *f.*, **–geerde** *f.*, vang *s.*; **–geertalje** *f.*, vang purchase *s.*; **–ketsch** *f.*, gaff ketch *s.*; **–klau(e)** *f.*, crutch *s.* (for the gaff), gaff jaw *s.*; **–kutter** *m.*, gaff cutter *s.*; **–nock** *f.*, peak *s.* of the gaff; peak *s.* (*of a sail*); **–piek** *f.*, gaff peak *s.*; **–schoner** *m.*, gaff schooner *s.*, fore-and-aft schooner *s.*, (*coll.*) fore-and-after *s.*; **–schuh** *m.*, parrel *s.*, gaff jaw *s. or* shoe *s.*; **–schuner** *m.*, (*s.* **–schoner**); **–segel** *n.*, gaff sail *s.*, spencer *s.*, trysail *s.*; wing sail *s.* (*of a ketch*); **großes –**

segel *n.*, club topsail *s.*; **–slup** *f.*, gaff sloop *s.*; **–takelung** *f.*, fore-and-aft rig *s.*, gaff rig *s.*; **–toppsegel** *n.*, gaff topsail *s.*; **–trei-** *od.* **–trisegel** *n.*, gaff trysail *s.*, spencer *s.*; **–yawl** *f.*, gaff yawl *s.*

galaktisch *adj.* (*astr.*), galactic; **–es System** (*astr.*), galactic system *s.* **Galaxie** *f.* (*astr.*), galaxy *s.*

Galeasse *f.*, galleass *s.* **Galeere** *f.*, galley *s.*, galleass *s.* **Galeone** *f.*, galleon *s.* **Galeote** *f.*, galiot *s.*, small coasting vessel *s.* (*Mediterranean*). **Galerie** *f.* (*naut.*), gallery *s.*

Galgen *m.* (*naut.*), boom crutch *s.*, gallows (*pl.*), davit *s.*; (*tech.*) cross-beam *s.*, horse *s.*, gibbet *s.*

Galion *n.* (*naut.*), cutwater *s.*, figurehead *s.* **Galionsfigur** *f.*, beakhead *s.*, figurehead *s.*, fiddle head *s.* (*of a sailing vessel*).

Galiote *f.*, galiot *s.*, small coaster *s.* (*Mediterranean*).

Gallone *f.* (*naut.*), gallon *s.* (*dry and cubic measure*); **Imperial –** (*br.*), imperial gallon *s.*; **Winchester –** (*am.*), Winchester gallon *s.*

galvanisch *adj.* (*naut., tech.*), galvanic; **–es Element** *n.*, **–e Kette** *f.*, galvanic cell *s.*, voltaic couple *s.* *or* cell *s.*; **–e Spannungsreihe** *f.*, galvanic series *s.* (of tension) **galvanisieren** *v.*, to galvanize, to electroplate, to zinc, to coat with zinc, to zincify, to zinkify. **Galvanisierung** *f.*, galvanization *s.*, electroplating *s.* **Galvanometer** *n.* (*phys.*), galvanometer *s.* **Galvanoskop** *n.*, galvanoscope *s.*

Gammel *m.* (*naut., sl.*), unsold fish *s.*, rotten food *s.* *or* stuff *s.* (*on board*).

Gang *m.* (*naut.*), alley *s.*, gangway *s.*, passage *s.*, walkway *s.* (*on a ship*); strake *s.* (*shipb.*); board *s.*, reach(ing) *s.*, tack *s.* (*when beating*); rate *s.* (*of a chronometer*); pitch *s.* (*of the propeller*); gear *s.* (*of motor*); stroke *s.* (*of engine*); gang *s.* (*of dockers, shipyard workers, etc.*); (*astr.*) course *s.* (*of planets*); course *s.* (*of a river*); (*tech.*) worm *s.*, thread *s.*; **abliegender (anliegender) –**, outside *or* raised (inside *or* sunken) strake *s.* (*shipb.*); **einzelner – (des Koppelkurses),** traverse *s.*; **ruhiger –**, smooth running *s.* (*of an engine*); **toter –**, backlash *s.*, steering play *s.*; **verlorener –**, drop strake *s.*, stealer (plate) *s.* (*shipb.*); **außer – setzen,** to put out of motion *or* operation; **in – bringen,** to set going, to set (on), to set in motion, to put into operation; **in – halten,** to keep going; **in – setzen,** to set (on), to set going, to start, to put into operation; **– auf –**, tack *s.* and tack (*sailing*); **– durch den die Deck(s)balken gehen,** bolt strake *s.* (*shipb.*). **Gangbord** *m.* (*dial. n.*), gangboard *s.* **Gänge** *m./pl.*, **Anzahl** *f.* **der – auf den Zoll,** thread *s.* per inch (*of a screw*); **kurze (lange) –**, short (long) boards (*pl.*) *or* tacks (*pl.*) (*sailing*); **kurze – machen,** to back and fill (*sailing*); **– über der Konstruktionswasserlinie,** topside strakes (*pl.*) (*shipb.*); **– unter dem Schergang,** strakes below (the sheer-strake). **Gang / höhe** *f.*, pitch *s.* (*of the propeller*); **–planke** *f.*, gangboard *s.*, gangway *s.* (*jetty*); **–spill** *n.*, capstan *s.*; (*tech.*) crab *s.*; **doppeltes** *od.* **großes –spill** *n.*, double-headed capstan *s.*; **kleines –spill** *n.*, gear capstan *s.*; **–spill** *n.* **mit Handkurbel,** crank capstan *s.*; **–spillfischung** *f.*, partners (*pl.*) of the capstan; **–spillkopf** *m.*, drumhead *s.*; **–spillspake** *f.*, capstan bar *s.*; **–spilltrommel** *f.*, capstan drum *s.* *or* barrel *s.*; **–way** *f.*, gangway *s.*

Gänsehals *m.* (*naut., tech.*), gooseneck *s.*; **–beschlag** *m.*, gooseneck fitting(s) *s.* (*pl.*).

ganz *adj.*, **– achtern,** sternmost; **– vorn,** foremost. **Ganz / holzbauweise** *f.*, all wood construction *s.* (*shipb.*); **–schweißbauweise** *f.*, all-welded construction *s.* (*shipb.*); **–stahlbauweise** *f.*, all steel construction *s.* (*shipb.*).

gap(p)en *v.* (*naut.*), to start (*of planks*).

Garage *f.* (*naut.*), garage *s.* (*protective cover*).

Garantie *f.*, guarantee *s.*, (*am., dial.*) warranty *s.*; **zwei Jahre –**, warranted for two years.

Garn *n.* (*naut.*), twine *s.*, yarn *s.*; thread *s.*; **grobes – (für Tauwerk),** rope yarn *s.*; **ein – spinnen** (*naut., hum.*), to spin *or* to tell a yarn.

Garnat *n.* (*naut.*), burton *s.*; **(Stag-) –**, garnet *s.*

Garnelen / fänger *m.*, **–fischer** *m.*, prawner *s.*, stringer *s.* (*boat and pers.*).

Garnier *n.* (*naut.*), dunnage *s.*; ceiling *s.*; **–bodenbelag** *m.*, flooring *s.* **garnieren** *v.*, to dunnage; to ceil. **Garnier / holz** *n.*, stow wood *s.*; **–latten** *f./pl.*, sparring *s.*, spar ceiling *s.*; **–planke** *f.*, ceiling plank *s.* **Garnierung** *f.*, dunnage *s.*; ceiling *s.*

Garnstropp *m.*, selvagee *s.*

Gas / anzünder *m.*, gas lighter *s.*; **–boje** *f.*, gas buoy *s.*; **–brenner** *m.*, gas jet *s.* *or* burner *s.*; **–druck** *m.*, gas pressure *s.*; **–düse** *f.*, gas nozzle *s.*; **–flasche** *f.*, gas cylinder *s.* *or* bottle *s.*; **–gemisch** *n.*, gas(eous) mixture *s.*; **–hebel** *m.*, throttle lever *s.* (*motorboat*); **–herd** *m.*, gas ring *s.*; **mehrflammiger –herd** *m.*, gas range *s.*; **–kocher** *m.*, gas ring *s.*; **–lampe** *f.*, **–licht** *n.*, gas light *s.*; **–maschine** *f.*, **–motor** *m.*, gas engine *s.* *or* motor *s.*; **–öl** *n.*, gas oil *s.*

Gast *m.* (*naut.*), hand *s.*, man *s.*, sailor *s.*, seaman *s.* (*usually in compounds*). **Boots / gast** *m.*, hand *s.*, man *s.*, seaman *s.*, sailor *s.*; **Signal–** *m.*, signalman *s.*

Gastank *m.* (*naut. tech.*), gas tank *s.*

Gast / flagge *f.*, guest *or* courtesy flag *s.*; **–landflagge** *f.*, courtesy flag *s.*; **–mitglied** *n.*, guest member *s.* (*of a yacht club*); **–mitgliedschaft** *f.*, guest membership *s.* (*in a yacht club*).

Gas / tonne *f.*, gas buoy *s.*; **–turbinenantrieb** *m.*, gas turbine propulsion *s.* (*of a ship*); **–turbinenschiff** *n.*, gas-turbine ship *s.* *or* vessel *s.*; **–wegnehmen** *n.* (*naut.*), throttling down *s.*, reducing speed *s.* (*of a yacht with auxiliary engine or motor*).

Gat(t) *n.* (*naut.*), stern *s.*, tuck *s.* (*of boat*); store room *s.*; (*geogr.*) gut *s.*, hole *s.*, narrow opening *s.*, narrows (*pl.*); **das Boot liegt im –,** the boat is down by the stern *or* stern-heavy.

Gat(t)chen *n.*, **Gatjen** *n.*, head hole *s.*, (small) eyelet *s.*, diamond *s.*, metal grommet *s.*, grummets (*pl.*).

Gauß *n.* (*phys.*), gauss *s.* (*unit of magnetic field strength*). **Gaußinfehler** *m.* (*phys.*), Gaussian error *s.* (*magnetic interference*).

geädert *adj.*, streaked (*of wood boat*); veined (*of wood*).

gearbeitet *p.p.* (*rad.*), worked.

Gebe / fehler *m.* (*rad., Morse*), keying *or* transmission error *s.*; **–geschwindigkeit** *f.* (*rad., Morse*), keying speed *s.* **Geben** *n.* (*rad., Morse*), keying *s.* **geben** *v.* (*rad.*), to transmit; to send (*radiotelephone*); **Raum** – (*naut.*), to give room *or* way. **Geber** *m.* (*rad.*), transmitter *s.*; sender *s.* (*radiotelephone*); **–taste** *f.*, Morse *or* morse key *s.*

Gebetbuch *n.* (*naut., hum.*), holystone *s.*; **mit dem – (das Deck) scheuern,** to holystone (the deck).

Gebetempo *n.* (*rad.*), rate *s.* of sending *or* transmitting *or* (*Morse*) keying.

Gebiet *n.* (*geogr.*), area *s.*, region *s.*, territory *s.*; **abgetastetes** – (*radar*), scanned area *s.*; **– unsicherer Peilung,** dead spot *s.*, bad-bearing area *s.* **gebietsweise** *adv.*, regional; **– Regen** (*meteor.*), scattered showers (*pl.*).

Gebläse *n.* (*tech.*), blast apparatus *s.*, blower *s.*; supercharger *s.* (*of motor*).

gebogen *adj.*, bent, curved, (*coll.*) crooked (*of mast*); **–er Mast,** bent mast *s.*

Gebrauch *m.*, application *s.*, use *s.*; **außer –,** out of use; **in – nehmen,** to take into use. **seemännische Sitten und Gebräuche** (*pl.*), habits (*pl.*) and customs (*pl.*) at sea. **Gebrauchs / anweisung** *f.*, directions (*pl.*) (for use), instructions (*pl.*) for use, working instructions (*pl.*); **g–fertig** *adj.*, ready for use.

gebrochen *adj.*, **–es Licht,** dim *or* dull *or* subdued light *s.*; **–er Mast,** broken mast *s.*

Gebühr *f.* (*naut.*), royalty *s.*, royalties (*pl.*); charge *s.*, due(s) *s.* (*pl.*), duty *s.*, fee *s.*, rate *s.*; **–enordnung** *f.*, tariff *s.*

Geckstock *m.* **(der Lenzpumpe),** brake *s.*

gedämpft *adj.*, **–e Welle** (*phys.*), damped wave *s.*

gedeckt *adj.*, **–es Boot,** decked boat *s.*, boat *s.* *or* dinghy *s.* with deck(s).

gedoppelt *adj.*, doubled (*bearing, sailcloth, etc.*).

gedreht *adj.*, **–es Tau(werk),** hand-laid rope *s.*

geeicht *adj.*, calibrated (*of instruments, etc.*).

Geerde *f.*, **Geere** *f.* (*naut.*), vang *s.* (*of a gaff*). **Geeren / stander** *m.*, guy pendant *s.* *or* pennant *s.*; **–talje** *f.*, guy *or* vang tackle *s.*; **–tau** *n.*, slew line *s.* *or* rope *s.*

geerdet *adj.*, grounded (*of aerial, etc.*); **nicht –,** ungrounded.

Geest *f.*, sandy uplands (*pl.*), (dry and) sandy coastal area *s.* *or* seabord *s.* *or* littoral *s.*

Gefahr *f.* (*naut.*), danger *s.*, hazard *s.*, risk(s) *s.* (*pl.*) (*at sea*); **offensichtliche –,** apparent *or* evident danger *s.*; **unmittelbare –,** direct *or* immediate danger *s.*; **das Boot ist in –,** the boat is in hazard; **das Boot in – bringen,** to endanger the boat; **die – erkennen,** to realize the danger; **auf – des Eigners** (*naut., ins.*), at owner's (own) risk. **Gefahren** *f./pl.*, **gegen alle –** (*naut., ins.*), against all risks; **– der See,** perils (*pl.*) *or* risks (*pl.*) at sea *or* of the sea. **Gefahren / boje** *f.*, danger buoy *s.*, buoy *s.* marking a danger *or* dangers; **–feuer** *n.* (*nav.*), danger *or* hazard beacon *s.*; **–gebiet** *n.* (*nav.*), danger area *s.* (*in territorial waters*); **–grenze** *f.* (*nav.*), clearing line *s.*; **–kreis** *m.* (*nav.*), dangerous circle *s.*; **–linie** *f.* (*nav.*), danger line *s.*; **–meldung** *f.* (*rad., meteor.*), danger warning(s) *s.* (*pl.*); **–peilung** *f.*, danger bearing *s.*; **–punkt** *m.*, danger point *s.*; **–sektor** *m.*, danger sector *s.*; **–signal** *n.*, danger signal *s.*; **–stelle** *f.* (*nav.*), hazard (point) *s.*, dangerous area *s.* *or* zone *s.* *or* (*coll.*) spot *s.*; **–winkel** *m.* (*nav.*), danger angle *s.*; **–zeichen** *n.*, danger mark *s.*; **–zone** *f.* (*nav.*), danger area *s.* *or* zone *s.*, zone *s.* of danger; **–zulage** *f.* (*naut.*), danger money *s.*, danger *or* hazard bonus *s.* **gefährlich** *adj.* (*naut.*), dangerous, hazardous, perilous, risky; unsafe (*of coast, waters*); **–er Halbkreis** *m.* (*meteor., nav.*), dangerous semi-circle *s.*; **–e See** *f.* (*naut., coll.*), nasty sea *s.*; **–es Viertel** *n.*, **–er Viertelkreis** *m.* (*meteor., nav.*), dangerous quadrant *s.* (*in a hurricane*); **–er Winkel** *m.* (*nav.*), dangerous *or* critical angle *s.* **Gefährlichkeit** *f.* (*naut.*), unsafety *s.*, unsafeness *s.* (*of coast, waters*).

Gefälle *n.* (*meteor.*), gradient *s.*, grade *s.* (*of atmospheric pressure, temperature*); **barometrisches –,** barometric gradient *s.*; **elektrisches –,** potential drop *s.*; **–messer** *m.*, clinometer *s.*

gefällig *adj.*, **mit –en Linien** (*naut.*), clean (*of boat*).

geflochten *adj.*, **–es Tau(werk),** braided *or* plaited rope *s.*

gefrieren *v.*, to ice (up) (*of lake, etc.*). **Gefrier / punkt** *m.* (*meteor.*), freezing-point *s.*, zero *s.* (*thermometer*); **über (unter) dem –punkt** (*meteor.*), above (below) freezing (point) *or* zero; **–schutz(mittel** *n.*) *m.*, anti-freeze (solution) *s.*

Gefühl *n.*, **ein – für das Boot bekommen,** to get the feel of the boat.

gegen *prep.*, **– den Strom,** against the current *or* tide; upstream; **– den Strom laufen,** to stem the tide; **– die Wettsegelbestimmungen,** contrary to *or* in violation of (the) yacht racing rules; **– den Wind,** up (the) wind; **– Osten** (*naut.*), eastward, towards the east, in the east; **– Westen,** to the west. **gegenanlaufen** *v.*, to buck *or* to steam (the tide) (*of boat*). **Gegen / bauch** *m.* **(bekommen),** (to be) backwinding *s.* (*of sail*); **–befehl** *m.* (*naut.*), countermand *s.*, counter-order *s.*; **–bewegung** *f.*, countermotion *s.* (*of a boat*); **g–brassen** *v.*, to counterbrace; **–brise** *f.*, head wind *s.*; **–drehmoment** *n.* (*phys.*), torque-reaction *s.*; **–drehung** *f.*, counter rotation *s.*; **–druck** *m.*, counter pressure *s.* **gegeneinander** *adv.* (*naut.*), head-on; **– versetzt,** staggered (*of courses, etc.*); **–stoßen** *v.* (*naut.*), to collide (head-on), to bump *or* to run into, to crash (together). **Gegen / fluten** *n.*, cross swell *s.*; **–funkstation** *f.*, repeating station *s.*; **–gewicht** *n.*, counterbalance *s.*, counterpoise *s.*, counterweight *s.*, makeweight *s.*, balance weight *s.*; **als –gewicht zu,** to set off, to counterbalance; **als –gewicht wirken,** to counterbalance, to counterpoise; **–gruß** *m.* (*naut.*), answer *s.*; **–halt** *m.* (*tech.*), counter-pressure *s.*, resistance *s.*, holdfast *s.*, prop *s.*; **–halter** *m.*, backstop *s.*, dolly *s.* (*device*); **–keil** *m.* (*naut., tech.*), tightening key *s. or* wedge *s.*; **–kiel** *m.*, top keel *s.*; **–kolben-Rudermaschine** *f.*, counter-piston steering gear *s.*; **–kommer** *m.* (*naut.*), meeter *s.*, meeting vessel *s.*, oncomer *s.* (*boat*); **–kontrolle** *f.*, cross-check *s.*, check (-test) *s.*, control test *s.*; **–kopplung** *f.* (*rad.*), negative feedback *s.*; **–kraft** *f.* (*phys.*), counter-check *s.*, counter effect *s.*; opposing force *s.* (*of current, wind*); reaction *s.*; **–kurs** *m.*, counter *or* opposite course *s. or* heading *s.*, reciprocal course *s.*; back course *s.*, turnabout *s.*; **Boot** *n.* **auf –Kurs,** oncoming boat *s. or* vessel *s.*; **Boot** *n.* **auf –kurs bringen** *od.* **legen,** to wind the boat; **auf –kurs gehen,** to alter round, to reverse the course *or* heading; **sich auf –kurs nähern,** to approach bows-on *or* head-on; **g–laufend** *adj.*, **–er Strom** *m.*, **–e Strömung** *f.*, adverse current *s.*; **g–läufig** *adj.*, counter-rotating, counter-revolving; **g–läufige Brandung** *f.*, undersurf *s.*; **g–läufige (Schiffs)Schrauben** *f./pl.*, counterturning screws (*pl.*); **g–läufiger Strom** *m.*, **g–läufige Strömung** *f.*, adverse current *s.*; **g–läufige Unterströmung** *f.*, undersurf *s.*; **–licht** *n.*, light in one's eyes; **–lichtblende** *f.* (*naut.*), anti-dazzle screen *s.*; **–mutter** *f.* (*tech.*), check- *or* lock-nut *s.*; **–passat(winde** *m./pl.*) *m.*, anti-trades (*pl.*), anti-trade winds (*pl.*); **–peilung** *f.*, cross *or* counter *or* reciprocal bearing *s.*; **–pol** *m.*, antipole *s.*; **–prall** *m.*, collision *s.* **(gegen, an,** with**),** crash *s.* (against), impact *s.*; **–probe** *f.*, cross-check *s.*, check(-test) *s.*, control test *s.*; **–propeller** *m.*, counter-propeller *s. or* (*coll.*) -prop *s.*; **–richtung** *f.*, opposite direction *s.*, reverse direction *s.*; **Boot** *n.* **in –richtung bringen** *od.* **legen,** to wind (the boat); **–ruder** *n.*, contra(-guide) rudder *s.*; **–ruder geben,** to shift the helm *or* rudder; **–ruder legen,** to meet the helm; **–schein** *m.* (*astr.*), opposition *s.*; (*phys.*) reflection *s.*; **–(schiffs)-propeller** *m. od.* **-schraube** *f.*, contraprop(eller) *s.*; **–see** *f.*, head sea *s.*, backsweep *s.*; **g–seitig** *adj.*, **–e Peilungen** *f./pl.*, counter *or* reciprocal bearings (*pl.*); **–signal** *n.* (*naut.*), counter signal *s.*; (*rad.*) answering signal *s.*; **–signal** *n.* **mit Flaggen,** answering pendants (*pl.*); **–sonne** *f.* (*astr.*), anthelion *s.*, parhelion *s.*, mock sun *s.*; **–spant** *n.*, counter- *or* reverse frame *s.* (*shipb.*); **–sprechanlage** *f.*, duplex *or* two-way communication system *s.*, intercommunication system *s.*, (*coll.*) intercom *s.* (*aboard*); **–sprechbetrieb** *m.*, duplex operation *s.*; **kleines tragbares –sprechgerät** *n.*, walkie-talkie *s.*; **–sprechkanal** *m.*, duplex channel *s.*; **–sprechverkehr** *m.*, intercommunication *s.*, (*coll.*) intercom *s.*, duplex *or* two-way communication *s.*; **(im Wasser schwimmender) –stand** *m.*, floater *s.*, floating object *s.*; **–station** *f.* (*rad.*), repeating station *s.*; **–stellung** *f.* (*astr.*), opposition *s.*; **–stoß** *m.* (*tech.*), counter-thrust *s.*; (*phys.*) reaction *s.*; **–strahl** *m.* (*phys.*), reflection *s.*, reflected ray *s.*; **–strom** *m.*, **–strömung** *f.*, adverse *or* counter current *s.*, reverse current *s.*, back current *s.*, backset *s.*, underset *s.*, (*am.*) setback *s.*; foul tide *s.* (*of tide*); eddy *s.* (*of backwash*); **–stück** *n.* (*naut., tech.*), counterpart *s.*; **–takt** *m.* (*rad.*), push-pull *s.*; **–taktschaltung** *f.* (*rad.*), push-pull circuit *s.*; **–taktverstärker** *m.* (*rad.*), push-pull amplifier *s.*; **–tide** *f.*, foul tide *s.*; **–uhrzeigersinn** *m.*, counter-clockwise direction *s.*; **–verkehr** *m.* (*naut.*), oncoming traffic *s.* (*in a canal, etc.*); **–versuch** *m.*, control experiment *s. or* test *s.*; **–welle** *f.* (*tech.*), counter-shaft *s.*; **–wind** *m.* (*naut.*), head( )wind *s.*, dead wind *s.*, upwind *s.*, contrary wind(s) *s.* (*pl.*), (*am.*) unfavourable wind(s) *s.* (*pl.*); **starker –wind** *m.* (*naut., coll.*), muzzler *s.*, nose-ender *s.*, noser *s.*; **–windkurs** *m.*, upwind (course) *s.*; **–windstoß** *m.*, counterblast *s.*; **–winkel** *m.*, alternate angle *s.*; **–wirbelsturm** *m.*, anticyclone *s.*; **–wirkung** *f.* (*phys.*), countercheck *s.*, counteraction *s.*, counter effect *s.*, reaction *s.*

gegißt *adj.* (*naut.*), **–es Besteck** *n.*, dead reckoning *s.*, position *s.* by dead reckoning, estimated position *s.*; **–e Breite** *f.*, latitude *s.* by dead-reckoning; **–e geographische Breite** *f.*, dead latitude *s.*; **–er Kurs** *m.*, dead-reckoning course *s.*, course *s. or* heading *s.* by dead-reckoning; **–er (Schiffs)Ort** *m.*, **–e (Schiffs)-Position** *f.*, dead-reckoning position *s.*, estimated position *s.*

Gehäuse *n.* (*naut.*), binnacle *s.* (*of compass*), shell *s.* (*of a block*); (*tech.*) case *s.*, casing *s.*, housing *s.*

gehen *v.*, to blow (*of wind*); (*tech.*) to function, to operate, to run, to work; **achteraus –,** to go astern (*of boat*); **ankerauf –,** to weigh anchor; **an Bord –,** to board, to go aboard *or* on board (ship); **an Deck –,** to go on deck, to go above; **an Land –,** to put to land; **an den Wind –,** to close *or* to hug the wind, to go to windward, to luff; **auf den anderen Bug –,** to go about, to go on the other board *or* tack, to change tack(s); **in See –,** to put *or* to go to sea, to stand out (to sea), to put away *or* off, to out; **in den Wind –,** to shoot *or* to be shooting head to wind, to close *or* to hug the wind, to luff; **über Bord –,** to go by the board *or* (*am.*) by the side, to go overboard; **über Stag –,** to go *or* to put about; **unter Deck –,** to go below; **vor Anker –,** to cast anchor; **laß(t) –!** (*com.*), let go (amain)!; **– durch** (*astr.*), to transit (*meridian, etc.*); **– nach** (*naut.*), to leave for, to sail; **das Boot geht in See,** the boat puts (out) to sea; **der Strom geht mit Eis,** the river is full of drift-ice.

gehorchen *v.* (*naut.*), **dem Ruder –,** to answer *or* to feel the helm; **dem Ruder nicht –,** to be unmanageable, to be not under control (*of boat*); **das Boot gehorcht dem Ruder,** the boat obeys *or* responds to the helm *or* tiller.

gehört! (*rad., int.*), heard!

Gehre *f.*, **Gehrung** *f.* (*naut., tech.*), mitre *s.*, (*am.*) miter *s.*, mitre *or* miter joint *s.*, bevel *s.* (*shipb.*). **gehren** *v.*, to mitre, (*am.*) to miter.

gehüllt *p.p.*, **in Dunkel(heit) –,** shrouded in darkness; **in Nebel –,** shrouded *or* veiled in mist.

Gei *f.*, boom *or* guy vang *s.* **geien** *v.*, to brail (up), to guy, to haul up (*sail*), to clew, to clue (*gaff sail*).

Geigen *n.* (*naut.*), (dangerous) rolling *s. or* motion *s. or* movement *s.*, swaying *s.*, corkscrewing *s.*, corkscrew motion *s.* (*of a boat*). **geigen** *v.*, to roll, to sway, (*coll.*) to fiddle, to fidget (in the waves) (*of boat*).

Geihanger *m.*, guy pendant *s. or* pennant *s.*, guy span *s. or* suspension *s.*

Geißfuß *m.* (*tech.*), crow-bar *s.*, hand-spike *s.*

Geistander *m.*, guy pendant *s. or* pennant *s.*

Geister / bild *n.* (*radar*), echo *s.*, ghost *s.*; **–echo** *n.* (*radar*), ghost echo *s.*; **–schiff** *n.*, phantom ship *s.*, Flying Dutchman *s.*

Gei / talje *f.*, guy tackle *s.*, vang purchase *s.*; **–tau** *n.*, guy *s.*; brail *s.* (*gaff sail*); clew garnet *s.* (*of main or jib*); clew- *or* clue-line *s.* (*of small sails*); **–winde** *f.*, **–winsch** *f.*, guy winch *s.*

gekentert *adj.*, capsized, overturned, keel over, upset, upside down, upturned, turned turtle (*of boat*); turned (*of tide*).

gekerbt *adj.*, notched (*of mast*).

gekielt *adj.*, keeled; **–es Boot,** keeled boat *s.*, boat *s.* with a keel.

geklasst *adj.*, rated (*of boat*); **– werden,** to be rated (*of boats*).

geklinkert *adj.*, clinker-built, clinker-planked (*shipb.*).

geknickt *adj.*, bent, broken (*of mast*).

gekrängt *adj.*, lopsided, heeled (*of boat*).

gekräuselt *adj.*, crimpy, crinkly (*of sea*); **–es Wasser,** ruffled water *s.*

gekrümmt *adj.*, curved; **–er Kiel,** arched keel *s.*; **–er Mast,** bent *or* curved mast *s.*

geladen *adj.* (*naut.*), loaded (*of boat or ship*); charged (*battery*); live (*wire*).

gelagert *p.p.* (*naut., tech.*), mounted on bearings.

Gelände / bö *f.* (*meteor.*), ground squall *s.*; **–punkt** *m.*, landmark *s.*

Geländer *n.* (*naut.*), rail(ing) *s.*; taffrail *s.* (*stern*).

gelangen *v.*, **ans Ufer –,** to win (to) the shore.

Gelbe Flagge *f.* (*naut.*), yellow flag *s. or* (*coll.*) jack *s.*, Q-flag *s.*, quarantine flag *s.* **Gelbfieber** *n.* (*naut., med.*), ship fever *s.*

Gelcoat *m. od. n.*, gelcoat *s.* (*shipb.*).

Geleit *n.* (*naut.*), convoy *s.*, escort *s.*; **freies –,** safe conduct *s.* **Geleit / boot** *n.*, escort vessel *s.*, chaser *s.*; **–brief** *m.*, protection *s.* **geleiten** *v.* (*naut.*), to convoy, to escort. **Geleit / schiff** *n.*, consort *s.*, convoy (vessel *or* ship) *s.*, escort (vessel) *s.*; **–schutz** *m.*, screen *s.*, convoy *s.*, escort *s.*; **–schutz geben,** to screen; **–zug** *m.*, convoy *s.*; **im –zug fahren** *od.* **segeln,** to sail in *or* under convoy, to travel in convoy; **–zugsicherung** *f.*, convoy escort *s.*

Gelenk *n.* (*naut., tech.*), joint *s.*, knuckle (joint) *s.*, hinge *s.*; link *s.* (*of a chain*); **--Hakenschlüssel** *m.* (*am.*), Stillson wrench *s.*; **–hebel** *m.*, toggle *s.*; **–kopf** *m.*, cardan joint *s.*; **–kupplung** *f.*, joint coupling *s.*; **–stück** *n.*, knuckle (joint) *s.*; **–welle** *f.*, cardan shaft *s.*; **–zange** *f.*, lazy tongs (*pl.*).

gelichtet *adj.* (*naut.*), aweigh, hove up (*of anchor*); **mit –em Anker,** underway, (*coll., dial.*) underweigh (*of boat*).

gelotet *adj.* (*naut.*), sounded (*of water*); **nicht –,** unsounded.

gemallt *adj.* (*naut.*), moulded, (*am.*) molded; **–e Kante,** mo(u)lded line *s.* (*body plan*); **–e Seitenhöhe,** mo(u)lded depth *s.* (*shipb.*).

gemasert *adj.*, streaked (*of wood boat*); **–es Holz,** veined wood *s.*

gemäßigt *adj.*, moderate (*as breeze, speed*); temperate (*as climate*); **–e Breiten** *f./pl.* (*geogr.*), temperate latitudes (*pl.*); **–er Gürtel** *m.*, **–e Zone** *f.* (*geogr.*), temperate zone *s.*, Temperate Zone *s.*

gemeldet *adj.*, **–es Boot** (*rac.*), entered boat *s.* (**zu,** for).

Gemischt / bauweise *f.*, **–konstruktion** *f.*, composite construction *s.* (*shipb.*).

gemittelter (Schiffs)Standort *m.*, mean (ship's) position *s.*

gemütlich *adj.*, **– dahinsegeln,** to jog along *or* on; **sich – auf** *od.* **von den Wellen schaukeln lassen,** to loll upon the waves (*of boat*).

genau *adj.* (*naut., tech.*), true, exact, precise; *adv.* (*naut.*), right; **ein – von Norden** *od.* **aus Nord kommender Wind,** a due north wind *s. or* (*rare*) northener *s. or* (*am.*) norther *s.*; **– an-** *od.* **eingepaßt** (*tech.*), tight-fitting; **– eingestellt,** in true (*of mast, etc.*); **– (aus-** *od.* **ein)-richten** (*tech.*), to true off *or* up; **– nach Osten** (*naut.*), due east; **– nach Osten segeln,** to go *or* to sail due east; **– von achtern** (*naut.*), from dead *or* right astern *or* aft; **– von vorn** (*naut.*), from dead *or* right ahead; head-on; **–es Einpassen** *n. od.* **Einstellen** *n.* (*naut., tech.*), trueness *s.*; **mit –er Not entkommen,** to have a narrow escape, (*coll.*) to have a close shave (*distress at sea*); **auf das** *od.* **aufs G–este** (*coll.*), to a T. **Genauigkeit** *f.* (*naut., tech.*), accuracy *s.*, exactness *s.*, precision *s.*; **– des Bestecks, – der Besteckrechnung,** accuracy *s. or* exactness *s.* of the fix *or* of the ship's position.

Genehmigung *f.* (*naut.*), licence *s.*, (*am.*) license *s.*, permission *s.*

geneigt *adj.* (*naut.*), arake, raking (*as mast*), sloping, tilted, tipped (over) (*as deck*); **nach hinten – sein,** to rake (*of mast*); **–es Deck** *n.*, sloping deck *s.*; **eine –e Lage haben,** to tip (over) (*as boat*); **–er Mast** *m.*, bent *or* raking mast *s.*

General / distanz *f.* (*naut.*), distance *s.* made good; **–kurs** *m.* (*nav.*), mean *or* direct course *s.*; **–police** *f.* (*naut., ins.*), floating policy *s.*; **–überholung** *f.* (*naut.*), turn-around *s.*, overhaul *s.* (*of boat*); **–versicherung** *f.* (*naut., ins.*), floater *s.*

Generator *m.*, generator *s.*, alternator *s.*, dynamo *s.*; **–leistung** *f.*, generator *or* dynamo capacity *s.*; **–spannung** *f.*, generator voltage *s.*

Genickstag *n.*, spring( )stay *s.*, jumper stay *s.*

genietet *adj.* (*naut., tech.*), riveted.

Gennaker *m.*, gennaker *s.*, poleless spinnaker *s. or* (*coll.*) spi *s.*; **–reifen** *m.*, **–ring** *m.*, snuffing hoop *s.*; **–schlauch** *m.*, snuffer *s.*

genormt *adj.*, standardized (*as boats, sails, etc.*).

Genua *f.* (*naut.*), genoa *s.*, (*coll.*) genny *s.*, jenny *s.*; **(Dynac) Drifter –,** (dynac) drifter genoa *s.*; **leichte –,** light genoa *s.*; **volle –,** full-sized genoa *s.*; **– leicht,** genoa light (# 1); **– mittel(schwer),** genoa medium (# 2); **– schwer,** genoa heavy (# 3); **die – nach außen schoten,** to put jib *or* genoa on outside lead. **Genua / fallen** *n./pl.*, genoa halyards (*pl.*); **–fenster** *n.*, genoa window *s.*, window *s. or* (*coll.*) spy *s.* in a genoa; **--Fock** *f.*, genoa fore- *or* headsail *s.*; **–reff** *n.*, genoa reef *s.*; **--Reffreihe** *f.*, genoa reef row *s.*; **–schiene** *f.*, genoa track *s.*; **–schotausleger** *m.*, genoa sheet lead *s.*; genoa sheet *s.* led to the main boom; **–schotblock** *m.*, genoa sheet block *s.*; **–schoten** *f./pl.*, genoa sheets (*pl.*); **–schotholepunkt** *m.*, genoa sheet lead *s.*; **–schotwagen** *m.*, genoa sheet horse *s. or* travel(l)er *s.*; **--Stagsegel** *n.*, genoa staysail *s.*, tall spinnaker staysail *s.*; **–trimmer** *m.*, **--Vorschoter** *m.*

(*am.*), genoa trimmer *s.*
Geographie *f.*, geography *s.* **geographisch** *adj.*, geographical; **–er Azimut** *m.*, true bearing *s.*; **–e Breite** *f.*, geographical latitude *s.*; **–e Lage** *f.*, geographic(al) position *s.*; **–e Länge** *f.*, geographical longitude *s.*; **--Nord,** true north *s.*; **–er Nordpol** *m.*, geographical north pole *s.*, true north *s.*; **zum –en Nordpol fahrend** *od.* **gehend** (*naut., phys.*), true; **–er Pol** *m.*, geographic(al) pole *s.*; **–e Sichtweite** *f.*, geographic(al) range *s.* of visibility *or* sight; **–er Südpol** *m.*, geographical south pole *s.*, true south *s.*
Geo / dynamik *f.* (*phys.*), geodynamics (*pl.*); **g–magnetisch** *adj.* (*phys.*), geomagnetic; **g–magnetischer Sturm** *m.*, geomagnetic storm *s.*; **–magnetismus** *m.*, geomagnetism *s.*, terrestrial magnetism *s.*; **–physik** *f.*, geophysics (*pl.*); **–statik** *f.*, geostatics (*pl.*); **g–zentrisch** *adj.*, **–e Breite** *f.* (*astr.*), geocentric latitude *s.*; **g–zentrischer Ort** *m.* (*astr.*), geocentric parallax *s.*
gepeilt *adj.*, **–e Funkstation,** tuned-in station *s.*
gepeitscht *p.p.*, beaten (*by wind, waves*); **von Stürmen –,** beaten by storms.
gerade *adj.* (*naut.*), straight, upright; **– östlich (westlich),** due east (west); **–er Anstieg** *m. od.* **Aufstieg** *m.* (*astr.*), right ascension *s.*; **–er Bug** *m.*, straight bow *s.*; **–es Heck** *n.*, straight stern *s.*; **–er Kurs** *m.* (*nav.*), rhumb line *s.*, (*naut.*) straight-away *s.*, straight course *s.*; **–er Lichtstrahl** *m.*, direct ray *s.* of light; **–e Linie** *f.* (*naut.*), straight line *s.*; **–e Regattastrecke** *f.*, straight leg *s.*; **–er Stoß** *m.*, butt *s.* (*shipb.*); **–er Vor(der)steven** *m.*, straight stem *s.*; **–e Zielstrecke** *f.* (*rac.*), straight (leg) *s.*, straight-away *s.*, straight homing *s.* **Gerade / aufsteigung** *f.* (*astr.*), right ascension *s.*; **–auskurs** *m.* (*naut.*), straight(-away) course *s.*; **–führung** *f.* (*naut., tech.*), slide-bar *s.*, slides (*pl.*), guides (*pl.*). **Gerad / führung** *f.* (*naut.*), straight-line motion *s.*; **–spantenboot** *n.*, straight-framed boat *s.*
Gerät *n.* (*naut.*), gear *s.*, tackle *s.*; (*rad.*) set *s.*; (*tech.*) apparatus *s.*, appliance(s) *s.* (*pl.*), device *s.*, instrument *s.*, implement *s.*, tool *s.*, (*coll.*) gadget *s.*; **nautisches –,** nautical instrument *s. or* device *s.*, navigational aid *s.* **Geräte / anordnung** *f.* **von Navigationshilfen,** arrangement *s. or* layout *s.* of nautical equipment *or* navigational aids; **–schalter** *m.*, plug *s.*; **–stecker** *m.*, (adapter) plug *s.* **Gerätschaften** *f./pl.* (*naut.*), gear *s.*, tackle *s.*; (*tech.*) tools (*pl.*), implements (*pl.*), utensils (*pl.*).
Geräusch *n.* (*rad.*), noise *s.*; **knisterndes –** (*rad., coll.*), mush *s.*; **–boje** *f.*, acoustic(al) *or* sound buoy *s.*, sonobuoy *s.*; **g–dämpfend** *adj.*, silencing; **–pegel** *m.* (*rad.*), noise *or* (*coll.*) mush level *s.*
gerefft *adj.*, reefed; **dicht –,** close reefed (*of sails*).
geregelt *adj.* (*tech.*), regulated (*propulsion, etc.*); **nicht –,** unregulated.
gerichtet *adj.* (*rad.*), directional; **einseitig –,** unidirectional (*aerial*); **–er Empfang** *m.* (*rad.*), directional reception *s.*; **–er Funkstrahl** *m.*, (directional) radio beam *s.*
gering *adj.*, **(auf) –e Entfernung,** (at) short distance; **–e Fahrt** *f.* (*naut.*), less *or* low speed *s.*; **–e Fahrt laufen** *od.* **machen,** to sail *or* to steam at low *or* slow speed; **–e Geschwindigkeit** *f.* (*naut.*), low speed *s.*; **–er Tiefgang** *m.*, shallow draught *s. or* (*am.*) draft *s.*; **–er werden,** to lessen (*of storm*). **geringste Fahrt** *f. od.* **Geschwindigkeit** *f.* **eines Bootes** *od.* **Schiffes,** steerageway *s.*
Gerinnsel *n.*, channel *s.*, rivulet *s.*, watercourse *s.*
Germanischer Lloyd-Klassenzertifikat *n.*, rated GL *s.*, rated classification *or* class certificate *s.* of the German Lloyd.
Gerümpel *n.* (*naut., sl.*), raffle *s.*, hamper *s.*
Gesamt / ablenkung *f.* (*naut.*), total deviation *s.*, general deviation *s.*; **–abmessung(en)** *f.* (*pl.*), overall dimensions (*pl.*) *or* measurement *s.* (*of a boat*); **–auftrieb** *m.*, general *or* total buoyancy *s.*; **–beanspruchung** *f.* (*phys., tech.*), entire *or* total strain *s. or* stress *s.* (*of sailcloth, material*); **–belastung** *f.* (*naut.*), total load *s.*, (*elec.*) connected load *s.*; **–bereich** *m.* (*rad.*), overall range *s.*; **–besatzung** *f.*, ship's complement *s.*; complete *or* entire crew *s.* (*of a yacht*); **–beschickung** *f.*, total correction *s.*; **–besegelung** *f.*, overall inventory *s.* (*of sails*); **–breite** *f.* (*naut.*), overall beam *s. or* breadth *s.* (*of a boat*); **–ergebnis** *n.* (*rac.*), overall result(s) *s.* (*pl.*); **–gehalt** *m.* (*naut.*), total tonnage *s.*; **–gewicht** *n.*, weight *s.* total; **–gewicht** *n.* **der Crew,** crew weight *s.*; **–größe** *f.* (*naut.*), overall size *s.* (*of a boat*); **–hafengebiet** *n.*, whole *or* total port region *s. or* territory *s.*; **–höhe** *f.* (*naut.*), overall height *s.* (*of a boat*); **–hubraum** *m.*, (cubic) capacity *s.* (*of an engine*); **–länge** *f.* (*naut.*), overall length *s.* (*of a boat*); **–leistung** *f.* (*naut., rac.*), overall performance *s.* (*also of sails*); (*tech.*) total output *s.*; **–meßbereich** *m.*, complete *or* total range *s.* of measurement *or* measuring range *s.* (*of yacht, etc.*); **–mißweisung** *f.*, total error *s.*; **–raumgehalt** *m.* (*naut.*), total tonnage *s.*;

–schaden *m.* (*naut., ins.*), general *or* total damage(s) *s.* (*pl.*); **–schiffslänge** *f.*, length *s.* between perpendiculars; **–sieger** *m.* (*rac.*), overall winner *s.*; **–stabilität** *f.* (*naut.*), overall stability *s.* (*of a boat*); **–tonnage** *f.*, total tonnage *s.*; **–tragfähigkeit** *f.* (*naut.*), tons (*pl.*) deadweight, deadweight-carrying capacity *s.*; **–trimmänderung** *f.*, total change *s.* of trim; **–verlust** *m.* (*naut., ins.*), total loss *s.*; **–versicherung** *f.* (*naut.*), comprehensive insurance *s.*; **–wertung** *f.* (*rac.*), overall results (*pl.*), overall rating *s.*, placement *s.* overall; **6. in der –wertung,** sixth *s.* overall; **–widerstand** *m.* (*phys.*), general resistance *s.*, (*naut.*) overall resistance *s.*; **–wirkungsgrad** *m.* **(des Propellers, des Schiffantriebs),** general *or* overall efficiency *s.* (of the propeller, of propulsion); **–zahl** *f.*, total number *s.* (*of competitors in a race*); **–zeit** *f.* (*rac.*), total time *s.*, time *s.* total; **–zuladung** *f.* (*naut.*), dead weight capacity *s.*

geschaltet *p.p.*, **parallel –** (*elec.*), connected in parallel; **in Serie –** (*elec.*), connected in series.

Geschirr *n.* (*naut.*), gear *s.*, tackle *s.*; **bootseigenes –,** boat's *or* ship's own tackle *s.*; **seemännisches –,** marine *or* nautical gear *s.* *or* tackle *s.*

geschlagen *p.p.* (*coll., rac.*), beaten; *adj.*, **–es Tau(werk),** laid rope(s) *s.* (*pl.*), machine-laid rope(s) *s.* (*pl.*).

geschlossen *adj.*, **–er Hafen,** locked (in *or* up) harbo(u)r *s.*; **–e Reede,** closed *or* (fully) enclosed roads (*pl.*) *or* roadstead *s.*

geschmeidig *adj.*, soft (*as sailcloth*), flexible (*as mast*), malleable (*of metal*); **–e Linien** *f./pl.* **eines Bootes,** sleek lines (*pl.*) of a boat. **Geschmeidigkeit** *f.*, flexibility *s.* (*of mast*), smoothness *s.* (*of sailcloth*), suppleness *s.*, tractability *s.*

geschoren *adj.*, **–es Tau,** roved rope *s.*; **in einen Block –e Talje,** a tackle sheered in a block; **mit zu dicken Schoten –,** sheered with too thick sheets.

geschützt *adj.* (*naut.*), protected **(gegen,** against; **vor,** from); sheltered; secure; **–e Bucht** *f.*, sheltered bay *s.* *or* bight *s.*; **–es Fahrwasser** *n.*, sheltered water *s.*; **–er Hafen** *m.*, sheltered harbo(u)r *s.*; **vor dem Sturm – vor Anker liegen,** to ride (at anchor) secure from the gale.

Geschwader *n.* (*naut.*), formation *s.*, group *s.*, squadron *s.*, (*obs.*) escadrille *s.*; **–segeln** *n.*, sailing *s.* in formation, squadron sailing *s.*

geschweift *adj.* (*naut.*), arched, cranked, curved (*of bow or stern*); **–er Bug** *m.*, curved bow *s.*

Geschwindigkeit *f.* (*naut.*), headway *s.*, speed *s.*, rate *s.*, drive *s.* (*of a boat*); (*phys.*) velocity *s.* (*of wind, etc.*); **absolute –** (*phys.*), absolute velocity *s.*; **beschickte –,** speed made good; **durchschnittliche –,** average speed *s.*; **hohe –,** high speed *s.*, (*am.*) lick *s.*; **kritische –,** critical *or* stalling speed *s.*; **mäßige –,** moderate *or* easy speed *s.*; **mögliche –,** potential speed *s.*; **ökonomische –,** economical cruising speed *s.*; **relative –,** ground speed *s.*, relative speed *s.*; (*phys.*) relative velocity *s.*; **volle –** (*am.*), lick *s.*; **mit großer –,** at a great rate; **mit voller –** (*am.*), at full lick, of a great lick; **die – fällt** *od.* **nimmt ab** *od.* **läßt nach,** the speed drops (*of boat*); **die – messen,** to time the speed; **(an) – verlieren,** to lose (head)way; **die – vermindern** *od.* **verringern,** to deaden *or* to decrease speed, to slow down; **die – verringert sich,** the speed drops; **mit einer – von 10 Knoten laufen,** to proceed at a rate of 10 knots *or* at a 10-knot rate; **Parallelogramm** *n.* **der –en** (*pl.*), parallelogram *s.* of velocities *or* velocity; **– achteraus (voraus),** speed astern (ahead); **– durch das Wasser,** speed *s.* made good through the water; **– über Grund,** speed *s.* made good over the ground. **Geschwindigkeits/abfall** *m.*, **–abnahme** *f.*, loss *s.* *or* decrease *s.* of speed, deceleration *s.*; **–anzeiger** *m.*, speed indicator *s.*; **(kritischer) –bereich** *m.*, (critical) speed range *s.* *or* rate *s.*; **–beschränkung** *f.* (*naut.*), speed restriction *s.*; **–diagramm** *n.* (*phys., naut.*), vector *or* velocity diagram *s.*; **–grad** *m.*, relative speed *s.* (*yachting*); **–grenze** *f.* (*naut.*), speed limit *s.*; **–messer** *m.*, speedometer *s.*, (boat) tachometer *s.*; chronograph *s.*; **–parallelogramm** *n.* (*phys., naut.*), parallelogram *s.* of velocity; **–probefahrt** *f.*, speed trial test *s.* *or* trip *s.* (*of a boat*); **–regler** *m.*, (speed) governor *s.*; **–rekord** *m.* (*rac.*), speed record *s.*; **–stufe** *f.*, velocity stage *s.*, stage *s.* of velocity (*of propeller, turbine*); **–verhältnis** *n.*, speed-to-length ratio *s.* (*of a boat*); **–verlust** *m.*, loss *s.* of speed, stalling *s.* (*of a boat*); **–zunahme** *f.*, **–zuwachs** *m.*, increase *s.* in speed, added boat speed *s.*, speed gain *s.*, gain *s.* in *or* of speed, acceleration *s.*; **geringster (größter) –zuwachs** *m.*, minimum (maximum) speed gain *s.*; **prozentualer –zuwachs** *m.*, percent(age) speed gain *s.*

Gesechstschein *m.* (*astr.*), sextile *s.*

gesegelt *p.p.*, **–e Meilen,** sailed miles (*pl.*); **–e Zeit** (*rac.*), elapsed time *s.*

Gesenk *n.* (*naut.*), female mould *s.* *or* (*am.*) mold *s.*, cast(-)mo(u)ld *s.*, lower die *s.*, matrix *s.*, bed *s.* (*shipb.*).

Gesetz *n.*, **– von Ursache und Wirkung** (*phys.*), principle *s.* of causality. **gesetzlich** *adj.*, legal, statutory; **– geschützt,** protected by law; **– verboten,** forbidden by law; **–e Ortszeit** *f.*, local standard time *s.*; **–e Zeit** *f.*, standard time *s.* **Gesetz / mäßigkeit** *f.* (*phys.*), conformity *s.*, regularity *s.*; **g–widrig** *adj.*, unlawful, illegal.

Gesichts / feld *n.*, visual field *s.*, field *s.* of vision; **–kreis** *m.* (*astr.*), horizon *s.*; **–linie** *f.*, visual line *s.*, line *s.* of sight; **–täuschung** *f.*, optical illusion *s.*; **–weite** *f.*, visible range *s.*; **–winkel** *m.*, visual angle *s.*, angle *s.* of vision.

Gesöff *n.* (*naut., sl.*), whipbelly (vengeance) *s.*

Gespann *n.* (*naut.*), car *s.* and *or* with trailer.

gespannt *adj.* (*naut.*), taut, tight, stretched, tense, under tension; **–e Feder** *f.* (*tech.*), stretched spring *s.*; **–es Tau** *n.*, **–e Trosse** *f.*, taut *or* tight rope *s.*

Gespensterschiff *n.*, phantom ship *s.*

gespreizt *adj.*, **–es Achterstag,** spread(ed) backstay *s.*

gestanden *adj.*, **–er Segler,** experienced yachtsman *s.* *or* skipper *s.*, (*hum.*) old salt *s.* *or* tar *s.*

Gestänge *n.* (*naut., tech.*), bars (*pl.*), poles (*pl.*), rails (*pl.*), rods (*pl.*); transmission shafts (*pl.*), linkage gear *s.*

Gestell *n.* (*naut.*), frame(work) *s.*, rack *s.*, support *s.*, trestle *s.*; (*tech.*) horse *s.*, mount *s.*, pedestal *s.* (*for instruments, etc.*).

Gestellung *f.* (*naut.*), customs clearance *s.* (*of boat*).

Gestirn *n.* (*astr.*), star *s.*, stars (*pl.*); **ein – (an)peilen,** to take the bearing of a star. **Gestirn / beobachtung** *f.*, astronomical *or* stellar observation *s.*; **–höhe** *f.* (*astr.*), altitude *s.* of stars; **–peilung** *f.*, bearing *s.* *or* fix *s.* by stars; **–stand** *m.* (*astr.*), constellation *s.*

Gestöber *n.*, drift *s.*, flurry *s.* (*of snow*); storm *s.*

gestoppt *p.p.*, **– liegen** (*naut.*), to remain stopped (*of boat*).

gestört *adj.* (*rad.*), jammed, subject to interference *or* atmospherics; (*tech.*) out of order.

gestrandet *adj.*, aground, ashore, astrand, fast aground, high and dry, stranded (*of boat*); **verlassenes –es Boot** *n.* *od.* **Schiff** *n.*, wreck *s.*; **Plünderer** *m.* **eines (verlassenen) –en Schiffes,** wrecker *s.*

Gesundheits / attest *n.* (*naut.*), health certificate *s.* (*of or for a boat*); **–bestimmungen** *f./pl.*, sanitary regulations (*pl.*) (*for a boat*); **–paß** *m.* **für ein Boot** *od.* **Schiff,** health certificate *s.*

gesunken *adj.*, **–es Boot** *od.* **Schiff,** sunken ship *s.*

getakelt *adj.*, rigged (*of boat*); **voll –,** full-rigged.

geteert *adj.*, **–es Tau,** black *or* tarred rope *s.*; **–es Tauwerk,** tarred *or* black cordage *s.*

Getose *n.*, **Getöse** *n.*, turmoil *s.*, uproar *s.* (*of the sea*), roaring *s.* (*of waves, surf*), howling *s.* (*of wind*).

Getriebe *n.* (*naut., tech.*), pinion gear *s.*, gear(ing) *s.*, gear-box *s.*, linkage *s.*, transmission *s.*; motive power *s.*, mechanism *s.*; **–übersetzungsverhältnis** *n.*, gear ratio *s.*; **–welle** *f.*, gear shaft *s.*

getrieben werden, to be driven (*of boat, clouds, etc.*).

getrimmt *adj.*, trimmed (*of boat, sails*); **gut –,** well trimmed; **schlecht –,** badly *or* poorly trimmed, out of trim.

Geviertschein *m.* (*astr.*), quartile aspect *s.*, tetragon *s.*

gewagt *adj.*, **–es (Segel)Manöver,** touch-and-go manoeuvre *s.* *or* (*am.*) maneuver *s.*

Gewalt *f.*, force *s.*, power *s.* (*of a gale, etc.*); **höhere –** (*naut., jur.*), force majeure *s.*, vis major *s.*, act *s.* of God *or* Providence; **die – des Sturms,** the force of the gale; **von der vollen – des Sturms getroffen werden,** to be hit by the fury *or* the whole force of a gale. **gewaltig** *adj.*, **–er Sturm,** sublime tempest *s.*; **–e Wellen, – hohe Wellen,** mountainous waves (*pl.*).

Gewässer *n.* (*pl.*), water(s) *s.* (*pl.*), stream *s.*, fleet *s.*; **europäische –** (*pl.*), European waters (*pl.*); **fließendes –,** running water(s) *s.* (*pl.*); **gefährliches –,** treacherous water *s.*, unsafe waters (*pl.*); **heimische –,** home waters (*pl.*); **inländische –,** inland waters (*pl.*); **internationale –,** international waters (*pl.*); **küstennahe –,** coastal waters (*pl.*); **seichtes –,** shallows (*pl.*), shoals (*pl.*); **stehendes –,** dead water *s.*, body *s.* of water; **territoriale –,** territorial waters (*pl.*); **tropische –,** tropic(al) waters (*pl.*); **trügerisches –,** treacherous water(s) *s.* (*pl.*); **unbefahrbare –,** unnavigable waters (*pl.*); **unbefahrene –,** unnavigated *or* untraversed waters (*pl.*); **unsichere –,** unsafe *or* treacherous waters (*pl.*). **Gewässerkunde** *f.*, hydrology *s.*

gewellt *adj.*, **–e Außenhaut,** corrugated shell *or* skin (plating) *s.*

Gewicht *n.* (*naut.*), weight *s.* (*of ballast, crew*), weight (gravity) *s.* (*of boat*); (*phys.*) load *s.*, strain *s.*, stress *s.* (*on sails, etc.*); **spezifisches –** (*phys.*), specific gravity *s.*; weight density *s.*; **totes –,** dead weight *s.*; **das richtige – haben,** to make one's *or* the weight (*of trimmer,* *crew*); **das – (der Crew) nach achtern (vorn) trimmen,** to trim (crew) weight aft (forward). **Gewichts / anforderung** *f.*, **den –anforderungen** (*pl.*) **entsprechen,** to make one's *or* the weight (*of crew, trimmer*); **–beschränkung** *f.* (*rac.*), weight restriction *s.*; **–einheit** *f.*, unit *s.* of weight; **–schwerpunkt** *m.*, centre *s. or* (*am.*) center *s.* of gravity; **–stabilität** *f.*, stability *s.* of weight(s) (*of ballast, crew*); **–trimm** *m.*, trim *s.* by weight(s) (*of ballast, crew*); **–verlagerung** *f.*, shift *s.* of weight, shifting *s. or* changing *s.* of the weights *or* of weight; **mit der –verlagerung die Bootsbewegung stören,** to disrupt the movement *or* motion of the boat by shifting *or* changing the weight; **–verteilung** *f.*, weight distribution *s.* (*of ballast, crew*); **–vorteil** *m.* (*rac.*), weight saving(s) *s.* (*pl.*).

Gewinde *n.* (*tech.*), (screw-)thread *s.*, worm *s.*; winding *s.*, coil *s.* (*of thread*); **ein – bohren,** to tap; **das – überdrehen,** to strip a screw *or* thread; **mit einem – versehen,** to tap. **Gewinde / bohrer** *m.*, screw-tap *s.*, master tap *s.*, hob *s.*; **–bolzen** *m.*, thread-bolt *s.*; **–gang** *m.*, thread *s.* (*of a screw*); **–ganghöhe** *f.*, thread pitch *s.* (*of a screw*); **–lehre** *f.*, screw ga(u)ge *s.*; **–schneider** *m.*, screw cutter *s. or* die *s.*; **–steigung** *f.*, pitch *s.* (*of a screw*), thread pitch *s.*; **–terminal** *n.* (*naut.*), thread *or* worm terminal *s.*, true lock *s.*

Gewinnchance *f.*, **gute –** (*rac.*), odds-on *s.*; **gute –n haben** (*rac.*), to be on velvet; **gute –n habend** (*rac.*), odds-on. **gewinnen** *v.* (*naut.*), to gain (*speed*); (*rac.*), to win, (*sl.*) to lick (it); **an Fahrt –,** to gain *or* to gather speed; **die offene See –,** to get the offing; **eine Regatta** *od.* **Wettfahrt –,** to win a race; **einen Vorsprung –** (*rac.*), to gain a *or* the lead (on), to gain an advantage (over); **spielend –** (*rac.*), to win hands down. **Gewinnvorsprung** *m.* (*rac., coll.*), velvet *s.*

Gewirr *n.*, jumble *s.*, tangle *s.* (*of ropes*).

Gewitter *n.* (*meteor.*), thunderstorm *s.*, thunder *s.* and lightning, tempest *s.*, storm *s.*, (*coll.*) weather *s.*; **elektrisches (magnetisches) –,** electric (magnetic) storm *s.*; **ein – ist im Anzug** *od.* **zieht auf,** a storm is brewing *or* gathering. **Gewitter / bö** *f.*, thunder(-)gust *s.*, thunder-squall *s.*, arched squall *s.*, squall *s.*; **–bö** *f.* **mit schwarzem Gewölk,** black squall *s.*; **g–geladen** *adj.*, thunder-charged (*of air*); **–kunde** *f.* (*meteor.*) brontology *s.*; **–luft** *f.*, sultry air *s.*, sultriness *s.* (of the air) before a thunderstorm, thunder *s.* in the air. **gewittern** *v.*, **es gewittert,** there is a (thunder)storm (rising *or* getting up). **Gewitter / meldung** *f.* (*rad., meteor.*), thunderstorm warning(s) *s.* (*pl.*); **–neigung** *f.* (*meteor.*), tendency *s.* to thunderstorm. **gewitt(e)rig** *adj.*, thund(e)rous, thundery, stormy, oppressive (*of air*). **Gewitter / regen** *m.*, **–schauer** *m.*, thunder-shower *s.*; **g–schwül** *adj.*, oppressive, sultry, thundery, thund(e)rous; **–schwüle** *f.*, sultriness *s.*, oppressiveness *s.*; **–störungen** *f./pl.*, (*rad.*), atmospherics (*pl.*), static *s.*; **–sturm** *m.*, electric storm *s.*, thunderstorm *s.*; **–warnung** *f.* (*rad., meteor.*), thunderstorm warning(s) *s.* (*pl.*); **–wolke(n)** *f.* (*pl.*) (*meteor.*), cumulonimbus *s.*, (*coll.*) thunderhead *s.*, thundercloud *s.*, storm-cloud(s) *s.* (*pl.*).

gewölbt *adj.*, **–e Back,** turtle-back forecastle *s. or* (*coll.*) fo'c'sle *s.*; **–es Deck,** turtle deck *s.*; **–es Schutzdach (gegen schwere Seen),** turtle back *s. or* deck *s.*

Gewölk *n.*, clouds (*pl.*); **fliegendes –,** rack *s.*; **ziehendes –,** rack *s.*, wrack *s.*

geworfen *p.p.*, **von den Wellen nach vorn – werden,** to be sent (*of boat*).

gezahnt *adj.* (*naut., tech.*), cogged, indented, notched, toothed (*shipb., etc.*).

Gezeit *f.*, tide *s.*; **astronomische –,** astronomical tide *s.*; **eintägige –,** diurnal tide *s.*; **fallende –,** ebb-tide *s.*, falling tide *s.*; **gemischte –,** mixed tide *s.*, ebb *s.* and flow; **halbtägige –,** semidiurnal tide *s.*; **meteorologisch bedingte –,** meteorological tide *s.*; **steigende –,** rising tide *s.*, flood tide *s.*; **vierteltägige –,** quarter-diurnal tide *s.*; **Höhe** *f.* **der –,** height *s.* of tide; **Stromwelle** *f.* **der –,** tide rip *s.*; **ohne –,** tideless; **auf die – schwojend** *od.* **schwoiend,** to be tide-rode (*of boat*). **Gezeiten** *f./pl.*, tide *s.*; **durch die – beeinflußt,** tided; **den – unterworfen, sich nach den – richtend, von den – abhängig,** tidal; **den – unterworfenes Gewässer** *n.*, tidal waters (*pl.*), (*am.*) tidewater *s.*; **den – unterworfene Fluß-** *od.* **Seemündung** *f.*, estuary *s.*; **dem Wechsel der – unterworfener Fluß** *m.*, tidal river *s.* **Gezeiten / atlas** *m.*, tidal (stream) atlas *s.*; **–diagramm** *n.*, tidal diagram *s.*; **–feuer** *n.*, tide *or* tidal light(s) *s.* (*pl.*); **–gebiet** *n.*, tidal waters (*pl.*); **–grenze** *f.*, littoral *s.*; **–hafen** *m.*, tidal harbo(u)r *s.*; **–hub** *m.*, range *s.* of the tide; **–information(sdienst** *m.***)** *f.*, tide *or* tidal information (service) *s.*; **–kabbelung** *f.*, tide(-)rips (*pl.*); **–kenterung** *f.*, turn *s.* of the tide; **–komponente** *f.*, tidal component *s. or* constituent *s.*; **(harmonische) –konstante** *f.*, (harmonic) tidal constant *s.*; **–küste** *f.*, tidal coast *s. or* shore *s. or* seaboard *s.*; **an der –küste liegend** (*am.*), tidewater;

–lehre *f.*, tidology *s.*; –linie *f.*, littoral *s.*, co-tidal line *s.*; **g–los** *adj.*, tideless (*of river, etc.*); **–marke** *f.*, tidemark *s.*; **–messer** *m.*, thalassometer *s.*, tide ga(u)ge *s.*; **–mitte** *f.*, half tide *s.*; **–pegel** *m.*, tide ga(u)ge *s. or* mark *s.*; **–rechner** *m.*, tide predictor *s.*; **–rechnung** *f.*, tidal calculation *s. or* (*coll.*) reckoning *s.*; **–reibung** *f.*, tidal friction *s.*; **–revier** *n.*, tidal area *s. or* range *s.*, range *s.* of the tide(s), littoral *s.*; **–schwingung** *f.*, tidal oscillation *s.*; **–signal** *n.*, tide *or* tidal signal *s.*; **–stillstand** *m.*, stand(still) *s. or* stagnation *s.* of (the) tide; **–strom** *m.* (*naut.*), **–strömung** *f.*, tide *s.*, tidal current *s. or* stream *s.*; **gegenläufiger** *od.* **-laufender –strom** *m.*, foul tide *s.*; **starker –strom** *m.*, roost *s.* (*Orkney and Shetland Islands*); **zurückgehender** *od.* **-laufender –strom** *m.*, outset *s.*; **mit dem –strom ein-** *od.* **auslaufen,** to tide (*of boat*); **–stromatlas** *m.*, tidal current *or* stream atlas *s.*; **–stromkarte** *f.*, tidal current *or* stream chart *s.*; **–stromtabellen** *f./pl.*, tidal chart *s.*, tidal current *or* stream tables (*pl.*); **–tabelle** *f.*, tidal chart *s.*, (*br.*) Admiralty Tide Tables (*pl.*); **–tafel** *f.*, tide table(s) *s.* (*pl.*); **–tag** *m.*, tide *or* tidal day *s.*; **–ungleichheit** *f.*, difference *s. or* inequality *s.* of (the) tide, tidal inequality *s.*; **–unterschied** *m.*, tidal difference *s.*; **–verfrühung** *f.*, acceleration *s.* of (the) tide, priming *s.* (of the tide); **–verhältnis** *n.*, ratio *s.* of tidal ranges; **–versetzung** *f.*, set *s.* of the current *or* stream, current *or* stream set *s.*; **–verspätung** *f.*, lag *s.* of tide, lagging *s.* (of the tide), retardation *s.* of (the) tide; **–verzögerung** *f.*, lag *s.* of tide, tidal delay *s.*, delay *s.* of tide(s); **–wasser** *n.*, tidewater *s.*; **das Watt bedeckendes –wasser** *n.* (*am.*), tidewater *s.*; **–wechsel** *m.*, turn *s. or* change *s.* of the tide; **–welle** *f.*, tide wave *s.*; tidal wave *s.*; **–zone** *f.*, littoral *s.*

GFK / -Boot *n.*, glass-fibre *or* (*am.*) -fiber reinforced polyester boat *s.*, GRP-boat *s.*; **-–Bootsbau** *m.*, GRP construction *s. or* shipbuilding *s.*

Gickbaum *m.*, spanker boom *s.*

Gien *n.*, gin *s.*, gin tackle *s.*, tackle *s.*, tackle purchase *s.*, purchase *s.*, winding-tackle *s.* **Gien / block** *m.*, gin (tackle) *s.*, purchase block *s.*; **–läufer** *m.*, purchase fall *s. or* runner *s.*; **–talje** *f.*, gin *or* purchase tackle *s.*

Giep *n.*, spar *s.* **giepen** *v.*, to gybe, to jibe (*of sails*). **Giep / segel** *n.*, gybe *or* jibe sail *s.*; **–tau** *n.*, gybe *or* jibe rope *s.*, spar rope *s.*

Gier / bewegung *f.*, yawing (motion) *s.* (*of a boat*); **–brücke** *f.*, flying bridge *s.*; trail-bridge *s.* **Gieren** *n.*, sheering *s.*, yaw *s.*, yawing *s.* (*of a boat*). **gieren** *v.*, to sheer, to yaw, to deviate from (the) course, to fall away (from the course). **Gier / fähre** *f.*, trail-ferry *s.*; **–moment** *n.*, moment *s.* of yaw(ing), yawing moment *s.* (*of a boat*); **–stabilität** *f.*, stability *s.* of yaw, sheering *or* yawing stability *s.* **Gierung** *f.*, yaw(ing) *s.* (*of a boat*); **–sstabilität** *f.*, stability *s.* of yaw(ing), sheering *or* yawing stability *s.* **Gierwinkel** *m.*, angle *s.* of yaw, yaw(ing) *or* sheer(ing) angle *s.*

gießen *v.* (*coll.*), to pour; **es gießt,** it is pouring with rain; **es gießt wie mit Mollen** *od.* **Scheffeln,** it is raining cats and dogs.

Gieß / form *f.* (*naut.*), mould *s.*, (*am.*) mold *s.* (*shipb.*); **–mutter** *f.*, mo(u)ld *s.*, matrix *s.* (*shipb.*).

Gig *n.* (*naut.*), gig *s.*, dinghy *s.*, galley *s.*, tender *s.*, (*coll., hum.*) cock(le) shell *s.*; **in einem –fahren,** to gig.

Gilling *f.*, **Gillung** *f.* (*naut.*), counter *s.*, tuck *s.* (*of boat*); roach *s.*, sweep *s.* (*of sail*). **Gillungs / heck** *n.*, counter-stern *s.*; **–leiste** *f.*, tuck rail *s.*; **–platte** *f.*, oxter plate *s.*; **–spant** *n.*, transom frame *s.*

Gipfel *m.* (*astr.*), culmination *s.*, zenith *s.*; **–punkt** *m.* (*astr.*), culminating point *s.*, culmination *s.*

gischen *v.*, to spume, to foam, to spray, (*coll.*) to yeast. **gischend** *pr.p.*, foaming, spuming, (*coll.*) yeasty (*of the surge*). **Gischt** *m.* (*coll. f.*), foam *s.*, froth *s.*, spray *s.*, spindrift *s.*, spoon(-drift) *s.*, spume *s.*, stour *s.*, sea foam *s.*, (*coll.*) yeast *s.* (*of the surge*). **gischten(d),** (*s.* **gischen(d)**).

Giß *f.*, **Gisse** *f.*, estimated (ship's) position *s.*, dead reckoning *s.* **gissen** *v.*, to estimate one's *or* the ship's position, to estimate by guess, to make the dead reckoning. **Gissung** *f.*, estimation *s.* of (ship's) position, dead reckoning *s.*

Gitter / kapazität *f.* (*rad.*), (grid) input capacity *s.*; **–karte** *f.* (*naut.*), grid chart *s.*; **–kreis** *m.* (*rad.*), grid *or* input circuit *s.*; **–mast** *m.*, trellis mast *s.*; **–meridian** *m.* (*naut., astr.*), grid meridian *s.*; **–navigation** *f.*, grid navigation *s.*; **–netz** *n.*, grid (co-ordinates (*pl.*)) *s.* (*on charts*); (*astr.*) réseau *s.*; **-–Nord** (*naut.*), grid north *s.*; **–schott** *n.*, lattice bulkhead *s.*, grating *s.*; **–steuerung** *f.* (*rad.*), grid control *s.*; **–widerstand** *m.* (*rad.*), grid-leak resistance *s.*

Glanz / firnis *m.*, glazing varnish *s.* (*for boats*); **–lack** *m.*, glossy lacquer *s. or* enamel *s.*, (*coll.*) gloss *s.* (*for boats*); **–teile** *n./pl.*, **–werk** *n.* (*naut.*), bright work *s.* (*fittings, etc.*).

Glas *n.* (*naut.*), half-hour bell *s.*; **8 –** (*coll.*), eight bells. **Glasen** *n./pl.* (*naut.*), bells (*pl.*); **8 –,** eight bells; **es schlägt 8 –,** it is eight bells. **glasen** *v.*, **die Bordzeit –,** to strike the (ship's) bell, to strike the watch bell.

Glas / faser *f.*, glass fibre *s.*, filament *s.*, (*am.*) fiber *s.* of glass; **g–faserverstärkte Kunststoffe** *m./pl.*, glass-fibre (*am.* -fiber) reinforced polyester *s.*, GRP *s.*; **–fiber** *f.*, fibre(-glass) *s.*, (*am.*) fiber glass *s.*; **–seidengewebe** *n.*, plain weave glass cloth *s.*, (*am.*) fiber-glass cloth *s.* (*ship.*); **–seidenmatte** *f.*, chopped strand mat *s.*, (*am.*) fiberglass mat *s.* (*shipb.*); **–seidenroving** *m.*, roving fabric *s.*, (*am.*) fiberglass roving *s.*

glatt *adj.* (*naut.*), smooth (*of water*), slippery (*of deck*); **– gewinnen** (*rac.*), to win easily *or* hands down; **– durchgehendes** *od.* **-laufendes Deck** *n.*, flush deck *s.*; **–e Oberfläche** *f.*, smooth surface *s.* (*of boat; water*); **–e See** *f.*, smooth *or* unruffled sea *s.*; **–er Sieg** *m.* (*rac.*), clear win *s. or* victory *s.*; **–es Wasser** *n.*, smooth water *s.* **Glatt / deck** *n.*, flush deck *s.*; **–deckboot** *n.*, **–decker** *m.*, flush decker *s.*; **–eis** *n.*, glaze *s.*, glazed frost *s.*, glare *s.* (*on deck, etc.*). **glätten** *v.* (*naut., tech.*), to smooth, to smoothen (*quick work*), to plane (*wood*), to burnish (*metal*); **sich –,** to smooth (down) (*of sea*). **Glättfeile** *f.*, smooth file *s.* **Glatt / wasserbeanspruchung** *f.*, still water strain *s. or* stress *s.* (*boat, sail*); **–wasserspiegel** *m.*, smooth water level *s. or* surface *s.* of the water; **g–ziehen** *v.*, **die Fock (ein Segel) g–ziehen,** to stretch *or* to flatten the headsail *or* jib (a sail).

gleich *adj.*, identical (*as boats*), equal, like, same; **–e See und Küste** (*nav.*), same sea *s.* and coast. **Gleichdruckturbine** *f.*, impulse turbine *s.* **Gleiche-Höhenmethode** *f.* (*naut., astr.*), equal altitude method *s.* **Gleichgang** *m.*, synchronism *s.* (*of chronometer, etc.*).

Gleichgewicht *n.* (*phys.*), balance *s.*, counterpoise *s.*, equilibrium *s.*, equiponderance *s.*, equiponderancy *s.* (*of boat, crew, etc.*); **dynamisches –,** dynamic balance *s.*; **indifferentes –,** indifferent equilibrium *s.*; **labiles –,** unstable equilibrium *s.*; indifferent equilibrium *s.*; **stabiles –,** stable *or* stabil *or* steady equilibrium *s.*; **statisches –,** static balance *s.*; **(ein Boot) aus dem – bringen,** to unbalance, to throw out of balance (a boat); **(ein Boot) im – halten,** to balance, to keep in equal balance, to counterpoise, to stabilize (a boat); **(ein Boot) ins – bringen,** to counterpoise (a boat). **Gleichgewichts / lage** *f.*, trim *s.* (*of a boat*); **–lehre** *f.*, statics (*pl.*); **–punkt** *m.*, centre *s. or* (*am.*) center *s.* of gravity; **–zustand** *m.*, counterpoise *s.*, trim *s.* (of a boat).

Gleich / heit *f.* (*phys.*), **– des Gewichts,** equiponderance *s.*, equiponderancy *s.*; **–heitskreis** *m.* (*astr.*), circle *s.* of equality; **g–lastig** *adj.*, on (an) even keel, in level trim (*of boat*); **–lastigkeit** *f.*, trim *s.* on an even keel, level trim *s.* (*of boat*); **–lauf** *m.* (*phys.*), synchronism *s.*; **auf –lauf bringen,** to synchronize; **g–laufend** *adj.* (*phys., elec.*), synchronous, synchronized, (*naut.*) parallel (*of courses*); **–laufsteuerung** *f.*, synchronization *s.*; **g–mäßig** *adj.*, **–e Geschwindigkeit,** steady speed *s. or* way *s.* (*of a boat*); **g–mäßiger Wind,** steady wind *s.*; **g–namig** *adj.* (*naut., phys.*), same named, of the same name; (*phys., elec.*) similar; **g–namige magnetische Pole** *m./pl.*, samenamed magnetic poles (*pl.*); **g–namige Pole** *m./pl.* (*phys., elec.*), similar poles (*pl.*); **g–richten** *v.* (*rad.*), to redress, to rectify; **–richter** *m.* (*rad.*), detector *s.*, rectifier *s.*; **–richtung** *f.* (*rad.*), detection *s.*, rectification *s.*; **g–seitig** *adj.* (*math., phys.*), equilateral; **–signal** *n.*, equisignal *s.*; **–signalzone** *f.*, equisignal zone *s.*; **–strom** *m.* (*rad., elec.*), direct current *s.*; **–taktfeuer** *n.*, intermittent light(s) *s.* (*pl.*); **g– weit (entfernt),** equidistant; **g–zeitig** *adj.*, **– (über eine Welle) senden** (*rad.*), to multiplex; **g–ziehen** *v.* (*rac.*), to draw level (**mit,** with), to outsail, to overtake.

Gleit / -Antifouling(farbe *f.*) *n.*, antifouling *s.* (paint) for planing speed; **–bahn** *f.* (*naut.*), slip(s) *s.* (*pl.*), slipway *s.*, slide way *s.*; standing ways (*pl.*) (*of a slipway*); **–block** *m.*, slide block *s.*, slider *s.*; **–boden** *m.*, skimming *or* planing bottom *s.* (*of a boat*); **–boot** *n.*, glider *s.*, gliding *or* planing *or* skimming boat *s.*, skimmer *s.*; hydroplane *s.*, planing craft *s.*; **–brett** *n.*, surfboard *s.*; aquaplane *s.* (*for surfriding*); **–deck(s)belag** *m.*, non-skid decking *s.*; **–dingi** *n. od.* **–dingy** *n.*, planing dinghy *s.* **Gleiten** *n.* (*naut.*), skim *s.*, skimming *s.*, glide *s.*, gliding *s.*, slide *s.*, sliding *s.* (*of boat*). **gleiten** *v.* (*naut.*), to glide, to plane, to slide, to skim (*of boat*); to skid, (*coll.*) to slither (*on deck*); **– (lassen)** (*tech.*), to run. **Gleit / fähigkeit** *f.* **eines Bootes,** planing *or* sliding property *s.* of a boat *or* dinghy; **–fahrt** *f.*, planing *or* skimming speed *s.* (*of a boat*); **–farbe** *f.*, antifouling paint *s.* (*for the quick work*), nonskid paint *s.* (*for the deck*); **–fläche** *f.* (*naut.*), hydrofoil *s.*, sliding surface *s.* (*of boat*); **–geschwindigkeit** *f.*, gliding *or* planing *or* skimming speed *s.* (*of a boat*); **–gewicht** *n.*, sliding (anchor) weight *s.*; **–jolle** *f.*, planing *or* skimming dinghy *s.*; **–klotz** *m.* (*naut.*), guide block *s.*; **–kufen** *f./pl.*, skids (*pl.*) (*of ice yacht*); **–lager** *n.* (*tech.*), friction *or* sliding bearing *s.*; **–passung** *f.* (*naut., tech.*), sliding fit *s.*; **–ring** *m.*, slide *or* travel(l)er ring *s.*; **–rolle** *f.*, (boat) roller *s. or* runner *s.* (*for slipping*); **–schieber** *m.*, slide valve *s.*; **–schiene** *f.* (*naut.*), sail track *s.*, sliding track *s.*, mast track *s.*; skid *s.*; (*tech.*) guide *s.*, slide-bar *s. or* rail *s.*; **mit einer –schiene fortbewegen,** to skid; **–schienenanordnung** *f. od.* **-einrichtung** *f. od.* **-vorrichtung** *f.*, sliding track device *s. or* set-up *s.*; **–schutz** *m.*, anti- *or* non-skid protection *s.*; **mit –schutz versehen,** non-skid *or* -skidding; **–schutz-Decksbelag** *m.*, skid-proof decking *s. or* covering *s.*, non-skid decking *s.*; **–schutz-Decksfarbe** *f.*, non-skid *or* skid-proof paint *s.*; **–sitz** *m.* (*naut.*), sliding seat *s.* (*in a dinghy*), slide *s.* (*in racing rowing boats*); (*tech.*) sliding fit *s.*; **–takelung** *f.*, gunter (rig) *s.*; **–verdeck** *n.*, sliding roof *s.* (*of motoryacht*).

Glied *n.* (*naut., tech.*), link *s.* **Glieder / fuge** *f.*, knuckle joint *s.* (*shipb.*); **–kette** *f.*, link chain *s.* (*for anchor, etc.*).

glitscherig *adj.* (*coll.*), **glitschig** *adj.*, slippery, slippy, slimy, washy (*as deck*).

Globus *m.* (*geogr.*), globe *s.*

Glocke *f.* (*naut.*), bell *s.* (*acoustic signal device; ship*); **die – (an)schlagen,** to strike the (watch *or* ship's) bell. **Glocken / beschlag** *m.*, cup *or* bell(-shaped) fitting *s.*; **–boje** *f.*, bell buoy *s.*; **–galgen** *m.* **(für die Schiffsglocke),** belfry *s.*; **–isolator** *m.*, cup *or* petticoat insulator *s.*; **–reep** *n.*, bell rope *s.*; **–schlag** *m.*, **Gruppe** *f.* **von –schlägen** (*naut.*), group *s.* of call-bells or bell signals; **–signal** *n.*, bell signal *s.*; **–tonne** *f.*, bell buoy *s.*; **–tonpfeife** *f.*, chime whistle *s.*; **–turmmaschine** *f.* (*naut., obs.*), steeple engine *s.*; **–ventil** *n.*, bell valve *s.*

glücklich *adj.*, **ein –es Boot** *od.* **Schiff,** a happy boat *s.* **Glückssträhne** *f.* (*rac.*), streak *s.* of luck.

Glüh / wind *m.* (*coll.*), s(c)irocco *s.*; **–zünder** *m.*, heater plug *s.*, hot bulb *s.* (*motorboat*).

Gluthitze *f.*, red *or* white heat *s.*, roasting heat *s.*, (*coll.*) roaster *s.* (*of a day*).

GL-Vorschriften *f./pl.* (*naut.*), German Lloyd's *or* GL rules (*pl.*) (and regulations).

Gnomon *m.* (*astr.*), gnomon *s.* **gnomonisch** *adj.* (*naut.*), gnomonic; **–e Karte** *f.*, gnomonic chart *s.*; **–e Projektion** *f.*, gnomonic projection *s.*

Golf *m.* (*geogr.*), gulf *s.*, Gulf *s.*; **–strom** *m.*, gulf stream *s.*; **–stromdrift** *f.*, gulf stream drift *s.*; **–stromnebel** *m.*, gulf stream fog *s.*

Gondel *f.*, gondola *s.* **Gondoliere** *m.*, gondolier *s.*

Gong *m.* (*naut.*), gong *s.* (*fog signal*); **–boje** *f. od.* **–tonne** *f.*, gong buoy *s.* **gongen** *v.*, to sound *or* to strike the gong.

Goniometer *n.* (*naut.*), goniometer *s.*; **–-Peilanlage** *f.* (*naut., rad.*), goniometer D/F *or* bearing device *s.*; **–peiler** *m.*, Bellini-Tosi D/F *or* direction-finder *s.*; **–peilung** *f.*, Bellini-Tosi direction-finding *s.* **Goniometrie** *f.*, goniometry *s.* **goniometrisch** *adj.*, goniometric; **–e Peilung,** goniometric bearing *s. or* D/F *s.*

Gording *f.*, buntline *s.*, leech *or* (*am.*) leach line *s.*

Gösch *f.* (*naut.*), jack *s.*, jack flag *s.*; union flag *s. or* jack *s.*; union *s.* (*of a flag*); inset *s.* (*in a flag*); **–stock** *m.*, jack(-)staff *s.*

Grab *n.* (*naut.*), **ein nasses –, ein – in der See,** a watery grave *s.*

Graben *m.* (*geogr.*), trench *s.* (*of the sea*); canal *s.*; dike *s.*, dyke *s.*; **–sohle** *f.* (*geogr.*), trench bottom *s.* (*of the sea*).

Gracht *f.*, canal *s.*, ditch *s.*, drain *s.*

Grad *m.* (*astr., phys., math., geogr.*), degree *s.*; **bis auf den – genau** (*astr.*), partile; **ein Winkel von 25 –,** an angle of 25°; **es ist (wir haben) 10 – Kälte,** the temperature is minus 10 degrees; **in –e eingeteilt,** graduated (*of scales, etc.*); **unter 30 – nördlicher Breite,** latitude 30° N; **4 – über (unter) Null,** 4 points above (below) zero; **Wärme** *f.* **von 20 – C(elsius),** temperature of 20° centigrade; **– der (Ablesungs)Genauigkeit,** degree *s.* of accuracy (in reading); **– einer Skala,** point *s.* **Grad / bogen** *m.*, protractor *s.*, sextant *s.*; limb *s.* (*of sextant, etc.*); **–buch** *n.*, nautical almanac *s.*; **–einteilung** *f.*, graduation *s.*, scale *s.*, scale division *s. or* graduation *s.*, calibration *s.* (*of a dial*); **–feld** *n.*, chart *or* map square *s.*

Gradient *m.* (*meteor.*), (pressure) gradient *s.*; **barometrischer –,** barometric gradient *s.*; **vertikaler –** (*meteor.*), lapse *s.*; **–strömung** *f.*, aerodynamic *or* hydrodynamic gradient *s.*

Grad / kranz *m.* **des Kompasses,** bearing ring *s.*; **–kreis** *m.*, limb *s.* (*of the sextant*); **–netz** *n.* (*geogr.*), grid *s.* (*of a chart or map*); graticule *s.* (*of sea chart*); **–rose** *f.*, card *s.* (graduated in degrees) (*of compass*); **–tafel** *f.*, **–- und Strichtafel** *f.* (*naut.*), traverse table *s.*; **–zahl** *f.* (*naut., rac.*), compass-bearing *s.*, direction *s.*

Grand-Prix-Rennyacht *f.*, grand prix racer *s. or* racing yacht *s.*

graphisch *adj.*, **–e Darstellung,** diagram *s.*, chart *s.*, graph *s.*, graphic representation *s.*

Graphometer *n.* (*naut.*), goniometer *s.*, graphometer *s.*, protractor *s.*

Gräting *f.*, (lath) grating *s.*, open steel flooring *s.*

Graupel *f.* (*meteor.*), graupel *s.*, hail *s.*, sleet *s.* **graupelig** *adj.*, sleety. **graupeln** *v.*, to sleet, to hail; **es graupelt,** it is hailing, sleet is falling. **Graupel / regen** *m.*, soft hail *s.*; **–schauer** *m.*, sleet *s.*, shower *s.* of sleet, hail storm *s.*; **–wetter** *n.*, sleety weather *s.*

Gravitation *f.* (*phys.*), gravity *s.*, gravitation *s.* **Gravitations / feld** *n.* (*phys.*), gravitational field *s.*; **–gesetz** *n.*, law *s.* of gravitation; **–konstante** *f.*, constant *s.* of gravitation, gravitational constant *s.*; **–kraft** *f.*, attraction *s.* of gravity, gravitational force *s.*, force *s.* of gravity, gravitation *s.*; **–tank** *m.* (*naut.*), gravity tank *s.*

Greenhorn *n.* (*naut., coll.*), greenhorn *s.*, tenderfoot *s.*, inexperienced sailor *s.* *or* yachtsman *s.*

Greenwich (*geogr.*), **Meridian** *m.* **von –,** Greenwich meridian *s.* **Greenwicher / mittlere Sonnenzeit** *f.*, Greenwich time *s.*; **– wahrer Mittag** *m.*, Greenwich apparent noon *s.* *or* time *s.* **Greenwich / Mittag** *m.*, Greenwich noon *s.*; **– Sternzeit** *f.*, Greenwich time *s.* of sidereal noon *s.*, Greenwich sidereal time *s.*; **– Stundenwinkel** *m.*, Greenwich hour angle *s.*; **– Zeit** *f.*, Greenwich (civil) time *s.*; **mittlere --Zeit** *f.*, Greenwich mean time *s.*

Greep *n.* (*naut.*), gripe *s.*

Gregale *m.*, gregale *s.* (*Mediterranean northeaster*).

Greifboje *f.*, grip *or* grasp buoy *s.* **Greifer** *m.* (*naut., tech.*), claw *s.*, grab *s.*, lug *s.* **Greif / haken** *m.* (*naut.*), grab hook *s.*, grapple *s.*; **–leine** *f.* (*naut.*), grab *or* life line *s.*; **–zange** *f.*, gripping pliers (*pl.*), pincers (*pl.*); **–zirkel** *m.*, (external) callipers *or* (*am.*) calipers (*pl.*), cal(l)iper compasses (*pl.*), calibre *or* (*am.*) caliber compasses (*pl.*); **mit einem –zirkel abgreifen** *od.* **messen,** to calliper, (*am.*) to caliper.

Grenzbelastung *f.* (*naut., tech.*), critical load *s.*

Grenze *f.*, border *s.*, boundary *s.* (*offshore sailing, etc.*); frontier *s.*; **– des Nahbereichs** (*radar*), limit *s.* of close range, minimum range *s.*

Grenz / festigkeit *f.* (*phys., tech.*), ultimate strength *s.*; **–frequenz** *f.* (*rad.*), cut-off frequency *s.*; **–geschwindigkeit** *f.* (*naut.*), maximum speed *s.*, critical speed *s.*; **–last** *f.* (*naut.*), maximum load *s.*; **–linie** *f.* (*naut.*), border line *s.*; **–maß** *n.*, limiting *or* maximum size *s.* (*measurement*); **–schicht** *f.* (*naut.*), boundary layer *s.*; **–schichtablösung(spunkt** *m.*) *f.* **von laminarer und turbulenter Strömung,** burble point *s.*; **–spannung** *f.* (*tech.*), limiting stress *s.*, (*elec.*) limiting voltage *s.*; **–umdrehung(szahl)** *f.*, velocity stage *s.*; **–welle** *f.* (*rad.*), critical *or* intermediate frequency *s.*, critical *or* limited wave (length) *s.*; **–wellenbereich** *m.* (*rad.*), medium high-frequency range *s.*; **–wert** *m.* (*phys.*), limit *s.*, limiting value *s.*; **–winkel** *m.*, critical angle *s.*

Grid / kompaß *m.*, grid compass *s.*; **–meridian** *m.*, grid meridian *s.*; **–navigation** *f.*, grid navigation *s.*; **--Nord,** grid north *s.*

Griff *m.* (*naut.*), grasp *s.*, grip *s.*, hold *s.*; handle *s.*; **einen zu Rettenden gut im – haben,** to have *or* to get a good hold of the rescued.

grimmig *adj.*, **–e Kälte,** wicked cold *s.*

grob *adj.*, **–er Notbehelf,** (a) rough makeshift; **–e Peilung** *od.* **Schätzung** (*naut.*), rough estimation *s.* (*of ship's position*); **–e See,** rough sea *s.* **Grob / abstimmung** *f.* (*rad.*), flat tuning *s.*; **–einstellung** *f.* (*rad.*), coarse tuning *s.*; coarse *or* rough adjustment *s.* *or* positioning *s.* (*of instruments*); **–feile** *f.*, rasp *s.*; **–ortung** *f.* (*rad.*), coarse *or* rough radio location *s.*

Grog *m.*, grog *s.*; **(Art) –** (*naut., sl.*), warm-with *s.*, northwester *s.*

Groß *n.* (*coll.*), (*s.* **Großsegel**).

groß *adj.*, high, tall (*of mast*), big, great, large (*of sails, etc.*); large-scale; **–e Fahrt** *f.*, ocean-going cruise *s.* *or* voyage *s.* *or* trade *s.*; foreign trade *s.*; **(Kapitäns-, Steuermanns)Patent** *n.* **für –e Fahrt,** foreign certificate *s.*; **Schiff** *n.* **auf –er Fahrt,** foreign-going ship *s.*; **–e Fahrt machen** (*naut.*), to sail full speed ahead; **–e Flaggengala** *f.*, dressed full; **–e Flaggengala setzen,** to dress full; **–e Küstenfahrt** *f.*, great coasting cruise *s.* *or* voyage *s.* *or* trade *s.*; **–er Teich** *m.* (*naut., hum.*), the pond, big pond *s.*, herring pond *s.*, ocean *s.*

Groß / baum *m.*, (main) boom *s.*; **der –baum sollte weiter außen gefahren werden,** the (main) boom should be off the centreline; **–baumgei** *f.*, boom guy *s.*, (*am.*) boom vang *s.*; **–baumniederhalter** *m.*, main boom kicking strap *s.*, (*am.*) boom vang *s.*; **–boot** *n.*, long boat *s.* (*of a yacht*); **–britannische Nationalflagge** *f.*, Union Jack *s.*; **–bramsegel** *n.*, main top(gallant) sail *s.*; **–bramstenge** *f.*, main top-gallant *s.*; **–brasse** *f.*, main brace *s.*; **–bulin** *f.*, main bowline *s.*

Größe *f.* (*naut.*), dimension *s.*, size *s.* (*of a yacht, etc.*); (*astr*) magnitude *s.*; **Stern** *m.* **1. –** (*astr.*), star *s.* of the first magnitude; **von mittlerer –,** medium-sized (*boat, sail, etc.*). **Grö-**

ßen / ordnung *f.* (*naut.*), dimension *s.*, size *s.* (*of yacht, etc.*); (*astr.*) order *s.* of magnitude; **–verhältnis** *n.*, relative proportions (*pl.*) (*of boat, sail*).

Groß / fall *n.*, main halyard *s.*; **–funkstelle** *f.*, high-power transmitter *s.*, long-distance radio station *s.*; **–klima** *n.* (*meteor.*), macroclimate *s.*

Großkreis *m.* (*naut.*), great circle *s.*; (*astr.*) great circle *s.* of sphere; **–abweichung** *f.* (*naut.*), lateral deviation *s.*; **–beschickung** *f.*, great circle correction *s.*; **–distanz** *f.*, **–entfernung** *f.*, great circle distance *s.*; **–karte** *f.*, gnomonic chart *s.*, great circle chart *s.*; **–kurs** *m.*, great circle course *s.*; **–navigation** *f.*, gnomonic *or* great circle navigation *s.*; **–peilung** *f.*, great circle bearing *s.*; **–segeln** *n.*, great circle sailing *s.*; **–weg** *m.*, great circle track *s.*

Groß / luke *f.*, main hatch *s.*; **–mars** *m.*, main top *s.*; **–marssegel** *n.*, main topsail *s.*; **–mast** *m.*, main( )mast *s.*; **–rah(e)** *f.*, main yard *s.*; **–raumkarte** *f.* (*naut.*), small-scale chart *s.*; **–schiffahrtsweg** *m.*, ship canal *s.*, canal *s.* for sea-going vessels, ocean lane *s. or* track *s.*; **–schot** *f.*, main( )sheet *s.* mainsail sheet *s.*; **–schotblock** *m.*, mainsheet block *s.*; **–schotfall** *n.*, main(sail) sheet *s. or* halyard *s.*; **–schotführung** *f.*, mainsheet lead *s.*; **–schot-Klemmbeschlag** *m.*, mainsheet cam cleat fitting(s) *s.* (*pl.*); **–schot-Leitschiene** *f.*, mainsheet horse *s. or* track *s.*; **–schottalje** *f.*, mainsheet tackle *s.*; **–schot-Traveller** *m.*, (mainsheet) traveller *s. or* (*am.*) traveler *s.*; **–schotwinsch** *f.*, mainsheet winch *s.*; **–segel** *n.*, main( )sail *s.*, (*coll.*) main *s.*; boom mainsail *s.* (*of schooner*); **Backhalten** *n.* **des –segels,** backing *s. or* backwinding *s.* of the main(sail); **Umströmung** *f.* **im –segel,** mainsail flow *s.*; **Umströmung** *f.* **des –segels,** flow *s.* around the main(sail); **das –segel backhalten,** to keep aback the main(sail); **das –segel in die Baumnut einlieken,** to bolt *or* to rope the main(sail) in(to) the boom slot *or* rabbet; **in Lee des –segels hängen,** to hang in the lee of the main(sail) (*of other sails*); **–segel-Achterliek** *n.*, mainsail leech *s.* (*am.* leach *s.*); **–segelschot** *f.*, mainsail sheet *s.*; **–segelschotbolzen** *m.*, clew pin *s.*; **–segelhalsbolzen** *m.*, tack pin *s.*; **–segelkopfbrett** *n.*, mainsail headboard *s.*; **–segelpersenning** *f.*, mainsail cover *s.*; **–segelprofil** *n.*, mainsail shape *s.*; **–segel-Reffsystem** *n.*, mainsail reefing system *s.*; **–segeltrimm** *m.*, mainsail trim *s. or* tuning *s.*; **–segelvorliek** *n.*, mainsail luff *s. or* fore leech *s. or* (*am.*) leach *s.*; **–stag** *n.*, main( )stay *s.*; **–stag** *n.* **eines Gaffelschoners,** triatic stay *s.*; **–stagsegel** *n.*, main staysail *s.*; **–stenge** *f.*, main topmast *s.*; **–toppnant** *m.* (*dial. n.*), main lift *s.*; **–toppsegel** *n.*, main topsail *s.*; **–wetterlage** *f.* (*meteor.*), synoptic situation *s.*, (*coll.*) general weather situation *s.*; **Karte** *f.* **der –wetterlage** (*meteor.*), synoptic chart *s.*; **die –wetterlage betreffend** (*meteor.*), synoptic; **die –wetterlage betreffende Karte** (*meteor.*), synoptic (weather) chart *s.*

Groundplane-Antenne *f.* (*rad.*), groundplane (antenna) *s.*

Grummetstropp *m.*, grommet (ring) *s.*, (*am.*) grummet *s.*

Grund *m.*, bottom *s.* (*of the sea*), ground *s.*; **Fahrt** *f.* **über –,** speed *s.* made good over the ground; **Kurs** *m.* **über –,** course *s.* made good, true track *s.*; **fauler –,** foul bottom *s.*; **sicher auf –,** safe aground; **tiefer – (des Meeres),** the deep, the depths (*pl.*) of the ocean; **aus dem –,** aweigh (*of anchor*); **frei vom –,** atrip (*of anchor*); **den Anker aus dem – brechen** *od.* **losmachen** *od.* **reißen,** to trip the anchor; **auf – geraten** *od.* **laufen,** to strike *or* to touch bottom, to run aground, to ground (*of boat*); **auf (dem) – sitzen,** to be aground (*of boat*); **aus dem – ausbrechen,** to break (*of anchor*); **aus dem – gehoben,** atrip (*of anchor*); **in den – bohren,** to run down (*a boat or ship*); **den – mit dem Lot erreichen,** to get the bottom; **– (durch Loten) bekommen,** to get soundings (*pl.*).

Grund / angeln *n.*, bottom-fishing *s.*; **–anstrich** *m.*, undercoat *s.*, ground *or* first *or* priming coat *s.* (*boat*); **–berührung** *f.*, grounding *s.*, touching *s.* (the) ground *or* bottom (*of boat*); **Erschütterung** *f.* **bei –berührung,** walking *s.* (*of boat*); **–berührung haben,** to ground, to touch the ground; **–beschaffenheit** *f.*, condition *s.* of the bottom *or* ground (*anchoring*); **–bö** *f.* (*meteor.*), ground squall *s.*; **–dreieck** *n.* (*naut.*), triangle *s.*; **nautisch-astronomisches** *od.* **sphärisch-astronomisches –dreieck** *n.*, astronomical *or* celestial *or* navigational triangle *s.*; **–dünung** *f.*, ground swell *s.*; **–einheit** *f.* (*phys.*), (fundamental) unit *s.*, absolute unit *s.*; **–eis** *n.*, ground ice *s.*, (*am., canad.*) frazil *s.*

gründen *v.* (*naut., coll., dial.*), to touch bottom, to ground (*of boat*).

Grund / farbe *f.*, ground colo(u)r *s.*, priming *s.* (*for boats*); **–firnis** *m.*, priming varnish *s.* (*for boats*); **–fläche** *f.*, area *s.* (*of sails*); base *s.*, basis *s.*; **–formation** *f.*, **die –formation (zum Ankern) ausloten,** to take soundings of the ground condition(s) *or* formation (for anchoring), to fathom *or* (*coll.*) to plummet the bottom (for anchoring); **–frequenz** *f.* (*rad.*), fundamental *or* basic frequency *s.*; **–geschirr** *n.*, ground tackle *s.* (*of a yacht*); **–geschwindigkeit** *f.* (*naut.*), initial speed *s.*; **–gesetz** *n.* (*naut., rac.*), statute *s.*; (*phys.*) basic physical law(s) *s.* (*pl.*); **–gewicht** *n.* (*naut.*), sinker *s.*, killick *s.*

Grundieranstrich *m.*, prime coat *s.*, primer *s.* **grundieren** *v.*, to prime, to apply ground coat, to size. **Grundierfarbe** *f.*, priming colo(u)r *s.* *or* coat *s.* *or* paint *s.* **Grundierung** *f.*, prime coat *s.*, priming *s.*, primer *s.*, undercoat *s.* (of paint), (*coll.*) couch *s.* (of paint).

Grund / kraft *f.* (*naut., phys.*), primary force *s.*; **–kreis** *m.* (*naut., geom.*), circumference *s.* of the base. **gründlich** *adj.* (*naut.*), for a full due. **Grund / linie** *f.*, groundline *s.*, base *s.*, baseline *s.*; datum line *s.*, point *s.* of reference; **–log** *n.*, ground log *s.*; **g–los** *adj.* (*naut.*), unfathomable, bottomless (*as sea*); **–maß** *n.*, basic standard *s.*; **–maßstab** *m.* (*phys.*), unit *s.*; **–peilung** *f.* (*naut.*), sounding(s) *s.* (*pl.*); **–platte** *f.* (*tech.*), bed- *or* base-plate *s.* (*for instruments, etc.*); **–probe** *f.*, bottom sample *s.* (*of anchorage*); **–regel** *f.* (*naut., rac.*), basic rule *s.*, fundamental rule(s) *s.* (*pl.*); **–riß** *m.* (*naut.*), horizontal section *s.* (*of a boat*); **–schein** *m.* (*surf.*), elementary *or* pimary certificate *s.*; **–schlamm** *m.*, (bottom) mud *s.*; **–schleppnetz** *n.*, trawl(-net) *s.*; **–schleppnetzfischer** *m.*, trawler *s.* (*pers., boat*); trawl boat *s.*; **–schlick** *m.*, (bottom) mud *s.*; **–see** *f.*, ground swell *s.* *or* sea *s.*; **–segelausrüstung** *f.* **für Regattaboote,** basic racing inventory *s.*; **–spant** *n.*, main frame *s.*; **–trimm** *m.*, basic *or* fundamental trim *s.* (*of a boat*); **–überholung** *f.*, general overhaul *s.* (*of a boat*); **–verhältnisse** *n./pl.*, bottom conditions (*pl.*) (*anchorage, etc.*); **–wasserspiegel** *m.*, water *or* piezometric level *s.*, water table *s.*; **–welle** *f.* (*rad.*), fundamental *s.*, ground wave *s.*

Gruppe *f.* (*rad.*), group *s.* **Gruppen / anruf** *m.* (*rad.*), group *or* collective call *s.*; **–blinkfeuer** *n.*, group occulting light *s.*; **–blitzfeuer** *n.*, group flashing light *s.*; **–frequenz** *f.* (*rad.*), group frequency *s.*; **–kennung** *f.* (*naut.*), group distinction *s.* of lights; **–schaltung** *f.* (*elec.*), series-parallel connection *s.* *or* connexion *s.*

Gruß *m.* (*naut.*), salutation *s.*, salute *s.* (*with flags*); ahoy (*hailing a boat*). **grüßen** *v.* (*naut.*), to salute (*with flags*); to ahoy (*a boat*).

Guajakholz *n.*, guaiacum *s.*, pock wood *s.* (*shipb.*).

Gully *m.* (*naut.*), gully *s.*

Gummi *m. od. n.*, (India *or* india) rubber *s.*, caoutchouc *s.* **Gummi / absetzer** *m.* (*naut.*), squeegee *s.*, squilgee *s.*, squillgee *s.*; **–belagstreifen** *m.* (*naut.*), gasket *s.*, gasking *s.*; **–boot** *n.*, inflatable *or* rubber boat *s.* *or* dinghy *s.*; **–dichtung** *f.*, rubber packing *s.* *or* caulking *s.*; **–federung** *f.*, rubber shock-absorber *s.*; **–fender** *m.*, rubber fender *s.*; **aufblasbarer –fender** *m.*, inflatable (rubber) fender *s.*; **–füßlinge** *m./pl.*, rubber socks (*pl.*) (*sailing*); **–gutt** *n.*, gamboge *s.*; **g–isoliert** *adj.*, rubber-insulated (*as of cable*); **–isolierung** *f.*, rubber coating *s.*; **–kabel** *n.*, insulated cable *s.*; **–lösung** *f.*, elasticum *s.*, rubber solution *s.*, gum(-elastic) *s.*; **–matte** *f.*, rubber mat *s.*; **–schlauch** *m.*, rubber hose *s.*, rubber tube *s.* *or* tubing *s.*; **–stiefel** *m./pl.*, rubber boots (*pl.*) (*sailing*), wellington boots (*pl.*), (*coll.*) wellingtons (*pl.*); **–stropp** *m.*, elastic *or* rubber strap *s.* *or* strop *s.*; **–überzug** *m.*, rubber coating *s.*, film *s.* of rubber; **–-Unterlegscheibe** *f.*, rubber washer *s.*; **–zug** *m.*, elastic *s.*

Gumpe *f.* (*naut., coll., dial.*), pool *s.*, deep *s.* (*in a watercourse*).

günstig *adj.*, **der Wind steht** *od.* **ist –,** the wind sits fair; **–e Brise** *f.*, (a) fair breeze *s.*; **–es Wetter** *n.*, favo(u)rable weather *s.*; **bei –em Wetter,** weather-permitting; **–er Wind** *m.*, favo(u)rable wind *s.*

Gunter / -Schoner *m. od.* **-Schuner** *m.*, gunter schooner *s.*; **–-Takelung** *f.*, (sliding) gunter rig *s.*

gurgeln *v.*, to gurgle (*of water*).

Gurt *m.* (*naut.*), girth *s.* (*shipb.*); belt *s.*, harness *s.* (*trapeze*); strap *s.* (*in a dinghy*); **–band** *n.* (*naut.*), webbing *s.*

Gürtel *m.* (*geogr.*), zone *s.*; (*astr.*) fascia *s.*; **Verteilung** *f.* **auf –** (*pl.*) (*geogr.*), zonation *s.* (*of wind, etc.*).

Gurt / maß *n.*, girth *s.* (*shipb., measurement*); **–meßstelle** *f.*, girth station *s.* (*measurement*); **–platte** *f.* **eines Spants,** face plate *s.*; **–schlinge** *f.* (*naut.*), web sling *s.*; **–station** *f.*, girth station *s.* (*measurement*); **–stropp** *m.*, web sling *s.* **Gurtungs / bord** *m.*, **–flansch** *m.*, **oberer (unterer) –,** top (bottom) flange *s.*; **–deck** *n.*, (main) strength deck *s.*

Guß *m.* (*coll.*), downpour *s.* (of rain), torrent *s.*

Guß / block *m.* (*naut.*), ingot *s.*; **–eisen** *n.*, cast *or* (*coll.*) pig iron *s.*; **–stahl** *m.*, cast steel *s.*; **–stück** *n.*, casting *s.*

Gut *n.* (*naut.*), gear *s.*, rigging *s.*, ropes (*pl.*);

goods (*pl.*), (*coll.*) stuff *s.* (*equipment, etc.*); **laufendes –,** running rigging *s.*; **stehendes –,** standing rigging *s.*; **über Bord geworfenes –,** lagan *s.*

gut *adj.*, **–er Ankergrund,** good anchorage *s.*, good holding ground *s.*; **–e Fahrt,** good speed *s.* *or* run *s.*; **–er Hafen,** efficient *or* fine *or* snug harbo(u)r *s.*; **–e Sicht,** good visibility *s.*; **–es Wetter,** fine weather *s.*; **–er Wind,** fair wind *s.*, favo(u)rable wind *s.*

Gutachten *n.* (*naut., jur.*), (expert) opinion *s.*; **fachmännisches –,** expert opinion *s.* **Gutachter** *m.*, expert *s.*, surveyor *s.*; **–kosten** (*pl.*), survey charges (*pl.*)

Güte *f.*, class *s.*, quality *s.* (*of sails, etc.*). **Güte / grad** *m.*, **–klasse** *f.*, class *s.*, grade *s.*, quality *s.*, standard *s.*; **–zeichen** *n.*, hallmark *s.*, guaranty seal *s.*

gut / machen *v.* (*rac.*), to make good *or* up (*lost time, etc.*); **G–nadel** *f.*, marline needle *s.*

Guyot *m.* (*geogr.*), guyot *s.* (*submarine plateau, esp. Pacific*).

Gyro / kompaß *m.*, gyrocompass *s.*; **g–magnetisch** *adj.* (*phys.*), gyromagnetic; **–meter** *n.* (*phys.*), gyrometer *s.*; **–skop** *n.* (*phys.*), gyroscope *s.*; **–stat** *m.* (*phys.*), gyrostat *s.*; **–statik** *f.* (*phys.*), gyrostatics (*pl.*); **g–statisch** *adj.*, gyrostatic.

H

Haaresbreite *f.*, **um –** (*naut., rac.*), by a hair('s) breadth. **Haar / riß** *m.*, chink *s.*, hairline crack *s.* (*GRP shipb.*); **einen –riß ausfüllen** *od.* **(ab)dichten,** to chink; **–risse** (*pl.*) **oberflächlich** *od.* **behelfsmäßig dichten,** to chinse; **–(strich)-zirkel** *m.*, hair compass(es) *s.* (*pl.*) *or* dividers (*pl.*); **–wolke** *f.* (*coll.*), cirrus *s.*

Hacke *f.* (*naut.*), buttock *s.* (*of a boat*); **– (der Kielflosse** *od.* **des Ruders),** rudder heel *s.* *or* shoe *s.*, heel *s.* *or* shoe *s.* (of the rudder).

Hafen *m.*, harbour *s.*, (*am.*) harbor *s.*, port *s.*, sea port *s.*, (*coll.*) place *s.*; **abgelegener –,** unfrequented harbo(u)r *s.* *or* port *s.*, (*coll.*) out-of-the-way place *s.*; **ausgeschlossener –,** excluded port *s.*; **ausgesuchter –,** picked port *s.*; **direkter –,** direct port *s.*; **eisbehinderter (eisfreier) –,** ice-bound (ice-free) harbo(u)r *s.*; **geschlossener –,** closed port *s.*; **geschützter –,** sheltered port *s.*; **gut geschützter –,** snug port *s.* *or* harbo(u)r *s.*; **kleiner –,** yacht harbo(u)r *s.*, (*br.*) creek *s.*; **natürlicher – (für kleinere Schiffe, Jollen und Yachten),** haven *s.*; **offener –,** open harbo(u)r *s.* *or* port *s.*; **sicherer –,** safe *or* (*coll.*) snug port *s.*; **zugänglicher –,** accessible port *s.*; **Auslaufen** *n.* **aus einem –,** clearance *s.*; **Einlaufen** *n.* **in einen –,** entrance *s.*; **ein bei Sturm leicht erreichbarer –,** a harbo(u)r easily taken in a storm; **es liegen sehr viele Boote** *od.* **Schiffe im –,** the harbo(u)r is crowded with shipping *or* boats; **im –,** (to be) in; **im – vor Anker,** at anchor in harbo(u)r *or* port; **im – ankern** *od.* **anlegen,** to harbo(u)r; **zum – (segelnd** *od.* **steuernd),** to stand in, (to be) on the way in; **auf einen – zuhalten,** to make for a port; **aus einem – auslaufen,** to clear a port, to run out of (a) port; **aus dem – herauskommen,** to get out of the harbo(u)r *or* port; **aus dem – heraussein,** to be free of the harbo(u)r *or* port; **einen – anlaufen,** to call *or* to touch at a port, to make a port, to make for (a) port, to run into (a) port; **einen – anliegen,** to make for a port; **einen – erreichen,** to fetch (a) harbo(u)r *or* port; **einen – sperren,** to close a port; **einen – verlassen,** to clear a port (*of boat*); **in den** *od.* **in einen – einlaufen,** to enter a harbo(u)r *or* port, to put into (a) port, to run into port, to cross the bar; **das Boot läuft in den – ein,** the boat makes into port. **Hafen / abfertigung** *f.*, port clearance *s.*, (*coll.*) turn-around *s.*; **–amt** *n.*, port authority *s.*, harbo(u)r board *s.* *or* office *s.*; **–anlagen** *f./pl.*, port facilities (*pl.*) *or* installations (*pl.*); docks (*pl.*); **–ansteuerung** *f.*, heading *s.*, making *s.* for (a) port, harbo(u)r approach *s.*; **–arbeiter** *m.*, docker *s.*, longshoreman *s.*, (*am.*) lumper *s.*, roustabout *s.*; **–arzt** *m.*, health officer *s.* (of a port); **–aufenthalt** *m.*, stay *s.* (in port); **–aufseher** *m.*, warden *s.* of a port; **–aufsicht** *f.*, port control *s.* *or* supervision *s.*; **–ausfahrt** *f.*, mouth *s.* (of the port *or* harbo(u)r), outlet *s.*; **–ausleger** *m.*, boom *s.* (of a harbour); **–barkasse** *f.*, harbo(u)r launch *s.*; **–baum** *m.*, boom *s.* (of a harbour), port bar *s.*; **–becken** *n.*, harbo(u)r basin *s.*; dock *s.*; **geschlossenes –becken** *n.*, wet basin *s.* *or* dock *s.*; **offenes –becken** *n.*, open *or* tidal basin *s.*; **–bedingungen** *f./pl.*, berth terms (*pl.*); **–behörde** *f.*, port authority *s.*; **Londoner –behörde** *f.*, Port *s.* of London Authority; **–behörden** *f./pl.*, port authorities (*pl.*); **–belegung** *f.*, boats (*pl.*) *or* ships (*pl.*) in harbo(u)r; **–bereich** *m.*, port area *s.*; **–betrieb** *m.* **an Bord,** harbo(u)r routine *s.*; **–betrieb** *m.* **von Booten** *od.* **Schiffen,** harbo(u)r *or* port traffic *s.*; **–bezirk** *m.*, harbo(u)r *or* port district *s.*; **–boje** *f.*, mooring buoy *s.*; **–brauch** *m.*, custom *s.* of the port; **–bugsierdienst** *m.*, harbo(u)r tug service *s.*; **–damm** *m.*, jetty *s.*, mole *s.*, pier *s.*, breakwater *s.*, sea-wall *s.*; **–dieb** *m.* (*sl.*), water rat *s.*, (*am.*) wharf rat *s.*; **–dock** *n.*, wet basin *s.* *or* dock *s.*, gate dock *s.*; **–durchlaufzeit** *f.*, turnabout *s.*, turn-around *s.*; **–einfahrt** *f.* (harbour) entrance *s.*, mouth *s.*; channel *s.*; **–einfahrtsbefeuerung** *f.* *od.* **-feuer** *n.*, entrance lights (*pl.*); **–einrichtungen** *f./pl.*, port facilities (*pl.*) *or* installations (*pl.*); **–eisbrecher** *m.*, icebreaker *s.* of a harbo(u)r *or* port; **–feuer** *n.*, harbo(u)r *or* port lights (*pl.*); **–formalitäten** *f./pl.*, port formalities (*pl.*); **–funkdienst** *m.*, radio service *s.* of the port; **–gäste** *m./pl.*, foreign vessels (*pl.*) (in a port); **–gatt** *n.*, harbo(u)r mouth *s.*; **–gebiet** *n.*, harbo(u)r *or* port area *s.* *or* district *s.*; **–gebühr(en)** *f.* (*pl.*), harbo(u)r dues (*pl.*), port charges (*pl.*) *or* dues (*pl.*), anchorage (dues *pl.*) *s.*, keelage *s.*; **–geld** *n.*, harbo(u)r *or* port charges (*pl.*) *or* dues (*pl.*) *or* duties (*pl.*); boomage *s.*; **–handbuch** *n.*, harbo(u)r handbook *s.*; **–kai** *m.*, pier *s.*, quai *s.*, wharf *s.*; **–kapazität** *f.*, port capacity *s.*; **–kapitän** *m.*, habo(u)r master *s.*, port captain *s.*; **–karte** *f.*, harbo(u)r chart *s.*; **–kommandant** *m.*, port commander *s.*; **–kosten** (*pl.*), harbo(u)r or port charges (*pl.*) *or* dues (*pl.*); pierage *s.*; **–kran** *m.*, harbo(u)r crane *s.* *or* hoist *s.*, portal crane *s.* (*for yachts*); **–liegegebühr(en)** *f.* (*pl.*), harbo(u)r *or* port dues (*pl.*), groundage *s.*, anchorage (dues *pl.*) *s.*; **–liegeplatz** *m.*, berth *s.*; **–liegetage** *m./pl.*, laydays (*pl.*); **–lotse** *m.*, harbo(u)r pilot *s.*; **–lotsengeld** *n.*, harbo(u)r pilotage *s.* *or* pilot charges (*pl.*); **–manöver** *n.*, harbo(u)r *or* port (anchoring) manoeuvre *s.* *or* (*am.*) maneuver *s.*; **–mauer** *f.*, jetty *s.*, mole *s.*, pier *s.*; **–meister** *m.*, harbo(u)r master *s.*, warden *s.* of a port, overseer *s.* of the port; **–ordnung** *f.*, harbo(u)r *or* port rules (*pl.*) (and regulations); **–plan** *m.*, harbo(u)r plan *s.*; **–platz** *m.*, port *s.*; **–polizei** *f.*, harbo(u)r *or* port police *s.*; water guard *s.*; **–radar** *n.*, port radar *s.*; **–risiko-Police** *f.* *od.* **-Versicherung** *f.*, port risk policy *s.* *or* insurance *s.*; **–routine** *f.*, harbo(u)r routine *s.*, routine *s.* (aboard) in port; **–schlepper** *m.*, harbo(u)r tug *s.*; **–schleuse** *f.*, gate dock *s.* *or* lock *s.*, harbo(u)r lock *s.*; **–schutzschiff** *n.*, block-ship *s.*; **–signal** *n.*, harbo(u)r *or* port signal *s.*; **–sperre** *f.*, blockade *s.*, embargo *s.*; harbo(u)r-boom *s.* *or* -bar *s.*; **–sperre aufheben,** to lift *or* to take off the embargo; **–sperre verhängen,** to lay an embargo on; **–stadt** *f.*, port *s.*, seaport (town) *s.*; **–tage** *m./pl.*, days (*pl.*) in port (*of boat*); **–tarif** *m.*, harbo(u)r *or* port tariff *s.*; **–tiefe** *f.*, harbo(u)r *or* port depth *s.* (of water); **–überbelegung** *f.*, **–überfüllung** *f.*, harbo(u)r *or* port congestion *s.*; **–verkehr** *m.*, harbo(u)r traffic *s.*; **–verkehrssignale** *n./pl.*, port signals (*pl.*); **–verwaltung** *f.*, harbo(u)r *or* port administration *s.* *or* office *s.* *or* authority *s.*; **–viertel** *n.*, dockquarter *s.*, dockland *s.*, waterfront *s.*; **–wache** *f.*, harbo(u)r watch *s.*, watch *s.* in port; **–zeit** *f.*, retardation *s.* of tide, harbo(u)r establishment *s.*, high-water full and change *s.*; **–zoll** *m.*, harbo(u)r *or* port charges (*pl.*) *or* dues (*pl.*); **–zollbeamter** *m.*, water bailiff *s.*; **höherer –zollbeamter** *m.* (*am.*), naval officer *s.*; **–zollwache** *f.*, water guard *s.*

Haff *n.*, bay *s.*, gulf *s.*, fresh-water lake *s.*; lagoon *s.* (*in the Baltic*); **–wasser** *n.*, backwater *s.*

Haft / fähigkeit *f.*, **–festigkeit** *f.* (*phys., tech.*), adhesive strength *s.*, tenacity *s.*, adhesion *s.*; **–pflichtversicherung** *f.*, liability *or* third-party insurance *s.*; **–reibung** *f.* (*phys.*), static friction *s.* **Haftung** *f.* (*naut., ins.*), liability *s.*, responsibility *s.*; **– des Eigners** *od.* **der Reederei,** (ship) owner's liability *s.*

Hagel *m.* (*meteor.*), hail *s.*, sleet *s.*; **ein kalter, von – begleiteter Wind** *m.*, a cold sleety wind *s.*; **–bö** *f.*, line squall *s.*, hailstorm *s.* **hageln** *v.*, to hail, to sleet; **es hagelt,** it sleets. **Hagel / schauer** *m.*, hailstorm *s.*; **–schloßen** *f./pl.*, hailstones (*pl.*), snow pellets (*pl.*); **schwerer –schlag** *m.* *od.* **–sturm** *m.*, hailstorm *s.*; **–wetter** *n.*, hailstorm *s.*

Hahnepot *f.*, crow foot *s.*, bridle *s.*, clew *s.*; **Taljereep(s)knoten** *m.* **mit –,** wall and crown knot *s.* **Hahnepot / fall** *n.*, crowfoot halyard *s.*; **–läufer** *m.*, crowfoot messenger *s.* *or* tackle *s.* (*device*); **–schäkel** *m.*, crowfoot *or* bridle shackle *s.*

Hai / abschreckungsmittel *n.*, **–abwehrmittel** *n.*, shark repellent *s.*

Haken *m.* (*naut.*), hook *s.*, clamp *s.*, grappling-iron *s.*; **auf den – nehmen (beim Schleppen),** to hook up; **mit einem – befestigen,** to hook on; **mit (einem) – versehen,** hooked. **Haken / block** *m.*, hook block *s.*; **–bolzen** *m.*, hook bolt *s.* *or* pin *s.*, screw hook *s.*, spike(s) *s.* (*pl.*); **–reff** *n.*, hook(ed) (French) reef *s.*; **–schiene** *f.*, hook(ed) track *s.* *or* fitting *s.* (*for the halyard*); **doppelter –schlag** *m.*, double Blackwall hitch *s.*; **einfacher –schlag** *m.*, Blackwall hitch *s.*; **–schlüssel** *m.* (*tech.*), hook spanner *s.* *or* wrench *s.*; **–schraube** *f.*, screw hook *s.*; **–stenge** *f.*, pike pole *s.*; **–stift** *m.*, hook bolt *s.* *or* pin *s.*; **–stropp** *m.*, can hook *s.*; **–talje** *f.*, hook tackle *s.*; **–tau** *n.*, hook rope *s.*

halb *adj.*, half; **– heißen,** to hoist at a dip (*of flag*); **– über das** *od.* (*coll.*) **übers Meer,** half-seas over; **auf –er Höhe,** half-way up, half-off; **–e Fahrt** *f.* (*naut.*), half-speed *s.*; **–e Scheibe** *f.* (*naut.*), dead *or* half sheave *s.*; **–er Schlag** *m.*, half hitch *s.*, cross *s.* (*of rope*); **–e Seemeile** *f.* (*coll.*), half *s.*; **–er Stek** *m.*, half hitch *s.*; **–er Tagbogen** *m.* (*astr.*), semi-diurnal arc *s.*; **–e Tide** *f.*, half tide *s.*; **–er Wind** *m.*, wind *s.* abeam, beam wind *s.*, side wind *s.*; **mit –em Wind segeln,** to sail with the wind abeam. **halbautomatisch** *adj.*, semi(-) automatic; **–e Taste** *f.* (*Morse*), semi-automatic key *s.*

Halb / balanceruder *n.*, semi-balanced rudder *s.*; **h–befahrenes Volk** *n.*, common *or* not able seamen (*pl.*); **–deck** *n.*, half *or* quarter deck *s.*; **–dunkel** *n.*, dusk *s.*, semi-darkness *s.*, twilight *s.*; **–durchmesser** *m.*, radius *s.*, semi-diameter *s.*; **h–fester Magnetismus** *m.*, semi(-) permanent magnetism *s.*; **–finale** *n.* (*rac.*), semi-finals (*pl.*); **–gleiten** *n.*, semi-planing *s.* (*of a dinghy*); **h–gleiten** *v.*, to semi(-)plane; **–gleiter** *m.*, semi-planing dinghy *s.*; **–hub** *m.* **der Tide,** half range *s.* of the tide.

Halbierungslinie *f.* (*naut.*), bisecting line *s.*, bisector *s.*

Halb / insel *f.*, peninsula *s.*, chersonese *s.*; **spitz zulaufende –insel** *f.*, bill *s.*; **–kettenfrequenz** *f.* (*Decca*), half-chain frequency *s.*; **–kreis** *m.*, semicircle *s.*, hemicycle *s.*; **gefährlicher –kreis** *m.* (*naut.*), dangerous semicircle *s.*; **schiffbarer –kreis** *m.* (*naut.*), navigable semicircle *s.*; **–kreisbogen** *m.*, semicircular arc *s.*; **–kreisdeviation** *f.*, semicircular deviation *s.*; **–kreisfehler** *m.* (*rad. D/F*), semicircular error *s.*; **h–kreisförmig** *adj.*, semicircular; **–kugel** *f.* (*geogr., astr.*), hemisphere *s.*; **nördliche (südliche) –kugel** *f.*, northern (southern) hemisphere *s.*; **–kugelkompaß** *m.*, semi(-)spherical *or* hemispheroid compass *s.*; **–mast** *m.*, half-mast *s.*; **auf –mast,** at half-mast (*of flag*); **Flagge** *f.* **auf –mast setzen,** to half-mast the flag; **h–mast** *adv.*, half-mast (high); **–messer** *m.* (*naut., astr.*), radius *s.*, semi(-)diameter *s.*; **–modell** *n.*, half-block model *s.* (*of a boat*); **h–monatliche Ungleichheit** *f.*, semi(-)monthly inequality *s.* (*of the tide*); **–mond** *m.*, half(-) moon *s.*, crescent *s.*; **–portalkran** *m.* **(im Yachthafen),** semi-portal crane *s.* (in a yacht harbour); **–schatten** *m.* (*astr.*), penumbra *s.*, half-shadow *s.*, (*astr., phys.*) incomplete shadow *s.*; **–scheibe** *f.* (*naut.*), dead *or* half sheave *s.*; **–schweberuder** *n.*, semi-balanced (underhung) rudder *s.*; **–schwingung** *f.* (*phys.*), semi-oscillation *s.*; **–segelkutter** *m.*, yawl *s.*; **–sicht** *f.* (*astr.*), dichotomy *s.*; **h–starr** *adj.*, semi-rigid; **h–starres Segel** *n.*, sock sail *s.*; **–stich** *m.*, half hitch *s.*; **h–stocks** *adv.*, half-mast; **die Flagge h–stocks setzen,** to half-mast the flag; **h–tägig** *adj.*, semidiurnal; **h–tägige Mond (Sonnen) tide** *f.*, lunar (solar) semidiurnal tide *s.*; **h–tägige Tide** *f.*, semidiurnal tide *s.*; **–tagsgezeit** *f.*, **–tagstide** *f.*, half *or* semi-diurnal tide *s.*; **–tide** *f.*, half tide *s.*; **–tidehafen** *m.*, half-tide harbo(u)r *s.* *or* basin *s.*; **–tonner** *m.*, half ton (yacht) *s.*; **–tonnerklasse** *f.*, half(-) ton class *s.*; **–tonnerpokal** *m.*, half ton cup *s.*; **– und – (50 : 50),** fifty-fifty (*motorsailer*); **–verdeck** *n.*, quarter deck *s.*; **–wind** *m.*, beam wind *s.*, wind *s.* abeam; **–winder-Radial(spinnaker)** *m.*, blister *s.*, booster *s.*, spinnaker-genoa *s.*; **–winder** *m.* **mit Rollreff(einrichtung),** all(-)rounder *s.*; **–windkurs** *m.*, course *s.* with the wind abeam; **h–winds** *adv.*, beam wind *s.*, wind *s.* abeam; **–windschenkel** *m.* (*rac.*), beam wind leg *s.*; **–windstrecke** *f.* (*naut., rac.*), stretch *s.* with the wind abeam.

Hallanker *m.*, **Hall-Anker** *m.*, Hall anchor *s.*

Halleyscher Komet *m.* (*astr.*), Halley's comet *s.*

Hallig *f.*, **Halling** *f.*, small island *s.* (*Sleswick-Holstein*).

Halo *m.* (*astr.*), aureole *s.*, corona *s.*, halo *s.* (*of moon or sun*).

Hals *m.* (*naut.*), throat *s.*, (*rare*) neck *s.* (*of anchor, block, etc.*), tack *s.* (*of a sail*). **Hals / auge** *n.*, tack(ing) eye *s.* (*of a sail*); **–band** *n.*, collar *s.* (*of a lock*); **–bändsel** *n.*, tack earing *s.*; **–beschlag** *m.*, tack fitting *s.*; **–block** *m.*, tack block *s.*; **–(dämpf)gording** *f.*, throat brail *s.*

Halse *f.* (*naut.*), tack(ing) *s.* (*sailing technique*).

Halsen[1] *m./pl.* (*naut.*), halser *s.* (*pl.*) (*tack lines*).

Halsen *n*[2] (*naut.*), gybe *s.*, gybing *s.*, jibe *s.*, jibing *s.*, tack(ing) *s.*, wear *s.*, wearing *s.*, veering *s.*; **klar zum –!** (*int.*), stand by to gybe!; **unfreiwilliges –,** accidental gybe *s.*; **– statt Wenden,** gybing *s.* *or* jibing *s.* *or* wearing *s.* instead of tacking. **halsen** *v.*, to gybe, to jibe, to tack, to veer, to wear (round); **in den Wind –,** to tack down(wind); **mit backen Segeln –,** to boxhaul; **wenden statt –,** to tack round; **– statt wenden,** to gybe *or* to jibe *or* to wear (round) instead of tacking.

Hals / klampe *f.*, chesstree *s.*; **–lager** *n.*, collar *s.* (*of a davit, etc.*); **–legel** *m.*, tack cringle *s.*; **–niederholer** *m.*, downhaul *s.* (*of a sail*); **–ring** *m.*, tack *or* yoke ring *s.* (*of sail*); **–strekker** *m.*, tacking line *s.*; **–talje** *f.*, tack(ing) tackle *s.*

Halt *m.* (*naut.*), (main)stay *s.*, support *s.*; stop *s.*; handhold *s.* *or* -grip *s.*; **fester – (an Deck),** foot hold *s.*; **den – verlieren,** to loose one's footing. **Halt, Stop(p)!** (*naut., com.*), easy all!; **– Wasser!** (*com.*), hold water! (*rowing*).

haltbar *adj.*, durable, firm, lasting, solid, stable, strong, tenable (*of sailcloth, etc.*), fast (*of colo(u)r or paint*). **Haltbarkeit** *f.*, durability *s.*, firmness *s.*, stability *s.*, strength *s.*, wear *s.* (*of sailcloth, etc.*), fastness *s.* (*of paint*).

Halte / bolzen *m.*, fixing bolt *s.*; **–feder** *f.*, retaining spring *s.*; **–gurt** *m.*, trapeze harness *s.*; **–kabel** *n.*, mooring rope *s.*; **–leine** *f.*, life line *s.*; handling line *s.*

halten *v.* (*naut.*), to hold, to keep, to maintain (*course, speed, etc.*); to draw *or* to pull up, to stop (*way of a boat*); **Ausguck –,** to look out, to keep lookout, to outlook; **Boot** *n.* **auf Kurs –,** to steady the boat; **Fahrt –,** to maintain (the) speed *or* way (*of a boat*); **Höhe –,** to point high, to be pointing high; **Kurs –,** to keep the course, to steady the boat; **Kurs und Geschwindigkeit –,** to maintain course and speed *or* way; **Position –,** to keep station (*of boat*); **See –,** to hold out in the offing; **Wasser –,** to hold water (*rowing*); to be watertight (*boat*); **das Wetter wird sich –,** the weather will keep *or* hold; **frei von der Küste –,** to keep the offing; **gut –** (*naut.*), to wear well (*of sailcloth, etc.*); **guten Abstand –,** to keep a good berth; **gut frei vom Land –,** to give the land *or* coast *or* shore a good berth; **kein Boot konnte sich in dem** *od.* **in einem solchen Sturm –,** no boat could live in such a storm; **sich –** (*naut.*), to live (*of boat*); **sich am Wind –,** to hug the wind, to keep (close to) the wind; **sich in Rufweite –,** to keep within hail (*of boat*); **sich unter der Küste –,** to hug the coast; **sich unter Land –,** to hug the land *or* coast, to keep the land aboard; **der Anker hält,** the anchor bites *or* gripes; **das Wetter hält sich,** the weather remains unchanged, the weather holds *or* keeps.

Halter *m.* (*naut., tech.*), bracket *s.*, clamp *s.*, clip *s.*, hold *s.*, rack *s.*, support *s.* **Halterung** *f.* (*naut., tech.*), fastening *s.*, fixing *s.*, fixture *s.*, holder *s.*, mounting *s.*, rack *s.* (*for gear or equipment*); bed *s.* (*of anchor*).

Haltetau *n.*, guy line *s.* *or* rope *s.*, retaining rope *s.*; life line *s.*; (*coll.*) ratline *s.* (*in a raft*).

Hamen *m.* (*naut.*), stake *or* landing net *s.*; fishing *or* prawning net *s.*; fish-hook *s.*

Hand *f.* (*naut.*), crew(-)member *s.*, hand *s.*, man *s.*; palm *s.* (*of the anchor*); **bezahlte –,** paid hand *s.* (*crew member*); **die Vorleine (die Schot) aus der – fahren,** to play the bowline (the sheet) by hand; **– über –,** hand over hand; **– über – Fahrt abfangen,** to stop speed *or* way (of the boat) hand over hand. **Hand / abstimmung** *f.* (*rad.*), manual tuning (in) *s.*; **–auflegeverfahren** *n.*, laminating *s.*, contact *or* hand lay-up mo(u)lding *s.* (*shipb.*); **–bedienung** *f.*, manual operation *s.*; **–betrieb** *m.*, hand *or* manual operation *s.*; **–bohrer** *m.*, gimlet *s.*; **–bohrmaschine** *f.*, hand-drill *s.*; **–breit** *f.*, hand('s) breadth *s.*; **–buch** *n.*, handbook *s.* pilot *s.*; **–deck(s)pumpe** *f.*, manually operated *or* hand deck-pump *s.*, (*coll.*) handy billy *s.*

Handels / flotte *f.*, merchant fleet *s.* *or* shipping *s.*, mercantile marine *s.*; **–hafen** *m.*, commercial port *s.*; **–marine** *f.*, merchant marine *s.* *or* navy *s.* *or* service *s.*; **–schiff** *n.*, merchantman *s.*; **–schiffahrt** *f.*, merchant service *s.* *or* shipping *s.*; **–schiffahrtsweg** *m.* (*nav.*), trade route *s.*

Hand / feuerlöscher *m.*, hand fire-extinguisher *s.*; **–funkpeiler** *m.*, hand radio direction-finder *s.*; **–gangspill** *n.*, hand capstan *s.*; **–gerät** *n.* (*rad., etc.*), hand set *s.*; **–griff** *m.*, handfast *s.*, hand grip *s.*, hold *s.*, grip *s.*; handle *s.*

handhaben *v.* (*naut.*), to handle, (*am.*) to fist (*a sail, etc.*); (*tech.*) to operate, to work; **aufmerksam beobachten und –,** to tend (*a rope, etc.*); **einfach zu –,** fool-proof (*gear, etc.*); **gut** *od.* **leicht zu –,** easy to steer, handy (*of boat*), easily handled *or* (*am.*) fisted (*of sail*); **das Ruder –,** to handle the helm *or* rudder; **ein Segel –,** to handle *or* (*am.*) to fist a sail; **sich leicht – lassen,** to handle easily. **Handhabung** *f.*, handling *s.*, (*am.*) fisting *s.* (*of sail, etc.*); (*tech.*) operation *s.*

Hand / haken *m.*, hand hook *s.*; **–hebel** *m.*, hand lever *s.*; dog *s.* (*of bulkhead, etc.*).

Handicap *n.*, **Handikap** *n.* (*rac.*), handicap *s.*; **Teilnehmer** *m.* **an einem –** (*rac.*), handicapper *s.* **Handicapper** *m.*, **Handikapper** *m.* (*rac.*), handicapper *s.* (*yacht*). **Handicap-** *od.* **Handikapregatta** *f.* *od.* **-wettfahrt** *f.*, handicap race *s.*

handig *adj.* (*naut.*), handy (*of boat, yachtsman, etc.*); **ein –es Boot,** a handy boat *s.*; **nicht –es Boot** *n.*, unhandy boat *s.* **Handigkeit** *f.* **eines Bootes,** handiness *s.* of a boat.

Hand/knoten *m.*, hand knot *s.*, (*sl.*) tommy knot *s.*; **–kompaß** *m.* (*naut.*), hand *or* hand-held compass *s.*; **–kurbel** *f.*, crank handle *s.*; **–lampe** *f.*, **–laterne** *f.*, hand lamp *s. or* lantern *s.*; **–lauf** *m.*, hand *or* guard rail *s.*; **–leine** *f.*, grab *or* life line *s.*, manrope *s.*; **–leiste** *f.*, accommodation rail *s.*, hand grip *s.*, hold *s.*

handlich *adj.* (*naut.*), (*s.* **handig**); **–es Boot** *n.*, manageable boat *s.*

Hand/loch *n.*, hand hole *s.* (*in a tank, etc.*); **–log** *n.*, **–logge** *f.*, hand *or* ordinary log *s.*; **–lot** *n.*, hand lead (and line) *s.*; **–lotleine** *f.*, hand lead-line *s.*

Handlung *f.* (*naut., jur.*), **fahrlässige –**, act *s.* of negligence; **unerlaubte –**, tort *s.*; **auf hoher See begangene unerlaubte –**, maritime tort *s.*

Hand/nebelhorn *n.*, Aerosol horn *s.*, portable foghorn *s.*; **–notsignal** *n.*, hand distress signal *s.*; **–peilkompaß** *m.*, hand bearing compass *s.*; **–propellerantrieb** *m.*, manually *or* hand operated propeller drive *s.*; **–pumpe** *f.*, hand *or* stirrup pump *s.*; **–reg(e)lung** *f.* (*tech.*), manual control *s.*; **–relingslog** *n.*, taffrail log *s.*; **–rotfeuer** *n.*, red distress flare *s. or* signal *s.*; **–rudermaschine** *f.*, hand-steering gear *s.*; **–scheinwerfer** *m.*, hand signalling lamp *s. or* searchlight *s.*; **–signalflaggen** *f./pl.*, hand signalling flags (*pl.*); **–signalscheinwerfer** *m.*, Aldis lamp *s.*; **–spake** *f.*, hand spike *s.*, capstan bar *s.*; (hand-)spoke *s.*; **–spakenreep** *n.*, swifter *s.*; **–-Speedometer** *n.*, speed wand *s.*; **–spill** *n.*, hand capstan *s.*, capstan bar *s.*; **–steuer** *n.*, hand *or* manually operated steering gear *s.*; **–steuerung** *f.* (*tech.*), hand operation *s.*, manual control *s.*; **–talje** *f.*, (rigging) luff *s.*, jigger *s.*, watch tackle *s.*; **–talje** *f.* **mit zwei einscheibigen Blöcken,** gun tackle *s.*; **–taste** *f.* (*Morse*), key *s.*; **–tau** *n.*, grab *or* hand *or* life line *s.*, manrope *s.*; **–werksmaterial** *n.*, hardware *s.* (*for sails, etc.*); **–werkszeug** *n.*, tools (*pl.*), instruments (*pl.*) (*aboard*); **–winsch** *f.*, hand *or* manually operated winch *s.*

Hanf/gut *n.* (*naut.*), hemp ropes (*pl.*) *or* (*coll.*) stuff *s.*; **–leine** *f.*, hemp line *s. or* rope *s.*; **–seele** *f.*, heart *s.* of a cable; **–stropp** *m.*, hemp strap *s. or* strop *s.*; **–tau(werk)** *n.*, hemp rope(s) *s.* (*pl.*); **–trosse** *f.*, hemp hawser *s.*

Hänge- *pref.* (*naut.*), underslung. **Hänge/antenne** *f.*, trailing aerial *s. or* (*am.*) antenna *s.*; **–bock** *m.* (*naut.*), hanger *s.*; **–brücke** *f.*, suspension bridge *s.*; **–bügel** *m.*, topping-lift bail *s. or* gimbals (*pl.*); **–deck** *n.*, hanging deck *s.*; **–gurte** *m./pl.* **(zum Ausreiten des Bootes),** foot *or* toe straps (*pl.*) (for hiking), hiking straps (*pl.*) (*in a dinghy*); **verstellbare –gurte** *m./pl.*, adjustable hiking straps (*pl.*) *or* toe straps (*pl.*) for hiking; **–haken** *m.*, porthook *s.*; **–kiel** *m.*, drop *or* slide *or* sliding keel *s.*; **–knie** *n.* (*naut.*), hanging knee *s.* (*shipb.*); **–kompaß** *m.*, telltale (compass) *s.*; **–kran** *m.*, overhead crane *s.* (*in a yacht harbour*); **–lampe** *f.*, hanging *or* suspended *or* swing lamp *s.*; **–matte** *f.* (*naut.*), hammock *s.*; **–mattenlatte** *f.*, hammock batten *n.*; **–mattskasten** *m.*, netting *s.*; **–mattskleid** *n.*, top cloth *s.*; **–mattslasching** *f.*, **–mattsnitzel** *m.*, tie-tie *s.*; **–motor** *m.* (*naut.*), inverted engine *s.*

hängenbleiben *v.* (*naut., tech.*), to jam, to lock, to seize. **hängend** *adj.*, **–es Ventil,** overhead valve *s.*

Hanger *m.* (*naut.*), topping lift *s.*, (winding) pendant *s.*, span *s.*; **– einer Rah(e),** yard sling *s.*

Hänger *m.* (*naut., coll.*), trailer *s.*; **Auflagen-(holme** *m./pl.*) *f./pl.* **des –s,** rest *s. or* support *s.* of the trailer.

Hanger/augplatte *f.*, topping-lift chain plate *s.*; **–band** *n.*, hoop *s.*; **–block** *m.*, span *or* topping (lift) block *s.*; **–fußblock** *m.*, span lead block *s.*; **–kette** *f.*, span *or* topping-lift chain *s.*; yard sling *s.*

Hängerladung *f.* (*naut., coll.*), (admissible *or* permitted) trailer load *s.*

Hanger/lager *n.*, topping-lift bearing *s.*; **–läufer** *m.*, topping-lift messenger *s. or* runner *s.* (*device*); **–schäkel** *m.*, topping-lift shackle *s.*; **–talje** *f.*, topping-lift purchase *s. or* tackle *s.*

Hängeruder *n.*, underhung *or* spade rudder *s.*

Hangerwinde *f. od.* **–winsch** *f.*, topping-lift winch *s.*

Hänge/schrank *m.* (*naut.*), hanging locker *s.*; **–stropp** *m.*, sling *s.*; **–tisch** *m.*, hanging *or* suspended (mess) table *s.*

Hangwind *m.*, anabatic wind *s. or* current *s.*, up-current *s.*

harmonisch *adj.* (*naut., phys.*), harmonic; **–e Komponente** *f.* (*phys.*), harmonics (*pl.*), harmonic constituent *s.*; **–e Konstante** *f.*, harmonic constant *s.*; **–e Schwingung** *f.*, harmonic oscillation *s.*; **–e Teilschwingungen** *f./pl.* (*phys.*), harmonics (*pl.*).

Harpune *f.*, harpoon *s.*; **–nleine** *f.*, harpoon-line *s.*; **–geschütz** *n.*, harpoon *or* whaling gun *s.* **Harpunier** *m.*, harpooner *s.* **harpunieren** *v.*, to harpoon.

hart *adj.* (*naut.*), hard; inflexible (*of mast*); (*coll.*) tough; **– Backbord!** (*com.*), hard (a)port!, (*am.*) hard left (rudder)!, left full rudder!; **– Ruder!** (*com.*), hard (a-)rudder!, hard over!, (*am.*) full rudder!; – **Steuerbord!** (*com.*) hard (a)starboard!, (*am.*) hard right (rudder)!, right full rudder!; – **achteraus,** dead astern; – **am** *od.* **beim Wind,** full and by, close-hauled, near the wind, close to the wind; – **am Wind segeln,** to sail close to the wind, to sail near the wind, to hug the wind, to touch the wind, to point; **sehr – am Wind segeln,** to point high; – **bedrängt** (*rac.*), hard-pressed; – **in Lee,** hard down; – **in Luv,** hard up; – **voraus,** dead ahead; – **werden,** to take a set (*polyester, etc.*); – **werden lassen,** to set (*of polyester, etc.*); **–e Bootsbewegung** *f.*, uneasy movement *s.* of the boat; **–er Frost** *m.*, hard frost *s.*; **–e Kälte** *f.*, hard *or* severe frost *s.*; **–er Schlag** *m.*, hard lay *s.* (*of rope*); **–e Wettfahrtserie** *f.*, tie-breaking or tough series *s.*; **–er Wind** *m.*, strong gale *s. or* wind *s.*, severe wind *s.*

Hart/-Antifouling(farbe *f.*) *n.*, hard antifouling (underwater paint) *s.*; **–bändsel** *n.*, throat seizing *s.*

Härte *f.* (*phys., tech.*), strength *s.*; temper *s.* (*of steel, etc.*); **–grad** *m.*, temper *s.* (*of steel, polyester*); **den richtigen –grad haben,** tempered; **–mittel** *n.*, temper *s.*, temperer *s.*, hardening agent *s.* **härten** *v.*, to temper (*polyester, etc.*). **Härter** *m.* (*tech.*), temperer *s.* (*polyester*), hardener *s.* **Härtezeit** *f.* (*tech.*), time *s.* of polymerization, gel *or* setting time *s.* (*polyester*).

Hart/faserplatte *f.*, hard board *s.*; **–gummi** *m. od. n.*, hard rubber *s.*; **–lage** *f.*, **das Ruder in –lage bringen** *od.* **legen,** to put the helm hard over; **–lot** *n.*, hard solder *s.*; **h–löten** *v.*, to braze; **–löter** *m.*, brazer *s.*; **–lötstelle** *f.*, braze *s.*; **h–-raum** *adj., adv.*, close reach (*course*); **–ruder** *n.*, hard (a)rudder *s.*, (*am.*) full rudder *s.*; **–ruderlage** *f.*, hard-over position *s.* (of the helm *or* rudder), maximum helm *or* rudder angle *s.*; **–werden** *n.* (*tech.*), set *s.* (*of polyester, etc.*).

Harz *n.*, resin *s.*; **mit – behandeln** *od.* **imprägnieren,** to resinate (*sailcloth, wood*); **h–behandeltes Holz** *n.* (*am.*), impreg *s.*; **–kitt** *m.*, resinous *or* resiny cement *s.*

häsig *adj.* (*naut., meteor.*), hazy; **–es Wetter,** hazy weather *s.*

Haspe *f.* (*naut.*), capstan *s.*; (*tech.*) hinge-pin *s.*

häßlich *adj.*, **–es Wetter** (*naut., coll.*), bad *or* dirty *or* nasty weather *s.*

Haube *f.* (*naut.*), cabin top *s.*, sliding hatch *s.*; bonnet *s.* (*of a sail*); binnacle *s.*, hood *s.*, helmet *s.* (*of compass*); cowl *s.* (*of ventilator*); bonnet *s.*, (*am.*) hood *s.* (*of motor, outboarder*); (*tech.*) cap *s.*, cover *s.*

Hauch *m.* (*naut., coll.*), breath *s.* (of wind), breeze *s.*, puff *s.*, whiff *s.* (*of wind*).

Haufen/schichtwolke *f.* (*meteor.*), strato(-)cumulus *s.*; **–wolke** *f.* (*meteor.*), cumulus *s.*, (*coll.*) heap clouds (*pl.*), stackencloud *s.*, wool pack *s.*; **(auf)quellende –wolke** *f.*, thunderhead *s.*; **geballte –wolke** *f.*, cumulus congestus *s.*; **geschichtete –wolke** *f.*, strato(-)cumulus *s.*, (*coll.*) snail cloud *s.*; **hohe –wolke** *f.*, alto(-)cumulus *s.*

Haupt/abmessungen *f./pl.* (*naut.*), principal dimensions (*pl.*) (*of a boat, sails, etc.*); **–absperrventil** *n.*, main stopcock *s.*; **–anker** *m.*, main *or* sheet anchor *s.*; **–antrieb** *m.* (*naut.*), main propulsion *s. or* drive *s.*; (*tech.*) prime mover *s.*; **–ballast** *m.*, main ballast *s.*; **–ballasttank** *m.*, main ballast tank *s.*; **–beanspruchung** *f.*, **–belastung** *f.* (*phys., tech.*), main *or* principal strain *s. or* stress *s.*; **–bestandteil** *m. od. n.*, chief *or* main component *s. or* constituent *s.*, principal part *s.*; **–deck** *n.*, main deck *s.*; **–deckstringer** *m.*, main-deck stringer *s.*; **–dock** *n.*, main *or* principal dock *s.*; **–drucklager** *n.*, main thrust bearing *s.*; **–empfänger** *m.* (*rad.*), master receiver *s.*; **–fahrrinne** *f.*, main channel *s.*, trunk *s.* (*of a canal, river, etc.*); **–fahrwasser** *n.*, main channel *s.*, trunk *s.*; **–feder** *f.* (*tech.*), mainspring *s.*; **–flutventil** *n.*, flood main *s.*; **–funkstation** *f. od.* **-stelle** *f.* (*rad.*), main radio *or* wireless station *s.*, (*am.*) key station *s.*; **–generator** *m.*, main *or* master generator *s.*; **–hafen** *m.*, main port *s. or* harbo(u)r *s.*; **–himmelsrichtung** *f.* **(des Kompasses),** quarter *s.*, cardinal point *s.*; **–kabel** *n.*, main cable *s.*, mains (*pl.*); **–keule** *f.* (*radar*), main lobe *s.*; **–kiel** *m.*, main keel *s.*; **–kompaß** *m.*, master compass *s.*; **–konstrukteur** *m.* **(einer Yacht),** chief designer *s.* (of a yacht); **–kreis** *m.*, main circle *s.*; **–kreiselkompaß** *m.*, main gyrocompass *s.*; **–lager** *n.* (*tech.*), main bearing *s.*; **–leitstrahl** *m.* (*Consol*), bisector *s.*; **–leitung** *f.*, main *s.* (*in a yacht*); **–lenzleitung** *f.*, main drain *s.*, bilge main *s.*; **–maschine** *f.*, main engine *s.* (*of a yacht*); **–mast** *m.*, main()mast *s.*; **(halbtägige) –mondtide** *f.*, main lunar (semidiurnal) tide *s.*; **–peilstelle** *f.*, main *or* master direction-finding *or* D/F station *s.*; **–planeten** *m./pl.*, primary planets (*pl.*); **–raum** *m.* (*naut.*), after-hold *s.*; **–reeder** *m.*, chief *or* main *or* principal owner *s.*; **–richtung** *f.*, main direction *s.*; **–ruder** *n.*, main rudder *s.* (*of ship or yacht*); stroke-oar *s.* (*rowing*); **–ruderer** *m.*, stroke *s.* (*rowing*); **–rumpf**

m., main hull *s.* (*of trimaran, etc.*); **–schalter** *m.* (*elec., rad.*), main *or* master switch *s.*; **–schalttafel** *f.*, main control board *s.*; main switch board *s.*; **–schergang** *m.*, main sheerstrake *s.*; **–schiff** *n.*, flagship *s.*; **–schot** *f.*, main *or* primary sheet *s.*; **–schott** *n.*, main bulkhead *s.*; **–seeventil** *n.*, main sea-cock *s.*; **–segel** *n.*, mainsail *s.*; (*pl.*) working sails (*pl.*); **–sender** *m.* (*rad.*), master station *s.*; main *or* master transmitter *s. or* transmitting station *s.*; **(halbtägige) –sonnentide** *f.*, main solar (semidiurnal) tide *s.*; **–spant** *n.*, dead flat *s.*, main piece *s.*, midship frame *s. or* section *s.*; **–spantfläche** *f.*, midship section area *s.*; **benetzte –spantfläche** *f.*, wetted midship section *s.*; **eingetauchte –spantfläche** *f.*, immersed midship section (area) *s.*; **–spant-Koeffizient** *m.*, midship section coefficient *s.*; **–spantkurve** *f.*, midship section curve *s. or* bend *s.*; **–spantquerschnitt** *m.*, dead flat *s.*, midship section *s.*; **–spant-Völligkeitsgrad** *m.*, midship section coefficient *s.*; **–station** *f.*, **–stelle** *f.* (*Loran*), master station *s.* for long-range navigation; **–steuerpult** *n.* (*naut.*), central control desk *s.*; **–strich** *m.*, cardinal point *s.* (*of the compass*); **–stromaggregat** *n.* (*elec.*), main *or* principal generating plant *s.* (*aboard*); **–stütze** *f.* (*naut.*), mainstay *s.*, main support *s.*; **–system** *n.* (*meteor.*), major system *s.*; **–tank** *m.*, main tank *s.*; **–teil** *m. od. n.* (*naut.*), main piece *s.* (*of boat*); **–umlaufpumpe** *f.*, main circulating pump *s.*; **–ventil** *n.*, main *or* master valve *s.*; **–verkehrs(wasser)weg** *m.*, main route *s. or* watercourse *s. or* waterway *s.*; **–wasserleitung** *f.*, water main *s.* (*aboard*); **–welle** *f.* (*tech.*), main *or* transmission shaft *s.*; **–wind** *m.*, cardinal wind *s.*; **–windrichtung** *f.*, main *or* prevailing wind direction *s. or* direction *s.* of (the) wind.

hauruck! (*naut., int.*), yo-(heave-)ho!

Haus *n.* (*astr.*), house *s.* **Haus/boot** *n.*, barge *s.*, houseboat *s.*; **–flagge** *f.*, burgee *s.*, house flag *s.* (*of a yacht club or the cruising association*).

Haut *f.* (*naut.*), shell(plating) *s.*, skin *s.*, outer planking *s.* (*of a boat*); **bis auf die – naß** (*coll.*), wet through (to the skin), soaked to the skin, sopping wet.

Havarei *f.*, **Havarie** *f.* (*naut., ins.*), average *s.*, damage *s.* (by sea), loss *s.* (at sea); **einfache –**, simple average *s.*; **kleine –**, petty average *s.*; **kleine (besondere) –**, particular average *s.*; **schwere (große) –**, general *or* serious average *s.*, gross average *s.*; **– andienen,** to notify average; **– aufmachen,** to adjust *or* to settle the average; **– erleiden,** to suffer (sea-)damage. **Havarie/attest** *n.*, certificate *s.* of average; **–aufmachung** *f.*, average statement *s.*, statement *s.* of the average; **–besichtigung** *f.*, damage survey *s.*; **–bestimmungen** *f./pl.*, rules (*pl.*) (and regulations) for general average, damage regulations (*pl.*), York-Antwerp Rules (*pl.*); **–geld** *n.*, average money *s.*; **–gutachten** *n.*, damage survey *s.*, expert opinion *s.* of the average. **havarieren** *v.*, to suffer (sea-)damage. **havariert** *adj.*, damaged; **–es Schiff,** damaged boat *s.* **Havarie/kommissar** *m.*, average adjuster *s.*, claims agent *s.*; **–rechnung** *f.*, average bill *s.*, statement *s.* of the average, average statement *s.*; **–reparatur(en)** *f./pl.*, damage repair(s) *s.* (*pl.*); **–schaden** *m.*, average *s.*, (sea-)damage *s.*; **–sender** *m.*, alarm signal transmitter *s.*; **–stop** *m.*, crash *or* emergency stop *s.*

Hebe/arm *m.* (*naut.*), lever *s.*; **–balken** *m.* **(einer Zugbrücke),** swipe *s.* (of a drawbridge); **–baum** *m.* (*naut.*), crowbar *s.*, hand( )spike *s.*, lever *s.*, lifter *s.*, lifting device *s.*; **–bock** *m.*, lifting gear *s.*, (*coll.*) jack *s.*; **–dock** *n.*, lifting dock *s.*; **–fahrzeug** *n.* (*naut.*), salvage craft *s. or* vessel *s.*; **–gerät** *n.*, lifter *s.*; **–kran** *m.*, hoist *s.*, hoisting winch *s.*, lifting crane *s.*, luffing crane *s.*

Hebel *m.* (*naut., tech.*), crank (handle) *s.*, lever *s.*, tappet *s.*, (*coll.*) pry *s.*; **als** *od.* **wie einen – verwenden,** to lever; **mit einem – bewegen** *od.* **heben,** to lever, (*coll.*) to pry. **Hebelarm** *m.*, arm *s.* of a lever, lever arm *s.*; **aufrichtender –arm** *m.*, righting arm *s.* (of a lever); **–armkurve** *f.*, curve *s.* of static stability.

Hebeleichter *m.*, camel *s.*

Hebel/kraft *f.*, leverage *s.*, purchase *s.*, pry *s.*; **mit –kraft bewegen** *od.* **heben,** (*naut.*), to lever, to purchase, to pry; **–moment** *n.*, leverage *s.*, prise *s.*, purchase *s.*; **–strecker** *m.*, forestay release lever *s.*, runner lever *s.*; **–stützpunkt** *m.*, point *s.* of leverage, fulcrum *s.*; **–verhältnis** *n.*, leverage *s.*; **–wirkung** *f.*, purchase *s.*, leverage *s.*, pry *s.*

Hebemagnet *m.* **(am Mast),** lifting magnet *s.*

heben *v.* (*naut.*), to heave, to lift (*a boat*), to hoist (*with a winch*), to crane (*a boat*); to rise (*of sea*); **den Anker –,** to weigh anchor; **ein Boot –,** to lift a boat, to weigh up a boat, to refloat a boat, to salve a boat; **ein Tau –,** to light a rope; **sich –,** to lift (*of boat, fog*); **sich – und senken,** to rise and fall (*of boat*).

Hebe/ponton *m.*, camel *s.*, lifting pontoon *s.*; **–prahm** *m.*, camel *s.*

Heber *m.* (*naut., tech.*), lifter *s.*, jack *s.* **Heber/**

barometer *n.*, siphon barometer *s.*; **–schreiber** *m.*, siphon recorder *s.*

Hebe/schiff *n.*, salvage vessel *s.*; **–schraube** *f.*, lifting screw *s.*; **–stange** *f. od.* **–stenge** *f.*, hand spike *s.*; **–talje** *f.*, gin tackle *s.*; **–vorrichtung** *f.*, jack *s.*, lifting gear *s. or* tackle *s.*, purchase *s.*; **hydraulische –vorrichtung** *f.*, hydraulic jack *s. or* lift *s. or* lifting gear *s.*; **–winde** *f.*, windlass *s.*; **–zeug** *n.*, gin tackle *s.*, (*am., coll.*) hoistaway *s.*, hoisting gear *s.*

Hebung *f.*, salvage *s.* (*of a boat*); lifting *s.*, hoisting *s.*; rising *s.* (*of the sea*).

Heck *n.*, stern *s.*, after-deck *s.*, poop *s.*; **elliptisches –,** elliptical stern *s.*; **flaches –,** flat stern *s.*; **löffelartiges** *od.* **-förmiges –,** canoe *or* spoon stern *s.*; **rundes –,** round *or* counter stern *s.*; **mit dem** *od.* **das – gegen Wind und Seen** *od.* **Wellen halten,** to keep the stern on to wind and seas; **mit dem – nach vorn** *od.* **voraus,** stern-on; **mit plattem –,** flat-sterned; **mit sehr schmalem –,** pink-sterned; **nach dem – zu (gelegen),** sternward(s); **über –,** stern on; **über das** *od.* (*coll.*) **übers –,** by the stern; **vom Bug bis zum –,** from stem to stern; **ein Boot mit dem – am Kai festmachen,** to tail a boat to a dock *or* to the quai; **mit dem – herumschwingen** *od.* **in eine bestimmte Richtung schwingen** *od.* **weisen,** to tail (*of boat*); **mit dem – nach Land drehen,** to tail inshore (*of boat*); **über (das) – kommen** *od.* **schlagen,** to poop (*of waves, sea*). **Heck/anker** *m.*, stern anchor *s.*; stream anchor *s.*; **–ankerklüse** *f.*, stern hawse hole *s. or* pipe *s.*; **–ankerspill** *n.*, stern-anchor capstan *s.*; **–balken** *m.*, wing transom *s.*, transom beam *s.* (*of wood boat*); **–balkenknie** *n.*, sleeper *s.* (*shipb.*); **–bodenwrange** *f.*, transom floor *s.* (*shipb.*); **–boot** *n.*, pink *s.*, (*rare*) stern boat *s.*; **–bord** *n.* (*dial. m.*), taffrail *s.*; **–bügel** *m.*, stern yoke *s.*; **–davit** *m.*, stern davit *s.*; **–fahrt** *f.*, sternway *f.*; **–fenster** *n.*, poop port *s.*; **–festmacher** *m.*, sternfast *s.*, stern rope *s.*; **–flagge** *f.*, stern flag *s.*; **–flaggenstock** *m.*, poop *or* stern *or* ensign flagstaff *s. or* flag pole *s.*; **–form** *f.*, run *s. or* shape *s.* of the after body *or* stern; **–galerie** *f.*, balcony *s.*, stern gallery *s. or* walk *s.*; **–geländer** *n.*, taffrail *s.*; **–gilling** *f. od.* **–gillung** *f.*, counter stern *s.*; **–geschirr** *n.*, after sails (*pl.*) *or* tackle *s.*; **–jagd** *f.* (*rac.*), stern chase *s.*; **–klüse** *f.*, stern hawse *s.*, cat hole *s.*; **–knick** *m.*, knuckle *s.*; **–knie** *n.*, transom knee *s.* (*shipb.*); **–konstruktion** *f.*, construction *s. or* design *s.* of the stern, (yacht) stern design *s.*; **–korb** *m.*, pushpit *s.*, pulpit *s.*; **–kreuzkopf** *m.*, stern yoke *s.*; **–last** *f.*, lazaret *s.*, lazarette *s.*; **h–lastig** *adj.*, down by the stern, stern-heavy (*of boat*), (*coll.*) tail-heavy (*of boat*); **–lastigkeit** *f.*, trim *s.* (down) by the stern; **–laterne** *f.*, poop lantern *s.*, stern lamp *s. or* lantern *s. or* light *s.*; **–leine** *f.*, stern line *s. or* rope *s.*, sternfast *s.*; **–leiter** *f.*, poop *or* stern ladder *s.* (*of a yacht*); **–licht** *n.*, stern light *s.*, (*coll.*) poop lantern *s.* (*of a yacht*); **–master** *m.*, dandy *s.* (*boat*); **–motor** *m.*, **mit –motor,** rear-engined (of boat); **–querbalken** *m.*, **–querversteifungen** *f./pl.*, transom *s.* (*shipb.*); **–pforte** *f.*, stern *or* poop port *s.*; **–propeller** *m.*, stern *or* after propeller *s.* (*of a yacht*); **–rad** *n.*, stern wheel *s.*; **–raddampfer** *m.*, stern-wheeler *s.*; **–raum** *m.*, after *or* stern compartment *s. or* hold *s.* (*of a ship*); **–reling** *f.*, taffrail *s.*, poop *or* quarter *or* stern rail *s.*; **–relingslog** *n.*, taffrail log *s.*; **–riemen** *m.*, scull *s.* (*rowing*); **–rolle** *f.*, stern sheave *s. or* pulley *s. or* roller *s.*; **–ruder** *n.*, stern rudder *s.*; **–ruderjoch** *n.*, stern yoke *s.*; **–schot** *f.*, stern sheet *s.*; **–schotenführung** *f. od.* **-system** *n.*, stern-sheeting system *s.*; **–see** *f.*, stern sea *s.*; **achterliche** *od.* **von dwars kommende –see** *f.*, quartering sea *s.*; **–seen** *f./pl.*, rearing seas (*pl.*) *or* waves (*pl.*); **–segel** *n.*, jigger *s.*; **–segelkutter** *m.*, yawl *s.*; **–seitenfender** *m.* (*pl.*), quarter fender(s) *s.* (*pl.*); **–seitenfestmacher** *m.*, quarter-fast *s.*; **–spant** *n.*, stern *or* transom frame *s.* (*shipb.*), stern *or* transom rib *s.* (*of boat*); **–spiegel** *m.*, transom *s.*; **–spill** *n.*, stern capstan *s.*; **–spring** *f.*, stern rope *s.*, sternfast *s.*, after spring *s.*; **–tank** *m.*, after (quarter) *or* stern tank *s.*; **–tau** *n.*, stern rope *s.*, sternfast *s.*; **–teil** *m. od. n.* **über den Loten,** overhang *s.*; **–überhang** *m.*, fantail *s.*, overhang *s.* (of the stern); **–vertäuklüse** *f.*, stern mooring-pipe *s.*; **–vertäuung** *f.*, quarter mooring *s.*; **h–wärts** *adv.*, sternward(s); **–wasser** *n.*, slick *s.*; **–welle** *f.*, stern wave *s.*, roach *s.*; **achterliche** *od.* **seitliche –welle** *f.*, quarter(ing) wave *s.*; **–wellenausnutzung** *f.* **(eines größeren Bootes),** wave ride *s.* (*of a big boat*); **–werk** *n.*, transom *s.*

Hede *f.*, oakum *s.*, tow *s.* **heden** *adj.*, of oakum *or* tow.

heftig *adj.*, keen, strong (*of wind*), vehement, violent (*of gale*), heavy (*of rain*), severe, sharp (*of cold*); **– hageln** *od.* **regnen** *od.* **schneien,** to storm; **–er Regen** *m.*, hard *or* heavy rain *s.*; **–er Wind** *m.*, storm *s.*, (*coll.*) a mad wind *s.*

Heftpflaster *n.*, strapping *s.*, adhesive *or* sticking plaster *s.*

Heimat/flotte *f.*, home fleet *s.* (*also of a club*); **–hafen** *m.*, home *or* native port *s.*, port *s.*

of registry; **–wimpel** *m.*, homeward-bound pennant *s.*

Heimfahrt *f.* (*naut.*), homing *s.*, inbound *s.*; **auf der – (befindlich** *od.* **begriffen),** homeward-bound, inbound (*boat or ship*). **heimisch** *adj.*, **–e Gewässer** *n./pl.*, home waters (*pl.*). **Heim/kehr** *f.* (*naut.*), homeward-bound sailing (trip) *s. or* voyage *s.*, return *s.* home; **h–kehrend** *pr. p.*, homeward-bound, in(ward)-bound (*of boat*); **–kurs** *m.* (*rac.*), homing (course *or* leg) *s.*; **auf den –kurs einwenden** (*rac.*), to be homing; **–reise** *f.* (*naut.*), homeward trip *s. or* voyage *s.*, homing *s.*, inbound *s.*, on passage home, return voyage *s.*; voyage *s.* home; **auf der –reise (befindlich** *od.* **begriffen),** homeward-bound, inbound (*boat or ship*); **h–wärts** *adv.*, homeward.

Heiß *m.* (*dial. f.*), hoist *s.* (*of sail or flag*).

heiß *adj.* (*meteor.*), hot (*of weather*), torrid (*of zone*); (*rac.*) keen; **glühend –,** scorching, (*coll.*) roasting (*of weather*); **sehr –** (*coll.*), sizzling (*of weather*); **– und trocken** (*meteor., naut.*), hot and dry; **–e Regatta** *f.*, hot *or* sharp *or* (*sl.*) dingdong race *s.*; **–er Regattasegler** *m.*, hot *or* keen sailor *s. or* yachtsman *s.*; **glühend –er Tag** *m.* (*coll.*), roaster *s.*; **sehr –er Tag** *m.* (*sl.*), scorcher *s.*; **–e Wettfahrt** *f.*, heat *s.*, hot *or* sharp race *s.*; **–e Zone** *f.* (*geogr.*), torrid zone *s.*

Heiß! (*naut., com.*), hoist away!; **– auf!** (*com.*), hoist!

Heißauge *n.*, hoisting pad *s.*, pad eye *s.*; lifting eye *s.*

Heißen *n.*, hoisting *s.* (*of sails, flag*). **heißen** *v.*, to hoist (away *or* up), to set sail, to run up (*a flag or sail*); **die Flagge –,** to run up the colo(u)rs; **Segel –,** to hoist sail(s), to set sail. **Heißhaken** *m.*, hoisting hook *s.*

heißlaufen *v.* (*tech.*), to get *or* to run hot (*of motor or engine*); to overheat, to get overheated.

Heiß/öse *f.*, hoisting pad *s.*, pad eye *s.*, lifting eye *s.*; **–ring** *m.*, hoisting ring *s. or* hoop *s. or* loop *s.*; **–schlinge** *f.*, garland *s.*, hoisting sling *s.*; **–stander** *m.*, pendant *s. or* pennant *s.*; **–stropp** *m.*, garland *s.*, hoisting sling *s.*; **ein Kielboot in einen –stropp an den Kranhaken hängen,** to put a keel boat *or* yacht in a hoisting sling *or* garland on the crane hook; **–vorrichtung** *f.* hoisting gear *s.*; **–winde** *f.*, **–winsch** *f.*, hoisting winch *s.*

heiter *adj.* (*meteor.*), clear, cloudless, unclouded; **– werden** (*meteor.*), to brighten (up), to clear up (*of weather*); **–er Himmel** *m.*, clear sky *s.*; **–er Tag** *m.*, clear *or* fine day *s.*; **–es Wetter** *n.*, clear *or* fine *or* sunny weather *s.*

Heizanlage *f.*, **Heizung(sanlage)** *f.* **(auf einer Yacht),** heating installation *s. or* plant *s. or* system *s.* (of a yacht).

Helfer *m.* **bei Wettfahrten,** (boat) steward *s.*

Helgatt *n.*, (*s.* **Hellegatt**).

Helge *f.*, **Helgen** *m.*, (building) slip *s. or* berth *s.*, slipway *s.*, (slip)ways (*pl.*).

Helicalantenne *f.*, coil aerial *s. or* (*am.*) antenna *s.*

Helio/graph *m.*, heliograph *s.*; **mit dem –graphen signalisieren,** to heliograph; **–meter** *n.* (*astr.*), heliometer *s.*; **–zentrizität** *f.* (*astr.*), heliocentricity *s.*; **–skop** *n.* (*astr.*), helioscope *s.*; **–stat** *m.* (*astr.*), heliostat *s.*

Helldunkelsteuerung *f.* (*elec., radar*), black-white control *s.*

Hellegatt *n.*, hold *s.*, store room *s.*

Helligkeit *f.* (*radar*), brilliancy *s.*, intensity *s.*, luminosity *s.*; brightness *s.* (*of light.*) **Helligkeits/reg(e)lung** *f.* (*radar*), brightness control *s.*; **–steuerung** *f.* (*radar*), brilliancy *or* intensity modulation *s.*

Helling *f.* (*pl.* **Helligen**), building berth *s. or* cradle *s. or* slip *s.*, slip *s.*, slipway *s.*, launching-ways (*pl.*), ways (*pl.*), stock *s.* (*shipb.*); **Bauzeit** *f.* **in einer –,** building time *s. or* time *s.* of construction on the stocks. **Helling/gerüst** *n.*, staging *s.* (*of a yard*); **–kran** *m.*, slipway crane *s.*; **–neigung** *f.*, slope *s.* of the slip *or* the ways.

Helm *m.* (*naut.*), helm *s.*, rudder *s.*; helmet *s.* (*ice-yachting*); **–holz** *n.*, tiller *s.*

Hemisphäre *f.* (*geogr.*), hemisphere *s.*; **nördliche (südliche) –,** northern (southern) hemisphere *s.* **hemisphärisch** *adj.*, hemispherical.

Hemm/feder *f.* (*naut., tech.*), retaining spring *s.*; **–kette** *f.*, drag chain *s.*; **–schuh** *m.* (*tech.*), brake *s.*, drag *s.*, scotch *s.*, skid *s.* **Hemmung** *f.* (*naut., tech.*), catch *s.*, detent *s.*, stop *s.*

Hennegatt *n.*, helm port *s.*

herab/hängend *adj.*, pendent (*of compass, etc.*); flowing, streaming (*of telltales*); **–setzen** *v.*, to declass, to declassify (*a boat class*); **H–setzung** *f.*, declassification *s.* (*of class*).

heran/kommen *v.* (*naut.*), to come alongside; to approach (*of boat or ship*); (*rac.*), to close in, to gain (**an,** on), to overtake (*other boats*); **–laufen** *v.*, to draw near (*of boat*).

Herauch *m.* (*naut., coll.*), haze *s.*

heraufziehen *v.*, to be brewing, to rise, to gather, to approach, to draw near (*of a storm*).

heraus/drehen *v.* (*naut., tech.*), to unscrew; **–fordern** *v.* (*rac.*), to challenge; **H–ausforderung** *f.* (*rac.*), challenge *s.*; **H–ausforderungs-**

preis *m.* (*rac.*), challenge prize *s. or* trophy *s.*; **–heben** *v.*, **–nehmen** *v.*, to unstep (*the mast*), to unship (*the rudder or tiller*); **–schießen** *v.*, to spout, to spirt, to spring forth *or* out (*of water*); **–schrauben** *v.*, to unscrew; **–sickern** *v.*, to ooze out (*of water*); **–spritzen** *v.*, to spirt (*of water*); **–streichen** *v.*, **Falten** (*pl.*) **aus einem Segel –,** to flatten *or* to unwrinkle a sail.

Herbst *m.*, autumn *s.*, (*am.*) fall *s.*; **kurzer Wintereinbruch** *m.* **im –** (*meteor., am.*), squaw winter *s.*; **letzte Regatta** *f.* **im –,** annual fall's cruise *s.*, (*am., coll.*) wind-up (race) *s.* **Herbst/äquinoktium** *n.* (*astr.*), autumn(al) equinox *s.*; **–punkt** *m.* (*astr.*), first point *s.* of Libra; **–-Tagundnachtgleiche** *f.* (*astr.*), autumn(al) equinox *s.*

Herd *m.* (*naut.*), saddle *s.* (*of a block*); cooking stove *s.*, range *s.* (*in the galley*).

Herde *f.* (*naut.*), school *s.*, (*am.*) pod *s.* (*of dolphins, seals, whales, etc.*).

Heringsfänger *m.*, herring-smack *s.* (*boat*).

Herkulestau(werk) *n.*, Hercules rope *s.*, armoured rope *s.*

Herrensegler *m.*, yachtsman *s.*, amateur sailor *s.*

Hertz *n.* (*elec., phys.*), cycles (*pl.*) per second; **–sche Wellen** *f./pl.*, Hertzian *or* hertzian waves (*pl.*).

herum/drehen *v.* (*naut.*), to turn, to swing ship, to swing round; **das Boot um 180° –drehen,** to wind the boat; **–holen** *v.*, to haul (*a boat*); **–irren** *v.* (*naut., coll.*), to stray (*of boat*); **im Nebel –irrendes Boot** *n.*, stray boat *s.* in the fog, in (the) fog straying boat *s.*; **–laufen** *v.*, **–segeln** *v.*, to round, to sail round (*a cape, etc.*).

heruntertransformieren *v.* (*elec.*), to step down.

hervor/ragen *v.* (*naut.*), to protrude, to jut forth *or* out, to project (*as bow*); to be prominent, to stand *or* to stick out (*of landmark*); **–ragend** *adj.*, protruding, salient (*bow*); prominent (*landmark*); **–ragende Landmarke** *f.*, prominent landmark *s.*

Herz/bändsel *n.*, throat seizing *s.*; **–kausch(e)** *f.*, heart *or* iron thimble *s.*; **–schäkel** *m.*, heart shackle *s.*; **–stück** *n.* **(eines gebauten Mastes),** spindle *s.*

Heuer *f.* (*naut.*), pay *s.*, wages (*pl.*). **Heuer/baas** *m.*, seaman's agent *s.*, shipping commissioner *s. or* master *s.*; **–bedingungen** *f./pl.*, terms (*pl.*) of employment *or* signing on; **–büro** *n.*, shipping office *s.*; **–lohn** *m.*, (seaman's) pay *s. or* wages (*pl.*). **heuern** *v.*, to engage, to sign *or* to take on (*of seamen*); to hire a hand *or* crew member; to charter, to hire (*a boat*); to rent (*a boat*). **Heuer/stelle** *f.*, commission agency *s.* for paid hands *or* crew members, shipping office *s.*; **–vertrag** *m.*, signed articles (*pl.*) *or* agreement *s.*

Heulboje *f.*, whistling *or* whistle *or* sounding buoy *s.* **Heulen** *n.*, whistling *s.* (*of buoy*); roaring *s.*, sough *s.* (*of wind*). **heulen** *v.*, to whistle (*of buoy*); to moan, to rave, to roar, to scream, to shriek, to wail, to shrill, to sing (*of storm, wind*), (*naut., coll.*) to pipe, to blow great guns (*of storm*); **der Wind heult,** the wind is screaming *or* screams. **heulend** *adj.*, **–er Sturm,** raving storm *s.*; **–er Wind,** shrieking *or* shrilling wind *s.*, (*coll.*) piping wind *s.* **Heuler** *m.* (*naut.*) whistle *s.*, whistler *s.*, hailer *s.*, (*am.*) hooter *s.*; **automatischer –,** diaphone *s.* **Heul/ton** *m.* (*rad.*), high-frequency hum *s.*; **–tonne** *f.*, whistling buoy *s.*

Hiel *n.*, **Hieling** *f.*, heel *s.*; **–beschlag** *m.*, heel fitting(s) *s.* (*pl.*).

Hiev/an! (*naut., int.*), heave away!; **– Anker!** (*com.*), heave ahead!; **– auf!** (*int.*), heave (right) up!; **– ein!** (*int.*), heave in!; **– rund!** (*int.*), heave away!. **Hieve** *f.*, heave *s.*, lift *s.* **hieven** *v.*, to haul, to heave, to hoist, to lift; **– !** (*com.*), heave (away)!; **ein Boot aus dem Hafen –,** to wind a boat out of the harbo(u)r; **fest – !** (*int.*), avast heaving! (*anchoring order*); **kurzstag –,** to heave short; **kurzstag gehievt,** hove short. **Hiev/gewicht** *n.*, **–last** *f.*, lifting weight *s.*

Hilfe *f.* (*naut.*), assistance *s.*, aid *s.*, help *s.*, support *s.*; relief *s.*, rescue *s.*; **Erste –,** first aid *s.*; **ohne –,** single-handed, unassisted (*as a single-handed sailor*); **– benötigen** *od.* **brauchen,** to require aid *or* assistance; **um – bitten,** to ask for help, to call in s.b.'s assistance; **zu – kommen,** to come to s.b.'s aid *or* assistance; **– leisten,** to lend a hand, to give *or* to lend a helping hand, to render aid *or* assistance. **Hilfe/leistung** *f.*, assistance *s.*, help *s.*; relief *or* rescue work *s.*; **–ruf** *m.*, distress call *s.* (*of boat in distress*).

Hilfs/antenne *f.*, auxiliary aerial *s. or* (*am.*) antenna *s.*; **–antrieb** *m.* (*naut.*), auxiliary propulsion *s.*; **–aufholer** *m.*, dummy gantline *s.*; **–ballast(wasser)pumpe** *f.*, donkey ballast pump *s.*; **–beseg(e)lung** *f.*, auxiliary sails (*pl.*); **–gerät** *n.*, stand-by *s.*; **–horizont** *m.* (*naut.*), horizon glass *s.*, artificial horizon *s.*; **–jolltau** *n.*, dummy gantline *s.*; **–kabel** *n.*, emergency cable *s.*; **–kompaß** *m.*, auxiliary *or* servo-compass *s.*; **–lenzleitung** *f.*, auxiliary suction lead *s.*; **–lenzpumpe** *f.*, auxiliary *or* emergency bilge pump *s.*; **–maschine** *f.* (*naut.*), auxiliary *or* donkey engine *s.*, (*coll.*) doctor *s.*; **–maßnahmen** *f./pl.*, emergency *or* remedial measures (*pl.*); **–mittel** *n.* (*pl.*), aid *s.*, device *s.*, expedient *s.*, means (*pl.*), medium *s.* (*pl.* -dia), remedy *s.*, resource *s.*, shift *s.*, (*coll.*) stop-gap *s.*; **nautische –mittel** *n./pl.*, aids (*pl.*) to navigation; **–motor** *m.* (*naut.*) auxiliary (engine) *s.*, booster engine *s. or* motor *s.*, relay *s.*, (*coll.*) kicker *s.*; **Seekreuzer** *m.* **mit –motor,** auxiliary (cruiser *or* cruising yacht) *s.*; **Segelyacht** *f.* **mit –motor,** auxiliary(-powered) sailing yacht *s.*; **–propeller** *m.*, auxiliary propeller *s. or* (*coll.*) prop *s.*; **–pumpe** *f.*, auxiliary *or* donkey pump *s.*, stand-by pump *s.*; **–ruder** *n.*, jury *or* servo rudder *s.*; **–schiff** *n.*, auxiliary (vessel) *s.*; **–segel** *n.*, auxiliary sail *s.*; **–stander** *m.*, repeater *s.*, substitute *s.*; **–talje** *f.*, relieving tackle *s.*; **–tank** *m.*, auxiliary tank *s.*; **–vorrichtung** *f.*, auxiliary device *s. or* gear *s.*; servo-mechanism *s.*; **–wippe** *f.*, dummy gantline *s.*, donkey gantline *s.*

Himmel *m.*, sky *s.*; firmament *s.*; **bedeckter –,** overcast sky *s.*; **bewölkter –,** clouded *or* cloudy *or* overcast sky *s.*; **klarer –,** clear *or* cloudless *or* unclouded sky *s.*, (the) blue *s.*; **der – ist blau,** the sky is blue; **der – ist bedeckt,** the sky is overcast; **der – ist bewölkt,** the sky is cloudy. **Himmels/achse** *f.*, celestial axis *s.*; **–äquator** *m.*, equinoctial *s.*, celestial equator *s.*; **–bahn** *f.*, orbit *s.*; **–breite** *f.*, astronomical *or* celestial latitude *s.*; **–halbkugel** *f.*, (celestial) hemisphere *s.*; **–höhe** *f.*, solar altitude *s.*; **–karte** *f.*, (star) chart *s.*; **–koordinaten** *f./pl.*, celestial co(-)ordinates (*pl.*); **–körper** *m.*, celestial body *s.*, luminary *s.*; **–kugel** *f.*, celestial globe *s. or* sphere *s.*, firmament *s.*; **–kunde** *f.*, astronomy *s.*; **–länge** *f.*, astronomical *or* celestial longitude *s.*; **–leiter** *f.*, Jacob's ladder *s.*; **–licht** *n.*, celestial orb *s.*; **–meridian** *m.*, astronomical *or* celestial meridian *s.*, mid heaven *s.*; **–ortung** *f.*, astronomical *or* celestial navigation *s.*; **–pol** *m.*, (celestial) pole *s.*; **unter dem –pol (gelegen),** subpolar; **–punkt** *m.*, zenith *s.*; **–rand** *m.*, horizon *s.*; **–raum** *m.*, space *s.*; **–richtung** *f.*, cardinal point *s.*, point *s.* of the compass; direction *s.*, quarter *s.*; **die vier (Haupt)–richtungen** *f./pl.* (*astr., geogr.*), cardinal points (*pl.*) (*east, west, zenith, nadir*); **–strich** *m.*, point *s.* of the compass, latitude *s.*, region *s.*, zone *s.*; sky *s.* (*pl.* skies); clime *s.*, climate *s.*; **–zeichen** *n.* (*astr.*), sign *s.* of the zodiac. **himmlisch** *adj.* (*astr.*), celestial; **–es Segelwetter** *n.*, marvellous *or* (*coll.*) fine weather for a sail; **–es Wetter** *n.*, glorious weather *s.*

hin *adv.*, **– und her** (*naut.*), to and fro, backwards and forwards (*motion of boat*); **– und zurück** (*naut.*), outward and return.

hinab *adv.*, **den Fluß** *od.* **Strom –,** down the river, downriver, down(-)stream. **hinabschleusen** *v.*, to lock down (*a boat or ship*).

hinauf *adv.*, **den Fluß** *od.* **Strom –,** up the river, upriver, up(-)stream. **hinaufschleusen** *v.*, to lock up (*a boat or ship*).

hinaus/ragen *v.*, to jut out (**über,** from), to project (**über,** from) (*of bow, etc.*); to tower (*of iceberg, etc.*); **–schießen** *v.* **(über die Zielmarke)** (*rac.*), to overshoot the mark; **–segeln** *v.* **(auf das offene Meer),** to launch out (into the sea), (*coll.*) to out.

Hindernis *n.* (*naut.*), bar *s.*, barrier *s.* (*in a harbour*), check *s.*, obstacle *s.*, obstruction *s.*; (*rac.*) handicap *s.*, obstruction *s.*; **(festes) – im Fahrwasser,** obstruction *s.* to navigation in a channel *or* fairway.

Hineindrängeln *n.* **vor dem Start** (*rac., coll.*), pushing *s.* in at the start(ing line).

Hinfahrt *f.*, **Hinreise** *f.* (*naut.*), outward passage *s.*, passage out *s.*, outward voyage *s.*, voyage out *s.*; **auf der – (begriffen),** (to be) outward-bound (*of boat*).

hinten *adv.* (*naut.*), aft.

hinter *prep.*, **das (Regatta)Feld – sich lassen** (*rac.*), to out(-)distance the field *or* fleet; **eine Strecke in kurzer Zeit – sich bringen** (*naut.*), to cover a distance in a short time. **hinter** *adj.*, **–e Plicht,** after cuddy *s.*

hinteraus *adv.* (*naut.*), astern. **Hinter/deck** *n.*, poop *s.*; quarter deck *s.*; **–einanderschaltung** *f.* (*elec.*), series connection *s. or* connexion *s.*; **–geschirr** *n.* (*naut.*), after gear *s. or* sails (*pl.*) *or* tackle *s.*; **–kante** *f.*, after *or* trailing edge *s.* (*of sail, etc.*); **–lager** *n.* (*tech.*), rear bearing *s.*; **h–lastig** *adj.*, stern-heavy (*of boat*); **–mann** *m.* (*naut., rac.*), (boat) next astern *s.*; **–mast** *m.*, mizzen mast *s.*; **–plicht** *f.*, after cuddy *s.*; **–raum** *m.*, after hold *s.* (*in a yacht*); **–schiff** *n.*, after body *s.*, stern *s.*; **mit scharfem –schiff,** clean in the run; **–schiffsform** *f.*, run *s.*; **schlanke –schiffsform** *f.*, clean run *s.*; **–schiffsspant** *n.*, after frame *s. or* rib *s.*; **–schiffsspantenriß** *m.*, after-body plan *s.*; **–steven** *m.*, stern knee *s. or* frame *s. or* post *s.*, sternson *s.*; **–stevenhacke** *f.*, sternson *or* heel piece *s.* (*shipb.*); **–stevennuß** *f.*, stern-frame *s. or* boss *s. or* bossing *s.*; **–tau** *n.*, stern(-)fast *s.*; **–teil** *m. od. n.* **(eines Bootes),** stern *s.*; **–verdeck** *n.*, quarter deck *s.*

hinüber/fahren *v.*, to cross (*the sea, a channel*); **–segeln,** to put over, to traverse (*the ocean*).

Hin- und / Herbewegung *f.* **eines Bootes,** to and fro motion *s.* of a boat; **h– hergeworfen werden,** to be tossed about, to be tossed (by the sea) (*of boat*); – **Herrollen** *n.*, tumble *s.* (*of boat, waves*); **h– herrollen** *v.*, to tumble (*of boat, waves*); – **Herschlackern** *n.* **in der** *od.* **bei Welle,** swaying *s.* in the waves (*of boat*); **h– herschlagen** *v.* **(im Wind),** to whip (in the wind) (*of sails, flag, etc.*); **h– herspringen** *v.*, to whiffle (*of wind*); **(Boot) h– herwerfen,** to whiffle (the boat) (*of waves*). **Hin- und Rückreise** *f.* (*naut.*), voyage *s.* out and home, out and home voyage *s.*, outward passage *s.*, passage out *s.*, outward voyage *s.*, voyage out *s.*, outward and return voyage *s.*, voyage *s.* there and back, (the) double voyage *s.*

hinunter / gehen *v.* (*naut.*), to go below (deck); to turn in (*of watch*); **den (Ärmel)Kanal –laufen** *od.* **–segeln,** to stand down the Channel.

Hisse *f.*, pulley *s.*, tackle *s.* **Hissen** *n.*, hoisting *s.* (*of sails, flag*). **hissen** *v.*, to hoist, to set (*sail*), to pull up, to run up (*sails, flag*); **hißt auf!** (*com.*), hoist away!. **Hißfall** *n. od.* **-tau** *n.*, halyard *s.*

Hitze *f.* (*meteor.*), heat *s.*; **drückende –,** sweltering *or* sweltry heat *s.*, (*coll.*) swelter *s.*; **kannibalische –** (*sl.*), terrific heat *s.*; **sengende –,** sunscald *s.*, torrid heat *s.*, torridness *s.*; **trockene –,** torridness *s.*; **vor – umkommen (auf dem Boot),** to swelter (on deck *or* aboard). **hitze / beständig** *adj.*, heat-proof *or* -resisting; **H–dunst** *m. od.* **–glast** *m.*, heat haze *s.*; **–empfindlich** *adj.*, sensitive to heat (*of instruments*). **Hitze / grad** *m.*, degree *s.* of heat; **–periode** *f.*, hot spell *s.*, heat wave *s.*, (*coll.*) spell *s.* of sizzling weather; **–welle** *f.*, hot spell *s.*, heat wave *s.* **Hitzschlag** *m.* (*naut., med.*), heat-stroke *s.*

Hobel *m.* (*tech.*), plane *s.* **hobeln** *v.*, to plane, to smooth, to surface (*the outer planking of a boat, etc.*).

Hoch *n.* (*meteor.*), barometric max(imum) *s.*, high (pressure) *s.*, anticyclone *s.*

hoch *adj.* (*naut.*), close *or* near (**am,** to), (*geogr.*) high (*near the poles*); **der Fluß geht –,** the river runs high; **die See geht –,** the sea runs *or* is running high; – **am Mittag,** high noon; – **am Wind** (*naut.*), close-hauled, close to the wind, high, near the wind; – **am Wind laufen** *od.* **segeln,** to sail close *or* near to the wind, to (begin to) point, to point high; – **und trocken** (*naut.*), hard and fast, high and dry (*of berth, stranded boat*).

Hoch / antenne *f.*, masthead *or* elevated *or* outside aerial *s. or* (*am.*) antenna *s.*; **h–binden** *v.*, to tie up (*sail, etc.*); **h–bordig** *adj.*, high-freeboarded, high-sided (*of boat*).

Hochdruck *m.* (*meteor.*), anticyclone *s.*, barometric max(imum) *s.*, high pressure *s.*; **–einfluß** *m.*, influence *s.* of (a) high pressure (area); **–gebiet** *n.*, anticyclone *s.*, (barometric) maximum *s.*, region *s. or* zone *s.* of high pressure, high (pressure area) *s.*; **subtropisches (tropisches) –gebiet** *n.*, subtropical (tropical) anticyclone *s. or* high *s.*; **–gürtel** *m.*, belt *s.* of high pressure; **–keil** *m.*, ridge *s. or* wedge *s.* of high pressure; **–pumpe** *f.* (*naut.*), high-pressure (bilge) pump *s.*; **–rücken** *m.*, ridge *s.* (of high pressure); **–system** *n.*, high-pressure system *s.*; **–zentrum** *n.*, centre *s. or* (*am.*) center *s.* of (an) anticyclone *or* (a) high pressure (area) *or* barometric maximum; **–zone** *f.*, belt *s.* of high pressure; **schmale –zone** *f.*, ridge *s.* (of high pressure).

hochempfindlich *adj.*, highly sensitive (*of instruments*). **Hoch / flieger** *m.* (*naut., coll.*), spinnaker *s.*, (*coll.*) spi *s.*; **–flut** *f.*, high tide *s.*; **–frequenz** *f.*, high *or* radio frequency *s.*; **sehr hohe (sehr niedrige) –frequenz** *f.* (*rad.*), very high (very low) frequency *s.*; **–frequenz-Funkpeiler** *m. od.* **-peilgerät** *n.* (*coll.*), huff-duff (direction-finder) *s.*, HF/DF *s.*; **–frequenzlot** *n.*, high-frequency sounder *s.*; **–frequenzpeiler** *m.*, high-frequency direction-finder *s.*; **–frequenzpeilung** *f.*, high *or* radio frequency direction-finding *s. or* D/F *s.*; **–frequenzspannung** *f.* (*rad.*), high *or* radio frequency tension *s. or* voltage *s.*; **–frequenzverstärker** *m.* (*rad.*), high *or* radio frequency amplifier *s.*; **–gehen** *n.* **der See,** upheaval *s.* of the sea; **h–gehen** *v.*, to run high, to surge (*of waves, sea*); **h–gehend** *adj.*, high (*of waves*), heavy, heaving, rising (*of sea*); **h–gehende See** *f.*, upheaval *s.* of the sea; **h–gradig** *adj.*, to *or* in a high degree; high-grade, high quality; extreme; **–keil** *m.* (*meteor.*), ridge *s.* (of high pressure); **h–klappen** *v.*, to fold *or* to turn up (*mess-table, etc.*); **h–kurbeln** *v.*, to winch; **–lage** *f.* (*meteor.*), high altitude *s.*; **–leistung** *f.* (*naut., tech.*), high capacity *s.*, heavy duty *s.*; **–nebel** *m.*, high-lying fog *s.*; **–saison** *f.* (*rac.*), height *s.* of the (racing *or* sailing) season; **h–schalten** *v.* (*tech.*), to upshift (*the motor*).

Hochsee *f.*, deep sea *s.*, (the) high seas (*pl.*), outsea *s.*, further off( )shore, ocean *s.* **Hochsee-** *pref.*, offshore; pelagian, pelagic. **Hochsee / bergungsschiff** *n. od.* **-schlepper** *m.*, deep-sea salvage ship *s. or* tug *s.*; **–fischerei** *f.*, deep-sea fishery *s.* *or* fishing *s.*; **–flotte** *f.*, high seas fleet *s.*; Grand Fleet *s.*; **h–gängig** *od.* **–gehend** *adj.*, ocean- *or* sea-going (*yacht*); **–kabel** *n.*, deep-sea cable *s.*; **– -Mehrrumpfsegler** *m.*, offshore *or* sea-going catamaran *s.* *or* trimaran *s.*; **–navigation** *f.*, deep sea *or* ocean navigation *s.*; **–regatta** *f.*, offshore *or* ocean race *s.* *or* racing *s.*; **–regatta-Dreieck** *n.*, ocean *or* offshore triangle (race) *s.*; **–regattasegler** *m.*, blue water *or* offshore racer *s.* (*boat and pers.*); **–regattayacht** *f.*, ocean *or* offshore racing boat *s.* *or* yacht *s.*, blue water racing yacht *s.* *or* racer *s.*; **–route** *f.* (*nav.*), high way *s.*, (ocean) route *s.* *or* lane *s.*; **–schiff** *n.*, sea- *or* ocean-going ship *s.* *or* vessel *s.* *or* yacht *s.*, (*coll.*) big boat *s.*; **für –schiffe befahrbar,** navigable for sea-going vessels; **–schiffahrt** *f.*, deep sea *or* ocean navigation *s.*, ocean traffic *s.*; **–schlepper** *m.*, ocean-going tug *s.*; **–segelei** *f.*, **–segeln** *n.*, ocean *or* offshore sailing *s.*; **–segelsport** *m.*, offshore sailing *s.* *or* racing *s.*; **–segler** *m.*, blue water sailer *s.* *or* yacht *s.*; deep-waterman *s.* (*boat*), blue water sailor *s.* (*pers.*); **–segler-Juniorengruppe** *f.*, JOG *s.*, Junior Offshore Group *s.*; **–straße** *f.*, ocean route *s.* *or* lane *s.*, high way *s.* (*at sea*); **h–tüchtig** *adj.*, sea- *or* ocean-going (*of boat*); **–tüchtige Yacht** *f.*, sea- *or* ocean-going yacht *s.*, deepwaterman *s.*; **–verkehr** *m.*, ocean traffic *s.*; **–yacht** *f.*, blue water sailer *s.* *or* yacht *s.*, ocean- *or* sea-going yacht *s.*, deepwaterman *s.*, cruising yacht *s.*, cruiser *s.*, offshore boat *s.* *or* yacht *s.*, (*coll.*) big boat *s.*

Hoch/segel *n.*, jib-headed mainsail *s.*, Bermuda *or* Bermudian sail *s.*; **–sommer** *m.*, high summer *s.*, midsummer *s.*, Indian summer *s.*; **–spannung** *f.* (*rad., tech.*), high tension *s.*, (*elec.*) high voltage *s.*

höchst *adj.* (*Superlativ*) (*naut., meteor., tech.*), highest, extreme, maximum, topmost, utmost; **–e Fahrt** *f.*, **–e Geschwindigkeit** *f.* (*naut.*), maximum speed *s.*; **–er Punkt** *m.* **der Flutgezeit, –er Wasserstand** *m.* **eines Gewässers,** high water *s.*

hochstauen *v.* (*naut.*), to wing (*of boat equipment*).

Höchst/beanspruchung *f.* (*phys., tech.*), highest stress *s.*, maximum load *s.* *or* stress *s.* (*of boat, sails, etc.*); **–belastung** *f.* (*phys., tech.*), permissible load *s.*; peak *or* maximum load *s.*; **–druck** *m.* (*phys.*), maximum pressure *s.*

Hochsteigen *n.* **(des Bootes beim Stampfen),** send *s.* **hochsteigen** *v.*, **mit dem Bug beim Stampfen –,** to send (*of boat*).

Höchst/fahrt *f.* (*naut.*), full *or* top speed *s.*; **mit –fahrt** (*naut.*), at the top of (the) speed; **–frequenz(bereich** *m.*) *f.* (*rad.*), superhigh frequency *s.*; **–frequenzwelle** *f.* (*rad.*), microwave *s.*; **–geschwindigkeit** *f.* (*naut.*), full *or* high *or* maximum *or* top speed *s.*; emergency speed *s.* (*distress*); **mit –geschwindigkeit,** at top speed; on top (*of motorboat*); **zulässige –geschwindigkeit** *f.* **(eines Motorbootes),** speed limit *s.*; **–gewicht** *n.*, maximum weight *s.* (*of crew, equipment, etc.*); **–grenze** *f.* (*phys., naut.*), upper limit *s.*, (*coll.*) ceiling *s.*; **–lademarke** *f.* **(am Schiffsrumpf),** Plimsoll('s) line *s.* *or* mark *s.*; **–last** *f.* (*naut., phys.*), maximum load *s.*; **–leistung** *f.* (*rad., tech.*), maximum efficiency *s.* *or* output *s.*; peak power *s.*; (*rac.*) record (performance) *s.*, best performance *s.* (*of boat or sailor*); **–maß** *n.*, maximum *s.*; **–stand** *m.*, peak *s.*, (*rac.*) record level *s.*; **–stand** *m.* **der Flut,** top *s.* of the tide; **–tiefgang** *m.*, maximum draught *s.* *or* (*am.*) draft *s.*; **–wasserstand** *m.*, highest high water (level) *s.*; **–wert** *m.* (*meteor.*), maximum *s.*, (*coll.*) max. *s.*

Hoch/takelung *f.*, masthead *or* jib-headed rig *s.*, Bermuda *or* Bermudian rig *s.*; **–tank** *m.* (*naut.*), gravity tank *s.*; **h–transformieren** *v.* (*elec.*), to step up.

Hochwasser *n.*, high tide *s.* *or* water *s.*, flood *s.*, (*coll.*) waters (*pl.*); floods (*pl.*), flooding *s.*, spate *s.*; **höheres (niedrigeres) –,** higher (lower) high water *s.*; **mittleres –,** mean tide *s.* **Hochwasser/höhe** *f.*, height *s.* of high tide *or* water; **–intervall** *n.*, high-water *or* -tide interval *s.*; **mittleres –intervall** *n.*, mean co(-)tidal hour *s.*; **–linie** *f.*, high-water mark *s.*, tidega(u)ge *s.* *or* mark *s.*; **–marke** *f.*, high-water mark *s.*; **–stand** *m.*, flood-level *s.*, high-water mark *s.* *or* level *s.*; **–standmarke** *f.* *od.* **-zeichen** *n.*, high-water mark *s.*; **–stagnation** *f.*, **–stillstand** *m.*, high-water stand *s.*; **–zeit** *f.*, time *s.* of high tide *or* water.

hoch/winden *v.*, **–ziehen** *v.*, to hoist, to jack (up), to winch (*boat, etc.*).

Höckereis *n.*, hummock(ed) *or* humpback(ed) *or* humped *or* hunchback(ed) ice *s.*

Hof *m.* (*astr.*), aureole *s.*, corona *s.*, halo *s.* (*of moon and sun*), circle *s.*, ring *s.* (*of the moon*).

Höflichkeitsflagge *f.*, courtesy flag *s.*

Höft *n.* (*dial.*), foreland *s.*, headland *s.*

Hogging *f.* *od.* *n.*, hogging *s.*, broken back *s.* (*of keel*).

hohe/Breite *f.* (*geogr.*), high latitude *s.*; **– Fahrt** *f.* (*naut.*), high speed *s.*; **– See** *f.*, (the) high seas (*pl.*), deep sea *s.*, outsea *s.*, open sea *s.*; **auf –r See,** offshore; **im –n Norden,** in the far north; **in –r Fahrt,** at full *or* top speed.

Höhe *f.* (*naut.*), leeway *s.*; (*astr.*) altitude *s.*, elevation *s.*; (*rad.*) (level of) volume *s.*; **abgelesene –,** altitude *s.* read off the sextant, sextant altitude *s.*; **beobachtete –,** observed altitude *s.*; **berechnete –,** true altitude *s.*; **beschickte –,** corrected altitude *s.*; **gemallte –,** mo(u)lded depth *s.* (*shipb.*); **lichte –,** clearance *s.*, headroom *s.*; **metazentrische –,** metacentric height *s.* (*shipb.*); **optimale –** (*naut.*), the best distance made good to windward; **scheinbare –** (*astr.*), apparent altitude *s.*; **wahre –** (*astr.*), observed *or* true altitude *s.*; (*nav.*), true height *s.*; **weniger –** (*naut.*), less leeway; **zuviel –** (*naut.*), heading *or* pointing too high; **auf der – von** (*naut.*), abreast of, off, (*geogr.*) in the latitude of; **auf der – von Dover,** off Dover; **auf gleicher – mit,** on a level with (*of boats, etc.*); **das Boot liegt auf der – des Kaps,** the boat is abreast of *or* off the cape; **in – von,** off; **in gleicher – (mit),** awash (with); **– der Gezeit,** height *s.* of (the) tide; **– des Meeres,** offing *s.*; **– des Wasserspiegels** (*am.*), stage *s.* (*of a river*); **– eines Feuers (über MSWH),** elevation *s.*; **– eines Gestirns,** elevation *s.*; **mit Winkelinstrument gemessene** *od.* **bestimmte – eines Gestirns,** sight *s.*; **– über Kartennull,** height *s.* above chart datum; **– über (dem) Meeresspiegel,** height *s.* above sea-level; **– über Normalnull** *od.* **NN,** altitude *s.*; **(zuviel) – fahren,** to head, to point (too high); **– halten** *od.* **laufen,** to point high, to be pointing high, (the boat is) pointing high, to sail (a course) with the best distance made good to windward; **die – (eines Gestirns) messen** (*astr., naut.*), to shoot, to sight; **die – der Sonne messen,** to shoot the sun; **die – nehmen** (*naut.*), to sight; **die – der Sonne nehmen,** to take an observation of the sun's altitude; **die – von einem Kap nehmen,** to weather a cape; **– schinden** (*naut., coll.*), to play for pointing high; **(absolute) – segeln,** to point (very) high.

Hoheits/abzeichen *n.* (*naut.*), union flag *s. or* jack *s.*; insignia *s.*, (royal) emblem *s.*; **–gebiet** *n.*, maritime *or* sovereign territory *s.*; **–gewässer** *n.* (*pl.*), marine belt *s.*, territorial waters (*pl.*); **innerhalb der –gewässer,** within the territorial waters; **–grenze** *f.* (*nav.*), limit *s.* of territorial waters (at sea); **–zeichen** *n.* (*naut.*), national colo(u)rs (*pl.*) *or* emblem *s.*, insignia *s.*

Höhen *f./pl.*, **entsprechende** *od.* **gleichwertige –** (*naut.*), equal *or* equivalent altitudes (*pl.*); **gleichzeitige –** (*naut.*), simultaneous altitudes (*pl.*). **Höhen/abstand** *m.*, vertical interval *s.*; **–angabe** *f.*, altitude reading *s.*; **–azimut** *n.* (*astr., naut.*), altazimuth *s.*; **–barometer** *n.* (*meteor.*), orometer *s.*; **–beobachtung** *f.* (*astr., naut.*), sight *s.*; **–beschickung** *f.*, correction *s.* of altitude; **–differenz** *f.* (*astr.*), difference *s.* in altitude, altitude difference *s.*; **–fehler** *m.* (*astr., naut.*), error *s.* of altitude, altitude error *s.*; **–gleiche** *f.* (*astr.*), circle *s.* of equal altitude(s); **–gleichheit** *f.* (*geogr.*), isometry *s.*; **–kreis** *m.* (*astr.*), vertical circle *s.*, circle *s.* of altitude; **–linienkarte** *f.*, contour chart *s. or* map *s.*; **–methode** *f.*, altitude azimuth *s.*, intercept method *s.*; **–parallaxe** *f.* (*astr.*), parallax *s.* in altitude; **–parallelkreis** *m.* (*geogr., astr.*), parallel *s.* of latitude; **–rauch** *m.* (*meteor.*), haze *s.*, blight *s.* (*kind of fog*); **–rechner** *m.* (*naut.*), altitude computer *s.*; **–ruder** *n.* (*naut.*), hydroplane *s.*; **–stellung** *f.* (*astr.*), verticality *s.*; **–tafeln** *f./pl.*, **– - und Azimuttafeln** *f./pl.* (*astr., nav.*), tables (*pl.*) of computed altitude and azimuth; **amerikanische – - und Azimuttafeln** *f./pl.*, American tables (*pl.*) of computed altitude and azimuth, H.O.No. 249 (also No. 214); **–unterschied** *m.*, contour interval *s. or* line *s.*, (*astr.*) difference *s.* in altitude; **–verbesserung** *f.* (*astr., naut.*), correction *s.* of altitude; **–wind** *m.*, upwind *s.*, upper wind *s.*; **–winkel(messung** *f.*) *m.*, (altitude by) vertical sextant angle *s.*; **–zeitazimut** *m.*, time *s.* and altitude azimuth.

Höhepunkt *m.* (*astr.*), culmination *s.*

höher *adj.*, **nicht –!** (*naut., com.*), no nearer! (*helm or rudder command*); **– (an den Wind) gehen,** to go higher *or* nearer (to the wind), to sail higher; **können wir – (an den Wind) gehen?,** can we go higher?.

hohl *adj.*, hollow (*of sea*), concave (*shipb.*); **–e See,** heavy swell *s.*, hollow sea *s.*

Hohl/bohrer *m.*, pod *s.*; **h–erhaben** *adj.*, concavo-convex; **–fläche** *f.*, concavity *s.*, concave surface *s.* (*shipb.*); **–flechtung** *f.*, multiplaited (rope *s.*), plaited rope *s.* without central core; **–gewinde** *n.* (*naut., tech.*), female thread *s.*; **–kammermast** *m.*, stowaway mast *s.*; **–kehle** *f.*, spandrel *s.* (*shipb.*); **–kiel** *m.*, hollow keel *s.*; **–kugeln** *f./pl.* **zum Kompensieren,** hollow globes (*pl.*) *or* (*coll.*) balls (*pl.*); **–mast** *m.*, hollow mast *s.*, box *or* tubular pole *s.*; **–meissel** *m.*, gouge *s.*; **–raum** *m.* (*naut.*), well *s.*; **–(rohr)-leiter** *m. od.* **-leitung** *f.* (*radar*), waveguide *s.*; **–schiene** *f.* (*naut., tech.*), U-shaped rail *s. or* track *s. or* slide-bar *s.*; **–see** *f.*, heavy swell *s.*, hollow sea *s.*; **–spiegel** *m.*, concave mirror *s.*; **–spleiß** *m.*, hollow splice *s.*; **–zirkel** *m.*, inside callipers (*pl.*).

holarktisch *adj.* (*geogr.*), holarctic.

Hole / bändsel *n.*, hauling lanyard *s.*; **–bug** *m.*, fetch *s.*, fetching tack *s.*, long *or* slant tack *s.*

holen *v.* (*naut.*), to haul, to pull (*lines, etc.*); to fetch (*sailing technique*); **eine Bahnmarke (eine Huk) –,** to fetch a mark (the head); **Hand über Hand –,** to haul *or* to pull hand over hand; **pullweise –,** to haul at a *or* by the pull *or* (*coll.*) pullwise; **hol(t) auf!** (*naut., int.*), heave ho!; **hol(t) aus!** (*naut., int.*), swing on!. **holend** *adj.*, **–e Part,** hauling *or* running part *s.*

Holepunkt *m.*, hauling point *s.*, lead *s.* (*of sheet*); **außenliegender (innenliegender) –,** outboard (inboard) lead *s.*; **vorne und hinten liegende –e** (*pl.*), leads (*pl.*) fore and aft, fore-and-aft leads (*pl.*); **auf außen (innen) liegenden – trimmen,** to have the lead angle outside (inside) the hull; **auf einen innenliegenden – getrimmt sein,** sheeted to an inboard track; **–winkel** *m.*, lead angle *s.*; **den –winkel vergrößern,** to widen the lead angle (*of a sail*).

Holk *f.*, (*s.* **Hulk**).

Holländer *m.* (*naut.*), Dutchman *s.*; **einfacher –(stek),** Black wall hitch *s.*; **Fliegender –,** phantom ship *s.* **holländisch** *adj.*, **–es Boot** *od.* **Schiff,** Dutchman *s.*

Höllenloch *n.* (*naut., sl.*), store(-)room *s.*, locker *s.*

Holm *m.*[1] (*dial.*), islet *s.*, holm *s. or* holme *s.*, eyot *s.*, ait *s.*

Holm *m.*[2] (*naut.*), cross-beam *s.*, transom *s.*, spar *s.*; shaft *s.* (*of an oar*).

Holm(e)slicht *n.* (*naut.*), Holme(')s light *s.* (*distress signal*).

Holz *n.*, wood *s.*, timber *s.*, (*am.*) lumber *s.* (*shipb.*); **abgelagertes (frisches) –,** seasoned (green *or* unseasoned) wood *s.* **Holz / bau- (weise** *f.*) *m.*, wood(en) construction *s. or* building *s.* (*shipb.*); **–bettung** *f.*, chock *s.*; **–block** *m.*, wood(en) block *s.*; **–bohrer** *m.*, auger *s.*, drill *s.*, gimlet *s.*, (*coll.*) bit *s.*; (*naut.*) xylophage *s.*, xylophagan *s.* (*ship worm*); **–boot** *n.*, wood(en) boat *s.*; **–deck** *n.*, wood(en) deck *s.*; **–faser** *f.*, wood fibre *s. or* (*am.*) fiber *s.* (*shipb.*); **–faserplatte** *f.*, fibre *or* (*am.*) fiber board *s.*, hardboard *s.*; **–fäule** *f.*, **–fäulnis** *f.* (*naut.*), dry-rot *s.*; **–fender** *m*, wood(en) fender *s.*, skid *s.*, (*coll.*) bumper *s.*; **–fresser** *m.* (*naut.*), xylophage *s.*, xylophagan *s.*, teredo *s.* (*ship worm*); **–grundierung** *f.*, priming *s.* (*of wood boat*); **–hammer** *m.*, mallet *s.*; **–keil** *m.*, wood(en) wedge *s.*, wedge *s.* of wood; **–klampe** *f.*, chock *s.*; **–klotz** *m.*, wood(en) block *s.*, block *s.* of wood; **–konservierung** *f.*, preservation *s.* of wood(en boat); **–konstruktion** *f.*, wood(en) construction *s.*, timber work *s.* (*shipb.*); **–lukendeckel** *m.*, wooden hatch-cover *s.*; **–maser** *f.*, gnarl *s.*; **–maserung** *f.*, grain *s.*; **–mast** *m.*, wood(en) mast *s.*, mast *s.* of wood; **–nagel** *m.*, nog *s.*, tre(e)nail *s.*; **–paneelierung** *f.*, wood panelling *s.*, wainscoting *s.* (*of a yacht*); **–pech** *n.*, wood pitch *s.*; **–pflock** *m.*, peg *s.*, nog *s.*, dowel *s.*; **–poller** *m.*, deadhead *s.*; **–schiff** *n.*, wood(en) ship *s. or* yacht *s.*; **–schott** *n.*, wood(en) bulkhead *s.*; **–schraube** *f.*, common *or* wood screw *s.*; **–schutzmittel** *n.*, protective coat(ing) *s.* (*of wood boat*), timber preservative *s.* (*shipb.*); **–spant** *n.*, timber (frame) *s.*; **–täfelung** *f.*, wainscoting *s.*, wood panelling *s.* (*of yacht*); **–teer** *m.*, wood *or* Stockholm tar *s.*; **–unterklotzung** *f.*, (wood) chock *s.*; **–verkleidung** *f.*, wainscot *s.*, wainscot(t)ing *s.*, wood panelling *s.*; **–verschalung** *f.*, wood(en) lining *s. or* planking *s. or* boarding *s.*; **–werk** *n.* **(am Boot),** wood work *s.*

homolosin *adj.*, **–e Projektion** (*geogr.*), homolosine projection *s.*

Honigwabe *f.* (*naut., coll.*), honeycomb (wainscoting) *s.* (*of a yacht*).

H.O. Nr. 249 (*also* **Nr. 214**) (*nav.*), H.O. No. 249 (214), tables (*pl.*) of computed altitude and azimuth.

Hopper *m.* (*naut., coll.*), hopper *s.*

hops *adv.* (*naut., sl.*), spitcher.

hörbereit *adj.*, **– bleiben** *od.* **sein** (*rad.*), to stand by, to keep watch, to be *or* to stay on the air *or* on (the) wave. **Hörbereitschaft** *f.* (*rad.*), stand-by *s.*, (listening) watch *s.*; **in – sein** (*rad.*), to listen, to stand by, to (keep) watch.

Horch / gerät *n.* (*naut.*), hydrophone *s.*; (*rad.*) interception equipment *s.*; **–ortung** *f.*, sound location *s. or* ranging *s. or* detecting *s.*

Hören *n.* (*rad.*), listening *s.* **hören** *v.* (*rad.*), to listen (in), to hear. **Hör / fehler** *m.* (*rad.*), mistake *s.* in hearing, misapprehension *s.*; **–frequenz** *f.* (*rad.*), audiofrequency *s.*; **–frequenzbereich** *m.* (*rad.*), audiofrequency range *s.*

Horizont *m.* (*naut.*), horizon *s.*; **astronomischer –,** astronomical *or* celestial horizon *s.*; **falscher –,** false horizon *s.*; **geozentrischer –,** rational horizon *s.*, geometrical *or* geocentrical horizon *s.*; **künstlicher –,** artificial *or* false *or* gyro horizon *s.*; **scheinbarer –,** apparent *or* sensible *or* local *or* visible horizon *s.*; **sichtbarer –,** apparent *or* visible horizon *s.*; **wahrer –,** astronomical *or* celestial *or* geocentrical *or* geometrical *or* rational *or* true horizon *s.*; **den – betreffend** (*astr.*), mundane; **den – mit den Augen absuchen,** to rake the horizon, to search the horizon with the eyes, to sweep the horizon **(nach,** for**). horizontal** *adj.*, horizontal; **–e Projektionsebene** *f.*, ground plane *s.* **Horizontal / antenne** *f.*, horizontal aerial *s. or* (*am.*) antenna *s.*; **–diagramm** *n.*, horizontal diagram *s.*; **–ebene** *f.*, ground plane *s.*; **echte** *od.* **wahre –ebene** *f.*, true level *s.*; **–komponente** *f.*, horizontal component *s.*; **–kreis** *m.* (*astr.*), azimuth circle *s.*; **–parallaxe** *f.* (*astr.*), horizontal parallax *s.*; **–projektion** *f.*, sectional *or* horizontal projection *s.*; **–projektionsebene** *f.*, ground plane *s.*; **–ruder** *n.*, horizontal rudder *s.*; **–schnitt** *m.*, horizontal cut *s.* (*of sails*); horizontal section *s.* (*shipb.*); **–spiegel** *m.*, horizon glass *s.*; **–steuerruder** *n.*, horizontal rudder *s.*; **–winkel** *m.* (*astr.*), azimuth *s.*; horizontal angle *s.*; **–winkelmesser** *m.*, goniometer *s.*, protractor *s.*

Horn *n.* (*naut.*), clew *s.*, horn *s.* (*of sails*); (*geogr., dial.*), cape *s.*, headland *s.*, peak *s.*; (*rac.*) bugle *s.*, horn *s.* **Horn / klampe** *f.*, horn *or* thumb *or* thrust cleat *s.*; **–pipe** *m.* (*naut.*), hornpipe *s.*; **–signal** *n.* (*rac.*), bugle-call *s.*, horn signal *s.*

Hör / peilung *f.* (*rad. D/F*), audio direction-finding *s. or* D/F *s.*; **–schwelle** *f.* (*rad.*), brink *s.* of audibility; **–wache** *f.* (*naut. rad.*), listening watch *s.*; **–weite** *f.*, hearing *s.*, earshot *s.*, hailing distance *s. or* range *s.*; (*coll.*) hail *s.*; **außer (in) –weite,** beyond *or* out of (within) earshot *or* hail *or* hearing.

Hose *f.* (*naut., coll.*), water spout *s.* **Hosenboje** *f.*, cradle *s.*, breeches buoy *s.*

Hovercraft *f.*, hovercraft *s.*

Huari-Takelung *f.*, gunter rig *s.*, (*am.*) houary rig *s.*

Hub *m.*, lifting *s.*, raising *s.*, heaving *s.*; lift *s.*, heave *s.* (*of sea*), rise *s.* (*of tide*); (*tech.*) stroke *s.*, travel *s.* (*of a piston, etc.*); **aufgehender –,** upstroke *s.* **Hub / brücke** *f.*, drawbridge *s.*; **–höhe** *f.*, range *s.* of the tide; (*tech.*) (length of) stroke *s.*; suction *s.* (*of pump*); lift *s.* (*of crane*); **–kiel** *m.*, lifting *or* ballast keel *s.*; **–kieler** *m.*, centreboarder *s.*, (*am.*) centerboarder *s.*; **–kraft** *f.*, suction *s.* (*of pump*); hoisting *or* lifting power *s.*; **–magnet** *m.*, lifting magnet *s.*; **–raum** *m.* (*tech.*), cylinder capacity *s.*, piston displacement *s.*; **–schrauber** *m.*, helicopter *s.*, (*sl.*) egg-beater *s.*, coffeemill *s.*, windmill *s.*, (*am. sl.*) whirly bird *s.* (*distress at sea*); **vom –schrauber herab-** *od.* **heruntergelassenes Rettungsnetz** *n.*, heliscoop *s.*; **–schrauberpilot** *m.*, helipilot *s.*; **–spiel** *n.* (*tech.*), throw *s.* (*of a piston, etc.*); **–werk** *n.*, hoisting *or* lifting tackle *s.*

Hufeisenspleiß *m.*, horseshoe splice *s.*

Huk *f.* (*geogr.*), head *s.*, neck *s.*, ness *s.*, (*am.*) reach *s.* (*of land*); cape *s.*, headland *s.*

Huker *m.*, hooker *s.*, small fishing craft *s.*

Hulk *f.* (*coll., dial. m.*), boat *s.*, barge *s.*, hulk *s.*; **– mit Mast(kran),** sheer hulk *s.*

Hülle *f.* (*naut.*), cover(ing) *s.* (*for mainsail, etc.*), hood *s.*, top *s.* (*for compass*); (*tech.*) jacket *s.*, wrapper *s.*; (*rad.*) envelope *s.* **Hüll / kugel** *f.*, envelope sphere *s.* (*of the gyro-compass*); **–kurvenspitzenleistung** *f.* (*rad.*), peak envelope power *s.*

Hülse *f.* (*naut., tech.*), sleeve *s.*; **– für Drahttauwerk,** patent eye *s. or* sleeve *s.*, wire-rope socket *s.*

Hunde / hütte *f.* (*naut., coll.*), poop (hutch) *s.*; **–kälte** *f.* (*coll.*), bitter cold *s.*; **–koje** *f.* (*sl.*), quarter berth *s.*; **–punt** *n.*, point *s.* of a rope, pointing *s.*; **ein –punt auf ein Tauende setzen,** to point a cable *or* rope; **–wache** *f.* (*naut.*), middle *or* graveyard watch *s.* (*24–04 hrs*); (*also*) dog *or* middle *or* graveyard watch *s.* (*00–04 hrs*); **–wetter** *n.* (*coll.*), beastly *or* nasty *or* wretched weather *s.*

Hunds / fott *m. od. n.* (*naut.*), becket *s.*, block eye *s.*; **–punt** *n.*, point *s.* of a rope, pointing *s.*; **–tage** *m./pl.*, canine *or* canicular *or* dog days (*pl.*); **–tagshitze** *f.*, canicular heat *s.*

Hupe *f.* (*naut., rac.*), horn *s.*, siren *s.*; hooter *s.* (*of motorboat*). **Hupsignal** *n.* (*rac.*), horn signal *s.*, signal *s.* with horn *or* hooter.

Hurrikan *m.* (*meteor.*), hurricane *s.*, whirlicane *s.*; **– -Warnung** *f.*, hurricane warnings (*pl.*); **– -Wirbelsturm** *m.*, whirlicane *s.*

Hüsing *f.* (*dial. n.*), (*rare*) **Husing** *m.*, house(-)line *s.*, housing *s.*; **linksgeschlagene –** (*f.*), houseline *s.*; **rechtsgeschlagene –** (*f.*), round line *s.*

Hütchen *n.* (*naut.*), jewel cap *s.* (*of compass*).

Hütte *f.* (*naut., coll.*), poop (hutch) *s.*; **–ndeck** *n.*, poop deck *s.*

Hydraulik *f.*, hydraulics (*pl.*). **hydraulisch** *adj.*, hydraulic; **–er Achterstagsspanner** *m.*, hydraulic backstay adjuster *s.*; **–er Antrieb** *m.*, hydraulic boat transmission *s.*; **–e Dämpfung** *f.* (*phys.*), fluid (friction) damping *s.*; **–er Druck** *m.* (*phys.*), fluid pressure *s.*; **–er Hebebock** *m.*, hydraulic jack *s.* (*for boats*); **–e Kraft** *f.* (*phys.*), hydraulic *s.*; (*tech.*) hydraulic power *s.*, (*am., coll.*) hydro *s.*; **–e Pumpe** *f.*, hydraulic (bilge) pump *s.*; **–e Ruderanlage** *f.*, hydraulic steering-gear *s.*; **–e Vorrichtung** *f.*, hydraulic *s.*; **–e Winde** *f.*, **–e Winsch** *f.*, hydraulic jack *s. or* winch *s.*

Hydrodynamik *f.* (*naut., phys.*), hydrodynamics (*pl.*). **hydrodynamisch** *adj.*, hydrodynamic; **–er Auftrieb** *m.*, (hydro)dynamic lift *s.* (*of a boat*); **–er Druck** *m.* (*naut., phys.*), (hydro)dynamic pressure *s.*; **–es Profil** *n.* **(des Ruderblattes),** hydrodynamic shape *s.* (of the rudder blade).

Hydrograph *m.*, hydrographer *s.* **Hydrographie** *f.*, hydrography *s.* **hydrographisch** *adj.*, **–es Amt** *n.*, **–er Dienst** *m.*, hydrographic office *s.*; **–e Karte** *f.*, hydrographic chart *s. or* map *s.*

Hydro / kinetik *f.* (*phys.*), hydrokinetics (*pl.*); **–mechanik** *f.*, hydromechanics (*pl.*), mechanics (*pl.*) of the fluids; **–meteorologie** *f.*, hydrometeorology *s.*; **–meter** *n.* (*phys.*), hydrometer *s.*, spindle *s.*; **–sphäre** *f.* **(der Erde),** hydrosphere *s.*; **–stat** *m.*, hydrostat *s.*

Hydrostatik *f.* (*naut., phys.*), hydrostatics (*pl.*). **hydrostatisch** *adj.*, hydrostatic; **–er Antrieb** *m.*, hydraulic *or* hydrostatic boat transmission *s.*; **–er Auftrieb** *m.*, buoyancy *s.*, hydrostatic lift *s.* (*of a boat*); **–er Druck** *m.* (*naut., phys.*), (hydro)static pressure *s.*; **–er Drucktest** *m.* (*naut., phys.*), hydrostatic test *s.* (*of a boat*); **in –em Gleichgewicht,** isostatic, in hydrostatic(al) equilibrium.

Hyeto / graph *m.* (*geogr., meteor.*), hyetograph *s.*; **–graphie** *f.*, hyetography *s.*; **–meter** *n.*, hyetometer *s.*

hygienisch *adj.*, **–e Einrichtungen** *f./pl.* **(an Bord),** hygienic *or* sanitary installations (*pl.*) (aboard).

Hygro / graph *m.* (*phys.*), hygrograph *s.* (*device*); **–meter** *n.* (*phys.*), hygrometer *s.*; **–skop** *n.* (*phys.*), hygroscope *s.*; **–statik** *f.* (*phys.*), hygrostatics (*pl.*).

Hyperbel *f.* (*rad. nav.*), hyperbola *s.* **Hyperbel / funktion** *f.*, hyperbolic function *s.*; **–kette** *f.*, hyperbolic chain *s.*; **–koordinaten** *f./pl.*, hyperbolic co(-)ordinates (*pl.*); **–navigation** *f.*, hyperbolic navigation *s.*; **–navigationssystem** *n.*, hyperbolic (radio) navigation system *s.*; **–ortung** *f.*, hyperbolic (radio) position *s.*; **–ortungsmethode** *f. od.* **-verfahren** *n.* **mittels Schallwellen,** (hyperbolic) sound fixing *s.* and ranging; **–standlinie** *f.*, hyperbolic line *s.* of position; **–streifen** *m.* (*Decca*), (hyperbolic) lane *s.*; **–streifenanzeige** *f. od.* **-bestimmung** *f.* (*Decca*), (hyperbolic) lane identification *s.*

Hypothermie *f.* (*naut. med.*), hypothermia *s.*, hypothermy *s.*

I

identifizieren *v.* (*naut.*), to identify (*a landmark, etc.*). **Identifizierung** *f.* (*nav.*), identification *s.*; **–smarke** *f.* (*nav.*), identification mark *s.*

identisch *adj.*, **–e Boote** (*pl.*), identical boats (*pl.*) *or* yachts (*pl.*).

Impedanz *f.* (*rad.*), impedance *s.*; **–spule** *f.* (*rad.*), reactance (coil) *s.*

Impeller *m.* (*naut.*), impeller *s.*; **–log** *n.*, impeller (speed) log *s.*; **–pumpe** *f.*, impeller (bilge) pump *s.*

imprägnieren *v.*, to impregnate, to (make) waterproof (*boat*). **Imprägnierung** *f.*, impregnation *s.*, (*am. coll.*) impreg *s.* (*of boats, wood*).

Impuls *m.* (*phys., elec., tech.*), impulse *s.*, pulse *s.*, oscillation *s.* **Impuls / -Amplitudenmodulation** *f.* (*elec., rad.*), pulse time modulation *s.*; **–folge** *f.*, impulse *or* pulse repetition *s. or* sequence *s.*; **– -Hyperbel-(Navigations)Verfahren** *n.*, long range navigation *s.*, LORAN *s.*; **–peiler** *m.*, **–peilgerät** *n.*, pulse direction-finder *s.*; **–peilung** *f.*, pulse direction-finding *s. or* D/F *s.*; **–radar** *n.*, pulse radar *s.*; **–schalter** *m.* (*radar*), pulse switch *s.*; **–stärke** *f.*, pulse amplitude *s.*; **–verstärker** *m.*, pulse amplifier *s.*; **i–weise** *adv.* (*elec., rad.*), **– ausstrahlen** *od.* **senden,** to pulse; **–zähler** *m.* **(mit Schaltvorrichtung), elektronisches -- und Auslösegerät** *n.*, scaler *s.*

in *prep.*, **– Hörweite,** within hail *or* hearing; **– Reichweite,** within reach (*harbour, etc.*); **– Rufweite,** within call *or* hail; **– Sicht,** (with)in sight (*landmark, etc.*); **– Sichtweite,** within sight; **– den Wind drehen** *od.* **gehen,** to shoot head to wind (*sailing manoeuvre*); **– See gehen,** to put to sea, to out.

Inbetrieb / nahme *f.*, **–setzung** *f.* (*naut., tech.*), starting *s.*, (*coll.*) start-up *s.* (*of boat, instruments, etc.*).

Index *m.* (*pl.* **–e** *od.* **Indizes)** (*naut.*), index *s.*, (*pl.* indices) (*zero position or mark or indication of sextant, etc.*). **Index / berichtigung** *f.*, index correction *s.* (*of sextant*); **–fehler** *m.*, index error *s.* (*of sextant*); **–karte** *f.*, index chart *s.*; **–spiegel** *m.*, index glass *s.* (*of the sextant*); **–zahl** *f.*, **–ziffer** *f.*, index (number) *s.*

Indienststellen *n.* **(eines Bootes),** launching *s. or* commissioning *s.* (of a boat); **– eines Boo-**

tes nach dem Winterlager, (re)launching *s.* the boat after (leaving) the winter berth.

indifferent *adj.* (*naut., phys.*), indifferent, inert, neutral; **–es Gleichgewicht** *n.* (*naut.*), indifferent *or* neutral equilibrium *s.* (*of a boat*). **Indifferenzzone** *f.* (*phys.*), neutral line *s.*

Indikator *m.*, indicator *s.* (*device*).

Induktion *f.* (*phys.*), induction *s.* **Induktions/gesetz** *n.* (*phys.*), Faraday's law *s.*; **–kompaß** *m.*, induction compass *s.*, earth inductor compass *s.*; **–motor** *m.*, induction motor *s.*; **–spule** *f.* (*rad.*), inductance (coil) *s.*, (*elec.*) induction coil *s.* **induktiv** *adj.*, **–er (Schein)Widerstand** *m.* (*rad., elec.*), inductance *s.*; **–e Verzögerung** *f.* (*phys.*), inductive retardation *s.* **Induktor** *m.* (*rad.*), induction coil *s.*, magneto *s.*, (*elec.*) inductor *s.*

induziert *adj.*, **–er Widerstand** (*naut., phys.*), induced resistance *s.*

ineinander/greifen *v.* (*naut., tech.*), to engage, to interlock, to mesh, (*coll.*) to dovetail **(in,** into); **–passen** *v.* (*naut., tech.*), to fit together; **–schiebbar** *adj.*, telescope, telescopic (*aerial, mast, etc.*); **–schieben** *v.*, **–stecken** *v.*, to telescope (*aerial, mast, etc.*).

Inertialnavigationsmethode *f. od.* **-system** *n.*, inertial navigation system *s.*

Influenz *f.* (*elec., rad.*), voltaelectric induction *s.*, (electrostatic) induction *s.*

Ingangsetzen *n.*, **Ingangsetzung** *f.*, starting *s.*, setting *s.* in motion (*of engine, motor*).

Ingenieur *m.* (*naut.*), engineer *s.*; **erster** *od.* **leitender –** (*naut.*), chief engineer *s.*, Chief *s.*

Inglefield/-Anker *m.*, Inglefield anchor *s.*; **--Clip** *m.*, Inglefield clip *s.*; flag shackle *s.*

Inholz *n.* (*naut.*), room *s.* (*shipb.*).

Inklination *f.* (*astr., phys.*), inclination *s.*; dip *s.* (*of magnetic needle*); **magnetische –,** (magnetic) dip *s.* **Inklinations/bussole** *f.*, inclinometer *s.*, inclination compass *s.*; **–karte** *f.*, dip chart *s.*; **–kompaß** *m.*, inclination *or* dipping compass *s.*, inclinometer *s.*; **–messer** *m.*, inclinometer *s.*; **–nadel** *f.*, inclinatory *or* dip(ping) needle *s.*, inclinometer *s.*; **–winkel** *m.*, angle *s.* of inclination *or* dip; **–winkel** *m.* **(der Magnetnadel),** magnetic dip *s.*

Inland *n.*, inland *s.*, (*coll.*) home *s.*; **–gewässer** *n.* (*pl.*), home waters (*pl.*); **–navigation** *f.*, inland *or* home navigation *s.*

innen *adv.* (*naut.*), inboard, inside, below (deck) (*of yacht*); **nach – fallen, eine Krümmung nach – haben,** to fall home (*of frames*).

Innen/abmessungen *f./pl.* **(einer Yacht),** inside *or* interior dimensions (*pl.*) (of a yacht); **–antenne** *f.*, inboard *or* inside aerial *s. or* (*am.*) antenna *s.* (*of a yacht*); **–auflanger** *m.*, interior futtock *s.*, futtock rider *s.* (*shipb.*); **–ausschlaglegel** *m.*, bending cringle *s.*; **–ausstattung** *f.* **(einer Yacht),** interior arrangement *s. or* layout *s.* (of a yacht); **–ballast** *m.*, inside *or* internal ballast *s.* (*shipb.*); **–beleuchtung** *f.* **(einer Yacht),** interior lighting *s. or* lights (*pl.*) (of a yacht); **–beplankung** *f.* (*naut.*), inside planking *s. or* ceiling *s.* (*of a boat*); **–boden** *m.* (*naut.*), inner bottom *s.* (*of a boat*); **–border** *m.* (*coll.*), **–bordmotor** *m.*, inboard motor *s.*, (*coll.*) inboarder *s.*; **i–bords** *adv.*, inboard; **–druck** *m.* (*phys.*), internal pressure *s.*; **–durchmesser** *m.*, inside diameter *s.*; **–einrichtung** *f.* **(einer Yacht),** interior layout *s.*; **–gewinde** *n.* (*tech.*), female *or* internal thread *s.*; **–hafen** *m.*, basin *s.*, inner harbo(u)r *s.*; **–kante** *f.*, inner *or* inside edge *s.* (*of keel, sail, etc.*); **–kiel** *m.*, inner keel *s.*; **–kielfuge** *f.*, rabbet plank *s. or* joint *s.*; **–klüver** *m.*, inner jib *s.*; **–laschung** *f.*, inner *or* inside lashing *s. or* scarf *s.*; **i–laufend** *adj.*, **–er Rutscher,** internal slide(r) *s.*; **–position** *f.* **(einer Yacht)** (*rac.*), (the) inner berth *s.*; **–schäkel** *m.*, upset shackle *s.*; **–schiene** *f.*, internal track *s.*; **–schiff** *n.*, inboard (ship *s.*), inside ship *s. or* yacht *s.*; **auf der –seite überlappen** (*rac.*), to overlap at the inner *or* inside berth; **–spant** *n.*, interior frame *s.*, frame rider *s.*; **–steven** *m.*, inner post *s.*, (*coll.*) apron *s.*; **–takel auf!** (*int.*), away with the stays!; **–tank** *m.*, inboard *or* inner tank *s.*; **–überlappung** *f.* (*rac.*), overlap(ping) *s.* at the inner *or* inside berth, inside overlap(ping) *s.*; **–winkel** *m.*, interior *or* internal angle *s.*

inner *adj.*, **–er Durchmesser,** internal diameter *s.*; **–er Schiffsraum,** inboard displacement *s. or* tonnage *s.*; inner *or* inside capacity *s. or* space *s.*; inboard hold *s.* **innerhalb** *adv., prep.*, **– der Merkurbahn (gelegen)** (*astr.*), intramercurial; **– der Wendekreise** (*geogr.*), intratropical.

Insel *f.* (*naut.*), island *s.* (*superstructure of yacht or ship*); (*geogr.*) island *s.*, isle *s.*; **felsige –,** iron-bound *or* rocky *or* (*coll.*) craggy isle *s.*; **kleine –,** calf *s.*; **schwimmende –,** floating island *s.* **Insel-** *pref.*, insular. **Insel/bogen** *m.* (*geogr.*), island arc *s.*; **–chen** *n.*, islet *s.*; **–gruppe** *f.*, archipelago *s.*; **–kette** *f.*, string *s.* of islands, island chain *s.*; **–meer** *n.*, archipelago *s.*; **i–reich** *adj.*, dotted *or* studded with islands; **–reich** *n.*, island realm *s.* (*usu. refers to Denmark*); **–volk** *n.*, islanders (*pl.*), insular race *s.*

Inshore-Regatta *f.*, inshore race *s.*

Insichtkommen *n.* (*naut.*), landfall *s.*

Inspektion *f.* (*naut.*), inspection *s.*, supervision *s.* (*of boats, etc.*); **–sdeckel** *m.*, cover *s. or* lid *s.* for inspection (*of tank, etc.*). **Inspektor** *m.* (*naut.*), inspector *s.*, supervisor *s.*; marine *or* port superintendent *s.*, (*am.*) port captain *s.* **inspizieren** *v.* (*naut.*), to inspect. **Inspizierung** *f.* (*naut.*), inspektion *s.*

Instabilität *f.* (*naut., phys.*), instability *s.* (*of a boat*).

Instandhaltung *f.* (*naut., tech.*), repair *s.*, maintenance *s.*, upkeep *s.* (*of boat, etc.*); **–sarbeiten** *f./pl.*, repair (work) *s.*; **–skosten** (*pl.*), upkeep *s.*

Instandsetzung *f.* (*naut., tech.*), maintenance *s.*, overhaul *s.*, repair *s.*, reconditioning *s.*, restoration *s.* (*of boat, sails, etc.*); **–sarbeiten** *f./pl.*, repairs (*pl.*); **–skosten** (*pl.*), cost *s.* of repair, upkeep *s.*

Instruktion *f.* (*naut., rac.*), briefing *s.*

Instrument *n.* (*naut.*), instrument *s.*; (*tech.*) implement *s.*, tool *s.*; **nautische –e** (*pl.*), navigational aids (*pl.*); **– mit Fernbedienung** *od.* **-steuerung,** remote control instrument *s.*; **– zur Feststellung von Kompaßfehlern,** pilot *s.* **Instrumenten / ausrüstung** *f.*, instrumentation *s.* (*of a yacht*); **–brett** *n.*, control *or* instrument panel *s.*, dashboard *s.* (*motorboat, yacht*); **–fehler** *m.*, instrumental error *s.*, index error *s.*; **–konsole** *f.*, instrument console *s.* (*for compass, etc.*).

Integralkausch *f.*, thimble integral *s.* **integrierend** *adj.*, **–es Anemometer,** integrating anemometer *s. or* wind ga(u)ge *s.*

Interferenz *f.* (*meteor., phys., rad.*), interference *s.*; **magnetische –,** magnetic interference *s.*; **statische –** (*rad.*), statics (*pl.*), static interference *s.*; **–hyperbel** *f.* (*naut.*), interference hyperbola *s.* **interferieren** *v.* (*rad.*), to interfere, (*coll.*) to jam. **interferierend** *adj.* (*rad.*), interfering. **Interferometer** *n.* (*phys.*), interferometer *s.* (*measuring instrument*).

interkostal *adj.* (*naut.*), intercoastal (*navigation*); **–e (Schiff)Fahrt** *f.*, intracoastal navigation *s.*; **–e Wasserstraße** *f.*, intracoastal waterway *s.* **Interkostal / spant** *n.*, intercostal frame *s.*; **–stringer** *m.*, intercostal stringer *s.* (*shipb.*); **–teil** *m. od. n.*, intercostal *s.* (*shipb.*).

international *adj.*, international; **–e Anruffrequenz** *f.* (*rad.*), international call(ing) frequency *s.*; **–e Datumsgrenze** *f.* (*geogr.*), international date line *s.*; **–es Einheitensystem** *n.* (*phys., etc.*), SI System *s.*, Système International d'Unités; **–e Flaggensignale** *n./pl.*, int. code signals (*pl.*); **–e Funkstille** *f.*, int. radio silence *s.*; **–e Klasse** *f.* (*naut.*), International Class *s.*, int. class *s.*; **–e Leuchtsignale** *n./pl.*, int. flare(s) *s.* (*pl.*) *or* lights (*pl.*); **–e R-Klassen** *f./pl.* (*rac.*), int. R-classes (*pl.*); **I–es Schiffahrtskomitee** *n.*, Int. Maritime Committee *s.*; **I–e Schiffahrts-Ordnung** *f.*, International Maritime Rules (*pl.*) (and Regulations); **I–e Schiffahrt- und Hafenverordnung** *f.*, Int. Rules (*pl.*) and Regulations for Navigation and Ports; **I–er Schiffsicherheitsvertrag** *m.*, International Convention *s.* for the Safety of Life at Sea, SOLAS *s.*; **–e Seemeile** *f.*, int. nautical mile *s.* (*1852 m*); **–e Seenotfrequenz** *f.* (*rad.*), int. (radio) distress frequency *s.*; **I–e See-(schiffahrt)gesetze** *n./pl.*, International Maritime Laws (*pl.*) *or* Rules (*pl.*); **I–e Seeschiffahrt(s)-Organisation** *f.*, International Maritime Organization *s.*; **I–er Segelsportverband** *m.*, **I–er Seglerverband** *m.*, International Yacht Racing Union *s.*, IYRU *s.*; **I–es Signalbuch** *n.*, International Code *s.* of Signals, int. code *or* signal book *s.*; **–e Signalflaggen** *f./pl.*, int. code flags (*pl.*); **–er Teilnehmer** *m.* **an einer Wettfahrt,** International *s.*; **I–es Übereinkommen** *n.* **zum Schutze des menschlichen Lebens auf See,** International Convention *s.* for the Safety of Life at Sea, SOLAS *s.*; **I–er Verband** *m.* **der Seehäfen,** International Association *s.* of Ports and Harbo(u)rs; **–e Vermessungsformel** *f.* **für Yachten,** int. rules (*pl.*) for measurement; **I–e Vorschriften** *f./pl.* **zur Verhütung von Kollisionen auf See,** International Regulations (*pl.*) for Preventing Collisions at Sea; **–e Wasserstraße** *f.*, int. waterway *s.*; **–er Wetterschlüssel** *m.*, int. meteorological code *s.*; **I–er Wettfahrtausschuß** *m.*, International Jury *s.*; **–e Wettfahrten** *f./pl.*, internationals (*pl.*); **–e Wettsegelbestimmungen** *f./pl.*, International Yacht Racing Rules (*pl.*).

inter / planetarisches System *n.* (*astr.*), interplanetary system *s.*; **–polar** *adj.*, interpolar; **–stellar** *adj.* (*astr.*), interstellar; **–territorial(e Gewässer** (*pl.*)) *adj.*, interterritorial (waters (*pl.*)).

Inventar *n.* (*naut.*), inventory *s.* (*of sails*).

invers *adj.*, **–e Hyperbelfunktion** (*naut., math.*), inverse function *s.*

Inversion *f.* (*meteor.*), inversion *s.*; **–sfront** *f.* (*meteor.*), front *s.* of inversion *or* cold air (mass), inversion front *s.*

Inzidenzwinkel *m.* (*naut., phys.*), angle *s.* of incidence.

Ionenwolke *f.* (*phys.*), ionic atmosphere *s.* **Ionosphäre** *f.* (*phys.*), ionosphere *s.*

IOR (*abbr.*) (*rac.*), International Offshore

Rule *s.*; **--Formel** *f.* (*rac.*), International Offshore Rule *s.* (*for yachts*); **--Klassen** *f./pl.* (*rac.*), IOR classes (*pl.*); **--Regatta** *f.*, IOR race *s. or* racing *s.*; **--Rennyacht** *f.*, IOR yacht *s. or* racing boat *s. or* racer *s.*; **--Segelbeschränkung** *f. od.* **-limitierung** *f.* (*rac.*), IOR sail limitation *s. or* restriction *s.*

irisch *adj.*, **–es Reff,** Irish reef *s.*; **–es Schiff,** Irishman *s.*

Irr / fahrt *f.* (*naut.*), (helpless) roaming *or* sailing *or* wandering about *s.* (*in fog*); **–licht** *n.* (*naut.*), will-o'-the-wisp *s.*, jack-o'-lantern *s.*

Irrtum *m.* (*naut.*), error *s.*, fault *s.*, mistake *s.*, oversight *s.*, (*coll.*) slip *s.* (*in reading an instrument, etc.*). **Irrungszeichen** *n.* (*rad., Morse*), erasion sign *s. or* signal *s.*, cancellation sign *s.*

Isallo / bare *f.* (*meteor.*), isallobar *s.*; **–therme** *f.* (*meteor.*), isallotherm *s.* **Isanomale** *f.* (*meteor.*), isanomal (line) *s.*

Isherwood-Bauart *f.* (*naut.*), Isherwood framing *s. or* construction *s.* (*shipb.*).

Islandtief *n.* (*meteor.*), Islandic low *s. or* depression *s.*

Isobare *f* (*meteor.*), isobar *s.* **Isobaren** *f./pl.* (*meteor.*), isobaric lines (*pl.*); **–karte** *f.* (*meteor.*), isobaric chart *s.*; **–regel** *f.* (*meteor., naut., coll.*), rule *s.* of (the) thumb. **isobarisch** *adj.* (*meteor.*), isobaric; **–es (Druck)Gefälle** *n.* (*meteor.*), isobaric slope *s.*

Iso / bathe *f.* (*geogr.*), isobath *s.*, depth contour *s.* (*of the sea, etc.*); **–bronte** *f.* (*meteor.*), isobront *s.*; **–chimene** *f.* (*meteor.*), isocheim *s.*, isochime *s.*; **–chasme** *f.* (*geogr.*), isochasm *s.*; **i–chron** *adj.* (*phys.*), isochronic, isochronous; **–chrone** *f.* (*phys.*), isochron(e) *s.*; **–chronismus** *m.* (*phys.*), isochronism *s.*; **–dyname** *f.* (*phys.*), isodynamic line *s.*; **–gon** *n.*, equiangular and equilateral polygon *s.*; **–gone** *f.*, isogonal *or* isogonic (line) *s.*; **–gonenkarte** *f.*, isogonic chart *s.*, (*naut.*) variation chart *s.*; **i–gonisch** *adj.*, **–e Karte** (*naut.*), variation chart *s.*; **i–graphisch** *adj.* (*geogr.*), homalographic; **i–graphische Projektion** *f.*, isographic *or* homalographic projection *s.*; **–gramm** *n.* (*meteor.*), isogram *s.*; **–haline** *f.* (*phys.*), isohaline *s.*; **–helie** *f.* (*meteor.*), isohel *s.*; **–kline** *f.* (*phys.*), isoclinal line *s.*; **–klinenkarte** *f.*, isoclinal *or* -clinic chart *s.*; **i–klinisch** *adj.*, isoclinic, isoclinal (*of magnet needle*); **–klinische Linie** *f.* (*phys.*), isoclinal *or* isoclinic (line) *s.*; **–kryme** *f.* (*meteor.*), isocryme *s.*

Isolation *f.* (*elec.*), insulation *s.*, lining *s.*, (*tech.*) isolation *s.*; **–sschicht** *f.* (*naut., tech.*), lining *s.* **Isolator** *m.* (*naut.*), string *s.*, (*elec., tech.*) insulator *s.*, insulating material *s.* **Isolierband** *n.*, insulating tape *s.* **isolieren** *v.* (*rad.*), to screen, (*elec.*) to insulate, (*tech.*) to isolate, to line; (*naut. med.*) to quarantine. **Isolier / material** *n.*, insulator *s.*, insulation *s.*, insulant *s.*; **–schicht** *f.* (*naut.*), insulating layer *s.*; **–schutz** *m.* (*naut., tech.*), insulation *s.* **isoliert** *adj.* (*rad.*), screened, (*elec., tech.*) insulated; **nicht –,** uninsulated, not insulated; **gut (schlecht) –er (Boots)Rumpf** *m.*, well (poorly) insulated hull *s.* **Isolierung** *f.* (*naut., med.*), quarantine *s.*; (*elec., tech.*) insulation *s.*, jacket *s.*

isomagnetische Kurve *f.* (*geogr.*), isomagnetic line *s.* **Iso / nephe** *f.* (*meteor.*), isoneph *s.*; **–rrhachien** (*pl.*) (*naut.*), cotidal lines (*pl.*); **–seiste** *f.*, isoseismal *or* isoseismic (line) *s.* (*of earth or submarine quake*); **–tache** *f.* (*meteor.*), isotache *s.*; **–there** *f.* (*meteor.*), isotheral *s.*, isothere *s.*; **–therme** *f.*, isotherm *s.*; **i–thermischer Vorgang** *m.*, isothermal process *s.* (*climatology*).

Isthmus *m.* (*geogr.*), isthmus *s.*

Ist / leistung *f.* (*tech.*), actual power *s. or* strength *s.* (*of engine, motor*); **–maß** *n.* (*naut., tech.*), actual size *s.* (*of boat, sails*).

IYRU *f.* (*abbr.*), International Yacht Racing Union *s.*; **--Bauvorschriften** *f./pl.*, IYRU construction rules (*pl.*) (*for yachts*); **--Hauptvermesser** *m.*, IYRU Chief Measurer *s.*; **--Segelvermessung** *f.*, IYRU sail measurement *s.*; **--(Segel)Vermessungskomitee** *n.*, IYRU (Sail) Measurement Committee *s.*; **--(Segel)-Vermessungsregeln** *f./pl.*, **--(Segel)Vermessungsvorschriften** *f./pl.*, IYRU (sail) measurement rules (*pl.*) *or* instructions (*pl.*).

J

Ja *n.*, **ein Signal mit – beantworten** (*naut., rad.*), to answer (a signal) in the affirmative. **ja** *adv.* (*naut.*), aye.

Jacht *f.*, (*s.* **Yacht**). **Jachtfunkdienst** *m.* **(Mittelmeer),** Maritime Radio-Service Book *s.* for Yachts (in the Mediterranean).

Jacker *m.* (*coll.*), balloon jib *s.*

Jäckslag *m. od. n.* (*naut.*), horse *s.*

Jackstag *n.*, jack()stay *s.*; **–(s)bändsel** *n.*, jackline *s.*, jack rope *s.*, roband *s.*; stop *s.* (*of awning*).

Jageleine *f.*, guess *or* guest rope *s. or* warp *s.*

Jager *m.*, flying jib *s.*; herring-smack *s.* (*boat*).

Jahr *n.*, **siderisches –** (*astr.*), sidereal year *s.*; **tropisches –,** tropical year *s.* **Jahrbuch** *n.*, **nautisches –,** nautical almanac *s.*, ephemeris *s.* ((*pl.*) -ides). **Jahres / beitrag** *m.* (*naut.*), annual subscription *s.* (*yacht club*); **–gleichung** *f.* **der Sonne und des Mondes** (*astr.*), equation *s.* **Jahreszeit** *f.*, season *s.*; **Seemann, der sich für die** *od.* **eine – verheuert,** seasoner *s.*; **tote –** (*naut.*), dead *or* dull season *s.*, off season; **der – angemessen** *od.* **entsprechend,** seasonable (*of weather*); **nicht der – entsprechend,** unseasonable (*of weather*); **von der – abhängig,** seasonal. **jahreszeitlich** *adj.*, seasonal; **–bedingte Änderungen** *f./pl.* (*naut., meteor.*), seasonal changes (*pl.*); **–e Strömungen** *f./pl.*, seasonal currents (*pl.*); **–e Stürme** *m./pl.*, seasonal storms (*pl.*). **jährliche** *adj.*, **–e Änderung** (*naut.*), annual change *s.* (*sea chart*).

Jakobs / leiter *f.* (*naut.*), Jacob's ladder *s.*, jack ladder *s.*, sea ladder *s.*; **–stab** *m.* (*naut.*), Jacob's staff *s.*, (sea) quadrant *s.*; **–straße** *f.* (*astr.*), Milky Way *s.*

Janmaat *m.*, able-bodied seaman *s.*

japanisch *adj.*, **–er Knoten,** Japanese knot *s.* *or* hitch *s.* **Japanlack** *m.*, japan(ning) *s.*

jawohl, (zu Befehl)!, (*dial., sl.*) **jawoll (Käpt'n** *od.* **Skipper)!** (*naut., int.*), aye! (aye, sir!).

Jigger *m.*, jigger (sail) *s.*

J / -Klasse *f.*, J class *s.*; **--Maß** *n.*, **das Maß –,** J (dimension) *s.* (*of a sail*).

Joch *n.* (*naut.*), yoke *s.*, cross-beam *s.*, transom *s.*; pile *s.* (*of bridges*). **Joch / balken** *m.*, girder *s.*, transom *s.* (*shipb.*); bay *s.* (*of bridges*); **–bolzen** *m.*, yoke bolt *s.*; **–hölzer** *n./pl.*, crossbars (*pl.*) (*shipb.*); **–kette** *f.*, yoke chain *s.* *or* cable *s.*; **–leine** *f.*, yoke line *s.* *or* rope *s.*

Jockeybaum *m.*, jockey pole *s.* (*for the spinnaker*).

Jolle *f.*[1] (*naut.*), whip *s.*; **einscheibige (zweischeibige) –,** single (double) whip *s.*; **– und Mantel,** whip *s.* and runner.

Jolle *f.*[2], dinghy *s.*, (*rare*) dingey *s.*, (open) centreboarder *s.* *or* (*am.*) centerboarder *s.*, jollyboat *s.*; yawl *s.*; wherry *s.*; **in** *od.* **mit einer – segeln,** to sail; to wherry. **Jollen / führer** *m.*, boatman *s.*, waterman *s.*, wherryman *s.*; **–hose** *f.*, (jolly *or* dinghy) ducks (*pl.*); **–kompaß** *m.*, small *or* flat-glass compass *s.* (for dinghies); **–kreuzer** *m.*, cruising centreboarder *s.* *or* (*am.*) centerboarder *s.*; **–segler** *m.*, dinghy yachtsman *s.* *or* (*coll.*) sailor *s.*; **–terminal** *n.*, dinghy terminal *s.*

Jolltau *n.*, gantline *s.* of the sheets, whip (rope) *s.*, whip runner *s.*, watch tackle *s.*, yard rope *s.*; **mit dem – (auf)heißen,** to whip, to parbuckle.

Joule *n.* (*elec.*), joule *s.* (= *1 watt-second*); **in – geeichtes Meßgerät** *n.* (*elec., phys.*), joulemeter *s.*

Journal *n.* (*naut.*), (ship's) journal *s.* *or* log *s.*, logbook *s.*

Judas / harfe *f.* (*naut.*), jew('s) harp *s.* (*shackle*); **–ohr** *n.*, knighthead *s.* (*of the bowsprit*); **–spant** *n.*, knighthead frame *s.* *or* timber *s.*

Jugend / boot *n.*, boat *s.* *or* dinghy *s.* for the youth *or* (*coll.*) young; **–kutter** *m.*, centreboarder *s.* *or* (*am.*) centerboarder *s.* *or* cutter *s.* for the youth *or* (*coll.*) young; **–meisterschaft** *f.*, junior championship *s.*

Jump / board *n.*, **–brett** *n.* (*surf.*), jump board *s.* **jumpen** *v.* (*naut., surf.*), to jump. **Jump / segel** *n.* (*surf.*), jump sail *s.*; **–stag** *n.*, jumper (stay) *s.*, jumpstay *s.*; **–stagspreize** *f.*, jumper stay *or* jumpstay spreader *s.*, jackstay strut *s.*

jung *adj.*, **–es Eis,** new *or* young ice *s.* (*in polar waters, etc.*).

Jungfer *f.* (*naut.*), dead(-)eye *s.*; rammer *s.* **Jungfern / block** *m.*, deadeye *s.*, deadman's eye *s.*; **–fahrt** *f.*, maiden trip *s.* *or* voyage *s.*, virgin cruise *s.*, (*am.*) shake-down cruise *s.*; **–rennen** *n.*, **–wettfahrt** *f.*, maiden race *s.*, (*am.*) shake-down race *s.*

Jüngsten / boot *n.*, boat *s.* *or* dinghy *s.* for children *or* for the youngest; **–segelschein** *m.*, certificate *s.* for children *or* for the youngest. **Jüngster** *m.* **der Crew,** youngest hand *s.* aboard.

Juniorboot *n.*, junior boat *s.* *or* dinghy *s.* **Junioren / meister** *m.* (*naut., rac.*), junior champion *s.*; **–meisterschaft** *f.*, junior championship *s.*

Jury *f.* (*naut., rac.*), jury *s.*, Jury *s.*; **--Yacht** *f.* (*rac.*), jury yacht *s.*, boat *s.* *or* yacht *s.* of the jury *or* Jury.

Justiereinrichtung *f.*, adjusting device *s.* **justieren** *v.*, to adjust (*compass, mast, etc.*). **Justier / keil** *m.* (*naut.*), slice *s.*, slicer *s.*; **–marke** *f.*, adjustment *or* standard mark *s.*; **–schraube** *f.*, adjusting *or* set screw *s.* **Justierung** *f.*, adjustment *s.* (*of compass, mast, etc.*).

Jütt *f.* (*dial. n.*), shearlegs (*pl.*) *or* sheerlegs (*pl.*) on deck, (*coll.*) dead man *s.* (*for the mast*).

K

kabbelig *adj.*, chopping, choppy, heaving, rippling, ripply, turbulent (*of sea, water*); **–e See** *f.*, choppy *or* rippling sea *s.*; (current *or* tide) rips (*pl.*). **Kabbeln** *n.* **(der See),** turbulence *s.* (of the sea). **kabbeln** *v.*, to heave, to leap, to rise against the sea; **die See kabbelt,** the sea is choppy. **Kabbelsee** *f.*, choppy *or* leaping *or* rippling *or* turbulent *or* (*coll.*) cockling sea *s.* **Kabbelung** *f.*, chop *s.*, chopping *s.*, rip *s.* (of the sea), ripple *s.*, rippling *s.* (*of sea, water*), heave *s.* of the sea; (current *or* tide) rips (*pl.*). **Kabbelwasser** *n.*, chopping *or* choppy water *s.*; chopping *or* choppy sea *s.*

Kabel *n.* (*naut.*), cable *s.*; (*rad.*) cable *s.*; **armiertes** *od.* **bewehrtes –** (*naut.*), armoured cable *s.*; **doppeladriges (einadriges) –,** twin-core (single-core) cable *s.*; **isoliertes –,** insulated cable *s.*; **kleines –,** cablet *s.*; **unterseeisches –,** submarine cable *s.*; **(ein) – abrollen,** to pay out cable; **ein – aufnehmen,** to pick up (a) cable; **ein – (auf)spleißen,** to splice a cable; **(ein) – (aus)legen,** to lay cable(s); **(ein) – (aus)stecken,** to pay out cable. **Kabel / ader** *f.*, core *s.* of a cable; **–antwort** *f.* (*rad.*), reply *s.* (sent) by cable. **Kabelar** *n.* (*naut.*), messenger(-cable) *s.*; **–kette** *f.*, chain messenger *s.*; **–ring** *m.*, messenger *s.*; **–zeising** *m. od. n.* (*dial. f.*), nipper *s.* **Kabel / bake** *f.*, cable beacon *s.*; **–boje** *f.*, cable buoy *s.*; **–bruch** *m.*, break(ing) *s.* of a cable, broken cable *s.*; **–führung** *f.*, cable run *s.*; **–gang** *m.*, duct *s.*; **–garn** *n.*, cable *or* rope yarn *s.*; **aufgehaspeltes –garn** *n.*, ran *s.*; **gefärbtes –garn** *n.* (*naut.*), rogue's yarn *s.*; **–gat(t)** *n.*, cable locker *s. or* room *s. or* stage *s. or* tier *s.*, rope store *s.*; **k–geschlagen** *adj.*, cable-laid (*of rope*); **k–geschlagenes Tau** *n.*, water-laid rope *s.*; **k–geschlagene Trosse** *f.*, warp-laid rope *s.*; **–gramm** *n.* (*rad.*), cablegram *s.*

Kabeljau / fang *m.*, **Boot** *n.* **für den –,** codman *s.*; **–fischer** *m.*, cod fisher *s.* (*boat and pers.*).

Kabel / kanal *m.* (*elec., rad.*), duct *s.*; **–klemme** *f.*, cable terminal *s.*; **–klüse** *f.*, hawse pipe *s.*; **–länge** *f.*, scope *s.* of a cable, cable *s.*; cable's length *s.* (*= 100 fathoms*); **–last** *f.* (*naut.*), cable locker *s. or* room *s.*; **–leger** *m.*, cable layer *s. or* ship *s.*, cable-laying vessel *s.*; **–legung** *f.*, laying *s.* of (a) cable; **–mantel** *m.*, cable sheath *s.*; **–muffe** *f.*, cable coupling *s. or* sleeve *s.*; **–rolle** *f.*, coil *s.* of (a) cable, cable coil *s.*; cable sheave *s.* (*device*); **–schelle** *f.*, cable clamp *s. or* clip *s.*; **–schlag** *m.*, cable lay *s.*, cable-laid rope *s.*, warp- *or* water-laid rope *s.*; **–schuh** *m.*, cable socket *s.*; **–seele** *f.*, core *s.* of a cable, cable core *s.*; **–spleiß** *m.*, cable splice *s.*; **–tanz** *m.* (*naut.*), sailor's hornpipe *s.*; **–tau** *n.*, cable *s.*, hawser *s.*, proviso *s.*; **–tonne** *f.*, cable buoy *s.*; telegraph buoy *s.*; **–trommel** *f.*, cable drum *s. or* reel *s.*, drum wheel *s.*; **–trosse** *f.*, cable-laid rope *s.*, hawser *s.*; **schmale –trosse** *f.*, cablet *s.*; **–verbindung** *f.* (*naut.*), cable splice *s.*; **–winde** *f.*, **–winsch** *f.*, cable winch *s.*

Kabine *f.* (*naut.*), cabin *s.*, stateroom *s.* **Kabinen / aufbau** *m.*, superstructure *s.* (of a cabin-cruiser); **–dach** *n.* (*am.*), canopy *s.* (*of a boat*); **–decke** *f.*, cabin deckhead *s.*; **–kreuzer** *m.*, cabin(-)cruiser *s.*

Kabotage *f.*, coasting navigation *s. or* trade *s.*, cabotage *s.*

Kabuse *f.* (*naut., dial.*), (*s.* **Kombüse).**

Kader *m.* (*naut., rac.*), cadre *s.*

Kadett *m.*, midshipman *s.*; **–en(schul)schiff** *n.*, training-ship *s.*

Kaffee / fahrt *f.* (*naut., hum.*), coffee trip *s.* (*with a yacht*); **–mühle** *f.* (*naut., hum.*), coffee grinder *s. or* mill *s.*, (remote-controlled) double-crank(handle) sheet winch *s.*; **–yacht** *f.* (*hum.*), coffee *or* fancy yacht *s.*

kahl *adj.*, **–es Boot** *od.* **Schiff,** dismantled boat *s. or* ship *s.*

Kahn *m.*, barge *s.*, boat *s.*, canoe *s.*, lighter *s.*, skiff *s.*, wherry *s.*; river barge *s.*; **alter –** (*coll., hum.*), hooker *s.*, old tub *s.*; **– fahren,** to boat, to go boating. **Kahn / fahrt** *f.*, boat trip *s.*; **–schiffer** *m.*, master *s.* of a barge *or* boat, lighterman *s.*, waterman *s.*, (*coll.*) bargee *s.*

Kai *m.*, quai *s.*, pier *s.*, jetty *s.*, wharf *s.*; **am – anlegen, (Boot** *od.* **Schiff) am – festmachen,** to berth, to dock, to wharf; **längsseit(s) –,** alongside quai. **Kai / anlage** *f.*, wharfing *s.*; **–anlagen** *f./pl.*, wharfage *s.*, (*collect.*) quaiage *s.*; **–arbeiter** *m.*, wharfman *s.*, longshoreman *s.*; **–aufseher** *m.*, wharf master *s.*, wharfinger *s.*; **–besitzer** *m.*, wharfinger *s.*

kaien *v.*, to sway across (*of yards*); **Rahen –,** to cross the yards.

Kai / fender *m.*, pier *or* quai fender *s.*; berth fender *s.*; **–gebühr** *f. od.* **–geld** *n.*, harbo(u)r dues (*pl.*), wharfage *s.*, quaiage *s.*; **–gelände** *n.*, quaiage *s.*; **–höhe** *f.*, height *s.* of (the) quai *or* jetty; **–mauer** *f.*, quaiside *s.*, jetty-wall *s.*, sea-wall *s.*

Kaik *m.*, caïque *s.* (*Turkish barque*).

Kai / meister *m.*, harbo(u)r master *s.*, berthing master *s.*, (*am.*) wharf master *s.*; **–poller** *m.*, bollard head *s.*; **–ratte** *f.* (*am. sl.*), wharf rat *s.*; **–seite** *f.*, quaiside *s.*

Kaiserwetter *n.* (*naut.*, *coll.*), glorious weather *s.* (*for a sail*).

Kajak *m. od. n.*, kayak *s.* (*Eskimo boat and sports boat*); collapsible *or* folding canoe *s.*

Kaje *f.* (*dial.*), dyke *s.*, embankment *s.*

Kajik *m.*, caïque *s.* (*Turkish barque and sailing boat in the Levant*).

Kajüt / aufbau *m. od.* **–aufbauten** (*pl.*), upper work(s) *s.* (*pl.*), cabin erection *s. or* superstructure *s. or* trunk *s.*, coach roof *s.*, raised cabin *s.*; (*coll.*) doghouse *s.* (*of companionway*); **–boot** *n.*, cabin boat *s. or* cruiser *s. or* yacht *s.*, boat *s.* with raised cabin; **–dach** *n.*, hood *s.*, coach roof *s.*; **–deck** *n.*, coach roof *s.*; **–decke** *f.*, cabin deckhead *s.* **Kajüte** *f.*, cabin *s.*, berth *s.*, saloon *s.*; stateroom *s.* (*of owner*); **kleine –,** cuddy *s.*; **– unter dem Achterdeck,** poop cabin *s.* **Kajüt / junge** *m.*, mess boy *s.*; **–kreuzer** *m.*, cabin cruiser *s.* **Kajüt(s) / kappe** *f.*, **–klappe** *f.*, companion (head) *s.*; **–kompaß** *m.*, suspended *or* overhead *or* hanging compass *s.*; **–luk** *n.*, **–luke** *f.*, companion hatch *s. or* head *s.*; **–niedergang** *m.*, companion(way) *s.*; companion hatch *s.*; **–treppe** *f.*, companionway *s.*, companion ladder *s.*; **–verdeck** *n.*, coach roof *s.*, hood *s.*

Kalb *n.* (*naut.*), bolster *s.*, chock *s.*; mast chock *s.* (*of mast*).

Kalfater / eisen *n.* (*naut.*), caulking *or* (*am.*) calking chisel *s. or* iron *s.*, making iron *s.*; **–faß** *n.*, keeler *s.*; **–hammer** *m.*, ca(u)lking mallet *s.* **Kalfaterer** *m.*, caulker *s.*, (*am.*) calker *s.*; **–kiste** *f.*, ca(u)lker's box *s.* **Kalfatern** *n.*, caulking *s.*, (*am.*) calking *s.* **kalfatern** *v.*, (*rare*) **kalfaten** *v.*, to caulk, (*am.*) to calk, to grave, to horse. **Kalfaterung** *f.*, caulking *s.*, (*am.*) calking *s.* **Kalfaterwerg** *n.*, ca(u)lking oakum *s.* **Kalfatnaht** *f.*, ca(u)lking seam *s.* (*of a boat*).

kalibrieren *v.*, to calibrate; to gauge, (*am.*) to gage, to standardize. **Kalibrierung** *f.*, calibration *s.*, ga(u)ging *s.* (*of a meter, etc.*).

Kalme *f.*, **Kalmen** *f./pl.* (*meteor.*, *naut.*), calm *s.*, calms (*pl.*), doldrums (*pl.*), (*coll.*) windless period *s.* **Kalmen** *n.* (*meteor.*, *naut.*), becalming *s.*, calming down *s.* **kalmen** *v.*, to becalm, to calm down (*of wind, sea*). **Kalmen / gürtel** *m.* (*meteor.*, *geogr.*), belt *s.* of calms, zone *s.* of doldrums, horse latitudes (*pl.*), (*naut.*) variables (*pl.*); **–gürtel** *m.* **des Krebses (Steinbocks)** (*meteor.*, *geogr.*), calms (*pl.*) of Cancer (Capricorn); **–zentrum** *n.* **eines Zyklons,** centre *s. or* (*am.*) center *s.* of dead calm; **–zone** *f.* (*geogr.*), zone *s.* of doldrums. **kalmieren** *v.*, (*s.* **kalmen).**

Kalottenkompaß *m.*, (magnetic) calotte compass *s.*

kalt *adj.*, cold, cool, chill, chilly; **– werden,** to grow cold; **–e Luftmasse** *f.* (*meteor.*), body *s.* of cold air; **–e Wassermasse** *f.*, body *s.* of cold water (*current*); **–er Wind** *m.*, cold *or* chilling *or* chilly wind *s.*; **–e Zone** *f.* (*geogr.*), Frigid Zone *s.*, frigid *or* frozen zone *s.*

Kälte *f.*, cold *s.*, chill *s.*, chilliness *s.* (*of air, water*), frost *s.*; **beißende** *od.* **schneidende –,** pinching *or* piercing cold *s.*; **durchdringende –,** chill *s.*; **zwei Grad –,** two degrees of frost *or* below zero; **vor – erstarrt (sein),** (to be) pinched with cold; **vor – klamm** *od.* **steif (sein)** (*dial.*), (to be) shrammed (*esp. of hands*). **Kälte / einbruch** *m.*, snap *s.* of cold, (a) cold snap *s.*; **plötzlicher –einbruch** *m.* (*meteor.*), cold snap *s.*, snap *s.* (of cold); **–gefühl** *n.* (*naut.*), chill *s.*, sensation *s.* of chill *or* cold; **–(gefühl)faktor** *m.* (*naut.*), chill factor *s.* (*of man overboard, etc.*); **–grad** *m.*, degree *s.* below zero (centigrade), degree *s.* of frost; **–periode** *f.* (*meteor.*), snap *s.*, cold spell *s.*; **–rückfall** *m.* (*meteor.*), return *s.* of cold weather; **–schutzmittel** *n.*, antifreeze (mixture) *s.* (*for engine, motor*); **–welle** *f.* (*meteor.*), (cold) snap *s.*, snap *s.* of cold, cold spell *s. or* wave *s.*

Kalt / front *f.* (*meteor.*), cold front *s.*; **–luft** *f.* (*meteor.*), polar air(-stream) *s.*, cold air *s.*; **arktische –luft** *f.*, polar air *s.*; **–luftfront** *f.* (*meteor.*), cold front *s.*; **–luftmasse** *f.* (*meteor.*), cold air mass *s.*; **–wasserströmung** *f.*, cold water current *s.*

Kamel *n.* (*naut.*), caisson *s.*, camel *s.*, lifting jack *s. or* pontoon *s.*

Kamerad *m.* (*naut.*), comrade *s.*, mate *s.*, mat(e)y *s.*, (*coll.*) chum *s.*, pal *s.*, crony *s.*, (*am.*) buddy *s.* **Kameradschaft** *f.* **(an Bord),** comradeship *s.*, companionship *s.*, camaraderie *s.* (on board); **gute – an Bord,** good fellowship *s.* (aboard); **–sgeist** *m.*, camaraderie *s.*, team spirit *s.* (*of crew*).

Kamm *m.* **(einer Welle),** crest *s. or* ridge *s. or* summit *s.* (of a wave).

Kammer *f.* (*naut.*), stern sheets (*pl.*) (*in an open boat*); cabin *s.*, stateroom *s.*, (*coll.*) cubbyhole *s.* (*yacht*); (lock) chamber *s.* **Kammer / schleuse** *f.*, (tide) lock *s.*; **–schott** *n.*, partition bulkhead *s.*

Kamm / klampe *f.*, comb cleat *s.*; **–platte** *f.* **(am Bug),** bow-chock plate *s.*; **–schiene** *f.*, cogged track *s.*; **–spanner** *m.*, cogged (runner) lever *s.*

Kampanje *f.* (*naut.*), poop *s.*; **–treppe** *f.*, companion(way) *s.*

Kanadier *m.* (*naut.*), Canadian canoe *s.*

Kanal *m.* (*naut.*), (flue) drain *s.*, sewer *s.* (*outlet*); (*rad.*) channel *s.*; (*geogr.*) ditch *s.*, drain *s.*; the Channel *s.*; passage *s.*, (*am. sl.*) kill *s.*; **(künstlicher) –,** canal *s.*, watercourse *s.*; **(natürlicher) –,** channel *s.*; **schiffbarer –,** navigable canal *s. or* watercourse *s.*; **den – überqueren,** to cross the Channel, to cross-channel; **durch einen – fahren,** to pass through a canal; **im – geführtes Wasser,** race *s.*; **in einen – münden,** to canalize. **Kanal/abschnitt** *m.* **(zwischen zwei Schleusen),** reach *s.*; **durch –bauten** (*pl.*) **schiffbar machen,** to canalize; **–boot** *n.*, canal boat *s.*; **–breite** *f.* (*naut.*), breadth *s. or* width *s.* of a canal; (*rad.*) channel width *s.*; **–dampfer** *m.*, cross-channel steamer *s. or* steamship *s.*; **–durchfahrt** *f.*, passage *s.*, (*am. sl.*) kill *s.*; **–fähre** *f.*, cross-channel ferry *s.*; **–frequenz** *f.* (*rad.*), channel frequency *s.*; **–gebühren** *f.*/*pl.*, canal dues (*pl.*); **–hafen** *m.*, channel *or* Channel port *s.*; **–kennung** *f.* (*rad.*), channel identification *s.*; **–lotse** *m.*, canal pilot *s.*; **–navigation** *f.*, **–schiffahrt** *f.*, canal navigation *s.*; channel *or* Channel crossing *s. or* navigation *s.*; **–schlepper** *m.*, canal tug *s.*; **–schleuse** *f.*, canal lock *s.*; **–schwimmer** *m.*, Channel swimmer *s.*; **–sohle** *f.*, canal bottom *s.*, bottom *s.* of a canal; **–tonne** *f.*, channel buoy *s.*; canal buoy *s.*; **–ufer** *n.*, bank *s. or* embankment *s. or* slope *s.* of a canal; **–verkehr** *m.*, cross-channel traffic *s. or* service *s.*; canal traffic *s.*; **–vorschriften** *f.*/*pl.* **für die Navigation,** rules (*pl.*) and regulations for canal navigation; **–wähler** *m.* (*rad.*), channel selector (switch) *s.* (*device*); **–welle** *f.* (*rad.*), channel (wave) *s.*; **rote – -Warntonne** *f.*, red danger(-marking) buoy *s.* in a canal *or* in the Channel.

Kanne *f.*, **große –** (*rac., sl.*), big pot *s.*, (*esp.*) Admiral's Cup *s.*

Kante *f.*, edge *s.*, edging *s.*, lace *s.* (*of sail*); border *s.*, brim *s.*, ledge *s.*, margin *s.*; **flache –,** face *s.*, side *s.*; **spitze –,** corner *s.*; **auf der hohen – reiten** (*rac.*), to sit on the high side *or* board. **kanten** *v.*, to cant, to tilt *or* to tip over (*of boat, etc.*). **Kanten/länge** *f.*, length *s.* of edge *or* side; **–winkel** *m.*, angle *s.* formed by two planes.

Kant/haken *m.* (*naut.*), cant-hook *s.*, (*am.*) cant dog *s.*; **–holz** *n.*, squared timber *s.* (*shipb.*); **–linie** *f.*, cantline *s.*; **–spanten** *n.*/*pl.*, cant-timbers (*pl.*) (*shipb.*); **Teil** *m.* **des Bootes, der die –spanten enthält,** cant body *s.*

Kanu *n.*, canoe *s.*, dugout (canoe) *s.*; **– aus Birkenrinde** (*am.*), birch (canoe) *s.*; **– mit Auslegern,** warkamoowee *s.* (*Ceylon*); **leichtes – mit Doppelpaddel,** Rob Roy (canoe) *s.*; **– mit Segel,** sailing canoe *s.*; **in** *od.* **mit einem – fahren,** to canoe. **Kanu/bug** *m.*, canoe *or* tumble-home bow *s.*; **–heck** *n.*, canoe stern *s.*; **–sport** *m.*, canoeing *s.* **Kanute** *m.*, canoeist *s.*

Kanzel *f.* **des Bugs,** pulpit *s.* of the bow, (bow) pulpit *s.*, bowsprit rail *s.*

Kap *n.* (*geogr.*), cape *s.*, head *s.*, headland *s.*, foreland *s.*, promontory *s.*; **ein – passieren** *od.* **umrunden** *od.* **umsegeln, von einem – freikommen,** to weather a cape.

Kapazität *f.* (*naut.*), capacity *s.* (*of a boat*); (*elec., rad.*), capacitance *s.*

Kaper *m.*, pirate *s.*, freebooter *s.*, captor *s.*, privateer *s.*, corsair *s.*, sea-raider *s.* (*boat and pers.*); **–brief** *m.*, letters (*pl.*) of marque (and reprisal). **Kaperei** *f.*, freebootery *s.*, piracy *s.*, privateering *s.* **Kapern** *n.*, seizure *s.*, capture *s.* **kapern** *v.*, to capture, to seize (*a boat or ship*). **Kaperschiff** *n.*, marque *s.*

Kapitän *m.*, captain *s.*, master *s.*, skipper *s.*, (*coll.*) the old man *s.*; Captain *s.*, (*coll.*) Cap'n *s.* (*form of address*); **– eines Handelsschiffes,** master mariner *s.*; **– eines Mittelmeerschiffes,** padrone *s.* (*pl.* -ni); **– zur See,** commodore *s.*, (*am. sl.*) four-striper *s.*; **–leutnant** *m.* **zur See,** lieutenant *s.*; **–spatent** *n.*, master's certificate *s.*

Kaplaken *n.*, primage *s.*

Kapmulde *f.* (*geogr.*), cape basin *s. or* hollow *s. or* depression *s.*

Kapok(schwimm)weste *f.*, kapok life jacket *s.*

Kappbeil *n.* (*naut.*), chopper *s.*, hatchet *s.*; **– zum Kappen von Tauen,** pole-ax(e) *s.*

Kappe *f.* (*naut.*), bonnet *s.*, cap *s.*, hood *s.*, lid *s.* (*of hatch, companionway*), cover *s.*, cowl *s.* (*of compass*).

Kappen *n.* (*naut.*), chopping *s.*, cutting away *s.*, severing *s.* **kappen** *v.*, to chop, to cut (away *or* off), to sever; **das Ankertau** *od.* **die Ankertrosse –,** to cut the cable (adrift); **den Mast –,** to chop the mast; **ein Segel –,** to cut (off) a sail; **die Takelage –,** to cut (off) *or* to chop the rigging. **Kappnaht** *f.*, flat *or* lap seam *s.*, (*coll.*) monk's seam *s.* (*of a sail*).

kaputt *adj.* (*coll.*), broken, in pieces, ruined, spoiled. **kaputtgehen** *v.*, to snap.

Kapuze *f.* (*naut., coll.*), cowl *s.*, hood *s.* (*of compass, etc.*).

Karabinerhaken *m.*, snap *or* spring hook *s.*; **(Art) –,** snap link *s.*, swivel *s.*

Karavelle *f.*, caravel(le) *s.*

Kardan / aufhängung *f.* (*naut.*), gimballed *or* (*am.*) gimbaled suspension *s.*, universal suspension *s.*; **–gehänge** *n.*, gimbals (*pl.*); **–gelenk** *n.*, Cardan joint *s.*, Hooke's coupling *s. or* joint *s.*, gimbal joint *s.*, universal coupling *s. or* joint *s.*; **mit einem –gelenk (versehen),** gimballed, (*am.*) gimbaled. **kardanisch** *adj.*, gimballed, (*am.*) gimbaled; – **aufhängen,** to suspend on gimbals; – **aufgehängt,** gimballed, (*am.*) gimbaled; – **aufgehängte Bordlampe** *f. od.* **-laterne** *f.*, gimbal(l)ed light *s.*; – **aufgehängtes (Schiffs)Chronometer** *n.*, box chronometer *s.*; **–e Aufhängung** *f.*, gimbals (*pl.*), gimbal(l)ed suspension *s.*, flexible mount *s.*; **mit einer –en Aufhängung (versehen),** gimballed, (*am.*) gimbaled. **Kardan / ring** *m.* (*naut.*), gimbal ring *s.*; **–ringe** *m./pl.*, gimbals (*pl.*), (*coll.*) gimmal *s.*; **–schäkel** *m.*, (trunnion) snap shackle *s.*, flexible shackle *s.*; **–welle** *f.*, cardan shaft *s.*, flexible *or* jointed shaft *s.*, torque rod *s.*

Kardeel *n.*, strand *s.* (*of hawser, rope*); **–abstand** *m.* **(zwischen den Schäften eines Taus),** cantline *s.*; **–länge** *f.*, jaw *s.*; **–schlag** *m.*, strand-laid rope *s.*, left- *or* back-handed rope *s.*

Kardinal / punkt *m.* (*naut.*), quarter *s.*; **–strich** *m.*, cardinal point *s.* (*compass*); **–system** *n.*, cardinal system *s.* (*of buoyage and lights*); **–winde** *m./pl.*, cardinal winds (*pl.*) (*east, west, south, north*).

Karte *f.* (*naut.*), chart *s.*; map *s.*; ticket *s.*; **gnomonische –,** gnomonic chart *s.*; – **der Meeresströmungen** (*naut., coll.*), bottle chart *s.*; – **in großem (kleinem) Maßstab,** large- (small-) scale chart *s.*; **auf keiner** *od.* **nicht auf der – verzeichnet,** uncharted.

Kartellschiff *n.*, ship *s.* with a flag of truce.

Karten / berichtigung *f.*, chart correction *s.*, correction *s.* of (the) chart; **–blatt** *n.*, chart *or* map sheet *s.*; **–entfernung** *f.*, cartographical distance *s.*; **–gitter** *n.*, (chart) grid *s.*; **–haus** *n.*, chart house *s. or* room *s.*, pilot house *s.*; **–kunde** *f.*, cartography *s.*, cartology *s.*; **–kurs** *m.*, chart *or* true course *s.*, course *s.* (to be) made good, (*am.*) true track *s.*; **(flexible) –leuchte** *f.*, **(flexibles) –licht** *n.*, (flexible) chart light *s.*; **–lupe** *f.*, chart magnifier *s.*; **–maßstab** *m.*, chart *or* map scale *s.*; **–netz** *n.*, chart *or* map grid *s.*; **–null** *n.*, chart datum *s.*; **–raum** *m.*, chart room *s.* (*aboard*); **–schrank** *m.*, chart locker *s.* (*aboard*); **–tisch** *m.*, chart table *s.*; **(verzeichnete) –wassertiefe** *f.*, charted depth *s.*; **–zeichen** *n.*, conventional signs (*pl.*) (on charts), chart symbol(s) *s.* (*pl.*); **–zirkel** *m.*, chart dividers (*pl.*).

kartographisch *adj.*, – **erfaßt** (*naut.*), charted; mapped; **–e Entfernung** *f.*, cartographical distance *s.*

Karweel *n.*, carvel (work) *s.*; **–bau** *m.*, carvel work *s.*; **–bauweise** *f.*, carvel building *s. or* construction *s.*; **diagonale –bauweise** *f.*, diagonal carvel construction *s.*; **–beplankung** *f.*, carvel planking *s. or* work *s.*; **–boot** *n.*, carvel-built boat *s.*; **k–gebaut** *adj.*, carvel-built; **k–gebautes Fischerboot** *n.*, nobby *s.*; **–werk** *n.*, carvel work *s.*

Kasko *m.* (*naut.*), hull *s.*, body *s.* (*of boat or ship*); **–versicherung** *f.*, insurance *s.* on hull (and appurtenances), hull insurance *s.*

Kastell *n.* (*naut., obs.*), castle *s.* (*superstructure*).

Kasten *m.* (*naut., sl.*), hulk *s.*, unseaworthy ship *s.*; box *s.*, case *s.*, chest *s.*, housing *s.*, locker *s.*; ditty box *s.* (*for sewing kit aboard*). **Kasten / dock** *n.*, box dock *s.*; **–kiel** *m.*, box *or* duct keel *s.*; **–kielschwein** *n.*, box keelson *s.*; **–mast** *m.*, box mast *s.* (*of a yacht*); **–schott** *n.*, bin bulkhead *s.*; **–stringer** *m.*, box stringer *s.*

Kat *m.* (*abbr.*), cat *s.*, catamaran *s.*; single-hander *s.*, single-handed boat *s.*

Katalysator *m.*, catalyst *s.*, catalytic agent *s.* (*shipb.*).

Katamaran *m.*, catamaran *s.*, (*coll.*) cat *s.*

Katarakt *m.*, cataract *s.*, rapids (*pl.*), waterfall *s.*

Katathermometer *n.* (*phys., meteor.*), katathermometer *s.*

Kathode *f.*, cathode *s.* **Kathoden / röhre** *f.*, thermionic valve *s.*; **–schutz** *m.* (*naut.*), cathodic (corrosion) protection *s.*; **–strahl** *m.*, cathode ray *s.*; **–verstärker** *m.*, cathode follower *s.*

Katt *f.* (*coll. n.*), cat *s.*

Kat-Takelung *f.*, cat rig *s.*

Katt / anker *m.*, cat *s.*, kedge *s.*, backing *or* small anchor *s.*; **–block** *m.*, cat(-)block *s.*, cathead *s.*, fish block *s.*; **–davit** *m. od. n.*, cat davit *s.*, cathead *s.* **katten** *v.*, to cat; **den Anker –,** to cat the anchor. **Kattenpot** *f.*, cat's paw *s.* (*hitch*). **Katt / gien** *n.* (*dial. f.*), cat purchase *s.*; **–haken** *m.*, cat hook *s.*; **–läufer** *m.*, catfall *s.*, cat rope *s.*; **–schäkel** *m.*, cat(ting) shackle *s.*; **–steert** *m.*, catback *s.*; **–stopper** *m.*, cat stopper *s.*; **–takel** *n.*, cat purchase *s. or* tackle *s.*; **--Takelung** *f.*, (*s.* **Kat-** *od.* **Cat-Takelung).**

Katze *f.* (*naut., tech.*), traveller *s.*, (*am.*) traveler *s.* **Katzen / buckel** *m.*, broken back *s.* (*of boat or ship*); **–kopf** *m.* **(im Ankerspill),** norman *s.*; **–pfote** *f.*, cat's paw *s.* (*hitch*); light *or* gentle breeze *s.*, cat's paw *s.*; ripples (*pl.*) (on water surface), cat's paw *s.*; **–rücken** *m.*, hogging *s.* (*of deck*), broken back *s.* (*of boat or ship*); **mit einem –rücken,** broken-backed (*of boat*).

Kauderwelsch *n.* (*naut., coll.*), double Dutch *s.*, gibberish *s.*

Kauffahrer *m.* (*obs.*), merchantman *s.*, merchant ship *s.* **Kauffahrtei** *f.* (*obs.*), sea trade *s.*; **–flotte** *f.*, merchant fleet *s.*; **–schiff** *n.*, (*s.* **Kauffahrer).**

Kausch *f.*, **Kausche** *f.*, eye *s.* (*on sail*); eyelet *s.*, thimble (eye) *s.* (*on rope*); **Cunningham –,** Cunningham *or* cunningham hole *s.*; **Draht(tau** *n.*) *m.* **mit angepreßter –,** wire (rope) with compressed thimble; **Tauwerk** *n.* **mit eingespleißter –,** rope with spliced-in thimble; **verkettete –,** union thimble *s.* **Kauschen/bund** *m.*, thimble joint *s.*; **–pressung** *f.*, thimble pressing *s.*; **–spleiß** *m.*, thimble (eye) splice *s.*; **–verbindung** *f.*, thimble coupling *s.*

Kaventsmann *m.* (*naut., coll.*), heavy comber *s.*, breaker(s) *s.* (*pl.*), dollop *s.*

Kavitation *f.* (*naut., phys.*), cavitation *s.*, cavity *s.* (*of propeller wake*); **–stank** *m.*, cavitation tank *s.*

Keep *f.*, **Keepe** *f.*, groove *s.*, sillet *s.*, grooved sail track *s.* (*in mast, boom*); **– eines Blocks,** notch *s.*

Kegel *m.* (*naut.*), cone *s.*, black cone *s.* (*signal*), black conical shape *s.*, black shape *s.* (of two cones with points together) (*fishery signal*); (*tech.*) taper *s.*; (*geom.*) cone *s.*, conus *s.* (*pl.* coni). **Kegel/boje** *f.*, conical buoy *s.*; **k–förmig** *adj.*, conical, tapered; **k–förmiger Anker** *m.*, cone anchor *s.*; **–rad** *n.*, bevel wheel *s. or* gear *s.*; **–schnitt** *m.*, conic section *s.*; **–stumpftonne** *f.*, nun-buoy *s.*; **–tonne** *f.*, conical buoy *s.*; **–ventil** *n.*, cone *or* conical valve *s.*, mitre *or* (*am.*) miter valve *s.*, plug valve *s.*

Kehle *f.* (*naut., tech.*), groove *s.*, sillet *s.* (*mast, boom*); **– eines Knieholzes,** throat *s.* (*shipb.*). **kehlen** *v.*, to groove, to channel (*boom, mast, etc.*). **Kehlkopfmikrophon** *n.* (*rad.*), laryngophone *s.* **Kehlung** *f.*, groove *s.*, channel *s.*, mo(u)lding *s.* (*shipb.*).

Kehrpunkt *m.* (*astr.*), apsis *s.*

Keil *m.* (*naut.*), wedge *s.*; (*meteor.*) ridge *s.*; (*tech.*) cotter(-pin) *s.*, dowel *s.*, gib *s.*, peg *s.*; **das dünne(re)** *od.* **spitze Ende eines –s,** the thin end *s.* of a wedge; **die –e einsetzen,** to key in *or* on (*mast*); **die –e entfernen** *od.* **herausnehmen,** to key off (*mast*). **Keil/band** *n.* (*naut.*), clasp hook *s.*; **–block** *m.*, wedge block *s.* (*for mast*). **keilen** *v.* (*naut.*), to wedge, to fasten with wedges *or* a wedge, to key. **Keil/form** *f.*, shape *s.* of a wedge; **k–förmig** *adj.*, wedgelike, wedge-shaped, wedgy; **–klotz** *m.*, wedge block *s.* (*for mast*); **–nut(e)** *f.*, keyway *s.*; **–riemen** *m.*, V-belt *s.*; **–stück** *n.*, wedge block *s.*; **–- und Lösekeil** *m.*, gib and cotter key *s.*; **–welle** *f.*, keyed shaft *s.*

Kelvin *n.* (*phys.*), Kelvin *s.*, K; **--Lot** *n.*, sounding apparatus *s. or* machine *s.*; **–sche Skala** *f.*, **--Skala** *f.*, Kelvin scale *s.*

Kemalstab *m.* (*naut., obs.*), Kemal's staff *s.*

Kenn/buchstabe *m.* (*rad.*), identification *or* identifying call letter *s.*; **–daten** *n./pl.*, data (*pl.*), characteristics (*pl.*); **–feuer** *n.*, navigation *or* identification light *s.*; **–frequenz** *f.* (*rad.*), identification frequency *s.*, code marker *s.*; **–gruppe** *f.*, identification group *s.*; **–licht** *n.*, navigation *or* identifiable *or* recognition light(s) *s.* (*pl.*); **–signal** *n.*, identifiable *or* recognition signal *s.* **Kenntnis** *f.* (*naut., tech.*), knowledge *s.*, (*am.*) know-how *s.* **Kennung** *f.* (*naut.*), beacon *s.*, landmark *s.*; light characteristic *s.*, identification *s.*, recognition signal *s.*; (*rad.*) key word *s.*, call sign *s.*; **– eines Leuchtfeuers,** light characteristic *s.* **Kenn/wert** *m.*, characteristic value *s.*; **–wort** *n.* (*rad.*), call sign *s.*, key word *s.*; **–zeichen** *n.* (*naut.*), distinguishing mark *s.*, characteristic *s.*; badge *s.*, emblem *s.* (*of yacht club, etc.*); **–ziffer** *f.*, index number *s.*, coefficient *s.*

Kenter/arm *m.*, outrigger *s.*; **k–bar** *adj.*, **leicht –bar,** crank (*of boat*); **–lage** *f.*, broaching position *s.* (*of a boat*); **–moment** *n.*, upsetting moment *s.*, pitching moment *s.*, tilting *or* tipping (over) moment *s.* **Kentern** *n.*, capsizing *s.*, overturn *s.* (*of boat*), upsetting *s.*, to overturn *or* to upset a boat; **das Boot liegt zum –,** the boat is on the (*or* her) beam-ends; **ein Boot zum – bringen,** to upset, to overset, to overbalance, to overturn, to tilt (a boat); **– der Gezeit** *od.* **des Gezeitenstroms,** change *s. or* turn *s.* of the tide. **kentern** *v.*, to capsize, to heel over *or* up, to keel over, to turn over, to turn bottom up, (*coll.*) to turn turtle, to purl (*of boat*), to overturn, to upset (*a boat*); to turn, to be on the turn (*of tide*); to capsize (*of wind, reef knot*); **in Gefahr zu –,** walty (*of boat*); **– und wiederaufrichten,** to capsize and righten (*of boat; the boat*); **der (Flut-** *od.* **Ebb)Strom** *od.* **die Tide kentert,** the tide turns; **leicht kenterndes Boot** *n.*, crank *or* walty *or* top-heavy boat *s.* **Kentern/üben** *n.*, to practise *or* (*am.*) to practice capsizing;

– - und Wiederaufrichten *n.*, capsizing *s.* and righting (*of boat*). **Kenter / position** *f.*, broaching position *s.* (*of a boat*); **–punkt** *m.*, upsetting moment *s. or* point *s.*, point *s.* of vanishing stability; **–schlauch** *m.*, air *or* buoyancy bag *s.*; **–schutz** *m.*, outrigger *s.*; **–sicherheit** *f.*, stability *s.* (*of a boat*). **Kenterung** *f.*, capsizing *s.*, upsetting *s.*, heeling *or* keeling over *s.* (*of boat*); **– der Tide,** turn *s.* of the tide. **Kenterwinkel** *m.*, upsetting *or* tipping *or* tilting angle *s.* (*of a boat*).

Keplersch / e Gesetze *n./pl.* (*astr.*), Kepler's laws (*pl.*); **–es Teleskop** *n.*, Keplerian telescope *s.*

Kerbe *f.* **in den Backen eines (hölzernen) Blocks** (*naut.*), score *s.*

Kern *m.* (*naut.*), core *s.* (*of a cable*), heart *s.* (*of a rope*); (*astr.*) nucleus *s.* **Kern / holz** *n.*, heartwood *s.* (*shipb.*); **–material** *n.*, core *s.* of sandwich, slab *s.* of honeycomb, foamed material *s.* (*GRP shipb.*); **k–rissig** *adj.*, shaken, shaky (*of wood*); **–schatten** *m.* (*astr.*), umbra *s.*; **–stück** *n.* (*naut.*, *tech.*), essential part *s.*, principal item *s.*

Kescher *m.*, fishing net *s.*, spoon *or* stake net *s.*

Kessel *m.* (*naut.*), boiler *s.*; **–kielschweine** *n./pl.*, boiler bearer *s.*; **–deck** *n.*, boiler deck *s.*

Ketscher *m.*, (*s.* **Kescher).**

Ketsch *f.*, ketch *s.*; **–-Takelung** *f.*, ketch rig *s.*

Kette *f.* (*naut.*), chain *s.*, chain cable *s.* (*of the anchor*); chain *s.*, warp *s.* (*sailcloth*); (*rad. nav.*) chain *s.*; **aus der –!** (*int.*), stand clear of the cable!; **mehr –!** (*int.*), slack(en) away!; **was zeigt die –?,** how does the cable grow?; **die – abschäkeln,** to shackle off the chain; **die – einschäkeln,** to shackle on the chain; **die – vom (Anker)Spill nehmen,** to throw off the cable; **– stecken,** to pay out cable *or* chain; **hundert Meter – stecken!** (*com.*), four shackles in the water!; **– und Schuß,** weft and warp (*of sailcloth*). **Ketten / block** *m.*, chain block *s.*; **–bruch** *m.*, parting *s.* of the cable *or* chain; **–durchlauf** *m.*, chain (locker) pipe *s.* (*on deck*); **–glied** *n.*, chainlink *s.*, link *s.* (of a chain); **–greifer** *m.*, wildcat *s.*, chain grab *s.*; **–hahnepot** *f.*, bridle *s.*; **–haken** *m.*, cable *or* chain hook *s.*; **–kasten** *m.*, chain locker *s.*; **–klaue** *f.*, throat *s.* (of a chain); housing stopper *s.*; **–klüse** *f.*, chain (locker) pipe *s.*; spurling gate *s. or* pipe *s.*; **–kneifer** *m.*, compressor *s.*, controller *s.*; **–länge** *f.*, shackle *s.* (*of cable*), length *s.* of cable, chain length *s.*; **gesteckte –länge** *f.*, scope *s.* (of cable), paid-out cable *s.*; **–länge zwischen zwei Schäkeln,** shot *s.*; **–mitnehmer** *m.*, chain grab *s.*, (*am.*) wildcat *s.*; **–nuß** *f.*, chain grab *s.*, cable lifter *s.*, (*am.*) wildcat *s.*, (*coll.*) whelps (*pl.*); **–reaktion** *f.* (*naut.*, *rac.*), chain reaction *s.*; **–regel** *f.*, (compound) rule *s.* of three; **–rohrklüse** *f.*, spurling gate *s.*, chain (locker) pipe *s.*; **–spill** *n.*, chain capstan *s.*; cable *or* chain windlass *s.*; **–spleiß** *m.*, chain splice *s.*; **–steg** *m.*, stud *s.* (*of anchor chain*), cable stud *s.*; **–stek** *m.*, **–stich** *m.*, chain knot *s. or* bend *s.*; **–stopper** *m.*, controller *s.*, compressor *s.*, chain stopper *s.*, riding chock *s.*, (*am.*) dog stopper *s.*; **–stropp** *m.*, chain sling *s.*; **–stropp** *m.* **um den Untermast,** necklace *s.*; **–tau** *n.*, chain rope *s.*, cable *s.*; **–trommel** *f.*, cable *or* chain drum *s. or* reel *s.*; **–umfang** *m.*, chain girth *s.* (*yacht measurement*); **–verankerung** *f.*, cable *or* chain mooring *s.*; **–vorlauf** *m.*, chain fore(-)runner *s. or* foregoer *s.*; **–warbel** *m.*, **–wirbel** *m.*, swivel *s.*, chain stopper *s. or* swivel *s.*

Keule *f.* (*radar*), lobe *s.*, beam *s.*; **–ndiagramm** *n.*, lobe diagram *s.*

Kiefernholz *n.*, pine(-)wood *s.*, pitch-pine *s.*, yellow pine *s.* (*shipb.*).

Kieker *m.* (*naut.*, *hum.*), binocular *s.*, binocle *s.*, (*sl.*) spy-glass *s.*, telescope *s.*

Kiel *m.*, keel *s.*, bottom *s.* (*of boat*); careen *s.*; **auf ebenem –,** on an even keel; **falscher –,** false *or* dummy keel *s.*; **mit breitem –,** broad-bottomed; **Trimmklappe** *f.* **am –,** trim tab *s.*; **den – legen** *od.* **strecken,** to lay (down) the keel; **– und Hacke,** keel *s.* and skeg. **Kiel / ablauf** *m.*, launching *s.*; **–anschnitt(s)kante** *f.*, leading edge *s.* of (the) keel; **–aufbuchtung** *f.*, hogging *s.*; **–ballast** *m.*, fixed *or* solid ballast *s.* (*of a keel boat*); **–block** *m.*, keel block *s.*; **–bolzen** *m.*, keel bolt *s.*; **–boot** *n.*, keel(ed) boat *s.*; (*am.*) keelboat *s.* (*kind of barge or lighter*); **k–brüchig** *adj.*, broken-backed (*of boat or ship*); **–durchbuchtung** *f.*, sagging *s.* **Kieler** *m.* (*coll.*), keel boat *s. or* yacht *s.* **Kiel / flosse** *f.*, fin *s.*, fin keel *s.*; **aufholbare –flosse** *f.*, retractable keel *s. or* fin *s.*; **–fuge** *f.*, rabbet *s.*; **–gang** *m.*, garboard strake *s.*; **–geld** *n.*, keelage *s.*; **–gewicht** *n.*, keel weight *s.*, weight *s.* of (the) keel; **–hacke** *f.*, skeg *s.* (of the keel); **–holen** *n.*, careen(ing) *s.* (*of the boat*), keelhaul(ing) *s.* (*of sailor as punishment*); **k–holen** *v.*, to careen (*a boat*), to keelhaul (*a sailor*); **ein Boot k–holen,** to heave (a boat) down, to swift a boat; **k–holen lassen,** to keelhaul, to keelhale; **–holung** *f.*, careening *s.*; **halbe – holung** *f.*, boot-topping *s.*; **halbe –holung** *f.*

durch Krängung, parliament heel *s.*; **Kosten** (*pl.*) **der –holung, –holungskosten** (*pl.*), careenage *s.*; **–holungsplatz** *m.*, careenage *s.*; **–klappe** *f.*, keel flap *s.*; **–klötze** *m./pl.*, dead wood *s.*, keel blocks (*pl.*); **–kreuzer** *m.*, keel cruiser *s.*; **–länge** *f.*, (overall) length *s.* of keel; **–laterne** *f.*, wake lantern *s.*; **–legung** *f.*, laying (down) *s.* of keel; **–leichter** *m.*, pontoon *s.*; **–linie** *f.*, line *s.* ahead *or* astern (*formation-sailing*); keel line *s.*, middle line *s.* of the keel (*shipb.*); **den Baum in –linie halten,** to keep the boom in line (with the keel); **in –linie fahren** *od.* **segeln,** to sail line-ahead; **in –linie fahrende Boote** (*pl.*) *od.* **Schiffe** (*pl.*), column *s.*; **–neigung** *f.*, drag *s.*; **k–oben** *adv.*, bottom-up(wards), tipped *or* turned over (*boat*); **ein Boot k–oben legen,** to keel the boat over *or* up; **k–obenliegen** *v.*, to keel (over *or* up), to lie bottom-up(wards), to be keeled over (*boat*); **–pallen** *f./pl.*, keel blocks (*pl.*); **–planken** *f./pl.*, floor timber *s.*, garboard planking *s. or* planks (*pl.*); **–platte** *f.*, garboard plate *s.*; **–raum** *m.*, (ship's) hold *s.*; bilge *s.*; **–richtung** *f.*, fore and aft (line) *s.*, heading *s.*; **–schwein** *n.*, kelson *s.*, (*am.*) keelson *s.*, carlin *s.*; **–schwert** *n.*, centreboard *s.*, (*am.*) centerboard *s.*, drop *or* sliding keel *s.*; **–schwerter** *m.* (*coll.*), centreboard *or* (*am.*) centerboard boat *s.*, keel and centreboard *or* (*am.*) centerboard boat *s.*, centreboarder *s.*, (*am.*) centerboarder *s.*; **–schwertkreuzer** *m.*, keel and centreboard *or* (*am.*) centerboard cruiser *s. or* cruising yacht *s.*; **–schwertyacht** *f.*, keel and centreboard *or* (*am.*) centerboard yacht *s.*, (*coll.*) centreboarder *s.*, (*am.*) centerboarder *s.*; **–sente** *f.*, centre *or* (*am.*) center line *s.* (of the keel), keel diagonal *s.*; **–sponung** *f.*, (keel) rabbet *s.*; **–stapel** *m.*, stock(s) *s.* (*pl.*) (*shipb.*); keel block *s.*; **–stopper** *m.*, keel stop(per) *s.*; **–streckung** *f.*, laying (down) *s.* of keel; **–stütze** *f.*, keel shore *s.* **Kielwasser** *n.*, wake *s.*, wash *s.* (*of boat or ship*); **ruhiges** *od.* **stilles –,** deadwater *s.*; **im – eines Bootes** *od.* **Schiffes,** in the wake of a boat *or* ship; **im – eines (anderen) Bootes** *od.* **Schiffes fahren** *od.* **segeln,** to take wake, to sail in the boat's *or* ship's wake; **–luftblasentasche** *f.*, wake pocket *s.*; **–strom** *m. od.* **–strömung** *f.*, backwash *s.*; **–wirbel** *m.*, eddy *s.*, knuckle *s.* **Kiel / yacht** *f.*, keel (and centreboard) boat *s. or* yacht *s.*, (*coll.*) keeler *s.*, big boat *s.*; **–yachtsegler** *m.*, yachtsman *s.*, (*coll.*) keeler *s.*

Kiesel *m.* (*naut.*), pebble *s.*, (*coll.*) pebbly bottom *s. or* ground *s.*; **–bank** *f.*, pebble *or* gravel bank *s.*; **–gestein** *n.*, pebble stone *s.*; **–grund** *m.*, pebbles (*pl.*), pebbly *or* gravel bottom *s. or* ground *s.*; **–sand** *m.*, coarse gravel *s. or* sand *s.*; **–strand** *m.*, pebbly beach *s.*, shingle *s.*

Killen *n.*, shaking *s.*, shiver(ing) *s.*, flutter *s.* (*of sails*); **– der Segel (im Wind),** the sails are spilling wind. **killen** *v.*, to flap, to flutter, to be all in the wind, to shake, to shiver (in the wind), to spill (wind) (*of sails*); **den Bug so hart an den Wind bringen, daß die Segel –,** to shake the boat in the wind; **– lassen,** to shiver, to spill (*of sails*).

Kilo / gramm *n.* (*naut.*, *phys.*), kilogramme *s.*, (*am.*) kilogram *s.*; **–hertz** *n.* (*rad.*, *elec.*), kilo cycle *s. or* hertz *s.*, kilocycles (*pl.*) per second; **–meter** *m.*, kilometre *s.*, (*am.*) kilometer *s.*; **–pond** *n.* (*naut.*, *phys.*), kilopond *s.*; **–tonne** *f.* (*naut.*), kiloton *s.*; **–watt** *n.* (*rad.*, *elec.*), kilowatt *s.*; **–wattstunde** *f.*, kilowatt hour *s.*; **–zykel** *n.* (*rad.*, *elec.*), kilo cycle *s. or* hertz *s.*

Kimm *f.*, **Kimme** *f.*, bilge *s.*, bulge *s.*, chine *s.*, floorhead *s.* (*of boat*); sea line *s. or* horizon *s.*, visible *or* visual horizon *s.*; **Feuer** *n.* **in der –,** light *s.* dipping the horizon; **runde –,** round(ed) bilge *s.*; **unter der –,** hull down (*of boat or ship*). **Kimm / abstand** *m.*, apparent altitude *s.*; **–beplankung** *f.*, bilge planking *s.*; **–beplattung** *f.*, bilge plating *s.*; **–entfernung** *f.*, distance *s.* of (visible) horizon; **–gang** *m.*, bilge *or* chine strake *s.* (*shipb.*); **–kiel** *m.*, bilge keel *s.*, (fixed) ballast keel *s.*; **–kieler** *m.*, bilge keeler *s.* (*boat*); **–kielschwein** *n.*, bilge kelson *or* (*am.*) keelson *s.*, bilge piece *s.*; **–linie** *f.*, (sea *or* visible) horizon *s.*; **in –linie liegend,** horizontal; **in –linie liegende Entfernung** *f.*, horizontal distance *s.*; **–pallen** *f./pl.*, bilge blocks (*pl.*); **–radius** *m.*, round *s. or* turn *s.* of bilge; **–reling** *f.*, bilge rail *s.* (*lifeboat*); **–rundung** *f.*, round *s. or* turn *s.* of bilge; **–schwert** *n.*, bilge board *s.*; **–spiegel** *m.*, horizon glass *s.*; **–stapel** *m.*, bilge block *s.*; **–stringer** *m.*, bilge stringer *s.*; **–stütze** *f.*, bilge shore *s. or* bracket *s.*; **–tiefe** *f.*, dip *s. or* depression *s.* of (the) horizon. **Kimmung** *f.*, (visual) horizon *s.*; bilge *s.* (*of boat*); mirage *s.*, blink *s.* **Kimm / wasser** *n.*, bilge(-)water *s.*; **–wegerung** *f.*, bilge ceiling *s.*

Kinetik *f.* (*naut.*, *phys.*), kinetics (*pl.*). **kinetisch** *adj.*, **–e Energie** *f.* (*phys.*), kinetic energy *s.*, vis viva *s.*; **–e Größe** *f.* (*phys.*), virial *s.*

Kink *m.* (*coll. f.*), **Kinken** *m.*, kink *s.*, squirm *s.*, bight *s.* (*in a rope*), nip *s.* (*in wire rope or hawser*); **kleine –,** kinkle *s.*; **voller –en** (*pl.*), kinkled, kinky; **eine – haben,** to kink (*of* *rope*); **eine – in ein Tau** *od.* **eine Leine machen,** to kink a rope *or* line. **kinken** *v.*, to kink (*of rope*), to nip (*of hawser*). **kinkig** *adj.*, kinkled, kinky, squirmy (*of rope*).

Kinnback(en)block *m.*, **Kinnbacksblock** *m.*, snatch block *s.*

Kipparm *m.* (*naut.*, *tech.*), tumbling bob *s.* **kippen** *v.*, to overturn, to upset (*a boat*), to tilt, to tip *or* to topple over (*of boat*). **Kipp/hebel** *m.*, tumbling bob *s.*, rocker arm *s.*; **–moment** *n.*, tilting moment *s.* (*of boat*); **–schalter** *m.*, tumbler switch *s.*; **–spannung** *f.* (*rad.*), saw-tooth *or* sweep *or* time-base voltage *s.*; **–vorrichtung** *f.*, hinge-fitting *s.*, rocker *or* swivelling *or* tipping device *s. or* mechanism *s.*

Kissen *n.* (*naut.*), bolster *s.* (*in a dinghy, etc.*); **– am Beting,** doubling *s.*

Kitt *m.*, cement *s.*, solder *s.*; putty *s.*, lute *s.*, luting *s.*; **mit – (ab)dichten,** to cement, to lute, to caulk *or* (*am.*) to calk with putty, to fasten with putty, to glue *or* to stick together.

Klabautermann *m.* (*naut.*), bogy man *s.*, hobgoblin *s.*

Klafter *m.* (*coll. n.*) (*naut.*, *obs.*), fathom *s.* **klaftertief** *adj.*, many fathoms deep.

klameien *v.*, to horse (*a boat*).

klamm *adj.* (*naut.*), stiff (with cold), (*dial.*) clammy, numb; damp, moist; **–e Luft** *f.*, damp *or* moist air *s. or* atmosphere *s.*

Klammer *f.* (*naut.*, *tech.*), clamp *s.*, clasp *s.*, cramp *s.*, dog *s.*, holdfast *s.*, set *s.*, hook *s.*; **mit einer – befestigen** *od.* **sichern,** to dog. **Klammer/bolzen** *m.*, dog bolt *s.*; **–haken** *m.*, dog *s.*, hook *s.*

Klamotten (*pl.*) (*naut.*, *sl.*), duds (*pl.*), slop *s.*, tog *s.*, r's things (*pl.*) *or* belongings (*pl.*), rigger's overall *s.*; **–sack** *m.*, (sea) bag *s.* for r's *or* rigger's things *or* belongings, slop *or* tog bag *s.*

Klampe *f.* (*naut.*), cleat *s.* (*fitting*), becket *s.*, bee *s.*, bracket *s.*, clamp *s.*, clincher *s.*; chock *s.*, fairlead *s.*; boat chock *s.*, leg cleat *s.*, dog *s.*, wapp *s.*; (*tech.*) clamp *s.*, cramp *s.*, clasp *s.*, hasp *s.*, holdfast *s.*; **die Heck(Vor)spring von den –en losmachen,** to uncleat the stern (bow) line *s. or* rope *s.*; **mit –en befestigen** *od.* **verstärken,** to cleat; **mit –en versehen,** to becket, to cleat.

Klapp- *pref.* (*naut.*), tip-up. **Klapp/anker** *m.*, folding anchor *s.*; **k–bar** *adj.*, collapsible, folding; **–block** *m.*, snatch block *s.*, whip block *s.*; **–boje** *f.*, nun buoy *s.*; **–boot** *n.*, tilt boat *s.*, collapsible boat *s.*, folding boat *s.*; **–brücke** *f.*, drawbridge *s.*; **–buchse** *f.* (*naut.*, *coll.*), Morse signal(l)ing lamp *s. or* light *s.*, blinker light *s.*; **–bug** *m.* **(einer Fähre),** hinged *or* adjustable *or* tilt prow *s.* (of a ferry); **–bügel** *m.*, hinged bale *s.*, gimbals (*pl.*); **–davit** *m.*, collapsible *or* folding davit *s.*; **–draggen** *m.*, folding anchor *s.*

Klappe *f.* (*naut.*, *tech.*), flap *s.*, hatch *s.*, tab *s.*, trap *s.*, valve *s.*; **kleine –,** valvelet *s.*; **mit einer – (versehen),** tabbed; **mit –n versehen,** to tab; **– eines Ventils,** wing *s.* of a valve. **klappen** *v.*, to fold, to tilt, to tip (up) (*mess table, etc.*); **in die Höhe –,** to tip up; **nach vorne –,** to fold *or* to tilt forward. **Klappenventil** *n.*, clack-valve *s.*

Klapp/haken *m.*, hinged hook *s.*; **–hebelspanner** *m.* **(für Vorliekspannung),** folding stretcher lever *s.* (for luff tension); **–hebelstrecker** *m.* **(für Wanten),** folding runner lever *s.* (for shrouds); **–koje** *f.*, turn-up berth *s.*, folding *or* tip-up berth *s. or* cot *s.*; **–läufer** *m.*, burton fall *s.*, sail burton *s.*, runner *s.*, whip *s.*, whip runner *s.*; **–läuferblock** *m.*, whipblock *s.*; **–luk** *n.*, **–luke** *f.*, trap *or* skylight hatch *s.*; **verschließbare –luke** *f.*, lockable trap hatch *s.*; **–mast** *m.*, hinged *or* lowering mast *s.*, knuckle mast *s.*, tabernacle mast *s.*; **–schäkel** *m.*, clip *or* snatch *or* flap shackle *s.*; **–sitz** *m.*, tip-up seat *s.*; **–stufe** *f.*, collapsible *or* folding rung *s. or* step *s.* (*kind of boarding ladder*); **–tisch** *m.*, folding (mess-)table *s.*; **–ventil** *n.*, flap *or* clack-valve *s.*; **–verdeck** *n.* **(für das Cockpit),** dodger *s.*

klar *adj.* (*naut.*), clear, ready (*boat, deck*), fine (*holding ground*), operational (*outboarder, instruments, etc.*); (*meteor.*) bright, fair; open (*visibility*); (*rad., radar*) distinct; **–!** (*naut., int.*), stand by!; **– achteraus,** clear astern; **– voraus,** clear ahead; **– zu,** ready; **– Deck überall!** (*com., int.*), (all) clear!; **– halten!** (*com.*), keep clear!, stand by!; **– Schiff!** (*com.*), clear the deck(s); **– Schiff,** (all) clear; **– bei Anker!** (*com.*), stand by the anchor!; **– bei Riemen!** (*com.*), (get your) oars ready!; **– bei Steuerbord(Backbord)anker!** (*com.*), stand by the starboard (port) anchor!; **– bei Wurfleine!** (*com.*), (get your heaving) lines ready!, stand by to cast (heaving) lines!; **– zum Ablegen!** (*com.*), stand by to let go (lines) *or* to cast off!; **– zum Ablegen,** ready for sea *or* to push off; **– zum Ankern!** (*com.*), prepare to cast (the) anchor!, stand by for mooring *or* to moor!; **– zum Ankern,** acockbill; **– zum Ankerlichten!** (*com.*), stand by to weigh (anchor)!; **– zum Anlegen!** (*com.*), stand by to go alongside!; **– zum Anlegen,** ready to go *or* for going alongside, ready to land; **– zum Auslaufen!** (*com.*), stand by to let go (lines); **– zum Auslaufen,** clear *or* ready to sail; **– zum Fallen!** (*int.*), ready for letting go *or* to cast (anchor)!; **– zum Fallen,** acockbill (*of anchor*); **– zum Halsen!, – zur Halse!** (*com.*), stand by to gybe!; **– zum Loswerfen!** (*com.*), stand by to let go (lines)!; **– zum Manöver!** (*com.*), stand by! (*anchoring, etc.*); **– zum Wenden!, – zur Wende!** (*com.*), stand by to tack!, ready about!, stand by to wear ship!, stand by to come about!; about boat *or* ship!; **– zum Wenden sein,** to be about; **– bleiben (von),** to stand clear (of); **(sich) – halten,** to stand by; to keep clear **(von,** of); **– hervortreten,** to show up clearly (*landmark, etc.*); **– kommen (von),** to get clear (of); **– achteraus (voraus) liegen** (*rac.*), to be clear astern (ahead); **– machen,** to clear; to prepare (to sail); **– stehen** *v.*, to stand by. **klar/er Anker** *m.*, clear anchor *s.*; **–er Himmel** *m.*, blue sky *s.*; **–es Wetter** *n.*, bright *or* fair weather *s.* **klarhalten** *v.*, **sich –,** to stand by; **– von,** to keep clear of, to steer clear of (*a reef, etc.*).

klarieren *v.*, to clear (*boat*), to clear, to disentangle, to render (*lines, rope*); to clear (*boat or ship at customs*); **den Anker –,** to clear the anchor; **ein Boot –,** to clear the boat; to clear the boat at customs *or* at the customs house *or* (*am.*) customhouse; **Leinen** *f./pl.* **(Taue** *n./pl.*) **–,** to clear lines (ropes), to disentangle *or* to render lines (ropes). **klariert** *adj.*, cleared (*boat or ship at customs*). **Klarierung** *f.*, clearance *s.*, entry *s.* (*of boat or ship at customs*).

klar/kommen *v.* (*naut.*), to clear (up); **–kommen von,** to clear (*the coast, etc.*); **K–läufer** *m.* **(im Tauwerk),** leader *s.*; **–legen** *v.*, to clear (up) (*lines, etc.*); **den Anker –legen,** to clear (up) the anchor; **den Spinnaker –legen,** to prepare the spinnaker *or* (*coll.*) spi; **–machen** *v.*, to rig (*the boat*), to clear (*ropes*), to get clear (*lifeboat*), to ship (*oars*); **das laufende (stehende) Gut –machen,** to adjust the running (standing) rigging; **–machen (zu),** to get *or* to make ready (for), to prepare (for); **K–machen** *n.* **zum Ankern,** to prepare for casting (the) anchor *or* for mooring, to stand by to cast anchor *or* to moor; **K–machen** *n.* **zum Anlegen,** to get ready *or* to prepare *or* to stand by to go alongside *or* to land; **(eine Talje) –scheren** *v.*, to underrun (the tackle); **–stehen** *v.*, to stand by; **K–text** *m.* (*rad.*), text *s.* in clear, (*coll.*) plain language *s.*; **im K–text,** in (the) clear.

Klasse *f.* (*naut.*), class *s.*, rate *s.*, rating *s.*; rated (*of boat*); **internationale –,** international class *s.*; **nationale –,** national *or* nationally organized class *s.*; **Offene –** (*surf.*), Open Class *s.*; **Olympische –,** Olympic class *s.*; **One-Design –,** One Design *or* O.D. class *s.*; **Erneuerung** *f.* **der –,** renewal *s.* *or* restoration *s.* of class; **Schiff** *n.* **höchster –,** rater *s.* (*measurement Lloyd's Register, etc.*); **eine – erneuern,** to reclass, to restore the class; **eine – herabsetzen,** to reduce the class; **in der – gemeldetes Boot** *n.* (*rac.*), boat *s.* entered in its (*or* her) class; **in seiner – gewinnen** (*rac.*), to win her class (*of boat*). **klassen** *v.*, to rate (*a boat or ship*). **Klassen/boot** *n.*, rated boat *s.* *or* yacht *s.*, class boat *s.*; **–einteilung** *f.*, classification *s.*, rating *s.* (*of yacht, etc.*); **–emblem** *n.*, class emblem *s.*; **–erneuerung** *f.*, renewal *s.* *or* restoration *s.* of class, reclassification *s.*; **die –flagge setzen** (*rac.*), to show the colo(u)rs of its (*or* her) class, to hoist *or* to set *or* to fly the class flag; **–herabsetzung** *f.*, reduction *s.* of class; **–label** *n.*, (class) royalty *s.*; (*surf.*) logo *s.*; **–meisterschaft(en)** *f.* (*pl.*), class championship(s) *s.* (*pl.*), (*am., coll.*) nationals (*pl.*); **–organisation** *f.*, organization *s.* of class, class organization *s.*; **–preis** *m* (*rac.*), class award *s.* *or* trophy *s.*; **–regattastander** *m.*, class racing pennant *s.*; **–regel** *f.*, rating rule *s.*; **–regeländerung** *f.*, rule change *s.*, change *s.* of (rating) rule; **–schein** *m.*, class *or* classification certificate *s.*, rating certificate *s.*, measurement certificate *s.*; **–status** *m.*, class rule *s.*, state *s.* *or* status *s.* of class; **–vereinigung** *f.*, class organization *s.*, association *s.* of class; **–zeichen** *n.*, (class) royalty *s.* *or* emblem *s.* *or* insignia *s.*, symbol *s.* *or* character *s.* of class *or* classification; (*surf.*) logo *s.*; **Flaggen** *f./pl.* *od.* **Stander** *m.* **mit –zeichen,** flags (*pl.*) *or* pendant *s.* *or* pennant *s.* with class insignia *or* emblem; **–zertifikat** *n.*, class *or* classification *or* rating certificate *s.*

Klassifikation *f.* (*naut.*), classification *s.*; **–sgesellschaft** *f.*, Classification Society *s.* *or* Association *s.*; **–szertifikat** *n.*, certificate *s.* of class, class *or* classification *or* rating certificate *s.* **klassifizieren** *v.*, to classify, to rate (*boat*); **nicht klassifiziert,** unclassified (*as boats*).

Klatschen *n.* **(der Wellen gegen ein Boot),** wash *s.* **klatschen** *v.* **gegen,** to wash against (*of waves*).

Klau *f.* (*naut.*), fluke *s.* (*of anchor*), throat *s.* (*of a gaff*), clew *s.*, jaw *s.*, nock *s.* (*of staysail*). **Klau(e)** *f.* (*tech.*), dog *s.*, clutch *s.*, grab *s.*, grapnel *s.*, grapple *s.*, pallet *s.*; **mit einer – befestigen,** to dog. **Klauen / kupplung** *f.*, dog clutch *s.*, jaw-coupling *s.*; **–schutz** *m.* (*naut.*), clam shield *s.* **Klau / fall** *n.*, throat halyard(s) *s.* (*pl.*); **–horn** *n.*, **–ohr** *n.*, throat *s.* (*of staysail*), throat nock *s.* (*of gaff*).

Klaxon *n.* (*naut.*), klaxon *s.* (*signal horn*).

Klebe / marken *f./pl.* (*naut.*), adhesive *or* (*coll.*) sticky markers (*pl.*) (*for correct adjustment of the rigging, etc.*); **–mittel** *n.*, adhesive *s.*, glue *s.*, gum *s.*, paste *s.*, putty *s.*, cement *s.* **kleben** *v.*, to glue, to gum, to paste, to stick; **–bleiben** *v.* (*naut., coll.*), to stick *or* to get stuck (*in the mud*). **Klebepflaster** *n.*, adhesive *or* sticking plaster *s.* **Kleber** *m.*, adhesive *s.*, gluten *s.*, (*am., coll.*) stickum *s.* **Kleb(e) / stoff** *m.*, adhesive *s.*, glue *s.*, gum *s.*, paste *s.*, putty *s.*, cement *s.*, (*am., coll.*) stickum *s.*; **–streifen** *m.*, adhesive tape *s.*, (*coll.*) sticky tape *s.*

Kleid *n.* (*naut.*), cloth *s.*, canvas cover *s.* (*for compass, rail, etc.*). **kleiden** *v.*, to serve (*a rope*).

klein *adj.*, **–e Bucht** *f.*, hole *s.*; **–e Fahrt** *f.* (*naut.*), dead slow, slow speed *s.*; **–er Hafen** *m.*, hole *s.*, haven *s.*; **–e Havarie** *f.*, petty average *s.*; **–e besondere Havarie** *f.*, particular average *s.*

Klein / boot *n.*, light *or* small boat *s. or* dinghy *s.*; **–empfänger** *m.* (*rad.*), midget receiver *s.*; **–kreis** *m.* (*astr.*), small circle *s.* of sphere; **–radar(gerät)** *n.*, small radar (set) *s.* **Kleinst / boot** *n.*, miniboat *s.*, petty *or* very small boat *s.*; **–funksender** *m.* (*am., sl.*), Gibson girl *s.*; **–maß** *n.*, minimum *s.*; **–tonner** *m.*, miniton *s.* (*yacht*). **Klein / tauwerk** *n.*, small stuff *s.*; **–tonnage** *f.*, minitonnage *s.*, small tonnage *s.* (*of a yacht*).

Kleister *m.*, adhesive *s.*, gum *s.*, paste *s.*, size *s.*

Klemm / backe *f.* (*naut.*), clamp jaw *s.*; **–beschlag** *m.*, clamp fitting(s) *s.* (*pl.*); **–bolzen** *m.*, clamp(ing) bolt *s.*; **–bock** *m.*, holdfast *s.*

Klemme *f.* (*naut.*), cleat *s.*, clamp *s.*, clip *s.*, binding screw *s.*, fairlead *s.*, chock *s.*; (*elec., rad.*) terminal *s.*; (*tech.*) chuck *s.*, clamp *s.*, hold(-)fast *s.*, hook *s.*, vice *s.*; **Curry –,** cam *or* clam(p) cleat *s.*; **in der – sein** (*naut., rac.*), to be in a mess, to be in a fix *or* a jam *or* a corner. **klemmen** *v.* (*naut., tech.*), to catch, to jam, to clamp, to cramp, (*coll.*) to pinch; to get caught *or* jammed *or* locked; to have not sufficiently play; **Ruder klemmt!** (*int.*), (the) rudder is jammed!. **Klemmenspannung** *f.* (*elec., rad.*), terminal voltage *s.* **Klemm / futter** *n.* (*naut., tech.*), chuck *s.*; **–haken** *m.*, cramp(-)iron *s.*, holdfast *s.*; **–hebel** *m.*, clamping lever *s.*; **–holz** *n.*, **–keil** *m.*, shim *s.* (*for the mast*); **durch –keile ausgleichen,** to shim; **–klampe** *f.*, jam cleat *s.*; **–klotz** *m.*, holdfast *s.*, shim *s.* (*for the mast*); **–muffe** *f.*, clamping sleeve *s.*; **–ring** *m.*, clamping collar *s. or* ring *s.*; **–schraube** *f.*, clamping *or* binding *or* set *or* thumb screw *s.*, terminal *s.*, dog *s.*; **–stück** *n.*, shim *s.* (*for the mast, etc.*).

Kletternetz *n.* (*naut.*), climb(ing) net *s.*, scramble *or* scrambling net *s.*, (*coll.*) scramble *s.* (*distress at sea*).

Klima *n.*, climate *s.*; **gemäßigtes –,** moderate *or* temperate climate *s.*; **hartes** *od.* **rauhes** *od.* **strenges –,** rough *or* rude climate *s.*; **tropisches –,** tropical climate *s.* **Klimaanlage** *f.*, air-conditioning plant *s.* (*aboard*); **mit – (versehen),** air-conditioned (*yacht*). **klimatisch** *adj.*, climatic; **–e Verhältnisse** *n./pl.*, climatic conditions (*pl.*). **Klimazone** *f.*, heaven *s.*

Klimmstag *n.*, manrope *s.*

klinken *v.t.* (*naut.*), to engage (*a catch*); *v.i.*, to click, to snap (*of fittings, shackle, etc.*).

Klinker *m.* (*naut.*), (Dutch) clinker *s.* **Klinker / bau** *m.*, clinker construction *s.* (*of boats*); **–bauweise** *f.*, clinker planking *s. or* work *s.*; **–beplankung** *f.*, clinker planking *s.*; **–beplattung** *f.*, clinker plating *s.*; **–boot** *n.*, clinker-built boat *s.*, lapstreak *s.*; **k–gebaut** *adj.*, clinker-built, lapstreak (*of boat*); **k–gebautes Boot** *n.*, clinker-built boat *s.*, lapstreak *s.*; **Eigner** *m.* **eines k–gebauten Bootes** (*am.*), lapstreaker *s.*

Klinometer *n.* (*naut.*), clinometer *s.*

Klinsch *m.* (*naut.*), clinch *s.*, slip knot *s.*

Klint *m.* (*naut., geogr.*), cliff *s.*, rock *s.*

Klippe *f.*, cliff *s.*, crag *s.*, bluff *s.*, reef *s.*, rock *s.*, precipice *s.*, scar *s.*, sea stack *s.*, (*dial.*) knar *s.*; **blinde –(n),** rock(s) awash, sunken rock(s) *s.* (*pl.*), reefs (*pl.*) of rocks under water; **kleine –,** rocklet *s.*; **spitze –,** crag *s.*; **steile –** (*S.Afr.*), krans *s.*, krantz *s.*; **voll schroffer, steiler –n** (*pl.*), bluffy; **wachende –n** (*pl.*), lurking rocks (*pl.*); **an (den) –n zerschellen,** to be wrecked on the rocks; **auf –n auflaufen** *od.* (*coll.*) **aufbrummen,** to run upon (the) rocks; **auf –n aufgelaufen** *od.* **gestrandet sein,** to be on the rocks; **auf –n auflaufen** *od.* **stoßen,** to strike the rocks; **–n ausweichen, (sich) freihalten von –n,** to shun rocks *or* cliffs; **von –n umgeben,** rockbound; **– die bei halber Tide** *od.* **Ebbe trockenfällt** *od.* **trockenliegt,** half-tide rock *s.*; **– voraus!** (*int.*), rock ahead!. **Klippen / bucht** *f.*, rocky bay *s.*; **–grund** *m.*, rocky bottom *s. or* ground *s.*; **–in-**

sel *f.*, rocky island *s.*; **–küste** *f.*, rocky coast *s.*, skerry *s.*; **k–reich** *adj.*, rocky, bluffy; **k–reiche Küste** *f.*, craggy *or* rock-ribbed coast *s.*, skerry *s.*; **–reihe** *f.*, ledge *s. or* ridge *s.* of rock(s), reef *s.*; **–wand** *f.*, escarpment *s.*, rocky wall *s.*

Klipper *m.* (*obs.*), clipper *s.*, fast-sailing merchantman *s.*, flying boat *s.*; **–bug** *m.*, clipper *or* fiddle bow *s.* (*of yacht*).

Klipphaken *m.* (*naut.*), clip *or* clove hook *s.*

klippig *adj.*, craggy, rocky (*of coast, bottom, etc.*).

klitschnaß *adj.*, (*naut., coll.*), sopping wet, soaked (to the skin), drenched.

Kloben *m.* (*dial.*), block *s.*, pulley *s.*, pivot *s.*

klobig *adj.*, **–es Boot,** clumsy *or* unhandy boat *s.*

klopfen *v.*, to knock (*of engine, motor*). **Klopfsee** *f.* (*dial.*), choppy *or* heavy sea *s.*

Klotz *m.* (*naut.*), block *s.*, log *s.*, wedge *s.* (*for mast, etc.*).

Klub *m.*, (*s.* **Club).**

Kluft *f.*, cleft *s.*, crevice *s.*, gorge *s.*, gulf *s.*, ravine *s.* (*coast, etc.*). **klüftig** *adj.*, cleft, cracked, split (*of coast, etc.*).

Klump / block *m.*, **–stein** *m.*, clump block *s.*, mooring clump *s.*

Kluppe *f.*, nippers (*pl.*), tongs (*pl.*); callipers (*pl.*). **Kluppzange** *f.*, forceps (*pl.*).

Klüse *f.*, hawse (hole) *s.*, (hawse) pipe *s.*, hole *s.*, cathole *s.*, mooring pipe *s.*, spurling gate *s.*; **–n** (*pl.*) **am Bug** (*coll.*), the eyes (*pl.*) of a ship; **die –n** (*pl.*) **bei Sturm vor Anker voll Wasser nehmen,** to ride hawse-full. **Klüsen / deckel** *m.*, (hawse) buckler *s.*; **–durchlauf** *m.*, hawse pipe *s.*; **–gatt** *n.*, hawse hole *s.*; **–pfropfen** *m.*, hawse plug *s.*; **–rohr** *n.*, hawse pipe *s.*; **–stopper** *m.*, controller *s.*; **–wülste** *m./pl.*, (hawse) bolsters (*pl.*).

Klüver *m.*, jib *s.*, foresail *s.*; **– auf!** (*com.*), hoist away!; **– los!** (*com.*), ease (off) the jib!. **Klüver / baum** *m.*, jib boom *s.*, head(-)boom *s.*; **–fall** *n.*, jib halyard *s.*; **–geschirr** *n.*, jib gear *s.*; **–holz** *n.*, headstick *s.*; **–schot** *f.*, jib sheet *s.*, head(-)sheet *s.*; **–stag** *n.*, jib headstay *s.*

Knagge *f.* (*naut., tech.*), bracket *s.*, cam *s.*, stay *s.*, tappet *s.*

Knallen *n.* (*naut.*), flogging *s.*, flopping *s.*, slashing *s.* (*of sails*). **knallen** *v.*, to flog, to flop, to slash (around), to smack (*of sails*). **Knall(nebel)signal** *n.* (*naut.*), explosive (fog) signal *s.*

knapp *adj.*, **–e Entfernung**, short distance *s.*; **–es Entkommen** *n.* (*coll.*), close call *s. or* shave *s.*, narrow escape *s. or* squeak *s.*, near squeak *s.* (*distress at sea, etc.*); **–e Entscheidung** *f.* (*rac.*), narrow finish *s.*; **Rettung** *f.* **mit –er Not** (*coll.*), close shave *s.* (*distress*); **–er Sieg** *m.* (*coll.*), a close thing *s.*; **–e Wettfahrt** *f.*, near race *s.*; **–er Wind** *m.*, scant wind *s.*

Knarr / block *m.* (*naut.*), ratchet block *s.*; **–poller** *m.*, sheet ratchet bitt *s.*

Knebel *m.* (*naut.*), toggle *s.*, tommy(-)bar *s.*; **– zum Bewuhlen,** woold *s.* **Knebel / anschraubung** *f.*, tommy-bar adjustment *s.*; **–bolzen** *m.*, toggle bolt *s.*; **–gelenk** *n.*, toggle joint *s.*; **–schraube** *f.*, tommy screw *s.*; **–stropp** *m.*, becket *s.*; **mit einem –stropp verbinden,** to becket.

Knecht *m.* (*naut., tech.*), jack *s.*, trestle *s.*

Kneifen *n.* (*naut.*), pointing high *s.* (*of boat*). **kneifen** *v.*, to point high, to pinch (*of boat*); (*tech.*) to jam, to nip, to squeeze; **den Wind –,** to hug the wind, to point high (*of boat*). **Kneif / klampe** *f.*, jam cleat *s.*; **–stek** *m.*, magnus *or* rolling hitch *s.*; **–stopper** *m.*, (cable) compressor *s.*; **–zange** *f.*, cutting pliers (*pl.*), (a pair of) nippers (*pl.*) *or* pincers (*pl.*), pincher *s.*

Knick *m.* (*naut.*), crease *s.*, fold *s.* (*in sails*), kink *s.* (*of a rope*), nip *s.* (*in wire rope*), knuckle *s.* (*of stern*), buckle *s.* (*in mast, metal*); bend *s.*, knee *s.* (*in rivercourse*). **Knick / festigkeit** *f.*, buckling strength *s.*; **–last** *f.*, buckling load *s.*; **–linie** *f.*, knuckle line *s.* (*shipb.*); **–punkt** *m.*, break *s.* (*in rivercourse*); **–spant** *n.*, hard chine *s.*, chine frame *s.* (*shipb.*); **–spantbauweise** *f.*, (hard) chine construction *s.*; **–spantboot** *n.*, chine(-)boat *s.*, V-bottom(ed) boat *s.*; **–stag** *n.*, jumper *or* spring *or* triatic stay *s.*; **k–steif** *adj.*, buckle-proof (*of mast, metal*); **–versuch** *m.*, buckling test *s.* (*shipb.*).

Knie *n.* (*naut.*), bracket *s.*, knee *s.*, spur *s.* (*shipb.*); (*tech.*) crank *s.*, elbow *s.*, knee *s.*; bend *s.* (*of a river*); **liegendes –,** lodging knee *s.* (*shipb.*); **schlafendes –,** dagger knee *s.* (*shipb.*). **Knie / beschlag** *m.*, bracket *s.* (*shipb.*); **–gelenk** *n.*, knee *or* toggle joint *s.* (*of coffee grinder, etc.*); **–holz** *n.*, knee timber *s.*, crook *s.* (*shipb.*); **–rohr** *n.* (*naut.*), knee *s.*, elbow pipe *s.*; **–stück** *n.*, crook *s.*, elbow *s.*, knee (piece) *s.*, knee joint *s.* (*shipb.*); **durch ein –stück verbinden** *od.* **verstärken** (*naut.*), to knee; **–verbindungsstück** *n.*, **–verstärkungsstück** *n.*, elbow joint *s.*, knee piece *s.* (*shipb.*).

Kniff *m.*, crease *s.*, fold *s.*, wrinkle *s.* (*in a sail*); (*fig.*) trick *s.*, device *s.*, dodge *s.*; (*naut., rac.*) knack *s.*; **technischer –,** contraption *s.*; **den – heraushaben** (*rac., etc.*), to have the knack of it, to know the ropes. **knifflig** *adj.*, **–e Auf-**

gabe (*nav.*), tricky problem *s.*

knittern *v.*, to crease, to crumple, to get creased *or* crumpled, to wrinkle, to get wrinkled (*of sails*).

Knopf *m.* (*naut.*), button *s.*, head *s.* (*of flagpole*), (*dial.*) knot *s.*; (*tech.*) knob *s.*; **–steuerung** *f.* (*rad., etc.*), push-button control *s.*

Knoten *m.*[1] (*naut.*), nautical mile *s.*, knot *s.* (*measure of speed*); knot *s.* (*of wind velocity*); **in 3-5 – scheinbarem Wind,** in three to five knots apparent wind; **mit 5 – Geschwindigkeit,** at a five knot rate (*of boat, wind*); **zehn – laufen,** to make ten knots (*of boat*); **ein halber – (Geschwindigkeit),** half a knot (of speed).

Knoten *m.*[2] (*naut.*), bend *s.*, hitch *s.*, knot *s.*; (*astr.*) node *s.*; **Bewegung** *f.* **des Mondes von einem – bis wieder zu demselben** (*astr.*), nodical revolution *s.* of the moon; **absteigender (aufsteigender) –** (*astr.*), descending (ascending) node *s.*; **einfacher –** (*naut.*), single knot *s.*, loop knot *s.*; **Takling** *m.* **mit einfachem –,** French whipping *s.*; **falscher –** (*naut.*), granny('s) knot *s. or* bend *s.*; **französischer –,** French knot *s.*; **gewöhnlicher –,** overhand knot *s.*; **laufender –,** running knot *s. or* bend *s.*; **leicht aufzulösender** *od.* **zu lösender –,** skip knot *s.*; **einen – schlagen** (*naut.*), to make *or* to tie a knot *or* bend *or* hitch. **knoten** *v.* (*naut.*), to make *or* to tie (in) a knot *or* hitch. **Knotenpunkt** *m.* (*naut.*), intersection *s.*, junction *s.* (*of canals*); (*math.*) converging point *s.*; (*astr.*) nodal point *s.*

Knüppel *m.* (*naut.*), stick *s.*; **–brücke** *f.*, corduroy bridge *s.*; **–damm** *m.*, corduroy road *s.*

knüppeln *v.* (*naut., coll.*), to point high, to thrash (*of boat*).

Knüttel *m.* (*naut.*), knittle *s.*

Kocher *m.* (*naut.*), (propane-gas *or* primus) cooker *s. or* heater *s. or* stove *s.*

Koch/geschirr *n.* (*naut.*), mess-tin *s.*, (*coll.*) dixie *s.*; **großer –kessel** *m.* (*naut.*), copper *s.* **Kochs/gast** *m.*, **–maat** *m.*, cook's mate *s.*, (*coll.*) pot walloper *s.*

Kode *m.* (*naut., rad.*), code *s.*; **–buch** *n.* (*naut.*), code (book) *s.*; **–schlüssel** *m.* (*naut., meteor., rad.*), code *s.*, key *s.*

Koeffizient *m.* (*naut., math., phys.*), coefficient *s.*; **konstanter –,** modulus *s.* (*pl.* moduli); **prismatischer –,** prismatic(al) coefficient *s.*

Koerzitivkraft *f.* (*phys.*), coercive force *s.*; retentivity *s.* (*of magnet*).

Koffer/damm *m.* (*naut.*), coffer()dam *s.*; **–dammschott** *n.*, cofferdam bulkhead *s.*; **–deck** *n.*, trunk deck *s.*; **–nagelring** *m.* **(für Belegnägel),** spider band *s.*; **–radio** *n.*, table *or* portable radio *s.*

Kogge *f.* (*obs.*), cog *s.*

Kohlenschiff *n.*, collier *s.*, coal barge *s.*

Koje *f.*, berth *s.*, bunk *s.*, cot *s.*, (*am.*) sack *s.*; pipe berth *s.*; **fest eingebaute –,** bunk *s.*; **in die – kriechen** (*naut., coll.*), to roll *or* to turn in. **Kojen/bord** *n.*, bunk board *s.*; **–leiter** *f.*, berth *or* bunk ladder *s.*; **–segel** *n.*, canvas weather screen *s.*

Koker *m.* (*naut.*), port *s.*, tube *s.*, trunk *s.* (*for rudderstock*); mast tabernacle *s.*

Kokille *f.* (*naut.*), ingot-mould *s. or* (*am.*) -mold *s.* (*shipb.*).

Kokostau *n.*, coir rope *s.*, coir hawser *s.*; **–werk** *n.*, coir rope(s) *s.* (*pl.*) *or* cordage *s.*

Kolben *m.* (*naut., tech.*), piston *s.*, plunger *s.* **Kolben/antrieb** *m.*, piston drive *s.*; **–bolzen** *m.*, gudgeon *or* piston pin *s.*, wrist *s.*; **–hub** *m.*, piston stroke *s.*; **–pumpe** *f.*, piston *or* positive displacement pump *s.*; **–ring** *m.*, piston ring *s.*; **–stange** *f.*, piston-rod *s.*; **–ventil** *n.*, piston valve *s.*; **–verdrängung** *f.*, piston displacement *s.*

Kolderstock *m.*, outrigger *s.*, steering lever *s.*

kollidieren *v.*, to collide **(mit,** with), (*coll.*) to bump *or* to crash into; **frontal –,** to collide head on; **– mit,** to run foul of (*a boat*); to come *or* to get into collision with.

Kollimation *f.* (*astr.*), collimation *s.* **Kollimations/fehler** *m.*, collimation error *s.* (*of sextant*); **–linse** *f.*, collimator *s.* **Kollimator** *m.* (*astr., phys.*), collimator *s.*

Kollision *f.* (*naut.*), collision *s.*, impact *s.*, (*coll.*) clash *s.*, crash *s.*, foul *s.*; **frontale –,** head-on collision *s.*; **eine – haben mit, in – geraten mit,** to run foul of. **Kollisions/gefahr** *f.*, danger *s. or* risk *s.* of collision; **die –gefahr vermindern,** to reduce (the) risk of collision; **–kurs** *m.*, collision *or* intersection course *s.*; **–manöver** *n.*, manoeuvre *s. or* (*am.*) maneuver *s.* to avoid collision; **–matte** *f.*, collision mat *s.*; **–peilung** *f.*, collision bearing(s) *s.* (*pl.*); **–schott** *n.*, collision bulkhead *s.*; **–schutzradar** *n.*, anti-collision radar *s.*; **–schutz(radar)gerät** *n.*, anti-collision safety device *s.*; **–warnung** *f.*, collision warning(s) *s.* (*pl.*).

Koma *n.* (*astr., phys.*), coma *s.* (*pl.* comae).

Kombinationslaterne *f.* (*naut.*), combination lantern *s.*

Kombüse *f.*, caboose *s.*, cuddy *s.*, galley *s.*, (*obs.*) cookery *s.*; pantry *s.* (*yacht*). **Kombüsen/ausstattung** *f.*, **–einrichtung** *f.*, (*coll.*) **–zeug** *n.*, (cuddy *or* pantry) kit *s.*

Komet *m.* (*astr.*), comet *s.* **Kometen/bahn** *f.*,

orbit *s.* of a comet; **–jahr** *n.*, comet-year *s.*; **–schweif** *m.*, tail *s.* of a comet.

Komitee *n.* (*naut.*, *rac.*), committee *s.*; **Olympisches –,** Olympic Committee *s.*

Komm (langsam) auf! (*com.*), ease the helm!, (*am.*) ease the rudder!

Kommandant *m.* (*naut.*), captain *s.*, commander *s.* (*of a ship*), commanding officer *s.*; **–enboot** *n.*, gig *s.* **Kommandeur** *m.* (*naut.*), commanding officer *s.* **kommandieren** *v.*, to be in command of (*a ship*), to con(n) (*a ship*).

Kommando *n.* (*naut.*), (word of) command *s.*, order *s.*; **das – abgeben,** to strike one's flag; **das – haben,** to con(n) a ship; **das – übernehmen,** to take (over) command, to hoist one's flag. **Kommando / brücke** *f.*, conning *or* pilot *or* navigation bridge *s.*, (*coll.*) bridge *s.*; **–deck** *n.*, bridge deck *s.*; **–pfeife** *f.*, boatswain's whistle *s.*; **–turm** *m.*, conning tower *s.*; **–wimpel** *m.*, broad pendant *s.* *or* pennant *s.*

kommen! (*W/T*) (*int.*), over!; **bitte –!** (*W/T*) (*int.*), to station…, (*coll.*) come now!, can you here me?. **kommen** *v.*, **in Fahrt –** (*naut.*), to get under()way *or* (*coll.*) under()weigh; **längsseit –,** to come alongside; **der Anker kommt fest,** the anchor bites *or* gripes; **es kommt ein Gewitter, ein Gewitter kommt auf,** a storm is brewing; **es kommt dick** (*naut.*, *coll.*), it is getting thick *or* misty. **kommend** *pr. p.*, **– von, auslaufend nach,** coming (in) from, sailing to *or* outward-bound for.

Kommodore *m.*, commander *s.*, commodore *s.* (*also of yacht club*); **– eines (Segel)Geschwaders,** commander *s.* *or* commodore *s.* of a squadron, (*am.*) wing commander *s.*; **–stander** *m.*, broad pendant *s.* *or* pennant *s.*

Kommutation *f.* (*astr.*), commutation *s.*

Kompaß *m.*, compass *s.*; telltale *or* overhead compass *s.* (*in the cabin*); **aperiodisch gedämpfter –,** aperiodic compass *s.*; **beleuchteter –,** illuminated *or* lighted compass *s.*; **– für Jollen,** flat-glass *or* dinghy compass *s.*, small compass *s.*; **den – kompensieren,** to adjust *or* to compensate the compass; **sich genau mit dem – auskennen,** to box the compass; **Lage** *f.* *od.* **Richtung** *f.* **nach dem – bestimmen,** to set by the compass; **der – ist ruhig,** the compass is steady; **der – ist träge,** the compass hangs. **Kompaß / ablenkung** *f.*, compass deviation *s.*; **–abweichung** *f.*, compass declination *s.* *or* deviation *s.*; **–aufhängung** *f.*, compass mounting *s.* *or* suspension *s.*; **kardanische –aufhängung** *f.*, gimbal(l)ed compass mounting *s.*; **–beleuchtung** *f.*, illumination *s.* *or* light *s.* of the compass, compass illumination *s.*; **–beschickung** *f.*, compass correction *s.*; compass calibration *s.*; **–buchse** *f.*, compass bowl *s.*; **–deklination** *f.*, compass declination *s.*; **–diopter** *n.*, azimuth device *s.* *or* mirror *s.* (of the compass); **–dose** *f.*, compass box *s.*; **–ducht** *f.*, compass thwart *s.*; **–fehler** *m.*, compass error *s.*; **–flüssigkeit** *f.*, compass fluid *s.*; **–gehäuse** *n.*, box *s.* (of the compass), compass bowl *s.* *or* box *s.*, binnacle *s.*; **–haube** *f.*, binnacle hood *s.*, helmet *s.*, top *s.* (of the compass), compass cover *s.*; **–haus** *n.*, **–häuschen** *n.*, binnacle *s.* (of the compass); **–hütchen** *n.*, jewel cap *s.*; **–kasten** *m.*, box *s.* (of a compass); **–kessel** *m.*, compass bowl *s.* *or* chamber *s.*; **–kompensierer** *m.*, compass adjuster *s.* (*pers.*); **–kompensierung** *f.*, compass adjustment *s.* *or* correction *s.* *or* compensation *s.*; **automatische –kompensierung** *f.*, automatic compass correction *s.*; **–kompensierung vornehmen,** to swing ship (for deviation); **–kontrolle** *f.*, check(ing) *s.* of the compass, compass control *s.*; **–korrektoren** *m./pl.*, compass correctors (*pl.*); **–kreis** *m.*, station pointer *s.*; **–kurs** *m.*, compass *or* steered course *s.*, (compass) heading *s.*; **–lampe** *f.*, compass lamp *s.*; **–linie** *f.*, rhumb-line *s.*; **–lupe** *f.*, compass magnifying glass *s.*; **–meridian** *m.*, compass meridian *s.*; **–mutter** *f.*, master compass *s.*; **–nadel** *f.*, needle *s.* of the compass, compass needle *s.*; **–nord**, compass north *s.*; **–peilung** *f.*, compass bearing *s.*; **–peilung** *f.* **(von einem Objekt) nehmen,** to set by one's compass; **–pinne** *f.*, pin *s.* *or* pivot *s.* of the compass; **–punkte** *m./pl.*, **die –punkte der Reihe nach aufzählen,** to box the compass; **–rack** *n.*, compass rack *s.*; **–richtung** *f.*, **Instrument** *n.* **zur Bestimmung der –richtung,** ectropometer *n.*; **–ringe** *m./pl.*, (compass) gimbals (*pl.*); **–rose** *f.*, compass card *s.*, (compass) rose *s.*; **–säule** *f.*, binnacle stand *s.*, compass pole *s.*; **–spitze** *f.*, pin *s.* of the compass; **–steuerkurs** *m.*, compass course *s.* *or* heading *s.*, steered course *s.*; **–strich** *m.*, bearing *s.* of the compass, point *s.* of the compass, compass point *s.*, rhumb(-line) *s.*; **–tochter** *f.*, repeater compass *s.*; **–zone** *f.*, compass zone *s.*

Kompensation *f.* (*naut.*), adjustment *s.*, compensation *s.* (*of compass, course*). **Kompensations / kompaß** *m.*, adjusting *or* compensating compass *s.*; **–magnet** *m.*, compensator *s.*, compensating magnet *s.*; **–pendel** *n.*, compensated *or* grid-iron pendulum *s.*; **–schleife** *f.*, correcting loop *s.* **Kompensator** *m.*, compensator *s.* (*of compass*); (*pl.*) (compass) compensating weights (*pl.*). **kompensieren** *v.*, to adjust, to compensate (*compass, course*). **Kompensierer** *m.*, compass-adjuster *s.* (*naut. expert*). **Kompensierung** *f.*, adjustment *s.*, compensation *s.* (*of compass*). **Kompensierungs / bake** *f.*, deviation beacon *s.*; **–fahrt** *f.*, compass run *s.*; **–kugeln** *f./pl.*, compensating *or* quadrantal correctors (*pl.*) *or* globes (*pl.*) (*for compass*); **–magnet** *m.*, compensating magnet *s.*, compensator *s.*

Komplement *n.* **der Breite eines Gestirns** (*astr.*), colatitude *s.* **Komplement / breite** *f.* (*astr.*), colatitude *s.*; **–(är)winkel** *m.*, complement *s.* of an angle, complementary angle *s.*

Komponente *f.* (*naut., chem., phys.*), component *s.*, constituent *s.*; **harmonische – der Tide(n),** harmonic component *s.* of the tide.

Komposit / bau(weise *f.*) *m.*, composite building *s. or* construction *s.* (*shipb.*); **–boot** *n.*, composite boat *s.*

Kompression *f.* (*naut., phys.*), compression *s.* **Kompressions / beanspruchung** *f.*, compressive stress *s.* (*of hull, etc.*); **–druck** *m.*, **–spannung** *f.*, compression *or* compressive force *s. or* pressure *s.* **Kompressor** *m.*, compressor *s.*

Kondemnationsakte *f.* (*naut.*), certificate *s.* of condemnation. **kondemnieren** *v.*, to condemn (*a boat or ship*). **Kondemnierung** *f.*, condemnation *s.*

Kondensation *f.* (*naut., meteor.*), condensation *s.* **Kondensations / linse** *f.*, condensing lens *s.*; **–wasser** *n.*, condensed water *s.*, condensation *s.*

Kodensator *m.* (*rad.*), capacitor *s.*, condenser *s.*; **–antenne** *f.*, condenser aerial *s. or* (*am.*) antenna *s.*; **–kette** *f.* (*rad.*), high-pass filter *s.*

Kondenswasser *n.*, condensed water *s.*, water *s.* of condensation; **–bildung** *f.*, condensation *s.*

Königinsegel *n.*, queen sail *s.* (*staysail*). **Königsroller** *m.* (*naut.*), centre *or* (*am.*) center fairlead *s.*

konisch *adj.*, conical (*as buoy*), tapered (*as mast*). **Konizität** *f.*, taper *s.*

Konjunktion *f.* (*astr.*), conjunction *s.*, conjuncture *s.*; **obere –** (*astr.*), superior conjunction *s.*

konkav *adj.*, concave; **– gewölbt,** dished (*as deck*); **–konvex** *adj.*, concavo-convex.

Konkurrent *m.* (*rac.*), competitor *s.*, rival *s.*, contestant *s.* **konkurrieren** *v.* **mit** (*rac.*), to compete with, to rival (*other boats*).

konservieren *v.* (*naut.*), to conserve, to preserve (*hull, etc.*), (*coll.*) to keep. **Konservierung** *f.*, preservation *s.*; **–smittel** *n.*, preservative *s.*

Konsistenz *f.* (*phys.*), viscosity *s.* (*esp. GRP-shipb.*).

Konsole *f.* (*naut.*), bracket *s.*, console *s.*, stool *s.* (*for instruments*).

konstant *adj.* (*naut., phys.*), constant, stable, steady, invariable (*as wind, speed*), (*meteor.*) uniform; **–e Fahrt** *f. od.* **Geschwindigkeit** *f.*, constant *or* steady speed *s.* (*of boat*); **–e Größe** *f.* (*phys.*), constant *s.*; **–e Temperatur** *f.*, uniform temperature *s.* **Konstante** *f* (*naut., math., phys.*), constant *s.*, invariable *s.*; **harmonische – der Gezeiten,** harmonic constant *s.* (of tide).

Konstellation *f.* (*astr.*), configuration *s.*, constellation *s.*

konstruieren *v.* (*naut.*), to construct, to design, to shape (*a yacht, sail*). **Konstrukteur** *m.*, (yacht) designer *s.*; technical designer *s.* **Konstruktion** *f.*, construction *s.*, design *s.* (*shipb., sails*). **Konstruktions / breite** *f.*, breadth *s.* mo(u)lded, mo(u)lded breadth *s. or* beam (*of boat*); **–einzelheiten** *f./pl.*, structural detail *s.*; **–elemente** *n./pl.*, structural members (*pl.*); **–fehler** *m.*, defect *s.* of construction, structural defect *s.*, faulty design *s.*; **–form** *f.*, structural shape *s.* (*sail, yacht*); **–geschwindigkeit** *f.*, designed speed *s.*, speed *s.* of construction *or* design; **–klasse** *f.*, open design class *s.*, Open Class *s.* (*boats*), (*surf.*) construction class *s.*; **–merkmale** *n./pl.*, structural feature(s) *s.* (*pl.*); **–spant** *n.*, designed frame *s. or* section *s.*; **–spantenriß** *m.*, body *or* lines drawing *s. or* plan *s.*; **–stahl** *m.*, structural steel *s.* (*shipb.*); **–tiefgang** *m.*, design(ed) *or* mo(u)lded *or* load draught *s. or* (*am.*) draft *s.*; **–tiefgang** *m.* **über Oberkante Kiel,** mo(u)lded draught *s. or* (*am.*) draft *s.*; **–verdrängung** *f.*, designed displacement *s.*; **–wasserlinie** *f.*, design(ed) *or* load waterline *s.*; **–zeichnung** *f.*, design *s.*; body *or* lines drawing *s. or* plan *s.*, workshop drawing *s.*

Kontakt *m.* (*elec., rad., phys., tech.*), contact *s.*; **– herstellen (mit)** (*rad.*), to contact, to make contact (with), to get into touch (with). **Kontakt / feder** *f.*, contact spring *s.*; **(automatischer) –geber** *m.*, contactor *s.*; **–libelle** *f.*, contact level *s.* (*measuring instrument*); **–magnetisierung** *f.*, touch *s.*; **–mittel** *n.* (*phys., tech.*), contact agent *s.*; **–wirkung** *f.* (*phys.*), contact action *s.*

Konter / mutter *f.* (*naut.*), counter()nut *s.*; **–schraube** *f.* (*naut.*), check *or* lock nut *s.*, (*coll.*) dolly *s.*

Kontinent *m.*, continent *s.* **kontinental** *adj.*, continental; **–e Inseln** *f./pl.*, continental islands (*pl.*); **–e Wasserscheide** *f.*, continental divide *s.* **Kontinental(al) / abböschung** *f.*, **–abfall** *m.* (*geogr.*), continental slope *s.*; **–häfen** *m./pl.*, continental harbo(u)rs (*pl.*) *or* ports (*pl.*); **–hoch** *n.* (*meteor.*), continental high *s.*; **–klima** *n.*, continental climate *s.*, (*esp. br.*) excessive climate *s.*; **–schelf** *n.* (*geogr.*), continental shelf *s.*; **–tief** *n.* (*meteor.*), continental low *s. or* depression *s.*

Kontinuitätsprinzip *n.* (*phys.*), principle *s.* of continuity.

Kontrolle *f.* (*naut.*, *tech.*), check *s.*, check-up *s.*, control *s.*; supervision *s.*; **außer – geraten,** to get out of control *or* hand (*of boat*); **die – verlieren über,** to lose control of (*boat, etc.*); **unter – haben, unter – sein,** to be *or* to have under control, to have in hand (*boat, etc.*). **Kontroller** *m.* (*tech.*), controller *s.* (*device*). **Kontroll / gerät** *n.*, monitor *s.*, monitoring device *s.*; **–glas** *n.* (*naut.*), ga(u)ge glass *s.* **kontrollieren** *v.*, to check, to control. **Kontroll / instrument** *n.*, control instrument *s.*; **–lampe** *f.*, **–leuchte** *f.*, pilot lamp *s. or* light *s.* (*of compass, instruments*); **–meile** *f.* (*naut.*), measured mile *s.*; **–peilung** *f.*, check bearing(s) *s.* (*pl.*); **–pult** *n.* (*naut.*), control desk *s.*; **–relais** *n.* (*tech.*), pilot relay *s.*; **–schalter** *m.*, control switch *s.*; **–uhr** *f.* (*astr.*), journeyman *s.*; **–versuch** *m.*, control test *s.*, spot check *s.*; **–zertifikat** *n.*, certificate *s.* of survey (*yacht measurement, etc.*).

Kontur *f.*, contour *s.*, outline *s.* (*of landmark, reef, etc.*).

Konvektion *f.* (*phys.*), convection *s.* (*vertical air current*).

Konvention *f.* **zum Schutz menschlichen Lebens auf See,** Convention *s.* for the Safety of Life at Sea.

Konvergenz *f.* (*math., phys.*), convergence *s.*; **meteorologische –,** convergence *s.*; **–linie** *f.* (*meteor.*), line *s.* of convergence.

konvergieren *v.* (*naut.*), to converge (*of courses*), to come *or* to run together *or* to a point (*bearing, etc.*). **konvergierend** *adj.*, **–e Kurse** *m./pl.*, converging courses (*pl.*).

konvex *adj.*, convex; **–e Fläche** *f.*, convex *s.*; **–e Form** *f.*, convexity *s.* (*of deck, etc.*). **konvex / -konkav** *adj.*, convexo-concave; **–konkave Linse** *f.*, meniscus *s.*; **–linse** *f.*, convex lens *s.* **Konvexität** *f.*, convexity *s.*

Konvoi *m.* (*naut.*), convoy *s.*; **Fahren** *n. od.* **Segeln** *n.* **im –,** convoy navigation *s. or* sailing *s.*

konzentrisch *adj.*, concentric (**mit,** with) (*of mast, etc.*). **Konzentrizität** *f.*, concentricity *s.*

Koog *m.* (*pl.* **Köge)** (*geogr., dial.*), polder *s.*

Koordinaten *f./pl.* (*nav.*), co(-)ordinates (*pl.*); **geographische (sphärische) –,** geographical (spherical) co(-)ordinates (*pl.*). **Koordinaten / netz** *n.*, chart *or* map grid *s.*, (*coll.*) net *s.*; **–papier** *n.*, graph paper *s.*; **–system** *n.*, graticule *s.*, co(-)ordinate system *s.*, system *s.* of co(-)ordinates; **Nullpunkt** *m.* **des –systems,** intersection *s.* of (the) axes.

koordinieren *v.* (*naut., rad., tech.*), to co(-)ordinate. **koordiniert** *adj.*, **–e Weltzeit,** Universal Time Co(-)ordinated. **Koordinierung** *f.*, co(-)ordination *s.*

Kopf *m.* (*naut.*), head *s.* (*of sail, tiller*); head *s.* (*of jetty, mole, pier, bridge*); **über – gehen,** to pitch-poll (*of boat*); **– der Ruderpinne,** tiller head *s.*; **– des Ruderschaftes,** rudder head *s.*; **– einer Bodenwrange,** floorhead *s.*; **– eines Gangspills,** rundle *s.* (of a capstan); **– eines Segels,** head *s.* (of a sail). **Kopf / bolzen** *m.*, fender bolt *s.*; set *or* tap bolt *s.*; **–brett** *n.*, headboard *s.* (*esp. of mainsail*); **–ende** *n.*, top *s.*; **–hörer(halter)** *m.* (*rad.*), headphone *s.*, head piece *s. or* set *s.*, earphones (*pl.*), earpiece *s.*; **k–lastig** *adj.* (*naut.*), down by the bow *or* head, bow-heavy, (*coll.*) nose- *or* top-heavy (*of boat*); **–lastigkeit** *f.*, bow- *or* (*coll.*) nose-heavy condition *s.* (*of a boat*); **–leine** *f.*, head rope *s.*; **–lüfter** *m.*, (over)head ventilator *s.*; **–platte** *f.*, headboard *s.* (*of a sail*); **–ring** *m.*, head ring *s.* (*of sail*); **–schlag** *m.*, bitter *s.* (*hitch*); **–schraube** *f.*, tap bolt *s.*; **–tau** *n.*, head rope *s. or* line *s.*; **–wind** *m.* (*naut., coll.*), noser *s.*

Koppel / besteck *n.*, dead reckoning *s.*; **–kurs** *m.*, dead reckoning *s.*, combined course *s.*, traverse *s.*, traverse sailing *s.*; **Gang** *m.* **des –kurses,** traverse *s.*; **–kursnavigation** *f. od.* **-segeln** *n.*, traverse navigation *s. or* sailing *s.* **koppeln** *v.*, to keep the dead reckoning, to solve *or* to work a traverse; (*rad.*) to connect, to couple; (*tech.*) to connect; **die Kurse –,** to solve *or* to work a traverse. **Koppel / navigation** *f.*, dead-reckoning navigation *s.*, traverse navigation *s. or* sailing *s.*; **–ort** *m.*, dead-reckoning position *s.*; **–rechnung** *f.*, dead reckoning *s.*; **–tabelle** *f.*, **–tafel** *f.*, traverse table *s.*; **automatischer –tisch** *m.*, automatic plotter table *s.* **Kopp(e)lung** *f.*, dead reckoning *s.*; (*rad.*) coupling *s.*, linkage *s.*; **nach –,** by dead-reckoning; **–sspule** *f.* (*rad.*), coupling coil *s.* **Koppler** *m.* (*rad.*), coupler *s.* (*device*).

Korallen *f./pl.* (*naut.*), bull's eyes (*pl.*) (*for mast leech, etc.*). **Korallen / bank** *f.*, coral reef *s.*; **–insel** *f.*, atoll *s.*, coral island *s.*; **–riff** *n.*, coral reef *s.* **Koralle(ntier** *n.*) *f.*, coral *s.*, coral polyps (*pl.*), Actinozoa *s.*, Anthozoa *s.*

Korb / antenne *f.*, squirrel-cage aerial *s. or* (*am.*) antenna *s.*; **–fender** *m.*, cane *or* wicker fender *s.*; **–flasche** *f.* (*naut.*), demijohn *s.*; **–mast** *m.*, basket mast *s.*

Kork *m.* (*naut.*), cork *s.*, stopper *s.*; float *s.* (*fishery, etc.*). **Kork / boje** *f.*, cork buoy *s.*; **–fender** *m.*, cork fender *s.*; **–gürtel** *m.*, lifebelt *s.*; **–schwimmer** *m.*, cork (float) *s.* (*fishery, etc.*); **–stöpsel** *m.*, cork(-stopper) *s.* (*for drain valve, sea cock*); **–weste** *f.*, cork jacket *s.*, life-jacket *s.*

Korona *f.* (*astr.*), corona *s.*

Körper / trimm *m.*, **–trimmen** *n.* (*rac.*), trim *s.* (*of the boat*) by the crew *or* by crew weight.

Korrektion *f.* (*naut.*), correction *s.* **Korrektions / koeffizient** *m.* (*naut., phys.*), correction *s.*; **–linse** *f.*, correcting lens *s.* (*of telescope, etc.*). **Korrektoren** *m./pl.*, correctors (*pl.*) (*of the compass*). **Korrektur** *f.* (*rad., D/F*), correction *s.*; **–faktor** *m.* (*naut.*), factor *s.* of correction, correctional *or* corrective factor *s.*; **–winkel** *m.*, angle *s.* of correction. **korrigieren** *v.* (*naut., tech.*), to adjust, to correct, to rectify; to alter (*course*).

Korridor (*naut., geogr.*), corridor *s.*, narrows (*pl.*), strait *s.*

korrodieren *v.*, to corrode. **korrodierend** *adj.*, corrosive. **Korrosion** *f.*, corrosion *s.*; **elektrolytische –,** electrolytic corrosion *s.* **Korrosions / anfressungen** *f./pl.*, corrosion pits (*pl.*), pin holes (*pl.*); **k–beständig** *adj.*, non(-)corroding, non(-)corrosive, corrosion-proof, corrosion-resistant; **k–beständiger Stahl** *m.*, stainless steel *s.*; **k–fest** *adj.*, **–frei** *adj.*, non(-)corroding *or* -corrosive, corrosion-resistant; **–(loch)fraß** *m.*, pitting *s.*, corrosion pit(s) *s.* (*pl.*); **–schutz** *m.*, cathodic corrosion protection *s.* (*by sacrificial anodes*); protection *s.* against corrosion; **–schutz(farbe** *f.*) *m.*, anticorrosive (paint) *s.*; **–schutzmittel** *n.*, preventive *s.* against corrosion; **–wirkung** *f.*, corrosiveness *s.*

Korsar *m.*, corsair *s.*, pirate *s.*, buccaneer *s.*, picaroon *s.*; Corsair *s.* (*boatclass*).

Kortdüse *f.* (*naut.*), kort nozzle *s.*; **drehbare –,** rotary *or* rotating kort nozzle *s.*

Korund *m.*, emery *s.*; **–scheibe** *f.*, emery-wheel *s.* (*for boat polish, etc.*).

Korvette *f.*, corvet *s.*, corvette *s.*, sloop *s.*; **–nkapitän** *m.*, lieutenant-commander *s.*

Kosinus *m.* (*math.*), cosine *s.*

kosmisch *adj.*, cosmic(al); **–e Konstante** *f.* (*astr.*), cosmical constant *s.*; **–e Physik** *f.*, cosmical physics (*pl.*); **–er Staub** *m.* (*astr.*), cosmic *or* meteor dust *s.*, stardust *s.*; **–es Störgeräusch** *n.*, **–e Störungen** *f./pl.* (*rad.*), cosmic(al) radio-noise *s.*; **–e Strahlen** *m./pl.*, cosmic rays (*pl.*); **–e Strahlung** *f.*, cosmic(al) radiation *s.* **Kosmos** *m.*, cosmos *s.*, universe *s.*

Kost *f.* (*naut., coll.*), tack *s.*, tuck *s.*; **gute –,** soft tack *s.*

Kosten (*pl.*), cost *s.*, expense(s) *s.* (*pl.*); charges (*pl.*), fees (*pl.*); **auf – und Gefahr des Eigners,** at owner's expense and risk; **– für Rettungsaktion,** salvage money *s. or* charges (*pl.*); **– für Vermessung,** fees (*pl.*) for measurement, survey charges (*pl.*).

Kotangens *m.*, **Kotangente** *f.* (*math.*), cotangent *s.*

Kote *f.* (*geom.*), z-coordinate *s.*; **–ntafel** *f.*, table *s.* of z-coordinates.

krachen *v.*, to roar, to thunder (*of storm*); to burst, to crack, to crash.

Kraft *f.* (*naut., phys.*), equilibrant (balance) *s.*, energy *s.*, force *s.*, power *s.*, strength *s.*, stress *s.*; (*tech.*) load *s.*, stress *s.*; effort *s.* (*as of crew*); force *s.* (*of wind*); **aerodynamische –,** aerodynamic force *s.*; **axiale –** (*phys.*), axial stress *s.*; **bewegende –** (*phys.*), prime mover *s.*; **elektromagnetische –,** electromagnetic force *s.*; **elektromotorische –,** electromotive force *s.*; **hydrodynamische –,** hydrodynamic force *s.*; **latente –** (*phys*), potential energy *s.*; **aus eigener –** (*naut.*), with own power, under (one's) own steam; **in – treten** (*naut., jur.*), to become effective; to come into effect *or* force *or* operation; **Angriffspunkt** *m.* **einer –** (*naut., phys.*), origin *s.* of a force, working point *s.* of a force; **Erhaltung** *f. od.* **Fortwirkung** *f.* **einer –** (*phys.*), persistence *s.* of (a) force; **alle Maschinen volle – voraus (zurück)!** (*com.*), all ahead (astern) full!; **äußerste – voraus!** (*com.*), emergency full ahead!, all engines ahead full!; **äußerste – zurück!** (*com.*), all back emergency!, all engines back full!. **Kraft / anlage** *f.* (*naut.*), power-plant *s.* (*aboard*); **–antrieb** *m.* (*naut.*), power drive *s.* **Kräfte / dreieck** *n.* (*phys.*), triangle *s.* of forces; **–feld** *n.* (*phys.*), field *s.* of a force *or* of forces. **Krafteinheit** *f.* (*phys.*), unit *s.* (of) force *or* work. **Kräfte / paar** *n.* (*phys.*), couple *s.* of forces; **–parallelogramm** *n.* (*phys.*), parallelogram *s.* of forces; **–verteilung** *f.*, distribution *s. or* division *s.* of forces; **–vieleck** *n.* (*phys.*), polygon *s.* of forces. **Kraft / feld** *n.* (*phys.*), field *s.* of force; **–lehre** *f.* (*phys.*), dynamics (*pl.*); **–linie** *f.* (*phys.*), line *s.* of force; **magnetische –linie** *f.*, line *s.* of (a) magnetic force;

–messer *m.* (*phys.*), dynamometer *s.*; **–moment** *n.* (*phys.*), moment *s.* of a force; **–probe** *f.* (*rac.*), trial *s.* of strength, (*am.*) show-down *s.*, workout *s.*; **–pumpe** *f.*, power pump *s.*; **–punkt** *m.* (*phys.*), working point *s.*; **–quelle** *f.* (*phys.*), source *s.* of energy *or* power; generator unit *s.*; **–reserve** *f.* (*phys.*), reserve power *s.*; **–stoff** *m.*, fuel *s.*, petrol *s.*, (*am., coll.*) gas *s.*; **–stoffbehälter** *m.*, **–stofftank** *m.*, fuel tank *s.*, (*am., coll.*) gas drum *s. or* tank *s.*; **–stoffverbrauch** *m.*, fuel consumption *s.*; **–strom** *m.*, power supply *s. or* current *s.* (*aboard, on the quai*); **–system** *n.* (*phys.*), equilibrant (balance) *s.*; **–übertragung** *f.* (*phys.*), power transmission *s.*; load transmission *s.*; **–übertragung** *f.* **(auf Boot und Segel),** power trim *s.*; **die – übertragung über Entfernungen betreffend** (*phys.*), telodynamic.

Kragen *m.* (*naut.*), coat *s.*; (*meteor., tech.*) collar *s.*

Kragspant *n.*, cantilever frame *s.* (*shipb.*).

Krähennest *n.* (*naut.*), look-out *s.*, (*am.*) roundtop *s.*, (*coll.*) crow's nest *s.*, monkey island *s.*

Kralle *f.* (*naut.*), claw *s.* (*of sail*), talon *s.* (*shipb.*); (*tech.*) clutch *s.*; **– im Achterliek,** claw *s.* in the leech *or* (*am.*) leach.

Krampe *f.* (*naut.*), cramp *s.*, U-bolt *s.*; (*tech.*) staple *s.*

Kran *m.*, crane *s.*, hoist *s.* (*in yacht harbour, etc.*); **beweglicher –,** jenny *s.*; **elektrischer –,** electric crane *s.*, electro-crane *s.*; **hydraulischer –,** hydraulic crane *s.*; **mit dem – heben** *od.* **liften,** to crane, to hoist, to lift (*a boat*); **– an Bord,** crane *s.*; **– mit Drehausleger(n),** swing-jib crane *s.* **Kran / arm** *m.*, crane(-)jib *s.*; **–ausladung** *f.*, reach *s. or* (operating) radius *s.* of a crane; **–ausleger** *m.*, crane(-)jib *s.*, outrigger *s.*; **–balken** *m.*, cathead (stopper) *s.*; **(Anker) am –balken verholen,** to cathead; **Binnenende** *n.* **des –balkens,** cattail *s.*; **–bock** *m.*, shear- *or* sheer(-)legs (*pl.*); **–brücke** *f.*, gantry *s.*; **–führer** *m.*, crane driver *s.*, craneman *s.*, (*am.*) crane operator *s.* (*in yacht harbour*); derrickman *s.* (*aboard*); **–gebühr** *f.*, **–geld** *n.*, cranage *s.*

Krängen *n.*, heeling *s.*, list *s.*, tilting (over *or* up) *s.* (*of boat*). **krängen** *v.*, to heel (over), to give a heel, to lie along, to list, to tilt (over *or* up) (*of boat*); to careen, to tilt (*the boat*). **krängend** *adj.*, heeling (over), listing, tilting (over *or* up) (*of boat*); **–es Moment** *n.*, heeling moment *s.* (*of a boat*). **Krängung** *f.*, heel *s.*, heeling *s.*, list *s.*, tilt *s.* (*of a boat*). **Krängungs / ausgleich** *m.*, **–balance** *f.*, heeling compensation *s.*; **–deviation** *f.*, deviation *s.* of heel(ing) *or* list; **–fehler** *m.*, heeling error *s.*; **–gewicht** *n.*, inclining weight *s.*; **–gewichte** *n./pl.*, heeling weights (*pl.*); **–kompensation** *f.*, heeling compensation *s.*; **–kraft** *f.*, heeling force *s.* (*of heavy sea, etc.*); **–magnet** *m.*, heeling corrector *s.*; **–messer** *m.*, nauropometer *s.*, clinometer *s.*, inclinometer *s.*; **–moment** *n.*, heeling moment *s.*; **–pendel** *n.*, clinometer *s.*, inclinometer *s.*; **–pumpe** *f.*, heeling pump *s.*; **–tank** *m.*, heeling tank *s.*; **–versuch** *m.*, heeling *or* inclining experiment *s.*; **–winkel** *m.*, heeling *or* tilting angle *s.*, angle *s.* of heel(ing) *or* list; **in einem –winkel von 30 Grad,** tilted at an angle of 30 degrees.

Kran / gurt *m.*, crane belt *s. or* strap *s.* (*for boats*); **–haken** *m.*, crane hook *s.*; **–(lauf)katze** *f.*, crane crab *s. or* monkey *s.*, overhead tackle *s.* (of a crane); **–wagen** *m.*, mobile crane *s.* (*in yacht harbour, etc.*).

krank *adj.*, **–e (Segel)Naht** (*naut., coll.*), sick seam *s.*

Krankenrevier *n.* (*naut.*), infirmary *s.*, sick-bay *s.* (*on board ship*).

Kranz *m.* (*naut.*), rim *s.* (*of steering wheel*).

Krapper *m.* (*naut.*), rasing knife *s.*

Kratz / bürste *f.* (*naut., tech.*), scratch- *or* wire-brush *s.*, scrubbing brush *s.*; **–eisen** *n.* (*tech.*), rasper *s.* **Kratzer** *m.* (*naut., tech.*), scratcher *s.*, scraper *s.* (*tool*); scratch *s.*, scrape *s.*, scraping *s.* (*in the hull*); **voller –,** scratchy (*of hull*). **Kratzstelle** *f.*, scratch *s.*, scrape *s.* (*in hull, etc.*).

Kräuseln *n.* **(der See)**, lipper *s.* **kräuseln** *v.*, to crimp, to curl, to dimple, to rimple, to ripple, to wimple, to wrinkle (*water surface*); **sich –,** to curl, to dimple, to fret, to flutter, to rimple, to ripple, to wimple (*of water surface*), to ruffle (*of the sea*). **kräuselnd** *adj.*, **sich –,** curly, rippling (*of water surface, sea*). **Kräuselung** *f.*, dimple *s.* (*of water surface*), ripple *s.*, rip(s) *s.* (*pl.*) (*of waves*); **– der See,** ripple(s) *s.* (*pl.*), rips (*pl.*); **– der Wasseroberfläche,** rimple *s.*; **– durch Gezeitenstrom,** tide rips (*pl.*). **Kräusel / wasser** *n.*, curly *or* dimpled *or* rippled water *s.*; **–wellen** *f./pl.*, ripples (*pl.*), rips (*pl.*), wrinkled water *s.*

Kraweel *n.*, (*s.* **Karweel).**

Kreis *m.* (*nav., phys.*), circle *s.*, range *s.*, zone *s.*; sphere *s.*, wheel *s.*; (*astr.*) orbit *s.*; (*elec., rad.*) circuit *s.*; ring *s.*; **großer** *od.* **größter –** (*nav.*), great circle *s.*; **den – quadrieren,** to square the circle; **sich im – bewegen** *od.* **drehen,** to circle (round), to turn round and round, to wheel (*of boat*), to rotate, to revolve; **– zur Bestimmung der Sternpositionen** (*astr.*), circle *s.* **Kreis / abschnitt** *m.*, segment *s.* (of a circle); **–abtastung** *f.* (*radar*), circular scanning *s.*; **–ausschnitt** *m.*, sector *s.* (of a circle); **–bahn** *f.* (*astr.*), orbit *s.*; **–bahnhelling** *f.*, cambered slipway *s. or* standing ways (*pl.*); **–bewegung** *f.*, circular *or* rotary motion *s.*, gyration *s.*, rotation *s.*, wheel *s.* (*of boat, etc.*); **–bogen** *m.*, arc *s.* (of a circle); limb *s.* (*of sextant*); **–bogenprofil** *n.*, arched *or* circular section *s. or* shape *s.* (*shipb.*); **–einteilung** *f.*, division *s.* of the circle.

Kreisel *m.* (*naut.*), gyroscope *s.*, (*coll.*) gyro *s.*; gyrostabilizer *s.*; **– –A** *n.*, gyro lubber's line error *s.*; **–achse** *f.*, gyro-axis *s.*; **–bewegung** *f.*, gyration *s.*, gyroscopic motion *s.*, vortical motion *s.*; **schnelle –bewegung** *f.* whirl(-about) *s.*, spin *s.* (*of boat*); **–drall** *m.*, gyro spin *s. or* torque *s.*; **–horizont** *m.*, artificial *or* gyro horizon *s.*; **geozentrischer (künstlicher, scheinbarer) –horizont** *m.*, rational (artificial, sensible) horizon *s.*; **–kompaß** *m.*, gyro()compass *s.*, gyroscopic *or* gyrostatic compass *s.*, gyroscope *s.*; **–kompaßanlage** *f.* **(an Bord),** gyrocompass plant *s.* (aboard); **–kompaßausrüstung** *f.*, gyrocompass equipment *s. or* outfit *s.*; **–kompaßkessel** *m.*, phantom element *s. or* ring *s.*; **–kompaßkopp(e)lung** *f.* (*radar*), azimuth stabilizer *s.*; **–kompaßpeiler** *m.*, gyrometric direction-finder *s. or* D/F *s.*; **–magnetkompaß** *m.*, gyro-magnetic compass *s.*; **–moment** *n.*, gyroscopic moment *s.*; **–mutter** *f.*, master gyrocompass *s.* **kreiseln** *v.* (*phys.*), to gyrate, to rotate, to revolve; to spin *or* to whirl (around) (*of boat*). **Kreisel / pumpe** *f.*, centrifugal *or* rotary pump *s.*; **–rad** *n.*, rotor *s.*, turbine *s.*; **–sextant** *m.*, gyro sextant *s.*, sextant *s.* with artificial horizon; **–stabilisierung** *f.*, gyrostabilizer *s.*; **–tochter** *f.*, repeater gyrocompass *s.*, repeater *s.* (of a gyrocompass); **–vorrichtung** *f.*, gyrostat *s.*

kreisen *v.* (*naut.*), to move in a circle *or* in circles, to circle (*of a boat*), to wheel, to whirl (around) (*of boats*); (*phys.*) to revolve, to rotate.

Kreis / feuer *n.* (*naut.*), omnidirectional beacon *s. or* light *s.*; **–fläche** *f.*, area *s.* of the circle; **–frequenz** *f.* (*phys.*), angular velocity *s.*; **–funkfeuer** *n.*, non-directional radio beacon *s.*; **–lauf** *m.* (*phys.*), circuit *s.*, course *s.*, cycle *s.*; circulation *s.*; (*astr.*) orbit *s.*, revolution *s.*; **–leitung** *f.* (*rad.*), closed circuit *s.*; **–linie** *f.*, circumference *s.*; **–sektor** *m.*, sector *s.* (of a circle); **–standlinie** *f.*, **–standort** *m.*, circle *s.* of position (*of boat*); **–umfang** *m.*, circumference *s.*; **–viertel** *n.*, quadrant *s.*

Krempe *f.* (*naut.*, *tech.*), flange *s.*

Kreuz *n.*[1] (*naut.*), cross-bar *s.* (*shipb.*); crown *s.* (*of anchor*).

Kreuz *f.*[2] (*naut.*), **an der –,** on the wind, upwind; **an der – einsetzbar,** (to be an) upwind sail (*of sails*); **an der – fahren** *od.* **segeln,** to beat to windward, to go (straight) upwind; **auf der –,** on the beat, beating upwind, upwind (sailing), going to weather; **ins – gebraßt,** square; **(Rahen) ins – brassen,** to square (the yards); **in die** *od.* **ins – fahren** *od.* **segeln,** to tack; **über –,** crosswise.

Kreuz / antenne *f.*, cross aerial *s. or* (*am.*) antenna *s.*; **–ballon** *m.*, balloon jib *s.*, miz(z)en balloon *s.*; **–bändsel** *n.*, cross seizing *s.*; **–bändsel** *n.* **(zwischen 2 Augen),** wedding knot *s.*; **–bändselung** *f.*, nipping *s.*; **–dünung** *f.*, cross swell *s.*; **–eigenschaft(en)** *f.* (*pl.*), upwind performance *s.* (*of boat, sail*).

Kreuzen *n.* (*naut.*), beating *s.*, beating *s.* to windward *or* upwind, going *s.* (straight) upwind, upwind (sailing) *s.*, (*rac.*) tacking *s.*, veering *s.*, (*nav.*) cruising *s.*; **beim –,** when beating; **– vor dem Wind,** changing tacks before the wind, tacking downwind. **kreuzen** *v.* (*naut.*), to beat, to beat to windward *or* upwind, to go (straight) upwind, to sail upwind, to beat *or* to ply windward by boards, to board, to head up and down, to back and fill, (*rac.*) to tack, to veer, (*nav.*) to cruise, to traverse; **den Bug eines Ankerliegers –,** to cross the hawse (of a moored boat); **den Bug** *od.* **Kurs eines anderen Bootes –,** to cross the bow *or* course of another boat; **gegen den Wind –,** to beat *or* beating upwind; **leewärts –,** to beat to leeward; **mit dem Wind –,** to beat *or* beating downwind; **sich –,** to intersect, to traverse (*of courses, lines*); **zwei sich –de Kurse (Linien),** two traverse courses (*pl.*) (lines *pl.*).

Kreuzer *m.* (*naut.*), cruiser *s.*, cruising yacht *s.*; cabin cruiser *s.*; **– mit Hilfsmotor,** auxiliary (cruising yacht) *s.*; **– –Abteilung** *f.*, Cruising Association *s.*; **–heck** *n.*, cruiser stern *s.*; **–trimaran** *m.*, cruising trimaran *s.*, trimaran cruiser *s.*; **–yacht** *f.*, cruiser (yacht) *s.*, cruising yacht *s.*; **hochseetüchtige** *od.* **seegängige –yacht** *f.*, offshore *or* seagoing *or* ocean-going cruiser *s. or* cruising yacht *s.*

Kreuz / fahrt *f.* **(mit einer Yacht),** (yachting) cruise *s.*; **–fock** *f.*, balloon jib *s.*; **–gelenk** *n.* (*tech.*), universal joint *s.*; **–klampe** *f.*, belaying cleat *s.*, kevel *s.*; **–knoten** *m.*, crown (knot) *s.*, reef knot *s.*; carrick bend *s.*; **–kopf** *m.*, cross-head *s.*, yoke *s.*, rudder yoke *s.*; **–kurs** *m.*, beat(ing) *s.*, tacking *s.*; upwind (course) *s.*; **–kurs** *m.* **gegen den Wind,** upwind beating *s.*; **–kurs mit** *od.* **vor dem Wind,** downwind beating *s.*; **k–legen** *v.* (*naut.*), to traverse; **–mast** *m.*, (main) mizzen *s.* (*when square-rigged*); jigger mast *s.*; **–masttopp** *m.*, mizzen top *s.*; **–oberbramsegel** *n.*, mizzen royal *s.*; **–peilung** *f.*, cross bearing *s.*; **–poller** *m.*, cross(-)bitt *s.*, mooring bitt *s.*, cruciform bollard *s.*, kevel head *s.*; **–propeller** *m.*, four-blade propeller *s.* *or* (*coll.*) prop *s.*; **–punkt** *m.*, point *s.* of intersection; **–rahmen(antenne** *f.*) *m.*, cross-coil aerial *s.* *or* (*am.*) antenna *s.*; **–rahmen-Peilverfahren** *n.*, Bellini-Tosi direction-finding *or* D/F (method *or* system) *s.*; **–reuel** *od.* **–roil** *od.* **–royal(segel)** *n.*, mizzen royal *s.*; **–schlag** *m.*, board *s.*, tack *s.* (*sailing*), cross-lay *s.* (*of rope*); **–see** *f.*, cross sea *s.*, beam sea *s.*; **–seen** (*pl.*), cross swell *s.*, cross waves (*pl.*); **–segel** *n.*, cross jack *s.*; **–spring** *f.*, cross spring *s.*; **–stek** *m.*, crown (knot) *s.*, reef knot *s.*; **–stenge** *f.*, mizzen topmast *s.*; **–strecke** *f.*, beat *s.* (*sailing*); **–technik** *f.* (*rac.*), upwind technique *s.*; **–tonne** *f.*, junction buoy *s.*; **k–weise** *adv.*, across, crosswise, traverse; **–zeising** *m.* *od.* *n.*, crown seizing *s.*; **–zurring** *f.*, cross lashing *s.* *or* seizing *s.*

Kribben *f./pl.* **(in stark strömenden Flußrevieren),** groynes (*pl.*), (*am.*) groins (*pl.*).

Kriechstrom *m.* (*elec.*), creeping current *s.*

Kriegsschiff *n.*, man-of-war *s.*, warship *s.*, (*am.*, *sl.*) wagon *s.*

Krimpen *n.*, backing *s.*, veering *s.* to left (*of wind*). **krimpen** *v.*, to back, to veer to left (*of wind*); **der Wind krimpt,** the wind backs *or* is backing, the wind veers to left *or* is veering to left. **krimpend,** *adj.*, backing (*of wind*); **–er Wind,** backing wind *s.*, wind *s.* veering to left.

Kringel *m.* (*naut.*, *coll.*), kink *s.*, loop *s.* (*in a rope*).

Kristall / detektor *m.* (*rad.*), crystal detector *s.*; **–detektorempfänger** *m.* (*rad.*), crystal detector set *s.*; **–gleichrichter** *m.* (*rad.*), crystal detector *s.* *or* rectifier *s.*

kritisch *adj.*, critical, crucial; serious, grave; **–er Augenblick** *m.*, crucial moment *s.*; **–e Drehzahl** *f.*, critical revolution *s.* *or* speed *s.*; **–e Geschwindigkeit** *f.*, critical speed *s.*; **–e Konstanten** *f./pl.*, critical constants (*pl.*); **–e Lage** *f.*, critical position *s.*, serious *or* (*coll.*) tight situation *s.*; **–er Moment** *m.*, critical *or* crucial moment *s.*; **–er Punkt** *m.*, critical *or* crucial point *s.*; **–er Tiefgang** *m.*, critical draught *s.* *or* (*am.*) draft *s.*; **–er Wert** *m.* (*phys.*), critical value *s.*; **–er Winkel** *m.*, critical angle *s.* (*of heeling*).

Krone *f.*, crest *s.* (*of waves*).

Kron / knoten *m.*, **–stek** *m.*, crown (knot *or* hitch) *s.*

Kropf *m.* (*naut.*, *sl.*), bow *s.* (*of boat or ship*).

kröpfen *v.* (*naut.*, *tech.*), to bend at right angles, to crank, to offset (*shipb.*, *etc.*). **Kröpfung** *f.*, bend *s.*, crank *s.*, offset *s.*, shoulder *s.*, throw *s.* (*shipb.*).

Krull *f.* (*naut.*), billethead *s.*, scrollhead *s.*, scrollwork *s.* (*of figurehead*).

krumm *adj.*, arched, bowed, crooked, curved, bent (*as mast*), hooked, twisted (*as wire rope*); **–e Linie** *f.*, curve *s.* **krümmen** *v.t.*, to bend, to curve (*mast, etc.*), to twist (*wire rope*); *v.r.*, to warp (*as wood planks*), to meander, to wind (*of river*). **Krumm / holz** *n.* (*naut.*), compass timber *s.*; knee piece *s.* *or* timber *s.*; **–hölzer** *n./pl.* (*naut.*), bends (*pl.*) (*shipb.*). **Krümmung** *f.*, bend *s.*, curve *s.*, curvature *s.*, flexure *s.* (*as of mast*), crinkle *s.*, meandering *s.*, turn *s.*, twist *s.*, winding *s.* (*of a river*); **leichte konvexe – des Decks,** camber *s.*; **– einer Bootsplanke,** spiling *s.*; **–sachse** *f.* (*phys.*), axis *s.* of curvature; **–shalbmesser** *m.*, radius *s.* of curvature. **Krummzirkel** *m.*, bow-compasses (*pl.*), callipers (*pl.*).

Kubik / inhalt *m.*, cubic *or* solid capacity *s.* *or* content *s.*, volume *s.*; **–maß** *n.*, cubic measure *s.*; **–zahl** *f.*, cube *s.* **kubisch** *adj.*, cubic(al).

Kuchenbude *f.* (*naut.*, *hum.*), cockpit awning *s.* *or* tilt *s.* *or* canopy *s.*

Kuddelmuddel *n.* (*naut.*, *sl.*), hotchpotch *s.*, medley *s.*, muddle *s.*, mess *s.* (*of ropes, etc.*).

Kufe *f.* (*naut.*), tub *s.* **Kufen** *f./pl.* (*naut.*), skids (*pl.*), sleds (*pl.*), runners (*pl.*) (*of ice-yacht, hydroplane*).

Kugel *f.* (*naut.*), ball *s.*, globe *s.*, sphere *s.* **Kugel / abschnitt** *m.*, spherical segment *s.*; **–ausschnitt** *m.*, cone *s.* with spherical base; **–bake** *f.*, beacon *s.* with (a) spherical topmark; **–bakentonne** *f.*, globe *or* globular buoy *s.*; **–blitz** *m.*, ball *or* globe *or* globular lightning *s.*; **–boje** *f.*, globe *or* globular *or* spherical buoy *s.*; **–bolzen** *m.*, ball pin *s.* **Kügelchen** *n.* (*naut.*), spherule *s.* **Kugel / dreieck** *n.*, spherical triangle *s.*; **–drucklager** *n.*, ball thrust bearing *s.*; **–durchmesser** *m.*, diameter *s.* of a sphere; **–fender** *m.*, globular *or* spherical fender *s.*; **–form** *f.*, spherical shape *s.*; **k–förmig** *adj.*, spheric(al), globular; **k–förmiger (Signal)Körper** *m.*, globe *s.*; **k–gelagert** *adj.*, mounted on ball bearings (*as winch*); **–gelenk** *n.* (*naut.*, *tech.*), ball joint *s.*, ball and socket joint *s.*, socket joint *s.* **kugelig** *adj.* (*naut.*, *tech.*), spheric(al), spheroidal. **Kugel / kompaß** *m.*, globe *or* globular *or* spherical compass *s.*; spherical gyro-compass *s.*; **–korrektoren** *m./pl.*, compensating globes (*pl.*), corrector spheres (*pl.*) *or* globes (*pl.*), quadrantal *or* spherical correctors (*pl.*) (*of compass*); **–lager** *n.*, ball bearing *s.*; **–lager** *n.* **eines Blockes (einer Winsch),** ball bearing *s.* of a block (of a winch); **–lagerbuchse** *f.*, ball-bearing sleeve *s.*; **–lagergehäuse** *n.*, ball-bearing cup *s.*; **–lagerring** *m.*, ball race *s.*; **–lagerschale** *f.*, ball-bearing cup *s.*; **–lampe** *f.*, **–laterne** *f.*, globe *or* globular lamp *s. or* lantern *s.*; **–mutter** *f.* (*tech.*), ball nut *s.*; **–rollenlager** *n.*, globular *or* spherical roller bearing *s.*; **k–rollengelagert** *adj.*, mounted on spherical roller bearings; **–scharnier** *n.*, ball and socket joint *s.*; **–schnitt** *m.*, spherical section *s.*; **–sektor** *m.*, spherical sector *s.*; **–spinnaker** *m.*, parachute spinnaker *s.*, (*coll.*) chute *s.*; **–tonne** *f.*, spherical buoy *s.*; **–ventil** *n.*, ball valve *s.*; **–zange** *f.*, ball-extractor *s.*; **–zapfen** *m.*, ball and socket *s.*, ball gudgeon *s. or* pivot *s.*

Kuhfuß *m.* (*naut.*), slice *s.*, slicer *s.*; (*tech.*) crowbar *s.*

Kuhl *f.*, waist *s.* (*of boat or ship*); **Boot** *n.* **mit tiefer –,** deep-waisted boat *s.*

kühl *adj.*, cool, chilly, fresh (*of air, wind*); **– werden,** to cool down, to grow cool. **Kühlde** *f.*, **Kühlte** *f.* (*naut.*), gale *s.*, fresh breeze *s.*, cool *s.*, cat's paw *s.* **Kühlung** *f.* (*naut.*), cooling *or* refreshing breeze *s.* **Kühlwasserpumpe** *f.*, cooling water pump *s.*

Kuh / stek *m.*, cow hitch *s.* (*unseamanlike knot*); **–wende** *f.*, box-hauling *s.*, wearing *s.* (instead of tacking); **zur –wende anluven,** to luff for box-hauling *or* wearing.

Kulmination *f.* (*astr.*), culmination *s.*, southing *s.* (*of moon*), transit *s.* (*of planets*); **obere –,** upper culmination *s. or* transit *s.*; **untere –,** lower culmination *s. or* transit *s.*; **die obere** *od.* **untere – erreichen,** to culminate. **Kulminations / höhe** *f.* (*astr.*, *geogr.*), meridian altitude *s.*; **–punkt** *m.* (*astr.*), point *s.* of culmination, culminating point *s.*, culmination *s.*, zenith *s.*, (*astr.*, *geogr.*) meridian *s.* **kulminieren** *v.* (*astr.*), to culminate, to south (*of moon, planets, etc.*). **kulminierend** *pr. p.*, culminant; (*astr.*, *geogr.*) meridian-.

Kümo *n.* (*coll.*), motor coaster *s.*, coastal *or* coasting motorboat *s.*

Kumpel *m.* (*naut.*, *coll.*), crony *s.*, mate(y) *s.*, pal *s.*, (*am.*) buddy *s.*

Kumulo-, Kumulus *m.* (*meteor.*), (*s.* **Cumulo-, Cumulus).**

Kunst / faser *f.*, synthetic fibre *s. or* (*am.*) fiber *s.*; **–harz** *n.*, resin *s.* (*shipb.*, *etc.*).

künstlich *adj.* (*naut.*, *geogr.*), artificial; (*tech.*) synthetic; **–e Antenne** *f.*, artificial *or* spare aerial *s. or* (*am.*) antenna *s.*; **–e Beatmung** *f.*, artificial respiration *s.*; **–er Horizont** *m.*, artificial *or* false horizon *s.*; **–er See** *m.*, artificial lake *s.*; **–er Wasserlauf** *m.*, flume *s.*; **–e Wasserrinne** *f.*, canal *s.*; **–e Wasserstraße** *f.*, canal *s.*, artificial waterway *s.*

Kunststoff *m.*, plastics (*pl.*), plastic compound *s.*, synthetic material *s.* (*shipb.*, *sails*). **Kunststoff / -Außenhaut** *f.*, GRP shell *s. or* skin *s.* (*of a boat*); **–bootsbauwerkstoff** *m.*, GRP *s.*, glass-fibre *or* (*am.*) -fiber reinforced plastics (*pl.*); **--Depotverfahren** *n.*, GRP depot-procedure *s.* (*shipb.*); **–gewebe** *n.*, synthetic fabric *s. or* material *s.* (*for sailcloth*); **–isolator** *m.* (*naut.*), plastic isolator *s. or* insulator *s.*; **–rumpf** *m.*, GRP hull *s.* (*of boat*); **–schot** *f.*, synthetic sheet *s.*; **–segel** *n.*, synthetic sail *s.*, Mylar(-Kevlar) sail *s.*, Dracon sail *s.*, Dynac sail *s.*, Norcon spinnaker *s.*; **–tau(werk)** *n.*, synthetic rope(s) *s.* (*pl.*); **–tauwerk** *n.* **mit farbigen Kennfäden,** synthetic rope *s. or* cordage *s.* with (multi-)colo(u)red marking threads.

Küper *m.* (*naut.*), coper *s.* (*boat in the North Sea*); (*naut.*, *obs.*) storekeeper *s.*, storeman *s.*

Kupfer *n.*, **mit – beschlagen,** copper-bottomed (*of boat or ship*). **Kupfer / beschlag** *m.*, copper fitting(s) *s.* (*pl.*), copper sheathing *s.*, sheathing *s.* of copper (*of boat, ship*); **mit –beschlag,** copper-bottomed, sheathed with copper; **–blech** *n.* (*naut.*), sheet copper *s.*; **--Bronzeanstrich** *m.*, copper-bronze coat(ing) *s.* (*underwater hull*); **–farbe** *f.*, copper paint *s.*; **–legierung** *f.*, copper alloy *s.*; **–litze** *f.*, copper wire *s.* (*as lightning conductor on yachts*). **kupfern** *adj.*, (of) copper.

Kupplung *f.* (*rad.*, *tech.*), coupling *s.*, joint *s.*; clutch *s.* (*motor*); **–sstecker** *m.* (*rad.*), adapter (plug) *s.*

Kurbel *f.* (*naut.*), crank(-handle) *s.*, winch *s.*; (*tech.*) spit *s.* **Kurbel / gehäuse** *n.*, crankcase *s.*; **–gelenk** *n.*, toggle joint *s.*; **–griff** *m.*, crank(-handle) *s.*; **–lager** *n.*, crank *or* winch bearing *s.*; **–mechanismus** *m.* **(für Wanten),** winch mechanism *s.* (for shrouds). **kurbeln** *v.* (*naut.*, *tech.*), to crank, to winch. **Kurbel / pumpe** *f.*, reciprocating pump *s.*; **–spill** *n.*, windlass *s.*; **–welle** *f.* (*naut.*), crankshaft *s.*

Kurre *f.*, dredge *s.*, trammel *s.*, trawl *s.* (*fishing*). **kurren** *v.*, to trawl. **Kurrleine** *f.*, trawl (line) *s.*; **Anker** *m.* **der –,** trawl anchor *s.*; **mit der – fischen,** to trawl.

Kurs *m.*, course *s.*; racing course *s.*, (*coll.*) leg *s.*; **abweichender –,** erratic course *s.*; **anliegender –,** heading (course) *s.*; **beschickter –,** corrected course *s.*, course *s.* made good; **festgelegter –,** fixed course *s.*; **(zur Vermeidung von Kollisionen) festgelegter –,** lane *s.* (*route*); **gegißter –,** course *s.* by dead-reckoning; **gerader –,** direct *or* straight course *s.*; **gesteuerter –,** course *s.* steered, steered course *s.*; **konvergierende –e** (*pl.*), converging courses (*pl.*); **leichter –,** snap course *s.*; **mißweisender –,** erratic *or* magnetic course *s.*; **olympischer –,** Olympic course *s.*; **raumer –,** reach *s.*, reaching (course) *s.*, free leg *s.*, course *s.* with the wind free *or* large; **rechtweisender –,** true course *s.*; **richtiger –** (*naut.*), true course *s.*, (*rac.*) proper course *s.*; **unsteter –,** erratic course *s.*; **vollerer –,** better boat lead *s.*; **wahrer –,** course *s.* made good, true course *s.*, (*am.*) true track *s.*; **wegen Abdrift verbesserter –,** course *s.* corrected for leeway; **zielloser –,** unshaped course *s.*; **zu steuernder –,** course *s.* to be steered *or* (*coll.*) to be kept; **auf –,** on course; **auf einem – vom Hintermann abgedeckt werden** (*rac.*), to be blanketed on the *or* on one's course by the boat next astern; **auf – gehen (nach),** to set course (for), to lay up (for); **(Boot) auf – halten,** to steady (the boat) on its *or* her course; **(das Boot) auf – legen,** to put (the boat) on (its *or* her) course; **auf – liegen,** to be on course (*of boat*); **auf einem bestimmten – liegen** *od.* **sein** *od.* **stehen,** to stand a course (*of boat*); **auf östlichem (westlichem) – laufen,** to stand eastward (westward); **auf – sein,** to be on (its *or* her) course, to be under way *or* (*coll.*) underweigh; **aus dem – laufen,** to yaw (*of boat*); **aus dem – scheren,** to yaw (*of boat*); **aus dem – segeln,** to sail off the course; **den – absetzen,** to shape a course **(auf,** for), to lay *or* to plot the course; **den – ändern,** to alter (the) course, to put about, to gybe, to jibe, to turn off course; **den – beibehalten,** to hold the *or* one's course, to keep the course; **den – berichtigen,** to correct *or* to make good the course; **den – besetzen** *od.* **bestimmen,** to plot the course; **den – festlegen,** to shape *or* to set *or* to plot the course; **den – halten,** to stand upon the course, to keep the course; **direkten – nehmen auf,** to set a straight course for; **einen – beibehalten,** to stay a course; **einen – einhalten,** to steer a course; **einen – segeln,** to haul (up), to sail *or* to stand on a course; **einen – steuern,** to steer a *or* the course; **Fahrt** *f.* (*od.* **Geschwindigkeit** *f.*) **und – beibehalten,** to stand on; **geraden – nehmen auf,** to set a straight course for; **östlichen (westlichen) – laufen,** to be easting (westing), to work east (west); **(einen Rivalen) vom – abdrängen** (*rac.*), to bore (a rival); **vom – abkommen,** to deviate from (the) course, to wander off course; **vom (geraden) – ablenken** *od.* **(ab)-scheren,** to yaw (*of boat*); **vom – abweichen,** to deviate from (the) course; **westlichen – laufen** *od.* **nehmen,** to head *or* to work westward; **ich ändere meinen – nach Backbord (Steuerbord)!** (*int.*), I alter course to port (starboard)!; **ich richte meinen – nach Backbord (Steuerbord)!** (*int.*), I am setting course to port (starboard)!, I am putting about to port (starboard)!; **– festsetzen,** to lay course **(nach,** for); **– haben auf,** to head for, to make for, to steer for; **– halten,** to hold (a) course, to stand (the) course, to keep a *or* the course; **– halten auf,** to stand for (*of boat*); **– legen,** to lay course **(nach,** for); **– liegt an!** (*int.*), head(ing) is steady!; **– nehmen,** to fetch; **– nehmen auf,** to lay up for, to head for, to shape a *or* the course for, to stand for; **– nehmen auf eine Wendemarke** (*rac.*), to fetch a buoy *or* mark; **– nehmen nach Helgoland,** to set the course for *or* to head for Heligoland; **– dicht unter der Küste** *od.* **unter Land,** course *s.* hugging the coast *or* land, coast-hugging course *s.*; **– durch das Wasser,** course *s.* to steer, steered course *s.*; **– hoch am Wind,** upwind course *s.*, close-hauled course *s.*, close reach(ing) *s.*; **– nach Nord(en),** northing *s.* (*of boat*); **– Südwest!** (*com.*), course southwest!, (*am.*) steer southwest!; **– über Grund,** course *s.* made good, track *s.* of a boat *or* ship, (*am.*) true track *s.*; **– und Fahrt** (*od.* **Geschwindigkeit) halten,** to maintain course and speed; **– zum Wind,** points (*pl.*) of sailing.

Kurs/absetzer *m.*, course plotter *s.*; **–abweichung** *f.*, deviation *s.*, (*am.*) offset *s.*; **–abweichungsgrad** *m.*, degree *s.* of deviation *or* (*am.*) of offset; **–änderung** *f.*, alteration *s. or* change *s.* of course, veering *s.*; **–anzeige** *f.*, course indication *s.*; **automatische –anzeige** *f.*, automatic tracking *s.*; **–anzeiger** *m.*, course *or* direction indicator *s.*; **–berichtigung** *f.*, **–beschickung** *f.*, correction *s.* of course, course correction *s.*; **–beständigkeit** *f.*, course-keeping ability *s. or* stability *s.* (*of a yacht*), steadiness *s.*, stability *s.* of motion, steering quality *s. or* qualities (*pl.*) (*of a boat*); **–computer** *m.*, course calculator *s.* *or* computer *s.*, boat *or* navigation computer *s.*; **–dreieck** *n.*, protractor *s.* (*device*); course *or* plane-sailing triangle *s.*; **–fehler** *m.* (*radar*), tracking error *s.*; **–feuer** *n.*, leading light *s.*; **–flagge** *f.*, distinguishing flag *s.*; **–geber** *m.*, course transmitter *s.*; **–halten** *n.*, course-keeping *s.* (*of a vessel*); **k–haltend** *adj.*, course-keeping; **k–haltendes Boot** *n. od.* **Schiff** *n.*, course-keeping vessel *s.*; **–halter** *m.*, course-keeping boat *s.* *or* vessel *s.*, steady boat *s.* *or* vessel *s.*; **–gleiche** *f.*, loxodrome *s.*, rhumb line *s.*; **–karte** *f.*, pilot chart *s.*, track chart *s.*, rutter *s.*; **–kreisel(kompaß)** *m.*, directional gyro(compass) *s.*; **–lichter** *n./pl.*, masthead *or* range lights (*pl.*); **–lineal** *n.*, parallel rule(r) *s.*; **–linie** *f.*, course line *s.*, pilot(ing) track *s.*; rhumb line *s.*; **–lupe** *f.*, compass magnifier *s.*; **–marke** *f.* (*rac.*), (course) buoy *s.* *or* mark *s.*; **k–mäßig** *adj.*, **sich k–mäßig festlegen** (*rac.*), to shape *or* to set one's course; **–peilung** *f.*, course bearing *s.*; **–projektion** *f.* (*radar*), track *s.*; **–rechner** *m.*, course computer *s.*; **–richtung** *f.*, direction *s.* of course; **die –richtung ändern,** to haul, to put about (*boat*); **–signal** *n.*, course signal *s.*, cross whistle *s.*; **k–stabil** *adj.*, stable (*of yacht*); **–stabilität** *f.*, directional stability *s.*, course stability *s.* *or* steadiness *s.* (*of a boat*); **–stetigkeit** *f.*, course-keeping quality *s.*, steadiness *s.* (*of a boat*); **–steuerung** *f.*, automatic steering gear *s.*; **–strich** *m.*, lubber's line *s.*; **–tafel** *f.*, course board *s.* *or* table *s.*; **–teilnehmer** *m.* **(an einer Segelschule),** trainee *s.* (of a sailing-school); **–übertrager** *m.*, chart *or* course protractor *s.*, station pointer *s.* (*device*); **–verbesserung** *f.*, correction *s.* of course, course correction *s.*; **–versetzung** *f.*, drift *s.*, deviation *s.*; **–verwandlung** *f.*, conversion *s.* of (the) course; **–wähler** *m.*, course selector *s.*; **–wechsel** *m.* (*naut.*, *rac.*), alteration *s.* *or* change *s.* of (the) course, putting about *s.*; **–winkel** *m.*, course angle *s.*, track angle *s.*; **mißweisender –winkel** *m.*, erratic *or* magnetic course angle *s.*; **–zeiger** *m.*, course *or* direction indicator *s.*

Kurve *f.*, bend *s.*, curve *s.*, turn *s.* (*in a canal, river*); **strakende –,** smooth curve *s.* (*shipb.*). **kurven** *v.*, to wheel (*as motorboat*). **Kurven/blatt** *n.*, **–darstellung** *f.*, graph *s.* (*body plan, etc.*); **–lineal** *n.*, pliant rule *s.*, curve template *s.* *or* templet *s.*; **–radius** *m.*, half-turning circle *s.* (*as of motoryacht*); **–scheibe** *f.*, cam *s.*; **–vorgabe** *f.* (*rac.*), stagger(ed start) *s.* (*motoryachting*).

kurz *adj.* (*naut.*), short; **–er Aufbau** *m.*, **–e Aufbauten** (*pl.*), short superstructure *s.* (*of a cruising yacht, etc.*); **–e Bahn** *f.* (*rac.*) short course *s.* *or* leg *s.*; **–e Dünung** *f.*, low swell *s.*; **–e Gänge machen** (*naut.*), to back and fill; **–e Holebugschläge** *m./pl.*, short tacks (*pl.*); **–er Schlag** *m.* **(beim Kreuzen),** short *or* slant tack *s.*; **–e (harte) See** *f.*, short sea *s.*, choppy sea *s.*; **–e Streckbugschläge** *m./pl.*, short boards (*pl.*); **–er Ton** *m.* **(mit der Dampfpfeife),** blast *s.*; **–e Trompete** *f.*, cat's paw *s.* (*hitch*); **–e Welle** *f.*, chop *s.*; **bei** *od.* **in –er Welle,** in chop.

kürzen *v.* (*naut.*), to curtail (*mast, sail*), to reef (*sail area*), (*rac.*) to shorten (*the course*); **Segel –,** to shorten sail.

kurz/holen *v.*, to shorten in (*cable, rope*); **K–spleiß** *m.*, short splice *s.*; **K–stag** *n.*, short stay *s.*; **–stag** *adj.*, short hove; **–stag gehievt,** hove short; **–stag hieven,** to heave short, to heave at short stay; **K–streckennavigation** *f.*, short-range navigation *s.* **Kurzwelle** *f.* (*rad.*), short-wave (band) *s.* **Kurzwellen/antenne** *f.*, short-wave aerial *s.* *or* (*am.*) antenna *s.*; **–band** *n.*, short-wave band *s.*; **–bereich** *m.*, short-wave band *s.*, high-frequency *or* short-wave range *s.*; **–empfang** *m.*, short-wave reception *s.*; **–empfänger** *m.*, short-wave receiver *s.*; **–sender** *m.*, short-wave *or* high-frequency transmitter *s.*; **–verbindung** *f.*, **–verkehr** *m.*, short-wave communication *s.* **Kurzzeitlieger** *m.*, yacht *s.* anchored *or* at anchor *or* moored for a short time (only), temporarily anchored *or* moored yacht *s.*

Küste *f.*, coast *s.*, shore *s.*; seabord *s.*, sea shore *s.*, seaside *s.*, waterside *s.*; **faule –,** foul coast *s.*; **felsige –,** iron-bound coast *s.*; **flache –,** flat shore *s.*; **offene –,** open coast *s.*; **steile –** (*naut.*), steep-to shore *s.*; bold shore *s.*; **unreine –,** foul coast *s.*; **zerklüftete –,** iron-bound *or* cleft *or* rugged coast *s.*; **das Land längs der –,** (the) littoral *s.*; **im Schutz der –,** under the lee of the coast; **in einiger Entfernung von der –,** offshore, off shore; **in gutem Abstand von der –,** well offshore; **in Höhe** *od.* **in Sicht der englischen –,** off the English coast; **knapp 1 Seemeile vor der –,** one (sea) mile short of the shore; **längs der –,** coastways, coastwise; **nahe der – (gelegen), tiefer als die – (gelegen),** sublittoral; **ungefährliche –,** safe *or* open shore *s.*; **vor der –,** off()-shore, off the coast; **zwischen Schiff und –,** inshore of the boat *or* ship; **an der – entlang,** coastways, coastwise; **an der – entlangfahren,** to coast along, to proceed along the coast; **an der – entlanglaufen,** to range the coast (*of* *boat*); **an der – entlangsegeln,** to coast, to skirt *or* to sail along the coast; **an der – stationiert,** shore-based (*of coast guard, etc.*); **an der – von Frankreich entlang-** *od.* **vorbeisegeln,** to sail past the coast of France; **auf die – zulaufen,** to head (in) *or* to make for the coast; **der – folgend, die – entlang,** coastwise; **die – erreichen,** to win the coast *or* shore; **die – (nordwärts) hinauf,** up the coast; **die – (südwärts) hinunter,** down the coast; **gegen die – gerichtet,** coastward; **nach der – zu,** coastward(s), shorewards; **sich dicht an die** *od.* **unter der – halten,** to keep close inshore, to hug the coast; **von der – ab** *od.* **her,** offshore; **von der – abhalten,** to bear off the coast, to clear the coast; **von der – freikommen,** to clear the coast; **von der – weg,** offshore, off the coast; **von der – weglaufen** *od.* **wegsegeln,** to sail off the coast *or* offshore, to work offshore; **vor der – kreuzen,** to cruise offshore *or* off the coast; **zur – hin,** coastward(s), inshore.

Küsten- *pref.*, intracoastal. **Küsten/befeuerung** *f.*, shore lights (*pl.*), coast lights (*pl.*) *or* lighting *s.*; **–bereich** *m.*, coastal area *s.*, seaboard *s.*, littoral *s.*; **vom –bereich freikommen,** to clear the coast *or* the coastal area; **–betonnung** *f.*, shore buoyage *s. or* markers (*pl.*); **–bewohner** *m.* (*pl.*), coast-dwellers (*pl.*), orarian *s.*; **auf die –bewohner bezüglich,** orarian; **–brechung** *f.* (*rad., radar*), shore effect *s.*, coastal refraction *s.*; **–dampfer** *m.*, coaster *s.*, coastal *or* coasting steamer *s.*; **(grasbewachsene) –dünen** *f./pl.*, links (*pl.*); **–effekt** *m.* (*rad., radar*), shore effect *s.*, coastal deviation *s.*; **k–einwärts** *adv.*, inshore; **(loses) –eis** *n.*, pan ice *s.*; **–fahrer** *m.*, coaster *s.*, coastal *or* coasting boat *s. or* ship *s. or* vessel *s.*; **–fahrt** *f.*, coasting (navigation *or* trade) *s.*, inshore navigation *s.*, coastwise navigation *s. or* sailing *s.*, offshore sailing *s.*; estuary navigation *s. or* trade *s. or* trading *s.*; inter- *or* intracoastal navigation *s. or* voyage *s.*; **große –fahrt** *f.*, great coasting navigation *s. or* trade *s.*; **kleine –fahrt** *f.*, small coasting navigation *s.*; **–fahrzeug** *n.*, coaster *s.*, coast-guard cutter *s.*, hoveller *s.*; **–feuer** *n.*, shore light(s) *s.* (*pl.*), coast light(s) *s.* (*pl.*); **–fischerei** *f.*, inshore fishing *s.*; **–funkdienst** *m.*, coastal radio service *s.*, ship-to-shore *or* shore-to-ship (radio) communication *s. or* service *s.*; **–funkstation** *f.*, **–funkstelle** *f.*, shore station *s.* coastal radio station *s.*; **–gebiet** *n.*, coastal area *s. or* region *s.*, seaboard *s.*, littoral *s.*; **–gewässer** *n.* (*pl.*), coastal *or* inshore waters (*pl.*); **heimische –gewässer** *n./pl.*, home coastal waters (*pl.*); **–handbuch** *n.*, coast(al) handbook *s. or* pilot(s) *s.* (*pl.*); **–kanal** *m.*, intracoastal channel *s.*; intracoastal canal *s.*; **–karte** *f.*, coast chart *s.*; **–kielboot** *n.*, offshore keel yacht *s. or* (*coll.*) keeler *s.*, coaster *s.*; **–land** *n.*, coastal area *s.*, seaboard *s.*, littoral *s.*, (*am.*) foreside *s.*, seaside *s.*; **–leuchtfeuer** *n.*, coast light *s.*; **–linie** *f.*, coast line *s.*, shoreline *s.*, seaboard *s.*; **–lotse** *m.*, coast *or* inshore pilot *s.*; **–lotsenboot** *n.*, coastal pilot-boat *s.*; **–lotsendienst** *m.*, coastal pilot service *s.*; **–motorboot** *n. od.* **-schiff** *n.*, coastal *or* coasting motorboat *s.*, motor coaster *s.*; **k–nahe Fischerei(gebiete** *n./pl.*) *f.*, offshore fisheries (*pl.*); **–nähe** *f.*, shore; **in –nähe,** inshore; **–navigation** *f.*, coast(al) *or* coasting navigation *s.*; **–navigationsfeuer** *n.* (*pl.*), shore navigation lights (*pl.*); **–nebel** *m.*, sea fog *s.*; **–packeis** *n.*, coastal *or* inshore pack (ice) *s.*; **–patrouille** *f.* (*am.*), shore patrol *s.*; **–peilstelle** *f.*, coastal direction-finding *or* D/F station *s.*; **–peilung** *f.*, shore-to-ship *or* ship-to-shore bearing *s.*; **–provinz** *f.*, maritime province *s.*; **–radar** *n.*, shore-based radar *s.*, coast(al) radar *s.*; **–radarstation** *f.*, shore-based radar station *s.*; **–reflex** *m.* (*rad., radar*), shore effect *s.*; **–region** *f.*, coastal area *s. or* region *s.*; **–rettungsboot** *n.*, coast(al) lifeboat *s.*; **–rettungsdienst** *m.*, coastguard *s.*, (*am.*) Coast Guard *s.*, Coast Guard Rescue (Service) *s.*; **Rettungsstation** *f. od.* **-stelle** *f.* **des amerikanischen –rettungsdienstes,** house *s.* of refuge; **Angehöriger** *m. od.* **Mitglied** *n.* **des –rettungsdienstes,** Coast Guard *s.*; **–rinne** *f.* **im Eis,** (in)shore lead *s.*; **–schiff** *n.*, coaster *s.*, coasting yacht *s. or* vessel *s.*; **–schiffahrt** *f.*, coastal *or* coasting *or* offshore navigation *s.*, coastwise navigation *s.*; coasting trade *s.*, coastal shipping *s.*, cabotage *s.*; **–schutzdienst** *m.*, preventive service *s.*, (*am.*) Coast Guard (Service) *s.*; **–signal** *n.*, coast(al) signal *s.*; **–sockel** *m.* (*geogr.*), shelf *s.*; **–sprechfunkstation** *f. od.* **-stelle** *f.*, coast(al) radiotelephone station *s.*; **–stadt** *f.*, coastal town *s.*; **–streifen** *m.*, seashore *s.*; **–strich** *m.*, coastline *s.*, strip *s.* of coast; **–strom** *m.*, **–strömung** *f.*, coastal *or* inshore *or* shore current *s.*; offshore current *s.*; **–untiefen** *f./pl.*, offshore shoals (*pl.*); **–verbindung** *f.* (*rad.*), ship-to-shore connection *s.*; **–verkehr** *m.*, coastal *or* coastwise *or* inshore traffic *s.*; **–verkehrszone** *f.*, coastal *or* inshore traffic zone *s.*; **–versetzung** *f.* (*geogr.*), change *s.* in the coastline; **–vorfeld** *n.*, inshore waters (*pl.*), coastal approaches (*pl.*) *or* zone *s.*, shoreside *s.*, foreshore *s.*; **–wachboot** *n.*, coastguard cutter *s.*, (*am.*) patrol boat *s. or* vessel *s.*; **–wachdienst** *m.*, **–wache** *f.*, coastguard *s.*, (*am.*) Coast Guard *s.*; coastguard station *s.*; **Angehöriger** *m. od.* **Mitglied** *n.* **des –wachdienstes** *od.* **der –wache,** Coast Guard *s.*; **–wachschiff** *n.*, coastal patrol vessel *s.*, coastguard vessel *s.*; **–wachstation** *f.*, coastguard station *s.*; **–wacht** *f.*, coastguard *s.*; **k–wärts** *adv.*, shoreward(s); **k–wärts (gelegen** *od.* **gerichtet),** shoreward; **k–wärts laufende Dünung** *f.*, inshore swell *s.*; **–zeichen** *n.* (*pl.*), coast(al) mark(s) *s.* (*pl.*) *or* signal(s) *s.* (*pl.*).

Kutter *m.*, cutter *s.*; smack *s.* (*fishery*). **Kutter / takelung** *f.*, cutter rig *s.*; **––Tourenyacht** *f.*, cutter(-rigged) cruising yacht *s.*; **–yacht** *f.*, cutter yacht *s.*, fifty-fifty *s.*

Kybernetik *f.* (*phys.*, *tech.*), cybernetics (*pl.*). **kybernetisch** *adj.*, cybernetic.

L

labil *adj.*, **–es Gleichgewicht,** unstable equilibrium *s.* (*of boat*); **–es Wetter** *n.*, **–e Wetterlage** *f.*, changeable *or* unsettled weather *s.*

labsalben *v.* (*naut.*), to tar *or* to slush down, to pay with tar (*running and standing rigging*).

Labskaus *n.* (*naut.*), lobscouse *s.*, lobscourse *s.*, (*coll.*) scouse *s.*; **fleischloses –, – ohne Fleisch,** bread scouse *s.*

Lack *m.* (*naut.*, *tech.*), lacquer *s.*, varnish *s.* (*for hull, etc.*). **Lack / anstrich** *m.*, coat *s.* of varnish; **–entferner** *m.*, varnish remover *s.*; **–farbe** *f.*, enamel paint *s.*; **–firnis** *m.*, lacquer *s.*, varnish *s.* **lackieren** *v.*, to lacquer, to varnish. **Lackierung** *f.*, varnishing *s.* **Lacküberzug** *m.*, varnish (coat) *s.*

Ladebaum *m.* (*naut.*), boom *s.*, derrick *s.*, jib *s.* **Ladebaum / aufholer** *m.*, topping lift *s.*; **–baumpfosten** *m.*, Samson post *s.* **Lade / fähigkeit** *f.* (*naut.*), loading capacity *s.* (*of a boat or ship*), tonnage *s.*; **–geschirr** *n.*, loading *or* union gear *s.*, spar and boom gear *s.*; **–gewicht** *n.*, weight *s.* loaded, deadweight (capacity) *s.*, tonnage *s.*; **–linie** *f.*, Plimsoll('s) Line *s. or* line *s. or* mark *s.*, loadline *s.* (*of ship*); **–luke** *f.*, hatch(way) *s.*; **–marke** *f.*, load line *s.*; **–mast** *m.*, derrick mast *s.* **Laden** *n.*, lading *s.*, loading *s.*; **– und Löschen,** loading and unloading. **laden** *v.* (*naut.*), to lade, to load; to ship, to freight; to charge (*a battery*). **Lade / pfosten** *m.*, Samson *or* king *or* derrick post *s.*; **–platz** *m.*, loading berth *s.*, landing stage *s.*, wharf *s.*; **–raum** *m.*, (ship's) hold *s.*, cargo space *s.*, tonnage *s.*; **–spannung** *f.* (*elec.*), charging voltage *s.*; **–station** *f.*, charging station *s.* (*for batteries*); **–strom** *m.* (*elec.*), charging current *s.*; **–stropp** *m.*, boat *or* cargo bridle *s. or* sling *s.*; **–tiefgang** *m.*, load draught *s. or* (*am.*) draft *s.*; **–umformer** *m.* (*elec.*), charging converter *s.*; **–- und Löschhafen** *m.*, loading and unloading *or* discharging port *s.*, (*coll.*) both ends (*pl.*); **–verdrängung** *f.*, load displacement *s.*; **–vermögen** *n.* **(eines Schiffes),** cargo *or* load carrying capacity *s.* (of a ship), tonnage *s.*; **–wasserlinie** *f.*, load waterline *s.*; **–winde** *f.*, boat *or* cargo winch *s.* **Ladung** *f.*, load *s.*, freight *s.* (*of boat or ship*); loading *s.*, lading *s.*; cargo *s.*, shipment *s.*; **ohne –** (*naut.*), empty, in ballast; **volle –** (*naut.*), full freight; **die – anbrechen** (*naut.*), to break bulk; **in – liegen nach,** to be loading for; **– bestehlen,** to break bulk; **– einnehmen,** to take on freight *or* cargo; **– geht über!** (*int.*), load *or* cargo is shifting!; **– im Container,** containerized cargo *s.* (*boat, etc.*); **– löschen,** to break bulk, to discharge *or* to unload (*cargo or freight*); **– umstauen,** to shift cargo; **– verringern,** to ease *or* to lighten (boat *or* ship); **– vorschriftsmäßig** *od.* **verkehrsgerecht festzurren,** to lash the load according to (traffic) regulations (*of surfboards, boat on a trailer*). **Ladungs / aufseher** *m.* **(im Hafen),** supercargo *s.*; **–fangnetz** *n.* (*coll.*), save-all *s.*; **–gleichgewicht** *n.*, equilibrium of load(ing) (*on a trailer*).

Lagan *n.* (*naut.*, *jur.*), lagan *s.*, ligan *s.*, jetsam *s.*

Lage *f.* (*naut.*), (ship's) position *s.*, situation *s.*; lie *s.*, trim *s.* (*of a boat*); bearing *s.*, ga(u)ge *s.*; coat *s.*, covering *s.*, layer *s.* (*of paint*); ply *s.* (*of timber*) (*shipb.*); **aufrechte –,** upright position *s.* (*of boat*); **brenzlige** *od.* **kitz(e)lige –** (*naut.*, *rac.*), critical position *s.*, tricky situation *s.*, trouble *s.*; **schiefe –,** list *s.* (*of boat*), obliquity *s.* (*of deck*); **stumpfe –,** broad angle *s.* on the bow; **ungeschützte –,** exposure *s.* (*to a storm, etc.*); **volle –,** broadside *s.* (*of boat*); **das Boot hat eine gute (schlechte) –,** the boat trims well (badly); **ein Schiff mit drei –n** (*pl.*), a three-decker *s.*; **aus einer – brechen,** to break sheer (*of anchor, boat*); **– fahren,** to sail upright; **– schieben** (*coll.*), to heel, to list, to be off *or* out of trim, to shift position (*of boat*); **die – des Bootes kontrollieren,** to check the lie *or* trim of the boat; **– eines Bootes,**

lie *s. or* trim *s.* of a boat; **– eines Bootes in Bezug auf ein anderes Boot** *od.* **auf andere Boote,** aspect *s.*

Lägel *m.* (*naut.*), cringle *s.*; drift hoop *s.*, mast hoop *s.*; hank *s.*

Lagemißweisung *f.* (*rad. D/F*), site error *s.*

Lager *n.* (*naut.*), depot *s.*, dump *s.*, stock(s) *s.* (*pl.*), store(house) *s.*; (*tech.*) bearing *s.*; **auf – haben,** to stock, to keep in stock (*nautical fittings, sails, etc.*); **nicht mehr auf – haben,** to be out of stock. **Lager/bock** *m.* (*naut.*), bearing bracket *s. or* rest *s. or* stay *s. or* stool *s.*, sheerlegs (*pl.*); **–bolzen** *m.*, bearing bolt *s.*; **–buchse** *f.*, bushing *s.*; **–futter** *n.*, bush *s.*

lagern *v.*, to lay down, to place (*a boat*); to dump; to hang, to lie (*as clouds*); (*tech.*) to mount *or* to seat in bearings, to bed, to rest, to support; **drehbar –** (*tech.*), to pivot. **Lager/reibung** *f.* (*tech.*), bearing friction *s.*; **–schale** *f.* (*tech.*), bearing(-housing) *s.*, bush *s.*, pillow *s.*; **–schale** *f.* **der Kurbelwelle** (*naut.*), rhoding *s.*; **–schmierung** *f.*, bearing lubrication *s.* **Lagerung** *f.*, laying down *s.* (*of a boat*); (*tech.*) mounting *s.*, seating *s.*, support *s.* **Lagerzapfen** *m.* (*naut.*, *tech.*), journal *s.*, pivot-pin *s.*, trunnion *s.*

Lagune *f.*, lagoon *s.*, salt-water lake *s.*, sea lake *s.*

lähmend *adj.*, **–e Kälte** (*naut.*), torpid cold *s.*

Laich *m.*, spawn *s.* **Laichen** *n.*, spawning *s.* **laichen** *v.*, to spawn. **Laich/grund** *m.*, spawning ground *s.*; **–zeit** *f.*, spawning time *s.*

laienhaft *adj.*, lay, non-professional, unprofessional (*of phrases*); amateurish, unseamanlike.

Laken *n.* (*naut.*, *coll.*), sheet *s.*, sail *s.*; **platt vorm – laufen,** to run dead off, to sail dead *or* square before the wind; **(direkt) mit achterlichem Wind platt vorm – laufen,** to sail with the wind dead astern.

lamellar *adj.*, lamellar, lamellate(d) (*shipb.*). **Lamelle** *f.* (*rad., elec.*), lamina *s.*, lamination *s.*; (*tech.*) lamella *s.*, blade *s.*; leaf *s.*, layer *s.*, plate *s.*, segment *s.* **lamellieren** *v.*, to laminate (*shipb.*).

laminar *adj.*, **–e Strömung** *f.*, **Laminarströmung** *f.* (*naut.*, *phys.*), laminar flow *s.*

Laminat *n.*, lamina *s.* (*pl.* -nae *or* -nas), laminate *s.*, lamination *s.* (*of sails, shipb.*). **laminieren** *v.*, to laminate (*sails, shipb.*). **laminiert** *adj.*, laminated. **Laminierung** *f.*, lamination *s.* (*of sails, shipb.*).

Lämmerwolke *f.* (*meteor.*, *coll.*), cirrus *s.*

Lampe *f.* (*naut.*), lamp *s.*, light *s.* **Lampen/öl** *n.*, **–petroleum** *n.*, lamp-oil *s.*, kerosene *s.*; **–schutzkorb** *m.*, lamp guard *s.*; **–signal** *n.* **(mit Morselampe),** (Morse) lamp signal *s.*

Land *n.* (*naut.*), land *s.*, shore *s.* (*as opp. to water*); country(side) *s.*; **festes –,** mainland *s.*, terra firma *s.*; **an –,** ashore, on shore; **an das** *od.* **ans –,** on shore; **unter –,** inshore, under the (lee of the) coast *or* shore; **an – gehen,** to go ashore, to debark, to disembark, to set foot ashore, to land; **an (das** *od.* **ans) – getrieben** *od.* **geschwemmt werden,** to be washed ashore; **an – schwemmen,** to wash ashore; **an – spülen** *od.* **werfen,** to wash ashore, to strand (*a boat, etc.*); **ein Boot an – ziehen,** to draw up a boat; **auf – zuhalten,** to borrow; **auf – zusegeln** *od.* **zusteuern,** to make for the land *or* shore, to stand in; **dem – zu, nach – zu,** landward(s), shoreward(s); **nach – zu (sich bewegend),** onshore (*of boat, current, wind*); **sich dem – nähern,** to close (with) the land; **sich dicht unter – halten,** to hug the coast; **sich nahe an – (vor Anker) legen,** to keep a good hold of the land; **vom – abhalten,** to lie off, to give a wide berth to the coast *or* shore *or* land, to keep off from (the) land, to settle (the) land; **vom – abstoßen,** to push off from the bank, to put to sea; **vom – ab** *od.* **entfernt** *od.* **weg,** offshore; **vom – freikreuzen,** to beat clear of the land, to claw off *or* from the land *or* shore; **– (mit dem Kompaß) anpeilen,** to set the land; **– ausmachen,** to raise the land; **– erreichen,** to make (the) land; **– machen,** to make (the) land, to make landfall; **– sichten,** to raise the land, to make (the) land, to make landfall; **– in Sicht!** (*int.*), land-ho!. **Land/anker** *m.*, shore-anchor *s.*; **–anschluß** *m.* (*elec.*), ship-to-shore connector *s.*, shore connection *s.* (*for yachts*); **–blink** *m.*, landblink *s.* (*polar sea*); **–brise** *f.*, land breeze *s. or* wind *s.*; **ablandige –brise** *f.*, offshore breeze *s.*; **auflandige –brise** *f.*, inshore *or* onshore breeze *s.*

Landebrücke *f.*, **Lände** *f.*, jetty *s.*, landing stage *s.*, pier *s.*, quai *s.*; **schwimmende –,** float *s.*

Land/effekt *m.* (*rad., radar*), land *or* shore *or* proximity effect *s.*; **l–einwärts** *adv.*, (further) inland, up country.

Landemöglichkeit *f.*, possibility *s.* to get ashore *or* to moor; **ohne –** (*naut.*), shoreless (*as island, etc.*).

landen *v.* (*naut.*), to get ashore, to debark, to disembark; to land (*pers.*); to unship (*freight, etc.*). **länden** *v.*, to bring ashore, to wash ashore.

Landenge *f.*, isthmus *s.*, narrow(s) *s.* (*pl.*), strait(s) *s.* (*pl.*), (*coll.*) (bottle)neck *s.*; **durch**

die – (von Sues, Panama, Korinth) gehend, transisthmian.

Landeplatz *m.* (*naut.*), jetty *s.*, landing place *s. or* point *s. or* stage *s.*, pier *s.*, quai *s.*, (*dial.*) staith *s.*; **fester –,** hard *s.*

Landes/brauch *m.*, national custom *s.*; **–farben** *f./pl.* (*naut.*), national colo(u)rs *s.* (*pl.*); **–flagge** *f.*, national flag *s.*; **–gewässer** *n.* (*pl.*); national *or* home waters (*pl.*); **–grenze** *f.*, national frontier *s.*

Lande/steg *m.*, jetty *s.*, landing place *s. or* point *s. or* stage *s.*; **schwimmender –steg** *m.*, float *s.*; **–stelle** *f.*, landing stage *s. or* place *s.*; **feste –stelle** *f.*, hard *s.*

landes/üblich *adj.*, customary, usual (*yacht racing rules, etc.*); **L–verband** *m.* (*naut., rac.*), national *or* regional association *s.*; **L–zeit** *f.*, zone time *s.*

Land/fall *m.*, landfall *s.*; **guten (schlechten) –fall machen,** to make good (bad *or* poor) landfall; **l–fern** *adj.*, far offshore, far from (the) land; **–feste** *f.*, fast *s.* (*rope*); **–gang** *m.*, gangboard *s.*, gangway *s.* (*of a boat*); leave *s.*, (*sl.*) leaf *s.*; **–gangplanke** *f.*, gangboard *s.*; **–gang(s)treppe** *f.*, gangway ladder *s.*; **–(es)innere(s)** *n.*, up-country *s.*, interior *s.*; **–kennung** *f.*, navigational aids (*pl.*) (in coastal waters), landfall *s.*; **–kennungsfeuer** *n.*, landfall *or* making light(s) *s.* (*pl.*); **–kompaß(peilung** *f.*) *m.*, shore compass (bearing) *s.*; **–marke** *f.*, landmark *s.*; **auffallende –marke** *f.*, prominent landmark *s.*; **–nähe** *f.*, proximity *s.* of land, landfall *s.*; **in –nähe,** inshore, in sight of (the) land; **wegen –nähe schwer manövrierbares Boot** *n.*, landsick boat *s.*; **–peilstation** *f.*, coastal *or* shore direction-finding *or* D/F station *s.*; **–peilung** *f.*, shore bearing *s.*; **–radar** *n.*, shore-based radar (station) *s.*; **–ratte** *f.* (*naut., coll.*), landlubber *s.*, landman *s.*, (*sl.*) marine *s.*; **–regen** *m.*, persistent *or* widespread rain *s.*; **–schwell** *m.*, land swell *s.*; **–see** *m.*, inland lake *s.*; **–segeln** *n.*, land-sailing *s.*; **–segler** *m.*, asphalt *or* land-sailer *s.* (*kind of craft with rig and sail(s)*); **–sichtung** *f.*, landfall *s.*, raising *s.* the land; **–spitze** *f.*, cape *s.*, foreland *s.*, head *s.*, headland *s.*, naze *s.*, promontory *s.*, spit *s.*, tongue *s.* (of land); **eine –spitze umsegeln,** to weather a point *or* cape; **(schmaler) –streifen** *m.* (*am.*), gore *s.*; **l–umschlossen** *adj.*, land-locked.

Landung *f.* (*naut.*), debarkation *s.*, debarkment *s.*, disembarkation *s.*, disembarkment *s.*; landing *s.* (*of boat*). **Landungs/boot** *n.*, landing barge *s. or* craft *s.*; **–brücke** *f.*, gangplank *s.*, gangway *s.*; jetty *s.*, landing-stage *s.*, pier *s.*, bund *s.*, bunder *s.* (*in the Orient*); **–gebühren** *f./pl.*, landing charges (*pl.*) *or* fees (*pl.*); **–hafen** *m.*, port *s.* of landing; **–manöver** *n.*, landing manoeuvre *s. or* (*am.*) maneuver *s.*; **–platz** *m.*, landing place *s.*; wharf *s.*; bunder *s.* (*in the Orient*); **–steg** *m.*, gangway *s.*, gangplank *s.*; jetty *s.*, landing stage *s.*, (*coll.*) stairs (*pl.*).

Land/urlaub *m.* (*naut.*), shore-leave *s.*, (*sl.*) leaf *s.*; **kurzer –urlaub** *m.*, liberty *s.*; **Matrose** *m.* **auf –urlaub,** libertyman *s.*; **–verbindung** *f.* (*rad.*), ship-to-shore *or* shore-to-ship communication *s.*; **l–wärts** *adv.* (*naut.*), home; inshore; landward(s), shoreward(s); **l–wärts (gelegen** *od.* **gerichtet),** shoreward; **l–wärts gehen** (*naut.*), to set in (*of current, tide, wind*); **l–wärts laufen,** to stand in (*of boat*); **–wind** *m.*, land breeze *s.*, offshore(-)wind *s.*; **–zeichen** *n.* (*pl.*), landmark(s) *s.* (*pl.*); **–zunge** *f.*, head *s.*, headland *s.*, neck *s.* (of land), ness *s.*, spit *s. or* tongue *s.* (of land), (*rare*) languet(te) *s.*

lang *adj.*, **–es Bein** *n.* (*rac., coll.*), long leg *s.*; **–e Dünung** *f.*, long sea *s. or* swell *s.*; **–e Regattabahn** *f.*, long course *s. or* leg *s.*; **–e Schläge** *m./pl.* **(beim Kreuzen),** long boards (*pl.*) *or* tacks (*pl.*); **–er Ton** *m.* **(mit der Dampfpfeife),** long blast *s.*; **–e Trompete** *f.* (*naut.*), sheepshank *s.* (*hitch*). **lang/anhaltender Regen** *m.*, continuous *or* lasting rain *s.*, storm *s.*; **L–draht-Antenne** *f.* (*rad.*), long wire *s.*

Länge *f.* (*naut.*), length *s.* (*measurement; of cable, etc.*), size *s.* (*of yacht*); (*rac.*) duration *s.*, length *s.* (*of time*); (*astr., geogr.*) longitude *s.*; **astronomische –,** astronomical *or* celestial *or* observed longitude *s.*; **ausgesteckte –,** scope *s.* (*of a cable or rope*); **beobachtete –,** observed longitude *s.*, longitude *s.* by observation; **beschickte –,** corrected longitude *s.*; **erreichte –** (*naut.*), longitude in; **gegißte –,** longitude *s.* by dead reckoning, estimated longitude *s.*; **geographische –,** (geographical) longitude *s.*; **relative –,** relative length *s.*, length-to-beam ratio *s.* (*measurement*); **verlassene –,** longitude left, longitude *s.* of departure; **westliche –,** longitude west *or* West; **zulässige –,** allowable *or* permissible *or* permitted length *s.* (*yacht measurement*); **der – nach,** lengthways, lengthwise, longitudinally; **mit zwei (Boots)–n** (*pl.*) **gewinnen,** to win by two overall lengths; **sich in die – ziehen** (*rac.*), to lengthen out, to drag on (and on); **20 Fuß in der – (messen),** 20 ft long *or* in length (*of yacht*); **– an Deck,** (overall) length *s.* on deck; **– der Konstruktionswasserlinie,** (overall) length *s.* of design(ed) waterline; – **der Wasserlinie,** (overall) length *s.* of waterline; – **eines Bootes,** (overall) length *s.* of a boat *or* yacht; – **über alles,** length *s.* over()all, overall length *s.*, l.o.a., ram *s.* (*of a boat*); – **und Breite bestimmen** (*naut.*), to work an observation; – **zwischen den Loten,** length *s.* between perpendiculars; **--Masse-Zeit-System** *n.* (*phys.*), length-mass-time *or* L.M.T. system *s.* of units.

Längen / abweichung *f.* (*naut.*, *geogr.*), longitudinal deviation *s.*; error *s.* in range; **–beobachtung** *f.*, longitude *s.* by observation, observed longitude *s.*; **–bestimmung** *f.*, determination *s. or* fixing *s.* of longitude; **–distanz** *f.* **zweier Orte,** meridional difference *s.*; **–einheit** *f.*, unit *s.* of length; **–fehler** *m.*, error *s.* in range; **–grad** *m.*, degree *s.* of longitude; longitudinal *s.*; **15 –grade** *m./pl.* (*naut.*, *astr.*), hour *s.*; **--Höhen-Verhältnis** *n.*, length-to-height ratio *s.* (*of a yacht*); **–konstante** *f.* **(eines Bootes),** length constant *s.* (of a boat); **–kreis** *m.* (*naut.*, *astr.*, *geogr.*), circle *s.*, circle *s.* of longitude, meridian *s.*, meridian *s.* of longitude; **–maß** *n.*, linear *or* long measure *s.*; **–maßsystem** *n.*, linear measure *s.*; **–metazentrum** *n.* (*naut.*), longitudinal metacentre *s.* *or* (*am.*) metacenter *s.*; **–methode** *f.*, longitude method *s.*; **–minute** *f.*, minute *s.* of longitude; **–riß** *m.* (*naut.*), sheer draft *s. or* plan *s.*, longitudinal elevation *s.* (*shipb.*); **–unterschied** *m.* (*astr., geogr.*), longitudinal difference *s.*, difference *s.* of longitude; **–unterschied** *m.* **bei der gegißten Besteckrechnung,** departure *s.*; **–verhältnis** *n.* (*naut.*), length-to-beam ratio *s.*, relative length *s.*; beams (*pl.*) to length (ratio).

länger *adj.*, – **werden,** to draw out, to grow longer (*as days*).

Lang / fender *m.*, long fender *s.*; **–fahrt** *f.* (*naut.*), long(-distance) cruise *s.*; **l–fristige Wettervorhersage** *f.* (*meteor.*), long-range *or* long-term (weather) forecast *s.*; **–holz** *n.* (*naut.*), timbers (*pl.*), beams (*pl.*) and planks; **–kieler** *m.*, keeler *s. or* keel yacht *s.* with long lateral area, long keeler *s. or* keel yacht *s.*; **–lebigkeit** *f.*, durability *s.*, longevity *s.* (*of sails*).

längs *adv., prep.* (*naut.*), along, alongside; fore-and-aft, longitudinal (*shipb.*); lengthways, lengthwise; – **der Küste,** alongshore; – **der Küste segeln,** to hug the coast; – **liegend** *od.* **sich bewegend,** lengthwise (*of boat, etc.*). **Längs / ablauf** *m.* (*naut.*), end launching *s.*; **–abstand** *m.*, longitudinal clearance *s. or* space *s. or* spacing *s.*; **–achse** *f.* (*naut.*), longitudinal axis *s.*

langsam *adj.*, slow, sluggish (*of boat*); **–!** (*naut.*, *int.*), steady (on)!, soft!; **ganz** – (*naut.*), dead slow (*also command*); **komm – auf!** (*com.*), ease the helm!, (*am.*) ease the rudder!; – **anschleppen** (*naut.*), to tow slowly (ahead); – **laufen,** to tick over (*of engine*); **sehr – laufen,** to go *or* to sail at a crawl (*of boat*); – **laufend,** slow-running (*of boat, engine*); **–er werden** (*naut.*), to slow down *or* off, to slow up; **–e Fahrt** *f.* (*naut.*), dead slow, slow speed *s.*; **–es Segel** *n.*, slow sail *s.*; **–er Start** *m.* (*rac.*), (to be) slow at *or* off the starting line. **Langsam / keit** *f.* **(eines Bootes),** sluggishness *s.* (of a boat); **–läufer** *m.* (*naut.*), slow-speed engine *s.*

Längs / aufriß *m.*, longitudinal elevation *s.* (*shipb.*); **–balken** *m.*, fore-and-aft beam *s.*, longitudinal (beam) *s.* (*shipb.*); **–band** *n.* (*naut.*), tie plate *s.*; **–beanspruchung** *f.* (*naut.*, *tech.*), longitudinal strain *s. or* stress *s.*; **–beplankung** *f.*, fore-and-aft planking *s.* (*shipb.*); **–bespantung** *f.*, longitudinal framing *s.* (*shipb.*); **–bewegung** *f.* **bei achterlichem Seegang,** surge *s.*, surging (motion) *s.* (*of a boat*).

Langschiff *n.*, longboat *s.*, longship *s.*

Längs / druck *m.* (*naut.*, *phys.*), axial force *s.*; **–festigkeit** *f.*, longitudinal strength *s.* (*shipb.*); **–geschwindigkeit** *f.* (*naut.*, *phys.*), forward speed *s.*; **–helling** *f.*, end slip(way) *s.*; **–komponente** *f.*, longitudinal component *s.* (*of a boat*); **–kraft** *f.* (*naut.*), longitudinal force *s.*; **–lager** *n.* (*tech.*), axial *or* thrust bearing *s.*; **–magnetismus** *m.*, longitudinal magnetism *s.*

Langspleiß *m.*, long splice *s.*

Längs / richtung *f.*, longitudinal direction *s.*, (*coll.*) along the length; **in –richtung,** lengthwise; **–riß** *m.*, longitudinal elevation *s.*, sheer plan *s.* (*shipb.*); **–saling** *f.*, trestle tree *s.*; **l–schiff(s)** *adv.*, fore-and-aft, longitudinal; **–schiffskraft** *f.*, fore-and-aft force *s.*; **–schiffsmagnetismus** *m.*, longitudinal magnetism *s.*; **–schnitt** *m.*, longitudinal section *s.*, sectional elevation *s.* (*shipb.*); **–schott** *n.*, longitudinal *or* lengthwise *or* fore-and-aft bulkhead *s.*; vertical cut *s.* (*of sails*); **–schwelle** *f.* (*geogr.*), rise *s.* (*of sea-bottom*).

längsseit(s) *adv., prep.* (*naut.*), alongside **(von,** of), sidelong; – **anlegen** *od.* **festmachen,** to lay aboard (*of another boat or ship*), to go alongside; – **gehen,** to lay aboard, to go alongside; – **kommen,** to come alongside; – **kommen!** (*int.*), come alongside!; **sich – eines Bootes** *od.* **Schiffes legen,** to lay aboard a boat *or* ship;

– **liegen,** to be *or* to lie alongside (*of boat*); – **scheren,** to sheer alongside; – **schleppen,** to tow alongside.

Längs / spant *n.*, longitudinal (frame) *s.*, hog frame *s.*, stringer *s.*; **–spleiß** *m.*, long splice *s.*; **–stabilität** *f.* **(eines Bootes),** longitudinal stability *s.* (of a boat); **–süll** *n.*, fore-and-aft *or* side(long) coaming *s.*; **–träger** *m.*, fore-and-aft *or* longitudinal girder *s. or* stringer *s.*

Lang / strahlpeilung *f.* (*rad. D/F*), long-distance bearing *s.*; **–streckennavigation** *f.*, long-range navigation *s.*, LORAN *s.*; **–streckenregatta** *f.*, long-distance race *s.*

Längs / verband *m.*, longitudinal structure *s.* (*shipb.*); **–verbindung** *f.*, longitudinal joint *s.*; **–verstärkung** *f.*, longitudinal strengthening *s.* (*shipb.*); **–versteifung** *f.*, stringer *s.*, longitudinal strengthening *s.*

Lang / törn *m.* (*naut.*), lengthy *or* long sea turn *s.*; **l–weilige Regatta** *f.* (*coll.*), slow race *s.*, boring *or* irksome race *s.*; **–welle** *f.* (*rad.*), long wave *s.*, low frequency *s.*, kilometric wave *s.*; **–wellenbereich** *m.*, long-wave band *s.*, range *s.* of low frequency *or* kilometric wave; **–wellenempfänger** *m.*, long-wave receiver *s.* (*set*); **–wellenpeiler** *m.*, long-wave direction-finder *s.*; **–wellensender** *m.*, long-wave transmitter *s.* (*set*); **–zeitecho** *n.* (*radar*), long-delay echo *s.*; **–zeitlieger** *m.*, long-term *or* long-time boat *s.* at anchor *or* moored boat *s.*

Lappen *m.* (*naut.*, *coll.*), cloth *s.*, rag *s.*; (*tech.*) flange *s.*; – **(eines Segels),** doubling *s.*, patch *s.* **lappen** *v.*, **läppen** *v.* (*naut.*, *tech.*), to lap. **lappig** *adj.*, **–es Segel,** flabby *or* limp sail *s.*; ragged sail *s.*

lappsalben *v.*, (*s.* **labsalben).**

Lasch *n.*, butt seam *s.* (*shipb.*); **–auge** *n.*, lashing eye *s.*; **–bügel** *m.*, span shackle *s.* **Lasche** *f.* (*naut.*), butt strap *s.* fish-plate *s.*, scarf *s.*, strap *s.*, strap-joint *s.*, tongue *s.*; clip *s.*, lashing *s.*, shackle *s.*; **doppelte (einfache) –,** double (single) strap *s.* **laschen** *v.*, to lash, to seize, to strap (*boat equipment*), to shackle; to butt-joint, to scarf, to strap (*shipb.*). **Laschen / bolzen** *m.*, fish-bolt *s.*; **–schnitt** *m.*, diagonal *or* mitre (*am.*) miter cut *s.* (*of sails*); **–stoß** *m.*, fishing *s.* (*shipb.*); **–verbindung** *f.*, fish-joint *s.* (*shipb.*). **Lasching** *f.*, **Laschung** *f.* (*naut.*), boxing *s.*, lashing *s.*, seizing *s.*, woolding *s.*; scarf *s.*, strap *s.* (*shipb.*); doubling *s.* (*of sails*).

laß laufen! (*naut.*, *int.*), let go!. **lassen** *v.*, **gehen –,** to let go (*rope, sheet*); **liegen –,** to leave behind (*port, etc.*); **vom Stapel –,** to launch (*a boat*); **weit hinter sich (zurück) –** (*rac.*), to out-sail *or* to out-distance (*the fleet*); **zu Wasser –,** to launch *or* to lower (*a boat*).

Last *f.* (*naut.*), hold *s.*, locker *s.*, room *s.*, store *s.*, store-room *s.*, stowage *s.*; (*naut.*, *phys.*) load *s.*, resistance *s.*; burden *s.*, load *s.*, tonnage *s.* (*of boat or ship*); (*naut.*, *obs.*) last *s.* (*measure*); **gut (schlecht) verteilte –,** well (poorly) stowed *or* distributed load *s.*; **ruhende –,** dead *or* static load *s.*; **zulässige –,** safe load *s.*; **das Schiff ist bei seiner –,** the ship is freighted; **ein Schiff von 200 –en** (*pl.*), a ship of 400 tons burden; **die – brechen,** to break bulk. **Last / arm** *m.* (*naut.*, *phys.*), arm *s.* of resistance; **–boot** *n.* **(zum Ausbringen des Ankers),** hoy *s.*; **–haken** *m.*, lifting hook *s.*

lastig *adj.* (*naut.*), of 2 tons burden (*boat or ship*); trimmed (down by the head *or* stern). **Lastigkeit** *f.* **(eines Bootes),** inclination *s.* fore and aft, trim *s.* down by the head *or* stern, trim *s.* (*of a boat in the water*); burden *s.*, tonnage *s.* (*of boat or ship*).

Last / kahn *m.*, barge *s.*, lighter *s.*; **–moment** *n.* (*naut.*, *phys.*), moment *s.* of resistance; **–schiff** *n.*, cargo-boat *s.*, freighter *s.*; **–seil** *n.*, (winch) runner *s. or* whip *s.*; **–talje** *f.*, purchase *s.*; **–tonne** *f.*, ton *s.* burden.

Lasurlack *m.*, glazing *or* transparent varnish *s.* (*for boats, etc.*).

lateinisch *adj.*, **–es Segel,** lateen sail *s.* **Latein / rah** *f.*, lateen yard *s.*; **–segel** *n.*, lateen (sail) *s.*; **–segel führend,** lateen-rigged; **–segelboot** *n.*, lateen *s.*, lateener *s.*; **–takelung** *f.*, lateen rig *s.*

Lateral / druckpunkt *m.*, centre *s. or* (*am.*) center *s.* of pressure (*of boat*); **–kraft** *f.*, lateral force *s. or* power *s. or* strength *s.* (*of waves, current, etc.*); **–plan** *m.*, lateral plan *s.*; **–planfläche** *f.*, lateral plan area *s.*; **–schwerpunkt** *m.*, centre *s. or* (*am.*) center *s.* of lateral resistance; **–system** *n.*, lateral system *s.* (*buoyage*); **–widerstand** *m.*, lateral resistance *s.* (*of boat*).

Laterne *f.* (*naut.*), navigation lantern *s.*, lamp *s.*, light *s.*; **doppel-** *od.* **zweifarbige – (einer Yacht),** two-colo(u)red lantern *s.*

Latte *f.* (*naut.*), batten *s.*, lath *s.* (*for sails*), (*Scots*) spale *s.*; **durchgehende –n** (*pl.*) compression *or* full-length battens (*pl.*) (*for sails*). **Latten / pegel** *m.*, (lath) tide-ga(u)ge *s. or* water-mark *s.*; **–rost** *m.*, grating *s.*; **–schott** *n.*, latticed *or* batten and space bulkhead *s.*; **–segel** *n.*, (full-)battened sail *s.*; **–tasche** *f.*, batten pocket *s.* (*in sails*); **–wegerung** *f.*, batten and space *or* sparred ceiling *s.*, sparring *s.*

(*shipb.*).

lau *adj.*, mild (*of weather*), lukewarm (*of water*); **–e Luft** *f.*, **–warme Luft** *f.*, tepid air *s.*; **–er Wind** *m.*, slack wind *s.*, zephyr *s.*

Lauf *m.* (*naut.*), run *s.*, way *s.* (*of boat*), (*surf., rac.*) run *s.*; (*naut., tech.*) action *s.*, motion *s.*, movement *s.*, travel *s.* (*of engine, etc.*); circulation *s.*, current *s.*, flow *s.* (*of water*), bed *s.*, course *s.* (*of a river*); (*astr.*) orbit *s.*; (*meteor.*) path *s.*, track *s.* **Lauf / bahn** *f.* (*astr.*), orbit *s.*; **–bahn** *f.* **der Sonne,** orbit *s.* of the sun; **–brett** *n.* (*naut.*), gangboard *s.*, gangplank *s.*, gangway *s.*, (*coll.*) catwalk *s.* (*aboard*); **–brücke** *f.*, gangway *s.*, flying bridge *s.* **Läufe** *m./pl.* (*surf., rac.*), runs (*pl.*); **drei –,** three runs (*pl.*).

laufen *v.* (*naut.*), to go, to proceed, to run, to sail (*of boat*), to set (*of tide*); (*tech.*) to function, to move, to run, to work; **auf Grund –,** to run aground (*of boat*); **aus dem Hafen –,** to leave harbo(u)r *or* port; **aus dem Kurs –,** to yaw (*of boat*); **frei –,** to run out (*of rope*); **gegenan –,** to buck the sea *or* waves (*of boat*); **gegen die Flut –,** to stem the tide; **gegen eine Klippe –,** to run against a rock (*of boat*); **(in einer Richtung, bes.) gegen den Wind –,** to work (*of boat*); **Höhe –,** to point high (*of boat*); **lass –!** (*int.*), let go! (*rope*); let her ride! (*boat*); **mit dem Wind –,** to run downwind (*of boat*); **mit der Tide –,** to ride the tide *or* a fair tide; **mit halbem Dampf –,** to run half(-)steam (*of steam yacht*); **Ostkurs (Westkurs) –,** to work (to) east (west); **platt vorm Laken** *od.* **vorm Wind –,** to run dead off, to sail dead *or* square before the wind; **schwer in der See** *od.* **im Seegang –,** to ride *or* to labour heavily (*of boat*); **über Steuer –,** to make sternway (*of boat*); **von der Küste (weg) –,** to out, to run *or* to work offshore; **vom** *od.* **von Stapel –,** to be launched (*of boat*); **zwanzig Knoten –,** to run 20 kn(ots); **– lassen,** to douse (*sails*), to let go (by the run), to pay off, to veer (*rope, lines*); (*tech.*) to run.

laufend *adj.*, continuous, current, routine, running; consecutive, serial (*of hull or sail numbers*); **langsam –,** proceeding *or* running at slow speed (*of boat*); **–er Block** *m.*, running block *s.*, runner *s.*; **–es Gut** *n.*, running rigging *s.*; running tackle, halyards and sheets (*pl.*); **–er Knoten** *m.*, running knot *s.*; **–e Nummer** *f.*, serial *or* consecutive number *s.* (*of hull or sail*); **–er Palstek** *m.*, running bowline *s.*; **–e Part** *f.*, running part *s.*, tackle *s.*, fall *s.*; runner *s.*; **–es Tauwerk** *n.*, running gear *s.*; **–e Wartung** *f.*, routine maintenance *s.* (*of boat, sails*).

Läufer *m.* (*naut.*), fall *s.*, slide *s.*, slider *s.*, tackle *s.*, travel(l)er *s.*; runner *s.*, running gear *s. or* part *s.* (*of ropes*); runner *s.* (*pers.*); **– Deck** (*obs.*), runner *s.* (on) deck. **Läufer / ring** *m.*, runner *s.*; **–schlitte** *f.*, **–schlitten** *m.* (*naut.*), sliding balk *s.*; **–wicklung** *f.* (*elec.*), armature winding *s.*

Lauf / fläche *f.* (*naut., tech.*), bearing *s.*, journal *s.*, surface *s.*; **–gang** *m.*, catwalk *s.*, gangway *s.*, walkway *s.* (*aboard*); **–katze** *f.* (*naut.*), travel(l)er *s.*; overhead tackle *s.*; crane-crab *s.* (*in harbour*); **–knoten** *m.*, running noose *s. or* knot *s.*, slip knot *s.*; **doppelter –knoten** *m.*, tomfool knot *s.*; **–kran** *m.*, travel(l)ing crane *s.* (*in harbour*); **–planke** *f.* (*naut.*), brow *s.*, catwalk *s.*, gangboard *s.*, gangplank *s.*, gangway *s.*; **–ring** *m.*, ball-race *s.*; **–rolle** *f.*, bogie *s.*, carrying roller *s.*, runner *s.*; **–schiene** *f.* (*naut.*), sliding track *s.*, track *s.*, runner *s.*; guide-rail *s.*; **–schienenanordnung** *f.*, sliding-track set-up *s.*; **–schieneneinrichtung** *f. od.* **-vorrichtung** *f.*, sliding-track device *s.*; **–schlinge** *f.*, running noose *s.* (*kind of knot*); **im –schritt** (*naut.*), at the double; **–sitz** *m.* (*naut., tech.*), clearance *s.*, easy fit *s.*; **–spur** *f.* (*naut.*), race *s.*, (sliding) track *s.*; **–steg** *m.*, gangboard *s.*, gangway *s.*; **–zeit** *f.*, transmission time *s.* (*of radiogram*); **–zeitmodulation** *f.* (*phys.*), velocity modulation *s.*

Launen *f./pl.* **des Wetters,** hazards (*pl.*). **launisch** *adj.*, **–es Wetter,** hazardous weather *s.*, changeable *or* unsettled weather *s.*

Laut *m.* (*naut., rad.*), noise *s.*, sound *s.* **lautgetreu** *adj.* (*rad.*), high-fidelity. **Laut / schwund** *m.* (*rad.*), fading *s.*; **–sprecher** *m.*, loudspeaker *s.*, loud hailer *s.*, megaphone *s.*, (*rad.*) sounder *s.*; **–sprechanlage** *f.* **an Bord,** public address system *s.*, p.p.a. (system) *s.*; **–stärke** *f.* (*rad.*), volume *s.*, signal strength *s.*; **automatische –stärkereg(e)lung** *f.* (*rad.*), automatic gain *or* volume control *s.*; **–stärkeregler** *m.* (*rad.*), volume control *s.*; **–tonstärke** *f.* (*rad.*), strength *s.* of reception; signal strength *s.*; **–verstärker** *m.* (*rad.*), audio- *or* sound-amplifier *s.*

Lavieren *n.* (*naut.*), beating *s.*, veer(ing) *s.* **lavieren** *v.*, to beat, to come round, to go about, to ply to windward, to tack, to veer, (*rare*) to laveer.

Lawine *f.*, avalanche *s.*, snow slide *s. or* slip *s.* (*skiyachting*).

Layout *n.*, layout *s.* (*of a yacht*).

lebend *adj.*, **–er Ballast** (*naut.*), crew weight *s.*, weight *s.* of the crew (for balancing the boat);

–es Werk (*naut.*), live *or* quick work, underwaterwater hull *s. or* body *s.* (*of a boat*).

lebendig *adj.* (*naut.*), lively (*of boat*); **das Boot wird –,** the boat comes alive; **–es Boot** *n.*, lively boat *s.*, easily steered boat *s.*, boat *s.* easy to steer; **–e Bootsführung** *f.* **auf Hart-am-Wind-Kurs,** easily steered *or* easy to steer when close-hauled (*of boat*); **–e Kraft** *f.* (*phys.*), kinetic energy *s.*; **–es Segel** *n.*, easy sail *s.*; **–es Werk** *n.* (*naut.*), below the waterline, live *or* quick work *s.*; **–e Yacht** *f.* **(im Seegang),** lively boat *s. or* yacht *s.* (in a heavy sea).

Lebens / dauer *f.*, durability *s.*, longevity *s.* (*of boat, sail*); **–gefahr** *f.*, danger to life (*at sea*); **unter –gefahr (bergen),** (to recover *or* to salvage) at the risk *or* peril of one's life; **–retter** *m.* (*naut.*), life-saver *s.* (*pers.*); (*coll.*) oxygen apparatus *s.*; **–rettung** *f.*, live-saving *s.* (*distress at sea*); **–rettungseinrichtung** *f.*, **–rettungsgerät** *n.*, life-saving equipment *s. or* gear *s.*; **–rettungskanone** *f.* **(zum Abschießen einer Notleine),** mortar *s.*

Leck *n.* (*naut.*), leak *s.*, leakage *s.*, seep *s.*, seepage *s.*, spring *s.*, weep hole *s.*; **kleines –,** weeping *s.*; **durch ein – eingeströmtes Wasser,** leakage *s.*; **ein – abdichten,** to plug (up) a leak; **ein – bekommen,** to spring a leak; **ein – dichten** *od.* **stopfen,** to plug (up) *or* to stop a leak. **leck** *adj.*, leaking, leaky; **nicht –,** tight (*of boat*); **– sein,** to leak, to make *or* to take water (*of boat*); **– werden,** to spring a leak; **in –em Zustand,** in damaged condition (*of boat*). **Leckage** *f.*, leakage *s.*; **leichte –,** weeping *s.* **Leckdichtungsmasse** *f.*, tightening compound *s.* **lecken** *v.*, to leak, to have a leak, to bleed, to let in water; to drip *or* to run *or* to trickle out (*of water*); to lick (*of waves*). **leckgeschlagen** *adj., p.p.*, stove (*of hull*); **der Bootsrumpf ist –,** the (boat's *or* ship's) hull is stove; **–er Bootsrumpf** *m.*, stove hull *s.* **Leck / matte** *f.*, collision mat *s.*; **–pumpe** *f.*, bilge pump *s.*, flood pump *s.*; **l–schlagen** *v.*, to stave (*a boat*); **–schraube** *f.*, (drain) plug *s.*; **–segel** *n.*, collision mat *s.*, fothering (sail) *s.*; **–springen** *n.*, spring *s.*; **–stabilität** *f.* **(eines Bootes),** stability *s.* (of a boat) in damaged condition; **–stelle** *f.*, leakage *s.*; **–stopfbeutel** *m.*, **–stopfbuchse** *f.*, leak(age) *or* damage stuffing box *s.*; **–stopfmittel** *n.* (*pl.*), fothering means (*pl.*) *or* device(s) *s.* (*pl.*); **–tuch** *n.*, collision mat *s.*, fothering (sail) *s.*; **–wasser** *n.*, leakage *s.*, bilge water *s.*, leak water *s.*, flooding water *s.*; **das –wasser aus einer Boje (einem Tank) abfließen** *od.* **ablaufen lassen,** to bleed a buoy (a tank); **–wasserpumpe** *f.*, bilge pump *s.*; **–werden** *n.*, leakage *s.*, spring *s.*

Leder / dichtung(sring *m.*) *f.*, leather washer *s.*; **–stropp** *m.*, leather strap *s. or* strop *s.*

Lee *f.* (*geogr. n.*), lee *s.*, lee-side *s.*, (to) leeward, down()wind *s.*; **Ablegen** *n.* **vom Steg in –,** pushing *s.* off (from) the jetty in lee *or* on the leeside; **Durchbruch** *m.* **in –** (*rac.*), sailing *s.* through the lee; **Ruder in –!** (*int.*), down helm!, ease the helm!; **Tendenz** *f.* **nach –,** sag *s.*, sagging *s.* (*of a boat*); **das Boot liegt zu –,** the boat (*or* she) has the lee ga(u)ge; **in –,** alee, under the lee, under the wind; **in – durchbrechen** (*rac.*), to sail through the lee; **in – fallen,** to drift *or* to drive to lee(ward); **in – liegen,** to lie alee *or* under the wind (*of boat*); **in – liegendes Boot** *n.*, boat *s.* having the lee ga(u)ge; **in – wenden,** to tack under lee; **nach –,** leeward; **nach – abtreiben** *od.* **driften,** to sag *or* to drift to leeward (*of boat*); **nach – vertreiben,** to drag to leeward (*of boat*); **nach – zu,** alee; **nach – zu liegend** *od.* **sich bewegend,** leeward; **– machen,** to make leeway, to give a()lee (*of boat*). **Lee / abstand** *m.*, blanket lee *s.*; **–anker** *m.*, lee(ward) anchor *s.*; **mit dem –anker wenden,** to clubhaul; **–boje** *f.* (*rac.*), lee(ward) buoy *s. or* mark *s.*; **–boot** *n.*, lee(ward) boat *s.*, boat *s.* under the lee; **–bord** *n.*, **–brett** *n.*, leeboard *s.* (*of a bunk*); **–bug** *m.* (*nav.*), lee bow *s.*, lee *s.* bowing a *or* the tide; **–faden** *m.*, leeward telltale *s.*; **–fahrwasser** *n.*, leeward waterway *s.*; **–geschwindigkeit** *f.* **(eines Bootes),** (boat's) speed *s.* made good to leeward; **l–gierig** *adj.*, leewardly, unweatherly (*of boat*); **das Boot ist l–gierig,** the boat (*or* she) carries lee helm; **l–gierig sein,** to carry lee helm, to be unweatherly (*of boat*); **–gierigkeit** *f.*, carrying *s.* lee helm, (*coll.*) slackness *s.* (*of a boat*); **–küste** *f.*, lee *or* leeward shore *s.*; **–leine** *f.*, lee line *s.*; **–lieger** *m.*, lee(ward) boat *s.*, boat *s.* lying alee *or* to lee *or* under the wind; **–liek** *n.*, leech *s.*, (*am.*) leach *s.*; **–marke** *f.* (*rac.*), lee(ward) buoy *s. or* mark *s.*; **–parten** *f./pl.*, lee(ward) parts (*pl.*).

leer *adj.*, **–er Raum** (*naut.*), empty *or* void space *s.* (*in a yacht*).

Leereling *f.*, lee rail *s.*

Leer / gang *m.* (*tech.*), idle motion *s.*, lost motion *s.*, backlash *s.*; neutral gear *s.*; **–gewicht** *n.*, deadweight *s.*, weight *s.* empty (*of boat*); **–karte** *f.* (*nav.*), plotting sheet *s.*; **–lauf** *m.* (*naut.*), to sail in ballast; (*tech.*) idling *s.*, idle motion *s.*, ticking-over *s.* (*of engine, etc.*); neutral gear *s.*; free run *s.* (*of propeller*); **l–**

laufen *v.* (*tech.*), to tick over (*of engine*), to be idling, to run idle; **–laufstellung** *f.*, feathering *s.* (*of propeller*), neutral position *s.* (*of reversing gear*); **l–lenzen** *v.*, to pump dry, to pump out water, to free a boat; **(ein Boot) l–schöpfen** *v.*, to scoop (a boat) dry; **ein Boot l–segeln** *v.*, to scud, to free a boat; **–takt** *m.* (*tech.*), idle stroke *s.*; **–tiefgang** *m.*, light draught *s. or* (*am.*) draft *s.* (*of a boat*); **–tonnage** *f.*, light displacement *s.*, deadweight tonnage *s.*

Lee / ruder *n.*, lee helm *s.*; **–schlag** *m.*, lee tack *s.*, starboard beat *s.*; lee(ward) leg *s.*; **–schot** *f.*, lee sheet *s.*; **–segel** *n.*, studding sail *s.*, stun()sail *s.*, (*coll.*) stuns'l(e) *s.*; **unteres –segel** *n.*, lower studding sail *s.*; **–segel-Außenschot** *f.*, studding-sail tack *s.*; **–segelfall** *n.*, studding-sail halyard *s.*; **–segelspiere** *f.*, studding-sail boom *s.*; **–segelspierentalje** *f.*, boom jigger *s.*; **–seite** *f.*, lee(-side) *s.*, leeward side *s.*, to leeward; **–seite** *f.* **eines Segels,** leeward side *s.* of a sail; **l–seitig** *adj.*, leeward; **–spinnaker** *m.*, blooper *s.*, big boy *s.*; **–stellung** *f.* (*rac.*), leeward position *s.*; **sichere –stellung** *f.* (*rac.*), safe leeward position *s.*; **–strömung** *f.*, leeward flow *s.*, flow *s.* on (the) leeward side (*of a sail*); **die –strömung reißt ab,** the flow separates on (the) leeward side (*of jib*); **–tide** *f.*, lee tide *s.* (*in direction of the wind*); **–tonne** *f.* (*naut., rac.*), lee(ward) buoy *s. or* mark *s.*; **–want** *f.*, leeward *or* lee shroud *s.*; **l–wärtig** *adj.*, windward; **l–wärtige Wind-** *od.* **Wollfäden** *m./pl.*, leeward telltales (*pl.*); **l–wärtige Yacht** *f.*, leeward yacht *s.*; **l–wärts** *adv.*, leeward, alee, under the wind; **l–wärts abfallen** *od.* **absacken,** to fall off (*of boat*); **l–wärts gelegen,** leeward (*coast, etc.*); **l–wärts kreuzen,** to beat to leeward; **l–wärts setzende Gezeit** *f. od.* **Tide** *f.*, lee tide *s.*; **(Boot) l–wärts steuern,** to pay off; **l–wärts vertreiben,** to drift to leeward; **–weg** *m.*, leeway *s.*; **extremer –weg** *m.*, excessive leeway *s.*; **–weg machen,** to make leeway (*of boat*); **–yacht** *f.*, leeward yacht *s.*; **--Zieltonne** *f.* (*rac.*), leeward finishing buoy *s. or* mark *s.*; **die --Zieltonne anliegen** (*rac.*), to head for the lee(ward) finishing-mark.

Legde *f.*, tidal shoals (*pl.*) (*in the mud-flats*).

Legel *m.*, (*s.* **Lägel).**

legen *v.t.* (*naut.*), to lay down (*keel*); to put (*the helm, tiller*); **ein Boot auf Strand –,** to place *or* to put a boat on the beach; *v.r.*, **sich –,** to abate, to calm down, to die away, to go down, to lull (*of breeze, wind*), to slacken, to subside (*of wind, storm*); **sich um einen Poller –,** to wrap round a bollard (*of rope*); **sich vor Anker –,** to cast anchor, to moor (*of boat*).

Leger *m.* (*naut.*), water cask *s.*

Legerwall *m.* (*naut.*), lee shore *s.*

Lehmgrund *m.*, **lehmiger Grund** *m.* (*naut.*), loamy *or* clay bottom *s. or* ground *s.*

lehnig *adj.*, weak (*of boat*), flexible (*of rope, wire cable*).

Lehre *f.* (*tech.*), ga(u)ge *s.*, calibre *s.*, (*am.*) caliber *s.*, pattern *s.*, size *s.*; (*naut.*) instruction *s.*

Leibstich *m.* (*naut.*), bowline hitch *s. or* knot *s.*

leicht *adj.* (*naut.*), light, light-weight, light in weight; easy; (*meteor.*) light, slight, moderate; gentle (*as breeze*); (*tech.*) light-duty; **ziemlich –,** lightish (*as boat*); **zu –,** under weight (*as headsail trimmer, etc.*); **– beladen,** light (*of ship*); **– bewegte See** *f.*, slight sea *s.*; **– zugänglich,** easily accessible, easy of *or* to access (*of coast, port, etc.*); **– zu handhaben,** easy to handle (*boat, sails*); **– zu stauen,** easy to stow (*of sails*); **das Segel läßt sich – handhaben,** the sail handles well; **–e Brise** *f.*, gentle *or* light breeze *s.*; **–e Dünung** *f.*, gentle swell *s.*; **–er Nebel** *m.* (*meteor.*), mist *s.*; **–er Regen** *m.*, light rain *s.*, (*coll.*) drizzle *s.*; **–e Schlagseite** *f.* (*naut.*), slight list *s.* (*of a boat*); **–es Segeltuch** *n.*, light-weight fabric *s. or* sailcloth *s.*; **–er Sieg** *m.* (*rac.*), walkover *s.*; **–e Versetzung** *f.*, slight drift *s.*, slight set *s.* (*of boat*); **–er Wind** *m.*, moderate breeze *s.*, light wind *s.*; **bei** *od.* **in extrem –en Winden** (*pl.*), in extremely light winds (*pl.*) (*sailing*). **Leicht / anker** *m.*, light *or* stockless anchor *s.*, CQR- *or* Stokes- *or* Delta-anchor *s.*; **–ballast** *m.*, light ballast *s.*; **–bauweise** *f.*, light-weight construction *s.* (*shipb.*); **-- bis Mittelwetter** *n.*, light to medium air *s.* (*of race, sails*); **–deplacement** *n.*, light displacement *s.* (*of boat*); **–deplacementboot** *n. od.* **-yacht** *f.*, light-displacement boat *s. or* cruiser *s. or* yacht *s.*

leichten *v.* (*naut., rare*), to weigh anchor.

Leichter *m.*, barge *s.*, lighter *s.*, tender *s.*, wherry *s.*; scow *s.*; (*coll.*) flat *s.*, (*am., dial.*) tag boat *s.*; **– (zum Ausbringen des Ankers),** hoy *s.*; **(Art) –** (*am.*), keel *s.*, keelboat *s.*; **plumper – mit Besegelung,** drogher *s.*; **in** *od.* **mit einem – befördern,** to lighter, to wherry; **in** *od.* **mit einem – fahren,** to wherry. **Leichter / führer** *m.*, bargee *s.*, bargeman *s.*, lighterman *s.*, (*am., sl.*) keeler *s.*, keel bully *s.*; **–geld** *n.*, lighterage *s.* **Leichtern** *n.*, lightening *s.* (*of a boat*); unloading *s.* (*of a ship*). **leichtern**

v., to lighten (*a boat*); to lighter, to unload a ship. **Leichter / schiff** *n.*, lighter *s.*, hoy *s.*, (*am.*) keelboat *s.*, keel *s.*; **–transport** *m.*, lighterage *s.* **Leichterung** *f.*, lighterage *s.*

Leicht / gewichtanker *m.*, light-weight anchor *s.*; **–gewicht** *n.*, **–gewicht(s)klasse** *f.* (*surf.*), light weight *s.*; **–konstruktion(sboot** *n.*) *f.*, light-weight construction *s.* (*shipb.*); **–matrose** *m.*, ordinary seaman *s.*; **–öl** *n.*, light oil *s.* (*for Diesel engines*); **–trimmer** *m.*, easy trimmer *s.* (*boat*); **–verdränger** *m.*, light displacement boat *s.*; **–verdrängung** *f.*, light displacement *s.*; **–verdrängungsboot** *n.*, light displacement boat *s. or* cruiser *s. or* yacht *s.*; **–wasserlinie** *f.*, ballast *or* light(-displacement) waterline *s.*; **–wetter** *n.*, **–wetter-** *pref.*, light air (*s.*) *or* weather (*s.*) *or* wind (*s.*); **(bei) –wetterbedingungen** *f./pl.* (*rac.*), in light conditions (*pl.*); **–wetterbesegelung** *f.*, light-air (sail) inventory *s.*; **–wetterboot** *n.*, light air *or* weather boat *s.*; **–wettergenua** *f.*, light air genoa *s.*; **–wetterregatta** *f.*, light-air *or* light-weather race *s. or* racing *s. or* regatta *s.*, fair-weather regatta *s.*; **–wetterregattataktik** *f. od.* **-technik** *f.* (*rac.*), light-weather technique *s.*; **–wettersegel** *n.*, light-air sail *s.*, (*coll.*) light weather canvas *s.*; **vierkantiges –wettersegel** *n.*, advance (stay)sail *s.*; **–wettersegeln** *n.*, light-air *or* light-weather sailing *s.*; **–wetter(segel)trimm** *m.*, light-air *or* light-weather trim *s.*; **–wetterspinnaker** *m.*, light air spinnaker *s. or* (*coll.*) spi *s.*; **triradialer –wetterspinnaker** *m.*, **–wetter-Triradialspinnaker** *m.*, light-air triradial spinnaker *s. or* (*coll.*) spi *s.*; **–windregatta** *f.*, light-air race *s.*; **–windspezialist** *m.* (*rac.*), light-air expert *s.* (*pers.*); **–windspinnaker** *m.*, floater *s.*, runner *s.*

Leick *n.*, **Leik** *n.* (*naut.*, *dial.*), (*s.* **Liek).**

Leierbohrer *m.*, (carpenter's) brace *s.* (*shipb.*).

leihen *v.*, **ein Boot –,** to hire a boat. **Leihgebühr** *f.*, hiring fee *s.*, charge *s.* for hiring (*a boat*).

Leim *m.*, glue *s.*; size *s.*, sizing *s.*, (*am.*) mucilage *s.* **Leimen** *n.*, sizing *s.* **leimen** *v.*, to cement, to glue; to size. **Leim / kitt** *m.*, plastic wood *s.*; **–stoff** *m.*, gluten *s.*; **–tiegel** *m.*, gluepot *s.*

Leine *f.* (*naut.*), line *s.*, rope *s.*, cord *s.*, (*am.*) string *s.*, lasher *s.*, lashing *s.*; **geflochtene –,** braided *or* plaited line *s. or* rope *s.*, sennit line *s.*; **linksgeschlagene (rechtsgeschlagene) –,** left- *or* back-handed (right-handed *or* twist) line *s. or* rope *s.*; **faß** *od.* **pack die –!** (*int.*), snatch (at) *or* get the line!; **alle –n los!** (*com.*), let go all lines!; **–(n) achtern (vorne) los!** (*com.*), let go forrard (aft)!; **– einhieven!** (*com.*), heave in!; **– ein(holen)!** (*com.*), haul *or* heave in (line)!; **– fieren!** (*com.*), ease off!, slacken the line!; **– ist gebrochen!** (*int.*), line has parted!; **–(n) los!, –(n) loswerfen!** (*com.*), let go!; **–(n) los und ein!** (*com.*), let go all (lines)!; **– schlippen** *od.* **slippen!** (*com.*), let go *or* slip the line!; **– steifholen!** (*com.*), haul taut!, hold on to the line *or* (*coll.*) to that!; **eine – anstecken,** to bend *or* to hitch a line *or* rope; **eine – auf das Schleppboot** *od.* **den Schlepper geben** *od.* **werfen,** to pass *or* to throw the rope *or* hawser to the tug(boat); **eine – auffieren,** to ease off *or* to slacken *or* to slack away a line; **eine – ausbringen,** to bring out a line *or* rope *or* hawser; **eine – ausfahren,** to take a warp off, to lay out a line *or* rope; **eine – belegen,** to belay *or* to secure a line *or* rope; **eine – einholen,** to haul *or* to heave in a line *or* rope; **eine – fieren,** to slacken *or* to ease off a line *or* rope; **eine – loswerfen,** to let go a line *or* rope; **eine – schlippen** *od.* **slippen,** to slip *or* to let go a line; **eine – stecken,** to pay out (a) line *or* rope; **eine – steifholen,** to haul taut (a line *or* rope); **eine – wahrnehmen,** to take hold of a line *or* rope. **Leinen / ausrüstung** *f.* **(an Bord),** line *or* rope gear *s. or* tackle *s. or* (*coll.*) stuff *s.* (aboard); **–kommando** *n.*, mooring command *s. or* order *s.*; line runner(s) *s.* (*pl.*) *or* party *s.*; **–länge** *f.* **(des Ankers),** scope *s.*; **–spanner** *m.*, line tensioner *s.* (*device*); **–stärke** *f.*, diameter *s. or* ga(u)ge *s. or* size *s.* of cordage; **–trommel** *f.*, line drum *s. or* reel *s.*; **–trommelbremse** *f.*, line-drum brake *s.*; **–winde** *f.*, **–winsch** *f.*, line winch *s.*; **–wurfkanone** *f.*, mortar *s.*, line-throwing gun *s.* (*distress at sea*); **–wurfrakete** *f.*, life rocket *s.* (*distress at sea*).

Lein / pfad *m.*, tow-path *s.*, towing path *s.* (*for boats*); **–wand** *f.* (*naut.*, *coll.*), canvas *s.*

Leiste *f.* (*naut.*), batten *s.*, cleat *s.*; (*geogr.*) ledge *s.*, ridge *s.*

leisten *v.*, **Hilfe –,** to help, to give *or* to render assistance *or* help, (*coll.*) to give *or* to lend a (helping) hand.

Leistung *f.* (*naut.*), efficiency *s.*, performance *s.* (*of boat, sail*); rating *s.* (*of engine or motor*); (*phys.*, *tech.*) capacity *s.*, output *s.*, power *s.*; (*elec.*) energy *s.*, wattage *s.*; brake horse-power *s.*; **abgegebene –** (*rad.*), output *s.*; **aufgenommene –** (*rad.*), input *s.*; **die – der (Schiffs)-Maschine** *od.* **des Außen(Innen)borders erhöhen,** to tune up the engine *or* the out(in)-boarder. **Leistungs / abgabe** *f.* (*rad.*, *tech.*), power output *s.*; **–aufnahme** *f.* (*rad.*, *tech.*), power input *s.*; **–einheit** *f.* (*phys.*), unit *s.* of power; **l–fähig** *adj.*, efficient (*of boat, sail*); **–fähigkeit** *f.*, capacity *s.*, efficiency *s.*, working power *s.* (*of boat, sail*); (*rad., tech.*) output *s.*, power *s.*; **–gewicht** *n.* (*naut.*), power-to-weight ratio *s.*, weight *s.* per horse power (*of boat motor, engine*); **–grenze** *f.* (*phys., tech.*), limit *s.* of capacity *or* power; **–minimum** *n.* (*elec., rad., phys., tech.*), minimum output *s.*; **–prüfung** *f.*, performance *or* efficiency test *s.* (*of boat, sails*); **–regelung** *f.* (*rad., tech.*), output *or* power control *s.*; **l–schwaches Boot** *n.*, underpowered boat *s.*; **l–starke Rennyacht** *f.*, power boat *s.*, full-powered *or* powerful racing boat *s.*; **l–starkes Segel** *n.*, efficient sail *s.*; **–verlust** *m.* (*phys., rad.*), power loss *s.*; **–vermögen** *n.* **(eines Bootes),** hull performance *s.*; **–vermögen** *n.* **(eines Segels),** performance *s.* of a sail; **–verstärkung** *f.* (*rad.*), power amplification *s.*; **–vertrag** *m.* (*naut.*), open contract *s.*, (*coll.*) no cure, no pay (*for hired crew members*).

Leit / auge *n.* (*naut.*), guide eye *s.* (*for line or rope*); **–bake** *f.*, leading mark *s.*, leading beacon *s.*; **–blech** *n.* (*naut.*), baffle plate *s.*; **–block** *m.*, fairlead block *s.*, leading block *s.*, leader *s.* (*for ropes*); derrick-pin *s.*, heel block *s.*; **–damm** *m.* **(am Landungssteg),** jetty *s.*, pier *s.*

leiten *v.* (*naut.*), to be in charge of *or* to con(n) *or* to run (*a ship*); (*elec., phys.*), to conduct; (*rad.*) to direct (*a message*); (*naut.*) to guide, to lead (*a rope through a block, etc.*). **Leitender Ingenieur** *m.* (*naut.*), Chief (Engineer) *s.*

Leiter *f.*[1] (*naut.*), (boarding) ladder *s.*

Leiter *m.*[2] (*elec., phys.*), conductor *s.*; **– (eines Schratsegels),** traveller *s.*, (*am.*) traveler *s.*; **stromführender (stromloser) –** (*elec.*), live (dead) wire *s.* **Leiterring** *m.*, travel(l)er *s.*

Leit / faden *m.* (*naut.*), manual *s.*; **–fähigkeit** *f.* (*elec.*), conductivity *s.*, conductance *s.*, (*phys.*) permeability *s.*; **magnetische –fähigkeit** *f.* (*phys.*), permeance *s.*; **spezifische magnetische –fähigkeit** *f.* (*phys.*), permeability *s.*; **–feuer** *n.* (*naut.*), leading *or* guide *or* guiding light *s.*; sectorial light *s.*; **oberes (unteres) –feuer** *n.*, upper (lower) leading *or* range light *s.*; **–haken** *m.*, guide eye *s.*, fairlead hook *s.* (*fitting*); **–kante** *f.*, leading edge *s.* (*of sail, etc.*); **–klampe** *f.*, fairlead(er) *s.*, guide *or* leading chock *s.*; **–kopfruder** *n.*, skeg rudder *s.*; **–marke** *f.*, leading mark *s.*; **–öse** *f.*, guide eye *s. or* loop *s.*, fairlead eye *s.*, sheet lead *s.*; **–peilfunkstation** *f.*, radio direction-finding *or* radar control station *s.*; **–rolle** *f.*, guide pulley *s. or* roller *s.*; **–schiene** *f.*, (slide) track *s.*, slide(-)bar *s.*, x- *or* X-track *s.*; safety rail *s.*; **–sektor** *m.* **(eines Leit-** *od.* **Richtfeuers),** leading sector *s.*; **–sender** *m.* (*rad.*), master station *s.*; **–signal** *n.* (*naut.*), pilot signal *s.*; (*rad.*) equisignal *s.*; **–stern** *m.* (*astr.*), guiding star *s.*, lodestar *s.*, loadstar *s.*, pole(-)star *s.*; **–strahl** *m.* **(eines Leit-** *od.* **Richtfeuers),** leading beam *s.*; (*rad. nav.*) guide beam *s.*, equisignal sector *s.*, aidwave *s.*; radius vector *s.*; **–strahl(funk)feuer** *n.*, radio range beacon *s.*; **–strahlsystem** *n.*, equisignal *or* radio-range beacon system *s.*; **–strahlzone** *f.*, equisignal zone *s.*; **–tau** *n.*, manrope *s.*, safety line *s.*; **–ton** *m.* (*naut.*), course signal *s.*

Leitung *f.* (*naut.*), command *s.*, control *s.*; (*phys.*) conduction *s.*, supply *s.*, transmission *s.*; (*elec.*) cable *s.*, circuit *s.*, lead *s.*, mains (*pl.*), wire *s.* **Leitungen** *f./pl.* **an Bord**, wiring *s.* **Leitungs / netz** *n.* **(an Bord),** wiring *s.*, supply network *s.*; (*rad.*) circuit *s.*; **–störung** *f.* (*rad.*), circuit fault *s.*

Leit / vermögen *n.* (*elec.*), conductance *s.*; **–wagen** *m.* (*naut.*), horse *s.*, deck *or* sheet horse *s.*; **–wagen** *m.* **mit Traveller** *od.* **Rutscher,** deck horse *s.* and *or* with travel(l)er; **magnetischer –wert** *m.* (*phys.*) permeance *s.*; **–zeichen** *n.* (*naut.*), mark *s.*

lenkbar *adj.*, manoeuvrable, (*am.*) maneuverable, steerable (*of boat*). **lenken** *v.* (*naut.*), to navigate, to pilot (*a boat*), to steer (*motorboat*). **Lenkrolle** *f.* (*naut.*), leading pulley *s. or* roller *s.*

lens *adj.*, **lensen** *v.* (*dial.*), (*s.* **lenz, lenzen**).

lenz *adj.* (*naut.*), dry (*of boat*), empty (*of bilge, tank*). **lenzbar** *adj.*, drainable (*of boat, bilge, etc.*). **Lenzbrunnen** *m.*, drain well *s. or* sump *s.*; pump well *s.*

Lenzen *n.*, freeing *s.* the boat, pumping out (water) *s.*, pumping *s.* the bilges, spooming *s.*; **– vor dem Sturm,** scudding *s.* **lenzen** *v.*, to free a boat, to pump (bilges), to pump the bilges, to pump out water, to spoom; **vor dem Sturm –,** to scud, to run before the wind; **vor Topp und Takel –,** to scud with bare poles. **Lenzeröffnung** *f.*, drain valve *s.*, sea cock *s.*; self-bailer *s.*

Lenz / hahn *m.*, bilge *or* sea cock *s.*; **–klappe** *f.*, transom flap *s.*; semi-automatic bailer *s.*; **–korb** *m.*, pump strainer *s.*, suction valve *s.*; **–leitung** *f.*, bilge (pipe) line *s.*; **–pumpe** *f.*, bilge pump *s.*; **kleine –pumpe** *f.* (*coll.*), handy billy *s.*; **l–pumpen** *v.*, to free (a boat), to pump out water, to pump the bilge(s), to bilge; **–sack** *m.*, driving anchor *s.*, sea anchor *s.*, drogue *s.*; **l–segeln** *v.*, **ein Boot l–segeln,** to scud, to free a boat, **–sumpf** *m.*, drain sump *s.*; **–tank** *m.*, drain tank *s.*; **–- und Ballastleitung** *f.*, (bilge) pump(ing) line *s.*; **–ventil** *n.*, drain *or* foot valve *s.*, well hole *s.*; self(-)bailer *s.*

Lesbarkeit *f.* (*rad.*), readability *s.* (*of signal, etc.*). **lesen** *v.* (*rad.*), **einen Funkspruch –,** to read a message.

letzt *adj.*, **–es Viertel** (*astr., nav.*), last quarter *s.* **Letzter** *m.*, **als – einlaufen** *od.* (*coll.*) **eintrudeln** (*rac.*), to come in last.

Leucht / atmosphäre *f.* **(der Sonne)** (*astr.*), corona *s.*; **–bake** *f.*, light *or* lighted beacon *s.*, light-buoy *s.*; **–boje** *f.*, light *s.*, light-buoy *s.*, beacon buoy *s.*, floating light *s.*; **–dauer** *f.* (*radar*), persistence *s.* (*of glow*).

Leuchte *f.* (*naut.*), beacon *s.*, flare *s.*

Leuchten *n.* (*naut.*), to shine (*of light-buoy*). **leuchten** *v.*, to light, to shine, to glare, to glimmer, to sparkle (*of light-buoy*), to beam (*of a light*); (*radar*) to glow; to phosphoresce (*of the sea*); to sparkle (*of stars*). **leuchtend** *pr. p.*, shining (*of beacon*), luminous (*of dial, etc.*).

Leucht /fallschirm *m.*, parachute-flare *s.* (*distress at sea*); **–feuer** *n.*, beacon *s.*, beacon light *s.*, coast light *s.*, light *s.*, flare *s.*, (*am.*) blinker *s.*; sea marker *s.*; pharos *s.*; **festes** *od.* **gleichbleibendes –feuer** *n.*, fixed light *s.*; **intermittierendes** *od.* **unterbrochenes –feuer** *n.*, intermittent *or* occulting light *s.*; **wechselndes –feuer** *n.*, periodical light *s.*; **–feuerdalben** *m.*, beacon light *s.*; **–feuergebühren** *f./pl. od.* **-geld** *n.*, light duty *s.*; **–feuerkennung** *f.*, light characteristic *s.*; **–feuersektor** *m.*, sector *s.* of a beacon *or* light, light sector *s.*; **–feuer-Verzeichnis** *n.*, (Admiralty) List *s.* of Lights, list *s.* of lights; **–fleck** *m.* (*radar*), blip *s.*, pip *s.*, trace *s.*; **–heulboje** *f. od.* **-tonne** *f.*, whistling light buoy *s.*; **–kammer** *f.* **(eines Leuchtturms),** lantern *s.*; **–kompaß** *m.*, luminous compass *s.*; **–kraft** *f.* **(eines Leuchtfeuers),** luminous energy *s. or* intensity *s.*; illuminating power *s.*; **–kugel** *f.*, signal rocket *s.*, Very light *s.*, flare *s.* (*distress signal*); **–patrone** *f.*, Very light *s.* (*distress signal*); **–petroleum** *n.*, lamp oil *s.*, kerosene *s.*, naphtha *s.*; **–pistole** *f.*, signal pistol *s.*, Very pistol *s.* (*distress at sea*); **–rakete** *f.*, (signal) rocket *s.*, illuminating *or* light rocket *s.*, (*coll.*) onion *s.* (*distress at sea*); **–schiff** *n.*, light(-)ship *s.*, floating light *s.*; **–sektor** *m.*, sector *s.* of a light; **–signal** *n.*, flare *s.*, light signal *s.*; **–signalpistole** *f.*, flare pistol *s.* (*distress at sea*); **Lehre** *f.* **vom –signalwesen,** pharology *s.*; **–skala** *f.*, luminous dial *s.*; **–spur** *f.*, tracer *s.* (*distress signal*); **–spurgeschoß** *n.*, tracer (light) *s.* (*distress signal*); **–tonne** *f.*, light(ed) buoy *s.*, light-buoy *s.*, beacon buoy *s.*, floating light *s.*; **–turm** *m.*, lighthouse *s.*, light *s.*, fire *or* watch tower *s.*, sea marker *s.*, phare *s.*, pharos *s.*, (*coll.*) lantern *s.*; **Scheinwerferraum** *m.* **eines –turms,** lantern *s.*; **–turmtender** *m.*, lighthouse tender *s.*; **–turmwärter** *m.*, lighthouseman *s.*; **–winkel** *m.*, sector *s.* of (a) light; light sector *s.* (*of navigation lantern*); **–zeichen** *n.*, flare (signal) *s.*; sign post *s.* (*for navigation*).

Leutnant *m.* **zur See,** sub-lieutenant *s.*, (*sl.*) luff *s.*

Leuwagen *m.* (*naut.*), (deck) horse *s.* (*for sheet*); scrubber *s.* (with stick) (*for deck, underwater hull, etc.*); **– des Ruders** *od.* **der Pinne,** sweep *s.* of the helm *or* tiller.

Levante *m.*, levant *s.*, levanter *s.* (*strong southeaster in the Mediterranean*); **–fahrer** *m.* (*naut.*), levanter *s.*

Libeccio *m.*, libeccio *s.* (*incorrect* libecchio *s.*) (*west-southwest wind in the Mediterranean*).

Libelle *f.* (*naut., tech.*), spirit *or* water level *s.*, Y-level *s.* (*for sextant, etc.*); **–nsextant** *m.*, spirit-level sextant *s.*, (*coll.*) bubble sextant *s.*

Libration *f.* (*astr.*), libration *s.* (*esp. of the moon*).

licht *adj.*, bright, clear, light (*of weather, etc.*); **– werden,** to get day *or* light; to grow clear (*of weather*); **–er Abstand** *m.*, space *s.*, spacing *s.* (*between boats*); **–er Durchmesser** *m.*, inside diameter *s.*; **–e Höhe** *f.*, clearance *s.* (*shipb.*); headroom *s.* (*under bridges*); **–e Stelle** *f.* **am (bewölkten) Horizont,** break *s.* on the horizon; **–e Stelle** *f.* **am bewölkten Himmel,** glade *s.*; **–e Weite** *f.*, inner *or* inside *or* internal diameter *s.*, width *s.* in the clear (*shipb., etc.*).

Licht *n.* (*naut.*), light *s.*; **schlechtes** *od.* **trübes –,** poor *or* dull *or* gloomy light *s.*; **mit – signalisieren,** to flare. **Licht / blende** *f.* (*naut.*), deadlight *s.*; **–brechung** *f.* (*phys.*), refraction *s.*; **–bogen** *m.*, arc *s.*; **l–bogengeschweißt** *adj.*, flash-welded; **–bogenschweißung** *f.*, arc-welding *s.*; **–bündel** *n.*, **–büschel** *n.*, light-beam *s.*, pencil *s.* of light; **–einheit** *f.*, lumen *s.*; **l–empfindlich** *adj.*, sensible *or* sensitive to light (*as instruments*); **–empfindlichkeit** *f.* **(von Instrumenten),** sensibility *s. or* sensitivity *s.* to light (of instruments).

lichten *v.* (*naut.*), to heave (up), to lift, to weigh (*anchor*); to lighten, to unload (*boat*); **den Anker –,** to heave (up) *or* to weigh *or* (*am.*) to start (the) anchor; **schnell den Anker –,** to rattle up the anchor.

Lichter *m.*[1], (*s.* **Leichter**).

Lichter *n./pl.*[2] (*naut.*), lights (*pl.*); **– führen,** to carry lights (*of boat*); **alle – löschen** (*naut.*), to douse all lights; **–führung** *f.*, carrying *s.* of lights, setting *s.* of navigation lights (*of boat*).

Licht / erscheinung *f.* (*naut.*), light characteristic *s.*,; optical phenomenon *s.*; **–geschwindigkeit** *f.*, velocity *s.* of light; **–hof** *m.* (*astr.*), halo *s.*, corona *s.* (*of the sun*); **–hofbildung** *f.* (*astr.*), irradiation *s.*; **–jahr** *n.* (*astr.*), light-year *s.*; **–kegel** *m.*, searchlight beam *s.*, cone *s.* of light, (light) beam *s.*; **–kranz** *m.*, corona *s.* (*of the sun*); **–kreis** *m.* (*astr.*), halo *s.*; **–kreis** *m.* **der Sonne,** photosphere *s.*; **–leitung** *f.* **(an Bord),** lighting circuit *s.* *or* mains (*pl.*) (aboard); **–maschine** *f.*, dynamo *s.*; **–schein** *m.*, gleam *s.* of light; glow *s.*; **–schwingung** *f.*, light-wave *s.*; **–signal** *n.* (*naut.*), flare *s.*, light signal *s.*, (*am.*) fusee *s.*; **mit –signalen (*pl.*) signalisieren,** to flare, (*am.*) to wink; **–spur** *f.*, luminous trail *s.*; **–spurgeschoß** *n.*, tracer (bullet) *s.* (*distress at sea*); **–stärke** *f.* (*naut.*), luminous *or* light intensity *s.*, intensity *s.* of light, luminosity *s.* (*of a light*); **–strahl** *m.*, beam *s.*, ray *s.* (of light), (*am.*) streak *s.*; **–strahlung** *f.*, radiation *s.*; **–streifen** *m.*, streak *s.* (of light), streamer *s.*; **–verteilung** *f.*, distribution *s.* *or* dispersion *s.* (of light) (*of navigation lantern*); **–weite** *f.* (*naut., tech.*), clearance *s.*, width *s.* in the clear; **–welle** *f.* (*phys.*), light-wave *s.*; **–zeichen** *n.* (*naut.*), pharos *s.*; illuminated sign *s.* (*distress at sea*); **–zerstreuung** *f.*, dispersion *s.* of light (*of navigation lantern, etc.*).

Lido *m.* (*geogr.*), barrier beach *s.*, lido *s.*

Liege / anweisung *f.*, berthing *or* docking instruction(s) *s.* (*pl.*) *or* allocation *s.*; **–deck** *n.*, lounge deck *s.*; **–geld** *n.*, demurrage *s.*, quayage *s.*; **–hafen** *m.*, base *s.*, berthing place *s.*; **–klausel** *f.* (*ins.*), layday *or* idle period clause *s.*

liegen *v.* (*naut.*), to lay; to lie, to be berthed, to be placed (*of boat*); (*geogr.*) to be situated *or* located; **ab und zu –,** to stand off and on (*of boat*); **auf Auslaufkurs –,** to stand out (*to sea*); **auf direktem Kurs nach Süden –,** to go due south (*of boat*); **auf Einlaufkurs –,** to stand in (*for the harbour or shore*), to lay the land; **auf Reede –,** to ride at anchor (in the roads); **auf westlichem Kurs –,** to go west (*of boat*); **festgemacht –,** to be moored, to ride at anchor (*of boat*); **gut (im Wind) –,** to ride well (in the wind) (*of boat*); **längsseit (vor Anker –,** to be alongside; **mit dem Heck zum Wind –,** to ride stern to wind; **strom(ge)recht,** to ride the current *or* tide (*of boat*); **vertäut –,** to be moored (*of boat*); **vor Anker –,** to lie *or* to ride at anchor, to be moored (*of boat*); **– auf** (*naut.*), to head for (*of boat*); **– bleiben,** to remain stopped (*of boat*); **– lassen,** to leave behind (*harbour, etc.*); **(Boot) vor Anker – lassen,** to ride. **liegend** *pr. p.*, **strom(ge)recht –,** tide-rode (*of boat*); **–e Welle** *f.* (*tech.*), lying shaft *s.*

Liege / platz *m.*, berth *s.*, berthage *s.*, lying *s.*, moorage *s.*, moorings (*pl.*), staple *s.* (*of boats*); **angewiesener** *od.* **zugewiesener –,** allotted berth *s.* *or* place *s.*; **fester** *od.* **ständiger –platz** *m.*, constant *or* permanent *or* appropriated berth *s.*; **sicherer –platz** *m.*, safe berth *s.*; **sauber** *od.* **vorsichtig in den –platz hineinmanövrieren,** to ease into the berth; **den –platz wechseln,** to shift (the) berth; **–platz** *m.* **im Winter,** winter berth *s.* *or* quarters (*pl.*) (*for boats*); **–platzanweisung** *f.*, berthing *or* docking allocation *s.* *or* instruction(s) *s.* (*pl.*); **–platzgebühr** *f.*, berthage *s.*, berthing dues (*pl.*), moorage *s.*, harbo(u)r fees (*pl.*). **Lieger** *m.* (*naut.*), moored boat *s.*, boat *s.* *or* ship *s.* lying up; ship's caretaker *s.* (*pers.*). **Liege / tag** *m.*, lay(-)day *s.*; **–tage** *m./pl.*, days (*pl.*) of demurrage, lay(-)days (*pl.*); **–verbot** *n.* **(für Boote),** prohibition *s.* to moor *or* to harbo(u)r; **–zeit** *f.*, days (*pl.*) of demurrage, lay(-)days (*pl.*), lay time *s.*, berthing *or* docking time *s.*; **die –zeit überschreiten,** to be on demurrage.

Liek *n.*, leech *s.*, (*am.*) leach *s.*, edge *s.* (*of a sail*), bolt rope *s.*, leech *or* (*am.*) leach rope *s.*; **der obere Teil eines –s,** the upper leech *s.* *or* (*am.*) leach *s.*; **geschlossenes –,** tight leech *s.* *or* (*am.*) leach *s.*; **mit losem (Unter)–,** loose-footed; **stehendes –,** leech *or* (*am.*) leech rope *s.*, bolt rope *s.*; **übereinandergelegte –en** (*pl.*), mider (seams (*pl.*)) *s.* **Lieken** *n.*, roping *s.* (*of a sail*). **lieken** *v.*, to rope (*a sail*). **starkes Liekensegelgarn** *n.*, bolt yarn *s.* **Liek / garn** *n.*, roping twine *s.* *or* yarn *s.*; **–länge** *f.*, length *s.* *or* size *s.* of leech *or* (*am.*) leach; **–länge** *f.* **des Vorlieks,** luff length *s.*; **–leine** *f.*, bolt-rope line *s.*; **–nadel** *f.*, roping needle *s.*; **–tau** *n.*, bolt *or* leech *or* (*am.*) leach rope *s.*

Ligan *n.* (*naut., jur.*), (*s.* **Lagan**).

Limbus *m.*, limb *s.* (*of sextant*).

Lineal *n.*, rule *s.*, ruler *s.*, straight edge *s.*

linear *adj.*, **–er Ausdehnungskoeffizient,** coefficient *s.* of linear expansion. **Linearmaßstab**

m., linear scale *s.*

Linie *f.* (*naut.*), equator *s.*, the Line *s.*; route *s.*, line *s.*; **gemallte –,** mo(u)lded line *s.* (*shipb.*); **isoklinische –** (*meteor.*), isoclinal (line) *s.*; **auf gleicher – mit,** on a level with; **– gleicher erdmagnetischer Werte** (*geogr.*), isomagnetic line *s.*; **– gleicher Inklination** (*phys.*), isoclinal (line) *s.*; **– gleicher kosmischer Strahlungsintensität** (*phys.*), isocosm *s.*; **– gleichen Luftdrucks** (*meteor.*), isobar *s.*; **– gleicher magnetischer Deklination, – gleicher Ortsmißweisung** (*phys.*), isogonal *s.*, isogonic line *s.*; **– gleicher Wassertiefe** (*geogr.*), isobath *s.* **Linien / blitz** *m.*, chain *or* forked lightning *s.*; **–bö** *f.*, line squall *s.*; **–dampfer** *m.*, liner *s.*, line steamer *s.*; **–fahrt** *f.*, liner navigation *s.* *or* trade *s.*, regular line shipping *s.*; **–koordinaten** *f./pl.*, tangential co-ordinates (*pl.*); **–riß** *m.*, lines *pl.*, lines drawing *s.* *or* plan *s.* (*shipb.*); **Schnitt** *m.* **im –riß,** buttock lines (*pl.*) (*shipb.*); **–schiff** *n.*, liner *s.*, ship *s.* of the line; battle ship *s.*; **–schiffahrt** *f.*, liner navigation *s.*; **–taufe** *f.* (*naut.*), christening *s.* of sailors on crossing the line, crossing-the-line ceremony *s.*; **–verlauf** *m.*, run *s.* (*of a boat*); **–verkehr** *m.*, liner traffic *s.*

links *adv.*, left; (*naut.*) port (side) (*of a boat*). **Links / drall** *m.* (*phys.*), left-hand *or* counter-clockwise torque *s.* *or* twist *s.* (*of boat, etc.*); **–drehen** *n.* **(des Windes),** hauling *s.* to left *or* against the sun, backing *s.* (of the wind), veering *s.* round against the sun; **l–drehen** *v.*, to haul to left *or* against the sun, to veer round against the sun (*of wind*); **l–drehend** *adj.*, against the sun, anti-clockwise (*of wind*); anti-clockwise, counter-clockwise, laevorotatory; **sich nach l– drehend,** left-handed (*of rope, etc.*); **–drehung** *f.*, counter(-)clockwise rotation *s.*, anti-clockwise motion *s.* *or* rotation *s.*, left-handed rotation *s.*, laevorotation *s.* (*of propeller*); (*phys.*) left-handed polarization *s.*; **l–gängig** *adj.*, left-handed, anti- *or* counter-clockwise (*of propeller*); **l–gängige Schraube** *f.*, left-handed screw *s.*; **l–gerichtet** *adj.* (*tech.*), sinistral, sinistrorse; **l–geschlagenes Tauwerk** *n.*, left-hand rope *s.*, back- *or* left-handed rope *s.*; **–gewinde** *n.*, left-hand(ed) (screw) thread *s.*; **–lauf** *m.*, counter-clockwise rotation *s.* (*of propeller*); **l–läufig** *adj.*, left-hand(ed), anti- *or* counter-clockwise (*propeller, etc.*); (*tech.*) sinistral, sinistrorse; **–schlag** *m.*, left-hand(ed) *or* back-handed lay *s.* (*of rope*); **l–wendig** *adj.* (*tech.*), sinistral, sinistrorse.

Linse *f.* (*opt., phys.*), lens; **–nweite** *f.*, aperture *s.*

Lippe *f.* (*naut.*), lip *s.*, lip-chock *s.*, fairboard (groove) *s.* (*fitting*). **Lipp / klampe** *f.*, chock *s.*, (roller) fairlead *s.*, snatch cleat *s.*, wap(p) *s.*; **–klampen** *f./pl.*, mooring chocks (*pl.*).

Liste *f.* (*naut.*), roster *s.*, rota *s.*, roll *s.*; list *s.*, register *s.*, schedule *s.*; **schwarze –,** black list *s.*; **auf die schwarze – setzen** (*rac.*), to blacklist; **sich in eine – eintragen** (*naut., rac.*), to enrol, to register, to make entry; **– der auslaufenden Schiffe** *od.* **der Abgangsdaten,** sailing list *s.*

Litoral *n.* (*naut. jur.*), littoral *s.*, (*am.*) litoral *s.* **Litorale** *n.*, coastal area *s.*, seaboard *s.*

Litze *f.* (*naut.*), braid *s.*, cord *s.*, lace *s.*, tape *s.* (*rope*), strand *s.* (*wire*), (*coll.*) rope-yarn *s.*; **–ndraht** *m.*, stranded wire *s.*, flex *s.*

Lizenz *f.* (*naut.*), licence *s.*, (*am.*) license *s.*, (*coll.*) ticket *s.* **Lizenz / bau** *m.*, licenced *or* licensed construction *s.*, construction *s.* under licence *or* (*am.*) license (*of boats, etc.*); **–gebühr** *f.*, royalty (fees (*pl.*)) *s.* **lizenziert** *adj.* (*naut., rad.*), licenced *or* licensed; **–er Lotse** *m.*, licenced *or* licensed pilot *s.* **Lizenz / inhaber** *m.*, **–träger** *m.* (*naut.*), licencee *s.* *or* licensee *s.*

Ljungström-Rigg *n.*, Ljungstroem rig *s.*

Lloyd's *od.* **Lloyds / Register** *n.*, Lloyd's Register *s.*; **– Schiffsregister** *n.*, Lloyd's Register *s.* of Shipping; **– Yachtregister** *n.*, Lloyd's Register *s.* of Yachts.

Loch *n.*, gap *s.*, hole *s.*; **ein – dichten** *od.* **stopfen,** to stop a gap. **Loch / bohrer** *m.*, auger *s.*, borer *s.*; **–fraß** *m.*, pitting *s.* (*metal*); **–streifensender** *m.* (*rad.*), automatic transmitter *s.*; **–weite** *f.*, inside diameter *s.*, width *s.* of opening; **–winkel** *m.*, hole-ga(u)ge *s.*

locker *adj.*, loose, slack; **– machen,** to loosen, to slacken (*as mast wedges*); **– werden,** to get *or* to work loose (*as screw, etc.*). **lockern** *v.t.*, to loosen, to slacken; *v.i.*, to (be)come *or* to work loose, to give way, to strip (*as screw, etc.*). **Lockerung** *f.*, loosening *s.*, slackening *s.*

Löffel / bohrer *m.* (*tech.*), spoon bit *s.*; **–bug** *m.*, spoon bow *s.*; **–heck** *n.*, canoe *or* spoon stern *s.*; **–ruder(blatt)** *n.*, spoon *s.*

Log *n.* (*naut.*), log *s.*; speed log *s.*; **elektrisches** *od.* **elektronisches –,** speedometer *s.*; **magnetisches –,** magnetic log *s.*; **ein – ausbringen,** to stream the log; **ein – einholen,** to haul in *or* to recover the log; **nach dem – segeln,** to sail by the log. **Log/brett** *n.*, log chip *s.*, chip *s.*; **–buch** *n.*, log(-book) *s.*, boat's *or* ship's log(-book) *s.*, deck log *s.*; **in das –buch eintra-**

gen, to log, to enter into the log (*observation, speed, etc.*).

Lögel *m.*, (*s.* **Lägel**).

Loggast *m.*, reeler *s.*

Logge *f.* (*naut.*), log *s.*

loggen *v.*, to log, to heave *or* to stream *or* to throw the log *or* (*coll.*) the lead; **die Geschwindigkeit –,** to log the speed. **Logge / ort** *m.*, **–position** *f.*, position *s.* by dead reckoning *or* by the log.

Logger *m.*, drifter *s.*, logger *s.*, lugger *s.*; herring-lugger *s.*, motor-drifter *s. or* -lugger *s.*, sailing-drifter *s. or* -lugger *s.*; **–segel** *n.*, lug sail *s.*

Logglas *n.*, log glass *s.*

Logis *n.* (*naut.*), accommodation *s.*, forecastle *s.*, crew space *s.*, mess-deck *s.*, quarter(s) *s.* (*pl.*); **– für die Crew,** crew's quarters (*pl.*).

Log / leine *f.*, log line *s.*; **gemarkte** *od.* **markierte (ungemarkte** *od.* **unmarkierte) –leine** *f.*, marked (unmarked) logline *s.*; **–rolle** *f.*, log reel s.; **–scheit** *n.*, **–schiffchen** *n.*, chip log *s.*, log chip *s.*; **–stab** *m.*, speed()wand *s.*; **–tafel** *f.*, logboard *s.*, log slate *s.*, traverse table *s.*; **–uhr** *f.*, log indicator *s.*, log register *s.*

lokal *adj.*, local; **–e Anziehung** *f.* (*phys.*), local attraction *s.* (*compass*); **–e Bedingungen** *f./pl.* (*rac.*), local conditions (*pl.*). **lokalisieren** *v.*, to localize (*landmark, etc.*). **Lokal / verhältnisse** *n./pl.* (*rac.*), local conditions (*pl.*); **–zeit** *f.*, local time *s.*

longitudinal *adj.*, longitudinal, lengthwise; **–er Massenschwerpunkt** *m.*, **–es Schwerkraftzentrum** *n.* (*phys.*), longitudinal centre *s. or* (*am.*) center *s.* of gravity; **–er Verdrängungsschwerpunkt** *m.*, longitudinal centre *s. or* (*am.*) center *s.* of buoyancy. **Longitudinal / abstand** *m.*, longitudinal distance *s.*; **–grad** *m.* (*geogr.*), degree *s.* of longitude; longitudinal *s.*; **–komponente** *f.*, longitudinal component *s.*; **–welle** *f.* (*phys.*), longitudinal wave *s.*

Loopantenne *f.*, loop aerial *s.*

Loran *n.*, loran *s.*, long-range navigation *s.* **Loran / empfänger** *m.*, loran receiver *s. or* receiving set *s.*; **–karte** *f.*, loran chart *s.*; **–kette** *f.*, loran chain *s.*; **–system** *n.*, loran *s.*, long-range navigation *s.*; **–tabelle** *f.*, loran table *s.*; **–verfahren** *n.*, loran (method *or* system) *s.*

Lorcha *f.*, lorcha *s.* (*sailing ship with European hull and Chinese rig in the Far East*).

Los *n.* (*naut.*), bight *s.* (*of rope*).

los *adv.* (*naut.*), aweigh, atrip.

los / ankern *v.*, to unmoor; **(sich) –arbeiten** *v.*, to work off *or* loose (*of boat*), to come loose (*of screw, etc.*); **–binden** *v.*, to loosen, to unbend, to unfurl (*sail*), to undo, to unfasten, to untie (*rope*); **–brechen** *v.t.*, to break loose *or* off (*anchor*), to break (*of storm*); *v.i.*, to break loose *or* away; **die Flut ausnutzen, bevor das Unwetter –bricht,** to use the tide before the weather closes in.

Lösch / anlage *f.*, fire-extinguishing installation *s. or* plant *s.* (*aboard*); **–boot** *n.*, fire-boat *s.*, fire-tender *s.*; **–bord** *n.*, skid *s.* **löschen** *v.* [1] (*naut.*), to discharge, to unload, to unship (*cargo*), to lighten (*ship*); *v.*[2], to extinguish, to quench, to put out (*fire, lights*); **zu – anfangen** *od.* **beginnen** (*naut.*), to break bulk. **Löscher** *m.* (*naut.*), docker *s.*, longshoreman *s.*, stevedore *s.* **Lösch / gebühren** *f./pl.*, **–geld** *n.*, landing charges (*pl.*), wharfage *s.*; **–gerät** *n.*, fire-fighting equipment *s.*, fire extinguisher *s.*; **–hafen** *m.*, port *s.* of discharge, wharf *s.*; **–mannschaft** *f.* (*naut.*), fire-fighting squad *s.*, fire-brigade *s.*; **–rolle** *f.* (*naut.*), fire bill *s.*; **–schaum** *m.*, foam extinguisher *s.*

losdrehen *v.t.*, to twist off (*wedges, screw, etc.*).

Lose *f.* (*naut.*), free end *s.* (*of a rope*); slack *s.*, slackness *s.* (*of line, rope*); **– durchholen,** to haul taut; **– durchsetzen,** to take in the slack; **– einholen,** to haul taut, to take in a *or* the slack; **– geben,** to ease (off), to slack away, to slacken (*sheet, rope*); **– geben!** (*com.*), slack away!; **– haben,** to be slack (*of line, rope*). **lose** *adj.*, loose, slack (*of line, etc.*), movable (*of part*), shifting (*of ballast*); **die Schot zu – fahren,** to carry too much slack in the sheet; **– geben,** to ease down a rope; **– kommen,** to settle (*of halyard, rope*); **ein Segel – machen,** to slacken a sail; **– werden,** to come *or* to get *or* to work loose (*of fittings, etc.*); **–s Eis** *n.*, slack ice *s.*; **–s Ende** *n.*, free *or* loose end *s.* (*of line, sheet*); **–s Luggersegel** *n.*, dipping lug (sail) *s.*; **–s Packeis** *n.*, open pack *s.*; **– Part** *f.*, movable part *s.*; **–r Schlag** *m.*, soft lay *s.* (*of rope*); **–s Takel** *n.*, luff *s.*; **–s Unterliek** *n.*, loose footrope *s.*; **mit –m Unterliek,** loose-footed.

lösen *v.* (*naut., math.*), to solve, to resolve (*a problem, etc.*); to loosen, to slacken, to undo, to unfasten, to untie (*a knot*); to unscrew; (*rad.*) to break off, to disconnect, to sever (*a connection*).

los / fahren *v.*, **(gerade) auf (das) Land –fahren,** to make (straight) for (the) land; **–gurten** *v.*, to ungird (*trapeze belt*); **–haken** *v.*, to unclasp, to unhook; **–ketten** *v.* (*naut.*), to unchain; **L–kiel** *m.*, false keel *s.*, keel shoe *s.*, shoe *s.* of the keel; **–kommen** *v.* (*naut.*), to get afloat (*of boat*), to come *or* to get loose *or* off (*of anchor*); to cut adrift (*of boat*); **–laschen** *v.*, to unlash; **–lassen** *v.*, to let go, to release.

löslich *adj.* (*chem.*), soluble, solvable. **Löslichkeit** *f.* (*chem.*), solubility *s.*

los / löten *v.*, to unsolder; **–machen** *v.* (*naut.*), to cast off, to unmoor; to loosen, to undo, to unfasten, to unfix, to unlash, to untie (*line, etc.*), to unbend, to unfurl, to untack (*a sail*); (*tech.*) to untether; **ein Boot –machen (von),** to loose a boat (from); **eine Kette (ein Tau) –machen,** to unbend a chain (a rope); **Segel –machen,** to heave out (sails), to loose sails; **vom Anker –machen,** to loose the anchor, to unanchor, to unmoor, to cast off; **–nehmbar** *adj.*, detachable; **–nehmen** *v.*, to unfurl (*a sail*), to unbend, to unfasten (*a rope*); **–pullen** *v.*, to give way; **–reißen** *v.t.*, to pull *or* to rip *or* to tear off *or* away; *v.r.*, to break loose *or* away, (*naut.*) to go adrift, to part anchor; **–rudern** *v.*, to give way; **–schäkeln** *v.*, to unshackle; **–schnallen** *v.*, to unstrap, to unbuckle (*trapeze belt, etc.*); **–schrauben** *v.*, to unscrew, to screw off; **–springen** *v.* (*naut.*), to start (*of boat*), to crack, to start (*of planks*); **–steuern** *v.* **auf,** to head for, to make (straight) for, to set course for (*the land, etc.*).

Lösung *f.* (*chem.*), solution *s.*; **chemische –,** chemical solution *s.*; **–smittel** *n.* (*chem.*), solvent *s.*, dissolvent *s.*

los / werfen *v.*, to cast off (*the moorings*), to let go (*rope, sheet*); **einen Betingschlag –werfen,** to unbind, to unbitt; **eine Leine –werfen,** to cast off a line; **eine Schot –werfen,** to let go the sheet; **ein Tauende –werfen,** to douse the bitter *or* rope's end; **Leine(n) –werfen!** (*com.*), let go (all)!.

Lot *n.* [1] (*naut.*), lead *s.*, founding(-)lead *s.*, founder *s.*, lead and line *s.*, sounding(-)lead *s.*, plumb(-line) *s.*, plummet *s.*, (*am.*) plumb bob *s.*; sound *s.*, sounder *s.*, depth-finder *s.*; perpendicular (line) *s.*; **achteres (vorderes) –,** after (forward) perpendicular *s.*; **das – (aus)-werfen,** to cast *or* to heave the lead; **das – speisen,** to arm the lead.

Lot *n.* [2] (*tech.*), solder *s.*

Lot / abstand *m.*, sounding interval *s.*; **l–bar** *adj.*, **auf l–barer Wassertiefe,** in *or* on soundings; **auf nicht l–barer Wassertiefe,** out of *or* off soundings; **nicht l–bar,** off-sounding(s); **–bereich** *m.*, sounding range *s.*; **–beschickung** *f.*, correction *s.* of soundings, sounding *s.* made good; **–blei** *n.*, (sounding) lead *s.*

Lötblei *n.* (*tech.*), soft solder *s.*

Lote *n./pl.* (*naut.*), perpendiculars (*pl.*) (*shipb.*); **Länge** *f.* **zwischen den –n** (*pl.*), length *s.* between perpendiculars; **zwischen den –n** (*pl.*), between perpendiculars (*pl.*).

Loten *n.* (*naut.*), sound *s.*, sounding *s.*, plumbing *s.*; **sich durch – vorwärtsarbeiten** *od.* **-tasten,** to feel one's *or* the way. **loten** *v.*, to cast *or* to heave the lead *or* the log, to lead, to plumb, to sound, to take a sounding *or* soundings; to test for perpendicular.

Löten *n.* (*tech.*), soldering *s.*; brazing *s.* **löten** *v.*, **hart –,** to braze; **weich –,** to solder. **Löt / fett** *n.*, **–flüssigkeit** *f.*, (soldering) flux *s.*

Lot / gast *m.* (*naut.*), sounder *s.*, leadsman *s.*; **–gerät** *n.*, sounder *s.*

Lötkolben *m.* (*tech.*), soldering-iron *s.* *or* copper *s.*

Lotkörper *m.* (*naut.*), lead *s.*, sounder *s.*

Lötlampe *f.* (*tech.*), blowlamp *s.*, (*am.*) blowtorch *s.*

Lot / leine *f.* (*naut.*), lead-line *s.*, plumb-line *s.*, sounding line *s.*, fathom-line *s.*, (*coll.*) line *s.*; **die –leine steht auf und nieder,** the (lead-)-line is apeak; **mit der –leine die Wassertiefe messen,** to line; **nicht durch Marken bezeichnete Fadenlänge** *f.* **der –leine,** deep *s.*; **–leinenmarkierung(en)** *f.* (*pl.*), marking(s) *s.* (*pl.*) (of the lead line); **–maschine** *f.*, sounding apparatus *s.* *or* machine *s.*, Kelvin log *s.*, patent log *s.*

Löt / masse *f.* (*tech.*), solder *s.*; **schnell schmelzende –masse** *f.*, soft solder *s.*; **–metall** *n.*, solder *s.*; **–mittel** *n.*, soldering paste *s.*; **–naht** *f.*, soldering *s.*, soldered joint *s.*

lot / recht *adj.*, plumb, perpendicular, vertical; **nicht –recht,** out of the perpendicular; **nicht mehr –recht,** out of plumb.

Lotse *m.* (*naut.*), pilot *s.*; river pilot *s.*; **beratender –,** consulting pilot *s.*; **ohne –n,** unpiloted; **seeamtlich befähigter –,** lincenced *or* licensed pilot *s.*; **einen –n absetzen,** to drop the pilot; **einen –n anfordern,** to request *or* to require a pilot; **einen –n übernehmen,** to take up *or* (*coll.*) to pick up the pilot. **Lotsen** *n.*, pilotage *s.* **lotsen** *v.*, to pilot; **herein** *od.* **hinein –,** to pilot in; **heraus** *od.* **hinaus –,** to pilot out; **stromabwärts –,** to pilot downstream *or* down (the) river; **stromaufwärts –,** to pilot upstream *or* up (the) river. **Lotsen / amt** *n.*, **–behörde** *f.*, pilotage authority *s.*; **Bereich** *m.* **einer –behörde,** pilotage district *s.*; **–bestallung** *f.*, branch *s.*; **–boot** *n.*, pilot boat *s.*; **–brücke** *f.* (*naut.*), pilot bridge *s.*; **–dienst** *m.*, pilot *or* pilotage service *s.*; **–fahrzeug** *n.*, pilot vessel *s.*; **–feuer** *n.*, pilot(age) light(s) *s.* (*pl.*); **–flagge** *f.*, pilot('s) flag *s.* *or* jack *s.*; **–funk** *m.*, pilot radio service *s.*; **–gebühr** *f.*, **–geld** *n.*, pilotage (dues (*pl.*) *s.*; **–geld** *n.* **beim Ein-(Aus)laufen,** pilotage *s.* inwards (outwards); **–haus** *n.*, pilot house *s.* (*on board*); **–hilfe** *f.*, pilot assistance *s.*; **–jacke** *f.*, pilot jacket *s.*; **–koje** *f.*, pilot berth *s.*; **–kunde** *f.*, **–kunst** *f.*, pilotage *s.*; **–kutter** *m.*, pilot cutter *s.*; **–leiter** *f.*, pilot's *or* Jacob's ladder *s.*; **–lichter** *n./pl.*, pilot lights (*pl.*); **–patent** *n.*, branch *s.*, licence *s.* *or* certificate *s.* of pilotage; **–pflicht** *f.*, compulsory pilotage *s.*; **–reep** *n.*, pilot's *or* Jacob's ladder *s.*; **–revier** *n.*, pilotage waters (*pl.*); **–signal** *n.*, pilot('s) signal *s.*; **–station** *f.*, pilot station *s.*; **–takling** *m.*, Spanish whipping *s.*, back splice *s.*; **–treppe** *f.*, Jacob's ladder *s.*, pilot's ladder *s.*; **–versetzboot** *n.*, pilot boat *s.* *or* tender *s.* *or* vessel *s.*; **–wesen** *n.*, pilotage *s.*; **–zwang** *m.*, compulsory pilotage *s.*; **frei von** *od.* **ohne –zwang,** free of *or* without (compulsory) pilotage.

Lot / sextant *m.*, sounding sextant *s.*; **–speise** *f.*, lead arming *s.*, arming *s.* (of the lead); **–standlinie** *f.*, line *s.* of soundings.

Lötstelle *f.* (*tech.*), soldered joint *s.*, soldering *s.*, suture *s.*

Lot / stock *m.* (*naut.*), sea ga(u)ge *s.*, sounding pole *s.* *or* stick *s.*; **–tiefe** *f.*, depth *s.* of sounding(s). **Lotung** *f.*, sounding(s) *s.* (*pl.*), plumbing *s.*; **nach – navigieren** *od.* **segeln,** to navigate *or* to sail by soundings; **–en** (*pl.*) **vornehmen,** to take a sounding, to take soundings.

Lötung *f.* (*tech.*), **– mit Hartlot,** hard soldering *s.*, brazing *s.*; **– mit Weichlot,** soft soldering *s.*

Lotungs / beschickung *f.* (*naut.*), correction *s.* of sounding(s); **– linie** *f.*, line *s.* of soundings.

Lot / werfer *m.* (*naut.*), leadsman *s.*, sounder *s.*; **–wurf** *m.*, cast(ing) *s.* of the lead, heaving *s.* of the lead; **Wahrschau, –wurf!** (*int.*), attention *or* look out, I'm heaving the lead!

Lötzinn *m.* (*tech.*), soldering tin *s.*

Loxodrome *f.* (*naut.*), loxodrome *s.*, loxodromic line *s.*, rhumb line *s.* **Loxodromie** *f.*, loxodromics (*pl.*). **loxodromisch** *adj.*, loxodromic(al); **–e Distanz** *f.*, rhumb-line *or* loxodromic distance *s.*; **–es Dreieck** *n.*, loxodromic triangle *s.*; **–er Kurs** *m.*, loxodromic course *s.*; **–e Linie** *f.*, loxodromic line *s.*, rhumb line *s.*; **–e Navigation** *f.*, loxodromic navigation *s.*, plane sailing *s.*; **–e Peilung** *f.*, loxodromic bearing *s.*; **–es Segeln** *n.*, plane sailing *s.*, Mercator sailing *s.*, loxodromic sailing *s.*

LP(-Maß) *n.*, LP *s.* (*for the boat*); **erlaubtes – für das Boot,** legal LP *s.* for the boat; **vermessenes – des Bootes,** measured LP line *s.* of the boat. **LPG(-Maß)** *n.* **(des Bootes),** LPG *s.* of the boat; **– der Genua,** LPG *s.* *or* longest point *s.* of genoa.

Lüa *f.* (*naut.*), length *s.* over( )all, l.o.a. (*of boat*).

Luch *n.* (*dial.*), bog *s.*, marsh *s.*; **– und Bruch** (*dial.*), moorland *s.*

Lücke *f.*, gap *s.*, opening *s.*, space *s.*, void *s.* (*between boats, sails*), (*coll.*) daylight *s.* (*between boats*).

Ludolfsche Zahl *f.* (*naut., math.*), pi *s.*

Luft *f.*, air *s.*, atmosphere *s.*; breath *s.* (of wind), breeze *s.*, zephyr *s.*; (*tech.*) clearance *s.*, (amount of) slackness *s.* (*of fitting parts*); **dicke –** (*meteor., coll.*), dense *or* thick *or* threatening air *s.* *or* atmosphere *s.*; **frische –,** fresh air *s.*; fresh breeze *s.*; **frostige –,** nip *s.* in the air; **die – schmecken** *od.* **testen** (*coll.*), to taste the air. **Luft / abzug** *m.* **(an Bord),** air vent *s.* (aboard); **–antenne** *f.*, overhead aerial *s.* *or* (*am.*) antenna *s.*; **–austausch** *m.* (*meteor.*), exchange *s.* *or* interchange *s.* of air; **–austauscher** *m.* **(an Bord),** air interchanger *s.* (on board); **–behälter** *m.*, air vessel *s.* *or* bottle *s.*; **–beschaffenheit** *f.*, climatic conditions (*pl.*); **–bewegung** *f.*, flow *s.* of air, light air *s.*; **die geringste –bewegung,** the lightest (possible) air *s.*; **sich in der geringsten –bewegung füllen,** to fill in the very lightest of air (*of sails*); **schwache –bewegung,** breathing *s.*; **–blase** *f.*, (air) bubble *s.*; **–blasentasche** *f.* **im Kielwasser,** wake pocket *s.*, vapo(u)r pocket *s.* **Lüftchen** *n.* (*naut., coll.*), breath *s.* of air, light *or* gentle breeze *s.*; **es bewegt sich** *od.* **es geht kein –,** there is not the slightest breath of air. **Luft / dichte** *f.* (*meteor.*), density *s.* of the air, atmospheric pressure *s.*; **–dichtigkeitsmesser** *m.*, manometer *s.*

Luftdruck *m.* (*meteor.*), atmospheric *or* barometric pressure *s.*; (*tech.*) air pressure *s.*, head *s.*; **Linie** *f.* **gleichen –s** (*meteor.*), isobar *s.*; **von gleichem –** (*meteor.*), isobaric. **Luftdruck / aufzeichner** *m.*, **–aufzeichnung** *f.* (*meteor.*), barogram *s.*; **–gefälle** *n.* (*meteor.*), pressure gradient *s.*; **– -Karte** *f.* (*meteor.*), isobaric chart *s.*; **–messer** *m.* (*meteor.*), barograph *s.*, barometer *s.*, wind ga(u)ge *s.*; **–druckmessung** *f.* (*meteor.*), barometry *s.*; **–pumpe** *f.* (*tech.*), air-compressor *s.*, pneumatic pump *s.*; **–schreiber** *m.* (*meteor.*), barograph *s.*; **–schwankung** *f.* (*meteor.*), barometric fluctuation *s.*; **–system** *n.* (*meteor.*), (atmospheric *or* barometric) pressure system *s.*; **–tendenz** *f.* (*meteor.*), barometric tendency *s.*

Luft / düse *f.*, air-nozzle *s.*, air-vent *s.*; slot *s.* (*between sails*); **–einlaß** *m.*, **–eintritt** *m.* (*tech.*), air inlet *s. or* intake *s.*

lüften *v.* (*naut.*), to air, to ventilate (*cabin*); (*phys.*) to exhaust. **Lüfter** *m.*, fan *s.*, ventilator *s.*, exhauster *s.*; **–haube** *f.*, cowl *s.*, (fan *or* ventilator) housing *s.*; **–hutze** *f.*, cowl hood *s.*, ventilator head *s.*; **–kopf** *m.*, ventilator head *s.*, cowl (hood) *s.*; **–rosette** *f.*, louvre *s.*, (*am.*) louver *s.*; **–schacht** *m.*, (ventilating *or* airing) trunk *s.*; **–stutzen** *m.*, ventilator connection *s. or* coaming *s.*, ventilating trunk *s.*

Luftfeuchtigkeit *f.* (*meteor.*), humidity *s.* (of the atmosphere), moisture *s.*, vapo(u)r *s.*; **50 Prozent** *od.* **% –,** 50 per()cent humidity *s.*; **relative –,** relative humidity *s.*; **–smesser** *m.*, hygrometer *s.*, psychrometer *s.*

Luft / filter *m.*, air cleaner *s.*; **–flasche** *f.*, air bottle *s. or* vessel *s.*; **–gang** *m.*, air strake *s.* (*shipb.*); **l–getrocknetes Holz** *n.*, air-dried *or* air-seasoned timber *s.* (*shipb.*); **–hauch** *m.*, breath *s.* of air, (a) puff *s.* (of air); **–hülle** *f.*, atmosphere *s.*; **–hutze** *f.*, air scoop *s.*, cowl (hood) *s.*

luftig *adj.*, airy, breezy, windy.

Luft / kanal *m.*, air duct *s.*, ventiduct *s.*; **–kasten** *m.* **(im Boot),** air tank *s.*, air chamber *s.*, buoyancy tank *s.*; **–kissen** *n.* (*naut.*), air cushion *s.*, pneumatic cushion *s.*; **–kissenfahrzeug** *n.*, air-cushion craft *s.*, hovercraft *s.*, hydroplane *s.*, hydroskimmer *s.*; **–klappe** *f.*, air-valve *s.*, ventilation flap *s.*, ventilator *s.*; **–leere** *f.* (*phys.*), vacuum *s.*; **–leiter** *m.* (*rad.*), overhead aerial *s. or* (*am.*) antenna *s.*; **–linie** *f.*, bee-line *s.*, crow flight *s.*; **in der –linie,** as the crow flies, in a crow line; **–loch** *n.*, air pocket *s. or* hole *s.*, breathing(-)hole *s.*, vent *s.*; **kleines –loch** *n.*, ventage *s.*; **–masse** *f.* (*meteor.*), air mass *s.*; **gemäßigte (maritime, polare, subtropische, tropische) –masse** *f.*, temperate (maritime, polar, subtropical, tropical) air mass *s.*; **kalte (warme) –masse** *f.* (*meteor.*), cold (warm) air mass *s.*; **–messer** *m.* (*meteor.*), aerometer *s.*; **–nebelsignal** *n.*, air fog-signal *s.*; **–öffnung** *f.* **(im Boot),** air-hole *s.*; **kleine –öffnung** *f.* **(im Boot),** bleeder *s.*; **–pfeife** *f.*, air whistle *s.*; **–polster** *n.* (*naut.*), air cushion *s. or* pocket *s.*; **ein –polster unter dem Boot bilden,** to create *or* to form *or* to generate an air cushion below the boat; **–pumpe** *f.*, pneumatic pump *s.*, inflater *s.*; **–raum** *m.*, atmosphere *s.*; **–reiniger** *s.*, air filter *s.*; **–rohr** *n.*, vent-pipe *s.*; **–sack** *m.* (*meteor.*), wind sleeve *s. or* sock *s.*; air pocket *s.*; **–saugpumpe** *f.*, suction pump *s.*; **–säule** *f.* (*meteor.*), column *s.* of air; **–schacht** *m.*, (air) trunk *s.*; **–schicht** *f.*, layer *s.* of air, region *s.*; **obere –schichten** *f./pl.*, upper regions (*pl.*); **–schieber** *m.*, air slide *s.*; **–schlag** *m.* **(beim Rudern)** (*coll.*), crab *s.*; **einen –schlag beim Rudern machen** (*coll.*), to catch a crab; **–schlauch** *m.*, air hose *s. or* tube *s.*; **–schleuse** *f.*, air chamber *s. or* lock *s.*; **–schlitz** *m.*, (ventilating) louvre *s. or* (*am.*) louver *s.*; **–schraube** *f.*, propeller *s.*; **–spalt** *m.*, air gap *s.*, slot *s.* (*between sails*); **–spiegelung** *f.*, Fata Morgana *s.*, mirage *s.*; loom *s.*, looming *s.*; **–stau** *m.*, **–stauung** *f.*, **–stockung** *f.*, air lock *s.*; **–störung** *f.* (*rad.*), atmospherics (*pl.*), static *s.*; **–stoß** *m.*, gust *s.* of air; **–strahl** *m.*, jet *s.* of air; **–strahlantrieb** *m.*, jet propulsion *s.*; **–strom** *m.*, **–strömung** *f.*, air current *s.*, air()flow *s.*, flow *s.*, air stream *s.*, stream *s.* of air, slipstream *s.*; **austauschende –strömung,** cross-flow *s.* (*sails*); **die –strömung am Segel (er)halten,** to keep the flow attached (around the sail); **die –strömung am Segel abreißen lassen** *od.* **unterbrechen,** to disrupt the flow *or* air flow (around the sail); **–strudel** *m.*, air eddy *s.*; **–tank** *m.* **(im Boot),** air tank *s.*, buoyancy tank *s.*; **–temperatur** *f.*, air temperature *s.*; **l–trocken** *adj.*, air-dried, air-seasoned (*of wood*) (*shipb.*); **l–trocknen** *v.*, to season (*wood*) (*shipb.*).

Lüftung *f.* **(an Bord),** airing *s.*, ventilation *s.* (on board); (*phys.*) exhaust *s.* **Lüftungs / anlage** *f.*, ventilation system *s.*, ventilator *s.* (*aboard*); **–kanal** *m.*, air duct *s.*; **–öffnung** *f.*, vent (hole) *s.*; **–rohr** *n.*, air *or* vent pipe *s.*; **–schacht** *m.*, (ventilation) trunk *s.*; **–schieber** *m.*, louvre *s.*, (*am.*) louver *s.*; **–schlitz** *m.*, (ventilating) slot *s.*; louvre *s.*, (*am.*) louver *s.*; **–stutzen** *m.*, vent (hole) *s.*; **–system** *n.* **(an Bord),** ventilation *or* ventilating system *s.*, ventilator *s.* (on board).

Luft / ventil *n.*, air-valve *s.*; **–verdichter** *m.*, air compressor *s.*; **–widerstand** *m.*, aerodynamic drag *s.*, air resistance *s.*, (wind) drag *s.*, windage *s.*; **schädlicher –widerstand** *m.*, parasite drag *s.*; **–wirbel** *m.*, (air) eddy *s.*, cyclone *s.*, turbulence *s.*, vortex *s.*; **–wirbel am Segel erzeugen** *od.* **hervorrufen** *od.* **verursachen,** to create turbulence *or* vortex (around the sail); **–zirkulation** *f.*, air circulation *s.* (*aboard*); **–zufuhr** *f.*, air supply *s.*, ventilation *s.* (*aboard*); **–zug** *m.*, (air) draught *s. or* (*am.*) draft *s.*, current *s.* of air, wind *s.*; **–zutritt** *m.*, air inlet *s.*; access *s.* of air.

Lugger *m.*, lugger *s.* **Lugger / -Catboot** *n.*, lugger cat *s.*; **–fock** *f.*, lug foresail *s.*; **–segel** *n.*, lug sail *s.*; **festes** *od.* **stehendes –segel** *n.*, standing lug (sail) *s.*; **loses** *od.* **dippendes –segel** *n.*, dipping lug (sail) *s.*; **–takelung** *f.*, lug(-sail) rig *s.*

Luk *n.*, (small) hatch *s.*, hatchway *s.*; hatch cover *s.*; **lichtdurchlässiges** *od.* **transparentes –,** transparent *or* translucent hatch *s.*; **ovales –,** oval *or* (*coll.*) egg-shaped hatch *s.*; **rundes –,** round hatch *s.*; **viereckiges –,** square hatch *s.*

Luke *f.*, hatch *s.*, hatchway *s.*; **blinde –,** blind hatch *s.*; **kleine –,** manhole *s.*, scuttle *s.*; **offene –,** open hatch *s.*, port *s.*; **wasserdichte –,** watertight hatch *s.*; **Deckel** *m.* **einer –, – des Niedergangs,** booby hatch *s.*; **eine – verkeilen,** to wedge (the hatch); **eine – verschalken,** to batten down *or* to secure the hatch. **Luken / abdeckung** *f.*, hatch cover *s.*, hatchway cover(ing) *s.*; **–abdichtung** *f.*, hatch(way) caulking *s. or* sealing *s.*; **–balken** *m.*, hatch(way) beam *s.*; **–deckel** *m.*, hatch()cover *s.*, hatchway *s.*; **–gast** *m.*, hatchman *s.*; **–gatter** *n.*, hatch *s.*; **–gräting** *f.*, hatch(way) grating *s.*; **–keil** *m.*, (hatch) wedge *s.*; **–kimming** *f.*, coaming(s) *s.* (*pl.*); **–mann** *m.*, hatchman *s.*, (*am.*) hatch tender *s.*; **–öffnung** *f.*, hatchway *s.*; **–persenning** *f.*, screening *s.* for hatches, tarpaulin *s.*, hatch cover *s.*; **–planke** *f.*, hatch board *s.*; **–quersüll** *n.*, headledge *s.*; **–rolle** *f.*, hatch(way) roller *s.*; **–schacht** *m.*, hatchway trunk *s.*; **–schalken** *f./pl.*, hatch battens (*pl.*); **–schalkkeil** *m.*, (hatch) wedge *s.*; **–schalklatte** *f.*, **–schalkleiste** *f.*, batten *s.* of the hatch; **–scherstock** *m.*, hatch beam *s.*; **–schiebebalken** *m.*, hatchway beam *s.*; blind beam *s.*; **–segel** *n.*, hatch cover *s. or* tent *s.*; **–sicherung** *f.*, hatch securing *s.*, securing *s.* of the hatch; **–sicherungsbügel** *m.*, hatch-securing bar *s. or* bow *s.*, securing-bow *s.* of the manhole; **–stopper** *m.*, hatch stopper *s.*; **–stringer** *m.*, hatch(way) *or* lock stringer *s.*; **–süll** *n.*, (hatchway) coaming *s.*; **–talje** *f.*, hatch(way) tackle *s.*; **–verschlußbügel** *m.*, hatch-securing bar *s. or* bow *s.*; **–verschlußplatte** *f.*, tie beam *s.*

Lümmel *m.* (*naut.*), gooseneck *s.*, derrick-pin *s.* **Lümmel / beschlag** *m.*, gooseneck fittings (*pl.*); **–bolzen** *m.*, derrick pin *s.*, heel pin *s.*; **–lager** *n.*, derrick-pin (socket) *s.*, heel socket *s.*

Lunarmonat *m.* (*astr.*), lunar month *s.* **lunisolar** *adj.* (*astr.*), lunisolar. **Lunisolar / jahr** *n.* (*astr.*), lunisolar year *s.*; **–periode** *f.* (*astr.*), lunisolar period *s.*; **–präzession** *f.* (*astr.*), lunisolar precession *s.*

Lupe *f.*, magnifying glass *s.*

Lust / fahrt *f.* (*naut.*, *hum.*), cruise *s.*, outing *s.*, pleasure trip *s.*; **–schiff** *n.*, pleasure-boat *s.*, yacht *s.*

lüttje Lage *f.* (*naut.*, *dial.*), beer *s.* with brandy.

Luv *f.* (*geogr. n.*) luff *s.*, weather (side) *s.*, windward *s.*, up()wind *s.*; **in –,** off the wind, windward; **nach –,** to windward; **zu –,** windward; **– bekommen,** to take charge (of) (*boat*); **die – abgewinnen** *od.* **abschneiden,** to have *or* to take the wind (*of another boat*), (*coll.*) to eat to windward (*of boat*); **einem anderen Boot die – abgewinnen,** to gain the wind; **die – gewinnen,** to gain the weather side, to gain to weather, to fetch to windward, (*coll.*) to eat to windward, to weather (*of boat*); **– halten,** to keep the wind; **fähig (zu) – zu halten,** weatherly (*of boat*); **Fähigkeit** *f.* **(zu) – zu halten,** weatherliness *s.* (*of boat*); **in – eines anderen Bootes liegen,** to have the weather-ga(u)ge of another boat; **in – liegendes Boot** *n.*, boat *s.* on the weather *or* windward side; **zu – liegen,** to have the weather ga(u)ge; **das Boot liegt zu –,** she *or* the boat has the weather *or* windward ga(u)ge; **– machen,** to gain the wind; **in – eines anderen Bootes passieren,** to clear *or* to pass another boat on the weather side *or* to windward; **in – querab,** on the weather-beam; **in – turbulieren,** to luff (*of telltales*); **nach – überholen** *od.* **überliegen,** to weather-lurch, to lurch to windward (*of boat*); **in – wenden,** to tack on the wind.

Luv / abstand *m.*, distance *s.* to windward; **–anker** *m.*, weather anchor *s.*; **–baum** *m.*, outrigger *s.*; **–bergung** *f.*, recovery *s.* on the weather-board; **–boje** *f.* (*rac.*), weather *or* windward mark *s.*; **–boot** *n.*, burdened boat *s.*, boat *s.* on the weatherboard *or* windward side; **–bord** *m.*, weather board *s.*; **–brandung** *f.*, weather *or* windward surf *s.*; **–brassen** *f./pl.*, weather braces (*pl.*); **–bug** *m.*, weather bow *s.*; **auf dem –bug segeln, mit –bug laufen,** to weather-bow (*of boat*); **–druck** *m.*, weather(-)helm *s.*; **–druck erzeugen** *od.* **verursachen,** to generate weather-helm.

Luven *n.*, luff *s.*, luffing *s.* **luven** *v.*, to luff, to luff up, to go *or* to ply *or* to work to windward; **in den Wind –,** to luff into the wind, to luff round.

Luv / faden *m.*, windward telltale *s.*; **–geschwindigkeit** *f.*, speed *s.* made good to windward; **l–gierig** *adj.*, (to carry *or* carrying) weather helm, weatherly (*of boat*); **das Boot ist l–gierig,** the boat carries weather helm; **l–gierig**

sein, to carry weather helm, to gripe, to be griping (*of boat*); **l–gieriges Boot** *n.*, weatherly boat *s.*; **–gierigkeit** *f.*, ardency *s.*, weatherliness *s.* (*of boat*); **–halter** *m.*, boat *s.* *or* ship *s.* *or* yacht *s.* plying to windward; **guter – halter** *m.*, weatherly boat *s.*; **guter (schlechter) –halter** *m.* (*coll.*), good (bad) plier *s.* (*boat*); **–höhe** *f.*, distance *s.* to windward; **–kampf** *m.* (*rac.*), luffing match *s.*; **–küste** *f.*, weather shore *s.*; **–lage** *f.*, weather ga(u)ge *s.* (*of a boat*); **–leine** *f.*, weather line *s.* *or* rope *s.*; **–liek** *n.*, luff *s.*; mast leech *s.* *or* (*am.*) leach *s.* (*of a gaff sail*); **–manöver** *n.* (*rac.*), manoeuvre *s.* (of a boat) to luff; **Beschränkung** *f.* **eines –manövers** (*rac.*), limitation *s.* *or* restriction *s.* (of a boat) to beat to windward *or* to luff; **–marke** *f.* (*rac.*), weather *or* windward mark *s.*; **–parten** *f./pl.*, weather *or* windward parts (*pl.*); **–raum** *m.*, distance *s.* made good to windward; **–recht** *n.* (*naut., rac.*), right *s.* to luff; **–reling** *f.*, weather rail *s.*; **–ruder** *n.*, weather helm *s.*; **–schlag** *m.*, beating *s.* to windward, to beat to windward, port beat *s.*, windward leg *s.*; **–schot** *f.*, weather sheet *s.*; **–seite** *f.*, weatherboard *s.*, weather (side) *s.*, windward (side) *s.*, (*coll.*) windy side *s.*; luff *s.*; weather-ga(u)ge *s.*; **Rollen** *n.* *od.* **Überholen** *n.* **(des Bootes) zur –seite,** weather roll *s.*; **die Richtung rechtwink(e)lig zum Kiel an der –seite eines Bootes,** weather beam *s.*; **an der –seite eines Bootes liegend,** weatherly; **eine Bahnmarke** *od.* **Tonne an der –seite passieren** *od.* **runden** (*naut., rac.*), to weather a buoy; **zur –seite rollen** *od.* **überholen** *od.* **überliegen,** to weather-roll (*of a boat*); **–seite der Brücke,** weather(-side) *s.* of the bridge, weather bridge *s.*; **–seite des Hecks,** weather quarter *s.* *or* stern *s.*; **l–seitig** *adj.*, windward; **–stellung** *f.*, weather ga(u)ge *s.* (*of a boat*); **–tide** *f.*, weather *or* windward tide *s.*; **–tonne** *f.* (*rac.*), weather *or* windward mark *s.* *or* buoy *s.*; **–wall** *m.*, weather shore *s.*; **–want** *f.*, weather *or* windward shroud *s.*; **l–wärtig** *adj.*, windward; **l–wärtige Yacht** *f.*, windward yacht *s.*; **l–wärts** *adv.*, weather, a-weather, windward, to windward, in the wind, (*coll.*) wind'rd; **am weitesten l–wärts,** weathermost; **l–wärts befindlich** *od.* **gelegen,** (to) windward; **l–wärts querab,** (on the) weatherbeam; **l–wärts umsegeln** *od.* **umschiffen,** to weather (*a cape*); **l–wärts vertreiben,** to drift to windward; **l–wärts vorbeilaufen an,** to weather (*a coast, etc.*); **l–wärts setzende Gezeit** *f.*, weather tide *s.*; **–weg** *m.*, distance *s.* made good to windward; **–wendeboje** *f.*, **–wendemarke** *f.* (*rac.*), weather turning mark *s.*; **–winkel** *m.*, drift angle *s.*, allowance *s.* for wind; **–yacht** *f.*, windward yacht *s.*

Lux *n.* (*phys.*), lux *s.*, meter candle *s.* (*unit for the intensity of light*).

Luxus / ausführung *f.* (*naut.*), de(-)luxe model *s.*; **–eignerkabine** *f.*, saloon cabin *s.*, stateroom *s.*; **–kabine** *f.*, cabin *s.* de luxe, stateroom *s.*; **–schiff** *n.*, luxury liner *s.*; **–yacht** *f.*, de(-)luxe yacht *s.*, luxury yacht *s.*

M

Maat *m.* (*naut.*), mate *s.*, petty-officer *s.*, (*Ind.*) tindal *s.*, (*coll.*) comrade *s.*, pal *s.*, (*am.*) buddy *s.* **Maatschaft** *f.* (*dial.*), crew *s.*, mates (*pl.*).

Machart *f.*, design *s.*, make *s.* (*of boats, sails*); pattern *s.*, style *s.*, type *s.*

machen *v.*, to make; **Fahrt –,** to make way; **Fahrt** *f.* **achteraus –,** to make sternway; **Fahrt** *f.* **voraus –,** to make headway; **keine Fahrt –,** to make no way (at all); **minimale Fahrt –,** to make steerageway; **wieder Fahrt –,** to regain headway *or* speed; **fest –,** to make fast, to moor; **Land –,** to make landfall; **Lee –,** to give alee; **Luv –,** to gain the wind; **(Boot) seeklar –,** to get ready for sea, to prepare for sea; **Wasser –,** to become waterlogged, to leak, to make water (*of boat*).

Macker *m.* (*naut., sl.*), team mate *s.*; sledge *s.*, (*am.*) forehammer *s.*

Mackinaw-Boot *n.* (*am.*), Mackinaw boat *s.*

Magellansche Wolke *f.* (*astr.*), Magellanic Cloud *s.*

magisch *adj.*, **–es Auge, –er Fächer** (*rad.*), electric *or* magic eye *s.*

Magnet *m.*, magnet *s.*; magneto *s.* (*motor*); **bleibender (temporärer) –,** permanent (temporary) magnet *s.*; **künstlicher –,** artificial magnet *s.*; **natürlicher –,** lodestone *s.*, natural magnet *s.* **Magnet / anker** *m.*, armature *s.*; **–band** *n.*, magnetic tape *s.*; **–feld** *n.* (*phys.*), magnetic field *s.*; **–feld** *n.* **des Bootes (der Erde),** magnetic field *s.* of the boat (the earth); **–feldstärke** *f.*, magnetic field strength *s.*, magnetic force *s.*; **–fluß** *m.* (*phys.*), magnetic flux *s.*; **–gehäuse** *n.*, magnet case *s.* *or* chamber *s.* *or* housing *s.*

magnetisch *adj.*, magneti(al); **–e Abschirmung** *f.*, magnetic screening *s.*; **–er Abschirmungsef-**

fekt *m.*, magnetic screening effect *s.*; **–e Abweichung** *f.*, (magnetic) declination *s.*; **–e Anziehungskraft** *f.* (*phys.*), magnetic attraction *s.*; **–er Äquator** *m.*, magnetic equator *s.*; **–er Azimut** *m.*, magnetic azimuth *s.*; **–e Breite** *f.*, magnetic latitude *s.*; **–e Deklination** *f.*, variation *s.*, magtic declination *s.* (*of the compass needle*); **–er Erdpol** *m.*, magnetic pole *s.*; **–es Feld** *n.* (*phys.*), magnetic field *s.*; **–e Feldstärke** *f.* (*phys.*), magnetic field strength *s.* *or* intensity *s.*, magnetic force *s.*; **–e Induktion** *f.* (*phys.*), magnetic induction *s.*; **–e Inklination** *f.* (*phys.*), magnetic dip *s.* *or* inclination *s.*; **–e Koerzitivkraft** *f.* (*phys.*), retentivity *s.*; **–e Kraft** *f.* (*phys.*), magnetism *s.*; **–er Kraftfluß** *m.* (*phys.*), magnetic flux *s.*; **–e Kraftlinie** *f.* (*phys.*), line *s.* of magnetic field strength *s.* *or* force; **(spezifische) –e Leitfähigkeit** *f.* (*phys.*), permeability *s.*; **–er Leitwert** *m.* (*phys.*), permeance *s.*; **–er Meridian** *m.*, magnetic meridian *s.*; **–es Moment** *n.*, magnetic moment *s.*; **– Nord** (*geogr.*), magnetic north *s.* (*course*); **–er Nordpol** *m.*, North Magnetic Pole *s.*, geomagnetic pole *s.*; **– nordpolar** (*geogr.*), concerning (the) north magnetic pole; **–er Pol** *m.*, magnetic pole *s.*; **–e Schwankungen** *f./pl.*, magnetic fluctuation *s.*; **–er Störbereich** *m.* (*rad.*), magnetic interference *s.*; **–e Störung** *f.* (*phys.*), magnetic disturbance *s.*; magnetic interference *s.*; **–er Sturm** *m.*, magnetic storm *s.*; **–er Südpol** *m.*, South Magnetic Pole *s.*; **– südpolar** (*geogr.*), concerning (the) south magnetic pole; **–er Widerstand** *m.* (*phys., rad.*), reluctance *s.*; **spezifischer –er Widerstand** *m.* (*phys.*), reluctivity *s.*

Magnetisierbarkeit *f.* (*phys.*), susceptibility *s.* **magnetisieren** *v.*, to magnetize (*instruments on board*). **Magnetisierung** *f.*, magnetization *s.*; **–skurve** *f.*, magnetization characteristic *s.* *or* curve *s.*; **–sstärke** *f.*, intensity *s.* of magnetization.

Magnetismus *m.*, magnetism *s.*; **bedingt permanenter –,** subpermanent magnetism *s.*; **fester –,** permanent magnetism *s.*; **flüchtiger –,** temporary magnetism *s.*; **halbfester –,** subpermanent *or* semi-permanent magnetism *s.*; **induzierter –,** induced magnetism *s.*; **remanenter –,** remanent magnetism *s.*; **–menge** *f.*, intensity *s.* of magnetization.

Magnet / joch *n.*, yoke *s.*; **–kern** *m.*, magnet core *s.*, core *s.* of a magnet; **–kompaß** *m.*, magnet *or* magnetic compass *s.*; **elektrischer –kompaß** *m.*, electric(al) magnet-compass *s.*, synchrotransmitter compass *s.*; **kreiselstabilisierter –kompaß** *m.*, gyro-stabilized magnet-compass *s.*; **–kompaßkurs** *m.*, compass course *s.*; **–kompaß-Nord** (*naut.*), compass north *s.*; **–kompaßpeilung** *f.*, compass bearing *s.*; **–kraft** *f.*, magnetic force *s.* *or* strength *s.*; **–motor** *m.*, magneto motor *s.*; **–nadel** *f.*, compass needle *s.*, needle *s.* of the compass, magnetic needle *s.*

Magneto / dynamo *m.*, magneto *or* (*coll.*) mag generator *s.*; **m–elektrisch** *adj.*, magnetoelectric; **–meter** *n.* (*phys.*), magnetometer *s.*; **m–motorisch** (*phys.*) *adj.*, magnetomotive; **–skop** *n.* (*phys.*), magnetoscope *s.*

Magnet / pole *m./pl.*, magnetic poles (*pl.*) (*of a magnet*); **–regler** *m.*, rheostat *s.*; **–satz** *m.*, set *s.* of magnets; **–spule** *f.*, electromagnet *s.*, solenoid *s.*, field *or* magnet coil *s.*; **–stab** *m.*, magnet bar *s.*; **–wicklung** *f.* (*elec.*), field coil *s.*; **–zündung** *f.*, magneto-ignition *s.*

Mahagoni(holz) *n.*, mahogany (wood) *s.*; **australisches –,** jarrah *s.* (*shipb.*).

Mahl / sand *m.*, quick()sand *s.*; **–strom** *m.*, (*s.* **Malstrom**); **–zeitstander** *m.* (*naut.*), meal pennant *s.*

Makrelen / brise *f.* (*naut., coll.*), mackerel breeze *s.*; **–wind** *m.*, mackerel gale *s.*

Makrometer *n.* (*naut.*), macrometer *s.* (*kind of sextant*).

Maling *f.* (*naut.*), painting *s.*, paintwork *s.*

Mall *n.* (*coll. f.*) (*naut.*), mould *s.*, (*am.*) mold *s.*, model *s.* (*shipb.*). **Mall / boden** *m.*, mo(u)ld loft *s.* (*shipb., sail loft*); **–breite** *f.*, mo(u)lded beam *s.*, mo(u)lding *s.* of beams; **–brett** *n.*, template *s.*, templet *s.*; **–brief** *m.*, building contract *s.* **mallen** *v.* [1] (*naut.*), to mould, (*am.*) to mold (*shipb.*).

mallen *v.* [2], to baffle, to shift (round) (*of wind*); **der Wind mallt,** the wind is shifting. **Mallen** *n.* **(des Windes),** shifting *s.* (of the wind). **mallender Wind** *m.*, baffling *or* bewildering *or* confusing wind *s.*

Mallkante *f.* (*naut.*), moulded *or* moulding edge *s.* *or* line *s.*, (*am.*) molded line *s.* (*shipb.*).

Mallung *f.* (*naut.*), moulding *s.*, (*am.*) molding *s.* (*shipb.*).

Mallungen *f./pl.* (*geogr.*), belt *s.* of calms, calm belt *s.*, doldrums (*pl.*).

Malstrom *m.* (*geogr.*), maelstrom *s.*, vortex *s.*, whirl()pool *s.*

Mammatocumulus *m.* (*meteor.*), mammatocumulus *s.* (*pl.* -li), festoon cloud *s.*

Mängelrüge *f.* (*rac.*), complaint *s.*

Manifest *n.* (*naut.*), ship's manifest *s.*

Manila / hanf *m.*, manila *or* Manila hemp *s.*; **–tau** *n.*, manila *or* Manila rope *s.*; **–tauwerk**

n., manila *or* Manila ropes (*pl.*) *or* cordage *s.*

Mann *m.* (*naut.*), hand *s.*, man *s.*; **alle – an Deck!** (*com.*), all hands on deck!; **der – für alles (an Bord),** handy man *s.* (aboard ship); **mit – und Maus untergehen** (*naut.*), to go down with all hands; **– im Topp,** masthead *s.*; **– über Bord,** man *s.* overboard *or* (*am.*) over the side; **– über Bord!** (*int.*), man overboard *or* (*am.*) over the side!; **– zur Strafe in die Saling(e) schicken,** to masthead a hand. **Mann/loch** *n.*, manhole *s.*; **–lochdeckel** *m.*, manhole lid *s. or* cover *s.*

Mannschaft *f.* (*naut.*), ship's crew *s. or* company *s.*; the lower deck *s.*; ratings (*pl.*), (*rac.*) crew *s.*, team *s.*; gang *s.* (*of a shipyard, etc.*); **Arbeits(ein)teilung** *f.* **einer – an Bord,** teaming *s.*; **Gewicht** *n.* **der –,** crew weight *s.*; **das Gewicht der – richtig verteilen,** to apply crew weight properly; **das Gewicht der – zur Mitte verlagern,** to centre *or* (*am.*) to center the crew weight; **die – weit vorne placieren,** to position the crew far forward. **Mannschafts/führer** *m.* (*spt.*), (team) captain *s.*; **–geist** *m.* (*naut., rac.*), team(-)spirit *s.*; **–kapitän** *m.* (*spt.*), team captain *s.*; **–liste** *f.* (*naut.*), crew list *s.*, muster roll *s.*; **–logis** *n.*, crew's quarters (*pl.*); **–messe** *f.*, mess-room *s.*; **–rennen** *n.*, team race *s.*; **–verzeichnis** *n.* (*naut.*), muster roll *s.*, crew list *s.*

Mann/tau *n.*, life line *s.*, manrope *s.*, (*coll.*) twiddling line *s.*; **–tauknoten** *m.*, manrope knot *s.*; **–-über-Bord-Manöver** *n.*, man-overboard manoeuvre *s. or* (*am.*) maneuver *s.*

Manometer *n.*, manometer *s.*, pressure-ga(u)ge *s.*, steam-ga(u)ge *s.*; **–stand** *m.*, pressure-reading *s.*, pressure-ga(u)ge reading *s.*

Manöver *n.* (*naut., rac.*), manoeuvre *s.*, (*am.*) maneuver *s.*; **Boje-über-Bord –,** buoy-overboard manoeuvre *s.*; **Mann-über-Bord –,** man-overboard manoeuvre *s.*; **– des letzten Augenblicks,** action *s.* to be taken to avoid risk of collision, action *s.* to avoid collision by manoeuvre *or* manoeuvring *or* (*am.*) maneuvering; **–rolle** *f.* (*naut.*), manoeuvre *or* (*am.*) maneuver *or* station roll *s.* **manövrier/bar** *adj.*, manoeuvrable, (*am.*) maneuverable (*of boat*); **M–barkeit** *f.*, manoeuvrability *s.*, (*am.*) maneuverability *s.* (*of a boat*); **–behindert** *adj.*, restricted in the ability to manoeuvre *or* (*am.*) to maneuver, (*coll.*) crippled (*of boat*); **M–eigenschaften** *f./pl.* **(eines Bootes),** manoeuvring *or* (*am.*) maneuvering qualities (*pl.*) *or* properties (*pl.*) (of a boat). **Manövrieren** *n.* **(eines Bootes),** manoeuvring *s.*, (*am.*) maneuvering *s.* (of a boat); handling *s.* of a boat; **durch geschicktes – überlisten** *od.* (*coll.*) **austricksen** (*rac.*), to outmanoeuvre *or* (*am.*) to outmaneuver (*a boat*); **– eines Motorbootes,** backing *s.* and filling. **manövrieren** *v.*, to manoeuvre, (*am.*) to maneuver (*a boat*); **ein Boot** *od.* **mit einem Boot –,** to work a boat; **das Boot manövrierte vorsichtig durch die Untiefen,** the boat reeved the shoals. **manövrier/fähig** *adj.*, manoeuvrable, (*am.*) maneuverable, manageable (*of boat*); **nicht –fähig,** unmanageable, boat *s.* under the sea; **M–fähigkeit** *f.*, manoeuvrability *s.*, (*am.*) maneuverability *s.*, manoeuvring *or* (*am.*) maneuvering ability *s. or* capacity *s.*, handiness *s.* (*of a boat*); **M–freiheit** *f.* (*naut.*), freedom *s.* of manoeuvre *or* (*am.*) maneuver; **M–signal** *n.*, manoeuvring *or* (*am.*) maneuvering signal *s.*; **–unfähig** *adj.*, not under *or* out of control, not under command, unmanageable (*of boat*); **–unfähiges Boot** *n. od.* **Schiff** *n.*, boat *s. or* ship *s.* not under control, crippled boat *s. or* ship *s.*; **M–unfähigkeit** *f.*, unmanageableness *s.* (*of a boat*); **M–unfähigkeitsflagge** *f.*, (boat-)not-under-command flag *s.*, breakdown flag *s.*; **M–unfähigkeitslichter** *n./pl.*, not-under-command lights (*pl.*); **M–unfähigkeits-Rundumlichter** *n./pl.*, (boat-)not-under-command lantern *s. or* (allround) lights (*pl.*); **M–unfähigkeitssignalbälle** *m./pl.*, black balls (*pl.*); **M–versuch** *m.*, manoeuvring *or* (*am.*) maneuvering test *s. or* trial *s.*

Manschette *f.* (*naut., tech.*), collar *s.*, sleeve *s.*

Mantel *m.* (*naut., tech.*), case *s.*, casing *s.*, jacket *s.*, sheathing *s.*, shell *s.*, sleeve *s.* **Mantel/schicht** *f.*, protective layer *s.* (*of paint, etc.*); **–talje** *f.*, tackle *s.* upon tackle, runner tackle *s.*, tackle *s.* and runner; **–wippe** *f.*, whip *s.* upon whip, whip *s.* and pennant *or* runner.

Marathonregatta *f.*, marathon race *s.*, long-distance race *s.*

Marconi/-Mast *m.*, Marconi mast *s.*; **–-Schoner** *m. od.* **-Schuner** *m.*, Marconi schooner *s.*; **–segel** *n.*, Marconi sail *s.*; **–-Slup** *f.*, Marconi sloop *s.*; **–-Takelung** *f.*, Marconi rig *s.*; **–-Toppsegel** *n.*, Marconi topsail *s.*

Maremme *f.*, maremma *s.* (*pl.* -remme), boggy coastal area *s. or* seaboard *s.*

Mareograph *m.* (*naut.*), marigraph *s.*

Marina *f.*, marina *s.*, yacht harbo(u)r *s.*

Marine *f.*, marine *s.*, naval forces (*pl.*), navy *s.*, senior service *s.* **Marine/akademie** *f.*, naval college *s.*; **m–blau** *adj.*, marine *or* navy blue; **–glue** *m.*, marine glue *s.* (*shipb.*); **–hafen** *m.*, naval port *s.*; **zweireihige –jacke** *f.*, pea jacket *s.*; **–leim** *m.*, marine glue *s.* (*shipb.*); **–offizier** *m.*, naval officer *s.*; **–radar** *n.*, marine radar *s.*; **–sperrholz** *n.*, marine plywood *s.* (*shipb.*); **–sperrzone** *f.*, naval barred *or* prohibited area *s. or* zone *s.*; **–stützpunkt** *m.*, naval base *s.*; **–werft** *f.*, naval (dock)yard *s.*, navy yard *s.*; **–wesen** *n.*, naval affairs (*pl.*); **–wetterdienst** *m.*, naval weather *or* meteorological service *s.*

maritim *adj.*, maritime; **–es Hoheitsgebiet** *n.*, maritime territory *s.*; **–es Klima** *n.*, maritime climate *s.*; **–e Luftmasse** *f.*, maritime air mass *s.*; **–es Recht** *n.*, maritime law *s.*; **–er Wetterdienst** *m.*, maritime weather *or* meteorological service *s.*

markant *adj.*, (well-)marked, characteristic, prominent, (*coll.*) striking (*as landmark, etc.*).

Markboot *n.* (*rac.*), mark boat *s.*

Marke *f.* (*naut.*), marker *s.*, sea-marker *s.*, (*rac.*) mark *s.*; **Passieren** *n.* **einer –** (*naut., rac.*), passing *s.* of a mark *or* marker, to clear *or* to pass a mark; **Runden** *n.* **einer –** (*rac.*), rounding *s.* of a mark, to round a mark; **– an der Logleine,** knot *s.* **Markenfeuer** *n.*, marker light *s.*

Markierboot *n.* (*rac.*), flag boat *s.* **markieren** *v.*, to mark (*a channel, a logline, etc.*). **markiert** *adj.*, marked (*as logline, waters, etc.*); **nicht –,** unmarked.

Markierung *f.* (*naut.*), marker *s.*, marking *s.*; route-indicator *s.*; **keine** *od.* **ohne –,** no *or* without mark. **Markierungs/boje** *f.*, dan (buoy) *s.*, marker (buoy) *s.*, marking buoy *s.*, sea-marker *s.*; **Boot** *n.* **das –bojen auslegt,** danner *s.*; **eine –boje ausbringen** *od.* **auslegen,** to get a (sea-)marker out, to stream a marker; **–flagge** *f.*, dan (buoy) *s.*, marker flag *s.*; **–funkfeuer** *n.*, marker beacon *s.*; **–signal** *n.*, marker signal *s.*

Marktwert *m.* (*naut., ins.*), market value *s.* (*of a boat*).

Marl/eisen *n.*, awl *s.*, stabber *s.*. **marlen** *v.*, to marl, to marline. **Marlleine** *f.*, marline *s.*, marling *s.* **Marling** *f.*, marline *s.*, marling *s.* **Marl/nadel** *f.*, marline *or* marling needle *s.*; **–pfriem** *m.*, marline()spike *s.*, marling spike *s.*, marlinspike *s.*; **kleiner –pfriem** *m.*, pricker *s.*; **–reep** *n.*, stab line *s. or* rope *s.*; **–schlag** *m.*, marline *or* marling hitch *s.*; **–spieker** *m.*, marline()spike *s.*, marling spike *s.*, marlinspike *s.*, awl *s.*, stabber *s.*, fid-pin *s.*, splicing fid *s.*; **–spiekerknoten** *m.*, **–spiekerschlag** *m.*, marline *or* marling-spike hitch *s. or* knot *s.*, boat knot *s.*; **–stek** *m.*, marline *or* marling bend *s. or* hitch *s. or* knot *s.*

Mars *m.* [1] (*astr.*), **den Planeten – betreffend,** Martian; **unter dem Einfluß des (Planeten) – stehend,** Martial.

Mars *m.* [2] (*naut.*), masthead *s.*, top *s.*, top platform *s.*, scuttle *s.*; **großer –,** main(-)top *s.*

Marsch *f.* [1] (*geogr.*), marsh *s.*, fen(-land) *s.*, alluvial land *s.*, (*naut.*) wash *s.*

Marsch *m.* [2] (*naut.*), cruise *s.* **Marsch/fahrt** *f.*, cruising speed *s.*; **–formation** *f.*, cruising *or* sailing formation *s.*; **–geschwindigkeit** *f.*, cruising speed *s.*, headway *s.*; **–land** *n.* (*geogr.*), bog *s.*, marshland *s.*, fen(land) *s.*, wash *s.*

Mars/kleid *n.* (*naut.*), top armo(u)r *s. or* cloth *s.*; **–rah(e)** *f.*, topsail yard *s.*; **–rand** *m.*, rim *s.*; **–saling** *f.*, top *or* masthead spreader *s.*, cross-tree *s.*; **–schoten** *f./pl.*, topsail sheets (*pl.*); **–segel** *n.*, topsail *s.* (*on square-rigger*), square topsail *s.*; **–stenge** *f.*, top mast *s.*

Maschenknoten *m.* (*naut.*), mesh knot *s.*

Maschine *f.* (*naut.*), (marine) engine *s.*, machine *s.*; (*pl.*) machinery *s.*; **langsam laufende –,** slow-speed engine *s.*; **schnell laufende –,** high-speed engine *s.*; **umsteuerbare –,** reversible engine *s.*; **alle –n langsame Fahrt zurück!** (*com.*), all engines back (one third)!; **alle –n volle Kraft voraus!** (*com.*), all (engines) ahead full!; **die –n rückwärts laufen lassen,** to reverse engines; **unter –(n) auf das offene Wasser hinauslaufen,** to sail under power into (the) open water, to gain (the) open water under power, to make for deep water under power. **Maschinen/anlage** *f.* (*naut.*), machinery *s.*, engine plant *s.*, power-plant *s.*; **–antrieb** *m.*, mechanical *or* power drive *s.*; **mit –antrieb,** machine-driven, power-driven; **–betriebshandbuch** *n.*, engine manual *s.*; **–drehzahl** *f.*, engine revolutions (*pl.*) *or* speed *s.*; **–fahrzeug** *n.*, power-driven craft *s. or* vessel *s.*; **–fundament** *n.*, engine bed *s. or* seating *s.*; **–hebel** *m.*, engine lever *s.*; **die –hebel auf halbe Fahrt voraus (um)legen,** to put the engine levers into half ahead; **–hellegatt** *n.*, engine room *s. or* store *s.*; **–kommando** *n.*, engine command *s. or* order *s.*; **–leistung** *f.*, engine output *s.*; **–luk** *n.*, engine hatch *s.*; **–öl** *n.*, lubricating oil *s.*, paraffin(e) (oil) *s.*, engine oil *s.*; **–raum** *m.*, engine room *s.*; **–raummannschaft** *f.*, engine(-room) crew *s.*; **–raumtelegraph** *m. od.* **-telegraf** *m.*, engine-room telegraph *s.*; **–schaden** *m.*, engine trouble *s.*, machine *or* machinery *or* mechanical breakdown *s. or* failure *s.*; **–schmieröl** *n.*, (engine) lubricating oil *s.*; **–teil** *m.*, engine component *s. or* part *s.*; **–telegraph** *m. od.* **–tele-**

graf *m.*, engine *or* machine telegraph *s.*, engine- *or* machine-room telegraph *s.*; **–überwachung** *f.*, engine control *s.*; **–wache** *f.*, engine watch *s.*; steam watch *s.* (*of steam yacht*); **–werkstatt** *f.*, engine *or* machine shop *s.* **Maschinist** *m.* (*naut.*), machinist *s.*, engine operator *s.*, engineer *s.*; **–enmaat** *m.*, artificer *s.*

Maser *f.*, vein *s.* (*in wood*) (*shipb.*); **–holz** *n.*, veined wood *s.*, (*coll.*) bird's eye wood (*shipb.*). **maserig** *adj.*, grained, streaky, veined (*of wood*). **Maserung** *f.*, graining *s.*, veining *s.* (*of wood*) (*shipb.*).

Maß *n.* (*naut.*), measure *s.*, measurement *s.*; dimension *s.*, size *s.* (*of a boat, sail*); ga(u)ge *s.*; (*tech.*) degree *s.*, rate *s.*, standard *s.*, unit *s.*, volume *s.*; **–e** (*pl.*) **und Gewichte,** weights (*pl.*) and measures; **das – J (eines Segels),** J (dimension) *s.* (of a sail); **das – LP (eines Bootes** *od.* **Segels),** LP *s.* (of a boat *or* sail); **das – LPG (eines Bootes** *od.* **Segels),** LPG *s.* (of a boat *or* sail). **Maß / abweichung** *f.* (*naut.*), tolerance *s.*; **zulässige –abweichung** *f.* (*naut.*), allowance *s.*; **–abzug** *m.* (*naut.*), measurement deduction *s.*; **–band** *n.* (*naut.*), line *s.*; **mit dem –band messen,** to line.

Masse *f.* (*phys.*), mass *s.*; (*tech.*) compound *s.*, paste *s.*, substance *s.*, (*coll.*) stuff *s.*

Maßeinheit *f.* (*phys.*), measure *s.*, measuring unit *s.*, unit *s.*, unit *s.* of measurement; **die –en betreffend** (*phys.*), unitary.

Masse-Kilogramm-Sekunde *f.* (*phys.*), MKS-system *s.* of units. **Massen / anziehung** *f.* (*phys.*), gravitation *s.*; **–beschleunigung** *f.* (*phys.*), mass acceleration *s.*; **–bewegung** *f.* (*phys.*), molar motion *s.*; **–fabrikation** *f.*, mass-production *s.* (*as of surfsails*); **–kollision** *f.*, pile-up *s.* (*of boats*); **–schwerpunkt** *m.* (*phys.*), centre *s.* *or* (*am.*) center *s.* of gravity; **–trägheit** *f.* (*phys.*), moment *s.* of inertia; **–wirkungsgesetz** *n.* (*phys.*), law *s.* of mass action.

maß / gerecht *adj.*, true to size (*as of sails*); **M–haltigkeit** *f.*, dimensional stability *s.* (*of boat, sail*).

mäßig *adj.*, moderate; **– bewegte See** *f.*, moderate sea *s.*; **–e Brise** *f.*, moderate breeze *s.*; **–er Dunst** *m.* (*meteor.*), moderate haze *s.* *or* mist *s.*; **–e Dünung** *f.*, moderate swell *s.*; **–e Fahrt** *f.*, **–e Geschwindigkeit** *f.*, moderate *or* easy *or* reasonable speed *s.*; **–er Seegang** *m.*, moderate swell *s.*

mäßigen *v.*, **Fahrt** *f.* *od.* **Geschwindigkeit –,** to slacken speed.

Massiv / bau *m.* (*naut.*), solid construction *s.* *or* structure *s.* (*shipb.*); **--Bauweise** *f.*, solid construction *s.* (*shipb.*); **--GFK-Bauweise** *f.*, solid fibreglass *or* (*am.*) fiberglass construction *s.* (*GRP shipb.*); **–holz** *n.*, massive *or* solid wood *s.* (*shipb.*).

Maßstab *m.* (*geogr.*), scale *s.*, representative fraction *s.* (*on charts or maps*); measure *s.*, measuring rod *s.*, rule *s.*, ruler *s.*; rate *s.*, standard *s.*, yardstick *s.*, criterion *s.*; **im – von,** at a scale of; **im – von 1 Zoll : 1 Meile,** at a scale of 1 inch to 1 mile; **im – von 1 : 10,** to a scale of 1 to 10; **in vergrößtertem –,** on an enlarged scale; **größerer (kleinerer) –,** large (small) scale *s.*; **vergrößerter –,** enlarged scale *s.*; **verjüngter** *od.* **verkleinerter –,** reduced scale *s.*; **(See)Karte** *f.* **in großem –,** large-scale chart *s.* *or* map *s.* **maßstab / gerecht** *adj.*, **–getreu** *adj.*, true *or* according to scale, in *or* to scale; **–getreu zeichnen,** to scale; **–getreues Modell** *n.*, scale model *s.* **maßstäblich** *adv.*, in *or* to scale, according to scale; **– vergrößern (verkleinern),** to scale up (down) (*charts*).

Maß / system *n.*, system *s.* of measurement *or* units; **–tonne** *f.* (*naut.*), measurement ton *s.*

Mast *m.*, mast *s.*, spar *s.*, (*coll.*) stick *s.*; **ausgeschäumter –,** foamed mast *s.*; **aus mehreren Teilen gebauter** *od.* **zusammengesetzter –,** made mast *s.*; **biegsamer** *od.* **flexibler –,** bendy *or* flexible mast *s.*; **gebauter –,** made *or* built(-up) mast *s.*; **(gerade) aufgerichteter –,** upright mast *s.*; **gerader –,** straight *or* upright mast *s.*; **gewachsener –,** grown *or* solid wood mast *s.*; **mit zu kurzem –** *od.* **zu kurzen –en** (*pl.*) **(versehen),** under(-)sparred (*of yacht*); **mit zu wenigen** *od.* **zu kleinen –en** (*pl.*), under(-)masted (*of schooner, etc.*); **nahtloser –,** seamless mast *s.*; **nicht abgestagter –,** unstayed mast *s.*; **nicht biegsamer** *od.* **flexibler –,** inflexible mast *s.*; **sehr hoher** *od.* **langer –,** taunt mast *s.*; **starrer –,** inflexible *or* rigid mast *s.*; **(um-** *od.* **bei)klappbarer –,** collapsible *or* hinged *or* lowering *or* tabernacle mast *s.*; **zusammengesetzter –,** built-up *or* made mast *s.*; **Teil** *m.* **des –es von den Bakken bis zum Deck,** hounding *s.*; **Vorderkante –,** front *s.* of the mast; **den – abblocken** *od.* **blockieren,** to block the mast; **(sich) den – absegeln,** to carry away the mast; **den – abstagen,** to stay the mast; **den – abtakeln,** to unrig the mast; **den – einsetzen,** to ship *or* to step the mast; **den – (her)ausnehmen,** to unstep the mast; **den – verkeilen,** to wedge the mast; **den – von unten (her) (ab)stützen,** to underprop the mast; **den – zutakeln,** to rig the mast; **in den – aufentern,** to go aloft *or* up; **– herunter!** (*com.*), mast down!; **– querab!**

(*int.*), mast abeam!. **Mast/antenne** *f.*, masthead aerial *s. or* (*am.*) antenna *s.*; **–backe(n)** *f.* (*pl.*), mast cheek(s) *s.* (*pl.*), mast chock *s.*, hounds (*pl.*), tabernacle cheeks (*pl.*), (*coll.*) bibb *s.*; **–balken** *m.*, mast beam *s.*, beams (*pl.*); **–band** *n.*, mast hoop *s.*, fish *s.* (on mast); **–baum** *m.*, mast *s.*; **–beschlag** *m.*, **–beschläge** *m./pl.*, mast fitting(s) *s.* (*pl.*); **–biegung** *f.*, mast bend *s.*, bend *s.*; **seitliche –biegung** *f.*, lateral (mast) bend *s.*; **–biegungskontrolle** *f.*, (mast) bend control *s.*; **–blöcke** *m./pl.*, mast blocks (*pl.*), mast shoe *s.*; **–bock** *m.*, mast tabernacle *s.*; **–bolzen** *m.*, tabernacle bolt *s.*; **–bruch** *m.*, broken mast *s.*; **–bügel** *m.*, bale *s.*, mast hoop *s.*; **–ducht** *f.*, (mast) thwart *s.*; **–einspannlänge** *f.* **unter Deck,** housing *s.*; **–einstellung** *f.*, tuning *s.* of the mast. **Masten** *m./pl.* (*collect.*), masting *s.*; **–kran** *m.*, shear *s.*, shear legs (*pl.*), sheer()legs (*pl.*). **Mast/eselshaupt** *n.*, mast cap *s.*; **–fall** *m.*, mast rake *s.*, mast()head rake *s.*; **den –fall einstellen** *od.* **regulieren,** to adjust mast rake; **–falleinsteller** *m.*, **–fallregler** *m.*, mast-rake adjuster *s. or* control *s.*; **–fischung** *f.*, mast partners (*pl.*), cam action mast partners (*pl.*); **–fuß** *m.*, (mast) butt *s.*, mast foot *s. or* heel *s.*, foot *s. or* heel *s.* of the mast; **–fußlager** *n.*, mast heel bearing *s.*; **–fußschiene** *f.*, mast-heel track *s.*, mast track *s.*; **–gast** *m.* (*am.*), mastman *s.*; **–hausing** *f.*, **–hausung** *f.*, mast housing *s.*; **–heber** *m.*, mast jack *s. or* lever *s.*; **–höhe** *f.*, height *s. or* size *s.* of mast; **–kalb** *n.*, **–kälber** *n./pl.*, mast partners (*pl.*), mast carling(s) *s.* (*pl.*); **–keil(e)** *m.* (*pl.*), (mast) wedge(s) *s.* (*pl.*); **–klotz** *m.*, mast block *s. or* shoe *s.*; **–knecht** *m.*, knight *s.* (*device*); **–knopf** *m.*, truck *s.*; **–koker** *m.*, mast tabernacle *s.*, mast trunk *s.*; **–konstruktion** *f.*, construction *s. or* build *s.* of a mast; **–kontroller** *m.*, mast control *s.*; **–korb** *m.*, masthead *s.*, top *s.*, bird's *or* crow's nest *s.*; **–kragen** *m.*, boot *s.*, mast collar *s. or* coat *s.*, (*coll.*) petticoat *s.*; **–kurve** *f.*, (mast) bend *s.*, mast curve *s.*; **–länge** *f.*, length *s. or* height *s.* of mast; **–länge** *f.* **von der Fischung bis zum Want(en)angriffspunkt,** hounding *s.*; **–länge** *f.* **vom Fuß bis zur Fischung,** housing *s.*; **–laterne** *f.*, mast(head) lantern *s.*; **–licht** *n.*, mast(head) light *s.*, headlight *s.*; **–liek** *n.*, mast leech *s. or* (*am.*) leach *s.*; **(hölzerner) Mastring** *m.* **zur Halterung des –lieks,** drift hoop *s.*; **–loch** *n.*, partners (*pl.*), mast hole *s.*; **–lögel** *m.* (*od.* **–lägel, –legel**), drift hoop *s.*; **m–los** *adj.*, dismasted; mastless, without mast(s); **–neigung** *f.*, (mast) bend *s.*, (mast) rake *s.*; **–nut** *f.*, slot *s.*; **–platte** *f.*, mast plate *s.*; **–poller** *m.*, knight *s.*; **–position** *f.*, mast position *s.*; **–position** *f.* **an** *od.* **auf Deck,** mast position *s.* on deck; **–profil** *n.*, mast profile *s.*, profile *s.* of the mast; mast section *s.*; **–puller** *m.*, mast puller *s.*; **–querschnitt** *m.*, mast section *s.*, section *s.* of the mast; **–ring** *m.*, mast hoop *s. or* ring *s.*, eye bolt *s. or* band *s.*; **–rutscher** *m.* (*pl.*), mast slider(s) *s.* (*pl.*), slide(s) *s.* (*pl.*), slider(s) *s.* (*pl.*), mast track slide(s) *or* slider(s) *s.* (*pl.*); **–rutscherschiene** *f.*, (mast) track *s.*; **–saling(e)** *f.* (*pl.*), (mast) cross-tree(s) *s.* (*pl.*); **–scheibe** *f.*, clamp *s.*; **–schelle** *f.*, mast gate *s.*; **–schiene** *f.*, (mast) track *s.*; **–schlauch** *m.* (*surf.*), (mast) sleeve *s.*; **–schlinge** *f.*, mast carling *s.*, mast partners (*pl.*); **–schlitz** *m.*, mast gate *s.*, slot *s.*; **–schuh** *m.*, mast step *s.*, mast shoe *s.*; **–schulter** *f.*, hounds (*pl.*), mast hound *s. or* shoulder *s.*; **–sockel** *m.*, tabernacle *s.*; **–spitze** *f.*, mast top *s.*, tip *s. or* top *s.* of the mast, masthead *s.*, truck *s.*; **zur –spitze aufheißen** *od.* **aufholen,** to masthead (*a flag, sail*); **–spur** *f.*, mast step *s.*, step *s.*, mast track *s.*, mast-track gate *s.*; **–spurlager** *n.*, mast track bearing *s.*; **–stellung** *f.*, mast position *s.*; **–strecker** *m.*, mast puller *s.*; **–stufe** *f.*, step *s.* of a mast ladder, step *s.* of a ladder to mast; **–stuhl** *m.*, foot *s.* (of the mast), mast tabernacle *s.*, mast stool *s.*; **–tasche** *f.* (*surf.*), mast sleeve *s.*, sleeve *s.*, mast pocket *s.*; **–topp** *m.*, mast()head *s.*, top *s.*; **–toppbeschlag** *m.*, masthead fitting(s) *s.* (*pl.*); **–topplaterne** *f.*, masthead lantern *s.*; **–toppscheibe** *f.*, masthead sheave *s. or* clamp *s.*; **–topptakelung** *f.*, masthead rig *s.*; **–toppwinkel** *m.*, masthead angle *s.*; **–trimm** *m.*, mast trim *s.*, tuning *s.* of the mast; **–turbulenz** *f.*, suck *s.*, turbulence *s.* (around the mast); **–- und Schotbruch!** (*int.*), happy sailing!, (*am.*) good speed!; **–verstagung** *f.*, staying *s.* of the mast; **–versteifung** *f.*, bracing *s. or* propping *s. or* staying *s. or* strutting *s.* of the mast; **–vorbiegung** *f.*, prebend *s.* (of the mast); **–vorlieкskurve** *f.*, mast luff curve *s.*; **–wache** *f.*, **–wächter** *m.*, masthead lookout *s.*; **–werk** *n.* (*collect.*), masting *s.*; **–winde** *f.*, mast winch *s.*; **–windenfundament** *n.*, mast-winch base *s. or* bed *s.*; **–wurf** *m.*, clove hitch *s.*

Material *n.*, material *s.*, matter *s.*, (*coll.*) stuff *s.*; sailcloth *s.*; **hoch getempertes –,** high-tempered material *s.* (*sailcloth*); **niedrig getempertes –,** low-tempered material *s.* (*sailcloth*); **– von geringer Dehnbarkeit, wenig dehnbares –,** low-stretch material *s.* (*sailcloth*); **– von hoher Dehnbarkeit, sehr dehnbares –,** highstretch material *s.* (*sailcloth*). **Material / fehler** *m.*, material defect *s.*; **–schaden** *m.*, material damage *s.*, defect *s.*

Matrize *f.*, matrix *s.* (*pl.* -trices), bed *s.*, lower die *s.*, female mould *s. or* (*am.*) mold *s.* (*shipb.*).

Matrose *m.*, (able *or* able-bodied) seaman *s.*, sailor *s.*, (*coll.*) sailorman *s.*, sea-dog *s.*, blue-jacket *s.*, jack-tar *s.*, (*am.*) hearty *s.*, (*sl.*) matelot *s.*, (*am. sl.*) gob *s.*; deck hand *s.*; mariner *s.*, naval rating *s.*; **englischer –** (*am. sl.*), limey *s.*; **– auf Urlaub,** liberty(-)man *s.*; **– sein,** to sail before the mast. **Matrosen / anzug** *m.*, sailor suit *s.*; **–heuer** *f.*, sailor's wages (*pl.*); **–hut** *m.*, sailor's hat *s.*; **–jacke** *f.*, pea-jacket *s.*; **–lied** *n.*, (sea-)shanty *s.*; **–tanz** *m.*, (sailor's) hornpipe *s.*

Matsch *m.* (*naut., coll.*), sludge *s.*, slush *s.*, squelch *s.* **matschig** *adj.*, sludgy, slushy, squashy; **–e (Meeres)Bodenbeschaffenheit** *f.*, squashiness *s.* (of the bottom *or* ground).

Matte *f.* (*naut.*), mat *s.* (*shipb.*); matting *s.* (*chafing protection*); **englische –,** paunch (mat) *s.*; **–nfender** *m.*, mat fender *s.*, bogy-wrinkle *s.*

Maul / schlüssel *m.* (*naut., tech.*), open-ended spanner *s.*; **–weite** *f.* **eines Schäkels,** width *s.* of a shackle.

Mauritius Orkan *m.*, Mauritius *or* Pacific typhoon *s.*

Maus *f.* (*naut.*), mouse *s.*, mousing *s.* **mausen** *v.*, (*s.* **musen**). **Mausing** *f.*, mousing *s.* **Mausknoten** *m.*, mouse *s.*, mousing *s.*

maximal *adj.*, maximal, maximum, (*coll.*) max(.); **–e Geschwindigkeit** *f.*, maximum speed *s.*; **–e Segelfläche** *f.*, maximum sail area *s.* **Maximal / auslenkung** *f.* (*phys.*), maximum deflection *s.*; **–belastung** *f.* (*naut., phys.*), maximum load *s.*, ultimate strain *s.*, peak load *s.*; **–druck** *m.* (*phys.*), maximum pressure *s.*, ultimate strain *s.*; **–geschwindigkeit** *f.*, maximum speed *s.*; **–länge** *f.*, maximum length *s.*; **–leistung** *f.*, peak output *s.*, maximum capacity *s. or* power *s. or* output *s.* (*of boat, motor, sail; rad., etc.*); **–tiefgang** *m.*, maximum draught *s. or* (*am.*) draft *s.*

Maximum *n.* (*naut., phys., tech.*), maximum *s.*, (*coll.*) max(.) *s.*; peak *s.* **Maximum / -Minimum-Peilung** *f.* (*rad. D/F*), maximum-minimum-signal D/F *s. or* direction-finding *s.*; **–peilung** *f.*, maximum (radio) bearing *s. or* fix *s.*, maximum signal direction-finding *s. or* D/F *s.*; **–thermometer** *n.*, maximum thermometer *s.*

Maxi / -Racer *m.*, **–-Rennboot** *n.*, **–-Rennyacht** *f.*, maxi-racer *s.*

Mayday (!) (*naut., rad.*), mayday (!) (*distress at sea*).

Mechanik *f.*, mechanics (*pl.*), (*coll.*) mechanism *s.* **mechanisch** *adj.*, mechanical; **–es Nebelhorn** *n.*, mechanical foghorn *s.*; **–er Regler** *m.*, **–e Reg(e)lung** *f.*, mechanical control *s.* **Mechanismus** *m.*, mechanism *s.*, gear *s.*, machine *s.*, works (*pl.*).

Meckerei *f.* **(an Bord)** (*am. sl.*), beef *s.*

Meer *n.*, sea *s.*, ocean *s.*, (the) deep *s.*, (*coll.*) brine *s.*, briny *s.*, briny deep *s.*, (*hum.*) pond *s.*, pool *s.*; **am –,** at *or* by the seaside, on the seashore; maritime; **auf dem –,** (out) at sea, on the sea, on the main; **auf offenem –,** on the high seas, on the main, in mid ocean; **das offene –,** the main, blue water *s.*; **der böse Geist der –e** (*pl.*), Davy Jones *s.*; **die vier (Großbritannien umgebenden) –e** (*pl.*), the four seas (*pl.*); **freies –** (*naut., jur.*), mare liberum *s.*, freedom *s.* of the sea(s); **geschlossenes –** (*naut., jur.*), mare clausum *s.*, closed sea *s.* (*for foreign ships*); **hohes –,** the high sea(s) *s.* (*pl.*), the main, blue water *s.*; **offenes –,** (the) open *s.*, open sea *s.*, high seas (*pl.*), (the) blue *s.*; **Sieben –e** (*pl.*), Seven Seas (*pl.*), seven seas (*pl.*); **unter dem –,** submarine; **alle –e** (*pl.*) **befahren,** to sail the Seven Seas; **über das** *od.* **übers – fahren,** to go overseas; **über das** *od.* **übers – segeln,** to go overseas, (*am. sl.*) to hop the ocean; **vom – bespült,** washed by the sea; **vom – bewirkte Veränderung** *f.*, sea change *s.*; **vom – umgeben,** sea-bound. **Meer / busen** *m.* (*geogr.*), bay *s.*, gulf *s.*, (*Irish*) lough *s.*; **–deich** *m.*, sea(-)wall *s.*; **–enge** *f.* (*geogr.*), belt *s.*, bosp(h)orus *s.*, channel *s.*, inlet *s.*, narrow(s) *s.* (*pl.*), sound *s.*, strait(s) *s.* (*pl.*), (*Scots*) kyle *s.*; **territoriale –enge** *f.*, territorial channel *s. or* strait(s) *s.* (*pl.*); **–engen** *f./pl.* **um England** (*geogr.*), narrow seas (*pl.*).

Meeres / algen *f./pl.*, seaweed *s.*, algae (*pl.*) (*s.* alga); **–arm** *m.*, arm *s. or* inlet *s.* (of the sea), branch *s.*, estuary *s.*, sound *s.*, wash *s.*, (*Irish*) lough *s.*, (*Scots*) loch *s.*; **kleiner –arm** *m.*, armlet *s.* of the sea; **–becken** *n.* (*geogr.*), basin *s.* (of the sea); **–boden** *m.*, bottom *s.* of the sea, sea floor *s.*, sea(-)bed *s.*, sea(-)bottom *s.*, (*naut., coll.*) Davy Jones's locker *s.*; **Abfallen** *n.* **des –bodens,** sloping *s. or* shelving *s.* of the sea bottom; **bewachsener –boden** *m.*, foul bottom *s.* (of the sea); **schlammiger** *od.* **schlickiger –boden** *m.*, muddy *or* foul bottom *s.* (of the sea); **–brandung** *f.*, breakers (*pl.*), surf *s.*; **–bucht** *f.* (*geogr.*), estuary *s.*, wash *s.*; bay *s.*, gulf *s.*; **–dünung** *f.*, swell *s.* of the sea, ocean swell *s.*; **–durchfahrt** *f.* (*geogr.*), passage *s.*; **nördliche (westliche) –durchfahrt** *f.*, northern (western) passage *s.*, North (West) Passage *s.*; **–forschung** *f.*, oceanography *s.*; **–freiheit** *f.*, freedom *s.* of the seas; **–gebiet** *n.*, maritime basin *s.*; **–gischt** *m.*, sea froth *s.*; **–gott** *m.*, sea god *s.*, Neptune *s.*, Triton *s.*; **–graben** *m.* (*geogr.*), trench *s.*; **–grund** *m.*, bottom *s.* of the sea, sea(-)bed *s.*, sea(-)bottom *s.*, sea floor *s.*, (*naut., coll.*) Davy Jones's locker *s.*; **–höhe** *f.*, sea level *s.*; **über mittlerer –höhe,** above mean sea level, elevation *s.*; **auf –höhe umgerechnet,** corrected to sea level; **–horizont** *m.*, sea line *s.*; **natürlicher (scheinbarer) –horizont** *m.*, visible (apparent) horizon *s.*; **–kunde** *f.*, oceanography *s.*, hydrography *s.*; **Institut** *n.* **für –kunde,** hydrographic(al) *or* oceanographic(al) institute *s.*; **m–kundliche Angaben** *f./pl.*, hydrographic(al) *or* oceanographic(al) data (*pl.*); **–küste** *f.*, sea coast *s.*, seashore *s.*, seaside *s.*, shore *s.*, (*am.*) seaboard *s.*; **an** *od.* **nahe der –küste,** inshore; **(weit) vor der –küste,** offshore; **Flutgebiet** *n.* **der –küste** (*am.*), tidewater *s.*; **–leuchten** *n.*, marine phosphorescence *s.*, phosphorescent sea *s.*, glowing sea *s. or* water *s.*; **–oberfläche** *f.*, surface *s.* of the sea; **–passage** *f.* (*geogr.*), passage *s.*; **--Rinne** *f.* (*geogr.*), channel *s.*; **–schaum** *m.*, sea foam *s.*, froth *s.*; **–schlamm** *m.*, sea mud *s.*; **–schlund** *m.*, the deep; **–schwelle** *f.* (*geogr.*), ridge *s.*; **–spiegel** *m.*, sea level *s.*; surface *s.* of the sea; **mittlerer –spiegel** *m.*, mean sea(-)level *s.*; **über dem –spiegel,** above sea(-)level; **–stille** *f.*, **–stillte** *f.* (*naut.*), dead calm *s.*, calm *s.* of the sea; **–strand** *m.*, plage *s.*, beach *s.*, seashore *s.*; **–straße** *f.* (*geogr.*), channel *s.*, road *s.*, strait(s) *s.* (*pl.*); **–strom** *m.*, current *s.*, stream *s.*; **–strömung** *f.*, sea *or* ocean current *s.*, drift *s.*; **–strudel** *m.*, eddy *s.*, vortex *s.*, whirlpool *s.*; **--Tief** *n.* (*geogr.*), deep *s.*; **–tiefe** *f.*, depth *s.* of the sea; **–tiefenzone** *f.* **zwischen 50 und 100 Faden (91,5 und 183 m),** inframedian *s.*; **–ufer** *n.*, beach *s.*, seashore *s.*, waterside *s.*, (*am.*) seaboard *s.*; **–verschmutzung** *f.*, pollution *s.* of the sea; **–woge** *f.* billow *s.*, wave *s.*, surge *s.*

Meer / gebiet *n.*, maritime region *s.*; **–gewächs** *n.*, marine plant *s.*; **–gott** *m.*, sea(-)god *s.*, Neptune *s.*, Triton *s.*; **–jungfer** *f.*, mermaid(en) *s.*, merwoman *s.*, siren *s.*; **–kies** *m.*, shingle(s) *s.* (*pl.*); **–mann** *m.*, merman *s.*; **–region** *f.*, maritime region *s.*; **–straße** *f.* (*geogr.*), strait(s) *s.* (*pl.*), road *s.* (at sea); **m–umschlungen** *adj.*, sea-bound, sea-girt; **–ungeheuer** *n.*, sea monster *s.*; **m–wärts** *adv.*, seaward(s), offshore; **–wasser** *n.*, sea(-)water *s.*; **ungewöhnliches Eindringen** *n.* **von –wasser in Flußläufe** (*naut.*), salt *s.*; **von –wasser überflutet,** salt.

Mega-, meg-, mega-; gross, million. **Mega / dynamik** *f.*, megadynamics (*pl.*); **–hertz** *n.* (*rad.*), megacycle *s.*, megacycles (*pl.*) per second; **–phon** *n.*, megaphone *s.*, loud hailer *s.*, speaking trumpet *s.*; **durch ein** *od.* **mit einem –phon sprechen** *od.* **bekanntgeben** (*naut.*, *rac.*), to megaphone; **Signalapparat** *m.* **mit nach mehreren Richtungen wirkenden –phonen, um bei Nebel mit Schiffen in Verbindung zu treten,** megafog *s.*

Mehlpudding *m.* (*naut., coll.*), duff *s.*

Mehr / belastung *f.*, surplus load *s.* (*of boat, etc.*); **–fachanruf** *m.* (*rad.*), multiple call *s.*; **–fachempfang** *m.* (*rad.*), multiple reception *s.*; **–fachpeilung** *f.*, multiple bearing *s.*; **–gewicht** *n.*, additional *or* excess weight *s.*, overweight *s.*, surplus weight *s.* (*as of crew*); **–kegelprojektion** *f.* (*naut.*), polyconic projection *s.*; **–leistung** *f.* (*tech.*), increased efficiency *s. or* output *s. or* performance *s.*; **m–motorig** *adj.*, multi(-)engine(d) (*boat*); **–phasenstrom** *m.* (*elec.*), polyphase current *s.*; **m–phasig** *adj.*, multiphase; **m–polig** *adj.*, multipolar; **–rumpfboot** *n.*, multihull (boat) *s.*, catamaran *s.*, trimaran *s.*, proa *s.*, praw *s.*, prow *s.*; **m–scheibiger Block** *m.*, multi-sheave(d) block *s.*; **–schraubenschiff** *n.*, multiscrew *or* multiple screw (ship) *s.*; **m–seitig** *adj.*, multilateral; **–signalsendung** *f.*, multiplex transmission *s.*; **–stufengleitboot** *n.*, multi-step hydroplane *s.*; **m–stufig** *adj.* (*tech.*), multi(-)stage; **–zweck-** *pref.*, multi-purpose, general-purpose (*as sails*); **–zweckhafen** *m.*, allround *or* (*am.*) all-around port *s.*; **–zweckschiff** *n.*, allround *or* all-purpose *or* multi-purpose ship *s. or* vessel *s.*; **–zwecksegel** *n.*, allround *or* (*am.*) all-around sail *s.*, all-purpose *or* multi-purpose sail *s.*; **–zweck-Sturmfock** *f.*, all-purpose storm jib *s. or* jury sail *s.*.

Meile *f.*, mile *s.*, (*obs.*) league *s.* (*3 nautical miles*); **englische –,** English *or* statute mile *s.* (*1609, 3 metres*); **gemessene –,** measured mile *s.* (*distance run*); **geographische** *od.* **nautische –,** geographical *or* nautical mile *s.* (*1852 metres*); **–n** (*pl.*) **pro Stunde,** miles (*pl.*) per hour, mph. **Meilen / bake** *f.*, marker *s.*, leading mark *s.*, measured-mile beacon *s.*; **–fahrt** *f.*, distance run *s.*, measured mile run *s. or* trip *s.*, speed trial *s.*; **–länge** *f.*, mileage *s.*; **–tonne** *f.*, marker buoy *s.*, measured-mile buoy *s.*; **m–weit** *adj.*, for miles, miles away, mile after mile, miles and miles (of); **m–weit ab vom Kurs,** miles (*pl.*) off course; **–zahl** *f.*, mileage *s.* (*of a canal*); **zurückgelegte –zahl** *f.* (*naut.*), mileage *s.*; **–zähler** *m.* (*naut.*), mile-counter *s.* *or* -meter *s.*

Meißel *m.*, chisel *s.* **meißeln** *v.*, to chisel, to carve.

Meister *m.* (*naut.*), shipwright *s.*; (*spt.*) champion *s.*, title-holder *s.* **Meisterin** *f.* (*spt.*), woman champion *s.* **Meisterschaft** *f.* (*rac.*), championship *s.*; **Amateur –,** open championship *s.*; **Deutsche –,** German championship *s.*; **Europäische –,** European championship *s.*; **Nationale –,** national championship *s.*, nationals (*pl.*); **Welt –,** World championship *s.*, the Worlds (*pl.*).

Melde / boot *n.*, dispatch boat *s.*; **–dienst** *m.* (*meteor., naut.*), early-warning system *s.*; **–geld** *n.* (*rac.*), entry fees (*pl.*); **–lampe** *f.*, alarm lamp *s.* *or* lantern *s.*, indicator *s.*; **–liste** *f.* (*rac.*), list *s.* of entry, list *s.* of entries. **melden** *v.i.*, to report; *v.r.* (*rac.*), to enter **(zu,** for); **ein Boot als überfällig (vermißt) –,** to post a boat as overdue (missing). **Melder** *m.* (*naut.*), alarm (equipment) *s.* **Melde / schluß** *m.* (*rac.*), closing date *s.* for entries; **–tafel** *f.* (*rac.*), board *s.* (of entries).

Meldung *f.* (*naut.*), registration *s.*; (*rac.*) entry *s.*, form *s.* of entry; (*rad.*) message *s.*; announcement *s.*, notice *s.*; report *s.*; **eine – zurückziehen** (*rac.*), to scratch.

Meltemi *m.*, meltemi *s.* (*Mediterranean north wind*).

Membran(e) *f.* (*phys., tech.*), diaphragm *s.*, membrane *s.* **Membran / pumpe** *f.*, diaphragm pump *s.*; **–sender** *m.*, diaphragm *or* membrane transmitter *s.* *or* oscillator *s.*; **–strom** *m.* (*phys.*), diaphragm current *s.*; **–ventil** *n.*, diaphragm valve *s.*

Mennige *f.*, minium *s.*, red lead *s.* (*anti-corrosive paint*).

Meon-Anker *m.*, Meon anchor *s.*, light (weight) anchor *s.*, stockless anchor *s.*

Mercator / karte *f.* (*naut.*), Mercator's chart *s.*; **–projektion** *f.*, Mercator's projection *s.*; **–segeln** *n.*, Mercator navigation *s.* *or* sailing *s.*

Meridian *m.* (*astr.*, *geogr.*), meridian *s.*, (*geogr.*) circle *s.* of longitude, line *s.*; **astronomischer –,** astronomical meridian *s.*; **erster –,** prime meridian *s.*; **geographischer –,** geographical *or* terrestrial meridian *s.*; **magnetischer –,** magnetic meridian *s.*; **oberer –,** upper meridian *s.*; **rechtweisender –,** true meridian *s.*; **unterer –,** lower meridian *s.*; **durch den – gehen** (*astr.*), to culminate; **einen – überquerend, jenseits eines – gelegen,** transmeridional; **in der Richtung eines –(s) laufend,** meridional; **– von Greenwich,** Greenwich meridian *s.* **Meridian / beobachtung** *f.*, meridian observation *s.*; **–bogen** *m.*, arc *s.* of (the) meridian; **–breite** *f.*, meridian latitude *s.*, latitude *s.* by meridian passage *s.* *or* transit *s.*; **–breitendifferenz** *f.*, difference *s.* of meridian latitude; **–distanz** *f.*, meridian distance *s.*; **–durchgang** *m.*, meridian passage *s.* *or* transit *s.*; **oberer (unterer) –durchgang** *m.*, upper *or* superior (lower *or* inferior) meridian transit *s.*; **–ebene** *f.*, meridian plane *s.*; **–fernrohr** *n.* (*astr.*), transit instrument *s.*; **–grad** *m.*, meridian degree *s.*; **60. Teil** *m.* **eines –grades,** meridian minute *s.* (*nautical mile*); **–höhe** *f.*, meridian altitude *s.*; **–konvergenz** *f.*, convergence *s.* of the meridians; **–kreis** *m.* (*astr.*), meridian *s.*, meridian circle *s.*; meridian circle *s.* (*instrument*); **–linie** *f.* (*geogr.*), principal meridian *s.*; **–minute** *f.*, meridian minute *s.*; **–navigation** *f.*, **–segeln** *n.*, meridian navigation *s.* *or* sailing *s.*; **–sekunde** *f.*, meridian second *s.*; **–teil** *m.* **(von Mercators** *od.* **Merkators Seekarte),** meridional part *s.* (of Mercator's chart); **–tertie** *f.*, one-sixtieth *or* 1/60th of a meridian second; **–zeichen** *n.*, meridian mark *s.* (*on instrument*); **–zenitdistanz** *f.* (*astr.*), meridian zenith distance *s.* **meridional** *adj.* (*astr.*, *geogr.*), meridional. **Meridionalteil** *m.*, meridional part *s.* (*of Mercator's chart*).

Merkator-, (*s.* **Mercator-).**

Merkmal *n.* (*naut.*), mark *s.*, landmark *s.*, sign *s.*; characteristic *s.*, property *s.* (*of boat, sail*).

Meß / ableselinien *f./pl.*, spider lines (*pl.*) (*in opt. instruments*); **–band** *n.*, measuring tape *s.*, tape-measure *s.*; **–bereich** *m.* (*radar*), range *s.*, ranging *s.*; **–brief** *m.*, Rating Certificate *s.*, rating certificate *s.*, measurement certificate *s.*, bill *s.* *or* certificate *s.* of (ad)measurement; bill *s.* *or* certificate *s.* of tonnage.

Messe *f.* (*naut.*), mess-room *s.*, wardroom *s.*; boatshow *s.*; **–gelände** *n.*, fairground *s.*; **–geschirr** *n.* (*naut.*), mess kit *s.*

messen *v.* (*naut.*), to measure, to take the measurement(s) (of); (*tech.*) to ga(u)ge; **die Sonnenhöhe –** (*astr.*, *naut.*), to take the sun's altitude *or* the height of the sun; **mit einem Bandmaß** *od.* **Meßband –,** to tape; **Zeit –** (*rac.*), to time.

Messesteward *m.* (*naut.*), mess steward *s.*

Meß / fehler *m.*, error *s.* in measurement; **–formel** *f.*, (international) rating rule *s.* (*for* *yachts*); measuring *or* tonnage formula *s. or* rule *s.*; **–genauigkeit** *f.*, accuracy *s.* of measurement; **–gerät** *n.*, instrument *s.*, testing instrument *s.*, measuring apparatus *s. or* instrument *s.*, ga(u)ge *s.*, metre *s.*, (*am.*) meter *s.*; **selbstaufzeichnendes** *od.* **-registrierendes –gerät** *n.*, self-recording instrument *s.*; **–gerät** *n.* **für Windgeschwindigkeit(en),** wind ga(u)ge *s.*; **–gerätausrüstung** *f.*, instrumentation *s.*; **–glas** *n.*, ga(u)ge glass *s.*; **–glas** *n.* **am Sextanten,** index glass *s.*; **geringste** *od.* **untere –grenze** *f.* (*radar*), minimum range *s.*

Messing *n.*, (yellow) brass *s. or* metal *s.*; **mit – löten,** to braze. **Messing / beschläge** *m./pl.*, brass *or* yellow metal fittings (*pl.*); **–bolzen** *m.*, brass *or* yellow metal bolt *s.*; **–schraube** *f.*, yellow metal screw *s.*; **--Stagreiter** *m./pl.*, brass hanks (*pl.*).

Meß / instrument *n.*, measuring instrument *s.*, instrument *s.*, ga(u)ging instrument *s.*, metre *s.*, (*am.*) meter *s.*; (*collect.*) instrumentation *s.*; **mit einem –instrument messen,** to meter; **–instrument** *n.* **zum Messen der Schnelligkeit der Strömung** *od.* **des Bootes,** rhysimeter *s.*; **–instrumentenfehler** *m.*, instrumental error *s.*; **–marke** *f.* (*naut.*, *rac.*), girth station *s.*, black band *s. or* tape *s.*; measuring mark *s.*; **–meile** *f.* (*naut.*), measured mile *s.*; **–methode** *f.* (*naut.*), measurement *s.* (*of the tonnage of a yacht or ship*); (*collect.*) instrumentation *s.*; **–methode** *f.* **des Boots-** *od.* **Schiffbaumeisters,** builder's measurement *s.*; **–punkt** *m.* (*radar*), test point *s.*; **–schnur** *f.*, measuring chord *s.*; **–stab** *m.* (*naut.*), metestick *s.*; dipstick *s.* (*for fuel tank*); **–strich** *m.* (*naut.*), measuring mark *s.*; **–uhr** *f.*, meter *s.*

Messung *f.* (*naut.*), observation *s.*, sounding *s.*; measurement *s.*, measuring *s.* (*of boat, sail*).

Meß / verfahren *n.*, method *s.* of measurement; (*radar*) ranging *s.*; **–vorrichtung** *f.*, measuring apparatus *s. or* instrument *s.*; **–werkzeug** *n.*, ga(u)ging instrument *s.*; **–werte** *m./pl.*, data (*pl.*); **–wertgeber** *m.*, data transmitter *s.* (*device*); **–wertschreiber** *m.*, data recorder *s.* (*device*); **–zahl** *f.*, **–ziffer** *f.*, index *s.*

Metagalaxis *f.* (*astr.*), metagalaxy *s.*

Metall / band *n.* (*naut.*), collet *s.*; **–bauweise** *f.* **mit Schweißnähten,** all-welded yacht *s.*; **–beschlag** *m.*, metal plating *s. or* sheathing *s.* (*shipb.*); **–beschläge** *m./pl.*, metal fittings (*pl.*); **–blech** *n.*, sheet metal *s.*, metal plate *s.*; **–folie** *f.*, metal foil *s.*; **–legierung** *f.*, alloy *s.*; **–mast** *m.*, metal mast *s.*; **–öse** *f.* (*naut.*), grummet *s. or* grommet *s.*; **–ring** *m.* (*naut.*), collet *s.*, ferrule *s.*, thimble *s.*; **–rutscher** *m.* (*pl.*), slug slider(s) *s.* (*pl.*); **–spiegel** *m.*, speculum *s.* (*for telescopes, etc.*); **–streifen** *m.* **(als Blitzableiter auf Yachten),** metal band *s.* (as lightning conductor on yachts).

metazentrisch *adj.* (*naut.*, *phys.*), metacentric; **–e Höhe** *f.*, metacentric height *s.* (*of boat*); **–e Kurve** *f.*, curve *s.* of metacentric height. **Metazentrum** *n.* (*naut.*, *phys.*), metacentre *s.*, (*am.*) metacenter *s.* (*of a boat*).

Meteor *m.*, meteor *s.*, (*coll.*) fire *s.*

Meteoro / graph *m.*, meteorograph *s.*; **–graphie** *f.*, meteorography *s.*

Meteorologe *m.*, meteorologist *s.*, (*coll.*) weatherman *s.* **Meteorologie** *f.*, meteorology *s.*, weatherology *s.*; **synoptische –,** synoptic meteorology *s.* **meteorologisch** *adj.*, meteorologic(al); **–es Amt** *n.*, meteorological office *s.*; **–er Äquator** *m.*, meteorological *or* thermal equator *s.*; **–e Karte** *f.*, meteorological chart *s.*; **–e Karte** *f.* **die Großwetterlage betreffend,** synoptic weather chart *s.*; **–e Navigation** *f.*, meteorological navigation *s.*; **–e Sichtweite** *f.*, meteorological range *s. or* reach *s.* of sight; **–e Station** *f.*, meteorological office *s. or* station *s.*; **–e Verhältnisse** *n./pl.* **(einer Gegend),** meteorology *s.*

Meteoro / meter *n.*, meteorometer *s.*; **–skop** *n.*, meteoroscope *s.*

Meteor / schwarm *m.* (*astr.*), meteor system *s.*; **–streifen** *m.* (*astr.*), trail *s.* of a meteor.

Meter *m.* (*coll. n.*), metre *s.*, (*am.*) meter *s.* **Meter / maß** *n.*, tape-measure *s.*; metric measure *s.*; **–sekunde** *f.*, metres (*pl.*) *or* (*am.*) meters (*pl.*) per second; **–system** *n.*, metric system *s.* (*SI*); **–tonne** *f.* (*naut.*), metric ton *s.*; **–welle** *f.* (*rad.*), metric wave *s.*

Methode *f.* (*naut.*), technique *s.* (*as of yacht racing*); (*tech.*) process *s.*; method *s.*, mode *s.* **Methodik** *f.*, methodology *s.*, theory *s.* of method. **methodisch** *adj.*, methodical.

metonisch *adj.*, **Jahr** *n.* **des –en Zyklus** (*astr.*), Metonic year *s.*; **–er Zyklus** *m.* **(des Mondes)** (*astr.*), Metonic cycle *s.*

metrisch *adj.*, metric; metrical; **–es (Maß)System** *n.*, metric system *s.* (*SI*); **–e Tonne** *f.* (*naut.*), metric ton *s.*

Meuterei *f.* (*naut.*), mutiny *s.* **Meuterer** *m.*, mutineer *s.* (*pers.*). **meuterisch** *adj.*, mutinous. **meutern** *v.*, to mutiny.

Mick *f.* (*naut.*), mitch board *s.*

Miete *f.* (*naut.*), charter *s.*, hire *s.* (*of a boat*). **mieten** *v.*, **ein Boot –,** to charter *or* to hire a boat *or* yacht. **Mietvertrag** *m.* (*naut.*), charter(-)party *s.*

Mikro *n.*[1] (*rad.*, *coll.*), microphone *s.*, (*coll.*) mike *s.*

Mikro-[2] *pref.*, micro-; **–barograph** *m.* (*phys.*), microbarograph *s.*; **–bewegung** *f.* (*phys.*), micro motion *s.*; **–detektor** *m.*, microdetector *s.*; **–graph** *m.* (*phys.*), micrograph *s.*; **–klimatologie** *f.*, microclimatology *s.*; **–meter** *n. od. m.*, micro()meter *s.*, micron *s.*; **–meterschraube** *f.* **(am Sextanten),** micrometre *or* (*am.*) micrometer screw *s.*, cal(l)iper screw *s.*

Mikrophon *n.* (*rad.*), microphone *s.*, transmitter *s.*, (*coll.*) mike *s.*; **–-Sprechtaste** *f.*, microphone key *s.*; **–verstärker** *m.* (*rad.*), microphone amplifier *s.*

Mikro / sekunde *f.*, micro()second *s.*; **–welle** *f.* (*rad.*), microwave *s.*

Milch / straße *f.* (*astr.*), Galaxy *s.*, galaxy *s.*, Milky Way *s.*; **m–straßenähnliche Ansammlung** *f.* **von Sternen** (*astr.*), Milky Way *s.*; **–straßensystem** *n.* (*astr.*), galaxy *s.*, island universe *s.*

mild *adj.*, gentle, mild (*as breeze, weather*); **–es Wetter** *n.*, balmy *or* clement weather *s.*; **–er Winter** *m.* (*naut.*), open winter *s.*

Milli- *pref.*, milli-; **–bar** *n.* (*meteor.*), millibar *s.*; **–meter** *n. od. m.*, millimetre *s.*, (*am.*) millimeter *s.*; **–meterpapier** *n.* (*naut.*), graph *or* plotting paper *s.*; **–meterwelle** *f.* (*rad.*), millimetric wave *s.*

Mindest / besatzung *f.*, nucleus crew *s.* (*of a boat*); **–entfernung** *f.*, minimum distance *s.* *or* range *s.*; **–fahrt** *f.* (*naut.*), minimum speed *s.*; **–freibord** *m.*, minimum freeboard *s.*; **–geschwindigkeit** *f.*, minimum speed *s.*, steerageway *s.*; **–gewicht** *n.* **(der Crew),** minimum weight *s.* (of the crew); **–leistung** *f.* (*rad.*, *tech.*), minimum output *s.*; **(vorgeschriebenes) –maß** *n.* **eines Segels,** (fixed) minimum *s.* of sail area; **–sicherheitsabstand** *m.* **(von Booten),** minimum space *s.* of safety (between boats), closest *or* nearest approach *s.* (of boats); **–tiefgang** *m.*, minimum draught *s.* *or* (*am.*) draft *s.*; **–tragweite** *f.* **(von Positionslichtern),** minimum (luminous) range *s.* (of position lights); **–- und Höchst-** *pref.*, minimum-maximum, mini-max-; **–wassertiefe** *f.*, minimum depth *s.* of water; **–wert** *m.* (*meteor.*), minimum *s.*

Mine *f.* (*naut.*), mine *s.*; **auf eine – laufen,** to hit a mine; **–n** (*pl.*) **räumen,** to sweep mines. **Minen / abweiser** *m.* (*naut.*), paravane *s.* (*on ships*); **–feld** *n.*, mine(-)field *s.*; **m–frei gehaltener Kanal** *m. od.* **Wasserweg** *m.*, swept channel *s.* *or* waterway *s.*; **–gasse** *f.*, lane *s.* in a minefield; **m–gesperrt** *adj.*, prohibited zone *s.*; **–leger** *m.*, minelayer *s.* (*boat*); **–räumboot** *n.*, minesweeper *s.*; **–sperre** *f.*, minefield *s.*

Minimum *n.* (*pl.* **Minima**) (*meteor.*, *rad.*), minimum *s.*, (*coll.*) min(.); (*rad. D/F*) null *s.*, zero *s.*; **absolutes –,** irreducible minimum *s.* **(an, of)**; **trübes –** (*rad. D/F*), impure minimum *s.*; (*meteor.*) depression *s.*, low *s.* **Minimum / ablesung** *f.*, minimum reading *s.*; **–enttrübung** *f.* (*rad. D/F*), zero clearing *s.*; **–peilung** *f.* (*rad. nav.*), minimum (radio) bearing *s.* *or* fix *s.*, minimum *or* aural null *or* zero signal direction-finding *or* D/F (method) *s.*; **–thermometer** *n.*, minimum thermometer *s.*

Mini / tonner *m.*, **–tonyacht** *f.*, mini-ton *s.*, miniton yacht *s.*

minus *adv.*, **es ist – 5 Grad, die Temperatur beträgt – 5 Grad,** the temperature is minus 5 degrees.

Minute *f.* (*astr.*, *naut.*), minute *s.*; **1 Grad 30 –en** (*pl.*) (*naut.*), 1° 30′ (*angle*). **Minuten / differenz** *f.*, difference *s.* in *or* of minute(s); **–seitenauswanderung** *f.*, change *s.* of bearing per minute.

Misch / feuer *n.* (*naut.*), fixed and flashing light *s.*, mixed light *s.*; alternating occulting light *s.*; **–feuer** *n.* **mit Gruppen,** fixed and group flashing light *s.*; **–peilung** *f.*, directional beacon bearing *s.*; **–stufe** *f.* (*rad.*), frequency converter *s.*

Mischung *f.* (*chem.*), compound *s.*; mixture *s.*, blend *s.*; alloy *s.* (*of metals*).

Miß / erfolg *m.* (*rac.*), failure *s.*, fiasco *s.*, (*coll.*) flop *s.*; **m–liche Lage** *f.* (*naut.*), predicament *s.*, quandary *s.*, (*coll.*) fix *s.*, jam *s.*; **in einer m–lichen Lage sein** *od.* **sich befinden,** to be in a fix *or* jam; **–verhältnis** *n.*, disproportion *s.* (*of boat, sail*); **in einem** *od.* **im –verhältnis stehen(d) (zu),** to be disproportioned (to), to be out of proportion (to) (*as of sails*).

mißweisend *adj.* (*naut.*), magnetic, erroneous; **–er Azimut** *m.*, magnetic bearing *s.*; **–er Kurs** *m.*, compass course *s.*, magnetic course *s.*, erroneous *or* erratic course *s.*; **– Nord,** magnetic north *or* North *s.*; **–e Peilung** *f.*, magnetic bearing *s.* **Mißweisung** *f.* (*naut.*), compass declination *s.*, magnetic declination *s.* *or* dip *s.*, (magnetic) variation *s.* (*of compass needle*); **–skarte** *f.*, isogonic chart *s.*; **–srose** *f.*, magnetic rose *s.* (*sea chart*).

Mist *m.* (*naut.*, *meteor.*), haze *s.*, mist *s.* **misten** *v.* (*naut.*), to be hazy *or* foggy *or* misty; **es mistet,** there is a haze, it is hazy *or* misty. **mistig** *adj.* (*naut.*), foggy, hazy, misty; **–es Wetter** *n.*, hazy *or* misty *or* foggy weather *s.*, poor visibility *s.*

Mistral *m.*, mistral *s.* (*Mediterranean wind*).
Mistwetter *n.* (*naut.*), hazy *or* foggy *or* misty weather *s.*; (*coll.*) beastly *or* filthy *or* wretched weather *s.*
Miteigner *m.* (*naut.*), part owner *s.*, part ownership *s.*
mitgehen *v.*, to tail (*of boat at anchor*).
Mitglied *n.*, member *s.* (*of a yacht club*). **Mitgliedschaft** *f.*, membership *s.*
Mitkoppeln *n.* (*radar*), plotting *s.* **mitkoppeln** *v.* (*naut.*), to keep the dead reckoning, (*radar*) to plot.
mitlaufen *v.* (*naut.*), to join a boat *or* ship; **ein Boot** *od.* **Schiff einholen und –**, to join a boat *or* ship. **mitlaufend** *adj.*, following (*of sea, etc.*). **Mitläufer** *m.* (*naut.*), follower *s.* (*device*).
mitnehmen *v.* (*naut.*, *coll.*), to shave; **einen Anleger** *od.* **Anlegesteg –**, to shave a jetty. **Mitnehmer** *m.* (*naut.*, *tech.*), cam *s.*, dog *s.*, carrier (roller) *s.*, trippet *s.* (*device*).
Mit / reeder *m.*, part owner *s.*; **–reederei** *f.*, part *or* joint ownership *s.*
mitschleppen *v.* (*naut.*), to drag *or* to take along (with).
mitsegeln *v.*, to join a boat *or* ship, to sail in company. **Mitsegler** *m.*, boat *s.* *or* ship *s.* on a parallel course, following *or* joint boat *s.* *or* sailer *s.*, (ac)companying boat *s.* *or* sailer *s.* *or* vessel *s.*; fellow-yachtsman *s.* (*pers.*).
Mitstrom *m.* (*naut.*), fair tide *s.*; dead-water wake *s.*; **–faktor** *m.*, **–ziffer** *f.*, wake factor *s.*
Mittag *m.* (*astr.*, *naut.*), meridian *s.*, midday *s.*, noon *s.*, mid noon *s.*; **mittlerer (wahrer) –**, mean (apparent *or* true) noon *s.* **mittäglich** *adj.* (*astr.*), meridional. **Mittags / besteck** *n.* (*astr.*, *naut.*), noon position *s.* *or* sight *s.*, day's work *s.*; **–breite** *f.* (*astr.*), meridian latitude *s.*, noon latitude *s.*, latitude *s.* at noon, latitude *s.* by meridian passage, (*am.*) nooning *s.*; **–breitenbeobachtung** *f.* (*naut.*), meridian *or* noon *or* (*am.*) nooning sight *s.*; **–gezeit** *f.*, noon tide *s.*; **–hitze** *f.*, noonday heat *s.*; **–höhe** *f.* (*astr.*), (upper) meridian altitude *s.*, the sun's altitude *s.* on the meridian; **–kreis** *m.* (*astr.*), meridian (circle) *s.*; **–linie** *f.* (*astr.*), meridian (circle *or* line) *s.*; **–punkt** *m.* (*astr.*), meridian (point) *s.*; **–seite** *f.* (*naut.*), south(ern) side *s.* *or* aspect *s.*; **–zeit** *f.* (*astr.*, *naut.*), noon *s.*, noontide *s.*, noon time *s.*
Mitte *f.*, centre *s.*, (*am.*) center *s.*; middle *s.*; **richtig in der –** (*naut.*), bung; **über der – (befindlich),** supercentral, supermedial; **– der Gezeit(en),** half-tide *s.*; **– Fahrwasser,** mid(-)channel *s.*; **– Schiff,** midship *s.*, centre- *or* (*am.*) centerline *s.* of the boat *or* ship, middle line *s.* of the boat *or* ship; **– Strom,** mid(-)river *s.*
Mitteilung *f.*, **nautische –en** (*pl.*) **für Seefahrer (Segler),** nautical informations (*pl.*) *or* notices (*pl.*) for *or* to mariners *or* sailors (yachtsmen).
Mittel *n.* (*astr.*, *math.*, *meteor.*), average *s.*, mean *s.*; (*phys.*) agent *s.*, medium *s.*; (*tech.*) device *s.*, instrument *s.*, means (*pl.*).
Mittel / balken *m.*, midship beam *s.* (*shipb.*); **–boje** *f.*, centre *or* (*am.*) center buoy *s.*; **–breite** *f.* (*geogr.*), middle latitude *s.*; **–breite** *f.* **eines Segels,** mean *or* middle breadth *s.* *or* width *s.* of a sail; middle latitude *s.* (*measurement*); **–breitennavigation** *f.*, middle-latitude navigation *s.* *or* sailing *s.*; **–breitenverfahren** *n.*, middle-latitude method *s.*; **–cockpit** *n.*, centre *or* (*am.*) center cockpit *s.*, mid-cockpit *s.*; **–deck** *n.*, middle deck *s.*, waist *s.* (*of a boat*); **–fahrwasser** *n.*, mid(-)channel *s.*; **–fahrwassertonne** *f.*, mid-channel buoy *s.*, fairway buoy *s.*; **–frequenz** *f.* (*rad.*), medium frequency *s.*; **m–fristig** *adj.*, **m–fristige Wettervorhersage** (*meteor.*), medium-term weather-forecast *s.*; **–gang** *m.* **(an Bord),** main passage *s.*; **–gei** *f.*, belly guy *s.*; **–geschwindigkeit** *f.* (*naut.*), mean *or* medium speed *s.*; mean velocity *s.* (*of wind, etc.*); **m–groß** *adj.*, medium-sized (*as boat, sail*); **m–großes Boot** *n.* *od.* **Schiff** *n.*, yacht *s.* *or* ship *s.* of medium displacement, medium displacement boat *s.* *or* ship *s.*; **–grund** *m.*, middle ground *s.*, (*am.*) center bank *s.* (*of shoals, etc.*); **–grundtonne** *f.*, middle-ground buoy *s.*, (*am.*) center bank buoy *s.*; **–kiel** *m.*, centre *or* (*am.*) center keel *s.*, (*am.*) vertical keel *s.*; **–kielschwein** *n.*, main *or* centre *or* (*am.*) center keelson *s.*; **–kurs** *m.* (*naut.*), mean course *s.*; **–längsschott** *n.*, middle-line bulkhead *s.*; **–linie** *f.*, axis *s.*, bisector *s.*, centre *or* (*am.*) center line *s.* *or* axis *s.*, middle line *s.*; median line *s.*; **–lot** *n.*, perpendicular bisector *s.*, middle perpendicular *s.* (*shipb.*); **–mann** *m.* (*naut.*), cockpitman *s.*, middleman *s.*; **–mast** *m.*, middle mast *s.*; **(passatähnliche) –meerwinde** *m./pl.*, Etesian winds (*pl.*); **–meerwind(e)** *m.* (*pl.*), Mediterranean winds (*pl.*); **halbtägige –mondtide** *f.*, mean lunar semi-diurnal tide *s.*; **–naht** *f.*, monk's seam *s.* (*of sails*); **diagonal geschnittene –naht** *f.* **eines Segels,** mitre *or* (*am.*) miter seam *s.*; **–pardune** *f.*, mid-backstay *s.*, middle backstay *s.*; **–platte** *f.*, centre *or* (*am.*) center plate *s.*, middle plate *s.* (*shipb.*); **–platte** *f.* **des Kiels,** middle-line keel plate *s.*; **–plicht** *f.*, centre *or* (*am.*) center cockpit *s.*; **–punkt** *m.*,

centre *s.*, (*am.*) center *s.*, central point *s.*; **über dem –punkt (befindlich),** supercentral; **aus dem –punkt verlagern,** to decenter (*as mast, etc.*); **–punktaufweitung** *f.* (*radar*), centre *or* (*am.*) center expansion *s.*; **–punktverschiebung** *f.* (*radar., tech.*), off-centering *s.*; **–reiter** *m.* **des Sonnensegels,** ridge pole *s.* of the awning; **–schicht** *f.* (*meteor., tech.*), intermediate layer *s.*; **–schiff** *n.*, mid-body *s.*, middle body *s.* (of a boat); **–schiff-Festmacher** *m.*, waistbreast *s.* (*line*); **–schot** *f.*, central *or* middle sheet *s.*; central sheeting system *s.*; **–schott** *n.*, centre *or* (*am.*) center bulkhead *s.*; **–schwein** *n.* (*naut.*), main keelson *s.* (*shipb.*); **–schwert** *n.*, centreboard *s.*, (*am.*) centerboard *s.*; daggerboard *s.*; **–schwertyacht** *f.*, centreboard yacht *s.*, (*coll.*) centreboarder *s.*, (*am.*) centerboarder *s.*; **halbtägige –sonnentide** *f.*, mean solar semi-diurnal tide *s.*; **–spant** *n.*, midship frame *s.* *or* rib *s.*; **–stag** *n.*, **–stay** *n.*, belly guy *s.*; **–strecke** *f.* (*rac.*), mid-distance *s.*, middle distance *s.*; **–strom** *m.*, **–strömung** *f.*, mid channel *s.* (*of a river, etc.*); **–tank** *m.*, middle (buoyancy) tank *s.*; **–teil** *m.*, centre *or* (*am.*) center section *s.* (*shipb.*); **–toppnant** *m.*, mid- *or* middle topping lift *s.*; **–träger** *m.*, centre *or* (*am.*) center girder *s.* (*shipb.*); **–wache** *f.*, middle watch *s.*, (*am.*) midwatch *s.*, midnight watch *s.*, (*coll.*) dog *or* graveyard watch *s.*; **–wanten** *f./pl.*, intermediate shrouds (*pl.*), (*am.*) intermediates (*pl.*); **–wasser** *n.*, half tide *s.*, mean tide *s.* *or* water *s.*; **–wasserhöhe** *f.*, mean-water level *s.*; **–wasserstand** *m.*, mean tide level *s.*; mean sea level *s.*; **–welle** *f.* (*rad.*), medium wave *s.*; **–wellenbereich** *m.* (*rad.*), medium frequency band *s.*, medium waveband *s.*; range *s.* of medium frequency *or* frequencies; **–wellensender** *m.*, medium-frequency transmitter *s.*; **–wert** *m.* (*naut., meteor., phys.*), average *or* mean (value) *s.*, median *s.*; **–wetter** *n.* (*naut.*), medium air *s.*; **–wettergenua** *f.*, medium air genoa *s.*; **–wetterregatta** *f.*, medium air race *s.* *or* regatta *s.*; **–wettersegel** *n.*, medium (air) sail *s.*

mitten *adv.*, **– hinein** (*naut.*), bung; **– im Ozean,** in mid-ocean.

Mitternacht *f.* (*astr., naut.*), midnight *s.*, (*am.*) noon tide *s.*; (*naut.*) north *s.*; **wahre –** (*astr.*), apparent *or* true midnight *s.*; **–sbreite** *f.* (*astr., geogr.*), latitude north *s.*; **–ssonne** *f.*, midnight sun *s.*

mittig *adj.* (*naut., tech.*), concentric.

mittler *adj.*, **–e Abweichung** *f.* (*naut.*), mean deviation *s.*; **–e Breite** *f.* (*geogr.*), middle latitude *s.*; **–e Entfernung** *f.* (*astr.*), mean distance *s.*; **–e Fahrt** *f.* (*naut.*), average speed *s.*; intermediate *or* intercoastal navigation *s.* *or* trade *s.*; **–e Greenwich-Zeit** *f.*, Greenwich mean time *s.*; **–es Hochwasser** *n.*, mean high water *s.*; **–e Höhe** *f.* **(über dem Meeresspiegel),** mean height *s.*; **–er Mittag** *m.* (*astr.*), mean noon *s.*; **–es Niedrigwasser** *n.*, mean low water *s.*; **–e Ortszeit** *f.*, local time *s.*, local mean time *s.*; **–e Seehöhe** *f.*, mean sea level *s.*; **–e Sonne** *f.* (*astr.*), mean sun *s.*; **–er Sonnentag** *m.* (*astr.*), mean solar day *s.*; **–e Sonnenzeit** *f.* (*astr.*), mean solar time *s.*; **–es Springhochwasser** *n.*, mean high water springs (*pl.*), (*am.*) mean spring high water *s.* *or* tide *s.*; **–es Springniedrigwasser** *n.*, mean low water springs (*pl.*), (*am.*) mean spring low water *s.* *or* tide *s.*; **–er Tidenhub** *m.*, mean range *s.*; **–er Tiefgang** *m.* (*naut.*), mean draught *s.* *or* (*am.*) draft *s.*; **–e Tonnage** *f.* (*naut.*), medium tonnage *s.*; **–e Windhäufigkeit** *f.*, mean wind frequency *s.*; **–e Wind- und Wellenbedingungen** *f./pl.* (*naut., rac.*), medium (wind and wave) conditions (*pl.*); **–e Zeit** *f.* (*astr.*), mean time *s.*

mittschiffs *adv.*, (a)midships; in the centre- *or* (*am.*) centerline of the boat; **– !** (*com.*), amidships!, (*am.*) rudder amidships!; **der Großbaum ist** *od.* **befindet sich –,** the (main) boom is close to the centreline *or* (*am.*) centerline; **das Ruder – legen,** to right the helm.

Mittschiffs / ebene *f.*, midship level *s.*, middle plane *s.*; **–festmacher(leine** *f.*) *m.*, **–landfeste** *f.*, waistbreast *s.*; **–linie** *f.*, centre(-)line *s.*, (*am.*) centerline *s.*; **über die –linie,** above the centre(line) *or* (*am.*) center(line); **ein Segel etwas weiter von der –linie schoten,** to ease a sail well off the centreline *or* (*am.*) centerline; **–mann** *m.*, middleman *s.*, cockpitman *s.*; midshipman *s.*; **–reling** *f.*, waist rail *s.* *or* tree *s.*; **–sektion** *f.*, midship section *s.*, waist *s.* (*of a boat*).

Mittzeit *f.* (*naut.*), interval *s.* between low and high water (*of tide*).

Mitwind *m.*, down()wind *s.*; fair wind *s.*; **–kurs** *m.*, downwind (course) *s.*, reaching *s.* and running.

mitwirkend *adj.* (*phys.*), coefficient; **–e Größe** *f.* *od.* **Kraft** *f.* (*phys.*), coefficient *s.*

Modder *m.* (*naut., dial.*), bog *s.*, marsh *s.*, slush *s.*, swamp *s.* **moddrig** *adj.*, boggy, marshy, swampy.

Modell *n.* (*naut.*), construction *s.*, design *s.*, model *s.*, prototype *s.*, type *s.*; **–schiff** *n.*, model ship *s.* *or* yacht *s.*; **–versuch** *m.* (*naut.*), model experiment *s.*

Moder *m.* (*naut.*), dry-rot *s.*, mould *s.*, mouldering *s.*, decay *s.*; (*dial.*) bog *s.*, marsh *s.* **mod(e)rig** *adj.*, mouldy, decaying, musty, rotten; (*dial.*) boggy, marshy.

modern *adj.*, **den –en Anforderungen nicht mehr entsprechendes** *od.* **genügendes Boot** *n.*, outdated boat *s.*; **ein Segel nach den –sten Erkenntnissen auslegen** *od.* **fertigen,** to style a sail.

Modulation *f.* (*rad.*), modulation *s.*, signal wave *s.* **Modulations / frequenz** *f.* (*rad.*), modulating frequency *s.*; **–röhre** *f.*, modulator *s.*; **–schwingung** *f.*, **–welle** *f.* (*rad.*), signal wave *s.* **Modulator** *m.* (*rad.*), modulator *s.* **modulieren** *v.* (*rad.*), to modulate, to tune (in). **moduliert** *adj.* (*rad.*), modulated; **nicht –,** unmodulated; **–e Schwingung** *f.* (*phys.*), modulated wave *s.*

Mole *f.*, breakwater *s.*, mole *s.*; jetty *s.*, pier *s.*; quai *s.*, wharf *s.* **Molen / befeuerung** *f.*, **–feuer** *n.*, pierhead *or* harbo(u)r *or* port light *s.*, mole light *s.*; **–haupt** *n.*, **–kopf** *m.*, pierhead *s.*, mole()head *s.*, head *s.* of the pier *or* wharf.

Moment *n.*[1] (*naut.*, *phys.*), moment *s.*, momentum *s.* (*of a force*); force *s.*, factor *s.*; **aufrichtendes –,** righting moment *s.* (*of a boat*); **kenterndes –,** capsizing moment *s.* (*of a boat*); **krängendes –,** heeling *or* listing moment *s.* (*of a boat*).

Moment *m.*[2], **kritischer –** (*naut.*), critical moment *s.*

Momentendruckpunkt *m.* (*phys.*), fulcrum *s.* of moments.

Monat *m.*, month *s.*; **siderischer –** (*astr.*), sidereal month *s.*; **synodischer –** (*astr.*), synodal *or* synodical month *s.* **Monats / anfang** *m.* **(im Mondjahr)** (*astr.*), neomenia *s.*; **–durchschnitt** *m.* (*meteor.*), monthly average *s.* *or* mean *s.*; **–gleichung** *f.* (*astr.*), menstrual equation *s.*; **–karte** *f.* (*naut.*), pilot chart *s.*, rout(e)ing chart *s.*; **synoptische –karte** *f.* (*meteor.*), synoptic pilot chart *s.*, monthly synoptic (weather) chart *s.*

Mond *m.*, moon *s.*, (*br. dial.*) parish lantern *s.*; **abnehmender –,** crescent *s.*, decrescent *or* old *or* waning moon *s.*; **bei abnehmendem –,** at the wane of the moon; **jenseits des –s (gelegen),** superlunar(y); **mittlerer –,** mean moon *s.*; **zunehmender –,** crescent *s.*, waxing moon *s.*; **den – als Mittelpunkt betreffend,** selenocentric; **der – wird voll,** the moon is rounding; **der – zwischen Vollmond und Halbmond,** the gibbous moon *s.* **Mond / alter** *n.* (*astr.*), age *s.* of the moon; **–anziehung** *f.*, moon's attraction *s.*; **–aufgang** *m.*, moon()rise *s.*; **–bahn** *f.*, lunar orbit *s.*, moon's orbit *s.*; **–beobachtung** *f.* (*naut.*, *astr.*), moonsight *s.*; **–deklination** *f.* (*astr.*), declination *s.* of the moon, lunar declination *s.*; **–distanz** *f.*, lunar distance *s.*; **Verfahren** *n.* **zur Bestimmung der geographischen Länge auf Grund der –distanz** (*naut.*), lunar method *s.*; **–distanzbeobachtung** *f.* (*astr.*, *naut.*), lunar observation *s.*, moonsight *s.*; **–durchgang** *m.* (*astr.*), lunistice *s.*; **–entfernung** *f.*, lunar distance *s.*; **–finsternis** *f.*, lunar eclipse *s.*, eclipse *s.* of the moon; **–flut** *f.*, lunar tide *s.* *or* flood *s.*; **–fluthochwasser** *n.*, lunar high-tide *s.*; **–flutintervall** *n.*, lunitidal interval *s.*; **–graben** *m.* (*astr.*), rill(e) *s.*; **m–hell** *adj.*, moonlit, moony; **(mittleres) –hochwasserintervall** *n.*, (mean) high-water lunitidal interval *s.*; **(gemessene) –höhe** *f.* (*nav.*), moonsight *s.*; **–jahr** *n.* (*astr.*), lunar year *s.*; **–knotenpunkt** *m.* (*astr.*), lunar node *s.*; **–kulmination** *f.* (*astr.*), culmination *s.* *or* transit *s.* of the moon; **–licht** *n.*, moon *s.*, moonlight *s.*, moonshine *s.*; **–monat** *m.* (*astr.*), lunar *or* moon month *s.*; **–nacht** *f.*, moonlit night *s.*; **(mittleres) –niedrigwasserintervall** *n.*, (mean) low-water lunitidal interval *s.*; **–parallaxe** *f.* (*astr.*), lunar parallax *s.*; **–phase(n)** *f.* (*pl.*), phase *s.* *or* phases (*pl.*) of the moon, moon's phase(s) *s.* (*pl.*); **–phasenintervall** *n.* (*astr.*), lunitidal interval *s.*; **–phasenwechsel** *m.* (*astr.*), quartering *s.*; **–regenbogen** *m.*, lunar rainbow *s.*; **–schein** *m.*, moonlight *s.*, moonshine *s.*; **–segel** *n.*, moon(-)sail *s.*, (*coll.*) skyscraper *s.*, skysail *s.*; **–sichel** *f.*, crescent moon *s.*, sickle *s.* of the moon; **–stern** *m.* **(Stern, dessen geozentrische Entfernung vom Land für bestimmte Stunden im nautischen Almanach angegeben ist),** lunar star *s.*; **–störungen** *f./pl.* (*astr.*), variation *s.*; **–tafeln** *f./pl.* (*astr.*, *naut.*), lunar tables (*pl.*); **–tag** *m.* (*astr.*), lunar day *s.*; **–tide** *f.*, lunar tide *s.*; **–tide(n)intervall** *n.*, lunitidal interval *s.*; **–umlauf** *m.* (*astr.*), lunar revolution *s.*, lunation *s.*; **–umlaufbahn** *f.*, lunar orbit *s.*; **–ungleichheit** *f.* (*astr.*), variation *s.*, lunar inequality *s.*; **–untergang** *m.*, moon()down *s.*, (*am.*) moonset *s.*; **–viertel** *n.*, quarter *s.* of the moon, (*astr.*) quadrature *s.*; **erstes (letztes) –viertel** *n.*, first *or* prime (last) quarter *s.* (of the moon); **–wechsel** *m.*, change *s.* of the moon, the moon changes *or* is changing; **–zeit** *f.* (*astr.*), lunar time *s.*; **–zirkel** *m.* (*astr.*), **–zyklus** *m.* (*astr.*), lunar cycle *s.*

Monel / metall *n.*, Monel metal *s.* (*shipb.*); **–niet** *m.* *od.* *n.*, Monel (alloy) rivet *s.* (*for mast, etc.*).

Monitor *m.* (*naut.*, *radar*), monitor *s.*

Monkeyreling *f.* (*coll.*), quarter rail *s.*

Monkijacke *f.* (*naut.*, *coll.*), monkey jacket *s.*
Monsun *m.*, monsoon *s.* **Monsun-** *pref.*, monsoonal. **Monsun / drift** *f.*, monsoon drift (current) *s.*; **–strömung** *f.*, monsoon current *s.* *or* stream *s.*; **–zeit** *f.*, monsoon period *s.*; **sommerliche (winterliche) –zeit** *f.*, dry (wet) monsoon (period) *s.*
Montage *f.* (*naut.*, *tech.*), setting *or* fitting up *s.*, mounting *s.*, installing *s.*, installation *s.*; **–anweisung(en)** *f.* (*pl.*), setting *or* fitting up instruction(s) *s.* (*pl.*). **montieren** *v.*, to fit together, to fit *or* to set up, to mount, to install; to erect (*as mast*).
mooren *v.* (*naut.*, *dial.*), (*s.* **muren).**
moorig *adj.*, boggy, marshy, swampy.
Mooring *f.* (*naut.*, *dial.*), (*s.* **Muring).**
Moor / land *n.*, bog *s.*, marshy land *s.*, fen-country *s.*; **–wasser** *n.*, brackish water *s.*
moosbewachsen *adj.*, moss-grown (*as bottom of a wooden boat, ground*).
Morast *m.* (*naut.*), bog *s.*, morass *s.*, quag *s.*, quagmire *s.*, slough *s.*, suds (*pl.*), swamp *s.*; slick *s.*, mud *s.* **morastig** *adj.*, boggy, marshy, muddy, swampy, (*Scots*) mossy.
Morgen / amplitude *f.* (*astr.*), eastern amplitude *s.*; **–brise** *f.*, morning breeze *s.*; **–dämmerung** *f.*, dawn *s.*, daybreak *s.*; morning twilight *s.*; **–dunst** *m.*, (early) morning mist *s.*; **–grauen** *n.*, break *s.* of day, crack *s.* of dawn; **–luft** *f.*, morning air *s.*; **–nebel** *m.*, (early) morning fog *s.* *or* mist *s.*; **–punkt** *m.* (*astr.*), due east *s.*; **–rot** *n.*, **–röte** *f.* (*meteor.*), dawn *s.*, sunrise *s.*, (*am.*) sunglow *s.*; **–sonne** *f.*, morning *or* rising sun *s.*; **–stern** *m.* (*astr.*), morning star *s.*, day(-)star *s.*, Venus *s.*; **–stunden** *f./pl.*, morning hours (*pl.*); **frühe –stunden** *f./pl.*, small hours (*pl.*); **–wache** *f.*, morning watch *s.*; **–wind** *m.*, morning breeze *s.*
morsch *adj.*, decayed, rotten; **– werden,** to decay, to rot (*as wood boat*).
Morse / alphabet *n.*, Morse code *s.* *or* alphabet *s.*; **internationales –alphabet** *n.*, continental (Morse) code *s.*; **–apparat** *m.*, Morse telegraph *s.*; **–empfänger** *m.*, Morse receiver *s.*; **–feuer** *n.* (*naut.*), Morse light *s.*; **–lampe** *f.*, **–laterne** *f.*, Morse signal(l)ing lamp *s.* *or* lantern *s.*, Morse lamp *s.* *or* lantern *s.*, signal lamp *s.* *or* lantern *s.*, (Morse) flashing-light lamp *s.* *or* lantern *s.*, blinker light *s.*; **Blinkern** *n.* **mit der –lampe** *od.* **–laterne, mit der –lampe** *od.* **–laterne blinkern,** to Morse-signal, to blink *or* flash with the Morse lamp *or* light; **–leuchtfeuer** *n.* (*naut.*), Morse light *s.*; code beacon *s.* **Morsen** *n.*, Morse signal(l)ing *s.*, flashing *s.*, (*am.*) keying *s.* **morsen** *v.*, to Morse, to morse (a signal), to Morse-signal, to signal by Morse code, to flash, to signal; to flash (a) flashing (signal), to blink *or* to flash with the (Morse) flashlight *or* signal lamp. **Morse / punkt** *m.*, (Morse) dot *s.*; **–schreiber** *m.*, Morse printer *s.* (*device*); **–schrift** *f.*, Morse code *s.*; **–sender** *m.*, Morse sender *s.* (*device*); **–spruch** *m.* (Morse) code message *s.*; flashlight signal *s.*; **–strich** *m.*, (Morse) dash *s.*; **–taste** *f.*, (Morse) key *s.*, telegraph key *s.*, (*coll.*) tapper *s.*; **–telegraph** *m.*, Morse telegraph *s.*; **–telegraphie** *f.*, Morse *or* wireless telegraphy *s.*; **–verkehr** *m.*, Morse traffic *s.*; **–zeichen** *n.* (*pl.*), Morse signal *s.*, Morse symbol(s) *s.* (*pl.*).
Moses *m.* (*coll.*), (small) dinghy *s.* *or* tender *s.* (*of a yacht*); punt *s.*; youngest hand *s.* aboard *or* member *s.* of the crew; **–boot** *n.*, Moses boat *s.*
Motor *m.*, motor *s.*; engine *s.*; **elektromagnetischer –,** dynamo *s.*; **2/4 Takt –,** 2/4 stroke engine *s.*; **den – auf Touren bringen,** to rev up the engine; **durch – angetrieben,** motor-driven (*of yacht*); **(Yacht) mit – ausrüsten** *od.* **versehen,** to engine (a yacht); **– mit Turboaufladung,** turbocharged engine *s.* **Motor / anlasser** *m.*, (engine *or* motor) (self-)starter *s.*; **–antrieb** *m.*, motor drive *s.*; **mit –antrieb,** motor-driven; **–aufhängung** *f.* (*naut.*), (gimballed *or* flexible) engine mounting *s.*; **–barkasse** *f.*, motor launch *s.*; **–boot** *n.*, motor boat *s.*, motor-launch *s.*, power-boat *s.*, speed boat *s.*; **leichtes –boot** *n.* **mit Innenbordmotor** *od.* **Innenborder,** runabout *s.* (*motor-boat class*); **–bootrennen** *n.*, motorboat race *s.* *or* racing *s.*; **1. Etappe** *f.* **eines –bootrennens,** 1. stage *s.* of a motorboat race; **–bootschlepp** *m.*, motorboat tow(ing) *s.*, (*coll.*) tugboat *s.*; **–bootsport** *m.*, motor boating *s.* *or* yachting *s.*; **–bootsportler** *m.*, motorboat yachtsman *s.*; **–defekt** *m.*, engine failure *s.*; **–dingi** *od.* **–dingy** *n.*, power dinghy *s.*, dinghy *s.* with outboarder; **–drehmoment** *n.*, engine *or* motor torque *s.*; **–drehzahl** *f.*, engine *or* motor speed *s.* **Motoren / bilge** *f.*, engine bilge *s.*; **–fundament** *n.*, engine mounting *s.* *or* bed(-plate) *s.*; **–leistung** *f.*, engine capacity *s.*; **–öl** *n.*, motor oil *s.*; **–raum** *m.*, engine room *s.* **Motor / fahrzeug** *n.*, motor craft *s.* *or* vessel *s.*; **–kasten** *m.*, engine casing *s.* *or* housing *s.*; **–kontrollinstrumente** *n./pl.*, engine control instruments (*pl.*) *or* controls (*pl.*); **–kontrollinstrumentenbrett** *n.*, engine control panel *s.*, monitor *s.*; **–kreuzer** *m.*, motor cruiser *s.*; **–kutter** *m.*, motor cutter *s.*; **–leistung** *f.*, engine output *s.*, engine per-

formance *s.* *or* power *s.*; **–logger** *m. od.* **–lugger** *m.*, motor lugger *s.*; **–panne** *f.*, engine trouble *s.*; **–rettungsboot** *n.*, power-driven lifeboat *s.*, motor lifeboat *s.*; **–schaden** *m.*, engine trouble *s.* *or* breakdown *s.*; **–schiff** *n.*, motor ship *s.* *or* vessel *s.*; **sich (bei Flaute) von einem –schiff in den Hafen schleppen lassen,** to be towed into harbo(u)r by motor-ship *or* motor-craft (in dead calm); **–schlauchboot** *n.*, inflatable dinghy *s.* *or* rubber boat *s.* with outboarder; **–schlepper** *m.*, motor(-driven) tug(boat) *s.*; **–seekreuzer** *m.*, power-driven offshore *or* sea-going cruiser *s.*, ocean-going motor-cruiser *s.* *or* -cruising yacht *s.*, offshore motor-cruiser *s.*; auxiliary *s.*; **–segler** *m.*, motor sailer *s.*, fifty-fifty *s.*, auxiliary powered cruiser *s.* *or* sailing yacht *s.*; **–steuerung** *f.*, engine control *s.*; **–störung** *f.*, engine trouble *s.*; **–träger** *m.*, engine mounting *s.* *or* bed(-plate) *s.*; **–wartung** *f.*, engine *or* motor maintenance *s.* *or* attendance *s.* *or* servicing *s.*; **–welle** *f.*, engine shaft *s.*; **–yacht** *f.*, motor *or* power yacht *s.*, yacht *s.*, motor cruiser *s.* *or* cruising yacht *s.*; **–yacht-Verband** *m.*, motoryacht association *s.*

Möwe *f.* (*obs.* **Möve** *f.*), (sea) gull *s.*

Muck *f. od. m.* (*naut.*), (*s.* **Mug, Mugge).**

Mud *m.*, **Mudd** *m.*, **Mudde** *f.* (*naut.*), mud *s.*, ooze *s.*; **–bank** *f.* (*naut.*), oozy bank *s.*, mudbank *s.*

müde *adj.*, **– Regatta** (*coll.*), boring *or* irksome *or* stale race *s.*; **–s Wetter** (*coll.*), slack weather *s.*

Muffe *f.* (*naut.*, *tech.*), box *s.*, coupling(-box) *s.*, muff *s.*, sleeve *s.*, socket *s.* **Muffel** *m.* (*tech.*), muffle *s.* **Muffen/kupplung** *f.*, sleeve-coupling *s.*; **–ventil** *n.*, sleeve valve *s.*; **–verbindung** *f.*, sleeve joint *s.*, spigot *s.*

muffig *adj.* (*naut.*, *coll.*), close, stifling (*of air, weather*).

Mug *m. od. f.*, **Mugge** *f.* (*naut.*), mug *s.*

Mulde *f.* (*meteor.*), trough *s.*; (*geogr.*) basin *s.*, depression *s.*, hollow *s.*, trough *s.* (*in the sea-bottom*).

Müllcontainer *m.* **(auf Yachten),** garbage container *s.*

münden *v.*, to empty *or* to fall *or* to flow into (*as river*); **der Fluß mündet ins Meer,** the river disembogues itself *or* its waters into the sea; **der Fluß mündet in einen See,** the river discharges itself into a lake.

Mund/nebelhorn *n.*, foghorn *s.*, reed pipe *s.*; **–stück** *n.*, nozzle *s.*, snout *s.* (*of a foghorn, megaphone, etc.*).

Mündung *f.*, influx *s.*, mouth *s.* (*of a river*); (*tech.*) aperture *s.*, opening *s.*, orifice *s.*, outlet *s.*; **den Gezeiten ausgesetzte** *od.* **unterworfene – eines Flusses,** estuary *s.* **Mündungs/arm** *m.*, branch *s.* (of an estuary); **–gebiet** *n.*, delta *s.*, estuary *s.* (*of a river*); **–hafen** *m.*, estuary harbo(u)r *s.* *or* port *s.*

munkeln *v.* (*naut.*, *coll.*), to threaten (*of weather*); **das Wetter munkelt,** the weather is threatening.

mürb *adj.*, **–es Eis** (*naut.*), unsound ice *s.* (*ice-yachting*).

muren *v.*, to moor, to moor with two anchors. **Muring** *f.*, mooring *s.* (*at a mooring buoy*); **offene –,** open mooring *s.* (with two anchors ahead); **an die – gehen,** to moor; **(Boot) vor eine – legen,** to moor (with two anchors ahead); **– in Tidengewässern,** dropping mooring *s.* (in tidal waters). **Muring/anker** *m.*, mooring anchor *s.*; **–boje** *f.*, mooring buoy *s.*; **–geschirr** *n.*, mooring gear *s.*; **–kette** *f.*, mooring *or* ground chain *s.*; **–klötze** *m./pl.*, mooring chocks (*pl.*); **–leine** *f.*, running line *s.*; **–matte** *f.*, mooring mat *s.*; **–schäkel** *m.*, mooring shackle *s.* *or* swivel *s.*, rocking shackle *s.*; **–schraube** *f.*, mooring screw *s.*, screw anchor *s.*; **–stein** *m.*, mooring block *s.* *or* clump *s.*, sinker *s.*, weight *s.*; **kleiner –stein** *m.*, killick *s.*, killock *s.*; **–tau** *n.*, mooring rope *s.*; **–warbel** *m.*, (mooring) swivel *s.*; **–winde** *f.*, **–winsch** *f.*, mooring winch *s.*; **–wirbel** *m.*, (mooring) swivel *s.*; **–wirbelschäkel** *m.*, (mooring) swivel shackle *s.*

Murks *m.* (*rac. sl.*), haywire *s.*; **– machen** (*rac.*), to go haywire.

Muschel *f.*, mussel *s.*, shell-fish *s.*; shell *s.*; **–bank** *f.*, mussel bed *s.* *or* bank *s.* **Muscheln** *f./pl.* **(am Unterwasserschiff),** barnacles (*pl.*).

musen *v.* (*naut.*), to mouse; **einen Haken (eine Teufelsklaue) –,** to mouse a hook (a devil's claw). **Musing** *f.*, mousing *s.*

Muskelkraft *f.* (*naut.*, *coll.*), beef *s.*

mustern *v.* (*naut.*), (*s.* **anmustern). Musterrolle** *f.* (*naut.*), list *s.* of the crew, crew('s) list *s.*; muster roll *s.*, stations bill *s.*, ship's articles (*pl.*).

Mutter *f.* (*tech.*), (screw-)nut *s.*, female screw *s.* **Mutter/bolzen** *m.* (*naut.*), nut bolt *s.*; **–gewinde** *n.*, female thread *s.*, nut screw *s.*; **–kompaß** *m.*, master compass *s.*; master gyro-compass *s.* **Muttern/schlüssel** *m.* (*tech.*), nut key *s.*, spanner *s.*, wrench *s.*; **–sicherung** *f.* (*tech.*), nut lock *s.* **Mutter/schiff** *n.*, mother *or* parent ship *s.*; tender *s.*; **–schraube** *f.*, female screw *s.*, nut *s.*

Mütze *f.* (*naut.*), (sailor's) cap *s.* *or* hat *s.*; **eine – Wind** (*naut.*, *coll.*), a capful of wind.

N

Nabe *f.* (*naut.*, *tech.*), boss *s.* (*of propeller*), hub *s.* (*of wheel*), nave *s.*; **–nbuchse** *f.*, wheel box *s.*; **–nhaube** *f.*, **–nkappe** *f.*, hub cap *s.*

NACA-Profil *n.*, NACA profile *s.*, profile(s) *s.* (*pl.*) developed by the (American) National Advisory Committee for Aeronautics (*for mast, sail, etc.*).

nach *prep.* (*naut.*), bound for, to, towards; **– England segeln,** to sail to England, to be bound for England; **– Süden,** southwards, to *or* towards the south; **– Westen,** westwards, to *or* towards the west.

Nachbar / hafen *m.*, adjoining *or* neighbouring harbo(u)r *s.*; **–kanal** *m.* (*rad.*), adjacent channel *s.*; **–schiff** *n.* **im Hafen** *od.* **am Anleger,** boat *s. or* ship *s.* next in harbo(u)r *or* at the jetty, adjoining *or* adjacent boat *s. or* ship *s.* in harbo(u)r *or* at the jetty.

nachbessern *v.*, to mend, to repair; to touch up (*paint, etc.*). **Nachbesserung** *f.*, touching up *s.* (*of paint, etc.*); repair *s.*

nach / eilen *v.* (*elec.*), to lag; **–eilend** *adj.*, lagging; **N–eilung** *f.* (*elec., tech.*), time-lag *s.*

Nachen *m.*, (small) boat *s.*, skiff *s.*

Nachfolgesteuerung *f.* (*tech.*), follow-up steering *s.*

nachfüllen *v.*, to refill, to fill *or* (*coll.*) to top up (*fresh-water tank, etc.*). **Nachfüllung** *f.*, refill *s.*, filling *or* (*coll.*) topping up *s.*

nachgeben *v.* (*naut.*), to shunt (*of rope*), to slacken, to give way, (*coll.*) to give (*of screw, etc.*); to unwind.

Nachglühen *n.* (*meteor.*, *radar*), afterglow *s.*

Nachhut *f.* (*naut.*, *rac.*), rearguard *s.*; **die – bilden,** to bring up the rear.

nachkontrollieren *v.*, to recheck (*running rigging, etc.*).

nachladen *v.*, to recharge (*battery, etc.*).

Nachlassen *n.*, let-up *s.* (*of gale, sea*), remission *s.* (*of cold*). **nachlassen** *v.*, to abate, to calm down, to die (away), to grow less, to lull, to moderate, to relax, to settle down, to slacken, to subside, to take off, (*coll.*) to give (*of gale, rain, etc.*); to ease *or* to fall off, to decrease, to slacken down, to slow down (*speed*); to ease (away), to slacken, to slack away *or* off (*rope*); **allmählich –,** to taper off (*of gale*). **nachlassend** *adj.*, abating, dying, ebbing (*of wind*); **nicht –,** unabating, unceasing, unbroken (*of storm, rain*); **vorübergehend –er Sturm** *m.*, remittent storm *s.*

nachlaufend *adj.* (*naut.*), following; **–e See** *f.*, following sea *s.* **Nachlauf / leine** *f.*, tag line *s.*; **–regelung** *f.*, follow-up control *s.*; **–schaltung** *f.* (*radar*), tracking circuit *s.*; **–steuerung** *f.* (*tech.*), follow-up control *s.*; **–system** *n.*, follow-up system *s.*

Nach / lenzen *n.*, stripping *s.*; **–lenzleitung** *f.*, stripping (bilge) line *s. or* main *s.*; **–lenzpumpe** *f.*, stripping (bilge) pump *s.*

Nach / leuchtdauer *f.* (*radar*), afterglow *s.*, persistence *s.*; **–leuchten** *n.* (*radar*), afterglow *s.*, phosphorescence *s.*; **n–leuchten** *v.*, to afterglow, to persist; **–leuchtzeit** *f.*, persistence *s.*

nachmessen *v.*, to re(-)measure, to measure again, to check (the measurements of) (*boat, sails, etc.*).

nach / mittägig *adj.*, **N–mittags-** *pref.*, post meridian, in the afternoon; **–mittags** *adv.*, in the afternoon; post(-)meridiem; **5 Uhr –mittags,** 5 p.m.; **N–mittagswache** *f.*, afternoon watch *s.*

Nachnennung *f.* (*rac.*), post-entry *s.*

nach / prüfen *v.*, to (re)check, to control; **N–prüfung** *f.* (re)check *s.*, control *s.*; inspection *s.*, test(ing) *s.* (*of boat, sails, etc.*).

nach / regeln *v.*, to readjust (*mast, etc.*); **N–regelung** *f.*, readjustment *s.*

Nachricht *f.* (*naut.*), information *s.*, message *s.*, (*rac.*) advice *s.*, notice *s.*, (*rad.*) communication *s.*, news (*pl.*). **Nachrichten** *f./pl.* (*rad.*), news (*pl.*); **– für Seefahrer,** Notices (*pl.*) to Mariners; **– für Segler,** Information(s) *s.* (*pl.*) for Yachtsmen. **Nachrichten / dienst** *m.* (*rad.*), communication *or* news service *s.*; **–dringlichkeit(sstufe)** *f.* (*rad.*), priority *s.* of information(s) *or* message; **–sendung** *f.* (*rad.*), news cast *s.*; **–wesen** *n.* (*rad.*), communications (system *s.*) (*pl.*).

Nachsaison *f.* (*rac.*), late season *s.*

nachschleppen *v.* (*naut.*), to drag *or* to trail (after) (*anchor, etc.*); to (take in) tow (*boat*).

Nachsommer *m.*, Indian summer *s.*, St. Luke's summer *s.*; **später –,** St. Martin's summer *s.*

nächst *prep.*, **das – einlaufende Boot** (*rac.*), the next to come.

nachstecken *v.*, **Tau –,** to pay out rope.

nach / stellbar *adj.*, adjustable (*as fittings, etc.*); **–stellen** *v.* (*naut.*, *tech.*), to adjust, to re(-)adjust, to regulate; **N–stellschraube** *f.*, adjusting screw *s.*; screw adjustment *s.*; **N–stellung** *f.* (*tech.*), adjustment *s.*

Nach / stimmeinrichtung *f.*, **–stimmen** *n.* (*rad.*), automatic *or* fine tuning *s.*; **n–stimmen** *v.* (*rad.*), to tune in; **–stimmung** *f.* (*rad.*), fine tuning *s.*

Nachstrom *m.* (*naut.*), (frictional) wake *s.*;

dead water (wake) *s.*; **–koeffizient** *m.*, wake coefficient *s.*; **–stromkoeffizient** *m.* **des Propellers,** slip-stream coefficient *s.* (of the propeller); **–ziffer** *f.*, wake factor *s.*

Nacht *f.*, night *s.*; **bei –,** at night, in *or* during the night; **bei Einbruch der –, bei einbrechender –,** at nightfall. **Nacht / befeuerung** *f.*, night lights (*pl.*) *or* marking(s) *s.* (*pl.*); **–bogen** *m.* (*astr.*), nocturnal arc *s. or* circle *s.*; **–effekt** *m.* (*rad. D/F*), night *or* sky-wave effect *s.*; **–flut** *f.* (*naut.*), night tide *s.*; **–frequenz** *f.*, (*rad.*), night frequency *s.*; **–glas** *n.*, night glass *s.*, (star) binocular *s.*; **–gleiche** *f.* (*astr.*), equinox *s.*; **–haube** *f.*, **–haus** *n.*, binnacle *s.*, nighthood *s.* (*for steering compass*); **–himmel** *m.*, nocturnal *or* night sky *s.*; **–kennung** *f.* (*naut.*), night identification *s. or* beacon *s. or* characteristic *s.*; **–licht** *n.*, night light *s.*; Holme's light *s.*, life-buoy light *s.* (*distress at sea*); **–reichweite** *f.* (*radar, rad.*), night range *s.*; **–rettungslicht** *n.*, life-buoy light *s.*, man-overboard light *s.*; Holme's light *s.* **nachts** *adv.*, at *or* by night, in *or* during the night. **Nacht / sicht** *f.*, night vision *s.*; **–signal** *n.*, night signal *s.*; **–signallampe** *f. od.* **-laterne** *f.*, night signal lamp *s. or* lantern *s.*; **–tau** *m.*, night dew *s.*; **–tide** *f.*, night tide *s.*; **–wache** *f.*, night watch *s.*; **–wimpel** *m.* (*naut.*), night pennant *s.*; **–zeit** *f.*, night time *s.*; **Flut** *f.* **zur –zeit** (*naut.*), night tide *s.*

Nachverklarung *f.* (*naut.*), extension *s.* of (sea) protest.

nach / vermessen *v.*, to re(-)measure, to check the measurements of (*boat, sail*); **N–vermessung** *f.*, re-measurement *s.* (*of boat, sails*).

nachweben *v.*, **Wanten –,** to square the shrouds.

nach / zockeln *v.*, **–zotteln** *v.* (*rac., coll.*), to lag behind (*of boats*).

Nachzügler *m.* (*rac., coll.*), laggard *s.*, latecomer *s.*, straggler *s.*

Nadel *f.*, needle *s.* (*of compass*), needle *s.*, pointer *s.* (*of instruments*); pin *s.* **Nadel / abweichung** *f.*, magnetic declination *s.* (*of compass*); **–ausschlag** *m.*, deflection *s. or* deflexion *s.* of needle *or* pointer; **–induktion** *f.*, needle induction *s.*; **–lager** *n.* (*tech.*), needle bearing *s.*; **–ventil** *n.*, needle valve *s.*; **–zahl** *f.*, azimuth reading *s.*

Nadir *m.* (*astr.*), nadir *s.* **Nadir / abstand** *m.*, nadir distance *s.*; **–flut** *f.*, nadir flood *s.*; **–winkel** *m.*, nadir angle *s.*

Nagel *m.* (*naut.*), peg *s.*, pin *s.*, stud *s.*; spike *s.*; (*tech.*) nail *s.*; **hölzerner –** (*naut.*), tre(e)nail *s.*; **kupferner –** (*naut.*), copper nail *s.*; **– aus Messing (Nirostastahl)** (*naut.*), brass (stainless steel) stud *s.* **Nagel / bank** *f.* **(für Belegnägel)** (*naut.*), cross piece *s.*, fife-rail *s.*, pin rail *s. or* rack *s.*, spider band *s.*; **–bohrer** *m.*, gimlet *s.*; **–gatt** *n.* (*naut.*), pinhole *s.* **nageln** *v.*, to nail, to pin **(an** *od.* **auf,** to); to spike.

Nah / auflösung *f.* (*radar*), short-range scanning *s.*; **–bereich** *m.* (*radar*), proximity zone *s.*, close quarters (*pl.*), short distance *s.*, (very) short range *s.*; **im –bereich** (*naut., radar, rad.*), at close range; **–bereichsradar** *n.*, short-range radar *s.*

Näh / beutel *m.* (*naut.*), **–büdel** *m.* (*naut., dial.*), ditty-bag *s.*

nah(e) *adj.*, close *or* near **(bei,** to); approaching (*of boat, etc.*); **– beim Boot,** close aboard; **– dem Äquator, – dem Horizont** (*astr.*), low.

Nähe *f.*, proximity *s.*, vicinity *s.*; **in nächster** *od.* **unmittelbarer –,** in close *or* immediate proximity; **in unmittelbarer – eines Hafens,** in close vicinity to a port, within call (of a port).

Nah / echodämpfer *m.* (*radar*), suppressor *s.*; **–echodämpfung** *f.* (*radar*), suppressor *s.*, suppression *s.*, anticlutter gain control *s.*, anticlutter sea (control) *s.*, sensitivity time(-constant) control *s.*; **–einstellung** *f.* (*opt.*), close-up *s.* (*of binocular*); **–empfang** *m.* (*rad.*), short-range *or* close-range reception *s.*

näher *adj.*, **der Erde –er Planet als der Sonne** (*astr.*), an inferior conjunction; **der Sonne –er Planet als der Erde** (*astr.*), an inferior planet.

Näherkommen *n.* (*naut.*), approach *s.* (*of boat or ship*); approach *s.* (*of a storm*).

nähern *v.r.* (*naut.*), to approach, to close in, to get near (to), to near; to approach, to draw *or* to come near (*of storm*); **sich (einander) –** (*phys.*), to converge; **sich dem Horizont** *od.* **Süden –** (*astr.*), to descend; **sich der Küste –,** to raise the coast; **sich dem Land –,** to close with the land, to raise the land; **sich einem Grenzwert –** (*phys.*), to converge to a limit.

Näherungs / effekt *m.* (*rad., radar*), proximity effect *s.*; **–recht** *n.* (*naut.*), right *s.* of approach; **–wert** *m.* (*math.*), approximate value *s.*

Nahezu-Aufschießer *m.* (*naut., rac.*), , next to shooting head to wind.

Nah / fahrt *f.* (*naut.*), inshore navigation *s.*; **–grenze** *f.* (*rad., radar*), minimum range *s.*; **–peilung** *f.*, close-range direction-finding *s.*; **–schiffahrt** *f.*, short-distance *or* inshore navigation *s.*; **–sender** *m.* (*rad.*), local transmitter *s.*

Naht *f.* (*naut.*), seam *s.*, stitch *s.* (*of a sail*), seam *s.*, edge *s.* (*shipb.*); (*tech.*) join *s.*, joint *s.*, seam *s.*, weld *s.*; **breite flache – eines Segels,** broad seam *s.*; **diagonale mittlere – eines Segels,** mitre *or* (*am.*) miter seam *s.*; **durchgenähte – eines Segels,** monk's seam *s.*; **einfache – eines Segels,** flat seam *s. or* stitch *s.* **Naht / band** *n.*, seam tape *s.* (*of sail*); **–dichtungsmittel** *n.*, seam composition *s.* (*for boats*); **–füller** *m.*, **–füllmasse** *f.*, seam filler *s.* (*for boats*); **–haken** *m.* (*naut.*), rave *or* reef *or* reeving hook *s.*, rasing *or* rippling iron *s.*; **–kalfatern** *n.*, **–kalfaterung** *f.*, seam caulking *s.*, caulking *s.* of seam(s) (*of boats*); **–leiste** *f.* (*naut.*), batting *s.*, seam batten *s.*; **n–los** *adj.*, seamless (*shipb.*); **n–loser Mast** *m.*, seamless mast *s.*; **–schutz** *m.*, (broad) seam protection *s.* (*of sails*); **–schweißung** *f.*, seam welding *s.* (*shipb.*); **–spant** *n.*, ribband *s.*, seam batten *s.*; **–spanten** *n./pl.*, seam frames (*pl.*) *or* framing *s.* (*shipb.*).

Nah / verkehr *m.* (*naut.*), local *or* inshore traffic *s.*; (*rad.*) close- *or* short-range communication *s.*

Name *m.* **eines Bootes** *od.* **Schiffes,** name *s.* of a boat *or* ship; **früherer – eines (umgetauften) Bootes,** ex... **Namenliste** *f.* (*naut.*), roll *s.*, list *s.* of names, nominal list *s.* (*of the crew*). **Namens / brett** *n.*, **–schild** *n.* **(an Heck** *od.* **Bug),** escutcheon *s.*, scutcheon *s.*, name()board *s.*, name-plate *s.*; **–stander** *m.*, burgee *s.*; **–verzeichnis** *n.* (*naut.*), roster *s.*, rota *s.*; **–zug** *m.* (*naut.*), (*s.* **–schild).**

Naphtha *n.* (*naut.*, *chem.*), naphtha *s.*

Napier / sches Diagramm *n.* (*naut.*, *math.*), Napierian diagram *s.*; **–sche Regel** *f.*, Napierian rule *s.*

Narbenbildung *f.* **(in der Boots-Außenhaut),** pitting *s.* (of the shell).

Nase *f.* (*naut.*), beak *s.*, bow *s.* (*of a boat or ship*); (*tech.*) cam *s.*, lug *s.*, tappet *s.*; snug *s.* (*of a screw*); **–nschraube** *f.*, snug bolt *s.*

naß *adj.*, damp, humid, moist, wet, (*coll.*) soggy (*of weather*); **bis auf die Knochen –,** wet to the skin; **durch und durch –,** soaking *or* sopping *or* sousing wet, wet through; **durch und durch – werden,** to get a soaking *or* sousing, to get soaked *or* drenched (through); **tüchtig – werden,** to get a ducking; **–es Schiff** *n.*, wet ship *s.* **Naß / anzug** *m.* (*naut.*), wet suit *s.*, neoprene suit *s.*; **–biber** *m.*, wet beaver(teen) *s.*; **–dock** *n.*, wet dock *s.*

Nässe *f.*, damp(ness) *s.*, humidity *s.*, moisture *s.*, wet(ness) *s.*, (*coll.*) soddenness *s.* (*of climate, weather*); **– und Kälte,** weather *s.* **nässen** *v.* (*meteor.*), to drizzle. **nässend** *adj.*, **–er Nebel,** wet fog *s.*

naß / kalt *adj.*, damp and cold, wet and cold, raw (*as weather*), clammy (*as hands*); **–kaltes Wetter** *n.*, dampish *or* dank *or* sour weather *s.*; **N–schleifpapier** *n.*, wet emery- *or* sandpaper *s.* (*for boats*); **N–schmirgel** *m.*, wet emery *s.* (*for boats*); **N–thermometer** *n.*, wet-bulb thermometer *s.*

national *adj.*, national; **–e Klasse** *f.* (*naut.*), national *or* nationally organized class *s.*; **–e Kreuzerklasse** *f.*, national cruising class *s.*; **–e Meisterschaft** *f.* (*rac.*), national championship *s.*; **–e Regatta** *f.*, national race *s.*, (*am.*) nationals (*pl.*); **–e Vermessung** *f.* (*naut.*), national measurement *s.* (*of boat, sail*).

Nationale *f.* (*naut.*), national ensign *s. or* flag *s.* **National / farben** *f./pl.*, **–flagge** *f.* (*naut.*), national colours (*pl.*) *or* ensign *s. or* flag *s.*; **–hymne** *f.*, national anthem *s.*

Nationalität *f.* (*naut.*, *rac.*), nationality *s.*; **–en(kenn)zeichen** *n.* **(im Großsegel),** letter(s) *s.* (*pl.*) of nationality.

Nationalmannschaft *f.* (*rac.*), national team *s.*

Natur / erscheinung *f.*, phenomenon *s.* (of nature), (natural) phenomenon *s.*; **–faser** *f.*, natural fibre *s. or* (*am.*) fiber *s.* (*for cordage, etc.*); **–gesetze** *n./pl.* (*phys.*), natural laws (*pl.*), laws (*pl.*) of nature; **–gewalten** *f./pl.*, elemental powers (*pl.*), elements (*pl.*); **–hafen** *m.*, natural port *s.*; **–kraft** *f.*, natural force *s.* (*of sea, etc.*). **natürlich** *adj.*, natural; **–er Horizont** *m.* (*naut.*), visible horizon *s.*; **–er Sinus** *m.*, natural sine *s.*; **–er Tag** *m.*, natural day *s.* (*between sunup and sundown*). **Naturschutzgebiet** *n.*, protected area *s.* (*of lakes, rivers, mudflats*).

Nautik *f.*, (art of) navigation *s.*, nautics (*pl.*), nautical science *s.*; nautical affairs (*pl.*). **Nautiker** *m.*, navigator *s.*, mariner *s.*

nautisch *adj.*, nautic(al); **(ein Boot** *od.* **sich selbst) – ausrüsten,** to gear; **– -astronomisches Grunddreieck** *n.*, astronomical *or* celestial *or* navigational triangle *s.*; **N–er Almanach** *m.*, nautical almanac *s.*; **–e Astronomie** *f.*, nautical astronomy *s.*; **–er Ausdruck** *m.*, nautical term *s.*; **–e Ausrüstung** *f.*, nautical equipment *s.*, navigational aids (*pl.*), (*coll.*) gear *s.*; **–e Dämmerung** *f.*, nautical twilight *s.*; **–e Datumsgrenze** *f.*, nautical date-line *s.*; **–er Funkdienst** *m.*, maritime wireless telegraphic *or* W/T service *s.*; **–e Hilfskarte** *f.*, nautical auxiliary chart *s.*, (nautical) gnomonic chart *s.*, (*am.*) nautical subsidiary chart *s.*; **–e Instrumente** *n./pl.*, navigational aids (*pl.*) *or* instruments (*pl.*); **N–es Jahrbuch** *n.*, **N–er Kalender** *m.*, nautical almanac *s.*, Nautical Almanac *s.*; (*astr.*) ephemeris *s.*, ephemerides (*pl.*); **–e Maße** *n./pl.*, nautical measures (*pl.*) *or* measurements (*pl.*); **(internationale) –e Meile** *f.* (*1852 m*), nautical mile *s.*, sea mile *s.*; **–e Nachrichten** *f./pl.*, maritime *or* nautical informations (*pl.*) *or* news (*pl.*); **–er Schiffsoffizier** *m.*, mariner *s.*, navigator *s.*; **–es Signal** *n.*, nautical signal *s.*; **N–e Tafeln** *f./pl.*, nautical tables (*pl.*); **–er Tag** *m.*, nautical day *s.*, day's run *s. or* work *s.*; **–e Warnnachrichten** *f./pl.* (*br.*), nautical warnings (*pl.*), naveams (*pl.*); **–er Wetterdienst** *m.*, maritime weather service *s.*; **–es Zubehör** *n.*, nautical accessories (*pl.*), (*coll.*) gear *s.*

Nautiskop *n.*, water()glass *s.*, water telescope *s.*

Navigation *f.*, navigation *s.*, sailing *s.*; **astronomische –,** astronomical *or* celestial navigation *s.*; **fehlerhafte –,** erratic *or* improper navigation *s.*; **meteorologische –,** meteorological navigation *s.*; **terrestrische –,** terrestrial navigation *s.*, pilotage *s.*; **– zur Schiffsortbestimmung über Funk,** radio *or* wireless *or* electronic navigation *s.*; **– zur Schiffsortbestimmung über Radar,** radar navigation *s.* **Navigations / anlage** *f.* **(an Bord),** navigation system *s.*; **–ausrüstung** *f.*, navigational *or* nautical equipment *s. or* gear *s.*, navigational aids (*pl.*); **–computer** *m.*, navigation computer *s.*; **–fehler** *m.*, navigation(al) error *s.*; **–funkfeuer** *n.*, navigational radio-beacon *s.*; **–funkhilfe** *f.*, aids (*pl.*) to navigation by radio (control); **–funkhilfsmittel** *n.* (*pl.*), radio *or* wireless aids (*pl.*) to navigation; **–gesetze** *n./pl.*, navigation(al) laws (*pl.*); **–hilfen** *f./pl.*, navaids (*pl.*), navigational aids (*pl.*); **–hilfsmittel** *n.* (*pl.*), aids (*pl.*) to navigation; **–instrument** *n.* **zum Peilen (von der Brückennock aus),** pelorus *s.*; **–instrumente** *n./pl.*, navigating *or* navigation(al) instruments (*pl.*); **–karte** *f.* (navigation) chart *s.*; **–lichter** *n./pl.*, navigation *or* navigating lights (*pl.*), position lights (*pl.*); **–offizier** *m.*, navigator *s.*, navigating *or* navigation officer *s.*, naval officer *s.*; **–platz** *m.* **(unter Deck),** navigator's place *s. or* room *s.*; **–rack** *n.*, navigator's rack *s.*; **–radar** *n.*, navigation(al) radar *s.*; **–radarbake** *f.*, radar beacon *s.*; **–raum** *m.*, chart room *s.*; **(automatisches) –rechengerät** *n.*, (automatic) navigation computer *s.*; **–satellit** *m.*, navigation satellite *s.*; **–schule** *f.*, naval academy *s.*; **–system(e)** *n.* (*pl.*), navigation system(s) *s.* (*pl.*); **–tisch** *m.*, navigator's desk *s. or* table *s.*; **–verkehrsschild** *n.*, **–verkehrszeichen** *n.*, sign post *s.*

Navigator *m.*, navigator *s.*; sailing master *s.* (*of a yacht*); **beratender –,** consulting navigator *s.*; **Kartentisch** *m.* **des –s,** navigator's (chart) table *s.*

Navigieren *n.*, navigation *s.*; navigating *s.* **navigieren** *v.*, to navigate; **mit (ohne) Computerhilfe –,** to navigate with (without) aid by (boat) computer. **Navigierung** *f.*, navigation *s.*

Nebel *m.* (*meteor.*), fog *s.*, (*am.*) stour *s.*, (*coll.*) brume *s.*, (*naut.*), haze *s.*, mist *s.*; (*astr.*) nebula *s.*; **bei –,** in mist *or* fog; **im –,** shrouded in mist *or* fog; **aufkommender –,** rising mist *s.*; **dicker –,** dense *or* thick fog *s.*, murk *s.*, (*sl.*) peasoup *s.*, peasouper *s.*, soup *s.*; **dünner –,** haze *s.*, moderate fog *s.*; **feiner (trockener) –,** haze *s.*; **gefrorener – (über dem Wasser)** (*meteor.*), frost(-)smoke *s.*; **kalter –** (*Scots*), haar *s.*; **künstlicher –** (*naut.*), smoke-screen *s.*; **leichter –** (*meteor., naut.*), haze *s.*, mist *s.*, gauze *s.*; **leichter – (über Gewässern),** water(-)smoke *s.*; **nässender –,** wet fog *s.*; **schwacher –,** haze *s.*; **schwarzer –,** black fog *s.*; **starker –,** thick fog *s.*, (*Scots*) mist *s.*; **steigender –,** rising mist *s.*; **tiefhängender** *od.* **-liegender –,** low-lying fog *s.*; **treibender –,** scud *s.*; **zerstäubender – (von Gischt** *od.* **Kielwasser bei heftigem Sturm),** spindrift *s.*; **der – fällt** *od.* **senkt sich** *od.* **sinkt,** the mist drops *or* comes down, the fog is falling; **der – hebt sich** *od.* **löst sich auf** *od.* **steigt,** the fog lifts, the mist *or* fog is rising; **der – verzieht sich** *od.* **vergeht** *od.* **wälzt sich fort** *od.* **zergeht,** the mist disperses *or* dissolves, the mist rolls away; **der – hüllte** *od.* **schloß das Boot (völlig) ein,** the fog shut on the boat, fog surrounded the boat; **durch – aufgehalten** *od.* **behindert** *od.* **zurückgehalten** (*naut.*), fog(-)bound; **in – gehüllt,** fog-shrouded, shrouded *or* veiled *or* wrapped in mist; **in dicken – gehüllt** (*naut.*), shrouded in heavy mist; **in – laufen,** to run into fog (*of boat*); **sich in – hüllen,** to befog, to bemist; **von – aufgehalten** *od.* **behindert,** fog-bound; **– abblasen** *od.* **legen** (*naut.*), to lay a smoke-screen; **– kommt auf,** it is getting misty *or* thick; **– zieht im Osten (Westen) auf,** there is a mist *or* fog rising in the east (west), there is a mist *or* fog approaching from the east (west).

Nebel / bank *f.*, fog(-)bank *s.*, wall *s.* of fog; **n–behindert** *adj.*, fog-bound; **–bildung** *f.*, formation *s.* of mist *or* fog; **–bogen** *m.*, fog bow *s.*, white rainbow *s.*; **–boje** *f.*, smoke-buoy *s.*, smoke-float *s.*, fog-buoy *s.*; **–dunst** *m.* (*meteor., naut.*), haze *s.*; **–echo** *n.* (*radar*) fog effect *s.* *or* return *s.*; **–fahrt** *f.* (*naut.*), fog speed *s.*; **–fleck** *m.* (*astr.*), nebula *s.*, nebulosity *s.*, nubecula *s.* (*pl.* -lae); **großer (kleiner) –fleck** *m.* (*astr.*), nubecula major (minor); **heller – fleck** *m.* **in einer Nebelbank,** fogdog *s.*; **–glocke** *f.*, fog bell *s.*, ship's (fog) bell *s.*; **n–haft** *adj.*, hazy, misty (*of weather*); dim, nebulous, vague (*of contours, landmark, etc.*); **–horn** *n.*, fog(-)horn *s.*; **elektrisches –horn** *n.*, electric foghorn *s.*; **das –horn ertönen lassen, mit dem –horn Nebelsignale geben,** to sound the (*or* the ship's *or* her) foghorn; **–hülle** *f.* (*astr.*), nebulosity *s.*

nebelig *adj.*, (*s.* **neblig). Nebeligkeit** *f.*, (*s.* **Nebligkeit).**

Nebel / kappe *f.*, shroud *s.* of mist; **–knallsignal** *n.*, fog signal *s.* (*distress at sea*); **–mauer** *f.*, fog wall *s.*, wall *s.* of fog.

nebeln *v.* (*meteor.*), to be *or* to grow foggy *or* misty; (*naut.*) to lay a smoke screen.

Nebel / pfeife *f.*, fog whistle *s.*; **–regen** *m.* (*meteor.*), drizzle *s.*; **–schicht** *f.* (*meteor.*), fog wall *s.*, layer *s.* of fog, weft *s.*; **–schleier** *m.* (*meteor.*), shroud *s.* of fog, veil *s.* of mist; (*naut.*) smoke(-)screen *s.*; **–schwaden** *m.* (*pl.*), wisp(s) *s.* (*pl.*) of fog *or* mist, patches (*pl.*) of fog, fog patches (*pl.*); **–signal** *n.*, fog signal *s.*; **–signale** *n./pl.* **aussenden** *od.* **geben,** to sound the foghorn, to sound fog signals; **–signalstation** *f.*, fog-signal station *s.*; **–sirene** *f.*, fog siren *s.*; **–stern** *m.* (*astr.*), nebulous star *s.*; **–streifen** *m.*, streamer *s.*; **–wache** *f.* (*naut.*), fog watch *s.*; **–wand** *f.* (*meteor.*), wall *s.* of fog, fog wall *s.*; (*naut.*) smoke(-)screen *s.*; **–warnung** *f.*, fog warnings (*pl.*); **–wetter** *n.*, foggy weather *s.*, (*naut.*) misty weather *s.*; **–wolken** *f./pl.*, scuds (*pl.*); **tiefhängende** *od.* **-liegende –wolken** *f./pl.*, low-lying fog *s.*

Neben / achse *f.*, lateral *or* secondary axis *s.*; **–fahrrinne** *f.*, by-channel *s.*, by-pass *s.*; **–fahrwasser** *n.*, by-channel *s.*, by-pass *s.*, secondary *or* subsidiary channel *s.* *or* fairway *s.*; **–fluß** *m.*, affluent *s.*, influent *s.*, subsidiary stream *s.*, tributory *s.*, tributary river *s.*; **–funkstation** *f.*, slave station *s.*, radio *or* wireless substation *s.*; **–geräusche** *n./pl.* (*rad.*), (background *or* interfering) noise *s.*, crackling *s.*, interference *s.*, atmospherics (*pl.*), static *s.*; **–hafen** *m.*, outport *s.*, secondary *or* subsidiary port *s.*; adjacent *or* adjoining port *s.*; **–keule** *f.* (*radar*), side-lobe *s.*; **–kielschwein** *n.*, sister kelson *s.* *or* (*am.*) keelson *s.*; **–kreis** *m.* (*astr.*), secondary circle *s.*; **–meer** *n.*, minor sea *s.*; **–meridianbeobachtung** *f.* (*naut.*, *astr.*), ex(-)meridian observation *s.*; **–meridianbreite** *f.* (*naut.*), ex(-)meridian altitude *s.*, (*astr.*) ex(-)meridian latitude *s.*; **–meridianhöhe** *f.* (*astr.*), ex(-)meridian altitude *s.*; **–meridiantafeln** *f./pl.* (*naut.*, *astr.*), ex(-)meridian tables (*pl.*); **–mittagsbreite** *f.* (*naut.*, *astr.*), ex(-)meridian altitude *s.* *or* latitude *s.*; **–mitternachtsbreite** *f.* (*naut.*, *astr.*), ex-latitude north *s.*; **–mond** *m.* (*astr.*), paraselene *s.*, mock(-)moon *s.*; **–planet** *m.* (*astr.*), inferior *or* minor planet *s.*; **–preis** *m.* (*rac.*), special award *s.* *or* prize *s.* *or* trophy *s.*; **–regenbogen** *m.*, secondary rainbow *s.*; **–schluß** *m.* (*elec.*), shunt *s.*; **–schlußmotor** *m.*, shunt-wound motor *s.*; **–schlußschaltung** *f.* (*elec.*), shunt connection *s.*; **–sender** *m.* (*rad.*), slave station *s.*; **–sonne** *f.* (*astr.*), parhelion *s.*, mock(-)sun *s.*; **–sprechen** *n.* (*rad.*), cross-talk *s.*; **–strich** *m.* **(auf dem Kompaß),** intercardinal point *s.*; **–strom** *m.* (*geogr.*), tributory *s.*, feeder *s.*; (*elec.*) shunt-current *s.*; **–system** *n.* (*meteor.*), minor system *s.*; **–tief** *n.* (*meteor.*), secondary cyclone *s.* *or* depression *s.* *or* low *s.*; **–wellenresonanz** *f.* (*phys.*), sympathetic resonance *s.*; **–wind** *m.*, wind *s.* abeam, side wind *s.*; **–winkel** *m.* (*naut.*, *math.*), adjacent angle *s.*; **–wirkung** *f.*, secondary action *s.* *or* effect *s.* (*of sea, wind, etc.*); **–zyklon** *m.* (*meteor.*), secondary cyclone *s.*; **–zyklone** *f.* (*meteor.*), secondary cyclone *s.* *or* depression *s.* *or* low *s.*

neblig *adj.*, foggy, hazy, misty, vapo(u)rous, vapo(u)ry, (*am.*) smoky (*of weather*); dim, nebulous (*of contours, etc.*); **leicht –,** hazy, misty; **nicht –** (*naut.*), open (*of weather*); **– werden,** to mist over, to become *or* to grow misty *or* foggy; **–e Stellen** *f./pl.*, patches (*pl.*) of fog; **–es Wetter** *n.*, misty *or* murky weather *s.* **Nebligkeit** *f.*, mistiness *s.*, fogginess *s.*, murkiness *s.*, nebulosity *s.*, vapo(u)rousness *s.*

Neerstrom *m.*, back eddy *s.*, backwash *s.*

negativ *adj.* (*math.*, *naut.*), negativ, minus; **–er Auftrieb** *m.* (*naut.*), negative buoyancy *s.*; **–e Beschleunigung** *f.* (*phys.*), negative acceleration *s.*; **–er Druck** *m.* (*naut.*, *phys.*), negative pressure *s.*; **–es Gefälle** *n.* (*meteor.*), negative gradient *s.*; **–e Größe** *f.* (*math.*), minus quantity *s.*; **–e Höhe** *f.* (*astr.*), depression *s.*; **–er Pol** *m.* (*phys.*), negative pole *s.*; **–er Schlipp** *m.* *od.* **Slip** *m.*, negative slip *s.*; **–er Spiegel** *m.*, inclining *or* concave stern *s.* (*of a yacht*); **–er Sprung** *m.* (*naut.*), reverse sheer *s.* (*shipb.*).

nehmen *v.*, **an Bord –,** to take aboard *or* on board (ship); **Ausrüstung** *f.* **(Vorräte** *m./pl.*) **an Bord –,** to ship equipment (provisions *or* stores); **Ballast (an Bord) –,** to take in ballast;

in Schlepp –, to take in tow; **Kurs – auf,** to head for, to lay up for, to shape a *or* the course for, to stand (out) for, to steer for; **Kurs – auf eine Wendemarke** (*rac.*), to fetch a buoy *or* mark.

Nehrung *f.* (*geogr.*), narrow tongue *s.* of land, spit *s.*, tombolo *s.*

neigen *v.t.*, to bend (*the mast*); *v.r.*, to dip, to lean, to incline, to slant, to slope, to tilt (*of deck*). **Neigung** *f.* (*naut.*), dip *s.*, list *s.*, pitch *s.* (*of boat*), pitch *s.*, slant *s.*, tilt *s.* (*of deck*); (*astr.*, *phys.*) dip *s.*, inclination *s.*, gradient *s.*; **gefährliche – (des Bootes),** heeling (moment) *s.*, tilt(ing) *s.*, tip(-over) *s.* (of the boat); **– zu Gewittern** (*meteor.*), tendency *s.* of *or* to (thunder)storms; **– zum Kentern,** crankiness *s.* (*of a boat*). **Neigungs / anzeiger** *m.* (*naut.*), inclinometer *s.*; **–ebene** *f.* (*phys.*), inclined plane *s.*; **–gradient** *m.* (*phys.*), falling gradient *s.*; **–kompaß** *m.*, inclination compass *s.*, inclinometer *s.*; **–linie** *f.* (*phys.*), gradient *s.*; **–lot** *n.* (*phys.*), axis *s.* of incidence; **–messer** *m.* (*naut.*), inclinometer *s.*, clinometer *s.*; **–pendel** *n.* (*naut.*), (in)clinometer pendulum *s.*; **–stabilität** *f.* **(eines Bootes),** inclining stability *s.*, stability *s.* of inclination (of a boat); **–winkel** *m.* (*naut.*), heeling angle *s.*, angle *s.* of tilt(ing) *or* tipping-over (*of boat*), rake *s.* (*of mast*); (*phys.*) (angle of) inclination *s.*

Nein *n.* (*naut.*, *rad.*), negative; **ein Signal mit (einem) – beantworten,** to answer a signal in the negative.

Nenn / belastung *f.*, nominal load *s.* (*of boat, sail, etc.*); **–drehzahl** *f.*, nominal *or* rated speed *s.*, rated speed *s.* nominal, revolutions (*pl.*) per minute, r.p.m. (*of engine or motor*); **–druck** *m.* (*phys.*), nominal pressure *s.* **nennen** *v.* (*rac.*), to enter **(für,** for) (*a race*). **Nenn / frequenz** *f.* (*rad.*), nominal *or* rated frequency *s.*; **–geld** *n.* (*rac.*), entry fee *s.*; **–kapazität** *f.*, nominal capacity *s.* (*of motor, etc.*); **–last** *f.*, nominal load *s.*; **–leistung** *f.* (*phys.*), actual *or* normal output *s.*, nominal *or* rated output *s. or* power *s.*, nominal capacity *s.*; **–reichweite** *f.*, (*rad., radar*), nominal range *s.*; **–segelfläche** *f.*, rated *or* nominal sail area *s.*; **–spannung** *f.* (*elec.*), nominal *or* rated voltage *s.*; **–tragweite** *f.* (*naut.*), nominal range *s.* (*of lights, lantern, etc.*). **Nennung** *f.* (*rac.*), entry *s.* **Nennungs / gebühr** *f.*, **–geld** *n.* (*rac.*), entry fee *s.*; **–liste** *f.* (*rac.*), entry *s.*, list *s.* of entries *or* competitors; **–schluß** *m.* (*rac.*), close *s.* of entries. **Nenn / wert** *m.* (*phys.*), rated value *s.*

Neoprenanzug *m.*, neoprene (wet) suit *s.*

Nephoskop *n.* (*meteor.*), nephoscope *s.*

Netto / last *f.* (*naut.*), net load *s.* (*also of trailer*); **–raumgehalt** *m.* (*naut.*), net tonnage *s.*; **–registertonnen** *f./pl.*, net register tonnage *s.* (*of boat*); **–tonnengehalt** *m.* (*naut.*), net (register) tonnage *s.*; **–vermessung** *f.*, net tonnage *s.* (*of a boat*).

Netz *n.*, grid *s.*, criss-cross *s.* (of lines) (*on charts or maps*); (*opt.*) reticle *s.*, reticule *s.*; net *s.*, netting *s.* (*fishery*); **stehendes –,** stationary net *s.* (*fishery*); **ein – ausbringen** *od.* **auswerfen** *od.* **stellen,** to net, to set up a net; **ein – auswerfen,** to shoot a net; **in ein – hineinfahren** *od.* **-segeln, mit einem – unklar kommen,** to foul a net; **(Gewässer) mit –en** (*pl.*) **abfischen,** to net; **Stelle** *f.* **in Gewässern, wo –e ausgelegt werden,** sett *s.*; **– von Flüssen,** net *s.* **Netz / abweiser** *m.* **(an Booten),** net protector *s.*; **–anschluß** *m.* (*rad.*, *elec.*), power supply *s.*, mains-connection *s.*; **–boje** *f.*, buoy *s.* marking a sett, dan (buoy) *s.*; **–brook** *m.* (*coll. f.*), net sling *s.*; **–brumm** *m.* (*rad.*), mains hum *s.*; **–empfänger** *m.* (*rad.*), mains receiver *s.*; **–fischer** *m.*, netter *s.* (*boat and pers.*); **–fischerei** *f.*, netting *s.*; **Recht** *n. od.* **Privileg** *n.* **der –fischerei,** right *s.* of netting; **–fleeth** *n.* (*naut.*), fleet *s.*; **–funk** *m.* (*rad.*), line-relay service *s.*; **–gerät** *n.* (*rad.*), all-mains set *s.*; **–karte** *f.* **der Hyperbelnavigation,** hyperbolic grid chart *s.*; **–klappe** *f.*, flapper *s.*; **–knoten** *m.*, net(ting) knot *s.*; **–leger** *m.*, netter *s.* (*boat and pers.*); **–spannung** *f.* (*elec., rad.*), power-supply voltage *s.*, mains *or* line voltage *s.*; **–sperre** *f.* (*naut.*), net barrage *s.* (*as for swimmers, etc.*); **–strom** *m.* (*elec.*), mains *or* line current *s.*; **–teil** *m.* (*coll. n.*) (*rad.*), power pack *s. or* unit *s.*; **–transformator** *m.* (*elec., rad.*), power transformer *s.*; **–wadenfischer(boot** *n.*) *m.*, seiner *s.*; **–werk** *n.* (*rad.*), net work *s.*; netting *s.* (*fishery*); **–zug** *m.*, haul *s.* (*fishery*).

Neu / ankömmling *m.* (*naut.*), new arrival *s.*, newcomer *s.*, (*coll.*) griffin *s.*; **–anmeldung** *f.*, new registration *s.* (*of a yacht*); **–ausrüstung** *f.* **einer Yacht,** refit *s. or* refitment *s.* of a yacht; **–bau** *m.* (*naut.*), new building *s. or* construction *s.* (*of a boat*); **–eis** *n.*, young ice *s.*; **–entwicklung** *f.*, new development *s.* (*of shipbuilding material, sailcloth, etc.*). **Neuerung** *f.* (*naut.*), change *s.*, innovation *s.*, reform *s.* (*of yacht racing rules, etc.*). **Neu / fundlandnebel** *m.* (*naut., meteor.*), Newfoundland fog *s.*; **–klassifikation** *f.* (*naut.*), reclassification *s.*; **–ling** *m.* (*naut.*), green *or* new hand *s.*, griffin *s.*, tenderfoot *s.*; **–mond** *m.* (*astr.*), neomenia *s.*, (*coll.*) young *or* new moon *s.*; **Zeit** *f.* **des –monds** (*astr.*), interlunation *s.*; **die Zeit des**

–monds betreffend (*astr.*), interlunar; **–ordnung** *f.*, **–regelung** *f.* (*naut., rac.*), reorganization *s.*, reform *s.*

neutral *adj.* (*naut.*), indifferent; neutral; **–e Achse** *f.* (*phys.*), neutral axis *s.*; **–e Flagge** *f.* (*naut.*), neutral flag *s.*; **–es Gleichgewicht** *n.*, indifferent equilibrium *s.* (*of a boat*); **–er Hafen** *m.*, neutral port *s.*; **–es Hoheitsgebiet** *n.* (*naut.*), neutral maritime territory *s.*; **–es Hoheitsgewässer** *n.*, neutral territorial waters (*pl.*); **–e Linie** *f.* (*phys.*), neutral line *s.*; **–es Ruder** *n.*, balanced rudder *s.*; **auf –em Ruder liegen,** to sail on a balanced helm; **–e Ruderlage** *f.*, balanced helm *s.*; **–es Schiff** *n.*, neutral ship *s.*; **–e Stabilität** *f.*, indifferent stability *s.* (*of a boat*); **–er Status** *m.* (*naut., jur.*), neutrality *s.* (*in harbour, etc.*); **–e Stellung** *f.* (*elec., tech.*), neutral position *s.* (*as on instruments, etc.*).

Neutrale *f.* (*phys.*), neutral line *s.*

Neutralisation *f.* (*rad.*), neutralization *s.* **neutralisieren** *v.* (*rad.*), to neutralize.

Neutralität *f.* (*naut., jur.*), neutrality *s.* **Neutralitätsverletzung** *f.* (*naut., jur.*), violation *s.*

Neu / vermessung *f.* (*naut.*), re-measurement *s.*, resurvey *s.* (*of boat, sail*); first measurement *s.* (*of a boat*); **–wert** *m.* (*naut., ins.*), value *s.* (when *or* as) new.

Newton *n.* (*phys.*), newton *s.*; **–sche Kraft** *f.* (*phys.*), Newtonian force *s.*; **–sches Potential** *n.* (*phys.*), Newtonian potential *s.*; **–sche Ringe** *m./pl.* (*phys.*), Newton's rings (*pl.*).

nicht *adv.*, **– abgestagter Mast,** unstayed mast *s.*; **– anerkennen** (*rac.*), to disclaim; **– auf ebenem Kiel,** out of trim; **– aufgeben** (*rac.*), to hang on; **– beachten,** to disregard, to pay no heed to; **eine Markierung – beachten,** to disregard a marker *or* sign; **das Wegerecht – beachten,** to ignore the right of way; **– befahrbar,** unnavigable (*of waters*); **– befeuert,** unlighted (*watercourse*); **– feuergefährlich,** non(-)inflammable, not *or* non(-)combustible; **– immer flott (aber sicher auf dem Grund liegend),** not always afloat (but safe aground); **– loslassen!** (*int.*), hang on!, don't let go!; **– manövrierfähig,** unmanageable, not under command *or* control (*of boat*); **– markiert** (*naut.*), unmarked; **– passen,** clash **(mit,** with) (*of sail area in proportion to size of boat, etc.*); **– passend** (*tech.*), not fitting (in with) (*as bolt, etc.*); **– placiert** (*rac.*), unplaced; **– registriert** (*naut.*), not registered (*as boat*); **– schiffbar,** unnavigable (*of watercourse*); **– sportlerisch, – sportsmäßig,** unsportsmanlike; **– versichert** (*naut.*), not insured.

Nicht / antreten *n.* (*rac.*), default *s.*; **–beachtung** *f.*, disregard *s.*, non-observance *s.* (*of right of way, etc.*); **–eintreffen** *n.* **(eines Bootes),** non-arrival *s.*; **–eisenmetall** *n.*, non(-)ferrous metal *s.* (*shipb.*); **–erscheinen** *n.* (*rac.*), default *s.*; **durch –erscheinen die Wettfahrt(bewertung) verlieren,** to default; **n–leitend** *adj.* (*elec.*), non(-)conducting; **–leiter** *m.* (*elec.*), non(-)conductor *s.*; **n–magnetisch** *adj.*, non-magnetic; **n–metallisch** *adj.*, non-metallic (*shipb., parts of running rigging*); **–mitglied** *n.*, non-member *s.* (*of a club*), (*rac.*) outsider *s.*; **n–oxydierend** *adj.*, not *or* non-oxidizing; **n–periodisch** (*elec., phys., rad.*), aperiodic; **n–reflektierend** *adj.*, not *or* non(-)reflecting *or* -reflective; **n–reflektierendes Objekt** *n.* (*radar*), absorber *s.*; **n–rostend** *adj.*, non-corroding, rustless, rust(-)proof, rust-resistant; **n–rostender Stahl** *m.*, stainless (*or rare* rustless) steel *s.*; **n–splitternd** *adj.*, shatter-proof; **n–startberechtigt** *adj.* (*rac.*), disqualified; **n–startberechtigtes Boot** *n.*, disqualified boat *s.*; **n–startendes Boot** *n.*, not starting boat *s.*

nieder *adj.* (*astr.*), inferior, (*geogr.*) low, down; **das Wasser steht –,** the water is low; **die Wolken hängen –,** the clouds are *or* hang low; **in den –en Breiten** (*geogr.*), in the low latitudes; *adv.*, **auf und –** (*naut.*), apeak (*of cable, etc.*); up and down (*motion of the boat*); **der Wind steht auf und –,** the wind is (up and) down.

Nieder / bordboot *n. od.* **-schiff** *n.*, boat *s. or* ship *s.* of low freeboard, low-built boat *s. or* ship *s.*; **–deck** *n.*, lower deck *s.*; **–druck** *m.* (*meteor., phys., tech.*), low pressure *s.*; **–druckgebiet** *n.* (*meteor.*), minimum *s.*, low-pressure area *s.*; **–drucksystem** *n.* (*meteor.*), low-pressure system *s.*; **n–entern** *v.*, to come down from aloft; to go down, to go below deck(s); **–frequenz** *f.* (*rad.*), audio frequency *s.*, low frequency *s.*, speech frequency *s.*; **–frequenzgleichrichter** *m.* (*rad.*), audio detector *s.*; **–frequenzstufe** *f.* (*rad.*), audio stage *s.*; **–frequenztrafo** *m. od.* **-übertrager** *m.* (*rad.*), audio transformer *s.*; **–frequenzumtastung** *f.* (*rad.*), audio-frequency shift keying *s.*; **–frequenzverstärker** *m.* (*rad.*), audio amplifier *s.*; **–führung** *f.*, down(-)lead (aerial) *s.*; **–gang** *m.* (*naut.*), companion(-)way *s.*, companion(-)hatch *s.*, (*coll.*) companion *s.*, (*obs.*) hance *s.*; (*tech.*) down-stroke *s.*; setting *s.* (*of the sun, etc.*); **–gangskappe** *f.*, (sliding) hatchway cover *s.*, (*coll.*) cap *s.*; **–gangsluk** *n.*, **–gangsluke** *f.*, companion hatch *s.*, booby hatch *s.*; **–gangstreppe** *f.*, companion hatchway *s.*, companionway *s.*, (*coll.*) companion *s.*; **n–gehen** *v.*, to set, to sink (*of sun, etc.*), to break, to burst (*of* storm); to touch down (*of seaplane*); **–halter** *m.*, kicking strap *s.*, (*am.*) boom vang *s.*; **–halter-Spannhebel** *m.*, kicker lever *s.*; **–halterspindel** *f.*, kicker pivot *s. or* spindle *s.*; **–holen** *n.*, hauling down *s.*, lowering *s.* (*of flag, sail*); **n–holen** *v.* (*naut.*), to lower, to ride (a sail) down, to furl a sail, to lower (*the colours or the flag*); to haul *or* to heave down (*parts of the running rigging, etc.*); **–holer** *m.*, downhaul *s.*, inhaul *s.*, inhauler *s.*, tripping *or* retrieving line *s.*; kicking strap *s.*, (*am.*) boom vang *s.*; **–holer-Spannhebel** *m.*, kicker lever *s.*; **–lage** *f.* (*rac., coll.*), licking *s.*; **haushohe –lage** *f.* (*rac., am. coll.*), whitewash *s.*; **–schlag** *m.* (*meteor.*), precipitation *s.*, rain(-)fall *s.*; condensation *s.*; **–schlag bilden** (*meteor.*), to precipitate; **–schlag** *m.* **eines Bootes durch Böen,** knockdown *s.*; **max(imale) –schläge** *m./pl.* (*meteor.*), max(imum) precipitation *s.*; **min(imale) –schläge** *m./pl.* (*meteor.*), min(imum) precipitation *s.*; **–schlagsmenge** *f.* (*meteor.*), amount *s.* of precipitation *s.*, rain(-)fall *s.*, fall *s.*; **–schlagsmesser** *m.* (*meteor.*), rain-ga(u)ge *s.*; **–schlagswasser** *n.*, condensate *s.*, condensed water *s.*, water *s.* of condensation; (*meteor.*) atmospheric water *s.*; **n–segeln** *v.*, to run *or* to sail down, to foul (*another boat*).

Niederung *f.* (*geogr.*), low ground *s.*, lowland *s.*, marsh *s.*, plain *s.* **Niederungen** *f./pl.* (*geogr.*), fens (*pl.*).

niedrig *adj.*, low; neap (*of tide*); **–e Back** *f.*, low *or* (*coll.*) monkey forecastle *s.*; **–e Küste** *f.*, low *or* shallow coast *s.*; **–e Nebelbank** *f.*, low-lying fog *s.*; **–e Wolken(decke** *f.*) *f./pl.*, low-lying clouds (*pl.*), low ceiling *s.* **Niedrigwasser** *n.*, low tide *s. or* water *s.*; **höheres (mittleres, niedrigeres, niedrigstes) –,** higher (mean, lower, lowest) low water *s.*; **– mit gewöhnlicher Springtide,** low water *s.* with ordinary *or* normal spring-tide. **Niedrigwasser/höhe** *f.*, height *s.* of low water *or* tide; **–intervall** *n.*, low-water interval *s.*; **–marke** *f.*, low-water mark *s.*; **–stand** *m.*, height *s.* of low water *or* tide, low-water level *s.*; **–zeit** *f.*, time *s. or* period *s. or* phase *s.* of low water *or* tide.

Niemandsland *n.* (*naut.*), no-man's land *s.*, Tom Tiddler's ground *s.*

Nieseln *n.* (*meteor.*), drizzle *s.*, mizzle *s.*, trickle *s.*, (*coll.*) dribble *s.* **nieseln** *v.* (*meteor.*), to drizzle, to mizzle, to trickle, (*coll.*) to dribble. **Nieselregen** *m.*, drizzle *s.*

Niet *m. od. n.*, **Niete** *f.* (*naut., tech.*), rivet *s.*; **versenkter –,** countersunk *or* flush rivet *s.* **Nieten** *n.*, riveting *s.* **nieten** *v.*, to rivet. **Nieten/achse** *f.* **eines Blockes,** rivet-shaft *s.* of a block; **–zieher** *m.*, riveting set *s.* **Niet/hammer** *m.*, riveting hammer *s.*; **–kopf** *m.*, rivet head *s.*; **–nagel** *m.* (*naut., tech.*), rivet *s.*, riveted nail *s.*; **–naht** *f.*, rivet joint *s.*, riveted seam *s.*, riveting *s.* (*shipb.*); **–schäkel** *m.*, sister hook *s.*; **–stelle** *f.*, riveted joint *s.*, riveting *s.*; **–stempel** *m.*, riveting set *s.* **Nietung** *f.*, riveted joint *s.*, riveting *s.* **Nietverbindung** *f.*, riveted joint *s.*, rivet joint *s.*, riveting *s.* (*shipb.*).

Nimbo/cumulus *m. od.* **–kumulus** *m.* (*meteor.*), nimbocumulus *s.* (*pl.* -li), (*coll.*) raincloud *s.*; **–stratus** *m.* (*meteor.*), nimbostratus (cloud) *s.* **Nimbus** *m.* (*meteor.*), nimbus *s.*; **–wolke** *f.*, nimbus *or* rain cloud *s.*

Nippebbe *f.* (*naut.*), neap *s.*

Nippel *m.* (*naut., tech.*), nipple *s.* (*brace, connecting piece*).

Nipp/flut *f.* (*naut.*), neap (tide) *s.*, neap-tide *s.*; **durch –flut behindert, wegen –flut nicht durchkommen,** to be neaped (*of boat*); **–hochwasser** *n.*, high-water neaps (*pl.*), (*am.*) neap high-water *s.*; **mittleres –hochwasser** *n.*, mean high-water neaps (*pl.*); **–hochwasserhöhe** *f.*, height *s.* of (the) neap high-water *s. or* -tide *s.*; **–niedrigwasser** *n.*, low-water neaps (*pl.*), (*am.*) neap low-water *s.*; **mittleres –niedrigwasser** *n.*, mean low-water neaps (*pl.*); **–tide** *f.*, neap tide *s.*; **bei –tidenebbe auf (dem) Grund festgekommen** *od.* **festsitzend,** (to be) beneaped *or* neaped (*of boat*); **–tidenhub** *m.*, **–tidenstieg** *m.*, neap rise *s.*, rise *s.* of (the) neap (tide); **–verfrühung** *f.*, priming *s.* of (the) neap (tide); **–verspätung** *f.*, lagging *s.* of (the) neap (tide); **–zeit** *f.*, neap tide *s. or* phase *s.*

Niro *m.* (*coll.*), **Nirosta** *m.* (*naut.*), stainless steel *s.* (*for wire rope, etc.*); **--Drahtvorliek** *n.*, stainless luff wire *s.*; **--Seereling** *f.*, stainless guardrail *s.*

Nitzel *m.* (*naut.*), fox *s.*, nettle *s.*

Niveau *n.* (*geogr.*), level *s.* (*of sea, tide*).

Nivellierschraube *f.* (*naut., tech.*), levelling *or* (*am.*) leveling screw *s.*

Nock *n. od. f.* (*naut.*), peak *s.*, yard-arm *s.* (*of a sail*), boom(-)head *s.*, pole *s.* (*of spars*), wing *s.* (*of the bridge*); **– der (Kommando)Brücke,** wing *s.* of the bridge; **– einer Rah(e),** yard(-)arm *s.*, arm *s.* of the yard; **– eines Segels,** peak *s. or* yard-arm *s.* of a sail; **– einer Spiere,** boom(-)head *s. or* pole *s.* of a spar. **Nock/band** *n.*, derrick band *s.*, hoop *s.*; **–bändsel**

n., head earing *s.*; piston fittings (*pl.*) (*of spinnaker pole, etc.*).

Nocke *f.* (*coll.*), **Nocken** *m.* (*naut.*, *tech.*), cam *s.*, lifter *s.*; – **einer Welle,** tappet *s.* **Nocken / antrieb** *m.*, cam drive *s.*; **–rad** *n.*, camwheel *s.*; **–steuerung** *f.*, cam control *s.* *or* gear *s.*, tappet gear *s.*; **–welle** *f.*, camshaft *s.*, crankshaft *s.*; **obenliegende –welle** *f.*, overhead crankshaft *s.*

Nock / gatchen *n.*, **–gatjen** *n.*, head hole *s.*, (metal) grummet *s.* *or* grommet *s.* (*of sail, tarpaulin, etc.*); **–gording** *f.*, leech *s.* *or* (*am.*) leach line *s.*; **–gording** *f.* **eines Gaffelsegels an der Piek,** peak *s.* of a gaff sail; **–horn** *n.*, (head) earing *s.*; **–horn** *n.* **eines Stagsegels,** throat *s.* of a staysail; **–jolle** *f.*, yard tackle *s.*; **–kausch** *f.*, ear thimble *s.*; **–klampe** *f.*, thumb cleat *s.*; **–legel** *m.*, upper cringles (*pl.*); **–ohr** *n.* **(eines Stagsegels),** throat *s.* (of a staysail); **–pferd** *n.* (*naut.*), Flemish horse *s.*; **–takel** *n.*, yard tackle *s.*

Nonius *m.* (*naut.*), vernier (scale) *s.*, nonius *s.*; **mit einem – (versehen),** vernier. **Nonius / ablesung** *f.*, vernier reading *s.*; **–sextant** *m.*, vernier sextant *s.*; **–skala** *f.*, vernier scale *s.*; **–teilstrich** *m.*, vernier dial *s.* *or* (graduation) mark *s.*; **–teilung** *f.*, nonius *s.*

Nonstop / fahrt *f.* (*naut.*), non(-)stop run *s.* *or* sail *s.*; **–-Seereise** *f.*, non(-)stop voyage *s.*

Nord *m.* (*naut.*), north *s.*, North *s.*, (*coll.*) nor', (*meteor.*) north wind *s.*, norther *s.*; **geographisch –,** true north *s.* *or* North *s.*; **magnetisch** *od.* **mißweisend –,** magnetic north *s.* *or* North *s.*; **rechtweisend –,** true north *s.* *or* North *s.*; **– zu Ost (West)** (*naut.*), north by east (west). **Nordbreite** *f.* (*naut.*, *geogr.*), northern latitude *s.*

Norden *m.* (*geogr.*), north *s.*, the North *s.*; **aus –,** from the north; **der äußerste –,** the ultimate Thule *s.*; **gegen –,** northward, to the north; **im –,** to the north **(von,** of); **nach –,** northward, northerly, to the North *or* north, in a northerly direction; **Distanz** *f.* *od.* **Entfernung** *f.* *od.* **Kurs** *m.* *od.* **Weg** *m.* **nach –** (*naut.*), northing *s.*; **nach – gehend** (*naut.*), northern, to be northing; **nach – segeln,** to go *or* to run *or* to sail north, to be northing; **von – kommend,** northern; northerly (*of wind*).

Norder *m.* (*naut.*, *dial.*), norther *s.* (*wind*); **–sonne** *f.* (*naut.*), midnight sun *s.*

nordgehend *pr.p.* (*naut.*), northing, northbound (*of boat*). **Nord / kurs** *m.*, course *s.* north; **auf –kurs laufen** *od.* **liegen,** to stand northward, to be northing (*of boat*); **–kurs laufen,** to run *or* to work northward.

nördlich *adj.*, north, northward(s); **– von,** (to the) north of; **nördlich** *prep.*, north, northern, northerly, northward; arctic, hyperborean (*of climate, wind*); (*naut.*, *coll.*) north'rd, norrard; **am weitesten – gelegen,** northernmost; **– von,** northward *or* to the north of *or* from; **–e Breite** *f.* (*geogr.*), north(ern) latitude *s.*; **–e Deklination** *f.* (*astr.*), northing *s.*; **–e Gegend** *f.*, northward *s.*; **–e Halbkugel** *f.* (*geogr.*), northern hemisphere *s.*; **–er Kurs** *m.*, northing *s.*, course *s.* north; **auf –em Kurs laufen** *od.* **liegen** *od.* **segeln,** to be northing; **–e Lage** *f.* (*naut.*, *geogr.*), northerliness *s.*; **–er Quadrant** *m.* (*naut.*), north(ern) quadrant *s.*; **–e Richtung** *f.* (*naut.*), northing *s.*; northerliness *s.*; **in –er Richtung laufen** *od.* **segeln,** to go *or* to work north, to be northing; **–e Route** *f.*, **–er Seeweg** *m.*, northern (sea) route *s.* *or* track *s.* **nördlichst** *adj.*, northernmost.

Nord / licht *n.* (*astr.*), aurora borealis *s.*, Aurora Borealis *s.*, (*naut.*, *coll.*) northern lights (*pl.*), streamers (*pl.*); **das –licht betreffend,** auroral; **–lichtstörungen** *f./pl.*, auroral disturbances (*pl.*) *or* perturbation *s.*; **–meridian** *m.*, north(ern) meridian *s.*; **–nordost** *m.* (*naut.*), north-northeast *s.*; **–nordwest** *m.* (*naut.*), north-northwest *s.*

Nordost *m.* (*naut.*), north(-)east *s.*, (*coll.*) nor'-east *s.*; **– zu Nord** (*naut.*), northeast by north; **– zu Ost** (*naut.*), northeast by east. **Nordosten** *m.* (*geogr.*), north(-)east *s.*; **nach –,** north east; **nach – (gehend),** northeasterly; **nach – (gerichtet),** northeastwardly; **von – (kommend),** northeasterly (*of wind, etc.*). **nordöstlich** *adj.*, *prep.*, north(-)east, northeasterly, northeastern, north-eastward; **–e Richtung** *f.*, north(-)eastward *s.* **Nordost / monsun** *m.*, north(-)east monsoon *s.*; **–passage** *f.* (*naut.*), North-East Passage *s.*; **–passat** *m.*, north(-)east trades (*pl.*) *or* trade winds (*pl.*); **n–wärts** *adv.*, northeastwardly; **–wind** *m.*, north(-)easter *s.*

Nord / pol *m.*, North Pole *s.*; **(erd)magnetischer –pol** *m.* (geo)magnetic north pole *s.*; **geographischer –pol** *m.*, geographical north pole *s.*; **–punkt** *m.* (*phys.*), north point *s.*; **–quadrant** *m.* (*naut.*), north quadrant *s.*; **rechtweisende –richtung** *f.* (*nav.*), true north *s.*; **in –richtung stabilisiertes Radargerät** *n.* **(Rundsichtgerät** *n.***)**, north(-)stabilized radar *s.* (plan-position indicator *s.*); **–schein** *m.* (*astr.*), zodiacal light *s.*; (*naut.*, *coll.*) northern twilight *s.*; **–sommer** *m.* (*naut.*), arctic *or* polar summer *s.*; **n–stabilisiert** *adj.* (*radar*), north- *or* azimuth-stabilized; **n–stabilisierte Relativ-**

anzeige *f.* (*radar*), north- *or* azimuth-stabilized plan-position indicator *s.* *or* PPI *s.*; **–stern** *m.* (*astr.*, *naut.*), Polaris *s.*, Pole Star *s.*, pole star *s.*, north star *s.*; **–sternazimuth** *m.*, azimuth *s.* of the pole star; **–sternbreite** *f.*, latitude *s.* by the pole *or* north star *or* by Polaris (altitude); **–strömung** *f.*, north-going current *s.*; **–sturm** *m.* (*am.*), norther *s.*; **in n–südlicher Richtung,** north-south, north and south; **n–wärts** *adv.*, northward(s), (*naut.*, *coll.*), norrard, nor'rard.

Nordwest *m.* (*naut.*), north(-)west *s.*, (*coll.*) nor'west *s.*; north westerly *s.*, north-westerly wind *s.*; **– zu Nord,** northwest by north; **– zu West,** northwest by west. **Nordwesten** *m.* (*geogr.*), north(-)west *s.*; **nach** *od.* **von –,** northwest, northwesterly. **nordwestlich** *adj.*, northwest, northwestern; *prep.*, northwesterly. **Nordwest / passage** *f.* (*naut.*), North-West Passage *s.*; **–passat** *m.*, northwest trades (*pl.*) *or* trade winds (*pl.*); **–sturm** *m.*, northwester *s.*, (*coll.*) nor'wester *s.*; **–stürme** *m./pl.*, north-westerly gales (*pl.*); **–ufer** *n.*, north-western shore *s.*; **–wind** *m.*, northwester *s.*, north westerly *s.*, north-westerly wind *s.*, (*naut.*, *coll.*) nor'wester *s.*

Nordwind *m.*, north wind *s.*, northerly wind *s.*; tramontana *s.* (*Mediterranean*); **heftiger kalter –** (*am.*), norther *s.*, northern *s.*; **stürmischer –,** boreal blast *s.*; **Gott** *m.* **des –es** (*naut.*), Boreas *s.*; **den – betreffend,** boreal.

Nordwinter *m.* (*naut.*), arctic *or* polar winter *s.*

normal *adj.*, normal, regular, standard; **–e Bedingungen** *f./pl.* (*rac.*), normal conditions (*pl.*); **–e Fahrt(geschwindigkeit)** *f.* (*naut.*), normal *or* standard speed *s.*; **–e Fehlerkurve** *f.* (*naut.*), normal error curve *s.*; **–e Regattabedingungen** *f./pl.*, **–e Wind- und Wellenbedingungen** *f./pl.* (*rac.*), normal conditions (*pl.*). **Normal / abmessungen** *f./pl.*, scantling *s.* (*shipb.*); standard measurement *s.* (*of boat, sail*); **–anker** *m.*, standard anchor *s.*; **–atmosphäre** *f.*, normal atmospheric conditions (*pl.*); **–ausrüstung** *f.* (*naut.*), standard equipment *s.* *or* outfit *s.*; **–belastung** *f.* (*naut.*, *phys.*), normal load *s.*; **–beschleunigung** *f.* (*phys.*), normal acceleration *s.*; **–druck** *m.* (*meteor.*, *phys.*, *tech.*), normal pressure *s.*; **–frequenz** *f.* (*rad.*), standard frequency *s.*; **–geschwindigkeit** *f.* (*naut.*), normal *or* permitted speed *s.*; **–gewicht** *n.*, standard weight *s.* (*of boat, crew, etc.*); **–gleichung** *f.* (*astr.*, *math.*), normal equation *s.*; **–größe** *f.*, normal *or* standard size *s.* (*of sails, etc.*); **–heck** *n.*, conventional *or* common *or* normal stern *s.*; **–leistung** *f.* (*naut.*, *tech.*), normal output *s.*, rating *s.*; **–maß** *n.*, standard (measure) *s.* (*of boat, sail*); **–maßstab** *m.*, standard measure *s.*; normal scale *s.* (*on charts*); **–null** *n.*, mean sea level *s.*, (*naut.*) tidal datum *s.* *or* plane *s.* of reference; **Höhe** *f.* **über –null,** altitude *s.*; **–pegel(stand)** *m.*, normal level *s.*, (*naut.*) reference level *s.*; **–segel** *n.*, plain *or* standard sail *s.*; **–stellung** *f.* (*elec.*), normal position *s.* (*also of instruments*); **–temperatur** *f.* (*meteor.*), normal temperature *s.*; **–wasserstand** *m.*, normal water-level *s.*, (*naut.*) normal state *s.* of the tide; **–zeit** *f.*, mean *or* correct *or* standard time *s.*

Normann *m.* **(im Poller),** norman *s.*

Normteil *m.* *od.* *n.*, standard part *s.* (*of equipment, etc.*). **Normung** *f.*, standardization *s.*

Not *f.* (*naut.*), distress *s.* (at sea), danger *s.*; emergency *s.*; **einen Hafen in – anlaufen,** to put *or* to stand in *or* to make port in distress. **Not / absperrventil** *n.*, emergency valve *s.* *or* stopcock *s.*; **–anker** *m.*, sheet(-)anchor *s.*, spare *or* auxiliary anchor *s.*; **–ankerplatz** *m.*, emergency anchorage *s.*; **–anruf** *m.* (*rad.*), distress call *s.*; **–antenne** *f.*, jury aerial *s.* *or* (*am.*) antenna *s.*; **–ausbesserung** *f.*, makeshift (repair) *s.* (*of boat, sail*); **–ausrüstung** *f.* **(an Bord),** emergency equipment *s.* *or* outfit *s.* *or* gear *s.* *or* (*coll.*) kit *s.*; first-aid kit *s.*; **–ausstieg** *m.* (*naut.*), escape hatch *s.*; **–ausweichsignal** *n.*, emergency (collision) avoidance signal *s.*; **–batterie** *f.*, stand-by battery *s.*; **–befeuerung** *f.*, distress lights (*pl.*), emergency light(s) *s.* (*pl.*) *or* lighting *s.*; **–behelf** *m.*, expedient *s.*, makeshift *s.*, (*coll.*) stopgap *s.*; **als –behelf,** as a shift; **kleiner –behelf** *m.*, makeweight *s.*; **–behelfsmittel** *n.*, expedient *s.*; **–brücke** *f.*, temporary bridge *s.*; **–empfänger** *m.* (*rad.*), emergency receiver *s.* *or* receiving set *s.*; **–fall** *m.*, emergency *s.*; **im –fall,** in an emergency, in (the) case of emergency; **–flagge** *f.* (*naut.*), flag *s.* of distress, distress flag *s.*, ensign *s.* hoisted union down; **–frequenz** *f.* (*rad.*), distress frequency *s.*; **–hafen** *m.*, port *s.* of distress *or* of refuge, harbo(u)r *s.* of refuge; **–kompaß** *m.*, auxiliary *or* emergency *or* spare compass *s.*; **–lage** *f.* (*naut.*), distress *s.*, emergency *s.*; **–lampe** *f.*, **–laterne** *f.*, distress lamp *s.* *or* lantern *s.*; **–lenzpumpe** *f.*, emergency *or* jury bilge-pump *s.*; **–luk** *n.*, **–luke** *f.*, escape hatch *s.*; **–maßnahme** *f.* (*naut.*), emergency measure *s.*; **–mast** *m.*, jury mast *s.*; **–meldung** *f.* (*rad.*), distress message *s.*; **–pinne** *f.*, jury *or* emergency tiller *s.*; **–pro-**

viant *m.*, **–ration** *f.* (*naut.*), iron *or* emergency rations (*pl.*) (*in lifeboat, etc.*); **–reparatur** *f.*, emergency *or* temporary repair *s.*, makeshift (repair) *s.*; **–route** *f.* (*naut.*), emergency *or* alternative route *s.*; **–ruder** *n.*, jury rudder *s.*; **–ruderanlage** *f.*, emergency steering gear *s.*; **–rudermaschine** *f.*, emergency steering engine *s. or* gear *s.*; **–rudertalje** *f.*, relieving tackle *s.*; **–ruf** *m.* (*naut.*), distress call *s.*, SOS *s.* (*Save Our Souls*); mayday!; **automatischer –ruf** *m.*, auto-alarm *s.*; **einen –ruf absetzen** (*naut.*, *rad.*), to transmit *or* to send out a distress call; **–ruffrequenz** *f.* (*rad.*), distress frequency *s.*; **–segel** *n.*, jury sail *s.*; **–sender** *m.* (*rad.*), emergency transmitter *s.*; **–signal** *n.* (*rad.*), distress signal *s.*, signal *s.* of distress, SOS *s.*, mayday *s.*, (*naut.*) waft *s.*; **–signale** (*pl.*) **absetzen** *od.* **aussenden** (*naut.*, *rad.*), to send out distress signals; **–signale** (*pl.*) **auffangen** (*naut.*, *rad.*), to pick up distress signals; **die –signale** (*pl.*) **sind gesetzt,** the danger *or* distress signals are up; **–signalboje** *f.*, distress *or* emergency signal buoy *s.*; **–signalfeuer** *n.*, distress light *s.*; **–signalflaggen** *f./pl.*, danger *or* distress flags (*pl.*) *or* signals (*pl.*); **–signalgeber** *m.*, **–signalgerät** *n.* (*naut.*), distress gun *s.*; **–signalschuß** *m.*, distress gun *s. or* shot *s.*; **–stand** *m.* (*naut.*), state *s.* of distress, emergency *s.*; **–stek** *m.*, harness hitch *s.*; **–steueranlage** *f.*, emergency steering gear *s.*; **–steuervorrichtung** *f.* (*naut.*), deadman control *s.*; **–stopp** *m.* (*naut.*), crash *or* emergency stop *s.* (*of a boat*); **–stopper** *m.* (*naut.*), dog stopper *s.*; **–strombatterie** *f.*, floating battery *s.*; **–stromgenerator** *m.*, emergency generator *s.*; **–takelage** *f.*, jury rig *s.*; **mit –takelage (ausgerüstet),** jury-rigged (*of yacht*); **–verkehr** *m.* (*rad.*), distress communication *s.*; **n–wassern** *v.*, to make a forced landing on the sea (*of plane*), (*sl.*) to ditch a plane; **–wasserung** *f.*, ditching *s.* (*of a plane*); **–wehr** *f.* (*naut.*, *jur.*), forced resistance *s.* **(gegen,** to), self-defence *s.*; **–wurf** *m.* (*naut.*), jettison(ing) *s.*; **–zeichen** *n.* (*naut.*), distress signal *s.*, waft *s.*

null *adj.*, nil, null; **– Grad** (*meteor.*), minus, zero; **– Sicht** (*naut.*), nil *or* poor *or* zero visibility *s.* **Null** *f.* (*meteor.*), zero *s.*; (*math.*) nought *s.*, zero *s.*; **auf –** (*meteor.*), at zero; **3 Grad über –** (*meteor.*), 3 degrees above minus *or* zero; **3 Grad unter –** (*meteor.*), minus 3 degrees, 3 degrees below minus *or* zero, 3 degrees of frost. **Null/abgleich** *m.* (*elec.*, *rad.*), null balance *s.*; **–ablesung** *f.*, zero reading *s.* (*on or of instruments*); **–anzeige** *f.*, zero indication *s. or* position *s.* (*on instruments*); **–anzeige(n)methode** *f.*, null method *s.* (*instruments*); **–auftrieb** *m.* **(eines Bootes),** nil buoyancy *s.*, neutral buoyancy *s.*; **–boot** *n.* (*rac.*), handicap yacht *s.*; **–ebene** *f.* (*naut.*), datum *s.*; **–einstellung** *f.*, zero adjustment *s. or* setting *s.* (*of instruments*); (*tech.*) initial adjustment *s.*

Nullenzirkel *m.*, bow compasses (*pl.*) *or* dividers (*pl.*), spring bows (*pl.*).

Null/frequenz *f.* (*rad.*), zero frequency *s.*; **–instrument** *n.*, null indicator *s.*; **–kreis** *m.*, null circle *s.*; **–lage** *f.* (*tech.*), neutral position *s.*; **–leiter** *m.* (*elec.*), neutral *or* zero conductor *s. or* wire *s.*; **–linie** *f.* (*phys.*), neutral axis *s. or* line *s.*; **–marke** *f.* **(auf Instrumenten),** zero mark *s.*; **–meridian** *m.* (*geogr.*), first *or* prime *or* zero meridian *s.*, Zero Meridian *s.*, longitude *s.* of Greenwich; **–methode** *f.*, null method *s.*; **–pegel** *m.*, zero level *s.*; **–position** *f.*, zero position *s.* (*of vernier*); **–punkt** *m.* (*phys.*), zero *s.*, zero point *s.*, (*astr.*) nadir *s.*; freezing point *s.* (*thermometer*); **absoluter –punkt** *m.* (*phys.*), absolute zero *s.*; **–punkteinstellung** *f.*, corrector *s.*, zero adjustment *s. or* position *s. or* setting *s.* (*of instruments*); **–spant** *n.*, dead flat *s.*, midship section *s.*, main frame *s.* (*shipb.*); **–steller** *m.*, zero adjuster *s.* (*device*); **–stellung** *f.*, neutral *or* zero position *s.* (*of instruments*); initial adjustment *s. or* setting *s.*; **–strich** *m.*, zero mark *s.* (*on instruments*); **–wert** *m.* (*phys.*), zero value *s.*; **–zacke** *f.* (*radar*), null signal *s.*; **–zeit** *f.*, zero-hour *s.*

Nummer *f.*, number *s.*; **– im Großsegel,** sail number *s.* **Nummern/flagge** *f.*, numeral *or* numerical flag *s. or* pendant *s. or* pennant *s.*; **–schild** *n.*, number-plate *s.*, licence *or* (*am.*) license plate *s.* (*of boat, trailer*).

Nuß *f.* (*naut.*), boss *s.* (*of propeller*). **Nuß/spant** *n.*, boss frame *s.* (*shipb.*); **–schale** *f.* (*naut.*, *hum.*), cock-shell *s.*, cockleshell *s.*, nutshell *s.*, walnut shell *s.*, tub *s.* (*small boat*).

Nüstergat(t) *n.*, limber hole *s.*

Nut *f.* (*naut.*, *tech.*), groove *s.*, rabbet *s.*, spline *s.*, slot *s.* (*as of mast*); (*tech.*) furrow *s.*, mortise *s.*, notch *s.*, channel *s.*; **– des Mastes,** groove *s. or* slot *s.* of the mast; **– eines Keils,** keyway *s.*; **– und Feder,** tongue *s.* and groove; **– und Zapfen,** mortise and tenon; **–abmessungen** *f./pl.* (*naut.*), groove *or* slot size *s.* (*of mast*).

Nutation *f.* (*astr.*), nutation *s.*

nuten *v.* (*naut.*, *tech.*), to groove, to flute, to notch, to mortise, to slot, to spline. **Nut/hobel** *m.*, grooving- *or* rabbet-plane *s.*; **–– und**

Federverbindung *f.*, rabbet-joint *s.* (*shipb.*, *etc.*).
nutzbar *adj.*, **–e Wassertiefe,** available depth *s.* of water. **Nutz / ladung** *f.* (*naut.*), deadweight *s.*; **–last** *f.* (*naut.*), dead load *s.* *or* weight *s.*, net *or* pay load *s.*, live load *s.*; (*tech.*) working load *s.*; **–leistung** *f.* (*naut.*, *tech.*), duty *s.*, effect *s.*, effective work *s.*, actual *or* normal output *s.*, efficiency *s.*, useful power *s.*; (*rad.*) output *s.*; brake horsepower *s.* (*of motor*); **–schiff** *n.*, utility craft *s.*

O

Obacht! (*naut.*, *int.*), beware!, look out!, take care!.
oben *adv.* (*naut.*), above (*deck*), aloft (*mast*), overhead (*compass, etc.*); at the top; on the surface (*of water*); **nach – ziehend** (*meteor.*), anabatic (*of air current*).
ober *adj.*, **–er Besan,** upper mizzen *s.*; **–e Fläche** *f.* **(eines Gegenstandes),** top *s.*; **–e Grenze** *f.* (*phys.*), upper limit *s.*; **–er Himmelsmeridian** *m.* (*astr.*), upper celestial meridian *s.*; **–e Koje** *f.*, upper berth *s.*, (*coll.*) the upper *s.*; **–e Kulmination** *f.* (*astr.*), upper culmination *s.*; **–er Meridian** *m.* (*astr.*), upper meridian *s.*; **Durchgang** *m.* **durch den –en Meridian** (*astr.*), upper meridian passage *s.*; **–e Seite** *f.* **(eines Gegenstandes),** top *s.*
Ober / bootsmaat *m.*, boatswain's mate *s.*; **–bootsmann** *m.*, chief boatswain's mate *s.*; **–bramrah(e)** *f.*, upper topgallant yard *s.*; **–bram-Royalstenge** *f.*, royal *s.*; **–bramsaling** *f.*, jack *s.*; **–bramsegel** *n.*, main-royal *s.*, royal sail *s.*, upper topgallant sail *s.*; **–bramstenge** *f.*, royal mast *s.*; **–deck** *n.*, upper deck *s.*; **–deckluk** *n.*, **–deckluke** *f.*, upper-deck hatch *s.*; **–deckmatrose** *m.*, leading seaman *s.*; **–drempel** *m.*, upper apron *s.* (*of a lock*); **–feuer** *n.* (*naut.*), upper range light *s.*, upper leading light *s.*
Oberfläche *f.*, surface (area) (*of water*), (surface) area *s.* (*of sail*), face *s.*, facing *s.*, surface area *s.* (*of boat*), free surface *s.* (*of tank*); top *s.*; **benetzte –** (*naut.*), wetted surface *s.* (*underwater hull*); **freie –,** free surface *s.* (*of tank*); **an die – kommen,** to surface (*of submarine, whale, etc.*); **die – bearbeiten** *od.* **behandeln** (*naut.*), to surface (*the boat, etc.*); **– eines Bootes,** surface area *s.* of a boat; **– eines Sees,** superficies *s.* of a lake. **Oberflächen / auftrieb** *m.* (*naut.*), surface buoyancy *s.*; **–ausdehnung** *f.*, superficial extent *s.*; **–matte** *f.* (*naut.*), top mat *s.* (*GRP shipb.*); **–reibung** *f.* (*naut.*, *phys.*), skin friction *s.*; **–schutz** *m.*, skin *or* shell protection *s.* (*of hull*); **ohne –schutz,** in the white (*of hull*); **–spannung** *f.* (*naut.*, *phys.*), surface tension *s.*; **–strömung** *f.*, surface current *s.*, drift current *s.*; **–strömungswiderstand** *m.* (*naut.*, *phys.*), skin friction drag *s.*; **–wasser** *n.*, surface water *s.* (*of lake, sea*); **–welle** *f.*, surface wave *s.*; **–widerstand** *m.* (*naut.*, *phys.*), skin friction drag *s.* *or* resistance *s.*; **–wölbung** *f.* (*naut.*), top camber *s.*
Ober / geländer *n.*, topgallant rail *s.* (*of the bulwark*); **–gurt** *m.* (*naut.*), top boom *s.*; **–haupt** *n.* **(einer Schleuse),** upper gates (*pl.*); **–kante** *f.*, upper *or* top edge *s.* (*of sail, etc.*); **–kante Bodenwrange,** top *s.* of floor; **–kante Deck,** top *s.* of deck; **–kante Kiel,** top *s.* *or* upper edge *s.* of keel; **–kiel** *m.*, upper keel *s.*; **–kielschwein** *n.*, rider kelson *s.* *or* (*am.*) keelson *s.*; **–koje** *f.*, upper berth *s.*, (*coll.*) the upper *s.*; **o–lastig** *adj.* (*naut.*), top-heavy (*of boat*); **–lauf** *m.* **(eines Flusses),** headwater *s.*, upper course *s.* (of a river); **–leutnant** *m.* **zur See,** lieutenant *s.*; **–licht** *n.* (*naut.*), skylight *s.*; **klappbares –licht** *n.*, hinged skylight *s.*; **–licht** *n.* **in der Kajüte,** top light *s.*; **–lichtpersenning** *f.*, **–lichtschutzbezug** *m.*, skylight cover *s.* *or* tarpaulin *s.*; **–liek** *n.*, head *s.*, head rope *s.* (*of a sail*); **–lotse** *m.*, chief pilot *s.*; **–marsrah(e)** *f.*, upper topsail yard *s.*; **–marssegel** *n.*, upper topsail *s.*; **–mast** *m.*, upper mast *s.*; upper pole *s.* (*of topgallant*); **–rah(e)** *f.*, upper yard *s.*; **–rand** *m.* (*astr.*), upper limb *s.* (*of a planet*); **–randhöhe** *f.* (*astr.*), altitude *s.* of the upper limb (*of a planet*); **–schanzkleid** *n.*, topgallant bulwark *s.*; **–schanzkleidreling** *f.*, topgallant rail *s.*; **–schicht** *f.* (*meteor.*), super- *or* upper stratum *s.*; **–schiff** *n.*, hull *s.* above water, dead *or* upper work *s.*; **–schraube** *f.*, top screw *s.*; **–seeamt** *n.*, Supreme *or* Upper Marine *or* Maritime Court *s.*, (German) Admiralty Court *s.*; **–segel** *n.* **(eines Rahseglers),** royal (sail) *s.* (of a square-rigger); **–seite** *f.*, top *s.*, upside *s.*, top *or* upper side *s.*, right side *s.*; **mit der –seite nach unten,** upside down; **–simm** *f.*, cork line *s.* *or* rope *s.* (*fishery*); **–steuermann** *m.*, first mate *s.*; **–strom** *m.*, upper stream *s.* (*of river*); **–strom** *m.* *od.* **-strömung** *f.* (*naut.*), upper current *s.*; **–tide** *f.*, surface tide *s.*; **–wanten** *f./pl.*, upper shrouds (*pl.*); **–wasser** *n.* (*naut.*), sur-

face water *s.*; **–wasserverdrängung** *f.* (*naut.*), surface displacement *s.*; **–wellenerregung** *f.*, **–wellenresonanz** *f.* (*phys.*), sympathetic resonance *s.*; **–werk** *n.* (*naut.*), dead *or* upper works (*pl.*).

Objekt *n.* (*naut.*), object *s.* (*landmark, buoy, etc.*); (*radar*) object *s.*, target *s.*; **(im Wasser) schwimmendes** *od.* **treibendes –,** floating object *s.*; **ein – identifizieren (sichten)** (*naut.*), to identify (to sight) an object; **–abstand** *m.*, working distance *s.*

Objektiv *n.* (*opt.*), objective *s.*, object-glass *s.*, (convex) lens *s.* (*of binocular*).

Ochsenauge *n.* (*meteor., naut.*), brewing *s.*, bull eye *s.*; (*naut.*) bull *or* ox eye *s.*, porthole *s.*; **– in schwarzen Gewitterwolken** (*meteor.*), bull's eye *s.*

Oersted *n.* (*phys.*), oersted *s.* (*magnetism*).

offen *adj.* (*naut.*), open (*of boat, port, etc.*); **–es Boot** *n.*, open *or* undecked boat *s.*; **–e Bootsklampe** *f.*, open chock *s.*; **–es Eis** *n.*, loose ice *s. or* pack *s.*; **–es Gewässer** *n.*, open water *s.*; **–er Funkspruch** *m.*, radio *or* wireless message *s.* in (the) clear; **–er Hafen** *m.*, open port *s. or* harbo(u)r *s.* (*in tidal waters*); icefree harbo(u)r *s.*; **–e Klasse** *f.* (*surf.*), open class *s.*; **–e Klüse** *f.*, fairlead *s.*; **–es Meer** *n.*, open sea *s.*, main sea *s.*, offing *s.*, (the) high seas (*pl.*), (*naut., jur.*) mare liberum *s.*; **–e Meisterschaft(en)** *f.* (*pl.*) (*rac.*), open championship *s.*, opens (*pl.*); **–er Raum** *m.*, open space *s.* (*measurement*); offing *s.* (*sea*); **–e Reede** *f.*, open anchorage *s. or* roadstead *s. or* roads (*pl.*); **–e See** *f.*, the open (sea) *s.*, (*naut., jur.*) mare liberum *s.*; **auf –er See,** in the offing, in mid-ocean, on the open sea; **–er Seeraum** *m.*, offing *s.*; **–e Verholklampe** *f.* open fairlead *s. or* chock *s.*; **–es Wasser** *n.*, open water(s) *s.* (*pl.*), icefree water(s) *s.* (*pl.*).

Offizier *m.* (*naut.*), (commissioned) officer *s.*, licensed *or* licenced officer *s.*, mate *s.*; **1. –** (*naut.*), second-in-command *s.*, chief mate *s.*; **2. –** (*naut.*), second mate *s.*; **diensthabender** *od.* **-tuender** *od.* **wachhabender –** (*naut.*), officer *s.* on watch *or* of the watch, watch officer *s.*; **dienstfreier** *od.* **wachfreier –** (*naut.*), officer *s.* off watch. **Offiziers/deck** *n.*, quarter(-) deck *s.*; **–messe** *f.* (*naut.*), wardroom *s.*, wardroom *s.*; **–patent** *n.* (*naut.*), commission *s.*, mate's certificate *s.*

öffnen *v.*, to open (*hatch, etc.*); **das Achterliek (die Düse) öffnet,** the leech *or* (*am.*) leach (the slot) opens.

Öffnung *f.* (*naut.*), port *s.*, hole *s.*, opening *s.*; mouth *s. or* swallow *s.* (*of block, hawse*); slot *s.* (*between sails*); **enge** *od.* **schmale – einer Hafeneinfahrt (eines Kanals),** inlet *s.* of harbo(u)r entrance (canal).

Offshore-Regatta *f.*, offshore race *s.*

Ohm *n.* (*elec.*), ohm *s.*; **–meter** *n.*, ohmmeter *s.*; **–sches Gesetz** *n.* (*phys.*), Ohm's Law *s.*; **–scher Widerstand** *m.*, Ohmic *or* true resistance *s.*

ohne *prep.*, **– Aufenthalt** (*naut.*), non(-)stop; **– Fahrt,** (when) drifting, dead in the water (*of boat*).

Ohnmachtssicherheit *f.* **von Rettungswesten,** criterion *s.* for (a) full life-jacket(s).

Öhr *n.* (*naut., tech.*), eye *s.*, eyelet *s.*, catch *s.*, handle *s.*, (*dial.*) lug *s.*

Ohren *n./pl.* **des Spinnakers,** spinnaker shoulders (*pl.*), head *s.* of the spinnaker.

Ohr/holz *n.* (*naut.*), knighthead *s.* (*of the bowsprit*); **–spant** *n.*, knighthead frame *s.*, knuckle timber *s.* (*shipb.*).

Okklusion *f.* (*meteor.*), occlusion *s.* (*of fronts*).

ökonomisch *adj.*, **–e Fahrt** (*naut.*), economical speed *s.*, economical cruising speed *s.*, cruising speed *s.*; optimum speed *s.*

Okoumé-Holz *n.* (*naut.*), ok(o)umé wood *s.*, African mahogany *s.* (*shipb.*).

Oktant *m.* (*naut., astr.*), octant *s.* (*instrument*).

Oktanzahl *f.* (*tech., chem.*), octane number *s. or* rating *s.* (*of petrol*).

Oktilschein *m.* (*astr.*), octant *s.*

Okular *n.* (*opt.*), ocular *s.*, eye(-)glass *s.*, eyepiece *s.* (*of binocular*); **–glas** *n.*, eyepiece *s.*; **–schätzung** *f.*, visual estimate *s.*

Okzident *m.* (*naut., geogr.*), occident *s.*, west *s.*

Öl *n.* (*naut., tech.*), (fuel) oil *s.*; **dick-** *od.* **schwerflüssiges –,** heavy oil *s.*; **dünn-** *od.* **leichtflüssiges –,** light oil *s.* **Öl/anstrich** *m.*, coat *s.* of oil-paint (*of boats*); **–auffangbehälter** *m. od.* **-tank** *m.*, (oil) save-all *s.*; **–behälter** *m.*, oil tank *s.*; **–buchse** *f.*, oil box *s. or* cup *s.*; **ö–dicht** *adj.* (*naut.*), oil-proof *or* -tight; **–druck** *m.*, oil pressure *s.*; **–druckanzeiger** *m. od.* **-messer** *m.*, oil-pressure gauge *s.*; **–druckschmierung** *f.*, oil pressure-lubrication *s.*

Ölen *n.* **der See** *od.* **der Wellen,** oiling *s. or* subduing *s.* (of) the sea. **ölen** *v.* (*naut.*), to oil *or* to subdue (*the sea or the waves*); (*tech.*) to oil, to lubricate. **Öler** *m.* (*tech.*), oiler *s.*

Öl/farbe *f.*, oil paint *s.* (*for boats*); **–filter** *m.* (*tech.*), oil filter *s. or* strainer *s.*; **–firnis** *m.*, oil varnish *s.* (*for boats*); **–fläche** *f. od.* **–fleck** *m.* **auf dem Wasser,** slick *s.*; **–kanister** *m.*, oil can *s.*, oiler *s.*; **–kanne** *f.* (*tech.*), oil can *s. or* feeder *s.*; **–kleidung** *f.* (*naut.*), oilskin *s.*, oils (*pl.*); **–lack** *m.*, oil varnish *s.* (*for boat, etc.*); **–leitung** *f.* (*naut.*, *tech.*), oil(-)feed *s.* (*motor*); **–maling** *f.* (*naut.*), coating *s.* with oil paint; **–meßstab** *m.*, dipstick *s.*; **–motor** *m.*, diesel *or* oil engine *s.*; **–pume** *f.*, oil pump *s.*; **–sack** *m.* (*naut.*), oil bag *s.*; **–schmierung** *f.* (*tech.*), oil lubrication *s.*; **–stand** *m.* (*naut.*, *tech.*), oil(-)level *s.*; **–stand(s)anzeiger** *m. od.* **-messer** *m.*, oil ga(u)ge *s.*; **–tank** *m.*, oil (fuel) tank *s.*; **–tanker** *m.* (*naut.*), oil tanker *s.*, oiler *s.*; **–temperatur** *f.*, oil temperature *s.*; **–treibstoff** *m.*, oil fuel *s.*, diesel oil *s.*; **–trichter** *m.*, oil funnel *s.*; **–tuch** *n.* (*naut.*), oil cloth *s.*; **–übernehmen** *n.* (*naut.*), oiling *s.*, oil fuelling *s.* (*of boat or ship*); **–verschmutzung** *f.*, **–verunreinigung** *f.* **(der See),** oil pollution *s.* (of the sea); **–viskosität** *f.*, oil viscosity *s.*, viscosity *s.* of the oil; **–wanne** *f.*, oil pan *s.* (*motor*).

Olympiade *f.*, Olympiad *s.*, Olympic Games (*pl.*) *or* games (*pl.*). **Olympiakader** *m.* (*rac.*), Olympic cadre *s.* **olympisch** *adj.* (*spt.*), Olympic, olympic; **–e Disziplin** *f.*, Olympic discipline *s.*; **–e Klasse** *f.*, Olympic class *s.*; **–er Kurs** *m.* (*rac.*), Olympic course *s.*; **–es (Punkt)System** *n.* (*rac.*), Olympic point system *s.*, Olympic scoring system *s.*

Ölzeug *n.* (*naut.*), oil clothes (*pl.*), oilskin(s) *s.* (*pl.*), oils (*pl.*), (*am.*) northwester *s.*; tarpaulin *s.*

Omega-Verfahren *n.* (*rad. nav.*), Omega navigation(al) system *s.*

One-Design / -(Boots)Klasse *f.*, one design class *s.*; **--Segel** *n.*, one(-)design sail *s.*

Opferanode *f.* (*naut.*), sacrificial anode *s.* (*corrosion protection*).

Opposition *f.* (*astr.*), opposition *s.*

Optik *f.* (*phys.*), optics (*pl.*); **geometrische –,** geometrical optics (*pl.*); **physikalische –,** physical optics (*pl.*).

optimal *adj.*, optimum, maximum; **–er Amwindkurs** *m.*, optimum course *s.* with the best distance made good to windward; **–er Anstellwinkel** *m.*, **–er Anströmwinkel** *m.*, optimum angle *s.* of attack *or* incidence (*of sail, rudder*); **–e Bedingungen** *f./pl.* (*rac.*), optimum conditions (*pl.*); **–e Fahrt** *f. od.* **Geschwindigkeit** *f.* (*naut.*), optimum speed *s.*; **–e Höhe** *f.* (*naut.*, *rac.*), optimum *or* best distance *s.* made good to windward; **–e Höhe laufen,** to sail *or* to run (on) a course with the best distance made good to windward; **–er Ruder(anstell)winkel** *m.*, optimum helm *or* rudder angle *s.* (of incidence); **–e Segelbedingungen** *f./pl.*, optimum sailing conditions (*pl.*); **–er Vor(m)windkurs** *m.*, optimum down()wind course *s.*, reaching *s.* and running; **–e Wetterbedingungen** *f./pl.* (*naut.*, *rac.*), optimum weather conditions (*pl.*). **Optimum** *n.* (*pl.* **-ma),** optimum *s.*, best *s.*

optisch *adj.*, optic(al); **Signale** *n./pl.* **– übermitteln,** to pass by visual signal; **–e Achse** *f.* (*astr.*), collimation line *s.*; **–es Alarmsignal** *n.*, visual alarm (signal) *s.*; **–e Brechung** *f.*, refraction *s.*; **–es Entfernungsmeßgerät** *n.*, optical range-finder *s.*; **–e Peilung** *f.*, optical bearing *s.*; **–es Rufzeichen** *n.* (*nav.*), visual call-sign *s.*; **–es Signal** *n.*, visual signal *s.*; **–e Signalverbindung** *f.*, visual touch *s.*; **–er Signalzeichengeber** *m.*, semaphore *s.*; **–e Täuschung** *f.* (*nav.*), optical illusion *s.*, phantom *s.*

Orangenhaut *f.* (*naut.*), orange peel *s.* (*of hull*).

Orbital / bewegung *f.* (*naut.*, *phys.*), orbital motion *s.*; **–geschwindigkeit** *f.* (*phys.*), orbital velocity *s.*; **–strömung** *f.*, orbital flow *s. or* current *s.* (*of a heavy sea*); **–(umlauf)bahn** *f.* (*astr.*), orbit *s.*

ordinär *adj.*, **–e Havarie** (*naut.*), petty average *s.*

Ordinate *f.* **(im Koordinatensystem)** (*naut.*, *math.*), ordinate *s.*, y *s.*; **schiefe –,** oblique ordinate *s.*

Ordnung *f.*, **(alles) in –!** (*rad.*), all correct!, (*am.*) okay!; **seemännisch in (guter) –,** shipshape; **wieder in – bringen** (*naut.*), to clear (*ropes, deck, etc.*).

Oregon-Fichten- *od.* **Kiefernholz** *n. od.* **-Pinie** *f.* (*naut.*), Oregon fir *s. or* pine *s.* (*for masts, spars, etc.*).

orientieren *v.t.* (*naut.*), to fix, to locate, to orient; *v.r.*, to get one's bearings (*pl.*).

Orientierung *f.* (*naut.*), bearing *s.*, direction *s.*, navigation *s.*, orientation *s.*; (*math.*) sense *s.*; **die – verlieren,** to lose one's bearings. **Orientierungs / linie** *f.* (*naut.*), datum line *s.*; **–punkt** *m.* (*naut.*), check *or* control point *s.*, reference point *s.*, point *s.* of bearing, landmark *s.*; **–sinn** *m.*, **–vermögen** *n.*, orientation *s.*, sense *s.* of direction.

Orkan *m.* (*meteor.*), hurricane *s.*, typhoon *s.*, violent gale *s. or* tempest *s.*, (*coll.*) wild wind *s.* **orkanartig** *adj.*, tornadic (*as gale*). **Orkan / auge** *n.*, eye *s. or* centre *s. or* (*am.*) center *s.* of a hurricane; **–bahn** *f.*, path *s. or* track *s.* of a hurricane; **–regel** *f.* (*naut.*), law *s.* of gales *or* storms; **–stärke** *f.*, force *s.* of a hurricane *or* violent gale; **–tief** *n.*, hurricane low *s.*, hurricane *s.* with very low (barometric) depression; **–warnung** *f.*, hurricane warnings (*pl.*); **–zentrum** *n.*, centre *s. or* (*am.*) center *s.* of a hurricane; **–zone** *f.* (*naut.*), hurricane zone *s.*, zone *s.* of a hurricane.

Orlopdeck *n.* (*naut.*, *obs.*), orlop (deck) *s.*

Ort *m.* (*naut.*), position *s.*, place *s.*, (*rad.*) spot *s.*; **angenommener –** (*naut.*), assumed position *s.*; **erreichter –** (*naut.*), point *s.* of arrival, fetched harbo(u)r *s.* *or* place *s.*; **gegißter –,** estimated position *s.*, position *s.* by dead reckoning; **geschätzter –** (*naut.*), estimated position *s.*, position *s.* by rough guess *or* estimate; **wahrer –** (*naut.*), fix *s.*, true position *s.*; **an – und Stelle,** here and now, on the spot (*repairs, etc.*); **den – genau ausmachen** *od.* **feststellen,** to find the position, to locate, to spot a landmark; **– aus zwei** *od.* **mehreren Höhen** (*nav. astr.*), fix *s.* by astronomical observation, (astronomical) cross-bearings (*pl.*).

orten *v.* (*naut.*), to navigate, to locate, to find the position, to spot (a landmark), to orient o.s.; to take bearings *or* a bearing on, to fix, to fix the *or* the ship's position, to get a fix on.

Orthodrome *f.* (*nav.*), orthodrome *s.*, orthodromic line *s.*, great circle *s.* **orthodromisch** *adj.*, orthodromic(al); **–e Navigation** *f.*, orthodromic *or* great-circle navigation *s.*

örtlich *adj.* (*naut.*, *meteor.*), local; **– begrenzt** (*rad.*), spot; **–e Ablenkung** *f.*, local attraction *s.*; **–e Gewitter** *n./pl.*, local (thunder)storms (*pl.*); **–e Schauer** *m./pl.*, local showers (*pl.*); **–e Sternzeit** *f.* (*astr.*), local sidereal time *s.*; **–er Wind** *m.* (*naut.*, *rac.*), local wind *s.*; **–e Wind- und Wellenbedingungen** *f./pl.* (*rac.*), local conditions (*pl.*); **–e Zeit** *f.*, local time *s.*

Orts / angabe *f.* (*naut.*), chart *or* map reference *s.*, (*rad.*) indication *s.* of place *or* position; **–bestimmung** *f.*, bearing *s.*, fixing *s.* of position, position finding *s.*; **astronomische (terrestrische) –bestimmung** *f.*, astronomical *or* celestial (terrestrial) position-finding *s.*; **Gerät** *n.* **zur –bestimmung mittels Schallwellen (zur Rettung Schiffbrüchiger),** sofar *s.*; **–durchgang** *m.* (*astr.*), local passage *s.* *or* transit *s.*; **o–fest** *adj.* (*meteor.*, *rad.*), fixed, permanent, static, stationary; **–meridian** *m.* (*astr.*), meridian *s.* of a place, local meridian *s.*; **–mißweisung** *f.* (*naut.*), (magnetic) variation *s.*, local attraction *s.*, local declination *s.*; **–mittag** *m.*, local noon *s.*; **astronomischer (mittlerer, scheinbarer) –mittag** *m.*, local sidereal (mean, apparent) noon *s.*; **–sender** *m.* (*rad.*), local transmitter *s.*, spot *s.*; **–stundenwinkel** *m.*, local hour-angle *s.*, (*astr.*) (local) horary angle *s.*; **–zeit** *f.*, civil *or* local time *s.*, standard time *s.*, zone time *s.*; **mittlere (scheinbare) –zeit** *f.*, local mean (apparent) time *s.*; **wahre –zeit** *f.*, local real time *s.*, true time *s.*

Ortung *f.* (*naut.*), location *s.*, navigation *s.*, orientation *s.*, (*rad.*) radio-location *s.*, position-finding *s.*, (*radar*) detection *s.*, location *s.*; **akustische (optische) –,** acoustic *or* sound (visual) location *s.* **Ortungs / bereich** *m.* (*radar*), detection range *s.*; **–boje** *f.*, radio sonobuoy *s.*; **–fehler** *m.*, navigation(al) *or* position(-finding) error *s.*; **–funkstation** *f.*, radiolocation station *s.*; **–gerät** *n.* (*naut.*), localizer *s.*, locating device *s.*, direction-finder *s.*, (*radar*) position-finder *s.*, radar equipment *s.*; **–punkt** *m.* (*radar*), landmark *s.*; **–reichweite** *f.* (*radar*), detection range *s.*, range *s.* of detection *or* location; **–signal** *n.*, detection signal *s.*; **–station** *f.* (*rad.*, *radar*), direction-finding station *s.*

Öse *f.* (*naut.*), ear *s.*, grummet *s.*, grommet *s.*, hook *s.*, hoop *s.*, lug *s.*, eye *s.*, eyelet *s.*; (*tech.*) loop *s.*, ring *s.*, tab *s.*; **mit einer – versehen** (*naut.*), eared; **mit einer – versehene Boje** *f.*, eared buoy *s.*, grasp *or* grip buoy *s.*

ösen *v.* (*naut.*), to bail, to bale, to scoop; **ein Boot –,** to scoop a boat dry; **(übergekommenes) Wasser –,** to scoop out water.

Ösenschraube *f.* (*naut.*), eyebolt *s.*, screw-eye *s.*

Ös / faß *n.* (*naut.*), bailer *s.*, baler *s.*, scoop *s.*; **–gat(t)** *n.*, well hole *s.* *or* room *s.*

Ost *m.* (*naut.*), east *s.*, (*meteor.*) easterly *or* eastwardly wind *s.*, (*astr.*) orient *s.*, (*geogr.*) east *s.* East *s.*, Orient *s.*; **Umschlagen** *n.* **des Windes nach –,** easting *s.*; **– anliegen,** to lie to the east, to be easting (*of boat*); **– zu Nord (Süd),** east by north (south). **Ost-** *pref.*, east, easterly, eastern. **Osten** *m.* (*geogr.*), east *s.*, eastward *s.*, (*astr.*) orient *s.*; **der Wind kommt aus** *od.* **von –,** the wind is in the east; **aus – (kommend),** eastern, eastwardly (*of wind*); **aus – kommender Wind** *m.*, an east *or* easterly *or* eastern *or* eastwardly wind *s.*; **im – von,** (to the) east of; **nach –,** eastwardly; **nach – gehend** (*naut.*), eastbound (*of boat or ship*); **nach – (gelegen** *od.* **gerichtet),** easterly, eastern, eastward; **nach – gerichtet sein** (*astr.*), orient; **nach – herum (beim Kreuzen),** east(-)about (when beating up-/downwind); **(sich) nach – richten** *od.* **wenden,** to orient, to orientate; **von –,** easterly, eastwardly; **von – kommend,** easterly (*of wind*). **ostgehend** *pr.p.* (*naut.*), eastbound (*of boat or ship*). **Ost / kurs** *m.*, east(ern) course *s.*; **zurückgelegter –kurs** *m.*, easting *s.*; **–kurs laufen,** to be easting, to lie to the east; **–küste** *f.*, east coast *s.*; **–länge** *f.* (*naut.*, *geogr.*), longitude east *s.*

östlich *adj.* (*naut., geogr.*), east, eastbound, eastern, eastward(ly), (*naut., coll.*) east'rd, (*astr.*) oriental; easterly; **am weitesten – gelegen,** easternmost; **– (gelegen** *od.* **gerichtet),** easterly, eastwardly; **– von,** (to the) east of; **Annäherung** *f.* **an eine –e Richtung,** easting *s.*; **auf –em Kurs laufen** *od.* **liegen** *od.* **segeln,** to be easting; **–e Abweitung** *f.*, **–e Entfernung** *f.* **(von einem bestimmten Meridian),** easting *s.*; **–e Hemisphäre** *f.* (*geogr.*), eastern hemisphere *s.*; **–er Kurs** *m.*, (an) eastern route *s.*; **zurückgelegter –er Kurs** *m.*, easting *s.*; **–er Quadrant** *m.* (*naut.*), east(ern) quadrant *s.* **östlichst** *adj.*, easternmost.

Ost / nordost *m.* (*naut.*), east-northeast *s.*; **–punkt** *m.* (*astr., phys.*), east point *s.*; **–quadrant** *m.* (*naut.*), east(ern) quadrant *s.*; **–südost** *m.* (*naut.*), east-southeast *s.*; east-southeaster *s.*, east-southeast wind *s.*, wind ESE, (*coll.*) east-sou'east (*of wind*); **o–wärts** *adv.*, easting, eastward; eastward(s); **Kursänderung o–wärts vornehmen,** to alter course to the east *or* eastward; **o–wärts drehender Wind** *m.*, easting wind *s.*; **–wind** *m.*, east *s.*, east wind *s.*, eastwardly wind *s.*; **–winde** *m./pl.*, easterlies (*pl.*).

Oszillation *f.* (*phys., rad.*), oscillation *s.*, vibration *s.* **Oszillator** *m.* (*phys., rad.*), oscillator *s.*; **variabler –** (*rad.*), variable frequency oscillator *s.* **Oszillieren** *n.* (*phys.*), oscillating *s.*, (*rad., phys. coll.*) hunting *s.* **oszillieren** *v.* (*phys., rad.*), to oscillate, to vibrate, (*coll.*) to hunt. **Oszillo / graph** *m.* (*phys.*), oscillograph *s.*; **mechanischer –graph** *m.*, sympalmograph *s.*; **–skop** *n.* (*phys.*), oscilloscope *s.*

Out / rigger *m.* (*naut.*), outrigger *s.* (*boat*); **–sider** *m.* (*rac.*), outsider *s.*, handicap yacht *s.*

Oxidation *f.*, **oxidieren** *v.*, **Oxidierung** *f.* (*s.* **Oxydation, oxydieren, Oxydierung).**

Oxydation *f.* (*tech.*), oxidation *s.* (*of metal*). **oxydationsfest** *adj.*, non-oxidizing. **oxydieren** *v.*, to oxidize. **Oxydierung** *f.*, oxidation *s.*

Ozean *m.*, ocean *s.*, sea *s.*, (the) deep *s.*; **dem – (seinen) Tribut zahlen** *od.* **zollen** (*naut., coll.*), to be sea(-)sick. **Ozean / dampfer** *m.*, ocean(-going) liner *s.*; **–dünung** *f.*, ocean swell *s.*; **–fahrt** *f.*, ocean cruise *s.*; **––Handbuch** *n.* (*naut.*), Ocean Passages (*pl.*). **ozeanisch** *adj.*, oceanic, pelagian, pelagic; **–e Gewässer** *n./pl.*, ocean waters (*pl.*), the high seas (*pl.*); **–es Klima** *n.*, marine climate *s.*; **–e Strömung** *f.*, ocean drift *s. or* current *s.* **Ozeankarte** *f.* (*naut.*), ocean chart *s.*, track chart *s.* **Ozeanographie** *f.*, oceanography *s.* **Ozean / schiff** *n.*, ocean liner *s. or* ship *s. or* vessel *s.*; ocean-going yacht *s.*; **–schiffsreise** *f.*, ocean voyage *s.*; **–schlepper** *m.*, ocean-going tug(-boat) *s.*; **–segler** *m.*, blue-water sailer *s.* (*yacht*), blue-water sailor *s.* (*pers.*); **–wetterschiff** *n.*, ocean weather-ship *s.*

Ozon *m.* (*meteor.*), ozone *s.*; **–schicht** *f.* (*meteor.*), ozone layer *s.*

P

Paalstek *m.*, (*s.* **Palstek**).

Paard *n.* (*naut., dial.*), horse *s.*

Päckchen *n.* (*naut.*), overall *s.*, rig *s.*, rigger's overall *s.*; **im – fahren,** to lie *or* to run *or* to sail alongside (*of boats*); **im – liegen,** to lie alongside (*of boats*).

Packeis *n.*, ice pack *s.*, pack (ice) *s.*; **dichtes** *od.* **dickes –,** close *or* thick pack *s.*; **festes –,** solid pack *s.*; **halbloses –,** brash (ice) *s.*; **kompaktes** *od.* **konsolidiertes –,** consolidated pack *s.*; **lockeres –,** open pack *s.*; **loses –,** rubble *s.*; **offenes –,** open pack *s.*; **(Eisschollen) zu – zusammenpressen,** to pack; **Fahrrinne** *f.* **im –,** polynia *s.* **Packeis / feld(er)** *n.* (*pl.*), ice pack(s) *s.* (*pl.*); **–grenze** *f.*, border *s. or* edge *s.* of the pack.

Packraum *m.* (*naut.*), hold *s.*, locker *s.*, stowage compartment *s. or* room *s.* (*as in yachts*).

Packung *f.* (*naut., tech.*), gasket *s.*, lagging *s.*; **–sring** *m.* (*naut., tech.*), gasket *s.*, packing ring *s.*

Paddel *n.*, paddle *s.*; **doppeltes (einfaches) –,** double (single) paddle *s.*; **–boot** *n.*, canoe *s.*; **mit einem –boot fahren,** to canoe, canoeing *s.* **Paddeln** *n.*, canoeing *s.* **paddeln** *v.*, to canoe, to paddle.

Pahlstek *m.*, (*s.* **Palstek**).

Paketboot *n.*, packet boat *s.*, mail(-)boat *s.*, steam-packet *s.*

Pal *m.* (*naut. dial.*), pole *s.*, post *s.*, snubbing post *s.*

Palette *f.* (*naut.*), pallet *s.*, palleting *s.* (*protective flooring*). **palettieren** *v.* (*naut.*), to palletize.

Pall *n. od. m.*, click *s.*, pawl *s.*, drop pawl *s.*, (*rare*) pall *s.*; **–beting** *m.*, pall *or* pawl bitt *s. or* post *s.* **Palle** *f.*, block *s.*; bilge block *s.*; keel block *s.*; pawl *s.*, pall *s.* **Pallen** *n./pl.* **des (Gang)Spills** *od.* **der Ankerwinde,** pawls (*pl.*) of the capstan. **pall / hieven** *v.*, to pawl, to heave pawl; **P–holz** *n.*, pawl *s.*, pall *s.*, block *s.*; bilge block *s.*, keel block *s.*; **P–kranz** *m.*, pawl rim *s.* *or* ring *s.*; **P–kreuz** *n.*, pawl *or* pall rack *s.*; **P–pfosten** *m.*, pawl *or* pall bitt *s.* *or* post *s.*; **P–ring** *m.*, pawl *or* pall rim *s.* *or* ring *s.*; **–setzen** *v.*, to pawl, to heave pawl (*winch, capstan*); **P–stütze** *f.*, pawl *or* pall bitt *s.* **Pallung** *f.*, keel blocks (*pl.*). **pallwinden** *v.*, to pawl.

Palstek *m.*, bowline *s.*, bowline hitch *s.*; **doppelter –,** bowline *s.* on the bite *or* bight, French bowline *s.*; **einfacher –,** bowline hitch *s.* *or* knot *s.*; **laufender –,** running bowline *s.*

Panama / kanalgebühren *f./pl.*, Panama Canal dues (*pl.*); **–kanal-Meßbrief** *m.*, Panama Canal Tonnage Certificate *s.*; **–kanalvermessung** *f.*, Panama Canal measurement *s.* (*for yachts, ships*); **–kanal-Vermessungsregeln** *f./pl.* *od.* **-vorschriften** *f./pl.*, Panama Tonnage Rules (*pl.*); **–klüse** *f.*, Panama chock *s.* *or* eye *s.*

Paneel *n.* (*naut.*), wainscot *s.*, panel(ling) *s.* **Paneelieren** *n.*, wainscot(t)ing *s.*, panelling *s.* **paneelieren** *v.*, to wainscot, to panel (*the cabin, etc.*). **Paneelwerk** *n.*, wainscot *s.*, panel work *s.*

Panne *f.* (*naut., tech.*), engine failure *s.* *or* trouble *s.*; breakdown *s.* (*motor*), (*am. sl.*) bug *s.*; (*rac.*) blunder *s.*, mishap *s.*

Panorama / anzeige *f.* (*radar*), plan-position indication *s.*, PPI *s.*; **–gerät** *n.* (*radar*), all-(a)round search radar *s.*, plan-position indicator *s.*; **–(sicht)darstellung** *f.* (*radar*), plan-position *or* PPI display *s.*; **–sichtgerät** *n.*, **–sichtvorrichtung** *f.* (*radar*), plan-position indicator *s.*, PPI *s.*, all(-a)round looking (PPI) device *s.*

Pan Pan! (*naut., rad.*), pan pan! (*distress or priority call signal*).

Pantograph *m.* (*naut.*), pantograph *s.*

Pantry *f.* (*naut.*), pantry *s.*, servery *s.* (*on yachts*), galley *s.* (*on ships*); **–gast** *m.*, pantryman *s.*

Panzerkabel *n.* (*naut.*), armoured *or* (*am.*) armored cable *s.* **panzern** *v.* (*naut.*), to armour, (*am.*) to armor (*a cable*); to plate (*a ship*). **Panzerschott** *n.*, armoured *or* (*am.*) armored bulkhead *s.*

Parabol / antenne *f.*, parabolic antenna *s.*; **p–ische Bahn** *f.*, parabolic orbit *s.*; **–reflektorantenne** *f.*, parabolic reflector *s.*; **–spiegel** *m.*, parabolic mirror *s.* *or* reflector *s.*

Paraffin *n.*, paraffin(e) *s.*, white wax *s.*; **–öl** *n.*, kerosene *s.*, paraffin(e) oil *s.*; **–wachs** *n.*, white *or* paraffin(e) wax *s.*

parallaktisch *adj.* (*astr., phys.*), parallactic; **–er Fehler** *m.*, parallactic error *s.*; **–e Ungleichheit** *f.* (*astr.*), parallactic equation *s.*; **–e Verschiebung** *f.* (*astr.*), parallactic motion *s.*; **–er Winkel** *m.* (*astr.*), parallactic angle *s.* **Parallaxe** *f.* (*astr., naut., phys.*), parallax *s.*; **die – betreffend,** parallactic; **jährliche –** (*astr.*), annual *or* heliocentric parallax *s.*; **tägliche –** (*astr.*), diurnal *or* geocentric parallax *s.*

parallel *adj.*, parallel **(mit** *od.* **zu,** to) (*of courses, etc.*); **– geschaltet** (*elec.*), in multiple, in parallel; **– laufend,** collateral; on parallel course(s) (*of boats*); **– (zur Küste) segeln,** to parallel (the coast); **– wirkende Kräfte** *f./pl.* (*phys.*), parallel forces (*pl.*). **Parallelbewegung** *f.* (*phys.*), parallel motion *s.* **Parallele** *f.* (*math.*), parallel *s.* **Parallel / kräfte** *f./pl.* (*phys.*), parallel forces (*pl.*); **–kreis** *m.* (*geogr.*), parallel *s.* (*of latitude*); (*astr.*) parallel *s.* of latitude; **–kreissegeln** *n.*, parallel sailing *s.*; **–kurs** *m.*, parallel course *s.*; **auf –kurs laufen** *od.* **liegen** *od.* **segeln,** to run a parallel course; **–lineal** *n.* (*naut.*), parallel rule *s.* *or* ruler *s.* *or* rules (*pl.*); **–linie** *f.*, parallel (line) *s.*

Parallelogramm *n.* (*naut., math.*), parallelogram *s.*; **– der Geschwindigkeiten** (*naut., phys.*), parallelogram *s.* of velocities; **– der Kräfte** (*naut., phys.*), parallelogram *s.* of forces.

parallel / schalten *v.* (*elec.*), to shunt, to tee together; **P–schaltung** *f.* (*elec.*), parallel *or* shunt connection *s.*

Parameter *m.* (*naut., math., tech.*), parameter *s.*

Pardune *f.*, (breast) backstay *s.*; **loswerfbare –,** preventer (backstay) *s.* **Pardunen** *f./pl.*, standing rigging *s.*; **–mantel** *m.*, backstay runner *s.*

Parhelion *n.*, **Parhelium** *n.* (*astr.*), parhelion *s.*, (mock) sun *s.*

parhelisch *adj.*, **–er Ring (der Sonne)** (*astr.*), parhelic *or* parheliacal circle *s.* *or* ring *s.*

Parsek *n.* (*astr.*), parsec *s.* (*of light-year*).

Part *f.* (*pl.* **Parten**) (*naut.*), part *s.* (*of tackle, knot*); part *s.*, share *s.* (*of part owner of a yacht*); **feste –,** fixed *or* standing part *s.*; **führende –,** leading part *s.*; **holende –,** hauling *or* running part *s.*; **laufende –,** running part *s.*; **stehende –,** standing part *s.* **Part(en) / eigner** *m.* (*naut.*), part owner *s.* (*of a yacht*); **–eignerschaft** *f.*, part ownership *s.* (*of a yacht*).

Partial / schaden *m.* (*naut., ins.*), particular average *s.*; **–verlust** *m.* (*naut.*), partial loss *s.*

Partner *m.* (*naut.*), partner *s.*; **–schaft** *f.* (*naut.*), partnership *s.*; part ownership *s.* (*of yacht* *owners*).

Pass *m.* (*naut., geogr., coll.*), narrows (*pl.*); passport *s.*

Passage *f.* (*naut.*), gat *s.*, passage *s.* (*aboard*); (*geogr.*) passage *s.*

Passagier *m.* (*naut.*), passenger *s.*; **blinder –,** stowaway *s.*, (*coll.*) deadhead *s.* **Passagier / boot** *n.*, passenger boat *s.*; **–dampfer** *m.*, liner *s.*, passenger-steamer *s.*; **–fahrt** *f.*, cruise *s.*; **––Frachtschiff** *n.*, passenger and cargo ship *s.*; **–schiff** *n.*, liner *s.*, passenger ship *s.* *or* vessel *s.*

Passat *m.* (*meteor.*), trade wind *s.*, trades (*pl.*). **Passat / drift** *f.*, equatorial *or* trade-wind drift *s.*; **–gürtel** *m.*, equatorial belt *s.*, zone *s.* of trade winds *or* trades, trade-wind belt *s.*; **–ring** *m.*, equatorial (air current) circulation *s.*, trade-wind circulation *s.* *or* course *s.*; **–segel** *n.*, dual (stay)sail *s.*, twin jib *s.*, square fore(-)sail *s.*; **–strömung** *f.*, equatorial current *s.*; **–wind** *m.*, trade wind *s.*, trades (*pl.*); **–windgürtel** *m.*, trade-wind belt *s.*; **–wolken** *f./pl.*, trade clouds (*pl.*); **–zone** *f.*, zone *s.* of trade winds *or* trades, equatorial belt *s.*

passen *v.i.* (*naut., tech.*), to fit, to suit, to be suited to (*as fittings, etc.*); **dazu –,** matching, to match; **genau – in,** to dovetail into (*as mast wedges, etc.*). **passend** *pr.p.* **(für),** fit *or* fitting *or* suitable (for), suited (to).

Passier / abstand *m.* (*naut.*), closest *or* nearest approach *s.* (*of boats or ships*); **p–bar** *adj.* (*naut.*), navigable, passable, traversable (*of channel, canal, waters*); **–barkeit** *f.* (*naut.*), navigability *s.*, passableness *s.* (*of waters*). **passieren** *v.* (*naut.*), to pass (by *or* through); to clear (*a buoy, etc.*); (*astr.*) to transit (*the meridian*); **dicht –,** to pass close to (*another boat, etc.*); **eine Bahnmarke –** (*rac.*), to clear a mark, to pass a (leeward *or* windward) mark *or* buoy. **Passier / manöver** *n.* (*rac.*), clearing (a mark) manoeuvre *s.* *or* (*am.*) maneuver *s.*; **–signal** *n.* (*naut.*), coincidence signal *s.*, signal *s.* to pass by *or* through.

Paß / ring *m.* (*naut., tech.*), gauge ring *s.*; **–stück** *n.* (*naut., tech.*), adapter *s.*, fitting (piece) *s.* **Passung** *f.*, **genaue –,** fit *s.*, fitting *s.*

Patent *n.* (*naut.*), licence *s.*, (*am.*) license *s.*, warrant *s.*, certificate *s.*, patent *s.*; master's *or* skipper's certificate *s.*; (*jur.*) letters patent *s.* **Patent / anker** *m.*, stockless *or* patent anchor *s.*; **–auge** *n.* (*naut.*), socket *s.*, patent eye *s.*; **–block** *m.*, patent block *s.*; **–blockscheibe** *f.*, multiplying sheave *s.*; **–bussole** *f.*, prismatic compass *s.*; **p–geschlagenes Tau(werk)** *n.*, braided *or* plaited rope *s.*; **–glied** *n.* (*naut.*), patent link *s.* (*of chain, etc.*); **–halse** *f.*, accidental *or* (*am.*) uncontrolled gybe *s.*; **–klemme** *f.* (*naut.*), patent cleat *s.*; patent *or* special terminal *s.*; **–log** *n.*, **–logge** *f.*, patent log *s.*, towing log *s.*, taffrail log *s.*, screw log *s.*; **–lot** *n.*, sounding apparatus *s.* *or* machine *s.*; **–lotse** *m.*, licensed *or* licenced pilot *s.*; **–lukenverschluß** *m.*, patent hatch cover *s.* *or* -lock *s.* *or* -stopper *s.*; **–reff** *n.*, roller reef *s.*, roller reefing gear *s.*; **–reffausrüstung** *f.*, **–reffeinrichtung** *f.*, **–reffer** *m.*, patent reefing gear *s.*, roller reefing gear *s.*; **–ruder** *n.*, patent rudder *s.*; **–schäkel** *m.*, patent shackle *s.*, halyard *or* key-pin shackle *s.*, snap shackle *s.*, swivel shackle *s.*, kenter shackle *s.*; **–scheibe** *f.*, patent *or* roller sheave *s.*; **–schlipp** *m.*, **–slip** *m.*, patent slip *s.* *or* slipway *s.*, marine railway *s.*; **–takelung** *f.*, patent rig *s.* *or* rigging *s.* *or* tackle *s.*, (*sl.*) jackass rig *s.*; **–takling** *m.*, patent *or* special whipping *s.*; **–träger** *m.* (*naut.*), licensed *or* licenced officer *s.*; **–tauwerk** *n.*, braided *or* plaited rope *s.*

Patina *f.*, patina *s.*, verd-antique *s.* (*esp. of copper fittings*).

Patrize *f.* (*naut.*), counter-die *s.*, punch *s.* (*GRP shipb.*).

Patron *m.* (*naut.*), patron *s.* (*in the Mediterranean*).

Patrouillenboot *n.*, patrol boat *s.* *or* craft *s.*; **– der Hafenpolizei,** picket boat *s.*

Patsch *m.* (*naut.*), patch *s.*; **einen – (auf ein Segel) aufsetzen** *od.* **aufnähen (aufkleben),** to sew on (to glue) on a patch; **ein Leck durch einen – (ab)dichten** *od.* **sichern,** to patch up a leak.

patschnaß *adj.*, drenched, dripping wet, soaked to the skin, sopping wet, wet through.

Pauschal / versicherung *f.* (*naut.*), all-in insurance *s.*, comprehensive *or* blanket insurance *s.*, (*coll.*) floater *s.*; **–versicherungspolice** *f.* (*naut., ins.*), floating policy *s.*

Pause *f.* [1] (*rad.*), break *s.*, interruption *s.*, interval *s.*, stop *s.*; break *s.*, lull *s.* (*in a gale*); **– in einem Sturm,** slack *s.* in a storm.

Pause *f.* [2], blueprint *s.*, traced design *s.*, tracing *s.* (*shipb., etc.*).

Pausenzeichen *n.* (*rad.*), interval signal *s.*

Paus / papier *n.*, tracing paper *s.*; **–zeichnung** *f.*, trace *s.*

Pazifik / hoch *n.* (*meteor.*), Pacific high *s.*; **–küste** *f.*, Pacific coast *s.*; **–(normal)zeit** *f.*, Pacific (standard) time *s.*

Pech / grapen *m.*, **–kessel** *m.* (*naut.*), pitch kettle *s.*; **–strähne** *f.* (*rac.*), run *s.* *or* (*am.*) streak *s.* of bad luck.

Peerd *n.* (*naut., dial.*), foot rope *s.* (*of a yard*); foot *s.* (*of a sail*).

Pegel *m.* (*naut.*), box-ga(u)ge *s.*, ga(u)ge *s.*, water-ga(u)ge *s.*, water-mark *s.*, tidal register *s.*, tide-ga(u)ge *s.*; (*rad., tech.*) level *s.* **Pegel / bake** *f.*, self-recording ga(u)ge beacon *s.*; **–latte** *f.*, tide-ga(u)ge *s.* **pegeln** *v.* (*naut.*), to sound. **Pegel / null** *n.*, zero level *s.*, zero mark *s.* (*on tide-ga(u)ge*), level datum *s.*; **automatische –regelung** *f.* (*rad.*), automatic level control *s.*; **–stand** *m.*, water level *s.*, water-mark *s.*, tidemark *s.*

Peil *m.* (*naut., dial.*), water ga(u)ge *s.*, water-()glass *s.*

Peil / antenne *f.* (*rad.*), directional aerial *s. or* (*am.*) antenna *s.*, direction-finding *or* D/F aerial *s. or* (*am.*) antenna *s.*; **–anzeiger** *m.* (*naut.*), bearing finder *s. or* indicator *s.*; **–aufsatz** *m.* **(am Kompaß),** azimuth circle *s. or* ring *s.*, bearing circle *s.*; **–bake** *f.*, radio beacon *s.*; **–bereich** *m.*, (detection) range *s.*, radio range *s.*; **–boje** *f.*, (radio) beacon buoy *s.*; **–deck** *n.*, observation deck *s.*, wheelhouse top *s.*, (*coll.*) monkey-deck *s. or* -island *s.*; **–diopter** *n.*, azimuth circle *s. or* ring *s. or* device *s.*, bearing circle *s.*, pelorus *s.*; **–drehrahmen-(antenne** *f.*) *m.*, direction-finding *or* D/F loop *s.*; rotating loop *or* D/F frame (aerial *or* (*am.*) antenna) *s.*; **–einrichtung** *f.* **(an Bord)** (*rad.*), direction-finding *or* D/F device *s.*; (*naut.*) depth-sounding device *s. or* equipment *s.*; **–empfänger** *m.*, direction-finder *s.*, D/F receiver *s. or* receiving set *s.*

Peilen *n.* (*naut.*), observation *s.*; sound *s.*, sounding *s.* (*depth of water*). **peilen** *v.*, to observe, to take bearings *or* a bearing, to get a fix; to sound, to take soundings; **110° –,** to bear 110 degrees; **das Land –,** to take (the) bearings of the coast; **die Lage –** (*naut.*), to check *or* to study the situation; **die Sonne –,** to observe the sun's amplitude, to take the sun's altitude; **den Tank(inhalt) –,** to sound *or* to check *or* (*coll.*) to stick the tank; **Lage –,** to take bearings, to get a fix; **über den Daumen –** (*naut., coll.*), to make a rough estimate; **Zellen –,** to sound *or* to check a tank *or* the cells.

Peiler *m.* (*naut.*), bearing compass *s.*, (*rad.*) direction(-)finder *s.*; finder *s.* (*pers.*); **akustischer –,** audio- *or* aural-null D/F *s. or* direction-finder *s.*; **automatischer –,** automatic direction-finder *s.*; **– mit Sichtanzeige,** cathode-ray direction-finder *s. or* D/F *s.*

Peil / ergebnis *n.* (*naut.*), bearing(s) *s.* (*pl.*); **–faden** *m.* (*radar*), bearing cursor *s.*; **–fehler** *m.*, bearing error *s.*; **–frequenz** *f.*, radio D/F *or* beacon frequency *s.*; **–funk** *m.*, directional radio *s.*, radio(-)beam *s.*; radio detecting and ranging *s.*, radar *s.*, radio direction-finding *s. or* D/F *s.*; **–funkgerät** *n.*, radio direction-finder *s.*, (*coll.*) finder *s.*; **–funksender** *m.*, radio D/F transmitter *s.*; **–funkstation** *f.* **für die Navigation,** maritime radio D/F station *s.*; **–genauigkeit** *f.*, accuracy *s. or* precision *s.* of bearing; **–gerät** *n.*, azimuth instrument *s.*; direction-finding *or* radar equipment *s.*, direction-finder *s.*; **–kompaß** *m.*, bearing compass *s.*; radio compass *s.*; **–kompaßstand** *m.*, monkey deck *s. or* island *s.*; **–lineal** *n.* (*naut.*), alidad(e) *s.*; **–linie** *f.*, bearing line *s.*, line *s.* of bearing; **–lot** *n.*, sounding lead *s.*, plummet *s.*; **–marke** *f.*, bearing mark *s.*; **–maximum** *n.* **(–minimum** *n.*) (*rad.*), position *s.* of maximum (minimum) signal *s.*; **–meßstrich** *m.* (*radar*), interscan *s.*; **–navigationsinstrument** *n.*, azimuth instrument *s.*, pelorus *s.*; **–nebensender** *m.* (*rad.*), D/F *or* direction-finding slave station *s.*; **–null** *f.*, null *s.*; **–objekt** *n.* (*naut.*), bearing landmark *s. or* object *s.*; **–rahmen** *m.* **(des Funkpeilers),** directional aerial *s. or* (*am.*) antenna *s.*, D/F frame *s. or* aerial *s.*, D/F *or* direction-finding loop aerial *s. or* (*am.*) antenna *s.*; **–reichweite** *f.* (*rad.*), direction-finding *or* D/F range *s.*; radar range *s.*; **–richtung** *f.*, direction *s.* of bearing, bearing direction *s.*; **–ring** *m.*, azimuth *or* bearing circle *s.* or ring *s.*; **–rohr** *n.* (*naut.*), sounding pipe *s. or* tube *s.*; **–rohrkappe** *f. od.* **-platte** *f. od.* **-verschraubung** *f.*, boss plate *s.*, sounding plug *s.*; **–rose** *f.*, azimuth dial *s. or* rose *s.*; **–schärfe** *f.*, precision *s.* of bearing; **–scheibe** *f.*, bearing plate *s.*, pelorus *s.*, (*coll.*) dumb *or* dummy compass *s.*; **–schwankung(en)** *f.* (*pl.*), bearing fluctuation *s.*; **–seite** *f.*, sense *s.* (of bearing); **–sektor** *m.*, bearing sector *s.*; **–sender** *m.*, directional transmitter *s.*, direction-finding *or* D/F transmitter *s.*, radio beacon *s.*; **–sextant** *m.*, sounding sextant *s.*; **–sinn** *m.*, sense *s.* of bearing; **–stab** *m.* (*naut.*), sounding pole *s. or* rod *s.*, measuring rod *s.* (*of a sounding pipe*); **–standlinie** *f.*, line *s.* of bearing; **–station** *f. od.* **–stelle** *f.*, radar station *s.*; D/F station *s.*, radio beacon *s.*; **–stift** *m.*, bearing bar *s.*; **–stock** *m.*, sounding pole *s. or* rod *s. or* stick *s.* (*for sounding pipe*); **–strahl** *m.* (*naut.*), bearing line *s.*, (*rad., radar*) beacon course *s.*, beam *s.*; radio beam *s.*; **auf dem –strahl einkommen,** to come in on the beam; **–strich** *m.*, cursor *s.*; **–tabelle** *f.*, bearing chart *s.*;

–tisch *m.* **(an Bord),** plotting board *s. or* table *s.* (aboard); **–tochterkompaß** *m.*, (bearing) repeater-compass *s.*, magnetic direction indicator *s.*

Peilung *f.* (*naut.*), bearing *s.*, fix *s.*; sound *s.*, sounding *s.*; radio bearing *s.*, direction finding *s.*, D/F *s.*; **beschickte –,** corrected bearing *s.*; **falsche –,** false *or* erratic bearing *s.*; **mißweisende –,** aberrational *or* magnetic bearing *s.*; **optische –,** visual bearing *s.*; **radiogoniometrische –,** direction-finding *s.* by radiogoniometry; **rechtweisende –,** true bearing *s.*; (*rad. D/F*) azimuth *s.*; **relative –,** relative bearing *s.*; **stehende –,** constant *or* steady bearing *s.*, collision bearing *s.*; **Gebiet** *n.* **unsicherer –,** dead spot *s.*, bad-bearing area *s. or* zone *s.*; **eine – bekommen,** to obtain a bearing *or* fix; **eine – (vor)nehmen,** to take a bearing *or* one's bearings; **– steht!** (*int.*), bearing constant *or* steady!. **Peilungs/anzeiger** *m.*, bearing indicator *s.*; **–berichtigung** *f.*, **–beschikkung** *f.*, bearing correction *s.*, correction *s.* of bearing(s); **–winkel** *m.*, bearing angle *s.* on the bow; **–winkelmesser** *m.*, goniometer *s.*

Peil/unterscheidungssignal *n.*, direction-finding *or* D/F signal *s.*; **–welle** *f.*, direction-finding *or* D/F signal *or* wave(length) *s.*; **–wesen** *n.*, direction-finding *s.*, D/F *s.*; **–winkel** *m.*, bearing angle *s.*; radio bearing *s.*; **–zeichen** *n.*, direction-finding *or* D/F signal *s.*

Peitsche *f.* (*naut.*), sweep *s.* (*long oar*). **Peitschen** *n.*, flapping *s.*, flogging *s.* (*of sails*), lash *s.* (*of rain, waves*). **peitschen** *v.*, to flap, to flog (*of sails*), to pelt (*of rain*); **– an** *od.* **gegen,** to lash; **der Sturm peitscht die See,** the storm lashes the sea. **peitschend** *adj.*, **die Wellen schlagen – gegen die Klippen,** the waves lash the rocks. **Peitschenmast** *m.*, curved *or* whip spar *s.*

pelagisch *adj.*, pelagian, pelagic, oceanic, marine.

Pelikanhaken *m.* (*naut.*), pelican hook *s.*, slip hook *s.*

Pelorus *m.*, pelorus *s.*, bearing plate *s.*, (*coll.*) dumb *or* dummy compass *s.*; azimuth (device) *s.*

Pemmikan *m.* (*naut.*), pemmican *s.*, pemican *s.*

Penalty *f.* (*rac.*), penalty *s.*

Pendel *n.* (*naut.*), pendulum *s.*, (*tech.*) swing *s.* **Pendel/ausschlag** *m.* (*phys.*), amplitude *s.* of swing, swing *s.*; **–bewegung** *f.* (*phys.*), oscillating *or* oscillatory motion *s. or* movement *s.*; **–feuer** *n.* (*naut.*), oscillating beacon *s.* **Pendeln** *n.* (*phys.*), oscillating *s.*, (*elec., rad.*) surging *s.*, (*radar*) hunting *s.*, (*tech.*) swinging *s.* (*of dial, etc.*). **pendeln** *v.* (*phys.*), to oscillate, to sway, to swing, (*rad.*) to surge, (*radar*) to hunt. **Pendel/schwingung** *f.* (*phys.*), oscillation *s.*; swing *s.* of the pendulum; (*radar*) hunting *s.*; **–sextant** *m.*, pendulum sextant *s.*; **–verkehr** *m.* (*naut.*), shuttle service *s.*; **–weite** *f.* (*naut., tech.*), swing *s.*

Pentade *f.* (*meteor.*), pentad *s.* (*period of 5 days*).

Penter/haken *m.* (*naut.*), fish hook *s.*; **–talje** *f.*, fish tackle *s.*

Penturleine *f.* (*naut.*), cathead stopper *s.*

Penumbra *f.* (*astr.*), penumbra *s.*

Periastron *n.*, **Periastrum** *n.* (*astr.*), periastron *s.*

Peri/gäum *n.* (*astr.*), perigee *s.*; **–hel(ium)** *n.* (*astr.*), perihelion *s.*; **Komet** *m.* **mit geringem –hel(ium)abstand,** sungrazer *s.*; **–jovium** *n.* (*astr.*), perijove *s.*

Periode *f.* (*meteor.*), period *s.*, (*coll.*) spell *s.*, (*phys.*) period *s.*, (*elec.*) (complete) cycle *s.*; **–nzahl** *f.*, number *s.* of cycles *or* periods. **periodisch** *adj.*, periodic(al), cyclical; **–e Bewegung** *f.* (*phys.*), periodic motion *s. or* return *s.*; **–e Unterbrechung** *f.* (*elec., rad.*), interruption *s.* **Periodizität** *f.*, periodicity *s.* (*of signals, etc.*).

Periskop *n.* (*naut.*), periscope *s.* **periskopische Linse** *f.* (*phys.*), periscope *s.*

Perlen/fischer *m.*, pearl driver *s.* (*pers.*), pearl fisher *s.* (*boat and pers.*); **–schnur** *f.* (*naut.*), string *s.* of beads.

Perlontau(werk) *n.*, perlon rope(s) *s.* (*pl.*).

permanent *adj.* (*phys.*), permanent; **–er Magnet** *m.*, permanent magnet *s.*; **–er Magnetismus** *m.*, permanent magnetism *s.* **Permanenz** *f.* (*phys.*), permanence *s.* (*magnetism*).

Perpendikel *n.* (*naut.*), plummet-line *s.* **Perpendikel** *n./pl.* (*naut.*), perpendiculars (*pl.*) (*shipb.*); **zwischen den –n,** between perpendiculars (*shipb.*).

Persenning *f.*, tarpaulin *s.*, cover *s.*, weather(-)cloth *s.*

Petersen-Skala *f.* (*naut.*), Petersen('s) scale *s.*, state-of-sea scale *s.*, sea scale *s.*

Petroleum *n.*, lamp-oil *s.*, paraffin(e) oil *s.*, petroleum *s.*, (*am.*) kerosene *s.*; naphtha *s.* **Petroleum/brenner** *m.*, **–kocher** *m.*, petroleum burner *s. or* cooker *s.*; **–lampe** *f.*, oil lamp *s.*; **–tank** *m.*, oil *or* (*am.*) kerosene tank *s.*; **–treibstoff** *m.*, oil fuel *s.*

Petsche *f.* (*naut., dial.*), sweep *s.*, long oar *s.*

Pfadfinder *m.* (*rac.*), scout *s.*; **Seeausbildungsprogramm** *n.* **der –,** sea scouting *s.*; **– der im**

Seedienst ausgebildet ist *od.* **wird,** sea scout *s.*; **–boot** *n.* (*rac.*), scout boat *s.*

Pfaffe *m.* (*naut., hum.*), Holy Joe *s.*

Pfahl *m.* (*naut*), pole *s.*, pale *s.*, post *s.*, prop *s.*, spile *s.*, stake *s.*, stick *s.*, picket *s.*; **angespitzter –,** pile *s.*; **kleiner –** (*Scots, dial.*), stob *s.*; **– des Anlegers,** jetty pole *s. or* post *s.*; **– zum Festmachen (eines Bootes),** ryepeck *s.*, rypeck *s.* **Pfahl/fender** *m.*, fender pile *s.*; **–joch** *n.*, pile pier *s.*; **–jochbrücke** *f.*, trestle-bridge *s.*, pile bridge *s.*; **–mast** *m.*, pole mast *s.* (*of dinghy, yacht*); **p–mastig** *adj.*, stumpy; **p–mastiges Boot** *n.*, stumpy boat *s.*; **–netz** *n.*, stake net *s.*; **–ramme** *f.*, **–rammer** *m.*, pile-driver *s.*; **–stich** *m.* (*naut.*), bowline hitch *s. or* knot *s.*; **–werk** *n.*, piling *s.*, pile work *s.*

Pfannkucheneis *n.* (*naut., coll.*), pancake ice *s.*

Pfeffermühle *f.* (*naut. coll.*), sheet winch *s.*

Pfeifboje *f.*, whistling buoy *s.*

Pfeife *f.* (*naut.*), call *s.*, whistle *s.*, whistler *s.*; **silberne – (des Bootsmanns),** silver call *s.*; **die –n schrillten,** the calls shrilled.

Pfeifen *n.* (*naut.*), whistling *s.*, (*rad.*) howl *s.*, singing *s.*, squeal *s.*, twitter *s.*; whistle *s.*, whistling *s.*, sough *s.* (*of wind*). **pfeifen** *v.* (*naut.*), to call, to whistle, to pipe; to hoot (*with steam whistle*); (*rad.*) to howl, to sing; to pipe, to whine, to whistle, to sough (*of wind*); **die Crew an** *od.* **auf Deck –,** to pipe all hands on deck; **Seite –** (*naut.*), to pipe sides; **um Wind – (***naut.***),** to whistle for a wind; **– (beim Funkempfang),** to squeal; **– (mit der Dampfpfeife),** to hoot. **pfeifend** *adj.*, piping (*of wind*). **Pfeifgeräusch** *n.* (*rad.*), squeal *s.*, twitter *s.*

Pfeifsignal *n.* (*naut.*), whistle *s.*, whistle signal *s.*; **(die Crew) durch –e entlassen** *od.* **unter Deck schicken,** to pipe away *or* down; **(die Crew) durch –e an** *od.* **auf Deck rufen,** to pipe on deck *or* up; **–e geben** (*naut.*), to pipe, to blow a *or* the whistle. **Pfeifton** *m.* (*naut.*), blast *s.*, whistle *s.*; (*rad.*) howl *s.*; **langer –,** long *or* prolonged blast *s.*; **langer – mit der Dampfpfeife,** prolonged hoot *s.* with the hooter *or* steam whistle.

Pfeil *m.*, arrow *s.* (*as on weather chart*); **gefiederter –,** barbed arrow *s.* (*wind or weather chart*).

Pfeiler *m.* (*naut.*), pillar *s.*, prop *s.*, (*dial.*) stoop *s.*; pier *s.* (*of bridge*); **–brücke** *f.*, pier(-)bridge *s.*; **–haupt** *n.*, **–kopf** *m.*, starling *s.* (*icebreaker of bridges*).

Pferd *n.* (*naut.*), foot rope *s.* (*of a yard*), foot *s.* (*of a sail*); **– einer Rah(e),** foot(-)rope *s.* of a yard.

Pferdekopf *m.* (*naut., hum.*), top *s.*; **über den – gehen** (*naut. coll.*), to turn turtle, to go over the top.

Pferdestärke *f.* (*phys., naut.*), horse-power *s.*, (*am.*) horsepower *s.*, (*abbr.*) H.P., HP, h.p., hp; **effektive –,** brake horse(-)power *s.*; **indizierte –,** indicated horse(-)power *s.*; **– des Motors** (*naut., am. sl.*) soup *s.*

Pflege *f.* (*naut.*), attention *s.*, care *s.*, maintenance *s.* (*of boat, sails, etc.*); **–dienst** *m.*, service *s.*, servicing *s.* **pflegen** *v.*, to attent to, to take care of (*boat, sails, etc.*). **pfleglich** *adj.*, **– behandeln,** to take good care of, (*coll.*) to husband (*sails, etc.*).

Pflicht/anker *m.*, sheet *or* waist anchor *s.*; **–lotse** *m.*, compulsory pilot *s.*

Pflock *m.* (*naut.*), (wooden) pin *s.*, plug *s.*; picket *s.*, stake *s.*

Pflugscharanker *m.*, plough anchor *s.*, coastal-quick-release *or* C.Q.R. anchor *s.*

Pfortdeckel *m.* (*naut.*), port *s.* **Pforte** *f.* (*naut.*), port *s.*, gate *s.*, door *s.* (*aboard*); porthole *s.* **Pforten/öffnung** *f.*, porthole *s.*; **–riegel** *m.*, port bar *s.* **Pfortluke** *f.*, port *s.*; porthole *s.*

Pfosten *m.*, main(-)piece *s.* (*of rudder*); **– zum Festmachen,** pole *s.*, pale *s.*, stake *s.*

Pfriem *m.* (*naut.*), awl *s.*, bradawl *s.*, stabber *s.*; marline *or* marling spike *s.*, marlinspike *s.*; **kleiner –,** pricker *s.* **pfriemen** *v.*, to bore, to prick, to stab.

Pfropfen *m.* (*naut., coll.*), plug *s.*, stopper *s.*; bung *s.*, cork *s.* (*as a makeshift to stop a leak*). **pfropfen** *v.*, to plug (up) (*a leak*).

Phänomen *n.*, phenomenon *s.* (*of nature*).

Phase *f.* (*elec., phys., rad.*), phase *s.*; phase *s.* (*of moon, tide, etc.*). **Phasen/änderung** *f.*, phase(-)change *s.* (*of tide, etc.*); **–differenz** *f.* (*phys.*), phase difference *s. or* displacement *s.*; **–geschwindigkeit** *f.* (*phys.*), phase velocity *s.*; **p–gleich** *adj.*, of the like *or* same phase; in phase; **–messer** *m.* (*phys.*), phase-meter *s.*; **–modulation** *f.* (*phys., rad.*), phase modulation *s.*; **–nacheilung** *f.* (*phys.*), phase lag *s.* (*of tide, etc.*); **–regelung** *f.* (*rad. D/F*), phase control *s.*; **–regler** *m.* (*rad. D/F*), balancer *s.*; **–schieber** *m.*, phase converter *s.*; **–spannung** *f.* (*elec.*), phase voltage *s.*; **p–synchronisierter Sender** *m.* (*rad.*), phased *or* (phase-)synchronized transmitter *s.*; **–unterschied** *m.* (*phys.*), phase difference *s. or* displacement *s.*; **–verschiebung** *f.* (*phys.*), phase shift(ing) *s.* (*of tide, etc.*); **–verzögerung** *f.* (*phys.*), phase delay *s. or* lag *s.*; **–voreilung** *f.* (*phys.*), phase lead *s.*

Phon *n.* (*phys.*), phon *s.* (*of foghorn, etc.*).

phosphoreszieren *v.*, to phosphoresce (*as the*

sea). **phosphoreszierend** *adj.*, phosphorescent; **–es Licht** *n.* **(auf dem Wasser),** wild fire *s.*; **–e See** *f.*, phosphorescent sea *s.*

Phot *n.* (*phys.*), phot *s.* **photo/elektrisch** *adj.*, photoelectric(al); **–grammetrische Karte** *f.*, photomap *s.*; **–graphische Sternkarte** *f.* (*astr.*), photomap *s.*; **P–meter** *n.* (*phys.*), lucimeter *s.*; **P–sphäre** *f.* (*astr.*), photosphere *s.*; **(Art) P–zellenschalter** *m.* **(für Leuchtfeuer, Lichtsignale),** sun valve *s.*

Pfundswetter *n.* (*naut., coll.*), jolly weather *s.*; **– zum Segeln,** a jolly day for a sail.

Physik *f.*, physics (*pl.*). **physikalisch** *adj.*, physical; **–er Faktor** *m.* (*naut.*), physical factor *s.*, natural law *s.*; laws (*pl.*) of nature; **–e Formeln** *f./pl.*, physical rules (*pl.*); **–e Gesetze** *n./pl.*, physical laws (*pl.*), laws (*pl.*) of nature; **–e Konstante** *f.*, physical constant *s.*

Piassava/besen *m.* (*naut.*), piassava *or* Tampico broom *s. or* brush *s.* (*for the deck*), deck broom *s.*; **–faser** *f.*, piassava *or* Tampico fibre *s. or* (*am.*) fiber *s. or* hemp *s.* (*for ropes*).

picken *v.* (*naut.*), to pick (in); **Farbe –,** to chip (paint); **Rost –,** to scale (rust). **Pick/hammer** *m.*, chipping *or* scaling hammer *s.*; **–meißel** *m.*, chipping *or* scaling chisel *s.*

Picofarad *n.* (*phys.*), picofarad *s.*

Piek *f.*, peak *s.* (*of a gaff or sail*); run *s.* (fore and aft) (*of yacht, ship*); **– einer Gaffel,** peak *s.* of a gaff; **– eines Gaffelsegels,** peak *s.* of a gaff sail; **– des unteren** *od.* **untersten Schiffsraumes,** peak *s.*, run *s.* fore and aft (*of a yacht*). **Piek/band** *n.*, crutch *s.*; **–deck** *n.* (*coll.*), panting deck *s.*

pieken *v.*, **(Riemen) –,** to toss (the oars).

Piek/fall *n.*, derrick *s.*, peak halyard *s.*; **–fallblock** *m.*, peak halyard(-)block *s.*; **–geitau** *n.* **eines Gaffelsegels,** peak brail *s.* of a gaff sail; **–hanger** *m.*, peak pendant *s. or* span *s. or* topping lift *s.*; **schräges –knie** *n.*, pointer *s.*; **–lägel** *m. od.* **–legel** *m. od.* **–lögel** *m.*, peak cringle *s.* (*of a gaff sail*); **–schenkel** *m.*, peak span *s.* (*of a gaff sail*); **–schott** *n.*, peak bulkhead *s.*; **–spann** *m.* (*dial. n.*), **–spanne** *f.*, peak span *s.*; **–spant** *n.*, peak frame *s. or* rib *s.*

piepen *v.* (*rad.*), to bleep, to pipe, to squeak.

Pier *m.* (*naut. f.*), pier *s.*, wharf *s.*; **kleine –,** jetty *s.*; **– mit Tankstation** *od.* **Zapfsäule,** fuel dock *s.*; **–haupt** *n.*, **–kopf** *m.*, pierhead *s.*

piezoelektrisch *adj.*, piezoelectric; **–er Effekt** *m.*, piezoelectric effect *s.*

Pijacke *f. od.* **-jackett** *n.* (*naut. coll.*), pea coat *s. or* jacket *s.*

Pilot *m.* (*naut.*), pilot *s.*; **–ballon** *m.* (*meteor.*), pilot balloon *s.*, kite (balloon) *s.*; **– -Monatskarte** *f.*, pilot chart *s.*; **– -Seehandbuch** *n.*, pilots (*pl.*), pilot (book) *s.*, sailing directory book *s.* **Pilots** (*pl.*) (*nav.*), pilots (*pl.*), pilot chart *s.*, pilot book *s.*; (*am.*) Pilot Charts (*pl.*).

Pilz/anker *m.*, mud *or* mushroom anchor *s.*; **–kopflüfter** *m.* (*naut.*), mushroom ventilator *s.*

Pinaß *f.* (*dial.*), **Pinasse** *f.*, pinnace *s.*, longboat *s.*, tender *s.*; two-masted escort vessel *s.*

Pinkband *n.* (*naut.*), clutch *s.*

Pinke *f.* (*naut.*), pink *s.* (*lateen-rigged three-master in the Mediterranean*); **–nheck** *n.*, pink stern *s.*; **mit sehr schmalem –nheck,** pink-sterned (*of boat*).

Pinne *f.* (*naut.*), helm *s.*, rudder *s.*, tiller *s.*; dab *s.*, centre- *or* (*am.*) center-pin *s.*, pivot *s.* (*of compass needle*); (*naut., tech.*) brad *s.*, pin *s.*, tack *s.*; **an der –,** at the helm *or* tiller; **das Boot gehorcht der –,** the boat obeys *or* responds to the helm; **der – gehorchen,** to answer *or* to feel the helm (*of boat*); **die – belegen,** to secure the helm *or* tiller; **die – nach Luv legen,** to put the helm up. **Pinnen/ausleger** *m.*, outrigger *s.*, tiller extension *s.*; **längenverstellbarer –ausleger** *m.*, (in length) adjustable outrigger *s.*; **–holz** *n.*, helm timber *s.*; **–steuerung** *f.*, tiller steering *s.*; **–verlängerung** *f.*, tiller extension *s.*

Pip *m.* (*radar*), blip *s.*, pip *s.*

Pirat *m.* (*naut.*), pirate *s.*; Pirate *s.* (*boat class*). **Piraten/flagge** *f.*, skull *s.* and crossbones, Jolly Roger *s.*; **–schiff** *n.*, pirate (ship) *s.*; **–sender** *m.* (*rad.*), pirate *s.* **Piraterie** *f.*, piracy *s.*

Piroge *f.* (*naut.*), piragua *s.*, pirogue *s.* (*boat*).

Piste *f.* (*naut.*), ski-run *s.* (*ski-yachting*).

Piston *n.* (*naut., tech.*), piston *s.* **Pistonbeschlag** *m.*, piston fittings (*pl.*), pole *or* boomhead fittings (*pl.*) (*of spinnaker pole*).

Pitometer *n.* (*naut., tech.*), pitometer *s.*

Pitotrohr *n.* (*naut., phys.*), Pitot('s) tube *s.*, (*naut.*) speed wand *s.*; **statisches –,** Pitot-static tube *s.*

Pivot *m. od. n.* (*naut.*), pivot *s.* **Pivot/bolzen** *m.*, pivot bolt *s.*; **–lager** *n.*, trunnion bearing *s.*; **–zapfen** *m.*, trunnion *s.*

placieren *v.r.* (*rac.*), to be placed; **sich an 2. Stelle** *od.* **auf dem 2. Rang –** (*rac.*), to come (in) second, to come off second-best; **sich unter den drei Ersten –** (*rac.*), to be (well-) placed. **placiert** *pr.p.* (*rac.*), placed, well-placed; **nicht unter den 3 Ersten –,** (*rac.*) unplaced. **Placierung** *f.* (*rac.*), placement *s.*

Plackerei *f.* (*naut.*), donkey-work *s.*, drudgery *s.*, (*am. sl.*) sweater *s.*

Pladdern *n.* (*coll.*), pelt *s.*, patter *s.* (*of rain*). **pladdern** *v.*, to patter, to pelt, to rain in torrents.

Plakette *f.* **(im Cockpit),** plaquette *s.*

Plan *m.* (*nav.*), chart *s.*, (large-scale) plan *s.* (*of chart*); diagram *s.*; design *s.*, layout *s.*, plan *s.* (*shipb.*); scheme *s.*, (*am.*) schedule *s.*, time-table *s.*, (*naut., rac.*) timing *s.*; **nach –,** (according) to schedule.

plan *adj.* (*naut., tech.*), flat, level, horizontal, plane (*shipb., etc.*).

Planbreitensegeln *n.* (*nav. geogr.*), plane latitude sailing *s.*

Plane *f.* (*naut.*), awning *s.*, canvas *s.*, cover *s.*, tilt *s.*, tarpaulin *s.*

planen *v.* (*naut.*), to plan, to plot, to work out (*route, etc.*); (*rac.*) to time, (*am.*) to schedule.

Planet *m.* (*astr.*), planet *s.*, globe *s.*, wandering star *s.*; asteroid *s.*; **kleiner –,** planetoid *s.*; **die äußeren –en** (*pl.*), superior planets (*pl.*); **die inneren –en** (*pl.*), inferior *or* interior planets (*pl.*). **planetarisch** *adj.* (*astr.*), planetary; **–es System** *s.*, planetary system *s.*; **–es Windsystem** *n.*, planetary wind system *s.* **Planetarium** *n.*, planetarium *s.*, orrery *s.* **Planeten/bahn** *f.*, orbit *s.* (of a planet), sphere *s.*; **–bewegung** *f.*, planetary motion *s.*; **–jahr** *n.*, planetary year *s.*; **–stand** *m.*, aspect *s.*, position *s.* of a planet. **Planetoid** *m.* (*astr.*), planetoid *s.*; **–en** *m./pl.*, minor planets (*pl.*).

Planisphäre *f.* (*astr.*), planisphere *s.*

Plankarte *f.* (*nav.*), plain *or* plane chart *s.*

Planke *f.* (*naut.*), plank *s.* (*shipb., deck, etc.*); **dicke –** (*naut., coll.*), thick stuff *s.* (*shipb.*); **dünne –,** board *s.* **Planken** *f./pl.* (*collect.*), planking *s.* (*of a boat*). **Planken/beschläge** *m./pl.*, butt fittings (*pl.*); **–boot** *n.*, piragua *s.*, pirogue *s.*; **–deck** *n.*, plank(ed) deck *s.*; **–ende** *n.* **(an Vor- und Achtersteven),** hood(ing) end *s.*; **–gang** *m.*, (plank) strake *s.*, strake *s.* of planks, spirketing *s.* (*shipb.*), wale *s.* (*of shell*); **oberster –gang** *m.*, paint strake *s.*; **vordere und achtere –gänge** *m./pl.* **der Außenhaut,** hoods (*pl.*), hood(ing) ends (*pl.*); **–naht** *f.*, plank seam *s.*, seam *s.* of planks; **–stoß** *m.*, butt joint *s.*, plank butt *s.*, butt block *s.*; **–verkleidung** *f.*, **–verschalung** *f.*, boarding *s.* (*as of deck*).

Plankton *n.*, plankton *s.*; **–netz** *n.*, plankton net *s.* (*fishery*).

planmäßig *adj.* (*naut.*), (well-)planned, (*am.*) scheduled; (*rac.*) methodical, systematic; as planned, according to plan (*in time*), (*am.*) according to schedule; **eine Regatta – ansetzen,** to schedule a race *or* regatta; **– fahrendes** *od.* **verkehrendes Schiff** *n.*, scheduled ship *s.*

Plan/quadrat *n.* (*nav.*), map *or* chart square *s. or* grid *s.*; **–quadratangabe** *f.*, grid reference *s.*; **–schreiber** *m.* (*radar*), plotter *s.*; **–segeln** *n.*, plane sailing *s.*; **–sektor** *m.*, chart protractor *s.*; **–trimm** *m.*, **–trimmen** *n.*, level trim(ming) *s.*; **–zeiger** *m.* (*radar*), plan position indicator *s.*, PPI *s.*

Plastik *n.* (*naut., tech.*), plastic (material) *s.*; **–folie** *f.*, plastic foil *s.* (*sails*); **–material** *n.*, plastic material *s.* (*shipb., etc.*).

plastisch *adj.*, **–es Prickerblatt, –e Spinne** (*radar*), graphic plotter-sheet *s.*

Plate *f.* (*naut., dial.*), sandbank *s.*, sands (*pl.*), mud-flats (*pl.*).

plätschern *v.*, to lap, to ripple, to babble (*of waves*); **– an** *od.* **gegen,** to lap on; **die Wellen – gegen das Boot,** the waves lap the boat.

platschnaß *adj.* (*naut., coll.*), sopping wet, drenched; **–e Klamotten** (*pl.*) (*naut., rac., sl.*), drenched *or* soaked duds (*pl.*) *or* slop *s.*

platt *adj.*, even, level, plain; flat; **bis – vor dem** *od.* **vorm Wind abfallen** *od.* **ablaufen,** to bear away before the wind; **– in den Wind,** head to wind (*of boat*); **– vorm Laken laufen, – vorm Wind laufen** *od.* **segeln,** to run *or* to sail dead before the wind, to run dead off; **–er Bug** *m.*, plain *or* square bow *s.*; **–es Heck** *n.*, flat stern *s.*; **–e Küste** *f.* (*coll.*), flat *or* level shore *s. or* coast *s.*

Platt/bändsel *n.*, flat seizing *s.*; **–boden** *m.* (*naut.*), flat bottom *s.*, flat *s.*; **–bodenboot** *n.*, flat-bottomed boat *s.*, flat()boat *s.*, (*coll.*) flat *s.*; **–boot** *n.*, flat()boat *s.*

Platte *f.* (*naut.*), plate *s.* (*shipb.*); (*geogr.*) ledge *s.* (*of cliffs*).

Platten/anker *m.*, sheet anchor *s.*; **–bug** *m.*, plate(d) bow *s.*, soft-nosed stem *s.*; **–dichtung** *f.*, stopwater *s.* (*for leaks*); **–flick** *m.* (*naut.*), patch *s.* (*as for sails*); **–gang** *m.*, (plate) strake *s.* (*shipb.*); **–kiel** *m.*, plate(d) keel *s.*; **–mast** *m.*, plated mast *s.*; **–naht** *f.*, plate seam *s.* (*shipb.*); **–panzerung** *f.* (*naut.*), plate-armo(u)r *s.*, plating *s.* (*of a ship*); **–ruder** *n.*, centre- *or* (*am.*) center-plate rudder *s.*; **–steven** *m.*, plate(d) stem *s.*, soft-nosed stem *s.*; **–stoß** *m.*, plate butt *s.*; **–strak** *m.*, plate strake *s.* (*shipb.*); **–stringer** *m.*, stringer plate *s.*

Platt/form *f.* (*naut.*), flat *s.*, platform *s.*, way *s.*, (*obs.*) orlop *s.*; **–fuß** *m.* (*naut., coll.*), middle watch *s.*; dog watch *s.*; **1. –fuß** *m.*, first dog watch *s.*; **2. –fuß** *m.*, second dog watch *s.*; **–gatt** *n.*, flat *or* square stern *s.*; **–gattbott** *n.*, **–gatter** *m.*, flat- *or* square-sterned boat *s.*;

–heck *n.*, flat *or* square stern *s.*, tuck *s.*; **p–holen** *v.* (*naut., coll.*) to flatten (out); **ein Segel p–holen,** to flatten the sail.

Platting *f.* (*coll. m.*), sennit *s.*; **einfache** *od.* **gewöhnliche –,** common sennit *s.*; **flache –,** flat sennit *s.*; **französische –,** French sennit *s.*; **runde –,** round sennit *s.*; **vierkantige –,** square sennit *s.*; **–sleine** *f.*, sennit line *s.*, common *or* flat sennit *s.*

Platymeter *n.* (*elec., rad.*), platymeter *s.*

Platz *m.* (*rac.*), place *s.*, placing *s.*; (*naut.*) room *s.*, space *s.* (*of hold, etc.*); **den 1. (2.) – belegen** *od.* **machen** (*rac.*), to come in first *or* (*coll.*) on top (to come in second); **– machen** (*naut.*), to give way *or* room. **plazieren** *v.*, **Plazierung** *f.* (*rac.*), (*s.* **placieren, Placierung**).

Platzregen *m.*, cloudburst *s.*, downpour *s.*, pelting *or* pouring rain *s.*

Pleuel *m.* (*naut., tech.*), piston *or* connecting rod *s.*; **–lager** *n.*, big-end bearing *s.*; **–stange** *f.*, connecting *or* piston rod *s.*

Plexiglas *n.*, plexiglass *s.*, safety glass *s.*

Plicht *f.*, cockpit *s.*, well *s.*, (*coll.*) cuddy *s.*; **Brückendeck** *n.* **der –,** bridge deck of the cockpit; **selbstlenzende –,** self-bailing cockpit *s.*; **wasserdichte –,** watertight cockpit *s.* **Plicht / boden** *m.*, cockpit flooring *s.*; bottom *s.* of the cockpit; **oberer –rand** *m.*, upper edge *s. or* rim *s.* of the cockpit; **–süll** *m. od. n.*, cockpit coaming *s.*

Plimsollmarke *f.* (*naut.*), Plimsoll('s) Line *s. or* mark *s.*

Plombe *f.* (*naut., tech.*), lead *s.*, (lead) seal *s.* **plombieren** *v.*, to lead, to seal, to (affix lead) seal (to). **Plombierzange** *f.*, lead-sealing pliers (*pl.*).

Plotten *n.* (*naut., radar*), plotting *s.* **plotten** *v.* (*naut., radar*), to plot. **Plotter** *m.* (*naut., radar*), plotter *s.* (*device*); **halbautomatischer –,** semi-automatic plotter *s.*; **vollautomatischer –,** fully automatic plotter *s.*; **–scheibe** *f.*, plotter card *s.*; **–tisch** *m.*, plotting *or* plotter table *s.* (*sailmaking*).

plötzlich *adj.*, all of a sudden, without warning; **– aufhören,** to come to a dead stop (*of gale, downpour*); **– aufstoppen** (*naut.*), to stop dead, to come to a dead stop; **– umschlagen,** to chop about *or* round (*of wind*); **– umschlagend,** chopping (*of wind*); **– umspringen,** to shift (*of wind*). **–vertreiben,** to drag abruptly; **–e Bö** *f.*, a whisk (of air *or* wind); **–e Drehung** *f.* **des Windes,** sudden shift *s.* (of the wind); **–er Fall** *m.* (*meteor.*), run *s.* (*of barometer*); **–es Rollen** *n.* **des Bootes,** lurch *s.*; **–er Ruck** *m.*, jerk *s.*; **–e Schlingerbewegung** *f.* **des Bootes,** lurch *s.*; **–es Sinken** *n.* (*meteor.*), run *s.* (*of temperature*); **–er Stoß** *m.*, jerk *s.*; **–es Überlegen** *n.* **des Bootes,** lurch *s.*; **–er Umschlag** *m.*, **–er Umschwung** *m.* (*meteor.*), sudden change *s.* (*in the weather*); **–es Umspringen** *n.* **des Windes,** sudden shift *s.* (of the wind); **–er Wetter-** *od.* **Witterungsumschlag** *m.* (*meteor.*), sudden break *s. or* change *s.* in the weather.

plump *adj.*, **–es Boot,** clumsy *or* heavy *or* ungainly *or* unshapely boat *s.*

Plunger *m.*, plunger *s.* (*small boat*).

Plunger / kolben *m.* (*naut., tech.*), plunger (bucket *or* lift *or* piston) *s.*; **–pumpe** *f.* (*naut.*), plunger pump *s.*

Plünnen (*pl.*) (*naut., dial.*), duds (*pl.*), slop *s.*, rigger's overall, rigger's *or* r's belongings (*pl.*) *or* stuff *s. or* things (*pl.*); (*hum.*) sails (*pl.*). **Plünnen / büdel** *m.* (*naut., dial.*), (sea) bag *s.* for r's belongings *or* duds; **–kammer** *f.* **(an Bord),** slop room *s.*; **–kiste** *f.* **(an Bord),** slop chest *s.*

Pluspol *m.* (*elec., phys.*), positive pole *s. or* terminal *s.* (*of lead, magnetism*).

pneumatisch *adj.* (*phys., tech.*), pneumatic (*rare*) pneumatical; **–er Senkkasten** *m.* **(für Unterwasserschiffarbeiten),** pneumatic caisson *s.*

Pockenholz *n.*, **Pockholz** *n.* (*naut.*), pock wood *s.*, guaiacum *or* guaiocum (wood) *s.*, lignum vitae *s.* (*for blocks, etc.*); **–kausch** *f.*, bull('s) *or* ox eye *s.*, round thimble *s.* of lignum vitae *or* pock wood.

Podest *m.* (*naut. tech.*), podest *s.*, platform *s.*, socket *s.*, stage *s.* (*for instruments, etc.*); **drehbarer –,** swivel platform *s.*

Pokal *m.* (*spt.*), cup *s.*, trophy *s.*, (*sl.*) pewter *s.*, pot *s.*; **--Regatta** *f.*, plate *s.*

Pökelfleisch *n.* (*naut., sl.*), salt horse *s.*; **zähes –** (*naut., sl.*), junk *s.*

Pol *m.* (*geogr., phys., astr.*), pole *s.*; (*elec.*) terminal *s.*, pole *s.*; **entgegengesetzte –e** (*pl.*), opposite poles (*pl.*); **erdmagnetischer –,** geomagnetic *or* terrestrial magnetic pole *s.*; **geographischer –,** (geographical) pole *s.*; **gleichnamige –e** (*pl.*), like poles (*pl.*); **magnetischer –,** magnetic pole *s.*; **positiver –** (*elec.*), positive pole s; **ungleichnamige –** (*pl.*), unlike poles (*pl.*); **nach dem – zu (gelegen** *od.* **gerichtet),** poleward(s); **–abstand** *m.* (*astr.*), polar distance *s.*

Polacke *f.*, **Polacker** *m.* (*naut.*), polacre *s.* (*Mediterranean two- or three-master*).

polar *adj.* (*geogr., phys., astr.*), polar; **–e Kalt-**

luft *f.* (*meteor.*), polar air *s.*; **–e Luftmasse(n)** *f.* (*pl.*) (*meteor.*), polar air mass *s.*; **–es Packeis** *n.*, polar pack (ice) *s.*; **–e Projektion** *f.* (*geogr.*), polar projection *s.*; **–e Strömung** *f.* (*geogr.*), arctic current *s. or* drift *s.*; (*meteor.*) polar air current *s.* **Polar / achse** *f.* (*astr.*), polar axis *s.*; **–diagramm** *n.* (*nav.*), polar co(-)ordinate diagram *s.*; **–distanz** *f.*, polar distance *s.*; **–eis** *n.*, polar pack (ice) *s.*, arctic *or* polar ice *s.*; **–front** *f.* (*meteor.*), polar front *s.*; **–gebiet** *n.*, polar regions (*pl.*); **–gürtel** *m.* (*geogr.*), frigid zone *s.*

Polarisation *f.* (*elec., phys.*), polarization *s.*; **ebene (elliptische) –**, plane (elliptical) polarization *s.*; **– des Lichts,** polarization *s.* of light. **Polarisations / ebene** *f.*, plane *s.* of polarization; **–fehler** *m.* (*radar, magnetism*), error *s.* of polarization, polarization error *s.*, night effect *s.*; **–winkel** *m.*, angle *s.* of polarization, polarization angle *s.* **polarisieren** *v.* (*elec., phys.*), to polarize. **polarisiert** *adj.*, **–er Kompaß,** polarized compass *s.* **Polarität** *f.* (*phys.*), polarity *s.*

Polar / karte *f.*, polar chart *s.* (*for navigation*); **–koordinaten** *f./pl.*, polar co(-)ordinates (*pl.*); **–koordinatenpapier** *n.* (*nav.*), polar co(-)ordinate paper *s. or* graph paper *s.*; **–koordinatensystem** *n.*, polar co(-)ordinates (*pl.*); **–kreis** *m.*, polar circle *s.*; **nördlicher (südlicher) –kreis** *m.*, Arctic (Antarctic) circle *s.*; **–licht** *n.*, polar lights (*pl.*); **nördliches –licht** *n.*, aurora borealis *s.*, northern lights (*pl.*); **südliches –licht** *n.*, aurora australis *s.*, southern lights (*pl.*); **–luft** *f.* (*meteor.*), polar air *s.*; **–navigation** *f.*, polar navigation *s.*; **–projektion** *f.*, polar projection *s.*; **–region** *f.* (*geogr.*), polar regions (*pl.*); **–ring** *m.*, polar air circulation *s. or* wind system *s.*; **–stern** *m.* (*astr.*), polar *or* pole star *s.*, north star *s.*, Polaris *s.*, Cynosure *s.*, (*coll.*) lodestar *s.*, loadstar *s.*; **–winkel** *m.* (*astr.*), polar angle *s.*, amplitude *s.*, (*math.*) polar *or* vector angle *s.*; **–zone** *f.* (*geogr., meteor.*), frigid zone *s.*, Frigid Zone *s.*

Polder *m.*, polder *s.*, marsh *s.*; **–deich** *m.*, polder dike *s. or* dyke *s.*

Pol / distanz *f.* (*astr.*), polar distance *s.*, co(-)declination *s.*; **–dreieck** *n.*, astronomical triangle *s.*; **–höhe** *f.* (*astr. geogr.*), altitude *s. or* elevation *s.* of the pole, latitude *s.*

Police *f.* (*naut., ins.*), policy *s.*; **offene –,** floating *or* open policy *s.*

polieren *v.*, to polish (*brass fittings, etc.*). **Polier / mittel** *n.*, polish *s.*, (*am.*) polisher *s.*; **–scheibe** *f.*, polisher *s.*, polishing *or* buff wheel *s.*, spinner *s.*; **–wachs** *n.*, polishing wax *s.*

Polizeiboot *n.*, police craft *s. or* boat *s. or* vessel *s.*, sloop *s.*; **– der Hafenpolizei,** picket boat *s.*

Pol / karte *f.*, polar chart *s.* (*for navigation*); **–klemme** *f.* (*elec.*), binding-screw *s.*, terminal *s.*; **–kompaß** *m.*, polarized compass *s.*

Poller *m.*, bitt(s) *s.* (*pl.*), bollard *s.*, mooring post *s.*, makefast *s.*, snubbing post *s.*, timberhead *s.*, (*am.*) bill *s.*; **einen – belegen,** to bitt, to make fast; **– am Heck,** loghead *s.*; **– zum Befestigen** *od.* **Belegen der Schlepptrosse,** towing post *s. or* timber *s.* **Poller / kopf** *m.*, bitt *or* bollard head *s.*, timberhead *s.*; **–nase** *f.*, cross-bitt *s.*; **–normann** *m.*, **–querstange** *f.*, norman *s.*; **–stek** *m.* **(zum Belegen einer Schlepptrosse** *od.* **Kette),** bollard hitch *s.*

Pol / navigation *f.*, polar navigation *s.*; **–schuh** *m.* (*elec.*), pole-piece *s.*

Polster *n.* (*naut.*), pad *s.*, cushion *s.* bolster *s.* **Polsterung** *f.* (*naut.*), padding *s.*, wadding *s.* (*for boats*).

pol / wärts *adv.*, poleward; poleward(s); **P–winkel** *m.* (*astr., nav.*), polar (hour) angle *s.*

Poly / amid *n.* (*naut., chem., tech.*), polyamid(e) *s.*; **–amidfaser** *f.*, polyamid(e) fibre *s. or* (*am.*) fiber *s.*; **–äthylen** *n.* (*naut., chem., tech.*), polyethylene *s.*; **–äthylenfaser** *f.*, polyethylene fibre *s. or* (*am.*) fiber *s.*; **p–dynamisch** *adj.* (*naut.*), polydynamic; **–ester** *m.* (*od. n.*) (*naut., chem., tech.*), polyester *s.* (*shipb., etc.*); **gesättigter (ungesättigter) –ester** *m.* (*naut., chem.*), saturated (unsaturated) polyester *s.* (*shipb.*); **glasfaserverstärkter –ester** *m.*, glass-fibre *or* (*am.*) -fiber reinforced polyester *s.*, GRP *s.* (*shipb.*); **–esterfaser** *f.*, polyester fibre *s. or* (*am.*) fiber *s.* (*ropes*); **–esterharz** *n.*, polyester resin *s.* (*shipb.*); **–kondensation** *f.* (*naut., chem.*), polycondensation *s.* (*shipb.*); **p–konisch** *adj.*, **–konische Karte,** polyconic chart *s.*; **p–konische Projektion** *f.*, polyconic projection *s.*; **–merisation** *f.* (*chem.*), polymerization *s.* (*shipb.*); **p–merisieren** *v.*, to polymerize (*shipb.*); **–meter** *n.* (*meteor.*), polymeter *s.*; **–propylen** *n.* (*naut., chem.*), polypropylene *s.*; **–propylenfaser** *f.*, polypropylene fibre *s. or* (*am.*) fiber *s.* (*ropes*); **–urethan** *n.* (*naut., chem.*), polyurethan(e) *s.*; **–urethanbeschichtung** *f.*, polyurethan(e) coat(ing) *s.* (*of sailcloth, etc.*); **–urethanlack** *m.*, polyurethan(e) varnish *s.* (*for boats*); **–urethanschaum** *m.*, rigid polyurethan(e) foam *s.* (*for buoyancy bags, etc.*); **–vinylchlorid** *n.* (*naut., chem.*), polyvinyl chlorid(e) *s.*; **–vinylharze** *n./pl.* (*naut., chem.*), polyvinyl resin *s.*

Polzenitdistanz *f.* (*astr.*), polar zenith distance *s.*, amplitude *s.*

Pönen *n.* (*naut.*), painting *s.*; paint work *s.*; **eine beim – übersehene und freigelassene Stelle** *f.* (*naut.*), holiday *s.* **pönen** *v.* (*naut.*), to paint.

Ponton *m.*, pontoon *s.*, bateau *s.*; **– eines Anlegers (in Tidengewässern),** pontoon jetty *s.* (in tidal waters); **–brücke** *f.*, bateau *or* pontoon bridge *s.*; **–dock** *n.*, pontoon dock *s.*; pontoon *s.* of a floating dock.

Poop *f.* (*naut.*), poop *s.*, (*coll.*) hutch *s.*; **hohe –,** topgallant poop *s.*; **lange –,** long poop *s.*; **versenkte –,** sunk poop *s.* **Poop/deck** *n.*, poop deck *s.*, (*coll.*) hutch deck *s.*; **–schott** *n.*, bulkhead *s.* of the poop *or* hutch, poop bulkhead *s.*; **–stringer** *m.*, poop stringer *s.*

Popniet *m.* (*coll. n.*), pop *or* countersunk rivet *s.* (*for fittings, etc.*).

Port *m.*, port *s.*, harbour *s.*, (*am.*) harbor *s.*

Portage *f.* (*naut.*), portage *s.* (*between navigable waters*); **ein Boot über eine – tragen,** to portage; **Tragen** *n.* **von Booten über eine –,** portage *s.*

Portal/drehkran *m.* (*naut.*), gantry *or* portal derrick *s. or* revolving crane *s.* (*as in yacht harbour*); **–kran** *m.*, gantry *or* portal crane *s.* (*in yacht harbour*).

Position *f.* (*naut.*), position *s.* (*of ship*), (*naut., rac.*) station *s.*; (*radar*) plot *s.*; item *s.* (*of equipment*); **angenommene –,** assumed position *s.*; **ungefähre –,** approximate *or* estimated position *s.*, position *s.* by dead reckoning; **voraussichtliche –,** expected position *s.*; **auf – bleiben,** to keep station; **auf – gehen,** to take up position; **die – in die Karte** *od.* **ins Log(buch) eintragen,** to chart *or* to plot the position; **– halten (***naut.*), to keep station; **– wechseln** (*naut.*), to fleet, (*rac.*) to change position *or* (*coll.*) sides; **– angenähert** (*naut.*), position approximate; **– zweifelhaft** (*naut.*), position doubtful *or* uncertain; **–halten** *n.* (*naut.*), station-keeping *s.*

Positions/lampe *f.*, position lamp *s. or* lantern *s.*; **–lampengehäuse** *n. od.* **-haus** *n.*, position-lamp *or* -lantern housing *s.*; **–laterne** *f.*, navigation lantern *s.*; **–laternenschaltbrett** *n. od.* **-tafel** *f.*, navigation-lantern switch-board *s.*; **–licht** *n.*, navigation *or* recognition light *s.*; **–licht** *n.* **am Mast**, masthead *or* top light *s.*; **–lichter** *n./pl.*, navigation *or* position *or* regulation *or* running *or* statutory lights (*pl.*); **–meldung** *f.* (*naut.*), position *or* station report *s.*; **–signal** *n.*, position *or* navigation signal *s.*; **–wechsel** *m.* (*rac.*), changing *s.* position *or* (*coll.*) sides.

positiv *adj.* (*naut.*), positive; (*rad., int.*) positive!; **–er Sprung** *m.* (*naut.*), normal sheer *s.* (*shipb.*).

Post/boot *n.*, mail()boat *s.*; **–dampfer** *m.*, mailboat *s.*, packet (steamer) *s.*

Posten *m.* (*naut.*), quarter *s.*; **die Crew auf ihre – rufen,** to beat to quarters.

Post/linie *f.* (*naut.*), packet line *s.*; **–schiff** *n.*, mail *or* post boat *s.*, packet(-boat *or* -ship) *s.*, (*am.*) packet steamer *s. or* vessel *s.*; **–wimpel** *m.*, mail pennant *s.* (*of a post boat*).

Potential *n.* (*phys.*), potential *s.*; **–strömung** *f.*, potential flow *s.*

potentiell *adj.* (*naut., phys.*), potential, latent; **–e Energie** *f.* (*phys.*), potential energy *s.*; **–e Gefahr** *f.* (*naut.*), latent *or* potential danger *s.*; **–e Geschwindigkeit** *f.* (*naut.*), potential speed *s. or* way *s.* (*of a boat*).

Pothenotsche Aufgabe *f.* (*naut.*), three-point problem *s.*

Prahm *m.* (*rare* **Prahme** *f.*), pram *s.*, punt *s.*, flat(-bottomed) boat *s.*, scow *s.*; barge *s.*, lighter *s.*, (*am.*) johnboat *s.*; pontoon *s.*, raft *s.*; **–bug** *m.*, pram bow *s.*; **–geld** *n.*, lighterage *s.*; **–steven** *m.*, pram bow *s. or* stem *s.*

praien *v.*, (*s.* **preien**).

Praktika *f.* (*naut.*), pratique *s.*; **die – einholen** *od.* **nehmen,** to take pratique; **jem. – erteilen,** to admit to pratique.

praktisch *adj.*, **–e Erfahrung** *f.*, **–es Können** *n. od.* **Wissen** *n.* (*coll.*), know-how *s.* (*shipb., sailmaking, etc.*).

Präliminarien (*pl.*) (*rac.*), preliminaries (*pl.*).

prall *adj.*, tight (*of sails*), taut, tense, tight (*of rope*); stretched; **– gefüllte Segel** *n./pl.*, bulging *or* swelling sails (*pl.*); **–e Sonne** *f.*, blazing sun(shine) *s.*, full glare *s.* of the sun.

Prallblech *n.* (*naut.*), baffle (plate) *s.*

prallen *v.*, to bounce **(auf** *od.* **gegen,** against) (*of boat*); **– auf** (*naut., coll.*), to pile up (*of boat*); to beat down (*of sun*).

Prangen *n.* (*naut.*), press *s.* (*of sails*), pressure *s.* of sail. **prangen** *v.*, to crowd sail *or* canvas, to crowd all sails, to press sail.

Präsident *m.* **eines Segel-** *od.* **Yachtclubs,** commodore *s.*

Prasseln *n.*, patter *s.*, pelt *s.* (*of rain*). **prasseln** *v.*, to patter, to pelt, (*coll.*) to pepper (*of rain*).

Prau *f.*, praw *s.*, prow *s.*, proa *s.* (*Malayan catamaran or double-bowed boat*).

Präzession *f.* (*naut.*), precession *s.* (*of the gyrocompass*); (*astr.*) precession *s.* (*of the equinoxes*); **–sbewegung** *f.* **(des Kreiselkompasses),** precession movement *s.* (of the gyrocompass); **–skonstante** *f.* (*astr.*), constant *s.* of precession.

präzis(e) *adj.*, precise (*as reading of instruments, etc.*). **Präzision** *f.* (*naut., tech.*), precision *s.*, exactitude *s.*, accuracy *s.* (*of instruments, etc.*). **Präzisions/einstellung** *f.*, precise adjustment *s.*; **–instrument** *n.*, precise *or* precision instrument *s.*, instrument *s.* of precision; **–werkzeug** *n.*, precision tool *s.*

preien *v.* (*naut.*), to hail *or* to speak (*a boat or ship*).

Preis *m.* (*spt.*), prize *s.*, trophy *s.*, cup *s.*, award *s.* **Preis/gabe** *f.* (*naut.*), abandonment *s.* (*of a boat or ship*); **p–geben** *v.*, to abandon, to give up (*boat or ship*); **(dem) Wind und (den) Wellen p–gegeben,** at the mercy of (the) wind and waves (*of boat*); **–gericht** *n.* (*spt.*), jury *s.*; **–richter** *m.* (*spt.*), umpire *s.*, juror *s.*; **–träger** *m.* (*spt.*), prize-winner *s.*; **zweiter –träger** *m.* (*spt.*), proxime accessit *s. or* (*coll.*) prizeman *s.*; **–verteilung** *f.* (*spt.*), distribution *s.* of prizes.

Prell/balken *m.* (*naut.*), fender timber *s. or* beam *s.*; **–fender** *m.*, **–pfahl** *m.*, fender pole *s. or* pile *s. or* post *s.*

Prepreg *n.* (*naut., tech.*), pre-impregnated (*shipb.*).

Preß *m.* (*naut.*), press *s.* (*of sails*); **mit** *od.* **unter einem – von Segeln laufen,** to carry a press of sail *or* canvas.

Preß/druckschmierung *f.* (*naut., tech.*), (high-)pressure lubrication *s.*, force feed *s.*; **–eis** *n.*, humpback *or* hunchback ice *s.*; **zusammengeschobenes –eis** *n.*, hummock(ed) *or* humpbacked *or* hunchbacked ice *s.*

pressen *v.* (*naut.*), **Matrosen –** (*obs.*), to impress *or* to press *or* to crimp sailors; **Segel –,** to carry a press of sail *or* canvas, to press sail, to crowd sail(s) *or* canvas; **– zwischen,** to jam (*as mast wedges*).

Preßhülse *f.*, compressed socket *s.* (*for wire rope*).

Preßling *m.* (*naut., tech.*), compact *s.*, stamping *s.*, (*coll.*) dolly *s.* (*of eye splice, etc.*).

Preß/luft *f.*, compressed air *s.*; **–luftflasche** *f.*, air bottle *s.*; **–luftpfeife** *f.* (*naut.*), air whistle *s.*; **–luftwinde** *f. od.* **-winsch** *f.*, compressed air winch *s.*; **–ölschmierung** *f.* (*naut., tech.*), forced-feed lubrication *s.*; **–span(platte** *f.*) *m.*, straw board *s.* (*shipb.*); **–stempel** *m.*, press die *s.*, dolly *s.* (*for thimble, etc.*); **–stoff** *m.*, plastic (moulding compound) *s.*, (moulded) plastics (*pl.*), synthetic fabric *or* material *s.* (*shipb.*).

Pressung *f.* (*naut., tech.*), compression *s.*, compact *s.*, pressing *s.*, pressure *s.*, stamping *s.* (*of eye splice, thimble, etc.*).

Preventer *m.* (*naut.*), preventer (guy *or* backstay) *s.*, jumper *s.*; guest *or* guess rope *s.*; **–backstag** *n.*, preventer backstay *s.*, runner *s.*; **–gei** *f.*, preventer guy *s.*; **–kabeltau** *n.*, preventer hawser *s.*; **–stag** *n.*, jumper stay *s.*; **–trosse** *f.*, preventer hawser *s.*; guest *or* guess rope *s.*; **–winde** *f. od.* **–winsch** *f.*, preventer winch *s.*

Pricke *f.* (*naut.*), bush *s.*, perch *s.*, prick *s.*, (wooden) spar *s.*, (*am.*) spear *s.* (*marking of a secondary channel or in the mud-flats*).

pricken *v.* (*naut.*), to prick off (*the course, distance*).

Pricker *m.* (*naut.*), pricker *s.*, small marlinspike *s.*

Priel *m.* (*dial.* **Priele** *f.*), (narrow) channel *s.*, creek *s.*, slough *s.*, wash *s.*, (*am.*) gully *s.*, swash *s.*; tidal inlet *s.*, tide creek *s.*, tideway *s.*, (*am.*) tidewater creek *s.*; **kleiner –,** rill *s.*, rillet *s.*, rillette *s.*; **voller (kleiner) –e, von vielen (kleinen) –en durchzogen,** rilly (*of mudflats*); **schiffbarer (durch Pricken markierter) –,** navigable (tidal) creek *s. or* channel *s.* (marked by pricks *or* perches).

Priem *m.* (*naut.*), chew *s.*, quid *s.*, plug *s.* (*of tobacco*). **priemen** *v.*, to chew (tobacco).

Prigger *m.*, (*s.* **Pricker**).

Primärradar *n.*, primary radar *s.*

Primer *m.* (*naut., tech.*), primer *s.*, first *or* primary coat *s.* (*of paint*) (*for boats*).

Primgeld *n.* (*naut.*), primage *s.*

Primuskocher *m.* (*naut.*), primus *s.*, primus heater *s. or* stove *s.*

Prinz-Heinrich-Mütze *f.* (*naut.*), sailor's *or* skipper's cap *s. or* hat *s.*

Prinzip *n.* (*naut., phys.*), principle *s.*; **Archimedisches –,** Archimedes' principle *s.*, principle *s.* of Archimedes; **– der Kontinuität,** principle *s.* of continuity; **– von Ursache und Wirkung,** principle *s.* of causality.

Prise *f.* [1] (*naut.*), snuff *s.* (*of tobacco*); **eine – nehmen,** to take snuff.

Prise *f.* [2] (*naut. jur.*), prize *s.*; **gute –,** lawful prize *s.*; **wieder zurückgewonnene –,** recapture *s.*; **als – aufbringen,** to make prize of (*a ship*); **als – erklären,** to condemn (*a boat or ship*); **für gute – erklären,** to condemn as a lawful prize; **für gute – erklärt,** condemned (*of boat or ship*); **– wieder (ab)nehmen,** to recapture (*a boat or ship*). **Prisen/geld** *n.*, prize(-) money *s.*; **–gericht** *n.*, **–hof** *m.*, prize(-)court *s.*; **–kommando** *n.*, prize(-)crew *s.*; **–mannschaft** *f.*, boarding party *s.*; **–ordnung** *f.*, regulations (*pl.*) governing prizes; **–recht** *n.*, right *s.* of capture.

Prisma *n.* (*math., phys.*), prism *s.*; **schiefes –,** oblique prism *s.* **prismatisch** *adj.*, prismatic(al); **–er Koeffizient** *m.* (*naut., phys.*), prismatic(al) coefficient *s.*, coefficient *s.* of fineness (*shipb.*). **Prismen / glas** *n.*, prism glass *s.*; prismatic binoculars (*pl.*) *or* telescope *s.*; **–kompaß** *m.*, prismatic compass *s.*; **–sextant** *m.*, prismatic sextant *s.*; **–spektrum** *n.*, prismatic spectrum *s.*

Privat / anleger *m.*, private jetty *s.*; **–hafen** *m.*, private (yacht) harbo(u)r *s.*

Proa *f.*, (*s.* **Prau**).

Probe *f.* (*naut.*), test *s.*, trial *s.* (*of boat, etc.*); pattern *s.*, sample *s.* (*of sailcloth*). **Probe / ballon** *m.* **(für die Windrichtung),** pilot balloon *s.*; **–belastung** *f.*, test *or* testing *or* proof load *s.* (*of boat, sail, etc.*); **–fahrt** *f.* (*naut.*), trial *or* reliability run *s.*, trial trip *s.*, reliability trial *s.*, sea trials (*pl.*), (*esp. am., coll.*) shake *or* shakedown cruise *s.*; **–fahrt** *f.* **eines (neuen) Bootes**, trial run *s.*, shakedown cruise *s.*; **–fahrtgeschwindigkeit** *f.*, trial speed *s.* (*of a boat*); **–last** *f.* (*naut.*), test(ing) load *s.* (*of a boat*); **–lauf** *m.* (*naut.*), test *or* trial run *s.* (*of a boat*); (*surf. rac.*) trial run *s.*, trials (*pl.*).

Pröbeln *n.* (*naut., tech.*), empiric(al) method *s.*, (method of) trial *s.* and error (*shipb., sailmaking*).

Probe / regatta *f.* (*surf.*), trial run *s.*, trials (*pl.*); **–schlag** *m.* (*naut.*), trial *or* shakedown cruise *s.*; **zum ersten –schlag auf dem Wasser starten,** to start (on *or* to) the shakedown cruise.

Probieren *n.*, (*s.* **Pröbeln**).

Problem *n.* (*naut.*), problem *s.*; **– der vier Punkte** (*naut.*), three-point *or* 3-point problem *s.*

Profi *m.* (*spt., coll.*), pro *s.*

Profil *n.* (*naut.*), profile *s.*, section *s.*, outline(s) *s.* (*pl.*), airfoil (section) *s.*, shape *s.* (*of a sail*), hydrofoil *s.* (*of keel, underwater hull*); **volles –,** full shape *s.* (*of a sail*); **einem Segel das endgültige – geben,** to shape up a sail (*sailmaking*); **– eines Segels,** (locked-in) shape *s.* of a sail. **Profil / ansicht** *f.* **einer Yacht,** outlines (*pl.*) of a yacht; **–dicke** *f.*, airfoil section *s.*; **–eisen** *n.*, sectional *or* structural iron *s.*, iron girders (*pl.*) (*shipb.*); **–liek** *n.*, luff tape *s.*, headstay *s.*

profilieren *v.*, to shape (*a sail*), to streamline (*keel, rudder, underwater hull*). **profiliert** *adj.*, **ein gut –es Segel,** a shapely sail; **stärker –es Segel** *n.*, deeper (cut), more powerful sail *s.*; **–es Segel** *n.*, a sail with the shape (already) locked in (*sailmaking*). **Profilierung** *f.* (*naut.*), shape *s.*, shaping *s.*, fairing *s.*, (*phys., tech.*) forming *s.*

Profil / mast *m.*, airfoil *or* sectional mast *s.*; **–ruder** *n.*, hydrofoil *or* (semi-)balanced *or* fixed *or* streamlined rudder *s.*; **–schiene** *f.*, profiled track *s.* (*for the traveller*); **–schwert** *n.*, hydrofoil centreboard *s.* *or* (*am.*) centerboard *s.*; **–segel** *n.*, airfoil sail *s.*, sail *s.* with the shape locked in; **–stag** *n.*, headfoil stay *s.*, airfoil headstay *s.*; (slot) headstay luff system *s.*, luff tension adjustment *s.*; **–stahl** *m.*, sectional *or* structural steel *s.* (*shipb.*); **–stärke** *f.* (*naut.*), airfoil *or* hydrofoil section *s.*; **–tiefe** *f.* **(eines Segels),** depth *s.* (of a sail); **–vorderkante** *f.*, leading edge *s.*; **–vorliek** *n.*, headstay *s.*, luff tape *s.* (*of a sail*); **–vorstag** *n.*, headfoil forestay *s.*, profiled luff stay *s.* for headsails; **–vorstagsystem** *n.*, (slot) headstay luff system *s.*, grooved headstay system *s.*, headstay groove system *s.*, luff tension adjustment *s.*; **–want** *f.* (*dial n.*), rod rigging *s.*; **–widerstand** *m.* (*naut., phys.*), profile drag *s.*

Prognose *f.* (*meteor.*), (weather) forecast *s.*, (further) outlook *s.*

Programm *n.* (*rad., Bordcomputer, rac.*), programme *s.*, (*am.*) program *s.*; **p–gesteuert,** program(me)-controlled. **programmieren** *v.*, **den Bordcomputer –,** to programme *or* (*am.*) to program the boat computer. **Programmierung** *f.*, programming *s.* **Programm / regelung** *f.*, **–steuerung** *f.*, programme *or* (*am.*) program control *s.*

Progressivdrall *m.* (*naut., phys.*), increase twist *s.*

Projektion *f.* (*naut.*), projection *s.*; **gnomonische –,** gnomonic projection *s.*; **polykonische –,** polyconic projection *s.*; **stereographische –,** stereographic projection *s.*; **durch – übertragen,** to project. **Projektions / achse** *f.*, axis *s.* of projection; **–fläche** *f.*, area *s.* of projection, projected area *s.*; **–kompaß** *m.*, photographic *or* projector compass *s.*, reflector-type compass *s.*; **–sichtgerät** *n.* (*radar*), projection plan-position indicator *s.* *or* PPI *s.* **projizieren** *v.*, to project.

Promenadendeck *n.*, promenade deck *s.*

Propangas *n.*, propane *s.*; **–kocher** *m.* **(an Bord),** propane heater *s.* *or* stove *s.* (aboard).

Propeller *m.* (*naut.*), propeller *s.*, (*coll.*) prop *s.*, screw *s.*, screw propeller *s.*; **drei(vier)flügeliger –,** three-(four-)blade(d) propeller *s.*; **links(rechts)drehender** *od.* **-gängiger –,** left-(right-)handed propeller *s.*; **umsteuerbarer –,** reversible *or* reversing propeller *s.*; **verstellbarer –,** variable pitch propeller *s.* **Propeller /**

achse *f.*, propeller axis *s.*; propeller shaft *s.*; **–antrieb** *m.*, propeller drive *s.*; **mit –antrieb,** propeller-driven; **–belastungsgrad** *m. od.* **-kapazität** *f.*, propeller load coefficient *s. or* capacity *s.*; **–blatt** *n.*, propeller blade *s.*, (*coll.*) fan *s.*; **–block** *m.*, propeller block *s. or* strut *s.*; **–brunnen** *m.*, propeller *or* screw aperture *s. or* well *s.*; **–drehzahl** *f.*, propeller revolutions (*pl.*) *or* speed *s.*; **–durchmesser** *m.*, diameter *s.* of the propeller, propeller diameter *s.*; **–feder** *f.*, feather *s.* of the propeller, propeller feather *s.*; **–flächenverhältnis** *n.*, propeller area ratio *s.*; **–flügel** *m.*, propeller *or* screw blade *s.*, vane *s.* of a propeller; **–flügelhinterkante** *f.*, trailing edge *s.*; **–freischlag** *m.*, tip clearance *s.* of the propeller *or* screw; **–handantrieb** *m.*, hand-propelling gear *s.*; **–kappe** *f.*, **–konus** *m.*, fair- or open-water cone *s. or* cap *s.*; **–kreis** *m.*, propeller disk *s.*; **–leistung** *f.*, propeller capacity *s. or* efficiency *s. or* performance *s.*; **–log** *n.*, impeller log *s.*; **–mutter** *f.*, propeller nut *s.*; **–nabe** *f.*, propeller boss *s. or* hub *s.*; **–nachstrom** *m.*, slipstream *s.* of the propeller *or* screw; **–nuß** *f.*, propeller *or* stern-frame boss *s.*; **–scheibe** *f.*, propeller disk *s. or* (*rare*) disc *s.*; **–schlag** *m.*, turn *s.* of the propeller *or* screw; **–schub** *m.*, propeller thrust *s.*; **–schutz** *m.*, propeller guard *s. or* protection *s.*; **–schwanzwelle** *f.*, screw *or* tail shaft *s.* (*of the propeller*); **–slip** *m.*, propeller slip *s.*, slip *s. or* play *s.* of the propeller; **–spitze** *f.*, tip *s.* of the propeller, propeller tip *s.*; **–steigung** *f.*, pitch *s.* of a propeller *or* screw *or* screw propeller, propeller pitch *s.*; **–steven** *m.*, propeller stern (post) *s. or* frame *s.*; **–strom** *m.*, propeller *or* screw wake *s. or* slipstream *s.*; **–turbine** *f.*, turbo-prop *s.*, propeller turbine *s.*; **–umsteuerung** *f.*, propeller *or* screw reversing gear *s.*; **–verstelleinrichtung** *f. od.* **-vorrichtung** *f.*, variable pitch propeller device *s.*, propeller pitch control *s.*; **–welle** *f.*, propeller shaft *s.*; **–wellenlager** *n.*, propeller-shaft bearing *s.*; **–wirbel(strom)** *m.*, propeller eddy *s.*; **–wirkungsgrad** *m.*, efficiency *s.* of the propeller *or* screw, propeller efficiency *s.*

Proportion *f.*, proportion *s.* (*of a yacht, sail, etc.*). **proportional** *adj.*, proportional. **Proportionalitätszirkel** *m.* (*astr.*), sector *s.* **proportioniert** *adj.*, well-proportioned (*as boat, sail*).

Propulsions / motor *m.* (*naut.*), propulsion motor *s.*; **–widerstand** *m.*, resistance *s.* to propulsion; **–wirkungsgrad** *m.*, efficiency *s.* of propulsion.

Protest *m.* (*naut., jur.*), (sea) protest *s.*, master's *or* captain's *or* skipper's protest *s.*, (*rac.*) protest *s.*; **einen – einlegen** *od.* **einreichen** (*rac., naut.*), to extend *or* to lodge *or* to present a protest; **eine durch – ausgeschlossene** *od.* **disqualifizierte Yacht** *f.* (*rac.*), a yacht disqualified by protest. **protestfähige Situation** *f.* (*rac.*), situation *s.* liable to protest. **Protest / flagge** *f.* (*rac.*), protest flag *s.*; **die –flagge führen** *od.* **zeigen** (*rac.*), to fly *or* to show the protest flag; **–formular** *n.* (*naut., rac.*), form *s.* of protest, protest form *s.*; **–frist** *f.* (*naut., rac.*), time-limit *s.* for a (sea) protest; **–gebühr** *f.*, protest fee *s. or* charges (*pl.*). **protestieren** *v.* (*naut. jur., rac.*), to protest, to enter a protest; **gegen ein anderes Boot –** (*rac.*), to protest against another boat. **Protest / meldung** *f.* (*naut., jur., rac.*), notification *s. or* advice *s.* of protest; **–situation** *f.* (*naut., rac.*), state *s. or* situation *s.* of protest.

Protuberanz *f.* (*astr.*), protuberance *s.*, (solar) prominence *s.*

Proviant *m.* (*naut.*), stores (*pl.*), storage *s.*, provisions (*pl.*), victuals (*pl.*), (*coll.*) food *s.*, (*sl.*) prog *s.*; **– einnehmen** *od.* **übernehmen,** to provision. **Proviant / boot** *n.*, bum-boat *s.*; **–(heck)last** *f.*, lazaret *s.*, lazarette *s.*, lazaretto *s.*; **–raum** *m.*, provision store *s. or* room (*aboard*); **–schiff** *n.*, store ship *s.*, victualler *s.*, (*am.*) victualer *s.*, victual(l)ing ship *s.*; **–storeraum** *m.*, provision store *s. or* room *s.*, lazaret(te) *s.*, lazaretto *s.*

provisorisch *adj.*, provisional, provisory, temporary, makeshift; **– einen neuen Mast einsetzen,** to step a jury mast; **– ein Segel ausbessern** *od.* **flicken,** to patch up a sail. **Provisorium** *n.*, makeshift *s.*, provisional *or* temporary repair *s.*

prüfen *v.* (*naut.*), to examine, to test (*a trainee of a sailing or surfing school*), to inspect (*a boat*); (*tech.*) to check, to control, to test; **den Wind –,** to sniff *or* to taste *or* to test the wind. **Prüfer** *m.* (*naut.*), inspector *s.*; examiner *s.* **Prüf / gerät** *n.* (*naut., tech.*), test(ing) equipment *s. or* instrument *s.*, tester *s.*, (*coll.*) trier *s.*; **–lizenz** *f.* (*naut.*), inspector's license *s. or* licence *s.*; **–plakette** *f.* **im Cockpit,** test plaquette *s.*; **–schein** *m.* (*naut.*), test certificate *s.*

Prüfung *f.* (*naut.*), examination *s.*, (*coll.*) exam *s.* (*of a trainee*), inspection *s.* (*of boat*); (*naut., tech.*) check *s.*, test *s.*, trial *s.*, (*coll.*) check-up *s.*; **mündliche (praktische, theoretische) – eines Kursteilnehmers,** oral *or* verbal (practical, theoretical) examination *s.* of a trainee; **– eines (See)Protests** (*naut. jur., rac.*), verification *s.* of a (sea) protest. **Prüfungs / ausschuß** *m.* (*naut.*), examining board *s.*; **–ergebnis** *n.*, test result *s.*; examination results (*pl.*); **–komitee** *n.* (*naut.*), examining committee *s.*; **amtliche –kommission** *f.*, official examination board *s.*; **–ordnung** *f.*, **–vorschriften** *f./pl.*, regulations (*pl.*) for inspection (*of boats*), regulations (*pl.*) for the conduct of an examination (*of trainees*); **–zertifikat** *n.*, (examination *or* test) certificate *s.*

PS-Leistung *f.* (*naut., phys.*), horse-power output *s.* (*of motor, outboarder, etc.*).

Psychrometer *n.* (*phys.*), psychrometer *s.*, hygrometer *s.*; **Verdunstungsthermometer** *n.* **eines –s,** wet-bulb thermometer *s.*

Pufferbatterie *f.*, balancing battery *s.*

Pulk *m.* (*naut.*), formation *s.*, bunch *s. or* group *s.* of boats *or* ships, (*rac.*) field *s.*, fleet *s.*; **sich vom – freikreuzen** *od.* **freisegeln** *od.* **lösen** (*rac.*), to beat off (the fleet), to sail clear of the field *or* fleet.

Pull *m.* (*naut.*), pull *s.*, jerk *s.* (*at a rope, etc.*); **– achteraus (voraus),** pull *s.* astern (ahead) (*of motor*).

pullen *v.*, to pull, to row, to ply the oars. **Pull / riemen** *m.*, (pulling) oar *s.*; **–schlag** *m.*, stroke *s.* of the oar.

pullweise *adv.*, **– holen,** to haul pullwise, to haul in pulls *or* by the pull (*rope, etc.*).

Pumpe *f.* (*naut.*), pump *s.*; **die – faßt,** the pump draws; **die – lorcht** *od.* **lörkt,** the pump blows; **die – ist verstopft,** the pump is choked; **die – saugt (an),** the pump sucks *or* is sucking; **die – schlägt lenz,** the pump is dry, the pump sucks; **die – zieht,** the pump draws; **die –zieht Luft,** the pump blows; **– zum Auspumpen gesunkener Boote** *od.* **Schiffe,** wrecking pump *s.* **pumpen** *v.* (*naut.*), to pump (*a boat dry*), to bilge; to pump (*of boat*), to pump (*of mast*); **ein Boot –,** to pump a boat (dry); **pumpt!** (*int.*), bail *or* bale (out)!. **Pumpen / anlage** *f.* **(an Bord),** pumping system *s. or* installation *s.* (aboard); **–antrieb** *m.*, vangee *s.*; **–back** *n.*, pump cistern *s.*, trunk *s.*; **–druck** *m.*, pumping pressure *s.*; **–flügel** *m.*, pump impeller *s.*; **–gehäuse** *n.*, pump casing *s. or* housing *s.*; **–gestänge** *n.*, pump rods (*pl.*); **–hub** *m.*, pump lift *s. or* stroke *s.*; **–kasten** *m.*, pump cistern *s.*, trunk *s.*; **–klappe** *f.*, pump valve *s.*; **–kolben** *m.* **(mit Ventil),** bucket *s.*, sucker *s.*; **–kolben** *m.* **(ohne Ventil),** piston *s.*, plunger *s.*; **–kragen** *m.*, pump collar *s. or* coat *s.*; **–kreisel** *m.*, pump impeller *s.*; **–leistung** *f.*, pump output *s.*; **–pott** *m.* (*coll.*), well *s.*; **–raum** *m.*, pump room *s.*; **–satz** *m.*, pumping set *s.*, pump unit *s.*; **–saugleitungssystem** *n.*, bilge *or* pump suction (system) *s.*; **–schuh** *m.*, pump foot *s. or* shoe *s.*; **langer –schwengel** *m.* (*naut.*), pump brake *s.*; **–sod** *m.*, pump well *s.*, limbers (*pl.*); **–spill** *n.*, pump windlass *s.*; **–sumpf** *m.*, pump well *s.*, bilge well *s.*; **–system** *n.*, pumping system *s.*; **–ventil** *n.*, pump valve *s.*; **–welle** *f.*, pump shaft *s.* **Pump / leistung** *f.*, pump output *s.*, pump(ing) capacity *s.*; **–nebelhorn** *n.*, (pneumatic) pump foghorn *s.*; **–spill** *n.*, pump windlass *s.*

Punkt *m.* (*rac.*), point *s.*, score *s.*, mark *s.*; (*Morse*) dot *s.*, (*radar*) blip *s.*, pip *s.*; (*naut.*) landmark *s.*, spot *s.*; **kritischer –** (*naut.*), critical moment *s. or* point *s.*; **toter –** (*rad.*)., null *s.* (*of receiver*); (*tech.*) dead centre *s. or* (*am.*) center *s.*, dead point *s.*; **Sieg** *m.* **nach –en** (*pl.*) (*rac.*), points victory *s. or* win *s.*; **nach –en** (*pl.*) **gewinnen (verlieren)** (*rac.*), to win (lose) on points; **sich in einem – schneiden** (*nav.*), to intersect at a point; **zwei –e** (*pl.*) **zurück** (*rac.*), (to be) 2 points down; **–e gewinnen** *od.* **machen** (*rac.*), to score; **5 –e voraus sein** (*rac.*), to be 5 points up; **–e vorgeben** (*rac.*), to give points; **–e** (*pl.*) **und Striche** (*Morse*), dots (*pl.*) and dashes; **aus –en und Strichen zusammengesetzt,** dot(s) *s.* (*pl.*) and dash(es), dot-and-dash. **Punkt / abzug** *m.* (*rac.*), deduction *s.* of points; **–betrag** *m.* (*rac.*), points (*pl.*) total, amount *s.* of points; **gewerteter –betrag** *m.* (*rac.*), rated points (*pl.*); **–betrag streichen** (*rac.*), to cancel points (*pl.*); **–betrag zurechnen** *od.* **zuschreiben** (*rac.*), to add *or* to allow points (*pl.*); **p–gleich** *adj.* **(sein)** (*rac.*), (to be) tied; **–gleichheit** *f.*, **–gleichstand** *m.* (*rac.*), tie *s.*

pünktlich *adj.* (*naut., rac.*), on time, (*am.*) on schedule.

Punkt / linie *f.*, dotted line *s.* (*as on charts*); **–liste** *f.* (*rac.*), score *s.*; **–richter** *m.* (*rac.*), scorer *s.*; **–schweißung** *f.* (*naut., tech.*), spot welding *s.*; **p–schweißen** *v.*, to spot-weld; **–sektor** *m.* (*Loran*), dot sector *s.*; **–-Strich-Signal** *n.* (*Consol*), dot-and-dash signal *s.*; **–system** *n.* (*rac.*), point *or* scoring system *s.*; **olympisches –system** *n.* (*rac.*), Olympic point *or* scoring system *s.*; **–wertung** *f.* (*rac.*), point system *s.*, scoring (system) *s.*; **–zahl** *f.* (*rac.*), score *s.*; **die –zahl anschreiben,** to keep the score; **eine hohe –zahl erringen** (*rac.*), to make a good score; **–zählung** *f.* (*rac.*), scoring *s.*; **–ziel** *n.* (*radar*), pinpoint target *s.*

Punt *n.* [1], point *s.* of a rope; **ein – zutakeln,** to point a rope.

Punt *n.* [2], **Punte** *f.*, **Pünte** *f.*, punt *s.*, scow *s.*

(*boat*). **punten** *v.*, to punt. **Puntfahrer** *m.*, punter *s.*

Puppblock *m.*, **(zweischeibiger) –,** sister block *s.*

PUR / -Beschichtung *f.*; **--Schaum** *m.*, (*s.* **Polyurethan / -Beschichtung; -schaum).**

Purpurschein *m.* **(am Himmel),** purple light *s. or* shine *s.* (*weather sign*).

purren *v.* (*naut.*), to rouse (out), to purr, to call the watch, to call out (the watch).

Pütting *f.* (*dial n.*), chain plate *s.*; **–bolzen** *m.*, chain bolt *s.*; **–eisen** *n.*, chain plate *s.*; **–klampe** *f.*, chain-plate clamp *s. or* chock *s.*, preventer chain-plate *s.*; **–ring** *m.*, spider band *s.* **Püttings / band** *n.*, necklace *s.*; **–schiene** *f.*, futtock plate *s.*; **–taue** *n./pl.*, **–wanten** *f./pl.*, futtock shrouds (*pl.*); **–wanteneisen** *n.*, **–wantenkette** *f.*, shroud plate *s.*

Pütz(e) *f.* (*naut.*), bucket *s.*, canvas bucket *s.*, pail *s.*; **– mit Fangleine,** bucket painter *s.*, lazy jack *s. or* painter *s. or* rope *s.* of the bucket.

putzen *v.* (*naut.*), to scour, to scrub (*the deck*), to clean (*ship*), to polish (*brass fittings, etc.*).

Pützen / knoten *m.*, **–stek** *m.*, bucket-rope knot *s. or* hitch *s.*; **–tau** *n.*, bucket rope *s.*

Putz / lappen *m.*, cleaning rag *s.*; **–mittel** *n.*, cleaner *s.*, cleansing agent *s.*; polish *s.*, polishing material *s.*; **–pulver** *n.*, scouring powder *s.*; **–(scheuer)stein** *m.* (*naut.*), holystone *s.*; **mit dem –(scheuer)stein scheuern** (*naut. coll.*), to holystone (*the deck*); **--und Flickstunde** *f.* (*naut.*), make *s.* and mend; **–werg** *n.*, **–wolle** *f.*, cotton waste *s.*, tow *s.*

Q

Quadrant *m.* (*naut.*), quadrant *s.*, (*sl.*) pig yoke *s.*; **nördlicher (östlicher, südlicher, westlicher) –,** northern (eastern, southern, western) quadrant *s.*; **–davits** *m./pl.*, quadrant davits (*pl.*). **quadrantisch** *adj.*, **–e Deviation,** quadrantal deviation *s.* **Quadrant / kugel** *f.*, quadrant corrector *s.*, compensating globe *s. or* sphere *s.*; **(elektrische) –ruderanlage** *f.*, (electric *or* electro-)steering gear *s.*

Quadrat *n.*, quadrate *s.*, square *s.*; **– der Windgeschwindigkeit,** square *s.* of the wind speed. **Quadrat / flagge** *f.*, square flag *s.*; **–fuß** *m.* (*pl.*), square foot *s.* (*pl.* feet). **quadratisch** *adj.*, square, quadratic, tetragonal; **(annähernd) –,** quadrate, quadratic; **–e Flagge** *f.*, square flag *s.* **Quadrat / meile** *f.*, square mile *s.*; **–meter** *m. od. n.*, square metre *s. or* (*am.*) meter *s.*; **–schein** *m.* (*astr.*), quartile *s.*; **–zentimeter** *m. od. n.*, square centimetre *s. or* (*am.*) centimeter *s.*; **–zoll** *m.*, square inch *s.* **Quadratur** *f.* (*astr.*), quadrature *s.*, quartile *s.*; **– des Kreises** (*naut., math.*), squaring *or* quadrature *s.* of the circle. **quadrieren** *v.*, to square.

Qualifikation *f.* (*rac.*), qualification *s.*; **–sregatta** *f.*, qualifying *or* elimination *or* eliminating race *s.*, selection trials (*pl.*), (*coll.*) heat *s.* **qualifizieren** *v.r.*, to qualify; **sich für eine Wettfahrt –,** to qualify for a race.

Qualitäts / fehler *m.* (*naut., tech.*), defect *s.*, flaw *s.* (*as in sailcloth, etc.*); **–stahl** *m.*, high-grade steel *s.* (*shipb.*).

Quant *m.*, quant *s.*, boat-hook *s.*; **Boot** *n.* **mit einem – staken,** to quant (a boat).

Quarantäne *f.* (*naut.*), quarantine *s.*; **in – legen,** to place *or* to put in quarantine (*boat, crew*); **in – liegen,** to be in quarantine (*of boat*); **unter – stellen,** to quarantine, to place *or* to put in quarantine (*boat, crew*); **von der – befreien,** to release from quarantine (*boat, crew*); **– auferlegen,** to quarantine, to place *or* to put in quarantine; **– aufheben,** to cancel *or* to raise *or* to withdraw the quarantine; **– verhängen,** to quarantine; **– über ein Boot und seine Crew verhängen,** to quarantine boat and crew, to place *or* to put boat and crew in quarantine. **Quarantäne / arzt** *m.*, **–beamter** *m.* (*naut.*), health *or* quarantine officer *s.*; **–beschränkungen** *f./pl.*, quarantine restrictions (*pl.*); **–bestimmungen** *f./pl.*, quarantine regulations (*pl.*); **–boje** *f.*, quarantine buoy *s.*; **–boot** *n.*, quarantine boat *s. or* launch *s.*; **–dienst** *m.*, quarantine (service) *s.* (*in harbour*); **(gelbe) –flagge** *f.*, quarantine flag *s.*, yellow flag *s.*, (*coll.*) yellow jack *s.*, sick flag *s.*; **–geld** *n.*, quarantine fee *s. or* money *s. or* dues (*pl.*); **–hafen** *m.*, quarantine (port *or* harbour) *s.*; **q–pflichtig** *adj.*, quarantine-bound (*of boat*); **–station** *f.* (*naut.*), quarantine *s.*; lazaret(to) *s.* (*aboard*); **–tonne** *f.*, quarantine buoy *s.*; **–vorschriften** *f./pl.*, quarantine regulations (*pl.*); **–zeit** *f.*, duration *s. or* time *s.* of quarantine (*in harbour*).

Quarter / block *m.*, quarter block *s.*; **–deck** *n.*, quarter deck *s.*; **erhöhtes –deck** *n.*, raised quarter deck *s.*

Quartier *n.* (*naut.*), quarters (*pl.*); watch *s.* below deck(s).

Quarz *m.* (*rad.*), quartz *s.*, crystal *s.*; **–oszillator** *m.* (*rad.*), crystal *or* quartz oscillator *s.*;

–steuerung *f.* (*rad.*), crystal *or* quartz control *s.*

Quast *m.* (*naut., coll.*), (soft) brush *s.*

Quecksilber / barometer *n.*, mercurial barometer *s.*; **–pendel** *n.*, mercurial pendulum *s.*; **–säule** *f.*, (mercury) column *s.*, column *s.* of mercury.

Quellbewölkung *f.* (*meteor.*), cumulus humilis *s.*, cumulus formation *s.*, thunderhead(s) *s.* (*pl.*).

Quelle *f.*, source *s. or* spring *s. or* well-head *s.* (*of a river*); (*naut. sl.*) fix *s.*

Quell / gebiet *n.*, headwaters (*pl.*); **–sand** *m.*, driftsand *s.*, quicksand *s.*; **–wolken** *f./pl.* (*meteor.*), cumulus (humilis) *s.*, thunderheads (*pl.*).

quer *adj.*, cross, lateral, transverse, diagonal (*shipb., etc.*), oblique, slanting (*of deck*); *adv.* (*naut.*), athwart; askant, askew, aslope, obliquely (*of deck*); crosswise, diagonally; **– hindurchlaufend,** transversal; **– über,** across; **– vor dem** *od.* **vorm Bug,** athwart hawse; **– vor dem** *od.* **vorm Bug eines vor Anker liegenden Bootes,** athwarthawse.

querab *adv.* (*naut.*), abeam, abreast, on the beam; **Mast –!** (*int.*), mast abeam!; **– peilen,** to take bearings abeam *or* on the beam; **– von,** abeam *or* abreast of.

Quer / ablauf *m.* (*naut.*), transverse *or* side launching *s.*; **–abmessungen** *f./pl.*, lateral dimensions (*pl.*) (*of boat, sail*); **–achse** *f.*, lateral *or* transverse axis *s.*, transverse *s.*; **–balken** *m.*, cross-beam *s.*, transom *s.*, traverse *s.*, cross-piece *s.*, joist *s.* (*shipb.*); **–bank** *f.*, thwart *s.*, transverse thwart *s.* (*in a boat*); **–baum** *m.* (*naut.*), cross-bar *s.*; **–beanspruchung** *f.* (*naut., phys.*), lateral strain *s. or* stress *s.*; **–belastung** *f.* (*naut.*), lateral stability *s.* (*of a boat*), (*phys.*) radial load *s.*; **–beplankung** *f.*, cross planking *s.*; **–bespantung** *f.*, transverse framing *s. or* ribs (*pl.*) (*shipb.*); **–decksbucht** *f.*, round *s. or* camber *s.* of deck; **–drift** *f.*, lateral drift *s.*; **–ducht** *f.*, transverse thwart *s.*; **–durchschnitt** *m.*, transverse diameter *s. or* section *s.* (*shipb.*).

queren *v.* (*naut.*), to cross (over), (*coll.*) to cut across (*the Channel, etc.*), to traverse (*the ocean*).

querein *adv.* (*naut.*), abeam to; **der Wind kommt –,** the wind is abeam *or* on the beam.

Quer / fahrt *f.* (*naut.*), traverse (sailing) *s.*; **–festigkeit** *f.* (*naut.*), lateral *or* transverse stability *s. or* strength *s. or* resistance *s.* (*of boat*); **–gang** *m.* (*naut.*), alley *s.*, gangway *s.* (*aboard*); **–gleichgewicht** *n.*, balance *s.* (*of a boat*); **–helling** *f.*, transverse (building) slip *s. or* slipway *s.*, side-slipway *s.*, saddle *s.*; **–holz** *n.* (*naut.*), cross-piece *s.*, dagger-board *s.*, toggle *s.*, transom *s.*, traverse *s.*, transverse *s.*; **mit einem –holz befestigen** *od.* **sichern** *od.* **verbinden** (*naut.*), to toggle; **–kälber** *n./pl.* (*naut.*), cross-chocks (*pl.*); **–kraft** *f.* (*naut., phys.*), shear(ing) force *s.*, transverse *or* radial *or* lateral force *s.*; buoyancy *s.* (*of dinghy*); **seitliche –kraft erzeugen,** to generate lateral (shearing) force (*of sail*); **–kraft** *f.* **des Windes,** wind shear *s.*; **–kraftkoeffizient** *m.* **des Drehkreises** (*naut.*), radial *or* transverse *or* lateral force coefficient *s.* of the turning *or* speed circle (*of a boat*); **–lager** *n.* (*tech.*), radial bearing *s.*; **–latte** *f.* **des Sonnensegels,** cross batten *s.* of the awning; **q–legen** *v.r.* (*naut.*), to traverse; **–leine** *f.*, cross line *s.*; **–leine** *f.* **zum Festmachen,** breastline *s.*, breast rope *s.*; **–leiste** *f.* (*naut.*), cross-piece *s.*, strut *s.*; **–liek** *n.*, cross leech *s. or* (*am.*) leach *s.* (*of a sail*); **–linie** *f.*, diagonal *s.*; **–magnetisierung** *f.*, transverse magnetization *s.*; **–magnetismus** *m.*, athwartship magnetism *s.*; **–markenfeuer** *n.* (*naut.*), cross marker *s.*, cross-marking light *s.*; **–naht** *f.*, cross *or* transverse seam *s.* (*of sail*), butt *s.* (*shipb.*); **–neigung** *f.* (*naut.*), transverse inclination *s. or* gradient *s.*; lateral tilt *s. or* slant *s.* (*of deck*), lateral pitch *s. or* list *s. or* dip *s.* (*of boat*); **–propeller** *m.*, lateral thrust propeller *s. or* screw *s.* (*of a ship*); **–riß** *m.*, cross crack *s.* (*of boat*); **–saling** *f.*, cross-tree *s.*; **q–schiffs** *adv.*, athwartship(s) thwartships, athwart ship; **q–schiffs liegend** *od.* **verlaufend,** thwartship; **–schiffskrängung** *f.*, lateral heel *s. or* list *s.*; **–schiffsmagnet** *m.*, thwartship magnet *s.*; **–schiffsrichtung** *f.*, lateral *or* thwartship line *s.*; **–schiffstalje** *f.*, thwartship tackle *s.*; **–schlag** *m.*, **–schlagen** *n.*, broaching (position) *s.* (*of a boat*); **q–schlagen** *v.*, to broach to (*of boat*); **–schlitten** *m.* (*naut.*), saddle *s.*; **–schnitt** *m.*, cross-section *s.*, transverse section *s.*, profile *s.*, sectional elevation *s.* (*shipb.*), cross cut *s.* (*of spinnaker*), ga(u)ge *s.* (*of wire rope*); **–schott** *n.*, cross-bulkhead *s.*, (transverse) bulkhead *s.*; **–schub** *m.* (*naut., phys.*), lateral thrust *s.*; **–schwelle** *f.* (*geogr.*), rise *s.* (*of sea-bed*); **–see** *f.*, beam sea *s.*; **–seen** *f./pl.*, cross *or* traverse *or* transverse waves (*pl.*) *or* sea *s.*; **–slip** *m.*, side *or* transverse slip(way) *s.*, saddle *s.*; **–spant** *n.*, traverse *s.*, transverse frame *s.* (*shipb.*); **–spring** *f.*, cross spring *s.* (*line*); **–stabilität** *f.*, (hydrostatic) stability *s.*, lateral stability *s.* (*of a boat*); **–stenge** *f.*, cross-bar *s.*; **–strom** *m.*, **–strömung**

f., cross *or* lateral *or* traverse current *s.*; **–stück** *n.* (*naut.*), transverse *s.*, cross-piece *s.*; **–stück** *n.* **eines Kreuzpollers,** cross-piece *s.* of a (mooring) bitt; **–süll** *n. od. m.*, transverse coaming *s.*; **–träger** *m.*, transverse (girder) *s.* (*shipb.*); **–verband** *m.*, transverse structure *s.*, sway bracing *s.* (*shipb.*); **–verbindung** *f.* (*naut.*), cross link *s. or* connection *s.*; (*rad.*) intercommunication *s.*, (*coll.*) intercom *s.*; **–versteifung** *f.*, transverse stay *s. or* strut *s. or* reinforcement *s.* (*shipb., etc.*); **–welle** *f.*, beam sea *s. or* wave *s.*, transverse wave *s.*; (*tech.*) cross- *or* transverse shaft *s.*; **–wellen** *f./pl.*, cross *or* transverse *or* traverse waves (*pl.*).

Quetschkommode *f.* (*naut., sl.*), squeeze box *s.*, squiffer *s.*

quicklebendig *adj.*, **–es Boot,** lively boat *s.*, (*coll.*) whippet *s.*

Quick/sand *m.* (*naut.*), quicksand *s.*; **–stopschalter** *m.* (*naut.*), quick-stop switch *s. or* control *s.* (*motoryacht*).

Quiddje *m.* [1] (*naut., coll.*), landlubber *s.*, landman *s.*

Quiddje *m.* [2], **Quietsche** *m.* (*naut., dial.*), pilot *s.*

Quintilschein *m.* (*astr.*), quintile *s.*

Quirlanker *m.*, grappling anchor *s.*, grapnel *s.*, graplin(e) *s.*

Q-Wende *f.* (*naut., coll.*), tacking round *s.*

R

Raa *f.* (*dial.*), (*s.* **Rah(e)**).

Rabateisen *n.* (*naut.*), making iron *s.*

Race *f. od. n.*, race *s.*, Race *s.*, regatta *s.*

Rack *n.* (*naut.*), rack *s.*, fixture *s.*, mounting *s.* (*for compass, etc.*), parrel *s.*, truss *s.* (*of a yard*). **Rack/klampe** *f.* **(einer Rah),** rolling cleat *s.* (of a yard); **–kugel** *f.*, truck *s.* (*of flag(-)pole*); **–tau** *n.*, jaw parrel *s.*

Radar *n.* (*rare m.*), radio detecting *s.* and ranging, radio(-)location *s.*, radar *s.*, RADAR *s.*; **ein Boot** *od.* **Objekt auf dem – ausmachen** *od.* **haben,** to have a boat *or* object on the radar; **mit – ausgerüstet** *od.* **ausgestattet(e Yacht** *f.*), radar-equipped (yacht *s.*); **mit – orten,** to locate *or* (*coll.*) to pinpoint on the radar; **– mit absoluter** *od.* **wahrer Bewegungsanzeige,** true-motion radar *s.*; **– mit Absolutanzeige, – mit wahrer Kursanzeige,** true-plot radar *s.* **Radar/abstand** *m.*, radar range *s.*; **–abtaster** *m.*, scanner *s.*; **–abtastung** *f.*, scanning *s.*; **–anlage** *f.*, radar (installation *or* unit) *s.* (*aboard*); **–antenne** *f.*, radar scanner *s.*, radar aerial *s. or* (*am.*) antenna *s.*; **–antennenkuppel** *f.*, radome *s.*; **–antwortbake** *f.*, radar responder beacon *s.*, racon *s.*; **–antwortein-** *od.* **-vorrichtung** *f.*, radar responder *s.*; **–anzeige** *f.*, radar display *s.*; **–aufzeichnung** *f.* (radar) plot(ting) *s.*; **–ausrüstung** *f.*, **–ausstattung** *f.*, radar equipment *s.*; **–auswertung** *f.*, radar plotting *s.*; **–bake** *f.*, radar beacon *s.*, radar responder beacon *s.*; **–bedienungsmann** *m.*, radarman *s.*; **–beobachtung** *f.*, radar observation *s.*; **–bereich** *m.*, radar range *s.*; **–bild** *n.*, radar display *s. or* trace *s.*; **zum –bild gehörig** (*am.*), video; **–bildschirm** *m.*, radar screen *s.*, (radar)scope *s.*; **–boje** *f.*, radar buoy *s. or* marker (float) *s.*; **–drehantenne** *f.*, scanner *s.*; **–echo(impuls** *m.*) *n.*, radar echo *or* response (impulse) *s.*; **–eichung** *f.*, radar calibration *s.*; **–empfänger** *m.*, radar receiver *s. or* receiving set *s.*; **–erfassungsbereich** *m.*, radar range *s. or* coverage *s.*; **–frequenz** *f.*, radar *or* scanning frequency *s.*; **–frequenzbereich** *m.*, frequency range *s.* of *or* for radar; **–funkfeuer** *n.*, radar beacon *s.*, racon *s.*; **–gerät** *n.*, radar (unit *or* set) *s.*; **Bedienungsmann** *m.* **eines –gerätes,** radarman *s.*; **–horizont** *m.*, radar horizon *s.*; **–impulslaufzeit** *f.*, radar-impulse transmission-time *s.*, radar reflection interval *s.*; **–karte** *f.*, radar chart *s.*, virtual PPI reflector *or* reflectoscope chart *s.*; **–kette** *f.*, radar chain *s.*; **–keule** *f.*, radar lobe *s.*; **–kontakt** *m.*, radar contact *s.*; **–kontrolle** *f.*, radar control *s.*; **–kuppel** *f.*, radome *s.*; **–lenkungssystem** *n.*, radar guidance (system) *s.*; **–mast** *m.*, radar mast *s.*; **–nase** *f.*, radome *s.*; **–navigation** *f.*, radar navigation *s.*; **–navigationsgerät** *n.*, plan-position indicator *s.*, PPI *s.*; **–ortung** *f.*, radar detection *s. or* location *s.*; **–ortungsgerät** *n.*, radar detector *s.*, PPI *s.*; **–peilung** *f.*, radar bearing *s.*; **–rakete** *f.* (*naut.*), radar distress rocket *s.*; **–reflektor** *m.*, radar reflector *s.*; **–reichweite** *f.*, radar range *s.*; **–rohr** *n.*, **–röhre** *f.*, radar tube *s.*; **–schirm** *m.*, radar screen *s.*; **ein Objekt auf dem –schirm haben,** to have an object on the radar *or* screen; **–seezeichen** *n.*, radar beacon *s.*,racon *s.*, radar navigation *or* sea mark *s.*; **–sendebake** *f.*, radar marker *s.*, ramark *s.*; **--Sichtgerät** *n.*, radarscope *s.*; **–sichtgerät** *n.* **mit Polarkoordinatendarstellung,** plan-position indicator *s.*, PPI *s.*; **–standort** *m.*, radar fix *s.*, fix *s. or* position *s.* by radar; **–störung** *f.*, radar interference *s.*; **–strahl** *m.*, radar beam *s.*; **–system** *n.*, radar (guidance) system *s.*; **–tochtergerät** *n.*, radar repeater *s.*; **–überwachung** *f.*, radar control *s.*; **-- und Fernsehnavigationshilfen** *f./pl.*, radar and television aids (*pl.*) to navigation, ratan *s.*; **–verfahren** *n.*, radar *s.*, radio-location *s.*, radio detecting and finding *s.*; **–wache** *f.*, radar (screen) watch *s.*; **–warnnetz** *n.*, radar warning network *s.*; **–wettermeldung** *f.*, radar weather report *s.*; **–ziel** *n.*, radar target *s.*

Rad / dampfer *m.*, paddle-wheeler *s. or* -wheel steamer *s.*, (*am.*) side-wheeler *s.*, (*coll.*) side kicker *s.*; **Schaufelrad** *n.* **eines –dampfers,** side(-)wheel *s.*; **–drehung** *f.* (*naut.*), rotation *s.*, torsion *s.*; **–effekt** *m.*, propeller(-blade) effect *s.*; **–gehäuse** *n.* (*naut.*), paddle box *s.*, sponson *s.*

radial *adj.*, radial (*spinnaker, etc.*). **Radial / bahn** *f.*, radial panel *s.* (*of a spinnaker*); **–belastung** *f.* (*naut., phys.*), radial load *s.*; **–bewegung** *f.* (*astr.*), radial motion *s.*; **--Corner-Spinnaker** *m.*, radial corner (spinnaker) *s.*; **–davit** *m.*, radial davit *s.* (*for lifeboats*); **--Head-Spinnaker** *m.*, **–kopfspinnaker** *m.*, radial(-)head (spinnaker) *s.*; **–kraft** *f.* (*naut., phys.*), radial force *s.*; **–lager** *n.* (*naut., tech.*), radial *or* journal bearing *s.*; **–schnitt** *m.*, radial cut *s.* (*of spinnaker*); **–spinnaker** *m.*, radial (cut *or* head) spinnaker *s.*; **–turbine** *f.* (*naut.*), radial-flow turbine *s.*

Radiant *m.*, **Radiationspunkt** *m.* (*astr.*), radiant *s.*

Radio *n.*, radio *s.*, wireless *s.*, (*am.*) broadcast(ing) *s.* **Radio / apparat** *m.*, radio *or* wireless set *s.*; **–empfang** *m.*, radio reception *s.*; **–fernschreiber** *m.* **(an Bord),** radio-teletype *s.*; **–frequenz** *f.*, radio frequency *s.*; **–goniometer** *n.*, radio-goniometer *s.*; **–goniometrie** *f.*, radio(-)goniometry *s.*; **–gramm** *n.*, radio(tele)gram *s.*; **–horizont** *m.*, radio horizon *s.*; **–kompaß** *m.*, automatic direction-finder *s.*, ADF *s.*; **–navigation** *f.*, radio navigation *s.*; **–notruf** *m.*, **–notrufsignal** *n.* (*naut.*), (radio) distress call *s. or* signal *s.*; **–peilgerät** *n.*, (radio) direction-finder *s.*; **–peilung** *f.*, (radio) direction-finding *s.*, radio-location *s.*; **–röhre** *f.*, radio tube *s.*; **–rufsignal** *n. od.* **-zeichen** *n.*, (radio) call sign *s. or* signal *s.*; **–sender** *m.*, radio transmitter *s.*; broadcasting station *s.*; **–sextant** *m.*, (automatic) radio-sextant *s.*; **–sonde** *f.* (*meteor.*), radio(-)sonde *s.*; **–telefonie** *f. od.* **-phonie** *f.*, radio-telephony *s.*; **–telegrafie** *f. od.* **-graphie** *f.*, radio-telegraphy *s.*; **–teleskop** *n.* (*astr.*), radio telescope *s.*; **–warnsignal** *n.*, **–warnung** *f.*, radio danger signal *s.*, radio warnings (*pl.*); **–wetterdienst** *m.*, radio weather *or* meteorological service *s.*; **–wetterfunk** *m.*, radio weather forecast *s.*; **–zeitzeichen** *n.*, radio time signal *s.*

Radius *m.* (*naut., math.*), radius *s.* (*pl.* radii), semi-diameter *s.*; **–vektor** *m.* (*naut., astr., math.*), radius vector(s) *s.* (*pl.*), radii vector(s) *s.* (*pl.*).

Rad / kasten *m.* (*naut.*), paddle box *s.*, sponson *s.*; **–kastengang** *m.*, wing (wale) *s.* (*of a side-wheeler*); **–kastenplattform** *f.*, sponson *s.*; **–schaufel** *f.*, paddle-board *s.*; **–schlepper** *m.*, paddle tug *s.*; **–speiche** *f.* (*naut.*), spoke *s.* (*of steering wheel*); **–steuerung** *f.* (*naut.*), wheel steering *s.*; **–welle** *f.* (*naut., tech.*), pulley shaft *s.*; paddle shaft *s.* (*of side-wheeler*).

Raffee *n.*, raffee *s.*, raffie *s.* (*additional sail for square-riggers*).

Rah(e) *f.*, (sail) yard *s.*, spar *s.*, spreader *s.*; **blinde –,** spreader *s.*; **große –,** main yard *s.*; **Hanger** *m.* **einer –,** yard sling *s.*; **die –en** (*pl.*) **scharf anbrassen,** to point the yards; **die –en** (*pl.*) **vierkant brassen,** to square the yards; **die –en** (*pl.*) **zum Salut bemannen,** to man the yards. **Rah / arm** *m.*, quarter *s.*, arm *s.* of a yard; **–bändsel** *n.*, roband *s.*; **–jolle** *f.*, **–jolltau** *n.*, yard rope *s.*; **–leine** *f.*, **–liek** *n.*, headline *s.*

Rahmen *m.* (*naut.*), frame *s.*, framing *s.*, framework *s.*, web *s.* (*shipb.*); (*rad. D/F*) loop *s.* **Rahmen / abstimmung** *f.* (*rad. D/F*), loop aerial *or* (*am.*) antenna tuning *s.*; **–antenne** *f.*, loop aerial *s. or* (*am.*) antenna *s.*, frame aerial *s. or* (*am.*) antenna *s.*; **drehbare –antenne** *f.*, revolving *or* rotating frame *or* loop aerial *s. or* (*am.*) antenna *s.*; **–empfänger** *m.*, loop receiver *s.*; **–peiler** *m.*, loop direction-finder *s.*; **–peilung** *f.*, loop direction-finding *s. or* D/F *s.*; **–schott** *n.*, partition(al) *or* partial bulkhead *s.*; **–spant** *n.*, web frame *s.* (*shipb.*); **–stringer** *m.*, web stringer *s.*

Rah / nock *f.*, yard-arm *s.*; **–nocktakel** *n.*, yard tackle *s. or* whip *s.*; **–schiff** *n.*, square-rigger *s.*; **–schoner** *m.*, square-rigged schooner *s.*; **–segel** *n.*, square (fore-)sail *s.*, yard sail *s.*; **mit –segeln getakelt,** square(-)rigged; **mit –segeln getakeltes Schiff** *n.*, square(-)rigger *s.*; **–segler** *m.*, square-rigged ship *s. or* vessel *s.*, square-rigger *s.*; **–takel** *n.*, jeer *s.*; **–takelblock** *m.*, jeer block *s.*; **–takelfall** *n.*, jeer halyard *s. or* fall *s.*; **–takelpoller** *m.*, jeerbitts (*pl.*); **–takelung** *f.*, square rig *s.*

Rakete *f.* (*naut.*), (distress) rocket *s.* **Raketen / abschußvorrichtung** *f.* **(an Bord),** rocket launcher *s.*; **–gerät** *n.*, rocket(-)apparatus *s.*, line-throwing apparatus *s.* (*for life-saving*); **–leine** *f.*, line-throwing rope *s.*, rocket line *s.*; **–werfer** *m.*, line-throwing apparatus *s.*, rocket-apparatus *s.* (*on lifeboats, etc.*).

Ramm / bär *m.* (*naut.*), ram *s.*, pile driver *s.*; **–bock** *m.* (*naut.*), ram *s.*; **–bug** *m.*, ram (bow) *s.* **Ramme** *f.* (*naut.*), ram *s.*; pile driver *s.* **Rammen** *n.* (*naut.*), falling aboard *s.*, (*rac.*) foul(ing) *s.*; driving *s.* piles. **rammen** *v.* (*naut.*), to fall aboard, to ram, to run down *or* into (*another boat*), (*rac.*) to foul (*a boat*); to drive *or* to ram in, to drive piles; **zwischen Wind und Wasser –,** to strike between wind and water (*sailboat*). **Ramming** *f.*, ram *s.*, pile-driving *s.*; (*naut.*) ramming *s.*, collision *s.*, (*rac.*) foul(ing) *s.* (*a boat*). **Rammsporn** *m.*, ram *s.*; **Schiff** *n.* **mit –sporn,** ram *s.*; **–steven** *m.*, cutwater *s.*, ram *s.*

Rampe *f.* (*naut.*), slip *s.*, ramp *s.* (*in yacht harbour*).

Rand *m.* (*astr.*), limb *s.* (*of sun, etc.*); edge *s.* (*of a sail*); rim *s.* (*of the shore*); (*tech.*) ledge *s.*, flange *s.*, lip *s.*; (*geogr.*) border *s.*, ledge *s.*, margin *s.*; **äußerster –,** edge *s.* (*of sail, keel, etc.*); **oberer –** (*astr.*), upper *or* superior limb *s.* (*of the sun, etc.*).

Randan / art *f.*, **Rudern** *n.* **auf –art,** randan *s.*; **–boot** *n.*, randan *s.*

Rändelschraube *f.* (*naut.*), knurled screw *s.*

Rand / klippe *f.*, rim rock *s.*; **–meer** *n.*, inferior *or* minor *or* marginal sea *s.*

Randsomholz *n.* (*naut.*), fashion piece *s.*

Rand / tief *n.* (*meteor.*), secondary depression *s.*; **–widerstand** *m.* (*naut., phys.*), induced drag *s.* (*as of sail*); **–zyklone** *f.* (*meteor.*), inferior *or* secondary cyclone *s.*

Rang *m.* (*rac.*), rate *s.*, rating *s.*; **auf – 2 liegen,** to be rating 2 *or* second; **auf – 4 der Gesamtwertung liegen** *od.* **segeln,** to be placed 4 in the overall results; **sich auf den 1. – der Einzelwertung segeln,** to rate *or* to be placed first in the individual score; **– 1 belegen,** to rate first; **–liste** *f.* (*rac.*), position table *s.*, scoring table *s.*, scoring list *s.*

rank *adj.* (*naut.*), crank, tender, top-heavy, walty (*of boat*); **–es Boot** *n.*, **–e Yacht** *f.*, cranky *or* tender *or* walty boat *s. or* yacht *s.* **Rankheit** *f.* **(eines Bootes),** crankiness *s.*, tenderness *s.*, tendency *s.* to capsize (of a boat *or* yacht).

Rasmus *m.* (*naut., coll.*), combing sea *s.*, heavy comber(s) *s.* (*pl.*).

Rast *f.* (*naut., tech.*), groove *s.*, notch *s.*, stop *s.* **rastbar** *adj.*, lockable (*of hatch, etc.*). **Raste** *f.* (*naut., tech.*), rest *s.*, catch *s.*, detent *s.*, stop *s.*

Raster *m.* (*radar*), frame *s.*; **–frequenz** *f.* (*rad.*), fixed frequency *s.*, (*radar*) scanning frequency *s.* **rastern** *v.* (*radar*), to scan. **Rasterung** *f.* (*radar*), scanner *s.*

Rating *n.* (*rac.*), rating *s.* (*of a yacht*).

Ration *f.*, **eiserne** *od.* **Eiserne –** (*naut.*), emergency *or* iron rations (*pl.*) (*as in life-rafts*).

Ratschblock *m.* (*naut.*), **Rätschblock** *m.* (*naut., dial.*), ratchet *or* ratch block *s.*

Rauch *m.* (*naut., meteor.*), haze *s.*, mist *s.*; smoke *s.* (*of a steamer*). **Rauch / fahne** *f.* **(eines Schiffes),** trail *s.* of smoke, smoke track *s.*, smoke *s.* (*of a ship or steam-yacht*); **–nebel** *m.* (*meteor.*), smaze *s.*, smoke *s.* and haze, smog *s.*; **–patrone** *f.* (*naut.*), smoke cartridge *s.* (*distress at sea*); **–säule** *f.*, smoke *s.* (*of a ship*); **–schleier** *m.* (*naut.*), smoke screen *s.*; **–signal** *n.*, smoke distress signal *s.* (*of yacht or ship*); **–spurgeschoß** *n.* (*naut.*), tracer *s.* (*distress at sea*); **–wolke** *f.*, (cloud of) smoke *s.*

rauh *adj.*, inclement, raw (*of weather*), rough (*of sea*), bitter, biting (*of cold*), severe (*of winter*); **–es Klima** *n.*, inclement *or* intemperate *or* (*coll.*) bleak climate *s.*; **–e See** *f.*, rough *or* heavy sea *s.*; **–es Wetter** *n.*, inclement *or* raw *or* stark *or* unkindly *or* unpleasant weather *s.*; **ziemlich –es Wetter** *n.*, rawish weather *s.*; **–er Wind** *m.*, biting *or* hard wind *s.* **Rauh / frost** *m.* (*meteor.*), frost-smoke *s.*, rime *s.*, white frost *s.*; **–reif** *m.*, hoar-frost *s.*, frost *s.*, rime *s.*, white frost *s.*; **mit –reif bedeckt,** frosted, frosty, rimy (*as deck*).

Raum *m.* (*naut.*), offing *s.*, searoom *s.*; (*geogr.*) area *s.*, place *s.*, zone *s.*; hold *s.*, space *s.* (*of a yacht*), accommodation *s.* (*for the crew*); (*tech.*) clearance *s.*, play *s.*; **Zuruf** *m.* **nach –** (*naut.*), hailing *s.* for room; **–!** (*naut., int.*), lee-oh!, give leeway!, (give) way!, get out of way!, make way!, stand out (of way)!, clear the track!; **– geben** (*naut.*), to give *or* to make (lee)way, to keep out of way, to turn aside, to avoid collision; **– zum Abfallen benötigen,** to need *or* to want room *or* offing (space) to bear away.

raum *adv.* (*naut.*), free; *adj.*, broad, free, large (*of wind, course, etc.*); **–er Kurs** *m.*, off-wind (course) *s.*, course *s.* with the wind free, reach *s.*, (*rac.*) free leg *s.*; **–e See** *f.*, fair *or* open sea *s.*, offing *s.*; quartering sea *s.*; **–er Wind** *m.*, beam wind *s.*, favo(u)rable *or* following wind *s.*, free *or* large wind *s.*, leading wind *s.*; **mit –em Wind laufen** *od.* **segeln,** to reach, to be reaching (and running), to quarter, to be quartering, to run *or* to sail free *or* large;

Segeln *n.* **mit –em Wind,** reaching (and running) *s.*, quartering *s.*

raum-achterlich *adj.*, broad reach; **–e Hecksee** *f.*, quartering sea *s.*; **–er Kurs** *m.*, broad reach(ing) *s.*, course *s.* with the wind abeam *or* with a quartering wind; **–e See** *f.*, quartering sea *s.*; **–er Wind** *m.*, quarter(ing) breeze *s.*, quartering wind *s.*; **mit –em Wind segeln** *od.* **laufen,** to be quartering, to be on broad reaches; **Segeln** *n.* **mit –em Wind,** broad reach(ing) *s.*, quartering *s.*

Raumballon *m.* (*naut.*), balloon-sail *s.* for reaching (courses), reacher *s.*

Räum / boot *n.* (*naut.*), sweeper *s.*; **–(boot)gerät** *n.* (*naut.*), sweep *s.*

Raumen *n.* **(des Windes),** freeing shift *s.*, quartering *s.* of the wind, veering aft *s.* (of the wind); – **und Schralen** *n.* **(des Windes),** veering *s.* and hauling (of the wind). **raumen** *v.*, to draw *or* to veer aft (*of wind*); – **und schralen,** to veer and haul (*of wind*). **raumend** *adj.*, **–e Tendenz des Windes,** fairing *s.* of the breeze, veering tendency *s.* of the wind.

Raum / gänge *m./pl.* (*naut.*, *rac.*), reaching courses (*pl.*); **–gehalt** *m.* (*naut.*), tonnage *s.* (*of a yacht*); capacity *s.* (*of hold, etc.*); **–inhalt** *m.*, capacity *s.*, volume *s.* (*of boat*); **–kurse** *m./pl.*, reaching courses (*pl.*), (*rac.*) free leg *s.*; **–maß** *n.* (*naut.*), measure(ment) *s.* of capacity *or* dimensions; **–schenkel** *m.* (*rac.*), free leg *s.*

raumschots *adv.*, close reach, with the wind free *or* large, with (a) quartering wind; **– gesegelter Kurs** *m.*, close reach *s.*, off-wind course *s.*; **– gesegelter Kurs** *m.* **mit halbem Wind,** beam reach *s.*; **– gesegelter Kurs** *m.* **mit Viertelwind,** quartering *s.*; **– laufen** *od.* **segeln,** to be reaching (and running), to reach, to be on a close reach, to run *or* to sail free *or* large, to go free, to sail with the sheets eased (off). **Raumschot(s) / bedingungen** *f./pl.* (*rac.*), reaching conditions (*pl.*); **–eigenschaften** *f./pl.* **(eines Segels),** close-reaching performance *s.* (of a sail); **–kurs** *m.*, reach(ing) *s.*, off(-)wind course *s.*, (*rac.*) reaching (and running) *s.*, reaching course *s.*, free leg *s.*; **auf –kursen** (*pl.*), on close reaches; **harter** *od.* **spitzer –kurs** *m.*, close reach *s.*; **–segel** *n.*, reacher *s.*, close-reaching sail *s.*; **–segeln** *n.*, (close) reaching *s.*, off(-)wind sailing *s.*, sailing *s.* free *or* large, sailing *s.* *or* running *s.* with the sheets eased off, reaching *s.* and running.

raum-seitlich *adj.*, reaching, with the wind abeam; **–er Kurs** *m.*, reaching (course) *s.*

Raum / strecke *f.* (*rac.*), free leg *s.*; **–stütze** *f.*, stanchion *s.*

Räumte *f.* (*naut.*), offing *s.*, sea(-)room *s.*, open sea *s.*; hold *or* tonnage capacity *s.* (*of a yacht*), ship's hold *s.*, stowage space *s.*; **die – suchen,** to stand out to sea.

Raum / tiefe *f.* (*naut.*), depth *s.*; depth *s.* of hold; registered depth *s.* (*of yacht*); **–tonne** *f.* (*naut.*), tonnage *s.*, measured *or* measurement ton *s.*; freight ton *s.*; **–verdrängung** *f.*, volume *s.* of displacement, tonnage displacement *s.* (*of a boat*); **r–voll und auf Tiefgang,** full and down (*of ship*); **r––vorlich** *adj.*, close reach; **r––vorlicher Kurs** *m.*, close reach(ing) *s.*; **–welle** *f.* (*rad.*), non-directional wave *s.*, ionospheric wave *s.*, sky wave *s.*; **–wellenkorrektur** *f.* (*Loran*), sky-wave correction *s.*; **–winkel** *m.* (*naut.*, *math.*), solid angle *s.*

Rauschabstimmung *f.* (*rad.*), noise tuning *s.*

Rauschen *n.* (*rad.*), (background) noise *s.*; roar *s.*, rustle *s.* (*of wind, sea*); **atmosphärisches –** (*rad.*), atmospheric (background) noise *s.*, atmospherics (*pl.*). **rauschen** *v.*, to murmur, to rustle (*of breeze*), to roar (*of sea, storm*), to rush, to whisper (*of water, wind*); **– lassen** (*naut.*), to let go (by the run) (*as rope*). **Rausch / faktor** *m.* (*rad.*), signal-to-noise ratio *s.*; **–meßgerät** *n.* (*rad.*), noise(-)meter *s.*; **–pegel** *m.* (*rad.*), noise level *s.*; **–spannung** *f.* (*rad.*), noise voltage *s.*; **–ton** *m.* (*rad.*), (background) noise *s.*; **–untergrund** *m.* (*rad.*), noise background *s.*, background noise *s.*

Raute *f.* (*naut.*), diamond *s.*, black diamond shape *s.*, rhomb *s.*

Reacher *m.* (*naut.*), reacher *s.*, light-air sail *s.*, balloon sail *s.* for reaching (courses); **––F(ock** *f.*), reacher foresail *s.*

Reaktions / fähigkeit *f.* **(eines Bootes auf das Ruder),** steerage *s.*; **–moment** *n.* (*phys.*), (engine) torque *s.*; **–propeller** *m.*, hydraulic *or* reaction propeller *s.*; **r–träge** *adj.*, slow to react (*of boat*); **–turbine** *f.*, reaction turbine *s.*

Réaumur (*phys.*), Reaumur *s.*, Réaumur *s.*; **Temperatur** *f.* **von 60° –** *od.* **R,** a temperature of 60° R(eaumur); **–skala** *f.*, Reaumur scale *s.*

Recht *n.* (*naut.*, *jur.*), right *s.*, law *s.*; **– (einer aus dem Ausland kommenden Yacht) auf sofortige Zollabfertigung,** courtesy *s.* of the port.

recht *adj.* (*naut.*), right, true; right(-handed) (*of propeller, etc.*); correct, proper, true (*of readings, etc.*); **– achteraus,** dead astern, right aft *or* astern; **– so!** (*naut.*, *int.*), steady!,

steady as she goes!, steady as you go!, right!, right-o(h)!; – **von vorn,** dead ahead; **der Wind kommt – von vorn,** the wind is dead ahead; – **voraus,** dead ahead, right ahead; **–es (Fluß)-Ufer** *n.*, right bank *s.*; **–er Winkel** *m.*, right angle *s.*; **im –en Winkel,** at right angles. **recht-drehend** *adj.*, (*s.* **rechtsdrehend).**

Rechte-Hand-Regel *f.* (*naut., phys.*), right hand rule *s.*

Recht / eck *n.*, rectangle *s.*; **r–eckig** *adj.*, rectangular (*as fittings, etc.*); **–eckwelle** *f.* (*rad.*), square wave *s.*; **r–läufig** *adj.* (*astr.*), clockwise, running the normal course; **r–linig** *adj.*, rectilinear.

rechts *adv.* (*naut.*), on the right (hand) (*of channel, etc.*); **nach – rausfahren** (*rac., coll.*), to tack to the right; **– vom Startschiff starten,** to start on the right hand *or* side of the committee boat.

Rechts / drall *m.* (*phys., tech., naut.*), right-hand twist *s. or* torque *s. or* momentum *s.*; **r–drehen** *v.*, to veer about, to veer (round) (*of wind*); **r–drehend** *adj.*, clockwise, dextrorotatory, with the sun; veering (*of wind*); **r–drehender Propeller** *m.*, right-hand propeller *s.*; **r–drehender Wind** *m.*, veering wind *s.*, the wind is veering (about *or* round); **–drehung** *f.* (*naut., tech.*), clockwise rotation *s.*; **r–gängig** *adj.*, clockwise, right-handed; **r–gängiger Propeller** *m.*, right-handed propeller *s.*; **r–gängige Schraube** *f.*, right-handed screw *s.*; **r–geschlagen** *adj.*, plain-laid, right-hand(ed) (*of rope*); **r–geschlagenes Tau(werk)** *n.*, plain-laid *or* right-hand(ed) rope *s.*, twist rope *s.*; **–gewinde** *n.* (*naut., tech.*), right-hand(ed) thread *s.*; **–lauf** *m.* (*naut., tech.*), right-handed motion *s.*; **r–läufig** *adj.* (*astr.*), right-handed, clockwise; **r–läufiger (Schiffs)Motor** *m.*, right-hand(ed) engine *s.*; **–schlag** *m.*, plain *or* right-hand(ed) lay *s.* (*of rope*); **–rotation** *f.* (*naut., phys., tech.*), right-handed rotation *s.*; **–verkehr** *m.* (*naut.*), right-hand traffic *s.* (*as in a channel*); **r–wendige Schraube** *f.*, right-handed screw *s.*

Rechtvorauskurs *m. od.* **-richtung** *f.* (*nav.*), heading *s.*, (course *s.*) right ahead. **rechtweisend** *adj.* (*naut.*), true; true heading *s.* (*of course*); **–er Azimut** *m.*, true azimuth *s. or* bearing *s.*; **–er Kurs** *m.*, true course *s.*; **–er Meridian** *m.* (*astr., naut.*), true meridian *s.*; **–e Navigation** *f.*, true navigation *s.*; **– Nord** (*naut.*), true north; **–e Peilung** *f.*, true bearing *s.*; **–er Steuerkurs** *m.*, **–er Windkurs** *m.*, true heading *s.* **recht / wink(e)lig** *adj.*, at right angles, right-angled, rectangular; right-handed (triangle); **–wink(e)liger Aufstieg** *m.* (*astr.*), right ascension *s.*; **–wink(e)liges Gewinde** *n.*, square thread *s.*; **–zeitig** *adj.* (*naut., rac.*), on time, (*coll.*) in the nick of time, (*am.*) on schedule.

Reck *m.* (*naut.*), strain *s.*, stretch *s.*, stretching *s.* (*of cable, sailcloth, wire rope, etc.*); **–belastung** *f.*, tensile strain *s.* **recken** *v.* (*naut.*), to stretch.

Reduktions / ventil *n.*, reduction valve *s.*; **–zirkel** *m.*, reduction compasses (*pl.*).

reduzieren *v.*, to reduce (*speed*), to lower (*sail*). **Reduzierventil** *n.*, reduction valve *s.*

Ree! (*naut., com.*), lee-o!, lee-O!, ready about!, ready all!, about ship!.

Reede *f.*, road *s.*, roads (*pl.*), roadstead *s.*, anchorage *s.*; **auf –,** in the roads; **Yacht** *f. od.* **Schiff** *n.* **vor Anker auf (der) –,** roadster *s.*; **geschlossene –,** closed anchorage *s.*; **offene –,** open anchorage *s. or* roads (*pl.*); **eine Yacht** *od.* **ein Schiff auf (die) – legen,** to put (out) a yacht *or* ship *or* vessel on the roads; **auf – liegen,** to lie in the roads, to ride at anchor (in the roads); **auf (der) – (vor Anker) liegen,** to be in the *or* to ride at the roads; **auf – vor Anker,** at the anchorage, at anchor in the roads. **reeden** *v.*, to fit out (*a yacht*). **Reeder** *m.*, (ship)owner *s.*; **–brief** *m.*, certificate *s.* of registry. **Reederei** *f.*, shipping company *s. or* line *s. or* office *s.*, ship()owners (*pl.*); **– betreiben,** to be in (the) shipping (business); fitting out *s.*, to fit out (*boats, ships*); **–flagge** *f.*, house flag *s.*; **–gesellschaft** *f.*, shipping company *s.*, exercitorial company *s.*; **–inspektor** *m.*, marine superintendent *s.*, (*am.*) port captain *s.* **Reede / signal** *n.*, road(stead) signal *s.*; **–tonne** *f.*, anchorage *or* road(stead) buoy *s.*

Reef *n.*, (*s.* **Reff).** **reefen** *v.*, (*s.* **reffen).** **Reefer** *m.*, (*s.* **Reffer).**

Reeling *f.*, (*s.* **Reling).**

reell *adj.*, **–es Bild** (*radar, phys.*), real image *s.*; **–er Bordwind,** atmospheric *or* true wind *s.*

Reep *n.*, rope *s.*, lanyard *s.* **Reeperbahn** *f.* (*naut.*), rope walk *s. or* yard *s.* **Reep / leitung** *f.*, steering ropes (*pl.*); **–matte** *f.*, lanyard mat *s.*; **–schläger** *m.*, rope layer *s. or* maker *s.*, roper *s.* (*pers.*); **–schlägerei** *f.*, ropery *s.*, rope making *s.*, rope yard *s.*

Referenz *f.* (*rad.*), reference *s.*; **–frequenz** *f.* (*rad.*), reference frequency *s.*

Reff *n.*, reef *s.*, reef band *s.*, reefing gear *s.*; **doppeltes (einfaches) –,** double (single) reef *s.*; **französisches –,** French reef *s.*; **mit 1 (2, 3) gesteckten –s** (*pl.*) *od.* (*coll.*) **–en** (*pl.*), single-

(double-, treble-)reefed (*of sail*); **ein – auslassen** *od.* **ausschütten** *od.* **ausstecken,** to let *or* to shake out a reef. **Reff / auge** *n.*, reef eye *s.*; **–band** *n.*, reef band *s.*; **–bändsel** *n.*, earing *s.*, reef earing *s. or* point *s.*, (reef) seizing *s.*; **ein Segel mit –bändseln versehen,** to point a sail; **–bereich** *m.*, reefing area *s.* (*of a sail*); **–einrichtung** *f.*, reefing gear *s.* **reffen** *v.*, to reef, to take in (a reef), to shorten sail; **ein Segel –,** to shorten sail, to take in a reef *or* the reefs. **Reffer** *m.*, reefer *s.*, reefing gear *s.* **Reff / gatchen** *n. od.* **–gatjen** *n.*, eyelet *s. or* grommet *s. or* grummet *s.* of the reef band; **––Genua** *f.*, furling and reefing genoa *s.*; **––Großsegel** *n.*, furling and reefing main(sail) *s.*; **–haken** *m.*, reefing hook *s.*; **–hanger** *m.*, reef pendant *s.*; **–hebel** *m.*, (roller) reefing lever *s.*; **–kausch(e)** *f.*, (reef) cringle *s.*; **–kausch** *f.* **am Achterliek,** leech *or* (*am.*) leach cringle *s.*; **–kausch** *f.* **am Segelhals,** tack cringle *s.*; **–kausch** *f.* **am Vorliek,** luff cringle *s.*; **–klampe** *f.*, reef *or* thumb cleat *s.*, coxcomb *s.*; **–knoten** *m.*, reef knot *s.*, reefer *s.*; **–lägel** *m. od.* **–legel** *m. od.* **–lögel** *m.*, reef cringle *s.*; **–leine** *f.*, reef *or* reefing cord *s. or* line *s. or* rope *s.*, tack line *s.*, jack-line *s.*, reefing jackstay *s.*; **–leine** *f.* **am Segelhals,** tack reef-line *s.*; **–leinenknoten** *m.*, reef- *or* reefing-line (slip) knot *s.*; **–leiste** *f.*, reef band *s.*; **–reihe** *f.*, reef row *s.*, jiffy reef(-)row *s.*; **–segel** *n.*, reefing sail *s.*; **–stander** *m.*, reefing line *s. or* pendant *s.*; **–stich** *m.*, reef knot *s.*; **–talje** *f.*, reef(ing) tackle *s.*; **–zeising** *m.*, reef earing *s. or* seizing *s. or* point *s.*

reflektieren *v.* (*phys.*, *opt.*), to reflect. **Reflektionskompaß** *m.*, reflector binnacle *s.* **Reflektor** *m.* (*naut.*, *phys.*), reflector *s.*, mirror *s.*; (*radar*) target *s.*, object *s.*

Reflex / bewegung *f.*, reflex action *s. or* motion *s. or* movement *s.* (*of pers., boat*); **–empfänger** *m.* (*rad.*), reflex (receiver) *s.* **Reflexion** *f.* (*phys.*), reflection *s.*, reflexion *s.*, (*radar*) echo *s.*, clutter *s.*; **– durch Seegang** (*radar*), sea clutter *s.* **Reflexions / faktor** *m.*, **–koeffizient** *m.*, **–stärke** *f.* (*phys.*), reflectance *s.*; **–winkel** *m.* (*phys.*), angle *s.* of reflection *or* reflexion. **Reflexlicht** *n.*, reflected light *s.*

Refraktion *f.* (*phys.*, *nav.*), refraction *s.* (*of light*). **Refraktor** *m.* (*astr.*), refracting telescope *s.*

Regatta *f.*, regatta *s.*, race *s.*, racing *s.*; **eine lahme** *od.* **langweilige –,** a wearisome *or* dull race *s. or* regatta *s.*; **erste – (einer Serie),** preliminary race *s.*; **an einer – teilnehmen,** to take a hand in a race, to race, to compete, to join (in) a race; **auf einer – gewertet werden,** to be rated (*of boat*); **auf einer – starten,** to start off, to start in *or* at a race; **die – zieht sich in die Länge,** the race wears on; **eine – abbrechen,** to cancel a race; to break off a race (*of competitor*); **eine – aufgeben,** to abandon *or* to break off a race; **eine – eröffnen,** to start a race; **eine – vermasseln** *od.* **verpatzen** *od.* **verpfuschen** (*coll.*), to foozle a race, to make a mess of a race; **eine – wird aufgegeben,** a race is abandoned. **Regatta / bahn** *f.*, (race) course *s.*, racing course *s.*; **auf der –bahn (sein),** (to be) on the course; **–bahnmarke** *f.*, mark *s.*, buoy *s.*; light-ship *s.*, light-house *s.* (*offshore race*); **eine –bahnmarke holen,** to fetch a mark; **–besegelung** *f.*, racing inventory *s.*; **––Bewertung(sregeln** *f./pl.*) *f.*, rating *s.*; **–boot** *n.*, regatta *or* racing boat *s.*; **–crew** *f.*, regatta *or* racing crew *s. or* team *s.*; **––Dreieck** *n.*, (race course) triangle *s.*, triangular (racing) course *s.*; **–eigenschaften** *f./pl.* **(eines Bootes** *od.* **Segels),** regatta *or* racing characteristics (*pl.*) (of a boat *or* sail); **–ergebnis** *n.*, (racing) results (*pl.*), score *s.*, (*am.*) outcome *s.* (of a race); **–feld** *n.*, field *s.*, fleet *s.*; **eng beieinander-** *od.* **beisammenliegendes –feld** *n.*, flock *s.*; **–flagge** *f.*, racing flag *s. or* pendant *s.*; **–kalender** *m.*, R(ace) calendar *s. or* almanac *s.*; **r–klar** *adj.*, **ein Boot r–klar machen,** to prepare *or* to tune up *or* (*am.*) to race-finish the boat; **–komitee** *n.*, race *or* racing committee *s.*; **–kurs** *m.*, race *or* racing course *s.*; **auf dem –kurs aufholen,** to catch up on the course; **–leitung** *f.*, race *or* racing committee *s.*; **–mannschaft** *f.*, racing crew *s. or* team *s.*; **–preis** *m.*, (racing) prize *s.*; **–regeln** *f./pl.*, (yacht) racing rules (*pl.*), sailing rules (*pl.*); **–revier** *n.*, (yacht) racing waters (*pl.*); **heimisches –revier** *n.*, home waters (*pl.*); **–segel** *n.*, regatta *or* racing sail *s.*; **–segeln** *n.*, (yacht) racing *s.*, regatta sailing *s.*; **–segler** *m.*, racer *s.* (*pers.*); **ein heißer –segler (sein),** (to be) a keen racer; **–serie** *f.*, series *s.*; **–service** *m.* racing *or* race *or* regatta service *s.*; **mobile –service-Werkstatt** *f.*, mobile regatta service *s.*, (*coll.*) mobile workshop *s.*; **–stand** *m.*, score *s.*; **–strategie** *f.*, strategy *s.* in yacht racing, (yacht) racing strategy *s.*; **–strecke** *f.*, (race) course *s.*, leg *s.*; **––Surfboard** *n. od.* **-Surfbrett** *n.*, racing board *s.*; **–taktik** *f.*, tactics *s.* (*pl.*) in yacht racing; **–teilnehmer** *m.*, participant *s.* in a race; **disqualifizierter –teilnehmer** *m.*, disqualified boat *s.*; **––Teilstrecke** *f.*, leg *s.*, fetch *s.*; **–trimm** *m.*, racing trim *s.*; **–woche** *f.*, race week *s.*; **–yacht** *f.*, racing yacht *s.*, racer *s.*

Regel *f.* (*naut.*, *rac.*), rule *s.*, regulation(s) *s.* (*pl.*); standard *s.*; **in der –,** as a rule, usually; **nach der –,** according to rule(s); **feststehende –,** fixed rule *s.*; **Internationale –n** (*pl.*) **zur Verhütung von Zusammenstößen auf See,** International Regulations (*pl.*) for Preventing Collisions at Sea; **eine – verletzen** (*naut.*, *rac.*), to violate a rule *or* regulation; **–n** (*pl.*) **des Yachtrennsports,** rules (*pl.*) of yacht racing.

regelbar *adj.* (*naut.*, *tech.*), adjustable, controllable, variable (*as propeller, etc.*). **Regel / belastung** *f.*, normal *or* permissible load *s.*; **–einrichtung** *f.*, control device *s.*, controller *s.*; **stufenloses –getriebe** *n.*, variable-speed transmission *s.*; **–kompaß** *m.*, normal *or* standard compass *s.*; **–kreis** *m.* (*rad., elec.*), control circuit *s.*

regelmäßig *adj.* (*naut.*, *rad.*), regular, regulated; **in –en Abständen** *m./pl.* (*naut.*, *rad.*), at regular intervals (*pl.*), (*am.*) at stated intervals (*pl.*) (*of light, signal*); **nicht – befahrene (Schifffahrts)Route** *f.* (*am.*), star route *s.*; **– (zwischen zwei Orten) verkehren** (*naut.*), to ply (*of ship, ferry*); **–e Wiederkehr** *f.* *od.* **Wiederholung** *f.* (*naut.*, *rad.*), recurrence *s.*, repetition *s.* (*of signal, light*). **Regelmäßigkeit** *f.*, regularity *s.*

regeln *v.* (*naut.*, *tech.*), to adjust, to control, to regulate (*backstay adjuster, etc.*).

Regel / schalter *m.* (*rad., tech.*), regulating switch *s.*; **–tank** *m.* (*naut.*), stabilizing *or* trimming tank *s.*

Regelung *f.* (*naut.*, *tech.*), adjustment *s.*, control *s.*, regulation *s.*; **automatische –,** automatic control *s.*; **elektronische –,** electronic control *s.*; **stufenlose –,** variable control *s.*; **stufenweise –,** gradual control *s.*

Regel / ventil *n.*, control *or* regulating valve *s.*; **r–verletzend** *adj.* (*rac.*), fouling (*of boat*); **r–verletzende Yacht** *f.* (*rac.*), (racing) yacht *s.* violating the rules, fouling boat *s.* *or* yacht *s.*; **–verletzung** *f.* (*naut.*, *rac.*), violation *s.* of (the racing) rules; foul *s.* (*of boat*); **–verstoß** *m.* (*rac.*), foul *s.*; **–vorrichtung** *f.*, control *or* regulating device *s.*; controller *s.*; **–widerstand** *m.* (*rad., elec.*), variable resistor *s.*, regulating resistance *s.*, rheostat *s.*; **–zelle** *f.* (*naut.*), stabilizing *or* trimming tank *s.*

Regen *m.* (*meteor.*), precipitation *s.*, rain *s.*, hail *s.*, (*naut.*) wet *s.*; **anhaltender –,** constant rain *s.*; **feiner –,** drizzle *s.*, light rain *s.*; **feiner – (aus wolkenlosem Himmel),** serein *s.* (*in the tropics*); **heftiger –,** heavy *or* severe rain *s.*, downpour *s.*; **kurzer heftiger –,** shower *s.*; **leichter –,** small rain *s.*, drizzle *s.*; **starker –,** heavy *or* severe rain *s.*, downpour *s.*; **strömender –,** driving *or* teeming rain *s.*; **es droht –,** there is a threat of rain; **es riecht nach –** (*naut.*, *coll.*), it smacks *or* smells of rain; **es sieht nach – aus,** it looks like rain; **bei – oder Sonnenschein,** in rain *or* fine; **der – hört auf** *od.* **läßt nach,** the rain is letting up; **– setzte ein,** rain set in. **Regen / band** *n.* (*meteor.*), rain band *s.*; **–bande** *f.* (*meteor.*), rain belt *s.*; **schwere –bewölkung** *f.* (*meteor.*), heavy nimbus overcast *s.*; **–bö** *f.* (*meteor.*), line squall *s.*, (*naut.*) rain squall *s.*; **–böen** *f./pl.* (*naut.*), rain squalls (*pl.*); **–böenfront** *f.* line *s.* *or* rain squalls; **–bogen** *m.*, rainbow *s.*, iris *s.*; **im Spritzwasser gebildeter –bogen** *m.* (*naut.*), sea bow *s.*; **weißer –bogen** *m.*, white rainbow *s.*; **–bogenfarben** *f./pl.*, tints (*pl.*) of the rainbow; **r–bringend** *adj.*, rainy, (*coll.*) washy (*of weather*); **–echo** *n.* (*radar*), rain echo *s.* *or* clutter *s.*; **–enttrübung** *f.* (*radar*), anti-clutter rain *s.*; **–fall** *m.* (*meteor.*), precipitation *s.*, rain *s.*, rainfall *s.*, shower *s.* (of rain); **–fälle** *m./pl.* (*meteor.*), rain *s.*, rains (*pl.*); **vereinzelte –fälle** *m./pl.* (*meteor.*), occasional *or* scattered showers (*pl.*) *or* rain *s.*; **–flage** *f.*, rain squall *s.*; **–galle** *f.*, wind gall *s.*, (*coll.*) weather *or* wind dog *s.*, (*dial.*) water gall *s.*; **–gürtel** *m.* (*meteor.*), rain belt *s.*; **–guß** *m.*, rain(-)fall *s.*, drift *s.* *or* shower *s.* of rain, (down)pour *s.*, spill *s.*, (*coll.*) drench *s.*, drencher *s.*, soaker *s.*, spout *s.*, flurry *s.*; **ausgiebiger –guß** *m.*, copious shower *s.* of rain; **leichter –guß** *m.*, shower *s.*, flurry *s.*; **heftiger** *od.* **schwerer –guß** *m.*, rain-storm *s.*, downpour *s.*, heavy shower *s.* of rain, torrent *s.*, torrential rain *s.*; **wolkenbruchartiger –guß** *m.*, waterspout *s.*; **–güsse** *m./pl.*, rain *s.*, rains (*pl.*); **heftige** *od.* **schwere –güsse** *m./pl.*, heavy rains (*pl.*); **–himmel** *m.*, watery sky *s.*, (*coll.*) weeping sky *s.*; **–linie** *f.* (*meteor.*), rain(-)band *s.*, rain-belt *s.*; **–menge** *f.* (*meteor.*), rainfall *s.*; **–messer** *m.* (*meteor.*), rain-ga(u)ge *s.*, pluviometer *s.*, ombrometer *s.*, udometer *s.*; **–meßinstrument** *n.* (*meteor.*), ombrometer *s.*; **–messung** *f.* (*meteor.*), udometry *s.*; **–monsun** *m.*, wet monsoon *s.*; **–periode** *f.*, wet period *s.*, rain spell *s.*; **r–reich** *adj.*, pluvial (*of region, season*); **–schauer** *m.*, shower *s.* (of rain), rainfall *s.*, scurry *s.* (of rain); **heftiger –schauer** *m.*, pash *s.*; **kurzer –schauer** *m.*, flurry *s.*; **leichter –schauer** *m.*, sprinkle *s.* of rain, sprinkling *s.* (of rain); **strömender –schauer** *m.*, teeming rain *s.*; **vorübergehender –schauer**

m., passing showers (*pl.*); **–schichtwolke** *f.* (*meteor.*), nimbostratus (cloud) *s.*; **--Schnee-gemisch** *n.* (*meteor.*, *br.*), sleet *s.*; **–schutz** *m.* (*naut.*), (rain) hood *s.* *or* protection *s.* *or* top *s.* *or* shield *s.* (*for instruments, etc.*); **–segel** *n.*, rain cloth *s.*; hatch tent *s.*; **–störung** *f.* (*radar*), rain clutter *s.*; **–sturm** *m.*, rainstorm *s.*; **kurzer –sturm** *m.*, flaw *s.*; **–tag** *m.*, rainy day *s.*; **–tropfen** *m.*, rain drop *s.*; **r–verkündend** *adj.*, watery (*as sky*); **–wetter** *n.*, rainy weather *s.*, showery weather *s.*, (*naut.*, *coll.*) wet weather *s.*; **–wind** *m.*, rainy wind *s.*, rain *s.* on the wind; **–wolke** *f.*, rain cloud *s.*; **(graue) –wolke** *f.* (*meteor.*), nimbus *s.*; **schwere –wolken** *f./pl.* (*meteor.*), heavy nimbus overcast *s.*, (*coll.*) heavy (rain) clouds (*pl.*); **–zeit** *f.*, rainy *or* wet season *s.*; **tropische –zeit** *f.*, **–zeit** *f.* **in den Tropen,** the rains (*pl.*), the Rains (*pl.*), wet season *s.*; **–zone** *f.* (*meteor.*), rain band *s.* *or* belt *s.*

Register *n.* (*naut.*), register *s.*; roster *s.*, rota *s.*; **–brief** *m.* (*naut.*), certificate *s.* of registry *or* registration *or* register; **–gebühr** *f.*, registration fee *s.*; **–hafen** *m.*, port *s.* of registry, home port *s.*, (*am.*) port *s.* of documentation; **–länge** *f.*, registered length *s.* (*of boat*); **–schiff** *n.*, registered ship *s.*; **–tonnage** *f.*, registered tonnage *s.*; **–tonne** *f.* (*naut.*), register ton *s.*, gross *or* net ton *s.* (*of boat or ship*); **–tonnen** *f./pl.*, register tons (*pl.*), tons (*pl.*) burden; **–tonnengehalt** *m.*, register tonnage *s.*; **–tonnen-Brutto-Rauminhalt** *m.*, gross register tons (*pl.*); **–tonnen-Netto-Rauminhalt** *m.*, net register tons (*pl.*).

Registrier / ballon *m.* (*meteor.*), sounding balloon *s.*; **–barometer** *n.*, self-recording *or* -registering barometer *s.* **registrieren** *v.* (*naut.*), to register (*a yacht*), (*naut.*, *tech.*) to record, to register (*of instruments*); to read (*on instruments*); **das Thermometer registriert 10° über Null,** the thermometer records 10° above zero. **registriert** *adj.*, **–e Yacht,** registered yacht *s.* **Registrier / gerät** *n.*, **–instrument** *n.*, recorder *s.*; **–nummer** *f.* (*naut.*), sail number *s.*, distinguishing number *s.*; **–pegel** *m.*, recording tide-ga(u)ge *s.* **Registrierung** *f.* (*naut.*), registry *s.*, registration *s.*, (*am.*) documenting *s.* (*of a yacht*); reading *s.* (*on instruments*), recording *s.* (*of instruments*).

Reglement *n.* (*naut.*, *rac.*), regulations (*pl.*). **reglementarisch** *adj.*, **reglementgemäß** *od.* **-mäßig** *adj.*, according to regulations.

Regler *m.* (*naut.*, *tech.*), control *s.*, controller *s.*, governor *s.*, compensator *s.*, regulator *s.*, trimmer *s.*; **–system** *n.*, control system *s.* (*radar, etc.*); **–tank** *m.* (*naut.*), trimming tank *s.*; **–ventil** *n.*, regulating valve *s.*

regnen *v.*, to rain, (*coll.*) to weep; **es begann zu –,** rain set in, it set in to rain; **in Strömen –,** to come down in sheets, to be pouring with rain, to rain cats and dogs; **leicht –,** to drizzle, to shower; **stark –,** to pour down.

regnerisch *adj.* (*meteor.*), rainy, showery (*of weather*), pluvial, pluvious (*of region*), (*naut.*, *coll.*) drizzly, moist, soft, sopping wet; **–er Tag** *m.* (*naut.*, *coll.*), a fine day for ducks, a soft day; **–es Wetter** *n.*, rainy *or* showery weather *s.*, (*naut.*) wet *s.*

regulier / bar *adj.* (*naut.*, *tech.*), adjustable, controllable, governable, regulable; **R–barkeit** *f.*, adjustment *s.*, controllability *s.*; **R–hebel** *m.*, adjusting *or* regulating handle *s.* *or* lever *s.* *or* knob *s.*, regulating lever *s.* **regulieren** *v.* (*naut.*, *tech.*), to adjust, to control, to govern, to regulate, to set (*mast rake, etc.*). **Regulier / kompaß** *m.*, pilot compass *s.*; **–leine** *f.* (*naut.*), drawing string *s.*, adjusting line *s.*, regulating line *s.* (*in leech*); **–schraube** *f.*, adjusting screw *s.*, set-screw *s.* **Regulierung** *f.* (*naut.*, *tech.*), control *s.*, adjustment *s.*, regulation *s.*; **automatische –,** automatic control *s.* **Regulier / ventil** *n.*, regulating valve *s.*; **–vorrichtung** *f.*, control *s.*

Rehbock *m.* (*naut.*, *coll.*), sea bag *s.*

Reib / festigkeit *f.* (*naut.*), resistance *s.* to abrasion (*of hull, etc.*); **–fläche** *f.*, rubbing *or* striking surface *s.*; **–holz** *n.* (*naut.*), belting *s.*, fender beam *s.*, spar fender *s.*, rubbing batten *s.* *or* paunch *s.* *or* piece *s.* *or* strip *s.*, skid *s.*

Reibung *f.* (*naut.*, *phys.*), friction *s.*, (*tech.*) abrasion *s.*; **gleitende –** (*phys.*), sliding friction *s.* **Reibungs / druck** *m.* (*naut.*, *phys.*), traction *s.*; **–fläche** *f.*, friction surface *s.* (*of hull, etc.*); **–koeffizient** *m.*, coefficient *s.* of friction; **–lager** *n.* (*tech.*), friction bearing *s.*; **–mitstrom** *m.*, **–nachstrom** *m.* (*naut.*), friction wake *s.*, frictional wake *s.*; **–verlust** *m.*, loss *s.* by friction (*of boat*); **–widerstand** *m.* (*naut.*, *phys.*), frictional drag *s.* *or* resistance *s.*, friction force *s.*

Reichweite *f.* (*naut.*), (operational *or* operating) radius *s.* *or* range *s.*, reach *s.*, scope *s.*, sweep *s.* (*of a boat*); (*rad.*, *radar*) range *s.*, coverage *s.*; **außer –, außerhalb der –,** out of range *or* reach; **große –** (*rad.*, *radar*, *naut.*), long range *s.*; **in –, innerhalb der –,** within range *or* reach; **mittlere –** (*rad.*, *radar*, *naut.*), medium range *s.*; **in – des Boots-** *od.* **Schiffsgeschirrs,** within range of the ship's tackle; **die – verlassen,** to leave the *or* to pass out of range; **eine – haben (von)** (*rad., radar*), to range; **das Leuchtfeuer hat eine – von 10 Seemeilen,** the light ranges 10 sea *or* nautical miles.

Reif *m.* (*meteor.*), hoar *or* white frost *s.*, (*naut., hum.*) Jack Frost *s.*

Reihbändsel *n.* (*naut.*), lace *s.*, lacing *s.*, roband *s.*, robbin *s.*

Reihe *f.* (*rac.*), series *s.*; **in – geschaltet** (*elec.*), in series. **Reihen / bö** *f.* (*meteor.*), line squall *s.*; **–folge** *f.* (*rac.*), series *s.* (*of races*); (*naut., rad.*) sequence *s.* (*of light, signal, etc.*); **–gewitter** *n.* (*pl.*), line thunderstorm(s) *s.* (*pl.*); **–lotung** *f.*, line *s.* of soundings; **–motor** *m.* (*naut.*), in-line engine *s.*; **–parallelschaltung** *f.*, series parallel circuit *s.*; **–schlußdynamo** *m.*, series-wound dynamo *s.*; **–schlußmotor** *m.*, series motor *s.*

reihern *v.* (*naut., sl.*), to be seasick, to feed the fishes, to retch, to spew.

Reihleine *f.* (*naut.*), lace *s.*, lacing *s.*, lacing line *s.*, frapping line *s.*

rein *adj.* (*naut.*), clean (*of boat, coast*), clear (*of anchorage, etc.*); **–er Grund** *m.*, good holding-ground *s.*; **–es Schiff** *n.*, clean ship *s.* **reinbrennen** *v.*, **ein Boot** *od.* **Schiff – (zum Kalfatern),** to bream the boat *or* ship. **Reiniger** *m.* (*naut., chem.*), cleaner *s.*, cleansing agent *s.* **Reinigungs / lösung** *f.* (*naut., chem.*), cleansing solution *s.*; **–mittel** *n.* (*naut., chem.*), cleaner *s.*, cleanser *s.*, cleansing agent *s.*, detergent *s.* **Reinschiff** *n.*, clean ship *s.*; **– machen,** to clean ship.

Reise *f.* (*naut.*), (sea) voyage *s.*, cruise *s.*, travel *s.*, trip *s.*; passage *s.*, crossing *s.*; **ausgehende –,** voyage out; **heimkehrende –,** homeward voyage; **eine – fortsetzen,** to continue a voyage, to proceed; **sich auf eine – begeben** *od.* **machen,** to set out **(nach,** for); **– in Ballast,** light voyage *s.*; **– zur See,** crossing *s.*, passage *s.*; cruise *s.*; **Reise-Reise!** (*naut., int.*), rise and shine!, hit the deck!. **Reise / apotheke** *f.*, first-aid kit *s.*; **–charter** *f.*, (round *or* voyage) charter *s.*; **–dauer** *f.*, duration *s.* of cruise *or* voyage; **–geschwindigkeit** *f.* (*naut.*), cruising speed *s.* **reisen** *v.*, **(zur See) –,** to go by sea; **– nach** (*naut.*), to (go on a) cruise *or* voyage to, to be bound for, to depart *or* to leave *or* to start for. **Reise / paß** *m.*, pass(port) *s.*; **–route** *f.* (*naut.*), route *s.*, itinerary *s.*; **–vorbereitungen** *f./pl.*, getting *s.* ready for sea, preparing *s.* a cruise, preparation *s.* for a cruise *or* voyage; **–ziel** *n.* (*naut.*), destination *s.*, objective *s.*

Reißahle *f.* (*naut.*), rasing knife *s.*

Reißen *n.*, ripping *s.* (*of seams*), tearing *s.*, rending *s.* (*of sails*). **reißen** *v.t.*, to fly (*of sails*), to part (*of cable*), to rip (*of seams*), to drag, to jerk, to pull, to tug, to snatch, (*coll.*) to yank (*at rope, etc.*); *v.r.*, to break, to crack, to burst, to sever, to snap, to split, to tear, to get torn (*of rope, etc.*); **heftig – an,** to jerk *or* (*coll.*) to yank at; **die Ankertrosse reißt,** the (anchor) cable parts.

reißend *adj.*, racing (*as river*), rapid (*of water*), sweeping (*of current*); **–er Fluß** *m.*, rapid-flowing river *s.*; **–er Strom** *m.*, torrent *s.*

Reiß / festigkeit *f.* (*naut., tech.*), breaking *or* tensile strength *s.* (*of rope*), tenacity *s.* (*of sailcloth*); **geringe –festigkeit** *f.* **(des Segeltuches),** teary (cloth *s.*); **–festigkeitsverstärker** *m.*, substrate *s.* (*sailcloth*); **–garn** *n.* (*naut.*), drawing twine *s. or* yarn *s.*, drawing cord *s.*; **–gummi** *n.*, elastic (band *or* cord) *s.*, elastic drawstring *s.*; **–leine** *f.* (*naut.*), draw cord *s.*, drawstring *s.*, rip-cord *s.*, ripping line *s. or* cord *s.*; **–verschluß-Fußteil** *m.* **(eines Segels),** zipper shelf *s.*; **–zwecke** *f.*, drawing-pin *s.*, (*am.*) thumbtack *s.*

Reitbalken *m.* (*naut.*), sternson *s.* **Reiten** *n.* **(eines Ankerliegers),** surge *s.* **reiten** *v.* (*naut.*), to ride (*of boat*); **auf der hohen Kante –** (*rac.*), to ride *or* to sit on the high board *or* (*am.*) side; **auf den Wellen –,** to ride the waves, to surge (*of boat*); **vor Anker –,** to ride at anchor. **Reiter** *m.* (*naut.*), slide *s.*, slider *s.* **Reit / gewicht** *n.* (*naut., coll.*), anchor weight *s.*; riding weight *s.* (*of anchor, crew*); **–knie** *n.* (*naut.*), stern knee *s.*, sternson (knee) *s.*; stemson *s.* (*of wooden boat*).

Rekord *m.* (*spt.*), record *s.*; **den – brechen** *od.* **schlagen,** to break *or* to beat *or* to smash the record; **den – einstellen,** to equal the record; **den – verbessern**, to better the record; **einen – aufstellen,** to establish a record. **Rekordversuch** *m.* (*spt.*), attempt *s.* on the record *or* to beat the record.

Rektaszension *f.* (*astr.*), right ascension *s.*

Relais *n.* (*rad., elec.*), relay *s.*; **elektromagnetisches –,** electro-magnetically operated relay *s.*; **ein – ansprechen lassen** *od.* **betätigen,** to operate a relais. **relaisgesteuert** *adj.*, relay-operated. **Relais / sender** *m.*, **–station** *f.* (*rad.*), relay *or* repeater station *s.*; **durch** *od.* **mit** *od.* **über –station funken,** to relay; **–steuerung** *f.*, relay control *s.*

relativ *adj.* (*naut., phys.*), relative; **–e Bewegung** *f.*, relative motion *s. or* movement *s.* (*of boat, etc.*); **–er Bordwind** *m.*, relative wind *s.*; **–e Breite** *f.* (*naut.*), relative beam *s.*; **–e Fahrt**

f. **(über Grund),** ground speed *s.*; **–e Fahrt** *f. od.* **Geschwindigkeit** *f.* (*naut.*), relative speed *s.*; **–e Geschwindigkeit** *f.* (*phys.*), relative velocity *s.*; **–e Helligkeit** *f.* (*naut., phys.*), visibility *s.*; **–e Länge** *f.* (*naut.*), relative length *s.*, beams-to-length ratio *s.*, length-to beam ratio *s.*; **–e Luftfeuchtigkeit** *f.* (*meteor.*), relative humidity *s.*; **–e Peilung** *f.*, relative bearing *s.* (on the bow), bearing *s.* on the bow; **–e (Schiffs)Position** *f.*, relative (ship's) position *s.*; **–e Segelfläche** *f.*, relative sail area *s.*; **–e Sichtigkeit** *f.* (*naut.*), visibility *s.*; **–e Verdrängung** *f.* (*naut.*), relative displacement *s.*; **–er Wind** *m.*, relative wind *s.*; **–e Windgeschwindigkeit** *f.*, relative velocity *s.* of the wind.

Relativ / anzeige *f.* (*radar*), relative plan-position indication *s.*; **–bewegung** *f.* (*naut., phys.*), relative motion *s. or* movement *s.*; **–geschwindigkeit** *f.*, relative speed *s.* (*of boat*). **Relativitätstheorie** *f.* (*phys.*), theory *s.* of relativity, Einstein theory *s.*

Reling *f.*, rail *s.*, railing *s.*, hand *or* guard rail *s.*, breast rail *s. or* work *s.*, bulwark(s) *s.* (*pl.*); taffrail *s.* (*of the stern*); **offene –,** open rail *s.*; **– auf seegängigen Yachten,** guard()rail *s.*; **– um einen Mars,** top rail *s.* **Relings / auge** *n.*, (attached) lifeline eye *s.*; **–board** *n.*, **–brett** *n.*, quarter rail(ing) *s.*; **–draht** *m.*, lifeline *s.*; **–durchzug** *m.*, elastic (cord *or* rope) *s.* of the rail; **–fuß** *m.*, guard- *or* hand-rail base *s. or* foot *s.*, lifeline base *s.*; **–kleid** *n.*, dodger *s.*; **–log** *n. od.* **–logge** *f.*, Dutchman's log *s.*; taffrail log *s.*; **–netz** *n.*, rail(ing) net *s.*; **–pforte** *f.*, railing gate *s.*; **–schiene** *f.*, rail track *s.*, guard(-)rail track *s.* (*on offshore yachts*); **–spanner** *m.*, railing turnbuckle *s.*; **–stütze** *f.*, rail stanchion *s.*; **–stützen** *f./pl.*, rails (*pl.*) and stanchions; **–treppe** *f.*, rope ladder *s.*

remanent *adj.*, **–er Magnetismus** (*phys.*), remanent *or* residual magnetism *s.*, remnant *s.* of magnetism. **Remanenz** *f.* (*phys.*), remanence *s.* (of magnetism), residual magnetism *s.*, remnant *s.* of magnetism.

Renn / besegelung *f.*, racing inventory *s. or* sails (*pl.*); **–boot** *n.*, race *or* racing boat *s.*, racer *s.*, (*sl.*) ship *s.*; speed boat *s.*; **leichtes –boot** *n.*, skimmer *s.*; **–boot** *n.* **mit Außenbordmotor** *od.* **Außenborder,** outboard racing boat *s.*; **–einer** *m.*, skiff *s.* (*rowing*). **Rennen** *n.* (*naut.*), race *s.*, racing *s.*; **ausgeglichenes –,** level race *s.*; **heißes –,** bout *s.*, heat *s.*; **totes –,** dead(-)heat *s.*; **das – abbrechen** *od.* **aufgeben,** to break off *or* to give up *or* (*coll.*) to throw (in) the race; **das – als Erster beenden,** to come in first; **– mit Ausgleich** *od.* **Handicap** *od.* **Vorteil,** handicap race *s.*; **– ohne Vorgabe,** scratch race *s.* **Renn / erklärung** *f.*, racing declaration *s.*; **–faktor(system** *n.*) *m.*, yacht racing factor *or* YRF (system) *s.*; **–flagge** *f.*, racing flag *s.*; **–formel** *f.*, rating rule *s.*; **–jolle** *f.*, racing dinghy *s.*; **–halse** *f.*, gybing *s.* on reaching courses, gybing *s.* with the sheets eased off; **–kalender** *m.*, R-Calendar *s.*, racing calendar *s.*; **–kurs** *m.*, race *or* racing course *s.*; **–latten** *f./pl.* **(im Boot),** bottom boards (*pl.*); **–propeller** *m.*, racing *or* speed propeller *s.* (*of motorboat*); **(langes, schmales) –ruderboot** *n.*, outrigger *s.*; **–segeln** *n.*, (yacht) racing *s.*, regatta *s.*; **–segler** *m.*, racer *s.* (*boat and pers.*), racing yachtsman *s.*; **–sport** *m.* (*naut.*), racing sport(s) *s.* (*pl.*); **–sportler** *m.*, racer *s.*, racing yachtsman *s.*; **–stander** *m.*, racing flag *s. or* pendant *s.*; **–strecke** *f.*, race *or* racing course *s.*, distance *s. or* course *s.* to be sailed; **–team** *n.*, racing team *s.*; **–wert** *m.* **(einer Yacht),** (yacht) rating *s.*; **den –wert (einer Yacht) heraussegeln,** to force the ship to the limit, to get out the rating (of a yacht); **–woche** *f.*, race week *s.*; **–yacht** *f.*, race *or* racing boat *s. or* yacht *s.*, racer *s.*, R-yacht *s.*, speed(y) boat *s. or* yacht *s.*, (*coll.*) yacht *s.*, (*sl.*) ship *s.*; **(sehr) schnelle –yacht** *f.*, speedy racer *s. or* racing boat *s. or* yacht *s.*

Reparatur *f.*, repair(s) *s.* (*pl.*); **in – ,** under repair (*of boat, sail*); **behelfsmäßige –,** improvised *or* temporary repair *s.*, makeshift (repair) *s.*, (*coll.*) rough and ready (repair *s.*); **geringfügige (größere) –,** minor (major) repair *s.*; **eine – nötig haben,** to want (a) repair *or* repairing *or* to be repaired (*of boat, sail, etc.*); **– mit Bordmitteln,** shipboard repair *s.*, repair *s.* with (boat's) own means. **Reparatur / arbeiten** *f./pl.*, repairs (*pl.*); **für** *od.* **wegen –arbeiten einen Hafen anlaufen,** to put in(to port) for repairs; **–auflieger** *m.*, boat *s. or* ship *s.* laid up for repairs; **r–bedürftig** *adj.*, repairable; out of repair; **r–bedürftig sein,** to be in need *or* want of repair; **–dock** *n.*, repair dock *s.* **Reparaturen** *f./pl.*, repairs (*pl.*); **große (kleine) –,** major (minor) repairs (*pl.*); **unbedingt notwendige –,** emergency repairs (*pl.*); **unvermeidliche –,** necessary *or* inevitable repairs (*pl.*); **– aus-** *od.* **durchführen,** to carry out repairs. **reparaturfähig** *adj.*, repairable (*as boat, sail*). **Reparatur / kosten** (*pl.*), cost *s.* of repair; **–schiff** *n.*, repair ship *s.*, floating workshop *s.*; **r–unfähig** *adj.*, out of repair, beyond repair (*of boat, sail, etc.*); **–werft** *f.*, repair yard *s.*; **–werkstatt** *f. od.* **–werkstätte** *f.* (*naut.*), repair shop *s.*, service station *s.*, (*hum.*) hospital *s.* **reparieren** *v.*, to repair, to mend, (*coll.*) to fix; **nicht mehr zu –**, beyond *or* out of repair; **zu –(d),** repairable (*of boat, sail, etc.*).

Repetitionsmethode *f.* **der Winkelmessung** (*naut.*, *astr.*), repeating method *s.*

Repulsionsmotor *m.* (*naut.*), repulsion motor *s.*

requirieren *v.* (*naut.*), to press (*a boat or ship*).

Reserve *f.* (*naut.*), reserve(s) *s.* (*pl.*), spare *s.*, stand-by *s.* **Reserve / anker** *m.*, spare anchor *s.*; **großer –anker** *m.*, sheet *or* waist anchor *s.*; **–antrieb** *m.* (*naut.*), reserve propulsion *s.* (*of motorsailer*); **–auftrieb** *m.* (*naut.*), reserve buoyancy *s.* (*of a boat*); **–batterie** *f.*, spare *or* stand-by battery *s.*; **–buganker** *m.*, sheet anchor *s.*; **–geschirr** *n.* (*naut.*), spare tackle *s. or* gear *s.*; **–kanister** *m.* (*naut.*), day tank *s.*; **–pinne** *f.*, emergency *or* jury tiller *s.*; **–propeller** *m.*, spare propeller *s.*; **–pumpe** *f.*, stand-by pump *s.*; **–schwimmfähigkeit** *f.*, reserve buoyancy *s.* (*of a boat*); **–segel** *n.*, spare *or* jury sail *s.*; **–tank** *m.*, day tank *s.*, reserve *or* stand-by tank *s.*; **–tau(werk)** *n.*, spare rope(s) *s.* (*pl.*); **–teil** *n.* (*od. m.*), replacement *s.*, spare part *s.*; **–verdrängung** *f.*, reserve buoyancy *s.* (*of boat*).

Resonanz *f.* (*rad.*), syntony *s.* (*of frequencies*); **–frequenz** *f.*, resonance frequency *s.*; **–kreis** *m.* (*rad.*), resonant circuit *s.*

Rest *m.*, **aus –en** (*pl.*) **gekocht** (*naut.*, *sl.*), twice-laid.

Rest / ablenkung *f.* (*phys.*), remanent *or* residual deviation *s.*; **–auftrieb** *m.*, reserve *or* remaining *or* residual buoyancy *s.* (*of boat*); **–fehler** *m.* (*naut.*), residual error *s.*; **–magnetismus** *m.*, remanent *or* residual magnetism *s.*, remanence *s.*, remnant *s.* of magnetism; **–widerstand** *m.* (*naut.*, *phys.*), remanent *or* residual resistance *s.*

Resultat *n.* (*rac.*), result(s) *s.* (*pl.*), score *s.*, (*am.*) outcome *s.* (of a race).

Retardation *f.* (*phys.*), retardation *s.*, retardment *s.* (*of tide, etc.*). **retardieren** *v.* (*phys.*), to retard, to be retarded (*as of tide*).

Retikulum *n.* (*astr.*), reticule *s.*

retten *v.* (*naut.*), to rescue (*pers.*), to recover, to salvage (*boat*); **sich mit knapper Not –,** to have a narrow escape (*distress at sea*). **Retter** *m.*, rescuer *s.*, life-saver *s.* (*of pers.*), salvager *s.* (*of boat*). **Rettung** *f.*, rescue *s.* (*of pers.*), recovery *s.*, salvage *s.* (*of boat*); **– aus Seenot,** recovery *s.*, rescue *s.* **Rettungs / aktion** *f.*, search and rescue *or* SAR action *s. or* operation *s.*; **–anker** *m.*, sheet anchor *s.*; **–arbeiten** *f./pl.* (*naut.*), salvage operations (*pl.*), rescue work *s.*; **–ausrüstung** *f.* **(an Bord),** life-saving equipment *s. or* kit *s.*; **–bake** *f.*, refuge beacon *s.*; **–boje** *f.*, life buoy *s.*, dan buoy *s.*; **–bojensignal** *n.*, life-buoy signal *s.*; **–boot** *n.*, life boat *s.*, inflatable dinghy *s.*, survival craft *s.*; **–boot** *n.* **in Form eines Walfängers** (*am.*), whale boat *s.*; **–bootfunkstation** *f.*, lifeboat radio-station *s.*; **–bootmannschaft** *f.*, lifeboat crew *s.*; **–bootpersenning** *f.*, lifeboat cover *s. or* tarpaulin *s.*; **–bootstation** *f.*, lifeboat station *s.*, life-saving station *s.*; **–bootübung** *f.*, lifeboat drill *s.* (*aboard*); **–dienst** *m.*, search and rescue *or* SAR service *s.*, Life-saving Service *s.*, life(-)guard service *s.*; **–drachen** *m.* (*naut.*), storm kite *s.*; **(aufblasbares) –floß** *n.*, (inflatable) life raft *s.*; **–gerät** *n.*, **–geschirr** *n.* (*naut.*), life-saving gear *s.*; life-saving apparatus *s.*, (oxygen) breathing apparatus *s.*, respirator *s.*; **–gürtel** *m.*, life(-)belt *s.*, life preserver *s.*, safety belt *s.*, float *s.*; **(aufblasbare) –insel** *f.*, (inflatable) life raft *s.*; **–leine** *f.*, life(-)line *s.*; **–licht** *n.*, life-buoy light *s.*, float light *s.*; **–mannschaft** *f.*, rescue party *s. or* team *s.*, wrecking crew *s.*; **–manöver** *n.* **(an Bord),** rescue drill *s.*, life-saving drill *s.*, life-boat drill *s.*; rescue manoeuvre *s. or* (*am.*) maneuver *s.* (*with boat*); **–mittel** *n.* (*pl.*) **(an Bord),** safety *or* rescue *or* life-saving equipment *s.*, personal buoyancy *s.*; **–netz** *n.*, dan *or* float(er) net *s.*; **–rakete** *f.*, life rocket *s.*; line-throwing rocket *s.* (*distress at sea*); **–ring** *m.*, life(-)belt *s.*, life ring *s.*, horseshoe life-ring *s.*, life *or* ring *or* safety buoy *s.*, float *s.*; **–rolle** *f.* (*naut.*), abandon-ship stations (*pl.*); **–schiff** *n.*, rescue craft *s. or* ship *s. or* vessel *s.*, survival craft *s. or* ship *s.*; **–schlepper** *m.*, rescue tug *s.*; **–schwimmer** *m.*, life()guard *s.*, life saver *s.*; **–schwimmerorganisation** *f.*, Life-saving Service *s.*; **–schwimmkörper** *m.*, life-preserver *s.*, life vest *s.*, foam-type life-buoy *s. or* vest *s. or* jacket *s.*, buoyancy aid *s.*; **–signal** *n.*, live-saving signal *s.*; **–station** *f.*, life-saving station *s.*, life(-)boat station *s.*; first-aid post *s.*; **–übung** *f.* **(an Bord),** abandon-ship drill *s.*; rescue drill *s.*; **–versuch** *m.*, attempted rescue *s.*; **–wagen** *m.* (*naut.*), life car *s.*; **–weste** *f.*, life jacket *s. or* preserver *s. or* vest *s.*, buoyant *or* buoyancy vest *s. or* aid *s.*

Reuelrah *f.*, (*s.* **Royalrah).**

Reuse *f.*, creel *s.*, basket *s.*, bow net *s.*, trap net *s.*, weir-basket *s.*, eel-pot *s.* (*fishery*).

Reusel *n.* (*naut.*, *coll.*), small stuff *s.* (*ropes*).

Reusen / antenne *f.*, cage aerial *s. or* (*am.*) antenna *s.*; **–kopf** *m.*, creel-head *s.* (*fishery*).

Revier *n.* (*naut.*), pilotage waters (*pl.*), territorial waters (*pl.*), estuary *s.*, channel *s.*, (*rac.*) waters (*pl.*); **ausländisches –** (*rac.*), foreign waters (*pl.*); **heimisches –** (*rac.*), home waters (*pl.*); **küstennahes –,** inshore *or* offshore waters (*pl.*), approach *s.*; **offenes –** (*rac.*), offshore *or* open *or* free waters (*pl.*); **– einer Flußmündung,** estuary *s.*; **– in (See)Hafennähe,** approach *s.* **Revier / fahrt** *f.*, estuary navigation *s. or* trading *s.*; channel navigation *s.*; **–lotse** *m.*, branch pilot *s.*; **–regatta** *f.*, local race *s.*; **–schlepper** *m.*, estuary tug *s.*; **–vorteil** *m.* (*rac.*), home *or* local advantage *s.*

Revolverkopf *m.* (*naut.*), capstan head *s.*

Reynoldssche Zahl *f.*, **Reynoldszahl** *f.* (*naut.*, *phys.*), Reynolds' number *s.*

Rhe!, Rhee!, (*s.* **Ree!).**

Rhombus *m.* (*geom.*), rhomb(us) *s.*; (*naut.*) rhomb *s.*, diamond *s.*, black diamond shape *s.* (*of a signal*), diamond *s.* (*of jumper stay*); **–antenne** *f.* (*rad.*), rhombic aerial *s. or* (*am.*) antenna *s.*

Rhumblinie *f.* (*naut.*, *math.*), rhumb line *s.*, loxodrome *s.*, loxodromic line *s.*

Rhythmus *m.*, **– der See,** the rhythm of the sea; **– der Wellen,** the rhythm of the waves *or* wave period(s); **– eines Leuchtfeuers (Signals),** rhythm *s.* of a light (signal).

Richt / antenne *f.* (*rad.*), directional *or* directive aerial *s. or* (*am.*) antenna *s.*; **einseitig gerichtete –antenne** *f.*, unidirectional aerial *s. or* (*am.*) antenna *s.*; **–antennennetz** *n.*, aerial array *s.*; **–bake** *f.* (*rad. D/F*), direction-finding beacon *s.*, directional radio-beacon *s.*, guide beacon *s.*, (*naut.*) leading mark *s.*, marker *s.*, marker buoy *s.*; **–blinker** *m.* (*Morse*), directional lamp *s.*; **–charakteristik** *f.* **(einer Antenne),** directional (aerial) diagram *s. or* characteristic(s) *s.* (*pl.*); **–effekt** *m.* **(einer Antenne),** directional (aerial) effect *s.*; **–empfang** *m.* (*rad.*), beam *or* directional reception *s.*; **–empfänger** *m.* (*rad.*), directional receiver *s. or* receiving set *s.*

richten *v.* (*naut.*), to adjust (*mast*), to trim (*sails*); (*rad.*, *radar*) to direct, to train, to point; (*tech.*) to adjust, to justify, to level, to set right; to repair, (*coll.*) to fix; **die Segel nach dem Wind –,** to trim the sails to the wind; **– auf** (*rad.*, *radar*), to train on; (*tech.*) to level *or* to point at; **– gegen,** to direct, to point at *or* towards (*as of boat*).

Richt / fernrohr *n.*, tracking telescope *s.*, telescopic sight *s.*; **–feuer** *n.* (*naut.*), leading *or* guiding *or* range light *s.*; **–funk** *m.*, directional *or* beam radio *s.*; **–funkbake** *f.*, radio beacon *s.*, radio direction-finding beacon *s.*; **–funkfeuer** *n.*, radio range *s.*; **–funksender** *m.*, directional transmitter *s.*; **–gerät** *n.* (*naut.*), dotter *s.*

richtig *adj.* (*naut.*, *tech.*), proper, right; **–!** (*rad.*), roger!; **– (eingestellt)** (*naut.*), in true; **–er Kurs** *m.*, true course *s.*; **–er Regattakurs** *m.*, proper course *s.* **richtigstellen** *v.* (*naut.*, *tech.*), to adjust, to justify.

Richt / kraft *f.* (*phys.*), verticity *s.* (*of magnetneedle, etc.*), (*naut.*) directive force *s.* (*of gyro*); **–kreis** *m.*, azimuth circle *s.*; **–kreisel** *m.*, directional gyro(compass) *s.*; **–lichter** *n./pl.* (*naut.*), range lights (*pl.*); **–linie** *f.* (*naut.*), (general) direction *s.*, instruction *s.*, rule *s.*; **–lot** *n.*, plumb-line *s.*; **–magnet** *m.*, control magnet *s.*; **–marke** *f.*, marker (buoy) *s.*; **–maß** *n.*, standard ga(u)ge *s.*; **–moment** *n.*, directing *or* directive moment *s.* (*of compass*); **–scheinwerfer** *m.*, directed searchlight *s. or* spotlight *s.*; **–schraube** *f.*, adjusting *or* elevating screw *s.*; **–sender** *m.* (*rad.*), directional transmitter *s.*; **–sendung** *f.* (*rad.*), beam transmission *s.*; **–spant** *n.*, main frame *s.* (*shipb.*); **–strahl** *m.*, radio *or* directional beam *s.*; **–strahlantenne** *f.*, beam *or* directional aerial *s. or* (*am.*) antenna *s.*; **einseitig gerichtete –strahlantenne** *f.*, unidirectional aerial *s. or* (*am.*) antenna *s.*; **–strahler** *m.* (*rad.*), beam transmitter *s.*; directional *or* directive aerial *s. or* (*am.*) antenna *s.*

Richtung *f.* (*naut.*), direction *s.*, orientation *s.*, sense *s.*; heading *s.*, way *s.*, route *s.* (*of compass course*), setting *s.* (*of the tide*); **aus wechselnden –en** (*pl.*) (*meteor.*), variable (*as of wind*); **nördliche (südliche) –,** northward, northing *s.* (southward, southing *s.*); **nordöstliche (nordwestliche) –,** north-eastward(s) (north-westward(s)); **in nordsüdlicher –,** north and south; **die – ändern,** to alter course, to turn (about) (*of boat*); **eine neue – geben** (*naut.*), to turn; **in nördlicher (östlicher, südlicher, westlicher) – laufen(d)** (*naut.*), to be northing (easting, southing, westing) (*of boat*); **in einer – verlaufend** (*rad.*, *radar*, *naut.*), unidirectional; **nach einer – (im Verhältnis zum Kompaß) liegen,** to bear (*of boat*); **– eines Ankerliegers beim Schwojen,** tend *s.*; **– der Ankerkette zur Kiellinie,** trend *s.*; **– der See,** run *s.* of the sea *or* swell *or* waves; **– des Stroms** *od.* **der Strömung,** set *s.* of the tide, setting *s.* of the current; **– der Tide,** setting *s.* of the tide; **– des Windes,** set *s.* of the wind.

Richtungs / änderung *f.* (*naut.*), change *s.* of direction *or* course *or* way, turn *s.* (*of boat*);

veering *s.* and hauling (*of wind*); **rechts(links)-drehende –änderung** *f.* **des Windes,** veering *s.* (hauling *s.*) (of the wind); **–anzeiger** *m.* (*naut.*), direction(-)indicator *s.*; **–bestimmung** *f.* (*naut.*), direction-finding *s.*, orientation *s.*; **–feuer** *n.*, leading *or* guiding light *s.*; **–gleich-gewicht** *n.* (*naut.*), directional stability *s.*, sail balance *s.*; **–kreisel(kompaß)** *m.*, directional gyro(compass) *s.*; **–licht** *n.*, range light *s.*; **achteres** *od.* **hinteres –licht** *n.*, after-range light *s.* (*of boat*); **–linie** *f.*, base-line *s.*, line *s.* of direction; **–pfeil** *m.* (*naut.*), direction-indicator *s.*, marker *s.*; arrow *s.* (*on charts*); **–rose** *f.*, compass card *s.*, (compass) card *s.* graduated in degrees; **–unterschied** *m.* (*naut.*), angular distance *s.*; **–verkehr** *m.* (*naut.*), (uni)-directional traffic *s.*, one-way traffic *s.* (*as in a canal*); **–weiser** *m.* (*naut.*), direction-indicator *s.*, marker *s.*; (*rad., coll.*), huff-duff *s.*; **–winkel** *m.*, angle *s.* of direction, angle *s.* of sight.

Richt / wirkung *f.* (*rad., radar*), (uni)directional effect *s.* (*of aerial or* (*am.*) *antenna*); **–zahl** *f.* (*naut., math.*), coefficient *s.*

Ried *n.*, reed *s.*, bog *s.*, marsh *s.*; **in das** *od.* **ins – geraten** *od.* **laufen,** to run into reed *or* bog (*of boat*); **sich im – verfangen,** to be bogged, to be trapped by the reed *or* bog (*of boat*). **Riedgras** *n.*, sedge *s.*

Riefe *f.* (*naut., tech.*), channel *s.*, chamfer *s.*, groove *s.* (*as in mast; shipb.*).

Riegel *m.* (*naut., tech.*), bolt *s.*, bar *s.*, cross-bar *s.*, (tie-)beam *s.*

Riemen *m.* (*naut.*), belt *s.*, sling *s.*, strap *s.*; oar *s.*; **an die –!** (*com.*), stand to!; **klar bei –!** (*int.*), oars ready!; **– auf!** (*com.*), toss oars!, (*coll.*) oars!; **– bei!** (*com.*), down oars!, out oars!; **– ein!** (*com.*), ship (your) oars!, in oars!; **– hoch!** (*com.*), toss oars!; **– senkrecht!** (*com.*), oars apeak!; **die – abscheren,** to feather the oars; **die – beistecken** *od.* **(in die Dollen) einlegen,** to ship the oars; **die – einziehen,** to boat the oars; **die – glattlegen,** to lie on one's oars; **die – hochnehmen,** to toss the oars; **die – klar machen,** to get the oars to pass, to ship the oars; **die – pieken,** to toss the oars; **die – plattwerfen,** to feather the oars; **mit einem – pullen (wriggen),** to pull (to scull) (with an oar); **sich kräftig** *od.* **mit aller Kraft in die – legen,** to stand one's oars, to lie to the oars. **Riemen / antrieb** *m.* (*naut., tech.*), belt-drive *s.* *or* transmission *s.*; **–blatt** *n.*, palm *s.*, oar blade *s.*, oarwash *s.*; **–boot** *n.*, pulling *or* rowing boat *s.*; **–bügel** *m.* (*naut.*), (sling) swivel *s.*; **–dolle** *f.*, oarlock *s.*; **–gabel** *f.*, boat crutch *s.*, (horn-type) oarlock *s.*, (swivel) rowlock *s.*; **–griff** *m.*, oar grip *s. or* handle *s.*; **–hals** *m.*, oarneck *s.*; **–heft** *n.*, oar(-)grip *s. or* -handle *s.*; **–paar** *n.*, pair *s.* of oars; **–rundsel** *n.*, (swivel) rowlock *s.*; **–schaft** *m.*, loom *s.*, oarshank *s.*; **innerhalb der Dollen befindlicher Teil** *m.* **des –schaftes,** loom *s.*; **–scheibe** *f.* (*naut., tech.*), belt-pulley *s.*; **–schlag** *m.*, oar-()stroke *s.*, stroke *s.* of the oar; **–stange** *f.* **(zwischen Blatt und Griff),** loom *s.*

rieseln *v.* (*naut., coll.*), to ripple, to drizzle; **es rieselt,** it is drizzling. **Rieselregen** *m.*, drizzle *s.*, drizzling rain *s.*

Riesen / fehler *m.* (*naut., rac., coll.*), howling blunder *s.*, flop *s.*; **–schiff** *n.*, crack liner *s.*, superliner *s.*; **–stern** *m.* (*astr.*), giant star *s.*

Riff *n.*, cay *s.*, ledge *s.*, reef *s.*, ridge *s.*, sandbank *s.*, shelf *s.*, skerry *s.*; **voller –e** (*pl.*), reefy, ledgy (*of approaches*). **Riff / barre** *f.*, barrier reef *s.*; **–grund** *m.*, reefy *or* rocky bottom *s. or* ground *s.*; **–reihe** *f.*, ledge *s.*, ridge *s.*, row *s.* of ledges *or* reefs; **–spitze** *f.*, pinnacle *s.* of a reef; **–vorland** *n.* **(an der Küste),** ledgy *or* reefy foreland *s. or* seaboard *s. or* approaches (*pl.*).

Rigg *n.*, rig *s.*, (*surf.*) (wishbone) rig *s.*; **biegsames –** (*coll.*), bendy rig *s.*; **doppelt (einfach) belegtes –,** double- (single-) spreaded rig *s.*; **flexibles –,** flexible *or* (*coll.*) bendy rig *s.*; **starres –,** rigid *or* stiff *or* inflexible *or* (*coll.*) unbendy rig *s.*; **frei vom – stehen,** to lift away from the rig (*of sails*). **Riggabmessungen** *f./pl.*, rig dimensions (*pl.*). **riggen** *v.*, to rig; **das Boot –,** to rig (up) the boat. **Rigger** *m.*, rigger *s.* (*pers.*). **Riggtrimm** *m.*, rig tune *s. or* tuning *s.*, tuning *s.* of the rig. **Riggung** *f.*, rigging *s.* **Riggvorteile** *m./pl.* (*naut., rac.*), rig allowances (*pl.*).

Rille *f.* (*naut., tech.*), chamfer *s.*, flute *s.*, furrow *s.*, rill *s.*, groove *s.* (*of mast; shipb.*); (*naut., geogr.*) narrow channel *s.* **Rillenscheibe** *f.* (*naut.*), sheave *s.*

Rindenboot *n.*, cascara *s.*, wood skin *s.* (*Latin America*).

Ring *m.* (*naut.*), ring *s.*, fillet *s.*, washer *s.*; link *s.* (*of chain*), coil *s.*, loop *s.* (*of rope*); (*astr.*) circle *s.*, fascia *s.*, halo *s.*; **–e** (*pl.*) **im Wasser,** rings (*pl.*) in the water. **Ring / antenne** *f.*, loop aerial *s. or* (*am.*) antenna *s.*; **–bolzen** *m.*, eye *or* fillet *or* ring *or* wring bolt *s.*; **–dolle** *f.*, ring oarlock *s. or* rowlock *s.*; **–feder** *f.*, annular spring *s.*; **r–förmig** *adj.*, annular, circular, ring-like, ring-shaped; cyclic; **r–förmiges Eisen** *n.* *od.* **r–förmige Kausch** *f.* **am Schothorn großer Segel,** clew-iron *s. or* thimble *s.*; **–ha-**

ken *m.*, ring hook *s.*; **–lägel** *m. od.* **–legel** *m. od.* **–lögel** *m.*, cringle *s.*, clew ring *s.*; **–netz** *n.*, pod net *s.*, ring net *s.* (*fishery*); **–platte** *f.*, ring plate *s.*; **–sender** *m.* (*rad.*), nation-wide relay *s.*, (*coll.*) national hook-up *s.*; **–stopper** *m.*, ring stopper *s.* (*for anchor chain*); **–stropp** *m.*, rope sling *s.*

Rinne *f.* (*naut.*), (narrow) channel *s.*, waterway *s.*; lead *s.*, polynia *s.* (*in the ice*); (*meteor.*) trough *s.*; (*tech.*) groove *s.* (*as in mast*).

Rinnsal *n.*, (narrow) channel *s.*, watercourse *s.*; rill *s.*, rivulet *s.* (*in mud-flats*).

Rippe *f.* (*naut.*), **– der Spillklampen,** surge *s.*; **– der Unterdeck(s)versteifung,** carling *s.*

Rippelwellen *f./pl.*, ripples (*pl.*), (*coll.*) rips (*pl.*).

Ripptide *f.* (*naut.*), rip tide *s.*

Risiko *n.* (*naut., ins., rac.*), risk *s.*; **auf Eigner's –,** at owner's (own) risk; **kein –,** no risk; **ein – eingehen** *od.* **laufen** (*naut., rac.*), to run *or* to take a risk; **gegen alle Risiken** (*pl.*) **(versichert)** (*naut., ins.*), (insured) against all risks.

Riß *m.* (*naut.*), crack *s.*, flaw *s.*, seam *s.*, split *s.* (*in hull*), rift *s.* (*in deck*), rent *s.*, rip *s.*, tear *s.* (*in sail*); design *s.*, lines drawing *s. or* plan *s.* (*shipb.*), sail draft *s.*; (*tech.*) rupture *s.*, strain *s.*; **einen – bekommen,** to crack, to seam (*of boat, planks*), to rift (*of deck*), to be torn (*of sail*); **voller Risse** (*pl.*), rifty, crakked, torn (to pieces). **Rißbildung** *f.*, crack *s.*, getting *s.* (of) cracks (*GRP-boats*). **rissig** *adj.*, cracked, rifty (*of deck*), cracked, chippy, seamed (*of boat, planks*), torn (*of sails*); **– werden,** to crack (*of GRP-boats*), to seam (*of boat*), to rift (*of deck, planks*).

Ritz *m.* (*naut.*), seam *s.* (*shipb.*). **Ritzeisen** *n.* (*naut.*), rasing knife *s.*

Ritzel *m.* (*naut., tech.*), pinion *s.*; **–antrieb** *m.*, pinion drive *s.*; **–getriebe** *n.*, pinion gear *s.*

Rivale *m.* (*rac.*), competitor *s.*, opponent *s.* **rivalisieren** *v.*, **mit einem Boot –,** to rival a boat. **rivalisierend** *pr. p.* (*rac.*), rival; **–es Boot** *n.*, rival boat *s.*; **–e Crew** *f. od.* **Mannschaft** *f.*, rival crew *s. or* side *s. or* team *s.*

RMI-Funkkompaßanzeiger *m.*, radio-magnetic indicator *s.*, RMI *s.*

Roaring Forties (*pl.*) (*naut., geogr.*), roaring forties (*pl.*), (zone of) brave westerlies (*pl.*).

Robbe *f.*, seal *s.*; **Brutplatz** *m.* **von –n,** seal rookery *s.* **Robben/fang** *m.*, **–fangplatz** *m.*, sealery *s.*; **–fänger** *m. od.* **–jäger** *m.*, sealer *s.* (*boat and pers.*); **–schlag** *m.*, sealery *s.*

Rödeltau *n.*, lashing *s.*

Rod Rigging *n.*, rod rigging *s.*

Roger! (*rad.*), roger!, okay!, (*coll.*) got you!.

Rohr *n.* (*naut.*), line *s.*, pipe *s.*, tube *s.*; **flexibles –,** flexible line *s. or* tube *s.*; **–anlage** *f.*, tubing *s.* (*in a yacht*); **–anschluß** *m.*, line *s. or* pipe connection *s.*; **–durchmesser** *m.*, line *or* pipe *or* tube diameter *s.*

Röhre *f.* (*naut., tech.*), pipe *s.*, tube *s.*, (*rad.*) tube *s.*, (wireless) valve *s.* **Röhren** *f./pl.* (*naut., collect.*), tubing *s.*; **–apparat** *m.* (*rad.*), valve set *s.*; **r–förmig** *adj.*, tubular (*as mast*); **–kennlinie** *f.* (*rad.*), valve characteristics (*pl.*); **–kupplung** *f.* (*tech.*), union joint *s.*; **–rauschen** *n.* (*rad.*), valve noise *s.*; **–sender** *m.* (*rad.*), valve transmitter *s.*

Röhricht *n.*, (bank *or* bed of) reeds (*pl.*).

Rohr/fender *m.*, cane fender *s.*; **–flansch** *m.*, pipe flange *s.*; **–isolierung** *f.*, pipe covering *s.*; **–klemme** *f.*, clam *or* clamp cleat *s.*, jam cleat *s.* (*for jib sheet, fibre rope*); **–klüse** *f.*, pipe hawse *s.*; **–koje** *f.*, pipe berth *s. or* cot *s.*; **–leitungen** *f./pl.* **(an Bord),** piping *s.*, (pipe) lines (*pl.*); **–leitungssystem** *n.* (*naut., collect.*), piping (system) *s.*; **–mast** *m.*, tubular mast *s.*; **–muffe** *f.*, line *or* pipe coupling *s. or* sleeve *s.*; **–reling** *f.*, pipe rail(ing) *s.*; **–schelle** *f.* (*naut., tech.*) pipe clip *s.*; **–schilf** *n.*, reed *s.*; **–schutz** *m.*, pipe covering *s. or* protection *s.*; **–stütze** *f.*, tubular pillar *s.*; **–verbindung(sstück** *n.*) *f.*, pipe joint *s.*; **–verschraubung** *f.*, pipe joint *s.*; **–weite** *f.*, bore *s.*, calibre *s.*; **–zange** *f.*, pipe wrench *s.*

Roil/rah *f.*, **–segel** *n.*, **–stenge** *f.*, (*s.* **Royal/rah, –segel, –stenge).**

Rojen *n.* (*dial.*), rowing *s.*; **beim – lang ausholen,** to sweep away. **rojen** *v.* (*dial.*), to row; **lang –!** (*com.*), sweep away!.

Rollbewegung *f.* **(eines Bootes),** rolling *s.*, rolling motion *s.*, pitch *s.* and roll (of a boat).

Rolle *f.* (*naut.*), roller *s.*, sheave *s.*, pulley *s.*; coil *s.*, reel *s.*, roll *s.* (*of rope*); roll *s.*, roller *s.*, skid *s.*, runner *s.* (*for boats*); roll *s.*, stations drill *s.* (*of crew*); **bewegliche –** (*naut.*), moving *or* running pulley *s.*; **lose –** (*naut.*), idle *or* loose pulley *s.*; **auf –n** (*pl.*) **fortbewegen,** to roll *or* to skid (*a boat*); **eine – Tauwerk,** coil *s.* of rope.

Rollen *n.* (*naut.*), rolling *s.*, rolling motion *s. or* movement *s.*, roll *s.*, lurch *s.* (*of a boat*); growl *s.*, grumble *s.*, roar(ing) *s.*, rumble *s.*, roll *s.* (*of thunder*); **plötzliches – (des Bootes),** lurch *s.* (of the boat); **(ein Boot) zum – bringen,** to roll (*of waves, heavy sea*); **– nach Luv,** weather(-)roll *s.*; **– der Wellen,** welter *s.* **rollen** *v.* (*naut.*), to roll, to lurch, to toss about, to wallow (*of boat*); to roll, to roar, to rumble, to mutter, to grumble, to growl (*of thunder*);

to welter (*of waves*); **im Kabbelwasser** *od.* **in der Kabbelsee** *od.* **in kabbeliger See** *od.* **in der Kabbelung –,** to wallow in the chop (*of boat*); **nach Luv –,** to weather(-)roll, to weather(-)lurch (*of boat*); **das Boot rollte,** the boat rolled *or* lurched *or* (was) tossed about *or* wallowed (*in the waves, in a heavy sea*).

Rollen/bolzen *m.*, pin *s.* of a pulley *or* sheave; **–buch** *n.* (*naut.*), quarter bill *s.*

rollend *pr. p.* (*naut.*), rolling (*of boat*); roaring (*of sea, thunder*); **–e Dünung** *f.*, rolling swell *s.*; **–e Reibung** *f.* (*naut., phys.*), rolling friction *s. or* resistance *s.* (*of boat*); **–e Wellen** *f./pl.*, welter *s.* (of waves), weltering waves (*pl.*).

rollengelagert *adj.*, mounted on roller bearings. **Rollen/haken** *m.*, troll(e)y hook *s.* (*of boat crane*); **–klampe** *f.*, roller chock *s. or* fairlead *s.*; **–lager** *n.*, roller bearing *s.*; **–manöver** *n.* (*naut.*), (stations) drill *s.*; **–reibung** *f.* (*naut., phys.*), rolling friction *s. or* resistance *s.* (*of boat*); **–zug** *m.* (*naut.*), block *s.* and tackle, block *s.* and set of pulleys.

Roller *m.* (*naut.*), roller *s.*, rolling sea *s.*

Roll/fender *m.*, roll(er) fender *s.*; **–fock** *f.*, furling jib *s.*; **–fockbeschläge** *m./pl.*, furling-jib fittings (*pl.*); **–fockeinrichtung** *f.*, jib-furling gear *s.*, roller reefing gear *s.*; **–focksystem** *n.*, furling (reefing) *or* roller reefing system *s.* (for jibs *or* headsails); **–periode** *f.* (*naut., phys.*), period *s.* of roll; **–reff** *n.*, roller reef *s.*, roller reefing (gear) *s.*, patent reefing gear *s.*; **–reffanlage** *f.*, roller reefing and furling system *s.*; **–reffbaum** *m.*, roller-reefing boom *s. or* pole *s.*; **(elektrische) –reffeinrichtung** *f.*, (electric) roller reefing gear *s.*; **Vorsegel** *n.* **mit –reffeinrichtung,** roller furling headsail *s.*; **doppelschichtige –reff-Genua** *f.*, all(-)rounder *s.*; **–reff-Genua** *f.* **(-Großsegel** *n.*), furling and reefing genoa *s.* (mainsail *s.*); **–reff-Profilvorstag** *n.*, roller reefing *s. or* furling *s.* on grooved headstay system; **–reffsystem** *n.*, roller (reefing and) furling system *s.*; **–reffsystem** *n.* **für Vorstagprofile,** roller (reefing and) furling system *s.* on grooved *or* profiled luff stay for headsails; **–reff-Vorsegel** *n.*, roller furling (and reefing) headsail *s.*; **–schwingung** *f.* **(eines Bootes),** rolling cycle *s. or* period *s. or* vibration *s.* (of a boat); **–sitz** *m.* **(im Boot),** sliding seat *s.*; **–spleiß** *m.*, rolling splice *s.*; **–stek** *m.*, **–stich** *m.*, magnus hitch *s.*, rolling(-)hitch *s.*; **–takel** *n.*, **–talje** *f.*, rolling tackle *s.*; **–versuch** *m.* (*naut.*), rolling test *s. or* trial *s. or* experiment *s.* (*with a boat*); **–vorrichtung** *f.* **(für Vorsegel),** roller reefing gear *s.*, roller furling gear *s.* (for headsails).

Rondenboot *n.* (*naut.*), watch boat *s.*

RORC-Formel *f.* (*rac.*), RORC rule *s.*, Royal Ocean Racing Club rule *s.*

Roring *m.*, anchor ring *s. or* shackle *s.*; **–stek** *m.*, anchor *or* fisherman's bend *s.*

Ro-Ro-Schiff *n.*, roll-on-roll-off ship *s.*

Rose *f.* **(des Kompasses),** compass card *s. or* rose *s.*

Rosen/lasching *f. od.* **–laschung** *f.*, **–zeising** *m.*, **–zurring** *f.*, rose lashing *s. or* seizing *s.*

Roßbreiten *f./pl.* (*geogr.*), horse latitudes (*pl.*), calms (*pl.*) of Cancer; **nördliche (südliche) –,** northern (southern) horse latitudes (*pl.*).

Rost *m.* [1] (*naut.*), grating *s.*, grid *s.*, (*sl.*) duckboard *s.*

Rost *m.* [2] (*naut., tech.*), rust *s.* (*on metal*), corrosion *s.*; **durch – angefressen,** corroded (*as hull*); **– ansetzen,** to rust, to get rusty (*of metal*). **rostbeständig** *adj.*, non(-)corroding, non(-)corrosive, rust-proof, rust-resisting; **–er Stahl** *m.*, non(-)corroding *or* -corrosive steel *s.*, stainless steel *s.* (*shipb., etc.*). **Rostbildung** *f.*, corrosion *s.* **Rosten** *n.*, rusting *s.* **rosten** *v.*, to rust, to get rusty, to gather rust; to oxidize. **rostend** *adj.*, **leicht –,** rustable. **Rost/fraß** *m.*, corrosion *s.*; **r–frei** *adj.*, rustless, rust(-)proof *or* -resisting (*of metal*), stainless (*of steel*). **rostig** *adj.*, rusted, rusty, corroded; **– werden,** to get rusty. **Rost/lösungsmittel** *n.*, rust solution *s. or* solvent *s.*; **–primer** *m.*, rust primer *s.*; **–schaber** *m.*, rust scraper *s.*; **–schicht** *f.*, layer *s.* of rust; **–schutz** *m.*, rust-proofing *s.*, rust protection *s.*; **–schutzanstrich** *m.*, anti-rust coating *s.*; **–schutzfarbe** *f.*, anti-rust paint *s.*, rust preventive *s.*, anti-corrosive paint *s.*; **–schutzmittel** *n.*, anti-corrosive composition *s.*, rust preventive *s.*; **mit –schutzmittel behandeln,** to slush; **–schutzöl** *n.*, slushing oil *s.*; **–schutz-Schmieröl** *n.*, slush *s.*

rot *adj.*, **–es Warnfeuer** *n.*, **–es Warnlicht** *n.*, red light *s.*

Rotang *m.*, rattan *s.*; **–tau(werk)** *n.*, rattan rope(s) *s.* (*pl.*).

Rotation *f.* (*naut., phys.*), rotation *s.*, twirl *s.*, twist *s.*; (*tech.*) revolution *s.* **Rotations/achse** *f.*, axis *s.* of rotation; **–bewegung** *f.*, rotary motion *s.*; **–ellipsoid** *n.* (*phys.*), ellipsoid *s.* of gyration *or* revolution *or* rotation, spheroid *s.*

Rotfeuer *n.* (*naut.*), red light *s.*; red hand-flare *s.* (*distress at sea*).

rotieren *v.* (*phys., tech.*), to rotate, to revolve, to turn, to circumgyrate.

Rotor *m.* (*naut.*), rotor *s.*; **–ruder** *n.*, (Flettner)

rotor-rudder *s.*; **–schiff** *n.*, (Flettner) rotor-ship *s.*
Rotte *f.* (*naut.*, *coll.*), gang *s.*; consort *s.*
Route *f.* (*naut.*), route *s.*, track *s.*; **direkte (indirekte) –,** direct (indirect) route *s.*; **festgelegte –,** lane *s.* **Rout(e)ing Chart** *f.* (*naut.*, *br.*), rout(e)ing chart *s.*, pilot chart *s.* (*of the British Admiralty*). **Routen / führung** *f.*, routing *s.*; **–führung** *f.* **zur Vermeidung von Kollisionen,** lane *s.*; **–schiff** *n.*, (ocean) liner *s.*
Routine *f.* **(an Bord),** (boat) routine *s.*, routine *s.* (aboard). **routiniert** *adj.*, experienced, well-trained (*of yachtsmen*); **–e Crew** *f.* *od.* **Segelmannschaft** *f.*, experienced crew *s.*
Roving *m.* (*naut.*), roving *s.* (*GRP-shipb.*); **–faser** *f.*, roving fibre *s.* *or* (*am.*) fiber *s.*; **–gewebe** *n.*, roving fabric *s.* (*GRP-shipb.*).
Royal / rah(e) *f.*, royal yard *s.*; **–segel** *n.*, royal (sail) *s.*; **–stenge** *f.*, royal (mast) *s.*, royal top mast *s.*
Ruck *m.* (*naut.*), jerk *s.*, jolt *s.*, sudden push *s.* *or* movement *s.*, (*dial.*) yerk *s.* (*of anchor cable, etc.*); **heftiger –,** yank *s.*, wrench *s.* (*of or on rope, etc.*); **plötzlicher – (des Bootes),** send *s.*; **mit einem – straff-** *od.* **strammziehen** *od.* **festbinden,** to jerk, (*dial.*) to yerk. **ruckartig** *adj.*, jerky (*dial.*) yerky; **–e Bewegung** *f.*, jerk *s.*, (*dial.*) yerk *s.*; send *s.* (*of boat*).
Rück / bewegung *f.* (*naut.*, *tech.*), return stroke *s.*; **–drehen** *n.* **(des Windes),** backing *s.* of the wind; **r–drehen** *v.*, to back (up) (*of wind*); **r–drehender Wind** *m.*, backing wind *s.*
Rücken *m.* (*meteor.*), ridge *s.* (*of a high or low depression*); (*geogr.*) (submarine) ridge *s.*; crest *s.* (*of a wave*); **–wind** *m.* (*naut.*, *coll.*), following *or* tail wind *s.*
Ruckfender *m.* (*naut.*, *coll.*), jerk *or* jolt *or* shock fender *s.*
Rück / flußventil *n.*, return valve *s.*; **–flut** *f.*, reflow *s.*, reflux *s.* (*of tide*); **–führung** *f.* (*naut.*, *tech.*), return *s.*; **–kehr** *f.* (*naut.*), homing *s.*; **–kopp(e)lung** *f.* (*rad.*), feed-back *s.*, reaction (coupling) *s.*, regeneration *s.*; **negative –kopp(e)lung** *f.* (*rad.*), inverse feed-back *s.*; **–lauf** *m.* (*naut.*, *tech.*), return stroke *s.*, return *s.*, reverse motion *s.*, thrust astern *s.* (*of propeller, etc.*), fly-back *s.* (*of oscillograph*); **r–läufig** *adj.*, **(scheinbar) r–läufige Bewegung** *f.* (*astr.*), retrogradation *s.*, retrogression *s.*; **r–läufiger Strom** *m.*, **r–läufige Strömung** *f.*, back current *s.*; **–läufigkeit** *f.* **eines Planeten,** retrograde motion *s.* *or* antecedence *s.* of a planet; **–laufventil** *n.*, return *or* reversing valve *s.*; **–leitung** *f.*, return (line) *s.*; **–prall** *m.*, reaction *s.*, recoil *s.*, rebound *s.* (*as of distress rocket, etc.*); **–regatta** *f.*, race back *s.*, reverse race *s.*; **–reise** *f.* (*naut.*), voyage home *s.*, homing *s.*; **auf der –reise (befindlich),** homeward-bound (*of boat*); **–ruf** *m.* (*rac.*), recall *s.*; **allgemeiner –ruf** *m.* (*rac.*), general recall *s.*; **optischer –ruf** *m.* (*rac.*), visual recall *s.*; **–rufflagge** *f.* (*rac.*), recall flag *s.* *or* pendant *s.*; **–rufsignal** *n.* (*rac.*), recall signal *s.*; **akustisches (optisches) –rufsignal** *n.* (*rac.*), acoustic (visual) recall signal *s.*; **–schlagventil** *n.*, non-return valve *s.*, back pressure valve *s.*; **–seite** *f.* (*naut.*, *tech.*), back *s.*; reverse *s.*, (*coll.*) wrong side *s.*; **–seite** *f.* **eines Tiefs, –seitenwetter** *n.* (*meteor.*), rear *s.* of (a) depression; **–spleiß** *m.*, back splice *s.*, Spanish whipping *s.*; **r–strahlen** *v.*, to reflect (*of light*); **–strahlung** *f.*, reflection *s.* (*of light, etc.*); (*radar*) signal return *s.*; **–strom** *m.*, **–strömung** *f.* (*naut.*), back current *s.* **rückwärts** *adv.* (*naut.*), astern, backward(s), sternforemost; **– fahren** *od.* **gehen** *od.* **laufen (lassen)** (*naut.*), to make sternway, to move *or* to go astern, (*coll.*) to back (up) (*of sailboat*), to reverse (*of motorboat*); **– rudern,** to back the oars, to back water. **Rückwärts / bewegung** *f.* (*naut.*), backward *or* reverse motion *s.* *or* movement *s.* (*of boat*); (*astr.*, *phys.*, *tech.*) retrogression *s.*, retrograde motion *s.*; **–bewegung** *f.* **des Bootes,** sternboard *s.*; **–fahrt** *f.* (*naut.*), speed *s.* astern, astern speed *s.*, sternboard *s.*; **–fahrt aufnehmen,** to fetch *or* to gather *or* to make sternway (*of boat*); **–gang** *m.*, reverse *s.*, reverse gear *s.*, reversing gear *s.* (*of motorboat*); **–geschwindigkeit** *f.* (*naut.*), speed *s.* astern; **–schlagen** *n.* **des Propellers,** backing *s.* of the propeller; **–segeln** *n.*, backing *s.*, sailing *s.* astern *or* backward(s). **Rückweg** *m.* (*naut.*), return route *s.*, way back *s.*
ruckweise *adv.*, by *or* in fits and starts, in jerks *or* (*dial.*) yerks (*of boat*); **sich – bewegen,** to send, to be sent (*of boat*), to jerk, (*dial.*) to yerk (*as of anchor cable*); **– reißen** *od.* **ziehen (an),** to jerk *or* (*dial.*) to yerk (at) (*ropes, etc.*).
Rück / widerstand *m.* (*rad.*), reactance *s.*; **–wirkung** *f.* (*rad.*), feed(-)back *s.*, reaction *s.*, (*phys.*) reaction *s.*
Ruder *n.* (*naut.*), helm *s.*, rudder *s.* (*of sailboat*), oar *s.*, (*coll.*) white ash *s.* (*rowing*); (*pl.*, *collect.*) oarage *s.*; **am –** (*naut.*), at the helm; **Backbord (Steuerbord) das –!** (*com.*), port (starboard) the helm!; **belegtes –,** secured *or* tied-up rudder *s.* *or* helm *s.*; **festes –,** fixed rudder *s.*; **festgelegtes –,** blocked-up helm *s.* *or* rudder *s.*; **hart –!** (*com.*), hard over!, full rudder!; **langes –,** sweep *s.* (*rowing*); **stütz –!**

(*com.*), meet her!, meet the helm!; **das Boot gehorcht dem –,** the boat obeys *or* responds to the helm *or* tiller, the boat steers well; **das Boot gehorcht nicht** *od.* **kaum mehr dem –,** the steering becomes erratic; **wie liegt das –?,** how is the rudder *or* helm?; **Trimmklappe** *f.* **am –,** trim tab *s.* on (the) rudder blade; **als – dienend,** oary; **aus dem – laufen,** to run out of the rudder (*of boat*); **das – belegen,** to secure the helm; **das – in Hartlage bringen** *od.* **legen,** to put the helm hard over; **das – klemmt,** the helm *or* rudder is jammed; **das – legen,** to put the helm *or* tiller (over); **das – schiften,** to shift the helm; **das – stützen,** to meet the helm; **das – übernehmen,** to take the helm *or* tiller; **das – umlegen,** to put *or* to shift the helm *or* tiller; **dem – gehorchen,** to answer *or* to feel the helm, to steer (*of boat*); **die – einhängen** *od.* **einlegen** *od.* **klarmachen,** to ship the oars (*rowing*); **ein – einhängen,** to ship the helm *or* rudder *or* tiller (*sailing*); **mit dem – aufkommen,** to ease *or* to right the helm; **mit dem – ausholen,** to give way (*rowing*); **mit wenig – steuern,** to steer small *or* with a small helm; **mit –n** (*pl.*) **versehen,** oared, oary (*of boat*); **sich (kräftig) in das** *od.* **in die – legen,** to row hard (*rowing*); **– an!** (*com.*), give way! (*rowing*); **Backbord (Steuerbord) – an!** (*com.*), give way port (starboard)! (*sailing*); **– an zugleich!** (*com.*), give way together *or* all! (*rowing*); **– an Backbord (Steuerbord)!** (*com.*), **– backbords (steuerbords)!** (*com.*), port (starboard) the helm!; **– hält (hält nicht)!** (*int.*), rudder holds (does not *or* doesn't hold)!; **– hart Backbord (Steuerbord)!** (*com.*), full rudder a(-)port *or* to port (a(-)starboard *or* to starboard)!, helm hard a-port (a-starboard)!; **– in** *od.* **nach Lee!** (*com.*), helm *or* rudder a(-)lee!, helm *or* rudder down!; **– in** *od.* **nach Luv!** (*com.*), helm *or* rudder up!, up helm!; **– klemmt!** (*int.*), rudder is jammed!; **– legen!** (*com.*), put the helm!, put the tiller (over)!.

Ruder / ablösung *f.*, trick *s.* (at the helm *or* wheel); **–achse** *f.*, helm *or* rudder shaft *s.*; **–anlage** *f.*, steerer *s.*, steering gear *s.*; **elektrische (elektro-hydraulische, hydraulische) –anlage** *f.*, electric *or* remote-controlled (electro-hydraulic, hydraulic) steering gear *s.*; **–anschlagknagge** *f.*, **–anschlagknaggen** *m.*, rudder bracket *s. or* stay *s. or* stop *s.*; **–anschnittskante** *f.*, leading edge *s.* of the rudder *or* helm; **–anstellwinkel** *m.*, rudder *or* helm angle *s.*; **–anzeiger** *m.*, rudder *or* helm indicator *s.*; **–arm** *m.*, rudder arm *s. or* band *s.*; **–ausschlag** *m.*, kick *s.* (of the rudder); helm *or* rudder angle *s.*; **–bank** *f.*, thwart *s.*, bench *s.*, bank *s.* of oars, oarsmen's seat *s.* (*rowing*); **–beschlag** *m.*, helm *or* rudder *or* tiller fitting(s) *s.* (*pl.*), rudder irons (*pl.*); **–blatt** *n.*, rudder blade *s. or* plate *s.*; oar blade *s.*, palm *s.*, wash *s.*, (*am.*) peel *s.* (*rowing*); **festes –blatt** *n.*, fixed rudder blade *s.*; **das –blatt aufholen,** to haul up the rudder (blade) *or* (rudder) blade; **–boot** *n.*, pulling *or* rowing boat *s.*, (*am.*) rowboat *s.*; **leichtes –boot** *n.*, gig *s.*, (*am.*) whiff *s.*; **(schmales) –boot** *n.* **mit einem Paar Riemen,** funny *s.*; **–bremse** *f.*, rudder brake *s.*; **–club** *m.* (*od.* **–klub** *m.*), rowing club *s.*; **–dingi** *n. od.* **–dingy** *n.*, pulling *or* rowing dinghy *s.*; **–dolle** *f.*, rowlock *s.*, thole-pin *s.*; **–drehmoment** *n.*, rudder torque *s.*; **–druck** *m.*, rudder pressure *s. or* weight *s.*, weather helm *s.*; **–düse** *f.*, rudder nozzle *s.*; **–eigenschaften** *f./pl.*, steering qualities (*pl.*) *or* properties (*pl.*) *or* characteristics (*pl.*) (*of a boat*); **–einrichtung** *f.*, steerer *s.*, steering gear *s.*

Ruderer *m.*, rower *s.*, oarsman *s.*, bencher *s.*, waterman *s.*, boater *s.*, puller *s.*, (*coll.*) oar *s.*; **Boot** *n.* **für drei –,** randan *s.*

Ruder / fahrt *f.* (*coll.*), pull *s.*; **eine –fahrt machen,** to go for a pull; **–fall** *n.*, helm *or* rudder *or* tiller halyard *s.*; **–fertigkeit** *f.*, watermanship *s.* (*esp. of rowing*); **–fläche** *f.*, rudder area *s. or* surface *s.*; **–flosse** *f.*, fin *s.* (of the rudder); **–form** *f.*, shape *s.* of the rudder; **–gabel** *f.*, crutch *s.*, (*am.*) oarlock *s.* (*for a sweep*); **–gänger** *m.*, helmsman *s.*, steersman *s.*, skipper *s.*, man *s.* at the helm *or* wheel, (*am.*) wheelman *s.*; **–gängercockpit** *n.*, helmsman's cockpit *s.*, steersman's stand *s.*; **–gängersitz** *m.*, helmsman's seat *s.*, wheelman's seat *s.*; **–gast** *m.*, helmsman *s.*, steersman *s.*, wheelman *s.*, man *s.* at the wheel; **–gerät** *n.*, **–geschirr** *n.*, steerer *s.*, steering gear *s.*; **–gestänge** *n.*, steering rods (*pl.*); **–gräting** *f.*, wheel grating *s.*; **–hacke** *f.*, rudder heel *s. or* shoe *s.*; **–hacke** *f.* **des Kiels,** skeg *s.*; **–haken** *m.*, pintle *s.*, rudder pintle *s.*; **–hals** *m.*, rudder neck *s.*; **–hartlage** *f.*, full-rudder position *s.*, hard-over position *s.* (of helm *or* rudder); **–haus** *n.*, pilot house *s.*, wheel()house *s.*; **–havarie** *f.*, damage *s.* of the rudder *or* steering gear; **–heißauge** *n.*, rudder eye *s. or* pad(ding) eye *s.*; **–herz** *n.*, main piece *s.* (of the rudder); **–joch** *n.*, yoke *s.*, rudder yoke *s.*, steering head *s.*; **–jochleine** *f.*, yoke line *s.*; **–jochtau** *n.*, yoke line *s. or* rope *s.*; **–kette** *f.*, steering *or* tiller *or* wheel chain *s.*; **–kettenleitrolle** *f.*, quarter block *s.*; **–klampe** *f.*, rowlock *s.*; **–knagge** *f.*

od. **–knaggen** *m.*, rudder stay *s. or* stop *s.*; **–koker** *m.*, rudder case *s. or* trunk *s. or* tube *s.*; **–kommando** *n.*, helm *or* steering order *s. or* command *s.*; **–kopf** *m.*, rudder head *s.*; **–kraft** *f.*, rudder force *s. or* pressure *s.*; helm *or* rudder efficiency *s. or* power *s.* (*of a yacht*); **–kragen** *m.*, rudder collar *s. or* coat *s.*; **–kupplung** *f.*, rudder coupling *s.*; **–kunst** *f.*, oarsmanship *s.*, watermanship *s.* (*rowing*); **–lage** *f.*, helm *or* rudder angle *s. or* position *s.*, angle *s. or* position *s.* of (the) helm *or* rudder; **mit viel –lage steuern,** to steer large; **–lagenanzeiger** *m.*, helm *or* rudder angle indicator *s. or* (*coll.*) telltale *s.*, helm *or* rudder indicator *s.*; **–legen** *n.*, putting *s.* (of) the helm *or* tiller; **–leitflosse** *f.*, skeg *s.*; **–leitung** *f.*, steering chains (*pl.*) and rods, steering leads (*pl.*); **–leitungsreep** *n.*, wheel rope *s.*, steering rods (*pl.*) *or* rope *s.*; **r–los** *adj.*, disabled (*of boat or ship*); rudderless (*of boat*); **r–loses Boot** *n. od.* **Schiff** *n.*, disabled boat *s. or* ship *s. or* yacht *s.*; **–luk** *n.*, **–luke** *f.*, rudder hatch *s.*; **–manöver** *n.*, steering *or* helm *or* rudder *or* wheel manoeuvre *s. or* (*am.*) maneuver *s.*; **–manövriertest** *m. od.* **-versuch** *m.*, turning trial *s. or* test *s.*; **–maschine** *f.*, steering gear *s. or* engine *s.*, steerer *s.*; **elektrische (elektrohydraulische, hydraulische) –maschine** *f.*, electric *or* remote-controlled (electro-hydraulic, hydraulic) steering gear *s.*; **–maschine** *f.* **mit direktem (indirektem) Antrieb,** direct (indirect) connected steering gear *s.*; **–maschine** *f.* **mit sympathischer Steuerung,** follow-up-type steering gear *s.*; **–maschinenraum** *m.*, steerage *s.*; **–moment** *n.*, rudder moment *s. or* torque *s.*; **–motor** *m.*, steering motor *s.*

Rudern *n.*, row *s.*, rowing *s.*, pulling *s.*, boating *s.* **rudern** *v.*, to row, to pull, to pull an oar, to paddle, to boat; **besser** *od.* **schneller – als,** to outrow; **gleichmäßig –,** to row a long stroke; **gut –,** to pull a good oar; **kräftig –,** to give way, to row hard; **lang** *od.* **lang ausholend –,** to pull *or* to row a long stroke, to sweep; **rückwärts –,** to back water; **schlecht –,** to bucket; **schnell –,** to row a fast stroke; **trocken – (ohne zu spritzen),** to row dry; **tüchtig –,** to pull one's weight, to give way; **das Boot läßt sich gut** *od.* **leicht –,** the boat rows well; **ein Boot –,** to pull a boat; **– gehen,** to go boating, to go for a row *or* pull.

Ruder/nagel *m.*, rother nail *s.*; (rudder) pintle *s.*; **–öse** *f.*, (rudder) gudgeon *s.*, brace *s.*, rudder iron(s) *s.* (*pl.*); **–partie** *f.*, row *s.*, (*coll.*) pull *s.*; **–pflock** *m.*, thole *s.*; **–pforte** *f.*, rudder port *s.*; **–pfosten** *m.*, main-piece *s.* of the rudder, rudder post *s. or* stock *s.*; **–pinne** *f.*, (rudder) helm *s.*, tiller *s.*; **Kopf** *m.* **der –pinne, –pinnenkopf** *m.*, tiller head *s.*; **Leuwagen** *m.* **der –pinne,** sweep *s.* of the tiller; **–platte** *f.*, rudder plate *s.*; **–plicht** *f.*, helmsman's cockpit *s.*, steering stand *s.*; **–quadrant** *m.*, reflecting *or* rudder quadrant *s.*; **–rad** *n.*, (steering) wheel *s.*; **am –rad,** at the wheel; **–radsteuerung** *f.*, wheel steerer *s. or* steering gear *s.*; **–riemen** *m.*, oar *s.*; **–schaft** *m.*, rudder head *s. or* post *s. or* stock *s.*, main-piece *s.* of the rudder; **–schaftlager** *n.*, rudder bearing (block) *s.*, rudder-head bearing *s.*; **–schere** *f.*, gudgeon *s.*, rudder gudgeon *s. or* brace *s.*; **–schlag** *m.*, pull *s.*, stroke *s.* of the oar; **rhythmischer –schlag** *m.*, pulse *s.*; **Zeitspanne** *f.* **zwischen zwei –schlägen** (*pl.*), shoot *s.*; **–schloßholz** *n.*, wood lock *s.*; **–sohle** *f.*, rudder sole *s.*; **–spieker** *m.*, rother nail *s.*; (rudder) pintle *s.*; **–sport** *m.*, rowing *s.*, boating *s.*; **–sportler** *m.* **(–sportlerin** *f.*), oarsman *s.* (oarswoman *s.*); **–stabilität** *f.*, rudder stability *s.*, stability *s.* of the helm *or* rudder; **–stand** *m.*, steering stand *s.*; steering position *s.*; **–stange** *f.*, steering rod *s.*; **–steven** *m.*, stern frame *s.*, stern *or* rudder post *s. or* stock *s.*; **–stock** *m.*, rudder post *s. or* stock *s.*, main-piece *s.* of the rudder; **–stocköffnung** *f.* **(im Deck),** rudder hole *s.*; **–stopper** *m.*, rudder stop *s. or* stopper *s.*; **–stropp** *m.*, rudder strap *s. or* strop *s. or* grommet *s.*; **–stütze** *f.*, outrigger *s.*; **–talje** *f.*, rudder tackle *s.*, relieving *or* steering tackle *s.*; **-- und Kartenhaus** *n.*, deckhouse *s.*; **–unterricht geben,** to tub; **–verbesserung** *f.*, rudder correction *s.*, correction *s.* of the helm *or* rudder position; **–verein** *m.*, rowing club *s.*; **–versagen** *n.*, **–versager** *m.*, rudder *or* steering failure *s.*; **–wache** *f.*, helm watch *s.*, (*coll.*) trick *s.* (at the helm *or* wheel); **–widerstand** *m.*, rudder drag *s. or* resistance *s.*; **–winkel** *m.*, helm *or* rudder angle *s.*; **optimaler –winkel** *m.*, optimum helm angle *s.*; **–wirkung** *f.*, steerage *s.*; helm *or* rudder effect *s.*, reaction *s.* of (the) helm *or* rudder (*of boat*); **–zapfen** *m.*, (rudder-)pintle *s.*

Ruf *m.* (*naut.*), hail *s.*, hailing *s.*; (*rad.*) call *s.*; **SOS –** (*naut.*, *Morse*), SOS (distress call) *s.*; **beantworteter (unbeantworteter) –** (*rad.*), replied (not replied *or* no-reply) call *s.* **rufen** *v.* (*naut.*), to hail (*a boat*); (*rad.*) to call; **wir – Seemöwe!** (*rad.*), we call Seemöwe!. **Ruf/frequenz** *f.*, general call(ing) frequency *s.*; **allgemeine –frequenz** *f.*, general call(ing) frequency *s.*; **–name** *m.* (*naut.*), call name *s.* (*for signals*); (*rad.*) call sign *s.*; **–signal** *n.* (*rad.*), call sign *s. or* signal *s.*; **–weite** *f.* (*naut.*), hailing distance *s.*, earshot *s.*; **außer –weite,** out of hail *or* call; **in –weite,** within hail *or* call *or* earshot; **alle Boote in –weite kommen!** (*rac., int.*), all boats within hail!; **–welle** *f.* (*rad.*), call wave *s. or* wavelength *s.*; **–zeichen** *n.* (*naut., rad.*), identifying *or* identity *or* distinguishing call letters (*pl.*) (*of a yacht*), (*rad.*) call sign *s.*; **internationales (optisches) –zeichen** *n.*, international (visual) call sign *s. or* signal *s.*; **–zeichenliste** *f.*, **–zeichenverzeichnis** *n.* (*rad.*), list *s.* of call signs.

Ruhe *f.* (*naut., phys.*), rest *s.*; **– vor dem Sturm** (*naut.*), lull *s.* before the storm. **ruhend** *pr. p.* (*naut., phys.*), latent, static, stationary. **Ruhe / lage** *f.* (*naut., phys.*), rest *s.*; **–punkt** *m.* (*phys.*), fulcrum *s.*, centre *s. or* (*am.*) center *s.* of gravity; **–stellung** *f.* (*naut., tech.*), idle *or* neutral *or* normal *or* resting position *s.*; **–zustand** *m.* (*naut., phys.*), state *s.* of rest.

ruhig *adj.* (*naut.*), calm, motionless, quiet, smooth (*of sea, lake, weather*), smooth, steady (*of helm, etc.*); **die See ist –,** the sea runs fair; **–e See** *f.*, calm *or* smooth *or* serene sea *s. or* water *s.*; **bei –er See,** in smooth water; **–e Überfahrt** *f.*, smooth *or* unadventurous *or* uneventful crossing *s. or* passage *s.*; **–es Wasser** *n.*, smooth water *s.*; **–es Wetter** *n.*, calm weather *s.*; **–-heitere Fläche** *f.* **(der See, eines Sees),** serene *s.*, smooth sea *s. or* water *s.*

Rumpf *m.* (*naut.*), hull *s.* (*of boat or ship*); **ausgeschäumter –,** foamed hull *s.*; **isolierter –,** insulated hull *s.* (*of a yacht*); **mit doppelschaligem –,** double-hulled; **– eines Bootes,** shell *s. or* hull *s.* of a boat; **– unter der Kimm,** hull(-)-down. **Rumpf / durchlaß** *m.*, hull opening(s) *s.* (*pl.*); **–fahrt** *f.*, hull speed *s.*; **–geschwindigkeit** *f.*, hull speed *s.*; **glatte –haut** *f.*, smooth skin *s.* (of a boat); **–isolation** *f. od.* **–isolierung** *f.*, hull *or* shell insulation *s.*

Rumration *f.* (*naut.*), **eine – ausgeteilt bekommen** *od.* **austeilen,** to splice the main brace.

Rund *n.* (*rac.*), round *s.*, Round *s.*; (*astr., geogr.*) circle *s.*, globe *s.*, orb *s.*, sphere *s.*

rund *adj.* (*naut., tech.*), round; circular, spherical; **– achtern!** (*naut., com.*), gybe-o(h)!; **–er (Boots)Rumpf** *m.*, round(ed) hull *s.*; **–e Kimm** *f.*, round(ed) bilge *s.*

Rund / bändsel *n.*, round seizing *s.*; **r–brassen** *v.*, to brace about *or* round; **–bug** *m.*, round(ed) bow *s.*; **–deck** *n.*, whaleback *s.* (*of boat or ship*).

Runde *f.* (*naut., rac.*), round *s.*, Round *s.*

Rund / eisen *n.* (*naut.*), iron rod *s.*, round-bar iron *s.*, rounds (*pl.*); **–empfangsantenne** *f.* (*radar*), all(-a)round looking *or* panoramic aerial *s. or* (*am.*) antenna *s.*

Runden *n.* **einer Bahnmarke** (*rac.*), rounding *s.* (of) a mark. **runden** *v.* (*naut.*), to round (*a cape, headland*); **eine Bahnmarke –** (*rac.*), to round a buoy *or* mark.

rund / erhaben *adj.*, convex; **R–feile** *f.*, round file *s.*; **R–fender** *m.*, round fender *s.*

Rundfunk *m.*, radio *s.*, wireless *s.*, broadcasting *s.*; **Frequenzbereich** *m.* **für –,** frequency-band broadcasting *s.*; **im** *od.* **durch –,** on *or* over the air *or* radio. **Rundfunk / empfang** *m.*, radio *or* wireless *or* broadcast reception *s.*; **–gerät** *n.*, radio *s.*, wireless set *s.*; **–sender** *m.*, wireless transmitter *s.*, broadcaster *s.*, broadcasting station *s.*; **–sendung** *f.*, transmission *s.*, broadcast *s.*; **–station** *f.*, **–transmitter** *m.*, broadcaster *s.*, broadcasting station *s.*, (wireless) transmitter station *s.*; **–welle** *f.*, broadcasting *or* radio *or* transmitting *or* wireless frequency *s. or* wavelength *s.*

Rund / heck *n.*, rounded *or* elliptical stern *s.*; **–holz** *n.* (*naut.*), spar *s.*, belting *s.*, rubbing piece *s.*, round timber *s. or* wood *s.*; **–hölzer** *n./pl.* (*naut., collect.*), spars (*pl.*), pikes (*pl.*); **–kante** *f.*, round(ed) gunwale *s.*; **–kausch(e)** *f.*, round thimble *s.*; **–kopfschraube** *f.*, round-head *or* round-headed *or* (*coll.*) cheese-headed screw *s.*, fillister-head screw *s.*; **–lauf** *m.* (*phys., tech.*), circular *or* concentric motion *s.*; **–naht** *f.* (*naut.*), round stitch *s. or* seam *s.*; **–platting** *f.* (*coll. m.*), round sennit *s.*; **–rumpf** *m.*, round(ed) hull *s.*; **–schlag** *m.*, round turn *s. or* lay *s.* (*of rope*).

Rundsel *n.* (*coll., dial. f.*), row()lock *s.*

Rund / schwoien *n. od.* **–schwojen** *n.*, swinging round *s.*; **–schwojen** *n.* **zur Kompaßkompensierung,** swinging ship *s.*; **r–schwoien** *od.* **–schwojen** *v.*, to swing round; **Boot** *n.* **zur Kompaßkompensierung r–schwojen,** to swing ship; **–sichtanzeigegerät** *n. od.* **-anzeiger** *m.* (*radar*), plan position indicator *s.*, PPI *s.*; **–sichtdarstellung** *f.* (*radar*), PPI display *s. or* representation *s.*; **–sichtgerät** *n.* (*radar*), plan position indicator *s.*, PPI *s.*, panoramascope *s.*; **azimutstabilisiertes –sichtgerät** *n.* (*radar*), azimuth-stabilized PPI *s.*; **–sichtgerät** *n.* **mit Mittelpunktverschiebung** (*radar*), off-centre *or* (*am.*) off-center PPI *s.*; **–sichtradar** *n.*, plan position indicator *s.*, PPI *s.*; **–sichtsystem** *n. od.* **-verfahren** *n.* (*radar*), plan position indication *s.*, all(-a)round visual sweep *s.*; **–spant** *n.*, round frame *s. or* bottom *s.*; **–spantboden** *m.*, round bottom *s.*; **–spleiß** *m.*, round splice *s.*; **–stich** *m.* (*naut.*), round hitch *s. or* stitch *s.*; **–strahlantenne** *f.* (*rad.*), non-directional *or* omni(-)directional aerial *s. or* (*am.*) antenna *s.*; **–strahlbake** *f.*, omni(-)directional radio beacon *s.*; **–strahler** *m.* (*rad.*), all(-a)round transmitting aerial *s. or* (*am.*) antenna *s.*; **–stropp** *m.*, round strap *s. or* strop *s. or* sling *s.*; **–suchradar** *n.*, plan position indicator *s.*, PPI *s.*; **–törn** *m.*, round turn *s.* (*of rope*); round cruise *s. or* trip *s.* (*with boat*); **–törn** *m.* **mit zwei halben Schlägen,** round turn *s.* with *or* and two half hitches (*of rope*); **–törn** *m.* **und halber Schlag,** round turn *s.* and half hitch (*of rope*); **–umempfang** *m.* (*rad.*), omnidirectional *or* non-directional range *s. or* reception *s.*; **–umlaterne** *f.*, all(-a)round lantern *s.* (*of boat*); **–umlicht** *n.* (*naut.*), all(-a)round light *s.*; **–umradar** *n.*, **–umsuchgerät** *n.*, panorama equipment *s. or* radar *s.*; **–um-Regatta** *f.*, circuit *s.*, round *s.*, Round *s.*

Rundung *f.*, **achterliche –,** roach *s.* (*of a sail*).

Rundzange *f.*, round-nosed pliers (*pl.*).

Runner *m.* (*naut.*), runner *s.*, light-air spinnaker *s.*

Rüst / anker *m.*, sheet *or* waist anchor *s.*; **–bolzen** *m.*, channel bolt *s.* **Rüste** *f.* (*dial.* **Rüst** *f.*) (*naut.*), chain()wale *s.*; channel *s.*; channel board *s.* **Rüsteisen** *n.* (*naut.*), chain plate *s.* **Rüsten** *f./pl.* (*naut., collect.*), chainwales (*pl.*). **Rüst / kette** *f.*, chain shroud *s.*; **–leine** *f.*, shank painter *s.*; **–leiste** *f.*, channel rail *s.*; chainwale *s.*

Rute *f.* (*naut.*), lateen yard *s.*

Rutenfender *m.*, faggot *or* rod fender *s.*

Rutsche *f.* (*naut.*), slide *s.*, slideway *s.*, slip *s.*, slipway *s.*, (*coll.*) chute *s.*

rutschen *v.* (*naut.*), to slide, to slip, to skid.

Rutscher *m.* (*naut.*), slide *s.*, slider *s.*, slug *s.*, traveller *s.*, (*am.*) traveler *s.*; **– auf Leine,** jackling *s.*

rutschfest *adj.*, skid-proof; **–er (Decks)Belag** *m.*, non-skid *or* skid-proof layer *s. or* coating *s.* (*of the deck*).

R-Yacht *f.*, R-yacht *s.*, racing yacht *s.* (*according to international rating rules*).

S

sacht(e)! (*naut., int.*), gentle (does it)!.

Sachverständiger *m.* (*naut., ins.*), expert *s.*, specialist *s.*

Sack *m.* (*naut., coll.*), (sea) bag *s.*; **– im Segel,** bubble *s.*

sackartig *adj.*, baggy; **– ausbauchen** *od.* **aufschwellen,** to bag (*of sails*); **–es Herunterhängen** *n.* **(von Segeln),** bagginess *s.*

sacken *v.* (*naut.*), to sag (*of forestay, etc.*), to drop, to give way (*of boat*); **achteraus –,** to drop astern (*of boat*); **nach Lee –,** to bag away (*of boat*); **ein Boot – lassen,** to make (a) sternboard; **sich – lassen,** to drop astern, to give way (*of boat*). **Sackspant** *n.*, U-shaped frame *s.* (*shipb.*).

Safe-Leine *f.*, grap *or* life *or* safety line *s. or* rope *s.*, safe-line *s.*

Sagging *n.*, sagging *s.* (*of keel*).

Saison *f.* (*rac.*), season *s.* (of yacht racing); **heiße – (für Segler),** hot racing season *s.*; **stille** *od.* **tote –** (*rac.*), dull *or* quiet *or* dead *or* slack season *s.*, off-season *s.* **saison / bedingt** *adj.*, seasonal (*of yacht racing*); **S–ende** *n. od.* **–schluß** *m.* (*rac.*), end *s. or* close *s. or* finish *s.* of the (racing) season.

Saling *f.* (*pl.* **Salinge),** spreader(s) *s.* (*pl.*), cross-tree(s) *s.* (*pl.*); **obere (untere) –,** upper (lower) spreader *s.* **Saling / beschlag** *m.*, spreader *or* cross-tree fittings (*pl.*); **–kappe** *f.*, spreader boot *s.*; **–nock** *f.*, horn *s.* (of the spreader); **–platte** *f.*, futtock plate *s.*; **–top(p)nant** *m.*, spreader (topping) lift *s.*; **–winkel** *m.*, spreader angle *s.*, angle *s.* of the spreader *or* cross-tree.

Salon *m.* (*naut.*), saloon *s.*; **–deck** *n.*, saloon deck *s.*

Salut *m.* (*naut.*), salute *s.*

Salvenfeuer *n.* (*naut.*), salvo *s.* (*salute*).

Salzgehalt *m.* **(des Meerwassers** *od.* (*naut.*) **Seewassers),** percentage *s.* of salt, salinity *s.*, salt contents (*pl.*) (of sea water); **–messung** *f.*, halometry *s.* **salzig** *adj.*, briny, salty (*of sea water*), brackish. **Salzigkeit** *f.* **(des Seewassers),** salinity *s.* (of sea water). **Salzwasser** *n.*, salt(-)water *s.*, sea(-)water *s.*, brine *s.*; **–dichte** *f.*, density *s.* of the sea(-)water.

Sammel / ankerplatz *m.*, assembly anchorage *s.*; **–anruf** *m.* (*rad.*), collective call *s.*; **–anrufliste** *f.* (*rad.*), (group) call *or* traffic list *s.*; **–bekken** *n.* (*geogr.*), catchment area *s.*; **–linse** *f.* (*opt.*), converging *or* convex lens *s.*; **–rufzeichen** *n.* (*rad.*), collective *or* general call sign *s.*

Sammler *m.* (*elec.*), accumulator *s.*, secondary cell *s.*; **–batterie** *f.*, storage battery *s.*

Sampan *m.*, sampan *s.* (*flat-bottomed Chinese sailing or rowing or house boat*).

Samson / leine *f.*, **–tau** *n.*, Samson line *s. or* rope *s.*

Sand *m.*, sand *s.*, sands (*pl.*); **auf (den) – geraten, auf dem – festkommen** *od.* **festsitzen,** to be aground *or* stranded (*of boat*); **(ein Boot) auf den – setzen,** to put *or* to run (a boat) aground. **Sandbank** *f.*, sandbank *s.*, sands (*pl.*), shoal *s.*, cay *s.*, hurst *s.*, shelf *s.*, tombolo *s.*, (*am.*) overslaugh *s.*, (*geogr.*) syrtis *s.*; **Befeuerungs-** *od.* **Betonnungssystem** *n.* **einer –,** cardinal system *s.* of a sandbank *or* of shoals; **längliche –,** sand(-)bar *s.*; **auf eine – auflaufen,** to be stuck on a sandbank; **– vor Flußmündungen** *od.* **vor einem Hafen,** sand(-)bar *s.*, cay *s.*, (*am.*) levee *s.*, (*dial.*) key *s.*; **voller Sandbänke** (*pl.*) (*naut.*), shelfy. **Sand / barre** *f.*, sand(-)bar *s.*; **–boden** *m.* **(zum Ankern),** gritty *or* shelfy bottom *s. or* ground *s. or* anchorage *s.*; **–dünen** *f./pl.*, sand-dunes (*pl.*), (*Scots*) links (*pl.*); **–grund** *m.*, gritty *or* sandy *or* shelfy bottom *s. or* ground *s.* **sandig** *adj.* (*naut.*), shelfy, gritty, sandy. **Sand / hose** *f.*, sand spout *s.*; **–küste** *f.*, shelfy *or* sandy coast *s.*; **–papier** *n.*, sand- *or* glass-paper *s.*; **–sack** *m.* (*naut.*), sand *or* ballast bag *s.*; **Segelboot** *n.* **mit –säcken als Ballast** (*coll.*), sandbagger *s.*; **–segler** *m.*, sand yacht *s.*; **–strahlen** *n.* (*naut.*, *tech.*), sand blasting *s.* (*of steel yacht*); **–strahlgebläse** *n.*, sand(-)blast *s.*, sand(-)blasting equipment *s.*; **eine (Stahl)Yacht mit –strahlgebläse entrosten,** to sandblast a (steel) yacht; **–strahlputzen** *n.*, sand(-)blasting *s.*, (*am.*) sandblast *s.*, sand-jet *s.*; **–strak** *m.*, garboard strake *s.* (*shipb.*); **–strand** *m.*, sand(y) beach *s.*; **–sturm** *m.*, sand(-)storm *s.*; **–ufer** *n.*, sandy coast *s. or* shore *s.*, shelf *s.*, sand(-)bank *s.*, cay *s.*; **–watt** *n.*, sands (*pl.*), banks (*pl.*) of sand; **–wehe** *f.*, sand-drift *s.*

Sandwich-Bauweise *f.* (*naut.*), sandwich construction *s.* (*GRP shipb.*).

sanitär *adj.*, **–e Einrichtungen** *f./pl.* **(an Bord), Sanitäranlagen** *f./pl.* **(an Bord),** sanitation *s.*, sanitary *or* hygienic installations (*pl.*) *or* system *s.* (aboard).

Sankt-Elms-Feuer *n.* (*naut.*), St. Elmo's fire *s.*

SAR-(Seenotrettungs)Dienst *m.*, search and rescue service *s.*

Sarg *m.* (*naut.*, *sl.*), coffin *s.*, unseaworthy yacht *s. or* ship *s.*

Sargassokraut *n.* (*naut.*, *geogr.*), sargasso *s.*, sargasso weed *s.*

Satellit *m.* (*astr.*), secondary *s.*, secondary planet *s.*, moon *s.* **Satelliten / empfangsantenne** *f.*, satellite-signal receiving aerial *s. or* (*am.*) antenna *s.*; **--Navigation** *f.*, satellite-aided navigation system *s.*, satellite aid *s.* to navigation, navigation *s.* by aid(s) of satellites.

Sattel *m.* (*naut.*), saddle *s.* (*of jib-boom, etc.*), cross-beam *s.* (*shipb.*); **–halter** *m.*, saddle pin *s.*

Saturnnähe *f.* (*astr.*), perisaturnium *s.*

Satz *m.*, **ein – Segel,** a set *or* suit of sails.

Satzung *f.* (*naut.*, *rac.*), statute *s.*, standing rule *s.* **Satzungen** *f./pl.* (*rac.*), regulations (*pl.*), rules (*pl.*). **satzungs / gemäß** *od.* **–mäßig** *adj.*, statutory, according to rules (and regulations); **–widrig** *adj.*, unconstitutional.

Sauerstoff / atmungsgerät *n.*, **–apparat** *m.*, oxygen (breathing) apparatus *s.*, (oxygen) respirator *s.*; **–flasche** *f.*, oxygen bottle *s.*; **–rettungsgerät** *n.*, oxygen (breathing) apparatus *s. or* respirator *s.*

Saugdruckanemometer *n.* (*meteor.*), suction anemometer *s.*

Saugen *n.* (*naut.*), suction *s.* (*of bilge pump*). **saugen** *v.* (*naut.*), to suck (*of bilge pump*). **Sauger** *m.* (*naut.*), hank *s.*, sucker *s.* **Saug / fähigkeit** *f.* (*naut.*, *phys.*), suction *s.*; **–hub** *m.*, induction *or* intake *or* suction stroke *s.*; **–kasten** *m.* (*naut.*), suction box *s.*; **–klappe** *f.*, suction(-)valve *s.*; **–kolben** *m.*, sucker *s.*, suction piston *s.*; **–kopflüfter** *m.* (*naut.*), uptake ventilator *s.*; **–korb** *m.*, suction strum *s.*, pump strainer *s.*, strum box *s.* (*in drain well*); **–korb** *m.* **der Pumpe,** mush strainer *s.*; **–kraft** *f.*, suck *s.* (*of bilge pump*); **–kreis** *m.* (*rad.*), wave trap *s.*; **–leistung** *f.*, suction (capacity) *s.* (*of bilge pump*); **–leitung** *f.*, suction main *s. or* line *s.* (*of bilge pump*); **–lenzer** *m.* (*naut.*), semi-automatic bailer *s.*, transom flap *s.*; **–luft** *f.*, inflow *s.* (*of sails*); **–lüfter** *m.* (*naut.*), exhauster *s.*, exhaust fan *s. or* ventilator *s.*, uptake *or* venturi ventilator *s.*; suction valve *s.*; **–menge** *f.*, suction *s.* (*of bilge pump*); **–pumpe** *f.*, suction pump *s.*, bilge pump *s.*; **–rohr** *n.*, suction pipe *s.*; **–rohr** *n.* **einer (Bilge)-Pumpe,** tail pipe *s.* of a (bilge) pump; **–ventil** *n.*, sucker *s.*, suction valve *s.*; **–wirkung** *f.*, suction *s.* (*of bilge pump, air, water*); **–zug** *m.*, induced draught *s. or* (*am.*) draft *s.* (*of sails*).

Sauwetter *n.* (*naut.*, *sl.*), beastly *or* rotten *or* vile *or* wicked *or* wretched *or* shocking weather *s.*, (*naut.*, *rac.*, *coll.*) a fine day for ducks.

Schabeisen *n.*, **Schaber** *m.* (*naut.*, *tech.*), scraper *s.* **Schabhobel** *m.*, spokeshave *s.* (*for wooden boats*).

Schablone *f.* (*naut.*), cut-only *s.*, pattern *s.* (*sails*), jig *s.*, matrix *s.* (*pl.* matrices), model *s.*, pattern *s.*, stencil *s.* (*shipb.*); (*tech.*) template *s.*, templet *s.*

Schabmesser *n.* (*naut.*, *tech.*), scraper *s.*

Schacht *m.* (*naut.*), manhole *s.*, pit *s.*; trunk *s.* (*of exhauster, etc.*), well *s.* (*of bilge pump, etc.*).

Schaden *m.* (*naut.*), damage *s.*, (*naut.*, *ins.*) damage *s.*, loss *s.*; (*tech.*) defect *s.*, (*coll.*) trouble *s.*; – **an der Bordwand,** damage *s.* between wind and water; – **durch Grundberührung,** damage *s.* caused by grounding *or* running aground *or* touching the bottom *or* ground *or* (*coll.*) piling up; – **erleiden** *od.* **nehmen** (*naut.*), to be damaged (*of boat*), (*ins.*) to suffer loss. **Schaden / abschätzung** *f.* (*naut.*, *ins.*), appraisal *s.* *or* estimate *s.* of damages; **–besichtigung** *f.* (*naut.*, *ins.*), survey *s.* of damages, damage survey *s.* **Schadenersatz** *m.* (*naut.*), indemnification *s.*, indemnity *s.*, reimbursement *s.*; compensation *s.*, reparation *s.*; – **beanspruchen,** to claim damages; – **leisten,** to pay damages; to compensate; **–anspruch** *m.*, claim *s.* for damages; **–anspruch leisten (stellen),** to pay (to claim) damages; **s–pflichtig** *adj.*, liable for damages. **Schaden / feststellung** *f.* (*ins.*), assessment *s.* of damage; **–nachweis** *m.* (*ins.*), evidence *s.* *or* proof *s.* of damage *or* loss; **–sfall** *m.* (*naut.*, *ins.*), case *s.* of damage *or* loss; **–versicherung** *f.* (*naut.*), insurance *s.* against damage *or* loss.

schadhaft *adj.* (*naut.*), sick (*of boat*), dilapidated, in (a) bad (state of) repair (*of sails, etc.*); **das Boot ist –,** the boat is sick.

Schäfchen *n.* (*pl.*), **Schäfchenwolke(n)** *f.* (*pl.*) (*meteor.*), cirrus (clouds *pl.*) *s.*, cirrocumulus *s.*, (*coll.*) fleeces (*pl.*), fleecy clouds (*pl.*), mackerel sky *s.*; **grobe –wolke** *f.*, altocumulus (cloud) *s.*; **–(wolken)himmel** *m.*, mackerel sky *s.*

schaffen *v.* (*naut.*, *sl.*), to eat; **viele Seemeilen –,** to eat sea-miles (*of boat*). **Schaffer** *m.* (*naut.*, *obs.*), steward *s.* **Schafferei** *f.* (*naut.*, *obs.*), bread-room *s.*

Schafschenkel *m.* [1] (*naut.*), sheepshank *s.* (*hitch*).

Schaf / schenkel *m.* [2], **–schinken** *m.* (*naut.*), leg-of-mutton sail *s.*, shoulder-of-mutton sail *s.*; mutton-legger *s.* (*boat and sail*).

Schaft *m.*, shaft *s.* (*of rudder, etc.*), loom *s.* (*of oar*).

schäften *v.* (*naut.*), to splice, to joint (*shipb.*); (*tech.*) to handle, to shank. **Schäftung** *f.* (*naut.*), joint *s.*, splicing *s.*

Schaftwelle *f.* (*naut.*, *tech.*), shaft *s.*

Schake *f.* (*naut.*), link *s.* (*of chain*), chain *or* stud link *s.*; – **mit Steg,** bar link *s.*; **–nkette** *f.*, open-link *or* -stud chain *s.*

Schäkel *m.*, shackle *s.*, link *s.*; – **mit Schraubbolzen,** screw-pin shackle *s.*; – **mit Steg,** stud link *s.* *or* shackle *s.* **Schäkel / block** *m.*, shackle block *s.*; **–bolzen** *m.*, clevis pin *s.*, shackle bolt *s.* *or* pin *s.*; **–bolzenvorstecker** *m.*, cotter-pin *s.* of a shackle, shackle (cotter-)pin *s.*; **–bügel** *m.*, clevis pin *s.*; **–maul** *n.*, shackle mouth *s.* *or* trap *s.* **schäkeln** *v.*, to shackle. **Schäkel / schlüssel** *m.*, shackle spanner *s.* *or* wrench *s.*; **–weite** *f.*, size *s.* *or* width *s.* of a shackle.

Schälbord *n.*, wash-board *s.*, weather board *s.*

Schalbrett *n.* (*naut.*), bolster *s.*, outer *or* outside plank *s.* (*of boat*).

Schale *f.* (*naut.*), hull *s.*, shell *s.*, outside (surface) *s.* (*of boat*); (*tech.*) bush(ing) *s.* **Schalen** *f./pl.* (*naut.*), fishes (*pl.*). **Schalen / bauweise** *f.* (*naut.*), mo(u)lded *or* monocoque construction *s.*; **–holz** *n.* (*naut.*), slab *s.*; **–kreuz** *n.*, **–kreuz-Windmesser** *m.*, cup(-)anemometer *s.*, wind(-)ga(u)ge *s.*

Schalholz *n.* (*naut.*), bolster *s.*, slab *s.*

Schalken *n.*, battening down *s.* (*of hatches*). **Schalk / keile** *m./pl.*, hatch wedges (*pl.*); **–klampe** *f.*, batten *or* hatch cleat *s.*; **–latte** *f.*, hatch batten *s.* **schalken** *v.*, to batten down (*a hatch*), to secure a hatch.

Schall *m.*, sound *s.* **Schall / ausbreitung** *f.* (*phys.*, *rad.*, *radar*), propagation *s.* of sound; **s–dämmend** *adj.*, **s–dämpfend** *adj.* (*naut.*), sound-absorbing; **–dämpfer** *m.* (*naut.*), silencer *s.*, (*coll.*) muffler *s.* (*motor*); **s–dicht** *adj.* (*naut.*), sound(-)proof; **–echo** *n.* (*rad.*, *radar*), (sound) echo *s.*, clutter *s.*

Schalleiste *f.* (*naut.*), bolster *s.*, slab *s.*; wash *or* weather board *s.*

Schall / empfänger *m.* (*rad.*, *radar*), sound receiver *s.*; **–geschwindigkeit** *f.* (*naut.*, *phys.*), velocity *s.* of sound, sound velocity *s.*; **–impuls** *m.* (*radar*), sound pulse *s.* *or* impulse *s.*; **–isolierung** *f.* (*naut.*), sound insulation *s.*; **–leitfähigkeit** *f.*, sound conductivity *s.*; **–lot** *n.*, sonic depth finder *s.*, echo sounder *s.*, sounding apparatus *s.* *or* machine *s.*; **–lotung** *f.*, sonic depth-finding *s.*, acoustic sounding *s.*; **–messer** *m.*, **–meßgerät** *n.*, sound-ranging instrument *s.*, sonometer *s.*; phonometer *s.*; **–messung** *f.*, **–meßverfahren** *n.*, sound-ranging *s.*; **–navigation** *f.*, navigation *s.* by sound location; **–ortung** *f.*, sound location *s.*, sound(-)ranging *s.*; **–ortungsgerät** *n.*, sound locator *s.*, sound-detection gear *s.*; **–schwingung** *f.* (*naut.*, *phys.*), sound(-)vibration *s.*; **–sender**

m. (*rad., radar*), sonic transmitter *s.*, (*phys.*) oscillator *s.*; **–signal** *n.* (*naut.*), acoustic *or* sound signal *s.*; **–signale** *n./pl.* **für Binnenschiffahrtsstraßen (für Seeschiffahrtsstraßen),** acoustic *or* sound signals (*pl.*) for inland waters (for roads at sea); **–signalgerät** *n.*, sound-signal device *s. or* gear *s.*; **–stärke** *f.*, intensity *s.* of sound; **–stärkemesser** *m.* (*naut.*), sonometer *s.*; phonometer *s.* (*motor*); **–trichter** *m.* (*naut., rac.*), megaphone *s.*, loud hailer *s.*, trumpet *s.*; **-- und Wärmeisolation** *f. od.* **-isolierung** *f.* (*naut.*), sound and heat insulation *s.*; **–weite** *f.*, sound *s.*; **–welle** *f.* (*rad., radar*), acoustic *or* sound wave *s.*; **–wellen** *f./pl.* (*phys.*), sonorous vibrations (*pl.*); **–wellen-Echolot** *n.*, sonic echo(-)sounder *s.*; **–zeichen** *n.* (*naut.*), sound signal *s.*; **–zeichen** *n.* **mit Nebelhorn,** foghorn signal *s.*

Schalstück *n.* (*naut.*), fish *s.* (*of mast*).

Schalt / anlage *f.* **(an Bord),** switchgear *s.*; **–bild** *n.* (*rad., radar*), circuit *or* switch(ing) *or* wiring diagram *s.*, (*coll.*) hook-up *s.*; **–brett** *n.*, control panel *s.*, switch(-)board *s.*; dashboard *s.* (*motorboat*). **Schalten** *n.* (*rad., radar, elec.*), switch(ing) *s.*; changing *s.* gear (*motorboat*). **schalten** *v.* (*rad., radar, elec.*), to connect, to switch, to control; to change gear (*of motorboat*); (*tech.*) to couple, to control, to operate; **hart –,** to clash the gears (*motorboat*); **in Reihe –** (*elec.*), to connect in series; **parallel –** (*elec., rad.*), to connect in parallel. **Schalter** *m.* (*rad., radar, elec.*), switch *s.* **Schalt / getriebe** *n.*, control(-)gear *s.*; **–hebel** *m.*, control lever *s.*, contact- *or* switch-lever *s.*; gear-lever *s.* (*motorboat*); **–jahr** *n.*, leap year *s.*; **–knagge** *f.*, shifting dog *s.*; **–knopf** *m.*, control *or* press-button *s.*; **–kompaß** *m.*, pilot compass *s.*; **–nocke** *f.*, trip(-)dog *s.*; **–plan** *m.* (*rad., radar, elec.*), circuit *or* switching *or* wiring diagram *s.*, (*coll.*) hook-up *s.*; **–pult** *n.* (*naut.*), control-panel *s. or* -desk *s.*; **–schema** *n.*, (*s.* **–plan**); **–tafel** *f.* (*naut.*), control panel *s.*, switch(-)board *s.*; **–tag** *m.*, intercalary *or* leap day *s.* **Schaltung** *f.* (*rad., radar, elec.*), circuit connection(s) *s.* (*pl.*), (wiring) diagram *s.*, control *s.*, switching *s.*; gear-changing *s.* (*of motorboat*); gear-change *s. or* -shift *s.* (*of motorboat*).

Schalung *f.* (*naut.*), boarding *s.*, lining *s.*, planking *s.*, sheathing *s.*, mo(u)ld *s.* (*shipb.*).

Schaluppe *f.*, sloop *s.*, shallop *s.*, longboat *s.*; **– mit Treib(er)mast,** dandy *s.* **Schaluppen / takelung** *f.*, sloop *or* dandy rig *s.*; **mit –takelung,** sloop- *or* dandy-rigged; **–tau** *n.*, boat rope *s.*

Schamfilen *n.* (*naut.*), chafing *s.* **schamfilen** *v.*, to chafe, to damage by friction, to plough, (*am.*) to plow (*of lines, sheets, etc.*). **Schamfil / kissen** *n.*, puddening *s.*, (*coll.*) scotchman *s.*; **–latte** *f.*, chafing batten *s.*; **–leiste** *f.*, chafing fillet *s. or* piece *s.*; **–matte** *f.*, chafing mat *s.*, pad *s.*, thrum mat *s.*; **–schutz** *m.*, chafing(-)gear *s.* **Schamfilung** *f.*, chafing *s.*; **–smatte** *f.*, chafing mat *s.*, pad *s.*, thrum mat *s.*, (*coll.*) scotchman *s.*; **–swulst** *m.*, puddening *s.*, (*coll.*) scotchman *s.*

Schan / deck *n.*, **–deckel** *m.*, gunwale *s.*, planksheer *s.*; **–leiste** *f.*, sheer rail *s.*

Schanghaien *n.* (*naut.*), press *s.*, (*coll.*) shanghai(ing) *s.* **schanghaien** *v.*, to press (sailors), (*coll.*) to shanghai.

Schanz(e) *f.*, quarter(-)deck *s.* **Schanzkleid** *n.*, bulwark *s.*; **–beplankung** *f.* **(–beplattung** *f.*), bulwark planking *s.* (plating *s.*); **–klüse** *f.*, bulwark hawse *s. or* hole *s. or* (mooring) pipe *s.*; **–pforte** *f.*, bulwark port *s.*; **–reling** *f.*, bulwark rail *s.*; **–roller** *m.*, bogey *s.* (*of a lugger*); **–stütze** *f.*, bulwark prop *s. or* stay *s. or* stanchion *s.* **Schanzwehr** *f.*, bulwark *s.*

Schapp *n.* (*naut.*), locker *s.*

Schäre *f.* (*geogr.*), skerry *s.*, cliff *s.*, rocky promontory *s. or* island *s.* **Schären / kreuzer** *m.*, skerry cruiser *s.*; **–küste** *f.*, skerry *s.*, rocky promontories (*pl.*), cliffs (*pl.*).

Scharf *n.* (*naut.*), lean *or* pointed *or* tapered end *s.* (*of boat, mast, etc.*; *shipb.*).

scharf *adj.*, fine, lean, sharp, pointed (*of bow, stern*), biting, cutting, keen, searching (*of cold, wind*); (*opt.*) sharply-defined, (well-)focussed, well-defined; salient (*of outlines*); **– anbrassen,** to brace up tightly, to brace sharp(ly) *or* closely, to haul tight; **– anholen,** to haul taut *or* very tight (*sheet*); **– einstellen** (*opt.*), to (bring into) focus; **– gebaut,** clipper-built, sharp-bottomed *or* -designed (*of yacht*); **sich – abheben** *od.* **abzeichnen von,** to be outlined against (*the horizon, etc.*); **–er Bug** *m.*, fine *or* lean *or* sharp bow *s.*; **–es Ende** *n.*, **–es Heck** *n.*, fine *or* lean *or* sharp stern *s.*; **–e Kälte** *f.*, biting *or* bitter *or* nipping *or* nippy cold *s.*, (*Scots*) snell cold *s.*; **–e Konkurrenz** *f.* (*rac.*), keen competition *s.*; **–e Linien** *f./pl.* (*naut.*), fine *or* well-defined lines (*pl.*) (*of boat*); **–e Luft** *f.*, keen air *s.*; **–e Schiffsform** *f.*, clean run *s.*; **–e Umrisse** *m./pl.*, clear *or* sharp outlines (*pl.*) (*of coast, etc.*); **–e Wettfahrt** *f.* **(zwischen Ebenbürtigen),** nip-and-tuck race *s.*; **–er Wind** *m.*, keen *or* biting *or* cutting *or* nipping *or* nippy *or* piercing *or* searching wind *s.*, (*Scots, dial.*) snell wind *s.*, (*coll.*) screwed wind *s.*; **–er Winkel** *m.* **(des Ansteuerungskurses),** fine angle *s.* of approach.

Scharfabstimmung *f.* (*rad.*), fine *or* sharp tuning *s.*, tune *s.*

Schärfe *f.* (*naut.*), (coefficient of) fineness *s.* (*of bow, etc.*); (*rad.*) fine tuning *s.*, tune *s.*; (*radar*) brilliance *s.*, brilliancy *s.*; (*opt.*) definition *s.*, resolving power *s.* (*as of lens*); **–grad** *m.* (*naut.*), coefficient *s.* of fineness (*of bow, etc.*).

Scharfeinstellung *f.* (*rad.*), fine tuning *s.*, tune *s.*; (*opt.*) sharp focussing *s.*, focus(-)control *s.*

Schärfentiefe *f.* (*opt.*), depth *s.* of focus.

scharf / kantig *adj.*, keen- *or* sharp-edged; **–umrissen** *adj.*, clear-cut (*as outlines*); **–wink(e)lig** *adj.*, acute-angled (*as fittings, etc.*).

Scharnier *n.*, joint *s.*, hinge *s.*; **–gelenk** *n.* (*naut.*, *tech.*), rule(-)joint *s.*; **–stift** *m.*, hinge-pin *s.*; **–ventil** *n.*, flap valve *s.*; **–verbindung** *f.*, pin joint *s.*

Scharpie *n.*, sharpie *s.*, sharpy *s.* (*boat*).

Schatten *m.*, shadow *s.*, shade *s.* (*also on radar screen*), (*astr.*) umbra *s.* (*pl.* -brae). **Schatten / azimut** *m.*, true azimuth *s.*; **–gebiet** *n.* (*rad., radar*), blind spot *s.*; **–glas** *n.* **(des Kompasses),** shadow *or* obscure glass *s.* of the compass; **s–haft** *adj.*, indistinct (*as outlines*); **–riß** *m.*, outline *s.*, silhouette *s.*; **–stift** *m.* **(des Peilkompasses),** shadow pin *s.*, (*am.*) stile *s.*, style *s.* (*of the bearing compass*); **–zone** *f.* (*rad., radar*), blind spot *s. or* zone *s.*

Schattierung *f.*, hatching *s.* (*on charts or maps*).

Schau *f.* (*naut.*), waft *s.*, wheft *s.*; **Flagge** *f.* **in** *od.* (*coll.*) **im –,** waft *s.*, flag *s.* with a waft *or* wheft.

Schauer *m.* (*meteor.*), shower *s.*, scat *s.*, scurry *s. or* scutter *s.* (of rain), (*dial.*) hail *s.*; **leichter – bei Sonne(nschein),** sun(-)shower *s.*; **vereinzelte –** (*pl.*) (*meteor.*), showers (*pl.*), occasional *or* passing *or* scattered *or* sporadic showers (*pl.*), occasional rain *s.*

Schauer / kleid *n.* (*naut.*), dodger *s.* (*for cockpit*), weather cloth *s.* (*for bridge*); **–mann** *m.* (*pl.* **–leute)** (*naut.*), stevedore *s.*, lumper *s.*, docker *s.*, dock labourer *s.*, (*am.*) longshoreman *s.*, pierman *s.*, roustabout *s.*; **–mannsknopf** *m.*, **–mannsknoten** *m.*, diamond hitch *s. or* knot *s.*, stevedore's knot *s.*, wale *or* wall knot *s.*

schauern *v.* (*meteor.*), to shower, (*dial.*) to hail. **Schauer / wetter** *n.* (*meteor.*), showery weather *s.*, passing showers (*pl.*); **–wolken** *f./pl.* (*meteor.*), cumulonimbus *s.*; **schwere –wolken** *f./pl.* (*meteor.*), cumulonimbus calvus *s.*

Schaufel *f.* (*naut., coll.*), paddle *s.*; fluke *s.* (*of anchor*); blade *s.*, vane *s.* (*of ventilator, propeller, etc.*); **–rad** *n.* (*naut.*), paddle-wheel *s.*, (*am.*) water wheel *s.*; **–raddampfer** *m.*, paddle-steamer *s.*, paddle-wheeler *s.*

Schauglas *n.* (*naut.*), liquid indicator *s.*, ga(u)ge *or* inspection *or* sight glass *s.* (*of tank*).

Schaukel / bewegung *f.* **(eines Bootes im Seegang),** rolling *s.* and pitching, pitching *s.* and tossing (of a boat in a heavy sea); **–brett** *n.* (*surf., coll.*), surfboard *s.* **Schaukelei** *f.* (*naut.*), rolling *s.* and pitching, pitching *s.* and tossing. **schaukeln** *v.* (*naut.*), to roll (*of boat*). **Schaukelschwerpunkt** *m.* **(am Mast),** centre *s. or* (*am.*) center *s.* of swing.

Schau / loch *n.*, **–(loch)öffnung** *f.* **(im Tank),** inspection hole *s.*, (*coll.*) spy hole *s.*, (*sl.*) peep hole *s.*, peeper *s.* (in a tank).

Schaum *m.* (*naut.*), foam *s.* (*shipb.*); foam *s.*, froth *s.*, spin- *or* spoon-drift *s.*, spray *s.*, spume *s.* (*of surf, waves*). **schäumend** *adj.*, **–es Wasser,** white water *s.* **Schaum / feuerlöscher** *m.*, foam extinguisher *s.*; **s–gekrönt** *adj.*, **–gekrönte Wellen** (*coll.*), skipper's daughters (*pl.*); **–gummi** *m.*, sprayed rubber *s.*, foam- *or* sponge-rubber *s.*, polyurethan(e) foam *s.* (*shipb.*); **–gummifender** *m.*, foam- *or* sponge-rubber fender *s.*; **–kämme** *m./pl.*, white caps (*pl.*) *or* horses (*pl.*) (*on waves*); **–krone** *f.*, feather *s.*, head *s. or* white cap *s. or* crest *s.* (*of a wave*); **(Wellen mit weißen) –kronen** *f./pl.*, white caps (*pl.*) *or* horses (*pl.*), (*coll.*) skipper's daughters (*pl.*); **–stoff** *m.*, polyurethan(e) foam *s.* (*shipb.*); **–stoff-Fender** *m.*, (polyethylene) foam fender *s.*, foam- *or* sponge-rubber fender *s.*; **–streifen** *m.* (*pl.*), white streaks (*pl.*) of foam (*on the sea*), foam- *or* froth-line *s.* (*of surf*); **–wellen** *f./pl.*, white caps (*pl.*) *or* horses (*pl.*), (*coll.*) skipper's daughters (*pl.*).

Schebe(c)ke *f.*, chebec(k) *s.*, xebec *s.*, settee *s.* (*Mediterranean sailing vessel with lateen sails*).

Scheg(g) *m. od. n.*, false stem *s.*, cutwater *s.*; foremost part *s.* of the cutwater; **– des Steuers,** after-piece *s.* of the rudder.

Scheibe *f.* (*naut.*), sheave *s.* (*of a block*), coil *s.* (*of rope*), (*naut., tech.*) disk *s.*, gasket *s.*, rove *s.*, round-plate *s.*, washer *s.*; card *s.* (*of compass*); (*astr.*) orb *s.* **Scheiben / bolzen** *m.*, sheave-pin *s.*; **–eis** *n.*, pancake (ice) *s.*; **–gatt** *n.*, clamp *s.*, sheave-hole *s.*; **–klampe** *f.*, cheek *s.*, cheek block *s.*; **–nagel** *m.*, pin *s.*

Scheide / nagel *m.* (*naut.*), stopwater *s.* (*for leaks*); **–wand** *f.*, bulkhead *s.*

Schein *m.* (*naut.*), light *s.*, shine *s.* (*identification of a light*), gleam *s.* (*of beacon*); **schwacher –**, gleam *s.*, glimmer *s.*, glint *s.* (*of a light*).

scheinbar *adj.* (*nav.*, *astr.*), apparent, sensible; **–e Bewegung** *f.* **(der Erde)** (*astr.*), revolution *s.* (of planets); **–e Greenwicher Zeit** *f. od.* **Greenwichzeit** *f.*, Greenwich apparent time *s.*; **–e Höhe** *f.* **(eines Gestirns)** (*naut.*, *astr.*), apparent altitude *s.*; **–er Horizont** *m.*, apparent *or* sensible horizon *s.*; **–e Kimm** *f.*, apparent horizon *s.*; **–er Mittag** *m.*, apparent noon *s.*; **–e Ortszeit** *f.*, local apparent time *s.*; **–es Segel** *n.*, apparent sail *s.*; **–e Sonne** *f.*, apparent sun *s.*; **–e Sonnenbahn** *f.* (*astr.*), ecliptic *s.*; **–er Stillstand** *m.* (*astr.*), station *s.*; **–er Widerstand** *m.* (*naut.*, *phys.*), apparent resistance *s.*; **–er Wind** *m.*, apparent *or* relative wind *s.*; **65° –er Wind** *m.*, 65 degrees apparent (wind); **mit 45° –em Wind segeln,** to be sailing with 45 degrees apparent; **–e Windgeschwindigkeit** *f.*, apparent wind speed *s. or* velocity *s.*; **–e Zeit** *f.*, apparent time *s.*

scheinen *v.*, to gleam, to shine (*of light*); **schwach –**, to gleam, to glimmer, to glint (*of a light*).

Schein / funk *m.* (*rad.*), spoof transmission *s.*; **–manöver** *n.* (*rac.*), feint *s.*, deceptive *or* mock manoeuvre *s. or* (*am.*) maneuver *s.*; **–nebel** *m.*, mock fog *s.*; **–schornstein** *m.* (*naut.*), dummy funnel *s.*; **–sonne** *f.* (*astr.*), mock sun *s.*; **–werfer** *m.*, searchlight *s.*; **–werferkegel** *m.*, searchlight beam *s.*; **–werfersignal** *n.*, searchlight signal *s.*; **–widerstand** *m.* (*rad.*), impedance *s.*

Scheitel *m.* (*naut.*, *math.*), vertex *s.*, (origin of) co(-)ordinates (*pl.*), (*astr.*) apex *s.*, zenith *s.* **Scheitel / fläche** *f.*, vertical plane *s.*; **–kreis** *m.*, azimuth *s.*, vertical circle *s.*; **–kreisprojektion** *f.*, azimuthal equidistant projection *s.*; **–linie** *f.*, vertical line *s.*; **–punkt** *m.* (*naut.*, *math.*), vertex *s.*; (*astr.*) apex *s.*, summit *s.*, zenith *s.*; **im –punkt gelegen** (*astr.*, *math.*), vertical; **–punkt** *m.* **eines Winkels,** vertex *s.* of an angle; **–winkel** *m.*, opposite *or* vertical angle *s.*; **vertikaler –winkel** *m.*, vertical angle *s.*

Scheitern *n.* (*naut.*), shipwreck *s.* **scheitern** *v.* (*naut.*), to be lost *or* wrecked, to founder, to become a wreck, to run aground (*of boat*).

Schelf *m. od. n.* (*naut.*, *geogr.*), shelf *s.*; **–eis** *n.*, shelf ice *s.*; **–gürtel** *m.*, shelf belt *s.*; **–meer** *n.*, shelf sea *s.*

Schellack *m.*, shellac(k) *s.*, shell-lac *s.*, lacquer *s.*; **–politur** *f.*, French polish *s.* (*for boats*).

Schelle *f.* (*naut.*, *tech.*), clamp *s.*, clip *s.*, collar *s.*; hose clip *s.*, collar plate *s.*

Schema *n.* (*naut.*), scheme *s.*, (*am.*) schema *s.*, pattern *s.* (*shipb.*, *sailmaking*); (*rad.*) diagram *s.*

schemenhaft *adj.*, shadowy; **–e Umrisse** *m./pl.*, shadowy *or* indistinct *or* vague contours (*pl.*) *or* outlines (*pl.*) (*of boat, landmark, etc.*).

Schenkel *m.* (*naut.*), shank *s.*, span *s.* (*of rope or chain*), (*rac.*) leg *s.*, (*naut.*, *math.*) side *s.* (*of angles*); **–verbindung** *f.* (*naut.*, *tech.*), elbow joint *s.*

Scher / beanspruchung *f.* (*naut.*, *phys.*), shear(ing) strain *s. or* stress *s.*; **–block** *m.*, warping block *s.*; **–bolzen** *m.*, shear(-)pin *s.*

Scherbe *f.* (*naut.*), scarf *s.*, lashing *s.* **scherben** *v.* (*naut.*), to scarf, to lash, to strap (*loose gear*), to scarf, to (butt-)joint (*shipb.*).

scheren *v.t.* (*naut.*), to shear, to reeve (*a line or rope*), (*naut.*, *tech.*) to clip, to cut, to trim; *v.i.*, to sheer *or* (*esp. am.*) to shear **(aus,** out *or* off, **ein,** in), to yaw (*of boat*); **aus dem Kurs –,** to sheer *or* (*am.*) to shear out of the *or* off course; **eine Leine** *od.* **ein Tau durch einen Block –,** to reeve *or* to shear a line *or* rope *or* end through a block.

Scherenkran *m.*, shear- *or* sheer-legs (*pl.*) (*in harbour*); **–fernrohr** *n.*, stereotelescope *s.*

Scher / festigkeit *f.* (*naut.*, *phys.*), shearing(-)-strength *s.*; **–gang** *m.*, sheerstrake *s.*; **–gangbeplankung** *f.*, berthing *s.*; **–kraft** *f.* (*naut.*, *phys.*), shearing *or* sheering force *s.*, flexural strength *s.*; **–latte** *f.*, fairlead batten *s.*; **–leine** *f.*, reeving line *s. or* rope *s.*; **–leinenknoten** *m.*, shear-line bend *s.*; **–linie** *f.*, sheer line *s.* (*of the deck*); **–sente** *f.* (*naut.*), breadth ribband *s.*; **–spant** *n.*, sheer *or* principal frame *s.* (*shipb.*); **–stift** *m.*, shearing *or* sheering pin *s.*; **–stock** *m.*, cross-beam *s.*, fore-and-after *s.*, (hatchway *or* bridle) beam *s.*, strongback *s.* (*shipb.*); **–tau** *n.*, reeving- *or* sheer-line *s.*; **–versuch** *m.* (*naut.*, *tech.*), shear(ing) test *s.*; **–winkel** *m.*, angle *s.* of yaw (*of boat*).

Scheuer / balken *m.*, camel *s.* (*shipb.*); **–deck** *n.*, wood(en) deck *s.* without covering *s.*, skid-proof (teak) deck *s.*; **–eisen** *n.*, rubbing strip *s.* (*shipb.*); **–festigkeit** *f.* (*naut.*, *tech.*), abrasion resistance *s.*; **–kiel** *m.*, grounding keel *s.*; **–lappen** *m.* (*naut.*), brass rags (*pl.*); **–leiste** *f.*, shear-guard *s.*, skirting-board *s.*, rubbing piece *s. or* strake *s.*, belting *s.*, guard-rail *s.*; **–leistengarnier** *n.*, rubbing strip *s.* **scheuern** *v.* (*naut.*), to chafe, to rub (*of rope*), to scrape *or* to scratch **(an,** against) (*of boat*), to scow, to swab, (*coll.*) to holystone (*the deck*); **auf Grund –,** to grind (*of boat*); **das Boot scheuert am Anleger,** the boat scrapes against the jetty. **Scheuer/pfahl** *m.*, fender pile *s.* *or* pole *s.* *or* post *s.*; **–platte** *f.* **(der Ankerklüse),** bolster-plate *s.* (of the hawse hole); **–schiene** *f.*, rubbing strake *s.*, guard(-)rail *s.*, shear-guard *s.*, skirting board *s.*; **–stein** *m.* (*naut.*, *coll.*), holystone *s.*; **–streifen** *m.*, rubbing strip *s.*; **–zeug** *n.* (*naut.*), brass rags (*pl.*).

Schicht *f.* (*meteor.*), stratum *s.* (*pl.* strata), layer *s.*, (*naut.*) layer *s.*, coat(ing) *s.*; **obere –** (*meteor.*), superstratum *s.*; **– der Atmosphäre** *od.* **des (Meer)Wassers,** stratum *s.* **Schichtenbildung** *f.* (*meteor.*), stratification *s.* **Schicht/haufenwolke** *f.* (*meteor.*), stratocumulus *s.* (*pl.* -li); **–wolke** *f.*, stratus (cloud) *s.* (*pl.* strati); **den ganzen Himmel bedeckende –wolke** *f.*, pallium *s.*; **fedrige –wolke** *f.*, cirrostratus (cloud) *s.*; **hohe –wolke** *f.*, altostratus (cloud) *s.*; **s–wolkenartig** *adj.* (*meteor.*), stratiform; **–wolkenbildung** *f.*, stratification *s.* (of clouds).

Schiebe/balken *m.*, hatch beam *s.*; **–deckel** *m.* **(eines Luks** *od.* **einer Luke),** sliding (hatchway) cover *s.*; **–eis** *n.*, rafted ice *s.*; **–fenster** *n.* (*naut.*), sash window *s.* (*of cabin*); **–kappe** *f.* **(des Niedergangs),** sliding (hatchway) cover *s.*; **–luk** *n.*, **–luke** *f.*, sliding hatch *s.*, booby hatch *s.* **schieben** *v.*, to crab (*a boat*); to crab (*of boat*).

Schieber *m.* (*naut.*), slide *s.*, slider *s.*, (*naut.*, *tech.*) bar *s.*, bolt *s.*, running loop *s.*, sleeve *or* slide valve *s.*; **–ventil** *n.*, slide valve *s.*; **–weg** *m.*, slide-valve travel *s.*

Schiebevorrichtung *f.* (*naut.*), slide *s.*, slider *s.*

Schieb/hülse *f.* (*naut.*), sliding sleeve *s.* (*of wire rope, etc.*); **–stenge** *f.*, sliding gunter *s.*; **–takelung** *f.*, gunter (rig) *s.*

Schiebung *f.*, **spezifische –** (*naut.*, *phys.*), shearing force *s.* *or* strain *s.*

Schieds/gericht *n.* (*rac.*), the judges (*pl.*), (jury *or* racing) committee *s.*; **–richter** *m.* (*rac.*), judge *s.*, umpire *s.*; **den –richter machen** (*rac.*), to see fair play; **–spruch** *m.* (*rac.*), decision *s.* (of the jury), (*naut.*, *jur.*) arbitration *s.*, award *s.*

schief *adj.* (*naut.*), out of trim, out of the straight, bent (*as mast, etc.*), (*coll.*) lop(-)sided; oblique (*of angle*), slanting, sloping (*as deck*); **sich – legen,** to tilt (*of boat*); **–e Ebene** *f.* (*phys.*), inclined plane *s.*; **–e Fahrt** *f.* (*naut.*), oblique sailing *s.*; **–e Lage** *f.* **des Bootes,** tilt *s.* (of a boat), obliquity *s.* (of rhumb line); **–e Lage** *f.* **des Decks,** obliquity *s.* *or* slanting *s.* *or* sloping *s.* of the deck; **in –er Lage,** on a *or* the tilt (*of boat*); **–es Segeln** *n.*, oblique sailing *s.*, obliquity *s.* (of rhumb line); **–er Winkel** *m.*, oblique angle *s.* **Schiefe** *f.* (*astr.*), obliquity *s.*; **– der Ekliptik** (*astr.*), obliquity *s.* of the ecliptic. **schief/liegen** *v.* (*naut.*), to lie along, to tilt (*of boat*); **–liegend** *adj.*, inclined, oblique, tilted (*of boat*), askew, aslant, aslope, slanting, sloping (*of deck*); **–wink(e)lig** *adj.*, oblique-angled.

Schiemann *m.*, sailor *s.*, seaman *s.*, boatswain's *or* bosun's mate *s.* **schiemannen** *v.*, **Bändselgut –,** to spin yarn. **Schiemanns/bändselgut** *n.*, **–garn** *n.*, cordage *s.*, spun()yarn *s.*; **–garn** *n.* (*naut.*, *hum.*), fisherman's story *s.*, tall story *s.*, (spun) yarn *s.*

Schiene *f.* (*naut.*), track *s.* (*of mast, traveller, etc.*), (*naut.*, *tech.*) bar *s.*, rail *s.*; **außenliegende (innenliegende) –,** external (internal) track *s.*; **–nweite** *f.*, ga(u)ge *s.* *or* breadth *s.* *or* width *s.* of the track.

Schiertuch *n.* (*naut.*, *coll.*), canvas *s.*, duck *s.*, (*hum.*) sail *s.*

schießen *v.* (*astr.*, *naut.*), to shoot; to fire, to shoot (*a distress rocket, etc.*); **die Sonne –,** to shoot the sun, to take the sun's altitude; **in den Wind –,** to shoot head to wind, to shoot into the wind, to broach (*of boat*); **ein Ende – lassen,** to let go *or* to slip a rope; **langsam – lassen,** to pay out (*rope*); **schnell – lassen,** to let go by the run (*rope*).

Schiff *n.* ship *s.*, vessel *s.*, (*coll.*) boat *s.*, big boat *s.*, yacht *s.*, bottom *s.*, sailer *s.*; craft *s.*, (*obs.*) man *s.*; **abgetakeltes –,** dismantled ship *s.*; **achterlastiges –,** stern-heavy boat *s.* *or* ship *s.*, boat *s.* *or* ship *s.* down by the stern; **angeschlagenes –,** battered *or* sick boat *s.*; **aufgegebenes –,** abandoned ship *s.*; **aufgelegtes –,** laid-up boat *s.* *or* vessel *s.*; **ausgebauchtes –,** pot-bellied ship *s.*; **ausgehendes –,** outward-bound ship *s.*; **auslaufbereites –,** boat *s.* *or* ship *s.* ready for sea; **auslaufendes –,** outgoing boat *s.* *or* ship *s.*, boat *s.* putting (out) to sea *or* leaving port *or* clearing the harbo(u)r; **ballastgehendes –,** ship *s.* (sailing) in ballast; **beschädigtes –,** battered *or* damaged *or* (*coll.*) sick boat *s.* *or* ship *s.*; **dickbauchiges –,** pot-bellied vessel *s.*; **eingeeistes –,** ice(-)bound ship *s.*; **eingelaufenes** *od.* **eingetroffenes –,** incoming *or* arrived boat *s.* *or* ship *s.*; **einlaufendes –,** incomer *s.*, incoming boat *s.*; **flachgebautes –,** flat-bottomed vessel *s.*; **flachgehendes –,** shallow-draught *or* (*am.*) -draft boat *s.* *or* ship *s.*; **ganz(-)geschweißtes –,** all-welded ship *s.*; **gechartertes –,** chartered yacht *s.* *or* boat *s.*; **ge-**

strandetes –, beached *or* grounded *or* (ship)-wrecked boat *s. or* vessel *s.*; **gesunkenes –,** sunken boat *s. or* ship *s.*; **gleichlastiges –,** boat *s.* on an even keel; **gut geführtes –,** well-handled boat *s.*; **handiges –,** handy boat *s.*; **havariertes –,** damaged yacht *s. or* vessel *s.*; **heimkehrendes –,** homeward-bound *or* homing boat *s. or* vessel *s.*; **klar –!** (*int.*), decks cleared!; **kleines –,** boat *s.*, dinghy *s.*, small craft *s.*; **lebendiges –,** lively boat *s.*; **leckes –,** damaged ship *s.*, (*coll.*) leaking boat *s.*; **lehniges –,** weak boat *s.*; **manövrierfähiges –,** able *or* manageable boat *s.*, ship *s.* under control; **manövrierunfähiges –,** unmanageable boat *s.*, ship *s.* out of control, disabled boat *s. or* vessel *s.*; **mittelgroßes –,** medium-sized yacht *s.*, yacht *s. or* ship *s.* of medium displacement; **nasses –** (*coll.*), wet boat *s. or* ship *s.*, ship *s.* riding wet; **neutrales –,** neutral bottom *s. or* ship *s.*; **offenes –,** undecked *or* open boat *s.*; **rankes –,** crank *or* tender *or* top-heavy boat *s.*; **sauberes –,** clean ship *s.*; **schnelles –,** speedy boat *s. or* yacht *s.*; **schwerfälliges –,** clumsy *or* heavy boat *s. or* sailer *s.*; **seetüchtiges –,** able *or* seaworthy yacht *s. or* vessel *s.*; **seeuntüchtiges –,** unseaworthy boat *s.*; condemned *or* damaged *or* sick *or* stricken yacht *s. or* vessel *s.*; **segelfertiges** *od.* **segelklares –,** boat *s. or* ship *s.* ready for sea; **sehr breitgebautes –,** beamy yacht *s.*, (*coll.*) pot-bellied ship *s.*; **sehr langsam fahrendes** *od.* **laufendes** *od.* **segelndes –,** crawler *s.*; **stark mitgenommenes –,** battered *or* sick *or* damaged boat *s.*; **steifes –,** stiff boat *s.*; **tiefgehendes –,** deep-drawing ship *s.*, low-lying boat *s.*; **toppgetakeltes –,** masthead-rigged yacht *s.*; **trockenes –,** dry boat *s. or* ship *s.*; **überholendes –** (*rac.*), overtaking boat *s. or* yacht *s.*; crossing vessel *s.*; **überholtes –** (*rac.*), overtaken boat *s.*; **verlassenes –,** derelict *s.*; **voll eingedecktes –,** fully *or* full-decked yacht *s.*; **volles** *od.* **völliges –,** bluff boat *s.*, fully *or* full-shaped yacht *s. or* boat *s.*; **vorlastiges –,** bow-heavy boat *s.*, boat *s. or* ship *s.* down by the head; **wendiges –,** handy *or* manageable boat *s.*, easy steerer *s.*; **ziemlich großes –,** sizeable *or* fair-sized boat *s. or* yacht *s.*; **an ein – längsseit(s) gehen,** to go alongside, to board a boat *or* ship; **auf dem –,** aboard (ship), on board ship; **auf Reede liegendes –,** ship *s.* in the roads, yacht *s.* at anchorage; **aus Holz gebautes –,** wood(en) boat *s.*; **bei Seegang Wasser übernehmendes –,** wet ship *s.*, yacht *s.* riding wet; **im Bau befindliches –,** yacht *s. or* ship *s.* under construction; **im Seegang ruhig liegendes –,** smooth- *or* steady-going yacht *s.*, lazy working boat *s. or* vessel *s.*; **in Fahrt befindliches –,** boat *s. or* vessel *s.* underway; **in Ladung liegendes –,** ship *s.* taking in cargo; **in Seenot befindliches –,** boat *s. or* ship *s.* in distress; **mit dem –,** by ship; **vor Anker liegendes –,** boat *s. or* ship *s.* (riding) at anchor; **das – geht 7 Fuß tief,** the ship draws 7 feet *or* ft; **das – gilt als verloren,** the boat *or* ship is considered to be lost *or* wrecked *or* to have foundered *or* sunk; **das – ging mit Mann und Maus unter,** the ship was lost with all hands; **das – hat (starke) Schlagseite,** the ship is listing (badly); **das – ist bei seiner Last,** the ship is freighted; **das – ist bestimmt nach Schweden,** the ship is bound for Sweden; **das – ist havariert,** the boat *or* ship is damaged *or* disabled; **das – ist in Fahrt,** the boat *or* ship is underway *or* (*dial.*) under weigh; **das – läuft** *od.* **macht 10 Knoten,** the boat *or* ship makes *or* is doing 10 knots (apparent speed); **das – sitzt fest,** the boat *or* ship is aground; **das – verlassen,** to abandon ship; **das – wird vermißt,** the boat is missing; **das – wurde beigedreht,** the boat *or* ship was hove to; **das – wurde beigelegt,** the boat *or* ship lay hove to; **ein – abwracken,** to break up a ship; **ein – anbohren,** to scuttle (a boat *or* ship); **ein – (an)preien,** to hail *or* to ahoy *or* to speak a boat *or* ship; **ein – auf Grund laufen lassen** *od.* **setzen,** to run a boat *or* ship aground, to ground a boat; **ein – auf Kurs halten,** to steady a boat (on its *or* her course), to keep course; **ein – auf Stapel legen,** to lay down (a boat *or* ship); **ein – auf (den) Strand setzen,** to beach a boat; **ein – aufbringen,** to bring up *or* to capture *or* to seize *or* to take a ship; **ein – aufgeben,** to abandon ship; **ein – aufstoppen,** to stop a boat; **ein – ausrüsten,** to fit out *or* to outfit a yacht; **ein – aussetzen,** to launch a boat *or* yacht; **ein – bergen,** to recover *or* to salve *or* to salvage a boat; **ein – beschlagnahmen,** to lay an embargo on a ship; **ein – durchsuchen (auf See),** to (visit and) search a yacht *or* ship; **ein – einholen und mitlaufen,** to join a boat *or* ship; **ein – einschleusen,** to lock in a boat *or* ship; **ein – entern,** to board a boat *or* ship; **ein – festmachen,** to moor a boat; **ein – führen,** to steer a yacht, to command *or* to con a ship; **ein – heben,** to refloat a boat *or* ship; **ein – in den Grund bohren,** to scupper a ship; **ein – in den Wind drehen,** to head a boat into the wind; **ein – leichtern,** to lighten ship; **ein – lenzen,** to free a boat, to pump out water; **ein – see-**

klar machen, to prepare *or* to get a boat ready for sea, to make a ship ready for sea; **ein – selbst versenken,** to scuttle (a ship); **ein – steuern,** to steer a yacht, to con(n) a ship; **ein – über seine(n) Anker fahren** *od.* **verholen,** to walk a boat *or* ship up to its *or* her anchor(s); **ein – verholen (am Liegeplatz),** to shift berth; **ein – verschrotten,** to break up *or* to scrap a vessel; **ein – versenken,** to scuttle *or* to scupper a vessel; **ein – vom Stapel (laufen) lassen,** to launch a boat; **ein – wenden,** to about (boat *or* ship), to put a boat about; **ein – wieder flottmachen,** to refloat a boat; **ein – zu Wasser bringen** *od.* **lassen,** to launch a boat; **klar – machen,** to clear the deck; to clean ship; **zu – gehen,** to embark, to go on board, to board a ship **(nach,** for); **zu – versenden,** to ship, to send by ship *or* water; **zwischen – und Küste,** inshore of the boat *or* ship; **– ahoi!, – ho!** (*int.*), boat *or* ship ahoy!, sail ho!; **– in der Binnensee(n)fahrt,** ship *s. or* vessel *s.* trading *or* navigating in inland waters *or* lakes; **– in der Flußfahrt,** ship *s. or* vessel *s.* trading *or* navigating in rivers; **– in der Linienfahrt,** liner *s.*; **– in der Revierfahrt,** ship *s. or* vessel *s.* trading *or* navigating in inshore waters *or* estuaries; **– in der Trampfahrt,** tramp (ship) *s.*; **– in Eis eingeschlossen** *od.* **in Eisnot,** ice-bound ship *s. or* vessel *s.*; **– in Seenot,** boat *s. or* ship *s.* in distress *or* (*coll.*) trouble, stricken boat *s. or* ship *s.*; **– mit dieselelektrischem Antrieb,** diesel-electric(ally driven) yacht *s.*; **– mit Eigenantrieb,** self-propelled *or* -driven *or* -powered yacht *s. or* vessel *s.*; **– mit großem Freibord,** high-free-boarded ship *s.*; **– mit geraden Bordwänden,** wall-sided ship *s.*; **– mit hohlen Wasserlinien,** yacht *s.* with concave designed waterline(s), hollow-ended vessel *s.*; **– mit Plattboden (Plattgatt** *od.* **-heck),** flatboat *s. or* flat-bottomed boat *s.* (square-sterned boat *s.*); **– mit Schlagseite,** listing boat *s.*, boat *s.* with a list, (*coll.*) lopsided boat *s.*, lopsider *s.*; **– mit völligen Linien,** full-built yacht *s.*; **– mit Wegerecht,** right-of-way yacht *s. or* ship *s.*, privileged ship *s.*; **– ohne Ladung,** idle ship *s.*; **– ohne Wegerecht,** burdened boat *s. or* vessel *s.*; **– unterer Klasse,** E (ship) *s.* (*Lloyd's Register*); **– voraus!** (*int.*), boat *or* ship ahoy!; boat ahead!

Schiffahrt *f.*, navigation *s.*, shipping *s.*; **wilde –,** wild trade *s.*; **die – behindern,** to be obstructive to navigation; **– auf Flüssen,** river navigation *s.*; **– auf hoher See,** offshore *or* ocean navigation *s.*; **– der Handelsflotte** *od.* **-marine,** merchant shipping *s.*, mercantile navigation *s.* **Schiffahrts / abgaben** *f./pl.*, navigation dues (*pl.*); **–abkommen** *n.*, treaty *s.* of navigation; **–befeuerung** *f.*, navigation lights (*pl.*); **–behinderung** *f.*, obstruction *s.* to navigation; **–behörde** *f.*, shipping board *s. or* authorities (*pl.*); **–berichte** *m./pl.*, shipping intelligence *s.*; **–betonnungssystem** *n.* **(A und B),** buoyage system *s.* (A and B); **–gesellschaft** *f.*, shipping company *s. or* line *s.*; **–gesetze** *n./pl.*, navigation laws (*pl.*); **–kanal** *m.*, ship-canal *s.*; **–kunde** *f.*, navigation *s.*, nautics (*pl.*); **–nachrichten** *f./pl.*, shipping intelligence *s. or* news (*pl.*); **–pegel** *m.*, tide staff *s.*; **–recht** *n.*, right *s.* of navigation; **–route** *f.*, ocean lane *s.*, shipping lane *s. or* route *s.*; **–straße** *f.*, navigable waterway *s.*, ocean *or* shipping lane *s.*, (*am.*) highway *s.*; **–track** *m.*, ocean *or* shipping lane *s. or* route *s.*; **–verkehr** *m.*, shipping *or* waterborne traffic *s.*; **–verordnungen** *f./pl.*, rules (*pl.*) and regulations for *or* to navigation, shipping regulations (*pl.*); **–warnung** *f.*, warning(s) *s.* (*pl.*) to (all) navigation *or* ships; **–weg** *m.*, waterway *s.*, ocean *or* shipping lane *s. or* route *s.*, (*am.*) highway *s.*; **–zeichen** *n./pl.*, signs (*pl.*) *or* signals (*pl.*) to navigation, navigation signs (*pl.*) *or* signals (*pl.*). **schiffahrttreibend** *pr. p.*, seafaring, marine.

schiffbar *adj.*, navigable, sailable, boatable; **nicht –,** non- *or* not navigable, unnavigable, (*am.*) innavigable (*of waterway*); **–er Fluß** *m.*, navigable *or* boatable river *s.*; **–e(s) Gewässer** *n.* (*pl.*), navigable water(s) *s.* (*pl.*); **–er Halbkreis** *m.*, navigable semi-circle *s.* (*of hurricane, etc.*); **–es Wasser** *n.*, navigable water(s) *s.* (*pl.*); **–es Wasser** *n.* **an einer Steilküste,** bold waters (*pl.*). **Schiffbar / keit** *f.*, navigability *s.* (*of waters*); **–keitsgrenze** *f.*, navigation head *s.*; **–machung** *f.*, dredging *s.*, opening up *s.* (*a waterway, canal, etc.*).

Schiff / bau *m.*, shipbuilding *s.*, naval architecture *s.*; **–bauaufsicht** *f.*, shipbuilding supervision *s.*; **–bauer** *m.*, shipbuilder *s.*, shipwright *s.*, naval architect *s.*; **–bauholz** *n.*, shipbuilding timber *s.*; **–bauingenieur** *m.*, naval architect *s. or* constructor *s.*; **–baukunst** *f.*, naval architecture *s.*; **–baumeister** *m.*, master shipwright *s.*; **–baustahl** *m.*, mild *or* shipbuilding steel *s.*; **–bauversuchsanstalt** *f.*, Shipbuilding Research Institute *s.*; **–bauwerft** *f.*, shipbuilding yard *s.*, shipyard *s.*; **–bruch** *m.*, shipwreck *s.*, wreck *s.*, wreckage *s.*; **–bruch entgehen,** to be saved from wreck; **–bruch erleiden,** to get wrecked, to make *or* to suffer shipwreck, to wreck (*of boat*), to be (ship)wrecked, to be cast away (*of pers.*); **jemand, der einen –bruch verursacht,** wrecker *s.*; **s–brüchig** *adj.*, shipwrecked, wrecked (*of boat*), castaway (*of pers.*); **–brüchiger** *m.*, castaway *s.*, (ship)-wrecked yachtsman *s. or* sailor *s. or* mariner *s.*; **–brücke** *f.*, pontoon bridge *s.*

Schiffchen *n.*, little *or* (very) small boat *s. or* ship *s.*

Schiffe *n./pl.* (*collect.*), craft *s.*; **eingelaufene –,** arrivals (*pl.*); **einlaufende –,** incomers (*pl.*), incoming boats (*pl.*) *or* vessels (*pl.*); **viele kleine –,** many small craft *s.*

schiffen *v.*, to navigate, to skipper, to sail (on); to ship (*goods*).

Schiffer *m.*, captain *s.*, master *s.*, mariner *s.*, sailor *s.*, seaman *s.* (*of ships*), skipper *s.* (*of yacht*), boatman *s.* (*of small craft*); **–ausdruck** *m.*, nautical term *s.*; **–jacke** *f.*, pilot jacket *s.*; **–klavier** *n.*, accordion *s.*, (*sl.*) squeeze box *s.*, squiffer *s.*; **–knoten** *m.*, clove hitch *s.*, running knot *s.*, sailor's knot *s.*; **–mütze** *f.*, sailor's cap *s.*; **–patent** *n.*, master's certificate *s.*; **–sprache** *f.*, seamen's jargon *s.*; **–stange** *f.*, boathook *s.*, pole *s.*

Schiffs / agent *m.*, ship's agent *s. or* husband *s.*, shipping agent *s.*; **–antenne** *f.*, ship's *or* shipboard aerial *s. or* (*am.*) antenna *s.*; **–antrieb** *m.*, propulsion *s.* (of a boat *or* ship); **–architekt** *m.*, shipbuilder *s.*, naval architect *s.*; **–artikel** *m./pl.*, shipping articles (*pl.*); **–aufbauten** (*pl.*), superstructures (*pl.*); **–arzt** *m.*, ship's doctor *s. or* (*am.*) doc *s. or* surgeon *s.*; **–ausrüster** *m.*, (ship) outfitter *s.*; **–ausrüstung** *f.*, stores (*pl.*); equipment *s. or* outfit *s.* of a ship; **–ballast** *m.*, ballast *s.*; **–bedarf** *m.*, (ship's) *or* naval stores (*pl.*); **–bedarf(shandlung** *f.*) *m.*, ship chandlery *s.*; **–bergung** *f.*, (ship) salvage *s.*; **–besatzung** *f.*, ship's crew *s. or* company *s.*; **gesamte –besatzung** *f.*, ship's complement *s.*; **–beschläge** *m./pl.*, (ship *or* yacht) fittings (*pl.*); **–beschlagnahme** *f.*, embargo *s.*; **die –beschlagnahme aufheben,** to lift *or* to take off the embargo; **–besteck** *n.*, ship's fix *s. or* reckoning *s.*; **–bewegung** *f.*, ship's motion *s.*; **–bewuchs** *m.*, marine *or* underwater growth *s. or* fouling *s.*, barnacles (*pl.*); **–blech** *n.*, shipbuilding plate *s. or* (metal) sheet *s.*; **–boden** *m.*, ship's bottom *s.*, bottom *s.* of a ship; **den –boden abschmirgeln,** to sand (the) bottom; **den –boden scheuern,** to scrub *or* (*coll.*) to holystone the (boat's) bottom; **–bodenbeschlag** *m.*, sheathing *s.* (of the bottom); **–boden(unterwasser)farbe** *f.*, antifouling (paint) *s.*; **–bohrwurm** *m.*, teredo *s.*, wood borer *s.*; **–boot** *n.*, ship's boat *s.* (*dinghy or tender*); **–breite** *f.*, beam *s. or* breadth *s.* (of the ship); **–brief** *m.*, ship's passport *s.*; **–brücke** *f.*, (captain's *or* skipper's) bridge *s.*; **–bug** *m.*, bow *s.*, (*coll.*) nose *s.*; **–dampfmaschine** *f.*, (ship's *or* marine) steam engine *s.* (*of steam-yacht*); **–dieselmotor** *m.*, (ship's *or* marine) diesel *or* Diesel engine *s.*; **–dokumente** *n./pl.*, ship's papers (*pl.*); **–eichung** *f.*, ga(u)ging *s.* of a ship; **–eigenpeilung** *f.*, shipborne radio direction-finding *s. or* D/F; **–eigentümer** *m.*, **–eigner** *m.*, ship owner *s.*, (*am., sl.*) bucket *s.*; **–eisenbahn** *f.* **(zum Transport von Booten** *od.* **Schiffen),** ship railway *s.*; **–elektronik** *f.*, boat's *or* ship's electronics (*pl.*) *or* electronic equipment *s.*; **–farbe** *f.*, marine paint *s.*; **–form** *f.*, boat's *or* ship's form *s. or* shape *s.*; **–form** *f.* **des Unterwasserschiffes,** run *s.*; **–frequenz** *f.*, ship's frequency *s.*; **–führer** *m.*, shipmaster *s.*, skipper *s.*; **–führung** *f.*, navigation *s.*, conning *s.* (of) a boat *or* ship; **–funkstation** *f. od.* **-stelle** *f.*, ship's radio station *s.*; **–funkverkehr** *m.*, ship's radio communication *s.*; **–garnierung** *f.*, dunnage *s.*; **–geleit** *n.*, convoy *s.*, escort *s.*; **–gerippe** *n.*, carcass *s. or* skeleton *s.* of a boat *or* ship, (*coll.*) bones (*pl.*); **–geschirr** *n.*, ship's tackle *s.*; **–geschwindigkeit** *f.*, rate *s. or* speed *s.* (of a ship); **–glocke** *f.*, ship's *or* watch bell *s.*, bell *s.*; **–glockengalgen** *m.*, belfry *s.*; **–größe** *f.*, boat's *or* ship's size *s.*; **–haken** *m.*, grappling-iron *s.*; **–händler** *m.*, shipbroker *s.*, ship('s) chandler *s.*; **–haut** *f.*, sheathing *s.*, shell *s.*, skin *s.*; **–hebewerk** *n.*, ship hoist *s.* (*on canals*); **–hinterteil** *n.* (*coll.*), poop *s.*, stern *s.*; **–ingenieur** *m.*, ship's engineer *s.*; **–innere(s)** *n.*, bowels (*pl.*) (of a ship); **–inspektor** *m.*, ship's husband *s.*, marine superintendent *s.*; **–instandhaltung** *f.*, maintenance *s.* of a boat *or* ship; **–inventar** *n.*, ship's inventory *s.*; **–isolierung** *f.*, insulation *s.* of the boat *or* ship; **–journal** *n.*, ship's log(-book) *s.*; **–junge** *m.*, cabin(-)boy *s.*, shipboy *s.*, ship's boy *s.*; **–kabine** *f.* **(des Kapitäns auf See),** sea cabin *s.*; **–kanal** *m.*, canal *s.*, ship way *s.*; **–kapazität** *f.*, capacity *s.* of a boat *or* ship; **–kapitän** *m.*, (sea) captain *s.*, master *s.*, master-mariner *s.*, skipper *s.*; **–kasko(versicherung** *f.*) *m.*, hull (insurance) *s.*; **–katastrophe** *f.*, catastrophe *s. or* disaster *s.* at sea; **–klasse** *f.*, (ship's) rating *s.*, class *s.*; **–klassifikation** *f.*, classification *s.* of a boat *or* ship; **–kleid** *n.*, bulwark(s) *s.* (*pl.*); **–koch** *m.*, ship's *or* sea cook *s.*, (*hum.*) doc(tor) *s.*; **–kompaß** *m.*, boat's *or* marine compass *s.*; **–konstrukteur** *m.*, ship *or* yacht designer *s.*; **–konstruktion** *f.*, construction *s. or* design *s.*

of a boat *or* ship; **–körper** *m.*, hull *s.*, body *s.* (of a boat *or* ship); **–kreisel** *m.*, gyro(-stabilizer) *s.*; **–kreiselkompaß** *m.*, gyro(-)compass *s.*; **–küche** *f.*, galley *s.*, caboose *s.*, pantry *s.*; **–kurs** *m.*, steered course *s.*; **–(lade)raum** *m.*, hold *s.*; **volle –ladung** *f.*, shipload *s.* (*measurement*); **–lände** *f.*, fleet *s.*; **–länge** *f.*, length *s.* of a boat *or* ship; **–last** *f.*, burden *s.*, tonnage *s.*; **–laterne** *f.*, (position) lantern *s.*; **–lazarett** *n.*, sick(-)bay *s.*; **–leim** *m.*, marine glue *s.*; **–leute** (*pl.*), crew *s.*, sailors (*pl.*), seamen (*pl.*); **–lieferant** *m.*, ship chandler *s.*; **–liegeplatz** *m.*, berth *s.*; **–liste** *f.*, ship's register *s.*; **–magnetismus** *m.*, ship's (own) magnetism *s.*; **–makler** *m.*, shipbroker *s.*, shipping agent *s.*; **–maklerbüro** *n.*, shipping office *s.*; **–maling** *f.*, (marine) painting *s.*; **–mannschaft** *f.*, crew *s.*, (ship's) complement *s.*; **–manöver** *n.*, boat *or* ship manoeuvre *s.* *or* (*am.*) maneuver *s.* (*to avoid collision*); **–maschine** *f.*, ship's engine *s.*; **Klopfen** *n.* *od.* **Pochen** *n.* **der –maschine,** the throb of the ship's engine; **–meßbrief** *m.*, rating *or* measurement *or* tonnage certificate *s.*; **–mitte** *f.*, centre *or* (*am.*) center *or* middle line *s.* of a boat *or* ship; **–mitteldeck** *n.* *od.* **-teil** *m.*, waist *s.*; **–motor** *m.*, ship's engine *s.*; **–name** *m.*, name *s.* of the boat *or* ship, boat's *or* ship's name *s.*; **–offizier** *m.*, ship's *or* naval officer *s.*; **–ordnung** *f.*, shipboard regulations (*pl.*), rules (*pl.*) (and regulations) aboard; **–ort** *m.*, ship's position *s.*, sea position *s.*; **terrestrischer –ort** *m.*, terrestrial (ship's) position *s.*; **wahrer –ort** *m.*, fix *s.*; **–ortbestimmung** *f.*, determination *s.* of the ship's position, position-finding *s.*, to fix *or* fixing *s.* position(s) *or* the ship's position; **–papiere** *n./pl.*, ship's papers (*pl.*) *or* documents (*pl.*); **Auslieferung** *f.* **der –papiere gegen Bezahlung,** documents (*pl.*) against payment; **–paß** *m.*, ship's passport *s.*, sea letter *s.*; **–peilanlage** *f.*, ship('s) direction-finding *or* D/F installation *s.*; **–peilung** *f.* **(von Bord aus),** relative bearing *s.* (on the bow); **–polizei** *f.*, marine *or* naval police *s.*; **Unteroffizier** *m.* **der –polizei,** ship's corporal *s.*; **–position** *f.*, ship's *or* sea position *s.*; **–proviant** *m.*, victuals (*pl.*), ship provisions (*pl.*), (*sl.*) unsold fish *s.*; **Lagerhof** *m.* **für –proviant,** victual(l)ing yard *s.*; **Zollschein** *m.* **für –proviant,** victual(l)ing bill *s.*; **–radar** *n.*, ship(-)borne *or* shipboard *or* ship's radar *s.*; **–raum** *m.*, hold *s.*; displacement *s.*, tonnage *s.* (*measurement*); **gesamter –raum** *m.* **der Handelsflotte eines Landes,** tonnage *s.*; **–reeder** *m.*, shipowner *s.*; **–register** *n.*, register *s.* of shipping, ship's register *s.*; **–reparaturen** *f./pl.*, (ship) repairs (*pl.*); **–rettung** *f.*, salvage *s.*; **–rohbau** *m.*, carcass *s.* *or* skeleton *s.* of a boat *or* ship; **–rolle** *f.*, muster-roll *s.*, quarter bill *s.*; (ship's) station(s) *s.* (*pl.*); **–route** *f.*, sea *or* ocean lane *s.* *or* route *s.*; **–routine** *f.*, boat *or* ship routine *s.*; **–rufzeichen** *n.* (*rad.*), ship's call sign *s.*; **–rumpf** *m.*, body *s.*, hull *s.*, shell *s.* (of a boat *or* ship); **Anstrich** *m.* *od.* **Maling** *f.* **des –rumpfes über der Wasserlinie,** boot-topping painting *s.*; **Teil** *m.* **des –rumpfes über der Wasserlinie,** boot-topping *s.*; **–rumpf-Rostschutzfarbe** *f.*, boot-topping paint *s.*; **amtlich zugelassener –sachverständiger** *m.*, surveyor *s.*; **–schlitte** *f.* *od.* **–schlitten** *m.*, bed *s.*; **–schnabel** *m.*, cutwater *s.*, stem *s.*, prow *s.*, rostrum *s.*; **–schornstein** *m.*, funnel *s.*, (smoke)stack *s.*; **–schornsteinattrappe** *f.*, dummy funnel *s.*; **–schornsteinumbau** *m.*, fiddley *s.*; **–schraube** *f.*, propeller *s.*, (ship's) screw *s.*; **–schwingung** *f.*, ship('s) vibration *s.*; **–seite** *f.*, ship's side *s.*; **an –seite (anzuliefernd),** shipside; **über –seite,** over()side; **relative –seitenpeilung** *f.*, relative bearing *s.* (on the bow); **–sender** *m.* (*rad.*), ship's transmitter *s.*; **–sicherheit** *f.*, safety *s.* of the ship; **Internationaler –sicherheitsvertrag** *m.*, International Convention *s.* for the Safety of Life at Sea, SOLAS *s.*; **–signalbuchstaben(kennung** *f.*) (*pl.*), ship's signal letters (*pl.*); **–skelett** *n.*, carcass *s.* *or* skeleton *s.* of a boat *or* ship, (*coll.*) bones (*pl.*); **–spur** *f.*, wake *s.* (of a boat *or* ship); **–sturmglocke** *f.*, ship's tocsin *s.*; **–tagebuch** *n.*, log(-book) *s.*, ship's log *s.* *or* journal *s.*; **(unter) –takel** *n.*, (under) ship's tackle *s.*; **–tau** *n.*, hawser *s.*, cable *s.*; **–taufe** *f.*, christening *s.* *or* naming *s.* (of) a boat *or* ship; **–tauwerk** *n.*, cable *s.*, cordage *s.*, rope(s) *s.* (*pl.*); **–teil** *m.* **über der Wasserlinie,** flo(a)tage *s.*; **–tonnage** *f.*, tonnage *s.*; **–trümmer** (*pl.*), debris *s.*, débris *s.*, shatters (*pl.*), wreck *s.*, wreckage *s.*; **–uhr** *f.*, boat's *or* ship's clock *s.*; **–unfall** *m.*, casualty *s.*; **–verband** *m.*, convoy *s.*; formation *s.*, squadron *s.*; **im –verband fahren** *od.* **segeln,** to sail under convoy; to sail in formation; **–verhalten** *n.* **(im Seegang),** ship's behaviour *s.* *or* course-keeping qualities (*pl.*) (in a heavy sea); **–verkäufer** *m.*, shipbroker *s.*; **–verkehr** *m.*, shipping (traffic) *s.*; **–verlust** *m.*, loss *s.* (of the boat *or* ship); **–vermesser** *m.*, yacht *or* ship measurer *s.* *or* surveyor *s.*; **–vermessung** *f.*, measurement *s.* of a yacht *or* ship, tonnage measurement *s.*; tonnage *s.* (*of a ship*); **–vermietung** *f.*, chartering *s.*; **–verpfändung** *f.*, bottomry *s.*; **–verschrotter** *m.*, ship-breaker *s.*; **–verzeichnis** *n.*, shipping list *s.*; **–verzollung** *f.*, (custom's) clearance *s.*; **–volk** *n.* (*coll.*), crew *s.*; **–vorderteil** *n.*, forecastle *s.*, (*coll.*) fo'c's'le *s.*, bow(s) *s.* (*pl.*), prow *s.*; **–vorräte** *m./pl.*, sea *or* ship *or* naval stores (*pl.*), (*sl.*) prog *s.*; **–wache** *f.*, watch *s.*; look-out *s.*; **–wechselsprechanlage** *f.*, intercommunication system *s.*, intercom *s.*; **–weg** *m.*, sea *or* shipping lane *s. or* route *s.*, track *s.*; **–werft** *f.*, shipyard *s.*, shipbuilding yard *s.*, (*am.*) naval dockyard *s.*, navy yard *s.*; **–widerstand** *m.*, ship's resistance *s.*; **–winde** *f. od.* **–winsch** *f.*, capstan *s.*, windlass *s.*; **–wurm** *m.*, teredo *s.*, ship worm *s.*; **–zeit** *f.*, boat's *or* ship's (own) time *s.*; **–zertifikat** *n.*, ship's register *s.*, certificate *s.* of registry; **–zimmermann** *m.*, (ship) carpenter *s.*, shipwright *s.*, (*hum.*) chips *s.*; **–zoll** *m.*, tonnage duty *s.*; **–zubehörhändler** *m.*, ship chandler *s.*; **–zusammenstoß** *m.*, collision *s.* (of boats *or* ships); **–zwieback** *m.*, sea *or* ship('s) biscuit *s. or* bread *s.*, pilot biscuit *s.*, (*sl.*) hard chuck *s. or* tack *s.*

Schiften *n.*, shift(ing) *s.* (*of boom, spinnaker pole, sails*); gybing *s.* without altering course. **schiften** *v.*, to shift (*boom, sails*); to gybe without altering course; **den Baum –,** to shift the boom; **das Ruder –,** to shift the helm; **Segel –,** to shift sails; **das Segel schiftet,** the sail is shifting.

Schild / knoten *m.*, manrope knot *s.*; **–krötendeck** *n.*, turtle *or* tortoise deck *s.*, whale back *s.*, turtle-back forecastle *s. or* (*coll.*) fo'c's'le *s.*

Schilf *n.*, reed *s.*, rush *s.*, bulrush *s.*, sedge *s.*; **im – festkommen,** to be trapped by *or* in (the) reed *or* sedge (*of boat*); **–gras** *n.*, sedge *s.* **schilfig** *adj.*, sedgy, reedy. **Schilfmeer** *n.*, reedy *or* sedgy sea *s.*

Schillgrund *m.* (*naut.*), shells (*pl.*) (*of anchorage*).

Schimmer *m.*, gleam *s.*, glint *s.*, shimmer *s.*, shine *s.* (*of light*), twinkle *s.* (*of stars*). **schimmern** *v.*, to glimmer, to shimmer, to shine (*of light*), to twinkle (*of stars*); **schwach –,** to gleam (*of light*).

Schinakel *n.* (*dial.*), (little *or* small) boat *s.*, skiff *s.*

Schinden *n.* (*naut., coll.*), hazing *s.* **schinden** *v.* (*naut., coll.*), to haze (*the crew*). **Schinderei** *f.* (*naut., sl.*), sweating *s.*, slavery *s.*

Schipjack *n.*, shipjack *s.*, skipjack *s.* (*boat*); **–-Spant** *n.*, shipjack *or* skipjack frame *s.*

Schipper *m.* (*naut.*), master *s.*, captain *s.*, mariner *s.*, sailor *s.*, seaman *s.* (*of ships*), skipper *s.* (*of yachts*), boatman *s.* (*of small craft*).

schippern *v.*, to skipper, to sail (along), to out, to boat, to go for a sail.

Schirm *m.* (*naut.*), parachute *s.* (*of a mushroom anchor*); (*rad., radar*) screen *s.*; (*tech.*) protective cover *s.*, shield *s.*; **–anker** *m.*, mushroom anchor *s.*; **–schott** *n.*, screen(ed) bulkhead *s.*

Schirokko *m.*, scirocco *s.*, sirocco *s.* (*Mediterranean wind*).

Schlabberventil *n.* (*naut., coll.*), check-valve *s.*

Schlack *m.* (*naut., dial.*), sleet *s.*, slush *s.*, slushy weather *s.*

schlackern *v.* (*naut., coll.*), to slat (*of sails*); **gegen den Mast (das Rigg) –,** to slat against the mast (the rig) (*of sails*); **es schlackert** (*dial.*), it is sleeting. **schlackerig** *adj.* (*dial.*), sleety, slushy (*of weather*). **Schlack(er)wetter** *n.* (*naut., dial.*), sleety *or* slushy weather *s.*

schladden *v.*, **(ein Tau) –,** to keckle *or* to worm (a rope). **Schladding** *f.*, keckling *s.* (*old ropes used as chafing gear*).

schlaff *adj.* (*naut.*), loose, slack (*of rope, sheet*), flabby (*of sails*); **– hängen,** to hang loose *or* limp, to lop (*of sails*); **– hängende Segel** *n./pl.*, floppy sails (*pl.*); **– herab-** *od.* **herunterhängen,** to flop, to flow (*of sails*); **– werden,** to slacken, to go slack (*of rope, sheet, etc.*). **schlaffhängend** *adj.*, slack, limp (*of sails*); **–es Ende** *n.*, slack *s.* (*of a rope*). **Schlaffheit** *f.*, slackness *s.* (*of rope, sheet*), slackness *s.*, flabbiness *s.*, floppiness *s.* (*of sails*); **– eines Segels,** slackness *s.* of a sail.

Schlaffflut *f.*, neap *s.*, neap tide *s.*

Schlag *m.* (*naut.*), beat *s.*, board *s.*, leg *s.*, reach *s.*, stretch *s.*, tack *s.*, tacking *s.* (*sailing manoeuvre*), stroke *s.*, sweep *s.* (*of oars*), eccentricity *s.*, set *s.*, warp *s.* (*of mast*), pull *s.*, turn *s.* (*of propeller, motor*), hitch *s.* (*of rope*), bend *s.*, bight *s.*, coil *s.*, turn *s.* (*in rope*), lay *s.*, turn *s.* (*of ropes*), impact *s.* (*collision*), blow *s.* (*of sea, waves*), clap *s.* (*of thunder*); **anderthalb –,** round turn *s.* and half hitch (*of rope*); **ganzer –,** round turn *s.* (*of rope*); **halber –,** half hitch *s.* (*of rope*); **kurzer – (beim Kreuzen),** short board *s. or* leg *s. or* tack *s.*; **kurzer – (in einem Tau),** nip *s.*; **langer – (beim Kreuzen),** long board *s. or* leg *s. or* tack *s.*; reach *s.*; **langer – (beim Kreuzen mit raumem Wind),** reach *s.*; **der Mast hat einen –,** the mast has a set; **Rundtörn** *m.* **und halber –,** round turn *s.* and half hitch (*of rope*); **den – angeben,** to set the stroke (*rowing*); **einen – bekommen,** to set, to warp (*of mast*); **– beim Kreuzen** *od.* **Lavieren,** beat *s.*, board *s.*, leg *s.*, reach *s.*, stretch *s.*, tack(ing) *s.*; **– beim Pullen,** stroke *s.*

Schlag / baum *m.* (*naut.*), toll bar *s.* *or* gate *s.*; **–betten** *n./pl.* (*naut.*), ways (*pl.*); **–biegefestigkeit** *f.* (*naut.*, *tech.*), impact bending strength *s.*; **–bug** *m.*, board *s.*

Schläge *m./pl.*, **kurze (lange) – beim Kreuzen,** short (long) boards (*pl.*) *or* tacks (*pl.*); **Rundtörn** *m.* **mit zwei halben –n,** round turn *s.* with two half hitches (*of rope*); **zwei halbe –,** double half-hitch *s.*, two half hitches (*pl.*) (*of rope*).

Schlagen *n.* (*naut.*), flogging *s.*, flopping *s.*, thrashing *s.* (*of sails*); **– des Vorschiffs in schwerer See,** slamming *s.* **schlagen** *v.*, to flap, to flop, to flog, to thrash (about), to shiver, to spill, to sway (*of sails*), to sweep, to wash (*of waves*), to slam (*of boat in a heavy sea*); **einen Rivalen –** (*rac.*), to lick a rival *or* competitor; **einen Rekord –** (*spt.*), to break a record; **ein Tau –,** to lay a rope; **Falten –,** to get creased, to wrinkle (*of sails*); **gegen das Boot –,** to wash against the boat (*of waves*); **gegen das Rigg –,** to flop *or* to flap against the rig (*of sails*); **gegen die Wellen –,** to spank (*of boat*); **über das Boot –,** to sweep the boat (*of combers, etc.*); **über das Deck –,** to sweep the deck (*of waves, combers*); **die Wellen – an** *od.* **gegen das Boot,** the waves smite upon the boat; **– gegen,** to wash against (*of waves*), to beat (against *or* upon) (*of rain, wind, waves*).

Schlag / festigkeit *f.*, impact (bending) strength *s.*; **–keil** *m.* (*naut.*), slice *s.*; **–mann** *m.*, stroke *s.*, strokeoar *s.*, stroke-oarsman *s.*, strokesman *s.* (*rowing*); **Platz des –manns,** stroke *s.*; **als –mann rudern,** to stroke; **–platte** *f.* (*naut.*), baffle *or* wash plate *s.*; **–pütz** *f.*, draw bucket *s.*; **–regen** *m.* (*coll.*), downpour *s.*, pelting rain *s.*; **–riemen** *m.*, stroke oar *s.* (*rowing*); **–säule** *f.* **(einer Schleuse),** mitre *or* (*am.*) miter post *s.*; **–schott** *n.*, swash *or* wash bulkhead *s.*; **–schwelle** *f.* **(einer Schleuse),** mitre *or* (*am.*) miter sill *s.*; **–seite** *f.* (*naut.*), list *s.*, lopside *s.*; **mit –seite,** lopsided, (badly) listing (*of boat*); **schwere –seite,** heavy list *s.* (*of boat*); **–seite bekommen,** to heel over (*of boat*); **–seite haben,** to list, to have a list (*of boat*); **–seite** *f.* **nach Backbord (Steuerbord),** list *s.* to port (to starboard); **–wasser** *n.*, bilge water *s.*, (s)wash water *s.*; **s–wasserdicht** *adj.*, wash-tight, wash-watertight; **–wasserplatte** *f.*, baffle *or* wash plate *s.*, bilge board *s.*; **–wasserpforte** *f.*, wash-water port *s.*; **–wasserschott** *n.*, wash *or* swash bulkhead *s.*; **–welle** *f.* (*naut.*), roller *s.*, surge *s.*

Schlamm *m.*, mire *s.*, mud *s.*, ooze *s.*, silt *s.*, slime *s.*, sludge *s.*, (*Irish*) slob *s.*; **–boden** *m.*, oozy *or* muddy bottom *s.* *or* ground *s.* (*of anchorage*); **–eis** *n.*, sludge *or* slush ice *s.*; **–filter** *m.*, mud filter *s.* (*of bilge pump*); **–grund** *m.*, mud *or* muddy *or* oozy bottom *s.* *or* ground *s.* (*anchorage*). **schlammig** *adj.*, muddy, oozy, miry, slick, slimy, slushy (*of anchorage*); **–e Beschaffenheit** *f.* **(des Ankerplatzes** *od.* **Meeresbodens),** sliminess *s.* (of anchorage *or* sea bottom); **–er (Meeres)Boden** *m.* *od.* **-Grund** *m.*, squishy bottom *s.* *or* ground *s.* (of the sea). **Schlamm / kasten** *m.*, mud box *s.*; **–pumpe** *f.*, mud pump *s.*; **–ventil** *n.*, mud valve *s.*; **–zone** *f.* **(einer Küste),** mud(-)flat *s.*

Schlange *f.* (*naut.*), coil *s.* (*of rope*).

schlängeln *v.r.* **(durch),** to meander, to thread (through), to twist, to wind (in and out) (*of boat, river*).

Schlangen / bohrer *m.*, spiral drill *s.*; **–fraß** *m.* (*naut.*, *sl.*), grub *s.*; **–linie** *f.*, wavy line *s.*; **in –linie fahren** *od.* **segeln,** to meander.

schlank *adj.* (*naut.*), fine, lean (*of boat*); **–e Bootslinien** *f./pl.*, slender lines (*pl.*) of a boat. **Schlankheit** *f.* (*naut.*), fineness *s.* (*of boat*); **–sgrad** *m.*, **–sverhältnis** *n.* (*naut.*), aspect ratio *s.*, coefficient *s.* of fineness, length constant *s.*, slenderness ratio *s.*

schlapp *adj.* (*naut.*, *coll.*), flabby, slack (*of sails*).

Schlapp / gording *f.*, slap *or* spilling line *s.*; **–reff** *n.*, slap *or* slack reef *s.*

Schlauch *m.* (*naut.*), line *s.*, hose *s.*, tube *s.*; **einen – abschlagen (anschlagen),** to disconnect (to connect) a hose; **– zum Deckabspritzen,** tube *s.*, (flexible) hose *s.* **Schlauch / anschluß** *m.*, hose connection *s.*; **–boot** *n.*, inflatable *or* rubber boat *s.* *or* dinghy *s.*; **–kupplung** *f.*, hose coupling *s.*; **–leitung** *f.*, hose line *s.*; **–trommel** *f.*, hose reel *s.*; **–verbindung** *f.*, hose joint *s.*

Schlauf *m.* (*naut.*, *dial.*), **Schlaufe** *f.* (*naut.*), loop *s.*, tab *s.*, noose *s.*; kink *s.* (*in a rope*).

schlecht *adj.*, **das Wetter bleibt –,** the weather continues foul; **das Wetter wird –er,** the weather worsens; **das Wetter wird immer –er,** the weather is getting worse and worse; **– passend,** ill-adapted **(für,** for, **zu,** to); **– versehen mit (Schiffs)Proviant,** straitened for provisions *or* (*sl.*) prog; **– zusammenpassend,** ill-matched (*as crew, etc.*); **–es Wetter** *n.* (*naut.*), foul weather *s.* **Schlechtwetter** *n.* (*naut.*), bad *or* dirty *or* hard weather *s.*, (*coll.*) dirt *s.*; **ausgenommen –,** excepted bad weather; **–ausrüstung** *f.*, foul-weather gear *s.*; **–gebiet** *n.* (*me-*

teor.), trough *s.*; **–periode** *f.* (*meteor.*), bad weather spell *s.*, spell *s.* of bad weather; **anhaltende –periode** *f.*, long spell *s.* of bad weather.

Schlegel *m.* (*naut.*), mall *s.*, maul *s.*

Schleierwolke *f.* (*meteor.*), cirro(-)stratus *s.*; **dünne –,** veil cloud *s.*; **–n** *f./pl.* (*meteor.*), veloclouds (*pl.*).

Schleif/(en)antenne *f.* (*rad. D/F*), loop aerial *s. or* (*am.*) antenna *s.*; **–block** *m.* (*naut.*), sanding block *s.*, (*coll.*) holystone *s.*

Schleife *f.* (*naut.*), loop *s.*, noose *s.* (*of rope, etc.*), kink *s.* (*in rope*); (*radar*) degaussing coil *s.*, lobe *s.*; **– laufen,** to go *or* to pass over the range.

Schleifen *n.* **(des Ankers über Grund),** clubbing (down) *s.* (of the anchor). **schleifen** *v.* (*naut., tech.*), to grind, to polish, to sand(paper), to smooth (*the skin of a boat*), to club (*of anchor*); **das Boot –,** to sand a boat *or* the bottom of a boat. **Schleifen/fahrt** *f.* **machen** (*naut.*), to go *or* to pass over the range; **–oszillograph** *m.* (*phys.*), galvanometer *s.*, oscillograph *s.* **Schleifer** *m.* (*naut., tech.*), slip-ring *s.* **Schleif/knoten** *m.*, noose *s.*, running *or* slip knot *s.*; **–mittel** *n.*, abrasive *s.*; **–papier** *n.*, abrasive *or* emery- *or* sand-paper *s.*, (*am.*) emery *s.*; **nasses –papier** *n.*, wet sand-paper *s.*; **–scheibe** *f.*, buffing *or* polishing disk *s. or* wheel *s.*; **–schmirgel(papier** *n.*) *m.*, emery(-paper) *s.*

Schlengel *m.*, landing pontoon *s.* (*in or for tidal waters*).

Schlepp *m.*, tow *s.*; **im –,** to tow; **ein Boot in – nehmen,** to take a boat in tow. **Schlepp/anhang** *m.*, tow *s.*; train *s.* of barges; **–anker** *m.*, drag *or* kedge anchor *s.*, kedger *s.*; **–antenne** *f.*, trailing aerial *s. or* (*am.*) antenna *s.*; **–barkasse** *f.*, tow(ing) launch *s.*; **–bock** *m.*, towing frame *s.*; **–boot** *n.*, tow boat *s.*, tug (boat) *s.*, sweeper *s.*, (*am., dial.*) tag boat *s.*; **–bucht** *f.*, sweep *s.*; **–bügel** *m.*, tow-hook travel(l)er *s. or* bridle *s.*; **–dampfer** *m.*, steam tug *s.*; **–dienst** *m.*, tug service *s.*; **–einrichtung** *f.*, towing gear *s.* (*of a boat*). **schleppen** *v.*, to drag (*anchor, etc.*), to tow, to have in tow, to tug; **achteraus –,** to tow astern; **Bord an Bord –,** to tow abreast; **den Anker –,** to drag the anchor; **sich mühsam in den Hafen –,** to limp into harbour (*of damaged boat*); **von Land aus –,** to track (*a boat*); **voraus –,** to tow ahead; **sich – lassen,** to take tow; **das angeschlagene Boot schleppte sich mühsam zum Hafen zurück,** the damaged boat limped *or* managed with difficulty to get back to port.

Schlepper *m.*, tow boat *s.*, tug (boat) *s.*, tower *s.* (*ship*), steam tug *s.* **Schlepper/dienst** *m.*, tug service *s.*; **–hilfe** *f.*, tug assistance *s.*, towage service *s.*; **–hilfe annehmen,** to take (a) tow; **–laterne** *f.*, towing lantern *s. or* light *s.*; **–signal** *n.*, tug- *or* tow-boat signal *s.* **Schlepp/fehler** *m.* **(am Kompaß),** lag-error *s.*; **–gebühr** *f.*, towage *s.*, towing *s.*; **–geschirr** *n.*, towing gear *s.*; **–geschwindigkeit** *f.*, towing speed *s.*; **–haken** *m.*, tow-hook *s.*, towing hook *s.*; **–hilfe** *f.*, towage *s.*; **–kabel** *n.*, hawser *s.*, tow-rope *s.*; **–kahn** *m.*, barge *s.*, lighter *s.*; **–kanal** *m.*, model tank *s.* (*shipb.*); **–knie** *n.*, towing knee *s.*; **–kreisel** *m.*, drag-gyro *s.*; **–laterne** *f.*, towing lantern *s. or* light *s.*; **–leine** *f.*, trailing line *s. or* rope *s.*, tow-rope *s.*, tow(ing) line *s.*, hawser *s.*; towing painter *s.* (*for small boats*); **–licht** *n.*, towing light *s.*; **–log** *n.*, trailing *or* patent log *s.*; **–lohn** *m.*, towage *s.* **Schleppnetz** *n.*, drag-net *s.*, trawl(-net) *s.*, dredge *s.*, tow(ing) net *s.*, (*am.*) flue *s.*, spiller *s.*; **ein – auslegen (schleppen),** to set out *or* to shoot *or* to throw the trawl (to trawl); **mit dem – fischen,** to dredge, to trawl; **großes –,** sweep-net *s. or* -seine *s.*; **–fischer** *m.*, dredger *s.*, trawler *s.*, trawl boat *s.*; **–fischerei** *f.*, trawling *s.*; **–fischkutter** *m. od.* **-schiff** *n.*, trawl(-)smack *s.*, trawler *s.* **Schlepp/poller** *m.*, tow bollard *s.*; **–rinne** *f.*, experimental *or* model tank *s.*, towing tank *s.* (*shipb.*); **–salär** *n.*, towage *s.*, towing *s.*; **–schiff** *n.*, tow boat *s.*, towing vessel *s.*; **–schiffahrt** *f.*, towing *s.*, towage *s.*, tugging *s.*; **–segel** *n.*, drag sail *s.*; **–seil** *n.*, drag (line *or* rope) *s.*; **–signal** *n.*, towing signal *s.*; **–tank** *m.*, experimental *or* model *or* towing tank *s.* (*shipb.*); **–tankversuch** *m.*, model-tank test *s. or* trial *s.*; **–tau** *n.*, trail rope *s.*, drag (line *or* rope) *s.*, tow(-rope) *s.*, towing rope *s.*, hawser *s.*; **(Boot) in das** *od.* **ins –tau nehmen,** to tow (a boat), to take (the boat) in tow; **–tauschäkel** *m.*, towing shackle *s.*; **–trosse** *f.*, towing *or* trailing hawser *s.*, towing cable *s.*, tow rope *s.*, hawser *s.*, warp *s.*; **die –trosse ist gebrochen,** the (towing) hawser has parted; **–trossenzug** *m.*, tow-rope pull *s.*; **-- und Bergungsdienst** *m.*, towing and salvage service *s.*; **–verband** *m.*, tow *s.*; **–verbindung** *f.* **(zwischen Booten),** tow *s.*; **–verbindung herstellen (lösen),** to take in tow (to cast off tow); **–versuch** *m.*, towing experiment *s.*; **–versuchstank** *m.*, model tank *s.* (*shipb.*); **–weg** *m.* **(neben einem Wasserlauf),** tow(ing) path *s.*, trackway *s.*; **–winde** *f. od.* **–winsch** *f.*, towing winch *s.*; **–zug** *m.*, tow *s.*, tug *s.* and tow; train *s.* of barges.

Schleuderkraft *f.* (*phys.*), centrifugal force *s.* **schleudern** *v.* (*naut.*), to roll (*of boat*). **Schleuderthermometer** *n.* (*meteor.*), gyrostatic thermometer *s.*

Schleuse *f.*, lock *s.*, flood(-)gate *s.*, sluice *s.*, water(-)gate *s.*, (*Scots, dial.*) stank *s.*; sewer *s.* (*of a dyke*); **aus einer – ablaufender Wasserstrom** *m.*, flash *s.*; **durch eine – abteilen,** to lock off; **Wasser** *n.* **aus einer – ablassen,** to sluice water; **– leerlaufen lassen,** to run (a lock) dry; **– öffnen,** to run (a lock). **Schleusen** *n.*, lockage *s.* (*of boats or ships*). **schleusen** *v.*, to lock (**aus,** out, **ein,** in), to pass *or* to tow (*boats or ships*) through locks. **Schleusen / anlage** *f.*, lockage *s.*; **–becken** *n.*, bed *s.* of a lock *or* sluice; **–dock** *n.*, wet basin *s.* *or* dock *s.*; **–drempel** *m.*, clap sill *s.*; **–einsatz** *m.*, **–fall** *m.*, lift *s.*; **–fallmauer** *f.*, lift wall *s.*; **–gebühr** *f.*, lockage *s.*, lock-dues (*pl.*); **–gefälle** *n.*, lockage *s.*; **–geld** *n.*, lockage *s.*; **–hafen** *m.*, wet(-)dock *s.*, wet basin *s.*; **–haupt** *n.*, crown *s.* (of a lock); **–haus** *n.* **(einer Staustufe),** gate(-)house *s.*; **–höhe** *f.*, lockage *s.*; **–kammer** *f.*, lock *s.*, lock-basin *s.* *or* chamber *s.*; **künstlicher –kanal** *m.*, sluice way *s.*; **–meister** *m.*, lock-keeper *s.*, lock master *s.*; **--Nebenkanal** *m.*, sluice *s.*; **–oberhaupt** *n.*, upper gates (*pl.*) (of a lock); **–schwelle** *f.*, clap sill *s.*, sill *s.* (of a lock); **–signal** *n.*, lock signal *s.*; **–sohle** *f.*, bed *s.* *or* floor *s.* *or* invert *s.* of a lock; **–strom** *m.*, lock wash *s.*, flash *s.*; **–system** *n.*, lockage *s.*; **–tor** *n.*, gate *s.* of a lock, lock-gate *s.*, sluice gate *s.*, flood *or* dock gate *s.*, water-gate *s.*, valve *s.*; **verstellbares –tor** *n.*, shuttle *s.*; **–treppe** *f.*, chain *s.* of locks; **–wärter** *m.*, lock-keeper *s.*, (*sl.*) lock *s.*, locksman *s.*; **–wassersturz** *m.*, flash *s.*; **–zeiten** *f./pl.*, time *s.* of lockage.

schlichten *v.* (*naut.*, *rac.*), to settle by arbitration; (*naut.*, *tech.*), to level, to plane, to smooth, to smoothen. **Schlicht / feile** *f.* (*tech.*), smooth *or* smoothing file *s.*; **–hobel** *m.*, jointer *s.*, smooth(ing) plane *s.*; **–schnitt** *m.*, finishing cut *s.* (*of sails*); **–werkzeug** *n.*, finishing tool *s.*

Schlick *m.* (*naut.*), mud *s.*, sea mud *s.*, ooze *s.*, silt *s.*, slick *s.*, slime *s.*, sludge *s.*, (*Irish*) slob *s.*; **im – festkommen,** to run aground in (the) mud, to be trapped by the mud (*of boat*). **Schlick / bagger** *m.*, mud dredge(r) *s.*; **–bank** *f.*, mud bank *s.* **schlick(e)rig** *adj.* (*dial.*), (*s.* **schlickig). Schlick / grund** *m.*, mud bottom *s.*, oozy bottom *s.*; **–hafenbecken** *n. od.* **-bett** *n.*, mud *or* oozy (harbour-)basin *s. or* berth *s.* **schlickig** *adj.*, muddy, silty, slimy (*of anchorage, etc.*). **Schlickwatt** *n.*, mud-flat *s.*, muddy land *s.* (*during ebb-tide*).

schlieren *v.* (*naut.*), to come home, to drag (*of anchor*), to slide, to slip (*of knot, rope*), to surge (*of incorrect belayed line or rope*); **der Anker schliert,** the anchor drags.

Schließ / baum *m.*, bar *s.*, boom *s.* (*of a harbour*); **–feder** *f.* (*naut.*, *tech.*), locking-spring *s.*, spring-bolt *s. or* -catch *s.* **schließen** *v.*, to bolt, to lock; to close (*a harbour*); **ein Luk** *od.* **eine Luke –,** to douse a hatch. **Schließvorrichtung** *f.*, locking device *s.*, shutter *s.*

Schliff *m.* (*naut.*, *tech.*), smoothness *s.*; **dem Boot den letzten – geben,** to give the finishing touches to the boat, (*rac., am.*) to race-finish the boat.

Schlinge *f.* (*naut.*), (running) knot *s.*, slip-knot *s.*, noose *s.*, sling *s.*, loop *s.*; coil *s.*, clutch *s.*

Schlinger / anzeiger *m.*, (in)clinometer *s.*; **–ausschlag** *m.* **(am Kreisel),** acceleration error *s.*; **–bewegung(en)** *f.* (*pl.*), rolling *s.*, rolling motion *s. or* movement *s.*, (*coll.*) corkscrew motion *s.*, corkscrewing *s.* (*of a boat*); **die –bewegung(en) dämpfen** (*coll.*), to lessen corkscrewing; **–blech** *n.*, wash *or* swash plate *s.*; **–bord** *n.*, fiddle *s.*, fiddle racks (*pl.*); **–bord** *n. od.* **–brett** *n.* **(an Kojen),** studding sail *s.*, canvas weather-screen *s.*, fiddle (rack) *s.*; **–dämpfer** *m.*, (anti-roll) equalizer *s. or* stabilizer *s.*; **–dämpfungsanlage** *f. od.* **-einrichtung** *f.*, equalizer *s.*, stabilizer *s.*, anti-roll device *s.*; **–dämpfungssegel** *n.*, rolldamping sail *s.*; tallboy *s.*; **–fender** *m.*, pudding *s.*, puddening *s.*; **–kiel** *m.*, auxiliary keel *s.*, bilge chock *s. or* keel *s.*; **–klotz** *m.*, rolling chock *s.*; **–koje** *f.*, swing bed *s. or* berth *s.*; **–kreisel** *m.*, gyroscopic stabilizer *s.*; **–leiste** *f.*, fiddle(s) *s.* (*pl.*) (*of chart table, etc.*). **Schlingern** *n.*, roll *s.*, rolling *s.*, toss(ing) *s.*, swaying *s.* (*of a boat*); **leichtes –,** easy roll *s.*; **plötzliches –,** lurch(ing) *s.*; **– im Seegang,** labour(ing) *s.* in a heavy sea. **schlingern** *v.*, to roll, to toss, to sway, to wallow, (*coll.*) to rock; **im Seegang –,** to labour (*of boat*); **plötzlich –,** to lurch; **das Boot schlingerte,** the boat wallowed in the water. **schlingernd** *pr. p.*, rolling, tossing, swaying, wallowing, lurching, labouring (*of boat*); **–er Gang** *m.* (*naut.*), rolling gate *s.* (*of seamen*). **Schlinger / periode** *f.*, period *s.* of roll, roll(ing) period *s.* (*of a boat*); **–platte** *f.*, wash plate *s.*; **–schott** *n.*, shifting board *s.*, wash *or* swash bulkhead *s.*; **s–sicher** *adj.*, **s–sicher (ver)stauen,** to stow roll- *or* pitch-proof; **–stag** *n.*, preventer stay *s.*; **–talje** *f.*

(am Baum), lazy guy *s.*; **–tank** *m.*, stabilizing tank *s.*, anti-roll tank *s.*; **–tisch** *m.*, suspended table *s.*; **–- und Stampfbewegungen** *f./pl.*, rolling-and-pitching (motion) *s.* (*of a boat*); **–wand** *f.*, baffle plate *s.*; **–winkel** *m.*, angle *s.* of roll, rolling angle *s.*; **–wulst** *m.*, puddening *s.*, pudding *s.*

Schlipp *m.* [1], (*s.* **Slip).**

Schlipp *m.* [2], **Schlippe** *f.*, slip *s.*, slipway *s.*

schlippen *v.*, to slip (*a cable, rope*); **den Anker –,** to trip the anchor; **ein Tau –,** to slip a rope; **Leine –!** (*com.*), let go *or* slip (the) line!; **ein Tau – lassen,** to slip a rope.

Schlipp/haken *m.*, pelican (hook) *s.*, slip hook *s.*, tripping link *s.*; **–helling** *f.*, slip *s.*, slipway *s.*; **–knoten** *m.*, slip bend *s. or* knot *s.*; **–reffknoten** *m.*, half bow(line) knot *s.*; **–schäkel** *m.*, pelican (hook) *s.*, slip hook *s. or* shackle *s.*, quick-release shackle *s.*; **–stek** *m.*, slip bend *s. or* knot *s.*, slide knot *s.*; **–stopper** *m.*, slip stopper *s.*; **–tau** *n.*, slip-rope *s.*; **–vorrichtung** *f.*, tripping gear *s.* (*for the anchor*); **–wagen** *m.*, (*s.* **Slipwagen).**

Schlitte *f.* (*naut., dial.*), **Schlitten** *m.* (*naut.*), slide *s.* (*of jib fairlead, traveller, etc.*), cradle *s.* (*for boats*), running ways (*pl.*) (*of building slip*); **rollengelagerter – (an der Travellerschiene),** slide *s.* mounted on roller bearings; **– für Transport und Lagerung (einer Yacht),** cradle *s.* for shipping *or* transport and berthing (of a yacht); **–balken** *m.* (*naut.*), bilge ways (*pl.*), ways (*pl.*), skid *s.*; **ein Boot über die –balken laufen lassen,** to skid a boat; **–ständer** *m.* (*naut.*), dog shore *s.*, poppet *s.*

Schlitz *m.*, slot *s.* (*between sails*); **–schäkel** *m.*, slot shackle *s.*, slotted shackle *s.*; **–schraube** *f.*, slotted screw *s.*; **–segel** *n.*, slat sail *s.*, tall()boy *s.*

Schloße *f.* (*meteor.*), hailstone *s.* **schloßen** *v.* (*coll.*), to hail.

Schloß/gatt *n.*, fid hole *s.*; **–holz** *n.* (*naut.*), fid *s.*; **mit einem –holz befestigen,** to fid; **mit einem –holz befestigt,** fidded; **–zirkel** *m.*, reduction compasses (*pl.*).

Schlot *m.* (*naut., coll.*), funnel *s.*, smokestack *s.*

Schlund *m.* **eines Blockes,** swallow *or* throat *s.* of a block.

Schlup *m.* (*naut., coll.*), sloop *s.*

Schlupf *m.* (*naut.*), running knot *s.*, noose *s.*; slip *s.*, slippage *s.* (*of propeller*), (*naut., tech.*) backlash *s.*, play *s.*, slop *s.* **Schlupf/hafen** *m.* (*coll.*), creek *s.*; **–koeffizient** *m.* **(des Propellers),** slip coefficient *s.* (of the propeller). **Schlüpfung** *f.* (*coll.*), slip *s.*, slippage *s.* (*of the propeller*); **–sverlust** *m.*, slippage *s.* (*of the propeller*). **Schlupf/verlust** *m.*, slippage *s.*, loss *s.* of slip (*of propeller*); **–wirkung(sgrad** *m.*) *f.*, efficiency *s.* of slip, slip efficiency *s.* (*of propeller*).

Schluß *m.* (*rac.*), final(s) *s.* (*pl.*); (*coll.*) tail-end *s.* of the fleet; **den – bilden** *od.* **machen** (*rac.*), to bring up the rear. **Schluß/block** *m.*, end block *s.*; **–boot** *n.*, rear boat *s.*, (*rac., am.*) tail-ender *s.*

Schlüssel *m.* (*naut.*), spanner *s.*, wrench *s.*; key *s.* (*of charts*), (*rad.*) key *s.*, code *s.* **Schlüssel/bolzen** *m.*, retaining pin *s.*; **–karte** *f.* (*meteor.*), key chart *s.*; **–schäkel** *m.*, halyard *or* key(-)pin shackle *s.*; **–weite** *f.* (*tech.*), calibre *s.* of a spanner, width *s.* over flats (*of nuts, etc.*).

Schluß/licht *n.* (*rac., coll.*), tail *s.*, (*am.*) tail-ender *s.*; **das –licht bilden** *od.* **machen** (*coll.*), to come in last, to bring up the rear; **–regatta** *f.*, end race *s.*, final (race) *s.*, (*coll.*) final heat *s.*, (*am.*) annual wind-up race *s.*; **–schenkel** *m.* (*rac.*), last *or* final leg *s.*; **–schiff** *n.*, rear boat *s. or* ship *s.*, (*am., coll.*) tail-ender *s.*; **–stand** *m.* (*rac.*), final score *s.*; **–wettfahrt** *f.*, (*s.* **–regatta).**

Schmack(e) *f.*, smack *s.*; **Fischer** *m.* **auf einer –,** smacksman *s.*; **– mit Bünn,** well smack *s.*

Schmalbandfernsehen *n.*, slow-scan television *s. or* TV *s.*

Schmalz *n.* (*naut., sl.*), John Armstrong, muscular strength *s.*

schmarten *v.*, to parcel (*cable, rope*). **Schmarting** *f.*, parcel(l)ing *s.* (*of cable, rope*).

Schmeerreep *n.*, reefing pendant *s.*

Schmetterlings/fahrt *f.*, **–segeln** *n.*, butterfly sailing *s.*, wing and wing (sailing) *s.*

Schmiede *f.* (*naut.*), smithery *s.* **Schmiedestahl** *m.*, forged steel *s.* (*shipb.*).

Schmiege *f.*, bevel *s.* (*shipb.*); folding rule *s.* **schmiegen** *v.*, to bevel (*shipb.*). **Schmiegeumfang** *m.*, skin girth *s.* (*yacht measurement*).

Schmier/büchse *f.*, **–buchse** *f.* (*naut., tech.*), grease box *s. or* cup *s.*, lubricator *s.*, oil box *s. or* cup *s.* **Schmiere** *f.* (*naut., tech.*), grease *s.*, lubricant *s.*, slush *s.*, tallow *s.* **schmieren** *v.* (*naut., tech.*), to grease, to lubricate, to oil, to slush, to tallow. **Schmier/fett** *n.* (*naut., tech.*), (lubricating) grease *s.*; **–kanne** *f.*, oil-can *s.*, oiler *s.*; **–mittel** *n.*, grease *s.*, lubricant *s.*; **–nippel** *m.*, greaser *s.*, (oil) nipple *s.*; **–öl** *n.*, lube *or* lubricating oil *s.*; **–stelle** *f.*, lubrication point *s.*; **–stoff** *m.*, lubricant *s.* **Schmierung** *f.*, lubrication *s.* **Schmiervorrichtung** *f.*, lubricator *s.*, oil-feed *s.*

Schmirgel *m.* (*naut., tech.*), emery *s.* **Schmir-**

geln *n.*, grinding *s. or* polishing *s. or* rubbing *s.* with emery, glazing *s.* (*bottom of the boat, etc.*). **schmirgeln** *v.*, to grind *or* to polish *or* to rub with emery, to glaze. **Schmirgel / papier** *n.*, emery paper *s.*, glazer *s.*; **–scheibe** *f.*, emery wheel *s.*

schmuck *adj.*, **eine –e Yacht,** a snug *or* smart *or* spick and span *or* trim yacht *s.*

Schmugglerschiff *n.*, smuggler *s.*, (*am., coll.*) runner *s.*

Schnabel *m.* (*naut.*), beak *s.* (*of a ship*); **mit einem –,** beaked (*of ship*); **s–förmig** *adj.*, beaked, beak-shaped (*of bow*).

Schnäpper *m.* (*naut.*), latch (bolt) *s.* **Schnapp / feder** *f.*, spring(-)catch *s.*; **–riegel** *m.*, latch *s.*; **–schäkel** *m.*, snap shackle *s.*; **(Anker)Kettenglied mit –verschluß** *m.*, snap link *s.*; **-- Wirbelschäkel** *m.*, swivel snap(-)shackle *s.*

Schnaps *m.* (*naut.*), brandy *s.*, liquor *s.*, (*coll.*) (a) wet *s.*; **– fassen** (*naut.*), to get brandy *or* (*coll.*) a wet; **– fassen!** (*naut., int.*), come and get it!, come and get your brandy *or* liquor *or* wet!.

Schnarchventil *n.* (*naut., coll.*), sniffle *or* snifter *or* snifting valve *s.*, poppet *or* puppet valve *s.*

Schnau *f.*, **Schnau / schiff** *n.*, snow *s.*; **–segel** *n.*, spencer *s.*, trysail *s.*

Schnecke *f.* (*naut., tech.*), Archimedes' *or* endless screw *s.*, spiral *s.*, worm *s.*; worm gear *s.* **Schnecken / antrieb** *m.*, worm-drive *s.*; **–feder** *f.*, coiled spring *s.*; **–getriebe** *n.*, worm(-)gear *s.*; **–gewinde** *n.*, worm (thread) *s.*, endless screw *s.*; **–rad** *n.* **(einer Winsch),** worm-wheel *s.* (of a winch); **–radantrieb** *m.*, worm(-)drive *s.*; **–reff** *n.*, worm-wheel roller reef *s.*; **–reffer** *m.*, worm-wheel roller reefing (gear) *s.*; **–tempo** *n.* (*naut., coll.*), snail's gallop *s. or* pace *s.*; **im –tempo,** at a snail's pace; **im –tempo laufen** *od.* **vorwärtskommen** (*naut.*), to proceed at a snail's gallop *or* pace.

Schnee *m.*, snow *s.*; **vom – eingeschlossen** *od.* **festgehalten,** snow-bound (*of yacht*). **Schnee / bericht** *m.* (*meteor.*), snow report *s.*; **–bö** *f.*, snow(-)squall *s.*; **–gestöber** *n.*, snow flurry *s.*; **–regen** *m.*, sleet *s.*; **–schmelze** *f.*, thaw *s.*; **–sturm** *m.*, blizzard *s.*, snowstorm *s.*; **–treiben** *n.*, snow(-)drift *s.*, drifting snow *s.*, blizzard *s.*, snowstorm *s.*; **–verhältnisse** *n./pl.* (*meteor.*), snows (*pl.*); **–wetter** *n.*, snowy weather *s.*; snowstorm *s.*; **–wolke** *f.*, smother *s.*

Schneid *m.* (*naut., rac.*), zip *s.*, (*dial.*) pluck *s.*, (*sl.*) guts (*pl.*); **– haben, etw. mit – tun** (*naut., coll.*), to zip.

Schneiden *n.*, nip *s.* (*of the wind*). **schneiden** *v.*, to nip (*of wind*); **den Bug eines anderen Bootes –,** to cut across the bow of another boat.

schneidend *adj.*, cutting, keen, nippy, sharp (*of wind, cold*); **– kalt,** bitter cold, (*br., sl.*) parky (*of wind, weather*); **– kalter Wind** *m.*, biting wind *s.*; **–e Kälte** *f.*, bitter *or* stinging cold *s.*; **–er Wind** *m.*, bitter blast *s.*, biting *or* stinging *or* nipping wind *s.*, (*coll.*) the teeth of the wind.

schneidern *v.* (*rac., am. coll.*), to whitewash (*competitors*).

Schneidewerkzeug *n.*, cutting tool *s.*

schnell *adj.*, fast, speedy (*of boat*), rapid (*of current*); **– segeln,** to make short miles; **sehr – fahren** *od.* **laufen** *od.* **segeln** (*coll.*), to clip (along); **sehr – sein,** to have legs (*of boat*); **–er segeln als,** to outcarry, to outfoot, to outsail, to outspeed (*other boats*); **–er werden,** to gain speed (*of boat*); **so – wie** *od.* **als möglich,** as soon as possible, (*coll.*) asap; **– aussehendes Boot** *n.*, rakish boat *s.*; **–es Boot** *n.* (*am. sl.*), humdinger *s.*; **–es Funkel(n)** *n.* (*naut.*), quick flashing (light) *s.*, very quick light *s.*; **–e Motoryacht** *f.*, fast motorboat *s. or* motor yacht *s.*, (*am. sl.*) humdinger *s.*; **–er Ozeandampfer** *m.*, (ocean) greyhound *s.*; **–e (Regatta)Bahn** *f.*, fast (racing) course *s.*; **–es Schiff** *n.*, greyhound *s.*, speed(y) boat *s.*; **–es Segel** *n.*, fast sail *s.*; **–er Segler** *m.*, a fast sail *s.* (*boat*); **–e Yacht** *f.*, fast *or* speed(y) yacht *s.*, greyhound *s.*, (*am. sl.*) humdinger *s.*; **eine sehr –e Yacht** *f.*, a flier *s.*, a very fast *or* speedy *or* high-speed yacht *s.*

schnellaufend *pr. p.*, fast-running (*of boat*). **Schnell / auslösevorrichtung** *f.*, quick release device *s. or* gear *s.* (*of anchor, etc.*); **–boot** *n.*, speed boat *s.*, mosquito boat *s. or* yacht *s. or* craft *s.*, E-boat *s.*, (*am.*) PT boat *s.*, (fast) patrol boat *s.*; **–dampfer** *m.*, express-steamer *s.*

Schnelle(n) *f.* (*pl.*), rapids (*pl.*) (*of a river*).

Schnelligkeit *f.*, rate *s.*, speed *s.*, (*coll.*) pace *s.* (*of boat*), velocity *s.* (*of wind, etc.*); **– eines Bootes,** swiftness *s.* of a boat.

Schnell / kraft *f.*, elasticity *s.*, whip *s.*, whippiness *s.* (*as of rope*); **–reff** *n.*, quick *or* jiffy reef *s.*; **–reffreihe** *f.*, jiffy reef row *s.*; **–regler** *m.* (*naut., tech.*), automatic regulator *s.*; **–segler** *m.*, clipper *s.*, fast sailer *s.*, (a) fast sail *s.* (*boat*); **–stahl** *m.*, high-speed steel *s.* (*shipb.*); **–stop(p)** *m.*, crashstop *s.* (*of a boat*), shooting *s.* straight into the wind (*sail boat*).

Schneppe *f.* (*naut.*), beak *s.* (*of a ship*).

Schnitt *m.* (*naut.*), cut *s.*, make *s.* (*of sails*), buttock (lines *pl.*) *s.* (*lines plan*), section *s.*, sectional view *s.* (*shipb.*); (*geom.*) intersection *s.*, section *s.*; **–ebene** *f.*, intersecting plane *s.*

schnittig *adj.* (*naut.*), rakish, (*coll.*) racy, streamlined (*of boat*); **– gebaut,** rakish (*of boat*); **–e (Renn)Yacht** *f.*, rakish *or* racy yacht *s.*

Schnitt / kurve *f.*, intersecting curve *s.*; **–linie** *f.*, intersecting line *s.*, intersection *s.*, line *s.* of intersection, (*math.*) secant *s.*; **–punkt** *m.* (*naut.*, *math.*), (point of) intersection *s.*, intersecting point *s.*, concurrence *s.* (*of bearing*); vertex *s.*; **–punkt** *m.* **mehrerer Linien,** V(-)-point *s.*; **–winkel** *m.* (*naut.*, *math.*), angle *s.* of intersection, intersecting angle *s.*

Schnorchel *m.*, (*dial.*) **Schnörchel** *m.* (*naut.*), air-inlet *s.*, breathing tube *s.*, snifter *or* snifting valve *s.*; snort *s.*, snorkel *s.*

Schnüffel / anlage *f.* (*naut.*), fire detector *s.* (*aboard*); **–ventil** *n.* (*naut.*), sniffle *or* snifter *or* snifting valve *s.*, poppet *or* puppet valve *s.*, blow valve *s.*, vacuum valve *s.*

Schnür / boden *m.* (*naut.*), drawing loft *s.*, mould *or* (*am.*) mold loft *s.*, sail(-)loft *s.*, rigging loft *s.*, laying-down loft *s. or* (*coll.*) shop *s.*; **–bund** *m.* (*naut.*), lashing *s.* (*of spars*); **–leine** *f.*, lacing line *s.*

Scholle *f.*, floe *s.* (*of ice*); **dünne – Treibeis,** pan *s.*; **–neis** *n.*, floe (ice) *s.*

schön *adj.*, fair, fine, nice (*of weather*); **das Wetter ist** *od.* **es wird –,** the weather is taking up; **es ist** *od.* **das Wetter ist – geworden,** the weather has set fair; **– werden,** to take up (*of weather*); **ein –er Tag** *m.*, a nice day; **ein –er Tag zum Segeln,** a fine *or* nice day for a sail; **–es Wetter** *n.*, fine *or* nice *or* fair weather *s.*

Schoner *m.*, schooner *s.* **Schoner / bark** *f.*, schooner barge *s.*, bark *s.*, barque *s.*, barkentine *s.*, barquentine *s.*; **–brigg** *f.*, schooner brig *s.*, brigantine *s.*; **–ketsch** *f.*, schooner ketch *s.*; **–segel** *n.*, foresail *s.*, fore-and-aft sail *s.*; **–takelung** *f.*, schooner rig *s.*; **mit –takelung,** fore-and-aft rigged; **–yacht** *f.*, schooner *s.*, schooner yacht *s.*; **–yawl** *f.*, schooner yawl *s.*

Schönwetter *n.* (*naut.*, *meteor.*), fair weather *s.* **Schönwetter / cumulus** *m.* (*meteor.*), fair-weather cumulus *s.*; **–dunst** *m.* (*meteor.*), fair- *or* fine-weather haze *s.*; **–haufenwolke** *f.*, fair-weather cumulus *s.*; **–periode** *f.*, fair- *or* fine-weather spell *s.*, spell *s.* of fair *or* fine weather; **anhaltende** *od.* **andauernde –periode** *f.*, long spell *s.* of fine weather; **–regatta** *f.*, fair-weather race *s. or* regatta *s.*; **–tag** *m.*, summer's day *s.*; **(ruhige) –tage** *m./pl.*, halcyon days (*pl.*); **–wolken** *f./pl.*, fair-weather cumuli (*pl.*), cumulus clouds (*pl.*).

Schöpfeimer *m.* (*naut.*), bucket *s.*, pail *s.*

Schöpfer *m.* (*naut.*), scooper *s.* (*device*).

Schöpfgefäß *n.* (*naut.*), bailer *s.*, scooper *s.*

Schore *f.* (*naut.*), prop *s.*, shore *s.*, support *s.* **Schoren** *n.* (*naut.*), shoring *s.*, propping up *s.* (*of mast, etc.*). **schoren** *v.*, to prop (up), to shore, to support.

Schornstein *m.* (*naut.*), funnel *s.*, smokestack *s.*, (*coll.*) stack *s.*; **blinder –,** dummy funnel *s.*

Schot *f.*, sheet *s.*; **engere** *od.* **hemmende (zusätzliche) –,** choker sheet *s.*; **griffige –,** handy sheet *s.*; **lehnige –,** flexible sheet *s.*; **leichte –,** light sheet *s.*; **normale –,** primary sheet *s.*; **schwere –,** heavy sheet *s.*; **sehr leichte, zu elastische –,** light cord sheet *s.*; **Druck auf der – haben,** to have *or* to get (enough) load in the sail(s); **der Zug auf die – ist gut** *od.* **einwandfrei,** the sail is pulling well; **die – anholen,** to sheet in, to haul (aft) the sheet; **die – auffieren,** to ease (off *or* away) the sheet; **die – ausscheren,** to unreeve the sheet; **die – bedienen,** to handle the sheet; **die – dichtholen,** to pull in the sheet; **die – durchholen,** to haul tight the sheet; **die – einscheren,** to reeve in the sheet; **die – fieren,** to ease off the sheet, to slacken (the) sail; **die – (etwas) holen,** to sheet in; **die – loswerfen,** to let go the sheet; **die – schricken,** to ease off the sheet; **die – steifsetzen,** to haul tight the sheet; **eine – über die Winsch ziehen,** to lead the sheet to a winch. **Schot / auge** *n.*, clew *s.*, clew eye *s.*, eye *s.* of the clew, lead *s.*; **–block** *m.*, sheet block *s.*; **–bügel** *m.*, sheet bridle *s. or* bracket *s.*; **–einstellung** *f.*, sheeting *s.* **Schoten** *f./pl.*, **fliegende –,** flowing *or* flying sheets (*pl.*); **hol(t) dicht die –!** (*com.*), sheet in!, pull in the sheets!; **zwei Boote mit gleichen –,** two boats on the same board *or* tack (*racing tactics*); **zwei Boote mit verschiedenen –,** two boats on different boards *or* tacks (*racing tactics*).

Schoten *n.*, sheeting *s.*; **– über das Baumende,** boom-end sheeting *s.* **schoten** *v.*, to sheet; **außen (innen) –,** to sheet outboard (inboard); **das Segel weiter außen –,** to trim the sail farther out; **die Fock (weiter) außen –,** to move (the) lead for jib outboard; **ein Segel bis zum Heck –,** to sheet a sail to the stern; **ein Segel dicht –,** to trim a sail close; **ein Segel hart –,** to trim a sail hard. **Schoten / führung** *f.*, **–regulierung** *f.*, sheet control *s. or* lead *s.*;

–stek *m.*, becket bend *s. or* hitch *s.*; **–winsch** *f.*, sheet winch *s.*

Schot / führung *f.*, sheet lead *s.*; **–geschirr** *n.*, sheet gear *s.*; **–holepunkt** *m.*, sheet lead *s.*; **–holepunktmarkierungen** *f./pl.*, sheet-lead markings (*pl.*). **Schothorn** *n.*, clew *s.* (*rare* clue *s.*) (*of a sail*); **hohes (niedriges) –,** high (low) clew *s.*; **Lochbrett** *n.* **im –,** clewboard *s.*; **Segel** *n.* **mit hohem (niedrigem) –,** high-clewed (low-clewed) sail *s.*; **das – (weit) außen fahren,** to hold the clew outboard; **– in Reling(s)höhe,** raised clew *s.*; **–aufholer** *m.*, tricing line *s.*; **–auge** *n.*, clew eye *s.*, eye *s.* of the clew; **–ausholer** *m.*, clew outhaul *s.*; **–einholer** *m.*, tricing line *s.*; **–höhe** *f.*, clew height *s.*, height *s.* of the clew; **–kausch(e)** *f.*, clew cringle *s.*; **–liek** *n.*, clew(-)rope *s.* **Schot / klampe** *f.*, sheet cleat *s.*; **–klemme** *f.*, cam *or* jam cleat *s.*; **–leitschiene** *f.*, sheet horse *s. or* track *s.*; **–material** *n.*, line(s) *s.* (*pl.*) *or* rope *s.* for (use as) sheet(s); **–rah(e)** *f.*, jack yard *s.*; **–ring** *m.*, clew ring *s.*, boom horse *s. or* travel(l)er *s.*; **–rutscher** *m./pl.*, sheet slides (*pl.*); **–schäkel** *m.*, clew shackle *s.*, (patent) sheet shackle *s.*; **–schnappschäkel** *m.*, sheet snap-shackle *s.*; **–spannung** *f.*, sheet tension *s.*; **–stärke** *f.*, diameter *s. or* size *s.* of sheet; **–stek** *m.*, sheet bend *s. or* hitch *s.*; **doppelter –stek** *m.*, double sheet-bend *s.*

Schott *n.*, bulkhead *s.*; water-gate *s.*; **fliegendes –,** shifting bulkhead *s.*; **wasserdichtes –,** watertight bulkhead *s.*; **mit einem –** *od.* **mit –en** (*pl.*) **versehen,** bulkheaded; **–en dicht!** (*com.*), collision stations!. **Schott / durchbruch** *m.*, **–durchgang** *m.*, bulkhead gap *s. or* opening *s.*, bulkhead passage *s.* **Schotten / deck** *n.*, bulkhead deck *s.*; **–einteilung** *f.*, subdivision *s.*; **–kurve** *f.*, admissible *or* floodable length curve *s.* **Schott / planken** *f./pl.*, shifting boards (*pl.*); **–platte** *f.*, bulkhead plate *s.*; **–süll** *n.*, bulkhead coaming *s.*; **–tür** *f.*, bulkhead door *s. or* port *s.*; **–versteifung** *f.*, bulkhead stiffening *s. or* strengthening *s.*; **–wand** *f.*, bulkhead partition *s.*; **–wand** *f.* **aus Holz,** wainscot *s.*

Schotwinde *f. od.* **-winsch** *f.*, sheet winch *s.*

schrad *adj.* (*dial.*), (*s.* **Schrat-).**

schräg *adj.*, diagonal, oblique (*angle*), askew, aslant, aslope, inclined, slanting, sloping, slantwise, on the slant *or* slope (*as deck*), (*tech.*) chamfered, bevelled; transverse; **– liegend,** askew, aslant, aslope (*as deck*); **sich – legen,** to tilt (*of boat*); **–e Ebene** *f.*, inclined plane *s.*; **in –er Lage,** on a *or* the tilt (*of boat, deck*); **–es Plattgatt** *n.*, oblique stern *s. or* tuck *s.* **Schräg / lage** *f.*, slope *s.* (*of deck*), cant *s.*, oblique *or* sloping position *s.*, obliqueness *s.*, inclination *s.*, slant *s.* (*of boat, deck*), tilt(ing) *s.* (*of boat*), (*Scots*) skent *s.* (*of boat*); **Boot** *n.* **in –lage bringen,** to tilt the boat; **s–liegen** *v.*, to tilt (*of boat*), to cant, (*Scots*) to skent (*of boat, deck*); **s–liegend** *adj.*, askant, askew, aslant, aslope (*of deck*), tilting (*of boat*); **sich s–stellen** *v.* (*naut.*), to trip (*of floor timbers*); **–wind** *m.*, oblique wind *s.*

schral *adj.*, unfavourable, weak, scant (*of wind*); **–er Wind** *m.*, scant *or* scanty *or* scrimp wind *s.* **schralen** *v.*, to draw ahead, to haul forward, to scant (*of wind*); **raumen und –,** to veer and haul (*of wind*). **schralend** *adj.*, **–er Wind** *m.*, (*coll.*) **Schraler** *m.*, disturbed wind *s.*, scant wind *s.*, scrimp wind *s.*

Schramme *f.*, scratch *s.* (*in the hull*); **voller –n** (*pl.*), scratchy (*of hull*).

schrammen *v.*, **ein Boot –,** to scratch a boat; **mit der Steuerbordseite am Anleger entlang –** (*coll.*), to graze the jetty on the starboard hand.

Schrat / segel *n.*, fore-and-aft sail *s.*, loose-footed sail *s.*, leg-of-mutton sail *s.*; **–takelung** *f.*, fore-and-aft rig *s.*

Schraube *f.* (*naut.*), screw *s.*, propeller *s.*, (*rare*) screw propeller *s.*, (*coll.*) prop *s.*; Chinese gybe *s.* (*sailing*); (*tech.*) (screw-)bolt *s.*, screw (bolt) *s.*, (wood-)screw *s.*, worm *s.*; **archimedische –** (*tech.*), Archimedes' screw *s.*, worm *s.*; **eingelassene –,** countersunk screw *s.*; **linksgängige –,** left-handed screw *s.*; **eine – anziehen,** to tighten the screw, to screw; **– ohne Ende,** endless *or* perpetual screw *s.* **schrauben** *v.*, to screw.

Schrauben / belastungskoeffizient *m.* (*naut.*), propeller load coefficient *s.*; **–bohrer** *m.* (*tech.*), (screw) auger *s.*, twist-drill *s.*; **–bolzen** *m.*, external *or* male screw *s.*, screw bolt *s.*, stud(-)bolt *s.*, stud *s.*; **mit –bolzen sichern,** to stud; **–brunnen** *m.* (*naut.*), propeller *or* screw aperture *s.*, propeller well *s.*; **–dampfer** *m.*, screw steamer *s.*; **–durchmesser** *m.* (*naut.*), diameter *s.* of the propeller; **–feder** *f.*, coil(-)spring *s.*; **–fläche(nverhältnis** *n.*) *f.* (*naut.*), propeller area (ratio) *s.*; **–flügel** *m.* (*naut.*), blade *s.* (of the propeller), propeller *or* screw blade *s.*; **–gang** *m.*, **–gewinde** *n.*, screw-thread *s.*, worm *s.*; **–haken** *m.*, screw hook *s.*; **verstellbarer –hebel** *m.*, tommy *s.*; **–kielwasser** *n.*, screw wash *s.*; **–kopf** *m.*, screw cap *s. or* head *s.*; **–leistung** *f.* (*naut.*), propeller capacity *s. or* performance *s.*; **–mutter** *f.*, female screw *s.*, nut *s.*; **–nuß** *f.* (*naut.*), stern boss *s.*; **–pro-**

peller *m.* (*naut.*), screw propeller *s.*; **–schlupf** *m.*, slip *s.* (of the propeller); **–schlüssel** *m.*, (screw) key *s.* *or* spanner *s.*, wrench *s.*; **englischer –schlüssel** *m.*, adjustable spanner *s.*, monkey-wrench *s.*; **S-förmiger –schlüssel** *m.*, S(-)wrench *s.*; **verstellbarer –schlüssel** *m.*, tommy *s.*; **–schub** *m.* (*naut.*), propeller thrust *s.*; **–schutz** *m.* (*naut.*), propeller *or* screw protection *s.* *or* guard *s.*; **–spindel** *f.*, male screw *s.*; **--Stehbolzen** *m.*, stud *s.*, stud(-)bolt *s.*; **–steigung** (*naut.*), pitch *s.* of the propeller; **–steven** *m.*, propeller *or* screw post *s.*; **–strahl** *m.* (*naut.*), propeller slipstream *s.*; **–strom** *m.* (*naut.*), backwash *s.*, propeller slipstream *s.* *or* wash *s.*, propeller *or* screw current *s.* *or* wake *s.*; **–tunnel** *m.* (*naut.*), screw alley *s.*; **–umdrehung** *f.* (*naut.*), screw *s.*; **–umdrehungsanzeiger** *m.*, propeller-speed indicator *s.*; **–ventil** *n.*, screw valve *s.*; **–wasser** *n.* (*naut.*), propeller *or* screw wash *s.*, backwash *s.*, (propeller) slipstream *s.*; **–welle** *f.* (*naut.*), propeller shaft *s.*, tail(-)shaft *s.* (of the propeller *or* screw); **–wellengang** *m.* (*naut.*), screw alley *s.*; **–winde** *f.*, jack(-)screw *s.*, screw jack *s.*; **–windung** *f.*, spiral turn *s.*; **–wirbel** *m.* (*naut.*), propeller *or* screw eddy *s.*; **–wirkungsgrad** *m.* (*naut.*), efficiency *s.* of the propeller *or* screw; **–zieher** *m.*, screw key *s.* *or* wrench *s.*, screwdriver *s.*; **–zirkel** *m.*, screw-compasses (*pl.*).

Schraub / haken *m.*, screw hook *s.*; **–klemme** *f.*, rigger's screw *s.*; **–muffe** *f.*, screw sleeve *s.*; **–schäkel** *m.*, screw (pin) shackle *s.*; **–stock** *m.* (*tech.*), vice *s.*, (*am.*) vise *s.*; **–verbindung** *f.*, union *or* screw joint *s.*; **–zwinge** *f.* (*tech.*), hand-vice *s.*, (screw-)cramp *s.*

Schrecken *m.*, **die –** (*pl.*) **des Meeres** (*naut.*), the terrors of the sea.

Schreiber *m.* (*naut.*, *tech.*), recorder *s.*, recording mechanism *s.* **Schreib / pegel** *m.* (*naut.*), (self-)recording tide-ga(u)ge *s.*; **–stift** *m.*, stylus *s.* (*of instruments*).

Schrick *m.*, check *s.*, ease *s.* (*of line, rope*). **Schricken** *n.*, surge *s.*, surging *s.* (*rope*). **schricken** *v.*, to check, to ease away, to pay out, to slack off, to surge (*a rope*). **Schricktau** *n.*, check rope *s.*

Schriftführer *m.* **eines Yachtclubs,** secretary *s.* of a yacht club.

schroff *adj.*, **–e Klippen,** rugged cliffs (*pl.*) *or* rocks (*pl.*).

Schroteffekt *m.* (*rad.*), shot-effect *s.*

schroten *v.* (*naut.*), to parbuckle.

Schröter *m.* (*naut.*), ship-breaker *s.*

Schrot / seil *n.*, **–tau** *n.*, parbuckle *s.*

schrubben *v.* (*naut.*), to scour, to scrub, to swab, (*coll.*) to holystone (*the deck*); **das Deck –,** to clamp down; **das Deck mit einem Scheuerstein** *od.* (*coll.*) **mit dem Gebetbuch –,** to holystone the deck. **Schrubber** *m.* (*naut.*), scourer *s.*, scrubber *s.*, scrubbing brush *s.*, swab *s.*

Schrupp / feile *f.* (*naut.*, *tech.*), rasp *s.*; **–hobel** *m.*, jack-plane *s.*

Schub *m.* (*naut.*), flow *s.*, (*naut.*, *tech.*) thrust *s.* (*of the propeller, etc.*), (*phys.*) shear *s.*, shearing force *s.* **Schub / beanspruchung** *f.*, shear(-)stress *s.*; **–boot** *n.*, push-boat *s.*, tugboat *s.*; **–festigkeit** *f.*, shear-strength *s.*; **–koeffizient** *m.*, thrust coefficient *s.* (*of the propeller*); **–kraft** *f.*, shearing force *s.*, thrust *s.*; **–kraft** *f.* **des Windes,** shearing force *s.* of the wind, wind shear *s.*; **–lager** *n.*, thrust bearing *s.*; **–lehre** *f.* (*tech.*), sliding callipers (*pl.*); **–leistung** *f.*, thrust (horsepower) *s.*; **–schlepper** *m.*, tugboat *s.*, push-boat *s.*; **–ventil** *n.*, slide-valve *s.*; **–verband** *m.*, barge train *s.*, push *s.*; **–wind** *m.*, wind shear *s.*; **–wirkung** *f.* **(im Seegang am Heck),** shearing effect *s.* *or* force *s.*, flow *s.* (on the stern in a heavy sea).

Schuh *m.* (*naut.*), saddle *s.*, shoe *s.*, socket *s.*, heel *s.* (*of mast, etc.*).

schuldig *adj.*, **–e Yacht** (*rac.*), answerable *or* responsible yacht *s.*; **eine Yacht für – erklären** *od.* **– sprechen,** to pronounce a yacht guilty.

Schuling *f.* (*naut.*), weather-screened place *s.* *or* spot *s.*

Schul / schiff *n.*, **–yacht** *f.*, training *or* school ship *s.*, cadet ship *s.*

Schulter *f.* (*naut.*), shoulder *s.*; **–n** (*pl.*) **eines Spinnakers,** shoulders (*pl.*) of a spinnaker. **Schulter / block** *m.* (*naut.*), shoulder block *s.*; **–klappe** *f.*, **–stück** *n.* (*naut.*), epaulette *s.*, (*am.*) shoulder mark *s.* *or* strap *s.*

Schuner *m.*, (*s.* **Schoner).**

Schürze *f.* **im Segel,** apron *s.* (in a sail).

Schuß *m.* (*naut.*), shot *s.*, report *s.* (*of a distress gun*); **einen – abfeuern** *od.* **abgeben,** to fire a round *or* a shot (*distress at sea*). **Schuß / bereich** *m.*, (effective) range *s.* (*of distress rocket, etc.*); **–faden** *m.*, **–garn** *n.* (*naut.*), weft *s.*, woof *s.*, weft yarn *s.* (*sailcloth*); **Kette und –(garn),** warp *s.* and fill *or* weft *or* woof; **–weite** *f.*, (effective) range *s.* (*of distress rocket, etc.*); **in –weite,** within range.

Schute *f.*, (dumb) barge *s.*, swim barge *s.*, lighter *s.*, schuit *s.*, schuyt *s.*, punt *s.*, (*am., Scots*) scow *s.*, (*coll.*) keel *s.*; **–ngeld** *n.*, lighterage *s.*

schütten *v.* (*coll.*), to pour (with rain), to pour down.

Schutz *m.* (*naut.*), shelter *s.*, protection **(vor,** against *or* from); (*tech.*) screen *s.*, shield *s.*, guard *s.*, safeguard *s.*; **das Boot suchte – in einer Bucht,** the boat sheltered in a bay; **in einer Bucht** *od.* **in einem Hafen – vor einem Sturm suchen,** to take shelter from the gale in a bay *or* in a harbo(u)r; **– suchen** (*naut.*), to seek *or* to take shelter (**vor,** from).

Schütz *n.*, **Schütze** *f.* (*naut.*), shutter *s.*, shuttle *s.*, sluice *s.*, sluice-board *s. or* -gate *s.*; (*rad.*) remote-controlled switch *s.*, relay *s.*, contactor *s.*; **– einer Schleuse,** paddle *s.*; **– eines Wehrs,** wicket *s.*

Schutz/anode *f.* (*naut.*), sacrificial anode *s.*; **–anstrich** *m.*, protective coat(ing) *s. or* paint(ing) *s.* (*of hull, etc.*); **–blende** *f.*, shade *s.*; **–brett** *n.* (*naut.*), apron *s.*, weather-board *s.*; **–bretter** *n./pl.* (*naut.*), weather-boarding *s.*; **gewölbtes –dach** *n.* **(an Bug und Heck gegen Sturzseen),** turtle *or* whale back *s.*; **–damm** *m.*, wall *s.*; **–deck** *n.*, shelter deck *s.*

schützen *v.* (*naut.*), to guard *or* to protect (**gegen** *od.* **vor,** against *or* from).

Schützen/pfosten *m.* **einer Schleuse,** rymer *s.*; **automatisches –tor** *n.* **(einer Schleuse),** self-acting shutter *s. or* shuttle *s. or* sluice-gate *s.*

Schutz/farbe *f.*, protective paint *s.* (*for hull, etc.*); **–geleit** *n.* (*naut.*), convoy *s.*, escort *s.*; **–hafen** *m.*, port *s.* of refuge; **–haube** *f.*, (protective) cover *s.*, hood *s.* (*for compass, etc.*); **–heiliger** *m.* (*naut.*), patron(-)saint *s.*; **–hülle** *f.*, casing *s.*, slip-over cover *s.* (*for instruments*), armo(u)r *s.* (*of cable*); **–kappe** *f.*, (*s.* **–hülle**); **–kiel** *m.*, slab keel *s.*; **–kleid** *n.* (*naut.*), weather(-)cloth *s.*; **–leiste** *f.* (*naut.*), apron *s.*, weather-board *s.*; **–masse** *f.*, **–mittel** *n.*, resist *s.* (*for quick work, etc.*); **–patron** *m.* (*naut.*), patron saint *s.* (*of seafaring men*); **–pfahl** *m.* (*naut.*), fender pile *s.*; **–ring** *m.* (*naut., tech.*), keeper *s.*, guard ring *s.*; crinoline *s.*; **–schicht** *f.*, protective layer *s.*, insulation (layer) *s.*; **–schott** *n.*, screen bulkhead *s.*; **–vorrichtung** *f.* (*naut.*), safe(-)guard *s.*, safety device *s.*

Schwabbelscheibe *f.*, buffing wheel *s.*

Schwabber *m.* (*naut.*), swab *s.*, (*coll.*) mop *s.* **schwabbern** *v.*, to swab down, to swab (*the deck*), to scour. **Schwabberer** *m.*, **Schwabbergast** *m.*, swabber *s.* (*pers.*).

schwach *adj.*, weak (*as rope, crew, etc.*), (*rad., radar*) faint; **– werden** (*rad.*), to fade; **–e Brise** *f.*, gentle *or* very light breeze(s) *s.* (*pl.*); **–er Dunst** *m.* (*meteor.*), slight *or* thin haze *s. or* mist *s.*; **–es Licht** *n.*, dim *or* dull *or* faint light *s.*; **–es Signal** *n.* (*rad.*), thin *or* (*coll.*) poor signal *s.*; **–er Ton** *m.*, low sound *s.*; **schwächer werden,** to weaken (*as gale*), (*rad.*) to be fading, to faint away.

schwaien *v.*, **schwajen** *v.*, (*s.* **schwoien, schwojen).**

Schwalbennest *n.* (*naut.*), swallow's nest *s.*

Schwall *m.*, flood *s.* (*of water*), surge *s.*, swell *s.* **Schwall/blech** *n.*, **–brett** *n.*, **–platte** *f.* (*naut.*), baffle(-plate) *s.*; **–wasser** *n.*, splash water *s.*; **s–wasserdicht** *adj.*, splash-water-tight; **s–wassergeschützt** *adj.*, splash-proof.

Schwanenhals *m.* (*naut.*), wing-stopper *s.*, gooseneck *s.* (*kind of hook*); gooseneck *s.*, swan(-)neck *s.*, return bend *s.* (*air-vent*); **–lüfter** *m.*, gooseneck ventilator *s.*

Schwanken *n.* (*meteor.*), variability *s.* (*of temperature, weather*), (*astr.*) nutation *s.* **schwanken** *v.* (*naut.*), to roll, to rock, to swing (to and from), to toss (*of boat*), (*phys.*), to oscillate, (*meteor.*) to fluctuate, to vary; **(heftig) –** (*rad.*), to surge. **Schwankung** *f.* (*naut.*), deviation *s.*, (*meteor.*) variation *s.*, (*phys.*) fluctuation *s.*, (*astr.*) nutation *s.* **Schwankungs/bereich** *m.*, range *s.* of variation; **–grenze** *f.*, limit *s.* of variability; **–konstante** *f.* (*astr.*), constant *s.* of nutation.

Schwanz/block *m.* (*naut.*), tail block *s.*; **–welle** *f.* (*naut.*), tail *or* screw shaft *s.* (*of the propeller*).

Schwappen *n.* **der Wellen,** swash *s.* of the waves. **schwappen** *v.*, to swash (*of waves*), to spank (*of boat*).

schwarz *adj.*, **–er Ball** *m.*, black ball *s.*, signal ball *s.*; **S–es Brett** *n.* (*rac.*), notice-board *s.*, black board *s.*; **–es Eis** *n.*, black ice *s.* (*ice-yachting*). **Schwarzsender** *m.* (*rad.*), unlicenced *or* unlicensed radio station *s.*, illegal transmitter *s.*, radio pirate *s.*

Schweberuder *n.*, (balanced) underhung rudder *s.*, suspended rudder *s.*, spade rudder *s.*

Schwebung *f.* (*rad.*), beat *s.*, surge *s.*; **um eine – hinaufgehen** (*rad., phys.*), to rise a fraction *or* shade; **–en** (*pl.*) **bilden mit** (*phys.*), to beat with (*of oscillations*).

Schweden/schäkel *m.*, snap hook *s. or* shackle *s.*, swivel shackle *s.*; **–teer** *m.*, Stockholm tar *s.* (*shipb.*).

Schweif *m.* (*astr.*), trail *s.* (*of a meteor*), train *s.* (*of a comet*).

Schweigekegel *m.* (*rad.*), cone *s.* of silence.

Schweinsrücken *m.* (*naut.*), anchor bed *s. or* chock *s. or* plate *s.*, bill *s.*; **–laschung** *f.*, V-scarf *s. or* -scarph *s.*

schweiß/bar *adj.* (*naut., tech.*), weldable; **S–brenner** *m.*, welding torch *s.* **Schweiße** *f.*, weld *s.* **Schweißen** *n.*, weld *s.*, welding *s.* **schweißen** *v.*, to weld. **Schweiß/konstruktion** *f.* (*naut.*), welded (yacht) construction *s.*; welded structure *s.*; **–latte** *f.* (*naut.*), sweat board *s.*; **–naht** *f.*, welded joint *s.* *or* seam *s.*, shut *s.*; **durch eine –naht verbinden,** to seam (*shipb.*); **–stahl** *m.*, weld steel *s.* (*shipb.*); **–stelle** *f.*, welded joint *s.*, weld *s.*; **kalte** *od.* **fehlerhafte –stelle** *f.*, cold shut *s.* **Schweißung** *f.*, weld *s.*, welding *s.* **Schweiß/verbindung** *f.*, welded joint *s.* (*shipb.*); **–wasser** *n.* (*naut.*), condensation *s.*, condensed water *s.*

Schwell *m.*, swell *s.* (*of the sea*).

Schwelle *f.* (*geogr.*), ridge *s.*; sill *s.* (*of a dock, lock*).

Schwellen *n.* (*naut.*), filling *s.* (*of sails*), heave *s.* (*of the sea*). **schwellen** *v.*, to fill, to swell (*of sails*), to heave, to rise (*of sea*). **Schwellung** *f.* **der Segel** (*coll.*), bosom *s.* (of the sails).

schwenkbar *adj.* (*tech.*), revolving, rotatable, slewable, slewing, swivelling, swivel-mounted, traversable. **Schwenkdavit** *m.*, swivel *or* swing davit *s.* **schwenken** *v.* (*naut.*), to pivot, to swing, to turn (round), (*tech.*) to slew round, to swivel. **Schwenkkran** *m.*, slewing *or* swing crane *s.* (*in yacht harbour*). **Schwenkung** *f.* (*naut.*), pivoting *or* wheeling manoeuvre *s.* *or* (*am.*) maneuver *s.*; **–spunkt** *m.*, pivot *s.*; **–swinkel** *m.*, angle *s.* of traverse.

schwer *adj.* (*naut.*), heavy (*as sea, etc.*), difficult, (*coll.*) tough (*as sailing manoeuvre, etc.*); **– arbeiten** (*naut.*), to labour, to strain (*of boat*); **– auszumachen,** difficult to locate *or* to make out (*landmark, etc.*); **– betroffen von** (*naut.*), stricken with (*of boat*); **–e Bewölkung** *f.*, heavy cloud *s.* *or* overcast *s.*; **–es Gewitter** *n.*, violent storm *s.*; **–e (Gewitter)Luft** *f.*, heavy air *s.*; **–e See** *f.*, heavy *or* rough sea *s.*; **es geht** *od.* **läuft eine –e See,** a heavy sea is running, the sea is running high; **–er Seegang** *m.*, high *or* heavy sea *s.*; **–er Sturm** *m.* (*naut.*), whole gale *s.*; **–es Wetter** *n.* (*meteor.*), hard weather *s.*, press *s.* of weather, (*naut.*) heavy *or* rough weather *s.*, stress *s.* of (the) weather; **–e Wolken** *f./pl.*, heavy clouds (*pl.*).

schwerbeschädigt *adj.* (*naut.*), badly damaged, seriously disabled, stricken (*of boat*).

Schwere/feld *n.* (*phys.*), gravitational field *s.*; **–messer** *m.* (*phys.*), gravimeter *s.*; **–zentrum** *n.* (*phys.*), centre *s.* *or* (*am.*) center *s.* of gravity.

schwer/fällig *adj.*, **–es Boot,** clumsy *or* stiff boat *s.*; **–gehen** *v.* (*naut.*), to labour, (*am.*) to labor, to go hard (*of boat*).

Schwer/kraft *f.* (*phys.*), centre *s.* *or* (*am.*) center *s.* of gravity, (force of) gravity *s.*, gravitation *s.*; **nach dem Gesetz der –kraft arbeitend,** gravity; **–kraftbeschleunigung** *f.* (*phys*), acceleration *s.* due to gravity, gravitational acceleration *s.*; **–punkt** *m.* (*phys.*), centre *s.* of gravity, (*am.*) center gravity *s.*; **–punkt** *m.* **der Wasserlinienfläche,** centre *s.* *or* (*am.*) center *s.* of (the) waterplane; **–punktregatta** *f.*, point race *s.*, ranking(-)list race *s.*; **–punktverlagerung** *f.* (*phys.*), displacement *s.* *or* shifting *s.* of the centre of gravity.

Schwert *n.* (*naut.*), centreboard *s.*, (*am.*) centerboard *s.*; lee(-)board *s.*, drop-keel *s.*; **kurzes –,** dagger board *s.*; **auf das – steigen (bei Kenterung),** to climb on the centreboard; **das – anheißen,** to hoist (up) the centreboard; **das – aufholen,** to haul up the centreboard; **das – (ganz** *od.* **teilweise) einfahren,** to haul in *or* home the centreboard (wholly *or* partly); **das – hochholen,** to haul up the centreboard. **Schwert/block** *m.*, jeer block *s.*; **–bolzen** *m.*, centreboard bolt *s.*; **–boot** *n.*, centreboard boat *s.*, centreboarder *s.*, (*am.*) centerboarder *s.*; leeboarder *s.*; **Takelung** *f.* **eines –bootes,** cat rig *s.*; **wie ein –boot getakelt,** cat-rigged; **–einstellung** *f.*, adjustment *s.* of the centreboard; **–fall** *n.*, centreboard halyard *s.*, jeer fall *s.*; **–flosse** *f.* (*surf.*), fin *s.*; **–führung** *f.*, control *s.* of the centreboard, centreboard control *s.*; **–jolle** *f.*, centreboarder *s.*; **–kasten** *m.*, centreboard case *s.* *or* trunk *s.*; **–schlitz** *m.*, slot *s.* of the centreboard; **–takel** *n.*, jeer *s.*; **–yacht** *f.*, centreboard yacht *s.*, centreboarder *s.*; **breite –yacht** *f.* **mit geringem Tiefgang** (*am., coll.*), skimming dish *s.*

Schwerwetter *n.* (*naut.*), heavy air *s.* *or* weather *s.*, foul weather *s.*; **–ausrüstung** *f.*, foul weather gear *s.*; **–bedingungen** *f./pl.* (*naut., rac.*), heavy(-weather) conditions (*pl.*); **–besegelung** *f.*, heavy weather inventory *s.* *or* sails (*pl.*) *or* (*coll.*) canvas *s.*; **–boot** *n.*, heavy weather yacht *s.*, weatherly yacht *s.*; **–(regatta)taktik** *f.*, heavy weather technique *s.*; **–segel** *n.*, fresh wind sail *s.*, heavy air *or* weather sail *s.*; **–segeln** *n.*, heavy weather sailing *s.*; **–(segel)trimm** *m.*, heavy weather (sail) trim *s.*

Schwesterschiff *n.*, sister ship *s.* *or* yacht *s.*, twin ship *s.* *or* yacht *s.*

schwichten *v.* (*naut.*), to rope together. **Schwicht/reff** *n.*, balance reef *s.*; **–talje** *f.*, swifter tackle *s.*; **–tau** *n.*, swifter *s.*

Schwielenarbeit *f.* (*naut., sl.*), (a) sweat *s.*

Schwimm/brücke *f.*, floating *or* pontoon bridge *s.*; **–dock** *n.*, floating (dry) dock *s.*, hydraulic dock *s.*; **–ebene** *f.*, plane *s.* of floatation *or* (*am.*) flotation (*of a boat*). **schwimmen** *v.*, to swim (*of boat, pers.*), to drift, to float (*of boat, object*). **schwimmend** *pr. p.*, above water, afloat, buoyant, drifting, floating, swimming (*of boat, etc.*); **immer –,** always afloat (*of boat*); **–es Eisfeld** *n.*, floe *s.*; **–e Insel** *f.*, floating island *s.*; **–e Schiffe** *n./pl.* (*collect.*), floatage *s.*, (*am.*) flotage *s.*; **–es Seezeichen** *n.*, floating mark *s. or* marker *s. or* sea-mark *s.*; **–es Strandgut** *n.*, flotsam *s.* **Schwimmer** *m.* (*naut.*), float *s.*, floater *s.* (*of catamarans, etc.*), cork *s.*, float *s.* (*fishery sign*), pontoon *s.*, swimmer *s.* (*of seaplane*), swimmer *s.* (*pers.*); **–gestell** *n.*, float undercarriage *s.*, flotation *or* (*am.*) flotation gear *s.*; **–rolle** *f.*, float roller *s.*; **–stander** *m.*, float pennant *s. or* pendant *s.* **schwimmfähig** *adj.*, buoyant, floatable, floaty (*of boat*); **– bleiben,** to remain afloat (*of boat*). **Schwimm / fähigkeit** *f.*, buoyancy *s.*, floatage *s.*, (*am.*) flotage *s.* (*of boat*); **–fähigkeitszeugnis** *n.* (*naut.*), buoyancy certificate *s.*; **–fender** *m.*, fender spar *s.*; **–flagge** *f.*, dan buoy *s.*, marker buoy *s.*; **–gürtel** *m.*, life(-)belt *s.*, water-wing(s) *s.* (*pl.*); **–kasten** *m.* (*naut.*), caisson *s.*; **–kompaß** *m.*, liquid *or* wet compass *s.*; **–körper** *m.*, float *s.*; **rote –körper** (*pl.*) **mit Flaggen** (*rac.*), red floats (*pl.*) with flags; **–kraft** *f.*, buoyancy *s.* (*of a boat*); **–kran** *m.*, floating crane *s.*; **–lage** *f.* **(eines Bootes),** trim *s.* (of a boat); **(dicke) –leine** *f.* **des schleppenden Bootes** *od.* **des Schleppfahrzeugs,** (thick *or* strong) rope *s.* of the towing boat; **–pier** *m.*, floating jetty *s.*; **–ramme** *f.*, floating pile-driver *s.*; **–steg** *m.*, floating jetty *s.*; **gegen den –steg aufschießen,** to shoot (straight) towards the floating jetty (*ob boat*); **–wasserlinie** *f.*, line *s.* of floatation (*of boat*); **–weste** *f.*, life(-)jacket *s.*, cork jacket *s.*, buoyancy aid *s.*, (*am.*) air jacket *s.*; **aufblasbare –weste** *f.*, inflatable life-jacket *s.*, (*am.*) Mae West *s.*; **–westen anlegen!** (*rac., com.*), put on your life-jackets!; **–westenkiste** *f.*, life-belt *or* -jacket box *s. or* chest *s.* (*aboard*); **–westenzwang** *m.* (*rac.*), obligation *s.* to wear life-jackets, compulsory wearing *s.* of life-jackets.

schwinden *v.*, to die away (*of daylight*), (*rad.*) to fade (away).

Schwing / baum *m.* (*naut.*), swinging boom *s.*; **–bett** *n.* (*naut.*), cot *s.*; **–davit** *m.*, swing(ing) davit *s.* **Schwingen** *n.* (*naut.*), swing *s.*, swinging *s.* **schwingen** *v.* (*naut.*), to swing, to sway, (*phys.*) to oscillate, to vibrate; ein **ein Boot nach Backbord (Steuerbord) –,** to swing a boat to port (starboard); **ein Boot zur Kompaßkompensierung –,** to swing ship; **ein Schiff herum –,** to swing the boat round. **Schwing / koje** *f.*, cot *s.*, swing bed *s.*; **–metall** *n.* (*naut.*), rubber *s.* bonded to metal (*shipb.*); **–quarz** *m.* (*rad.*), crystal *s.*

Schwingung *f.* (*naut.*), swing *s.*, swinging *s.*, vibration *s.*, (*phys.*) oscillation *s.*, vibration *s.*, wave *s.*, (*rad.*) cycle *s.* (*of oscillation*); swing(ing) *s.* (*of compass needle, dial, etc.*); **gedämpfte (ungedämpfte) –** (*phys.*), damped (undamped) oscillation *s. or* wave *s.*; **harmonische (nichtharmonische) –** (*phys.*), free (forced) vibration *s.* **Schwingungs / achse** *f.*, axis *s.* of oscillation, nodal line *s.*; **–anzeiger** *m.* (*naut., phys.*), vibration(-)indicator *s.*, vibrograph *s.*; **–dämpfung** *f.*, attenuation *s.*; **–dauer** *f.* (*naut., phys.*), period *s. or* time *s.* of oscillation, cycle *s.*; period *s.*; **von gleicher –dauer** (*phys., rad.*), synchronous; **s–frei** *adj.*, vibration-proof; **–knoten** *m.* (*phys.*), node *s.*; **–kreis** *m.* (*phys., rad.*), oscillation *or* oscillator *or* oscillatory *or* oscillating circuit *s.*; **–linie** *f.* (*phys.*), nodal line *s.*; **(elektronischer) –messer** *m.* (*naut., phys.*), vibroscope *s.*; **–punkt** *m.* (*phys.*), nodal point *s.*; **–weite** *f.* (*phys.*), amplitude *s.* (of vibration); **–welle** *f.* (*phys., rad.*), travel(l)ing wave *s.*, undulation *s.*; **harmonische –welle** *f.* (*rad.*), sine-wave *s.*; **–zahl** *f.* (*phys., rad.*), frequency *s.* (of oscillations).

Schwitzwasser *n.* (*naut.*), condensation *s.*, condensed moisture *s. or* water *s.*, (*coll.*) sweat *s.*

Schwoi- *od.* **Schwojebecken** *n.*, swinging basin *s.* **Schwoien** *n.*, **Schwojen** *n.*, swing *s.*, swinging (round) *s.*; **darauf achten, daß ein verankertes Boot beim – nicht die Ankerkette verwickelt** *od.* **vertörnt,** to tend a boat. **schwoien** *v.*, **schwojen** *v.*, to swing, to tend (*a boat*), to swing (*at anchor*), to swing (the boat) round; **auf den Strom –,** to swing to the tide; **auf den Wind –,** to swing to the wind; **klar – (von),** to swing clear (of); **vor Anker –,** to swing at anchor; **das Boot schwoit** *od.* **schwojt,** the boat swings across *or* round. **schwoiend** *pr. p.*, **schwojend** *pr. p.*, **auf die Gezeit –, auf den Strom –** *od.* **geschwoit sein,** to be tide-rode (*of boat*). **Schwoje-** *od.* **Schwoi / kreis** *m.*, **–raum** *m.*, berth *s.*, swinging berth *s.* (*of a boat*); **–winkel** *m.*, swinging angle *s.* (*of a boat*).

schwül *adj.* (*meteor.*), languorous, oppressive, sultry (*of air, weather*), (*dial.*) smudgy; **drükkend –,** close, stifling, stuffy (*of air*); **–e Hitze** *f.*, melting heat *s.*; **–e Luft** *f.*, close *or* oppressive *or* sultry *or* (*dial.*) smudgy air *s.*; **–es Wetter** *n.*, oppressive *or* sultry weather *s.* **Schwüle** *f.* (*meteor.*), languor *s.*, closeness *s.*, mugginess *s.*, sultriness *s.*, (*coll.*) stickiness *s.*, stuffiness *s.* (*of the air*). **Schwülheit** *f.* **des Wetters,** mugginess *s.* of the weather.

Schwund *m.* (*naut.*), leckage *s.*, (*rad.*) fading *s.*; **– haben** (*rad.*), to fade (away). **Schwund/ausgleich** *m.* (*rad.*), antifading *s.*, automatic volume control *s.*; **automatischer –ausgleich** *m.* (*rad.*), automatic gain control *s.*; **–effekt** *m.* (*rad.*), fading (effect) *s.*; **–gleichrichter** *m.* (*rad.*), fading rectifier *s.*; **s–mindernde Antenne** *f.*, antifading aerial *s.* *or* (*am.*) antenna *s.*; **–reg(e)lung** *f.* (*rad.*), fading control *s.*; **–zone** *f.* (*rad.*), area *s.* of no reception *s.*

Schwungkraft *f.* (*naut.*, *phys.*), centrifugal force *s.*; momentum *s.*

Scirocco *m.*, (*s.* **Schirokko**).

Scooter *m.* (*am.*), scooter *s.* (*sail boat and ice-yacht*).

Scow *f.* (*am.*), scow *s.* (*kind of centerboarder*). **Scow-Spant** *n.*, scow surfboard *s.* (*of boats, surfboards*).

Sechser/gruppe *f.* (*naut.*), the six types of right-of-way ships, sextuplet *s.*; **–mannschaft** *f.* **(beim Rudern),** a rowing six; **–stellung** *f.* (*radar*), three-point suspension attitude *s.* *or* position *s.*

Sechskant/(holz)schraube *f.*, lag screw *s.*; **–mutter** *f.*, hexagonal nut *s.*; **–schraube** *f.*, hexagonal screw *s.*

Sechsstundenkreis *m.* (*astr.*), six-hour circle *s.*

Sechzig-PS-Motor *m.* (*naut.*), sixty horse motor *s.*

Securité! (*naut.*, *rad.*), securité! (*int. distress signal*).

See *m.*[1], lake *s.*, pond *s.*, pool *s.*, water(s) *s.* (*pl.*), (*Irish*) lough *s.*, (*Scots*) loch *s.*, (*Afr.*) nyanza *s.*; **kleiner –,** lakelet *s.*, mere *s.*; **günstige** *od.* **gute Wind- und Wellenbedingungen** (*pl.*) **auf einem –** *od.* **eines –s,** good *or* favo(u)rable conditions (*pl.*) of a lake; **24-Stunden-Regatta auf einem –,** 24-hour lake race *s.*; **– in den Bergen,** mountain lake *s.*

See *f.*[2], sea *s.*, ocean *s.*, deep *s.*, wave *s.*, the waters (*pl.*), the watery ways (*pl.*); **an der –,** by *or* on the sea, at *or* by the seaside; **an der – (gelegen),** on the sea; **an die –,** to the seaside; **auf –,** at sea, asea, on the sea, (*coll.*) out; **auf hoher –,** in *or* on the open sea, on the high sea(s), out at sea, on the main; **auf offener –,** in the offing, on the high sea(s), on the main; **bei glatter** *od.* **ruhiger –,** in a smooth sea; **bei schwerer –,** in a rough sea; **von der – (her),** from seaward (*as wind, current*); **zur –,** asea, at sea, on the sea; by sea; **achterliche –,** quartering *or* stern sea *s.*; **anschwellende –,** swelling *or* rising sea *s.*; **aufgewühlte –,** stirred-up sea *s.*; **aufkommende –,** rising sea *s.*; **außergewöhnlich schwere –,** precipitous sea *s.*; **bewegte –,** choppy *or* lumpy sea *s.*; **brodelnde –,** seething sea *s.*; **durcheinanderlaufende –(n),** confused sea(s) *s.* (*pl.*); **gebrochene –,** broken sea *s.*; **gewaltig hochgehende –,** precipitous sea *s.*; **glatte –,** smooth sea *s.*; **grobe –,** rather rough sea *s.*; **hochgehende –,** heavy sea *s.*, high(-running) sea(s) *s.* (*pl.*); **hohe –,** high *or* high-running sea *s.*; deep sea *s.*, high seas (*pl.*); **hohle –,** hollow sea *s.*; **kabbelige –,** choppy *or* turbulent sea *s.*; **kurze –,** short sea *s.*; **lange –,** long sea *s.*; **leicht bewegte –,** slight sea *s.*; **mäßig bewegte –,** moderate sea *s.*; **nachlaufende –,** following sea *s.*; **offene –,** open sea *s.*; **ölige –,** sleek sea *s.*; **raume –,** fair *or* open sea *s.*, quartering sea *s.*; offing *s.*; **rücklaufende –,** backwash *s.* (of the sea); **ruhige –,** smooth sea *s.*; **ruhige spiegelglatte –,** calm sea *s.*; **ruhige gekräuselte –,** rippled sea *s.*; **schwach bewegte –,** smooth sea *s.*; **schwere –,** heavy sea *s.*; **sehr grobe –,** rough sea *s.*; **sehr hohe –,** very high(-running) sea *s.*; **spiegelglatte –** (*coll.*), a sea like a looking-glass *or* like a sheet of glass; **stürmische –,** tempestuous *or* turbulent *or* tumultuous *or* uproarious sea *s.*; **tobende –,** roaring *or* raging *or* raving sea *s.*; **turbulente –,** tumultuous *or* turbulent sea *s.*; **überkämmende –,** combing sea *s.*; **vorliche –,** head sea *s.*; **die hohe** *od.* **offene –,** the high seas, the main sea, the main, (*coll.*) blue water *s.*; **Abgrenzung** *f.* **nach – zu,** seaward boundary *s.*; **Kapitän** *m.* **zur –,** naval captain *s.*; **Leutnant** *m.* **zur –,** midshipman *s.*, (*coll.*) middy *s.*, (*sl.*) mid *s.*; **Überbrechen** *n.* **einer –,** (to be) pooped; **Überkommen** *n.* **einer –,** to come green; **Überleben** *n.* **auf –,** survival *s.* at sea; **überleben auf –,** to survive at sea; **unter dem Boot durchlaufende –,** passing sea *s.*; **achterliche – übernehmen,** to be pooped; to poop; **an die – gehen,** to go to the seaside; **auf die offene – auslaufen,** to stand seaward, to stand out from the land, to stand out to sea; **auf – bleiben (geblieben),** (to be) lost at sea; **der – zugewandt,** seaward; **der – zugewandte Richtung** *od.* **Seite,** seaward *s.*; **die – befahren,** to cruise, to voyage; **die – (durch)pflügen,** to plough *or* (*am.*) to plow (through) the sea (*of boat*); **die – geht hoch,** the sea runs high *or* is running high, a heavy sea is running; **die – halten,** to outstand (*of boat*); **die – legte sich,** the sea calmed *or* smoothed down, the sea was lulled; **die – wird stärker,** the sea makes up *or* is making up; **eine – übernehmen,** to ride wet, to ship a sea; **eine – von achtern übernehmen,** to be pooped; **gegen die – liegen,** to outstand (*of boat*); **in – gehen,** to put (out) to sea, to hoist *or* to make *or* to set sail, to go to sea, to proceed *or* to push out to sea, to bear out to sea, to stand out (to sea); **in – gehen nach,** to (set) sail for; **in schwerer – laufen** *od.* **treiben,** to make heavy weather (*of boat*); **in – stechen** (*Laienausdruck*), (*s.* **in – gehen**); **schwer gegen die – ankämpfen,** to thrash (*of boat*); **schwer in der – arbeiten,** to labo(u)r (*of boat*); **schwer in der – gehen** *od.* **laufen,** to ride heavily (*of boat*); **schwere –n** (*pl.*) **übernehmen,** to ship heavy seas; **überbrechende –n** (*pl.*) **(über Untiefen),** overfalls (*pl.*); **von der – getragen,** seaborne (*of boat*); **zur – fahren,** to follow the sea (*of yachtsmen*), to sail before the mast (*as sailor*); **zur – gehen,** to go to sea, to become a sailor *or* seaman.

See / amt *n.*, (German) Admiralty Court *s.*, marine *or* maritime court *s.*, Marine Court *s.*, Shipping Board *s.*; **–amtsverhandlung** *f.*, Marine Court hearing *s. or* trial *s.*; **–anker** *m.*, sea anchor *s.*, drogue *s.*; **–ankerleine** *f.*, **–ankerreep** *n.*, bag lanyard *s.*; **–ausrüstung** *f.*, marine *or* nautical equipment *s. or* outfit *s.*; **–bad** *n.*, seaside resort *s.*, water(ing) place *s.*; **(alter erfahrener) –bär** *m.* (*naut., coll.*), old salt *s.*, (old) sea-dog *s.*, water dog *s.*, shell back *s.*, Triton (*skipper, crew member*); **–beben** *n.*, sea( )quake *s.*, submarine (earth)-quake *s.*, sea tremor *s.*, tremor *s.* of the sea, water quake *s.*, (*coll.*) shake *s.*; **leichtes –beben** *n.*, microseism *s.*; **Umkreis** *m.* **über dem –beben,** epicentre *s.* (of a seaquake); **über dem –beben (befindlich),** epifocal; **den Mittelpunkt eines –bebens betreffend,** mesoseismal; **ortsansässige –behörde** *f.* **auf Binnenrevieren,** resident *or* local authorities (*pl.*) of inland navigation; **–beine** *n./pl.* **(haben),** (to have) sea legs (*pl.*); **–bergungsdienst** *m.*, marine salvage service *s.*; **–berufsgenossenschaft** *f.*, Mariners' Association *s.*, Ministry *s.* of Transport; **s–beschädigt** *adj.*, sea-damaged, damaged by the sea; **–beschädigung** *f.*, sea damage *s.*, damage *s.* by (the) sea; **–beute** *f.* (*naut., jur.*), prize *s.*; **–boot** *n.*, sea boat *s.*, seaworthy *or* weatherly boat *s. or* yacht *s.*; **–brauch** *m.*, custom *s.* of the sea, usage *s.* at sea; **nach –brauch,** shipshape (*of seamanship*); **–brief** *m.*, sea(-)letter *s. or* -pass *s.*, ship's passport *s.*; **–brise** *f.*, sea breeze *s. or* wind *s.*, onshore breeze *s.*, sea turn *s.*; **–bücher** *n./pl.*, sailing directory books (*pl.*); **–chronometer** *n.* (*naut.*), watch *s.*; **–deich** *m.*, sea wall *s.*; **–dienst** *m.* **(an Bord),** service *s.* afloat, sea routine *s.* (aboard), maritime service *s.*; **––Dreieck** *n.* (*rac.*), ocean triangle (race) *s.*; **––Echo** *n.* (*rad.*), sea return *s.*; **–eigenschaften** *f./pl.* **eines Bootes,** sea-going *or* -keeping qualities (*pl.*) of a boat; **–einlaßventil** *n.*, sea inlet valve *s.*; **s–erfahren** *adj.*, experienced at sea (*of skipper, crew*); **–erprobung** *f.*, sea trial *s.* (*of boat*); **s–fähig** *adj.*, seaworthy, sea-going; **–fähigkeit** *f.*, seaworthiness *s.*, weatherliness *s.*, weatherly qualities (*pl.*) (*of a boat*); **–fähigkeitszeugnis** *n.*, certificate *s.* of seaworthiness (*of a yacht*); **s–fahrend** *adj.*, seafaring, maritime; sea-going (*of boat*); **–fahrer** *m.*, sailor *s.*, mariner *s.*, seafarer *s.*, seafaring man *s.*, seaman *s.*; **–fahrt** *f.*, (sea) navigation *s.*, ocean navigation *s.*, navigation *s.* at sea, seagoing *s.*; cruise *s.*, sea passage *s. or* voyage *s.*; seafaring *s.*; **–fahrtinspektion** *f.*, maritime inspection (service) *s.*; **–fahrtkreuzer** *m.*, sea-going cruiser *s.*, ocean-going cruiser *s. or* cruising yacht *s.*, offshore cruiser *s.*; **–fahrtsamt** *n.*, Maritime Board *s.*; **–fahrt(s)buch** *n.*, seaman's registration book *s.*, discharge book *s.*, sailor's (registration) book *s.*, seaman's passport *s.*; **–fahrt(s)schule** *f.*, nautical college *s.*, navigation school *s.*, school *s.* of navigation, nautical school *s.*; **–fahrzeug** *n.*, sea- *or* ocean-going vessel *s.*; **–fallreep** *n.*, sea *or* rope ladder *s.*, (*coll.*) jack *or* Jacob's ladder *s.*; **s–fertig** *adj.*, ready to sail, ready for sea; **s–fest** *adj.*, seaworthy, (*coll.*) not subject to seasickness; **s–fest sein,** to be a good sailor *or* (*am.*) sail, to have sea legs; **nicht s–fest sein,** to be a bad *or* poor sailor *or* (*am.*) sail; **s–fest werden,** to find one's sea-legs; **s–fest zurren,** to lash *or* to seize *or* to secure for sea; **s–feste Ausrüstung** *f.*, sea-going rig *s.*; **–festigkeit** *f.*, seaworthiness *s.* (*of boat*), sea legs (*pl.*) (*of pers.*); **–fischerei** *f.*, deep-sea fishing *s.*; **–fliegerhorst** *m.*, seaplane base *s.*; **–flugrettungsdienst** *m.*, air-sea rescue (service) *s.*; **–flugstation** *f.*, seaplane base *s.*; **–flugzeug** *n.*, seaplane *s.*; **–freiheit** *f.*, freedom *s.* of the seas, (*naut., jur.*) mare liberum *s.*; **–funk** *m.*, maritime *or* marine radio *s.*, maritime W/T service *s.*; **–funkdienst** *m.*, marine *or* maritime radio *or* W/T service *s.*; **–funker** *m.*, ship's radiotelephone operator *s.*; **–funkfeuer** *n.*, maritime radiobeacon *s.*; **Internationale –funkservice-Orga-**

nisation *f.*, International Marine Radio Associated Companies (*pl.*); **–funk-Sprechzeugnis** *n.*, Ship Radiotelephone Operator's Certificate *s.*; **–funkstation** *f. od.* **-stelle** *f.*, marine *or* maritime radio station *s.*; ship's radiotelephone station *s.*, (*coll.*) ship station *s.*; **–funkverkehr** *m.*, marine *or* maritime radio traffic *s.*

Seegang *m.*, heavy sea *s.*, heave *s.* of the sea, (state of the) sea *s.*, motion *s.* of the sea, seaway *s.*, swell *s.* (of the sea); **bei –,** in a seaway; **hoher –,** high-running sea *s.*, heavy *or* rough sea *s.*; **es ist hoher –,** the sea is running high, a rough sea is running; **schwerer –,** heavy *or* rough sea *s.*; **bei – Wasser übernehmendes Schiff** *n.*, wet ship *s.*; **der – nimmt zu,** the sea builds, the sea is getting up; **– kommt auf,** the sea is getting up; **– mit kurzen leichten Wellen,** lop *s.* **seegängig** *adj.*, seaworthy, weatherly (*of boat*); sea- *or* ocean-going (*of boat*); **–e Yacht** *f.*, sea(-)going boat *s. or* ship *s. or* yacht *s.* **Seegang(s)/beanspruchung** *f.*, seaway stress *s.* (*of boat*); **–belastung** *f.*, seaway load *s.* (*of boat*); **–echo** *n.* (*radar*), sea clutter *s.*; **–entstörung** *f.* (*radar*), sea-return control *s. or* interference suppression *s.*, wave clutter *s.*; **–folgeeinrichtung** *f.*, **–kompensationsgerät** *n.*, swell compensation *s. or* compensator *s.*; **–karte** *f.* (*meteor.*), sea chart *s.*, pilot chart *s.*; **–reflex** *m.* (*radar*), (wave *or* sea) clutter *s.*; **–skala** *f.*, Petersen *or* sea scale *s.*; **–stärke** *f.*, force *s.* of the sea, sea force *s.*

See/gat(t) *n.* (*geogr.*), channel *s.*, fairway *s.*, gut *s.*, track *s.*; **–gebiet** *n.*, waters (*pl.*); **küstennahes** *od.* **vor der Küste liegendes –gebiet** *n.*, offshore waters (*pl.*); **–gebräuche** *m./pl.*, uses (*pl.*) and customs at *or* of the sea; **–gefahr** *f.* (*naut.*, *ins.*), sea-risk *s.*, risk *s.* at sea; **Versicherung** *f.* **gegen –gefahr,** marine insurance *s.*; **–gefahren** *f./pl.*, perils (*pl.*) of the sea; **s–gehend** *adj.*, sea- *or* ocean-going, seaworthy, weatherly (*of yacht*); **s–gehendes Boot** *n.* **für Seenotfälle,** sea boat *s.*; **–geltung** *f.*, naval prestige *s.*, prestige *s.* at sea; **–gericht** *n.*, Marine Court *s.*, marine court s., (German) Court *s.* of Admiralty; **–gerichtsbarkeit** *f.*, maritime jurisdiction *s.*; **–gesetz** *n.*, maritime law *s. or* code *s.*; **–gewässer** *n.* (*pl.*), (offshore) waters (*pl.*); **–gras** *n.*, seaweed *s.*; **–hafen** *m.*, coastal port *s.*, seaport s.; **–hahn** *m.*, sea cock *s.* (*of boat*); **–handbuch** *n.*, pilot (book) *s.*, sailing directory book *s.*; **–handel** *m.*, maritime *or* sea *or* overseas trade *s.*, sea-borne trade *s.*; **–herrschaft** *f.*, command *s. or* ownership *s.* of the sea, naval supremacy *s.* at sea; **–höhe** *f.*, sea level *s.*; **–hoheitsgebiet** *n.*, maritime territory *s.*, territorial waters (*pl.*); **–horizont** *m.* (*naut.*), visible *or* visual *or* sea horizon *s.*; **–hund** *m.*, seal *s.*; **Brutplatz** *m.* **von –hunden,** seal rookery *s.*; **–hundfang(platz)** *m.*, **–hundjagd** *f.*, **–hundschlag** *m.*, sealery *s.*; **–kabel** *n.*, submarine cable *s.*; **–kadett** *m.*, naval cadet *s.*, (*sl.*) reefer *s.*, snot *s.*; **–kadett** *m.* **(frisch von der Marineakademie)** (*am.*), youngster *s.*; **–kadettchen** *n.* (*coll.*), midshipmite *s.*; **–kanal** *m.*, ship *or* sea canal *s.*; **–kapitän** *m.*, sea captain *s.*; **–karte** *f.*, (sea) chart *s.*, nautical *or* marine chart *s.*, marine map *s.*, hydrographic chart *s.*, bathymetric chart *s.*; **gleichgradige –karte** *f.*, plain *or* plane chart *s.*; **veraltete –karte** *f.*, out-of-date *or* outdated (sea) chart s.; **auf der –karte einen Kurs abgreifen,** to prick the chart; **auf** *od.* **in eine –karte absetzen** *od.* **einzeichnen,** to plot (*course*, *position*, *etc.*); **auf keiner –karte eingezeichnet** *od.* **verzeichnet**, uncharted; **–kartenberichtigung** *f.*, (sea) chart correction *s.*, correction *s.* of the chart; **–kartennull** *n.*, chart datum *s.*; **–kartenzeichner** *m.*, hydrographer *s.*; **–kiste** *f.*, sea chest *s.*, sea locker *s.*, locker seat *s.*; **s–klar** *adj.*, trim (*of boat*), ready for sea, ready to sail; **s–klar machen,** to get ready for sea, to prepare for sea (*boat*, *pers.*); **–klima** *n.*, maritime climate *s.*; **–koje** *f.*, (pilot) berth *s.*; **–kommissar** *m.*, shipping commissioner *s.*; **–kompaß** *m.*, mariner's compass *s.*; **s–krank** *adj.*, seasick; **s–krank sein,** to be seasick, to suffer from nausea; **s–krank werden,** to feed the fishes; **leicht s–krank werden,** to be a bad *or* poor sailor; **nie** *od.* **nicht leicht s–krank werden,** to be a good sailor; **–krankheit** *f.*, seasickness *s.*, nausea *s.*; **–kreuzer** *m.*, ocean- *or* seagoing cruiser *s. or* cruising yacht *s.*; **–kreuzer** *m.* **mit Hilfsmotor,** auxiliary *s.*; **–küste** *f.*, seaboard *s.*, sea-coast *s.*, seashore *s.*, sea(-)side *s.*

Seele *f.* (*naut.*), central strand *s.* (*of shroud-laid rope*), (fibre *or* (*am.*) fiber) core *s. or* heart *s.* (*of a cable or rope*); (*tech.*) bore *s.*

Seeleichter *m.*, seagoing lighter *s.*, (*am.*, *Scots*) scow *s.*

Seelen/verkäufer *m.* (*naut.*, *coll.*), cranky boat *s.*, cockle-shell *s.*; (*sl.*) crimp *s.* (*pers.*); **–wärmer** *m.* (*naut.*, *coll.*), woolly *s.*; **–weite** *f.* (*naut.*, *tech.*), calibre *s.*

See/leute (*pl.*), mariners (*pl.*), seamen (*pl.*), sailors (*pl.*); **–lotse** *m.*, sea pilot *s.*; **–luft** *f.*, sea air *s.*; **–macht** *f.*, sea power *s.*

Seemann *m.*, mariner *s.*, sailor *s.*, seaman *s.*,

seafaring man *s.*, seafarer *s.*, (*coll.*) jack *s.*, jacky *s.*, Triton; **alter erfahrener –** (*coll.*), shell back *s.*, old salt *s.*, old tar *s.*, (*sl.*) sea *or* water dog *s.*; **befahrener –,** old hand *s. or* salt *s.*; **nörgelnder** *od.* **querulierender –** (*sl.*), sea lawyer *s.*; **schlechter** *od.* **ungeschickter –,** (land) lubber *s.*; **unbefahrener –, – auf seiner 1. Fahrt** (*coll.*), landsman *s.*; **– sein,** to follow the sea; **ein befahrener – sein,** to have sailed the Seven Seas. **seemännisch** *adj.*, seamanlike, seamanly, nautical, sailorly; seafaring; **–e Arbeiten** *f./pl.* **an Bord,** (seamanly) boat routine *s.*, nautical tasks (*pl.*) aboard; **–er Ausdruck** *m.*, nautical term *s.*; **–e Erfahrung** *f.*, nautical experience *s. or* (*coll.*) know(-)how *s.*; **–e Leistung** *f.*, seamanship *s.*; **eine (gute) –e Leistung** *f.*, a fine piece *s.* of seamanship. **Seemans / amt** *n.*, shipping office *s.*, seamen's registration office *s.*; **–amtsleiter** *m.*, shipping master *s.*, (*am.*) shipping commissioner *s.*; **Pfadfinder** *m.* **mit –ausbildung,** sea scout *s.*; **–ausdruck** *m.*, sea term *s.*, nautical term *s.*; **den –beruf aufgeben** (*naut.*, *sl.*), to swallow the anchor; **–brauch** *m.*, sailor's custom *s.*; **nach –brauch,** shipshape. **Seemannschaft** *f.*, seamanship *s.* **Seemans / englisch** *n.*, seaman's pidgin *s.*; **–erfahrung** *f.*, seamanship *s.*; **–garn** *n.* (*coll.*), tall story *s.*, yarn *s.*; **–garn erzählen** *od.* **spinnen** (*coll.*), to spin a yarn, to tell yarn; **–grab** *n.*, Davy Jones's locker *s.*; **das –handwerk gut verstehen** *od.* **kennen,** to know the ropes; **–heim** *n.*, sailor's home *s.*, seamen's hostel *s. or* rest *s.*; **(kurze) –jacke** *f.*, reefer *s.*, pilot coat *s.*; **kurze 2-reihige –jacke** *f.*, reefer jacket *s.*; **–knoten** *m.*, Englishman's tie *s.*; **–leben** *n.*, maritime life *s.*, sailoring *s.*; **–ordnung** *f.*, ship's articles (*pl.*); **–register** *n.*, seamen's register *s.*; **–spleiß** *m.*, mariner's splice *s.*; **–sprache** *f.*, nautical *or* sailors' language *s.*; **–tanz** *m.*, hornpipe *s.*; **–tum** *n.*, seamanship *s.*

See / marke *f.*, (marker) buoy *s.*, sea marker *s.*; **s–mäßig** *adj.*, seaworthy; **s–mäßig befestigt,** lashed *or* secured for sea; **s–mäßig ordentlich** *od.* **sauber,** shipshape; **s–mäßig stauen,** to trim; **s–mäßige Verteilung** *f.*, trimming *s.* (*of ballast, crew, etc.*); **s–mäßige Zurring** *f.*, seaworthy lashing *s. or* seizing *s.*; **–meile** *f.*, nautical mile *s.*, sea(-)mile *s.* (*1852 metres*); geographical mile *s.*; knot *s.* (*speed of boat, wind*); **Britische Imperiale –meile** *f.*, British Imperial Nautical Mile *s.* (*1853,18 metres*); **englische –meile** *f.*, Admiralty *or* statute mile *s.* (*1609 metres*); **Internationale –meile** *f.*, International Nautical Mile *s.* (*1852 metres*); **knappe 10 –meilen** (*pl.*), a short 10 nautical *or* sea miles; **nur einige –meilen entfernt (von),** within a few nautical miles; **–meile** *f.* **pro Stunde,** knot *s.* (*1 sm/h*); **–möwe** *f. od.* **–möve** *f.*, cob *s.*, sea gull *s.*; **–muli** *n.* (*coll.*), sea mule *s.* (*push tug*); **–mündung** *f.*, estuary *s.* (*of a river*); **den Gezeiten ausgesetzte –mündung** *f.*, wash *s.*; **–nebel** *m.*, sea fog *s. or* mist *s. or* turn *s.*; **dichter** *od.* **dicker werdender –nebel** *m.*, thickening sea mist *s.*; **leichter –nebel** *m.*, sea haze *s. or* mist *s.*

Seen / gebiet *n.*, lakeland *s.*, lake district *s.*; **–kunde** *f.*, limnology *s.*

Seenot *f.*, distress *s.* at sea, (*coll.*) trouble *s.* (at sea); **Boot** *n. od.* **Schiff** *n.* **in –,** ship *s.* in distress *or* (*coll.*) trouble; **in – sein,** to be in trouble (*of boat*). **Seenot / -Auftriebsgurt** *m.*, distress air bag *s.*; **–ballon** *m.*, distress balloon *s.*; **–boje** *f.*, sea rescue buoy *s. or* float *s.*; **–boot** *n.*, rescue craft *s. or* vessel *s.*; **–dienst** *m.*, air-sea rescue service *s.*, sea rescue-service *s.*; **–feuerwerk** *n.*, distress flare *s. or* firework *s.*; **–flugzeug** *n.*, air-sea rescue plane *s.*; **–frequenz** *f.* (*rad.*), distress frequency *s.*; **–funk** *m.*, marine *or* maritime distress radio service *s.*; **–funkboje** *f.*, emergency position-indicating radio beacon *s.*, EPIRB *s.*, distress (indicating) radio beacon *s.*, survival beacon *s.*; **–kreuzer** *m.*, (sea) rescue cruiser *s.*; **–leuchte** *f.*, man-overboard light *s.*; **–position** *f.* **(eines Bootes),** distress position *s.* (of a boat), position *s.* of distress; **–proviant** *m.*, emergency *or* iron rations (*pl.*) (*in life boat or life raft*); **–rakete** *f.*, distress rocket *s.*; **–rettungskreuzer** *m.*, (sea) rescue cruiser *s.*; **–rettungsstation** *f.*, rescue station *s.*; **–rettungswesen** *n.*, (sea) rescue organization *s. or* service *s. or* system *s.*; **–ruf** *m.* (*rad.*), distress call *s.*, SOS *s.* (Save Our Souls), mayday *s.*; **–sender** *m.* (*rad.*), distress radio beacon *s. or* transmitter *s.*; (portable) distress radiotelephone *s. or* (*coll.*) walkie-talkie *s.*; **–signal** *n.*, distress signal *s.*; **–-Such-und-Rettungsdienst** *m.*, Search and Rescue (service *s.*), SAR *s.*; **–verkehr** *m.* (*rad.*), distress radio communication *s. or* traffic *s.*; **–welle** *f.* (*rad.*), (naval) distress wave *s.*; **–zeichen** *n.*, distress signal *s.*, (*rad.*) SOS *s.*, mayday *s.*

Seen / platte *f.* (*geogr.*) lakeland *s.*, lake district *s.*, flat country *s.* covered with lakes; **s–reich** *adj.*, **–es Gebiet,** lakeland *s.*

See / offizier *m.*, naval officer *s.*; **–paß** *m.*, sea letter *s. or* pass *s.*, ship's passport *s.*; **–pegel** *m.*, tide ga(u)ge *s.*, sea level *s.*; **–pfandrecht** *n.* (*naut.*, *jur.*), maritime lien *s.*; **–pocken** *f./pl.*, barnacles (*pl.*); **–police** *f.* (*naut.*, *ins.*), marine policy *s.*; **–protest** *m.*, ship's protest *s.*, sea protest *s.*, captain's *or* skipper's protest *s.*; **–proviant** *m.*, provisions (*pl.*), (*sl.*) prog *s.*; **–radar** *n.*, marine *or* maritime radar *s.*; **–ratte** *f. od.* **–ratze** *f.* (*coll.*), old salt *s.*, old sea- *or* water-dog *s.*; **–räuber** *m.*, (sea) rover *s.*, pirate *s.*, marooner *s.*, (*obs.*) corsair *s.*, buccaneer *s.*; **–räuberei** *f.*, piracy *s.*; **–rauch** *m.*, sea haze *s. or* mist *s.*; **–raum** *m.*, **–räumte** *f.*, offing *s.*, sea(-)room *s.*; **–raum voraus haben** *od.* **vor sich haben,** to have a good offing, to have offing ahead; **–recht** *n.*, maritime law *s.*, marine *or* maritime code *s.*; **–register** *n.*, sea *or* ship's register *s.*; **–reise** *f.*, cruise *s.*, (sea) voyage *s.*; **–reling** *f.*, guard(-)rail *s.*, sea rail(ing) *s.*; **–rettungsdienst** *m.*, (sea) rescue *or* life-saving service *s.*; **–rettungsflugzeug** *n.*, air-sea rescue plane *s.*; **–rettungshubschrauber** *m.*, air-sea rescue helicopter *s. or* (*sl.*) wind mill *s.*; **–routine** *f.* **an Bord,** sea routine *s.*, boat routine *s.*, routine *s.* aboard; **–revier** *n.* (*rac.*), offshore waters (*pl.*); **–risiko** *n.*, risk *s.* at sea, maritime risk *s.*; **–risikoversicherung** *f.*, maritime risk insurance *s.*; **–rückbehaltungsrecht** *n.* (*naut.*, *jur.*), maritime lien *s.*; **–sack** *m.*, duffel(-)bag *s.*, kit(-)bag *s.*, sea bag *s.*; **–schaden** *m.*, average *s.*, damage *s.* by sea, damage *s.* due to marine *or* maritime risk, sea damage *s.*, loss *s.* suffered at sea; **–schiff** *n.*, sea-going yacht *s. or* ship *s. or* vessel *s.*, ocean-going yacht *s.*, offshore yacht *s.*; seaworthy *or* weatherly boat *s. or* yacht *s.*; **ein gutes –schiff,** a good sea boat (with fine sea-going *or* weatherly qualities); **–schiffahrt** *f.*, maritime navigation *s.*; maritime *or* merchant shipping *s.*; **–schiffahrt(s)straße** *f.*, road *s.* at sea, maritime waterway *s.*; **–schiffahrt(s)straßenordnung** *f.*, (German) Collision Regulations (*pl.*); **–schiffer** *m.*, master *s.*, master mariner *s.*; **–schiffsverkehr** *m.*, traffic *s.* at sea, sea(-)going traffic *s.*; **–schlag** *m.*, blow *s. or* wash *s.* of the sea; **–schlagbelastung** *f.*, slamming loads (*pl.*) (*of a boat*); **–schlagblende** *f.*, wash-watertight *or* washtight deadlight *s.*, storm blind *s.*; **–schlamm** *m.*, sea mud *s.*; **–schlepper** *m.*, sea-going tug(boat) *s.*; **–schleuse** *f.*, sea lock *s.*; **–schlick** *m.*, sea mud *s.*; **–schule** *f.*, nautical college *s.*, navigation school *s.*, naval academy *s.*; **–segler** *m.*, blue-water *or* offshore sailor *s.*; **–seite** *f.*, seaward *s.*, sea front *s.*, seaside *s.* (*of port*, *etc.*); **–spiegel-Kanal** *m.*, sea-level canal *s.*; **–sprache** *f.*, nautical language *s.*; **–staat** *m.*, maritime nation *s.*; **–stadt** *f.*, coastal *or* sea town *s.*; **–stärke** *f.*, sea power *s.*, power *s.* of the sea; **–stiefel** *m./pl.*, rubber *or* sea *or* thigh boots (*pl.*), (*coll.*) jack boots (*pl.*); **–strand** *m.*, beach *s.*, seashore *s.*; **–straße** *f.*, road *s.* at sea, sea lane *s. or* road *s.*, (*am.*) (water) highway *s.*; **–straßenordnung** *f.*, rule(s) *s.* (*pl.*) of the road(s) at sea, International Regulations (*pl.*) for Preventing Collisions at Sea; **–straßenverkehrsordnung** *f.*, Rule(s) *s.* (*pl.*) of the Roads at Sea; **–straßenzeichen** *n.* (*pl.*), road sign(s) *s.* (*pl.*) (at sea); **–strom** *m.*, **–strömung** *f.*, sea current *s.*, current *s.* of the sea; **–sturm** *m.*, storm *s.* at sea; **–tage** *m./pl.*, days (*pl.*) at sea; **–tang** *m.*, seaweed *s.*, brown alga (*pl.* algae), tang *s.*; **Masse** *f.* **von –tang,** kelp *s.*; **angeschwemmter –tang** *m.*, wrack *s.*; **s–tauglich** *adj.*, able, sea-going, seaworthy (*of boat*), able-bodied (*of crew member, seamen*); **s–taugliche Yacht** *f.*, seaworthy *or* weatherly yacht *s.*; **–tief** *n.* (*geogr.*), deep *s.*; **–törn** *m.*, sea turn *s.*, cruise *s.*, cruising *s.*, round voyage *s.* (*with boat*), sea spell *s.* (*of watch*); **–trift** *f.*, flotsam *s.* (and jetsam), jettisoned goods (*pl.*); **s–triftiges Gut** *n.* (*naut.*, *jur.*), waveson *s.*; flotsam *s.*, flotsan *s.*, flotsen *s.*, flotson *s.*; **–transport** *m.*, carriage *s.* by sea, ocean *or* sea transport *s. or* shipping *s.* (*of racing boats, etc.*).

seetüchtig *adj.*, seaworthy, weatherly, navigable, sea- *or* ocean-going (*of yacht*), sound, wholesome, (*coll.*) snug, staunch (*of boat*); (*obs.*) copper-bottomed (*of ship*); **nicht –,** unseaworthy, unweatherly (*of boat*); **eine Yacht – machen,** to prepare the boat for sea; **–es Boot** *n.*, **–e Yacht** *f.*, sea- or ocean-going yacht *s.*, seaworthy *or* weatherly boat *s.*; sound *or* staunch *or* wholesome boat *s. or* yacht *s.*; **nicht –es Boot** *n.*, unseaworthy *or* unweatherly boat *s.*, (*coll.*) wet ship *s.*; hulk *s.* **Seetüchtigkeit** *f.*, seaworthiness *s.* (*of a boat*); **–szeugnis** *n.*, certificate *s.* of seaworthiness.

See / ufer *n.*, foreshore *s.*, seashore *s.*, waterside *s.*; lakeshore *s.*; **–unfall** *m.*, accident *s.* at sea, sea accident *s.*, marine casualty *s.*; **–ungeheuer** *n.*, sea monster *s.*, leviathan *s.* (*superstition at sea*); **s–untauglich** *adj.*, disabled, unseaworthy (*of boat*); **s–untüchtig** *adj.*, disabled, condemned, unmanageable (*of boat*); **s–untüchtiges Boot** *n. od.* **Schiff** *n.*, condemned *or* disabled *or* stricken boat *s.*; unseaworthy boat *s.*; **ein Boot** *od.* **Schiff für s–untüchtig erklären,** to condemn a boat *or* ship; **–untüchtigkeit** *f.* **(eines Bootes),** unseaworthiness *s.* (of a boat *or* yacht); **–ventil** *n.*, sea *or* flood cock *s.*, kingston valve *s.*, sea valve *s.*, scuttle *s.*; **–ventile** *n./pl.*, sea connections (*pl.*); **die –ventile öffnen,** to scuttle; **–verbindung** *f.* (*nav.*), sea lane *s. or* route *s.*, ocean lane *s.*, shipping lane *s.*, (*rad.*) marine *or* naval connection *s.*; **–verhalten** *n.* **(einer Yacht),** sea(-)going *or* -keeping performance *s.*, weatherly qualities (*pl.*) (of a yacht); behaviour *s.* at sea (of a yacht); **–verkehr** *m.*, sea *or* ocean traffic *s.*, sea-borne traffic *s.*; **–verklarung** *f.*, sea protest *s.*, skipper's protest *s.*; **–vermessung** *f.*, hydrographic survey *s.*; **–verpackung** *f.*, seaworthy packing *s.* (*of racing boats, etc.*); **–verschollenheit** *f.*, missing *s.* at sea (*of boat, pers.*); **–versicherer** *m.*, maritime insurer *s.*; **–versicherung** *f.*, maritime *or* marine insurance *s.*; **–volk** *n.*, maritime nation *s.*, seafaring people *s.*; ship's crews (*pl.*), seamen (*pl.*), seafaring men (*pl.*); **–wache** *f.*, sea spell *s. or* watch *s.*; **–warte** *f.*, hydrographic office *s.*, marine observatory *s.*; **s–wärts** *adv.*, out to sea, asea, seaward(s), offshore, from the shore; **s–wärts anliegen,** to stand for the offing *or* out to sea; **s–wärts laufen** *od.* **segeln,** to sail from the shore, to stand off *or* out; **s–wärts gelegen,** off; **–wasser** *n.*, sea(-)water *s.*, salt(-)water *s.*, brine *s.*; **s–wasserbeständig** *adj.*, seawater-proof, saltwater-proof; **–wasserdichte** *f.*, density *s. or* specific gravity *s.* of (the) sea *or* salt water; **s–wasserfest** *adj.*, seawater-proof *or* -tight, saltwater-proof; **–wasserschaden** *m.*, damage *s.* by sea water; **–weg** *m.*, sea lane *s. or* route *s.*, water lane *s.*, waterway *s.*; **auf dem –weg,** by sea; **auf dem –weg befördert** *od.* **geschehend,** seaborne; **s–werfen** *v.*, to jettison; **–wesen** *n.*, maritime affairs (*pl.*), naval affairs (*pl.*); **–wetteramt** *n.*, hydrographic bureau *s. or* office *s.*, maritime weather bureau *s. or* office *s.*; **–wetterbericht** *m.*, maritime *or* marine weather *or* meteorological report *s.*, shipping forecast *s.*; **–wetterdienst** *m.*, maritime *or* marine meteorological *or* weather service *s.*; **–wettfahrt** *f.*, offshore race *s. or* racing *s.*, blue-water race *s.*; **–wind** *m.*, sea breeze *s. or* wind *s. or* turn *s.*, onshore wind *s.*; **–wurf** *m.*, jetsam *s.*, jettison *s.*; **–wurf** *m.* **und Überbordspülen** (*naut., ins.*), jettison *s.* and washing overboard; **–wurfgut** *n.* (*naut., jur.*), lagan *s.*, ligan *s.*; **–zaun** *m.* (*naut., hum.*), guard(-)rail *s.*; **–zeichen** *n.*, sea marker *s.*, seamark *s.*, (marker) buoy *s.*, navigation mark(er) *s.*, navigational aid *s.*, landmark *s.*; **festes –zeichen** *n.*, landmark(er) *s.*; **fluoreszierendes rotes –zeichen** *n.*, fluorescent red seamark(er) *s.* (*distress at sea*); **schwimmendes –zeichen** *n.*, float *s.*, floating (sea)mark *s.*; **ein –zeichen ausbringen** *od.* **auslegen,** to get a seamark(er) out (*distress at sea*); **–zeug** *n.* (*naut., coll.*), gear *s.*; **–zollgebiet** *n. od.* **–zone** *f.*, customs waters (*pl.*); **–zustand** *m.*, state *s.* of (the) sea.

Segel *n.*, sail *s.*, canvas *s.*, (*coll.*) s'l *s.*; (*pl. collect.*) cloth *s.*, clothing *s.*, canvas *s.*, sail(s) *s.* (*pl.*), (*coll.*) muslin *s.*; **mit –n** (*pl.*), sailed (*of boat*); **mit allen –n** (*pl.*) **(bei),** under full canvas *or* sail(s), with all sails (set); **mit blauen –n** (*pl.*), blue sailed (*of boat*); **mit vollen –n** (*pl.*), with all sails set, under full sail, under a press of canvas; **unter –,** under sail; **aufgegeites –,** brailed-up sail *s.*; **ausgebaumtes –,** boomed-out sail *s.*; **bauchiges –,** full *or* bellied *or* bulging sail *s.*; **beschlagenes –,** furled sail *s.*; **doppellagiges (einlagiges) –,** two-ply (single-ply) sail *s.*; **festgemachtes –,** furled *or* stowed sail *s.*; **flaches –,** flat sail *s.*; **fliegendes –,** flying sail *s.*; **gestaute –** (*pl.*), stowed (away) sails (*pl.*); **höchste –** (*pl.*) **(eines Seglers),** kites (*pl.*); **hohes leichtes –,** kite *s.*; **leichte –,** light sails (*pl.*); **lose –,** spare sails (*pl.*); **scheinbares –,** apparent sail *s.*; **vielseitig einsetzbares** *od.* **verwendbares –,** versatile sail *s.*; **zerfetzte –,** ragged sails (*pl.*); **laß(t) die – nieder!** (*com.*), let go (amain)!; **über die –!** (*com.*), gybe-oh!; **– steht voll!** (*int.*), sail filled!; **Bauch** *m.* **eines –s,** aerodynamic shape *s.* (of the sail), bunt *s. or* flow *s.* of a sail; **Seitenverhältnis** *n.* **eines –s,** (high) aspect ratio *s.* of a sail; **Turbulenzen** *f./pl.* **im Segel,** turbulent flow *s.* in a sail; **Twist** *m.* **im –,** twist *s.* in a sail; **alle – bei,** every stitch *s.* of canvas; **alle – (bei)setzen,** to crowd all sail; **alle – beistehen lassen,** to let all sails out; **alle – setzen,** to crowd all sail; **das – bekommt einen Bauch,** the sail bulges; **das – fällt zusammen,** the sail collapses; **das – füllt sich,** the sail fills *or* takes shape; **das – hält back,** the sail is backing *or* stalls; **das – in seinem Trimm stabilisieren,** to steady and stabilize the sail; **das – killt,** the sail is shaking *or* shakes *or* is spilling (wind); **das – schlägt** *od.* **steht back,** the sail is aback *or* backing; **das – steht gut,** the sail performs well; **das – steht voll,** the sail fills; **das – weitmöglichst auffieren,** to ease *or* to slack (away) *or* to slacken the sheet as far as possible; **die – losmachen,** to loosen *or* to unfurl sails; **die – losmachen und besser anschlagen,** to mend sails; **die – streichen,** to strike sail; **die – voll tragen lassen,** to keep full sails; **die – voll wirksam werden lassen,** to get the sails working; **ein – abschlagen,** to unbend *or* to unfurl a sail; **ein – anholen,** to sheet in *or* home a sail; **ein – anschlagen (an einer Spiere),** to bend a sail (to a spar); **ein – auffieren,** to ease *or* to slack away the sheet, to slacken sail; **ein – aufheißen,** to hoist (a) sail; **ein – bergen,** to lower a sail, to shorten sail; **ein – dichtholen,** to luff a sail; **ein – einbinden,** to tie up a sail, to tie in a reef; **ein – einholen,** to take in sail, to get in a sail; **ein – einrollen,** to furl a sail; **ein – festmachen** *od.* **festzurren,** to tie up a sail; **ein – flach machen** *od.* **ziehen** *od.* **abflachen,** to flatten (a) sail; **ein – fliegen** *od.* **auswehen lassen,** to let a sail fly, to set a sail flying; **ein – fliegend setzen,** to set a sail flying; **ein – glattziehen,** to stretch *or* to flatten a sail; **ein – niederholen,** to hand down a sail; **ein – reffen,** to reef a sail, to shorten sail; **ein – streichen,** to douse *or* to lower *or* to strike a sail; **ein – trimmen,** to trim a sail; **ein – weit hinter dem Vorstag setzen,** to tack a sail far aft in the foretriangle; **mehr – (bei)setzen,** to make (more) sail, to press sail, to crack on (sails); **mit vollen –n laufen,** to boom (*of boat*); **schnell alle – setzen,** to clap on all sail(s); **unter – gehen,** to make sail, to sail, to set sail (**nach,** for); **unter vollen –n laufen,** to bear sail; **zusätzlich(e) – setzen,** to make (more) sail; **zu viele – fahren** *od.* **führen** *od.* **beigesetzt haben,** to carry too much sail, to crowd (all) sail(s); **– abschlagen,** to unbend sails; **– angeschlagen an Deck liegen haben,** to have (the) sail(s) rigged and ready to set on (the) deck; **– aufgeien,** to clew up (sails); **– auftuchen,** to roll up (the) sails; **– backhalten,** to back sails; **– backholen,** to back the sails; **– bergen,** to take in sail(s), to shorten sail; **– beschlagen,** to furl sails, to stow sails, to hand sails; **– einziehen,** to shorten sail; **– festbändseln** *od.* **festmachen,** to hand sails, to tie up sails; **– führen,** to carry sail(s); **– heißen** *od.* **hissen,** to hoist sail; **– nähen,** to make sails; **– niederholen,** to clew down sails; **– reffen,** to reef sails, to shorten sail; **– setzen,** to make sail, to set sail; **– streichen,** to clew down *or* to haul down *or* to lower sail(s) (*of square-rigger*); **– verringern,** to reef sails, to shorten sail; **– vor dem Wind übergehen lassen,** to gybe, to jibe; **– zusammenlegen** *od.* **-rollen,** to hand sails, to roll up sails; **– mit horizontalen (vertikalen) Bahnen,** horizontal (vertical) panel sails.

Segel / anstellwinkel *m.*, angle *s.* of attack (of a sail); **–anweisungen** *f./pl.*, sailing directions (*pl.*) *or* instructions (*pl.*); **–backsetzen** *n.*, trim(ming) *s.* aback of sails, backing *s.* the sails; **–bahn** *f.*, panel *s.*, sail cloth *s.*, breadth *s.* of canvas; **–bauch** *m.* , camber *s. or* fullness *s. or* aerodynamic shape *s.* of a sail, belly *s.*, bunt *s.*, flow *s.* (of a sail); **den –bauch zu weit hinten (vorne) haben,** to have the draught *or* (*am.*) draft of the sail too far aft (forward); **–baum** *m.*, boom *s.*, pole *s.*; **s–bereit** *adj.* **(sein),** (to be) ready to sail; **–bezug** *m.*, (sail) cover *s.*, tarpaulin *s.*; **–boot** *n.*, sailing boat *s. or* yacht *s.*, (*am.*) sailboat *s.*, (*coll.*) sailer *s.*, (*am.*) sail *s.*; **ein bekalmtes –boot,** a becalmed sail(ing) boat *s. or* yacht *s. or* sail *s.*; **ein Feld** *od.* **eine Flotte von 30 –booten** (*pl.*), a fleet of 30 sail; **–bootantrieb** *m.*, sail drive *s.*, drive *s.* of a sail(ing) boat *s.*; **–brett** *n.*, sailboard *s.*; windglider *s. or* -surfer *s.*; **–club** *m.*, sailing club *s.*, yacht *or* yachting club *s.*; **–design** *n.*, styling *s. or* design *s. or* make *s.* of a sail; **–dingi** *od.* **–dingy** *n.*, (sailing) dinghy *s.*; **–doppelung** *f.*, lining *s. or* reinforcement *s.* of a sail; **–druckpunkt** *m.*, velic point *s.* of pressure, centre *s. or* (*am.*) center *s.* of pressure of sails; **–düse** *f.*, slot *s.* (*of or between sails*); **–eigenschaften** *f./pl.* **(eines Bootes),** sailing qualities (*pl.*) (of a boat); **–eigenschaften** *f./pl.* **(eines Segels),** performance *s. or* properties (*pl.*) (of a sail); **–einstellung** *f.*, trim *s.* of a sail *or* the sails; **–fahrt** *f.*, outing *s.*, sail *s.*; **einfache** *od.* **leichte –fahrt** *f.*, plain sailing *s.*; **eine –fahrt machen** *od.* **unternehmen,** to go for a sail; **–fahrzeug** *n.*, sailing craft *s. or* vessel *s.*, sailing boat *s.*, yacht *s.*, (*am.*) sailboat *s.*, (*coll.*) wind-ship *s.*, (*jur.*) vessel *s.* under sails; **Achtungssignal** *n.* **eines –fahrzeugs,** attention signal *s.* of a vessel under sails; **–fall** *n.*, (sail) halyard *s.*; **s–fertig** *adj.*, in sailing trim, sailable, ready to sail, ready for sea; **–fläche** *f.*, sail area *s.*, spread *s.* of sail; **gesetzte –fläche** *f.*, sail spread *s.*; **relative –fläche** *f.*, relative sail area *s.*; **vermessene –fläche** *f.*, rated sail area *s.*; **soviel –fläche wie möglich bieten** *od.* **setzen,** to spread every ounce of sailcloth possible, to crowd *or* to clap on all sail(s), (*coll.*) to set *or* to spread every stitch of canvas; **–(führer)schein** *m.*, sailing *or* yachting licence *s. or* license *s.*; **–führung** *f.*, carrying *s.* of sails, sail carrying *s.*; **–fuß** *m.*, foot *s.* of the sail; **–garn** *n.*, seaming (twine *or* yarn) *s.*, sail yarn *s.*, sailmaker's thread *s.*; **starkes –garn** *n.* **(zum Annähen der Lieken),** bolt yarn *s.*; **–gleitschiene** *f.*, sail track *s.*; **–haken** *m.*, sail hook *s.*; **–hals** *m.*, sail tack *s.*, tack *s.* (of a sail); **–halsabnäher** *m./pl.*, tack take-ins (*pl.*); **–halsbeschlag** *m.*, tack fitting *s.*; **–halsring** *m.*, tack ring *s.*;

–halswinkel *m.*, tack angle *s.*; **–handbuch** *n.*, sailing directions (*pl.*) *or* instructions (*pl.*), sailing directory book *s.*, pilot *s.*; **–handschuh** *m.*, sailmaker's palm *s.*, sailor's palm *s.*; **Lederplatte** *f.* **im –handschuh,** roping palm *s.*; **–hosen** *f./pl.* (*coll.*), bags (*pl.*); **–hülle** *f.*, sail cover *s.*; **–inventar** *n.*, sail inventory *s.*; **–jacke** *f. od.* **–joppe** *f.*, windcheater *s.*; **–jolle** *f.*, dinghy *s.*, yacht *s.*, yawl *s.*; **–kanu** *n.*, sailing canoe *s.*; **–karte** *f.*, track chart *s.*; **–klamotten** (*pl.*) (*sl.*), togs (*pl.*), slops (*pl.*); **s–klar** *adj.* **(sein),** (to be) in sailing trim, (to be) ready to sail *or* ready for sea; **–klasse** *f.* (*rac.*), rating *s.*; **–kleid** *n.*, sail cover *s.*; **–kleidung** *f.*, boating *or* sailing clothes (*pl.*), clothing *s.* for sailing *or* yachting, (*sl.*) slops (*pl.*); **–klub** *m.*, (*s.* **–club**); **–koje** *f.*, sail locker *s.*; **–kombination** *f.*, sail combination *s.*; **–kraft** *f.*, sail *or* sailing power *s.* (of a sail); **maximale (optimale) –kraft** *f.*, maximum (optimum) efficiency *s. or* power *s. or* strength *s. or* performance *s.* of a sail; **–kreuzer** *m.*, sailing cruiser *s.*; **–kunst** *f.*, yachting *s.*, yachtsmanship *s.*; **–kurs** *m.*, **–kursus** *m.*, sailing school *s.*, school *s.* of sailing, course *s.* of sailing instructions; **–last** *f.*, sail locker *s.*; **–latte** *f.*, (sail) batten *s.*; **durchgehende –latte** *f.*, compression *or* full-length batten *s.*; **mittlere –latte** *f.* **oben (unten),** upper (lower) batten *s.*; **oberste –latte** *f.*, top batten *s.*; **untere** *od.* **unterste –latte** *f.*, bottom batten *s.*; **–lehrer** *m.*, sailing instructor *s.*; **–liek** *n.* **in Lee**, leech *s.*, (*am.*) leach *s.*; **–liek** *n.* **in Luv**, luff *s.*; **oberes –liek** *n.*, head *s.*; **unteres –liek** *n.*, foot *s.*; **–liste** *f.*, sailing list *s.*; **–macher** *m.*, sail(-)maker *s.*, (*hum.*) sail *s.*; **–macherei** *f.*, sail loft *s.*, sailmaker's loft *s.*; **–macherhandschuh** *m.*, sailmaker's palm *s.*; **–macherhandwerk** *n.*, sailmaking *s.*; **–macherhandwerkzeug** *n.*, palm *s.* and needle; **–macherspleiß** *m.*, sailmaker's *or* round splice *s.*; **–macherwerkzeug** *n.*, palm *s.* and needle; **–manöver** *n.*, sailing *or* yachting manoeuvre *s. or* (*am.*) maneuver *s.*, shifting *s.* of sails.

Segeln *n.*, sailing *s.*, yachting *s.*; **– bei viel Welle,** rough-water sailing *s.*; **– bei wenig Welle,** smooth-water sailing *s.*; **– im Breitenparallel,** parallel sailing *s.*; **– nach Koppelkurs,** traverse sailing *s.* **segeln** *v.*, to sail, to yacht, to navigate, (*coll.*) to run; to sail (along) (*as clouds*); **am Wind –,** to sail close-hauled *or* on the wind; **auf entgegengesetztem (gleichem) Bug –,** to sail on opposite (same) boards *or* tacks; **auf raumem Kurs –,** to sail on a free leg, to reach; **aufrecht –,** to sail upright; **aus dem Kurs –,** to sail off (the) course; **dichter am Wind – als,** to outpoint; **ein paar Tage (lang) –,** to spend some (few) days yachting; **gerefft –,** to sail with reefed *or* shortened sails, to carry short sail; **im Konvoi –,** to sail under convoy; **im Verband –,** to sail in company *or* in formation; **in einer Richtung** *od.* **gegen den Wind –,** to work (*of boat*); **in einer Yacht Rennen –,** to yacht, to race; **mit Backbord(Steuerbord)halsen –,** to sail on the port (starboard) tack; **mit Backstag(s)brise –,** to sail with a quarter breeze *or* a quartering wind, to sail free; **mit halbem Wind –,** to sail with a beam wind *or* with the wind abeam; **mit losen Bulinen –,** to sail on an easy bowline; **mit raum-achterlichem (raum-vorlichem) Wind –,** to sail on a broad (close) reach; **mit raumem Wind –,** to sail free *or* with the sheets eased (off), to sail with a free *or* large wind; **mit raumseitlichem Wind –,** to be reaching; **nach Norden (Süden) –,** to go *or* to run *or* to sail north (south), to be northing (southing); **nach vorn –** (*rac.*), to shoot ahead; **ohne Aufenthalt direkt nach Norwegen –,** to sail direct to Norway (without delay); **platt vor dem Wind –,** (*coll.*) **platt vorm Laken –,** to run *or* to sail dead off, to sail dead *or* square before the wind; **raumschots –,** to reach, to be reaching (and running), to sail free *or* large, to sail with the sheets eased (off); **schneller – als,** to outcarry, to outfoot, to outsail (*other boats*); **so dicht wie möglich unter Land –,** to sail close to the land, to hug the land; **von der Küste** *od.* **vom Land frei –,** to work offshore, to stand out to sea; **vor dem Wind** *od.* **auf Vor(m)windkurs –,** to run, to be reaching and running, to sail before the wind; **weiter – als,** to outsail; **– gehen,** to go sailing *or* yachting, (*coll.*) to go for a sail *or* run; **– nach,** to sail *or* to stand for.

Segel / nadel *f.*, sail *or* sailmaker's needle *s.*; **–nähen** *n.*, sailmaking *s.*; **–naht** *f.*, seam *s.* (of a sail); **durchgescheuerte** *od.* **kranke –naht** *f.*, sick seam *s.*; **–nummer** *f.*, sail number *s.* (*in the mainsail*); **–order** *f.*, sailing orders (*pl.*); **–öse** *f.*, eyelet *s.*, metal grommet *s. or* grummet *s.*; **–partie** *f.*, boating (excursion) *s.*, outing *s.*, (*coll.*) sail *s.*; **Pfundswetter** *n.* **für eine –partie,** a great day for a sail; **eine –partie machen,** to go for a sail, to have a sail, to take an outing; **–praxis** *f.*, sailing practice *s. or* experience *s.*; **–profil** *n.*, profile *s.* (of a sail), sail shape *s.*; **maximales –profil** *n.*, locked-in shape *s.* (of a sail); **das –profil halten,** to hold its shape (*of sail*); **–profiltiefe**

f., depth *s.* of a sail; **–punkt** *m.*, velic point *s.* (of pressure); **–regatta** *f.*, boat race *s.*, yacht race *s.* *or* racing *s.*, sailboat racing *s.*, regatta *s.*; **–reparatur** *f.*, sail repair *s.*; **–revier** *n.*, sailing *or* yachting waters (*pl.*), cruising ground *s.* *or* waters (*pl.*); **–riß** *m.*, sail plan *s.* (*shipb.*); **–rundung** *f.*, foot skirt *s.*; **–sack** *m.*, sail bag *s.*; **–saison** *f.*, sailing *or* yachting season *s.*; **–satz** *m.*, set *s.* or suit *s.* of sails; **–schein** *m.*, sailing *or* yachting certificate *s.*; **–schiff** *n.*, sailing ship *s.* *or* vessel *s.*, yacht *s.*, (*coll.*) windjammer *s.*, wind ship *s.*, (*am.*) sailboat *s.*, sail ship *s.* *or* yacht *s.*, (*coll.*) sail *s.*; **Crewmitglied** *n. od.* **Matrose** *m.* **auf einem –schiff** (*coll.*), windjammer *s.*; **–schiff** *n.* **mit Hilfsmotor,** auxiliary(-powered yacht) *s.*, motor sailer *s.*; **–schiffahrt** *f.*, **in den Tagen der –,** in the days of sail; **–schiffe** *n./pl.* (*collect.*), sail *s.*; **–schlitten** *m.*, ice(-)boat *s.* *or* (-)yacht *s.*; **–schnitt** *m.*, cut *s.* (of a sail), sail cut *s.*; **–schub** *m.* **(durch Windkraft),** shear(ing force) *s.* *or* thrust *s.* of a sail (by the wind); **–schuhe** *m./pl.*, rubber-soled shoes (*pl.*) *or* boots (*pl.*); **leichte –schuhe** *m./pl.* (*am.*), sneakers (*pl.*); **–schule** *f.*, sailing school *s.*, school *s.* of sailing; **–schulschiff** *n.*, sailing training ship *s.*, training sail(ing) ship *s.*; **–schwerpunkt** *m.*, velic point *s.* of pressure, centre *s.* *or* (*am.*) center *s.* of effort (of sails); **–seitenverhältnis** *n.*, (high) aspect ratio *s.* (of a sail); **–setzen** *n.*, setting *s.* (of) sail(s), making *s.* sail; **–sport** *m.*, yachting *s.*, sailing *s.*; ice boating *s.* *or* yachting *s.*; **–sportlehrer** *m.*, trainer *s.*; **–stauraum** *m.*, sail locker *s.*; **–steg** *m.*, jetty *s.*, pier *s.*, boat walk *s.*; **–stell** *n.*, set *s.* *or* suit *s.* of sails; **–stellung** *f.*, position *s.* of a sail *or* of the sails; **normale –stellung** *f.*, normal sail position *s.*; **richtige –stellung** *f.*, trim *s.* (of a sail); **–stellung** *f.* **während** *od.* **unter der Fahrt,** sailing position *s.*; **–stellungen** *f./pl.*, points (*pl.*) of sailing; **–stenge** *f.*, sail yard *s.*; **–stiefel** *m./pl.*, jack *or* sea boots (*pl.*); **–stil** *m.*, style *s.* *or* manner *s.* of sailing, sailing technique *s.*; **–surfer** *m.*, sail glider *s.*, sail *or* wind surfer *s.*, wind( )glider *s.*, sailboard *s.*, surfboard *s.*; **–surfen** *n.*, sail(-)boarding *s.* *or* -surfing *s.*; **–takel** *n.*, sail burton *s.*; **–tasche** *f.*, pocket *s.* (of a sail); **–technik** *f.*, method *s.* *or* style *s.* *or* technique *s.* of sailing, sailing method *s.* *or* technique *s.*; **–theorie** *f.*, sailing theory *s.*, theory *s.* of sailing; **–törn** *m.*, sailing turn *s.*, cruise *s.*; **einen kurzen –törn machen** (*coll.*), to go for a spin; **–trimm** *m.*, sail trim *s.*, trim *s.* of sails, sail balance *s.*; **–trimmer** *m.*, sail trimmer *s.* (*pers.*); **–trimmkontrolle** *f.*, sail(-)trim control *s.*, control *s.* of (the) sail balance *or* trim; **–tuch** *n.*, sailcloth *s.*, canvas *s.*, fabric *s.*, (*coll.*) duck *s.*; **geharztes (ungeharztes) –tuch** *n.*, resinated (unresinated) (sail)cloth *s.*; **leichtes (schweres) –tuch** *n.*, light-weight (heavy-weight) (sail)cloth *s.* *or* fabric *s.*; **synthetisches –tuch** *n.*, synthetic(-fibre *or* (*am.*) -fiber) sailcloth *s.* *or* fabric *s.*; **weiches –tuch** *n.*, soft cloth *s.*; **–tuch** *n.* **aus Chemiefaser,** synthetic sailcloth *s.*; **–tuch** *n.* **aus Baumwolle,** canvas *s.*; **–tuchbahn** *f.*, panel *s.*, width *s.* (of sailcloth); **–tuchbezug** *m.*, canvas cover *s.*, tarpaulin *s.*; **–tuchgewicht** *n.*, weight *s.* (of sailcloth) (*in ounces*); **–tuchhose** *f.* (*coll.*), ducks (*pl.*); **–tuch-Klappverdeck** *n.*, (canvas) spray hood *s.*; **–tuchpütz(e)** *f.*, canvas bucket *s.*; **leichte –tuchschuhe** *m./pl.* (*am.*), sneakers (*pl.*); **–unterkante** *f.*, foot *s.* of a sail; **–vermessung** *f.*, measurement *s.* of a sail *or* of sails, sail measurement *s.*; **–vorderkante** *f.*, luff *s.*, fore(-)leech *s.* *or* (*am.*) -leach *s.*; **–wagen** *m.*, beach sailer *s.* *or* yacht *s.*; **–wechsel** *m.* (*naut.*, *rac.*), changing *s.* of sails; **–werk** *n.* **(eines Bootes),** (set *or* suit of) sails (*pl.*), sails (*pl.*) *or* sail inventory *s.* (of a boat), (*collect.*) sails *s.*; **–wölbung** *f.*, camber *s.* *or* (aerodynamic) shape *s.* *or* flow *s.* of a sail; **–yacht** *f.*, sailing *or* (*am.*) sail yacht *s.*, pleasure sail(ing) yacht *s.*, yacht *s.*, (*coll.*) sail *s.*; **kleine –yacht** *f.* (*am.*), knock-about *s.*; **–zeichen** *n.*, sail emblem *s.*, (*coll.*) sign *s.* (*in the mainsail*); **–zeug** *n.* (*coll.*), toggery *s.*, togs (*pl.*).

Segler *m.*, yachtsman *s.*, yachter *s.*, sailor *s.*, (*coll.*) sailorman *s.* (*pers.*); sailer *s.*, sailing ship *s.*, yacht *s.*, (*am.*) sail ship *s.* *or* yacht *s.*; **ein guter (schlechter) –,** a good (heavy) sailor *or* yachtsman; **ein schneller –,** a fast sailer, a flier (*boat*); **ein seefester (nicht seefester) –,** a good (bad *or* poor) sailor *or* yachtsman; **ein begeisterter** *od.* **heißer – sein,** to be a keen sailor *or* yachtsman, to be keen on sailing *or* yachting; **ein geschickter** *od.* **handiger – sein,** to be a skilled *or* experienced *or* handy sailor *or* yachtsman. **Segler / anzug** *m.*, neoprene *or* wet suit *s.*, wet beaver *s.*; **–as** *n.*, top sailor *s.*, (*coll.*) a swell at sailing; **–bedarf** *m.*, sailor's shop *s.*; **–etikette** *f.*, etiquette *s.* of yachtsmen *or* of a yacht club; **–gemeinschaft** *f.*, sailing association *s.*; **–hose(n)** *f./pl.* (*coll.*), bags (*pl.*). **Seglerin** *f.*, yachtswoman *s.* **seglerisch** *adj.*, sailing, yachting; **–es Können** *n.*, sailing *or* yachting experience *s.* *or* skill *s.* *or* technique *s.* *or* (*coll.*) know-how *s.* **Segler / jargon** *m.*, sailing slang *s.*; **–kappe** *f.*, sailor's cap *s.* *or* hat *s.*, sea cap *s.*; **–klamot-**

ten (*pl.*) (*coll.*), slops (*pl.*), togs (*pl.*); **–kleidung** *f.*, boating *or* sailing clothes (*pl.*), clothes (*pl.*) *or* clothing *s.* for sailing *or* yachting; **–latein** *n.*, sailor's Latin *s.*, sailing slang *s. or* jargon *s.*; spun yarn *s.*; **–lichter** *n./pl.*, (mast) top lights (*pl.*); **–montur** *f.* (*coll.*), sailing clothes (*pl.*), clothing *s.* for sailing; **mit voller –montur ins Wasser fallen** *od.* **über Bord gehen,** to go overboard *or* (*am.*) over the side fully dressed *or* (*coll.*) in full dress; **–mütze** *f.*, sailor's *or* sea cap *s.*; **–overall** *m.*, (sailing) overall *s.*, (*am.*) cover alls (*pl.*); **–schuhe** *m./pl.*, rubber-soled *or* sailing shoes (*pl.*) *or* boots (*pl.*), (*am.*) sneakers (*pl.*); **–sprache** *f.*, nautical *or* sailor's language *s. or* vocabulary *s.*; **–stiefel** *m./pl.*, jack *or* sea boots (*pl.*), rubber-soled *or* sailing boots (*pl.*); **–verband** *m.*, **–verein** *m.*, sailing *or* yachting association *s.*

Seh / rohr *n.* (*naut.*), periscope *s.*; telescope *s.*; **–vermögen** *n.*, strength *s.* of vision, visual faculty *s.*; **–weite** *f.*, visual range *s.*; **außer (in) –weite,** out of (within) sight; **–winkel** *m.*, visual angle *s.*; **–zeichen** *n.*, visual signal *s.*

Seiches (*pl.*), seiche *s.* (*of lakes*).

seicht *adj.*, flat, low, shallow, shoal, shoaly (*of water*); **–(er) werden,** to shallow, to shoal (*of water*); **–es Gewässer** *n.*, shallows (*pl.*), shoals (*pl.*), wash *s.*; **–e Stelle** *f.*, shallow *s.*, shoal *s.*, wade *s.*; **–e Stelle** *f.* **(mit tiefem Wasser an beiden Seiten),** middle ground *s.*; **–es Wasser** *n.*, shallow water *s.*, shallows (*pl.*), shoals (*pl.*), wash *s.*; **das Boot gelangt in –es Wasser,** the boat shoals its (*or* her) water; **in –em** *od.* **in –es Wasser laufen** *od.* **segeln,** to make foul water (*of boat*). **Seichtheit** *f.* **(von Gewässern),** shallowness *s.* (of water). **Seicht / wasser** *n.*, shallow water *s.*, shallows (*pl.*), shoals (*pl.*), wash *s.*; **–wassertide** *f.*, shallow-water tide *s.*

Seil *n.* (*naut.*), cable *s.*, cord *s.*, line *s.*, rope *s.*; **geflochtenes (geschlagenes) –,** braided *or* plaited (laid) rope *s.*; **– und Treil** (*naut.*), rigging *s.*; **–bremse** *f.* (*naut.*), cable-break *s.*, (*am.*) snubber *s.* **seilen** *v.* (*naut.*), to rig, to fasten with lines *or* ropes; to warp (*yarn*). **Seiler** *m.*, rope(-)maker *s.*; **–bahn** *f.*, rope(-)walk *s.*; **–gut** *n.*, cordage *s.* **Seil/hülse** *f.*, (wire) rope sleeve *s. or* socket *s.*, terminal *s.*; **–klemme** *f.*, rope clip *s. or* clamp *s.* (*for wire rope*); **–reck** *m.*, stretch(ing) *s.* of rope *or* cable; **–ring** *m.*, rope quoit *s.*, runner *s.*; **–rolle** *f.*, (rope) pulley *s. or* sheave *s.*; **–scheibe** *f.*, rope-pulley *s.*; **–spleißung** *f.*, rope splicing *s.*, splicing *s.* of a line *or* rope; **–terminal** *n.*, rope socket *s. or* terminal *s.*; **–trommel** *f.*, cable-drum *s.*, rope barrel *s.*; **–werk** *n.*, rigging *s.*, rope(-)work *s.*; **–winde** *f. od.* **–winsch** *f.*, rope winch *s.*; **–zug** *m.*, tackle *s.*; tow-rope *s.*

Seiner *m.*, seiner *s.* (*fishery craft*).

seisen *v.*, (*s.* **zeisen**). **Seising** *m.*, (*s.* **Zeiser, Zeising**).

Seismik *f.*, seismology *s.* **seismisch** *adj.*, seismic; **–e Störung** *f.*, (submarine) earthquake *s.*, seaquake *s.*

Seite *f.* (*naut.*), hand *s.*, side *s.*, (*geom.*) face *s.*; **richtige –** (*rac.*), required side *s.*; **auf die – gelegt,** canted (*of boat*); **sich auf die – legen,** to cant (over), to turn on its (*or* her) side (*of boat*); **sich für eine** *od.* **die bessere – entscheiden** (*rac.*), to decide on *or* (*coll.*) to make up one's mind for one *or* the better side; **– an –,** side by side (*of boats*); **– eines Bootes,** side *s.* of a boat; **– pfeifen** (*naut.*), to pipe sides. **Seiten / abdrift** *od.* **–abtrift** *f.*, lateral drift *s.*; **–abstand** *m.*, lateral displacement *s.*; **–abweichung** *f.*, lateral deviation *s.*, deflection *s.*, deflexion *s.*; error *s.*; **–achse** *f.*, lateral axis *s.*; **–änderung** *f.*, correction *s.*; deflection *s.*, deflexion *s.*; **–ausdehnung** *f.*, lateral spread *s.*; **–band** *n.* (*rad.*), side(-)band *s.*; **oberes (unteres) –band** *n.* (*rad.*), upper (lower) sideband *s.*; **–bandfrequenz** *f.*, sideband frequency *s.*; **–beplankung** *f.*, side planking *s.* (*of a boat*); **–beplattung** *f.*, side plating *s.* (*of boat or shell*); **–bestimmung** *f.* (*rad.*), sensing *s.*; **–bewegung** *f.* **(eines Bootes),** swerve *s.*; **–bezeichnung(ssystem** *n.*) *f.*, lateral system *s.* (*of a channel or fairway*); **–boot** *n.*, side(-)boat *s.*; **–deck** *n.*, side deck *s.*; **–druck** *m.* (*phys.*), lateral pressure *s.*; **–einfall** *m.* **(eines Bootes),** tumble-home *s.* (*shipb.*); **–empfänger** *m.* (*rad. D/F*), azimuth receiver *s.*; **–fenster** *n.*, side light *s. or* window *s.*, (*esp. am.*) porthole *s.*; **–frequenz** *f.* (*rad.*), side frequency *s.*; **–frequenzband** *n.* (*rad.*), side(-)band *s.*; **–gang** *m.*, side strake *s.* (*shipb.*); **–hanger** *m.*, masthead pendant *s. or* pennant *s.*; **–höhe** *f.* **(eines Bootes),** depth *s.*, height *s.* (of a boat); **gemallte –höhe** *f.*, mo(u)lded depth *s.*, depth *s.* mo(u)lded; **–kanal** *m.*, by-channel *s.*, by-pass *s.*, (*coll.*) side cut *s.*; **–kiel** *m.*, auxiliary keel *s.*, side keel *s.*; **–kielschwein** *n.*, sister kelson *s. or* (*am.*) keelson *s.*; **–klüse** *f.*, mooring pipe *s.*; **–kraft** *f.* (*phys.*), component (force) *s.*; **–längsspant** *n.*, longitudinal side frame *s.*; **–lastigkeit** *f.* **(eines Bootes),** lateral trim *s.*; **–laterne** *f.*, side lamp *s. or* lantern *s.*; **–licht** *n.* (*naut.*), side light *s.*; **grünes (rotes) –licht** *n.*, green *or* starboard (red *or* port) side(-)light *s.*; **–palle** *f.*, side *or* sister block *s.*; **–pardune** *f.*, breast backstay *s.*; **–peilung** *f.*, relative bearing *s.*, (relative) bearing *s.* on the bow; relative motion *s.* (*of a boat*); **Verdoppelung** *f.* **der –peilung,** doubling *s.* the angle of the bow; **–pforte** *f.*, side port *s.*; **–riß** *m.*, side elevation *s.* (*shipb.*), sheer plan *s.* (*lines drawing*); **–schott** *n.*, side *or* wing bulkhead *s.*; **–schwert** *n.*, lee-board *s.*; **–spant** *n.*, side frame *s.* (*shipb.*); **–stabilität** *f.* **(eines Bootes),** lateral stability *s.* (of a boat); **–stringer** *m.*, side stringer *s.*, hog frame *s.*; **–tank** *m.*, side tank *s.* (*of a boat*); **obere –teile** *m./pl.* **eines Bootes,** topside *s.*; **–teilkreis** *m.*, azimuth scale *s.*; **–verhältnis** *n.*, (high) aspect ratio *s.* (*of a sail*); **–vorhaltverbesserung** *f.*, deflection *or* deflexion correction *s.*; **–widerstand** *m.*, lateral resistance *s.*; **–wind** *m.*, beam wind *s.*, cross- *or* side-wind *s.*; **–winkel** *m.*, horizontal or lateral angle *s.*

seitlich *adj.*, lateral, side; *prep.*, at *or* to the side. **seitwärts** *adv.*, aside, laterally, on one side, sidelong, sideward(s), sideways; **– geneigt,** sideling (*as boat, deck*); **– wirkende Kraft** *f.* **eines Segels,** side-force *s.* of a sail. **Seitwärts / bewegung** *f.*, sidelong *or* sideward motion *s.*, sidle *s.* (*of a boat*); **–drehung** *f.*, traverse motion *s.* (*of boat*).

Sektion *f.*, section *s.* (*shipb.*); **–sbauweise** *f.*, section(al) construction *s.* (*shipb.*).

Sektor *m.*, sector *s.* (*of a light, etc.*). **Sektor / abtastung** *f.* (*radar*), sector *or* sectoral *or* sectorial scanning *s.*; **–anzeiger** *m.* (*Decca*), sector indicator *s*, *or* pointer *s.*

sekundär *adj.*, **–es Tief** (*meteor.*), secondary depression *s. or* low *s.* **Sekundär / element** *n.* (*elec.*), secondary cell *s.*, storage battery *s.*; **–radar** *n.*, secondary radar *s.*

Sekunde *f.* (*naut. geogr.*), second *s.* **Sekunden / bruchteil** *m.* (*rac.*), split second *s.*; **–meter** *m./pl.*, meters (*pl.*) per second; **–strecke** *f.* **(einer Seemeile),** one-sixtieth of a meridian second; **–zeiger** *m.*, second(s)-hand *s.*

selbst / angetrieben *adj.*, self-propelled; **–angetriebenes Boot** *n. od.* **Schiff** *n.*, self-propelled boat *s. or* vessel *s.*; **S–anlasser** *m.* (*naut., tech.*), self-starter *s.*; **S–antrieb'** *m.* (*naut., tech.*), self-propulsion *s.*, automatic drive *s.*; **mit S–antrieb,** self-propelled (*of boat*); **–aufrichtend** *adj.*, self-righting (*of boat*); **–aufrichtendes Boot** *n.* (**Moment** *n.*), self-righting boat *s.* (moment *s.*); **–aufzeichnend** *adj.*, automatically *or* self-recording (*of instruments*); **–dichtend** *adj.* (*naut., tech.*), self-sealing; **–dockend** *adj.*, self-docking ; **–erregend** *adj.* (*rad.*), self-excited (*of oscillators*); **S–fahrer** *m.* (*naut.*), self-propelled vessel *s.*; **–fassende** *od.* **–holende Winsch** *f.*, self-tailing winch *s.*; **–getrieben** *adj.*, self-driven (*of boat*); **S–lenzeinrichtung** *f.*, automatic *or* self-bailer *s.*; **–lenzend** *adj.*, self-bailing; **–lenzendes Boot** *n.*, self-bailing boat *s.*; **–lenzende Plicht** *f.*, self-bailing cockpit *s.*; **S–lenzer** *m.*, transom flap *s.*; self(-)bailer *s.* (*in a boat*); **–regelnd** *adj.* (*tech.*), self-adjusting, self-regulating; **S–regelung** *f.*, self-adjustment *s.*; automatic control *s.*; **–registrierend** *adj.*, self-recording, self-registering (*of instruments*); **–regulierend** *adj.*, self-regulating; **–schließend** *adj.*, self-closing; **–schließender Seehahn** *m.*, **–schließendes Seeventil** *n.*, self-closing sea cock *s.*; **S–schluß(see)hahn** *m.*, **S–schluß(see)ventil** *n.*, self-closing sea cock *s. or* valve *s.*, selfbailer *s.*; **–schmierend** *adj.* (*naut. tech.*), self-lubricating; **S–schreiber** *m.*, self-recording instrument *s.*; **–sperrend** *adj.* (*naut. tech.*), self-locking; **S–starter** *m.* (*naut. tech.*), self-starter *s.*; **S–steueranlage** *f.* (*naut.*), automatic steerer *s. or* helmsman *s.*, auto- *or* gyro pilot *s.*, self-steering gear *s.*; **S–steuerer** *m.*, gyro helmsman *s. or* pilot *s.*; **S–steuergerät** *n.*, automatic steerer *s.*, gyro helmsman *s. or* pilot *s.*; **S–steuerung** *f.* (*naut.*), gyro *or* self-steering *s.* (*of yacht*), (*rad., tech.*) automatic control *s.*; **–tätig** *adj.* (*tech.*), automatic, self-acting; **–tätig aufgehender** *od.* **sich aufblasender Auftriebskörper** *m.* **im Masttopp,** automatically inflating masthead (buoyancy) balloon *s.*; **S–trimm** *m. od.* **–trimmen** *n.* (*naut.*), self-trimming *s.* (*of boat*); **–trimmend** *adj.*, self-trimming (*of boat*); **S–trimmer** *m.*, self-trimming yacht *s. or* vessel *s.*; **S–trimmung** *f.*, self-trimming *s.* (*of boat*); **S–versenkung** *f.*, scuttling *s.* (*of a boat*); **S–wendefock** *f.*, self-tack(ing) *or* self-trimming jib *s.*

Selektivität *f.* (*rad.*), selectivity *s.* **Selektivrelais** *n.* (*rad.*), discriminating relais *s.*

Semaphor *n. od. m.*, semaphore *s.*, telegraph *s.*; **–signal** *n.*, semaphore signal *s.*; **––Windrichtungsangabe** *f. od.* **-anzeige** *f.*, indication *s.* of the wind's direction by semaphore.

Semi / dieselmotor *m.* (*naut.*), mixed cycle engine *s.*; **––Duplex-Betrieb** *m.* (*rad., radar*), semi-duplex operation *s.*

Sende / anlage *f.* (*rad.*), transmitting *or* xmitting station *s.*; **–antenne** *f.*, radiator *s.*, transmitting aerial *s. or* (*am.*) antenna *s.*; **–bereich** *m.* (*rad.*), service area *s.*, transmitting range *s.*; **s–bereit** *adj.* **(sein),** (to) stand by; **–empfänger** *m.* (*rad.*), transceiver *s.*, combined transmitter *s.* and receiver; **–empfangsantenne** *f.*, transceiving aerial *s. or (am.)* antenna *s.*; **–empfangs(funk)gerät** *n.*, transceiver *s.*; **–empfangs(funk)station** *f.*, transceiving *or* radio transmitting and receiving station *s.*; **–frequenz** *f.*, transmitting frequency *s.*; **–gruppe** *f. (rad.)*, transmitter network *s.*; **–impuls** *m.*, transmitting impulse *s. (of echo sounder)*; **–kanal** *m. (rad.)*, transmitting *or (rare)* transmission channel *s.*; **–leistung** *f. (rad.)*, output *s.*, transmitting power *s.*

Senden *n. (rad.)*, transmitting *s.*, xmitting *s.*

senden *v. (rad.)*, to be on the air, to transmit, to xmit; to broadcast.

Sender *m. (rad.)*, transmitter *s.*, transmitting set *s.*, xmitter *s.*; (broadcasting *or* transmitting) station *s.*; **gepeilter –,** tuned-in station *s.*, tuned-in transmitter *s.*; **quarzstabilisierter –,** crystal-stabilized transmitter *s.*; **stationärer –,** stationary transmitter *s.*; **tragbarer –,** portable transmitter *s.*; **einen besseren – einstellen,** to tune in a better station. **Sender / abstimmung** *f.*, transmitter tuning *s.*, tuning(-in) *s.* of the transmitter; **–ausfall** *m.*, transmitter breakdown *s. or* failure *s.*; **–einstellung** *f.*, station selector *s.*; **–empfänger** *m. (rad.)*, transceiver *s.*, combined transmitter and receiver *s.*; **–frequenz** *f.*, transmitter frequency *s.*; **–gruppe** *f. (rad.)*, transmitter network *s.*; **–impuls** *m. (Loran)*, transmitter impulse *s.*; **–kette** *f. (Loran)*, transmitter chain *s.*; **–leistung** *f. (rad.)*, transmitter output *s. or* power *s.*; **–netz** *n. (rad.)*, transmitter network *s.*; **–reichweite** *f. (rad.)*, range *s.* of the transmitter *or* station.

Sende / röhre *f. (rad.)*, transmitting valve *s.*; **–schwingung** *f.*, transmitting oscillation *s. (of echo sounder)*; **–stärke** *f. (rad.)*, transmitting power *s.*; **–station** *f.*, (broadcasting *or* transmitting) station *s.*; transmitter *s.*, transmitting set *s.*; **–stelle** *f. (rad.)*, (*s.* **–station**); **–– und Empfangs(funk)gerät** *n.*, transceiver *s.*, transmitting and receiving set *s.*, transmitter-receiver *s.*, two-way radio *s.*; **–welle** *f.*, transmitting *or* carrier wave *s.*; **–zeichen** *n. (rad.)*, call sign *s.*; **–zeit** *f. (rad.)*, time *s.* of transmission.

Sendung *f. (rad.)*, transmission *s.*; **auf –** *(rad.)*, on (the) air; **auf – sein** *(rad.)*, to be on (the) air.

sengend *adj.*, **–e Hitze** *(naut., coll.)*, parching *or* scorching heat *s.*

Senkblei *n. (naut.)*, plumb(-)line *s.*, plummet *s.*, sounding lead *s.*, *(sl.)* blue pigeon *s.*; sinker *s.*

Senkel *m. (naut.)*, killick *s.*, killock *s.*, sinker *s.*

senken *v. (naut.)*, to pitch *(of deck)*, to dip, to lower *(a flag, etc.)*.

Senker *m. (naut.)*, killick *s.*, killock *s.*, mooring block *s. or* clump *s.*, sinker *s.*

Senk / gewicht *n. (naut.)*, sinker *s.*; **–kasten** *m. (naut.)*, caisson *s.*, saucer *s.*; **–leine** *f. (naut.)*, plumb(-)line *s.*; **–lot** *n.*, sounding lead *s.*, plumb(-)line *s.*, plummet *s.*; perpendicular *s. (shipb.)*; **–niet** *m.*, **–niete** *f. (naut., tech.)*, flush rivet *s.*, countersunk rivet *s.*

senkrecht *adj. (naut.)*, apeak, at right angles, upright *(as mast, etc.)*; perpendicular, vertical; **nicht –,** out of upright; **nicht ganz –,** subvertical; **– aufeinanderstehend,** right-angled; **–er Anstieg** *m. od.* **Aufstieg** *m. (astr.)*, right ascension *s.*; **–e Linie** *f.*, vertical *s.* **Senkrechte** *f. (naut.)*, upright (position) *s.*, vertical *s.*; perpendicular *s. (shipb.)*.

Senk / ruder *n.*, lifting *or* lowering rudder *s.*, pivoted blade rudder *s.*, pivot-mounted rudder *s.*; **–schnur** *f. (naut.)*, sounding line *s.*; **–schraube** *f.*, countersunk screw *s.*; **–schwert** *n.*, pivot-mounted *or* swinging centreboard *s. or (am.)* centerboard *s.*; **–spindel** *f.*, hydrometer *s.*

Sensor *m. (rad., radar)*, sensor *s.*

Sente *f. (naut.)*, diagonal *s.*, centre- *or (am.)* center-line *s.*; ribband *s.*; rib-band *s.*, ribbon *s.*; **Boot** *n.* **mit –n ausstatten** *od.* **versehen,** to ribband (a boat). **Senten / ebene** *f.*, diagonal plane *s.*; **–kurve** *f.*, centre- *or (am.)* center-line curve *s.*, curve *s.* of diagonal(s); **–nagel** *m.*, ribband nail *s.*; **–riß** *m.*, centre- *or (am.)* center-line drawing *s.*, plan *s.* of diagonal(s).

Serie *f. (rac.)*, series *s.*, run *s.*; **in – (folgend)** *(rac.)*, in series. **Serien / bau** *m.*, serial construction *s. (of boats)*, mass production *s. (of surf sails, etc.)*; **–bauaufsicht** *f.*, survey *s.* of serial construction *(esp. GRP boats)*; **–baubescheinigung** *f.*, certificate *s.* of serial construction; **–bauweise** *f.*, serial construction *s.*; **–boot** *n.*, stock boat *s.*, standard boat *s.*, production boat *s.*; **s–gefertigt** *adj.*, stock-built; **s–gefertigtes Boot** *n. od.* **Schiff** *n.*, victory ship *s.*; **–gerät** *n. (rad., etc.)*, standard set *s.*; **–herstellung** *f.*, serial construction *s. (of boats)*, serial production *s. (of sails)*; **–modell** *n.*, standard design *s. or* model *s. (of boats, sails)*; **–nummer** *f.*, serial number *s. (of boats)*; **–produktion** *f.*, mass production *s. (of surf sails, etc.)*; **–schalter** *m. (rad., elec.)*, multi-break *s.*; **–schaltung** *f. (rad., elec.)*, series-connection *s.*; **–segel** *n.*, standard *or* stock sail *s.*, standard-design *or* -model sail *s.*; **–typ** *m.*,

standard type *s.* (*of boats, sails, etc.*).
Servicebatterie *f.* (*naut.*), service battery *s.*
Servo / bremse *f.* (*naut., tech.*), servo brake *s.*; **–lenkung** *f.*, power-steering *s.*; **–mechanismus** *m.*, servo mechanism *s.*; **–motor** *m.*, servo motor *s.*, thrustor *s.*; **–propeller** *m.*, windmill *s.*; **–ruder** *n.*, servo(-)rudder *s.*; **–steuerung** *f.*, servo(-)control *s.*
Setzbord *n.* (*naut.*), washboard *s.*, water board *s.*, weather board *s.*
Setzen *n.* (*naut.*), setting *s.* (*of boat, sails, flag*). **setzen** *v.* (*naut.*), to set, to send up (*sails*), (*coll.*) to pack on (*sails*); to set (*of stern*), to pitch (*of boat*), to beach (*a boat*), to exhibit (*lights*); **alle (verfügbaren) Segel –,** to spread every rag *s.* of sail *or* (*coll.*) every inch *s.* of canvas; **an Land –,** to land, to put ashore (*pers.*), to disembark (*a pers.*); **auf Strand –,** to beach (*a boat*), to pile up (*of boat*); **in Gang –,** to set in motion, to set going; **über einen Fluß –,** to cross a river; **über das** *od.* **übers Wasser –,** to ferry across, to put *or* to take across the water; **unter Wasser –,** to flood; to submerge; **ein Boot auf Strand –,** to beach a boat; **eine Flagge –,** to hoist *or* to send up a flag; **ein Segel –,** to set (a) sail, to send up a sail; **ein Segel (einen Spinnaker) fliegend –,** to set a sail (a spinnaker) flying, to let the sail (the spinnaker) fly; **Lichter** *n./pl. od.* **Positionslaternen** *f./pl.* **–,** to exhibit lights; **Segel –,** to set *or* to make sail, to pack on (sails); **das Boot (das Heck) setzt ein,** the boat (the stern) sets *or* is setting; **das Boot setzt auf Strand,** the boat piles up; **das Boot setzt hart ein,** the boat is pitching; **der Strom setzt das Boot –,** the current sets the boat (adrift *or* drifting).
Setz / haken *m.*, cant hook *s.*; **–kopf** *m.* **(einer Schraube),** round- *or* cheese-head *s.* (of a screw); **–weger** *m.*, spirketing *s.* (*shipb.*).
Sextant *m.*, sextant *s.*, (*sl.*) pig yoke *s.*; **mit Mikrometerschraube und kleiner eingebauter Lampe ausgestatteter –,** sextant *s.* fitted with micrometer reading and small built-in lamp *or* light; **– mit Libellenhorizont,** bubble sextant *s.* **Sextant / arm** *m.*, arm *s.* of the sextant, sextant arm *s.*; **–(en)berichtigung** *f.*, sextant adjustment *s. or* correction *s.*; **–bogenminute** *f.*, sextant arc *s.*; **–(en)einstellung** *f.*, sextant adjustment *s.*; **–(en)fehler** *m.*, sextant error *s.*; **–fernrohr** *n.*, sextant telescope *s.*; **–gradbogen** *m.*, sextant arc *s.*; **(gemessene) –höhe** *f.*, sextant altitude *s.*; **–-Indexspiegel** *m.*, sextant (horizon) glass *s.*; **–nonius** *m.*, sextant vernier *s.*; **–spiegel** *m.*, sextant glass *s. or* (*coll.*) mirror *s.*
Shanty *n.* (*naut.*), chanty *s.*, chantey *s.*, shanty *s.*
Shunt *m.* **(für Meßgeräte),** multiplier *s.*
sicher *adj.* (*naut.*), safe; certain, positive (*ship's position*), secure (**vor,** from) (*a gale, etc.*); **–e Leestellung** *f.* (*rac.*), safe leeward position *s.*; **–e Schiffsortbestimmung** *f.*, positive determination *s.* of the ship's position; **–e Wegerechtstellung** *f.* (*nav., rac.*), safe right-of-way position *s.*
Sicherheit *f.* (*naut.*), safety *s.*, security *s.*; **– an Bord,** safety *s.* aboard; **– auf See,** safety *s.* at sea. **Sicherheits / abstand** *m.* **(zwischen Booten),** clearance *s.*, safe distance *s.*, (*coll.*) daylight *s.* (between boats); **–ausrüstung** *f.* (*naut.*), safety equipment *s. or* outfit *s.*; **–bestimmungen** *f./pl.* (*naut.*), safety regulations (*pl.*); **–bolzen** *m.*, safety *or* locking bolt *s.*; **–einrichtung** *f.* (*naut.*), safety device *s. or* gear *s.*; **–faktor** *m.* (*naut.*), coefficient *s. or* factor *s.* of safety, margin *s.* of safety, safety factor *s.*; **–grenze** *f.*, margin *s.* of safety; **–gurt** *m.* (*naut.*), life-belt *s.*, safety belt *s. or* harness *s.*; **–hafen** *m.*, port *s.* of refuge; **s–halber** *adv.*, for savety('s sake), (*coll.*) to be on the safe side; **–kiel** *m.*, safe *or* safety keel *s.*; **–klausel** *f.* (*naut., ins.*), safeguard *s.*; **–koeffizient** *m.*, coefficient *s.* of safety, safety factor *s.*; **–kurs** *m.*, safe *or* safety course *s.*; **–lampe** *f. od.* **–laterne** *f.* (*naut.*), safety lamp *s. or* light *s.*; **–leine** *f.*, grab *or* life line *s. or* rope *s.*; **–leiter** *f.* (*naut.*), boarding *or* safety ladder *s.*; **–luk** *n.*, **–luke** *f.*, escape hatch *s.*; **–maßnahme** *f.* (*naut.*), precaution(ary) measure *s.*, (safety) precaution *s.*, safeguard *s.*; **–netz** *n.* (*naut.*), safety net *s.*; **–(see)hahn** *m.*, safety (sea) cock *s.*; **–-Sichtfenster** *n.*, safety window *s.* (*in a genoa, etc.*); **–system** *n.* (*naut.*), safety system *s.*; **–system** *n.* **von Rettungsbooten und Hubschraubern,** safety system *s.* of life boats *or* rescue craft and helicopters; **–tau** *n.*, grab *or* life line *s. or* rope *s.*; **–überwachung** *f.*, safety control *s.*; **–übung** *f.* **(an Bord),** safety drill *s. or* practice *s.* (aboard); **–ventil** *n.*, safety *or* release valve *s.*, pop valve *s.*; **–vorkehrungen** *f./pl.* **(treffen),** (to take) precautionary measures; **–vorrichtung** *f.* (*naut.*), safeguard *s.*, safety device *s.*; **–vorschriften** *f./pl.*, safety rules (*pl.*) (and regulations); **–weg** *m.* (*naut.*), safe *or* safety course *s. or* track *s.*; **–zeugnis** *n.* (*naut.*), safety certificate *s.* (*for boat equipment*); **–zone** *f.*, safe *or* safety zone *s.*
sichern *v.* (*naut.*), to belay (*boat*), to fasten, to secure (*tackle, gear*), to lock, to safeguard.

Sicherung *f.* (*naut.*), securing *s.*; safety device *s.*, safeguard *s.*, protection *s.*, (*elec.*) fuse *s.*, cut-out *s.* **Sicherungs/bolzen** *m.*, safety bolt *s.*; **–boot** *n.*, picket boat *s.*, escort vessel *s.*; **–ring** *m.*, securing ring *s.*; **–schraube** *f.*, locking nut *s.*; **–tamp(en)** *m.*, securing end *s.* of a rope, securing bitter end *s.*

Sicht *f.* (*naut.*, *meteor*), visibility *s.*, (*naut.*) sight *s.*, (*coll.*) ken *s.*, (*rare*) view *s.*; **außer –,** out of sight; **in –,** in sight; **völlig außer –,** well out of sight; **Land in –,** land in sight; **Land in –!** (*int.*), land-ho!; **außergewöhnlich gute –,** excellent visibility *s.*; **begrenzte –,** limited visibility *s.*; **diesige –,** hazy or misty visibility *s.*, haze *s.*; **gute –,** high *or* good visibility *s.*; **keine –,** zero visibility *s.* *or* conditions (*pl.*) (*less than 50 metres*); **klare –,** clear *or* good visibility *s.*; **mäßige –,** moderate visibility *s.*; **schlechte –,** poor *or* low visibility *s.*; **sehr begrenzte –,** zero visibility *s.*; **sehr gute –,** very good visibility *s.*; **sehr schlechte –,** very low *or* poor visibility *s.*; **unbegrenzte –,** unlimited visibility *s.*; **unsichtige –,** bad *or* poor visibility *s.*, hazy, misty; **wechselnde –,** varying visibility *s.*; **allmählich** *od.* **langsam in – kommen,** to nose into sight; **außer – kommen,** to get out of sight; **in – bleiben,** to keep *or* to remain *or* to stay in sight (**von,** of); **in – kommen,** to come *or* to heave in(to) sight, to come within *or* in(to) view, to rise into sight *or* view, (*esp. naut.*) to open; **plötzlich** *od.* **rasch außer – kommen,** to vanish; **plötzlich** *od.* **rasch in – kommen,** to pop up; **undeutlich** *od.* **verschwommen in – kommen,** to loom; **in – sein,** to be (with)in sight; **– horizontal und vertikal begrenzt** (*naut.*, *meteor.*), zero conditions (*pl.*); **– verlieren (von),** to loose (the) sight (of).

Sicht/anzeige *f.* (*radar*, *etc.*), visual indication *s.*; **elektronische –anzeige** *f.*, electronic indication *s.* *or* display *s.*; **–anzeigegerät** *n.*, visual indicating device *s.*

sichtbar *adj.* (*naut.*), visible, visual; **gerade (noch) –** (*naut.*), hull down; **gut –,** well in sight; **undeutlich** *od.* **verschwommen –,** looming; **– werden,** to heave into sight; **plötzlich – werden,** to pop up, to burst into sight; **–er Horizont** *m.* (*naut.*), visible *or* (*rare*) visual horizon *s.* **Sichtbarkeit** *f.*, visibility *s.*; **relative –,** (relative) visibility *s.* **Sichtbarkeits/bogen** *m.* (*naut.*), arc *s.* of visibility; **–sektor** *m.* **eines (Leucht)Feuers,** sector *s.* of visibility. **Sichtbarwerden** *n.* (*astr.*), apparition *s.*; **kurzes –,** glimpse *s.* (*of an object*, *boat*, *etc.*); **undeutliches** *od.* **verschwommenes –,** loom *s.*, looming *s.* (*of landmark*, *boats*, *etc.*).

Sicht/begrenzung *f.*, limited visibility *s.*; **–bereich** *m.*, visual range *s.*, range *s.* of sight *or* visibility; **–bild** *n.* (*radar*), perspective representation *s.*

Sichten *n.* (*naut.*), sighting *s.* (*of land*, *etc.*); **– des Landes nach (ohne) Berechnung** *od.* **Beschickung,** good (bad) landfall *s.* **sichten** *v.* (*naut.*), to make out, to rise, to sight (*land*, *etc.*); **Land –,** to make (the) land, to raise (the) land, to sight (the land), to make landfall, (*coll.*) to make.

Sicht/feld *n.*, field *s.* of vision; **–funkpeiler** *m.*, visual radio direction-finder *s.* *or* D/F *s.*; **–gerät** *n.*, visual-indicating device *s.*, (radar) display unit *s.* *or* set *s.*

sichtig *adj.* (*naut.*, *meteor.*), clear (visibility). **Sichtigkeit** *f.* (*naut.*, *meteor.*), visibility *s.*, (*naut.*) sight *s.*; **–sgrad** *m.*, (degree of) visibility *s.*

Sicht/marke *f.* (*naut.*) visual *or* visible mark *s.* *or* marker *s.* *or* sign *s.* (*landmark*, *etc.*); **in –nähe,** within range *or* reach of sight; **–navigation** *f.*, visual navigation *s.*; **–peiler** *m.*, **–peilgerät** *n.*, visual direction(-)finder *s.* *or* D/F *s.*; **–signal** *n.*, visual signal *s.*; **–signal-Reichweite** *f.*, visual touch *s.*

Sichtung *f.* (*naut.*), sighting *s.* (*of an object, boat, etc.*).

Sicht/verbesserung *f.* (*naut.*, *meteor.*), improvement *s.* of visibility; **–verhältnisse** *n./pl.* (*naut.*, *meteor.*), visibility *s.*, visibility conditions (*pl.*), degree *s.* of visibility; **–verschlechterung** *f.*, deterioration *s.* *or* (*coll.*) worsening *s.* of visibility. **Sichtweite** *f.* (*naut.*, *meteor.*), range *s.* *or* reach *s.* of sight *or* visibility, visibility *s.*, (*naut.*) range *s.* of sight *or* vision, reach *s.* (of sight), sight *s.*, visual range *s.*, (*coll.*) ken *s.*, (*radar*) scan *s.*; **außer (in) –,** (with)in (out of) sight *or* range of vision *or* visual touch; **geographische –,** geographic(al) range *s.* (*of a light*); **meteorologische –,** meteorological range *s.*, meteorological reach *s.* of sight, visibility *s.*; **in – bleiben,** to keep in sight (**von,** of); **in – des Landes** *od.* **die Küste entlangsegeln,** to lie along the shore, to hug the coast *or* land; **– eines (Leucht)Feuers,** geographical *or* luminous range *s.* (of a light). **Sicht/wert** *m.* (*naut.*, *meteor.*, *phys.*), coefficient *s.* *or* degree *s.* *or* factor *s.* of visibility, visibility *s.*; **–zeichen** *n.*, visual *or* visible signal *s.*; **Verständigung** *f.* **durch –zeichen,** visual signal(l)ing *s.*

sickern *v.* (*naut.*), to ooze, to seep. **Sickerwasser** *n.* (*naut.*), seepage *s.*

siderisch *adj.* (*astr.*), sidereal; **–es Jahr** *n.*, sidereal year *s.*; **–e Minute** *f.*, sidereal minute *s.*; **–er Mittag** *m.*, sidereal noon *s.*; **–er Monat** *m.*, sidereal month *s.*; **–er Ortsmittag** *m.*, sidereal local noon *s.*; **–e Sekunde** *f.*, sidereal second *s.*; **–e Stunde** *f.*, sidereal hour *s.*; **–er Stundenwinkel** *m.* **(eines Gestirns),** sidereal hour(-)angle *s.*; **–er Tag** *m.*, sidereal day *s.*; **–e Zeit** *f.*, sidereal time *s.*

Sieb *n.* (*naut.*), strainer *s.* **sieben** *v.* (*rad.*), to filter.

sieben (*number*), seven; **die S– Meere** *n./pl.*, (the) seven seas (*pl.*), the Seven Seas (*pl.*). **Sieben / achtel-Rigg** *n.*, **–achtel-Takelung** *f.*, 7/8 *or* seven-eigth rig *s.*, fractional rig *s.*; **–master** *m.*, seven-masted sailing ship *s. or* vessel *s.*; **–mast-Gaffelschoner** *m.*, seven-masted fore-and-aft schooner *s.*

Siebkette *f.* (*rad.*), band-pass filter *s.*

Sieg *m.* (*spt.*), victory *s.*, win *s.*; **den – davontragen** (*rac.*), to carry *or* to win the day; **einen – auf der Pfanne haben** (*rac.*, *sl.*), to have a *or* the win pat. **siegen** *v.* (*spt.*), to win (**über,** over). **Sieger** *m.* (*spt.*), winner *s.*; **zweiter –,** runner-up *s.*, second *s.* to come (in); **– in der Gesamtwertung** (*rac.*), overall winner *s.*; **–ehrung** *f.*, distribution *s.* of the cup *or* of trophies; **–pokal** *m.*, (challenge-)cup *s.*, (*sl.*) pot *s.*

Siel *m. od. n.*, floodgate *s.*, lock *s.*, sewer *s.*, sluice *s.*; **–hafen** *m.*, outer (sewer *or* sluice) basin *s. or* port *s.*, outport *s.* of a sluice *or* lock; **–tor** *n.*, floodgate *s.*, sluice gate *s.*

Signal *n.* (*naut.*), signal *s.*, (*rad.*) beacon *s.*, signal *s.*; **akustisches –,** acoustic *or* sound signal *s.*; **kurzes –** (*rad.*), pip s.; **optisches –,** visual signal *s.*; **wiederholtes –,** repeated signal *s.*; **ein Boot** *od.* **Schiff durch –e anpreien** *od.* **ansprechen,** to speak a ship; **durch –e** (*pl.*) **verständigen,** to signal; **durch ein – anordnen** *od.* **verkünden** (*naut.*, *rac.*), to sound; **ein – auffangen** (*rad.*), to pick up a signal; **ein – aussenden,** to make a signal, to signalize; **ein – empfangen** (*rad.*), to receive a signal; **ein – geben,** to signalize, to make a signal; to sound the (fog)horn; **ein – mit der (Boots)-Pfeife geben,** to blow a blast on the whistle; **ein – widerrufen,** to cancel a signal; **ein – wiederholen,** to repeat a signal; **sich durch –e verständigen** *od.* **verständlich machen,** to talk by signals (*distress at sea*); **wie empfangen Sie mein –?** (*rad.*), how are you receiving my beacon?; **–e** (*pl.*) **zwischen Schiffen mit Dampfpfeife wechseln,** to cross whistle. **Signal / apparat** *m.*, teller *s.*; **–antwortwimpel** *m.*, signal-reply *or* answering pendant *s. or* pennant *s.*; **(nautische) –ausrüstung** *f.*, (nautical) signal equipment *s.*; **–auswertung** *f.* (*radar*), gating *s.*; **–bake** *f.*, signal beacon *s.*; **–ball** *m.* (*naut.*), signal ball *s.*, black ball *s.*; **–buch** *n.*, code *s.* of signals, signal book *s.*, code book *s.*; **Internationales –buch** *n.*, International Code *s.* of Signals *or* Code-book *s.*; **–buchstaben** *m./pl.*, signal letters (*pl.*), code letters (*pl.*); **–buchstabenflagge** *f.*, code flag *s.*; **–code** *m.*, code *s.* of signals; **–feuer** *n.* (*naut.*), beacon *s.*, warning light *s.*; **–flagge** *f.*, signal flag *s.*, signal(l)ing flag *s.*; **die –flagge heißen,** to hoist *or* to send up the signal (flag); **die –flagge niederholen,** to haul down the signal (flag); **eine –flagge wehen lassen,** to fly a signal (flag); **Internationale –flaggen** *f./pl.*, International Code-flags (*pl.*); **–flagge** *f.* **zum Rückruf** (*rac.*), recall (flag) *s.*; **–flaggengruppe** *f.*, hoist *s.* (of signal flags); **–folge** *f.* (*rac.*), sequence *s. or* series *s.* of signals; **–gast** *m.* (*naut.*), signaller *s.*, signal(-)man *s.*, (*am.*) signaler *s.*; **–geber** *m.*, signaller *s.*, (*am.*) signaler *s.*; **–horn** *n.* (*naut.*), (signal) horn *s.*, claxon *s.*; foghorn *s.*; **mit dem –horn hupen** *od.* **tuten** (*naut.*), to give hoots on the horn.

Signalisieren *n.* (*naut.*), signalling *s.*, (*am.*) signaling *s.*; **– durch** *od.* **mit Flaggen** *od.* **Laternen** (*naut.*, *coll.*), wigwag *s.* **signalisieren** *v.* (*naut.*), to signal, to give *or* to send a signal *or* signals, to speak (a boat *or* ship), to telegraph; **durch Schwenken von Flaggen** *od.* **Laternen –** (*naut.*, *coll.*), to wigwag; **mit Flaggen –,** to signal with flags, to flag.

Signal / kegel *m.* (*naut.*), signal cone *s.*; **–körper** *m.*, signal (body) *s.*; **–lampe** *f.*, **–laterne** *f.*, signal(ling) lamp *s. or* lantern *s.*, signal(-)light *s.*, Aldis lamp *s.*; **–leine** *f.*, signal halyard *s.*; bell-rope *s.*, communication cord *s.*; life line *s.*; **––Leuchtpatrone** *f.*, Very light *s.*; **–licht** *n.*, signal light *s.*; signal(l)ing lamp *s.*; **–logbuch** *n.*, signal log(-book) *s.*; **–maat** *m.*, yeoman *s.* (of signals); **–mast** *m.*, signal mast *s.*; **–patrone** *f.*, signal cartridge *s.*; **–pegel** *m.* (*rad.*), signal level *s.*; **akustischer (optischer) –pegel** *m.* **(eines Sichtfunkpeilers),** acoustic (visual) signal-level *s.* (of visual D/F); **–pfeife** *f.* (*naut.*), whistle signal *s.*; signal whistle *s.*; **–rah(e)** *f.*, signal yard *s.*; **–rakete** *f.*, rocket-flare *s.*, sky-rocket *s.*, signal rocket *s.* (*distress at sea*); **––Rauschverhältnis** *n.* (*rad.*), signal-to-noise ratio *s.*; **–scheinwerfer** *m.*, signal lamp *s. or* lantern *s.*; **–schuß** *m.* (*naut.*), signal-gun *s.*, gun *s.*, (*coll.*) maroon *s.*; **einen –schuß abgeben** *od.* **abfeuern,** to fire a *or* the gun (*distress at sea*); **–spannung** *f.* (*rad.*), signal(-)strength *s.*; **–stag** *n.* **(einer Motor-** *od.* **Dampfyacht),** triatic stay *s.*; **–stander** *m.*, signal burgee *s.*; **–stange** *f.* (*naut.*), pointer *s.*; **–stärke** *f.* (*rad.*), strength *s.* of beacon *or* sign *or* signal, signal-strength *s.*; **–station** *f.* (*naut.*, *rad.*), signal station *s.*; **–störverhältnis** *n.* (*rad.*), signal-to-noise ratio *s.*; **–tafel** *f.* (*rac.*), signal (table) *s.*, table *s.* of signals; **die –tafeln** (*pl.*) **zeigen** (*rac.*), to show the signals; **–unterscheidung** *f.* (*naut.*, *rad.*), signal discrimination *s.*; **–vorrichtung** *f.*, signal(l)ing apparatus *s.*, signal(ling) device *s.*; **–wesen** *n.* (*naut.*, *rad.*), signal service *s.*; **–wimpel** *m.*, signal(ing) pendant *s.* *or* pennant *s.*; **akustische (optische) –zeichen** *n./pl.* (*rac.*), acoustic (visual) signals (*pl.*).

Silhouette *f.* (*naut.*), outline(s) *s.* (*pl.*), contour *s.* (*of landmark, etc.*).

Simplex / betrieb *m.* (*rad.*), simplex *or* one-way operation *s.*; **–kreis** *m.* (*rad.*), simplex circuit *s.*; **–ruder** *n.*, simplex rudder *s.*; **–verkehr** *m.* (*rad.*), simplex operation *s.* *or* communication *s.*

Simpsonsche Regel *f.* (*naut.*, *math.*), Simpson's rule *s.*

sinkbar *adj.*, sinkable (*of boat*); **nicht –** *od.* **sinkend**, unsinkable (*of boat*). **Sinken** *n.* (*naut.*), sinking *s.*, going *or* settling down *s.* (*of boat*), setting *s.* (*of sun*), drop *s.*, fall *s.* (*of temperature*); **Boot** *n.* **zum – bringen,** to swamp the boat. **sinken** *v.* (*naut.*), to sink, to go down, to settle down, to founder, to swamp (*of boat*), (*naut.*, *hum.*) to swim to the bottom, to swim like a brick *or* stone *or* tailor's goose (*of boat*), (*meteor.*) to drop, to fall, to lower (*as temperature*), (*astr.*) to sink (*of planets*), to set (*of sun*); to sink (*of water level*); **über den Achtersteven –,** to sink by the stern.

Sinker *m.*, **Sinkkörper** *m.* (*naut.*), killick *s.*, killock *s.*, mooring block *s.* *or* clump *s.*, sinker *s.*, weight *s.*, (*surf.*) sinker *s.* (*surfboard*).

Sinus *m.* (*naut.*, *math.*), sine *s.*; **–kurve** *f.*, sine-curve *s.*; **–schwingung** *f.* (*phys.*), sinusoidal oscillation *s.*; **–welle** *f.* (*phys.*), sinusoidal wave *s.*

Sirene *f.* (*naut.*), siren *s.* **Sirenen / signal** *n.*, siren signal *s.*; **–ton** *m.*, siren sound *s.*, sound *s.* *or* wail *s.* of a siren.

Sisal / hanf *m.*, sisal (hemp) *s.* (*for ropes*); **–tau** *n.*, sisal rope *s.*; **--Tauwerk** *n.*, sisal cordage *s.* *or* rope *s.*

Sitz *m.* (*naut.*), seat *s.*, (*tech.*) fit *s.*, seat(ing) *s.*; **strammer –** (*naut.*, *tech.*), wringing fit *s.* (*of cleat, trapeze belt, etc.*). **Sitzducht** *f.* **(am Seitendeck),** thwart *s.* (on the side deck).

sitzen *v.* (*naut.*), to sit, to be placed *or* seated (*in a boat*); **auf Grund (fest) –,** to be (fast) aground (*of boat*); **der Wind sitzt günstig** (*naut.*, *coll.*), the wind sits fair.

Skala *f.*, scale *s.* (*Beaufort, Douglas, Petersen, etc.*); graduation *s.*, dial *s.*; **kreisförmige – (an Instrumenten),** rose *s.* **Skalen / ablesung** *f.*, direct *or* scale reading *s.*; **–einteilung** *f.*, graduation *s.*; **–meßinstrument** *n.*, direct-reading instrument *s.*; **–ring** *m.*, graduated ring *s.*; **–scheibe** *f.*, graduated dial *s.*, (*rad.*) tuning dial *s.*; **–wert** *m.*, (direct *or* scale) reading *s.*

Skeg *m.*, skeg *s.* (*of the rudder*).

Skiff *n.*, skiff *s.*, shell *s.*, (*dial.*) whiff *s.* (*boat*).

Ski / lauf *m.* (*naut. rac.*), skiing *s.*; **s–laufen** (*od.* **–fahren**) *v.*, to ski, to go skiing; **–lehrer** *m.*, ski(ing) instructor *s.*

Skipper *m.*, skipper *s.*, yachtsman *s.*, yacht skipper *s.*, (*coll.*) yachter *s.*, skip *s.* **skippern** *v.* (*naut.*, *coll.*), to skipper (along).

Ski / sport *m.*, skiing *s.*; **–springen** *n.*, ski-jumping *s.*; **--Yachting** *n.* *od.* **–yachting** *n.* (*rac.*), skiyachting *s.* (*in Cannes*).

Skorbut *m.* (*naut. med.*), scurvy *s.* **skorbutisch** *adj.*, scorbutic. **Skorbutmittel** *n.*, antiscorbutic *s.*

Skull *n.*, scull *s.*; **ein Paar –s,** a pair of sculls; **–boot** *n.*, scull *s.*, sculler *s.*, wherry *s.*, (*dial.*) whiff *s.*; **in** *od.* **mit einem –boot fahren,** to scull, to wherry. **Skullen** *n.*, **durch – fortbewegen,** to scull. **skullen** *v.*, to scull (*with two sculls*), to row. **Skuller** *m.*, scull *s.*, (*dial.*) whiff *s.* (*boat*), sculler *s.* (*pers.*). **Skullriemen** *m./pl.*, pair *s.* of sculls.

Sky / kompaß *m.*, azimuth *or* sky compass *s.*; **–light** *n.* (*naut.*), skylight *s.*, deck glass *s.*; **–line** *s.* (*naut.*), skyline *s.*, horizon *s.*; **–segel** *n.*, skysail *s.*, kite *s.*, (*coll.*) skyscraper *s.*; **ein –segel fahren,** to fly a kite.

Slalom *m.* (*rac.*), slalom *s.* (*skiyachting, surfing, canoeing*).

Slatsegel *n.*, slatsail *s.*, tall()boy *s.*; **–baum** *m.*, slatsail strut *s.*

Slip *m.* (*naut.*), slip *s.* (*ramp for boats*), slipway *s.*, ways (*pl.*) (*shipb.*); slip *s.* (*of rope*); slip *s.* (*of the propeller*). **Slip / anlage** *f.*, slip *s.* (*for boats*); **–dock** *n.*, slip dock *s.*; **–ebene** *f.*, slope *s.* *or* gradient *s.* of the slip. **slippen** *v.*, to slip (*a boat*); to slip (*a line or rope*). **Slip / haken** *m.*, slip hook *s.*, tripping hook *s.* *or* link *s.*, pelican hook *s.*; **–rampe** *f.* **(für Boote),** slip *s.*; **–schäkel** *m.*, slip hook *s.*, pelican hook *s.*; **–stek** *m.*, slip bend *s.* *or* hitch *s.* *or* knot *s.*, slippery hitch *s.*; **–stopper** *m.*, slip stopper *s.*; **–vorrichtung** *f.* (*naut.*), slipping device *s.* (*for boats*), tripping device *s.*, tumbler *s.*; **–wagen** *m.*, railway cradle *s.*; slip (car) *s.*, trol-l(e)y *s.* (*for boats*).

Slup *f.*, sloop *s.*; **–takelung** *f.*, sloop rig *s.*; **mit –takelung,** sloop-rigged.

Smeerreep *n.*, reefing pendant *s.*, lanyard *s.*

S-meter *n.* (*rad.*), wave detector *s.*

Smut *m.*, **Smutje** *m.* (*naut. coll.*), ship's cook *s.*, (*hum.*) doctor *s.*

Sockel *m.* (*naut.*, *tech.*), base *s.*, foot *s.*, pedestal *s.*, socle *s.*, socket *s.* (*for compass, ship's engine, etc.*).

Sod / pumpe *f.* (*naut.*), bilge pump *s.*; **–wasser** *n.*, bilge water *s.*

SOFAR(-Gerät *n.***),** sound fixing *s.* and ranging, sofar *s.*, SOFAR *s.* (*distress at sea*).

Sog *m.* (*naut.*), dead water *s.*, undertow *s.*; wake *s.* (*of a boat*), deduction *s.*, thrust *s.* (*of boat, sail*); **– (am Segel),** suction *s.*

Sohle *f.* (*naut.*), sole *s.*; bottom *s.*, (*coll.*) floor *s.* (*of canal, dock, etc.*); **– des Hinterstevens,** sole *s.* of the stern; **– des Stevens,** sole piece *s.*

Solano *m.*, solano *s.* (*Mediterranean easterly wind, esp. in Spain*).

Solar-Generator *m.* (*naut.*), solar generator *s.* (*for boats*).

SOLAS(-Gesetz *n.***),** International Convention *s.* for the Safety of Life at Sea.

Soll / besatzung *f.*, **–crew** *f.* **(einer Yacht),** obligatory *or* required crew *s.* (of a yacht), ship's complement *s.*; **–bruchlast** *f.* (*naut.*, *tech.*), breaking load *s.*; **–durchmesser** *m.*, nominal diameter *s.*; **–frequenz** *f.* (*rad.*), nominal *or* required frequency *s.*; **–leistung** *f.* (*rad.*, *tech.*), nominal *or* rated output *s.*; **–reichweite** *f.* (*radar*), nominal *or* maximum range *s.*; **–wert** *m.* (*naut.*, *phys.*), nominal *or* rated value *s.*

Solstitial / -Kolur *m.* (*astr.*), solstitial colure *s.*; **–punkt** *m.* (*astr.*), solstitial point *s.* **Solstitium** *n.* (*astr.*), solstice *s.*

Sommer *m.*, summer (time *or* tide) *s.* **Sommer / betonnung(ssystem** *n.***)** *f.*, buoyage system *s.* during the summer, summer buoyage (system) *s.*; **–-Dreieck** *n.* (*astr.*), summer triangle *s.*; **–freibord** *m.*, summer freeboard *s.*; **–gewitter** *n.* (*meteor.*), summer-(thunder)storm *s.*; **–halbjahr** *n.*, summer(ly) half-year *s.*; **–hitze** *f.*, heat *s.* of summer. **sommerlich** *adj.*, summer, summerly, summery; **–es Wetter** *n.*, summer weather *s.*; **–e Zeit** *f.*, summer time *s. or* tide *s.* **Sommer / monsun** *m.*, wet monsoon *s.*; **–solstitium** *n.* (*astr.*), summer solstice *s.*; **–sonnenwende** *f.* (*astr.*), summer solstice *s.*, midsummer (day) *s.*; **–tag** *m.*, summer day *s.*, summer's day *s.*; **–tiefgang** *m.* (*naut.*), summer draught *s. or* (*am.*) draft *s.*; **–triangel** *m.* (*astr.*), summer triangle *s.*; **durchschnittliche –wärme** *f.* **(der gemäßigten Zonen)** (*meteor.*), summer heat *s.*; **–wetter** *n.*, summer *s.*, summer weather *s.*; **–zeit** *f.*, summer time *s. or* tide *s.*; **doppelte –zeit** *f.*, double summer time *s.*; **um eine Stunde vorgerückte –zeit** *f.*, summer()time *s.*, daylight-saving time *s.*

SONAR(-Signale *n./pl.***),** sound navigation and ranging *s.*, sonar *s.*, SONAR *s.*

Sonde *f.* (*naut.*), sounding-lead *s.*, plummet *s.*, (*meteor.*, *rad.*) sonde *s.*, sounding balloon *s.*

Sonder / anfertigung *f.*, special make *s.* (*of sails, etc.*); **–ausführung** *f.*, special design *s. or* make *s. or* model *s.* (*of boat, sail, etc.*); **–ausrüstung** *f.* (*naut.*), special *or* extra equipment *s.*, extras (*pl.*); **–bestimmungen** *f./pl.*, special regulations (*pl.*), exceptional provisions (*pl.*); **–erlaubnis** *f.*, **–genehmigung** *f.*, special permission *s.*, special licence *s. or* (*am.*) license *s.*; **–karte** *f.* (*naut.*), special (sea *or* navigation) chart *s.*; local chart *s.*; **–klasse** *f.* (*rac.*), sonder *s.*, sonder yacht *s.*, (*am.*) sonderclass *s.* (of yachts); **–preis** *m.* (*rac.*), special award *s. or* prize *s. or* trophy *s.*; **–stahl** *m.*, special steel *s.* (*shipb.*); **–zeichen** *n.* (*naut.*), special mark *s.*, special sea *or* navigation mark *s. or* marker *s.*; **–zubehör** *n.* **(auf Wunsch)** (*naut.*), optional extras (*pl.*) (*sail inventory, etc.*).

sondieren *v.* (*naut.*, *meteor.*), to sound.

Sonne *f.*, sun *s.*; **aufgehende –,** ascending *or* rising sun *s.*; **mittlere –,** mean sun *s.*; **plötzlicher Durchbruch** *m.* **der –,** sunburst *s.*; **scheinbare –,** apparent *or* true sun *s.*; **untergehende –,** lowering *or* setting sun *s.*; **wahre –,** true sun *s.*; **auf die – zu,** sunward(s); **der – zugewendet,** sunward; **der – entgegen,** sunward(s); **gegen die – (gerichtet),** into the sun; **gegen den (scheinbaren) Lauf der – (gerichtet),** anticlockwise, (*Scots*) withershins; **mit der – (gehend),** with the sun, sunwise; **mit** *od.* **kurz vor der – aufgehend** (*astr.*), matutine; **von der – beleuchtet** *od.* **beschienen,** sunlit, (*am.*) sunsmit, sunsmitten; **die Höhe der – messen** (*nav.*, *astr.*), to take the sun; **die – geht auf,** the sun rises; **die – geht unter,** the sun sets *or* goes down; **die – schießen** (*nav.*), to take the sun's altitude, to take bearings on the sun, (*coll.*) to shoot the sun; **die – steht tief (am Horizont),** the sun is low (on the horizon); **gegen die – drehen,** to veer round against the sun (*of wind*); **mit der – drehen,**

to veer round with the sun (*of wind*); **nahe an der – vorbeigehen** (*astr.*), to sungraze (*of planets*). **Sonnen / aufgang** *m.*, sunrise *s.*, (*am.*) sun(-)up *s.*; **bei –aufgang,** at sunrise *or* (*am.*) sun(-)up; **–bahn** *f.*, ecliptic *s.*; orbit *s.* of the sun; **–beben** *n.* (*astr.*), sunquake *s.*; **–beobachtung** *f.* (*nav.*), bearings (*pl.*) on the sun, observation *s.* of the sun('s altitude), sunsight *s.*; **gegißtes –besteck** *n.* (*nav.*), estimated position *s.* by the sun's altitude; **–bewegung** *f.* (*astr.*), movement *s.* of the sun, solar motion *s.*; **–blende** *f.* (*naut.*), sun(-)blind *s. or* shade *s.*, visor *s.*; **–dach** *n.*, **–deck** *n.* (*naut.*), awning *s.*, sun deck *s.*; **–fackel** *f.* (*astr.*), facula *s.* (*pl.* -lae); **–ferne** *f.* (*astr.*), aphelion *s.*; **–finsternis** *f.*, solar eclipse *s.*; **–fleck** *m.* (*astr.*) macula *s.* (*pl.* -lae), sun spot *s.*, (*phys.*) freckle *s.*; **mit –flecken** (*pl.*), sunspotted; **Häufigkeitsperiode** *f.* **der –flecken** (*astr.*), solar cycle *s.*; **Zone** *f.* **der –flecken,** spot zone *s.*; **–glas** *n.* **(am Sextanten),** index shade *s.*; **–granulation** *f.* (*astr.*), granulation *s.*; **Korn** *n.* **der –granulation** (*astr.*), granule *s.*; **–glut** *f.*, blazing sun *s.*; **–hof** *m.*, halo *s.* (a)round the sun, aureole *s.*, sunglow *s.*; **–höhe** *f.*, sun's altitude *s.*; **gemessene –höhe** *f.* (*nav.*), sunsight *s.*; **die –höhe messen,** to take the sun *or* the sun's altitude; **–jahr** *n.* (*astr.*), solar *or* astronomical year *s.*; **–kompaß** *m.*, sun compass *s.*; **–licht** *n.*, sun *s.*, sunlight *s.*; **s–los** *adj.*, sunless; **–losigkeit** *f.*, sunlessness *s.*; **–monat** *m.* (*astr.*), solar month *s.*; **–nähe** *f.* (*astr.*), perihelion *s.*; **in –nähe befindlich** (*astr.*), perihelial, perihelian; **–oberrand** *m.*, solar upper limb *s.*, upper limb *s.* of the sun; **–parallaxe** *f.* (*astr.*), solar parallax *s.*; **–pardunen** *f./pl.*, sun's backstays (*pl.*) *or* (*coll.*) eyelashes (*pl.*); **–peilung** *f.*, bearings (*pl.*) on the sun; **–protuberanzen** *f./pl.* (*astr.*), solar prominences (*pl.*) *or* protuberances (*pl.*); **–rand** *m.*, solar limb *s.*; **–ring** *m.* (*astr.*), ring dial *s.*; **–scheibe** *f.*, solar disc *s. or* disk *s.*; **–schein** *m.*, sun *s.*, sunshine *s.*, (*coll.*) shine *s.*; **–scheinautograph** *m. od.* **-messer** *m.* (*meteor.*), sunshine recorder *s.*; **–scheindauer** *f.* (*meteor.*), hours (*pl.*) of sunshine; **–segel** *n.*, awning *s.*, tilt *s.*; **mit einem –segel eingedecktes Boot** *n.*, tilt boat *s.*; **Öffnung** *f.* **in einem –segel (für den Mast),** shark's mouth *s.*; **das –segel aufspannen (ausbringen),** to spread (to bring out *or* to house) the awning *or* tilt; **–segel(spreiz)-latte** *f.*, awning batten *s. or* ridge pole *s.*; **–spektrum** *n.* (*phys.*), solar spectrum *s.*; **–stand** *m.* (*astr.*, *nav.*), altitude *s. or* position *s.* of the sun; **–strahl** *m.*, sun beam *s. or* ray *s.*; **–strahlung** *f.*, solar radiation *s.*; **–system** *n.*, solar system *s.*; **Bewegung** *f.* **des –systems (im Raum)** (*astr.*), solar motion *s.*; **–tag** *m.* (*astr.*), solar day *s.*; **mittlerer –tag** *m.* (*astr.*), mean solar day *s.*; **–tide** *f.*, solar tide *s.*; **–untergang** *m.*, sunset *s.*, decline *s.* of the sun, (*am.*) sundown *s.*, sunfall *s.*; **–unterrand** *m.*, solar lower limb *s.*, lower limb *s.* of the sun; **–wärme** *f.*, sun *s.*, sunglow *s.*; **–wende** *f.* (*astr.*), interequinoctial *s.*, solstice *s.*, (*astr.*, *geogr.*) tropic *s.*; **–wendepunkt** *m.* (*astr.*), solstitial point *s.*; **–zeit** *f.* (*astr.*), solar time *s.*; **mittlere (wahre) –zeit** *f.*, mean (apparent *or* true) solar time *s.*; **–zelt** *n.* (*naut.*), awning *s.*, tilt *s.* **sonnig** *adj.*, sunny, sunshiny; summerly; **ein –er Tag,** a sunny *or* summer(ly) day *s.*; **–es Wetter** *n.*, sunny weather *s.*, sunshine *s.*

Sonntagnachmittagsspazierfahrt *f.* (*naut. hum.*), holyday *or* week-end pleasure trip *s.*

Sonnwende *f.*, (*s.* **Sonnenwende**).

Sono / boje *f.*, sonobuoy *s.*; **–funkboje** *f.*, sonoradio buoy *s.*; **–meter** *n.* (*naut.*), sonometer *s.*

Sorg / kette *f.* (*naut.*), rudder chain *s.*; **–leine** *f.*, life line *s.*, hand line *s.* (*safety device*), (rudder) pendant *s.*, trailing *or* tripping line *s.*, weighing line *s.*; **–leinkette** *f.*, rudder chain *s.*

sorren *v.* (*naut. dial.*), to lash, to seize. **Sorrtau** *n.*, lashing *s.*, seizing *s.*

SOS(-Ruf *m.***)** (*naut.*), SOS (call) *s.* (*Save Our Ship, Save Our Souls*), mayday *s.*, international distress call *s.* (*distress at sea*).

Spachtel *m.* (*naut.*, *tech.*), spattle *s.*, spatula *s.*, slice *s.*, smoother *s.* (*tool*), filler *s.*, primer *s.*, putty *s.* (*compound*). **Spachtel / kitt** *m.*, plastic wood *s.*, wood cement *s.*, putty *s.*; **–masse** *f.*, filler *s.*, primer *s.*, putty *s.*; **–messer** *n.*, spattle *s.*, spatula *s.*, spreader *s.*, putty-knife *s.* **spachteln** *v.*, to fill (*cracks*), to smooth, to smoothen, to slice (*surface*). **Spachtelung** *f.*, priming coat *s.*

Spake *f.* (*naut.*), (hand-)spike *s.* (*of capstan*), (hand-)spoke *s.* (*of steering wheel*); **– des (Gang)Spills,** (capstan) bar *s.*; **– zum Antreiben der Planken,** wring staff *s.* (*shipb.*). **Spaken / kranz** *m.*, drumhead *s.* (*of the capstan*); **–zapfen** *m.*, outer end *s.* of the spoke.

Spalt *m.* (*naut.*, *tech.*), crack *s.* (*in boats*), split *s.* (*in deck*), seam *s.* (*shipb.*), gap *s.*, slit *s.*, slot *s.* (*between sails*), (*geogr.*) cleft *s.*, crevice *s.* (*in cliffs, etc.*); **ohne –(en),** seamless (*shipb.*). **Spalte** *f.* (*geogr.*), cleft *s.*, crevice *s.* (*in cliffs*). **Spalt / ring** *m.* (*naut.*), split-ring *s.*;

–ruder *n.*, split rudder *s.*; **–wache** *f.*, dog(-)-watch *s.*

Spanier *m.* (*naut.*), Spaniard *s.* (*boat or ship*). **spanisch** *adj.*, **–es Reff** *n.*, Spanish reef *s.*; **–es Schiff** *n.*, Spaniard *s.*, Spanish boat *s. or* ship *s.*; **–er Takling** *m.*, back splice *s.*, Spanish whipping *s.*; **–e Winde** *f.*, Spanish windlass *s.*

Spankerschotenblock *m.*, quarter block *s.*

Spann *m.* (*naut.*), span *s.* (*of rope or chain*). **Spann/bolzen** *m.*, tension bolt *s. or* rod *s.*; **–draht** *m.* (*naut.*), guy *or* tension wire *s.*; **–einrichtung** *f.* (*naut.*), strainer *s.*, turnbuckle *s.* **Spanne** *f.* (*naut.*), span *s.* (*of rope or chain*), short distance *s.*, span *s.*; short space *s.* of time, span *s.*, stretch *s.*; **nach –n** (*pl.*) **abmessen** (*naut.*), to span. **Spannen** *n.* (*naut.*), stretch *s.*, stretching *s.*, tightening *s.*; bracing *s.* **spannen** *v.t.*, to bend, to brace, to flex, to stretch, to string, to tension, to tighten, to take up (*line, etc.*); *v.r.*, to strain (*of anchor chain, etc.*); **sich straff –,** to tauten (*of line, rope, etc.*). **Spanner** *m.* (*naut.*), take-up *s.*, tightener *s.*, turnbuckle *s.*, (*naut., tech.*) stretcher *s.* (*device*). **Spann/feder** *f.*, tension-spring *s.*; **–haken** *m.*, tenterhook *s.*; **–hebel** *m.*, tension-handle *s. or* crank(-handle) *s. or* -lever *s.*; **–holz** *n.* (*naut.*), rack bar *s.* (*for ropes*); **–kraft** *f.* (*naut., tech.*), elasticity *s.*, spring *s.*, (*naut., phys.*) tension *s.*, tensional force *s.*, strain *s.*; **–lack** *m.*, dope *s.*, stiffening varnish *s.* (*for boats*); **–ring** *m.* (*naut.*), expansion ring *s.*; **–rolle** *f.* (*naut.*), tension roller *s.*, tightener *s.*, tightening pulley *s.*; **–schloß** *n.* (*naut.*), rigging(-)screw *s.*, turnbuckle *s.*, screw shackle *s.*; **–schraube** *f.* (*naut.*), rigging(-)screw *s.*, bottle screw *s.*, right-and-left screw *s.*, turnbuckle *s.*; **–schraubenblock** *m.*, right-and-left screw *s.*; **–schraubenschutz** *m.*, rigging-screw *or* turnbuckle protection *s. or* sleeve *s. or* (*coll.*) jacket *s.*; **–seil** *n.*, guy *s.*, guy-rope *s.*

Spannung *f.* (*naut., phys.*), tension *s.*, tensional force *s.*, strain *s.*, stress *s.*; bracing *s.*, straining *s.*, stretching *s.*, (*elec.*) voltage *s.* **Spannungs/abfall** *m.* (*phys.*), potential drop *s.*, (*elec.*) voltage-drop *s.*; **–deck** *n.*, strength-(ened) deck *s.*; **–hebel** *m.* (*naut.*), expansion *or* tension gear *s.*; **–messer** *m.* (*phys.*), taseometer *s.*, tensiometer *s.*, (*elec.*) voltmeter *s.*; **–riß** *m.* (*naut.*), tension crack *s.* (*esp. of GRP boats*); **–steuerung** *f.* (*naut., tech.*), expansion gear *s.* **Spann/vorrichtung** *f.* (*naut.*), strainer *s.*, take-up *s.*, tension *s.*, rigging screw *s.*, turnbuckle *s.*; **–weite** *f.* (*naut.*), span *s.* (*of rope*), spread *s.* (*of sail*), (*tech.*) chord *s.*; **–weitenbelastung** *f.*, span load(ing) *s.*

Spant *n.* (*auch m., meist im Flugzeugbau gebräuchlich*) (*naut.*), frame *s.*, rib *s.*, timber *s.* (*shipb.*); **gebogenes –,** bent frame *s.*; **hölzernes –,** timber *s.*; **interkostales –,** intercostal (frame) *s.* **Spanten** *n./pl.* (*collect.*), framework *s.*, timbers (*pl.*) (*shipb.*); **ein Boot in – stellen,** to erect the frames of a boat; **in – stehend,** framed (*of boat*); **– genau einsetzen,** to horn the frames (*of a boat*). **Spanten/bolzen** *m.*, frame bolt *s.*; **–bruch** *m.*, fracture *s. or* rupture *s.* of frames, fractured *or* ruptured frames (*pl.*) *or* timbers (*pl.*); **–riß** *m.*, body plan *s.*, frame(-)lines (*pl.*), frame stations (*pl.*) (*shipb.*); **–system** *n.*, framing *s.* (*shipb.*); **–werk** *n.* **(eines Holzbootes),** timbers (*pl.*) of a boat. **Spant/fläche** *f.*, sectional area *s.*; **–form** *f.*, shape *s. or* section *s. or* profile *s.* of (the) frames; **–holz** *n.*, timber(s) *s.* (*pl.*); **–mall** *n.*, frame mould *s. or* (*am.*) mold *s.*; **–rahmen** *m.*, framing *s.*, framework *s.*, structure *s.* (*shipb.*); **–umfang** *m.* **der Konstruktionsspanten,** girth *s.* of section; **–versteifung** *f. od.* **–verstrebung** *f.*, trussing *s.* (of frames); **–werk** *n.*, framing *s.*; timbers (*pl.*) (*of wooden boat*).

Spargel *m.* (*naut. hum.*), mast *s.*

Sparren *m.* (*naut.*), spar *s.*, mast *s.*, round wood *s. or* timber *s.*; **mit – versehen,** to spar. **Sparrwerk** *n.*, **Boot mit – über eine seichte Stelle schaffen,** to spar.

Spatenruder *n.*, spade rudder *s.*, balanced (underhung) rudder *s.*

Spät/herbst *m.* (*naut.*), end *s.* of the (sailing *or* yachting) season; late autumn *s. or* (*am.*) fall *s.*; **–sommer** *m.*, Indian summer *s.*

Speedometer *n.*, speedometer *s.*, speed indicator *s.*; **einfaches –,** speed wand *s.*; **elektrisches (elektronisches) –,** electric (electronic) speedometer *s.*

Speichenrad *n.* (*naut.*), spoke *or* spoked wheel *s.*; **–zapfen** *m.*, outer end *s.* of spoke.

Speicher *m.* (*elec.*), storage battery *s.*, (*am.*) accumulator *s.*

Speigatt *n.*, deck drain *s.*, scupper *s.*, scupper(-)-hole *s.*; **–klappe** *f.*, scupper hatch *s. or* lid *s. or* shutter *s.*; **–ventil** *n.*, scupper valve *s.*, storm valve *s.*

Speiseleitung *f.* (*naut., tech.*), feed-line *s.*, (*elec.*) power lead *s.*, (*rad.*) feeder *s.* **speisen** *v.* (*naut., tech.*), to feed, to supply; to charge (*a battery*). **Speisepunkt** *m.* (*rad.*), input terminals (*pl.*); **–ventil** *n.* (*naut., tech.*), feed-valve *s.*; **–wasser** *n.* (*naut., tech.*), feed(-)water *s.* (*of steam yacht*); **–(wasser)pumpe** *f.*, feed-

or supply pump *s.*; **–wassertank** *m.* (*naut.*, *tech.*), feed-water tank *s.* **Speisung** *f.* (*elec.*, *rad.*), feed(ing) *s.*, supply *s.*

Spektral / farben *f./pl.* (*phys.*), spectral col-o(u)rs (*pl.*); **–gruppenfolge** *f.*, **–linienfolge** *f.* (*phys.*), spectral series *s.* **Spektro / heliograph** *m.* (*phys.*), spectroheliograph *s.*; **–helioskop** *n.* (*phys.*), spectrohelioscope *s.*; **–skop** *n.* (*phys.*), spectroscope *s.*

Sperre *f.* (*naut.*), bar *s.*, barrier *s.*, boom *s.*, (*of harbour*), blockade *s.* (*of navigation*), embargo *s.* (*on ships*), quarantine *s.*, (*rac.*) disqualification *s.*, suspension *s.*, (*tech.*) catch *s.*, detent *s.*, lock(ing) device *s.*, stop *s.*; drag *s.*, skid *s.*, shoe *s.* (*of* (*steering*) *wheel*). **sperren** *v.* (*naut.*), to bar, to block, to blockade, to close (*a harbour*), to place an embargo on (*ships*), (*rac.*) to disqualify, to suspend, (*tech.*) to bolt, to lock; **den Seehandel –,** to blockade ports, to lay an embargo on maritime *or* overseas trade.

Sperreep *n.*, headline *s.*

Sperr / feder *f.* (*naut.*, *tech.*), retaining spring *s.*; **–gebiet** *n.* (*naut.*), barred zone *s.*, blockade zone *s.*, prohibited area *s.*; **–hahn** *m.* (*naut.*), stopcock *s.*; **–haken** *m.* (*naut.*), (safety-)catch *s.*, pawl *s.*; **–hebel** *m.* (*naut.*), locking(-)lever *s.*; **–holz** *n.* (*naut.*), plywood *s.*, moulded *or* (*am.*) molded plywood *s.* (*shipb.*), weldwood *s.* (*shipb.*); **formverleimter –holzrumpf** *m.*, moulded *or* (*am.*) molded plywood hull *s.*; **–kegel** *m.* (*naut.*), pawl *s.*; **–klinke** *f.* (*naut.*), pawl *s.*; **–kreis** *m.* (*rad.*), interference filter *s.*, wave-trap *s.*, rejector circuit *s.*; **–schiff** *n.*, block-ship *s.*; **(optisches) –signal** *n.* (*naut.*), (visual) barrage *or* prohibition signal *s.*; **–ventil** *n.*, check- *or* stop-valve *s.*; **–vorrichtung** *f.* (*naut.*, *tech.*), arresting device *s. or* gear *s.*, locking device *s.*, catch *s.*, stop *s.*; **–werk** *n.* **(in Tiden-Flußmündungen),** damming-up *s. or* barrage (lock) *s.* (in tidal estuaries); **–wirkung** *f.* (*rad.*), rectifying effect *s.*

Spezial / anfertigung *f.* (*naut.*), special make *s.* (*of sails, etc.*); **––Antifouling(farbe** *f.***),** special antifouling (paint *or* compound) *s.* (*for underwater hull*); **–fett** *n.* **(für Kurbeln und Winschen),** special grease *s.* (for crank-handles and winches); **–geschirr** *n.* (*naut.*), special gear *s.*; **–karte** *f.* (*naut.*), large-scale chart *s.*, local map *s. or* chart *s.*; **––Spinnakersack** *m.*, spinnaker launcher turtle *s.*; **–stahl** *m.* (*naut.*), special steel *s.* (*shipb., etc.*).

spezifisch *adj.* (*naut.*, *phys.*), specific; **– leicht, von – leichtem Gewicht,** light; **–e Festigkeit** *f.*, resistivity *s.*; **–es Gewicht** *n.*, specific gravity *s.*; **–er Widerstand** *m.*, **–e Widerstandskraft** *f.*, resistivity *s.*

sphärisch *adj.* (*math.*, *naut.*), spherical, (*astr.*) celestial, spherical; **––astronomisches Grunddreieck** *n.* (*astr. nav.*), astronomical *or* celestial triangle *s.*, navigational triangle *s.*; **– geschnitten (und genäht),** broad seamed (*of sails*); **–e Aberration** *f.* (*phys.*), spherical aberration *s.*; **–es Dreieck** *n.*, circular triangle *s.*, (*astr.*) spherical triangle *s.*; **–e Naht** *f.* **(eines Segels),** broad seam *s.*; **–e Nähte** *f./pl.*, full-panel broad seaming *s.* (*of sails*); **–e Navigation** *f.*, spherical navigation *s.*; **–e Trigonometrie** *f.*, spherical trigonometry *s.*; **–er Winkel** *m.*, spherical angle *s.* **Sphärograph** *m.* (*nav.*), spherograph *s.* **sphäroidisch** *adj.*, spheroidal. **Sphärometer** *n.* (*phys.*), spherometer *s.*

Spiegel *m.* (*naut.*), transom *s.*, stern *s.* (*of dinghy, cruiser*), escutcheon *s.*, square stern *s.* (*of flat-sterned boat*), surface *s.* (*of water*); **negativer –,** inclining *or* concave *or* reverse stern *s. or* transom *s.* (*of a yacht*); **– am Sextanten,** index glass *s. or* (*coll.*) mirror *s.*, horizon glass *s. or* (*coll.*) mirror *s.* **Spiegel / fehler** *m.*, index error *s.* (*of the sextant*); **–frequenz** *f.* (*rad.*), image *or* second-channel frequency *s.* **spiegelglatt** *adj.*, unrippled, smooth (*of water*), glassy (*of ice*); **–es Eis** *n.*, black ice *s.* (*ice-yachting*); **–e Fläche** *f.*, glare *s.* (*of sea, water, ice*); **–e See** *f.*, glassy *or* mirror-like sea *s.*; **–es Wasser** *n.*, glassy smooth water *s.*, unrippled water *s.* **Spiegel/glätte** *f.*, glassiness *s.* (*of water, sea, ice*); **s–gleich** *adj.* (*geom.*), symmetrical; **–heck** *n.*, flat counter *s. or* stern *s.*, square stern *s.*, transom stern *s.*; **–instrument** *n.*, reflecting instrument *s.*; **–jagd** *f.* (*rac.*), stern chase *s.*; **–klappe** *f.*, transom flap *s.*; **–kompaß** *m.*, reflecting compass *s.*; **–öffnung** *f.* **(zum Lenzen),** transom flap *s.*; **–oktant** *m.* (*naut.*), reflecting quadrant *s.*; **–planke** *f.*, transom board *s. or* plank *s.*; **–platte** *f.*, transom plate *s.*; **–spant** *n.*, stern(-)-frame *s.*; **–telegraph** *m. od.* **–telegraf** *m.* (*naut.*), heliograph *s.* **Spiegelung** *f.* (*naut.*), blink *s.*, mirage *s.*, (*phys.*) reflection *s.*

Spieker *m.* (*dial.* **Spicker** *m.*) (*naut.*), spike *s.*, (large) nail *s.*, brad *s.*, peg *s.*, tack *s.*, (*dial.*) pike *s.*; **langer –,** spike nail *s.* **spiekern** *v.* (*dial.* **spickern** *v.*), to nail, to spike. **Spiekerplanke** *f.* (*dial.* **Spickerplanke** *f.*), spike plank *s.*

Spiel *n.* (*tech.*), allowance *s.*, backlash *s.*, clearance *s.*, looseness *s.*, play *s.*, slackness *s.*; **Olympische –e** (*pl.*) (*spt.*), Olympic Games (*pl.*); **das freie – der Kräfte** (*phys.*), interplay *s.* of forces; **ein –** *od.* **ein –ball (der Winde und) der Wellen (sein),** (to be) at the mercy of the (winds and) waves (*of boat*). **spielfrei** *adj.* **einstellen** (*tech.*), to take up the slack. **Spiel / raum** *m.* (*tech.*), clearance *s.*, free play *s. or* space *s.*, play *s.*, (*naut.*) margin *s.* (*navigation*); **–regeln** *f./pl.* (*rac.*), rules (*pl.*); **–sitz** *m.* (*tech.*), clearance fit *s.*

Spiere *f.*, boom *s.*, spar *s.*, rib *s.*, round wood *s.*; perch *s.*; **dünne –,** cant spar *s.*; **– einer Spierentonne,** perch *s.* **Spieren / bake** *f.*, balize *s.*, pillar buoy *s. or* beacon *s.*; **–boje** *f.*, pillar *or* spar buoy *s.*; dan buoy *s.* (*distress at sea*); **–brasse** *f.*, boom brace *s.*; **–brille** *f.*, boom iron *s.*; **–bügel** *m.*, withe *s.*; **–tonne** *f.*, (*s.* **–boje**).

Spikerhaut *f.* (*naut.*), wood sheathing *s.*

Spill *n.*, gin *s.*, purchase *s.*, winch *s.*; **– (mit horizontaler** *od.* **liegender Welle),** windlass *s.*; **– (mit vertikaler** *od.* **stehender Welle),** capstan *s.*; **elektrisches (hydraulisches) –,** electric (hydraulic) capstan *s. or* windlass *s.*; **Ausfütterung** *f.* **des –s,** whelps (*pl.*); **Pallen** *n./pl.* **eines –s,** pawls (*pl.*) of a capstan *or* windlass.

Spillage *f.* (*naut.*), spillage *s.*

Spillbeting *m.*, carrick bitt *s.*, windlass bitt *s.*

Spille *f.* (*naut.*), pin *s.*; **lose –,** Spanish windlass *s.*; **– einer Winde,** pin *s.* of a windlass.

Spill / fischung *f.*, capstan partners (*pl.*); **–klampen** *f./pl.*, whelps (*pl.*); **–kopf** *m.*, capstan head *s.*; **–kranz** *m.*, pawls (*pl.*) of a capstan, pawl rim *s. or* ring *s.* of a capstan *or* windlass; **–maschine** *f.* **(für den Anker),** capstan engine *s.*; **–spake** *f.*, capstan bar *s.*; **–spakengatt** *n.*, pigeon hole *s.*; **–spakenkranz** *m.*, drumhead *s. or* spokes (*pl.*) *or* pawls (*pl.*) of a capstan; **–spakenlöcher** *n./pl.*, **–spakenöffnungen** *f./pl.*, pigeon holes (*pl.*); **–spindel** *f.*, capstan spindle *s.*; **–trommel** *f.*, capstan barrel *s.*

Spindel *f.* (*naut.*, *tech.*), spindle *s.*, shaft *s.*, axis *s.*, axle *s.*, peg *s.*, pinion *s.* pivot *s.*; **–kasten** *m.* (*naut.*), wheel box *s.*; **–pumpe** *f.*, screw-pump *s.*; **–stock** *m.* (*naut.*), wheel box *s.*; **–welle** *f.* (*naut.*, *tech.*), bobbin *s.*; **–zapfen** *m.* (*naut.*, *tech.*), axis *s.*, pivot *s.*, spindle *s.* (*of compass, etc.*).

Spinnaker *m.* (*coll.* **Spi** *m.*), spinnaker *s.*, chute *s.*, kite *s.*, (*coll.*) spi *s.*; **größte Breite** *f.* **eines –s,** spinnaker shoulders (*pl.*); **baumloser –,** gennaker *s.*, poleless spinnaker *s.*; **flachgeschnittener –,** flatman *s.*; **radialer –,** radial-(head) spinnaker *s.*; **triradialer –,** triradial spinnaker *s.*; **viereckiger –,** shadow *s.*; **den – abdecken** *od.* **behindern,** to interfere with the spinnaker (*of other sails*); **den – gesetzt haben,** to have the spinnaker *or* (*coll.*) spi up; **der – wird gefiert,** the spinnaker *or* chute is eased; **einen – fahren** *od.* **fliegend setzen** *od.* **steigen lassen,** to fly a spinnaker *or* chute *or* kite; **ein Segel unter dem – setzen,** to tack a sail inside the chute *or* spinnaker; **unter – segeln,** to sail with the spinnaker *or* (*coll.*) spi up, (*sl.*) to spinnaker; **– mit radial geschnittenen Schothörnern,** radial corner (spinnaker) *s.* **Spinnaker / -Achterholer** *m.*, spinnaker brace *s. or* guy *s.*; **--Achterliek** *n.*, spinnaker leech *s. or* (*am.*) leach *s.*; **--Aufholer** *m.*, topnant *s.*; **--Ausholer** *m.*, spinnaker outhaul *s.*; **--Ausleger** *m.*, jockey pole *s.*; **–baum** *m.*, spinnaker boom *s. or* pole *s.*; whisker boom *s. or* pole *s.*, (*coll.*) whiskers (*pl.*); **den –baum anschlagen** *od.* **antoppen,** to set the pole; **den –baum auspicken (einpicken),** to unhook *or* unship (to house *or* to ship) the spinnaker pole; **überlanger –baum** *m.*, penalty spinnaker pole *s.*; **–baum-Aufholer** *m.*, spinnaker-boom uphaul *s.*; **–baumbeschlag** *m.*, spinnaker-boom *or* -pole fittings (*pl.*); **–baumlift** *m.*, spinnaker-boom lift *s.*; **–baum-Niederhalter** *m. od.* **-Niederholer** *m.*, spinnaker-boom downhaul *s.*; **–baumschiene** *f.*, spinnaker-boom track *s.*; **–baum-Top(p)nant** *m.*, spinnaker-boom topnant *s. or* uphaul *s. or* topping lift *s.*; **--Beiholer** *m.*, spinnaker puller *s.*; **–doppelung** *f.*, doubling *s. or* lining *s. or* reinforcement *s.* of the spinnaker; **–eimer** *m.* (*coll.*), turtle (launcher) *s.*; **--Einholer** *m.*, spinnaker puller *s. or* retrieving line *s.*, spinnaker downhaul *s.*; **–fall** *n.*, spinnaker halyard *s.*; **–form** *f.*, shape *s.* of the spinnaker; **--Fußliek** *n.*, spinnaker foot *s.*, foot *s.* of the spinnaker; **--Genua** *f.*, spinnaker genoa *s.*, poleless spinnaker *s.*, blister *s.*; **–geschirr** *n.*, spinnaker gear *s.*; **–hals** *m.*, spinnaker tack *s.*, tack *s.* of the spinnaker; **–kopf** *m.*, spinnaker head *s.*; head *s.* of the spinnaker; **--Kopfbrett** *n.*, spinnaker headboard *s.*; **--Leeliek** *n.*, spinnaker leech *s. or* (*am.*) leach *s.*; **–lifttalje** *f.*, spinnaker lift tackle *s.*; **--Luvliek** *n.*, spinnaker luff *s.* **spinnakern** *v.* (*sl.*), to spinnaker, to fly a chute *or* spinnaker. **Spinnaker / netz** *n.*, spinnaker net *s.*; **--Niederholer** *m.*, spinnaker downhaul *s. or* retrieving line *s.*; **–ohren** *n./pl.*, spinnaker head *s. or* ears (*pl.*); **–puller** *m.*, spinnaker puller *s.*; **–rüssel** *m.*, spinnaker sleeve *s.*; **–sack** *m.*, spinnaker bag *s.*; **langer –sack** *m.*, turtle (bag) *s.*; **spezieller –sack** *m.*, spinnaker launcher turtle *s.*; **–schlauch** *m.*, spinnaker sleeve *s.*; **–schot** *f.*, spinnaker sheet *s.*; **--Schothorn** *n.*, spinnaker clew *s.*; **–schot-Umlenkblock** *m.*, spinnaker-sheet guide *or* leading block *s.*; **–schultern** *f./pl.*, spinnaker shoulders (*pl.*), shoulders (*pl.*) of a spinnaker; **–segeln** *n.*, flying *s.* a chute *or* spinnaker, (*sl.*) to spinnaker; **––Spirale** *f.*, spinnaker sleeve *s.*; **––Stagsegel** *n.*, spinnaker staysail *s.*; **hohes (schmales) ––Stagsegel** *n.*, tall spinnaker staysail *s.*, tallboy *s.*; **schmales niedriges ––Stagsegel** *n.* (*coll.*), half-bra *s.*; **–strecker** *m.*, spinnaker puller *s.*; **–strumpf** *m.*, spinnaker sleeve *s. or* sock *s.*; **–topf** *m.*, spinnaker-launcher turtle *s.*, receiver *s.* (on spinnaker); **–trimmer** *m.*, spinnaker trimmer *s.* (*pers.*); **–trompete** *f.*, spinnaker tube *s. or* chute *s.*; **–tuch** *n.*, spinnaker cloth *s.*; **–tüte** *f.*, spinnaker launcher *s. or* tube *s.*; **––Unterliek** *n.*, foot *s.* of a spinnaker, spinnaker foot *s.*; **––Untersegel** *n.*, spinnaker staysail *s.*; **––Vorliek** *n.*, spinnaker luff *s.*; **–wirbel** *m.*, spinnaker turtle *s.*

Spinne *f.* (*naut. hum.*), polar co-ordinate paper *s.*

Spinn/riß *m.* (*naut.*), hairline crack *s.*, (*coll.*) spider('s) crack *s.* (*GRP boats*); **–webenschnitt** *m.*, spider-web cut *s.* (*of sails*); **–weben-Vorsegel** *n.*, spider-web jib *s. or* foresail *s. or* headsail *s.*

Spion *m.* (*naut.*, *coll.*), telltale *s.*; window *s.* (*in jib, genoa, etc.*); **auf die –e achten,** to watch the telltales.

Spiral/bewegung *f.* **(eines Bootes),** corkscrewing *s.*; **die –bewegung eines Bootes dämpfen** *od.* **mindern,** to lessen corkscrewing; **–bohrer** *m.*, twist-drill *s.* **Spirale** *f.* (*naut.*), coil *s.* (*of rope, etc.*), spiral *s.*, spire *s.* **Spiral/feder** *f.*, helical *or* spiral spring *s.*; **konische –feder** *f.*, volute spring *s.*; **–nebel** *m.* (*astr.*), spiral nebula *s.*; **–pumpe** *f.*, spiral pump *s.*; **–zirkel** *m.*, volute compass *s. or* compasses (*pl.*).

Spiritus *m.*, spiritus *s.*; **–kocher** *m.*, spirit-stove *s.*; **–lack** *m.*, spirit-varnish *s.*; **–lampe** *f.*, spirit(-)lamp *s.*

spitz *adj.* (*naut.*), clean (*of boat*), sharp (*of bow, stern*); **– zulaufen,** to taper off (*of mast*); **– zulaufend,** taper(ing), tapered (*of mast*), clean (*of boat*), sharp (*of bow, stern*); **vorn – zulaufend,** clean forward (*of boat*); **–er Bug** *m.*, sharp(-pointed) bow *s.*; **–es Heck** *n.*, sharp stern *s.*; **–er Winkel** *m.*, acute angle *s.*

Spitz/boden *m.* (*naut.*), V-bottom *s.* (*of a boat*); **–bodenboot** *n.*, V-bottomed boat *s.*; **–bohrer** *m.*, centre-bit *s.*

Spitze *f.* (*naut.*), summit *s.*, top *s.* (*of mast*), bill *s.* (*of anchor-fluke, propeller blade, etc.*), (*rac.*) lead *s.*, leaders (*pl.*), leading boat *s.*, top *s.*, (*sl.*) top-notcher *s.* (*boat or pers.*), (*naut.*, *math.*) vertex *s.* (*pl.* -tices) (*of a triangle*), (*astr.*) cusp *s.*, (*geogr.*) point *s.*, spit *s.* (*of headland*); **an der – liegen** (*rac.*), to be in the lead, to be among the leading boats *or* leaders; **die – übernehmen** (*rac.*), to forge ahead, to take the head; **sich an die – schieben** (*rac. coll.*), to shoot ahead; **(sich) an die – segeln,** to take the lead, to have the lead; **– des Mastes,** summit *s. or* top *s.* of the mast; **– des Regattafeldes,** lead *s.*, van *s.*, vanguard *s.*

Spitzen/belastung *f.* (*naut.*, *tech.*), peak load *s.*; **–böen** *f./pl.* (*meteor.*), gusts (*pl.*) *or* squalls (*pl.*) peaking to … knots; **–boot** *n.* (*rac.*), top boat *s.*, top racing yacht *s.*, guide *s.*; **–geschwindigkeit** *f.* (*naut.*), top speed *s.*; peak velocity *s.* (*as of wind*); **Wind** *m.* **mit –geschwindigkeiten von … Knoten,** winds (*pl.*) peaking to … knots; **–klasse** *f.* (*rac. sl.*), top-notcher *s.* (*boat or pers.*); **–leistung** *f.* (*naut.*, *tech.*), maximum efficiency *s. or* performance *s.* (*of boat, sail*), (*rac.*) record *s.*, (*rad.*, *tech.*) peak output *s.*; **–mannschaft** *f.* (*rac.*), top (racing) crew *s.*; **–segler** *m.*, sailing- *or* yachting-ace *s.*, top-ranking sailor *s.*, top racing sailor *s. or* yachtsman *s.*, first-class sailor *s.*, (*coll.*) a swell at sailing *or* yacht racing; **–surfer** *m.*, top *or* racing surfer *s.*; **–yacht** *f.* (*rac.*), top (racing) yacht *s.*

Spitz/gatt *n.*, sharp stern *s.*; **–gattboot** *n.*, **–gatter** *m.*, double-ended boat *s.*, sharp-sterned boat *s. or* cruiser *s.*, (*coll.*) double-ender *s.*; **–gattheck** *n.*, sharp stern *s.*; **–kausch(e)** *f.*, pointed *or* heart-shaped thimble *s.*; **–segel** *n.*, triangular sail *s.*; **–tonne** *f.* (*naut.*), conical buoy *s.*, nun buoy *s.*; **s–wink(e)lig** *adj.*, acute-angled.

Spleiß *m.*, splice *s.*; **–block** *m.*, jointer's vice *s.* **Spleißen** *n.*, splice *s.*, splicing *s.*; **Werkzeug** *n.* **zum –,** splicer *s.* **spleißen** *v.*, to splice, to scarf, (*coll.*) to marry (*ropes*). **Spleißer** *m.*, splicer *s.* **Spleiß/fid** *n. od.* **–fitt** *n.*, splicing fid *s.*, splicer *s.*; **–hammer** *m.*, splicing hammer *s.*; **–klemme** *f.*, splicing clamp *s. or* vice *s.*, rigger's screw *s.*; **–messer** *n.*, splicing knife *s.*; **–schäkel** *m.*, splice shackle *s.*; **–stelle** *f.*, splice *s.* **Spleißung** *f.*, splice *s.*, splicing *s.* **Spleißverbindung** *f.*, spliced joint *s.*

Splint *m.* (*naut.*), forelock *s.*, key *s.*, key bolt *s.*, splint *s.*, spline *s.*, split(-)pin *s.*, securing pin *s.*, peg *s.*, cotter *s.*; **–bolzen** *m.*, key *or* keyed bolt *s.*

Spliß *m.*, (*s.* **Spleiß**). **Splißeisen** *n.*, marline *or* marling spike *s.*, marlinspike *s.* **splissen** *v.*, (*s.* **spleißen**). **Spliß / gang** *m.*, stealer (plate) *s.* (*shipb.*); **–horn** *n.*, splicing fid *s.* **Splissung** *f.*, (*s.* **Spleißung**).

splittern *v.* (*naut.*), to splinter (*as of mast*). **(leicht) splitternd** *adj.*, splintery (*of mast, deck planks, etc.*).

Sponung *f.* (*naut.*), rabbet *s.* **Sponungs / linie** *f.*, rabbet line *s.*; **abgesetzte** *od.* **abgestufte –linie** *f.*, bearding *or* stepping line *s.*; **–winkeleisen** *n.*, bearding angle *s.* (*shipb.*).

Sporn *m.* (*naut.*), ram *s.* (*of a ship*).

Sport *m.*, sport(s) *s.* (*pl.*); **– treiben,** to sport, to go in for sport(s). **Sport / abzeichen** *n.*, sport badge *s.*; **–ausrüstung** *f.*, sportswear *s.*, (*coll.*) sports kit *s.*; **–boot** *n.*, sport(s) boat *s. or* yacht *s.*, racing boat *s. or* yacht *s.*; **–bootfahrer** *m.*, racing yachtsman *s.*, regatta sailor *s.*; **–bootführerschein** *m.*, yachting licence *s. or* (*esp. am.*) license *s.*, yachtmaster('s) certificate *s. or* licence *s.*, *or* (*am.*) license *s.* **sporteln** *v.* (*coll.*), to go in for sport(s). **Sport / ereignis** *n.*, sporting event *s.*; **letztes –ereignis des Tages** (*coll.*), night cap *s.*; **–geist** *m.*, fairness *s.*, sportsmanship *s.*; **–hochseeschiffer** *m.*, offshore yachtsman *s.*; sport offshore skipper *s.* (*certificate*); **–kleidung** *f.*, sportswear *s.*, sport clothes (*pl.*) *or* wear *s.* **Sportler** *m.*, sportsman *s.*; **–in** *f.*, sportswoman *s.* **sportlich** *adj.*, sportsmanlike, fair, (*coll.*) sport, sporting, sporty; **–es Benehmen** *n. od* **Verhalten** *n.*, fairness *s.*, sportsmanship *s.*, (*coll.*) sporting conduct *s. or* behaviour *s.*; **–e Veranstaltung** *f.*, sporting event *s.* **Sport / lichkeit** *f.*, sportsmanship *s.*, fairness *s.*, (*coll.*) sporting conduct *s. or* behaviour *s.*; **s–mäßig** *adj.*, sportsmanlike, fair; **–seeschiffer** *m.*, yachtsman *s.*, offshore skipper *s.*, sport skipper *s.*; **–seeschifferzertifikat** *n. od.* **-zeugnis** *n.*, yachtman('s) *or* sport skipper certificate *s.*; **–segelboot** *n.*, sport sailing *or* (*am.*) sail boat *s.*, racing (sail) boat *s. or* yacht *s.*; **Lichterführung** *f.* **auf –segelbooten,** carrying *s.* of lights on sport *or* racing boats *or* yachts; **–(s)kanone** *f.* (*coll.*), top-ranking sportsman *s. or* sailor *s. or* (*coll.*) sport *s.*, star performer *s.*; **–smann** *m.*, sportsman *s.*, (*coll.*) sport *s.*; **s–treibend** *pr. p.*, sporting; **–welt** *f.*, sporting world *s.*, world *s.* of sport, (*coll.*) the fancy.

Sprach / rohr *n.* (*naut.*), megaphone *s.*, speaking trumpet *s.*, (*coll.*) speaker *s.*; **–trichter** *m.* (*naut.*), speaking trumpet *s. or* tube *s.*

Sprech / anlage *f.* **(an Bord),** intercommunication system *s.*, (*coll.*) intercom *s.*; **–frequenz** *f.* (*rad.*), radio(tele)phone *or* (*coll.*) speech frequency *s.*; **–frequenzband** *n.* (*rad.*), (radiotelephone) frequency band *s.*, (*coll.*) speech band *s.* **Sprechfunk** *m.*, radio(-)telephony *s.*, wireless telephony *s.*; radiotelephone *s.*, radiophone *s.* (*set*); **über – rufen,** to radiotelephone, to radiophone; **– für die Küsten-(See)-schiffahrt,** maritime R/T service *s.* for coastal navigation (navigation at sea); **–anlage** *f.*, radiotelephone installation *s.*; **–bereich** *m.*, radio(tele)phone range *s.*; **–dienst** *m.*, (international) intercommunication (service) *s.*; **–er** *m.*, radiotelephone operator *s.*, (*coll.*) ham *s.*, (*naut. hum.*) sparks *s.*; **–gerät** *n.*, radiotelephone *s.*, radiophone *s.*, wireless telephone *s. or* transceiver *s.*, (*coll.*) walkie-talkie *s.*, (*am. coll.*) shaver *s.*; **tragbares** *od.* **portables –gerät** *n.*, portable radiotelephone *s. or* (wireless) transceiver *s.*, (*coll.*) walkie-talkie *s.*, (*am. coll.*) portable shaver *s.*; **–notruf(zeichen n.)** *m.*, radiotelephone *or* wireless distress call (sign) *s.*; **–station** *f. od.* **–stelle** *f.*, radio(tele)-phone station *s.*; **–verbindung** *f.*, radiotelephone communication *s. or* contact *s.*; **–verkehr** *m.*, radiotelephone *or* wireless communication *s. or* traffic *s.*; **–zeugnis** *n.* **für den Seefunkdienst,** General Ship Radiotelephone Operator's Certificate *s.* **Sprech / kanal** *m.* (*rad.*), call *or* radiotelephone channel *s.*; **–-Küstenfunkstation** *f. od.* **-stelle** *f.*, coastal radiotelephone station *s.*; **–muschel** *f.* (*rad.*), mouth piece *s.*; **–-Seefunkstation** *f. od* **-stelle** *f.*, ship('s) radiotelephone station *s.*; **–taste** *f.* (*rad.*), press-to-talk button *s.*; **–verbindung** *f.*, radiotelephone communication *s. or* contact *s.*

Spreizbaum *m.* (*naut.*), wishbone (boom) *s.*; **–aufholer** *m.*, **–fall** *n.*, wishbone halyard *s.*

Spreize *f.* (*naut.*), spreader *s.*, stay *s.*, strut *s.*, prop *s.*

Spreiz / fock *f.*, wishbone jib *s.*, sprit jib *s.*; **–gaffel** *f.*, wishbone (gaff) *s.*, split gaff *s.*, (double) sprit gaff *s.*; **–gaffelketsch** *f.*, wishbone ketch *s.*; **–gaffelrigg** *n.*, wishbone rig *s.*; **–gaffelschoner** *m. od.* **-schuner** *m.*, wishbone schooner *s.*; **–gaffelsegel** *n.*, wishbone (main)sail *s. or* trysail *s.*; **–gaffeltakelung** *f.*, wishbone rig *s.*, trysail *or* kite-sail rig *s.*; **–holz** *n.* (*naut.*), sprag *s.*; **–klappe** *f.* (*naut.*), spreader *s.*; **–latte** *f.*, (sail) batten *s.*; **–latte** *f.* **zwischen Wanten,** sheering batten *s.*; **–trosse** *f.*, bridle *s.* (*for towing*).

sprengen *v.* (*naut., tech.*), to spring, to burst.

Sprengring *m.* (*naut.*), retaining ring *s.*, snapring *s.*, locking plate *s.*

Spreuregen *m.* (*naut. dial.*), drizzling rain *s.*

Spriet *n.* (*coll. f. od. m.*), (sail) sprit *s.*, spar *s.*; **–baum** *m.*, spar *s.*, (sail) sprit *s.*; **–fock** *f.*, **–klüver** *m.*, sprit jib *s.*, wishbone jib *s.*; **–horn** *n.*, horn *s. or* peak *s.* of the sprit; **–segel** *n.*, spritsail *s.*; **–takelung** *f.*, sprit-sail rig *s.*

Spring *f.* (*naut.*), spring *s.*, anchor-rope *s. or* cable *s.*; spring *s.* (*tide*). **Spring/anker** *m.*, kedge (anchor) *s.*; **–board** *n. od.* **–brett** *n.* (*surf.*), jump()board *s.* **springen** *v.* (*surf.*), to jump; to spring (*of mast, wood deck, etc.*). **Spring/feder** *f.* (*naut., tech.*), spring *s.*; **–flut** *f.*, spring(-)tide *s.*, eagre *s.*; **besonders hohe –flut** *f.* (*esp. Japanese*), tsunami *s.*; **–hochwasser** *n.*, high-water spring(s) *s.* (*pl.*), (*am.*) spring high water *s.*; **mittleres –hochwasser** *n.*, mean high-water springs (*pl.*); **–leine** *f.*, spring *s.*, spring(-)line *s.*; **–luke** *f.*, cap scuttle *s.*, scuttle *s.*, sea-cock *s.*; **–lukendeckel** *m.*, scuttle lid *s.*; **–niedrigwasser** *n.*, low-water spring(s) *s.* (*pl.*), (*am.*) spring low water *s.*; **mittleres –niedrigwasser** *n.*, mean low-water springs (*pl.*); **–pferd** *n.* (*naut.*), stirrup *s.*; **–segel** *n.*, jump sail *s.*; **–stag** *n.*, jumper *or* spring stay *s.*; **–stropp** *m.*, stirrup *s.*; **–tau** *n.*, spring(-rope) *s.*, slip-rope *s.*; **–tide** *f.*, spring tide *s.*; **–tidenhub** *m.*, spring range *s.*; **–tidenstieg** *m.*, spring rise *s.*; **–verspätung** *f.*, retardation *s. or* lagging *s. or* (*coll.*) age *s.* of (spring) tide; **–wasser** *n.*, spring(-tide) *s.*; **–welle** *f.*, tidal wave *s.*, bore *s.*; **–zeit** *f.*, springs (*pl.*) (*of tide*).

Sprinkler/anlage *f.*, **–system** *n.* **(an Bord),** sprinkler system *s.*

Sprit *m.* (*naut.*), petrol *s.*, (*sl.*) juice *s.*, (*am. coll.*) gas *s.*, (*sl.*) soup *s.* **Spritlack** *m.*, spirit-varnish *s.*

Spritz/brett *n.* (*naut.*), dashboard *s.*, splash-board *s.*, spray board *s.*; **–düse** *f.* (*naut., tech.*), spray nozzle *s.* **spritzen** *v.*, to splash, to spray, to spatter, to spout, to spurt, to swash (*as of sea*). **Spritzer** *m.* (*naut.*), splash *s.*, spray *s.*, splatter *s.*, swash *s.*, (*dial.*) lipper *s.* (*of the sea*); (*dial.*) shower *s.* (of rain). **Spritz/fahrt** *f.* **(mit dem Boot),** spin *s.*; **eine kurze –fahrt machen,** to go for a sail *or* spin; **–kappe** *f.* (*naut.*), spray hood *s.*; **–pistole** *f.*, spray gun *s.* (*for paint, grease, etc.*); **–regen** *m.* (*coll.*), drizzle *s.*; **–schmierung** *f.* (*naut., tech.*), splash lubrication *s.*; **–see** *f.*, spray (water) *s.*, swash *s.*, (*dial.*) lipper *s.*; **–tour** *f.* (*naut.*), spin *s.*; **–wand** *f.* (*naut.*), splashboard *s.*; **–wasser** *n.*, spray (water) *s.*, splash water *s.*, (*dial.*) lipper *s.*; **s–wasserdicht** *adj.*, **s–wassergeschützt** *adj.*, spray-tight, splash-proof *or* -tight, swash-proof *or* -tight; **–wasserleiste** *f.*, spray board *s. or* rail *s.*; **–wasserschutz** *m.*, spray *or* splash guard *s.*

Sprottenfischer *m.*, spratter *s.* (*boat and pers.*).

Spruce(holz *n.***)**, spruce (fir) *s.*, Douglas fir *s.* (*shipb.*).

Spruch *m.* (*rad.*), (wireless) message *s.*

Sprühen *n.* (*naut.*), spray(ing) *s.*, sputter *s.*, sputtering *s.* (*as of sea*). **sprühen** *v.* (*naut.*), to spray, to sputter (*of water*), to drizzle, to shower (with rain), (*coll.*) to sprinkle, to spit (*of rain*). **Sprüh/nebel** *m.*, drizzling fog *s. or* mist *s.*; **–regen** *m.* (*meteor.*), drizzle *s.*, drizzling rain *s.*, (*coll.*) mizzle *s.*, spit *s.*, spray *s.*, (*am. meteor., Scots*), mist *s.*, (*naut. coll.*) Scotch mist *s.*; **–wasser** *n.* (*naut.*), lipper *s.* (*of waves*).

Sprung *m.* (*naut.*), seam *s.* (*in wood boat*), crack *s.* (*in GRP boats*), sheer *s.* (*of deck*), split *s.* (*in the deck*), spring *s.* (*in mast*); **negativer –,** reverse sheer *s.* (of deck) (*shipb.*); **positiver –,** normal sheer *s.* (of deck) (*shipb.*). **Sprünge** *m./pl.* **bekommen,** to crack (*of GRP boats*), to seam (*of wood boats*), to spring (*of mast*). **Sprung/kurve** *f.* (*naut.*), sheer curve *s.* (of the deck); **–mall** *n.*, sheer mould *s. or* (*am.*) mold *s.*; **–welle** *f.* (*naut. coll.*), bore *s.*, tidal wave *s.*, tsunami *s.*

Spule *f.* (*naut.*), bobbin *s.*, drum *s.*, reel *s.*, spool *s.* (*for cable, rope*), (*elec., rad.*) bobbin *s.*, coil *s.* **spulen** *v.* (*naut.*), to coil, to reel, to spool, to wind (*rope, line, etc.*).

Spülen *n.* (*naut.*), lap *s.*, wash *s.* (*of the sea*); **– der See an die Küste,** landwash *s.* **spülen** *v.* (*naut.*), to lap, to wash (*of the sea*); **an Land –,** to wash ashore *or* on the shore; **das Deck –,** to flush *or* to wash the deck; **das Deck mit einem Schlauch –,** to hose the deck; **– an** *od.* **gegen,** to lap, to wash against (*as waves*).

Spulen/kern *m.* (*elec., rad.*), core *s.*; **–kette** *f.* (*rad.*) low-pass filter *s.*; **–wicklung** *f.* (*elec., rad.*), (coil) winding *s.*

Spund *m.* (*naut.*), bung *s.*, fur *s.*, plug *s.*, stopper *s.*; **–brett** *n.*, tongued board *s.*, match board *s.*; **–pfahl** *m.*, pile plank *s.*

Spundung *f.* (*naut.*), rabbet *s.*, tongue and groove joint *s.* (*shipb.*).

Spund/verbindung *f.* (*naut.*), rabbet-joint *s.*, tongue and groove joint *s.* (*shipb.*); **–wand** *f.* (*naut.*), sheet-pile bulkhead *s.*, fur *s.*, steel and sheet piling *s.*; pile *or* sheet wall *s.* (*of quay or jetty*).

Spur *f.* (*naut.*), furrow *s.*, wake *s.* (*of a boat or ship*), (*radar*) trace *s.*; **eine – durch das** *od.* **durchs Wasser ziehen,** to furrow (*of ship*); **keine – von Wind,** not a trace of wind, no suggestion of wind; **– eines Bootes** *od.* **Schiffes,**

furrow *s.* *or* wake *s.* of a boat *or* ship. **Spur / geschoß** *n.*, tracer *s.* (*distress signal*); **–haltigkeit** *f.*, steering stability *s.* (*of trailer, etc.*); **–lager** *n.* (*naut.*), mast-track bearing *s.*, step *s.* (*of a mast*); **–lager** *n.* **eines Davits,** davit bearing *s.* *or* socket *s.*

Spurt *m.* (*rac. coll.*), spurt *s.* **spurten** *v.* (*rac. coll.*), to spurt.

Spurwinkel *m.* (*radar, tech.*), trail angle *s.*, tracing angle *s.*

Staak *n.*, (*s.* **Stack**).

Staats / hoheit *f.* (*nav.*), sovereignty *s.*; **–landesgrenze** *f.* (*nav.*), national border *s.* (*of territorial waters*).

Stab / antenne *f.* (*rad.*), rod aerial *s.* *or* (*am.*) antenna *s.*, dipole *s.*; **–batterie** *f.*, torch battery *s.*; **–deck** *n.*, wood(en) deck *s.* without covering, skid-proof unvarnished deck *s.*, teak (wood) deck *s.*

stabil *adj.* (*naut.*), stable, steady; solid (*of boat, etc.*), (*meteor.*) stationary; **–es Gleichgewicht** *n.*, stable equilibrium *s.* (*of a boat*); **–es Hoch** *n.* (*meteor.*), stationary high (pressure area) *s.*; **–er Kurs** *m.*, steady course *s.*; **–e (Yacht)-Konstruktion** *f.*, stable *or* solid construction *s.* (of a yacht).

Stabilisations / vermögen *n.* (*naut., phys.*), responsiveness *s.* (*of compass, indicating instrument, etc.*); **–wülste** *m./pl.* (*naut.*), stabilizers (*pl.*), stabilizing bulges (*pl.*). **Stabilisator** *m.* (*naut.*), equalizer *s.*, stabilizer *s.*, (*tech.*) balancer *s.* **stabilisieren** *v.* (*naut.*), to stabilize (*a boat*); **sich –** (*naut.*), to become stabilized *or* (more) stable *or* steadier (*of boat*). **Stabilisier / anlage** *f.* (*naut.*), stabilizer *s.*; **–kreisel** *m.* (*naut.*), gyroscopic stabilizer *s.* **Stabilisierung** *f.* (*naut.*), stabilization *s.* (*of boat, etc.*). **Stabilisierungs / anlage** *f.*, stabilizer *s.*; **–flosse** *f.*, stabilizer *s.*, stabilizing fin *s.* *or* plate *s.*; **–system** *n.* (*naut.*), stabilization system *s.*

Stabilität *f.* (*naut.*), stability *s.*, stableness *s.* (*of a boat*); **dynamische –,** dynamic stability *s.* (*of a boat*); **indifferente –,** indifferent stability *s.* (*of a boat*); **statische –,** static stability *s.* (*of a boat*); **einem Segel mehr – geben** *od.* **verleihen,** to steady a sail; **– bei (schwerem) Seegang,** stability *s.* (of a boat) in a heavy sea; **– eines beschädigten** *od.* **havarierten** *od.* **lecken Bootes,** stability *s.* of a damaged yacht. **Stabilitäts / ballast** *m.*, stabilizing ballast *s.* (*of a boat*); **–diagramm** *n.* (*naut.*), diagram *s.* of stability; **–flosse** *f.* (*naut.*), stabilizing fin *s.*; **–grenze** *f.*, limit *s.* of stability (*of a boat*); **–konstante** *f.* (*naut., phys.*), constant *s.* of stability, stability constant *s.*; **–kurve** *f.* (*naut.*), curve *s.* of stability (*of a boat*); **–moment** *n.*, moment *s.* of stability (*of a boat*); **(großer) –umfang** *m.* **(eines Bootes),** (large *or* wide) range *s.* of stability (of a boat); **–wülste** *m./pl.*, anti-roll *or* stabilizing bulges (*pl.*).

Stab / magnet *m.*, bar-magnet *s.*; **–want** *f.* *od.* *n.*, rod rigging *s.*

Stack *n.*, breakwater *s.*, groyne *s.*, wharf *s.*, (*coll.*) crawl *s.*

Staden *m.* (*naut. dial.*), jetty *s.*, landing-place *s.*, pier *s.*, quay *s.*, staith *s.*

Staffel *f.* (*rac.*), echelon *s.*, squadron *s.*; **in – segelnd,** squadron-sailing *s.*, sailing in echelon.

Stag *n.*, stay *s.*; **über – gehen,** to go about, to back, (*coll.*) to throw about; **während der Wende über – gehen,** to stay, to be (hove) in stays.

stagen *v.*, to stay (*the mast*), to put about (*the boat*).

Stag / fock *f.*, jib foresail *s.*, stay foresail *s.*, foresail *s.*, fore(-)staysail *s.*; **–fock** *f.* **(eines Kutters),** staysail *s.* (on a cutter); **–fock** *f.* **(eines Schoners)** (*am.*), jumbo *s.*; **–fockbaum** *m.*, jib boom *s.*, staysail-boom *s.*; **–fockbaum** *m.* **(eines Schoners)** (*am.*), jumbo-boom *s.*; **–garnat** *n.*, Spanish burton *s.*; **–kragen** *m.*, collar *s.*; **–liek** *n.*, jib luff *s.*, stay-rope *s.*; **–maus** *f.*, mousing *s.*; **–reiter** *m./pl.*, hanks (*pl.*), jib *or* foresail hanks (*pl.*), snaps (*pl.*); **–roll(er)reff(system)** *n.*, stay(-)roller reefing (system) *s.*; **–segel** *n.*, staysail *s.*, fore(-)staysail *s.*, fore-and-aft sail *s.*; **–segelfall(en)** *n.* (*pl.*), staysail halyard *s.*; **–segelfallwinsch** *f.*, staysail halyard winch *s.*; **–segelketsch** *f.*, staysail ketch *s.*; **–segelschiene** *f.*, staysail track *s.*; **–segelschoner** *m.* *od.* **-schuner** *m.*, staysail schooner *s.*; **–segelschot** *f.*, staysail sheet *s.*; **–(segel)takelung** *f.*, staysail rig *s.*; **s–weise** *adv.*, astay, close apeak; **(fast) s–weise stehend,** hove short (*of anchor cable*).

stagnierend *adj.*, stagnant (*as air, water*).

Stahl *m.*, steel *s.* (*shipb.*); **korrosions-** *od.* **rostbeständiger –,** stainless steel *s.* **Stahl / bau(weise** *f.*) *m.*, steel(-girder) construction *s.* (*shipb.*); **–beton(yacht)bauweise** *f.*, ferroconcrete *or* reinforced-concrete (yacht) construction *s.*; **–betonyacht** *f.*, ferroconcrete yacht *s.*; **–blech** *n.*, sheet steel *s.*; **–bootsrumpf** *m.*, steel hull *s.*; **–deck** *n.*, steel deck *s.*; **–feder** *f.*, steel spring *s.*; **–konstruktion** *f.*, steel construction *s.* (*shipb.*); **–mast** *m.*, (tubular) steel mast *s.*; **–panzerung** *f.*, armour-plating *s.* (*of a yacht or ship*); **–rennyacht** *f.*, steel racing-yacht *s.*; **–schiffbau** *m.*, steel shipbuilding *s.*; **–spant** *n.*, steel frame *s.*; **–tau(werk)** *n.*, steel wire rope *s.*; **–trosse** *f.*, steel hawser *s. or* cable *s.*; **–wolle** *f.* (*naut., tech.*), steel wool *s.*

Stake *f.*, **Staken** *m.* (*naut.*), pole *s.*, punt(ing) pole *s.*, setting pole *s.*, boat-hook *s.*, grappling hook *s.*, (*dial.*) stake *s.*; **– mit Tellerkappe,** quant *s.* **staken** *v.*, to pole, to punt, (*Scots*) to kent (*a boat*); **(Boot) vorwärts –,** to set (the boat). **Stak / netz** *n.*, ram's horn *s.*; **–stange** *f.* **(mit Tellerkappe),** quant *s.*

Stamm / besatzung *f.* (*naut.*), nucleus *or* skeleton crew *s.* (*of a yacht or ship*); **–mannschaft** *f.* (*rac.*), cadre *s.*; **–rolle** *f.* (*naut.*), muster roll *s.*

Stampf / bewegung *f.* **(eines Bootes),** pitching *s.*, pitching motion *s. or* movement *s.* (of a boat); **–dämpfung** *f.* **(der Bootsbewegung),** stabilization *s.* (of the boat's pitching motion). **Stampfen** *n.* (*naut.*), pitch *s.*, pitching *s.*, heaving *s.* and setting (*of a boat*); **– der See,** pounding (of the) sea *s.*; **– im Seegang,** labo(u)r *s.*, travail *s.*, working *s.* (in a heavy sea) (*of boat*). **stampfen** *v.*, to pitch, to heave and set, to plunge, to toss (*of boat*), to pound (*of sea, boat*); **gleichmäßig –,** to pitch easily and freely (*of boat*); **im Seegang –,** to labo(u)r, to travail, to work in the heavy sea(s); **– und rollen,** to pitch and toss, (*coll.*) to make foul weather (*of boat*). **stampfend** *adj.*, pitching; **–es Boot** *n.*, pitching boat *s.* **Stampfer** *m.* (*naut., coll.*), pitching boat *s.* **Stampf / schwingung** *f.*, heaving *s.* and setting (*of boat*); **–stag** *n.*, martingale boom *s. or* stay *s.*; **–stock** *m.*, martingale boom *s.*; **–stöße** *m./pl.*, slamming loads (*pl.*) *or* thrust *s.*; **–winkel** *m.*, angle *s.* of pitch(ing) (*of a boat*).

Stand *m.* (*naut.*), position *s.*, site *s.*, berth *s.*, (*rac.*) score *s.*, (*tech.*) reading *s.* (*of barometer, chronometer, etc.*), height *s.*, level *s.*, standard *s.* (*of water, etc.*), (*astr.*) place *s.*, position *s.*; **den – (eines Chronometers) kontrollieren** *od* **(über)prüfen,** to check the reading(s) (of a chronometer); **günstiger – (eines Planeten),** term *s.* (of a planet); **– der Sonne,** position *s.* of the sun; **– des Wassers,** level *s.* of the water. **Standanzeiger** *m.*, level-indicator *s.*

Standard *m.* (*naut., rac.*), standard *s.*, (*phys.*) unit *s.*, (*tech.*) norm *s.*, standard *s.* (*of measure*). **Standard / boot** *n.*, standard boat *s.*; **–(boots)ausrüstung** *f.*, standard equipment *s. or* outfit *s.* (of a boat); **–größe** *f.*, standard size *s.* (*of boat, sail, etc.*). **standardisieren** *v.* (*tech.*), to standardize. **Standardisierung** *f.* (*tech.*), standardization *s.* **Standard / leistung** *f.*, standard performance *s.* (*of boat, sail, etc.*); **–maß** *n.*, standard measure *s. or* size *s.* (*of boat, sail*); **–modell** *n.*, standard design *s. or* model *s. or* type *s.* (*of boat, sail*); **–(regatta)inventar** *n.*, standard (racing) inventory *s.*; **–segelinventar** *n.*, standard sail inventory *s.*; **–zeit** *f.*, standard time *s.*

Stander *m.* (*naut.*), pendant *s.*, pennant *s.*, (*rac.*) racing flag *s.*; burgee *s.* (*of a yacht club*), substitute *s.* (*of alphabetical flags*).

Ständer *m.* (*naut., tech.*), horse *s.*, rack *s.*, stand *s.*; pedestal *s.*, mount *s.*; stator *s.* (*of dynamo*).

Stander / gei *f.*, pennant kicker *s. or* (*am.*) vang *s.*; **–leine** *f.*, pendant *or* pennant halyard *s.*; **–schein** *m.*, burgee certificate *s.*; **–stock** *m.*, burgee staff *s. or* jack *s.*

Stand / geld *n.* (*naut.*), demurrage *s.*; **–glas** *n.*, level-ga(u)ge *s.*

Standlinie *f.* (*nav.*), line *s.* of position; **astronomische –,** astronomical line *s.* of position; **terrestrische –,** terrestrial *or* visual line *s.* of position; **versegelte –,** advanced *or* retired line *s.* of position.

Standort *m.* (*naut.*), (ship's) position *s.*, (*rad.*) position *s.*, QTH *s.*; **gegißter** *od.* **gekoppelter –** (*naut.*), position *s.* by dead reckoning; **wahrer –,** true position *s.* (*of a boat*); **den – bestimmen,** to fix the (ship's) position; **den – (gemeldet) bekommen** *od.* **erhalten,** to obtain the fix; **– durch Funkpeilung,** fix *s.* by radio direction finding, (*coll.*) radio fix *s.*; **– durch Versegelungspeilung,** fix *s.* by doubling the angle of the bow, running fix *s.*; **–bestimmung** *f.*, position-finding *s. or* -fixing *s.*

Stange *f.* (*naut.*), pole *s.*, post *s.*, stake *s.*; bar *s.*, rod *s.*; *pole s.*, staff *s.* (*for flags*). **Stangen / reling** *f.*, rod rail *s.*, open rail(ing) *s.*; **–seezeichen** *n.*, perch *s.*, pole sea *or* navigation mark *s.*, pole marking post *s.*; **–tastzirkel** *m.*, beam-callipers (*pl.*); **–zirkel** *m.*, beam compasses (*pl.*).

Stanze *f.* (*naut., tech.*), stencil *s.*, matrix *s.*, die *s.* (*shipb., sailmaking*).

Stapel *m.* (*naut.*), slips (*pl.*), shipway *s.*, stocks (*pl.*); block *s.*, bilge block *s.*, keel block *s.*; **auf –,** on the stocks (*of boat*); **auf – legen,** to lay down (*a boat*), to put on the stocks; **vom – lassen,** to launch (*a boat*); **vom – laufen,** to be launched, to take (to) the water (*of boat*). **Stapel / blöcke** *m./pl.*, ways (*pl.*); **–klötze** *m./pl.*, blocks (*pl.*). **Stapellauf** *m.*, launch *s.*, launching *s.* (*of a boat*); **–bahn** *f.*, standing ways (*pl.*); **–schlitte** *f. od.* **–schlitten** *m.*, running ways (*pl.*), launching cradle *s.*

Starcut(-Spinnaker) *m.*, star(-)cut spinnaker *s.*

stark *adj.* (*naut.*), close, strong, (*coll.*) thick;

heavy, intense, severe, stiff, strong, violent (*of wind, sea, etc.*), powerful (*of engine, binocular, etc.*); **zu – belasten** (*naut.*), to overcharge, to overlade, to overload; **zu – spannen** *od.* **strecken,** to overstrain, to overstretch; **– bewegt,** pounding (*of water*); **– bewegte See** *f.*, pounding *or* heavy sea *s.*; **– gebaut** (*naut.*), strong-ribbed (*of boat*), sturdy (*of mast*); **– gebautes Boot** *n.*, strong-ribbed *or* (*coll.*) stout *or* sturdy boat *s.*; **– krängen,** to heel heavily (over), to list badly; **–e Brise** *f.*, stiff *or* strong breeze *s.*; **–er Dunst** *m.* (*naut., meteor.*), heavy *or* thick haze *s. or* mist *s.*; **–e Flut** *f.*, strong tide *s.*; **bei –er Flut,** with a strong tide running; **–er Frost** *m.*, hard frost *s.*; **–e Kälte** *f.*, intense *or* severe cold *s.*; **–er Mann** *m.* **der Crew,** strongman *s.* (of the crew); **–er Regen** *m.*, heavy rain(s) *s.* (*pl.*); **–er Seegang** *m.*, heavy sea *s.*, pounding sea *s.*; **–e Strömung** *f.*, stiff current *s.*; **–er Sturm** *m.*, whole gale *s.*, (*coll.*) rude *or* tough gale *s.*; **–er Wind** *m.*, high wind *s.*, stiff *or* stout *or* strong *or* vehement wind *s.*, (*coll.*) strong breeze *s.*

Stärke *f.* (*naut., phys.*), strength *s.*, (*meteor.*) force *s.*, intensity *s.*, violence *s.* (*as of gale*), (*tech.*) ga(u)ge *s.*, diameter *s.*, size *s.*, thickness *s.* (*as of planks, frames, etc.*); power *s.* (*of outboarder, etc.*); **an – zunehmen,** to grow (*of wind*), to build (*of sea, gale*); **in voller –,** up to strength (*of gale*); **– der Ebbe,** strength *s.* of the ebb(-tide) *or* falling tide; **– der Flut,** strength *s.* of the flood *or* incoming *or* rising *or* high tide; **– eines Sturms,** force *s. or* strength *s. or* toughness *s. or* violence *s.* of a gale; **– (von Leine** *od.* **Tau),** grist *s.* (of line *or* rope). **Stärke / -Gewichtverhältnis** *n.*, strength-to-weight ratio *s.* (*of sailcloth*); **–grad** *m.*, degree *s.* of strength, intensity *s.* (*as of wind*); **–grad** *m.* **des Windes,** wind force *s.*, force *s.* of the wind; **–grad 12** (*naut.*), force 12 (*of gale*).

Starkwind *m.* (*naut., rac.*), heavy air *s. or* wind *s.*, gale *s.*; **aufkommender –,** building *or* growing wind *s.*; **–regatta** *f.*, heavy air regatta *s. or* race *s.*; **–revier** *n.* (*rac.*), heavy air area *s. or* zone *s. or* waters (*pl.*), area *s. or* waters (*pl.*) with (very) stiff *or* strong winds; **–segel** *n.*, heavy air sail *s.*; **–segeln** *n.*, heavy air sailing *s.*; **–warnung** *f.* (*naut., meteor.*), (near) gale warnings (*pl.*).

starr *adj.* (*naut.*), rigid (*of rig*), stiff (*of rope*); **– vor Kälte** (*naut.*), numb with cold; **–es Rigg** *n.*, rigid rig *s.*; **–es Segel** *n.*, stiff sail *s.* **Starrsegel** *n.*, wing sail *s.*

Start *m.* (*rac.*), start *s.*, (*coll.*) getaway *s.*; **guter –,** good start *s.*; **schlechter –,** false *or* foul start *s.*, start *s.* too early; **Segler** *m.* **am –,** starter *s.*; **sich vom – weg freisegeln,** to sail clear of the field *or* fleet. **Start / -Ankündigungssignal** *n.* (*rac.*), attention *or* starting signal *s.*; **–bahnmarke** *f.*, start(ing) mark *s.*; **–ball** *m.* (*rac.*), starting ball *s.*; **s–berechtigt** *adj.* (*rac.*), qualified (*of boat*); **nicht s–berechtigt,** disqualified (*of boat*); **s–bereit** *adj.*, ready to start; **–boje** *f.*, starting buoy *s.*; **–boot** *n.* (*rac.*), starting boat *s. or* vessel *s.*; committee boat *s.* **Starten** *n.* (*rac.*), starting *s.* **starten** *v.* (*rac.*), to start, (*coll.*) to get away, to get off the mark, to launch; **zu früh –,** to make a false start, to start too early, (*coll.*) to jump the gun; **– zu (einer Regatta),** to participate in *or* to take part in *or* to have entered for (a race). **startend** *pr. p.*, **–es Boot, Startender** *m.*, **Starter** *m.*[1] (*rac.*), starter *s.*, starting boat *s.*

Starter *m.*[2] (*tech.*), starter *s.* (*of motor*); **–batterie** *f.*, starter battery *s.*; **–klappe** *f.*, starter knob *s. or* lever *s.*, (*am.*) starter choke *s.*

Start / geld *n.* (*rac.*), entry-fee *s.*; **s–klar** *adj.* (*rac.*), set; **sich s–klar machen,** to set; **s–klar sein,** to be all set **(für,** for); **–kommando** *n.*, starter's order *s.* **Startlinie** *f.* (*rac.*), starting line *s.*, (*coll.*) scratch *s.*, score *s.*, start *s.*, mark *s.*; **Beiliegen** *n.* **vor der –,** hove-to at the start *or* starting line; **Luvbereich** *m.* **an der –,** windward position *s. or* area *s.* at the start *or* starting line; **optimaler Platz** *m.* **an der –,** optimum *or* best position *s.* at the starting line; **an die – segeln,** to set the boat; **durch die – segeln,** to cross the starting line; **bevorzugte –nseite** *f.*, the better end of the starting line. **Start / marke** *f.*, starting mark *s.*; **–nummer** *f.* (*esp. surf.*), start(ing) number *s.*; **–pistole** *f.*, starting gun *s.*, starter's pistol *s.*; **–position** *f.* (*rac.*), starting position *s.*, position *s.* at the start *or* starting line; **–position einnehmen,** to set the boat; **–regeln** *f./pl.*, anti-barging *or* starting rules (*pl.*) (and regulations); **–schiff** *n.*, committee boat *s.*; starting boat *s. or* vessel *s.*; **–schuß** *m.* (*rac.*), starting signal *s. or* gun *s.*, starter's gun *s.*; **–signal** *n.* (*rac.*), starting signal *s.*; **–taktik** *f.* (*rac.*), starting tactics (*pl.*); **–uhr** *f.*, stop-watch *s.* (for yachtsmen); **-- und Zielboot** *n.* (*rac.*), committee boat *s.*, stake-boat *s.*; **–verbot** *n.* (*rac.*), disqualification *s.*, suspension *s.*; **–verfahren** *n.* (*rac.*), starting method *s. or* system *s.*; starting proceedings (*pl.*); **–verschiebung** *f.* (*rac.*), postponing *s.* of the start; **–zeichen** *n.*, start *s.*, starting signal *s.*; **das –zeichen geben,** to give the start; **–zone** *f.* (*rac.*), starting area *s.* (*of the fleet*).

Statik *f.* (*naut.*, *phys.*), statics (*pl.*).

Station *f.* (*naut.*), position *s.*, stations (*pl.*), (*rad.*) station *s.*; **alle Mann auf –!** (*naut. com.*), every man to his station!; **an – ...** (*rad.*), to station ...

stationär *adj.* (*meteor.*, *rad.*), stationary, (*phys.*) steady, constant; **nicht –** (*meteor.*, *phys.*), unsteady; **ein Planet ist –,** a planet is stationary; **–e Front** *f.* (*meteor*), stationary front *s.*; **–es Hoch** *n.* (*meteor.*), stationary high *s. or* anticyclone *s.*; **–e Maschine** *f.*, **–er Motor** *m.* (*naut.*), stationary engine *s.*; **–er Punkt** *m.* (*astr.*), station *s.*, stationary point *s.*; **–es Tief** *n.* (*meteor.*), stationary low *s. or* depression *s. or* cyclone *s.*; **–e Welle** *f.* (*rad.*), stationary *or* standing wave *s.*

stationieren *v.* (*naut.*), to station (*the crew*).

Stations/boje *f.* (*naut.*, *rad.*), station buoy *s.*; **–einrichtung** *f.* (*rad.*), station equipment *s.*; **–kreis** *m.* (*meteor.*), range *s. or* zone *s.* of stationary weather conditions (*weather chart*); **–skala** *f.* (*rad.*), station selector *s.*, turning dial *s.*; **–tagebuch** *n.* (*rad.*), log(-book) *s.*

statisch *adj.* (*naut.*, *phys.*, *rad.*), static, statical; **–er Auftrieb** *m.* (*naut.*), (hydrostatic) buoyancy *s.*; **–e Beanspruchung** *f.* (*phys.*), static strength *s. or* stress *s.*; **–e Belastung** *f.* (*naut.*, *phys.*), static load *s.*; **–er Druck** *m.* (*naut.*, *phys.*), static pressure *s.*; **–e Elektrizität** *f.* (*naut.*, *rad.*), static *s.*; **–e Festigkeit** *f.* (*phys.*), static strength *s.*; **–es Gleichgewicht** *n.* (*naut.*, *phys.*), static equilibrium *s.*; **–es Moment** *n.* (*naut.*, *phys.*), static moment *s.*; **–e Stabilität** *f.* (*naut.*, *phys.*), static(al) stability *s.*, stability *s.*

Stator *m.* (*naut.*), stator *s.*

Statoskop *n.* (*phys.*), statoscope *s.*

Statut *n.* (*rac.*), regulation *s.*, statute *s.*; articles (*pl.*) (*of association, yacht club, etc.*). **statutarisch** *adj.*, statutory. **Statuten** *n./pl.* (*rac.*), reglement *s.*, regulations (*pl.*); **– eines Yachtclubs,** articles (*pl.*) *or* regulations (*pl.*) of a yacht(ing) club; **s–mäßig** *adj.*, statutory.

Stau *m.*, slack water *s.*; **im –,** at the turn of the tide; **–becken** *n.*, reservoir *s.*, catchment basin *s.*

Staub/dunst *m.* (*meteor.*), fine haze *s.*, (*coll.*) dust haze *s.*; **–regen** *m.* (*meteor.*), drizzle *s.*, mizzle *s.*, fine rain *s.*, spray *s.*, (*coll.*) Scotch mist *s.*

Stauchen *n.* (*naut.*, *tech.*), upsetting *s.* (*of mast*, *etc.*). **stauchen** *v.* (*naut.*, *tech.*), to upset, (*coll.*) to jump (*the mast*, *etc.*). **Stauchung** *f.* (*naut.*, *tech.*), upset *s.*, upsetting *s.*, (*coll.*) buckling *s.* (*of mast*, *etc.*).

Stau/damm *m.*, dam *s.*, coffer-dam *s.*, dike *s.*, dyke *s.*, head *s.*, (*am.*) represa *s.*; **–druck** *m.* (*naut.*, *phys.*), dynamic *or* hydrodynamic *or* kinetic pressure *s.*, ram pressure *s.*, pressure head *s.*, velocity head *s.*; **–druck-Fahrtmesser** *m.* (*naut.*), pitometer log *s.*, pitot tube *s.*, hydrodynamic *or* boat speedometer *s.*, impeller log *s.*, speed indicator *s.*; **–druckmesser** *m.* (*naut.*, *phys.*), pressure head *s.*, pressure ga(u)ge *s.*, speed indicator *s.*

Stauen *n.* (*naut.*), trimming *s.*, stowage *s.*, stowdown *s.* (*of ballast*, *etc.*). **stauen** *v.*, to trim, to stow (away), (*coll.*) to chock (*sails*, *etc.*), to stevedore; to dam up (*water*); **sich –,** to rise (*of water*); to be dammed up (*of water*); **Wasser –,** to dam up water, (*am.*) to slackwater. **Stauer** *m.* (*naut.*), stevedore *s.*, stower *s.*; **–knoten** *m.*, stevedore's knot *s.* **Staufaktor** *m.* (*naut.*), stowage factor *s.*, trim(ming) factor *s.*

Stauffer/buchse *f.* (*naut.*, *tech.*), grease-cup *s.*; **–fett** *n.*, axle-grease *s.*, cup grease *s.*, consistent grease *s.*

Stau/gebühr *f.* (*naut.*), stowage *s.*; **–gewässer** *n.*, dam *s.*, reservoir *s.*; **–gewicht** *n.* (*naut.*), stowage weight *s.*; **–geld** *n.* (*naut.*), stowage *s.*; **–höhe** *f.* **(eines Gewässers),** overflow level *s.*; **–holz** *n.* (*naut.*), stow wood *s.*; **–keil** *m.* (*naut.*), quoin *s.*; **–lage** *f.* (*naut.*), trimming *s.* (*of a yacht*); **–mauer** *f.*, earth *or* stone dam *s.*, head *s.*, retaining wall *s.*; **–meister** *m.* (*naut.*), stevedore's foreman *s.*; **–plan** *m.* (*naut.*), trimming *or* stowage plan *s.*; **–raum** *m.* (*naut.*), stowage *s.*, rummage *s.*, hold *s.*, locker *s.*; **–raum** *m.* **für Karten,** chart locker *s.*; **–see** *m.*, dam *s.*, reservoir *s.* **Stauung** *f.* (*naut.*), stowage *s.*; rise *s.*, rising *s.*, swell *s.* (*of tide, water*); damming(-up) *s.* (*of water*), (*phys.*) stasis *s.* (*pl.* -ses); **gute – von Segeln** *od.* **Ballast,** trim *s.* of the hold *or* stowage. **Stau/wasser** *n.*, backwater *s.*, slack(-)water *s.*, head *s.*, high-water stand *s.*, stand *s.* (*of tide*, *etc.*); static *or* dammed-up water *s.*, sluice *s.*; **–wasser** *n.* **einer Talsperre,** tail water *s.*; **–wehr** *n.*, sluice *s.*, (river-)dam *s.*, weir *s.*; **–welle** *f.*, backwash *s.*, backwave *s.*; **–werk** *n.*, barrage *s.*

Stecheisen *n.* (*naut.*), stabber *s.*

stechen *v.*, to bite, to sting, to strike down (*of sun*); **in See –** (*Laienausdruck*), (*s.* **in See gehen**). **stechend** *adj.* **heiß,** sultry (*of sun*).

Stech/kahn *m.*, punt *s.*; **–paddel** *n.*, paddle *s.*;

–zirkel *m.*, dividers (*pl.*).

stecken *v.* (*naut.*), to hitch, to veer (away) (*a rope*), to pay out (*cable, chain*), to tie in (*a reef*), to tuck (*strands*); **beim Ankern (mehr) Kette –,** to pay out (a) cable *or* chain; **ein Ende –,** to hitch a rope; **ein Reff –,** to tie in a reef; **ein Tau –,** to veer (away) a rope; **mehr Kette –,** to pay more cable.

Stecker *m.* (*elec.*, *rad.*), plug *s.*

Steck / hülse *f.* (*naut.*), socket *s.* (*for wire rope, etc.*); **–kontakt** *m.* (*elec.*), plug *s.* and socket, plug connection *s.*; **–mast** *m.*, stepped mast *s.*; **–reffeinrichtung** *f.*, fixed *or* inserted reefing system *s.*; **–ruder** *n.*, spade rudder *s.*; **–schlüssel** *m.*, **–schraubenschlüssel** *m.*, box(-)spanner *s. or* wrench *s.*; **–schwert** *n.*, daggerboard *s.*, dagger plate *s.*, centreboard *s.*, (*am.*) centerboard *s.*; **–stift** *m.* (*naut.*), key bolt *s.*, socket pin *s.*

Steert *m.*, spit *s.*, tail *s.*; **(Block) mit dem – befestigen** *od.* **festmachen,** to tail; **– (einer Steerttalje),** whip *s.* **Steert / block** *m.*, spit *or* tail block *s.*, becket block *s.*, block *s.* with a tail; **–spleiß** *m.*, tail splice *s.*; **–talje** *f.*, tail jigger *s. or* tackle *s.*; **–tau** *n.*, tail lashing *s. or* rope *s.*

Steg *m.* (*naut.*), bustle *s.*, kick down *s.* (*of underwater hull*), stay *s.*, stud *s.* (*of a chain*), breech (block) *s.*; jetty *s.*; gangboard *s.*, gangplank *s.*, gangway *s.*, (*coll.*) cat(-)walk *s.*, (*naut.*, *tech.*) crosspiece *s.*, bar *s.*, flange *s.*, stay *s.*, strap *s.*; **Schäkel** *m.* **mit –,** stud link *s.*; **Mittelglied** *n.* **eines –s (der Ankerkette),** cable stud *s.*; **– in einem Kettenglied** (*naut.*), stay pin *s.* **Steg / glied** *n.*, stud link *s.*; **–kette** *f.*, stud-link chain *s.*, stud-chain *s.*

Steh / bolzen *m.* (*naut.*), stay bolt *s. or* rod *s.*; **–brett** *n.* (*coll.*), surfboard *s.*; **–brettsegler** *m.* (*coll.*), surfboarder *s.*, sailboarder *s.*, windsurfer *s.*

Stehder *m.* (*dial.*), float *s.* (*of a fishing-net*).

stehen *v.* (*naut.*), to be set, to stand (*of sails*); **auf Fehmarn –,** to stand over towards Fehmarn (*of boat*); **alle Segel – lassen,** to let all stand, all standing, with all sails set. **stehend** *adj.* (*naut.*), standing, upright, vertical, (*rad.*) stationary; stagnant (*of air, water*); **alles –,** all standing (*of rig, etc.*), with all sails set; **–er Bugspriet** *m.*, standing bowsprit *s.*; **–e Fock** *f.*, standing jib *s.*; **–e Gaffel** *f.*, standing gaff *s.*; **–es Gut** *n.*, standing rigging *s.*, dead rope *s.*; **–e Part** *f.*, standing part *s.*; **–e Peilung** *f.*, constant *or* steady bearing *s.*, collision bearing *s.*; **–es Wasser** *n.*, dead *or* stagnant water *s.*, slack water *s.*; **–e Welle** *f.* (*rad.*), standing *or* stationary wave *s.*, (*naut., tech.*) capstan *s.*, vertical shaft *s.*; **–er Wind** *m.*, settled *or* steady wind *s.* **Steh / höhe** *f.* (*naut.*), (height of) headroom *s.*, height *s.* of ceiling, ceiling *or* headroom height *s.* (*of cabin*); **–wellenverhältnis** *n.* (*rad.*), standing-wave ratio *s.*

steif *adj.* (*naut.*), inflexible, rigid (*as rope*), taut, tight (*of rope*), clumsy, stiff (*of boat*), stiff, strong (*of wind*); **– geheißt und klar zum Trimmen,** atrip; **– geholt,** pulled tight *or* taut (*of sails*); **– gesetzt,** (to be) set taut; **– vor Kälte,** numb with cold; **–es Boot** *n.*, stiff boat *s.*; **–e Brise** *f.* (*meteor.*), moderate gale *s.*, (*naut.*) stiff *or* strong breeze *s.*, (*coll.*) blow *s.*; **es weht eine –e Brise,** it is blowing hard; **–er Grog** *m.* (*naut.*), strong *or* (*coll.*) stiff grog *s.*; **–e Schot** *f.*, taut *or* tight sheet *s.*; **–er Wind** *m.* (*meteor.*), moderate gale *s.*, (*naut.*) stiff *or* strong breeze *s. or* wind *s.*, near gale *s.*, (*coll.*) stark wind *s.*, stour *s.*

Steife *f.* (*naut. coll.*), stiffener *s.*; stiffness *s.* (*of boat, etc.*).

steifen *v.* (*naut. coll.*), to prop, to shore up, to stay, to stiffen, to support (*mast, etc.*).

Steifheit *f.* (*naut.*), rigidity *s.* (*of rope*), stability *s.* (*of boat*); stiffness *s.* (*of boat, rope*). **Steifheits / ballast** *m.*, stiffening *s.*; **–grad** *m.*, coefficient *s.* of rigidity *or* stiffness (*of boat, rope*).

steifholen *v.* (*naut.*), to haul *or* to set taut, to tauten, to pull tight (*lines, sheet, sails*), to rouse (*sails*).

Steifigkeit *f.* (*naut.*), (*s.* **Steifheit**).

steif / kommen *v.*, to come *or* to grow stiff *or* taut (*of chain*); **–setzen** *v.*, to set taut, to tauten (*rope, sails*).

Steig / bö *f.* (*meteor.*), ascending *or* rising gust *s.*; **–dauer** *f.* **(der Flut),** duration *s.* of flood, duration *s.* of the incoming *or* rising (flood- *or* high-)tide *s.*

Steigen *n.* (*naut.*), lift *s.*, lifting *s.*, planing *s.* (*of boat*), rise *s.*, rising *s.*, swell *s.* (*of tide, water*), increase *s.* (*of speed, pressure*); **– der Flut,** swell *s.* of the (high) tide, coming in *s.*, rising *s.* (of the tide); **– der Temperatur** (*meteor.*), rise *s.* in temperature, rising temperature *s.*; **– und Fallen der Flut** *od.* **der Gezeit,** rise *s.* and fall (of the tide). **steigen** *v.* (*naut.*), to lift, to plane (*of boat*), to fly, to lift (*of spinnaker*), to flow, to rise, to swell, to be at the flood, to make (*of tide*), (*meteor.*) to rise, to scale up (*of barometer*), to increase (*of speed, pressure*); **der Baum beginnt** *od.* **fängt an zu –,** the boom begins to lift; **einen Spinnaker – lassen,** to fly a spinnaker *or* (*coll.*) chute; **der Spinnaker steigt,** the spinnaker lifts; **die Flut steigt schnell (an),** the flood makes fast. **steigend** *adj.*, flowing, rising (*of tide*); **–e Tendenz** *f.* (*meteor.*), rising *or* upward tendency *s.*

steigern *v.*, to increase, to step up (*speed*).

Steig / höhe *f.* (*naut.*), pitch *s.* (*of the propeller*); **–rohr** *n.* (*naut.*), overflow pipe *s.*, standpipe *s.*; **–röhre** *f.* **(einer Pumpe),** suction pipe *s.* (of a (bilge) pump).

Steigung *f.* (*naut.*), pitch *s.* (*of a propeller or screw*); **veränderliche –,** variable pitch *s.* (of the propeller); **– des Bugspriets,** steeve *s.*; **dem Bugspriet eine – geben,** to steeve (the bowsprit). **Steigungs / verhältnis** *n.*, pitch ratio *s.* (*of the propeller*); **–winkel** *m.*, angle *s.* of gradient; angle *s.* of pitch, pitch angle *s.* (*of the propeller*).

steil *adj.*, **– (aus dem Wasser) an-** *od.* **aufsteigend** (*naut.*), steep-to (*of coast, cliffs*); **– (ins Wasser) abfallend** (*naut.*), steep-to (*of coast*); **–er werden,** to steepen (*of coast*); **–e Klippe** *f.*, steep *s.*, steep cliff *s.*; **–e Küste** *f.*, bold coast *s.*; **–er Seegang** *m.*, precipitous sea *s.* *or* swell *s.*, high running sea *s.* **Steil / gaffel** *f.*, sliding gunter *s.*; **–gaffelsegel** *n.*, gunter sail *s.*; **–heit** *f.* **(der Küste),** boldness *s.*, steepleness *s.* (of the coast); **–heit** *f.* **einer Welle,** precipitousness *s.* *or* steepness *s.* of a wave; **–küste** *f.*, bluff *s.*, bold shore *s.*, steep *s.*, steep coast *s.*, steeply shelving coast *s.*, sheer coast *s.*, (*naut.*) steep-to-shore; **–ufer** *n.* (*am.*), palisades (*pl.*).

Stein *m.*, **– und Bein frieren** (*naut. coll.*), to freeze hard, to be frozen stiff, to be numb with cold. **Stein / buhne(n)** *f.* (*pl.*), breakwater *s.*, groyne *s.*, wharf *s.*; **–damm** *m.* (*naut.*), mole *s.*, pier *s.*; **–grund** *m.* (*naut.*), stony bottom *s.* (*of a river or the sea*). **steinig** *adj.*, **–er (Meeres)Grund** *m.*, stony bottom *s.* *or* ground *s.* (of the sea). **Steinträger** *m.* **(am Kompaß),** jewelled bearing *s.*

Stek *m.*, bend *s.*, hitch *s.*, knot *s.*; **einen – abstecken** *od.* **aufmachen** *od.* **auftörnen** *od.* **lösen,** to undo a hitch *or* knot; **mit einem – verbinden,** to hitch *or* to knot together. **Stekbolzen** *m.*, reef earing *s.*

Stell *n.* (*naut.*), set *s.*, suit *s.*; **– von Flaggen,** set *s.* of flags; **– von Segeln,** set *s.* *or* suit *s.* of sails.

Stelle *f.* (*naut.*, *geogr.*), point *s.*, spot *s.*, (*naut.*, *rac.*) place *s.*, position *s.*, (*rad.*, *radar*) station *s.*; **an 2. – liegen** (*rac.*), to come in second, to be placed second; **nicht von der – kommen** (*naut.*), to make no progress, to get not ahead *or* on, (*coll.*) to be at a deadlock (*of boat*); **sich nicht von der – rühren,** to move *or* to stir *or* (*coll.*) to budge not an inch (*of boat aground*).

stellen *v.* (*naut.*), to trim (*sails*), to step (*mast*); **(Schiff) in Dienst –,** to commission, to put into service (a ship); **lauter (leiser) –** (*rad.*), to turn up (down).

Stell / feder *f.* (*naut.*, *tech.*), adjusting spring *s.*; **–hebel** *m.* (*naut.*), adjusting *or* adjustment lever *s.*

Stelling *f.* (*naut.*), brow *s.*, gangway *s.*; flake *s.*, rake *s.*, stage *s.*, staging *s.*, stillage *s.*, stilling *s.*; **–stek** *m.*, boat knot *s.*, marling- *or* marline-spike hitch *s.*

Stell / keil *m.* (*naut.*), tightening key *s.*; **–mutter** *f.* (*naut.*, *tech.*), adusting nut *s.*, lock-nut *s.*; **–netz** *n.*, fixed net *s.* (*fishery*); **–ring** *m.*, adjustable *or* adjusting ring *s.*; **–schlüssel** *m.* (*naut.*, *tech.*), adjustable spanner *s.*; **–schraube** *f.*, adjusting *or* fixing *or* levelling *or* regulating screw *s.*, set-screw *s.*, temper screw *s.*; **–vorrichtung** *f.*, adjusting mechanism *s.*, regulator *s.*; **–zirkel** *m.*, adjustable bezel *s.*

Stemm / brett *n.* **(im Boot),** foot spar *s.*, (boat) stretcher *s.*; **–tor** *n.* **eines Docks (einer Schleuse),** dock-gate *s.* (lock-gate *s.*).

Stempel *m.* (*naut.*), press *s.*, punch *s.*, counter-die *s.* (*shipb.*), piston *s.* (*of a pump*).

Stenge *f.*, top()mast *s.*, upper mast *s.*; **äußerste Spitze** *f.* **einer –,** pole *s.* **Stenge / gut** *n.*, topmast gear *s.* *or* rigging *s.*; **–(n)ring** *m.*, spider band *s.*; **–nschmiere** *f.*, slush *s.*; **–stag** *n.*, topmast stay *s.*; **–stagsegel** *n.*, topmast staysail *s.*; **–talje** *f.*, top burton *s.*; **–windreep** *n.*, top *or* heel rope *s.*; **–windreep(s)gien** *n.*, top tackle *s.*

sterben *v.* (*naut. coll.*), to die (*of wind*), to pack up (*of outboarder, motor*).

Stern *m.* (*astr. nav.*), star *s.*; **– 1. Größe** (*astr.*), star *s.* of the first magnitude; **– mit periodisch wechselnder Helligkeit,** periodic star *s.*; **Nebel** *m.* **von –en,** stardust *s.* **Stern / antenne** *f.*, star aerial *s.* *or* (*am.*) antenna *s.*; **–beobachtung** *f.* (*naut.*, *astr.*), star()sight *s.*; **nach –beobachtung navigieren,** to navigate by starsight; **–bild** *n.* (*astr.*), (stellar) constellation *s.*; **untergeordnetes –bild** *n.*, subconstellation *s.*; **–bilder** *n./pl.* (*astr.*), stars (*pl.*); **–bruch** *m.* (*naut.*), radial *or* star(-like) crack *s.* (*GRP boats*); **–buchse** *f.* (*naut.*), shaft *or* stern tube *s.* (*of the propeller*); **–drift** *f.* (*astr.*), star()drift *s.* **Sternen / bahn** *f.* (*astr.*), orbit *s.* of a star; **–banner** *n.* (*am.*), Stars (*pl.*) and Stripes, star-spangled banner *s.*, (*coll.*) blue starry flag *s.*;

–durchgang *m.* (*astr.*), star transit *s.*; **–himmel** *m.*, starry sky *s.*; **–licht** *n.*, star light *s.* **Stern/finder** *m.* (*astr. nav.*), star finder *s.* and identifier, star globe *s.*; **–größe** *f.*, magnitude *s.* of a star; **–haufen** *m.* (*astr.*), star cluster *s.*, cluster *s.* of stars, multiple stars (*pl.*); **s–hell** *adj.*, starry, starlit, starlight; **–helligkeitsmesser** *m.* (*astr.*), astrometer *s.*; **–himmel** *m.*, starry sky *s.*, firmament *s.*; **–höhe** *f.* (*astr.*), **die –höhe messen** (*nav.*), starsight *s.*; **–höhenmesser** *m.* (*astr.*, *nav.*), (navigator's) astrolabe *s.*; **–höhenmessung** *f.* (*astr.*, *nav.*), star sight *s.*, (*naut.*) time sight *s.*; **–jahr** *n.* (*astr.*), astronomical *or* sidereal year *s.*; **–karte** *f.* (*astr. nav.*), astronomical chart *s.*, (navigational) star chart *s.* *or* map *s.*; **s–klar** *adj.*, starry, starlit, starlight; **s–klare Nacht** *f.*, starry night *s.*; **–kunde** *f.* (*astr.*, *nav*), astronomy *s.*, starcraft *s.*; **–messung** *f.* (*astr.*, *nav.*), astrometry *s.*; **–minute** *f.* (*astr.*), sidereal minute *s.*; **–mittag** *m.* (*astr.*), sidereal noon *s.*; **–nebel** *m.* (*astr.*), nebula *s.*, star cloud *s.*; **–ort** *m.* (*astr.*, *nav.*), star place *s.*; **–parallaxe** *f.* (*astr.*), stellar parallax *s.*; **–schaltung** *f.* (*elec.*), star(-delta) connection *s.*; **–schnitt** *m.* (*naut.*), star-cut (spinnaker) *s.*, (*coll.*) flatman *s.*; **–schnuppe** *f.* (*astr.*), falling *or* shooting star *s.*, asteroid *s.*, Leonid *s.*; **–schnuppenregen** *m. od.* **-schwarm** *m.* (*astr.*), star shower *s.*; **–schreiber** *m.* (*radar*), plan-position indicator *s.*, PPI *s.*; **–sekunde** *f.* (*astr.*), sidereal second *s.*; **–signal** *n.* (*naut.*), star-shell signal *s.*, Very light (signal) *s.*; **–signalpistole** *f.* (*naut.*), star-shell *or* Very light pistol *s.* (*distress at sea*); **–spinnaker** *m.*, Starcut *s.*, star-cut spinnaker *s.*, (*coll.*) flatman *s.*; **–strom** *m.* (*astr.*), star stream *s.*; **–stunde** *f.* (*astr.*), sidereal hour *s.*; **–system** *n.* (*astr.*), starry system *s.*; **–tafel** *f.* (*astr. nav.*), astronomical table *s.*, star chart *s.* *or* map *s.*; **–tag** *m.* (*astr.*), sidereal day *s.*; **–warte** *f.* (*astr.*), observatory *s.*; **–wolke** *f.* (*astr.*), nebula *s.*; **–zeit** *f.* (*astr.*), astronomical *or* sidereal *or* stellar time *s.*, star time *s.*

stetig *adj.* (*naut.*), constant, steady (*of course, wind*).

Steuer *n.* (*naut.*), helm *s.*, rudder *s.*, steering wheel *s.*; **am –,** at the helm; **über –,** stern(-)-on, sternforemost; **das – an Backbord (Steuerbord)!** (*com.*), port (starboard) the helm!; **das – führen,** to be at the helm; **das – herumwerfen,** to put the helm over; **über – geschleppt werden,** to be towed sternforemost. **Steuer/anlage** *f.* (*naut.*), steering gear *s.*, steerer *s.*, (*tech.*) control gear *s.*; **automatische –anlage** *f.* (*naut.*), automatic helmsman *s.* *or* steerer *s.* *or* steering gear *s.*; **–apparat** *m.* (*naut.*), steering gear *s.*, steerer *s.*; **–ausschläge** *m./pl.* (*naut.*), controllability *s.* (*of a boat*); **–automatik** *f.* (*naut.*), automatic helmsman *s.* *or* pilot *s.*; **s–bar** *adj.* (*naut.*), manageable, controllable, steerable, (*tech.*) governable; **leicht s–bar** (*naut.*), easy to steer (*of boat*); **–barkeit** *f.* (*naut.*), controllability *s.* (*of a boat*); **–befehl** *m.* (*naut.*), steering order *s.*, (*tech.*) control command *s.*

Steuerbord *n.* (*od. m.*), starboard *s.*, starboard hand *s.* *or* side *s.*, (*am.*) right *s.*, (*coll.*) starb'd, st'bd; **–!** (*com.*), starboard the helm!, (*am.*) right standard rudder!; **an –,** on the starboard side, (*am.*) on the right; **(an) – achteraus,** (on the) starboard quarter; **(an) – voraus,** (on the) starboard bow; **1/4 Strich –!** (*com.*), a quarter point to starboard!, (*am.*) a quarter point to the right!; **gut** *od.* **weit ab an –,** fine off the starboard (bow); **hart –,** hard a-starboard!, (*am.*) right full rudder!; **nach –,** astarboard; **nach – halten,** to keep to starboard, to starboard (*the boat*); **nach – kreuzen** *od.* **lavieren,** to be on the starboard tack; **nach – wenden,** to starboard (the boat); **Ruder an** *od.* **nach –!** (*com.*), starboard the helm!; **Ruder an** *od.* **nach – legen,** to starboard (the helm); **– das Ruder!** (*com.*), starboard the helm!; **– 5,** starboard 5!, (*am.*) right 5 degrees (of rudder)!; **– querab,** (on the) starboard beam. **Steuerbord/anker** *m.*, starboard anchor *s.*; **–boje** *f.*, starboard-hand buoy *s.*; **–brückenseite** *f.*, starboard wing *s.* of the bridge; **–bug** *m.*, starboard tack *s.*; port tack *s.* (*sailing technique*); **das Boot liegt über –bug,** the boat is on the port tack; **–-Fahrwasserseite** *f.*, starboard hand *s.* *or* side *s.* of a channel *or* fairway; **–halsen** *m./pl.*, starboard tack *s.*; **das Boot segelt mit –halsen,** the boat is on the starboard tack; **auf –halsen liegen,** to be on the starboard tack (*of boat*); **mit –halsen segeln,** to sail on the starbord tack; **–koje** *f.*, starboard cot *s.* *or* berth *s.* *or* bunk *s.*; **–laterne** *f.*, starboard lamp *s.* *or* lantern *s.*; **–licht** *n.*, starboard light *s.*; **–maschine** *f.*, starboard engine *s.*; **–ruder** *n.*, starboard helm *s.* *or* rudder *s.*, (*am.*) right rudder *s.*; **–schlagseite** *f.*, list *s.* to starboard; **–schoten** *f./pl.*, starboard tack *s.* *or* sheets (*pl.*); port tack *s.* (*sailing technique*); **–seite** *f.*, starboard *s.*, starboard hand *s.* *or* side *s.*; **nach** *od.* **auf der –seite,** starboard, (*am.*) right; **–seitenlampe** *f.* *od.* **-laterne** *f.*, starboard lamp *s.* *or* lantern *s.*, green side light *s.*; **–tonne** *f.* , starboard-hand buoy *s.*; **–wache** *f.*, starboard watch *s.*;

–want *f.* (*od. n.*), starboard shroud *s.*; **–wind** *m.*, wind *s.* on the starboard beam; **–winkel** *m.*, starboard angle *s.*; **–yacht** *f.*, starboard-tack yacht *s.*; port tack yacht *s.*

Steuer / drehung *f.*, helm *s.*; **–düse** *f.*, steering nozzle *s.*; **–eigenschaften** *f./pl.* **(eines Bootes),** steering qualities (*pl.*) *or* properties (*pl.*) of a boat); **–einrichtung** *f.*, steering gear *s.*, (*tech.*) control device *s.*; **automatische (hydraulische, mechanische) –einrichtung** *f.*, automatic (hydraulic, mechanical *or* power-) steering gear *s.* **Steuerer** *m.*, helmsman *s.*, wheelsman *s.*; **automatischer –,** automatic helmsman *s.* **steuerfähig** *adj.* (*naut.*), **– bleiben,** to maintain steerageway (*of boat*); **– sein,** to have steerageway (*of boat*). **Steuer / fähigkeit** *f.* (*naut.*), manoeuvrability *s. or* (*am.*) maneuverability *s.*, manageableness *s.*, steering qualities (*pl.*) *or* properties (*pl.*), steerageway *s.* (*of a boat*); **–fahrt** *f.*, steerageway *s.* (*of a boat*); **–gerät** *n.*, steering gear *s.*; **–gitter** *n.* (*rad.*), control grid *s.*; **–haus** *n.*, wheel house *s.*; **–hebel** *m.*, control lever *s.*; **–kette** *f.*, tiller chain *s.*, wheel chain *s.*; **–kompaß** *m.*, steering compass *s.*; **–kompaßtochter** *f.*, steering repeater (compass) *s.*; **–kraft** *f.*, steerageway *s.* (*of a boat*); **–kunst** *f.*, steersmanship *s.*; **–kurs** *m.*, course *s.*, steered course *s.*, heading *s.*, compass course *s.*; **s–lastig** *adj.*, down by the stern, trimmed by the stern, stern- *or* (*coll.*) tailheavy (*of boat*); **–lastigkeit** *f.*, drag *s.*, trim *s.* by the stern (*of a boat*); **–licht** *n.*, steering light *s.*; **–linse** *f.*, magnifying lens *s.* (*of a compass*), compass magnifier *s.*; **s–los** *adj.*, rudderless, tillerless, adrift (*of boat*); **–mann** *m.*, helmsman *s.*, man *s.* at the helm *or* tiller *or* wheel, steersman *s.*, (*am.*) wheelsman *s.* (*of dinghy, yacht*), mate *s.*, navigator *s.* (*officer*), coxswain *s.* (*rowing*); **ohne –mann,** coxless (*of rowing boat*); **–mannskunst** *f.*, helmsmanship *s.*, navigation *s.*; **–mannsmaat** *m.*, second mate *s.*; **–moment** *n.*, rudder moment *s.*; **–motor** *m.*, servo(-)motor *s.*

steuern *v.* (*naut.*), to steer, to navigate, to pilot, to head (*a boat*), to con *or* to conn (*a ship*), to cox (*a rowing boat*), (*rad.*) to control, (*tech.*) to govern, to control; **das Boot läßt sich leicht –,** the boat steers easily; **(einen Kurs) –,** to steer a course; **einen geraden Kurs –,** to steer small *or* with a small helm; **ein Schiff –,** to con *or* to conn a ship; **eine Yacht –,** to steer a yacht; **mit geringer (großer) Ruderlage –,** to steer small (large); **mit wenig Ruder –,** to steer small *or* with a small helm; **nach dem Kompaß –,** to steer by the compass; **nach Norden (Süden) –,** to stand northward *or* (*coll.*) norrard (southward), to be northing (southing); **schwer zu –,** wild (*of boat*); **sich – lassen,** to steer (*of boat*); **sich leicht – lassen,** to steer easy (*of boat*); **– nach,** to head for *or* to, to make for, to navigate to, to be bound for, to stand for *or* towards (*of boat*); **das Boot wird nach Helgoland gesteuert,** the course is set for Heligoland. **steuernd** *pr. p.*, **schwer zu –es Boot,** unhandy *or* wild boat *s.*

Steuer / nocken *m.* (*naut.*, *tech.*), cam *s.*; **–plicht** *f.*, steering cockpit *s. or* stand *s. or* (*coll.*) flat *s.*; **–propeller** *m.*, steering propeller *s. or* (*coll.*) prop *s.*; **–pult** *n.* (*naut.*), (navigator's) control desk *s.*; **–rad** *n.* (*naut.*), steering wheel *s.*; **am –rad** (*naut.*), at the wheel; **–raum** *m.*, tiller *or* steering flat *s.*; **–reep** *n.*, tiller rope *s.*, wheel rope *s.*, yoke-line *s.*; **–regeln** *f./pl.* (*naut.*), steering rules (*pl.*), rules (*pl.*) of the road; **–relais** *n.* (*rad.*, *elec.*), control relay *s.*; **–riemen** *m.*, steering oar *s.* (*rowing*); **–ruder** *n.*, helm *s.* (*of boat*), steering oar *s.* (*rowing*); **–säule** *f.*, steering pedestal *s. or* column *s.*; **–schalter** *m.* (*rad.*), control switch *s.*; **–seil** *n.*, spurling line *s.*, tiller rope *s.*, wheel rope *s. or* cable *s.*, yoke-line *s.*; **–seile** *n./pl.*, steering ropes (*pl.*) *or* cables (*pl.*), wheel (steering) cables (*pl.*) *or* chains (*pl.*) *or* ropes (*pl.*), yoke-lines (*pl.*), (*coll.*) cables (*pl.*); **–stand** *m.*, steering stand *s.*, steering position *s.*; **–strich** *m.*, lubber-line *s.*, lubber's line *s. or* mark *s. or* point *s.*; **–tafel** *f.*, deviation *or* steering table *s.*; **–talje** *f.*, steering tackle *s.*; **–technik** *f.*, steering technique *s.*, technique *s.* for *or* of steering; **–tochter** *f.*, steering repeater (compass) *s.*

Steuerung *f.* (*naut.*), navigating *s.*, piloting *s.*, steering *s.* (*a boat*), steerage *s.* (*of boat*), (*rad.*, *tech.*) control(s) *s.* (*pl.*), (*radar*) deflection *s.*; **automatische (elektrische, elektronische, mechanische) –** (*naut.*), automatic (electric, electronic, mechanical) steering *s.*, (*tech.*) automatic (electric, electronic, mechanical *or* power-)control *s.*; **sympathische –,** follow-up steering *s. or* (*tech.*) control *s.*; **das Boot reagiert leicht auf die –** *od.* **spricht gut auf die – an,** the boat goes with easy steerage; **– und Reg(e)lung** (*naut.*, *rad.*, *radar*, *tech.*), controls (*pl.*). **Steuerungs / anlage** *f.*, steering *or* (*tech.*) control gear *s.*; **–diagramm** *n.* (*rad.*, *radar*), control chart *s.*; **–hebel** *m.* (*naut.*, *tech.*), control lever *s.*; **–system** *n.* (*radar*), radar guidance system *s.*; **–welle** *f.* (*naut.*, *tech.*), weighshaft *s.*

Steuer / ventil *n.* (*naut.*, *tech.*), control valve *s.*, valve-gear *s.*; **–vermögen** *n.* **(eines Bootes),** steerage *s.*; **–vorrichtung** *f.* (*naut.*), steering gear *s.*, (*tech.*) control device *s.*; **–welle** *f.* (*naut.*, *tech.*), camshaft *s.*, weighshaft *s.*; **–widerstand** *m.*, rudder drag *s.* *or* resistance *s.*; **–wirkung** *f.* (*naut.*), steerage *s.* (*of boat*).

Steven *m.*, cutwater *s.*, stem *s.*, (stern-)post *s.*, stern(-post) *s.*, post *s.*, stern-post *s.*, stem-post *s.*; **überhängender –,** raked stem *s.* **Steven / anlauf** *m.*, forefoot *s.*; **auflaufender (gebogener, steiler, tiefer) –anlauf** *m.*, rising (bent, sheer, deep) forefoot *s.*; **–beschlag** *m.*, dovetail plate *s.*; **–fuß** *m.*, foot *s.* of the stem, stem foot *s.*; **–höhe** *f.*, depth *s.* of the stem, depth *s.* of the stern(-post); **–kappe** *f.*, stem cap *s.*; **–knie** *n.*, stemson *s.*; sternson *s.*; **–lager** *n.*, stem *or* stern bearing *s.*; **–lauf** *m.*, stemhead *s.*; **–log** *n.*, taffrail log *s.*; **–nuß** *f.*, stern boss *s.*; **–platte** *f.*, stern plate *s.*; **–rohr** *n.*, shaft *or* stern tube *s.*; **–rohrabdichtung** *f.*, stern-tube caulking *s.* *or* packing *s.*; **–rohrbuchse** *f.*, stern-tube bush(ing) *s.* *or* gland *s.* *or* sleeve *s.*; **–rohrstopfbuchse** *f.*, stern-tube gland *s.* *or* stuffing(-)box *s.*; **–rundung** *f.*, round stem *s.*, round stern *s.*, (*coll.*) soft nose *s.*; **–schiene** *f.*, dovetail plate *s.*; **–schuh** *m.*, stem shoe *s.*; **–schwert** *n.*, **–sohle** *f.*, skeg *s.*; **–stütze** *f.*, prop *s.* of the stem.

Stich *m.* (*naut.*), bend *s.*, hitch *s.*, knot *s.*; stitch *s.* (*sewing of sailcloth*). **Stich / balken** *m.* (*naut.*), half-beam *s.* (*shipb.*); **–kanal** *m.*, (access) canal *s.*; **–probe** *f.*, spot check *s.* *or* test *s.* (*customs, etc.*).

stickig *adj.* (*naut.*), close, sticky, stifling, stuffy, suffocating (*of air, weather*); **–e Atmosphäre** *f. od.* **Luft** *f.*, stifling *or* suffocating *or* (*naut.*) close atmosphere *s.* *or* air *s.*; **–es Wetter** *n.* (*naut.*), close *or* sticky weather *s.* **Stickluft** *f.*, close *or* stuffy air *s.*

Stiefel / holz *n.*, spreader *s.* (*on fishing nets*); **–pumpe** *f.* (*naut.*), positive displacement pump *s.*

Stieper *m.* (*naut.*), crutch *s.*, mitch-board *s.*, stanchion *s.*, (short) prop *s.*, strut *s.* (*for the mast*).

Stift *m.* (*naut.*), spike *s.*, sprig *s.*, stud *s.*, (*naut.*, *tech.*) brad *s.*, peg *s.*, pin *s.*, tack *s.*; **–schraube** *f.*, grub screw *s.*

Stigmograph *m.* (*naut.*), station pointer *s.*

still *adj.* (*naut.*, *meteor.*), calm, quiet, (*coll.*) dull (*of sea, wind*), stagnant, still, motionless (*of water*); **– werden,** to still (*of waves, wind*), to calm (down) (*of gale*); **–e See** *f.*, calm sea *s.*; **–es Wasser** *n.*, dead water *s.* **Stille** *f.* (*naut.*, *meteor.*), calm *s.*, calmness *s.*, quiet *s.*; calm *s.* of the sea, (*rad.*) silence *s.*; **völlige –** (*naut.*), dead(-)calm *s.*; **die – vor dem Sturm,** the lull before the storm.

stillegen *v.*, **ein Boot –,** to lay up a boat, (*coll.*) to muzzle a boat; **ein Schiff –,** to put a ship out of commission.

stillen *v.* (*naut.*), to still (*of sea, wind*).

still / liegen *v.* (*naut.*), to lie to (*of boat*); **S–liegezeit** *f.*, idle period *s.* (*of boat or ship*); **S–stand** *m.* **(einer Gezeit),** stand *s.*, stagnation *s.* (of the tide).

Stillte *f.* (*naut.*), dead calm *s.*, calms (*pl.*), stillness, *s.*, slackness *s.* (*of wind*), calmness *s.* of the sea; **–ngürtel** *m.* (*naut.*, *geogr.*), belt *s.* of calms, doldrums (*pl.*), horse latitudes (*pl.*).

Stillwasser *n.*, slack-water *s.* (*in tidal regions*).

stöbern *v.* (*naut.*, *coll.*), to drizzle (*of rain*), to blow about, to drift (*of snow*).

Stock / anker *m.*, stock anchor *s.*; **s–dunkel** *adj.*, **s–finster** *adj.*, pitch-dark; **eine s–dunkle** *od.* **s–finst(e)re Nacht** (*naut.*), a pitch-dark night. **stocken** *v.* (*naut.*), to stock (*anchor*).

Stockwerk *n.* (*meteor. coll.*), stratum *s.* (*of the atmosphere*).

Stokes-Anker *m.*, Stokes *or* Stoke's anchor *s.*

Stopfbeutel *m.* (*naut.*), hawse bag *s.*; mending bag *s.* **Stopfbuchse** *f.* (*naut.*), gland *s.*, stuffing box *s.* **Stopfbuchsen / deckel** *m.*, stuffing nut *s.*; **–dichtung** *f.*, stuffing-box packing *s.*; **–krätzer** *m.* (*coll.*), **–reiniger** *m.*, wad hook *s.*; **–schott** *n.*, stuffing-box bulkhead *s.*; **–schraube** *f.*, stuffing nut *s.* **stopfen** *v.* (*naut.*), to caulk (*a boat*), to plug (*a leak*). **Stopf / matte** *f.* (*naut.*), collision mat *s.*; **–werg** *n.*, oakum *s.* (*for caulking*).

Stop(p) *m.* (*naut.*), stop *s.*; **–!** (*naut.*, *int.*), steady on!, stop!; **– voraus (zurück) halbe (Fahrt)!** (*com.*), steady ahead (astern) half speed!; **– voraus (zurück) langsam!** (*com.*), steady ahead (astern) (slowly)!; **– voraus (zurück) voll(e Fahrt)!** (*com.*), steady ahead (astern) full speed!. **stop(p) (aufhören)!** (*naut.*, *int.*), avast!, belay there!. **Stoppen** *n.* (*naut.*), pull-up *s.*, stop *s.* stopping *s.* (*of boat*). **stoppen** *v.* (*naut.*), to come about *or* to, to heave to, to throw out of gear, to stop (*boat, engine, motor*); **die Zeit –** (*rac.*), to measure *or* to take the time *or* to time (with a stop-watch).

Stopper *m.* (*naut.*), stopper *s.*; plug *s.*; **– dicht** *od.* **fest!** (*com.*), fix *or* screw up the stopper!. **Stopper / beschläge** *m./pl.*, stopper catch *s.* *or* hoop *s.* *or* fittings (*pl.*); **–bolzen** *m.*, stopper bolt *s.*; **–ende** *n.*, nipper *s.*; **–kette** *f.*, stopper chain *s.*; **–knoten** *m.*, magnus hitch *s.*; **einfacher –knoten** *m.*, overhand knot *s.*; **–stek** *m.*, **–stich** *m.*, rolling hitch *s.*, magnus hitch *s.*, stopper knot *s. or* hitch *s.*

Stop(p) / manöver *n.* (*naut.*), stopping *or* pulling-up manoeuvre *s. or* (*am.*) maneuver *s.*; **–strecke** *f.* (*naut.*), stopway *s.*; crash stopway *s.*; **–uhr** *f.* (*rac.*), stop(-)watch *s.*, tiemepiece *s.*; **–uhr** *f.* **mit 2 Sekundenzeigern,** split-second watch *s.*; **–vorrichtung** *f.* (*naut.*), stopper *s.*, trip *s.*; **–weg** *m.* **(eines Bootes),** stopway *s.* (of a boat); crash stop(way) *s.* (of a boat); **–zeit** *f.* (*naut.*), stopping time *s.* (*of a boat*).

Stöpsel *m.* (*naut. coll.*), peg *s.*, plug *s.*; stopper *s.*

stör / anfällig *adj.* (*rad.*), susceptible to interference, (*tech.*) prone to trouble; **S–anfälligkeit** *f.* (*rad.*), susceptibility *s.* to interference; **S–beseitigung** *f.* (*rad.*), elimination *s.* of interference.

Storchschnabel *m.* (*naut.*, *tech.*), pantograph *s.*; **(Art) –** (*phys.*), micrograph *s.*, micropantograph *s.*

Stören *n.* (*rad.*), interference *s.*, jam *s.*, jamming *s.* **stören** *v.* (*rad.*), to blanket, to interfere, to jam; **absichtlich –** (*rad.*), to jam. **Stör / flecke** *m./pl.* (*radar*), clutter *s.*; **–funk** *m.*, jamming *s.*; **–geräusch** *n.* (*rad.*), interference *s.*, (parasite) noise *s.*, background noise *s.*, atmospherics (*pl.*), static *s.*; **–schutz** *m.* (*rad.*), interference *or* noise suppressor *s.*, noise suppression *s.*, screening *s.*; **–sender** *m.* (*rad.*), jamming station *s. or* transmitter *s.*; **(Funksprüche) durch –sender unverständlich machen** *od.* **stören,** to jam; **–sendung** *f.* (*rad.*), jamming *s.* **Störung** *f.* (*meteor.*), disturbance(s) *s.* (*pl.*), perturbation *s.*, (*astr.*) perturbation *s.*, (*rad.*) (*natural*) atmospherics (*pl.*), (*artificial*) interference *s.*, noise *s.*, static *s.*, (*naut.*, *tech.*) breakdown *s.*, failure *s.*, fault *s.*, (*coll.*) trouble *s.*; **absichtliche –** (*rad.*), jamming *s.*; **atmosphärische –(en),** atmospherics (*pl.*), static *s.*, strays (*pl.*); **magnetische –,** magnetic interference *s. or* perturbation *s.* (*of compass*), (*geophys.*) magnetic disturbance *s.*; **meteorologische –(en),** disturbance(s) *s.* (*pl.*); **technische –,** failure *s.*, (*coll.*) trouble *s.*, bug *s.*; **– durch Störsender,** jamming *s.*; **–en** *f./pl.* **durch Streuung** (*elec.*, *phys.*), strays (*pl.*). **Störungs / anzeige** *f.* (*naut.*, *tech.*), failure indication *s.*; **s–frei** *adj.* (*rad.*), free from interference (*of reception*); **–meßgerät** *n.* (*rad.*), noise-meter *s.*; **–suche** *f.* (*tech.*), trouble-shooting *s.*; **–sucher** *m.* (*naut.*, *rad.*, *tech.*), faults section *s.*, (*am.*) troubleshooter *s.*; **–unterdrückung** *f.* (*rad.*), noise suppression *s.* **Störursache** *f.* (*rad.*), cause *s. or* origin *s.* of interference *or* jam(ming), (*tech.*) cause *s.* of trouble.

Stoß *m.* (*naut.*), crash *s.*, collision *s.*, impact *s.*, shock *s.* (*of boats*), butt *s.*, butt-joint *s.* (*shipb.*), (*phys.*) thrust *s.*; **dem Boot (beim Ablegen) einen – geben,** to give the boat a shove. **Stoß / dämpfer** *m.* (*naut.*), shock absorber *s.*; **–dämpfung** *f.* (*naut.*), shock absorption *s.*; **–druck** *m.* (*naut.*, *phys.*), impact pressure *s.*

stoßen *v.* (*naut.*), to push, to shove, to thrust (*as a boat from the shore*); **ans Land –,** to run ashore (*of boat*); **auf Grund –,** to ground, to run aground, to strike the ground (*of boat*); **auf eine Klippe –,** to run on to a reef; **auf Land –** (*naut.*), to make landfall, to sight the land; **vom Land –,** to put (out) to sea.

Stoß / fender *m.*, puddening *or* pudding fender *s.*; **s–fest** *adj.*, shock-proof *or* -resistant; **–fuge** *f.* (*naut.*), butt-joint *s.* (*shipb.*); **–kissen** *n.* **(im Boot)**, pad (piece) *s.*, swifter *s.*; **–kissenfender** *m.*, swifter *s.*; **–klampe** *f.*, stop cleat *s. or* clamp *s.*, thumb cleat *s.*; **–kraft** *f.* (*phys.*), impact *s.*, impetus *s.* (*as of waves, etc.*); **–lappen** *m.* (*naut.*), tabling *s.* (*of a sail*); **–lappen** (*pl.*) **an ein Segel setzen,** to table a sail; **–matte** *f.* (*naut.*), paunch (mat) *s.*; **–platte** *f.* (*naut.*), butt-plate *s.* (*shipb.*); **–punkt** *m.* (*naut.*, *phys.*), point *s.* of impact; **–schale** *f.* (*naut.*), rubbing batten *s. or* paunch *s.*; **–scheibe** *f.* (*naut.*), buffer *s.*; **–schweißung** *f.*, butt-welding *s.* (*shipb.*); **s–sicher** *adj.*, shock-proof, shock-resistant; **–tau** *n.*, swifter *s.*; **–verbindung** *f.*, butt-joint *s.* (*shipb.*); **–welle** *f.* (*phys.*), percussion wave *s.*, shock-wave *s.* (*as of seaquake*); **–wind** *m.*, gust *s.* (of wind), squall *s.*; **–wirkung** *f.* (*phys.*), shock effect *s.*; **–wulst** *m.* (*naut.*), puddening *or* pudding (fender) *s.*

Strafbestimmungen *f./pl.* (*rac.*), penalties (*pl.*). **Strafe** *f.* (*rac.*), penalty *s.*; **mit einer – belegen** (*rac.*), to penalize. **strafen** *v.* (*rac.*), to penalize.

straff *adj.* (*naut.*), taut, tight, stretched (*of line, rope*); **– anspannen,** to tauten, to strain (*a rope*); **– anziehen,** to pull tight, to tighten (*a rope*), to screw up tightly; **– werden,** to tauten, to strain (*of rope*). **straffen** *v.*, to strain, to stretch, to tauten, to tighten (*a rope*); **sich –,** to tauten, to strain (*of rope*). **Straffheit** *f.*, tension *s.*, tautness *s.*, tightness *s.* (*of rope*).

Strafpunkt *m.* (*rac.*), penalty *s.*, point *s.* deducted; **–ziffer** *f.* (*rac.*), penalty score *s.*

Strahl *m.* (*naut.*), beam *s.*, ray *s.* (*of a light*), (*phys.*) ray *s.*; jet *s.*, stream *s.* (*of water*); **gerichteter** – (*naut.*, *rad.*), directed beam *s.*; **kosmische –en** (*pl.*), cosmic rays (*pl.*). **Strahl/antrieb** *m.* (*naut.*), (hydro-)jet propulsion *s.*; **mit –antrieb,** (hydro-)jet propelled (*of boat*); **–breite** *f.* (*radar*), beam width *s.*; **–düse** *f.*, nozzle *s.*, jet *s.* **strahlen** *v.* (*rad.*), to beam, (*phys.*, *naut.*) to radiate, to emit rays (*as of light*). **Strahlen/brechung** *f.* (*naut.*, *rad.*), refraction *s.*; **–brechungsmesser** *m.*, refractometer *s.*; **–bündel** *n.* (*od.* **–büschel** *n.*), beam *s.* (*of a light*), (*phys.*) concentrated pencil beam *s.* (*of a beacon*); **kegelförmiges –bündel** *n.*, cone *s.* of rays; **–einfall** *m.*, incidence *s.* of rays; **–kegel** *m.*, cone *s.* of rays; **–schnitt** *m.* (*naut.*), radial cut *s.* (*of sail, spinnaker*). **Strahler** *m.* (*rad.*), aerial array *s.*, directional *or* beam aerial *s.* *or* (*am.*) antenna *s.* **Strahl/propeller** *m.* (*naut.*), (hydro-)jet propeller *s.*; **–pumpe** *f.* (*naut.*), jet pump *s.*; **–sender** *m.* (*rad.*), directional *or* beam transmitter *s.*; **–strömung** *f.* (*meteor.*), jet-stream *s.* **Strahlung** *f.* (*phys.*), radiation *s.*, rays (*pl.*). **Strahlungs/diagramm** *n.* (*rad.*), radiation characteristic *s.*; **–druck** *m.* (*astr.*, *phys.*), radiation pressure *s.*; **–höhe** *f.* **(einer Antenne)** (*rad.*), radiation height *s.*; **–nebel** *m.* (*meteor.*), radiant *or* radiating fog *s.*; **–wärme** *f.* (*phys.*), radiant heat *s.*

Strähne *f.* (*naut.*), ply *s.*, sleave *s.* (*of rope*), lock *s.*, strand *s.* (*of yarn*), roving *s.* (*GRP shipb.*).

Strak *m.*, sheer *s.*, strake *s.* (*shipb.*); **flacher (gerader, welliger) –,** flat (straight, waved *or* wavy) sheer *s.* **straken** *v.*, to fair, to sheer (*shipb.*). **strakend** *adj.*, **–e Kurve,** fairing *or* smooth curve *s.* (*lines plan*). **Strak/gewicht** *n.*, sheer iron *s.*; **–latte** *f.*, sheer lath *s.*, strake batten *s.*; **–linie** *f.*, fairing *or* sheer line *s.*, fairline *s.* (*lines plan*).

Strand *m.*, beach *s.*, foreshore *s.*, shore *s.*, seashore *s.*, strand *s.*; **– (im Gezeitenbereich)** (*naut. jur.*), shore *s.*; **steiniger –,** shingle *s.*; **absichtlich auf den – auflaufen,** to beach (*a boat*); **an den – werfen,** to wash up (*as boat*); **auf den – auflaufen** *od.* (*coll.*) **aufrauschen,** to strand, to strike the beach, (*coll.*) to pile up (*of boat*); **auf – laufen,** to be stranded, to run ashore *or* aground (*of boat*); **dem – zu,** shoreward; **ein Boot auf – setzen,** to beach a boat. **Strand/amt** *n.*, **–behörde** *f.*, strand authority *s.* *or* authorities (*pl.*).

Stranden *n.* (*naut.*), grounding *s.*, running aground *s.*, stranding *s.*, shipwreck *s.* **stranden** *v.* (*naut.*), to be beached, to be stranded, to strand, to ground, to run aground, to take the ground, to get shipwrecked, to be (ship)wrecked, to suffer shipwreck, (*coll.*) to strike the sands, to pile up (*of boat*); **ein Boot absichtlich – lassen,** to beach a boat; **das Boot strandete an der Ostküste,** the boat was stranded on the east coast.

Strand/fischerei *f.*, fishing *s.* from the foreshore; **–formation** *f.* (*geogr.*), strand *or* (sea)-shore formation *s.*; **–gerechtigkeit** *f.*, prescriptive right *s.* over the foreshore; **–gut** *n.*, flotsam *s.*, jetsam *s.*, flotsam *s.* and jetsam, stranded *or* wrecked goods (*pl.*), wreckage *s.*, (*naut. jur.*) waif *s.*, wreck *s.*; **Aufseher** *m.* **über –gut,** wreck master *s.*; **schwimmendes –gut** *n.* (*naut. jur.*), waveson *s.*; **–linie** *f.*, high-water mark *s.*; **–raub** *m.*, wrecking *s.*; **–räuber** *m.*, wrecker *s.*; **–recht** *n.*, prescriptive right *s.* over the foreshore, right *s.* of salvage, strand law *s.*; **dem –recht nicht unterworfen** (*naut.*), wreck-free; **–segler** *m.*, beach- *or* sand-yacht *s.*, beach sailer *s.* *or* sailing craft *s.*, roller coaster *s.*

Strandung *f.* (*naut.*), grounding *s.*, running aground *s.*, shipwreck *s.*; **absichtliche** *od.* **freiwillige –,** beaching *s.*, deliberate *or* voluntary stranding *s.*; **–sordnung** *f.*, stranding rules (*pl.*) (and regulations).

Strand/vogt *m.*, wreck commissioner *s.*; **–wache** *f.*, **–wächter** *m.*, coastguard *s.*

Strang *m.* (*naut.*), strand *s.* (*of line, rope*).

Strang/pressen *n.*, extrusion *s.* (*shipb.*); **s–pressen** *v.*, to extrude (*shipb.*); **–preßprofil** *n.*, extrusion *s.* (*shipb.*, *mast*, *etc.*).

Straße *f.* (*naut.*), road *s.* (at sea), route *s.*, strait(s) *s.* (*pl.*), waterway *s.*, (*am.*) (water) highway *s.*; **–nverkehrsordnung** *f.* (*naut.*), rules (*pl.*) of the road(s at sea).

strategisch *adj.*, **–e** *od.* **– wichtige Position** (*rac.*), strategic position *s.*

Strato/cumulus *m.* (*od.* **–kumulus** *m.*) (*meteor.*), stratocumulus (*pl.* -cumuli), stratocumulus cloud *s.*, stratus *s.*, (*coll.*) snail cloud *s.*; **–cumuluswolke** *f.*, strato(-)cumulus (cloud) *s.*; **–sphärenwolke** *f.* (*meteor.*), stratospheric(al) cloud *s.* **Stratus** *m.* (*meteor.*), stratus *s.*; **–wolke** *f.*, stratus (cloud) *s.*

Strebe *f.* (*naut.*), spur *s.*

streckbar *adj.* (*naut.*, *tech.*), strainable.

Streckbug *m.*, long board *s.*, fetch *s.*, reach *s.*, slant tack *s.*, tack *s.*, (*coll.*) good board *s.*; **– am Wind,** close reach(ing) *s.*; **– mit Dwarswind,** beam reach *s.*; **– mit vorlichem Wind,** fore(-)reach *s.*

Strecke *f.* (*naut.*), course *s.*, distance *s.*, run

s., stretch *s.*, (*coll.*) leg *s.*; route *s.* (*of a sea spell or voyage*), reach *s.* (*of a river*); **auf halber –,** midway; **gesegelte –,** reach *s.*; **kurze –** (*rac.*), short leg *s.*, spell *s.*; **lange –,** length *s.*; **zurückgelegte –,** distance covered; **eine – nochmals (ab)segeln,** to resail (a leg); **eine – zurücklegen,** to cover a distance; **eine weite – zurücklegen,** to cover much ground *or* a long distance (*of boat*); **– einer Regattabahn,** leg *s. or* fetch *s.* (of a race *or* racing course).

Strecken *n.* (*naut.*, *phys.*, *tech.*), stretch *s.*, stretching *s.* **strecken** *v.* (*naut.*, *phys.*, *tech.*), to stretch, (*naut.*) to extend, to stretch (*of distance*), to flatten out, to spread (*sails*).

Strecker *m.* (*naut.*), jigger *s.*, lever *s.*, puller *s.*, straightener *s.*, stretcher *s.*, tensioner *s.*; **–hebel** *m.*, tension lever *s.*; **–rutscher** *m.*, outhaul slug *s.*; **–schiene** *f.*, outhaul car *s. or* track *s.*; **–winde** *f. od.* **–winsch** *f.*, stretcher *or* tension winch *s.*, outhaul winch *s.*

Streck/grenze *f.* (*naut.*, *tech.*), yield point *s.*; **–latte** *f.*, ridge pole *s.* (*of the awning*), strongback *s.* (*for tarpaulin*); **–punkt** *m.* (*naut.*, *tech.*), yield point *s.* (*of rope*, *etc.*); **–talje** *f.*, tack *or* stretching tackle *s.*; **–tau** *n.*, hand *or* life line *s.*, manrope *s.*; ridge rope *s.* (*of the awning*), (*coll.*) racking *s.*; **–taustopper** *m.*, racking stopper *s.*

Streckung *f.* (*naut.*, *phys.*), aspect ratio *s.*, stretching *s.*; **–sverhältnis** *n.*, (high) aspect ratio *s.* (*of sails*).

Streckvorrichtung *f.* (*naut.*), strainer *s.*, stretcher *s.*, puller *s.*, tension *s.*, tensioner *s.*

streichen *v.* (*naut.*), to furl, to haul down, to lower (*sails*), to haul down, to lower, to strike (*flag*), to back the oars, to back water (*rowing*), to paint (*boat*, *underwater hull*), (*rac.*) to cancel; **das Ergebnis einer Wettfahrt –,** to cancel the result of a series; **die Bramstengen –,** to house the topgallants; **die Flagge –,** to lower *or* to strike the flag; **die Riemen** *od.* **Ruder –,** to back the oars, to back water; **Segel –,** to haul down *or* to lower (a sail *or* sails), (*coll.*) to hand down *or* to house (a sail *or* sails); **streicht Backbord (Steuerbord)!** (*com*), back port (starboard)!; **streicht überall!** (*com.*), back together!.

Streich/masse *f.* (*naut.*, *tech.*), plastic compound *s.*, filler *s.*, coating *s.* (*for boats*); **–netz** *n.*, drag- *or* draw-net *s.*, seine *s.*; **(Art) –netz** *n.* (*am.*), scaff *or* scoop net *s.*

Streichung *f.* (*rac.*), cancellation *s.*; **– des schlechtesten Ergebnisses einer Wettfahrt(serie),** cancellation *s.* of the worst *or* (*coll.*) most poorly result of a series.

Streifen *m.* (*astr.*), belt *s.*, (*geogr.*) strip *s.* (*of land*), (*meteor.*) streak *s.*

streifen *v.* (*naut.*), to brush (**an,** against), to touch (lightly); **den Anleger –,** to touch the jetty (*of boat*).

Streifen/anzeiger *m.* (*Decca*), lane-pointer *s.*; **–boot** *n.*, watch boat *s.*; **–boot** *n.* **der Küstenwache,** coastguard *s.*

streiken *v.* (*naut. tech.*, *sl.*), to conk; **der (Außenbord)Motor streikt,** the (outboard) motor *or* engine is conking *or* conks.

streng *adj.* (*meteor.*), harsh, inclement (*of weather*); **–e Kälte** *f.*, bitter cold *s.*

streuen *v.* (*elec.*), to stray. **Streuung** *f.* (*phys.*), deviation *s.*, divergence *s.*, variation *s.* (*of a light*, *etc.*). **Streuungs/kegel** *m.*, cone *s.* of burst *or* dispersion (*of a light*, *etc.*); **–winkel** *m.*, angle *s.* of deviation *or* spread (*of a light*).

Strich *m.* (*naut.*), (compass-)point *s.*, (*Morse*) dash *s.*, (*geogr.*) district *s.*, region *s.*, zone *s.*, climate *s.*; **1/4 – Backbord (Steuerbord)!** (*com.*), a quarter point to port *or* (*am.*) to the left (to starboard *or* (*am.*) to the right)!; **4 – Backbord (Steuerbord)!** (*com.*), 4 points to port (starboard)!; **das Boot hält einen guten –,** the boat holds its (*or* her) course well; **einen – höher!** (*com.*), bring the boat *or* her up a point!; **4 – achteraus (voraus),** broad on the quarter (bow); **vom – (ab)fallen,** to fall off (*of boat*); **–e** (*pl.*) **und Punkte** (*Morse*), dashes (*pl.*) and dots. **Strich/einteilung** *f.*, graduation *s.* (*of a scale*), points (*pl.*) (*of the compass*); **–regen** *m.* (*meteor.*), local *or* regional *or* scattered shower(s) *s.* (*pl.*); **–rose** *f.*, card *s.* graduated in points, point-graduated card *s.* (*of compass*); **–sektor** *m.* (*Consol*), dash sector *s.*; **–signal** *n.* (*Consol*), dash signal *s.*; **–skala** *f.*, graduated dial *s.*; **s–weise** *adv.* (*meteor.*), local, regional; **s–weise Regen** *m.* (*meteor.*), local *or* regional *or* scattered showers (*pl.*).

Strick/jacke *f.* (*naut. coll.*), woolly *s.*; **wollene –jacke** *f.* **für Segler,** sweater *s.* for sailors *or* yachtsmen; **–leiter** *f.* (*naut.*), rope ladder *s.*

Stringer *m.*, stringer *s.* (*shipb.*); **–platte** *f.*, stringer plate *s.*; **–winkel** *m.*, stringer angle *s.*, angle *s.* of (the) stringer.

Stroh/seil *n.*, **–tau** *n.*, straw rope *s.*

Strom *m.* (*naut.*), current *s.*, stream *s.*, (*geogr.*), river *s.*, (large *or* broad) stream *s.*, (*dial.*, *Scots*) waters (*pl.*); (*elec.*) current *s.*; **auslaufender –,** outgoing current *s.*; **einlaufender –,** incoming current *s.*; **küstenwärts laufender** *od.* **setzender –,** inshore current *s.*; **reißender –,** torrent *s.*; **schiffbarer –,** navigable river *s. or* (*dial., Scots*) waters (*pl.*); **seewärts laufender** *od.* **setzender –,** offshore current *s.*; **zurückgehender –,** outgoing current *s. or* tide *s.*; **gegen den –,** against the current *or* stream; **in der Mitte des –s,** mid-stream; **mit dem –,** with the current *or* stream; **unter –** (*elec.*), live; **auf den – schwoien** *od.* **schwojen,** to swing to the tide; **den – berechnen** *od.* **berücksichtigen,** to work out set and drift of the current (*anchoring, putting out to sea, etc.*); **der – kentert,** the tide turns; **der – setzt von Ost nach West,** the current sets from east to west; **der – steht,** the current sets; **gegen den – anlegen,** to come *or* draw *or* go alongside against the current; **gegen den – laufen,** to stem the current *or* tide (*of boat*); **im – vor Anker liegen** *od.* **gehen,** to ride the current; **mit dem – laufen** *od.* **segeln,** to ride the current *or* tide, to sail on the tide; **mit dem – treiben,** to tide (*of boat*).

stromab(wärts) *adv.*, down()stream; **– durchschleusen,** to lock downstream (*boat*). **Strom/anker** *m.*, stream *or* current *or* warp anchor *s.*; **–ankerkette** *f.*, stream cable *s.*; **–atlas** *m.*, hydrographic atlas *s.*, tidal stream atlas *s.*; **–aufgabe** *f.* (*nav.*), current sailing (problem) *s.*, speed triangle *s.*; **s–auf(wärts)** *adv.*, up(-)stream; **s–aufwärts durchschleusen,** to lock up (*boat*); **–berechnung** *f.*, calculation *s.* of set and drift (of the current); **–berücksichtigung** *f.*, to allow *or* allowing *s.* for set and drift (of the current); **–bett** *n.*, river bed *s.*; **–bord** *m.* (*od. n.*), gunwale *s.* (*of rowing boat*); **–brecher** *m.*, starling *s.* (*of a bridge*); **–diagramm** *n.* (*nav.*), tidal stream *or* current diagram *s.*; **–dreieck** *n.* (*nav.*), tidal triangle *s.*, speed triangle *s.*; **–drift** *f.*, current drift *s. or* set *s.*, set *s.* of the current; **–einheit** *f.* (*elec.*), ampere *s.*, unit *s.* of current.

Strömen *n.* (*naut., phys.*), flow *s.*, streaming *s.*; **– der Wellen,** wash *s.* (of the waves); **in – (*pl.*) fließen,** to flow in torrents; **in – (*pl.*) gießen,** to rain in torrents, to pour (with rain); **es gießt in –** (*pl.*), it is teeming with rain. **strömen** *v.* (*naut., phys.*), to flow, to stream; to gush (forth), to pour, to run (*of water*), to pour (*of rain*); to tide (*of ebb and flood*); **die Windfäden –,** the telltales are streaming. **strömend** *adj.*, streamy; **–er Regen** *m.*, pelting *or* pouring *or* sheeted *or* teeming rain *s.*

Strom/enge *f.*, narrows (*pl.*) (*of a river*); **–erzeuger** *m.* (*naut. elec.*), dynamo *s.*, generator *s.*; **–faden** *m.* (*phys.*), stream line *s.*; **–fahrt** *f.*, river navigation *s. or* sailing *s.*; **–gebiet** *n.*, river-basin *s.*, drainage area *s. or* basin *s.*, water(-)shed *s.*, water system *s.*; **–geld** *n.* (*naut.*), streaming *s.*; **s–gerecht** *adj.*, tide-borne, tide-rode (*as boat at anchor*); **s–gerecht liegen,** to be tide-rode, to ride the tide; **–geschwindigkeit** *f.*, velocity *s. or* rate *s. or* momentum *s.* of the current; **–hafen** *m.*, river harbo(u)r *s. or* port *s.*; **–hafen** *m.* **an einer Flußmündung,** estuary *or* coastal harbo(u)r *s. or* port *s.*; **–kabbelung** *f.*, rip tide *s.*, tide rip(s) *s.* (*pl.*); **–karte** *f.*, current chart *s.*, tide table *s.*; **–kenterung** *f.*, turn *s.* of the tide; **–kreis** *m.* (*elec.*), electric circuit *s.*; **–lee** *f.*, leeward drift *s.* of the current *or* tide, set *s.* of the current *or* tide to leeward, drift *s.* to leeward; **s–leegierig** *adj.*, leewardly drift *s.* (*of boat*); **–leegierigkeit** *f.*, tendency *s.* to drift to leeward (*of boat*); **–linie** *f.* (*naut., phys.*), stream line *s.*; **–linienform** *f.* (*naut.*), streamlined shape *s.*, streamline *s.*; **s–linienförmig** *adj.*, streamlined (*of rudder, underbody, etc.*); **s–linienförmig konstruieren** (*naut.*), to streamline (*boat, rudder, etc.*); **–linienruder** *n.*, streamlined rudder *s.*, hydrofoil rudder *s.*; **–luv** *f.*, drift *s.* to weather, windward set *s.* of the current *or* tide, set *s.* of the tide *or* current to windward; **s–luvgierig** *adj.*, weatherly drift *s.* (*of boat*); **–luvgierigkeit** *f.*, tendency *s.* to drift to weather *or* windward (*of boat*); **–marke** *f.*, river mark *s.*; **–messer** *m.* (*elec.*), amperemeter *s.*; **–mitte** *f.*, mid(-)stream *s.*; **–polizei** *f.*, river police *s.*; **–polizist** *m.*, water bailiff *s.*, water-police officer *s.*; **s–recht** *adj.*, tide-borne, tide-rode (*of boat*); **s–recht liegen,** to ride the current *or* tide (*of boat*); **s–reich** *adj.*, streamy (*of country*); **–richtung** *f.*, set *s. or* setting *s.* of the current *or* tide, direction *s.* of (the) current; **–rippling** *f.*, rip tide *s.*, tide rip(s) *s.* (*pl.*); **–sammler** *m.* (*elec.*), storage battery *s.*, (*am.*) accumulator *s.*; **–schiffahrt** *f.*, river nagivation *s.*; **–schnelle** *f.*, race *s.*, shoot *s.*, (*coll.*) chute *s.*, (*am.*) riffle *s.*, (*am., canad.*) sault *s.*; **kleine –schnelle** *f.*, ripple *s.*; **über eine –schnelle (hin)wegschießen** (*coll.*), to shoot a rapid; **–schnellen** *f./pl.*, dalles (*pl.*), races (*pl.*), rapids (*pl.*); **über –schnellen fahren,** to shoot rapids; **–schwankung** *f.* (*phys.*), fluctuation *s.* of current; **–spannung** *f.* (*elec.*), circuit voltage *s.*; **–stärke** *f.*, force *s. or* power *s. or* strength *s.* of (the) current *or* drift, (*elec.*) intensity *s.* of current, amperage *s.*; **–strecke** *f.* **(eines Flußes),** reach *s.* (of a river); **–umkehrung** *f.* (*elec.*), commutation *s.*

Strömung *f.* (*naut.*), current *s.*, drift *s.*, stream *s.*, (*phys.*) flow *s.*, flux *s.*; **abgerissene –,** separated flow *s.* (*of sails*); **aerodynamische –,** aerodynamic flow *s.*; **anliegende –,** attached flow *s.* (*of sails*); **laminare –,** laminar flow *s.*, streamline flow *s.*; **ohne –,** streamless; **stagnierende –,** stalled flow *s.* (*of sails*); **starke – (im Meer),** race *s.*; **turbulente –,** turbulent flow *s.* (*of sails*); **zurücklaufende –,** backwash *s.* (*of tide*); **Abreißen** *n.* **der – am Segel,** flow separation *s.*; **die – abreißen lassen,** to stall the flow (*of sails*); **die – geht** *od.* **setzt nach Nord(en),** the current sets to the north; **die – ist gerissen,** the sail stalls *or* is stalled; **die – reißt ab,** the flow separates (*of sails*); **die – reißt nicht ab,** the flow stays attached (*of sails*); **die – (ver)trieb das Boot nach Osten,** the current set the boat to the east(ward); **die – um Vor- und Großsegel unterbrechen,** to destroy *or* to interrupt the (air) flow around headsail and main(sail); **– in einem Fluß,** fresh *s.*; **– in einem** *od.* **um ein Segel,** flow *s.* (in *or* around a sail). **Strömungs / ablösung** *f.*, **–abriß** *m.* (*naut.*, *phys.*), flow separation *s.*; **–bild** *n.* (*naut.*, *phys.*), flow(-)pattern *s.*; **–druckmesser** *m.* (*naut.*), sympiesometer *s.*, sympiezometer *s.*; **–faden** *m.*, telltale *s.* (*in sails*); **leewärtige (luvwärtige) –fäden** *m./pl.* **(im Segel),** leeward (windward) telltales (*pl.*); **–geschwindigkeit** *f.*, velocity *s.* of flow; **–laboratorium** *n.*, hydrodynamic laboratory *s.* (*shipb.*); **–lehre** *f.*, aerodynamics (*pl.*), hydrodynamics (*pl.*), (*phys.*) fluid mechanics (*pl.*); **–linie** *f.* (*phys.*), stream line *s.*; **–messer** *m.* (*naut.*, *phys.*), drag float *s.*, flowmeter *s.*; **–potential** *n.* (*naut.*, *phys.*), flow potential *s.*; **–richtung** *f.*, direction *s.* of flow; **–tafel** *f.*, current *or* tide table *s.*; **–verlauf** *m.*, flow *s.* (of current *or* tide); **–widerstand** *m.* (*naut.*), drag *s.*

Strom / vektor *m.* (*naut.*), vector *s.* of current, current vector *s.*; **–versetzung** *f.* (*naut.*), drift *s.*, set *s.* (of the current *or* tide); **die –versetzung berücksichtigen** (*nav.*), to allow for drift and set of the current *or* tide; **–versorgung** *f.* **(einer Yacht),** ship's power supply *s.*; **–wender** *m.* (*elec.*), commutator *s.*; **–wendung** *f.* (*elec.*), commutation *s.*; **–wind** *m.*, current wind *s.*, tide-wind *s.*; **–wirbel** *m.*, eddy *s.*, whirlpool *s.*

Stropp *m.*, strap *s.*, strop *s.*, sling *s.*, becket *s.*; **einen – anschlagen,** to rove; **mit einem – festlaschen** *od.* **-zurren,** to becket; **mit einem – sichern,** to strap. **Stroppblock** *m.*, strap *or* strapped block *s.* **stroppen** *v.*, to strap. **Stropp / knebel** *m.*, becket *s.*; **–schlinge** *f.*, sling *s.*; **große(r) –(schlinge** *f.*) *m.* **zum Masteinsetzen,** garland *s.*

Strudel *m.*, eddy *s.*, gulf *s.*, suck *s.*, swirl *s.*, vortex *s.* (*pl.* -tices), whirl *s.*, whirlpool *s.*, (*am.*) setback *s.*; **voller –,** gulfy (*of waters*); **einen – bilden,** to swirl. **strudeln** *v.*, to eddy, to gush, to spout, to swirl, to whirl (*of water*).

Stufe *f.* (*rad.*, *elec.*), stage *s.*, phase *s.*; **– eines Verstärkers** (*rad.*), step *s.*, stage *s.* **stufen / los** *adj.* (*rad.*, *tech.*), infinitely variable; **S–schalter** *m.* (*rad.*, *elec.*), sequence *or* step-up switch *s.*; **S–schott** *n.*, stepped bulkhead *s.*; **S–transformator** *m.* (*naut. elec.*), step-up *or* step-down transformer *s.*; **–weise** *adv.*, by degrees *or* steps, in stages, stepwise, gradually; **–weise ändern** (*rad.*), to step; **–weise erhöhen** (*rad.*), to step up; **S–zahl** *f.* (*rad.*), number *s.* of stages.

Stuhl *m.* (*naut.*), stool *s.* (*for engine, motor, etc.*).

Stulle *f.* (*naut.*, *dial.*), slice *s.* of bread and butter.

Stümper *m.* (*naut.*, *coll.*), tinker *s.*, bungler *s.*, blunderer *s.*, dabbler *s.* **Stümperei** *f.* (*naut.*, *coll.*), bungling *s.*, shoddy work *s.*, incompetence *s.* **stümperhaft** *adj.*, clumsy, tinkerly, bungling, incompetent. **stümpern** *v.* (*naut. coll.*), to botch, to bungle.

stumpf *adj.* (*naut.*), flat, stumpy, (*naut.*, *math.*) obtuse; **–er Bug** *m.*, unpointed bow *s.*; **–er Mast** *m.*, stumpy mast *s.*; **–er Stoß** *m.*, butt(-)joint *s.* (*shipb.*); **–er Winkel** *m.*, obtuse angle *s.* **stumpf / eckig** *adj.*, blunt-cornered, obtuse-angled (*as fittings*); **–kantig** *adj.*, blunt-edged. **Stumpf / kegel** *m.* (*naut.*), truncated cone *s.*; **–mast** *m.* **(ohne Topp),** stump mast *s.*; **–tonne** *f.* (*naut.*), can *or* cylindrical buoy *s.*; **–schweißung** *f.*, butt-welding *s.* (*shipb.*); **s–wink(e)lig** *adj.*, obtuse-angled.

Stunde *f.* (*naut.*, *astr.*), hour *s.* (*15 degrees of longitude*). **Stunden / durchschnitt** *m.*, **–geschwindigkeit** *f.* (*naut.*), (average) speed *s.* *or* knots (*pl.*) per hour; **–glas** *n.* (*naut.*), black shape *s.* (of two cones with points together) (*top mark*); (*obs.*) watch-glass *s.* (*of a sailing vessel*); **–kreis** *m.* (*astr.*), hour *or* horary circle *s.*; **–leistung** *f.* (*naut.*, *tech.*), output *s.* per hour, hourly output *s.*; **–messer** *m.* (*astr.*), horologe *s.*; **–messung** *f.* (*astr.*), horometry *s.*; **–tafel** *f.* (*naut.*, *astr.*), gnonomic table *s.*; **–unterschied** *m.*, hourly difference *s.*; **–wert** *m.* **einer Tide,** hour value *s.* (of a tide); **–winkel** *m.* (*astr.*), hour *or* horary angle *s.*

Sturm *m.* (*meteor.*), gale *s.*, storm *s.*, tempest *s.*, (*naut.*) strong gale *s.*, (*coll.*) blast *s.*, bluster *s.*, rack *s.*, stour *s.*, (*am.*) hurricane *s.*, (*coll.*)

weather *s.*; **anhaltender –,** unabating *or* unbroken *or* unceasing storm *s.*; **heftiger** *od.* **heulender –,** raving *or* roaring gale *s. or* storm *s.*, (*naut.*) wild wind *s.*, (*coll.*) snorter *s.*; **nicht nachlassender –,** unabating *or* unceasing storm *s.*; **orkanartiger –,** cyclone *s.*, hurricane *s.*, typhoon *s.*; **tropischer –,** tropic(al) storm *s.*; **schwerer** *od.* **starker** – (*naut.*), whole gale *s.*, storm *s.*, violent storm *s.*; **voll ausgewachsener –,** full-scale storm *s. or* hurricane *s.*; **voller** – (*naut.*), whole gale *s.*; **ein ausgewachsener** – (*naut., coll.*), a real backender *s.*; **ein Sommer ohne** – *od.* **Stürme** (*pl.*), a stormless summer *s.*; **Lenzen** *n.* **vor dem –,** scudding *s.*; **bei – beiliegen,** to heave *or* to lie to *or* to be hove to (in a gale) (*of boat*); **der – bricht los** (*naut.*), the storm is up; **der – hat sich ausgetobt,** the storm is spent; **der – hat Windstärke** *od.* **WS 9,** the wind is force 9; **der – hörte allmählich auf** *od.* **erschöpfte sich** *od.* **flaute ab,** the storm blew itself out; **der – legt sich,** the storm *or* tempest stills; **der – legte sich** *od.* **ließ nach,** the storm lulled; **der – nimmt zu,** the storm builds *or* is building; **einen – abod. ausreiten,** to outride *or* to weather a gale *or* storm (*of boat*); **einen – abwettern,** to weather a storm; **ein – braut sich zusammen,** a gale is building; **ein – kommt auf,** a storm is rising; **ein – von Windstärke** *od.* **WS 10,** a force 10 gale *s.*; **ein – zieht auf,** a storm is approaching; **sich auf – vorbereiten** (*naut.*), to snug down; **vom – am Auslaufen gehindert** *od.* **auf-** *od.* **festgehalten,** storm-bound (*of boat*); **vom – gepeitscht,** storm-beaten (*of sea*); **vom – getrieben** *od.* **hin- und hergeschleudert** *od.* **-geworfen** *od.* **umhergeschleudert** *od.* **-geworfen,** storm-tossed (*of boat*); **vor dem – laufen** *od.* **lenzen,** to scud (*of boat*); **vor dem – mit** *od* **unter** *od.* **vor Topp und Takel laufen** *od.* **lenzen,** to scud with bare poles (*of boat*); **– mit wenig** *od.* **ohne Regen,** wind storm *s.*

Sturm / auge *n.*, eye *s. or* centre *s. or* (*am.*) center *s.* of a storm, storm centre *s. or* (*am.*) center *s.*, (*am.*) hurricane center *s.*, eye *s.* of a hurricane; **–bahn** *f.* (*meteor.*), path *s. or* track *s.* of a storm, storm track *s.*, rack *s.*; **–ball** *m.* (*naut.*), black ball *s.*, storm warning(s) *s.* (*pl.*); **–besegelung** *f.*, storm sails (*pl.*), storm canvas *s.*; **s–bewegt** *adj.*, storm-beaten, storm-tossed (*as sea*). **Sturmbö** *f.* (*meteor.*), flaw *s.*, squall *s.*; **– aus heiterem Himmel,** white squall *s.*; **– mit ringförmiger Wolkenansammlung,** arched squall *s.*; **– mit schwarzem Gewölk,** black squall *s.*; **–en** (*pl.*), fierce gusts (*pl.*), storm(y) squalls (*pl.*); **schwere –en** (*pl.*), heavy squalls (*pl.*). **Sturmdeck** *n.*, awning *or* hurricane *or* weather deck *s.*

stürmen *v.* (*meteor., naut.*), to rage, to roar, to squall, to storm, to tempest, (*coll.*) to bluster; **es stürmt,** it is stormy; **es stürmt ganz schön** (*naut. coll.*), it is blowing fairly hard.

sturmfest *adj.*, storm(-)proof (*of boat crew*). **Sturm / flut** *f.*, surge *s.*, storm flood *s. or* tide *s.*; tidal wave *s.*; **–fock** *f.*, storm jib *s.*; **s–gepeitscht** *adj.*, storm-beaten, storm-tossed, wind-swept; **–glas** *n.* (*naut.*), storm glass *s.*; **–glocke** *f.* (*naut.*), storm bell *s.*, tocsin *s.*; **–gürtel** *m.* (*meteor., geogr.*), storm belt *s. or* zone *s.*

stürmisch *adj.* (*meteor.*), squally, stormy, tempestuous, turbulent, (*naut.*) flawy, fresh, gusty, (*coll.*) dusty; wild (*of coast*), rough (*of sea*); **sehr** *od.* **stark –,** tempestuous; **– sein,** to squall; **– werden,** to get up (*of sea, wind*); **–e See** *f.*, roaring *or* rough *or* stormy sea *s.*; **–e Überfahrt** *f.*, rough *or* stormy crossing *s. or* passage *s.*; **–es Wetter** *n.*, rough *or* stormy weather *s.*, (*naut.*) robust *or* rude *or* rugged weather *s.*, (*coll.*) foul weather *s.*; **auf –es Wetter stoßen** *od.* **treffen** (*naut.*), to make foul weather; **–er Wind** *m.* (*meteor.*), rough *or* stormy wind *s.*, (*naut.*) fresh *or* strong gale *s.*

Sturm / kegel *m.* (*naut.*), storm cone *s.*; **–klüver** *m.*, storm jib *s.*; **–laterne** *f.*, storm *or* (*am.*) hurricane lamp *s. or* lantern *s.*; **–pforten** *f./pl.* (*naut.*), dead-lights (*pl.*); **–rose** *f.* (*naut.*), storm card *s.*; **–schaden** *m.* (*naut.*), storm damage *s.*, damage *s.* caused by the storm; **–see** *f.*, storm sea *s.*, rough sea *s.*; **–segel** *n.*, storm(-)sail *s.*, lug sail *s.*, mizzen sail *s. or* course *s.*; **s–sicher** *adj.*, storm(-)proof (*of boat*); **–signal** *n.*, storm signal *s. or* warning(s) *s.* (*pl.*), black ball *s.*; **–spinnaker** *m.*, storm spinnaker *s.*, (*coll.*) flatman *s.*; **–stag(segel)** *n.*, storm stay(sail) *s.* **Sturmstärke** *f.* (*meteor.*), gale *or* storm force *s.*; **der Wind hat – erreicht,** the wind has reached gale force; **– des Windes,** strength *s. or* force *s.* of a gale. **Sturm / tempo** *n.*, **im –** (*naut.*), at the double; **–tief** *n.* (*meteor.*), storm front *s.*, (depression with very) low pressure *s.*; **aufkommendes –tief** *n.*, approaching trough *s.* of low pressure; **–tr(e)i-** *od.* **––Trysegel** *n.*, storm trysail *s.*; **–ventil** *n.* (*naut.*), scutter *or* storm valve *s.*; **–warnung** *f.*, gale warning(s) *s.* (*pl.*), storm signal *s. or* warning(s) *s.* (*pl.*), (*am.*) hurricane *or* weather warning(s) *s.* (*pl.*); black ball *s.*; **–warnungsdienst** *m.* (*meteor., naut.*), gale- *or* storm-warning service *s.*; **–warnungssignal** *n.*

(*naut.*), gale- *or* storm-warning signal *s.*; **–wetter** *n.*, storm *s.*, stormy weather *s.*; **–wind** *m.* (*meteor.*, *naut.*), heavy gale *s.*, high wind *s.*, storm wind *s.*, tempest *s.*, (*coll.*) wind *s.*, (*austral.*) willy-willy *s.*; **–wirbel** *m.* (*meteor.*), cyclone *s.*, storm vortex *s.*; **–wolke** *f.*, storm cloud *s. or* (*naut. coll.*) breeder *s.*; **–zentrum** *n.* (*meteor.*), eye *s. or* centre *s. or* (*am.*) center *s.* of a storm, storm centre *s. or* (*am.*) center *s.*, (*am.*) hurricane center *s.*, eye *s.* of a hurricane; **s–zerzaust** *adj.*, storm-beaten, storm-tossed (*of boat*); **–zone** *f.* (*meteor.*, *geogr.*), storm belt *s. or* zone *s.*; **–zurring** *f.*, storm-lashing *s.*; **–zyklone** *f.* (*meteor.*), storm cyclone *s.*, (depression with very) low pressure *s.*; **–zylinder** *m.* (*naut.*), storm drum *s.*

Sturz / bach *m.*, torrent *s.*, waterfall *s.*; **–bett** *n.*, spillway *s.* (*of a dam*); **–helm** *m.*, crash helmet *s.* (*for ice-yachting*); **–regen** *m.*, torrential downpour *s.*; **–see** *f.*, breaking sea *s.*, heavy sea *s.*, surge *s.*, overfall *s.*, (*naut. coll.*) green sea *s.*; **überkommende –see** *f.* (*naut.*), to come green; **eine –see von achtern bekommen** *od.* **übernehmen,** to be pooped (*of boat*); **eine –see übernehmen** (*naut. coll.*), to ship a green sea; **–welle** *f.*, roller *s.*; **–wellen** *f./pl.*, breakers (*pl.*); **–wellen bekommen** *od.* **übernehmen,** to ship heavy seas (*of boat*); **–wellen von achtern ansegeln,** to poop (*of boat*).

stüttig *adj.* (*naut. dial.*), steady; **(das Ruder) – halten,** to hold *or* to keep (the helm) steady; **–er Kurs** *m.*, steady course *s.*; **–er Wind** *m.*, settled *or* steady *or* fair wind *s.*

Stützbalken *m.* (*naut.*), brace *s.*, prop *s.*, shore *s.*, strut *s.*

Stütze *f.* (*naut.*), post *s.*, prop *s.*, shore *s.*, stanchion *s.*, stay *s.*, supporter *s.*, (*coll.*) leg *s.*, saddle *s.*; **– für den Mast,** mitch-board *s.*

Stutzen *m.* (*naut.*, *tech.*), connecting-piece *s.*, connection *s.*, union *s.* **stutzen** *v.* (*naut. coll.*), to step (*the mast*).

Stützen *n.* (*naut.*), shoring *s.*, support *s.*

stützen *v.* (*naut.*), to brace, to prop (up), to shore (up), to stay, to support, to trig up (*mast, etc.*), to steady *or* to meet (*the helm*), to stanchion (*shipb.*); **–!** (*od.* **stütz!**) (*com.*), meet the helm!, meet her!, steady!, steady the helm!; **das Boot mit dem Ruder –,** to meet the helm; **ein Boot –,** to stabilize a boat.

Stütz / gei *f.*, lazy guy *s. or* jack *s.*; **(dreieckige) –platte** *f.* **des Doppelbodens** (*naut.*), bracket (plate) *s.*; **–plattenbodenwrange** *f.*, bracket floor plate *s.*; **–punkt** *m.* **für Fahrtensegler,** base *s.* for cruising yachtsmen; **–ruder** *n.*, contra(-guide) rudder *s.*; **–ruder geben** *od.* **legen,** to meet *or* to steady the helm; **–schwimmer** *m.*, sponson *s.* (*of seaplane*); **–segel** *n.*, steadying *or* studding sail *s.*, stunsail *s.*, (*coll.*) stuns'l *s.*; **–tau** *n.*, stay *s.*

Stylus *m.* **(eines Aufzeichnungsgerätes),** stylus *s.* (of a recording instrument).

sub / antarktisch *adj.*, sub-Antarctic, subantarctic; **–arktisch** *adj.*, sub-Arctic, subarctic; **–arktisches Wetter** *n.*, sub-Arctic *or* subarctic weather *s.*; **S–kontinent** *m.* (*geogr.*), sub(-)continent *s.*; **–lunar(isch)** *adj.* (*astr.*), sublunar(y); **–marin** *adj.*, submarine; **–ozeanisch** *adj.*, suboceanic; **–polar** *adj.*, subpolar; **–polares Wetter** *n.*, subpolar weather *s.*; **S–refraktion** *f.* (*radar*), subrefraction *s.*; **S–tropen** (*pl.*), subtropics (*pl.*); **–tropisch** *adj.*, subtropic(al), semi-tropical, subtorrid; **–tropisches Hoch** *n.* (*meteor.*), subtropical anticyclone *s. or* high *s.*

Such / aktion *f.* (*naut.*), search *s.*, search *s.* and rescue, SAR *s.*; **–anker** *m.*, drag anchor *s.*, grapnel *s.*; **–boot** *n.*, sweeper *s.* **Suche** *f.* (*naut.*), search *s.* **(nach,** for); **auf der – nach,** in search of (*a boat, pers.*). **Suchen** *n.* (*naut.*), search *s.* (and rescue). **suchen** *v.* (*naut.*) **nach,** to make search for, to look for, to search for.

Sucher *m.* (*naut. opt.*), view-finder *s.*

Such / fahrzeug *n.* (*naut.*), search-craft *s. or* vessel *s.*; **–gebiet** *n.* (*naut.*), search area *s.*; **–gerät** *n.* (*radar*), scanner *s.*; **–glas** *n.* (*naut.*), finder *s.*; **–haken** *m.* (*naut.*), grapnel *s.*, grappling hook *s. or* iron *s.*; **–koordinator** *m.*, sea-rescue co(-)ordinator *s.* (*distress at sea*); **–leine** *f.* (*naut.*), life line *s.*, sweep line *s. or* rope *s.*; **–mannschaft** *f.* (*naut.*), search-party *s.*; **–meldung** *f.* (*naut.*, *rad.*), SOS *s.*; **–scheinwerfer** *m.*, searchlight *s.*, spotlight *s.*; **–trupp** *m.* (*naut.*), search-party *s.*, (*coll.*) search *s.*; **–- und Rettungsaktion** *f.* (*naut.*), search *s.* and rescue; **–- und Rettungsdienst** *m.* (*naut.*), search and rescue service *s.*, SAR *s.*; **–- und Rettungsflugzeug** *n.* **(-hubschrauber** *m.*), (*naut.*), search and rescue (sea)plane *s.* (helicopter *s.*); **–- und Rettungsgebiet** *n. od.* **-zone** *f.*, search and rescue area *s. or* zone *s.*

Süd *m.* (*naut.*), south *s.*; south wind *s.*, southerly breeze *s. or* wind *s.*; **– zu Ost, – zum Osten** (*naut.*), south by east; **– zu West, – zum Westen** (*naut.*), south by west. **Südbreite** *f.* (*astr.*, *geogr.*), south latitude *s.*

Sudelwetter *n.* (*naut. coll.*), dirty *or* foul *or* misty weather *s.*

Süden *m.* (*geogr.*), south *s.*, southland *s.*, southward *s.*; **aus (dem) –,** south, from the south (*of wind*); **der Wind kommt aus –**, the wind is in the south; **im –**, in the south, in the South, asouth; **gegen – (gerichtet),** meridional; **nach –**, asouth, south, southward(s), southwardly, southerly, southernly; **von –**, southerly, southernly; **Wind** *m.* **aus –**, southerly breeze *s.*, south (wind) *s.*; **nach – bestimmt** *od.* **gehend,** south-bound (*of boat, ship*); **nach – gehen** *od.* **laufen** *od.* **segeln,** to south, to be southing, to stand southward *or* to the south.

südgehend *pr. p.* (*naut.*), south-bound, southing (*of boat, ship*). **Süd / halbkugel** *f.* (*geogr.*), southern hemisphere *s.*; **–kurs** *m.*, southern course *s.*, southing *s.*; **–kurs laufen,** to be southing (*of boat*); **–küste** *f.*, south *or* southern coast *s.*; **–länder** *m.*, **–länderin** *f.*, southener *s.*

südlich *prep.* **(von),** (to the) south (of), southward(s) (of *or* from), (*naut. coll.*) south'rd. *adj.*, south, southerly, southern, southernly, (*naut.*) south-bound, (*coll.*) south'rd, (*geogr.*) meridional, (*astr.*) austral; **–er Aspekt** *m.* (*astr.*), southern aspect *s.*; **–e Bewegung** *f.* (*naut., astr.*), southing *s.*; **–e Breite** *f.*, south latitude *s.*; **–e Fahrt** *f.* (*naut.*), southing *s.*; **–e Halbkugel** *f.* (*geogr.*), southern hemisphere *s.*; **die 6 –en Himmelszeichen** *n./pl.* (*astr.*), the austral signs (*pl.*); **–er Kurs** *m.*, southerly *or* southern course *s.*, southing *s.*; **–e Lage** *f.*, meridionality *s.*; **–es Licht** *n.* (*astr.*), aurora australis *s.*; **–er Quadrant** *m.* (*naut.*), southern quadrant *s.*; **–e Richtung** *f.*, southerly direction *s.*, southward(s) *s.*, meridionality *s.*; **–es Polarlicht** *n.*, aurora australis *s.*; **–er Wind** *m.*, southerly breeze *s.* **südlichst** *adj.*, southernmost; **– gelegen,** southmost, southernmost.

Süd / licht *n.* (*astr.*), Aurora *or* aurora australis *s.*, southern lights (*pl.*); **s–magnetisch** *adj.*, south magnetic; **–meridian** *m.*, south(ern) meridian *s.*, meridionality *s.*

Südost *m.* (*naut.*), south(-)east, southeastward *s.*; south-east *s.*, (*coll.*) sou'east *s.* (*wind*); **5/8° –** (*naut.*), east half south; **nach –(en),** southeastward(ly), southeastwards; **starker –,** cape doctor *s.* (*South African wind*); **nach –(en) (gerichtet** *od.* **zu gelegen),** southeasterly, southeastward(ly); **von –(en) (kommend),** southeasterly (*of wind*); **– zu Ost** (*naut.*), southeast by east; **– zu Süd** (*naut.*), southeast by east. **Süd / osten** *m.* (*geogr.*), south east *s.*; **s–östlich** *adj.*, south(-)eastern, south-east, south(-)easterly, south(-)eastward(ly); **s–östlichst** *adj.*, southeasternmost; **–ostost** *m.* (*naut.*), southeast by east; **–ostpassat** *m.*, south-east *or* southeasterly trades (*pl.*) *or* trade winds (*pl.*); **–ostsüd** *m.* (*naut.*), east by south; **–oststurm** *m.*, south-easter *s.*, sou'easter *s.*, souther *s.*; **s–ostwärts** *adv.*, south-easterly, south(-)eastward(ly), south-eastward(s); **–ostwind** *m.*, south-east (wind) *s.*, south-easter *s.*, (*coll.*) souther *s.*; levant *s.*, levanter *s.* (*Mediterranean*).

Süd / passatdrift *f.* *od.* **-trift** *f.* *od.* **-strömung** *f.* (*geogr.*), south-equatorial current *s.*; **–pol** *m.*, South Pole *s.*, south pole *s.*, antarctic *s.*; **geographischer –pol** *m.*, geographic(al) south *s.*; **magnetischer –pol** *m.*, South Magnetic Pole *s.*; **–pol** *m.* **eines Magnets,** negative pole *s.*; **–quadrant** *m.*, south(ern) quadrant *s.*; **–richtung** *f.* (*naut., geogr.*), southing *s.*; **–seeorkan** *m.*, southerly burster *s.*; **–seeschwindel** *m.*, South Sea bubble *s.*; **–südost** *m.* (*naut.*), south by east; **–südost(en)** *m.* (*naut., geogr.*), south-south east *s.*; **nach** *od.* **aus –südost(en),** south-south east; **s–südöstlich** *adj.*, south-south east; **–südwest** *m.* (*naut.*), south by west; **–südwest(en)** *m.* (*naut., geogr.*), south-south west; **nach** *od.* **aus –südwest(en),** south-south west; **s–südwestlich** *adj.*, south-south west; **–ufer** *n.*, south bank *s.*, southerly *or* southern shore *s.*; **s–wärts** *adv.*, south, southward(s), southwardly, (*coll.*) south'rd, southard; **s–wärts laufen** (*naut.*), to be southing, to run *or* to sail down.

Südwest *m.* (*naut.*), south-west *s.*, (*coll.*) sou'-west *s.*; **Kurs –!** (*com.*), course south-west *or* (*coll.*) sou'west!, (*am.*) steer south-west!; **– zu Süd, – zum Süden** (*naut.*), southwest by south; **–zu West, – zum Westen** (*naut.*), southwest by west. **Süd / west(en)** *m.* (*naut., geogr.*), south(-)west *s.*, southwestward *s.*; southwester *s.* (*coll.*) sou'wester *s.* (*wind*); **nach** *od.* **aus –west(en),** southwesterly, south-west; **nach –west(en),** southwestward(ly), to the south-westward; **–wester** *m.*, southwester *s.*, (*coll.*) sou'wester *s.*, fisherman's *or* sailor's hat *s.*, trilby *s.*, (*am.*) squam *s.*; **s–westlich** *adj.*, south-west, southwestern; **s–westlich von,** to the south(-)west of; **s–westlichst** *adj.*, southwesternmost; **–westmonsun** *m.*, south-west monsoon *s.* ; **–westsüd** *m.* (*naut.*), south-west by south; **–weststürme** *m./pl.*, south(-)-west gales (*pl.*); **s–westwärts** *adv.*, southwest-ward(s), to the south-west; **–westwest** *m.* (*naut.*), southwest by west; **–westwind** *m.*, south-west (wind) *s.*, southwester *s.*, (*coll.*) sou'wester *s.*; libeccio *s.*, (*incorrect*) libecchio *s.* (*Italy*); **–wind** *m.*, south *or* southerly *or* southern breeze *s.* *or* wind *s.*

Sueskanal / behörde *f.* (*naut.*), Suez-Canal Authority *s.*; **–gebühren** *f./pl.*, Suez-Canal dues (*pl.*) *or* fees (*pl.*); **--Meßbrief** *m.*, Suez-Canal Tonnage Certificate *s.*; **–vermessung** *f.* (*naut.*), Suez-Canal measurement *s.* *or* tonnage *s.*

Süll *n.* (*od. m.*), coaming(s) *s.* (*pl.*), sill *s.*; sump *s.* (*of pump*); **– der Plicht,** cockpit coaming *s.*; **–höhe** *f.*, height *s.* of (the) coaming(s); **–schott** *n.*, coaming bulkhead *s.*, bulkhead coaming(s) *s.* (*pl.*).

Sumlog *n.* (*naut.*), sumlog *s.*, impeller log *s.*, speedometer *s.*, speed-indicator *s.*

Summe *f.* **der Bewegung** (*naut.*, *phys.*), momentum *s.* (*of a boat*).

Sumpf *m.*, bog *s.*, fen *s.*, marsh *s.*, marish *s.*, morass *s.*, quagmire *s.*, swamp *s.*; sump *s.* (*of pump*); **im – festkommen,** to get stuck in the muck (*of boat*); **–boden** *m.*, **–grund** *m.*, marshy ground *s.*, muck *s.* **sumpfig** *adj.*, boggy, marsh, marshy, sloughy, soggy, swampy; **–er Boden** *m.*, **–er Grund** *m.*, muck *s.*; **–er Nebenarm** *m.* **(eines Flußes)** (*am.*, *canad.*), slough *s.*; **–e Stelle** *f.*, slough *s.* **Sumpf / land** *n.*, marshland *s.*, quag *s.*, quagmire *s.*, (*am.*, *canad.*) slew *s.*; **–stelle** *f.*, slough *s.*, (*am.*, *canad.*) slew *s.*; **–stelle** *f.* **an See** *od.* **Fluß** (*am.*), bayou *s.*; **–wasser** *n.*, dead *or* stagnant water *s.*, marshy pool *s.*

Sund *m.* (*geogr.*), sound *s.*, straits (*pl.*), (*Scots*) kyle *s.*

Super / het *m.*, **–heterodyn(empfänger)** *m.* (*rad.*), superheterodyne *s.*; **–nova** *m.* (*astr.*), supernova *s.*; **–refraktion** *f.* (*radar*), super(-)refraction *s.*; **s–voll geschnittenes Segel** *n.*, super-deep (cut) sail *s.*

Suppe *f.* (*naut. sl.*), soup *s.*, pea-soup *s.*, pea-souper *s.* (*fog*); **eine dicke – braut sich zusammen,** a pea(-)soup is brewing.

Support *m.* (*naut.*, *tech.*), slide rest *s.*, support *s.*, brace *s.*

Supra / leiter *m.* (*phys.*), supra(-)conductor *s.*; **–leitung** *f.* (*phys.*), supra(-)conduction *s.*

Surf *m.*, surf *s.*, surge *s.*, breakers (*pl.*) (*of waves*, *sea*).

Surf / -Allroundbrett *n.* (*surf.*), all(-)round board *s.*; **–anzug** *m.*, wet suit *s.*; **–ausrüstung** *f.*, surfing equipment *s.* *or* gear *s.* *or* outfit *s.*; **–board** *n.*, **–brett** *n.*, surf(-)board *s.*, (*coll.*) board *s.*; **Autodach(gepäck)träger** *m.* **für –board(s)** *od.* **–brett(er),** roof rack *s.* for surfboard(s); **–bretteffekt** *m.* (*hum.*), to be up and down. **Surfen** *n.*, glide *s.*, gliding *s.*, planing *s.*, surfing *s.* (*of boat*), (*surf.*) surf-boarding *s.*, surf-riding *s.*, surfing *s.* **surfen** *v.*, to glide, to hydroplane, to plane, to surf (*boat*), (*surf.*) to surf, to surfboard. **Surfer** *m.*, planing dinghy *s.*; (wind)surfer *s.*, surfboarder *s.*, (*am.*) surfman *s.* **Surf / finne** *f.* (*surf.*), surfboard fin *s.*; **--Fußschlaufe** *f.*, (surfboard) toe strap *s.*; **–gabelbaum** *m.*, (surf) rig *s.*, wishbone *s.*; **–lehrer** *m.*, surf(ing) instructor *s.*; **–lehrgang** *m.*, surf course *s.* (of instruction); **–mast** *m.*, surf(board) mast *s.*; **–rigg** *n.*, surf(board) rig *s.*; **–schuhe** *m./pl.*, surfing boots (*pl.*); **–schule** *f.*, (wind)surfing school *s.*; **–schwert** *n.*, surf(board) centreboard *s.* *or* (*am.*) centerboard *s.*; **–segel** *n.*, surf sail *s.*; **–törn** *m.*, run *s.*; **–trapez** *n.*, surf(ing) trapeze *s.*; **–wärmeanzug** *m.*, neoprene suit *s.*, (*coll.*) laggings (*pl.*).

Süßwasser *n.* (*naut.*), fresh water *s.*; **ins Meer fließender –fluß** *m.*, freshet *s.*; **–tank** *m.*, freshwater tank *s.*

Sweater *m.* (*naut.*), sweater *s.*, (*coll.*) woolly *s.*

Symmetrieachse *f.*, symmetric(al) axis *s.* **symmetrisch** *adj.* (*naut.*, *tech.*), symmetric(al); **– machen,** to symmetrize; **–e Anordnung** *f.*, symmetry *s.*

sympathisch *adj.*, **– gesteuerte Ruderanlage,** follow-up steering gear *s.*; **–e Steuerung** *f.*, follow-up steering *s.*

synchron *adj.* (*naut. tech.*, *rad.*), synchronous. **Synchron / empfänger** *m.* (*radar*), bearing receiver *s.*; **–geber** *m.* (*radar*), bearing transmitter *s.*; **–getriebe** *n.* (*naut.*, *tech.*), synchromesh gear *s.*; **–gleichrichter** *m.* (*elec.*, *rad.*), synchronous converter *s.* **Synchronisationsvorrichtung** *f.* (*rad.*, *tech.*), synchronizer *s.* **synchronisieren** *v.* (*rad.*, *phys.*), to phase; to synchronize (*watch*, *etc.*). **synchronisiert** *adj.* **(sein),** (to be) synchronized; **–e Uhr** *f.* (*naut.*, *rac.*), sympathetic clock *s.* *or* watch *s.* **Synchronisierung** *f.* (*rad.*, *tech.*), synchronization *s.*, synchronizing *s.* **Synchron / motor** *m.* (*naut.*), synchronous motor *s.*, (*elec.*) synchro unit *s.*; **–schaltung** *f.* (*naut.*, *tech.*), synchronized shifting *s.*; **–uhr** *f.*, synchronal *s.*; **–umformer** *m.* (*rad.*, *elec.*), synchronous converter *s.*

synodisch *adj.* (*astr.*), synodic(al); **–er Monat** *m.* (*astr.*), synodic(al) month *s.*, lunation *s.*; **–e Umlaufzeit** *f.* (*astr.*), synodic(al) period *s.*

synoptisch *adj.* (*meteor.*), synoptic(al); **–e Karte** *f.* (*meteor.*), synoptic chart *s.*; **–e Meldung** *f.* **der Großwetterlage,** synoptic report *s.*; **–e Meteorologie** *f.*, synoptic meteorology *s.*; **–e Wetterkarte** *f.*, synoptic weather chart

s.; **–e Wettermeldung** *f.*, synoptic report *s.*
synthetisch *adj.*, synthetic, artificial; **–e Faser** *f.* (*naut.*), synthetic fibre *s.* *or* (*am.*) fiber *s.* (*sailcloth*); **–es Material** *n.* (*naut.*), synthetic fabric *s.* *or* material *s.* (*sailcloth, etc.*); **–es Segeltuch** *n.*, synthetic sailcloth *s.*
Syrte *f.* (*geogr.*), syrtis *s.*, sandbank *s.*, sands (*pl.*).
System *n.* (*naut.*, *rac.*, *phys.*, *meteor.*, *astr.*), system *s.*; **metrisches –,** metric system *s.* (*unit of measurement*); **– des Himmelsäquators,** celestial equator system *s.* of co(-)ordinates. **systematisch** *adj.*, **–er Fehler** *m.* (*naut.*, *rac.*), systematic error *s.*
Syzygie *f.*, **Syzygium** *n.* (*astr.*), syzygy *s.*, syzygies (*pl.*).
Szeptertau *n.*, yoke(-)line *s.*, manrope *s.*
Szintillation *f.* (*astr.*, *phys.*), scintillation *s.*, twinkling *s.* **szintillieren** *v.* (*astr.*, *phys.*), to scintillate, to twinkle. **szintillierend** *adj.* (*astr.*, *phys.*), scintillating. **Szintillometer** *n.* (*astr.*), scintillometer *s.*

T

Tabelle *f.* (*naut.*, *rac.*), chart *s.*, list *s.*, index *s.*, table *s.*, schedule *s.*
Tachometer *m. od. n.* (*naut.*), boat('s) tachometer *s.*, speedometer *s.*, revolution counter *s.*
Tackbolzen *m.*, rag bolt *s.*
Tafel *f.* (*naut.*, *rac.*), board *s.*, blackboard *s.*, table *s.*
Täfelung *f.* (*naut.*), wainscot *s.*, wainscot(t)ing *s.*, panelling *s.* (*of cabin, etc.*).
Tag *m.* (*naut.*, *astr.*), day *s.*, daytime *s.*, (*naut.*, *coll.*) light *s.*; **bei –,** in the daytime, during the day, by day(light); **bürgerlicher –,** civil day(time) *s.*; **den ganzen –,** the whole day (long), all day (long) (*of storm, etc.*); **früh am –,** early (in the day); **glühend heißer –** (*naut. coll.*), blazer *s.*; **klarer –,** clear *or* bright day *s.*; **strahlender –** (*naut. coll.*), blazer *s.*; **stürmischer –,** squally *or* stormy *or* tempestuous day *s.*; **trüber –,** dull *or* overcast day *s.*; **wettererlaubender –** (*rac.*), weather-permitting day *s.* **Tagbogen** *m.* (*astr.*), diurnal circle *s.*
Tagebuch *n.* (*naut.*), log *s.*, logbook *s.*, diary *s.*, journal *s.*; **das – führen,** to keep the log *or* diary; **–eintragung** *f.*, entry *s.* in the log *or* diary.
Tages/anbruch *m.*, daybreak *s.*, break *s.* of day, dayspring *s.*, dawn *s.*, (*coll.*) light *s.*; **bei –anbruch,** at dawn *or* daybreak, at first light, (*naut.*, *coll.*) at the crack of dawn; **vor –anbruch,** before daylight; **–(bojen)bezeichnung(ssystem** *n.*) *f.*, daylight buoyage *s.* *or* marking system *s.*; **–bester** *m.*, **–erster** *m.* (*rac.*), best *s.* *or* first *s.* *or* winner *s.* of the day; **–etmal** *n.* (*naut.*), day's run *s.* *or* work *s.*, 24-hour-run *s.*, nautical day *s.*; **–frequenz** *f.* (*rad.*), day frequency *s.*; **–gezeit** *f.*, diurnal tide *s.*; **–grauen** *n.* (*naut.*, *coll.*), day-peep *s.*; **–karte** *f.* (*meteor.*), daily meteorological *or* weather chart *s.*; **–leistung** *f.* (*naut.*, *tech.*), daily output *s.*; **–licht** *n.*, daylight *s.*, (*coll.*) light *s.*; **das –licht nimmt ab** *od.* **wird schwächer,** daylight is fading *or* waning; **–preis** *m.* (*rac.*), prize *s.* of the day; **–regatta** *f.*, day race *s.*; **–reichweite** *f.* (*rad., radar*), day(light) range *s.*; **–seezeichen** *n.* (*pl.*), day(light) sea *or* navigation mark(s) *s.* (*pl.*) *or* buoyage *s.*; **–sieg** *m.* (*rac.*), win *s.* *or* victory *s.* of the day; **–sieger** *m.* **sein** (*rac.*), to win the day; **–signal** *n.* (*naut.*), day(light) signal *s.*; **–welle** *f.* (*rad.*), day-wave *s.*, wave *s.* for daytime transmission; **–wert** *m.* **einer Gezeit,** diurnal value *s.* of the tide; **–zeichen** *n.* (*pl.*) (*naut.*), day(light) sea *or* navigation mark *s.* *or* buoyage *s.*; **–zeit** *f.*, time *s.* of day; daytime *s.*
täglich *adj.* (*astr.*), diurnal; **–er Gang** *m.* **des Chronometers,** daily rate *s.* of the chronometer (*aboard*); **–e Schwankungen** *f./pl.*, diurnal variation(s) *s.* (*pl.*) (*of tide, etc.*); **–er Tidenhub** *m.*, diurnal range *s.* of the tide.
Tag/peilung *f.* (*naut.*), daylight *or* daytime bearing(s) *s.* (*pl.*); **–signal** *n.*, day(light) signal *s.*; **–- und Nachtgleiche** *f.* (*astr.*), equinox *s.*; **Vorrücken** *n.* **der –- und Nachtgleichen** (*astr.*), precession *s.* of the equinoxes; **die –- und Nachtgleiche betreffend** (*astr.*), equinoctial; **–- und Nachtgleichepunkt** *m.* (*astr.*), equinoctial point *s.*; **–wache** *f.* (*naut.*), morning watch *s.* (*0400-0800 a.m.*); **–wasser** *n.*, surface water *s.*
Taifun *m.*, typhoon *s.* (*esp. in the Far East*), tornado *s.*, cyclone *s.*
Takel *n.*, block *s.* and tackle, burton *s.*, purchase *s.*, tackle *s.*; **kleines –,** clew-jigger *s.*; **loses –,** luff *s.*; **schweres –,** tackle *s.*; **vor Topp und – lenzen,** to scud with bare poles; **– mit Mantel,** tackle *s.* and runner; **– mit nicht parallelen Tauen,** swig *s.*
Takelage *f.*, rig *s.*, rigging *s.*, tackle *s.*, tackling *s.*; **obere (untere) –,** upper (lower) rig(ging) *s.*; **mehr – führen als,** to overbear; **– des Bug-**

spriets, clothing *s.* **Takelagen / -Brummelhaken** *m.* (*coll.*), **--Clip** *m.*, Inglefield clip *s.*

Takel / block *m.*, tackle block *s.*, purchase block *s.*; **–boden** *m.*, rigging loft *s.*; **–garn** *n.*, spun yarn *s.*, yarn *s.*, whipping twine *s.*; **–läufer** *m.*, tackle fall *s.* **takeln** *v.*, to rig (*a boat*), to tackle, to whip (*a splice, end*). **Takel / päckchen** *n.*, rigger's overall *s.*; **–plan** *m.*, **–riß** *m.*, rigging plan *s.* (*of a yacht*); **–skizze** *f.*, rigging sketch *s. or* rough draft *s.* (*of dinghies*).

Takelung *f.*, rig *s.*, rigging *s.*, tackle *s.*; **obere** *od.* **überflüssige –** (*coll.*), top-hamper *s.*; **–shöhe** *f.*, height *s.* of (the) rig; **–splan** *m.*, rigging plan *s.*

Takel / werk *n.*, rig *s.*, rigging *s.*, tackle *s.*, tackling *s.*; **oberes** *od.* **überflüssiges –werk** *n.* (*coll.*), top-hamper *s.*; **mit –werk versehen,** rigged, tackled (*of boat*); **–zeug** *n.*, rigger's overall *s.*, ducks (*pl.*), dungarees (*pl.*).

Takler *m.*, rigger *s.* **Taklerei** *f.*, rigging loft *s.*, rigger's shop *s.* **Taklerschraube** *f.*, rigging screw *s.*

Takling *m.*, whipping *s.*; **einfacher –,** common *or* plain whipping *s.*; **genähter –,** sailmaker's *or* palm-and-needle whipping *s.*; **gewöhnlicher –,** sailor's whipping *s.*; **spanischer –,** back splice *s.*, Spanish whipping *s.*; **einen – aufsetzen,** to whip.

Takt *m.* (*tech.*), cycle *s.*, stroke *s.* (*of engine, motor*); stroke *s.* (*rowing*); **den – halten,** to keep the stroke (*rowing*); **(einer Rudermannschaft) den – angeben,** to stroke. **Taktfeuer** *n.* (*naut.*), periodical *or* rhythmic(al) light *s.*

Taktik *f.* (*rac.*), tactics (*pl.*); **eine kluge –** (*rac.*), a clever stroke *s.* of tactics. **Taktiker** *m.* (*rac.*), tactician *s.* **taktisch** *adj.* (*rac.*), tactical; **–e Marschroute** *f.* (*naut., rac.*), tactical (racing) course *s.*; **–e Rose** *f.* (*naut., rac.*), coloured grid *or* compass card *s.*

Takt / kennung *f.* **(eines Leuchtfeuers),** rhythmical characteristic(s) *s.* (*pl.*) of a beacon *or* light; **–schlag** *m.*, **den – angeben,** to set the stroke (*rowing*).

tal / abwärts *adv.*, downstream, down the river; **–aufwärts** *adv.*, upstream, up the river; **T–fahrt** *f.* (*naut.*), downstream navigation *s. or* run *s. or* sailing *s.*

Talg / beschickung *f.* **eines Handlots,** arming *s.* of the hand lead (and line); **–licht** *n.*, tallow candle *s.*

Talje *f.*, tackle *s.*, light tackle *s.*, fall *s.*, boatfall(s) *s.* (*pl.*), halyard *s.*, line *s.*, burton *s.*, purchase *s.*, pulley *s.*, reef *s.*; **dreischeibige –,** luff tackle *s.*; **feste (holende) –,** fixed *or* standing (hauling *or* running) tackle *s. or* part *s.*; **laufende –,** runner *s.*; **– auf – ,** tackle *s.* upon tackle; **– und Läufer,** tackle *s.* and runner. **taljen** *v.*, **den Anker –,** to jack *or* to haul up the anchor. **Taljen / block** *m.*, bowser *s.*, bouser *s.*, tackle block *s.*; **–blöcke** *m./pl.* **ab-** *od.* **freilegen,** to fleet (tackle blocks); **–fall** *n.*, tackle fall *s.*; **–läufer** *m.*, runner *s.*, tackle fall *s.*; **–reep** *n.*, lanyard *s.*, reef(ing) pendant *s. or* pennant *s.*; **–reepskausch(e)** *f.*, lanyard thimble *s.*; **–reepsknoten** *m.*, wall and crown knot *s.*, lanyard knot *s. or* hitch *s.*, Matthew Walker knot *s. or* hitch *s.*; **einfacher –reepsknoten** *m.*, wall *or* wale knot *s.*; **–reepsknoten** *m.* **mit Hahnepot,** wall and crown hitch *s. or* knot *s.*

Tallboy *m.*, slatsail *s.*, tallboy *s.*, light-air sail *s.*; **–baum** *m.*, tallboy strut *s.*

Tal / sperre *f.*, barrage *s.*, dam *s.*, river dam *s.*, reservoir *s.*, pen *s.*; **–wind** *m.* **(in Flußrevieren)** (*naut.*), downstream winds (*pl.*) (in riverine waters *or* estuaries).

Tamp *m.*, **Tampen** *m.*, rope *s.*, rope's end *s.*, bitter end *s.*

Tandem(-Surfboard *od.* **-brett)** *n.*, tandem (surfboard) *s.*

Tang *m.*, seaweed *s.*, sea wrack *s.*, (*dial.*) ware *s.*

Tangens *m.* (*math.*), tangent *s.* (*of an angle*). **Tangente** *f.* (*math.*), tangent *s.* **Tangenten / bussole** *f.*, tangent compass *or* galvanometer *s.*; **–schraube** *f.*, tangent screw *s.* (*of sextant*). **Tangential / ebene** *f.* (*naut., math.*), tangent plane *s.*; **–punkt** *m.*, point *s.* of contact.

Tank *m.* (*naut.*), tank *s.*; **Fassungsvermögen** *n.* **eines –s,** tankage *s.* **Tank / befüllung** *f.*, tank filling *s.*; **–einfüllstutzen** *m.*, filler tube *s.* **Tanken** *n.* (*naut.*), to take in fuel *or* petrol, fuelling *s.*, (*am.*) fueling *s.* **tanken** *v.* (*naut.*), to fuel (*of motoryacht*). **Tanker** *m.*, tanker *s.* (*ship*). **Tank / fassungsvermögen** *n.*, tankage *s.*, tank capacity *s.*; **–füllstandsanzeiger** *m. od.* **-messer** *m.*, tank ga(u)ge *s.*; **–station** *f. od.* **–stelle** *f.* **(auf der Pier),** filling *or* petrol *or* service station *s.* (on the jetty *or* pier); **–verschluß** *m.*, filler cap *s.*

tanzen *v.*, **(auf den Wellen) auf und ab –,** to bob, to popple, to be rocked on the waves (*of boat*). **tanzend** *pr. p.*, **auf und ab –,** popply (*of boat*).

Tarn / bemalung *f.* (*naut.*), dazzle paint *s. or* system *s.*; **–farbe** *f.*, dazzle *s.* **Tarnung** *f.* (*naut.*), camouflage *s.*, screen(ing) *s.*

Tartane *f.*, tartana *s.* (*Mediterranean sailing*

craft).

Tasche *f.* (*naut.*), pocket *s.* (*for battens, mast*). **Taschen/lampe** *f.*, (electric) torch *s.*, (*am.*) flashlight *s.*, (*coll.*) flash *s.*; **–messer** *n.*, pocket-knife *s.*, penknife *s.*, clasp knife *s.*, (*naut.*) sailor's knife *s.*; **transportable –sonnenuhr** *f.*, pantochronometer *s.* (*with graduation in geographical latitudes*).

Taste *f.* (*Morse*), key *s.* **tasten** *v.* (*Morse*), to key. **Taster** *m.* (*Morse*), key *s.*, (*tech.*) callipers (*pl.*). **Tast/frequenz** *f.* (*Morse*), key(ing) frequency *s.*; **–funker** *m.*, Morse operator *s.* (*pers.*); **–geschwindigkeit** *f.* (*Morse*), keying speed *s.* **Tastung** *f.* (*Morse*), keying *s.*

Tätowieren *n.* (*naut.*), tattooing *s.* **tätowieren** *v.*, to tattoo. **Tätowierung** *f.*, tattoo(ing) *s.*

Tau *m.* [1] (*meteor.*), dew *s.*; **Zeit des –s,** dew fall *s.* (*evening, morning*).

Tau *n.* [2] (*naut.*), rope *s.*, line *s.*, strand *s.*, hawser *s.*, cable *s.*, cord *s.*; **aufgerolltes –,** ran *s.*; **dünnes –,** tiny cord *s.*, thin rope *s.*; **geflochtenes –,** braided *or* plaited rope *s.*; **gespanntes –,** tight rope *s.*; **geteertes –,** black *or* tarred rope *s.*; **hart geschlagenes –,** hard-laid rope *s.*; **linksgeschlagenes –,** back- *or* left-handed rope *s.*; **rechtsgeschlagenes –,** right-handed *or* plain-laid rope *s.*; **springgeschlagenes –,** spring-laid rope *s.*; **straffes** *od.* **strammes –,** tight rope *s.*; **das – geht** *od.* **reicht (nur) bis zur Hälfte** *od.* **Mitte,** the rope reaches half-way; **das – läuft unklar,** the rope rides; **ein – ablaufen lassen,** to heave down a rope, to pay out cable *or* rope; **ein – belegen,** to belay *or* to lay a rope; **ein – brechen,** to strand a rope; **ein – (aus Strängen** *od.* **Litze) drehen,** to strand a rope; **ein – fieren,** to heave down *or* to ease *or* to slacken *or* to veer a rope; **ein – schlagen,** to lay a rope.

taub *adj.*, **–e Flut** (*naut. coll.*), slack tide *s. or* water *s.*

Taubildung *f.* (*meteor.*), dew fall *s.*

Tauchboot *n.*, submersible *s.* **Tauchen** *n.* (*naut.*), heave *s.*, heaving *s.* (*of boat*), diving *s.* (*of pers.*). **tauchen** *v.* (*naut.*), to heave, to plunge (*of boat*), to dive (*of pers.*), to submerge (*of submarine*), to dip (*of sun*). **Taucher** *m.*, diver *s.* (*pers.*); **–anzug** *m.*, diving-suit *s.*; **–ausrüstung** *f.*, diving equipment *s. or* outfit *s.*; **–glocke** *f.*, diving-bell *s.*; **–helm** *m.*, diver's *or* diving helmet *s.* **tauch/fähig** *adj.* (*naut.*), submersible (*of boat*); **T–fähigkeit** *f.* **eines Bootes,** submersibility *s.* (*of a boat*); **T–fahrt** *f.*, dive *s.*; **T–kolbenpumpe** *f.* (*naut.*), plunger pump *s.*; **–schwingen** *v.* (*naut.*), to heave, to scend, to send (*of boat in the swell*); **T–schwingung** *f.* **(eines Bootes),** heaving *s.*, lifting *s.*, lifting *s.* and heaving, send *s.* (of a boat), (*phys.*) heaving oscillation *s.*; **T–schwingungen machen,** to scend, to send, to heave (*of boat*); **T–tiefe** *f.* (*naut.*), mo(u)lded draught *s. or* (*am.*) draft *s.* (*of a boat*); **T–- und Stampfbewegung** *f.* **eines Bootes,** heaving *s.* and lifting of a boat, heaving and pitching motion *s.* of a boat; **T–versuch** *m.* **eines Bootes,** lifting and/*or* heaving trial *s.* of a boat, trial dive *s.* (*shipb.*). **Tauchungsänderung** *f.* (*naut.*), alteration *s.* of trim.

Tauen *n.* [1] (*meteor.*), thaw *s.* **tauen** *v.* [1] (*meteor.*), to thaw (*of weather*), to melt (*of ice*); **es taut,** it is thawing; dew is falling.

Tauen *n.* [2] (*naut., dial.*), towing *s.* **tauen** *v.* [2] (*naut., dial.*), to tow (*a boat*).

Tauende *n.* (*naut.*), bitter end *s.*, rope's end *s.*, piece *s.* of rope, rope(s) *s.* (*pl.*), tail *s.*, colt *s.*; **aufgedrehtes** *od.* **aufgedröseltes –,** fag (end) *s.*, fagged end *s.*; **ausgefranstes –,** cow's tail *s.*; **das – kosten** (*naut., coll.*), to get a taste of the rope's end; **ein – aufdrehen** *od.* **aufdröseln** *od.* **aufreppeln,** to feaze (a rope's end); **mit dem – verprügeln** (*naut. obs.*), to colt (*a sailor*).

Taufall *m.* (*meteor.*), dew fall *s.*

Taufe *f.* **(eines Bootes** *od.* **Schiffes),** christening *s.* (of a boat *or* ship), naming (ceremony) *s.* (of a yacht); **– eines Seglers** *od.* **Seemanns,** ducking *s.* **taufen** *v.* (*naut.*), to christen, to name (*a boat or ship*), to duck (*a sailor*).

Tau/fender *m.*, pudding *s.*, puddening *s.*, rope fender *s.*

taufeucht *adj.* (*meteor.*), dewy, wet with dew, bedewed.

Taufpate *m.* **beim Stapellauf,** sponsor *s.* (*of a yacht*).

Taugarn *n.*, rope yarn *s.*

tauglich *adj.*, able (*of crew*), seaworthy (*of boat*), (*tech.*) fit, adapted, suitable **(für** *od.* **zu,** for). **Tauglichkeit** *f.* (*naut.*), seaworthiness *s.*

Tau/haken *m.*, grommet *s.*, grummet *s.*; **kleiner –haken** *m.*, becket *s.*; **mit einem –haken versehen,** to becket; **–handgriff** *m.*, hand becket *s.*; **–klemme** *f.*, clam cleat *s.*; **–klüse** *f.*, mooring hawse *s. or* pipe *s.*; **–kragen** *m.*, garland *s.*; **–kranz** *m.*, coir fender *s.*, rope fender *s.*, pudding *s.*, puddening *s.*, grommet *s.*, grummet *s.*; **–kranzfender** *m.*, coir *or* rope fender *s.*, grommet *s.*, grummet *s.*; **–länge** *f.*, cable's length *s.*; **–last** *f.*, cable *or* rope locker *s. or* room *s. or* tier *s.*, swallow *s.*; **–legel** (*od.* **–lägel** *od.* **–lögel)** *m.*, rope hanks (*pl.*); **–leiter** *f.* (*naut.*), rope ladder *s.*; **–matte** *f.*, rope mat *s.*; **–punkt** *m.* (*meteor.*), dew point *s.*; **Höhe** *f.* **des –punkt(e)s,** vapo(u)r plane *s.*; **–raum** *m.*, cable *or* rope locker *s. or* room *s. or* tier *s.*, (*coll.*) swallow *s.*, swallow's nest *s.*; **–raum** *m.* **eines Blocks,** swallow *s.*; **–regen** *m.* (*meteor.*), mild and gentle rain *s.*, (*coll.*) mizzle *s.*; **–ring** *m.*, dump *s.*, grommet *s.*, grummet *s.*, rope hanks (*pl.*); **kleiner –ring** *m.*, becket *s.*; **mit einem –ring versehen,** to becket; **–rolle** *f.*, coil *s. or* roll *s.* of rope; **–schäkel** *m.*, rope shackle *s.*; **–schlinge** *f.*, sling *s.*

Täuschung *f.* (*rac.*), tactics (*pl.*), trick *s.*; **optische –** (*nav.*), optical illusion *s.*; **–smanöver** *n.* (*rac.*), feint *s.*

Tauseele *f.*, core *s. or* heart *s.* of a cable *or* rope.

Tausendbein *n.* (*naut.*), bagywrinkle *s.* (*chafing protection*); rack block *s.*

Tau / stopper *m.*, cable stopper *s.*; **–stropp** *m.*, selvagee *s.*, rope hanks (*pl.*) *or* strap *s. or* strop *s.*, rope sling *s.*; **–takelung** *f.*, whipping *s.*; **–tropfen** *m.* (*meteor.*), dewdrop *s.*; **–vertörnung** *f.*, squirm *s.*, twist *s.* (of rope); **–vorliek** *n.*, rope *or* stretchy luff *s.*, tape luff *s.*

Tauwerk *n.*, cables (*pl.*), cordage *s.*, ropes (*pl.*), roping *s.*; rigging *s.*, tackle *s.*, tackling *s.*; **altes –,** junk *s.*; **altes – (zum Bekleiden von Kabeln und Trossen),** keckling *s.*; **dünnes –,** thin rope *s.*, small stuff *s.*; **festes –,** dead rope *s.*; **geflochtenes –,** braided *or* plaited rope *s.*; **geschlagenes –,** shroud-laid rope *s.*, laid rope(s) *s.* (*pl.*); **geteertes –,** black *or* tarred rope *s. or* cordage *s.*; **laufendes –,** running rigging *s.*; **lehniges –,** flexible rope *s. or* cordage *s.*; **linksgeschlagenes –,** back- *or* left-handed rope *s.*; **patentgeschlagenes –,** braided *or* plaited rope *s.*; **rechtsgeschlagenes –,** right-handed *or* twist rope *s.*; **stehendes –,** dead rope *s.*, standing rigging *s.*; **steifes –,** inflexible *or* stiff rope *s. or* cordage *s.*; **ungeteertes –,** white rope *s. or* cordage *s.*; **vierschäftiges –,** four-stranded rope *s.*, shroud-laid rope *s.*; **mit altem – (als Schamfilschutz) bekleiden,** to keckle; **– ablängen,** to take the length of (a) cable *or* rope; **– ablaufen lassen,** to pay out cable; **– aus Kabelgarn,** sennit *s.*; **–rolle** *f.*, coil *s.* of rope.

Tau / wetter *n.* (*meteor.*), thaw *s.*; **es sieht nach –wetter aus,** it looks thawy; **–wind** *m.*, mild *or* warm breeze *s.*; **–wulst** *m.* (*naut.*), pudding *s.*, puddening *s.*, rope fender *s.*

TC-Faktor *m.* (*rac.*), time-correction factor *s.* **TCF-System** *n.* (*rac.*), time-correction factor system *s.*

Teakholz *n.* (*naut.*), teak (wood) *s.* (*shipb.*).

Team *n.* (*naut.*, *rac.*), team *s.*, crew *s.*; **–arbeit** *f.* **(an Bord),** teamwork *s.* (aboard); **–geist** *m.* **(der Crew** *od.* **Mannschaft)** (*naut.*, *rac.*), team(-)spirit *s.* (of the crew); **–kamerad** *m.* (*naut.*), team mate *s.*; **–segeln** *n.* (*rac.*), team racing *s. or* sailing *s.*; **–wertung** *f.* (*rac.*), team score *s.*; **–wettbewerb** *m.* (*rac.*), team competition *s.*

Technik *f.* (*naut.*, *rac.*), technique *s.*, skill *s.*, (*naut.*, *tech.*) engineering *s.*, technology *s.*; **als Segler eine brillante – haben,** to be an excellent technician. **Techniker** *m.* (*naut.*, *rac.*), technician *s.*, tactician *s.*, (*naut.*, *tech.*) engineer *s.* **technisch** *adj.*, technical; **–er Ausdruck** *m.* (*naut.*), technical term *s.*; **–e Daten** (*pl.*), **–e Einzelheiten** *f./pl.*, technical data (*pl.*) *or* details (*pl.*), technicalities (*pl.*) (*sailmaking, shipb.*); **–er Fachmann** *m.*, technician *s.*; **–e Handhabung** *f.*, technics (*pl.*); **–e Panne** *f.*, technical fault *s.*, (*am. sl.*) bug *s.*; **–e Schwierigkeiten** *f./pl.*, technical difficulties (*pl.*); **–e Störung** *f.*, technical fault *s. or* (*coll.*) hitch *s.*, (*am. sl.*) bug *s.*; mechanical failure *s. or* breakdown *s.*; **–er Zustand** *m.*, technicality *s.* **Technologie** *f.*, technology *s.*; engineering *s.* **technologisch** *adj.*, technological.

Teeklipper *m.*, tea clipper *s.*, (*coll.*) fast sailer *s. or* sailing yacht *s.*

Teer *m.* (*naut.*), tar *s.*, pitch *s.*; **--Antifouling(farbe** *f.***)**, tar(ry) antifouling (paint) *s.* (*for underwater hull*); **–jacke** *f.* (*naut. hum.*), Jack Tar *s.*, old salt *s.*, sea-dog *s.* (*skilled sailor*); **–leinwand** *f.* (*naut.*), tarpaulin *s.*; **–pinsel** *m.*, **–quast** *m.*, **–quaste** *f.* (*naut.*), tar brush *s.*

Teich *m.* (*naut. hum.*), pond *s.*, pool *s.*, lake *s.*; **der Große –** (*naut. hum.*), the Pond, the Great Lake (*Atlantic Ocean*).

Teil *m. od. n.*, component *s.*, part *s.*, section *s.*; **– eines Riggs,** part *s. or* section *s.* of a rig. **Teil / aufbauten** (*pl.*) (*naut.*), partial superstructure *s.*; **–beschädigung** *f.* (*naut.*), partial damage *s.* **teilen** *v.* (*naut.*, *tech.*), to part, to split (*strands, etc.*), to partition (off) (*stowage, etc.*). **Teil / kaskoversicherung** *f.* (*naut.*), part insurance *s.* on hull; **–kraft** *f.* (*naut.*, *phys.*), component force *s.*; **–marke** *f.* **(an Meßinstrumenten),** limb *s.*; **–marke** *f.*, index *s.* (*of scales*); **–nahme** *f.* **an einer Regatta,** participation *s.* in a race. **teilnehmen** *v.* (*rac.*), to compete, to start; **an einer Regatta –,** to participate *or* to partake *or* (*coll.*) to take a hand in a race; **– an** (*rac.*), to join, to participate in, to take part in. **Teilnehmer** *m.* (*rac.*), entrant *s.*, participant *s.*, starter *s.*, (*collect.*) party *s.*; competitor *s.*, contestant *s.*; **Gesamt-**

heit *f.* **der –** (*rac.*), field *s.*, fleet *s.*; **–feld** *n.* (*rac.*), field *s.*, fleet *s.*; **–liste** *f.* (*rac.*), entry *s.* **Teil / schaden** *m.* (*naut.*, *ins.*), partial damage *s. or* loss *s.*; **–schott** *n.*, partition bulkhead *s.*; **–strecke** *f.* (*naut.*, *rac.*), leg *s.*; **–strich** *m.*, graduation (mark) *s.* (*on a scale, nonius, etc.*); **–strich** *m.* **einer Skala,** scale line *s.*; **–tief** *n.* (*meteor.*), secondary depression *s.*; **–verlust** *m.* (*naut.*, *ins.*), partial loss *s.*

Teinoskop *n.* (*naut.*, *phys.*), teinoscope *s.*

Telegraph *m.*, **Telegraf** *m.*, **optischer –** (*naut.*), semaphore *s.*; **–enboje** *f.*, telegraph buoy *s.* **Telegraphie** *od.* **-grafie** *f.*, **drahtlose –,** radio telegraphy *s.*; **–funk** *m.*, radio(-)telegraphy *s.*, continuous wave *s.*

Tele / meter *n.* (*elec.*, *tech.*), telemeter *s.*; **–motor** *m.* (*naut.*), telemotor *s.*; **–skop** *n.*, telescope *s.*; **–skopantenne** *f.*, telecope *or* telescopic aerial *s. or* (*am.*) antenna *s.*; **–skopbaum** *m.* (*naut.*), telescope *or* telescopic pole *s.*; **–skopmast** *m.*, telescope mast *s.*; **–thermogramm** *n.*, telethermograph *s.*; **–thermometer** *n.*, telethermometer *s.*; **selbstregistrierendes –thermometer** *n.*, telethermograph *s.*

Teller / eis *n.*, pancake ice *s.*; **–ventil** *n.*, disk *or* poppet valve *s.*

Telltale *n. od. m.*, **Telltale / faden** *m.* (*naut.*), telltale *s.*; **–fenster** *n.*, telltale *or* TT-window *s.* (*in genoa, etc.*).

Temperatur *f.* (*meteor.*), temperature *s.*; **absolute –,** absolute temperature *s.*; **höchste (niedrigste) –,** maximum (minimum) temperature *s.*; **bei einer – von,** at a temperature of; **die – ist auf minus 2 Grad gefallen (gestiegen),** the temperature is down (up) to minus 2 degrees; **die – ist um 3 Grad gefallen (gestiegen),** the temperature is 3 degrees down (up), the temperature has dropped (risen) 3 degrees, the temperature is down (up) by 3 degrees. **Temperatur / abfall** *m.*, drop *s. or* fall *s.* in temperature; **–abnahme** *f.*, negative gradient *s.*; **–anstieg** *m.*, rise *s. or* increase *s.* in temperature, temperature increase *s. or* rise *s.*, positive gradient *s.*; **–beiwert** *m.*, temperature coefficient *s.*; **–bereich** *m.*, range *s.* of temperature; **–beständigkeit** *f.*, stability *s.* of temperature, temperature stability *s.*; **–einfluß** *m.*, influence *s.* of temperature; **–fall** *m.*, drop *s.* in temperature; **–fernmessung** *f.*, telethermometry *s.*; **–gefälle** *n.*, **–grad** *m.*, degree *s.* of temperature; **–gradient** *m.*, temperature gradient *s.*; **–(jahres)mittel** *n.*, mean (annual) temperature *s.*; **–koeffizient** *m.*, temperature coefficient *s.*; **–konstanz** *f.*, constant temperature *s.*; **–kurve** *f.*, temperature curve *s.*; **–meßwerte** *m./pl.*, temperature data (*pl.*); **–rückgang** *m.*, negative gradient *s.*; **–schwankung(en)** *f.* (*pl.*), thermal fluctuations (*pl.*), change(s) *s.* (*pl.*) in *or* variation *s.* in *or* of temperature; **–skala** *f.*, thermometric scale *s.*; **–spannung** *f.*, thermotension *s.*; **–sprung** *m.*, jump *s.* in *or* of temperature; **–sturz** *m.*, drop *s. or* fall *s.* in temperature; **–umkehr** *f.*, inversion *s.*; **–umschlag** *m.*, temperature inversion *s.*; **–wechsel** *m.*, change *s.* in *or* of temperature; **–zunahme** *f.*, increase *s. or* rise *s.* in *or* of temperature.

tempern *v.* (*naut*, *tech.*), to temper (*shipb., etc.*). **Temperer** *m.*, temperer *s.* (*shipb., etc.*).

Tempo *n.* (*naut.*, *rac.*), rate *s.*, speed *s.*; **in rasendem –** (*rac.*), at a breakneck speed; **das – antreiben** (*rac.*), to force the pace (*of a race*).

temporär *adj.*, temporary; **–es Hoch (Tief)** (*meteor.*), temporary high *s.* (low *s.*).

Temporegulierung *f.* (*naut.*), timing *s.*

Tendenz *f.* (*meteor.*), inclination *s.*, tendency *s.*, trend *s.*, (*coll.*) outlook *s.*; **fallende –** (*meteor.*), falling *or* downward tendency *s.*; **raumende – (des Windes),** fairing *s.* of the breeze *or* wind; **steigende –** (*meteor.*), rising *or* upward tendency *s.*; **zunehmende – (des Windes),** the wind freshens (and goes ahead); **eine – haben (zu),** to tend (to) (*of boat, wind, etc.*); **das Boot hat eine – zu kentern,** the boat tends to capsize *or* capsizing.

Tender *m.* (*naut.*), tender *s.* (*ship*).

tendieren *v.* **(zu)** (*meteor.*), to tend (to) (*of gales, etc.*).

Terminal *n.* (*naut.*), terminal *s.*, true lock *s.* (*fitting*).

Terminator *m.* (*astr.*), terminator *s.*

Terpentin *n.*, turpentine *s.*, (*coll.*) turps *s.*; **–firnis** *m.*, turpentine varnish *s.* (*for hull*); **–öl** *n.*, oil *s. or* spirits (*pl.*) of turpentine, (*coll.*) turps *s.*

terrestrisch *adj.* (*naut.*, *geogr.*), terrestrial; **–er Horizont** *m.*, sensible *or* visible horizon *s.*; **–e Navigation** *f.*, coastal *or* terrestrial navigation *s.*, pilotage *s.*; **–er Schiffsort** *m.*, terrestrial position *s.* (*of a boat or ship*); **–e Standlinie** *f.* (*nav.*), visual line *s.* of position.

territorial *adj.* (*naut.*), territorial; **–e(s) Gewässer** *n.* (*pl.*), **Territorialgewässer** *n.* (*pl.*), territorial waters (*pl.*). **Territorium** *n.* (*naut.*, *jur.*), territory *s.*

Test *m.* (*naut.*), test *s.*, trial *s.* **testen** *v.* (*naut.*), to test (*boat, sails, etc.*). **Test / ergebnis** *n.*, test result *s.*; **–fahrt** *f.*, test *or* trial run *s.*, (*coll.*) dummy run *s.* (*of boat*); **–gerät** *n.* (*naut.*, *tech.*), testing instrument *s.*; **–reihe** *f.* (*naut.*), test *or* trial run *s.* *or* series *s.*; **–werte** *m./pl.* (*naut.*, *tech.*), test data (*pl.*) *or* values (*pl.*).

Tetrachlor / äthan *n.* (*chem.*), tetrachloroethane *s.* (*solvent*); **–äthylen** *n.* (*chem.*), tetrachloroethylene *s.* (*solvent*).

Teufelsklaue *f.* (*naut.*), clip *or* clove *or* match hook *s.*, sling dogs (*pl.*), (*coll.*) devil's claw *s.*

Textilfaser *f.*, textile fibre *s.* *or* (*am.*) fiber *s.* (*for ropes, sails*); **Segeltuch** *n.* **aus –,** textile(-fibre) sail cloth *s.* **Textur** *f.*, fibre *s.*, structure *s.*, (*am.*) fiber *s.* (*of sailcloth*).

Themse-Vermessung(sbrief *m.*) *f.*, Thames Tonnage (Certificate) *s.*

Thermik *f.* (*meteor.*), thermic *s.*, thermic current *s.*, warm up-current *s.* of air, (*phys.*) thermals (*pl.*), thermal current *s.* **thermisch** *adj.* (*meteor.*), thermic, (*phys.*) thermal; **–er Äquator** *m.* (*meteor.*), thermal equator *s.*; **–er Aufwind** *m.*, thermic up-current *s.*, up-current *s.* due to hot air; **–e Spannung** *f.* (*phys.*), thermotension *s.*; **–er Starkwind** *m.* (*naut.*), thermic gale *s.*; **–er Wind** *m.* (*naut.*), thermic wind *s.* *or* breeze *s.*

Thermo / barometer *n.*, thermobarometer *s.*; **–dynamik** *f.* (*naut.*, *phys.*), thermodynamics (*pl.*); **t–dynamisch** *adj.* (*naut.*, *phys.*), thermodynamic(al); **t–elektrisch** *adj.* (*phys.*), thermoelectric(al); **–graph** *m.* (*meteor.*, *phys.*), thermograph *s.*, temperature recorder *s.*

Thermometer *n.* (*phys.*), thermometer *s.*; **feuchtes** *od.* **nasses –,** wet-bulb thermometer *s.*; **selbstregistrierendes –,** thermometrograph *s.*; **trockenes –,** dry-bulb thermometer *s.*; **– mit 3 Skalen (Celsius, Réaumur, Fahrenheit),** combination thermometer *s.*; **das – zeigt** *od.* **steht auf 20° C,** the thermometer reads *or* stands at 20° C. **Thermometer / ablesen** *n.* *od.* **–ablesung** *f.*, thermometer reading *s.*; **–skala** *f.*, thermometric(al) scale *s.*, scale *s.* of a thermometer; **–stand** *m.*, thermometer reading *s.*

Thermo / phon *n.*, **(elektroakustisches) –,** thermophone *s.*; **–stat** *m.*, thermostat *s.*; **t–statische Regelung** *f.*, thermostatic control *s.*

Tide *f.*, tide *s.*; **astronomische –,** astronomical tide *s.*; **eintägige –,** diurnal tide *s.*; **fallende –,** falling tide *s.*, ebb-tide *s.*; **halbtägige –,** semi(-)diurnal tide *s.*; **meteorologische** *od.* **meteorologisch bedingte –,** meteorological tide *s.*; **steigende –,** rising tide *s.*, flood-tide *s.*; **vierteltägige –,** quarter-diurnal tide *s.*; **durch –n** (*pl.*) **beieinflußt,** tidal (*of river, coast, etc.*); **gegen den Wind laufende –,** windward tide *s.*; **gegen die – laufen,** to stem the tide (*of boat*); **mit der – auslaufen,** to sail on the tide, to tide (*of boat*); **mit der – einlaufen** to tide (*of boat*).

Tide / becken *n.*, tidal basin *s.* (*of harbour*); **–erscheinung** *f.*, range *s.* of (the) tide; **–fluß** *m.*, tidal river *s.* *or* stream *s.*; **–gebiet** *n.*, tidal area *s.*; **–grenze** *f.*, tidal border *s.*, tide-line *s.*; **–hafen** *m.*, tidal harbo(u)r *s.*; **–hochwasser** *n.*, high tide *s.*; **–mündung** *f.* tidal estuary *s.* (*of a river*); **–(n)hub** *m.*, rise *s.* *or* range *s.* of the tide, tidal lift *s.* *or* range *s.*; **–niedrigwasser** *n.*, low tide *s.* **Tiden** *f./pl.* (*collect.*), tide(s) *s.* (*pl.*). **Tiden / alter** *n.*, age *s.* of (the) tide; **–fall** *m.*, tidal fall *s.*; **–gewässer** *n.* (*pl.*), tidal waters (*pl.*); **–kalender** *m.*, tide table(s) *s.* (*pl.*) *or* calendar *s.* *or* almanac *s.*; **–komponente** *f.* (*nav.*), tidal component *s.* *or* constituent *s.*; **–konstante** *f.*, tidal constant *s.*; **–kurve** *f.*, tidal diagram *s.*, marigram *s.*; **–küstenströmung** *f.*, coastal tide-current *s.*, (*am.*) tidewater current *s.*; **–lagune** *f.*, tidal lagoon *s.*; **t–los** *adj.*, tideless (*of waters*); **–muring** *f.*, dropping mooring *s.* (in tidal waters); **–phasen** *f./pl.*, phases (*pl.*) of the tide; **–saum** *m.*, water(-)mark *s.*; **(mittlerer) –stand** *m.*, (mean) tide level *s.*; **–stieg** *m.*, tidal rise *s.*, rise *s.* of the tide; **–strom** *m.*, tidal stream *s.*, (*am.*) tidal *or* tide current *s.*; **gegen den –strom** *od.* **die –strömung ansegeln** *od.* **laufen,** to stem the tide (*of boat*); **mit dem –strom** *od.* **der –strömung auslaufen,** to sail on the tide (*of boat*); **–tabelle** *f.*, **–tafel** *f.*, tide(-)table *s.*; **–tiefstand** *m.*, lowest level *s.* of the tide, tidal low-water mark *s.*; **–wechsel** *m.*, change *s.* of (the) tide.

Tief *n.* (*meteor.*), (barometric) depression *s.*, cyclone *s.*, low *s.*, low area *s.*, minimum *s.*, trough *s.*, (*naut.*) deep *s.* (*of water*), deep channel *s.* of water, (*rad.*) bass distortion *s.*; **abziehendes –** (*meteor.*), departing low *s.*; **aufkommendes** *od.* **aufziehendes –** (*meteor.*), approaching low *s.*; **gealtertes –** (*meteor.*), age *s.* of a low, aged low *s.*; **schmales – (zwischen 2 Anticyclonen),** col *s.*; **Rückseite** *f.* **eines –s** (*meteor.*), rear *s.* *or* (*coll.*) back *s.* of a low *or* depression.

tief *adj.* (*naut.*), deep (*of water*), low(-lying) (*of yacht or ship*); **die Sonne steht –,** the sun is low; **10 Fuß –,** 10 feet deep, 10 feet *or* ft in depth (*of water*); **–e Stelle** *f.* (*naut.*), deep *s.* (*of water*); **–er Ton** *m.*, low-pitched tone *s.* (*of foghorn, etc.*); **–es Wasser** *n.*, deep *s.*, deep water *s.*; **–es Wasser aufsuchen** (*naut.*), to make for deep (water); **–es Wasser** *n.* **(vor einer Steilküste),** bold *or* navigable waters (*pl.*).

Tiefausläufer *m.* (*meteor.*), trough *s.* **Tiefdruck** *m.* (*meteor.*), (barometric) depression *s.*, cyclone *s.*, low *s.*, low pressure *s.*, minimum *s.*; **–ausläufer** *m.*, tail end *s.* of a depression; **–gebiet** *n.*, cyclone *s.*, low-pressure area *s.*, region *s.* of low pressure, minimum *s.*; **–rinne** *f.*, trough *s.* of a depression, trough *s.* of low barometric pressure; **–störung** *f.* (*meteor.*), disturbance *s.*, (*rad.*) atmospherics (*pl.*), static *s.*, interference *s.*; **–system** *n.*, low pressure system *s.*, complex *s.* of (barometric) depression; **–trog** *m.*, trough *s.*; **–zentrum** *n.*, centre *s.* *or* (*am.*) center *s.* of a low *or* of low pressure *or* of (barometric) depression.

Tiefe *f.*, depth *s.* (*of water*), (*naut.*) soundings (*pl.*); drop *s.*, hoist *s.* (*of sails*), full shape *s.*, depth *s.* (*of sails*); **gelotete –** (*nav.*), depth sounded; **volle – (bei Segeln),** full hoist *s.* (of sails); **– des Eintauchens,** dip *s.* (*of boat*). **Tiefen / anzeige** *f.* (*nav.*), depth indication *s.*, soundings (*pl.*); **–anzeiger** *m.*, depth ga(u)ge *s.* *or* recorder *s.*; **–echolot** *n.*, depth echo sounder *s.*; **–karte** *f.*, bathymetric chart *s.*; **–linie** *f.* (*nav.*), isobath *s.*, depth contour *s.*, fathom line *s.* (*sea chart*); **–lot** *n.*, bathometer *s.*, sounding-lead *s.*, depth sounder *s.*, deep-sea lead *s.* *or* sounder *s.*, (*coll.*) dipsey *or* dipsie *or* dipsy lead *s.*; **–lotung** *f.*, depth sounding *s.*, deep-sea sounding *s.*; **–marken** *f./pl.* **am Handlot,** deeps (*pl.*), depth markings (*pl.*); **–messer** *m.* (*nav.*), bathometer *s.*, fathometer *s.*; **–messung** *f.* (*nav.*), bathymetry *s.*, depth soundings (*pl.*); **–ruder** *n.*, horizontal rudder *s.*; **–schärfe** *f.* (*phys.*), depth *s.* of focus *or* field; **–strömung** *f.*, deep *or* depth current *s.*, underwater current *s.*; **–warngerät** *n.* (*nav.*), depth echo-sounder *s.* *or* -sounding device *s.*, (*coll.*) dipsey *or* dipsie *or* dipsy warning device *s.*

Tiefgang *m.* (*naut.*), draught *s.*, (*am.*) draft *s.*, (*coll.*) dip *s.* (*of a boat*), sea-ga(u)ge *s.*; **beschränkter –,** restricted draught *s.* *or* (*am.*) draft *s.*; **erlaubter –,** permissible draught *s.*; **geringer –,** low *or* shallow draught *s.*; **geringster (größter) –,** minimum (maximum) draught *s.*; **mittlerer –,** mean draught *s.*; **die Yacht hat 8 Fuß –,** the yacht draws 8 ft of water; **ein Boot von 6 Fuß –,** a boat drawing 6 feet of water; **ein Boot von geringem –,** a shallow-draught *or* (*am.*) -draft boat *s.*; **einen – haben von,** to draw (*of boat*); **großen – haben,** to draw deep; **welchen – hat das Boot?,** how much does the boat *or* she draw?; **– eines beladenen (unbeladenen) Schiffs,** load(ed) (light) draught *s.* *or* (*am.*) draft *s.*; **– achtern (Mitte Schiff, vorn),** draught *s.* *or* (*am.*) draft *s.* aft (amidships, forward); **– über Oberkante Kiel,** mo(u)lded draught *s.* *or* (*am.*) draft *s.* **Tiefgang / änderung** *f.*, alteration *s.* *or* change *s.* of trim; **t–behindertes Fahrzeug** *n.* *od.* **Schiff** *n.*, draught- *or* (*am.*) draft-restricted vessel *s.*; **–beschränkung** *f.*, draught *or* (*am.*) draft restriction *s.*, restriction *s.* of draught *or* (*am.*) draft; **–linie** *f.* **(am Schiff),** water mark *s.*; **–marken** *f./pl.*, draught marks (*pl.*); **–skala** *f.*, draught scale *s.*

tief / gehen *v.* (*naut.*), to draw (*of boat or ship*); **–gehend** *adj.*, deep-drawing; **–gehendes Schiff** *n.*, deep-drawing ship *s.*; **–hängend** *adj.*, low-lying, low; **–hängende Wolken(decke** *f.*) *f./pl.*, low-lying clouds (*pl.*), low cloud *s.* *or* overcast *s.*; **T–ladelinie** *f.*, bearing *s.*, load-line *s.*, load water-line *s.*; **T–lademarke** *f.*, bearing *s.*; **–liegend** *adj.*, low-lying; **–liegender Nebel** *m.*, low-lying mist *s.*; **T–lot** *n.*, deep-sea lead *s.*; **T–lot(ungs)apparat** *m.* *od.* **-gerät** *n.*, flying sounder *s.*

Tiefsee *f.*, abyssal zone *s.*, deep sea *s.*, ocean *s.*, (*naut. coll.*) blue water *s.*, the deep. **Tiefsee / fischerei** *f.*, deep(-)sea fishing *s.*; **–graben** *m.* (*geogr.*), trench *s.*; **–kabel** *n.*, submarine cable *s.*; **–lot** *n.*, deep(-)sea lead *s.* *or* sounder *s.*, bathometer *s.*; **–lotung** *f.*, deep(-)sea sounding(s) *s.* (*pl.*), bathymetry *s.*; **–messung** *f.*, bathymetry *s.*; **--Taucherkugel** *f.*, bathysphere *s.*; **--Tauchgerät** *n.*, bathyscaphe *s.*; **–wasserweg** *m.*, deep-draught *or* (*am.*) -draft route *s.*, ocean route *s.*

tiefst *adj.*, **im –en Norden,** in the extreme north.

Tiefstand *m.* (*naut.*), lowest level *s.*, low-water mark *s.*, (*astr.*) depression *s.*, nadir *s.*

Tiefstwert *m.* (*meteor.*), (absolute) minimum *s.*

Tief / töner *m.*, **–tonlautsprecher** *m.* (*naut.*, *rad.*), woofer *s.*

Tiefwasser *n.* **(hinter einer Barre** *od.* **Sandbank),** ballow *s.*; **–standsmarke** *f.*, **–standszeichen** *n.*, low-water mark *s.*; **–weg** *m.*, deep-draught *or* (*am.*) -draft route *s.*, ocean route *s.*

Tiekholz *n.*, **(*s.* Teakholz).**

Tierkreis *m.* (*astr.*, *nav.*), Zodiac *s.*, zodiac *s.*, zodiacal belt *s.*

Titan *n.* (*chem.*), titanium *s.* (*shipb.*).

Titel *m.* (*rac.*), title *s.*; **–bewerber** *m.* (*rac.*), challenger *s.* for the title; **–halter** *m.*, **–verteidiger** *m.* (*rac.*), title holder *s.*, champion *s.* of the title.

Tjalk *f.*, tjalk *s.* (*Dutch coaster*).

Toben *n.*, raging *s.*, raving *s.*, roaring *s.* (*of sea, wind*); **– der See,** turmoil *s.* of the sea. **toben** *v.*, to rage, to rave, to roar (*of sea,* *wind*). **tobend** *adj.*, uproarious (*as sea*); **–e See** *f.*, raving *or* roaring sea *s.*

Tochter / kompaß *m.*, repeater compass *s.*; **–kompaß** *m.* **(eines Kreiselkompasses),** repeater *s.* (of a gyro-compass), repeater gyro-compass *s.*; **–schiff** *n.*, daughter ship *s. or* yacht *s.*; **–sichtgerät** *n.* (*radar*), radar repeater *s.*

Toggle *m.* (*naut.*), toggle *s.*; **–bolzen** *m.*, toggle pin *s.*; **–gelenk** *n.*, **–glied** *n.*, toggle joint *s.*; **–gelenkstange** *f.*, toggle link *s.*

Toleranz *f.* (*naut.*), tolerance *s.*, permissible deviation *s. or* variation *s.*, (*naut., tech.*) allowance *s.*, clearance *s.*, tolerance *s.*; **–grenze** *f.*, tolerance limit *s.*

Ton *m.* (*naut.*), blast *s.* (*of steam whistle*), sound *s.*; **kurzer (langer) –** (*naut.*), short (prolonged) blast *s.*

Tonnage *f.* (*naut.*), tonnage *s.*; **–vermessung** *f.*, tonnage measurement *s.*; **–zertifikat** *n.*, tonnage certificate *s.*

Tonne *f.* (*naut.*), register ton *s.*; ton *s.*; buoy *s.*; **eine Yacht von 20 –n** (*pl.*), a yacht of 20 tons burden; **metrische –,** metric ton *s.* (*unit of measurement*); **spitze –,** conical buoy *s.*; **stumpfe –,** can *or* cylindrical buoy *s.*; **eine – ausmachen,** to sight *or* to pick up a buoy; **eine – holen** *od.* **ansteuern,** to fetch a buoy; **eine – klar passieren,** to clear a buoy; **eine – legen,** to stream a buoy; **– an Fahrwasserkreuzungen,** crossing buoy *s.*; **– mit Toppzeichen,** topmark buoy *s.* **Tonnen / boje** *f.*, cask buoy *s.*; **–gehalt** *m.* (*naut.*), tonnage *s.*, measurement *s.*; **amtlicher –gehalt** *m.*, register tonnage *s.*; **–geld** *n.*, warpage *s.* (*in some harbours*); **–leger** *m.*, buoy-laying ship *s. or* vessel *s.*; **–position** *f.* (*rac.*), position *s.* of buoy(s); **–rack** *n.*, parrel *s.*; **–tragfähigkeit** *f.*, deadweight tonnage *s.*, tons (*pl.*) burden (*of yacht or ship*).

Tonner / klasse *f.* (*rac.*), one ton class *s.*; **–klassen** *f./pl.* (*rac.*), ton classes *s./pl.*; **–yachten** *f./pl.*, (one, quarter, three-quarter, two) ton yachts (*pl.*).

Ton / frequenz *f.* (*rad.*), audio-frequency *s.*, tone frequency *s.*; **–höhe** *f.* (*rad.*), tone pitch *s.*; **t–los** *adj.* (*rad. D/F*), unmodulated; **–qualität** *f.* (*rad.*), tone *s.*; **–schwund** *m.* (*rad.*), fading *s.*; **–signal** *n.* (*naut.*), sound signal *s.*; **–stärke** *f.* (*rad.*), intensity *s.* of sound, volume *s.*; **–verstärker** *m.* (*rad.*), audio-amplifier *s.*; **–verstärkung** *f.* (*rad.*), amplification *s.*; **–wiedergabe** *f.* (*rad.*), sound reproduction *s.*, fidelity *s.*

Topophon *n.* (*naut.*), topophone *s.* (*instrument to ascertain the direction of a signal*).

Topp *m.* (*naut.*), head *s.* (of mast), mast(-)head *s.*, top *s.*, topmast *s.*; **über die –en** (*pl.*) **flaggen,** to dress ship; **vor – und Takel,** ahull, under bare poles; **vor – und Takel lenzen,** to scud, to scud with bare poles; **vor – und Takel treiben,** to sail under bare poles, to scud.

toppen *v.*, to peak (up), to top; **eine Gaffel –,** to peak a gaff.

Topp / flagge *f.*, masthead flag *s.*; **–gast** *m.*, top man *s.*; **t–lastig** *adj.*, top(-)heavy, tender, top-hampered (*of boat*); **–lastigkeit** *f.*, top heaviness *s.*, tenderness *s.* (*of boat*); **–laterne** *f.*, masthead lantern *s.*, top lantern *s. or* light *s.*; **–latte** *f.* **(im Segel),** top batten *s.*; **–leine** *f.*, top halyard *s.*; **–licht** *n.*, masthead light *s.*, headlight *s.*; **–mast** *m.*, topmast *s.*; **–maststütze** *f.*, fid *s.* of the topmast.

Toppnant *m.* (*coll. n.*), topping lift *s.*, yard pendant *s.*; **––Mastblock** *m.*, topping-lift mastblock *s.*

Topp / reep *n.*, guy-line *s.*, stay *s.*; **–rolle** *f.*, masthead *or* topmast pulley *s.*; **–segel** *n.*, topsail *s.*; **großes –segel** *n.*, club topsail *s.*; **–segelrah(e)** *f.*, topsail yard *s.*; **–signal** *n.*, top sign *s. or* signal *s.*; **–stag** *n.*, topmast stay *s.*; **–stander** *m.*, masthead *or* top burgee *s. or* (racing) flag *s. or* pendant *s. or* pennant *s.*; **–takelung** *f.*, masthead rig *s.*; **–talje** *f.*, top burton *s.*; **–zeichen** *n.*, top()mark *s.*, top sign *s. or* signal *s.*; **Boje** *f.* **mit –zeichen,** surmounted buoy *s.*; **–zeichen** *n.* **mit Doppelball,** topmark *s.* with double sphere; **–zeichen** *n.* **mit Doppelkegel,** topmark *s.* with double cone.

Tor *n.* (*naut.*), gate *s.* (*of a lock*), entrance *s.* (*of harbour*); **–boje** *f.*, gate buoy *s.*; **–feuer** *n.*, entrance lights (*pl.*), pair lights (*pl.*) (*of a harbour*); **–ketten-Richtfeuer** *n.*, chain *s.* of leading lights; **–kran** *m.*, portal *or* gantry crane *s.* (*in yacht harbour*).

Törn *m.*, (sea) spell *s.* (*of watch*), sea turn *s. or* voyage *s.*, (sailing) turn *s.*, sail *s.* (*with boat*), lay *s.*, turn *s.* (*of rope*). **törnen** *v.*, to lay (*a rope*); (*coll.*) to go for a sail.

Tornado *m.* (*meteor.*), tornado *s.*, (*coll.*) twister *s.*

Toröffnungszeiten *f./pl.* **einer Schleuse,** (gate-)opening hours (*pl.*) *or* time *s.* of a lock.

Torsion *f.* (*naut., phys.*), torsion *s.*, torque *s.*, twist(ing) *s.*, wrench *s.* **Torsions / beanspruchung** *f.*, torsional stress *s.*; **–feder** *f.*, torsion spring *s.*; **–festigkeit** *f.*, torsion(al) strength *s. or* stability *s.*; **–kraft** *f.*, torsional force *s.*; **–messer** *m.*, torsion(-)meter *s.*; **–moment** *n.*, torsional moment *s.*, moment *s.* of torque *or* twist; **–pendel** *n.*, torsion pendulum *s.*; **–span-**

nung *f.*, torsional strain *s.*; **–steifigkeit** *f.*, torsion *s.*; **–winkel** *m.*, angle *s.* of torque, angle *s.* of torsion.

Tosen *n.* **der Brandung,** uproar *s.* of the surf *or* surge, wash *s.* **tosen** *v.*, to rage, to roar (*of sea, wind*).

tot *adj.* (*naut.*), dead; **–e Dünung** *f.*, dead swell *s.*; **–es Gewicht** *n.* (*naut.*), dead()weight *s.*; **–er Punkt** *m.* (*tech.*), dead-centre *s. or* (*am.*) -center *s.*, dead point *s.*; **–es Rennen** *n.* (*rac.*), dead(-)heat *s.*; **ein –es Rennen segeln,** to dead-heat; **–es Werk** *n.* (*naut.*), dead work *s.*, upper works (*pl.*); **–er Wind** *m.*, dead calm *s.*; **–er Winkel** *m.*, dead angle *s.*; **–e Zone** *f.* (*rad., radar*), blind spot *s.*, skip distance *s.*, zone *s.* of silence.

total *adj.*, **–e Finsternis** (*astr.*), total eclipse *s.*; **–e Flaute** *f.*, dead calm *s.* **Totalverlust** *m.* (*naut., ins.*), total loss *s. or* wreck *s.*, (*coll.*) write-off *s.* (*of a boat*).

totdampfen *v.* (*naut.*), to stern (*a boat*).

Toten/flaute *f.* (*naut.*), dead calm *s.* ghosting *s.*; **–stille** *f.* (*rad.*), dead silence *s.*

Tot/gewicht *n.* (*naut.*), dead weight *s.*; **–holz** *n.* (*naut.*), dead wood *s.* (*shipb.*); **–lage** *f.* (*rad., radar*), blind spot *s.*, (*tech.*) dead point *s.*; **–last** *f.* (*naut.*), deadweight *s.*; **–punkt** *m.* (*rad., radar*), blind spot *s.*, (*tech.*) dead-centre *s. or* (*am.*) -center *s.*, dead point *s.*; **oberer –punkt** *m.* (*tech.*), top dead-centre *s.*; **–raum** *m.* (*naut.*), dead space *s.* (*shipb.*); **t–segeln** *v.*, to stern (*a boat*), to fore-reach, (*rac.*) to beat *or* to outsail (*a boat or rival*); **t–still** *adj.* (*naut.*), dead calm; **–wasser** *n.*, dead water *s.*, slack *or* still water *s.*, wake *s.*

Tour *f.* (*naut., tech.*), revolution *s.*, (*coll.*) revs (*pl.*), (*naut.*) sail *s.*, cruise *s.*, trip *s.*; **– eines Taus,** turn *s.* of a rope. **Touren** *f./pl.*, **auf –** (*naut., tech.*), at speed; **auf – kommen,** to gather *or* to pick up speed, (*coll.*) to rev up (*motorboat*); **den Motor auf – bringen** (*naut.*), to rev up the engine. **Touren/segel** *n.*, cruising sail *s.*; **–segler** *m.*, cruiser *s.*, cruising boat *s. or* yacht *s.*; cruising sailor *s. or* yachtsman *s.*; **–spinnaker** *m.*, cruising spinnaker *s.*, gennaker *s.*; **–yacht** *f.*, cruiser *s.*, cruising yacht *s.*, family cruiser *s.*; **–zahl** *f.* (*naut., tech.*), number *s.* of revolutions *or* (*coll.*) revs, revolutions (*pl.*) per minute; **–zähler** *m.* (*naut., tech.*), revolution counter *s.*, (boat) tachometer *s.*, speed indicator *s.*

T-Profil *n.* (*naut.*), T-profile *s. or* section *s.* (*shipb.*).

Trabant *m.* (*astr.*), moon *s.*, satellite *s.*

Track *m.* (*naut.*), sea route *s. or* lane *s.*, track *s.*, road *s.* at sea.

Trafo *m.* (*coll.*), (*s.* **Transformator).**

tragbar *adj.*, portable (*of boat, etc.*); **–es Sende- und Empfangsgerät** *n.* (*rad.*), portable transceiver *s.*; **–es (Sprech)Funkgerät** *n.*, portable radio(telephone) *s.*, (*coll.*) walkie-talkie *s.*

träg(e) *adj.* (*phys.*), inert; sullen (*of river*); **–fließend,** sulky (*of river*); **–e Masse** *f.* (*phys.*), inert mass *s.*; **–e Strömung** *f.*, slack current *s. or* flow *s.*

tragen *v.* (*naut.*), to carry (*sails*), to draw (*of sails*), to support (*mast, etc.*). **tragend** *adj.*, **–er Anker,** riding anchor *s.*; **–e (Wasser)Oberfläche** *f.*, bearing surface *s.* (of the water).

Träger *m.* (*naut.*), beam *s.*, girder *s.* (*shipb.*), bracket *s.*, prop *s.*, (*rad.*) carrier *s.*, (*naut., tech.*) mount *s.* (*for instruments*); **–frequenz** *f.* (*rad.*), radio frequency *s.*, (*Loran, etc.*) carrier-frequency *s.*; **–welle** *f.* (*rad.*), radio wave *s.*, (*Loran, etc.*) carrier-wave *s.*

Tragfähigkeit *f.* (*naut.*), carrying *or* load capacity *s.*, load-carrying capacity *s.*, maximum load *s.* (*of boat*), dead()weight *s.*, burden *s.*, tonnage *s.* (*of ship*); **– eines (Boots)Krans,** lifting capacity *s.* (of a yacht crane); **– eines Schiffes,** dead-weight tonnage *s.*; **– schwimmender (Auftriebs)Körper,** buoyancy *s.* (*of life jacket, life raft, etc.*); **–skoeffizient** *m.* (*naut.*), buoyancy *or* displacement coefficient *s.* (*of boat*), deadweight *or* tonnage coefficient *s.* (*of ship*); **–svermögen** *n.* **(eines Auftriebskörpers),** buoyancy *s.*

Trag/fläche *f.* (*naut.*), air(-)foil *s.* (*of sail*), hydrofoil *s.* (*of boat*); **–flächenboot** *n.*, hydrofoil (sea) craft *s. or* boat *s.*; **–flächenprofil** *n.*, air(-)foil section *s.* (*of a sail*), hydrofoil section *s.* (*of boat, rudder, etc.*); **–flügel** *m.* (*naut.*), air(-)foil *s.* (*of sail*), hydrofoil *s.* (*of boat*); **–flügelboot** *n.*, hydrofoil boat *s. or* craft *s.*; **–flügelprofil** *n.*, air(-)foil section *s.* (*of a sail*); **–flüssigkeit** *f.* **(im Kompaß),** suspension fluid *s.* (*of the compass*).

Trägheit *f.* (*phys.*), inertia *s.*; **– der Masse** (*phys.*), inertia *s.* **Trägheits/durchmesser** *m.*, radius *s.* of inertia; **–ellipsoid** *n.*, ellipsoid *s.* of inertia; **–gesetz** *n.*, law *s.* of inertia; **–kraft** *f.*, vis inertiae *s.*; **–moment** *n.*, moment *s. or* momentum *s.* of inertia; **–navigation** *f.*, inertial navigation *s.*; **–radius** *m.*, radius *s.* of gyration *or* inertia; **–system** *n.* (*naut., phys.*), inertial system *s.*; **–zentrum** *n.*, centre *s. or* (*am.*) center *s.* of inertia *or* mass.

Trag/kraft *f.* (*naut.*), carrying *or* load *or* load-carrying capacity *s.* (*of boat*), lifting capacity *s.* (*of crane in yacht harbour*), (*tech.*) transverse strength *s.*; **–last** *f.* (*naut.*, *tech.*), peak *or* maximum working-load *s.*; **–seil** *n.* (*naut.*), bracer *s.*, supporting-rope *s.*; **–vermögen** *n.* (*naut.*), (load) carrying capacity *s.* (*of a boat*), buoyancy *s.* (*of boat or life raft, etc.*); **–weite** *f.* **(eines Leuchtfeuers),** (luminous) range *s.* (of a light).

Trailer *m.* (*naut.*), trailer *s.*; **Stahlbau** *m. od.* **-konstruktion** *f.* **eines –s,** steel construction *s.* of a trailer. **trailer / bar** *adj.*, trailable; **–bares Boot** *n.*, trailable boat *s. or* dinghy *s.*; **T–boot** *n.*, trailable boat *s.* **Trailern** *n.*, trailing *s.* (*a boat*). **trailern** *v.*, to trail (*a boat*).

Trainer *m.* (*rac.*), coach *s.*, trainer *s.* **trainieren** *v.* (*rac.*), to drill, to train, to exercise; **(sich) – auf** *od.* **für,** to train for, to go into training for (*a race*). **Training** *n.* (*rac.*), training *s.*, (*am.*) workout *s.*; **–sanzug** *m.*, track-suit *s.*, (*am.*) sweat suit *s.*

Trajekt *m. od. n.*, **Trajektschiff** *n.*, traject *s.*, sea train *s.*, train-ferry *s.*

Tralje *f.* (*naut.*), bar *s.* (*of grating*).

Tramontana *f.*, **Tramontane** *f.*, tramontana *s.*, tramontane wind *s.* (*Mediterranean*).

Tramp *m.*, **Tramper** *m.* (*naut.*), tramp *s.* **Tramp / schiff** *n.*, tramp *s.*; **Frachter** *m.* **auf – (schiff)Fahrt,** tramp *s.*; **–schiffahrt** *f.*, tramp shipping *s.*

transatlantisch *adj.*, transatlantic, oversea(s).

Transceiver *m.* (*rad.*), transceiver *s.*, transmitter-receiver *s.*

Transformator *m.* (*naut.*, *elec.*), transformer *s.* **transformieren** *v.*, to transform.

Transistor *m.* (*rad.*, *elec.*), transistor *s.*; **mit – ausrüsten,** to transistorize; **–gerät** *n.*, transistor set *s.* **transistorieren** *v.*, **transistorisieren** *v.*, to transistorize. **Transistorradio** *n.*, transistor (radio) *s.*

Transit *m.* (*astr.*, *naut.*), transit *s.*; **–erlaubnis** *f. od.* **–genehmigung** *f.*, transit permit *s.*; **–hafen** *m.*, port *s.* of transit; **–verkehr** *m.* (*naut.*), transit traffic *s.*; **–visum** *n.*, transit visa *s.*; **–zoll** *m.*, transit duty *s.*

Transmission *f.* (*naut.*, *tech.*), (belt) transmission *s.*; **–skette** *f.*, driving-chain *s.*; **–swelle** *f.*, connecting-rod *s. or* -shaft *s.*

Transom / balken *m.* (*naut.*), transom beam *s.*; **–bodenwrange** *f.*, transom floor *s.*; **–heck** *n.*, transom stern *s.*; **–spant** *n.*, transom frame *s.*

transozeanisch *adj.*, transoceanic.

Transport *m.* **(auf dem Seeweg),** transport *s.*, transportation *s.* (by sea), water-borne transport (*of boats, etc.*); **–kosten** (*pl.*), freight *or* shipping charges (*pl.*); **–schäkel** *m.*, transporting shackle *s.*; **–weg** *m.* (*naut.*), route *s.*, track *s.*

Trapez *n.* (*naut.*), trapeze *s.*; **fliegendes –,** flying trapeze *s.* **Trapez / draht** *m.*, trapeze wire *s.*; **t–förmig** *adj.* (*naut.*, *geom.*), trapezoid(al), quadrilateral; **–gewinde** *n.*, acme thread *s.*; **–griff** *m.*, trapeze handle *s.*; **–gurt** *m.*, trapeze belt *s.*; **–hose** *f.*, trapeze pants (*pl.*); **–segler** *m.*, trapeze man *s.*, man *s.* in the trapeze; **–technik** *f.*, trapeze (sailing) technique *s.*

Traveller *m.* (*naut.*), traveller *s.*, (*am.*) traveler *s.*; **den – (genau) einstellen,** to adjust the travel(l)er; **den – (querschiffs) arretieren,** to check *or* to stop the travel(l)er. **Traveller / leine** *f.*, travel(l)er line *s.*; **–(leit)schiene** *f.*, traveller track *s.*; **–schlitten** *m.*, travel(l)er slide *s.*; **–schoten** *f./pl.*, travel(l)er sheets (*pl.*); **–wagen** *m.*, travel(l)er slide *s.*

Traverse *f.* (*naut.*), traverse *s.* (*navigation*), cross-girder *s.*, girder *s.*, traverse (*shipb.*).

Trawler *m.*, trawl(-)boat *s.*, trawler *s.*

trecken *v.* (*naut. coll.*), to drag, to haul, to pull, to tow. **Treck / schute** *f.*, canal-boat *s.*, barge *s.*; **–seil** *n.*, tow-rope *s.*; **–weg** *m.*, tow(ing) path *s.*

Treib / anker *m.*, drag- *or* drift anchor *s.*, floating anchor *s.*, drogue *s.*, sea(-)anchor *s.*; drag sail *s. or* sheet *s.*; **–bake** *f.*, floating beacon *s.*; **–eis** *n.*, drift-ice *s.*, drifting *or* floating *or* loose ice *s.*, float *s.*, sludge *s.*, slob ice *s.*; stream(-)ice *s.* (*on a river*); **–eisgeschiebe** *n.*, raft *s.*; **–eisgeschiebe bilden,** to raft; **–eisscholle** *f.*, ice floe *s.*

treiben *v.* (*naut.*), to drift, to heave, to make leeway *or* sternway (*of boat*), to drift, to float (*of ice, wood, etc.*); **an(s) Land –,** to drift *or* to be driven ashore; **(auf** *od.* **im Wasser) –,** to ride (the water); **auf den Wellen –,** to ride the waves (*of boat*); **auf Grund –,** to ground, to run aground, to strand, (*coll.*) to pile up (*of boat*); **in schwerer See –,** to make heavy weather (*of boat*); **mit der Strömung –,** to drift (with the current), to rip (*of boat*); **nach achtern –,** to make sternway (*of boat*); **über Steuer –,** to drift astern, to make sternway; **unter Wasser –,** to trip (*of wood, etc.*); **vom Kurs –,** to make leeway; **von achtern auf den Anker –,** to heave astern; **vor Anker –,** to drag the anchor, to ride easy (*of boat*), the anchor drives; **vor Topp und Takel –,** to scud (*of boat*); **– lassen,** to cut *or* to set adrift (*boat*); **der Anker treibt,** the anchor drives; **der Fluß treibt Eis,** the river is bringing down *or* carrying ice. **treibend** *pr. p.* (*naut.*), adrift; **auf dem Wasser –,** natant; **unter Wasser –,**

tripping (*of wood, etc.*); **vor Anker –,** riding easily, dragging (the anchor); **–e Bake** *f.*, floating beacon *s.*; **–e Kraft** *f.* (*naut., phys.*), driving force *s.*, prime mover *s.*, (*tech.*) mover *s.*, moving coil *s.*; **–er Nebel** *m.*, scud *s.*; **(auf dem Wasser) –es Objekt** *n.*, driftage *s.*, flotsam *s.*; **–es Packeis** *n.*, drifting *or* loose pack (ice) *s.*; **(tief) –e Wolke** *f.*, **–e Wolkenfetzen** *m./pl.*, scud *s.*; **–es Wrack** *n.*, derelict *s.*, drifting wreck *s.*; **–es Wrackgut** *n.*, flotsam *s.*

Treiber *m.* (*naut.*), driver *s.*, dandy *s.*, riding sail *s.*, stunsail *s.*, (*coll.*) stuns'l(e) *s.*; (*coll.*) propeller *s.*, screw *s.* **Treibermast** *m.*, jigger *s.*, jigger mast *s.*, dandy miz(z)en *s.*, yawl jigger *s. or* miz(z)en *s.*

Treib/gut *n.*, driftage *s.*, flotsam *s.*; **–holz** *n.*, drift(-)wood *s.*, drifting wood *s.*; **(Ansammlung** *f.* **von) –holz (auf einem Fluß),** raft *s.*; **–kraft** *f.* (*naut., phys.*), driving force *s.*, motive power *s.*, propellant *s.*; **–lot** *n.*, drift lead *s.*; **–mittel** *n.* (*naut., tech.*), propellant *s.*; **–netz** *n.*, drift-net *s.*; **–netzboje** *f.*, pellet *s.*; **–öl** *n.*, fuel oil *s.*, diesel *or* Diesel oil *s.*; **–ölein-** *od.* **-übernahme** *f.* (*naut.*), fuelling *s.*, (*am.*) fueling *s.*; **–sand** *m.*, quicksand *s.*, shifting sand(s) *s.* (*pl.*), sand-drift *s.*, silt *s.*, syrtis *s.*; **–stoff** *m.*, fuel *s.*, petrol *s.*, (*am.*) gasoline *s.*, (*sl.*) juice *s.*; propellant *s.*; **–stoff einnehmen** (*naut.*), to fuel, to refuel; **–stoffmesser** *m.*, fuel ga(u)ge *s.*; **–stoffpier** *f. od. m.*, fuel quay *s. or* dock *s.*; **–stoffpumpe** *f.*, fuel pump *s.*; **–stofftank** *m.*, fuel tank *s.*; **–stoffübernahme** *f.* (*naut.*), (re)fuel(l)ing *s.*; **–wandnetzfischer** *m.*, gill-netter *s.* (*boat and pers.*); **–wasser** *n.*, lateral drift *s.*, propellant force *s.* of the wash.

Treidel *m.* (*naut.*), tow(-)line *s. or* rope *s.*; **–leine** *f.*, tow(ing) line *s. or* rope *s.*; **–mast** *m.*, towing post *s.* **Treideln** *n.*, haulage *s.*, towing *s.*, tracking *s.* **treideln** *v.*, to tow, to track. **Treidel/pfad** *m.*, tow(ing) path *s.*, trackway *s.*; **–tau** *n.*, tow(ing) line *s. or* rope *s.*; **–weg** *m.*, tow(ing) path *s.*, trackway *s.*; **dem –weg gegenüberliegendes Kanalufer** *n.* (*am. dial.*), berm(e) *s.*

Treisegel *n.*, **(***s.* **Trisegel).**

trennen *v.* (*naut.*), to partition (off), to separate; (*coll.*) to part (*of rope*), (*rad. coll.*) to cut off, (*elec.*) to disconnect. **Trenn/kreis** *m.* (*rad.*), buffer *s.*; **–schalter** *m.* (*rad., elec.*), disconnecting switch *s.*, disconnector *s.*, (*coll.*) cut-off (switch) *s.*, (*elec.*) circuit breaker *s.*; **t–scharf** *adj.* (*rad.*), selective; **–schärfe** *f.* (*rad.*), selectivity *s.*; **–schott** *n.*, partition bulkhead *s.*; **–stufe** *f.* (*rad.*), buffer *s.*; **–verstärker** *m.* (*rad.*), buffer amplifier *s.*

trensen *v.*, **ein Tau –,** to worm a rope. **Trensgarn** *n.*, **Trensing** *f.*, worming rope *s.*

Treppe *f.* **(an Bord),** companionway *s.*, ladder *s.*

Tretanlasser *m.* (*naut.*), foot starter *s.*

treten *v.*, **über die Ufer –,** to overflow the banks (*of river*); **der Mond tritt hinter eine Wolke,** the moon goes *or* hides behind a cloud; **die Sonne tritt in den Löwen,** the sun enters Leo.

Triangel *m.* (*od. n.*) (*astr., naut.*), triangle *s.*

Trichloraethylen *n.* (*chem.*), trichlor(o)ethylene *s.* (*solvent for sails*).

Trichter *m.* (*naut. coll.*), speaking(-)trumpet *s. or* -tube *s.*, megaphone *s.*, (*tech.*) funnel *s.*

Trieb/kraft *f.* (*naut., phys.*), impetus *s.*, momentum *s.*, motive power *s.*, driving *or* propulsive force *s.*, (*tech.*) mover *s.*, moving coil *s.*; **–sand** *m.*, quicksand *s.*, shifting sand(s) *s.* (*pl.*); **–welle** *f.* (*naut., tech.*), drive-shaft *s.*

Triere *f.*, (*s.* **Trireme** *f.*).

triefen *v.* (*naut. coll.*), **vor Nässe –,** to weep. **triefend** *pr. p.*, dripping, (*coll.*) weeping. **triefnaß** *adj.*, dripping *or* sopping wet.

Trift *f.* (*naut.*), current *s.*, drift *s.* (*of water*), leeway *s.* (*of boat*), drift *s.*, floating *s.* (*of wood*). **triften** *v.* (*naut.*), to drift (*of current*), to make leeway (*of boat*), to float (*of wood*). **triftig** *adj.* (*naut.*), adrift, drifting (*of boat*), floating (*of wood*); **– sein** (*naut.*), to be adrift, to drift (*of boat*). **Trift/karte** *f.*, drift *or* current chart *s.*; **–strömung** *f.*, drift (current) *s.*

Trigonal/aspekt *m.*, **–schein** *m.* (*astr.*), trine *s.*

trigonometrisch *adj.* (*naut., math.*), trigonometric(al); **–e Berechnung** *f.* (*naut.*), construction *s.* (of the course); **–er Punkt** *m.*, trigonometric(al) *or* triangulation point *s.*; **–es Signal** *n.*, trigonometric(al) signal *s.*

Trillerpfeife *f.* (*naut.*), trilling whistle *s.* (*distress at sea*).

Trimaran *m.*, trimaran *s.*, three-hull(ed) boat *s.*

Trimm *m.* (*naut.*), trim *s.*, tune *s.*, tuning *s.* (*of boat*), trim *s.* (*of sails*); **achterlastiger –,** trim *s.* down by the stern (*of boat*); **guter (schlechter) –,** good (bad *or* poor) trim *s.* (*of boat, sails*); **sicherer –,** safe trim *s.*; **vorlastiger –,** trim *s.* down by the head (*of boat*); **ein flacherer – des Segels,** a flatter shape *s.* of the sail. **Trimm/änderung** *f.*, alteration *s. or* change *s.* of trim; **–anweisung** *f.*, tuning sheet *s.* (*for boat, sails*); **–ausgleich** *m.*, adjustment *s. or* compensation *s.* of (the) trim; **–balance(ausgleich** *m.***)** *f.* **des Bootes,** equilibrium *s.* of the boat by trim; **–ballast** *m.*, trimming ballast *s.*; **–ballasttank** *m.*, (trimming) ballast tank *s.*; **–blatt** *n.*, tuning sheet *s.*; **––Crewgewicht** *n.*, trim *s.* by crew weight *or* by weight of the crew.

Trimmen *n.* (*naut.*), trimming *s.*, tuning (up) *s.* (*of boat*), sail balance *s.*, trim(ming) *s.* (*of sails*), tuning *s.* (*of mast*). **trimmen** *v.*, to trim, to tune (up) (*boat*), to trim (*sails*); **achter-** *od.* **hecklastig –,** to trim down by the stern, to trim stern-heavy (*of boat*); **hart –,** to trim hard (*of sails*); **kopf-** *od.* **topp-** *od.* **vorlastig –,** to trim down by the head, to trim bow-heavy (*of boat*); **neu** *od.* **besser –,** to retrim (*boat, sails*); **Ballast –,** to trim (the) ballast; **Crewgewicht –,** to trim by crew weight; **das Boot –,** to trim the boat; **ein** *od.* **die Segel –,** to trim a sail *or* the sails; **ein Segel dicht –,** to trim a sail close; **ein Segel weiter außen –,** to sheet the sail farther outboard; **ein Segel zu dicht –,** to overtrim a sail; **eine Yacht –,** to tune up a yacht. **Trimmer** *m.*, trimmer *s.* (*pers.*); dandy *or* yawl mizzen *s.*, jigger mast *s.* **Trimming** *f. od. n.* (*naut., dial.*), trimming *s.*

Trimm/klappe *f.* **am Kiel,** trim tab *s.* (of the keel); **–klappe** *f.* **am Ruder,** trim tab *s.* of *or* on the rudder blade; **–lage** *f.*, trim *s.* (*of the boat*); **das Boot hat eine gute –lage** *od.* **nimmt eine gute –lage ein,** the boat trims well; **das Boot in –lage bringen,** to trim the boat; **–luk** *n.*, **–luke** *f.*, trimming hatch *s.*; **–moment** *n.*, trimming moment *s.*; **–pumpe** *f.*, trimming pump *s.*; **–ruder** *n.*, balance tab *s.* (of the rudder); **–skala** *f.*, trimming scale *s.*; **–stabilisierung** *f.*, stabilization *s.* by trim, stabilizing *s.* of trim (*of boat*); **–streifen** *m.*, stripe *s.*; **–streifen** *m./pl.*, fast stripes (*pl.*), camber stripes (*pl.*); **–system** *n.*, trimming system *s.*, system *s.* of trim; **–tabelle** *f.*, trim *or* tuning table *s.*; **–tank** *m.*, trim(ming) tank *s.*; **–technik** *f.*, technique *s.* for trimming, trim(ming) techniques (*pl.*). **Trimmung** *f.*, trimming *s.* (*of boat, sails*), (*naut., tech.*) tram *s.* **Trimm/versuch** *m.*, trimming test *s.*; **–vorrichtung** *f.*, trimming gear *s.*; **–wasserlinie** *f.*, trim(ming) water-line *s.*, load waterline *s.*; **–winkel** *m.*, angle *s.* of trim; **–zelle** *f.*, trimming (ballast) tank *s.*

Trinkwasser *n.* **(an Bord),** drinking-water *s.*, fresh water *s.*; **–behälter** *m. od.* **–faß** *n. od.* **–tonne** *f.* **(an Bord),** scuttle butt *s. or* cask *s.*; **–tank** *m.*, fresh-water tank *s.* (*aboard*).

trippen *v.*, **(Rah** *od.* **Spiere) –,** to trip (the yard *or* spar). **Trippleine** *f.*, tripping line *s.*, buoy rope *s.*, (anchor) trailing *or* weighing line *s.*

Triradial-Spinnaker *m.*, **triradialer Spinnaker** *m.*, triradial spinnaker *s.*

Trireme *f.*, trireme *s.* (*rowing boat*).

Trisegel *n.*, trysail *s.*; storm trysail *s.*

trocken *adj.*, dry (*of weather*); **hoch und –,** high and dry, hard and fast, stranded (*of boat*), high and dry (*of berth*); **–er Frost** *m.*, black ice *s.*; **–es Wetter** *n.* (*naut.*), fair weather *s.*; **auf dem trock(e)nen** (*naut.*), high and dry (*of boat, berth*), stranded (*of boat*); **im trock(e)nen** (*naut.*), under cover.

Trocken/barometer *n.*, aneroid *or* dry barometer *s.*; **–batterie** *f.*, dry battery *s.*; **–dock** *n.*, dry(-)dock *s.*, graving dock *s.*; **ins –dock bringen,** to drydock (*a ship*); **–dockreparatur** *f.*, dry(-)dock repair(s) *s.* (*pl.*); **–dock(schiffs)-stützen** *f./pl.*, shipway *s.*; **–dockung** *f.*, dry-docking *s.* (*of a ship*); **–element** *n.* (*elec.*), dry battery *s. or* cell *s.*; **t–fallen** *v.* (*naut.*), to come *or* to fall dry, to take the ground, to strand (*of boat*). **Trockenheit** *f.* (*meteor.*), dryness *s.*, drought *s.*, (*naut. coll.*) dry *s.*, dries (*pl.*). **Trocken/kompaß** *m.*, dry compass *s.*; **t–legen** *v.* (*naut.*), to drain (*a boat*); **–legung** *f.*, drainage *s.* draining *s.* (*of a boat*); **–periode** *f.* (*meteor.*), dry spell *s.* (*of weather*), (*naut.*) fair-weather spell *s.*, spell *s.* of dry *or* fair weather; **–spiritus** *m.*, white coal *s.*; **–thermometer** *n.*, dry-bulb thermometer *s.*; **–zeit** *f.* (*meteor.*), dry *s.*, dryness *s.*, the dries (*pl.*).

Trog *m.* (*meteor.*), trough *s.* (*of a depression*).

Trolley *m.* (*naut.*), trolley *s.*, slip (car) *s.* (*for boats*).

Trombe *f.* (*meteor.*), water(-)spout *s.*, vertical whirlwind *s.*

Trommel *f.* (*naut.*), drum *s.*, reel *s.* (*ropes*), barrel *s.* (*of winch*), (*tech.*) cylinder *s.*, barrel *s.*; **– eines Gangspills,** rundle *s.*; **–sextant** *m.*, sextant *s.* (fitted) with vernier drum, micrometer drum sextant *s.*; **beleuchteter –sextant** *m.*, sextant *s.* fitted with micrometer reading and small built-in lamp *or* light; **–winsch** *f.*, drum winch *s.*

Trompete *f.* (*naut.*), sheepshank *s.*; **englische –,** sheepshank hitch *s. or* knot *s.*; **kurze –,** sheepshank *s.*, cat's paw *s.*; **lange –,** (toggled) sheepshank *s.*; **– für den Spinnaker,** spinnaker tube *s. or* chute *s.* **Trompeten/beschlag** *m.*, spinnaker-pole fittings (*pl.*); **–stek** *m.*, sheepshank *s.*

Tropen (*pl.*) (*geogr.*), tropics (*pl.*), torrid zone *s.*, Torrid Zone *s.* **Tropen/ausführung** *f.* (*naut.*), design *s. or* model *s. or* pattern *s. or* version *s.* tested under tropical conditions; **–ausrüstung** *f.* (*naut.*), tropical kit *s.*; **t–beständig** *adj.*, **t–fest** *adj.*, suitable for the tropics, tested under tropical conditions; **–hitze**

f., tropical heat *s.*; **–klima** *n.*, tropical climate *s.*; **–sonne** *f.*, tropic sun *s.*; **–tidenhub** *m. od.* **-stieg** *m.*, tropical range *s. or* rise *s.* of the tide; **–zone** *f.*, tropical zone *s.*, torrid zone *s.*, Torrid Zone *s.*, the tropics (*pl.*).

Tröpfchennebel *m.* (*meteor.*), water fog *s.* **Tröpfeln** *n.* (*naut.*, *coll.*), trickle *s.* (*of rain.*). **tröpfeln** *v.* (*naut.*, *coll.*), to drip, to drop, to fall in drops, to trickle (*of rain*); **es tröpfelt,** it is spotting with rain. **tropfnaß** *adj.* (*naut.*, *coll.*), dripping *or* sopping wet.

Trophäe *f.* (*rac.*), trophy *s.*

tropisch *adj.*, tropic(al); **–e Gezeiten** *f./pl.*, tropical tides (*pl.*); **–e Hitze** *f.*, tropical heat *s.*; **–e Hölzer** *n./pl.* (*naut.*), tropical timber *s. or* wood *s.* (*shipb.*); **–es Jahr** *n.* (*astr.*), tropical year *s.*; **–es Klima** *n.*, tropical climate *s.*; **–er Monat** *m.* (*astr.*), tropical month *s.*; **–e Störung(en)** *f.* (*pl.*) (*meteor.*), tropical disturbance(s) *s.* (*pl.*); **–er Sturm** *m.*, tropical storm *s.*; **–e Tiden** *f./pl.*, tropic(al) tide(s) *s.* (*pl.*); **–er Tidenhub** *m.*, tropical range *s.* of the tide, tropic range *s.*; **–er Wirbelsturm** *m.*, tropical hurricane *s. or* cyclone *s.*; **–e Zone** *f.* (*geogr.*), tropical zone *s.*, tropics (*pl.*), torrid zone *s.*, Torrid Zone *s.*

Tropo / pause *f.* (*meteor.*), tropopause *s.*; **–sphäre** *f.* (*meteor.*), troposphere *s.*; **Grenze** *f.* **zwischen –sphäre und Stratosphäre** (*meteor.*), tropopause *s.*

Trosse *f.*, cable *s.*, hawser *s.*, warp *s.*, wire(-rope) *s.*; (*collect.*) rope(s) *s.* (*pl.*); **kabelgeschlagene –,** warp-laid hawser *s. or* cable *s.*; **die – bricht,** the cable *or* rope parts; **– aus Fasertauwerk,** rope *s.*; **– aus Drahttauwerk,** wire(-rope) *s.*, cable *s.* **Trossen / gräting** *f.*, hawser grating *s.*; **–klemme** *f.*, nipper *s.*, clam cleat *s.*; **–kneifer** *m.*, **–kneifzange** *f.*, cable *or* wire nippers (*pl.*); **–rolle** *f.*, cable *or* wire drum *s. or* reel *s.*; **–schlag** *m.*, hawser lay *s.*; **–stek** *m.*, carrick bend *s.*; **doppelter (einfacher) –stek** *m.*, double (single) carrick bend *s.*; **–winde** *f. od.* **–winsch** *f.*, cable *or* hawser winch *s.*

Troyer *m.* (*naut.*), woollen jacket *s.*, (*coll.*) woolly *s.*

trüb(e) *adj.* (*meteor.*), foggy, gloomy, overcast, dull (*of weather*), dim, grey, (*am.*) gray (*of light*), muddy, murky (*of water*), (*radar*) dim, blurred; **– werden** (*meteor.*), to (become) overcast (*of weather*); to muddy (*of water*); **–es Licht** *n.*, dim *or* grey *or* (*am.*) gray light *s.*, greyness *s.*, (*am.*) grayness *s.*; **–er Tag** *m.*, overcast day *s.*; **ein –er grauer Tag** *m.*, a grey *or* (*am.*) gray day *s.*; **–es Wasser** *n.*, muddy *or* murky *or* riley water *s.*; **–es Wetter** *n.*, foggy *or* gloomy *or* sulky weather *s.*, grey *or* (*am.*) gray weather *s.* **trüben** *v.r.*, **sich –,** to (become) overcast (*of weather*), to become muddy, to muddle, to muddy (*of water*), (*radar*) to blur. **Trübheit** *f.* (*meteor.*), fog *s.*, fogginess *s.*, gloom *s.*, gloominess *s.*, overcast(ing) *s.* (*of weather*); dimness *s.* (*of light*), muddiness *s.* (*of water*). **Trübung** *f.* (*radar*), blur *s.*, clutter *s.*; **– des Minimums** (*rad. D/F*), obscuring *s.* of the minimum; **–skreis** *m.*, **–szone** *f.* (*radar*), blur circle *s.*

trügerisch *adj.*, treacherous (*as ice, water, weather*); **–es Wetter** *n.*, unsettled weather *s.*

Trümmereis *n.*, brash-ice *s.*

Trysegel *n.*, (*s.* **Trisegel).**

T-Schiene *f.* (*naut.*), T(-)track *s.*

Tuch *n.* (*naut.*), (sail) cloth *s.*, canvas *s.*, fabric *s.*, (*naut.*, *coll.*) rag *s.*, stuff *s.* (*for polishing, etc.*). **Tuch / bahn** *f.*, panel *s.*, breadth *s.* of (sail)cloth; **–einholer** *m.*, puller patch *s.*, retrieving line *s.*; **–gewicht** *n.*, (sail)cloth weight *s.* (*in ounces*); **–material** *n.*, (sail)cloth fabric *s. or* material *s.*; **–segel** *n.*, canvas *s.*, cloth sail *s.*; **–stagreiter** *m./pl.*, nylon snaps (*pl.*); **–strecker** *m.*, Cunningham *s.*, cloth adjustment (device) *s.*; **–testmaschine** *f.*, cloth-testing apparatus *s. or* machine *s.*

Tuck / wade *f.*, tuck seine *s.* (*fishery*); **–zeese** *f.*, tuck net *s.* (*fishery*); **–zeesenboot** *n.*, tuck boat *s.*; **–zeesenfischerei** *f.*, tucking *s.*

Tülle *f.* (*naut.*, *tech.*), snout *s.*

Tümpel *m.*, pool *s.* (*in muddy shallows, ice, etc.*), (*naut. hum.*), (the) pond *s.* (*ocean*).

Tumult *m.* (*naut.*), disturbance *s.*, tumult *s.*, turmoil *s.*, uproar *s.* (*of the sea*).

Tunnel / brunnen *m.* (*naut.*), tunnel well *s.* (*of the propeller*); **–heck** *n.*, tunnel stern *s.*; **–kiel** *m.*, duct keel *s.*; **–propeller** *m.*, tunnel screw *s. or* propeller *s.*; **–spant** *n.*, tunnel frame *s.*; **–welle** *f.*, tunnel shaft *s.*; **–wellenlager** *n.*, tunnel-shaft bearing *s.* (*of the propeller*).

Turbine *f.* (*naut.*), turbine *s.* **Turbinen / antrieb** *m.*, turbine propulsion *s.*; **mit –antrieb,** turbine-powered (*ship*); **–dampfer** *m.*, turbine steamer *s. or* steamship *s.*; **–motor** *m.*, turbine engine *s.*; **–schaufel** *f.*, turbine blade *s.*; **–schiff** *n.*, turbine(-powered) ship *s.*

Turbo / auflader *m.* (*naut.*), turbo charger *s.*; **mit –aufladung,** turbo-charged; **t–elektrisch** *adj.*, turbo-electric(al); **t–elektrischer Antrieb** *m.* (*naut.*), turbo-electric drive *s. or* propulsion *s.*; **–-Elektroschiff** *n.*, turbo-electric ship *s. or* vessel *s.*; **–gebläse** *n.*, turbo-blower *s.*; **–lüfter** *m.*, turbo-ventilator *s.*; **–propeller** *m.*, turbo-propeller *s.* *or* -screw *s.*

turbulent *adj.*, turbulent (*of sea, wind*); **–e See** *f.*, turbulent *or* tumultuous sea *s.*; **–e Strömung** *f.* **(am Segel),** turbulent flow *s.* **Turbulenz** *f.* (*meteor.*), turbulence *s.*, (*naut.*) turbulence *s.*, turbulent flow *s.* (*of sails, underwater hull*); **– in der Düse,** turbulence *s.* in the slot (*of sails*).

Türkenbund *m.* (*naut.*), Turk's bend *s.* *or* head *s.* **türkisch** *adj.*, **–er Bund** *m. od.* **Knopf** *m.* (*naut.*), Turk's head *s.*; **–er Knoten** *m.*, double crown *s.*

Turm *m.* (*naut.*), tower *s.* (*of ship*); **–bake** *f.*, tower beacon *s.*, spire beacon *s.* **türmen** *v.r.*, to billow, to pile up, to rise high (*of waves*); **sich drohend –** (*naut.*), to loom large (*as ships in fog, ice bergs, etc.*). **turmhoch** *adj.*, towering, very high (*of waves*).

Turnus *m.* (*naut.*), cycle *s.*, turn *s.*, (*naut., tech.*) rotation *s.*, sequence *s.*; **im –,** by turns (*of watch*), in sequence (*of a light*), in rotation; **in regelmäßigem –,** in regular turns (*of watch, etc.*), in regular sequence *s.* (*of a light*).

Tuten *n.* (*naut.*), hoot(ing) *s.*, toot *s.*; **leises –,** tootle *s.* **tuten** *v.* (*naut.*), to hoot, to toot; **leise –,** to tootle.

Tweidel *m.*, **Tweil** *m.* (*naut.*), deck swab *s.*, swab *s.*

Twist *m.* (*naut.*), twist *s.* (*of sails*); **– im Großsegel,** twist *s.* in the main(sail). **twisten** *v.*, to twist (*of sails*); **im Achterliek –,** to twist in the leech *or* (*am.*) leach; **nach Lee (Luv) –,** to twist to leeward (windward) (*of sails*); **der Spinnaker twistet,** the spinnaker twists *or* is twisting. **Twistfuß** *m.*, tack seam *s.* (*of a sail*).

Typ *m.* type *s.*, standard model *s.*, prototype *s.* (*of boat, sail, etc.*). **Typen / schild** *n.* (*naut.*), specification plate *s.*; **–verdrängung** *f.*, type *or* designed displacement *s.* (*of a boat*).

Typhon *n.* (*coll.* **Tyfon** *n.*) (*naut.*), typhon (whistle) *s.*; **–automatik** *f.*, typhon auto-control *s.*; **–horn** *n.*, typhon (fog-)horn *s.* *or* whistle *s.*

Typhus *m.* (*naut., med.*), ship fever *s.*

typisch *adj.*, **–e Wetterzeichen** (*pl.*), typical weather signs (*pl.*), typical signs (*pl.*) of an approaching storm.

U

üben *v.*, **(das) Kentern –,** to practise capsizing.

über *prep.*, **– alles** (*naut.*), over()all; **Breite (Länge) – alles,** beam *or* breadt (length) over()all, b.o.a. (l.o.a.); **– Bord,** overboard, (*am.*) over the side; **– Bord fallen** *od.* **gehen,** to go overboard *or* (*am.*) over the side, to be lost overboard; **– Bord werfen,** to jettison; **eine Boje – Bord werfen,** to stream a buoy; **– die Segel!** (*com.*), gybe-oh!; **– die Toppen flaggen,** to dress ship; **Hand – Hand** (*naut.*), hand over hand; **– Kopf gehen,** to pitch-poll (*of boat*); **– Stag gehen,** to go about, to tack.

über / beanspruchen *v.* (*naut., tech.*), to overload, to overstrain, to overstress (*boat, sails, etc.*); **Ü–beanspruchung** *f.* (*naut., tech.*), overload *s.*, overstrain(ing) *s.*, overstress(ing) *s.* (*of boat, sails, etc.*).

über / belasten *v.* (*naut., tech.*), to overlade, to overload, to overcharge; **–belastet** *adj.*, overweighted (*of boat, etc.*); **Ü–belastung** *f.* (*naut., tech.*), overload *s.*, surplus load *s.* (*of boat*), overcharge *s.*

über / bemastet *adj.*, overmasted (*of boat*); **–besegelt** *adj.*, over-canvassed; **–besegelt sein,** to carry too much sail, to crowd (sails).

Überbord / gefallener *m. od.* **–gegangener** *m.*, man *s.* overboard; **–werfen** *n.*, jettison *s.*

Über / brechen *n.* **(einer See),** breaker *s.*; **–brechen** *n.* **(der See) über Untiefen,** overfall *s.*; **–brechen** *n.* **(einer See) über das Boot,** breach *s.*; **ü–brechen** *v.* **(einer See),** to come green, to break over (*the boat*); **von achtern ü–brechen,** to poop (*of sea*). **überbrechend** *pr.p.*, **–e See(n)** *f.* (*pl.*), breakers (*pl.*); **über Untiefen –e See(n),** overfall *s.*; **von achtern –e Seen übernehmen,** to be pooped (*of boat*).

überdauern *v.*, **einen Sturm –,** to outlast *or* to outweather a storm.

überdehnen *v.* (*naut.*), to overstretch; **ein Segel –,** to overstretch a sail; **ein Tau –,** to strain a rope.

überdimensional *adj.*, oversized; **–er Mast** *m.*, oversized mast *s.*; **–er Spinnaker** *m.*, oversized spinnaker *s.* *or* (*coll.*) spi *s.*

überdrehen *v.* (*naut., tech.*), to strip (*thread of screw, etc.*).

Überdruck *m.* (*naut.*), high pressure *s.*, (*naut., tech.*) overpressure *s.*, overcharge *s.*; **– auf der Luvseite,** high-pressure *s.* on the weather side *or* to windward; **–ventil** *n.*, overpressure *or* relief *or* safety valve *s.*

übereck *adv.* (*dial.*), across, crosswise, diagonally (*of fittings, etc.*).

übereinander *adv.*, one upon the other *or* another (*of waves*); **–greifen** *v. od.* **–lappen** *v.*, to overlap (*of sails*); **–kommen** *v. od.* **–laufen**

v., to pile up (*of waves*).

Überempfindlichkeit *f.*, supersensitivity *s.*, supersensitiveness *s.* (*of instruments*).

Überfahrt *f.* (*naut.*), crossing *s.*, passage *s.*, transit *s.*, (*am.*) traject *s.*, (*coll.*) going *s.*; **glatte** *od.* **ruhige –,** smooth crossing *s. or* passage *s.*, (*coll.*) sweet crossing *s. or* passage *s.*; **rauhe** *od.* **stürmische –,** rough crossing *s. or* passage *s.*; **eine – machen,** to cross, to passage; **es sieht nach einer stürmischen – aus** (*naut., coll.*), the going looks rough; **(sich) die – durch Arbeit an Bord verdienen,** to work one's passage (out); **–sstelle** *f.*, traject *s.*

Überfall *m.* **(einer Schleuse),** overfall *s.*, weir *s.*

überfällig *adj.* (*naut.*), overdue (*of boat*); **das Boot ist –,** the boat is overdue, the boat is missing.

Überfallwehr *n.*, waste weir *s.*

überflüssig *adj.*, **–er Ballast** (*naut.*), lumber *s.*; **–e Takelage** *f.*, **–es Tauwerk** *n.*, hamper *s.*

über / fluten *v.*, to flood, to flow, to overflood, to overflow, to wash over (*the deck, rocks, etc.*), to submerge, to swamp, to inundate (*land*); **–flutet** *adj.* (*naut.*), awash; **Ü–flutung** *f.*, flooding *s.*, inundation *s.*, overflow *s.*, submergence *s.*

über / füllt *adj.*, **–er (Yacht)Hafen,** congested (yacht) harbour *s.*; **Ü–füllung** *f.* **eines (Yacht)-Hafens,** congestion *s.* of a (yacht) harbour, (yacht) harbour congestion *s.*

Übergangs / platte *f.* **(der Back),** waist-plate *s.*; **–stelle** *f.* (*naut.*), crossing place *s.*, (*am.*) traject *s.*; **–widerstand** *m.* (*elec., rad.*), transfer resistance *s.*

Über / gehen *n.* (*naut.*), gybing *s.* (*of main boom, sails*), shifting *s.* (*of ballast*); **ü–gehen** *v.*, to gybe, to jibe (*of main boom, sails*), to shift (*of ballast*).

Übergewicht *n.* (*naut.*), excess *or* excessive weight *s.*, surplus weight *s.*

übergreifen *v.*, to overlap (*of sails*).

übergroß *adj.* (*naut.*), outsize, oversize; **–er Mast** *m.*, oversize mast *s.* **Übergröße** *f.* (*naut.*), oversize *s.* (*of mast, spinnaker, etc.*).

Übergrundkurs *m.*, course *s.* made good, overground course *s.*, true track *s.*

Überhandknoten *m.*, overhand knot *s.*, easy *or* simple rolling hitch *s.*

Überhang *m.* (*naut.*), overhang *s.*; **– (des Stevens),** rake *s.*; **achterer –, – achtern,** overhang aft; **vorderer –, – vorn,** overhang forward; **– am Heck,** protrusive stern *s.*, protrusion *s.* of the stern, overhang *s.*; **– am Vorsteven,** protrusive bow *s.*, protrusion *s.* of the bow, rake *s.* **überhängen** *v.* (*naut.*), to overhang, to project, to jut out (*of bow, stern*), to rake (*of stem*). **überhängend** *adj.*, **–er Steven,** raking stem *s.*; **–er Teil** *m.* **(des Bootes),** overhang *s.* **Überhang(s) / marke** *f.*, overhang mark *s.* (*of a yacht*); **–verhältnis** *n.* (*naut.*), overhang ratio *s.* (*of bow, stern*), ratio *s.* of rake (*of stem*).

über / hitzen *v.* (*naut.*), to overheat, to superheat (*engine, motor*); **–hitzt** *adj.*, overheated, superheated (*of engine, motor*).

Überholen *n.* (*naut.*), lurch *s.* (*of a boat*), (*naut., rac.*) overtaking *s.* (*of boat*); (*naut., tech.*) service *s.*; **plötzliches – eines Bootes bei Seegang,** lurch *s.*; **– nach Luv,** weather(-)roll *s.* **überholen** *v.* (*naut.*), to heel over, to lurch, to ship a sea, to sway (*of boat*), (*naut., rac.*) to pass (*a boat*), to out-distance, to outspeed, to fore-reach, to overrun, to oversail, to overtake (*a boat*), to overhaul (*slack, tackle*), to freshen the nip (*of running and standing rigging*); (*naut., tech.*), to overhaul, to repair, to recondition, to service (*boat, sails, etc.*); **ein Boot –** (*naut., rac.*), to overtake *or* to pass a boat, (*rac.*) to shoot ahead (of another boat); **ein Boot –** (*tech.*), to service a boat; **nach Luv –,** to weather-lurch *or* -roll (*of boat*); **plötzlich (im Seegang) –,** to lurch (*of boat*); **Tau –,** to shorten (the) rope; **weit –** (*rac.*), to out-distance (*other boats*). **überholendes / Boot** *n.*, overtaking boat *s.*; **zu – Boot** *n.*, boat *s.* to be overtaken. **Überholer** *m.* (*naut., rac.*), overtaking boat *s. or* ship *s.* **überholt / werden von,** to fall behind (*of boat*); **–es Boot** *n.*, overtaken boat *s.* **Überholung** *f.* **(eines Bootes),** overhaul *s.*, reconditioning *s.*, refit *s.* (of a boat); **–sarbeiten** *f./pl.* (*naut.*), repair (work) *s.*, repairs (*pl.*). **Überholvorgang** *m.* (*naut., rac.*), overtaking manoeuvre *s. or* operation *s.*, (*rac.*) overtaking tactics (*pl.*).

Überkommen *n. od.* **überkommen** *v.* **(einer See),** to come green.

Überkompensation *f.* (*naut., phys.*), overcompensation *s.*

Überkopfgehen *n.* **(eines Bootes),** pitch-poll *s.* (*of a yacht*).

überkragen *v.* (*naut.*), to overhang (*of bow, stern*), to rake (*of stem*).

überladen *v.* (*naut.*), to trans(-)ship, to tranship (*ballast, etc.*), to overburden, to overload (*a boat*).

Überlagerer *m.* (*rad.*), heterodyne *s.* **überlagern** *v.t.* (*rad.*), to blanket, to jam, to heterodyne (*frequencies*), (*rad., phys.*) to superpose; **sich –** (*rad.*), to interfere, to jam, to heterodyne (*of frequencies*); **sich –d** (*rad.*), interfering (*of frequencies, waves*). **Überlagerung** *f.* (*rad.*), heterodyning *s.*, interference *s.*, jamming *s.*, overlap(ping) *s.* (*of frequencies, waves*), (*phys.*) superposition *s.*; – **von (Empfangs-)Signalen** (*rad.*), blanketing *s.*; – **von Schwingungen** (*phys.*), overlap *s.* of oscillations; **–sempfänger** *m.* (*rad.*), heterodyne(-)receiver *s.*, superheterodyne (receiver) *s.*, (*coll.*) superhet *s.*; **–sfrequenz** *f.* (*rad.*), beat(-)frequency *s.*; **–soszillator** *m.* (*rad.*), beat-frequency oscillator *s.*; **–sröhre** *f.* (*rad.*), baretter *s.*

Überlappen *n.* (*naut.*), overlap(ping) *s.* **überlappen** *v.* (*naut.*), to interlap, to overlap (*of boats, sails*); **sich –,** to lap, to overlap (*of yachts, sails*). **überlappend** *adj.*, overlapping; **–es Boot** *n.*, overlapping boat *s.*; **–es Segel** *n.*, overlapping sail *s.*; **nicht –es Segel** *n.*, non-*or* not overlapping sail *s.*; **–e Segelnaht** *f.*, overlapping seam *s.* **überlappt** *adj.* **verbunden** (*naut.*), shiplap (*of deck planks, etc.*). **Überlappung** *f.* (*naut.*), overlap(ping) *s.*, lap *s.* (*of boats, sails*); – **von Segeln,** overlap *s. or* lap *s.* of sails; – **von Yachten,** overlap(ping) *s.* of yachts *or* courses; **innere – von Yachten,** inside lap *s.*; **–sbreite** *f. od.* **–länge** *f.*, lap *s.*; **–snaht** *f.*, overlapping seam *s.*, overlap joint *s.*, seam lap *s.*; **–snietung** *f.*, lap-joint *s. or* riveting *s.*; **–sschweißung** *f.*, lap welding *s.* (*shipb.*); **–sverbindung** *f.*, lap(-)joint *s.*, overlap joint *s.*

überlaschen *v.* (*naut.*), to overlaunch.

Über / lastbarkeit *f.* (*naut.*), overload capacity *s.* (*of a boat or ship*); **ü–lasten** *v.* (*naut.*), to overload, to overburden (*a boat or ship*), (*elec.*) to overcharge; **–lastung** *f.* (*naut.*), overload *s.* (*of boat or ship*), (*elec.*) overcharge *s.*; **zulässige –lastung** *f.* (*naut.*), permissible *or* safe overload *s.*

Überlauf *m.* (*naut., tech.*), overflow *s.*, spillway *s.* (*on deck*).

überlaufen *v.* (*rac.*), to overstand (*boats*); **eine Jolle –,** to overrun a dinghy.

Überlaufventil *n.* (*naut., tech.*), overflow valve *s. or* trap *s.*

Über / leben *n.* **auf See,** survival *s.* at sea; **ü–leben** *v.* (*naut.*), to survive; **auf See ü–leben,** to survive at sea; **–lebender** *m.* (*naut.*), survivor *s.*

überlegen *v.r.* (*naut.*), to heel over, to lurch (*of boat*); **sich stark –,** to lean heavily (*of boat*).

Überliege / geld *n.*, **–kosten** (*pl.*) (*naut.*), demurrage *s.* **Überliegen** *n.* (*naut.*), (on) demurrage (*of boat*); heel *s.*, list *s.* (*of boat*). **überliegen** *v.* (*naut.*), to be on demurrage, to be detained (*of boat*); to heel over, to lean (heavily), to list, to lurch (*of boat*). **Überliege / tage** *m./pl.* (*naut.*), days (*pl.*) of demurrage, overlay days (*pl.*), demurrage *s.*; **–zeit** *f.* (*naut.*), (days *or* time of) demurrage *s.*, overlay days (*pl.*).

überloppen *v.* (*rac. coll.*), to luff away.

Übermaß *n.* (*naut.*), oversize (*of boat, sail, etc.*). **übermäßig** *adj.*, **– breit** (*naut.*), beamy; **– breite Yacht** *f.*, beamy yacht *s.*; **–e Biegung** *f.* **des Mastes, –e Mastbiegung** *f.*, excessive curvature *s.* of the mast, excessive mast bend *s.*

Übernahme *f.*, **– an Bord,** taking *s.* on board; **– der Schleppleine,** taking (over) *s.* of the towrope; **–probefahrt** *f.* (*naut.*), acceptance trial-run *s.* (*of boat*).

übernehmen *v.* (*naut.*), to take over (*a boat or yacht*), to take the watch, to take charge of (*a function aboard*), to ship a sea *or* water, to ride wet (*of boat*); **an Bord –,** to take on board; **Brecher –,** to ship a sea *or* water (*of boat*); **das Kommando –** (*naut.*), to take command (*of yacht or ship*); **die Wache –** (*naut.*), to spell, to take the watch; **einen Lotsen –,** to take *or* (*coll.*) to pick up the pilot; **eine Sturzsee** *od.* **Sturzwelle –,** to ship a (green) sea (*of boat*); **Proviant –,** to victual; **Wasser –,** to ship a sea *or* water, to take water, to ride wet (*of boat in a heavy sea*), to water (*of boat in harbour*).

überprüfen *v.* (*naut., tech.*), to check, to control (*instruments, etc.*), to inspect (*running rigging, etc.*); **noch einmal** *od.* **nochmals –,** to recheck. **Überprüfung** *f.* (*naut., tech.*), check(-up) *s.*, control *s.*, inspection *s.*

überquerbar *adj.* (*naut.*), passable (*of river, waters*). **überqueren** *v.*, to cross, to traverse, to pass over; **den Ozean –,** to traverse the ocean, (*am. sl.*) to hop the ocean; **einen Fluß –,** to pass a river. **Überquerung** *f.* (*naut.*), crossing *s.*; **– des Äquators** *od.* **der Datumsgrenze,** crossing *s.* the line; **– des Ärmelkanals,** crossing *s.*; **– des Ozeans,** crossing *s.* (of) the ocean.

überragen *v.* (*naut.*), to overhang (*of bow, stern*); **hoch –** (*naut.*), to loom large (*of ship, etc.*). **überragend** *adj.*, **–es Deck,** overhanging deck *s.*

überraschen *v.t.*, to take unawares (*of storm, etc.*). **überrascht / werden,** to be taken unawares; **von der Dunkelheit – werden,** to be overtaken by darkness; **vom Sturm – werden,** to be overtaken by a storm, to be caught

in the storm.
Überreichweite *f.* (*rad.*), over(-)range *s.*, (*radar*), superrefraction *s.*
Überschallwellen *f./pl.* (*phys.*), ultrasound *s.*
über / schießen *v.* (*naut.*), to shift (*as ballast*); **–schießend** *adj.*, shifting; **–schießender Ballast** *m.*, shifting ballast *s.*
überschlagen *v.* (*naut.*), to capsize (*of boat*).
überschneiden *v.t.*, *v.r.*, to cross, to intersect, to overlap (*of courses, etc.*). **Überschneidung** *f.*, (point of) intersection *s.*, overlap(ping) *s.* (*right-of-way rules*).
überschwappen *v.*, to slop *or* to splash over (*as waves, sea*).
über / schwemmen *v.* (*naut.*), to overflood, to overflow, to wash over, to flood, to inundate (*of rocks, etc.*), to submerge (*of land*); **–schwemmt** *adj.* (*naut.*), awash; **Ü–schwemmung** *f.*, flood *s.*, flooding *s.*, overflow *s.*, inundation *s.*
Übersee *f.*, overseas; **aus –,** from oversea(s); **in –,** beyond the seas, over-seas; **nach –,** beyond the seas, overseas; **–dampfer** *m.*, ocean liner *s.*, transatlantic *or* transoceanic liner *s. or* steamer *s.*; **–fahrt** *f.*, transatlantic navigation *s.*; **–hafen** *m.*, transatlantic harbo(u)r *s. or* port *s.* **überseeisch** *adj.*, oversea(s), transatlantic, transoceanic, transmarine. **Übersee / kabel** *n.*, transatlantic cable *s.*; **–regatta** *f.*, transatlantic *or* transoceanic race *s.*, (*coll.*) blue-water race *s.*
übersegeln *v.*, to fore-reach, to sail faster than, (*rac.*) to outsail, to outmanoeuvre *or* (*am.*) to outmaneuver (*other boats*), to run down, to run foul of (*a boat*).
Übersegler *m.* (*nav.*), pilot chart *s.*, track chart *s.*
Übersetzen *n.* (*naut.*), **Stelle** *f.* **zum –** (*am.*), transfer *s.* **übersetzen** *v.* (*naut.*), to cross, to traverse (*waters*), to ferry across, to put over (*a river*), (*tech.*) to gear (up); **über einen Fluß –,** to set across a river. **Übersetzung** *f.* (*naut., tech.*), gear *s.*, gearing *s.*, increasing gear(ing) *s.*, mechanical advantage *s.*, transmission *s.* (*of sheet winch, etc.*); **doppelte –** (*naut., tech.*), two-speed gear *s.*; **–sgetriebe** *n.* (*naut., tech.*), increasing gear(ing) *s.*, transmission gearing *s.*; **–sverhältnis** *n.* (*naut., tech.*), gear ratio *s.*, transmission ratio *s.* (*of sheet winch, etc.*).
Übersichts / karte *f.* (*nav.*), pilot *or* track chart *s.*, index chart *s.*; **–tafel** *f.* (*nav.*), synoptical chart *s.*; **meteorologische –tafel** *f.*, synoptic weather chart *s.*
über / spannen *v.* (*naut., tech.*), to stretch over, to overstrain, to overstress, to overstretch (*rope, etc.*); **Ü–spannung** *f.*, overstrain(ing) *s.*, over-tension *s.* (*of rope, etc.*).
über / spülen *v.* (*naut.*), to flood, to wash (*cliffs*), to wash over (*of waves*); **von der See –spült,** awash, washed over, flooded; **–spülte Klippen** *f./pl.*, rocks (*pl.*) awash.
Überstaggehen *n.*, going about *s.*, tacking *s.*
überstehen *v.* (*naut.*), to jut *or* to stand out, to project, to hang over, to overhang (*of bow, stern*), to overlap (*of sails; shipb.*); **einen Sturm (auf See) –,** to outride *or* to outweather a gale *or* storm (at sea). **überstehend** *adj.*, **–es Deck (Heck),** overhanging deck *s.* (stern *s.*).
überstreichen *v.* (*naut.*), to paint over; **mit Firnis –,** to varnish; **mit schwarz(er Farbe) –,** to black(en) out (*underwater hull*).
überströmen *v.*, to overflow (*of water*).
über / takeln *v.*, to overrig (*a boat*); **–takelt(es Boot** *n.***)** *adj.*, over(-)rigged *or* over-canvassed (boat *s.*).
Übertonnage *f.*, excess *or* surplus tonnage *s.* (*of a yacht*).
übertragen *v.* (*rad.*), to relay, to transmit, to x(-)mit, to broadcast. **Übertragung** *f.* (*rad.*), relay(ing) *s.*, transmission *s.*, broadcast(ing) *s.*; **drahtlose – elektrischer Energie** (*naut., tech.*), telemechanics (*pl.*). **Übertragungs / kette** *f.*, **–leine** *f.* **von der Ruderachse auf den Ruderlageanzeiger,** spurling line *s.*
übertreten *v.*, **die Ufer –,** to overflow its *or* the banks (*of river*).
überwachen *v.*, to control, to inspect (*shipb., etc.*), (*rad., radar*) to monitor; **(Geräte) –** (*naut.*), to watch; **den Radarschirm –,** to watch the screen. **Überwachung** *f.* (*naut.*), control *s.*, watch *s.* (*of instruments*), inspection *s.*, supervision *s.* (*shipb.*), (*rad., radar*) monitoring *s.*, surveillance *s.*; **automatische –,** automatic control *s.*; **–sinstrumente** *n./pl.*, control instruments (*pl.*) (*aboard*); **–sradar** *n.*, surveillance radar *s.*
Überwasser / fahrzeug *n.*, surface craft *s. or* vessel *s.*; **–geschwindigkeit** *f.*, surface speed *s.* (*of a boat*); **–schiff** *n.*, hull *s.* above (the) water, top sides (*pl.*), upper works (*pl.*), upper parts (*pl.*), surface hull *s.* (*of boat or ship*), (*coll.*) dead work *s.*; surface craft *s. or* vessel *s.*; **–schiff(s)farbe** *f.*, side *or* top paint *s.*; **–schiffsform** *f.*, run *s.* above the water(-)line, shape *s.* above water (*of boat*); **–stabilität** *f.* **(eines Bootes),** surface stability *s.* (of a boat).
überwinden *v.*, **den Luftwiderstand –,** to overcome the resistance of the air (*of sails*); **den**

Wasserwiderstand –, to overcome the resistance of the water (*of boat*).

überwintern *v.* (*naut.*), to winter, to be laid up (in the winter-berth), to keep through the winter (*boats*). **Überwinterung** *f.* (*naut.*), wintering *s.* (*of a boat*).

Überwurfmutter *f.* (*naut., tech.*), cap nut *s. or* screw *s.*, lock nut *s.*, screw-cap *s.*

überziehen *v.r.*, **sich (mit Wolken) –,** to overcast, to overcloud (*of sky*); **der Himmel überzieht sich (mit Wolken),** the sky becomes overcast.

Überzug *m.* (*naut.*), cover *s.* (*for tiller, etc.*), coat(ing) *s.* (*of paint*).

U / -Bolzen *m.* (*naut.*), U(-)bolt *s.*; **--Boot** *n.*, U-boat *s.*, submarine *s.*; **--Dock** *n.*, box-dock *s.*

Übung *f.* (*naut.*), practice *s.*, (*esp. am.*) practise *s.*, exercise *s.*, training *s.*, drill(ing) *s.* **Übungs / -Achter** *m.*, tub-eight *s.* (*rowing*); **–boot** *n.*, training(-)ship *s.* (*sailing*), (*coll.*) tub *s.* (*rowing*); **Rudern** *n.* **in einem –boot,** tubbing *s.*; **in einem –boot rudern,** to tub; **–fahrt** *f.*, practice *or* (*esp. am.*) practise run *s. or* sail *s.*, training cruise *s.*, trial trip *s.*; **–ruderboot** *n.*, tub *s.*; **--Zweier** *m.*, tub-pair *s.* (*rowing*).

Ufer *n.*, beach *s.*, shore *s.* strand *s.* (*of the sea*), edge *s.*, shore *s.* (*of a lake*), bank *s.* (*of a river*), (*naut., jur.*) seashore *s.*; **am –,** ashore, on the shore; **am – gelegen,** riparian; **am – sein,** to be ashore; **an das** *od.* **ans –,** on shore; **ans – gehen,** to go ashore; **ans – schwemmen,** to wash ashore; **auf das** *od.* **aufs – aufbrummen, das – rammen,** to bump the shore, to pile up on the shore (*of boat*); **dem – zu,** shoreward(s); **in einiger Entfernung vom –,** offshore, some way out; **über die –** (*pl.*) **treten,** to overflow its *or* the banks (*of river*). **Ufer / anlage(n)** *f./pl.*, **–befestigung** *f.*, embankment *s.*; **–befeuerung** *f.* (*naut.*), shore lights (*pl.*) *or* beacons (*pl.*); **–bewehrung** *f.*, sheath *s.*; **–bezirk** *m.*, water(-)front *s.*; **–damm** *m.*, embankment *s.*; **–feuer** *n.* (*naut.*), shore lights (*pl.*) *or* markers (*pl.*); **–gegend** *f.*, water(-)front *s.*; **–land** *n.*, shoreland *s.* (*sea*), lakeside *s.*, riverside *s.*; **flaches –land** *n.*, holm *s.*; **–linie** *f.*, shore(-)line *s.*; **–markierung(en)** *f.* (*pl.*), shore markers (*pl.*); **–mauer** *f.*, quai *s.*; **–recht** *n.* (*naut., jur.*), water rights (*pl.*); **–schutz(bauten** *pl.*) *m.*, embankment *s.*, dikes (*pl.*), dykes (*pl.*), sea-wall(s) *s.* (*pl.*), sheath *s.*; **–staat** *m.*, riparian state *s.*; **–straße** *f.*, embankment *s.*; **u–wärts** *adv.*, shoreward(s); **u–wärts gerichtet** *od.* **gelegen,** shoreward, inshore; **–zone** *f.* (*naut., jur.*), seashore *s.*

Uhr *f.*, watch *s.*, clock *s.*, (*tech.*) meter *s.*, (*rac.*) time-piece *s.*; **astronomische –,** astronomical clock *s.*; **8 –** *od.* **h vormittags,** 8 (o'clock) a.m. *od.* A.M., (*am.*) 0800 (hours); **18 –** *od.* **h nachmittags,** 6 (o'clock) p.m. *od.* P.M., (*am.*) 1800 (hours). **Uhrenvergleich** *m.* (*naut., rac.*), synchronization *s.* of watches *or* clocks *or* time-pieces. **Uhrzeigersinn** *m.*, clockwise direction *s.*; **entgegen dem –,** anti- *or* counter-clockwise; **gegen den –,** against the sun (*of wind*); **im –,** clockwise; with the sun, sunwise (*of wind*).

UKW / -Antenne *f.*, very high frequency *or* VHF aerial *s. or* (*am.*) antenna *s.*; **--Bereich** *m.*, very high frequency range *s.*, (VHF) range *s.* of ultra short wave; **--Empfang** *m.*, VHF reception *s.*; **--Seenot-Satellitensystem** *n.*, COSPAS-SARSAT system *s.*; **--Sender** *m.*, VHF transmitter *s. or* relay (station) *s.*; **--Sprechfunk** *m.*, VHF radio(-)telephony *s.*; **--Sprechfunkkanal** *m.*, VHF ratio(-)telephone *or* -telephony channel *s.*; **--Sprechfunkverkehr** *m.*, VHF radio(-)telephone traffic *s. or* communication *s.*

Ultra / hochfrequenz *f.*, ultra high frequency *s.*; **–kurzwelle** *f.*, ultra short wave *s.*, very high frequency *s.*; **–kurzwellenbereich** *m.*, range *s.* of ultra-short wave. **Ultraschall** *m.* (*naut., phys.*), ultrasonic *s.*, supersound *s.*; *pref.*, ultrasonic; **--Echolot** *n.*, ultrasonic echo-sounder *s.*; **--Echolotung** *f.*, ultrasonic sounding(s) *s.* (*pl.*), supersonic (echo-)sounding(s) *s.* (*pl.*); **–frequenz** *f.*, supersonic frequency *s.*; **–schwingung(en)** *f./pl.*, super- *or* ultrasonic oscillation(s) *s.* (*pl.*); **–sender** *m.*, ultrasonic transmitter *s.*; **–welle** *f.*, ultra- *or* supersonic wave *s.*; **–wellen-Echolot** *n.*, supersonic echo-sounder *s.*

umbauen *v.* (*naut.*), to reconstruct, to rebuild (*a yacht*), to make alterations, to remake, to modify (*sails*).

umbenennen *v.*, **eine Yacht –,** to rename a yacht. **Umbenennung** *f.* **einer Yacht,** renaming *s.* of a yacht (*indicated by 'ex'*).

umbranden *v.*, to wash (*of waves*).

umdrehen *v.* (*naut.*), to turn *or* to twist round (*of boat*), (*tech.*) to revolve, to rotate. **Umdrehung** *f.* (*naut.*), turn *s.*, turning round *s.* (*of boat*), (*tech.*) revolution *s.*, rotation *s.*, (*coll.*) rev *s.*; **–en** (*pl.*) **in der** *od.* **pro Minute,** revolutions (*pl.*) *or* revs (*pl.*) per minute; **mehr (weniger) –en machen,** to rev up (down). **Umdrehungs / achse** *f.*, axis *s.* of rotation; **–anzeiger** *m.*, revolution indicator *s.*; **–bahn** *f.* (*astr.*), circle *s.* (of a planet); **–bewegung** *f.*

(*naut., phys., tech.*), rotary *or* rotatory motion *s.*; **–geschwindigkeit** *f.*, rotary velocity *s.*; **–grenze** *f.* (*tech.*), velocity stage *s.*; **–messer** *m.*, revolution counter *s.*; **–periode** *f.* (*astr.*), circle *s.* (*of a planet*); **–regler** *m.*, speed governor *s.*; **–schwelle** *f.* (*tech.*), velocity stage *s.*; **–zahl** *f.*, number *s.* of revolutions, speed *s.*; **kritische –zahl** *f.*, critical speed *s.*; **–zähler** *m.*, revolution *or* (*coll.*) rev counter *s.*, (boat) tachometer *s.*; **–zeit** *f.*, period *s.* of revolution.

umfahren *v.* (*naut.*), to double, to round, to sail round (*a headland*). **Umfahrung** *f.* (*naut.*), doubling *s.*, rounding *s.* (*a cape, headland*).

Umfang *m.* (*naut.*), girth *s.*, size *s.*, width *s.* (*shipb., sails*), (*nav.*) circumference *s.*, circuit *s.*, (*rad., radar*) range *s.*, scope *s.*; **benetzter –,** wetted surface *s.* (*of boat*); **mittlerer (oberer, unterer) – eines Segels,** mid- (upper, lower) girth *s.* of a sail; **(größter) – eines Spinnakers,** width *s.* of a spinnaker; **den – messen von,** to girth (*of sails, shipb.*); **– des (eingetauchten) Hauptspants,** (submerged) girth *s.* of (the) midship section; **–skreis** *m.*, periphery *s.*

umformen *v.* (*elec.*), to convert, to transform. **Umformer** *m.* (*elec.*), (rotary) converter *s.*, transformer *s.*

Umgehungskurs *m.*, by-pass course *s.*, circuit *s.*, detour *s.*

umgekehrt *adj.* (*naut., phys.*), in the inverse ratio; **–es Bild** *n.* (*phys.*), inverted image *s.*; **–es Verhältnis** *n.* (*phys.*), inverse proportion *s.*

umher / irren *v.*, **im Nebel –,** to be lost in the fog (*of boat*); **(ziellos) –irren** *v.*, to meander, to be meandering (*of boat*); **–kreuzen** *v.* (*coll.*), to busk (*of boat*).

umhüllen *v.*, to cover (**mit,** with); to veil (**mit,** in) (*of fog*), (*tech.*) to sheathe (*wire-rope, etc.*); **der Nebel umhüllte das Boot,** the fog closed on the boat. **Umhüllung** *f.* (*naut., tech.*), case *s.*, casing *s.*, jacket *s.*, sheathing *s.*

umkehren *v.* (*naut.*), to turn back *or* round (*of boat*), to return (*of boat*), (*elec. tech.*) to reverse; **ein Boot –,** to turn a boat upside down (*in berth, etc.*), to overturn *or* to upset a boat. **Umkehr / funktion** *f.* (*naut., math.*), inverse function *s.*; **–grenzpunkt** *m.* (*nav.*), point *s.* of no return; **–hebel** *m.* (*naut., tech.*), reverse lever *s.*; **–motor** *m.* (*naut.*), reversible engine *s.*

Umkehrung *f.* (*meteor.*), inversion *s.*

umkippen *v.* (*naut., coll.*), to capsize, to overturn, to tilt *or* to tip over *or* up (*of boat*), to upset (*a boat*).

umkonstruieren *v.* (*naut.*), to reconstruct (*a yacht*).

Umkreis *m.* (*nav.*), radius *s.*, area *s.*, (*geom.*) perimeter *s.*, periphery *s.*; **im** *od.* **in einem – von,** within a radius of; **im – von 30 Seemeilen,** within a radius of 30 sea miles. **umkreisen** *v.* (*naut.*), to circle (round), (*astr.*) to orbit; **ein gekentertes Boot –,** to circle a capsized boat. **Umkreisungsmanöver** *n.* (*naut.*), circling manoeuvre *s.* *or* (*am.*) maneuver *s.*

umladen *v.* (*naut.*), to shift, to reload, to stow again *or* better (*ballast, etc.*), to reship, to tranship, to transship. **Umladung** *f.* (*naut.*), reloading *s.*, shifting *s.* (*of ballast, etc.*), tran(s)shipment *s.*

Umlauf *m.* (*naut., tech.*), cycle *s.*, revolution *s.*, rotation *s.*, turn *s.*; circulation *s.* (*of air*), (*astr.*) orbit *s.*, revolution *s.* **Umlauf / bahn** *f.* (*astr.*), orbit *s.*; **sich auf einer –bahn bewegen** (*astr.*), to orbit; **–bahnperiode** *f.* (*astr.*), orbital period *s.* *or* cycle *s.*

umlaufender Wind, *m.*, shifting *or* variable wind(s) *s.* (*pl.*).

Umlauf / periode *f.* (*astr.*), year *s.* (*of a planet*); **–pumpe** *f.* (*naut.*), circulating pump *s.*; **–sinn** *m.* (*naut., tech.*), direction *s.* of rotation; **–tank** *m.* (*naut.*), circulation tank *s.* (*shipb.*); **–zeit** *f.* (*astr.*), (circulation) period *s.*, revolution *s.*, (*tech.*) time *s.* of rotation; **–zeit der Erde (um die Sonne),** the period of the earth; **–zeit der Gestirne** (*astr.*), sidereal period *s.* *or* revolution *s.*; **–zeit eines Bootes** *od.* **Schiffes,** turn-around *s.*

umlegen *v.t.* (*naut.*), to careen (*a boat*), to dip, to lower (*as mast passing bridges*), to shift (*helm, tiller*), to lay (down) (*of storm*), to veer (round) (*of wind*); **das Ruder –,** to shift the helm; *v.r.*, to jibe, to gibe, to gybe (*of sails*), to tilt (over), to tip over (*of wind*); **die Segel legen sich um,** the sails are gybing.

Umlenk / block *m.* (*naut.*), guide *or* leading block *s.*; **–rolle** *f.* (*naut.*), idle pulley *s.*, guide roller *s.*, return *or* sheave pulley *s.*, whip (runner) *s.*, fairlead *or* leading block *s.*, (halyard) sheave *s.*

umnebeln *v.*, to veil *or* to wreathe in clouds.

umpolen *v.* (*elec.*), to cummutate, to reverse.

Umrechnungs / tabelle *f.*, **–tafel** *f.* (*naut.*), conversion table *s.*

Umrichter *m.* (*rad.*), frequency-changer *s.* (*device*).

Umrisse *m./pl.*, outlines (*pl.*), contour(s) *s.* (*pl.*) (*of a headland, etc.*); **in scharfen –n,** in bold outlines. **umrissen** *v.*, **scharf –,** clearly *or* sharply defined (*course, etc.*) to be clearly outlined (**von,** against) (*of landmark, etc.*).

Umriß / karte *f.*, outline chart *s. or* map *s.*; **–(linie** *f.*) *m.* **(eines Bootes),** line *s. or* run *s.* (of a boat).

Umrundung *f.* **einer Bahnmarke** (*rac.*), rounding *s.* a mark.

Umschalten *n.* (*rad., elec.*), switching (over) *s.* **umschalten** *v.* (*rad.*), to change over, to switch (over), (*elec.*) to reverse the current, (*tech.*) to shift, to reverse. **Umschalter** *m.* (*rad., elec.*), switch *s.*, peg switch *s.*, change-over switch *s.*, commutator *s.* **Umschalt / hebel** *m.* (*naut., tech.*), switch-lever *s.*; **–relais** *n.* (*rad., elec.*), switching relay *s.* **Umschaltung** *f.* (*rad., elec.*), commutation *s.*, change-over *s.*, switching *s.*, (*tech.*) switching *s.*

umschiffen *v.*, to circumnavigate, to sail round (*the globe*), to double, to round (*a cape, headland*). **Umschiffung** *f.*, circumnavigation *s.*, periplus *s.*; tran(s)shipment *s.*; **– der Erde** *od.* **der Welt,** circumnavigation *s.* of the globe *or* world.

Umschlag *m.* (*meteor.*), break *s.*, (sudden) change *s.* (*of the weather*), (*naut.*) turn-round *s.* (*of ships in port*). **Umschlagen** *n.* (*naut.*), overturn *s.*, capsizing *s.*, keeling *or* turning over *s.* (*of boat*), shifting *s.*, veering (round) *s.* (*of wind*), (*meteor.*) break *s.* (*in or of the weather*); **– des Windes auf** *od.* **nach Ost (West),** easting *s.* (westing *s.*) (of the wind). **umschlagen** *v.* (*naut.*), to capsize, to keel over *or* up, to overturn, to turn over, to turn turtle (*of boat*), to upset (*a boat*), to tran(s)ship, (*meteor.*) to break, to change, to turn, to grow worth (*of weather*), to shift, to veer (round) (*of wind*); **auf Ost –,** to be easting (*of wind*). **Umschlaghafen** *m.*, turn-round port *s.*, port *s.* of tran(s)shipment, tran(s)-shipment port *s.*

Umschottung *f.*, bulkheading *s.*

Umsegeln *n.* (*naut.*), circumnavigation *s.*, (*rac.*) rounding *s.* (*a mark, etc.*). **umsegeln** *v.* (*naut.*), to circumnavigate (*the world*), to come *or* to sail round, to double, to round (*a cape, headland*), (*rare*) to capsize, to overturn, to sail aground, to upset (*a boat*); **ein Kap –,** to double a cape; **eine Landspitze** *od.* **-zunge –,** to round a headland. **Umseg(e)lung** *f.* **(der Erde** *od.* **der Welt),** circumnavigation *s.* (of the globe *or* world). **Umsegler** *m.*, circumnavigator *s.* (*of the world*), doubler *s.* (*of a cape*) (*boat and pers.*).

umsetzen *v.* (*naut.*), to shift (*mast, etc.*). **Umsetzer** *m.* **am Ballon** (*rad.*), amateur radio-translator *s.* on balloon.

umspannen *v.* (*elec.*), to transform. **Umspanner** *m.* (*elec.*), transformator *s.*, transformer *s.* **Umspanntransformator** *m.*, step-down *or* step-up transformer *s.* **Umspannung** *f.* (*elec.*), transformation *s.*

umsponnen *v.*, braided, covered (*of wire-rope*).

Umspringen *n.*, **– des Windes,** shift *s. or* shifting *s. or* reversal *s.* of the wind; **– des Windes auf Ost (West),** easting *s.* (westing) *s.* (of the wind). **umspringen** *v.*, to change, to come about *or* around *or* round *or* to, to haul (round), to shift, to veer (about) (*of wind*). **umspringend** *adj.*, **–er Wind,** baffling *or* shifting *or* veering wind(s) *s.* (*pl.*).

umspülen *v.*, to wash round (*rocks, etc.*).

umstauen *v.* (*naut.*), to shift, to unstow, to restow (*ballast, etc.*); **den Ballast –,** to shift the ballast *or* stowage. **Umstauung** *f.* (*naut.*), restowing *s.*, shifting *s.* (*of ballast*), (*coll.*) rummage *s.* (*of stowage, ballast*).

umsteuerbar *adj.* (*naut., tech.*), reversible (*of engine, motor*); **nicht –,** irreversible. **Umsteuer / getriebe** *n.* (*naut., tech.*), reversing gear *s.*; **–hebel** *m.*, reversing lever *s.* **umsteuern** *v.* (*naut., tech.*), to reverse (*engine, motor*), (*elec.*) to commutate. **Umsteuer / propeller** *m.*, **–schraube** *f.* (*naut.*), reversible propeller *s. or* screw *s.* **Umsteuerung** *f.* (*naut., tech.*), reversing *s.*, reversing gear *s.*, reversion *s.*; **–shebel** *m.*, reverse lever *s.*; **–sventil** *n.*, reversing valve *s.*; **–swelle** *f.* (*naut., tech.*), reversing shaft *s.*

Umströmung *f.* (*naut.*), flow (around) *s.*; **die – stabilisiert sich,** the flow is more stable or stabilized (*of sails*); **gestörte – von Kiel und Ruder,** intermittent separation *s.* of the flow around keel and rudder; **– des Großsegels,** flow *s.* around (the) mainsail; **– im Großsegel,** mainsail flow *s.*

umtaufen *v.* (*naut.*), **eine Yacht –,** to rename a yacht; to rechristen a yacht (*ceremony*).

umtoben *v.*, to rage round, to roar (*of surge, wind*).

umwandeln *v.* (*phys., elec.*), to transform.

Umweg *m.* (*naut.*), detour *s.*, roundabout route *s. or* way *s.*; **großer –,** long way round; **einen –** *od.* **–e** (*pl.*) **machen,** to detour, to make a detour *or* detours, to take a circuitous route, to sail a roundabout route.

umwehen *v.*, to blow *or* to waft around, to fan (*with breezes*).

Umweltverschmutzung *f.* (*naut.*), pollution *s.* of the sea *or* environment.

umwickeln *v.* (*naut.*), to wrap round, to cover **(mit,** with), (*coll.*) to coxcomb (*as wire-rope*). **Umwicklung** *f.* (*naut., tech.*), jacket *s.*; **–sma-**

terial *n.*, jacketing *s.*

umwölken *v.r.* (*meteor.*), to cloud (over), to become overcast (*of sky*); **der Himmel hat sich umwölkt** *od.* **umzogen,** the sky has become overcast.

unablässig *adj.*, incessant, unceasing, uninterrupted, unrelenting (*of force of a gale*); **es stürmte –,** the wind blew with unrelenting force.

unaufhörlich *adj.*, constant, continuous, unceasing (*of rain, wind, storm*); **es regnete –,** the rain never ceased *or* grew less *or* slackened.

unaus/gelotet *adj.*, unplumbed (*of waters*); **–gelotst** *adj.* (*naut.*), unpiloted; **–gesteuert** *adj.* (*rad.*), unmodulated.

unbe/fahrbar *adj.* (*naut.*), not navigable, unnavigable, impassable (*of waters*); **–fahren** *adj.* (*naut.*), unnavigated, untraversed (*of waters*), unpractised *or* (*esp. am.*) unpracticed, inexperienced (*of sailors*); **–fahrener Segler** *m. od.* **Seemann** *m.*, inexperienced yachtsman *s. or* sailor *s. or* seaman *s.*, (*coll.*) lubber *s.*, tenderfoot *s.*, green hand *s.*; **–befahrenes Volk** *n.* (*naut., coll.*), inexperienced seamen (*pl.*) *or* sailors (*pl.*), green hands (*pl.*).

unbefestigt *adj.* (*naut.*), unsecured (*as loose gear*).

unbefeuert *adj.* (*naut.*), unlighted; **–e Bake,** unlighted beacon *s.*; **–e Boje** *f.*, unlighted buoy *s.*

unbelastet *adj.* (*naut., tech.*), unstressed (*of rope, etc.*).

unbeleuchtet *adj.*, **–e Bake,** unlighted *or* unlit beacon *s.*; **–e Boje** *f.*, unlighted *or* unlit buoy *s.*; **–es Boot** *n.*, unlit boat *s.*

unbemannt *adj.* (*naut.*), unmanned (*of boat or ship or wreck*), unattended, unwatched (*of light-ship, etc.*); **–es Feuerschiff** *n.*, unattended *or* unwatched lightship *s.*; **–er Leuchtturm** *m.*, unwatched lighthouse *s.*; **–e Station** *f.* (*rad.*), unattended station *s.*

unbeschädigt *adj.* (*naut.*), undamaged, unscathed, free from average *or* damage (*of boat or ship*); **–es Boot** *n.*, undamaged boat *s.*

unbeschickt *adj.* (*naut.*), uncorrected, not made good; **–er Kurs** *m.*, course *s.* not made good; **–e Zeit** *f.*, uncorrected time *s.*

unbeschränkt *adj.* (*naut., meteor.*), unlimited, (*naut.*) unrestricted; **–e Sicht** *f.* (*naut., meteor.*), unlimited visibility *s.*; **–e Vermessung(sregeln** *f./pl.*) *f.* (*naut.*), unrestricted (rules of) measurement *s.*

unbesegelt *adj.*, sailless, without sails (*of boat*).

unbesetzt *adj.*, **–e Station** (*rad.*), unattended station *s.*

unbeständig *adj.* (*meteor.*), changeable, unsettled, (*coll.*) broken (*of weather*), shifting, unsteady, variable (*of wind*); **–er Kurs** *m.*, unsteady course *s.*; **–es Wetter** *n.*, broken *or* unsettled *or* unsound *or* unstable *or* unsteady *or* variable weather *s.*; **–e Wetterlage** *f.* (*meteor.*), unstable atmospheric conditions (*pl.*); **–er Wind** *m.*, unsteady *or* variable wind *s.*, (*naut., coll.*) choppy breeze *s.* **Unbeständigkeit** *f.* (*meteor.*), variability *s.*, inconstancy *s.*, instability *s.* (*of weather*), variability *s.* (*of wind*).

unbestroppt *adj.*, **–er Block,** unstrapped *or* unstropped block *s.*

unbewacht *adj.* (*naut.*), unattended, unwatched; **–es Feuer** *n.*, unattended *or* unwatched light *s.*; **–es Leuchtfeuer** *n.*, unwatched light *s.*

unbeweglich *adj.*, stationary (*of water*), motionless (*of air*), (*tech.*) fixed, rigid, immovable (*of parts of the rigging*). **unbewegt** *adj.*, unstirred, motionless (*of air*), tranquil, unstirred (*of sea, water*).

unbewölkt *adj.* (*meteor.*), clear, cloudless, unclouded (*of sky*).

unbezeichnet *adj.* (*naut.*), unmarked; **–es Fahrwasser** *n.*, unmarked *or* not marked fairway *s.*

unbiegsam *adj.*, inflexible, rigid, stiff (*as mast, etc.*).

Unbilden (*pl.*), rigour(s) *or* (*am.*) rigor(s) *s.* (*pl.*) (*of climate, weather*); **– des Winters,** rigo(u)rs (*pl.*) of winter; **– der Witterung,** inclemency *s. or* inclemencies (*pl.*) of the weather.

unbrauchbar *adj.* (*naut., tech.*), unserviceable (*of instruments, etc.*).

undehnbar *adj.*, inelastic, nonductile, rigid, stiff (*as wire-rope, etc.*).

undeutlich *adj.* (*naut.*), indistinct, dim, fuzzy, hazy, undistinguishable, vague, weak (*of outlines*), (*rad., radar*) blurred, faint, fading; **–es Auftauchen** *n.* (*naut.*), loom(ing) *s.* (*of ship, etc.*); **–es Bild** *n.* (*radar*), blurred image *s.*, glimpse *s.*; **–er Funkspruch** *m.*, inarticulate (radio) message *s.*; **–es Sichtbarwerden** *n.* (*naut.*), loom(ing) *s.* (*of landmark, etc.*); **–es Signal** *n.* (*rad.*), indistinct signal *s.* **Undeutlichkeit** *f.* (*naut.*), indistinctness *s.*, haziness *s.*, fuzziness *s.*, vagueness *s.* (*of outlines*), (*rad., radar*) faintness *s.*

undicht *adj.* (*naut.*), not tight, not watertight, untight; leaking, leaky (*of boat*); **–e Stelle** *f.*, **Undichtigkeit** *f.*, leakage *s.* (*of boat*).

undurchdringlich *adj.*, impenetrable (*as fog*),

(*naut.*) watertight, waterproof.
undurchlässig *adj.* (*naut.*), impermeable *or* impervious **(für,** to), waterproof, watertight.
unentschieden *adj.* (*rac.*), **– enden,** to finish as a dead(-)heat; **–e Wettfahrt** *f.*, dead(-)heat *s.*
unentwirrbar *adj.*, tangled (*as ropes*).
unerfahren *adj.* (*naut.*), inexperienced, inexpert, unskilled **(in,** in), (*coll.*) green, raw (*of sailor*).
unergründlich *adj.*, bottomless, unfathomable (*of sea bottom*).
unerkannt *adj.*, **–es Schiff,** unidentified ship *s.*
unfair *adj.* (*spt.*), unfair, unsporting, unsportsmanlike, (*coll.*) foul; **sich – verhalten,** to behave unfair *or* unsportsmanlike, (*coll.*) to foul. **Unfairneß** *f.* (*spt.*), unfairness *s.*
Unfall *m.* (*naut.*), accident *s.*, casualty *s.*, (*coll.*) mishap *s.*; **–gefahr** *f.*, **–risiko** *n.* (*naut., ins.*), accident hazard *s.*; **–station** *f.*, (coastal) first-aid post *s. or* station *s.*, ambulance station *s.*; **–verhütung** *f.* (*naut.*), accident prevention *s.*, safety precaution(s) *s.* (*pl.*); **–verhütungsvorschriften** *f./pl.*, regulations (*pl.*) for preventing accidents (at sea), safety precautions (*pl.*); **–versicherung** *f.* (*naut.*), accident insurance *s.*
unförmig *adj.*, bulky, clumsy, shapeless (*of boat, mast, etc.*); **–es Boot** *n.*, clumsy *or* unshapely boat *s.*
unfreiwillig *adj.*, **–es Halsen** (*naut.*), accidental gybe *s.*
unfreundlich *adj.*, **–es Wetter,** inclement *or* surly weather *s.* **Unfreundlichkeit** *f.* **des Wetters,** inclemency *s.* of the weather.
ungedämpft *adj.* (*phys., rad.*), undamped; **–e Schwingung** *f.*, undamped oscillation *s.*; **–e Welle** *f.*, undamped *or* continuous wave *s.*, undamped oscillation *s.*
ungefähr *adv.* (*naut.*), about, around, approximately (*of ship's position*); *adj.*, approximate, rough; **–e (Schiffs)Position** *f.*, approximate (ship's) position *s.*, position *s.* approximate.
ungeliekt *adj.*, unroped (*of sail*); **ein Segel – im Wind flattern lassen,** to let a sail fly, to let a sail flap *or* flog unroped (in the wind).
ungenau *adj.* (*naut.*), inaccurate, inexact (*of instruments, reading, etc.*), (*naut., tech.*) out of true; **– einstellen,** to adjust inaccurately *or* out of true; **–e Angaben** *f./pl.* **der (Schiffs)Position,** inaccurate indication *s.* of the ship's position.
ungenügend *adj.*, **– bemannt** (*naut.*), short-handed (*of boat*).
ungerichtet *adj.* (*phys., rad.*), undirected, non-directional; **–e Antenne** *f.*, non-directional aerial *s. or* (*am.*) antenna *s.*; **–es Funkfeuer** *n.*, non-directional *or* undirected beacon *s.*; **–er Strahl** *m.* (*naut.*), undirected beam *s.* (*of a light*).
ungeschickt *adj.*, **sich auf einem Boot – anstellen,** to lubber.
ungeschlagen *adj.*, twice-laid (*of rope*); **–es Tau(werk)** *n.*, twice-laid rope *s.*
ungeschützt *adj.* (*naut.*), exposed to, unprotected, unsheltered; **–er (Yacht)Hafen** *m.*, open (yacht) harbo(u)r *s.*
ungesund *adj.*, **–es Wetter** (*naut. coll.*), unhealthy weather *s.*, a weather unfriendly to health.
ungeteert *adj.* (*naut.*), untarred, white; **–e Leine** *f.*, white line *s.*; **–es Tau(werk)** *n.*, white rope(s) *s.* (*pl.*), untarred cordage *s.*; **–es Werg** *n.*, white oakum *s.*
ungetrübt *adj.* (*meteor.*), clear, unclouded (*of sky, weather*).
ungewiß *adj.* (*naut.*), uncertain, doubtful (*of ship's position*).
Ungewitter *n.*, cloudburst *s.*, storm *s.*, thunderstorm *s.*, violent storm *s.*, (*naut. coll.*) weather *s.*
Ungewöhnlichkeit *f.* **des Wetters,** unseasonableness *s.* of the weather.
Ungleichheit *f.* (*astr.*), inequality *s.*; **– (der Gezeiten),** inequality *s.* (of tide), tidal inequality *s.*; **– der Deklination,** declination inequality *s.* (*of tide*), (tidal) inequality *s.* of declination; **halbmonatliche (monatliche, parallaktische, tägliche) – (der Gezeiten),** semi-monthly (monthly, parallactic, diurnal) inequality *s.* (of the tide).
Unglück *n.*, **ein vom – verfolgtes Boot** *od.* **Schiff, ein unglückliches Boot** *n. od.* **Schiff** *n.*, an unhappy boat *s. or* ship *s.*
ungültig *adj.*, **eine Wettfahrt für – erklären,** to annul *or* to nullify *or* to cancel a race.
Ungunst *f.* **des Wetters,** inclemency *s.* of the weather. **ungünstig** *adj.* (*naut., meteor.*), unfavourable, (*am.*) unfavorable; **in –er Position liegen** (*rac.*), to be (placed) in an unfavo(u)rable position; **–e Regattabedingungen** *f./pl.*, unfavo(u)rable conditions (*pl.*); **–es Wetter** *n.*, inclement *or* unfavourable *or* unfriendly weather *s.*; **–e Wetterverhältnisse** *n./pl.*, adverse *or* unfavourable weather conditions (*pl.*); **–er Wind** *m.*, **–e Winde** *m./pl.*, adverse *or* contrary *or* unfavourable wind(s) *s.* (*pl.*), (*naut., coll.*) foul wind *s.*
unhandig *adj.*, **unhandlich** *adj.* (*naut.*), clumsy, difficult to handle, unhandy, unwieldy, (*coll.*) wild (*of boat*); **–es Boot** *n.*, unhandy *or* wild

boat *s.* **Unhandigkeit** *f.*, **Unhandlichkeit** *f.* (*naut.*), clumsiness *s.*, unhandiness *s.*, unwieldiness *s.*

unheildrohend *adj.*, boding ill, ominous, threatening (*of weather*).

unidentifiziert *adj.* (*naut.*), unidentified; **–es Objekt** *n.* **(Schiff** *n.***)**, unidentified object *s.* (ship *s. or* vessel *s.*).

Universal / einstellung *f.* (*naut., tech.*), universal adjustment *s.*; **–formel** *f.* (*rac.*), universal rule *s.*; **–gelenk** *n.* (*naut., tech.*), universal coupling *s. or* joint *s.*, ball and socket joint *s.*, Hooke's coupling *s. or* joint *s.*; **–(heil)mittel** *n.* (*naut., coll.*), cure-all *s.*; **–klüse** *f.*, universal chock *s.*; **–schäkel** *m.*, universal shackle *s.*; **–schraubenschlüssel** *m.*, monkey-wrench *s.*; **–werkzeug** *n.* **(an Bord),** all-purpose tool *s.* (aboard).

Universum *n.*, universe *s.*

unkenterbar *adj.*, non-capsizable (*of boats*).

unklar *adj.* (*naut.*), not clear, foul (*of anchor, etc.*), fouled, not ready, out of action (*of boat*), unoperational (*of sheet winch, etc.*), riding (*of rope*), foggy, hazy, misty (*of visibility*), indistinct (*of light, signal*), (*radar*) blurred, indistinct, vague; not clear, muddy, thick (*of water*); **das Fall läuft –,** the halyard rides; **der Anker kommt – mit der Ankerkette,** the anchor fouls the cable *or* chain; **die Leine läuft –,** the rope rides; **die Schlepptrosse läuft –,** the tow-rope *or* towing hawser is fouled *or* has fallen foul *or* rides; **– kommen,** to fall foul **(mit,** of), to foul (*of rope, etc.*); **–er Anker** *m.*, foul anchor *s.*; **–e Ankerkette** *f.*, riding cable *s. or* chain *s.*

unkontrollierbar *adj.* (*naut., tech.*), uncontrollable; **–es Boot** *n.*, unmanageable boat *s.*

unlizensiert *adj.* (*rad.*), unlicensed, (*esp. am.*) unlicenced.

unmagnetisch *adj.* (*naut.*), non-magnetic (*of boat, etc.*).

unpassierbar *adj.* (*naut.*), not navigable (*of waters*), unfordable (*of rivers*).

unperiodisch *adj.*, **–e Antenne,** untuned aerial *s. or* (*am.*) antenna *s.*

unplaciert *adj.* (*rac.*), unplaced, not among the first three boats.

unproportioniert *adj.* (*naut.*), ill-proportioned, unshapely, disproportionate, out of proportion (*of boat, mast, etc.*).

unregelmäßig *adj.* (*naut.*), irregular, (*phys.*) aperiodic; erratic, unsteady (*of wind*); **in –en Abständen,** at irregular intervals (*of foghorn, light, etc.*).

unrein *adj.* (*naut.*), dirty, not clean, unclean (*of boat*), foul (*of coast*); **–er Ankergrund** *m.*, foul anchorage *s. or* bottom *s.*, bad holding ground *s.*; **–er Grund** *m.*, foul bottom *s. or* ground *s.*; **–e Küste** *f.*, foul coast *s.*

unruhig *adj.*, choppy, lumpy, rough, turbulent (*of sea*), uneasy, labo(u)ring (*of boat in a heavy sea*); **–e See** *f.*, choppy *or* lumpy sea *s.*

unrund *adj.* (*naut., tech.*), out of true.

unsachgemäß *adj.*, **–e Behandlung** *f.*, faulty *or* improper *or* inexpert treatment *s.* (*of sails, etc.*).

unscharf *adj.* (*naut.*), hazy (*of visibility*), (*rad.*) blurred, (*radar*) blurred, obscure, (*phys., opt.*) out of focus, not sharp; **– abgestimmt** (*rad.*), broad; **–e Trennung** *f.* (*rad.*), poor selectivity *s.* **Unschärfe** *f.* (*naut.*), haziness *s.*

unschiffbar *adj.*, unnavigable (*of waters*). **Unschiffbarkeit** *f.*, unnavigability *s.*

unseemännisch *adj.*, unsailorly, unseamanlike, not seamanlike (*of knots, etc.*).

unsicher *adj.* (*naut.*), doubtful, uncertain (*of ship's position*), unsafe (*of waters*), (*meteor.*) unsettled, unstable (*of weather*); **–er Kurs** *m.*, erratic *or* unsafe course *s.*; **–es Licht** *n.*, uncertain light *s.*; **–e Mißweisung** *f.*, abnormal (magnetic) variation *s.*; **–es Wetter** *n.*, uncertain *or* unsettled weather *s.* **Unsicherheitsfaktor** *m.* (*naut.*), element *s.* of uncertainty, factor *s.* of insecurity *or* uncertainty.

unsichtbar *adj.* (*naut.*), invisible, lost to sight *or* view (*of landmark, etc.*).

unsichtig *adj.* (*naut., meteor.*), hazy, misty, thick (*of atmosphere*); **–es Wetter** *n.*, poor visibility *s.*, hazy *or* misty *or* thick air *s. or* weather *s.*, (*coll.*) murky weather *s.* **Unsichtigkeit** *f.* (*naut., meteor.*), poor *or* zero visibility *s.*, thickness *s.* (*of the atmosphere*).

unsinkbar *adj.*, unsinkable, insubmersible, not submersible (*of boat*). **Unsinkbarkeit** *f.* **(eines Bootes),** unsinkability *s.* (of a boat).

unsportlich *adj.*, unfair, unsporting, unsportsmanlike, not sportsmanlike; **–es Verhalten** *n.*, unfairness *s.*

unstabil *adj.* (*naut.*), crank, tender, instable, unstable (*of boat*). **Unstabilität** *f.* **(eines Bootes),** tenderness *s. or* instability *s. or* unstability *s.* (of a boat).

unstet *adj.* (*naut.*), inconstant, unsteady (*of course*), changeable, unsettled (*of weather*), variable (*of wind*), (*phys.*) fluctuating; **–er Kurs** *m.*, erratic *or* unsteady course *s.*; **–er Wind** *m.*, baffling *or* variable wind(s) *s.* (*pl.*).

unsymmetrisch *adj.* (*naut., tech.*), asymmetrical, unsymmetric(al).

untauglich *adj.* (*naut.*), disabled, unfit, useless (*of boat, sailor*), (*tech.*) unserviceable.

unten *adv.* (*naut.*), below (deck); **weiter – (am Fluß),** farther down (the river); **– am See,** down by the lake; **– im Wasser,** at the bottom of the lake *or* sea *or* water.

unter *prep.* (*naut.*), below, under; **– dem 30. Breitengrad,** latitude 30°; **– dem Horizont (liegend)** (*astr.*), inferior; **– dem Wind,** alee, under the lee; **– der Küste,** under the shore; **dicht – der Küste segeln,** to hug the coast; **– französischer Flagge (segeln),** (to sail) under the French flag; **– Deck,** below deck; **– Fock und dichtgerefftem Groß(segel),** under jib and close-reefed main(sail); **– Land,** inshore, under (the) land; **dicht – Land segeln, sich dicht – Land halten,** to hug the land; **– Luken,** under hatches; **– Normalgröße,** undersize(d) (*of boat, sails*); **– Null** (*meteor.*), below zero; **– Segel,** under sail *or* canvas, under way; **– voller Besegelung, – Vollzeug,** under full sail; **– Wasser,** under water, (*am.*) underseas; **– Wasser setzen,** to flood, to inundate; **– (der) Wasserlinie (liegend)** (*naut.*), underwater, submerged (*of hull*).

unter *adj.*, **–er Besan,** lower miz(z)en *s. or* jigger *s.*; **–e Koje,** lower berth *s.*; **–e Kulmination** *f.* (*astr.*), lower culmination *s.*; **–er Meridian** *m.* (*astr.*), inferior *or* lower meridian *s.*; **–er Meridiandurchgang** *m.* **(eines Gestirns)** (*astr.*), inferior transit *s.* (of a planet); **–e Schichten** *f./pl.* (*meteor.*), lower *or* under layers (*pl.*).

Unter / abteilung *f.* (*naut.*), **(wasserdichte) –,** (watertight) subdivision *s.* (*of a yacht or ship*); **u–bemannt** *adj.* (*naut.*), under(-)manned, short-handed (*of boat*); **u–bemastet** *adj.*, under(-)masted (*of boat*); **u–besegelt** *adj.*, under-canvassed (*of boat*); **–bramrah(e)** *f.*, lower topgallant yard *s.*; **–bramsegel** *n.*, lower topgallant sail *s.*; **u–brechen** *v.* (*naut.*), to break (one's voyage), (*am.*) to stop over, (*rad.*) to interrupt, to cut short; **–brecher** *m.* (*rad.*), interrupter *s.* (*device*), (*elec.*) circuit- *or* contact-breaker *s.*, cut-out *s.*, rheotome *s.*; **–brechung** *f.* (*naut.*), break *s.*, (*am.*) stop-over *s.* (*of voyage*), (*rad.*) interruption *s.*; cessation *s.*, break *s. or* pause *s.* (*of gale*); **mit –brechungen** (*pl.*) (*meteor.*), intermittently; **ohne –brechung,** without a break *or* pause (*of gale*), (*naut.*) non-stop, without a break; **–brechungssignal** *n.* (*rad.*), interval signal *s.*; **u–bringen** *v.* (*naut.*), to accommodate, to berth (*the crew*), to stow (*ropes, sails, etc.*); **–bringung** *f.* (*naut.*), accommodation *s.* (*of crew*), stowage *s.* (*of equipment*); **u–brochen** *adj.* (*meteor.*), intermittent, (*rad.*) interrupted, cut short; **–brochenes Blitzfeuer** *n.* (*naut.*), occulting quick flashing light *s.*; **–brochenes Feuer** *n.* (*naut.*), occulting *or* intermittent light *s.*

Unterdeck *n.*, below deck(s), lower deck *s.*; **–raum** *m.*, under-deck space *s.*, space *s.* below deck; **–spanner** *m.*, carling *s.* for the rigging screw, below- *or* under-deck mounting *s.* for the rigging screw; **–stringer** *m.*, lower- *or* under-deck stringer *s.*; **–tonnage** *f.*, under-deck tonnage *s.*; **–versteifung** *f.*, carling *s.*; **–wantenspanner** *m.*, carling *s.* for the rigging screw.

Unterdruck *m.* (*meteor.*), depression *s.*, subatmospheric pressure *s.*, (*naut., tech.*) negative pressure *s.*, low pressure *s.*; **Sog** *m.* **durch – in Lee,** suction *s.* by low *or* negative pressure alee; **–gebiet** *n.* (*meteor.*), depression *s.*, low-pressure area *s.*

unterfangen *v.* (*naut.*), to seize, to tie up (*ballast, etc.*), (*naut., tech.*) to reinforce *or* to strengthen the foundations of (*ship's engine, etc.*).

Unter / feuer *n.*, lower-range light *s.* (*of leading light*); **–gang** *m.* (*naut.*), shipwreck *s.*, sinking *s.*, foundering *s.*, loss *s.* (*of boat*), (*astr.*) going down *s.* (*of sun*), set *s.*, setting *s.*, sinking *s.* (*of a planet*); **–gang** *m.* **eines Gestirns** (*astr.*), setting *s.* of a planet; **das Boot ist u–gegangen,** the boat is lost (*at sea*); **das Boot ist mit der gesamten Crew** *od.* **Besatzung u–gegangen,** the boat is lost with all hands; **die Sonne ist u–gegangen,** the sun has set *or* (*esp. am.*) is under; **u–gehen** *v.* (*naut.*), to go down, to founder, to down, to sink, to swamp, to be wrecked (*of boat*), (*astr.*) to west, to be westering, to set (*of sun*), to wester (*of planets*); **mit Mann und Maus u–gehen** (*naut. coll.*), to go down with all hands; **u–gehend** *pr.p.*, westering (*of planets*); **u–gehende Sonne** *f.*, setting *or* westering sun *s.*; **–gestell** *n.* (*naut., tech.*), base(-plate) *s.*, foundation *s.*, trestle *s.*; **u–getaucht** *adj.* (*naut.*), submerged (*of underwater hull*); **–gewicht** *n.* (*naut., rac.*), short weight *s.*, underweight *s.*; **u–halb** *prep.*, below, under(neath); downstream from; **u–halb (der) Brücken,** below bridges; **u–halb der Wasserlinie,** below the water(-)line; **–haltung** *f.* (*naut., tech.*), maintenance *s.*, upkeep *s.* (*of boat, etc.*); **–haltung** *f.* **und Instandsetzung(s-arbeiten),** maintenance *s.* and repair(s) *s.* (*pl.*); **–haltungskosten** (*pl.*), cost *s.* of maintenance *or* upkeep; **–haupt** *n.* **(einer Schleuse),** tail bay *s.*; **u–irdischer Fluß** *m.*, underflow *s.*; **–kante** *f.*, lower edge *s.*; **–kante Kiel,** bottom *s.* of keel; **–kante Mast,** mast track *s.*; **–kante**

Segel, foot *s.* (of sail), lower edge *s.* (of sail); **–kiel** *m.*, lower keel *s.*; **–koje** *f.*, lower berth *s.*; **–kühlung** *f.* (*naut.*), hypothermia *s.*, hypothermy *s.*; **–lage** *f.* (*naut.*), base(-plate) *s.*, bed *s.*, rest *s.*, saddle *s.*, support *s.*; **–lage** *f.* **für Yachten (im Bau),** building block *s.*; **ohne – laß,** continuously, incessantly, unceasingly, without intermission *or* (*coll.*) let-up (*of rain, storm*); **–lauf** *m.* **(eines Flusses),** lower course *s.* (of a river); **u–laufen** *v.* (*naut.*), to underrun (*a boat*); **–legscheibe** *f.* (*naut., tech.*), washer *s.*, rove *s.*; **–legstück** *n.* (*naut., tech.*), shim *s.*

Unterliek *n.*, foot *s.*, foot()rope *s.* (*of a sail*); **loses –,** loose footrope *s.*; **mit losem –,** loose-footed (*of sail*). **Unterliek(s) / abnäher** *m./pl.*, foot take-ins (*pl.*); **–bändsel** *n.*, foot cord *s.*; **–länge** *f.*, foot length *s.*, length *s.* of foot; **reduzierte –länge** *f.*, reduced chord-width *s.* from luff to leech *or* (*am.*) leach; **–maß** *n.*, longest point *s. or* LP (*for boat and sail measurement*); **reduziertes –maß** *n.*, low aspect ratio surface *s.* with very wide chords; **–strecker** *m.*, outhaul (track) *s.*, clew outhaul *s.*

untermangeln *v.*, **ein Boot –** (*naut. sl.*), to run a boat down, to run foul of a boat.

Unter / marsrah(e) *f.*, lower topsail yard *s.*; **–marssegel** *n.*, lower topsail *s.*; **–mast** *m.*, lower mast *s.*; **–rah(e)** *f.*, lower yard *s.*; **–rand** *m.* (*astr.*), lower limb *s.*; **–randhöhe** *f.* (*astr.*), altitude *s.* of (the) lower limb; **–reff** *n.*, bag reef *s.*; **–reichweite** *f.* (*radar*), subrefraction *s.*; **u–scheidbar** *adj.* (*naut.*), distinguishable (*of light, landmark, etc.*); **–scheidungsbuchstaben** *m./pl.* (*naut.*), distinctive letters (*pl.*), (*rad.*) ship's call letters (*pl.*); **–scheidungsflagge** *f.*, distinctive flag *s.*; **–scheidungsmerkmal** *n.* (*naut.*), characteristic mark *s.*; **–scheidungsnummer** *f.* (*naut.*), sail number *s.*; **–scheidungssignal** *n.* (*naut.*), distinguishing signal *s.*, (*naut., rad.*) signal letters (*pl.*) (*of a yacht or ship*), ship's call letters (*pl.*); **–schiff** *n.*, underbody *s.*, underwater hull *s.*, quick work *s.*; **–schlag** *m.* (*naut.*), stool *s.*; **–schlagbändsel** *n.*, stop *s.*; **u–schneiden** *v.*, **die Wellen –,** to cut *or* (*coll.*) to duck into the waves, to undercut the waves (*of boat*).

Unterseeboot *n.*, submarine *s.* **unterseeisch** *adj.*, underseas; under(-)sea, submarine; **–e Strömung** *f.*, submarine current *s.*; **–e Stromversetzung** *f.*, submarine drift *s.* **Unterseekabel** *n.*, submarine cable *s.*

Unter / segel *n.*, lower sail *s.* (*of a square-rigger*); **mit der –seite nach oben,** upside down (*of boat*); **u–setzen** *v.* (*naut., tech.*), to gear down; **–setzung** *f.* (*naut., tech.*), (gear) reduction *s.* (*of outboarder, sheet winch, etc.*); **–setzungsgetriebe** *n.*, reduction *or* reducing gear *s.* (*of outboard motor, etc.*); **–setzungsverhältnis** *n.* (*naut., tech.*), reduction ratio *s.*; **u–sinken** *v.* (*naut.*), go go down, to sink (*of boat*), to submerge (*of hull*), to set (*of sun*); **–sog** *m.*, **–strom** *m.* (*naut.*), undertow *s.*; **–strömung** *f.*, undercurrent *s.*, underrun *s.*, underset *s.*, undertow *s.*; **gegenläufige –strömung** *f.*, undersurf *s.*; **–stützung** *f.* **anfordern** (*naut.*), to request *or* to require assistance, (*naut. rad.*) to call for assistance *or* help; **u–takelt** *adj.*, under(-)rigged, under-sparred, under-canvassed (*of boat*); **u–tauchen** *v.* (*naut.*), to submerge, to dive, to dip, (*coll.*) to duck (*of boat, hull, submarine*), to dip, to set (*of sun*); **–teil** *m. od. n.* **(eines Bootes),** lower *or* bottom part *s.* (of a boat); **u–teilen** *v.* (*naut.*), to subdivide; to classify (*of boat classes*); **–teilung** *f.* (*naut.*), subdivision *s.* (*of yacht or ship*), classification *s.* (*of classes*); **wasserdichte –teilung** *f.*, watertight subdivision *s.* (*of a ship*); **–tor** *n.* **(einer Schleuse),** tail gate *s.*; **–trieb** *m.* (*naut.*), negative buoyancy *s.* (*of a boat*); **–want(en)** *f.* (*pl.*), lower shroud(s) *s.* (*pl.*).

Unterwasser *n.*, subsoil water *s.*, under()water *s.*; **– eines Wehrs,** tail *s.* (of a weir). **Unterwasser / anstrich** *m.*, underwater coat *s. or* (anti-fouling) painting *s.*; **–atemgerät** *n.* (*am.*), scuba *s.*; **–bewuchs** *m.*, marine fouling *s. or* growth *s.*, barnacles (*pl.*); **—-Echolotung** *f. od.* **-ortung** *f.*, underwater sound fixing *s.* and ranging; **–entfernungsmesser** *m.*, underwater echo-sounder *s.*; **akustische –entfernungsmessung** *f.*, acoustic underwater echo ranging *s.*; **–fallschirm(anker)** *m.*, underwater (para)chute *s.*; **–form** *f.* **(eines Bootes),** run *s. or* underwater shape *s.* (of a boat); **–geschwindigkeit** *f.*, submerged speed *s.*; **—-Gleit(schutz)farbe** *f.* anti-fouling (paint) *s.*; **–horchgerät** *n.*, hydrophone *s.*; **–kabel** *n.*, submarine *or* subfluvial cable *s.*; **—-Kupferbronze(gleitfarbe)** *f.*, underwater copper-bronze (coat *or* coating) *s.*; **–motor** *m.*, underwater motor *s.*; **–nebelsignal** *n.*, submarine fog signal *s.*; **–ortung** *f.*, echo ranging *s.*, underwater detecting *s.* and ranging, underwater detection *s.*; **–ortungsgerät** *n.*, sound navigation and ranging (device) *s.*, sonar *s.*, underwater sound detector *s.*; **–reichweite** *f.* (*radar*), submarine refraction *s.*; **–schaden** *m.*, damage *s.* below the waterline (*of boat*); **–schall** *m.*, underwater sound *s.*; **–schallempfänger** *m.*, hydrophone *s.*; **–schallortung** *f.*, underwater sound fixing *s. or* navigation *s.* and ranging; **–schallsender** *m.*, submarine oscillator *s.*; **–schiff** *n.*, underbody *s.*, underwater body *s.*, submerged parts (*pl.*) of the hull, underwater hull *s.*, underwater foils (*pl.*), bottom *s.* of the boat, quick *or* live work *s.*, (hull *s.*) below the water(-)line; **das –schiff für Regatten vorbereiten,** to get a good bottom on the boat before racing it; **ein –schiff regattaklar machen,** to race-finish the bottom (of a boat); **–schutz** *m.*, underwater protection *s.*; **–schutzanstrich** *m. od.* **-farbe** *f.*, antifouling coat *s. or* paint *s.*; **–sichtgerät** *n.*, hydroscope *s.*; **–signal** *n.*, submarine signal *s.*; **–strömung** *f.*, underwater *or* submarine current *s.*; **–teile** *m. od. n./pl.*, underwater *or* submerged parts (*pl.*) (*of a boat*), quick work *s.*

unterwegs *adv.* (*naut.*), underway, under way, under sail; **mit dem Boot – sein,** to be on the water; **– nach England** (*naut.*), bound for *or* destined for England; **– sein** (*naut.*), to be underway, to have way on (*of boat*); **– sein nach** (*naut.*), to be bound for.

Unter/zeug *n.*, **warmes** – (*naut., coll.*), woollies (*pl.*), (*am.*) skivvies (*pl.*); **–zug** *m.* (*naut.*), beam *s.*, deck girder *s.*, girder *s.*, prop *s.*, support *s.* (*shipb.*).

untief *adj.* (*naut.*), shallow, shoal (*of water*); **–es Gewässer** *n. od.* **Wasser** *n.*, shoaly water(s) *s.* (*pl.*). **Untiefe** *f.* (*naut.*), shallow *s.*, shallow water *s.*, shallowness *s.*, shoal *s.*, flat *s.*, bank *s.*, sandbank *s.*; **durch –n** (*pl.*) **gefährlich, voller –n** (*pl.*), shelfy, shoaly (*of water*); **von –n abhalten** *od.* **(sich) freikreuzen,** to claw away from the shallows. **Untiefen/bezeichnung** *f.*, cardinal system *s.*; **–markierung(en)** *f.* (*pl.*), shoal *or* bank marking(s) *s.* (*pl.*) *or* marker(s) *s.* (*pl.*); **–tonne** *f.*, shoal buoy *s. or* marker *s.*, shoal beacon *s.*

untüchtig *adj.* (*naut.*), unseaworthy (*of boat*). **Untüchtigkeit** *f.*, unseaworthiness *s.* (*of a boat*).

ununterbrochen *adj.*, continuous, incessant, unbroken, uninterrupted (*of rain, gale*); **mit –er Gewalt** *od.* **Kraft,** with unbroken violence *or* force (*of gale*).

unveränderlich *adj.* (*meteor.*), constant, invariable, stable, unchangeable, unchanging (*of weather*). **unverändert** *adj.*, unaltered, unchanged, steady; **–e Wetterlage** *f.*, steady *or* settled weather conditions (*pl.*).

unverkürzt *adj.*, **–e Bahn** (*rac.*), unshortened course *s.*

unvermessen *adj.*, **–e Bootsklasse,** not rated class *s.*

unvermindert *adj.*, unbroken, unimpaired, unrelenting (*force of gale*); **mit –er Geschwindigkeit,** with constant *or* steady *or* invariable speed (*of boat, wind*); **mit –er Gewalt,** with unabated *or* unbroken force *s. or* strength *s.* (*of storm*); **–e Gewalt** *f.* **des Sturms,** unbroken *or* unimpaired force *s.* of the gale.

unversenkbar *adj.*, sinkless (*of boat, etc.*).

unverständlich *adj.* (*rad.*), unintelligible, unreadable (*of signal, radio message*).

unverstellbar *adj.* (*naut., tech.*), fixed, non-adjustable (*of mast, etc.*).

unvollzählig *adj.*, incomplete, not complete (*of crew*).

unvorschriftsmäßig *adj.*, improper, contrary to regulations; **– ausgerüstet** (*naut.*), improperly equipped (*of boat, pers.*).

unvorteilhaft *adj.*, **–e Ausgangs-** *od.* **Startposition** (*rac.*), unfavo(u)rable *or* disadvantageous start(ing) position *s.*

Unwetter *n.*, cloudburst *s.*, storm *s.*, thunderstorm *s.*, thunder *s.* and lightning, violent storm *s.*, rough *or* stormy weather *s.*, (*naut., coll.*) weather *s.*; **–warnung** *f.* (*meteor., rad.*), storm *or* weather warnings (*pl.*), (*am.*) hurricane warning(s) *s.* (*pl.*).

Unze *f.* (*naut.*), ounce *s.* (*weight of sailcloth*).

unzerreißbar *adj.*, untearable (*as nylon rope, etc.*).

unzugänglich *adj.* (*naut.*), in- *or* unaccessible, in- *or* unapproachable (*of coast*); **–e Küste** *f.* (*naut.*), unget-atable coast *s. or* shore *s.*

unzulässig *adj.* (*naut.*), inadmissible, unallowable, unallowed; **–e (Zusatz)Besegelung** *f.* (*rac.*), not allowed (additional) sails (*pl.*).

unzuverlässig *adj.*, unreliable (*of instruments, etc.*).

U-Profil *n.* (*naut.*), U(-)profile *s. or* section *s.* (*shipb.*).

Ursprungszeugnis *n.* (*naut.*), certificate *s.* of origin (*for boats, sails, etc.*).

U-Schäkel *m.*, U(-shaped) shackle *s.* **U-Spant** *n.*, U(-shaped) frame *s.*

Utensilien *n./pl.* (*naut.*), implements (*pl.*), utensils (*pl.*); **–box** *f. od.* **–kasten** *m.* (*naut.*), ditty-box *s.*

V

vagabundieren *v.* (*phys.*), to stray (*of magnetic fields*).

Vakuum *n.* (*phys., tech.*), vacuum *s.*; **ein – (am Segel) erzeugen(d),** to create a vacuum, to vacuum (of a sail); **–pumpe** *f.* (*naut.*), suction- *or* vacuum-pump *s.*; **–röhre** *f.*, vacuum tube *s.*

Valenz *f.* (*naut., math., phys.*), valence *s.*, valency *s.*

variabel *adj.* (*astr., math., phys.*), variable. **Variabilität** *f.* (*math., phys.*), variability *s.* **Variable** *f.* (*math.*), variable *s.*; **(un)abhängige –** (*math.*), x; y; z. **variab/le Größe** *f.* (*math.*), variable *s.*; **–le Steigung** *f.* **des Propellers,** variable pitch *s.* of the propeller; **–ler Stern** *m.* (*astr.*), variable *s.*

Variante *f.* (*naut., meteor.*), variety *s.*; **klimatisch bedingte –,** climatic variety *s.*

Variation *f.* (*naut., astr.*), variation *s.*; **–sbreite** *f.*, variation *s.*; **–skarte** *f.* (*naut.*), variation chart *s.*

Variometer *n.* (*rad., phys., tech.*), variometer *s.*

Vektor *m.* (*naut., math.*), vector *s.*, stroke *s.*; **–analyse** *f.*, vector analysis *s.*; **–darstellung** *f.* (*radar*), vector presentation *s.*; **–diagramm** *n.* (*naut., math.*), vector diagram *s.*; **–feld** *n.*, vector field *s.*; **–größe** *f.* (*naut., math.*), vector quantity *s.*; **–potential** *n.* (*naut., math.*), vector potential *s.*; **–produkt** *n.* (*naut., math.*), area vector *s.*, vector product *s.*; **–rechnung** *f.* (*naut., math.*), vector analysis *s.*; **–verhältnis** *n.*, geometric ratio *s.*

Velacciere *f.*, velacciere *s.* (*Mediterranean three-master*).

Ventil *n.*, valve *s.*, air-valve *s.*, vent *s.*; fang *s.* (*of a pump*); **kleines –,** valvelet *s.*; **mit (Hilfe von) –en** (*pl.*) **kontrollieren** *od.* **regulieren,** to valve.

Ventilation *f.* (*naut.*), airing *s.*, ventilation *s.*, (*coll.*) weathering *s.* **Ventilator** *m.* (*naut.*), blower *s.*, fan *s.*, fan blower *s.*, (supply) ventilator *s.*, ventilation *s.*, vacuum *or* ventilating fan *s.*, van *s.*; **–antrieb** *m.*, fan driving *s.*; **–flügel** *m.*, vane *s.* of a fan blower; **–gehäuse** *n.*, fan casing *s.*; **–motor** *m.*, fan motor *s.*

Ventil/einstellung *f.*, valve adjustment *s.*; **–führung** *f.*, valve-guide *s.*; **–gehäuse** *n.*, valve box *s. or* chest *s.*

Ventilieren *n.* (*naut.*), ventilation *s.* **ventilieren** *v.* (*naut.*), to air, to ventilate, to vent, to valve.

Ventil/kammer *f.*, valve box *s. or* chest *s.*; **–kegel** *m.*, valve cone *s. or* head *s.*; **–klappe** *f.*, flap *s.*, valve *s.*; **–sitz** *m.*, valve seating *s.*; **–spiel** *n.*, rocker *or* valve clearance *s.*; **–steuerung** *f.*, valve gear *s. or* motion *s.*; **–teller** *m.*, valve face *s.*; **schwingende –welle** *f.*, valve rocker (shaft) *s. or* rockshaft *s.*

Ventimeter *n.* (*naut.*), ventometer *s.* (*wind gauge*).

Venturi-Lüfter *m.* (*naut.*), Venturi ventilator *s.*

veraltet *adj.*, obsolete (*of nautical terms*), out-of-date (*of boats*); **–e Bootsklasse** *f.*, outdated class *s.*; **–e Seekarte** *f.*, outdated chart *s.*

veränderlich *adj.* (*meteor.*), changeable, changing, unsettled, unstable, variable (*of weather*), variable, varying (*of wind*), (*astr., math., phys.*) variable, (*phys.*) fluctuating; **–e Abstimmspule** *f.* (*rad.*), variometer *s.*; **–e Drehzahl** *f.* (*naut., tech.*), variable speed *s. or* (number *s.* of) revolutions; **Anordnung** *f.* **mit –er Kopplung,** variocoupler *s.*; **–e Steigung** *f.* **(des Propellers),** variable pitch *s.* (of the propeller); **–er Stern** *m.* (*astr.*), variable (star) *s.*; **–es Wetter** *n.*, uncertain *or* unsettled weather *s.*; **–er Wind** *m.* (*meteor.*), variable *s.*, variable wind(s) *s.* (*pl.*). **Veränderlichkeit** *f.* (*meteor.*), variability *s.*, variableness *s.*, changeableness *s.*, changeability *s.*, instability *s.* (*of the weather*).

verändern *v.* (*naut., tech.*), to alter, to change (*sails*), to reconstruct (*boat*).

Veränderung *f.* (*meteor.*), change *s.*, turn *s.*, variation *s.* (*of the weather*), (*phys.*) fluctuation *s.*; alteration *s.* (*as of sails*); **keine wesentliche –** (*meteor.*), no material change *s.*; **– der Wasseroberfläche,** change *s.* in the water surface (*weather sign*).

verankern *v.* (*naut.*), to anchor, to fasten, to grapple, to moor (*a boat*), (*tech.*) to stay (**mit,** with; **mittels,** by); **ein Boot –,** to moor a boat. **verankert** *adj.*, moored, at anchor (*of boat*); **–es Boot** *n.*, boat *s.* (riding) at anchor. **Verankerung** *f.* (*naut.*), anchorage *s.*, mooring *s.* (*of boat*), (*tech.*) stay *s.*; **–srecht** *n.* (*naut.*), right *s.* of anchorage *or* mooring.

Veranstaltung *f.* (*rac.*), (sporting) event *s.*, meeting *s.*

Verband *m.* (*naut.*), formation *s.*, squadron *s.* (*sailing*), convoy *s.* (*of ships*), structure *s.*, structural member *s.* (*shipb.*), (*naut., tech.*) bond *s.*, bond-joint *s.*, joint *s.*, (*naut. med.*) bandage *s.*, dressing *s.*; **Segeln** *n.* **im –,** formation *or* squadron sailing *s.*; **im – fahren** *od.* **segeln,** to cruise *or* to sail in formation, to sail in company *or* convoy. **Verband(s)/kasten** *m.* **(an Bord),** first-aid box *s.*, medicine chest *s.*; **–päckchen** *n.*, first-aid kit *s.*; **–schott**

n. (*naut.*), structural bulkhead *s.*; **–zeug** *n.*, first-aid kit *s.*, bandage *s.*, dressing *s.*

verbessern *v.* (*naut.*), to correct, to make good (*course*). **verbessert** *adj.* (*naut.*), corrected, made good; **–e Breite** *f.*, latitude *s.* made good; **–er Kurs** *m.*, corrected course *s.*, course *s.* made good; **–e Zeit** *f.* (*rac.*), corrected time *s.*

verbiegen *v.t.* (*naut.*, *tech.*), to bend, to bend out of shape, to distort, to strain, to twist; *v.r.*, to get bent, to buckle, to set, to get a set (*of mast*), to warp (*of wood*), to twist (*of wire cable*).

verbinden *v.* (*naut.*), to bind up, to tie (together) (*as knots*), (*naut.*, *tech.*) to connect, to couple, to link (**mit,** to), to join (**mit,** with), (*elec.*) to connect (**mit,** with *or* to). **Verbindung** *f.* (*rad.*), contact *s.*, communication *s.*, (*elec.*) connection *s.*, (*chem.*) compound *s.*; (*naut.*, *tech.*) bond *s.*, connection *s.*, joint *s.*, junction *s.*, union *s.*; **die – verlieren** (*rad.*), to loose touch (**mit,** with); **in – bleiben (mit)** (*rad.*), to keep in touch (with); **sich in – setzen mit** (*rad.*), to contact; **– aufnehmen (mit)** (*rad.*), to contact, to get in(to) touch (with); **– haben** (*rad.*), to be on the air, to be in touch (**mit,** with); **– herstellen** (*rad.*), to (make) contact, to establish communication (**mit,** with). **Verbindungs/bolzen** *m.*, tie *or* connecting bolt *s.*; **–gang** *m.* **(an Bord),** passage *s.*; **–glied** *n.* (*naut.*, *tech.*), connecting link *s.*; **–kette** *f.* **an der Ankerwinsch,** messenger *s.*; **–leine** *f.*, life line *s.*, securing line *s.*; **–linie** *f.* (*naut.*, *rad.*), line *s.* of communication; **–muffe** *f.*, connecting sleeve *s.* *or* coupling *s.*; **–rohr** *n.*, **–röhre** *f.* (*naut.*, *tech.*), connecting pipe *s.* *or* tube *s.*; **–schäkel** *m.*, connecting shackle *s.*; **–stange** *f.*, connecting rod *s.*; **–stelle** *f.* (*naut.*, *tech.*), join *s.*, joint *s.* (*shipb.*); **–stück** *n.*, brace *s.*, joint *s.*, coupling *s.*, tie *s.*, connecting piece *s.*, junction(al) piece *s.*, juncture *s.* (*shipb.*, *etc.*).

verblassen *v.* (*radar*), to fade (away).

verblenden *v.* (*naut.*), to dim *or* to screen (lights).

verbogen *p.p.*, buckled, bent, set (*of mast*), twisted (*of wire cable*), warped (*of wood*); **der Mast ist nach links (rechts) –,** the mast has a set to the left (right).

Verbolzen *n.*, bolting *s.* **verbolzen** *v.*, to bolt (together), to pin.

verborgen *adj.* (*phys.*), latent; **–e Gefahr** *f.* (*naut.*), concealed *or* lurking danger *s.*; **–e Kraft** *f.* (*phys.*), latent force(s) *s.* (*pl.*) (*as of forward thrust*).

verboten *adj.* (*naut.*, *jur.*), prohibited; **Ankern –!,** anchoring (strictly) prohibited! (*sign*); **–er Hafen** *m.*, closed port *s.*; **–e Zone** *f.* (*naut.*, *jur.*), prohibited area *s.* *or* zone *s.* **Verbots/schild** *n.* (*naut.*), prohibition sign(-post) *s.*; **–zeichen** *n.* (*pl.*) (*nav.*), interdictory markers (*pl.*) *or* signs (*pl.*) *or* navigation marks (*pl.*) *or* sea markers (*pl.*), tresspass signs (*pl.*) *or* marks (*pl.*) *or* markers (*pl.*) for *or* to navigation, navigational prohibition mark(er)s (*pl.*); **–zone** *f.* (*naut.*), prohibited area *s.* *or* zone *s.*

verbreitern *v.t.*, *v.r.*, to broaden, to widen (*as narrows or navigable passage*). **Verbreiterung** *f.* **(des Fahrwassers),** broadening *s.* *or* widening *s.* (of the ship channel).

Verbrennungsmotor *m.* (*naut.*, *tech.*), internal-combustion engine *s.*

Verbund *m.* (*naut.*, *tech.*), compound *s.*; **–bauweise** *f.*, sandwich construction *s.* (*GRP-shipb.*), composit construction *s.* (*shipb.*); **–generator** *m.*, compound generator *s.*; **–maschine** *f.*, compound engine *s.*

Verdeck *n.* (*naut.*), deck *s.*; hood *s.* (*of cabin*), top *s.* (*of motorboat*), awning *s.*, covering *s.*; **mit einem – versehen,** hooded, topped (*of boat*).

verdecken *v.* (*radar*), to obscure, (*naut.*) to cover, (*astr.*) to occult; **verdeckt werden** (*naut.*), to occult, to be hidden. **Verdeckung** *f.* (*naut.*, *astr.*), occultation *s.*

Verdichter *m.* (*naut.*, *tech.*), compressor *s.*, condenser *s.* **Verdichtung** *f.*, compression *s.*, condensation *s.*; **–shub** *m.*, compression stroke *s.* (*of engine*); **–sverhältnis** *n.*, compression ratio *s.*

verdoppeln *v.* (*nav.*), to double. **Verdopp(e)lung** *f.* (*nav.*), doubling *s.*; **– am Segel,** patch *s.*, tabling *s.*; **– der Seitenpeilung** (*nav.*), doubling *s.* the angle of the bow, bow and beam bearing *s.*, running fix *s.*

verdrängen *v.* (*naut.*), to displace (water) (*of boat*). **Verdränger** *m.*, displacement boat *s.* *or* ship *s.*; **–pumpe** *f.*, positive displacement pump *s.*, piston pump *s.* **Verdrängung** *f.* (*naut.*), displacement *s.* (of water) (*of boat or ship*); **größte (niedrigste) –,** maximum (minimum) displacement *s.*; **leichte (schwere) –,** light (load) displacement *s.*; **relative –,** relative displacement *s.*; **veränderte** *od.* **verlorene** *od.* **verlorengegangene –,** lost buoyancy *s.* (*of a boat*); **– auf Spanten,** mo(u)lded displacement *s.* **Verdrängungs/boot** *n.*, displacement boat *s.*; **–kurve** *f.*, displacement curve *s.* (*shipb.*); **–länge** *f.*, displacement length *s.* (*of a boat*); **–ruder** *n.*, hydrofoil *or* streamlined *or* displacement rudder *s.*; **–schiff** *n.*, displacement ship *s.*; **–schwerpunkt** *m.*, centre *s. or* (*am.*) center *s.* of buoyancy; **–tonnage** *f.*, displacement tonnage *s.*; **–tonne** *f.*, displacement ton *s.*

Verdrehung *f.* (*naut.*, *tech.*), torsion *s.*, twist(ing) *s.* (*of rope, etc.*); **–sfestigkeit** *f.*, torsional strength *s.*; **–sversuch** *m.*, torsion test *s.*

verdrillen *v.*, to twist (*a rope*); to twist (*of rope*). **Verdrillung** *f.*, twist(ing) *s.* (*of rope*), (*naut.*, *tech.*) transposition *s.*, (*phys.*) torsion *s.*

verdunkeln *v.* (*naut.*), to darken, to black out, to obscure (*of lights*), (*astr.*) to eclipse, to occult, (*radar*) to (grow) dim; **sich –,** to obscure, to cloud (over), to become overcast (*of sky*), (*naut.*, *astr.*) to eclipse, to occult (*of light, moon, etc.*); **der Himmel verdunkelt sich,** the sky becomes clouded *or* overcast. **Verdunkelung** *f.* (*naut.*) eclipse *s.*, occultation *s.* (*of a light*), (*astr.*) eclipse *s.*, obscuration *s.*

Verdünner *m.*, **Verdünnungsmittel** *n.* (*naut.*, *chem.*), diluter *s.*, diluting *or* dilution agent *s.*, dilution *s.*, thinner *s.*, thinning agent *s.*, reducer *s.*; **– für Ölfarben** (*naut.*, *chem.*), vehicle *s.*

Verdunstung *f.* (*meteor.*), evaporation *s.*, vaporization *s.*; **–sthermometer** *n.* **(eines Psychrometers)** (*phys.*), wet-bulb thermometer *s.*

verebben *v.*, to ebb (away), to subside, to die away *or* down (*of storm*).

Veredelung *f.* **(von Segeltuchen),** finish(ing) *s.* (of sailcloth).

Vereinigung *f.* **(von Flüssen),** confluence *s.*, junction *s.* (of rivers).

Vereinssegeln *n.* (*rac.*), squadron sailing *s.*

vereinzelt *adj.*, **–** *od.* **–e leichte Regenfälle** *od.* **Schauer** (*meteor.*), scattered light showers (*pl.*); **–** *od.* **–e Regenfälle** *m./pl. od.* **Schauer** *m./pl.* (*meteor.*), occasional rain *s. or* showers (*pl.*), scattered *or* sporadic showers (*pl.*) (of rain).

vereisen *v.*, to ice (up), to freeze (up) (*of harbour, rivers*). **vereist** *adj.*, iced (over), frozen, coated *or* covered with ice (*as deck*). **Vereisung** *f.*, icing (up) *s.*, freezing *s.*; **–sbedingungen** *f./pl.* (*nav.*), icing conditions (*pl.*); **v–sfrei** *adj.*, ice-free (*of harbour*).

verengen *v.t.*, *v.r.*, to narrow, to become narrow(er) (*of straits, navigable passages, etc.*). **Verengerung** *f.*, **Verengung** *f.*, narrowing *s.* (*of straits*).

Verfahren *n.* (*naut.*, *tech.*), procedure *s.* (*shipb.*, *etc.*), (*naut.*, *rac.*) method *s.*, technique *s.*

verfahren *v.*, **(Blöcke) –,** to fleet *or* to overhaul a tackle; **eine Leine –,** to fleet a line *or* rope.

verfangen *v.*, **(die Wache) –,** to spell (the watch); **sich –,** to catch, to be *or* to become foul (*of anchor*), to become entangled (*of rope*); **sich – (an),** to hitch (on) (*of anchor, rope*); **der Anker hat sich –,** the anchor has caught *or* become foul.

verfehlen *v.* (*rac.*), to miss (*a mark*); **die Wendemarke –** (*rac.*), to miss the mark; **eine Boje –** (*rac.*), to miss *or* to mistake a buoy *or* mark.

verfinstern *v.* (*naut.*, *astr.*), to eclipse, to occult (*of a light, moon, sky*). **Verfinsterung** *f.* (*naut.*, *astr.*), eclipse *s.*, occultation *s.* (*of a light, moon, etc.*); **partielle –** (*astr.*), partial eclipse *s.*

verfolgen *v.* (*naut.*, *rac.*), to chase, to pursue (*a boat*), (*radar*) to trace, to track (*an object*). **Verfolger** *m.* (*rac.*), pursuer *s.* (*boat*). **Verfolgung** *f.* (*naut.*, *rac.*), chase *s.*, pursuit *s.* (*of a boat*), (*radar*) tracing *s.*, tracking *s.* (*an object on the screen*).

verformen *v.* (*naut.*, *tech.*), to strain (*of mast, etc.*). **Verformung** *f.* (*naut.*, *tech.*), deformation *s.*, distortion *s.* (*of mast, etc.*).

verfrüht *adj.*, **–es Einsetzen der Flut,** priming *s.* of the tide. **Verfrühung** *f.*, priming *s.* (of the tide); **– und Verspätung** *f.* **der Gezeit,** priming *s.* and lagging of the tide.

vergeblich *adj.* **kämpfen mit** (*naut.*), to baffle with (*wind, etc.*) (*of boat*).

verglast *adj.*, glassed(-)in, glass-sided, glazed; **–es Brückendeck** *n.*, **–e Kommandobrücke** *f.*, glassed-in *or* -sided *or* glazed bridge deck *s.*

Vergleichs / frequenz *f.* (*rad.*), reference *or* standard frequency *s.*; **–pegel** *m.*, reference *or* standard level *s. or* watermark *s.*; **–punkt** *m.* (*nav.*), check point *s.*; **–wert** *m.* (*naut.*), relative value *s.*; **–werte** *m./pl.* (*astr.*, *phys.*), fiducial values (*pl.*).

Vergnügungs / dampfer *m.*, pleasure steamer *s. or* ship *s.*; **–fahrt** *f. od.* **–reise** *f.*, pleasure trip *s.*, excursion *s.*; **–yacht** *f.*, pleasure boat *s. or* yacht *s.*

vergrößern *v.* (*opt.*), to magnify (*of lens, etc.*); **den Abstand (zwischen Booten) –,** to open the range (between boats); **in vergrößertem Maßstab,** on a larger scale (*of chart*). **Vergrößerung** *f.* (*opt.*), magnification *s.* (*of lens, etc.*); **–sglas** *n.*, magnifying *or* multiplying glass *s.*; **–slinse** *f.*, magnifying lens *s.* (*for compass, etc.*); **–sstärke** *f.* (*phys.*), magnification *s.* (*of a lens, etc.*).

vergüten *v.* (*rac.*), to allow, to compensate.

Vergütung *f.* (*rac.*), allowance *s.*, compensation *s.*, rating *s.*

Verhalten *n.* **(einer Yacht) auf See,** behaviour *s.* (of a yacht) at sea, sea-going performance *s.* (of a yacht).

Verhältnis *n.* (*naut.*, *math.*), rate *s.*, ratio *s.*, proportion *s.* (*shipb., etc.*); **im richtigen – (stehend),** proportional (*shipb.*); **im umgekehrten – (stehen),** (to be) in (the) inverse ratio; **im – (von) 2 zu 4,** in the ratio of 2 to 4; **unter günstigen (ungünstigen) –sen** (*pl.*) **segeln,** to sail under favo(u)rable (unfavo(u)rable) conditions; **– der Länge zur Breite,** length *s.* to beam ratio (*shipb.*); **–regel** *f.* (*naut.*, *math.*), rule *s.* of three, rule *s.* of proportion; **–zahl** *f.*, coefficient *s.*, factor *s.*, proportional number *s.*, ratio *s.*

Verhäuten *n.* **(des Bootsrumpfes),** sheathing *s.* (of the hull).

verheddern *v.r.*, to get entangled, to tangle, to twist (*of lines, rope*). **Verhedderung** *f.*, tangle *s.* (*of ropes*).

verheuern *v.* (*naut.*), to sign on (*boat's or ship's crew*).

Verhol / anker *m.*, kedge anchor *s.*, warp *s.*; **–boje** *f.*, kedge *or* warping buoy *s.* **Verholen** *n.*, haulage *s.*, hauling *s.*, shifting *s.*, towage *s.*, warpage *s.* (*of boat or ship*). **verholen** *v.*, to haul (off), to move, to shift, to kedge, to tow, to warp (*a boat or ship*); **ein Boot –,** to shift *or* to move a boat; **ein Boot an einen anderen Liegeplatz –,** to haul (off) *or* to move *or* to shift a boat to another berth; **ein Boot am Warpanker** *od.* **an der Warpleine –,** to warp a boat; **ein Boot längs des Anlegers** *od.* **Stegs –,** to shift a boat; **ein Boot mit dem Anker –,** to kedge a boat; **ein Boot mit der Leine –,** to warp a boat; **ein Boot mit der Schlepptrosse –,** to tow a boat. **Verhol / gebühr** *f.*, haulage *s.*; **–haken** *m.*, warping hook *s.*; **–klampe** *f.*, fairlead(er) *s.*, cable chock *s.*; **–klüse** *f.*, mooring pipe *s. or* hawse *s.*; **freistehende –klüsen** *f./pl.*, mooring chocks (*pl.*); **–kopf** *m.*, warping barrel *s. or* drum *s.* (*of a winch*), windlass head *s.*, (*coll.*) gipsy *s.*; **–leine** *f.*, warp *s.*, warp line *s. or* rope *s.*; **–poller** *m.*, warping bollard *s.*; **–schlepper** *m.*, warping *or* docking tug *s. or* tow-boat *s.*; **–spill** *n.*, warping *or* gipsy capstan *s.*; **–tau** *n.*, warp *s.*; **–tonne** *f.*, kedge *or* warping buoy *s.*; **–trosse** *f.*, warp *s.*, warp(ing) rope *s.*; **–winde** *f. od.* **–winsch** *f.*, warping *or* gipsy winch *s.*

Verhütung *f.* **von Zusammenstößen (auf See),** prevention *s.* of collisions (at sea).

Véritas *f.*, **(Bureau) –** (*naut.*, *franz.*), bureau veritas *s.*, Bureau Veritas *s.* (*society for ship classification and registry*).

verjüngen *v.t.* (*naut.*), to reduce, to taper (*a line, rope*); *v.r.*, to taper (off *or* away) (*as mast*), (*tech.*) to reduce to a smaller scale; **in verjüngtem Maßstab,** on a small(er) *or* reduced scale (*of chart*). **Verjüngung** *f.*, taper *s.* (*as of mast*); **–smaßstab** *m.*, reduction scale *s.* (*chart, shipb.*).

verkatten *v.*, **einen Anker –,** to back the anchor.

Verkehr *m.* (*naut.*), trade *s.*, traffic *s.* (at sea); (*rad.*) communication *s.*, traffic *s.* **verkehren** *v.* (*naut.*), to run, to sail, to steam (*of boats or ships or ferries*); **regelmäßig (zwischen 2 Orten) –** (*naut.*), to ply (*of ferry, ship*). **Verkehrs / erlaubnis** *f.* (*naut.*), pratique *s.*; **–frequenz** *f.* (*rad.*), traffic frequency *s.*; **–(frequenz)band** *n.*, communication band *s.*; **–gebiet** *n.* (*naut.*), trading area *s.*; **–ordnung** *f.* (*naut.*), traffic rules (*pl.*) (and regulations); **–ordnung für Binnengewässer,** inland *or* inshore rules (*pl.*); **–ordnung im Küstenbereich,** offshore rules (*pl.*); **–signal** *n.* (*naut.*), traffic signal *s.*; **–straße** *f.* (*naut.*), track *s.*, trade route *s.*; **–trennung** *f.* (*naut.*), traffic separation *s.*; **–trennungsgebiet** *n.* (*naut.*), traffic separation scheme *s. or* zone *s.*; **–weg** *m.* (*naut.*), (trade) route *s.*, track *s.*; **–welle** *f.* (*rad.*), traffic wave *s.*

Verkeilen *n.* (*naut.*), wedging *s.* (*of hatch, mast*), blocking-off *s.* (*of ballast*). **verkeilen** *v.* (*naut.*), to fasten with a wedge *or* with wedges, to wedge (tight), to quoin, to spline (*of mast, hatch, etc.*); **den Mast –,** to wedge the mast; **ein Luk** *od.* **eine Luke –,** to wedge a hatch. **verkeilt** *adj.* (*naut.*), wedged (*of mast, hatch*). **Verkeilung** *f.* (*naut.*), wedging *s.*

verketten *v.* (*naut.*), to chain up *or* together.

verkitten *v.* (*naut., tech.*), to putty (up) (*a leak*).

verklaren *v.* (*naut.*), to enter a (sea) protest. **Verklarung** *f.* (*naut.*), protest *s.*, sea-protest *s.*, skipper's protest *s.*, extended *or* ship's protest *s.*, marine declaration *s.*; **– ablegen,** to extend protest; **über einen Schaden – ablegen,** to enter a protest in a case.

Verkleiden *n.* (*naut., tech.*), wainscot(t)ing *s.* **verkleiden** *v.* (*naut.*), to wainscot, (*naut., tech.*) to case, to jacket, to house, to sheathe. **Verkleidung** *f.* (*naut.*), wainscot *s.* (*of cabin, etc.*); **– aus Holz,** wainscot(t)ing *s.*

Verkleinern *n.* **der Segelfläche,** reefing *s. or* shortening *s.* of (the) sail area. **verkleinern** *v.*, to reef, to shorten (*sail area*), (*naut., tech.*) to reduce, to scale down; **Segel(fläche) – ohne**

zu reffen, to scandalize a sail. **Verkleinerungsmaßstab** *m.*, reduction scale *s.*

Verklemmen *n.* (*naut.*, *tech.*), jam *s.*, jamming *s.* **verklemmen** *v.*, to jam (*of hatch, etc.*). **Verklemmung** *f.* (*naut.*, *tech.*), jamming *s.*

Verklicker *m.*, burgee *s.*, telltale *s.*, vane *s.*, wind-vane *s.*

verknittern *v.*, to crease, to crumple, to wrinkle (*of sails*).

verknoten *v.*, **verknüpfen** *v.*, to knot, to bind *or* to tie (together), to tie up (in knots), to attach, to join (*lines, etc.*).

verkrümmen *v.*, to bend (*of mast*), to warp (*of wood*).

verkupfert *adj.* (*naut.*), copper-bottomed *or* -sheathed, copper-plated, coppered (*of boats*).

verkürzen *v.*, to curtail, to shorten, to reduce (*mast, sail area*), (*rac.*) to abridge, to cut (down), to shorten (*course*). **Verkürzung** *f.*, cut *s.*, cutting down *s.*, reduction *s.*, shortening *s.* (*of course, sail area, etc.*); **–sstek** *m.*, sheepshank *s.*; **–strompete** *f.*, sheepshank *s.*, cat's paw *s.*

verladen *v.* (*naut.*), to ship (*racing boats, etc.*). **Verladehafen** *m.*, port *s.* of shipment *or* loading *or* embarkation. **Verladung** *f.* (*naut.*), shipment *s.*, shipping *s.*, loading *s.*; **– an (unter) Deck,** shipment on (below) deck.

verlagern *v.*, to displace, to shift (*ballast, crew weight, etc.*); **sich –,** to shift, to be switched over (*as ballast*). **Verlagerung** *f.*, dislocation *s.*, displacement *s.*, shifting *s.* (*of ballast, etc.*).

verlängern *v.*, to elongate, to lengthen (*mast, sail, etc.*), to extend, to prolong (*of time*). **Verlängerung** *f.*, elongation *s.*, lengthening *s.* (*of mast, sail, etc.*), extension *s.*, prolongation *s.* (*of time*), (*rac.*) extra time *s.*, (*naut.*) renewal *s.* (*of class*); **– (des Bootes)** lengthening *s.* (of a boat); **–sstück** *n.*, extension piece *s.*, elongation *s.*

verlangsamen *v.* (*naut.*), to slacken (*speed*), to slow down; **Fahrt** *od.* **Geschwindigkeit –** (*naut.*), to slow down *or* off *or* up, to slacken speed. **verlangsamt** *adj.*, **–e Fahrt** *od.* **Geschwindigkeit,** slackened speed *s.*, retarded speed *s.* *or* velocity (*of boat*). **Verlangsamung** *f.* **(der Fahrt** *od.* **Geschwindigkeit),** slow(-) down *s.*

verlaschen *v.*, to lash, to seize (*boat equipment*), to make a scarf, to scarf (*shipb.*). **Verlaschung** *f.*, lashing *s.*, seizing *s.* (*of loose gear*), scarf *s.* scarf(-)joint *s.* (*shipb.*).

verlassen *v.*, **den Hafen –,** to leave port; **ein Boot** *od.* **Schiff –,** to abandon ship. **verlassen** *adj.*, **–e Breite** (*naut.*, *geogr.*), latitude left; **–es Schiff** *n.*, abandoned ship *s.*, derelict *s.*

verlaufen *v.* (*geogr.*), to range; **die Küste verläuft nach Ost und West,** the coast ranges east and west.

verlieren *v.t.* (*rac.*), to lose; *v.r.*, to fade, to disappear (*out of sight*), to die away (*of sound*), to get lost, to go down (*of boat*); **den Anker (infolge Ankerkettenbruchs) –,** to part from the anchor; **Fahrt** *od.* **Geschwindigkeit –** (*naut.*), to lose way; **Mast (Segel) –** (*coll.*), to spend the mast (a sail); **– gegen** (*rac.*), to lose to. **Verlierer** *m.* (*rac.*), loser *s.*

verloren *adj.* (*naut.*), lost; **das Boot gilt als –,** the boat is given up for lost; **ein Boot für – halten,** to think the boat is a goner. **verlorengehen** *v.* (*naut.*), to be lost, to founder, to go down (*of boat*); (*coll.*) to spend (*a mast, sail*).

verlöten *v.* (*naut.*, *tech.*), to plumb, to solder; **hart –,** to braze.

Verlust *m.* (*naut.*, *ins.*), loss *s.*; **absoluter –,** total *or* (*coll.*) dead loss *s.*; **teilweiser –,** partial loss *s.*; **totaler –,** total loss *s.*; **– des Bootes** *od.* **Schiffes** (*ins.*), craft loss *s.*, loss *s.* of a yacht; **–anzeige** *f.* (*ins.*), report *s.* *or* notice *s.* of loss; **–energie** *f.* (*phys.*), unavailable energy *s.*

vermasseln *v.*, **eine Regatta –** (*sl.*), to botch *or* to make a botch of *or* to bungle *or* to make a hash of a race.

vermeiden *v.*, **eine Kollision –,** to avoid *or* to prevent *or* to shun a collision.

Vermessen *n.* (*naut.*), measuring *s.* (*of boat, sails*), rating *s.* (*of racing yacht*). **vermessen** *v.* (*naut.*), to measure, to take the measure *or* measurement(s) of (*boat, sails*), to survey (*a new construction*); **ein Segel –,** to take the measurements of a sail. **vermessen** *adj.*, **–er Raum** *m.* (*naut.*), included space *s.*; **nicht –er Raum** *m.*, exempted space *s.*; **–e Seemeile** *f.*, measured (sea)mile *s.* **Vermesser** *m.* (*naut.*), measurer *s.* (*of boat, sails*), surveyor *s.* (*of new construction*). **Vermessung** *f.* (*naut.*), measuring *s.*, measurement *s.* (*of boat, sail*), rating *s.* (*of rac. yacht*), survey *s.* (*of new construction*); **nautische –,** nautical survey *s.*; **– nach Brutto-(Netto-)Registertonnen,** gross (net) tonnage *s.*; **– nach Registertonnen,** tonnage *s.*; **– über alles,** measurement *s.* over all (*of boat*). **Vermessungs / bestimmungen** *f./pl.*, measurement rules (*pl.*); **–blatt** *n.*, rating sheet *s.* (*yacht*), headsail *or* mainsail sheet *s.* (*sailmaking*); **–boot** *n.*, surveying boat *s.*; **–breite** *f.*, tonnage *or* registered breadth *s.*;

–deck *n.*, tonnage deck *s.*; **–diagramm** *n.*, measurement diagram *s.*; mainsail *or* headsail diagram *s.* (*sailmaking*); **–formel** *f.*, tonnage formula *s.*, rating rule *s.*; **–gebühr** *f.*, survey *or* measuring *or* measurement dues (*pl.*) *or* charges (*pl.*); **–koeffizient** *m.*, rating *or* tonnage coefficient *s.*; **–komitee** *n.* (*rac.*), Measurement Committee *s.*; **–länge** *f.*, tonnage *or* registered length *s.*; **–marke** *f.*, measurement mark *s.*; **–modus** *m.*, mode *s.* of measurement, measuring method *s.*; **–plakette** *f.*, rating *or* measurement plaquette *s.*; **–raum** *m.*, tonnage *or* registered space *s.*; **–schiff** *n.*, survey(ing) boat *s.* *or* ship *s.*; **–tiefe** *f.*, tonnage *or* registered depth *s.*; **–tonnage** *f.*, measurement tonnage *s.*; **–tonne** *f.*, measurement ton *s.*; **–vorschriften** *f./pl.*, measurement rules (*pl.*), rating rules (*pl.*); **–zertifikat** *n.*, certificate *s.* of measurement, tonnage certificate *s.*, measurement certificate *s.*, rating certificate *s.*

vermindern *v.t.*, **(Fahrt** *od.* **Geschwindigkeit) –** (*naut.*), to decrease *or* to lessen *or* to lower *or* to reduce (speed), (*coll.*) to cut down (speed); *v.r.*, to abate, to grow less (*violence of storm*), (*coll.*) to fall off.

vermißt *adj.* (*naut.*), missing; **auf See –,** missing at sea (*of boat, pers.*); **–es Boot** *n.*, lost *or* missing boat *s.* **Vermißter** *m.* (*naut.*), missing sailor *s.* *or* yachtsman *s.*

vermuren *v.*, to moor, to tie up (*a boat*). **Vermur/anker** *m.*, backing *or* mooring anchor *s.*; **–boje** *f.*, mooring buoy *s.*; **–geschirr** *n.*, mooring gear *s.*; **–leine** *f.*, mooring line *s.*; **–schäkel** *m.*, mooring shackle *s.* *or* swivel *s.*, rocking shackle *s.* **Vermurung** *f.*, mooring *s.* (*of a boat*).

vernebeln *v.t.* (*naut.*), to cover with a smokescreen, to screen with smoke; *v.i.* (*meteor.*), to become wreathed in mist, (*radar*) to become blurred *or* obscured.

verneinen *v.* (*rad.*), to answer in the negative (*also of signal*). **verneinend** *adj.* (*rad.*), negative. **Verneinung** *f.* (*rad.*), negative (*s.*); **–sflagge** *f.*, negative flag *s.*

Vernier *m.* (*naut.*), vernier *s.*; **–kompaß** *m.*, vernier compass *s.*; **–sextant** *m.*, vernier sextant *s.*

vernieten *v.* (*naut., tech.*), to rivet (together). **Vernietung** *f.*, riveting *s.*

Verordnung(en) *f.* (*pl.*) (*naut., rac.*), rule(s) *s.* (*pl.*), regulation(s) *s.* (*pl.*).

verpallen *v.*, to block (up) (*keel, etc.*).

verpfählen *v.* (*naut.*), to spile.

Verpflegung *f.* **(an Bord),** food *s.*, provisions (*pl.*), (*sl.*) prog *s.* (aboard).

verpichen *v.* (*naut.*), to pitch; **eine (Boots)-Naht –,** to pitch a seam, to fasten with pitch.

verproviantieren *v.*, **ein Boot –,** to store a yacht with provisions; **(sich) –** (*naut.*), to provision, to storage, to victual, (*sl.*) to prog. **Verproviantierung** *f.* (*naut.*), victual(l)ing *s.*

verquollen *adj.*, warped (*of wooden boat or deck*).

verregnen *v.*, to spoil by rain (*a race, sail*). **verregnet** *adj.*, rainy, (*naut. coll.*) juicy; **ein –er Tag** (*naut. coll.*), a juicy day.

verriegeln *v.*, to bolt, to lock (*a hatch, etc.*). **Verriegelungsbolzen** *m.* (*naut.*), lock bolt *s.*

verringern *v.* (*naut.*), to decrease, to lessen, to reduce (*speed*), (*coll.*) to cut down (*speed*); to shed (*ballast*), to diminish, to grow less, to lessen (*of rain, storm*), (*rad., phys.*) to attenuate; **den Abstand zwischen Booten –,** to close the range between boats; **den Abstand zur Küste –,** to close the range. **Verringerung** *f.* (*naut.*), decrease *s.*, reduction *s.* (*of speed*), (*rad., phys.*) attenuation *s.*

verrosten *v.* (*naut.*), to corrode, to get rusty, to rust (*of boat*). **verrostet** *adj.*, corroded, rusted, rusty (*of boat*). **Verrostung** *f.*, corrosion *s.*

verrotten *v.* (*naut. sl.*), to rot (*of boat, provisions, etc.*).

verrußen *v.* (*naut.*), to become sooted *or* sooty *or* smoked, to soot (*of steam yacht, motor*).

verrutschen *v.* (*naut.*), to shift, to get *or* to slip out of place, to slip, to become displaced (*of loose gear, ballast, etc.*).

versacken *v.* (*naut. sl.*), to founder, to go down, to sink (*of boat*).

Versagen *n.* (*tech.*), breakdown *s.*, failure *s.* (*of engine, etc.*).

versanden *v.* (*naut.*), to choke *or* to cover *or* to fill with sand, to become choked *or* covered with sand (*of outboard motor, etc.*), to sand, to silt up (*of coast*).

Versatz *m.* **(durch Strom und Wind),** offset *s.* (*of a boat*).

Versaufloch *n.* (*naut. sl.*), well *s.* (of the deck), well deck *s.*

verschalen *v.* (*naut.*), to fish (*mast*), to weatherboard, to sheathe, to cover *or* to line with boards *or* planks; **den Mast –,** to fish (the mast). **Verschalung** *f.* (*naut.*), boarding *s.*, planking *s.* (*of boats*).

verschalken *v.*, to batten down, to secure, to weatherboard (*a hatch*); **ein Luk** *od.* **eine Luke –,** to batten down *or* to secure a hatch. **Verschalkung** *f.*, hatch-securing *s.*, weather-boarding *s.*

verscherben *v.* (*naut.*), to scarf, to make a scarf.

verschiebbar *adj.* (*naut., tech.*), adjustable, sliding (*of mast, traveller, etc.*), moveable, (*am.*) movable (*of parts*). **verschieben** *v.i.*, **eine Wettfahrt –,** to postpone *or* (*coll.*) to put off a race; *v.r.*, to shift (*of ballast, etc.*). **Verschiebung** *f.*, shifting *s.* (*of ballast*); postponement *s.* (*of a race*).

verschiffen *v.*, to ship, to convey *or* to send *or* to transport by water, to export overseas (*as racing boats, etc.*). **Verschiffung** *f.*, conveyance *s. or* transport by water, shipment *s.*, shipping *s.*, exportation *s.* overseas; **–sdokument(e)** *n.* (*pl.*), shipping documents (*pl.*); **–shafen** *m.*, port *s.* of shipment.

verschiften *v.*, **ein Boot –,** to shift a boat (*to another berth, etc.*).

verschilft *adj.*, sedged, sedgy; **–es (See)Ufer** *n.*, sedgy shore *s.* (lake front).

Verschlag *m.* (*naut.*), locker *s.*, compartment *s.*, (*coll.*) close box *s.*

verschlagen *v.*, **ein Boot –,** to drive a boat out of *or* off its (*or* her) course, to drive a boat ashore *or* on to the shore; **vom Sturm auf eine Insel –,** driven by a storm on to an island; **– werden,** to be driven off course (*of boat*).

verschlammen *v.*, **verschlämmen** *v.* (*naut.*), to choke *or* to cover *or* to fill with mud, to get choked *or* filled with mud, to become muddy (*of bilge, etc.*); to silt up (*of coast*).

verschlechtern *v.r.* (*meteor.*), to deteriorate, to get worse, to worsen, to (take a) change for the worse, to take a turn for the worse (*of weather*), (*rac. coll.*) to fall off. **Verschlechterung** *f.* (*meteor.*), deterioration *s.*, change *s.* for the worse, worsening *s.* (*of the weather*).

verschleiert *adj.*, hazy, overcast (*of sky*).

Verschleiß *m.* (*naut., tech.*), abrasion *s.*, wear *s.* (and tear), corrosion *s.*; erosion *s.* (*from water*); **–festigkeit** *f.* (*naut., phys., tech.*), resistance *s.* to abrasion *or* wear (and tear), abrasion resistance *s.*; **–teil(e)** *m.* (*pl.*) (*naut.*), working part(s) *s.* (*pl.*).

verschlickt *adj.*, **–es (See)Ufer,** silted(-up) shore *s.* **Verschlickung** *f.*, silting-up *s.*

verschließbar *adj.*, lockable (*of hatch, etc.*). **verschließen** *v.*, to bolt, to close, to shut (*hatch, etc.*), to blockade, to close (*a port*).

verschlimmern *v.r.* (*meteor.*), (*s.* **verschlechtern**); **der Sturm verschlimmerte sich,** the storm got worse *or* worsened. **Verschlimmerung** *f.* (*meteor.*), (*s.* **Verschlechterung).**

verschlingen *v.r.*, to twist, to wreathe (*of rope*).

Verschluß *m.* (*naut.*), catch *s.*, fastener *s.*, lock *s.* (*of hatch, etc.*), plug *s.*, seal *s.*, stopper *s.* (*of transom flap or sea cock*), stopper *s.* (*on rope or chain*). **Verschluß / mutter** *f.* (*tech.*), lock nut *s.*; **–riegel** *m.*, locking bolt *s.*; **–schraube** *f.*, locking screw *s.*; **–stück** *n.*, plug *s.*, stopper *s.*; **–vorrichtung** *f.* (*naut., tech.*), locking device *s.*

verschollen *adj.* (*naut.*), disappeared, lost, missing (*of boat, pers.*); **das Boot ist –,** the boat has disappeared *or* is missing; **– sein,** to have disappeared, to be missing (*of boat, pers.*); **auf See – sein,** to be missing at sea; **als – gemeldet werden** (*naut. jur.*), to be reported missing (*of boat, pers.*). **Verschollener** *m.* (*naut.*), missing person *s. or* sailor *s. or* yachtsman *s.*

verschrauben *v.* (*naut., tech.*), to screw in *or* on *or* up; **miteinander –,** to screw together. **Verschraubung** *f.*, screw cap *s.*, screw joint *s.*

Verschulden *n.* (*naut.*), responsibility *s.*; **beiderseitiges –** (*naut.*), both to blame; **– einer Yacht** (*rac.*), responsibility *s. or* (*coll.*) fault *s.* of a yacht.

verschwalben *v.* (*naut., tech.*), to mortise (*shipb.*).

verschwimmen *v.* (*naut.*), to become blurred *or* indistinct *or* muzzy (*of landmark, etc.*). **verschwommen** *adj.* (*naut.*), hazy, indistinct, vague, (*coll.*) muzzy (*of visibility*), (*radar*) blear(y), blurred, blurry, muzzy; **– werden,** to blur; **–e Umrisse** *m./pl.*, indistinct *or* vague *or* (*naut. coll.*) soft outlines (*pl.*).

versegeln *v.* (*nav.*), to deviate from the course. **versegelt** *adj.*, **–e Standlinie** *f.* (*nav.*), advanced line *s.* of position, retired line *s.* of position. **Versegelung** *f.* (*nav.*), deviation *s.* from the course; **–speilung** *f.*, doubling *s.* the angle of the bow, running fix *s.*, (*coll.*) two bearings (*pl.*) and run between.

verseilen *v.* (*naut.*), to strand (together), to twist (*rope*). **Verseilung** *f.*, stranding *s.*, twisting *s.* (*of rope*).

versenk / bar *adj.* (*naut.*), sinkable (*of boat*); **V–bohrer** *m.* (*tech.*), countersink bit *s.*, countersink *s.* **Versenken** *n.* (*naut.*), sinkage *s.* (*of a boat*). **versenken** *v.* (*naut.*), to sink, to scuttle, (*coll.*) to send to the bottom (of the sea) (*boat or ship*), (*tech.*) to countersink (*screws*); **ein Boot –,** to run down *or* to sink a boat; **ein Boot** *od.* **Schiff selbst –,** to scuttle a boat *or* ship. **versenkt** *adj.* (*naut.*), sunk, (*tech.*) countersunk; **–e Back** *f.*, sunk forecastle *s.*; **–es Gut** *n.* (*naut. jur.*), lagan *s.*; **–e**

Plicht *f.*, sunk cockpit *s.*; **–e Poop** *f.*, sunk poop *s.*; **–e Schraube** *f.* (*tech.*), countersunk screw *s.* **Versenkung** *f.* (*naut.*), sinking *s.* (*of a boat or ship*), scuttling *s.* (*of boat or ship*).

Versetzboot *n.*, pilot boat *s.* **Versetzen** *n.* (*naut.*), **– durch Strom,** set *s.* (*of boat*); **– durch Wind,** drift *s.* (*of boat*). **versetzen** *v.* (*naut.*), to set, to drift (*of boat*); **Beschläge –,** to stagger fittings; **den Holepunkt –,** to shift the lead *or* hauling point; **einen Lotsen –,** to transfer the pilot, to drop the pilot, to get *or* (*coll.*) to pick up the pilot; **– durch Strom,** to set; **– durch Wind,** to drift. **Versetzung** *f.* (*naut.*), set *s.* (*of a boat*), drift *s.*, leeway *s.* (*of a boat*), deviation *s.* from (the) course; offset *s.* (*of course, current*), backset *s.* (of the current), current set *s.*; **laterale** *od.* **seitliche –,** lateral drift *s.*, (*coll.*) crab *s.* (*of a boat*); **– durch Strom und Wind,** set *s.* (*of a boat*); **–swinkel** *m.* (*naut.*), drift angle *s.* (*of a boat*).

versichern *v.t.* (*naut.*), to insure (*boat*); *v.r.*, to insure o.s. **(gegen,** against). **Versicherung** *f.* (*naut.*), (marine) insurance *s.*; **eine – abschließen,** to effect an insurance, to take out a policy, to underwrite (an insurance); **– gegen alle (See)Gefahren,** insurance *s.* against all risks (at sea). **Versicherungs / deckung** *f.*, coverage *s.*, insurance cover *s.*; **–gesellschaft** *f.* **(für Yachten),** (yacht) insurance company *s.*; **–nehmer** *m.*, assured *or* insured person *s. or* party *s.*, policy holder *s.*; **–pflicht** *f.*, compulsory insurance *s.*; **–prämie** *f.*, insurance premium *s.*; **(teilweiser, totaler) –schaden** *m.*, (partial, total) loss *s.*; **–schein** *m.*, insurance policy *s.*; **–schutz** *m.*, insurance cover *s.*

versiegeln *v.* (*naut.*, *tech.*), to seal (up); **einen Tampen mit dem Feuerzeug** *od.* **mit einem Elektrolöter –,** to seal a rope's end *or* an end with a lighter *or* an electric soldering-iron.

versinken *v.* (*naut.*), to founder, to go down, to sink (*of boats*), to set (*of sun*).

verspannen *v.* (*naut.*), to brace, to guy, to stay (*mast, etc.*). **Verspannung** *f.* (*naut.*), bracing *s.*, stay *s.*, strut *s.*

verspäten *v.r.* (*naut.*), to be behind time, to be late; to lag (*of tide*). **verspätet** *adj.* (*naut.*), overdue (*of boat*), lagging (*of tide*). **Verspätung** *f.* **einer Gezeit,** lagging *s.* of the tide.

verspiekern *v.* (*naut.*), to nail, to spike.

verstagen *v.*, to stay (*mast, rig*); **den Mast –,** to secure *or* to stay the mast. **Verstagung** *f.*, stay *s.* (*of mast, rig*).

verstanden! (*int.*) (*naut.*), aye!, aye, aye, cap'n *or* skip!, (*rad.*) roger!; **–, Ende!** (*rad.*), I read you! Over!.

verstärken *v.* (*naut.*, *tech.*), to reinforce, to strengthen, (*elec.*) to boost, (*rad.*) to amplify; **Mittelnähte (im Segel) –,** to prick off. **Verstärker** *m.* (*elec.*), booster *s.*, (*rad.*) amplifier *s.*, repeater *s.*, (*phys.*) magnifier *s.*, multiplier *s.*; **– mit Widerstands-** *od.* **RC-Kopp(e)lung** (*rad.*), resistance capacity coupled amplifier *s.*; **–röhre** *f.* (*rad.*), amplifying valve *s.*; **–stufe** *f.* (*rad.*), amplification stage *s.*, stage *s.* **verstärkt** *adj.* (*naut.*), underlaid (*of sails*), (*rad.*) amplified. **Verstärkung** *f.* (*naut.*, *tech.*), reinforcement *s.*, strengthening *s.*, (*rad.*) amplification *s.*, gain *s.*, magnification *s.*, (*radar*) gain *s.*, step-up *s.*, (*phys.*) magnification *s.*; **–en** (*pl.*) **am Segel,** doubling *s.*, patches (*pl.*); **– pro Stufe** (*rad.*), stage-gain *s.*, static gain *s.* **Verstärkungs / linse** *f.*, **–lupe** *f.*, multiplier *s.*; **automatische –regelung** *f.* (*rad.*), automatic gain control *s.*; **–regler** *m.* (*rad.*), gain control *s.*; **–spant** *n.*, stiffening *or* strengthening frame *s.*; **–(stahl)platte** *f.* (*naut.*), strengthening (steel-)plate *s.*; **–stück** *n.*, reinforce *s.*, doubling *s.* (*of sails*); **–winkel** *m.* (*naut.*), stiffener *s.*

verstauen *v.* (*naut.*), to stow (away). **Verstauung** *f.* (*naut.*), stowage *s.*

verstehen *v.*, **– Sie mich?** (*rad.*), can you hear *or* read me?; **wie – Sie mich?** (*rad.*), how do you read me?.

versteifen *v.* (*naut.*, *tech.*), to reinforce, to stiffen (*as sailcloth*), to brace, to prop, to stay, to strut (*as mast*); **die Ecken eines Segels –,** to patch *or* to reinforce the edges (*pl.*) *or* corners (*pl.*) of a sail. **Versteifung** *f.* (*naut.*, *tech.*), reinforcement *s.*, stiffening *s.*, stiffener *s.*; **–skiel** *m.*, stiffening keel *s.*; **–sspant** *n.*, stiffening frame *s.*

verstellbar *adj.* (*naut.*, *tech.*), adjustable, moveable, movable, variable; **–er Propellerflügel** *m.*, mov(e)able blade *s.* **verstellen** *v.* (*naut.*, *tech.*), to adjust, to shift. **Verstell / einrichtung** *f.* (*naut.*), adjusting device *s.*, shifter *s.*; **–motor** *m.*, servo(-)motor *s.*; **–propeller** *m.*, reversible propeller *s.*, variable pitch propeller *s.*; **–schraube** *f.*, adjusting screw *s.* **Verstellung** *f.* (*naut.*, *tech.*), adjustment *s.* **Verstellvorrichtung** *f.*, adjusting device *s.*, shifter *s.*

Verstemmen *n.* (*naut.*), caulking *s.* **verstemmen** *v.*, to caulk (*a leak, boat*).

verstopfen *v.*, **ein Leck –** (*coll.*), to plug up *or* to stop *or* to tamp a leak.

Verstoß *m.*, **einen – begehen** (*rac.*), to violate a rule (*of boat*).

verstreben *v.* (*naut.*, *tech.*), to brace, to stay, to strut, to support (*mast, etc.*). **Verstrebung**

f., stay *s.*, strut *s.*, support *s.*

Versuch *m.* (*naut.*), experiment *s.*, test *s.*, trial *s.* (*of boats, etc.*), (*rac. coll.*) try *s.*, try-out *s.* **versuchen** *v.* (*naut.*), to test, to give (a boat) a trial. **Versuchs / boot** *n.*, experimental *or* test boat *s.*; **–ergebnis** *n.* (*naut.*), test *or* trial result *s.*; **–fahrt** *f.* (*naut.*), trial run *s.*; **–modell** *n.* (*naut.*), prototype *s.* (*of boats*); **–stadium** *n.* (*naut.*), experimental stage *s.*; **im –stadium,** in *or* at the experimental stage (*of boats, etc.*).

Vertäu / anker *m.*, mooring anchor *s.*; **–boje** *f.*, mooring(-)buoy *s.*; **–boot** *n.*, mooring boat *s.* *or* craft *s.*; **–dalben** *m.*, mooring dolphin *s.* **vertäuen** *v.*, to make fast, to moor, to tie up (*a boat*); **ein Boot fest** *od.* **steif –,** to gird a boat. **Vertäu / gebühr** *f.*, moorage *s.*; **–klampe** *f.*, mooring cleat *s.*; **–klüse** *f.*, mooring pipe *s.* *or* hole *s.*; **–leine** *f.*, mooring(-)line *s.*; **zweite –leine** *f.*, guess *or* guest rope *s.* *or* warp *s.*; **–pfahl** *m.*, makefast *s.*, mooring post *s.*; **–poller** *m.*, mooring bitt(s) *s.* (*pl.*); **–ring** *m.* **(am Kai),** mooring ring *s.*; **–schäkel** *m.*, joggle shackle *s.* **vertäut** *adj.*, moored, made fast (*of boat*); **an langer (Anker)Trosse – liegen,** to be moored on a long hawser. **Vertäuung** *f.*, moorage *s.*, mooring(s) *s.* (*pl.*); **von der – losmachen** *od.* **loswerfen,** to unmoor (*a boat*); **– voraus und achteraus, – an** *od.* **über Bug und Heck,** fore-and-aft mooring *s.*; **–sboje** *f.*, mooring buoy *s.*; **Kabel** *n.* **der –sboje,** bridle *s.*; **–spfahl** *m.*, mooring post *s.*, makefast *s.*; **–stau** *n.*, bridle cable *s.*

Vertex *m.* (*astr.*), vertex *s.*, zenith *s.*

Vertiefung *f.* (*naut.*), hollow *s.*, well *s.* (*of boat*).

vertikal *adj.*, vertical; **– geschnittene Genua** *f.*, vertical cut genoa *s.*; **– geschnittenes Segel** *n.*, vertical cut sail *s.*, vertical panel sail *s.*; **–e Bildzentrierung** *f.* (*radar*), vertical shift control *s.*; **–er Scheitelwinkel** *m.* (*astr., math.*), vertical angle *s.* **Vertikal / bahn** *f.*, vertical panel *s.* (*of a sail*); **Segel** *n.* **mit –bahnen,** vertical panel sail *s.*; **–bö** *f.*, vertical gust *s.* **Vertikale** *f.*, vertical (line) *s.*, (*astr.*) vertical *s.*; **erste –** (*astr.*), prime vertical *s.* **Vertikal / ebene** *f.*, vertical plane *s.*; **–feldstärke** *f.*, vertical field intensity *s.* (*of magnetism*); **–genua** *f.*, leech *or* (*am.*) leach cut genoa *s.*, vertical cut genoa *s.*; **–komponente** *f.*, vertical component *s.* (*of compass*); **–kraft** *f.* (*naut., phys.*), vertical force *s.*; **–kreis** *m.* (*astr.*), vertical circle *s.*; **erster –kreis** *m.* (*astr.*), prime vertical circle *s.*; **–magnetismus** *m.*, vertical magnetism *s.*; **–ruder** *n.*, vertical rudder *s.*; **–schnitt** *m.* **(einer Genua** *od.* **eines Vorsegels),** leech *or* (*am.*) leach cut *s.*, vertical cut *s.* (of a genoa *or* headsail); **–schnitt** *m.* **(eines Großsegels),** vertical cut *s.* (of a mainsail); **–schwingung** *f.* (*naut., phys.*), vertical oscillation *s.*; **–winkel** *m.*, vertical angle *s.* (*of sextant*).

vertörnen *v.*, **(sich) –,** to entangle, to get twisted, to kink, to knot, to take a turn, to turn, to twist, to veer (*of rope*); to foul (*ropes*); **ein Tau –,** to kink *or* to turn *or* (*coll.*) to foul a rope. **vertörnt** *adj.*, kinkled, kinky (*of rope*). **Vertörnung** *f.*, kinking *s.*, twist(ing) *s.* (*of ropes*).

vertreiben *v.* (*naut.*), to drag (*of boat at anchor*), to go adrift (*of navigation mark*); **seewärts –,** to drift to sea.

Vertrimmen *n.* (*naut.*), alteration *s.* of (the) trim. **vertrimmen** *v.* (*naut.*), to alter the trim. **vertrimmt** *adj.*, out of trim (*of boat*). **Vertrimmung** *f.* (*naut.*), alteration *s.* of the trim.

verwandeln *v.* (*nav.*), to convert (*the course*).

Verwarpen *n.*, kedging *s.* **verwarpen** *v.*, **(sich) –,** to kedge.

verwässern *v.*, **den Grog –** (*naut. sl.*), to drown the miller.

verwerfen *v.*, **(sich) –** (*naut.*), to shift (*of ballast, loose gear*). **Verwerfung** *f.* **einer (Decks)-Planke,** spring *s.* of a (deck) plank.

verwinden *v.* (*naut.*), to distort, to twist; **sich –,** to warp. **Verwindung** *f.* (*naut.*), distortion *s.*, twist *s.*; **– des Achterlieks,** twist *s.* (of the leech *or* (*am.*) leach).

verwirbeln *v.* (*naut.*), to twist (*of leech, etc.*). **verwirbelt** *adj.* (*naut., phys.*), turbulent; **–e Strömung** *f.* **(an Mast** *od.* **Segel),** turbulent flow *s.* **Verwirbelung** *f.* **(am Ruder),** turbulent flow *s.* (on rudder).

verwischen *v.* (*radar*), to blur. **verwischt** *adj.*, **–e Stelle** (*radar*), blur *s.*

verwittert *adj.*, weather-beaten, weather-bitten, weather-worn, weathered (*of boat, sailor*).

verzahnen *v.* (*naut., tech.*), to cog, to tooth (*a steering wheel*), to dovetail (*a joint*). **verzahnt** *adj.* (*tech.*), toothed (*shipb.*). **Verzahnung** *f.* (*tech.*), toothing *s.*, tooth system *s.*; gear *s.*, gearing *s.*; dovetailing *s.*

verzapfen *v.* (*tech.*), to joint (*shipb.*).

Verzeichnis *n.*, **– der (Küsten)Funkstationen** *od.* **-stellen,** List *s.* of (Coast) Stations; **– der Leuchtfeuer- und Signalstationen** *od.* **-stellen,** List *s.* of Lights.

Verzeichnung *f.* (*opt.*), distortion *s.* **verzeichnungsfrei** *adj.* (*opt.*), orthoscopic (*of binocular, etc.*).

verzerren *v.t.* (*rad.*), to distort, (*tech.*) to strain, to twist *or* to pull out of shape; *v.r.* (*rad.*), to become distorted; to get out of shape (*of sails, etc.*). **Verzerrung** *f.* (*rad.*), distortion *s.*, (*tech.*) strain *s.*, twist *s.*

verziehen *v.* (*naut. tech.*), to distort, to strain, to twist; **sich –** (*naut. tech.*), to become warped, to warp (*of wood*), to dissolve (*of mist*), to disperse, to furl (*of clouds*), to blow *or* to pass over, to tail away (*of storm*).

verzinken *v.* (*naut.*, *tech.*), to zinc, to zincify, to zinkify, to coat with zinc, to galvanize. **verzinkt** *adj.*, zinc-coated. **Verzinkung** *f.*, zincification *s.*, zinkification *s.*, galvanizing *s.*

verzogen *adj.*, warped (*of wood*), (*tech.*) distorted (*of mast, etc.*).

verzögern *v.r.*, to lag (*of tide*), to slow down (*speed*). **verzögert** *adj.*, **–e Bewegung** (*phys.*), retarded motion *s.* **Verzögerung** *f.*, lag *s.*, time-lag *s.* (*of tide*); **– der Bewegung** (*phys.*), lag *s.*, retardation *s.* of motion *or* movement; **–szeit** *f.*, time-lag *s.* (*of tide*).

verzollbar *adj.*, dutiable, liable *or* subject to duty (*as boats, sails, etc.*). **verzollen** *v.*, to declare at the customs, to pay duty on; to clear the customs (*of boat*). **verzollt** *adj.*, duty-paid. **Verzollung** *f.*, clearance *s.*, payment *s.* of duty; **–spapiere** *n./pl.*, clearance documents (*pl.*) *or* papers (*pl.*).

verzurren *v.*, to lash, to seize (*loose gear*).

V-Heck *n.*, V(-shaped) stern *s.*

Vibration *f.* (*naut.*), trembling *s.*, vibration *s.* (*of the boat*), (*phys.*) oscillation *s.*, vibration *s.*; **–snadel** *f.*, vibrating needle *s.* (*of the compass*). **Vibrieren** *n.* (*naut.*), flutter *s.*, trembling *s.* (*of boat*), (*phys.*) oscillation *s.*, vibration *s.* **vibrieren** *v.* (*naut.*), to flutter, to tremble, to vibrate (*of boat*), (*phys.*) to oscillate, to vibrate.

Victoryschiff *n.*, victory ship *s.*, stock-built *or* mass-produced boat *s.* *or* ship *s.*

vieladrig *adj.*, multi-core (*of cable*). **Vielfach / betrieb** *m.* (*rad.*), multiple operation *s.*; **–schalter** *m.* (*rad., elec.*), multiple switch *s.* **viel / schichtig** *adj.* (*meteor.*), stratified; **–stufig** *adj.* (*rad.*), multistage.

vier *number*, **– Strich an Backbord (Steuerbord) voraus,** four points on *or* to port (starboard); **– Strich** (*od.* **weniger) voraus,** on the bow; **in alle – Winde vertrieben** (*naut. coll.*), drifted to the four winds.

Vier / blattpropeller *m. od.* **-schraube** *f.*, four-blade propeller *s.*; **–eck** *n.* (*naut. math.*), quadrangle *s.*, quadrilateral *s.*, rectangle *s.*, square *s.*; **v–eckig** *adj.*, quadrate, quadrilateral, quadrangular (*of fittings, etc.*), square (*of sails*); **v–eckiges Heck** *n.*, square stern *s.*

vieren *v.* (*naut.*), to fetch about (*of course*), (*naut., math.*) to square the circle.

Vierer *m.*, four *s.* (*rowing boat*); **– mit Steuermann,** coxed four *s.*; **–mannschaft** *f.*, four *s.* (*rowing*).

vier / fach *adj.*, fourfold, quadruple (*of strands*); **–kant** *adj.* (*naut.*), square (*of course, yards, etc.*), level, on an even keel (*of boat*); **–kant brassen,** to square, to square the lifts and braces; **die Rahen –kant brassen,** to square the yards. **Vierkant** *m.* (*naut., tech.*), quadrangle *s.*, square *s.* (*of fittings, etc.*); **–bolzen** *m.*, square-headed bolt *s.*; **–eisen** *n.* (*naut.*), square bar *s.* **vierkantig** *adj.* (*naut., tech.*), quadrangular, rectangular, square (*of fittings, etc.*). **Vierkant / klüver** *m.*, rectangular *or* quadrilateral jib *s.*; **–platting** *f. od. m.*, square sennit *s.*; **–segel** *n.*, rectangular *or* quadrilateral sail *s.*; **–-Toppsegel** *n.*, jack-yard topsail *s.*

Vier / mastbark *f.*, four-masted bark *s.*, four-poster *s.*; **–mastbrigg** *f.*, four-masted brig *s.*; **–master** *m.*, four-master *s.*; **–mastgaffelschoner** *m.*, four-masted fore-and-aft schooner *s.*; **v–mastig** *adj.*, four-masted; **–mastschiff** *n.*, four-poster *s.*; **–mastschoner** *m.*, four-masted schooner *s.*; **–mast-Stagsegelschoner** *m.*, four-masted staysail schooner *s.*; **–mast-Vollschiff** *n.*, four-masted ship *s.*, four-poster *s.*, four-masted full-rigged ship *s.*; **v–schäftig** *adj.*, fourcant, four-stranded (*of rope*); **v–schäftiges Tau(werk)** *n.*, forecant *s.*, four-stranded rope *s.*; **–scheibenblock** *m.*, **v–scheibiger Block** *m.*, fourfold block *s.*; **–strichpeilung** *f.*, four-point bearing *s.*, bow and beam bearing *s.*; **–taktdieselmotor** *m.* (*naut.*), four-stroke diesel *or* Diesel engine *s.*; **–takter** *m.*, **–taktmotor** *m.* (*naut.*), four-cycle *or* four-stroke engine *s.*

Viertel *n.* (*naut.*), quadrant *s.*, (*astr.*) quarter *s.*; **fahrbares –** (*naut.*), navigable quadrant *s.*; **gefährliches – (eines Orkans** *od.* **Sturmtiefs)** (*naut.*), dangerous quadrant *s.*; **letztes –** (*astr.*), last quarter *s.* (of the moon), (*coll.*) half-moon *s.*; **der Mond im ersten –,** the moon in its (*or* her) first quarter. **Viertel / balanceruder** *n.*, half (a) *or* demisemi-balanced rudder *s.*; **–faden** *m.* (*naut.*), quarter *s.*; **–kompaßstrich** *m.*, quarter point *s.* (of the compass); **–kreis** *m.* (*nav.*), quadrant *s.*; **–tonner** *m.*, quarter ton (yacht) *s.*; **–tonnerklasse** *f.*, quarter ton class *s.*; **–tonnerpokal** *m.*, quarter ton cup *s.*; **–tonneryacht** *f.*, quarter ton yacht *s.*; **–wind** *m.*, quartering wind *s.*

Vierundzwanzig-Stunden-Regatta *f.*, **24-Stunden-Regatta** *f.*, overnight race *s.*, 24-hour(s) race *s.*, round-the clock race *s.*

Vierung *f.* (*naut.*), quarter *s.*; **– des Windes,** quarter *s.* of the wind, wind quarter *s.*; **–swind** *m.*, quarter breeze *s.*, quartering wind *s.*, wind quarter *s.*

Vierwegschalter *m.* (*rad., etc.*), four-way switch *s.*

Vierzig-Fuß-Yacht *f.*, fourty-foot yacht *s.*, fourty-footer *s.*

Violinblock *m.* (*naut.*), thick-and-thin block *s.*, long tackle block *s.*, fiddle block *s.*

Virial *n.* (*phys.*), virial *s.* (*kinetics*).

virtuell *adj.* (*phys., tech.*), virtual; **–er Brennpunkt** *m.* (*opt.*), virtual focus *s.*; **–e Verdrängung** *f.* (*naut.*), virtual displacement *s.* (*of a boat*).

Visier *n.*, **Visier / einrichtung** *f.* (*naut., astr.*), sight *s.*, azimuth sight *s.*; **–fernrohr** *n.*, telescopic sight *s.* **visieren** *v.* (*naut., astr.*), to sight, to take a sight (**auf,** on); to adjust, to ga(u)ge.

Visitationsrecht *n.* **(auf See)** (*naut. jur.*), right *s.* of (visit and) search (at sea).

Viskosität *f.* (*naut., tech.*), viscosity *s.* (*GRP shipb.*); **hohe (niedrige) –,** high (low) viscosity *s.*

Visum *n.*, visa *s.*

Vize / admiral *m.*, vice-admiral *s.*; **–präsident** *m.* **(eines Yachtclubs),** vice-president *s.* (of a yacht(ing) club).

Voith-Schneider-Propeller *m.* (*naut.*), Voith-Schneider propeller *s.*

Volk *n.* (*naut. coll.*), crew *s.*, hands (*pl.*), men (*pl.*), sailors (*pl.*), seamen (*pl.*); **befahrenes –** (*coll.*), experienced crew *s. or* sailors (*pl.*), old salts (*pl.*) *or* tars (*pl.*); **unbefahrenes –** (*coll.*), inexperienced crew *s. or* sailors (*pl.*), green hands (*pl.*). **völkerrechtlich** *adj.*, **–e Dreimeilenzone** (*nav.*), international three-mile zone *s.* **Volksreff** *n.*, roller reef *s.*

voll *adv.* (*naut.*), fully, in full; **– ausgerüstet** (*naut.*), full-rigged (*of boat*); **– beladen** (*naut.*), at load-draught *or* (*am.*) -draft; **– eingedeckt(es Boot** *n.***),** fully *or* full-decked (boat *s.*); **– gebaut** (*naut.*), full-bottomed (*of boat*), bluff, blunt, fully *or* full-shaped (*of bow, stern*); **– getakelt,** full-rigged (*of boat*); **– im (Segel)Fuß,** full in the bottom; **– und bei** (*naut.*), full and by (*of sails*); **– und beladen,** full and down (*of ship*); **– Wasser (geschlagen),** water(-)logged (*of boat*); **Segel steht –!** (*int.*), sail filled!; **– voraus (zurück)!** (*com.*), full (speed) ahead (astern)!.

voll *adj.* (*naut.*), full, filled, full-blown (*of sails*), bluff, blunt, fully *or* full-shaped (*of bow, stern*), full (*of boat, speed*), solid (*of wood*); **etwas –er (als üblich) fahren,** to sail with the wind more abeam; **–e Besatzung** *f.* (*naut.*), full complement *s.* (*of a ship or yacht*); **–er Bug** *m.*, bluff *or* blunt bow *s.*; **mit –em breiten Bug,** bluff-bowed, bluff-headed; **–e Drehzahl** *f.* (*naut.*), full (number of) revolutions (*pl.*), (*coll.*) full *or* top speed *s.*; **–e Eindeckung** *f.* **(eines Bootes),** fully *or* full-decked (*of boat*); **–e Fahrt** *f.* (*naut.*), full speed *s.*; **in** *od.* **mit –er Fahrt,** at full *or* top speed, in full swing (*of boat*); **–e Pulle** *f.* (*naut. sl.*), full *or* top speed *s.*; **in –em Schwung** (*naut.*), at full swing (*of boat*).

voll / automatisch *adj.*, fully automatic (*of controls, etc.*); **–-befahren** *adj.* (*naut.*), able-bodied, experienced (*of crew, seamen*); **V–belastung** *f.* (*naut., tech.*), full load *s.*; **–brassen** *v.*, to fill, to fill away (*sails*); **Rahen –brassen** *v.*, to fill the yards; **V–dampf** *m.* (*naut.*), full (steam) pressure *s.*; **V–dampf voraus!** (*com.*), full steam ahead! (*of steam yacht*); **V–druck** *m.* (*naut., tech.*), full pressure *s.*; **–-elektrisch** *adj.*, all-electric; **–-elektronisch** *adj.*, all-electronic (*of instruments aboard*); **mit Wasser –gesogen,** (water-)logged (*of boat, slops*); **–-getakelt** *adj.*, square-rigged, full-rigged (*of yacht*); **V–holz** *n.* (*naut.*), massive *or* solid wood *s.*, log *s.* (*shipb.*).

völlig *adj.* (*naut.*), bluff, blunt, fully *or* full-shaped (*of bow, stern*), broad built (*of boat*), full (*shipb.*), (*tech.*) circular (*of cross-section*); **Boot** *n.* **mit –em Bug,** fine-bowed boat *s.* **Völligkeit** *f.* (*naut.*), fineness *s.* (*of bow*), fullness *s.* (*shipb.*), (*tech.*) circular cross-section *s.* **Völligkeitsgrad** *m.* (*naut.*), coefficient *s.* of fineness (*shipb.*); **– der Hauptspantfläche** *od.* **des Hauptspants,** midship (section) coefficient *s.*; **– der Konstruktionswasserlinie,** waterplane *or* waterline *or* designed waterline coefficient *s.*; **– der Längsspantenfläche,** longitudinal coefficient *s.*; **– der Spantflächenskala,** cylindrical coefficient *s.*; **– der Verdrängung,** coefficient *s.* of displacement, block coefficient *s.* (*of a boat*); **– der Wasserlinie,** design *or* load waterline coefficient *s.*

voll / kardanisch *adj.* (*naut.*), all-gimbal(l)ed, fully *or* full-gimbal(l)ed (*of compass-suspension, etc.*); **V–kaskoversicherung** *f.* (*naut.*), full insurance *s.* on hull; **–kommen** *adj.* (*naut.*), for a full due; **–kommene Trimmlage** *f.* **(eines Bootes),** perfect trim *s.* **Vollkreis** *m.* (*naut.*), full circle *s.*; **–drehung** *f.* **(eines Bootes),** full swing around; **–laterne** *f.*, all(-)round lantern *s.*, (*am.*) all-around lantern *s.*; **–licht** *n.*, all(-)round *or* (*am.*) all-around light *s.* **Voll/last** *f.* (*naut.*, *tech.*), full load *s. or* power *s.*; **–lastleistung** *f.* (*naut.*, *tech.*), nominal power *s.*, rated output *s.* (*of engine, motor*); **v–laufen** *v.* (*naut.*), to swamp (*of boat*); **das Boot (mit Wasser) v–laufen lassen,** to swamp the boat; **–mast** *m.*, solid wood mast *s.*; **v–mast** *adv.*, **– heißen** *od.* **hissen,** to masthead (*a flag, sail*); **–matrose** *m.*, able(-bodied) seaman *s.*; **–mond** *m.*, full moon *s.*; **es ist –mond,** the moon is full; **–rigger** *m.* (*coll.*), full-rigged *or* masthead-rigged yacht *s.*; **–schiff** *n.*, full-rigged ship *s.*, sailing ship *s. or* vessel *s.*, (*coll.*) ship *s.*; **als –schiff getakelt,** ship-rigged; **v–schlagen** *v.* (*naut.*), to swamp, to be *or* to get swamped (*of boat*); **–schweberuder** *n.*, spade rudder *s.*, fully underhung rudder *s.*; **v–schwenkbar** *adj.*, fully *or* completely traversable (*of davit, etc.*); **–sicht** *f.* (*naut.*), excellent visibility *s.*, all-round visibility *s.*; **–spant** *n.*, solid *or* watertight frame *s.*; **v–ständig** *adj.* (*naut.*), for a full due; **v–ständiger Verlust** *m.* (*naut.*, *ins.*), total *or* (*coll.*) dead loss *s.*; **v–stehen** *v.* (*naut.*), to draw (*of sails*); **–winkel** *m.* (*nav.*), round angle *s.* (*360°*); **v–zählig** *adj.* (*naut.*), complete, in full strength (*of crew*); **–zeug** *n.*, all sails set, under full sail; **mit** *od.* **unter –zeug,** with all sails (set), under full sail; **mit** *od.* **unter –zeug laufen** *od.* **segeln,** to run under full sail, to sail with all sails set; **–zeugbrise** *f.*, fresh *or* moderate breeze *s.*

Volt *n.* (*elec.*), volt *s.*; **–ampere** *n.* (*elec.*), watt *s.*; **–messer** *m. od.* **–meter** *n.*, voltmeter *s.*; **–spannung** *f.*, voltage *s.*

Volumen *n.* (*naut.*, *phys.*), capacity *s.*, volume *s.*; size *s.*; **spezifisches –,** specific volume *s.*; **–koeffizient** *m.* (*naut.*, *phys.*), coefficient *s.* of volume, volume coefficient *s.*

Vonbordgehen *n.*, disembarkation *s.*, landing *s.*

vor *prep.*, **3 Seemeilen – der Küste,** three sea miles off()shore; **3 Seemeilen – Dover,** 3 sea miles off Dover; **– Anker gehen,** to moor, to anchor, to cast *or* to drop (the) anchor; **– Anker liegen,** to ride at anchor (*of boat*); **– dem Mast (als Crewmitglied) mitsegeln,** to sail before the mast; **– dem Wind** (*naut.*), down wind, before the wind, with the wind aft; **Schutz – dem Wind (suchen)** (*naut.*), (to take) shelter from the wind (*of boat*); **– dem Wind kreuzen,** to change tacks before the wind, to tack downwind, to be tacking *or* beating down()wind; **– dem Wind laufen** *od.* **segeln,** to be (reaching and) running, to run *or* to sail down()wind *or* before the wind *or* with the wind aft.

Vor-Anker-Liegen *n.*, anchorage *s.*, riding *s.* at anchor (*of boat*).

vorankommen *v.* (*naut.*), to make headway, to progress, to get on *or* ahead (*of boat*); **– gegen,** to stem (*of boat*); **– gegen den Strom** *od.* **die Strömung,** to stem the tide.

Vorankündigungssignal *n.* (*naut.*), cautionary signal *s.*, (*rac.*) attention *or* preliminary *or* starting signal *s.*

voraus *adv.* (*naut.*), ahead, forward, (*coll.*) for'ad, for'rad, for'rard; **(an) Backbord (Steuerbord) –,** (on the) port (starboard) bow; **in Lee (in** *od.* **zu Luv) –,** on the lee (weather) bow; **klar –,** clear ahead (*of boat*); **recht –,** right ahead, dead ahead; **Schiff** *n. od.* **Boot** *n.* **(hart an) Backbord (Steuerbord) –,** boat *s. or* ship *s.* fine on the port (starboard) bow; **Schiff** *n. od.* **Boot** *n.* **recht –,** boat *s.* dead ahead.

Voraus/anzeige(marke) *f.* (*radar*), heading indicator *s. or* marker *s.*; **v–bestimmt** *adj.*, **–er Kurs,** predetermined *or* plotted course *s.*; **–bewegung** *f.* **(eines Bootes),** ahead *or* forward motion *s. or* movement *s.* (of a boat); **v–denken** *v.* **(des Skippers),** to think ahead of the crew; **–fahrt** *f.* (*naut.*), headway *s.*; **–fahrt machen,** to make headway *or* progress (*of boat*); **v–gehen** *v.* **(eines Bootes),** to go ahead, to proceed bow first; **–geschwindigkeit** *f.* **(eines Bootes),** ahead speed *s.*, speed *s.* ahead (of a boat); **–kurs** *m.* (*naut.*), (an) onward course *s.*, course *s.* ahead, heading *s.*, headway *s.*; **v–laufen** *v.* (*naut.*), to pass ahead, to proceed bow first (*of boat*); **weit v–laufen** *v.*, to tear away (*of boat*); **–peilung** *f.*, bow bearing *s.*; **–sage** *f.* (*meteor.*), (weather) forecast *s.*; **v–sichtlich** *adj.*, **–e Abfahrtszeit** (*naut.*), expected *or* estimated time *s.* of sailing, ETS *s.*; **–e Ankunftszeit** (*naut.*), expected *or* estimated time *s.* of arrival, ETA *s.*

Vorbehandlung *f.* (*naut.*, *tech.*), preliminary treatment *s.*, pre-treatment *s.* (*of boat, sails; shipb.*).

vorbei/laufen *v.* **an,** to pass by, to pass ahead of (*a boat*); **–segeln** *v.* **an,** to outsail (*a boat*).

vorbereiten *v.t.* (*naut.*), to prepare, to get *or* to make ready **(auf** *od.* **für,** for) (*gybing, etc.*), (*spt.*) to train, to get into training **(auf** *od.* **für** *od.* **zu,** for); **vorbereitet sein (auf),** to be prepared *or* ready **(auf,** for) (*gybing, etc.*). **Vorbereitung** *f.* (*naut.*, *rac.*), preparation *s.* **(auf** *od.* **für** *od.* **zu,** for); **als – zu,** preparatory to; **–en** *f./pl.* (*naut.*), preparations (*pl.*), (*rac.*)

preliminaries (*pl.*); **–ssignal** *n.* (*rac.*), preparatory signal *s.*

Vorbohrer *m.* (*tech.*), auger *s.*, bradawl *s.*, gimlet *s.* (*device*).

Vorbram / segel *n.*, fore topgallant (sail) *s.*; **–stenge** *f.*, fore topgallant mast *s.*

Vordeck *n.*, fore(-)deck *s.*, beakhead *s.*; **erhöhtes –,** raised fore(-)deck *s.*

Vordemwinder *m.* (*coll.*), boat *s.* running *or* sailing before the wind *or* with the wind aft.

Vor-dem-Wind-Segeln *n.*, reaching *s.* and running, sailing *s.* down()wind.

vorder *adj.* (*naut.*), fore, forward, foremost; **–er Achtersteven** *m.*, body post *s.*; **–e Gangway** *f.*, forward gangway *s.*; **–e Kajüte** *f.*, fore *or* forward cabin *s.*; **–er Schraubensteven** *m.*, body post *s.* **Vorder / boote** *n./pl.*, fore sheets (*pl.*); **–deck** *n.*, fore(-)deck *s.*; **–kajüte** *f.*, fore *or* forward cabin *s.*; **–kante** *f.* **(des Mastes),** front edge *s.* (of the mast); **–kante** *f.* **(eines Segels),** leading edge *s.* (of a sail); **v–lastig** *adj.*, bow- *or* nose-heavy, down by the head (*of boat*); **–lastigkeit** *f.*, trim *s.* down by the head. **vorderlich** *adj.* (*naut.*), ahead; forward of the beam, before the beam; **–er als querab,** forward of the beam; **–e Lage** *f. od.* **Position** *f.* **(eines Bootes),** ahead position *s.* (of a boat); **–e See** *f.*, head(-)sea *s.* **Vorder / luk** *n.*, **–luke** *f.*, fore(-)hatch *s.*; **–mann** *m.* **im Verband** (*naut.*, *rac.*), boat *s.* next ahead; **–mast** *m.*, foremast *s.*; **–raum** *m.* (*naut.*), fore-hold *s.*, fore *or* forward stowage *s.*; **–schiff** *n.*, fore(-)ship *s.*, fore *or* forward part *s.* of a boat *or* ship, bow *s.*; **–spant** *n.*, fore-frame *s.* **vorderst** *adj.* (*naut.*), foremost; **–e und hinterste Außen- und Innenplanke** *f.*, hood *s.* (*of a boat*). **Vorder / steven** *m.*, stem *s.*, prow *s.*, cutwater *s.*; **–teil** *m.* **(eines Bootes),** prow *s.*, bow *s.*

Vordock *n.*, basin *s.*

Vordringlichkeit *f.* (*rad.*), priority *s.*; **–sstufe** *f.* (*rad.*), degree *s.* *or* stage *s.* of priority.

Voreilung *f.* (*naut.*), lead *s.* (*of sail boats*).

Vorentscheidung *f.* (*rac.*), elimination race *s.* *or* (*coll.*) heat *s.*, preliminary race *s.*, preliminaries (*pl.*), semi-final *s.*, (*coll.*) heat *s.*

Vorfädler *m.* (*naut.*), feeder *s.*

Vorfahrt(s) / boot *n.*, leading boat *s.* (*squadron sailing*), right-of-way boat *s.*; **–recht** *n.* (*naut.*), right *s.* of way (*of a boat*).

Vorfuß *m.* **(eines Kielbootes),** fore-foot *s.*, fore-gripe *s.* (of a keel boat).

Vorgabe *f.* (*rac.*), allowance *s.*, handicap *s.*, start *s.*, (*am. coll.*) jump *s.*; **eine Stunde –** (*rac.*), an hours start; **Wettfahrt** *f.* **ohne –,** scratch-race *s.*; **ohne – starten,** to scratch.

Vorgebirge *n.* (*naut.*, *geogr.*), cape *s.*, headland *s.*, promontory *s.*

vorgefertigt *adj.*, **–e Yachtbauteile,** prefab *or* prefabricated sections (*pl.*) of a boat.

vorgeheißt *adj.*, hoisted, close up (*of flag, sails*).

Vorgeschirr *n.* (*naut.*), fore *or* forward gear *s.*, fore-gear(s) *s.* (*pl.*).

Vorgeschwader *n.*, van *s.*, vanguard *s.*

Vorgespinst *n.* (*naut.*, *tech.*), roving *s.* (*GRP shipb.*).

Vorhafen *m.*, outport *s.*, outer harbo(u)r *s.*

Vorhalt *m.* (*nav.*), lead *s.*, allowance *s.* for current *or* tide. **vorhalten** *v.*, **bei Strom** *od.* **Strömung –,** to allow for current, to compensate the current. **Vorhaltewinkel** *m.* (*nav.*), angle *s.* of drift *or* lead, drift correction angle *s.*, (*coll.*) crab angle *s.* (*of a boat*).

vorheißen *v.*, to hoist, to masthead (*a flag, sails*); **den Spinnaker (am Mast) –,** to hoist the spinnaker; **eine (Signal)Flagge –,** to round up a flag.

Vorhelling *f.*, ways-end *s.* of a building slip *or* berth.

vorherrschend *adj.*, prevailing (*of wind*); **–e Westwinde** *m./pl.*, prevailing westerlies (*pl.*); **–e Winde** *m./pl.*, prevailing winds (*pl.*); **–e Windrichtung** *f.*, main *or* prevailing direction *s.* of the wind.

Vorhersage *f.* (*meteor.*), (weather) forecast *s.*; **örtliche –,** local weather report *s.* *or* forecast *s.*; **meteorologische –karte** *f.*, meteorological chart *s.*

vorholen *v.* (*naut.*), to haul home, to heave ahead; **eine (Signal)Flagge –,** to round up a flag. **Vorholer** *m.* (*naut.*), fore-haul *s.*

Vorkante *f.*, fore *or* front edge *s.* (*as of mast*), leading edge *s.* (*of sail*).

Vorkiel *m.*, false keel *s.*

Vorland *n.* (*naut.*, *geogr.*), foreshore *s.*, mudflat *s.*

vorlastig *adj.* (*naut.*), bow-heavy, down by the head, (*coll.*) nose-heavy (*of boat*); **ein Boot – trimmen,** to trim the boat (down) by the head *or* bow-heavy. **Vorlastigkeit** *f.* **(eines Bootes),** trim *s.* (down) by the head.

Vorlauf *m.* (*naut.*), fore-runner *s.*, strayline *s.*, stray rope *s.* (*of hand log, etc.*), bridle *s.*, fore(-)goer *s.* (*of anchor cable, ground tackle*). **Vorläufe** *m./pl.* (*surf.*), preliminaries (*pl.*), trials (*pl.*), (*am.*) ins(-)and(-)outs (*pl.*). **Vorläufer** *m.* (*naut.*), foregoer *s.*, fore-runner *s.* (*of ground tackle*); **– der Logleine,** strayline *s.*, stray rope *s.*; **–endmarke** *f.*, stray mark *s.* **Vorlaufkette** *f.*, stray cable *s.* *or* chain *s.*

Vorleine *f.*, bow-line *s.*, fore-line *s.*, painter *s.*, spring *s.*; **die – aus der Hand fahren,** to play the bow-line by hand; **– zum Festmachen an Land,** bow- *or* head-fast *s.*, bow spring *s.*, fore spring-line *s.*

vorlich *adj.*, ahead (*of sea, wind*), before the beam, forward of the beam (*of boat*); **– des Großmastes,** ahead *or* forward of the main mast; **–er als querab,** forward of the beam; **–er Kurs** *m.*, broad reaching *s.*; **–e See** *f.*, head sea *s.*; **–er Wind** *m.*, wind *s.* ahead.

Vorliek *n.*, luff *s.*, fore(-)leech *s. or* (*am.*) leach *s.*; head rope *s.*, mast rope *s.* **Vorlieks / konstruktion** *f.*, luff construction *s.*; **–kurve** *f.*, luff curve *s.*; **–länge** *f.*, luff length *s.*; full-length luff *s.*; **maximale –länge** *f.*, maximum hoist *s.* (between bands); **–nut** *f.*, luff groove *s.*; **–ösen** *f./pl.*, lacing grommets (*pl.*) *or* grummets (*pl.*); **–ring** *m.*, tack ring *s.*; **–rutscher** *m.* (*pl.*), luff slug(s) *s.* (*pl.*); **–spannung** *f.*, luff tension *s.*; **–strecker** *m.*, Cunningham *s.*, cunningham *s.*, luff tensioner *s.*; **–tasche** *f.*, luff pocket *s.*; **–tau** *n.*, luff rope *s.*

Vorluk *n.*, **Vorluke** *f.*, fore *or* forward hatch *s.* (*of a yacht*).

Vormann *m.* (*naut.*), foreman *s.*

Vormars *m.*, fore()top *s.*; **–segel** *n.*, fore topsail *s.*; **–stenge** *f.*, fore(-)topmast *s.*

Vormast *m.*, foremast *s.*

vormittägig *adj.*, **Vormittags-** *pref.*, ante meridian; **vormittags** *adv.*, ante meridiem, before noon, in the morning; **10 h –,** 10 a.m., (*am.*) 1000 hours. **Vormittagswache** *f.* (*naut.*), forenoon *or* morning watch *s.*

vormwind *adv.*, down()wind; **raumschots und –,** reaching and running; **– kreuzen,** to beat *or* to be beating downwind. **Vormwind / kurs** *m.*, downwind (course) *s.*, run *s.*, running *s.*; **optimaler –kurs** *m.*, optimum downwind course *s.*; **–segeln** *n.*, (to be) beating *or* sailing downwind, (to be) reaching and running; **–strecke** *f.*, downwind leg *s.*, reaching and running course *s.*

vorn *prep.* (*naut.*), ahead, before, fore, forward (*of sea, wind*), (in the) fore *or* forward part (*of boat*); **See** *f.* **von –,** head sea *s.*; **Wind** *m.* **von –,** wind ahead, head wind *s.*; **von – bis achtern,** from stem to stern; **– und achtern,** fore and aft; **– liegend,** ahead, forward (*of boat, coast, etc.*).

Vorobermarssegel *n.*, fore upper topsail *s.*

Vorpiek *f.*, forepeak *s.*, forward peak *s.*, run *s.*; **–stauraum** *m.*, forepeak stowage *s.*; **–tank** *m.*, forepeak tank *s.*

Vorpumpe *f.* (*naut.*), backing pump *s.* **vorpumpen** *v.* (*naut.*), to prime (*a pump*).

Vorreiber *m.*, locking *or* sliding bolt *s.*, turnbuckle *s.* (*for hatches*), clip *s.*, dog *s.* (*for watertight bulkhead doors*); **die – dichtmachen,** to push *or* to put home the bolts *or* clips.

Vorrichtung *f.* (*naut., tech.*), appliance *s.*, apparatus *s.*, device *s.*, (*coll.*) gadget *s.*

Vorroyalsegel *n.*, fore royal sail *s.*

Vorsatz / gerät *n.*, **–vorrichtung** *f.* (*elec., rad.*), adapter *s.*

Vorschiff *n.*, forebody *s.*, forward part *s. or* quarter *s.*, forecastle *s.*, (*coll.*) fo'c'sle *s.*; **im –,** before the beam. **Vorschiffs / bereich** *m.*, forebody *s.*, forward part *s.* (*of a boat*); **–linie** *f.*, run *s.* of the forebody, bow line *s.*; **–luk** *n.*, **–luke** *f.*, fore hatch *s.*; **–schärfegrad** *m.*, coefficient *s.* of fineness of the bow *or* forebody.

Vorschot *f.*, fore()sheet *s.*, jib *or* headsail *or* foresail sheet *s.*; **–ausleger** *m.*, foresail *or* headsail boom *s. or* outrigger *s.* **Vorschoter** *m.*, foredeck hand *s.*, crew *s.*, (*esp. am.*) foresail *or* jib *or* headsail *or* genoa *or* sail trimmer *s.* **Vorschot / -Holepunkt** *m.*, foresheet lead *s.*; **–mann** *m.*, **(*s.* Vorschoter); –winsch** *f.*, foresheet *or* headsail-sheet winch *s.*; **ein-(zwei-, drei-)gängige –winsch** *f.*, single-(double-, treble-)geared foresheet winch *s.*

Vorschriften *f./pl.* **zur Verhütung von Zusammenstößen auf See,** Regulations (*pl.*) for Preventing Collisions at Sea. **vorschrifts / mäßig** *adj.* (*naut., rac.*), according to instructions *or* regulations; **–mäßige Ausrüstung(sgegenstände** *m./pl.***)** *f.* (*naut.*), regular *or* proper nautical equipment *s.*; **–mäßige Lichter** *n./pl.* (*naut.*), regulation lights (*pl.*); **–widrig** *adj.* (*naut., rac.*), contrary to instructions, against the rules, irregular.

Vorsegel *n.*, fore()sail *s.*, headsail *s.*, jib *s.*; **hohes schmales –,** genoa *s.*; **das – ausfliegen lassen,** to let the headsail fly, to set the headsail flying; **das – setzen,** to set *or* to send up the headsail; **ein – fahren,** to carry a headsail *or* genoa; **ein – richtig durchsetzen,** to set the headsail properly *or* tight; **–dreieck** *n.*, fore triangle *s.*, jib triangle *s.*; **–halsbeschlag** *m.*, headsail-tack fittings (*pl.*); **(verstellbare) – -Holepunkte** *m./pl.*, (adjustable) headsail leads (*pl.*); **– -Leitschiene** *f.*, headsail track *s.*; **–magazin** *n.*, headsail(-hanks *or* -snaps) magazine *s.*; **–maß** *n.*, jib *or* headsail triangle *s.*; **–profil** *n.*, headsail foil *s.*; **–reffsystem** *n.*, headsail reefing system *s.*; **–schnitt** *m.*, cut *s.* of headsail *or* jib; **–trimmer** *m.*, foredeck hand *s.*, genoa *or* headsail *or* foresail trimmer *s.*

vorsichtig *adj.*, **–es Manövrieren (mit dem**

Boot), cautious *or* wary manoeuvring *s.* *or* (*am.*) maneuvering *s.* (the *or* with the boat). **Vorsichtsmaßnahmen** *f./pl.* **(bei aufkommendem Sturm) treffen,** to take precautions (*pl.*) *or* precautionary measures (*pl.*) (in an approaching storm).

Vorspannung *f.* (*rad.*), bias *s.*, grid potential *s.*

Vorspring *f.*, bow spring *s.*, fore(-)spring (line) *s.*; **achtere (vordere) –,** after (forward) bowspring *s.* **vorspringen** *v.* (*naut.*), to jut out, to project (*as bow*). **vorspringend** *adj.* (*naut.*), projecting (*of bow*), (*geogr.*) prominent (*of headland*); **–e Ecke** *f.*, **–er Winkel** *m.*, salient angle *s.*

Vorsprung *m.* (*rac.*), lead *s.* (**vor,** on *or* over), advantage *s.* (**vor,** over), margin *s.*, (*am.*) start *s.*; **mit großem –,** by a wide margin; **mit großem – gewinnen,** to win by a wide margin; **mit großem – gewonnene Regatta** *f. od.* **Wettfahrt** *f.*, runaway race *s.*; **– haben,** to lead *or* to be in the lead **(vor,** on *or* over), to have *or* to take the lead, to have a wide margin.

Vorstag *n.*, fore()stay *s.*, headstay *s.*; **durchhängendes** *od.* **-sackendes –,** sagging forestay *s.*; **regulierbares –,** adjustable headstay *s.* **Vorstag(s) / beschlag** *m.*, forestay *or* headstay fittings (*pl.*); **–keep** *f.*, headstay groove *s.*; **–profil** *n.*, grooved headstay system *s.*, grooved *or* profiled luff-stay *s.* for headsails.

Vorsteckbolzen *m.*, key *s.* **Vorstecker** *m.*, cotter-pin *s.* (*device*). **Vorsteckkeil** *m.*, cotter(-pin) *s.*

Vorstengestagsegel *n.*, storm jib *s.*

Vorsteven *m.*, stem *s.*, stem post *s.*; **ausfallender –,** raked *or* raking stem *s.*; **gerader –,** straight stem *s.*; **überhängender –,** raked *or* raking stem *s.*, clipper(-built) stem *s.*; **über den – (sinken),** (to sink) bow(s) first; **vom – bis zum Achtersteven,** from bow to stern, from end to end. **Vorsteven / ausfall** *m.*, rake *s.* of the stem; **–beschlag** *m.*, stem(-post) fittings (*pl.*) *or* plate *s.*; **–knie** *n.*, stemson *s.* (*of wooden boat*), stem knee *s.*; **–rundung** *f.*, fore-foot *s.*, fore-gripe *s.*; **–schuh** *m.*, forefoot *s.*

Vorstreichfarbe *f.*, undercoat *s.*, primer *s.*, priming colo(u)r *s.* (*for boats*). **vorstreichen** *v.*, to apply an undercoat (to).

Vorstrom *m.* (*naut.*), wake *s.*

Vorstufe *f.* (*rad.*), input stage *s.*

Vorteil *m.* (*rac.*), advantage *s.*, edge *s.*, margin *s.*; **im – sein** (*rac.*), to have the advantage *or* edge (**vor,** of *or* over), (*coll.*) to have the odds on one's side; **– des Windes** (*naut.*, *rac.*), weather-ga(u)ge *s.* (*of a boat*); **– im heimischen Revier** (*rac.*), advantage *s.* in home waters.

Vortopp *m.*, head yard *s.*, fore yard *s.*, fore top *s.*

Vortrieb *m.* (*naut.*), forward force *s.* *or* component *s.*, lift *s.* (*of sail*), forward thrust *s.*, thrust *s.* ahead, propulsion *s.* (*of boat*). **Vortriebs / geschwindigkeit** *f.*, forward speed *s.* (*of boat*); **–kraft** *f.*, driving force *s.* *or* power *s.* (*of boat, sail*); **–kraft** *f.* **des Bootes,** driving force *s.* *or* power *s.* *or* thrust *s.* of the boat; **–kraft** *f.* **durch Luft(strömung),** (horse-)power *s.* generated by air (flow), lift *s.* (*of boat, sail*); **–kräfte** *f./pl.* **(am** *od.* **im Segel) erzeugen,** to create *or* to generate driving forces, to produce (more) forward force; **–moment** *n.*, moment *s.* *or* momentum *s.* of forward force *or* thrust; **v–wirksam** *adj.*, efficacious (of driving power); **v–wirksame Kräfte erzeugen,** to create *or* to generate *or* to produce forward *or* driving forces (*pl.*) *or* thrust *s.* (*of boat, sail*).

vorüber *adv.*, **der Regen ist –,** the rain is over; **der Sturm ist –,** the storm has passed (by). **vorüber / gehen** *v.*, to overblow, to pass (by) (*of storm*); **–gehend** *adj.*, temporary (*as bad weather*); **–treibend** *pr.p.*, **–e Wolken,** overblowing clouds (*pl.*); **–ziehen** *v.*, to blow over, to pass (by) (*of storm*); **–ziehend** *pr.p.*, **–e Wolken,** overblowing clouds (*pl.*).

Voruntermarssegel *n.*, fore lower topsail *s.*

Vorverstärker *m.* (*rad.*), pre-amplifier *s.*, input amplifier *s.*

Vorversuch *m.* (*naut.*), pilot test *s.* (*shipb.*).

Vorwahl *f.* (*rad.*), preselection *s.*

Vorwant *f.* (*coll. n.*), swifter *s.*

Vorwarnung *f.* (*meteor.*, *nav.*), early *or* preliminary warning(s) *s.* (*pl.*) (*of an approaching storm*).

vorwärts *adv.* (*naut.*), forward, onward; forwards; **– auf den Anker treiben,** to heave ahead. **Vorwärts / bewegung** *f.* **(eines Bootes),** ahead *or* forward motion *s.* *or* movement *s.* (of a boat); **–fahrt** *f.*, ahead run *s.*, headway *s.*, way *s.* (*of a boat*); **–gang** *m.* (*naut.*), forward speed *s.*; **(unter Motor) v–gehen** *v.*, to go ahead, to proceed, to progress (under motor) (*of yacht*); **v–hieven** *v.* (*naut.*), to heave ahead; **v–kommen** *v.* (*naut.*), to make (head)-way, to proceed (*of boat*); **gut v–kommen,** to be well on the way (*of boat*); **trotz ungünstigen Wetters v–kommen,** to weather along (*of boat*); **(sich durch Loten** *od.* **Lotungen) v–tasten** *v.*, to feel the way; **sich langsam** *od.* **vor-**

sichtig durch Eis *od.* **Untiefen v–tasten,** to nose the *or* her way through the ice *or* shoals (*of boat*); **v–winden** *v.* (*naut.*), to heave ahead.

Vorwiderstand *m.* (*rad.*), dropping resistor *s.*, (*elec.*) series resistance *s.*

Vorwind *m.*, head wind *s.*; **–kurs** *m.*, run(ning) *s.*, downwind course *s.*; **–segel** *n.*, reacher *s.*, reaching sail *s.*; (*s. also* **Vormwind**).

Vorzündung *f.* (*naut.*, *tech.*), spark advance *s.* (*of outboarder, motor*).

V/-Spant *n.*, V(-shaped) frame *s.*; **--Spantenboot** *n.*, V-bottomed boat *s.*

Vulkan *m.*, **submariner** *od.* **unterseeischer –,** submarine volcano *s.* **Vulkan/ausbruch** *m.*, **unterseeischer –ausbruch** *m.*, submarine volcanic eruption *s.*; **–insel** *f.*, volcanic *or* volcano isle *s. or* island *s.*

vulkanisieren *v.* (*tech.*), to volcanize. **Vulkanisation** *f.*, **Vulkanisierung** *f.* (*tech.*), volcanization *s.*

W

waag(e)recht *adj.*, horizontal, level; **in (die) –e Lage bringen** (*naut.*), to peak.

Wabeneis *n.*, honeycomb ice *s.*

Wach/boot *n.*, guard *or* patrol boat *s.*, picket boat *s.*, watch boat *s.*; **–dienst** *m.* (*naut.*), watch *s.* **Wache** *f.* (*naut.*), watch *s.*, spell *s.*; lookout *s.* (*pers.*); **1. –,** first *or* evening watch *s.*; **2. –,** second *or* night watch *s.*, middle *or* (*am.*) mid watch *s.*; **Befehlshaber** *m.* **der –,** watch(-)header *s.*; **einander ablösende** *od.* **auf dem Fuß folgende –n,** dog(ged) watches (*pl.*); **– um –,** watch *s.* and watch; **auf – sein,** to be on watch; **die – ablösen** (*naut.*), to change the watch, to relieve the watch; **(die) – gehen** *od.* **haben** (*naut.*), to have the watch, to relieve *or* to take over (the watch), to spell; **die – übernehmen** *od.* **verfangen,** to take over, to spell; **keine – haben,** to be off duty *or* watch, to spell below (deck); **– schieben** (*naut.*, *coll.*), to be on watch, to keep watch *or* lookout; **– am Funk(gerät),** listening watch *s.*; **– am Ruder,** helm watch *s.*; **– auf See,** spell *s.* at sea. **wachen** *v.* (*naut.*), to watch; **die Boje wacht,** the buoy watches. **wachend** *adj.* (*naut.*), awake (*of buoy*); **–e Boje** *f.*, waking buoy *s.*; **–e Klippe** *f.*, lurking cliff *s. or* rock *s.* **wach/frei** *adj.*, off duty *or* watch; **–frei sein,** to be off watch, to spell below (deck); **W–gänger** *m.* (*naut.*), look(-)out *s.*, man *s.* of the watch; **–habend** *adj.*, on duty *or* watch; **W–habender** *m.*, watchkeeper *s.*, man *s.* of the watch; **W–offizier** *m.* (*naut.*), officer *s.* of the watch, watch officer *s.*; **W–rolle** *f.* (*naut.*), watch bill *s.*

Wachs *n.*, **mit – abdichten** *od.* **verpichen** (*naut.*), to wax.

wachsen *v.*, to build, to rise (*as sea*), to grow (*of storm*), to increase, to wax (*of moon*); **der Mond wächst,** the moon is on the increase *or* is waxing; **das Wasser wächst,** the water is rising. **wachsend** *adj.*, **–e Gewalt des Sturms,** building *or* growing *or* increasing force *s. or* strength *s.* of the storm.

Wachs/kerze *f.*, (wax) candle *s.*; **–licht** *n.*, wax light *s.*; **–streichhölzer** *od.* **–zündhölzer** *n./pl.*, wax vestas (*pl.*) *or* matches (*pl.*).

Wacht *f.* (*naut.*), watch *s.*; **–abzeichen** *n.* **(auf dem Ärmel)** (*naut.*), watch mark *s.*; **–boot** *n.*, guard *or* patrol boat *s.*; **–dienst** *m.* (*naut.*), watch *s.* **Wächter** *m.* (*naut.*), look(-)out (man) *s.* **Wachtörn** *m.* (*naut.*), spell *s.*, watch *s.* **Wacht/schiff** *n.*, guard *or* patrol boat *s. or* ship *s.*; **–schuß** *m.* (*naut.*), watch gun *s.*; **–uhr** *f.* (*naut.*), watch(-)glass *s.* **Wachübernahme** *f.*, relief *s.* of the watch.

Wackelkontakt *m.* (*elec.*), loose connection *s.*, tottering contact *s.*

Wade *f.*, drag-net *s.*, seine *s.* **Waden/fischer** *m.*, purse seiner *s.* (*boat and pers.*); **–fischerboot** *n.*, seiner *s.*; **–fischerei** *f.*, sweep seining *s.*

wahr *adj.* (*naut.*), apparent, rational, true; **–es Besteck** *n.*, true position *s.*, true fix *s.*; **–es Gesichtsfeld** *n.*, **–er Gesichtskreis** *m.*, rational horizon *s.*; **–e Höhe** *f.* (*nav.*), true height *s.*, (*astr.*) observed *or* true altitude *s.*; **–er Horizont** *m.*, rational *or* true horizon *s.*; **–e Kimm** *f.*, rational horizon *s.*; **–er Kurs** *m.*, course *s.* made good, true course *s. or* track *s.*; **–er Mittag** *m.*, apparent noon *s.*; **–er Ort** *m.* (*naut.*), fix *s.*, true (ship's) position *s.*; **–e Ortszeit** *f.*, local apparent time *s.*, local true time *s.*; **–er Schiffsort** *m.*, fix *s.*; **–e Sonne** *f.*, apparent *or* true sun *s.*; **–e Sonnenzeit** *f.*, apparent *or* true (solar) time *s.*; **–er Wind** *m.*, atmospheric *or* true wind *s.*, prevailing wind *s.*; **–e Zeit** *f.*, apparent *or* true time *s.* **wahr/nehmen** *v.* (*naut.*), to observe (*landmark, etc.*), to take hold (of); **eine Leine –nehmen,** to take hold of the line; **W–nehmung** *f.* (*naut.*), observation *s.* **Wahr/schau!** (*naut.*, *int.*), attention!, keep clear (off)!, look out!, (*coll.*) 'ware!; **–schau beim Wenden!,** stand by to tack!; **–schau der (Groß)Baum geht über!,**

keep clear off *or* 'ware of *or* mind the (main) boom is shifting!; **w–schauen** *v.*, to keep attention *or* lookout, to keep clear of (*boats, etc.*). **Wahr / scheinlichkeitsrechnung** *f.* (*nav.*), theory *s.* of probabilities; **–zeichen** *n.* (*naut.*), (distinctive) mark *s. or* sign *s.*, landmark *s.*

Wake *f.* (*dial.*), hole *s.* in the ice.

Wal *m.*, whale *s.*, (*naut., sl.*) blower *s.*; **spritzender –,** spouter *s.* **Wal / deck** *n.*, whaledeck *s.* (*esp. GRP-shipb.*); **–decker** *m.* (*am.*), whale back *s.* (*boat*); **–fangboot** *n.*, **–fänger** *m.*, whale boat *s.*, whaler *s.*, whaling man *s. or* ship *s.*, (*coll.*) spouter *s.*; **Kapitän** *m.* **eines –fängers,** whaling master *s.*; **nach Art eines –fängers gebautes Boot** *n.*, whale-built boat *s.*; **–fangstation** *f.*, whaling station *s.*; **Leiter** *m.* **einer –fangstation,** whaling master *s.*

Walkie-talkie *n.* (*rad.*), walkie-talkie *s.*

Wall *m.*, bank *s.*, embankment *s.*, dam *s.*, dike *s.*, dyke *s.*; **–bruch** *m.*, breach *s.* in a dike; **–gang** *m.* (*naut.*), wing passage *s.*; **–gangschott** *n.*, wing bulkhead *s.*

Walzen / fender *m.*, spar fender *s.*; **–lager** *n.* **(eines Blocks),** roller bearing *s.* (of a block). **Walz / profil** *n.* (*naut.*), rolled steel profile *s. or* section *s.* (*shipb., etc.*); **–stahl** *m.*, rolled steel *s.* (*rope, shipb.*); **–terminal** *n.*, rolled steel terminal *s.* (*of wire rope*).

Wand *f.* (*naut.*), partition (wall) *s.*; **–bekleidung** *f. od.* **–verkleidung** *f.* (*naut.*), wainscot(ing) *s.*, panelling *s.* (*of cabin, etc.*).

Wandel / gang *m.* (*naut.*), gallery *s.*; **–stern** *m.* (*astr.*), planet *s.*, wandering star *s.*

Wander / fahrt *f.* (*naut.*), cruise *s.*, family cruising *s.*; **–jolle** *f.*, cruising centre- *or* (*am.*) centerboarder *s.* **wandernd** *pr.p.* (*phys.*), travel(ling); **–er Sand** *m.*, shifting sand(s) *s.* (*pl.*); **–e Welle** *f.* (*phys.*), travel(l)ing wave *s.* **Wander / preis** *m.* (*rac.*), challenge cup *s. or* prize *s. or* trophy *s.*; **–welle** *f.* (*phys.*), travel(l)ing *or* transient wave *s.*

Wange *f.* (*naut.*), cheek *s.*, side-piece *s.* (*of a block, etc.*).

Want *f.* (*dial. n.*), shroud *s.*; **paarweise geschorene –en** (*pl.*), in pairs *or* two by two sheered shrouds (*pl.*); **eine – bricht** *od.* **reißt,** a shroud parts. **Want(en) / angriffspunkte** *m./pl.*, mast hounds (*pl.*); **–durchführung** *f.*, shroud fairlead(er) *s.* **Wantenhänger** *m.*, tongue *s.* of the rigging screw, shroud terminal *s.* **Want(en) / klampe** *f.*, rigging screw *or* shroud cleat *s.*; **–knoten** *m.*, shroud knot *s.*; **–lasche** *f.*, lashing *s. or* tongue *s.* of the rigging screw *or* shroud; **–position** *f.*, shroud position *s.*; **–schraube** *f.*, rigging screw *s.* **Wanten / spanner** *m.*, turnbuckle *s.*, rigging screw *s.*; **–spannerschutz** *m.*, turnbuckle protection *s.*, rigging-screw protection *s.*; **–spannschraube** *f.*, turnbuckle *s.*; **–spannung** *f.*, shroud tension *s. or* tightness *s.*; **–stellung** *f.*, shroud position *s.* **Want(en) / stopper** *m.*, rigging-screw *or* shroud stopper *s.*, wap *s.*, wapp *s.*; **–stropp** *m.*, selvagee *s.*; **–talje** *f.*, shroud tackle *s.* **Want / schlag** *m.*, shroud-lay *s.*, shroud-laid rope *s.*; **–tau** *n.*, shroud *s.*; **-- Windbändsel** *n./pl. od.* **-fäden** *m./pl.*, shroud telltales (*pl.*) *or* TTs (*pl.*).

Warbel *m.* (*dial.* **Wärbel** *m.*), swivel *s.*; **–block** *m.*, swivel block *s.*; **–dolle** *f.*, swivel rowlock *s.*; **–haken** *m.*, swivel hook *s.*

warm *adj.*, warm, hot (*of weather*); **–** *od.* **wärmer werden,** to warm (up) (*of weather*). **Wärme** *f.*, heat *s.*, warmth *s.*, temperature *s.* (*of climate, weather*); **freie (gebundene) –** (*phys.*), sensible (latent) heat *s.*; **20° –** (*meteor.*), temperature *s.* of 20 degrees. **Wärme / anzug** *m.* (*naut.*), neoprene *or* wet suit *s.*; **–äquator** *m.* (*geogr.*), thermal equator *s.*; **–aufwind** *m.*, thermal upcurrent *s.*; **–ausdehnung** *f.*, thermal expansion *s.*; **–austauscher** *m.* **(an Bord),** heat interchanger *s.*; **–einheit** *f.*, thermal unit *s.*; **–gefälle** *n.* (*meteor.*), drop *s.* in temperature, heat *or* warmth gradient *s.*; **–gewitter** *n.*, thermal storm *s.*; **tropisches –gewitter** *n.*, tornado *s.*; **–grad** *m.* (*meteor., phys.*), degree *s.* of heat; **–isolation** *f.*, **–isolierung** *f.* (*naut.*), heat insulation *s.* (*of a boat*); **–jahresmittel** *n.* (*meteor.*), mean annual temperature *s.*; **–regler** *m.* (*tech.*), thermostat *s.*; **–stau** *m.*, **–stauung** *f.* (*phys.*), accumulation *s.* of heat; **–wirkungsgrad** *m.*, thermal efficiency *s.* **Warm / front** *f.* (*meteor.*), warm front *s.*; **–laufen** *n.*, warm-up *s.* (*of motor, engine*); **w–laufen** *v.*, to get *or* to run hot (*of motor*); **w–laufen lassen,** to warm up (*motor*); **–luft** *f.* (*meteor.*), warm air *s.*, (*coll.*) hot air *s.*; **–luftfront** *f.* (*meteor.*), warm front *s.*; **–luftmasse** *f.* (*meteor.*), warm air mass *s.*; **–luftströmung** *f.* (*meteor.*), thermic *s.*, thermals (*pl.*), thermal current *s.*; **–sektor** *m.* (*meteor.*), warm sector *s.* (*weather chart*); **–wasser** *n.* (*geogr.*), warm water *s.*; **–wasserströmung** *f.* (*geogr.*), warm-water current *s.*

Warn / anlage *f.* (*naut.*), warner *s.*, warning device *s.*; **–boje** *f.*, danger buoy *s.*; **–dienst** *m.* (*naut., meteor., rad.*), warning service *s.* **warnen** *v.* (*naut.*), to caution (**vor,** against), to warn (**vor,** against *or* of); **rechtzeitig – (vor)** (*meteor., rad.*), to give fair warning (of) (*storm, etc.*). **warnend** *adj.*, **–e Anzeichen** (*me-*

teor.), warnings (*pl.*). **Warn/feuer** *n.* (*naut.*), red light *s.*, warning light *s.*; **–flagge** *f.*, danger flag *s.*; **–gebiet** *n.* (*nav.*), danger zone *s.*, declared area *s.*; **–lampe** *f.*, **–laterne** *f.* (*naut.*), pilot lamp *s. or* lantern *s.*; **–licht** *n.* (*naut.*), warning light *s.*, red light *s.*; **–nachrichten** *f./pl.* (*meteor.*), warnings (*pl.*); **–ruf** *m.* (*naut.*), warning call *s. or* hail *s.*; **–sektor** *m.* (*nav.*), red *or* warning sector *s.*; **–signal** *n.* (*naut.*), alarm *or* danger signal *s.*, warning (signal) *s.*, precaution *or* premonitory signal *s.*, red flag *s.*; **ein –signal geben,** to sound a warning. **Warnung** *f.* (*naut.*), warning *s.*; (*int.*), caution!; **– an alle (Schiffe)!** (*meteor.*, *rad.*), warning to all (ships)!, all shipping take warning!. **Warnungs/feuer** *n.* (*naut.*), warning *or* red light *s.*; **–laterne** *f.*, danger light *s.*; **–licht** *n.*, floating light *s.*; **–pfeil** *m.*, danger arrow *s.* (*on sea charts*); **–signal** *n.*, danger *or* alarm signal *s.*; **–tafel** *f.* (*naut.*), danger notice *s.*; **–zeichen** *n.*, vigia *s.* (*on sea charts*). **Warn/vorrichtung** *f.* (*naut.*), alarm *or* warning device *s.*, warner *s.*; **–zeichen** *n.* (*nav.*), danger *or* warning signal *s.*; **–zone** *f.* (*nav.*), danger zone *s.*

Warp *m. od. n.*, warp *s.* **Warp/anker** *m.*, kedge (anchor) *s.*, warp anchor *s.*, stream-anchor *s.*; **Boot** *n.* **am –anker verholen, den –anker ausbringen,** to warp. **Warpen** *n.*, kedging *s.*, warpage *s.*, warping *s.* **warpen** *v.*, to kedge, to tow, to warp (*a boat*). **Warp/leine** *f.*, warp (line) *s.*, guess *or* guest rope *s.*; **–pforte** *f.*, warping port *s.* (*of ship*); **–tau** *n.*, **–trosse** *f.*, warp *s.*

Wartegeld *n.* (*naut.*), demurrage *s.* **warten** *v.* (*naut.*, *tech.*), to attend to, to maintain, to upkeep (*boat, sails*), to service (*motor, engine*). **Wartezeit** *f.* (*naut.*), demurrage *s.* **Wartung** *f.* (*naut.*, *tech.*), attendance *s.*, maintenance *s.*, upkeep *s.* (*of boat, sails*), service *s.*, servicing *s.* (*of motor, engine*).

was (*naut.*), **– gibt's?, – ist los?, ist – los?,** is anything up?, what's up?; **– liegt an?,** how does the boat *or* she head?, how is the heading?, (*coll.*) ship's head?; **– zeigt die (Anker)-Kette?,** how does the cable grow?.

Waschbord *n.*, wash(-)board *s.*, weather board *s.*, dash(-)board *s.*, manger board *s.*, wash rail *s. or* strake *s.* **waschen** *v.*, to wash (*of waves*); **das Deck –,** to scrub (and clear) the deck, to swill the deck, to wash the deck. **Wasch/küche** *f.* (*naut.*, *coll.*), dense fog *s. or* mist *s.*, foggy *or* misty weather *s.*, (*sl.*) peasoup *s.*, pea(-)souper *s.*, soup *s.*; **–leiste** *f.* (*naut.*), wash(-)board *s. or* rail *s.*

Wasser *n.*, water *s.*, (*naut.*) waters (*pl.*), the wave(s) *s.* (*pl.*); **auf dem – (befindlich),** aquatic; **auf dem – (schwimmend** *od.* **treibend),** water-borne; **im – (befindlich),** aquatic; **über –,** above water; **über – (befindlich),** aquatic, superaqueous; **unter –,** below water, under water; awash; underseas; **unter – (befindlich),** aquatic; **voll –,** water-logged (*of boat*); **zu –,** by water; **zwischen Wind und –** (*naut.*), awash; **ablaufendes –,** falling *or* outgoing tide *s.*, outflow *s.* of the tide; **auflaufendes –,** incoming *or* inrunning tide *s.*, rising tide *s.*; **brackiges –,** brackish water *s.*; **(erstes) offenes –,** (first) open water *s.*; **flaches –,** shallow *or* shoal water *s.*; **fließendes –,** running water *s.* (*of rivers*); **gefährliches –,** dangerous water(s) *s.* (*pl.*), dangerous stretch *s.* (of water); **kabbeliges –,** choppy water *s.*; **seichtes –,** shallow water *s.*; **stehendes –,** dead *or* stagnant water *s.*; **stilles –,** slack water *s.*; **tiefes –,** deep water *s.*; **trübes –,** dark *or* muddy *or* troubled water *s.*; **unruhiges –,** lumpy *or* troubled water *s.*; **halt –!** (*com.*), hold water! (*rowing*); **Fahrt** *f.* **durch das –,** speed *s.* made good through the water; **Kurs** *m.* **durch das –,** course *s.* to steer, course *s.* steered; **auf dem – treibend,** awash; **bewegungslos im – liegen,** to lie dead in the water (*of boat*); **das – ist bewegt** *od.* **unruhig,** the water is lumpy *or* troubled; **das – strömt am Kiel sehr langsam,** the water()flow over the keel is very low; **in seichtes – segeln,** to make foul water; **ringsum vom – eingeschlossen,** flood-bound; **sich über – halten,** to keep (one's head) above water (*of shipwrecked pers.*); **sich voll – saugen,** to become *or* to get soaked (*of wood, etc.*), to get water-logged (*of boat*); **tiefes – aufsuchen,** to make for deep water; **tieferes – aufsuchen,** to run into deeper water (*of boat*); **unter – setzen,** to flood (*a compartment*), to inundate, to submerge (*of boat*); **voll – gelaufen,** water-logged, swamped (*of boat*); **voll – gesogen,** soaked, water-logged (*of wood*); **vom – ausgehöhlt** *od.* **abgeschliffen** *od.* **geglättet,** waterworn (*of cliffs*); **vom – bespült,** awash (*of rocks*); **vom – eingeschlossen,** water-bound; **vom auflaufenden – eingeschlossen** *od.* **überrascht werden,** to be embayed *or* trapped by the rising tide; **vom – getragen,** water-borne (*of boat*); **vom – umgeben,** waterbound; **wenig – ziehend,** floaty (*of boat*); **zu – befördert,** water-borne; **zu – bringen,** to launch (*a boat*), to stream (*a buoy*), to lower (*a lifeboat or raft*); **zu – und zu Land,** by land and sea; **– einnehmen** (*naut.*), to take (in) water, to water (*boat or ship*); **– halten,** to be watertight (*of boat*), to hold water (*rowing*); **– im (Wasser)Tank auf-** *od.* **nachfüllen** *od.* **ergänzen** *od.* **wechseln** (*naut.*), to renew water in a tank; **– machen** (*naut.*), to make *or* to take water, to become *or* to get waterlogged, to leak (*of boat*); **– treten,** to tread water (*of shipwrecked pers.*); **– übernehmen,** to ride wet, to ship a (green) sea, to ship heavily *or* heavy seas, to ship water (*of boat*); to take (in) water, to water, to water ship; **– ziehen,** to make *or* to take water, to leak, to let in water (*of boat*).

Wasser / abfluß *m. od.* **–ablaß** *m.* (*naut.*), scupper *s.*, (water) drain *s.*, sea cock *s.*; **–ablaßloch** *n.*, drain hole *s.* (*in boats*); **–ablauf(rinne** *f.*) *m.* **(an Deck),** gutter *s.*; **w–abstoßend** *adj.*, water-repellent; **w–abstoßend machen,** to weatherize; **w–anziehend** *adj.*, hygroscopic; **–auflauflöcher** *n./pl.*, limbers (*pl.*) (*of the ke(e)lson*); **–austritt** *m.*, drain *s.*, scupper *s.*, water outlet *s.*; **–ballast** *m.*, water ballast *s.*; **–ballasttank** *m.*, water-ballast tank *s.*; **–ballasttankdeckel** *m.*, top *s.* of the tank; **–barometer** *n.*, water barometer *s.*; **–behälter** *m.* **(im Boot),** breaker *s.*; (fresh-)water tank *s.*; **–berieselungssystem** *n.* (*naut.*), sprinkler system *s.*; **–beschaffenheit** *f.*, water condition *s. or* quality *s. or* state *s.* (*as of sea water*); **–blasen** *f./pl.*, bubbles (*pl.*) (*as of wake*); **–breite** *f.*, width *s.* of (the) water (*of channel, river*); **–brücke** *f.* (*naut.*), water bridge *s.*

wasserdicht *adj.*, water(-)proof, watertight; **nicht –,** not watertight, leaking (*of boat*); **– machen,** to proof, to waterproof; **– sein,** to hold water (*of boat*); **–e Abteilung** *f.* (*naut.*), watertight compartment *s.*; **–e Fuge** *f.*, water joint *s.* (*of wooden boat*); **–es Luk** *n.*, **–e Luke** *f.*, watertight hatch *s.*; **–e Plicht** *f.*, watertight cockpit *s.*; **–es Schott** *n.*, watertight bulkhead *s.*; **–e Verbindung** *f.* (*naut.*), water joint *s.* (*of boat*).

Wasser / dichte *f.*, density *s.*, specific gravity *s.* (*of sea water*); **–druck** *m.*, water pressure *s.*, pressure *s.* of the water; **dynamischer (statischer) –druck** *m.*, hydrodynamic (hydrostatic) pressure *s.*; **–dunst** *m.* **(über Gewässern),** water smoke *s.*; **w–durchlässig** *adj.*, pervious to water; **w–durchlässig sein,** to leak (*of boat*); **w–durchlässige Stelle** *f.*, leak *s.*; **–ebene** *f.*, water plane *s.* (*shipb.*); **–eimer** *m.* **(zum Ösen),** bailer *s.*, bucket *s.*; **–einbruch** *m.*, irruption *s. or* inrush *s.* of water; **–einlaß** *m. od.* **–eintritt** *m.*, water inlet *s.*; **–fahrer** *m.* (*coll.*), boater *s.*, sailor *s.*; **–fahrt** *f.*, boating (trip) *s.*, trip *s.* by water; **–fahrzeug** *n.*, watercraft *s.*, vessel *s.*; **kleines –fahrzeug** *n.*, craft *s.*; **–fall** *m.*, waterfall *s.*, cataract *s.*, cascade *s.*; **kleiner –fall** *m.*, spout *s.*; **–fänger** *m.* (*naut.*), save-all *s.* (*device*); **–faß** *n.* (*naut.*), (fresh-)water cask *s.*; **an der Bordseite gestautes –faß** *n.*, winger *s.*; **–fassungsvermögen** *n.* **(eines Tanks),** water capacity *s.* (of a tank); **w–fest** *adj.*, waterproof, watertight; **–fläche** *f.*, body *s. or* sheet *s.* of water, surface *s.* (of the water *or* sea), (*coll.*) water *s.*; **weite –fläche** *f.*, vast expanse *s.* of water, (water) waste *s.*; **–flugzeug** *n.*, aeroboat *s.*, hydroplane *s.*, seaplane *s.*, water plane *s.*, float plane *s.*; **–flut** *f.*, water flood *s.*; **–fracht** *f.*, **–frachtkosten** (*pl.*), waterage *s.*; **–front** *f.*, water front *s.*; **–gang** *m.* (*naut.*), waterway *s.* (*shipb.*), drain *s.*, scupper *s.* (*of boat*); canal *s.*; **–gang(s)farbe** *f.*, boot-topping paint *s.*; **–geist** *m.* (*naut.*), water-sprite *s.*; **–graben** *m.* (*naut.*), spurnwater *s.* (*on deck*); **–himmel** *m.*, water(y) sky *s.*; **–höhe** *f.*, water-level *s.*, height *s.* of (the) water *or* tide; **–hose** *f.* (*meteor.*), waterspout *s.*, wind spout *s.*, (*am.*) twister *s.*; **–kante** *f.*, seaboard *s.*, seaside *s.*, water front *s.*, waterside *s.*; **–kapazität** *f.* **(eines Tanks),** water capacity *s.* (of a tank); **–karte** *f.*, hydrographic *or* sea chart *s.*; **–kitt** *m.* (*naut., tech.*), hydraulic cement *s.*; **–kraft** *f.*, hydraulic *or* water power *s.*; **–kräuselung** *f.*, ripples (*pl.*); **–kreislauf** *m.*, circulation *s.* of water; **–kühlung** *f.* (*naut., tech.*), water(-) cooling *s.*; **–kunde** *f.*, hydrology *s.*; **–landflugzeug** *n.*, amphibian plane *s.*; **–lauf** *m.* (*naut.*), waterway *s.* (*on deck*), limbers (*pl.*) (*of pump*); (*geogr.*) channel *s.*, water(-)course *s.*, lode *s.*, (*am.*) arroyo *s.*; run *s.* (*of river*); **künstlicher –lauf** *m.*, canal *s.*, flume *s.*; **–laufloch** *n.* (*naut.*), limber hole *s.*; **–lauflöcher** *n./pl.* (*naut.*), limbers (*pl.*) (*of ke(e)lson*).

Wasserlinie *f.* (*naut.*), waterline *s.*, water level *s. or* plane *s.*, line *s.* of floatation *or* (*am.*) flotation, designed waterline *s.*, load waterline *s.* (*of a boat*); **höchste (niedrigste) –,** load (light) waterline *s.*; **hohle –,** concave *or* hollow waterline *s.* (*of a boat*); **oberhalb (unterhalb) der –,** above (below) waterline; **über der – eines Bootes (befindlich),** supernatant, above the waterline *or* -plane (of a boat); **unter der –,** underwater, below the waterline *or* -plane (*of a boat*); **die über der – sichtbare volle Seite eines Bootes** *od.* **Schiffs,** broadside *s.* **Wasserlinien / ebene** *f.*, water plane *s.* (*of a boat*); **–fläche** *f.*, water(-)plane area *s.*; **–flächenkurve** *f.*, curve *s.* of floatation *or* (*am.*) flotation, curve *s.* of designed water plane;

–koeffizient *m.*, waterplane coefficient *s.*; **–länge** *f.*, designed length *s.* of waterline; **–riß** *m.*, waterline plan *s.* (*shipb.*); **–schwerpunkt** *m.*, centre *s.* of floatation, (*am.*) center *s.* of flotation (*of a boat*); **–völligkeitsgrad** *m.*, waterline *or* waterplane coefficient *s.*

Wasser / luk *n.*, **–luke** *f.*, wash port *s.*; **–marke** *f.* (*naut.*), water mark *s.*; **–mauer** *f.* **(an Brükken),** water wing *s.*; **–messer** *m.*, water-ga(u)ge *s.*, hydrometer *s.*

wassern *v.*, to alight *or* to land on (the) water *or* sea, to water (*of seaplane*).

Wasseroberfläche *f.*, surface *s. or* top *s.* of (the) water, water surface *s.*, (*coll.*) water *s.*; **glatte (gekräuselte) –,** smooth (rippled) surface *s.*; **Kräuselung** *f.* **der –,** ripple(s) *s.* (*pl.*); **über der –,** above water; **unter der –,** below (the) water, underwater, subsurface, (*am.*) underseas; **mit der – abschließend** *od.* **abschneidend,** awash (*of sandbanks, etc.*).

Wasser / paß *m.* (*naut.*), boot-top *s. or* -topping *s.*, cove strip *s.*, level *s.*, ribbon line *s.* (*of boat*); level *s.* of the water; **w–paß** *adj.*, horizontal, level with the water; **–paßfarbe** *f.*, boot-topping paint *s.*; **–pforte** *f.* (*naut.*), wash port *s.*; **–platz** *m.* (*naut.*), watering place *s.*; **–polizei** *f.*, harbo(u)r police *s.*, marine police *s.*, water police *s.*, river police *s.*; **Patrouillenboot** *n.* **der –polizei,** marine police patrol-boat *s.*; **–pumpe** *f.*, water pump *s.*; **–ratte** *f.* (*naut.*, *coll.*), old salt *s.*, seadog *s.*, water dog *s.*, seaman *s.*, (*hum.*) jacky *s.*, Jack Tar *s.*, jack(-)tar *s.*; **–reißblei** *n.* (*naut.*), pot lead *s.*; **–rinne** *f.* (*naut.*), spurnwater *s.* (*on deck*); (*geogr.*) canal *s.*, runnel *s.*, water-course *s.*; lead *s.*, polynia *s.* (*in the ice*); **–sack** *m.* (*naut.*), canvas bucket *s.*, water bag *s.*; **–säule** *f.*, column *s.* (of water); **–schaden** *m.*, sea damage *s.*, flood damage *s.*; **–schall-Nebelsignal** *n.*, water-borne *or* submarine fog signal *s.*; **–schallsignal** *n.*, water-borne *or* submarine sound signal *s.*; **–scheide** *f.* (*geogr.*), watershed *s.*, ridge *s.*, shed *s.*, (*am.*) divide *s.*; **–scheu** *f.*, hydrophobia *s.*, (*naut.*, *coll.*) water funk *s.*; **–scheue** *f.*, **–scheuer** *m.* (*naut.*, *coll.*), water funk *s.*, (land) lubber *s.*; **–schicht** *f.*, surface *s.* (of water); **(unter der Oberfläche befindliche) –schicht** *f.*, subsurface *s.*; **–schlauch** *m.* **(zum Abspritzen des Decks),** water(-)hose *s.*; **–schott** *n.*, manger (board) *s.*; **–schutzpolizei** *f.*, waterside police *s.*; **–schwall** *m.*, water flood *s.*; **–schwall** *m.* **(eines Wehrs),** spout *s.*; **–schwere** *f.*, specific gravity *s.* of water; **–segel** *n.*, water sail *s.*, (*coll.*) save-all *s.*; **Auge** *n.* **des –segels,** water hole *s.*; **–ski** *m.*, water(-)ski *s.*; **–ski fahren** *od.* **laufen,** to water(-)ski; **–skilaufen** *n.*, waterskiing *s.*; **–sperre** *f.*, water obstacle *s.*; **–spiegel** *m.*, water level *s.*, water plane *s.*, surface *s.* of (the) water, (*coll.*) surface *s.*, water *s.*; expanse *s.* of water; **über (unter) dem –spiegel,** above (below) (the) water; **–sport** *m.*, aquatics (*pl.*), aquatic sports (*pl.*); **Geschicklichkeit** *f.* **im –sport,** watercraft *s.*; **–stag** *n.*, bobstay *s.*; bobstay bar *s.*; **–stand** *m.*, water(-)level *s.*, sea level *s.*, state *s.* of the tide, (*coll.*) waters (*pl.*); lift *s.* (*of a lock*); **hoher –stand** *m.*, high water *s.*; **mittlerer –stand** *m.*, mean water *s.*; mean sea level *s.*; **niedriger –stand** *m.*, low water *s.*; **niedrigster –stand** *m.*, low-water mark *s.*; **um 5 h ist der –stand zum Aus-** *od.* **Einlaufen günstig,** the tide serves at 5 o'clock; **–stand** *m.* **auf der Barre,** bar draught *s. or* (*am.*) draft *s.*; **–standsanzeiger** *m.*, water-level ga(u)ge *s. or* indicator *s.*, water ga(u)ge *s.*, floodometer *s.*; **–standsglas** *n.*, water ga(u)ge *s.*; **–standslinie** *f.*, water(-)level *s.*; **höchste (niedrigste) –standsmarke** *f.*, high (low) water-mark *s.*; **–standsmesser** *m.*, water-level indicator *s.*; **–stau** *m.*, **(in Küstengewässern),** rise *s.* (in coastal waters); **–staub** *m.*, spray *s.*, water dust *s.*; **–stelle** *f.* (*naut.*), watering place *s.*; **–stiefel** *m./pl.*, sea *or* water boots (*pl.*), gum boots (*pl.*), waders (*pl.*); **hohe –stiefel** *m./pl.*, jack *or* thigh boots (*pl.*); **–strahl** *m.*, jet *s.* (of water); **plötzlich herausschießender –strahl** *m.*, spirt *s.* (*as of leak*); **–strahlantrieb** *m.* (*naut.*), hydrojet propulsion *s.*; **–strahlpropeller** *m.*, jet propeller *s.*; **–straße** *f.*, road *s.* (at sea), strait *s.*, navigable channel *s.*, water lane *s.*, waterway *s.*, ocean *or* water highway *s.*; navigable river *s.*, channel *s.* (*of a river*); **enge** *od.* **schmale –straße** *f.*, narrow(s) *s.* (*pl.*), thoroughfare *s.*, (*coll.*) bottleneck *s.*; **internationale (nationale) –straße** *f.*, international (national) waterway *s.*; **künstliche –straße** *f.*, artificial waterway *s.*, canal *s.*; **natürliche –straße** *f.*, channel *s.*, strait *s.*; **schiffbare –straße** *f.*, navigable waterway *s.*; **gefährliche –strecke** *f.*, dangerous stretch *s.* of water; **–strom** *m.*, **–strömung** *f.*, water current *s. or* flow *s.*, flow *s.* of (the) water; **–strudel** *m.*, eddy *s.*, water twist *s.*, whirlpool *s.*; **–tank** *m.* **(an Bord),** (fresh-)water tank *s.*; **–temperatur** *f.*, water temperature *s.*, sea temperature *s.*; **–thermometer** *n.*, water thermometer *s.*

Wassertiefe *f.*, depth *s.* of water, (*coll.*) waters (*pl.*); **ausgelotete** *od.* **auslotbare –,** soundings (*pl.*); **beschränkte –,** shallow water(s) *s.* (*pl.*); **gelotete –,** sounded depth *s.*; **geringste (größte) –,** minimum (maximum) depth *s.* of water; **hohe (niedrige) –,** high (low) water *s.*; **nutzbare** *od.* **schiffbare –,** available *or* navigable depth *s.* of water *or* waters; **auf lotbarer – (sein) (besonders in Küstennähe),** (to be) in *or* on soundings; **auf nicht lotbarer – (sein),** (to be) out of *or* off soundings. **Wassertiefgangsmarken** *f./pl.*, water marks (*pl.*).

Wasser / tor *n.*, flood-gate *s.*; **–tragflügel** *m.*, hydrofoil *s.*; **–tragflügelboot** *n.*, hydrofoil boat *s.*; **–transport** *m.*, carriage *s. or* conveyance *s. or* transportation *s.* by water, waterborne transport *s.*; **–transportmittel** *n.*, water carriage *s.*; **–tüchtigkeit** *f.* (*naut.*), watermanship *s.*, seamanship *s.*; **–übernahme** *f.*, **–übernehmen** *n.* (*naut.*), watering *s.* (ship); **–uhr** *f.*, water-ga(u)ge *s.*; **w–undurchlässig** *adj.*, water(-)proof, watertight; **w–undurchlässig machen,** to proof, to waterproof.

Wasserverdrängung *f.* (*naut.*), displacement *s.* (of water); **Tonne** *f.* **der –,** displacement ton *s.* (*of yacht, ship*); **eine – von 1 Tonne haben,** to displace one ton; **– des beladenen Schiffs,** load displacement *s.*; **– des leeren Schiffs,** light displacement *s.*

Wasser / versorgung *f.* **(an Bord),** water-supply *s.*; **–verunreinigung** *f.*, pollution *s.* of the water; **–weg** *m.*, water lane *s.*, water route *s.*, waterway *s.*, lode *s.*, thoroughfare *s.*; riverway *s.*; **auf dem –weg,** by water, water-borne; **Beförderung** *f.* **auf dem –weg,** waterage *s.*; **Verkehr** *m.* **auf dem –weg,** waterborne traffic *s.*, traffic *s.* by water; **–widerstand** *m.*, drag *s.*, water resistance *s.*; **geringer (hoher) –widerstand** *m.*, low (high) drag *s.*; **–wirbel** *m.*, eddy *s.*, swirl *s.*, water twist *s.*, whirlpool *s.*; **–wüste** *f.*, waste *s.* (of the sea), wastes (*pl.*), water *or* watery waste *s.*, wilderness *s.* of the sea, vast expanse *s.* of water; **w–ziehend** *adj.*, hygroscopic (*as moon, sun*); **–zufluß** *m.*, water feeder *s.* (*of ballast tank*).

wäßrig *adj.*, watery (*as moon, sun, etc.*); **–er Himmel** *m.*, water(y) sky *s.*

Wate *f.* (*dial.*), drag-net *s.*, seine *s.*

waten *v.*, to wade; **durchs Wasser –,** to wade through the water.

Waterkant *f.* (*dial.*), seaside *s.*, water front *s.*, waterside *s.*, North German seaboard *s.*

Watt *n.* [1] (*elec., phys.*), watt *s.*

Watt *n.* [2] (*geogr.*), flat *s.*, mud-flat *s.*, mud berth *s. or* land *s.*, muddy shallows (*pl.*), salting *s.*, sandbank *s.*, shoal *s.*, tideland *s.*; **das – bedeckendes Gezeiten-** *od.* **Flutwasser** (*am.*), tidewater *s.* **Watten** *n./pl.*, mud-flats (*pl.*). **Watt(en) / fahrer** *m.*, shallow-draught coasting vessel *s.*; **–fischerei** *f.*, inshore *or* shoal fishing *s.*; **–gebiet** *n.*, tide district *s.*, (*am.*) tidewater creek *s.* **Wattenmeer** *n.*, mudflats (*pl.*), shallows (*pl.*), shoals (*pl.*), tideland *s.* **Watt / fahrrinne** *f.*, channel *s.* in the mudflats, tideway *s.*, tideland fairway *s.*, (*am.*) tide *or* tidewater creek *s.*; **–fahrt** *f.*, coasting navigation *s. or* trade *s.* on the mudlands *or* mud-flats; **–fahrwasser** *n.*, tideway *s.*, tideland *or* mudland fairway *s.*, (*am.*) tide(water) creek *s.*; **–leistung** *f.* (*elec., phys.*), wattage *s.* (*as of motor*); **–meter** *n.* (*elec.*), wattmeter *s.*; **–rinne** *f.*, mudland *or* tideland creek *s.*, channel *s.* in the mud-flats *or* shallows; **–sekunde** *f.* (*elec.*), watt second *s.*; **–strom** *m.*, navigable tideway *s. or* (*am.*) tidewater creek *s.*; **–stunde** *f.* (*elec.*), watt-hour *s.*

Webeleine *f.*, ratline *s.* (*of the shrouds*); **mit –n versehen,** to rattle down. **Webelein(en) / ende** *n.*, ratline end *s. or* rope *s.*; **–gut** *n.*, ratline rope(s) *s.* (*pl.*) *or* stuff *s.*; **–stek** *m.*, **–stich** *m.*, clove hitch *s.*, ratline hitch *s.*, waterman's knot *s.*; **Tauende** *n.* **mit –stek** *od.* **–stich anstecken,** to clove-hitch.

Weber / knoten *m.*, reef knot *s.*, weaver's hitch *s. or* knot *s.*; **–stek** *m.*, weaver's bend *s.*

Wechsel *m.*, change *s.* (*of weather*), alteration *s.* (*of trim*); **in schnellem –** (*rac., am.*), nip *s.* and tuck; **stetiger –,** constant change *s.*; **– der Gezeiten,** turn *s.* of the tide; **– der Kursrichtung,** alteration *s.* of (the) course. **Wechsel / beanspruchung** *f.* (*naut., phys., tech.*), alternating stress *s.*; **–beanspruchungsfestigkeit** *f.* (*tech.*), fatigue strength *s.* (*as of sails*); **–beziehung** *f.* (*phys.*), correlation *s.*; **–feuer** *n.* (*naut.*), alternating light *s.*; **–folge** *f.*, alternation *s.*, succession *s.* (*of a light*); **–getriebe** *n.* (*tech.*), variable gear *s.*; **w–haft** *adj.*, wayward (*of weather*); **–lager** *n.* (*tech.*), double-thrust bearing *s.*

wechseln *v.*, to alternate (*trim*), to change (*position; of weather*), to vary (*of wind*), to shift (*sails*); **den Liegeplatz –,** to shift (the) berth; **den Platz – (mit),** to change places (with); **Segel –,** to shift sails, to (ex)change sails. **wechselnd** *adj.*, **–e Winde,** variable *or* varying *or* veerable winds (*pl.*).

Wechsel / schalter *m.* (*elec., rad.*), change-over switch *s.*; **–schaltung** *f.* (*elec., rad.*), alternate switching *s.*; **–spiel** *n.* **der Kräfte** (*phys.*), interplay *s.* of forces; **–sprechanlage** *f.* **(an Bord),** intercom *s.*, intercommunication system *s.*; **–sprechen** *n.* (*naut., rad.*), intercom *s.*, intercommunication *s.*; **–sprechverkehr** *m.* (*rad.*), intercom *s.*, intercommunication (system) *s.*; **–strom** *m.* (*elec., rad.*), alternating current *s.*;

–verkehr *m.* (*rad.*), two-way communication *s.*; **–winkel** *m.* (*pl.*), alternate angles (*pl.*); **–wirkung** *f.* (*phys.*), interaction *s.*, interplay *s.* (of forces), reciprocal action *s.*, mutual effect *s.*; sympathy *s.* (*of free oscillation*); **in –wirkung stehen** (*phys.*), to interact.

Wecken *n.* (*naut.*), rouse *s.* (*of crew, watch*). **wecken** *v.* (*naut.*), to purr, to rouse (*the crew, watch*). **Weckruf** *m.* (*naut.*), rouse *s.*; (*int.*), 'rise and shine!', 'hit the deck!'.

Weg *m.* (*naut.*), course *s.*, direction *s.*, route *s.*, passage *s.*, way *s.*, (*tech.*) travel *s.*; **Mitte** *f.* **des –es,** midway; **zurückgelegter –,** distance *s.* covered; **sich einen – durch die Klippen** *od.* **Schären suchen,** to thread one's way through the cliffs; **sich vorsichtig einen – durch das Eis suchen,** to nose one's way through the ice; **– durch das Wasser,** course *s. or* distance *s.* steered; **– nach Norden (Osten, Süden, Westen)** (*naut.*), northing *s.* (easting *s.*, southing *s.*, westing *s.*); **– über Grund,** course *s. or* distance *s.* made good.

wegdrücken *v.*, **ein Boot vom Kurs –,** to force *or* to push a boat off course (*of tide, waves*).

Wegerecht *n.* (*naut.*), right *s.* of way, (*am.*) priority *s.* (*of a boat or ship*); **das – beachten,** to yield right of way; **das – haben,** to have the right of way (*of boat*). **Wegerecht/boot** *n.*, (*coll.*) **–ler** *m.*, right-of-way boat *s.*, privileged boat *s. or* yacht; **(sichere) –position** *f.* (*naut., rac.*), (safe) right-of-way position *s.* (*of a boat*); **–regeln** *f./pl.* (*naut., rac.*), right-of-way rules (*pl.*); **–schiff** *n.*, right-of-way boat *s. or* ship *s. or* vessel *s. or* yacht *s.*, privileged boat *s. or* ship *s.*, stand-on ship *s. or* vessel *s. or* yacht *s.*; **--Schlag** *m.* (*naut., rac.*), right-of-way board *s.*; **–signal** *n.*, right-of-way signal *s.*, (*am.*) priority signal *s.*; **(sichere) –stellung** *f.* (*naut., rac.*), (safe) right-of-way position *s.* (*of a boat*); **–tonne** *f.*, right-of-way buoy *s.*, channel-marking buoy *s.*, lay-by buoy *s.*; **–yacht** *f.* (*naut., rac.*), right-of-way yacht *s.*, leeward *or* windward yacht *s.*, privileged yacht *s.*

Wegerung *f.* (*naut.*), ceiling *s.*; **geschlossene –,** close(d) *or* (fully) enclosed ceiling *s.*; **offene –,** open ceiling *s.* **Wegerungs/latte** *f.*, ceiling batten *s.*; **–luk** *n.*, **–luke** *f.*, ceiling hatch *s.*; **–planke** *f.*, ceiling plank *s.*

Wegetonne *f.*, channel- *or* fairway-marking buoy *s.*

weg/fangen *v.*, **einem Boot den Wind –fangen,** to blanket *or* to cover a sail, to wrong a boat; **–fieren** *v.*, to ease away, to pay out, to slack away *or* off, to strike below; **ein Boot –fieren,** to lower away a boat; **eine Leine –fieren,** to slack away a rope; **–laufen** *v.* (*naut.*), to sail away, to set off *or* out, to work off (*of baot*); **von der Küste –laufen,** to work offshore, to out (*of boat*); **–nehmen** *v.* (*naut.*), to remove (*parts of the rigging, etc.*), to seize (*a boat or ship*); **Segel(fläche) –nehmen,** to reef, to shorten sail; **–reißen** *v.*, to pull *or* to snatch *or* to tear away *or* off; to carry *or* to sweep away (*as mast in a storm*); **–rudern** *v.*, to pull *or* to paddle *or* to row away *or* off; **–sacken** *v.* (*naut.*), to founder, to go down, to sink; **über den Bug –sacken,** to sink by the bow *or* bow-first; **–scheren** *v.* (*naut.*), to sheer away *or* off (*of boat*), to shave off (*a shackle, etc.*); **–schleppen** *v.*, to tow away (*a boat*); **–schütten** *v.* (*naut.*), to jettison, (*coll.*) to dump (*garbage*); **–schwemmen** *v.*, to wash away *or* off (*of waves*); **–segeln** *v.*, to sail away, to set off *or* out, to depart (*of boat*); **–spülen** *v.*, to wash away *or* off (*of waves*); **–stecken** *v.*, to veer away (*rope*); **–steuern** *v.* **(von),** to make *or* to work off, to bear off, to keep away *or* off (from).

Wegstrecke *f.*, **zurückgelegte –** (*naut.*), distance *s.* covered.

weg/tauchen *v.*, to sound (*of whale, etc.*); **–treiben** *v.* (*naut.*), to drag, to drift away *or* off, to go adrift (*of boat*); **vom Anker (infolge Ankerkettenbruchs) –treiben,** to part from the anchor.

Weg/weiserleine *f.* **(für laufendes Gut),** spurling line *s.*; **–zeichen** *n.* (*naut.*), sign post *s.* (*for or to navigation*).

Wehe *f.*, sand-drift *s.*

Wehen *n.* **(des Windes),** waff *s.* **wehen** *v.*, to blow, to set, (*dial.*) to waff (*of wind*), to drift (*of sand*), to fly, to stream (*of flag*), to stream (*of telltales*), (*Scots*) to wallop (*of flag*).

Wehr *n.*, barrage *s.*, dam *s.*, dike *s.*, dyke *s.*, spillway *s.*, weir *s.*, (*dial.*) lasher *s.*, (*Scots, dial.*) stank *s.*; pound lock *s.* (*in a river*); **–damm** *m.*, dam *s.*, dike *s.*, (*am.*) splash dam *s.*

weich *adj.*, **–e Kimm(rundung),** smooth round *s.* of bilge; **–es Segeltuch** *n.*, soft sailcloth *s.*

Weiche *f.* **(in einem Kanal),** by-pass *s.*, lay-by *s.*, passing-place *s.* (*for boats or ships*).

Weich/lot *n.*, soft *or* tin solder *s.*; **w–löten** *v.*, to soft-solder, to wipe; **–lötstelle** *f.*, wipe-joint *s.*

weiß *adj.*, **– schimmerndes Wasser (über Sandbänken),** white water *s.*; **–es Rauschen** *n.* (*rad.*,), white noise *s.*; **–es (Signal)Licht** *n.*, white light *s.* **Weißlot** *n.*, soft solder *s.*

Weit *n.* (*naut., dial.*), beam *s.*

weit *adj.*, broad, wide (*as canal, river*), extensive, large, vast (*as the sea*), distant, far, remote (*as land*); far (off), (*naut., coll.*) way; **eine Seemeile –,** a (sea-)mile off; **– entfernt,** far away *or* off, (*coll.*) way back; **– entfernt von,** a long distance from; **– weg, – zurück** (*naut., coll.*), way back; **– oben im Norden,** way up North; **– unten im Süden,** way down South; **– überlegen sein, – übertreffen** (*rac.*), to outclass (*other boats*); **– von den Klippen (vom Land) abhalten,** to give the cliffs (the land) a wide berth.

Weite *f.* (*naut.*), beam *s.*, (*naut., tech.*) breadth *s.*, width *s.*, (*tech.*) diameter *s.*; (*geogr.*) distance *s.*; (*astr.*) amplitude *s.*; **äußere –** (*tech.*), outside diameter *s.*; **lichte –** (*tech.*), inside *or* internal diameter *s.*, width *s.* (in the clear), bore *s.*

weiten *v.t.* (*naut.*), to open; **die Düse (zwischen Segeln) –,** to open the slot; *v.r.*, **sich –,** to broaden (out), to become broader, to widen (*of narrows*).

weiter *adv.*, **– entfernt,** farther away *or* off, more distant; **– im Norden** *od.* **nördlich,** farther north, up north, (*am.*) farther up; **– im Süden** *od.* **südlich,** farther south, down south, (*am.*) farther down; **– stromabwärts (stromaufwärts),** downstream (upstream); **– werden,** to broaden, to widen (*of narrows*). **weiter/fahren** *v.* (*naut.*), to proceed (*of boats, ships*); **nach Hamburg –fahren,** to proceed *or* to be proceeding to Hamburg; **W–fahrt** *f.* (*naut.*), proceeding *s.*, onward passage *s.*; **Erlaubnis** *f.* **zur W–fahrt** (*naut.*), permission *s.* to proceed; **W–gabe** *f.* (*rad.*), retransmission *s.* (*of radio messages*); **–geben** *v.* (*rad.*), to retransmit; **–kommen** *v.* (*naut.*), to make headway, to proceed (*of boats*); **nicht –kommen,** to make no headway; **–laufen** *v.* (*naut.*), to proceed (*of boats, ships*); **W–vermittlung** *f.* (*rad.*), retransmission *s.*; **–vermitteln** *v.* (*rad.*), to retransmit.

weit/maschig *adj.*, wide-meshed (*of railing net*); **–reichend** *adj.*, far-reaching, long-range (*of radio communication, etc.*); **W–verbindung** *f.*, **W–verkehr** *m.* (*rad.*), long-range communication *s.*; **W–winkelsextant** *m.*, surveying sextant *s.*

Well/deck *n.*, well deck *s.*; **–decker** *m.*, **–deckschiff** *n.*, well-decker *s.*, well-deck ship *s. or* vessel *s.*

Welle *f.*, wave *s.*, sea *s.*, (*elec., opt.*) wave *s.*, (*phys.*) oscillation *s.*, undulation *s.*, wave *s.*, (*rad.*) wave *s.*, wavelength *s.*, (*tech.*) axle(-tree) *s.*, tree *s.*, shaft *s.*, mandrel *s.*, mandril *s.*; **anbrandende –,** breaking sea *s.*, comber *s.*, surge *s.*; **breite, sich überschlagende – (die auf den Strand zuläuft),** beach comber *s.*; **einzelne –,** corrugation *s.* (*of the sea*); **elektromagnetische –** (*phys.*), electromagnetic *or* hertzian *or* Hertzian wave *s.*; **freie –** (*phys.*), free oscillation *s.*, hertzian *or* Hertzian wave *s.*; **gedämpfte –** (*phys.*), damped wave *s.*; **gekröpfte –** (*tech.*), crankshaft *s.*; **große –,** (heavy) sea *s.*, billow *s.*, surge *s.*; **große schaumgekrönte –,** sea horse *s.*, white horse *s.*; **Hertzsche –** (*phys.*), hertzian *or* Hertzian wave *s.*; **hohe –,** billow *s.*, sea *s.*; **kabbelige –,** choppy sea *s.*; **kleine –,** ripple *s.*, wavelet *s.*, (*coll.*) rimple *s.*, (*am.*) riffle *s.*; **liegende –** (*tech.*), horizontal shaft *s.*; **reflektierende –,** (*phys.*), indirect ray *s.*; **riesige – (bei Seebeben),** tidal wave *s.*, tsunami *s.*; **sehr große –,** tidal wave *s.*; breaker *s.*, comber *s.*, green sea *s.*; **stehende –** (*tech.*), capstan *s.*, vertical shaft *s.*, (*rad.*) stationary *or* standing wave *s.*; **querlaufende –,** cross *or* transverse wave *s.*; **ungedämpfte –,** (*phys.*), undamped oscillation *s. or* wave *s.*, (*rad.*) continuous wave *s.*; **am Bug entstehende –,** bow wave *s.*, (*coll.*) moustache *s.*, (*am.*) mustache *s.*; **am Heck entstehende –,** stern wave *s.*; **bei viel –** (*naut., rac.*), in heavy conditions, in a heavy sea; **bei Wind gegen – anschieben** (*naut., coll.*), to sail against *or* (*coll.*) to push *or* to shove up against the waves *or* the sea in a fresh breeze; **eine – baut sich auf,** a sea *or* wave is building; **in anbrandender – querschlagen,** to broach to in the surge (*of boat*); **– mit Schaumkrone(n),** breaker *s.*, comber *s.*, sea *or* white horse *s.* **Wellen** *f./pl.*, sea *s.*, waves (*pl.*); **berg(e)hohe –,** seas (*pl.*) mountain-high *or* mountains high; **hochgehende –,** precipitous waves (*pl.*); **kleine –,** ripples (*pl.*); **steile –,** precipitous seas (*pl.*) *or* waves (*pl.*); **Abreiten** *n.* **der –,** riding *s.* the sea *or* waves; **Ölen** *n.* **der –,** oiling *s.* (of) the sea; **See** *f.* **mit kabbeligen –,** choppy sea *s.*; **See** *f.* **mit kurzen heftigen –,** lumpy sea *s.*; **auf den – liegen** *od.* **reiten** *od.* **treiben,** to ride the waves (*of boat*); **auf den – schaukeln,** to rock on *or* with the waves, to sway (*of boat*); **den – überlassen werden,** to be cut adrift; **die – durchschneiden,** to plough the waves (*of boat*); **die – unterschneiden,** to cut into the waves (*of boat*); **gegen die – ankämpfen,** to breast the waves (*of boat*); **(hilflos) in den – rollen** *od.* **treiben,** to wallow (around), to be wallowing (around) (in the water) (*of boat*); **kleine – schlagen** *od.* **werfen,**

to curl, to lop, to ripple, to ruffle (*of water*); – **schlagen,** to rise in waves, to surge, (*coll.*) to popple (*of water*); – **schlagend,** wavy (*of water*); – **werfen,** to undulate (*of water*). **Wellen / antrieb** *m.* (*tech.*), shaft drive *s.*; **–ausbreitung** *f.*, wave propagation *s.*; **–band** *n.* (*rad.*), wave-band *s.*; **–bereich** *m.* (*rad.*), wave-range *s. or* -band *s.*; **–bereichschalter** *m.* (*rad.*), wave-band selector *s.*; **–berg** *m.*, crest *s.* of a wave, (wave) crest *s.*, mound *s.* (of water), wave *s.*; **–bewegung** *f.*, wave-motion *s.*, waviness *s.*, undulation *s.*, undulatory motion *s.* (*of the water*), surge *s.* (*of the sea*); **–bild** *n.*, wave pattern *s. or* scheme *s.*; **glattes (gleichmäßiges, kabbeliges) –bild** *n.*, smooth (steady, choppy) wave pattern *s.*; **–bildung** *f.*, forming *s. or* formation *s.* of waves *or* a building sea; **–bock** *m.*, strut *s.*, propeller shaft *s.*; **–bockplatte** *f.*, boss plate *s.*; **–brecher** *m.*, splashboard *s.* (*of a boat*), breakwater *s.*, groyne *s.*, jetty *s.*, wave-breaker *s.* (*of harbour, etc.*); **–detektor** *m.* (*rad.*), wave detector *s.*; **–echo** *n.* (*rad.*), second-channel interference *s.*, image interference *s.*, (*radar*) sea clutter *s.*; **–filter** *m.* (*rad.*), wave filter *s.*; **–frequenz** *f.* (*rad.*), wave frequency *s.*; wave frequency *s.* (*of the sea*); **–front** *f.*, wave front *s. or* surface *s.*; **–gang** *m.*, swell *s.*; **leichter –gang** *m.*, popple *s.*; **–geschwindigkeit** *f.*, velocity *s.* of waves, wave velocity *s.*; **–höhe** *f.*, height *s.* of (a) wave, wave height *s.*; **–hosen** *f./pl.*, shaft bossings (*pl.*) (*of propeller*); **–hosenspant** *n.*, boss frame *s.*; **–kamm** *m.*, crest *s. or* ridge *s.* of a wave, wave crest *s. or* top *s.*; **–kämme** (*pl.*) **bilden, sich zu –kämmen erheben,** to crest, to ridge (*of sea*); **–kräuselung** *f.*, ripples (*pl.*), water-break *s.*; **–lager** *n.* (*tech.*), shaft bearing *s.* (*of propeller*); **–länge** *f.* (*rad.*), wave length *s.*; length *s.* of (a) wave, wave length *s.* (*of sea*); **auf derselben –länge abgestimmt** (*rad.*), syntonic; **–leiter** *m.* (*rad.*), wave guide *s.*; **–linie** *f.*, wave line *s.*, waving *s.* (*of the sea*); **–mechanik** *f.* (*phys.*), wave mechanics (*pl.*); **–messer** *m.* (*rad.*), wavemeter *s.*; **–öl** *n.*, wave- *or* sea-subduing oil *s.*; **–periode** *f.*, period *s.* of the waves, wave period *s.* (*of the sea*); **–pferdestärke** *f.* (*naut., tech.*), delivered *or* shaft horsepower *s.* (*as of propeller*); **–profil** *n.*, profile *s.* of the waves, wave profile *s.* (*of sea*); **flaches (steiles) –profil** *n.*, flat *or* smooth (precipitous *or* steep) wave profile *s.*; **–reiten** *n.*, surfing *s.*, surf(-)boarding *s.*, surf-riding *s.*, wave-jumping *s.*; **–reiten verboten!,** no surfboarding! (*sign*); **w–reiten** *v.*, to surf, to surfboard, to jump the waves; **–reiter** *m.*, surfboarder *s.*, surfer *s.*, wave-jumper *s.*; **–richtung** *f.*, travel *s. or* tendency *s. or* way *s.* of (the) waves; **–rücken** *m.*, ridge *s.* of a wave; **–schalter** *m.* (*rad.*), wave changer *s.*, wave-band selector *s.*; **–schaltung** *f.* (*rad.*), wave-change switch *s.*; **–schaum** *m.*, spindrift *s.*, spoon-drift *s.*, spray *s.*, spume *s.*; **–schlag** *m.*, breaking *s.* of (the) waves, surge *s.*, wash *s.* (of the waves); **kurzer –schlag** *m.*, choppy sea *s.*; **leichter –schlag** *m.*, popple *s.*; **–schlagen** *n.*, curling *s.* (of the water); **–schlucker** *m.* (*rad., coll.*), interference filter *s.*, wave-trap *s.*; **–schwingung** *f.*, undulation *s.*; **–schwund** *m.* (*rad.*), fading *s.*; **–springen** *n.* (*surf.*), wave-jumping *s.*; **–springer** *m.* (*surf.*), wave-jumper *s.*; **–stopfbuchse** *f.* (*tech.*), shaft(-bearing) stuffing box *s.* (*of the propeller*); **–tal** *n.*, wave trough *s.*, trough *s.* of the sea, wave hollow *s.*; **–theorie** *f.* (*phys.*), wave theory *s.* (*as of light*); **–theorie** *f.* **der Materie** (*phys.*), wave theory *s.* of matter; **–tunnel** *m.* (*tech.*), shaft alley *s. or* tunnel *s.* (*of the propeller*); **–übertragung** *f.* (*phys.*), wave transmission *s.*, (*tech.*) shaft transmission *s.*; **–verteilung** *f.* (*rad.*), allocation *s.* of frequencies; **–weg** *m.*, wave path *s.*; **–widerstand** *m.*, surge *or* wave resistance *s.*, resistance *s.* of the sea *or* of waves, (*rad.*) characteristic impedance *s.*; **–zapfen** *m.* (*tech.*), journal *s.*, pivot *s.*, gudgeon *s.*; **–zug** *m.*, train *s.* of waves, wave train *s.*; **–zuteilung** *f.* (*rad.*), allocation *s.* of frequencies.

wellig *adj.*, crimpy, crinkly, choppy, lumpy (*of water*). **Wellung** *f.*, corrugation *s.* (*of the sea*).

Welt / all *n.* (*astr.*), space *s.*; **–cup** *m.* (*rac.*), World Cup *s.*; **–cupsieger** *m.* (*rac.*), World Cup winner *s.*; **–hafen** *m.*, international harbo(u)r *s. or* port *s.*; **–karte** *f.*, map *s.* of the world; **–kugel** *f.*, globe *s.*; **–meer** *n.*, ocean *s.*, sea *s.*; **(die sieben) –meere** *n./pl.*, (the) seven seas (*pl.*), the Seven Seas (*pl.*); **zwei –meere verbindend,** interoceanic (*as of straits*); **–meerkarte** *f.*, ocean *or* sea chart *s.*; **–meister** *m.* (*rac.*), world champion *s.*; **–meisterschaft** *f.* (*rac.*), world championship *s.*, (*coll.*) Worlds (*pl.*); **–raum** *m.* (*astr.*), space *s.*; **–regatta** *f.*, round-the-world race *s.*, World Race *s.*; **–rekord** *m.* (*rac.*), world record *s.*; **–rekordhalter** *m.* (*rac.*), world-record holder *s.*; **–schiffahrt** *f.*, world *or* international shipping *s. or* navigation *s.*; **–teil** *m.*, continent *s.*, quarter *s.* of the globe; **–umseg(e)lung** *f.*, circumnavigation *s.* of the earth *or* globe *or* world, voyage *s.* round the world; **–umsegler** *m.*, circumnavigator *s.*; **–wetterdienst-Organi-**

sation *f.*, International *or* World Meteorological Organization *s.*; **–zeit** *f.*, universal time *s.*, Greenwich standard time *s.*, (*rad.*) zero *or* zulu time *s.*; **koordinierte –zeit** *f.*, Universal Time co-ordinated; **–zeit 1,** Universal Time One.

Wende *f.* (*naut.*), going *or* putting about *s.* (*boat*), turn *s.*, turning *s.* (*a or of boat*), change *s.*, turn *s.* (*of weather*); **doppelte –,** double tacking *s.* **Wende / becken** *n.*, manoeuvring *or* (*am.*) maneuvering basin *s.*, turning basin *s.* (*in harbour*); **–boje** *f.*, rounding *or* turning buoy *s. or* mark *s.*, (*rac.*) mark *s.*; **zur –boje aufkreuzen,** to make *or* to take for the mark; **w–fähig** *adj.* (*naut.*), manageable (*of boat*); **nicht w–fähig,** in irons (*of boat*); **–getriebe** *n.* (*naut., tech.*), reversing gear *s.*, reverse (reduction) gear *s.* (*of motor, propeller*); **–kreis** *m.* (*astr., geogr.*), tropic *s.*; **zwischen den –kreisen,** subsolar; **–manöver** *n.* (*naut.*), turning manoeuvre *s. or* (*am.*) maneuver *s.*; **–marke** *f.* (*rac.*), rounding *or* turning mark *s.*, turning point *s.*, (*coll.*) mark *s.*; **die –marke verfehlen** (*rac.*), to fall short (of the mark); **die –marke peilen** (*rac.*), to bear down upon the mark; **die nächste –marke anliegen** (*rac.*), to be laying the next mark; **zur –marke aufkreuzen** (*rac.*), to make *or* to take for the mark.

Wenden *n.* (*naut.*), going *or* putting about *s.*, tacking *s.*, turn *s.*, turning *s.*, stay *s.*, veer *s.*, veering *s.* (*of boat*); **Halsen** *n.* **statt –,** gybing *s. or* wearing *s.* instead of tacking; **klar zum – (sein),** (to be) about *or* ready about *or* about ready; **klar zum –!** (*com.*), ready about!, stand by to tack!; **plötzliches – eines Bootes,** quirk *s.* (of a boat); **beim – versagen, das – verfehlen,** to miss (the) stays; **– statt Halsen,** tacking round *s.* **wenden** *v.* (*naut.*), to go about, to push *or* to put *or* to turn about, to come round *or* to, to tack, to heave round, to stay (*of boat*); **das Boot durch** *od.* **gegen den Wind –,** to stay (the boat); **ein Boot –,** to round a boat, to put a boat about; **ein Boot um 180° –,** to wind a boat; **es nicht fertigbringen, das Boot durch den Wind zu –,** to miss stays; **gegen den Wind –,** to be (hove) in stays; **halsen statt –,** to gybe *or* to wear instead of tacking; **in Lee –,** to tack under lee; **in Luv –,** to tack on the wind; **mit dem Leeanker –,** to club-haul (*a boat*); **sich –,** to turn, to be on the turn (*of tide*); **sich seitwärts –,** to turn off (*of boat*); **vor dem Wind –,** to veer, to wear (round) (*of boat*); **das Boot wendet,** the boat goes about *or* comes round *or* to; **– statt halsen,** to tack round.

Wende / öse *f.* (*naut.*), tacking eye *s.*; **–position** *f.* (*rac.*), rounding-the-mark *or* tacking *or* turning position *s.* (*of a boat*); **–punkt** *m.* (*naut.*), turning(-)point *s.*, (*astr.*) solstitial point *s.*; **–tonne** *f.* (*rac.*), rounding mark *s. or* buoy *s.*, mark *s.*; **–zeiger** *m.* (*naut.*), kymograph *s.*

wendig *adj.* (*naut.*), handy, easy to steer, easily steered *or* managed, manoeuvrable, (*am.*) maneuverable, quick in stays (*of boat*); **ein –es Boot** *n.*, a handy boat; **kleines –es Boot** *n.* (*coll.*), whippet *s.*; **–e Yacht** *f.*, handy yacht *s.*, easy steerer *s.* **Wendigkeit** *f.* **(eines Bootes),** handiness *s.*, manoeuvrability *s.*, (*am.*) maneuverability *s.* (of a boat).

Wendung *f.* (*naut.*), going about *s.*, change *s.* of direction *or* course, tacking *s.*, turn *s.*, turning *s.*, veer(ing) *s.* (*of boat*); **plötzliche – eines Bootes,** quirk *s.* (of a boat); **– auf Gegenkurs,** turn-about *s.*; **– um 180°,** turn-about *s.* (*of boat*).

Werbel *m.* (*naut.*), lever joint *s.*

Werder *m.*, ait *s.*, eyot *s.*, holm *s.*, islet *s.*, river island *s.*

Werfen *n.* (*naut.*), warp *s.* (*of deck planks, wood*). **werfen** *v.* (*naut.*), to cast, to heave, to hurl, to toss, to throw (*a line, etc.*), to jettison; **das Lot –,** to cast the lead; **(den) Anker –,** to cast *or* to drop (the) anchor; **eine Ankerboje (eine Boje) über Bord –,** to stream the anchor buoy (a buoy); **etwas über Bord –,** to jettison; **sich –,** to warp, to become warped, to buckle, to become buckled, to spring, to wind (*of deck planks, wood*); **über Bord –,** to cast *or* to throw overboard *or* (*am.*) over the side, to jettison; **Wellen –,** to break (in waves), to run high (*of sea*).

Werft *f.*, boatyard *s.*, shipyard *s.*, ship-building yard *s.*, yacht(-building) yard *s.*, yard *s.*; docks (*pl.*), dockyard *s.* **Werft / arbeiter** *m.*, shipyard worker *s.*, yardman *s.*, (*am.*) roustabout *s.*; docker *s.*, dock labourer *s.*; **–baunummer** *f.*, yard number *s.* (*of a boat*); **–besitzer** *m.*, shipbuilder *s.*; **–einrichtungen** *f./pl.*, (ship)yard facilities (*pl.*); **–gelände** *n.*, yard *s.*; **–hafen** *m.*, yard harbour *s. or* (*am.*) harbor *s.*; **–klasse** *f.*, (boat)yard class *s.*; **–liegetage** *m./pl.*, lay-days (*pl.*) in the yard; **–nummer** *f.*, yard number *s.* (*of boat*); **–probefahrt** *f.*, yard trial run *s. or* trip *s.*, shipbuilder's shakedown cruise *s.*; **–reparaturen** *f./pl.*, yard repairs (*pl.*).

Werg *n.*, oakum *s.*, hurds *s.* (*pl.*), tow *s.*; **aus –,** tow, towy; **ungeteertes –,** white oakum *s.*;

mit – dichten, to caulk; **– zum Kalfatern,** caulk *s.*

Werk *n.*, **lebendes –** (*naut.*), hull *s.* below (the) water(line), live *or* quick work *s.*, underbody *s.*, underwater hull *s.*; **totes –** (*naut.*), hull *s.* above (the) water(line), dead *or* upper works (*pl.*), top sides (*pl.*). **Werk / nummer** *f.* (*naut.*), production (serial) number *s.* (*of boat, etc.*); **–statt** *f. od.* **–stätte** *f.*, workshop *s.*, (*naut., coll.*) shop *s.*; **mobile –statt** *f.* **bei Regatten,** mobile regatta service *s.*; **–stattschiff** *n.*, repair ship *s.*; **–stattzeichnung** *f.* (*naut.*), workshop *or* designer's drawing *s.*; **–stoff** *m.* (*naut.*), material *s.* (*shipb.*), fabric *s.* (*sailcloth*); **–stoffermüdung** *f.*, material fatigue *s.*; **–stoffprüfung** *f.*, material test(ing) *s.* **Werkzeug** *n.* **(an Bord),** implements (*pl.*), instruments (*pl.*), tool(s) *s.* (*pl.*), (*coll.*) kit *s.*; **–ausrüstung** *f.*, **–ausstattung** *f.* **(an Bord),** tooling *s.*; **–kasten** *m.*, kit *s.*, tool box *s.*; **–satz** *m.*, set *s.* of tools; **–tasche** *f.*, kit *s.*

werpen *v.*, (*s.* **warpen).**

Wert *m.* (*naut. math., phys.*), coefficient *s.*, factor *s.* **Werte** *m./pl.* (*phys.*), data (*pl.*); **feste (veränderliche) –,** fixed (variable) data (*pl.*). **werten** *v.* (*rac.*), to classify, to rate, to score; **nicht –** (*rac.*), to disallow, to cancel (scores). **Wertung** *f.* (*naut., rac.*), rating *s.*, (*rac.*) point *or* score *or* scoring system *s.*

West *m.* (*naut.*), west *s.*; west (wind) *s.*; **– zum Norden, – zu Nord,** west *s.* by north; **– zum Süden, – zu Süd,** west *s.* by south; **der Wind dreht auf –,** the wind is westering. **West-** *pref.*, westerly (*of wind*). **Westen** *m.* (*geogr.*), (the) west *s.*; the Occident *s.*; **aus dem –,** westerly; **gegen –,** westerly, westward, towards the west; **im –,** west-about, westward(s), in the west; **nach –,** west, westward, towards the west; **von –,** west, westerly; **der Wind kommt von –,** the wind is in the west; **Entfernung** *f.* **nach –** (*naut.*), westing *s.*, westward *s.*; **im – gelegen,** western; **im – von,** in *or* to the west(ward) of; **nach – drehen,** to wester (*of wind*); **nach – drehend,** westering (*of wind*); **nach – gehend** *od.* **laufend** *od.* **segelnd,** westbound, westing (*of boat, ship*); **nach – zurückgelegte Entfernung** *f. od.* **Strecke** *f.* (*naut.*), westing *s.*; **sich nach – bewegen,** to west (*of sun*), to wester (*of planets*).

West / kurs *m.*, western *or* westward course *s.*, westing *s.* (*of boat*); **auf –kurs laufen** *od.* **liegen,** to be on a western course, to be westing, to work west (*of boat*); **–küste** *f.*, west(ern) coast *s.*; **–länge** *f.* (*naut., geogr.*), latitude *s.* west.

westlich *adj., prep.*, westward(s), westwardly; **am weitesten – (gelegen),** westernmost; **– gelegen** (*Scots*), wester; **– von,** (to the) west of, in the westward of, to the westward of; west, westerly, western, westward(ly), (*naut., coll.*) west'rd; occidental; **–er Kurs** *m.*, westing *s.* (*of boat*); **–e Länge** *f.* (*geogr.*), west(ern) latitude *s.*; **–er Quadrant** *m.* (*naut.*), west(ern) *or* westerly quadrant *s.*; **–e Richtung** *f.* (*naut.*), westing *s.*, westward *s.*; **in –er Richtung,** westward(s), west-about; **in –e Richtung gehendes** *od.* **laufendes Boot** *n. od.* **Schiff** *n.*, westbound boat *s. or* ship *s.*; **–er Wind** *m.*, west *s.*, west wind *s.*, westerly wind *s.*; **–e Winde** *m./pl.*, westerlies (*pl.*). **westlichst** *adj.*, westernmost.

West / nordwest *m.* (*naut.*), **–nordwesten** *m.* (*geogr.*), west-north-west *s.*; **aus –nordwest** *od.* **-westen,** west-north-west; **w–nordwestlich** *adj.*, west-north-west; **–punkt** *m.* (*astr., geogr.*), west point *s.*; **–quadrant** *m.* (*naut.*), west(ern) quadrant *s.*; **–südwest** *m.* (*naut.*), **–südwesten** *m.* (*geogr.*), west-south-west *s.*; **aus** *od.* **von –südwest(en),** west-south-west (*of wind*); **w–südwestlich** *adj.*, west-south-west; **w–wärts** *adv.*, westering (*of wind*), westwardly, westward(s), westerly, west, (*naut., coll.*) west'rd; **w–wärts drehender Wind** *m.*, westering wind *s.*; **–wetter** *n.*, weather *s.* of westerly type, (*naut., coll.*) west'rd weather *s.*; **–wind** *m.*, west *s.*, west *or* westerly wind *s.*, zephyr *s.*, favonian wind *s.*; **–winddrift** *f.* (*geogr.*), west(-)wind drift *s.*; **–winde** *m./pl.* (*naut.*), westerlies (*pl.*), west winds (*pl.*); **brave –winde** *m./pl.* (*naut.*), brave westerlies (*pl.*) *or* west winds (*pl.*), roaring forties (*pl.*), furious fifties (*pl.*); **–windgürtel** *m.* (*geogr.*), west-wind belt *s.*, brave westerlies (*pl.*), roaring forties (*pl.*), furious fifties (*pl.*); **–windwetter** *n.*, west-wind weather *s.*, (*naut., coll.*) west'rd weather *s.*

Wettbewerb *m.* (*rac.*), competition *s.*, race *s.*, regatta *s.*; **– im Fahrtensegeln,** cruising competition *s.*

Wetter *n.*, weather *s.*, (*coll.*) sky *s.*; bad weather *s.*, elements (*pl.*), storm *s.*, tempest *s.*; **bei günstigem** *od.* **gutem –,** (wind and) weather permitting; **bei jedem –,** in all weathers, (in) rain or shine; **bei schönem –,** in fine weather; **es ist schönes –,** it is a fine day, the weather is fine; **falls das – mitmacht, falls** *od.* **wenn es das – erlaubt** *od.* **zuläßt,** (wind and) weather permitting; **bedrohliches** *od.* **bedrohlich aussehendes –,** ugly *or* threatening weather *s.*; **beständiges –,** settled weather *s.*; **dickes –**

(*naut.*), thick weather *s.*; **diesiges –,** misty weather *s.*; **drückendes –,** close *or* heavy *or* oppressive air *s. or* weather *s.*; **freundliches –,** mild weather *s.*; **günstiges** – (*naut.*), favo(u)r-able *or* promising weather *s.*; **gutes –,** fair *or* fine weather *s.*; **hartes** – (*naut.*), rough weath-er *s.*; **heiteres** *od.* **helles –,** serene weather *s.*; **kaltes –,** rough *or* wintry weather *s.*; **klares –,** serene weather *s.*, (*naut.*) clear *or* open weath-er *s.*, good visibility *s.*; **mildes** – (*naut.*), balmy weather *s.*; **müdes** – (*naut.*, *rac.*), slack weather *s.*; **naßkaltes –,** dampish *or* dank weather *s.*, (*naut.*) raw *s.*; **plötzlich eintreten-des kaltes –,** cold snap *s.*; **rauhes –,** inclement *or* rough *or* severe weather *s.*, (*naut.*) raw *s.*; **schlechtes –,** bad *or* foul weather *s.*, (*naut.*) storm *s.*, poor visibility *s.*; **schönes –,** fair *or* fine *or* serene weather *s.*, (*naut.*, *coll.*) queen's weather *s.*; **schweres –,** hard weather *s.*, press *s.* of weather, (*naut.*) heavy *or* rough air *s. or* weather *s.*, stress *s.* of (the) weather; **schwüles –,** close *or* oppressive *or* stifling *or* (*coll.*) muggy weather *s.*; **sommerliches –,** summer weather *s.*; **sonniges –,** fair *or* sunny weather *s.*, sunshine *s.*; **strenges** – (*naut.*), rough *or* severe weather *s.*, storm *s.*; **stürmi-sches –,** stormy *or* tempestuous weather *s.*, wintry weather *s.*, windiness *s.* of the weather, (*naut.*) storm *s.*; **trübes –,** sullen weather *s.*; **unbeständiges –,** unsettled *or* changeable weather *s.*, (*naut.*) shifting *or* shifty weather *s.*; **unfreundliches –,** inclement *or* rough weather *s.*, (*naut.*) raw *s.*; **unsichtiges** – (*naut.*), thick weather *s.*, poor visibility *s.*; **veränderliches –,** unsettled *or* changeable weather *s.*, (*naut.*) shifting *or* shifty weather *s.*; **windiges –,** stormy *or* tempestuous weath-er *s.*, wintry weather *s.*, windiness *s.* of the weather, (*naut.*) breezy weather *s.*; **Härte** *f. od.* **Rauhheit** *f. od.* **Strenge** *f.* **des –s,** severity *s.* (of the weather); **auf gutes (schlechtes) – stoßen** (*naut.*), to make fine *or* good (bad *or* foul) weather; **auf Wind und – achten** (*naut.*), to keep one's weather-eye open; **das – schlägt um,** the weather breaks; **das – verschlechtert sich,** the weather sickens *or* worsens; **das – verspricht gut zu werden,** the weather *or* it promises (to be) fine; **das – wird kalt,** the weather turns cold; **das – wird schlecht** (*naut.*), the weather sickens; **dem – trotzen** (*naut.*), to breast the weather, to weather along; **durch ungünstiges – am Auslaufen ge-hindert** *od.* **festgehalten,** weather-bound (*of boat*); **durch das – gezwungen** (*naut.*), under stress of (the) weather; **ein – zieht sich zusam-men,** a storm is brewing *or* gathering; **trotz ungünstigen –s vorwärtskommen** (*naut.*), to weather along (*of boat*); **vom – abhängig,** de-pending on the weather; **vom – beschädigt** *od.* **mitgenommen** (*naut.*), weather-beaten, weath-erbitten, weatherworn (*of boat, sails, etc.*); **vom – behindert** *od.* **zurückgehalten** (*naut.*), weather-bound (*of boat*).

Wetter / amt *n.*, meteorological office *s.*, (*coll.*) Met Office *s.*; **–änderung** *f.*, change *s.* of weather; **–ansager** *m.* (*rad., coll.*), weather-man *s.*; **–anzeichen** *n.* (*pl.*), weather sign(s) *s.* (*pl.*); signs (*pl.*) of an approaching storm; **–aussichten** *f./pl.*, weather prospects (*pl.*), (*am.*) probabilities (*pl.*); **–ballon** *m.* (*meteor.*), meteorological balloon *s.*; **–beanspruchung** *f.* (*naut., tech.*), strain *s. or* stress *s.* of (the) weather (*of sails, etc.*); **–bedingungen** *f./pl.* (*naut., rac.*), (wind and) weather conditions (*pl.*); **die –bedingungen verschlechtern sich,** the (weather) conditions deteriorate *or* worsen; **w–behindert** *adj.*, weather-bound (*of boat*); **–beobachter** *m.*, meteorologist *s.*, (*coll.*) weatherman *s.*; **–beobachtung** *f.*, meteorologi-cal observation *s.*, observation *s.* of the weather, meteorology *s.*; **–beobachtung** *f.* **mit elektronischen Geräten** (*meteor.*), spherics (*pl.*); **–beobachtungsdienst** *m.*, meteorological *or* weather service *s.*; **–beobachtungsschiff** *n.* (*meteor.*), weather ship *s.*; **–bericht** *m.*, meteorological *or* weather report *s.*, weather forecast *s. or* (*coll.*) cast *s.*, (*naut., coll.*) met. *s.*; **–beruhigung** *f.*, settlement *s.* of the weath-er; **w–beständig** *adj.*, weather(-)proof, weath-ertight; **–bord** *n.*, weather board *s.*; **–deck** *n.*, weather deck *s.*; **w–dicht** *adj.*, weather(-)-proof *or* -tight; **w–dicht machen,** to weather-proof (*hatch, etc.*); **–dienst** *m.* (*meteor.*), weather bureau *s.*, meteorological *or* weather service *s. or* station *s.*, meteorological obser-vation *s.*; **Schiff** *n.* **des –dienstes,** weather ship *s.*; **–echo** *n.* (*radar*), weather echo *s.*, sea clut-ter *s.*; **–entwicklung** *f.*, development *s.* of the weather; **w–erlaubend** *adj.*, weather(-)permit-ting; **–fahne** *f.* (*meteor.*), weather cock *s. or* vane *s.*, wind vane *s. or* tee *s.*; **w–fest** *adj.*, weather(-)proof; **w–fest machen,** to weather-proof, to weatherize (*a boat, etc.*); **–flagge** *f.*, weather flag *s.*; **–flugzeug** *n.* (*meteor.*), weather plane *s.*; **–front** *f.*, weather front *s.*; **an der –front hängt der Wind** (*naut., coll.*), the wind is (stuck) on the *or* clings to the weather front; **–frosch** *m.* (*coll.*), meteorolo-gist *s.*, weatherman *s.*; **–funk** *m.*, radio weath-er-forecast(s) *s.* (*pl.*); **–funkstation** *f.*, radio weather forecast station *s.*; **–galle** *f.*, weather *or* water dog *s. or* gall *s.*, (*coll.*) brewing *s.*, bull's eye *s.*; **w–geschützt** *adj.*, weather-protected, sheltered (from the weather) (*of cockpit, bay, etc.*); **–glas** *n.* (*meteor., naut. coll.*), barometer *s.*, storm *or* weather glass *s.*; **–gott** *m.* (*naut., coll.*), clerk *s.* of the weather; **–hahn** *m.*, weather cock *s.*; **w–hart** *adj.*, weather(-)beaten, weatherbitten, (*am.*) sea-going (*esp. of sailors*); **w–hart machen** *od.* **werden,** to season (*as of wood*); **–information** *f.*, meteorological information *s.*; **–karte** *f.* (*meteor., naut.*), weather chart *s. or* map *s.*, tephigram *s.*, (*naut.*) pilot chart *s.*; **synoptische –karte** *f.*, synoptic weather chart *s.*; **–kartenschreiber** *m.*, weather-chart recorder *s.* (*device*); **–kode** *m.*, weather code *s.* (*on weather chart*); **–kunde** *f.*, meteorology *s.*, weatherology *s.*; **w–kundig** *adj.* **(sein),** (to be) weather(-)wise (*of seamen*); **–lage** *f.* (*meteor.*), atmospheric *or* meteorological *or* weather conditions (*pl.*), meteorological situation *s.*; **allgemeine –lage** *f.*, inference *s.*; **beständige –lage** *f.*, stationary weather-conditions (*pl.*); **unbeständige –lage** *f.*, unstable atmospheric *or* weather-conditions (*pl.*); **–leuchten** *n.*, heat *or* summer lightning *s.*, sheet-lightning *s.*, streak *s.* of lightning, wild fire *s.*, (*Scots*) fireflaught *s.*; **es w–leuchtet,** it lightens, there is sheet-lightning; **–meldung** *f.* meteorological report *s.*, (*rad.*) weather forecast *s. or* report *s.*; **–meldung** *f.* **für die Seeschiffahrt,** maritime weather report *s.*

wettern *v.* (*meteor., naut. coll.*), to be breezy *or* stormy; **es wettert,** it is stormy, there is a storm brewing *or* building.

Wetter/nachricht *f.*, meteorological message *s.*; **–nachrichten** *f./pl.* (*meteor. rad.*), weather forecast *s. or* report *s.*; **–navigation** *f.*, meteorological *or* weather navigation *s.*; **–prognose** *f.*, weather forecast *s. or* (*coll.*) cast *s.*; **–prophet** *m.* (*coll.*), weather prophet *s.*, (*am.*) weather caster *s.*; **–radarstation** *f.*, meteorological radar station *s.*; **–rand** *m.* **(einer Wolke),** weather gall *s.*; **–satellit** *m.*, meteosat *s.*, weather satellite *s.*; **–säule** *f.*, water spout *s.*, wind spout *s.*, vertical vortex *s.*; **–schaden** *m.* (*naut.*), storm damage *s.*; **–schiff** *n.* (*meteor., naut.*), weather(-)ship *s.*; **–schlüssel** *m.*, meteorological code *s.*, weather code *s. or* key *s.* (*as on weather charts*); **–seite** *f.*, weather-side *s.* (*of a boat*); **–signal** *n.*, weather signal *s.*, storm signal *s. or* warning *s.*; **(internationale) –skala** *f.*, (international) weather scale *s.*; **Symbole** *n./pl.* **der internationalen –skala,** (weather) symbols (*pl.*) of the international weather scale; **–station** *f.*, **–stelle** *f.*, weather bureau *s. or* centre *s. or* (*am.*) center *s.*, weather station *s.*, meteorological office *s.*, (*coll.*) Met Office *s.*; **–sturz** *m.*, sudden drop *s.* in *or* fall *s.* of temperature, sudden break *s. or* rapid fall *s.* in temperature, sudden break *s.* in the weather; **–symbole** *n./pl.*, meteorological *or* weather symbols (*pl.*) (*on weather or pilot chart*); **–symptom(e)** *n.* (*pl.*), weather symptom(s) *s.* (*pl.*) *or* sign(s) *s.* (*pl.*); **–system** *n.* (*meteor.*), meteorological *or* weather system *s.*; **w–tüchtig** *adj.*, sea-going, weatherly (*of boat*); **–umschlag** *m.*, **–umschwung** *m.*, break *s.* in the weather, sudden change *s.* in the weather, a snap of cold, a cold snap, (*coll.*) (a) snap *s.*; **–unbilden** (*pl.*), stress *s.* (of weather); **–- und Warnfunk** *m.*, radio weather forecasts (*pl.*) and warnings; **–unterstand** *m.* (*naut.*), dodger *s.* (*on boats or ships*); **–veränderung** *f.*, break *s.* in the weather, (*naut., coll.*) weather *s.*; **–verhältnisse** *n./pl.*, weather conditions (*pl.*), elements (*pl.*); **–verschlechterung** *f.*, deterioration *s.* (of the weather), impairment *s. or* worsening *s.* of the weather; **–voraussage** *f.*, **–vorhersage** *f.* (*meteor., rad.*), weather(-)forecast *s.*, prognosis *s.*, (*coll.*) weather cast *s.*, met. *s.*; **kurzfristige –vorhersage** *f.*, short-term (weather) forecast *s.*; **langfristige –vorhersage** *f.*, long-term *or* long-range (weather) forecast *s.*; **–warnung** *f.*, weather warnings (*pl.*), storm warnings (*pl.*); **–wart** *m.*, meteorological observer *s.*, (*coll.*) weatherman *s.*; **–warte** *f.*, weather bureau *s. or* station *s.*, meteorological office *s. or* station *s.*, (*coll.*) met office *s.*; observatory *s.*; **–wechsel** *m.*, change *s.* of weather, turn *s.* in *or* of the weather; **–wolke** *f.*, storm cloud *s.*, thunder-cloud *s.*; **–zeichen** *n.* (*pl.*), weather symbols (*pl.*) (*as on weather chart*); sign(s) *s.* (*pl.*) of an approaching storm; **–zone** *f.*, weather zone *s.*; **über der –zone,** above the weather.

Wettfahrt *f.*, race *s.*, regatta *s.*, (*esp. rowing*) boat-race *s.*; **Abbruch** *m.* **einer –,** discontinuation *s. or* breaking off *s.* of a race; **Aufheben** *n.* **einer –,** cancellation *s.* of a race; **Meldung** *f.* **zu einer –,** entry *s.*; **gewonnene –,** win *s.*; **eine – abbrechen,** to break off a race; **eine – aufheben,** to cancel a race; **eine – gewinnen,** to win a race, to be placed first, to come in first *or* on top; **eine – streichen,** to cancel a race. **Wettfahrt/ausschuß** *m.*, race committee *s.*; **Internationaler –ausschuß** *m.*, International Jury *s.*; **–bahn** *f.*, (race) course *s.*; **–lei-**

tung *f.*, race committee *s.*; **–meldung** *f.*, entry *s.*; **–programm** *n.*, (yacht) racing programme *s. or* (*am.*) program *s.*; **–protest** *m.*, (race) protest *s.*; **–protestflagge** *f.*, (yacht racing) protest flag *s.*; **–verschiebung** *f.*, postponement *s.* of a race. **Wett / kampf** *m.* (*rac.*), competition *s.*, contest *s.*; **–pullen** *n.*, boat-race *s.*; **–rudern** *n.*, boat-race *s.*, to row in a race; **–rudern** *n.* **zwischen Universitäten,** inter-university boat-race *s.*; **–segelbestimmungen** *f.*/*pl.*, (yacht) racing rules (*pl.*); **–segeln** *n.*, (yacht) race *s. or* racing *s.*, regatta *s.*, yachting *s.*

Wichte *f.* (*naut., phys.*), specific gravity *s.*, (specific) density *s.*

wickeln *v.*, to coil (up), to roll (up), to wind (up) (*rope, etc.*). **Wicklung** *f.* (*elec., rad.*), winding *s.*

Widderpunkt *m.* (*astr., nav.*), First Point *s.* of Aries, vernal equinox *s. or* point *s.*

Wider / halt *m.* (*naut., tech.*), backing *s.*, support *s.*; **–lager** *n.* (*tech.*), abutment *s.*, pier *s.*; **–ruf** *m.* (*rac.*), recall *s.*, cancellation *s.*; **–rufsflagge** *f.*, recall flag *s.*; **–schein** *m.*, reflection *s.*, reflexion *s.* (*of a light*); **–schein** *m.* **(von Eisfeldern am Horizont),** blink *s.*; **–see** *f.*, back(-)sweep *s.*, head sea *s.*, surf *s.*, undertow *s.*; **w–spiegeln** *v.r.*, to be reflected (*of light*); **–spiegelung** *f.*, reflection *s.*, reflexion *s.* (*of light*), (*naut.*) blink *s.*

Widerstand *m.* (*naut., phys.*), drag *s.*, resistance *s.* (*as of rudder, waves, etc.*), (*elec.*) resistance *s.*, rheostat *s.*, (*rad.*) resistor *s.*, (*tech.*) stability *s.*, strength *s.*; **induzierter –,** induced drag *s. or* resistance *s.*; **magnetischer –,** reluctance *s.*; **schädlicher –,** parasitic drag *s.*; **spezifischer –,** specific resistance *s.* **widerstandsfähig** *adj.* (*phys., tech.*), resistant; **– gegen Meer-** *od.* **Seewasser,** sea-water resistant; **– gegen Salzwasser,** salt-resistant. **Widerstands / fähigkeit** *f.* (*phys., tech.*), (power of) resistance *s.*, stability *s.*, strength *s.*, (*naut.*) load-bearing capacity *s.*; **–messer** *m.* (*elec.*) ohmmeter *s.*, (*coll.*) megger *s.*; **–moment** *n.* (*phys.*), moment *s.* of resistance, (*naut. phys.*) moment *s.* of drag; **–verteilung** *f.* (*elec., rad.*), taper *s.*; **–wert** *m.* (*phys., tech.*), coefficient *s.* of resistance.

widrig *adj.*, **–e Wetterbedingungen** (*naut.*), adverse *or* untoward (weather) conditions (*pl.*); **–e Winde** *m./pl.*, adverse *or* unfavourable winds (*pl.*).

wie *adv.*, **– empfangen Sie mein Signal?** (*rad.*), how do you receive my beacon *or* signal?; **– empfangen Sie mich?** (*rad.*), how do you receive me?; **– liegen wir?** (*naut.*), how does the boat (*or* she) head?; **– verstehen Sie mich?** (*rad.*), how do you read me?.

Wieder / anbordgehen *n.*, **–anbordkommen** *n.*, reboarding *s.* (*of a crew member*); **–anbordnehmen** *n.* **(eines Überbordgegangenen),** recovery *s.* (of a man overboard); **(sich) w–aufrichten** *v.*, to righten (itself) (*of boat*); **kentern und (sich) w–aufrichten,** to capsize and righten (itself) (*of boat*); **–aufrichten** *n.*, (self-)righting *s.* (*of a boat*); **–aufricht(ungs)moment** *n.*, (self-)righting moment *s.* (*of a boat*); **–aufricht(ungs)vermögen** *n.*, (self-)righting capacity *s.* (*of a boat*); **–belebung** *f.*, revival *s.* (*of a man overboard*); **–belebungsversuch** *m.*, artificial respiration *s.*; **–einreiseerlaubnis** *f.* **(für eine Yacht),** re-entry permit *s.* (for a yacht); **–einschiffung** *f.*, re-embarkation *s.*; **–gabe** *f.* (*rad.*), reproduction *s.*; **–gabeentzerrer** *m.* (*rad.*), reproduction equalizer *s.*; **–gabegerät** *n.* (*naut.*), turn table *s.*; **w–gewinnen** *v.*, **das Ufer w–gewinnen,** to regain the shore; **Fahrt** *f.* **w–gewinnen,** to regain headway *or* speed (*of boat*); **–herstellung** *f.* **der Klasse** (*naut.*), reinstatement *s. or* reinstation *s. or* restitution *s. or* restoration *s.* of class; **w–holen** *v.* (*naut., rad.*), to repeat; **w–holen Sie bitte!** (*rad.*), please repeat!; **–holung** *f.*, repetition *s.* (*of a signal*), recurrence *s.* (*of a light*); **–holungsflagge** *f.*, repeater *s.*, substitute (flag) *s.*; **–holungssignal** *n.*, **–holungswimpel** *m.* (*naut.*), repeater *s.*; **–kehr** *f.* (*naut.*), group *s.* (*as of flashing light*); **regelmäßige –kehr** *f.*, period *s.* (*of a light*); **–kehrperiode** *f.*, period *s.* of reappearance *or* recurrence (*of a light*), (*Loran*) repetition period *s.*; **halbe –kehrperiode** *f.* (*Loran*), half-pulse repetition delay *s. or* period *s.*; **regelmäßige –kehrperiode** *f.*, period *s.* (*of group lights*), recurrence *s.* (*of a light, signal*); **–kehr(periode)** *f.* **eines Leuchtfeuers,** reappearance *s.* of a light; **w–instandsetzen** *v.* (*naut.*), to re(-)condition, to refit, to overhaul, to repair (*boat, sails*); **–instandsetzung** *f.* (*naut.*), re(-)conditioning *s.*, refit *s.*, overhaul *s.*, repair(s) *s.* (*pl.*) (*of boat, sails*).

wiegen *v.*, **sich auf den Wellen –,** to sway on the waves (*of boat*). **wiegend** *adj.*, **–er Gang (der Seeleute),** rolling gait *s.* (of sailors).

Wieling *f.*, fender *s.*, pudding *or* puddening fender *s.*

Wientakel *n.*, double Spanish burton *s.*

Wiete *f.* (*geogr. dial.*), bay *s.*, cove *s.*, creek *s.*, inlet *s.*

wild *adj.*, rough, rugged, savage (*of coast*), furious, tempestuous, (*coll.*) fierce (*of storm*), turbulent, uproarious (*of sea*), unmanageable (*of boat*); **–e Küste** *f.*, savage *or* wild coast *s.*; **(in) –e(r) Unordnung** (*naut.*), (in) wild disorder *or* confusion (*as after a storm, of ropes, etc.*). **Wild/bach** *m.*, (mountain) torrent *s.*; **–wasser** *n.*, torrent *s.*

Willy-Willy *m.* (*austral.*), willy-willy *s.* (*tropic cyclone*).

Wimpel *m.* (*naut.*), burgee *s.*, (signal(l)ing) pendant *s. or* pennant *s.*, pennon *s.*, standard *s.*, streamer *s.*, whip *s.*, (*rare*) guidon *s.*; **mit –n versehen,** pennoned (*of boat*); **–fall** *n.*, burgee *or* pendant *or* pennant halyard *s.*

Wind *m.*, wind *s.*, (*naut. coll.*) breeze *s.*; **abflauender –,** abating *or* dying *or* subsiding *or* waning wind *s.*; **ablandiger –,** offshore wind *s.*, land()breeze *s.*; **abwärtsströmender –,** katabatic *or* fall wind *s.*; **achterlicher –,** following wind *s.*, quartering wind *s.*, rear wind *s.*, wind *s.* astern *or* dead aft; **atmosphärischer –,** atmospheric wind *s.*; **auffrischender –,** freshening breeze *s.*; **aufkommender –,** building *or* rising wind *s.*; **aufkrimpender –,** wind *s.* veering to left; **auflandiger –,** onshore wind *s.*, sea breeze *s.*; **aufschießender –,** hauling wind *s.*; **ausschießender –,** veering wind *s.*; **beißend scharfer –,** piercing wind *s.*; **beständiger –,** settled *or* steady wind *s.*; **böiger** *od.* **böig einfallender –,** gusty *or* squally wind *s.*; **durchdringender –,** piercing *or* searching wind *s.*; **frischer –,** fresh breeze *s.*; **gleichbleibender** *od.* **gleichmäßiger –,** constant *or* steady wind *s.*; **günstiger –** (*naut.*), fair *or* favo(u)rable wind *s.*; **halber –,** beam wind *s.*, wind *s.* abeam, large *or* side wind *s.*; **harter –** (*naut.*), near gale *s.*, strong wind *s. or* breeze *s.*, (*coll.*) tough breeze *s. or* wind *s.*; **heftiger –,** fierce *or* severe wind *s.*, (*coll.*) big wind *s.*; **krimpender –,** backing wind *s.*; **leichter –,** light breeze *s. or* wind *s.*; **linksdrehender –,** wind *s.* veering (round) against the sun *or* to left *or* anticlockwise; **mäßiger –,** moderate breeze *s.*; **nachlassender –,** abating *or* dying *or* subsiding *or* waning wind *s.*; **örtlicher –,** local wind *s.*; **periodische –e** (*pl.*), periodical winds (*pl.*); **raum-achterlicher –,** quarter(ing) breeze *s. or* wind *s.*; **raumender –,** wind *s.* veering aft; **raumer –,** free *or* large wind *s.*, beam wind *s.*; **recht(s)drehender –,** veering wind *s.*, wind *s.* veering (round) with the sun; **relativer –** (*naut.*), relative *or* apparent wind *s.*; **rückdrehender –,** backing wind *s.*; **sanfter –,** zephyr *s.*; **scharfer –,** keen *or* sharp *or* searching wind *s.*; **scheinbarer –** (*naut.*), apparent wind *s.*; **schlechter –** (*naut. coll.*), foul wind *s.*; **schneidend kalter –,** keen *or* biting wind *s.*; **schralender –,** baffling *or* disturbed wind *s.*, scanting *or* scrimping wind *s.*; **schraler –,** scant *or* scanty *or* scrimp(ing) wind *s.*; **schwacher –,** gentle *or* light breeze *s.*; **starker –,** high wind *s.*, fierce *or* severe wind *s.*, (*naut.*) heavy *or* stiff *or* strong wind *s. or* breeze *s.*, fresh gale *s.*, (*coll.*) big wind *s.*; **stehender –,** settled *or* steady wind *s.*; **steifer –** (*naut.*), stiff *or* strong breeze *s.*, moderate gale *s.*; **stürmischer –** (*naut.*), fresh gale *s. or* wind *s.*, (*coll.*) foul wind *s.*, fierce breeze *s. or* wind *s.*; **stüttiger –** (*naut. dial.*), fair *or* settled *or* steady breeze *s. or* wind *s.*; **umlaufender –,** variable wind *s.*, hauling *or* shifting wind *s.*; **umspringender –,** shifting *or* veering wind *s.*; **unbeständiger –,** shifting *or* unsteady wind *s.*, (*naut. coll.*) choppy breeze *s. or* wind *s.*; **ungünstige –e** (*pl.*), contrary *or* unfavo(u)rable winds (*pl.*), (*naut. coll.*) foul winds (*pl.*); **unsteter –,** shifting *or* unsteady wind *s.*, baffling wind *s.*, (*naut. coll.*) foul wind *s.*; **veränderlicher –,** shifting *or* unsteady wind *s.*, (*naut. coll.*) foul wind *s.*, (*meteor.*) variable *s.*, variable wind(s) *s.* (*pl.*); **vorherrschender –,** prevailing wind *s.*; **vorlicher –,** wind *s.* ahead; **vorübergehender –** (*naut. coll.*), a capful of wind; **wahrer –** (*naut.*), atmospheric *or* true wind *s.*, prevailing wind *s.*; **wechselnder –** (*meteor.*), variable *s.*, variable wind(s) *s.* (*pl.*), (*naut.*) shifting *or* unsteady wind *s.*; **westliche –e** (*pl.*), westerlies (*pl.*); **widrige –e** (*pl.*), contrary *or* unfavo(u)rable winds (*pl.*), (*naut. coll.*) foul wind(s) *s.* (*pl.*); **die vier –e** (*pl.*), the four (prevailing) winds (*pl.*); **ein ordentlicher –** (*naut. coll.*), quite a breeze *or* wind; **eine Mütze –** (*naut. coll.*), a capful of wind; **keine Spur von –,** no suggestion of wind, not a trace of wind; **Ausschießen** *n.* **des –es,** veering *s.* (of the wind); **Drehen** *n.* **des –es,** shifting *s. or* veering *s.* of the wind; **Heftigkeit** *f.* **des –es,** fierceness *s.* of the wind; **Kurs** *m.* **hoch am –,** upwind course *s.*; **Kurs** *m.* **vor dem –,** downwind course *s.*; **Kurs** *m.* **zum –,** points (*pl.*) of sailing, reaching *s.* and running; **Linksdrehen** *n.* **des –es,** hauling *s.* against the sun *or* to left; **Raumen** *n.* **des –es,** freeing shift *s.* (of the wind), veering *s.* aft; **Rückdrehen** *n.* **des –es,** backing *s.* of the wind; **aus welcher Richtung** *od.* **woher kommt der –?** (*naut.*), what quarter is the wind in?, (*coll.*) wind's quarter?; **am** *od.* **beim –,** by the wind, on the wind, close-hauled, close to the wind (*of boat*); **aus dem –,** off the wind (*of boat*); **dicht am –,** close-hauled; **bei ganz wenig –**

(und Welle), in near zero winds; **bei viel – (und Welle),** in heavy conditions; **bei wenig – (und Welle),** in light *or* smooth conditions; **ein Minimum an –,** an absolute minimum (of) wind; **gegen den –,** against *or* into the wind, up (the) wind, upwind, (*coll.*) in the wind's eye, in(to) the teeth of the wind; **gegen die Sonne drehender –,** wind *s.* veering round *or* hauling against the sun; **hart** *od.* **hoch am** *od.* **beim –,** close-hauled, close to the wind, on the wind; **in der Richtung des –es,** down (the) wind, downwind, before the wind; **mit dem –,** downwind, down the wind, on the wind, before the wind; **mit der Sonne drehender –,** wind *s.* veering round with the sun; **mit halbem –,** with the wind abeam; **mit zunehmendem –,** as the breeze builds; **nicht im –** (*naut.*), in irons (*of boat*); **unter dem –,** under the lee, leeward; **vor dem –,** downwind, down the wind, before *or* with the wind, with the wind aft, windward; **abdrehen und in den – laufen,** to turn and face the wind (*of boat*); **am** *od.* **beim – segeln,** to sail close-hauled *or* close to the wind *or* by the wind, to hug the wind; **an den – bringen,** to luff (up); **an den – gehen,** to haul the wind, to haul up, to point; **an den – kommen,** to close the wind, to haul to the wind (*of boat*); **auf – und Wetter achten** (*naut.*), to keep one's weather-eye open; **auf das Drehen** *od.* **Umspringen des –es reagieren,** to respond to changes in (the) wind direction; **auf dem – liegend,** wind-rode (*of boat*); **bei – und Wetter,** in all weathers; **bei günstigem –** (*naut.*), wind and weather permitting; **bei Sturm vor dem – laufen,** to scud, to spoom (*of boat*); **dicht am** *od.* **beim – kreuzen,** to tack close to the wind; **dicht am** *od.* **beim – segeln,** to sail close to the wind, to sail near the wind, to sail close-hauled, to hug the wind, to point high; **dicht an den – gehen,** to point high, (*am. coll.*) to jam; **durch den – bringen,** to stay (*a boat*); **durch den – herumschwingen** *od.* **-schwojen,** to swing through the wind's eye *or* through the eye of the wind; **durch ungünstige(n) –(e) am Auslaufen gehindert,** windbound (*of boat*); **gegen den – ansegeln,** to sail to the wind *or* upwind; **gegen den – gerichtet** (*naut.*), weather; **gegen den – kreuzen,** to beat against the wind *or* upwind; **gegen den – schwojen,** to swing through the wind's eye; **gegen den – segeln,** to sail upwind *or* in the wind, (*coll.*) to sail in(to) the teeth of the wind *or* into the wind's eye; **guten – haben,** to have a fair breeze *or* wind; **hart am – kreuzen,** to tack close to the wind; **hart** *od.* **hoch am** *od.* **beim – segeln,** to sail close to *or* near the wind, to be close to *or* near the wind, to touch the wind, to hug the wind, to sail close-hauled, to point high, to pinch; **hart in den – drehen,** to surge round into the wind (*of boat*); **hoch am – kreuzen,** to beat up()wind; **hoch an den – gehen,** to point high, to sail close *or* near to the wind, (*am.*) to jam, (*coll.*) to pinch; **höher zum – liegen,** to be pointing (high) (*of boat*); **in alle – ver-** *od.* **zerstreut** (*naut.*), scattered to the four winds (*of boats, shipwrecked pers.*); **in den – drehen,** to turn into the wind, to haul *or* to swing head to wind, to shoot head to wind (*of boat*); **in den – gehen** *od.* **kommen,** to come into the wind, to shoot head to wind (*of boat*); **in den – schießen,** to broach, to shoot head to wind (*of boat*); **mit dem – driften** *od.* **treiben,** to drift with the weather (*of boat*); **mit dem – laufen,** to go with the wind (*of boat*); **mit dem Bug durch den – gehen,** to go about, to tack; **mit raumem – segeln,** to reach; **plötzlich in den – kommen,** to fly up (*of boat*); **schnell in den – drehen**, to surge round into the wind (*of boat*); **sich dicht an den – halten,** to hug the wind (*of boat*); **vom – abfallen,** to fall to leeward; **vom – abhalten,** to pay off (*of boat*); **vom – auf die Seite gelegt,** wind-taut (*of boat at anchor*); **vom – getragen,** wind-borne (*of boat*); **vom – getrieben,** wind-blown (*of boat*); **vom – getrieben werden,** to rack (*of clouds*); **vom – hergetragen werden,** to be carried by *or* to come on the wind (*as rain*); **vom – mitgenommen,** wind-blown (*of boat*); **von ungünstigen** *od.* **widrigen –en aufgehalten,** windbound (*of boat*); **vor dem – kreuzen,** to beat *or* to tack down()wind, to change tacks before the wind; **vor dem – laufen** *od.* **segeln,** to run before the wind, to sail before the wind *or* with the wind aft, to beat *or* to sail down()wind; **vor dem – wenden,** to veer, to wear (round) (*of boat*); **zwischen – und Strom (liegen)** (*naut.*), (to ride) between wind and tide; **zwischen – und Wasser** (*naut.*), awash, between wind and water; **das Boot gegen den – halten,** to hold the boat against the wind; **dem – ausgesetzt,** wind-swept, winded (*as a bay*); **dem – entgegen,** on the wind, in(to) the teeth of the wind, in the wind's eye (*of boat*); **den – prüfen** (*naut.*), to taste *or* to test the air *or* wind; **der – bleibt stetig** *od.* (*naut. dial.*) **stüttig,** the wind holds; **der – bringt Regen (mit sich),** there is rain on the wind; **der – brist auf,** the wind freshens, the breeze is building; **der – dreht,** the wind is veering;

der – dreht auf Ost, the wind gets easterly; **der – flaut ab,** the wind dies (away) *or* abates *or* subsides *or* lulls (down); **der – frischt auf,** the wind *or* breeze is freshening, the breeze builds *or* rises; **der – hat zunehmende Tendenz,** the wind freshens and goes ahead, the wind is increasing *or* rising; **der – hat gedreht** *od.* **ist umgesprungen,** the wind has changed; **der – kommt aus allen (vier) Richtungen,** the wind blows from all (four) quarters; **der – kommt aus Ost (West)** *od.* **von Osten (Westen),** the wind is *or* sits *or* stands in the east (west), the wind sets from east (west); **der – kommt vom Ärmelkanal (von der See),** the wind comes off the Channel (the sea); **der – kommt von achtern (vorn),** the wind is aft *or* astern (ahead); **der – krimpt,** the wind is backing; **der – läßt nach** *od.* **legt sich,** the wind abates *or* eases off *or* falls *or* grows less *or* slackens *or* subsides; **der – mallt,** the wind is baffling *or* bewildering *or* confusing *or* disturbed; **der – nimmt an Stärke zu,** the breeze turns heavy; **der – nimmt zu,** the wind is building *or* rising, the breeze *or* wind makes up; **der – raumt,** the wind is veering aft; **der – schießt aus,** the wind veers *or* is veering; **der – schralt,** the wind is scanting *or* scanty *or* scrimping; **der – sitzt gut** (*naut. coll.*), the wind sits fair; **der – springt auf Nordnordwest um,** the wind shifts (round) to the north-northwest; **der – springt um,** the wind shifts *or* veers *or* is changing; **der – steht auf und nieder,** (it is) dead calm; **der – steht günstig,** the wind sits fair; **der – weht mit Windstärke 8** (*naut. coll.*), a force eight *or* Force Eight is blowing; **der – wird hinter dem Rigg verwirbelt,** the wind twists aft of the rig; **der – wird stärker,** the wind builds; **ein – erhebt sich,** a wind *or* breeze rises; **ein – kommt** *od.* **springt auf,** a breeze *or* wind springs *or* gets up; **ein Boot höher an den – bringen,** to round a boat; **ein Boot in den – drehen,** to throw the boat up in *or* on the wind; **einem Boot den – abfangen** *od.* **abgewinnen** *od.* **wegfangen** *od.* **aus den Segeln nehmen,** to blanket a sail, to get *or* to have *or* to take the wind of another boat, to luff away, to weather a boat *or* (up)on a boat, to eat to windward of a boat, to wrong a boat; **–e** (*pl.*) **aus wechselnden Richtungen,** variable winds (*pl.*); **– bei Fahrt (über Grund),** dead *or* head wind *s.*; **– im Passatwindgürtel,** trade wind *s.*, trades (*pl.*); **– mit Orkanstärke,** hurricane-force wind(s) *s.* (*pl.*); **– mit Sturmstärke,** gale-force wind *s.*; **– recht von achtern,** wind *s.* dead *or* right aft *or* astern, rear(ing) wind *s.*; **– recht von vorn,** wind *s.* dead *or* right ahead, dead *or* head wind *s.*; **– und Wellen preisgegeben,** to be adrift, to turn adrift (*of boat*).

Wind / abdrift *f.*, drift *s.* to (the) lee *or* to leeward, leeway *s.* (*of boat*); **–ablenkung** *f.*, deviation *s.* of the wind *or* of the wind's direction; **–abweiser** *m.* (*naut.*), windbreaker *s.*; **–achse** *f.*, wind axis *s.*; **–angriffsfläche** *f.*, windage *s.*; **–anker** *m.*, (down)stream anchor *s.*; **–anschnitt** *m.*, angle *s.* of attack (of the wind); **–anschnittskante** *f.*, leading edge *s.* (*of a sail*); **–anzeiger** *m.* (*naut.*), wind indicator *s.*, wind vane *s.*, semaphore *s.*; **–bahn** *f.*, wind course *s.* *or* path *s.*, (*naut.*) fetch *s.*; **–ball** *m.* (*naut.*), black ball *s.*, storm warning *s.*; **–bändsel** *n.* (*pl.*), streamer *s.*, tell()tale(s) *s.* (*pl.*), (*coll.*) TTs (*pl.*); **die –bändsel strömen** *od.* **wehen aus,** the telltales are streaming; **–baum** *m.* (*naut.*), mare's tail *s.*; **w–behindert** *adj.* (*naut.*), wind-bound; **–belastung** *f.*, load *s.* *or* weight *s.* of (the) wind (*as on sails*); **–bereich** *m.*, wind area *s.* *or* range *s.*; **einen –bereich abdecken,** to cover a wind area (*of sails*); **–beutel** *m.* (*naut.*), windbag *s.*, wind pennant *s.*, dog vane *s.*; **–bö** *f.*, scud *s.*, gust *s.* *or* squall *s.* (of wind); **–blouse** *f.* (*naut.*), wind-cheater *s.*; **–büdel** *m.* (*naut. dial.*), windbag *s.*; **–diagramm** *n.*, anemogram *s.*, wind rose *s.*; **–drehung** *f.*, wind shift *s.*, hauling *s.* *or* shifting *s.* *or* veering *s.* of the wind; **–dreieck** *n.*, wind triangle *s.*; **–druck** *m.*, sail loading(s) *s.* (*pl.*), wind load *s.* (*as on sails*), (*phys.*) wind pressure *s.*; **niedriger –druck** *m.*, low wind speeds (*pl.*); **–druckmoment** *n.*, sail moment *s.*

Winde *f.* (*naut.*), (*s.* **Winsch**); (*naut. tech.*) hoist *s.*, (lifting-)jack *s.*, crab *s.* (*as in yacht harbour*).

Wind / einfallswinkel *m.*, apparent wind angle *s.*, angle *s.* of attack (*of sails*); **65 Grad –einfallswinkel**, 65 degrees apparent (wind); **großer (kleiner) –einfallswinkel** *m.*, wide (narrow) angle *s.* of *or* to the wind; **–einsatzbereich** *m.*, wind area *s.* *or* range *s.* (*of sails*).

winden *v.i.*[1], **es windet** (*naut. coll.*), it is breezy *or* windy, there's a wind blowing; **es windet stark,** there's quite a breeze (blowing).

winden *v.t.*[2], to twist (*of sails*), to coil, to reel, to wind, to wreathe (*of ropes*); *v.r.*, to meander, to ramble, to wind its way (**durch,** through) (*as of river*).

Winden / baum *m.* (*naut.*), hoist *s.*, lifting(-)jack *s.*, moulinet *s.* (*of a boat crane*); **–bock** *m.* (*naut.*), lifting(-)jack *s.*

Windenergie *f.*, energy *s. or* force *s.* of the wind, wind's energy *s.*; **die – aus den Segeln schütteln,** to shake the wind's energy out of the sails, to take the energy of the wind off the sails, to pay off (from the wind).

Windenhaken *m.* (*naut.*), sling dog *s.*

Windex *n.*, anemograph *s.*, wind-direction indicator *s.*

Wind/faden *m.* **(am Segel),** streamer *s.*, tell()tale *s.*, (*coll.*) TT *s.*; **–fadenfenster** *n.* **(im Segel),** telltale- *or* TT-window *s.*; **–fahne** *f.*, anemoscope *s.*, wind tee *s. or* vane *s.*, weather vane *s.*, (*coll.*) vane *s.*; **–fahnenruder** *n.*, **–fahnen-Selbststeueranlage** *f.* (*naut.*), self-steering *or* automatic *or* gyro(-)pilot vane gear *s.*; **–fang** *m.* (*naut.*), wind screen *s.*, windbreak *s.*, air hole *s.*, draught-screen *s.* (*device*), windage *s.* (*of a boat above waterline*); **das Boot hat –fang,** the boat is wind-taut; **–fläche** *f.*, windage *s.* (*of a boat above the waterline*); **–galle** *f.*, weather *or* wind gall *s. or* dog *s.*, bull's eye *s.*; **w–gepeitscht** *adj.*, wind-swept (*of sea*); **w–gerecht** *adj.* **liegen,** wind-rode (*of boat*); **w–geschützt** *adj.*, sheltered, in the wind's eye (*of boat*); **w–geschützt liegen,** to be *or* to lie under the lee (*of boat*); **–geschwindigkeit** *f.*, wind speed *s. or* velocity *s.*, velocity *s.* of (the) wind; **scheinbare –geschwindigkeit** *f.* (*naut.*), apparent wind speed *s.*; **die –geschwindigkeit verdoppelt sich,** the wind (speed) doubles; **–geschwindigkeitsmesser** *m.*, **–geschwindigkeitsmeßgerät** *n.*, wind ga(u)ge *s.*, anemometer *s.*, ventometer *s.*; **barisches –gesetz** *n.*, Buys Ballot's law *s.*; **–gesetze** *n./pl.*, law *s.* of winds; **w–getriebene Wolken** *f./pl.*, rack *s.*, wrack *s.*; **w–gierig** *adj.*, **das Boot ist w–gierig,** the boat carries weather-helm; **–glider** *m.* (*surf.*), windglider *s.*; **–gradient** *m.*, wind gradient *s.*, gradient *s.* of the wind; **–haube** *f.* (*naut.*), cowl *s.*, hood *s.*; **–hauch** *m.*, breath *s.* of wind, puff *s.* (of air *or* wind), flatus *s.*; **ganz leichter –hauch** *m.*, a whiff (of air); **leichter** *od.* **leiser –hauch** *m.*, a puff *or* a smack of wind; **nicht der leiseste –hauch,** not the slightest suggestion of wind, not a trace of wind; **–häufigkeit** *f.*, wind frequency *s.*; **mittlere –häufigkeit** *f.*, mean wind frequency *s.*; **–hose** *f.*, wind()spout *s.*, cyclone *s.*, tornado *s.*, whirlwind *s.*, water spout *s.*, vortex *s.*; **–hutze** *f.* (*naut.*), cowl *s.*, hood *s.*, wind scoop *s.*, (*coll.*) sail *s.*

windig *adj.*, breezy, blowy, flawy, gusty, windy, (*am.*) airish (*of weather*), wind-swept (*as of a bay*); **es ist –,** it is breezy, it is blowing; **es ist stark –,** it is blowing hard; **–e Seite** *f.* (*naut. coll.*), weather *or* windward side *s.* (*of a boat*). **Windigkeit** *f.*, breeziness *s.*, blowiness *s.*

Wind/jacke *f.*, wind-cheater *s.*; **–jammer** *m.*, windjammer *s.*; **–jammerparade** *f.*, windjammer parade *s.*; **--Kältegefühl** *n.* (*naut.*), wind chill *s.*; **–kanal** *m.* (*naut.*), wind channel *s. or* tunnel *s.* (*shipb.*); **–karte** *f.* (*meteor.*), wind chart *s.*, (*naut.*) pilot chart *s.*; **–kegel** *m.*, wind cone *s.*; **–kessel** *m.*, air chamber *s.*; **–klappe** *f.* (*naut.*), air-valve *s.*; **–komponente** *f.* (*nav.*), wind component *s.*; **–kraft** *f.*, wind force *s. or* power *s.*, force *s.* of the wind; **–last** *f.*, load *s. or* weight *s. or* pressure *s.* of the wind, wind load *s. or* weight *s.* (*as on sails*); **–licht** *n.*, storm-lantern *s.*; **–lutze** *f.* (*naut. dial.*), wind sail *s.*; **–messer** *m.*, **–meßgerät** *n.*, anemometer *s.*, wind(-)ga(u)ge *s.*; anemograph *s.*; **–motor** *m.* (*naut. hum.*), sail(s) *s.* (*pl.*); **–parallelogramm** *n.*, parallelogram *s.* of winds; **–pfeife** *f.* (*naut.*), air hole *s.*; **–pfeil** *m.*, wind arrow *s.* (*on weather charts*); **–rad** *n.*, fan wheel *s.* (*of anemograph*); **w–recht** *adj.* **liegen,** wind-rode, to ride the wind (*of boat*); **–richtung** *f.*, the set of the wind, direction *s.* of the wind, wind('s) direction *s.*, (*esp. naut.*) quarter *s.* (of the wind), windway *s.*, wind *s.*; **vorherrschende –richtung** *f.*, prevailing direction *s.* of (the) wind; **wechselnde –richtung** *f.*, shifting (set of the) wind *s. or* wind direction *s.*; **aus allen –richtungen,** from the four winds; **die vier –richtungen,** the four winds; **in –richtung,** to windward, in the direction of the wind; **die –richtung ändert sich,** the wind shifts; **–richtungsanzeiger** *m.*, anemograph *s.*, anemometer *s.*, anemoscope *s.*, wind-direction indicator *s.*, (*naut.*) telltale *s.*, wind vane *s.*; **–richtungspfeil** *m.*, wind arrow *s.* (*on weather charts*); **–rose** *f.*, compass card *s. or* rose *s.*, card rose *s.* (*of the compass*), windrose *s.* (*of pilot chart*); **–sack** *m.* (*naut.*), wind cone *s. or* pennant *s. or* sack *s.*, wind sail *s.*, (*meteor.*) wind cone *s. or* sleeve *s.*, (*am.*) wind sack *s.*, (*sl.*) sausage (balloon) *s.*; **–sbraut** *f.* (*naut. coll.*), gale *s.*, hurricane *s.*, whirlwind *s.*; **–schaden** *m.* (*naut.*), storm damage *s.*; **–schatten** *m.* (*naut.*), lee (side) *s.*, area *s.* protected from (the) wind, sheltered zone *s.* (*of boat, harbour, etc.*); **im –schatten (von),** in the lee (of); **im –schatten liegen (von),** to be *or* to lie under the lee (of); **–schirm** *m.* (*naut.*), windscreen *s.*; **w–schlüpf(r)ig** *adj.*, **w–schnittig** *adj.* (*naut.*), aerodynamic (*of boat, sail*), stream(-)lined (*of boat, superstructure, etc.*); **–schutz** *m.* (*naut.*), windscreen *s.*, windbreak *s.*; **–schutzscheibe** *f.*, windscreen *s.*, (*am.*) windshield *s.* (*as of motorboats*); **–see** *f.*, sea *s.*, seaway *s.*, wind sea *s.*, disturbance *s.* of the sea, state *s.* of (the) sea, swell *s.* of the sea; **–seeker** *m.*, windseeker *s.* (*sail*); **–seeker-Typ-Segel** *n.*, windseeker-type sail *s.*; **–seeker-Vorsegel** *n.*, windseeker headsail *s.*; **–seite** *f.* (*naut.*), wind side *s.*, weather side *s.*, windward side *s.*, exposed side *s.*, weather(-)board *s.*, weather-ga(u)ge *s.* (*of a boat*); **–semaphor** *m. od. n.*, semaphore *s.*; **–stander** *m.*, wind pendant *s. or* pennant *s.*; **–stärke** *f.*, strength *s. or* force *s. or* velocity *s.* of the wind, wind force *s. or* strength *s. or* velocity *s.*, wind speed *s.*; **–stärke 2,** Beaufort *or* Bft 2, wind force 2; **–stärkemesser** *m.*, anemometer *s.*, wind ga(u)ge *s.*; **–stärke(n)skala** *f.*, Beaufort's scale *s.*, wind scale *s.*; **–stau** *m.*, backwinding *s.* (*as in sails*), wind rise *s.* (*of the water*); **–stau erzeugen** *od.* **hervorrufen** *od.* **verursachen,** to create backwinding (*in sails*); **–stern** *m.*, windrose *s.*; **w–still** *adj.*, (dead) calm, dull, windless; **w–stiller Tag** *m.*, calm day *s.*; **–stille** *f.* (*meteor.*), **–stillte** *f.* (*naut.*), (dead) calm *s.*, (*coll.*) zero wind (condition) *s.*; **fast völlige –still(t)e** *f.*, dead calm *s.*, near zero wind (conditions *pl.*) *s.*; **kurze –still(t)e** *f.*, a lull in the wind; **vorübergehende –still(t)e** *f.*, lull *s.*; **–still(t)engürtel** *m. od.* **-zone** *f.*, belt *s.* of calms, doldrums (*pl.*), horse latitudes (*pl.*); **–stoß** *m.*, bluster *s.*, flurry *s.*, gust *s.* of wind, squall *s.*, (*dial.*) waff *s.*; **heftiger –stoß** *m.*, shake *s.*, windflaw *s.*; **leichter –stoß** *m.*, (a) puff (of wind), whiffle *s.*; **starker –stoß** *m.*, blast *s.*; **–streichholz** *n.*, fusee *s.*; **–streifen** *m.* (*pl.*) **(auf dem Wasser),** streak(s) *s.* (*pl.*) (of wind); **–strich** *m.*, direction *s.* of the wind, current *s.* of air; point *s.* of the compass, rhumb *s.*; **–strom** *m.*, **–strömung** *f.*, blast *s.*, current *s.* of air; **–sturm** *m.*, heavy gale *s.*, hurricane *s.*; **–surfen** *n.*, (wind)surfing *s.*, sail surfing *s.*; **w–surfen** *v.*, to surf; **–surfer** *m.*, wind()surfer *s.*, sail surfer *s.* (*pers.*), sail surfer *s.* (*class*), wind- *or* sail-surfing board *s.*; **–system** *n.*, wind system *s.*; **planetarisches –system** *n.*, planetary wind system *s.*; **–trichter** *m.* (*naut.*), wind scoop *s.*; **–- und Wellenbedingungen** *f./pl.* (*naut.*, *rac.*), weather conditions (*pl.*), wind and wave conditions (*pl.*); **leichte (mittlere, normale, schwere) –- und Wellenbedingungen** *f./pl.*, light (medium, normal, heavy) conditions (*pl.*); **–- und Wellenschatten** *m.* **des Bootes,** lee(side) *s.* of the boat.

Windung *f.*, twist *s.* (*of sail*), coil *s.*, lay *s.*, loop *s.*, turn *s.*, winding *s.* (*of rope*), thread *s.* (*of screw*), bend *s.*, meandering *s.*, sinuosity *s.* (*of a river*); **ein Tau in –en aufschießen,** to coil *or* to loop up a rope, to fake down a rope; **ein Tau in –en legen,** to fake *or* to jag a rope.

Wind / verhältnisse *n./pl.*, wind conditions (*pl.*); **–viertel** *n.*, quarter *s.* of the wind; **–vierung** *f.* (*naut.*), quarter *s.*, weather *or* wind quarter *s.*, quarter *s.* of the wind (*of a boat*); **–vierung** *f.* **auf der Luvseite (eines Bootes),** on the weather quarter; **–vorhalt** *m.*, windage *s.*, allowance *s.* for wind(-drift) (*of a boat*); **–vorteil** *m.*, advantage *s.* of (the) wind; **den größten –vorteil (ab)gewinnen,** to take the maximum advantage of (the) wind (*of boat*); **–warnung** *f.* (*meteor.*, *naut.*), gale *or* storm warning(s) *s.* (*pl.*); **w–wärts** *adv.*, windward, in *or* to the wind; **w–wärts liegend,** (to) windward (*of boat, etc.*); **–wellen** *f./pl.*, wind waves (*pl.*); **–widerstand** *m.*, aerodynamic *or* wind resistance *s.* (*of rig, etc.*); **–winkel** *m.*, angle *s.* of drift; **–wirkstrecke** *f.* (*naut.*), fetch *s.*; **–wolke** *f.*, wind cloud *s.*; **–zeiger** *m.*, anemoscope *s.*; **–zug** *m.*, current *s.* of air, draught *s.*, (*am.*) draft *s.*

Winkel *m.* (*naut.*, *math.*), angle *s.*, (*naut.*) knee *s.* (*shipb.*), corner *s.* (*of sail*), (*tech.*) elbow *s.*, set square *s.*, square *s.*; **ausspringender –,** salient (angle) *s.*; **kritischer –** (*naut.*), critical angle *s.*; **rechter –,** right angle *s.*; **schiefer –,** oblique angle *s.*; **spitzer –,** acute angle *s.*; **stumpfer –,** obtuse angle *s.*; **toter –,** dead angle *s.*; **vorspringender** *od.* **vorstehender –,** salient (angle) *s.*; **im rechten –,** on the square; **im rechten – zu,** at right angles to; **im rechten – anbringen,** to square; **im rechten – (stehend),** square; **im spitzen – zur Wasserfläche,** astay; **in einem – stehend mit,** at an angle with. **Winkel / auflösung** *f.* (*radar*), bearing discrimination *s.*, angular resolution *s. or* scanning *s.*; **–distanz** *f.*, angular distance *s.*; **–einstellung** *f.* (*naut.*), angular adjustment *s.*; **–eisen** *n.* (*naut.*, *tech.*), angle-iron *s.*; **–funktion** *f.* (*nav.*), trigonometrical ratio *s. or* function *s.*; **–geschwindigkeit** *f.*, angular velocity *s.*; **–geschwindigkeitsmaß** *n.* (*astr.*), arc *s.*; **–größe** *f.* (*naut.*, *tech.*), size *s.* of an angle; **–halbierende** *f.* (*naut.*, *math.*), bisector *s.* of an angle. **wink(e)lig** *adj.* (*naut.*, *tech.*), angular. **Winkel / lineal** *n.*, set-square *s.*; **–linie** *f.*, diagonal *s.*; **–marke** *f.* (*naut.*), surmark *s.* (*shipb.*); **–maß** *n.*, set-square *s.*, T- *or* try-square *s.*; **–messer** *m.* (*naut.*), clinometer *s.*, goniometer *s.*, protractor *s.*, (*math.*) graphometer *s.*, semicircle *s.*; **–messung** *f.*

(*naut.*), goniometry *s.*; **–poller** *m.*, angular bitt *s. or* bollard *s. or* snubbing post *s.*; **–profil** *n.* (*naut.*), angular profile *s. or* section *s.*; **w–recht** *adj.* (*naut.*, *tech.*), rectangular, right-angled, at right angles; **–sextant** *m.*, angle-sextant *s.*; **–stück** *n.* (*naut.*), knee *s.*, (*naut.*, *tech.*) angle-plate *s.*, elbow *s.*, gusset *s.*; **durch ein –stück verbinden** *od.* **verstärken** (*naut.*), to knee; **mit einem –stück versehen,** to gusset; **–stütze** *f.*, bracket *s.*; **–teleskop** *n.*, elbow telescope *s.*; **–tangente** *f.* (*math.*), tangent *s.* of an angle; **–verbindungsstück** *n.*, elbow *or* knee joint *s.*

Winken *n.* (*naut.*), signalling *s.*, (*am.*) signaling *s.*; waving *s.* (*with flag*); **– (mit Flaggen)** (*naut.*, *coll.*), wigwag(ging) *s.* **winken** *v.* (*naut.*), to signal, to semaphore; to wave (*with flags*), (*coll.*) to wigwag (*with flags*); **– mit,** to wave (*a flag*). **Winker** *m.* (*naut.*), signaller *s.*, (*am.*) signaler *s.*, (*coll.*) wigwagger *s.* **Winker / alphabet** *n.* (*naut.*), signal(ling) alphabet *s.*, (*coll.*) wigwag system *s.*; **–flagge** *f.* (*naut.*), hand *or* signal(l)ing flag *s.* **Winkern** *n.* (*naut.*), semaphore *s.* (*with hand flags*), signal(l)ing *s.* **winkern** *v.* (*naut.*), to semaphore (*with hand flags*), to signal. **Winker / signal** *n.*, semaphore signal *s.*, (*coll.*) wigwag *s.*; **–signalgast** *m.*, signal(l)er *s.*, (*coll.*) wigwagger *s.*; **–spruch** *m.*, semaphore message *s.*; **–zeichen** *n.*, hand signals (*pl.*), semaphore *s.* **Winkzeichen** *n.* **(mit Flaggen)** (*naut.*), wave *s.* (of flags).

Winsch *f.*, winch *s.*; crab *s.*; capstan *s.*, windlass *s.*; **elektrische –,** electric *or* electro-winch *s.*; **hydraulische –,** hydraulic winch *s.*; **spanische –,** Spanish windlass *s.* **Winsch / bremse** *f.*, winch brake *s.*; **–fischung** *f.*, winch partners (*pl.*); **–haken** *m.*, winch *or* warping hook *s.*; **–kopf** *m.*, winch drumhead *s. or* head *s.*, gipsy *or* (*am.*) gypsy (winch) *s.*; **–kurbel** *f.*, winch handle *s.*; **–läufer** *m.*, winch runner *s.* (*device*), purchase fall *s.*; **–mann** *m.*, winchman *s.*; **–trommel** *f.*, winch drum *s.*; **–verholkopf** *m.*, warping *or* (*coll.*) gipsy (winch) drumhead *s.*

Winter *m.*, winter(-tide *or* -time) *s.*; **auf den – vorbereiten, für den – herrichten** (*naut.*), to winterize (*a boat*). **Winter / betonnungssystem** *n.*, buoyage system *s.* in winter, winter buoyage system *s.*; **–bramstenge** *f.*, pole *s.*; **–dreieck** *n.* (*astr.*), winter triangle *s.*; **w–fest** *adj.*, winter(-)tight (*of boat*); **w–fest machen,** to winterize (*a boat*); **–freibord** *m.*, winter freeboard *s.*; **–gewitter** *n.*, winter (thunder)-storm *s.*; **–hafen** *m.*, winter quarters (*pl.*) (*of a yacht*); **–lager** *n.* **(eines Bootes),** winter berth *s.* (of a boat); **–monsun** *m.*, dry monsoon *s.* **wintern** *v.* (*naut. coll.*), to lay by for the winter (*boat*). **Winter / seite** *f.* (*astr.*, *geogr.*), northern aspect *s.*; **–solstitial-** *od.* **–sonnenwendepunkt** *m.* (*astr.*), winter solstitial point *s.*; **–sonnenwende** *f.* (*astr.*), winter solstice *s.*, mid winter (day) *s.*; **–tiefgang** *m.*, winter draught *s. or* (*am.*) draft *s.*; **–triangel** *m.* (*astr.*), winter triangle *s.*; **–wendepunkt** *m.* (*astr.*), winter solstitial point *s.*; **–zone** *f.* (*nav.*), winter zone *s.*

Wippblock *m.*, whip block *s.* **Wippe** *f.* (*naut.*), gantline *s.*, whip *s.*; **doppelte –,** double whip *s.*; **mit der – heißen** *od.* **hochwinden,** to whip; **– auf –,** whip *s.* upon whip; **– mit Mantel,** whip *s.* and runner. **Wippkran** *m.* (*naut.*), luffing *or* whip crane *s.*

Wirbel *m.* (*naut.*), swivel *s.*, turn(-)buckle *s.*, turtle *s.*, (*meteor.*) turbulence *s.*, whirlwind *s.*, tourbillion *s.*, vortex *s.*, (*phys.*) turbulence *s.*, vortex *s.* (*pl.* vortices), swirl *s.*, whirl *s.*; burble *s.*, eddy *s.* (*of air*), eddy *s.*, vortex *s.*, whirlpool *s.* (*of water*); **ablösender** *od.* **abreißender –** (*naut.*, *phys.*), separating turbulence *s. or* turbulent flow *s. or* vortex *s.* (*as on underwater hull, sails, etc.*); **saugende – (***pl.***) erzeugen,** to create *or* to generate suction *or* turbulence *or* turbulent flow (*as on rudder, sails*). **Wirbel / bewegung** *f.*, vortex *or* vortical motion *s.*, whirling motion *s.*, (*coll.*) whirligig *s.* (*of a boat*); **–bildung** *f.*, turbulence *s.* (*of airflow, etc.*); **–block** *m.*, swivel block *s.*; **dreischeibiger –block** *m.*, three-sheave(d) swivel block *s.*; **einscheibiger –block** *m.*, monkey block *s.*; **–bö** *f.*, turbulent squall *s.*; **w–frei** *adj.* (*phys.*), non(-)vortical; **–gelenk** *n.* (*naut.*), swivel-joint *s.* (*of a block*); **–haken** *m.*, swivel hook *s.*

Wirbeln *n.* (*naut.*, *phys.*), swirl *s.*, swirling *s.*, whirl *s.*, whirling *s.* (*of water, etc.*). **wirbeln** *v.*, to swirl *or* to whirl round (*of boat*), to eddy, to swirl, to whirl (*of water*), to burble (*of air*). **wirbelnd** *pr.p.*, swirling, swirly; **– treiben,** to whirl (*as of boat*).

Wirbel / schäkel *m.*, swivel shackle *s.*; **–strom** *m.*, **–strömung** *f.*, eddy *s.*, whirlpool *s.*, vortex *s.*; **–sturm** *m.*, cyclone *s.*, cyclonic *or* rotary *or* rotatory *or* revolving storm *s.*, vortex *s.*, whirlwind *s.*, (*coll.*) twister *s.*; **tropischer –sturm** *m.*, tropic(al) cyclone *s.*, tornado *s.*, typhoon *s.*, whirlicane *s.*, (*austral.*) willy-willy *s.*; **w–sturmartig** *adj.*, tornadic, tornadolike; **–sturmwarnung** *f.*, hurricane warning(s) *s.* (*pl.*); **–widerstand** *m.* (*naut.*, *phys.*), eddy *or* vortex *or* vortical resistance *s.* (*as of propel-*

ler); **–wind** *m.* (*meteor.*), vortex *s.*, wind spout *s.*, whirlwind *s.*, whirlblast *s.*; **–windbö** *f.*, williwaw *s.*; **–zone** *f.* (*naut.*, *phys.*), zone *s.* of turbulence (*as of rudder, sails*); **Ablösen** *n. od.* **Abreißen** *n. od.* **Abriß** *m.* **der Strömung in der –zone,** separation *s.* of flow in the turbulent zone (*of sails, etc.*).

Wirk / leistung *f.* (*naut.*, *tech.*), (actual *or* effective) output *s.*, actual power *s.*, overall efficiency *s.* (*as of propeller*); **w–sam** *adj.*, effective; **w–sam werden,** to take effect, to become effective (*as air flow, etc.*); **–strom** *m.* (*elec.*), watt current *s.* **Wirkung** *f.* (*naut.*, *phys.*, *tech.*), effect *s.*, reaction *s.*; **sekundäre –** (*phys.*), reaction *s.*; **ohne starke –** (*astr.*), peregrine; **ohne – bleiben** (*naut.*, *phys.*), to produce no effect, to prove ineffectual; **Prinzip** *n.* **von – und Gegenwirkung** (*phys.*), principle *s.* of action and reaction. **Wirkungs / grad** *m.* (*naut.*, *phys.*, *tech.*), efficiency *s.* (*as of propeller*), (*phys.*, *rad.*) strength *s.*; **–kraft** *f.*, efficiency *s.* (*as of propeller*), (*rad.*) strength *s.*; **w–los** *adj.*, ineffective, ineffectual, inefficacious; without effect (*as of steerage*); **w–voll** *adj.*, effective, efficacious (*as of rudder moment*).

wirr *adj.*, **–es Durcheinander** (*naut.*), chaos *s.*, confusion *s.* (*after a storm, etc.*); **–er Haufen** *m. od.* **–es Knäuel** *n.* **(von Tauwerk),** raffle *s.*, crowd *s.* (*of ropes*). **Wirrwarr** *m.* (*naut.*, *coll.*), jumble *s.*, mess *s.*, muddle *s.*, welter *s.* (*as after a storm*).

Wisch / baumwolle *f.* (*naut.*), cotton waste *s.*; **–lappen** *m.* (*naut.*), rag *s.*

Wissen *n.* (*naut.*, *rac.*), knowledge *s.*, (*coll.*, *am.*) know(-)how *s.*; **(segel)technisches –,** technical know(-)how *s.* (of yachtsmen).

Witterung *f.*, atmospheric conditions (*pl.*), weather *s.*, (*naut.*, *coll.*) sky *s.*; **bei günstiger –,** weather(-)permitting; **bei jeder –,** in all weathers; **der – ausgesetzt,** in the weather, weathered. **Witterungs / bedingungen** *f./pl.*, atmospheric conditions (*pl.*); **w–beständig** *adj.*, weatherproof, resistant to exposure; **–einfluß** *m.*, atmospheric influence *s.*; **–kunde** *f.*, meteorology *s.*; **–navigation** *f.*, meteorological *or* weather navigation *s.*; **–umschlag** *m.*, change *s.* in *or* of (the) weather, sudden change *s.* in the weather, snap *s.*; **–unbilden** (*pl.*), the rigors of the weather, rack *s.*; **–verhältnisse** *n./pl.*, atmospheric conditions (*pl.*); **–wechsel** *m.*, (sudden) change *s.* in *or* of the weather, (*naut. coll.*) snap *s.*, weather *s.*

Wobbelbereich *m.* (*rad.*), frequency modulation range *s.*

Wochen / etmal *n.*, nautical week *s.*, (a) week's run *s. or* work *s.*, time *s. or* work *s.* done round *or* during the week; **–(zeit)schrift** *f.* **für Segler,** yachting weekly (magazine) *s.*

Woge *f.*, billow *s.*, wave *s.*; **hohe –,** surge *s.* **Wogen** *n.* **(der See),** boil *s.*, surging *s.* (of the sea); **– eines Ankerliegers,** surge *s.* of a boat *or* ship at anchor. **wogen** *v.*, to billow, to heave, to roll, to surge, to swell, to wave (*of sea*), to wallow (*of fog*); **heftig –,** to boil (*of sea*); **auf den Wellen –,** to surge (*of boat*). **wogend** *adj.*, surgy (*of sea*); **–er Nebel** *m.*, wallowing fog *s.*; **–e See** *f.*, surge *s.*, boiling sea *s.* **Wogenwolken** *f./pl.* (*meteor.*), altocumuli (*pl.*), cirrocumuli (*pl.*).

wohlgebaut *adj.* (*naut. coll.*), snug; **eine –e Yacht** *f.*, a snug *or* comfy yacht *s.*

Wohn / deck *n.*, mess deck *s.*; **–raum** *m.* **an Bord,** accommodation *s.*, quarters (*pl.*).

wölben *v.r.*, to camber, to swell (*of sails*). **Wölbung** *f.* (*naut.*, *tech.*), concavity *s.*, curvation *s.*, curve *s.* (*of hull, etc.*); **– (eines Segels),** camber *s.* (of sail), curvature *s.*, draft *s.*, flow *s.*, fullness *s.*, shape *s.*, swell *s.*, swelling *s.* (of a sail); **achterliche** *od.* **achterne – (eines Segels),** draft *s.* aft; **vorliche – (eines Segels),** draft *s.* forward. **Wölbungstiefe** *f.* **eines Segels,** curvature *s.* of depth (of a sail), depth *s.* of camber (of a sail), draft *s.* of a sail, full shape *s. or* fullness *s.* of shape (of a sail).

Wölkchen *n.*, cloudlet *s.* **Wolke** *f.*, cloud *s.*; **einzelne –n** (*pl.*) (*meteor.*), clouds (*pl.*); **kleine regenverkündende –** (*dial.*), water dog *s.*; **tiefe** *od.* **tiefhängende –n** (*pl.*), low(-lying) cloud(s) *s.* (*pl.*); **tieftreibende –(n),** scud *s.*; **windgetriebene –n** (*pl.*) rack *s.*, wrack *s.*; **(die) –n ballen sich zusammen,** the clouds are gathering; **sich mit –n bedecken** *od.* **beziehen,** to cloud over (*of sky*); **unter den –n (befindlich)** (*meteor.*), subnubilar, subnuvolar; **–n unter 50 Fuß hoch** (*meteor.*), zero cloud(s) *s.* (*pl.*). **Wolken / bank** *f.*, bank *s.* of clouds, cloud(-)bank *s.*; **eine –bank bilden,** to bank up; **–bank** *f.* **von Stratocumuluswolken** (*meteor.*), roll cumulus *s.*; **–bedeckung** *f.*, cloud cover *s.*; **–bildung** *f.*, cloud formation *s.*, formation *s.* of clouds; **–bruch** *m.*, cloudburst *s.*, spate *s.*, torrent *s.*, torrential downpour *s. or* rain *s.*; **w–bruchartig** *adj.*, torrential (*of rain*); **–decke** *f.*, bank *s.* of clouds, blanket *s.* of clouds, cloud cover *s.*, pall *s.* of cloud(s); **aufgerissene –decke** *f.*, patches (*pl.*) of (blue) sky; **graue –decke** *f.* (*meteor.*), pallium *s.*, blanket *s.* of clouds; **niedrige –decke** *f.*, low bank *s.* of clouds, low-lying clouds (*pl.*); **–echo** *n.* (*radar*), cloud echo *s.*; **–fetzen** *m.* (*pl.*) (*meteor.*), fracto(-)cloud(s) *s.* (*pl.*), (*coll.*) rag *s. or* shreds (*pl.*) of cloud(s); **–formation** *f.*, cloud formation *s.*; **untere –grenze** *f.* (*meteor.*), ceiling *s.*; **–himmel** *m.*, clouded *or* cloudy sky *s.*, (*coll.*) sky *s.*; **–höhe** *f.*, (cloud) ceiling *s.*; **unbegrenzte –höhe** *f.* (*meteor.*), unlimited ceiling *s.*; **–kunde** *f.*, nephology *s.*; **w–los** *adj.*, clear, cloudless, unclouded (*of sky*); **w–loser Himmel** *m.*, fair *or* cloudless sky *s.*; **(ein) w–loser Tag** *m.*, (a) clear *or* fair day *s.*; **–massen** *f./pl.*, mass *s.* of cloud; **geballte –massen** *f./pl.*, solid masses (*pl.*) of clouds; **vom Wind getriebene –massen** *f./pl.*, rack *s.*, wrack *s.*; **–messer** *m.*, **–meßgerät** *n.* (*meteor.*), ceilometer *s.*, nephoscope *s.*; **–ring** *m.*, cloud-ring *s.*; **–schicht** *f.*, cloud layer *s. or* stratum *s.*; **–schleier** *m.*, veil *s.* of clouds; **–skala** *f.*, cloud scale *s.*; **–streifen** *m.*, maretail *s.*, mare's tail *s.*, plume *s.* of cloud, streamers (*pl.*), weft *s.*; **–wand** *f.*, bank *s.* of cloud(s), cloud(-)bank *s.*; **–zone** *f.* (*geogr.*), cloud-ring *s.*; **–zug** *m.*, cloud drift *s. or* rack *s.* **wolkig** *adj.*, clouded, cloudy, overcast (*of sky*).

wollen *adj.*, **–ene Unterwäsche, –enes Unterzeug** (*naut.*), wollens (*pl.*), woollies (*pl.*). **Woll / faden** *m.* (*naut.*), tell()tale *s.*, TT *s.*; **anliegende –faden** (*pl.*) *od.* **–fäden** (*pl.*), attached (flow of the) tell()tales; **Abreißen** *n. od.* **Abriß** *m.* **der –faden** *od.* **–fäden,** separating flow *s.* of the tell()tales *or* TTs; **die –faden** *od.* **–fäden wehen nach Luv aus,** the tell()tales are luffing; **–fadenfenster** *n.* **(im Segel),** tell()tale *or* TT-window *s.*; **–jacke** *f.* (*naut., coll.*), woolly *s.*; **–sachen** *f./pl.*, **–zeug** *n.* (*naut.*), woollens (*pl.*), wollies (*pl.*).

Wörter *n./pl.* **pro Minute** (*Morse*), words (*pl.*) per minute.

Wrack *n.*, wreck *s.*, wreckage *s.*, derelict *s.*, hulk *s.*, relic *s.*; **treibendes –,** derelict *s.*; **versenktes –,** lagan *s.* **wrack** *adj.*, wrecked, derelict (*of boat or ship*), beyond repair (*of boat*), unserviceable (*of ship*); **– werden,** to be *or* to get wrecked; **–es Boot** *n. od.* **Schiff** *n.*, wrecked boat *s. or* ship *s. or* vessel *s.* **Wrack / bergung** *f.*, wreck recovery *s.*, recovery *s.* of (a) wreck; **–betonnung(ssystem** *n.*) *f.*, Buoyage System A, cardinal system *s.*, buoyage (system) *s.* of wrecks *or* of a wreck; **–boje** *f.*, wreck buoy *s.* **Wracker** *m.*, wrecker *s.* (*pers.*). **Wrack / feuer** *n.*, wreck-marking light *s.*; **–gut** *n.*, derelict *s.*, jetsam *s.*, wreckage *s.*; **treibendes –gut** *n.*, flotsam *s.*; **versenktes –gut** *n.*, lagan *s.*; **–reste** *m./pl.*, relics (*pl.*); **–schiff** *n.*, wreck-marking ship *s. or* vessel *s.*; **–teile** *m. od. n./pl.*, debris *s.*, relics (*pl.*), wreckage *s.*, wrecking *s.*; **–tonne** *f.*, wreck buoy *s.*, wreck-marking buoy *s.*, cardinal mark *s.*; **–warnzeichen** *n.*, spindle *s.*

Wrasen *m.* **(in der Kombüse** *od.* **Pantry),** canopy *s.*, vent *s.*

Wricken *n.*, **Wriggeln** *n.*, **Wriggen** *n.*, sculling *s.* (*a boat*); **durch – fortbewegen,** to scull, to wiggle (*a boat*). **wricken** *v.*, **wriggeln** *v.*, **wriggen** *v.*, to row paddling astern, to scull (*a boat over the stern*), to wiggle (*a boat*); **ein (Bei)Boot –,** to scull (a boat with one oar), to wiggle a boat. **Wricker** *m.*, **Wrigger** *m.*, sculler *s.* (*pers.*). **Wrigg / riemen** *m.*, scull *s.*; **durch** *od.* **mit –riemen fortbewegtes Boot** *n.*, scull *s.*; **–rundsel** *n.*, sculling notch *s.* (*in the stern or transom*), notch *s. or* rowlock *s.* in the stern *or* transom for the scull.

Wucht *f.*, force *s.*, impact *s.*, pressure *s.* (*as of storm*), (*phys.*) impetus *s.*, kinetic energy *s.*, momentum *s.*; **die (volle) – des Sturms,** the violence of the storm, the full impact *or* (*coll.*) brunt of the storm.

Wuhling *f.*, **Wuling** *f.*, rounding *s.*, woolding *s.* (*jacketing with ropes*), lashing *s.*, woolding *s.* (*of standing rigging*), disorder *s.*, mess *s.*, (*coll.*) crowd *s.* (*of ropes*), (*rac., coll.*) crowd *s.*, press *s.* (*of boats*); **–stek** *m.*, unseamanlike *or* (*coll.*) lubber's bend *s. or* hitch *s.*

Wulst *m.* (*naut.*), bulb *s.*, bulge *s.*, collar *s.*; **–bug** *m.*, bulb *or* bulbous *or* bulge *or* bulging bow *s.*; **–fender** *m.*, pudding *or* puddening fender *s.*; **–kiel** *m.*, bulb *or* bulbous *or* bulge keel *s.*, fin keel *s.*; **–kieler** *m.*, bulb(ous) *or* bulge keel(ed) boat *s.*, fin-keel(ed) boat *s. or* yacht *s.*

Wune *f.* (*naut., dial.*), ice-hole *s.*, vent-hole *s.* in (the) ice.

Wurf *m.* (*naut.*), cast *s.*, throw *s.* (*of line, etc.*); **–anker** *m.*, stream anchor *s.*, kedge (anchor) *s.*, kedger *s.*; **–ankertau** *n.*, stream cable *s.*, kedge(-anchor) rope *s.*; **–leine** *f.*, hauling *or* heaving line *s.*; **klar bei –leine!** (*com.*), get your heaving lines ready!, stand by to cast the (heaving) lines!; **–leinengewehr** *n.*, heaving-line gun *s.*; **–leinenknoten** *m. od.* **-stek** *m.*, heaving-line bend *s. or* hitch *s.*, monkey's fist *s.*

Würgebolzen *m.* (*naut.*), wring bolt *s.* (*shipb.*).

Wurm / fraß *m.* (*naut.*), vermiculation *s.*, damage *s.* by maggots; **das (Holz)Boot hat –,** the (wooden) boat is worm-eaten; **w–stichig** *adj.* (*naut.*), maggoty, worm-eaten *or* -holed, wormed, wormy (*of wooden boat*); **–stichigkeit** *f.* (*naut.*), vermiculation *s.*, worminess *s.* (*of wood boat*).

Wust *m.* (*naut.*, *coll.*), crowd *s.*, mess *s.*, raffle *s.* (*of ropes*).
Wüste *f.* (*naut.*), waste *s.* (*of the sea or ocean*).
Wut *f.*, fury *s.*, rage *s.*, wrath *s.* (*of gale*). **wüten** *v.*, to be furious, to rage, to rave, to storm (*of gale*); **der Sturm wütete stundenlang,** the gale raged for hours (on end), the fury of the gale *or* storm lastet for hours. **wütend** *adj.*, raging, wild (*of gale*); **W–e Fünfziger** (*pl.*) (*naut.*, *geogr.*), furious fifties (*pl.*), Furious Fifties (*pl.*) (*west winds*).

X

X / -Achse *f.* **(im Koordinatensystem)** (*nav.*, *math.*), axis *s.* of the abscissa, x-axis *s.*; **--Koordinate** *f.* (*math.*), co(-)ordinate *s.* of the abscissa, x-co(-)ordinate *s.*; **--Schiene** *f.* (*naut.*), X-track *s.* (*of traveller*).

Y

Y-Achse *f.* (*nav.*, *math.*), axis *s.* of the ordinate, y-axis *s.*
Yacht *f.*, yacht *s.*, cruising yacht *s.*, big boat *s.*,(*coll.*) ship *s.*; **leewärtige (luvwärtige) –,** leeward (windward) yacht *s.*; **Eigner** *m.* **(Eignerin** *f.*) **einer –,** yachter *s.*, yachtsman *s.* (yachtswoman *s.*); **Führer** *m.* **einer –,** (yacht) skipper *s.*; **Seiteneinfall** *m.* **einer –,** tumblehome *s.* of a yacht, yacht's tumblehome *s.*; **Törn** *m.* **auf** *od.* **mit einer –,** yachting *s.*; **9,15 m –,** 30-footer *s.*, thirty-foot *or* feet yacht *s.*; **eine bequem** *od.* **gemütlich eingerichtete –,** a comfortable *or* (*coll.*) comfy yacht *s.*; **eine durch Protest ausgeschlossene –** (*rac.*), a disqualified yacht *s.* (by protest); **gestartete (nicht gestartete) –,** started (not started *or* entered) yacht *s.*; **auf einer – fahren** *od.* **segeln,** to yacht; **in** *od.* **mit einer – Rennen segeln,** to yacht; **mit einer – segeln,** to sail, to yacht, to go sailing *or* yachting, (*coll.*) to go for a sail; **nach Art einer** *od.* **wie eine – gebaut,** yacht-built (*of boat*); **die – faßt,** the boat *or* yacht takes hold; **die – ist festgekommen,** the boat has got stuck *or* has piled up; **die – ist handig,** the ship handles well; **die – liegt fest,** the yacht is moored; **die – liegt im Gat(t),** the yacht is down by the stern *or* stern-heavy; **die – macht keine Fahrt mehr,** the way is off the boat *or* yacht; **die – sitzt fest,** the boat has run aground *or* ashore; the yacht has come dry (*in tidal waters*); **eine – abslippen,** to slip off a yacht; **eine – auf Geschwindigkeit trimmen,** to trim the yacht for speed; **eine – ausslippen,** to slip out a yacht; **eine – einkranen,** to hoist in a yacht; **eine – hochhieven** *od.* **-winden,** to winch up a yacht; **eine – muß aufgeben** (*rac.*), a yacht has *or* is forced to give up *or* to drop out of a race; **mit einer anderen – aufkommen,** to close with a boat *or* ship *or* yacht; **(sich) eine – anschaffen** *od.* **zulegen,** to start a yacht; **– auf Backbord(Steuerbord)-bug,** port (starboard) tack yacht *s.*; **– mit Außenborder** *od.* **-bordmotor,** yacht *s.* with outboard motor, outboarder *s.*; **– mit Innenborder** *od.* **-bordmotor,** yacht *s.* with inboard motor, inboarder *s.*; **– mit Wegerecht,** right-of-way yacht *s. or* ship *s.*; **– unter Motor,** yacht *s.* under motor; **– unter Segel,** yacht *s.* under sail.
Yacht / anker *m.*, yacht anchor *s.*; **–ausrüster** *m.*, (yacht) outfitter *s.*; **–ausrüstung** *f.*, yacht equipment *s. or* outfit *s.*; **–bassin** *n.*, marina *s.*; **–bau** *m.*, yacht building *s.*, styling *s.* (of a yacht), yacht construction *s.*; **–bauer** *m.*, yacht builder *s. or* designer *s.*; **–bedarf** *m.*, sailor's shop *s.*; **–beiboot** *n.*, dinghy *s.*, pinnace *s.*, tender *s.*, (*coll.*) cock-boat *s.*; **--Bratspill** *n.* (*coll.*), (yacht) capstan *s. or* windlass *s.*; **–club** *m.*, yacht *or* sailing *or* (*rare*) yachting club *s.*; **–eigner** *m.*, owner *s.* of a yacht, yacht owner *s.*, yachtsman *s.*; **–eignerin** *f.*, yachtswoman *s.*; **–fahrtensegler** *m.*, familiy cruiser *s.*, cruising yacht *s.* (*boat*), cruising yachtsman (*pers.*); **–führer** *m.*, (yacht) skipper *s.*, yacht master *s.*; **–führerschein** *m.*, yacht master certificate *s.*; **–funkdienst** *m.*, radio service *s.* for yachts; **–hafen** *m.*, yacht harbour *s. or* (*am.*) harbor *s.*, marina *s.*; **geschützter –hafen** *m.*, sheltered *or* (*coll.*) cosy yacht harbo(u)r *s.*; **–heck** *n.*, yacht stern *s.*; **–kapitän** *m.*, (yacht) skipper *s. or* (*hum.*) captain *s.*, yacht master *s.*; **–kiel** *m.*, yacht keel *s.*; **–klub** *m.*, (*s.* **–club**); **–konstrukteur** *m.*, yacht designer *s.*, naval architect *s.*, yacht architect *s.*; **–konstruktion** *f.*, yacht design *s.*; **–kreuzfahrt** *f.*, yachting *s.*, yachting cruise *s.*; **–kunst** *f.*, yachting *s.*, yacht(s)manship *s.*; **–lack** *m.*, varnish *s.* for yachts, yacht varnish *s.*; **–log** *n.*, impeller log *s.*, electronic log *s.*, pitometer log *s.*, Venturi(-type) log *s.*, sumlog *s.*, speed

indicator *s.*, speedometer *s.*; **–police** *f.* (*ins.*), yacht policy *s.*; **–regatta** *f.*, yacht race *s. or* racing *s. or* regatta *s.*; offshore race *s.*; **–register** *n.*, yacht's register *s.*; **–registrierung** *f.*, yacht registry *s.*, registry *s.* of a *or* of yachts; **–rennwertfaktor(system** *n.*) *m.*, yacht rating factor (system) *s.*; **(aufblasbare) –rettungsinsel** *f.*, (inflatable) life raft *s.* of a yacht; **–rumpf** *m.*, hull *s.* of a yacht; **–schoner** *m.*, yacht schooner *s.*, schooner *s.*, schooner yacht *s.*; **–schule** *f.*, yachting-school *s.*; **–schwadron** *f.* (*rac.*), yacht squadron *s.*; **–segel** *n.*, yacht sail *s.*; **(dreieckiges) –segel** *n.*, balloon jib *s.*, drifter *s.*, genoa *s.*; **leichtes –segel** *n.*, balloon sail *s.*, blister *s.*, flasher *s.*, reacher *s.*; **–segeln** *n.*, **–segelsport** *m.*, yachting *s.*, yacht sailing *s.*; **–segler** *m.*, yachtsman *s.*, (*coll.*) yachter *s.*; **–seglerin** *f.*, yachtswoman *s.*; **–skipper** *m.*, (yacht) skipper *s.*, yacht master *s.*; **–stellung** *f.* **des Radarreflektors,** adjustment *s. or* positioning *s.* of the (yacht's) radar reflector, radar-reflector position *s.* (of the yacht); **–steven** *m.*, racy *or* rakish *or* sharp *or* streamlined yacht bow *s. or* stem *s.*; **–takelung** *f.*, yacht rig *s.*, yacht rigging *s.*; **(lehniges) –tauwerk** *n.*, (flexible) yacht rope *s.*; **–vermesser** *m.*, yacht measurer *s.*; **–vermessung** *f.*, yacht measurement *s.*, (*rac.*) rating *s.*; **--Versicherungsgesellschaft** *f.*, yacht insurance company *s.*; **–werft** *f.*, yacht-building yard *s.*, shipbuilding yard *s.*, yacht yard *s.*; **–wesen** *n.*, yachting *s.*; **--Zertifikat** *n.*, yacht certificate *s.*

Yagi-Antenne *f.*, yagi *s.* (*for short-wave reception*).

Yard *n.* (*naut.*), yard *s.* (*measure = 0,914 m of boats, sailcloth*); **in –s** (*pl.*) **angegebene Länge,** yardage *s.* (*of yacht*); **in –s** (*pl.*) **angegebene Zahl,** yardage *s.* (*of sailcloth*).

Yardstick / formel *f.* (*rac.*), yardstick rule *s.*; **--Regatta** *f.*, yardstick race *s.*; **–system** *n.* (*rac.*), yardstick system *s.*; **–zahl** *f.* (*rac.*), yardstick number *s.*

Yawl *f.*, yawl *s.*; **–besan(mast)** *m. od.* **-treiber** *m.*, yawl(-)jigger *or* mizzen (mast) *s.*; **–besansegel** *n.*, jigger *s. or* mizzen *s. or* driver *s. or* riding sail *s.* of a yawl, yawl driver *s.*

YE-Bake *f.*, YE beacon *s.* (*navigational aid*).

YRF-System *n.*, yacht rating factor system *s.*

Z

Zahl *f.*, number *s.*, (*rac.*) score *s.*; **gerade (ungerade) –,** even (odd) number *s.*; **vierstellige –,** number *s.* of four digits (*as sail-number*). **Zahlen / anzeige** *f.* (*nav.*), numerical display *s.*; **–folge** *f.* (*rac.*), numerical order *s.*; **–signal** *n.*, numerical signal *s.*; **–symbole** *n./pl.*, number symbols (*pl.*) (*as on charts*); **–tafel** *f.* (*nav.*), numerical table *s.*, deviation table *s.*; **–wimpel** *m.* (*naut.*, *rac.*), numerical pendant *s.* **Zähler** *m.* (*rac.*), score *s.*, point *s.*, (*tech.*) (automatic) counter *s.*, integrating meter *s.*, meter *s.*; **–ablesung** *f.*, meter reading *s.*

Zahlung *f.*, **monatliche – an die Schiffscrew** *od.* **-mannschaft,** compo *s.* (*pl.* compos).

Zahn *m.* (*tech.*), cog *s.*, tooth *s.*; **–kranz** *m.* (*naut.*, *tech.*), cogs (*pl.*), teeth (*pl.*), toothed rim *s.* (*of gear*); **–rad** *n.* **einer Winsch,** cogged *or* toothed wheel *s.* of a winch, cog- *or* gearwheel *s.* of a winch; **–radantrieb** *m.*, geardrive *s.* (*of winch, etc.*); **–radgetriebe** *n.*, pinion gear *s.*; **–radübersetzung** *f.*, gearing *s.*, gear transmission *s.*; **–schiene** *f.* **(des Mastes),** cogged *or* toothed track *s.* (of the mast), open mast-step *s. or* -shoe *s.*; **–stange** *f.* (*naut.*, *tech.*), cog-rail *s.*, rack *s.*; **–stangengetriebe** *n.*, rack *s.* and pinion.

Zange *f.* (*tech.*), (a pair of) nippers (*pl.*) *or* pincers (*pl.*) *or* pliers (*pl.*) *or* tongs (*pl.*); **ein Boot in die – nehmen** (*rac.*), to corner *or* to sandwich a boat; **–nwinkel** *m.* (*rac.*), flanking angle *s.*

Zapfen *m.* (*naut.*, *tech.*), cock *s.*, journal *s.*, peg *s.*, pin *s.*, plug *s.*, trunnion *s.*; joint *s.*, tenon *s.* (*shipb.*); **drehbarer –,** pivot *s.*; **eingelassener –,** gudgeon *s.* **zapfen** *v.* (*naut.*, *tech.*), to join (*timber*) with mortise and tenon (*shipb.*). **Zapfen / lager** *n.* (*naut.*, *tech.*), bush *s.*, journal *or* pivot bearing *s.*, trunnion seat *s.*; step bearing *s.* (*of mast*); **–loch** *n.* (*naut.*, *tech.*), pivot socket *s.*; mortise *s.* (*shipb.*); **–verbindung** *f.*, mortise-joint *s.* (*shipb.*).

Zapf / säule *f.* **(auf dem** (*od.* **der) Pier)** (*coll.*), petrol-pump *s.* (on the jetty); **–stelle** *f.* (*naut.*, *coll.*), (petrol-)filling station *s.*; **–wart** *m.* (*coll.*), petrol-pump attendant *s.*

Zedernholz *n.*, cedar-wood *s.* (*shipb.*).

Zeichen *n.* (*naut.*), mark *s.*, signal *s.*, (*rac.*) signal *s.*, (*meteor.*) sign *s.*, token *s.*, (*rad.*) call-sign *s.* (*of radio-operator*), signal *s.*; symbol *s.* (*on charts*); **Stärke** *f.* **eines –s** (*rad.*), strength *s.* of a *or* the signal; **das – geben** (*naut.*), to give *or* to pass the word, to give the signal; **das (Ihr) – ist kaum hörbar** *od.* **zu hören** (*rad.*), the (your) signal is hardly audible; **ein Boot** *od.* **Schiff durch – anpreien,** to speak a boat *or* ship; **– geben** (*naut.*), to signal, to speak (a boat *or* ship). **Zeichen / aufsatz** *m.* (*radar*), plotter head-piece *s.* *or* template *s.* *or* top *s.*, reflection plotter *s.*; **–dreieck** *n.* (*naut.*), set-square *s.*, triangle *s.*; **–erklärung** *f.*, key *s.* (*to the symbols used*), legend *s.*, list *s.* of conventional signs (*of sea or weather chart*); **–geber** *m.* (*rad.*), signal indicator *s.*; **–schlüssel** *m.*, key *s.* (*of sea or weather chart*); **–setzung** *f.* **(auf dem Startschiff)** (*rac.*), setting *s.* of signals (on the committee boat); **–system** *n.* (*meteor.*, *rad.*), code *s.*

Zeichnung *f.* (*naut.*), design *s.*, drawing *s.*, rough draught *s.* *or* sketch *s.* (*shipb.*).

Zeigen *n.* **der Protestflagge** (*rac.*), exhibition *s.* of the *or* exhibiting *s.* the protest flag. **zeigen** *v.* (*naut.*), to exhibit, to show, (*radar*) to display, (*tech.*) to indicate (*of measuring instruments, gauges*); **die Flagge –,** to show the flag *or* colo(u)rs; **– nach** (*naut.*), to grow on (*of anchor cable*); **das Thermometer zeigt 20° C,** the thermometer reads *or* stands at 20° C. **Zeiger** *m.*, indicator *s.*, pointer *s.* (*of measuring instruments*), needle *s.* (*of compass*), (*math.*) index *s.*; **–arm** *m.*, index-arm *s.*, alidade *s.* (*of azimuth instrument*); **–ausschlag** *m.*, deflection *s.* *or* deflexion *s.* (of a needle), needle deflection *s.* *or* deflexion *s.*; **–barometer** *n.*, wheel barometer *s.*; **–einstellung** *f.*, adjustment *s.* of needle *or* pointer *or* indicator, dial adjustment *s.*; **–sextant** *m.*, index sextant *s.*

zeisen *v.*, to lash, to seize, to stop, to tie together (*sails*), to nip (*ropes*); **Segel –,** to lash *or* to seize sails, to furl sails; **Taue –,** to nipper ropes. **Zeiser** *m.*, **Zeising** *m.* (*coll. f. od. n.*), gasket *s.*, lashing *s.*, seizing *s.*, stop *s.*, tie *s.*, tyer *s.* (*of sails*), nipper *s.* (*of rope*); **–band** *n.*, stop *s.*, tie *s.*, tyer *s.*; **–draht** *m.*, lashing *or* seizing wire *s.*; **–gut** *n.*, lashing *or* seizing stuff *s.* *or* rope *s.*, gasket *s.*; **–tauwerk** *n.*, nipper *s.*

Zeit *f.*, time *s.*, (*rac.*) duration *s.*; phase *s.*, stage *s.*, period *s.* (*of a cruise*); **astronomische –,** astronomical time *s.*; **berechnete –** (*rac.*), rated time *s.*; **beschickte –** (*nav.*), corrected time *s.*, time *s.* made good; **bürgerliche –,** civil time *s.*; **eingesparte –** (*naut.*, *rac.*), time *s.* saved; **gesegelte –** (*rac.*), elapsed time *s.*; **gesetzliche –,** standard time *s.*; **Mitteleuropäische –,** Central European Time *s.*; **mittlere –,** mean time *s.*; **Mittlere Greenwich(er) –,** Greenwich Mean Time *s.*; **wahre –,** apparent *or* true time *s.*; **die – messen** *od.* **nehmen** *od.* **stoppen** (*rac.*), to time; **mit der – in Bedrängnis kommen** (*rac., coll.*), to cut it fine; **über die –** (*naut.*, *rac.*), overdue (*of boat*); **verlorene – wieder einholen** *od.* **einzuholen versuchen** (*rac.*), to make up for lost time; **– gewinnen** (*rac.*), to gain time; **– schinden** (*rac., coll.*), to play for time, to temporize; **– vergeuden** (*rac.*), to squander (away) time; **– verlieren** (*rac.*), to lose *or* to waste time; **– verschwenden** (*rac.*), to waste time, to squander (away) time; **– vertrödeln** (*rac., coll.*), to trifle away time. **Zeit / abstand** *m.*, time interval *s.*, (*rac.*) lag *s.*; **in gleichen –abständen** *m./pl.* **(eintretend)** (*phys.*), isochronal (*of a light, etc.*); **in regelmäßigen –abständen** *m./pl.*, at regular intervals, periodically (*of a light*); **–ausgleich** *m.* (*rac.*), time allowance *s.*; **–azimut** *m.* (*astr.*), time azimuth *s.*; **–ball** *m.* (*rac.*), time ball *s.*; time indicator *s.* (*in harbours*); **–berechnungsfaktor** *m.* (*rac.*), time-rating factor *s.*; **–berichtigung** *f.* (*naut.*), time correction *s.*; **–berichtungsfaktor** *m.* (*rac.*), time-correction factor *s.*; **–berichtigungsfaktorsystem** *n.* (*rac.*), time-correction factor system *s.*; **–bogen** *m.* (*astr.*), arc *s.* of time; **–dauer** *f.* (*naut.*, *rac.*), duration *s.*, period *s.*, length *s.* *or* space *s.* of time, time *s.*; **–differenz** *f.*, time difference *s.*; **–einheit** *f.*, unit *s.* of time; **–einteilung** *f.* (*naut.*, *rac.*), timing *s.*; **–ersparnis** *f.* (*naut.*, *rac.*), saving *s.* of time, time saving *s.*; **–faktor** *m.* (*rac.*), time factor *s.*; **–gewinn** *m.* (*rac.*), saving *s.* of time, time *s.* gained; **–gleichung** *f.* (*astr. nav.*), equation *s.* of time, time equation *s.*; **–intervall** *n.*, time interval *s.*

zeitlich *adj.*, temporal; **– festlegen** *od.* **-setzen** (*rac.*), to schedule; **–e Abstimmung** *f.* (*rac.*), **genaue –e Berechnung** *f.* (*naut.*, *rac.*), timing *s.*; **–e Beschränkung** *f.*, time limit *s.*; **richtige –e Einteilung** *f.* (*naut.*, *rac.*), timing *s.*; **–e Steuerung** *f.* (*tech.*), timing *s.*; **–e Verzögerung** *f.*, time lag *s.* (*of tide, etc.*).

Zeit / marke *f.* (*Loran*), pedestal *s.*; **–messer** *m.* (*rac.*), chronometer *s.*; **registrierender –messer** *m.*, chronograph *s.*, chronoscope *s.*; **–messung** *f.* (*rac.*), timing *s.*; **–nehmer** *m.* (*rac.*), time-keeper *s.*, timer *s.*; **–plan** *m.* (*naut.*, *rac.*), time-chart *s.* *or* -table *s.*, (*am.*) schedule *s.*; **–multiplikationsfaktor** *m.* (*rac.*), time-multiplication factor *s.*; **–punkt** *m.*, moment *s.*, time *s.*; **z–raubend** *adj.* (*naut.*, *rac.*), time-consuming, time-wasting (*of detour, etc.*); **–raum** *m.*, space *s.* of time; interval *s.*, period *s.* (*of a light*); **–schalter** *m.* (*elec., tech.*), timing *or* time switch *s.*; **–schrift** *f.* **für Yachtsegler,** journal *s.* *or* magazine *s.* *or* periodical *s.* for yachtsmen; **–schuß** *m.* (*rac.*), starting signal *s.*, starter's gun *s.*; **–signal** *n.*, time signal *s.*;

–spanne *f.*, lapse *s.* (of time), period *s.* (of time), interval *s.* (*of a light, etc.*); **z–sparend** *adj.* (*naut., rac.*), time-saving; **–tabelle** *f.* **(des Eintritts der Gezeiten),** time table *s.* (of the tide); **–unterschied** *m.* (*naut.*), difference *s.* of time, time difference *s.* (*of longitude*), co-tidal difference *s.* (*in tidal waters*); **–verbesserung** *f.* (*naut.*), correction *s.* of time, time correction *s.*; **–vergeudung** *f.* (*rac.*), waste *s.* of time; **–vergleich** *m.*, check *s.* *or* comparison *s.* of time *or* chronometers; **–vergütung** *f.* (*rac.*), correction *s.* of time; **–verlängerung** *f.* (*rac.*), extra time *s.*; **–verlust** *m.* (*naut.*), delay *s.*, (*rac.*) loss *s.* *or* waste *s.* of time; **–verrechnungsfaktor** *m.* (*rac.*), time correction factor *s.*; **–verschwendung** *f.* (*rac.*), squandering *s.* *or* waste *s.* of time, trifling *s.*; **–verzögerung** *f.*, time(-)lag *s.*, retardation *s.* (*of tide*), (time) delay *s.* (*of boat*); **–vorgabe** *f.* (*rac.*), time allowance *s.* **zeitweilig** *adj.* (*meteor.*), temporary; **– aussetzend,** intermittent (*of a light*); **– Regen** (*meteor.*), occasional (showers of) rain *s.*; **–e Aufheiterung** *f.* (*meteor.*), sunny spells (*pl.*). **Zeit / wert** *m.* (*naut., ins.*), current *or* replacement value *s.*; **–winkelgeschwindigkeitsmaß** *n.* (*astr.*), arc *s.* of time; **–zeichen** *n.* (*naut.*), time indicator *s.* (*in harbours*), (*rac.*) time ball *s.*, (*rad.*) time signal *s.*, (*coll.*) pip *s.*; **–zone** *f.* (*geogr.*), time zone *s.*, (*am.*) time belt *s.*; **–zonenkarte** *f.* (*meteor.*), Time Zone Chart *s.*

Zelle *f.* (*naut.*), cell *s.*, (ballast) tank *s.*, (*elec.*) cell *s.*; **elektrische –n** (*pl.*) **(an Baken),** electric cells (*pl.*) (on beacons); **eine – peilen** (*naut.*), to check *or* to sound a cell *or* tank.

Zelt / decke *f.*, **–plane** *f.* (*naut.*), awning *s.*, tilt *s.*, canopy *s.* (*of cabin*).

Zenit *m.* (*astr.*), zenith *s.*, vertex *s.*, vertical point *s.*; **genau unter dem – (liegend),** sub(-)celestial; **im – (stehend),** at the zenith. **Zenit / abstand** *m.*, zenith distance *s.*; **Instrument** *n.* **zum Messen des –abstands,** zenith sector *s.*; **–deklination** *f.*, declination *s.* of the zenith; **–distanz** *f.*, coaltitude *s.*, zenith distance *s.*; **wahre –distanz** *f.*, apparent *or* true zenith distance *s.*; **–kollimator** *m.* (*astr., math.*), zenith collimator *s.*; **–stellung** *f.* (*astr.*), verticality *s.*; **–teleskop** *n.*, zenith telescope *s.*

Zentesimaleinteilung *f.*, centigrade scale *s.*

Zentimeter *m.* (*od. n.*), centimetre *s.*, (*am.*) centimeter *s.*; **––Gramm-Sekunde** *f.* (*phys.*), centimetre *or* (*am.*) -meter-gram-second *s.*; **––Gramm-Sekundensystem** *n.* (*phys.*), C.G.S.-system *s.* of units; **–welle** *f.* (*rad., radar*), super high frequency *s.*, ultra-high frequency (wave) *s.*

zentral *adj.*, central. **Zentrale** *f.* (*naut.*), central(-)room *s.* *or* station *s.*, (*geom.*) line *s.* joining two (or more) centres *or* (*am.*) centers. **Zentral / schaltung** *f.*, central control *s.*; **–schmierung** *f.* (*naut., tech.*), central lubrication *s.*; **–verankerung** *f.* (*naut.*), central *or* main mooring *s.*; **–winsch** *f.*, central *or* main winch *s.*, midship-winch *s.*

Zentrierbohrer *m.*, centre *or* (*am.*) center bit *s.* **zentrieren** *v.*, to centre, (*am.*) to center (*mast, etc.*), to true (*bearings*). **Zentrierung** *f.*, centreing *s.*, (*am.*) centering *s.* (*of mast, etc.*).

Zentrifugal / kraft *f.* (*naut., phys.*), centrifugal force *s.*, tangential force *s.*; **–lüfter** *m.* (*naut.*), centrifugal fan *s.* *or* ventilator *s.*; **–moment** *n.* (*naut., phys.*), centrifugal moment *s.*; **–pumpe** *f.* (*naut.*), centrifugal pump *s.*; **–regler** *m.* (*naut., tech.*), centrifugal governor *s.* **Zentripetalkraft** *f.* (*naut., phys.*), centripetal force *s.*

Zentrum *n.* (*meteor.*), centre *s.*, (*am.*) center *s.*, (*coll.*) bull's eye *s.*; **– eines Seebebens,** centre *s.* *or* (*am.*) center *s.* of a sea(-)quake; **– eines Sturms,** centre *s.* *or* (*am.*) center *s.* of a storm, storm centre *s.* *or* (*am.*) center *s.*, (*coll.*) bull's eye *s.*; **windstilles – eines Sturms,** eye *s.* of the storm.

Zephir *m.*, **Zephyr** *m.*, zephyr *s.*, west(-)wind *s.*, gentle southwester *s.* *or* (*coll.*) sou'wester *s.*, light *or* gentle breeze *s.*, evening breeze *s.*

Zeptertau *n.*, manrope *s.*

zerbrechen *v.* (*naut.*), to snap (*of cable, hanks, etc.*).

zerfetzen *v.*, to ribbon, to shred, to tatter, to tear to shreds *or* tatters (*of sails*). **zerfetzt** *adj.*, ragged, ribboned, tattered (*of sails*); **– werden,** to tatter (*of sails*); **der Sturm –e die Segel,** the storm ribboned the sails *or* canvas, the storm tore the sails to shreds *or* tatters.

zerfleddert *adj.* (*naut. coll.*), wind-blown (*of sails*).

zerfressen *v.* (*naut. coll.*), to corrode (*of hull*). **Zerfressung** *f.*, corrosion *s.*

Zerhacker *m.* (*rad.*), chopper *s.*, vibrator *s.*

zerklüftet *adj.*, cleft, jagged, rugged (*of coast, cliffs*); **–e Küste** *f.*, scraggy coast *s.*

zerknittern *v.*, to crease, to crumple (*of sails*).

zerlegbar *adj.* (*naut., tech.*), collapsible, detachable (*of running rigging, etc.*). **zerlegen** *v.* (*naut.*), to dismantle, to strip, to take apart *or* to pieces. **Zerlegung** *f.* **der Kräfte** (*naut., phys.*), resolution *s.* of forces.

zero *adj.* (*meteor.*), zero (*less than 50 metres*); **– Sicht** *f.* (*naut., meteor.*), zero visibility *s.*

zerreißen *v.*, to break, to part, to rend, to rend apart *or* asunder, to tear, to snap, to split (*of rope*), to rend, to rip up *or* to pieces, to shred, to tear (apart *or* to pieces *or* up) (*of sails*). **Zerreiß/festigkeit** *f.* (*phys., tech.*), tearing(-)strength *s.*, tensile strength *s.*, ultimate strength *s.* (*as of sailcloth*); **–versuch** *m.*, tensile test *s.*

Zerren *n.*, yank *s.* (*at rigging, rope*); **gewaltsames** *od.* **heftiges – (an),** wrest *s.* (at) (*rope, etc.*). **zerren** *v.* (*naut.*), to drag, to haul, to pull, to span, to tug (**an,** at) (*rigging, etc.*); **gewaltsam – an,** to yank at (*rope, etc.*); **heftig – an,** to wrest at (*rope, sheet, etc.*).

zerrissen *adj.*, **–es Gewölk,** rack *s.*; **–e Segel** *n./pl.*, ribboned *or* torn sails (*pl.*); **–es Tau(werk)** *n.*, torn *or* snapped rope(s) *s.* (*pl.*).

zerschellen *v.* (*naut.*), to split, to stave, to be wrecked (**an,** at) (*of boat*); **ein Boot – lassen,** to wreck a boat.

zerschmettern *v.* (*naut.*), to smash, to stave (**an,** at) (*of boat*).

zerschrammen *v.* (*naut.*), to scratch (*of hull*).

zersplittern *v.* (*naut.*), to splinter, to split (up), to split to pieces (*of mast, etc.*). **zersplittert** *adj.*, splintered (*of mast*).

zersprengend *adj.*, **–e Kraft** (*naut., phys.*), disruptive force *s.*

zerspringen *v.*, to break, to part, to snap, to split (*of rope, cable*).

zerstörend *adj.*, **–e Kraft** *f.*, **Zerstörungskraft** *f.* (*phys.*), destructive force *s.* (*of storm, etc.*).

zerstreut *v.*, **in alle Winde –** (*naut., coll.*), scattered to the four winds. **Zerstreuung** *f.* (*phys.*), dispersion *s.*, spread *s.*; **–slinse** *f.* (*opt., phys.*), dispersing *or* diverging lens *s.*; **–spunkt** *m.* (*opt., phys.*), focus *s.* of divergence, point *s.* of dispersion; **–sspiegel** *m.* (*phys.*), convex mirror *s.*

Zertifikat *n.* (*naut.*), certificate *s.*; **– für Probefahrt** *od.* **-lauf und Überführung (einer Yacht),** shipbuilder's *or* yacht builder's certificate *s.*; **– für Yachteigner,** yacht master's *or* owner's certificate *s.*; **– über ordnungsgemäße Rettungsausrüstung,** certificate *s.* of live-saving equipment (*of a boat*).

zertrümmern *v.* (*naut.*), to smash, to be wrecked, to wreck (*of boat*).

Zeug *n.* (*naut., coll.*), (sail)cloth *s.*, sails (*pl.*), canvas *s.*, stuff *s.*, (*naut. sl.*) duds (*pl.*), slop *s.*, tog *s.*, things (*pl.*); **unter vollem –,** all standing (*of sails*); **unter vollem – laufen** *od.* **segeln,** to crack on (sails); **völlig durchnäßtes** *od.* **nasses –** (*naut.*), drenched *or* soaked *or* sopping wet slop *s. or* stuff *s.*

Zeugnis *n.* (*naut.*), certificate *s.*

Zeugsack *m.* (*naut. sl.*), slop bag *s.*, canvas *or* sea bag *s.*

zickzack *adv.* (*naut.*), zigzag; **–** *od.* **im Zickzack fahren** *od.* **steuern,** to zigzag, to follow a zigzag course (*of boat*). **Zickzack/bewegung** *f.*, zigzagging *s.* (*of a boat*); **–blitz** *m.*, forked lightning *s.*, zigzag flash *s.* of lightning; **–kurs** *m.*, zigzag (course) *s.*; **–kurs laufen,** to zigzag; **–linie** *f.*, zigzag(ging) *s.* (*of boat*).

ziehen *v.*, to draw, to pull; to haul, to tow (*a boat*), to drag (*a buoy, fishing net*); **ein Boot an(s) Land –,** to haul a boat ashore; **ein Tau – durch (einen Block),** to reeve a rope through (a block); **ein Tau – über (einen Poller),** to reeve a rope over (a bollard); **ein Tau – um (einen Pfosten),** to reeve a rope around (a snubbing post); **mit aller Kraft – und zerren** (*naut. coll.*), to pull-haul; **sich in die Länge –** (*rac.*), to go on and on, to drag on (interminably); **übers Meer –,** to cross the sea; **Wasser –,** to leak (*of boat*); **das Gebirge zieht sich weit ins Meer (hinaus),** the mountains extend *or* stretch *or* run far out into the sea; **das Gewitter ist südwärts gezogen,** the storm has passed over to the south.

Zieh/klinge *f.* (*naut., tech.*), shave *s.*, spoke shave *s.*, scraper *s.*, scratcher *s.*; **–leine** *f.*, regulating line *s.* (*of leech*), pull cord *s.*

Ziel *n.* (*naut.*), destination *s.*, home *s.*, (*rac.*) finish *s.*, finishing line *s. or* mark *s.*, mark *s.*, (*radar*) target *s.*; **als Erster** *od.* **Sieger das – passieren** *od.* **durchsegeln,** to come in *or* to finish first, to be the winner; **ein – ansegeln** *od.* **ansteuern,** to home; **kurz vorm – geschlagen werden** (*rac.*), to be beaten *or* (*sl.*) pipped at the line. **Ziel/ansteuerung** *f.* (*rad. D/F*), homing *s.*; **–auflösung** *f.* (*radar*), target resolution *s.*; **–auswanderung** *f.* (*radar*), target displacement *s.*; **–boje** *f.*, finishing(-line) buoy *s.*; **–boot** *n.* (*rac.*), committee boat *s.*, stakeboat *s.*; **–darstellung** *f.* (*radar*), target representation *s.*; **–dreieck** *n.* (*rac.*), home triangle *s.*; **–durchgang** *m.* (*rac.*), finishing *s.*, (*am.*) finish *s.*; **–entfernung** *f.* (*radar*), target distance *s.*; **–erfassung(sbereich** *m.*) *f.* (*radar*), (zone of) contact *s.*; **–fahrt** *f.* (*rad. D/F*), homing *s.*; **–funkfeuer** *n.*, directional radio beacon *s.*; **–geschwindigkeit** *f.* (*radar*), target speed *s.*; **–hafen** *m.*, port *s.* of destination, home port *s.*, terminal *s.*; **–kamera** *f.* (*rac.*), photo-finish camera *s.*; **–kreuz** *f.* (*rac.*), home *or* homing tack *s. or* stretch *s.*, quarter stretch *s. or* leg *s.*; **–linie** *f. (rac.)*, finishing line *s.*, *(am.)* finish line *s.*, score *s.*, scratch *s.*; **–marke** *f. (rac.)*, finishing mark *s. or* buoy *s.*; **–peilung** *f. (radar)*, target bearing(s) *s. (pl.)*; **–photografie** *f. (rac.)*, photo-finish *s.*; **–richter** *m. (rac.)*, judge *s.*; **–schiff** *n. (rac.)*, finishing boat *s.*, *(radar)* target ship *s.*; **–strecke** *f. (rac.)*, home stretch *s.*; **–unterscheidung** *f. (radar)*, target discrimination *s.*; **–verfolgung** *f. (radar)*, target tracking *s.*; **–zeichen** *n. (radar)*, target blip *s.*

Zier / knoten *m.*, fancy *or* ornament(al) knot *s.*; **–leiste** *f.*, fillet *s.*, (ornamental) moulding *s. or* edging *s. (of boat)*.

Ziffer *f.*, cipher *s.*, digit *s.*, number *s.*; **–anzeige** *f.*, numerical display *s. (as of flags)*.

Zille *f.*, (dumb) barge *s.*, swim barge *s.*, flatboat *s.*, scow *s.*

Zimmermann *m. (naut.)*, carpenter *s.*, shipwright *s.*, *(coll.)* chippie *s.*, chips *s.*; **–sknoten** *m.*, **–sstek** *m.*, timber hitch *s.*

Zink *n.*, zinc *s.*; **–blech** *n.*, sheet-zinc *s.*; **–draht** *m.*, zinc wire *s.*

Zinke *f. (naut., tech.)*, tenon *s.*, dovetail *s.* **zinken** *v.*, to join with mortise and tenon.

Zink / lot *n.*, spelter solder *s.*

Zinn *n.*, tin *s.*; **–lot** *n.*, soft solder *s.*; **–pokal** *m. (rac.)*, pewter *s.*

Zipfel *m. (radar)*, lobe *s.*

Zirkel *m.*, (pair of) dividers *(pl.)*, (pair of) compasses *(pl.)*, chart dividers *(pl.)*, bow compasses *(pl.) or* dividers *(pl.)*; **mit dem – abgreifen,** to step off (with compasses *or* dividers).

Zirkularpolarisation *f. (phys.)*, circular polarization *s.*

Zirkulations / pumpe *f.*, circulating pump *s.*; **–strömung** *f.*, circulating current *s. or* flow *s.*; **–zeit** *f. (astr.)*, period *s.* (of circulation). **zirkulieren** *v.*, to circulate *(of air flow, etc.)*.

zirkum / meridian *adj. (astr.)*, circummeridian; **–polar** *adj.*, circumpolar; **–polare Planeten** *m./pl.*, circumpolar planets *(pl.)*; **Z–polarstern** *m.*, circumpolar body *s. or* star *s.*

Zirro- *pref. (meteor.)*, (*s.* **Cirro-**); **dichter –stratus** *m.*, **niedriger –stratus** *m. (meteor.)*, stratocirrus *s.*

Zirrus *m. (meteor.)*, (*s.* **Cirrus**); **–wolken** *f./pl. (coll.)*, spindrift clouds *(pl.)*.

Zodiakallicht *n. (astr.)*, zodiacal light *s.* **Zodiakus** *m. (astr.)*, zodiac *s.*

Zoll *m.*[1], inch *s. (measure = 2,54 cm)*, *(meteor.)* inch *s.*, *(astr.)* digit *s.*; **astronomischer –,** digit *s.*; **zwei – Regen** *(meteor.)*, 2 inches of rain.

Zoll *m.*[2], customs *s.*, duty *s.*; **beim – angeben** *od.* **deklarieren,** to declare at the customs, to enter at the custom-house; **ein Boot beim – (aus)klarieren,** to clear a boat at the customs. **Zoll / abfertigung** *f.*, customs clearance *s.*; **–amt** *n.*, customs *s.*, custom-house *s.* **zollamtlich** *adj.*, **(Schiffspapiere) – überprüfen** *od.* **untersuchen,** to jerque; **–e Durchsuchung** *f. (naut.)*, jerquing *s.*, search *s.*; **unter –em Verschluß,** in bond *(of boat, etc.)*. **Zoll / angabe** *f.*, customs declaration *s.*; **–ausfuhr-** *od.* **–ausgangserklärung** *f.*, clearance *s. or* declaration *s.* outward(s); **–auschließzone** *f.*, **–ausschlußgebiet** *n.*, free territory *s. or* zone *s.*; **–barkasse** *f.*, revenue launch *s.*; **–beamter** *m.*, customs officer *s.*; **–behörde** *f.*, customs authority *s.*; **–bescheinigung** *f.*, bill *s.* of clearance *or* entry, clearance certificate *s.*; **–boot** *n.*, revenue(-)-cutter *s.*; **–deklaration** *f. od.* **–erklärung** *f.*, customs declaration *s.*; **–durchsuchung** *f. (naut.)*, rummage *s.*; **–einfuhrerklärung** *f.*, declaration *s.* inwards; **–einfuhrschein** *m.*, bill *s.* of entry; **–flagge** *f.*, revenue flag *s.*; **z–frei** *adj.*, duty-free, free of duty *(as of provisions)*; **z–freier Hafen** *m.*, **–freihafen** *m.*, free port *s.*; **–freigebiet** *n. (naut.)*, free territory *s.*; **–freiheit** *f.*, exemption *s.* from duty *(as of seagoing cruisers)*; **–freischein** *m.*, shipping bill *s.*; **–gebiet** *n.*, customs territory *s.*, bond area *s.*; **–gebühr** *f.*, duty *s.*, customs dues *(pl.)*; **–grenze** *f.*, customs border *s. or* frontier *s.*; **–hafen** *m.*, port *s.* of entry; **–haus** *n.*, custom-house *s.*; **–kontrolle** *f.*, customs examination *s.*, rummage *s.*; **–kreuzer** *m.*, revenue cruiser *s.*; **–kutter** *m.*, revenue cutter *s.*; **z–pflichtig** *adj.*, liable to duty, dutiable; **–plombe** *f.*, bond *s.*, customs seal *s.*, leads *(pl.)*; **–schein** *m.*, (bill of) clearance *s.*, certificate *s.* of clearance; **–schiff** *n.*, revenue-cutter *s.*; **–stock** *m.*, footrule *s.*, inch rule *s.*, inched staff *s.*; **–untersuchung** *f. (naut.)*, search *s.*, rummage *s.*; **–verschluß** *m.*, bond *s.*, customs seal *s.*, leads *(pl.)*; **unter –verschluß lassen,** to leave in bond *(of boat, etc.)*; **Proviant** *m.* **(in Transit) unter –verschluß,** bonded provisions *(pl.) (of a yacht)*; **–vorschriften** *f./pl.*, customs regulations *(pl.)*; **z–weise** *adv.*, inch by inch, by inches; **z–weise vorwärtskommen,** to inch forward *(of boat)*; **–zeichen** *n. (naut.)*, revenue flag *s.*

Zone *f. (geogr.)*, zone *s.*, region *s.*; **Drei Meilen –,** three mile boundary *s. or* zone *s.*; **freie –** *(naut.)*, free zone *s.*; **gemäßigte –** *(geogr.)*, temperate zone *s.*, *(meteor.)* Variable Zone *s.*; **heiße Zone (der Erde)** *(geogr.)*, Torrid Zone *s.*; **kalte – (der Erde)** *(geogr.)*, Frigid

Zone *s.*; **tote –** (*rad.*), silent *or* silence zone *s.*, zone *s.* of silence, skip-distance *s.*, dead spot *s.*, (*radar*) blind spot *s.*; **den nördlichen Teil der gemäßigten –n betreffend,** subtemperate; **in –n auf-** *od.* **eingeteilt** (*geogr.*), zoned; **Verteilung** *f.* **auf –n** (*geogr.*), zonation *s.* **Zonen/abgrenzung** *f.* (*geogr.*), zoning *s.*; **–linse** *f.*, echelon lens *s.* (*of lighthouse*); **–signal** *n.*, zone signal *s.*; **–zeit** *f.*, standard *or* zone time *s.*

Z-Spar-Mast *m.*, Z-spar mast *s.*

zu *prep.*, **auf die Küste –, der Küste –,** towards the shore, shorewards; **auf (die offene) See –,** offshore; **– Schiff,** by ship; **–r See,** at sea; **– Wasser und zu Land,** by land and sea; **– Berg fahren,** to go upstream *or* against the stream; **– Tal fahren,** to go downstream *or* with the stream; **– Blocks,** (*s.* **zublocks**).

Zubehör *n.*, accessories (*pl.*), appurtenances (*pl.*), attachments (*pl.*), fittings (*pl.*); **–teil** *m. od. n.*, accessory *s.*, attachment *s.*, fitting *s.*

zublocks *adv.*, block and block, chock-a-block, close up, two blocks; (*int.*), sheave-ho!; **Segel – setzen!** (*com.*), sheave-ho!; **ein Segel – setzen,** to chock a sail.

Zubringer *m.* (*tech.*), feeder *s.*, feed mechanism *s.*; **maritimer –dienst** *m.*, maritime feeder service *s.*; **–hafen** *m.*, feeder port *s.*; **–regatta** *f.*, race *s.* to ..., race *s.* from ... to ..., lightship race *s.*; **–schiff** *n.*, tender *s.*

zuckeln *v.* (*naut.*, *coll.*), to dawdle, to jog along, to meander (*of boat*).

zucken *v.*, to flicker (*of light*), to flash (*of lightning*).

Zufahrt *f.* (*naut.*), approach *s.*; **–skanal** *m.*, **–srinne** *f.*, approach channel *s.*

Zuflucht *f.*, refuge *s.*, shelter *s.*; **in einer Bucht – nehmen vor einem Sturm,** to take refuge *or* shelter in a bay from the storm; **–shafen** *m.*, port *s.* of refuge.

Zufluß *m.*, inflow *s.*, influent *s.*, affluent *s.*, tributary *s.* (*of river*), influx *s.* (*of air*), (*tech.*) feed *s.*; **–gebiet** *n.* (*geogr.*), basin *s.*

Zufrieren *n.*, freeze *s.*, freezing *s.* (*of a lake, etc.*). **zufrieren** *v.*, to freeze (over *or* up), to become *or* to get frozen, to become *or* to get covered with ice (*as a lake*).

Zufuhr *f.* (*meteor.*), influx *s.*, (*tech.*) supply *s.* **zuführen** *v.* (*elec., rad.*), to lead in, (*tech.*) to feed. **Zuführung** *f.* (*elec., rad.*), lead *s.*, (*tech.*) feed *s.*; **–sdraht** *m.*, **–skabel** *n.* (*elec., rad.*), lead *s.*; **–srohr** *n.*, feed- *or* supply-pipe *s.*

Zug *m.*, draught *s.*, (*am.*) draft *s.*, current *s.* (of air), drift *s.* (*of clouds*), shoal *s.*, school *s.* (*of fish*), (*tech.*) strain *s.*, stretch *s.*, tension *s.* (*as on cable*); haul *s.*, jerk *s.*, pull *s.*, tug *s.* (*at rope, etc.*), grip *s.* (*for pulling*), strap *s.* (*in boats*), hoist *s.*, pulley *s.*; **leiser –** (*meteor.*), light air *s.*, (*coll.*) a puff *or* a whiff (of air); **den – der Ankerkette aushalten** *od.* **nehmen,** to take the strain of the cable (*of boat*); **der – der Schoten,** the strain on the sheets; **– der Ankerkette,** tension *s.* of the cable.

Zugang *m.* (*naut.*), approach *s.* (*of harbour, etc.*); **– zum Meer,** access *s.* to the sea; **– zur See,** sea gate *s.* **Zugänge** *m./pl.* (*naut.*), **nördliche (östliche, südliche, westliche) –,** northern (eastern, southern, western) approaches (*pl.*). **zugänglich** *adj.* (*naut.*), approachable (*of coast, etc.*), (*tech.*) accessible. **Zugänglichkeit** *f.* **der Schiffsmaschine,** accessibility *s.* of the ship's engine. **Zugangsluk** *n. od.* **-luke** *f.*, access hatch *s.*

Zug/beanspruchung *f.* (*naut., tech.*), tensile stress *s.*; **–brücke** *f.*, drawbridge *s.*

zugefroren *p.p.*, ice-bound (*as harbour*), frozen over *or* up (*of lake*).

Zug/feder *f.*, extension *or* tension spring *s.*; **–festigkeit** *f.* (*phys.*), extension *or* tensile strength *s.*, tenacity *s.*; **–griff** *m.* (*naut.*), grip *s.*, handle *s.*, strap *s.* (*for hiking, etc.*); **–knopf** *m.*, pull-button *s.* (*on instruments*); **–knoten** *m.*, draw knot *s.*; **–kraft** *f.* (*phys.*), tractive *or* pulling power *s.*, suction *s.*; thrust *s.* (*of the propeller*); **–leine** *f.*, drawstring *s.* (*as in leech*), tow(ing) rope *s.*; **–leine** *f.* **mit Gewicht,** mouse *s.*; **–leistung** *f.* (*phys., tech.*), traction *s.*, tractive power *s.*; **–luft** *f.*, current *s.* of air, draught *s.*, (*am.*) draft *s.*; **–messer** *n.* (*naut.*), sheath knife *s.*; **–netz** *n.* (*naut.*), tow(ing) net *s.*; **–riemen** *m.* **zum Treideln,** rueraddy *s.*; **–schnur** *f.* (*naut.*), drawstring *s.*, pull cord *s.*; **–seil** *n.*, haulage *or* hoisting rope *s.*, tow(ing) line *s. or* rope *s.*, (*tech.*) control cable *s.*; **–seil** *n.* **zum Treideln,** rueraddy *s.*, towrope *s.*; **–spleiß** *m.*, draw(ing) splice *s.*; **–stange** *f.* (*naut.*), drawbar *s.*, tie-rod *s.*; **–stange** *f.* **einer Pumpe,** swipe *s.*; **–straße** *f.* (*meteor.*), path *s.*, track *s.* (*of a storm*); **–welle** *f.* (*tech.*), feed-screw *s.*; **–wind** *m.*, current *s.* of air, draught *s.*, (*am.*) draft *s.*

zuhalten *v.*, **– auf** (*naut.*), to edge down on, to bear down upon, to make (straight) for, to proceed towards, to stand towards; **auf das offene Meer** *od.* **die offene See –,** to bear out to sea; **auf einen Hafen –,** to make for port *or* harbo(u)r; **auf Land –,** to bear in with the land.

Zuhaltungsfeder *f.*, tumbler-spring *s.*

zulässig *adj.*, **–e Abweichung** *f.*, allowance *s.*, tolerance *s.*, permissible deviation *s. or* variation *s.*; **–e Beanspruchung** *f.* (*phys., tech.*), maximum *or* working stress *s.*, safe load *s.*; **–e Belastung** *f.*, permitted *or* permissible *or* safe load *s.*; **–e Besegelung** *f.* (*rac.*), allowable *or* permitted sail inventory *s.*; **–er Fehler** *m.*, tolerable error *s.* (*as of instruments, readings*); **–e (Gesamt)Länge** *f.* (*naut.*), maximum *or* permissible (overall) length *s.*; **–er Tiefgang** *m.*, permissible draught *s. or* (*am.*) draft *s.*; **–er Wert** *m.* (*phys.*), tolerable value *s.*

Zulassung *f.* (*naut.*), licence *s.*, (*am.*) license *s.*, permit *s.*; **–snummer** *f.*, number *s.* of registry, registration number *s.* (*of boat*), permit number *s.*, licence *or* (*am.*) license plate *s.* (*of trailer*); **–spapiere** *n./pl.* (*naut.*), registration papers (*pl.*), ship's documents (*pl.*) *or* papers (*pl.*).

zulaufen *v.*, **– auf** (*naut.*), to head for, to make for; **auf einen Hafen –,** to make for port; **auf Land –,** to head for the land, to bear in with the land; **spitz –,** to taper (off) (*as mast*).

zulegen *v.*, **Fahrt** *f. od.* **Geschwindigkeit** *f.* – (*naut., coll.*), to gain *or* to gather speed, to crack on.

Zuleitung *f.* (*elec., rad.*), lead *s.*, (*tech.*) feed *s.*, feeding *s.*; **–srohr** *n.*, feed pipe *s.*

Zuluft *f.* (*naut.*), supply air *s.* **Zulüfter** *m.* (*naut.*), downcast *or* supply ventilator *s.*, cowl *s.*, hood *s.* **Zuluftsystem** *n.* **(einer Yacht),** supply-air system *s.* (of a yacht).

zumachen *v.*, to close, to fasten, to shut (*a hatchcover, etc.*), to stop (up) (*a leak*).

zunageln *v.*, to nail up (*a hatch, etc.*), to nail down (*a plank*).

zunähen *v.*, to sew *or* to stitch up (*a rent in sails*).

Zunahme *f.*, increase *s.*, rise *s.* (*as of wind force*); **– der Fahrt** *od.* **Geschwindigkeit,** gain *s.* in speed.

Zünd / batterie *f.* (*naut., tech.*), ignition battery *s.*; **–einstellung** *f.*, ignition timing *s.* (*motor*), injection timing *s.* (*diesel engine*). **zünden** *v.*, to fire, to spark (*of motor, engine*). **Zünd / funke** *m.*, (ignition) spark *s.*; **–kerze** *f.*, sparker *s.*, spark(ing) plug *s.*; **–magnet** *m.*, magneto *s.*; **–punkt** *m.*, ignition point *s.*, flash point *s.*; **–schlüssel** *m.*, ignition key *s.*; **–spule** *f.*, spark coil *s.* **Zündung** *f.*, ignition *s.*, spark *s.* (*of motor*); **die – vorstellen,** to advance the spark; **die – zurückstellen,** to retard the spark.

zunehmen *v.*, to build (up), to grow, to increase, to rise, to swell (*of sea*), to freshen, to increase, to get *or* to grow worse (*of storm*), to pipe up (*of wind*), to get *or* to grow longer (*of days*), to gain **(an,** in) (*of speed*). **zunehmend** *adj.*, increasing, growing; **–er Drall** *m.* (*phys.*), increase twist *s.*; **–e Dünung** *f.*, increasing swell *s.*; **–e Geschwindigkeit** *f.*, rising speed *s.*; **–er Mond** *m.*, waxing moon *s.*; **–er Seegang** *m.*, building(-up) sea *s.*, increasing swell *s. or* sea *s.*; **–er Sturm** *m.*, building storm *s.*, increasing gale-force *s.*

Zunge *f.* (*naut., tech.*) catch *s.* (*of buckle, etc.*), blade *s.* (*of T-square*), pointer *s.*, finger *s.* (*of instruments*). **Zungen / horn** *n.* (*naut.*), reed horn *s.*; **–pfeife** *f.*, reed pipe *s.*

zupfropfen *v.*, to plug *or* to stopper up (*a leak*).

Zurichten *n.* (*naut.*), dressing *s.* (*as of cable*). **zurichten** *v.*, to prepare, to make *or* to get ready, to trim (*a boat*), to dress (*cable*), to raise, to square (*tackle, etc.*). **Zurichtung** *f.*, finish *s.* (*of sailcloth*).

zuriegeln *v.*, to bolt (up) (*hatch, etc.*).

Zurr / band *n.*, lashing (band *or* strap) *s.*; **–bändselung** *f.*, (gripe) seizing *s.*; **–brook** *m.*, boat lashing *s.*; **–bügel** *m.*, lashing eye *s.*, span shackle *s.* **Zurren** *n.*, frapping *s.*, lashing *s.*, seizing *s.* **zurren** *v.*, to frap, to lash, to seize; **seefest –,** to house, to lash; **ein Beiboot seefest –,** to gripe a dinghy *or* tender. **Zurring** *f.* (*coll. m.*), lashing *s.*, seizing *s.*, housing *s.* (*of loose gear*), gripe *s.* (*of dinghy*); **–sauge** *n.*, lashing eye *s.*; **–sschäkel** *m.*, lashing shackle *s.* **Zurr / leine** *f.*, frapping line *s.*; **–tau** *n.*, seizing *s.*

zurück *adv.* (*naut.*), back, backward(s); behind, in the rear; **–!** (*com.*), back her!; **Gangspill –!** (*com.*), walk back the capstan!; **zwei Punkte –** (*rac.*), two points down.

Zurück / bleiben *n.* **(eines Bootes),** lag(ging) *s.* (of a boat); **z–bleiben** *v.*, to drop back, to fall astern *or* back *or* behind, to lag behind, (*coll.*) to hang behind; **z–bleiben** *v.* **hinter,** to fall short of, to drop astern *or* back *or* behind of; **z–brassen** *v.*, to brace in *or* to; **z–bringen** *v.*, **das Boot wieder auf ebenen Kiel** *od.* **in seine normale Lage z–bringen,** to redress the boat; **ein Boot auf seinen Kurs z–bringen,** to heave a boat back on the *or* her course; **z–drehen** *v.*, **eine Talje z–drehen,** to walk back a tackle; **z–fallen** *v.* (*naut., rac.*), to drop *or* to fall astern *or* back *or* behind, (*phys.*) to be reflected (*as of rays*); **weit z–fallen** (*rac.*), to drop far behind, to be a long way behind; **z–federn** *v.*, to spring back (*of rope, etc.*); **z–fließen** *v.*, to flow back, to set back, to recede (*of tide*); **–fluten** *n.*, reflow *s.*, refluence *s.*, reflux *s.*, set back *s.* (*of tide*); **z–fluten** *v.*, to ebb, to flow back, to go out, to recede, to regorge (*of tide*); **z–flutend** *adj.*, refluent, receding (*of tide*); **z–führen** *v.* (*naut., tech.*), to feed back; **–gehen** *n.* **der Flut,** recess *s.* of the tide *or* flood; **z–gehen** *v.*, to go astern, to make sternway (*of boat*), to neap, to recede (*of tide*); **z–gehend** *pr.p.*, **z–gehende Flut,** outgoing tide *s.*; **z–gehender Gezeitenstrom**, outset *s.*; **z–gesetzt** *adj.*, **z–gesetzte Position (eines Segels),** tacked-aft position *s.* (of a sail); **z–gewinnen** *v.*, to recover, to regain (*speed*); **z–hängen** *v.* (*naut., coll.*), to hang back *or* behind, to lag behind, to trail (*of boat*); **z–kehren** *v.*, to turn back, to put *or* to push back (*a boat*), to return, to home (*of boat*), (*astr.*) to regress; **z–laufen** *v.* (*naut.*), to go astern, to make sternway (*of boat*), to put *or* to push back (*a boat*), to flow back, to recede (*of tide*); **z–laufend** *pr.p.*, **z–laufende Flut,** receding tide *s.*; **z–laufende Strömung, z–laufende Welle,** backwash *s.*; **z–legen** *v.* (*naut.*), to cover, to travel, to traverse, to sail (*a distance*); **(Entfernung) z–legen** *v.* (*naut.*), to log; **(eine Strecke) z–legen** (*naut.*), to cover a distance; **z–rufen** *v.* (*rac.*), to call back, to recall; **z–sacken** *v.* (*naut.*), to drop *or* to sag astern *or* behind; **z–schalten** *v.* (*naut., tech.*), to change down (*motor*); **–schnappen** *n.*, spring *s.* (*of rope, etc.*); **z–schnappen** *v.*, **z–schnellen** *v.*, to rebound, to recoil, to spring back (*of rope, etc.*); **–segeln** *n.* **an die Startlinie,** recovery *s.*; **z–segeln** *v.* (*naut.*), to resail; **wieder an die Startlinie z–segeln** (*rac.*), to recover the starting line; **–springen** *n.*, backing *s.* (*of wind*), spring *s.* (*of rope, etc.*); **z–springen** *v.*, to back (*of wind*), to spring back (*of rope, etc.*); **z–stehen** *v.*, **an Backbord (Steuerbord) z–stehen,** to put back to port (starboard); **z–stellen** *v.* (*tech.*), to reset; **z–strahlen** *v.*, to reflect, to be reflected (*of light*); **z–treiben** *v.* (*naut.*), to drift astern (*of boat*); **–treten** *n.* **(des Meeres),** dereliction *s.* (of the sea); **z–treten** *v.*, to subside, to recede (*of tide*); **z–versetzt** *adj.*, **z–versetzte Segelposition,** tacked-aft position *s.* of a sail; **–weichen** *n.* **der Flut,** recess *s.* of the tide; **z–weichen** *v.*, to recede (*of tide*); **z–werfen** *v.*, to reflect, to throw back (*light, sound*); **z–wirken** *v.* **(auf),** to react (on) (*as engine, etc.*); **z–ziehen** *v.*, **eine Meldung z–ziehen** (*rac.*), to withdraw an entry.

Zuruf *m.* (*naut.*), hail(ing) *s.* **zurufen** *v.* (*naut.*), to hail.

Zusammen/arbeit *f.* **(der Crew),** co-operation *s.* (of the crew), team-work *s.*; **z–arbeiten** *v.*, to co-operate, to act *or* to work together (*of crew*); **z–ballen** *v.r.*, to gather, to mass (*of clouds*); **–ballung** *f.* **(von Wolken),** concentration *s. or* massing *s.* (of clouds); **z–bändseln** *v.*, to tie together, to marry (*lines, ropes*); **z–binden** *v.*, to bind *or* to tie together, to tie up (*as sails*); **z–brauen** *v.r.*, to be brewing (*of storm*); **z–brechen** *v.* (*tech.*), to break down, to collapse; **–bruch** *m.* (*tech.*), breakdown *s.*, failure *s.*, yield *s.*, (*coll.*) crack-up *s.* (*as of engine*); **z–fallen** *v.*, to collapse, to slump (*of sails*); **gegen das Rigg z–fallen,** to collapse against the rigging (*of sails*); **das Segel füllt sich und fällt (wieder) zusammen,** the sail fills and collapses; **z–fallend** *pr.p.*, **z–fallendes Segel,** collapsing sail *s.*; **z–falten** *v.*, to furl (*sails*); **z–flicken** *v.*, to patch up (*sails*); **provisorisch z–flicken,** to tinker (up) (*mast, etc.*); **z–fließen** *v.*, to join, to meet (*of rivers*); **–fluß** *m.*, confluence *s.*, junction *s.* (*of rivers*); **z–fügen** *v.t.* (*tech.*), to assemble, to fit together; *v.r.* (*tech.*), to fit into one another; **–gehörigkeitsgefühl** *n.*, team-spirit *s.* (*of the crew*); **z–gepfuscht** *adj.* (*naut., coll.*), tinkerly; **z–gespleißt** *adj.*, **z–gesplissen** *adj.*, **z–gespleißte** *od.* **z–gesplissene Leinen,** married lines (*pl.*) *or* ropes (*pl.*); **z–gestoppelt** *adj.*, **eine z–gestoppelte Mannschaft,** a scratch crew; **z–gewürfelt** *adj.*, **eine bunt z–gewürfelte Mannschaft,** a scratchy crew, a scratch team; **z–klappbar** *adj.*, collapsible, folding (*as dinette table*); **z–klappen** *v.*, to fold up (*as mast*); **z–knoten** *v.*, **z–knüpfen** *v.*, to knot *or* to tie together; **z–krachen** *v.* (*naut., coll.*), to crash down, to come crashing down; **–kunft** *f.* (*astr.*), conjunction *s.*; **z–legbar** *adj.*, collapsible, takedown (*as parts of the rigging*); **z–legen** *v.*, to fold (up) (*of sails*); **z–passen** *v.*, to be well matched (*of crew*), (*tech.*) to fit, to match; **z–pfuschen** *v.* (*naut., coll.*), to tinker (up); **–prall** *m.* (*naut.*), collision *s.*, impact *s.*, shock *s.*, smash-up *s.* (*of boats*); **z–prallen** *v.*, to collide, to crash, to shock (*of boats*); **z–prallen** *v.* **mit,** to bump against (*the jetty*), to bump into (*a boat*); **z–rollen** *v.*, to coil *or* to roll up (*rope*), to furl (*sails*); **z–schieben** *v.*, to telescope (*as mast*); **z–schlagen** *v.* **über,** to close *or* to dash over, to engulfe s.b. (*as waves*), (*coll.*) to knock up (*a makeshift construction*); **z–schrauben** *v.*, to screw together; **z–schweißen** *v.*, to weld (together); **z–schwichten** *v.* (*naut.*), to swifter (in); **z–setzbar** *adj.*, takedown; **z–setzen** *v.* (*naut., tech.*), to assemble, to construct, to piece *or* to put together;

–spiel *n.* (*rac.*), cooperation *s.*, team-work *s.* (*of crew*); **–spiel** *n.* **der Kräfte** (*phys.*), interplay *s.* (of forces); **z–spleißen** *v.*, to splice, to marry (*two ends*); **z–stecken** *v.*, to bend together, to hitch (*two ends*), (*naut., tech.*) to fasten *or* to join *or* to pin together; **z–stoppeln** *v.* (*naut., coll.*), to patch up, to piece together (*of makeshift repairs*); **–stoß** *m.* (*naut.*), collision *s.*, crash *s.*, impact *s.*, shock *s.*, (*coll.*) foul *s.*; **Gefahr** *f.* **eines –stoßes,** danger *s.* of collision; **frontaler –stoß** *m.*, **–stoß** *m.* **auf Gegenkurs** *od.* **entgegengesetzten Kursen,** bows-on *or* head-on collision *s.*; **z–stoßen** *v.* **mit,** to collide with, to fall aboard (*a boat*), to fall *or* to run foul of (*another boat*), to foul (*another boat*), to run *or* to smash into (*another boat*), (*coll.*) to bang *or* to knock into *or* against (*the jetty, a boat*); **–wirken** *n.* **der Kräfte** (*phys.*), concurrence *s.* of forces; **z–ziehen** *v.r.*, to gather, to be brewing (*of storm*); **es zieht sich ein Gewitter zusammen,** a storm is brewing.

Zusatz / aggregat *n.* (*elec., tech.*), booster *s.*; **–ausrüstung** *f.* (*naut.*), auxiliary equipment *s.*; **–batterie** *f.*, booster battery *s.*; **–dynamo** *m.*, booster *s.*; **–gerät** *n.*, adapter *s.*, attachment *s.*, auxiliary apparatus *s. or* device *s. or* instrument *s. or* (*coll.*) gadget *s.*, (*rad.*) auxiliary set *s.*; **–gerät** *n.* **für Notfälle** (*naut.*), stand-by *s.*; **–klausel** *f.* (*ins.*), rider *s.*; **–ladung** *f.* (*naut.*), booster (ballast) *s.*; **–last** *f.*, additional load *s.*; **–pumpe** *f.*, booster pump *s.*; stand-by pump *s.*; **maritime –versicherung** *f.*, maritime complementary *or* supplementary insurance *s.*

Zuschneider *m.*, **Zuschneiderin** *f.*, cutter *s.* (*of sailcloth*). **Zuschneidetisch** *m.*, **computergesteuerter –,** plotter-table *s.* (*for sails*).

Zuschnitt *m.*, cut *s.* (*of sails*).

zuschrauben *v.*, to screw tight *or* up.

Zuschußtage *m./pl.* (*astr.*), epact *s.*

zusegeln *v.* **auf,** to bear down upon, to bear up, to bear up for *or* to *or* towards.

Zustand *m.* (*naut.*), condition *s.*, state *s.* (*as of boat, sails*), position *s.* (*of a boat*); **in auslaufbereitem –,** in sailing condition (*of boat*); **in beladenem –,** in load condition (*of ship*); **in beschädigtem –,** in damaged condition (*of boat*); **in betriebsfähigem –,** in working order *or* condition (*of baot, instruments, etc.*); **in gutem –,** in good condition *or* order (*of boat, sails*); **in schlechtem –,** in bad *or* poor condition, in poor state of repair, out of condition (*of boat, etc.*); **in seetüchtigem –,** in seaworthy *or* sound condition (*of boat*); **in tadellosem –,** in perfect trim (*of boat, sails*).

zusteuern *v.*, **– auf,** to bear down upon, to make for, to set a course for, to steer for; **auf das offene Meer** *od.* **die offene See –,** to bear out to sea; **auf Land –,** to bear in with the land.

zustopfen *v.*, to plug *or* to stop up (*a leak*).

Zustrom *m.*, flow *s.*, inflow *s.* (*of air*), influx *s.* (*of rivers, water*). **Zuströmen** *n.*, inflow *s.*, influx *s.* (*of air, water*). **zuströmen** *v.*, to flood *or* to pour *or* to stream towards (*of rivers*).

zutakeln *v.*, to rig (up).

zu- und abnehmen *v.*, to wax and wane (*of moon*).

zuverlässig *adj.*, safe, reliable (*as life-saving equipment*). **Zuverlässigkeitsfahrt** *f. od.* **-probe** *f. od.* **-test** *m.* (*naut.*), reliability trial *s.* (*of a boat*).

Zuwasser / bringen *n.*, **–lassen** *n.* **(eines Bootes),** launching *s.* (of a boat); **–lassen** *n.* **eines Rettungsbootes** *od.* **-floßes,** lowering *s.* of a life boat *or* raft.

zuziehen *v.*, to tighten (*of knot, screw*); **einen Knoten (fest) –,** to draw *or* to pull a knot tight.

Zwecke *f.* (*naut., tech.*), brad *s.*, peg *s.*, tack *s.*, (*am.*) thumb tack *s.* **zwecken** *v.*, to peg, to pin, to tack.

zwei *number*, **– Bootslängen,** two overall lengths (*pl.*); **mit – Bootslängen gewinnen,** to win by two overall lengths. **zwei / adrig** *adj.*, **–es Kabel,** two-core *or* two-stranded cable *s.*; **Z–ankermuring** *f. od.* **-vertäuung** *f.*, dropping mooring *s.*, open mooring *s.*, fore-and-aft mooring(s) *s.* (*pl.*); **Z–beinmast** *m.*, bipod mast *s.*; **Z–decker** *m.*, **Z–deckschiff** *n.*, two-deck(ed) ship *s.*; **Z–einhalbmaster** *m.*, schooner ketch *s. or* yawl *s.*

Zweier *m.*, **– mit Steuermann,** coxed pair *s.*, pair *s.* with cox (*rowing*); **– ohne (Steuermann),** coxless pair *s.*, pair-oar *s.*, two-oared boat *s.*, (*coll.*) pair *s.*

zweifach *adj.*, two(-)ply (*of sailcloth*).

zweifelhaft *adj.* (*naut.*), doubtful, insafe, unsafe, uncertain (*of ship's position*); **Position –,** position *s.* doubtful.

Zwei / farbenlaterne *f.*, two-colo(u)r(ed) lantern *s.*; **–flaggensignal** *n.*, two-flag signal *s.*; **z–flügelig** *adj.*, **z–flügeliger Propeller,** two-bladed propeller *s.*; **z–gängig** *adj.*, double-threaded (*screw*); **–komponentenlack** *m.*, two-compound varnish *s.*; **–kreiselsystem** *n.*, double-gyro (compass) system *s.*; **–lagentuch** *n.*, two-ply (sail)cloth *s.*; **z–lagig** *adj.*, two-ply (*of sailcloth*); **–mannboot** *n.*, two-man (racing) boat *s.*; **–mannjolle** *f.*, two-man dinghy *s.*; **–mannstropp** *m.*, watch *s.* and watch; **–master** *m.*, two-master *s.*, two-masted ship *s.*, (*coll.*) two-sticker *s.*; **z–mastig** *adj.*, two-masted (*schooner, etc.*); **–mastschiff** *n.*, two-masted ship *s.*, two-master *s.*; **–mastschiff** *n.* **mit Rahsegeln**, schooner brig *s.*, brigantine *s.*; **–mastschoner** *m.*, two-masted schooner (yacht) *s.*; **–minutenregel** *f.* (*rac.*), two-minute rule *s.*, Round-the-Ends Rule *s.*; **z–motorig** *adj.*, twin-engined (*of boat*); **–plattenruder** *n.*, double- *or* side-plate rudder *s.*; **z–polig** *adj.*, bipolar, two-pole; **z–rud(e)rig** *adj.*, **z–rud(e)riges Boot,** pair-oar *s.*, pair-oared boat *s.*; **–rumpfboot** *n.*, catamaran *s.*, two- *or* twin-hull(ed) boat *s.*; proa *s.*, prow *s.*; **--Saling-Rigg** *n.*, two-spreader rig *s.*; **z–schäftig** *adj.*, two-ply, two-stranded, two-core (*of rope*); **–schraubenschiff** *n.*, twin-screw ship *s.*; **–seitenband** *n.* (*rad.*), double side-band *s.*; **–seitenbandanruffrequenz** *f.*, double side-band calling frequency *s.*; **–seitenbandtechnik** *f. od.* **-verfahren** *n.* (*rad.*), double side-band method *s. or* system *s.*; **–seitenbandverkehr** *m.* (*rad.*), double side-band communication *s.*; **z–seitig** *adj.*, bilateral, double- *or* two-sided; **–sternsignal** *n.*, two-star (distress) signal *s.*, double starshell distress signal *s.*; **z–strähnig** *adj.*, two-ply, two-stranded (*of rope*); **–strichpeilung** *f.*, two-point bearing *s.*; **–takt-Dieselmotor** *m.* (*naut.*), two-stroke diesel engine *s.*; **–takter** *m.*, **–taktmotor** *m.* (*naut.*), two-stroke engine *s.*

zweit *adj.*, second; next; **–e Garnitur** *f.* (*rac., am. coll.*), scrub *s.*; **–er Steuermann** *m.*, second mate *s.* **Zweitbester** *m.* (*rac.*), second best *s.* **Zweiter** *m.* (*rac.*), second *s.*, (*naut.*) next astern *s.*; **als – einlaufen** *od.* **kommen** *od.* **die Ziellinie durchsegeln** (*rac.*), to come (in) second; **sich als – placieren** (*rac.*), to come off second-best; **– sein** (*rac.*), to be second.

Zwei / tonnerklasse *f.*, two ton class *s.*; **–tonner-Pokal** *m.* (*rac.*), Two Ton Cup *s.*

zweitplaciert *adj.* (*rac.*), placed second; **–es Boot** *n.* (*rac.*), boat *s.* placed second, second-placed boat *s.*, (*coll.*) runner-up *s.*

zwei / trossenschlägig *adj.*, **–es Tauwerk,** strap-laid rope(s) *s.* (*pl.*); **Z–wegantenne** *f.* (*rad.*), duplex aerial *s. or* (*am.*) antenna *s.*; **Z–weggleichrichter** *m.* (*rad.*), full-wave rectifier *s.*

Zwergstern *m.* (*astr.*), dwarf star *s.*; **weißer –** (*astr.*), white dwarf *s.*

Zwickzange *f.*, nippers (*pl.*), pincers (*pl.*) (*for wire rope*).

Zwielicht *n.*, crepuscle *s.*, crepuscule *s.*, crepusculum *s.*, twilight *s.*, (*coll.*) owl light *s.*, (*rare*) dusk *s.*; **im – schwer auszumachende Landmarke,** a landmark difficult to spot in the fading light.

Zwillings / block *m.*, sister block *s.*; **–haken** *m.*, sister hook *s.*; **–maschine** *f.* (*naut.*), twin engine *s.*; **–schiff** *n.*, sister *or* twin ship *s. or* yacht *s.*; **–schrauben** *f./pl.* (*naut.*), twin screws (*pl.*).

Zwinge *f.* (*naut., tech.*), clamp *s.*, cramp *s.*, (hand-)vice *s. or* vise *s.*, wring( )staff *s.*

Zwirn *m.* (*naut.*), (twisted) yarn *s.*, thread *s.*, twine *s.*

zwischen *prep.*, **– den Gestirnen** (*astr.*), intercosmic; **– den Planeten (befindlich),** interplanetary; **– den Polen (gelegen),** interpolar; **– den Schiffsrippen,** intercostal (*shipb.*); **– den Sternen (befindlich),** intersidereal, interstellar; **– den Tag- und Nachtgleichen (eintretend)** (*astr.*), interequinoctial; **– den Wendekreisen (gelegen),** intertropical; **– (dünnen) Schichten (eingeschlossen),** interlaminar (*shipb.*); **– (dünne) Schichten einfügen,** to interlaminate (*sailcloth, shipb.*); **– Flut und Ebbe,** intertidal; **– Weltmeeren (gelegen),** interoceanic.

Zwischen / balken *m.* (*naut.*), mid-beam *s.* (*shipb.*); **–deck** *n.*, between deck *s.*, lower deck *s.*, steerage *s.*, (*coll.*) 'tween deck *s.*; **im –deck,** 'tween-decks; **–deckspant** *n.*, 'tween-deck frame *s.*; **–deckwegerung** *f.*, 'tween-deck ceiling *s.*; **–ergebnis** *n.* (*rac.*), provisional *or* semifinal result(s) *s.* (*pl.*); **–fall** *m.*, **Fahrt** *f. od.* **Törn** *m.* **ohne –fall,** uneventful *or* unadventurous passage *s. or* sail *s.*, (*coll.*), a sail without a hitch; **–frequenz** *f.* (*rad.*), intermediate frequency *s.*; **–frequenzempfänger** *m.* (*rad.*), transposition receiver *s.*; **–gang** *m.* (*naut.*), intercostal strake *s.*; **–glied** *n.* **(einer Ankerkette),** connecting link *s.* (of the anchor chain); **–hafen** *m.*, port *s.* of call; **–himmelsrichtungen** *f./pl.* (*astr.*), intercardinal points (*pl.*); **–hoch** *n.* (*meteor.*), ridge *s.* of (a) high pressure (area), intermediary *or* temporary high *s.*; **–kardinalpunkte** *m./pl.* **(des Kompasses),** intercardinal points (*pl.*) (of the compass); **–kreis** *m.* (*rad.*), aerial *or* input circuit *s.*; **–kurs** *m.*, intermediate course *s.*; **–küstenfahrt** *f. od.* **-navigation** *f.*, intercoastal trade *s. or* navigation *s.*; **–metazentrum** *n.* (*naut., phys.*), intermediate metacentre *s. or* (*am.*) metacenter *s.*; **–raum** *m.* **(zwischen zwei Booten),** clearance *s.*, gap *s.*, spread *s.*, (*coll.*) daylight *s.* (between 2 boats); **–regatta** *f.*, semifinal (race) *s.*; **–ring** *m.* (*naut.*), spacer *s.*; **z–schalten** *v.*, to insert; **–schaltung** *f.* (*elec.*, *rad.*), intermediate switch position *s.*; **–sender** *m.* (*rad.*), relay station *s.*; **–sente** *f.*, intermediate ribband *s. or* diagonal *s.* (*shipb.*); **–spant** *n.*, intercostal frame *s.*; **–staatliche Beratende Schiffahrts-Organisation** *f.*, Intergovernmental Maritime Consultative Organization *s.*, IMCO *s.*; **–stecker** *m.* (*elec., rad.*), adapter (plug) *s.*; **–stop(p)** *m.* **(bei einer Weltumsegelung)** (*rac.*), stopover *s.* (during a round-the-world race); **–strich** *m.* **(auf dem Kompaß),** intercardinal point *s.* (of the compass); **–stringer** *m.*, intercostal stringer *s.*; **–stromland** *n.* (*geogr.*), interfluve *s.*; **–stück** *n.* (*naut., tech.*), adapter *s.*, shoe *s.*; **–verstärker** *m.* (*rad.*), intermediate amplifier *s.*; **–wand** *f.* (*naut.*), partition (wall) *s.*; **–wanten** *f./pl.*, intermediates (*pl.*); **–zeit** *f.*, interval *s.*

Zwölf / -Meilen-Zone *f.* (*naut.*), 12-mile-zone *s.*; **–meteryacht** *f.*, a 42 ft yacht, a yacht of 42 feet, a 42-footer.

Zyklon *m.*, cyclone *s.*, cyclonic storm *s.*, revolving storm *s.*, tornado *s.* **Zyklone** *f.* (*meteor.*), cyclone *s.*, depression *s.* **Zyklonen / auge** *n.*, eye *s.* of a cyclone; **–bildung** *f.*, formation *s.* of a cyclone *or* cyclones; **–familie** *f.*, family *s.* of cyclones; **–paar** *n.*, couple *s. or* pair *s.* of cyclones.

Zyklus *m.* (*naut.*), series *s.* (*of races*), (*astr.*) cycle *s.*

Zylinder *m.* (*naut.*), cylinder *s.* (*signal*), (*geom., tech.*) cylinder *s.*; chimney *s.* (*of oil lamp*). **Zylinder / block** *m.*, cylinder block *s.*; **–durchmesser** *m.*, bore *s. or* diameter *s.* of (the) cylinder; **–hub** *m.*, (piston) stroke *s.* (*as of pump*); **–koeffizient** *m.* (*naut.*), cylindrical *or* prismatical coefficient *s.* (*shipb.*); **–kopf** *m.* (*tech.*), cylinder head *s.*; **–völligkeitsgrad** *m.* (*naut.*), cylindrical *or* prismatical coefficient *s.* (*shipb.*); **horizontaler (vertikaler) –völligkeitsgrad** *m.*, horizontal (vertical) prismatic coefficient *s.*; **–völligkeitsgrad** *m.* **des Unterwasserschiffs,** cylindrical *or* prismatical coefficient *s.* of run *or* underbody; **–völligkeitsgrad** *m.* **in der Länge,** longitudinal cylindric *or* prismatic coefficient *s.* **zylindrisch** *adj.* (*naut.*), cylindric(al); **–er Signalkörper** *m.*, cylindrical signal (body) *s.*

NAMENSVERZEICHNIS

Geographische und andere Eigennamen (*Regatten, Sternbilder, Bootsklassen*)

A

A-Division *f.* (*naut.*), A division *s.* (*International A-Catamaran-Class*).

Adler *m.* (*astr.*), Eagle *s.*

Admiralitätsinseln *f./pl.* (*geogr.*), Admiralty Islands *s./pl.*

Admiral's Cup *m.* (*rac.*), Admiral's Cup *s.*; **– Yacht** *f.*, Admiral's Cupper *s.* *or* Cup yacht *s.*

Adria *f.*, **Adriatische See** *f.*, **Adriatisches Meer** *n.* (*geogr.*), Adriatic (Sea) *s.*

Africaans *n.* (*ling.*), Cape Dutch *s.*

Afrika *n.* (*geogr.*), Africa *s.*

Ägadische *od.* **Ägatische Inseln** *f./pl.* (*geogr.*), (the) Aegates *or* Ægates (*pl.*), Egadi Islands (*pl.*).

Ägäisch *adj.* (*geogr.*), **–e Inseln** (*pl.*), Aegades *or* Ægades (pl.) Aegan Islands (*pl.*); **–es Meer** *n.*, **Ägäis** *f.*, Aegean Sea *s.* *or* Archipelago *s.*

Agulhas / Becken *n.* (*geogr.*), Agulhas Basin *s.*; **– Rennen** *n.* (*rac.*), Agulhas Race *s.*; **– -Strom** *m.* (*geogr.*), Agulhas Current *s.*

Ägypten *n.* (*geogr.*), Egypt *s.*

Aisne-Marne-Kanal *m.* (*geogr.*), Aisne-Marne-Canal *s.*

Ålandinseln *f./pl.* (*geogr.*), Aland Islands (*pl.*).

Alaska / golf *m.* (*geogr.*), Gulf *s.* of Alaska; **– -Halbinsel** *f.*, Alaska (Peninsula) *s.*; **– -Straße** *f.*, Alaska Straits (*pl.*), Straits (*pl.*) of Alaska.

Alassio Woche *f.* (*rac.*), Alassio Week *s.*

Albemarle / Insel *f.* (*geogr.*), Albemarle *or* Isabela Island *s.*; **– Sund** *m.*, Albemarle Sound *s.*

Alëuten (*pl.*) (*geogr.*), Aleutian Islands (*pl.*); **–graben** *m.*, Aleutian Trench *s.* *or* Trough *s.*

Alexander Archipel *m.* (*geogr.*), Alexander Archipelago *s.*

Algerien *n.* (*geogr.*), Algeria *s.*, Algérie *s.* **Algier** *n.* (*geogr.*), Algiers *s.*

Altweibersommer *m.*, St. Luke's *or* St. Martin's summer *s.*

Amazonas *m.*, **Amazonenstrom** *m.* (*geogr.*), Amazon (River) *s.*

America's Cup *m.* *od.* **America-Pokal** *m.* (*rac.*), America's Cup *s.*; **Kleiner –,** International Catamaran Challenge Trophy *s.*.

Amerika *n.* (*geogr.*), America *s.* **Amerikanischer Kontinent** *m.*, Western Hemisphere *s.*

Amundsen / Golf *m.* (*geogr.*), Gulf Amundsen *s.*; **– -See** *f.*, Amundsen Sea *s.*

Anadyr *n.* (*geogr.*), **Golf** *m.* **von –**, **–golf** *m.*, Gulf *s.* of Anadyr.

Andamanen (*pl.*) (*geogr.*), Andaman Islands (*pl.*); **– Becken** *n.*, Andaman Basin *s.* **Andamanisches Meer** *n.*, Andaman Sea *s.* **Andamanen** (*pl.*) **und Nikobaren (Inseln** *pl.***),** Andaman and Nicobar Islands (*pl.*).

Antarktik *f.* (*geogr.*), **Antarktis** *f.*, Antarctica *s.*, Antarctic Continent *s.* **Antarktisch** *adj.*, **–er Magnetpol** *m.*, Antarctic Magnet Pole *s.*; **–e Zone** *f.*, Antarctic Zone *s.*

Antillen (*pl.*) (*geogr.*), (the) Antilles (*pl.*); **Große –**, Greater *or* Larger Antilles (*pl.*); **Kleine –**, Lesser *or* Smaller Antilles (*pl.*), Leeward Islands (*pl.*); **–meer** *n.*, Caribbean Sea *s.*; **– -Strom** *m.*, Caribbean Current *s.*

Antipoden-Inseln *f./pl.* (*geogr.*), Antipodes (*pl.*).

Antwerpen *n.* (*geogr.*), Antwerp *s.*

Äolus *m.*, Æolus *or* Aeolus *s.*, the God of the Winds.

Äquator *m.* (*geogr.*), Equator *s.* **Äquatorial-Gegenstrom** *m.*, Equatorial Counter Current *s.*

Arabisch *adj.* (*geogr.*), **–es Becken** *n.*, Arabian Basin *s.*; **–es Meer** *n.*, Arabian Sea *s.*; **–er Meerbusen** *m.*, Gulf *s.* of Arabia.

Arafurasee *f.*, **–meer** *n.* (*geogr.*), Arafura Sea *s.*

Aralsee *m.* (*geogr.*), Aral Sea *s.*, Lake Aral *s.*

Archipel(agus) *m.* (*geogr.*), Archipelago *s.*

Argentinien *n.* (*geogr.*), the Argentine *s.*, Argentina *s.* **Argentinisches Becken** *n.*, Argentine Basin *s.*

Argolischer Golf *m.* (*geogr.*), Gulf *s.* of Nafplion *or* Nauplion.

Arktis *f.* (*geogr.*), the Arctics (*pl.*). **Arktisch** *adj.*, **–es Kap** *n.*, Arctic Cape *s.*; **–er Ozean** *m.*, Arctic Ocean *s.* *or* Sea *s.*; **–e Zone** *f.*, Arctic Zone *s.*

Ärmelkanal *m.* (*geogr.*), the (English) Channel, (*coll.*) Silver Streak *s.*; **–hafen** *m.*, Channel port *s.*; **– Regatta** *f.* (*rac.*), Channel Race *s.* **Ärmelmeer** *n.*, the Channel *s.*

Aru-Inseln *f./pl.* (*geogr.*), Aroe Islands (*pl.*).

Asien *n.* (*geogr.*), Asia *s.*

Asowsches Meer *n.* (*geogr.*), Sea *s.* of Azof *or* Azov.

Asphaltsee *m.* (*geogr.*), Pitch Lake *s.*
Atacámagraben *m.* (*geogr.*), Atacama-, Peru-Chile-Trench *s.*
Athen *n.* (*geogr.*), Athens *s.*
Äthiopien *n.* (*geogr.*), Ethiopia *s.*
Atlantik *m.* (*geogr.*), (the) Atlantic *s.*; **Bundesstaaten** *m./pl.* **der US --küste,** Atlantic States (*pl.*). **Atlantisch** *adj.*, **-es Meer** *n.*, **-er Ozean** *m.*, (the) Atlantic (Ocean), (*hum.*) herring-pond *s.*, the big pool *s.*, pond *s.*; **-e Schwelle** *f.*, Atlantic Ridge *s.*; **-er Strom** *m.* (*Golfstromtrift*), Atlantic Current *s.*
Auckland-Inseln *f./pl.* (*geogr.*), Auckland Islands (*pl.*).
Australgolf *m.* (*geogr.*), Great Australian Bight *s.* **Australien** *n.*, Australia *s.* **Australier** *m.* (*sl.*), Aussie *s.* **Australstrom** *m.*, Australian *or* Rossel Current *s.*
Azoren (*pl.*) (*geogr.*), (the) Azores (*pl.*); **--Schwelle** *f.*, Azores Ridge *s.*

B

Baffin / Bai *f.* (*geogr.*), Baffin Bay *s.*; **– Insel** *f.*, Baffin Island *s.*; **-meer** *n.*, Baffin Bay *s.*
Bahama / -Inseln *f./pl.*, **(die) Bahamas** (*pl.*) (*geogr.*), Bahama Islands (*pl.*); **--See** *f.*, Bahama Sea *s.*
Bahrain-Inseln *f./pl.* (*geogr.*), Bahrein *or* Bahrain Islands (*pl.*).
Baikalsee *m.* (*geogr.*), Lake Baikal *s.*
Balabacstraße *f.* (*geogr.*), Straits (*pl.*) of Balabac, Balabac Channel *s.*
Balearen (*pl.*) (*geogr.*), Balearic Isles (*pl.*) *or* Islands (*pl.*).
Bali / -See *f.* (*geogr.*), Bali Sea *s.*, Sea *s.* of Bali; **--Straße** *f.*, Bali Straits (*pl.*), Straits (*pl.*) of Bali.
Balkan / Halbinsel *f.* (*geogr.*), Balkan Peninsula *s.*; **-staaten** *m./pl.*, the Balkans (*pl.*), Balkan States (*pl.*).
Baltikum *n.* (*geogr.*), Baltic Provinces (*pl.*). **Baltisch** *adj.*, **-es Meer** *n.*, the Baltic (Sea) *s.*; **-e Woche** *f.* (*rac.*), Baltic *or* Tallinn Week *s.*
Banda / -Becken *n.* (*geogr.*), Banda Basin *s.*; **--Inseln** *f./pl.*, Banda Islands (*pl.*); **--See** *f.*, Banda Sea *s.*
Banks / -Halbinsel *f.* (*geogr.*), Banks Peninsula *s.*; **--Inseln** *f./pl.*, Banks Islands (*pl.*); **--Straße** *f.*, Banks Strait *s.*
Bär *m.* (*astr.*), **Großer –,** Ursa Major *s.*, Big Bear *or* Dipper *s.*, Big Plough (*am.* Plow) *s.*, Wag(g)oner *s.*; **Kleiner –,** Ursa Minor *s.*, Little *or* Lesser Bear *or* Dipper *s.*, Little *or* Lesser Plough (*am.* Plow) *s.*; **Großer** *od.* **Kleiner –,** Ursa *s.*
Barbados *n.* (*geogr.*), Barbados Island(s) *s.* (*pl.*), Barbado(e)s *s.*
Bären / hüter *m.* (*astr.*), Boötes *m.*; **--Fluß** *m.* (*geogr.*), Bear River *s.*; **--Insel** *f.*, Svalbard *or* Bear Isle *s.*; **--Inseln** *f./pl.*, Bear Islands (*pl.*); **-see** *m.*, Bear Lake *s.*; **Großer -see** *m.*, Great Bear Lake *s.*; **Kleiner -see** *m.*, Little Bear Lake *s.*
Barents / insel *f.* (*geogr.*), Barents Island *s.*; **-see** *f.*, Barents Sea *s.*
Barrier-Riff *n.*, **Barriereriff** *n.* (*geogr.*), Barrier Reef *s.*; **Großes –,** Great Barrier Reef *s.*
Barrow-Straße *f.* (*geogr.*), Barrow Straits (*pl.*).
Basel *n.* (*geogr.*), Basle *s.*, Bâle *s.*
Bass / Inseln *f./pl.* (*geogr.*), Bass Islands (*pl.*); **--Straße** *f.*, Bass Strait *s.*
Bauro *s.* (*geogr.*), **Insel –,** San Cristobál *s.*
Bayern *n.* (*geogr.*), Bavaria *s.*
Bayonnaise Riffe *n./pl.* (*geogr.*), Bayonnaise Reefs (*pl.*).
B-Division *f.* (*naut.*), B division *s.* (*Int. Catamaran-Class*).
Beaufort / Insel *f.* (*geogr.*), Beaufort Isle *or* Island *s.*; **--See** *f.*, Beaufort Sea *s.*
Belgica-Meer *n.* (*geogr.*), Belgica Sea *s.*
Belgien *n.* (*geogr.*), Belgium *s.*
Belle-Isle-Straße *f.* (*geogr.*), Strait *s.* of Belle Isle.
Belt *s.* (*geogr.*), Baltic (Sea) *s.*; **Großer –,** Great Belt *s.*; **Kleiner –,** Little Belt *s.*
Bengalen *n.* (*geogr.*), Bengal *s.*; **Golf von –,** Gulf *s.* of Bengal.
Benguela-Strom *m.* (*geogr.*), Benguela Current *s.*
Bering / Insel *f.* (*geogr.*), Bering Island *s.*; **-meer** *n.*, Bering Sea *s.*; **-straße** *f.*, Bering Strait *s.*
Bermuda / Inseln *f./pl.* (*geogr.*), Bermuda Islands (*pl.*); **– Rennen** *n.* (*rac.*), Bermuda Race *s.* **Bermudas** (*pl.*), Bermuda (Islands *pl.*) *s.*
Berner / Oberland *n.* (*geogr.*), Bernese Alps (*pl.*) *or* Highlands (*pl.*); **– Seenplatte** *f.*, Bernese Lakes (*pl.*).
Biafra-Bucht *f.* (*geogr.*), Bight *s.* of Biafra.
Bieler See *m.* (*geogr.*), Lake *s.* of Biel.
Bikini-Atoll *n. od. m.* (*geogr.*), Bikini (Atoll) *s.*
Binnenseen *m./pl.*, **– Ostenglands,** the Broads; **– Westenglands,** Lake District *s.*
Birmastraße *f.* (*geogr.*), Birma Strait(s) *s.* (*pl.*).
Bisaya Inseln *f./pl. od.* **Inselgruppe** *f.* (*geogr.*), Visayan Islands (*pl.*), Bisayas (*pl.*).
Biscaya *od.* **Biskaya** *f.* (*geogr.*), Biscay *s.*; **Golf** *m. od.* **Meerbusen** *m.* **von –,** Bay *s.* of Biscay;

--Schwelle *f.*, Biscaya Ridge *s.*
Bismarck / Archipel *m.* (*geogr.*), Bismarck Archipelago *s.*; **--See** *f.*, Bismarck Sea *s.*
Blau *adj.*, **-es Band** *n.* (*rac.*), Blue Riband *s.* *or* Ribbon *s.*; **-er Nil** *m.* (*geogr.*), Blue Nile *s.*; **-wassermedaille** *f.*, **Blue-Water-Medaille** *f.* (*rac.*), Blue Water Medal *s.*
Bodensee *m.* (*geogr.*), Lake *s.* (of) Constance.
Bonin-Inseln *f.*/*pl.* (*geogr.*), Bonin Islands (*pl.*), Bonins (*pl.*), Ogasawara Islands (*pl.*).
Bootes *m.* (*astr.*), Boötes *s.*
Borodin-Inseln *f.*/*pl.* (*geogr.*), Borodino *or* Daito Islands (*pl.*).
Bosporus *m.* (*geogr.*), Bosphorus *s.*, Bosporus *s.*
Bottnischer Meerbusen *m.* (*geogr.*), Gulf *s.* of Bothnia.
Brasilien *n.* (*geogr.*), Brazil *s.* **Brasilstrom** *m.*, Brazil Current *s.*
Braunschweig *n.* (*geogr.*), Brunswick *s.*
Breite Vierzehn *f.* (*geogr.*), Broad Fourteen *s.*
Brest-Nantes-Kanal *m.* (*geogr.*), Brest-Nantes-Canal *s.*
Bretagne *s.* (*geogr.*), Brittany *s.*; **in der –,** in Brittany. **Bretonische Küste** *f.*, Breton Coast *s.* **Breton / -Insel** *f.*, Breton Island *s.*; **--Sund** *m.*, Breton Sound *s.*
Brienzer See *m.* (*geogr.*), Lake *s.* of Brienz.
Bristol-Kanal *m.* (*geogr.*), Bristol Channel *s.*
Britische / Inseln *f.*/*pl.* (*geogr.*), British Islands (*pl.*); **– Handels(Marine)flagge** *f.*, Red (White) Ensign *s.*; **– Schiffahrtsbehörde** *f.*, Board *s.* of Trade.
Brügge *n.* (*geogr.*), Bruges *s.*
Bulgarien *n.* (*geogr.*), Bulgaria *s.*
Bungostraße *f.* (*geogr.*), Bungo Strait *s.*, Strait(s) *s.* (*pl.*) of Bungo.
Bureau Véritas *n.* (*naut.*), French Ship Classification Society *s.*, the French Lloyd's.

C

Cabot-Straße *f.* (*geogr.*), Cabot Strait *s.*
Calais *n.* (*geogr.*), **Straße** *f.* **von –,** Straits (*pl.*) of Dover, Dover Straits (*pl.*), Pas de Calais.
Calandkanal *m.* (*geogr.*), Caland Canal *s.*
Canis / Major *m.* (*astr.*), Canis Major *s.*, Big Dog *s.*; **– Minor** *m.*, Canis Minor *s.*, Lesser *or* Little Dog *s.*
Carpentaria-Golf *m.* (*geogr.*), Gulf *s.* of Carpentaria.
Cassiopeia *f.* (*astr.*), Cassiopeia *s.*, Cassiope *s.*
Cayman / -Graben *m.*/*pl.* (*geogr.*), Cayman Trench *s.*; **– Inseln** *f.*/*pl.*, Cayman Islands (*pl.*).
C-Division *f.* (*naut.*), C division *s.* (*Int. Catamaran Class*).
Celebes / becken *n.* (*geogr.*), Celebes Basin *s.*; **--See** *f.*, Celebes Sea *s.*
Chalkidike *f.* (*geogr.*), **(Halbinsel) –,** Chalcidice *s.*
Champlain / -Kanal *m.* (*geogr.*), Champlain Canal *s.*; **--See** *m.*, Lake Champlain *s.*
Chandeleur / Inseln *f.*/*pl.* (*geogr.*), Chandeleur Isles (*pl.*); **– Sund** *m.*, Chandeleur Sound *s.*
Chersones *m.* (*geogr.*), Chersonese Peninsula *s.*
Chesapeake-Bai *f.* (*geogr.*), Chesapeake Bay *s.*
China-See-Rennen *n.* (*rac.*), China-Sea Race *s.*
Chinesisch *adj.*, **-er Küstenstrom** *m.* (*geogr.*), Chinese Coastal Current *s.*; **-es Meer** *n.*, China Sea *s.*
Chonos-Archipel *m.* (*geogr.*), Chonos Archipelago *s.*
Comer See *m.* (*geogr.*), Lake Como *s.*
Cook / Bai *f.* (*geogr.*), Cook Bay *s.*; **– Halbinsel** *f.*, Cook Peninsula *s.*; **– Inseln** *f.*/*pl.*, Cook Islands (*pl.*); **--Straße** *f.*, Cook Straits (*pl.*).
Coromandel-Halbinsel *f.* (*geogr.*), Coromandel Peninsula *s.*
Corona / Australis *f.* (*astr.*), Corona Australis *s.*; **– Borealis** *f.*, Corona Borealis *s.*
Cowes Woche *f.* (*rac.*), Cowes Week *s.*
Crozet / Inseln *f.*/*pl.* (*geogr.*), Crozet Archipelago *s.* *or* Islands (*pl.*); **--Schwelle** *f.*, Crozet Ridge *s.*
Cumberland-Sund *m.* (*geogr.*), Cumberland Sound *s.*
Currituck-Sund *m.* (*geogr.*), Currituck Sound *s.*, Bight *s.* of Currituck.
Cypern *n.*, (*s.* **Zypern**).

D

Dacron *n.*, dacron *s.* (*spinnaker cloth*).
Dalmatien *n.* (*geogr.*), Dalmatia *s.* **Dalmatinisch** *adj.*, **-e Inseln** *f.*/*pl.*, Dalmatian Islands (*pl.*); **-e Küste** *f.*, Dalmatian Coast *s.*
Dänemark *n.* (*geogr.*), Denmark *s.*
Danmark-Straße *f.* (*geogr.*), Denmark Straits (*pl.*).
Danzig *n.* (*geogr.*), Dan(t)zig *s.*, Dan(t)zic *s.*; **-er Bucht** *f.*, Bay *s.* *or* Bight *s.* *or* Gulf *s.* of Dantzig.
Dardanellen (Meerenge *f.*) (*pl.*) (*geogr.*), (Straits of the) Dardanelles (*pl.*), Hellespont(us) *s.*
Davis / -Schwelle *f.* (*geogr.*), Davis Ridge *s.*; **--See** *f.*, Davis Sea *s.*; **--Straße** *f.*, Davis Strait *s.*
D-Division *f.* (*naut.*), D division *s.* (*Int. Catamaran class*).

Delagoa-Bucht *f.* (*geogr.*), Delagoa Bay *s.*
Delaware *m.* (*geogr.*), Delaware River *s.*; – **Bai** *f.*, Delaware Bay *s.*
De Long/-Inseln *f./pl.* (*geogr.*), De Long Islands (*pl.*); --**Straße** *f.*, De Long Strait *s.*
Delphin *m.* (*astr.*), Dolphin *s.*
Den Haag *m.*, **(der Haag)** (*geogr.*), the Hague.
Deutsch *adj.* (*naut.*), **–er Boots- und Schiffbauerverband** *m.*, German Boat and Shipbuilding Federation *s.*; **–e Bucht** *f.* (*geogr.*), German Bight *s.*; **–e Gesellschaft zur Rettung Schiffbrüchiger,** German Lifeboat Institution *s.*; **–e Meisterschaft** *f.* (*rac.*), German (National) Championship *s.* **Deutschland** *n.* (*geogr.*), Germany *s.*
Diamantina-Graben *m.* (*geogr.*), Diamantina Trough *s.*
Disko/-Bucht *f.* (*geogr.*), Disco Bay *s.*; --**Insel** *f.*, Disco Isle *s.*
Dixon-Straße *f.* (*geogr.*), Dixon Strait *s.*
Dnjepr *m.* (*geogr.*), Dnieper *s.*; --**Bug-Kanal** *m.*, Dnieper-Bug-Canal *s.*
Dodekanes *m.* (*geogr.*), Dodecanese *s.*, Dodecanesus *s.*
Doggerbank *f.* (*geogr.*), Dogger Bank *s.*
Dominikanische Republik *f.* (*geogr.*), San *or* Santo Domingo *s.*
Donau *f.* (*geogr.*), Danube *s.*; --**Oder-Kanal** *m.*, Danube-Oder-Canal *s.*
Dover *n.* (*geogr.*), **Straße** *f.* **von –,** Dover Straits (*pl.*), Straits (*pl.*) of Dover, Pas de Calais.
Drache *m.* (*astr.*), Draco *s.*
Drachen *m.* (*naut.*), Dragon *s.* (*former Olympic class*); **–flotte** *f.*, Dragon fleet *s.*; **–(-Boots)-klasse** *f.*, Dragon class *s.*
Drake Passage *f.* (*geogr.*), Drake Passage *s.*
Drau *f.* (*geogr.*), (River) Drave *s.*
Dreieck *n.* (*astr.*), Triangle *s.*; **Südliches –** (*astr.*), Southern Triangle *s.*
Dreivierteltonner-Pokal *m.* (*rac.*), Three-Quarter-Ton cup *s.*
Dschidda *n.* (*geogr.*), Jidda *s.*
Düna *f.* (*geogr.*), Southern Dvina River *s.*, Southern River Dwina *s.*
Dünkirchen *n.* (*geogr.*), Dunkirk *s.*, Dunkerque *s.*
Durian/-Insel *f.* (*geogr.*), Durian Isle *s.* *or* Island *s.*; --**Straße** *f.*, Durian Strait *s.*
Dwina *f.* (*geogr.*), Northern Dvina River *s.*; --**Bucht** *f.*, Dvina Bight *s.*; --**Kanal** *m.*, Dvina Canal *s.*

E

E-Division *f.* (*naut.*), E division *s.* (*Int. Catamaran class*).
Einhand/-Atlantik-Rennen *n.* (*rac.*), Single-handed Transatlantic Race *s.*; --**Azoren-Regatta** *f.* (*rac.*), Single-handed Azores Race *s.*; **–rennen** *n.* **um die Welt** (*rac.*), Single-handed Round the World Race *s.*
Eintonnerpokal *m.* (*rac.*), One Ton Cup *s.*
Eisbarriere *f.* **(der Antarktis)** (*geogr.*), Barrier *s.*
Eisernes Tor *n.* (*geogr.*), Iron Gate *s.* (*Danube*).
Eis/kap *n.* (*geogr.*), Cape S(c)helanija *s.*; **–meer** *n.*, Arctic *or* Polar Sea *s.*; **Nördliches –meer** *n.*, Arctic Ocean *s.*; **Südliches –meer** *n.*, Antarctic Ocean *s.*
Elba *n.* (*geogr.*), Isle *s.* of Elba.
Elfenbeinküste *f.* (*geogr.*), Ivory Coast *s.*
Ellesmere-Insel *f.* *od.* **-land** *n.* (*geogr.*), Ellesmere Island *s.*
Ellice-Inseln *f./pl.* (*geogr.*), Ellice *or* Lagoon Islands (*pl.*).
Elsaß-Lothringen *n.* (*geogr.*), Alsace (and) Lorraine *s.*
England *n.* (*geogr.*), England *s.*, Britain *s.* **Engländer** *m.* (*Scots*), Sassenach *s.* **Englisch** *adj.*, **–er Kanal** *m.* (*geogr.*), the (English) Channel *s.*; **–es Seengebiet** *n.*, Lake District *s.* (*Cumberland/Westmorland*).
Erasmus *m.*, Patron Saint *s.* of seamen.
Erie/-Kanal *m.* (*geogr.*), Erie Channel *s.*, (*am.*) Big Ditch *s.*; --**See** *m.*, Lake Erie *s.*
Estland *n.* (*geogr.*), Est(h)onia *s.*
Etolin-Straße *f.* (*geogr.*), Etolin Straits *s./pl.*
Etsch *f.* (*geogr.*), (River) Adige *s.*; **–land** *n.*, South Tyrol *s.*
Euphrat *m.* (*geogr.*), (River) Euphrates *s.*
Europa *n.* (*geogr.*), Europe *s.* **Europäisch** *adj.*, **–es Nordmeer** *n.*, European Polar Sea *s.*, Norwegian Sea *s.* **Europameisterschaft** *f.* (*rac.*), European Championship *s.*
Eyre/-Halbinsel *f.* (*geogr.*), Eyre Peninsula *s.*; --**See** *m.*, Lake Eyre *s.*

F

Falkland/inseln *f./pl.* (*geogr.*), Falkland Islands (*pl.*), (the) Falklands (*pl.*); **–strom** *m.*, Falkland Current *s.*
Fanning/Insel *f.* (*geogr.*), Fanning Island *s.*; --**Rücken** *m.*, Fanning Ridge *s.*
Faröbank *f.* (*geogr.*), Faroe Shoals (*pl.*). **Faröer** (*pl.*), Faeroes (*pl.*), Faroe Islands (*pl.*); – **Schwelle** *f.*, Faroe Ridge *s.*
Farvel *n.* (*geogr.*), **Kap –,** Cape *s.* Farewell.
Fastnet-Rennen *n.* (*rac.*), Fastnet Race *s.*
Fehmarn *n.* (*geogr.*), Fehmarn (Island) *s.*; **–belt** *m.*, Fehmarn Belt *s.* *or* Sound *s.*; --**Regatta** *f.*, Fehmarn Race *s.*

Ferner Osten *m.*, **Fernost** *m.* (*geogr.*), (the) Far East *s.*
Feuerland *n.* (*geogr.*), Tierra del Fuego *s.*
Fichteninsel *f.* (*geogr.*), Isle *s.* of Pines, Kunie *s.*
Fidschi / -Becken *n.* (*geogr.*), Fiji Basin *s.*; **--Inseln** *f./pl.*, Fiji Islands (*pl.*); **--Rücken** *m.*, Fiji Ridge *s.*
Finn Dingi *od.* **Dingy** *n.* (*naut.*), Finn dinghy *s.* (*Olympic Class*); **-(-Dingy)-Klasse** *f.*, Finn class *s.*
Finnisch *adj.* (*geogr.*), **-er Meerbusen** *m.*, Gulf *s.* of Finland; **-e Seenplatte** *f.*, Lakes (*pl.*) of Finland. **Finnland** *n.*, Finland *s.*
Fische *m./pl.* (*astr.*), Pisces (*pl.*).
Fischerbank *f.* (*geogr.*), **Große (Kleine) –**, Great (Little) Fisher Bank *s.*
Flandern *n.* (*geogr.*), Flanders *s.*
Flensburger Woche *f.* (*rac.*), Flensburg Week *s.*, Sleswick-Holstein Week *s.*
Fliegender Holländer *m.* (*naut.*), Flying Dutchman *s.*
Flinders / -Passage *f.* (*geogr.*), Flinders' Passage *s.*; **--Riffe** *n./pl.*, Flinders' Reefs (*pl.*).
Flores *n.* (*geogr.*), Flores Island *s.*; **--See** *f.*, Flores Sea *s.*
Florida / -Straße *f.* (*geogr.*), Florida Strait(s) *s.* (*pl.*); **-strom** *m.*, Florida Current *s.*
Flying Dutchman *m.* (*naut.*), Flying Dutchman *s.* (*Olympic Class*).
Formosa-Straße *f.* (*geogr.*), Formosa Straits (*pl.*).
Forth and Clyde-Kanal *m.* (*geogr.*), Forth and Clyde Canal *s.*
Foxe / -Becken *n.* (*geogr.*), Foxe Basin *s.*; **--Kanal** *m.*, Foxe Channel *s.* *or* Straits (*pl.*).
Frankreich *n.* (*geogr.*), France *s.*
Freundschafts-Inseln *f./pl.* (*geogr.*), Friendly Islands (*pl.*), Tonga Islands (*pl.*).
Friedensfluß *m.* (*geogr.*), Peace River *s.*
Friesische Inseln *f./pl.* (*geogr.*), Frisian Islands (*pl.*). **Friesland** *n.*, Friesland *s.*, Frisia *s.*
Fuhrmann *m.* (*astr.*), Wag(g)oner *s.*
Fünen *n.* (*geogr.*), Fyen *s.*, Fyn *s.*; **Rund um –**, **--Rund** *n.* (*rac.*), Round Fyen *s.*

G

Gabès *n.* (*geogr.*), **Golf** *m.* **von –**, Gulf *s.* of Gabès, Syrtis Minor *s.*
Galapagos / -Inseln *f./pl.* (*geogr.*), Galápagos Islands (*pl.*), Archipelago *s.* de Colon; **--Schwelle** *f.*, Galápagos Ridge *s.*
Galathea-Tief *n.* (*geogr.*), Galathea(n) Deep *s.*
Galiläisches Meer *n.* (*geogr.*), Sea *s.* of Galilee, Lake *s.* of Gennesaret, Sea *s.* of Tiberias, Galilean Lake *s.*
Gardasee *m.* (*geogr.*), Lake Garda *s.*
Gasparstraße *f.* (*geogr.*), Gaspar Strait *s.*
Gedam-Straße *f.* (*geogr.*), Gedam Narrows *s./pl.*
Gelam-Straße *f.* (*geogr.*), Gelam Strait *s.*
Gelbes Meer *n.* (*geogr.*), Yellow Sea *s.*
Geldern *n.* (*geogr.*), Gelderland *s.*, Geldern *s.*
Genezareth *n.*, (*s.* **Galiläisches Meer**).
Genf *n.* (*geogr.*), Geneva *s.*; **-er See** *m.*, Lake *s.* (of) Geneva, Leman Lake *s.*, Lac Léman *s.*
Gent *n.* (*geogr.*), Ghent *s.*
Genua *n.* (*geogr.*), Genoa *s.*; **Golf** *m.* **von –**, Bight *s.* *or* Gulf *s.* of Genoa.
Georgia-Straße *f.* (*geogr.*), Georgia Straits (*pl.*).
Germanischer Lloyd *m.* (*naut.*), German Lloyd *s.*
Gesellschaftsinseln *f./pl.* (*geogr.*), Society Islands (*pl.*).
Gewürzinseln *f./pl.* (*geogr.*), Spice Islands (*pl.*), Spicy Isles (*pl.*).
Gibraltar *n.* (*geogr.*), Gibraltar *s.*, the Rock *s.*; **Straße** *f.* **von –**, the Straits (*pl.*) (of Gibraltar).
Gold Cup *m.* *od.* **Pokal** *m.* (*rac.*), Gold Cup *s.*
Goldküste *f.* (*geogr.*), Gold Coast *s.*, Ghana *s.*
Golf / küste *f.* (*geogr.*), Gulf Coast *s.*; **-strom** *m.*, Gulf Stream *s.*; **-stromtrift** *f.*, Gulf Stream Drift *s.*, Atlantic Current *s.* **Golf** *m.*, **– von Aden,** Gulf of Aden; **– von Alaska,** Gulf of Alaska; **– von Bengalen,** Gulf of Bengal; **– von Biscaya,** Gulf of Biscay; **– von Genua,** Gulf *or* Bight of Genoa; **– von Korinth,** Gulf of Corinth; **– von Mexiko,** Gulf of Mexico; **– von Neapel,** Gulf of Naples; **– von Oman,** Gulf of Oman; **– von Panama,** Gulf of Panama; **– von Patras,** Gulf of Patrai *or* Patras; **– von Salerno,** Gulf of Salerno; **– von Santa Fé,** Gulf of Santa Fé; **– von Siam,** Gulf of Siam *or* Thailand; **– von Sues,** Gulf of Suez; **– von Tarent,** Gulf of Taranto; **– von Triest,** Gulf of Trieste; **– von Tunis,** Gulf of Tunis *or* Tunisia; **– von Venedig,** Gulf of Venice; **– von Venezuela,** Gulf of Venezuela.
Goodwin Sandbank *f.* (*geogr.*), Goodwin Sands *s./pl.*
Goschen-Straße *f.* (*geogr.*), Gos(c)hen Narrows (*pl.*) *or* Straits (*pl.*).
Gotland Rennen *n.* *od.* **runt** *n.* (*rac.*), Gotland runt *s.*

Graubünden *n.* (*geogr.*), the Grisons (*pl.*).
Griechenland *n.* (*geogr.*), Greece *s.*
Grönland *n.* (*geogr.*), Greenland *s.*; **–fahrer** *m.* (*naut.*), whaler *s.* **Grönländisch** *adj.*, **–es Becken** *n.* (*geogr.*), Greenland Basin *s.* **Grönland/-See** *f.*, Greenland Sea *s.*, Sea *s.* of Greenland; **--Straße** *f.*, Greenland Straits (*pl.*); **–strom** *m.*, Greenland Current *s.*
Groß *adj.* (*geogr.*), **–e Antillen** (*pl.*), Greater Antilles (*pl.*); **–e Australische Bucht** *f.*, Great Australian Bight *s.*; **–er Belt** *m.*, (the) Great Belt *s.*; **–britannien** *n.*, Great Britain *s.*; **–britannien und Nordirland,** United Kingdom *s.*; **–er Ozean** *m.*, Pacific (Ocean) *s.*; **die –en Seen** *m./pl.* **(in Kanada),** (the) Great Lakes (*pl.*); **–e Sunda-Inseln** *f./pl.*, Greater Sunda Islands (*pl.*); **–er Wagen** *m.* (*od.* **Bär** *m.*) (*astr.*), Car *s.*, Charles'(s) Wain *s.*
Grün *adj.* (*geogr.*), **–e Insel** *f.*, Ireland *s.*, Emerald Isle *s.*; **–es Kap** *n.* (*Leuchtturm*), Green Point (*Lighthouse*) *s.*; **–es Vorgebirge** *n.*, Cape *s.* Verde *or* Vert.
Guadalcanar *n.* (*geogr.*), Guadalcanal *s.*
Guatemala-Graben *m.* (*geogr.*), Guatemala Trench *s.*
Guayana-Becken *n.* (*geogr.*), Guayana Basin *s.*
Guinea *n.* (*geogr.*), **Golf** *m.* **von –,** Gulf *s.* of Guinea; **--Becken** *n.*, Guinea Basin *s.*; **--Schwelle** *f.*, Guinea Ridge *s.*; **--Strom** *m.*, Guinea Current *s.*

H

Haag *m.* (*geogr.*), **Den –,** the Hague *s.*; **in Den –, im –,** at the Hague.
Haar *n.* **der Berenice** *od.* **Berenike** (*astr.*), Berenice's Hair *s.*
Habichtinseln *f./pl.* (*geogr.*), the Azores (*pl.*).
Haifischbucht *f.* (*geogr.*), Shark Bay *s.*
Hainan/-Insel *f.* (*geogr.*), Hainan (Island) *s.*; **–straße** *f.*, Hainan Strait *s.*
Halbtonner-Pokal *m.* (*rac.*), Half Ton Cup *s.*
Hamilton-Einfahrt *f.* (*geogr.*), Hamilton Inlet *s.*
Hansa *f.*, **Hanse** *f.*, Hansa *s.*, Hanse *s.* **Hanse/bund** *m.*, Hanseatic Union *or* League; **–stadt** *f.*, Hanse town *s.*, Hanseatic town *s.*
Hase *m.* (*astr.*), Hare *s.*
Havel-Seen *m./pl.* (*geogr.*), Havel Lakes *s./pl.*
Hawaii/Inseln *f./pl.* (*geogr.*), Hawaiian Islands (*pl.*), Sandwich Islands (*pl.*), (*coll.*) Big Island *s.*; **--Rücken** *m.*, Hawaiian Ridge *s.*
Hebriden (*pl.*) (*geogr.*), (the) Hebrides (*pl.*), (the) Western Islands (*pl.*); **Äußere –,** Outer Hebrides (*pl.*); **Innere –,** Inner Hebrides (*pl.*); **Neue –,** New Hebrides (*pl.*); **--Rücken** *m.*, Hebridean *or* Hebridian Ridge *s.*; **–see** *f.*, Hebridean *or* Hebridian Sea *s.*
Hecate-Straße *f.* (*geogr.*), Hecate Strait *s. or* Channel *s.*
Helgoland *n.* (*geogr.*), Heligoland *s.* **Helgoländer Bucht** *f.*, Heligoland Bight *s.*, Bay *s.* of Heligoland.
Helsingör *n.* (*geogr.*), Elsinore *s.*, Helsingør *s.*
Helsinki *n.* (*geogr.*), Helsinki *s.*, Helsingfors *s.*
Helvetien *n.* (*geogr.*), Helvetia *s.*, Switzerland *s.*
Henley Regatta *f.* (*rac.*), Henley Race *s. or* Regatta *s.* (*Henley-on-Thames*).
Herkules *m.* (*astr.*), Hercules *s.*
Hesperus *m.* (*astr.*), Vesper *s.*, Hesperus *s.*, Venus *s.*, evening star *s.*
Hibernien *n.* (*geogr.*), Hibernia *s.*, Ireland *s.*, Eire *s.*, Erin *s.*
Hinter/asien *n.* (*geogr.*), the Far East *s.*; **–indien** *n.*, Further India *s.*, Far Indies *pl.*, Indochina *s.*; **–pommern** *n.*, Further Pomerania *s.*
Hoffnungsinsel *f.* (*geogr.*), Hope Island *s.*
Holland *n.* (*geogr.*), Holland *s.*, the Netherlands (*pl.*). **Holländisch** *adj.* (*ling.*), Dutch *s.*
Holmes Riffe *n./pl.* (*geogr.*), Holmes' Reefs (*pl.*).
Hongkong *n.* (*geogr.*), Hong Kong *s.*
Ho(o)rn, die – (*geogr.*, *naut. coll.*), Cape Horn *s.*
Horizon-Tief *n.* (*geogr.*), Horizon Deep *s.*
Hoyer-Tief *n.* (*geogr.*), Hoyer Deep *s.*
Hudson *m.* (*geogr.*), Hudson River *s.*; **Steilufer** *n.* **am –,** the Palisades (*pl.*); **--Bai** *f.*, Hudson Bay *s.*; **–straße** *f.*, Hudson Strait *s. or* Channel *s.*
Humboldt *m.* (*geogr.*), Humboldt River *s.*; **--Bai** *f.*, Humboldt Bay *s.*; **--Strom** *m.*, Humboldt *or* Peru(vian) Current *s.*
Hund *m.* (*astr.*), **Großer –,** Canis Major *s.*, Big Dog *s.*; **Kleiner –,** Canis Minor *s.*, Lesser *or* Little Dog *s.* **Hundsstern** *m.* (*astr.*), Sirius *s.*, Sothis *s.*, Bitch *or* Dog Star *s.*; **–periode** *f.* (*astr.*), Canicular period *s.*
Huon-Golf *m.* (*geogr.*), Gulf *s.* (of) Huon, Huon Bight *s.*
Huronsee *m.* (*geogr.*), Lake Huron *s.*
Hyaden (*pl.*) (*astr.*), Hyad(e)s (*pl.*).
Hyères *n.* (*geogr.*), **Isle d'–,** Isle *s.* of Hyères; **--Woche** *f.* (*rac.*), Hyères Week *s.*

I

Iberien *n.* (*geogr.*), Iberia *s.*, Spain *s.* **Iberisch** *adj.*, **–es Becken** *n.*, Iberian Basin *s.*; **–e Halbinsel** *f.*, Iberian Peninsula *s.*

IJs(s)elmeer *n.* (*geogr.*), Lake Ijssel *or* Yssel, IJsselmeer *s.*, Zuider *or* Zuyder Sea *s.* *or* Zee *s.*
Inarisee *m.* (*geogr.*), Lake *s.* Enare *or* Inari.
Indien *n.* (*geogr.*), India *s.*; the Indies (*pl.*); **–fahrer** *m.* (*naut.*), East-Indiaman *s.* (*ship*). **Indisch** *adj.*, **–er Ozean** *m.* (*geogr.*), Indian Ocean *s.*; **–es Südpolarbecken** *n.*, Indian Antarctic Basin *s.*
Indochina *n.* (*geogr.*), Indochina *s.*, Indo-China *s.*, Further India *s.*
Indonesien *n.* (*geogr.*), Indonesia *s.*, Malay Archipelago *s.* **Indonesisch** *adj.*, **–es Meer** *n.*, Malay Ocean *s.* *or* Sea *s.*
Indus / -Delta *n.* (*geogr.*), Indus delta *s.* *or* estuary *s.*; **--Rinne** *f.*, Indus Channel *s.*
Inseln *f./pl.* (*geogr.*), **– der Glücklichen** (*coll.*), Canaries (*pl.*); **– der Glückseligen** (*coll.*), Galápagos Islands (*pl.*); **– über** (*od.* **vor**) **dem Winde,** Windward Islands (*pl.*); **– unter dem Winde,** Leeward Islands (*pl.*).
International *adj.*, **–e Meisterschaft(en)** *f.* (*pl.*) (*rac.*), International Championship(s) *s.* (*pl.*); **– R-Yacht Union** *f.* *od.* **Vereinigung** *f.* (*naut.*), International Yacht Racing Union *s.*
Ionisch *adj.* (*geogr.*), **–e Inseln** *f./pl.*, Ionian Islands (*pl.*); **–es Meer** *n.*, Ionian Sea *s.*
Irak *m.* (*geogr.*), Iraq *s.*, Irak *s.*
Irisch *adj.* (*ling.*), Irish, Erse; **–e See** *f.* (*geogr.*), Irish Sea *s.* **Irland** *n.*, Ireland *s.*, Eire *s.*, Erin *s.*, Hibernia *s.*, the Emerald Island *s.*, (*Gaelic*) Saorstat Eireann *s.*
Island *n.* (*geogr.*), Iceland *s.*; **–becken** *n.*, Iceland Basin *s.*; **–schwelle** *f.*, Iceland(ic) Ridge *s.*
Istanbul *n.* (*geogr.*), Istanbul *s.*, Stamboul *s.*
Isthmus *m.* (*geogr.*), **der –,** the Isthmus (of Corinth *or* Panama *or* Suez); **– von Darien,** Isthmus *s.* of Darien; **– von Kra,** Isthmus *s.* of Kra; **– von Tehuantepec,** Isthmus *s.* of Tehuantepec.
Istrien *n.* (*geogr.*), Istria (Peninsula) *s.*
Italien *n.* (*geogr.*), Italy *s.*

J

Jakob / sstab *m.* (*astr.*), Yard *s.* and Ell; **–straße** *f.* (*astr.*), Milky Way *s.*
Jalta *n.* (*geogr.*), Yalta *s.*
Jamaika *n.* (*geogr.*), Jamaica *s.*
James *m.* (*geogr.*), James River *s.*; **--Bai** *f.*, James Bay *s.*; **--Ross-Insel** *f.*, James Ross Island *s.*
Jammerbucht *f.* (*geogr.*), Bay *s.* of Misery.
Jangtsekiang *m.* (*geogr.*), (River) Yangtzekiang *s.*
Jap *n.* (*geogr.*), **(Insel) –,** Yap *s.*
Japan / graben *m.* (*geogr.*), Japan Trench *s.*; **–strom** *m.*, Japan Current *s.* **Japanisch** *adj.*, **–e Inlandsee** *f.*, Inland Sea *s.* (of Japan); **–es Meer** *n.*, Sea *s.* of Japan, Japan Sea *s.*
Jarvis(-Insel *f.***)** *n.* (*geogr.*), Jarvis Island *s.*
Javasee *f.* (*geogr.*), Java Sea *s.*
Jemen *m.* (*geogr.*), Yemen *s.*
J-Klasse *f.* (*naut.*), J class *s.* (*boat-class*).
Johnson-Tief *n.* (*geogr.*), Johnson Deep *s.*
Jordan *m.* (*geogr.*), (River) Jordan *s.* **Jordanien** *n.*, Jordan *s.*
Juan / de Fuca-Straße *f.* (*geogr.*), Juan de Fuca Strait *s.*; **– Fernández-Inseln** *f./pl.*, Juan Fernández Islands (*pl.*); **– Fernández-Rücken** *m.*, Juan Fernández Ridge *s.*
Jugoslawien *n.* (*geogr.*), Yugoslavia *s.*, Jugoslavia *s.*
Jungferninseln *f./pl.* (*geogr.*), Virgin Islands (*pl.*).
Jungfrau *f.* (*astr.*), Virgo *s.*
Jupiter *m.* (*astr.*), Jove *s.*, Jupiter *s.*; **die vier –trabanten** *m./pl.* (*astr.*), the Medicean Planets (*pl.*).
Jütland *n.* (*geogr.*), Jutland *s.*; **–bank** *f.*, Jutland Bank *s.*

K

Kairo *n.* (*geogr.*), Cairo *s.*
Kaledonien *n.* (*geogr.*), Caledonia *s.*, Scotland *s.* **Kaledonisch** *adj.*, **–er Kanal** *m.*, Caledonian Canal *s.*
Kalifornien *n.* (*geogr.*), California *s.* **Kalifornisch** *adj.*, **–er Golf** *m.*, Gulf *s.* of California; **–er Strom** *m.*, California Current *s.*
Kamtschatka / (-Halbinsel *f.***)** *n.* (*geogr.*), Kamchatka Peninsula *s.*; **–strom** *m.*, Kamchatka Current *s.*
Kanada *n.* (*geogr.*), Canada *s.*
Kanal *m.* (*geogr.*), **der (Englische) –,** the (English) Channel *s.*; **–inseln** *f./pl.*, Channel *or* Norman Islands (*pl.*); **–überfahrt** *f.* (*naut.*), Channel passage *s.*; **–überquerung** *f.* (*naut.*), Channel crossing *s.*; **– von Korinth,** (*geogr.*), the Isthmus (of Corinth); **– von Mosambik** *od.* **Mocambique,** Channel *s.* *or* Straits (*pl.*) of Mozambique *or* Mocambique; **–welle** *f.*, Channel Wave *s.*; **–zone** *f.* **(am Panama- und Sueskanal),** Canal Zone *s.*
Kanaren (*pl.*) (*geogr.*), Canaries (*pl.*), Canary Islands (*pl.*); **–schwelle** *f.*, Canary Ridge *s.* **Kanar(i)enstrom** *m.*, Canary Current *s.* **Kanarisch** *adj.*, **–es Becken** *n.*, Canary Basin *s.*; **–e Inseln** *f./pl.*, Canary Islands (*pl.*), (the) Canaries (*pl.*).

Kap *n.* (*geogr.*), – **Agulhas,** Cape Agulhas; – **Akritas,** Gallo *s.*, Cape Akritas *s.*; – **Barrow,** Cape Barrow *s.*; – **Breton,** Cape Breton *s.*; – **Breton-Insel** *f.*, Cape Breton Island *s.*; – **Cod,** Cape Cod *s.*; – **Cod-Bai** *f.*, Cape Cod Bay *s.*, Bay *s.* of Cape Cod; – **Cod-Kanal** *m.*, Cape Cod Channel *s.*; – **der Guten Hoffnung,** Cape *s.* of Good Hope; – **Deschnew,** Cape Dezhnev *s.*; – **Farvel,** Cape Farewell *s.*; – **Finisterre,** Cape Finisterre *s.*; – **Hatteras,** Cape Hatteras *s.*; **–holländisch** *adj.* (*ling.*), Cape Dutch *s.*; – **Ho(o)rn,** Cape Horn *s.*; – **Ho(o)rn-Strom** *m.*, Cape Horn Current *s.*; – **Kinnaird,** Kinnairds Head *s.*; **–kolonie** *f.*, **–land** *n.*, Cape Colony *s.*; – **Matapan,** Cape Matapan *or* Tanaron; – **Ortegal,** Cape Ortegal *s.*; – **Race,** Cape Race *s.*; – **Roca,** Cape Roca *s.*; – **Sable,** Cape Sable *s.*; **--Schwelle** *f.*, Cape Ridge *s.*; – **Skagen,** Cape Skagen *s.*, the Skaw *s.*; **–stadt** *n.*, Cape Town *s.*, Capetown *s.*; **–stadt-Bai** *f.*, Camps Bay *s.*; **–stadt-Rio-Rennen** *n.* (*rac.*), Capetown-Rio Race *s.*; – **Trafalgar,** Cape Trafalgar *s.*; – **Tscheljuskin,** Cape Chelyuskin *s.*; – **Verde,** Cape Verde *or* Vert *s.*; **–verden-Schwelle** *f.*, Cape Verde Ridge *s.*; **–verdisches Becken** *n.*, Cape Verde Basin *s.*; **–verdische Inseln** *f./pl.*, Cape Verde Islands (*pl.*); – **Wrath,** Cape Wrath *s.*; – **York,** Cape York *s.*

Kara / see *f.* (*geogr.*), Kara Sea *s.*, Sea *s.* of Kara; **–straße** *f.*, Straits (*pl.*) of Kara, Kara Strait *s.*

Karibik *f.* (*geogr.*), Caribbean Sea *s.* **Karibisch** *adj.*, **–e Inseln** *f./pl.*, Caribbean Islands (*pl.*); **–es Meer** *n.*, Caribbean Sea *s.*; **–e Strömung** *f.*, Caribbean Current *s.*, Antilles Current *s.*

Karimata / -Inseln *f./pl.* (*geogr.*), Karimata Islands (*pl.*); **–straße** *f.*, Karimata Strait *s.*

Kärnten *n.* (*geogr.*), Carinthia *s.* **Kärntner Seen** *m./pl.*, (the) Lakes (*pl.*) of Carinthia, Carinthian Lakes (*pl.*).

Karolinen (*pl.*) (*geogr.*), Caroline Islands (*pl.*); **–mulde** *f.*, Caroline Trough *s.*

Kaspisches Meer *n.* (*geogr.*), Caspian Sea *s.*

Kastor *m.* **und Pollux** (*astr.*), Castor *s.* and Pollux, (the) Twins (*pl.*).

Kattegat *n.* (*geogr.*), Cattegat *s.*, Kattegat *s.*

Kaukasien *n.* (*geogr.*), Caucasia *s.*, Caucasus *s.*

Kea *n.* (*geogr.*), Keos *s.* (Island), (Isle *s.* of) Zea *s.*

Keeling / -Becken *n.* (*geogr.*), Keeling Basin *s.*; **--Inseln** *f./pl.*, Keeling *or* Cocos Islands (*pl.*).

Kerguelen *n.* (*geogr.*), Kerguelen Island *s.*; **--Gaußberg-Rücken** *m.*, Kerguelen-Gaussberg Ridge *s.*; **--Inseln** *f./pl.*, Kerguelen Islands (*pl.*).

Kermadec / -Graben *m.* (*geogr.*), Kermadec Trench *s.*; **--Inseln** *f./pl.*, Kermadec Islands (*pl.*); **--Tonga-Rücken** *m.*, Kermadec-Tonga Ridge *s.*

Key-Inseln *f./pl.* (*geogr.*), Florida Keys (*pl.*).

Kieler / Bucht *f.* (*geogr.*), Bight *s.* of Kiel, Kiel Bay *s.*; – **Woche** *f.* (*rac.*), Kiel Week *s.*

Kischm *n.* (*geogr.*), (Isle *s.* of) Qishm *s.*

Klein *adj.* (*geogr.*), **–e Antillen** (*pl.*), Lesser Antilles (*pl.*); **–er Bär** *m.* (*astr.*), Little *or* Lesser Bear *s.*; **–er Belt** *m.* (*geogr.*), Little *or* Lesser Belt *s.*; **–er Minch** *m.*, Little Minch *s.*; **–e Sundainseln** *f./pl.*, Lesser Sunda Islands (*pl.*).

Kleinasien *n.* (*geogr.*), Asia Minor *s.*, the Near East.

Kokos-Inseln *f./pl.* (*geogr.*), Cocos Islands (*pl.*), Keeling Islands (*pl.*).

Kola-Halbinsel *f.* (*geogr.*), Kola Peninsula *s.*

Kolumbien *n.* (*geogr.*), Colombia *s.*

Komoren (*pl.*) (*geogr.*), Comoro Islands (*pl.*).

König-Insel *f.* (*geogr.*), King Island *s.*

Königin / -Charlotte-Inseln *f./pl.* (*geogr.*), Queen Charlotte Islands (*pl.*); **--Charlotte-Straße** *f.*, Queen-Charlotte Strait *s.*; **--Viktoria-See** *f.*, Queen Victoria Sea *s.*

Konstantinopel *n.* (*geogr.*), Constantinople *s.*

Konstanz *n.* (*geogr.*), Constance *s.*

Kopenhagen *n.* (*geogr.*), Copenhagen *s.*

Korallen / becken *n.* (*geogr.*), Coral Basin *s.*; **–meer** *n. od.* **–see** *f.*, Coral Sea *s.*

Korea / -Halbinsel *f.* (*geogr.*), Korea (Peninsula) *s.*; **–straße** *f.*, Straits (*pl.*) of Korea.

Korfu *n.* (*geogr.*), Corfu *s.*, Kerkira *s.*, Kerkyra *s.*

Korinth *n.*, **Korinthos** *n.* (*geogr.*), Corinth *s.*; **Golf** *m.* **von –,** Gulf *s.* of Corinth, Gulf *s.* of Lepanto; **Isthmus** *m.* **von –,** the Isthmus *s.* (of Corinth).

Koromandelküste *f.* (*geogr.*), Coromandel Coast *s.*

Korsika *n.* (*geogr.*), Corsica *s.*

Kra *n.* (*geogr.*), **Isthmus** *m. od.* **Landenge** *f.* **von –,** Isthmus *s.* of Kra.

Krebs *m.* (*astr.*), Cancer *s.*; **Wendekreis** *m.* **des –es** (*astr., geogr.*), Tropic *s.* of Cancer.

Kreta *n.* (*geogr.*), Crete *s.*, Candia *s.*

Kreuz *n.* (*astr.*), – **des Nordens,** Northern Cross *s.*; – **des Südens,** Crux *s.*, Southern Cross *s.*

Krim *f.* (*geogr.*), Crimea *s.*; **Halbinsel – ,** Tauric Peninsula *s.*; **in der –,** in the Crimea.

Krk *n.* (*geogr.*), **(Insel** *f.***) –,** Isle *s.* of Krk, Veglia *s.*

Kroatien *n.* (*geogr.*), Croatia *s.*

Krone *f.* (*astr.*), **Nördliche –,** Corona Borealis *s.*, Northern Crown *s.*; **Südliche –,** Corona Australis *s.*, Southern Crown *s.*, Wreath *s.*

Kuba *n.* (*geogr.*), Cuba *s.*

Kurilen (*pl.*) (*geogr.*), Kuril(e) Islands (*pl.*); **–graben** *m.*, Kuril(e) Trench *s.*; **–schwelle** *f.*, Kuril(e) Ridge *s.*

Kurland *n.* (*geogr.*), Courland *s.* (on the Baltic).

Kuro-Schio-Trift *f.* (*geogr.*), Japan Current *s.*, Pacific Current *s.*, Kuro-Schio Drift *s.*, Kuro Siwo Drift *s.*

Küstenkanal *m.* (*geogr.*), Intracoastal Waterway *s.*

Kykladen (*pl.*) (*geogr.*), Cyclades (*pl.*).

L

Laaland *n.* (*geogr.*), Lolland *s.*, Laaland *s.*

Labrador / becken *n.* (*geogr.*), Labrador Basin *s.*; **–see** *f.*, Labrador Sea *s.*, Sea *s.* of Labrador; **–strom** *m.*, Labrador Current *s.*

Ladoga / kanal *m.* (*geogr.*), Ladoga Canal *s.*; **–see** *m.*, Lake Ladoga *s.*

Lago Maggiore *m.* (*geogr.*), Lake Maggiore *s.*

Lagunen *f./pl.*, **– von Venedig** (*geogr.*), Lagoons (*pl.*) of Venice.

Lakkadiven (*pl.*) (*geogr.*), (the) Laccadive Islands (*pl.*).

Lakonischer Golf *m.* (*geogr.*), Gulf *s.* *or* Bight *s.* of Laconia *or* Laconica.

La Manche(-Kanal *m.***)** (*geogr.*), La Manche Canal *s.*

Lancaster-Sund *m.* (*geogr.*), Lancaster Sound *s.*

Landenge *f.* (*geogr.*), **– von Kra,** Isthmus *s.* of Kra.

La Pérouse-Straße *f.* (*geogr.*), La Perouse Strait(s) *s.* (*pl.*).

Lappland *n.* (*geogr.*), Lapland *s.*

Laptew / -See *f.* (*geogr.*), Laptev Sea *s.*; **--Straße** *f.*, Laptev Strait *s.*

Lateinamerika *n.* (*geogr.*), Latin America *s.*

Leanderturm *m.* (*Leuchtturm*) (*geogr.*), Leander Lighthouse *s.*

Leeward Inseln *f./pl.* (*geogr.*), Leeward Islands (*pl.*).

Leier *f.* (*astr.*), Lyra *s.*, Lyre *s.*

Leoniden (*pl.*) (*astr.*), **die –,** (the) Leonides (*pl.*); **–sternschnuppe** *f.* (*astr.*), Leonid *s.*

Lettland *n.* (*geogr.*), Latvia *s.*

Levante *f.* (*geogr.*), **(Riviera di) –,** the Levant. **Levantinisch** *adj.*, **–es Meer** *n.*, Levantine Sea *s.*

Libau *n.* (*geogr.*), Lepaya *s.*

Liberia-Schwelle *f.* (*geogr.*), Liberia(n) Ridge *s.*

Lido *m.* (*geogr.*), **– von Venedig,** Lido *s.* of Venice.

Ligurisches Meer *n.* (*geogr.*), Ligurian Sea *s.*

Lihou-Riff *n.* (*geogr.*), Lihou Reef(s) *s.* (*pl.*).

Lincoln-See *f.* (*geogr.*), Lincoln Sea *s.*

Lindisfarne *n.* (*geogr.*), Holy Island *s.*, Lindisfarne *s.*

Lingayen *n.* (*geogr.*), **Golf** *m.* **von –,** Lingayen Gulf *s.*

Lingbank *f.* (*geogr.*), Ling Bank(s) *s.* (*pl.*).

Lion *n.* (*geogr.*), **Golfe du –,** Gulf *s.* of Lions.

Liparische Inseln *f./pl.* (*geogr.*), Lipary Islands (*pl.*).

Lissabon *n.* (*geogr.*), Lisbon *s.*

Litauen *n.* (*geogr.*), Lithuania *s.*

Liukiu-Inseln *f./pl.* (*geogr.*), Liukiu *or* Ryukyu Islands (*pl.*).

Livland *n.* (*geogr.*), Livonia *s.*

Livorno *n.* (*geogr.*), Leghorn *s.*

Lizard *n.* (*geogr.*), **Kap –, --Halbinsel** *f.*, the Lizard *s.*, Lizard Point *s.*

Loch / Ewe-Bucht *f.* (*geogr.*), Loch Ewe *s.*; **–Linnhe-Bucht** *f.*, Loch Linnhe *s.*

Lofoten (*pl.*) (*geogr.*), Lofoden *or* Lofoten (Islands) (*pl.*). **Lofot / inseln** *f./pl.*, Lofoten (Islands) (*pl.*); **–straße** *f.* (*meteor.*), Lofot track *s.*

Lombardei *f.* (*geogr.*), Lombardy *s.*

Lombokstraße *f.* (*geogr.*), Lombok Strait *s.*

Long / Island-Sund *m.* (*geogr.*), Long Island Sound *s.*; **– Point-Bai** *f.*, Long Point Bay *s.*

Lorenzstrom *m.* (*geogr.*), Saint Lawrence (River) *s.*

Lothringen *n.* (*geogr.*), Lorraine *s.*

Louisiade-Archipel *m.* (*geogr.*), Louisiade Archipelago *s.*

Loyalitätsinseln *f./pl.*, **Loyalty-Inseln** *f./pl.* (*geogr.*), Loyalty Islands (*pl.*).

Luganer See *m.* (*geogr.*), Lake *s.* Lugano.

Lutschu-Inseln *f./pl.* (*geogr.*), Luchu Islands (*pl.*), Ryukyu Islands (*pl.*).

Luzern *n.* (*geogr.*), Lucerne *s.* **Luzerner See** *m.*, Lake *s.* Lucerne.

Luzonstraße *f.* (*geogr.*), Luzon Straits (*pl.*).

Lynn Tief *n.* (*geogr.*), Lynn Deep *s.*

Lyra *f.* (*astr.*), Lyra *s.*, Lyre *s.* **Lyraiden** (*pl.*) (*astr.*), Lyr(a)ids (*pl.*).

M

Maas *f.* (*geogr.*), River Meuse *s.* **Maastricht** *n.* (*geogr.*), Maestricht *s.*

MacClintoc-Kanal *m.* (*geogr.*), Mac Clintoc Channel *s.*

Mackenzie *m.* (*geogr.*), Mackenzie (River) *s.*; **--Bai** *f.*, Mackenzie Bay *s.*; **--See** *f.*, Mackenzie Sea *s.*, Sea *s.* of Mackenzie.

Macquarie / Inseln *f./pl.* (*geogr.*), Macquarie Islands (*pl.*); **--Schwelle** *f.*, Macquarie Ridge *s.*

Madagaskar *n.* (*geogr.*), Madagascar *s.*; **-becken** *n.*, Madagascar Basin *s.*

Madurastraße *f.* (*geogr.*), Madura Strait(s) *s.* (*pl.*).

Magellanstraße *f.* (*geogr.*), Strait(s) *s.* (*pl.*) of Magellan, Magellan Straits (*pl.*).

Magnetisch *adj.* (*geogr.*), **-er Nord(Süd)pol** *m.*, North (South) Magnetic Pole *s.*

Magnetpol *m.* (*geogr.*), **Antarktischer –,** Antarctic Magnet Pole *s.*; **Arktischer –,** Arctic Magnet Pole *s.*

Mahlstrom *m.*, (*s.* **Malstrom**).

Mähren *n.* (*geogr.*), Moravia *s.* **Mährische Pforte** *f.* (*geogr.*), Moravian Gap *s.*

Mailand *n.* (*geogr.*), Milan *s.*

Makassarstraße *f.* (*geogr.*), Straits (*pl.*) of Macassar, Makassar Strait *s.*

Malaien-Halbinsel *f.* (*geogr.*), Malay Peninsula *s.* **Malaiisch** *adj.*, **-er Archipel** *m.*, Malay Archipelago *s.*; **-e Halbinsel** *f.*, Malay Peninsula *s.*, Malacca Peninsula *s.*

Malakka *n.* (*geogr.*), Malacca *s.*; **-straße** *f.*, the Straits (*pl.*), Straits (*pl.*) of Malacca.

Mälarsee *m.* (*geogr.*), Mälar *s.*, Mälaren *s.*

Malediven (*pl.*) (*geogr.*), Maldive Islands (*pl.*), the Maldives (*pl.*).

Mallorca *n.* (*geogr.*), Majorca *s.*, Mallorca *s.*

Malstrom *m.* (*geogr.*), Maelstrom *s.*

Malta *n.* (*geogr.*), Malta *s.*, Maltese Islands (*pl.*).

Malwinen (*pl.*) (*geogr.*), Falkland Islands (*pl.*).

Man *n.* (*geogr.*), **Insel –,** Isle *s.* of Man; **Bewohner** *m.* **der Insel –,** Manxman *s.*; **die Insel – betreffend,** Manx *adj.*

Mandschurei *f.* (*geogr.*), Manchuria *s.*, Manchow *s.*

Mangueira-Lagune *f.* (*geogr.*), Mangueira Lagoon *s.*

Marianen (*pl.*) (*geogr.*), Mariana Islands (*pl.*); **-becken** *n.*, Mariana Basin *s.*; **-graben** *m.*, Mariana Trench *s.*

Marion-Riff *n.* (*geogr.*), Marion Reef *s.*

Mark *f.* (*geogr.*), **(die) –,** (the) March *s.*; **– Brandenburg,** March *s.* (of) Brandenburg.

Marmara / insel *f.* (*geogr.*), Marmora *s.* *or* Marmara *s.*; **-meer** *n.*, Sea *s.* of Marmora *or* Marmara.

Marne-Rhein-Kanal *m.* (*geogr.*), Marne-Rhine Canal *s.*

Marokko *n.* (*geogr.*), Morocco *s.*

Marquesas-Inseln *f./pl.* (*geogr.*), Marquesas Islands (*pl.*).

Mars(c)hallinseln *f./pl.* (*geogr.*), Marshall Islands (*pl.*).

Marseiller Woche *f.* (*rac.*), Marseille *or* Marseilles Week *s.*

Maskarenen (*pl.*) (*geogr.*), Mascarene Islands (*pl.*), the Mascarenes (*pl.*); **-becken** *n.*, Mascarene Basin *s.*

Masuren *n.* (*geogr.*), Masuria *s.* **Masurische Seen** *m./pl.*, Masurian Lakes (*pl.*), East-Prussian lake-district *s.*

Meerbusen *m.* (*geogr.*), **Arabischer –,** Gulf *s.* of Arabia; **Finnischer –,** Gulf *s.* of Finland; **Persischer –,** Gulf *s.* of Persia; **– von Biscaya,** Bay *s.* of Biscay.

Meerenge *f.* (*geogr.*), **– von Chalkis,** Chalkis Channel *s.*, Narrows (*pl.*) of Chalkis.

Melanesien *n.* (*geogr.*), Melanesia *s.*

Melville / -Halbinsel *f.* (*geogr.*), Melville Peninsula *s.*; **--Insel** *f.*, Melville Island *s.*; **--See** *f.*, Melville Sea *s.*; **--Sund** *m.*, Melville Sound *s.*

Memel *f.* (*geogr.*), River Memel *s.* *or* Neman *s.*; **-gebiet** *n.*, **-land** *n.*, Memelia *s.*, Memel Territory *s.*

Menai / kanal *m.*, **-straße** *f.* (*geogr.*), Menai Strait(s) *s.* (*pl.*).

Menorca *n.* (*geogr.*), Minorca *s.*

Merkur *m.* (*astr.*), Mercury *s.*

Mesopotamien *n.* (*geogr.*), Mesopotamia *s.*

Messenischer Golf *m.* (*geogr.*), Bight *s.* *or* Gulf *s.* Messenia.

Mexiko *n.* (*geogr.*), Mexico *s.* (*country and town*); **Golf** *m.* **von –,** Gulf *s.* of Mexico.

Miami *m.* (*geogr.*), Miami River *s.*; **--Erie-Kanal** *m.*, Miami-Erie Canal *s.*

Michigansee *m.* (*geogr.*), Lake *s.* Michigan.

Middle Sea-Rennen *n.* (*rac.*), Middle Sea Race *s.* (*Malta*).

Midway-Inseln *f./pl.* (*geogr.*), Midway Islands (*pl.*).

Mikronesien *n.* (*geogr.*), Micronesia *s.*

Milchstraße *f.* (*astr.*), Galaxy *s.*, Milky Way *s.*

Milwaukee-Tief *n.* (*geogr.*), Milwaukee Deep *s.*

Mirimlagune *f.* (*geogr.*), Mirim Lagoon *s.*

Mississippi / mündungen *f./pl.* (*geogr.*), the Mississippi Delta *s.*; **--Sund** *m.*, Mississippi Sound *s.*

Mittel / amerika *n.* (*geogr.*), Central America *s.*; **-asien** *n.*, Central Asia *s.*; **-europa** *n.*, Central Europe *s.*; **-europäische Zeit** *f.*, Central European Time *s.*; **-meer** *n.*, (the) Mediterranean (Sea) *s.*

Mittlerer Osten *m.* (*geogr.*), (the) Middle East *s.*

Mobile-Bai *f.* (*geogr.*), Mobile Bay *s.*
Moldau *f.* (*geogr.*), Moldavia *s.*; River Vltava *s.*
Molukken (*pl.*) (*geogr.*), the Moluccas (*pl.*), Spice *or* Spicy Islands (*pl.*); **–see** *f.*, Sea *s.* of (the) Moluccas.
Monapassage *f.* (*geogr.*), Mona Passage *s.*
Monsun *m.* (*meteor.*), **Nordost (Südwest) –,** Northeast (Southwest) Monsoon *s.*
Mosambique *n.*, **Mocambik** *n.* (*geogr.*), Mozambique *s.*
Moskau *n.* (*geogr.*), Moscow *s.*; **–-Wolga-Kanal** *m.*, Moscow-Volga Canal *s.*
Moskito / bank *f.* (*geogr.*), Mosquito Bank(s) *s.* (*pl.*); **–golf** *m.*, Mosquito Gulf *s.*; **–küste** *f.*, Mosquito Coast *s.*
Mouille Point-Leuchtturm *m.* (*geogr.*), Mouille Point (Lighthouse) *s.*
Muli (Meeresstraße *f.***)** (*geogr.*), Muli Straits (*pl.*).
München *n.* (*geogr.*), Munich *s.*
Murmanküste *f.* (*geogr.*), Murman Coast *s.*
Mylar *n.*, Mylar *s.* (*synthetic sail cloth*); **–-Kevlargewebe** *n.*, Mylar-Kevlar fabric *s.* *or* structure *s.*; **–(-Kevlar)segel** *n.*, Mylar(-Kevlar) sail *s.*

N

Nadelkap *n.* (*geogr.*), Cape Agulhas *s.*
Nahost *m.* (*geogr.*), (the) Near East *s.*
Nansenschwelle *f.* (*geogr.*), Nansen Ridge *s.*
Nantucket / bank *f.* (*geogr.*), Nantucket Bank(s) *s.* (*pl.*); **–insel** *f.*, Nantucket Island *s.*; **–sund** *m.*, Nantucket Sound *s.*
Narwabucht *f.* (*geogr.*), Bight *s.* of Narwa *or* Narva, Narwa Bay *s.*
Nasses Dreieck *n.* (*naut., coll.*), Bay *s.* *or* Bight *s.* of Heligoland, German Bight *s.*
Natalbecken *n.* (*geogr.*), Natal Basin *s.*
Nationale Meisterschaft *f.*, **Nationalmeisterschaft** *f.* (*rac.*), National Championship *s.*
Neapel *n.* (*geogr.*), Naples *s.*
Nehrung *f.* (*geogr.*), Haff *s.*
Neptun *m.*[1] (*astr.*), Neptune *s.*; *m.*[2] **(römischer Meeresgott),** Neptune *s.*
Neu / england *n.* (*geogr.*), New England *s.*; **–fundland** *n.*, Newfoundland *s.*; **–fundlandbänke** *f./pl.*, the Banks (*pl.*) of Newfoundland; **–fundlandbecken** *n.*, Newfoundland Basin *s.*; **–guinea** *n.*, New Guinea *s.*; **–holland** *n.*, Australia *s.*; **–kaledonien** *n.*, New Caledonia *s.*; **–kaledonischer Rücken** *m.*, New Caledonian Ridge *s.*; **–schottland** *n.*, Nova Scotia *s.*; **–seeland** *n.*, New Zealand *s.*, (*coll.*) Maoriland *s.*; **–seeländer** *m.* (*coll.*), Kiwi *s.*; **–sibirische Inseln** *f./pl.*, New Siberian Islands (*pl.*); **–südwales** *n.*, New South Wales *s.*; **–york** *n.*, New York *s.*
Nicoya-Golf *m.* (*geogr.*), Bight *s.* *or* Gulf *s.* of Nicoya.
Nieder / deutschland *n.* (*geogr.*), Lower *or* North Germany *s.*; **–kalifornien** *n.*, Lower California *s.*, Baja California *s.*; **–lande** *n./pl.*, (the) Netherlands (*pl.*), (the) Low Countries (*pl.*); **–ländisch** *adj.*, Dutch; **–österreich** *n.*, Lower Austria *s.*; **–rhein** *m.*, Lower Rhine *s.*; **–sachsen** *n.*, Lower Saxony *s.*
Nikobaren (*pl.*) (*geogr.*), Nicobar Islands (*pl.*), (the) Nicobars (*pl.*).
Nil *m.* (*geogr.*), River Nile *s.*, the Nile *s.*; **Blauer –,** Blue Nile *s.*; **Weißer –,** White Nile *s.*; **–delta** *n.*, Nile Delta *s.*
Nimwegen *n.* (*geogr.*), Nijmegen *s.*, Nimeguen *s.*
Ninigo(-Insel)-Gruppe *f.* (*geogr.*), Ninigo Islands (*pl.*).
Niue *n.* (*geogr.*), Savage Island *s.*
Nizza *n.* (*geogr.*), Nice *s.*
Norcon(-Spinnakertuch) *n.*, Norcon (spinnaker cloth *or* fabric) *s.*
Nord / amerika *n.* (*geogr.*), North America *s.*, the North *s.*, USA *s.*; **–amerikanisches Becken** *n.*, North American Basin *s.*; **–äquator(ial)strom** *m.*, North Equatorial Current *s.*; **–atlantik** *m.*, North Atlantic *s.*; **–atlantik-Route** *f.* (*naut.*), North Atlantic Route *s.*; **–atlantische Schwelle** *f.* (*geogr.*), North Atlantic Ridge *s.*; **–deutschland** *n.*, North Germany *s.*; **–england** *n.*, the North Country *s.*; **–engländer** *m.*, North-countryman *s.*; **–europa** *n.*, North(ern) Europe *s.*; **–friesische Inseln** *f./pl.*, North Frisian Islands (*pl.*); **–-Golfstromstraße** *f.* (*meteor.*), North Gulf Stream track *s.*; **–kap** *n.*, North Cape *s.*; **Nordkinn** *n.*, Cape *s.* Nordkyn; **–land(-Inselgruppe** *f.***)** *n.*, Severnaya Zemlya *s.*; **–länder** *m.*, Northerner *s.*
Nördlich *adj.* (*geogr.*), **–es Eismeer** *n.*, Arctic Ocean *s.*; **–e Krone** *f.* (*astr.*), Norther Crown *s.*; **–e Polargegend** *f.*, Arctic regions (*pl.*), the Arctics (*pl.*); **–er Polarkreis** *m.*, Arctic Circle *s.*
Nord / meer *n.* (*geogr.*), Arctic Ocean *s.*, Polar Sea *s.*; **Europäisches –meer** *n.*, Norwegian Sea *s.*; **–östliche Durchfahrt** *f.*, **–ostpassage** *f.* (*geogr. naut.*), North-East Passage *s.*; **–-Ostsee-Kanal** *m.*, Kiel Canal *s.*; **–pazifisches Becken** *n.*, North Pacific Basin *s.*; **–pol** *m.*, North Pole *s.*; **–polargebiet** *n.*, Arctic regions (*pl.*),

Arctic Zone *s.*; **–polarkreis** *m.*, Arctic Circle *s.*; **–polarländer** *n./pl.*, the Arctics (*pl.*); **–polarmeer** *n.*, Arctic Ocean *s. or* Sea *s.*; **–see** *f.*, North Sea *s.*, German Ocean *s.*; **–see-Woche** *f.* (*rac.*), North Sea Week *s.*; **–staaten** *m./pl.* **(von Amerika),** the North *s.*, Northern States (*pl.*) (of America); **–westliche Durchfahrt** *f.*, **–westpassage** *f.* (*geogr. naut.*), North-West Passage *s.*

Normandie *f.* (*geogr.*), Normandy *s.*; **in der –,** in Normandy. **Normannisch** *adj.*, **–e Inseln** *f./pl.*, Channel *or* Norman Islands (*pl.*).

Norton-Sund *m.* (*geogr.*), Norton Sound *s.*

Norwegen *n.* (*geogr.*), Norway *s.*, Norge *s.* **Norwegisch** *adj.*, **–es Becken** *n.*, Norwegian Basin *s.*; **–e Rinne** *f.*, Norwegian Channel *s.*; **–e See** *f.*, Norwegian Sea *s.*; **–e Welle** *f.*, Norwegian Wave *s.*

Nowaja Semlja *n.* (*geogr.*), Novaya Zemlya (Islands *pl.*) *s.*

Nylon / segeltuch *n.*, nylon sailcloth *s.*; **–tau(werk)** *n.*, nylon rope(s) *s.* (*pl.*).

Nymphebank *f.* (*geogr.*), Nymph Bank *s. or* Shoals (*pl.*).

O

Ober / bayern *n.* (*geogr.*), Upper Bavaria *s.*; **–bay(e)rische Seen** *m./pl.*, Upper Bavarian Lakes (*pl.*).

Oberer See *m.* (*geogr.*), Superior Lake *s.* (*Great Lakes*).

Ober / italien *n.* (*geogr.*), North Italy *s.*; **–italienische Seen** *m./pl.*, North *or* Upper Italian Lakes (*pl.*); **–österreich** *n.*, Upper Austria *s.*

Obi-Inseln *f./pl.* (*geogr.*), Obi Islands (*pl.*).

Ocean-Insel *f.* (*geogr.*), Ocean (Island) *s.*

Ochotskisches Meer *n.* (*geogr.*), Sea *s.* of Okhotsk.

Olenjekbucht *f.* (*geogr.*), Bay *s.* of Olenjek, Gulf *s.* of Olenjek.

Olgastraße *f.* (*geogr.*), Olga Straits (*pl.*).

Olympisch *adj.* (*spt.*), **Internationales –es Komitee** *n.*, International Olympic Committee *s.*; **–e Spiele** *n./pl.*, Olympic Games (*pl.*), the Olympics (*pl.*).

Oman *n.* (*geogr.*), **Golf** *m.* **von –,** Gulf *s.* of Oman.

Omega *n.* (*geogr.*), **Golf** *m.* **von –,** Gulf *s.* of Omega; **–bucht** *f.*, Bay *s.* of Omega; **–kanal** *m.*, Omega Canal *s.*; **–see** *m.*, Lake Omega *s.*

Ontariosee *m.* (*geogr.*), Lake Ontario *s.*

Oranje / (fluß) *m.* (*geogr.*), Orange River *s.*; **–kanal** *m.*, Orange Canal *s.*

Orient *m.* (*geogr.*), the East *s.*

Orion *m.* (*astr.*), Orion *s.*; **Gürtel** *m.* **des –** (*astr.*), Yard *s.* and Ell. **Orionid** *m.* (*astr.*), Orionid *s.*

Orkneyinseln *f./pl.* (*geogr.*), Orkney Islands (*pl.*), the Orkneys (*pl.*), the Orcades (*pl.*).

Osakabai *f.* (*geogr.*), Bay *s.* of Osaka.

Ösel *n.* (*geogr.*), Sarema (Island) *s.*

Osprey-Riff *n.* (*geogr.*), Osprey Reef(s) *s.* (*pl.*).

Ost / asien *n.* (*geogr.*), the Far East *s.*, Eastern Asia *s.*; **–australisches Becken** *n.*, East-Australian Basin *s.*; **–australischer Strom** *m.*, East-Australian Current *s.*; **–chinesisches Meer** *n.*, East China Sea *s.*

Osten *m.* (*geogr.*), (the) East *s.*; **Ferner –,** Far East *s.*; **Mittlerer –,** Middle East *s.*; **Naher –,** Near East *s.*

Ostende *n.* (*geogr.*), Ostend *s.*, Oostende *s.*

Oster / insel *f.* (*geogr.*), Easter Island *s.*; **–schwelle** *f.*, Easter Ridge *s.*

Österreich *n.* (*geogr.*), Austria *s.*

Ost / europa *n.* (*geogr.*), East(ern) Europe *s.*; **–friesische Inseln** *f./pl.*, East Frisian Islands (*pl.*); **–-Golfstromstraße** *f.* (*meteor.*), East Gulf Stream track *s.*; **–grönlandstrom** *m.*, East Greenland Current *s.*; **–indien** *n.*, (the East) Indies (*pl.*); **–indienfahrer** *m.* (*naut.*), East-Indiaman *s.* (*ship*); **–indischer Archipel** *m.*, Malay Archipelago *s.*; **–pazifische (Längs)Schwelle** *f.*, East Pacific Rise *s.*; **–preußen** *n.*, East Prussia *s.*; **–see** *f.*, (the) Baltic (Sea) *s.*; **–seeausgänge** *od.* **-zugänge** *m./pl.*, Baltic Approaches (*pl.*); **–seefahrt** *f.* (*naut.*), Baltic navigation *s.*; **–seeprovinzen** *f./pl.*, Baltic Provinces (*pl.*); **–sibirisches Meer** *n.*, **–sibirische See** *f.*, East Siberian Sea *s.*

Otranto *n.* (*geogr.*), **Straße** *f.* **von –,** Strait(s) *s.* (*pl.*) of Otranto, Otranto Channel *s.*

Oulusee *m.* (*geogr.*), Lake Oulu *s.*

Ozean *m.* (*geogr.*), Ocean *s.*, Sea *s.*; **Großer** *od.* **Stiller –,** (the) Pacific (Ocean) *s.*; **–-Medaille** *f.* (*rac.*), Blue Water Medal *s.*

Ozeanien *n.* (*geogr.*), Oceania *s.*, Oceanica *s.*, Australasia *s.*, South Sea Islands (*pl.*).

P

Pailolo-Kanal *m.* (*geogr.*), Pailolo Channel *s.*

Palau-Inseln *f./pl.* (*geogr.*), Palau *s. or* Pelew (Islands *pl.*) *s.*

Palkstraße *f.* (*geogr.*), Palk Strait *s.*

Palmer / -Archipel *m.* (*geogr.*), Palmer Archipelago *s.*; **–-Halbinsel** *f.*, **–-Land** *n.*, Palmer Peninsula *s.*

Pamlico-Sund *m.* (*geogr.*), Pamlico Sound *s.*

Panama / kanal *m.* (*geogr.*), Panama Canal *s.*, the Isthmus *s.* (of Panama); **–kanal-Zone** *f.*, Canal Zone *s.*

Papua-Golf *m.* (*geogr.*), Papua Gulf *s.*
Paracel-Inseln *f.*/*pl.* (*geogr.*), Hsishatao *s.*, Paracel Islands (*pl.*).
Parry / Inseln *f.*/*pl.* (*geogr.*), Parry Islands (*pl.*); **– Sund** *m.*, Parry Sound *s.*
Passamaquoddybucht *f.* (*geogr.*), Passamaquoddy Bay *s.*
Passatwinde *m.*/*pl.* (*naut.*), trade-winds *s.*/*pl.*; **Nordost-(Südost-)Passat(winde)** *m.* (*pl.*), North East (South East) Trade Winds *s.*/*pl.*
Paternoster-Inseln *f.*/*pl.* (*geogr.*), Paternoster Islands (*pl.*).
Patos-Lagune *f.* (*geogr.*), Patos Lagoon *s.*, Lagoon *s.* of Patos.
Patras *n.*, **Paträ** *n.*, (*coll.* **Patra**) (*geogr.*), Patrai *s.*, Patras *s.*; **Golf** *m.* **von –,** Gulf *s.* *or* Isthmus *s.* of Patrai; **Hafen** *m.* **von –,** Patrai-Harbo(u)r *s.*, Port *s.* of Patrai.
Pazifik *m.* (*geogr.*), (the) Pacific (Ocean) *s.*; **–küste** *f.* (*am.*), the Coast *s.*; Pacific Coast *s.* *or* coast *s.* **Pazifisch** *adj.*, **–e Inseln** *f.*/*pl.*, Pacific Islands (*pl.*); **–er Ozean** *m.*, Pacific (Ocean) *s.*; **–er Strom** *m.*, Pacific Current *s.*
Pedra-Branca-Leuchtturm *m.* (*geogr.*), Pedra Branca (Lighthouse) *s.*
Pegasus *m.* (*astr.*), Pegasus *s.*; **--Bai** *f.* (*geogr.*), Pegasus Bay *s.*
Peiraieus *n.*, (*s.* **Piräus**).
Pelagische Inseln *f.*/*pl.* (*geogr.*), Pelagian Islands (*pl.*).
Peloponnes *f.* (*coll. m.*), **Halbinsel** *f.* **Peloponnessos** (*geogr.*), Peloponnesus *s.*, Peloponnesos *s.*
Persien *n.* (*geogr.*), Persia *s.* **Persisch** *adj.*, **–er Golf** *m.*, Persian Gulf *s.*, Gulf *s.* of Persia.
Peru / -Becken *n.* (*geogr.*), Peru *or* Peruvian Basin *s.*; **--Chile-Graben** *m.*, Peru-Chile Trench *s.*; **--Strom** *m.*, Peru *or* Peruvian Current *s.*, Humboldt Current *s.*, Peru-Humboldt Current *s.* (*westwind drift*).
Pescadores-Inseln *f.*/*pl.* (*geogr.*), Pescadores (*pl.*), Hokoto Islands (*pl.*).
Petalischer Golf *m.* (*geogr.*), Petalion Gulf *s.*, Kolpos Petalion *s.*
Pfefferküste *f.* (*geogr.*), Grain Coast *s.*
Phäaken *od.* **Phaiaken** (*pl.*) (*geogr.*), **Inseln** *f.*/*pl.* **der –,** Phæacia *s.* **Phäakien** *n.*, Phæacia *s.*
Philippgraben *m.* (*geogr.*), Philippine Trench *s.* **Philippinen** (*pl.*), Philippine Islands (*pl.*), Philippines (*pl.*); **–becken** *n.*, Philippine Basin *s.*
Phoenix / -Graben *m.* (*geogr.*), Phoenix Trench *s.*; **– Inseln** *f.*/*pl.*, Phoenix Islands (*pl.*).
Pidgin-Englisch *n.* (*ling.*), Pidgin English *s.*
Piraten / flagge *f.* (*naut.*), Jolly Roger *s.*; **–küste** *f.* (*geogr.*), Trucial Coast *s.*
Piräus *m.* (*geogr.*), **(Hafen** *m.* **von) –,** Piræus *s.*, Peiraeus *s.*
Pityusen (*pl.*) (*geogr.*), Pityusae *or* Pityusæ Isles (*pl.*).
Plattensee *m.* (*geogr.*), Balaton *s.*
Plejaden (*pl.*) (*astr.*), Pleiades (*pl.*), Seven Sisters (*pl.*).
Po *m.* (*geogr.*), River Po *s.*; **–delta** *n.*, (River) Po Delta *s.*
Po(-)hai *n.* (*geogr.*), **Golf** *m.* **von –,** Gulf *s.* of Po Hai, Gulf *s.* of Chihli.
Pojangsee *m.* (*geogr.*), Po-yang (Hu) *s.*
Polar / becken *n.* (*geogr.*), **Zentrales –becken** *n.*, Central Polar Basin *s.*; **–kreis** *m.*, Polar Circle *s.*; **Nördlicher (Südlicher) –kreis** *m.*, Arctic (Antarctic) Circle *s.*; **–meer** *n.*, Arctic Ocean *s.*, Polar Sea *s.*; **Südliches –meer** *n.*, Antarctic Ocean *s.*; **–stern** *m.* (*astr.*), Polaris *s.*, Polar *or* North Star *s.*; **–strom** *m.* (*geogr.*), Arctic Current *s.*
Polen *n.* (*geogr.*), Poland *s.*
Polynesien *n.* (*geogr.*), Polynesia *s.*
Pommern *n.* (*geogr.*), Pomerania *s.* **Pommersch** *adj.*, **–e Bucht** *f.*, Pomeranian Bay *s.*; **–e Seenplatte** *f.*, Pomeranian Lakes (*pl.*).
Pontchartrainsee *m.* (*geogr.*), Lake Pontchartrain *s.*
Pontinische Inseln *f.*/*pl.* (*geogr.*), Pontic *or* Pontine Isles (*pl.*).
Portugal-Strom *m.*, **Portugiesischer Strom** *m.* (*geogr.*), Portugal Current *s.*
Potomac *m.* (*geogr.*), Potomac River *s.*
Prag *n.* (*geogr.*), Prague *s.*
Pribilow- *od.* **Pribylow-Inseln** *f.*/*pl.* (*geogr.*), Pribilof Islands (*pl.*).
Prinz / -Albert-Halbinsel *f.* (*geogr.*), Prince Albert Peninsula *s.*; **--Eduard-Inseln** *f.*/*pl.*, Prince Edward Islands (*pl.*).
Prinzeninsel *f.* (*geogr.*), Panaitan (Island) *s.*
Prinz / of Wales-Insel *f.* (*geogr.*), Prince of Wales Island *s.*; **– William-Sund** *m.*, Prince William Sound *s.*
Prokyon *m.* (*astr.*), Procyon *s.*
Puerto-Rico / -Graben *m.* (*geogr.*), Puerto Rico Trench *s.*; **--Schwelle** *f.*, Puerto Rico Ridge *s.*
Pugetsund *m.* (*geogr.*), Puget Sound *s.*
Puulasee *m.* (*geogr.*), Lake Puula *s.*
Pyrenäen (*pl.*) (*geogr.*), Pyrenees (*pl.*); **--Halbinsel** *f.*, **Pyrenäische Halbinsel** *f.*, Iberian Peninsula *s.*

R

Rabe *m.* (*astr.*), Corvus *s.*
Race *n.* (*geogr.*), **Kap –,** Cape Race *s.*

Raleigh-Bai *f.* (*geogr.*), Raleigh Bay *s.*
Ralik(-Insel)-Gruppe *f.* (*geogr.*), Ralik Islands (*pl.*).
Ramapo-Tief *n.* (*geogr.*), Ramapo Deep *s.*
Rangeley Seen(platte *f.*) *m./pl.* (*geogr.*), Rangeley Lakes (*pl.*).
Ratak(-Insel)-Gruppe *f.* (*geogr.*), Ratak Islands (*pl.*).
Ratteninseln *f./pl.* (*geogr.*), Rat Islands (*pl.*).
Regensterne *m./pl.* (*astr., coll.*), Hyad(e)s (*pl.*).
Rennell-Strom *m.* (*geogr.*), Rennell Current *s.*
Rentiersee *m.* (*geogr.*), Reindeer Lake *s.*
Reval *n.* (*geogr.*), Tallinn *s.*
Rhein *m.* (*geogr.*), (River) Rhine *s.*; **–fall** *m.*, Falls (*pl.*) of the Rhine; **–land** *n.*, Rhineland *s.*; **–schiffahrt** *f.*, shipping trade *s.* *or* navigation *s.* on the Rhine.
Rhodos *n.* (*geogr.*), Rhodes (Island) *s.*
Rhone / delta *n.* (*geogr.*), Rhone delta *s.*; **--Rhein-Kanal** *m.*, Rhone-Rhine Canal *s.*
Riga *n.* (*geogr.*), **–er Bucht** *f.*, **–ischer Meerbusen** *m.*, Gulf *s.* of Riga.
Rio / de la Plata *m.* (*geogr.*), River Plate *s.*, Rio de la Plata *s.*; **– de la Plata-Bucht** *f.*, River Plate Bay *s.*; **– Grande-Schwelle** *f.*, Rio Grande Ridge *s.*
Riukiu-Inseln *f./pl.* (*geogr.*), Ryukyu Islands (*pl.*), Luchu Islands (*pl.*).
Robinson-Crusoe-Insel *f.* (*geogr.*), Robinson Crusoe Island *s.*
Rochelle *n.*, **La – Woche** *f.* (*rac.*), (La) Rochelle Week *s.*
Rockaway *n.* (*geogr.*), **Kap – Point,** Rockaway Point *s.*; **--Einfahrt** *f.*, Rockaway Inlet *s.*
Rom *n.* (*geogr.*), Rome *s.*
Romanchegraben *m.* (*geogr.*), Romanche Trench *s.*
Ross / -Barriere *f.* (*geogr.*), Ross Barrier *s.*; **--Insel** *f.*, Ross Island *s.*; **--Meer** *n.*, Ross Sea *s.*; **--Schelfeis** *n.*, Ross Shelf Ice *s.*
Rotes Meer *n.* (*geogr.*), (the) Red Sea *s.*
Round-Britain-Rennen *n.* (*rac.*), Round Britain Race *s.*
Rumänien *n.* (*geogr.*), Romania *s.*, Roumania *s.*, Rumania *s.*
Rußland *n.* (*geogr.*), Russia *s.*

S

Saargebiet *n.* (*geogr.*), Saar district *s.*
Sable *n.* (*geogr.*), **Kap –,** Cape Sable *s.*; **--Insel** *f.*, Isle *s.* of Sable, Sable Island *s.*
Saima / kanal *m.* (*geogr.*), Saima Canal *s.*; **–see** *m.*, Lake Saima *s.*
Saint / Matthias(-Insel)-Gruppe *f.* (*geogr.*), Saint Matthew Islands (*pl.*); **– Vincent-Golf** *m.*, Saint Vincent Gulf *s.*, Gulf *s.* of Saint Vincent; **– Vincent-Inseln** *f.*, Saint Vincent (Island) *s.*
Salomonen (*pl.*) (*geogr.*), Solomon Islands (*pl.*); **Östliche –,** Eastern Solomon Islands (*pl.*); **Westliche –,** Western Solomon Islands (*pl.*); **–becken** *n.*, Solomon Basin *s.* **Salomon / -Inseln** *f./pl.*, Solomon Islands (*pl.*); **--See** *f.*, Solomon Sea *s.*
Saloniki *n.* (*geogr.*), Salonica *s.*, Salonika *s.*
Salton-See *m.* (*geogr.*), Salton Sea *s.*, Lake Salton *s.*
Salzsee *m.* (*geogr.*), Salt Lake *s.*; **Großer –,** Great Salt Lake *s.*
Samoa-Inseln *f./pl.* (*geogr.*), Samoa(n) Islands (*pl.*), Samoa *s.*
Sandwich / -Hafen *m.* (*geogr.*), Sandwich Harbo(u)r *s.*; **--Inseln** *f./pl.*, Sandwich Islands (*pl.*), Hawaiian Islands (*pl.*).
San / Francisco-Bai *f.* (*geogr.*), San Francisco Bay *s.*; **– Jorge-Golf** *m.*, San Jorge Gulf *s.*, Bight *s.* *or* Gulf *s.* of San Jorge.
Sankt / Elms-Feuer *n.* (*meteor.*), Saint Elmo's Fire *s.*; **– Georgs-Kanal** *m.* (*geogr.*), St. George's Channel *s.*, South Channel *s.*; **– Helena** *n.* (*geogr.*), (Isle *s.* of) Saint Helena; **– Helena-Bucht** *f.*, Saint Helena Bay *s.*; **– Lorenz-Golf** *m.*, Saint Lawrence Gulf *s.*; **– Lorenz-Insel** *f.*, Saint Lawrence Island *s.*; **– Lorenz-Seeweg** *m.*, Saint *or* St. Lawrence Sea Route *s.* *or* Seaway *s.* *or* Waterway *s.*; **– Lorenz-Strom** *m.*, Saint *or* St. Lawrence (River) *s.*; **– Nikolaus** *m.*, Santa Claus *or* Klaus *s.* (*saint patron of seamen*); **– Petrus** *m.*, Saint Peter *s.*, God *s.* of the weather.
San / Matias-Golf *m.* (*geogr.*), Gulf *s.* of San Matias, San Matias Gulf *s.*; **– Pablo-Bai** *f.*, San Pablo Bay *s.*; **Kap – Pedro (Point),** San Pedro Point *s.*; **– Pedro-Bucht** *f.*, Bight *s.* *or* Bay *s.* of San Pedro; **– Salvador** *n.*, San Salvador *s.*, Watlings Island *s.*
Sansibar *n.* (*geogr.*), Zansibar *s.*, Zanzibar *s.*
Santa / Barbara-Archipel *m.* (*geogr.*), Santa Barbara Archipelago *s.*; **– Barbara-Inseln** *f./pl.*, Santa Barbara Islands (*pl.*); **– Cruz-Inseln** *f./pl.*, Santa Cruz (Islands (*pl.*) *s.*
Santorin *n.* (*geogr.*), **(Insel** *f.*) **–,** Pyrgos *s.*, (Isle *s.* of) Thira, Santorin (Island) *s.*
Sardinien *n.* (*geogr.*), Sardinia *s.*; **– Cup** *m. od.* **Pokal** *m.* (*rac.*), Sardinia Cup *s.*; **– Cup-Rennen** *n.* (*rac.*), Sardinia Race *s.*
Sargassomeer *n.*, **Sargasso-See** *f.* (*geogr.*), Sargasso Sea *s.*
Saronischer Golf *m.* (*geogr.*), Saronian Gulf *s.*, Saronikos Kolpos *s.*

Saros *n.* (*geogr.*), **Golf** *m.* **von –,** Gulf *s.* of Saros.
Saudi-Arabien *n.* (*geogr.*), Saudi Arabia *s.*
Sault Sainte Marie-Kanal *m. od.* **-Kanäle** (*pl.*) (*geogr.*), Sault Sainte Marie Canals (*pl.*), Soo Canals (*pl.*).
Saumarez Riffe *n./pl.* (*geogr.*), Saumarez Reefs (*pl.*), Reefs (*pl.*) of Saumarez.
Savage-Insel *f.* (*geogr.*), Savage Island *s.*, Niue (Island) *s.*
Savaii *n.*, **Sawaii** *n.* (*geogr.*), Savaii (Island) *s.*
Sawu / -Inseln *f./pl.* (*geogr.*), Savu *or* Sawu Islands (*pl.*); **–see** *f.*, Savu *or* Sawu Sea *s.*
Scapa Flow-Bucht *f.* (*geogr.*), Scapa Flow *s.*
Schanghai *n.* (*geogr.*), Shanghai *s.*
Schantung / -Halbinsel *f.* (*geogr.*), Shantung Peninsula *s.*; **–kap** *n.*, Shantung Cape *s.*
Schdanow *n.* (*geogr.*), Zhdanov (Harbo(u)r) *s.*
Schelde *f.* (*geogr.*), River Scheldt *s.*
Schlange *f.* (*astr.*), Serpent *s.* **Schlangen / fluß** *m.* (*geogr.*), Snake River *s.*; **–insel** *f.*, Snake Island *s.*; **–kanal** *m.*, Snake Channel *s.*; **–träger** *m.* (*astr.*), Ophiuchus *s.*
Schleswig *n.* (*geogr.*), Sleswick *s.*
Schonen *n.* (*geogr.*), Scania *s.*
Schotte *m.*, Scotch- *or* Scotsman *s.*, (*coll.*) Jack *s.* **Schottland** *n.*, Scotland *s.*, Scotia *s.*, North Britain *s.*
Schütze *m.* (*astr.*), Sagittarius *s.*
Schwan *m.* (*astr.*), Swan *s.*; **–insel** *f.* (*geogr.*), Swan Island *s.*
Schwarzes Meer *n.* (*geogr.*), Black Sea *s.*, Euxine (Sea) *s.*, Pontine *or* Pontic Sea *s.*
Schweden *n.* (*geogr.*), Sweden *s.*
Schweiz *f.* (*geogr.*), Switzerland *s.*, Helvetia *s.*; **Französische –,** French Switzerland *s.*; **in der –,** in Switzerland.
Scilly-Inselgruppe *f. od.* **-inseln** *f./pl.* (*geogr.*), Scilly Isles (*pl.*) *or* Islands (*pl.*), the Scillies (*pl.*), Isles (*pl.*) of Scilly.
Sea Point Leuchtturm *m.* (*geogr.*), Sea Point (Lighthouse) *s.*
Seealpen (*pl.*) (*geogr.*), Maritime Alps (*pl.*).
Seeland *n.* (*geogr.*), Zealand *s.* (*Danish Island*); Zeeland *s.* (*Dutch province*).
Seengebiet *n.* **(von England)** (*geogr.*), Lake District *s.*
Seinebucht *f.* (*geogr.*), Seine Bay *s.*, Baie de la Seine *s.*
Seneca-See *m.* (*geogr.*), Seneca Lake *s.*
Seram / -Laut-Inseln *f./pl.* (*geogr.*), Seram Laut Islands (*pl.*); **–see** *f.*, Seram Sea *s.*
Serbien *n.* (*geogr.*), Serbia *s.*
Seschellen (*pl.*), (*s.* **Seychellen**).
Seward-Halbinsel *f.* (*geogr.*), Seward Peninsula *s.*
Sewernaja-Semlja *n.* (*geogr.*), Severnaya Zemlya *s.*
Sextant *m.* (*astr.*), Sextans *s.*
Seychellen (*pl.*) (*geogr.*), (the) Seychelles (*pl.*), Seychelles Islands (*pl.*).
Shetland / -Inseln *f./pl.* (*geogr.*), Shetland (Islands *pl.*) *s.*, the Shetlands (*pl.*), (*coll.*) Happy Isles (*pl.*); **–schwelle** *f.*, Shetland Ridge *s.*; **–welle** *f.*, Shetland Wave *s.*
Shinglebank *f.* (*geogr.*), Shingle Bank *s.*
Sibirien *n.* (*geogr.*), Siberia *s.*
Sidra *n.* (*geogr.*), **Golf** *m.* **von –,** Gulf *s.* of Sidra, Syrtis Major *s.*
Sieben / gestirn *n.* (*astr.*), Pleiades (*pl.*), Seven Sisters (*pl.*); **--Inseln** *f./pl.* (*geogr.*), Izu Islands (*pl.*).
Sierra-Leone / -Becken *n.* (*geogr.*), Sierra Leone Basin *s.*; **--Schwelle** *f.*, Sierra Leone Ridge *s.*
Silberrinnen-Welle *f.* (*geogr.*), Silver Streak Wave *s.*
Sinai *n.* (*geogr.*), **(Halbinsel** *f.***) –,** Sinai Peninsula *s.*
Singapur *n.* (*geogr.*), Singapore *s.*
Sir-Edward-Pellew-(Insel-)Gruppe *f.* (*geogr.*), Sir Edward Pellew Islands (*pl.*).
Sirius *m.* (*astr.*), Canicula *s.*, Sirius *s.*, Sothis *s.*, Dog *or* Bitch Star *s.*; **–periode** *f.* (*astr.*), Canicular period *s.*
Sizilien *n.* (*geogr.*), Sicily *s.* **Sizilische Straße** *f.*, Straits (*pl.*) of Sicily.
Skagen *n.* (*geogr.*), **Kap –,** Cape Skagen *s.*, the Skaw *s.*; **--Rennen** *n.*, **– Rund** *n.* (*rac.*), Round the Skaw (Race) *s.*
Skagerrak *n.* (*geogr.*), Skager(r)ak *s.*
Skandinavien *n.* (*geogr.*), Scandinavia *s.*
Skerries (*pl.*) (*geogr.*), (the) Skerries (*pl.*).
Skiyachting *n.* **(in Cannes)** (*rac.*), (Cannes) Skiyachting *s.*
Sklaven / fluß *m.* (*geogr.*), Slave River *s.*; **–küste** *f.*, Slave Coast *s.*; **–see** *m.*, Slave Lake *s.*; **Großer (Kleiner) –see** *m.*, Great (Little *or* Lesser) Slave Lake *s.*
Skorpion *m.* (*astr.*), Scorpio *s.*
Skye *n.* (*geogr.*), **(Insel** *f.***) –,** Isle *s.* of Skye, (*coll.*) the misty island *s.*
Slowakei *f.* (*geogr.*), Slovakia *s.*
Slowenien *n.* (*geogr.*), Slovenia *s.*
Sognefjord *m.* (*geogr.*), Sogne Fjord *s.*
Sokotra *n.* (*geogr.*), Socotra (Islands *pl.*) *s.*
Solent-Kanal *m.* (*geogr.*), the Solent *s.*
Soling *f.* (*coll. m.*) (*naut.*), Soling *s.* (*Olympic Class*); **– (Boots)Klasse** *f.*, Soling class *s.*

Somali / -Becken *n.* (*geogr.*), Somali Basin *s.*; **--Halbinsel** *f.*, Somali Peninsula *s.*; **--Strom** *m.*, Somali Current *s.*

Soo-Kanal *m.* (*geogr.*), Sault Sainte Marie Canals *s./pl.*

Sowjet / russland *n.* (*geogr.*), Soviet Russia *s.*; **–union** *f.*, Soviet Union *s.*, Union *s.* of Soviet Socialist Republics.

Spaa *n.* (*geogr.*), Spa *s.*

Spanien *n.* (*geogr.*), Spain *s.* **Spanisch** *adj.*, **–er Fluß** *m.*, Spanish River *s.*

Spencer *n.* (*geogr.*), **Kap –,** Cape Spencer *s.*; **--Golf** *m.*, Spencer Gulf *s.*

Spiskin (*naut.*), Spiskin *s.*, spinnaker-sleeve *s.*

Spitzbergen *n.* (*geogr.*), Spitsbergen *s.*; **–bank** *f.*, Spitsbergen Bank *s.*

Sporaden (*pl.*) (*geogr.*), **(Inseln** *f./pl.* **der) –,** Sporades (*pl.*).

Stambul *n.* (*geogr.*), Constantinople *s.*, Stamboul *s.*

Star *m.*, **Starboot** *n.* (*naut.*), Star(boat) *s.* (*Olympic Class*); **–bootflotte** *f.*, Star(boat) fleet *s.*; **–bootklasse** *f.*, Star(boat) class *s.*

Steiermark *f.* (*geogr.*), Styria *s.* **Steiermärkisch, Steirisch** *adj.*, **–e Seen** *m./pl.*, Styrian Lakes (*pl.*), the Lakes (*pl.*) of Styria.

Steinbock *m.* (*astr.*), Capricorn *s.*; **Wendekreis** *m.* **des –s** (*astr., geogr.*), Tropic *s.* of Capricorn.

Sternenbanner *n.* (*am.*), Stars and Stripes (*pl.*), star-spangled banner *s.*

Stier *m.* (*astr.*), Taurus *s.*

Stiller Ozean *m.* (*geogr.*), Pacific (Ocean) *s.*; **den Stillen Ozean durchquerend,** Trans- *or* transpacific.

Straßburg *n.* (*geogr.*), Strasbourg *s.*

Straße *f.* (*geogr.*), **– von Dover,** Straits (*pl.*) of Dover, Pas de Calais; **– von Gibraltar,** the Straits (*pl.*), Straits (*pl.*) of Gibraltar; **– von Messina,** Straits (*pl.*) of Messina; **– von Mosambik,** Straits (*pl.*) of Mozambique *or* Mocambique; **– von Otranto,** Strait *s.* of Otranto; **– von Ormus,** Strait *s.* of Ormuz *or* Hormuz; **– von Singapur,** Strait *s.* of Singapore; **– von Yucatán,** Straits (*pl.*) of Yucatan.

Süd / afrika *n.* (*geogr.*), South Africa *s.*; **–afrikanische Union** *f.*, Union *s.* of South Africa; **–amerika** *n.*, South *or* Latin America *s.*; **Nordostküste** *f.* **von –amerika,** Spanish(-American) Main *s.*; **–äquatorialstrom** *m.*, South Equatorial Current *s.*; **--Atlantik-Straße** *f.* (*meteor.*), South Atlantic track *s.*; **–atlantische Schwelle** *f.* (*geogr.*), South Atlantic Ridge *s.*; **–australien** *n.*, South Australia *s.*; **–australisches Becken** *n.*, South Australian Basin *s.*; **–chinesisches Meer** *n.*, South China Sea *s.*; **–deutschland** *n.*, South Germany *s.*

Süden *m.*, **Kreuz** *n.* **des –s** (*astr.*), Southern Cross *s.*

Süd / england *n.* (*geogr.*), Southern England *s.*; **–frankreich** *n.*, South *s.* of France; **--Golfstrom-Straße** *f.* (*meteor.*), South(ern) Gulf Stream track *s.*

Südlich *adj.*, **–es Dreieck** *n.* (*astr.*), Southern Triangle *s.*; **–es Eismeer** *n.* (*geogr.*), Antarctic Ocean *s.*; **–e Krone** *f.* (*astr.*), Southern Crown *s.*

Süd / pazifisches Becken *n.* (*geogr.*), South Pacific Basin *s.*; **–pazifische Querschwelle** *f.*, South Pacific Rise *s.*; **–pol** *m.*, South Pole *s.*; **Magnetischer –pol** *m.*, South Magnetic Pole *s.*; **–polardrift** *f.*, Antarctic Current *s.* *or* Drift *s.*; **–polargebiet** *n.* *od.* **-länder** *n./pl.*, Antarctic continent *s.* *or* regions (*pl.*); **--Sandwich-Schwelle** *f.*, South(ern) Hawaiian Ridge *s.*; **–see** *f.*, South Sea *s.*; **–see-Archipel** *m.*, South Sea Archipelago *s.*; **–see-Inseln** *f./pl.*, Oceania *s.*, South Sea Islands (*pl.*); **–slawien** *n.* (*geogr.*), Yugoslavia *s.*; **–staaten** *m./pl.* **(von Amerika),** the South *s.*, Southern States (*pl.*) (of America); **–wales** *n.*, South Wales *s.*; **–westen** *m.* **(von England),** the West Country *s.*

Sueskanal *m.*, **Suezkanal** *m.* (*geogr.*), Suez Canal *s.*

Sulawesi *n.* (*geogr.*), Celebes (Islands *pl.*) *s.*

Sulu / -Becken *n.* (*geogr.*), Sulu *or* Jolo Basin *s.*; **--Inseln** *f./pl.*, Sulu *or* Jolo Islands (*pl.*); **--See** *f.*, Sea *s.* of Jolo *or* Sulu.

Sumba *n.* (*geogr.*), Sandalwood Island *s.*, Sumba *s.*

Sund *m.* (*geogr.*), the Sound *s.*, Øresund *s.*

Sunda / graben *m.* (*geogr.*), Sunda Trench *s.*; **--Inseln** *f./pl.*, Sunda Isles (*pl.*); **Große (Kleine) –inseln** *f./pl.*, Greater (Lesser) Sunda Islands (*pl.*); **--See** *f.*, Sea *s.* of Sunda, Sunda Sea *s.*; **–straße** *f.*, Sunda Straits (*pl.*).

Suomi *n.* (*geogr.*), Finland *s.*

Swain Riffe *n./pl.* (*geogr.*), Swain Reefs *s./pl.*

Sydney-Hobart-Rennen *n.* *od.* **-Hochseeregatta** *f.* (*rac.*), Sydney Hobart (Offshore) Race *s.*

Syrakus *n.* (*geogr.*), Syracuse *s.*, Syracusae *s.*

Syrte *f.* (*geogr.*), the Syrtis *s.*; **Große –,** Syrtis Major *s.*, Gulf *s.* of Sidra; **Kleine –,** Syrtis Minor *s.*, Gulf *s.* of Gabès.

T

Taganrog *n.* (*geogr.*), **Bucht** *f.* **von –,** Bight *s.* *or* Bay *s.* of Taganrog.

Tajo *m.* (*geogr.*), River Tagus *s.*

Tallin(n) *n.* (*geogr.*), Tallinn *s.*, Reval *s.*

Tana / fjord *m.* (*geogr.*), Tana Fjord *s.*; **–(-Insel** *f.*) *n.*, Tana (Island) *s.*; **–see** *m.*, Lake Tana *or* Tsana *s.*

Tanger *n.* (*geogr.*), Tangier(s) *s.*

Tarent *n.* (*geogr.*), Taranto *s.*, Tarentum *s.*

Tasman-Bai *f.* (*geogr.*), Tasman Bay *s.* **Tasmanien** *n.*, Tasmania *s.* **Tasmanisch** *adj.*, **–e See** *f.*, Tasman Sea *s.* **Tasman / -Schwelle** *f.*, Tasman Ridge *s.*; **–-See** *f.*, Tasman Sea *s.*

Tatarischer Sund *m.* (*geogr.*), Tatar Sound *s.*

Taurien *n.*, **Tauris** *n.*, **Taurische Halbinsel** *f.* (*geogr.*), Tauric Chersonese *s.*

Tausendinseln *f.*/*pl.* (*geogr.*), Thousand Islands (*pl.*).

Teerjacke *f.* (*naut.*), Jack Tar *s.*

Tehuantepec *n.* (*geogr.*), **Isthmus** *m.* **von –**, Isthmus *s.* of Tehuantepec.

Tejo *s.*, (*s.* **Tajo**).

Teleskop *n.* (*astr.*), Telescopium *s.* (*southern constellation*).

Tempest *f.* (*naut.*), Tempest *s.* (*Olympic class*); **–boot** *n.*, Tempest boat *s.*; **–klasse** *f.*, Tempest class *s.*

Teneriffa *n.* (*geogr.*), Tenerife *s.*, Teneriffe *s.*

Tessin *m.* (*coll. n.*) (*geogr.*), Ticino *s.*, Tessin *s.* **Tessin** *m.* (*geogr.*), River Ticino *s.*

Teufels / insel *f.* (*geogr.*), Devil's Island *s.*; **–loch** *n.*, Devil's Hole *s.*

Theiss *f.* (*geogr.*), Tisza *s.*

Themse *f.* (*geogr.*), (the River) Thames *s.*; **–-Vermessung** *f.* (*naut.*), Thames Tonnage *s.*

Therasia *n.* (*geogr.*), **(Insel** *f.*) **–**, (Isle *s.* of) Thirasia *s.*

Thermaischer Golf *m.* (*geogr.*), Gulf *s.* of Chalcidice, Gulf *s.* of Salonica.

Thessalien *n.* (*geogr.*), Thessaly *s.*

Thessaloniki *n.* (*geogr.*), Thessalonica *s.*, Salonica *s.*

Thomson-Rücken *m.* (*geogr.*), Thomson Ridge *s.*

Thuner See *m.* (*geogr.*), Lake *s.* of Thun.

Timor *n.* (*geogr.*), Timor (Island) *s.* **Timorlaut-Inseln** *f.*/*pl.*, Timorlaut *or* Tanimbar Islands (*pl.*). **Timor-See** *f.*, Timor Sea *s.*

Titicaca / -Insel *f.* (*geogr.*), Titicaca Island *s.* *or* Isle *s.*; **–-See** *m.*, Lake Titicaca *s.*

Tokara / -Inseln *f.*/*pl.* (*geogr.*), Tokara Isles (*pl.*); **–-Straße** *f.*, Strait *s.* of Tokara.

Tokio *n.* (*geogr.*), Tokyo *s.*; **–-Bai** *f.*, Bay *s.* of Tokyo, Tokyo Bay *s.*

Tonga / -Graben *m.* (*geogr.*), Tonga Trench *s.*; **–-Inseln** *f.*/*pl.*, Tonga Islands (*pl.*), Friendly Islands (*pl.*).

Tornado *m.* (*naut.*), Tornado *s.* (*Olympic Catamaran class*); **–-Klasse** *f.*, Tornado class *s.*

Torrens-See *m.* (*geogr.*), Lake Torrens *s.*

Torres-Straße *f.* (*geogr.*), Torres Strait *s.*

Toskana *f.* (*geogr.*), Tuscany *s.*

Totes Meer *n.* (*geogr.*), (the) Dead Sea *s.*

Trafalgar *n.* (*geogr.*), **Kap –**, Cape Trafalgar *s.*

Trans / atlantik-Rennen *n.* (*rac.*), Transatlantic Race *s.*; **–-Ozean-Medaille** *f.* (*rac.*), Trans-Ocean Medal *s.*; **–-Ozean-Preis** *m.* (*rac.*), Trans-Ocean Trophy *s.*; **–-Ozean-Rennen** *n.* *od.* **-Regatta** *f.* (*rac.*), Trans-Ocean Race *s.*; **–pazifik-Rennen** *n.* (*rac.*), Trans-Pacific Race *s.*, Trans-Pac *s.*

Trasimenischer See *m.* (*geogr.*), Lake Trasimeno *s.*

Travemünde Woche *f.* (*rac.*), Travemuende Week *s.*

Triangel *m.* (*astr.*), Triangle *s.*; **Südlicher –** (*astr.*), Southern Triangle *s.*

Trient *n.* (*geogr.*), Trent *s.*

Triest *n.* (*geogr.*), Trieste *s.*

Trindade *n.* (*geogr.*), Trindade Island *s.*; **–-Schwelle** *f.*, Trindade Ridge *s.*

Trinity / -Bai *f.* (*geogr.*), Trinity Bay *s.*; **–-Inseln** *f.*/*pl.*, Trinity Islands (*pl.*).

Trinkomali *n.* (*geogr.*), (Port *s.* of) Trincomalee *s.*

Tripolis *n.* (*geogr.*), Tripoli *s.* **Tripolitanien** *n.*, Tripolitania *s.*

Triton *m.* (*naut.*), Triton *s.*, merman *s.*, sea-god *s.*

Trondheim *n.* (*geogr.*), Trondhjem *s.*, Trondheim *s.*; **–sfjord** *m.*, Trondhjem Fjord *s.*

Truk(-Inseln *f.*/*pl.*) *n.* (*geogr.*), Truk Islands (*pl.*).

Tschagos / -Inseln *f.*/*pl.* (*geogr.*), Chagos Islands (*pl.*); **–-Rücken** *m.*, Chagos Ridge *s.*

Tschechoslowakei *f.* (*geogr.*), Czechoslovakia *s.*, Czecho-Slovakia *s.*

Tschedschu-Insel *f.* (*geogr.*), Quelpart Isle *s.* *or* Island *s.*

Tschuktschen / -Halbinsel *f.* (*geogr.*), Tshuktshen *or* Tshekto Peninsula *s.*; **–-See** *f.*, Tshuktshen Sea *s.*

Tsuschima / (Inselgruppe *f.*) *n.* (*geogr.*), Tsushima (Islands *pl.*) *s.*; **–straße** *f.*, Straits (*pl.*) of Tsushima.

Tuamotu-Archipel *m.* *od.* **-Inseln** *f.*/*pl.* (*geogr.*), Tuamotu Archipelago *s.*

Tunesien *n.* (*geogr.*), Tunisia *s.* **Tunis** *n.* (*geogr.*), Tunis *s.*, Tunisia *s.*; **Golf** *m.* **von –**, Gulf *s.* of Tunis(ia).

Tungtschatao *n.* (*geogr.*), Isle *s.* of Pratas.

Türkei *f.* (*geogr.*), Turkey *s.*; **Asiatische –**, Turkey *s.* in Asia; **in der –**, in Turkey.

Turks-(und Caicos-)Inseln *f./pl.* (*geogr.*), Turks and Caicos Islands (*pl.*).
Tyrrhenisches Meer *n.* (*geogr.*), Tyrrhenian Sea *s.*

U

Ungarn *n.* (*geogr.*), Hungary *s.*
Universitätsinsel *f.* (*geogr.*), University Island *s.*
Uragastraße *f.* (*geogr.*), Uraga Channel *s.*
Urmiasee *m.* (*geogr.*), Lake Urmia *s.*, Urumiyeh *s.*

V

Vancouver-Inseln *f.* (*geogr.*), Vancouver Isles (*pl.*).
Van / -Diemen-Golf *m.* (*geogr.*), Gulf *s.* of Tasmania *or* Van Diemen's Land; **–diemensland** *n.*, Tasmania *s.*, Van Diemen's Land *s.*; **--Diemen-Straße** *f.*, Van Diemen Straits (*pl.*), Osumi Straits (*pl.*).
Vänersee *m.* (*geogr.*), Vänern *s.*, Vener *s.*
Vättersee *m.* (*geogr.*), Vättern *s.*, Vetter *s.*
Venedig *n.* (*geogr.*), Venice *s.*; **Lagunen** *f./pl.* **von –,** Lagoons (*pl.*) of Venice; **Lido** *m.* **von –,** Lido *s.* of Venice.
Venusdurchgang *m.* (*astr.*), transit *s.* of (the planet) Venus.
Vereinigt *adj.*, **–es Königreich** *n.* **(von Großbritannien und Nordirland)** (*geogr.*), United Kingdom *s.*; **–e Niederlande** (*pl.*), United Provinces (*pl.*); **–e Staaten** *m./pl.* **(von Nordamerika),** United States (*pl.*) (of North America), USA *s.* **Vereinte Nationen** *f./pl.*, United Nations (*pl.*).
Victoria / -Insel *f.* (*geogr.*), Victoria Island *s.*; **--Straße** *f.*, Victoria Strait(s) *s.* (*pl.*).
Viersiebziger *m.* **(470er** *m.***)** (*naut.*), Four Seventy (boat) *s.*, 470 *s.* (*Olympic class*).
Vierteltonner-Pokal *m.* (*rac.*), Quarter Ton Cup *s.*
Vierwaldstätter See *m.* (*geogr.*), Lake *s.* of Lucerne, Lake *s.* of the Four (Forest) Cantons.
Vikingbank *f.* (*geogr.*), Viking Bank(s) *s.* (*pl.*).
Viktoria-See *m.* (*geogr.*), Lake Victoria *s.*, Victoria Nyanza *s.*
Virginische Inseln *f./pl.* (*geogr.*), Virgin Islands (*pl.*).
Visayas(-Inselgruppe *f.***)** (*pl.*) (*geogr.*), Visayan Islands (*pl.*), Bisayas (*pl.*).
Vlissingen *n.* (*geogr.*), Flushing *s.*; **über –,** via Flushing.
Voralpen (*pl.*) (*geogr.*), Lower Alps (*pl.*), the lower Alps (*pl.*).
Vorder / asien *n.* (*geogr.*), Western Asia *s.*, the Near East *s.*; **–indien** *n.*, India (proper) *s.*, Hindustan *s.*
Vulkan-Inseln *f./pl.* (*geogr.*), Volcanic *or* Volcano Islands (*pl.*).

W

Waadt(land) *n.* (*geogr.*), Vaud *s.*
Waage *f.* (*astr.*), Scales (*pl.*), Libra *s.*
Waal *f.* (*geogr.*), River Vaal *s.*
Wagen *m.* **(Himmelswagen** *m.***)** (*astr.*), Dipper *s.*, (*am.*) Wag(g)oner *s.*, Car *s.*, Charles'(s) Wain *s.*; **Großer –** (*astr.*), Big Dipper *s.*, Wag(g)oner *s.*; **Kleiner –** (*astr.*), Little Dipper *s.*
Wake-Insel *f.* (*geogr.*), Wake Island *s.*
Wäldersee *m.* (*geogr.*), Lake *s.* of the Woods.
Wales *n.* (*geogr.*), Cambria *s.*, Wales *s.*
Walfisch / bai *f. od.* **–bucht** *f.* (*geogr.*), Walvis *or* Walfish Bay *s.*; **--Schwelle** *f.*, Walvis Ridge *s.*
Wallis *n.* (*geogr.*), (Le) Valais *s.*
Wansee *m.* (*geogr.*), Van *s.*
Warschau *n.* (*geogr.*), Warsaw *s.*
Warthe *f.* (*geogr.*), River Warta *s.*
Washington / -Insel *f.* (*geogr.*), Washington Island *s.*; **– Kanal** *m.*, Washington Channel *s.*
Wasser / mann *m.* (*astr.*), Aquarius *s.*, Water-carrier *s.*; **–schlange** *f.* (*astr.*), Hydra *s.*
Watling / s-Insel *f.* (*geogr.*), Watlings Island *s.*, San Salvador *s.*; **--Straße** *f.*, Watling Straits (*pl.*), Straits (*pl.*) of San Salvador.
Weddellmeer *n.*, **–see** *f.* (*geogr.*), Weddell Sea *s.*
Weichsel *f.* (*geogr.*), (River) Vistula *s.*
Weihnachtsinsel *f.* (*geogr.*), Christmas Island *s.*
Weiß *adj.*, **–es Meer** *n.* (*geogr.*), (the) White Sea *s.*; **–er Nil** *m.*, White Nile *s.*; **–rußland** *n.*, White Russia *s.*
Welland-Kanal *m.* (*geogr.*), Welland Canal *s.*
Welt / meer *n.* (*geogr.*), Ocean *s.*; **die Sieben – meere** *n./pl.*, the Seven Seas (*pl.*); **–meisterschaft** *f.* (*rac.*), World Championship *s.*, the Worlds (*pl.*).
Wendekreis *m.* (*astr., geogr.*), **– des Krebses,** Tropic *s.* of Cancer; **– des Steinbocks,** Tropic *s.* of Capricorn.
Wentschou *n.* (*geogr.*), Wenchow *s.*; **Hafen** *m.* **von –,** Wenchow Harbo(u)r *s.*, Port *s.* of Wenchow.
West / afrika *n.* (*geogr.*), West Africa *s.*; **–afrikanischer Graben** *m.*, South-East(ern) Atlantic Basin *s.*; **–australien** *n.*, Western Australia *s.*; **–australisches Becken** *n.*, West Australian Basin *s.*; **–australischer Strom** *m.*, West Aus-

tralian Current *s.*; **–bai** *f.*, West Bay *s.*; **–europa** *n.*, Western Europe *s.*; **–europäisches Becken** *n.*, West European Basin *s.*; **–europäische Zeit** *f.*, Greenwich Mean Time *s.*; **–friesische Inseln** *f./pl.*, West Frisian Islands (*pl.*); **–friesland** *n.*, West Frisia *s.*; **--Golfstrom-Straße** *f.* (*meteor.*), West Gulf Stream track *s.*; **–indien** *n.* (*geogr.*), (the) West Indies (*pl.*); **–indienfahrer** *m.* (*naut.*), West-Indiaman *s.* (*ship*).

Westlich *adj.*, **–e Staaten** *m./pl.* (*geogr.*) (*am.*), the West *s.* (*of North America*).

West / staaten *m./pl.* (*geogr.*) (*am.*), the West *s.*; **–winddrift** *f. od.* **-trift** *f.*, Westwind Drift *s.*, North Pacific Drift *s.*

Wetterheiliger *m.* **(St. Swithun)** (*naut.*), St. Swithin *s.*

Widder *m.* (*astr.*), Aries *s.*

Wien *n.* (*geogr.*), Vienna *s.*

Wight *n.* (*geogr.*), **Insel –,** Isle *s.* of Wight.

Windward / -Inseln *f./pl.* (*geogr.*), Windward Islands (*pl.*); **--Passage** *f.*, Windward Passage *s.*

Winnebago-See *m.* (*geogr.*), Lake Winnebago *s.*

Winni / peg-See *m.* (*geogr.*), Lake Winnipeg *s.*; **–pegosis-See** *m.*, Lake Winnipegosis *s.*; **–pesaukee-See** *m.*, Lake Winnipesaukee *s.*

Wladiwostok *n.* (*geogr.*), Vladivostok *s.*

Wolga *f.* (*geogr.*), (River) Volga *s.*

Wrangel-Insel *f.* (*geogr.*), Wrangel Island *s.*

Y

Yorke(-Halbinsel) *f.* (*geogr.*), Yorke Peninsula *s.*

Ysabel-Kanal *m.* (*geogr.*), Ysabel Channel *s.*

Yucatán *n.*, **Yukatan** *n.* (*geogr.*), Yucatan *s.*; **--Straße** *f.*, Straits (*pl.*) of Yucatan.

Z

Zakynthos *n.* (*geogr.*), Zante (Island) *s.*, Zakinthos *s.*, Zakynthos *s.*

Zentral / amerika *n.* (*geogr.*), Central America *s.*; **–amerikanischer Graben** *m.*, Middle America Trench *s.*; **–asien** *n.*, Central Asia *s.*; **–indisches Becken** *n.*, Mid Indian Basin *s.*; **–indische Schwelle** *f.*, Central Indian Ridge *s.*; **–pazifisches Becken** *n.*, Mid Pacific Basin *s.*

Zimbern *n.* (*geogr.*), Cimbri *s.* **Zimbrisch** *adj.*, **–e Halbinsel** *f.*, Cimbrian Peninsula *s.*

Zinninseln *f./pl.* (*geogr.*), Cassiterides (*pl.*).

Zuger See *m.* (*geogr.*), Lake *s.* of Zug.

Zuidersee *f.* (*geogr.*), Lake Ijs(s)el *or* Yssel *s.*, IJsselmeer *s.*, Zuider Zee *s.*, Zuyder Sea *s.*

Zürich *n.* (*geogr.*), Zurich *s.*; **–see** *m.*, **Zürcher See** *m.*, Lake *s.* of Zurich.

Zweitonner-Pokal *m.* (*rac.*), Two Ton Cup *s.*

Zwillinge *m./pl.* (*astr.*), Gemini *s.*, The Twins (*pl.*), The Twin Brothers (*pl.*) *or* Brethren (*pl.*), Castor and Pollux *s.*

Zykladen (*pl.*) (*geogr.*), **(Inseln** *f./pl.* **der) –,** (the) Cyclades (*pl.*).

Zypern *n.* (*geogr.*), (Isle *s.* of) Cyprus *s.*

ABKÜRZUNGSREGISTER (*meteor., naut., phys., rad., tech.*).

A

A Ampere; (*naut.*) Amt, Anstalt (*auf Seekarten*); Führerschein *od.* Segelschein für Binnenfahrt.
Å (*phys.*) Angström(einheit).
A. (*naut.*) Abteilung.
a. asymmetrisch; auf; aus; außen.
A1 Schiff 1. Klasse (*Lloyd's Register*).
a. a. O. (*rac.*) am angeführten *od.* angegebenen Ort.
AAS Allgemeiner Ausschuß für Segelsport.
AB (*naut.*) Aufsichtsbehörde (*Bootsbau, Hafen, etc.*).
ab. abgefertigt (*Zoll*); (*naut.*) abgegangen (*Boot od. Schiff*).
ABC-Staaten Argentinien, Brasilien, Chile.
Abd. Abend.
Abdr. Abdrift.
abds. abends.
ABE (*naut., rad.*) Allgemeine Betriebserlaubnis.
Abf. (*naut.*) Abfahrt; Abfertigung (*Zoll*).
Abg. (*naut.*) Abgang (*Boot od. Schiff*).
abg. (*rac.*) abgeändert (*Kurs*), abgekürzt (*Bahn*).
abgef. abgefertigt (*Zoll*).
abgeg. (*naut.*) abgegangen (*Boot od. Schiff*).
abgek. (*rac.*) abgekürzt (*Bahn*).
abges. (*rac.*) abgesagt (*Wettfahrt*).
Abg.-H., AbgH Abgangshafen.
abh. (*rad.*) abhören (*Funksprüche*).
Abk. (*rac.*) Abkürzung (*Bahn*); Abkürzung(en).
Abk.-L., Abk.-Liste (*naut.*) Abkürzungsliste.
Abk.-Verz. (*naut.*) Abkürzungsverzeichnis.
abn. abnehmen (*Mond*); abnorm(al) (*Tide, etc.*).
A.-Bo. Ankerboje.
ABS Acrylnitril-Butadien-Styrol (*GFK-Bootsbau*); American Bureau of Shipping.
abs. absetzen (*Kurs*); (*meteor.*) absolut.
abschl. (*naut.*) abschleppen.
Abst. (*astr., naut.*) Abstand.
Abt., Abtlg. (*naut.*) Abteilung.
Abtr. (*naut.*) Abtrieb, Abtrift.
Abw. (*astr., naut.*) Abweichung.
abw. (*meteor.*) abwärts; abwechseln, abwechselnd; (*astr., naut.*) abweichend.
AC, A. C. (*rac.*) Admiral's Cup.
Ac, A.-Cu. (*meteor.*) Altocumulus.
AD Außendurchmesser.
a. d. an der, auf dem, auf der, aus dem, aus der.
ä. D. (*tech.*) äußerer Durchmesser.
ADAC Allgemeiner Deutscher Automobilclub (*Kreuzerabtlg., Motorbootsport*).
adb. (*meteor., phys.*) adiabatisch.
adj. adjektivisch; adjustieren.
ADM (*rad.*) Amplituden-Demodulation.
Adm. Administration; Admiral, Admiralität.
ADMV Allgemeiner Deutscher Motorsport-Verband.
a. d. O. (*naut.*) an der Oberfläche.
ADS, ADSVB Allgemeine Deutsche Seeversicherungsbedingungen.
AE (*phys.*) Angström(einheit).
Aero- Luftfahrtfeuer (*auf Seekarten*).
aero., aeron. aeronautisch.
AF (*naut.*) alle Fahrt; (*rad.*) Audiofrequenz.
AFF Ansteuerungsfunkfeuer.
Afgh. Afghanistan.
AfK Amt für Klassifikation (*DIN*).
AFN Anzeigegerät für Funknavigation; (*rad.*) automatische Frequenznachstimmung.
AFR (*rad.*) automatische Frequenzregelung.
Afr. Afrika; (*ling.*) Afrikaans.
AfuG Amateurfunkgesetz.
AFZ Allgemeines Flugfunksprechzeugnis (*Seenot-Rettungsdienst, etc.*).
AG (*naut.*) Allgemeine Genehmigung; autonomes Gebiet.
ag. (*naut.*) ausgelaufen (*Boot od. Schiff*).

Äg. Ägypten.
Aggr. (*naut.*, *tech.*) Aggregat.
AGS (*rad. int.*) automatic gain stabilization (*automatische Verstärkungsregelung*).
Ah (*elec.*) Amperestunde; (*naut.*) Augenhöhe.
AHO Allgemeine Hafenordnung.
AHVB Allgemeine Haftpflichtversicherungsbedingungen.
AHVO Allgemeine Hafenverordnung.
AI Aerodynamisches Institut.
AICS Allgemeiner Informationsdienst.
AIIRM (*int.*) Association Internationale des Intérêts Radiomaritimes (*Internationale Vereinigung für Seefunk*).
AIPCN (*int.*) Association Internationale Permanente des Congrès de Navigation (*Internationaler ständiger Verband für Schiffahrtskongresse*).
AIR(BR) (*int.*) Association Internationale du Registre des Bâteaux du Rhin (*Internationale Vereinigung des Rheinschiffahrtsregisters*).
AK (*naut.*, *phys.*) Absorptionskoeffizient; (*naut.*) äußerste Kraft.
ak. akustisch (*Signale, etc.*).
Akk., Akku Akkumulator.
AKP Afrika, Karibik und Pazifischer Raum.
Akü(spr.) (*rad.*) Abkürzung(ssprache).
AKV, a.K.v. (*naut.*) äußerste Kraft voraus.
AL Achterliek.
Al Aluminium (*Mast, Bootsbau*).
Al. (*naut.*, *tech.*) Anlasser.
a.L. an Land.
Alas. Alaska.
ALB automatische, lastabhängige Bremskraftregelung (*Trailer*).
Alb. Albanien.
Alg. Algerien; Algier.
AllA (*naut.*, *rac.*) allgemeine Anweisung.
allg. allgemein.
AllgDSeeVersBed. Allgemeine Deutsche Seeversicherungsbedingungen.
AllgHaftpflVersBed. Allgemeine Haftpflichtversicherungsbedingungen.
AllgUnfVersBed. Allgemeine Unfallversicherungsbedingungen.
AllgVersBed. Allgemeine Versicherungsbedingungen.
Alph. Alphabet (*Flaggensignale*).
alph. alphabetisch (*Flaggensignale, etc.*).
ALR (*rad.*) automatische Lautstärkeregelung.
alt. (*naut.*) alternativ (*Kurs, etc.*).
Alu Aluminium (*Mast, Bootsbau*).
AM Amperemeter; (*rad.*) Amplitudenmodulation.
Am. Amateur; Amerika.
am (*rad.*) Amplitudenmodulation.
am. amerikanisch.
amagn. amagnetisch.
AmateurFG Amateurfunkgesetz.
amer(ik). amerikanisch.
Amp. Ampere.
amtl. amtlich.
An. Anode.
an. analog (*Anzeiger, Borduhr, etc.*); anormal (*Tide*).
anal. analog.
Anat. Anatolien.
and. (*meteor.*) andauernd; andere, anders.
Änd. (*meteor.*, *rac.*) Änderung.
ÄndBek., Änd.-Bek. (*naut.*, *rac.*) Änderungsbekanntmachung.
Anerk. Anerkennung (*einer Bootsklasse*).
anerk. (*naut.*) anerkannt (*Bootsklasse*).
Anf. (*rac.*) Anfang; (*naut.*) Anfänger.
ang. (*rac.*) angekündigt, angemeldet; (*naut.*) angenommen (*Breite, Position*); angular (*Beschläge*).
angek. (*naut.*) angekommen; (*rac.*) angekündigt.
angel. (*naut.*) angelegt.
angem. (*rac.*) angemeldet.
angen. (*naut.*) angenommen (*Position, etc.*).
angeschw. (*tech.*) angeschweißt; angeschwemmt (*Treibgut*); angeschwollen (*Fluß*).
angl. (*rad., tech.*) angleichen.
anh. (*naut. jur.*) anhalten (*Durchsuchungsrecht*).
Ank. Anker; (*rac.*) Ankündigung;

(*naut.*) Ankunft.
Ankpl. Ankerplatz.
Anl. (*naut.*, *tech.*) Anlasser; (*naut.*) Anleger.
anl. (*naut.*) anlegen (*Boot*), anliegend (*Kurs*).
Anl. f. d. Bed. Anleitung für die Bedienung (*v. Instrumenten, etc.*).
Anl.-Pl. Anlegeplatz.
Anl.-St. Anlegestelle.
Anm. (*rac.*) Anmeldung.
Anm.-Form. (*rac.*) Anmelde- *od.* Anmeldungsformular.
Ann. (*rac.*) Annulierung (*einer Wettfahrt*).
ann. (*rac.*) annulieren, annuliert (*Wettfahrt*).
AnO Anordnung.
Anord., Anordn. Anordnung(en).
anord., anordn. anordnen.
Anr. (*rad.*) Anruf.
Anschl.(-Bl.) Anschluß(blatt) (*naut. Karten*).
anspr. anspringen (*Boot*).
Anst. Ansteuerung.
anst. (*naut.*) anstechen, anstecken, ansteuern.
Ant. Anteil(e) (*Parten-Eigner*); Antenne.
ant. anteilig (*Part(en)-Eignerschaft*).
Antr. Antrag (*Funkerlizenz, etc.*); (*naut.*) Antrieb.
Antw. (*naut.*, *rad.*) Antwort.
Anw. Anweisung; (*naut.*, *tech.*) Anwendung.
Anz. (*tech.*) Anzeiger.
AO (*naut.*) Anordnung.
ao., a. o. außerordentlich.
AOA (*rac.*) Allgemeiner Organisationsausschuß.
AP Amsterdamer Pegel; (*naut.*) Anhaltspunkt, Anlegepunkt.
APO (*naut.*) Allgemeine Prüfungsordnung, Ausbildungs- und Prüfungsordnung.
App. (*naut.*, *tech.*) Apparat, Apparatur.
appr(ox). (*naut.*, *math.*) approximate, approximative.
Approx. (*naut.*, *math.*) Approximation.
Apr. April.
APT (*int.*) automatic picture transmission (*automatische Bildübertragung von einem Wettersatelliten*).
APVO (*naut.*) Ausbildungs- und Prüfungsverordnung.
Äq. Äquator; (*math.*) Äquivalenz.
äq. äquatorial.
AR Admiralitätsrat; (*astr.*) ascensio recta (*Rektaszension*); (*naut.*) Ausgleichsrechnung (*Tiden, etc.*); (*rad.*, *tech.*) automatische Regelung.
ar (*rad.*) Ende der Übermittlung.
A/R, a/r, a. r. alle Risiken (*all risks*) (*Seeversicherung*).
a.R. außer Reichweite.
Ar(ab). Arabien.
ARA-Häfen Amsterdam, Rotterdam, Antwerpen.
ARB Akademischer Ruder-Bund.
arc (*astr.*, *math.*) arcus (*Bogen*).
Arch. Archipel.
ARFF Allrichtungsfunkfeuer.
Arg. Argentinien.
Arm. (*naut.*, *tech.*) Armatur; Armenien.
Arret. (*naut.*, *tech.*) Arretierung.
arret. (*naut.*, *tech.*) arretieren, arretiert.
As (*meteor.*) Altostratus; Amperesekunde.
Asec Amperesekunde.
Asp. (*astr.*) Aspekt.
ASR Amplitudensignalregelung.
ass. (*naut.*) assistieren, assistiert.
Ass(yr). Assyrien.
ASt, ASt. alterungsbeständiger Stahl (*Yachtbau*); Anmeldestelle.
A. St. (*naut.*) auf Stapel.
A.-St. (*meteor.*) Altostratus.
Astr. Astronom, Astronomie.
astr. astronomisch.
astr. Nav. astronomische Navigation.
asyn., asynchr. (*naut.*, *tech.*) asynchron(isch).
Asz. (*astr.*) Aszendent, Aszendenz (*eines Gestirns*).
AT Ankertau; Anwendungstechnik.
at (technische) Atmosphäre.
ata (*meteor.*) Atmosphäre absolut.
ATG (*naut.*, *tech.*) automatisches Testgerät.
Äth. Äthiopien.
Atl. Atlanten; Atlantik; Atlas.

atl. atlantisch.
Atm, Atm. (*meteor.*, *phys.*) Atmosphäre.
atm physikalische Atmosphäre.
atm. (*meteor.*, *phys.*) atmosphärisch.
ATR (*radar, int.*) Anti-Transmitting Receiving (*Sender-Sperrelektronenröhre in der Radartechnik*).
Att. (*naut.*) Attest (*z. B. Quarantäne*).
Atü, atü (*meteor.*) Atmosphärenüberdruck.
AU Australien, australisch (*auf Seekarten*).
AUB(V) (*naut.*) Allgemeine Unfallversicherungsbedingungen.
aubo außenbord, außenbords.
AUBO-Motor Außenbordmotor.
Auf. (*naut.*) Aufenthalt.
Aufb. (*naut.*) Aufbau, Aufbauten.
auff. (*naut.*) auffällig (*Landmarke, etc.*).
Aufg. (*nav.*) Aufgabe; (*astr.*) Aufgang.
Aufh. (*rac.*) Aufhebung (*einer Wettfahrt*).
aufh. (*rac.*) aufheben (*Wettfahrt*).
AufhA (*rac.*) Anordnung zur Aufhebung (*einer Wettfahrt*).
AufhB, AufhBest. (*rac.*) Bestimmung(en) zur Aufhebung (*einer Wettfahrt*).
AufhBek. (*rac.*) Bekanntmachung zur Aufhebung (*einer Wettfahrt*).
Aufkl. (*meteor.*) Aufklarung.
Aufl. (*meteor.*) Auflockerung (*der Bewölkung*).
Aufn.-Bed. Aufnahmebedingungen.
Aufr. (*naut.*) Aufriß (*Bootsbau*).
Aufs. (*naut.*) Aufseher, Aufsicht (*Bootsbau, Hafen, etc.*).
Aufs.-B., Aufs.-Beh. (*naut.*), Aufsichtsbehörde.
Aufst. (*naut.*) Aufstellung.
aufw. (*meteor.*) aufwärts.
Aufz. (*naut., tech.*) Aufzeichnung (*von Instrumenten*).
Aug. August.
Ausb. (*naut.*) Ausbesserung, Ausbilder, Ausbildung.
Ausf. (*naut.*) Ausfahrt; Ausführung (*Boot, Segel, etc.*).
Ausf.-Erkl. Ausfuhrerklärung (*Zoll*).
AusfG, Ausf.-Ges. Ausfuhrgesetz (*Zoll*).
Ausf.-Nr. Ausführungsnummer (*Boot, etc.*).
ausgegl. (*meteor.*) ausgeglichen (*Wetterlage*).
ausgesch. (*rac.*) ausgeschieden.
ausgest. (*naut.*) ausgestattet (*Boot*), ausgestellt (*Visum, etc.*).
Ausgl. (*rac.*) Ausgleich.
Ausg.-P. (*naut.*) Ausgangspunkt.
Ausg.-Pos. (*rac.*) Ausgangsposition.
Aush. (*rac.*) Aushang.
Ausk. Auskunft.
Ausk.-St. Auskunftstelle.
Ausl. Ausland; Auslieferung (*Boot, Segel, etc.*).
ausl. ausländisch; (*naut., tech.*) auslösen.
Ausr. (*naut.*) Ausrüstung.
Aussch. (*rac.*) Ausschuß.
Ausschl. (*rac.*) Ausschluß.
Ausst. (*naut.*) Ausstattung (*Boot*), Ausstellung (*Visum, etc.*).
Aust. (*naut.*) Austern (*Seekarte*).
Austr. Austria; Australien.
austr. australisch.
Austral. Australien.
Ausw. (*naut.*) Auswanderung (*Peilung*), Auswechs(e)lung (*beschädigter Teile*); Ausweis; Ausweitung (*Bootsbau*); Auswertung (*Instrumentenablesung, etc.*).
ausw. auswärts; auswechseln; ausweiten; auswerten.
Aut. Autorität.
aut. automatisch; autonom; autoritär.
Autom. Automatik, Automation, Automatisation; Automatisierung.
autor. (*naut.*) autorisiert.
a. u. Z. (*naut., rac.*) auf unbestimmte Zeit.
AV alle Fahrt voraus; Allgemeine Vorschrift(en); Anwendungsverfahren; (*naut.*) Ausbildungsvorschrift(en).
AVA Aerodynamische Versuchsanstalt.
AVfg. Allgemeine Verfügung.
AVR (*rad.*) automatische Verstärkungsregelung.
AW (*naut., Vers.*) Anschaffungswert.
Aw. Ausweis; (*radar, Instr.*) Auswertung.

a.W. ab Werk (*Boot, etc.*); (*rac.*) auf Widerruf; (*naut.*) auf Wunsch (*Extras*).
ä.W. (*tech.*) äußere Weite.
AWB Allgemeine Wettfahrtbestimmungen.
A_{WL} Wasserlinienfläche(nverhältnis) (*Bootsbau*).
AWS (*int.*) Air Weather Service (*Luft-Wetterdienst*).
AZ, Az (*astr. nav.*) Azimut.
AZO Allgemeine Zollordnung.

B

B Bayern; Beitrag; Bord.
b (*meteor.*) bar.
B. (*naut.*) Balkenbucht; Band; Barometer(stand); Basis; Beamter; Beitrag; Bogen; Bucht.
b. bei, beim; bis.
BA (*tech.*) Betriebsanleitung, Betriebsanweisung.
Ba. Batterie.
BABS (*int.*) Beam Approach Beacon System (*Leit- od. Richtstrahlansteuerungsbake(nsystem)*).
Ball. Ballast.
Balt. Baltikum.
Bar. Barometer(stand).
Barb. Barbados.
Bark. Barkasse.
Bas. Basel; Basis.
Bat., Batt. Batterie.
Bauaufs. (*naut.*) Bauaufsicht (*Yachtbau*).
Bauj. (*naut.*) Baujahr (*Boot*).
BauPrüfV, BauPrüfVO (*naut.*) Bautechnische Prüfungsverordnung (*Yachtbau*).
Bauw. (*naut.*) Bauweise (*Boot, Segel*).
b.a.W. (*rac.*) bis auf Widerruf.
b.a.w. (*rac.*) bis auf weiteres.
Bay. Bayern.
bay. bay(e)risch.
BB Backbord; (*Vers.*) Besondere Bedingungen.
Bb. Backbord(seite).
B.B. (*rac.*) Blaues Band.
Bbd. Backbord.
BBG Binnenschiffahrtsberufsgenossenschaft.
BC Bootsclub.
Bd. (*naut., rac.*) Band.
b.d. bei dem, bei den, bei der.
BDS Bund Deutscher Segler.
Bdtg. (*naut.*) Bedeutung.
BDVI (*naut.*) Bund der öffentlich bestellten Vermessungsingenieure.
BE (*naut.*) Bauelement (*Yachtbau*); (*tech.*) Betriebseinheit.
B.E. britisches Englisch (*British English*).
beabs. (*naut.*) beabsichtigt.
Bearb. (*naut.*) Bearbeitung (*Bootsbau, Segel*).
Bed. Bedeutung; Bedienung; Bedingung(en).
bed. bedeutend; bedeutet; bedienen.
Bef. (*naut.*) Befähigung, Befehl, Befeuerung, Befugnis.
bef. (*naut.*) befähigt, befeuert, befugt.
Befr. (*naut.*) Befreiung (*Quarantäne*); Befristung.
befr. befristet.
Bef. Wr. Befeuertes Wrack.
Bef.-Zeugn., Bef.-Zgn. (*naut.*) Befähigungszeugnis.
Beg. (*rac.*) Beginn.
Begl. (*naut.*) Begleiter, Begleitschiff, Begleitung.
begl. (*naut.*) begleitet.
Begr. (*naut.*) Begrenzung, Begriff.
begr. (*naut.*) begrenzen, begrenzt (*z.B. Revierfahrt*).
Beh. (*naut.*) Behandlung (*Boot, Segel*), Behelf; Behörde.
beh. (*naut.*) behandeln, behandelt (*Boot, Segel*), behelfsmäßig; behördlich.
Beitr. (*naut., rac.*) Beitrag, Beitritt.
Bek. (*naut., rac.*) Bekanntmachung.
bek. (*naut.*) bekannt.
Bel. (*naut.*) Belastung, Beleuchtung.
bel. (*naut.*) beladen, belasten, belastet, belegen, belegt, beleuchten, beleuchtet.
Belg. Belgien.

Bel.-Pr. (*naut., phys., tech.*) Belastungsprobe (*Boot, etc.*).
Bel.-St. (*naut.*) Belastungsstärke (*Boot*), Beleuchtungsstärke (*Leuchtfeuer*).
Bel.-Zeit (*naut., tech.*) Belastungszeit.
Bem. Bemerkung(en); Bemessung.
bem. bemerken.
Ben. (*naut.*) Benachrichtigung, Benutzung, Benützung.
ben. (*naut.*) benachrichtigen, benachrichtigt, benutzen, benützen, benutzt, benützt.
BENELUX, Benelux(-Staaten) (Union zwischen) Belgique, Nederlands, Luxembourg.
Beob. (*naut.*) Beobachter, Beobachtung.
beob. (*naut.*) beobachten, beobachtet.
Ber. (*naut.*) Beratung (*Lotse*), Berechnung (*Strom, etc.*), Bereich, Bereitschaft, Bericht; Berichtigung (*Kurs, etc.*); (*meteor.*) Beruhigung.
ber. (*naut.*) beraten, berechnen, berechnet, berichtigen, berichtigt; (*meteor.*) beruhigen.
berat. (*naut.*) beratend.
Bes. (*naut.*) Besichtigung (*Yachtbau*).
bes. (*naut.*) besichtigen, besichtigt (*Yachtbau*); besondere(r), besonderes; besonders.
Besch. (*naut.*) Beschädigung, Bescheinigung; Beschichtung (*Segeltuch*).
besch. (*naut.*) beschädigen, beschädigt, bescheinigen, bescheinigt; beschichtet (*Segeltuch*).
Beschl. (*naut.*) Beschlagnahme, Beschlagnahmung, Beschleunigung; Beschluß.
beschl. (*naut.*) beschlagnahmen, beschlagnahmt (*Boot*), beschleunigen (*Fahrt*).
Beschr. (*naut., rac.*) Beschränkung(en).
beschr. (*naut., rac.*) beschränkt.
Best. (*naut.*), Bestand, Bestandteil(e); (*naut., rad.*) Bestätigung; Bestellung; (*naut.*) Bestimmung; (*naut., rac.*) Bestimmungen.
best. (*naut., rad.*) bestätigen, bestätigt; (*naut.*) bestimmen, bestimmt.
Best.-H. Bestimmungshafen.
Best.-Nr. Bestellnummer.
Bet. (*naut.*) Beteiligung (*Part-Eignerschaft*); (*rac.*) Beteiligung(en); (*naut.*) Betonnung(ssystem).
Betr. Betreff; (*tech.*) Betrieb.
betr. betreffend, betreffs, betrifft; (*naut.*) betroffen (*z. B. Seenot*).
bevrecht. (*naut.*) bevorrechtigt (*aus dem Ausland kommende Boote*).
Bew. (*naut.*) Bewachung, Bewegung; (*meteor.*) Bewölkung.
bew. (*naut.*) bewachen, bewacht (*Leuchtfeuer, etc.*), beweglich; bewegt (*See*); (*rac.*) bewerten, bewertet; (*meteor.*) bewölkt.
Bez. (*naut.*) Bezeichnung (*z. B. auf Seekarten*).
bez. (*naut.*) bezeichnen, bezeichnet, beziffert; bezüglich.
BF (*rad.*) Bandfilter, (*int.*) beat frequency (*Schwebungs- od. Überlagerungsfrequenz*).
B.f.S. (*naut.*) Beschickung für Strom.
Bft, Bft. (*naut.*) Beaufort (*Skala*).
B.f.W. (*naut.*) Beschickung für Wind.
BG (*rad.*) Bandgerät; Bundesgebiet.
Bg. Bedienungsgerät; Beitrag; (*naut.*) Berg (*auf Seekarten*); Biegung (*Mast; Fluß*); (*astr., math.*) Bogen.
BGFZ beschränkt gültiges Funksprechzeugnis.
Bgl. (*naut.*) Begleitung.
bgl. (*naut.*) begleiten, begleitet; bürgerlich (*Zeit*).
Bgrz. (*naut.*) Begrenzung.
bgrzt. (*naut.*) begrenzt.
B/H (*int.*) Bill of Health (*Gesundheitsattest, Gesundheitspaß*).
Bhf. Bahnhof (*auf Seekarten*).
bhm. behelfsmäßig.
BIBG Binnenschiffahrts-Berufsgenossenschaft.
BiF (*naut., tech.*) Biegeform.

bil. bilateral.
BIMCO (*int.*) Baltic and International Maritime Conference (*Baltische und Internationale Schiffahrtskonferenz*).
binnendt.(Gew.) binnendeutsch(e Gewässer).
Bin(n)SchG Binnenschiffahrtsgesetz.
Bin(n)SchPolVO Binnenschiffahrtspolizeiverordnung.
Bin(n)SchSO, Bin(n)SchStrO Binnenschiffahrtsstraßenordnung.
Bin(n)SchVerfG Gesetz über das gerichtliche Verfahren in Binnenschiffahrtssachen.
BiST (*naut., tech.*) Biegestanze.
bit (*int.*) binary digit (*Binärzeichen od. -ziffer*) (*Kybernetik*).
BJ (*naut.*) Baujahr (*Boot*).
Bj. (*naut.*) Baujahr, Betriebsjahr.
BK (*naut., math.*) Basiskomponente; (*naut.*) Baukommission, Baukosten, Bootsklub; Führer- *od.* Segelschein für Küstenfahrt.
Bk. Bake.
BKE (*naut., phys.*) Brechkrafteinheit.
Bkg. (*naut., rac.*) Bekanntgabe.
Bkm. (*naut., rac.*) Bekanntmachung.
Bl. (*naut.*) Blatt, Blech, Blick, Blink, Blinker, Blinkfeuer, Blitzfeuer, Block, Blockade.
bl. blau (*Seekartenverz.*), blind (*Klippe, etc.*).
B/L (*int.*) Bill of Lading (*Seefrachtbrief*).
Bldg. (*naut.*) Beladung (*Boot, Trailer*).
blg. beiliegend.
Blk. Balkan; (*naut.*) Balken, Blink, Blinkfeuer.
Blk. 1+2 kombiniertes Blinkgruppenfeuer.
Blk. 2 Blinkgruppenfeuer.
Blk. 3 Blinkgruppe 3, Blinkfeuer mit Gruppen von 3 Blinken, Blinkgruppenfeuer.
Blk-Grp. Blinkgruppe, Blinkgruppenfeuer.
Bln. Berlin.
Bl.-Nr. (*naut.*) Blattnummer (*Seekarten*).
Blz. (*naut.*) Blitz, Blitzfeuer.
Blz. 1+2 kombiniertes Blitzgruppenfeuer.
Blz. 2 Blitzgruppenfeuer.
Blz. 3 Blitzgruppe 3, Blitzfeuer mit Gruppen von 3 Blitzen, Blitzgruppenfeuer.
Blz-Blk. Blitz-Blinkfeuer.
Blz-Grp. Blitzgruppe, Blitzgruppenfeuer.
BM (*rac.*) Bezirksmeister(schaft).
BMN, BmN Bundesmarine-Norm.
BN (*naut.*) Baumuster-Nummer; Binnenschiffahrts-Nachrichten (*Zeitschrift*).
Bn. Berlin; (*naut.*) Brunnen (*auf Seekarten*).
B.-Nr. (*naut.*) Baumuster-Nummer (*Yachtbau*).
bnt. bunt (*Seekartenverz.*).
b.o. (*naut.*) bis oberhalb.
BObSeeA Bundesoberseeamt.
Bol. Bolivien.
Botel Bootshotel.
BP (*rad.*) Bandpaßfilter; (*naut., tech.*) Brauchbarkeitsprüfung.
BpM, Bpm (*Morse, rad.*) Buchstaben pro Minute.
BR (*naut.*) Baureihe (*Yachtbau*); (*Vers.*) Beitragsrechnung; Bundesrepublik; Führer- *od.* Segelschein für Revierfahrt.
Br. (*naut., geogr.*) Breite; Bremse; Brennstoff; Brett; Bronze(farbe) (*Unterwasseranstrich*); Brücke, Brunnen (*auf Seekarten*).
br. (*naut.*) braun (*Seekartenverz.*), breit, bremsen; britisch.
Bras. Brasilien.
BRD (*naut.*) Bergungs- und Rettungsdienst; Bundesrepublik Deutschland.
Brdg. Brandung.
Bret. Bretagne.
BRG (Britisch) Guyana.
Brit.; brit. Britisch; britisch.
Brk. Brücke (*auf Seekarten*).
Brm. Barometer.
brn. braun (*Seekartenverz.*).
Br.-Reg.-T. (*naut.*) Bruttoregistertonne.
BRS Baurichtlinien Schiffbau.
BRT (*naut.*) Bruttoregistertonnage, Bruttoregistertonne.
brt. (*naut.*) breit.
Brüa, Br.ü.a. (*naut., selten*) Breite über alles.

BS Bahamas, Bahama Islands; (*rad.*) Bandsperre; Begleitschiff.
BS (*naut.*) Beschickung für Strom.
BSch., B.-Sch. Binnenschiffahrt.
BSchG Binnenschiffahrtsgesetz.
BSchPatentVO Verordnung über Befähigungszeugnisse in der Binnenschiffahrt.
BSchR Binnenschiffahrtsrecht.
Bschr. (*naut.*, *rac.*) Beschränkung.
beschr. (*naut.*, *rac.*) beschränkt.
BSchSO Binnenschiffahrtsstraßen-Ordnung.
BSchUO Binnenschiffahrts-Untersuchungsordnung.
BSchVG Gesetz über den gewerblichen Binnenschiffahrtsverkehr.
bsd., bsds. besonders.
BSN Befehlshaber der Seestreitkräfte Nordsee; Binnenschiffahrts-Nachrichten (*Zeitschrift*).
BSO Befehlshaber der Seestreitkräfte Ostsee; (*rac.*) Bezirksschiedsrichterobmann.
Bsp. Beispiel.
BSR (*int.*) Basic Service Rate (*Tarifsystem im Containerschiffsverkehr*); Binnenschiffsregister.
Bstg. Bestellung; (*naut.*) Bestimmung.
BT (*naut.*) Bathylthermometer; Bildtelegrafie, Bildträger.
bt (*int.*) binary digit (*Binärzeichen*) (*Kybernetik*); bunt (*Seekartenverz.*).
Bt. Boot.
btechn. (*naut.*) bautechnisch (*Yachtbau*).
B.-Techn. (*naut.*) Bautechnik (*Yachtbau*).
Btl. (*naut.*) Beutel (*f. Seenotsignale*).
Btr. Beitrag (*Club, etc.*); (*tech.*) Betrieb.
Btsm Bootsmann.
BU (*geogr.*) Breitenunterschied.
b.u. (*naut.*) bis unten, bis unter.
Büa, B.ü.a. (*naut.*) Breite über alles.
Buchst. (*naut.*, *rad.*) Buchstabe.
buchst. (*rad.*, *Flaggensignale*) buchstabieren, buchstabiert.
B.u.E. (*naut.*, *rac.*) Berichtigungen und Ergänzungen.
Bulg. Bulgarien.
bürg. (*naut.*) bürgerlich (*Zeit, etc.*).
BV (*rad.*) Bandverstärker; (*naut.*) Bauvorschrift(en) (*Yachtbau*); (*tech.*) Bedienungsvorschrift; (*naut.*) Befähigungsvorschrift; Bureau Véritas (*franz. Schiffsklassifikationsgesellschaft*).
bvr. (*naut.*) bevorrechtigt.
BVS Bauvorschriften für Segelboote *od.* -schiffe *od.* -yachten.
BVY Bauvorschrift für Yachten.
BW (*naut.*) Beschickung für Wind; Bundes-Wasser- und Schiffahrtsverwaltung.
BWE (*meteor.*) Besondere Witterungserscheinungen.
Bwg. (*naut.*) Bewegung.
bwgl. (*naut.*) beweglich.
bwgt. bewegt (*See*).
BWL (*naut.*) Breite in der Wasserlinie.
BWS (*naut.*) Beschickung für Wind und Strom.
BWVO Binnenwasserstraßen-Verkehrsordnung.
BZ Bordzeit.
Bz. (*naut.*) Bezeichnung, Bezirk, Blitz, Blitzfeuer.
bz. (*naut.*) bezeichnet.
B.z.B. Bord zu Bord.
bzf. (*naut.*) beziffert.
bzgl. bezüglich.
Bzn. Benzin.
bzw. beziehungsweise.

C

C Celsius; (*naut.*) Club, Code, Consol; (*phys.*) Coulomb; Führer- *od.* Segelschein für Seefahrt.
c (*astr.*, *phys.*, *int.*) cycle (*Kreis(lauf), Periode, Zyklus*); Zenti-.
c. circa.
°C Grad Celsius.
CA Canada, Kanada, kanadisch

(*auf Seekarten*).
ca. circa (*ungefähr*); contra (*gegen*).
CAF-Staaten Central American Federation (*Honduras, Guatemala, San Salvador*).
CAT (*meteor., int.*) clear air turbulence (*Luftwirbel bei klarer Luft*).
Cath., cath. cathode, Kathode.
c(b)cm Kubikzentimeter.
c(b)dm Kubikdezimeter.
c(b)m Kubikmeter.
c(b)mm Kubikmillimeter.
CCA-Formel (*rac.*) CCA rating rule (*CCA-Vermessungsformel f. Hochseeyachten*).
cd (*phys.*) Candela (*Einheit der Lichtstärke*).
C.d.K. Club der Kreuzerabteilung.
CDU (*int.*) Classification Décimale Universelle (*Allgemeines Dezimalsystem*).
Cel., Cels. Celsius.
Cert., cert. (*int.*) Certificate, certificate (*Zertifikat*).
Ceyl. Ceylon, Sri Lanka.
cg Zentigramm.
c.g. (*lat.*) centrum gravitatis (*Schwerpunkt*).
CGS-System (*phys.*) Zentimeter-Gramm-Sekunden-System.
Ch. (*rac.*) Champion; (*naut. coll.*) Chef; (*rad.*) Chiffre; China.
Champ. (*rac.*) Champion, Championat.
char. (*naut.*) charakteristisch (*z.B. Landmarke*).
Chem. Chemie.
chem. chemisch.
chiff., chiffr. (*rad.*) chiffrieren, chiffriert.
Chr. (*naut., rac.*) Chronometer.
CHU, C.H.U. (*meteor., int.*) centigrade heat unit (*Wärmeeinheit, bezogen auf Celsius*).
Ci (*meteor.*) Cirrus, Zirrus.
Ci-Cu (*meteor.*) Cirrocumulus, Zirrokumulus.
CIN Chambre Internationale de Navire (*Internationale Seefahrtskammer*).
Cir (*meteor.*) Cirrus, Zirrus.
CIRM Comité International Radio-Maritime (*Internationaler Seefunkausschuß*).
Ci-St (*meteor.*) Cirrostratus, Zirrostratus.
CIT, C.I.T. Convention Internationale des Télécommunications (*Internationales Abkommen über Funkverbindungen*).
cl Zentiliter.
Cl. Club.
cm Zentimeter.
CMa (*astr.*) Canis Major (*Großer Hund, Südl. Sternbild*).
CMI Comité Maritime International (*Internationaler Seerechtsausschuß*).
CMi (*astr.*) Canis Minor (*Kleiner Hund, Nördl. Sternbild*).
CMS (*naut., int.*) centre/center of mass system (*Trägheitszentrum(system)*).
cm/s, cm/sec Zentimeter pro Sekunde.
Cntr. Container.
cod. (*naut.*) codieren, codiert.
coll(oq). (*int.*) colloquial (*umgangssprachlich*).
Comp. (Bord)Computer.
Cont. Container.
Cont.-Schiff Containerschiff.
Cont.-Term. Containerterminal.
Conv. (*rad.*) Converter.
Coop.; coop. (*naut.*) Cooperation; cooperativ.
cos (*math.*) Kosinus.
cot, cotg (*math.*) Kotangens.
coth (*math.*) Cotangens hyperbolicus.
cP (*meteor.*) kontinentale Polarluft.
cq (*rad., int.*) allgemeiner Anruf.
CQD (*naut., int.*) Come quick, danger! (*Kommt schnell, Gefahr!*) (*Seenotfunkruf*).
Cq-Nachrichten (*rad., int.*) Nachrichten an alle.
CrA (*astr.*) Corona Australis, Südliche Krone (*Sternbild*).
CrB (*astr.*) Corona Borealis, Nördliche Krone (*Sternbild*).
CrNiSt Chrom-Nickel-Stahl (*Yachtbau*).
Cs (*meteor.*) Cirrostratus, Zirrostratus.
CSSR Československá Socialistická Republika (*Tschechoslowakei*).
CT (*int.*) Central Time (*Zentralzeit*).

cT	(*meteor.*) kontinentale Tropikluft.
ct	(*rad., int.*) Beginn der Übermittlung.
ctg.	(*math.*) Kotangens.
Cu	(*meteor.*) Cumulus, Kumulus; Cuprum, Kupfer (*Yachtbau*).
Cu-N	(*meteor.*) Cumulonimbus, Kumulonimbus.
Cu-St	(*meteor.*) Cumulostratus, Kumulostratus.
cv.	(*naut., rad., int.*) convertible (*konvertierbar*).
CW	(*rad., Comp.*) Codewort.
cw	(*rad., int.*) Morsetelegrafie.
CWL	(*naut.*) Konstruktionswasserlinie.
C_{WL}	(*naut.*) Wasserlinienkoeffizient *od.* -völligkeitsgrad.
c_w-Wert	(*naut., tech.*) Luftwiderstand.

D

D	Dampfer, Dampfschiff; Datum; Deca-, Deka- (*Maß*); (*naut.*) Deplacement; Deutsch (*auf Seekarten*); (*meteor., phys.*) Dichte; Diesel(motor); (*naut.*) Dimension; Diode; Dioptrie; (*naut.*) Drachen (*Dragon*) (*Klassenzeichen*); (*rad.*) dringend.
d	(*int.*) degree (*Grad*); (*phys.*) dextrogyr; Deci-, Dezi- (*Maß*); (*astr. nav., int.*) dies (*Tag*); (totales) Differential; (*naut.*) Distanz (*distance*); Durchmesser.
D.	(*meteor., phys.*) Dichte; Dicke; Distanz; Doppel (*z. B. Zertifikat*); (*astr.*) Durchgang, Durchlauf; Durchmesser.
d.	das, dem, den, der, des; deutsch; (*meteor., phys.*) dicht; dick; die; doppelt; dünn; durch.
da	Außendurchmesser; Deca-, Deka- (*Maß*).
d. A.	(*rad.*) durch Anruf.
DaB, D. a. B.	Dienst an Bord.
dad. gek.	dadurch gekennzeichnet.
dad. verurs.	dadurch verursacht.
dag	Deca- *od.* Dekagramm.
dah.	daher; dahinter.
dal	Deca- *od.* Dekaliter.
Dalm.	Dalmatien.
dalm	(*phys.*) Deca- *od.* Dekalumen.
dam	Deca- *od.* Dekameter.
DAMP	Deutscher Ausschuß für Materialprüfwesen.
daN	(*phys.*) Deca- *od.* Dekanewton (= *10 N*).
Dän.	Dänemark, dänisch (*auf Seekarten*).
DARC	Deutscher Amateur-Radio-Club.
DASD	Deutscher Amateur-Sende- und Empfangsdienst.
Dat.	(*naut.*) Daten, Datum.
DAU	Digital-Analog-Umsetzer *od.* -Umwandler.
dazw.	dazwischen.
DB	(*naut., tech.*) Dauerbelastung, Dauerbetrieb; Drehstrombrückenschaltung; (*rac.*) Durchführung, Durchführungsbestimmung(en).
Db, dB, db	(*phys., rad.*) Dezibel.
Dbl.	(*naut.*) Doppelblatt.
DBR	Deutsche Binnenreederei (*DDR*).
DBSV	Deutscher Boots- und Schiffbauerverband.
D. C. / A., d. c. / a.	(*int.*) direct current/alternating current (*Gleichstrom/Wechselstrom, Allstrom*).
DCC	Deutscher Campingclub.
dch.	durch.
DchfVO	(*naut., rac.*) Durchführungsverordnung.
dcm	Dezimeter.
DD	(*naut.*) Dampfdichte; Desmodur/Desmophen (*Bootslack*); (*naut., tech.*) doppelt dick, doppelte Dicke.
DDO	(*naut.*) Dienst- und Disziplinarordnung.
DDR	Deutsche Demokratische Republik.
DDSG	Donau-Dampfschiffahrtsgesellschaft.
DDT	(*rad.*) Doppeldrehtransforma-

tor.
DE (*rad.*) Deutsche Empfangsstation; dieselelektrisch.
De (*naut.*, *rad.*) Detektor.
Def. (*naut.*, *tech.*) Defekt, Deformation, Deformierung.
def. (*naut.*, *tech.*) defekt; (*naut.*) definieren, definiert, definitiv; deformiert.
DEK Dortmund-Ems-Kanal.
Dek. Dekade; Deca- *od.* Dekameter.
Dekl. Deklaration (*Zoll*).
dekl. deklariert (*Zoll*).
Dem. (*nav.*) Demarkation, Demarkierung; (*naut.*) Demontage.
dem. (*rad.*) dementieren, dementiert; (*naut.*) demontieren.
Dem.-L. (*nav.*) Demarkationslinie.
den Denier (*Feinheitsmaß für Segelgarne*).
Dep. (*naut.*) Deplacement (*Boot*), Depot.
Depr. (*meteor.*) Depression.
DES Dieselelektroschiff.
Dest. (*naut.*) Destination.
dest. (*naut.*) destiniert.
Desz. (*astr.*) Deszendent, Deszendenz (*von Gestirnen*).
desz. (*astr.*) deszendent, deszendieren, deszendierend (*von Gestirnen*).
Det. (*naut.*, *rad.*) Detektor; (*math.*) Determinante; (*naut.*) Determination.
det. detaillieren, detailliert; (*naut.*) determinieren, determiniert.
Dev. (*naut.*) Deviation; Devisen.
Dev-Bk. Deviationsbake.
Dev-Dlb. Deviationsdalben.
Dev-Tn. Deviationstonne.
Dez (*naut.*) Dezimal- *od.* Zehnergrade (*Kompaßrose*).
Dez. Dezember; (*naut.*, *tech.*) Dezentralisation, Dezentralisierung; (*math.*) Dezimale; Dezimeter.
dez. (*naut.*, *tech.*) dezentralisieren, dezentralisiert; dezimal; dezimieren, dezimiert.
DF (*phys.*, *rad.*) Differenzfrequenz.
Df Defizienz; Drahtfunk.
Df. (*naut.*) Durchfahrt; (*rac.*) Durchführung.
DfBest., Df.-Best. (*rac.*) Durchführungsbestimmung(en).
DFF Drehfunkfeuer.
DFL Dampffischlogger.
DFS Deutsche Funkschule.
DFV Deutscher Fischereiverband; Deutscher Funktechnischer Verband.
DG Dampfschiffahrtsgesellschaft.
Dg. (*tech.*) Dichtung.
DGON Deutsche Gesellschaft für Ortung und Navigation.
DGRS Deutsche Gesellschaft zur Rettung Schiffbrüchiger.
dgt. digital.
DGZ Deutsche Gesetzliche Zeit.
DGzRS Deutsche Gesellschaft zur Rettung Schiffbrüchiger.
DH (*naut.*) Durchfahrtshöhe (*unter Brücken*).
dH deutscher Härtegrad.
d.h. das heißt.
DHH Deutscher Hochseesportverband Hansa.
DHI Deutsches Hydrographisches Institut.
Di. Diatomeen (*Kieselalgen*) (*Seekartenverz.*); (*naut.*) Dienst (*an Bord*); Dienstag.
Diag. Diagonal; Diagonale.
diag. diagonal.
Diagr. Diagramm.
Diam. Diameter.
diam. diametral, diametrisch.
Dienstber. (*naut.*) Dienstbereitschaft.
Diff. (*tech.*) Differential; (*naut.*) Differenz; Differenzierung.
diff. different; differential; differenzieren, differenziert; (*naut.*) diffizil (*Aufgabe*); diffus (*Licht*).
Diff.-Getr. Differentialgetriebe.
Diff.-Gl. (*math.*) Differentialgleichung.
Diff.-Quot. (*math.*) Differentialquotient.
Diff.-Rechnung (*math.*) Differentialrechnung.
dig. digital.
Dim. (*naut.*) Dimension.
dim. (*naut.*) dimensional.
DIN Deutsche Industrienorm(en), Deutsches Institut für Normung.
Dipl. (*naut.*) Diplom.
dir. (*naut.*, *rad.*) direkt.
Disp. (*phys.*) Dispersion; (*naut.*)

	Disposition.
disp.	(*phys.*) dispergieren, dispers; (*naut.*) disponieren, disponiert.
Dist.	Distanz.
Distr.	(*rac.*) Distrikt.
Disz.	(*rac.*) Disziplin.
Div.	(*naut., phys.*) Divergenz; (*rac.*) Division.
div.	(*naut., phys.*) divergieren(d); divers.
Div.-Komm.	(*rac.*) Divisionskommodore.
DJ(M)M	Deutsche Jugend(mannschafts)meisterschaft(en).
DK	(*naut.*) Dampfkraft; Dänemark (*auf Seekarten*); Dezimalklassifikation; Dieselkraftstoff; (*rad.*) Drehkondensator.
dk	Deca-, Deka-; (*rad.*) danke.
DKfO	Deutsche Kommission für Ozeanographie.
dkl.	dunkel (*Seekartenverz.*); (*naut.*) dunkel (*Leuchtfeuer, etc.*).
d. Kl.	(*naut.*) der *od.* dieser Klasse.
DKM	Drehkolbenmotor.
Dkm.	Denkmal (*Seekartenverz.*).
DKSV	Deutscher Kanusportverband (*DDR*).
DKV	Deutscher Kajak-Verein; Deutscher Kanuverband *od.* -Verein.
DL	(*naut.*) Dampfleitung, Dampflogger, Demarkationslinie.
Dl.	Druckluft.
Dlb.	Dalben.
D-Linie	(*nav.*) Demarkationslinie.
Dlm	Dekalumen.
DLRG	Deutsche Lebensrettungs-Gesellschaft.
DM	Deutsche Mark; Deutsche Meisterschaft(en); Dieselmotor.
Dm.	Denkmal (*Seekartenverz.*); Durchmesser.
d. M.	der Marine; deutsche Meile; des *od.* dieses Monats.
DMC	Deutscher Motorbootclub.
DMG	Deutsche Meteorologische Gesellschaft.
DMJ	Deutsches Meteorologisches Jahrbuch.
DMK	Deutsche Meereskarte; Deutscher Motorboot-Klub.
DMM	Deutsche Mannschaftsmeisterschaft(en).
DMV	Deutscher Motorsport-Verband; Deutscher Motoryacht-Verband.
DMW	(*rad.*) Dezimeterwelle(n).
DMYV	Deutscher Motoryachtverband.
DNA	Deutscher Normenausschuß.
DNK	(*rac.*) Deutsches Nationales Komitee.
DNW	Deutsch-Niederländischer Windkanal.
DO	(*naut.*) Dienstordnung; Dieselöl.
Do.	Donnerstag; Doppel-.
DOD	Deutsches Ozeanographisches Datenzentrum.
DOG	Deutsche Olympische Gesellschaft.
DOK	Deutsches Olympisches Komitee.
Dok.	(*naut.*) Dokument.
DOM	Dominikanische Republik.
dopp.	doppelt.
DÖS	Deutsch-Österreichischer Seehafentarif.
DOZ	Deutsches Olympiazentrum; Deutsches Ozeanographisches Zentrum.
DP	(*naut., chem.*) Durchschnittspolimerisationsgrad (*Bootsbau*).
D/P, d/p	(*naut., int.*) documents against payment (*Dokumente gegen Zahlung*).
DPA	Deutscher Personalausweis.
Dpf.	(*naut.*) Dampf, Dampfer, Dampfschiff.
Dpp.	Doppel-.
dpp.	doppelt.
dpt, Dptr.	(*opt.*) Dioptrie (*Maßeinheit f. d. Brechwert von Linsen*).
DR	Demokratische Republik; Digitalrechner.
Dr.	Draht; (*naut., tech.*) Drossel, Druck.
DRAC	Deutscher Radio-Amateur-Club.
Drchf.	(*naut.*) Durchfahrt; (*rac.*) Durchführung.
Drehko	(*rad.*) Drehkondensator.
DRK	Deutsches Rotes Kreuz.
Drp.	(*naut., tech.*) Druckpunkt.

DRSV Deutscher Rudersport-Verband (*DDR*).

DRV Demokratische Republik Vietnam; Deutscher Ruderverband.

DS Dampfschiffahrt; Drehstrom.

DSB Deutscher Seglerbund; Deutscher Sportbund; (*tech.*) Durchlaufschaltbetrieb.

DSC Deutscher Segelclub; Deutscher Sportclub.

DSM Deutsche Schiffsmaklerei.

DSR Deutsche Seereederei.

DSRK Deutsche Schiffs-Revision und Klassifikation (*DDR*).

DSS, DSt Dampfschiffstation.

Dst. (*naut.*) Dienst.

Dst., D.-St. Dienststelle.

Dst.-Gr. (*naut.*) Dienstgrad.

DSU Deutsche Schiffahrts- und Umschlagsbetriebe (*DDR*).

DSV Deutscher Seglerverband *od.* -Verband.

DSZ Deutsche Sommerzeit.

dt Dezitonne.

dt. deutsch.

Dtl., Dtld. Deutschland.

DTYC Deutscher Touring-Yachtclub.

dub. (*naut.*) dubios (*Schiffsposition*).

Duko Durchführungskondensator.

Dupl. Duplikat.

Durchf. (*naut.*) Durchfahrt; (*rac.*) Durchführung.

Durchl. (*naut.*) Durchlaß.

durchl. (*phys.*) durchlässig.

Durchm. Durchmesser.

Durchschn. Durchschnitt.

durchschn. durchschnittlich.

Durchst. Durchstich (*Kanal*).

DV Dienstvorschrift; Durchführungsverordnung, Durchführungsvorschrift.

DVM Deutscher Verband für Materialprüfung (*Bootsbau*).

DVO Durchführungsverordnung.

DVW Deutscher Verein für Vermessungswesen (*Bootsbau, Segel, etc.*).

DW Deutsche Werft; (*rad.*) Dezimeterwelle; (*nav., int.*) Tiefwasserweg (*deep-draught route, deep-water route*).

DWD Deutscher Wetterdienst.

DWK Deutsche Weltkarte.

DWO Deutsche Wettfahrtordnung.

DWT, dwt (*naut., int.*) deadweight tonnage *or* tons (*Tragfähigkeitstonnage od. -tonne*).

DWV Deutscher Wassersportverband.

Dyn, dyn (*phys.*) Dyn (*physikalische Einheit der Kraft*).

Dyn. (*naut., phys.*) Dynamik; Dynamo.

dyn. (*naut., phys.*) dynamisch.

DZ Digitalzeichen.

E

E (*meteor., naut., int.*) East, Est (Ost); Einheit, Einheitsmaß; Einphasenstrom; Elastizitätsmodul; elektrische Feldstärke, Elektrizität, Elektrizitäts-; Elektro-, Elektrostahl (*Yachtbau*); (*phys.*) Emission; (*rad.*) Empfang; Empfindlichkeit (*Instrumente*); (*rac.*) Ende; (*phys.*) Energie; (*rac.*) Entscheidung; (*naut.*) Entwurf (*Yachtbau*); (*phys.*) Erg; (*naut., phys.*) Erstarrungspunkt.

e Elektron; (*naut., int.*) time equation (*Zeitgleichung*).

E. Eigentümer (*Yacht*); Englisch; Ersatz.

e. ehrenamtlich (*Wettfahrtvorbereitungen, etc.*); eine, einem, einen, einer, eines; eingetragen.

ea. ehrenamtlich.

EAM (*rad.*) Einseitenband-Amplitudenmodulation.

EAU (*tech.*) Einankerumformer.

EB Einfuhrbewilligung (*Zoll*); Einheitsbedingungen; (*tech.*) Einheitsbohrung.

Eb. (*geogr.; geom., phys.*) Ebene.

eb. eben.

Ec. Ecuador.

ECMWF (*int.*) European Center for medium-term weather-forecast (*Europäisches Zentrum für mittelfristige Wettervor-*

hersage).

ECS (*int.*) European Committee for Coordination of Standards (*Europäischer Ausschuß für Normenkoordination*).

ECU (*int.*) European Currency Unit (*neue Währungseinheit der EG*).

ED (*rad., radar*) Einschaltdauer; Europäisches Datum, (*int.*) European Date; (*naut., int.*) existence dubious (*Vorhandensein zweifelhaft*) (*auf Seekarten*).

EDM elektronischer Distanzmesser.

EDS elektronisches Datenvermittlungssystem; Elektronisches Datenwählsystem.

EDU Energiedirektumwandlung.

edul entgegen dem Uhrzeigerlauf, entgegengesetzt dem Uhrzeigersinn laufend.

EE Einfuhrerklärung (*Zoll*); (*phys.*) Energieeinheit.

EF., E.-F. Eisenbahnfähre.

Eff. Effekt; (*phys.*) Effizienz.

eff. (*phys.*) effektiv, (*int.*) efficiency, efficient (*Nutzleistung, leistungsfähig*).

EFM (*rad.*) Einzelkanalfrequenzmodulation.

EG Europäische Gemeinschaft(en).

Egb. (*naut.*) Eigenbau (*Bootsbau*).

EGO Eichgebührenordnung.

EGr. (*naut.*) Einsatzgruppe (*Seenotdienst*).

E.H. Erste Hilfe.

ehem. ehemalig, ehemals (*Seekartenverz.*).

EichG Eichgesetz.

EichGebO Eichgebührenordnung.

Eichm., Eichmstr. Eichmeister.

EichO Eichordnung.

eig. eigen; eigentlich.

Eign. (*naut.*) Eigner, Eignung.

Eign.-Prüf. (*naut.*) Eignungsprüfung.

Eign.-T. (*naut.*) Eignungstest(s).

Eigt. (*naut.*) Eigentümer (*Boot*).

Einb. (*naut.*) Einbau, Einbuchtung.

einb. (*naut.*) einbauen; (*nav.*) einbüßen (*Fahrt, etc.*).

eind. (*naut.*) eindeutig.

eindr(gl). (*rad.*) eindringlich.

Einf. (*naut.*) Einfahrt, Einfassung; Einfügung; Einführung.

einf. einfach; (*naut.*) einfahren, einfallen, einfassen; einfügen; einführen.

Einf.-Erl. Einfuhrerlaubnis.

EinfG, Einf.-Ges. Einfuhrgesetz.

Einf.-Gen. (*naut.*) Einfahrgenehmigung (*Boot*), Einfuhrgenehmigung.

Einfl. (*meteor.*) Einfluß.

Einf.-Sch. (*naut.*) Einfuhrschein.

Einf.-Wi. (*phys.*) Einfallswinkel.

Einf.-Z. (*naut.*) Einfahrzeit (*Boot*), Einfuhrzoll.

Eing. (*naut.*) Eingabe (*Seeprotest*).

eing. (*rad., Bordcomp.*) eingeben; eingehen(d) (*Boot*).

einged. (*naut.*) eingedeckt (*Boot*).

eingedr. (*naut.*) eingedrückt (*Bootsrumpf*), eingedrungen (*Wasser*).

eingef. (*naut.*) eingefahren (*Boot, Crew*); (*phys.*) eingefallen; (*naut.*) eingefaßt; eingeführt.

eingel. (*naut.*) eingelassen; eingeleitet (*Suchaktion*).

eingez. (*naut.*) eingezeichnet (*Seekarte*), eingezogen (*Boje, Seezeichen*).

Einh. (*phys.*) Einheit(en); Einheitlichkeit; (*naut. coll.*) Einheimische(r).

einh. einheitlich; einhundert.

EinhG Gesetz über Einheiten im Meßwesen (*Yachtbau, Segel, etc.*).

Einl. (*rac.*) Einladung; (*naut.*) Einlagerung; Einleitung (*Suchaktion*).

einl. (*naut.*) einlagern; einleiten, einleitend (*Suchaktion*).

Einr. (*naut.*) Einrichtung (*Yacht*).

Eins. (*naut.*) Einsatz; Einsetzung.

eins. einseitig; einsetzen.

Einschl. (*naut.*) Einschleusen, Einschleusung (*Boot*).

einschl. (*naut.*) einschleusen; einschließen, einschließend, einschließlich.

Einschr. (*naut., rac.*) Einschränkung.

Einspr. (*naut., tech.*) Einspritzung; (*naut., rac.*) Einspruch.

einst. (*naut.*) einstellen; (*naut., tech.*) einstufig.

Eint. (*naut.*) Einteilung (*Wache*).

eint. (*naut.*) eintauchen, eintauchend (*Boot*), einteilen (*Wache*); einteilig.

Eintr. (*naut.*) Eintrag(ung) (*Logbuch*); (*astr.*) Eintritt; (*meteor.*) Eintrübung.

eintr. (*naut.*) eintragen (*Logbuch*), eintreffen (*Boot*); (*astr.*, *naut.*) eintreten; (*meteor.*) eintrüben.

Einv., Einverst. Einverständnis.

einverst. (*naut.*, *rad.*) einverstanden.

Einw. Einwand, Einwendung(en); Einwilligung; (*phys.*) Einwirkung.

einw. (*rad., tech.*) einwandfrei; (*phys.*) einwirken.

einwdfr. (*rad., tech.*) einwandfrei.

Einz. (*naut.*) Einziehen, Einzug (*Lizenz, etc.*).

einz. einzeln; (*naut.*) einziehen (*Lizenz, etc.*).

Einzelh. Einzelheit(en).

Eis.-Bet. Eisenbeton (*Yachtbau*).

Eis.-S. (*nav.*) Eissignalstation *od.* -stelle (*auf Seekarten*).

Ek. Ecuador, Ekuador.

Eku elektrische Kupplung.

El. Elastizität; Elektrik, Elektrizität; Elektro-; Elektron; Elektronik; (*phys.*, *tech.*) Element.

el. elastisch; elektrisch; elektronisch.

Ela Elektroakustik.

ela elektroakustisch.

Elektr. Elektrizität; Elektron(en); Elektronik.

elektr. elektrisch; elektronisch.

elektromagn. elektromagnetisch.

elektromech. elektromechanisch.

elektromot. elektromotorisch.

Elektrotechn. Elektrotechnik.

El.-Inst. (*naut.*) Elektroinstallation(en) (*an Bord*).

Ell. Ellipse.

ell. elliptisch.

elmag. elektromagnetisch.

Elmo Elektromotor.

El.-Mod. Elastizitätsmodul; Elektrizitätsmodul.

Els. Elsaß.

Els.-Lothr. Elsaß-Lothringen.

Elt. Elektrizität.

El.-Techn. Elektrotechnik.

EM (*rad.*) Einseitenbandmodulation; Einzelmaß; Elektromagnet; Elektromotor; Entfernungsmesser, Entfernungsmessung; (*rac.*) Europameister, Europameisterschaft(en), Europäische Meisterschaft(en).

Em Entfernungsmesser; Entfernungsmessung.

Em. (*naut.*) Emaille(lack); (*phys.*) Emission; (*chem.*) Emulsion.

em. elektromagnetisch.

EMA (*naut.*) Entmagnetisierungsanlage.

Emb. (*naut.*) Embargo.

EME, emE, E.M.E. elektromagnetische Einheit(en).

E-Messer (*naut.*) Entfernungsmesser.

EMK (*naut.*, *phys.*) elektromotorische Kraft.

E-Modul Elastizitätsmodul; Elektrizitätsmodul.

Empf. (*rad.*) Empfang, Empfänger.

Empf.-Best. (*rad.*) Empfangsbestätigung.

EMT Elektromeßtechnik; (*int.*) European Mean Time (*Mitteleuropäische Zeit*).

EMTEC European Marine Trade Exhibition and Congress (*Europäische Bootsmesse- und Kongresstage für Händler*) (*in Hamburg*).

EN europäische Norm.

En. Eigenname (*Boot*); (*phys.*, *tech.*) Energie.

endg. endgültig.

ENE (*meteor.*, *naut., int.*) East-northeast (Ostnordost).

Engl. England; Englisch.

engl. englisch.

ENIAC (*naut.*, *int.*) Electronic Numerical Integrator and Computer (*elektronische Rechenmaschine*).

E-Nr. Einzelnummer; (*naut.*, *rad.*) Erkennungsnummer.

Entf. Entfernung.

entf. (*rac.*) entfallen, entfällt; (*naut.*) entfernen, entfernt.

entg. entgegen; entgehen; entgelten (*Schleppdienst, etc.*).

entgges. entgegengesetzt.

Entl. (*meteor.*, *naut.*) Entladung; Entlassung; Entlastung.

entl. (*meteor.*, *naut.*) entladen; entlang; entlassen; entlasten, entlastet.

entn. entnehmen, entnommen.

Ents. Entsicherung.

ents. entsichern, entsichert.

Entsch. (*naut.*) Entschädigung; (*rac.*) Entscheidung.

entsch. (*naut.*) entschädigen, entschädigt; (*rac.*) entscheiden, entscheidend, entschieden.

Entschl. (*naut.*) Entschluß.

entspr. entsprechen, entsprechend, entspricht.

Entst. (*tech.*) Entstörung.

entst. (*tech.*) entstören, entstört.

Entw. (*meteor., naut., tech.*) Entwicklung; (*naut.*) Entwurf (*Bootsbau*).

entw. entweder; (*tech.*) entweichen (*Dampf*); (*naut.*) entwerfen, entwickeln (*Bootsbau, Segel*), entwirren (*Tauwerk*), entworfen (*Bootsbau*).

entz. (*rad.*) entziffern.

EO Eichordnung.

e.o.W. (*nav.*) erstes offenes Wasser.

EP (*naut., phys.*) Erstarrungspunkt; (*naut.*) Epoxid(harze) (*Bootsbau*).

EPIRB (*nav., int.*) Emergency Position-Indicating Beacon (*Seenot-Funkboje*).

EPR elektronenparamagnetische Resonanz.

ePS (*naut., tech.*) effektive Pferdestärke.

EQ (*naut., phys.*) Energiequotient.

ER Einfuhrerklärung (*Zoll*); Elektronenrechner; (*rad.*) Empfangsrelais; (*rac.*) Europarekord.

Er Elektronenröhre.

E.R. (*naut.*) Eiserne Ration (*in Rettungsflößen*), (*int.*) engine room (*Maschinenraum*).

erb. (*naut., rad.*) erbitten (*Hilfe*).

ERE Europäische Rechnungseinheit.

Erf. (*naut.*) Erfahrung; (*radar*) Erfassen, Erfassung; (*rac.*) Erfolg; Erfordernis.

erfdl. erforderlich.

erfdlf., erfdlfs. erforderlichenfalls.

erford. erfordern; erforderlich.

Erg, erg (*phys.*) Einheit der Energie/Arbeit.

Erg. (*naut.*) Ergänzung; (*rac.*) Ergebnis.

erg. (*naut.*) ergänzen, ergänzt (*z.B. Vorräte*).

Ergeb. (*rac.*) Ergebnis(se).

Erh. (*rad.*) Erhalt; (*naut.*) Erhebung, Erhöhung (*Seekartenverz.*).

erh. (*rad.*) erhalten; (*naut.*) erhöht (*Back, etc.*).

Erk. (*naut.*) Erkennung.

erk. (*naut.*) erkannt, erkennen, erkenntlich.

Erkl. Erklärung(en) (*auf Seekarten*).

Erl. Erlaubnis.

erl. erlauben, erlaubt; erloschen (*unterseeischer Vulkan*).

Erl.-Sch. (*naut.*) Erlaubnisschein.

Erm. (*naut.*) Ermittlung(en) (*Seenot*).

erm. ermächtigen, ermächtigt; ermitteln.

Ern. (*naut.*) Ernennung; Erneuerung (*einer Bootsklasse*).

ern. (*naut.*) ernannt, ernennen, erneuern, erneuert.

err. (*naut.*) erreichen, erreicht.

Ers. Ersatz.

ers. ersetzbar, ersetzen, ersetzt.

Ersch. (*meteor.*) Erscheinung; (*naut.*) Erschütterung(en).

Erschw. (*naut.*) Erschwerung.

erschw. (*naut.*) erschweren, erschwert.

erst. (*naut., rad.*) erstatten, erstattet (*Bericht*).

erstkl. (*naut., rac.*) erstklassig.

Erstp. (*naut., phys.*) Erstarrungspunkt.

Ert. (*naut.*) Ertönen, Ertönung (*z.B. Nebelhorn*).

ert. (*naut., rad.*) erteilen, erteilt (*Lizenz, etc.*); ertönen, ertönt (*Nebelhorn, etc.*).

ertr. ertrinken, ertrunken.

Erw. (*meteor.*) Erwärmung; Erweiterung (*z.B. Durchfahrt*); (*naut., rad.*) Erwiderung.

erw. erwägen; erwähnen, erwähnt; erwarten, erwartet; erweitern, erweitert; erwidern, erwidert; erwiesen.

erzw. (*nav.*) erzwungen.

ES	Einheitssystem; Einschaltdauer; (*naut.*, *rad.*) Erkennungssignal.
ESB	(*rad.*) Einseitenband.
E-Schicht	(*meteor.*) (hohe) Elektronenkonzentration (*in der Ionosphäre*).
E-Schw.	Elektroschweißen (*Yachtbau*).
ESE	(*meteor.*, *naut.*, *int.*) Eastsoutheast (Ostsüdost).
esE	elektrostatische Einheit(en).
ESi	Einzelsicherung.
Esk.	(*naut.*) Eskorte.
esk.	(*naut.*) eskortieren, eskortiert.
Esp.	España (*Spanien*).
ESR	Elektronenspinresonanz.
E-Stelle	(*naut.*, *tech.*) Erprobungsstelle.
Estl.	Estland.
ET	(*meteor.*) Effektivtemperatur; Elektrotechnik.
Et.	(*naut.*, *rac.*) Etappe.
ETB	Einheitliche Technische Baubestimmungen (*Yachtbau*).
etc.	et cetera (*und so weiter*).
E-Techn.	Elektrotechnik.
ETF	(*rad.*) einheitliche Trägerfrequenz.
ETL	Elektrotauchlackierung (*Bootsbau*).
ETM	Einheitstrimmoment; Etmal.
Etm.	Etmal.
etw.	etwaig; etwas.
EU	(*rad.*) Empfängerumformer; (*naut.*) Entfernungsunterschied; Europa-Union.
Eur.	Europa.
eur.	europäisch.
EUROC	(*int.*) European Rescue Operation Center (*Europäische Luftrettungseinsatzzentrale*) (*Seenot*).
europ.	europäisch.
EV	(*naut.*) Einheitsversicherung; (*rad.*) Empfangsverstärker, Endvermittlung; (*tech.*) Endverschluß; (*rad.*) Endverstärker, Endverzweiger, Endverzweigung, (*int.*) Error Voltage (*Fehlerspannung*).
eV	Elektron(en)volt.
ev.	eventuell; (*naut.*) evident.
E.V., e.V.	(*naut.*, *rad.*) eingetragener Verein.
EVR	(*int.*) Electronic Video Recording (*Radar- und Fernsehsystem*).
evt., evtl.	eventuell.
EW	(*rad.*) Einheitswelle; Elektrizitätswerk (*auf Seekarten*).
ew.	einstweilig.
EWE	Europäische Währungseinheit.
E-Werk	Elektrizitätswerk (*auf Seekarten*).
EWL	(*naut.*) Entwurfwasserlinie.
EWS	elektronisches Wählsystem; Europäisches Währungssystem.
ex	(*naut.*) aus, vormals (*bei geänderten Bootsnamen*).
Ex.	(*naut.*) Exaktheit (*Instrumentenablesung, etc.*), Exkursion.
ex.	exakt.
Exk.	(*naut.*) Exkursion.
exkl.	exklusive.
Exp.	Expansion; Experiment; (*naut.*) Experte; (*math.*) Exponent.
exp.	expandieren, expansiv; experimental; experimentieren; (*naut.*) exponiert.
Exper.	Experiment.
expl.	explosiv (*auf Seekarten*).
Expl-Ankpl.	Ankerplatz für Schiffe mit Explosivstoffen (*Seekarte*).
Expl-Tn.	Reedetonne für Schiffe mit Explosivstoffen (*Seekarte*).
Ext.	Extension; Exterritorialität.
ext.	extensiv; exterritorial.
exterr.	exterritorial.
extr.	extrem.
Exz.	(*naut.*, *tech.*) Exzenter.
exz.	(*meteor.*, *naut.*) exzellent (*Sicht*); exzeptionell.
EZ	Einheitszeit.
Ez.	(*rad.*) Entzerrer.
EZMW	Europäisches Zentrum für mittelfristige Wettervorhersage.
EzN	(*naut.*, *int.*) East/Ost zu Nord.
EzS	(*naut.*, *int.*) East/Ost zu Süd.

F

F Fahrenheit; (*phys.*) Farad; (*naut.*) Festfeuer; (*naut., tech.*) Festigkeit; Fläche; Flugzeug; Franc; Frequenz; (*phys.*) Froudesche Zahl.
f (*phys., rad.*) Frequenz.
F. Fähre; Februar; (*astr., nav.*) Ferne; (*naut.*) Festfeuer, Feuersignal, Flamme, (*int.*) flare (*Leuchtfeuer, Feuer- od. Lichtsignal*); Folge (*Leuchtfeuer*); Form (*Boot, Segel*); Freitag.
f. fast; (*naut.*) fein (*Seekartenverz.*); femininum; fest; folgen, folgend; für.
FA Fachnormenausschuß (*im DNA*); (*naut., tech.*) Fernantrieb; Fernmeldeamt; Forschungsanstalt (*Bootsbau*).
f.a.B. (*naut.*) frei an Bord.
Fabr. Fabrik (*Seekartenverz.*); Fabrikat, Fabrikation (*Boot, Segel, etc.*).
Fachber. (*naut.*) Fachberater, Fachberatung, Fachbereich.
Fachl. (*naut.*) Fachleute.
FAG (*rad.*) Gesetz über Funkanlagen.
Fahrb. (*naut.*) Fahrberechtigung, Fahrbereich, Fahr(t)bericht.
fahrb. (*naut.*) fahrbar, fahrbereit.
Fahrw. Fahrwasser.
Fahrz. (*naut.*) Fahrzeug(e).
Fahrz.-Zul. (*naut.*) Fahrzeugzulassung.
Fakt. (*naut.*) Fakten; (*naut., phys.*) Faktor, Faktoren; Faktum.
FAM (*rad.*) Frequenz- und Amplitudenmodulation.
Fass.-Verm. (*naut.*) Fassungsvermögen (*Boot, Tank, etc.*).
Fav. (*rac.*) Favorit(in).
fav. (*rac.*) favorisiert.
f.a.W. frei ab Werft *od.* Werk (*Boot, etc.*).
FAX, Fax (*rad.*) Faksimile-Empfänger *od.* -gerät.
FAX-Verf. (*meteor.*) drahtloses Übermittlungsverfahren für synoptische Wetterkarten.
FB (*naut.*) Fahrbereich.
Fb. Fabrik (*Seekartenverz.*); Freibord.
fb. (*naut.*) fahrbar, fahrbereit.
FBA Funkbetriebsamt.
Fbd. Freibord.
Fbl. (*rac.*) Formblatt.
FBO Funkbetriebsordnung.
Fbr. Fabrik (*Seekartenverz.*).
FBV Funkbetriebsvorschrift(en).
f.c.s.a.d. (*naut., int.*) free of capture, seizure, arrest and detainment (*frei von Kapern oder gewaltsamer Wegnahme, Beschlagnahmung, Sperre und Zurückbehaltung*).
f.c.s.r.c.c., f.c.s.r. & c.c. (*naut., int.*) free of capture, seizure, riots (and) civil commotions (*frei von Kapern oder gewaltsamer Wegnahme, Beschlagnahmung, Aufruhr oder Aufständen und Bürgerkriegen*).
FD Fischdampfer; Flying Dutchman (*Bootsklasse*).
Fd. (*elec., phys.*) Feld; Förde.
f.D. frei Dock.
FDM Fehlerdämpfungsmesser; (*rad., int.*) Frequency Division Multiplex, Frequenzdemodulation.
FE Flächeneinheit (*Segel, etc.*).
Fe ferrum, Ferrum (*Eisen*) (*Bootsbau*).
Fe. Fehler.
Febr. Februar.
FEG Föderation Europäischer Gewässerschutz (*Zürich*).
FEPE (*int.*) Fédération Européenne pour la Protection des Eaux (*Europäischer Verband für Gewässerschutz*).
FET (*int.*) Far East Time (*Fernöstliche Zeit*); Feldeffekttransistor.
feuerg., feuergef. feuergefährlich.
ff (*meteor., naut.*) sehr fein (*z.B. Nieselregen; Seekartenverz.*).
FF m.r.S. Funkfeuer mit rotierendem Strahl.
F.f.R. Frequenzbereich für Radar.
FG (*naut.*) Fahrgeschwindigkeit; (*tech.*) Feingewinde.
Fg. (*phys.*) Fliehgewicht.
FGeb. (*rad.*) Fernmeldegebühr(en) (*für Seefunk*), Funk(lizenz)ge-

bühr(en).

Fh. Fähre.

Fhr. (*naut.*) Führer (*einer Yacht*).

Fhrw., Fhrwss. Fahrwasser.

Fhrz. (*naut.*) Fahrzeug.

FI (*naut.*) Fertigungsingenieur; Finnland, finnisch (*auf Seekarten*); Forschungsinstitut (*Bootsbau*).

Fi. (*naut., tech.*) Filter; (*rac.*) Finale; Fischer, Fischerei; Fischerfeuer (*auf Seekarten*).

Fi-Anl. Fischereianleger (*auf Seekarten*).

FiG Fischereigesetz.

Fig. (*geom., math.*) Figur(en).

Fi-Hfn. Fischereihafen (*auf Seekarten*).

Fin. (*rac.*) Finale; (*naut., int.*) Finish (*Bearbeitung, Fertigstellung, Veredelung*) (*Segeltuch*).

fin. (*naut., int.*) finished (*bearbeitet, fertiggestellt, veredelt*) (*Segeltuch*).

Finnl. Finnland, Suomi.

FIS Fédération Internationale de Sauvetage (*Internationaler Lebensrettungsverband*).

FischereiG, FischG Fischereigesetz.

Fj. Fjord(e).

FK Fernkabel; Fischkutter; (*naut. Vers.*) Flußkasko; Fregattenkapitän; Führerkompaß.

Fk. Funk; Funker.

fk. fachkundig.

Fkl. (*naut.*) Funkel, Funkelfeuer, Funkeln.

Fkl. ubr. Unterbrochenes Funkel(feuer).

FKpt Fregattenkapitän.

FL Fischlogger.

Fl. (*naut., tech.*) Fernlenkung; Fläche; Flieger (*Segel*); Flotte; Flottille; Fluß; Fluß/Strom (*auf Seekarten*); Flüssigkeit.

fl. flach; fliegen(d) (*Spinnaker, etc.*); fließen(d); flüssig.

Fl.-Adm. Flottenadmiral; Flottillenadmiral.

FlaggRG Flaggenrechtsgesetz.

Flb, Flb. Flottenbasis.

flex. (*naut., tech.*) flexibel (*Mast, etc.*).

Fl. F. Fliegende Fähre.

FLG Flößereigesetz; Funkleitstrahlgerät.

-flg. -flügelig (*Propeller*); folgend(e).

Flgmst. Flaggenmast.

Flgst. Flaggenstock.

Flgtm. Flaggenturm.

Fl.-H. Flottenhafen.

Flk. Flüssigkeit(en).

Fl.-K. Flußkarte.

Fllg. Füllung (*Ballasttank, etc.*).

Flp. (*naut.*) Flammpunkt (*Leuchtfeuer*).

Fls. Felsen (*auf Seekarten*).

fls. felsig (*auf Seekarten*).

Fl.-Sch. Flußschiffahrt.

Fl.-Tr. Flugzeugträger; Flußtransport.

Flugb. Flugboot.

FM (*phys., tech.*) Feinheitsmodul; Fertigungsmittel (*Bootsbau*); Flächenmaß (*Segel*); Flußmine; (*rad.*) Frequenzmodulation.

FMG (*rad.*) Fernmeldegesetz (*Seefunk*), Funkmeßgerät.

FN Fachnormenausschuß; (*rad., radar*) Fernnetz.

Fn (*naut., phys.*) Froudesche Zahl.

FNA Fachnormenausschuß.

Fnkmst. Funkmast(en).

Fnktm. Funkturm (*auf Seekarten*).

FO Fischereiordnung; Funkortung.

Form. Formalität(en) (*z. B. Zoll*); (*rac.*) Formation (*Segeln*), Formular(e).

form. (*rac.*) formieren, formiert.

Formal. Formalität(en).

Fortf. (*rac.*) Fortfall, Fortführung.

fortges. (*meteor.*) fortgesetzt.

fortl. fortlaufend (*Baunummern Bootsbau, etc.*).

FP (*naut.*) Festpunkt, Fixpunkt, Flammpunkt.

FR Flußräumboot; Funkraum.

Fr. (*naut.*) Foraminifera, Foraminiferen (*Wurzelfüßer*) (*auf Seekarten*), Fracht; (*rad.*) Frage; Franken; Freitag; Frist.

fr. französisch; frei; freitags;

(*meteor.*) frisch (*Wind*); früh.
fragl. (*naut.*) fraglich (*Schiffsposition*).
franz. französisch.
frb. (*naut.*) fahrbar.
frbl. freibleibend.
Freg. Fregatte.
Freg.-Kap., Freg.-Kpt. Fregattenkapitän.
Freigr. (*nav.*) Freigrenze.
Freiw. Freiwache.
Freq. (*phys., rad.*) Frequenz(en).
Freq.-Mess. Frequenzmessung(en).
Freq.-Z. Frequenzzahl.
Fr.-H., Frhf. Freihafen.
fries. friesisch.
friesl. friesländisch.
Frk. Frankreich.
Frq. Frequenz(en).
frs Francs.
Fr.-Sch. Frachtschiff.
frtr. (*naut., tech.*) freitragend (*Bootsbau*).
FrW, Fr.-W. (*naut.*) Frischwasser.
frw. freiwillig.
frz. französisch.
FS (*nav.*) Fernschreiben, Fernschreiber; Fernsehen; Flußschnellboot; Forschungsschiff; Funkstation, Funkstelle.
FSB Fischereischutzboot.
FSch, F-Sch. Feuerschiff.
F.-Sch. (*naut.*) Führerschein.
Fspr. (*rad.*) Fernspruch, Funkspruch.
FSt. Funkstation, Funkstelle.
Fst., Fstg. (*naut., tech.*) Fernsteuerung.
Fstm-Tn. Festmachertonne(n).
FT Funktelegraphie *od.* -telegrafie; Funkturm; Funk- und Telegraphenstation.
Ft. Fort (*auf Seekarten*); Furt.
FTB Frachten- und Tarifanzeiger der Binnenschiffahrt.
FTO (*naut.*) Funktechnischer Offizier.
FtSt. Funktelegraphenstation.
FU (*phys., rad.*) Frequenzumformer, Frequenzumsetzer.
Fu Funk; Funkwesen.
FÜ Funküberwachung; Funküberwachungsstelle.
Fü (*naut.*) Führer (*einer Yacht*), Führung (*einer Yacht*).
FuA Funkamt.
FuAnl., Fu.-Anl. Funkanlage.
FuBK Funkbetriebskommission.
FuD Funkdienst.
FuG, FuGer. Funkgerät.
FukMSt Funkkontrollmeßstelle.
FuLS Funkleitstelle.
FuM Funkmeßtechnik.
FuMB Funkmeßbordgerät.
FuME Funkmeßerkennungsgerät.
FuMG Funkmeßgerät.
FuMO Funkmeßortungsgerät.
FuMS Funkmeßstörsender.
FuMZ Funkmeßzusatzgerät.
Funknav. Funknavigation.
Funkort. Funkortung.
Funkp. Funkpeiler; Funkpeilung.
Funkt. (*naut., tech.*) Funktion(en); Funkturm.
funkt. (*naut., tech.*) funktionell, funktionieren.
FuP Funkprüfgerätezusatz.
FuPA Funkpeilanlage.
FuPNG Funkprüfnetzgerätesatz.
FuPB Funkprüfbatteriesatz.
FuPSt Funkpeilstelle.
FuS Funksignal(e).
FuSD Funksignaldienst.
FuSE Funksenderempfänger.
FuSpr, Fu.-Spr. Funkspruch.
FuSt. Funkstation; Funkstelle.
FuStö Funkstörung.
FuStöMD Funkstörungs- und Meßdienst.
FuStöMSt Funkstörungs-Meßstelle.
FuV, FuVerb. Funkverbindung.
FuZ Funkzentrale.
FVF (*phys., radar*) Flimmerverschmelzungsfrequenz.
Fw. Fachwort; Fremdwort.
fw. freiwillig.
Fwb. Fachwörterbuch; Fremdwörterbuch.
FZ (*naut.*) Fachzeitschrift; (*rad.*) Frequenzzeiger, Funkzentrale, Funksprechzeugnis.
Fz. (*naut.*) Fahrzeug, Fernziel; Formelzeichen.
F.Z. (*naut., phys.*) Froudesche Zahl.
FZA Funktechnisches Zentralamt.

G

G Gas; (*phys.*) Gauß; Gerät; Germany; Geschwindigkeit; Gesetz; (*naut., phys.*) Gewicht, Gewichtskraft; Gewichtsschwerpunkt; (*rac.*) Gewinn; (*phys.*) Giga; (*naut.*) Gitter; Gleichstrom; (*math.*) Größe; (*geom.*) Grundfläche; Grundlinie; (*naut.*) Gruppe (*Leuchtfeuer*); Gummi; (*tech.*) Guß; (*phys.*) Schubmodul, Wirkleitwert.

g (*meteor., phys.*) Grad; Gramm; grob (*Seekartenverz.*); Grundlinie.

G. (*astr.*) Gestirn; (*geogr.*) Golf.

g. (*rad.*) abgehend (*Funkspruch*); gelb (*Seekartenverz.*); geschlossen (*Hafen, etc.*); gut.

GA Gutachterausschuß.

galv. (*naut., tech.*) galvanisieren, galvanisiert.

Gar. Garantie.

gar. garantieren.

Garn. (*naut.*) Garnier, Garnierung, Garnitur.

garn. (*naut.*) garnieren, garniert.

Gasm. Gasmotor.

Gas-T. Gastank, Gasometer (*auf Seekarten*).

GB Great Britain, Großbritannien; Britisch (*auf Seekarten*).

Gb. (*rad., Morse*) Geber; Gebühr(en).

gb. grob (*Seekartenverz.*).

Gbd. Gebäude (*auf Seekarten*).

Gbg. Gebirge (*auf Seekarten*).

gb. K. grober Kies (*Seekartenverz.*).

Gbt. (*naut.*) Gebiet.

Gd. (*naut.*) Grund.

gdm (*phys.*) geodynamisches Meter.

GDU Gleichstrom-Drehstrom-Umformer.

GE (*naut., rad.*) Geräuschempfänger; (*phys.*) Gewichtseinheit.

g. e. (*naut.*) gut erhalten.

Geb. (*naut.*) Gebäude (*Seekartenverz.*), Gebiet, Gebirge (*Seekartenverz.*), Gebühr(en).

geb. gebaut (*Boot*); gebogen (*Mast, etc.*).

GebO Gebührenordnung.

Gebr. (*naut.*) Gebrauch, Gebräuche (*z. B. auf See*).

gebr. gebräuchlich; gebraucht; gebrochen.

ge. B(r). geographische(r) Breite.

Gebr.-A., Gebr.-Anl. Gebrauchsanleitung.

Gebr.-A., Gebr.-Anw. Gebrauchsanweisung.

ged. (*rad., phys*) gedämpft (*Welle, etc.*); (*naut.*) gedeckt (*Boot*).

gedr. (*naut.*) gedreht (*Tauwerk*).

Gef. (*naut.*) Gefahr, Gefährdung; (*phys.*) Gefälle.

gef. (*naut.*) gefahren (*Strecke*), gefährden, gefährdet; gefaltet; gefertigt (*Boot, Segel*); geführt (*Yacht*); gefüllt (*Tank*).

Gefdg. (*naut.*) Gefährdung.

Gefr.-P. (*meteor.*) Gefrierpunkt.

Gef.-S. (*naut.*) Gefahrensignalstelle (*auf Seekarten*).

Gef.-St. (*naut.*) Gefahrenstelle.

Geg. (*rac.*) Gegner; Gegensatz.

geg. (*rad.*) gegeben; (*naut.*) gegen.

Geh. (*naut.*) Gehäuse (*Kompaß*).

gek. (*naut.*) gekennzeichnet, gekoppelt; (*rac.*) gekonnt; (*rac.*) gekürzt (*Bahn.*).

Gel. (*naut.*) Gelegenheit, Geleit; (*naut., tech.*) Gelenk.

gel. (*naut.*) geladen (*z. B. Batterie*), gelandet, geländet; gelappt (*Boots- od. Segelnähte*); (*naut.*) gelegen, geleiten, geleitet; gelöscht (*Seekartenverz.*); (*naut.*) gelöst (*Aufgabe*).

ge. L. geographische(r) Länge.

geleg. gelegentlich.

gelt. (*naut., rac.*) geltend (*Bestimmungen*).

gem. gemäß; (*meteor.*) gemäßigt; gemeinsam, gemeinschaftlich; (*naut., rac., rad.*) gemeldet; (*naut., phys.*) gemessen; gemischt.

Gen. Genehmigung; Generator.

gen. (*naut.*) genannt, genehmigen, genehmigt, generell; (*tech.*) genietet; genormt; genügend; genutet.

ge. N. geographisch(er) Nord.

Gen.-St. Genehmigungsstelle.
Geogr. Geographie.
geogr. geographisch.
Geom. Geometrie.
geom. geometrisch.
geophys. geophysikalisch.
GEOREF geographisches Referenzsystem.
geoz. (*astr.*) geozentrisch, geozyklisch.
gepl. (*nav.*) geplant.
gepr. (*naut., tech.*) gepreßt; (*naut.*) geprüft.
gepr. u. gen. (*naut.*) geprüft und genehmigt.
Ger. (*rac.*) Gerade; (*naut.*) Gerät(e); (*rad.*) Geräusch(e).
ger. gerade; gerettet; (*rad., radar*) gerichtet; (*naut.*) gering(er) (*Wassertiefe*) (*Seekartenverz.*); gerundet (*z. B. Bug*); gerüstet.
Ger. Tiefe (*naut.*) geringere Tiefe (*auf Seekarten*).
Ges. Gesamtheit; Gesellschaft; Gesetz, Gesetzgebung.
ges. gesamt; (*naut.*) gesehen; gesetzlich; (*naut.*) gesetzt, gesichert, gesichtet, gesucht.
gesch. (*naut.*) geschickt, geschützt.
geschl. (*rac.*) geschlagen; (*naut.*) geschlossen (*Hafen, etc.*).
Geschw. (*rac.*) Geschwader; (*naut.*) Geschwindigkeit.
ges. ger. gesetzlich geregelt.
gesp. (*naut.*) gesperrt (*Durchfahrt, etc.*).
gespr. (*naut.*) gesprenkelt (*Seekartenverz.*).
ges. Reg. gesetzliche Regelung.
Ges.-St. (*naut., phys., tech.*) Gesamtstärke.
Gest. Gestaltung (*Bootsbau*); (*naut., tech.*) Gestänge, Gestell.
gest. (*rac.*) gestaffelt; gestalten, gestaltet (*Bootsbau*); (*rac.*) gestartet; gestern.
gestr. gestrafft (*Tau, etc.*); (*naut.*) gestreift (*Seekartenverz.*); (*rac.*) gestrichen; gestrig.
Ges.-Z. (*rac.*) Gesamtzahl.
get. (*naut.*) getauft (*Boot*), getestet (*Boot, Segel*); (*rac.*) getilgt.
Getr. Getriebe.
Gew. Gewähr; Gewährleistung; (*meteor.*) Gewalt; Gewässer; Gewebe (*Segel*); (*naut., phys.*) Gewicht; Gewinde; (*naut., rac.*) Gewinn.
gew. (*naut., rac.*) gewagt, gewandt; gewöhnlich; gewölbt (*Deck, etc.*); (*rac.*) gewonnen; (*naut., rad.*) gewünscht.
GewBinnSch VerkG Gesetz über den gewerblichen Binnenschiffsverkehr.
Gew.-Vert. (*naut., rac.*) Gewichtsverteilung.
Gez. Gezeit(en).
gez. (*naut., tech.*) gezahnt, gezähnt; (*naut., radar*) gezielt.
Gez-F. Gezeitenfeuer.
gezw. gezwirnt (*Segelgarn*); (*naut.*) gezwungen, gezwungenermaßen.
Gez.-W. Gezeitenwechsel.
GF (*naut.*) große Fahrt.
Gf. (*naut.*) Gefahr (*Kollision, etc.*), Grundfarbe (*Boot*); Grundform (*Bootsbau*).
GFK glasfaserverstärkter Kunststoff, glasfaserverstärkte Kunststoffe (*Bootsbau*).
gfl. geflochten (*Tauwerk*).
GFP glasfaserverstärktes Polyester(harz) (*Bootsbau*).
GG Gleichstromgenerator.
GG. Gesetze.
Gg. (*rac.*) Gegner.
gg. gegen.
ggb. gegenüber.
ggbfs., ggf., ggfs. gegebenenfalls.
Gg.-Gew. (*naut., rac.*) Gegengewicht.
ggs. gegenseitig.
Gh. (*naut.*) Gesamthöhe.
GHBG Gesamthafenbetriebsgesellschaft.
GHz (*phys., rad.*) Gigahertz.
Gi (*naut., rad.*) Gitter.
Gibr. Gibraltar.
GInsp. (*naut.*) Generalinspektion.
GJ Geographisches Jahrbuch.
GK Gewichtsschwerpunkt über Oberkante Kiel; Gummikabel; Güteklasse.
Gk. (*naut., tech.*) Gelenk.
gk. (*rac.*) gekürzt (*Bahn*).
GKSS Gesellschaft für Kernenergie-

verwertung in Schiffbau und Schiffahrt; Göteborger Kö- nigliche Segelgesellschaft.
GL, G.L. Germanischer Lloyd.
Gl. (*naut.*, *tech.*) Gelenklager; (*naut.*, *math.*) Gleichung; (*tech.*) Glied (*Ankerkette, etc.*); (*naut.*) Globigerina, Globigerinen(schlick) (*Seekartenverz.*), Glocke.
glac., glaz. glacial, glazial (*Seekartenverz.*).
glbld. (*meteor.*, *naut.*) gleichbleibend.
gleichl. (*naut.*, *tech.*) gleichlaufend.
gleichn. (*naut.*, *phys.*) gleichnamig.
gleichz. gleichzeitig.
Glet. Gletscher (*Seekartenverz.*).
Gl-Floß Glockenfloß (*auf Seekarten*).
Glgew., Gl.-Gew. (*naut.*, *phys.*) Gleichgewicht.
Glstr., Gl.-Str. Gleichstrom.
Glt. Gleichtaktfeuer.
glt., gltg. gültig.
Gl-Tm. Glockenturm (*auf Seekarten*).
Gl-Tn. Glockentonne.
glz. gleichzeitig.
GM (*naut.*) Geschwindigkeitsmesser; Gleichstrommotor; (*int.*) Greenwich Meridian (*Nullmeridian*).
g/m^3 (*meteor.*) Gramm pro Kubikmeter.
gms. gemeinsam.
g. mtl. gut mittel.
gn. (*naut.*) grün (*Seekartenverz.*).
GP (*meteor.*) Gefrierpunkt; (*naut.*, *tech.*) Gegenprobe; (*naut. Vers.*) Generalpolice; Grand Prix (*Yacht*); (*rad.*) Groundplane-Antenne.
gpr. u. gen. geprüft und genehmigt.
Gr. (*geogr.*) (Meeres)Graben, Gracht; (*meteor.*, *phys.*) Grad; Graph (*Bootsbau*); Greenwich; Grenze; Griechenland; (*naut.*, *tech.*) Griff; (*math.*, *naut.*) Größe; (*naut.*) Grund, Gruppe(n) (*Leuchtfeuer*), Gruß.
gr. graphisch; grau (*Seekartenverz.*); grell; grob (*Seekartenverz.*); groß; grün (*Seekartenverz.*); gründlich.
G.R., g.R. geltendes *od.* gültiges Recht.
Grad. (*meteor.*, *phys.*) Gradient; Graduation; Graduierung.
grad. gradieren; gradual; graduell; graduieren, graduiert.
graph. graphisch (*Bootsbau*).
Grav. (*phys.*) Gravimeter, Gravisphäre, Gravitation.
grav. (*phys.*) gravimetrisch.
GravP (*phys.*) Gravimeterpunkt.
Gr.-Br., Gr.-Brit. Großbritannien.
grch. griechisch.
Grchl. Griechenland.
Grd. (*naut.*) Grund.
grd. (*meteor.*, *phys.*) Grad.
Grdf. (*naut.*) Grundform (*Bootsbau, Segel*).
Grdfl. (*naut.*) Grundfläche.
Grdl. (*naut.*) Grundlage(n), Grundlinie.
Grdwsp., Grdw.-Sp. Grundwasserspiegel.
Grdz. (*naut.*, *math.*) Grundzahl(en).
Gr.-Ha. Großhafen.
Griech. Griechenland.
Grld. Grönland.
Grp. (*naut.*) Gruppe(n) (*Leuchtfeuer*).
Grs. (*naut.*) Seegras (*auf Seekarten*).
Grundw. Grundwasser; (*naut.*, *math.*) Grundwert.
Gr.-W. Grundwasser.
Grw.-Stw. (*naut.*, *astr.*) Greenwicher Stundenwinkel.
Grz. (*nav.*) Grenze.
Grz.-Str. (*nav.*) Grenzstreifen.
Gs (*phys.*) Gauß; Gleichstrom.
Gs. Gesetz.
gß. groß (*Seekartenverz.*).
gß. St. großer Stein, große Steine (*Seekartenverz.*).
GT (*naut.*) Gasturbine; Gebührentarif; Gewichtsteil; Gleichstromtelegraphie; (*int.*) Greenwich Time (*Greenwich-Zeit*); (*naut.*, *int.*) gross tonnage (*Bruttotonne*); (*naut.*, *tech.*) Temperguß.
Gt. (*naut.*, *rad.*, *radar*) Gerät.
gt. ganztägig, ganztags; (*meteor.*, *naut.*) gut.
Gu. Gummi.
Guat. Guatemala.
Guay. Guayana.
Gült. Gültigkeit.
Gült.-D. Gültigkeitsdauer (*Visum, etc.*).

GV (*naut.*) Gesamtverband, Gesamtverzeichnis; (*naut.*) große Fahrt voraus.
GW (*rac.*) Gesamtwert(ung); Gleichstrom/Wechselstrom.
Gw. Gewicht; (*naut.*, *rac.*) Gewinn.
G.W. Gewöhnlicher Wasserstand.
GZ (*naut.*, *rac.*) Gesamtzahl; Gesetzliche Zeit; (*naut.*, *math.*) Grundzahl.
gz. ganz; gezählt; (*tech.*) gezogen.
gzj. ganzjährig.
Gzn. Gezeiten.
GZT (*naut.*) Gebrauchszolltarif.
GZV (*naut.*) Gesundheitszeugnisverordnung.

H

H Hafen; (*naut.*, *tech.*) Härte; Haupt-; (*phys.*) Henry; Hinfahrt; (*meteor.*) Hoch, Hochdruckgebiet, Hochdruckkeil; (*naut.*) Höhe, Augenhöhe, Feuerhöhe (*eines Leuchtfeuers*).
h Hekto-; (*meteor.*) (kleines) Hoch; (*naut.*) Augenhöhe, Höhe (*eines Leuchtfeuers*); hora (*Stunde*).
H. Haftung; Heck; Helligkeit; Hitze; (*naut.*) Höhe, Horn; Holz (*Bootsbau*); Hub; Hundert.
h. hart; heiß; hell; hinten; hoch; horizontal; (*int.*) hour (*Stunde*).
Ha. Hafen.
HADAG Hafen-Dampfschiffahrtsgesellschaft (*Hamburg*).
Haf. Hafen.
Haf.-Dir. Hafendirektion; Hafendirektor.
Ha.-F. Hafenfeuer.
Haftpfl. Haftpflicht.
haftpfl. haftpflichtig.
Haftpfl.-Vers. Haftpflichtversicherung.
Haf.-Verw. Hafenverwaltung.
HAL Hamburg-Amerika-Linie.
halb. halbieren, halbiert.
Halt. (*naut.*, *tech.*) Halter, Halterung.
Handb. (*naut.*) Handbuch.
Handb., Handbed. Handbedienung.
handgest. handgesteuert.
hans. hanseatisch.
Harp. Harpune; Harpunier(er).
haupts. hauptsächlich.
Hav. Havanna; Havarie; Havarist; Havel.
Hb. Handbedienung; Handbetrieb; Handbuch.
hb. halb.
Hbg. Hamburg.
Hbl. (*naut.*, *tech.*) Hebelblock.
Hbschr. Hubschrauber.
hbst. (*naut.*, *tech.*) halbstarr, halbsteif.
hbstg. halbstündig.
hbstl. halbstündlich.
HD Hafendienst, Hafendirektion, Hafendirektor; Hauptdeck; (*naut.*, *int.*) heavy duty (*dauerhaft, Hochleistungs-, von höchster Wirkleistung*); (*meteor.*, *phys.*) Hochdruck.
Hd. (*naut.*) Hand; Hundert.
hd. hand-; hundert.
Hdb. (*naut.*) Handbuch.
hdbr. handbreit.
-hdg. -händig.
hdgest. handgesteuert.
Hdgr. (*naut.*) Handgriff, Handgriffe.
Hdhbg. Handhabung.
hdl. (*naut.*) handlich.
Hdl., Hdlg. (*naut.*) Handlung (*Yachtbedarf, etc.*).
Hdwb. (*naut.*) Handwörterbuch.
Hdz. (*naut.*) Handzeichen.
Heim.-Ha. Heimathafen.
Helg. Helgoland.
Helv. Helvetia, Helvetien (*Schweiz*).
Herk.-L. (*naut.*) Herkunftsland.
Herst.-Verf. Herstellungsverfahren (*Bootsbau, Segel*).
herv. (*meteor.*, *naut.*) hervorragend.
hex. hexagonal (*Beschläge, etc.*).
HF (*naut.*) halbe Fahrt, Hauptfunktion; (*phys.*, *rad.*) Hochfrequenz.
H.F. (*phys.*, *rad.*) Hochfrequenz.
Hf. Hafen; Hauptform (*Boots-*

bau, Segel).

Hfbf Hafenbahnhof.

hfl Hollands Florijn, holländischer *od.* niederländischer Gulden.

Hfn. Hafen.

Hfn-A. Hafenamt.

Hfn-F. Hafenfeuer.

Hft., Hftg. Haftung.

HG (*naut.*) Horchgerät.

Hg. Hügel (*auf Seekarten*).

hg., hgd. (*naut., tech.*) hängend.

Hgl. (*meteor.*) Hagel; Hügel (*auf Seekarten*).

HGW höchster Grundwasserstand.

HHF (*rad., phys.*) Höchstfrequenz (*Ultrahochfrequenz*).

HHQ höchste Quantität (*höchste Hochwassermenge*).

HHTHW höchster Tidenhochwasserstand.

HHTNW höchster Tidenniedrigwasserstand.

HHW höchstes Hochwasser.

HI Halbinsel; Hawaii; Hydrographisches Institut.

H-I. Halbinsel.

Hi. Hilfs-.

HIFAM (*rad., int.*) high-fidelity amplitude modulation (*Breitband-Amplitudenmodulation*).

Hind. (*nav.*) Hindernis(se).

hind. (*naut.*) hinderlich, hindern.

hint. (*naut.*) hinten, hinter.

Hinw. (*naut.*) Hinweg, Hinweis(e).

hinw. hinweisen, hinweisend.

hj. halbjährig; halbjährlich.

HK (*phys.*) Hefnerkerze (*Lichtstärken-Einheit*); (*naut.*) Hinterkante; Hochspannungskabel; Hongkong.

Hk. Huk.

HL (*elec.*) Halbleiter; Hauptleitung; hinteres Lot; Hochleistung.

Hlg. Halogen.

hlg. (*naut.*) hochliegend.

Hlm Hefner-Lumen (*Lichteinheit*).

Hl-Tn. Heultonne.

Hlx Hefner-Lux (*Lichteinheit*).

HM Handelsmarine; Hochleistungsmotor; (*naut.*) Höhenmarke, Höhenmeßgerät.

Hm. Halbmesser.

h.M. (*meteor., phys.*) harmonisches Mittel.

HMS Hilfsminensuchboot.

HNW höheres Niedrigwasser.

höchst. höchstens; höchste, höchster, höchstes.

Höchstbel. (*naut., phys., tech.*) Höchstbelastung.

Höchstgew. (*naut.*) Höchstgewicht.

Höchstst. Höchststand (*Tide*); (*naut., tech.*) Höchststufe.

Hochw. Hochwasser.

Hochw.-St. Hochwasserstand.

Holl. Holland.

holl., holländ. holländisch.

Holst. Holstein.

holst. holsteinisch.

Hond. Honduras.

H.O. Nr. (214, 218,) 249 (*nav.*) (amerikanische) Höhen- und Azimut-Tafeln.

Hor. Horizont; Horizontale.

hor., horiz. horizontal.

hPa (*meteor.*) Hektopascal.

HpflV, HPflVers. Haftpflichtversicherung.

Hpt. Haupt-.

hpts. hauptsächlich.

Hptst. Hauptstadt; Hauptstation.

HR (*naut., tech.*) Handregelung.

Hr. (*naut.*) Horn.

Hs. Haus (*auf Seekarten*).

Hsb Hefner-Stilb (*Licht-Maßeinheit*).

H.-Sch. Handelsschiff; Handelsschiffahrt.

HSDG Hamburg-Südamerikanische Dampfschiffahrts-Gesellschaft.

HSFL Hafenschutzflotille.

HSGr Hafenschutzgruppe.

Hst. Handsteuerung; Hauptstadt; Hauptstelle; Hilfsstelle.

HSVO Hafensicherheitsverordnung.

HT (*meteor.*) Hochtemperatur.

Ht. Hütte (*auf Seekarten*).

ht. (*naut.*) hart.

Hüa (*naut.*) Höhe über alles.

Hubbr. (*nav.*) Hubbrücke.

Hubr. (*tech.*) Hubraum.

Hubschr. Hubschrauber.

HVB Hauptverwaltung der Binnenschiffahrt.

HVS Hauptverwaltung Seepolizei (*DDR*).

HW Handwörterbuch; Hochwasser.

h.W. höchster Wasserstand (*Tide*); (*math., phys.*) höchster Wert.
HWH Hochwasserhöhe (*Tide*).
HWI Hochwasserintervall (*Tide*).
HWM Hochwassermarke.
HWZ (*phys.*) Halbwertzeit; Hochwasserzeit (*Tide*).
Hy. Hydraulik.
hy. hydraulisch.
Hydr. Hydraulik; Hydrologie.
hydr. hydraulisch; hydrologisch.
Hydrogr. Hydrograph; Hydrographie.
hydrogr. hydrographisch.
Hydrol. Hydrologie.
hydrol. hydrologisch.
Hydrom. Hydrometer; Hydrometrie.
hydrom. hydrometrisch.
hydromech. hydromechanisch.
hyg. (*naut.*) hygienisch.
Hygr., Hygrom. (*meteor.*) Hygrometer; Hygrometrie.
hygr., hygrom. (*meteor.*) hygrometrisch.
Hygrosk. (*meteor.*) Hygroskop.
hygrosk. (*meteor., chem.*) hygroskopisch.
Hyp. (*math., nav.*) Hyperbel.
Hyp.-Nav. Hyperbelnavigation.
hyperb. hyperbolisch.
HZ (*nav.*) Hinweiszeichen.
Hz (*phys., rad.*) Hertz.
Hz. (*naut.*) Handzeichen.
HZA Hauptzollamt.

I

I (*naut.*) Länge des Mastes (*Segelmaß*), Lichtstärke (*Leuchtfeuer, Stromstärke*).
I. Insel; (*naut.*) Inspektion, Institut.
i. im; in; innen; innerhalb.
I.A. Internationales Angström, Internationale Angströmeinheit.
i.a. im allgemeinen.
IAGC (*rad., int.*) instantaneous automatic gain control (*unverzögerte automatische Verstärkungsregelung*).
IALA International Association of Lighthouse Authorities (*Internationaler Verband der Leuchtturmbehörden, Internationaler Verband der Seezeichen-Verwaltungen*).
i.allg. im allgemeinen.
IAM Impuls-Amplitudenmodulation.
IAS (*rad.*) Internationaler Antwortschein.
IAVC (*rad.*) instantaneous automatic volume control (*unverzögerte automatische Verstärkungsregelung*).
IB Informationsblatt; Informationsbüro; Internationales Büro.
i.B. (*naut.*) im *od.* in Bau (*Bootsbau*); (*naut., tech.*) in Betrieb.
i.b. im besonderen.
IBO Interboot, Internationale Bootsausstellung (*Friedrichshafen/Bodensee*).
IBU Internationale Binnenschifffahrtsunion.
IC (*int.*) Information Centre *or* Center (*Informationsstelle*).
ICF International Canoe Federation (*Internationaler Kanu-Verband*).
ID Informationsdienst.
Id. (*naut.*) Identifikation, Identifizierung; Identität.
id. (*rac.*) ideal (*Bedingungen*); (*naut.*) identisch.
i.D. (*naut.*) im Dienst; im Durchmesser; innerer Durchmesser; im Durchschnitt.
i.d. in das; in dem; in den; in der; in die.
Ident. (*naut.*) Identifikation, Identifizierung, Identität.
ident. (*naut.*) identifizieren, identifiziert, identisch.
i.d.G. (*naut.*) in der *od.* dieser Gegend.
i.d.M., i.d.Min. in der Minute.
i.d.R. in der Regel.
i.d.S., i.d.Sek. in der Sekunde.
i.d.St., i.d.Std. in der Stunde.
i.Durchm. im Durchmesser.
i.Durchschn. im Durchschnitt.
IE, I.E. Internationale Einheit (*Maße, Gewichte, etc.*).
i.E. (*naut.*) im Entwurf (*Yachtbau*), in Entwicklung (*Yachtbau*).

i. Entw. (*naut.*) im Entwurf, in Entwicklung (*Yachtbau*).
IFA (*naut.*) Information(en) für alle.
IF-Boot Internationales Folkeboot (*Bootsklasse*).
IFF (*phys., rad.*) Impulsfolgefrequenz.
IFM (*phys., rad.*) Impulsfrequenzmodulation.
IFS (*naut.*) International Federation of Surveyors (*Internationaler Verband der Besichtiger und Vermesser*).
IGU International Geographical Union, Internationale Geographische Union.
IHB Internationales Hydrographisches Büro.
i. H. v. (*naut.*) in Höhe von.
i. J. im Jahr.
IK Internationale Kerze (*Einheit der Lichtstärke*).
i. K. in Kürze.
IKRK Internationales Komitee vom Roten Kreuz.
IKV Internationale Kartographische Vereinigung.
IKZ (*phys., rad.*) Impulskennzeichen.
i. L. (*naut., tech.*) im Lichten (*beim Messen*) (*Bootsbau*).
ill., illum. (*naut.*) illuminieren, illuminiert.
Illum. (*naut.*) Illumination.
ILM (*phys., rad.*) Impulslängenmodulation.
Ilx Internationales Lux (*Einheit der Lichtstärke*).
IM (*phys., rad.*) Impulsmodulation.
Im. Isoliermittel.
i. M. (*meteor.*) im Mittel; im Monat.
IMC (*nav., int.*) Instrument Meteorological Conditions (*Wetterlagen, bei denen vorwiegend nach Instrumenten, Radar, etc. navigiert wird.*).
IMF Institut für Meeresforschung.
i. Mi. (*meteor.*) im Mittel.
IMO International Maritime Organization (*Internationale (See)Schiffahrtsorganisation*); Internationale Meteorologische Organisation.
Imp. (*phys., rad., radar*) Impuls.
ImpfG (*naut., med.*) Impfgesetz.
Impr. (*naut.*) Imprägnation, Imprägnieren, Imprägnierung.
impr. (*naut.*) imprägnieren, imprägniert.
IMU (*naut., phys., int.*) Inertial Measurement Unit (*Maßeinheit im Inertialsystem*).
IMW International Map of the World (*Internationale Weltkarte*).
i. N. (*naut.*) im Normalzustand.
INA, Ina (*meteor.*) International Normal Atmosphere, Internationale Normalatmosphäre.
Ind. (*naut., math., phys.*) Index; Indien; (*naut., tech.*) Indikator.
ind. (*naut., phys.*) indifferent; indirekt; indisch; individuell; induzieren, induziert.
INDAS Integriertes Navigations- und Datenerfassungssystem.
indiff. (*naut., phys.*) indifferent.
Indik. (*naut., tech.*) Indikator.
Indon. Indonesien.
Inf. Information.
inf. infolge; informativ; informatorisch; informieren, informiert.
Inf.-Bl. Informationsblatt.
Infl. (*elec., meteor., phys.*) Influenz.
Info Information.
Inform. Information(en).
inform. informativ; informatorisch; informieren, informiert.
Ing. (*naut.*) Ingenieur (*Bootsbau*).
Inj. (*phys., tech.*) Injektion.
ink. (*naut.*) inkompetent, inkorrekt.
inkomp. (*rad.*) inkompatibel; inkompetent.
Inkrafttr. Inkrafttreten.
Inl. Inland.
inl. inländisch.
INMARSAT (*naut.*) Küstenerdefunkstellen.
inn. (*naut.*) innen.
inoff. inoffiziell.
INS Inertial Navigational System (*Trägheits-Navigationssystem*).

Ins. Insel.
insb., insbes. insbesondere.
insg., insges. insgesamt.
Insp. (*naut.*) Inspekteur, Inspektion, Inspektor, Inspizient, Inspizierung.
insp. (*naut.*) inspizieren, inspiziert.
Inst. (*naut.*) Installation(en) (*an Bord*), Installierung, Instandsetzung; Instanz; Institut; Institution.
Instr. (*naut.*) Instrukteur, Instruktion(en), (Bord)Instrument.
instr. (*naut.*) instruieren, instruiert, instruktiv.
INT, Int. International, international.
Int. (*math.*) Integrieren, Integrierung; (*naut.*) Intensität (*Leuchtfeuer*); Interesse; (*naut.*) Interim; interjection, Interjektion.
int. intensiv; interessant; intern; international.
INTELSAT, Intelsat International Telecommunications Satellite (Consortium) (*Internationale Funkverbindungen über Satellit*).
interk. interkontinental.
interm. intermittieren(d) (*Leuchtfeuer*).
intern. international.
Interv. Intervall(e) (*Leuchtfeuer*).
Int. R-Klassen Internationale R(enn)-Klassen.
Inv. (*math., phys.*) Invariante; (*naut.*) Inventar, Inventur (*Segel*); (*meteor.*) Inversion; (*rad.*) Inverter.
inv. invariabel; invariant; invers.
Invent. (*naut.*) Inventar, Inventur (*Segel, etc.*).
i. Verb. m. in Verbindung mit.
i. O. (*naut., rad.*) in Ordnung.
i. o. (*naut., int.*) in order (*in Ordnung*).
IOC Intergovernmental Oceanographic Commission (*Internationale Ozeanographische Kommission*).
IOK Internationales Olympisches Komitee.
IOR (*rac.*) International Offshore Rule (*Internationale Ausgleichsformel für Hochseerennyachten*).
IOS International Organization for Standardization (*Internationale Normungs-Organisation*).
IPA Internationales Phonetisches Alphabet.
IPM (*phys., rad.*) Impulsmodulation.
iPS (*phys.*) induzierte Pferdestärke.
IQSY (*astr.*) International Quiet Solar *or* Sun Year (*Internationales ruhiges Sonnenjahr*).
Ir. Irland.
ir. irisch.
i. R. (*naut., tech.*) in Ruhe(stellung).
IRAM Institut für Radioastronomie im Millimeterwellenbereich.
IRC International Rescue Committee (*Internationales Lebensrettungskomitee*); (*rad.*) International Response Coupon (*Internationaler Antwortschein*).
I-Regler Integralregler.
IRK(K) Internationales Rotes Kreuz (Komitee).
Irl. Irland.
irr., irrat. (*math.*) irrational.
irreg. (*naut.*) irregulär.
irrev. (*naut., tech.*) irreversibel.
IRV Internationale Vereinigung des Rheinschiffsregisters.
IS Informationssystem; Integrierter Schaltkreis.
Is. (*naut.*) Isolation (*Quarantäne*); Isolator(en); Isolierung (*Quarantäne*).
is. (*naut., tech.*) isoliert.
I. S. Internationales Signalbuch.
i. S. im Sommer.
ISA International Standard Atmosphere (*Internationale Normalatmosphäre*).
ISD (*naut.*) Internationaler Suchdienst.
ISH Institut des Seeverkehrs und der Hafenwirtschaft (*DDR*); International (Association of) Seamen and Harbour Workers (*Internationale Vereinigung der Seeleute und Hafenarbeiter*).

Isl. Island.
Isol. (*naut.*) Isolation (*Quarantäne*); Isolator(en); Isolierung (*Quarantäne*).
isol. (*naut., tech.*) isolieren, isoliert.
ISPO Internationale Sportausstellung, Intersport (*München*).
Isr. Israel.
IST (*int.*) Indian Standard Time (*(West)Indische Normalzeit*).
ISVSK Internationaler Ständiger Verband für Schiffahrtskongresse.
It. Italien.
it. italienisch.
ITS (*naut.*) International Tracing Service (*Internationaler Suchdienst*).
IU, I.U. (*phys., tech.*) international unit (*internationale Einheit*).
i.U. (*naut.*) im *od.* in Umbau (*Yacht*).
IV (*naut.*) internationaler Verband, internationale Vereinigung.
I.v. (*naut., rad.*) Irrtum vorbehalten.
i.V. im Vakuum; in Veränderung; in Verbindung.
i.Vbdg.m., i.Verb.m. (*rad.*) in Verbindung mit.
IVR Internationale Vereinigung des Rheinschiffahrtsregisters.
i.W. (*naut.*) im Warte(zu)stand; im Winter; innere Weite.
IWB, I.W.B. Internationale Wettsegelbestimmungen.
IWK Internationale Weltkarte.
IWSV Ingenieurverband der Wasser- und Schiffahrtsverwaltungen.
IYRU International Yacht Racing Union (*Internationaler Seglerverband*).
IZ Informationszentrale, Informationszentrum; (*naut., phys., rad.*) Internationale Zusammenarbeit, Internationale Zusammenschlüsse.
i.Z. (*rac.*) im Ziel; im *od.* in Zusammenhang; in Zusammenarbeit.
IZG (*phys., rad., radar*) Impulszusatzgerät.
i.Z.m. im *od.* in Zusammenhang mit; in Zusammenarbeit mit.

J

J (*naut.*) Abstand zwischen Vorderkante Mast und Achterkante Vorsegelhalsbeschlag (*Segelmaß*); (*phys.*) Joule.
J. Jahr(e).
j. jährlich; jetzt.
Jahresz. Jahreszahl; Jahreszeit.
Jährl. Änd. (*naut.*) jährliche Änderung (*Seekarte*).
Jam. Jamaika.
Jan. Januar.
Jap. Japan.
JB Jahresbeitrag (*Club, Vers.*).
Jb. (*naut.*) Jahrbuch.
Jbb. (*naut.*) Jahrbücher.
JD (*meteor., rac.*) Jahresdurchschnitt.
jem. jemand.
jew. jeweils; jeweilig.
Jg. Jahrgang.
Jgd.-M. Jugendmeisterschaft(en).
Jgd.-M., Jgd.-Mannsch. (*rac.*) Jugendmannschaft(en).
JH Jugendherberge.
Jh. (*naut.*) Jahresheft; Jahrhundert.
Jhb., Jhrb. (*naut.*) Jahrbuch, Jahrbücher.
j.J. jedes Jahr; jedes/jeden Jahres.
JK (*rac.*) Juniorenkreis.
j.M. jeder Monat; jedes/jeden Monats.
JMV (*rac.*) Jahresmitgliederversammlung.
J.-Nr. (*naut.*) Jahresnummer (*Baunummer*), Journalnummer.
JOG (*rac.*) Junior Offshore Group (*Hochseesegler-Juniorengruppe*).
JR Jollen-Rennwert.
Jr. Januar; (*naut., rac.*) Junior(en).
JST Japanese Standard Time (*Japanische Normalzeit*).
Jug., Jugosl. Jugoslawien.
jug., jugosl. jugoslawisch.

Jug.-M., Jug.-MS (*rac.*) Jugendmeisterschaft(en).
Jun. (*naut.*, *rac.*) Junior(en).
Jun.-Gr. (*rac.*) Juniorengruppe.
Jun.-M., Jun.-MS (*rac.*) Juniorenmeisterschaft(en).
jur. (*naut.*) juristisch.
JVM (*rac.*) Jugendvereinsmeisterschaft(en), Juniorenvereinsmeisterschaft(en).

K

K Kajak; (*tech.*) Kaliber; (*phys.*) Kalorie; Kanal; Kathode; (*phys.*) Kelvin; (*chem.*, *phys.*) Konzentration; Kote (*Seekarten*); Krone (*Währung*).
k Kilo-.
K. (*naut.*) Kabel, Kabeltonne; (*meteor.*) Kälte; Kap; (*naut.*) Kennung (*Leuchtfeuer*), Kies, Kiesel(grund) (*auf Seekarten*), Kommandant; Konsulat; Konzentration; Koordinaten.
k. (*meteor.*) kalt; (*naut.*) kiesig (*Seekartenverz.*); künftig; (*nav.*) künstlich (*Horizont*).
KA Kreuzer-Abteilung.
kA Kiloampere.
ka (*rad.*) Beginn der Übermittlung.
ka. kalkig (*Seekartenverz.*).
Kä. Kärnten.
Kab. (*naut.*) Kabel, Kabine.
Kab-Tn. Kabeltonne.
Kad. (*rac.*) Kader.
Kaj. Kajüte.
Kal. (*rac.*) Kalender; (*tech.*) Kaliber.
Kam. (*naut.*) Kamerad, Kameradschaft; Kamerun.
Kan. Kanada; Kanadier (*Boot*); Kanal; Kanister.
kan., kanad. kanadisch.
Kap. (*naut.*, *phys.*) Kapazität; Kapitän.
Kap.-Erw. Kapazitätserweiterung.
Kapt. Kapitän.
Kapt. z. S. Kapitän zur See.
Karib. Karibik.
karib. karibisch.
Kart. Kartographie.
kart. kartographisch.
Kas. Kaserne (*Seekartenverz.*).
Kast. Kastilien.
Kat. Katalysator; Katamaran; Katarakt; (*naut.*) Katastrophe; Kategorie.
kat. (*naut.*) katastrophal.
Kaus. (*naut.*, *phys.*) Kausalität.
kaus. (*naut.*, *phys.*) kausal.
KB (*naut.*, *rad.*, *tech.*) Kurzzeitbetrieb.
Kb-Bk. Kabelbake.
kbcm Kubikzentimeter.
kbdm Kubikdezimeter.
kbl, Kbblg. (Strom)Kabbelung.
Kbl., Kblg. (*naut.*) Kabellänge.
kbm Kubikmeter.
Kb-Tn. Kabeltonne.
k. b. V. (*naut.*) keine besonderen Vorkommnisse.
kcal (*phys.*) Kilo(gramm)kalorie.
Kdo. (*naut.*) Kommando.
Kdre. Kommodore (*eines Seglerverbandes*).
Kdt. Kommandant.
kdt. (*naut.*) kommandiert.
KdW, K. d. W. Kurs durch das Wasser.
KDY(C) Königlich Dänischer Yachtclub.
Ke. (*naut.*) Kennung (*Leuchtfeuer*), Kessel, Kette.
K. E. (*naut.*, *phys.*) kinetische Energie.
Ken. (*naut.*) Kennung (*Leuchtfeuer*).
Kennz. (*naut.*, *rad.*) Kennzahl, Kennzeichen, Kennziffer.
kennz. (*naut.*) kennzeichnen, kennzeichnend.
Ke.-Nr. (*naut.*, *rad.*) Kennummer.
KF (*meteor.*) Kaltfront; (*naut.*) kleine Fahrt; Korrosionsfestigkeit.
KFK kohlefaserverstärkte Kunststoffe (*Bootsbau*).
K.-Flk. (*naut.*) kurzes Funkel, kurzes Funkelfeuer.
KFS, KFuSt Küstenfunkstation *od.* -stelle.
KG (*rac.*) Körpergewicht.
kG (*phys.*) Kilogauß.
kg (*phys.*) Kilogramm.
kgm (*phys.*) Kilogrammeter.

kg/PSh (*phys.*) Kilogramm pro Pferdestärke-Stunde.
Khz, kHz (*phys.*, *rad.*) Kilohertz.
Ki (*naut.*) Kimm.
KIB (*naut.*) Konstruktions- und Ingenieurbüro (*Bootsbau*).
Kies. Kiesel(grund) (*auf Seekarten*).
kies. kiesig (*Seekartenverz.*).
Kilo Kilogramm.
Kin. (*naut.*, *phys.*) Kinetik.
kin. (*naut.*, *phys.*) kinetisch.
kJ (*phys.*) Kilojoule.
Kj. Kalenderjahr.
KK Kompaßkurs; (*rad.*) Kontaktkreis; Korvettenkapitän.
KL (*naut.*) Kabellänge; Kapitänleutnant; Kondensatorleitung; Kontrollampe.
Kl. (*naut.*) Kladde; Klammer; Klang; Klarheit; (*naut.*) Klasse, Klassifikation, Klassifizierung; (*naut.*, *tech.*) Klemme; Klinker (*Bootsbau*); Klippe; (*naut.*) Klotz, Klötze; Klub; (*geogr.*) Kluft.
kl. (*meteor.*) klar; (*naut.*) klären; klein (*Seekartenverz.*).
Klär. (*naut.*) Klärung.
Klarh. (*naut.*) Klarheit.
Klass., Klassif. (*naut.*) Klassifikation, Klassifizierung.
KlC (*naut.*) Kleincomputer (*an Bord*).
klf. (*naut.*) klassifiziert (*Boot*).
Kl.-Ha. Kleinhafen.
Klp. Klippe(n) (*auf Seekarten*).
kl. St. kleine Steine (*auf Seekarten*).
KM Kolbenmotor; (*naut.*) Kontrollmarke; (*phys.*) Kraftmagnet; (*rac.*) Kreismeisterschaft(en).
km Kilometer.
KMBoot Küstenminensuchboot.
kmd. (*naut.*) kommandieren(d).
Kmdo. (*naut.*) Kommando.
kmdt. (*naut.*) kommandiert.
km/h Kilometer pro Stunde, Kilometerstunde, Stundenkilometer (*z. B. Wind*).
KML (*rad.*) Kurz-, Mittel- und Langwellen(bereich).
KMS Küstenmotorsegler.
km/s Kilometer pro Sekunde.
km/st Kilometer pro Stunde.
KN Kartennull, Karten-Null, Kompaß Nord.
kN (*phys.*) Kilonewton.
kn (*naut.*) Knoten; (*rad.*) kommen nur (*eine bestimmte Station*).
Kn. (*naut.*) Knoten (*Seemeile pro Stunde*).
K. N. Karten-Null, Kartennull.
KNL Kombiniertes Navigations- und Landesystem (*SAR*).
K.-Nr. (*naut.*, *rad.*) Kennummer.
KNS Königlich Norwegische Segelgesellschaft.
Ko Kokosfaser (*Tauwerk*); Kondensator.
Ko. (*naut.*) Kommission, Kompaß, Kontrolle.
Kobü Konstruktionsbüro (*Yachtbau*).
Koeff. (*naut.*, *phys.*) Koeffizient.
Koh. (*phys.*) Kohäsion.
koh. (*phys.*) kohärent.
Kol. Kolumbien.
Koll. (*naut.*) Kollision.
koll. kollektiv; (*naut.*) kollidieren, kollidiert.
Kom. (*naut.*, *rac.*) Komitee.
Komb. (*nav.*) Kombination.
komb. (*nav.*) kombinieren, kombiniert.
Komb. Blk.(-Grp.-F.) kombiniertes Blinkgruppenfeuer.
Komb. Blz.(-Grp.-F.) kombiniertes Blitzgruppenfeuer.
Komb. Ubr.(-Grp.-F.) kombiniertes Unterbrochenes Gruppenfeuer.
Kombi Kombination, Kombinations-.
Komm. Kommandant; Kommando; Kommentar; (*naut.*) Kommission; Kommodore; (*rad.*) Kommunikation.
komm. (*naut.*) kommandieren(d), kommandiert; (*rad.*) kommentieren(d), kommentiert, kommunizieren.
Komp. Kompaß; (*naut.*) Kompensation, Kompetenz; (*chem.*, *naut.*, *phys.*) Komponente(n).
komp. kompakt; (*rad.*) kompatibel; (*naut.*) kompensieren, kompensiert, kompetent.
Kompl. (*math.*) Komplement; Komplex; (*naut.*) Komplikation-

(en).

kompl. (*math., naut.*) komplementär; komplett; komplex; komplizieren, kompliziert.

Kompr. Kompressor; Kompromiß.

Kond. Kondensation; Kondensator; (*rac.*) Kondition.

kond. kondensieren, kondensiert.

Konf. (*naut.*) Konferenz, Konfiskation, Konfiszierung.

konf. (*naut.*) konfiszieren, konfisziert; (*phys.*) konfokal.

Konfl. (*geogr.*) Konfluenz (*v. Flüssen*).

konfr. (*naut.*) konfrontieren, konfrontiert.

kongr. (*math.*) kongruent.

Konk. (*rac.*) Konkurrent, Konkurrenz.

konk. konkav; (*rac.*) konkurrieren.

konkr. (*nav., rad.*) konkret.

Kons. (*chem., phys.*) Konsistenz; (*naut.*) Konsole; Konsulat; (*naut.*) Konsultation (*Lotse, etc.*).

kons. (*chem., phys.*) konsistent; (*naut.*) konsultieren (*Lotsen, etc.*).

Konst. (*math., naut.*) Konstante; Konstanz; (*astr.*) Konstellation.

konst. (*math., meteor., naut.*) konstant.

Konstr. (*naut.*) Konstrukteur, Konstruktion (*Bootsbau*).

konstr. (*naut.*) konstruieren, konstruiert (*Bootsbau*).

Konstr.-Pl. (*naut.*) Konstruktionsplan (*Bootsbau*).

Kont. (*naut., rad.*) Kontakt; Kontinent; (*naut.*) Kontinuität, Kontur(en).

kont. kontinental; (*naut.*) kontinuierlich.

Kontr. Kontrast; Kontrolle.

kontr. kontrastieren(d); kontrollieren.

Konv. (*geogr., meteor., phys.*) Konvektion; (*math., naut., phys.*) Konvergenz; (*rad.*) Konverter; Konvoi.

konv. (*meteor.*) konvektiv; (*math.*) konvergent, konvergieren(d); konvex.

Konz. (*chem*) Konzentrat; (*chem., naut.*) Konzentration.

konz. (*naut.*) konzentrieren, konzentriert; (*math., naut.*) konzentrisch.

Koop. (*naut.*) Kooperation.

koop. (*naut.*) kooperativ, kooperieren.

Koord. Koordinaten; (*naut., rac.*) Koordination, Koordinator, Koordinierung.

koord. (*naut., rac.*) koordinieren, koordiniert.

Kor. Koralle(n), Korallenriff; (*astr.*) Korona.

kor., korean. koreanisch.

Korr. (*naut.*) Korrektur; (*math., naut.*) Korrelation; (*geogr.*) Korridor; Korrosion.

korr. (*naut.*) korrekt, korrigieren, korrigiert, korrodieren, korrodiert.

Korv.-K., Korv.-Kap., Korv.-Kpt. Korvettenkapitän.

Kos. (*math.*) Kosinus.

Kot. (*math.*) Kotangens.

KP Kompaßpeilung; Kontrollpunkt.

kp (*phys.*) Kilopond.

Kp. (*phys.*) Kohäsionspunkt; (*naut.*) Kolbenpumpe; Kondensationspunkt.

kpc (*astr., phys.*) Kiloparsec.

Kpf. Kupfer (*Bootsbau*).

Kpl. Kapelle (*auf Seekarten*); Kupplung.

kpl. (*naut.*) komplett.

kpm (*phys.*) Kilopondmeter.

kpm/s (*phys.*) Kilopondmeter pro Sekunde.

Kpt. Kapitän.

Kpt. z. S. Kapitän zur See.

KPz Küstenpanzerschiff.

KR Kreuzer-Rennwert.

Kr. Kirche (*auf Seekarten*); (*naut., phys.*) Kraft; (*naut.*) Kragen, Kran, Kranz; (*naut.*) (Sargasso)Kraut; Kreide (*auf Seekarten*); (*naut., math.*) Kreis; (*naut.*) Kreisel(kompaß), Krise; Krona, Krone (*Währung*).

kr. kraft; kräftig (*z. B. Brise*); krank; kraulen; kriechen(d) (*z. B. Nebel*); (*naut.*) kritisch; Krone (*Währung*); krumm.

Kranf., Krf. (*naut.*) Kranführer (*Yachthafen*).
Kr.-H. Kriegshafen.
Krhs. Krankenhaus (*auf Seekarten*).
krit. (*naut.*) kritisch.
Kr.-Komp. Kreiselkompaß.
Krs. (*naut., math.*) Kreis.
Krw. (*naut.*) Kranwagen (*Yachthafen*).
Krz. (*naut.*) Kranz; Kreuz (*auf Seekarten*); (*naut.*) Kreuzung.
krzf., krzfg. (*naut., tech.*) kreuzförmig.
KS kosmische Strahlung; Küstenschnellboot; Küstenschutz; Kunststoff (*Bootsbau, Segel*).
KSG Kanusportgemeinschaft.
KSP (*rac., phys.*) Körperschwerpunkt.
k. Sp. (*naut.*) keine Spur(en).
KSS Küstenschutzschiff.
kst. (*naut.*) künstlich (*z. B. Horizont*).
Kst.-W. Küstenwache.
KT Kompaßtochter.
kt (*naut., int.*) knot (*Knoten*).
Kt. Kanton (*Schweiz*); (*naut.*) (See)Karte.
Ktn. Kärnten.
Ktr. (*naut., phys.*) Kontrast; Kontrolle; Kontur(en).
Ktr.-Ger. (*naut.*) Kontrollgerät.
KU (*rad.*) Kanalumsetzer, Kurzunterbrechung.
Ku. Kuppel (*auf Seekarten*).
Kü. Küste.
kub. (*geom.*) kubisch (*Seezeichen, etc.*).
kub., kuban. kubanisch.
KüG Kurs über Grund.
Kümo Küstenmotorschiff.
Kürz. (*rad.*) Kürzel; Kürzung(en).
kurzfr. (*meteor., rac.*) kurzfristig.
KV (*rad.*) Kanalverstärker; Kanuverband, Kanuverein; (*naut.*) Klassenvereinigung, kleine Fahrt voraus; (*naut., rac.*) Kursvorschrift(en).
kVA Kilovoltampere.
KW Kraftwerk (*auf Seekarten*); (*phys., rad.*) Kurzwelle(n); (*rac.*) rote Karte.
kW (*phys.*) Kilowatt.
k. w. (*naut., rac.*) künftig wegfallend.
KWD Küstenwarndienst.
KWE, KwE Kurzwellenempfänger.
kWh (*phys.*) Kilowattstunde.
KWK (*meteor.*) Kälte-Wärme-Klima.
KWL (*naut.*) Konstruktionswasserlinie.
KWS Kurzwellensender.
KZ (*naut., rad.*) Kennzahl, Kennzeichen, Kennziffer; Kompaßzahl; Koordinationszahl.
Kz. (*naut., rad.*) Kennzahl, Kennzeichen, Kennziffer; (*naut.*) Kranz; Kreuz (*auf Seekarten*); Kürzung.
kz. (*rad., Morse*) kurz.
kzfg. (*naut., tech.*) kreuzförmig; (*meteor.*) kurzfristig.
kzfr. (*meteor., rac.*) kurzfristig.
KZW (*phys., rad.*) Kurzwelle.

L

L (*astr., meteor., phys.*) Lambert (*Einheit*); (*rad.*) Langwelle; (*naut., rad.*) Lautsprecher; (*phys.*) lävogyr; Luxemburg; (*naut.*) Luxusausführung (*Yachtbau*).
l Liter.
L. (*naut.*) Ladung, Lage; Land; (*naut., geogr.*) Länge; (*naut., phys.*) Last, Leistung; Licht; Lira, Lire (*Währung*); (*naut., rac.*) Liste; Loch, Löcher; (*naut., math., chem.*) Lösung.
l. lang; laut; legal; leicht; links; löslich.
l.A. laut Angabe(n); laut Auskunft.
Lab. (*naut., phys.*) Labilität; Labor, Laboratorium (*Bootsbau*).
lab. (*naut., phys.*) labil.
Lad. (*naut., phys.*) Ladung.
LADAR (*naut., int.*) Laser Detection and Ranging (*Ortung mit Laserstrahlen*).
LAG Leckanzeigegerät.
Lam. Laminat (*Bootsbau*).
lam. (*naut.*) laminieren, laminiert

(*Bootsbau, Segel*).
lan (*astr., phys.*) Langley (*Einheit*).
langfr. (*meteor.*) langfristig.
Lat. (*naut.*) Laterne.
lat. (*naut., phys.*) latent; lateral.
lav. (*naut.*) lavieren.
Laz. Lazarett (*auf Seekarten*).
Lb. (*naut.*) Libelle.
lbdg. (*naut.*) lebendig (*Boot*).
Lcht-Bk. Leuchtbake(n).
Lcht-F. Leuchtfeuer.
Lcht-Tm. Leuchtturm.
Lcht-Tn. Leuchttonne.
LD Lotsendampfer.
Ld. Land; Landung.
ld. (*naut., phys.*) leitend; (*naut.*) leuchtend; luftdicht.
l. D. lichter Durchmesser.
Ldg. (*naut.*) Ladung, Landung.
Ldg.-Br., Ldg-Brk. Landungsbrücke(n).
Ldg-Pl. Landungsplatz.
Ldk. Landkarte(n).
Ldr. Länder; (*naut., phys., tech.*) Linksdrall.
Leg. Legende (*Seekartenverz.*); Legierung; Legitimation.
leg. legal; legieren, legiert; legitim, legitimiert.
Legg. Legierungen.
Leist. (*naut., phys., tech.*) Leistung.
leit. (*naut., elec., phys.*) leiten, leitend.
L.-Ersch. (*naut.*) Lichterscheinung (*Leuchtfeuer*).
lett. lettisch.
Leuchtf. Leuchtfeuer.
Leuchtf.-Verz. Leuchtfeuerverzeichnis.
Lev. Levante.
Lex. Lexikon.
LF (*naut.*) langsame Fahrt; (*naut.*) Löschfahrzeug.
Lf. (*naut., tech.*) Läufer; Leitfaden; Leuchtfeuer.
lfd. laufend.
LFF Landefunkfeuer.
LftF, Lft-F. Luftfahrtfeuer.
LFv (*naut.*) langsame Fahrt voraus.
Lfv. Leuchtfeuerverzeichnis.
Lg. (*naut.*) Lager, Lagerung (*Boot*); (*naut., geogr.*) Länge; Legierung; (*naut., tech.*) Leitung; (*naut., chem., math.*) Lösung.
lg. lang.
Lg.-B. Logbuch.
lgd. (*naut., tech.*) liegend.
lgfr. (*meteor.*) langfristig.
Lgn. (*math., chem.*) Lösungen.
Lg.-Pl. (*naut.*) Lageplan, Liegeplatz.
Li. (*naut.*) Licht(er), Linie, Liste, Lizenz.
li. links.
Lib. Libanon; Liberia; (*naut.*) Libelle; Libyen.
lim (*math.*) Limes (*Grenzwert*).
lim. (*rac.*) limitieren, limitiert.
Lin. (*naut.*) Lineal, Linie.
lin. linear.
Ling. Linguistik.
ling. linguistisch.
Lit. Litauen.
Liz. (*naut., rad.*) Lizenz.
liz. (*naut., rad.*) lizensieren, lizensiert.
Liz.-Geb. Lizenzgebühr(en).
Lj. Lichtjahr.
LK (*rac.*) Leistungsklasse.
lks. links.
LL (*rac.*) Landesliste.
l. l. (*chem.*) leicht löslich.
LM (*rac.*) Landesmeister, Landesmeisterschaft(en); Leichtmetall (*Mast, Yachtbau*).
lm Lumen (*Einheit des Lichtstroms*).
LMB Leichtmetallbauweise (*Yachtbau*).
lmh (*phys.*) Lumenstunde (*Lichtstromeinheit*).
l/min (*naut.*) Liter pro Minute.
LMK (*rad.*) Lang-, Mittel-, Kurzwellen(bereich).
LMKU (*rad.*) Lang-, Mittel-, Kurz- und Ultrakurzwellen(bereich).
lms (*phys.*) Lumensekunde (*Lichtstromeinheit*).
LOC (*naut., int.*) localizer (*Ansteuerungsfunkfeuer, Ortungsgerät*).
log (*math.*) Logarithmus.
Lok. (*naut.*) Lokalisierung.
lok. (*naut., rac.*) lokal; (*naut.*) lokalisieren.
LORAC (*naut., int.*) long range accuracy radar (*Radar-Ortungssystem*).
LORAN (*naut., int.*) long range navi-

	gation (*Impuls-Hyperbelverfahren*).
Lös.	(*math., chem.*) Lösung.
Löschgeb.	(*naut.*) Löschgebühr(en).
lösl.	(*chem.*) löslich.
Lothr.	Lothringen.
LP	(*naut., rac.*) Leistungsprüfung; (*naut., int.*) longest point, längster Punkt, Lotmaß des Vorlieks bis zum Schothorn (*Vorsegelgröße*).
LPG	(*naut., int.*) longest point of genoa (*längster Punkt der Genua*) (*Segelmaß*).
LPH	(*naut.*) Lichtpunkthöhe (*Leuchtfeuer, etc.*).
LS	Lastensegler; (*naut.*) Lautsprecher, Leichtstahl(konstruktion) (*Yachtbau*), Lüftungsschieber.
L-S.	Lotsenstation, Lotsenstelle.
l.S.	linke Seite.
L.-Sch.	Lastschiff.
LSt.	(*naut.*) Landestelle; (*rad.*) Leitstelle.
Lstg.	(*naut., phys., tech.*) Leistung.
LT	Leuchtturm.
Lt.	(*naut.*) Laut, (Bord)Leiter, Licht, Liter.
lt.	laut; (*naut., phys.*) leitend.
ltd.	(*naut., phys.*) leitend.
Lt-F.	(*naut.*) Leitfeuer.
Ltg.	(*naut., tech.*) Leitung.
Ltm	Leuchtturm.
Ltr.	(*naut.*) (Bord)Leiter, Liter.
Ltspr.	(*naut.*) Lautsprecher.
Lüa, L.ü.a.	(*naut.*) Länge über alles.
luftd.	luftdicht.
Lum.	Luminiszenz (*Leuchtfeuer*).
Lux.	Luxemburg.
Luz.	Luzern.
LV	(*rac.*) Landesverband; (*naut.*) lange Fahrt voraus; (*elec., rad., int.*) low voltage (*Niederspannung*).
Lv.	Lava (*Seekartenverz.*).
LVK	Lichtverteilungskurve (*Leuchtfeuer, etc.*).
LW	(*rad., phys.*) Langwelle(n); Leitungswiderstand; Luftwiderstand.
l.W.	lichte Weite.
LWG, LWassG	Landeswassergesetz.
LWL	(*naut.*) Länge in der Wasserlinie.
LWS	(*rad.*) Langwellensender.
lx	Lux (*Lichteinheit*).
lxs	Luxsekunde (*Lichteinheit*).
ly	(*astr., phys*) Langley (*Einheit*).
LZ	(*naut.*) Länder(kenn)zeichen.
Lz.	Lazarett (*Seekartenverz.*); (*naut., rad.*) Lizenz.

M

M	Magnet; Mark (*DDR*); (*elec., phys.*) Maxwell (*Einheit*); Mega-; Meile; (*rac.*) Meisterschaft; Menge; Mille; Mitte; Mittel; (*math., phys., tech.*) Modul; (*rad.*) Modulator.
m	magnetisch; masculinum; meta-; Meter; Milli-; Minute; mittel-.
m^2	Quadratmeter (*z.B. Segelfläche*).
m^3	Kubikmeter.
M.	Maß; (*phys.*) Masse; Maßstab; (*naut.*) Master; Meer; Meereshöhe; Meridian; (*naut., rac.*) Methode; Mitglied (*Club, etc.*); (*naut.*) Mitteilung; Modell (*Bootsbau*); Monat; (*naut.*) Monatsschrift; Monitor; Montag; (*naut.*) Munition (*Seenot*); Muschel(n); Muster (*z.B. Segeltuch*); Windmühle (*auf Seekarten*).
m.	manuell; mehr; mit; mittlere; monatlich; montags.
MA	Mondaufgang.
Ma	(*naut.*) Maschine.
mA	Milliampere.
mÅ	Milliangström.
Ma.	Magnet; (*naut., tech.*) Mantel, Maschine.
m.A.	mangels Angabe(n).
m.a.	mit anderen.
m.Ä.	(*rac.*) mit Änderungen.
Mad.	Madagaskar; Madeira.
Mag.	(*naut.*) Magazin (*Zeitschrift*).
Magn.	Magnet; Magnetismus.

mal. malaiisch; malisch.
Mall. Mallorca.
Man. (*naut.*) Manöver.
man. (*naut.*) manövrieren; manuell.
ma. N. magnetisch Nord.
Mann. (*rac.*) Mannschaft(en).
M.A.P. (*int.*) medical aid post (*Sanitätsstelle*).
Mar. Marine; Marokko.
mar. maritim.
Mark. (*naut.*) Markierung(en).
mark. (*naut.*) markieren, markiert.
mAs Milliamperesekunde.
Mas. (*naut.*) Maserung (*Holzboot*); Masuren.
Masch. (*naut.*) Maschine, Maschinist.
Maser (*phys., rad., int.*) microwave amplification by stimulated emission of radiation (*Kurzwellenverstärkung durch angeregte Aussendung von Strahlen*).
maßg., maßgeb. maßgebend.
maßg., maßgebl. maßgeblich.
Maßn. Maßnahme(n).
MaßO (*naut., tech.*) Maß- und Gewichtsordnung.
Mat. Material.
Math. Mathematik.
math. mathematisch.
Mat.-Prüf. Materialprüfung.
Mat.-Prüf.-A. Materialprüfungsamt.
Matr. (*naut.*) Matrize (*Bootsbau*); Matrose.
Max. (*naut., rac.*) Maximum.
max. (*naut., rac.*) maximal, maximieren, maximum.
MAZ magnetische Aufzeichnung.
m.a.Z. mit allem Zubehör.
MB Magnetband; Motorboot.
Mb Megabar.
mb (*meteor.*) millibar.
Mb. Meerbusen; Meeresboden; Meeresbucht.
mbar (*meteor.*) millibar.
Mbll. (*naut.*) Mitteilungsblätter.
M-Boot Minenräumboot; Minensuchboot; Motorboot.
MD (*naut., tech.*) mitteldick; (*phys.*) Mitteldruck; Monatsdurchschnitt.
Mdg. (Fluß)Mündung (*auf Seekarten*).
ME Maßeinheit; (*phys.*) Masse(n)einheit; Mengeneinheit.
Me Messing.
Me. Mechanik; Mechanismus; Metall.
me. mechanisch.
Mech. Mechanik; Mechanismus.
mech. mechanisch; mechanisiert.
Meckl., Mecklbg. Mecklenburg.
Med. (*rac.*) Medaille; Medium.
Meg. (*naut.*) Megaphon.
Mel. Melanesien.
Meld. (*naut., rac.*) Meldung.
Meld.-F. (*rac.*) Meldungsformular.
MEP (*naut., tech., int.*) mean effective pressure (*mittlerer Arbeitsdruck*).
MES (*naut.*) magnetischer Eigenschutz.
Meß-G. (*naut.*) Meßgerät.
MESSZ doppelte mitteleuropäische Sommerzeit.
MESZ mitteleuropäische Sommerzeit.
MET (*naut.*) meteorologischer Wetterdienst; (*rad.*) meteorologischer Wetterfunk.
Met. Metall; Meteor; Meteorit; Meteorologe; Meteorologie.
met. metallisch; meteorologisch.
metall. metallen, metallisch.
meteor. meteorologisch.
Meteosat, meteosat Wettersatellit.
Meth. (*naut., rac.*) Methode, Methodik, Methodiker.
meth. methodisch.
Mex. Mexiko.
mex., mexikan. mexikanisch.
MEZ Mitteleuropäische Zeit.
MF (*rad., phys.*) Hektometerwelle, mittlere Frequenz, Mittelfrequenz; Mondfinsternis.
mF (*phys.*) Millifarad.
Mf. (*naut.*) Motorfahrzeug.
MFA Multifunktionsanzeige.
MFK Motorfischkutter.
MFL Motorfischlogger.
MFrSch Motorfrachtschiff.
MFS Motorfährschiff.
MfS Mitteilung für Seefunkstellen (*Zeitschrift*).
MG Meßgerät.
M.G. (*naut.*) metazentrische Größe.
MgK Magnetkompaßkurs.
Mgl. Mergel (*Seekartenverz.*); Mit-

glied.
MgN Magnetkompaß-Nord.
MgP Magnetkompaßpeilung.
mgr. mittelgroß (*Yacht, etc.*).
MGZ mittlere Greenwichzeit.
mH (*phys.*) Millihenry.
Mh. (*naut.*) Monatsheft(e).
M.H., m.H. (*naut.*) metazentrische Höhe.
m/h Meilen pro Stunde; Meter pro Stunde.
MHD Magnetohydrodynamik; Meteorologischer und Hydrologischer Dienst (*DDR*); (*naut.*) Mobiler Hilfsdienst.
MHüdM mittlere Höhe über dem Meeresspiegel.
MHW mittleres Hochwasser.
MHWH mittlere Hochwasserhöhe.
MHWSt mittlerer Hochwasserstand.
MHz, Mhz (*phys.*) Megahertz.
mi (*naut.*) statute mile (*englische Meile*) (*Längeneinheit bei Geschwindigkeitsangaben von Booten unter Motor in GB und USA*).
Mi. (*rad.*) Mikrophon; Mine; Mischfeuer; Mitte; Mittel; Mittwoch.
MID (*naut., rad.*) Mitteilungs- und Informationsdienst.
Mik., Mike, Mikr., Mikrof. (*rad.*) Mikrophon *od.* Mikrofon.
min Minute.
Min. (*naut., meteor.*) Minimum; Minute(n).
min. minimal, minimieren; minus.
min., – (*math., meteor.*) minus.
mind. mindestens.
minderw. minderwertig (*Material*).
MinWSp Minimalwasserspiegel.
MIP, m.i.p. (*naut., int.*) mean indicated pressure (*mittlerer indizierter Druck*).
Mißw. (*naut.*) Mißweisung.
Mitgl. Mitglied(er).
Mitgl.-A. Mitgliederausschuß; Mitgliedsausweis.
Mitt. Mitteilung(en).
mitt. mittels.
MittBl., Mitt.-Bl. (*naut.*) Mitteilungsblatt, Mitteilungsblätter.
Mittelw. (*math., meteor.*) Mittelwert.
Mittw. Mittwoch.
MK Marinekabel; Marschkompaß; Metazenterhöhe über Oberkante Kiel; (*phys.*) Meterkerze (*Lichteinheit*).
Mk. Mark; (*naut.*) Marke, Markierung.
mkg (*phys.*) Meterkilogramm.
M.Kl.W. mittleres Kleinwasser.
MKP Marineküstenpolizei.
mkp (*phys.*) Meterkilopond.
mks (*phys.*) Meter-Kilogramm-Sekunde.
MKSA-System Meter-Kilogramm-Sekunde-Ampere-System.
MKS-System (*phys.*) Meter-Kilogramm-Sekunde-System.
MKV (*rad.*) Mehrzweck-Kanalverstärker.
ML (*rad.*) Mithörlautsprecher; Motorleichter.
mL (*phys.*) Millilambert.
Ml-Bk. Meilenbake(n).
Mld., Mldg. (*naut., rac.*) Meldung.
MLK Mittellandkanal.
MLR-Boot Minenleg- und -räumboot.
Ml-Tn. Meilentonne.
MM (*naut.*) Meßmarke.
mm Millimeter.
mm^2 Quadratmillimeter.
mm^3 Kubikmillimeter.
mm Hg (*meteor.*) Millimeter Hydrargyrum.
MMK (*naut., phys.*) magnetomotorische Kraft.
mm QS (*meteor.*) Millimeter Quecksilbersäule (*Einheit*).
mm WS (*phys.*) Millimeter Wassersäule (*Einheit*).
MNpHW mittleres Nipphochwasser.
MNpNW mittleres Nippniedrigwasser.
MNW. M.N.W. mittleres Niedrigwasser.
MNWH, M.N.W.H. mittlere Niedrigwasserhöhe.
MO (*naut.*) Meßordnung.
Mo (*naut., chem.*) Molybdän; Morsefeuer.
Mo. Monat; Montag; Morgen; Morsefeuer; Motor.
mob. (*rad.*) mobil.
MOD Mikrowellen-Oszillator-Diode.
Mod. (*naut., rac.*) Modalitäten; (*naut.*) Modell(e), Modifikation; (*rad.*) Modulation, Modulator; Modus.
mod. modern; (*rad.*) modulieren, moduliert.

Mod.-Konstr. (*naut.*) Modellkonstruktion.
mög., mögl. möglich; möglichst.
Mo-K, Mo.-Ke. Morsefeuerkennung.
Mol. Molukken.
Mol.-Gew. Molekulargewicht.
Mom. (*naut., phys.*) Moment.
mom. momentan.
Mon. Monaco; Monat; Monitor.
Mong. Mongolei.
Mont. Montag; Montage; Montierung; (*naut., coll.*) Montur.
mont. montieren, montiert.
Mor. Morast.
morg. morgen; morgens.
Mosk. Moskau.
Mot. Motor.
MOZ Mittlere Ortszeit; Motoroktanzahl.
mP maritime Polarluft.
Mp. (*naut., phys.*) Mittelpunkt.
MPA Materialprüfungsamt; Materialprüfungsanstalt.
Mpc (*astr.*) Megaparsec.
MPS Motorpferdestärke.
mPT (*meteor.*) rückkehrende maritime Polarluft.
MR (*naut.*) Maschinenraum.
mrad (*radar*) Millirad.
MRB Motorrettungsboot.
Mrh. Mittelrhein.
MRS Minenräumschiff.
Mrz. März; Mehrzahl.
MS (*naut., int.*) margin of safety (*Sicherheitskoeffizient*); Mitte Schiff; Motorschiff.
Ms Messing.
m/s Meilen pro Sekunde; Meter pro Sekunde.
M.S. Mitte Schiff; Motorschiff.
Ms. Motorsegler.
MSB Minensuchboot.
MSC (*naut.*) Motorsportclub.
Msch. (*naut., rac.*) Mannschaft; (*naut.*) Maschine, Maschinist.
M.-Sch. Mittelschiff.
MSchl. Motorschleppboot, Motorschlepper.
ms(ec) Millisekunde.
m/sec Meilen pro Sekunde; Meter pro Sekunde.
MSpHW mittleres Springhochwasser.
MSpNW mittleres Springniedrigwasser.
MST, M.S.T. (*int.*) mean summer time (*mittlere Sommerzeit*).
Mst. Maßstab; Mast(en); Muster.
mst. meist(ens); meistenteils.
m.St. mit Steuermann.
M.-St. (*naut., tech.*) Meßstab.
Mstb. Maßstab.
m.Stm. mit Steuermann.
MSV (*naut.*) Motorsportverband.
MSWH mittlere Seewasserhöhe.
MSZ mittlere Sommerzeit.
MT Maat; (*rad.*) Magnetton, Mittelfrequenztelegrafie; Motortanker.
mT maritime Tropikluft.
Mt. Maat; Monat; Motor.
mt. (*meteor., naut.*) mittlere.
M.T., m.t. (*int.*) metric ton, metrische Tonne.
MtBt Motorboot.
Mt-F. Mittelfeuer.
mtl. monatlich.
Mtr. Matrose; Meter; Motor.
MTS Motortankschiff.
MTS-System (*naut., phys.*) Meter-Tonne-Sekunde-System.
Mts.-Ztschr. (*naut.*) Monatszeitschrift(en).
Mttl. Mitteilung; (*meteor., naut., tech.*) Mittel.
mttl. (*meteor., naut.*) mittlere.
MU Monduntergang.
Mu. Muschel(n) (*auf Seekarten*); Muster; (*tech.*) Mutter.
mul (*astr., naut.*) mit dem Uhrzeiger laufend.
Mult. Multiplikand, Multiplikation, Multiplikator.
mult. multipel; multiplex; multiplizieren.
multilat. multilateral.
m.ü.M. Meter über Meer.
Mun.-Vers.-Gbt. Munitionsversenkungsgebiet (*auf Seekarten*).
mut. (*rad.*) mutual, mutuell; mutig.
M.u.V. (*naut., rac.*) Mitteilungen und Verfügungen.
MV Mitgliederversammlung; (*naut., rac.*) Motorverband.
MV, M.V. (*phys.*) Minutenvolumen.
m.V. (*naut.*) mit Verspätung, mit Vertrag, mit Verzögerung.
M.v.D. Maat vom Dienst.
MW Megawatt; Meßwarte; (*rad.*) Mischwähler; Mittelwasser(stand) (*Tide*); (*rad.*) Mittelwelle; (*meteor.*) Mittelwert.

mW	Milliwatt.
Mw.	(*meteor.*) Meßwarte; Meßwesen; (*naut.*) Mißweisung; Mittwoch.
mw.	(*naut.*) mißweisend.
m. W.	(*naut.*) mit Winde *od.* Winsch.
MWS	Meßwertsender.
m Ws	Meter Wassersäule.
Mx	(*phys.*) Maxwell (*Einheit*).
Mx.	(*meteor.*, *naut.*) Maximum.
mx.	(*meteor.*, *naut.*) maximal.
MYV	Motoryacht-Verband, Motor-Yachtverband.
MZ	Maßzahl; Meßzahl; Mittelmeerzone; Moskauer Zeit.
m. Z.	mit Zubehör.
MZA	Meteorologische Zentralanstalt; Meteorologisches Zentralamt.
MZK	(*chem.*, *phys.*) maximal zulässige Konzentration.
MZM	maximal zulässige Menge.
Mzs.	(*naut.*) Monatszeitschrift.
MZV	Magnetzwischenverstärker.

N

N	(*naut.*, *phys.*) Arbeits- *od.* Nennleistung (*von Motor und Segelfläche*); Navigation; (*phys.*) Newton; (*meteor.*) Niederschlag, Nimbus; (*naut.*) Nord, (*geogr.*) Norden; Norm; Normal(zustand).
n	Nano- (*Basiseinheit*).
N.	Nachmittag; (*naut.*) Nachschub; Name; Neutrum; November.
n.	nach; nachmittags; nächst; namens; naß; nein; netto; neu; neutral; Neutrum, neutrum; nicht; nördlich; normal; nur.
NA	Nachrichtenabteilung; Nebelanlage.
Na	(*astr.*) Nadir.
N. A.	(*int.*) North Africa/Nordafrika; North America/Nordamerika; North Australia/Nordaustralien.
Nachh.	(*naut.*, *rac.*) Nachhut.
Nachm.	Nachmittag.
nachm.	nachmittäglich, nachmittags.
Nachr.	Nachricht(en).
Nachr.-Sp.	Nachrichtensperre.
Nacht.	(*rac.*) Nachteil.
Nachz.	(*naut.*, *rac.*) Nachzügler.
Nam.-Verz.	(*naut.*, *rac.*) Namensverzeichnis.
NaP	Niveau am Pegel.
Nat.	Nation; Nationalität.
nat.	national; natürlich.
NatSchG	Naturschutzgesetz.
Nat.-Z.	(*naut.*) Nationalitäten(kenn)zeichen (*im Großsegel*).
Naut.	Nautik.
naut.	nautisch.
Nav.	Navigation; Navigator.
nav.	navigatorisch; navigieren.
Nb	(*meteor.*) Nimbus.
Nb.	(*naut.*) Nachbau (*Yachtbau*); Nebel; Neubau (*Yachtbau*).
nb.	neben.
Nbfl.	Nebenfluß.
n. B(r).	(*geogr.*) nördliche(r) Breite.
ND	Nachrichtendienst; (*meteor.*, *phys.*) Niederdruck; (*naut.*) Nutzungsdauer (*Charter*).
Nd.	(*meteor.*) Niederschlag; (*geogr.*) Niederung.
nd.	norddeutsch.
NDL	Norddeutscher Lloyd.
Ndl.	(*rac.*) Niederlage; Niederlande.
ndl.	niederländisch; nördlich.
Ndrh.	Niederrhein.
ndrh.	niederrheinisch.
ndrl.	niederländisch.
Nds.	Niedersachsen.
NDT	(*naut.*, *tech.*) Niederdruckturbine.
ndt.	norddeutsch.
Nd-Wss	Niedrigwasser.
NE	(*rad.*) Nachentzerrung; (*naut.*, *int.*) Nordost.
Ne	(*naut.*, *phys.*, *tech.*) Nutzeffekt.
neap.	neapolitanisch.
Neb.	Nebel.
nebl.	neblig.
neg.	(*naut.*, *rad.*) negativ, negieren, negiert.
NE-Metalle	Nichteisenmetalle.
NES	(*naut.*) Nachterkennungssi-

gnal.

neuseel. neuseeländisch.
Neusl. Neuseeland (*auf Seekarten*).
Neutr. (*naut.*) Neutrale(r); Neutrum.
neutr. (*naut.*) neutral.
NEzE (*naut., int.*) Nordost zu Ost.
NEzN (*naut., int.*) Nordost zu Nord.
NF, N.F. Nautischer Funkdienst; (*rad.*) Niederfrequenz.
nf. (*rad., phys.*) niederfrequent.
N-F. (*naut.*) Nebelfeuer.
n.f. nicht fertig.
NFA (*naut.*) Nachtfahrtanzeige(r).
Nf(g). (*naut.*) Nachforschung(en).
Nfl. Nebenfluß.
N.f.S. Nachrichten für Seefahrer.
NG (*naut., rac.*) Neuregelungsgesetz.
NH, N.H. (*geogr.*) Normalhöhe, Normalhöhenpunkt, Normalhorizont.
Ni (*naut., chem.*) Nickel.
NICrSt Nickelchromstahl (*Bootsbau, etc.*).
Nied. niederländisch (*auf Seekarten*).
Niederl. Niederlande.
niederl. niederländisch.
niem. niemals; niemand.
n.i.H. nicht im Handel.
Nikar. Nikaragua.
nil (*rad.*) nichts.
nirg. (*naut.*) nirgends, nirgendwo.
Nirosta nichtrostender Stahl (*Bootsbau*).
NiSt Nickelstahl (*Bootsbau*).
Niv. (*geogr.*) Niveau.
Niv.-Instr. Nivellierinstrument.
NJ (*naut.*) Neues Jahrbuch.
NK (*rac.*) Nationales Komitee, Nationalkomitee; Nebenkosten; (*phys.*) Neue Kerze (*Normal(-Hefner)kerze, Lichteinheit*); Niederspannungskabel.
nkr norwegische Krone (*Währung*).
NL Niederlande, niederländisch (*auf Seekarten*).
nl. niederländisch.
N-L. (*naut.*) Nebelleuchte.
n.l. nach links; (*chem.*) nicht löslich.
N-lich nördlich (*auf Seekarten*).
NM nautische Meile; Nennmaß; Nullmeridian.
Nm (*phys.*) Newtonmeter (*Einheit*); Nummer metrisch, metrische Nummer.
nm. nachmittags; namentlich.
Nm/PS mittlere Nennleistung in PS.
NN Normalnull, Normal-Null, Normalnullpunkt.
n.n.bez. nicht näher bezeichnet.
NNE (*naut., int.*) Nordnordost.
NNKA Nautische Nachrichten der Kreuzerabteilung.
NNO Nordnordost(en).
nnö. nordnordöstlich.
NNW (*naut.*) Nordnordwest; (*geogr.*) Nordnordwesten.
NNW, N.N.W. niedrigstes Niedrigwasser.
nnw. nordnordwestlich.
NO (*naut.*) Nordost; (*geogr.*) Nordosten; Norwegen, norwegisch (*auf Seekarten*).
no. nordostwärts.
NÖ. Niederösterreich.
nö. niederösterreichisch; nordöstlich.
NOK Nationales Olympisches Komitee; Nordostseekanal.
Nom. (*rac.*) Nominierung.
nom. (*rac.*) nominieren, nominiert.
Nor. Norwegen, norwegisch (*auf Seekarten*).
nord. nordisch.
nordd. norddeutsch.
nördl. nördlich.
nördl. Br. (*geogr.*) nördliche(r) Breite.
Norm. (*math.*) Normale; (*meteor.*) Normalisierung; Normandie; Normierung, Normung.
norm. normal; normalerweise; normalisieren; normieren, normiert.
Norw. Norwegen.
norw., norweg. norwegisch.
NOSK Nordostseekanal.
Notbeh. (*naut.*) Notbehelf.
Notbel. (*naut.*) Notbeleuchtung.
Notd. (*naut.*) Notdienst.
notf. notfalls.
notgedr. notgedrungen.
Noth. Nothafen; Nothilfe.
Notl. (*naut.*) Notlage.
Not-S. (*naut.*) Notsignalstelle.
Notst.-Geb. (*nav.*) Notstandsgebiet(e).
Notverb. Notverband; (*rad.*) Notver-

bindung.

notw. notwendig.

Nov. November.

NOzN Nordost zu Nord.

NOzO Nordost zu Ost.

NP Nordpol; Normalprofil (*Segel, etc.*); (*meteor.*) Nullpunkt.

n. P. (*naut., rac.*) nach Protest; (*rac.*) nach Punkten.

npl., nplm. nichtplanmäßig.

NPN negativ-positiv-negativ (*Transistor*).

n. Pr. (*naut.*) nach Probe, nach Prüfung, neue Probe.

N-Punkt Nord-Punkt (*der Kompaßrose*).

NR (*naut.*) Nettoregister(tonne).

Nr. (*naut.*) Nummer.

n. R. nach Rückkehr.

n. r. nach rechts; (*rad.*) nicht richtig; (*naut., int.*) no risk (*kein Risiko*).

Nrh. Niederrhein.

Nrn. Nummern.

NRT (*naut.*) Nettoregistertonne(n), Nettoregistertonnage.

NRW Nordrhein-Westfalen.

Ns (*meteor.*) Nimbostratus.

Ns. (*naut.*) Nachschub; Niedersachsen.

N-S. (*naut.*) Nebelschallstation.

NSG Naturschutzgebiet.

NSK Nationale Sportkommission.

N-Such-F. (*naut.*) Nebelsuchfeuer.

NT Nachrichtentechnik; (*naut.*) Nettotonne, Nettotonnage, Normaltarif; (*meteor.*) Normaltemperatur; (*naut., tech.*) Normteil.

N-Tragw./sm Nenntragweite in Seemeilen (*Leuchtfeuer*).

Ntzl. (*naut., phys., tech.*) Nutzlast.

Ntzlstg. (*naut., phys., tech.*) Nutzleistung.

NÜ Nachrichtenübertragung; (*naut., jur.*) Nachüberprüfung.

Num. (*math.*) Numerale; Numerierung.

num. numerieren, numeriert; numerisch.

NV (*rad.*) Niederfrequenzverstärker; (*naut.*) Notverordnung.

n. V. nach Vereinbarung (*Charter*); nach Verlängerung; nach Vorschrift.

n. v. nicht verwendungsfähig; nicht vorhanden.

NW Nennweite (*z. B. Leuchtfeuer*); Netzwerk; (*naut., Vers.*) Neuwert; Niedrigwasser; (*naut.*) Nordwest, (*geogr.*) Nordwesten.

nw. nordwestlich.

n. W. nach Westen.

nwd., nwdt. nordwestdeutsch.

N. W. Sp. Niedrigwasserspiegel.

NWzN Nordwest zu Nord.

NWzW Nordwest zu West.

NZ Neuseeland, neuseeländisch (*auf Seekarten*); Normalzahl; Normalzeit; Normzahl(en).

NzE (*naut., int.*) Nord zu Ost.

NzO Nord zu Ost.

NzW Nord zu West.

O

O Ober-; Oberfläche; Orts-; Ost, Osten; Oszillator.

O. (*naut.*) Order, Ordnung; Orient; (*naut.*) Ort; Ozean.

o. oben; oberhalb; oder; offen; ohne; ordentlich.

ö. öffentlich; örtlich; östlich.

Ω (*phys.*) Ohm (*Einheit*).

o. A. (*naut.*) ohne Angabe(n).

ob. oben; obere; oberhalb.

o. B. (*naut.*) ohne Beanstandung(en), ohne Bericht, ohne Besonderheiten.

Obb. Oberbayern.

obb. oberbay(e)risch.

Oberfl. Oberfläche.

oberh. oberhalb.

Oberk. (*naut.*) Oberkante.

Ob-F. (*naut.*) Oberfeuer.

obh. oberhalb.

Obj. (*radar*) Objekt; Objektiv.

obl., oblig. (*naut.*) obligatorisch (*z. B. Lotse, Schwimmwesten*).

obs. (*naut.*) obskur; (*Ling.*) obsolet.

Obs., Observ. (*naut.*) Observation, Observator; Observatorium.

OBtsm Oberbootsmann.

OD (*naut.*) Ordnungsdienst (*Hafen, etc.*); Ostdeutschland.
od. oder.
OE (*rad.*) Oszillator im Empfänger.
Oe (*phys.*) Ørsted (*Einheit*).
o. E. (*naut.*) ohne Erfolg (*Suchaktion*), ohne Extras (*Yachtbau*).
O. e. LchtF Ort eines Leuchtfeuers.
OEZ Osteuropäische Zeit.
OF (*phys.*, *rad.*) Oszillatorfrequenz.
o. F. (*naut.*, *rad.*) ohne Fehler.
off. offen; offenbar; offensichtlich; offiziell.
Ofr. Ostfriesland.
ofrs. ostfriesisch.
OG (*naut.*) Obergrenze.
o. G. ohne Garantie; ohne Gewähr.
OK (*naut.*) Oberkante; (*rac.*) Organisationskomitee.
ök. (*naut.*) ökonomisch (*Fahrt*).
O. K., o. k. (*naut.*, *rad.*, *int.*) okay; all correct (*in Ordnung; alles in Ordnung*).
OKK Oberkante Kiel.
Okkl. (*meteor.*) Okklusion.
ökon. (*naut.*) ökonomisch (*Fahrt*).
Okt. Oktober.
ö. L. (*geogr.*) östliche(r) Länge.
old., oldenb. oldenburgisch.
Ö-lich östlich (*auf Seekarten*).
ÖLRG Österreichische Lebensrettungsgesellschaft.
ÖL-T. Öltank(s) (*auf Seekarten*).
OM (*naut.*, *int.*) Old Man (*Kapitän, Skipper*); (*rad.*, *int.*) old man; Ostmark; (*naut.*, *int.*) overturning moment (*Kentermoment*).
O.-Mt. Obermaat.
o. N. (*naut.*) ohne Namen (*Boot*), ohne Nummer (*Segel*).
o. n. A. (*naut.*, *rad.*) ohne nähere Angabe(n).
ONO (*naut.*) Ostnordost, (*geogr.*) Ostnordosten.
onö ostnordöstlich.
o. Nr. ohne Nummer (*z. B. Segel*).
OÖ. Oberösterreich.
oö. oberösterreichisch.
o. O. (*naut.*) ohne Ortsangabe.
ÖOC Österreichisches Olympisches Comité.
OOO (*naut.*, *tech.*, *int.*) out of order (*außer Betrieb*).
OP (*naut.*) Orientierungspunkt.
o. P. (*naut.*, *rac.*) ohne Protest.
Opt. Optik; (*meteor.*, *naut.*) Optimum.
opt. optimal; optimieren; optisch.
Opt.-Refl. (*naut.*) Optischer Reflektor.
OR Olympischer Rekord.
Or. Orient; (*naut.*) Orientierung.
or. orange, bernsteinfarben (*Seekartenverz.*); orientalisch; (*naut.*) orientieren.
Ord. (*naut.*) Order; (*math.*) Ordinate; Ordnung.
Ordn. (*naut.*, *rac.*) Ordnung.
Org. (*rac.*) Organisation, Organisator.
org. (*rac.*) organisatorisch, organisieren, organisiert.
Org.-Kom. (*rac.*) Organisationskomitee.
Org.-L., Org.-Lt. (*rac.*) Organisationsleiter, Organisationsleitung.
ORh., O.-Rh. Oberrhein.
Orient. (*naut.*) Orientierung.
orient. orientalisch; (*naut.*) orientieren, orientiert.
Orn. (*naut.*) Ornament, Ornamentik.
orn. (*naut.*) ornamental.
örtl. (*meteor.*, *naut.*) örtlich.
OS Olympiasieger; Olympische Spiele; Oszillator im Sender.
öS (*naut.*) örtlicher Sonderzuschlag (*z. B. Yachthafen*).
OSA Oberseeamt.
OSC Olympischer Sportclub.
OSK Oberste Sportkommission.
OSO (*naut.*) Ostsüdost, (*geogr.*) Ostsüdosten.
osö. ostsüdöstlich.
öst. österreichisch.
o. St. ohne Steuermann.
Ostd. Ostdeutschland.
ostd., ostdt. ostdeutsch.
österr. österreichisch.
Ostfr. Ostfrankreich; Ostfriesland.
ostfr. ostfriesisch.
o. Stm. ohne Steuermann.
Ostpr. Ostpreußen.
ostw. ostwärts.
OSW Ortsstundenwinkel.
o. V. (*naut.*) ohne Verzögerung, ohne Verzug.

OvD, O.v.D. (*naut.*) Offizier vom Dienst.
OW Oberwasserstand.
ö.W. österreichische Währung.
OWG, OWiG (*naut.*) Ordnungswidrigkeitengesetz.
O.W.Sp. Oberwasserspiegel.
oxdd. oxydierend.
Oxf. Oxford.
Oxyd. Oxydation, Oxydierung.
oxyd. oxydieren, oxydiert.
OZ Oktanzahl; Ortszeit.
Oz. Ozean.
OZD Oberzolldirektion.
OZI Oberzollinspektor.
OzN Ost zu Nord.
OzS Ost zu Süd.
O zu N Ost zu Nord.
O zu S Ost zu Süd.
o.Zw. (*naut., jur.*) ohne Zweifel; (*naut.*) ohne Zwischenfall *od.* Zwischenfälle.

P

P (*naut., rac.*) Blauer Peter (*Flagge*); (*naut.*) Patent; Pegel; Peil-; Pol; (*phys.*) Polarisation.
p Penny; (*phys.*) Pico-, Pond.
P. (*naut., tech.*) Paar; Person; (*int.*) Port; (*phys.*) Puls; (*Morse, rac.*) Punkt(e); Pyramide (*auf Seekarten*).
p. per; pro.
PA Polyamid (*Fasertauwerk, Segeltuch*); (*naut.*) Position angenähert, Position annähernd.
Pa (*phys.*) Pascal (*Einheit des Drucks*).
P-A. Postamt (*auf Seekarten*).
Pag. Pagode (*auf Seekarten*).
Pak. Pakistan.
PAL, Pal (*naut., chem.*) Polyacrylnitril.
Pal. Palästina; Palisander (*Bootsbau*).
PAM (*phys., rad., radar*) Pulsamplitudenmodulation.
Pan. Panama; (*naut.*) Paneel.
pan., panam. panamaisch.
panar. panarabisch.
PAR (*naut., int.*) precision approach radar (*Präzisionsansteuerungsradar*).
Par. (*naut., math.*) Parabel; (*naut.*) Parade; Paraffin; Paragraph; Paraguay; (*astr., phys.*) Parallaxe; Parallele; Parallelität; Parallelogramm.
par. (*math.*) parabolisch; (*naut.*) paradieren; paradox; parallel.
Parsec, Parsek (*astr.*) Parallaxensekunde.
part. (*math.*) partial; (*astr.*) partiell; (*meteor., naut.*) partikular/partikulär.
Pass. (*geogr., naut.*) Passage; Passagier.
pass. (*naut.*) passieren.
PaßG Paßgesetz.
Pass.-Sch. Passagierschiff.
Pat. (*naut.*) Patent; Patina (*Kupferbeschläge*).
pat. patent; patentieren, patentiert; patinieren, patiniert.
Patr. Patrize (*Bootsbau*); (*naut.*) Patron (*Kapitän bes. i. Mittelmeerraum*); (*naut.*) Patrouille(nboot).
patr. (*naut.*) patrouillieren.
P.-Ausw. Personalausweis.
Pb plumbum (*Blei*) (*Kiel, etc.*).
pc (*astr.*) Parallaxensekunde, Parsec, Parsek.
p.c. (*int.*) per cent, pro centum, Prozent, %.
PCM (*phys., rad., radar*) Pulscodemodulation.
PD (*naut., int.*) position doubtful (*Position zweifelhaft*); Postdampfer; (*math.*) Potentialdifferenz; Pressedienst.
PDM (*rad., radar*) Pulsdauermodulation.
PE (*naut., chem., tech.*) Polyäthylen (*f. Folien, Fasern*).
Peilf. Peilfunk.
Per. (*astr., meteor., naut.*) Periode; Peripherie.
per., peruan. peruanisch.
Perf. (*rac.*) Perfektion; (*naut., tech.*) Perforation, Perforator, Perforierung.
perf. perfekt, perfektionieren, perfektioniert (*z.B. Segeltechnik*); perforieren, perforiert.

Perm. (*phys.*) Permanenz; (*naut.*) Permission; (*math.*) Permutation.
perm. (*meteor., phys.*) permanent.
Pers. Persien; Person(en); Personalien.
pers. persisch; persönlich.
pF (*phys.*) Picofarad.
Pf. (*naut.*) Pfahl, Pfeiler, Pfosten; Pfund.
P.F. Personenfähre.
Pfd.St. Pfund Sterling (*Währung*).
Pf(g.) Pfennig.
Pfl. (*naut.*) Pflege, Pflicht.
PFM (*rad., radar*) Pulsfrequenzmodulation.
PFS Peilfunkstelle.
Pgl. Pegel.
Ph Phon (*Maßeinheit der Tonstärke*).
pH (*phys.*) Picohenry.
ph Phot (*Einheit der Lichtausstrahlung*).
Phil. Philippinen.
phil., philipp. philippinisch.
phosph. phosphoreszierend (*Meer*).
Phys. Physik.
phys. physikalisch.
Pi (*math., naut.*) Ludolfsche Zahl.
PK Paddelklub.
Pkt(e). (*Morse, rac.*) Punkt(e).
Pl. (*naut.*) Plan, Planung, Platte; (*rac.*) Platz, Plätze; Plural; Preisliste.
pl., + (*math., meteor.*) plus.
pl., planm. (*naut., rac.*) planmäßig.
PLM (*rad., radar*) Pulslängenmodulation.
Pln. (*naut.*) Planung.
PM Peilmelder; (*phys., rad., radar*) Phasenmodulation, Pulsmodulation.
pm (*phys.*) Picometer, Pondmeter.
p.m. (*int.*) par minute, per minute (*pro Minute*); post meridiem (*nachmittags*).
PN Pegelnull.
pn. pneumatisch.
PO (*naut.*) Prisenordnung, Prüfungsordnung.
Pol. (*phys.*) Polarisation, Polarisator, Polarisierung; (*astr., phys.*) Polarität; (*naut., Vers.*) Police; (Wasser)Polizei.
pol. (*phys.*) polarisieren, polarisiert; (*naut.*) polieren, poliert; (wasser)polizeilich.
Pol.-F. (Wasser)Polizeifunk.
poln. polnisch.
Pol.-P., Pol.-Pkt. (*phys.*) Polarisationspunkt.
Pol.-Str. (*phys.*) Polarisationsstrom.
polyg. (*math.*) polygonal.
Polym. (*chem., tech.*) Polymer(e), Polymerie, Polymerisat, Polymerisation, Polymerisierung (*Bootsbau*); (*meteor.*) Polymeter.
Polyn. Polynesien.
Port. (*naut.*) Portal(kran); Portugal.
Pos. (*naut.*) Position.
pos. (*naut., rad.*) positiv.
PP (*chem.*) Polypropylen (*Fasertauwerk, etc.*).
PPM (*rad., radar*) Pulsphasenmodulation.
PPN (*chem.*) Polypropylen (*Fasertauwerk, etc.*).
ppt. (*rad.*) prompt.
PR Pegelregler; Primary Radar/Primärradar; (*naut.*) Prüf(ungs)richtlinien.
Pr. (*naut., rac.*) Praktik(en); Prämie; (*naut.*) Praxis, Präzision; Preis; Presse; Prinzip; (*rad.*) Priorität; Prisma; Probe; (*nav.*) Problem; (*rac.*) Profi; (*naut.*) Profil (*Segel, etc.*); (*meteor.*) Prognose; Programm(ierung) (*z. B. Bordcomputer*); Projekt (*Yachtbau*); (*naut.*) Projektion, Projektor; Proportion (*Boot, Segel*); Prospekt; (*naut., rac.*) Protest; (*naut.*) Proviant; Provinz; (*naut.*) Provisorium; Prozent; (*naut.*) Prüfer, Prüfung.
pr. (*naut.*) prägnant (*Landmarke, etc.*); praktisch; prall (*Segel*); (*naut., tech.*) präparieren, präpariert; präzise; (*naut.*) pressen (*Kauschen, etc.*); (*radar*) primär; primitiv (*Behelf*); prinzipiell; privat.
PrA (*naut.*) Prüfungsamt, Prüfungsausschuß.
prakt. praktisch.

Präp. (*naut.*) Präparat, Präparation, Präparieren, Präparierung.
präp. (*naut.*) präparieren, präpariert.
prbw. (*naut.*) probeweise.
prim. (*radar*) primär; (*naut.*) primitiv (*Notbehelf*).
Prinz. (*naut., rac.*) Prinzip.
Prior. (*rad.*) Priorität(en).
Priv. (*naut.*) Privileg.
priv. (*naut.*) privat, privilegiert.
Pr.-Nr. (*naut.*) Produktionsnummer, Prüf(ungs)nummer.
PrO (*naut.*) Prüfungsordnung.
Probl. (*nav.*) Problem.
probl. (*nav., rac.*) problematisch.
Prof. (*naut.*) Profil, Profilierung.
prof. (*naut.*) profilieren, profiliert (*z. B. Segel*).
Profi (*rac.*) Professional, professioneller Sportler.
Progn. (*meteor.*) Prognose(n).
Progr. (*rac.*) Programm.
progr. programmieren, programmiert (*z. B. Bordcomputer*); (*naut., phys.*) progressiv.
Proj. (*naut.*) Projektion, Projektor.
Prop. (*naut.*) Propeller, Proportion(en).
prop. (*naut.*) proportional, proportioniert (*Boot, Segel*).
proph. (*naut.*) prophylaktisch.
Prot. (*naut., rac.*) Protest.
Prov. (*naut.*) Proviant; Provinz; (*naut.*) Provisorium.
prov. (*naut.*) provisorisch.
Proz. Prozent.
Pr.-Pl. Prüfplakette (*im Cockpit*).
Pr.-St. (*naut.*) Prüfstelle, Prüfstempel.
Prüfz. (*naut.*) Prüfzeichen.
PS Pegelsender; (*phys.*) Pferdestärke; (*rac.*) Punktsieg, Punktsieger.
ps (*phys.*) Picosekunde.
p. s. (*int.*) par seconde, per second (*pro Sekunde*).
Psc (*astr.*) Pisces (*Fische*) (*Sternbild*).
PSh (*phys.*) Pferdestärkenstunde.
Pt. (*naut.*) Pilot/Lotse; (*geogr.*) Point; Pteropoda (*Ruder- od. Flügelschnecken*) (*Seekartenverz.*); (*Morse, rac.*) Punkt.
Pta(s) Peseta(s) (*span. Währung*).
PUR (*chem.*) Polyurethan (*z. B. für Bootslacke, Schaumstoff*).
PV (*naut.*) Prüfvorschrift.
PVAC (*chem.*) Polyvinylacetat (*Bootsbau*).
PVC (*chem.*) Polyvinylchlorid (*Bootsbau*).
pw. (*naut.*) paarweise (*Blöcke, etc.*).
Pyr. Pyramide (*auf Seekarten*).
Pz. (*rac.*) Platzzahl, Platzziffer.

Q

Q (*naut., int.*) quick light (*(einfaches) Funkel od. Funkeln, Funkelfeuer*).
q (*astr., phys.*) parallaktischer Winkel; Quadrat-; (*naut., phys.*) Staudruck.
Q. Qualität; Quantität; (*astr., math.*) Quart; Quartal; Quarantäne; (*naut.*) Quartier; (*rad.*) Quarz; Quebec; (*naut., phys.*) Querkraft; Querschnitt.
Q. E. (*astr., geogr., geom., math., naut.*) Quadranteinheit.
QF (*naut.*) Qualitätsfaktor.
Qm-F. (*naut.*) Quermarkenfeuer.
Qrt-Ankpl. Quarantäneankerplatz (*auf Seekarten*).
Qrt-S. (*naut.*) Quarantänestation.
Qrt-Tn. Quarantänetonne (*auf Seekarten*).
QS (*meteor.*) Quecksilbersäule.
QST (*naut.*) 'Eisberggefahr' (*internationaler Funkspruch der Schiffahrt*).
Qt. (*astr., math.*) Quart.
Qu. (*astr., math.*) Quart; Quartal; (*naut.*) Quartier; Quarz (*auf Seekarten*); Quelle; Querschnitt.
Quadr. (*naut.*) Quadrant; (*math.*) Quadratur, Quadrinom, Quadrupel.
quadr. quadratisch.
Qual. (*rac.*) Qualifikation; Qualität.

qual. (*rac.*) qualifizieren, qualifiziert; qualitativ.

Quant. Quantität.

quant. quantitativ.

Quar. Quarantäne.

Quart. (*naut.*) Quartal, Quartier.

R

R Radius; (*naut.*, *int.*) rate (*Geschwindigkeitsgrad*), Rating; Réaumur; rechter Winkel; (*naut.*, *tech.*) Regelung; (*naut.*) Register; (*rad.*) Relais; (*naut.*) Rennwert (*einer Yacht*), Repetition (*eines Signals*); (*phys.*) Reynoldssche Zahl, Reynoldszahl.

r Radius(vektor).

R. QTG-Küstenfunkstelle; Radio; Radius; (*math.*) Radix; (*naut.*) Raum, Räume, Räumte, Recht(e), Reserve, Richtung, Riff, Risiko; (*meteor.*, *naut.*) Rückseite.

r. rechts; richtig; rot (*Seekartenverz.*); rund; russisch.

RA (*naut.*, *rac.*) Risikoabstand.

Ra. Radar, Radarantenne, Radarstation (*auf Seekarten*).

Racon Radar(antwort)bake.

rad (*astr.*, *math.*) Radiant.

Rad. Radar; Radius; (*math.*) Radix.

rad. radial (*Segelschnitt*).

Radar (*int.*) radio detecting *or* detection and ranging (*Funkmessung und Funkortung*).

Ra-Ku. Radarkuppel.

Ramk. Radarbake, Ramark.

Ra-Mst. Radarmast.

Rat. (*naut.*) Ration, Rationierung (*Proviant*).

rat. (*naut.*) rationell (*Fahrt*), rationieren, rationiert (*Proviant*).

Ra-Tm. Radarturm.

Rbl Rubel (*Währung*).

RC Flugfunkfeuer (*auf Seekarten*); Funkfeuer, Kreisfunkfeuer; Ruderclub.

Rcht-Bk. Richtbake(n).

Rcht-F. Richtfeuer.

RD, RD. Richtfunkfeuer.

Rd. (*naut.*) Radiolaria (*Strahlentierchen*) (*auf Seekarten*); (*geogr.*, *naut.*) Rand; Reede; (*rac.*) Runde.

rd. rund.

Rdf. Rundfunk.

Rdn. (*rac.*) Runden.

RE (*naut.*) Rundeisen, Rüsteisen.

Re (*naut.*, *tech.*) Regler; (*naut.*, *phys.*) Reynoldssche Zahl, Reynoldszahl.

REA Richtempfangsantenne.

rechtl. (*naut.*, *jur.*) rechtlich.

rechtsw. (*naut.*, *jur.*) rechtswidrig.

Red. (*naut.*) Reduktion.

red. (*naut.*) reduzieren, reduziert (*Fahrt, Segelfläche, etc.*).

Refl. (*naut.*) Reflektor; (*phys.*) Reflex, Reflexion (*Licht, Wellen*).

refl. (*phys.*) reflektieren, reflektierend, reflektiert.

Reg. Regatta; Region; (*naut.*) Register, Registrierung; (*naut.*, *tech.*) Regulator, Regulierung.

reg. (*meteor.*, *naut.*) regional; (*naut.*) registrieren, registriert, regulär; (*naut.*, *tech.*) regulieren, reguliert.

regelm. regelmäßig.

Regl. (*naut.*, *rac.*) Reglement, Reglementierung.

Reg.-T. (*naut.*) Registertonne.

Rel. (*rad.*) Relais; (*naut.*, *phys.*) Relation, Relativität; Reling.

rel. (*naut.*, *phys.*) relativ.

Rep. Reparatur; (*naut.*) Report; Republik.

rep. reparieren, repariert.

repbed. reparaturbedürftig.

Rep.-K. Reparaturkosten.

Res. (*naut.*, *rac.*) Reserve; (*phys.*) Resonanz; (*rac.*) Resultat.

res. (*naut.*) reservieren, reserviert.

Res. Ankpl. Reservierter Ankerplatz.

Restr. (*naut.*, *rac.*) Restriktion.

Ret. (*naut.*, *phys.*) Retardation.

Rev. (*naut.*) Revier.

rev. (*naut.*) reversibel (*Propeller*), revidieren, revidiert (*Kurs*).

Rf. Riff; Rundfunk.

RFF Richtfunkfeuer.
Rfs. Rundfunksender.
Rfz. (*rad.*) Rufzeichen.
RG (*naut.*, *phys.*) Reaktionsgeschwindigkeit; (*naut.*) Renngemeinschaft; Rudergemeinschaft, Rudergesellschaft.
RG. Peilfunkstelle.
Rg. (*naut.*) Rang, Register, Ring.
Rgd. Riffgrund.
RGK (*naut.*, *phys.*) Reaktionsgeschwindigkeitskonstante.
Rgl. (*rac.*) Rangliste, Regel, Reglement; (*naut.*, *tech.*) Regler.
rglm. regelmäßig.
Rgstr. (*naut.*) Register.
Rh. Rhein; (*nav.*) Rhombus.
rh. rheinisch; (*math.*, *naut.*) rhombisch.
r.H. rechte(r) Hand.
RheinSchPolVO Rheinschiffahrtpolizeiverordnung.
Rhld. Rheinland.
RhSchOG Rheinschiffahrtsobergericht.
Rifu Richtfunk.
RifuSt Richtfunkstelle.
Riv. (*rac.*) Rivale, Rivalin, Rivalität; Riviera.
RK Rotes Kreuz.
rkr. (*naut.*, *jur.*) rechtskräftig.
RL (*naut.*, *rac.*) Richtlinie(n).
RM (*naut.*) Richtmaß, Rudermaschine.
Rm. (*naut.*) (See)Raum, Räumte.
RMD Rhein-Main-Donau.
R.-Nr. (*naut.*) Registriernummer.
RO (*naut.*) Registerordnung.
Ro Ro, Ro-Ro Roll-on-Roll-off-Anleger.
Rot. (*naut.*, *phys.*) Rotation.
RP Reisepaß; (*naut.*) Richtpunkt.
Rp. Rappen (*Währung*).
RS (*rad.*) Relaisstation, -stelle.
Rs (*rad.*) Relais.
Rs. Reise; (*naut.*, *rac.*) Reserve; (*meteor.*, *naut.*) Rückseite.
R-S. Raketenstelle (*auf Seekarten*); Rettungsbootstation, Rettungsstelle.
r.S. rechte Seite.
RSG Robbenschutzgebiet (*auf Seekarten*).
Rsz. (*phys.*) Resonanz.
RT (*naut.*) Raumtiefe, Regelungstechnik, Registertonne.
Ru. Ruine (*auf Seekarten*).
Rückf. Rückfahrt.
Rücks. (*meteor.*, *naut.*) Rückseite.
Rückst. (*rac.*) Rückstand; (*naut.*, *phys.*) Rückstoß.
Rückstr. (*naut.*, *opt.*) Rückstrahler.
rückw. (*naut.*) rückwärtig, rückwärts.
Rufz. (*rad.*) Rufzeichen.
Rum. Rumänien.
rum., rumän. rumänisch.
RuS-Gerät (*naut.*) Rettungs- und Sicherheitsgerät.
russ. russisch.
RV Regattaverein; Ruderverband, Ruderverein; (*naut.*, *tech.*) Rückschlagventil.
RVM (*rad.*) Röhrenvoltmeter.
RW Consolfunkfeuer; Drehfunkfeuer; (*naut.*, *tech.*) Regelwiderstand; (*naut.*) Richtwert.
rw, rw. (*naut.*) rechtweisend.
rw K. rechtweisender Kurs.
rw Nord rechtweisend Nord.
rzp. (*naut.*, *phys.*) reziprok.

S

S Schilling (*österr. Währung*); Sehschärfe; (*elec.*, *phys.*) Siemens (*Einheit des Lichtleitwerts*); (*rac.*) Sonderklasse; Spezial; Sport; (*geogr.*) Stunde(n); (*naut.*) Süd, (*geogr.*) Süden; Super, Super-.
s Sekunde; Shilling (*brit. Währung*).
S. Sache; (*geogr.*) San, Sankt, Sant', Santa, Santo, São; Seite; Sender; (*naut.*, *rac.*) Serie; Sommer; (*naut.*, *rad.*) Station, Stelle; Symmetrie.
s. schwarz (*Seekartenverz.*); schwer; seit; siehe; symmetrisch.
SA (*naut.*) Sicherheitsabstand; Sonnenaufgang.
Sa. Sachsen; Samstag, Sonnabend.
S.A. South Africa/Südafrika;

	South America / Südamerika; South Australia / Südaustralien.
sachk.	(*naut.*) sachkundig.
SAE	(*naut., am.*) Society of Automotive Engineers (*Gesellschaft der Automobilbauingenieure*) (*auch als PS-Maß für Bootsmotore*).
Salv.	El Salvador.
san. Einr.	sanitäre Einrichtung(en) (*an Bord*).
Sani	Sanitäter.
SAR	(*naut., int.*) search and rescue (service) / Such- und Rettungsdienst.
SAU	South African Union / Südafrikanische Union.
SAVE	schnelle ambulante vorklinische Erstversorgung.
SB	Sammelbegriff; Sammelbezeichnung; (*naut.*) Schadensbestimmung, Schutzbereich, Signalbuch.
sb	(*phys.*) Stilb (*Einheit der Leuchtdichte*).
SBAO	Schiffahrtsbesetzungs- *od.* Schiffsbesetzungs- und Ausbildungsordnung.
SBG	Seeberufsgenossenschaft.
SBO	Schiffahrtsbesetzungsordnung, Schiffsbesetzungsordnung.
s. B(r).	(*geogr.*) südliche(r) Breite.
SBT	Schiffbautechnik.
SC	Segelclub, Seglerclub; Sportclub.
Sc	(*meteor.*) Stratocumulus.
Sc.	Schlacken (*Seekartenverz.*).
Sch.	(*rad., tech.*) Schalter, Schaltung; Schein (*Leuchtfeuer*); (*naut.*) Schiene (*z. B. Traveller*); (*naut.*) Schill; Schoner; (*naut.*) (Schiffs)Schornstein, Schutz.
sch.	(*naut.*) scharf, schief; (*meteor.*) schön.
Sch.-Aufs.	(*naut.*) Schutzaufsicht (*z. B. Hafen*).
Schdsr.	(*naut., rac.*) Schiedsrichter.
Schdsv., Schdsverf.	(*naut.*) Schiedsverfahren.
schem.	schematisch.
SchG	(*naut., rac.*) Schiedsgericht.
Sch-H.	Schiffahrtshindernis(se).
Schiffb.	Schiffbarkeit; Schiffbau.
SchiffsG	Schiffsgesetz.
SchiffsRegO	Schiffsregisterordnung.
Schi(ffs)RegVfg.	Schiffsregisterverfügung.
SchiffsRG	Gesetz über Rechte an eingetragenen Schiffen und Schiffsbauwerken.
SchK	(*naut., rac.*) Schiedskommission.
Schl.	(*naut.*) Schlamm, Schlauch, Schläuche; (*nav.*) Schleife; Schlepper; Schleuse; (*naut., rac.*) Schlichtung; Schlick; (*naut., tech.*) Schliff; (*naut.*) Schlitte(n); Schloß (*Seekartenverz.*); (*tech.*) Schloß; (*rac.*) Schluß.
schl.	(*naut.*) schlank; (*meteor.*) schlecht; schließen.
Schls.	Schleuse(n).
Schl.-V.	(*naut.*) Schleppverkehr.
Schm.	(*naut., tech.*) Schmiede, Schmierung; Schmuggel, Schmuggler(schiff).
Schn.	Schnecken (*Seekartenverz.*); (*naut.*) Schnitt (*Segel*).
Schnp., Schn.-P.	(*naut., geom.*) Schnittpunkt.
schott.	schottisch.
Schp.	Schuppen (*auf Seekarten*); (*naut., phys.*) Schwerpunkt.
Schr.	(*naut., tech.*) Schraube(n).
schr.	schräg.
SchRegO	Schiffsregisterordnung.
SchRG	(*s.* **SchiffsRG**).
Schriftf.	Schriftführer (*Segelclub*).
Schst.	(*naut.*) Schornstein(e) (*auf Seekarten*).
SchSVO	Schiffssicherheitsverordnung.
Schubf.	(*phys.*) Schubfestigkeit.
Schütt-S.	(Bagger)Schüttstelle (*auf Seekarten*).
SchutzVO	(*naut.*) Schutzverordnung.
Schw.	Schwaden (*z. B. Nebel*); Schwamm, Schwämme (*auf Seekarten*); (*meteor., phys.*) Schwankung(en); (Fisch)-Schwarm / -Schwärme; Schwarzwald; Schweden; Schwedisch (*auf Seekarten*); Schweißen; Schweiz; (*geogr.*) (Meeres)Schwelle; (*naut.*) Schwenkung, Schwert; Schwimmer (*Wasserflugzeug*); (*naut., phys.*) Schwingung(en); (*rad.*) Schwund.
schw.	(*naut.*) schwach; (*meteor.*,

naut., phys.) schwanken(d); schwarz (*Seekartenverz.*); schwedisch; schweißen; schweizerisch; (*naut.*) schwenken, schwer, schwierig; (*naut., phys.*) schwingen(d); schwül.

Sch.-W. Scheinwerfer; Schiffswerft; Schutzwall, Schutzwälle.

SchwD, Schw-Dock Schwimmdock.

schwed. schwedisch.

schweiz. schweizerisch.

schwerl. (*chem.*) schwerlöslich.

Schwg. (*naut., phys.*) Schwingung(en).

Schwp. (*naut., phys.*) Schwerpunkt.

SD (*naut.*) Schiebedach, Schiebeverdeck; Tiefenangabe zweifelhaft (*auf Seekarten*).

Sd. Sand (*auf Seekarten*); Sund.

sd. süddeutsch.

Sd.-Ausf. (*naut.*) Sonderausführung (*z.B. Yachtbau*).

Sd.-Ausst. (*naut.*) Sonderausstattung (*Yacht*).

Sdg. (*rad.*) Sendung.

Sdkor. Sandkorallen (*auf Seekarten*).

sdl. südlich.

Sdp. (*rad.*) Sendepause.

SDS Seedienstschlüssel.

Sdz., Sdzt. (*rad.*) Sendezeit(en).

SE elektrische Schweißung (*Yachtbau*); Schaltelement; Schweden, schwedisch (*auf Seekarten*); Schweißeisen; (*chem.*) schwer entflammbar; (*phys.*) Sekundärelektron(en); (*rad.*) Sende- und Empfangsgerät, Senderempfänger; (*naut., int.*) South East/Südost, (*geogr.*) Südosten.

Se (*rad.*) Sender, Sendung.

SEA (*naut., tech.*) Stromerzeugeraggregat.

sec (*math.*) Sekans; Sekunde.

SeeA Seeamt.

SeeBG, See-BG Seeberufsgenossenschaft.

Seef. Seefahrer; Seefahrt.

seef. seefertig; seefest.

Seeh. Seehafen; Seehandel; Seehund(e).

Seek. Seekarte; Seekunde.

seekr. seekrank.

SeelotG Gesetz über das Seelotsenwesen.

Seem. Seemann; Seemeile(n); Seemine(n); Seemole.

seem. seemännisch.

SeemG Seemannsgesetz.

SeemO Seemannsordnung.

SeeSchStrO Seeschiffahrtsstraßen-Ordnung.

SeeStrO Seestraßenordnung.

SeeUG, SeeunfUG Gesetz über die Untersuchung von Seeunfällen.

Seevers. Seeversicherung.

Seew. Seewarte; Seewasser; Seewesen.

seitw. seitwärts.

Sek. Sekunde.

sek. (*meteor., radar*) sekundär; Sekunde (*Einheit*).

Sekmkg (*phys.*) Sekundenmeterkilogramm.

Sekt. (*naut.*) Sektion (*Bootsbau*), Sektor(en) (*Leuchtfeuer*).

Sekt.-F. Sektorenfeuer.

Sem. (*naut.*) Semaphor.

Sen. (*rac.*) Senior; (*radar, tech.*) Sensor(en).

senkr. senkrecht.

Sens. (*radar, tech.*) Sensor(en).

sep. separat.

Sept. September.

Seq. Sequenz(en) (*Leuchtfeuer*).

Ser. (*naut., rac.*) Serie(n).

serb. serbisch.

Ser.-Nr. Seriennummer (*Bootsbau, etc.*).

Serv. (*naut., rac.*) Service.

Servol. Servolenkung.

SEU (*rad.*) Sender-Empfänger-Umformer.

SEV (*rad.*) Sendereingangsverstärker.

SF Saugfähigkeit; Seefunk; (*rad.*) Signalfrequenz; Sonnenfinsternis.

sf. seefest.

SFB Seefahrtbuch.

SfK Sprechfunk für Küstenschifffahrt.

Sfk. Seefunk.

SFkl., S.Fkl. Schnelles Funkel(n), Schnelles Funkelfeuer.

SFO Seefrachtordnung.

sFr(.), sfr Schweizer Franken.

SG Seglergemeinschaft; Sondergebühr(en); Sondergüte (*Bootsbau, etc.*); Sportgemeinschaft.

Sg. (*phys.*) Spannung.
Sgnmst. Signalmast.
Sgn-S. (*naut.*) (Internationale) Signalstelle, Lloydssignalstelle, Lloyd's Signalstelle, Marinesignalstelle, Schiffsmeldedienst, Semaphorstelle.
SH Schleswig-Holstein; (*naut.*, *rac.*) Sonderheft; (*naut.*, *tech.*) Starthilfe.
Sh. Schilling (*Währung*).
Shb. Seehandbuch.
SHZO Seehafenzollordnung.
SI Standard International, System International, Système International d'Unités (*Internationales (Basis-)Einheitensystem*).
Sib. Sibirien.
Sich. (*naut.*) Sicherheit, Sicherung.
sich. (*naut.*) sichern.
Sich.-Abst. (*naut.*) Sicherheitsabstand.
Sich.-Best. (*naut.*) Sicherheitsbestimmungen.
Sichtw. (*meteor.*, *naut.*) Sichtweite.
Sich.-Vorschr. (*naut.*) Sicherheitsvorschriften, Sicherungsvorschriften.
Siehe Krt. Siehe Karte(n) (*Seekartenverz.*).
Sig., Sign. (*naut.*, *rad.*) Signal.
SIGNI (*int.*) Signaux *od.* (*selten*) Signalisation de Navigation Intérieure (*Signalwesen für die Binnenschiffahrt*).
SIK (*phys.*) Selbstinduktionskoeffizient.
sin (*math.*) Sinus.
Sing. Singapur.
sinh (*math.*, *naut.*) sinus hyperbolicus, Sinushyperbel.
Sipo (*naut.*) Sicherheitspolizei.
Sir. (*naut.*) Sirene.
Sit. (*naut.*) Situation.
SK (*naut.*) Sachverständigenkreis; Sammelkontakt; Schaltkontakt; (*naut.*, *tech.*) Sechskant; Segelklub, Seglerklub; Sportklub.
sk (*rad.*) Verkehrsschluß.
Sk. Schlick (*auf Seekarten*); Skala.
sk. (*naut.*) sachkundig; schlickig (*auf Seekarten*).
Skand. Skandinavien.
skand. skandinavisch.
SKN Seekartennull, Seekarten-Null.
skr schwedische Krone (*Währung*).
skr. (*naut.*) senkrecht; serbokroatisch.
s. Krt. (*naut.*) siehe Karte(n).
Sk.Sd. Schlick mit Sand (*auf Seekarten*).
Skt (*tech.*) Skalenteil.
Skt. (*geogr.*) Sankt; Sektion (*Bootsbau*); Sektor (*Leuchtfeuer*).
slaw. slawisch.
SLG Gesetz über das Seelotsenwesen.
S-lich südlich (*auf Seekarten*).
Slow. Slowakei; Slowenien.
Slp. Aufschleppe, Schlipp, Slip (*für Boote*).
SLRG Schweizerische Lebensrettungsgesellschaft.
SM Synchronmotor.
SM, Sm, sm Seemeile.
sm Sekundenmeter, Meter pro Sekunde.
Sm. (Meeres)Saum; (Segel)-Saum.
SMD Schiffsmeldedienst.
SMG Sichtweitenmeßgerät.
sm/h Seemeile(n) pro Stunde.
Smp. (*meteor.*, *phys.*) Schmelzpunkt.
S.M.S. Seine(r) Majestät Schiff.
SMt, SMt. Seamount(ain) ((*submariner*) *Bergrücken*) (*auf Seekarten*).
S.n.P. (*rac.*) Sieger nach Punkten.
S.-Nr. (*naut.*, *rad.*) Sammelnummer; (*naut.*) Seriennummer (*Bootsbau*).
SO Seemannsordnung; (*naut.*) Signalordnung; (*naut.*) Südost, (*geogr.*) Südosten.
So. Sonder-; Sonntag.
so. sonntags.
sö. südöstlich.
SOLAS International Convention for the Safety of Life at Sea (*Internationaler Schiffssicherheitsvertrag, Internationales Übereinkommen zum Schutz des menschlichen Lebens auf See*).
SONAR, Sonar (*int.*) sound navigation and

ranging (*Ultraschallunterwasserortung*).

SOS (*rad., int.*) Save Our Ship (*Rettet unser Schiff*), Save Our Souls (*Rettet unsere Seelen*) (*internationaler Seenot-Funkruf*).

sow. erl. (*rac.*) soweit erlaubt.

sowj., sowjet. sowjetisch.

SOzO, SO zu O Südost zu Ost.

SOzS, SO zu S Südost zu Süd.

SP Schiffspeilung; (*naut., phys.*) Schwerpunkt; Seitenpeilung; (*naut.*) Sicherheitspolizei (*Hafen, etc.*); Südpol.

Sp. (*naut., geogr.*) Spalt(e); Spanien; (*naut., phys.*) Spannung; (*naut., tech.*) Sperre, Sperrung; Spezial-; (*naut.*) Spiegel; (*naut., geogr.*) Spitze; Sport, Sportler; (*naut.*) Spule, (Mast)Spur.

sp. spanisch; spät; später; sperrig; speziell; spezifisch; spürbar.

Sp.-A. Sportabzeichen; Sportanzug.

Spd. (*naut., tech.*) Spritzdose, Spritzdüse, Sprühdose (*Bootslack, Schmierung*).

spez. speziell; spezifisch; spezifiziert (*z.B. Segelmaße*).

Spez.-Ausf. (*naut.*) Spezialausführung.

Spez.-Beh. (*naut., tech.*) Spezialbehandlung.

spez. Gew. (*phys.*) spezifisches Gewicht.

spez. W. (*phys.*) spezifische Wärme.

sp. G., sp. Gew. (*phys.*) spezifisches Gewicht.

sph. (*astr., math., naut.*) sphärisch.

SpHw Springhochwasser.

spir. (*naut., tech.*) spiral(en)förmig, spiralig.

Sp.-K. (*naut.*) Spezialkarte(n).

Spl. (*math., naut.*) Supplement-(winkel).

SpNw Springniedrigwasser.

SPR Schwerpunktregatta.

Spr. Sperr-; (*rad.*) (Funk)Spruch.

spr. (*rad.*) sprechen; (*naut.*) spreizen; (*naut., tech.*) spritzen, sprühen.

Spr.-D. (*naut., tech.*) Spritzdose, Sprühdose.

Spr.-Fl. (*naut., tech.*) Spritzflasche.

SPS (*naut., phys.*) Schubpferdestärke.

S-Punkt Südpunkt (*der Kompaßrose*).

sp. v., sp. vol. (*phys., int.*) specific volume, spezifisches Volumen.

Spw. (*naut.*) Spannweite.

SR (*naut.*) Schadensbemessungsrichtlinien; (*rac.*) Schiedsrichter; Schweizerischer Rundspruchdienst; (*naut.*) Seitenrampe; Sekundärradar; (*naut.*) Such- und Rettungsdienst (*Seenot*).

Sr. (*rac.*) Senior.

SRK Seenotrettungskreuzer; Schweizerisches Rotes Kreuz.

SS (*nav.*) Satellitensystem; Schulschiff; Schweißstahl (*Yachtbau*); (*naut.*) Signalstation, Signalstelle; (*rad.*) Störschutz; synthetischer Schmierstoff.

S.S. Schraubenschiff.

SSchSO Seeschiffahrtsstraßenordnung.

SSD Schiffssicherungsdienst.

SSE (*naut., int.*) Südsüdost, (*geogr., int.*) Südsüdosten.

SSF (*phys., rad., int.*) supersonic frequency (*Hochfrequenz, Ultraschallfrequenz*).

SSFkl. (*naut.*) Schnelles Funkel, Schnelles Funkelfeuer.

SSO Seestraßenordnung; (*naut.*) Südsüdost, (*geogr.*) Südsüdosten.

ssö. südsüdöstlich.

SSR Seeschiffsregister.

SSS Segelschulschiff.

SSV Schiffssicherheitsverordnung; Schiffssicherheitsvertrag.

SSW (*naut.*) Südsüdwest, (*geogr.*) Südsüdwesten.

ssw. südsüdwestlich.

ST Schiffstechnik.

St (*geogr.*) Saint; (*naut.*) Stokes-Anker; (*meteor.*) Stratus.

st Stunde.

St (*geogr.*) Saint; (*naut.*) Stokes-Anker; (*meteor.*) Stratus. *rac.*) Stadium; (*rac.*) Staffel; Stahl (*Yachtbau*); (*astr., naut.*) Stand; Standard; (*naut.*) Stander, Stange, Stapel, Stärke; (*rac.*) Start; (*naut., phys.*) Statik; (*naut., rad.*) Station; (*rac.*) Statut-(en); (*elec., rad.*) Stecker;

Steine (*auf Seekarten*); (*naut.*, *rad.*) Stelle; (*naut.*) Steuer, Stift, Stopper, Stoß, Stöße, Stück(e), Stufe(n); Stunde; Sturz; (*naut.*) Stütze(n).
Sᵗ. Sankt (*auf Seekarten*).
st. (*naut.*) selbsttragend; staatlich; (*naut.*) stählern, ständig, stark, starr; (*meteor.*, *rad.*) stationär; (*naut.*, *phys.*) statisch; statt; (*naut.*) steif; steinig (*auf Seekarten*).
Sta. (*geogr.*) Santa.
Stab. (*naut.*) Stabilisator(en), Stabilität.
StabG, Stab.-Ges. (*naut.*, *phys.*) Stabilitätsgesetz.
Stad. (*naut.*, *rac.*) Stadium.
Stalu Stahlaluminium (*Yachtbau*).
Stand. Standard, Standardisierung; (*naut.*) Stander.
ständ. (*naut.*) ständig.
Stat. (*naut.*, *phys.*) Statik; (*naut.*, *rad.*) Station; (*naut.*, *tech.*) Stator; (*rac.*) Statut(en).
stat. (*meteor.*, *rad.*) stationär; (*naut.*) stationieren, stationiert, statisch; (*rac.*) statutarisch.
Stb. Steuerbord.
St.-Cu. (*meteor.*) Stratocumulus.
Std. (*astr.*, *naut.*) Stand; Standard; Stunde(n).
std., stdg. ständig.
stdl. stündlich.
Stdn. Stunden.
StE (*naut.*, *phys.*) Stärkeeinheit.
STG Schiffbautechnische Gesellschaft.
Stg. Seetang (*auf Seekarten*); Sonntag; (*naut.*) Steigerung (*Fahrt*), Steigung (*Propeller*), Stellung, Steuerung.
Still. (*naut.*) Stillegung.
Stm. Steiermark; Steuermann.
StO (*naut.*) Standort.
Stp. (*naut.*) Steuerpult, Stützpunkt.
StPS (*naut.*) Steuerpferdestärke.
Str. (*naut.*) Strahl; (*phys.*) Strahlung; Strand; (*naut.*, *geogr.*) Straße; (*naut.*, *rac.*) Strecke; (*geogr.*) Streifen; (*geogr.*, *Morse*) Strich; (*naut.*) Strom, Strömung; Struktur (*z. B. Segel*).
StrandO Strandungsordnung.
Strat. (*rac.*) Stratege, Strategie; Stratosphäre.
Strm-S. (*nav.*) Orkansignalstelle, Sturmsignalstelle, Taifunsignalstelle.
Strom-S. (*nav.*) Stromsignalstelle.
StVO (*naut.*) Straßenverkehrsordnung.
StVR (*naut.*) Straßenverkehrsrecht.
Stw. Sternwarte.
SU Sonnenuntergang; Sowjetunion.
Subtr. (*math.*) Subtraktion; Subtropen.
subtr. (*math.*) subtrahieren, subtrahiert; subtropisch.
südd., süddt. süddeutsch.
südl. südlich.
südl. B(r). (*geogr.*) südliche(r) Breite.
südl. L. (*geogr.*) südliche(r) Länge.
südw. südwärts; südwestlich.
SUG Seeunfallgesetz, Gesetz über die Untersuchung von Seeunfällen.
SV (*naut.*) Sachverständiger; Segelverband, Seglerverein(igung); Sportverband, Sportverein(igung).
SVA (*naut.*, *jur.*) Sachverständigenausschuß; Schiffbauversuchsanstalt.
SVDS Studentenverband Deutscher Seefahrtschulen.
SW (*naut.*) Südwest, (*geogr.*) Südwesten.
sw. (*naut.*) schwach; schwarzweiß; sowie; südwestlich.
SWO Seewasserstraßenordnung.
SWzS, SW zu S Südwest zu Süd.
SWzW, SW zu W Südwest zu West.
sym. symmetrisch.
Symb. Symbol(e) (*auf Seekarten*).
symp. (*naut.*, *tech.*) sympathisch.
Syn. (*meteor.*) Synoptik, Synoptiker.
syn. (*meteor.*) synoptisch.
synchr. (*naut.*, *tech.*) synchron(isch), synchronisieren, synchronisiert.
synth. synthetisch.
syr. syrisch.
syst. systematisch.
SZ Sommerzeit.
SzO, S zu O Süd zu Ost.
SzW, S zu W Süd zu West.

T

T (*math., phys.*) Tangentialkraft; (*naut.*) Tank; Tanker, Tankschiff; (*naut.*) Tankstation, Tankstelle, Tauchtiefe (*Boot*), Telegraph, Telegraf; Telegraphie, Telegrafie; (*meteor.*) Temperatur; (*phys.*) Tera- (*Einheit*), Tesla (*Einheit*); Test; (*naut.*) Tief (*Meer*); (*meteor.*) Tief, Tiefdruck, Tiefdruckgebiet; (*naut.*) Tiefgang; (*rad.*) Ton; Ton (*auf Seekarten*); (*naut.*) Tragfähigkeit; Transformator; Transistor; (*phys.*) Transparenz; (*naut.*) Transport.

t (*meteor.*) (kleines) Tief; (*naut.*) (metrische) Tonne, Tonnage (*Verdrängung*); (*astr.*) Stundenwinkel.

T, T. Takt (*Leuchtfeuer*); Tausend; (*naut., tech.*) Touren(zahl); Turm (*Seekartenverz.*); (*naut.*) Typ (*Boot, Segel, etc.*).

T. Tag; Tarif; (*meteor., naut.*) Tau; (*naut.*) (Schiffs)Taufe; Technik; Teil; (*naut.*) Tempo; (*rac.*) Termin; (*rad.*) Text; (*rac.*) Titel; (*naut.*) (Kompaß)Tochter, Tor (*Hafen, Schleuse*); Torpedo; (*naut.*) Tür, Turbine; Turnus (*Tiden, etc.*).

t. täglich; technisch; tief; total.

TA technische Anleitung/Anweisung; (*rac.*) Teilnehmerausweis.

Ta. (*naut.*) Tank; Tanker; (*Morse*) Taste.

TAB (*naut.*) Technische Aufsichtsbehörde.

Tab. Tabelle; Tabulator.

tab. tabellarisch; tabellarisieren.

Tacho (Boots)Tachometer.

Taf. (*naut., rac.*) Tafel(n).

tägl. täglich.

takt. (*rac.*) taktisch.

tan, tang (*math.*) Tangens.

Tang. (*math.*) Tangente.

tang. (*math.*) tangential.

tats. (*naut.*) tatsächlich (*z. B. Schiffsposition*).

TB Technische Bestimmungen.

Tb. (*naut., jur.*) Tatbestand.

Tbl. Tabelle; Tabulator.

T-Boot Torpedoboot.

TC Touringclub.

TD Tankdampfer; Technischer Dienst; (*naut.*) Testdaten, Transportdienst.

Tdr. Tender.

TDW, tdw (*naut., int.*) tons deadweight (*Tragfähigkeit in Tonnen bei Schiffen*).

TE (*rad.*) Trägerfrequenzerzeuger.

Te Tessin.

Tech., Techn. Technik; Techniker.

techn. technisch; technologisch.

technol. technologisch.

TeG Temperguß (*Bootsbau*).

Teiln. (*rac.*) Teilnahme, Teilnehmer.

Teiln.-Aw. (*rac.*) Teilnehmerausweis.

Teiln.-Geb. (*rac.*) Teilnahmegebühr(en), Teilnehmergebühr(en).

teilw. (*meteor.*) teilweise.

Tel. (*naut.*) Telegraph, Telegraf.

TELERAN, Teleran (*int.*) Television Radar Navigation (*Fernseh- und Radarnavigation*).

Telex (*int.*) teleprinter/teletype exchange (*Fernschreibsystem an Bord*).

Temp. (*meteor.*) Temperatur.

temp. (*meteor.*) temporär.

Tend. (*meteor.*) Tendenz; Tender.

tend. (*meteor., naut.*) tendieren.

Term. (*naut.*) Terminal, Terminologie, Terminus.

term. techn. (*naut.*) terminus technicus (*Fachausdruck*).

Terr. Territorium.

terr. territorial.

TerrGew Territorialgewässer.

TES Turbinenelektroschiff.

tetr. (*math., naut., tech.*) tetragonal.

Text. Textil(segel); Textur (*Segeltuch*).

TF (*rad.*) Trägerfrequenz; (*naut.*) Tragfläche(n).

TF-Boot Tragflächenboot.

Tfl. (*naut., rac.*) Tafel(n); (*naut.*) Täfelung (*Kajüte*).

TFT (*rad.*) Trägerfrequenztelefonie

	(*Sprechfunk*).
TG	(*meteor.*, *phys.*) Temperaturgrenze.
Tg	(*naut.*) Telegraph, Telegraf; Telegraphie, Telegrafie; Tiefgang.
tg	(*math.*) Tangens.
Tg.	Tag(e).
Tgb.	(*naut.*) Tagebuch.
Tgb.-Nr.	(*naut.*) Tagebuchnummer.
Tg-F.	(*naut.*) Tagesfeuer.
tgh	(*math.*, *naut.*) Hyperbeltangens.
tgl.	täglich.
Tgt.	(*math.*, *naut.*) Tangente.
Th.	(*naut.*) Theorie; (*meteor.*) Thermik; Thermometer; Thermostat.
theor.	theoretisch.
Therm.	(*meteor.*) Thermik, Thermograph, Thermometer; Thermostat.
therm.	(*meteor.*) thermisch.
THW, Thw.	Tidehochwasser.
THW	Technisches Hilfswerk.
TI	Technische Inspektion; Technischer Inspektor.
Ti	Titan, Titanium (*Yachtbau*).
Ti.	Tirol.
TIROS, Tiros	(*int.*) Television Infrared Radiation Observation Satellite (*US-Wettersatellit*).
Tit.	(*rac.*) Titel.
Tit.-Vert.	(*rac.*) Titelverteidiger.
TK	Technische Kommission; Technische Konstruktion; (*meteor.*) Temperaturkoeffizient, Temperaturkompensation; (*geogr.*, *meteor.*) topographische Karte; (*naut.*) Totalkapazität.
Tk.	(*naut.*) Tank.
TKD	technischer Kundendienst.
Tkst.	(*naut.*) Tankstation, Tankstelle.
TL	(*rac.*) Tagesliste; Taschenlampe; (*naut.*) Traglast.
Tl(e).	Teil(e).
-tlg.	-teilig.
Tln.	(*rac.*) Teilnahme, Teilnehmer.
tlw., tlws.	(*meteor.*, *naut.*) teilweise.
TM	Mondtide; (*rad.*) Tonmodulation.
Tm.	Turm, Türme (*auf Seekarten*).
Tmax	maximaler Tiefgang.
Tm-Bk.	Turmbake.
T/min	(*naut.*, *tech.*) Touren pro Minute.
TMS	Tankmotorschiff; (*rad.*) Tonfrequenz-Multiplex-System; Turbinenmotorschiff.
TO	Tagesordnung (*Segelclub*).
TOM	(*rac.*) Trans-Ozean-Medaille.
Tonn.	Tonnage.
TOP	(*rac.*) Trans-Ozean-Preis.
Top.	(*geogr.*, *meteor.*) Topographie; (*math.*) Topologie.
top., topogr.	(*geogr.*, *meteor.*) topographisch.
Torr	(*phys.*) Einheit des (atmosphärischen *od.* Luft)Drucks nach Torricelli.
tot.	total.
Totp.	(*tech.*) Totpunkt.
TP	(*int.*) Teleprinter (*Fernschreiber an Bord*); (*naut.*) Testprogramm; (*nav.*) Trigonometrischer Punkt; (*naut.*, *int.*) turning point (*Wendepunkt*).
Tp.	Tempel (*auf Seekarten*); (*meteor.*) Temperatur; (*naut.*) Tempo, Transport.
T.P.	(*nav.*) Trigonometrischer Punkt.
TpM, T.p.M.	(*naut.*, *tech.*) Touren pro Minute.
TQ	Tageslichtquotient.
TR	Technische Richtlinien.
Tr	Transformator.
Tr.	(*naut.*) Träger; Trainer, Training; (*astr.*, *naut.*) Transit; Transistor; (*naut.*) Transport, Trapez; Trawler; (*rac.*) Treff, Treffen, Trick; (*naut.*) Trommel, Trompete; (*rac.*) Trophäe; Tropfen; (*naut.*) Trupp.
tr.	(*naut.*, *rad.*) tragbar; trainieren; transportieren; (*naut.*) treffen; (*meteor.*) trocken, tropisch, trüb(e).
Trafo	Transformator.
tragb.	(*naut.*, *rad.*) tragbar.
Tragf.	(*naut.*) Tragfähigkeit (*eines Bootes*).
Trans.	(*astr.*, *naut.*) Transit.
transf.	(*phys.*) transformieren.
Transp.	(*opt.*, *phys.*) Transparenz; (*naut.*) Transport, Transporter.

transp. (*opt.*, *phys.*) transparent; (*naut.*) transportabel, transportieren.
Trbst. (*naut.*) Treibstoff.
Tr-Dock Trockendock.
trfall. (*naut.*) trockenfallen(d) (*auf Seekarten*).
Trfg. (*naut.*) Tragfähigkeit.
Tr.-Geb. (*naut.*) Transitgebühr(en).
Trgf. (*naut.*) Tragfähigkeit.
Trgkr. (*naut.*) Tragkraft.
Trgl. (*naut.*, *phys.*) Traglast.
Trgw. Tragweite (*Leuchtfeuer, Seenotsignal*).
Tri Triangel/Triangulum (*Sternbild*); (*naut.*, *chem.*) Trichloräthylen; Triradial-Spinnaker.
Trig. Trigonometrie.
trig. trigonal; trigonometrisch.
trk. türkisch.
trop. tropisch.
Trp. (*naut.*) Trompete.
Trp., Tr.-P. (*rac.*) Treffpunkt.
Trsp. (*naut.*) Transport, Transporter.
Tr.-V. (*naut.*) Transitverkehr.
TS Sonnentide; (*naut.*) Tagessatz; Talsperre; Tankschiff; (*naut.*) Tankstation, Tankstelle; Taucherstation; Transportschiff; (*rad.*) Trennschalter; Trockensubstanz; Turbinenschiff.
T-S. Telegraphen- *od.* Telegrafenstelle (*auf Seekarten*).
tsch. tschechisch.
Tsp., T.-Sp. Talsperre.
TSR Technische Sicherheitsregeln/Sicherheitsrichtlinien.
Tst. (*naut.*) Tankstation, Tankstelle; Tuffstein (*auf Seekarten*).
TT (*rad.*) Tonträger, Trenntaste; Turbinentanker.
Tt (*rad.*) Tonträger.
Ttl. (*rac.*) Titel.
Ttl.-Vert. (*rac.*) Titelverteidiger.
Tu (*naut.*) Turbine.
TÜD Technischer Überwachungsdienst.
TÜK (*geogr.*, *meteor.*) topographische Übersichtskarte.
Tun., Tunes. Tunesien.
tun., tunes. tunesisch.
Turb. (*naut.*) Turbine; (*meteor.*, *naut.*) Turbulenz.
turb. (*meteor.*, *naut.*) turbulent.
türk. türkisch.
Turn. Turnus (*Tiden, etc.*).
TÜV Technischer Überwachungsverein.
TV technische Vorschrift; Television; (*rac.*) Titelverteidiger.
TVS Transport- und Verarbeitungsschiff.
tw. (*meteor.*, *naut.*) teilweise.
TWB (*naut.*, *phys.*) Temperaturwechsel-Beständigkeit.
Tx (*s.* **Telex**).
TYC Touring-Yachtclub.
typ. typisch.
TZ (*naut.*, *tech.*) Tourenzahl, Tourenzähler; Trainingszentrum.

U

U, U. (*naut.*, *tech.*) Umdrehung(en), Umfang; (*elec.*, *rad.*) Umformer; Union.
Ü, Ü. (*rad.*) Übertrager, Übertragung.
U. (*astr.*) Umlauf; (*naut.*) Umweg; (*naut.*, *jur.*) Untersuchung.
u. und; unten; unter; unterhalb.
u., +, & und.
ü. über.
u. a. und andere, und anderes; unter anderem, unter anderen.
ü. a. (*naut.*) über alles (*Vermessung*).
Üb. (*nav.*) Übereinkommen; Übersee; (*naut.*) Übersicht; (*rad.*) Übertragung; Übung.
üb. über; überall.
Überf. Überfahrt.
überf. (*naut.*) überfällig.
Überh. (*naut.*) Überhang, Überhänge, Überhöhung, Überholung.
überh. (*naut.*) überhängen(d), überhastet, überhöht; (*rad.*) überhört.
Überl. (*naut.*, *tech.*) Überlastung.
Übers. Übersee; (*naut.*) Übersicht.

übers.	(*naut.*) übersichtlich.
übertr.	(*rad.*) übertragen; (*naut., jur.*) übertreten.
überw.	(*meteor., naut.*) überwiegend; (*naut.*) überwintern (*Boot*).
übh.	(*naut.*) überhöht.
übl.	üblich.
üblw.	üblicherweise.
Übn.	(*naut.*) Übernahme.
übn.	(*naut.*) übernehmen.
U-Boot	Unterseeboot.
Ubr.	(*naut., rac.*) Unterbrechung; Unterbrochenes Feuer.
ubr.	(*naut., rad.*) unterbrochen.
Ubr. 2	Unterbrochenes Gruppenfeuer.
Ubr. 2+3	Kombiniertes unterbrochenes Gruppenfeuer.
Ubr-Grp(F)	Unterbrochenes Gruppenfeuer.
Übtr.	(*rad.*) Übertragung.
u.d.f.	und das folgende; und die folgenden.
u.d.M.	unter dem Meeresspiegel.
ü.d.M.	über dem Meeresspiegel.
UdSSR	Union der Sozialistischen Sowjetrepubliken.
u.E.	(*naut., rac.*) unter Einschränkung.
u.e.a.(m.)	und einige andere (mehr); und einiges andere (mehr).
U-F.	(*naut.*) Unterfeuer (*Richtfeuer*).
ÜF	(*rad.*) Überlagerungsfrequenz.
ÜFB	(*rad.*) Übertragungsfrequenzbereich.
ÜFESt	Übersee-Funkempfangsstelle.
u.ff.	und folgende.
Ug.	Uganda.
ü.G.	(*naut.*) über Grund (*Fahrt*).
ugf.	(*naut.*) ungefähr.
ugr.	(*Ling.*) ugrisch (*Suomi, Ungarn*).
ugs.	umgangssprachlich.
UHF	(*phys., rad., int.*) Ultrahochfrequenz, Dezimeterwelle.
UK	(*naut.*) Umgebungskarte, Unterkante; (*naut., jur.*) Untersuchungskommission.
ÜK	(*naut.*) Übersichtskarte.
UKML	(*rad.*) Ultrakurz-, Kurz-, Mittel-, Langwellenbereich.
Ukr.	Ukraine.
UKW	(*phys., rad.*) Ultrakurzwelle(n).
UK(W)E	(*rad.*) Ultrakurzwellenempfänger.
UKWS	(*rad.*) Ultrakurzwellensender.
UL	Unterliek.
ÜL	(*naut.*) Überlappung (*Bootsbau, Segel*).
U/m	(*naut., tech.*) Umdrehungen pro Minute.
u.M.	unter dem Meeresspiegel.
ü.M.	über dem Meeresspiegel.
Umarb.	(*naut.*) Umarbeitung (*Segel*).
Umb.	(*naut.*) Umbau (*Yacht*).
umb.	(*naut.*) umbauen.
Umdr.	(*naut., tech.*) Umdrehung(en).
Umf.	(*naut.*) Umfang; (*elec., rad.*) Umformer, Umformung.
umf.	(*naut.*) umfahren, umfassen(d); (*naut., tech.*) umfunktionieren, umfunktioniert.
Umg.	(*naut.*) Umgebung, Umgehung.
umg.	(*naut.*) umgeändert, umgearbeitet, umgehen, umgehend.
umgek.	umgekehrt.
UMI	Universal-Meßinstrument.
U/min	(*naut., tech.*) Umdrehungen pro Minute.
Umkr.	Umkreis.
Uml.	(*naut.*) Umladung; (*astr.*) Umlauf; (*nav.*) Umleitung.
Umr.	Umriß, Umrisse.
Umsch.	(*rad.*) Umschaltung.
Umschlpl.	(*naut.*) Umschlagplatz (*auf Seekarten*).
Umw.	(*naut.*) Umweg.
u.N.	unter Naturschutz; unter Normal; (*meteor.*) unter Null.
unabl.	unablässig (*Sturm*).
unb.	unbekannt.
unbed.	(*naut.*) unbedenklich, unbedeutend, unbedingt.
unbef.	unbefugt.
unbek.	unbekannt.
unber.	(*naut.*) unberechenbar, unberechnet, unberechtigt, unberichtigt.
unbesch.	(*naut.*) unbeschadet, unbeschädigt.
unbeschr.	(*naut., rac.*) unbeschränkt.
unbest.	(*meteor.*) unbeständig; (*naut.*) unbestimmt.
unbew.	(*naut.*) unbewacht (*Leuchtfeuer, etc.*), unbeweglich, un-

bewegt.
unbr. unbrauchbar; unbrennbar.
unentb. unentbehrlich (*Bordinstrumente, etc.*).
unerf. (*naut.*) unerfahren.
unergr. unergründlich (*Meerestiefe*).
unerl. (*naut.*, *rac.*) unerlaubt.
Unf. (*naut.*) Unfall, Unfälle.
unf. (*naut.*, *rac.*) unfähig, unfair; unförmig (*Boot*).
unfr. (*naut.*) unfreiwillig; (*meteor.*) unfreundlich.
ung. ungarisch; (*naut.*) ungefähr, ungefährlich, ungenau; (*rac.*) ungültig; (*meteor.*, *naut.*) ungünstig.
ungeh. (*naut.*) ungehindert.
ungen. (*naut.*) ungenau, ungenügend, ungenutzt, ungenützt.
unges. (*naut.*) ungesehen, ungesetzlich, ungesichert.
ungew. (*naut.*) ungewiß, ungewöhnlich, ungewollt.
ungf. (*naut.*) ungefähr.
ungl. ungleich (*auf Seekarten*); ungleichmäßig.
unh. (*naut.*) unhandig, unhandlich.
univ. universal; universell.
Unk. (*naut.*) Unkenntnis.
unk. (*naut.*) unkundig.
unkl. (*naut.*) unklar.
unl. (*naut.*, *rac.*) unlimitiert; (*naut.*) unlösbar; (*chem.*) unlöslich.
ü. NN über Normalnull.
Unr. Unrein (*auf Seekarten*).
unr. (*naut.*) unrationell (*Fahrt*), unregelmäßig, unrein (*Küste, etc.*), unrichtig; unruhig (*See*).
unreg., unregelm. unregelmäßig.
Unr. Gd. Unreiner Grund.
Unr. (Mun.) Unrein (Munition) (*auf Seekarten*).
uns. (*naut.*) unsicher, unsymmetrisch.
Uns. / uns.Mißw. unsichere Mißweisung.
Unt. (*naut.*, *jur.*) Untersuchung; Untiefe(n).
unt. unten; unter; unterhalb.
Unterbr. (*naut.*) Unterbrechung, Unterbringung.
Unterg. (*astr.*, *naut.*) Untergang.
unterh. unterhalb.
untersch. (*naut.*) unterschätzen, unterschätzt, unterscheiden, unterschieden, unterschiedlich.
unterw. (*naut.*) unterwegs, unterweisen.
Untf. Untiefe(n).
untgl. (*naut.*) untauglich.
untr. (*meteor.*, *naut.*) untrüglich.
Untsg-Ankpl. Untersuchungs-Ankerplatz (*auf Seekarten*).
unv. (*meteor.*) unverändert; (*naut.*) unvollständig.
unvers. unversichert.
unverz. unverzollt; unverzüglich.
unvollst. (*naut.*) unvollständig.
unvorb. (*naut.*) unvorbereitet.
unw. (*meteor.*) unwesentlich; (*naut.*, *phys.*) unwirksam.
unzug. unzugänglich (*z. B. Küste*).
Unzul. (*naut.*) Unzulänglichkeit, Unzulässigkeit.
unzul. (*naut.*) unzulänglich, unzulässig.
unzust. unzuständig.
unzuv. (*naut.*, *tech.*) unzuverlässig.
UP Ungesättigte(r) Polyester (*Bootsbau*).
UpM, U. p. M. (*naut.*, *tech.*) Umdrehungen pro Minute.
URA (*rad.*) Universalringantenne.
Urk. (*naut.*) Urkunde.
Urs. (*naut.*, *phys.*) Ursache(n).
urs., ursächl. ursächlich.
Urug. Uruguay.
U/s (*naut.*, *tech.*) Umdrehungen pro Sekunde.
USC Universitätssegelclub; Universitätssportclub.
U/sec (*naut.*, *tech.*) Umdrehungen pro Sekunde.
USW (*phys.*) Ultraschallwelle(n).
usw., u. s. w. und so weiter.
UT Unterwassertelegraphie.
UTM universale transversale Merkatorprojektion.
UT 1 (*int.*) Universal Time One (*Weltzeit 1*).
u. ü. V. (*naut.*, *rac.*) unter üblichem *od.* dem üblichen Vorbehalt.
UV (*naut.*) Unfallverhütungsvorschrift(en), Unfallversicherung.
u. V. unter Vorbehalt.
UVR Ungarische Volksrepublik.
UVV (*naut.*) Unfallverhütungsvorschrift(en).

UW Unterwasser(stand).
Uw. (*elec., phys.*) Umwandlung.
u. W. unter Wasser.
ü. W. über Wasser.
ÜwaD (*naut.*) Überwachungsdienst (*Hafen, etc.*).
UWL Unterwasserlabor(atorium).
U-WssGl. Unterwasserglocke (*auf Seekarten*).
UZ Uhrzeit; (*elec., phys.*) Umwandlungszone; (*naut.*) Ursprungszertifikat, Ursprungszeugnis.

V

V Vakuum; Valuta; (*naut.*) Verband; (*rad.*) Verbindung; (*naut.*) Verdrängung; (*meteor., phys.*) Verdunstung; (*naut.*) Vermessung, Verordnung, Versicherung, Versorgung; (*rad.*) Verstärker, Verstärkung; Versuch; Volt; Volumen.
v (*naut., phys.*) velocitas, (*int.*) velocity (*(Fahrt-, Wind-)Geschwindigkeit*).
V. (*meteor., naut.*) Veränderung(en); (*rad.*) Verbindung; Verfügung; (*naut.*) Verkehr, Verordnung; Vertrag (*Charter*); Vierer (*Rennruderboot*); (*naut., rac.*) Vorkommnis(se), Vorschrift.
v. (*math., naut.*) variabel; (*meteor.*) veränderlich; vertikal; via (*(auf dem Weg) über*); violett (*Seekartenverz.*); voll; vollständig; vom; von; vor; vorläufig; vormittags; (*naut.*) vorn; vulkanisch (*auf Seekarten*).
VA (*naut.*) Vermessungsausschuß; (*naut.*) Versuchsanstalt, Vizeadmiral; Voltampere.
Va. Vakuum; Vulkanasche (*auf Seekarten*).
va. (*naut.*) veraltet, vollautomatisch.
v. Abg. (*naut.*) vor Abgang.
VAE Vereinigte Arabische Emirate.
VAR Vereinigte Arabische Republik.
Var. (*meteor., naut.*) Variabilität; (*math.*) Variable.
var. (*math., naut.*) variabel.
Vb. (*naut.*) Verband; (*rad.*) Verbindung; Vereinbarung (*Charter*); (*naut.*) Verbrauch (*Treibstoff, etc.*), Verbund (*Bootsbau*).
vb. (*naut.*) verbessert.
Vbd. (*naut.*) Verband; (*rad.*) Verbindung; Verbund (*Bootsbauweise*); (*rac.*) Vorbedingung(en).
Vbdg. (*rad.*) Verbindung.
VBH (*naut.*) Verbindungs- und Beobachtungshubschrauber.
VC Vinylchlorid (*Bootsbau*).
vd. verschieden(e) (*Seekartenverz.*).
v. D. (*naut.*) vom Dienst.
VDG Vereinigung Deutscher Gewässerschutz.
v. d. H. (v.) (*naut.*) vor der Höhe (von).
VDK Verband Deutscher Küstenschiffer.
vdklt. verdunkelt (*auf Seekarten*).
VDR Verband Deutscher Reeder.
VDSS Verband Deutscher Schifffahrts-Sachverständiger.
Ven. Venedig.
ven. venezianisch.
Ver. Verein; Vereinigte -.
veränd. (*meteor.*) veränderlich; (*naut.*) verändern, verändert.
verantw. (*naut.*) verantwortlich.
Verb. (*naut.*) Verband, Verbesserung; (*chem., rad.*) Verbindung; Verbund (*Bootsbauweise*).
verb. (*naut.*) verbessern, verbessert, verbinden, verboten, verbunden.
Verb. Gbt. Verbotenes Gebiet (*auf Seekarten*).
Verbr. (*naut.*) Verbrauch (*Treibstoff, etc.*).
verbr. (*naut.*) verbrauchen, verbraucht; verbreitern, verbreitert (*Meerenge, etc.*).

Verd. (*phys., tech.*) Verdichtung; (*chem.*) Verdünner, Verdünnung; (*naut.*) Verdunkelung (*Leuchtfeuer*), Verdunstung.
verd. (*naut.*) verdecken, verdeckt, verdichten; verdunkeln, verdunkelt (*Leuchtfeuer*); (*chem.*) verdünnen, verdünnt; verdunsten, verdunstet.
Verf. (*naut.*) Verfassung, Verfügung(en).
verfr. (*naut.*) verfrachten, verfrachtet; verfrühen, verfrüht (*Tide*).
Verg. Vergaser; (*rac.*) Vergütung.
verg. (*rac.*) vergüten, vergütet.
Vergr. (*geogr., opt.*) Vergrößerung.
vergr. (*naut.*) vergrößern; (*geogr., opt.*) vergrößert.
Verh. (*naut.*) Verhalten (*Boot*); (*rac.*) Verhältnisse, Verhinderung.
verh. (*naut.*) verhalten (*Boot*), verhindern, verhindert (*Kollision*).
Verj. (*geogr., naut.*) Verjüngung.
verj. (*geogr., naut.*) verjüngen, verjüngt.
Verk. (*naut.*) Verkehr; (*rac.*) Verkürzung (*Bahn*).
verk. (*rac.*) verkürzen, verkürzt (*Bahn*).
Verkl. (*geogr.*) Verkleinerung (*Maßstab*).
Verl. (*naut.*) Verladung, Verlagerung, Verlängerung, Verlauf, Verletzung(en), Verlust(e).
verl. (*naut.*) verladen, verlagern, verlagert; verlängern, verlängert (*z.B. Mast*), verlassen (*Breite*); verletzt; verloren (*Boot*).
Verl.-St. (*naut., tech.*) Verlängerungsstück.
Verm. (*naut.*) Vermessung, Vermessungs-, Verminderung, Vermutung.
verm. (*naut.*) vermessen, vermindern, vermindert, vermissen, vermißt, vermuten.
VermA (*naut.*) Vermessungsamt.
VermInsp., Verm.-Insp. (*naut.*) Vermessungsinspektor.
vern. (*naut., rad.*) verneinen, verneint.
Verpfl. (*naut.*) Verpflegung.
verpfl. (*naut.*) verpflegen, verpflichten, verpflichtet.
verr. verringern, verringert (*Fahrt, Sturmstärke*).
Vers. (*naut., rac.*) Versagen, Versager; (*geogr.*) Versandung; (*naut.*) Versehen, Versetzung (*durch Strom*), Versicherung, Versorgung, Versuch(e).
vers. (*geogr.*) versandet; (*naut., rac.*) versäumen, versäumt, versehentlich; (*naut.*) versetzen, versetzt, versichern, versichert, versiert.
Versch. (*naut.*) Verschiebung, Verschollenheit.
versch. (*naut.*) verschieben, verschieden, verschiffen, verschoben, verschollen.
VerschÄndG (*naut.*) Gesetz zur Änderung von Vorschriften des Verschollenheitsrechts.
VerschG (*naut.*) Verschollenheitsgesetz.
Verschl. Verschleiß; Verschluß.
Vers.-Nr. Versicherungsnummer.
Vers.-Pol. Versicherungspolice.
Verst. (*rad.*) Verständigung, Verstärker, Verstärkung; (*naut.*) Versteifung; (*rac.*) Verstoß, Verstöße.
verst. (*rad.*) verstanden, verstärken, verstärkt, verstehen; (*rac.*) verstoßen.
Vert. Vertikale.
vert. vertikal.
Vertr. Vertrag (*Charter*); Vertreibung (*Boje, etc.*).
vertr. vertraglich; (*naut.*) vertreiben, vertrieben.
Verw. (*naut.*) Verwandlung (*Kurs*); (*rac.*) Verwarnung, Verwechslung, Verweis; (*naut.*) Verwendung, Verwertung, Verwitterung.
verw. (*naut.*) verwandeln; (*rac.*) verwarnen, verwarnt, verwechseln, verwechselt; (*naut.*) verweigern (*Durchsuchungsrecht*), verwenden, verwendet, verwerten, verwertet; verwest (*Seekartenverz.*); verwittert (*Holzboot*).
Verz. (*naut.*) Verzeichnis; (*opt.*,

rad.) Verzerrung; (*rac.*) Verzicht; (*naut.*) Verzögerung, Verzollung, Verzug.

verz. (*opt., rad.*) verzerrt; verzinkt; verzogen (*Holz*); verzögern, verzögert (*z. B. Tide*); verzollen, verzollt.

VF (*phys., rad., int.*) variable frequency / veränderliche Frequenz; (*int.*) video frequency / Videofrequenz; (*rad., int.*) vocal *or* voice frequency (*Tonfrequenz*); (*naut.*) Vorausfahrt, Vorwärtsfahrt.

Vf. (*naut.*) Verfassung, Verfügung(en), Vorfahrt.

V. f. Vorschrift(en) für.

VFL Vogelfluglinie.

VFS Verkehrsfunkstelle.

VG Verbundglas; Vereinsgesetz; Versicherungsgesetz.

Vg. (*naut.*) Vereinigung, Vorgang.

vg. (*naut., rad.*) vorrangig.

Vgr. (*geogr., opt.*) Vergrößerung.

v. Gr. (*naut.*) volle Größe; von Greenwich.

Vgt. (*rac.*) Vergütung.

v. h. (n. v.) (*naut.*) von hinten (nach vorn).

VI (*naut.*) Vermessungsingenieur, Vermessungsinspektor; Viskositätsindex (*Bootsbau*).

viol. violett (*Seekartenverz.*).

Vis. Visier; Visum.

Visk. Viskosität (*Bootsbau*).

VK Variabilitätskoeffizient; (*naut.*) Vollkraft, Vor(der)kante.

Vk. (*naut.*) Verkehr; (*rac.*) Verkürzung (*Bahn*).

vk. (*rac.*) verkürzt (*Bahn*).

VL Vorliek.

vl. (*naut.*) verlängert, verloren, vorläufig.

Vlg. (*naut.*) Verlagerung (*Ballast*), Verlängerung.

vlg. (*naut.*) verlagert, verlängert, vorläufig.

vll. vielleicht.

v. l. (n. r.) von links (nach rechts).

VM Verbrennungsmotor; Voltmeter.

Vm. (*naut.*) Vermessung; (*rad.*) Vermittlung; (*naut., rac.*) Vordermann; (*naut.*) Vormann; Vormittag.

vm. (*naut.*) vermessen, vermißt; (*rad.*) vermitteln, vermittelt; vormittags.

VMC (*int.*) Visual Meteorological Conditions (*sicht- od. wahrnehmbare meteorologische Bedingungen*).

VME (*rad.*) Verstärkungsmeßeinrichtung.

VO (*naut., rac.*) Verordnung.

Vol. (*naut., phys.*) Volumen.

vollst. (*naut.*) vollständig.

vollsynchr. vollsynchronisiert.

vollz. (*naut.*) vollzählig.

vor. (*naut.*) voraus; vorig.

Vorb. Vorbedingung(en); Vorbehalt; (*naut., rac.*) Vorbereitung(en).

Vorber. (*naut., rac.*) Vorbereitung(en).

VorbSig (*rac.*) Vorbereitungssignal.

Vorentsch. (*rac.*) Vorentscheidung.

Vorf. (*naut.*) Vorfahrt, Vorfall; (*rac.*) Vorfeld.

Vorg. (*rac.*) Vorgabe; Vorgang, Vorgänge.

vorg., vorges. vorgesehen.

vorh. vorhanden; vorher; vorhergehend.

Vorl. (*surf.*) Vorlauf, Vorläufe.

vorl. vorläufig.

vorm. vormittags.

Vorr. (*naut.*) Vorrat, Vorräte, Vorrecht(e), Vorrichtung(en).

vorr. (*rad.*) vorrangig; vorrätig.

vors. (*naut.*) vorsichtig.

vorschm. (*naut., rac.*) vorschriftsmäßig.

Vorschr. (*naut., rac.*) Vorschrift(en).

vorschw. (*naut., rac.*) vorschriftswidrig.

vorw. (*naut.*) vorwärts; (*meteor.*) vorwiegend.

vorz. vorzeitig.

VP (*naut.*) Verstellpropeller, Versuchsprogramm, Verursacherprinzip; Vizepräsident (*Segelclub*).

VPI (*naut., int.*) Vapor Phase Inhibitor (*isolierender Schutz*).

VPr., VPräs. Vizepräsident (*Segelclub*).

VR Vereinsregister; (*naut.*) Vermessungsrat; Volksrepublik.

Vr. (*rad.*) Verstärker.

vrb. (*naut.*) verbessert.

vrd. (*naut.*) verdeckt.
Vrg. Vereinigung; Vergaser; Vorgang.
vrgr. vergrößert (*Maßstab*).
Vrm. (*naut.*) Vermessung.
vrm. (*naut.*) vermessen, vermißt.
v.r. (n.l.) von rechts (nach links).
vrsdt. (*geogr.*) versandet (*auf Seekarten*).
vrst. verstärkt (*auf Seekarten*).
vrt. vertikal.
Vrz., Vrzs. Verzeichnis.
VS (*naut.*) Verstellschraube.
V-S. (*naut.*) Verkehrssignalstelle, Barre-, Brückensignalstelle, Fahrwasserstörungs-, Hafen-, Reede-, Schleusen-, Seezeichen-, Sperr-, Spülsignalstelle (*auf Seekarten*).
VSA (*naut., rac.*) Verbands-Schiedsrichterausschuß.
Vschr. Vorschrift(en).
VSG Verbund-Sicherheitsglas; Versehrtensegelgemeinschaft, Versehrtensportgemeinschaft; Vogelschutzgebiet.
vsl. (*naut.*) voraussichtlich.
VSt, VSt. (*rad., tech.*) Verbindungsstelle; (*rad.*) Vermittlungsstelle.
Vst. (*rad., tech.*) Verstärker, Verstärkung.
vst. (*rad., tech.*) verstärkt; (*naut.*) vollständig.
Vstdg. (*naut., rad.*) Verständigung.
VSV Versehrtensportverband/-verein.
vsw. (*naut.*) versuchsweise.
VT (*naut.*) Verfahrenstechnik, Verschleißteil.
Vt. (*elec., tech.*) Verteiler; (*astr., naut.*) Viertel.
vt. vertikal.
v.u.h. (*naut.*) vorn und hinten.
vulk. vulkanisch; vulkanisiert.
V4A (*naut.*) Nirostastahl, Nirostahl (*Bootsbau*).
v.v. (n.h.) (*naut.*) von vorn (nach hinten).
VWS Versuchsanstalt für Wasserbau und Schiff(s)bau.
vz verzinkt.
Vz. (*geogr.*) Verzweigung; (*meteor.*) Vorzeichen.
V2A (*naut.*) Bootsbaustahl.
Vzg. (*naut.*) Verzögerung (*Ankunft, Tide, etc.*).
Vzw. (*geogr.*) Verzweigung.

W

W Währung; Wasserstand; (*elec., phys.*) Watt; Wechsel (*Tiden, Wetter*); Wechselstrom; (*naut.*) Weite; (*phys.*) Wert; (*naut.*) West, (*geogr.*) Westen; Woche; (*naut.*) Wochen(zeit)schrift.
W. (*naut.*) Wache; (*astr., meteor.*) Warte; Wasser; (*geogr.*) Watt; (*phys.*) Wert.
w. (*meteor.*) warm; (*naut.*) weich (*Ankergrund, Segeltuch*); weiß (*Seekartenverz.*); werktags; westlich; (*naut.*) wirklich; wöchentlich.
WA Wetteramt.
Wa. (*naut.*) Wand, Wasser.
wahrsch. (*naut.*) wahrscheinlich.
Warn-F. (*nav.*) Warnfeuer.
Warn-S. (*nav.*) Warnsignalstelle, Wasserflugzeug-, Wracksignalstelle, Schießübungs-Signalstelle (*auf Seekarten*).
Waschupo Wasserschutzpolizei.
Waspo Wassersport.
WaStrG (Bundes)Wasserstraßengesetz.
WB (*naut.*) Wasserballast; (*naut., phys.*) Wirkungsbereich.
Wb. (*rac.*) Wettbewerb; Wörterbuch.
WBS (*meteor.*) Wetterbeobachtungsschiff, Wetterbeobachtungssatellit.
WBt Walfangboot.
wch. (*naut.*) weich (*auf Seekarten*).
Wchs, Wchs. Wechselfeuer.
Wchs. Blk. w.r. Blinkwechselfeuer weiß-rot.
Wchs. Blz. w.r. Blitzwechselfeuer weiß-rot.
Wchs. Ubr. w.r. Unterbrochenes Wechselfeuer weiß-rot.
Wchs. w.r. Wechselfeuer weiß-rot.
Wchs. 2 w. gn. Wechselgruppenfeuer weiß-grün.
WD Westdeutschland; Wetterdienst.
wd. wasserdicht; westdeutsch.

WDG Gesetz über den Deutschen Wetterdienst.
Wdg. (*geogr., naut.*) Wendung; (*rad.*) Wiedergabe; (*geogr., naut.*) Windung(en).
Wdh., Wdhlg. (*rad.*) Wiederholung.
Wdst. (*naut., phys., rad.*) Widerstand.
WE Währungseinheit(en); (*phys.*) Wärmeeinheit(en), Werteinheit; (*naut.*) Wiedereinsetzung, Witterungseinflüsse.
WegeR (*naut.*) Wegerecht.
Werkst. Werkstatt, Werkstätte; Werkstoff(e) (*Bootsbau*).
werkt. werktags.
WESSZ Doppelte Westeuropäische Sommerzeit.
westd. westdeutsch.
Westf. Westfalen.
westl. westlich.
west. L. westliche(r) Länge.
Westpr. Westpreußen.
WESZ Westeuropäische Sommerzeit.
WEZ Westeuropäische Zeit.
WF Wagenfähre; (*naut., phys., math.*) Wahrscheinlichkeitsfaktor.
Wf. Wasserfall; Westfalen; (*naut.*) Wurf.
WFV Weltfunkvertrag.
WG Wassergesetz; Wechselstromgenerator.
Wg. (*naut.*) Weg.
wg. (*naut.*) waagerecht, wassergeschützt.
W.G. (*int.*) Western Germany (*Westdeutschland*).
WGT, W.G.T. (*int.*) Western Greenwich Time (*West-Greenwicher (mittlere Sonnen-)Zeit*).
WH (*naut.*) Wiederherstellung.
Wh Wattstunde.
Wh. (*naut., rad.*) Wiederholung.
wh. (*naut., rad.*) wiederholen, wiederholt.
Wi. (*naut., phys.*) Widerstand; Winter.
wiederh. (*naut., rad.*) wiederholen, wiederholt.
willk. (*naut.*) willkürlich.
Witt. Witterung.
WJB (*rac.*) Weltjahresbestleistung.
WK (*naut., phys.*) Wasserkraft; Weltkarte; Wetterkarte.
Wk. (*naut.*) (lebendes / totes) Werk, Wiederkehr (*Leuchtfeuer*); (*naut., phys.*) Wirkung; Wrack, Wracke / Wracks.
Wkg. (*naut., phys.*) Wirkung.
Wkr. (*naut., phys.*) Wasserkraft, Wirkkraft.
Wk/s, Wk/sec. Wiederkehr in Sekunden (*Leuchtfeuer*).
Wkst. Werkstatt, Werkstätte(n); Werkstoff(e) (*Bootsbau*).
Wkz., Wkzg. Werkzeug(e).
WL (*naut.*) Wasserlinie; (*phys., rad.*) Wellenlänge.
wl. wasserlöslich.
w.L. westliche(r) Länge.
W-lich westlich (*auf Seekarten*).
WM Wattmeter; Wechselstrommotor; (*rac.*) Weltmeisterschaft(en).
WM, Wm. (*rac.*) Weltmeister.
Wn-F. (*naut.*) Warnfeuer.
WNW (*naut.*) Westnordwest, (*geogr.*) Westnordwesten.
wnw. westnordwestlich.
WO (*naut.*) Wachoffizier, Wegerechtordnung; Weltorganisation.
Wo. Woche.
wö. wöchentlich.
WOM Weltorganisation für Meteorologie.
WOZ (*astr., naut.*) wahre Ortszeit.
WP (*rac.*) Weltpokal; Werkstoffprüfung (*Bootsbau*).
WPS (*naut., tech.*) Wellenpferdestärke (*Propeller*).
WR (*naut.*) Wegerecht; (*rac.*) Weltrekord.
Wr. (*naut.*) Wrack.
Wr-Bef. Wrackbefeuerung.
WRD Wasserrettungsdienst (*DDR*).
Wr-F. Wrackfeuer.
Wrkg. (*naut., phys.*) Wirkung.
Wr-Tn. Wracktonne.
WS Windstärke; (*meteor., phys., tech., int.*) Worldscale (*Weltskala*).
WS, Ws. (*naut., phys.*) Wassersäule.
Ws Wattsekunde; Wechselstrom.
Ws. (*naut.*) Wochen(zeit)schrift.
W-S. (*naut.*) Wettersignalstelle, Windsignalstelle.

WSA	Wasserstraßenamt; Wasser- und Schiffahrtsamt.
WSB	Wettsegelbestimmungen.
WSC	Wassersportclub.
WschP	Wasserschutzpolizei.
WSD	Wasser- und Schiffahrtsdirektion.
WSG	Wasserschutzgebiet; Wassersportgemeinschaft; Wildschutzgebiet (*auf Seekarten*).
WSP	Wasserschutzpolizei.
W.-Sp.	Wasserspiegel.
Wss-S.	Wasserstand(s)signalstelle.
Wss-T.	(*naut.*) Wassertank.
Wss-Tm.	Wasserturm (*auf Seekarten*).
Wst.	Werkstatt, Werkstätte; (*naut., phys.*) Widerstand.
wstd.	westdeutsch.
WStr., W.-Str.	Wasserstraße(n).
Wstr.	Wechselstrom.
WStrRG	Gesetz zur Reinhaltung der (Bundes)Wasserstraßen.
WSV	Wassersportverein(igung); Wasser- und Schiffahrtsverwaltung.
WSW	(*naut.*) Westsüdwest, (*geogr.*) Westsüdwesten.
wsw.	westsüdwestlich.
WT	(*naut.*) Wachturm; Wassertechnik; Wasserturm (*auf Seekarten*).
W.T.	(*naut.*) Wachturm, Wasserturm, (*int.*) water tank/Wassertank (*auf Seekarten*).
WTB	Welttemperaturbereich.
Wtg.	(*naut., tech.*) Wartung.
wtgs.	werktags.
W-Tm.	Wachturm (*auf Seekarten*).
WTZ	Wechselstrom-Zweitontelegraphie.
Württ.	Württemberg.
WV, Wv.	Wörterverzeichnis.
Wv.	(*naut., tech.*) Weiterverwendung, Wiederverwendung.
WVZ	(*phys.*) Wertverhältniszahl.
WW, Ww.	Wasserwerk (*auf Seekarten*).
Ww.	(*naut.*) Wegweiser.
WWF	(*int.*) World Wildlife Fund (*Weltnaturschutzverband*).
WWO	Weltwetterdienstorganisation.
WWR	Wildwasserrennen.
WWW	(*int.*) World Weather Watch (*weltweite Wetterbeobachtung/-forschung*).
WZ	(*naut., rad.*) Wartezeit; Weltzeit.
Wzg(e).	Werkzeug(e).
WzN, W zu N	West zu Nord.
WzS, W zu S	West zu Süd.

X

X	(*meteor., naut., int.*) extra (*außerordentlich, besonders*).
x	(*math.*) einen bestimmten Wert repräsentierende Unbekannte in einer Gleichung/unbekannte Größe *od.* (un)abhängige Variable.
X-Achse	(*math.*) Abszisse(nachse) (im Koordinatensystem), Waagerechte im Koordinatensystem.

Y

Y	Yen (*jap. Währung*).
y	(*math.*) zweite Unbekannte in Gleichungen/unbekannte Größe *od.* (un)abhängige Variable.
y.	(*naut., int.*) Yard(s) (*Segeltuch-, Yachtmaß*).
Y-Achse	(*math.*) Ordinate(nachse) (im Koordinatensystem), Senkrechte im Koordinatensystem.
YC	Yachtclub.
Yd(s)., yd(s).	(*naut., int.*) Yard(s).
YU	Yugoslawien, Jugoslawien.

Z

Z Azimut(winkel); (*tech.*) Zähler; (*rac.*) Zeitberichtigungsfaktor, Zeitmultiplikationsfaktor; (*naut.*) Zeitschrift; Zenit; (*naut.*) Zentrale; (*meteor.*) Zentrum; Zoll(amt); Zone; (*naut.*, *meteor.*) Zug.
Z. Zahl; Zeichen; Zeit; (*naut.*) Zeugnis; Zone; (*chem.*) Zusammensetzung.
z. zäh (*auf Seekarten*); zu, zum, zur.
ZA Zollamt.
ZAbfO Zollabfertigungsordnung.
ZAbfSt. Zollabfertigungsstelle.
ZAM (*rad.*) Zweiseitenband-Amplitudenmodulation.
ZAPO (*naut.*) Zulassungs-, Ausbildungs- und Prüfungsordnung.
ZASt. Zollaufsichtsstelle.
ZB Zentralbatterie; Zulassungsbestimmungen; Zusatzbestimmung(en).
z.B. zum Beispiel.
zbr. zerbrochen (*auf Seekarten*).
Zdg. (*tech.*) Zündung.
ZDW Zentralamt des Deutschen Wetterdienstes.
ZE Zeiteinheit.
zeitl. zeitlich.
zeitw. (*meteor.*, *naut.*) zeitweilig, zeitweise.
ZEL (*naut.*) Zentralersatzteillager.
Zentr. (*naut.*) Zentrale; (*meteor.*) Zentrum.
zentr. (*naut.*) zentral; (*radar*) zentriert; (*astr.*, *naut.*, *tech.*) zentrisch.
zentrif. (*phys.*) zentrifugal.
zentrip. (*phys.*) zentripetal.
Zers. (*naut.*, *tech.*) Zersetzung.
ZeugGebO (*naut.*, *jur.*) Gebührenordnung für Zeugen und Sachverständige.
ZF (*phys.*, *rad.*, *int.*) zero frequency (*Nullfrequenz*), Zwischenfrequenz.
Zf. (*naut.*) Zufahrt.
zfr. zollfrei.
ZG Zollgesetz.
Zg. (*meteor.*) Zug; (*naut.*) Zugang.
Zgl. Ziegelei (*auf Seekarten*).
Zgn. (*naut.*) Zeugnis.
z.gr.T. zum großen/größten Teil.
zgs. (*naut.*, *chem.*, *tech.*) zusammengesetzt.
zgst. (*naut.*) zusammengestellt.
z.H. (*naut.*) zur Hälfte.
zhlr. (*rac.*) zahlreich.
ZI Zollinhaltserklärung; Zollinspektor.
Zi., Ziff. (*naut.*, *rac.*) Ziffer.
ZK (*naut.*, *rac.*) Zeitkontrolle, Zentrale Kommission, Zentralkomitee; Zollkontrolle; (*naut.*, *tech.*) Zugkraft.
Zk. Zündkerze(n).
zk. zurück.
Zkft. (*astr.*, *naut.*) Zusammenkunft.
ZKR Zentralkommission für die Rheinschiffahrt.
Zl. (*naut.*) Zahl, Ziel.
ZM (*rad.*) Zwischenmodulation.
Zm. (*naut.*, *rac.*) Zeitmaß, Zeitmesser, Zeitmessung.
ZMR Zentrale Meßwertregistrierung.
Zn. (*naut.*, *rad.*) Zeichen; (*meteor.*) Zunahme.
ZO (*naut.*) Zulassungsordnung, Zuständigkeitsordnung; Zollort.
ZollA, Zoll-A. Zollamt.
ZollG Zollgesetz.
ZollS, Zoll-S. Zollstelle.
ZollT Zolltarif.
ZollW, Zoll-W. Zollwache.
ZOSchF Zolloberschiffsführer.
ZP (*naut.*, *tech.*) Zersetzungspunkt; (*nav.*) Zielpunkt; (*naut.*) Zusatzpatent.
zrst. zerstört (*auf Seekarten*).
ZS (*naut.*, *rad.*) Zentralstation, Zentralstelle.
Zs. (*naut.*) Zeitschrift; (*rac.*) Zusage; Zusammensetzung; Zusatz, Zusätze.
zs. zusammen.
Z-S. Zufluchtsstelle für Schiffbrüchige (*auf Seekarten*).
z.S. zur See.
ZSB (*rad.*) Zweiseitenband.
ZSch. Zollschiffer.
ZSchF Zollschiffsführer.
zsges. zusammengesetzt.

zsgest.	zusammengestellt.
zs. m.	zusammen mit.
ZSt.	Zentralstelle; Zollstelle.
Zst.	(*naut.*) Zustand.
Zst., Zstg.	(*naut.*) Zusammenstellung.
Zstzg.	Zusammensetzung(en).
ZT	Zolltarif.
Zt.	Zeit.
z. T.	zum Teil.
ZTarG, ZTG	Zolltarifgesetz.
Ztbl.	(*rac.*) Zeitball.
ztl.	zeitlich.
Ztm.	(*naut.*, *rac.*) Zeitmaß, Zeitmesser, Zeitmessung.
Ztn.	(*rac.*) Zeitnahme, Zeitnehmer.
Ztr.	(*naut.*) Zeitrechnung, Zentrale; (*meteor.*) Zentrum.
Zt-S.	(*naut.*) Zeitsignalstelle.
ZtW, Ztw.	(*naut.*, *rac.*) Zeitwert.
ztw., ztwl.	(*meteor.*, *naut.*) zeitweilig.
ztws.	(*meteor.*, *naut.*) zeitweise.
ZU	Zeitunterschied (*Tide, Zonen*).
Zub.	(*naut.*) Zubehör.
Zubr-Reg.	Zubringerregatta.
Zug.	(*naut.*) Zugang, Zugänge.
zug.	(*naut.*) zugänglich.
zugel.	(*naut.*) zugelassen.
zuget.	(*naut.*, *rac.*) zugeteilt.

zugew.	(*naut.*, *rac.*) zugewiesen.
zugl.	zugleich.
Zul.	(*naut.*) Zulässigkeit, Zulassung.
zul.	(*naut.*) zulässig, zuletzt.
Zul.-Best.	(*naut.*, *rac.*) Zulassungsbestimmung(en).
Zul.-Ord.	(*naut.*, *rac.*) Zulassungsordnung.
zur.	zurück.
Zus.	(*naut.*, *phys.*) Zusammenhang; Zusammensetzung; Zusatz, Zusätze.
zus.	zusammen; zusätzlich.
Zus.-Best.	Zusatzbestimmung(en).
Zust.	(*naut.*) Zustand, Zuständigkeit.
zust.	zuständig.
ZV	Zeitverschiebung; Zentralverband, Zentralvereinigung; Zollvorschrift(en).
Zw.	Zollwert; Zweck; Zweig-.
ZWA	Zollwertanmeldung.
zw. d. L.	(*naut.*) zwischen den Loten.
zwgw.	(*naut.*) zwangsweise.
Zw.-St.	(*elec., rad.*) Zwischenstecker.
Zyl.	(*naut.*) Zylinder.
zyl.	(*naut.*) zylindrisch.
zypr.	zyprisch.
ZZ	Zollzweigstelle; Zonenzeit.

INTERNATIONALE NATIONALITÄTEN(KENN)ZEICHEN im Großsegel

INTERNATIONAL LETTERS OF NATIONALITY in the mainsail

A Argentinien, *Argentina or Argentine*
AN Angola, *Angola*
AR Ägypten, *Egypt*
B Belgien, *Belgium*
BA Bahamas, *Bahama Islands*
BL Brasilien, *Brazil or Brasil*
BR Burma *od.* Birma, *Burma*
BU Bulgarien, *Bulgaria*
CB Columbien, *Colombia*
CI Cayman-Inseln, Grand Cayman, *Cayman Islands*
CP Cypern *od.* Zypern, *Cyprus*
CR Costa Rica, *Costa Rica*
CY Sri Lanka *od.* Ceylon, *Ceylon*
CZ Tschechoslowakei, *Czechoslovakia or Czecho-Slovakia*
D Dänemark, *Denmark*
DR Dominikanische Republik, *Dominica*
DDR Deutsche Demokratische Republik, Deutschland Ost, *German Democratic Republic, German East*
E Spanien, *Spain*
EC Ecuador, *Ecuador*
F Frankreich, *France*
G Bundesrepublik Deutschland, Deutschland West, *German Federal Republic, German West*
GO (*s.* **DDR**)
GR Griechenland, *Greece*
GU Guatemala, *Guatemala*
H Holland, *Holland or the Netherlands*
I Italien, *Italy*
IL Island, *Iceland*
IND Indien, *India or (East, rare West) Indies*
IR Irland, *Ireland*
IS Israel, *Israel*
J Japan, *Japan*
K Großbritannien, *United Kingdom (of Great Britain and Northern Ireland).*
KA Australien, *Australia*
KB Bermudas, *Bermuda (Islands) or Bermudas*
KBA Barbados, *Barbados*
KC Kanada, *Canada*
KGB Gibraltar, *Gibraltar*
KH Hongkong, *Hong Kong*
KP Papua-Neuguinea, (*Territory of*) *Papua, New Guinea*
KS Singapur, *Singapore*
KT Trinidad und Tobago, *Trinidad and Tobago*
KV Virginische Inseln *od.* Jungferninseln (britisch), *British Virgin Islands*
KZ Neuseeland, *New Zealand*
L Finnland *od.* Suomi, *Finland*
LE Libanon, *Lebanon*
LX Luxemburg, *Luxemb(o)urg*
M Ungarn, *Hungary*
MA Marokko, *Morocco*
MO Monaco, *Monaco*
MT Malta, *Malta or Maltese Islands*
MX Mexiko, *Mexico*
MY Malaysia, *Malaysia*
NO Norwegen, *Norway*
NK Volksrepublik Korea, *People's Republic of Corea or Korea*
OE Österreich, *Austria*
P Portugal, *Portugal*
PH Philippinen, *Philippine Islands or Philippines*
PK Pakistan, *Pakistan*
PR Puerto Rico, *Porto Rico*
PU Peru, *Peru*
PY Paraguay, *Paraguay*
PZ Polen, *Poland*
RC Cuba *od.* Kuba, *Cuba*
RI Indonesien, *Indonesia*
RM Rumänien, *Ro(u)mania or Rumania*
S Schweden, *Sweden*
SA Südafrika, (*Republic of*) *South Africa*
SK Korea, *Corea or Korea*
SR Sowjetrußland *od.* -union, UdSSR, *Soviet Union, USSR*
TA Taiwan, *Formosa or Taiwan*
TH Thailand, *Thailand*
TK Türkei, *Turkey*
U Uruguay, *Uruguay*
US USA *od.* Vereinigte Staaten von Amerika, *USA or U.S.A., United States of America*
V Venezuela, *Venezuela*
VI Virginische Inseln (amerikanisch), *US-Virgin Islands*
X Chile, *Chile*
Y Yugoslawien *od.* Jugoslawien, *Yugoslavia or Jugoslavia*
Z Schweiz, *Switzerland*

REGATTAFLAGGEN, -WIMPEL und -TAFELN
RACING FLAGS, PENNANTS and TABLES

B Protestflagge, *protest flag*

F Auf Position des Zielschiffes achten. *Pay attention to position of the committee or stake boat* (Tafel, *table*)

I Beginn der 1- bzw. 2-Minuten-Regel, *start of the 1 resp. 2 minute rule or Round-the-Ends Rule* (Flagge, *flag*)

K Abgekürzte Bahn, *shortened course* (Tafel, *table*)

L Alle Boote in Rufweite kommen, *All boats within call* (Flagge, *flag*)

M Bahnmarke vertrieben, Boot mit dieser Flagge runden, *Mark (gone) adrift, round boat with this flag*

N Abbruch der Wettfahrt, *cancellation of the race* (Flagge, *flag*)

N über X Abbruch der Wettfahrt mit der Absicht, sie in Kürze neu zu starten, *cancellation of the race with the intention to restart soon* (Flagge, *flag*)

O Änderung der Bahn nach dem Start und neuer Kompaßkurs, *alteration of the course and new compass course* (Tafel, *table*)

P Blauer Peter, Vorbereitungssignal, *Blue Peter, preparatory signal* (Flagge, *flag*)

P und Klassenflagge nieder Startsignal, *starting signal* (Flagge, *flag*)

Q Ziel, wenn das Zielschiff ein anderes als das Startschiff ist, *finish*(*ing*) *line if the stake boat is not the committee boat* (Flagge, *flag*)

S Bahnverkürzung, Abkürzung der Bahn nach dem Start, *shortening of the course* (*after start*) (Flagge, *flag*)

V, (X) Einzelrückruf, *individual recall* (Flagge, *flag*)

Y Schwimmwestenzwang, Schwimmwesten anlegen, *wearing of life jackets obligatory* (Flagge, *flag*)

segeln surfen motorboot-fahren

So abwechslungsreich, wie diese drei Wassersportarten sind, so vielseitig sind auch die Bücher, die es dafür gibt. Ob Sie Hilfen für den ersten Anfang suchen oder Ihre Erfahrungen und Kenntnisse erweitern möchten, ob Sie Regatta- oder Fahrtensegler sind, einen Motor nur als Flautenschieber oder als einzigen Antrieb benutzen, ob Sie das Surfen nebenher betreiben oder es bis zum Tricksurfer bringen möchten – welches Buch für welchen Zweck Sie auch brauchen: Sie finden es in der großen Auswahl des einzigen Fachverlages für diese drei Sportarten.

Delius Klasing Verlag